# SOCIAL WELFARE CONCISE

# 사회복지 사전

이철수 저

사회복지학 입문자를 위한 맞춤사전
최신 트렌드를 반영한 단어 선별
실무에서 바로 활용할 수 있는 수준 높은 단어
사회복지학의 인접학문에 해당되는 학술용어 정리

혜민
북스

## 저자소개

### 주요약력

· 이철수 20
 −한국외국어대학교 대학원 졸업
 −고려대학교 연구교수 역임
 −연세대학교 사회복지대학원 박사후 연수과정(post-doc) 이수

### 대표저서

 −긴급구호 북한의 사회복지: 풍요와 빈곤의 이중성(2012), 큰 복지, 작은 복지(2012) 공저
  사회보험법제(2010), 공적부조법제(2010), 청소년법제(2010), 보건의료법제(2010)
  김정일시대 북한사회복지 동향(2009), 김정일시대의  김정일시대 북한사회복지: 체제ㆍ제도ㆍ동향((2007)
  북한보건의료법제(2007), 북한의 사회(2006) 공저, 사회복지학소사전(2006)
  한국사회복지법제(2006), 북한사회복지법제(2005), 북한사회복지의 변화와 전망(2004)
  7.1조치와 북한(2005) 공저, 한국사회보장 판례사례집(2003), 북한사회법령집(2003)
  북한사회복지: 반복지의 북한(2003)− 대한민국학술원 우수도서

# 사회복지학 사전
## SOCIAL WELFARE CONCISE

| | |
|---|---|
| 초판 인쇄 | 2013년 9월 1일 |
| 초판 발행 | 2013년 9월 5일 |
| 지은이 | 이철수 저 20 |
| 펴낸이 | 진수진 |
| 펴낸곳 | 혜민북스 |
| 디자인 | 심지섭 |
| 마케팅 | 윤기석 |
| 주소 | 경기도 고양시 일산동구 중산동 1682번지 |
| 출판등록 | 2013년 5월 30일 제2013-000078호 |
| 전화 | 031-944-3145 |
| 팩스 | 031-946-4832 |
| 홈페이지 | www.haeminbooks.com |
| ISBN | 979-11-85254-36-4 (91330) |
| 정가 | 35,000원 |

## 산업화 · 근대화 이후

과거에 비해 한국사회에서 사회복지가 차지하는 비중은 점차 커져가고 있다. 이러한 변화는 대학교육과 우리사회에서 동시에 일어나고 있다. 가령 인문사회과학 분야에서 사회복지학의 학문적 인기는 실로 전성기를 맞이하였다 해도 과언이 아니다.

## 또 한국사회 구성원

모두의 마음속에서도 사회복지 즉, '나눔의 문제'에 대한 관심과 고민은 최고조에 달하였다. 이제 우리 사회에서도 복지국가에서 존재하는 복지행위의 실천 즉, 자원봉사 문화가 서서히 고개를 들고 있다.

## 다른 한편으로

이와 동시에 새롭게 해결해야할 사회복지 분야의 문제들 또한 대두되고 있다. 예컨대 신자유주의 체제의 신빈곤, 저출산 · 고령화 사회의 문제, 고용시장의 비정규직 문제, 공적연금의 통합 문제, 여전히 부족한 육아와 양육문제, 청소년과 가족(해체)문제, 외국인 노동자 문제 등 현대 선진사회에 갖고 있는 다양한 사회문제가 이제 한국사회에서도 심심찮게 나타나고 있다.

## 이에 우리 정부와

학계, 시민단체, 기업, NGO, 이익단체 등 민간과 공공의 다양한 기관에서 너나 할 것 없이 이러한 사회적 문제에 나름대로 대응하고 해결책을 제시하고 있다. 중요한 점은 이렇게 변화한 한국사회 환경에 비추어 볼 때, 이제 더 이상 사회복지가 한국사회 주변부에 존재하지도 않으며, 주변부에 위치해서도 안될 만큼 핵심영역이 되었다는 것이다.

## 따라서 이러한 한국사회의

부침과 사회복지학의 파고에 조응하여 저자들은 학자로서의 일정한 책무를 다하고자 의기투합하여 이 책을 제작하였다. 다시 말해 이는 학자로서 사회복지학의 체계를 새롭게 정립하고 기여하고자 하는 소박한 마음을 의미한다.

### 지난 1년 6개월간

저자들은 자신들의 전공영역을 구분하여 사회복지학의 미시용어를 최대한 반영하고
노력하였다. 또한 가능하면 독자층은 사회복지전공 학부생, 대학원생에게만 국한시키
지 않고 우리 사회의 다양한 분야에 종사하면서 조금이라도 사회복지학에 관심있는 분
들을 대상으로 하였다.

### 특히 딱딱한 사전의

한계를 넘고자 책의 내용은 촘촘하되 읽기에는 재미있는 책을 쓰고자 노력하였다. 또
한 최대한 많은 용어를 담아 선구적인 '한국사회복지학의 학술용어' 책을 만들고자 하
였다.

### 나아가 응용학문의

단점인 단층적 지식을 다층화하기 위해 사회복지학의 인접학문에 해당되는 학술용어
를 과감히 정리하여 다수를 첨가하였다. 그리고 바로 이것이 이 책만이 가지고 있는 장
점이다.

### 각설하고, 참으로 지난한 작업 끝에

책을 마무리 하였다. 작업에 참여하신 모든 공저자들께 감사하며 독자들이 이 책을 통
해 사회복지학과 한국사회복지에 많은 관심과 성원을 가지길 진심으로 기대한다.
끝으로 출판을 흔쾌히 허락한 도서출판 비상의 관계자분들께 감사드린다.

선진복지한국을 위해
2008년 2월 저자 일동

# contents

## 1. 본 사전에 수록된 용어는

사회복지 연구에서 가장 많이 사용되는 학술용어이다. 또한 정치, 경제, 사회, 문화, 행정, 심리, 교육, 특수교육, 보건, 의료 등 여러 관련 분야에서 사회복지와 관련한 사용빈도가 비교적 높은 용어를 포함하였다.

## 2. 표제어의 경우 국문을

포함한 외국어·외래어·약어(외래·외국)는 국문표기에 따라 '가 나 다' 순으로 정리하였다.

## 3. 표제어 대한

한자·한문표기는 거의 없으나, 표제어 설명에 필요한 경우 본문에 국문과 같이 표기하였다.

## 4. 단어설명을 위해

법조문을 인용한 경우 법령과 조항을 약어(例 근로기준법 제1조-근기①)로 표기하였다.

## 5. 동일한 용어지만

두 가지 이상으로 정리된 용어도 있는데, 이는 해당 용어에 대한 학문적 정의에 기인한다. 가령 행정학에서 보는 '행정'과 사회복지학에서 보는 '행정'의 정의가 각기 다르기 때문에 양자의 차이를 인식하는 것이 더욱 필요하다고 판단되어 이를 동시에 실었다.

## 6. 동일한 내용이나

표제어가 다른 경우(例 비버리지 보고서, 베버리지 보고서) 독자의 혼선을 피하기 위해 국문순에 따라 모두 실었고 이에 따라 표제어 본문설명 내용이 다소 중복된(과거) 사례도 있다.

## 7. 본 사전의

맞춤법·외래어는 한글맞춤법에 준해 표기하였고, 표제어의 경우 학술용어의 특성상 널리 사용하는 표기에 의거하였다.

## 8. 부록에서

참고로 근로복지공단에서 발췌한 사회복지관련 용어의 영문 표제어를 실었다.

# 사회복지학 사전

## 가

호주를 중심으로 호주와 가족 상호간의 권리의무에 의해 법률상 연결된 관념적인 호적상의 가족집단을 의미한다. 법률제도로서의 가는 호적부에 일가로서 등록되어 호주에 의해 통제되는 전혀 추상적인 것으로 한 집안에서 공동생활을 영위하고 있는 가족단체 즉 세대나 가구를 의미하는 것은 아니다. 고려시대와 조선시대에 실시되었던 호적 편성에 그 기원을 둔 가족제도는 원래 동일 가족에서 실제로 공동생활을 영위하는 자를 단위로 하여 구성되었던 것인데 오늘날 가족제도가 부부 내지는 친자단위의 소가족단위로 옮겨짐에 따라가는 점차 관념상의 제도로 되어가고 있다. 이와 같은 가의 현실과의 불일치를 되도록 줄이기 위한 제도가 분가제도이다. 가의 동일여부는 상속·부양 등에 크게 영향을 미치고 친족이라도 가가 상이함에 따라서 법률상의 관계는 약화된다. 이「가」사상은 절대복종과 순종을 강요하고 지배하는 전통적 사상으로서 현재의 가족은 과거에서 미래로 이어지는 교량적인 역할을 하는 것으로 친자중심이 우위이고, 부부중심은 약한 것이 그 특징이다.

## 가감적

당해 불법유형에 본질적이고 공통적인 표지를 내포하는 기본적 구성요건(Grund — tatbestand) 이외에 형벌을 가중하거나 감경할 만한 사유가 포함된 구성요건을 말한다. 이에는 가중적 구성요건(Qualifizi — erter Tatbestand)과 감경적 구성요건(Privilegierter Tatestand)이 있는데, 가중적 구성요건의 예로는 보통살인죄에 대한 존속살해죄(형 250②) ★과실상해죄에 대한 업무상 과실치상죄(형 268) 등이 있으며, 감경적 구성요건의 예로는 보통살인죄에 대한 영아살해죄(형 251) 및 촉탁·승낙에 의한 살인죄(형 252①) 등이 있다.

## 가감점수법(merit and demerit system)

근무성적평정에 있어 피 평정자의 직무사항에 나타난 긍정적인 요소와 부정적인 요소를 점수로 환산하여 가점 또는 감점을 주는 방법을 말한다. 즉 우수한 직무 수행에 대해서는 가점을 주고, 실패나 과오에 대해서는 감점을 주어 이를 합산하는 방법이다. 가감점수법은 고도로 표준화된 단순 업무의 평정에 적합하다.

## 가격(price)

재(財)의 한 단위와 교환되는 화폐의 단위 수를 말하며, 이것을 특히 화폐가격 또는 절대가격이라 부른다. 가격은 수요와 공급을 조정하여 경제를 안정시키는 파라미터 기능을 가지고 있다.

## 가격결정일

채권발행을 위한 계약체결 직전에 시장여건 및 발행장의 신용도 등을 고려하여 발행이율 및 발행가격 등 채권의 최종적인 조건이 결정되는 날을 말한다. 채권의 발행가격은 간사회사가 시장변동상황을 고려하여 인수단과 협의를 거친 후 발행조건을 결정하며 발행자가 이 조건을 수락함으로써 확정 되게 한다.

## 가격결정회의

채권을 발행하기 전에 참가권유서에 의한 참가예상 인수단과 판매단으로부터 판매희망액을 분석, 검토 하여 간사단과 발행자가 최종발행조건을 결정하는 회의를 가리키며 발행조건을 결정하는 일자를 가격결정일 이라고 한다. 이 회의에서 여러 가지 협의과정을 거쳐 발행가격이 결정되면 주간사회사는 즉시 인수단과 판매단 참가예상회사에 통지하여 합의를 요청하며 이들이 참가를 결정하면 주간사회사에 통보하고 인수단이 확정된다.

## 가격경기

물가상승을 수반하는 호경기. 생산보다 수요가 증가하여 물가가 상승하지만 인플레만큼 극단적이 아닌 완만한 경기상승을 말한다.

## 가격고시

증권, 외환시장 및 무역 등에서 광범위하게 사용되는 용어로서 시세 기준가격, 가격산정 등의 의미로 통용된다. 증권시장에서는 거래되는 유가증권의 매매계약이 체결될 때의 가격을 가리키며, 외환시장에서는 외국환은행이 각종 외환에 대해 게시하는 외환시세를 말한다. 한편 무역에 있어서는 무역채산의 기초가 되는 제시가격의 산정 또는 그 결과로서의 산정가격을 의미한다.

## 가격구성
상품의 가격을 구성하는 제비용이나 이익의 합계를 말한다. 구체적으로 상품가격은 생산비용, 관리비용, 유통비용, 이익으로 구성되어 있는데 각각 가격에 어느 정도 점하고 있는가를 알아보는 것이다.

## 가격규제
기업이 생산하는 제품이나 서비스의 가격을 직접적으로 규제하는 것을 말한다. 가장 전형적인 것이 전기 · 전화 · 상하수도 · 교통 등 각종 공익서비스 산업의 요금에 대한 공공요금규제다.

## 가격기구
수요가 공급을 초과하면, 가격의 상승으로 수요가 감소하고 공급이 증가하는 과정을 거치며, 반대의 경우는 가격의 하락으로 수요와 공급의 균형을 달성하여 적정한 자원배분의 상태를 실현한다. 가격의 이러한 기능이나 구조를 가격구조라 하며, 자본주의 경제에서는 이러한 가격기구에 의해 정부의 계획 내지 자원배분이 원활하게 운영된다. 그러나 대기업이나 노동조합에 의한 경제의 독점화가 진전됨에 따라 가격이 시장의 수급 상태를 반영해서 변화하는 것이 아니라, 이것과는 독립적으로 상승하는 경향을 나타내는 경우가 있다.

## 가격메커니즘
상품가격은 살 사람과 팔사람 즉 수요와 공급 관계에 의해 결정된다. 공급이 수요보다 상대적으로 크면 가격이 내리고, 반대로 수요가 공급보다 크면 가격은 오른다. 따라서 가격이 비싸면 수요가 줄고 공급은 늘어나게 돼 가격을 통해 수급이 균형을 이룬다고 할 수 있다. 이와 같은 조정기능을 가격 메커니즘이라고 한다.

## 가격목표점
가격이 정착되는 점을 가리킨다. 역전패턴이 형성되면 가격이 역전되며 목표점을 파악하는 것이 딜링의 이익극대화에 도움이 된다. 어깨 머리가 형성되는 경우 머리에서 Y축과 평형하게 그은 선을 AB라 하면 가격목표점은 Breakout이 일어난 점에서 AB와 동일한 점이 된다.

## 가격배상
공유자 1인이 공유물 전부를 취득하여 다른 공유자에게 각자의 지분에 따라 그 가격을 배상하는 방법을 일컫는데, 광의로는 물건의 대가를 금전으로 환가하여 배상하는 것을 말한다.

## 가격변동개선교환
증권의 가격변동을 개선하기 위하여 증권을 교환하는 것

을 가리킨다. 증권의 가격변동이란 수익률의 1% 변동에 대한 증권가격변동의 %를 말하며 이를 결정하는 요인에는 이자율과 만기가 있으며 이자율이 높고 만기가 길수록 가격변동이 심하다.

## 가격변동준비금
수출사업을 하는 내국인이 수출할 물품의 가격변동으로 입을지도 모를 손실의 보충을 위해 적립하는 충당금. 조세감면규제법에 의해 손금처리 할 수 있는데, 이 경우 적용대상 사업체는 수출이나 군납 등 외화획득사업에 한하고 소정재고재산의 5% 범위 내에서 인정된다.

## 가격변동폭
선물거래는 거래의 안정성을 확보하기 위해 개별상품의 가격변동의 상하한선을 정해 놓고 있다. 달러선물은 최소가격변동폭이 달러당 0.2원이며 달러선물 1계약의 기본단위는 5만달러이므로 최소가격 변동폭은 1만원 단위로 주문을 낼 수 있다.

## 가격선도
과점화된 시장에서 주도적인 한 대기업이 상품의 가격을 먼저 결정하면 다른 기업들도 모두 이에 따라 동일하게 결정하는 것. 가령 미국 자동 차시장에서 제네럴 모터즈사(GM)가 먼저 가격을 공표하면 잇달아 제 2위인 포드사도 이에 따르고 제 3위의 크라이슬러사도 보조를 맞추게 되는 경우를 말한다. 그러나 이것은 기업간에 일정한 판매가격에 대한 의사소통이나 담합에 의한 가격협정이 아니라는 점에서 카르텔과 다르다.

## 가격소비곡선
소득과 Y재의 가격이 일정불변이고 X재의 가격이 하락한다면 새로운 균형점에서 X재의 수요량은 증가할 것이다. X재의 가격이 하락함에 따라 X재의 가격수준에 대응하는 균형점이 이동하는데, 이러한 균형점들을 연결한 곡선이 가격소비곡선이다. 가격소비곡선으로부터 X재의 가격과 수요량간의 관계를 나타내는 수요곡선을 도출할 수 있다.

## 가격신축성
수요가 공급보다 증가하면 가격은 오르고, 그 반대가 되면 가격이 떨어진다. 이와 같이 수급관계의 변동이 가격의 변동을 초래하는 정도를 가격신축성이라 하며, 비신축성을 가격경직성이라고 한다.

## 가격안정조치
채권은 일정 기간 동안 발행가격으로 투자가에게 판매되어야 하며 이를 위반하였을 때에 판매회사는 판매 수수료를 주간사은행에 반납하여야 하고 주간사회사는 발행가격 이하로 거래되는 채권을 매입하여 가격을 안정시켜야 한다. 이와 같이 채권가격을 안정시키는 것을 가격안정조치라고 한다.

## 가격역지정 거래완료

어떤 특정 역지정가에 주문이 행사된 것. 가령 어떤 주식이 현재 $65에 거래되고 있고, 어떤 투자자가 $62에 500주의 매도가격 역지정 주문을 냈다고 가정하자. 만일 그 주식이 후에 오르고 그 주문이 $62에 행사된다면 그 고객의 주문은 가격역지정 거래완료된 것이다.

## 가격역지정주문

가격역지정주문은 주가(또는 선물, 옵션가격)가 지정가격 이상이 되면 매입하고, 지정가격 이하가 되면 매도하도록 하는 주문의 유형이다. 가격역지정주문에 의한 매입시는 시장활황에 편승하여 이익을 획득할 수 있는 반면, 매도시는 주가하락에 따른 손실을 일정범위내로 방지할 수 있는 효과가 있다. 그러나 이 주문은 주가변동을 가속화시켜 공정한 가격형성을 해칠 우려가 있기 때문에 우리나라 증권거래소에서는 이를 금지하고 있다.

## 가격우선의 원칙

유가증권시장의 경쟁 매매에 있어서 호가의 우선순위를 결정하는 원칙의 하나이다. 주식의 경우 저가의 매도호가는 고가의 매도호가에 우선하고 고가의 매수호가는 저가의 매수호가에 우선하며, 채권의 경우 고수익률의 매도호가가 저수익률의 매도호가에 우선하고 저수익률의 매수호가가 고수익률의 매수호가에 우선한다는 원칙이다.

## 가격위험

이자율이 예상했던 것과 차이가 생김으로써 채권의 시장가격(실현된 가격)이 예상되었던 가격과 달라지게 되는 가능성을 의미한다. 일반적으로 채권을 보유할 경우에는 두 가지 위험이 있다. 그 중 하나가 가격위험이며 나머지 하나가 재투자 위험이다. 이자율이 상승하게 되면 실현된 채권가격은 예상보다 낮을 것이고 이자율이 하락하게 되면 예상보다 높을 것이다.

## 가격의 파라미터적 기능

자유경쟁이 완전하게 이루어지는 시장에 있어서 개개의 수요자나 공급자는 상품의 가격을 자기 마음대로 조작할 수 없다. 가령 1개인만이 다른 수요자보다 값싼 가격으로 상품을 사려 해도 그렇게 할 수는 없다. 가격은 개인적인 입장에 있어서는 본인의 의지나 의사와는 독립적으로 주어진 것이라고 간주된다. 그러나 시장에 있어서의 가격은 부동인 것이 아니고 총 수요량과 총 공급량과의 관계에 의해서 변동한다. 즉 수요가 공급을 초과하면(초과수요) 가격은 등귀하고, 공급이 수요를 초과하면(초과공급) 가

격은 하락한다. 가격의 이러한 성질, 다시 말하면 개인에 대해서는 주어진 것이지만 수급량의 관계에 따라서 변동하며, 수급량이 서로 같아지도록 유도해가는 역할을 가격의 파라미터적 기능이라고 한다. 그러나 시장에 독점자가 존재하는 경우에는 이 기능은 약해지게 된다. 또 계획경제하에 있어 공정가격을 결정할 경우에도 이 기능을 고려하는 것이 필요하다. 이것을 무시하고 공정가격을 지정하면 암시장이 발생해서 공정가격의 의의가 희박해질 우려가 있다.

## 가격의 하향 경직성

가격은 그 상품에 대한 시장의 수요 · 공급 조건을 반영하여 오르거나 내리도록 되어 있다. 그러나 수요 · 공급 조건으로 볼 때 당연히 하락해야 할 가격이 어떠한 이유로 인해 하락하지 않는 것을 가격의 하향 경직성이라 한다. 이러한 가격의 하향 경직성은 오늘날 물가상승의 한 요인으로 지적되고 있다. 가격의 신축성을 제해하는 요인으로는 특히 가격 담합 등이 지적되고 있다. 또 임금도 하향경직성을 나타내는데, 이 역시 인플레이션의 주요한 요인 중의 하나이다.

## 가격전가율

환율의 변동이 수출에 미치는 영향으로는 달러 베이스의 수출가격에 대한 것과 수출수량에 대한 두 가지로 생각할 수 있다. 이 중에서 환율의 변화에 대한 달러 베이스의 수출가격 변화의 비율을 환율의 변화에 대한 가격전가율이라고 한다. ★가격전가율 = 환율변화율 − 원화표시 수출가격 변화율이다.

## 가격정책 01

불완전경쟁 내지는 독점적 경쟁하의 생산자에게 있어서 가격정책은 제품계획, 판매책, 프로모션과 함께 마케팅 믹스의 중요한 구성요소이다. 이것은 단순히 판매가격을 결정할 뿐 아니라 이외에도 유통 각 단계에서의 가격체계, 리베이트정책, 할인정책, 가격유지 등 많은 문제를 안고 있어서 종합적 의사결정이 요구된다.

## 가격정책(price policy) 02

국가가 경제를 안정시키기 위해 상품 및 생산요소의 가격에 간섭하는 정책을 말한다. 현실 경제에 있어서는 가격의 자동조정 기능이 완전히 작용함을 기대할 수 없기에, 정부는 물자의 수급을 조정하는 간접적 가격정책과 상품가격 자체에 직접 간섭하는 직접적 가격정책을 동원하여 물가에 영향을 미치게 된다.

## 가격제한폭

증권시장에 있어서 일시의 급격한 주가변동으로 인한 시장질서의 혼란을 막고 공정한 가격형성을 유도하기 위하

여 당일 입회중 움직일 수 있는 가격의 변동폭을 제한하는 것. 주식의 경우 원칙적으로 기세를 포함한 전일종가를 기준으로 하여, 주가가 당일 가격폭 제한의 상한선까지 오른 경우를 상한가라 하고, 하한선까지 내린 경우를 하한가라 한다. 각 가격단위별 가격 등락폭이 각기 다르게 규정하였던 것을 1995년부터는 일률적으로 6% 범위 내에서 상한가, 하한가를 결정하였다. 과거 주가가 높은 경우 그 상,하한가의 폭이 적던 것이 일률적으로 6%로 결정함에 따라 고가주보다 저가주를 선호하는 경향을 보였다. 1996년 〈7월 12일 신증권 정책〉에 의하면 1996년중 가격폭 제한을 8%로 확대하였으며 현재는 코스닥과 거래소 모두 15%이다. 효율적 시장에서 주가는 모든 유용한 정보를 즉시 반영하여야 하나 가격 폭 제한과 같은 인위적 장치로 인해 정보를 즉시 반영하지 못하는 것이다. 가격폭 제한을 하게 되면 주가가 급등할 때는 사자는 주문이 팔자는 주문을 훨씬 초과해서 사자는 주문의 잔량이 크게 증가하게 되어 다음날 주가상승으로 이어지게 하고 반대로 주가가 급락할 때는 매도주문이 쌓여 매도 잔량이 크게 증가함으로써 그 다음날에도 주가를 하락 시키는 요인이 되고 있다. 이러한 이유로 선진국에서는 가격폭 제한이 없거나 그 폭을 넓게 유지하는 것이 일반적인 현상이다. 미국의 경우는 이러한 상하한가제도를 사용하지 않고, 서킷 브레이크(일정비율이상 주가가 급등락 할 경우 시장거래자체를 일정시간 정지시키는 제도) 제도를 사용하고 있다. 증권거래소는 이 가격제한폭을 점진적으로 확대한다는 방침. 따라서 주식투자의 단기 수익성도 그만큼 커지겠지만 위험성도 증가하게 된다.

## 가격조건

무역거래는 거래당사자가 주권을 달리하는 국가와 국가 등 원격지에 소재 하는 특징이 있다. 따라서 물품운송에 따른 운송비용을 누가 부담할 것인가, 또는 운송하는 과정에서 발생할 수 있는 위험을 담보하기 위한 해상보험 부보는 누가 할 것인가에 상호간 이해관계가 표출된다. 이러한 이해관계에서 비롯될 수 있는 문제점을 방지하기 위하여 일정한 가격조건을 규정, 국제적으로 통용하고 있다. 한편, 모든 가격조건의 책임의무 면책기준은 수출자(매도자)가 된다는 점에 유의하기 바란다. 가격조건은 E그룹 · F그룹 · C그룹 · D그룹으로 구분하여 그 조건을 명확히 하였다.

## 가격지수

가격지수는 당해연도의 가격으로 평가된 산업연관표를 기준년도의 가격으로 평가하기 위하여 계산되는 기준연도에 대한 당해연도의 상대가격지수로서 불변산업연관표를 작성하기 위하여 이용된다. 가격지수는 산업연관표의 기본부문별로 작성되는데 먼저 기본부문을 구성하고 있는 여러 품목들의 가격지수를 산출한 후 이를 그 구성

품목별 산출액 비중으로 가중평균 함으로써 구하여 진다. 한편, 부가가치부문은 적절한 가격지수가 존재하지 않기 때문에 불변산출액에서 불변중간투입액을 차감한 잔여액으로 하는 이른바 이중디플레이션 방법에 의해 추계된다.

## 가격지정주문

증권 또는 상품매매의 상한 또는 하한을 정하여 주문하는 방법을 말한다. 매도의 경우에는 하한을 정하고, 매입의 경우에는 상한을 정하여 주문한다. 가령 March Eurodollar time deposit의 현재가격이 92이나 시황이 좋지 않아 하락할 가능성이 크다고 보아 가격 90에 이르면 매도하도록 지정하여 매도주문(stop order to sell)을 한다. 이러한 주문은 "sell 2 March Eurodollar 90 stop"으로 표시되며 여기서 "2"는 수량을 가리키고 "90"은 최저가격을 말하며 "stop"은 stop order임을 가리킨다. 그러나 가격이 90이상이 되면 시가주문화한다. 반대로 매입의 경우에는 "buy 3 March Eurodollar deposit 92 stop"으로 표시하고 가격이 "92"에 이르면 매입하라는 주문이 되고 그 이하의 가격에서는 시가 주문화한다. 이러한 가격지정 주문은 취소하기 전에는 계속 유효한 GTC(good till cancelled)의 형태를 취하게 된다.

## 가격지지

새로 발행된 증권이 유통시장(2차시장)에서 상장가 아래로 떨어지지 않도록 보장하기 위해 발행기간 동안 공개시장에서의 매매에 대해 그 증권 가격을 고정시키는 것을 말한다.

## 가격차별

완전경쟁시장에서는 한 상품에 대해 단 하나의 가격만이 성립하는 일물일가의 법칙이 존재한다. 그러나 독점기업은 동일한 상품에 대해 생산비용이와 같은 데도 불구하고 상이한 시장에 상이한 가격을 매길 수 있는데, 이를 가격차별이라 한다.

## 가격카르텔

동일상품을 생산하는 기업이 서로 협정을 맺어 가격을 정하는 일. 자본 주의경제하에서 경쟁이 심해질 때, 경쟁을 피하고 이익을 확보하고자 취해지는 방법의 하나다. 이로 인해 가격이 부당하게 인상되어 소비자가 곤란해질 염려가 있기 때문에 현재는 공정거래법으로 가격협정을 금지하고 있다. 다만 불경기로 시세가 폭락하여 기업경영이 몹시 곤란하게 될 경우에만 당국의 인가를 받아 협정을 맺을 수 있다. 이것은 불황카르텔이라고 한다.

## 가격통제

가격정책의 일환으로서 가격의 자동조절기능에 차질이

생겼을 때 공적 의사를 가지고 직접적으로 가격을 규제하는 것을 말한다. 가격통제는 법률상으로 그 근거를 가질 수 있으므로 직접적인 강제성을 내포하지만, 생산자재의 할당제도나 소비물자의 가격제도를 수반하지 않으면 가격통제 자체가 원활히 그 기능을 발휘할 수 없게 된다. 가격통제는 일반적으로 다음과 같은 때 실시한다. 초과수요가 지속되어 인플레이션이 진행될 때 이를 억제하기 위하여 임금 또는 물가에 일반적인 법적규제를 가하는 경우, ②인플레이션의 진행과정에서 국부적인 수요초과 또는 공급부족 즉 애로가 생겨서 전반적인 경제의 원활한 순환을 저해할 우려가 있을 때, ③사업의 공익성과 독점성으로 인하여 관영사업이나 공익사업의 요금에 대한 가격통제가 실시되는 경우, ④기타 국가경제의 필요에 따라, 이를테면 수출입가격과 국내가격의 조정을 위하여 실시될 수도 있다. 우리나라에 있어서 5 · 16 이후 군사혁명위원회 포고 제 6호에 의해 모든 물가를 5 · 15가격선으로 동결시킨 것이 대표적 예라 하겠다.

### 가격통제(price control)

가격정책의 일환으로 가격의 자동조정기능(function of automatic adjustment)에 차질이 생겼을 때, 공적 의사를 가지고 직접적으로 가격에 간섭을 하는 것을 말한다. 가격통제는 일반적으로 초과수요가 지속되어 인플레이션이 진행되거나 진행될 우려가 있을 때 실시하게 된다. 가격통제는 법령상으로 그 근거를 가질 수 있으므로 직접적인 강제성을 내포하게 될 때가 많다.

### 가격파급효과분석

가격파급효과분석은 임금 등 부가가치항목이나 투입된 원재료의 가격변동을 독립변수로 하여 그것이 각 생산물 가격에 미치는 영향을 파악하려는 것으로서 최종수요에 의한 물량파급효과분석과 함께 산업연관표를 이용한 분석방법의 하나이다.

### 가격폭제한

증권시장에 있어서 일시의 급격한 주가변동으로 인한 시장질서의 혼란을 막고 공정한 가격형성을 유도하기 위하여 당일 입회중 움직일 수 있는 가격의 변동폭을 제한하는 것. 이 가격폭 제한의 상한선까지 오른 경우를 상한가라 하고, 하한선까지 내린 경우를 하한가라 한다. 현행 거래 법상 상 · 하한가 변동폭은 같으며 주가에 따라 그 폭이 결정된다. 한편 가격폭 제한은 시장의 효율성을 저해하는 요인이 되기도 한다. 효율적 시장에서 주가는 모든 유용한 정보를 즉시 반영하여야 하나 가격폭 제한과 같은 인위적 장치로 인해 정보를 즉시 반영하지 못하는 것이다. 이러한 이유로 선진국에서는 가격폭 제한이 없거나 그 폭을 넓게 유지하는 것이 일반적인 현상이다. 최근 국내에서도 가격제한폭의 확대가 검토되고 있다.

### 가격표시제

국내에서 생산된 공산품이나 수입가격을 명기토록하고 있는 제도. 이들 품목중에서도 중간재나 수입품에 공장도 가격이나 기계설비 등에는 원칙적으로 적용되지 않고 주로 최종소비재에 적용된다. 제품에 공장도가격이나 수입가격을 명기함으로써 유통마진이 얼마나 되는가를 공개해 소비자에게 가격정보를 제공하고 무분별한 수입이나 소비를 억제하기 위해 1988년 도입됐다.

### 가격할인

변화하는 시장상황으로 인하여 딜러들이 가격을 인하하는 것을 말한다. 가령 시장이자율이 상승할 때 채권가격을 낮추어 부르는 것이 이에 해당한다. 딜러가 일반투자자 고객들로부터 증권 구매시 지불하는 가격과 동일 증권을 시장조성자들에게 팔 수 있는 가격 간의 차이를 말한다. 인상 전 가격 분양제는 분양가가 오르기 전 가격으로 아파트 분양가를 책정해 가격 인상에 따른 고객 부담을 덜어주는 분양제도이다.

### 가격할인제

아파트 분양가격을 일정부분 할인해 주는 제도로 마이너스 옵션제와 인상 전 가격 분양제가 있다. 마이너스 옵션제는 건설업체가 미장공사까지만 하고 나머지 내부 마감작업은 입주자 스스로 하도록 유도하는 제도이다. 마이너스 옵션제에 따라 소비자가 직접 내부꾸미기를 하면 하자보수 등에 있어서 모든 책임과 경비를 부담해야 하는 문제가 있다.

### 가격할증

어떤 증권의 시장가격 상승으로 인하여 딜러가 그 증권가치를 상향적으로 재평가하는 것, 또는 동일증권에 대해 딜러가 일반투자자 고객에게 매도하는 가격과 시장 조성자의 매도가격 간의 차이를 말한다.

### 가격혁명

16세기 후반부터 17세기 전반에 이르는 약 1세기 동안 유럽에서의 가격의 혁명적 등귀를 말한다. 당시의 사람들은 이 등귀원인을 흉작 · 수출초과 · 독점 · 과중한 세금 등의 경제적 이유에서 찾고, '화폐의 파라독스'로서 이해했지만, 최대의 원인은 미국으로부터의 대량의 은유입에 기초한 화폐구매력의 저하에 있었다. 유럽인의 아메리카 정복은 흑인의 저렴한 노예노동, 토착인의 강제노동에 의한 귀금속의 약탈적 취득을 가져왔고, 특히 은 생산에 있어서의 기술변혁, 소위 아말감법의 채용에 의한 연료비 · 간접비의 경감과 고능률적인 대량생산에 성공하고 은의 평균생산비는 대폭 하락되었다. 이에 따라 은의 가치는 크게 하락되었다. 이러한 은의 가치하락으로 수반된 유럽의 물가상승은 지역적 · 상품별로 그 강도를 달리하고, 엄밀·정확한 통계적 제시는 곤란하지만 적어도 2배 이상에 달하였다. 이러한 가격혁명의 역사적 의의는 근대자본주의 발흥의 한 요인으로서 다음과 같이 평가되고 있다. ①이미 임금노동자가 출현하고 있는 곳에 서는 노동의 저임화가 강화되었다. 물가등귀는 먼저 농업생산물에 나타났지만 곡가의 상승에도 불구하고 임금은 정체적이어서 노동자의 생산수준이 저하되었다. ②임금상승의 둔화(프랑스 및 영국의 임금지수는 앞에 기술한 각각의 시기에 138및 189)에서 발생한 초과이윤의 기업가에게 대량의 잉여자본의 형성을 가능케 하고 이에 따라 공업, 산업 및 금융업 에서 대규모 경영의 발전이 촉진되었다.

## 가격효과

소비자의 선호와 소득, 한 상품의 가격이 불변인데 다른 한 상품의 가격이 변할 때 그 상품에 대한 소비자의 균형 소비량이 변하는 것을 가격 효과라 한다. 가령 소득과 Y재의 가격이 일정불변이고 X재의 가격이 하락할 경우, X재에 대한 균형 소비량이 증가할 것이다.

## 가계(households)

경제활동의 결과 얻어진 대가를 수입원으로 하여 상품과 서비스의 최종적 소비활동을 영위하는 경제주체를 말한다. 가계는 경제분석에서 기업과 정부와 함께 경제활동을 영위하는 주체 중에서 중요한 부문을 구성한다. 구체적으로는 세대를 단위로 하며 세대는 생계를 같이하는 일단의 동거인을 총칭하는 개념이다. 국민계정(SNA)에서는 가계란 동일한 주거시설을 사용하고 소득과 부의 일부 또는 전부를 공유하며 특정 유형의 재화 및 서비스(주로 주거와 음식)를 집합적으로 소비하는 소규모 개인집단으로 정의된다.

## 가계도(genogram) 01

적어도 3세대 이상에 걸친 가족관계를 묘사한 가족치료(family therapy)에서 사용되는 도표로 결혼을 표시하는 수평선을 비롯하여, 여성을 원으로 묘사하고 남성은 사각형으로 나타낸다. 수직선은 결혼 선에서 아동을 나타내는 다른 원과 사각형까지 그려진다. 이 도표는 사망, 이혼 및 재혼 등과 같은 중대한 사건을 표시하고 재발된 행동양식을 나타내기 위한 다른 기호 또는 문자해설을 포함하고 있다.

## 가계도 02

가족체계이론의 한 부분으로서 M. Bowen에 의해 개발된 가계도는 가족치료에 있어서 가족관계를 최소한 3세대까지 확장해서 가족성원에 관한 정보와 그들 간의 관계를 그림으로 기록하는 작성법이다. 가계도는 대체로 3단계로 작성되는데, 가족구조를 도식화하고, 가족에 대한 정보를 기록하며 가족관계를 기술하는 것 등이다. 가계도

는 기본적으로 서로 관련된 각 성원을 나타내는데, 여성은 원으로, 남성은 사각형으로 나타내고 결혼관계는 가로선으로 나타낸다. 그리고 죽은 사람은 기호 속에 X를 표시하고 왼쪽 위에는 출생연도와 오른쪽 위에는 사망연도를 기입한다. 이밖에 이혼, 재혼 등과 사건이나 반복되는 행동양식 등 가족에 관한 정보는 글로 쓰거나 표시로 나타낸다. 서울장애인종합복지기관 등에서는 사회진단 시 가계도를 작성하여, 가족에 대한 정보를 얻고 있다. 가계도에 기록되어야 할 사항으로는 ①각 가족의 이름, 별명, 애칭 등, ②출생, 사망, 질병, 결혼에 관한 연월일, ③동거여부, ④접촉의 유형, ⑤가족 간의 기본적인 표현체계, ⑥친밀 또는 소원한 관계, ⑦가족관계의 특성, ⑧정서적 단절, ⑨종교, ⑩사회경제적 수준, ⑪정서적 관심을 가지고 있는 이슈 등이다.

## 가계보험(personal line)

가정의 경제생활을 위협하는 여러가지 위험에 대처하기 위하여 개인이 자기 책임하에 가입하는 보험. 기업보험에 대비된다. 가족의 생명이나 신체에 관한 위험에 대비하기 위한 생명보험·상해보험, 개인의 주거나 가재에 대한 화재보험, 그리고 자가용 자동차에 대한 자동차보험 등이 가계보험에 속한다.

## 가계생활지수

결혼해 가정을 가진 기혼자들이 경제적 문제에 관해 느끼는 어려움을 지수로 표현한 것이다. 가계생활지수는 경기/소득/소비에 대한 체감 정도와 앞으로의 전망을 보여주는데, 세부항목은 경기/소득/서비스에 대한 평가와 예측을 묻고, 가전제품/가구/자동차 등 내구 소비재에 대한 구매 계획을 질문한다. 즉 최근에 내구 소비재를 샀던 적이 있는가, 앞으로 살 계획이 있는가, 산다면 언제 살 것인가에 대한 응답을 통해 피부로 느끼는 경기동향과 내수시장의 상황을 예측한다. 지수는 긍정적인 응답에 2, 중립 1, 부정 0의 가중치를 부여해 평균을 계산해 100을 곱해 구한다. 따라서 지수값이 100을 넘으면 경제적으로 여유가 있다는 것이고, 100이하면 경제적 여유가 없다는 것을 뜻한다. 98년 2/4분기 가계생활지수는 51.1로 지난 1/4분기의 49.9보다는 약간 나아졌지만 100에 훨씬 못 미치는 것으로 경기가 좋지 않음을 반영한다. 가계생활지수는 96년 1/4분기 100.31로 최고점을 기록한 뒤 계속 하락해 왔다.

## 가계소득

가족들이 일하여 얻은 근로수입, 장사를 하여 얻은 사업수입, 집세·지세·이자·배당금 등으로 얻은 재산 수입 등을 합한 가족의 총소득. 가계는 수입과 지출의 두 가지 측면으로 나누어 볼 수 있는데, 지출은 소비 지출과 저축으로 구성된다.

## 가계소득(household income)

가계는 가정생활을 영위하기 위하여 수입과 지출을 운영하는 경제주체로서, 가계 규모는 수입의 크기에 의해 규정되는데, 여기에는 가족이 일하여 얻은 근로수입, 장사를 하여 얻은 사업수입, 집세·토지세·이자·배당금 등의 재산수입 등이 포함된다. 지출은 생활필수품 등의 구입에 따른 소비지출과 물품이나 서비스의 유입을 수반하지 않는 지출인 저축으로 구성되며, 가정 경제의 합리적인 경영을 위해서는 수입과 지출을 합리적으로 배분하여 균형이 이루어지도록 해야 한다. 따라서 가계의 수입과 지출의 명세나 균형을 측정하기 위한 가계조사가 이루어지는데, 이를 통해 국민 소비생활의 실태와 생활수준, 지역적 차이 등을 파악하여 국민 경제정책 등의 기초자료로 삼는다. 일반적으로 가계의 소득 수준이 높아질수록 필수재(필수재)를 구입하는 가계소득에 대한 기초적 지출은 낮아지는 반면 내구적 소비재나 피복비 등은 점점 고급화한다.

## 가계소비지출
(household consumption expenditures)

가구에서 가구원의 생활에 필요한 재화나 용역을 구입한 대가로 지출되는 일체의 비용으로서 식료품비, 광열수도비, 교육비, 교양오락비, 주거비, 피복신발비, 교통통신비, 기타잡비로 구성되며현금지출 외에 자가소비 평가액, 주거용 건물의 감가상각액도 포함된다.(가계조사에서는 주거용 건물의 감가상각액이 제외된다)

## 가계수지
(households' total income and expenditure)

일정기간 중 가구의 총수입과 총지출을 가계수지라고 하는데 언제나 〈총수입 = 총지출〉의 관계가 성립된다. ★총수 입 = 소득 + 기타수입 + 전월이월금 · 총지출 = 소비지출 + 비소비지출 + 기타지출 + 월말현금잔고 · 흑자 = 소득 - 가계지출 = 소득 -(소비지출 + 비소비지출) = 가처분소득 - 소비지출 · 흑자율(%) =(흑자 ÷ 가처분소득)×100

## 가계수표

개인이나 개인사업자가 자기신용으로 발행하는 수표. 기업들이 신용으로 발행하는 당좌수표와 비슷한 것으로 개인당좌수표라고 할 수도 있다. 개인이 지급을 책임진다는 점이 발행은행이 지급을 책임지는 자기앞수표와 다르다. 가계수표를 발행하려면 가계종합예금에 가입해야 한다. 은행과 약정한 한도 내에서 임의로 가계수표를 발행할 수 있다. 우리나라는 지난 81년 7월 가계종합예금제도를 도입하면서 가계수표제도를 실시했다.

## 가계와 민간비영리단체계정

가계와 민간비영리단체 소비주체로서 소득수취와 처분을 나타내는 경상 계정, 생산주체로서의 자본형성과 그 자금원천을 표시하는 자본조달계정으로 구성된다. 경상계정은 기본적으로 국민소득계정과 연결되는데 대변에는 국민소득계정에서 이기된 요소소득과 일반정부의 경상계정, 자본조달계정 및 대외거래에 관한 경상계정과 자본조달계정으로부터의 경상이 전수입이 기입된다. 차변에는 소비지출 직접세 및 기타 경상이전지출과 잔액저축이 기입된다. 저축항목은 자본조달계정에 대기되어 경상계정과 자본조달계정을 연결한다. 자본조달계정에는 국내자본 형성계정과 마찬 가지로 차변에 이 부문의 자본형성이 계상되며 대변에는 그 자금원천이 각 형태별로 표시된다. 따라서 각 부문의 자본조달계정을 합계하면 국내자본 형성계정이 된다.

## 가계외 소비지출

가계외 소비지출이란 기업의 소비적 지출을 말하는 것으로 기업이나 가 계 이외의 경제주체가 지출하는 민간소비지출과 유사한 성격의 소비이다 회의비, 다과비, 교제접대비 등과 같은 경비가 이에 해당된다.

## 가계의 밸런스시트

가계 운영에는 소득과 지출에 관한 수지 관리도 중요하지만, 재산이나 부채에 관한 자산 관리도 중요하다. 후자의 상황을 나타내는 것이 가계의 밸런스 시트이다. 토지·주택 등의 실물 자산과 주식·예금 등 금융 자산의 합계가 총자산이 되며 은행으로부터의 대출금, 월부 상환금의 미불잔액 등이 부채가 된다. 따라서 총자산에서 부채액을 차감한 것이 순 자산액이 된다. 가계의 금융자산 보유액을 아는 데는 금융통계를 이용해서 추계된 결과를 이용하든가, 가계에 대한 표본조사에 의거하는 방법이 있다. 저축동향조사는 후자의 대표적인 예인데, 여기서 얻게 되는 세대 당의 수치는 금융통계로부터의 수치보다 약간 낮아지는 경향이 있다. 금융자산이나 부채에 대한 분석에서는 그 절대액 보다도 소득에 대한 비율(금융 자산·소득비율 등)이 이용되는 일이 많다.

## 가계저축률

가계저축률은 전체저축률 중 법인기업이나 정부저축을 제외한 것을 지칭한다. 가계저축에는 농가, 일반 개인, 개인사업자 등의 저축이 포함되는데 금융기관 입장에서 볼 때는 가장 확실한 수신재원이다. 가계저축률이 올라갈 경우 곧바로 장기적인 산업자금화된다는 점에서 저축률통계 중 가장 중요한 지표이다. 가계저축률은 일반적으로 부동산·주식 등 예금의 대체투자수단이 활발할 때는 떨어지고 재테크경기가 둔화될 때는 올라가는 경향을 보인다.

## 가계 정신지체(familial mental retardation)

임상적으로 진단되거나, 또는 뇌(腦)의 상태로 인한 정신지체가 아닌, 문화적 계승요인 때문에 나타나는 정신지체 현상. 문화적 계승 요인으로는 한 민족이나 종족 또는 가계가 공통적으로 당면하는 사회적 관습, 유해유전인자의 계승, 경제적 빈곤과 관련된 모든 요인과 사회구조와 관련된 요인이 있다.

## 가계조사

전국 가계의 수입과 지출을 조사하여 국민소비생활의 실태, 생활수준의 추이, 지역적 차이 등을 파악, 노동정책이나 경제정책의 기초자료로 삼기 위해 실시하는 조사이다. 주로 도시근로자가구의 개별적인 수지 실태를 금액의 형태로 포착하는 것으로서, 국민경제의 거시적 관점에서 추계 하는 소비통계와 서로 대응된다. 그러므로 가계조사는 소비분석, 시장조사, 생계비지수 작성시에도 중요한 자료가 되고 있다.

## 가계조사

(family household income and expenditure survey)
가계(가구)의 수입과 지출의 실태와 생활수준의 변동사항을 파악하여 ①경제정책 및 사회정책의 수립에 필요한 기초자료, ②국민소득추계자료, ③물가지수편제에 필요한 가중치자료, ④소비수준변화의 측정 및 분석에 필요한 자료 등을 얻고자 하는 조사이다. 우리나라의 경우 조사대상별로 도시가계조사, 농가경제조사, 어민경제조사 등이 시행되고 있다.

## 가계종합예금

가계로 하여금 가계수표를 발행할 수 있게 하면서 비교적 높은 이자를 지급하는 요구불예금의 일종이다. 최고예치한도는 1,000만원 이내이며, 가계수표의 장당발행한도는 30만원 이내이다.

## 가공

물건과 사람의 노동이 합체하는 것. 즉 타인의 동산에 노력을 가하여 새로운 물건을 만들어 내는 것을 말한다. 가공의 성립요건으로는 ①타인의 물건에 변경을 가하는 것, 즉 공작이 있어야 하고, ②공작에 의해 새로운 물건이 성립함을 요하며, ③가공의 재료는 동산에 한한다. 우리 민법은, 타인의 동산에 가공한 때에는 그 물건의 소유권은 원재료의 소유자에게 속하나(민 259 ①본문), 가공으로 인한 가액의 증가가 원재료의 가액보다 현저히 다액인 때에는 가공자의 소유로 한다(민 259 ①단서)고 하여 재료주의를 채택하고 있다.

## 가공단계별 물가지수

생산자물가지수의 상품에 수입품까지 포함하여 상품의 가공단계에 따라 원재료, 중간재 및 최종재로 나누어 각각의 지수를 편제함으로써 물가의 파급과정과 국내 생산품뿐만 아니라 수입품까지 포함한 모든 상품에 대한 산업부문별 물가동향 을 살펴볼 수 있도록 한 생산자물가지수의 보조지수이다.

## 가공도

원재료를 어느 정도 가공한 제품인가를 나타내는 지표. 매출액에 대한 부가가치액의 비율을 표시하는 부가가치율도 가공도지표 중의 하나다. 일반적으로는 주요 원재료 소비량 1단위당 실질매출액을 가공도 지표라 한다.

## 가공매도

증권의 선물거래에 있어서는 현물이 일정 기간 후에 인도되므로 현재 보유하고 있지 않더라도 선물을 매도할 수 있다. 만기가 되면 시장에서 매입하여 매도할 수가 있기 때문이다. 이러한 매도를 가공매도라고 한다. 이자율이 상승하면 증권의 가격이 하락하게 된다. 이러한 경우, 보유하고 있는 증권을 매도하면 손실을 피할 수 있으나 보유하고 있는 증권을 매도하지 않고도 금리 리스크를 커버할 수가 있는데 이때 이용되는 것이 가공매도이다. A가 유러채 US$20,000,000를 가지고 있는데 금리가 상승 하여 증권가격이 떨어질 가능성이 있어 미 재무증권 US$15,000,000를 가 공매도하였다. 실제로 한달 후 유러채는 5% 하락하였고 미 재무증권은 6 % 하락하였다. A는 재무증권을 선물 매도 하였으므로, 6%가 하락한 값 US$14,100,000로 현물시장에서 매입하여 매입자에게 인도하면 US $900,000의 이익을 취득하게 된다. 한편 유러채 US$20,000,000는 5%가 하락하여 US $1,000,000의 손실을 입었다. 그러므로 순손실은 US$100,000(=US$1,000, 000 − US$900,000)이 된다.

## 가공무역

원료를 수입하여 제품을 수출하는 형태의 무역. 수입해 온 물품을 그 수입국에 재수출하는 것을 적극적 가공무역, 제 3국에 재수출하는 것을 통화적 가공무역이라 한다.

## 가공수출

실행되지 않는 수출을 말한다. 이것은 무역상이 본사나 해외지점에 가공의 수출계약을 체결하고 국내체화를 담보로 이것을 금융에 이용하려고 하는 것이다.

## 가공이익

장부상으로만 생긴 지상이익. 미 실현이익 또는 평가이익을 이익으로서 계상하는 것이 건실한 회계가 못 된다는 것은 이 이익이 가공이익임을 뜻 한다. 그러나 실현된 이익이라도, 즉 상품 판매에서 현금을 받아 이익이 되었다 하더라도 가공이익이 될 수가 있다. 가령 화폐가치가 저락 될 때, 판매가격과 생산가격의 차이에 의해 순이익이 발생했다 할지라도 그 이익 중의 일부분은 가공이익이 된다는 것이다. 가공이익의 개념은 회계이론의 접근방식에 따라 상이한 내용을 담을 수 있다.

## 가공주식보상제

경영자에 대한 인센티브 급여방법의 하나로서 경영자에게 일정수의 주식단위(가공주식)를 부여하고 일정기간 후에 주가와 가공주식의 기준 가격의 차에다 주식단위의 수를 곱한 금액을 산출하여 이를 현금으로 지급 한다.

## 가교기관

부실금융기관 정리를 위해 한시적으로 운영되는 금융기관을 말한다. 정리대상 금융기관의 3자인수 및 청산작업을 위해 자산을 일정기간 보유하며, 채무상환 및 계약이행 등도 맡는데, 금융기관 퇴출에 따른 이용자와 채권금융기관의 불편을 막는 게 목적이다. 97년 연말에 종금사 구조조정 과정에서 가교종금사인 한아름 종금이 만들어진 바 있으며, 98년엔 부실리스사 정리를 위해 가교리스사로 한국 리스 여신이 설립됐다.

## 가교리스사

부실리스사 정리를 지원하는 리스사를 말한다. 부실리스사의 자산과 채무를 이전받아 한시적으로 리스계약 이행 및 채무상환 등을 담당하는 리스사로, 리스사가 갑자기 정리되는데 따른 리스 이용자의 불편과 채권 금융기관의 혼란을 막는 게 목적이다. 서울은행 등 5개 은행은 98년7월15일 리스자회사의 원활한 정리를 위해 가교리스사인 '한국리스여신'을 설립했다. 한편 금융당국은 종합금융사 구조조정 과정에서 금융시장에 미치는 파장을 최소화하기 위해 가교종금 사인 '한아름종금'을 설립한 바 있다.

## 가교은행

부실금융기관의 인수나 청산을 위해 정부 또는 정부기관이 출자해 설립하는 정리금융 기관으로서 부실금융기관이 청산될 때 생길 수 있는 금융시장의 충격을 최소화하는 것이 그 설립목적이다. 금융기관이 청산 되면 여기에 돈을 맡겨둔 고객이 예금을 찾는데 차질이 생기며, 기업에 대한 대출만기 연장이 중단되는 등의 부작용이 불가피하다. 이와 같은 부작용을 줄이기 위해 정리될 금융기관의 예금 및 이에 상응하는 자산을 인수한 다음, 정부로부터 차입한 재원 등을 토대로 예금을 지급해주고 우량자산은 다른 금융기관에 매각하는 등 부실금융 기관의 정리절차를 맡아 수행한다. 이와 같이 자산실사나 처리에 기간이 많이 소요될 경우 제한적으로 부실금융기관의 기존 업무를 유지하면서 정리절차를 진행하면 금융시장에 미치는 충격을 줄일 수 있게 된다. 그밖에 부실금융기관을 처리하는 방법에는 회생에 필요한 자금을 지원하거나 다른

금융기관과의 합병을 통한 정상화 방법과 건실한 금융기관이 부 실금융기관의 자산이나 부채를 승계하는 방법 등이 있다. 가교은행을 통한 처리는 규모가 큰 부실금융기관을 정리할 때 주로 이용된다. 정리금융기관과 마찬가지로 없어지는 한시적인 금융기관이기 때문에 설립한 뒤 2~3년 동안 부실 금융기관 정리업무를 끝내고 나서 해체된다.

## 가구(household) 01

가구는 주거 및 생계를 공동으로 하는 생활단위이다. 세대구성에 따라 1친족가구 1가구주와 친족관계를 갖는 세대원 1비 친족가구 1가구주와 동거인 및 친족과 관계없는 가사사용인 또는 영업사용인 등을 포함하며 1단독가구 1독신자 등의 분류도 보여진다. 또 보통가구, 준가구 등으로도 분류할 수도 있다. 가구의 개념은 가족의 개념과 달리 주로 통계적인 편의, 특히 특정시점에서 인간의 생활 공동의 단위를 알려주는 유효한 개념이다.

## 가구 02

관계가 있든 없든 동일한 거주단위에서 사는 모든 사람에게 해당되는 미국 인구통계청의 용어이다. 이는 집단을 이루는 사람들뿐만 아니라 개인과 독신가족(1인 가족)도 포함한다.

## 가구제

공법상의 권리관계에 관해 가정적인 임시의 효력관계나 지위를 정함으로써 본안판결이 확정될 때까지 잠정적으로 권리구제를 도모하는 것을 말한다. 행정처분은 집행력·공정력 등 특수한 효력이 있기 때문에 적절한 가구제가 인정되지 않을 경우 행정처분이 집행되어 원상회복이 불가능하게 되어 행정구제가 어렵게 되므로 본안판결이 있을 때까지는 잠정적인 권리구제 수단으로서 이러한 가구제제도가 필요하게 된다. 현행 행정소송법 제23조 제2항 내지 제6항에 의한 집행정지가 가구제제도의 일종이다.

## 가구주(Household head)

호주 또는 세대주와는 관계없이 그 가구를 실질적으로 대표하는 사람을 말하며, 혈연관계가 없는 사람이 2인 이상 함께 사는 경우에는 그 중 연장자 또는 대표자를 선정하여 가구주로 한다.

## 가급연금액

국민연금법의 연금급여액 산정 시 계산의 기초가 되는 배우자 또는 자녀에 대해 가산되는 연금액을 말한다. 가급연금액은 수급권 취득 당시 가입자 또는 수급권자에 의해 생계를 유지하던 배우자, 자녀(18세 미만 또는 장애2급 이상) 또는 부모(60세 이상 또는 장애2급 이상, 배우자의

부모 포함)가 있는 경우에 지급하는 일종의 가족수당 성격의 부가급여이다. 2000년 국민연금법 개정으로 노령연금·장애연금의 경우에는 연금수급권을 취득한 후에 새로이 수급권자에 의해 생계를 유지하는 가급대상자가 있는 경우에도 가급연금액이 지급된다.

### 가납재판
재판의 확정 후에는 집행할 수 없거나 집행하기 곤란할 염려가 있다고 인정할 때, 직권 또는 검사의 청구에 의해 피고인에게 벌금·과료 또는 추징에 상당한 금액의 가납을 명하는 재판(형소 334)을 말한다. 재판의 형식이 명령이므로 가납명령이라고도 하는데, 가납명령은 형의 선고와 동시에 판결로써 선고하여야 한다(형소 334 ②). 가납명령은 즉시로 집행할 수 있으며(형소 334 ③), 가납의 재판을 집행한 후에 벌금·과료·추징의 재판이 확정된 때에는 그 금액의 한도에서 형이 집행된 것으로 간주한다(형소 481).

### 가내노동자
제조업자와 도매상으로부터 재료, 자금 등을 지급받아 가공임을 목적으로 행하는 노동자이다. 매뉴팩처(manufacture) 단계에서 상인이 도시수공업자나 농촌의 부업적인 공업생산자를 지배·예속시킨 가내공업인 가내노동자 생성의 배경이라 하겠다. 가내공업적인 부인노동자, 미성년자 등이 그 주류를 이루고 저임금, 비위생적인 노동환경, 장시간 노동으로 고한산업의 대표적인 노동자이다.

### 가내미유증
가내미유증은 1968년 일본의 기타큐우슈시를 중심으로 서일본 일대에서 발생했다. 가내미창고회사가 제조한 쌀겨 기름에 폴이염화비페닐(PCB)이 혼입되어 있었기 때문에 이것을 먹은 소비자가 입은 건강피해이다. 임신중의 피해자에게서 검은 피부의 아이가 태어나고 많은 피해자의 피부와 내장에 장해가 남거나 사망하는 등 큰 피해가 있었다. 피해자는 가해기업인 가내미창고 등에 보상을 요구하는 소송을 제기하였다.

### 가능성사단
사원의 수를 복수로 하지 않고 또는 되지 않을 가능성도 있는데, 이러한 경우에도 주식회사를 해산시키지 않는 것은 기업유지의 이념에 합치되기 때문이다. 이러한 주장은 사원이 1인 밖에 없는 1인회사(상 227iii·517i)가 성립함으로써 주주가 단 1명이더라도 회사의 운명이 가능하다는데서 성립한다.

### 가능자 역할(enabler role)
사회사업에서 클라이언트가 지속적인 압박상태나 상황에 잘 대처할 수 있는 능력을 갖출 수 있도록 도와야 할 책임을 말한다. 이러한 목표를 성취하는데 사용되는 구체적 기술은 희망이 무엇인지 조사하고, 저항과 양가감정을 감소시키는 등 감정들을 인지하고 다룰 수 있어야 한다. 또 개인적인 강점들과 사회적인 자질을 확인시켜 주고 지지해주며 좀 더 지속적으로 해결될 수 있도록 문제들을 각 부분으로 나누어 주고, 목표에 초점을 맞추게 하고, 그것들을 성취할 수 있는 방법을 지속시켜 주는 것 등이 포함된다.

### 가도시화
가수요(pseudo — demand)에서 유래된 표현으로 경제기반이 약한 개발도상국의 급속한 도시팽창 현상을 말한다. 가도시화는 도시의 성장과정이 선진공업국처럼 산업성장에 따른 농촌 노동인구 유입의 결과 결과라기보다는 농촌경제의 파탄으로 말미한 이농현상에 의한 것이다. 즉 도시가 농촌실업자의 증가에 따라 비정상적으로 성장한 것이다.

### 가동률(operation ratio) 01
생산설비가 어느 정도 이용되는지를 나타내는 지표로서 사업체가 주어진 조건(설비, 노동, 생산효율 등)하에서 정상적으로 가동하였을 때 생산할 수 있는 최대 생산량(=생산능력)에 대한 실제 생산량의 비율(%)을 말한다. ★가동률(%) =(실제 생산량 / 생산능력) × 100

### 가동률 02
기업의 설비 가동비율을 그 생산능력을 100으로 하여 %로 나타낸 것을 말한다. 가령 가동률이 80%라고 하면 10대의 설비 중에서 8대의 설비가 완전히 가동하고 있다는 뜻이다.

### 가동률 지수 01
제조업 부문의 생산능력지수와 가동률지수는 제조업의 생산능력과 이의 이용 정도를 나타내는 지표로서 공급능력의 수준과 동향이 어떻게 변화하여 가는가를 나타내는 것이 생산능력지수이며 생산실적과 생산능력의 비율인 설비이용도를 지수화한 것이 가동률지수인데 이는 경기동향 분석의 기초자료로 이용된다.

### 가동률 지수 02
어떤 기준시점의 생산설비 가동상황을 100으로 했을 때, 그 시점과 비교하여 어느 정도나 실제로 설비가 가동하고 있는가를 나타내는 지수. 경기 동향을 민감하게 반영, 호황일 때는 올라가고 불황 시 내려간다.

### 가동인구(utilization population)
일해서 수입을 얻고 있는 인구부분을 의미한다. 이것은

통계용어라 하기 보다는 이론적 내지는 일반적 용어라 할 수 있다. 특별히 이 용어를 사용하는 것은 전체 인구 중에서 가득력을 가진 부분, 다시 말해 전체사회의 부양관계를 상정할 경우에 부양력을 가지는 부분을 표시하기 위해서이다.

## 가두보도
소년경찰은 문제가 있는 소년을 조기에 발견하고, 또 재범을 방지하기 위하여 가두보도를 하는데 공연장, 번화가 공원, 사창가, 유기장, 유원지, 역대합실 등 인파가 많고 비행이 발생하기 쉬운 우범지대에서 일상 가두보도활동을 하고 있으며 국경일, 축제일, 공휴일, 졸업기 및 방학동안에는 별도로 계획을 수립하여 유관기관과 합동 단속반을 편성하여 특별가두보도활동을 실시, 비행예방에 주력하고 있다.

## 가두보도활동(street guidance)
청소년의 비행, 탈선 및 범죄를 예방하고 재범의 방지를 위하여 비행, 탈선, 범죄에 노출되기 쉬운 장소 등에서 보도활동을 행하는 것으로 유관기관들이 연합하여 행하는 범죄합동단속도 가두보도활동 중의 하나이다.

## 가두직업소년
생활상의 어려움으로 인해 직접 가두에서 생업을 위해 활동하는 소년을 말한다. 이들은 대개 가정적인 문제를 지니고 있으며 이로 인해 사회악에 감염되기 쉬운 요소가 많다.

## 가등기가처분
가등기의 신청에 동의하지 않는 상대방이 법원에 대해 가등기를 필해야 한다는 취지의 가처분 명령을 신청하고, 이 명령에 의해 일방적으로 행하는 가등기를 말한다(부동산등기법 37ㆍ38). 가등기가처분명령은 부동산의 소재지를 관할하는 지방법원에 가등기권리자의 신청으로 가등기원인의 소명이 있는 경우에 이를 하는데, 이 신청을 각하한 결정에 대해는 즉시항고를 할 수 있다.

## 가등기담보등에관한법률
1983. 12. 30 법률 제3681호로 제정된 이 법은 차용물의 반환에 관해 차주가 차용물에 갈음하여 다른 재산권을 이전할 것을 예약함에 있어서 그 재산의 예약 당시의 가액이 차용액 및 이에 붙인 이자의 합산액을 초과하는 경우에 이에 따른 담보계약과 그 담보의 목적으로 경료된 가등기 또는 소유권이전등기의 효력을 정함을 목적으로 한다.

## 가등기된 청구권
소유권ㆍ지상권ㆍ지역권ㆍ전세권ㆍ저당권ㆍ권리질권, 가부장제 남녀동일임금 임차권의 설정ㆍ이전ㆍ변경 또는 소멸의 청구권을 보전하려할 때, 장래 일정한 조건 하에 부동산물권을 취득할 수 있는 청구권으로서 가등기된 것은 물권적 취득권이라고 부르기도 한다. 이러한 가등기된 청구권은 목적물이 특정되어 있고, 또 등기됨으로써 배타성이 부여되어 있다는 점에서 물권으로서의 일면을 갖추고 있으나, 청구권 자체는 채권적 성질을 가지는 것이므로 채권과 물권의 중간적 권리이다.

## 가등기의 효력
가등기는 순위보전의 효력이 있다. 가등기에 의해 뒤에 본등기가 이루어지면 본등기의 순위는 가등기 순위에 따르게 된다. 즉 가등기는 장래에 할 본등기의 순위를 보전하는 효력이 있다. 따라서 가등기 후, 본등기와의 사이에 제3자가 등기를 해도 본등기 내용과 저촉되는 것은 효력이 없거나 후순위가 된다. 가령 A로부터 B로의 소유권이전 가등기가 있고, 그 다음에 A로부터 C로의 소유권이전 본등기가 있고, 그 뒤에 A에서 B로 넘어가는 본등기가 있으면 B는 C에 우선한다. 또 A를 위한 저당권설정가등기가 있고 이어서 B를 위한 저당권설정 본등기가 있는 다음 A를 위한 저당권설정 본등기가 있으면 B의 저당권 순위는 A보다 후순 위가 된다.

## 가면부부
결혼한 배우자 사이가 실제로 원만한 부부관계가 아님에도 불구하고 타인의 눈을 의식해서 행복한 척 연기하는 부부. 이혼이나 별거를 하지 않은 상태의 합법적인 부부관계를 유지하지만 일체의 대화나 관계를 형성하지 않으면서 가정을 유지하는 부부관계를 말한다. 최근 우리나라에서도 중장년층을 중심으로 확산되고 있는 추세이다.

## 가면현상
현대 사회에서 나타나는 정체성 상실현상. 회사의 중역이나 의사, 변호사 등 사회적으로 존경받는 지위와 신분에 이르렀으면서도 끊임없이 "이것은 나의 참 모습이 아니다. 언젠가는 가면이 벗겨질지 모른다" 등과 같은 망상으로 괴로워하는 현상을 말한다.

## 가방면
이탈리아 주석학파로부터 전래된 이후(카롤리나 법전)을 거쳐 1848년 개정에 이르기까지 독일에 존속하였던 제도로, 유죄의 증거가 충분하지 못한 경우에 일시 방면하였다가 새로운 증거가 나타났을 때에 다시 공소의 제기를 허용하는 것을 말한다.

## 가벌성의
성립된 범죄의 가벌성에 직접 관련된 것으로, 일단 성립한 범죄의 가벌성만을 형벌 필요성 내지 형사정책적 이유에서 문제삼는 요건을 말한다. 이에는 적극적 가벌요건인 객관적 처벌조건과 소극적 가벌요건인 인적 처벌조각사유가 있다. 가벌성의 조건을 결하고 있을 때에는 구체적 재판인 형면제의 판결을 선고하게 된다.

## 가벌적

일본형법에서 형벌의 겸억주의(경미한 사건에 무죄판결을 내리기 위한)를 바탕으로 하여 발전된 것으로, 이 이론에 의하면 행위가 일정한 구성요건에 해당하더라도 범죄로서 형벌을 과하기에 상당한 정도의 위법성을 결한 경우에는 아직 위법하다고 할 수 없다고 한다. 사회상규에 위배되지 아니하는 행위를 포괄적 위법성조각사유로 규정하고 있는 우리 형법(제20조)에는 이 이론을 도입해야 할 하등의 필요성이 없으며, 각 본조에는 구성요건을 일정한 형벌의 예고로서 법적으로 금지된 행위의 유형 즉 가벌적 위법유형을 표시하여 규정하고 있다. 이 이론은 위법성과 불법을 구분하지 아니한 개념상의 문제점이 있다.

## 가변비율법(可變比率法)

자산의 운용에 있어서는 투자원금의 가치를 보존하고, 부담하는 위험에 상응하는 적절한 투자수익을 얻는 관리기술이 필요하다. 이같은 투자관리의 방법에는 포트폴리오 위험에 상응하는 기대수익률보다 높은 투자수익을 얻기 위한 전략인 적극적 투자관리와 기존의 포트폴리오위험에 상응하는 기대수익률보다 높은 투자우익을 얻기 위한 전략인 적극적 투자관리와 기존의 포트폴리오 내용을 크게 수정하지 않고 비교적 오래 보유하고자 하는 소극적 투자관리기법이 있다. 가변비율법이란 이같은 투자관리 방법 가운데 소극적 투자관리기법 중 하나이며 불변비율법과 대칭되는 개념이다. 즉, 가변비율법이란 주식과 채권에 대한 투자비율을 일정하게 두지 않고 주가변화의 예측에 따라서 적절히 비율을 변동시켜 가면서 투자하는 방법으로 주가가 높으면 앞으로 하락을 예상할 수 있으므로 주식에 대한 투자비율을 낮추고, 주가가 낮으면 앞으로 상승을 예상할 수 있으므로 주식에 대한 투자비율을 높이는 방법을 말한다.

## 가변예치의무제도

국내에 들어오는 투기자금의 일부를 한국은행이나 외국환평형기금에 무이자로 1년간 예치하도록 의무화하는 것. 국내외 금리차를 노리는 투기자금의 대량 유입을 막기 위한 조치인데 외환보유고가 늘어나는 부수적 효과도 있다. 단 주식투자 직접투자 공공차관 무역신용 등 정상자금은 예치 의무가 없다. 호주·칠레 등에서 시행한 바 있고, 국제통화기금(IMF)이 우리에게 권하기도 했다.

## 가변자본

상품 생산에 투하된 자본 중 인적 생산수단으로부터 전화된 것. 즉 임금을 말한다. 상품 생산에 투하되는 자본은 불변자본과 가변자본으로 나눌수 있는데, 가변자본은 생산과정에서 가변자본 이상의 초과분인 잉여 가치를 발생시킨다. 반면 상품 생산에서 기계나 원료 등 물적 생산수단으로 전화된 자본은 그 가치가 변화하지 않고 그대로 생산물에 이전하므로 불변자본이라고 부른다.

## 가변형채

투자자로 하여금 한 형태의 증권으로부터 다른 형태의 증권으로 전환이 가능하도록 한 증서(note)이다. 가령 변동금리부 장기채권은 투자자가 원하는 경우에는 단기 혹은 중기 고정금리채권으로 전환할 수 있는 옵션(option)을 제공하고 있다. 이러한 전환을 허용하는 속성으로 발행자는 부채비용을 감소시킬 수 있다.

## 가봉자

부의 입장에서 볼 때 처의 전부의 출생자를 말한다. 부가의 호적에 입적하더라도 친족관계는 발생하지 않고, 인척으로서 가족으로 될 뿐이다. 구민법 하에서는 가봉자가 모의 부의 호적에 입적하려면 부가의 호주와 부의 동의를 요하였으나, 현행 민법 하에서는 모의 부의 동의만으로 부가에 입적할 수 있도록 하였다(민 784 ①). 이 경우 가봉자가 될 자가 타가의 가족인 때에는 그 호주의 동의를 얻어야 한다(민 784 ②).

## 가부장제(patriarchal family system) 01

장자가 가장으로서 권력을 가지는 가족제도이며, 가부장제 가족에서는 가족성원을 지배하는 권리와 가족성원의 행위를 책임지는 의무 그리고 가족을 포함한 재산을 관리하고 상속하는 권리가 최고 세대의 최고 연장자인 남자에게 있다. 이러한 남자는 가장인 동시에 아버지이기 때문에 그가 소유한 모든 권한을 가부장권이라 하며 가부장제에 의해 운영되는 가족을 가부장제 가족이라 한다. 또 이는 가족의 존속 유대를 우선시하는 법제도와 이데올로기를 말하기도 한다. 가부장제 하에서의 가장은 모든 재산을 관리하고 가족원에게 복종을 요구하는 대신 가족원이 자력으로 생계를 영위할 수 없게 되었을 때 생활을 보장하는 의무도 있다.

## 가부장제 02

부계장자의 가장권을 중심으로 하는 가족 집단 제에 있어서의 가장권은 절대적·배타적·종신적·전제적으로 가족을 통솔하는 가족형태이다. 균분상속제에 대한 가독상속제이고 남녀동등권에 대한 여자의 무능력제도이며 민주적인 가족평등에 대한 봉건적인 호주권 등 개개의 가족원의 행복추구보다도 집의 존속유지를 우선시 하는 법제도이다. 가장은 모든 재산을 관리하고 가족원에 복종을 요구하는 대신 가족원의 생활을 보장하는 책임을 가지게 된다. 모계제가 무너진 뒤 고대와 중세의 가족은 정도의 차이는 있으나 가부장제적인 요소를 가지고 있었다.

## 가부장제(patriarchalism)03

가장인 남자가 가부장권(家父長權)에 의해 가족원을 지배·통솔하는 가족형태를 말한다. 이 용어는 가부장제 가족을 지탱하는 이데올로기 내지는 이러한 가족적 원리에 기반을 둔 사회구조 혹은 지배형태를 가리키는 데에도 사용된다.

## 가사노동(domestic labor)

가정은 인간이 최초로 소속하는 1차 집단으로서 이 집단에서 성적기능, 출산을 통한 사회구성원의 재생산 기능, 아동의 양육 및 사회화의 기능, 노동력 재생산의 기능 등을 수행하며 가정은 이러한 기능을 수행함으로써 국가의 생산에 필요한 노동력을 공급하는 사회의 기본단위가 되고 있다. 가족의 이러한 기능은 가족원의 노동으로서 수행되는데, 이때의 노동을 가사노동이라 한다. 가사노동은 그 내용에 따라 일반적으로 의·식·주, 가족관리, 경영 및 장보기 등으로 구분되며 육아나 고령자의 보호 등을 위해 행해지는 노동을 포함한다. 이러한 가사노동은 인간이 생활하는데 있어서 불가항의 것임에도 불구하고 경제적으로는 무상무가치의 것으로 취급되어 왔으며, 주로 주부에게 맡겨져 왔다. 근래에 취업 여성 증가와 핵가족화 등에 따라 취업여성에게는 가사노동이 큰 과제로서 대두되게 되었다.

## 가사서비스 생산자

활동별 분류에서는 가계를 생산주체로서의 가사서비스 생산자라고 하며 가사서비스는 생산주체로서의 한 가계가 다른 가계에 대해 제공하는 서비스 활동, 즉 가정부, 요리사, 운전사, 정원사, 잡역부 등의 활동이 포함된다. 가사서비스생산자는 생산주체이지만 자본형성 주체는 아니기 때문에 가사서비스생산자의 부가가치는 오직 피용자보수로만 구성되어 있다는 것이 특징이라 할 수 있다. 따라서 가사서비스와 동일한 종류의 서비스를 생산한다 하더라도 그 생산주체가 일정한 점포를 가지고 피용자 보수 및 간접세를 지급하고 고정자본소모충당을 하며 영업잉여를 갖는다면 산업으로 분류된다.

## 가사소송법

인격의 존엄과 남녀의 평등을 기본으로 하고 가정평화와 친족상조의 미풍양속을 유지·향상하기 위해 가사에 관한 소송과 비송 및 조정에 대한 절차의 특례를 규정함을 목적으로 한다. 가사사건은 가정법원의 전속관할로 한다. 가사소송사건은 민법의 규정을 전제로 하여, 주로 무효에 대한 가류사건, 주로 취소에 대한 나류 사건, 주로 손해배상 및 원상회복의 청구에 대한 다류 사건, 주로 무능력·부재·실종의 선고 또는 후견과 상속에 대한 라류

사건, 주로 혼인생활과 친권에 대한 마류 사건으로 구분된다. 가정법원에서 처리하는 사건에 관해 본인임을 추지할 수 있는 사실이나 사진을 신문·잡지·기타 출판물에 게재하거나 방송할 수 없다. 가사소송절차에 관해서는 민사소송법의 규정에 따른다. 가정법원이 가류 또는 나류 가사소송사건을 심리함에 있어서는 직권으로 사실조사 및 필요한 증거조사를 해야 한다. 가류 또는 나류 가사소송사건의 청구를 인용한 확정판결은 제3자에게도 효력이 있다. 혼인관계소송, 부모와 자 관계소송으로서 친생자관계와 입양관계, 호주승계관계소송 등에 대해서는 각각 관할, 당사자 등의 세부적인 규정이 있다. 가사비송절차에 관해서는 비송사건절차법의 규정을 준용한다. 가사비송사건의 심판의 청구는 서면 또는 구술로 할 수 있다. 가사비송사건에 대한 제1심 종국재판은 심판으로써 한다. 심판은 이를 받을 자가 고지 받음으로써 효력을 발생한다. 라류 가사비송사건의 심판은 사건관계인을 심문하지 않고 할 수 있으나, 마류 가사비송사건은 특별한 사정이 없는 한 사건관계인을 심문하여 하여야 한다. 가사조정에 관해서는 민사조정법의 규정을 준용한다. 나류 및 다류 가사소송사건과 마류 가사비송사건에 대해 소(訴)의 제기나 심판을 청구하고자 하는 자는 먼저 조정을 신청해야 한다. 가사조정사건은 조정위원회가 처리한다. 조정위원회가 조정을 함에 있어서는 당사자의 이익 외에 조정으로 인해 영향 받게 되는 모든 이해관계인의 이익을 고려하고 분쟁의 평화적·종국적 해결을 이룩할 수 있는 방안을 마련하여 당사자를 설득해야 한다. 조정 또는 확정된 조정에 갈음하는 결정은 재판상 화해와 동일한 효력이 있다. 조정 신청된 민사사건의 청구에 관해 이의신청이 있는 경우에는 소송으로 이행된다. 6편 72조와 부칙으로 되어 있다.

## 가사심판

사람의 신상에 관한 법적사항이나 가족내 또는 친족간의 분쟁을 해결하기 위하여 가사 심판법에 의거하여 가정법원이 행하는 특별한 재판(심판이라고 함)과 그 절차를 총칭한다. 가사심판의 내용은 가족이나 친족의 문제를 다루기 때문에 그 가족 또는 친족의 내밀성을 보존하는 것이 중요하며 별도의 가정법원에서 맡고 있다. 항은 갑·을·병의 3류로 구분되고 갑류와 을류는 심판의 대상은 되지만 조정의 대상이 되지 못하는 사항이며 병류는 심판·조정의 대상이 되는 사항이다(동법21조). 갑류사항에 이중 대해서는 조정전치주의가 취하여진다 심판절차 : 심판은 가사심판관(심판사항을 담당하는 법관)이 단독 또는 합의로써 행한다. 심판절차는 일종의 비송사건절차이고 절차는 비공개이다. 심판에 불복이 있으면 합의부 심판의 경우에는 항소 또는 상고할 수 있고 단독심판관의 심판일 경우에도 항고 또는 재항고를 할 수 있다. 그리고 금전지급, 물품인도·신고·등기 기타 의무이행을 명

하는 심판은 집행력 있는 재무명의와 동일한 효력을 가진다.

## 가사심판법

가사조정이란 가사심판법 제 1조의 규정과 같이 인격의 존엄과 남녀의 평등을 기본으로 하여 존엄과 남녀의 평등을 기본으로 하여 가정의 평화와 친족상조의 건전한 공동생활의 유지에 기여함을 목적으로 한다. 가정법원이 주최가 되며 적용범위는 항전치산, 금치산의 선고, 친권자, 재산상속 등의 갑류와 혼인의 무효, 상속의 회복 등의 을류와 혼인의 취소, 인지의 취소, 입양의 취소 등의 병류로 나누며 이 중 갑류와 을류는 조정 없이 심판을 하며 다만 병류에 해당하는 사항 즉 가족 및 친족간의 분쟁 사건 기타 가정에 관한 일반적인 사건에 대해 조정위원회의 조정을 거쳐 결정하게 된다. 조정은 조정전치주의를 택하여 조정을 할 수 있는 사건은 먼저 법원에 조정신청을 하도록 하고 있다. 그리고 심판은 비공개, 비밀보장, 출판물 불게재 및 방송도 하지 않도록 하고 있다.

## 가사조정

가사조정이란 가사심판법 제 1조의 규정과 같이 인격의 존엄과 남녀의 평등을 기본으로 하여 가저의 평화와 친족상조의 건전한 공동생활의 유지에 기여함을 목적으로 가족 및 친족간의 분쟁을 가정 법원내의 조정위원회를 통해 자주적으로 해결하는 제도이다. 가정법원에서 다루는 가사사건은 심판사항과 조정사항으로 구분하는데 조정을 통해 분쟁을 해결하려는 것이 가사조정이다. 가사조정의 한계는 가사심판법 제 2조에서 규정하는 바와 같이 갑류사항과 을류사항을 제외한 병류사항에 대해 조정을 하고(제10조) 당사자의 신천에 의하는 조정전치주의를 택하고 있다. 조정위원회는 조정장 1인과 조정위원 2인 이상으로 조직하며 담당심판관이 조정장이 된다. 가사조정의 특징은 비공개와 보도금지를 보장하는 비밀성의 원칙을 중심으로 공정성·간이성·신속성·과학성·확실성·사회성이란 지도이념에 입각하여 추진하는 것이다.

## 가산관료제

국가가 군주의 사적인 세습재산(patrimonium)으로 취급되는 가산국가(家産國家, patrimonialstaat)의 관료제를 말한다. 가산관료제의 관리는 군주의 개인적인 종속자로, 종종 군주의 노예·피해방민과 같은 권력복종자 가운데서 채용되기도 하였다. 군주 개인의 '가내관리인' 이 동시에 정치적 임무도 담당했던 가산적 관료제 는 중세시대의 봉건제에서 그 전형적 예를 찾아볼 수 있다. 가산적 관료제의 주요 특징으로는 ①권한 행사의 자의성, ②기능의 미분화, ③공사(公私)구분의 결여, ④상사 — 부하관계의 전인격적 지배, ⑤관료의 특권성 등을 들 수 있다.

## 가산국가

국가가 군주의 사적인 세습재산(patrimonium)으로 취급되는 국가를 말한다. K.L.v. Haller(1768 — 1854)의 국가이론에 의해 대표적으로 개념화된 가산국가 에서 국가적인 관계는 군주적·사적 관계이며, 영토와 인민은 군주의 사유이고, 재정은 군주의 시수입, 공법관계는 사법관계의 변형에 지나지 않는다.

## 가산금

국세, 지방세 또는 관세를 기한내로 납부하지 않았을 때 관계 법령에 의해 체납된 금액의 5%를 징수하는데 이것을 가산금이라고 한다. 또 납부 기한이 경과한 날부터 1월이 증가함에 따라 체납된 금액의 2%를 징수하는 것을 중가산금이라고 한다. 중가산금의 합계액은 체납된 국세의 1/5를 초과하지 못한다. 체납금액이 50만원이하일 때는 중가산금 규정을 적용하지 않고 국가와 지방자치단체에 대해서는 가산금 및 중가산금을 징수하지 않는다.

## 가산금리 01

고객의 신용도나 대출기간 등 여러가지 조건에 따라 추가되는 금리를 말한다. 가산금리는 사람마다 다르게 적용된다. 가산금리는 크게 신용가산금리와 기간가산금리로 구분된다. 신용가산금리는 직업이나 거래실적등 개인의 신용도를 따져 결정한다. 기간가산금리는 대출금을 연장할 때 적용되는 추가금리다. 가령 대출기간을 1년 연장 할때 추가로 0.5%의 금리를 부과하는 경우를 말한다. 가산금리는 개별적으로 적용되기 때문에 대출을 받을 때 지점을 찾아가 상담하거나 협상을 하면 금리를 낮출 수도 있다.

## 가산금리(added rate) 02

①금융기관이 대출을 할 때 상대적으로 신용상태가 낮은 거래처에 대해 정상적인 금리에 부가하여 요구하는 벌칙금리, ②금융기관들이 예금을 유치할 때 기본금리에 가산하여 지급하는 금리.

## 가산세

세목에 따라 동일하지 않으나 대체로 기장신고불성실가산세, 납부불성 실가산세, 원천징수납부 불성실가산세 및 보고불성실가산세 등이 있다. 우리나라의 소득세가산세는 기장신고가 불성실한 경우, 납부 및 보고가 불성실한 때 각각 가산 징수한다.

## 가상기억

실제의 주기억용량과는 관계없이 컴퓨터를 사용할 수 있는 기능이다. 이용자는 외부기억장치인 하드디스크를 이용해, 그것이 마치 주기억장치인 것처럼 사용할 수 있다.

## 가상조직(virtual corporation)

가상조직은 둘 이상의 조직이 전략적인 목적으로 제휴하여 일정 기간 동안 특정한 목적을 이루기 위하여 구성된 이후, 목표가 달성되면 해체되는 조직을 말한다. 즉 독립된 각 조직의 경쟁력 있는 기술과 자원을 통합하여 조직을 설계함으로써, 우수한 제품과 서비스를 제공하기 위해 특정기간 동안 일시적으로 제휴하는 조직을 말한다.

## 가석방 01

교도소 등에서 수형생활을 하는 죄수를 형기를 마치기 전에 석방하는 제도가 가석방이다. 교도소 안의 규칙을 잘 따르고 죄를 뉘우치는 등 모범적인 수형생활을 한 죄수들 중에 가석방 대상자를 선발하는데 유기징역을 받은 자는 형기의 3분의 1이, 무기징역을 받은 자는 10년이 지났어야 한다. 무기에 있어서는 10년, 유기에 있어서는 형기의 3분의 1을 경과한 후에 행정처분에 의해 미리 석방하는 제도(형법 72조 1항)이다. 소년에 있어서는 무기형에는 5년, 15년의 유기형에는 3년, 부정기형(不定期刑)에는 단기의 3분의 1이다(소년법 58조). 가석방의 처분을 받은 후 처분의 실효 또는 취소됨이 없이 잔형기(殘刑期)를 경과한 때에는(무기형에 있어서는 10년) 형의 집행을 종료한 것으로 본다(형법 76조 1항). 소년에 있어서는 가석방 전에 집행을 받은 기간과 같은 기간을 경과하면 된다(소년법 59조). 가석방의 처분은 가석방 중에 금고 이상의 형의 선고를 받아 그 판결이 확정된 때에는 그 효력을 잃게 되며(다만 과실범의 경우는 예외)(형법 74조), 감시에 관한 규칙에 위배한 때에는 취소될 수 있다(75조), 이와 같이 실효 또는 취소된 경우에는 가석방 중의 일수(日數)는 형기(刑期)에 산입하지 않는다(76조 2항).

## 가석방 02

교도소에서 선행 또는 선행하기로 약속하거나, 교도소 밖에서 법적 체계의 직원(사회사업가 등)에 의한 지속적인 감독 등의 이유로 선고기간을 채우기 전에 구제되는 것을 말한다.

## 가석방 03

범죄를 저질러 교도소나 소년원 등에서 수감생활을 하고 있는 사람을 복역기간이 끝나지 않은 시점에서 조건부로 석방시켜 사회로 돌아가도록 하는 것 또는 그러한 제도를 지칭하며 가출옥이라고도 한다.

## 가석방(parole) 04

징역이나 금고집행 중에 있는 자가 개전이 현저한 때에는 형기 만료 전에 행정처분으로 석방하는 것으로 가석방은 이미 개심하고 있는 자에 대한 무용의 구금을 가급적 피함으로써 수형자에게 장래의 희망을 가지도록 하여 개선을 촉진하기 위한 형사정책적인 제도이다. 그 행형적 의의는 형의 집행유예제 등과 같은 것이다.

## 가석방 심의위원회(parole board)

형법에 따라서 법무부장관에게 가석방을 구신하기 위하여 교도소에 설치하는 것으로서 동 위원회는 3인 이상 5인 이내의 위원으로 구성되며 가석방 구신의 절차는 법무부령 가석방 심사규정에 의한 심사기준과 절차에 따른다.

## 가설(hypothesis) 01

가정된 학설이란 뜻으로, 상식적 의미의 가설은 사건의 원인을 추리해 보는 것으로 단순히 가정의 뜻을 가진다. 이론적인 의미의 가설은 과학연구에서 쓰이는 가정을 뜻하며 어떤 현상을 기존의 지식으로 충분히 설명할 수 없을 때 잠정적으로 가정된 학설을 의미한다. 가설이 관찰・실험 등의 방법을 통해 사실과 일치되는 것으로 검증되는 경우에 과학적 법칙으로 성립하며 객관적 진리로 인정된다. 물론 과학적 법칙도 새로운 반증에 의해서 부정될 수 있다는 점에서 엄격한 의미로는 가설에 불과하다. 따라서 가설은 과학이 발전하기 위한 필연적인 단계라 할 수 있으며 개개의 문제뿐만 아니라 어떤 대상영역 전체에 관한 것도 있다. 이때의 가설은 많은 경험적 법칙을 하나의 연역적 체계로 통일하기 위하여 요구되며 그 자신은 실험 또는 경험에 의해 증명될 수 없는 근본적인 전제이다. 가설은 그것이 단순한 직관이 아닌 일단의 체계적인 관념의 연역적 귀결에 근거를 둘 때 과학의 발전에 공헌하게 된다.

## 가설 02

억설 또는 가정이라고도 한다. 그러나 일상용어에서는 가정은 가설보다도 가벼운 의미로 사용된다. 가설은 과학 연구에서 사용되는 가정을 말한다. 가설은 일련의 현상을 통일적으로 설명하기 위하여 행하여지는 추측이며 이러한 추측을 하는 추리는 미지의 인자가 관계하고 있기 때문에 어떤 점에서는 불완전한 것이다. 따라서 어떤 가설이 제출될 때의 과학의 발전 단계에 있어서는 충분한 논증을 받은 객관적 진리로는 인정하기 곤란한 개연적인 것이다. 가설과 그 밖의 미지의 진리와를 조합하여 그것으로부터 도출된 결론이 사실과 일치하느냐 안하느냐를 관찰과 실험에 의해 확인함으로서 가설의 진위가 검증된다. 모든 면에서 검증을 받은 가설은 과학상의 정설(theory)이 되어 객관적 진리로 인정된다. 따라서 가설은 과학 발전의 필연적인 단계로 생각된다. 두 개의 대립하는 가설의 진위 또는 일반적으로 어떤 가설의 진위를 검증한 후에 결정적인 역할을 하는 실험을 결정적 실험이라고 한다. 가설은 자연과학에서뿐만 아니라 사회과학에 있어서도 중요한 역할을 하고 있다. 가설은 어떤 대상영역의 전체에 관한 것도 있는가 하면 개개의 좁은 문제에만 관한 것도 있다. 과학 연구에 있어

가설을 세울 때에 주의해야 할 점은 다음과 같다. ①사실에 입각해서 세우지 않으면 안된다. ②이미 검증되어 있는 다른 명제와 일치할 수 있는 것이 아니면 안된다(단 새로운 가설이 가지는 명제와 외견상 충돌하는 것처럼 보이는 경우도 있다). ③가설은 그것으로부터 연역된 결론을 사실과 대조하여 검증할 수 있는 것이 아니면 안된다. ④가설은 필요하고도 충분한 것이 아니면 안된다. 가설의 이와 같은 요건을 만족시키는 데는 약간 소원하지만 연구를 진행시키는데 있어서의 수단으로서 유효한 가설을 작업가설(working hypothesis, arbeits hypothese)이라고 한다.

## 가설 03
관찰되고 측정될 수 있는 사실들 간의 잠재적 관계를 묘사하기 위한 임시적인 명제이다. 명제는 흔히 영가설(null-hypothesis)과 같이 부정적인 형태로 진술된다. 가령 "측정한 바에 따르면 석사학위 소지자의 사회사업과 학사학위 소지자의 사회사업이 아무런 차이가 없다"와 같은 가설을 말한다.

### 가설연역법(hypothetical deductive method)
과학 이론의 성립에 관해 오늘날 거의 정설이 되어 있는 견해로 이에 따르면 과학 이론은 다음의 네 가지 단계를 거쳐서 성립된다고 한다. ①가설의 설정, ②그 가설로부터 실험 관찰이 가능한 명제의 연역, ③그 명제의 실험 관찰에 의한 테스트, ④그 결과가 만족할 만한 것이면 앞의 가설의 수용하고 결과가 불만족한 것이면 앞의 가설은 수정되거나 또는 폐기, ①은 퍼스(Peirce, C.S.)에 의해 애부덕션(abduction)이라고 일컬어지는 것으로 연역처럼이나 형식화하지 못하는 부분이다. 발견의 심리 또는 발견의 논리로 일컫는 연구는 주로 이 부분을 다루는 것이다. 또 ④에서 가설이 수용되면 그것은 넓은 의미에서는 일종의 귀납이지만, 그러나 이것은 일반적으로 생각되어온 같은 사실의 집적에 입각하는 귀납은 아니다.

### 가설인
법률행위의 주체로 되어 있으나 실재하지 않는 사람. 법률행위를 할 때 자기 명의로 하지 않고 가공인물을 설정하는 수가 있는데, 상법에서는 자본의 충실을 기하기 위해 가설인의 명의로 주식을 인수한 자는 주식 인수인으로의 책임을 지도록 규정하고 있다. 가설인의 명의로 주식을 인수한 자가 불리할 때 책임을 면하려는 일을 방지하기 위한 것이다. 어음행위를 가설인의 명의로 했을 때는 어음위 조가 되지만 어음행위 독립의 원칙에 따라 다른 어음행위의 효력에는 영향을 미치지 않는다.

### 가성불량소년(pseudo delinquent)
일시적 감정의 변화로 인해 순간적 비행을 저지르던가 아니면 거기에 가담하는 소년으로서 시간이 흐르면 비행을 중지하게 되는 소년을 일컫는다.

### 가속감가상각
감가상각의 두 가지 방식인 정액법과 정률법 중 후자를 가리키는 말. 정액법은 내용연수기간 중 매년 일정액의 감가상각비를 계상하는 방법이고 정률법은 설비의 감가상각 잔액에 대해 매년 일정률의 감가상각비를 계상하는 방법인데 이것은 정액법에 비하여 감가상각 총액은 같으나 내용연수의 전반에 상각액이 높아 상각잔액의 감소와 함께 상각액이 체감되는 것이 특징. 감가상각은 첫째, 설비에 들인 자본을 조기에 회수하여 장래의 기출혁신에 의한 설비의 파기손실을 피하고 둘째, 내용연수 전반기에 상각액을 늘려 계상이익을 적게 함으로써 세금지출을 후반기로 연 기하여 운전 자본을 원활하게 하며 셋째, 가속상각에 의해 조기에 유동화 한 자금은 운전자본이나 고정자본에 재투자하여 기회이익을 얻을 수 있다는 이점이 있다.

### 가속도원리
가속도원리란 처음의 소득 증가는 소비재 수요를 증가시켜 계속적으로 관련기업체의 신투자를 유발, 결국 증가된 소득보다 몇 배의 투자를 가능하게 하는 현상을 말한다. 소득이 늘고 소비재의 수요가 증가하면, 종래의 설비로는 필요량을 생산할 수 없기 때문에 설비의 건설 내지 설비물의 매입을 하게 되며, 이 설비를 생산하기 위한 새로운 투자가 계속 이루어져야 한다. 이와 같이 처음의 소득증가는 순차적으로 투자에 파급되어 가는 것이다. 가속도의 원리는 특히 케인스 이래로 승수이론과 더불어 경기변동이나 경제성장을 밝히는 분석도구가 되어있다.

### 가수금계정
현금의 수입이 있어도 이것을 처리할 계정이나 금액이 확정되지 못한 때 그것이 확정될 때까지 일시적으로 그 수익금액을 처리하기 위하여 설정한 가계정이다. 가수금계정으로 처리된 거래는 그것이 확정되는 대로 해당계정에 대체하여야 되는데 매매계약금, 보증금, 내용불명의 수입금 등을 받았을 때 이 계정을 이용한다.

### 가수요
실수요와 대립되는 말로 가격이 오를 것 같거나 물자부족이 예상될 때 실제 수요가 없음에도 불구하고 일어나는 수요. 최종 소비자층보다도 중 간 유통단계에서 일어나는 경우가 많다.

### 가압류
A가 B에게 돈을 갚지 않을 경우 B는 A가 소유하고 있는 재산에 대해 이를 A가 마음대로 처분하지 못하도록 법원의 힘을 빌려 조치를 취해두는 것을 가압류라고 한다. 가

압류의 대상이 되는 것은 집이나 땅 등의 부동산에서 예금이나 월급 등 현재나 미래에 금전으로 환산할 수 있는 채무자 소유의 모든 재산이다. 채권자(B)는 채무자(A)를 상대로 소송과 판결을 통해 채무자의 재산을 처분한 뒤 채권을 회수하는데 이때까지 채무자의 재산을 온전하게 보존하기 위한 조치가 바로 가압류인 것이다.

## 가압류 이의신청

이의는 결정의 형식으로 발령된 보전처분에 대해서만 할 수 있습니다. 판결의 형식으로 발령된 보전처분은 이미 변론을 거쳤기 때문에 이의에 의해 불복하지 않고 항소에 의해 불복하게 된다. 또 보전처분의 신청을 배척하는 결정(각하, 기각)에 대해서는 항고의 방식에 의해 불복하게 된다.

## 가압류명령

채권자의 가압류신청이 타당하다고 인정해 가압류를 허용하는 것을 가압류명령이라고 한다. 가압류명령에는 가압류판결과 가압류결정이 있는데 가압류판결은 가압류에 대한 당사자나 변호인의 주장 즉 변론이 있어야 하는 것이고 가압류결정은 이러한 변론 없이 재판장이 결정 하는 것이다.

## 가업상속

가업상속이란 상속개시일 현재 사망자가 5년 이상 계속해서 영위한 사업에 사용한 재산을 상속인이 상속받는 경우를 말한다. 이때 상속인은 18세 이상으로 2년 이상 가업에 계속 종사한 경우여야 한다. 개정 상속세법에는 기초공제액을 일반상속은 2억원·가업상속은 3억원으로 정해 가업상속을 권장하고 있다. 주식상속의 경우에는 사망자가 50% 이상 출자한 법인의 주식을 5년 이상 소유한 경우로 제한된다. 상속세법은 가업상속을 받을 수 있는 업종을 광업·제조업·도소매업·숙박 및 음식점업 등으로 정했으나, 조감법상 창업 중소기업에 해당되는 건설업·운수업(물류산업 여객운송법)·지식서비스산업(전자통신업 / 방송업 / 엔지니어링사업 / 정보처리 및 컴퓨터운용관련업 / 폐기물처리업)등도 가업상속을 받을 수 있도록 상속세법 시행규칙을 개정하여 소급 적용하고 있다. 농업·축산업·어업 등을 상속받는 경우는 영농상속에 해당돼 기초공제액이 일반 가업상속보다 1억원이 더 많은 4억원 이다.

## 가예산(provisional budget) 01

의회통과 실패 시 1개월 내의 예산을 의회가 의결케 하여 사용하는 것. 부득이한 사유로 인하여 본예산이 회계연도 개시일까지 국회를 통과하지 못했을 때 사용되는 예산집행방법으로서 최초의 1개월분에 제한된다는 점에서 잠정예산과 차이가 있다. 준예산이 국회의 의결 없이 일정한 경비를 지출할 수 있는데 대해 가예산은 국회의 의결을

전제로 하고 있으며, 우리나라의 경우 1948년부터 1960년까지 채택되었으나 이후엔 사용되지 않고 있다.

## 가예산 02

회계연도개시일까지 본예산이 국회에서 통과되지 못하였을 경우, 예산이 확정될 때까지 잠정조치로 실행되는 예산을 말한다. 최초의 1개월분으로 제한된다는 점에서 잠정예산(暫定豫算)과 차이가 있다. 준예산(準豫算)이 국회의 의결 없이 일정한 경비를 지출할 수 있는데 대해 가예산은 국회의 의결을 필요로 한다. 우리나라의 경우 제1공화국에서 사용한 경험이 있으나, 지금은 준예산 제도를 채택하고 있다.

## 가옥대장

가옥(건물)에 대한 물리적 정보가 담긴 서류를 가옥대장이라고 하는데 여기에는 해당 건물의 종류, 소재지, 구조, 건평, 소재지, 소유자의 성명과 주소 등이 기록되어 있다. 가옥대장은 행정기관이 세금을 부과하는 근거를 제공하고 건물의 등기를 위한 서류가 되기도 한다.

## 가외성(redundancy)

여러 기관에 한 가지 기능이 혼합되는 중첩성(overlapping)과 동일기능이 여러 기관에서 독립적으로 수행되는 중복성(duplication) 등을 포괄하는 개념을 말한다. 정치·행정상의 모든 제도는 불확실한 상황에서의 오류 발생 가능성을 최소화하고 체제의 신뢰성 과 적응성을 높이기 위해 이러한 가외적 기능의 원칙(principle of redundant functions)에 의해 형성된다. 권력분립·견제와 균형·연방주의·거부권제도·계선과 참모·3심제도·양원제·합의제·위원회제도 등은 모두 가외성 현상의 반영으로 볼 수 있다.

## 가용외환보유액

외환보유액이란 정부가 갖고 있는 금과 달러 엔 마르크 표시 외환채권 등의 합계치를 말한다. 여기서 정부가 국내금융기관 해외점포에 예치한 외환자산을 뺀 것이 가용외환보유액(Usable Reserves)이다. 정부는 외환보유액을 대부분 해외 채권이나 예치금 등 즉시 현금화할 수 있는 형태로 보유한다. 외환보유액은 국제수지의 일시적 역조를 보전하기 위한 준비금 역할을 하는 것이다. 일반적으로 수출입 동향에 따라 증감하는데 적정보유고를 확보하기 위해 외국에서 돈을 빌려오는 경우도 있다. 가용외환보유액이 없어 대외채무를 갚을 수 없을 때는 채무불이행(모라토리엄) 선언 즉 국가 파산을 선언해야 하기 때문이다.

## 가우스이론

기업의 경쟁전략이론 중의 하나. 가우스의 실험결과를 바탕으로 확립 된 이론으로 두 개의 격리된 공간에 식량, 온

도, 성 등 모든 조건을 동일하게 한 다음 A방에는 서로 다른 종의 실험용 쥐를, B방에는 동일한 종의 실험용 쥐를 넣어 길렀다. 그 결과 A방 쥐들은 사이좋게 각자의 생활을 영위하는 반면 B방의 쥐들은 힘센 쥐가 약한 쥐들을 공격해 죽였다. 기업의 경우도 동종업종 가운데 가장 경쟁력있는 기업만이 살아남으며 따라서 기업들은 끊임없이 차별화를 통해 경쟁사들과 다른 위치를 추구 해야 한다는 것이다. 정부가 추진중인 업종 전문화시책들도 결국 가우스 이론과 맥을 함께한다고 볼 수 있다.

### 가이드 라인
이른바 〈뉴 이코노믹스〉에 기준을 둔 〈코스트푸시 인플레〉 억제를 위한 소득정책의 일종. 임금·물가의 결정에 있어 정부가 과거의 생산성 상승률 수치를 가이드포스트로 표시, 임금·물가 상승이 국민경제의 생산성 상승률을 넘지 않도록 민간 기업과 노동조합을 지도하는 이 정책은 1960년대 후반의 호황기에 한 때 그 기능이 정지되었으나, 오일쇼크 이후 인플레문제가 재연되기에 이르러, 구미각국에서 소득정책이 도입되는 가운데 다시 부활되었다.

### 가이드라인 정책
임금. 물가 결정에서 정부가 과거의 생산성 상승률 수치를 가이드포스트(guide − post)로 표시, 임금. 물가상승이 국민경제의 생산성 상승률을 넘지 않도록 민간기업과 노동조합을 지도하는 정책을 말한다.

### 가이드포스트
임금·물가 결정에서 정부가 과거의 생산성 상승률 수치를 가이드포스트 로 표시하여, 임금·물가상승이 국민경제의 생산성 상승률을 넘지 않도록 민간기업과 노동조합을 지도하는 정책을 말한다.

### 가입기간의 계산(국민연금법 제17조)
국민연금에서 가입기간은 월단위로 계산하되, 가입자 자격을 취득한 날이 속하는 달부터 그 자격이 상실한 날의 전날이 속하는 달까지의 기간으로 한다. 다만 가입자가 그 자격을 상실한 날의 전날이 속하는 달에 그 자격을 다시 취득한 때에는 그 다시 취득한 달을 중복하여 가입기간으로 산입하지 않는다.

### 가입대상(국민연금법 제6조)
국민연금의 가입대상은 국내에 거주하는 18세 이상 60세미만의 국민, 다만 적용제외대상(타공적연금가입자, 55세이상 특수직종근로자, 조기노령연금수급권자 등)이 있다.

### 가입대상제외자(국민연금법 제6조와 영18조의2)
사회보험가입대상자를 의미하는데, 가령 국민연금 의무 가입대상에서 제외되는 자는 ①연령·국내거주요건 제외자, ②타공적연금 적용을 받는 공무원·군인·사립학교교직원, ③특례노령연금수급권 취득자 중 60세 미만 특수직종근로자, ④조기노령연금수급권 취득자(지급이 정지중인 자 제외)이다.

### 가점평정
공무원 평정에서 자격증 소지, 특수지 근무경력 등을 점수로 계산하여 가점 하는 것을 말한다. 한국 정부에서는 승진 임용의 기준이 되는 5급 이하 공무원·연구사·지도사 및 기능직 공무원의 승진 후보자 명부 작성 때 당해 공무원이 직무와 관련되는 자격증을 취득 소지하고 있거나 근무환경이 열악한 도서·벽지 등 특수한 지역 근무한 경력에 대해 일정 점수를 가산하여 줌으로써 해당기관에 대한 근무유인 촉진 및 해당공무원의 사기 앙양을 도모하고 있다.

### 가정건강서비스(home health service)
환자의 집에서 환자를 위한 의료, 간호, 사후보호를 제공하는 프로그램으로 이러한 서비스의 대부분은 제3부문 지불(third − party payment)로 유료의 보건서비스 또는 사설 간호서비스 등으로 제공된다. 환자의 가정에서는 이러한 서비스를 제공받을 수 있는데 이는 입원 또는 요양원 보호보다 환자에게 더 안락하고 경제적인 체계를 제공하기도 한다.

### 가정 내 폭력(domestic violence) 01
가정 외의 학교나 사회에서는 온화하여 순종하는 소년이 주로 사춘기 이후 갑자기 가정 내에서 양친에 대해 폭력을 휘두르는 현상을 말한다. 원인으로는 수험경쟁에서 보게 되는 관리사회에 대한 저항, 반발, 특히 가정생활의 문제 등이 거론되고 있다. 그 배경에는 부모가 자녀를 온실에서 키우는 것과 같은 과잉보호의 경향, 부권의 상실, 아동의 자신감 상실, 욕구불만, 인내심 저하, 곤란 상황에서 회피하는 경향 등을 지적할 수 있다.

### 가정 내 폭력 02
가정 내 폭력은 가족구조 내에서 이루어지는 폭력으로 이는 의도적인 힘을 사용하여 고통과 상해를 주는 표현적 폭력과 또 한편으로는 처벌이라는 맥락에서 고통과 상해와 신체적 구속을 하는 도덕적 폭력으로 구분한다. 일반적으로 폭력은 사람을 신체적으로 위협하거나 손상을 일으키는 행위를 말하며 힘이 상대적으로 강한 남편이 힘이 약한 아내에게, 아버지가 자녀에게, 어머니가 어린자녀에게, 성인자녀가 노인부모에게 행하는 것을 포함한다. 최근 가정 내 폭력으로서 아내구타와 아동구타가 사회문제로 대두되고 있다. 장기간의 폭력은 심리적, 정서적, 성격적 장애를 초래하기도 하며 특히 아동의 경우 성장발달장애는 물론 심한 경우 정신장애를 유발하기도 한다.

### 가정(assumption) 01
논리적 추리를 전개할 때 그 추리의 기반이 되는 명제, 혹은 그 명제를 제시하는 행위를 말한다. 어떤 명제를 가정으로 채택할 때 그 명제가 진리이거나 진리일 가능성이 있다는 믿음에 의하는 경우도 있고 논리적 추리를 전개할 목적으로 단순히 진리 여부에 상관없이 일단 채택해주는 경우도 있다. 가정은 때때로 공리 혹은 공준과 동의어로 사용되기도 한다.

### 가정(home) 02
가정은 가족의 공동생활이 이루어지는 장소를 뜻할 뿐 아니라 가족성원이 몸과 마음을 쉴 수 있는 안식처의 개념을 포함한다. 즉 가정은 물질적인 환경만을 의미하는 것이 아니라 심신의 긴장을 풀고 휴식과 안정을 얻을 수 있으며 사랑이 있는 따뜻한 보금자리를 뜻한다. 가정은 인간이 태어나고 자라면서 접하는 최초의 사회적 환경이며 인간에게 가정은 친밀한 가족관계를 통해서 서로 애정과 신뢰, 위안과 존경 등 심리적이고 정서적인 만족을 얻을 수 있는 곳이다. 그러므로 가정이란 공간적 장소와 함께 그 속에서 가족들이 신념이나 애정을 주고받으며 정서적 만족을 얻는 등 심리적 분위기를 포함하는 개념이라고 할 수 있다.

### 가정(house keeping) 03
가정생활의 욕구충족을 위해 합리적으로 가정을 운영하고 관리하는 것을 말하며 구체적으로는 조리, 피복, 세탁, 청소, 육아 등에 관한 의사결정이나 행동을 가리킨다. 이러한 가정관리의 행위는 가정 경영 즉 가족의 역할배분, 시간배분, 가득소비 배분의 균형을 이루고 여가시간의 최대한 활용을 목적으로 보다 조직적으로 가정을 운영하기 위해서 이루어진다.

### 가정방문(home visits) 01
사회사업활동에 있어서 전문적인 서비스를 제공하기 위해 클라이언트의 가정을 방문하는 행위로 1870년대의 우애방문자(friendly visitor)사업 이래 사회사업활동의 일부분을 이루고 있다. 사회사업가는 장애가 심하거나 또는 다른 이유 등으로 사회복지기관을 방문하지 못하는 클라이언트의 가정을 방문하게 된다. 사회사업가는 가족치료 보통 기관의 사무실에서 얻을 수 없는 가족의 역동성과 물리적 생활양식을 파악하기 위해 탐색기간 중에 가정을 방문하게 된다. 특히 클라이언트가 어린 아동일 경우 아동이 기관(사무실)의 제한적 상황을 견디지 못할 때나 기타 문화적, 개인적 이유로 기관을 이용하기 힘든 개인이나 가족의 경우에도 가정에서 치료서비스를 제공한다. 이와 같이 가정방문은 클라이언트의 문제해결을 위해 클라이언트와 그가 속한 가정의 여러 환경을 보다 깊이 이해할 필요가 있을 때 방문하게 된다. 즉 그 가족의 분위기, 경제적 상황, 문화적 수준, 가족의 상호역동성, 가족의 권위(power)관계, 가족 간의 의사소통, 가족갈등 및 가족균형 등을 파악함으로써 클라이언트의 문제해결을 돕게 된다. 이러한 가정방문은 가족의 동의가 있은 후 이뤄져야 하며 사전에 충분한 준비가 뒤따라야 한다.

### 가정방문(home visiting) 02
사회복지사, 간호사, 상담자, 교사 등이 서비스 대상자 혹은 아동의 가정을 방문하는 것을 말한다. 사회복지사의 경우 가정환경과 가족관계를 사정하거나 서비스대상의 자격심사를 목적으로 방문하기도 한다. 그리고 중증 장애인, 거동이 불편한 노인, 산모, 환자 등에 대해 서비스를 제공하기 위하여 방문한다.

### 가정법원 소년부
가정법원에서 소년보호사건을 전담하는 부서이다. 부장은 7년 이상의 법조경력이 있는 판사로써 보한다. 소년법에 의하면, 소년보호사건은 가정법원 소년부 또는 지방법원 소년부에 속하게 되어 있다. 소년보호사건의 심리와 처분의 결정은 소년부 단독판사가 행한다. 소년부가 보호사건으로 심리하는 대상 소년은 ①죄를 범한 소년, ②형벌법령에 저촉되는 행위를 한 12세 이상 14세 미만의 소년, ③보호자의 정당한 감독에 복종하지 않는 성벽이 있거나, 정당한 이유 없이 가정에서 이탈하거나, 범죄성이 있는 자 또는 부도덕한 자와 교제하거나, 자기 또는 타인의 덕성을 해롭게 하는 성벽이 있거나 하는 등의 사유가 있고, 성격 또는 환경에 비추어 장래 형벌법령에 저촉되는 행위를 할 우려가 있는 12세 이상의 소년이다(소년법 4조 1항). 소년부는 조사 또는 심리(審理)의 결과 금고(禁錮) 이상의 형에 해당한 범죄사실이 발견된 경우에, 그 동기와 죄질로 보아 형사처분의 필요가 있다고 인정한 때에는 사건을 관할지방법원에 대응하는 검찰청 검사에게 송치할 수 있으며(49조 2항), 보호처분에 해당하는 사유가 있다고 인정되어 송치 받은 사건을 조사 또는 심리한 결과 20세 이상인 것이 판명된 때에는 송치한 법원에 다시 이송해야 한다(51조). 소년부에는 소년사건을 조사하기 위하여 조사관을 두는데, 이 조사관은 소년부 판사의 명을 받아 본인·보호자 또는 참고인을 심문하고, 또 필요한 사항을 조사할 수 있다. 소년부는 조사 또는 심리를 함에 있어서 정신과의사·심리학자·사회사업가·교육자 기타 전문가의 진단 및 소년원의 분류심사결과와 의견을 참작해야 한다.

### 가정법원 조사관
가정법원은 가사사건과 소년사건을 취급하는데 가사사

건은 가사심판부가, 소년사건은 소년심판부가 각기 관할한다. 가사심판부의 가사사건은 심판사항과 조정사항으로 구분하는데 조정사항을 공정하게 하기 위해 조사관을 두어 병류사항에 해당하는 가사분쟁사건과, 소년비행사건 등을 조사하도록 한다. 조사관은 행동과학적 입장에서 조사와 진단을 하고 서면으로 의견을 붙여 조정장에게 조사내용을 제출해야 한다. 조사관은 조정장의 명을 받아 조정신청을 받은 날로부터 2개월 이내에 문서작성, 자료수집, 기타 필요한 조사를 완료해야 하며 조사관은 조사과정에서 필요하다고 판단될 경우 당사자, 참고인 또는 이해관계인을 소환할 수 있다.

### 가정법원(family court)

1963년 10월 1일에 설립되었으며, 지방법원과 동격의 법원으로서 한국에는 현재 서울가정법원밖에 없다. 설립취지는 소년보호를 실효성 있게 하기 위해서는 우선 가정환경부터 조정할 필요가 있고, 가사에 관한 사건과 소년에 관한 사건을 전문적으로 취급하는 기관의 설립이 바람직하다는데 있다. 가정에서 생기는 분쟁은 개인의 사생활영역에 속하는 것이어서 그 해단점을 모색하면서 윤리적·사회적 측면을 깊이 고려해야 하는 등 일반 민사소송과는 다른 점이 많고, 소년사건 또 가사사건과 밀접한 관계가 있기 때문에 이들 사건을 다루기 위해 특별히 가정법원을 설치했다. 서울가정법원은 소년 심판부 5개부와 가사 심판부 5개부로 구성되며, 소년 심판부는 20세 미만의 소년으로서 범죄소년·우범소년인 자에 대해 보호사건을 관장하며, 그 환경의 조정과 성행(성행)의 교정에 관한 보호처분을 한다. 소년 심판부는 조사·심리를 함에 있어 정신과의사·심리학자·사회사업가·교육가 및 기타 전문가의 진단 및 소년분류심사원(少年分類審査院)의 분류심사결과와 의견을 참작해야 한다. 가사 심판부는 가사조정과 가사심판을 한다. 가사조정은 재판절차가 아니라 당사자의 합의에 따라 가정 분규를 자주적으로 해결하게 하는 특별절차이다. 가사조정을 위하여 정신과의사·심리학자·사회사업가 및 기타 학식과 덕망이 있는 자 중에서 선임된 조정위원으로 구성된 조정위원회를 둔다. 그러나 심판에서는 조정위원회의 의견을 들어야 하며, 사실의 인정과 법의 해석·적용에는 당사자 쌍방을 위하여 사회정의와 형평의 이념을 고려하여 모든 사정을 참작해야 한다. 가정법원 및 가정법원지원의 합의부는 다음 사건을 제1심으로 심판한다. ①가사소송법에서 정한 가사소송과 마류(類) 가사비송사건 중 대법원규칙으로 정하는 사건, ②가정법원 판사에 대한 제척(除斥)·기피사건, ③다른 법률에 의해 가정법원 합의부의 권한에 속하는 사건이 그것이다. 가정법원 합의부(항소부)는 가정법원 단독판사의 판결·심판·결정·명령에 대한 항고사건을 제2심으로 심판한다. 가정법원의 판사는 ①사법시험에 합격하여 사법연수원의 소정과정을 마친 자, ②검사 또는 변호사의

자격이 있는 자로써 임명한다. 원장은 10년 이상, 부장은 7년 이상의 법조 경력이 있는 자로써 보한다. 가정법원 및 그 지원이 설치되지 아니한 지역에 있어서의 가정법원의 권한에 속하는 사항은 가정법원 및 그 지원이 설치될 때까지 해당 지방법원 및 그 지원이 이를 관할한다.

### 가정보육실

일본의 지방자치에서 가정복지지원제도 프로그램 중 한 형태로 명칭은 보육실 이외에도 여러 가지가 있다. 일본 동경에서는 보육을 받는 아동이 6명 이상인 경우 보육실의 아동 1인당 1개 65m 이상의 공간이 있어야 하며 시설장이 보모 등 일정 자격을 갖추어야 하는 등의 조건을 규정하고 있다. 보육실 경영에 대해 지방정부가 필요한 경비를 지불하고 도가 이에 대한 보조금을 교부한다. 보육실은 보육소에 대한 보완적인 것으로 평가되고 있다.

### 가정봉사원(home maker)

저소득가정 중 심신장애인이나 요보호노인이 있을 경우 해당 가정을 돕기 위해 파견되는 사람을 말한다. 파견횟수는 1세대에 주 2회 이상으로 하며 업무는 거택보호서비스의 일환으로 식사, 세탁, 청소, 통원조력 그리고 일상생활과 신상에 관한 상담·조언 등이다. 국가에 따라 홈헬퍼(home helper) 또는 케어 테이커(care taker)라고도 한다.

### 가정봉사원서비스(home maker service)

클라이언트 자신의 가정에서 행해지는 건강 또는 사회복지서비스 프로그램으로 1−2명의 봉사원이 음식수발, 준비, 세탁, 청소와 약간의 간호서비스를 제공하는 것을 말한다. 가정봉사원은 보통 공공단체·기관에 고용된 사람이며 이들이 제공하는 서비스는 종종 클라이언트가 과중하게 느끼는 의료비용이나 요양원시설이용을 대체해 주기도 한다.

### 가정붕괴(family down) 01

이혼, 가출 등의 이유로 가족의 중요한 역할을 감당할 사람이 없어 생활의 장으로서의 가정이 제 기능을 상실한 것을 말한다. 현대사회의 가정의 기능은 성 해방의 풍조, 전쟁, 경제적 곤궁, 도박, 음주, 향락적 문화 등의 영향을 받아 약화되고 있다. 특히 부부와 자녀 간에 가족의 공동목표보다 개인의 목적 실현이 우선시되고 다른 가족원에 대한 배려와 서비스가 소홀히 되는 경향이 많은데 이러한 상황이 가정을 붕괴시킨다.

### 가정붕괴 02

이혼, 별거, 가출, 유기 등의 이유로 가정의 주된 역할을 수행할 사람이 없어 가족이 그 본래의 기능을 수행할 수 없는 것을 말한다. 현대사회에서의 가족기능으로서 부부간

의 성적 욕구충족, 자녀출산 및 양육, 경제적 협동, 정서적 지지, 사회화교육 등이 대표적으로 열거되는데 이와 같은 가족의 기본적인 기능을 수행할 수 있는 남편 혹은 아버지, 부인 혹은 어머니가 이혼, 별거, 가출 등의 이유로 가족으로부터 유기되어 가족구조가 해체되는 상태를 말한다.

### 가정사제(family group home)

기숙사제에 대해 소사제의 다른 명칭으로서 시설의 부지 내에 가정주택과 같은 소사를 띄엄 띄엄 짓고 많은 아동이 아닌 소수의 아동과 부모대신에 직원이 거주하고 이것이 하나의 생활단위를 구성한다. 직원과 아동, 아동상호 간의 관계는 긴밀하여 한 가정을 닮은 홈(home)의 소속의식, 자주성이 길러지는 한편 시설전체의 통제는 어려우며 직원의 책임과부담은 크다. 부부직원이 이것을 담당하게 되면 그 효과가 더욱 좋을 것이다.

### 가정상담원(parent supporter)

장애인 자녀를 가진 부모들 중 복지관에서 실시하는 상담원 교육을 이수한 사람으로 자녀가 장애진단을 받은 부모들에게 상담·조언, 정보제공 등을 해줌으로서 부모들의 심리적인 안정과 함께 자녀의 올바른 양육 방법을 원조하는 인력을 의미한다. 복지관 등에서는 다운증후군 자녀를 둔 부모들을 대상으로 상담원 교육과정을 거친 후 사회복지사의 지도 아래 다운증후군 진단을 받은 부모들에게 자신의 경험을 바탕으로 한 상담을 제공하도록 하고 있다. 가정상담원의 자격으로는 첫째, 자녀의 장애에 대한 올바른 수용태도를 지닌 자, 둘째, 상담·조언, 정보제공 등에 있어서 기본적 능력을 구비한 자, 셋째, 다운증후군 자녀를 둔 부모로서 복지관의 가정상담원 교육을 이수한 자로 하고 있다. 가정상담원의 상담효과로 가장 큰 장점은 장애인 자녀를 양육하고 있는 부모가 직접 상담을 하기 때문에 심리적 안정 및 공감대 형성이 빨리 이루어질 수 있다.

### 가정생활기술(domestic skills / home living skills)

가정에서 일상적으로 수행되는 제반 활동들이 모두 포함되는 광범위한 영역으로 주요 내용은 가정에서의 안전 관리, 집안 청소, 의복 관리, 개인 청결, 화장실 이용, 침실 정리, 주방일, 가족과의 대화, 가정에서의 여가 활동 등이 포함된다. 이 중에서 화장실의 이용, 청소하기 등과 같이 가정뿐만 아니라 가정 이외의 장소에서도 수행이 요구되는 활동들은 이 영역에 포함되지만 교통수단 이용, 여가시설 활용 등과 같이 유사한 활동일지라도 가정 이외의 장소에서만 이루어지는 활동들은 이 영역에 포함되지 않는다.

### 가정양육(child rearing in the family)

가정이란 자녀가 태어나 성장하며 성인이 되면 떠나는 곳이다. 가정양육의 역할은 생활의 기반인 가정생활을 통해 부모의 애정을 받고 사회규범이나 생활의 제 기술을 배우며 가족집단속에서 역할 분담을 통해 장차 새로운 가정생활을 만들기 위한 기초적 능력을 형성하는데 있다. 따라서 부모는 자녀의 대인접촉 범위를 가정 내에만 제한시키지 말고 지역의 보육시설(가령 지역탁아소 등)에서 집단보육을 체험시키면서 보육자와 협력해 자녀의 자립성, 사회성이 형성될 수 있도록 노력해야 한다.

### 가정양호(family child care)

아동 본래의 가정에서 부모자신의 손에 의한 육아의 방법을 말한다. 1909년 제 1회 아동복지 백악관회의의 〈가정 제 1주의적 존중의 원칙〉 선언이래 아동의 가장 안정된 성장발달은 가정에 있는 것. 특히 유아기의 가정양호의 중요성에 관해서 근년의 아동정신의학 등의 실증적 연구가 이루어지고 있다. 근대사회에 있어서 가정기능의 변화, 축소, 특히 핵가족화에 의한 육아능력의 저하로 야기되는 가정양호의 약체화를 보완해서 때로는 이것을 대체하는 사회적 양호프로그램이 필요 불가결하게 하고 있다.

### 가정위탁(foster care)

친부모와의 생활이 불가능한 아동에게 신체적 보호와 가정환경을 제공해주는 것이다. 미국의 전형적인 가정위탁은 각 주정부의 담당부서에서 행정적 처리를 하며 사회사업가는 당국이 아동의 배치를 결정하는 것을 돕기 위해 아동과 가정을 평가하고 특정의 아동이 적절한 위탁을 위해 배치되었는를 평가하여 배치기간 동안의 생활을 감독하고 언제 아동이 본래의 가정으로 돌아가는 것이 적절한가를 당국에서 판단하는 것을 돕는다.

### 가정의(family doctor)

의사 1명이 가족단위로 병력과 건강을 1차로 진료·관리하게 하는 제도를 말한다. 가정의 개업을 위한 `전문의 수련 및 자격인정 등에 관한 시행규칙이 1984년 12월 고시됨으로써 가정의가 전문의로서 자리를 차지하게 되었다. 이것은 감기에만 걸려도 종합병원을 찾는 비정상적인 의료전달체계를 개선하고자 실시된 제도로서 지난 1981년 이후 전국 13개 대학병원에 도입되었고 1986년부터는 가정의의 인턴, 레지던트 과정과 시험이 실시되고 있다. 단 6년 이상 개업한 의사 가운데 의학협회가 인정한 기관에서 300시간의 연수교육을 받았을 때에는 레지던트 과정을 밟은 것으로 인정하고, 9년 이상 개업한 의사가 보수교육을 받았을 때에는 1차 필기시험을 면제한다. 이 제도는 의료 전달체제의 정상화 외에도 전문의에 편재된 의료인력 재배치, 의료 인력의 대도시 집중현상 해소에도 도움을 줄 것으로 기대되고 있다.

### 가정조성서비스(homemaker services)

클라이언트가 자신의 집에서 머무르고 생활화하도록 돕

기 위한 건강이나 사회서비스 프로그램으로서 보통 한 명이나 그 이상의 조력자들은 예정된 시간표에 따라 클라이언트의 집을 방문하여 식사준비, 빨래, 집안청소와 같은 활동을 수행하고, 수송과 약간의 간호를 해준다. 이러한 가정 조성자들은 보통 공공의 고용인이며, 그들의 서비스는 대개 클라이언트들을 비용이 많이 드는 병원이나 요양원 시설에서 벗어나도록 돕는다.

### 가정지원서비스(the living at home service)

지역사회 재활사업의 한 프로그램으로, 장애로 인해 일상생활에 어려움이 많은 장애인에게 재활지식, 정보 등을 제공하고, 봉사자가 필요한 가정에 방문하여 서비스를 제공하는 것이다. 그 대상으로는 ①대부분의 시간을 혼자 지내며 가족의 보호를 받기 어려운 장애인, ②부모의 장애로 인해 자녀를 돌보기 어려운 가정, ③의료적인 치료나 교육, 정보가 필요한 장애인 등이다. 한편 제공되는 서비스는 ①가사활동(집안 청소, 부엌일, 장보기 대행, 세탁 등), ②대인적 활동상담, 목욕, 이발, 미용, 말벗, 학습지도 등), ③사회적 활동(외출동반, 차량지원, 관공서 업무대행 등), ④전문적 활동(의료진단 물리치료, 복용약 지원 등)이다.

### 가정폭력(domestic violence)

대개 가정성원이나 다른 동거인이 가정의 어린이, 어른, 배우자, 기타 사람들을 학대하는 행위를 말한다. 또 이 용어는 다른 식구의 고의적 행위의 결과로 재산, 건강, 생활이 위협을 받거나 해를 입는 사회문제를 가리킨다.

### 가정환경(home environment) 01

가정 내에 있는 여러 가지 자극·조건·상황 등을 총괄한 것을 말하며 가정환경의 구성을 물리적 환경과 심리적 환경으로 구분하는 것이 일반적인 방법이다. 그러므로 가정의 문화시설이나 가옥 등은 가정환경이라고 할 수 있으며, 부모와 자녀의 관계와 같은 심리적인 상태도 이에 포함된다. 가정환경의 중요성은 인간발달에 미치는 영향이 크기 때문에 일찍부터 인정되어 왔다. 지금까지의 연구결과에 의하면 가정환경이 성격형성에만 작용하는 것이 아니라 개인의 지적 발달에도 상당한 영향을 미치는 것으로 알려져 있다. 가정환경을 분석적으로 연구하기 위하여 이를 하위개념으로 세분해서 고찰하는 것은 유익한 일이다. 가정환경을 지위·구조 및 과정으로 세분화하는 것은 그와 같은 시도의 예라고 할 수 있다. 지위환경이라는 개념에 포함되는 것은 부모의 상태, 거주지의 생태적 조건, 가정의 사회경제적 지위 등이며, 구조 환경의 개념 속에는 가정 내의 문화적 상태·위생상태·언어모형·가치지향성 등이 포함된다. 그리고 과정환경은 가족 간의 상호관계와 상호작용의 상태를 의미한다. 이러한 가정환경의 하위개념은 각기 그 나름의 교육적 의미를 내포하고 있다.

### 가정환경(family environment) 02

가정환경은 가족구성원 각자에게는 생활환경으로서의 기능을 의미한다. 가정환경은 남편, 아내, 부모, 자녀, 형제, 친척 등이 상호간에 만들어내는 인간관계나 가치관 등으로 이루어지는 심리 정서적 환경과, 가정의 경제상태, 주거의 공간, 통풍, 채광, 위생상태, 편리함 등으로 이루어지는 물리적 환경의 두 가지 측면을 동시에 말한다. 가정환경은 단순한 주거공간으로서 존재할 뿐 아니라 가족원의 안전 확보, 지속적이고 안정된 인간관계, 자녀의 성격발달, 가족원의 생활 활동이나 인격형성, 사회화교육 등 가족 내의 기능과 사회적 기능을 수행하기 위하여 필수적인 조건이다.

### 가족(family) 01

가족은 인간의 기본적인 욕구를 충족시켜주는 기능을 수행하며 사회의 유지와 존속기능을 하는 사회의 기본단위이다. 가족은 결혼, 혈연, 입양에 의해 형성되며 법적으로 보호를 받는 인류의 보편적인 사회집단이다. 가족 내의 노동은 분업되어 있는데 남자는 주로 대외적인 경제활동을 하고 여자는 대내적인 자녀양육 및 정서적인 기능을 담당한다. 가족성원들은 대부분 동거, 동고, 동락하는 공동운명체이기 때문에 가족은 어떠한 사회집단보다도 구성원간의 유대관계가 친밀하다. 가족은 법적유대, 경제적 협조 등으로 통합되어 있다. 그리고 가족 관계는 대부분 일생동안 영구히 계속되는 관계이며, 일반적으로 남성이 여성보다 높은 지위를 갖고 있다. 가족은 동거동사의 생활공동체이며 집, 가풍, 가문 등을 포함하는 넓은 의미의 개념을 갖고 있는 문화집단이다. 가족은 자녀에게 인격형성과 사회화 교육을 시켜주는 훈련장이며, 사회와의 교량 역할을 해주는 사회집단이기도 하다.

### 가족 02

부부와 그 자녀를 중심으로 하는 혈연공동체로서 인류의 보편적인 사회집단이다. 가족은 가계를 함께 하고 주거를 공동으로 하면서 애정을 그 기저로 하여 영속적인 성관계와 생식에 따라 결합된 사회의 기본단위이다. 가족관계는 이해타산을 초월하는 무조건적 관계이며, 상대편을 위해서 지배하고 복종하며, 특정한 사항만을 계기로 맺어지는 관계가 아니고 모든 사항에 복합적으로 관여하게 되는 전인적 관계이다. 가족은 국가, 도시, 마을 등의 지연적 집단에 대해 혈연적 집단의 대표적인 것이다. 원래 인류는 다만 무리를 이루어 사는데 그쳤으나 부부관계, 부모와 자식관계, 형제관계가 차차 뚜렷하게 인식되어 사회구성의 한 단위로서의 가족을 이루었으며 경제단위로서의 중요성을 띠게 되어 중세의 대가족, 방계가족제도를 이루게 된 것이다. 혈연적 집단에는 가족 외에 씨족이 있어서 일반적으로 모계씨족 또는 부계씨족으로서 존재하여 친족관계가 단계인 것을 특색으로 하는데 반해 가족은 쌍계인 것을 특색으로 한다. 고대 중세로 이어져 오는 가운데 가족은 방계가족의 성격을 띤 가부장제 확대가족으로 생산과 소비가 가족 내에서 자급자족되었으며, 모든 문제가 그 가족 내에서 해결되었고, 따라서 사회적 구제의 대상은 호적이 없는 개인(부랑자)이나 의식주를 제공할 수 없는 가족에 한정되었다. 이러한 가부장제 확대가족은 산업혁명에 의해 부부평등을 원칙으로 하는 핵가족으로 변천되어 왔다. 가족은 혈연을 기본으로 한다는 점에서 가구 혹은 세대(household)와 구별된다. 가족의 크기를 기준으로 할 때 대가족, 소가족이라 하고 가족의 세대수를 기준으로 부부와 그 자녀로 된 2세대가족을 핵가족이라 하며, 조부모를 포함한 3세대가족 이상의 혈연가족을 확대가족이라 한다. 우리나라 민법은 확대가족의 성격을 내포하고 있는데, 가족의 범위를 보면 호주의 배우자 혈족과 그 배우자, 기타 동법의 규정에 의해 그 가(家)에 입적한 자는 가족이 된다고 규정하고 있다. 또 우리 민법은 직계가족(호주상속, 재산상속)과 핵가족을 동시에 포용하고 있다. 산업화가 극도로 진전되는 현대에 있어서는 가족이 서로 헤어져 생활하는 경우가 많고 부부가 공동으로 직장을 가지는 경우가 많으므로 가족문제가 많이 발생하며, 특히 친자간의 갈등과 자녀양육에 따른 심리적 문제가 발생하므로 가족을 보호하고 강화하는 제도적 · 정책적 배려가 있어야 하겠다.

### 가족 상호작용(family interaction)

가족구성원간의 인간관계를 통해 서로 특정한 영향을 미치는 것을 뜻한다. 이러한 상호작용에 있어서 교육적으로 대단히 중요한 것은 모자간의 상호작용이다. 모자간의 상호작용을 통해 어린이들은 언어를 습득하고, 생활습관과 사회생활에 필요한 기본태도를 학습하게 된다. 부자관계나 형제자매 간의 상호작용도 교육적으로 대단히 중요하다. 부자 간의 상호작용에 의해서 생활규범을 배우고 형제자매 간에 있어서는 사회성을 서로 배우게 된다. 이러한 가족 상호작용이 반드시 긍정적인 결과만 수반하는 것은 아니다. 경우에 따라서 가족 간의 갈등과 긴장이 일어나는 것도 이러한 가족 상호작용을 통해서이다. 반면 가족 상호작용이 치료적인 효과를 가져오기도 한다.

### 가족간호휴가제

가족이 아플 때 여성근로자에게 3개월 이상 최장 1년간 휴가를 주어 가족을 돌볼 수 있게 하는 제도이다. 미국 · 일본 등은 여성의 지속적인 고용보장을 위해 이미 이 제도를 권장사항으로 실시하고 있다.

### 가족갈등(family conflict) 01

가족성원간의 불화 · 대립을 말한다. 부부는 각기 상이한 가정에서 자랐기 때문에 성격과 가치관이 다르다. 애정으로 이러한 간격을 메울 수 있고 극복할 수 있지만 양가족의 외적 압력이나 내적 압력 등의 복잡한 환경의 변화 등으로 가족갈등을 가지게 된다. 또 민주적인 가족에서는 가족원이 자기주장을 하게 됨으로 부부싸움과 감정 대립을 가져오며, 이러한 과정을 통해 자기의 욕구를 집단성원의 승인 하에 만족시킬 수가 있지만 한편 문제해결기능(problem — solving function)이 없는 가정에서의 불화 · 대립은 잠재적 갈등으로 변하기 쉽다.

### 가족갈등 02

가족갈등은 가족 내에 문제가 발생하였을 경우 이를 기능적으로 처리, 적응, 해결과정에서 발생하는 역기능적인 현상을 의미한다. 가족 문제의 성격과 발생원인은 다양하지만 가족갈등은 가족관계를 중심으로 설명하기도 한다. 가족생활 주기상의 일상생활에서 부부관계, 부모 — 자녀 관계, 자녀 간의 관계, 친척과의 관계, 노부모와의 관계 등에서 가치와 주장이 대립되고 문제해결을 위한 합의 내지는 조정과정에서 혹은 적응상의 문제에서 가족갈등이 발생할 수 있다. 가족원간의 갈등은 전체 가족에게 영향을 주며, 특히 부모의 갈등은 자녀들에게 많은 영향을 주어 심리적 압박감, 저항감, 긴장감 등을 유발시키므로 또 다른 가족문제를 발생시키는 원인이 되기도 한다.

### 가족계획(family planning)

가족 내에서의 가족계획은 부부가 출산아 수와 그 출산 문제를 인위적, 계획적으로 조절하는 것을 말한다. 그리고 국가적 차원에서는 복지사회 여건에 알맞은 인구규모 및 구조 등을 도출하여 인구의 적정수를 결정하고, 그에 따른 가족보건사업 추진방향을 수립하고 실시하는 것을 말한다. 과거에는 인구증가 억제에만 역점을 두고 피임실천의 생활화, 청소년의 건전한 성의식 고취, 모자보건증진, 저소득층 불임수술 등을 실시하였다. 프랑스, 독일을 비롯한 유럽 여러 나라에서는 출산율의 감소로 출산율 증가 즉 인구증가 정책에 역점을 둔 가족계획을 실시하고 있다.

### 가족관계(family relationship) 01

일반적으로 가족관계는 가족구조 내의 가족성원 상호관계를 말하고 친족관계도 포함한다. 가족관계는 부부, 자녀, 형제라는 하위체계로 이루어지고, 하위체계 간의 모든 가족관계를 포함한다. 가족관계는 비교적 고정되어 있으며 장기적 혹은 영구적으로 지속된다. 가족들이 갖는 각각의 사회적, 문화적, 시간적, 지역적, 경제적 조건에 따라 가족관계의 성격이 다르며, 가족관계는 가족의 성장과 발전단계에 따라 변화한다. 가족관계는 어떤 다른 인간관계보다도 일찍 시작되고 오랫동안 지속되지만 지나치게 밀접하고 요구적이며 보상적일 수 있으므로 가족관계에 문제가 발생할 수도 있다.

## 가족관계 02

가계도 작성의 세번째 단계로 가족의 보고와 치료자의 직접적 관찰에 근거하여 가족성원 간의 관계를 묘사하는 것이다. 가계도에서 가족성원 간의 다양한 관계는 각각의 선으로 나타내게 된다.

## 가족권(family right)

일반적으로 실정법 체계에는 가족의 권리라는 용어는 보이지 않는다. 그러나 통상적으로 가족은 부부와 자녀를 중심으로 의·식·주를 공동으로 해결하며, 생활유지를 위해 심리 정서적으로 애정과 소속감을 기초로 결속된 집단이다. 따라서 가족성원들은 건강, 복지, 직업 등을 유지하기 위해 필요한 의·식·주와 의료를 포함한 충분한 생활수준을 보유할 권리를 가지고 있다. 또 가족구성원이 소득의 상실 혹은 감퇴, 불의의 사고, 신체적 혹은 정신적 질병 등의 문제로 도움이 필요한 상황에 노출될 경우에 가족은 필요한 사회적 제 서비스를 받을 권리를 갖고 있다.

## 가족규칙(family rules)

어떤 가족 내에서 반복된 행동유형과 어떤 행동을 규제하는 상호기대를 말하는 가족치료의 용어이다. 가령 '어떤 가족은 구성원들이 애정을 겉으로 표출해서는 안된다'는 상호기대를 가질 수도 있고, 또 다른 가족은 모든 불화에는 체벌은 가한다고 위협하거나 실제로 체벌하는 규범을 지닌 경우도 있을 것이다.

## 가족기능(family function) 01

가족은 사회의 기본 단위이며 사회제도로서의 목적과 기능을 가지고 있다. 가족은 개인에 대해서는 생활과 생존, 성적 욕구충족, 보호자 지지, 사회화 및 사회적 일체감을 제공하는 기능을 수행한다. 그리고 사회에 대해서는 종족의 유지, 성의 통제, 문화의 보존과 전승, 신분귀속 등의 기능을 한다. 이와 같은 가족의 기능은 현대사회에서 사회문화단체, 사회교육기관 등의 사회집단이 지원적, 보조적, 대리적 기능으로 가족의 기능을 강화하기도 하지만 가족의 고유기능이 약화되거나 상실되어 가고 있는 면도 적지 않다. 가족의 기능 상태는 기준이 되기도 한다.

## 가족기능(family functions) 02

사회제도로서의 가족의 목적을 실현하기 위한 작용을 말한다. 산업사회 이전의 가족은 경제적, 교육적, 종교적, 오락적, 보호적인 제 기능을 가지고 있었으나 현대가족은 재화 의류의 생산은 가정 외에서, 교육은 학교, 오락은 영화나 공원, 유원지, 보호기능은 사회복지기관, 보험회사, 경찰, 소년재판소, 병원 등으로 대체하고 있다. 지금에 있어서 가족기능은 ①사회적으로 승인된 인구증식, ②자녀의 양육과 사회화, ③가족원의 상호신뢰와 휴식, ④공동생계의 기능을 가지는데 불과하다. 가족은 사회화 고립하여 존재할 수 없기 때문에 사회변동의 영향을 받으며, 특히 최근에는 보호를 필요로 하는 갓난아이기의 보호와 노인에 대한 보호적 기능이 상실되기도 한다. 그리고 성개방의 사회풍조에 영향을 받아 가족의 고유기능인 성적 기능의 저하와 이혼 등의 문제가 증가하고 있다. 친자간의 가치관의 간격으로 인한 통합의 실패로 애정 및 양육의 기능을 중심으로 하는 가족기능의 약화를 가져오고 있다.

## 가족긴장(family tension)

현재적 갈등(overt conflict)은 없지만 가족원이 어떤 이유로 그의 욕구불만을 표현할 수 없는 상황에 처해있는 일촉즉발의 위기적인 분위기를 말하며, 부부 간의 상호이해가 부족하거나 친자관계에서 양친이 너무 엄할 경우에도 가족긴장이 유발된다. 가족 중에 다툼이나 가출 등의 표출적인 문제는 없으나 가족긴장이 있는 가족에서는 잠재적 갈등(covert conflict)이 있을 수 있다.

## 가족대체기능

사회복지기능의 한 형태로서 보호, 사회화, 정서안정 등의 가족기능과 동일한 기능을 여러 가지 사정으로 그 가족기능을 수행할 수 없는 경우에 유지와 사회 복지적 서비스, 즉 가족생활의 유지와 가정적 경험을 통해 올바른 성장과 발달을 목적으로 원조하는 것이다. 가령 양부모, 양호시설, 유아원, 양호노인 홈 등의 사회복지시설과 거택복지서비스 등 인데 이는 결손가족 및 가족에서 이탈된 자를 대상으로 원조하는 경우가 많다. 이것은 사회복지의 기능을 분석함에 있어서 그 고유성을 인정치 않고 원조의 형태의 유사성에 주목하고 현존의 사회제도나 시책을 분해하려고 하는 입장에서의 견해라 하겠다.

## 가족도(family map)

어떤 가족이 특정 문제나 관심사를 중심으로 구조화되는 방식을 그림으로 표현한 것을 말한다. 가족 구성원들은 원이나 네모로 표시되고, 구성원들의 관계유형은 다양한 형태의 선으로 나타낸다.

## 가족력(family history)

가족이 형성되어 현재까지 지내온 과정에 대한 서술이다. 개인이 태어난 후 살아온 과정이 있듯이 가족도 남녀 두 사람이 만나 결혼하여 가족을 형성하고 첫 자녀가 태어나면서 입학, 취직, 결혼, 배우자의 사망과 같이 생활주기에 따른 단계가 있다. 그 발전단계에서 가족구성, 생활수준, 가족단계의 경향, 가족의 사회적 욕구나 활동 등 제반측면의 변화를 찾아볼 수 있다. 사회사업 실천에서 개개인의 가족에 대한 정상적인 발전모델과 비교하면서 발생적이며 발달적인 진단을 하는데 중요한 자료가 된다.

## 가족면접(family interview)

일반적으로 클라이언트에 대한 직접치료과정에서 간접치료인 환경조정의 수단을 적용하기 위해 가족과 면접하는 경우를 말한다. 이는 개인치료와 다른 입장을 취하고 있는 가족치료 즉 가족집단을 하나의 병리체계로 이해하고 개입하기 위해서 사용되는 경우와는 전적으로 다르다. 따라서 개인의 증상형성에 깊은 관련이 있을 때 가족과 면접하게 된다. 아동 치료의 경우 증상형성이 가족과 깊은 관련이 있을 때 아동을 1차적 클라이언트(primary client)라고 하고 부모를 2차적 클라이언트(secondary client)라고 한다.

## 가족문제(family problem)

가족생활을 지속하는데 필요한 가족기능에 장애를 가져오는 문제는 물론 아직 가족기능장애는 없지만 생활상에 어려움이 있는 가족의 모든 문제를 말한다. 가족의 문제 성향과 심각정도는 다양하지만 크게 세 가지 차원에서 분류할 수 있다. ①개인과 가족의 기능과 가족관계에 관한 문제 ― 부부갈등, 별거, 이혼, 부모 ― 자녀관계, 자녀문제, 직장부적응, 일탈행동, 미혼모문제, 아동학대 혹은 유기, 가족유기 등, ②빈곤이나 사회자원의 결핍에 관련된 문제 ― 경제문제, 직업문제, 주택문제, 건강문제, 만성질환, 신체장애, 세대주 사망, 편부모가족문제, 청소년 가장 가족문제, 노인문제 등, ③일시적 긴장에 의한 문제 ― 일시적으로 긴급하거나 긴장상황 때문에 역할수행의 어려움을 초래하는 문제로서 실직, 질병, 사업실패, 이민, 이주, 불의의 사고, 가족원의 자살, 수감 등을 들 수 있다.

## 가족법(family law)

민법의 친족법과 상속법을 흔히 가족법이라 한다. 1984년에 가족법에 내포된 전근대적 요소를 철폐하려는 여성연합회가 결성되어 동성동본불혼제와 호주제를 제외한 가족법 개정안이 1989. 12. 19 통과함으로써 남녀평등의 새로운 전기를 맞이하였고, 1991. 1. 1부터 시행된 가족법의 주요골자는 다음과 같다. ①친족범위부계, 모계 모두 8촌 이내, 인척은 4촌 이내, ②호주제는 그대로 두되 호주 상속제를 호주승계제로 하고 남녀불평등 조항을 대폭 삭감, ③이혼 시 재산 분할 청구할 때 재산형성의 기여도에 따라 재산분할청구 가능, ④상속제도성별, 출가여부와 무관, ⑤입양제도미성년자의 입양 시 후견인의 동의 외에 가정법원의 허가를 받도록 하고 후견인이 피후견인을 양자로 삼는 경우에는 가정법의 허가를 받아야 한다는 것 등이다.

## 가족병리(family pathology)

여러 원인에 의해 가족관계가 파괴되고, 가족기능에 장애가 발생한 경우 가족병리라고 불리는 현상이 나타난다. 이제까지 병리라고 하는 용어가 갖고 있는 이미지나 제현상의 명칭은 발생 원인이나 메커니즘에 관해 논쟁의 여지가 많았다. 그러나 가족해체를 초래한 경우 기능회복(가족치료)이나 발생예방을 위한 실천적 대책이 요구되고 가족사회사업의 과학화가 요망된다.

## 가족보험(family plan) 01

가족전원, 즉 남편, 처, 자녀 및 장래에 생겨날 수 있는 자녀까지 한 장의 보험증권에 의해 보장하는 가족단위의 연생보험이다. 가족보험의 보험료 산출계산에서는 예정사망률과 예정이율 및 예상사업 비율을 정하는 것 외에 예정출생률, 예정 기혼율 등도 산출기초가 되는 것이 이 보험의 기술면에서의 특징이라 할 수 있다.

## 가족보험 02

남편, 처, 자녀 등 가족전원을 한 장의 보험증권에 의해 보장하는 가족단위의 연생보험으로 그 구조는 남편의 양로보험에 처와 어린이의 정기보험을 합쳐서 만들어진 것 또는 아버지의 사망보험과 어린이의 생존보험을 합쳐서 만들어진 것 등이 있고 그 외에 재해보장특약에서 재해보장의 대상범위를 처자까지 확대한 가족재해보장특약이 있다. 우리나라의 경우에는 전가족이 아니라 하더라도 이에 준할 수 있는 가족보험 형태의 상품이 판매되고 있다. 현행 판매되고 있는 교육보험은 남편(주피보험자)의 사망 당시 자녀의 학자금과 자립자금이 지급되는 사망보험과 보험에 가입한 자녀의 학자금을 지급하는 생존보험이 결합되어 있다 또 남편 생존 당시 종신연금을 지급하고 남편 사망 당시 처에 대한 종신연금과 자녀에 대한 확정연금을 지급하는 양로보험도 판매되고 있다. 가족보험의 보험료산출계산에서는 예정사망률과 예정이율 및 예정사업비율을 정하는 외에 예정출생률, 예정기혼율 등도 기초가 되는 것이 이 보험의 기술면에서의 특징이라 할 수 있다.

## 가족복지(family welfare) 01

가족복지는 가족생활을 보호 및 강화하며, 가족 내 상호관계 그리고 사회적응상의 문제를 가진 개인과 가족을 원조하며, 가족의 사회적 기능을 향상시키기 위하여 정부와 민간기관이 제공하는 사회적 서비스를 말한다. 가족복지서비스는 국가차원의 제도적 정책적인 것과 민간기관의 전문적인 원조방법들이 있다. 가족복지사업은 일시적 혹은 장기적으로 당면하고 있는 생활상의 곤란함, 즉 빈곤, 질병, 실업, 가족관계의 붕괴, 행동상의 문제, 신체적 혹은 정신적 장애 등으로 가족의 기능이 상실되어 중대한 위기에 처한 가족을 대상으로 한다. 가족복지사업과 다른 사회복지분야의 차이점으로서 아동복지, 청소년복지, 장애인복지, 부녀복지, 노인복지 등은 문제를 가지고 있는 개인을 서비스 대상으로 하고 있는데 비하여 가족복지는 가족전체를 서비스 대상으로 하고 있다.

## 가족복지(family service / family social welfare) 02

가족복지는 사회복지의 한 분야로서 인간다운 생활을 할 권리를 가진다는 헌법의 기본 이념에 입각하여 가족생활을 보장하는 사회적 제 노력을 말한다. 구체적으로는 가족이 빈곤, 질병, 실업, 가족관계의 붕괴 등으로 가족원 개개의 존엄성이 상실되고 가족의 복지가 현저히 저해된 상태에 대해서 문제해결과 원조를 위한 사회적 조직 활동이다. 노인복지, 아동복지, 부녀복지는 그 대상이 되는 특정인을 원조하는데 비하여 가족복지는 가족을 전체로서 한 단위로 취급하는 것이 그 특징이다. 가족복지의 목적은 가족생활의 유지와 강화 및 가족기능의 회복과 이행이며 가족원의 사회적 기능 수행이다. 가족복지의 주체는 국가, 지방자치단체, 민간기관이며 그 대상은 빈곤가족, 정신적 갈등이 있는 가족, 반사회적 및 사회부적응가족, 장애인가족, 다 문제가족 등이 포함된다고 하겠으나 제도적·정책적 제 시책에 있어서 모든 가족이 대상이 된다고 하겠다. 가족복지사업의 기능은 직접적 원조기능과 간접적 원조기능으로 구분하는바 직접적 원조기능은 가족의 문제를 직접 원조·치료하는 회복적 기능이고 간접적 원조기능에는 ①의뢰적 기능 ②개발적 기능 ③조정적 기능 ④예방적 기능이 있다. 가족복지를 실현하기 위해서 가족을 진단하고 치료하는 기관을 많이 설치해야 하며, 모자복지법 제정 등의 제도적 장치와 민간기관의 설치 및 지역사회의 협력 등이 요망된다.

## 가족복지기관(family service agency) 01

가족성원간의 불화로 인한 가족갈등과 사회적 기능을 수행하는데 곤란을 가진 가족을 원조하여 가족생활을 계속 유지시키고 강화되도록 원조하는 사회복지서비스기관을 말한다. 가족복지기관은 개인을 원조하는데 목적이 있는 것이 아니라 가족집단생활을 효율적으로 수행하도록 원조하는데 초점이 있다. 가족 정신적 치료를 목적으로 하는 기관, 빈곤가정에 대한 경제적 원조를 중심으로 하는 기관, 가족계획, 가정지도, 홈헬프 등의 서비스를 하는 기관, 그리고 가족생활교육 즉 부모교육, 남편교육, 아내교육 등을 통해 가족생활을 강화시키고 각종 문헌의 발간과 조사연구와 복지기관의 프로그램개발 및 혼전상담, 결혼상담 등을 수행하는 기관이 있으며, 특히 미국에 있어서는 미국가족복지협회(Family Service Association of America)가 유명하다.

## 가족복지기관(family welfare service center) 02

가족의 욕구와 문제를 해결하기 위하여 민간기관이 서비스를 제공하는 경우가 있는데 이때 민간기관이 제공하는 서비스를 가족복지사업이라 할 수 있으며 민간기관을 가족복지기관이라 한다. 우리나라의 경우 국가가 운영하는 가족복지기관이나 사회복지기관은 소수인 반면에 대부분의 사회복지기관은 민간에 의해 운영되고 있다. 따라서 국가는 제도적으로 공공복지기관 내에 가정복지부서의 설립 또는 민간기관에 대한 지원과 장려를 제공해야 할 것이다.

## 가족복지시설(institution of family welfare) 01

가족이 어떤 곤란이나 위기에 직면하여 있을 때 그 가족생활을 보다 강화하고 정상적인 가족생활을 유지하도록 하는 것을 목적으로 설립된 사회복지 시설을 의미한다. 남편이 없는 모자가족을 보호하는 시설, 무의탁 노령부부를 보호하는 장애자복지시설 등을 들 수 있다. 사회부적응가족을 치료하고 원조하는 각종 상담서비스기관과 경제적 원조를 수행하는 공사와 가족복지기관, 그리고 가족생활교육과 가족생활을 돕는 각종 프로그램의 개발과 전문잡지와 서적 등의 문헌을 연구·출판함으로 가족복지에 도움을 주는 기관이 있다.

## 가족복지시설 02

가족이 어떤 곤란이나 위기에 직면할 경우 그 가족생활을 보다 강화하고 정상적인 가족생활을 유지하도록 하는 것을 목적으로 설립된 사회복지시설을 의미한다. 모자가족 보호시설, 노인복지시설, 장애인복지시설과 각종 상담서비스기관 등을 들 수 있다.

## 가족봉사기관(family service organizations)

특히 동거부부, 가족, 확대가족에게 다양한 대인서비스를 제공하는 사회기관. 기관들은 흔히 보조금과 사적 기부금을 통해서 재원을 마련하고, 독자적으로 선출되거나 임명된 이사회에서 결정된 정책을 따른다. 서비스에는 가족치료(family therapy)와 부부치료(martial therapy), 가정생활교육 그리고 건강한 가족발전을 강화하기 위한 지역사회활동이 포함된다. 이들 기관은 대부분 미국가정복지기관협회(FSA : family service america), 유대인 가족봉사회, 그리고 LDS사회서비스 등 전국조직에 가입되어 있다.

## 가족부양(family care)

가족성원 상호간에 가족생활을 중심으로 이루어지는 전체적인 협조를 말하며, 경제적인 협조, 가족성원 상호간의 심리정서적인 지지와 격려 그리고 물리적인 보호와 양육 등을 의미한다. 전통적인 가족에서는 장남은 가족의 기둥으로서 노부모의 부양은 물론 미혼의 형제들을 돌봐야 하는 책임도 지고 있었다. 그러나 현대사회에서 핵가족화로 인한 가족구조의 변화와 독립적인 생활형태, 민주적, 독립적, 이기적사고와 가치관의 영향으로 장남의 부모형제에 대한 부양의식은 약화되고 있다. 그리고 부양개념에는 공적 부조나 노인보호, 아동보호, 장애인보호, 보호시설의 수용 등에 의한 가족부양, 친족부양, 사회적 부양 등이 포함된다.

## 가족부조계획(FAP : family assistance plan)

미국에서 모든 노동자 가족이 적정 생활수준을 유지하는 데 필요하다고 여겨지는 특정액 이상의 연간소득을 보장하도록, 사회복지제도의 일부를 개혁하려는 제안을 말한다. 이러한 의도를 가진 입법은 1969년에 닉슨 행정부가 입안했으나 의회에서 거부되었다.

## 가족비밀(family secrets)

일부 혹은 모든 가족구성원이 가지고 있거나 공유하고 있는, 혹은 어떤 가족관계 목적을 얻기 위해서 서로서로 비밀로 하는 신념과 지각을 일컫는 가족치료(family therapy)의 용어이다.

## 가족상담(family counseling)

흔히 개인상담의 문제로만 고려하기 쉬운 한 개인의 고민이나 심리적 또는 행동상의 부적응 그리고 대인관계(특히 가족관계)에서의 갈등과 같은 문제들은 그 원인이 당사자에게만 있다기보다는 전체 가족구성원들 간의 관계문제에서 비롯된다는 가정하에 가족구성원 전체 혹은 다수를 대상으로 상담을 진행해가는 접근방법을 지칭한다.

## 가족생활주기(family life cycle) 01

결혼과 혈연관계로 형성되고 지속되는 가족은 각 구성원들과 함께 성장하며 일련의 발달과정을 거치게 된다. 확대가족이든 핵가족이든 간에 가족생활주기는 비슷한 과정과 단계를 거친다고 본다. 가족생활주기는 가족생활에서 경험하는 결혼 전, 결혼, 출산, 육아, 노후의 각 단계에 걸친 시간적 연속을 말한다. 가족은 결혼으로 형성되고, 자녀의 출산으로 발전하며 확대되었다가 자녀의 결혼, 분가로서 축소되면서 종말에는 결혼으로 시작한 부부가 사망하면서 가족생활주기는 끝나게 된다. 이와 같이 되면 부모의 생활주기는 끝이 나고 자녀들의 가족생활주기는 결혼과 동시에 시작된다고 본다.

## 가족생활주기 02

결혼을 통해 형성된 가족은 자녀가 출생하고 이들이 성장하여 출가하게 되는 시기를 맞게 된다. 또 부부는 중년기를 지나 노년기로 접어들면서 직장으로부터 은퇴하게 되는 시기를 맞게 된다. 이와 같이 한 가족이 일정한 단계를 거쳐 순차적으로 변화·발달해가는 과정을 지칭하여 가족생활주기라 한다. '가족주기' 라고도 한다.

## 가족세무신고

부부가 공동으로 제출한 세무보고. 특히 이는 각각의 배우자가 보고된 소득액에 동등한 기여를 했다는 전제하에 계산된 납세부담 능력을 추정케 한다. 가족세무신고는 배우자중 한명이 다른 배우자보다 많은 소득을 올릴 때 특히 장점이 있다. 반면, 배우자가 각각 분리하여 수익과 세금공제를 기록한 것과 관련된 것을 분리보고(separate return)라고 한다. 미국세법에서 이는 선택할 수 있으나 누진세율의 문제 때문에 과세소득 계급에 따라 의사결정이 다를 수 있다.

## 가족수당(family allowance) 01

전시(戰時) 및 인플레이션으로 인한 생계비의 등귀와 그에 따른 실질임금의 저하에 응하여 근로자의 부양가족에 대해 지급되는 수당을 말한다. 당초 이 제도는 제1차 대전 중 프랑스·독일·벨기에 등 유럽 국가에서 도입되기 시작하였다.

## 가족수당 02

임금에 부가해서 지불하는 여러 수당 중의 하나로서 부양가족이 있는 근로자에 대해 지급된다. 실질임금의 보충을 위한 방편으로 사용되어지기도 했다. 유럽 여러 나라에서는 모든 기업에서 의무적으로 지급되고 있으며 사회보장제도의 한 부문으로서 아동수당제도로 발전했다.

## 가족수당제도

노동자 가족에 자녀수가 많은 경우 양육비가 가계를 압박한다. 여기에 기업부담의 가족수당이 여러 나라의 임금제도 중에 등장하게 되는 것이다. 공공기관, 산업체, 제도화 하고 노동자 이외의 국민 각 계층에도 지급하도록 하는 사회보장의 일환으로서의 가족수당제도가 전개되는 것이다. 현재 세계의 60여개 국가에서 제도화 되었다.

## 가족신화(family myths)

사실이나 역사의 화곡에 기초하여, 가족구성원들이 공유하는 일단의 신념을 말하는 가족치료(family therapy) 용어이다. 이러한 신념은 가족구성원이 상호작용하는 방식에 영향을 주고 가족의 일체감과 안정성을 보장하는 가족규칙(family rules)을 강화하는데 기여한다(가령 어떤 가족은 남자식구가 여자식구보다 덜 독단적이라는 시각을 믿고 이야기할 것이다). 그 가족성원은 이러한 이데올로기가 불명확하다는 것을 알지라도, 현재의 가족 구조를 보존하기 위해서 그것들을 문제 삼지 않고 허용한다.

## 가족역동(family dynamics) 01

단순히 가족 내의 인간관계를 의미하는 것이 아니라 전 가족성원이 그 관계를 위한 틀로서 가지고 있는 태도나 정서적 흐름 또는 가족들이 일관되게 가지고 있는 의식적, 무의식적인 사고, 감정, 행동의 유형이다. 즉 개인의 정신 속에서도, 성원 사이에서도, 가족의 하위체계 사이에도 존재한다.

## 가족역동 02

가족역학이라고도 하며 가족의 퍼스널리티체계, 부부, 친자, 형제 등 하위체계간의 상호관계의 강약, 에네르기의 방향의 강약과 전체와 부분이 상호작용하면서 함축되어 있는 관계 및 가족집단의 지위, 역할의 구조론적 메커니즘을 말한다. 신경증이나 비행, 등교거부 등의 행동의 배경으로서 보다도 이것을 산출하는 모체(matrix)로서 가족을 보는 것이다. 이러한 관점에서 가족관계를 감정의 영향을 받은 심리적 복합 상태의 의미를 내포하는 가족성좌(constellation)적 관계로 볼 수 있으며, 가족진단(family diagnosis)의 방향 및 범위를 정하게 하고 가족치료의 계획과 성격을 결정하는 기초가 된다.

## 가족역동성(family dynamics)

가족역동성은 가족구조 내의 가족성원 간에 발생하는 상호작용을 의미한다. 가족의 상호작용에 영향을 주는 요인으로는 가족구조, 가족관계, 권력구조, 역할구조 등이 있다. 한국과 같은 부계가족은 부자관계가 가족 구성원간의 모든 대인관계의 중심이 되어 있다. 부부와 자녀와의 관계에서 부를 중심으로 한 것을 권력구조라 한다면 모를 중심으로 한 것은 심리정서구조라 할 수 있다. 가족구조 내의 가족관계는 이와 같은 가족 문화적 요인을 근거로 관계형태가 형성되며, 가족 역동성의 형태는 가족관계 형태를 근거로 발생한다고 본다.

## 가족역할(family role)

가족 성원에게 기대되는 역할을 가족성원이 상호적으로 실현하고 수행하는 것을 가족역할이라 한다. 가족성원의 지위는 출생, 성별, 연령 등의 생득적인 것과 혼인, 양친자 등의 획득적인 것으로 나누어 볼 수 있는데 이러한 가족성원의 지위는 역할기대와 수행에 영향을 미치며 역할기대와 수행이 항상 비례하고 균형을 유지하는 보완적, 협력적 관계에 있을 때 가족집단의 통합이 이루어진다.

## 가족연금보험

생사혼합보험을 포함한 사망보험의 일종으로서 피보험자가 보험기간 중 도에 사망하였을 경우 그의 가족, 즉 보험수익자에게 연금을 지급하는 보험이다.

## 가족요양비

피부양자의 질병 또는 부상의 치료를 목적으로 급여하는 건강보험으로 피보험자의 부양가족의 질병에 대해서 급여된다. 본인은 그가 부담할 비용의 반액 혹은 그 이하의 금액을 보험 의료기관의 창구에 지불하면 된다. 급여기간에 제한은 없다.

## 가족저항(family resistance)

가족치료 과정에서 가족이 치료자에게 협력하지 않거나 방해와 같은 행동이나 반응을 나타내는 것을 말한다. 가족저항은 방어기제인 억압을 보여주는 개개인의 저항과 달리 이것이 저항일지라도 하나의 가족집단의 반응 혹은 대처방식이라는 점이 중요하다. 가족원이 심한 싸움을 할 때 사회사업가가 중재하면 가족원은 자신의 행동에 대한 잘잘못의 심판적인 역할을 요구하기 때문에 한 쪽의 가족원으로부터 거부당하는 계기를 만들게 된다. 따라서 치료를 원하지 않는 가족원의 의도적 행동과 맞물려 치료가 진행되지 않을 수도 있다.

## 가족정책(family policy) 01

가족정책은 가족제도, 가족문제를 전체사회의 제도 및 구조와 관련하여 파악하고 국가가 개입하는 사회정책을 의미한다. 가족정책은 가족기능의 사회적 의미, 가족과 지역사회와의 관계, 개인과 가족문제에 대한 국가와 사회의 개입증가, 모든 사회제도와의 상호의존적인 관계 등에 관한 가치를 근거로 하고 있다. 따라서 가족정책은 가족구성원의 복지를 증진시킬 수 있는 핵심적인 사회제도가 되며 이것은 현대가족의 사회적 기능을 유지, 보완, 대치하기 위한 사회적 노력이라고 할 수 있다. 더 확대하면 가족정책이란 정부가 가족에게 그리고 가족을 위하여 실시하는 모든 활동을 말하는데 그 활동은 각 사회, 경제, 정치, 도덕적 가치 등에 따라 대상, 분야, 내용, 정도가 다르고 다양하다. 유럽의 가족정책은 첫째로 대가족을 위한 소득재분배 정책의 일환으로 가족수당, 소득세 정책 등이 실시되었고, 둘째로 인구정책과 장기적 인구계획에 대한 관심에서 실시되었으며, 셋째로 고아, 장애아, 빈곤자, 무주택자와 같은 피부양자와 가족성원으로서의 역할과 기능 수행이 부적절한 가족 성원에게 지원적, 보조적, 대리적 서비스를 제공하는 공공정책으로 나타났다. 이러한 정책은 산업사회에 있어서 사회문제를 예방하기 위한 개념인데 특히 영국, 미국, 캐나다에서 볼 수 있는 보완적 정책이다. 최근에는 가족정책의 관심이 아동, 부녀 및 노인에게 확대되고 있다.

## 가족정책 02

현재의 가족생활양식에 영향을 주거나 변화를 주려고 의도한 국가적 원리와 계획된 절차를 말한다. 기술적으로, 한 나라의 모든 사회정책(가령 소득유지, 주택, 교육, 방위정책 등)은 가족에 영향을 준다. 그러한데 일반적으로 '가족정책' 이란 낱말은 출산율, 가족크기, 일하는 부모를 위한 아동보호, 노인보호, 양연보호 프로그램, 가족수당(family allowance)과 같이 가족을 위한 소득유지 프로그램 등과 같은 사안에 보다 더 초점을 맞춘다. 한 국가의 가족정책은 명시적이거나 함축적일 수 있다.

## 가족제도

광의로는 가족생활에 관한 사회규범의 체계. 즉 공동생활을 영위하는 혈족 및 가족단체를 규율하는 법적제도를 의미하여 협의로는 민법상에서 규정하고 있는 가부장제 가족의 유지를 위한 법적·사회적 제도를 말한다.

### 가족조각(family sculpting)

가족구성원에게 어떤 위치에 있게 하고, 그들이 의사소통과 관계유형을 어떻게 지각하는지를 명백히 보여주기 위해서 다른 가족성원들의 움직임을 안무하는 choreograph도 가족치료(family therapy)의 한 기법이다.

### 가족주기(family life cycle)

사람이 가족생활에서 경험하는 성장, 결혼, 출산, 육아, 노후의 각 단계에 걸친 시간적 연속을 말한다. 같은 시기, 같은 지역, 같은 사회에 있는 사람은 비슷한 형의 가족주기단계를 형성한다. 가족주기를 고찰하는 데에는 개인을 중심으로 고찰하는 것과 가정을 중심으로 고찰하는 것의 두 가지가 있다. 전자는 한 개인의 생애의 이행과정을 설명하는 〈인생주기론〉이고, 후자는 짧은 친자생활의 이행과정을 설명하는 〈가정주기론〉이다. 가족은 혼인으로 형성되고 가녀의 출산으로 발전·확대되다가 자녀의 결혼·분가로서 축소되면서 사망으로 그 종막을 가져온다. 결혼 전에는 부모의 가족으로 있다가 결혼하면 새로운 가족을 형성하여 분가하거나 아니면 부모의 가족에 흡수되어 직계가족을 형성하게 된다. 우리나라의 직계가족제도 아래서는 이러한 가족의 결합, 분열과정이 연속되면서 세대의 교체가 이루어지고 있기 때문에 3세대, 4세대가 한 가족으로 공동생활을 하면서 세대교체가 반복하므로 미국과 같은 핵가족과는 달리 가족의 형성으로부터 발전, 확대, 축소, 종말에 이르는 과정이 중첩되어 그 한계를 명확하게 구분지우기 어려운 것이다. 인생주기론에 입각한 가족주기 단계를 5단계로 나누면 제 1단계 : 본인의 출생에 의해(독신전기), 제 2단계 : 혼인에 의해(부부전기), 제 3단계 : 장자의 출생에 의해(친자동거기), 제 4단계 : 막내의 혼인과 분가에 의해(부부후기), 제 5단계 : 배우자의 사망에 의해(독신후기) 끝나는데, 각 단계에 따라 독특성이 있고 가족진단에 있어서 가족의 이해에 도움이 된다. 가족주기단계가 반드시 5단계로 되는 것은 아니며 혼인을 하지 않고 독신으로 일생을 산다든가, 혼인후에 자녀출산을 하지 않을 때는 3단계, 4단계로 줄어들 수가 있다. 가족주기단계를 가족계획 및 정책적인 배려로 조절한다면 가족생활을 보다 즐겁게 보낼 수 있을 것이다.

### 가족주의(familism) 01

사회 구성원의 주관심사가 가족집단의 유지에 국한되어 모든 가치가 이를 중심으로 결정되는 가족 이기주의를 말한다. 이 가족주의 속에서는 개인이 가족에 종속되고, 권위주의와 사회생활의 모델이 되고, 가족외의 지속적인 집단 형성은 어렵다. 이러한 가족주의는 급변하는 공업화

사회에 문제점이 되고 있다.

### 가족주의 02

가족생활양식을 규율하는 원리 및 이데올로기의 하나로서 가족생활이 집을 중심으로 영위되어야 하고 개인의 권리보다 집의 존속을 최우선하는 사상과 사회규범을 말한다. 민법에서의 입양제도를 채택하는 것은 가계를 이어가기 위함이며 상속도 가산의 흩어짐을 방지하는 〈가족상속제〉이다. 사회의 구성단위는 개인이 아닌 가족이며, 기업경영에 있어서도 경영자는 부모이고 종업원은 자녀로서 취급하는 것을 〈경영가족주의〉라고 하고 있다.

### 가족주의 03

가족 내부뿐만 아니라 조직·집단·사회에 있어서까지 가족의 구성원리가 침투되어 있는 경우, 여기서 형성되는 행태·인간관계·가치체계 등을 총칭하여 가족주의라 한다.

### 가족중심 케이스워크(family centered casework)

신경증, 비행, 정서장애 등의 문제해결을 위해 가족의 전체 구조나 상호 작용의 개선을 목적으로 하는 케이스워크의 한 가지 방법이다. 문제를 지니고 있는 클라이언트도 가족의 일원이라는 점에서 가족에 초점을 둔 원조가 유효하며 불가피하다는 점을 강조한다.

### 가족진단(family diagnosis)

개인과 가족을 분리해서 보지 않고 하나의 단위로 보며, 전체로서의 가족을 중시하면서 가족의 문제를 이해하려는 것이다. 개인의 성격과 사회부적응 문제는 가족체계와 밀접한 관계를 가진다고 하는 정신의학적 임상경험에 기초하여 개인의 문제를 그 개인이 속해있는 가족을 이해함으로써 개인을 치료하는 가족복지의 방법이다.

### 가족체계(family system)

사람이나 그들이 가진 문제는 독자적으로 존재하지 못하고 더 넓은 상호작용적 체계 속에 얽혀있다. 그 체계 중 가장 근본적인 것은 가족으로서, 가족은 사람이 속해 있는 일차적이며 가장 강력한 체계라 볼 수 있다. 가족내의 상호작용과 인간관계는 제한없이 유입되어 바뀌기도 하며 유형대로 반복을 되풀이 하기도 한다. 가족의 각 성원의 체계에 대한 적응 노력은 체계의 여러 수준을 통해 이루어진다. 즉 생리적 수준에서부터 심리적 수준 더 나아가 사회적 수준에까지 이른다. 사회적이라는 것도 핵가족부터 확대가족, 지역사회, 문화, 그 이상의 여러 수준이 있다. 사람들은 세대, 연령, 성 등의 가장 일반적인 요인에 의해 가족체계 내에서 조직된다. 가족구조의 어느 부분을 담당하는지에 따라 그 개인의 기능이나 인간관계의 유형, 다음 세대에 형성될 가족 유형까지 영향을 받을 수 있다.

가족의 관계 유형은 다양한데 특히 주목될 것은 인간관계의 유형이다. 즉 가족성원은 서로 좋게 느낄 수도 있으며 때로는 거의 적대적 갈등만을 느낄 수도 있다. 어느 쪽이라도 거기에는 가족을 속박하는 지나친 의존적 결함이 있다. 사회사업가는 가계도상에 가족과 외부와의 경계나 가족체계의 어떤 하위체계가 융합되어 있으며 변화하는 상황에 대해 폐쇄적인지를 나타낼 수 있다. 한편, 체계성원은 기능적 전체로서 묶여지는데, 각 가족성원의 행동은 서로 보완되기도 하며 때로는 보상적이기도 하다. 사회사업가는 가계도를 통해 서로가 보완하거나 보상하기도 하는 형태를 나타내는 가족내 특성을 파악할 수 있다.

### 가족체계이론(family system theory)

일반체계이론을 가족에게 응용하여 가족을 체계로 보는 이론으로 가족의 전형은 적어도 몇 세대를 걸친 자연적 사회체계에 가족의 기능은 개인의 발전이나 행복에 영향을 주게 된다. 가족이 개인에게 역할을 부여하여 각 개인의 이상행동은 가족체계의 평형이 유지되고 있지 못하다는 것을 나타내게 된다. 따라서 문제의 근원은 개인에게 있는 것이 아니라 가족상호관계에 있으므로 단위로서의 가족이 치료대상이 된다. 한편, M . Bowen의 가족체계론적 관점은 가족의 과거를 취급하면서 앞전 세대까지 확대시켜 살펴본다는 점이 다른 학파의 체계이론과 다른 독특한 면이다.

### 가족치료(family therapy) 01

가족 내에 문제가 발생한 경우 그 문제가 표면상으로는 특정 가족성원의 행동상의 문제로 나타나지만 이것은 가족 전체의 문제를 표현하고 있는 것으로 보는 것이다. 그리고 가족에 관한 견해는 가족이 가족성원들의 성장과 발전을 위해 가장 적절한 기능을 하는 것과 동시에 가족은 개인에게 가장 효과적인 치료 장소이며 가족원들이 상호간에 치료자가 된다는 것이다. 다른 한편 가족은 개인과 가족에게 문제를 제공하기도 하고, 문제를 악화시키기도 한다. 가족 치료적 관점에서는 가족문제를 가족구조, 가족기능, 가족역사, 가족생활주기, 의사소통형태, 가족을 중심으로 하는 생태체계 등과의 관계속에서 이해하려고 한다. 가족치료의 서비스 대상은 가족전체가 되며, 가족치료에는 한 가족원 또는 관련된 가족성원들 그리고 전체 가족이 필요한 계획에 따라 참여하기도 한다.

### 가족치료 02

개인의 심리적 장애와 문제가 가족 간의 부적응으로 인해서 생긴다는 전제하에 가족 간의 상호작용에서 발달되는 여러 가지 부적응 현상을 치료하는 집단치료의 일종이다. 가족 상담이라고도 한다. 이는 많은 독립적인 가족치료사들에 의해서 발전되기 시작하였으며, 특히 1960년대 이후에는 심리치료의 혁명적 발전으로 평가되기도 한다. 일반적으로 가족치료는 가족들이 서로 지니고 있는 감정을

명백히 하고 이를 표현하여 서로의 이해를 증진하게 하며, 공동의 문제를 합리적이고 현실적으로 해결할 수 있도록 하는 것을 목표로 하고 있다. 가족치료는 모든 심리적 장애와 문제를 가족의 체제(system)의 문제로 보는 점에서는 공통이라고 할 수 있으나. 그것을 가족의 어떤 요소의 체제로 보느냐의 이론적 견해에 따라서 크게 달라지고 있다. 따라서 정신분석적 가족치료 · 행동주의적 가족치료 · 현상 주의적 가족치료 등으로 분류된다. 또 치료대상의 유형에 따라 중다 가족집단치료 · 동시 가족치료 · 중다처치 가족집단치료 · 친족망 치료 등으로 구별되기도 한다.

### 가족케이스워크(family casework)

가정복지기관에 있어서 가정생활의 유지 강화를 도모하기 위한 원조 활동의 일환으로서 이루어지는 케이스워크로서 케이스워크발달의 원동력이 되었다. 그 특색은 가정생활에 관련되는 광범위한 여러 가지 문제를 취급하지만, 기본적으로 가족관계, 가정생활, 가정환경 등에 초점을 두고 가족전체를 대상으로 하는 것으로 가족이 당면한 문제를 해결해 나가도록 전문 분화한 서비스를 효과적으로 이용하는 것이 가능하도록 원조하는 것이다. 우리나라에 있어서 아직까지 가족케이스워크가 확립되어 있지 못하나 가정문제가 급속히 증가하고 있는 현재 이에 대응하는 가족케이스워크를 확충 추진해 나가는 것이 요망되고 있다.

### 가족투사 과정(family projection process)

보웬(Murray Bowen)이 개발한 가족치료 용어로서, 어떤 가족성원, 특히 부모가 갈등의 근원을 가족의 다른 성원, 특히 아동에게 돌리는 것을 말한다. 이러한 과정은 흔히 가족 중 한 사람 이상의 아동이 가족 병의 증상을 보이기도 한다.

### 가족폭력(family violence)

상해, 굴욕, 때로는 죽음의 결과를 가져오게 되는 가족구성원들 사이의 공격적이고 적대적 행동을 말한다. 이들 행동은 육체적 학대, 강간, 기물파손, 인간의 기본적 욕구의 박탈 등을 포함한다.

### 가족항상성유지기능(family homeostasis)

원래 항상성유지기능(homeostasis)이란 말은 인간의 유기체를 다루는 생체학에서 사용하는 용어로서 신체내부의 체온과 화학적 성분 등이 항상 보존되도록 조절하는 생명활동의 원리를 의미한다. 가족에도 내외적으로 부단히 변화해 가는 생활조건하에서 가족원의 협력과 보충성 등으로 균형과 안전을 도모하고 적응, 재적응케 하여 항상성을 유지케하는 자동조절기능이 있는데 미국의 정신의학자 애커맨(Ackerman, Nathan W.)이 개념화 했다.

가족원에게 인격 장애를 일으키는 역기능적 작용의 부정적인 요소에 대처하고 가족원이나 하위체계의 욕구와 기대를 만족스럽게 하기 위해 항상 안정으로 유지되도록 변화시키는 복원력으로서 작용하는 힘이 있는 것이다. 하는 성향을 뜻한다.

## 가족해체(family disorganization) 01

가족집단이 이혼, 가출, 유기 등에 의해 가족구성원을 상실하게 됨으로써 가족구조가 붕괴되는 것을 말한다. 그리고 가족해체는 넓게는 결속감, 소속감, 충성심, 합의, 가족단위의 정상적 기능 등의 파괴를 의미하고, 협의로는 별거, 이혼, 유기, 사망 등으로 갈등혼인관계가 파괴되거나 또는 부부 가운데 한 사람이 장기간 혹은 영구적으로 부재하여 결손가족이 됨으로써 가족이 구조적, 기능적으로 불안정하거나 불완전한 상태에 놓여 있음을 의미한다.

## 가족해체 02

가족이 부부불화, 이혼, 가출, 비행, 유기 등에 의해 가족성원을 잃어버리거나 분리되는 것이며, 가족성원의 인간관계가 상호 협조적이고 통합체적으로 유지되지 않고 서로 소외(alienation)시키며, 가족의 전체관련성(configuration)에 있어서 애정의 결핍 등의 눈에 보이지 않는 파탄을 포함한다. 보통 가족 이외의 사회집단에 있어서는 구성원이 집단에 참가하는 목적과 의의를 가지지 않으면 해체하게 된다. 가족의 경우는 그 목적이 단일적인 것이 아니고 전인격적이며 법이 그 유지의 강화를 도모하고 있는 점이 특색이다.

## 가족회 · 보호자회

가족회 · 보호자회는 시설이용자의 부모 또는 가족들로 조직되며 이용자의 자치조직과 병행하여 시설운영기구의 일부로서 중요시 되고 있다. 시설이 이용자의 생활과 발전을 보장하는 생활의 장이기 때문에 그 주인공은 이용자이며, 따라서 그 부모와 가족의 위치는 극히 중요한 것이다. 시설 운영에 있어서 주체적 입장에서 적극적으로 참여 할 수 있게 하여 시설을 이용하는 장애자, 노인, 아동, 부녀의 복지가 효율적으로 운영되도록 하는데 도움이 된다. 이러한 가족회 · 보호자회가 모든 시설에서 조직 운영되도록 계몽하고 장려해야 할 것이다.

## 가족회사

친족이나 사용인 등과 같이 특별한 이해관계가 있는 사람들이 동일회사 또는 동계회사의 주식의 대부분을 소유하고 있는 회사를 말하며, 동족회사라고도 한다. 외부의 제3자가 회사에 개입되는 것을 방지하고, 출자와 경영의 합일을 유지하고 있는 형태이다. 따라서 형식적으로는 주식회사의 성격을 가지고 있으나 주식회사의 본질인 사회성이나 공개주의 무시하고 개인기업과 같은 성격을 띤 회사라 할 수 있다.

## 가중치(weight)

측정의 오차를 최소화하고 전집을 잘 대표하는 통계치나 변산의 영향을 균형 있게 고려한 모수치를 추정하기 위하여 각 사례의 측정치 또는 이를 통해 얻은 통계치에 부가적으로 곱해주는 값을 말한다. 전집의 대표적 측정치의 추정은 주로 표집의 크기의 비율이 가중치가 된다. 가령 남녀 구성 비율이 3 : 7일 때 어떤 학교 학생들의 키를 알아보기 위하여 남녀가 각각 20명을 표집하고 그 표집을 통해 전교생들의 키의 평균을 다음과 같이 구한다고 가정하자. 첫째, 그 학교의 남녀 구성 비율에 관계없이 무조건 20명의 키의 합을 40으로 나누어 평균키를 구하는 경우이다. 이 경우는 남녀의 구성 비율을 무시하고 표집된 각자에게 똑같이 1씩의 가중치를 주어 평균을 구한 것으로서, 실제의 전교생의 평균보다는 과소평가된 평균치를 구하게 될 것이다. 둘째, 남자 표집의 평균과 여자 표집의 평균을 따로 구하고, 남자의 평균치에는 0.3을 곱하고, 여자의 평균치에는 0.7을 곱한 후 서로 더하여 전교생의 키의 평균을 구할 것이다. 이 경우는 남자와 여자 표집으로부터 얻은 표집치 각각 0.3과 0.7이라는 가중치를 곱하여 줌으로써 전집을 잘 대표할 수 있게 하여 표집의 오차를 줄이려는 것이다. 이와 같은 결과에 도달하는 가중치 부여 방법은 표집된 남자 키에는 0.3씩을, 여자 키에는 0.7씩을 곱한 값들을 모두 더한 값을 가중된 전체표집 크기 20 =(0.3 20) +(0.7×20)으로 나누어 주어도 된다. 이는 각 사례의 측정치에 직접 가중치를 주는 경우이다. 변산의 영향을 균형 있게 고려한 모수치의 추정을 위한 가중치는 주로 변산의 크기의 역수에 비례하여 주어진다. 가령 남자와 여자의 국어와 외국어 성적을 이용하여 언어 적성을 예언하기 위한 회귀 공식을 최소자승화의 원리에 의해 구하고자 할 때, 남자와 여자의 적성점수들에 그들 각각의 적성검사 점수분포의 변량의 역수에 비례하는 가중치를 곱해 준 경우에 최적의 회기 계수를 추정할 수 있다. 컴퓨터 통계 프로그램(예 : SAS)에 나타나는 명령어로서의 가중치는 대표표집을 만드는 역할 외에 이 역할도 한다. 즉 가중치라는 명령어는 각 사례의 관찰치의 상대적 비중을 나타내 주기 위한 하나의 변인을 만들기 위한 것이다.

## 가중평균금리

금융기관에서 취급하는 금융상품의 금리를 사용·빈도나 금액의 비중으로 가중치를 두어 평균한 금리(Weighted Average Rate)를 말하는데 현재 당행에서는 금액을 가중치로 둔 금액가중평균금리를 발표하고 있다. 종전에는 단순히 금융상품의 최고 최저금리를 범위로 표시하거나 대상 표본의 단순평균을 구하는데 그쳤으나 96년 7월부터 예금은행 자유금리여수신을 대상으로 금액가중평균금리를 편제 발표함으로써 보다 대표성있는 금리의 활용이 가능하게 되었다. ★(금액)가중평균금리= @SUM(금리×해당금액) / 금액합계

## 가중평균배당수익률

가중평균배당수익률은 증권시장에 상장된 전종목을 상장주식주에 비례 하여 보유하는 경우, 즉 상장종목별 시장구성비와 동일한 비율로 구성된 시장포트폴리오(market portfolio)의 평균배당수익률로서 배당금 총액을 시가총액으로 나누어서 구한다. 가중치평균 배당수익률은 상장주식수가 많은 종목에 영향을 받게 된다. 즉 상장주식수를 가중치로 하고 있으므로 상장주식수가 많은 종목이 적은 종목에 비하여 배당수준이 높을 경우에는 단순평균배당수익률보다 가중평균 배당수익률이 높게 나타날 것이며, 반대의 경우에는 가중평균 배당수익률이 단순평균 배당수익률보다 낮게 나타나게 된다.

## 가중평균상환기간

각 기간마다 발생하는 이자 및 상환되는 원금을 총지급액에 대한 비율로 계산하여 여기에 각 연수를 곱하여 만든 것으로, 채권으로부터 발생 하는 모든 현금흐름의 평균회수기간이다. 가중평균 상환기간은 마지막에 상환되는 원금뿐만 아니라 기간중에 발생하는 모든 이자지급을 고려하므로 만기까지의 기간(term to maturity)보다 짧으며, 이자지급액이 클수록 만기전에 현금흐름이 많아지므로 이 기간은 짧아진다. 한편 만기 이전에 이자지급이 전혀 없는 할인채의 경우에는 만기에 한 번 현금흐름이 발생하므로 가중평균 상환기간과 만기까지의 기간은 동일하다. 이 가중평균 상환기간은 채권으로부터의 모든 현금 흐름을 고려하는 장점이 있는 반면, 각 현금흐름의 시간가치를 고려하지 않는 단점이 있다.

## 가중평균자본비용(WACC)

기업의 자본조달원천(부채, 우선주, 보통주, 유보이익 등)별 자본비용을 그 자본이 총자본 중에서 차지하는 비중, 즉 자본구성비율에 따라 가중평균한 것이 가중평균 자본비용이다. 일반적으로 기업의 자본비용이라 함은 이러한 가중평균 자본비용을 의미한다. 이러한 자본비용은 투자자들의 입장에서 볼 때는 요구수익률이 되지만 자금을 조달하는 기업의 입장에서 볼 때는 기업가치 극대화를 위한 투자결정과 자금조달결정의 기준이 되어 기업의 재무적 의사결정에 있어 가장 중요한 변수가 된다.

## 가중평균주가

주식시장의 시가총액을 상장주식수로 나눈 것. 상장주식수에 중점을 둔 평균적인 주가수준을 보는 지표이다. 이밖에 일정 기간 중 거래된 총 대금을 총 거래량으로 나누어 산출하는 가중평균주가도 있는데 이는 매매 거래에 중점을 둔 평균주가이다.

## 가지급금

현금지급은 이루어졌으나 어디에 어떻게 쓰일지 몰라 회계처리상 계정 과목(용도)을 명시하지 않은 법인의 지출금을 말한다. 가지급금은 대주주, 임원 등 특수관계자에게 용도지정 없이 지불되는 업무무관분과 직원 출장비와 같은 업무관련분으로 크게 구분된다. 업무관련 가지급금은 업무종료후 곧바로 계정과목대로 처리돼 소멸되나 업무무관 가지급금은 오랫동안 남아있는게 보통이며 주로 기업자금을 유용하는 수단으로 이용된다. 업무무관 가지급금을 세법으로 규제하는 것도 이 때문이다.

## 가지급보험금(temporary payments)

자동차 사고의 피해자에 대한 의료비 등과 같이 급히 소요되는 비용을 충당하기 위해서, 손해배상책임이 확정되기 전이라도 손해배상액의 일부를 손해배상 청구권자에게 미리 지급해 주는 보험금.

## 가집행선고

민사소송의 경우 패소자가 판결에 불복해 항소나 상고를 하게 되면 확정판결이 나기까지 오랜 시간이 걸린다. 이러한 경우 승소자는 실익을 얻지 못하는 수도 있는데 이를 막기 위해 확정판결이 나오기 전에도 강제집행에 의해 패소자의 재산을 처분해 승소자가 실익을 취할 수 있도록 강제집행케 하는 것이 가집행선고이다. 이는 주로 채권자와 채무자 간에 채무의 변제를 둘러싸고 벌어지는 소송에서 많이 발생한다.

## 가처분

민사소송의 경우 패소자가 판결에 불복해 항소나 상고를 하게 되면 확정판결이 나기까지 오랜 시간이 걸린다. 이러한 경우 승소자는 실익을 얻지 못하는 수도 있는데 이를 막기 위해 확정판결이 나오기 전에도 강제집행에 의해 패소자의 재산을 처분해 승소자가 실익을 취할 수 있도록 강제집행케 하는 것이 가집행선고이다. 이는 주로 채권자와 채무자 간에 채무의 변제를 둘러싸고 벌어지는 소송에서 많이 발생한다.

## 가처분 농가소득

농가소득에서 조세공과금 및 제부담금을 차감한 잔액으로서 농가가 임의로 처분할 수 있는 소득을 말하는데 가처분농가소득은 가계비 등의 소비지출, 고정자산에 대한 투자 및 다음연도의 농업 및 농외사업을 위한 저축 등으로 사용된다.

## 가처분 등기

남에게 빌려준 부동산을 되돌려 받아야 하거나 부동산을 사서 인수하기 전에 판 사람이 다른 사람에게 다시 팔고 달아나지 않을까를 걱정해야 할 때가 있다. 이때 상대방이 부동산을 처분하지 못하도록 등기부에 금지사항을 써 넣을 수 있는데 이를 가처분등기라 한다. 가처분등기를 하면 등기부에는 '양도,담보권설정 등의 처분행위 금지'라는 조항이 기재돼 매매 계약을 하거나 저당권을 설정하려 하지 않는 것이다. 상대방이 금지조항을 어기고 다른 사람을 속여 담보권을 설정했더라도 가처분 권리자가 소송을 거쳐 이후에 설정된 등기를 없앨 수 있다.

### 가처분명령

당사자의 가처분 신청을 인정해 법원이 행하는 명령이다. 가처분명령이 나면 특정물의 소지자는 그 물건을 임의대로 처분할 수 없고 지위를 가진자는 그 지위나 그로 인한 직무의 집행이 정지되거나 효력을 잃게 된다.

### 가처분소득(disposable personal income) 01

개인소득 가운데 소비 또는 저축을 자유롭게 할 수 있는 소득이다. 다시 말하면 개인소득에서 일체의 개인세를 뺀 나머지를 말한다. 따라서 가처분소득이 많으면 소비도 증가하게 된다. 가처분소득을 측정하는 데에는 보통 세무통계를 이용하지만 이를 보완하기 위해 개인저축 및 소비를 추계하는 여러 가지 자료를 이용하는 경우가 많다.

### 가처분소득 02

국민소득계정상의 개인소득에서 직접세와 사회보장기여금을 공제한 소득을 말한다. 이 용어는 한 나라의 경제전체에 대해 사용하는 것이 특징이며, 평균적 개인이 가정에 가져가는 소득이 어느 정도인지를 파악하는데 유용한 개념이다. 가처분소득이 경제분석상 중요시 되는 이유는 이것이 구매력을 나타낼 뿐만 아니라 소비지출의 가장 중요한 결정요인이 되기 때문이다. 그러나 이 개념은 고용주가 피용자에게 제공하는 비화폐적 성격의 급여, 자기소유 주택의 임대로 가치, 농가의 자가소비용 식량 및 연료 생산 등이 포함되지 않는 단점이 있다.

### 가출(run away from home)

미성년자인 청소년이 부모나 보호자의 승인 없이 거주지를 이탈하는 경우로, 가출은 결코 바람직한 일이 아니며 흔히 그것은 비행과 직결된다는데 문제가 있다. 이러한 가출의 원인은 심리적 발달상의 특징으로 청소년기의 심리적 특징인 부모의 속박에서 벗어나려는 경향 때문이다. 이 시기는 심리적 이유기로 횡적관계를 종적관계 못지않게 중요시 하며 새로운 친구관계 형성 즉 동배집단(peer group, 또래집단)이 형성된다. 이러한 청년기의 심리적 특징은 가정으로부터 이탈행동을 유발한다. 그러나 현실적 제약 때문에 실행이 곤란하지만 충동이 강하면 가출한다. 부모 또는 가족원간의 갈등, 그 외의 가출 원인은 가족원 간의 의견의 불일치, 세대 간의 격차 등이 있다. 가족 간의 갈등은 쉽게 소화되는 특징을 가지고 있지만 갈등상태가 높아지면, 적극적 갈등해소행동으로서 충동행동으로 되어 언쟁, 싸움이 있게 된다. 소극적 갈등해소 행

동인 도피행동은 부모·자녀간의 갈등 등으로 가출을 유도된다. 또 부모에 대한 반항 심리로 이유 없는 반항을 하며 심리적으로 안정되지 못해 방황하고 기존체제를 인정하지 못하고 세상을 어둡게 보며, 기존의 가치 체제에 무조건 반항한다. 그 동기에 대해서는 아직 적절한 원인 근거를 학술적인 근거로 찾진 못하고 있다. 반항 심리의 행동은 직접적 반항행동으로 부모나 성인에게 반항적 언동을 직접 나타내며 간접적 반항행동으로 언동을 직접 나타내지 않고 어떤 심리적 부담을 안겨 줌으로서 괴로움을 주는 가출이 있다. 이것은 누구의 속박도 받지 않는 자유로움을 향유하려는 심리도 있지만 부모에게 심적 부담과 고통을 안겨주려는 간접적 반항심리라 할 수 있다. 자녀가 가정에서 수용되지 못하고 거부되는 경우에 이 경우의 거부는 한 가정에서 자녀로서 인정을 받지 못하는 것을 의미하는데 이러한 거부현상은 모든 관계가 단절되고 가정에서 설 땅을 잃어버리게 하여 자녀는 새로운 관계를 다른 곳에서 찾으려고 가출한다. 특히 계부·계모 밑에서 이러한 일이 자주 일어나며 자녀를 수용하거나 거부하는 현상은 분명한 언동으로 표시되기도 하지만 은연중의 행동으로 표시되는 것이 상례이므로 이에 대한 착각이 있을 수 있다. 성별로 볼 때 여자가 남자보다 1.3배의 높은 충동률을 보이며 연령상으로 볼 때는 18-21세에서 가장 높은 충동률을 보이고 있다. 가출동기별 순위는 가정문제, 교우문제, 무작정 상경, 직장문제, 학업실패의 요인 순으로 높은 비율을 나타내고 있다. 가출은 아주 사소한 갈등, 몰이해, 일시적 충동과 반항 등의 심리에서 발생하는 경우가 허다하기 때문에 부모와 자녀간의 상호이해 증진이 요구되는데, 부모는 청년기의 심리적 특성을 이해하고 그들의 충동적 행동을 받아들일 수 있는 아량과 대화를 통한 문제 핵심에 대한 이해가 필요하며, 자녀는 일시적·충동적 생각을 억제할 수 있는 자기통제와 자신이 생각하는 문제나 갈등을 대화를 통해서 해소하려는 기본적 태도의 함양이 요구된다.

### 가출옥(provisional release)

모범죄수가 그 형기의 3분의 1을 경과하였을 때, 출옥을 시키는 일로 징역 또는 금고의 집행 중에 있는 자가 행장이 양호하여 개전의 정이 현저한 때에는 유기징역에 있어서는 그 형기의 3분의 1, 무기징역에 있어서는 10년을 경과한 후 행정관청의 처분으로써 가석방을 허용할 수 있게 되었으며, 또 소년법에 의하면 징역 또는 금고의 선고를 받은 소년에 대해 무기징역에는 7년, 15년의 유기형에는 3년, 부정기형에는 단 3분의 1을 경과하면 가석방을 하게 되어 있다.

### 가출자(runaway)

자신들의 요구나 희망과는 대조적으로 부모 또는 법적 보호자의 가정을 떠나거나 그들의 통제에서 벗어나 독립적인 생활을 유지하고자 하는 미성년자를 말한다. 미 연방

정부는 이들 청소년을 돕고 가능한 한 그들의 부모들과 재결합시켜 주기 위해 전국 가출자 연락망(national runaway hotline)을 운용하고 있다.

## 가치(values) 01

문화, 집단 또는 개인이 바람직하다고 생각하는 관습, 행동규범과 원칙들을 말한다. 하나의 집단으로서 사회사업가들은 그들의 전반적인 가치들을 "전국사회사업가협회(NASW : national association of social workers) 사회사업실천 분류기준(standards for the classification of social work practice)"에 다음과 같이 구체화해 놓았다. ①사회 내 개인의 우선적 중요성에 대한 의무 ②클라이언트와의 관계의 비밀보장 존중 ③사회적으로 인식된 욕구를 충족시키기 위한 사회변화에 대한 의무 ④전문적인 관계로부터 사적인 감정과 욕구를 분리시키는 태도 ⑤타인들에게 지식과 기술을 전달하려는 태도 ⑥개인과 집단의 상이성에 대한 존중과 이해 ⑦클라이언트 스스로를 돕기 위한 클라이언트의 능력을 개발하는 의무 ⑧좌절에도 불구하고 클라이언트를 위한 노력을 지속하는 태도 ⑨사회정의와 사회의 모든 성원들의 경제적, 신체적, 정신적 복지에 대한 위무 ⑩개인적이고, 전문적 행동규범에 대한 높은 수준의 의무.

## 가치 02

산물이나 행위가 바람직한 특성을 가지고 있음을 나타내는 말이다. 추상적 명사로서는 바람직한 사물이나 행위의 특성을 나타내는 말이며, 구체적 명사로서는 그러한 특성을 가진 사물이나 행위를 나타내는 말이다. 바람직하다는 것은 시인 혹은 추구의 대상이 된다는 것이며, 바람직하다는 것은 거부 혹은 기피의 대상이 된다는 것이다. 구체적 명사로서의 가치는 다른 것과의 관계에 의해서 본질적 가치, 수단적 가치, 내재적 가치, 궁극적 가치 등으로 구분될 수 있다. 즉 어떤 가치 vm이 다른 가치 ve를 목적으로 하는 수단이기 때문에 가치를 인정받을 수 있다면, 그때 vm은 ve를 목적으로 하는 수단이기 때문에 가치를 인정받을 수 있다면, 그때 vm은 ve에 대해 수단적(instrumental)가치이고, ve는 vm에 대해 본질적(intrinsic) 가치이다. 어떤 가치 vu에 대해 수단적 가치들은 있으나 vu 그 자체는 어떤 다른 가치의 수단이 되지 않을 때 vu는 궁극적(ultimate) 가치라고 한다. 내재적 가치도 일종의 본질적 가치라고 할 수 있으나, 수단적 가치와의 관계에 의해서 성립되는 것이 아니라는 점에서 독특하다. 윤리학에서는 가치를 나타내는 기본적인 개념으로서 선(善)과 의(義)의 개념이, 미학에서는 미(美)의 개념이 사용되고 있다. 사회과학에서는 가치라는 말을 개인이나 집단의 필요, 혹은 욕구의 만족을 가리키는 것으로, 경제학에서는 상품이나 용역이 소비자의 필요를 만족시키는 정도를 나타내는 말로 사용한다.

## 가치가산원칙

일반적으로 자산의 가치는 매 현금 흐름의 현재가치로 정의된다. 이때 자산을 구성하는 각 부분이 가져올 미래현금흐름의 현재가치를 합한 것이 된다. 이와 같이 여러 개의 부분으로 구성된 자산의 가치는 각 부분의 가치를 합해서 구할 수 있다는 원칙이다. 이는 여러 개의 자산을 합할 때 각 부분의 가치가 변하지 않고 원래의 가치가 유지되기 때문이다. 따라서 가치보전의 법칙(the law of the conservation of value)과 같은 개념이 된다.

## 가치관(value system)

생활의 여러 국면과 과정에서 가치판단이나 가치선택을 행사할 때 일관하게 작용하는 가치기준과 그것을 정당화하는 근거, 혹은 신념의 체계적 형태를 말한다. 인간생활의 여러 국면과 과정에 따라서 세계관·인간관·사회(국가)관·역사관·예술관·교육관·직업관 등의 어느 하나 혹은, 전체를 통칭하기는 말로 사용되기도 한다.

## 가치 명료화(values clarification)

사람들이 그들의 의견과 가치관을 함께 나누도록 함으로써 발생하는 도덕과 윤리 원칙의 교육방식을 말한다. 이것은 참여자들을 다양한 생각에 노출시키고자 가치의 상대성을 이해하도록 한다.

## 가치무리

가치창출활동을 기업 내부에만 국한하지 않고, 외부의 다른 조직과의 창조적인 상호작용이나 관계설정에까지 넓힌 개념이다. 오늘날 경쟁우위를 창출하는 가치 활동은 자사의 독립적인 활동만으로는 부족하므로 공급자, 고객, 동업자 등 기업을 둘러싸고 있는 다양한 외부경제주체들과 협력하여 새로운 '가치창조시스템'을 구축해야 하는데 이와 관련된 활동을 가치무리라고 하는 것이다.

## 가치법칙(law of value)

생산수단의 사적소유라는 역사적인 생산관계 하에서 상품의 생산과 교환을 지배하는 기본적 경제법칙을 말한다. 교환되는 상품가치의 크기(값)는 사회적 필요노동시간 즉 현존의 사회적 표준적인 생산자 조건과 평균적인 숙련 및 노동 강도를 전제로 한 노동시간에 의해 결정된다. 여기에서 인간의 노동은 그 자체로서가 아니고 교환의 대상으로서 사회적 사용가치를 가지는 노동생산물에 대상화되었을 경우에만 그 자체의 가치로 평가된다.

## 가치 있는 빈민(worthy poor)

한때 과부, 장애인이나 기대하지 않은 경제적 변화 때문에 가난했던 사람들을 묘사하는데 사용된 용어이다. 그들은 정직했으며, 기본적으로 근면했다고 생각되었다. 이 용어는 20세기 이전에 원조를 받을 만한 가치가 있는 사람들과 그렇지 못한 사람들 혹은 무가치한 빈민(unworthy poor)을 구별하기 위해 이용되었다. 비록 이 용어가 거의 사용되지 않는다 할지라도 많은 사람들은 아직까지도 그 개념을 믿고 있다.

## 가치 지향(value orientation)

개인이나 집단이 자신과 타인의 행동기준, 도덕원리, 사회관습을 보는 특정적인 방식을 말한다.

## 가치주

실적이나 자산에 비해 기업 가치가 상대적으로 저평가됨으로써 낮은 가격에 거래되는 주식이다. 가치주는 보통 자산 가치 우량주 정도로 해석되지만, 미국을 중심으로 이 가치주에 대한 투자가 늘어나면서 새로운 투자 형태로 관심을 끌기 시작했다. 가치주에 대한 인식 역시 과거와는 달라져, 비록 고성장은 아닐지라도 안정적인 성장세를 유지하면서 고배당을 실시해 주주를 중시하는 기업의 주식을 가리키는 용어로 개념이 확대되고 있다. 한국에서도 2000년 이후 저금리 상황에 맞추어 새로운 투자 방법이자 장기적인 자산 운용의 대체 수단으로 부상하였다. 그러나 일반적으로 주가수익비율(PER)이 낮고, 기업의 내재가치보다 낮게 평가되어 거래되는 주식을 찾아내 장기적으로 투자해야 한다는 부담을 안고 있다. 즉 투자 대상 기업이 사양산업이 됨으로써 향후 발생할 이익이 지속적으로 감소할 가능성이 언제든지 존재하기 때문이다. 대표적인 가치주 업종으로는 조선 · 가스 · 전기 · 금융 등을 들 수 있다. 흔히 가치형 주식이라고도 한다.

## 가치중립성(value neutrality)

과학적 연구를 위해 객관적인 사실(fact)만을 연구대상으로 하고, 주관적인 가치에 대한 판단을 배제하는 자세를 말한다. M. Weber는 '사회과학적 및 사회 정책적 인식에 있어서의 객관성' 이라는 논문에서, 개인적인 세계관이 사회과학의 논의 속에 스며드는 경향이 있음을 비판하고 윤리적 가치판단은 가치철학의 문제이지 경험과학인 사회과학의 방법이 될 수 없다고 하면서, 사회과학의 몰가치성을 주장하였다.

## 가치척도

화폐기능의 하나로 여러 가지 상품가치의 일반적인 척도로서의 기능을 말한다. 이 기능에 의해 비로소 금(은)은 화폐로 된다. 이와 같은 가치 의 척도는, 상품 그 자체 속에 체현되어 있는 노동량에 의한 척도, 즉 내재적 척도에 대한 외재적 척도라고 불리 운다. 금(은)에 의한 상품가치의 표현을 그 상품의 가격이라 하며, 가치의 척도로서 기능하는 금(은)은 관념적인 금(은)으로서 충분하나 가격은 완전히 실제의 금(은)의 양에 의존하고 있다. 따라서 금

(은)의 가치변동은 가격에 영향을 준다. 그러나 그것이 가치척도로서의 기능을 방해하는 것은 아니다. 실제로 상품의 가치는 금(은)의 중량에 의해서가 아니라, 금(은)의 일정 중량에 주어진 화폐칭호(우리나라에서는 원)를 가격의 단위로 하는 것으로서 나타낸다 이리하여 가치척도로서의 화폐의 기능에서 화폐의 회계기능이 생기게 된다.

## 가치체계(value system)

지역사회 · 종족 · 국민 등 특정 집단이 갖고 있는 문화의 바탕을 형성하는 기본인자로, 그 문화에 독자적인 구조와 양식을 부여하여 문화를 하나의 전체로 통합시키는 집단적 가치지향을 말한다. 현재적(顯在的) · 명시적 문화의 바탕을 이루고 있는 가치체계는 집단구성원의 가치관에 내재화되어 그 사고와 행동에 의미와 방향을 부여하고 지시하는 작용을 한다.

## 가치체제(value system)

제가치가 상호의존 관계를 유지하며, 특정한 유형으로 배열되어 있는 상태의 가치질서를 말한다. 일정사회에서 공인되는 제가치의 높고 낮은 배열은 그 사회의 특정한 가치체제로 작용한다. 현대사회에서 가치체제의 보존 및 개조의 역할을 맡고 있는 것은 교육제도와 종교제도이며, 일반대중을 상대로 하는 매스 미디어도 크게 관여하고 있다. 가치체제는 사회구조와 유리되어 존재하는 것이 아니기 때문에 그것은 결국 특정사회의 사상체계로 집결된다.

## 가치파괴

가치파괴의 여부는 자본에 대한 평균수익률(Return On Invested Capital ; ROIC)과 차입금에 대한 금융비용을 비교해서 판단한다. 투자한 돈의 수익률이 투자를 위해 빌린 돈의 이자율보다 낮다면 가치파괴가 진행중이라고 말할 수 있는 것이다. 결국 기업의 가치파괴란 수익이 이자비용에조차 미치지 못하는 현상을 뜻한다. 이러한 기업들은 영업을 할수록 손해를 보는 장사를 하고 있는 것이다. 기업의 가치는 이윤창출에 있다. 따라서 가치파괴 기업은 존재이유가 없는 것이다.

## 가치판단(value judgement)

사실에 대한 주관의 가치의견을 나타내는 것을 말한다. 즉 어떤 현상에 대해 그것이 올바르고 바람직한지의 여부를 주장하는 판단으로, 경험적으로 검증 가능한 사건과 대상에 대한 진술인 사실판단과 대비된다. 사회과학의 과학화를 주장하는 학자들은 학문 연구에서 가치판단을 배제할 것을 주장한다.

## 가치판단논쟁

19세기말 — 20세기초에 전개된 G. Schmoller 등의 윤리

적 역사주의자와 M. Weber, W. Sombart 등의 가치판단 배제론자 사이에 있었던 정책목적 의 객관성에 관한 논쟁을 말한다. Weber는 이 논쟁에서 과학 사실 사유적 질서이며 정책은 이상의 진술이기에, 실천을 위한 처방전을 이끌어내기 위해 구성적 규범이나 이상을 확증하려는 작업은 경험과학의 임무가 아니라고 하면서, 사회 과학의 방법론적 원리로 몰가치성(Wertfreiheit)을 주장하였다. 이에 반해 Schmoller 등은 윤리와 경제의 통합을 통한 가치판단의 필요성을 주장하였다.

## 가치혁신

생산성 향상이나 부가가치는 비용을 다운시키고 기능을 향상시킴으로서 높아진다는 원리에 바탕을 둔 기업의 원가절감기법. 최소의 경비로 최대의 기능을 얻도록 하는 생산 현장의 혁신적이고 창조적인 활동을 찾아내 적용하는 방식이다. VI는 VA(가치분석)에서 출발, VE(가치공학)를 거쳐 발전된 최신 원가절감기법이라 할 수 있다. VI의 추진단계는 크게 나누어 정보의 수집 분석·상품 계획·기능 설계·상품 설계·생산 설계의 과정으로 구분된다. 따라서 상품에 관련된 기술, 시장 등의 모든 요소를 고려, 기존 제품 및 그 제품의 생산 공정을 분석한 뒤 원가절감과 기능향상의 측면을 동시에 만족키는 소재의 대체, 불필요한 기능의 제거, 상품 설계 변경 등의 모든 개선안을 집단적으로 도출한 후 타당성 평가와 우선순위의 선정에 의해 상품 생산에 도입함으로써 결과적으로 최소의 원가로 최대의 효과를 거두는 것이다.

## 가학성 성격장애(sadistic personality disorder)

정신의학자 또는 정신과 계통의 전문인들이 사용하는 진단 용어이다. 이것은 타인에게 정신적, 신체적 고통을 줄 기회를 찾는 사람의 성격장애(personality disorder)를 설명할 때 쓴다.

## 가학피학성애(sadomasochism)

한 개인 또는 부부 사이에 내재하는 처벌적인 행동 또는 자아 파멸적인 행동을 말한다. 가령 가학피학성의 관계에서 파트너 가운데 하나는 상대방에게 계속 고통을 가하고 그 고통의 대상자(또는 피해자)는 관계를 계속 유지시킬 뿐만 아니라 가해자가 더 심한 고통을 가하도록 조장하는 경우이다.

## 각본(scripts)

특정한 사회적 상황 또는 관계를 동반하며, 개인의 명백한 목표와 일치하지 않는 결과를 야기할 수도 있는 독특한 행동양식을 말한다. 이 용어는 이러한 양식, 그것들이 발생한 상황, 결과에 대한 조사와 분석을 통해 부분적으로 확립된 의사거래(TA : transactional analysis) 이론에서 비롯되었다.

## 각서

내용적으로는 어떤 회담의 내용을 기록한 의사록(議事錄) 같은 것과 국가의 일방적 의사표시나 국가간의 합의를 나타내는 문서 등이 있으며, 이는 모두가 약식이기는 하지만 공식문서로서의 효력을 지닌다. 특히, 국가간의 합의를 나타내는 문서는 조약이나 협정과 같은 구속력을 지닌다.

## 각성(arousal)

행동을 자극하는 상태를 말한다. 지역사회 조직의 활동에서 사회사업가들은 때때로 클라이언트 집단에게 관련문제와 그것의 잠재적인 해결책을 인식시킴으로서 그들을 각성시키려 한다. 인간의 성적 측면에서 볼 때, 이 용어는 성적 자극과 유인에 대한 생리적, 심리적인 변화를 말한다. 마스터스(William Masters)와 존슨(Virginia Johnson)은 각성을 4단계의 성적 반응(흥분, 고조, 오르가슴, 환원) 중 첫 단계에서 발생하는 것으로 보았다. 그들은 혈관 팽창이 시작되고 심장 및 맥박의 박동 수가 늘고, 피부가 홍조를 띠게 되는 흥분단계에서 각성이 시작된다고 지적하였다.

## 각성제(stimulant drug / uppers)

중추신경 및 교감신경(交感神經)을 흥분시키는 의약품이다. 암페타민(amphetamine — 밤새우거나 경계를 하려고, 또는 몸무게를 줄이려는 사람들에게 의사가 처방해온 각성제 혹은 흥분제)의 속어이다. 오랫동안 과도한 양을 복용하였거나 정맥 주사하는 등 불법 사용했을 때는 매우 위험하며 생리적, 심리적으로 중독된다. 일반적으로 '각성 아민'을 가리킨다. 화학구조가 에페드린과 흡사하고 아드레날린 등과 마찬가지로 교감신경에 작용하는데, 특히 중추신경계에 대한 흥분작용이 강한 점이 특색이다. 마취제·최면제와는 반대로 수면을 방해하고, 혈압을 올리며, 피로감을 없앤다. 신경증·우울증의 치료제로서 쓰이기는 하지만, 일종의 도취감을 일으켜서 습관성이 되어 만성중독으로서 환각을 일으켜 정신분열증에 가까운 증세가 된다. 제2차 세계대전 중 독일 공군이 런던을 공습할 때, 조종사의 졸음을 쫓기 위해 벤제드린을 사용한 데서 유행하기 시작하였다. 각성제가 사회 문제화 되자 한국에서는 1970년에 '습관성 의약품 관리법'이 제정되어 각성제를 비롯한 여러 가지 습관성 의약품에 대한 제조·판매·사용 등에 관한 규제가 있었고, 그 후 1979년 12월에 새로 '향정신성 의약품관리법'이 제정되었다. 향정신성 의약품이란, LSD(lysergic acid diethylamide)·암페타민·바르비탈·메프로바메이트·프로 폭시펜 및 이것들과 유사한 작용을 하는 습관성 또는 중독성이 있는 물질을 가리킨다. 이 법에서 말하는 각성제로는 주로 암페타민이 있고, 그 밖에도 덱스암페타민·레브암페타민·메스암페타민·하이드록시암페타민·메틸페니데이트·펜메트라진·메크로라론·

메타라론 · 펜사이크리딘 · 티리딘 등이 있다. 이와 같은 각성작용이 있는 향정신성 의약품의 취급허가를 받지 아니한 사람이 향정신성 의약품을 매매 · 수수 · 소지 · 소유 · 사용 · 관리 · 조제 · 투약 및 교부를 하게 되면 처벌받는다.

### 각인(ilmprinting)

성장 · 발달의 결정적 시기 또는 감수성이 예민한 시기에 그 종(種)의 특유한 추종 반응을 학습하는 것을 말한다. 조류에게서 많이 나타나는 특성이기도 하다. 로렌츠(K. Lorenz)에 의하면 이는 불가역적이며, 개별적 특징이 아닌 종의 특성이 학습된다고 했다. 각인은 언제나 정향(orientation)에만 영향을 미치며, 행동의 변화를 일으키는 것은 없다. 즉 각인된 동물은 다른 종과 어울리면서도 자신의 종에 독특한 동작을 계속한다. 각인이 이루어지는 과정은 분명치 않다. 따라서 현재까지는 각인과 학습의 차이를 명확히 구분하기는 어렵다. 그러나 결정적 시기를 놓치면 그에 따라 어떤 학습이 이루어지지 않는다는 것을 보여준 것은 성장 · 발달과 학습과의 관계를 밝힌 고전적인 예이다.

### 간결입원

환자가 만성병으로 장기요양을 필요로 할 때 입원치료를 필요로 하는 기간만 입원시킨 뒤 지역사회(가정)에 보내고 또 그 뒤에는 필요에 따라 입원 · 퇴원을 되풀이하는 방법이다. 장기의 입원생활이 환자의 자립심을 손상시키는 경우가 많으므로 환자가 되도록이면 생활의 장을 오랫동안 떠나지 않고 요양을 하는 것이 좋을 것이라는 전제로 실시하는 것이다.

### 간염(hepatitis)

간의 팽창과 염증을 일으키는 바이러스성 질병이다. 증상은 메스꺼움, 열, 허약, 식욕상실 및 종종 황달 등이 나타난다. 치료는 오랜 기간의 자리보전 및 식이요법이 중심이 된다. 이 바이러스는 오염된 음식물이나 물과의 접촉으로(전염성 간장염) 또는 오염된 혈액의 주입 또는 오염된 주사바늘의 사용에 의해(혈청간장염) 확산된다. 그것은 때때로 간경변, 단핵증 및 이질 등과 같은 합병증을 유발한다.

### 간이(생명)보험

저소득층을 대상으로 하는 보험이며, 근로대중에 대한 생명보험의 필요성에 비추어 그들의 편의를 위하여 마련된 생명보험으로 근래에 들어서는 비중이 낮아지고 있다. 그 주요 원인은 사회보장제도의 확충, 가계소득의 증가 그리고 보험금액의 상한선 제한과 같은 법적 제약이 원인이라 하겠다. 영국에서 제일 먼저 시작된 이 간이생명보험은 영국과 미국에서는 민간회사가 이를 경영하고 있으나 우리나라와 일본에서는 정부에서 독점적으로 취급하고 있다.

### 간이계산서

부가가치세가 면제된 재화나 용역을 공급할 때 공급자가 교부하는 계산서의 일종이다. 통상적으로 공급자는 공급자와 공급받는 자의 사업자 등록번호, 성명, 공급가액 등을 기제 한 계산서를 교부하는데 간이계산 서에는 발행의 편의를 위해 공급받은 자를 별도로 기재하지 않는다. 간이계산서는 주로 소매업자, 보험업자, 용역업자 등이 발행한다. 계산서와 간이계산서는 면세 사업자(부가가치세가 과세되지 않음)가 교부하는 영수증이고 세금계산서와 간이 세금계산서는 과세 사업자(부가가치세 과세)가 교부하는 영수증이다. 전자는 사업자간에 교부하며 후자는 다수의 소비자와 소액으로 거래할 때 주로 사용된다. 승차권, 항공권, 입장권, 신용카드 매출전표 등도 넓은 의미의 간이 세금계산서 에 속한다.

### 간이공판절차

법정에서 피고인이 자신의 범죄사실에 대해 자백하고 검사의 주장을 시인할 경우 재판의 절차를 간소화하는 형사소송법상의 절차를 간이공판제도라고 한다. 간이공판절차를 하게 되면 엄격한 증인심문이나 증거조사나 확인과정으로 인한 재판의 지연을 피할 수 있는 이점이 있다.

### 간이과세제

일정 규모의 사업자들에게 부가가치세 신고납부를 간편하게 한 제도. 1994년부터 실시돼온 한계세액공제제도를 폐지하고 1996년 7월부터 시행 되었다. 부가세 간이과세자는 과세특례자와 일반과세자의 중간에 해당되며, 연간 매출액이 4,800만 원 이상 1억5,000만원 미만인 사업자가 대상이다. 그래서 부가세 과세 사업자는 연간 매출 기준으로 4,800만 원 미만은 과세 특례자, 4,800만 원에서 1억5,000만원 미만은 간이과세자, 1억 5,000 만 원 이상은 일반과세자로 구분된다. 간이과세자가 될 수 있는 자격은 ①개인사업자이며, ②직전년도 매출액이 1억5,000만원 미만이어야 하고, ③과세특례자가 아니어야 하며, ④광업 · 제조업 · 도매업 · 부동산업이 아니어야 한다. 간이과세자의 납부세액 계산은 공급가액(매출액)에 대통령이 정하는 부가가치율(13 50%)을 곱하고, 여기에 10%를 곱하면 된다. 그러나 정부는 간이과세제를 도입하면서 간이과세 대상자는 세제상의 혜택을 보는 대신 세금계산서는 발행하지 못하도록 했다.

### 간이상수도

상수도시설이 되어 있지 않거나 수압이 낮아 급수가 원활하지 못한 지역에서 소규모로 운용하는 급수시설이다. 통상 지하수를 정수처리 하여 사용하며 식수용과 잡수용으로 구분된다. 식수용수의 수질은 경도 300ppm 이하가 되어야 하고 유독물질, 세균, 냄새, 맛, 색채가 없어야 하며 년 2회 이상의 위생검사를 실시하는 것이 좋다.

### 간이생명보험(industrial life insurance)

저소득층을 대상으로 하는 보험이며, 근로대중에 대한 생명보험의 필요성에 비추어 그들의 편의를 위하여 마련된 생명보험이다. 보험료는 매주 또는 매월 납부하게 되어 있고, 보험금은 일반적으로 이들 저소득층의 형편에 적합하게 소액으로 되어 있다. 보험료는 직접 집집마다 방문해서 수금하게 된다. 이 보험은 무진사계약제도를 채택하고 있는 것이 특색이나 근래에 이르러 이 보험의 비중이 점차 낮아지고 있는데 그 주요원인은 사회보장제도의 확충, 가계소득의 증가 그리고 보험금액의 상한선 제한과 같은 법적 제약이 원인이라 하겠다. 영국에서 제일 먼저 시작된 간이생명보험은 영국과 미국에서는 민간회사가 이를 경영하고 있으나 우리나라와 일본에서는 정부에서 독점적으로 이 보험종목을 취급하고 있는 바 오늘날 우리나라에서는 그 원래의 성격으로부터 변질되어 있다. 대표적인 간이(생명)보험으로는 체신부에서 판매하고 있는 체신보험이 있다.

### 간이신고서

간이신고서란 올해부터 납세자가 소득세 신고서를 직접 쉽게 작성할 수 있도록 하기 위해 종전의 신고서식을 단순화시킨 신고 서류이다. 특히 올해부터는 소득세 신고를 전면 우편신고제로 변경함에 따라 세무서에 가지 않고도 스스로 손쉽게 작성할 수 있는 신고양식이 필요하게 됐다. 세무서가 이 신고양식을 우편으로 보내는 대상은 수입금액이 일정규모 이하인 납세자이면서 지난해 증빙서류를 첨부하지 않고 소득을 추계해 신고했던 사람이다. 약 50만 명에 달한다. 즉 지난해 재무제표와 세무조정에 의해 신고한 납세자(40만6000명), 증빙서류 등 간이소득금액 계산서를 첨부한 납세자(9만9000명), 결정 세액이 100만원 미만인자(29만 명) 등을 제외한 사업자이다. 세무당국은 이러한 납세자에게 간이신고서를 우편으로 전달하고 납세자는 간이신고서를 기재한 후 우편으로 세무서에 제출하면 소득신고 절차가 끝난다. 간이신고서는 납세자가 기재해야 할 항목을 10개 내외로 최소화했으며 기재항목을 기재순서에 맞춰 알기 쉽게 배열했다. 이 신고서에는 납세자가 이미 신고한 수입금액, 업종별 평균적인 수입 대비 소득비율인 표준소득률, 전년도 11월에 납부한 중간예납세액이 기재돼 있다.

### 간이심사보증제

영세기업들이 간이심사기준에 맞으면 신용보증기금에 갈 필요 없이 은행에서 간단한 보증서를 작성한 뒤 대출받을 수 있는 제도. 보증대상업체는 대폭 확대되어 제조업의 경우 50명 이하에서 200명 이하 업체로 늘어났다.

이에 따라 최근 부도 및 대출금 연체사실이 없는 중소 제조업체는 5,000만원(비제조업체는 3,000만원)까지 상업어음을 시중 은행등에서 간편하게 할인받을 수 있다.

### 간접강제

채무자에 대해 불이익을 예고하거나 부과하여 심리적 압박을 가함으로써 채무를 이행하게 하는 방법. 채무자가 스스로 이행하지 않을 경우 법원은 채권자의 신청에 의해 기간을 정하고 그 기간내에 이행하지 않았을 때에는 그 지연기간에 따라 일정한 배상을 명함으로써 채무이행을 간접적으로 강제하는 것이다.

### 간접비(indirect cost) 01

특정한 계산 대상에 직접적으로 부과할 수 없거 나 비실제적이기에 일정한 기준에 의해 부과하지 않으면 안 되는 원가를 말한다. 광의의 간접비에는 영업비도 포함되지만, 일반적으로는 제조 간접비를 의미하여 간접재료비 · 간접노무비 · 간접경비로 분류된다.

### 간접비 02

즉시 예상되거나 분명하게 쓰이지 않는 결과나 산출, 지출 또는 어떤 행동을 일으킨 사람들에 의해 쓰이지 않은 결과나 산출, 또는 지출을 말한다. 가령 미국 마약 문제에 따른 직접비용의 대부분은 법적 강제와 처리를 위한 자금조달이지만 간접비용은 많은 희생자들로 인한 생산성의 결핍이다.

### 간접세(indirect tax) 01

조세법상의 납세의무자와 실제의 조세부담자가 일치하지 지 않는, 즉 조세부담이 납세의무자로부터 다른 곳으로 전가되는 것이 예상되는 조세를 말한다. 간접세에는 부가가치세, 특별소비세, 주세, 증권거래세, 전화세 등이 포함되며, 이에 반해 납세의무자와 조 세부담자가 일치하는 직접세에는 소득세, 법인세, 상속세, 토지초과이득세, 자산재평가세, 부당 이득세 등이 포함된다.

### 간접세 02

조세부담이 전가되어 납세의무자와 담세자가 일치하지 않는 세금으로 현행 세제상 국세중 간접세에 해당하는 세금으로는 부가가치세, 주세, 인지세, 전화세 및 특별소비세 등이 있다.

### 간접적 질문(indirect questions)

클라이언트가 압력이나 질문 공세를 덜 느끼고, 그들이 원한다면 대답하지 않을 수도 있으며 대답하는 방법에 있어 더 융통성을 가지는 질문법이다. 가령 사회사업가가 클라이언트에게 "하루 종일 일하고 저녁 내내 아이들을 돌보아야 하니 힘드시겠네요."라고 말하는 표현이다.

## 간접질문(questions/indirect)

클라이언트가 대답을 하는데 심리적 압박과 충격을 덜 받도록 해주며, 응답을 원하지 않을 경우 이를 허용해 주는 유연성 있는 질문방법이다. 가령 사회사업가가 "하루 종일 일하고 밤새도록 어린아이를 돌보는 것은 틀림없이 매우 어려운 일이지요"라고 클라이언트에게 코멘트 하는 경우이다.

## 간접처우(indirect treatment)

사회복지의 실천방안의 하나인 케이스워크에서 간접처우(요법)는 케이스워커가 대상자를 둘러싸고 있는 인적·물적·제도적 환경에 작용해 문제해결을 도모하거나 적응을 개선시키는 활동과 원조를 의미한다. 그러나 이 말은 오히려 시설처우에서 직접처우에 대응해서 잘 쓰여지며 클라이언트에게 주거의 제공과 생활에 필요한 제반서비스를 포함한다. 여기에는 급식서비스, 세탁서비스, 청소, 보수영선, 입가자의 금전·물품의 관리 등이 포함된다. 이들 대부분은 직접처우에 종사하는 직원 이외의 직원에 의해 행해진다.

## 간접처우직원(indirect treatment staff)

간접처우직원은 사회복지관이나 시설에서 클라이언트를 직접적으로 접하지 않고 업무를 수행한다. 조리사, 영양사, 사무직원 등의 직종이 여기에 속한다. 그러나 직접처우직원처럼 명확한 행정상의 규정은 없다. 간접처우라고 해서 시설 내 업무의 이차적 역할만 갖는다는 오해도 있으나 조리원, 영양사를 비롯해서 시설처우에선 불가피한 역할을 담당하는 직종이며 대단히 중요한 종사자다.

## 간접치료(indirect treatment)

개별사회 사업가들이 클라이언트를 대신하여 환경 내의 업무를 묘사하기 위해 사용하는 용어이다. 그러한 업무는 중재(mediation), 교육, 옹호(advocacy), 자원배치 같은 것이다. 이러한 활동은 사실상 직접적인 사회사업 기법에서 필요한 것과 같은 기술과 방법을 요구한다.

## 간접투자기관

국가 또는 지방자치단체가 직접 투자한 공기업을 직접투자기관이라 하며, 간접투자기관이란 직접투자기관이 투자하여 설립한 공기업을 말한다. 직접투자기관의 자회사로서의 간접투자기관으로는 한국산업은행이 출자한 성업공사, 한국산업리스, 한국기술금융 등과, 농수산물유통공사가 출자한 한국냉장 등이 있다.

## 간접파산비용

파산비용이란 기업이 파산하는 경우 채권자, 주주 이외의 제 3자에게 지불하여야 하는 비용을 말한다. 이는 직접파산비용과 간접파산비용으로 구성된다. 직접파산비용은 변호사 수수료, 공인회계사 수수료, 기타 전문가 수수료, 파산기업 관리에 소비되는 시간가치 등으로, 파산 시 직접적으로 발생하여 파산기업의 주주, 채권자에게 귀속되는 과징금에서 제외되는 비용을 말한다. 반면, 간접파산비용은 파산정리기간 동안 묶여진 자금의 기회비용, 자본구조의 변동으로 인한 자산가치의 손실 등 채권자의 간접비용과 파산예산 또는 재조직기간 동안 조업 중단으로 인한 매출액의 감소에 따른 이익의 상실 등 주주의 간접비용 등을 말한다.

## 간접활동(indirect practice)

관리, 연구, 정책개발, 교육과 같이 서비스를 받는 클라이언트와 즉각적이고 개인적인 접촉을 포함하지 않는 전문적인 사회사업활동을 말한다. 간접활동은 직접실천(direct practice)을 가능하게 하고 효과적으로 만들게 하므로, 필수적으로 고려되어야 하는 것이며 전문직의 임무에서 똑같이 중요하다.

## 간질(epilepsy) 01

뇌에서의 발작적 이상방전현상이라고 하며, 증상은 의식장애다. 소질적인 것을 진성간질이라 하며 소질적 발작 외에 두부외상이나 종양, 출혈에 의해 일어나는 일도 있다. 발작의 모양으로는 경련을 수반한 대발작, 극히 단시간(10수초 내외)의 의식 중단을 수반하는 소발작, 경련은 없고 수 간간의 몽롱상태를 나타내는 정신운동발작 등이 있다. 임체뇌파검사는 간질진단에는 불가결한 것이다. 항간질체에 의해 대부분의 발작은 억제될 수 있다.

## 간질 02

가장 흔한 만성신경질환 중의 하나로 신경계를 침범하는 여러 질환의 결과로 일어나는 중추신경계 기능의 갑자스럽고 일시적인 장애이며 질환이기보다는 하나의 증상이다. 이는 체내 외에서 오는 여러 자극에 의한 뇌세포의 전기 생리작용의 장애이며, 이 생리적 장애가 뇌파의 변화, 의식장애, 자율신경계의 기능장애 및 경련운동과 정신증상을 일으킨다. 그 분류는 원인에 따라 원발성 간질과 증후성 간질로 나누는데 전자는 반복되는 간질발작으로 그 원인이 현재까지 밝혀지지 않고 있으며, 후자는 그 원인이 밝혀진 것으로 어떤 질환의 2차적 증상으로 나타난다.

## 간통

혼인한 자가 배우자 이외의 이성과 성교하는 행위를 간통이라고 한다. 배우자가 고소할 경우 간통을 한 사람은 형법상의 간통죄에 의해 처벌받게 되는데 기혼자 사이의 간통은 한쪽 배우자의 고소만으로도 양쪽이 모두 처벌받고, 기혼자와 미혼자 사이의 간통은 기혼자의 배우자가 고소해야 한다. 단 미혼자가 상대가 기혼자인줄 몰랐다면 간통죄로 처벌받지 않는다.

## 간트 차트(Gantt Chart) 01
사회사업에서 계획을 세우는데 빈번히 사용되는 기술의 하나로써 각각의 활동과 그 활동이 완성되기까지 걸리는 시간을 막대도표를 사용하여 나타내는 기법이다. 각각의 활동은 달력의 날짜 아래로 수평적으로 그리고 수평 막대기는 과업에 사용된 시간의 지속기간을 보여 주기 위해 그려진다. 간트 차트는 단지 활동만을 나타내며 여유시간을 나타내지 못하고 활동 사이의 상호관계를 설명하지 못하며 기능을 조정하거나 선행관계를 적절하게 보여주지 못하는 단점을 지니는 반면 복잡하지 않은 사업계획을 작성할 때 매우 유용하게 사용된다.

## 간트 차트 02
작업계획, 즉 절차계획과 일정계획의 내용을 올바르게 작업자에 이해시킴으로써 보다 쉽게 작업 통제를 하기 위하여 간트(Gantt, H.I.)가 특별히 고안한 도표를 말한다. 간트 챠트는 계획된 예정사항을 기록하는 동시에 그 사항의 실제집행을 기록하여 예정사업을 비교하고 예정과 실제의 차이에 대해는 원인을 명백히 하여 작업통제에 이바지하고자 하는 것이다. 간트 차트는 시간적 간격과 수평의 선을 사용하여 작업성적의 전부 또는 일부를 시간과의 관계에서 측정하는 도표체계이며 기계기록, 부동비, 작업배분 및 진척, 노무기록의 네 가지로 구분한다. 여기에는 작업배분 및 진척에 관한 도표에는 생산진척도표, 명세진척이 있다.

## 간호보조사(practical nurse)
환자를 돌보는 준전문가(paraprofessional)를 말한다. 이들은 1년 또는 그 이상의 훈련을 마친 뒤 투약, 검사기록, 환자급식 및 청결유지 등 전문기술이 요구되지는 않으나 중요한 간호업무를 수행한다. 공인된 자격증을 가진 간호보조사를 LPN(licensed practical nurse)이라고 한다.

## 간호사(nurse)
보건복지가족부장관의 면허를 받아 부상자 또는 임산부에 대해 요양상의 보살핌 또는 진료의 보조를 하는 전문직이다. 특히 병원의 개방적 치료사회화, 사회생활화, 사회복귀화도 간호사의 협조와 영향이 크게 작용한다.

## 갈등(conflict)01
갈등은 의사결정과정에서 선택을 둘러싸고 곤란을 겪는 상황을 말한다. 이와 같이 정의되는 갈등은 전형적인 개인 갈등을 지칭한 것이며, 조직 및 집단 차원에서의 갈등은 둘 이상의 행동주체 사이에서 상호이해나 목표가 상충하거나 희소가치의 획득을 둘러싸고 서로 다투는 현상이라고 정의할 수 있다. H. Simon과 James G. March는 개인갈등의 원인으로 대안이 모두 만족스럽지 못한 비수락성(unacceptability), 어떤 대안이 더 나은 대안인지 알지 못하는 비비교성(incomparability), 그리고 각 대안이 초래할 결과를 모르는 불확실성(uncertainty)의 3가지를 들고 있다. 이러한 개인 갈등을 해결하기 위해서는 새로운 대안을 더 탐색하거나 목표를 낮게 수정하여야 할 것이다. 복수의사주체간의 갈등은 공동의사결정의 필요성(the need for joint decision — making)이 있고 행동주체간에 목표의 차이가 있거나 현실에 대한 인지(認知)의 차이가 있을 때 발생한다. 이러한 복수의사주체간의 갈등해결 방법으로는 사실에 관한 정보 수집을 통해 해결책을 모색하는 문제해결(problem solving)과 설득(persuasion), 흥정(bargaining) 그리고 연립형성(coalition building)을 통해 해결책을 모색하는 책략(politics)이 있다. 갈등은 조직에 역기능적으로 작용할 수도 순기능적으로 작용할 수도 있다. 1940년대까지 지속되어 온 전통적 견해는 갈등을 부정적으로 보고 갈등해소가 집단성과를 개선하는 길이라고 보았으며, 행태주의적 견해는 갈등을 조직 내의 필연적 현상으로 보고 갈등은 때로 집단의 성과를 향상시킨다고 보았다. 한편 1970년대 이후 대두한 상호작용주의적 관점(interactionist view)은 갈등이 조직 발전의 추진력이 될 수 있다고 주장하면서 조직 목표의 달성에 긍정적인 갈등은 조장하고 부정적인 영향을 미치는 갈등은 제거하여야 한다고 주장한다.

## 갈등 02
모순이 되거나 서로 양립할 수 없는 동기·태도·가치·목적 등이 동시에 유발되어 있는 상태를 말한다. 갈등에는 다음과 같은 특징이 있다. ①갈등의 선행 조건으로서, 상반되는 반응을 유발하는 외적 또는 내적 자극이 존재한다. ②겉으로 표현된 행동은 경쟁적인 다른 반응경향의 간섭에서 완전하게 벗어날 수 없기 때문에 사람의 모든 행동은 갈등인 면을 지니고 있다. ③갈등적 반응경향이 있을 때 일어나는 겉으로 표현된 행동은 반응경향의 상대적 힘, 상반성의 정도, 이들의 상호작용에 의해서만 설명될 수 있다. 레빈(K. Lewin)은 갈등을 유발하는 상황을 다음의 세 가지, 즉 ①접근 — 접근(approach — approach), ②접근 — 회피(approach — avoidance), ③회피 — 회피(avoidance — avoidance)로 나누었다.

## 갈등 03
인간의 정신활동을 힘의 방향과 힘의 양으로 보는 역학적 개념은 갈등을 힘의 방향이 상반되고 힘의 양이 같을 경우 정신활동이 정체되고 내부압력이 높아져 정신적인 긴장이 해소되지 않고 불안정도가 높아질 때 발생하는 것이라 본다. 이때 억압하느냐 공격적 행동을 취하느냐가 문제이며 욕구불만이 상황과 같게 나타난다. 자살 등 이론아의 정신적 통제력이 약한 자에게 일어나기 쉽다.

## 갈등가정(conflict family)

가족원 사이에 애정, 이해관계, 가치관등에 갈등이 있어 불화를 느끼게 되는 가정을 말하며, 이러한 갈등은 본인 자신과 다른 가족원들 사이에 있을 수도 있고 본인 이외의 다른 가족원들 사이에 있어 본인은 간접적으로 그것을 의식하여 불안감을 느끼게 되는 경우도 있다. 이러한 갈등이 있으므로 해서 가정 내의 분위기가 불안감을 조성할 경우에는 가족원들이 흔히 가정 안에서 시간을 보내기보다 가정 밖에서 보내기를 더 즐기게 되고 청소년의 경우에는 이른바 가출이라는 현상을 낳게 된다. 이와 같이 가출·방황을 하다 보면 불량한 교우관계에 빠지고 쉽게 범죄나 비행으로 연결됨은 흔히 짐작된다. 이러한 갈등현상이 있는 가정에서는 아동들의 인격형성이 있는 가정에서는 아동들의 인격형성이 정상적이라기보다 비정상적, 왜곡적으로 되기 쉽다. 갈등 관계가 계속되는 가정은 가족원 상호간에 격정적인 범죄를 자행하게도 되는데 가정 안에서 벌어지는 살상사건은 이러한 갈등가정의 한 결과이다. 가정 내에서 갈등현상이 일어나는 원인은 신구세대간의 가치차이에 의한 갈등, 가족원 특히 부모가 서로 교양, 지성, 인생관, 성격, 소망 등에서 갈등을 일으키는 경우, 가정의 주도권 또는 이해관계를 중심으로 갈등을 일으키는 경우, 적당한 가족 구성이 파괴도어 혈연관계가 없는 자가 개입하여 온 경우, 양친 중 한쪽이 혼외의 성관계를 갖는 경우, 근친자가 동거하여 가족관계가 복잡하여 진 경우 가족 중에 정신적·신체적 결함 자가 존재하는 경우, 과밀거주, 가족원의 종교의 상이, 빈곤, 모의 실외거주 등을 들 수 있다. 비행소년이나 성인범죄자가 그 가정 내의 갈등적 인간관계 때문에 범죄 또는 비행을 자행할 경우에는 그의 사회적응 및 재범 방지를 위해 가정 내의 갈등관계를 조정해 주거나 아니면 다른 적절한 양육가정으로 옮겨 보호와 양육을 의뢰하는 방안이 고려되어야 한다.

## 갈등관리(conflict management)

조직의 발전단계에서 갈등을 해결하는 절차를 말한다. 여기에서는 조직 성원들이 그들의 상호관계 성격을 규정하고, 의사소통의 장벽을 제거하며 그들의 상호 의존적인 곳을 규정하고, 문제와 자원을 확인하며, 특별한 문제를 해결하기 위해 함께 노력하도록 도움을 받는다.

## 갈등유발(conflict induction)

사회사업가가 주로 지역사회 조직(community organiza – tion)이나 가족치료(family therapy)에서 사용하는 기법으로서 집단성원들에게 활발한 대결, 논쟁, 혹은 새로운 연합을 형성하도록 쟁점과 상이한 가치를 도입시키는 것이다. 이 기법이 효과적인 집단은 습관적으로 갈등과 사회적 불편함을 피함으로써 그들 가족 일부 혹은 전부를 불건전한 교착상태에 빠지게 한다.

## 갈등이론(conflict theory) 01

사회적 갈등의 생성, 발전, 연속성을 설명하는 이론으로 칼 맑스(Karl Marx), 죠지 짐멜(Georgy Simmel), 루이스 코저(Lewis Coser)같은 탁월한 이론가들에 의해 발전되어 왔다. 맑스는 갈등에 의해 궁극적으로 권력집단의 전복이 이루어져 계급과 갈등이 없는 사회가 온다고 가정하였다. 짐멜과 코저는 갈등은 원래 나쁜 것이 아니고 집단 내부를 단결시키고 집단의 응집력을 강화하고 집단 구성원의 에너지를 동원하는 등 갈등이 갖는 중요한 기능들을 개진했다.

## 갈등이론 02

사회의 여러 집단 간에 존재하는 갈등현상을 중요시하고 그것의 개념화 및 일반화를 통해 사회현상을 분석·설명하려는 사회학 이론이다. 본래 갈등현상은 사회학의 모든 이론에 있어서 이론적인 관심의 대상이 되어 왔으나 근세에 들어와 모든 사회현상을 사회 통합적 관점에서 설명하려는 구조기능주의(structural functionalism)가 사회학 이론의 주류를 이루게 되자, 이 이론이 갈등 현상을 제대로 보고 있지 못하다는 비판과 함께 갈등현상을 보다 적극적으로 인식하고 이론화하려는 노력이 나타나게 되었다. 맑스(K. Marx)·베버(M. Wever)·짐멜(G. simmel) 등이 이러한 갈등이론의 선구자이다. 맑스는 혁명주의자로서 인간의 역사를 계급간의 갈등의 역사로 보았으며, 모든 사회변화는 생산수단의 소유 집단과 그것을 쟁취하려는 비소유 집단 간의 갈등과 투쟁의 결과라고 보았다. 이러한 그의 관점은 오늘날 맑스주의적 입장의 사회학적 이론의 근간을 이룬다. 한편 베버는 집단 간의 권력 분배의 불평등에서 기인하는 권력 갈등론을 성립시켰으며, 이것은 다렌도르프(R. Dahrendorf)에 이르러 권위의 차별적 분배로 인한 이해관계의 차이로 갈등현상을 설명하는 갈등이론을 성립시켰다. 이와는 달리 심리적 전제 위에서 갈등의 사회적 기능을 중시하는 짐멜의 이론은 코저(L. A. Coser)에 이르러 기능적 갈등이론으로서 성립되었다. 이러한 갈등론적 시각은 교육에 있어서 귀족의 기능론적 시각을 비판하면서 교육현상에 대해 새롭게 사회학적 설명을 시도하였다. 즉 교육은 사회계층·계급 간 이동을 활성화시키기보다는 기존의 불평등한 계층·계급구조를 정당화하고 재생산하고 있으며, 학교 지식의 선정과 분배가 특정 계층·계급을 중심으로 이루어지고 있다는 재생산이론과 교육과정 사회학의 발전을 가져왔다.

## 갈등해결(conflict resolution)

여러 파벌이나 집단이 제한된 목적을 놓고 서로 경쟁할 때 발생하는 문제들을 제거하거나 최소화하기 위한 과정이다. 이 과정은 대개 일반적으로 타협을 조장하거나 순응하게 하고, 때로는 한 집단을 다른 집단에 완전히 복속시킴으로써 발생한다. 사회사업가는 종종 일부 공동의 목적으로 경쟁하는 클라이언트 혹은 클라이언트 체계에 대해 타협이나 대안적인 해결방법을 명백히 하고, 가르치며, 조정하고 제안할 때 이 과정에 관여한다.

### 갈락토세미아(galactosemia)

우유의 유당의 일부인 갈락토스(galactose)를 우리 신체에 유용한 글루코스(포도당)로 바꾸지 못하는 유전적 질환의 하나이다. 조기에 발견하여 식이요법을 통해 치료를 하지 않을 경우 정신지체가 되며, 때로는 백내장과 간장질환을 유발하기도 한다.

### 감가상각(depreciation)

시일의 경과에 의해 감가(減價)되는 고정재산의 가치를 일정한 비율의 비용 또는 제품의 제조원가로 계산하여, 그 금액만큼 고정재산의 취득원가를 매기(每期) 계속적으로 감가함과 아울러 제품의 판매 또는 수익에 의해 커버하여 그 고정재산에 투하된 자본을 회수하고자 하는 회계절차를 감가상각이라 한다.

### 감가상각비(depreciation expenses)

토지와 건설 중인 자산 같은 특수한 자산을 제외한 대부분의 고정자산은 여러 가지 원인(감모와 새로운 발명품 등에 의한 경제적 가치의 감소)에 의해 그 가치가 점차 감소되어 경영목적에 사용할 수 없게 되며 결국에 가서는 폐기하게 된다. 일정기간(내용 년수) 일정비율로 추산하여 비용으로 간주하는 절차를 감가상각이라 하며 이상과 같이 자산의 이용으로 발생하는 비용을 감가상각비라 한다.

### 감각(sensation)

심리학에서는 감각 기관이 어떤 자극을 받음으로써 생기는 의식 현상을 말한다. 눈·귀·코·혀·피부·점막·근육·내장 등의 기관에 따라 시각·청각·후각·미각·촉각·온도 감각·압각·유기 감각 등으로 구별된다. 감각은 지각의 기초인데 현실적으로 특수한 경우를 제외하고는 순수한 감각이라는 것은 없다. 현실적으로 있는 것은 외계의 대상의 인지 작용으로서의 지각이며, 지각에는 기억이나 어느 정도의 사고가 포함되어 있다. 지각에서 기억이나 사고를 제거한 것, 즉 외계의 자극에 의해 생긴 것이 감각이다. 철학사상에서는 고대·중세를 통해 감각의 인식적 의의가 경시되었고, 이러한 사고는 근세의 이성론에도 남아 있었는데, 주로 영국의 경험론에 의해 감각의 존재가 인정된 이후로는, 일반적으로 인식의 원천으로서의 감각의 의의가 인정되고 있다. 그러나 감각과 외계의 실재와의 관계를 어떻게 보느냐에 따라 유물론과 관념론이나 불가지론이 구별된다. 유물론은 감각이 어느 정도는 객관적 실재의 성질을 반영하는 것을 인정하지만, 주관적 관념론은 의식 사실로서의 감각을 궁극적인

것으로 간주하고, 그것에 대응하는 실재를 부정한다. 불가지론은 그와 같은 실재를 부정하지 않지만, 감각은 실재의 반영이 아니라 실재로부터 분리된 현상에 지나지 않는다고 주장한다.

### 감각간 통합(intersensory integration)

여러 감각양상(sensory modalities) 간에 상호 의존적(interdependent)이며 상호 촉진적인 관계를 이루게 하여 한 감각 기관만으로 기능을 발휘했을 때보다 훨씬 우수한 감각 정보 처리능력을 가져오게 하는 과정이다.

### 감각교육(sensory education)

감각적 훈련을 통해 형태·크기·색·무게·온도·소리 등에 대한 시각·촉각·청각 등의 감각 변별기술이나 개념 등을 파악하게 하는 교육을 말하며, 감각교육의 주창자는 코메니우스라고 볼 수 있으며, 감각교육을 위한 교구를 별도로 만들어 유아의 감각적 기술증진을 꾀한 사람은 몬테소리이다. 몬테소리는 감각의 발달은 고차적 지력의 선행요인으로서 점차적 자극의 제공으로 이루어질 수 있다고 보았다. 또 그는 아동의 주의가 주변의 관찰에 향해 있는 3세에서 6세 사이가 감각의 형성기라고 보았다. 감각교육은 예리한 관찰자를 만들고 현실의 문화에 적응하게 하며 실제 생활에 직접적인 준비가 된다. 몬테소리는 유아는 무의식적·의식적 집중현상(absorbent mind)을 통해서 감각교육을 발달시킨다고 하였다. 감각교육을 위한 몬테소리 교구로는 분홍탑·원기둥틀·색판·소리상자·온각판·촉각판·도형틀 등을 들 수 있다. 감각교육을 통해 같은 것을 인식하고 짝을 맞출 수 있는 능력, 일련의 연속된 물체의 차이점을 인식하는 능력·형태·크기·무게 기타 다른 속성에 있어서 아주 비슷한 사물들을 변별하는 능력을 길러준다. 또 감각교육을 통해 학교에서 유의하지 못하는 결함을 발견하고 교정시켜 줄 수 있다.

### 감각운동기(sensorimotor stage)

피아제 이론(Piagetian theory)에 따르면 출생에서 약 18개월까지의 1단계에 해당하는 인간성장의 발달기를 말한다. 이 단계는 점차 발달된 감각기능과 운동신경으로써 유아가 환경에 잘 적응해 나가는 단계이다.

### 감금

체포죄와 함께 형법 제276조에 규정되어 있다. 체포죄의 경우와는 달리, 신체 그 자체를 구속하지 않고 다만 일정한 장소로부터 나오지 못하게 하는 일이 그 성립 요건이다.

### 감금죄

범죄자가 아닌 사람을 그의 의사에 반해 강제로 일정한 장소에 상당기간 잡아두는 것을 감금죄라고 한다. 달리

말하면 적법한 이유 없이 다른 사람의 장소이동의 자유를 빼앗은 경우를 말하는데 감금된 사람의 나이나 능력, 지위, 신분 등과는 상관이 없다.

## 감독관청

감독관청은 다음의 3가지를 의미한다. ①하급 행정관청에 대해 감독권을 가지는 상급 행정관청, ②사인(私人) 및 공공단체의 업무에 대해 감독권을 가지는 행정관청, ③그 밖에 행정관청에 대한 감사를 행하는 감사기관.

## 감독자평정

피 평정자의 상관인 감독자가 평정하는 근무성적 평정 방법을 말한다. 일반적으로 피 평정자의 근무실적을 그 상관이 가장 잘 파악할 수 있다는 점에서, 감독자평정법이 가장 보편적인 평정 방법으로 이용되고 있다.

## 감독자훈련(supervisory training)

과장·계장 등 중간관리층의 관리능력 향상을 위 한 훈련을 말한다. 훈련의 내용은 업무의 기획과 관리의 개선·리더십·커뮤니케이션·인간관계 등이며, 훈련방법으로서는 강의·사례연구·회의·감수성훈련 등이 사용된다.

## 감독자훈련방식(training within industry)

제 2차 대전 중 군수사업의 제 1선 감독자를 육성하기 위해 미국정부의 요청에 따라서 작성된 훈련방식으로 그 후 기업 내 훈련에 이용되어 직장, 조장 등의 중견감독자가 근로자를 통솔·지휘하기 위한 감독자훈련방식으로 미국 노무관리기술의 일종이다. 내용은 일을 가르치는 방식(JI), 일의 개선방식(JM), 사람다루는 방법(JR)의 세 그룹으로 구성되며, 각 테마도 공히 10시간 5회의 회의일정으로 실시된다. 실시방법은 회의형식이며 일상 직장 내에서 일어나는 관리 감독상의 문제를 둘러싸고 토의를 거듭하면서 감독자로서 필요한 지식이나 기능을 학습하여 간다.

## 감독행위(supervision)

부하직원의 행위를 감시하고 그에 대해 필요한 명령 등을 함으로써 행위의 합법성 및 합목적성을 보장하는 행위를 말한다. 감독행위에는 감시·훈령·인가와 같은 예방적 감독행위와 취소·정지명령 등의 교정적(矯正的) 감독행위가 있다.

## 감리

외부감사법에 의거, 감사인인 회계법인이 기업에 작성한 감사보고서가 회계처리기준 및 감사기준에 적합한지 여부를 증권감독원이 검토하는 행위를 말한다. 여기서 외부 감사를 받아야 하는 대상은 자산총액 60억 원이 넘는 기업들이다. 감리의 목적은 회계법인의 공정한 감사 수행을

유도하는데 있으며 유형별로는 일반감리, 특별감리, 수시감리 등 세 가지가 있다. 일반감리는 매년 두 차례에 걸쳐 무작위로 기업을 선정해 이루어지고, 특별감리는 중대한 분식회계 및 부실감사 정보가 있는 회사나 부도 또는 법정관리 신청회사를 대상으로 이루어지며, 수시감리는 기업공개 예정회사를 대상으로 실시된다.

## 감리 제도

건축, 토목 공사 등이 이루어질 때 그 공사가 설계대로 이루어지는지를 확인하는 것을 말한다. 감리자는 품질관리, 안전관리 등에 대한 기술 지도도 해야 하며 공사가 발주자의 위탁에 따라, 그리고 관계 법령에 위반되지 않게 이루어지도록 하는 책임을 지고 있다. 공사 발주자를 대신해서 공사 감독을 하는 것이 바로 감리이다. 감리는 크게 (책임 감리·일반설계감리·엔지니어링감리)로 나뉜다. 책임 감리는 정부나 지방자치단체, 정부투자기관이 발주하는 50억 원 이상의 토목 공사나 바닥 면적이 1만m²를 넘는 건축 공사에 대한 감리이다. 책임 감리는 일정 요건을 갖춘 감리전문 회사만이 수행할 수 있다. 일반설계감리는 책임감리 대상 공사보다 규모가 작은 건축 공사에 대한 감리로 보통 건축사들이 이를 맡는다. 엔지니어링감리는 50억 미만의 토목 공사에 대한 감리로 기술사 등 토목 감리 자격증이 있는 자들이 수행한다. 모든 공사의 준공 검사를 받을 때는 감리자의 확인이 있어야 하며 이것 없이는 준공 검사를 받을 수 없다.

## 감별(assessment)

비행소년의 요보호성을 과학적으로 진단하고 그의 교정치료를 위한 구체적 지침을 제시하는 일련의 업무로 ①소년비행의 개체적인 요인해명 ②소년비행의 개체적인 치료 ③소년비행의 동향에 관한 실증적 자료제공 ④비행소년의 재 비행 위험성 및 요보호성 여부를 판별하여 심리 자료로 제공하는 것을 말하는데 소년원에 대해서는 이들에 대한 교정처우 방향을 제시하는데 그 목적을 두고 있다. 대상자의 심리적 측면의 특징 및 이상여부와 환경과의 관계를 심리검사, 면담, 환경조사, 행동관찰 등의 방법으로 진단 측정, 평가하여 비행의 원인을 규명하고 그에 따른 처우지침을 제시하는 것이다.

## 감봉(Salary Reduction) 01

근로자에 대한 경징계의 하나로 일정한 기간동안 봉급의 지급액을 감하는 것을 말한다. 국가 및 지방공무원에 있어서의 감봉은 1월 이상 3월 이하의 기간동안 보수의 3분의 1을 감하여 지급하며, 법관에 있어서의 감봉은 1월 이상 1년 이하의 기간 중 봉급의 3분의 1 이하를 감한다.

## 감봉 02

징계처분의 일종으로 1개월 이상 3개월 이하의 기간으로

하고 보수의 1/3을 감하는 것. 사학연금의 경우, 징계처분의 집행이 종료된 날로부터 12개월 동안 승급이 제한되며 징계처분이 종료된 날로부터 5년이 경과하게 되면 승급기간의 특례에 의해 징계처분기간을 제외하고 승급의 제한을 받은 기간은 승급기간에 재산입 한다.

## 감사(audit)
회계기록의 정확도와 완벽함을 증명하기 위해 개인 또는 조직의 회계에 대해 점검하는 것을 말한다. 사회복지기관의 경우 매년 재원을 제공하는 자들의 대표자들에 의해 회계감사를 받아야만 한다.

## 감사기준
재무제표의 외부감사 수행에 지침이 되는 일반적으로 인정되는 감사기준으로, 감사실무와 관행 중에서 공정타당하기 때문에 전문가에 의해 지지되고, 또 감사인에게 일반적으로 수용된 것을 일컫는다. 우리나라에서 GAAS로 받아들여지고 있는 것으로 증권관리위원회에서 제정 한〈회계감사기준〉, 〈회계감사실시준칙〉, 〈회계감사보고준칙〉, 〈반기 재무제표검토준칙〉 등이 있다. 이중 가장 대표적인 GAAS로 들 수 있는 것은 회계감사기준으로, 이는 일반기준(general standards), 실시기준(standards of field work), 보고기준(standards of reporting)으로 구성되어 있다.

## 감사보고
증권거래소에 상장하고 있는 기업에 대해 제출해야 할 일정한 대차대 조표, 손익계산서 그밖의 재무제표에다 이해관계가 없는 공인회계사에 의한 감사보고를 첨부할 것을 규정하고 있다. 이 감사보고는 공인회계사가 실시한 감사를 기초로 하여 작성된 감사보고서에 의해 이루어진다.

## 감사원(board of audit and inspection)
국가의 세입세출의 결산, 국가 및 법률에 정한 단체의 회계검사와 행정기관 및 공무원의 직무에 관한 감찰을 하기 위하여 대통령 소속 하에 설치된 국가기관을 말한다. 감사원은 대통령 소속하의 기관이지만 감사원장의 임명에는 국회의 동의가 필요하며, 감사원장은 세입세출의 결산을 검사하여 대통령과 국회에 보고하도록 되어 있다.

## 감사위원회(auditing committee)01
결산의 확인, 회계검사 결과처리, 심사청구결정, 회 계관계 법령의 제정 · 개폐 · 해석 적용에 대한 의견진술, 감사원의 예산요구 및 결산 등에 관한 사항을 의결하는 감사원 내의 기구를 말한다. 감사위원회의는 원장을 포함 7인으로 구성되고, 임기는 4년이며, 원장은 감사위원회의 의장이 된다.

## 감사위원회 02
현재처럼 1인 감시체제가 아니라 3인의 위원회 형태로 구성해 합의체제로 운영하는 것. 감사 기능을 대폭 강화시킨 제도다. 3인 중 2인 이상을 외부에서 선발해 독립성을 제고해야 한다. 나스닥에 등록하려는 기업은 반드시 감사위원회를 설치해야 한다.

## 감사의견
기업이 발표하는 재무제표에 대해 외부감사인인 공인회계사는 회계감 사를 실시하고 그 재무제표가 회계정보로서 적절한 가치를 지니는지에 관해 의견을 표명하는 것이 감사의견이다. 감사의견에는 적정의견, 한정의견, 부적정의견, 의견거절이 있다. 적정의견은 기업의 재무제표가 회계정보로서의 적절한 가치를 지닌다는 의미이고, 한정의견이란 재무제 표에 중요한 영향을 미치는 하자가 존재하지만 이를 충분히 고려하거나 수정해서 해석하면 적정의견과 동일하다는 것이다. 부적정의견은 재무제 표에 영향을 미치는 하자가 중대해서 수정해석하더라도 재무제표가 정보로서의 가치가 없음을 말한다. 의견거절은 감사수행에 있어 제약을 받아 의견표명이 불가능하거나 기업의 계속 존속여부가 객관적으로 매우 불투명한 경우 감사의견을 표명하지 않는 것이다.

## 감사인
감사를 집행하는 사람으로서 개인 또는 집단을 가리킨다. 따라서 법령 에 따른 감사인만이 아니라 정부의 감사기관 또는 공적인 감사기관도 감사를 집행하면 감사인이라 한다. 감사인은 감사업무의 직업성 여부에 따 라 직업감사인과 비직업감사인으로 나뉜다. 전자는 공인회계사, 감사법인 등이 있다. 후자에는 감독관청의 감사를 수행하는 공적감사인과 기업 내부의 사적감사인으로 구별된다. 감사인은 그 수행하는 업무의 공적 중 요성 때문에 업무에 적합한 자질과 윤리적 자질을 갖출 것이 요구되고 있다.

## 감사적 평정 방법
감사적 평정 방법은 외부전문가가 평정면접과 현장관찰을 통해 개인 또는 조직단위의 직무수행을 평가하는 근무성적 평정 방법이다. 감사적 평정 방법은 근무성적평정의 주된 방법이라기 보다 보조적인 방법으로 특히 감독자가 부하에 대한 평가에서 객관성을 잃고 정실에 빠지는 것을 시정하는 데 유용하게 사용할 수 있다.

## 감성소비
감각이나 기분에 따라 재화나 서비스를 소비하는 일. 소비의 다양화 · 개성화 · 분산화 경향이 높아짐에 따라 단순히 좋고 싫음이라는 감성에 따라 선택하는 소비 행동을 말한다. 흔히 충동구매라고 한다. 감성소비의 대상이 되는 상품은 패션성·기호성이 강해 기능이나 품질 면에서 상품의 차이가 거의 없는 것으로, 가령 잡지, 문방구, 식품과 같은 분야에서 현저한 경향을 나타내고 있고 그 바탕에 깔려 있는 행동 이나 사고의 기준이 소비의 질적 측면을 중시하는 것이다.

## 감성적 인식 / 이성적 인식

감성적 인식이란 감각기관을 통해 얻어지는 인식이며, 이성적 인식이나 개념적 사고에 의한 인식을 말한다. 그리스 철학 이래 중세를 통해 양자는 대립적으로 생각되어, 전자는 단지 현상의 세계에 관한 저차원의 인식, 후자는 실재의 세계에 관한 고차원의 인식으로 간주되어 왔다. 근세에 이르러 이 대립은 경험론과 이성론과의 대립으로서, 서로 그 주장을 위해 싸웠다. 칸트는 선험적 관념론의 입장에서 양자의 통일을 시도했는데, 맑스주의의 유물론적 인식론에 있어서는 이 양자는 변증법적으로 통일되었다. 이 양자의 관계를 보다 명확히 설명한 것은 모택동의 〈실천론〉이다. 그에 의하면, 실천을 통해 사물에 접함으로써 생기는 감성적 인식은 인식의 원천이자 제일보지만, 아직 일면적·표면적인 것이다. 이것을 쌓아 올림으로써 인식 과정에 비약이 생기고, 이성적 인식에 도달한다. 이것은 개념·판단·추리에 의해 감각적 재료를 종합·정리·가공함으로써 사물의 전체·본질·내적 연관을 파악한다. 이것이 실천에 의해 검증됨으로써 인식 과정은 일단 완료된다. 감성적 인식과 이성적 인식은 인식 과정의 한 단계이며, 인식은 부단히 발전하는 것이므로, 언제나 이 두 단계의 과정이 반복된다.

## 감성지수

감성지수는 지능지수(IQ)와 대조되는 개념으로 자신의 감정을 적절히 조절, 원만한 인간관계를 구축할 수 있는 '마음의 지능지수'를 뜻한다. 이는 미국의 심리학자 다니엘 골만의 저서 〈감성지수(emotinal intel- ligence)〉에서 유래되었지만 타임즈가 이 책을 특집으로 소개하면서 'EQ'라는 용어를 처음으로 사용, 기업과 학계에 널리 알려지기 시작했 다. 특히, 감성지수는 지능만을 검사하는 지능지수와는 달리 조직에서 상사나 동료, 부하직원들 간에 얼마나 원만한 관계를 유지하고 있으며, 개인이 팀워크에 어느 정도 공헌하는가를 평가하고 있어 기업인들의 많은 관심을 끌고 있다. 실제로 일본IBM은 감성지수를 바탕으로 직속상관뿐 아니라 동료와 부하 직원도 평가작업에 참여하는 방식을 관리직의 인사고과에 도입했다. 물론 감성지수의 객관성 확보가 문제시되고 있지만, 멀지않아 채용이나 승진에서 학력이나 지능보다 감성지수가 더욱 중요한 평가기준으로 자리 잡을 것으로 전망되고 있다.

## 감수성훈련(sensitivity training)

사전에 과제나 사회자를 정해주지 않고 10명 내외의 이질적이거나 동질적인 피훈련자끼리 자유로운 토론을 통해 거기서 어떤 문제의 해결방안이나 상대방에 대한 이해를 얻도록 하는 훈련방법을 말한다. 이러한 훈련의 목적은 대인간의 정서적인 접촉과 토의의 과정에서 얻어지는 집단 내에서 자기의 위치, 대인관계의 이해 및 이를 통한 인간관계의 개선 등에 목적을 두고 있다. 실험실훈련, T-집단훈련 등 다양한 이름으로 불리는 감수성훈련은 조직개혁의 행태적 접근방법인 조직 발전(OD: organization development)의 대표적인 기법이다.

## 감수성 훈련집단(sensitivity group)

심리사회적이나 정신적 장애를 해결하기 위해서라기보다는 의식화 또는 일정한 훈련을 목적으로 조직된 집단을 말한다. 이러한 집단은 10─20여 명이 하나의 지도자 또는 촉진자를 중심으로 구성된다. 성원들은 토론 또는 각종 실험활동에 참여함으로써 그룹이 어떻게 작용하는지 또는 그룹의 성원들이 어떻게 타인에게 영향을 주는지 등에 대한 이해를 높이고, 타인의 행동과 감정에 대해 이해하는 것을 배운다.

## 감액양도

양도가능 신용장하에서 신용자금액을 감액하여 양도하는 경우를 가리킨다. 중개무역을 전문으로 하는 자가 양도가능 신용장을 받아 제2수익자에게 양도할 때에 신용장 전액인 US$100,000를 그대로 양도하지 않고 US$90,000만 양도하는 예가 있다. 여기서 차액인 US$10,000가 제1수익자의 중개수수료를 의미하는 것이다.

## 감액완납보험(reduced paid-up insurance)

생명보험의 보험계약자가 보험기간 중 보험료 납입이 어려워졌을 경우, 당시 해약환급금을 재원으로 당초 보험계약의 보험기간과 보험금 등의 지급조건은 변경하지 않고 동일한 종류의 일시납 보험으로 보험가입금액만 감액하는 보험.

## 감액청구권제도

종합소득세나 부가가치세를 신고·납부할 때 실제세금보다 많이 계산해 신고했을 경우 세액결정 이전에 관할 세무서장에게 정정을 청구할 수 있는 제도. 국가위주로 돼있는 조세채권을 일반상사채권과 마찬가지로 취급해 납세자의 권익을 보호하기 위한 장치이다. 현행 국세기본법상 과세관청은 국세부과제척기간(소멸시효)안이면 언제든지 납세자의 세금을 결정할 수 있으나 납세자는 수정신고기간이 경과한 이후에는 감액경정을 청구할 사유가 발생하더라도 경정을 청구할 수 없도록 돼있다. 납세자는 일단 세금을 다낸 다음 법원에 부당이득반환 청구소송을 제기해 승소해야만 더 낸 세금을 돌려받을 수 있다. 감액정정청구권은 이같은 납세자의 불편을 해소,

수정신고기간이 지났더라도 관할 세무서장에게 정정을 요청하면 실제세액에 맞춰 세금을 낼 수 있도록 하는 제도이다.

## 감옥개량운동
18세기 영국의 J. 하워드(howard, john 1726-1790)는 유럽각국의 감옥 시설을 둘러보고 범죄자와 채무자의 분리수용 및 완전한 보안조치, 시설개량, 독립된 행정관청의 통제·개량을 제창했다. 이와 같은 운동은 엘리자베스 후라이의 런던감옥개량협회(1815년), 하와드협회(1866년) 등에 이어져 미국이나 서구에 큰 영향을 끼쳤다. 이후 1955년 UN 국제연합에서 감독자의 처우에 관한 최저기준의 채택 등 감옥근대화운동은 국제적으로 확산되었다.

## 감원(reduction in staff)
조직 개편, 감축관리 등의 사유로 조직구성원을 퇴직시키는 것을 말한다. 즉 특정한 조직구성원이 무능하거나 범법행위 등의 과오를 저지르지 않았음에도 불구하고 조직관리상의 필요에 의해 퇴직시키는 것을 말한다. 우리나라의 경우 직제와 정원의 개폐 또는 예산의 감소 등에 의해 폐직 또는 과원(過員)이 되었을 때에는 임용권자가 공무원을 직권으로 면직시킬 수 있도록 국가공무원법 제70조에 규정되어 있다.

## 감자 01
감자란 회사가 결손을 메우기 위해 자본금을 줄이는 것을 말한다. 즉 결손금에 해당하는 자본에 대해 주주의 지분을 소멸시키는 행위다. 3자우선 배정증자는 기존 주주외에 제3자에게 증자주식을 배정하는 유상증자 방식이다. 법정관리기업이 부채의 출자전환을 위해 채권단을 대상으로 유상 증자를 할 때 많이 사용된다.

## 감자 02
자본금을 줄이는 것이다. 주식회사는 사업내용을 전보(塡補)하고 이 밖에 단수(端數)자본금의 정리, 회사분할, 합병 등의 목적으로 감자를 한다. 감자는 주주의 이해관계에 변화를 초래하고 회사채권자의 담보를 감소시키게 되므로 주주총회의 특별결의를 거쳐야 하고 채권자 보호 절차를 밟아야 한다. 감자의 방법에는 ①주식금액의 감소, ②주식수의 감소 ③①과 ②의 혼합형이 있다.

## 감정(feeling)
좁은 뜻으로 쾌·불쾌의 반응을 의미하며, 넓은 뜻으로는 전통적으로 생각되어 온 지(知)·정(情)·의(意) 중, 정적 측면을 의미하는 주관적 의식현상을 말한다. 넓은 뜻의 감정은 좁은 뜻의 감정과 기분·정조·격정을 포함한 넓은 뜻의 정서로 대별되나 이들은 서로 다른 종류의 반응 영역을 가진 것이 아니라, 정적 반응을 어떻게 파악하는가에 따른 구성·개념·설정 방법상의 구별일 뿐이다. 감정에 관한 연구 방법은 인상법과 표출(표정)법으로 나뉠 수 있다. 감정에 관한 이론은 주로 네 가지 입장에서 해명되고 있다. 즉 내관적 입장, 역학적 입장, 행동주의적 입장, 생리적 입장이 그것이다.

## 감정반사(reflection of feeling)
사회사업 면접에서 사용되는 기술로서 사회사업가가 클라이언트의 감정이 그 순간에 어떠하였는가를 분류해 보여주며, 더 나은 감정표현과 이 감정을 이해할 수 있도록 격려해주는 기술을 말한다. 사회사업가는 의역(paraphrasing), 착행증(parapraxis)에서 나타나는 점, 신체언어(body language), 숨은 감정의 주변언어학(paralinguistic) 표현 등을 통해 종종 클라이언트의 감정을 알아낸다.

## 감정유치
수사나 재판의 필요에 의해 피의자나 피고인의 신체나 정신적인 상태가 어떤지를 알기 위해 강제로 병원 등에 머물게 하는 것을 감정유치라고 하는데 이를 위해서는 법관이 발부한 감정유치영장이 있어야 한다.

## 감정의 양면성(amvivalence)
감정의 양면성이란 인간이 마음속에 반대되는 두 가지 감정, 욕망, 집착 사이를 왕래하는 것으로 언뜻 보기에 모순된 감정이다. 상반감정, 양향감정이라고도 하며 애증이 그 대표적인 예다. 청소년의 경우 육체가 성장 발달함에 따라 생리적 불안정·불균형이 생기게 된다. 부모나 교사는 흔히 양면감정의 일면만 보고 또는 일면만 강조하여 청년을 오해하고 오도하는 경우가 많다. 지도교사나 카운셀러제는 이러한 상황을 구제하려는데 목적이 있다. 우리나라 청소년에게는 집단 활동의 기회 및 지도자시설이 부족한 실정이다. 지도의 방향은 양면감정을 받아들일 뿐만 아니라, 도리어 권장해 강제검진서 넓은 양 폭 속에서 스스로의 안정감을 찾도록 해야 한다.

## 감정의 양향성(ambivalence)
감정의 양향성이란 인간의 마음속에 반대되는 두 가지 감정, 욕망, 집착 사이를 왕래하는 것으로 언뜻 보기에 모순된 감정이다. 상반감정, 양면 감정이라고도 하며 애증이 그 대표적인 예다. 청소년의 경우, 그들의 감정은 부모의 의존과 부모에게서 순종과 반항, 안일과 개척, 개인과 집단 낙심과 희망, 현실타협과 이상고수 사이를 동시에 왕래한다. 청년기에 잠시 생리적 불안정·불균형이 육체적 성장 발달과 더불어 생기게 되는 것이다. 부모나 교사는 흔히 이 영향감정의 일면만 보고 또는 일면만 강조하며 청년을 오해하고 오도하는 경우가 많다. 독립적이고 반항적이며 어른들의 말에는 아랑곳없는 듯 하면서도, 청년들은 실로 어른들에게 기대하고 이해를 바라고 충고를 바라고 꾸지람까지 바라는 심정이다. 지도교사나 카운슬러제는 이러한 상황을 구제하려는 목적이 있다. 우리나라 청소년에게는 이러한 집단활동의 기회 및 지도자시설이 부족한 실정이다. 지도의 방향은 양향감정을 받아 들일뿐만 아니라, 도리어 권장해서 넓은 양폭 속에서 스스로의 안정감을 찾도록 하는 길일 것이다.

### 감정이입(empathy) 01

상대방의 감정 상태를 받아들이고 이해하며 경험하는 능력이다. 케이스워크에 있어 사회사업가는 상담 장면에서 자신이 이해한 것을 클라이언트에게 감정이입을 시켜 줌으로써 감정이입을 경험한 클라이언트는 상담 관계에서 자신을 자유롭게 드러내고 싶은 심정이 발생하여 치료의 효과를 한층 높일 수 있게 된다. 감정이입의 경험은 클라이언트를 판단하거나 설득하지 않고 돕겠다는 상담자의 의욕 및 감수성과 깊은 관계가 있게 된다. 한편 감정이입은 대체적으로 이론적인 학문적 방법을 통해 배워지는 것보다는 오히려 다른 사람을 돕는 과정 속에서 경험이 이뤄지게 되는데 사이코드라마나 역할연기는 때때로 감정이입의 능력을 향상시키는 경험이 될 수 있다. 상대방의 경험, 감정, 사고, 신념 등을 상대방의 관점과 입장에서 듣고 이해하는 능력이다. 상담 장면에서는 상담자가 이해한 바를 내담자에게 전달하는 것까지를 포함한다. 감정이입의 소통은 설교가 아닌 인간적 이해, 무조건적, 긍정적 존중 또는 수용을 바탕으로 한다. 상담자가 내담자의 감정을 공감하고 있음을 내담자에게 전달할 때 내담자는 자신이 이해받고 있다는 느낌을 갖게 된다. 이러한 과정에서 내담자는 상담자를 신뢰하고 자신을 드러내 보임으로써 자기 탐색과 자기 이해의 길로 들어서게 된다. 공감이라고도 하는 것으로 상대방의 경험, 감정, 사고, 신념 등을 상대의 준거체제에서 자신이 상대인 것처럼 듣고 이해하는 능력이다. 상담 장면에서는 치료의 효과를 높이기 위하여 상담자가 이해한 것을 클라이언트에게 전달해야 한다. 공감의 소통은 클라이언트를 판단하거나 설득하지 않고 돕겠다는 상담자의 의욕 및 감수성과 관계된다. 공감을 받는 클라이언트는 상담관계에서 자유롭게 자신을 드러내고 싶은 심정이 된다.

### 감정이입 02

다른 사람의 표정 · 몸짓 등을 보면, 그 사람의 감정에 공감하는 직접적인 작용이 일어난다. 이것은 자기가 자기의 감정을 다른 사람에게 투입하는 일이라고 할 때, 이 작용을 감정이입이라고 말한다. 이와 같이 인간에 대한 것을 본래적 감정이입, 풍경 등에 대한 경우에는 상징적 감정이입이라고 한다. 이 작용은 미적 감정이입이라고 말한다. 립스나 폴켈트(J. Volkelt)는 이것을 미의식의 기본원리로 삼았다.

### 감정이입 03

회화 등의 예술적 작품 속에 자신의 감정을 투사시켜 느끼거나 어떤 사람이 생각하고 있는 것을 자기 속에 옮겨 놓고 그 사람의 내적세계와 같은 것을 공유하는 것을 말한다. 감정이입은 정신치료의 중요한 전제가 되는데 상대방의 감정을 자기 자신에 이입시켜 짐작하는 능력은 인간관계의 개선에 중요한 요소가 되기 때문이다. 다만 치료나 지도에 있어서 감정이입이 지도자의 공평하고 객관적인 판단을 흐리지 않도록 주의해야 한다.

### 감정전이(transference)

주로 정신분석학에서 사용되는 용어로 환자가 치료자에 대해 호감, 의존, 적대 등 복잡한 기분을 갖는 것이다. 즉 환자가 아동기 때의 부모에 대한 감정이 표현되는 것이다. 이 전이는 치료가 진행되면 필연적으로 나타나는 것이며 치료자는 이 전이의 의미를 환자에게 이해시키는 것이 필요하다. 즉 환자의 내면이 치료자와의 관계 속에 투사되어 객관적으로 인지되게 되면 증상이 개선되는 것이다.

### 감청영장

다른 방법으로는 중요 범죄의 실행을 저지하거나 범인의 체포, 증거수집 등을 하기 어려운 경우 제한적으로 피의자의 통화 내용을 엿들을 수 있도록 허가하는 영장이다. 93년 12월 만들어진 "통신비밀보호법"은 우편물 검열과 함께 감청을 합 법화하고 그 대상과 절차, 운용에 엄격한 제한을 두고 있는데 이 결과로 얻은 자료는 철저한 비밀유지 아래 장기간 보존해야 하고 비밀이 누설될 때에는 피해자가 손해보상을 청구할 수 있다.

### 감춰진 자산

회계관습이나 경영층의 고의에 의해 기업의 대차대조표에 과소평가되어 기재된 자산. 시장가치가 장부상의 가치를 초과하지만 주가에 반영되지 않은 자산이다.

### 감치

폭언이나 소란 등으로 법정의 질서를 어지럽힌 사람들이 판사의 명령에 의해 일정한 장소에 수용되는 것을 말한다. 수용된 사람은 24시간 안에 재판을 받아 최고 20일 동안 수용되거나 100만원 이하의 과태료를 내야하며 두 가지 처분을 동시에 받을 수도 있다. 수용된 사람이 이러한 처분을 받아들이지 못할 경우 3일 안에 이의신청 등을 해야 하고 판사는 수용된 사람을 24시간 안에 재판하지 못할 경우 석방명령을 해야 한다.

### 감호(guardianship)

자녀를 감독 · 보호 · 교육하는 것을 말한다. 아동복지법, 소년법에서는 현재 감호하는 자를 보호자로 하고 보호자가 아닌 아동 또는 보호자에게 감호되는 것이 부적당하다고 인정되는 아동을 요보호아동이라고 하며 보호자에 따른 감호에 현저한 문제가 있는 경우는 학대아동이라 한다. 이들 아동조치를 받은 아동복지시설의 장은 아동복지법의 친권대행규정에 따라 입소 중의 아동에게 적절한 감호교육을 행해야 한다.

### 감화교육(correctional education)
범죄소년 등을 보호교육이라 하며 그 개선을 도모하는 감화교육사업은 오래 전부터 우리나라에 소개되어 감화원의 설립도 시도되었다. 구미 감화사업의 내용을 보면 ①초등학교 정도의 교육, ②근로 작업, ③체육, ④종교를 주축으로 구체적 방안을 보이고 있다.

### 감화사업(correctional relief activities)
불량소년을 감옥에서 교육하고자 하는 사업을 말한다. 일본에서는 명치 초부터 구미의 예가 소개되어 1883년(명치 1월) 개인이 최초의 감화시설을 설립하였고, 1899년 가정 학교를 설립했으나 다음 해에 감화법이 실효되었다. 구제사업과 함께 강화구제사업으로서 자선구제 조직화하였지만 정책상 중요시 되지 않았다가 1933년 소년 교호법으로 개정되어 교호의 명칭이 사용되자 전후에는 아동복지사업의 하나로 되었다.

### 갑종근로소득세
근로를 제공한 대가로 받는 봉급·상여금·보수·세비·임금·수당·급료·연금 또는 이와 비슷한 성질의 것으로서, 원천징수를 하는 근로소 득에 대해 부과하는 직접 국세이다. 이를 줄여 흔히 갑근세라고도 한다.

### 값싼 정부(cheap government)
산업자본주의의 지도 원리로서 자유방임주의 하에서는 시민의 자유스런 활동·경영이 기대되고 실천되는데 그를 위해서는 시민생활에 대한 정부의 간섭이나 관리는 최소한도에 그쳐야 한다는 것이다. 따라서 정부는 외국의 침략을 막고 국내치안질서를 유지할 정도의 최소한의 정부가 최선의 정부라는 것이며, 국민경제질서는 아담 스미스의 이른바 보이지 않는 손(invisible hand)에 의해 자동조절 되어간 다는 것이다. 이 때문에 사회문제나 사회정책에 대한 국비지출은 불필요한 비용이라고 생각한다.

### 강간(rape)
성관계에 동의하지 않은 사람과 강제로 성적 접촉의 형태로 관계하는 범죄행위를 말한다. 이러한 무력은 폭력적인 강간이나 실제 또는 암시적인 위협의 형태를 띤다. 이러한 강간의 희생자는 남성이나 소년이 될 수도 있으나 대부분은 여성이나 소녀들이며, 가해자는 대부분이 남성이다.

### 강단사회주의(school socialism)
1873년 창립된 독일 사회정 책학회(Verein f r Sozialpolitik)에 참가하였던, 사회개량을 주장하는 사회정책학자들의 사상적 경향을 말한다. 강단사회주의에는 A.G.H. Wagner 등 국가사회주의적 재정정책을 주장하는 그룹과, L. Brentano 등 사회개량의 기초를 노동자 단결의 자유에 두는 노동조합운동의 전문적 연구가, 그리고 전통적 중산계급의 적극 보호를 주장하는 G. Schmoller 등 경제사학자 그룹의 3분파가 있다.

### 강박(compulsion)
특정방법으로 행동하려는 강하고 반복적인 충동이다. 강박은 직접 표현되지 않는 갈등적인 생각·욕망으로 나타나는 불안을 덜기 위해 자주 사용되는 방법이다. 또 이 용어는 타인의 뜻에 따라 행동하도록 강요하는 것을 의미하기도 한다.

### 강박관념(obsession)
개인의 의도와는 관계없이 지속적으로 반복되는 비합리적인 생각 혹은 관념을 지칭한다. 강박사고 혹은 강박적 사고라고도 한다.

### 강박장애(obsessive — compulsive disorder) 01
개인이 원치 않는 반복적이고 지속적인 생각이나 충동 또는 심상을 경험하거나, 의례적으로 수행되는 외견상 의도적인 행위에 관계하는 정서불안의 한 형태를 말한다.

### 강박장애 02
강박장애는 강박사고와 강박행동이 특징적이다. 강박적 사고란 자신이 원하지 않는데도 불구하고 반복적으로 계속되는 불쾌한 생각이며, 이러한 생각이 본인이 조절할 수가 없다. 또 강박사고는 불안을 일으키기 때문에 이러한 불안을 해소하기 위한 강박행동을 동반하는 경우가 많다. 강박장애의 증상은 다음과 같다. ①오염에 대한 강박관념 및 과도한 청결, 세척행동·먼지나 세균에 염려, 배설물(소변, 대변, 타액 등)에 대한 과도한 혐오감, 동물, 곤충에 대한 과도한 염려, 오염 때문에 질병을 일으킬 것 같은 염려 ②병적인 의심, 확인 및 질문·문이나 가스렌지를 잠겄는데도 잠그지 않은 것 같은 느낌의 반복과 이에 따른 확인, 다른 사람에게 해가 되지 않았는가에 대한 점검, 실수하지 않을까 하는 의심 ③신체적 강박관념·질병이나 신체적 질환에 대한 염려, 신체부위 또는 외모에 대한 과도한 염려 ④균형 또는 정확성에 대한 욕구 및 강박행동·물건이 바로 그 자리에 있지 않으면 어떤 일이 일어날 것 같은 생각, 대칭에 대한 욕구, 따라서 물건을 항상 반듯하게 두거나, 대칭적으로 두는 행동 ⑤공격적인 강박관념·스스로 자신이나 다른 사람을 해칠지 모른다는 두려움, 외설스러운 말이나 무례한 말을 무심코 내뱉을 것 같은 두려움, 다름 사람을 난처하게 만들 것 같은 두려움, 물건을 훔칠 것 같은 두려움 ⑥성적인 강박관념 · 금기된 혹은 성도착적인 생각이나 행동, 다른 사람을 향하여 성적인 행동을 할 것 같은 생각, 어린아이 또는 근친상간적인 생각 ⑦기타 · 신성모독에 대한 과도한 염려(종교적인 강박관념), 쓸데없는 것을 버리지 못하고 계속 모으는 일(축척강박) 등이 있다. 강박장애의 원인은 아직까지 정확히 알려지지 않았다. 그러나 ①강박장애는 세로토닌이라는 뇌신경전달물질의 저하와 관련이 있는 것으로 되어있는 뇌질환의 하나이다. ②특히 최근의 뇌영상연구에서는 되의 전두엽 · 기저핵 부위의 이상이 있다고 밝혀지고 있다. ③스트레스가 원인은 아니지만 강박장애를 유발시키는 요인은 된다. 치료방법의 경우 강박장애는 분명 되의 이상과 관련이 있는 뇌질환이다. 이는 스트레스를 푼다거나 마음을 편하게 가진다고 치료가 되는 것이 아니므로 이러한 질환을 다루는 전문가인 신경정신과 전문의의 도움은 필수적이다. 어떤 보고에 의하면 강박장애의 증상이 시작된 후부터 적절한 치료를 받게 될 때까지 약 17년이 걸린다는 보고가 있다. 따라서 정확한 증상의 평가와 적적한 조기 치료계획이 필수적이다. 이에 〈약물치료〉 · 최근 개발된 선택적 세로토닌 재흡수억제제(SSRI)가 효과가 있다. 급성기 치료에서 최대의 효과를 얻기 위하여 약물치료는 적어도 몇 주 혹은 몇 달이 지나야 효과가 나오기도 한다. 〈인지 · 행동치료〉 · 약물치료와 더불어 효과적인 것으로 알려져 있다.

### 강박적 성격장애(compulsive personality disorder)

다음과 같은 성격들의 전부 혹은 다수를 지니는 성격장애(personality disorders)의 한 형태를 말하며, 완벽주의적 행위, 남에게 어떤 행동양식을 따르도록 강요하는 것, 부드러운 감정이나 온화함을 표현할 능력이 부족한 것, 사소한 규정에만 집착하는 것, 인색함, 대인관계에서 지나친 형식성, 결정능력의 부족 등이 있다.

### 강박증(obsession)

화를 삭이고 절제하는 심리구조와 같이 충분히 있을 수 있는 반복적이고 지속적인 사상이나 행동 또는 관습을 말한다. 심리분석가들은 이것을 두고 개인이 무의식적인 갈등을 처리하는 한 방법일 수 있다고 한다.

### 강세 스프레드

이는 선물과 옵션거래에서 기초자산의 가격이 상승할 경우에 그 스프레드를 이용한 사람이 이익을 볼 수 있도록 한 계약을 매입하고 상이한 다른 계약을 매도하는 투자전략이다. 이로 인한 손실가능액을 줄이기 위해 두 개의 계약이 이용된다.

### 강압적 권력(coercive power)

인간의 공포에 기반을 둔 권력 즉 어떤 사람이다른 사람을 처벌할 수 있는 능력을 가지거나 육체적 또는 심리적으로 다른 사람에게 위해를 가할 수 있는 능력에 기반을 둔 권력을 말한다. 강압적 권력의 행사는 일반적으로 부하들의 분노나 적대감을 불러일으킬 수 있다. 프랜치(J. French)와 레이븐(B. Raven)은 권력의 원천에 따라 권력을 합법적 권력(legitimate power) · 보상적 권력(reward powe r) · 강압적 권력 · 전문적 권력(expert power) · 준거적 권력(reference power)의 다섯 가지로 나누었다.

### 강압적 조직(coercive organization)

강제를 주된 통제수단으로 하며, 대부분의 조직 구성원들이 고도의 소외의식을 지니는 조직을 말한다. 교도소 · 강제수용소 · 포로수용소 등의 조직이 여기에 속한다. A. Etzioni는 복종의 구조(compliance structure)를 기준으로 하여 조직을 강압적 조직과, 공리적 권한과 타산적 복종이 부합되어 있는 공리적 조직, 그리고 규범적 권한과 도덕적 복종이 부합되어 있는 규범적 조직의 세 가지로 나누었다.

### 강임(demotion)01

하위등급의 직위로 이동하는 내부임용의 한 유형을 말한다. 일반적인 강임은 동일한 직렬 내에서 하위직급으로 이동하는 것을 말하나, 동일한 직렬 내에 하위직급이 없으면 다른 직렬의 하위직급으로 이동하게 된다. 강임은 직제와 정원이 변경되거나, 예산의 감소 등으로 폐식이 되었을 경우 그리고 본인이 원할 경우 가능하다.

### 강임 02

직제 또는 정원의 변경이나 예산의 감소 등으로 인해 동일한 직열 내에서 하위의 직급에 임명하거나 하위직급이 없어 다른 직열의 하위직급으로 임명하는 것을 말한다.

### 강제(coercion)

개인이나 집단에게 어떤 행위를 하도록(또는 멈추도록) 강요하는 것을 말한다. 이것은 폭력적 위협을 통해서 뿐만 아니라 법적 행위, 정부 개입, 사회적 영향력, 정치적 압력을 통해 발생할 수도 있다. 특히 지역사회 조직에서 사회사업가의 중요한 역할은 그 지역 주민들이 원하지 않은 행위를 강요하는 사람들에게 저항할 수 있도록 서로 단결하게 하는 것이다.

### 강제가입제도

법이 보험의 가입을 강제로 하도록 규정한 것을 말한다. 사회보험은 인적보험이므로 일정한 자 즉 노동자에 대한 강제가입이 원칙이다. 그러나 현행법은 일정규모 이상의 사업소에 대해서는 강제가입을 적용하는 방법을 취하나 그 외의 사업소에는 임의가입을 적용하고 있다.

## 강제검진

강제검진은 성병예방법에 의해 성병에 걸릴 우려나 이미 걸렸다고 보이는 자, 또는 매음상습자로 의심이 가는 자에 대해 의사의 건강진단을 받도록 명하는 검진명령과 기초생활보장법의 실시기관이 보호의 결정, 실시를 위해 필요에 따라 요보호자에게 보호 실시기관이 지정하는 의사의 검진을 받도록 명하고 있는데 이러한 것을 모두 강제검진이라 한다. 특히 기초생활보장법의 경우에는 명령 전의 행사에 있어서 신중한 자세가 요구된다.

## 강제경매

법원에서 채무자의 부동산을 압류·매각하여 그 대금으로 채권자의 금전채권의 만족에 충당시키는 절차이다. 부동산에 대한 강제집행 방법으로는 강제경매와 강제관리의 2가지가 있는데, 양자는 모두 채권자의 신청에 의해 개시되지만(599조 1항), 채권자는 그 중 하나를 선택하거나 병용할 수 있다. 특별법에 의해 부동산으로 간주되거나 또는 부동산의 규정이 적용 또는 준용되는 것(수산업법 5②)을 포함한다. 부동산에 대한 강제집행은 그 부동산 소재지의 지방법원이다. 부동산이 수개의 지방법원 관할구역에 있는 때에는 각 지방법원에 관할권이 있다. 그리고 이 경우 법원이 필요하다고 인정한 때에는 사건을 다른 지방법원에 이송할 수 있다(민소 600). 유체재산에 대한 집행기관인 집행관과 다르게 한 것은 부동산이 중요재산일 뿐 아니라, 부동산에 각종의 담보물권·용익물권이 설정된 경우에 압류·환가·배당 등에 관해 고도의 법률지식이 필요하기 때문이다. 부동산에 대한 강제경매는 채권자의 신청에 의해 개시한다(민소 599). 집행법원의 채권자의 신청에 의해 경매시기를 결정하고, 이에 따라 부동산의 압류를 명하여야 하며, 경매절차의 개시결정 후에는 법원은 직권 또는 이해관계인의 신청에 의해 부동산에 대한 침해행위를 방지하기 위하여 필요한 조치를 할 수 있다(민소 603① 내지③). 압류는 채무자에게 그 결정이 송달된 때 또는 경매신청의 등기(민소 611)가 된 때에 효력이 생긴다. 강제경매신청을 각하하는 재판에 대하는 즉시항고를 할 수 있다(민소 603④ · ⑤). 법원은 경매개시결정을 한 후 지체없이 집행관에게 부동산의 현황·점유관계 차임 또는 보증금의 액수 기타 현황에 관해 조사할 것을 명하여야 한다(민소 603의2①). 이해관계인은 경락대금의 완납시까지 법원에 경매기시결정에 대한 이의신청을 할 수 있다. 압류부동산의 환가방법에는 경매와 입찰의 두 가지가 있다. 경매는 집행법원이 경매기일을 지정공고하고 그 공고한 날로부터 14일 이후로 경매기일을 정하여야 한다(민소 619). 이 기일에 최저경매가격 이상의 경매신청이 있을 때에는 경매기일부터 7일 이내에 경락기일을 정하고, 다시 경락기일에 관계인의 진술을 들은 후에 그 경락을 허가할 것인지 안할 것인지를 결정한다(민소 617내지 632). 이해관계인은 경락허부의 결정에 대해 즉시항고를 할 수 있다.

## 강제노역

법률에 의한 적법한 절차에 의하지 않고 다른 사람에게 그가 원하지 않는 일을 억지로 시키는 것이 강제노역이다. 범죄자들에게 가하는 강제노역은 적법하게 가하는 형벌의 일종이다.

## 강제배분법(forced distribution)

근무성적평정 등에 있어 평정결과의 분포가 과도하게 집중되거나 관대화되는 것을 막기 위해 성적분포의 비율을 미리 정해 놓고 평정을 하는 방법을 말한다. 분포비율를 정하는 데는 여러 가지 방법이 있으나, 분포비율을 10, 20, 40, 20, 10으로 하여 종(鐘)모양인 정상분포곡선(normal curve)이 되도록 배분하는 것이 일반적인 예이다. 우리나라에서는 평정대상 공무원의 등급(수 · 우 · 양 · 가)별 분포비율이 2 : 4 : 3 : 1이 되도록 평정하게 하는 강제배분방법을 채택하고 있다.

## 강제보험(compulsory insurance) 01

피해자에 대한 손해배상을 철저하게 확보하기 위한 사회보장정책의 일환으로 정부에 의해 가입이 강제되는 배상책임보험이다. 현재 우리 나라의 경우 다음과 같은 세가지의 강제배상 책임보험이 있다. ①자동차 손해배상 책임보험, ②산업재해보상 책임보험, ③화재로 인한 재해보상을 목적으로 한 신체손해배상 책임보험.

## 강제보험 02

보험관계의 성립이 법으로 강제되는 것을 말하며 사회보험은 세계적으로 강제보험이 원칙이다. 임의보험은 노동자보호라는 사회정책목적을 달성할 수 없었을 때, 경험에 연유한다. 강제보험의 효용은 역선택의 방지, 환언하면 보험자에 따른 손해보험(bad risks)과 보험자에 따른 이득보험(good risks)의 문제를 발생시키지 않는데 있다. 또 적용범위를 모든 노동자에게로 전면화하면 할수록 수급요건은 그만큼 엄격함을 필요로 하지 않아도 된다.

## 강제보험 03

피해자에 대한 손해배상을 철저하게 확보하기 위한 사회보장정책의 일환으로 정부에 의해 가입이 강제되는 배상책임보험이다. 보험계약자에 대해서는 가입이, 보험자에 대해서는 인수가 의무화되는 것이 보통이다. 자동차 손해배상 책임보험 및 특수건물에 대한 화재보험이 그 하나의 예이다.

## 강제선택법(forced choice check lists)

근무성적 평정에 있어, 유사하거나 상반되게 보이는 2개 또는 4-5개의 항목으로 구성된 각 기술항목의 조(組) 가운데서 피평정자의 특성에 가까운 것을 강제적으로 골라 표시하도록 평정하는 방법을 말한다. 이 방법은 강제선택식 체크 리스트 방법(forced choice check lists)이라고도 부른다.

## 강제저축

기대되는 소득 중에서 소비자 자유의사에 의해 행하여지는 저축을 자발적 저축이라고 하는 데 반해, 어떠한 형태로든지 절약이 강제되는 경우에 이를 강제저축이라고 한다. 강제저축의 의미는 학자에 따라 다르다. Malthus, T. R.는 화폐량이 증가하여 물가가 상승할 때 과거의 저축에 의존하는 금리생활자의 실질소비가 감소당하게 되는 것을 강제저축이라고 불렀다. Hayek, F. A. v.는 완전고용을 전제하고서 강제저축을 다음과 같이 설명하고 있다. 지금 은행이 금리를 자연이자율 이하로 유지하고 기업가의 추가적인 자금수요를 신용창조에 의한 추가자금에 의해서 충당하는 것으로 가정하면, 기업가는 소비재의 생산부문에서 생산수단을 철수하여 이를 우회생산의 장기화를 위한 생산재의 생산에 사용한다. 이 때문에 소비재의 산출량은 감소하고 그 가격수준은 등귀한다. 그리하여 소비자는 높은 가격을 통해 이제까지보다도 적은 소비를 하게끔 강요되어, 여기에 우회생산의 장기화를 위해서 강제적으로 발생하게 된다. 이에 대해서 Mises, L. E. v.는 강제저축을 다른 의미로 인식하고 있다. 즉 소비재의 가격등귀가 생기더라도 임금수준이 즉각 이에 추종하지 않는다면 기업체는 그 만큼 많은 이윤을 얻는 것으로 된다. 그리고 그가 말하는 강제저축이란 임금소득자가 실질소비를 제한당해서라는것과는 달리 이윤을 얻은 부유층이 자발적으로 이제까지 보다도 더 많이 저축하는 것을 가리키는 것이다. 강제저축이라는 개념은 흔히 미제스의 해석에 가깝다. 그것은 강제저축이란 기업투자 또는 정부지출의 증가에 의해 화폐 국민소득이 증가하고 그에 따른 소비지출의 증가와 함께 소비재가격 수준이 등귀할 때, 위에서 밝힌 미제스의 말과 같이 기업이윤을 얻는 계층의 저축률이 상승하는 현상이 생기는 것을 뜻하게 된다.

## 강제적 성도착장애(paraphilic coercive disorder)

일차적으로 다른 사람에게 야만적인 힘 또는 폭력적으로 위협하거나 강요받는 사람을 보면서 성적 만족을 찾는 성도착(paraphilia)을 말한다. 희생자에게 성적 행위를 함께 하도록 강요할 때는 성도착 강간(paraphilic rapism)이라는 용어를 사용하는데, 즉 성적으로 타인을 강요할 때만 자극을 받는 남성의 성도착증이다.

## 강제적 징수요금

자동차를 운전하려고 할 경우 정부는 교통안전성을 확보할 의도에서 운전자에게 면허취득을 의무화하고 있다. 이와 같이 경제주체가 어떤 행위를 할 때 정부가 정책적인 관점에서 강제적으로 어떤 종류의 서비스를 받게 하고, 수수료를 받는 일이 있는데 여기서 말하는 수수료를 강제적 징수 요금이라 하고 이에는 자동차 운전면허시험료, 여권수수료, 법원의 수수료 등이 해당된다. 강제적 징수요금 중 가계 이외의 주체가 정부에 대해 지불할 경우 그 지불은 생산비에 포함되므로 간접세로 분류한다.

## 강제조치(compulsory measure)

조치라는 개념은 원래 위생법규에 따른 입소명령, 입원조치 등의 행정상 즉시강제에 유래하는 것이다. 사회복지에 있어서는 직권에 의한 보호의 개시(공공 부조법), 직권에 의한 시설의 입소조치(노인복지법) 등의 규정은 있지만 강제조치라는 용어는 없다. 직권에 따른 이들 규정은 오히려 조치실시기관 스스로가 요원호자의 실태를 파악하고 적극적으로 조치를 요하는 원호자를 발견하는데 노력해야 한다.

## 강제집행

채권자가 자신의 권리를 행사하기 위해 폭행이나 감금 등의 수단을 동원하면 이는 범죄행위가 되는데 국가가 채권자의 신청으로 그를 대신하여 적법한 절차에 의해 강제적으로 채무자의 재산을 처분하는 것을 강제집행이라고 한다. 국세청이나 경찰청 등의 행정기관이 세금의 징수나 경찰업무를 수행키위해 시민의 의무를 강제적으로 실현시키는 것도 강제집행이라고 한다.

## 강제집행면탈죄

강제집행의 대상이 된 재물의 소유자(채권자)가 다음과 같은 행위를 하면 강제집행면탈죄가 된다. ①자신의 재산을 숨긴다. ②허위매매로 자신의 재산을 다른 사람 명의로 바꿔 놓는다. ③없던 채무를 허위로 만들어 이 채무를 갚는다며 재산을 쓴다. ④고의로 재산을 파손해 그 가치를 줄이거나 상실케 한다.

## 강제징수(forcible execution)

공법 금전급여의 의무에 대한 강제집행을 말한다. 일반적으로 국세징수에 있어서 조세체납처분의 규정이 상기되지만 사회복지관계에 있어서는 조치에 요하는 비용의 징수에 대해 지정기한 내에 납부하지 않는 자는 국세체납처분의 예에 의해 처분을 명할 수 있도록 아동 복지법에 규정되어 있다. 이 경우에 징수금의 선취득권의 순위는 국세 및 지방세 다음이 된다.

## 강제처분

대륙 법을 계수한 구 형사소송법은 인권보장을 위하여 강제처분을 상당히 엄격한 법적 규제 하에 두었으나, 법운용의 실제에 있어서는 강력력의 남용현상이 역전하였다.

그러나 조국의 민주해방과 더불어 미군정은 군정법령 제167호에 의해 종래 부당구속의 목적으로 남용된 행정검속을 폐지하고 영장제도를 확립하였으며, 특히 영미법계의 인신보호절차(habeas corpus)를 도입하여 구속적법적여부심사제도를 인정하는 등 강제처분을 대폭 제한하였다. 그 후 대한민국이 수립됨에 따라 인권보장을 위한 강제처분의 제한이 헌법상의 기본권으로서 명문화되었고, 다시 이를 구체화하기 위하여 형사소송법에 강제처분의 종류·요건·절차 및 그 부당한 운용에 대한 구체적 등이 상세히 규정되었다. 최근에 개정된 헌법과 형사소송법은 구속적부심사제도를 폐지하고, 보석·구속취소·구속의 집행정지에 있어서 석방결정에 대한 검사의 즉시항고권을 신설하였으며, 그 밖에 인신구속에 관한 제도를 개혁하였다. 이러한 제도의 개혁이 비록 우리의 실정에 알맞은 사법운영을 위한 것이라 하더라도 인권보장의 견지에서는 종전보다 후퇴한 것이라고 아니할 수 없는 바, 그 운용에 있어서는 인권의 침해가 없도록 배전의 신중성이 요구된다.

## 강제퇴직

강제퇴직은 조직의 구성원이 비자발적으로 퇴직하게 되는 것을 의미한다. 강제퇴직 속에는 징계에 의한 파면·해임과 직권면직 그리고 정년퇴직과 당연퇴직, 감원에 의한 퇴직 등이 포함된다. 이에 대해 임의퇴직은 조직의 구성원이 자발적으로 퇴직하는 것을 뜻한다.

## 강제피보험자

법률상 당연히 피보험자의 자격을 가지는 자를 말한다. 사회복지학적으로 접근하면, 사회보험입법의 규정에 의해 본인의 의사이어야 함에도 불구하고 해당 사회보험의 피보험자로 되는 자이다.

## 강화(reinforcement) 01

생물체의 행동에 관계하는 조건반응의 경우에 상(賞)과 벌(罰)에 의해 학습이 강화되는 현상을 가리키는 심리학 용어이다. 또 정신분석에서 꿈을 꾸게 한 원인이 꿈 속의 꿈 등으로 다시 나타나거나, 신경학에서 신경의 어떤 흥분 과정이 다른 흥분과정의 강도를 강화하는 경우에 이 용어를 사용한다.

## 강화(reinforcement) 02

행동수정(behavior modification)에서 반응의 경향을 반복하도록 강화시키는 절차를 말한다. 마틴 선델(Martin Sundel)과 샌드라 스톤 선델(Sandra Stone Sundel)에 의하면, 만약 강화제가 행동에 따라 주어지면, 그 행동을 반복하게 될 가능성이 높아진다는 것이다. 마찬가지로 마약 어떤 반응의 수행이 혐오스러운 것을 제거해 준다면 그 행동도 반복할 가능성이 높아진다.

## 강화 03

일반적으로 어떤 행동이 계속되거나 증가되도록 격려, 지지하는 것으로 고전적 조건 형성에서는 조건자극에 뒤따라 무조건 자극이 제시되며 조작적 조건 형성에서는 조작적 반응에 유관하게 자극이 제시된다.

## 강화계획(schedule of reinforcement)

행동수정(behavior modification)에서 실험대상자가 강화될 수 있도록 하는 계획이다. 이것은 규칙적인 시간간격 또는 실험대상자가 나타내는 반응의 횟수와 형태에 따라 설정해야 한다.

## 강화물 / 강화제

일반적으로 일차적 강화물과 이차적 강화물로 나눈다. 일차적 강화물이란 학습되지 않고서도 강화물 자체가 무조건 동기를 높일 수 있는 힘을 가진 것을 말하는데, 음식, 장난감, 과자, 쥬스와 같은 음료수 등의 강화물이 이에 속한다. 일차적 강화물이 효과적이기 위해서는 아동이 그 강화제에 대해서 박탈 상태에 있어야 한다. 가령 사탕 한 봉투를 다 먹은 아동에게는 사탕이 더 이상 강화제가 되지 못하기 때문에 아동에게 강화제를 사용하기 전에 얼마 동안 주지 않아야 효과가 있다. 행동지도 기간 동안 강화제를 계속 받게 되면 더이상 강화제를 필요로 하지 않는 포화상태가 되므로 이러한 경우를 사전 예방하기 위해서는 아동이 금방 먹을 수 있는 것으로 하고 소량의 강화물을 주는 것이 필요하다. 이것은 행동지도에 필요한 시간을 최대화시킨다는 점에서도 필요하다. 이차적 강화물은 강화물 자체가 무조건적으로 행동을 유발시킬 수 있는 힘을 가진 것은 아니고 그 강화물이 과거의 즐거운 경험을 연상시켜서 좋은 결과가 올 것을 기대하기 때문에 행동의 증가를 가져오는 자극을 말하는데 청찬, 미소와 같은 사회적 자극, 강화제와 교환이 가능한 토큰이나 이와 비슷한 표(토큰강화), 좋아하는 활동을 하게 하는 것(활동 강화) 등이 이에 속한다. 강화물의 선정은 보상을 받는 아이의 과거 경험, 물건의 희소성, 강화물의 크기, 받는 빈도 등에 따라 동기를 일으키는 정도가 다르기 때문에 강화물이 갖는 개인차를 신중히 고려해서 한다. 그리고 일차적 강화물은 적절한 행동을 빠르게 습득하게 하는데 궁극적으로는 점차 이차적 강화물로 대치시켜 주는 것이 필요하다. 일차적 강화제(Primary reinforcers)와 이차적 강화제(secondary reinforcers)로 나눈다. 일차적 강화제는 우리의 생명 유지에 꼭 필요한, 즉 학습되지 않고서도 강화제 자체가 무조건 동기를 높일 수 있는 힘을 가진 것을 말한다. 가령 물이나 음식 종류이다. 이차적 강화제는 강화제 자체가 무조건적으로 행동을 유발시킬 수 있는 힘을 가진 것이 아니고, 그 강화제가 과거의 즐거운 경험(학습된)을 연상시켜서 좋은 결과가 올 것을 기대하기 때문에 행동의 증가를 가져오는 자극을 말한다. 가령 칭찬이나 미소, 돈 등이다.

## 강화이론(reinforcement theory)

인간행동의 원인을 선행적 자극과 행동의 외적 결과로 규정하면서, ①행동에 선행하는 환경적 자극, ②그러한 환경적 자극에 반응하는 행동, ③행동에 결부되는 결과로서의 강화요인 등 세 변수의 연쇄적인 관계를 설명하고 바람직한 행동을 학습시킬 수 있는 강화요인의 활용전략을 처방하는 심리학 이론을 말한다. 여기서 행동의 결과란 반응행동에 결부되어 제공되는 환경적 사건으로, 이것은 다음에 이어지는 행동의 강화요인으로서의 역할을 수행하게 된다. 강화요인은 적극적 강화(positive reinforcement) · 회피(avoidance) · 소거(extinction) · 처벌(punishment)의 네가지 범주로 구분된다. 적극적 강화는 칭찬 · 보상 · 승진 등과 같이 바람직한 행동에 대해 바람직한 결과를 제공함으로써 행동의 빈도를 높이는 것을 말한다. 회피는 바람직하지 않은 결과를 회피시켜 줌으로써 바람직한 행동의 빈도를 늘리는 것으로, 부정적 강화(negative reinforcement)라고도 한다. 소거는 이전에는 보상을 받아 강화된 행동이지만 그 정도가 지나쳐 이제 바람직하지 않게 된 행동에 대해 바람직한 결과를 소거시킴으로써 행동의 빈도를 줄이는 것을 말한다. 처벌은 바람직하지 않은 행동에 대해 바람직하지 않은 결과를 제시함으로써 그 행동이 야기될 확률을 낮추는 강화요인을 말한다.

## 개괄(generalization)

보편화, 일반화라고도 한다. ①몇 개의 대상(또는 개념)의 공통적인 특징을 추상하여 개념(또는 보다 상위의 개념)을 만드는 사고의 작용. ②어떤 부류에 속하는 몇 개의 한정된 수의 사례에 관해 관찰된 것을, 동일한 부류 전체에 확대시키는 사고 작용.

## 개념(concept) 01

사고나 판단의 결과로서 형성된 여러 생각의 공통된 요소를 추상화하여 종합한 보편적인 관념이다. 경험론에서는 감각적 자료에 의해서 형성된 경험적 표상(idea)들의 공통된 내용을 추상적으로 파악하여 획득된 것이라 주장하고, 합리론에서는 인간의 선천적 이성 혹은 오성의 소산일 수도 있다고 주장한다. 개념이 형성되는 원천에 따라서 경험적(혹은, 감각적) 과정을 통해 획득된 경험적 개념과 경험에는 관계없이 순수한 사유의 과정을 통해 획득된 순수개념으로 구별될 수 있고, 지시하는 대상의 성격에 따라서 구체물을 가리키는 구체적 개념과 추상적 특성을 나타내는 추상적 개념으로도 구별된다. 비트겐슈타인(L. Wittgenstein)은 시간적 · 공간적 상황에 의존하여 성립된 생각으로서의 관념(conception)들이 가지고 있는 〈가족유사성〉(family resemblances)이 개념형성의 내용이 된다고 하였다. 즉 개념은 그것이 성격상 시간적 · 공간적

상황을 초월한다는 것을 일단 상정할 때 성립되는 것이라는 뜻이다.

## 개념 02

통소거적으로는 사물의 개략적 지식의 의미로 오용되는 일이 있지만, 개념은 사물의 본질적인 특징(징표)을 파악하는 사고형식이다. 가령 금속이라는 개념은 고체, 불투명, 광택, 전성, 열 · 전기의 양도체, 산소 · 염소 · 유황 등의 화학적 친화성 등을 본질적인 징표로 하는 화학원소를 가리킨다. 이와 같은 징표의 총괄을 개념의 내포라고 한다. 금속의 개념은 동(銅) · 철(鐵) · 금 · 은 등 많은 원소에 적용되는데, 개념이 적용되는 사물의 범위를 개념의 외연이라고 한다. 따라서 개념에 있어서는 많은 사물에 공통적인 특징이 집약되며(추상), 그 밖의 성질은 도외시(사상)되고 있다. 그러나 다만 하나의 대상에만 적용되는 것도 있다(단독개념). 개념은 언어와 함께 발생한 것으로서, 언어에 의해 표현된다(명사). 개념의 구성에 관해서는 유리한 사물을 비교하여 공통의 특징을 끄집어내는 것으로서 설명되는 것이 보통이지만, 과학적 개념은 이와 같은 간단한 절차만으로 되는 것은 아니다. 사물의 성질을 분석, 여러 성질의 상호(연관)의 작용, 다른 사물과의 상호의 관계 · 작용 등의 연구에 의해 사물의 본질이 파악되는 것이다. 위의 금속의 예에 있어서도 직접적인 지각으로 파악되지 않는 마지막의 두 개의 징표가 중요한 것이다. 자본주의의 본질을 파악 하는데는 적어도 맑스의 〈자본론〉이 필요했다. 또 원자의 개념과 같이 먼저 가설로서 제출되고 후에 사실에 의해 확정되는 수도 있다. 과학적 개념은 연구 성과의 총괄이며, 추상적이기는 하지만 단순한 지각보다도 대상을 깊이 파악한다. 개념의 내포는 연구의 진보에 따라 깊어지며, 대상의 발전에 의해 풍부하게 된다. 가령 자본주의가 국가주의 단계에까지 발전하면 자본주의 개념도 보다 풍부하게 된다.

## 개념론(conceptualism)

유개념이나 종개념으로 파악되고 있는 보편적인 것이 실재하고 있는가 아닌가에 관해, 스콜라학자 사이에 논쟁이 벌어졌다. 개념론은 보편자의 실재를 인정하지 않고, 보편은 마음이 만든 개념이라고 생각하는 입장이다. 유명론에 가깝다.

## 개념적 인식

감각적 혹은 직관적 인식에 대한 말이다. 개념의 능력으로서의 사유(이성, 오성)에 의거한 인식을 가리키며, 인식론 상의 합리론은 이것만을 참된 인식으로 본다. 고대에 있어서는 수학적 인식이 이 범형이라고 생각되었다.

## 개념학습(conceptual Learning)

새로운 개념의 학습 또는 기존개념의 수정이다. 우리가

특정한 책을 손으로 가리키면서 "저것은 책이다"라고 기술하는 경우 〈책〉과 같은 일반어는 일정한 부류에 속하는 모든 구성요소들, 또는 일정한 집합에 포함되는 모든 요소들에게 공통적인 특성을 그 의미로 포함하기 때문이다. 일반어가 가지는 이러한 공통적 의미가 바로 개념이다. 이와 같이 개념학습은 언어와 의미에 의존하기 때문에 인간에게만 고유한 학습이라고 볼 수 있다. 또 학교교육을 통해 학생들이 배우는 내용의 대부분은 개념학습에 해당한다. 새로운 개념의 학습을 지도하기 위해서는 학생들이 이미 알고 있는 말들을 사용하는 정의와 설명이 필요하나 개념이 적용되는 범위를 예시하기 위하여 실물·사진·그림 등을 이용하면 더욱 효과적인 경우도 많다. 학생들은 일상생활을 통해 개념을 잘못 학습할 수도 있다. 가령 고래를 물고기의 일종으로 잘못 생각할 수도 있다. 학교교육에서는 새로운 개념을 가르치는 동시에 잘못된 기존 개념을 수정해 주어야 한다. 심리학에서 연구하는 개념형성(concept formation)도 개념학습의 한 예이기는 하지만 지나치게 인위적이고 임의적이어서 학교 교육에 별 도움이 되지 않는다.

## 개도국대출

선진국의 상업은행에 의해 중남미, 동남아, 아프리카 등의 개발대상 국에 공여된 대출이다. '주권국은 부도가 나지 않는다' 는 가정 하에 70년대에 개도국대출이 급속한 증가가 있었으나 1980년대 들어 멕시코를 필두로 일방적인 상환유예를 선언함으로써 개도국채무위기의 문제가 대두되었다.

## 개량주의(reformism)

자본주의가 잉태한 제 모순을 체제변혁을 통해 근본적으로 제거해 가는 것이 아니고, 자본주의의 틀내에서 부분적인 개량을 행해 사회문제의 해결을 도모하자는 이데올로기이다. 페이비언 사회주의(fabian socialism)는 그 한 예이다. 또 부분적 개량을 쌓아감에 따라 사회주의로 이행할 수 있다고 하는 입장도 여기에 포함된다. 사회 민주주의인 우파의 개량주의적 방향이 그것이며, 베른스타인(Bernstein)이 주장한 조정주의는 노동자계급의 생활향상과 노동자정당이 의회의 진출을 배경으로 하여 맑스주의를 개량주의로 수정한 것이다. 또 밑으로부터의 개량주의에 대해 후 수정자본주의는 위로부터의 개량주의라고 할 수 있다.

## 개명

일반적으로 개명은 허용되지 않지만, 개명을 위한 상당한 이유가 있다고 인정되는 경우에 한해서 법원은 허가를 하게 된다. 개명의 허가를 얻은 사람은 그 등본을 첨부하여, 허가를 받은 날로부터 1개월 이내에 시·구·읍·면의 장에게 신고하여야 한다. 개명허가신청서에는 신청인의 본적·주소·성명·출생연월일, 대리인에 의해 신청을 할 때에는 그 성명과 주소, 신청의 취지와 그 원인인 사실, 신청의 연월일, 법원의 표시 등을 기재하고 신청인 또는 그 대리인이 서명날인하여야 한다.

## 개발공해

경제개발과 공업화가 가속화함에 따라 일반대중에게 피해를 주는 공해. 인구집중, 공공투자 결핍등으로 발생하기 쉬운 대기, 하천, 토질의 오염과 소음, 진동 등이다. 이러한 현상은 특히 개발도상국에 많지만 선진국 에서도 인간성 소외와 공해방지의 기술적 정책이 수립되지 않아 심각한 사회문제로 대두되고 있다.

## 개발권이양

특수한 사정으로 인해 일정 지역에 대한 개발규제를 법이 정하는 규정보다 강하게 해야 할 경우 그에 대한 보상으로 다른 지역에 대한 개발권을 부여하는 방식이다. 대개 문화재의 보호, 환경·경관 보전 등과 연계 하여 활용되며 이때에 이양받은 개발권은 타인에게 양도할 수도 있는 것으로 되어있다.

## 개발기관

개발기관(development institutions)이란 조선, 전력 등과 같이 장기 거액자금이 소요되나 일반 상업은행이 지원하기 힘든 특정 부문을 직접 지원하기 위해 설립한 금융기관이다. 1998년에 개발기관중 하나였던 한국장기신용은행이 국민은행에 합병됨으로써 현재 한국산업은행과 한국수출입은행만이 개발기관에 속하는데 이들 은행은 소요자금의 대부분을 정부 또는 해외로 부터의 차입금, 채권발행 등으로 조달하고 있다.

## 개발기획(development planning)

발전에 관한 기획으로 발전기획이라고도 한다. 거시 적으로는 국가기획 또는 경제개발기획과 같이 취급하고 있으나, Jan Tinbergen은 개발계획을 저개발국들의 국가계획에 국한시키고 있다. 한편 A. Waterston은 개발계획 속에 국가계획과 지 역계획(regional plan)을 포함시키고 있다.

## 개발도상국(developing countries)

주로 1차 산업에 의존하고 있는 저개발국, 아시아, 아프리카, 라틴아메리카의 여러 나라는 1960년대에 들어와 후진국 또는 저개발국이라는 용어를 기피하고 스스로를 개발도상국 또는 발전도상국이라 일컫게 되었다. 개발도상국은 1964년 G77(77개국 그룹)을 결성하였고, 가맹국은 점차 증가하여 약 130개국에 달하고 있다. G77 가맹국의 1인당 국민소득에는 격차가 심하여 2만 달러에 이르는 산유국이 있는 반면, 100달러 정도의 최빈국도 있어 국민소득을 기준으로 개발도상국을 규정하기는 어렵다.

## 개발부담금

택지개발 등 국가나 지방자치단체가 시행하는 개발사업을 맡아 시행하는 사업자가 이로 인해 얻게 되는 이익 중 일정부분을 국가나 지방자치단체에 내는데 이를 개발부담금이라고 한다. 개발부담금은 토지관리나 지역균형개발 등에 쓰인다

## 개발부담금제

대규모 개발사업을 맡아 시행하는 사업자가 개발에 따라 얻는 땅값 상승분의 일정액을 정부가 환수하는 제도. 1990년 3월부터 시행되었다. 산정방법은(준공일 공시지가-부과개시시점 공시지가-개발비용-전국 평 균지가상승분 또는 정기예금금리) 1백분의 50

## 개발비

개발비는 새로운 제품, 용역, 기술을 창조, 개발하기 위하여 수행한 연구·조사활동에 지출된 비용을 말한다. 개발비는 이연자산의 시험연구비와 비교되는데 기업회계기준에 의하면 이연자산으로 계상되는 시험연구비에는 비경상적인 시험연구비만 계상되고, 경상적인 시험연구비는 손익 계산서의 별지서식에 의해 판매비 및 일반관리비로 계산하도록 되어 있다. 이러한 개발비와 시험연구비의 경상성판정기준으로는 ①지출이 미래의 효익과 관련된 것인가, ②지출을 특정의 제품, 제조방법, 프로젝트의 성공과 관련시킬 수 있는가이다. 우리나라의 경우 경상적 시험·실험을 위한 지출, 기존제품의 정기적 설계변경, 연구부의 경상적 지출 또는 급료의 당기비용으로 계상한다.

## 개발수입

기술이나 자금을 제3국에 제공하여 미개발의 자원 등을 개발하거나 제품화하여 수입하는 일이다. 대부분의 경우 기술이나 자금이 부족한 개발도상국에서 선진국이 농수산자원이나 광업 자원을 수입할 때에 이같은 방법이 취해진다. 이 방법의 대표적인 것은 〈투하한 선진국의 자본의 상환을 개발도상국이 생산물로 상환하는 방식〉으로, 이를 프러덕션 셰어링 시스템(PS방식)이라고 한다.

## 개발신탁

수익증권을 발행해 일반 투자자로부터 조달한 자금을 중장기 대출 등으로 운용하는 신탁상품. 현행 신탁상품중 유일하게 운용실적에 관계없이 수익률을 보장하는 확정배당형 상품으로 올해 초부터는 판매가 중단됐다.

## 개발원조

개발도상국의 경제·사회개발에 대한 원조를 가리키며, 군사원조는 여기에 포함되지 않는다. 어디까지를 개발원조에 포함시키는가 그 한계는 뚜렷하지 않지만, OECD의

개발원조위원회(DAC)에서는 정부가 재정자금으로 실시하는 완만한 조건의 원조를 정부개발원조(ODA)라 정의하고, 국제 비교에 이용하고 있다. 개발원조는 내용에 따라서 자금원조와 기술원조의 두 가지로 구분된다. 자금원조 중에는 프로젝트원조와 상품원조가 있다.

## 개발이익환수

국가나 지방자치단체가 시행하는 개발사업이나 토지이용계획의 변경 등으로 인해 토지소유자나 사업시행자가 얻게 되는 이익을 개발이익이라고 하는데 국가나 지방자치단체가 이 개발이익 중 일부나 전부를 해당 법률이 정하는 바에 따라 토지소유자나 사업시행자에게서 돌려받는 것을 개발이익 환수라고 한다.

## 개발적 사회복지(developmental social welfare)

근대개발도상국에서 행해지고 있는 종합적 개발계획안의 사회복지기능을 말한다. 그것은 사회발전에서의 탈락자를 대상으로 한 것이 아니고 발전계획의 입안이나 실시에 지역주민을 참가시키고 주민의 생활요구를 반영시키는 것을 목적으로 한다. 따라서 발전적 사회복지는 주민의 생활주체로서의 자각을 사회적 시책으로 실현될 수 있게 주민을 원조함과 동시에 전문 분업화된 개발시책이 생활자가 갖는 시점에 따라 통합화 되도록 각 분야의 전문가를 원조하는 기능을 하는 것이다.

## 개발주의적 독재

개발도상국에서는 위정자들이 '개발'을 기치로 강권정치를 하는 것이 일반적인데, 이러한 정치형태를 개발주의적 독재, 또는 개발독재라고 한다. 그 결과 인권유린, 정적탄압, 빈부의 격차 등이 확대된다.

## 개발촉진지구

지역균형개발법에 의거, 낙후지역 개발을 촉진하기 위해 도입된 제도. 전국의 시·군·구 중에서 주거지역의 지가 등 지역의 개발 정도를 나타 내는 개발지수가 20% 미만인 지역중에서 시·도 등 자치단체장이 특별히 개발을 촉진할 필요가 있다고 인정되는 지역을 선정, 건설부 장관의 승인을 거쳐 지정한다. 개발촉진지역으로 지정되면 지역균형특별회계등 중앙정부의 예산보조를 받을 수 있을 뿐 아니라 민자유치를 통해 개발재원을 조달할 수 있게 된다. 개발촉진지구는 지역특성에 따라 낙후지역형·균형개발형·도농통합형 등 3개 유형으로 개발된다.

## 개방 교육과정(open curriculum)

1960년대의 후반에 발달되어 70년대에 진행되어 오고 있는 영국의 초등학교의 개혁운동이 미국에 파급된 인간 중심적인 교육개혁 운동의 한 갈래이다. 이 운동이 전개되

는 모습은 다양하지만 〈개방〉이라는 말은 기존의 사고의 틀에 얽매이지 않고 자유롭게 새로운 가능성을 탐색하고 자 하는 경향을 일컫는다. 그리하여 유아학교에서의 놀이 위주의 생활과정, 초등학교에서의 교과의 통합, 교실 이 외의 공간(복도 · 현관 등)의 활용 등의 모습으로 표현되 기도 한다. 모든 가능한 자원을 활용하고 교사와 아동은 자유롭게 움직이면서 돕고, 충고하고, 토론함으로써 다양 한(통합된) 목적을 성취하고자 한다. 20세기 초엽의 듀이 (J. Dewey)에 의한 교육과정의 통합과, 민주적인 사회화 과정을 강조했던 사조와는 상당히 다르다.

## 개방경제체제 · 봉쇄경제체제
이 용어들은 두 가지 의미로 사용되고 있다. 첫째, 국제경 제학에 있어서 국경을 벗어나 행해지는 거래를 고찰하여 경제량 사이의 관계를 분석 하는 경우의 경제체계를 개방 경제체제라 하며, 정치적 · 국가적영역을 한계로 하여 통 일성을 갖춘 국민경제 아래에서의 경제체계를 봉쇄경제 체제 라 한다. 국민경제로부터 관련되고 결합된 국제경제 관계에 서면 국제경 제사회가 성립한다. 이 사회는 국민 경제 상호간의 무역, 해운, 금융, 투 자 등의 활동을 내용 으로 하며, 이들 국제거래는 국내거래와 동일한 원 리를 따르는 면도 많지만 또 다른 원리를 따르는 면도 있다. 통 화가 나라마다 다르며 자본이나 노동이 국제간에는 국내 에서 만큼 이동성이 없으므로 국내분업과 국제분업은 그 원리가 다르다. 이와 같은 국제거래 의 특수성과 복잡성 에서 국제경제 관계를 설명하는 특수이론, 곧 국제경 제 학이 발생한다. 둘째, 현실경제의 관찰에 있어서 어떤 국 민경제가 대 외관계를 끊고 자급자족 상태에 있을 때 이 경제를 봉쇄경제체제라 부르며, 국제적 경제관계에 들어 갈 때를 개방경제 체제라 말한다. 이 정의에 따르면 무차 별적인 다각무역이 자유롭게 행해지면 국제경제 질서는 개방 경제 체제에 접근하게 된다.

## 개방기업
대기업의 대주주가 갖는 잔여청구권은 무한정한 기간의 순현금흐름에 대해 재산권을 가지며, 주주가 기업에 대해 어떠한다른 역할도 담당할 의무가 없다는 의미에서 분리 가능한(separable) 권리이며, 아무런 제약없이 이전 또는 양도할 수 있다. 이러한 특성의 잔여청구권을 가지 고 있 는 기업(일반적으로 대기업)을 개방기업이라고 부른다. 반대되는 개념은 폐쇄기업이다.

## 개방성
개인 또는 집단의 행동을 통제하는데 따르는 고도의 인 내력을 뜻한다. 개방성은 다른 부모들은 용납할 수 없다 고 생각되는 행동을 아이들에게 허락해주는 부모들에게 서 보인다. 이는 자유방임(laissezfaire) 사회에서도 볼 수 있는데, 이러한 국가의 정부당국은 대중의 행동을 규제

하는 법칙이나 규범의 통제나 강화를 거의 실시하지 않 는다.

## 개방식 담보부 사채
하나의 담보 물건을 가지고 담보에 붙일 수 있는 가치의 여유가 있는 한 몇 차례든 계속해서 수회에 걸쳐 사채를 발행할 수 있으며 각 사채권자는 그 담보에 대해 동일 순 위에 서게 되는 사채. 이것은 회사가 필요하다고 생각되 는 금액만큼 순차로 언제든지 사채를 발행할 수 있으며 또 담보물의 가치를 최대로 활용할 수 있으므로, 기업측 에는 유리하나 사채권자 측에서는 담보력이 약화되는 단 점이 있다.

## 개방입양(open adaption)
입양이 진행되기 이전이나 진행되는 동안 그리고 그 이후 입양된 사람의 생활에 이르기까지 낳아준 부모와 입양부 모 사이에 정보가 교환되고 접촉이 이루어지는 것을 뜻한 다. 그 개방의 정도는 매우 다양하여 이름, 신상명세, 건 강기록 등을 교환할 수 있고, 대면하거나 지속적인 만남 을 가질 수도 있다. 이러한 절차의 궁극적인 장점과 단점 에 대해서는 상당한 논쟁이 있다.

## 개방적유통
넓은 시장에 도달하기 위해 많은 경로구성원들에 의존함 으로써 시장 노출을 극대화시키는 전략을 의미하며, 수퍼 마켓에서 팔리는 대부분의 소비제품이 이러한 기준에서 유통 되고 있다.

## 개방집단(open—ended group)
집단사회사업(social group work)과 집단 심리치료 (group psycho therapy)에서 집단을 떠난 회원 대신 새 로운 회원을 받아들이는 집단의 유형을 말한다. 어떤 사 회사업가들은 종결 시기를 미리 정해놓지 않은 집단 상담 을 실시할 때 이 용어를 사용하기도 한다.

## 개방체계(open system)
체계이론(system theory)에서 외부로부터 투입을 받아들 이고 상이한 조건에 기반을 둔 변화에 순응하는 체계를 말한다. 가령 개방가족 체계가 구조화되면 가족 성원들이 외부인들과 접촉하고 그들의 생각을 가족에 끌어들여 가 족구성원이 상호작용하는 방법에 변화를 가져오게 한다.

## 개방체제(open system) 01
한 나라의 제반 국제거래 즉 외국과의 재화(goods) 및 〈 서비스〉등 무역거래, 그리고 화폐의 거래가 자유롭게 무 차별적으로 행하여지는 경제, 다시말해서 외부에 대해서 문호를 자유롭게 열고 있는 경제를 일반적으로 개방경제 라 할 수 있다. 최후의 국제경제질서가 이러한 개방체제

의 실현을 목적으로 하고 있기 때문에 선·후진국을 막론하고 어느 나라나 자유경제의 경제발전에 맞는 개방체제화를 위한 노력을 경주하고 있는 것이 국제경제사회의 실정이다.

### 개방체제 02
조직의 경계가 유동적이고 자유로와 외부환경과 상호작용하는 체제를 말한다. 개방의 의미는 두 측면에서 고찰될 수 있는 바, 하나는 조직을 유지하기 위하여 필요한 물자를 외부로부터 투입받는다는 점이고, 다른 하나는 외부의 환경에 능동적으로 적응 하는 것을 의미한다.

### 개방형 공무원 임용제
공무원의 임용을 외부 전문가로 충원하는 제도. 내부적으로 승진심사나 시험을 통해 공무원을 충원하는 폐쇄형 공무원 임용제와 대립되는 개념이다. 정부는 현재의 공무원 조직으로는 치열한 국제경쟁 환경에 대처하기 어렵다는 판단에 따라 몇 년 전부터 외분 전문가를 별정직 공무원으로 채용해 왔는데, 1996년 하반기부터는 매년 일정 규모의 공무원을 외부 전문가로 충원하고 있다. 미국은 개방형 임용제를 채택하고 있으며, 일본도 부분적으로 이를 채택 하고 있다.

### 개방형 인사체제(open career system)
개방형 인사체제는 공직의 모든 계급이나 직위에 신규채용을 허용하는 인사체제. 개방형 인사체제는 외부 전문가나 경력자에게 공 직의 문호를 개방하여 새로운 지식과 기술, 그리고 참신한 아이디어를 받아들임으로써 공직의 침체를 방지하고 행정의 효율성을 높이려는 의도에서 도입된다. 개방형의 인사체제는 직위분류 제를 채택하는 국가에서 그 필요성이 크며, 이 제도를 도입하고 있는 대표적인 국가가 미국이다.

### 개방형 질문(open — ended questions)
체계적인 설문조사뿐만 아니라 사회사업 면접에서 응답자가 그가 원하는 어떤 방식으로든 대답할 수 있도록 하는 질문 유형이다. 이것은 클라이언트가 예—아니오 또는 사지선택형과 같이 주어진 선택지 중에서 고르는 것만을 허용하는 폐쇄형 질문과 대조된다. 가령 사회사업가는 "당신은 직업을 구하는 것이 어렵습니까?"라고 묻는 대신 "왜 당신은 직업을 구하는 것이 어렵다고 생각하십니까?"라고 묻거나 또는 "그것에 대해 당신은 어떻게 생각하십니까?"라고 물을 수 있다. 물론 두 가지 유형 모두 사회사업적 목표에 따라 유용하게 사용된다. 그러나 개방적 질문을 하게 되면 답변자는 자연적으로 자신의 평소의 생각을 말하게 되며, 특히 집단 내에서 구성원에게 이 질문을 사용하면 많은 사람이 자기의 말에 귀를 기울이고 있음을 알게 됨으로써 자기 가치를 새삼 발견할 수 있게 된다.

### 개방형 집단(open — ended group)
집단지도와 집단 심리요법시 집단을 떠나는 구성원을 대신하는 새로운 구성원의 가입이 허용되는 집단의 유형이다. 때때로 이 개방적 집단을 종결 시간을 미리 정하지 않고 모이는 집단으로 보기도 한다.

### 개별공시지가 01
여러가지 지가 중 양도소득세 등의 결정에 가장 영향이 큰 지가는 개별 공시지가이다. 개별공시지가란 시장, 군수, 구청장이 지가공시 및 토지 등의 평가에 관한 법률 제10조의 규정에 의해 평가 공시한 공시지가를 기준으로 하여 산정한 개별 필지에 대한 평방미터당 지가이다. 즉 공시 지가는 표준지에 대한 지가로써 건설부장관이 결정고시한 지가이고, 개별공시지가는 이 표준 지가를 기준으로 하여 시장, 군수, 구청장이 개별 필지의 지가를 산정한 가격을 말한다. 개별지가 산정을 함에 있어서 가 격결정에 가장 영향을 미치는 요소는 토지의 특성조사와 표준지 선정이다. 토지의 특성조사 항목은 여러가지가 있으나 그중 토지의 용도(주거용, 상업용, 공업용, 전답 등)와 도로조건 및 공적규제(용도지역, 용도지구, 기타 제한 등)사항이 지가 결정에 중요한 항목이다. 이러한 토지 특성항 목의 조사 내용에 오류가 있을 경우에는 산정된 개별공시자가는 부당한 가격일 수밖에 없다. 또 토지 특성조사만큼 지가산정에 영향을 미치는 요소가 비교 표준지 선정이다. 비교 표준지 선정은 조사 대상 토지와 같은 용도지역안에 있는 표준지 중에서 토지이용 상황이 같으며 위치적으로 가장 인접한 표준지를 선정하여야 한다. 따라서 용도 지역 또는 토지 용도가 다른 표준지를 선정하였을 경우 합리적인 개별지가를 산정할 수 없다. 일반인들이 개별지가의 산정 절차에 대한 정당성 여부를 파악하기 는 어렵지만, 최소한 토지 특성조사 항목 중 토지의 용도, 도로조건, 공적규제 사항이 적정한지 여부만이라도 확인할 필요가 있고, 주변에 이용 상황이 유사한 토지들의 개별공시자가와 비교하거나 전년도 지가에 대한 상승률을 검토하여 적정성 여부를 판단할 수도 있다. 시장, 군수, 구청 장이 개별공시자가를 결정고시할 경우에는 일정기간 토지소유자들에게 열람을 시키거나 개별통지를 한다. 이때 이의가 있는 토지소유자는 지가 결정일로부터 60일 이내에 시장, 군수, 구청장에게 재조사 청구를 할 수 있으며, 재조사 청구가 안 받아들여질 경우에는 행정심판과 행정소송을 제기할 수 있다. 개별공시지가의 가격기준일은 매년 1월 1일이지만 실제 발표하는 결정고시일은 매년 5 — 6월경이므로 위 기한내 재조사 청구 등을 하지 않았을 경우 명백한 착오가 아닌 한 개정결정을 받을 수 없다.

### 개별공시지가 02
합리적이고 일관성 있는 지가정보체계를 세우기 위해 지

가공시법에 따라 산정하여 공시되는 땅값이다. 공시지가는 양도세, 상속세, 증여세, 토지초과이득세, 개발부담금(착수시점), 택지초과소유부담금 등 각종 토지 관련 세금의 과세기준이 된다. 이는 기존 행정자치부의 과세시가 표준액, 건설교통부의 기준시가, 국세청의 기준시가, 감정원의 감정시가 등을 1989년 7월부터 일원화시켜 시행한 것이다. 전국 2,700만 필지 중 대표성이 있는 45만 필지를 골라 표준지 공시지가를 산정하는데 이는 토지 보상금과 개별 공시지가의 산정자료로 이용된다. 표준지 공시지가는 감정평가사에게 조사·평가를 의뢰해 토지 소유자와 시·군·구의 의견을 듣고, 시·군·구 토지평가위원회와 중앙토지평가위원회 등의 심의를 거쳐 매년 2월 말에 공식 발표된다. 전국 232개 시·군·구는 이들 표준지 공시지가를 기준으로 6월 30일까지 국유지와 공유지를 제외한 약 2,700만 필지의 개별 공시지가를 산정해 공시한다.

## 개별법

개별법이란 원가계산의 한 방법으로서 개개의 상품 또는 제품에 대해 개별적인 원가를 부여하는 방법이다. 동일한 종류의 상품이라 하더라도 취득시점에 따라 원가가 서로 다른 경우에는 취득원가별로 상품을 저장 또는 보관하였다가, 매출되는 상품의 원가를 개별적으로 확인하여 장부상에 기록함으로써 매출원가와 기말재고액을 결정하는 방법으로 재고자산의 종류가 많고, 수입·인도거래가 빈번한 상품의 경우에는 거의 적용이 불가능한 방법이라 할 수 있다. 다만 골동품, 미술작품 또는 귀금속 등과 같은 고가품에 대해는 실질적인 물량흐름과 원가흐름이 일치하므로 적절하다 할 것이다.

### 개별사회사업(casework) 01

사회사업실천에서 행해지는 고유한 전문적 방법의 하나이다. 개별사회사업, 개별처우, 개별지도 등으로 번역하여 사용하기도 한다. 사회복지기관과 시설에서 개인이나 가족이 사회생활에서 직면하는 문제의 해결을 개별적으로 원조하는데 사용하고 있으며 그 적용분야는 광범위하다. 가정 케이스워크 등으로 불리고 있는 각기 특유한 측면을 갖고 있다. 케이스워크는 종래에 카운슬링이나 치료에 중점을 두는 개인연금 치료적 기능이 강조되면서 한정된 느낌도 있지만, 최근에는 매개적, 의뢰적, 대변적 기능도 중요시되고 또 자문 등의 기능이 포함되면서 각각의 기능에 대한 의의와 특성을 충분히 이해하고 상호 연관시키면서 전개해갈 필요가 대두되었다.

### 개별사회사업 02

케이스워크(casework)라 불리는 개별사회사업은 그룹워크(group work), 지역사회조직(community organization)과 함께 사회사업방법의 한 유형으로서 사회 심리적, 행동적, 체계적 개념을 바탕으로 개인과 가족에 관한 사회심리적인 문제, 개인 간의 문제, 사회경제적 문제, 환경적 문제들을 직접적인 일대일 관계를 통해 접근하는 사회사업의 한 분야이다.

### 개별사회사업가(caseworker)

사회생활의 곤란이나 문제로 전문적인 서비스를 필요로 하는 클라이언트에 대해 사회복지 입장에서 그 개별 사정에 따라 구체적 원조를 주는 케이스워크의 전문가이다. 일반적으로 케이스워커는 공사의 시설, 기관에 소속하며 단독 또는 다른 전문가와 팀을 이루어 업무를 관장하지만 일의 성질상 고도의 전문적 지식과 기술이 요구되어 사회복지전문교육(양성·훈련·연수 등)이 중요시된다. 미국에서는 복지계의 대학원 2년 이상의 전문교육을 요건으로 하지만 우리나라에서는 아직 그 단계에 미치지 못하고 있다. 한편, 오늘날 복지의 다양화에 대응하여 사회사업가의 새로운 기능이 요청되어지고 있지만 그 양성·훈련·연수로는 ①클라이언트의 인권존중과 옹호, ②사회사업가의 자기지각, ③문제에 대한 과학적 인식, ④대인관계의 지식, 기술의 습득이라는 기본적인 시점이 확고해야만 한다.

### 개별사회사업사전 치료의 유형학 (typology of casework treatment)

개별적인 클라이언트와 직접 활동하는 사회사업가가 사용하는 분류기업을 말한다. 이것은 홀리스(Florence Hollis)와 우즈(Mary E. Woods)가 공식화했다. 이 기법은 지지절차, 직접적인 영향, 감정표출, 개인 환경의 형태에 대한 세심한 고려, 각 유형과 경향의 역동성 고려, 그러한 유형들의 역사적 발전에 대한 사고로 구성되어 있다. 유형학은 내부 영향뿐만 아니라 환경 영향에 대한 검사를 가능하게 한다.

### 개별이해(individual understanding)

원래 인간은 같은 생활환경속에 있을지라도 객관적 사실과 사회관계를 맺을 때 나타나는 행동, 태도, 반응은 모두 다르다. 또 개인이 경험하는 여러 가지 생활상황, 인격, 문제해결능력 등에도 차이(개별성, 독자성)가 있다. 따라서 개개인의 인간평등과 존엄 등 민주주의의 대원칙에 근거한 사회복지와 그 실천에서는 개별화에 의한 이해와 태도가 기본적인 출발점이 된다. 즉 개별화, 수용, 비심판적 태도, 자기결정 등이 케이스워크의 기본이 되는 것과 밀접한 관련성을 갖는다.

### 개별적 조정(individual manipulation)

리치몬드가 케이스워크를 사람과 그의 사회 환경 간에 개별적으로 효과를 의식해서 행하는 조정과정이라고 정의한 이후 케이스워크의 독특한 관점을 갖는 용어로 사용되어 왔다. 그 조정의 진행방법은 사람과 그의 사회 환경 및 다양한 과학의 진보에 따라 변화해 오고 있으나 최근에는 체계이론이나 생태학의 성과에 따라 적극적인 개입을 시도하는 방법으로 발전하고 있다.

### 개별지도(individual guidance)

사회복지시설에 있어서 처우의 기본원리는 개인의 개개 욕구를 해결하기 위한 처우를 행하는 것이다. 따라서 개별지도를 행하는 것이 원칙적이다. 방법론으로서의 개별지도는 집단적 처우와 개별적 처우가 있는데 개별적 처우는 그 한 방법으로서 중요한 위치를 갖는다. 개인의 욕구에 의한 대응으로서 ①개인의 자각화된 요구, ②개인생활이나 발달에 따라 객관적으로 필요하게 된 당면요구, ③장래적인 과제나 전망에 따른 요구 등의 개별욕구에 맞게 계획된 프로그램을 기준으로 삼아 지도, 실시되는 것이다.

### 개별처우(individual treatment)

개별원조의 한 가지 전문기술인 케이스워크와 동의어로 사용되는 일도 있다. 일반적으로 일괄 처리하는 법령적 혹은 제도적 처우에 상대되는 개념을 말한다. 대상자 또는 클라이언트가 갖고 있는 개별적인 문제를 인간적인 현실로서 파악하여 그 통합적인 전체성을 개별적으로 이해하여 그것에 대해 구체적으로 보호 원조해가는 법령적, 제도적 처우나 전문 기술적 원조 등의 총체이다.

### 개별통신

개인끼리의 커뮤니케이션. 원래 인간은 말을 매개로 한 쌍방향 커뮤니케이션을 행해왔다. 문자, 인쇄, 전신, 전화 등을 매개로 하는 커뮤니케이션은 일방향이거나 비동시적인 커뮤니케이션이라고 할 수 있다. CATV 나 데이터통신은 다시 쌍방향 커뮤니케이션을 가능하게 하여, 개별통신이 기술적으로 가능하게 되었다.

### 개별화(individualization) 01

케이스워크에서 활용되는 기본원리의 하나이다. 인간은 같은 환경 속에서도 그 상황과 객관적 사실에 대해 갖고 있는 기분이나 반응은 제각기 상이하다. 동일한 인물이 있을 수 없듯이 사회사업가가 클라이언트의 문제를 이해하고 문제해결을 위한 계획을 생각할 때에 클라이언트를 둘러싼 생활상황, 그의 인격, 문제해결능력 등의 독자성, 개별성에 주목하여 처우하도록 개별화 원리를 강조하고 있다.

### 개별화 02

개별사회사업에 있어서 사회사업가가 클라이언트와 관계를 이루는 7대 기본원칙의 하나로서 개인이나 집단을 단순히 전형적인 개인의 성격을 띤 일원으로서 여기기보다는 클라이언트를 유일하면서도 독특한 개인 또는 집단으로 이해하는 것이다. K. Biestek에 의하면 "개별화는 개인으로서 취급받기를 바라는 클라이언트의 욕구를 사회사업가가 이해하고 적절히 반응하는 것이다."라고 정의하면서 편견과 선입관으로부터 해방, 인간 행동에 대한 이해, 경청하고 관찰하는 능력, 클라이언트의 보조를 맞추어 나가는 능력 등을 개별화를 위한 조건으로 제시하고 있다. 개별화 이외에 케이스워크의 관계를 이루는 원칙들로는 의도적인 감정표현, 통제된 정서적 관여, 수용, 비심판적 태도, 자기결정 및 비밀보장 등이 있다. 학습자 개개인의 특성에 따라 적절한 수업 방법을 적용하는 일. 전통적으로는 교사 1명이 학생 1명을 대상으로 하는 개별교수(수업)의 상황이었으나 공교육 정신에 따라 교육의 규모가 점차 증대하게 되자 1대1 관계에 의한 개별 교수는 어렵게 되었다. 오늘날 이질적인 학생을 한 교실에 수용하여 교육하는 다인수 학급의 형태가 일반화되었으나 개별교수의 이상이 사라진 것은 아니어서 다인수 학급의 상황에서 일제수업(획일수업)을 하면서도 수업의 개별화를 기하기 위한 여러 가지 방법이 개발되고 있다. 첫째는 일제교수를 하면서 학습 부진아와 우수아에 대해서는 개별적인 특수지도를 하는 형식으로 일제교수와 개별교수를 병행하는 형태이며, 둘째는 능력별 학급편성을 하는 방법이며, 셋째는 능력별 편성을 변형한 것으로서 능력별·진도별 학급편성을 통한 교수의 개별화이다. 이는 능력에 따른 학습편성을 함과 더불어 학급의 계통에 따라 진도를 달리하는 것이다. 넷째는 능력별로 편성하되 지망 계통에 따라 목표 수준을 달리하고 방법도 달리하는 형태이다. 마지막으로 위내트카 플랜(Winnetka plan)에서 볼 수 있듯이 일제 학급식의 편제를 버리고 전통적인 개별교수의 형태를 취하는 방법이다.

### 개별화 교육프로그램
### (IEP : individualized education program)

특수아동 각 개인별로 작성된, 아동의 현(現) 성취 수준, 장기 목표, 단기 목표, 학생의 강점과 약점을 고려해서 제공되어야 하는 서비스, 교육 후 평가 방법 등을 포함하는 기술 양식을 총칭해서 말하며, 문서로 작성한 것을 말한다. 특수교육을 받는 학생은 누구나 IEP를 갖고 있어야 하며, 미국에서는 PL 94 − 142에서 법으로 요구되고 있고, 한국에서는 아직 법적 구속력이 있는 것은 아니지만 아동을 위한 어떤 교육 목적을 제안하고, 그것을 어떻게 도달할 것이며, 학습결과를 어떻게 평가할 것인가를 공식화해야 한다. IEP 작성은 교사, 부모 이외의 전문가가 하고, 부모의 서명이 있어야만 효력을 발생할 수 있고, 아동을 가르치는 수업만이 개별 학생을 위한 교육프로그램이 문서화됨으로써 교육의 질을 높이는데 기여하는 것이 되었다. IEP에는 ①아동의 현재 교육적인 성취 수준, ②단기 목표를 포함한 장기 목표, ③제공해야 하는 특수한 교육 서비스와 정규 학급에 참여할 수 있는 정도, ④프로그램의 시작 일자와 마치는 일자, 학습의 평가 절차와 일정, 적절한 목표 준거 등을 포함시켜야 한다.

## 개별화 수업(individualized instruction)
개별화 원리에 따라 전개되는 수업형태이다. 일제수업·획일수업의 반대가 되는 수업형태로서 그 원리의 다양성만큼 많은 형태로 전개될 수 있다. 이 수업의 예로는 개별처 방식 수업(IPI : individuality prescribed instruction), 프로그램 수업 등이 있다.

## 개선명령
사회복지에 있어서 개선명령은 사회복지시설의 구조 및 설비가 일정기준에 부적합할 때, 또 피보호자 등에 대한 처우방법이 법률 또는 이에 의거하는 명령 등에 위반하였을 때 그 설치자에 대해 기준에 적합한 조치를 취하도록 보건복지가족부장관 또는 시·도지사가 명하는 것을 말한다. 이 개선명령은 보통 지도·권고를 겸한 후에 취해지는 경우가 많지만 변명의 기회도 부여되고 있다.

## 개인 01
국민계정에서의 개인은 비금융법인기업 금융기관 일반정부 및 민간 비영리단체를 제외한 여타의 모든 거래주체를 말하며, 거래주체 분류의 제도부문별 분류중 주로 소득지출계정을 나타내기 위해 사용되는 용어이다 이들의 활동에는 소비지출주체인 가계의 활동과 소규모 비금융 개인기업의 활동 등이 포함되는데 가령 농가의 경우 농작물 생산활동은 산업의 농업활동으로 분류되나 소득을 처분하거나 자금을 운용하는 행위는 개인부문활동으로 분류된다. 이와 마찬가지로 소매상을 경영하는 가계의 상품 구매 및 판매행위는 산업의 도소매업활동으로 처리되나 소득의 처분 행위는 개인부문의 거래로 계상된다.

## 개인 02
주민등록번호와 기업의 사업자등록번호별로 그동안의 납세실적, 세금신고 내용, 세무조사 결과, 각종 세원정보, 개인및 법인의 재산 보유 현황 등이 전산으로 소상히 기록돼 체납·탈세를 짜임새 있게 막는다. 한번 부여된 사업자등록번호를 영구히 사용, 사업자의 모든 세적(稅籍)을 누적관리하여, 휴·폐업이나 주소지 이전으로 관할세무서가 바뀌었을 경우에도 추적가능하다. 개인과 법인은 물론 가족의 과거 소득 및 재산상태, 재산 변동 상황도 한눈에 파악되며, 증여세 및 상속세 과세 강화를 위해 상장법인의 주가를 수시로 평가, 입력하고 각종 등기자료를 수집해 전산 관리한다. 네트워크 전산망의 가동으로 자의적으로 세무조사 대상을 선정하는 일 이 줄어 들고, 조사기간과 결과등이 체계적으로 관리돼 세무조사의 남발을 막을 수 있다.

## 개인 내 차이(intra-individual difference)
개인의 여러 기능이나 특성들 간에서 나타나는 차이로, 개인의 여러 가지 능력들 사이의 불균형 상태를 가리킨다. 가령 지능검사의 소검사 점수들 간의 차이는 개인 내 기능의 차이로 볼 수 있다. 이러한 정보는 개인의 능력을 이해하는데 좋은정보가 된다.

## 개인 — 상황 형태(person—situation configuration)
개별사회사업의 한 개념으로 개인의 문제, 그 문제가 존재하는 상황, 그리고 개인과 문제간의 상호 작용 등 3가지의 관계성에 대한 내용과 관련되어 있다. 1930년대를 넘어서부터 개별사회사업은 사회사업의 편향된 접근을 극복하기 위해 개인 — 상황에 대해 주의력을 갖고 이해하려는 시도를 하였다. 이는 사회심리적 접근의 시도로서, 사회사업가는 클라이언트의 내부뿐만 아니라 외부와의 상호작용, 상호교류의 맥락 속에서 보아야 하며, 클라이언트와 친밀한 관계를 맺고 있는 외부와의 관련된 측면들을 이해하여야 한다는 것을 뜻한다. 이것은 클라이언트의 가족 혹은 가족 내의 특정성원인 경우도 있을 것이며, 그를 둘러싼 사회집단 교육환경, 노동환경 혹은 그가 처해있는 다른 어떤 체계일 수도 있다. Gorden Hamilton은 사회심리적 진단에 있어 진단이라는 언어가 지니는 폭의 넓이는 클라이언트의 적응양식에 있어서 비기능적 측면뿐 아니라 상황의 영향에도 관심을 가지는 것으로서 개인 — 상황과의 형태 속에 있는 약한부분을 발견할 뿐 아니라 강한부분에 대한 평가를 해야한다고 주장한다.

## 개인가처분 소득
개인이 임의로 소비와 저축으로 처분할 수 있는 소득의 크기를 나타내는 것으로 국민소득을 분배면에서 볼 때 제도부문별 분류중 개인부문의 가처분소득이 해당된다. 개인가처분소득은 제도부문별 소득지출계정에서 개인부문에 표시된 소비와 저축을 합산하여 구하며 이는 투자를 위한 자금조달의 원천이 된다.

## 개인기업
출자자 개인의 재산과 기업의 재산과의 구분, 즉 소유와 경영의 분리가 명확히 이루어지지 않아 출자자 개인의 역량에 기업의 성쇠가 의존되는 형태의 기업을 말하며 주로 민간자본만으로 형성하는 사유기업을 뜻한다.

## 개인보험(individual policy)
위험선택의 단위가 개인으로서, 개인의 책임하에 임의로 보험금액·보험금수령인 등을 결정하고, 개인의 연령·성별 등에 따라 다른 보험료를 원칙적으로는 개개인이 갹출하는 보험을 말한다. 이와는 대조적으로 단체보험의 경우, 위험선택의 단위를 구성원이 일정수 이상인 단체로 한정하고, 보험금액 등의 선택에도 상당한 제한이 있으며 평균보험료율이 적용되는 보험을 단체보험이라 한다. 개인보험의 종류에는 사망보험·생존보험·생사혼합보험·연금보험 등이 있으며, 그밖에 신체의 장해 정도나 불의의 사고 또는 입원 등의 특정목적을 위한 보장과의 조합에 의해 다양화하고 있다.

## 개인상담(individual counseling)

개인이 지니고 있는 여러 가지 형태의 문제를 개별적 면담을 통해서 해결하는 상담의 한 형태이다. 흔히 집단상담과 대비되어 사용된다. 개인상담에서는 단순히 정보나 지식을 제공하기보다는 감정·태도·동기·행동성향 등의 명료화와 변화의 촉진이 그 초점이 된다.

## 개인소득

좁은 의미의 국민소득(요소비용·국민소득)에서 법인소득이나 일반 정부의 재산소득과 같이 개인에게 지급되지 않는 부분을 공제하고 정부의 사회보장비와 국외수취경상이전 등 개인에게 지급되는 소득 부분을 합한 것을 말한다.

## 개인순저축률

개인순저축률이란 개인의 저축을 개인가처분소득으로 나눈 것으로 개인 부문의 저축성향을 가장 잘 반영하는 지표라 할 수 있다. 여기에서 저축이란 소득지출계정에서 산출되는 개인가처분소득을 구성하는 저축을 의미한다.

## 개인신용평가시스템

은행들은 고객들이 예치한 수신액을 기초로 대출을 해준다. 은행이 개인에게 대출해줄 때 보편적으로 적용하는 제도가 CSS(Credit Scoring System·개인신용평가시스템)이다. 은행은 고객이 가계대출을 신청하는 경우 개인의 인적 사항과 직장, 소득현황, 금융기관 거래 및 대출실적 등 신용정보를 토대로 대출가능 여부와 대출액 상한선, 적용 금리 등을 결정하게 된다. 대부분 은행이 관련 항목에 가중치를 두고 있으며, 여기에서 나오는 평점은 그 고객이 은행과 거래할 때 언제든 따라다니게 된다. 은행들은 특히 정부가 최근 가계대출 확대를 억제키로 함에 따라 연체 관리를 효율적으로 하기 위해 CSS를 보완 강화하고 있다. 가령 전체 고객의 신용평가등급을 조정한다거나 가계신용 대출의 상한액을 낮추는 등의 방법이 널리 활용되고 있다. 은행들은 특히 급격한 금융환경의 변화와 가계대출 급증에 따른 신용 위험 증가 등에 대비하기 위해 신규대출용 CSS를 보강하는 외에 기한 연장의 사후관리, 연장시점의 고객신용도 평가, 고객관리를 위한 주기적인 신용도 평가가 가능한 새 시스템 개발에도 적극 나서고 있다. 최근 은행들은 우량고객을 중심으로 신용대출을 확대하고 인터넷 뱅킹을 강화하고 있다. 이를 계기로 그동안 단순한 기준과 은행의 지인을 통해 대출이 이뤄지던 기존의 구시대

적 대출관행이 크게 바뀌는 계기가 될 것으로 기대된다.

## 개인연금(individual pension) 01

개인을 대상으로 하는 임의계약의 사적연금으로 기업연금과 함께 사회보장으로서의 공적연금을 보완하는 개인적 커뮤니케이션 역할을 한다. 생명보험회사, 우체국, 농협, 은행, 신탁은행, 증권회사 등이 다양한 상품을 발매하고 있지만 대별하면 개인연금형저축(저축형)과 개인연금보험(보험형)의 두 종류가 있다.

## 개인연금(personal pension) 02

개인이 임의로 가입하는 사적연금으로 생활수준의 향상과 노령인구의 급격한 증가로 노후소득보장제도의 필요성이 증가함에 따라 1994년 6월 20일부터 도입되었다. 이 제도는 국민연금, 공무원연금, 기업의 퇴직금제도 등 공적연금의 단점을 보완하고 국민의 장기 저축에 대한 관심을 증가시켜 금융기관의 장기 수입 기반을 확충하는데도 기여하고 있다. 만 20세 이상의 국내거주자는 누구나 가입할 수 있으며, 10년 이상 월 100만원 이내로 적립한 후 만 55세 이후부터 5년 이상 연 단위 연금 형태로 지급된다. 월납이 원칙이지만 3개월마다 내는 분기납도 가능하다. 한도 내에서는 1만원 단위로 자유롭게 낼 수 있으며 계약 금액을 미리 내는 선납도 허용된다. 또 연간 72만원 한도 내에서 불입액의 40%까지 소득공제 및 이자소득 비과세의 혜택이 주어지고 있다. 취급기관으로는 은행, 생명보험, 손해보험, 투자신탁, 농협, 수협, 축협, 우체국 등이 있다.

## 개인연금(individual annuity) 03

개인이 생명보험회사나 은행 등의 금융기관과 계약해서 부금을 적립하여 그 적립금과 이자를 연금의 형식으로 받는 것을 말한다. 보험회사에서 취급하는 개인연금보험과 은행에서 취급하는 개인연금신탁의 두 가지 종류가 있으며, 세법에서 정하는 일정 조건을 충족하는 경우 소득세 공제와 같은 세제혜택이 주어진다.

## 개인연금저축제도

이 제도는 ①생활수준의 향상과 의료기술의 발달로 노령인구가 급속히 증가, 노령화 사회로 진전하게 됨에 따라 노후소득보장제도의 확충이 절실하게 되었고, ②현재 우리나라가 실시하고 있는 국민연금·공무원연금·기업의 퇴직금제도 등 공적연금제도의 미비점을 보완하여 실질적으로 노후생활을 대비토록 하는 한편, ③일반 국민의 장기저축에 대한 관심을 제고시키고, 금융권 전반에 걸쳐 장기수신기반을 확충하여 장기금융 시장의 발전을 도모할 수 있는 계기를 마련키 위해 도입되었다.

## 개인워크아웃제도

소액대출정보 공유제도가 실시되면 개인 파산 등 적지

않은 파장이 몰아칠 것으로 금융당국은 예상하고 그래서 마련한 것이 개인워크 아웃제도다. 개인워크아웃제도는 카드 연체회원에 대해 연체이자나 수수료를 감면해주거나 연체대금을 분할상환할 수 있도록 기존 대출을 다른 대출(대환대출)로 전환해주는 제도. 이 제도가 실시되면 대상이 최소한 150만명 내외가 될 것이라는 게 감독당국의 추정. 신청 대상은 은행 보험 신용카드 상호저축은행 농수협중앙회 등에서 총 3억원 미만을 빌린 신용불량자면 누구든지 가능하며 단 농·수협 단위조합이나 새마을금고 신용협동조합 대출은 제외된다. 특히 최저생계비 이상 수입이 있지만 유동성 부족으로 대출금을 연체한 채무자로 못박았다. 선의의 채무자로 국한하겠다는 뜻이다.

### 개인의 기업부족자금 보전율

일반적으로 한나라 경제의 자금 흐름을 살펴보면 민간부문과 정부부문 의 자금이 기업으로 흘러들어가 생산활동을 유발시키게 된다. 즉 기업이 자금수요자라면 민간과 정부는 자금의 공급자로서 역할을 담당하게 된다 개인의 기업부족자금 보전율은 바로 기업이 자금부족으로 외부에서 차 입한 자금 중 개인부문에서 빌린 비율을 가리킨다. 개인부문의 보전율은 개인들의 금융자산으로 간주되는데 개인들이 과소비로 저축이 적으면 보전율은 낮아지고, 반대로 소비가 줄고 저축이 늘어나면 보전율도 높아진다.

### 개인적 주관주의(individual subjectivism)

주관을 기초로 해서 인식이나 실천의 문제를 생각하는 경우에 있어서 그 주관을 개인적 주관으로 삼는 입장을 말한다. 특히 진리나 가치에 대해 개인적 주관성을 강조하는 입장은 개인적 상대주의(individual relativism)라고 한다. 고대에서는 프로타고라스(Protagoras)에 의한 인식의 개인적 상대성의 주장 〈인간은 만물의 척도이다〉가 이에 속하고, 근대에서는 특히 헤겔(Hegel) 이후에 나타났다. 슈티르너(Stirner, M.)의 자아의 철학, 키에르케고르(Kierkegaard) 등의 실존철학이 그 대표적인 것이다.

### 개인적 커뮤니케이션(personal communication)

개인적인 의사소통활동을 말한다. 개인과 개인의 회화는 기호로서의 언어로 의미를 전하고 대화에서는 상호의 얼굴표정이나 몸짓동작이 의미전달의 중요한 역할을 한다. 개인적 커뮤니케이션은 매스컴에 비해 직접적·인간적이며 상호적이어서 생각전달이 용이하다. 이와 같은 직접적 커뮤니케이션 외에 문서 등에 의해 행해지는 간접적인 것도 개인적 커뮤니케이션에 포함된다.

### 개인정보보호제도

정부는 91년 5월 10일부터 행정기관들이 컴퓨터에 수록한 개개인에 대한 각종 자료가 자신들의 의사와는 달리 외부로 유출되는 것을 막는 것을 주 내용으로 하는 개인정보보호제도를 시행했다. 국무총리 훈령으로 마련된 〈전산처리되는 개인정보보호를 위한 관리지침〉은 ①행정기관 이 전산망에 입력키 위해 수집하는 개인정보는 정보수집을 할 때 본인에 게 사전 통지하거나 직접 수집하는 것을 원칙으로 하고, ②국민들은 자신에 관한 행정기관의 정보를 열람하고 사실과 다를 경우 고쳐주도록 요 구할 수 있으며, ③이들 정보가 공공목적외에 상업적인 목적 등으로 오용되지 않도록 외부유출을 사전에 규제·관리토록 되어 있다.

### 개인주의(individualism) 01

공동이나 집단의 이익보다는 개인 자신의 이익추구를 강조하는 사회정치적이며 철학적인 개념을 말한다. 구체적으로 프랑스의 사상가 A.C. 토크빌이 1840년에 최초로 사용한 이래 오늘날에는 국가주의나 사회주의에 대칭되는 말로 사용되고 있으며, 자유주의가 발전한 토대를 이루고 있다.

### 개인주의 02

사회 구성의 기초단위를 개인에 두고, 개인의 욕망, 의지, 행위를 우선적으로 실현하려는 사고방식을 말한다. 서구 근대사상의 근간이 되는 것으로서, 인권 존중 사상에 연결되어 있다. 신국가, 민족을 위해 개인이 봉사한다는 사고방식을 배제하고, 자립하고 자주적으로 판단하며, 능동적으로 살아가는 자아 형성을 전제로 하며, 근대사회의 인간상의 모델로 되어 있다. 그러나 이기주의와는 달라서, 개인주의에서는 개인과 전체의 관계가 항시 고려되고 있음을 간과해서는 안된다.

### 개인주주

개인명으로 주식을 보유하고 있는 주주를 말한다. 따라서 자본가나 경영주 개인명의분도 통계상으로는 개인주주에 속하나 일반적으로는 금융 기관이나 증권회사 등 법인으로서 주식을 소유하고 있는 법인주주 또는 기관투자가와 구별되는 일반투자를 개인주주라 한다.

### 개인지도(individual guidance)

생활지도의 한 가지 형태이다. 개인이 지니고 있는 신체적·정서적·사회적 문제를 해결할 수 있도록 필요한 조치를 취하거나, 성장과 발달을 촉진할 수 있도록 하기 위해 학생 개인을 독립적 대상으로 하여 수행하는 생활지도를 말한다.

### 개인차(individual difference)

넓은 의미로는 개인과 개인들 간의 차이를 말하며, 좁은 의미로는 유사한 특성을 가진 구성원들 사이에서 나타나는 지속적인 차이를 말한다. 개인차는 유전적 소질, 환경적 자극 즉 개인의 성장 발달에 영향을 미치는 교육, 사회환경들과 개인이 형성한 가치화 등에 의해 발생한다. 개인차에는 개인 간 차(inter — individual difference)와 개인내 차(intra — individual difference)의 두 종류로 분류할 수 있는데 개인 간 차는 한 학급의 구성인원 또는 또래집단 가운데서 개별학생이 나타나는 특성을 말하고, 개인내 차는 한 개인의 정신기능의 여러 가지 요소들이 불규칙적이거나 불균형적으로 발달한 것으로 그 개인이 갖고있는 능력들 간의 차이를 설명하는 개념이다. 가령 어떤아동이 셈하기, 자연, 예체능은 잘하는 반면, 읽기에는 어려움을 갖고 있다거나 혹은 미술, 체육, 읽기 등은 잘하나셈하기를 못하는 경우가 그 예이다. 특히 특정학습장애학생들은 여러 가지 요소로 이루어진 능력의 하위 능력이골고루 발달하지 못해 개인 내 능력들의 차가 심한 것으로 알려져 있다. 개인과 개인 간에서 발견되는 능력·성격 등의 차이. 개인 내 차의 반대 개념이며 개인 간 차(inte — individual difference)라고도 한다. 이러한 개인간의 차이는 교육의 이론과 실제에 주는 시사점이 크기때문에, 이 분야에 대한 탐색과 연구는 오래 전부터 중요한 연구 과제가 되었다. 인간의 개인차에 관한 조직적인연구는 인간의 정신적인 능력을 측정하기 위한 심리 검사의 제작과 더불어 본격화되기 시작되었으며, 이 점에서최초의 지능검사를 제작한 프랑스의 비네(A. Binet)나 정신측정 운동의 선구자인 캐텔(G. M. Cattell)은 이 분야에서 중요한 공헌을 하였다. 개인차 연구의 초기 작업은 대부분 인간의 지능에서의 차이를 밝혀내는데 집중되었다. 그러나 후기에 들어서면서부터 개인차의 연구의 측면이확대되어 인간의 능력적인 측면뿐만 아니라 성격적인 측면, 지각적인 측면에까지 확대되었다. 이 문제에 대해 교육에서 특히 관심을 가지게 되는 까닭은 개인 간에는 신체적인 면에 있어서 차이가 현저할 뿐만 아니라, 심리적인 특성에 있어서도 개인차가 현저하다는 사실 때문이다. 최근의 연구 결과에 의하면, 지능과 성격에 있어서는 물론 감각기능·지각기능·가치관 등에 있어서도 개인 간의 차이가 뚜렷하다고 하며, 그것은 교육에서 결코 무시될 수는 없을 것이다.

## 개인처분가능소득

개인이 임의로 소비와 저축으로 처분할 수 있는 소득의크기를 나타 내는 것으로 국민소득을 분배면에서 볼 때제도부문별 분류중 개인 부문의 처분가능소득이 해당된다. 개인처분가능소득은 제도부문별 소득 계정에서 개인부문에 표시된 소비와 저축을 합산하여 이는 투자를 위한자금조달의 원천이 된다.

## 개인파산

소비자파산은 채무자 스스로 자신을 파산자로 선고해 달라고 법원에 신청하는 것이다. 소비생활에서의 과다한 신용카드 사용이나 신용대출, 혹은 지나친 빚 보증으로 자신의 능력으로 감당할 수 없는 빚을 진 개인에 대해 법적으로 구제해 주는 제도이다. 법원은 파산신청이 있는 경우에는 이에 대한 사실 확인 작업을 거친 후 타당하다고판단한 때는 소비자파산 선고를 한다. 파산자는 법원이선임하는 파산관재인의 관리하에 자신의 모든 재산을 돈으로 환산하여 채권자들에게 나눠 주는 파산절차를 거친다. 그러나 재산이 전무한 경우에는 선고와 동시에 파산폐지 결정이 내려져 파산절차도 하지 않게 된다. 일반적으로 파산선고를 받은 자는 신원증명서에 파산사실이 기재되어 공무원·변호사·기업체 이사 등이 될 수 없으며, 금융기관에서 대출이나 신용카드도 발급받지 못하고 계좌도 개설할 수 없는 등 사회적·경제적으로 많은 제약을받게 된다.

## 개인파산

최소한의 기초생활 자산을 제외한 다른 재산이 없어 도저히 채무를 갚을 수 없는 사람을 구제하기 위한 제도이다. 파산 후 면책을 받으면 채무에 대해 책임이 없다. 개인회생이나 개인워크아웃은 일정 기간 후 채무를 갚아야 한다는 점에서 다르다.

## 개인회생제도

개인회생제도는 파산 위기에 처한 봉급생활자나 소규모자영업자가 5년간 빚을 성실히 갚으면 나머지 빚을 탕감해 주는 제도로 일종의 개인 법정 관리라고 할 수 있다. 이번에 신설한 '통합 도산법'에 포함됐으며 정부는 연내정부안을 확정, 내년 초 임시국회에서 통과되면 내년 하반기부터 실시한다는 방침이다. 이 제도는 개인파산 위험이 급증하는 현실에서 파산선고로 인해 개인들이 직장에서 퇴출당하는 등 사회적 경제적 불이익을 당하지 않도록하기 위한 예방조치다. 개인회생제도 신청은 장래에 수입을 얻을 가망이 있는 급여소득자 또는 영업소득자에 한해가능하며 부부가 동시에 신청할 수도 있다. 다만 신청일로부터 10년 이내에 개인회생을 신청한 적이 있거나 면책받은 일이 있으면 불가능하다. 법원이 개인회생절차 개시를 결정하면 채무자는 개인회생재단(현재 가진 재산과앞으로 5년 동안 얻는 수입)에 속하는 재산을 관리하고처분할 수 있는 권한을 가진다. 다만 채무자는 실천 가능한 변제계획을 14일 이내에 법원에 제출해야 하며 변제기간은 5년을 초과할 수 없다. 채권자가 채무자의 변제계획에 대해 이의를 제기하더라도 법원은 당장 파산하는 것보다는 향후 수입을 통해 더 많은 빚을 갚을 수 있다고 판단되면 신청허가를 내 준다. 채무자가 최장 5년간 변제계획에 따라 빚을 갚으면 법원은 면책결정을 하게 된다. 만약채무자가 책임질 수 없는 사유로 변제계획을 제대로 이행하지 않았더라도 면책결정일까지 갚은 금액이 채권자가 파산절차에서 배당 받을 금액보다 적지 않으면 면책 결정을 할 수 있다.

### 개입(intervention)

집단 사건, 기획활동 또는 개인의 내적 갈등 사이에 개입하는 것을 말한다. 사회사업에서 개입이란 의사의 '치료'라는 말과 유사하다. 많은 사회사업가들은 개입이 치료를 포함하고, 또 사회사업가들이 문제를 해결하거나 예방하기 위해 또는 사회 개선을 위한 목표를 달성하기 위해 사용하는 다른 활동들도 포함하기 때문에 개입활동을 선호한다. 그래서 개입은 심리치료(psychotherapy), 옹호(davocacy), 중재(mediation), 사회계획(social planning), 지역사회 조직(community organization), 자원을 조사, 개발하는 것과 많은 다른 활동에 관련된다.

### 개입초점(unit of attention)

사회사업가가 효과적인 변화에 도움을 제공하기 위해 직접 노력을 쏟는 개입의 초점을 말한다. 가령 정신분석적 치료를 지향하는 임상사회사업가에게는 개인의 정신 내면의 과정이 개입초점이 될 것이며, 지역사회 조직가의 개입초점은 주어진 지역사회에 존재하는 사회적 힘을 상호 작용시키는 것이 될 것이다. 집단사회사업가의 개입초점은 개인 — 상황 유형이 된다. 특수한 행동은 행동지향적인 사회사업가를 위한 개입 초점으로 간주될 것이며, 의회에 제안된 법안은 사회 활동가에게 개입초점이 될 것이다.

### 개정구빈법(the poor law reformed)

16세기 영국의 구빈법은 1834년에 크게 개정되었다. 공적구빈제도는 빈곤을 해결할 수 없다는 주장으로 빈곤의 자조해결을 요구하며 원외구제를 폐지했다. 산업혁명의 진행에 의해 자본노동자에 대한 착취가 자유롭게 추구되어 이 요구가 반영된 것으로, 말사스의 이론이나 자유주의사상을 사용하여 이와 같은 주장을 합리화했다. 그러나 자본주의의 모순과 사회문제의 심각화, 1948년의 국가부조법의 성립으로 폐지되었다.

### 개혁(reform)

정치 · 사회적 변화를 인위적으로 추진하는 것을 말한다. 자연적인 변화(變化) 또는 발전(發展)에 비해 변화의 속도가 빠르고, 인위적으로 추진되기에 개혁으로부터 손해보는 집단의 저항(抵抗)을 유발하게 된다는 특징을 지닌다.

### 개호번액

은행 · 증권 · 보험 등 이른바 금융 3대 축의 영역을 허무는 방침아래 보험업계에 허용하는 상품으로, 계약자가 맡긴 자금을 보험사가 운용해 얻은 수익을 되돌려 받되 투자수익률에 따라 만기보험금이나 중도환급금이 달라질 수 있다. 미리 약정한 이율을 보장해 준다는 점에서 변액보험과 구분된다. 단 투자실적이 저조한 경우에 대비, 가입자가 사망시 되돌려 받는 최저 사망보험금을 보장해 보험상품으로서의 성격을 유지하게 된다. 변액보험은 크게 세가지로 양로 · 종신 · 연금보험 등이 있는데 가입자의 편의에 따라 원하는 상품을 선택할 수 있다.

### 개호인 파견사업

일본의 재가복지대책사업의 하나로 노인개호인 파견사업과 신체장애인 개호인 파견사업이 있다. 전자는 1976년 사노28호의 통지 재가노인복지대책사업의 실시 및 추진에 근거해서 실시된 것이다. 실시주체는 시 · 정 · 촌이며, 일시적인 질병으로 일상생활을 영위하는데 지장이 있는 65세 이상의 저소득노인을 대상으로 노인 간호원을 파견하여 간호를 한다. 노인개호인은 대상노인의 인근에 거주하는 자 중에서 시 · 정 · 촌이 미리 선정, 등록해 두고 노인의 질병상황에 따라 지시에 의해 간호에 임한다. 개호의 내용은 식사의 시중, 주거의 청소, 쇼핑, 의료기관과의 연락 등이다. 개호인은 간호일수에 따라 수당이 지급된다. 그리고 후자는 1973년 사경 제72호의 통지 신체장애인 개호인 파견사업의 실시에 관해 시 · 정 · 촌이 실시주체가 되며 대상은 일시적인 질병 등으로 일상생활을 영위하는데 지장이 있는 저소득장애인이다. 개호인의 선정, 등록, 개호의 내용은 전자의 것과 같다.

### 객관식 평가(objective evaluation)

객관식 검사문항에 의한 평가. 객관식 검사문항에는 간단히 답을 제시하는 단답형과 완결형이 있으며, 주어진 답지 중에서 선택을 요구하는 진위형 · 선다형 및 배합형이 있다. 객관식 검사 중에 가장 많이 쓰이고 또 대표적인 것은 선다형이므로 객관식 평가는 바로 선다형을 의미하기도 한다. 객관식 평가는 일반적으로 채점에 주관성이 배제된 평가를 의미한다. 객관식 평가는 채점의 객관성과 학습내용을 광범위하게 표집하여 평가할 수 있는 장점을 가진 반면에 너무 이러한 평가의 일변도가 될 때는 학생들의 학습은 단편적이고 표현력이나 조직력의 위축을 가져올 위험성이 있다. 또 객관식 문항의 제작은 특히 상위 수준의 능력을 평가하기 위해서는 상당한 전문적 지식과 경험이 필요하게 된다. 한편 주관식 검사는 학생들의 학습에 끼치는 장기적인 영향이라는 측면에서는 비록 객관식 검사에 비하여 유리한 입장에 있다고는 하겠지만 채점의 객관도나 문항표집의 제한성이라는 측면에서 볼 때 결정적인 약점을 가지고 있다.

### 객관적 욕구(objective needs)

일정기준에서 벗어난 사회적인 욕구 상황이 개인 · 국가나 집단 · 지역주민 등 그 담당한 사람에 의해 자각되어 있는지 또는 현재화되어 있는지의 여부와 상관없이 그것이 현실에 존재하고 그 사회적 해결이 필요하다고 인정되는 상태를 말한다. 조사활동에 의해 객관적 욕구의 실태가 명확하게 파악되고 사회적으로 제기되는 것이 문제 해결의 기초가 된다.

### 객관주의(objectivism)

우리들의 주관주의적인 의식과 관계하지 않는 객관적인 진리만을 인정하는 입장이다. 그러나 그것은 가끔 인간의 인식에 있어서의 주체적인 실천의 의의와 역할을 망각하고, 가령 자본주의의 발전법칙을 이 사회의 자동적인 붕괴로 해석하는 것과 같은 방관주의가 되는 일이 있다.

### 갠트 도표(GANT chart)

조직의 각각의 활동들과 그들 각자를 완성하는데 쓰인 시간을 사실적으로 나타내기 위해 사회사업과 사회계획에서 보통 사용되는 작성기술, 각각의 활동을 위해 달력 날짜 밑에 가로선이 그려져 있으며, 가로선 막대가 과업에 소요된 기간을 나타낸다. 갠트 도표가 활동 사이의 상호연결을 나타내기 못하기 때문에, 더 복잡한 계획에는 프로그램 평가 및 검토기법 PERT 도표가 사용되는 경향이 있다.

### 갱년기(climacteric)

여성의 생식기 마지막 시기에 내분비나 정신적, 신체적 변화에 의해 생기는 증후군으로 남성에 있어서는 성 능력의 정상적인 감퇴를 수반하는 수도 있다.

### 갱생(regeneration)

개인이 상실한 생활능력을 회복 또는 획득하여 현실사회의 활동에 복귀하는 것을 말한다. 혹은 그 갱생과정을 원조하는 활동을 말한다. 법률적으로는 장애인복지법에 의한 신체장애인의 사회복지의 원조 또는 빈곤자의 생활을 새롭게 하기 위한 자금대부나 능력습득의 원조 또는 범죄자가 사회인으로서 정상적으로 사회에 복귀할 수 있도록 자금·숙소를 제공하는 원조 등을 나타내는 용어로서 사용되고 있다.

### 갱생법

보호법의 한 분야로 비행범죄 등의 행동에 기인한 형벌 또는 보호처분 등 사법적 처우를 받은 자에 대해 정상적인 시민생활의 복귀와 형사 정책적으로는 재범이나 재비행의 방지를 목적으로 행해지는 보호를 갱생보호라 하고 이에 관한 법체계를 갱생법이라 한다. 이 갱생보호에는 본인의 의사에 불문하고 행해지는 보호관찰과 본인의 의사를 전제로 행해지는 갱생보호가 있다.

### 갱생보호(after care) 01

사회에서 행하는 범죄자 및 위험자에 대한 교정사업을 말

하는 것으로 이들의 지역사회에 대한 복귀와 회복과정에서 사회적 지원과 신체적 안전을 위해 계속적 치료를 해주는 것이다. 현재 우리나라에서 형 종료 후 그리고 본인의 신청에 의해 이루어지는 갱생보호제도와 형벌 이전의 재판단계에서 법원에 의해 실시되거나 혹은 그 후 형벌의 집행단계에서 유권적으로 실시되는 보호관찰제도와는 엄연히 구별된다.

### 갱생보호(after care for discharged prisoners) 02

갱생보호는 갱생보호법의 적용을 받는 대상자들에 대해 선행을 장려하고 환경을 조성시켜 재범을 방지하는 관찰보호와 친족연고자들로부터 원조를 얻을 수 없는 경우에 자활을 위한 생업의 지도, 취업을 보호 알선하는 등의 직접보호를 부여하는 것을 말하며 직접보호에는 수용보호와 귀주보호가 있다. 갱생보호조치를 취함에 있어서 본인의 개선 및 갱생을 위하여 상담하고 적절한 한도 내에서 본인의 연령, 경력, 능력, 장래, 가족상황 기타 환경을 충분히 참작하여 적합한 방법을 취하며, 취업의 알선을 위주로 하여 근로에 의한 자활독립을 성취시킴을 기본으로 하고, 보호방법으로는 관찰보호와 직접보호의 두 가지 방법이 있다. 우리나라에서 출소자에 대한 갱생보호제도가 처음 나타나기 시작한 것은 1911년 서울에서 설립된〈재단법인 사법보호위원회〉에 비롯되는 것 같다. 그러다가 1963년도에 법 개정시 기구 면에서 전국적으로 흩어져 있던 독립적인 재단법인체 갱생보호회들을 중앙에 한 개의〈갱생보호회〉로 통합하고 그 밖의 것은 그 산하에 예속시키면서 그 지부·지소로 운영되게 하고 중앙의 갱생보호회는 법무부장관의 지휘·감독을 받도록 하였다. 이는 우리나라의 갱생보호제도를 국가적 차원에서 발전시키게 되는 것이었다.

### 갱생보호 03

전과자들이 직장을 가져 생계를 꾸려나가고 사회에 적응할 수 있도록 하는 것이 갱생보호인데 이는 전과자들이 다시 범죄를 저지르는 것을 막고 자립할 수 있는 길을 열어주기 위한 제도다. 갱생보호의 대상이 되는 사람은 금고 이상의 형을 받고 교도소에서 수감생활을 하다가 가석방된 사람, 형기를 채우고 나온 사람, 소년원에서 (가)퇴원한 사람 등이다. 갱생보호는 법무부장관의 감독을 받는 갱생보호회가 맡고 있다.

### 갱생보호법

갱생보호대상자의 자립의식을 고취하고, 경제적 자립기반을 조성시켜 건전한 사회복귀를 촉진함으로써 재범의 위험을 방지하는 한편, 갱생보호사업의 건전한 육성을 도모함을 목적으로 한다. 갱생보호대상자는 징역 또는 금고의 형의 집행이 종료되거나 그 형의 집행이 면제된 자, 가석방된 자, 형의 집행유예 또는 선고유예의 선고를 받은

자, 공소제기의 유예처분을 받은 자, 소년법의 규정에 의한 보호처분을 받은 자, 소년원법 또는 보호관찰법의 규정에 의해 퇴원 또는 가퇴원된 자, 사회보호법에 의한 보호감호 또는 치료감호의 집행이 종료되거나 가출소 또는 치료 위탁된 자로 한다. 국가와 지방자치단체는 보호대상자의 건전한 사회복귀를 위해 보호사업을 육성할 책임을 진다. 모든 국민은 그 능력에 따라 보호사업에 협력해야 한다. 갱생보호는 보호대상자의 의사에 반하지 않는 경우에 한하여, 보호대상자의 연령·학력·가정·교우 및 장래계획 등 제반환경을 충분히 고려하여 자립에 필요한 범위 안에서 행하며, 관찰보호와 직접보호의 방법으로 한다. 보호사업을 담당하기 위해 법무부장관의 감독 아래 갱생보호회를, 서울특별시, 직할시 및 도에 보호회지부를, 기타의 곳에 보호회지소를 각각 둔다. 보호회는 법인으로 한다. 보호회의 장은 법무부장관의 승인을 얻어 직업훈련소를 둘 수 있다. 지부에 자문위원회를 둔다. 법무부장관은 보호회를 지휘·감독한다. 관찰보호업무에 종사하고 기타 보호사업을 지원하기 위해 지부에 갱생보호위원을 둔다. 보호위원은 법무부장관이 위촉하고, 그 임기는 3년으로 한다. 보호회 외의 자로서 보호사업을 하고자 하는 자는 법무부장관의 허가를 받아야 한다. 보호회 또는 사업자가 보호사업을 위해 수익사업을 하고자 하는 때에는 사업마다 법무부장관의 승인을 얻어야 한다. 28조와 부칙으로 되어 있다. 보호관찰 등에 관한 법률(1995. 1. 5, 법률 제4933호)에 의해 폐지·대체되었다.

## 갱생보호사업

이 사업은 출소자의 재범의 위험을 방지하고 그 자활독립의 경제적 기반을 조성시켜 사회를 보호하고 개인 및 공공의 복리를 증진함을 목적으로 하는 형사정책 분야인데 이 사업을 담당하는 기구로서 중아에 갱생보호회를 설치하고 있으며 그 산하에 서울특별시, 부산광역시, 그리고 각 도에 보호회 지부를 두고 있다. 출소자의 갱생보호방법은 관찰보호와 직접보호로 나누어지는데 이 보호방법 중 관찰보호를 담당하게 하기 위하여 지역사회의 독지가인 보호위원을 두고 있다.

## 갱생보호회

갱생보호회는 보호 사업을 담당하게 하기 위하여 1963년에 전국적으로 흩어져 있던 독립적인 재단법인체 갱생보호회들을 중앙의 갱생보호회로 통합하고, 그 밖의 것은 그 산하에 예속시키면서 그 지부·지소로 운영하게 한 단체이다. 중앙의 갱생보호회는 법무부장관의 지휘·감독을 받는다.

## 갱에이지(gang age)

생리적·정신적으로 불안정한 상황에 있는 13세 – 17·18세의 세대를 말한다. 이 시기에는 주로 동성의 비슷한 연령끼리 집단을 이루고 집단적인 놀이를 즐긴다. 이 연령층의 놀이집단은 일정한 리더쉽에 의해 통제되고 연대의식과 결합성을 가진다. 때로는 반사회적 폭력적 행동을 취하기도 하는데 갱에이지라는 말은 여기에서 비롯된 것이며 저연령화하는 경향을 보이고 있다.

## 갹출제 / 무갹출제연금

사회보장제도의 하나로 연금보험제에 있어서 적용대상자로부터 사전에 갹출보험료의 불입을 요구 하는가 않는가에 따라 갹출제와 무갹출제가 구분된다. 갹출제의 경우 제1종 가입자에 대해서는 노사가 일정비율로 갹출하여 보험사고(노령·장애 등)의 발생시에 연금급여를 지급한다. 무갹출제의 경우는 영국 등에서 발달된 것으로 노령 기타의 객관적 조건만 충족되면 균일급여가 행해지는 것으로서 사무적으로는 간편하지만 재정압박을 초래하기 쉽다. 사회보장제도가 미성숙한 국가에서는 공적부조와 혼합하는 경우가 많다.

## 갹출제(contributory scheme)

사회보장제도에 있어서 재원의 주요부분을 피보험자나 사업주에 의한 갹출금(보험금)으로 충당하여 일정의 피보험기간에 갹출한 보험료를 기초로 급여하는 방식을 말한다. 갹출조건을 충족시킨 자가 일정의 급여를 권리로 해서 자금조사 없이 수급할 수 있는 특징이 있다. 또 무갹출제와 달리 안정된 특정재원을 확보할 수 있다는 이유로 오늘날 각국에서 사회보장제도의 중심을 이루고 있다.

## 거래동기

케인스가 주장한 "유동성선호"에서 나온 말이다. 유동성선호는 재산을 화폐의 형태로 보유하려는 욕구이며, 화폐에 대한 수요를 말한다. 재산을 증권 등의 재화로 가지는 것보다 화폐로 갖게 되 면 언제든지 필요한 때에 다른 재화나 서비스와 교환할 수 있다. 결국 돈이다른 물건과 교환하기 쉬운 성질은 물이 흐르는 것과 같이 유동적인 것이라는 데서 "유동성선호"라고 불리게 되었다. 여기서 사람들이 재산을 가능한 한 화폐로 갖고 있으려는 동기가 〈거래적 동기·예비적 동기·투기적 동기〉이다. 즉 거래적 동기는 일상의 거래에서 편리하기 위해 화폐의 형태로 재산 을 가지려는 것이다. 거래적 동기는 ①소득동기(income motive : 소득자의 소비지출을 위해 필요한 것), ②영업동기(business motive : 기업가의 영업상 지출에 필요한 것) 둘로 나뉜다.

## 거래의 결합

기업에서 발생되는 거래는 여러 종류가 있지만 이것은 결과적으로 자산의 증가와 자산의 감소, 부채의 증가와 부채의 감소, 자본의 증가와 자본의 감소, 비용의 발생과 수익의 발생의 8가지 요소로 구성되어 있다. 이것을 거래의 8요소라 한다. 실제 기업의 거래는 이들 요소가 여러 형태로 결합되어 나타난다. 이것은 계정의 기입법칙이 되며 또 분개의 법칙이 되는 것이다. 거래의 8요소는 차변요소가 반드시 대변요소와 결합할 수 있으며 같은 변끼리의 요소는 결합될 수 없게 되어 있다.

## 거래의 이중성

자산, 부채, 자본이 증감변화하는 거래에 있어 차변에 발생한 거래는 반드시 대변에도 같은 금액의 거래가 발생하여 이중으로 기입하게 되는 데 이것을 거래의 이중성이라 한다. 거래는 항상 자산 = 부채 + 자본의 등식이 성립하도록 이중으로 일어난다.

## 거래정지

증권시세의 급격한 변동이 일어났을 때, 거래를 일시적으로 정지하는 제도. 미국의 증권시장은 블랙 먼데이 이래, 증권시장의 신뢰성 회복을 위하여 그 1주기가 되는 1988년 10월에 뉴욕 증권거래소가 이 제도를 도입하였다. 구체적으로 다우 공업주식 30종 평균의 하락폭에 대응, 거래 정지시간을 바꾸는 것으로 하락폭이 250달러일 때 1시간, 4백달러일 때는 2시간으로 하고 있다. 뉴욕증권거래소는 90년 6월에는 거래정지제도 의 강화를 꾀함과 동시에 거래시세 하락 때에는 자사주의 환매규제완화, 현물주식과 선물. 옵션거래 수수료 격차의 시정, 감시기구의 통일 등 8 개항으로 이루어진 개혁안을 마련한 바 있다.

## 거래중개인

증권거래소나 상품거래소의 회원은 거래소내에서 직접 금융상품이나 일반상품을 매매할 수 있는데, 이와 같은 매매거래를 하는 자를 거래원(t − rader)이라고 하고, 타인의 주문에 따라 상품을 매매하는 거래원을 특히 거래중개인이라고 한다. 그러나 거래중개인은 자사의 거래도 취급할 수 있다.이들은 거래소의 장내(trade floor)에 설치된 ring이나 pit에서 거래주문의 도착순에 따라서 공개경쟁방식으로 호가하여 거래를 성립시킨다. 거래인의 부주의로 고객에게 손실을 끼쳤을 경우에는 책임을 부담하여야 한다. 거래인은 반드시 공개경쟁방식으로 거래를 하여야 하고 비공개경쟁방식으로 거래를 한 경우에는 처벌을 받게 된다.

## 거래처리 서비스

Home Banking, Home Shopping, Telebooking 등에 이용되는 서비스이다. 즉 서비스 이용자가 집이나 사무실에서 상품 안내를 보고 상품 주문을 하며, 또 대금 지불을 할 수 있고, 은행 잔고 확인, 송금, 자금 이체 등의 은행거래를 비롯 호텔 예약, 극장·음악회 좌석 예약, 철도·항공 기 등의 좌석 예약을 할 수 있다. 이와같은 서비스는 관문 중계(gateway)기능을 통해서 외부정보제공 기관으로 부터 제공된다.

## 거부(denial) 01

수용할 수 없는 사고, 감정, 희망 등을 부인하거나 무시함으로서 불안이나 죄의식에서 인성을 보호하는 방어기제(defence mechanism)를 말한다.

## 거부(rejection) 02

어떤 것이나 어떤 사람을 인정, 승인, 인지하는 것을 거부하는 것이다. 한 개인이 그의 생각과 요구, 존재가 다른 사람에게 받아들여지지 않을 때 이러한 거부를 경험하게 된다. 자존심과 자신감이 약한 클라이언트는 자신이 쓸모없는 존재로 취급당하거나, 즉 무시당하거나 자신이 원하는 것을 얻지 못할 때 이 거부를 경험한다는 것을 사회사업가는 종종 발견한다.

## 거부권(veto power)

입법부가 채택한 법률의 성립을 집행부가 저지할 수 있는 권 한을 말한다. 우리나라 및 미국의 대통령은 국회 또는 연방의회를 통과한 법안의 발효를 부인하여, 의회에 환부, 그 재의(再議)를 요구할 수 있는 권한을 갖고 있다.

## 거시경제정책

정부가 국민의 경제활동에 영향을 미치기 위하여 취하는 조치 를 통털어 경제정책이라고 하며 경제정책은 정책대상이나 목표에 따라 보통 미시경제정책(micro − economic policy)과 거시경제정책(macro − economic policy)으로 나뉜다. 거시경제정책은 성장,고용,국제수지 등 거시정책 변수들을 정책의 대상 및 목표로 하고 있는 반면 미시경제정책은 자원의 배분과 소득 및 부의 분배를 대상으로 한다.

## 거시경제지표

국민소득, 물가상승률, 종합수지, 실업률, 환율, 통화증가율, 이자율 등 '국가' 차원의 경제상황을 판단할 수 있는 기준을 말한다. 미시경제학이 개인이나 기업, 정부 등 각 경제주체의 활동을 분석하는데 비해 거시경제학의 대상은 이들 각 경제주체 활동의 합을 대상으로 하고 있다. 따라서 거시경제지표는 각 경제주체들의 활동의 합이 어떻게 나타 나는가, 즉 그 결과치라고 생각하면 쉽다. 예를들어 미시적으로는 옷값, 음식값, 지하철 요금 등의 가격이 모두 다르게 나타나지만 거시적으로는 '물가' 라는 이름으로 합쳐진다. 개별기업이나 금융기관들의 매출액이 따로 계산되지만 거시경제지표에서는 부가가치가 새로 만들어진 것만 합쳐서 '국민총생산' 이라는 개념이 사용된다. 거시경제학과 미시경제학이 구분되는 것처럼 거시경제지표와 미시경제지표로 구분한다면 미시경제지표에는 어떤 기업의 매출액 순이익 등이나 어떤 가계의 소득 저축 등을 꼽을 수 있을 것이다. 정부가 경제정책을 어떻게 운용하느냐에 따라 거시경제지표들이 달라질 수 있는데,

예컨데 이자율이 높아지면 투자가 줄고 투자가 줄면 국민소득도 떨어질 수 있다 또 환율이 높으면 이자율이 높아지고 이 경우 외자유입이 촉진돼 종합수지 흑자폭이 늘어날 수 있다. 정부가 국민의 경제활동에 영향을 미치기 위하여 취하는 조치를 통털어 경제정책이라고 하며 경제정책은 정책대상이나 목표 에 따라 보통 미시경제정책(micro − economic policy)과 거시경제정책(macro − economic policy)으로 나뉜다. 거시경제정책은 성장,고용,국제수지 등 거시정책변수들을 정책의 대상 및 목표로 하고 있는 반면 미시경제정책은 자원의 배분과 소득 및 부의 분배를 대상으로 한다.

## 거시적 분석

미시적(마이크로) 분석과 상대적인 개념. 균형가격론에 의하면 가격은 시장의 수요와 공급이 일치하는 데서 결정된다. 그러나 사회 전체의 수 요. 공급을 창출하기 위해서는 각 소비자와 생산자의 행동을 거슬러 올 라가 분석해야 하며 또 최대만족을 이루려는 소비자행동과 최대이윤을 얻으려는 생산자의 행동까지 분석해야 된다. 이와 같은 미시적 분석의 대상은 ①각 가정을 단위로 하는 소비경제주체(가계)와 ②각 기업을 단위로 하는 생산경제주체와 같은 개별적인 경제주체(경제단위)이며 객 체는 개별재이다. 즉 마이크로 분석은 이들 재를 매개로한 개별적 주체 상호간의 관련, 다시 말해 궁극적으로는 가격 관계를 중심으로한 경제 움직임을 연구하는 것이다. 고전경제학은 마이크로 분석을 주류로 했지 만 케인즈가 1936년에 출판한〈고용, 이자 및 화폐의 일반이론〉에서 매 크로 분석의 대상으로 삼은 것은 국민소득, 고용, 유효수요, 투자, 저축 , 소비, 생산량과 같은 경제사회 전체를 둘러싼 개념이다. 그 후 매크로 분석이 성행되었는데 그 대상은 경제사회 전체의 집단적, 총체적인 경 제 행위로서 국민소득과 물가수준 등의 집계치를 사용하여 분석하는 것 이다. 다시 말해 가격의 변화와 수량의 변화를 특별히 구분하지 않고 가격과 수량의 통합된 가치량의 변화를 다루는 것이다. 따라서 마이크로분 석과 매크로 분석의 구별은 연구 대상에서는 개별과 총체의 차이이며 연구방법에서는 가격분석과 소득분석인 것이다. 마이크로 분석을 행하는 이론을 마이크로(미시적) 경제학, 매크로 분석을 하는 이론을 매크로(거시적) 경제학이라고 한다.

## 거시적 분석(macroscopic analysis)

개개 단위보다는 그것들의 집합의 움직임을 통계적 · 확률적으로 분석하고자 하는 연구지향을 말한다. 경제현상의 분석에 있어서는 가계나 기업과 같은 개개 경제주체들의 행동을 미시적으로 분석하는 것이 아니라, 경제사회의 종합적 이해를 위하여 소득 · 소비 · 저축 · 투자 · 고용수준 등 거시적으로 계량가능한 총량개념을 사용하여 국민소득이나 고용량의 결정과 변동 등을 분석하고자 하는 것

을 거시적 분석이라 한다.

## 거시적 소득분배이론

개별생산요소에 대한 단위당 보수율의 결정을 문제로 하는 것을 미시적 소득분배이론이라 하며, 국민소득이 임금 · 이윤(또는 이자) · 지대 등의 형태로 어떻게 분배되는가, 즉 계층간의 소득분배 문제를 다루는 것을 거시적 소득분배이론이라 한다. 전자는 신고전파의 가격이론에 의하면 시장메커니즘에 의해 각 재화에 대한 균형가격이 결정되는 과정에서 부수적으로 결정되는 것으로 되어 있다. 즉 완전경쟁에서 어떤 생산요소에 대한 보수 r은 r = MPP · P(MPP는 한계생산력이고 P는 재화가격이다)이므로 P가 결정 되면 r도 자연히 결 정될 수 있다. 반면에 후자는 아직도 별다른 진전을 보이고 있지 못한 경제학분야 중의 하나이다.

## 거시적 실천(macro practice)

보편적인 사회에서 개선과 변화를 초래하는데 적합한 사회사업 실천. 이러한 활동들에는 정치적 행위(political action), 지역사회 조직(community organization), 공공교육 캠페인, 종합사회서비스 기관이나 공공복지부서 행정의 일부 유형들이 있다.

## 거시적 정책분석(grand policy analysis)

국가적으로 영향이 크고 국가의 장래 에 심대한 영향을 미칠 수 있는 중요하고 결정적인 선택(critical choices)을 위한 정책분석을 말한다. 거시적 정책분석은 정책기획 및 국가의 발전전략과 관련된 분석이기에 '정책기획을 위한 분석' 이라 부르기도 한다.

## 거시적 지향(macro orientation)

사회사업에서 모든 인간의 조건과 개인들에게 문제를 유발하는 것, 또는 개인의 자기완성과 평등을 위한 기회를 제공하는데 영향을 주는 사회정치, 역사, 경제, 환경의 힘을 강조하는 입장이다. 이러한 관점은 사회사업의 미시적 지향(micro orientation)과 대조를 이룬다.

## 거시조직이론

조직자체의 내부적 · 대환경적 행동을 연구하는 조직이론을 말 한다. 조직 내의 개인이나 소집단의 행동을 연구하는 미시조직이론과 대비된다. 거시조직 이론은 조직의 목표 · 조직구조 · 조직환경 및 그밖에 조직 전체 수준에서 중요시되는 조직 의 효과성 · 조직문화 · 조직개혁과 발전 등에 중점을 두는 연구를 말한다.

## 거실집단제

아동복지시설에서 동일건물 내의 각 방마다 소수의 아동과 그 담당자인 직원이 거주하며 하나하나의 방이 한 가

족 같은 생활단위를 구성하고 가정 같은 양호형태를 취하는 제도를 말하며 가정제라고도 불린다. 집단은 남녀연령 혼합으로도 이루어지며 동질적으로 편성되기도 한다. 경제적이며 간편한 제도로 시설전체의 통제는 쉬우나 그만큼 홈의 독자성은 잃기 쉽다. 보다 좋은 양호와 직원 동무 체제를 고려한 여러 가지 시도가 전개되고 있다.

## 거주자
외국환관리법상의 적용범위를 결정하는 경우에 사용되는 개념. 외국환 관리법에는 우리나라에 주소 또는 거소를 둔 자연인과 주사무소를 둔 법인을 거주자로 규정하고 있다(4조 12항). 또 우리나라 안에 있는 비거주자의 지점, 출장소, 사무소 등도 거주자로 본다. 즉 이 구별은 국적에 관계없이 경제적 본거에 의한 구별이다.

## 거주자의 종류
거주자의 종류로는 개인, 일반정부, 국제기구, 기업 등이 있는데 이를 각 부문별로 살펴보면 다음과 같다. 개인이란 한 국가의 영토 내에서 장기적으로 재화와 서비스를 생산, 소비하며 기타의 경제활동에 종사하는 자를 말한다. 다만 일시체류자, 계절적 노동자, 외국의 관리, 외교관, 영사관원과 군인, 자국시민이 아닌 국제기관의 피용자로서 체류기간이 1년미만인 경우 등은 거주자에 포함되지 않는다. 일반정부는 그 영토내에 위치하는 중앙정부와 지방정부의 모든 부처와 산하기관, 세계 각국에 위치하는 자국의 대사관 및 군사시설, 일반정부 에 속하는 기타공공기관이 포함되며 자국내의 치외법권지역내에 있는 외 국내대사관이나 군부대는 비거주자와의 거래이므로 대외거래계정에 포함한다. 국제기구는 국제정치, 행정, 경제, 사회 또는 금융문제를 취급하는 기구로서 이 기구가 소재하고 있는 나라의 거주자로서 취급되지 않고 국경을 초월한 국제적지역의 거주자로서 보며 다만 국제기구의 피용자가 1년 이상 한 국가에 거주하는 경우에는 당해 국가의 거주자로 취급된다. 거주자로 분류되는 기업은 자국영토 내에서 재화나 서비스를 생산하거 나 토지를 거래하는 행위 및 리스, 특허권, 면허권 그리고 이와 유사한 자국정부발행의 비금융무형자산의 거래에 종사하는 경제단위를 말한다.

## 거주지주의
생활보장법에 의하면 생활보장은 피보호자의 거주지에서 행하며 보호는 요보호자의 거주지에서 시장·군수가 행하도록 되어 있다. 여기에서 말하는 거주란 것은 거주사실의 연속성 또는 그 기대성이 구비되어 있으면 되며 형식적인 요건은 필요 없다. 거주사실이 분명하지 않은 경우는 사실과 본인의 의사를 고려하여 결정한다. 민법에서 말하는 거소, 거주의 개념과는 다른 생활보장법상의 관념이다.

## 거치기간
어떤 큰 프로젝트를 위하여 거액의 대출을 하는 경우, 차입자가 대출을 상환하기 위해서는 시간적 여유가 필요하다. 공장을 설립키 위하여 대출 을 받은 경우, 상환자원이 마련되려면 공장이 완성되어 생산품이 생산되어야만 한다. 따라서 일정기간 이자만 지급하고 원금상환을 유예하는 제 도가 채택되고 있는데, 이와 같이 상환유예기간을 거치기간이라고 한다. 2년 거치 5년 반년부 균등분할상환이라는 뜻은 대출 후 2년까지는 상환 을 하지 않고 2년 후부터 반년마다 대출금을 균등분할하여 상환하는 것 을 가리킨다.

## 거택보호의 원칙
사회복지를 건강 관리차원에서 실천할 때 그것이 시설(수요)에서 행해지는가 거택에서 행해지는가는 중요한 쟁점이 되며 오래 전부터 원내보호(indoor relief)와 원외보호(outdoor relief)라는 것이 논의되어 왔다. 거택보호의 원칙의 필요는 대상자의 자유, 사생활의 확보 등을 내용으로 하는 인격존중의 입장, 종전의 시설보호에서 가끔 볼 수 있었던 호스피탈리즘, 인스티튜션나리즘 등의 반성, 자원의 효율적 배분 등의 이유에서 주장되었다. 거택보호원칙은 대상자보호를 제1차적으로 거택에서 행한다는 것이며 이때 재가복지서비스의 내실이 요구된다. 한편 사회복지시설의 역할도 다시 한번 재검토될 필요가 있다.

## 거택복지서비스
사회복지의 새로운 운동의 하나로서 사회복지욕구의 변화에 상응한 새로운 사회복지서비스가 요구되어 왔다. 이는 거택처우의 원칙에 기초해서 대상자를 가능한 한 거택에서 처우하게 되는 사회복지서비스를 의미한다. 이에 유사한 개념으로 지역보호가 있다. 거택복지서비스가 효과적으로 전개되기 위해서는 소득보장, 주택, 환경의 정비, 그 외 일반시설의 확충·정비가 필요하지만 이와 아울러 각 지역에 적합한 서비스와 사회복지시설의 추진방법으로는 일상생활에 필요한 물품의 제공, short stay, day care 등의 시설기능을 활용하는 것 외에 home help, 배식서비스, 입욕서비스 이외 필요한 서비스를 해주는 방문·파견의 방법들이 있다. 우리나라에서도 거택복지서비스의 필요가 명확하게 되고 그의 확충이 시급히 요구되고 있다.

## 건강(health)
세계보건기구(World Health Organization)에 따르면, 단순히 질병 또는 쇠약의 부재만이 아닌 육체적, 정신적 및 사회적으로 완전히 평안한 상태를 말한다.

## 건강가정지원법
건강한 가정생활의 영위와 가족의 유지 및 발전을 위한

국민의 권리·의무와 국가 및 지방자치단체 등의 책임을 명백히 하고, 가정문제의 적절한 해결방안을 강구하며 지원정책을 강화함으로써 건강가정 구현에 기여하기 위해 제정한 법(2004. 2. 9, 법률 제7166호). 건강가정이란 가족 구성원의 욕구가 충족되고 인간다운 삶이 보장되는 가정으로 정의한다. 가족 구성원은 부양·자녀양육·가사노동 등 가정생활의 운영에 동참해야 하고 서로 존중하며 신뢰해야 한다. 국가와 지방자치단체는 출산과 육아의 사회적 책임을 인식하고 모성보호와 태아의 건강보장 등 적절한 출산환경을 조성하는데 적극적으로 지원해야 한다. 가정의 중요성을 고취하고 개인·가정·사회의 적극적인 참여 분위기를 조성하기 위해 매년 5월을 가정의 달로, 5월 15일을 가정의 날로 정한다. 건강가정에 관한 주요시책을 심의하기 위해 국무총리에 소속되는 중앙건강가정정책위원회와 건강가정실무기획단을 둔다. 특별시·광역시·도에는 건강가정위원회를 둔다. 보건복지가족부 장관은 5년마다 가정의 자립증진 대책 등이 포함된 건강가정기본계획을 세워야 한다. 관계 중앙행정기관장 및 시·도지사는 매년 기본계획에 따라 시행계획을 세워 시행해야 한다. 국가와 지방자치단체는 5년마다 가족실태조사를 실시하고 그 결과를 발표해야 한다. 또 가정이 원활한 기능을 수행하도록 가족 구성원의 정신적·신체적 건강과 소득보장 등 경제생활의 안정, 안정된 주거생활 등을 지원해야 한다. 자녀양육의 지원을 강화하고, 가족의 건강증진, 가족부양의 지원, 민주적이고 양성평등한 가족관계의 증진 등에 힘써야 한다. 이밖에 가사·육아·산후조리·간병 등을 돕는 가정봉사원을 지원할 수 있다. 이혼조정을 내실화하고, 이혼의 의사가 정해진 가족이 자녀양육·재산·정서 등의 제반 문제를 준비할 수 있도록 지원해야 한다. 중앙과 특별시·광역시·도 및 시·군·구에 건강가정지원센터를 두고 전문가로서 건강가정사를 두어야 한다. 5장으로 나누어진 전문 36조와 부칙으로 구성되어 있다.

## 건강관리(health care)

신체적·정신적 장애를 치료·예방·발견하고 사람들의 신체적·심리적·사회적 안녕을 도모하기 위해 고안된 활동과 관련된 용어이다. 건강관리체계에는 서비스를 제공하는 의사·간호사·사회사업가와 함께 서비스를 제공하는 시설, 서비스 제공을 위해 조사·연구하는 기관 등 무수한 조직과 사람들이 포함된다. 예방의학의 원리에 따라 건강을 유지하고 증진하는 계획적·계속적인 실천활동이다. 정기적인 건강진단 등에 의해 병원의 조기발견에 중점을 둔다. 유병자에게는 악화방지와 회복의 촉진을 도모할 목적으로 의료진을 촉구하고 노동의 조정이나 생활개선 등을 위해 보건지도를 한다. 직장에서의 건강관리는 직업병예방을 위한 특수건강진단이나 유해환경의 측정도 추가된다. 또 개인의 건강상태에 따라 훈련 등에 의

해 건강증진을 도모한다.

## 건강보험(health insurance) 01

넓은 의미로는 피보험자가 상해·질병·임신·출산·사망 등 인간의 생물학적 사고로 활동능력을 잃거나, 의료처치로 인해 불이익을 받거나 수입 감소가 있을 경우, 그 치료를 위한 비용이나 수입 감소액을 보상하는 것을 목적으로 하는 보험의 총칭이다. 따라서 일반보험의 상해·질병보험 및 사회보험으로서의 재해·질병·건강보험도 이 개념에 포함된다.

## 건강보험(medical insurance) 02

사회보험의 하나인 건강보험을 말한다. 민간기업 중심의 각종 사업장의 근로자를 피보험자로 하여 그들의 업무 외의 질병·부상·사망 및 출산에 대해 보험급여를 하는 동시에, 그 피부양자의 이러한 사고에 대한 보험급여도 하는 제도이다. 정부가 보험자 역할을 하는 공적 건강보험과 민영보험에 의한 민영건강보험으로 크게 나누어 볼 수 있다.

## 건강보험 03

일상생활에서의 사고와 부상, 분만 또는 사망으로 인해 일시에 많이 발생하는 가계지출을 보험을 이용하여 분산시킴으로써 생활의 안정을 도모하는 사회보장제도의 일종을 말한다. 독일 등 유럽에서 1880년대부터 사회보험으로 처음 실시되었으며 우리나라에서는 1977년 500인 이상 사업장 근로자를 대상으로 한 직장건강보험제도로 처음 실시되었다. 이후 79년 공무원 및 사립학교 교직원과 300인 이상 사업장 근로자, 88년 농어촌지역건강보험, 89년 도시 자영업자를 대상으로 한 건강보험이 실시되면서 전 국민 건강보험시대를 맞았다. 그리고 87년 2월부터는 한방도 건강보험에 포함되어 한방 의료서비스가 제공되고 있고 89년 10월부터는 약국건강보험도 실시되고 있다.

## 건강보험 04

국민의 건강한 생활을 보장하기 위해, 질병에 수반하는 의료비의 부담과 소 득상실 등의 위험을 공동부담하는 사회보험 형태의 의료보장 제도를 말한다. 건강보험 정책은 빈곤화의 원인을 질병으로 보고 빈곤과 질병의 관계를 단절하기 위해 이중의 압박에 대한 대책으로 형성된 것이다.

## 건강보험 부담액 및 건강보험 급여액

건강보험은 전 국민을 대상으로 하여생활능력이 있는 자의 질병위험을 분산시키고 그들의 상호부조와 소득재분배의 기능을 수행하기 위한 것이다. 건강보험 부담액은 건강보험적용인구 1인당 한해 동안 부담하는 건강보험료

를 말하며 건강보험 급여액은 건강보험 적용인구 1인당 평균적으로 급여된 액수이다.

## 건강보험관리공단

국민의 질병·부상에 대한 예방·진단·치료·재활·출산·사망 및 건강 증진에 대한 보험급여를 실시함으로써 국민건강 향상과 사회보장 증진에 이바지할 목적으로 1998년 1월 설립된 보건복지가족부 산하 법인이다. 우리나라의 공적의료보장제도를 수행하는 대표적인 기구이다. 국민의 질병·부상에 대한 예방·진단·치료·재활·출산·사망 및 건강 증진에 대한 보험급여를 실시함으로써 국민건강 향상과 사회보장 증진에 이바지할 목적으로 국민건강보험법과 같은 법 시행령에 따라 설립된 특수 공법인이다. 1963년 12월 16일 건강보험법이 제정된 뒤, 1977년 7월 1일부터 500인 이상의 사업자를 대상으로 건강보험법을 적용하였다. 이어 1979년 1월부터 공무원 및 사립학교 교직원, 1988년 1월부터 농어촌 지역 주민, 1989년 7월부터 도시 지역 주민으로 각각 건강보험을 확대 적용하는 한편, 1989년 1월부터는 약국건강보험을 실시하였다. 그러다 1998년 10월 1일 공무원 및 사립학교 교직원 건강보험관리공단과 227개 지역조합을 통합한 국민건강보험관리공단이 출범한 뒤, 2000년 7월 1일 다시 국민건강보험관리공단과 139개 직장조합을 통합해 지금의 명칭으로 바꾸고, 2003년 7월 보험재정을 통합하였다. 조직은 이사장을 중심으로 재정운영위원회·이사회·상임감사·상임이사(총무·관리·업무)와 2본부(경영전략본부·기획조정본부) 10실(감사실·총무관리실·노사협력실·홍보실·재정관리실·보험급여실·급여관리실·자격부과실·징수관리실·정보관리실) 1센터(건강보험연구센터)로 구성되어 있고, 산하에 6개 지역본부와 227개 지사가 있다. 주요 사업은 가입자 및 피부양자의 자격 관리, 보험료 및 기타 국민건강보험법에 의한 징수금의 부과·징수, 보험급여의 관리, 가입자 및 피부양자의 건강 유지·증진을 위해 필요한 예방 사업, 보험급여 비용의 지급, 자산의 관리·운영 및 증식 사업, 의료시설의 운영, 건강보험에 관한 교육 훈련 및 홍보, 건강보험에 관한 조사·연구 및 국제협력, 국민건강보험법 또는 다른 법령에 의해 위탁받은 업무, 기타 건강보험과 관련해 보건복지가족부장관이 필요하다고 인정하는 사업 등이다. 본부는 서울 마포구 염리동에 있다.

## 건강보험제도(medicare system)

미국의 사회보장법 제18항에 근거하여 65세 이상의 노인과 신체장애인에 대해 연방정부가 운영하는 건강보험제도이다. 1965년에 제정되어 목적세인 사회보장세와 수급 대상자로부터의 보험료를 주재원으로 하고 있다. 이 제도의 A부문은 입원보험이며 질병에 대해 90일까지 급여를 한다. B부문은 임의급여로 이것을 희망하는 자에 대해서는 추가적 보험료의 반대급여로서 의료급여를 하는 제도이다.

## 건강보호(health care)

육체적 및 정신적 장애를 다루고, 예방하고, 발견하며 사람들의 육체적 및 심리사회적 안녕을 증진시키기 위해 계획된 활동과 관련된 용어이다. 건강보호제도는 필요한 서비스를 제공하는 사람(의사, 간호사, 병원직원, 건강보호 사회사업가 등), 그러한 서비스를 제공하는 시설(병원, 의료원, 요양원, 호스피스(hospice), 외래환자(outpatient) 진료소 등), 발견, 연구 및 기획을 위한 실험실과 연구소, 질병을 예방하기 위한 환경적 설비 및 건강의 증진, 유지, 회복 또는 건강 악화의 최소화를 위해 사람들을 돕는 무수한 다른 조직과 사람들을 포함하고 있다.

## 건강사정(health assessment)

건강에 대한 종합평가를 행하는 것이다. 종전의 건강진단이 질병면에서만 평가한 것에 비해 일상생활기능, 정신기능 및 생활환경문제를 포함해서 다면적으로 건강상태를 파악하는 것으로 의사, 간호사, 사회사업가 등의 팀으로 진행된다. 노인, 장애인, 만성질환자 등에 대해 치료, 간호, 기능회복훈련, 환경개선, 생활원조 등을 종합적으로 행할 때 이들 상호간의 관련성을 강화할 필요가 있으며 앞으로 실천이 요망되는 부문이라 하겠다.

## 건강수명

평균수명에서 질병으로 인해 몸이 아픈 동안을 제외한 기간. 단순히 얼마나 오래 사느냐보다 실제 건강한 기간이 어느 정도인지를 나타내는 것이므로 선진국에서는 평균수명보다 훨씬 중요하게 인용되고 있다.

## 건강염려증(hypochondria)

사람의 신체적인 기능의 세부사항에 열중하는 것 또는 질병에 걸릴까봐 지나치게 걱정하는 것을 말한다. 히포콘드리증(hypochondriasis)으로 불리기도 한다. 일반적으로 그 원인은 신경과민이라고 생각한다. 히포콘드리 환자는 실제적으로 신체적 증상은 보이나 신체적 기능에 실제 장애는 없다. 그들은 종종 여러 의학전문가들에게 도움을 구하며, 이상이 없다는 확신을 받아들이기를 꺼린다.

## 건강장애(health impairment)

만성 혹은 급성 건강 문제로 신체적 장애를 가지거나 제한된 힘, 제한된 활력(vitality) 혹은 기민도(alertness) 등으로 인해 아동이나 청소년들의 교육 수행에 영향을 미치는 신체 상태를 말한다. 심장병, 결핵, 류우머티즘열, 신, 천식, 악성빈혈, 혈우병, 간질, 납중독, 백혈병, 당뇨병 등이 이에 포함되며 아동의 교육적 수행에 악영향을 미치는 것으로 미국에서는 특수교육 대상 학생의 범주에 넣고 있다.

## 건강진단

예방의학의 원리에 의해 건강을 유지하고 증진하는 계획적 · 지속적 활동으로서 정기적인 진찰과 · 지속적 활동으로서 정기적인 진찰과 인간도크 등에 의해 질병의 조기발견에 중점을 둔다. 근로자를 위한 정기건강진단은 근로보건관리규정에 의해 유해로운 업무에 종사하는 근로자는 매년 2회 이상, 그 외 업무에 종사하는 근로자는 매년 1회 이상으로 규정하고 있다. 학교보건법에서는 매년 학생과 교직원의 신체검사를 하도록 하며, 결핵예방법에서는 모든 국민이 년 1회 이상 결핵에 관한 건강진단을 받으며, 모자보건법에서는 임산부와 영유아에 대한 건강진단을 규정하고 있다. 그 외 접객업소 종사자에 대해서도 전염병, 피부병에 관한 건강진단을 받아야 한다는 규정이 업종별로 정해져 있다. 검사항목은 ①감각기, 순환기, 호흡기, 소화기, 신경계의 임상의학적 검진 또는 검사 ②신장, 체중, 시력 색맹 및 청력의 검사 ③튜베르쿨린 반응검사, X선 검사, 적혈구 침강속도 검사 및 객담 검사 ④기타 노동부장관이 지정하는 검사 등이다. 건강진단의 결과에 따라 생활상의 유의사항이나 건강 활동 등에 관해 상담하는 건강 상담이 있다.

## 건강평가(self—assessment of health)

응답자가 자신의 연령 수준을 감안하여 주관적으로 판단한 건강상태를 말하며, 주관적 건강상태 평가는 건강이 단순히 신체적으로 이상이 없는 상태를 의미하는 것이 아니라 정신적 및 사회적으로 안녕된 상태(Social Well—being State)라는 의미의 지표이다.

## 건물주소제

전국 모든 도로에 이름을 부여하고, 그 도로에 맞춰 체계적으로 건물에 번호를 붙이는 제도. 선진국의 경우 주소와 지도만 있으면 아무리 낯선 곳이라도 찾아갈 수 있는데 비해, 우리나라의 주소체계는 일제가 식민통치와 조세징수 등을 목적으로 읍 · 면 · 동과 토지번호를 결합해 만든 것으로, 그 동안 급속한 도시화에 따라 토지를 분할하고 조밀하게 사용해 지번이 매우 불규칙하고 혼란스러웠다. 선진국은 모든 길, 심지어 집이 한두 채밖에 없는 골목길까지 모조리 가로명을 붙인뒤 집집마다 번호를 매기고 있는데, 번지수를 붙일 때에도 서에서 동으로, 남에서 북으로 숫자를 키우고, 길 양쪽으로 홀수 · 짝수 로 구분 방향을 명확히 하고 있다. 미국의 경우 이러한 원리에 따라 모든 주소가 번지수 · 길이름 · 도시이름 · 주(州)이름 · 우편번호 순으로 통일되어 있다.

## 건전재정의 원칙

국가의 세출은 국채 또는 차입금 이외의 세입을 그 재원으로 하도록 함으로써(예산 회계법 제5조) 예산회계법에서 건전재정의 원칙을 명시하고 있다. 그 예외로서는 재증권의 발행 또는 일시차입, 국채의 발행, 국내 또는 해외로부터의 장기차입금을 세입재원으로 하는 경우이다.

## 검사 프로파일(test profile)

개인에게 실시한 검사의 점수들을 하나의 공통 척도 상에서 평행되는 열들에 나열하고 점수들을 선으로 연결시켜서 높은 점수와 낮은 점수가 쉽게 눈에 띌 수 있도록 그린 도표를 말한다.

## 검사(test)

한 개인의 행동을 관찰하고 숫자척도나 분류척도를 가지고 그 행동을 기술하려는 체계적 과정이다. 숫자척도는 한 사람의 시력이 20/100이라든가 하는 경우이고, 분류척도는 그가 적청색 색맹이라고 진단되는 경우 등이다. 이러한 정의는 자기보고 양식의 성격검사에서의 질문, 사회적 행동관찰을 위한 과정, 운동기능을 측정하는 검사기구, 또는 생산과정을 점검하는 체계적인 기록방법 등이 이에 포함된다. 심리검사는 인간의 심리적 특성을 재기 위한 검사로서 그 특징에 따라 여러 가지로 분류된다. 가령 지필검사와 도구검사, 개인용 검사와 집단용 검사, 최대능력검사와 대표적 행동표현검사 그리고 그 측정 영역에 따라 지능검사 · 적성검사 · 흥미검사 · 성격검사 · 가치관검사 등으로 분류되기도 한다.

## 검사편견(test bias)

부정확한 결과를 초래하는 검사를 발전시키려는 경향을 말한다. 가령 한 적성검사에서 어떤 소수가 다른 조사자가 행한 것보다 더 낮은 점수를 얻는 경향이 있을 때 그들은 문화적으로 편견 되었다고 말한다.

## 검안서

검시와 관련하여 사망자의 사망을 확인하고 의사가 발급하는 증명서를 검안서라고 한다.

## 검자 표시

정부의 품질검사를 받았다는 표시. 정부는 공산품중에서 품질향상과 안정성이 요구되는 품목을 선정, 반드시 품질검사를 받도록 하고 있다. 검사에는 품질관리법상 출고전 검사를 받아야 하는 사전검사와 출고후 시 장에 유통되는 제품을 검사하는 사후검사가 있다. 〈검〉자 표시는 사 전검사를 할 필요가 있는 공산품을 일정기준에 따라 검사하고 붙여주는 필증이다. 정부는 사전검사품목을 수시로 조정, 발표한다. 〈검〉은 KS 나 〈품〉자 표시 상품처럼 우량표시가 아닌 규제를 받는 표시제도이다.

## 검증(verification)

한 명제의 진위를 판별하는 과정, 특히 어떤 가설로부터 유도되는 결론을 사실의 관찰, 실험의 결과와 비교하여 그 사설의 진위를 밝히는 일을 뜻한다. 논리실증주의가 언어의 논리적 분석을 방법으로 하여 형이상학적 및 윤리학을 배격할 때 적용한 원리가 바로 검증원리라는 기준이었다. 슐릭크(M. Schlick)는 "한 명제의 의미는 그 명제의 검증방법"이라는 말로 이 원리를 내세웠다. 검증에 관한 견해는 학자에 따라 다르며, 비인학파의 내부에서도 두 가지 의견으로 구별된다. 슐릭크와 비트겐슈타인(L. Wittgenstein) 등은 관찰적 명제와 관찰대상의 비교조합(比較組合)에 의해 검증이 이루어진다고 보며, 노이라트(O. Neurath)와 카르납(R. Carnap) 등은 검증은 명제나 언어 내의 과정으로, 복합적 문장으로부터 집적 관찰 가능한 프로토콜(protocol) 명제가 형식적으로 도출되는가의 확인에 불과하다고 주장한다. 현재 과학적 경험주의에 있어서는 확증의 이론이 이를 대치하게 되었다.

## 검진명령

행정기관이 특정인에 대해 건강진단을 받도록 의무로 과해진 명령행위이다. 사회복지에 있어서 생활보장의 실시기관은 보호의 결정 또는 실시가 필요한 때에는 해당 요보호자에게 지정한 의사 또는 치과의사의 검진을 받도록 명할 수 있다. 명령에 따르지 않을 때는 보호의 개시 또는 변경의 신청을 각하하고 보호의 변경, 정지 또는 폐지의 조치를 취할 수 있다.

## 검찰항고

자신의 고소나 고발을 처리하는 검사의 불기소처분에 불만이 있는 고소인이나 고발인이 관할고등검찰청장에게 재심을 요구하는 것(항고)이나 이 요구가 받아들여지지 않을 경우 검찰의 최고책임자인 검찰총장에게 하는 재심요구(재항고)를 검찰항고라고 한다.

## 게놈

생물이 생활기능을 영위하는 데 꼭 필요한 1쌍의 염색체. 생물의 유전형 질을 나타내는 모든 유전정보가 들어있다. 세포학적으로는 종(種)에 따라서 일정한 숫자로 이루어지는 1쌍의 염색체를 게놈이라 하며, 1게놈 속에는 상동염색체가 포함되어 있지 않다. 게놈 속의 1개 염색체 또는 염색체의 일부만 상실해도 생활기능에 중대한 영향을 끼친다. 1개의 게놈을 A로 표시하면, 2배성의 세포는 2개의 게놈을 함유하므로 AA, 생식세포는 1개의 게놈을 함유하므로 A로 표시된다. 1920년에 H.윙클러가 게놈 개념을 확립했으며 미생물유전학이나 분자 유전학의 발전과 함께 게놈에 대한 연구가 활발히 진행되고 있다.

## 게놈분석

게놈은 각 생명체의 유전형질을 나타내는 유전정보의 총칭으로 각 생물의 설계도라 할 수 있다. 고등 동식물을 포함한 진핵생물의 게놈은 염색체 단위로 구성되어 있으며 하등 미생물 등 원핵생물에서는 염색체 전체가 된다. 염색체는 실질적인 유전정보를 암호화하고 있는 유전자의 집합체이다. 따라서 염색체를 분석하면 생명현상의 근원에 대해서 명확히 밝힐 수 있다. 이것은 암, 치매 등 각종 난치병의 원인유전자를 발견함으로써 유전자 치료및 신약 개발 등이 가능해진다는 것을 의미한다. 이에 따라 선진각국은 앞다투어 게놈분석에 매달리면서 눈에 보이지 않는 경쟁을 벌이고 있다. 미국은 게놈연구를 선도하며 오는 2004년까지 30억달러를 들여 인체게놈 정보를 완전히 규명하려는 연구를 진행중이다.

## 게리맨더링

특정 정당 또는 후보자에게 유리하도록 선거구를 변경하는 것을 말한다 1812년 미국 매사추세츠 주의 주지사 게리(E.Gerry)가 그리스 신화에 나오는 괴물 살라만더(Salamander)와 닮은 선거구를 만든 것을 반대파 평론가들이 비꼬아 호칭함으로써 생긴 말이다.

## 게임이론(game theory) 01

경제행위에서 상대방의 행위가 자신의 이익에 영향을 미치는 경우 이익을 극대화하는 방법에 관한 이론. 노이먼과 모르겐스테른에 의해 대표된다. 게임이론은 1960년대 초 미국 핵전략론의 도구로 군사・안보 분야에 서 주로 사용되다가 1980년대부터 사회학과 국제정치학, 국제경제학의 주요한 방법론으로 쓰이고 있지만 비판적인 시각도 많다. 각 행위자를 이기적 존재로만 규정하는 가치론적 전제와 복잡다기한 경제관계를 도식적 틀 안에서 설명하려 한다는 점에서 비판을 받는다.

## 게임이론 02

경쟁관계에 있는 개인 상호간의 전략선택에 따른 이해득실을 수학적으로 분석하는 의사결정 이론을 말한다. 경제학에 있어 종래의 가격분석 이론은 고립적인 개인을 상 정하여 극대이윤 추구와 같은 극대원리(maximum principle)에 의존한데 반해, 게임이론은 경쟁 주체가 상대의 전략・전술을 참작하면서 행동한다는 점에 착안하여 새로운 합리성의 공준(公準)으로 극소극대(minimax)의 원리를 제시한다. 즉 합리적인 행위자가 기대되는 최소득점 가운 데 최대치를 선택하는 극소극대의 전략을 택하고, 상대방은 빼앗긴다는 입장에서 최대실점 가운데 최소치를 선택하는 극대극소(maximini)의 전략을 선택할 때, 게임의 해(解)로서의 양자의 일치점 즉 안점(鞍點, saddle point)이 생긴다는 것이다. 그러나 양자의 선택이 반드시 일치하는 것은 아니다. 게임이론은 1928년 J. L. Neumann에 의해 발표되었으며, 1944년 O. Morgenstern과의 공저 The Theory of Games and Economic Behavior 간행 이후 경제학과의 관계에서 논의되기 시작하였다.

### 격률(maxim)

준칙이라고도 한다. 옛날에는 논리상의 주요 명제([라]maxima propositio)의 뜻이다. 근세에 이르러서도 증명 없이 인용되는 명제(로크), 자명한 공리(라이프니쯔)의 뜻으로 사용되었는데, 칸트는 개인이 자기를 위해 이용하는 행위의 규칙이라는 뜻으로 사용하고, 이것을 보편적인 도덕법칙과 구별했다. 오늘날에는 행위의 규칙, 논리의 원칙 등을 간단히 표현한 것을 말한다.

### 격리(segregation)

사회적 인가(sanctions), 법률적 규제 또는 또래집단의 압력, 개인의 선택 등의 요인이 결부되어 하나의 집단을 격리 또는 별거시키는 것을 말한다. 자발적인 격리는 공통특성을 가진 집단에 자신을 스스로 귀속시킴으로써 발생한다. 비자발적인 격리는 대개 지배계층이 설립해놓은 법적, 정치적, 또는 규범적인 요구가 비교적 힘이 약한 계층에 부과됨으로써 발생한다.

### 견인이론(pull theory)

Robert Golembiewski가 제시한 조직관리 이론 가운데 하나로, 견인이론은 조직 내에 자유스러운 분위기를 조성하고 구성원들로 하여금 일하면서 보람과 만족 을 느끼도록 처방하는 이론을 말한다. 이에 반해 압력이론(push theory)은 구성원들로 하여금 다만 고통스러운 결과를 피하기 위해 일하도록 만드는 방안을 처방하는 이론을 말한다. 인간이 자율규제적이며 직무수행을 통해 만족을 얻으려는 존재임을 전제하는 견인이론은 분 화보다는 통합을, 억압보다는 행동의 자유를, 안정보다는 새로운 것을, 그리고 기능보다는 일의 흐름을 선호해야 한다는 원리를 처방한다. 즉 견인이론에 입각한 구조는 통합·행동의 자유·변동 그리고 전체적인 일의 흐름을 중요시함으로써, 분권화·사업관리·기능의 복합적 중첩·목표관리·자율적인 사업담당반 등 여러 가지 적응적 장치를 구조적 특성으로 한다.

### 견책(reprimand)

징계처분의 한가지로 잘못을 꾸짖고 회개하게 만드는 것. 사학연금의 경우, 징계처분일로부터 6개월 동안 승급이 제한되며 징계처분일로부터 3년이 경과하게 되면 승급기간의 특례에 의해 승급의 제한을 받은 기간은 승급기간에 재산입한다.

### 결과(consequence) 01

행동주의에서 행동 재발의 가능성을 증가 혹은 감소시킬 수 있는 행위에 의해 발생하는 사건이다. 하나의 결과는 행위에 어떠한 영향도 미치지 않을 수 있다.

### 결과(effect) 02

존재하는 사물이나 발생한 현상 또는 원인에 관련시켜볼 때 원인에서 유래한 어떤 행위이다. 고전적인 형이상학에서는 원인을 실체(entity)라고 보면 그 실체의 작용이 결과이며, 원인을 본질(essence)로 보면 그 본질이 구현되는 현상이 결과라고 하였다. 근대의 경험주의적 사고에서는 원인을 상정하여 그것에서 결과를 설명하려고 하지 않고, 어떤 현상을 결과로 보고 그것에서 원인을 탐구하는 방식을 취한다. 흄(D. Hume)과 밀(J.s. Mill) 등의 경험주의자들은 원인과 결과의 관계를 두 개의 사건이나 변화의 관계로 파악하고, 선행하는 사건 혹은 변화가 충분조건이 될 때 후속한 사건, 혹은 변화를 결과라고 한다.

### 결사체(association)

미국의 사회학자 맥키버(Maciver R. M.)가 주장한 사회집단 유형의 하나로서 인간의 특정한 생활요구를 충족시키기 위해 인위적으로 조직되어 뚜렷한 이해의식을 가진 사회를 말한다. 인간은 특정한 생활요구를 충족시키기 위해서 참여하여 그 곳에서 요구하는 역할을 수행한다. 이는 생활의 특수한 일면에 결합되어 있을 뿐 생활의 전반적인 면을 담고 있지 않으며 특정한 목적달성을 위해 생산성 향상을 그 원리로 하고 있다.

### 결산(final account)

결산이란 한 회계연도 내에 있어서의 세입예산의 모든 수입과 세출예산의 모든 지출을 확정적인 계수로 표시하는 활동을 말한다. 정책 및 사업관리의 효율화를 기 하기 위한 절차로서의 결산은 예산관리 업무의 적법성, 내부통제의 적합성, 사업의 효과성 등을 확인하는 과정이다. 결산과정은 해당 행정기관의 출납정리 및 보고, 재정경제부의 결산서 작성 및 보고, 감사원의 결산 확인, 국무회의 심의와 대통령의 승인, 국회의 결산심의 순으로 이루어 진다.

### 결산조작

영업의 영업성적을 사실 그대로 공표하지 않고 손익면에서 여러 가지 조작을 하는 경우를 말한다. 즉 실제로는 적자결산이면서 부당한 목적의 출혈배당을 위해서 혹은 은행 등 채권자의 신용보전을 위하여 가공 이익을 계상하는 경우 등이다. 반대로 실제로는 상당한 업적을 올려 혹 자이면서도 축소배당이나 조세포탈을 목적으로 손익을 조장하는 경우도 이에 해당된다. 일반투자자들의 보호를 위하여 상장기업의 경우는 공인 회계사 감사에서 결산조작 여부에 대한 의견을 첨부하여 감사 후 수정손익을 공표하도록 되어 있다.

### 결속(bonding)

다른 사람에게 애착을 가지는 사람이 발달시키는 것을 말한다. 어느 한 개인이 다른 사람이 정규적으로 충족시켜야 하는 욕구를 느끼고 상호관계 속에서 부분적으로 자신의 정체감을 만들어 나갈 때 이러한 과정이 시작된다.

## 결손

회사경리에서 수입보다도 지출이 많아져 있는 상태를 말한다. 손익계산 서의 경상이익, 세공제이익에 대응하여 각각 경상결손, 최종결손이라는 형태로 구별하는 수도 있다.

## 결손가정(broken family) 01

부부중심의 가족을 기준으로 할 때 결손가족은 모자가정, 부자가정, 청소년 가장가족 등 가족 중에 부모 혹은 양친이 없는 가정을 말한다. 결손원인으로는 배우자가 질병·사고·산업재해 등으로 사망하였을 경우, 이혼, 별거, 가출 등으로 결혼관계가 해소되었거나 부양의 의무를 하지 않는 경우, 장기간 입원 혹은 수감으로 인해 동거할 수 없는 경우 또는 미혼모 가족 등을 들 수 있다. 결손가족은 구조적인 결손만을 의미하지 않고, 가족관계와 가족기능상에 장애가 있는 비구조적 결손가정까지도 의미할 수 있다.

## 결손가정 02

모자가정, 부자가정, 아동세대 등 가정에 아버지나 어머니 혹은 양친이 없는 가정을 말한다. 결손원인으로는 이혼, 가출, 사망, 장기복역 등이며 이러한 결손된 가족에 있어서는 어떤 결손된 역할을 대체해서 남은 가족으로 하여금 정상적인 가족생활이 지속되도록 해야 한다. 가령 모자가정에 있어서 어머니 혹은 장남이 아버지의 역할을 감당해야 되는데, 이럴 경우 이중의 역할부담에 대한 역할 갈등(role conflict)이 문제가 된다. 또 결손가정에서는 심리적 동일시가 문제되는데, 아버지가 없을 경우 남자아동에게 아버지를 동일시 할 수 없고 어머니가 없을 경우는 여자 아동에게 어머니 즉 여성적인 동일시의 기회가 없게 된다. 비행소년 및 문제아의 원인이 되는 경우가 많으므로 정책적·제도적 보호시책이 강구되어야 한다.

## 결손처분(deficits disposal)

부담금을 징수하거나 급여액을 환수함에 있어 특정한 사유의 발생으로 인해 부과한 부담금 또는 환수금을 징수할 수 없다고 인정될 경우에 그 납부의무를 소멸시키는 행정처분을 말한다.

## 결심

재판에 있어서 판결을 내릴 수 있을 만큼 피고와 원고의 모든 주장이 제기되어 그들의 주장 즉 변론이 끝나는 것을 결심이라고 하는데 결심에 관한 재판을 결심공판이라고 하고 결심공판 뒤에는 재판장의 판결이 있는 선고공판이 따른다. 결심이 있은 뒤 라도 여러 가지 이유로 인해 변론이 재개 될 수 있다.

## 결연사업(sponsorship services)

결연사업이란 도와줄 자를 찾아 도움이 필요한 사람에게 연결시켜 주는 조직적 활동으로서 어려운 처지에 있는 요보호대상자 및 시설과 남을 돕고자 하는 후원자(개인 또는 단체)와의 결연을 통해 요보호대상자 및 시설이 필요로 하는 물질적·정신적 원조를 받도록 알선하는 사업이다. 우리나라는 1950년대에 선교 및 구호단체에 의해서 시작되었으나 정부차원에서는 1972년에 한국사회사업시설 연합회와 전국 경제인 연합회의 주선으로 기업체와 사회복지시설 간에 자매결연형식으로 접근하였으며, 1973년에는 전국적으로 확대·실시하였다. 1976년 보건복지가족부는 불우아동결연사업을 실시하여 결연사업을 정착시켰으며, 1981년 아동결연사업을 한국 어린이재단에 위탁하여 업무를 수행하게 하였다. 1986년 한국사회복지협의회의 노인결연사업 실시로 결연사업 대상자가 점차 확대되었고 1990년부터는 한국 장애인복지시설협회에서도 장애인을 대상으로 결연사업을 실시하고 있다.

## 결정

재판중인 사항에 대한 최고·최후의 결정인 판결은 아니지만 재판과정이나 재판의 결과 나오는 산물로 재판장이나 판사가 아니라 법원이 그 주체가 되어 내리는 판단을 결정이라고 한다. 판결의 사항이 되는 것보다는 가벼운 사항에 대한 판단이지만 결정과 그에 따른 효력은 무시할 수 없다.

## 결정계수

변수 사이의 관계를 분석하는 수단의 하나인 회귀분석은 회귀모형을 설정한 후 실제로 관측된 표본을 대상으로 회귀모형의 계수를 추정하여 변수 사이의 관계를 나타내 주는 선형회 귀식을 도출하는 과정을 거친다. 결정계수는 이와 같이 표본관측으로 추정한 회귀선이 실제로 관측된 표 본을 어느 정도 설명해 주고 있는가, 즉 회귀선이 실제 관측치를 어느 정도 대표하여 그 적합성(goodness of fit)을 보여주고 있는가를 측정하는 계수로 나타낸 것인데, 이 값은 0과 1사이의 값을 가진다. 이러한 결정계수는 두 변수 사이의 상관관계의 정도를 나타내는 상관계 수(correlation coefficient, 일반적으로 r로 나타냄)를 제곱한 것과 같 으며, 따라서 $R$($R - $ Squared)로 표시한다. $R = 1$ 일 경우 모든 표본 관측치가 추정된 회귀선 상에만 있다는 것을 의미하며 따라서 추정된 회 귀선이 변수 사이의 관계를 완전히 설명해 주고 있음을 의미한다. 반면, $R = 0$ 일 경우에는 추정된 회귀선이 변수 사이의 관계를 전혀 설명해 주지 못함을 의미한다.

## 결정론(determinism) 01

모든 사물현상들을 필연적으로 연관되고 인과적으로 제약되어 있다고 보는 철학이론이다. 고대유물론 철학자들의 사상에서 표현되었으며, 근대유물론자들, 특히 18세기 프랑스 유물론자들에 의해 발전되었다. 결정론자들은 사람들의 행동과 의지를 포함한 모든 사물현상들이 객관적, 인과적 합법칙성에 의해 제약되어 있다고 주장한다.

## 결정론 02

특정 현상은 그것을 야기하는 원인에 의해 필연적으로 결정된다고 주장하는 이론을 말한다. 물리현상 및 사회현상에 있어 인과관계가 완전하지 않다고 주장하는 비결정론(indeterminism)과 대비된다.

## 결정적 지능(crystallized intelligence)

세상의 여러 사실들에 대한 지식과 같이 교육이나 경험을 통해 습득 및 축적되는 특징을 갖는 다양한 정보나 지식, 인지적 기술이나 능력 및 문제 해결 책략의 목록 등을 지칭하는 것으로, 흔히 연령증가에 따라 증가되는 것으로 알려지고 있다. 결정화된 지능 또는 결정지능이라고도 한다. 유동적 지능(fluid intelligence)과 구분하여 사용되는 개념이다.

## 결합수요

때로는 필요에 의해서, 때로는 기호에 의해서 일반적으로 함께 사용되는 두 가지 또는 둘 이상의 생산물에 대한 수요를 말한다. 한 재화를 보다 많이 사면 다른 재화도 그에 따라서 다량으로 구입하게 되는 경우에 결합수요는 나타난다. 마샬(Marshall, A)에 의해서 처음으로 사용된 이 개념은 생산요소의 수요 및 소비자수요의 두 가지 분석에 이용된다. 생산요소의 경우에는 예를 들면, 흑연과 목재 등과 같은 투입물에 대한 결합수요는 그러한 투입물에 결합되어 만들어지는 연필의 수요에 의해서 유발된다. 연필의 수요가 있으므로 목재와 흑연의 결합 수요가 발생하는 것이다. 소비자 수요의 경우 결합수요는 건축과 레코드, 자동차와 타이어 등과 같이 소비자가 그것을 배합함으로써 그 재화를 사용하고 싶다고 느껴지는 배합에서 발생한다. 결합수요의 이론은 가령 가격변화 등에 의해서 한쪽 재화에 대한 수요가 변화할 경우에 다른 재화에 대한 수요가 어떤 경로를 거치게 되는가를 설명하는 데 도움이 된다.

## 결합재무제표

재벌총수가 경영을 지배하고 있는 모든 계열사를 하나의 기업으로 보고 작성한 재무제표이다. 수출 대행과 원자재 납품 등 계열사 간에 이루어지는 내부거래를 상계(相計)하여 작성하기 때문에 매출액과 순이익 등 그룹 경영지표가 전보다 크게 줄어들며, 상호 지급보증 등 계열사간의 지원관계를 한눈에 파악할 수 있다. 기업이 작성해야 할 재무제표는 전체 계열사·금융업·비금융업 등 3개 부문이며, 그 종류는 대차대조표·손익 계산서·현금흐름표·결합자본변동표 등 4가지이다. 그리고 계열사간 내부 지분율과 상호 빚보증 현황 및 담보제공과 상호자금 대차관계를 표로 일목요연하게 작성해야 한다.

## 결핵(tuberculosis)

막대균(간균)인 결핵균의 감염에 의해 모든 장기에 발병할 수 있는 만성전염병으로 폐결핵이 대부분이다. 폐결핵의 주된 증세는 미열, 체중감소, 식은땀, 기침, 가래, 흉통, 호흡곤란, 권태감, 식욕부진 등의 경우도 있다. 투베르클린 반응으로 결핵균의 감염여부를 판독할 수 있으며 X선 검사, 객담검사, 혈침 등으로 진단될 수 있다.

## 결핵대책

결핵은 중대한 전염병으로 오래 전부터 사회방어의 입장에서 대책이 강구되어 왔다. 오늘날 공중위생의 향상이나 의료의 진보로 결핵의 질병상태가 변모하여 이에 대응하는 대책전환이 시도되고 있다. 현행 결핵대책으로는 결핵예방법에 의한 정기건강진단 예방접종(BCG), 환자관리, 의료비공비부담 등의 대책 외에 아동복지법에 따른 결핵아동에 대한 요양비의 급여나, 심폐기능 장애인에 대한 장애연금, 장애인복지법에 결핵예방법에 의한 복지조치, 생활보장법에 의한 부조 등이 있다.

## 결핵요양소(sanatorium)

결핵환자를 격리 입원시켜 치료하는 의료시설, 결핵새너토리엄(sanatorium)이라고도 한다. 대기 안정, 영양에 의한 치료를 목적으로 하고 있으며, 결핵 환자만을 수용함으로써 예방과 치료 그리고 병원 운용과 환자의 심리적 안정에 효율을 높일 수 있다. 우리나라에는 국립마산 및 공주 결핵원이 있고 목포도립 아동결핵요양소가 있다. 기타 시립, 종교 단체 등에 의한 사립요양소가 있다.

## 결핵환자(tuberculosis patient)

폐결핵 호흡기질환에 걸린 사람을 말한다. 결핵은 국민병으로 불려 하나의 사회문제였었다. 노·농간을 불문하고 빈곤과 결핵에 의한 생활파괴가 진행되었으나, 화학요법을 비롯하여 예방대책 등의 정비로 치료·완쾌의 경우도 많고, 환자도 감소추세에 있지만 노인의 결핵환자 증가 등이 문제로 되고 있다

## 결혼계약(marital contracts)

가족치료자들이 각 배우자를 결혼에 이르게 하는 기대와 동기를 가리키는데 사용되는 용어이다. 이러한 기대와 동기는 이를 갖고 있는 사람에게서 의식적일 수도 있고 무

의식적일 수도 있으며, 배우자에게 알려질 수도 있고 그렇지 않을 수도 있다. 건전한 결혼에서 각 배우자의 계약은 서로에게 알려지고, 남편과 부인의 개인적 계약이 공유되도록 동의가 이루어진다. 계약이 감추어지고 분리된 채로 있는 결혼에서 부부는 서로 혼란스럽고, 의심하고, 실망하기가 쉽다. 결혼계약이란 용어는 또 보통 각 배우자가 맡아야 할 재정조건과 의무를 구체화하기 위해, 결혼하는 부부간에 이루어지는 공식적으로 문서화되고, 법적으로 강제된 동의를 가리키는데 사용된다.

## 결혼상담(marriage counseling)
결혼 전의 남녀교제에서 일어나는 문제는 물론 결혼 후의 부부생활에서 생기는 생리, 심리적인 문제, 결혼적응문제, 친인척관계를 포함하는 인간관계 등의 문제해결을 도와주며, 부부를 중심으로 하는 상담의 한 방법이다. 결혼상담은 가정복지기관이나 가정법원 등 가족 문제를 취급하는 기관에서 실시되고 있다. 최근에는 가족치료분야에서 결혼 상담을 다루고 있다.

## 결혼상담소(marriage counseling center)
미국, 영국 등의 결혼 상담소는 혼전·후의 배우자간의 적응문제를 상담하는 기관이지만 우리나라와 일본에서는 주로 미혼남녀가 결혼을 위해 선을 볼 수 있도록 상대방을 소개하는 기관이다. 주목적은 우생상담, 올바른 결혼관 지도, 좋지 못한 폐습의 시정, 결혼생활의 적응상담, 결혼소개이다. 사회복지서비스로서 신체장애 등 결혼에 불리한 조건을 가진 사람을 위한 결혼상담소를 확충할 필요가 있다.

## 겸업농가
농가의 세대원이 자가의 농업 이외의 일을 해서 수입을 얻는 것을 겸업이라 하고 겸업자가 있는 농가를 겸업농가라 한다. 겸업농가에는 농업소득과 타업의 소득이 많고 적음에 따라, 겸업하고 있는 일의 종류에 따라, 겸업에 종사하는 세대원의 관계에 따라 상당한 차이가 인정된다. 오늘날 신종겸업농가가 현저하게 증가됨으로써 농촌의 겸업농가를 어떻게 규정짓느냐 하는 문제가 제기되고 있다.

## 겸업주의와 분업주의
금융제도는 일반적으로 한 금융기관이 모든 금융업무를 담당할 수 있는 독일, 프랑스 등의 겸업주의와 은행업무와 증권업무, 장단기 금융이 분업화된 영국, 미국의 분업주의 방식이 있다. 우리나라와 일본은 상업 은행주의를 기본으로 하는 영·미방식을 도입하고 있어 은행업무와 증권 업무가 구분되고 장단기 금융업무도 엄격히 구분돼 있다. 그러나 금융기관의 전산이 전 금융기관의 네트워크화를 추진하게 됨에 따라 증권회사에서도 예금·대출 업무를 담당하고 은행에서도 국공채인수, 모집, 매매 업무를 담당하는 등 은행업무나 증권업무의 영역을 넘어서 종합화되어가 는 유니버설뱅킹 시스템으로 진척되는 양상을 나타내고 있다.

## 겸임
한 사람에게 둘 이상의 직위를 부여하는 것을 말한다. 우리나라에서는 직위 및 직무 내용이 유사하고 담당직무수행에 지장이 없는 범위 내에서 일반직공무원을 대학교수 등 특정직 공무원이나 특수전문분야의 일반직공무원 또는 관련 교육기관 및 연구기관, 기타 기관 및 단체의 임직원과 서로 겸임할 수 있도록 하고 있다. 또 관련 교육 및 연구기관, 기타 기관 및 단체의 임직원을 특수 분야의 별정직공무원으로 겸임시킬 수 있도록 하고 있다. 겸임기간은 2년 이내로 하되 특히 필요한 경우에는 2년의 범위 내에서 연장할 수 있다〈국가공무원법 제32조, 공무원 임용령 제40조〉.

## 경계(boundaries)
두 가지 심리적 혹은 사회적 체계로 분리되는 지역을 말한다. 어떻게 가구원 혹은 하위체계가 서로 그리고 다른 사람들과 관련되도록 기대되는가를 결정하는 암묵적인 규칙을 포함하는 가족체계이론의 중심개념이다. 살아 있는 세포의 얇은 막과 비슷한 경계의 기능은 체계와 그것들의 하위체계를 구별하고 정체성을 개발하는 것이다. 건강한 가족기능은 대개 명백한 경계를 갖고 있고, 별로 건강하지 못한 가족기능은 경제적인 하위체계가 부적절하게 경직되어 있거나 일관되게 명백하지 못한 곳 혹은 망상가족에서 찾아볼 수 있다.

## 경계선(borderline) 01
두 범주 사이에 위치한 어떤 현상을 설명하는 용어이다. 사회사업가와 정신건강 직원은 흔히 비공식적으로 이 용어를 정신병과 비정신병 혹은 정상과 정신병의 분할선 사이 근처에 있는 사람들을 가리키는데 사용한다. 경계선 성격장애와 혼동되서는 안된다.

## 경계선(boundaries) 02
S. Minuchin의 가족치료이론의 중심 개념의 하나로서, 가족 성원들이나 하위 체계간에 서로에게, 그리고 비가족 성원들과 기대되는 관계를 어떻게 맺을 것인가를 결정하는 함축적인 규칙과 상관있다. 즉 살아 있는 세포막과 유사한 것으로서 경계선의 기능은 체계들과 그들의 하위 체계 간을 구별하고, 정체성의 개발을 가능하게 한다. 가족 구조 내에 있는 하위 체계의 경계선은 누가 어떻게 참여하는가 하는 것을 규정하는 가족 규칙으로 가족이 적절한 기능을 유지하기 위해서는 하위 체계의 경계선을 분명히 해야 하며 심한 방해 없이 가족 성원들이 기능을 발휘할

수 있도록 명확히 규정해주어야 한다. S. Minuchin은 가족 구조 내에서 경계선의 명확성은 가족 기능을 평가하기 위한 유용한 척도가 된다고 주장하고 있다. 그리고 그는 모든 가족들은 밀착된 경계선(enmeshed boundary)과 유리된 경계선(disengaged boundary)을 양극으로 하는 연속선상의 어느 지점에 위치한다고 보았다. 가족 체계에 있어 넓고 명확한 경계선을 수반한 가족의 경우 그 가족의 기능은 바람직하다고 볼 수 있으며, 반면 하위 체계간의 경계선이 부정확하고 불분명하거나 딱딱한 경우에는 그 가족의 기능이 바람직하지 못하다고 볼 수 있다.

### 경계선급 지능(borderline level intelligence)
지능검사에 의해 산출된 지능지수가 71에서 84범위에 해당되는 경우로서 전 인구의 약 6 — 7%가 해당된다. 이들은 한글 해독이 거의 가능하며 간단한 돈 계산 등도 가능하다. 그러나 적응 능력이 부족하여 사회적, 직업적 기능을 수행하기 어렵다. 따라서 뚜렷한 정신장애가 없더라도 쉽게 좌절하거나 혼란되기 쉽다. 그러나 적절한 지도로 이러한 정서적 혼란을 경감시킬 수 있다. 또 특정 분야에서 능력을 잘 발휘하도록 이끌 수도 있다.

### 경계선 성격장애(borderline personality disorder)
성격장애의 일반적 형태 중 한 가지로 다음과 같은 증상을 보인다. 다른 사람과 깊은 관계를 맺거나 부적응 관계를 맺는 유형으로, 종종 자기 파괴적이고 충동적이고 예측 불가능한 행동, 화를 통제하지 못하는 것, 심각한 감정변화, 일관성 없는 자아개념, 다른 사람을 속이는 것, 만성적인 지루함과 공허감 등을 나타낸다.

### 경계선층(borderline class)
세대의 소득이 생활보장기준액과 같은 정도에서 다소 상회하는 정도의 저소득상태에 있다고 인식되는 생활상황의 사람들을 말한다. 그 소득상황이 생활보장기준액과 경계(border)를 칭할 정도의 생활수준에 있음으로 붙여진 명칭이다. 명확한 정의는 없으나 실제에서는 생활보장기준액 이상 약 1.5내지 2배정도의 소득세대를 말하며 생활상의 변화로 피보호자가 될 위험을 안고 있는 계층이기도 하다. 불안정취업계층, 저소득계층과 동의어이다.

### 경과 보험료
보험계약에 있어서 보험료의 유효기간인 보험연도와 보험회사의 사업연도가 일치하지 않으므로 그 보험연도에 해당한 보험료 중 일부는 당해사업연도에 해당하고 나머지 부분은 차기사업연도의 일부에 해당된다. 이 때 차기사업연도의 보험기간에 속하게 되는 보험료를 미경과보험료 라 하고 결산기일에 준비금으로 적립하게 된다. 이에 대해 이미 경과된 기간(보험책임이 경과된 기간)에 해당하는 보험료를 경과보험료라고 한다.

### 경과기록(progress record)
케이스기록에서 케이스워크의 전개과정에 따라 쓰이는 부분으로 일반적으로 경과기록용지로 구별되고 있다. 이 기록양식에는 전개과정의 상황을 있는 그대로 기재하는 서술기록(예 압축기록과 과정기록)과 개괄해서 기재하는 요약기록(예 항목기록)이 있다. 6하 원칙을 사용하여 정확하고 알기 쉽도록 표현하는 것이 필요하다.

### 경기
경제전체(매크로)의 활동수준 동향. 경기의 움직임을 나타내는 대표적 인 지표는 국민총생산인데, 경기를 예측하거나 왜 움직이느냐를 아는데는 GNP의 내용(소비·투자·수출입)과 투자 중의 재고투자·설비투자·건설투자의 움직임을 알 필요가 있다. 그밖에도 여러가지 경제 통계가 경 기판단에 관련되고 있으나 이들을 종합해서 개발한 지표가 경기동향지 표이다. 이는 미국의 민간연구기관인 NBER(전미경제연구소)가 개발한 것으로 각국에서 이용되고 있다.

### 경기과열
투자 등 수요의 과잉으로 공급과의 균형이 무너져서 물가가 마구 상승, 인플레현상을 빚어내고 경제활동이 비정상적으로 활발해지는 상태이다. 바꾸어 말하면 호황의 말기적 증상으로서 마치 보일러가 과열로 인하여 파열하는 것처럼 경기도 과열로 인해 붕괴되는 현상이다.

### 경기변동
자본주의경제가 소비활동의 변화 등 여러가지 요인에 의해 호황·불황 등의 경기순환을 겪게 되는 것. 이같은 경기변동은 대개 순환적이며 변 동과정은 몇 가지 국면으로 나누어진다. 즉 ①수축, ②회복, ③확장, ④후퇴의 4가지국면. 경기수축은 일정기간 전반적 경기하강을 말하며 수축이 계속돼 상향전환점 또는 저점에 도달하면 상승으로 반전, 회복국면에 들 어간다. 이 회복기가 지나면 경제는 확장단계에 들어가 일정기간 후에 하향전환점 또는 정점에 도달하여 후퇴로 반전하고 다시 수축과정에 들어가게 된다. 이같은 경기변동을 호황 또는 불황으로 구분되기도 하는데 수축국면은 불황에 해당하고 확장국면은 호황이라 할 수 있다.

### 경기순환
경제변동 중에서 계절변동과 같이 주기는 일정하지 않지만, 자본주의사 회의 경제활동의 상승(확장) 과정과 하강(수축) 과정을 되풀이하는 변동을 경기변동이라고 하며, 보통 4개의 국면이 순환하는데서 경기순환이 라고도 한다. 경기파동은 ①콘드라티에프파동, ②주글라파동, ③키친파동 등 세가지로 나뉜다. ①은 50년 내지 60년에 미치는 장기파동, ②는 9년 내지 10년의 주순환, ③은 40개월의 소순환이다. 경기의 국면은 불황(depression), 회복(recovery), 호황(prosperity), 후퇴(recession)의 네가지로 구분하는 것이 보통이다. 예전에는 공황(panic)이 중시되었으며 호황에 이어지는 국면으로 여겨졌으나 근년에는 빌트인 스태빌라이저(경기자동안정장치)에 의해 경기변동을 자동적으로 조절해서 경제를 안정시키는 체제가 갖추어졌기 때문에 경기국면으로서는 공황을 후퇴로 대체하고 있다. 또 경기순환의 요인에 관해서는 이제까지 많은 학자에 의해 여러 가지 설이 나왔는데, 그 주된 것은 ①과잉투자설(소비재산업의 발전에 대해 자본재산업의 발전이 지나치기 때문에 경기가 변동한다는 설), ②과소소비설(소득 내지 소비의 부족으로 불황이 일어난다는 설), ③이노베이션 이론(기술 혁신 그밖의 신기술이 경기를 변동 시킨다는 설), ④래그이론, ⑤안티노미 이론 등이 있으며, 근대경제학에서는 더욱 정밀한 이론이 수립되어 있지만 아직 정설이 되지는 않았다.

### 경기순환주

경기상승시에는 주가가 급등하고 경기 하강시에는 주가가 급락하는 주가다. 주택건설, 자동차, 제지업종 등이 대표적인 예다. 이들 주식은 경제 전반의 일반적인 순환에 크게 영향을 받으며 투자자 들은 경제 전반의 순환에 비춰 주식수익률 등락을 예측할 수 있다. 경기 순환주의 반대개념으로 비경기 순환주가 있다. 이는 경기에 비교적 중립적인 주식으로 음식, 보험, 의약품 관련주를 들 수 있다.

### 경기연착륙

비행기가 활주로에 사뿐히 착륙하 듯 경기가 갑자기 불황으로 내려가지 않도록 서서히 충격없이 하강한다는 뜻이다. 경기가 빠른 속도로 침체 되는 경기급랭(HARD ― LANDING 또는 HARD ― CRASH)과 대비된다. 원래 항공 우주공학적 개념이지만 미국경제가 호황을 구가하던 80년대 말 어떻게 하면 다가올 불황을 잘 관리할 수 있을까를 다루면서 언론이 시사경제 용어로 사용하기 시작해 전세계에 퍼졌다. 경기가 팽창(활황)에서 수축(불황)국면으로 접어들때 기업은 매출이 줄고 투자심리가 위축돼 결국 감원으로 연결되고, 가계는 실질소득이 감소해 소비를 줄이고 저축을 꺼리게 되는데 연착륙은 이같은 부작용을 최소화하자는 것이다. 연착륙을 위해선 경기하강이 시작되기전부터 통화 재정환율 등 정책수단을 적절히 조합, 탄력적으로 대응하는 노력이 필요하다.

### 경기예고지표

과거의 경제 동향 및 실적을 토대로 산출된 주요 경제 지표의 추세를 분석하여 현재의 경기상태가 과열·안정·침체인가를 나타내는 종합 경기 판단지표. 경기 순환에 따르는 경기침체를 방지하고 지속적인 성장정 책을 추구

하기 위해 개발 되었다. 우리나라에서는 이 지표를 18개 계열로 작성하여 한국은행에서 시행하고 있다.

### 경기자동안정장치

경기의 호·불황에 따라 재정수지가 자동적으로 증감되면서 경기 변동을 조절하는 기능. 누진과세제도나 사회보장제도의 발달에 따라 경기가 상승하면 세수가 증가되고 실업보험의 지급이 감소되며, 불황이 되면 그 반대가 되는 등 현재의 재정은 그 구조자체 가운데에 경기 조절 기능을 갖고 있다. 즉 경기변동에 따라 재정수지가 자동적으로 혹자 또는 적자가 되어 이것이 경기의 변동을 완화하는 작용을 하는 것이다. 그러나 경제의 안정화를 도모하기 위해서는 이러한 재정의 구조자체에 장치되어 있는 자동적인 기능만 가지고는 충분하지 않다. 그러므로 경기, 불경기의 정도에 따라 적극적으로 재정지출을 증감시키거나 세율을 개정하여 재정 수지를 인위적으로 흑자, 적자로 만들어 유효수요의 변동을 조정 할 필요가 생긴다. 이와 같이 재정을 경기조절의 수단으로 활용하여 경제의 안정화를 도모하는 것을 일반적으로 보정적 재정정책이라 부른다.

### 경기정책

국민경제 전체의 입장에서 경기순환의 파동을 인식하여 그것이 국민경제에 미치는 불안정적 영향을 완화 시키려는 정책이다. 경기정책의 수단은 재정정책과 금융정책으로 대별할 수 있다. 먼저 재정정책은 ①개인 소득세의 감세에 의한 소비수요의 증가, ②법인세의 경감에 의한 투자지출의 증대, ③재정지출의 증가 등의 방법에 의해 총수요를 증대해 경기를 회복시킬 수 있다. 이와 반대로 호경기에 있어서는 경기의 과열을 억제할 수 있도록 조세수입을 증대하고 정부의 재정지출을 감축하여 총수요를 억제한다. 금융정책은 금융조건을 완화 또는 긴축하여 유효수요를 적당히 조절함으로써 경기 순환의 진폭을 줄일 수 있는데 그 수단으로는 금리, 지급준비율 및 공개시장 조작 등이 있다. 이와 같은 금융정책의 궁극적인 목표는 이자율의 변동, 즉 은행신용의 비용이나 자금량을 조절함으로써 주로 투자수요를 신장 또는 억제하여 총수요를 조절하려는 것이다.

### 경기종합지수
(Composite indexes of business indicators : CI) 01
일반적으로 '경기' 라고 할 때는 국민경제의 총체적 활동 수준을 가리 킨다. 경기를 판단하기 위해 사용되는 대표적인 지표로는 통계청이 매월 발표하는 경기종합지수(CI:Composite Index)가 있다. CI는 동행지수, 선행지수, 후행지수 등 크게 3가지로 나뉜다. 동행지수는 현재의 경기상태를 알려주는 것으로 모두 10개의 지표를 종합해 만든다. 이 지표에는 노동투입량, 산업생산, 제조업가동률,

전력사용량(제조업) 도소매판매액, 비내구 소비재 출하, 수출액, 수입액 등이 포함된다. 선행지수는 가까운 장래의 경기동향을 나타내준다. 통화량처럼 미래 경제활동 수준에 큰 영향을 미치는 지표나 수출신용장과 같이 앞으로 일어날 경제현상을 예시하는 지표로 구성된다. 후행지수는 경기변동을 사후에 확인할 수 있는 지표다. 여기에는 기계류 수입액(선박 및 항공기 제외), 생산자제품 재고지수, 내구 소비재 출하지수, 회사채 유통수익률, 비농가실업률 등 크게 5개 항목이 포함된다. 전월에 비해 경기종합지수가 정(+)이면 경기상승을, 부(−)일 경우에는 경기하강을 나타낸다. 증감률 크기에 따라 경기변동 진폭까지 알 수 있으므로 경기변동 방향, 국면 그리고 속도까지 동시에 분석할 수 있다.

### 경기종합지수 02

국민경제 전체의 경기동향을 쉽게 파악하기 위하여 경제부문별(생산, 투자, 고용, 소비 등)로 경기에 민감하게 반영하는 주요 경제지표들을 선정한 후 이 지표들의 전월대비 증감률을 합성하여 작성하는데, 개별 구성지표들의 증감률 크기에 의해 경기변동의 진폭까지도 알 수 있으므로 경기변동의 방향, 국면및 전환점은 물론 속도까지도 동시에 분석할 수 있어 우리나라의 대표적인 종합경기지표로 널리 활용되고 있다. 경기종합지수에는 선행(Leading), 동행(Coincident), 후행(Lagging)종합지수가 있다. 선행종합지수는 앞으로의 경기동향을 예측하는 지표로서 구인구직비율, 기계수주액(국내), 건설수주액, 총유동성 등과 같이 앞으로 일어날 경제현상을 미리 알려주는 10개 지표들의 움직임을 종합하여 작성한다. 동행종합지수는 현재의 경기상태를 나타내는 지표로서 산업생산지수, 제조업가동률지수, 도소매판매액지수, 비농가취업자수 등과 같이 국민경제 전체의 경기변동과 거의 동일한 방향으로 움직이는 8개 지표로 구성된다. 후행종합지수는 경기의 변동을 사후에 확인하는 지표로서 생산자제품재고지수, 회사채유통수익률, 가계소비지출 등과 같은 6개 지표로 구성된다.

### 경기지수

경기 흐름을 파악하기 위해 경기에 민감한 일부 경제지표를 선정 이를 지수로 나타낸 것이다. 현재는 1985년을 기준(100)으로 삼아 산출하며 보통 전월 대비 증감률로 경기변동 상태를 표시한다. 경기변동의 향방을 예고해 주는 선행지수와 경기와 함께 움직이는 동행 지수 등으로 나뉜다. 경기선행 지수는 일반적으로 2 − 3개월 뒤의 경기 상태를 헐려 주는 데 기계수주액·건축허가면적·통화·총유동성·수출액·신용장내도액·제조업재고율·종합주가지수·제조업평균근로시간 등 9개 지표로 구성된다. 현재의 경기상황을 보여주는 경기동행지수는 도소매판매액·생산자출하·제조업가동률·제조업고용·산업생산 등 5개 부문의 지표로 산출한다.

### 경기확산지수(Diffusion index : DI)

경기판단 및 예측을 하기위한 경기변동 측정방법들중의 하나로 경기변동이 경제의 특정부문으로부터 시작되어 점차 전체 경제부문으로 확산, 파급되는 과정을 경제부문을 대표하는 각 지표들을 통해 파악하고자 하는 지표이다. 즉 계절변동과 불규칙변동이 제거된 각 구성지표들 중 증가의 방향으로 움직인 지표수가 전체 지표수에서 차지하는 비율을 백분비로 나타낸 것이다. 현재 구성지표는 경기종합지수(CI)와 동일한 지표인 선행·동행 10개, 후행 6개 지표를 이용하여 작성되고 있다. 만약, DI가 기준선인 50을 넘으면 경기는 확장국면에, 50보다 낮으면 수축국면에, 50이면 경기전환점이 되는 시점으로 판단한다. 종류에는 경기확산지수(DI)와 경기전환점을 보다 쉽게 파악하기 위해 전월DI에 금월DI와 50의 증감만큼을 더한 누적확산지수(CDI)가 있다. 경기확산지수는 경기종합지수에 비해 경기의 진폭이나 속도는 파악할 수 없으나 변화방향, 국면, 경기전환점을 판단하고 경기변동의 단기 예측이 가능하다는 장점이 있다.

### 경력

현재까지 직업상의 어떤 일을 해 오거나 어떤 직위나 직책을 맡아 온 경험 또는 그 내용을 말함. 사학연금의 경우, 교원은 임용전 시간강사, 연구경력, 주식회사 근무경력 등이 인정되며, 사무직원은 국가기술자격증(기술사, 각종기사, 기능사 등)을 취득하고 학교기관에서도 해당 자격증과 관련된 업무수행을 하는 경우에만 인정된다.

### 경력직 공무원

공무원 가운데, 실적과 자격에 의해 임용되고 그 신분이 보장되는 공무원의 종류를 말한다. 경력직공무원은 다시 일반직공무원·특정직공무원·기능직공무원으로 나뉜다. 각국은 국가공무원법의 전면적 적용 여부를 기준으로 공무원을 크게 두 부류로 나누고 있다. 우리나라에서 종전에는 일반직과 별정직으로 나누었으나 현재는 경력직과 특수경력직으로 나누고 있으며, 미국에서는 경쟁직(competitive service)과 제외직(excepted service)으로, 영국에서는 항구직(established)과 비항구직(unestablished)으로, 일본에서는 일반직과 특별직으로 나누고 있다. 또 프랑스에서는 공무원법의 적용여부에 따라 공무원법 적용직과 비적용직으로 나누고 있다. 경력직공무원은 실적주의와 직업공무원제의 획일적 적용을 받지 않으나, 보수와 복무규율의 적용은 받는 특수경력직공무원과 대비된다.

### 경로 − 목표이론(path−goal theory of leadership)

부하는 리더의 행동이 그들의 기대감에 영향을 미치는 정도에 따라 동기가 유발된다는 리더십이론을 말한다. 즉

리 더는 부하가 바라는 보상을 받게 해 줄 수 있는 경로 (즉 행동)가 무엇인가를 명확히 해 줌으로써 성과를 높일 수 있다는 것이다. 경로 — 목표이론은 1970년대에 에반스(M. Evans) 와 하우스(R. House)에 의해 개발되었다. 리더의 특성보다는 상황과 리더의 행동에 초점 을 둔 이 이론은 동기부여 이론의 하나인 기대이론(expectancy theory)에 그 뿌리를 두고 있다.

### 경로분석(path analysis)
특정 현상에 영향을 미치는 변수들을 식별하고 이들 변수들이 어떠한 경로를 거쳐 영향을 미치는지를 밝히고자 하는 분석을 말한다. 경로분석에서는 단순회귀분석 및 다중회귀분석을 반복하여 사용함으로써 특정변수가 영향을 미치는 경로를 밝혀낼 수 있다.

### 경로우대제
정부가 사회복지시책의 일환으로 노인의 복지를 증진하고자 실시한 고령자에 대한 우대제도이다. 종래에는 70세 이상의 노인을 대상으로 하였으나, 1982년부터 65세로 낮추어 실시하고 있다. 노인복지법에 의하면 국가나 자치단체는 법률이 정하는 바에 따라 65세 이상의 노인에게 국가나 자치단체의 운송시설, 기타 공공시설을 무료 또는 할인된 요금으로 이용하게 할 수 있으며, 노인의 일상생활에 관련되는 사업을 경영하는 자에게는 65세 이상의 노인에 대한 할인우대를 하도록 권유할 수 있고, 그와 같은 할인우대를 행하는 사업자에게는 적절한 지원을 할 수 있도록 되어 있다. 할인우대를 적용한 사업의 종류와 할인율은 보건복지가족부장관이 관계 중앙행정기관의 장과 협의 후 공고하는데, 현재 시행하고 있는 내용은 다음과 같다. 국공립공원, 고궁, 능원, 국공립박물관, 전철, 지하철 등을 무료로 이용할 수 있고, 철도운임(통일호까지)은 50% 할인된다. 경로우대를 받고자 하는 65세 이상의 노인은 관할 읍, 면, 동장에게 경로우대증 발급을 신청하면 된다.

### 경매
한 사람의 매도인이 매매대상이 되는 물건을 공개하여 다수의 매수인 중에서 가장 높은 매수가격을 부른 사람에게 물건을 파는 것을 경매라고 한다. 역경매는 이와 반대로 한 사람의 매수인이 구입하려는 물건을 제시하고 여러명의 매도인 중 가장 낮은 가격을 부른 사람에게 물건을 사는 것이다. 인터넷 사이트를 통한 경매와 역경매가 활기를 띠고 있는데 이를 사경매라고 하고 법원 등 국가기관을 거쳐서 하는 것을 공(경)매라고 한다.

### 경범죄(minor offence)
사회에 있어서는 형법에 저촉되지 않아도 일상생활에 있어서 눈에 거슬리는 많은 반사회적 행위, 반도의적 행위가 상당히 많이 행하여지고 있다. 그러나 이와 같은 모든 행동을 형법을 적용하여 처벌하기에는 다소의 가혹함이 없지 않다 할 것이다. 그리하여 법률은 형법 죄와 같은 큰 도의범 외에 용서할 수 없는 반도의적 행위를 열거하여 처벌의 대상을 만든 법이 곧 경범죄처벌법이다. 즉 일상생활상 일견 사소한 것으로 보이고 느껴지지만 이러한 행위를 인하면 결국에는 보다 큰 반사회적, 반도의적 행위 가령 형법범과 같은 것으로 발전할 소지가 있다. 그러나 본법에 규정된 행위는 법률의 벌칙으로 이것을 지켜야 된다는 것을 강제한 최저선이며 용서할 수 없는 반도의범의 최소한도의 것이다.

### 경비
정부의 기능수행에 소요되는 비용을 말한다. 정부는 재화·용역의 생산 자로서의 기능만이 아니라 소득재분배 및 경제안정을 이룩하기 위한 조 정자로서의 기능도 갖고 있다. 이러한 기능수행에는 모두 비용이 필요하다. 그러한 점에서 경비는 정부가 재화·용역을 구입하는 수단이며 사회 정책 등을 수행하는 수단이다. 예산총괄서의 원칙에 따라 경비는 모두 예산에 계상되어야 하지만 예산에 계상되지 않는 경비도 있다. 이러한 경비를 숨은 경비라고 부른다. 숨은 경비란 국가가 당연히 지출해야 할 경비이지만 법규상 또는 행정명령 등에 입각하여 국민이 무상 또는 극히 적은 보상을 받고 국가에 제공 하는 모든 급부를 총칭하는 것이다. 이러한 숨은 경비는 정부예산에는 계상되지 않고 절감된 경비에 해당되지만 실질적으로 국민조세부담을 증가시킨다. 경비는 각종 기준에 따라서 구분된다. 지출이 시기적으로 계속성을 갖는 여부에 따라 경상비, 임시비, 지출의 대상이 노동력이냐 또는 상품이냐에 따라 인건비, 물건비, 지출주체가 국가냐 지방단체냐에 따라 중앙비, 지방비, 국회의 세출의결권에 대한 제한의 유무에 따라 확정비, 자유비(의결비), 해당경비의 재무행정상의 지위에 따라 행정비(통치비), 경리비로 분류된다. 경비는 경제적 성질상 다음과 같이 분류되기도 한다. 즉 경제적 효과에 따른 소모적(실질적) 경비 또는 비이전적 경비·이전적 경비(피구 Pigou,A.C. 에 의한 분류), 자본형성의 효과 유무여부에 따른 투자적(자본적) 경비·소비적(비자본적) 경비가 그것이다.

### 경비노인홈
일본의 노인복지법 제 14조에 근거한 노인복지 시설의 하나이다. 저소득층 노인이 가정환경, 주택사정으로 인해 거택이 곤란한 자가 일정액의 생활비를 지불하고 입소하는 노인 홈이다. 조치시설은 아니고 계약에 의해 이용되는 시설로서 1950년 처음 시작되어 1961년 제도화되었다. 경비 노인 홈은 A형과 B형으로 구분되는데 A형은 급식, 보건, 목욕 등의 서비스가 제공되고, B형은 자취를 원칙으로 하며 주택성이 보다 강한 시설이다. 1982년 그 수는 946개소이고 그 노인 수는 69,903명이다.

## 경상보조금

국민총생산 중의 한 항목으로서 국가나 지방자치단체로부터 기업에 교부되는 경상적 보조금인데 재정투자적인 성격은 없다. 이 보조금의 액수 만큼 기업의 코스트가 낮아져 제품의 시장가격을 낮추는 역할을 하기 때문에 '마이너스의 간접세'라고도 불린다. 따라서 GNP의 각 항목 중에서는 공제항목으로 되어 있다.

## 경상비(ordinary expenditure)

매 회계연도마다 규칙적·연속적으로 반복되는 경비로 불규칙적으로 지출되는 임시비와 대비된다. 이러한 전통적인 경비분류방식은 경비조달 방법을 결정하는데 의의가 있다. 즉 경상비는 조세 등 경상비로 충당하여야 하며 임시비는 공채(公債) 등 차입(借入)으로 조달하여야 한다는 생각에 기반하고 있다. 그러나 이러한 구분이 현실적으로 어려울 뿐만 아니라, 행정부의 악용 우려 등으로 이러한 구분방법은 점차 사라져 가고 있다. 행정부는 국회에서의 예산통과를 위해 경상비로 하여야 할 경비를 임시비로 계입(計入)하여 균형예산을 위장하는 등의 편법으로 이용된 경우가 많다. 우리나라 정부는 현재 이러한 구분방식을 채택하고 있다.

## 경상수지와 자본수지

국제수지의 개념 가운데 경상수지는 실물 측면에서 본 수지의 개념이며, 자본수지는 화폐적 측면에서 본 수지의 개념이다. IMF의 표준국제수지표중 재화와 용역 및 이전수지항목, 즉 무역수지·무역외수지·이전수지를 합계한 것이 경상수지이며, 한편 장기자본수지와 단기자본수지를 합계한 것이 자본수지이다. 일반적으로 경상수지의 적자는 먼저 자본수지 흑자에 의해서 보전 되지 만 국제수지가 불균형에 있는 것은 사실이다. 따라서 국제수지에 대한 정책의 촛점은 무역수지 내지는 경상수지에 있다고 할 수 있겠다.

## 경상예산(current or operating budget)

정부운영에 필요한 반복적 경비에 대한 예산을 말한다. 정부의 예산은 정책 및 절차상의 편의를 위하여 경상적(current) 부문과 자본적(capital) 부문으로 나누어 편성되는데, 경상예산은 규칙적으로 계속되어 연속성이 있거나 변동이 있더라도 일반적 경향이 있어 그 변동이 예견가능한 경상적 세출입(歲出入)을 계상(計上)한 예산을 말하며, 자본예산이란 자본적 지출에 대한 예산을 말한다. 경상적 지출은 균형예산의 원칙에 따라 조세수입 등 경상적 수입으로 충당되어지며, 자본적 지출은 공채 등 채무에 의해 충당되므로 연차적으로 균형예산이 될 수 없다. 한편 임시예산은 재산매각수입·공채(公債)수입이나 재해

대책비·토목사업비 등과 같이 발생이 불규칙하여 연속성이 없거나 예측이 힘든 임시적 세출입(歲出入)을 계상한 예산을 말한다. 현대 국가에 있어서는 기업적 활동이 증대됨에 따라 경상예산과 임시예산의 구분은 의미가 적어지고 있으며, 오히려 경상예산과 자본예산의 구분이 중요시되고 있다. 이와 같이 예산을 경상예산과 자본예산으로 구분하는 자본예산제도는 1930년대의 경제공황을 거치면서 정부가 경제에 깊이 개입하게 되면서 채택되기 시작하였다.

## 경상이익

상법에 기초하는 손익계산을 할 때에 쓰이는 이익이다. 영업이익(영업 수익 - 영업비용)에다 영업외수익을 더하고 영업외비용을 뺀 것이 경상이익이다. 즉 기업회계원칙에서 당기순이익이라고 부르는 것에 해당한다. 경상손익은 기업의 경상적인 경영활동의 업적을 표시하는 손익이므로 이해관계자와 의사 결정을 할 경우 가장 중요한 회계정보이다.

## 경상이익률

기업의 수익성을 총괄적으로 나타내는 지표로서 경상이익을 매출액으로 나눠 얻어진다. 경상이익은 기업의 영업거래와 영업외 거래에 의해 발생한 이익으로서 영업이익에 영업외수익을 가산하고 영업외비용을 뺀 산출한다. 다만 영업외비용의 금액이 영업이익과 영업외수익의 합계액을 상회하는 경우에는 그 차액을 경영손실로 표시한다. 매출액경상이익률은 매출액에서 벌어들인 수익으로 규정할 수 있다. 즉 이 수치가 3%면 매출액이 1천원일 때 30원의 수익을 얻었다는 것을 의미한다. 이 수치가 높을 우 줄단위당 순익이 증가하는 것이며, 반대로 수치가 낮으면 순익이 감소하는 것이다.

## 경상이전(current transfer) 01

경상이전은 지불측의 자산이나 저축이 아닌 경상적인 수입중에서 충당되는 소득의 이전거래로서 수취측의 투자원천이 되지 않는다는 점에서 자본이전과 구별된다. 따라서 경상이전은 소득의 수취나 처분을 나타내는 소득지출계정에 기록되며 직접세, 간접세, 보조금, 사회보장부담금, 사회보장수혜금, 벌금 및 강제적 징수요금 성격의 강제적 이전과 경조비, 종교단체에 대한 헌금, 불우이웃돕기 성금 등의 자발적 이전으로 나 누어진다. 한편 각 경제주체의 요소소득에 이 경상이전을 가감한 것이 가처분소득이 된다.

## 경상이전 02

재산소득이나 손해보험과는 달리 반대급부 없이 일어나는 소득의 이전거래로서 강제적 이전과 자발적 이전이 있다. 강제적 이전은 법적 의무 또는 법집행과 관련하여 발

생하는 이전으로 소득세나 법인세와 같은 직접세, 가계가 부담하는 운전면허시험료나 교통범칙금 등과 같은 징수요금 및 벌과금, 건강보험 등 사회보장기금과 관련하여 발생하는 사회보장부담금 및 수혜금 등이 있으며, 자발적 이전은 각 주체의 자의에 의한 이전으로 경조비, 종교단체에 대한 헌금, 불우이웃돕기성금 등이 해당된다.

## 경성카르텔

경제활동의 효율창출이나 제고를 내포하지 않은 경쟁자간의 협력행위를 말한다. 즉 독점력의 형성·강화·행사만을 목적으로 하는 가격고정, 수량제한, 시장분할, 고객배분, 입찰조작 등의 적나라한 담합행위를 지칭한다. 경제협력개발기구(OECD)를 중심으로 경쟁정책의 여러 이슈 가운데서도 카르텔 분야에 대한 협력의 필요성이 높아지고 있다. 특히 경성카르텔에 해당하는 부당 공동행위는 경제적이나 법적으로 규제 의 논리가 명확하고 그만큼 다자간 규범화가 쉽다는 점에서 국제적 협력이 쉽게 이루어질 것으로 보인다.

## 경실련

경제정의실천시민연합의 약칭. 학교·종교계·법조계·기업인·문화예술인 등 광범한 구성원이 집행위원으로 참여하고 있다. 경실련은 비정치적인 시민운동을 표방하며 평화적이고 합법적인 방식을 통해 정의와 평등이 실현되는 민주복지사회를 목표로 하고 있다. 경제정의실현의 첫단계로서 투기를 통한 불로소득 근절과 토지의 재분배문제에 대한 관심 집중, 토지공개념 확대도입과 부동산의 과표 현실화를 입법화시키려는 전문성을 가지고 있다는 점이 특징이다.

## 경영감사

경영감사는 근대적인 내부감사의 일종으로, 독일의 기업감사와 유사한 내용의 것이다. 그러나 정확히 말하면 경영감사의 의미와 내용에 관해 일정한 개념 구성이 되어 있는 것이 아니다. 경영감사가 과제로하는 문제영역은 집행관리 측면으로, 집행관리의 측면을 개선할 목적으로 내부감사가 경영감사의 형태로 시행된다. 그러므로 경영감사에서는 경영관 리상의 책임과 권한의 위임이 적절하며, 정보전달이 원활한가에 초점을 두고 검토한다.

## 경영과 소유의 분리

현대 주식회사제도에서 볼 수 있는 자본소유와 경영기능의 분리를 말한다. 주식회사에서 자본소유는 주주총회에서 대표되고, 경영기능은 총회 에서 위임되는 이사회(경영자)가 수행한다. 여기서는 자본가는 주주의 자격으로서는 경영에 참가하지 않고 사실상 화폐자본가로 전환한다. 주 식회사에서의 경영과 소유의 분리는 이자부 자본의 자립화에 의한 자본 소유와 자본기능이 분리된 발전결

과이고 이것에 의해 자본가가 화폐자 본가로 전환하는 것은 대출가능한 화폐자본을 주식에 투하하여 주식회사 를 자본집중의 강력한 기구로 만든다.

## 경영관리

경영조직체를 만들고 그것을 운영하는 일. 이 경영관리의 기능은 ①계획, ②조직, ③지휘, ④조정, ⑤통제 등 다섯가지 요소로 이루어진 다고 한다. 경영의 대규모화에 따라서 경영직능이 전문화되기 때문에, 전문가적인 경영자의 출현이 요구되기에 이르렀다. 그러나 이와 같은 직능은 간부만이 수행하는 것이 아니고 전문기술자, 중간기술자, 사무직원, 하부감독도 그 한 몫을 담당한다.

## 경영권

경영체에 있어서의 경영자의 권한을 가리키는 말이다. 내용적으로는 대외적과 대내적의 두 가지로 구분된다. 대내적 경영권이란 경영내부의 근로자, 즉 종업원 및 그 집단에 대한 것이며, 대외적 경영권은 경영을 둘러싼 이해자집단 전부에 대한 것을 가리키고 있다.

## 경영권 프리미엄

기업이 경영활동을 통해 쌓아 온 무형의 자산가치. 오랜기간 동안 기업 활동을 해온 기업의 가치는 일반적으로 부동산과 같은 유형자산과 경영권 프리미엄으로 표현되는 무형자산을 더해 평가받게 된다. 경영권 프리미엄에는 영업권을 비롯해 고객의 인지도와 회사의 명성 등 수치화할 수없는 요소들을 모두 포함한다. 특히 기업의 인수· 합병시 인수하는 기업이 인수할 기업의 경영권 프리미엄을 적절히 평가해 웃돈을 얹어주는게 통상 관례다.

## 경영다각화

기업의 성장정책 또는 확장정책의 일환으로서 새로운 능력을 개발하거나 현재의 능력을 더욱 강화하기 위해서 신분야로 진출하는 것을 말한다 이러한 경영다각화는 제품에 대한 기술의 공통성 유무 및 고객의 유형에 따라 ①수평적(horizontal)다각화 ②수직적종합화(vertical integrat─ion) ③ 집중형 또는 동심형(concentric) 다각화 ④복합기업(conglome ─ rate)형 다각화 등으로 나누어진다. 기업이 경영다각화 정책으로 취할 수 있는 몇가지 유형을 예시하면 다음과 같다. ①기존의 생산방법 및 원료를 동일하게 사용하여 생산하지 만 현재보다 많은 종류의 제품을 생산하여 기존시장에 공급한다. ②기존의 생산방법 및 원료를 동일하게 사용하여 생산하지만 신제품을 개발 하고 새로운 시장에 진출한다. ③상이한 생산기술에 바탕을 둔 신제품을 개발하여 기존 시장에 공급한다. ④상이한 생산기술에 바탕을 두고 신제품을 개발하여 새로운 시장에 공급한다.

### 경영분석

대차대조표, 손익계산서 등의 재무제표를 자료로 하여 회사의 수익력, 자산내용 등의 경영상태를 판단하는 것을 말한다. 경영분석에는 돈을 빌려 줄 때의 신용분석과 유가증권투자를 할 때의 투자분석이 있다. 또 분석의 방법으로서는 재무제표 2항목의 금액으로부터 비율을 구하는 비교 분석이 있다.

### 경영성과배분제

경영성과가 목표치를 웃돌 경우 초과분을 특별보너스 등의 형태로 근로 자들에게 돌려주는 제도. 이 제도는 노사분규가 절정에 올랐던 80년대 후반 노사갈등을 해소하기 위한 방안으로 시도되어 일부 기업에서 시행 하고 있으며, 초과분의 지급은 현금, 주식, 복지기금등의 형태로 이루어져 있으며 일본의 경우 23%, 미국은 18% 업체가 이 제도를 도입, 시행하고 있다.

### 경영실태평가

임점검사시 금융기관의 경영실태 전반을 점검·평가하는 제도이다. 경영상태를 부문별로 일정한 방식에 의거 등급평가하고 이를 다시 종합 적으로 평가함으로써 금융기관 경영상의 취약부문을 식별하여 적절한 시정방안을 제시함과 아울러 등급평가 결과에 따라 감·검사 업무를 차등화함으로써 금융기관의 책임경영체제를 확립하고자 하는데 그 주된 목적이 있다.

### 경영위험

기업의 투자결정과 관련하여 발생하는 위험으로서, 미래 매출액의 불확 실성과 영업레버리지로 인한 영업이익의 불확실성을 의미한다. 즉 경영위험은 미래 영업이익의 변동가능성으로 정의되며, 경영위험은 기업이 어떤 사업에 투자하였느냐에 따라 그 정도가 달라지는 위험이다. 가령 기업이 석유탐사에 투자하였을 때와 아파트건설에 투자하였을 때 위험이다르다는 것은 바로 경영위험이다르다는 것을 뜻한다. 기업의 경영위험은 장래의 경기전망, 소속산업의 동향, 기업 경영방식 등과 관련하여 발생한다. 그리고 영업이익을 이자 및 세금차감전 이익(EBIT)이 므로 경영위험은 기업이 부채를 얼마나 조달하느냐에 따라 결정되는 자 본구조와는 관련이 없는 위험이다.

### 경영자 보상

정보 불균형 하에서 정보 열등자인 주주가 정보 우월자인 경영자로부터 받을 수 있는 불이익을 줄이기 위해 위임자인 주주는 경영자의 성과에 대해 적절한 보상을 제공하여, 대리인이 위임자의 목적에 합당하도록 유인해야 하는데 이와 같이 위임자와 대리인이 계약을 체결할 때, 대리 인인 경영자에 대한 유인의 내용을 경영자 보상이라 한다.

### 경영자매수

경영진이 중심이 되어 기업의 전부 또는 일부 사업부를 인수하는 것 기업이 내부의 사업부나 계열사를 매각할 경우 해당 사업부나 계열사를 매각할 경우 해당 사업부나 회사내에 근무하는 경영진과 임직원이 중심이 돼 인수하는 것을 말한다. 매각기업은 자연스럽게 구조조정에 들어가게 된다. 해당 임직원은 해고되는 대신 새로운 회사의 일원이 될 수 있다. 기존 경영자가 그대로 사업을 인수함으로써 경영의 일관성을 유지할 수 있다. 이러한 방식은 고용안정과 기업의 효율성을 동시에 추구할 수 있다는 장점이 있어 영국 등지에서 많이 활용하고 있다.

### 경영자본 이익률

기업이 경영활동에 사용하고 있는 투하재산, 사업용 총투자자본이 그 활동에 의해 얼마만큼 이익을 올렸는가 하는 비율이다. 이 비율이 높을수록 기업 수익은 양호한 것이다. 또 산식의 분모가 되는 경영자본은 영업용이 아닌 투자, 가령 가격상승을 기대하거나 장래사용할 목적으 로 매입한 토지 혹은 배당 수익을 목적으로 한 투자 등은 제외되고 종업원의 후생시설 등은 경영 자본에 포함된다.

### 경영자혁명

자본주의 초기에는 한명 또는 몇명의 자본가가 회사의 전 자본을 소유함과 동시에 직접 경영을 맡았다. 이것을 소유자지배라고 한다. 그후 경영 규모가 확대되고 생산기술의 고도화, 판매경쟁의 격화, 노동공세, 주식 회사 제도의 발전 등에 따라 관리기구는 점점 방대해지고 복잡해졌으며 이에 따라 전문경영자가 필요하게 되었다. 전문경영자는 출자자일 필요는 없으며 경영의 지식과 능력을 갖고 경영자의 지위를 차지하게 된다. 전문경영자는 출자자의 이해를 무시하고 경영상의 결정을 하지는 않으나 출자자의 지배를 받지 않는다. 이와 같은 전문경영자의 출현으로 회사의 소유자지배는 경영자지배가 된다. 미국의 버남(J. Burnham)교수는 1941년 그의 저서 '경영자혁명'을 통해 이를 경영자혁명이라고 하였다. 그는 그 근원은 근대 주식회사에 있어서의 소유와 경영의 분리라는 사실에 있다고 하였다. 즉 자본을 소유 하는 계급으로부터 구별하여 생산에 있어서의 지휘와 조정의 기능을 수 행하는 경영자계급의 동태적 역할을 강조하였다. 이 혁명의 단계는 버남에 따르면 첫째, 경영자계급이 자본소유자로부터 권력을 빼앗아 그것을 무력한 상태로 만든다. 둘째, 대중의 힘을 마비 시켜 그들에게 경영자적 이데올로기를 주입시킨다. 셋째, 세계의 경영자 간의 경쟁상대들 사이에서 지배를 위한 투쟁이 행하여진다는 삼단계이다.

### 경영전략

기업이 경영자원을 배분하는 기본원리. 대기업의 경우 그 내용은 포괄 성의 대소에 따라 기업전략, 사업전략, 어떤 사업·제품분야를 선택·조직할 것인가가 중심내용이 된다. 본업중심이냐, 다각화냐, 본업 그 자체 의 이동(카메라에서 OA기기로 등)이냐 등이 그 예이다. 사업전략은 기업 전략에서 확정된 각 사업·제품분야에서 어떻게 경쟁할 것인가가 중심내 용이 된다. 이는 각 사업·제품분야의 라이프 사이클상의 단계와 자사의 경쟁상의 지위에 의해 좌우된다. 시장점유율 확대, 성장, 이익추구, 자 본축소, 시장축소, 철수 등 여러가지 전략이 있다. 기능전략은 기능별 활동원리를 말한다. 가령 연구개발전략으로 테마의 선택과 자금·인원 의 배분이 주내용이다.

### 경영지표

기업의 경영 상태를 판단하는 재료가 되는 것으로서 자본회전율, 매출 액 대 영업이익률, 유동비율, 종업원 1인당 생산량(판매액) 등이 주된 항목이 되어 있다. 가령 매출액 대 영업이익률은 영업이익을 매출액으 로 나눈 것을 백분비로 나타낸 것이며, 보통이 비율이 높은 쪽이 경영 상으로는 건전한 것이다.

### 경영참가(management participation) 01

경영민주화의 사고방식에 따라 근로자가 경영에 참가하는 일이다. 이것 은 ①관리참가, ②분배참가, ③자본참가 등 세 가지 형태가 있다. 관리 참가라는 것은 종업원의 대표가 경영자에게 이의 주장을 신청하는 제도나 종업원의 대표가 톱 매니지먼트에 참가하는 것을 말한다. 분배참가란 생산보상제도나 이윤분배제도를 실시하는 것이고, 자본참가란 종업원 지 주제도를 통해 종업원이 자기가 소속하는 기업의 주식을 소유하는 것 등 을 말한다. 기업의 경영 상태를 판단하는 재료가 되는 것으로서 자본회전율, 매출 액 대 영업이익률, 유동비율, 종업원 1인당 생산량(판매액) 등이 주된 항목이 되어 있다. 가령 매출액 대 영업이익률은 영업이익을 매출액으로 나눈 것을 백분비로 나타낸 것이며, 보통 이 비율이 높은 쪽이 경영상으로는 건전한 것이다.

### 경영참가 02

종업원 또는 노동조합이 경영방침, 경영조직, 생산계획, 안전위생, 노무관리 등의 문제에 그들의 의사를 반영시키거나 의사결정에 참가하는 제도를 말한다. 이 제도는 19세기부터 기업경영 분야에 도입되기 시작하였으며, 최근 산업사회에서는 노사관계의 제도적 정비가 진행되는 속에서 단체교섭 시스템과 더불어 경영참가시스템으로 발전했다. 기업 내지 경영(사업소)의 경우에 있어서 노사가 점차적으로 노동권과 경영권 사이에 상호작용시스템을 다변화하고 확대해 가는 것은 당연하다고 할 수 있다. 경영참가시스템은 단체교섭의 경우와 똑같이 갈등의 처리, 교섭을 위한 것이어서 반드시 노사협력이라는 카테고리로 취급해야 하는 것은 아니다.

### 경영최고책임자

미국기업의 최고책임자가 갖는 직함이다. 미국에서는 회장이 그 기업의 제 1인자이므로 회장이 CEO를 겸무하는 것이 보통이다. CEO는 이사회를 주재함과 동시에 기업그룹의 방침을 결정하거나 장기계획을 책정하는 등에 책임을 진다. 이에 대해 보통의 경우에 사장이 겸무하는 업무최 고책임자(chief operating officer, COO)는 회장의 정책방침 밑에서 일상 업무를 원활하게 추진하기 위한 결정을 행한다. 우리나라의 일반기업에 있어서는 사장이 CEO, 수석부사장이 COO의 역할을 맡는 수가 많다.

### 경쟁(competition) 01

생산과 분배가 이루어지는 경제환경을 나타내는 말로서 독점에 대립하 여 쓰인다. 보통, 경쟁의 정도를 알기 위해서는 다음 네 가지의 기준을 사용하는 것이 일반적이다. ①기업가적 재능만 있다면 누구든지 언제나 용이하게 자금을 조달할 수 있는가 하는 점. 이것을 비즈니스 데모크라시 기준이라 부른다. ②중세의 길드와 같이 동일산업에 속하는 공급자의 수를 제한하는 것 같은 배타적 제도가 존재하지 않고, 자본과 노동이 자유로이 참입할 수 있는가 하는 점. 이것을 자유참입의 기준이라 한다. ③동일 산업에 속하는 생산자의 시장에 공급하는 생산물이, 예를들면 상표라든가 디자인, 품질의 차이, 또는 판매조건 등에 따라 서로 생산물 차별화를 강조하거나, 그것에 의해 적극적으로 자기의 생산물에 구매 자의 주의를 환기시키거나 않는가 하는 점. 이것을 동질화 상품의 기준이 라 한다. ④어느 생산자의 손에도 시장 지배력이 장악되지 않을 만큼 동일한 생 산물을 공급하는 생산자의 수가 충분히 많은가 하는 점. 이것을 독점력 배제의 기준이라 부른다. 위의 네 가지 기준을 모두 완전하게 충족시키는 경우를 완전경쟁이라 하며 그 중 ③과 ④를 충족시킬 뿐이고 자본과 노동의 참입에 대해서는 규정하지 않는 경우를 순수경쟁이라 부른다. 과다경쟁이라고 불리우는 것도 다음의 두 가지 형태로 분류할 수 있다. 하나는 대단히 많은 수의 영세생산자가 날립하여 서로 경쟁하는 결과. 서로의 이윤률을 낮추고 정상적인 이윤률마저 얻지 못하며 그 때문에 임금도 평균보다 낮게 억제되는 것과 같은 경우이다. 또 다른 하나는 대기업 사이의 경쟁에서 볼 수 있는 기술도입경쟁 또는 설비투자 경쟁, 선전판매경쟁 등으로서, 이 경우에는 전자의 경우와는 달리 대기업의 이윤률이 반드시 평균 이하로 되는 것은 아니다.

### 경쟁 02

금전, 권력, 사회적 지위 등과 같이 희소하거나 희소하다고 생각되는 목적물을 서로 소유하기 위해 투쟁하는 인간의 상호작용이다. 경쟁은 대개 규범에 의해 규제되며, 직접적 또는 간접적일 수 있고, 개인적 또는 비개인적일 수 있으나 폭력의 사용은 일반적으로 제외된다. 19세기 말과

20세기 초에 사회학자, 경제학자, 생물학자들에 의해서 이 개념이 발전했다.

## 경쟁우위

경쟁우위는 어느 특정기업이 다른 기업과의 경쟁에서 우위에 설 수 있는 지의 여부를 판단할 때 사용하는 개념으로, 비교우위와는 다르다. 비교 우위가 주로 임금, 금리, 환율 등의 거시경제변수를 가지고 특정 산업의 국제경쟁력을 판단하는 개념이라면 경쟁우위는 개별기업에 한정된 개념 이다. 기업이 경쟁우위를 확보하기 위해서는 기업 특유의 기술 경영상의 탁월한 노하우 그리고 마케팅 능력 등이 필요하다.

## 경쟁입찰

발주자가 다수의 입찰자 중에서 선택하여 발주를 결정하는 방법을 가리 킨다. 그러므로 입찰자가 제시하는 공정, 기술수준, 공기, 경험 및 재정 상태 등을 종합적으로 고려하여 입찰가격이 가장 낮은 자를 선택한다. 그러나 입찰자의 수가 너무 많으면 의사결정과정에 혼란과 복잡을 초래 하므로 입찰자의 사전자격(P.Q.:prequalification)을 심사하여 입찰참가 자의 수를 제한하는 경우가 있다.

## 경쟁적 가치 접근법(competing values approach)

조직효과성의 다양한 측정기준들을 경쟁적 가치를 기준으로 범주화하여 통합적 분석틀을 마련하고자 하는 조직효과성 평가의 접근법을 말한다. 퀸(R. Quinn)과 로르보(J. Rohrbaugh)는 켐벨(J. Campbell)이 제시한 30개의 조직효과성 측정기준을 상호 경쟁관계에 있는 3가지 차원으로 범주화하고 그 중 두 차원을 이용하여 4가지 모형을 도출하였다. 3가지 경쟁가치 차원은 조직구조와 관련된 유연성—통제 차원과, 조직활동의 초점과 관련된 구성원의 복지—조 직발전 차원, 그리고 수단—목적 차원이다. 퀸과 로르보는 이 가운데 첫 두 차원을 이용하 여 개방체제 모형·합리적 목적 모형·내부과정 모형·인간관계 모형의 4가지 모형을 도 출하였다. 개방체제 모형은 유연성과 조직발전을 강조하는 모형이며, 합리적 목적 모형은 통제와 조직발전을 중시하는 모형이고, 내부과정 모형은 통제와 구성원을 중시하는 모형이며, 인간관계 모형은 유연성과 구성원을 중시하는 모형이다. 퀸과 카메론(K. Cameron)은 한편 조직의 성장단계에 따라 각기 사용모형이 달라져야 한다고 주장하면서 이 가운데 개방체제 모형은 혁신과 창의성 및 자원의 집결이 강조되어 야 하는 창업단계의 효과성 평가에 유용하고, 인간관계 모형은 협동심 등이 강조되어야 하는 집합체 단계(collectivity stage)에 유용하며, 규칙과 절차 및 활동의 효율성이 중시되어야 하는 공식화단계에서는 내부과정 모형 및 합리적 목적 모형이 유용하다는 것이다. 그리고 조직이 외부환경에 적응하고 환경을 조정해 가면서 조직 자체의 변화와 성장을 도 모하는 구조 정교화 단계에서는 다시 개방체제 모형으로 조직의 효과성을 평가하는 것이 바람직하다고 이들은 주장한다.

## 경쟁적 규제정책(competitive regulatory policy)

정부가 희소한 자원을 이용할 수 있는 권리 및 특정 서비스나 용역을 생산·공급할 수 있는 권리 등을 특정한 개인이나 기업체에 부여하면서, 이들에게 특별한 규제 장치를 부여하는 정책을 말한다. 여기서 관련인들은 독과점적인 이익을 얻기 위해 서로 경쟁하며, 분배책임자는 그 정책의 본래 목적을 달성하기 위해 이들을 적절히 통제한다. 항공기 산업 진입, 텔레비전 주파수 사용, 이동통신 사업, 중화학 및 자동차 산업자 선정들을 둘러싼 정책들이 여기에 해당된다.

## 경제교육(economic education)

경제정보, 경제체제를 움직이는 제도, 주요 경제개념 및 데이터에 대한 이해와 분석 등 경제에 대한 이해를 높임으로써 국민들로 하여금 경제세계에 대해 이해하도록 도와주는 것을 의미한다. 미국의 경우 1949년부터 경제교육 연합회(the joint council on economic education)에 의해 실시되었고 일본은 경제사회의 당면과제를 국민에게 이해시키고 성장과 복지사회실현을 위한 국민적 합의를 유도하여 국민의 경제의식을 높이기 위한 목적으로 1960년대 후반부터 주로 민간차원에서 실시해오고 있다. 우리나라는 1979년 4월 17일 이른바 경제안정화 시책의 추진과 함께 관·민의 합의를 모색하기 위하여 경제교육이 거론된 후 노동자, 학생, 군인, 주부 등에게 확대하고 있다.

## 경제동맹

경제적으로 밀접한 이해관계를 갖는 친근한 인접국가 사이에 맺어지는 경제 및 금융상의 동맹을 말한다. 제 2차 세계대전후 특히 유럽 각국간에 일정한 기한부로 결성되었다. 그중 벨기에·네덜란드·룩셈부르크로 된 과도적 동맹인 베네룩스(Benelux), 거기에 프랑스·이탈리아를 추가한 프리탈룩스(Fritalux), 그리고 영연방과 스칸디나비아 각국과의 경제 동맹인 유니스칸(Uniscan)은 이 경향을 명백히 나타낸 것이다. 특히 베네룩스는 이 3개국에 프랑스와 서독·이탈리아를 결합하여 유럽공동시장 의 핵심이 되었으며, 이 공동시장의 결성에 자극되어 다시 영국·스웨덴·노르웨이·덴마크·스위스·오스트리아·포르투갈 7개국이 유럽자유무역지역이라는 새로운 경제 동맹을 결성한 바 있다.

## 경제력집중

소수의 대기업이 제품 생산 및 공급의 대부분을 차지하거나 소수의 자본가가 회사의 지분을 다량 보유하는 등 경제력이 한곳에 집중되어 있는 상태를 말한다. 전자를 흔히 시장구조면에서 독과점이라고 부르며 후자를 소유자지배라고 한다. 독과점은 기업간의 경쟁이 극히 제한돼 제품을 생산·판매하는 기업이 시장 가격을 유리하게 책정, 독점이윤을 누리므로 정부가 독점규제·공정거래법 등을 통해 규제하고 있다. 소유자지배는 한명 또는 몇명의 자본가가 회사의 주식을 대량 소유함으로써 경영권을 장악, 전문경영체제 확립을 저해하는 요인으로 작용한다. 통상 시중자금이 일부 대기업에 편중 대출되고 있는 것은 엄격한 의미에서 경제력집중은 아니다.

## 경제모형
경제분석 및 예측을 목적으로 경제이론에 따라 고안된 개념의 틀(fram — ework)을 말한다. 즉 복잡한 경제현상의 변수들간의 상호의존관계를 이 론적으로 구명하고 이를 다시 수식화시켜 경제통계자료에 의해 검증함은 물론 나아가서 경제예측에 쓰여지는 것을 의미한다. 따라서 모형 설정의 변수들은 원칙적으로 관측이 가능한 경제변수라야 하며 이들 변수는 통상 2개부분으로 구성되고 있다. 즉 이론적으로 인과 관계의 설명이 가능한 조직적인 이론변수와 확률적 성질을 가진 확률변수가 그것이다. 이때 경제이론분석만을 위하여 이론변수를 과학적 형식으로 결합시킨 모형을 이론적 모형이라 하고 여기에다 경제통계에 의한 검증 및 확률변수를 첨가한 모형을 계량경제모형이라 한다. 경제모형을 구성하는 방정식은 성질상 다음 3 가지, 기본형태로 분류할 수 있다. 첫째는 정의식이며 이것은' 국민소득 = 소비 + 투자' 등 단순한 정 의적인 관계를 표시하는 것이다. 둘째는 기술관계식으로, 경제행위의 분 석에 있어서 주어진 여건으로 여러 관계들을 식으로 표시한 것이다. 가령 투입 — 산출간의 기술적 관계를 설명하는 생산함수나 소비자의 기호 내지 관습 등이다. 이들 기술관계식에서는 외생적 요인은 일단 불변인 것으로 간주된다. 셋째는 행위방정식이며, 어떤 경제주체의 의사결의를 나타내는 관계식으로 수요 — 공급 방정식 등을 그 예로 들 수 있다. 이들 관계식들은 변수간의 관계를 결합하여 한 경제구조를 구성하기 때문에 이들을 가르켜 구조방정식이라고 부른다.

## 경제발전(economic development)
경제적, 사회적인 구조변화를 수반하면서 국민소득 및 1인당 소득이 증가하는 과정이다. 여기에서 경제·사회의 구조변화는 공업비중의 증대, 공업화지역에로의 노동력이동, 수입의존도의 감소, 투자재원의 외국의존도 감소 등 자력성장능력을 갖추어 나가는 경제구조의 변화와 함께 사회적·경제적 평등화, 사회조직과 행동양식의 개선, 사회복지의 추구, 정치발전 등의 변화를 의미한다. 이러한 변화를 통한 궁극적인 목표는 국민의 생활수준 및 복지수준의 향상이다.

## 경제발전론
경제성장론이 경제과정을 주로 경제의 양적확대의 과정으로서 파악하는 데 반해, 경제발전론은 그것을 경제의 양적 확대뿐만 아니라 질적변화 까지도 포함한 과정으로서 파악한다. 그러나 최근 경제학에 있어서, 이 양자는 그렇게 엄격하게 구별되지는 않고 오히려 같은 개념으로 규정하는 것이 보통이다. 즉 경제성장의 과정은 노동력 증대·자본축적·기술 혁신·신자원개발·신상품의 발명·조직의 개선과 같은 공급구조의 변화, 그리고 다른 한편으로 인구의 규모나 구성의 변동·기호의 변화·조직의 개선 등의 수요구조의 변화를 불가피하게 수반한다. 경제발전론은 경제성장과정의 분석에 있어서, 특히 이 두 가지의 구조변화와 그 상호 관련을 명백히 하는 데 그 목적을 두고 있다.

## 경제백서
매년 1회 정부가 발표하는 연차경제보고서이다. 무역, 광공업생산, 기업, 건설, 교통통신, 재정, 금융, 물가, 노동, 농업, 국민생활 등 각 분야에 걸쳐서 1년간의 동향을 종합적으로 분석하고, 앞으로의 경제동향 과 경제정책을 시사한다. 경기의 큰 흐름을 파악함과 동시에 정부의 경 제정책의 기조를 나타내는 것으로서 중요하다.

## 경제법칙
경제법칙이란 일정한 조건하에서 경제현상간에 존재하는 일정관계의 규칙적 반복을 의미한다. 이때의 규칙적 반복이란 자연현상에서 볼 수 있는 것과 같은 규칙성은 아니고 경제주체는 자유의사에 따라 경제행위를 하기 때문에 각 경제변수의 값의 일정한 관계의 경향적인 반복일 따름이다. 따라서 경제법칙이란 경향적 법칙 또는 경험법칙이라고 말 할 수 있다. 경제법칙은 비교적 많은 나라와 여러 시대에 있어서 타당한 것들과, 그렇지 못한 경우가 있다. 즉 어느 때나 어느 장소에 있어서도 공통적으 로 존재하는 조건하에서 유도할 수 있는 법칙을 보편법칙이라고 부른다. 한편 특정한 때와 장소에서만 존재하는 조건하에서 유도되는 법칙을 역 사법칙이라한다

## 경제변동
미국의 경제학자 J.B. 클라크는 경제를 정태와 동태로 구별하여, 사회의 일반적 변화를 ①인구의 증가, ②자본의 증가, ③생산방법의 진보, ④산업설비의 형태변화, ⑤소비자의 욕망 증대 등 다섯가지로 나누고, 정태는 이들 여건이 일정하고 변하지 않는 상태이며, 동태는 여건 그 자체가 변하는 경우라고 보았다. 그리고 정태경제는 정지하고 있는 것이 아니라 해마다 생산과 소비생활을 되풀이하는 상태이며, 이른바 경제순환이 이루어지는 것이다. 이에 반해 경제변동은 경제순환의 규모 또는 경제활동의 상태가 변하는 것이다. 그 동향은 각양각색이며 경제이론면

에서나 또는 통계기술면에서나 이를 몇 가지 형으로 분류하여 분석하는 시도가 있었다. 현재도 통계기술면에서 이용되고 있는 분류법은 대체로 하버드 경제연구소의 분류를 기본으로 삼은 것인데, 대략 다음과 같다. ①계절변동, ②불규칙변동(돌발사건 등에 의해 일어나는 것으로서 우발변동, 우연변동이라고도 한다), ③추세변동(경제의 장기경향적인 변동이며, 현실적으로는 상승선을 달리고 있어〈성장〉이라고도 할 수 있다), ④경기변동.

## 경제부가가치
기업의 수익성이 얼마나 되는지를 측정하는 방법으로 세후영업이익에서 총자본비용을 뺀 금액. 즉 영업이익—세금—자본비용으로 나타낼 수 있다. 여기에서 자본비용은 자본 자본평균비용비율로, 자본은 부동산 및 설비 를 비롯해 연구개발비·복지후생비·영업자본까지 포함하며, 자본평균비용비율은(주식자본수익률 + 채권이자율) 1/2로 계산된다. EVA가 오늘날 선도적인 기업금융의 개념이 된 것을 기업합병과 주식투자의 척도로써 강점을 가지고 있기 때문이다. 미국의 코카콜라·AT & T 등 굴지의 기업 등이 수익성 분석에 이 개념을 도입하고 있다.

## 경제사회이사회(economic & social council) 01
유엔경제사회이사회·안전보장이사회·신탁통치이사회와 더불어 유엔 3개 이사회의 하나. 주로 유엔에서 경제개발, 사회, 인권에 관한 제문제를 다루고 인류 전반 의 생활수준 향상을 목적으로 하는 기관. 유엔가맹국 중 총회에서 선출 된 54개국으로 구성되어 있다. 이사회의 하부기구로 ILO·FAO·UNESCO·세계은행의 전문기관·ESCAP· ECE 등 지역경제위원회, 인구, 통계, 국제상품무역 같은 직능위원회 등 이 있다.

## 경제사회이사회 02
안전보장이사회에 맞먹는 국제연합의 주요기관이다. 인권존중, 사회적 진보와 생활수준의 향상 등 경제사회적 사항에 관해 국제연합 총회에 대해 책임을 지며, 국제연합 훼미리라 불리우는 전문기관인 세계보건기구(WHO), 세계 식량기구(FAO), 국제연합교육과학문화기구(UNESCO) 등과 협력하고 있다. 나아가 기타 조직인 유니세프(UNICEF), 국제연합난민고등판무관사무소(UNHCR) 등과도 협력하여 활동한다. 그리고 개발, 세계무역, 공업화, 자연자원, 인권, 여성의 지위, 인구, 사회복지, 과학과 기술, 범죄방지, 마약 등에 관한 상설위원회 및 지역위원회 등을 통해 활동을 추진하고 있다.

## 경제산업자문기구
경제협력개발기구(OECD)의 경제산업자문기구. 1962년 OECD 정책결정 과정에 민간경제계의 의견을 반영하기 위해 설립 된 독립자문기구로 미국의 국제경영협의회·일본의 경단련·영국의 CBI(영국경제인연합회)·DBI(독일경제인연합회)·CNPF(프랑스경제인연합회)등이 주요 회원으로 참가하고 있다. 1994년 한국의 업저버 참가는 1993년 BIAC정기총회에서 한국과 멕시코를 회원가입 가능국으로 지정, 전경련에 대해 업저버 참가를 요청해 이루어 졌다. 이 참가단은 1996년도 정부의 OECD(경제협력개발기구) 가입을 측면 지원 하는 역할도 수행했다.

## 경제선행지수
미래의 경제동향을 예견하는 지표로서 이 지수의 상승은 가까운 미래에 경기가 호전될 것을 나타낸다. 한편 이 지수의 움직임은 주가를 분석하는 사람들에게도 관심의 대상이 된다. 왜냐하면 주가의 변화가 경제선행 지수에 의해서 예측가능하다고 생각되어지기 때문이다.

## 경제성분석(economic analysis)
공공사업의 비용과 편익을 사회적 입장에서 측정하고 이에 따라 경제적 수익률(economic rate of return)을 계산함으로써 그 타당성 여부를 결정 하는 분석방식을 말한다. 사회전체의 입장이 아닌 개별사업의 입장에서 실제의 비용과 편익을 추정하고 이에 따른 재무적 수익률(financial rate of return)을 계산하여 그 타당성을 평가하는 재무분석과 대비된다.

## 경제성장(economic growth)
일정기간에 한 경제 내에서 생산된 물적 재화와 용역의 양이 지속적으로 증가하는 것을 의미한다. 즉 경제의 생산능력의 지속적인 증가과정이며 인구 1인당의 재화·용역을 증가 공급할 수 있는 지속적인 능력을 반영한다. 경제성장에 관한 경제 분석이 20 — 30년 동안에 중시된 것은 크게 두 가지로 구분된다. ①후진국 및 개도국의 발전문제에 대한 인식증가와 함께 이 문제에 대한 적절한 분석 도구의 불비가 이론적·서술적인 경제성장이론의 발전을 가져왔고, ②선진공업국경제의 고질적인 실업을 완전고용으로 전환코자 하는 노력이, 경제성장의 결정요인이 무엇인가에 대한 실증적인 해답을 찾고자 하는 것이다. 일반적으로 경제성장의 결정요인 중 강조되고 있는 것은, 노동력의 증가·국민소득 중 저축 — 투자의 크기·노동력의 숙련 및 경영효율을 포함한 기술적 진보라고 한다.

## 경제성장단계론
세계 각국의 경제는 자원과 국민성에 의한 차이는 있으나, 그 발전단계 는 크게 다섯 가지로 나뉜다는 미국의 경제학자 로스토(W.Rostow)의 학 설이다. 로스토는 그의 저서 〈경제성장의 제단계〉에서 경제발전 단계를 ①전통적 사회, ②도약 준비단계, ③도약단계, ④성숙단계, ⑤고도 대중 소비단계로 구분하였다.

### 경제성장률(economic growth rate) 01
일반적으로 물가변동의 영향을 제외한 국민총생산(실질 GNP)의 연간증가율을 말하며, 실질국민총생산 또는 실질국민소득의 연간 또는 연도 간 증가율로 이를 나타낸다. 경제성장률은 GNP계열에서 국민경제의 양적성장을 나타내는데 불과하나 국민총생산(GNP)의 성장 = 경제발전이라고 본다. 또 그 성장이 국민의 복리후생의 증대를 뜻한다는 의미로 GNP와 경제성장률은 가장 중요한 경제지표로 간주된다. 그러나 고도경제성장 말기부터 경제적자유주의까지 이러한 시각에 대해서 재검토의 소리가 높아지고 있다.

### 경제성장률 02
한 나라의 경제가 일정기간(보통 1년 간)에 얼마나 성장했는가를 나타내는 지표이다. 실질국민총생산 또는 실질국민소득의 연간 또는 연도 간 증가율로 이를 나타낸다. 경제성장률은 실질액의 증가율이므로 실질성장률이라고도 한다. 때에 따라 명목국민총생산의 전년대비도 사용되기 때문에 이와 혼동하지 않기 위해 경제성장률을 일반적으로 실질성장률이라 부른다.

### 경제성장률 03
경제성장률은 일정기간 동안 각 경제활동부문이 만들어낸 부가가치가 전년에 비하여 얼마나 증가하였는가를 보기 위한 지표로서 한 나라의 경제가 이룩한 경제의 성과를 측정하는 중요한 척도이다. 경제성장률은 불변가격에 의한 국내총생산(GDP)의 전년대비 증가율을 의미하므로 경제의 규모가 실질적으로 얼마만큼 확대되었는가를 알 수 있어 경제정책의 수립이나 평가과정에서 매우 중요한 지표로 사용되고 있다. ★경제성장률(%) = {(금년도 불변GDP − 전년도 불변GDP) / 전년도 불변GDP} ×100 ★경상금액 : 측정년도의 시장가격으로 평가된 금액 ★불변금액 : 기준년도에 고정된 가격으로 측정년도의 물량변동분만을 반영한 금액.

### 경제수역
바다를 끼고 있는 나라에서 경제적 주권을 행사하겠다고 선포한 곳. 1995년 말 발표된 유엔해양법 협약은 연안국이 영해기선(영해가 시작되는 선)으로부터 200해리 범위 안에서 배타적 경제수역을 선포할 수 있도록 규정하고 있다.이 수역 안에서는 수면으로부터 해저 하토층(대륙붕 포함)에 이르기까지 생물 및 무생물 자원의 개발과 이용・해수와 해풍을 이용한 에너지 생산・인공섬과 구조물 설치・해양조사・해양환경보호 등에 관한 연안국의 관할권이 인정된다. 어업자원에 대해서만 관할권이 인정되는 어업수역에 비해 포괄적인 경제 주권이 인정되는 것으로, 다른 나라 배나 비행기가 지나가는 것을 막을 수 없다는 점만을 제외하고는 영해와 다름없는 권리가 미치는 곳이다.

### 경제순환
재화나 서비스가 생산에서 소비로 해마다 되풀이 되어 유동하는 상태를 국민경제전체로서 포착한 것을 경제순환이라고 한다. 경제순환의 포착방 법에는 생산물에 대한 총량의 유통을 보는 경우와, 생산에 투입된 중간 생산물을 제외한 순생산물 총량의 유통을 보는 경우가 있다. 전자가 재생산, 후자가 국민소득순환이다. 재생산은 재화나 서비스의 생산에서 소비로의 유통을 생산재 생산과 소비재 생산의 상호관계에서 포착하는 것인데, 경제순환의 규모는 전산업의 총생산액 합계로 나타내며, 재생산 과정에서 경제규모가 어떻게 변하는가에 따라 단순재생산, 확대재생산, 축소재생산의 세 가지 형으로 구분된다. 한편 국민소득순환은 순생산액, 즉 부가가치액의 흐름을 포착하는 것이며, 경제순환의 규모는 부가가치 액 합계인 국민소득의 크기로 표시된다. 국민소득순환은 생산, 분배, 지출의 세 가지 국민소득 사이에 부가가치액의 반복순환이며 이에 의해 생산에서 분배, 지출로 흐르는 순환이 뚜렷해진다. 특히 지출국민소득은 순생산액 중에서 어느 정도가 저축되어 다음의 생산을 유지할 수 있도록 투자하게 되는가를 나타내는 것으로, 경제순환의 분석에는 가장 중요한 것이다. 재생산, 국민소득순환의 어느 경우도 생산물 유통에 대응하는 화폐의 흐름이 존재한다는 것은 말할 나위도 없다. 오로지 통화유통면에서 경제순환의 모습을 포착하려는 것이 머니 플로(moneyflow) 분석이다. 산업연관분석은 오직 물자의 흐름에서 경제순환을 밝히려는 것이다.

### 경제외적강제
근대적 토지소유관계에서는 자본주의적 지대는 자본에 대한 평균이윤 이상의 초과부분으로서 경제적 강력력을 가진 가치법칙에 따라 성립한다. 이 경우 토지소유자・차타농업자・농업근로자의 행위를 규제하는 것은 경제적 동기 이외에는 아무 것도 없다. 반면에 봉건제도하에서 농민(농노)은 자기의 토지를 보유하고 노동용구를 소유하여 자기의 생활자료를 생산하는 어느 정도 자립적인 생산자이다. 이러한 농민이 스스로 자진해서 봉건영주에게 고율의 지대를 납입할 경제적인 이유는 존재하지 않는다. 따라서 봉건영주가 농민으로부터 봉건지대, 특히 노동지대 및 생 산물지대를 징수하기 위해서는 농민의 인격적 자유를 구속하여 영주의 직접통제 즉 신분적인 예속관계 하에 계박시켜 두는 것이 필요하다. 이와 같은 토지소유에 기초한 영주의 권력행사를 경제외적강제라고 한다. 그리고 그것의 근원은 영주의 무력으로써 주로 영주재판권·경찰권의 행사라는 형식을 취하였다.

## 경제운용계획

정부가 세계경제 여건의 변화 등에 따른 우리 경제의 전망을 토대로 해서 예상되는 문제점과 지속적 경제발전을 위한 과제들을 해결하기 위해 재정, 금융, 외화, 사회개발 등 각 부문에 걸쳐 정책방향을 수립·작성한 것. 경제기획원에서 초안을 작성하고 각 경제부처와 의견조정을 끝낸 후 경제장관회의에서 결정되며 보통 당해연초에 발표되고 있다.

## 경제의 소프트화

경제활동 전체에서 차지하는 서비스업과 3차산업의 비율이 커짐과 동시에, 제조업에서도 지식과 기술 축적에 의해 고품질 제품을 생산할 수 있게 된 것을 말한다. 가령 기초소재분야에서도 신소재가 개발되어 사용목적에 따라 보다 견고하며 가볍고 열에 강한 제품이 만들어지면 소프트화가 진행되었다고 본다. 산업구조의 변화를 나타내는 하나의 개념이다.

## 경제인

경제적인 이유에 의해서만 움직여지는 인간의 개념으로서, 고전학파의 경제학자에 의해서 고안되었다. 경제인은 경제적 의미에 있어서 인간의 장점을 완벽하게 구비한 평균적 인간의 대표이다. 그의 모든 특징은 경 제적인 것이다. 고전파 경제학자가 그들 이론의 기초를 이룬 것은 이 일반화된 인간의 개념에 의해서이다.

## 경제잉여

생산량과 소비량간의 차이. 바란(Baran)에 의하면 후진국에서는 투자재원이 부족한 것이 아니라 잠재적 투자재원이 큼에도 그것이 잘못 사용되므로 후진성을 면하지 못한다고 한다. 이것을 나타내기 위해 바란은 현실적 경제잉여와 잠재적 경제잉여의 개념을 구분하였는데 잠재적 경제잉여란 주어진 자연적·기술적 환경과 생산자원하에서 생산할 수 있는 생산 가능량과 필수적 소비간의 차이를 가리키는 것으로 그 사회의 사회구조를 합리적으로 개편함으로써 현실적 경제잉여를 잠재적 경제잉여의 수준으로 끌어올릴 수 있다고 한다. 후진성의 숙명론에 빠진 넉시 등의 `빈곤의 악순환' 론에 대한 비판으로 제기된 바란의 이론은 기존의 신식 민지 경제체제의 비합리성을 폭로함으로써 그것을 극복하려는 실천 운동 에 이론적 지원을 보태었으나 현실의 경제 자체를 과학적으로 분석하고 그 내부의 동학을 밝히는 데엔 한계가 있다. 즉 경제잉여의 개념은 단순히 생산과 소비간의 차이를 나타낼 뿐, 그것이 어떻게 생산되는가의 분 석을 결여함으로써 통계적 계량화에는 도움이 되나 사회내의 갈등과 모순 즉 현실의 운동을 파악하는 데는 문제가 있다.

## 경제자유지수

기업이 얼마나 자유롭게 경제활동을 영위할 수 있는 여건이 마련되어 있는가를 나타내는 지표. 전경련 산하 자유기업센터가 〈각종규제가 우리경제의 발목을 잡고있다〉고 보고 그 정도를 계량화하여 정기적으로 발표함으로서 자유시장 경제 이념을 실현할 수 있는 여건을 조성하는데 기여하겠다고 발표하는 것이다. 그 세부적인 내용은 ①기업의 진출입규제, ②공장설립, ③가격결정, ④유통망확대, ⑤인사관리등 모든 면에서 〈가장 잘하는 사람에게 맡긴다〉는 자유경쟁원칙에 위배되는 사항을 시정하는데 기여한다.

## 경제적 규제(economic regulation)

바람직한 경제질서의 구현을 위해 정부가 시장에 개입하여, 생산·유통·가격 등 기업의 본원적 경제활동 등을 제약하는 것을 말한다. 정부규제는 그 대상영역을 기준으로 하여, 기업 및 개인의 경제활동을 규제하는 경제적 규제와 사회적 활동을 규제하는 사회적 규제(social regulation)로 나눌 수 있다. 경제규제는 진입규제, 가격에 대한 규제, 품질·생산량·공급 등에 대한 규제로 나누어 볼 수 있다.

## 경제적 수명

자산(주로 고정자산)이 영업활동에 사용되어서 경제적 기여를 할 수 있는 기간을 말한다. 경제적기여란 단지 그 자산이 제품을 생산할 수 있다 는 물리적 사실뿐만 아니라 그 자산의 사용으로 상대적효익을 얻을 수 있는 것을 말한다. 따라서 물리적으로는 제품의 생산이 가능한 자산이라 할지라도 새로운 자산의 도입에 의한 경제적 기여에 못 미친다면 그 자산의 경제적 수명은 다했다고 할 수 있다. 따라서 기술발전이 빠른 컴퓨터 등의 자산은 경제적 수명이 짧고 기술발전이 느린 자산은 거의 경제 적 수명이 물리적 수명에 의존하게 된다. 컴퓨터 등의 진부화되기 쉬운 자산들의 경제적 수명이 불확실한 것을 회피하기 위해 운용리스(operat — ing lease)가 이용되기도 한다.

## 경제적 위험

경제적 위험이란 피보험자의 사망, 질병 또는 노령 등으로 인해 더 이상 경제활동을 하지 못하는 데에서 오는 수입의 중단 또는 감소를 말하는 것으로 손해보험의 경우 피보험이익에 해당하는 말이다. 인간의 사망이나 질병 등의 인적위험으로, 가계를 꾸려 나갈 수 있는 수입의 원천이 끊어져 더 이상 정상적인 생활을 영위하지 못하는 위험을 말하는 것이다. 일반적으로 가계의 수입을 책임지고 있는 가장은 경제적 위험도가 높다고 말할 수 있으며, 주부와 같이 경제적 수입과 관련된 행위를 하지 않는 사람은 경제적 위험도가 낮다고 말할 수 있다.

## 경제적 이익

경제학적 의미의 이익은 일정기간에 기업이 판매한 생산

물의 가치에서 기회비용(opportunity cost)을 공제함으로써 구할 수 있다. 경제학적 이익 개념하에서는 비용(explicit cost)뿐만 아니라 암묵적 비용(implicit cost)까지도 고려한 기회비용을 의미하므로 전통적 회계이익개념이 비난 받고 있는 대응원칙의 적용을 배제시키고, 실체가 표현하고자 하는 경제 현상을 충실하게 표현하여 가치의 인식과 측정에서 편기를 제거할 수 있는 장점이 있다. 따라서 경제학적 이익개념은 자원배분이 어떻게 이루어 지는가를 가장 잘 설명해주는 개념이다. 그러나 불완전 시장하에서는 자산의 기회비용을 측정하기 어렵고, 또 수익과정에 관한 정보를 제공하 지 못한다는 단점이 있다.

## 경제적 자유

경제생활에서 각 개인이 스스로의 의지로 행동할 수 있는 자유를 말한다. 소비자의 자유와 생산자의 자유로 구분할 수 있다. 소비자의 자유는 소비자주권(消費者主權), 지출의 자유, 저축의 자유 등이며, 생산자의 자유는 직업 선택의 자유, 기업의 자유, 단체교섭의 자유 등이다. 이러한 경제활동에서의 개인의 자유는 18세기의 자유방임주의 이래 경제생활의 원칙이 되어 왔으나, 그것이 결과적으로는 빈곤과 실업문제(失業問題)를 심각하게 대두시키게 되었다. 그래서 18세기 후반(後半)에는 경제적 자유의 무제한의 방임, 특히 저축의 자유나 기업의 자유가 야기시킨 폐해에 대해 반성하기에 이르렀고, 사회 정의의 입장에서 규제를 가하는 방향으로 기울 어지게 되었다.

## 경제적 자유주의(economic liberalism)

개인과 기업의 경제활동에 대한 정부의 보호·간섭이나 동업조합적인 통제를 철폐하려는 정책동향이다. 구체적으로는 무역의 자유화, 매점·고리대금도 포함하는 국내영업의 자유화를 지칭한다. 18세기말부터 19세기말까지의 영국에서는 정치상의 자유주의와 결부되어 있었으나 경제정책 그 자체로서는 기존의 사회질서에 저촉되지 않는 한 정치적 보수주의와도 결합될 수 있다. 국내영업의 자유방안은 현대에는 오히려 보수주의자의 정책주장이 되고 있다.

## 경제적 지대(economic rent)

공급이 제한되어 있는 또는 공급탄력성이 극히 낮은 생산요소(토지·노동·자본)에 발생하는 추가적 소득을 말한다. 즉 자원이 대체적(代替的)인 다른 어떤 사용처로부터 얻을 수 있는 수익을 초과한 몫을 말한다. 만약 자원의 대체적 사용처가 전혀 없으면(즉 기회비용이 영(零)이면), 그 자원에서 나오는 모든 수익이 경제적 지대가 된다. 이러한 경제적 지대는 독과점기업이 제품의 생산과 공급을 조절하여 가격을 인상함으로써 얻는 독점이윤과 다르다.

## 경제적 후생

후생이란 인간이 의식하는 행복 또는 복지를 가리킨다. 그러나 사회일반의 후생을 판정하기 위한 기준을 세우기란 어렵기 때문에, 그 증감을 화폐로 측정할 수 있는 부분만을 취해서 이를 경제적 후생이라고 한다. 즉 경제적 후생은 경제적인 의미에서의 행복이며, 인간의 행복을 인간이 요망하는 물질적인 이익 내지 소득면에서 측정한 것이다. 이와 같이 후생의 대상이 되는 것을 국민소득이라 한다.

## 경제정의실천 시민연합

교육계·종교계·법조계·기업인·문화예술인 등 광범한 구성원이 집행 위원으로 참여하고 있는 단체로 비정치적인 시민운동을 표방하며 평화적 이고 합법적인 방식을 통해 정의와 평등이 실현되는 민주복지사회를 목표로 하고 있다. 경제정의실현의 첫단계로서 투기를 통한 불로소득 근절과 토지의 재분배 문제에 대한 관심 집중, 토지공개념 확대도입과 부동산의 과표 현실화를 입법화시키려는 전문성을 가지고 있다는 점이 특징이다.

## 경제정의지수

기업활동의 사회기여도 평가. 경제정의실천 시민연합의 경제정의연구소 가 지적하는 바람직한 기업이 갖추어야 할 요건으로는 ①기술혁신, ②환경오염 방지, ③노사화합, ④고객만족, ⑤사회공동체로의 활동, ⑥경영전문화, ⑦본업에 대한 성실성, ⑧준법정신, ⑨건전한 재무구조, ⑩경제발전에 대한 기여 등 10가지이다. 이와 같은 기준에서 기업활동의 건전성 및 공정성, 사회봉사, 환경, 고객만족, 종업원, 경제발전 등 에 대한 기여도 등 7개 항목 67개 평가지표를 설정, 점수를 부여하여 〈경제정의 기업인상〉을 시상하고 있다. 상장회사 중 어업·금융·건설 등을 제외한 기업을 대상으로 한다.

## 경제정책

정부가 의식적으로 국민의 경제생활을 간섭하거나 또는 이에 영향을 미치기 위하여 취하는 조치라 할 수 있다. 이 정의를 부연하면 다음과 같다. 첫째, 경제정책은 정부에 의해서만 수행되는 것이다. 그 이유는 민간단체의 정책이란 아무리 결과적으로 공익을 위한다 할지라도 제일의적으로 그리고 지속적으로 국민경제 전체의 복지를 향상시킨다고 볼 수 없으므로, 경제정책은 공익을 대표하는 정부 및 지방자치단체에 의해 수행 된다고 간주해야 한다. 둘째, 경제정책이란 국민의 경제생활에 대한 정부의 의식적인 조치이다. 이때의 의식적 조치란 정부가 민간경제를 규제 하기 위하여 강제수단을 동원하는 것만 포함하는 것이 아니고 때로는 의도적인 방임 또는 부작위도 포함된다. 즉 경제정책이란 강제력을 행사하거나, 때로는 간접적인 배려 내지 의도적인 부작위를 통해 국민의 경제적 복지가 정책적 조치 없이는 최선의 상태에 도달하지 못한다는 인식의 바탕 위에서 국민의 경제적 후생을 증대하는 것이다. 위에서 밝힌 바와 같이 경제정책의 궁극적 목적이 국민의 경제적 복지의 증진에 있다고 할지라도 어떤 구체적인 지표 없이는 그 방향을 정립 하기 힘들다. 따라서 경제 정책에서 그 구체적 방향과 방법을 밝히기 위 해서는 어떤 표준 내지 지표를 설정할 필요가 있으며 이들 지표의 구체적인 예로는 완전고용, 물가안정, 국제수지균형의 달성, 소득분배의 평준화 등을 들 수 있다.

### 경제정책의 타임래그

경제정책의 필요성이 인지되고, 인지된 정책이 정책으로서 결의되고, 결의된 정책이 실천으로 옮겨지기까지에 경과되는 시간적 지연 즉, 인지래그, 결의래그, 실천래그를 합친 것이 된다. 일반적으로 정책래그가 길 면 길수록 경제정책은 타이밍을 놓쳐 경제에 공연한 교란을 야기시킨다. 금융정책에 비해 재정정책의 정책래그는 길다고 하고 특히 실행래그가 길다. 이는 재정정책에 관한 많은 사항이 국회의 결정을 필요로하며, 또 결정도 정당간의 협의를 거쳐야 하는 것이 많기 때문이다. 이에 대해 정 책이 실천에 옮겨지고나서 소기의 효과를 얻기까지 경과되는 시간적 지 연을 조정래그라 한다. 일반적으로 재정정책의 조정래그는 금융정책에 비해 짧다고 한다.

### 경제조직

경제사회가 정당운영을 위하여 필요한 협력관계를 성립시킨 사회적 조직이다. 우리의 경제생활은 원시사회와 같이 자급자족형태가 아니라 ①소비자가 요구하는 것을 제조하는 생산자의 협력, ②생산자가 공급하는 생산물에 만족을 느끼는 소비자의 욕망 등 순환운동에 참가함으로써 성립된다. 경제행위에는 반드시 주체가 있으나 이들이 모여서 형성되는 경제조직에는 고유의 주체가 없으므로 이를 종합경제라 한다. 오늘날 주된 경제조직은 국민경제이다. 이 국민경제는 국가를 중심으로 하여 국민이란 정치단체를 기반으로 형성된 경제조직을 말한다. 국가가 국민경제의 중심을 이루기는 하지만 국민전체의 소비 및 생산계획에 참여하는 것은 아니며 이를 직접 담당하는 것은 개개의 가계와 기업이다. 그러나 사회주의경제하에서는 국영의 범위가 확대됨으로 국가가 생산의 대부분을 담당한다. 자본주의경제에 있어서도 국방상 또는 완전고용의 달성 내지 국민복지의 향상을 위해 예외적으로 국가가 일정한 범위 안에 서 생산을 직접 담당하는 경우가 있다. 오늘의 경제조직은 자본주의경제 라고 하는데, 이것은 사유재산제도하에 재산에서 얻는 소득, 즉 지대와 이자가 시인되는 경우를 말하고, 사유재산제도가 인정되지 않는 사회주의경제와는 경제조직을 달리한다.

### 경제주체

경제행위에 관한 의사결정을 독립적으로 할 수 있는 경제단위를 말한다. 경제주체는 자기의 책임하에 경제행위를 영위하나 반드시 직접 실행적 행위를 담당하지는 않는다. 물론 개인경영의 상공업에서 볼 수 있는 바와 같이 동일인이 경제주체인 동시에 실행적 행위의 담당자인 경우도 있으나, 일체의 실행적 행위를 사용인에게 맡기고 있는 기업은 경제주체이지만 경제담당자는 아니다. 곧 경제주체가 소유관계를 통해 주도적인 행위를 담당하며, 이 양자를 합쳐 경제단위라고도 한다. 경제주체로는 가계, 기업, 정부, 외국이 있다. 가계는 소비주체이며 기업은 생산주체 이다. 가계와 기업, 두 경제주체만으로 형성된 경제를 민간경제라 부른 다. 이에 대해 정부, 외국은 생산·소비의 측면에서 그 주체가 된다. 정 부의 경제행동은 정부경제를 형성하는데, 이른바 민간경제는 국민경제와 정부경제의 종합으로서 이해된다.

### 경제지표

경제활동을 나타내는 지표적인 통계를 말한다. 경제활동은 생산·소비·무역 등의 여러가지 면을 지니며 따라서 경제통계도 여러 종류가 있게 마련인데, 각 면의 대표적인 움직임을 나타내는 것을 주요 경제지표라 한다. 그 주요 사항은 국민소득 통계, 생산지수, 출하지수, 재고지수 등의 생산활동지표, 재정수지실적, 통화발행액, 전국은행 예금, 대출 등의 금융지표, 수출입실적, 수입승인, 수출입신용장, 외환환 등의 무역, 국제수지지표, 고용지수, 임금지수 등의 노동관계지수, 주가지수나 주식거 래액 등의 주식지표 등이다. 몇 가지 경제지표를 합성하여 경기변동을 확인하고, 장래의 경기변동을 예측하는 지표로 사용하는 것을 경기지표라 고 한다.

### 경제질서 외적존재

자본주의경제의 정상적인 순환과정에서 이탈되어 있는 사회사업의 대상을 규정짓기 위하여 사용되는 말이다. 사회정책을 생산위주의 정책으로 본다면 사회사업은 사회정책의 보완수단이 되어 그 대상은 현역노동자층에서 탈락한 자로 규정된다는 것이다. 그러나 이와 같은 대상규정은 관점에 따라 달리할 수 있는데, 가령 사회문제가 지닌 본질에서 보면 사회정책은 노동문제로써, 사회사업은 노동문제에서 관련·파생되는 문제로써 그 대상을 구분할 수도 있다. 엄밀한 의미에서 사회복지의 대상의 구분에는 많은 논의를 남기고 있다.

### 경제집중률

한 나라의 경제에서 일정한 수의 대기업이 차지하는 비중. 예를 들면 50 대기업, 100대기업 등이 경제전체에서 점유하는 매출액의 비율 등으로 측정한다. 구조이론(structural theory)에 의하면 대기업들은 담합과 독 과점력의 행사에 의해 끊임없이 독점적인 위치를 강화해 가고 있으며 수익성을 유지하는 한 지속적으로 비대해져 간다고 주장한다.

## 경제체제

인간의 경제생활을 영위하기 위해 고도의 분업과 특화를 기초로 하여 이루어지는 부분적·개별적 경제활동을 전체로서 질서있게 하고 조직화 하는 일련의 제도를 말한다. 각 경제체제는 각각 고유의 기본원리를 가지고 있으므로 그 기본원리의 상이에 의해 여러 가지 경제체제로 구분된다. 경제체제의 효율성은 성과기준에 의해 판정된다. 성과기준의 설정은 가치판단의 문제이지만 경제적효율·성장·안정·소득분배의 평등·풍부성·경제적 주권·경제적 자유 등의 여러 사항을 내용으로 한다. 현대사회에서 경제체제를 분류하는 중요한 지표는 각 경제주체의 활동 간의 상호조정이 시장기구에 의존하는가 중앙계획에 의존하는가에 있다. 현대사회에서의 경제체제의 유형은 기본적으로 자본주의와 사회주의 혹은 시장경제와 계획경제로 구분된다.

## 경제통합

부분적인 경제관계를 통일하여 하나의 경제권을 형성하는 것을 말한다. 다시 말하면 각국 경제간에 각종 차별대우가 존재하지 않는 상태로 각국 간의 경제관계로서는 가장 고도화된 것이다. 발라사(B.Balassa)는 경제 통합의 유형을 다음과 같이 분류한다. ①자유무역지역(free trade area) : 가맹국간의 무역을 방해하는 것, 즉 관세라든가 수입수량할당제를 폐지하여 이들 지역내의 무역을 자유롭게 하는 것으로 NAFTA 등이 속한다. ②관세동맹 : 자유무역지역에서 볼 수 있는 관세, 수입수량할당제의 폐지 등 외에도 가맹국 이외의 국가에 대한 관세를 일률적으로 부과한다 베네룩스 관세동맹이라든가 적도아프리카 관세동맹 등이 있다. ③공동시장 : 관세동맹에서 한걸음 더 나아가 상품의 자유유통뿐만 아니라 이동 가능한 생산요소의 자유이동도 실현시키고자 하는 것이다. 중 미공동시장이 여기 속한다. ④경제동맹 : 공동시장을 진일보시켜 경제정책 전반에 걸쳐 조정을 기도하여 경제정책에 관해서도 각국 정부가 사전에 긴밀한 연락을 통해 정 책면에서 조정을 행할 수 있도록 하는 종합형태이다. ⑤전면적 경제통합 : 경제동맹이 목표로 하는 경제정책의 조정에만 머물지 않고 모든 경제정책을 통일적으로 하자는 것이다. 이를 위해서는 각국의 주권으로부터 독립한 행정기구의 설치가 필요하게 된다.

## 경제표

중농주의의 창시자 케네(Quesnay, F.)가 1758년에 발표한 경제순환(사회적 총자본의 재생산과 유통)에 관한 도표를 말한다. 경제표에는 수종의 형이 있는데, 최초의 형을 원표, 미라보(Mirabeau, M.de)의 Philoso- phie Rurale 중에 있는 것을 약표, 케네의 논문 〈경제표의 분석〉 중에 있는 것을 범식이라 한다. 경제표는 간단한 도표에 의해, 한 나라의 연생산물의 유통과 분배의 과정, 즉 경제순환을 단순재생산의 과정으로서 명백하게 표시한 특이한 착상이었다. 경제표에서는, 어느 대국(사실은 프랑스)을 전제로 하여 그 나라의 총생산물의 가격은 매년 같고 생산의 규모는 불변으로 가정되어 있다. 그리고 그 국민은 생산적 계급(농업자)·불생산적 계급(농업 이외의 상공업종사자)·지주계급의 3계급으로 구성되어 있다. 도표는 총생산 물 및 화폐의 3계급 사이에 있어서의 유통과 분배를 간단하면서도 명료하게 표시하고 있다. 케네는 농업자본에 대해 고정자본과 유통자본을 구별하고, 그 보전을 설명하고 있다. 그리고 농업만이 잉여생산물, 즉 순생산물을 만들어 낸다고 생각하고, 그 잉여가치를 지대로서 규정하였다. 도표에서는 농업이 재생산의 출발점으로 되어 있어서, 농업생산력의 발전에 의한 국부의 증진과 지주에게 단일세의 부과라는 세제개혁의 이론적 근거가 명백히 되어 있다.

## 경제행위

경제주체가 주어진 경제수단으로 자기의 경제적 목적을 가장 합리적으로 달성하기 위해서 세심하게 고려한 계획적 행위를 말한다. 생산자가 한정된 자본으로 극대이윤을 가져다 줄 생산요소의 배분(최적생산요소 조합)을 고려한다든지 소비자가 주어진 소득으로 극대효용을 가져다 줄 소비재의 조합을 선택한다든지 하는 것이 그 예이다. 따라서 경제행위의 중심이 되는 것은 합리성에 기초한 선택행위이며, 이러한 경제행위의 기준이 되는 것이 경제원칙이다.

## 경제협력

개발도상국의 발전을 위하여 선진국이 경제적으로 협력하는 일. 정부베이스와 민간베이스가 있으며, 두 나라사이 또는 여러 나라사이에서 이루어지는 경우가 있다. 그 방법으로는 자본의 무상공여, 차관, 장기연불수 출, 민간의 직접투자 등의 자금협력과 전문가를 파견하고 연수생을 받아 들이는 등의 기술협력 등이 있다. 선진국에서 구성되는 DAC(개발원조위 원회)는 GNP(국민총생산)의 1%를 개발도상국의 경제협력에 돌리기로 합 의하고 있다.

## 경제협력개발기구

회원국 및 세계경제 발전에 기여하고 개방도상국을 지원하자는 취지로 지난 61년 공식 출범했다. 세계2차대전후 유럽의 부흥과 경제협력을 추진해 온 구주 경제협력기구(OECD)를 개발도상국 문제 등 새로운 세계정세에 적응시키기 위해 개편 한 것이다. 기존 회원국은 미국, 영국, 프랑스, 독일, 일본 등 모드 24개국이었으나 멕시코가 추가로 가입, 97년 현재 회원국은 모두 25개국으로 늘어났다. OECD에는 경제정책위원회, 개발원조위원회, 무역위원 등 모두 26개의 산하 위원회가 있으며 우리나라는 97년 현재 무역위원회 등 7개 위원회에 옵서버 자격으로 참여하고 있다.

### 경제활동인구(economically active population) 01

일국의 노동력을 인적 견지에서 집계 파악하는 개념으로서, 총인구 중 경제활동이 가능한 일정연령 이상의 인구를 말한다. 경제활동인구의 하한연령은 각국마다 다소의 차이는 있으나(예 일본 15세 이상, 우리나라 14세 이상) 일반적으로 14—15세 연령에 그 기준을 두는 것이 통례이다. 우리나라의 경우는 만 14세 이상 인구 중 재화 또는 서비스를 생산하기 위하여 노동을 제공할 의사와 능력이 있는 사람을 경제활동인구로 정의한다. 다만 현역군인, 전투경찰, 방위병, 기결수는 제외한다. 그렇지 못한 사람 즉 가정주부, 학생, 연로자, 불구자 및 자선사업종사자, 성직자 등을 비경제활동인구라 한다.

### 경제활동인구 02

만15세 이상 인구 중 조사대상주간 동안 상품이나 서비스를 생산하기 위하여 실제로 수입이 있는 일을 한 취업자와 일을 하지않았으나 구직활동을 한 실업자를 말한다.

### 경제활동인구 / 비경제활동인구 / 경제활동참가율

군인과 재소자를 제외한 만 15세 이상의 인구를 생산활동가능인구라 하며 이 중에서 취업 능력과 의사를 동시에 갖춘 사람을 경제활동인구라 한다. 경제활동인구는 취업 여부에 따라 취업자와 실업자로 구분된다. 취업자란 매월 15일이 포함된 1주일 동안에 수입을 목적으로 1시간 이상 일한 사람을 말하며, 본인이나 가족이 소유, 경영하는 사업장에서 주장 18시간 이상 일한 무급 가족종사자도 포함된다. 그밖에 일정한 직장이나 사업장을 가지고 있으나 일시적인 질병·휴가, 노동쟁의 등의 이유로 조사 기간 중에 일을 하지 않은 사람도 취업자로 분류된다. 생산 활동 가능인구 중 경제활동인구에 포함되지 않은 사람은 비경활동인구로 분류된다. 비경제활동인구 사람은 비경제활동인구로 분류된다. 비경제활동인구에는 가정주부, 학생, 연로자와 심신장애인, 구직단념자 등이 포함된다. 한편 생산 활동 가능인구에 대한 경제활동인구의 비율을 경제활동참가율이라 한다.

### 경제활동참가율(labor force participation rate) 01

생산활동가능인구에 대한 경제활동인구의 비율을 경제활동참가율이라 한다. ★경제활동인구(취업자 + 실업자) 경제활동참가율 = 생산활동가능인구

### 경제활동참가율 02

만15세 이상 인구중 경제활동인구(취업자 + 실업자)가 차지하는 비율을 말한다. ★경제활동참가율(%) =(경제활동인구 / 15세이상 인구) × 100

### 경제효율

경제효율은 주로 자원의 사용이나 배분에 관한 평가의 기준이 되는 개념이다. 후생경제학에서의 경제효율은 매우 독특한 의미를 가진다. 부연하면 A,B 두 개의 경제상태를 비교할 때, A라는 균형상태로부터 어떤 경제여건 내지 경제정책의 결과로 B라는 새로운 균형이 이루어졌다고 할 때, 즉 자원배분이 A에서 B로 변경된 결과, 효용이 저하된 사람은 없는 반면 적어도 일부분의 사람들에게는 효용의 상승이 있다고 한다면, 이 변화는 경제전체의 자원이용에 있어서 경제효율의 개선을 의미한다고 할 수 있다. 한편, 국민경제의 생산능력면에서의 경제효율은 현재의 기술이 허용하는 범위내에서 모든 생산자원을 완전고용하여 기술적으로 가장 능률적인 방법으로 생산하는 경우, 그 경제는 완전효율상태에 있다고 할 수 있다. 이러한 의미에서 생산설비 및 노동의 불안전고용은 그만큼 경제적 비효율을 낳는다고 할 수 있다. 따라서 경제효율의 달성은 경제정책목표로 여겨져 왔으며 이를 실현시키기 위한 여러 정책수단이 꾸준히 연구·실시되었다. 그러나 한 가지 주의할 점은 경제효율이 규범경제학에 있어서의 가치판단의 중요한 기준임에는 틀림 없으나, 이것이 항상 경제적 공평과 일치하지는 않는다는 점이다. 이때의 경제적 공평은 소득분배나 사회보장의 상태를 평가할 때에 쓰이는 가치판단기준으로서 경제효율과는 달리 어떤 객관적 내용이 없고 매우 주관적 판단의 여지가 많다는 점이 그 특징이라 할 수 있다. 반면 일반적인 의미에서의 효율은 산출량에 대한 투입량으로 정의되며, 그 비율이 높은 것이 효율적이라 할 수 있다.

### 경조금제도
(congratulations and condolences program)

기업복지 혹은 직장복지의 일환으로서 종업원의 길흉경사에 있어서 종업원 또는 가족에 대해 위로금 또는 축하금을 지급하는 제도이다. 이와 유사한 제도로 공제제도가 있는데 이것은 종업원에게서 일정액을 거출하여 그 기금에 의해서 급여되는 것인데 반해서, 이 경조금제도는 모두 회사 측의 재원에 의존하고 있다. 경조금이 지급되는 경우는 일반적으로 종업원 또는 가족의 사망, 상해, 종업원의 결혼, 가족의 출산, 입학 또는 재해 때인데 금액으로서는 생활의 보장을 확보하는 액수가 지급되지 않고 형식적 의례적인 경우가 많아, 기업 측의 종업원에 대한 온정주의로 되어있는 경우가 많다. 따라서 진정한 의미의 생활보장은 사회보험제도에 의존 할 수밖에 없다.

### 경직성 경비(uncontrollable expenditures) 01

국가의 세출예산 중 법률이나 확정된 정책방침에 따라

지출규모나 방법 등이 미리 정해짐으로써 감축의 여지가 없는 경비를 말한다. 이는 예산 편성과정에서 사업비와 대치되는 개념으로 도로·항만등의 공공재생산에 기여하지 않고 고정으로 지출되는 소모성 성격이 짙은 예산을 말한다. 이같은 경직성 경비는 정부가 강조하는 사회간접자본(SOC), 농어촌구조 개선, 산업기술지원 등에는 전혀 충당되지 않는 재원이다. 따라서 경직성 경비 비중이 높을 수록 예산집행의 효율성이 떨어지게 된다.

## 경직성 경비 02
법률상 또는 정책적으로 지출이 미리 결정되어 있어, 법률의 개정이나 또는 기존 정책의 수정이 없이는 삭감할 수 없는 경비를 말한다. 경직성 경비는 예산편성의 합리성을 저해하고 중앙예산기관의 재량권 행사에 제약을 가하는 경비로, 예산사정 과정에서 삭감·조정이 불가능하다. 우리나라의 지출 예산에서 경직성 경비는 약 60%를 차지하고 있으며, 인건비·지방재정교부금·교육재정교부금·방위비 등이 이에 속한다고 볼 수 있다.

## 경질적 뉴스
신문독자나 방송시청자들에게 지연적 보상(delayed reward)을 주는 뉴스들로서, 인간들이 현실사회에 적응하고 대처하는데 필요한 정보나 지침·해설 등에 관한 뉴스를 말한다. 경질적 뉴스라는 용어는 1949년 미 국의 커뮤니케이션학자 슈람(Wilbur Schramm)이 내세운 매스미디어의 접촉동기에 관한 그의 보상설(the reward theory)에서 처음 사용됐다. 그에 의하면, 신문독자나 방송시청자들은 두가지 즉, 즉각적 보상(immediate reward)과 지연적 보상(delayed reward)을 얻기 위해 신문이나 방송을 접촉하는데, 이들 중 지연적 보상(사회현실에 적용하고 대처하는데 필요한 정보나 지침·의견등을 얻거나 주는 뉴스)을 경질적 뉴스라고 부르고 있다.

## 경차관과 연차관
경차관이란 금이나 또는다른 통화를 자유롭게 교환될 수 있는 미달러화 등 경화 즉 hard currency로 상환할 것을 조건으로 하는 외국차관이다. 이에 대해 연차관이란 차관수수국의 통화(inconvertible currency), 즉 soft currency로 상환할 수 있는 차관인데, 이는 경차관과 무상수조(grant)의 중간 성격의 것으로 수수국의 경화에 의한 상환 부담을 경감시키고자 하는데 그 목적이 있다. 그러나, 경화로 상환하더라도 거치기간 상환기간 금리등 상환조건이 통상의 차관에 비하여 장기저리로서 유리한 경우(under soft conditi- ons)에도 이를 연차관이라고 한다.

## 경찰국가(police state)
정치·경제·사회·문화의 모든 면에서 국가권력이 전제적(專制的)으로 행사되고, 국민의 자유와 권리가 법적 보장을 받지 못한 17-18세기 유럽에 있어서의 절대군주국가를 말한다. 당초에는 공공의 복지를 위한 국가작용 전체가 경찰(警察)로 간주되어, 공공의 복지를 추구한 절대주의국가를 복지국가 또는 경찰국가라 불렀으나, 이후 권력이 남용되는 타락한 상태를 지칭하는 것으로 의미가 변질되었다.

## 경찰긴급권
현재의 급박한 경찰상의 필요에 의해 통상의 경찰권의 한계를 넘어서 경찰권을 행사하여 국민의 신체·재산에 대해 실력을 행사하는 것이 법령상 허용되는 권한을 말한다. 경찰책임이 없는 관계인에게 경고를 발하거나 또는 필요한 조치 및 범죄행위의 제지를 하는 것 등의 권한이 그 예에 속한다.

## 경찰벌
경찰상의 의무위반(경찰범)에 대한 제재로서 일반통치권에 의거하여 과하는 벌을 말한다. 경찰벌에는 형법상 형명(刑名)이 있는 형벌(사형·징역·금고·자격상실·자격정지·벌금·구류·과료(科料)·몰수)과 질서벌인 과태료가 있다. 경찰벌은 행정벌의 일종이므로 행정벌 의 특색을 가지고 있다.

## 경찰사회사업(police social work)
경찰서, 법정 그리고 교도소 내에서 피해자, 범죄자 그리고 그들의 가족에게 여러 가지 사회서비스를 제공하는 전문적인 사회사업실천이다. 이 분야의 사회사업가는 직업에서 스트레스를 받는 경찰관 또는 그들의 가족을 상담하며, 때때로 경찰들을 위한 옹호자, 홍보자 그리고 경찰과 여러 지역사회 집단들을 중재하는 역할을 한다. 주요한 활동은 경찰을 불러야 하는 지역 내의 문제들을 해결하는 데 도움을 주는 것이다. 경찰사회사업가는 시민, 전문사회사업가뿐만 아니라 경찰 등으로 구성된다.

## 경찰상의 강제집행
경찰의무의 불이행에 대해 강제적으로 의무를 이행시키거나 또는 의무의 이행이 있는 것과 동일한 상태를 실현하는 경찰강제의 하나를 말한다. 경찰 상의 강제집행의 성질은 행정상의 강제집행의 그것과 동일하다. 경찰상의 즉시강제(警察上의 卽時强制)목전의 급박한 장해를 제거해야 할 필요가 있는 경우에 미리 의무를 명할 여유가 없는 때 또는 그 성질상 의무를 명하여서는 목적을 달성하기 어려운 때에, 직접 국민의 신체 또는 재산에 실력을 가하여 경찰상 필요한 상태를 실현하는 작용을 말 한다. 불심검문·위험방지를 위한 출입 등이 그 예에 속한다. 의무불이행을 전제로 하지 않는 점에서 그것을 전제로 하는 경찰상의 강제집행과 다르다.

## 경찰청 소년상담실

비행의 예방, 조기발견을 목적으로 직접비행에 관한 상담 외에 등교 거부, 자폐증 등의 교육상담, 가정상담도 받는다. 경험이 풍부한 경찰관 외에 심리감별기능관이 배치되어 있다. 소년경찰활동요강에 의한 소년보도활동을 구현한 것으로서 소년지도센터, 아동상담소 등의 관계기관, BBS나 직친 등의 단체, 개인과 밀접하게 연락하여 활동하고 있다.

## 경향분석(trend analysis)

변량분석의 모형 속에서 독립변인과 종속변인간의 관계를 다차원적 관계로 분석하는 방법이다. 변량분석에서 간자승화(between-group sum of squares)를 직선적 · 2, 3차원적 곡선관계 등으로 분할하여 독립변인이 직선적 관계로 설명될 수 없는 나머지 변량을 2차원 이상의 곡선적 관계로 어느 정도 설명할 수 있는가를 검토해 줌으로써 독립변인과 종속변인간의 관계를 좀 더 다양성 있게 파악해 주는데 도움을 준다. 이 방법을 적용하기 위해서는 독립변인이 동간척도 이상이라는 것과 원칙적으로 계산의 편리를 위하여 동 간격으로 실험조건이 분할되었다는 것을 전제로 하고 있다. J개의 실험조건으로 분할된 경우, 즉 J개의 실험집단이 있는 경우에 J-1 수준의 곡선적 관계로 나누어 검증할 수 있다. 가령 4개의 실험집단이 있는 경우에는 직선적 · 2차원 및 3차원의 관계로 나누어 검증할 수 있다. 이 경향분석방법은 변량분석에서 집단 간에 의의 있는 차가 있다고 하였을 때 이 관계가 직선적 관계에 의해서 또 2, 3차원 등의 곡선적 관계에 의해서 어떻게 설명될 수 있느냐의 정보를 주고 있다.

## 경험(experience) 01

어떤 사건을 직접적으로 관찰하거나 행동에 참가함으로써 얻어진 결과로서의 기술 · 지식 · 실천 등으로 개인의 삶을 형성하는 의식적인 사실이다. 경험에는 경험하는 주체로서의 마음과 경험되는 대상으로서의 객체인 사물이 다 포함된다. 그러나 경험에 대한 정의는 학자에 따라 차이가 있다. 플라톤(Platon)은 경험을 관념과 완전 분리하여 물질적 현상의 세계에 한하고 경험의 세계를 일시적 환상으로 보고 참 지식의 대상에서 제외하였다. 반대로 경험론자 로크(J. Locke)는 천부적인 선험적 표상(idea)을 부정하고 모든 지식과 관념은 감각, 또는 그것에 토대된 반성적 경험을 통해서 얻어진 것이라고 했다. 헤겔(G. W. F .Hegel)은 경험 안에 감각적인 것과 정신적인 것이 다 포함되므로 위의 양자를 종합한 감이 있다. 듀이(J. Dewey)는 경험을 행동과 그것에서 얻어진 결과의 앞뒤를 연결함으로써 얻어진 것이라 하여 마음과 육체적 행동의 연속성을 주장하고 마음과 몸을 분리하는 이원론을 배격했다. 경험은 항상 실제 세계에서 일어난 것이고 그것의 주체는 개인이다. 아동이 불에 손을 대는 자체가 경험

이 아니고 그 결과로 받은 고통에 연결될 때 경험이 된다. 교육에 있어서 경험을 통해 배운다는 것은 마음의 훈련이 육체적인 행동을 수반하는 것으로 결코 마음을 억제하는 것이 아니다.

## 경험 02

①무엇인가를 실제로 해봄으로써 생활 내용이 확대되는 것. ②능력을 사용함으로써 그 능력이 유리한 변화를 받는 것(가령 경험을 쌓은 선장 등등이라고 말하는 경우). ③㉠우리들의 외계 인식의 원천으로서의 감각 내지 지각의 작용 및 그것에 의해서 주어지는 내용(외적 경험). ㉡마음속에서 일어나고 있는 일에 관한 의식(내부 감각, 내적 경험). 이 양자는 다같이 기억 · 상상 · 사고와 대립하는 것으로 생각된다. 이 의미의 경험에서 사고에 의한 부가물을 완전히 제거한 것, 사려 분별이 조금도 가해져 있지 않은 경험을 상정하여, 그것을 순수경험이라고 말하는 학자도 있다. 경험은 이 경우에는 주관 · 객관, 심적 · 물적의 구별 이전의 중립적인 것으로 간주된다. ④개인의 행동을 통해 얻어진 조직되어 있지 않은 단편적인 지식. ⑤지각적인 경험에 사고에 의한 통일이 주어진 지식으로서 경험과학과 거의 같은 의미의 것(칸트 등의 특수 용법). ⑥인간은 행동을 통해서 환경에 작용하고 있는 그것에 변화를 가함과 동시에 자기도 변화를 받는데, 이와 같은 인간과 환경과의 교호 작용을 인간의 편에서 본 것이 가장 포괄적 · 기본적인 경험의 개념이다. 이 의미에서의 경험의 충실한 형태는 계획적인 실천, 실험이다. 상술한 여러 가지의 의미는 이 포괄적인 경험 개념의 여러 측면에서 파악한 것이라고 말할 수 있다.

## 경험과학
(empirical science, empirische Wissenschaft)

경험의 직접적 실증성을 중시하는, 경험적 사실을 대상으로 하는 학문을 말한다. 경험과학은 수학 · 형식논리학과 같이 선천적 인 공리적(公理的) 법칙을 대상으로 하는 형식과학 · 선험적 과학과 대비된다.

## 경험론(empiricism)

인식론에 있어 지식의 기원을 경험에 두는 학설로, 존재 일반의 원리를 이성(理性)에 두는 합리론(合理論)과 대비된다.

## 경험생명표

1783년 영국의 R 프라이스가 만들어 에퀴터블社가 사용한 것이 근대생명 표의 원조다. 생명표란 과거의 수명을 토대로 성별 · 연령별로 사망할 확률(사망률) 및 잔여수명을 작성한 것으로 생명표에는 전체국민을 대상으 로 하는 〈국민생명표〉와 보험가입자만을 대상으로 하는 〈경험생명표〉가 있다. 생명보험회사가 가입자의 적정 보

험료를 산출하기 위해선 사망률이 필요하다. 사망률은 연초의 생존자 중 연간 몇명이 사망하는가를 연령별·성별로 수치화한 것이며 잔여수명은 연령별·성별로 예측된 사망률을 토대 로 향후 몇년간 더 생존할 것인가를 측정하여 계산한 것이다. 경험생명표는 보험가입자를 대상으로 보험개발원이 3 – 5년 주기로 산출하며 국민생명표는 전체국민을 대상으로 인구센서스 자료에 기초해 작성 한다. 하지만 보험가입자는 가입전에 건강진단·병력고지등의 절차를 거치기 때문에 보험가입자의 사망률은 국민 생명표상의 전체 사망률보다 낮다. 수명연장에 따라 암보험등 보장성보험료는 내리고 개인연금보험료는 오른다.

### 경험생명표(experience life table)
생명보험회사를 비롯하여 그 밖의 보험단체의 피보험자집단의 사망경험을 통계적으로 분석해서 작성한 사망표를 경험표 또는 경험사망표라고도 한다. 피보험자 집단을 성별, 연령별로 나누어서 작성한 표 이외에 보험종류별, 가입연도별, 가입후의 경과연수별과 같은 생명보험의 특성에 따라 분류 작성된 표도 있다.

### 경험요율(experience rating)
①회사에서 종업원을 고용-일시 해고하는 비율이다. 이 비율이 높은 고용주(유사한 산업에서 경쟁자들보다 종업원을 덜 해고시킨 사람)는 근로소득세에서 보상을 받을 것이다. ②어떤 특정 집단에서 위험의 가능성을 표시하기 위해서 보험 산업에서 사용되는 측정을 말하기도 한다.

### 경험주의(empiricism)
인식론에 있어서, 모든 지식의 기원을 경험에 두고 경험적 인식을 절대시하는 학설이다. 이 학설의 기본원리는 ①단어나 개념이 가지고 있는 의미는 그것이 실제적인 경험과 연결되었을 때만 파악될 수 있으며, ②어떤 명제나 신념의 정당성은 반드시 경험에 의존한다는 것이다. 이성적인 것이 인식에 있어서 가장 중요하다고 보는 이성주의와 반대되는 입장에서는 경험주의는 권위나 직관 또는 상상적 억측 따위를 신념의 근원으로 하는 것을 반대한다. 근대 경험론의 선구를 이룬 것은 17세기 영국의 베이컨(F. Bacon)과 로크(J. Locke) 등이다. 베이컨은 참다운 학문은 경험에서 출발해야 한다고 했으며, 현실 세계에 대한 경험적 지식을 절대시하였다. 로크는 "감각은 지식의 시작이요, 첫째 단계이다"라고 했으며, 백지와 같이 아무 성질도 없는 마음에 여러 가지 지식을 공급할 수 있는 것을 경험이라고 하였다. 그의 경험론적 철학체계는 버클리(G. Berkeley)·흄(D. Hume)에 영향을 주었으며 프랑스의 실증론·유물론에도 영향을 끼쳤다. 또 교육학에 있어서는 코메니우스(J. Comenius)·루소(J. J. Rousseau)·페스

탈로찌(J. pestalozzi) 등이 경험주의적 입장에 서며, 특히 20세기 진보주의 교육사상은 경험주의적 경향이 강하다.

### 경험중심 교육과정(experience-centered curriculum)
학생이 교육의 중심적 존재가 되어야 한다는 입장에서 교육과정의 중심이 되는 내용을 학생이 행해야 할 경험으로 구성하는 교육과정이다. 이는 루소(J. J. Rousseau) 이후 연면하게 제창되어온 주장이며, 1930년대에는 1950년대 말까지 미국에서 영향력을 가졌던 교육과정의 사조(思潮)로서 종래의 〈교과중심 교육과정〉에 대한 비판으로 대두된 것이다. 교과중심 교육과정에서는 교육과정이 〈학교에서 전통적으로 가르쳐 오던 교과〉로 정의되는데 비하여, 이 사조에서는 교육과정이 〈학생들이 생활 사태에서 가지는 교육적 경험〉으로 정의된다. 여기서 교과는 생활의 문제 사태를 해결하는데에 도움을 줄 때 비로소 진정한 가치를 가진다. 그러므로 교육과정은 반드시 국어·수학·과학 등, 전통적인 교과 구분에 따라 조직될 필요가 없이 생활의 문제 사태를 중핵으로 하여 그것에 관련된 여러 교과들을 통합하여 가르칠 수도 있으며(중핵 교육과정), 전통적인 교과 구분을 따르는 경우에도 그 내용은 주로 생활의 문제를 해결하는 데에 도움이 될 수 있도록 선정되고 조직된다. 이 점에서 〈경험중심 교육과정〉은 〈생활중심 교육〉과 거의 동일한 것으로 이해된다. 또 이러한 교과 간의 전환에 따라 흔히 〈아동중심 교육〉이라고 불리는 방법상의 원리가 대두된다. 즉 교육의 과정 전체에서 아동의 흥미와 능동적인 참여가 중요시되어야 한다는 것이다. 경험중심 교육과정은 아동중심 교육과 함께 듀이(J. Dewey)의 교육철학에 기초를 두고 있는 것으로 알려져 있다.

### 경험치료(experiential therapy)
활동, 갈등과 상황 밖의 행동, 역할연기, 대결, 클라이언트의 현재 생활경험과 유사한 상황설정을 강조하는 심리사회적 개입 혹은 임상치료의 형태이다. 경험치료는 '지금 이곳'(here and now)에 초점을 두고 클라이언트를 단지 과거 상황으로만 기술하는 것을 경시한다. 경험치료는 흔히 집단치료나 가족치료에서 행해진다.

### 경화
본래의 의미는 금화나 은화와 같이 소재가치를 지닌 화폐를 지칭하나 최근에는 국제통화로서 외국통화와 자유롭게 교환되는 화폐를 의미하기도 한다.

### 경화증(cirrhosis)
신체 조직, 흔히 간에 생긴 상처, 경화증에 가장 쉽게 걸리는 사람들은 알코올 중독으로 영양(단백질) 섭취가 부족한 중년 남성들이다. 간의 손상은 쇠약, 황달, 위장 장애, 간장염, 간과 비장의 확대, 정맥의 팽창과 같은 증상

을 초래한다. 이에 대한 치료는 일반적으로 적당한 양의 단백질, 비타민 보충, 수혈, 지나친 분비약의 제거와 함께 음식조절을 통해서 이루어진다. 알코올 중독을 포함한 사회심리 치료는 보통 증상의 재발을 막기 위해 행해진다.

## 게스 후 테스트(guess who test)

인격검사의 일종이며 어떤 인격특성을 나타내는 말에 대해 그 특성을 지니고 있다고 생각되는 사람의 이름을 쓰게 해서 그룹 내에서 상호 평정시키는 테스트 방법이다. 많은 사람의 인격특성의 평정을 앎으로서 그 사람의 인격을 알고 개인적인 인상이나 평가를 시정한다. 이 직장에서 가장 상냥한 사람은 누구냐 등의 질문항목이 쓰인다. H. 하드손이나 I. B.밀라 등에 의해 고안되었다. 집단의 역학을 분석하는 데도 유효하다.

## 게스탈트 치료(gestalt therapy)

정신 요법적 개입의 한 형태이다. 그 접근방법은 개인들이 사고, 감정 및 행동을 통합하도록 돕고, 현재의 인식과 경험에 비추어 더욱 현실적으로 그들이 위치를 올바로 알도록 돕는 것이다. 이것은 그들 자신의 행동에 대한 책임을 인식하고 떠맡는 것, 감정적 표현과 인식의 자발성, 자신의 사고의 결함과 왜곡의 존재에 대한 인정 등을 강조하고 있다.

## 게인 프로그램(GAIN Program)

미국 캘리포니아주에서 시작한 주 복지프로그램으로써, 공적 부조 수급인 개인 훈련, 교육, 직업상담 및 직업소개 등을 제공하는 것을 말한다. 만일 이 서비스가 요부양 아동가족 부조를 지급받을 수 있는 세대주의 노동력을 활용하도록 하는데 실패한다면 수급인은 1년 간 공공서비스직과 관련된 고용을 제공받는다.

## 계급(class)

생산수단에 대한 소유관계를 통해서 생산과정에서 차지하는 각각의 지위가 다름으로 인해서 구별되는 인간집단을 말한다. 일정한 사회에 있어서 사람들의 지위의 상위는 생산관계에서 차지하는 상위의 상위에 기초하는 것이며, 이것은 생산수단이 누구에 의해서 소유되어 있는가에 따라 규정된다. 따라서 계급은 정치적·사회적 체제에서의 사람들의 지위가 아니고 경제제도 혹은 생산은 사회적 체제에서의 지위를 가리킨다. 생산수단을 사유·독점하는 사람은 다른 사람의 노동을 지배하고 착취할 수 있다. 이 착취·피착취관계는 바로 생산수단에 대한 소유·비소유의 관계로부터 발생하는 것이며 이것이 계급의 본질적 관계이다. 따라서 계급관계는 모순적이며 대립적이다.

## 계급별 호봉제

공무원의 봉급액이 계급별·호봉별로 상이한 제도를 말

하며, 적용대상자는 계급이 있는 일반직·기능직 등 계급제 공무원들이다. 한편 단일호봉제는 공무원의 봉급액을 호봉별로만 차등을 두는 제도로서 계급개념이 없는 교원 등 비계급제 공무원에 적용된다. 계급별호봉제는 또 근속호봉제와 대비되는 바, 계급별 호봉제는 호봉승급액이 계급별·호봉별로 상이하고 승진시 일정호봉수를 감소하여 계급별 경력가치에 차등을 두는 제도를 말하며, 이에 대해 근속호봉제는 호봉승급액이 호봉별로만 상이하고 전체계급의 호봉승급액이 동일하며, 호봉의 획정방법도 근속년수와 일치하는 제도를 말한다. 우리나라에서는 계급별 호봉제가 1949년부터 1975년까지 활용되다가, 1976년부터 근속호봉제로 바뀌어 1985년까지 지속되었으며, 1986년부터는 다시 계급별호봉제가 채택되고 있다.

## 계급분화

생산수단의 사적소유에 기초한 상품경제에서 소생산자들의 사회경제적 처지가 변화되어 다른 계급 또는 계층으로 전환되는 것을 말한다. 상품경제에서 소생산자의 사회경제적 처지는 고정불변하지 않는다. 여기서 소생산자들의 처지를 변화시키는 기본요인은 가치법칙의 작용과 경쟁이다. 생산수단에 대한 사적소유와 상품생산은 노예사회와 봉건사회에도 있었으나, 거기에서는 자연경제가 지배적이고 신분적 예속관계가 강하였던 관계로 계급분화는 제한된 범위에서 서서히 진행되었다. 봉건사회가 무너져 가던 때에 상품화폐 관계가 발전함에 따라 계급 분화는 빠른 속도로 진행되었고, 자본주의 사회의 두 계급인 부르주아 계급과 노동계급에로의 분열을 촉진하였다. 특히 농촌에서 농민들의 계급분화는 극소수의 부농으로의 전환과 대다수의 빈농, 고용 농민 또는 도시 노동자로의 전환을 가져온다. 기본 생산수단이 사회적소로 되어야 이러한 계급분화를 완전히 없앨 수 있다.

## 계급정년제

공무원이 일정한 기간동안 승진하지 못하고 동일 계급에 머물러 있을 경우, 그 기간이 만료되는 때에 그 사람을 자동적으로 퇴직시키는 제도를 말한다. 공직의 신진대 사를 촉진시키기 위한 이 제도는 우리나라의 경우 군인과 경찰 공무원에게 적용되고 있다.

## 계급제(rank — in — person or rank-in — corps)

공무원이 가지는 개인적 특성 즉 학력·경력·자격을 기준으로 하여, 유사한 개인적 특성을 가진 공무원을 하나의 범주로 구분하여 계급 을 형성하는 제도를 말한다. 계급제는 직위가 내포하고 있는 직무가 아니라 공무원 개인적 특 성에 따라 공직을 횡적으로 구분하여 계층을 만들고 여기에 행정업무를 수준별로 구분하여 담당하게 하는 인간중심적제도(person — oriented system)로 직위분류제와 대비된다.

## 계급투쟁

사회계급간의 경제적, 정치적, 문화적인 특권이나 기회, 지배권을 둘러싼 싸움을 말한다. 자본주의사회에 이르기까지의 인간의 역사를 계급투쟁의 연속이라고 보는 것이 맑스주의의 견해이다. 그러나 20세기 특히 제2차 대전 이후부터는 의회제 민주주의의 보급이 정착되고, 사회국가의 형성과 신중간층의 증대 및 대중사회의 진전의 초래, 산업민주주의의 확충 등을 계기로 계급투쟁의 제도화가 진척되어 이데올로기의 종언과 더불어 노동자계급의 부르주아도 생겨나고 있다.

## 계량경제학

경제이론·통계학·수학의 종합을 목표로 하는 경제학. '경제학'에 생물측정학에서 따온 측정학이란 뜻의 metrics를 덧붙여 만들어낸 합성어. 경제학에서는 소득·저축·소비·투자·가격·자본·이자 등을 다룰때 이들을 양으로 계측해서 표시한다. 그리고 이들 경제량 사이의 관계를 수학에서처럼 다루는 경우가 많다. 특히 수량경제학은 경제이론을 수학의 형태로 다룬다. 그러나 수리경제학은 이론에 치우쳐 현실과의 괴리감이 따르게 되므로 이론과 통계추진의 기술을 교량삼아 경제이론과 현실의 측정치를 결부시키기 위해 계량경제학이 탄생하였다. 미국의 R.클라인은, "계량경제학의 과제는 인간의 행동을 관찰하고, 관찰치에서 이론적 파라미터를 측정한 후, 아직 관찰되지 않은 행동을 예측하는 일이다"라고 말하고 있다. 이와 같이 계량경제학은 주된 경제량의 상호 관계를 측정하여 경제변동의 구조를 양적으로 명백히 함으로써 경제의 현상분석뿐만 아니라 장래의 예측에도 도움이 되도록 하는 것이다.

## 계량경제학 모델

하나하나의 경제현상을 수량으로 파악하여 그 상호의존관계를 수식화한 것이다. 가령 소비는 소득 이외에 소비자물가, 보유유동자산, 생산수준 등으로 결정되는 수가 많기 때문에 그 관계를 경험적으로 탐지해서 수식화하여 소비동향의 예측이나 분석에 쓰이고 있다(소비함수). 또는 서로 관련된 수십개의 연립방정식을 세워 경제 전체를 수식화하고, 매크로 경제의 체계적, 종합적인 분석도 가해진다. 이로써 주관을 배제한 객관적인 경제분석·예측이 가능하게 되는데, 반면에 복잡한 경제현상을 너무 추상화·단순화한 결함이 있다.

## 계량경제학(econometrics)

이론경제학(理論經濟學)의 성과와 수리통계학(數理統計學)의 지식을 결합시켜 경제통계자료를 사용하고, 현실의 경제실태를 수량적으로 파악하여 장래에 대한 예측과 계획에 도움을 주고자 하는 근대경제학. 근대경제학의 경제이론은 수학적 형식을 사용하여 일반적·추상적 형태로 그 내용을 풍부하게 만들어 왔으나, 순수이론이 경제의 경험적 현실의 어떤 본질을 파악하려고 하는 한, 이 이론을 실제로 관찰할 수 있는 통계를 사용하여 검증(檢證)하려는 욕구가 일어나는 것은 당연한 일이다. 이리하여 이론경제학과 수리통계학을 결합시켜 경제이론에 수량적 내용을 부여할 목적으로, 1930년에 J. A.슘페터와 I.피셔 등에 의해 미국에서 계량경제학회가 설립되었다. 경제 법칙의 통계적 실증연구(實證研究)는 상당히 오래 전부터 H. L.무어, H. 슐츠, R. A. K.프리시 등에 의해 이루어져 왔으나, 이들의 연구의 주된 것은 경제제량(經濟諸量)에 관련되는 통계자료를 정리 통합하여, 여기에 비교적 간단한 통계적 조작(操作)을 곁들여 경제실태를 양적으로 이해하려 하였던 것으로서, 경제 모델을 사용할 경우에도 2개 이상의 방정식을 연립시키지 않고 단일 방정식을 따로 추정하는 방법이었다. 이윽고 제2차 세계대전 이후, 확률론을 기초로 하는 수리통계학(또는 추측통계학)의 발달과 통계자료의 정비 및 컴퓨터의 출현은 계량경제학을 급속도로 발전시켰으며, 앞으로도 그 성과가 가장 기대되는 분야로 주목되고 있다. 그 내용은 초기의 단일 방정식 모델에서 진보하여 경제 전체를 서로 관련을 맺게 하는 경제 제변량(諸變量)의 체계로서의 연립 모델을 만들어내고, 이 모델에 현실의 통계자료를 적용시켜서 현실의 관측값을 낳게 한 경제구조를 찾아내려고 하는 것이다. 이때 경제구조의 추정을 위하여 쓰이는 통계학의 수법으로는 초기의 최소제곱법 대신 큰 규모의 최대법(最大法)이 쓰이게 되었는데, 이것은 컴퓨터의 발전 없이는 도저히 불가능한 일이었다. 경제이론 모델을 수량적 연립체계로서 설정할 경우, 특히 문제가 되는 것은 식별(識別 : identification)이 가능한지의 여부이다. 이것은 이론 모델에서 추정되는 경제구조가 단 한 가지의 것으로 결정될 수 없는 가능성이 있기 때문에 일어나는 문제이다. 이와 같은 연립체계에 의한 대규모적인 계량분석과 다시 그 결과를 예측에 활용할 수 있도록 하는 연구가 오늘날의 계량경제학의 중심적 내용이며, 이 연구는 특히 미국의 비영리법인(非營利法人) 콜스 커미션(Cowles Commission)에 의해 활발하게 추진되어 1950년대까지는 일단 기초가 확립되었다.

## 계모자관계

부가 처와 이혼 또는 사별한 뒤 후처와 재혼한 경우에 전처 출생 자녀와 후처와의 관계를 말한다. 자녀는 후처의 계자녀가 되고 후처는 자녀의 계모가 되는 것이다. 이러한 관계를 반혈연가족 혹은 법정혈족관계라고 하는데, 이는 친생모자관계와 법률상 동일하지만 다만 계모가 친권을 행사하는 경우에 후견인에 관한 규정이 적용된다는 제한이 있다. 계모자관계는 부와 계모와의 이혼이나 혼인의 취소로 인해 소멸하고 또 부가 사망한 후에 계모가 친가에 복적하거나 재혼할 경우에 소멸한다.

## 계산화폐

화폐경제내에서는 재화의 가격은 보통 화폐단위로 표시되므로 화폐의 기능 중의 하나는 가격의 계산단위로서의 역할을 수행하는 것이다. 예를 들면, 어떤 재화 1단위가 100원 20장과 교환되면, 그 재화의 가격은 2,000원이며, 1달러지폐 5장과 교환되면 5달러이다. 그러나 계산단위는 반드시 실제로 유통하는 본래의 화폐만이어야 할 필요는 없고, 가령 소맥 이외의 재화가 소맥 몇 붓셀과 교환되는가에 따라 그 재화의 가격을 표시하는 것도 가능하다. 그리고 이 경우에는 소맥을 단위로하여 각 재화의 가격이 표시되는 것으로 된다. 또 상품에 투하된 노동시간 을 계산단위로 가격을 표시하는 것도 이론적으로는 가능할 것이다. 이와 같이 본래의 화폐뿐만 아니라, 그에 의해서 여타의 모든 교환 가치를 표시 하기 위한 기준으로 되는 재화를 일반적으로 계산화폐 혹은 뉴메레르라고 한다. 뉴메레르의 값은 언제나 1이다. 왜냐하면 100원권은 1장의 100원권과 교환되며, 1붓셀의 소맥은 1붓셀의 소맥과 교환되기 때문이다.

## 계선조직(line service) 01

계선조직이란 조직내에서 명령이 전달되는 수직적 · 계층적 구조를 말한다. 계선기관은 조직목표를 직접 달성하기 위해 대외적으로 직접 고객에게 서비스를 제공하거나 규제하는 등 정책업무를 담당하며, 대내적으로 명령 · 지시 · 감독의 기능을 담당한다.

## 계선조직(line organization) 02

조직이 설정한 목표가 목적을 직접 수행하고 책임을 지며 명령복종의 권한관계로서 계층화된 조직을 말한다. 계선조직은 행정조직 단위의 장으로부터 국장, 과장, 계장, 계원에 이른 복종 관계를 가진 수직적인 조직형태로서 명령적, 집행적 기능을 가지고 있다. 즉 조직의 최고 책임자를 정점으로 하여 수직적 권한 관계로 이어지는 집행조직으로서 구체적인 집행 및 명령권을 행사하고 조직의 전체적 집행 및 명령권을 행사하고 조직의 전체적 집행에 대해 직접적인 책임을 지게 되며, 권한의 계열화 내지 등급화는 모든 조직 속에 간단없이 이어지는 사다리꼴의 단계적 연속으로 나타난다. 계선조직은 권한의 책임과 한계가 명확하여 업무수행이 능률적이고, 단일 기관으로 구성되어 있으므로 단순하고 운영비용이 적게 드는 소규모 조직에 적합하고 강력한 통솔력을 행사할 수 있다는 장점이 있다. 그러나 대규모 복합조직에 있어서는 계선기관의 총괄적인 지휘, 감독으로 인해 업무량이 과중하고, 기관책임자가 주관적, 독단적 조치를 취할 가능성이 있고, 한 곳이라도 사고가 나면 연쇄적으로 그 기능이 마비당하며, 각 부서 간에 효과적인 조정이 곤란하다. 그리고 특수 분야에 전문가의 지식과 경험을 이용할 수 없고 조직이 융통성보다 경직성을 띠게 된다는 단점이 있다.

## 계속기업

기업은 영속적으로 존재하고 그 기업의 경영활동도 계속될 것이라고 가정하는 공준에 따라 기업을 계속기업이라 부른다. 이 공준에 의해 기업의 재무제표는 기업이 계속적으로 존재할 것이라는 전제하에 작성된다. 현대기업은 계속기업의 공준에 따라 회계를 수행하지만, 중세의 모험기업에서는 1회의 투기적거래에 의해 투자를 하여 그 투자자본과 이 익을 회수하였으므로 기업의 수명이 짧아 이러한 공준이 필요치 않았다. 그러나 오늘날의 기업은 계속적으로 존재한다는 가정하에 사업을 영위하 고 있으므로, 이에 따라 회계기준, 회계절차, 회계방법이 결정되고 있다.

## 계속기업가치

기업의 경영활동이 현재와 미래에 계속되리라는 전제하에서 그 기업이다른 기업 또는 개인에 대해 가지는 가치를 말한다. 계속기업으로서의 가치가 그 자산가치 또는 청산가치를 초과한 때 그 초과분을 영업권이라 부른다.

## 계속성(continuity)

계열성과 함께 교육과정의 종적조직에 관계되는 원칙으로서, 한가지 교육내용이 학년이 올라감에 따라 단절됨이 없이 계속적으로 취급되어야 한다는 원칙이다. 이 원칙을 교육과정 조직에 실지로 적용하는 데에는 〈교육내용〉의 성격이 반드시 문제된다. 가령 중학교 1학년에서 3학년까지 역사가 계속 가르쳐지고 있으면 계속성이 보장된다고 말할 때 역사라는 교과를 교육내용으로 보는 것이다. 그러나 역사라는 교과안에도 여러 가지 교육내용이 있을 수 있다. 근래 지식의 구조를 가르치는 교육과 정조직 형태로서의 〈나선형 교육과정〉에 의하면 학년 수준이 높아짐에 따라 계속적으로 취급되어야 할 교육내용은 각 학문의 〈핵심적 아이디어〉이다. 나선형 교육과정은 이 동일한 교육내용이 계속적으로 더욱 심화되어 가르쳐야 한다는 것을 나타낸다.

## 계속성의 원칙

기업회계기준에 의한 질적특성 중의 하나로 일관성이라고도 한다. 이는 회계기준, 절차, 방법을 매 회기마다 계속 기록하고 정당한 사유없이 변 경하여서는 안 된다. 이는 한 기업의 기간별 비교가능성과 이익조작방지를 위한 특성이다. 즉 기업이 계속성을 지키지 않을 때에는 기간손익의 결정에 영향을 주어 회계자료의 기간별 비교가 곤란해지며, 기업이 고의로 회계방법을 변경함으로써 순이익을 조작할 수 있기 때문이다. 그러나 기업은 기업회계기준내에서 인정되고 있는 대체적인 회계방법 중에서 변경시킴으로써 나타나기도 하는데, 감가상각에서 정률법과 정액법, 재고 자산평가에서 선입선출법과 후입선출법 등이 있다. 이것이 계속성에 관련하여 발생하는 회계변경의 문제이다. 계속성의 원칙이 필요한 이유로는 이익조작의 방지, 비교가능성 확보, 회계의 진실성확보, 회계의 명료성의 확보 등을 들 수 있다.

## 계수조정

정부가 제출한 예산안에 대해 예산결산특별위원회에서 세부 내역을 조정하는 활동을 계수조정이라 한다. 예산안이 국회에 제출되면 예산결산특별위원회는 여러 개의 분과위원회를 설치하여 예산안을 소관별로 나누어 심사하게 된다. 분과위원회별로 심사가 마무리 단계에 가면 세입세출예산안의 계수조정이 필요하다. 계수조정을 위하여 예산결산특별위원회계수 조정소위원회가 구성되는데, 이 소위원회는 예·결위 위원장과 여·야 간사 및 수명의 위원으로 구성되는 것이 관례이다. 이 소위원회는 수권 소위원회로서 예산결산위원회에서 수임된 사항에 한하여 계수조정하는 것을 그 임무로 삼는다. 이 소위원회의 계수조정이 끝나면 예산결산 위원회 전체회의에 그 조정결과가 보고되어 승인을 받아야 한다.

## 계약급

노사관계에서 계약이란 근로자와 사용자가 개별적으로 임금 그 밖의 노동조건을 결정하는 것을 말하며, 노동조합과의 계약을 협약이라고 한다. 계약급도 일반적으로는 양자 사이에다 노조를 개입시키지 않고(혹은 협약조건과는 별개로) 결정하는 임금을 가리킨다. 최근의 예로서는 일정 연령에 도달한 후는 협약을 떠나서 그 노동자의 능력에 따라 적절히 결정하는 임금이 이에 해당한다. 능력이 저하하는 중노년층에 연공서열형 임금체계에 의해 많은 급여를 지불하는 것은 불합리하다는 사고방식에 바탕을 두고 있다.

## 계약수립(contracting)

치료의 목표 및 방법 상호간의 의무를 언어적으로 분명히 이해시키거나 그에 대한 공식적인 합의를 얻기 위해 치료의 목표, 방법, 상호의무에 대해 클라이언트와 함께 토론하는 치료절차이다.

## 계약이전

부실금융기관의 자산과 부채를 우량 금융기관에 인수시키는 것. 자산 부채 이전은 청산이나 인수. 합병(M&A) 등과 부실 기업을 정리하는 방법 중 하나로 처음에는 기업을 정리하는 방식으로 쓰였지만 요즘은 오히려 금융기관의 정리방식으로 활용되고 있다. 은행의 경우 이 방식으로 정리하는 절차는 정리 대상 은행이 예금과 부채를 우량 은행에 넘기고, 여기에 자산의 전부 또는 일부를 함께 판다. 자산과 부채를 넘긴 부실은행은 껍데기만 남아 예금 보험공사나 정부 주도로 청산 절차를 밝게된다. 따라서 청산처럼 자산과 부채를 모두 가지고 있는 상태에서 은행

을 없애는데 따른 손실과 인수 합병(M&A)처럼 은행을 통째로 합치는데 따르는 충격과 부작용을줄일 수 있다. 인수 합병(M&A)은 원칙적으로 양 은행의 계약에 따른 것임에 반해 자산 부채 인수는 예금보험공사와 같은 정리 기관의 명령과 보조에 따라 이뤄진다. 이 방법은 인수 합병(M&A)과 달리 정리 대상 은행의 직원을 고용해야 할 의무가 없기 때문에 인수자측의 부담이 적다. 금융감독위원회는 부실 금융기관을 정리할 때 폐쇄나 인수 합병(M&A)보다 이 방식을 우선 적용할 방침이다. P&A를 할 때 팔리지 않는 부실 자산과 부채만을 인수하는 기관을 배드뱅크라고 한다.

## 계약이전방식

금융감독위원회가 부실보험사의 퇴출방식으로 거론하고 있는 방법. 우량자산만 넘기는 자산부채이전방식(P&A)과 거의 비슷하지만 부동산·유가증권·예금 등 자산을 인수하지는 않는다는점이 다르다. 다만 퇴출보험사의 보험계약과 해약에 대비해 적립된 책임준비금만 우량회사에 인수되고 기본적으로 고용승계 의무를 떠안지 않는다. 우량보험사는 퇴출보험사로부터 보험계약을 넘겨받게 되며, 퇴출사로부터 이전된 계약에 대해서는 약 한달 동안 영업이 정지된다. 퇴출 보험사가 늘어날 경우 가교보험사를 통한 계약이전방식도 논의 되고 있다.

## 계약자대출

보험계약을 그대로 유지하면서 계약자의 자금조달을 가능하게 하기 위해서는 계약자대출을 이용하면 되는데 계약자 대출은 그 계약의 해약환급금 중 일정비율내에서 언제든지 가능하며 대출기간 중에 계약자 대출에 따른 이자를 납입하면 된다.

## 계약자배당

생명보험의 요율은 계약기간을 통한 자산운영이율, 사망률, 사업비율을 예정해서 계산하는데 실제의 경영에서는 이 예정률은 실적과 일치하지 않으며, 그결과 보험료에 과부족이 생긴다. 실제로는 예정률을 안전하게 잡고 있으므로 보험료에 잉여가 생기는 것이 보통이다. 이러한 잉여금을 보험계약자에게 환원하는 것이 계약자 배당이다.

## 계약자유의 원칙

한 인간이 사회생활을 해나가는데 있어 자기의 의사에 따라서 자유로 계약을 체결하고 사법관계를 규율 할 수 있는 것이며, 국가는 되도록 여기에 간섭해서는 안되는 근대법의 원칙으로서의 '사적자치의 원칙'이 계약에 나타난 것이다. 이에는 계약 자유의 원칙, 상대방 선택의 자유, 내용 결정의 자유, 방식의 자유 등 네 가지의 원칙이 포함된다.

## 계약직 공무원

계약직 공무원이란 국가나 지방자치단체와의 채용 계약에 의해 일정한 기간, 연구 또는 기술업무에 종사하는 과학자·기술자 및 특수 분야의 전문가를 말한다. 전문직 공무원은 상근하는 전임 계약직 공무원과 상근하지 않는 비전임 계약직 공무원으로 구분하고, 계약직 공무원의 채용 자격기준은 가급에서 마급으로 나누고 있다. 계약직 공무원의 채용기간은 3년이며 채용기간의 연장이 필요할 때는 3년의 채용기간 범위 안에서 연장할 수 있다.

## 계열기업

기업계열화의 결과 어떤 관계를 맺게 된 기업. 광의로는 직접적인 이해 관계를 갖는 기업들이 상호간에 어떤 관계를 형성하는 것을 말하며, 협의로는 공통적인 이해관계를 갖는 기업들이 획일적으로 결합하는 것을 말한다. 일반적으로는 대기업이 중소기업을 거래상의 관계로 전체를 지배 내지 종속시켜 중소기업을 자기회사의 통제하에 둠으로써 생산력이나 판매력 및 금융력등의 경제력을 독점적, 배타적으로 이용하게 됨을 의미한다. 기업계열을 분석하면 거대기업간의 그룹화에 의한 계열화와 중소 기업을 거대기업에 결합시키는 계열화가 있다.

## 계열분리

계열사를 거느린 대기업그룹이 개별 계열회사를 따로 떼어내는 과정을 일컫는 말로 계열분리 수단으로는 일반적으로 대출금을 출자로 전환하거나 계열사에 대한 지분을 팔도록 하는 등의 조치가 취해진다. 대출금 출자전환 후 합작파트너를 구하지 못하거나 매각이 안되면 채권 단이 대주주가 되도록 하는 등 채권단인 각 계열사의 주거래은행이 전면에 나서게 된다. 일단 그룹과 분리된 계열사는 전문경영인이 경영을 주도하는 것이 원칙. 계열분리를 통해 부실사와 우량사가 구분되면 자산부채관계가 명백해지므로 매각을 통한 구조조정이나 자금지원 등이 용이해진다.

## 계열성(sequence)

계속성과 함께 교육과정의 종적 조직에 관계되는 원칙으로서, 교육내용을 조직할 때 어느 것을 먼저 가르치고 어느 것을 나중에 가르치는가를 말하는 것이다. 계열성을 보장하는 방법으로서는 〈논리적 조직〉과 〈심리적 조직〉이 있는 것으로 알려져 왔다. 전자는 교과 자체의 논리적 순서에 따라 조직하는 것이며, 후자는 학습자의 심리에 가까운 것에서 먼 것으로 나아가는 것이다. 가령 역사과에서 고대 — 중세 — 근세 — 현대로 조직하는 것은 교과의 논리적 순서를 따른다고 볼 수 있으나, 학습자의 심리에는 현대가 더 가깝다고 볼 수도 있다. 계열성은 교육내용의 선후 관계를 나타낸다는 뜻에서 〈나선형 교육과정〉과 동일한 것으로 해석되는 경우가 있으나, 나선형 교육과정은 계열성(계속성)을 특별한 방식으로 해석하는 관점을 나타낸다고 보아야 한다.

## 계절관세

1년중 일정한 계절에만 부과하는 관세이다. 계절관세는 국내산업(농업 포함)의 피해입증여부에 관계없이 계절에 따른 가격차이가 클 경우 임의적인 기준에 의해 과세할 수 있다. 따라서 일정한 피해를 입고 있다는 〈객관적〉사실에 근거해서만 과세할 수 있는 조정관세, 긴급관세 등과 구별된다. 공산품의 경우 계절에 따라 가격변동이 민감한 품목은 거의 없으므로 대부분 농산물에 한정돼 과세된다. 계절관세는 GATT(관세무역 일반협정)조항에는 명시되어 있지 않지만 대부분의 국가에서 시행하고 있다. 정부는 농산물보호차원에서 93년초 관세법개정시 계절관세조항을 포함시킬 방침이다.

## 계절성 정서장애
### (SAD : seasonal affective disorder)

많은 우울증 증상들이 특징이며 1년 중 춥고 음산한 계절 동안 어떤 개인에게 나타나는 정서적 장애를 말한다. 이러한 환자들의 치료방법으로는 햇볕이 충분한 지역으로 이주시키거나, 정규적인 인공 태양 별에 접할 수 있도록 설비를 제공하면 된다.

## 계정(account)

자산·부채·자본금·수익·비용 등의 구성부분에 대한 가치증감을 기록계 산하는 회계수단을 말한다. 계정은 자산의 각 종류별·부채의 각 종류별·자본의 각 종류별로 별개의 계정이 설정되지 않으면 아니되며, 각 계정에 붙여지는 명칭을 계정과목(title of account)이라 한다. 우리나라의 국가공무원법은 '공무원의 채용은 공개경쟁채용시험에 의한다' 는 규정(제28조)과 함께, 결원을 보충할 때 공개경쟁채용시험 합격자 및 공개승진시험 합격자를 우선 임용하여야 한다는(경쟁시험합격자 우선임용)의 규정(제31조)을 통해 공개경쟁채용의 원칙을 천명하고 있다.

## 계층(social stratum)

어떤 지표에 의해 구별된 일정한 사회적 지위를 공유하는 한 무리의 사람들을 의미한다. 이들의 기준으로는 직업 등과 같은 질적 분류범주와 소득과 같은 연속적인 양의 분류범주 두 종류가 있다. 층을 구분하고 결정하는 요인은 각 사회에서 각기 다르지만, 현대사회에서 중요하다고 간주되는 것으로는 소득수준, 소득의 원천, 직업상의 지위, 직업, 생활양식, 지식수준, 사회적 참여 등이다.

## 계층별 소득분배

모든 가계를 소득의 원천에 관계없이 소득의 크기에 따라 차례로 배열하여 상이한 소득계층의 소득이 총소득 중 차지하는 비율을 살펴보는 것이다. 계층별 소득분배를 측정하는 방법으로는 10분위분배율, 로렌츠곡선, 지니집중계수 등이 있다.

## 계층분화
사회의 성원을 부(소득과 자산), 사회적 권력, 위신 등으로 인해 구성되는 사회적 지위에 해당하는 것이 사회계층이다. 이 사회계층이 몇 개의 집단으로 분화하여 가는 상태 또는 가는 것을 계층분화라 한다. 즉 소득, 노동형태, 직업 등으로 또는 근로자계급 내부에는 기사, 사무종사자, 숙련, 단순근로자 등으로 나누어지며, 농민내부에는 부농, 중농, 빈농, 소작농 등으로 나누어지는 것이 그 예이다.

## 계통추출법(systematic sampling)
모집단을 몇 개의 그룹으로 분류하여 그 그룹에서 임의추출하여 표본을 정하는 방법이다. 다음에 2법, 12법, 22법과 같이 통계단위의 순차를 따라서 표본을 정하는 방법을 계통추출법 또는 순차추출법이라 한다. 이 때 순차를 정하는 것은 임의추출에 의거한 것이다. 이 방법은 모집단이 주기성을 지니고 있는 경우에는 지극히 위험한 방법이다.

## 계획(plan)
어떤 일을 하기에 앞서서, 방법·순서·규모 등을 미리 생각하여 세운 내용·계획을 수립하는 과정을 기획이라고 하고, 이 과정을 통해서 얻는 결과적 산출을 계획이라고 한다. 계획이라는 용어는 두 가지의 경우에 통용되지만 반면에 기획은 계획하는 과정에 한하여 사용된다. 계획은 목적·내용·기간·포괄지역·이용 빈도에 따라 다양하게 분류된다.

## 계획경제
한 나라의 경제운영이 국가의 통일적 의사밑에 계획적으로 시행되는 구조를 말한다. 계획경제는 사회주의체제와 본질적으로 결부되어 있으며, 자유주의적인 경쟁을 전제로 하고 있는 자본주의경제하에서는 완전한 계획경제는 있을 수 없다.

## 계획적 진부화
새 상품의 판매를 위해 구 상품을 계획적으로 진부화시키는 기업행동. 내구소비재의 수요는 신규수요와 대체수요로 나눌 수 있는데 제품의 라이프 사이클로 보아 성장기에는 신규수요 개척이 중요하지만 성숙기에 들어가면 신규 수요의 신장은 둔화되고 그 대신 대체수요가 판매전략상 중시된다. 이를 위해 신상품의 개발·모델 변경을 단행하여 많은 광고 비·판매촉진비를 투하하게 된다. 제품의 진부화는 시간적·기능적·심리적 진부화로 나뉘는데 좁은 뜻의 진부화는 제품의 심리적 진부화를 계획적으로 행함으로써 대체수요의 증가를 꾀하는 기업정책을 가리킨다. 그러나 이것은 소비자에게는 가계 부담을 주고 자원을 낭비한다는 근본적인 경제적 불합리성을 내포하고 있다.

## 고가공형 산업
연구개발·디자인·전문적 판단 등 지적활동의 집약도가 높은 산업. 구체적으로는 ①연구개발집약산업(컴퓨터·항공기·IC·원자력 등), ②고도조립산업(공해방지기기·교육기기·공장생산주택), ③패션산업(고급의류·주택용 가구류 등), ④지식산업(정보처리서비스 소프트웨어 등)의 4개의 그룹이 있다.

## 고객만족도
고객이 어느 상품을 구입했을 때 구입한 상품과 서비스에 어느 정도 만족하고 있는가를 중요시하는 마케팅 수법. 상품에 대한 고객의 만족도, 또는 소비자만족도라고 한다. 상품의 품질과 성능만이 아니라 점원의 서비스, 애프터서비스 등도 포함된다. 종합적인 의미로는 상품의 공급부터 고객이 기대한 만족도, 실제로 느낀 만족이 어느정도 높은가 하는 것이다. CST가 높다면 고객에 의한 동일 상품의 구매율도 높아진다. 미국에서는 고객만족의 정도를 수치화해서 CST(고객만족도)라고 하는 형태로 복수의 상품비교가 행해지고 있다. 미국의 J.D파워사가 매년 조사하고 있는 자동차업계의 CST랭킹이 그 좋은 예다.

## 고금리정책
중앙은행이 공정할인율을 인상하거나 대출방침을 엄격히 하여 금리를 전반적으로 올리는 정책을 말한다. 경기가 과열해서 금융긴축정책을 써야 될 때 또는 국제수지가 갑자기 악화되어 단기외자 등의 유입을 촉진 해야 될 때에 고금리정책을 취한다. 그러나 이것은 기업의 금리부담을 가중, 국제경쟁력을 약화시키는 경우도 있다.

## 고난(grief work)
점차 적응과 회복을 가능하게 하는 중대 손실 뒤에 오는 연속적인 정서적 단계 또는 국면, 개인은 전형적으로 감정을 회사 아하고 표현하며 새로운 상황을 받아들이고 적응하며 새로운 관계를 형성한다.

## 고대 비네 지능검사
(Kodae − Binet intelligence test)
Alfred Binet가 1905년 처음 제작한 이래로 많은 개정을 통해 발달된 검사이다. 고려대학에서 표준화한 한국판 고대 비네 검사는 지능이 연령에 따라 발달한다는 이론에 의거하여 문항이 선정되었다. 만 4세부터 14세 아동에게 실시할 수 있는 개인검사이다. 검사 내용은 어휘, 기억, 추상 추리, 수 개념, 시지각 기능, 사회능력과 같은 다양한 능력을 평가하도록 되어 있으며, 연령에 따라 각 문항에 대한 정답의 빈도를 백분율로 계산하였다. 각 문항에 대한 정답의 빈도는 연령이 낮을수록 적고 연령이 높아질수록 많아진다. 특정 연령의 피험자 중 50% 가량이 어떤 문항에 정답을 했다면 그 문항을 그 연령에 해당하는 문항으로 선정하였다. 이러한 방식으로 각 연령에 해당하는 문항 6개씩을 선정하여 각 문항이 2개월 정도의 정신연령에 해당하는 것으로 간주했다. Binet 지능검사를 통해서는 지능지수나 정신연령 이외의 다른 정보를 얻어내기 어렵다. 똑같이 지능지수가 낮은 아동일지라도 사고가 전반적으로 모두 뒤떨어지는 아동이 있는데 반해, 어떤 아동은 특정 사고는 떨어지지만 다른 사고는 상당한 수준에 달하는 경우가 있다. 이와 같은 경우, 지능지수가 같다고 하여 그러한 아동들을 동일시하는 것은 타당치 못하다. 보다 효과적인 치료나 교육계획을 세우기 위해서는 타 검사와 병행하여 사용해야 아동의 지능 구조를 파악할 수 있다.

## 고도산업사회(high industrialized society)

로스토우(Rostow, W. W), 커어(Kerr, Clark), 벨(Bell, D), 갈브레이드(Galbraith, J. K) 등이 조금씩 다른 뉘앙스를 갖고 논하고 있는 동서 체제를 일괄하는 현대사회의 메크로모델(macro model)이다. 공업은 성숙기에 있고 대기업이 사회체제의 지배적인 우위에 있는 사회이며, 국가 활동과 계획화의 경제적비중이 높으며, 지식사회의 양상을 드러낸다는 점에서는 여러 학자들이 일치하고 있다.

## 고도장해

질병 또는 재해로 인하여 신체장해가 영구히 남아 신체의 기능을 완전 히 상실 또는 현저하게 감소한 상태를 말한다. 장해등급에 의해 분류해 보면 제1급에 해당되는 신체장해로서, 보험회사는 보험기간중에 피보험 자가 고도장해 상태가 되었을 때 보험수익자에게 약정한 보험금을 지급 해야 한다.

## 고령자능력활용추진사업(운영요강)

지역사회내의 고령자에 대해 희망에 따라 능력을 활용할 수 있는 기회를 주고, 고령자의 기능과 경험을 유용 화시킴으로써 노령자의 삶의 보람을 높이고, 그들에게 건강하고 명랑한 생활을 영위할 수 있게 힘을 목적으로 하는 사업이다. 일본에서는 1978년부터 70개소에 설치되었으나 모든 소개소에 협의회를 설치할 예정이다. 대상은 65세 이상자로 일반고용이 어려운 사람이며, 사업내용은 고령자의 경험과 기능을 살리는 것이 될 수 있는 작업에 대한 연구와 개발 및 정보의 수집과 교환 · 능력을 살리고자 하는 고령자나 활용하고자 하는 희망자의 등록, 고령자의 능력 활용에 관한 홍보 등이다. 사업의 목적이나 내용이 고령자사업단이나 노동성의 시책, Silver인재센터와 유사하지만, 지역복지에 보다 큰 비중을 둔 형태로 사업이 운영되고 있다.

## 고령자세대

보건복지가족부 행정기초 조사에 따른 세대유형의 하나로 남자 65세 이상, 여자 60세 이상의 자로 구성된 세대 또는 여기에 18세 이하의 자녀로 이루어진 세대를 말한다. 이들 조사의 약 반수가 노인단독세대로 홀로 사는 노인이다. 소외된 지역 및 대도시지역에서 특히 증가하는 경향을 보이고 있다.

## 고령화사회(aging society) 01

인구의 고령화는 여러 지표로 볼 수 있으나 대개는 총인구에서 차지하는 고령자인구의 비율로 나타낼 수 있다. 고령화 사회란 인구의 고령화가 진전되는 사회를 말하며 이는 출생율과 사망률이 동시에 감소하는 인구전환현상(population transition)에서 온다. 93년 통계청이 발표한 자료에 따르면 우리나라에서 60세 이상 고령자가 총인구에서 차지하는 비율은 90년 현재 7.6%이다. 이는 스웨덴(23.5%), 프랑스(19.1%), 일본(17.5%), 미국(16.8%) 등 이미 고령화 사회가 된 선진국보다 낮으나 태국(6.0%), 말레이시아(5.8%) 등 개발도상국보다 높은 수준이다. 2000년 이후 고령화율이 13−15%로 급증하였다. 고령화 사회에서는 고령인구의 절대 수도 많아지고 젊은 연령에 비해 상대적 비율도 증가하므로 이들에 대한 노후생활의 안정과 적절한 복지대책이 중요하다.

## 고령화사회 02

노령인구의 비율이 다른 사회와 비교할 때 현저히 높아져 가는 사회를 말한다. 의학의 발달, 생활수준과 생활환경의 개선이 평균 수명을 높임으로써 고령화사회가 급속히 다가오고 있다. 이에 대해 노령인구의 비율이 높은 수준에서 상당한 정도로 안정된 사회를 고령사회(aged society)라고 한다. 고령화사회는 앞으로 크나큰 사회문제를 가져올 것이라는 비관론도 있다. 그러나 많이 낳고 많이 죽는 '젊은 사회' 보다는 훨씬 복지적인 사회일 것이라는 반론도 있다. 이러한 견지에서 장수사회라는 용어를 쓰자는 의견도 있다. 문제는 노동력의 부족과 부양해야 할 노인의 증가 등에 있다.

## 고령화사회 03

노령인구의 비율이 현저히 높아가는 사회. 의학의 발달, 생활수준과 생활환경의 개선으로 평균수명이 길어져 전체 평균 연령이 높아지는 현재의 선진사회를 일컫는 말이다. 앞으로 커다란 사회문제를 가져올 것이라는 비관론도 있으나 많이 낳고 일찍 죽는 '젊은 사회' 보다는 훨씬 바람직한 사회라는 반론도 있다. 이러한 견지에서 최근에는 장수사회라는 용어을 쓰자는 의견도 있지만 노동력의 부족과 부양해야 할 노인의 증가등이 해결 과제이다.

### 고립(isolation)

타인과 분리되어 멀어진 상태를 말한다. 심리적으로 타인에 대한 반감이나 접촉공포를 말한다. 정신역학(psycho – dynamic) 이론에서는 기억이 한때 가지고 있었던 감정에서 멀어지는 방어기제(defense mechanism)라고 표현된다. 가령 클라이언트는 아동 학대를 당하고 있을 때는 두려워했을지 모르지만, 20년 후에 사회사업가에게 그 사건이 관련되면 그것에 대해 무관심한 것처럼 보일 수 있다.

### 고발(whistle – blowing) 01

불법적이고 낭비적이고 위험하거나, 조직의 명시된 정책에 위배되는 일들을 하는 조직에서 높은 권위직에 있는 사람들을 경계하는 것이다. 미국 정부와 같은 일부 조직들은 익명의 정보제공자들을 위해 무료 직통전화를 운영하고 고발 직원들을 그들 상관의 보복으로부터 보호함으로써 고발을 장려한다.

### 고발 02

제3자가 수사기관 등에 범죄사실에 대해 알려(신고) 범인을 체포, 기소할 것을 요구하는 것을 고발이라고 한다. 고발은 구두나 서면, 모두 가능한데 고발자와 피고발자의 인적사항, 범죄사실에 대한 설명이 있어야 하며 가능하다면 범죄를 증명할 수 있는 증거자료를 덧 붙이면 좋다. 고발은 수사의 단서가 될 뿐이지만 조세범 등에 대한 소송에서는 소송을 위한 전제조건이 된다.

### 고복지 · 고부담
### (high level funding for high level welfare service) 01

고복지 · 고부담이라 함은 복지사회를 실현하기 위해서는 국민의 높은 부담에 의존하여 복지수준을 높일 수 밖에 없다는 것을 뜻한다. 고복지 · 고부담은 고도경제성장 정책으로부터 저성장정책의 이행 및 〈고령화의 도래〉라는 사회보장을 둘러싸고 이중의 엄격한 조건의 변화를 배경으로 하여 나왔다. 고도성장은 확실히 복지재원을 풍부히 하며 고복지의 기초조건(건강보험의 급여개선, 노인의료의 무료화, 연금슬라이드제도의 도입) 등을 정비했다. 그러나 노령자의 증가 및 저성장하의 재정난 때문에 국민부담의 증대가 요구되고 있다. 이 고부담의 근거의 하나로 복지수준의 유지를 위해서는 급여에 걸 맞는 적정한 부담이 필요하다고 하는 서구국가의 착실한 부담증가 경향을 들 수 있다. 고복지의 전제로서의 고부담을 생각하지 않을 수 없는 것으로서 복지의 틀을 재정밸런스만으로는 논할 수 없다. 고복지의 내용, 부담의 공평, 소득 재분배기능의 재검토 등을 전제로 하여 사회보장의 재편성론에까지 나아가고 있다.

### 고복지 · 고부담 02

고복지국가로 알려진 스웨덴 · 덴마크 · 미국 등에서는 같은 선진국인 일본보다도 조세부담률이 2 3배나 높다. 그러나 이들 복지국가에서는 국민의 생활보장이 철저히 되어 있다. 가령 스웨덴의 경우, 병원에 가는 택시요금도 보험에서 지불하는 등 고부담에서 오는 혜택이 생활의 사소한 부분까지 미치고 있다. 또 부담은 고소득자일수록 누진도가 높으며 어떤 사람에게나 탈세는 공정하게 단속되고 있으므로 부담에 대한 불만은 없다. 고복지를 위해서 고부담은 불가피한 것이지만 대개의 나라에서는 그것을 국민에게 납득시키는 데 어려움을 격고 있다.

### 고부갈등
### (conflict between mother in law and daughter in law)

부계가족에서 여자인 시어머니와 며느리는 열세와 불리한 지위를 갖고 있으며, 며느리는 딸보다 더욱 불리한 조건을 가지고 있다. 시어머니와 며느리는 동일한 조건과 비슷한 입장에 있으면서 상호 간에 화목하지 못하거나 온정적이고 못하고 불화 내지 불신적인 관계로 발전하는 경우가 흔한데 이러한 불화와 마찰 상태를 고부갈등이라 한다. 고부관계가 근본적인 부정관계와 원천적인 대립관계의 성격을 갖게 되는 것은 아들을 중요시하는 부계가족의 구조적 특성에 원인이 있다고 본다. 한국의 고부관계는 구조적 측면에 변화가 없는 한 부계사회의 큰 과제로 남을 것이다.

### 고살죄(manslaughter)

법을 위반한 행위나 우연히 다른 사람을 죽인 죄이다. 대부분 사법에서는 고의적 살인과 비고의적 살인을 구별한다. 비고의적 유형은 무모한 운전과 같이 형사상 부주의한 행위로 사망을 초래하는 것과 관련된다. 고의적 살인은 억제할 수 없는 분노나 공포를 야기시킨 사람을 죽이는 것과 같이 정상을 참작하거나 정당화할 수 없는 상황에서 이루어진 의도적인 살인(homicide)을 말한다.

### 고성능통화

통화량 중에서, 중앙은행이 직접적으로 조절할 수 있는 통화량. 주로 중앙은행이 정부로부터 인수한 국채와 민간의 상업은행으로부터 매입한 사채 등의 금융자산으로 이루어진다. 중앙은행이 국채를 매입하면, 그 분량만큼 고성능통화가 늘어난다. 또 민간은행으로부터 채권을 매입하면 그 분량만큼 민간은행의 예금이 증가되어, 민간은행은 신용창조를 통해 그 몇 배로 통화량을 늘릴 수 있다. 그 배율을 통화승수(money multipl – ier)라 한다. 반대로 고성능통화를 감소시키면 통화량은 줄어든다. 즉 중앙은행은 직접 조정할 수 있는 고성능통화를 통해, 간접적으로 통화승 수배의 통화량을 증감할 수 있다. 이 때문에 고성능통화를 본원통화(re − serve money)라고도 한다.

## 고소

범죄로 인해 피해를 입은 자나 그 법정대리인이 수사기관에 범죄를 알려 범인을 체포, 기소할 것을 요구하는 것을 고소라고 한다. 고소는 구두나 서면 모두 가능하고 고소자와 피고소자의 인적사항과 범죄사실에 대한 설명이 있어야 하고 범죄사실을 증명하는 증거자료가 있으면 더욱 좋다. 고소는 수사의 단서가 될 뿐이지만 간통죄나 모욕죄 같은 친고죄의 경우에는 소송을 위한 전제조건이 된다.

## 고수익 지방채기금

세후 고수익을 실현하기 위하여 상대적으로 낮은 등급의 비과세 채권에 투자하는 상호기금(mutual fund)을 말한다. 이 상호기금에 의해 매입되는 채권은 투자본이득을 실현시켜 주는 기업들이 세율이 높은 투자자들 과 시장을 형성하여 각각 시장균형가격을 형성하게 된다. 이러한 시장분리현상을 고객효과라 한다.

## 고아(orphans)

친부모로부터 버림받거나 친부모가 사망 혹은 행방불명되어 부모와 헤어져 살아야 하는 어린아이를 말한다. 고아는 빈곤, 경제공황, 전쟁, 교통사고 등에 의해 사회적, 인위적으로도 만들어진다. 발생 원인에 따라 전쟁고아, 천재고아, 난민고아, 교통고아 등으로 불리기도 한다.

## 고용

인간의 노동 용역을 경제적 재화 및 서비스 생산에 투입하는 것을 한 사회, 또는 한 나라 전체적으로 총칭한 것이다. 개인의 입장에서 보면 취업이 된다. 우리나라에서는 14세 이상의 남녀, 일본에서는 15세 이상의 남녀, 그리고 미국의 경우에는 16세 이상의 남녀를 노동가능 인구(eligible population)라고 부른다. 이 노동가능 인구는 취업자·실업자 그리고 비경제활동 인구의 세 가지로 구분되며, 취업자와 실업자를 합해서 경제활동인구(economically active population)라고 한다. 국제 노동기구(ILO)는 일정기간 임금이나 수입을 위해 어떤 일을 한 사람, 또는 실제로는 근로하지 않았지만 병·노사분쟁·휴가·결근·일기불순·기계고장 등의 이유로 일시 직장에서 이탈해 있었던 사람, 또는 가족단위에서 경영하는 사업체에 종사하는 무급종사자가 평소 근무시간의 1/3 이상을 일했을 경우에 한해서 취업자로 간주한다. 이에 반해 우리나라는 조사기간 중 소득·이윤·봉급·임금 등, 수입을 목적으로 1시간 이상 일한 사람 또는 무급 가족 종사자 또는 일시 휴직자를 모두 취업자로 간주하고 있다. 경제이론에 있어서 고용은 여가와 대체적인 것으로 파악되며, 한 나라 전체적으로 보아 고용수준은 불경기 때 낮아지고 호경기때 높아진다.

## 고용계약서(indenture)

한 종이에 정·부 2통을 써서 톱니 꼴로 쪼갠 계약서로, 한 개인이 특징 기간 동안 봉사하거나 타인을 위해 일한다는 의무이자 책임이다. 식민시대의 아메리카에서는 고용예속이 관행이었으며 이민자들은 수년간 노력봉사의 대가로 그들의 새로운 거주지로 이주할 수 있었다. 그 후에 이 관향은 관리인에게 예속되도록 강요당한 부모 없는 아동들에게 종종 적용되었다. 이러한 관행으로부터, 양연보호(foster care)의 많은 원칙들이 유래된 도제(apprenticing)가 생겼다. 이민자나 밀입국자(undocumented alien)라는 처지를 악용하는 일부 사람들에 의해 고용증서는 여전히 불법적으로 은밀히 계속 실행되고 있다.

## 고용계획(employment programs)

더 많은 사람들에게 더 많은 일자리를 확보하고, 그 일자리에 상당하는 임금과 동등한 기회를 확보해주도록 마련된 연방, 주, 시·군 단위와 사기업 차원의 프로그램을 말한다. 미국에서는 이 프로그램에 실업보험(unemployment insurance) 이외에 직업훈련협력법(job training partner − ship act), 직업단(job corps)과 지역청소년단(neighbor − hood youth corps) 등이 있다.

## 고용구조

취업인구가 산업별이나 종사상의 지위로 보아 어떻게 배치되어 있는가를 나타내는 것. 산업별로는 1차, 2차, 3차의 산업에 각각 어떠한 비율로 배치되어 있는가, 또 종사상의 지위에서는 자영업주, 가족종사자, 고용자가 각각 어떠한 증감경향을 나타내고 있는가 등이 관찰점으로 된다. 취업구조라는 것도 거의 같은 뜻으로 쓰이고 있다.

## 고용기회(employment opportunities)

일정 시점에 있어서의 한 나라나 사업체 내의 노동수요량, 또는 일자리 수를 말한다. 한 나라의 총 노동수요 구조는 그 나라의 산업구조와 기술적 구비요건 및 교육과 훈련 요건을 가늠하는 척도가 되며, 이것은 궁극적으로 각 사업체의 고용기회의 질적 및 양적 구조에 의해 결정된다.

## 고용보장

고용보장이란 취업기회의 보장과 해고제한제도 등을 의미한다. 자본주의 사회에서 고용보장은 고용 즉 취업에 관해 정책적으로 완전 고용정책의 도입에 의한 고용창출과 함께 사회보장의 과제로서 어떠한 형태이든 노동능력을 가진 자에 대해 적정한 직업선택과 직업보장을 가능한 실현시키는데 반해 사회주의 계획경제 하에서는 실업을 낳지 않는 사회이므로 고용보장이라는 측면에서는 제도적 실현이 시도되고 있다. 우리나라에서 사용자는 원칙적으로 해고의 자유를 갖고 있으며 근로기준법에 의해 약간의 제약을 받고 있는데 그친다. 그러나 독일 등에서는 해고제한법(1951)이 제정되어 있어서 이에 의해 고용보장이 행해지고 있다. 또 국제적인 기준의 대표적인 것으로서는 1982년 제68회 ILO총회에서 채택한 사용자의 발의에 의한 고용의 종료에 관한 조약이 있다.

### 고용보험(employment insurance) 01
감원 등으로 직장을 잃은 실업자에게 실업보험금을 주고, 직업훈련 등을 위한 장려금을 기업에 지원하는 제도. 건강보험 · 국민연금 · 산업재해보상보험과 함께 4대 사회보장제도의 하나로, 1995년 7월 1일부터 시행되었다.

### 고용보험 02
근로자가 실직할 경우 실업급여를 지급하여 실직자의 생계를 보호해줄 뿐만 아니라 다양한 고용안정사업과 직업능력개발사업을 행하는 사회보장제도로서 고용보험법에 규정되어 있다. 고용보험제는 원칙적으로 근로자가 1인 이상인 모든 사업장에 적용되나 상시근로자 4인 이하의 농업 · 임업 · 어업 · 수렵업과 총공사금액이 매년 노동부장관이 고시하는 금액 미만인 건설공사, 가사서비스업 등에는 적용되지 않는다. 또 상용근로자는 물론 시간제 · 임시직 근로자도 적용이 되는데, 다만 근로시간이 월 80시간 미만인 시간제 근로자와 1개월 미만 동안 고용되는 일용직 근로자, 65세 이상자나 60세 이후 새로 고용된 자, 사립학교교직원연금법의 적용을 받는, 선원법에 의한 선원 등에는 적용되지 않는다. 실업급여는 구직급여와 취직촉진수당으로 구분된다. 구직급여는 이직일 이전 18월간에 피보험단위기간이 통산하여 180일 이상일 것. 정당한 이유없이 직장을 스스로 그만둔 경우나 중대한 자신의 귀책사유에 의해 해고되는 경우에는 구직급여가 지급되지 않는다. 그러나 자기사정으로 이직하는 경우에도 사실상 기업의 인원감축방침 등에 따라 이직한 경우, 실제근로조건이 채용조건과 현저히 다른 경우 등 정당한 사유가 인정되면 구직급여를 지급한다. 또 구직급여를 지급받으려면 이직후 지체없이 지방노동관서에 나와 실업신고 및 수급자격신청을 하고 구직신청을 하여야 한다.

### 고용보험법
고용보험의 시행에 관해 필요한 사항을 정한 법률. 고용보험의 시행을 통해 실업의 예방, 고용의 촉진 및 근로자의 직업능력의 개발 · 향상을 도모하고, 국가의 직업 지도 · 직업 소개 기능을 강화하며, 근로자가 실업한 경우에 생활에 필요한 급여를 실시함으로써, 근로자의 생활의 안정과 구직 활동을 촉진하여 경제 · 사회 발전에 이바지함을 목적으로 하는 법률이다(1993. 12. 27, 법률 제4644호). 고용보험은 노동부장관이 관장한다. 고용보험법은 근로자를 고용하는 모든 사업에 적용한다. 사업의 사업주와 근로자는 당연히 보험의 가입자가 된다. 고용보험 사업으로서 고용안정 사업 · 직업능력 개발 사업 및 실업급여를 실시한다. 고용안정 사업은 국내외 경기의 변동, 산업구조의 변화 기타 경제상의 이유 등으로 인력이 부족하게 되거나 고용 기회가 감소하여 고용 상태가 불안하게 되는 경우에 피보험자 등의 실업의 예방, 재취직의 촉진, 고용 기회의 확대 기타 고용 안정을 위하여 실시하고, 고용조정 · 지역 고용의 촉진 · 노령자 등의 고용 촉진 · 건설근로자 등의 고용안정 · 고용 촉진시설의 지원을 하며, 고용 정보의 제공 및 직업 지도를 한다. 직업능력 개발 사업은 피보험자 등에게 직업생활의 전 기간을 통해 자신의 직업능력을 개발 · 향상시킬 수 있는 기회를 제공하고, 직업능력의 개발 · 향상을 지원하기 위하여 실시하고, 사업주에 대한 직업능력 개발 훈련의 지원, 피보험자 등에 대한 직업능력 개발의 지원, 직업능력 개발 훈련시설에 대한 지원, 직업능력 개발의 촉진, 건설 근로자 등에 대한 직업능력 개발의 지원을 한다. 실업급여는 구직급여와 취직 촉진 수당으로 구분한다. 구직급여는 피보험자가 이직한 경우에 지급하며, 임금일액을 기초로 하여 산정된다. 구직급여의 수급기간과 일수는 제한되며, 훈련 연장 급여 · 개별 연장 급여 · 특별 연장 급여가 인정된다. 취직 촉진수당은 조기 재취직 수당 · 직업능력 개발 수당 · 광역 구직 활동비 · 이주비 등으로 한다. 보험료는 보험 사업에 소요되는 비용에 충당하기 위하여 사업주와 피보험자인 근로자로부터 징수한다. 보험료율은 보험 수지의 추이와 경제 상황 등을 고려하여 고용안정 사업의 보험료율, 직업능력 개발 사업의 보험료율 및 실업급여의 보험료율로 구분하여 정한다. 노동부장관은 고용보험 기금을 설치하며, 이 기금은 보험료와 징수금 · 적립금 · 기금 운용 수익금 등으로 조성된다. 피보험자격의 취득 · 상실에 대한 확인 또는 실업급여에 관한 처분에 이의가 있는 자는 고용보험 심사관에게 심사청구를 할 수 있고, 그 결정에 이의가 있는 자는 고용보험 심사위원회에 재심사청구를 할 수 있다. 10장 87조 부칙으로 되어 있다.

### 고용보험의 구직급여와 병급조정(국민연금법 제93조의 2)
55세이상 65세미만의 노령연금수급권자가 고용보험법 31조의 규정에 의한 구직급여를 지급 받을 수 있는 경우에는 그 기간동안에는 노령연금의 지급을 정지하는 것.

### 고용보험제도(employment insurance)
고용보험제도는 근로자가 실직했을 경우 실업수당만 지

급하는 실업보험과 달리 실업수당 뿐 아니라 구인구직정보망 운용, 취업알선 등을 통해 고용안정에 기여하는 적극적인 고용안정 정책이다. 산업 구조 조정이나 경기 침체기에 효율적으로 대응할 수 있는 고용안정 대책으로 평가받고 있다. 기본 급여는 실직일 이전 18개월 동안에 12개월 이상 피보험자로 근무하다가 이직하여 재취업을 위한 노력과 능력이 있음에도 실직자로 남아 있을 때 실직 전 임금의 50%를 연령별, 보험 가입기간별로 30 - 210일 동안 지급한다. 직업훈련을 받을 시에는 2년까지 연장 지급된다. 피보험자인 근로자는 이러한 실업급여를 받기 위해서는 2주마다 지방노동관서에 출석해 지난 2주 동안 적극적인 구직 활동을 했음에도 취업을 하지 못했음을 입증하는 실업인증을 받아야 한다. 19세기 중반 유럽에서 노조의 실업에 대비한 자구책으로 생겨난 이 제도는 현재 미국, 일본, 독일 등 대부분의 선진국들은 고용보험제도를 실시하고 있다.

## 고용세
부족한 실업대책 재원을 마련하기 위해 모든 근로자 봉급에서 일정률의 세금을 거두는 방안(고용세) IMF이후 실업사태가 심각해지자 이를 완화시키기 위한 방안으로 제시 되었다. 고통을 분담한다는 차원에서는 의미가 있지만 어려움을 겪고 있는 근로자들에게 세금부담을 지움으로써 경제를 더욱 위축시킬 수도 있다는 단점이 있다.

## 고용승수(employment multiplier)
일정 산업의 고용증가가 임금과 이윤의 증가로 연결되어 수요를 증대시킴으로써 전 산업에 어느 정도의 고용증가를 유발할 것인가 하는 비율을 말한다. 일정 산업의 고용증가를 N1, 전 산업에 있어서의 고용증가를 N이라고 한다면, N = k · N1이 되는데 이때 k를 고용승수라고 한다.

## 고용인원조계획
(EAPs : employee assistance programs)
직업만족도나 생산성에 부정적 영향을 미칠지도 모르는 문제를 극복하도록 고용인에게 제공되는 서비스이다. 서비스는 외부의 제공자에 의해서 직접 또는 계약으로 마련될 수 있을 것이다. 음주와 약물의존(drug dependence)에 대한 상담, 결혼 및 가족치료(family therapy), 직업상담(career counseling) 등이 있다.

## 고용자 셀프 서비스
기존 인사관리 시스템처럼 사원들이 인사관리에 관한 업무에 접근할 때 모든 과정이 인사부서 담당자를 통해 이뤄지는 것이 아니라 사원들 개개인이 인터넷을 통해 직접 데이터에 접근할 수 있도록 하는 것이다. 이를 통해 시간과 비용 절약은 물론 인사부서의 기능을 좀 더 생산적으로 전환할 수 있는 효과가 있다.

## 고용정책(employment policy)
한 국가 또는 기관이 실제적 또는 잠재적으로 노동인구(work force)를 다루는 방법에 관한 원리, 지침, 목표와 규정. 고용정책의 양상들에는 고용과 해고규칙 및 절차, 급료와 급여구조, 직업의 안정과 건강시설, 더 많은 일자리의 창출을 자극하는 경제적 계획 등이 있다. 실업대책으로는 실업보험제도에 의한 구제 이외에 실업자의 구직활동을 돕는 직업소개, 기술교육 등이 있다. 이와 같은 적극적인 대책은 구조적 실업에 대한 고용정책으로 각국이 중요시하고 있다.

## 고용조정
경기후퇴기에는 고용을 줄이려 하는데 두 가지 방법이 있다. 레이 오프(lay off)방식은 종업원수를 줄이고 워크셰어링(work-sharing) 방식에서 는 종업원은 그대로 두고 1인당의 작업량을 줄인다. 미국의 기업은 레이 오프방식을 취하고, 한국 · 일본의 기업은 후자를 택한다. 그것은 노동시장이나 임금제도의 차이에서 오는 것으로 우리나라의 경우 외부노동시장이 미흡한 상황이므로 해고라든가 일시해고(레이 오프)를 채용하는데 어 려움이 있다. 그래서 배치전환 · 잔업규제 · 신규채용 중지와 같은 잠정적 수단을 택하게 된다. 반면 임금제도가 신축적이어서 잔업수당폐지 · 보너 스삭감 · 승급정지 등으로 대처할 수 있는 미국과 같은 직무급제도에서는 이러한 신축적인 대응을 할 수 없게 된다.

## 고용허가제
국내에서 취업을 원하는 외국인에게 소속 국가 정부나 기관을 통해 한국정부에 노동허가를 신청해 허가를 받은 뒤 최장 3년까지 일할 수 있게 하는 제도. 국내 기업은 규모별 고용상한선 범위 내에서 정부의 허가를 받아 외국인 근로자를 직접 현지모집하거나 공공단체 등을 통해 채용, 1년 단위로 임금 · 근로시간 등에 관한 고용계약을 체결하게 된다. 이 제도는 외국인도 근로기준법 · 최저임금법 · 산업안전보전법 등의 적용을 받아 근로자로서의 기본권을 보호받는다.

## 고용훈련 프로그램(ET프로그램)
공적 부조 수혜자들에게 일자리를 얻고 업무를 수행하도록 훈련시킴으로써 경제적 자립을 돕게 하고, 시장성 있는 기술을 배우도록 하는 것으로 여러 주에서 시행되는 고용훈련 프로그램을 말한다. 고용훈련 프로그램이 있는 주에서, 수혜자의 자녀들은 부모가 훈련을 받고 있는 동안에 보건서비스와 탁아서비스를 받는다.

## 고위공무원단
고위공무원단(SES:Senior Executive Service)제도는 국가 공무원 체계 중에서 일부 고위직을 중하위직과 구별해 운영하는 시스템이다. 미국, 영국, 뉴질랜드, 호주 등에선 우수한 외부인력을 확보하기 위해 일반공무원 보수체계와는 달리 고위공무원에게 비교적 높은 급여를 주는 방식으로 고위공무원단제도가 운영되고 있으며, 이들 국가에선 고위공무원의 대부분이 내부 국가공무원 중에서 임명되지만 상당수는 외부 전문가로 채워지고 있다. 성과에 따른 계약제로 공무원의 책임의식이 높아지는 장점이 있는 반면, 정치권의 입김에 약한 단점이 있다.

## 고의
일정한 결과가 발생하리라는 것을 알면서 감히 이를 행하는 심리상태.

## 고의적 자산 축소(spending down)
특정 자산 조사에 의한 사회보험급여의 자격을 얻기 위해 전체 자산이나 수입(소득)을 감소시키려는 한 개인의 의도적인 노력이다. 가령 은행에 많은 돈을 넣어둔 사람은 의료보호에서 부적격자이므로 적격자가 되기 위해 그 돈을 처분한다.

## 고전학파
영국 산업혁명기에 스미드, 리카도를 중심으로 형성된 경제학파. 1776 년경부터 1870년대 초 한계효용학파가 등장하기까지 배출된 경제학자들 을 가리키며, 영국의 밀, 프랑스의 세이, 독일의 뤼넨 등이 이에 속한다 고전학파의 공통점으로는, 개인주의적인 자유경제체제를 옹호하여 자유 방임주의를 주장하고, 국가의 개입을 적극 배제하였음을 들 수 있다. 〈국부론〉의 저자인 스미드는 개인의 이익추구가 '보이지 않는 손' 의 작용으로 사회 전체의 번영으로 이어진다고 보고, 국부의 증대, 즉 경제성 장에는 근면과 절약이 불가결함을 논의하였다. 〈인구론〉으로 알려진 맬 더스는 인구증가율이 식량생산율을 상회하고, 또 유효수요는 총공급을 하회한다는 데서 경제전반에는 어쩔 수 없는 한계가 있음을 논하였으며, 리카도는 〈지대론〉을 기초로 하여 분배의 여러 법칙을 규명하였다. 맬더스의 유효수요 부족설은 케인즈에게, 리카도의 학설은 마르크스에게 영 향을 미쳤다.

## 고정가격표시통계
특정연도의 가격체계로 당해연도의 경제활동을 평가한 고정연차 가격표 시통계. 경제통계의 대부분은 금액에 의해서 표시되는데, 그 가격은 조사당시의 가격이다. 그러한데 가격은 해마다 변화하며 생산량이 동일하더라도 가격이 상승하면 생산금액이 불어나게 된다. 따라서 가격의 변동효과를 제거한 통계가 통상의 금액표시 통계와 함께 작성된다면 편리하다. 상기한 생산에의 경우는 각 공장에 기준년가격표를 배부하여 생산수량을 재평가하게 한 금액을 집계하면 된다. 그러나 이와 같은 작업을 실제의 조사에서 채용하는 것은 무리이므로 조사는 당해연도 가격표시에 한정되고 고정년 가격표시의 수치는 특수한 물가지수로 수정하는 간접적 수법에 의해서 산정된다. 이때 사용되는 물가지수가 디플레이터라는 것이다.

## 고정관념(stereotype) 01
사람들의 전체 집단이 공통으로 지니고 있는 개인적 속성들에 대한 일련의 신념들이다.

## 고정관념(fixed idea) 02
집단을 범주화하는 단순화된 도식의 하나이다. 특정 개인의 독특한 개성이나 개인차 혹은 능력을 무시한 채, 단순히 그 개인이 특정 집단의 구성원이라는 이유만으로 그 개인의 개성이나 특성 혹은 능력을 특정하게 또는 특정 범주로 귀속시키는 관념이나 기대를 말한다.

## 고정관념 03
고착관념이라고도 한다. 반복적으로 의식이나 표상으로 떠오르고, 그 사람의 정신생활을 지배하는 관념 또는 사고의 흐름을 말한다. 고착관념은 어떤 종류의 신경증(가령 강박 신경증)의 징후의 경우가 있으나 반드시 병적인 것만은 아니고 정상적인 관념일 수 있다.

## 고정금리
일반적으로 금리자체의 변동가능성을 기준으로 고정금리와 변동금리로 나눌 수 있다. 고정금리는 상품에 가입한 기간동안 시중금리가 아무리 큰 폭으로 변하더라도 이자율이 변하지 않는 것을 의미한다. 정기예금, 정기적금과 같은 예금상품은 대부분 고정금리이며 채권, CP(기업어음), CD(양도성예금증서), 개발신탁등도 고정금리를 준다. 이에 반해 변동금리는 적용되는 이자율이 가입기간 중에 계속 변하는 것을 의미한다. 고정금리와 변동금리중 어느 상품에 투자할 것인지를 결정하는데 있어서 가장 중요한 것은 향후 금리예측이다. 일반적으로 가입 시점에서 볼 때 변동금리상품이 고정금리보다 다소 높은 편이다.

## 고정자본 형성표
산업을 농림어업 음식숙박 공공자본 등 83개 분야로 나누어 각 분야에 일반기계 금속제품 등의 자본재가 얼마만큼 형성되어 있는지를 보여주는 표. 이 표를 이용하면 고정투자에 따른 생산액의 증가나 어떤 제품의 최종수요가 늘어날 경우 신규투자를 얼마나 해야 하는지를 예측할 수 있다. 가령 특정산업의 투자액이 결정되면 해당산업의 생산증가액과 그에 따른 다른 산업의 생산증가액까지 추정할 수 있게 되는 것이다. 물론 이같은 분석은 고정자본형성표 이외에 산업연관표에서 나타나는 투입산 출계수를 함께 이용해야 한다. 93년에 한국은행이 90년의 고정자본형성표를 처음으로 작성했다.

## 고정자본소모

건물, 구축물, 설비, 기계 등 재생산 가능한 유형고정자산에 대해 통상적인 마손 및 예견되는 멸실 등 일반적으로 발생하는 정도의 가치 감소분을 평가한 것 국민계정에서는 이와같이 생산자가 현 수준의 생산활동을 영위할 수 있도록 지속적으로 비하고 있는 부가가치의 일부분을 고정자본소모라 한다. 대부분의 유형고정자산에서는 고정자본소모가 계상되고 있으나 도로, 댐, 방파제 등은 수리비나 유지비와 같은 경상적 지출에 의해 그 원상이 유지된다고 보아 고정자본소모를 계상지 않는다. 생산이나 국민자본형성등에서 고정자본소모의 포함여부에 따라 총고정 자본형성(총생산)과 순고정 자본형성(순생산)으로 구분한다.

## 고정자본소모충당금

일정 기간 내에 있어서 발생하는 고정자산 가치의 감소분을 보충하기 위한 충당금으로서, 그 내용은 중앙 및 지방정부가 소유하는 고정자본이 외의 모든 고정자본에 대해서의 감가상각 및 미리 예측할 수 있는 고정 자본의 진부화와 우발손실 등을 들 수 있다. 우발손실은 기업의 경리상, 감가상각으로 보충할 수 없는 고정자산의 감가분으로 실제에서는 손해보험이 지불하는 보험금과 책임준비금의 증가액으로 측정된다. 국민소득 계정에 있어서는 자본형성계정의 한 항목으로 되어 있다.

## 고정환율제도

환율변동을 전혀 인정하지 않거나 그 변동폭을 극히 제한하는 환율제도를 말한다. 가장 전통적인 고정환율제도는 19세기말 — 20세기초의 금본위제인데 동제도하에서 각국은 자국통화의 가치를 금에 고정시키고 금태환성을 보장함으로써 모든 통화에 대한 환율을 안정적으로 유지할 수 있었다. 제2차대전 이후 1973년까지 유지되었던 브레튼우즈체제도 고정 환율제도의 한 형태로서 이 제도하에서는 미달러화만이 금에 대해 가치가 고정되었고 금태환성이 보장되었다. 그리고 기타 국가는 미달러화에 자국통화의 가치를 고정시켜서 운용하였다. 고정환율제도는 환율이 안정적으로 유지됨에 따라 경제활동의 안정성이 보장되어 대외거래를 촉진시키는 장점이 있으나 환율 변동에 의한 국제수지의 조정이 불가능함에 따라 대외부문의 충격이 물가불안 등 국내경제를 불안정하게 하는 단점도 있다.

## 고지전 심사제

현행 세법(국세 기본법 및 국세징수법)에 의해 과세관청이 세금을 징수 코자 할 때는 납세자에게 그 사유 및 세액, 납부기한 등을 고지하게 되어 있는 제도. 납세고지를 받은 납세자는 이의가 있을 경우 해당세무서나 지방청에 이의신청을 낼 수 있다. 고지전 심사제는 이같은 이의신

청 등 조세마찰을 완화하기 위한 제도이다. 즉 납세고지 전에 고지예정사항을 미리 알려주고 납세자에게 해명의 기회를 줌으로써 과세처분의 정당성 여부를 〈납세자와 함께〉 확인하는 절차라 할 수 있다.

## 고착(fixation)

정신분석이론의 용어로서, 특정단계에서 과다한 심리적 만족이나 좌절을 경험하여 심리성적 발달의 초기단계를 원만하게 거치지 못했거나 애착 대상을 바꾸지 못함으로써 특정 발달 단계와 대상에 머물러 있는 상태를 말한다. 이성과 연애를 해야 할 연령이 되었는데도 유아기 때의 사랑의 대상(어머니)에 특히 애착을 갖는 경우가 그 예이다. 퇴행은 일단 발달한 것이 이전의 단계로 되돌아가는 경우지만, 고착은 미발달된 상태를 가리킨다.

## 고충처리

고충이란 사용자의 처우에 대해 근로자가 품은 불평·비난 등이며, 이것을 방치하면, 즉시 분쟁의 염려가 있는 것을 말한다. 보통 단체협약의 협정사항의 해석이나 그 실시적용에 관한 불평, 불만이 고충처리의 대상이 된다. 고충처리의 방법에는 제3자의 중재에 따르는 것과 노사 간의 직접해결에 따르는 것이 있으나, 보통 고충처리기관을 두기도 하는데 이는 당사자의 자유이며, 협약 또는 노사의 협의로 마련된다. 제3자에 의한 고충의 중재기관으로서는 상임중재자, 임시중재자, 중재위원회 등이 있다. 또 당사자에 의한 고충의 직접해결을 도모하는 기관 내지 제도로서는 직장위원제도, 직장 내지 공장위원회, 경영협의회 등이 있다. 우리나라의 노사협의회법 제24조는 고충처리위원을 모든 사업장에 두도록 하고, 노사대표 3인 이내로 구성하도록 되어 있다. 고충처리위원은 근로자로부터 고충을 청취한 때로부터 10일 이내에 조치사항 기타 처리 결과를 당해 근로자에게 통보하도록 있다.

## 고충처리기관

행정상의 불만에 관해 그 진술을 수리하여 필요한 조치를 취하는 기관으로 과거 총무처의 종합민원실이나 지방공공단체의 시민상담실 등이 그 예이다. 이들은 법적판단기관이 아니라 행정조직의 내부통제를 위한 기관으로서 직접적인 법적효과는 없으나 복잡한 수속과 시일을 요하지 않으며 일상적 불만을 신속히 처리하므로 행정소송제도를 보충하는 효과가 있다. 우리나라에는 중앙정부차원의 국민고충처리위원회, 각종 지방자치단체의 '신문고' 형태로 있다.

## 고한산업(sweating industry)

장시간 노동, 저임금, 열악한 노동환경 등으로 대표되는 좋지 않은 노동조건 하에서 자본가의 착취에 그대로 복종하여 반노예적 상태로 하는 노동을 고한노동이라 하고,

이 고한노동에 의해 경제적·육체적·정신적으로 과도한 노동에 따른 노동착취제도를 고한제도(sweating system)라 하는데, 고한산업이란 이공감 같은 고한제도가 산업자체에서 성립기반으로 되어 광범위하게 형성되어 있는 산업을 말한다. 원래는 수공업제도에서 산업 자본주의시대로 옮아오는 과정에 있었던 노동조직이며 19세기 영국에서 성행하였다. 사회입법 중 대표적인 것이 최저임금법과 노동기준법이다.

### 고한제도(sweating system) 01

자본주의의 발전에 따른 노동자 혹사의 참상을 통칭하는 표현이다. 기계제대공업이 성립·발전한 이래 근대적 가내공업 내지 매뉴팩쳐에서의 노동조건은 극히 열악한 상태에서 있어 왔다. 이들 생산부문은 동일산 업부문에서 독점적 대기업과의 경쟁에서 극히 불리한 처지에 놓여 있는 것이 보통인데, 이것은 자본규모의 열위, 노동생산성의 저위, 시장조건 의 열위 등에서 나타난다. 이들 부문의 기업들이 이러한 생산조건 및 경쟁 조건에서의 불리를 고용 노동자의 극심한 착취를 통해 극복하려고 하기 때문에 여기에 고용되는 대부분의 근로자들은 극히 낮은 임금, 무제한의 장기간노동, 열악한 작업환경을 강요당하게 된다. 이러한 고한노동은 자본주의 발전과정에서 공장법의 적용대상에서 오랫동안 제의되어 왔기 때문에 그 상태는 더욱 악화되어 왔다. 이것은 19세기 말의 영국에서 처음으로 사회문제화되었으며, 그 결과 1888년 상원에 고한제도 조사위원회가 설치되었고, 나아가서 1909년의 최저임금제도 발전되었다. 그러한데 이러한 고한제도는 자본주의의 발전에 따른 상대적 과 잉인구(실업 및 반실업인구)의 누적을 그 존립의 기반으로 삼아왔기 때문에 자본주의의 고도의 발전에도 여전히 유지되고 있어 저임금의 주요한 원인의 하나로 되고 있다. 우리나라에서도 이 고한제도는 광범위하게 존재하고 있는데, 대공업중심의 주변에서 주로 대공업과의 하청·재하 청관계를 통해 생산을 하는 가내공업에서 그 전형적인 모습이 발견된다.

### 고한제도 02

노동착취제도라고도 말한다. 근로자를 저임금, 장기간노동, 비위생적인 환경 하에서 무리하게 일을 시키는 제도로 피와 땀을 짜낸다는 뜻을 갖고 있다. 원래 영국의 가내공업에서 수공업자가 자본가인 상인을 위해 대단이 조악한 노동조건하에서 일하지 않을 수 없었던 시대에 생긴 말이었는데 현재에 있어서도 이와 같은 제도가 잔존해 있는 것으로 부당한 노무관리라고 할 수 있다.

### 골드칼라(gold collar)

정보사회를 이끌어 가는 인재들을 지칭하는 말로서, 자발성과 창의력을 가지고 스스로 좋아하는 일에 새로운 가치를 창출해내는 사람이다. 대학졸업장 없이 컴퓨터 업계의 최고 자리에 오른 빌 게이츠나, 쥬라기 공원 등의 영화를 만들어 세계적으로 강력한 문화적 영향력을 행사하고 있는 스티븐 스필버그 감독 같은 사람들을 골드칼라에 속하는 대표적인 사람이다.

### 골트(Gault)

형사법원 소송 절차에서 성인과 동일한 법적 보호를 받을 소년의 권리를 승인한 미국 연방대심원 In re Gault의 1967년 판결이다. 이것은 소년들이 적절한 죄과에 대한 사전통고를 받을 권리, 조언과 자기 귀죄로부터의 자유에 대한 권리 및 증언과 대결하는 조언을 얻을 기회 등을 제공하였다. 골트 이전에, 소년소송절차는 형사사항이 아닌 민사사항으로 간주되었으며, 주에서는 대개 아동에게 관심을 갖는 측면에서 실행하였다. 그 판결의 결과, 사회사업가 및 다른 비법률적인 일에 종사하는 사람들은 종종 아동의 권리와 자유를 고려해 판결을 내리도록 하거나 이에 영향을 미친다.

### 공갈

공갈죄란 폭행 또는 협박을 통해 사람에게 겁을 주고, 이를 통해 타인이 점유하는 재물이나 재산상의 이익을 취득하는 범죄를 말한다.

### 공감(empathy)

상대방의 경험, 감정, 사고, 신념을 상대의 준거체제에서 자신이 상대인 것처럼 듣고 이해하는 능력이다. 상담이나 케이스워크에 있어서는 치료의 효과를 높이기 위하여 상담자나 케이스워커가 이해한 것을 클라이언트에게 전달해야 한다. 공감의 소통은 클라이언트를 판단하거나 설교하지 않고 돕겠다는 상담자와 케이스워커의 의욕이 전달될 수 있게 하고 이로 인해 클라이언트는 도움을 받는 전문적 관계에서 자유롭게 자신을 드러내고 싶은 심정이 되게 한다.

### 공격(aggression)

다른 사람과의 강한 접촉 또는 의사소통을 특징으로 하는 행동. 인간의 공격은 직접적으로는 언어 또는 신체적 공격과 같은 표현으로, 간접적으로는 경쟁, 운동경기, 기타 유사한 상황에서 나타난다. 공격은 적절할 수도 있으며, 자기 방어 또는 자기 고취를 위해서 사용될 수 있다. 또는 자신과 타인에게 파괴적이 될 수도 있다. 일부 사회과학자들은 공격이라는 용어를 단지 해로운 행동이라고 말하고, 자기주장이라는 용어는 다른 사람을 해칠 의도가 없는 행동이라고 말한다.

### 공격기제(aggressive mechanism)

자아의 방어기제로서 타인에게 적의 있는 행위를 취하는 것이다. 잠재적인 충동과 현실의 규제, 초자아의 억제력

사이에 갈등이 있을 때 단지 억제하는 것만으로는 갈등이 해결되지 않는다. 따라서 충동에너지가 강하면 자아가 위기에 놓이게 된다. 이 위기감이 바로 불안이며 불안에 대응하여 자아는 방어하게 된다. 공격은 현실의 규제를 후퇴시켜 불안을 감소하고, 자아를 지키는 강력한 수단이다. 그 밖에 공격을 본능적인 것으로 보는 입장과 강화학습에 의해 획득된 것으로 보는 입장이 있다

### 공격동기(aggression)

타인에게 해를 입히는 행동을 하는 동기이다. 경우에 따라서는 자기 자신에 위험이 되거나 해가 되는 행동을 하는 동기를 가리키기도 한다. 공격 동기는 개인의 내적인 상태와 외적 상황에 의해 유발되며, 일반적으로 공격적 행동은 더욱 공격적 행동을 하도록 하는 원인이 되는 경향이 있다.

### 공격성(aggression)

다른 사람이나 사물에 대해 파괴나 상해를 목적으로 의도적으로 행하여지는 행동 또는 거칠게 표현되는 정서반응 혹은 성향을 말한다. 공격성의 원인에 대한 이론적 설명으로는 프로이드의 정신분석이론과 사회학습이론이 중심이 된다. 정신분석이론에서 공격성은 좌절된 욕구의 표현이고, 사회학습이론에서는 대리학습, 혹은 모방에 의해 학습되고 강화된 행동유형으로 본다. 특히 폭력의 시청과 폭력적 놀이는 성인이 된 이후의 폭력적 행동의 발생과 깊이 연관된 것으로 밝혀진다.

### 공고(국민연금시행규칙 제22조)

어떤 사실이나 결과를 직접 통지하여야 하나, 통지할 수 없는 경우에 통지에 갈음하는 방법.(전국을 보급지역으로 하는 일간신문에 공고하거나, 공단 게시판에 14일 이상 게시하여 공고에 갈음함)

### 공공경비팽창의 법칙

바그너는 사회발전에 따라 국가활동이 계속 늘어나는 경향을 역사적으로나 통계적으로 찾아볼 수 있다는 것을 지적하고 그러한 일반적인 경향을 공공활동, 특히 국가활동의 증대는 국민의 발전적 욕망이 늘어난 것과 그로 인하여 국가와 사경제와의 결합관계가 변화한 데 기인하는 현상으로서, 이에 따라 공공경비는 필연적으로 늘어나게 된다. 그러므로 바그너는 국가활동팽창의 법칙에서 당연히 공공경비팽창의 법칙이 파생된다고 보았던 것이다.

### 공공경제학

비시장적 의사결정에 관한 분야를 담당하는 경제학. 공공부문의 경제활동, 특히 시장메커니즘에 맡겨서는 적정한 공급을 기대할 수 없는 특징을 가진 공공재의 적정규모 결정이나 그 비용분담의 규칙을 연구대상으로 하며, 재정

학을 부친으로, 후생경제학을 모친으로 하여 태어났다고 하듯, 이제까지의 재정학을 후생경제학적 수법에 의해 재구축하려는 것이다. 국가 규모가 야경국가적인 것일 때에는 공공부문에 할당되는 자원 의 문제는 별다른 관심을 끌지 못했으나, 최근과 같이 공공투자나 사회보장 규모의 확대와 함께 공공부문의 활동범위가 넓어짐에 따라, 정치기구를 통해 결정되는 공공재의 적정규모 결정문제는 큰 관심사로 부상하게 되었다.

### 공공관계(public relations)

조직활동에 대한 공중(公衆, public)의 이해를 조장하고 조직 과 공중과의 사이에 건전하고 생산적인 관계(sound and productive relations)를 건설하고 유지하기 위한 일체의 조직활동을 말한다. 즉 공공관계는 한 조직체가 그 목표를 달성하기 위해 수립한 정책 및 사업과 직접·간접적으로 이해관계를 가지며, 그 조직의 정책활동에 영향을 미치는 대내외적 개인 및 집단들로 하여금 우호적이고 신뢰적인 태도(attitude)와 의견(opinion)을 가지고 나아가 조직의 정책활동에 적극적으로 참여하고 협력하도록 만드는 관리활동이라고 할 수 있다. 여기서 공중은 조직의 환경을 이루는 일반대중, 고객, 조직구성원, 언론기관, 공공단체, 관련기업체 등 여러 관련집단으로 이해될 수 있다. 미국에서 PR이란 말이 합성어로 완성되기 이전에는 신문 등의 보도매체에 뉴스를 제공하는 press agentry의 용어가 사용되기도 하였다. 공공관계에서의 의사전달 수단으로는 기사제공·회합·연설·행사·기자회견 등이 흔히 이용된다. 전달매체로는 신문·TV·라디오·영화·보고서·회보·게시판·현상논문·표어·여론지도자(opinion leader) 등이 있다. 행정의 기능이 질서유지에 한정되었던 입법국가 시대에는 공공 관계의 필요성이 상대적으로 적었으나, 행정의 기능이 양적으로 확대되고 질적으로 전문화된 행정국가에서는 국가정책에 대한 국민의 이해와 협조를 구하기 위한 공공관계의 필요성이 증대 되고 있다.

### 공공관계시설

광의로는 인간이 공동생활에서 필요로 하고 공통으로 이용하는 생활수단이나 소비수단을 말한다. 가령 학교, 소방시설, 상·하수도, 오물처리시설, 공원, 녹지, 병원 등이 그것이다. 이러한 의미에서 볼 때 시설이란 공동생활의 산물이며 사회적 활동이 만들어낸 것이라 할 수 있다. 협의로는 이들 시설 중 공동단체가 설치하거나 경영의 주체가 되고 있는 것을 말하며, 민간시설의 대칭용어로 쓰이고 있다.

### 공공관리론(public management)

과학적 관리법의 전통과 동일한 철학적 기초에 입각하여 기획·조직·통제·평가 등을 강조하고 행정이념으로

절약과 능률을 중시하는 관리지향을 말한다. 정책학적 접근방법을 선호하는 일부 학자들은 공공관리론의 이론적 기초가 전통적 행정학이 아니라 경제학과 경영학이라는 관점에서, 행정과 공공관리론은 근본적으로 뿌리를 달리하는 완전히 별개의 학문이라는 주장을 펴고 있다.

## 공공단체

국가로부터 그 존립목적이 부여된 공법상의 법인을 말한다. 공법인 또는 자치단체라고도 한다. 국가와는 별개의 인격자라는 점에서 국가기관과 구별된다. 공공단체는 국가로부터 부여된 자기의 목적을 가지고 자기의 사무를 자기의 기관에 의해 행하기에, 자치단체라고도 한다. 공공단체에는 그 조직에 의해 지방자치단체·공공조합·영조물법인 등으로 구분된다.

## 공공복지(public welfare) 01

국가가 모든 국민들에게 정신적이고 물질적인 삶을 보장하여 인간다운 생활을 영위하게 하는 것을 말한다. 국가는 스스로의 책임하에 국민의 보건·위생·영양·보험·주택·의무교육 등 실생활에 직결되는 기본적인 문제를 해결함으로써 국민의 안정된 삶을 보장하는 책임을 지고 있다. 국민의 최저 및 인간다운 생활을 보장하기 위한 구체적인 프로그램으로는 보험·부조(扶助)·봉사 등이 있다.

## 공공복지 02

국가가 시민들을 보호하고 성취감을 주는 정책을 수행함으로써 현시적으로 나타나는 사회와 그 구성원들의 상대적 안녕을 말한다. 대부분의 사람들에게 이 용어는 이제 사회복지 및 공적 부조와 동의어가 되었다.

## 공공부조행정 / 공적부조행정

사회보장제도의 일환으로 국가책임 하에서 생활 곤궁자의 건강하고 문화적인 최저한도의 생활을 보장하기 위해 중앙 및 지방자치단체가 행하는 생활보장행정을 말한다. 국민의 세금이나 중앙 지방자치제의 수입을 재원으로 생활 곤궁이라는 사실을 수급자격으로 하여 자산조사를 통해 무기한, 무상의 보호가 권리로서 주어지는 최종적인 보호행정이다. 낮은 생활보장기준의 책정, 관료적 성격이 문제로 지적되는 등 공공부조행정은 여러 가지 모순과 과제를 안고 있다.

## 공공사업(public works) 01

국가 또는 정부기관이 직접 시행하거나, 지방 자치 단체에 대한 보조로써 시행하는 하천·도로·항만·교육·주택시설 등의 공공토목건축공사. 이밖에 일반적으로 지방공공단체가 단독으로 행하는 공사도 포함되지만 국가예산상으로는 일반회계에서 지출하는 것만을 공공사업

비로 분류하고 있다. 공공사업은 사회자본의 확충을 위해 중시되고 있고 경기조정책으로 이용되는 수도 있다.

## 공공사업 02

국가 또는 지방자치단체가 사회자본인 도로, 항만 등을 건설하고 유지하는 일이다. 이와 비슷한 용어로는 공익사업이 있는데, 이것은 서비스 물자를 정상적으로 공급하는 것이다. 공공사업에 의해 산출되는 사회자본은 그 이용자와 수익자가 불특정 다수이고, 또 모든 비용을 이용자 부담으로 하기가 곤란하여, 민영 또는 독립채산제의 공영사업으로 그 채산을 맞출 수 없기 때문에 국가나 지방자치단체의 사업으로 하여 전액 또는 대부분을 공공사업비로 지출한다. 이 지출을 공공투자라고 한다. 그러나 엄밀히 말하면 공공투자는 자본적 지출만을 가리키는데 반해, 공공사업비는 조사비, 계획비 등 자본적 지출로 볼 수 없는 것도 포함하고 있다. 공공사업은 그 목적에 따라 ①생산의 향상을 목적으로 하는 것(산업기반 관계), ②국민 생활의 향상을 목적으로 하는 것(생활기반 관계), ③국토의 보전을 목적으로 하는 것(국토보전 관계)으로 대별된다. ①의 예로는 일반적으로 도로, 항만, 철도, 통신시설 등의 정비, ②의 예로는 공원, 상수도, 하수도 등의 정비, 병원, 주택 등의 건설, 도시의 개조 등, ③의 예로는 치산, 치수, 도시의 방재 등을 들 수 있다.

## 공공사업채

발행에 의해 조달된 기금을 정부청사의 신축이나 도서관, 공원, 교도소, 도로, 학교 등과 같은 필수적인 정부업무수행 목적에 사용하기 위해 지방정부에 의해 발행되는 지방채를 말한다.

## 공공선택론(public choice theory)

정부를 공공재(public goods and services)의 생산자로 그리고 시민을 소비자로 규정하고 시민의 편익을 극대화할 수 있는 서비스의 공급과 생산은 공공부문의 시장경제화를 통해 가능하다고 주장하는 이론 지향을 말한다. 공공선택론자들은 공공서비스를 제공할 때에 시민 개개인의 선호와 선택을 존중하고 경쟁을 통해 서비스를 생산하고 공급하게 함으로써 행정의 대응성을 높일 수 있다는 것이다. '비시장적 의사결정의 경제학적 연구 혹은 정치학에 경제학을 응용하는 연구'라고 정의되는 공공선택론은 경제학적인 분석도구를 국가이론, 투표규칙, 투표자 행태, 정당정치, 관료행태, 이익집단 등의 연구에 적용하고 있다.

## 공공선택이론

시장메커니즘과 관련이 없는 정치적 의사결정 체제·기구에 관한 재정학적 연구. 86년 노벨경제학상 수상자인 미국의 제임스 부캐넌교수와 털 록교수 등이 주창했다.

이 이론의 기본 관점은 개인주의. 국가는 그 자체 인격이 있는 유기체가 아니라 개인의 총합일 뿐이라고 본다. 전통적 입장은 개인이 경제행위를 할 때는 이기적으로, 정치행위를 할때는 이타적으로 행동한다고 가정해 왔음에 비해 부캐넌은 개인은 어떤 행위이든 이기적으로 행동한다는 것. 따라서 민주정치과정의 경제적 비능률의 제거와 상호이익을 위해 경제정책 수립과정에서의 경기규칙(rule of game)을 헌법에 명시해야 한다고 주장한다. 그는 케인즈적 사고가 낳은 유산인 현대국가의 재정적자에 대해 강력히 비판, 이를 〈시장의 실패〉에 비견되는 〈정부의 실패〉라 부르고 있다. 적자예산의 운용은 공공재의 상대가격을 하락시키고 선거득표를 극대화하여 집권을 유지하려는 정치가에게 유리하게 작용한다는 것. 레이건 행정부가 들어서면서 그의 반케인주의는 정계에서 커다란 주목을 받았다.

### 공공요금(public rates) 01

공공재 및 공공서비스에 대한 사용자 가격(user price)을 말한다. 공공요금은 넓은 의미의 공기업의 가격에 포함된다. 공익사업인 통신, 전기 및 수도사업의 생산 품과, 사기업으로 운영되나 공익사업의 성격을 띠는 대도시 버스운송사업의 삯 등이 여기에 속한다. 공기업의 형태로 운영되는 공익기업의 요금은 서비스원가원칙 또는 서비스가치원칙에 의하여 결정되며, 사기업으로 운영되는 공익사업인 버스운송사업의 요금은 공정보수원칙에 입각하여 결정된다. 요금과 유사한 용어로 수수료(fee)가 있는데, 이것은 국가나 지방자치단체의 행정서비스에 대하여 수혜자가 지불하는 대가 중에서 행정공기업을 제외한 일반행정기관이 제공하는 행정서비스에 대한 대가다. 정보통신부, 철도청 및 서울특별시 수도국이 제공하는 행정서비스에 대한 대가는 제공주체가 공기업이기 때문에 공공요금이라하며, 반면에 구청민원봉사실에서 제공하는 행정서비스, 즉 민원서류의 대가는 수수료라고 한다. 우리나라의 예산회계법은 국가가 행정기업의 형태로 경영하는 공익사업 요금의 결정은 공공요금심사위원회와 국무회의의 심의를 거쳐 대통령의 승인을 얻어 결정하도록 규정하고 있다. 여기에는 철도 및 통신요금 등이 포함된다. 그리고 지방공기업법에 의하면 지방자치단체가 경영하는 공익사업의 요금은 조례로 정하도록 되어 있다.

### 공공요금 02

요금이나 가격 중에서 정부나 지방공공단체가 그 결정이나 개정에 직접 관여하고 있는 것. 우리나라의 경우, 철도·전기·담배·우편·전신전화 요금, 상하수도·도시가스·공업용수의 사용료와 지하철 운임, 시립·도립병원의 의료비, 기타 경제기획원장관이 국민생활의 안정을 위해 필요하다고 지정하는 사용요금 및 수수료 등이 여기에 포함된다. 공공요금은 국민생활에 있어서 기초적·필수적 성격이 강한 것이 많으므로, 특히 공공요금의 인상에 있어서는 국민생활에 미치는 영향이 충분히 고려되지 않으면 안된다. 그리고 이를 위해서도 공공부문에서의 경영의 철저한 합리화가 필요하게 된다.

### 공공의 복지(bounm commune) 02

공공의 복지라는 이념은 아리스토텔레스나 토마스 아퀴나스, 특히 후자의 유기체적 단체주의의 사상으로 거슬러 올라간다. 전체는 부분에 성행하여 우월하다는 것이 그 본래의 근본 사상이나 반드시 유기체설이나 전체주의에 결합되어 있는 것이 아니며, 순수한 이념으로서는 근대 개인주의 안에도 모습을 달리하여 나타나고 있다. 루소의 공공의 복지(bien commun)나 벤담의 최대 다수의 최대 행복(the greatest happiness of the greatest number)이란 사상도 넓은 뜻이 공공의 복지를 가리킨 것이라고 하여도 무방하다. 우리나라에서는 헌법에서 처음 사용된 이래 널리 쓰이게 되었다. 그 개념은 명백하지 않으나 대체로 서로 모순하는 개개의 이익의 올바른 조화를 뜻한다. 보통 헌법은 기본적 인권을 공공의 복지에 위배되지 않는 한 보장한다고 하나 만일 그렇게 해석한다면 공공의 복지라는 이름 밑에서 온갖 기본적 인권의 침해가 시인되게 되므로 부당하다는 반대론도 있다. 그러나 이 사회에 있어서 각 개인의 이익이 서로 모순되는 이상, 또는 어떤 개인의 기본적 인권을 보장하는 것이 타인(특히 그 다수)의 기본적 인권을 무시함을 시인하는 것이 아닌 이상 이러한 뜻의 공공의 복지의 개념을 모조리 부정함은 허용되지 않는다. 그러나 그 경우도 〈공공의 복지〉라는 뜻은 민주주의의 원리와 기본권의 뜻에 비추어 엄격하게 해석해야 하며, 이것을 유기체적 전체주의의 경향으로 왜곡해서는 안된다. 그리고 이 말은 public welfare라고 해석되고 있으나 그것은 특히 미국에 있어서 빈민구제·위생 등의 사회후생사업을 국가·공공단체가 담당하는 경우를 가리키고, 독일어의 Wohlfahrtspflege에 해당하는 뜻에 쓰이는 일이 많다. 우리 헌법에서 말하는 〈공공의 복지〉는 미국에서 말하는 public policy의 관념에 접근하고 있음을 주의해야 한다.

### 공공의 복지(public welfare / common good) 02

사회구성원 전체에 공동되는 복지를 의미하지만 헌법상에서는 개인의 권리를 제한하는 근거로 사용된다. 공공이라는 말과 복지라는 말이 지시하는 구체적 사항이 애매해 불명확하기 때문에 여러 가지로 해석되어 사용되고 있다. 따라서 헌법론에서도 이것을 엄격히 제한하는 학자나 반대로 광범위하게 적용하자고 하는 정치가도 있어 일정하지 않다.

### 공공자금 관리기금 01

민간 금융 시장에서 운용되고 있는 연금·기금 등 공공

기금의 여유 자금을 사회간접자본(SOC) 확충이나 중소기업 지원 등 공공 사업 자금으로 활용하기 위해 만들어진 기금이다. 공공자금 관리 기금에 여유 자금을 예탁해야 하는 연금·기금은 국민연금기금, 체신예금, 가스안전관리기금, 국민체육진흥기금, 공무원연금기금, 사립학교 교원연금관리 공단 대외경제협력기금, 수출보험기금, 장애인고용촉진기금, 남북협력기금 등이 있다.

### 공공자금 관리기금 02
연금·기금·체신예금 등 공공자금의 여유자금을 민간시장에 융통하지 않고 공공투자나 재정투융자 사업 등에 사용토록 하기위해 정부에서 신설을 추진중인 기금을 말한다. 정부는 공공자금관리기금에 예탁되는 공공자금에 대해서는 국공채 금리 수준을 보장, 다른 금융자산에 비하여 불리하지 않도록 해줄 방침이다. 또 이렇게 조성된 재원은 우선 적으로 재정투융자 사업에 사용하고 국공채 매입과 정책금융을 재정에서 부담하는 재원에도 충당한다는 계획이다.

### 공공재(public goods) 01
많은 사람들이 동일한 재화와 서비스를 동시에 소비할 수 있으며, 그 재화와 서비스에 대해 대가를 치루지 않더라도 소비 혜택에서 배제할 수 없는 성격을 가진 재화와 서비스를 말한다. 이러한 특성을 가진 재화 와 서비스에는 국방·경찰·일기예보·등대·공원 등이 있다.

### 공공재 02
공공기관을 통해 공급되는 재화와 서비스를 말한다. 공공재는 한 개인이 소비에 참여함으로써 얻는 이익이다른 모든 개인들이 얻는 이익을 감소시키지 않는다 는 비경합적 소비(非競合的 消費, non — rival consumption)의 성격과, 특정 집단의 사람들을 재화의 소비에서 얻는 혜택으로부터 배제할 수 없다는 비배제성(非排除性, non — exclusion)의 특성 을 갖는다.

### 공공정책(public policy)
정부기관의 장래의 활동 지침을 말한다. James E. Anderson 은 공공정책이란 문제 또는 관심사를 다룸에 있어 행위자 또는 행위자집단에 의해 추진될 목적 지향적인 행동경로로 정의한다. 정책은 기능에 따라 문화정책, 경제정책, 교통정책, 통일정책, 외교정책 등으로 분류될 수 있으며, 또 정책의 성격에 따라 분배정책, 규제정책, 재분배정책, 구성정책 등으로 분류되기도 한다.

### 공공조합
농지개량조합·산림조합 등과 같은 공법상의 사단법인을 말한다. 공공조합은 공공단체의 일종이다. 공공조합은 일정한 조합원의 결합에 의해 조직된다는 점에 있어서는 사법(私法)상의 사단법인과 같으나, 그 목적이 국가로부터 부여되고, 국가적 목적을 위해 존재하며, 국가적 임무를 담당하는 점에서, 그리고 국가적 권력이 부여됨으로써 조합원의 의사 여하에 불구하고 조합이 정한 바를 강행할 수 있다는 점 등에서 사법상의 사단법인과 다르다. 공공조합은 각종 산업의 개량·발전과 동업자의 이익증진 및 산업의 통제를 위하여 흔히 이용되었으나, 이들 제도는 점차 임의단체인 협동조합으로 전화(轉化)하는 경향이 있다. 농업협동 조합·수산업협동조합·중소기업협동조합 등이 그 예에 속한다. 협동조합을 공공조합의 하나로 보기도 하나, 협동조합은 그 목적이 국가로부터 부여된 것이 아니고 또 강제적 요소를 띠고 있지 않기 때문에 공공조합으로 보지 않는 경우가 많다.

### 공공지출
국가나 지방자치 단체, 공사, 공단 등의 정부관련기관이 지출하는 자 금. 재정지출이라고도 하며 민간소비, 민간설비 투자와 더불어 GNP(국민총생산)를 구성하는 주요 항목의 하나이다. 공공지출에는 도로나 항만건설비 등의 투자적 지출과 공무원급여 등의 경상적 지출(또는 소비적 지출)이 있다.

### 공공직업안내소
무료의 국영직업소개기관으로 일반적으로 직업안정소라고 한다. 직업소개·직업지도 등 직업안정소의 고유목적을 달성하기 위해 필요한 사항을 행하는 외에 고용보험의 적용사업 및 피보험자에 관한 사무, 실업급여에 관한 사무, 고용안정사업 등의 급여금의 결정사무를 담당한다. 또 공공직업안내소는 어떠한 구직의 신청도 받아야 하며 구직자의 능력에 적합한 직업을 소개하여 구인자에게 그 고용조건에 적합한 구직자를 소개하도록 되어 있다.

### 공공차관
우리나라 정부나 법인이 외국 법인이나 외국정부로부터 대외 지급수단 자본재, 원자재 등을 장기 결제 방식으로 도입하는 것을 말한다. 전자는 정부차관, 후자는 법인차관이다.

### 공공투자(public investment)
공공적인 목적을 위해 국가나 지방공공단체 등에 의해 이루어지는 투자를 말한다. 공공투자는 유효수요 촉진을 통해 고용을 증가시키는데 유용하며, 수력발전·항만·하천의 개수 등에 투자되어 공공복지 증진에 이바지한다는 점에서 큰 의의가 있다.

### 공공투자 주도형 경제
국민경제는 정부·기업·가계의 3부문으로 구성되는데, 이중에서 정부의 경제활동, 특히 사회자본정비 등의 정부

총고정자본형성을 중심으로 국민경제를 운영해가는 경제운영을 말한다. 우리나라의 경우 1960년대와 70년대를 통해 정부의 적극적인 사회간접자본 확충과 기간산업 건설에 힘입어 높은 경제성장을 이룩하였는데 이와 같이 정부지출을 국민경제운영의 중심으로 삼은 경제체제를 공공부문주도형 경제라고 한다.

## 공교육비
교육활동을 지원하기 위해 공공회계 절차를 거쳐 지출이 이루어지는 교육경비로서 국립학교, 공립학교, 사립학교 교육비와 육(기)성회비를 합한 것을 말한다. 지출기능별로 크게 인건비, 운영비, 시설비로 분류한다. 최종적인 경비의 소비단위인 학교에서 지출되는 공교육비의 비중을 학교급별, 설립별로 살펴봄으로써 총 공교육비의 상대적인 분배비중 및 규모를 파악할 수 있다.

## 공권
공법관계에서 인정되는 권리를 말한다. 이러한 공권에는 국가·공공단체 또는 국가로 부터 권한을 부여받은 자가 지배권자로서 국민에 대해 가지는 국가적 공권과 국민이 지배권자에 대해 가지는 개인적 공권이 있다. 국가적 공권은 그 목적에 따라 조직권·형벌권·경찰권·강제권·재정권·공기업 특권 등으로 구분할 수 있으며, 내용에 따라 하명권(下命權)·강제권·형성권 및 기타 공법상의 지배권으로 나누어 볼 수 있다. 한편, 개인적 공권은 참정권·수익권·자유권으로 나누어지며 사권과 달리 국가적·공익적 견지에서 인정되는 권리를 말한다. 개인적 공권은 행정소송으로 법원에 제공함으로써 보호받는다.

## 공권력(ffentliche Gewalt)
국가 또는 공공단체가 우월한 주체로서 국민에 대해 명령·강제하는 권력을 말하며, 경우에 따라서는 그 권력을 행사하는 국가 자체를 의미하기도 한다.

## 공급경제학
총수요관리를 위한 종래의 경제정책에 관한 논의를 반박하고 공급 측면 에서의 조세의 유인효과를 강조하는 학파로서 미국의 경제학자 펠드스타 인(M.Feldstein),보스킨(M.Boskin), 래퍼(A.Laffer) 등이 주도한 이론이다. 즉 사회 전체의 이익을 위해 과감한 세율인하로 기업과 개인으로 하여금 생산부문의 투자를 유도하도록 주장하는 경제학 이론으로 1970년 대 후반 래퍼(A.Laffer)교수는 근로소득세율의 인하가 노동공급을 크게 증가시켜 총조세 수입을 증가시키며, 저축과 투자에 대한 조세유인은 생 산증대와 물가안정에 기여한다고 주장하였다. 다시말해 한계세율이 높을 경우 설비투자에 대한 위축이 초래되므로 한계세율의 축소를 통해 경제에 대한 정부의 개입을 줄이는

것이 경제 확장에 도움이 된다는 것이다.

## 공급보조금(supply subsidy)
정부가 단체에 제공하는 기금 또는 새로 설립되는 단체에 배당하는 기금을 말한다. 이것은 욕구를 가진 개인과 가족들이 현재의 서비스 - 공급 시장에서 상품과 서비스를 구매할 수 있도록 현금이나 상품권을 제공해주는 수요보조금 개념과는 대치되는 것이다. 공공주택은 재정보조 개념의 한 예이고, 식품구입권은 생계보조금의 한 예이다.

## 공급중시경제학
자원을 공공부문에서 민간부문으로, 소비재에서 자본재로 돌림으로써 생산력의 증강과 물가수준의 안정을 기도하려는 경제정책상의 방안. 그 구체적인 내용은 소득세의 감세조치·정부지출의 삭감·정부규제의 완화이다. 공급중시경제학에서는, 감세 → 저축 증가 → 이자율의 하락 → 투자의욕 증대 → 생산력의 증가 → 물가수준의 안정이라는 효과 외에도, 감세 → 노동의욕 증대 → 생산력의 증가라는 효과도 기대할 수 있는 것이다. 게다가 정부규제가 완화되면 민간부문의 투자의욕이 증대한다. 공급중시경제학은 시장기구가 중심인 신고전파 경제학을 토대로 하며 그 주도자는 레이건정권의 경제자문위원회 위원장을 지낸 하버드 대학의 M. 펠드스타인과 래퍼곡선으로 유명한 남가주대학의 A. 래퍼 등이다. 그러나 공급중시 경제학이 유효하게 되기 위해서는 감세와 동시에 정부지출의 삭감이 필요하고, 이것이 효과를 나타내기까지 상당한 시간이 필요하다. 그리하여 서플라이사이더의 경제정책은 이들 장애의 제거, 특히 세율인하와 생산물시장·노동시장의 경쟁을 활발하게 하기 위한 디레귤레이션에 주력하고 있다.

## 공급체계(provision systems)
사람들이 필요로 하는 상품 및 용역을 상호 공급하는 사회조직이다. 또는 개인이나 집단이 필요로 하는 상품 및 용역의 종류를 식별하여 필요한 천연 및 사회자원을 개발하고 분배하며 그 영향을 평가하는 사회관계이다. 공급체계는 사회에 따라 경쟁적이며 이기적인 성향을 띨 수도 있고 협조적인 평등관계의 성향을 띨 수도 있다.

## 공급측면 경제학
공급측면 경제학이란 말은 레이건이 1980년 대통령선거에서 사용하면서 유행하게 됐다. 이는 전혀 새로운 경제체제를 주장하는 이론이 아니라 수요를 중시하는 관점으로부터 생산성을 중시하는 관점으로의 전환을 의미한다. 레이건은 공급측면 경제학에 기초해 개인소득과 기업이윤에 대한 세율인하와 함께 투자수익에 대한 세율도 대폭적으로 낮추었고 방위비를 제외한 정부지출도 과감히 삭제했다. 개인소득에 대한 세율인하는 소득을 증대시켜 근로 의욕을 고취시키고자 하는 것이 목표였고 투자수익에

대한 세율인하는 투자의욕을 높여 자본축적의 속도를 증가시킴으로써 생산성을 향상시키려는 목표로 추진되었다. 한편 1930년대 대공황을 겪으면서 영국의 경제학자 케인스는 대공황이 유효수요(Effective Demand)의 부족에 기인한다고 파악하고 수요조절 정책을 주장했다. '소비가 미덕인 사회' 라는 말은 케인스의 영향에서 나온 슬로건이다.

## 공급함수

수요 공급의 법칙은 상품의 수요량·공급량과 그 가격과의 함수관계를 설명한 법칙이다. 이 법칙에서 ①한 상품의 공급측의 사정이 일정한데 수요량이 증가하면 가격은 올라 간다. 이 반대로 수요량이 감소되면 가격은 내려간다. 이것을 수요의 법칙이라고 한다. ②수요측의 사정이 일정한데 공급량이 증가하면 가격은 내려가고 공급 량이 감소하면 가격은 올라간다. 이것을 공급의 법칙이라고 한다. 균형이론에 의하면 가격은 수요와 공급의 일치점에서 정해진다고 하며 이것을 균형가격이라고 한다. 이렇게 수요함수와 공급곡선의 교차점, 즉 수요와 공급의 일치점에서 가격이 정해지는 현상을 수요공급의 법칙이라고 한다.

## 공기업(public enterprise) 01

공공기관에 의해 소유되고 관리되는 기업으로 회사법이나 기타 공법이나 특별법, 행정규칙 등에 의해 설립된 공법인과 생산된 재화나 서비스의 대부분을 시장에 판매하는 대규모 비법인 정부사업체에 해당하는 준법인기업으로 분류된다. 또 공기업은 활동의 유형 즉 경제활동별 분류에서는 산업으로 제도부문별 분류에서는 비금융법인기업과 금융기관으로 분류되는데 국민투자기금, 공무원연금기금, 중앙은행 등은 금융기관에 포괄적으로 분류되고 있다.

## 공기업 02

국가·공공단체 및 그로부터 특허 받은 자 등이 공공의 복리를 위하여 인적·물적 시설을 갖추어 경영하는 비권력적 사업을 말한다. 공기업의 형태는 일반행 정조직과 같은 정부기업(governmental department)과, 회사법 규정에 의해 설립되며 정부가 그 주식의 전부 또는 일부를 소유하는 주식회사형(joint stock company) 공기업, 그리고 특별법에 의해 설립되는 공사(公社, public corporation)의 3가지가 있다. 선후진국을 막론하고 가장 전형적인 정부기업 형태의 공기업으로는 우리나라의 경우 정보통 신부, 철도청 등이 있다. 정부기업은 매년 국회의 의결을 얻어 확정되는 예산에 의해 운영되며, 그 수입의 전부 또는 대부분은 국고로 들어간다. 우리나라에서는 이러한 형태의 공기업을 위해 특별회계를 마련하여 일반회계와는 별도로 경리하고 있다. 정부기업의

직원은 공무원으로 임용 방법·근무조건 등은 일반공무원의 그것과 같다. 주식회사형 공기업으로는 우리나라의 경우 국정교과서주식회사와 한국종합화학공업주식회사가 있다. 주식회사형 공기업은 도산상태에 있는 공기업을 구제하기 위하여 그 기업의 주식을 매입하는 경우 또는 외국기업과 제휴하여 기술과 자본을 도입하기 위해 설립되는 경우가 많다. 공사는 국가 또는 일반행정조직으로부터 독립된 법인격을 가지고, 특별법에 의해 설립되며, 정부에서 임명하는 임원이 일상적인 운영을 담당하고 공사의 직원은 공무원이 아니다. 공사의 설립을 위해서는 정부가 자본금의 전액을 출자하는 것이 원칙이나 우리나라의 경우 자본금의 50% 이상을 출자한 공사를 정부투자기관이라 한다. 한국전력, 석탄공사 등이 전형적인 공사다.

## 공동 마케팅

2개 이상의 기업이 판매전략·가격책정·판촉 등의 마케팅 활동을 공동으로 협력 전개하는 것. 기업간 전사적인 경우도 있지만 대부분 제품별 협력체제를 유지하고 있다. 유형은 제품명을 똑같이 사용하는 방식(joint marketing)과 제품명을 서로 다르게 사용하는 방식(parall marketing)이 있다. 제약·화장·문구 등 업계에서 코마케팅을 도입 운영하는 이유는 공동판촉으로 광고 및 판촉경비를 절감할 수 있으며 가격경쟁을 방지할 수 있고, 시장 정보의 공유를 통해 단시일 내에 시장확대를 이룩할 수 있기 때문이다. 그러나 코마케팅은 협력회사 간 철저한 역할 분담과 상호 신뢰를 바탕으로 전개되는 서구식 마케팅인데 비해 우리 기업은 자본과 경영이 분리되지 않은 상태에서 경영주의 '내기업' 이라는 독점의식이 강해 쉽사리 경쟁사와 협력체제를 갖추기 어렵다는 문제점이 있다.

## 공동결정법(the law of codetermination)

노동자에 의한 기업경영참가를 규정한 법률로 서독, 스웨덴 등에서 제정되어 있다. 소위 산업민주화가 그 목적이다. 서독의 확대공동결정법(1976년 성립)은 종업원 2,000명 이상의 대기업에 대해 설비투자 등의 경영전략이나 임원인사에 결정권을 갖는 감사역회 멤버의 반수를 종업원이나 노조대표 등 노동자 측에서 구성하도록 규정했다. 다만 감사역회의 의견이 가부동수인 경우는 주주 측에서 선임하는 의장의 의결권을 행사할 수 있어 형태상으로는 노사가 대등하지만 사실상 경영자 측에 유리하다.

## 공동구매

대량구매의 장점을 실현하기 위하여 복수의 소매업자가 모여서 공동으로 구매하는 것이다. 이 효과는 ①대량발주에 의한 원가인하(수량할인 등), ②계획적 발주, 배송에 의한 유통 경비의 절감, ③전문 구매 담당자에 의한 엄밀

한 상품선정, ④공동 제품개발 등을 들 수 있다. 볼런터리 체인(Voluntary chain)이 대표적이다.

## 공동규범

지역사회의 가치체계는 구성원 개개인의 가치체계의 합계가 아니라, 개개인이 추구하는 가치가 조정되고 통합되어서 형성된다. 집단적 가치체계가 있으므로 구성원 행동을 규율하고 질서도 유지된다. 이 질서유지를 위해서 인적자원을 동원하고 이는 가치체계의 잠재적인 힘이 활용되어, 사회적 장치, 즉 제도를 두게 된다. 이 제도는 지역사회에 있어서 구성원들의 행위를 조직화하는 규범, 시설 그리고 기관의 일체적 구조를 의미한다.

## 공동기금(joint funding)

둘 혹은 그 이상의 서비스 제공자들이나, 두 개 혹은 그 이상의 기금 서비스가 협력하여 어떤 사회계획이나 진행 중인 일에 자금을 제공하는 각 기관의 연계를 말한다. 가령 그들 자신의 지부 프로그램을 설정하는 능력이 없는 기관이나 재단은 함께 원조계획을 세울 수 있다.

## 공동면접(joint interview)

한 명 이상의 면접자와 단독 피회견자가 만나는 면접형식의 변형이다. 한 가지 형에는 사회사업가나 다른 전문가가 클라이언트와 관련된 타인, 가령 교사, 지도상담자, 반친구 같은 사람과 함께 회동한다. 또 다른 하나는 사회사업가가 서로는 전혀 관계가 없을 수도 있는 몇 명의 다른 클라이언트를 동시에 만난다. 마지막 것은 클라이언트가 동시에 둘 이상의 사회사업가와 만난다.

## 공동모금(united way) 01

역사적으로는 1913년 미국의 클리블랜드시에 처음으로 모금전문단체가 탄생해, 지금처럼 많은 복지시설·단체가 제각기 모금활동을 하는 대신 이들의 자금수요를 이 단체가 일괄해서 맡는 것이 성공했고 또 그 뒤 이 방법이 미국 각지에서 행해지게 되었다. 1918년 로체스카시에서 이 활동을 커뮤니티 체스트라 명명하면서부터 각지에서 커뮤니티 체스트라 부르게 되었다. 미국에서는 그 뒤 적십자사, 군인원호 단체, 심장병협회, 대암협회 등 각종의 독립모금이 일어났으나 1960년대부터 1970년대에 걸쳐 각지에서 이들을 포함한 모금의 일원화가 행해졌고 명칭도 유나이티드 웨이(united way)로 변경되었다.

## 공동모금(community chest) 02

특별시, 광역시, 도 단위로 행해지고 있는 기부금의 모금으로서 그 지구 내에서 사회복지사업 또는 재활보호사업을 경영하는 자(국가 및 지방공공단체를 제외)에게 기부금을 배당하는 것을 말한다. 공동모금의 목적은 민간사회복지사업 또는 재활보호사업의 각 분야에서 별도 각기 행하는 폐단을 없애기 위하여 일괄적으로 자금을 모금하려는 것이다. 이 모금은 자금수요에 상응해서 목표액을 정해서 기부금을 모금하는 계획모금이다. 기부금의 모금은 가구별모금, 지역모금, 집중모금, 가두모금 등 다양한 방법으로 행한다.

## 공동모금배당금

공동모금운동에 의해서 모여진 기부금은 민간사회복지사업, 또는 재활을 말한다. 보호 사업을 하는 시설 및 단체에 배당되기 때문에 이것을 배당금이라 한다. 공동모금회는 배당을 적정하게 하기 위하여 제3자로 구성된 배당위원회를 설치한다. 배당은 시설배당과 지역배당으로 구별되고 시설배당은 시설의 신·중·개축, 수리 등의 공사비, 시설비 등에 배당하고 지역배당은 사회복지협의회 등이 중심이 되어 지역의 복지서비스 등을 대상으로 배당한다.

## 공동모금회(community chest)

지역사회조직사업 중에 시민이 광범위하게 참여할 수 있는 것으로 시민과 사회복지기관간의 협동적인 조직이라고 볼 수 있다. 공동모금의 주요한 기능은 ①지역사회전반에 걸쳐서 공동모금에 가입된 단체를 위하여 모금을 하고 그 모금한 금액을 체계적으로 예산절차에 따라 배분을 실시하는 것이고, ②지역사회의 사회복지, 보건, 레크리에이션 등 서비스에 협동적인 계획, 조정 및 관리를 추진하는 것이다. 이러한 모금운동이 활발한 것은 미국이지만 이 운동의 기원은 영국에서 찾을 수 있는데, 1873년 리버풀시(Liverpool)에서 이곳 유지들이 기부금모집의 중복과 강제적 권유를 피하기 위해서 자진하여 기부금 적립을 시행할 것을 협의했으며 이에 따라 자선단체를 원조하게 되었다. 그러한데 우리나라와 일본은 공동모금이 가입자 공동모금제가 아니고 전 국민을 대상으로 모금하고 전국 사회복지단체에 적절히 배분하도록 되어 있다. 우리나라에서는 사회복지공동모금회라 하고 약칭으로 공동모금회라 부른다.

## 공동보건계획

지방자치단체단위의 보건계획으로 지역보건문제의 발전부터 계획, 실시까지의 공동계획기법에 의해 추진하고자 하는 것이다. 그 지역이 주체가 되어 구역을 단위로 위생당국, 국민건강보험 기타 관계기관, 단체가 협력해 국민의 참여하에 종합적인 보건계획을 수립하고 이를 실시하는 것이다.

## 공동보육소

주택단지 등에서 보육에 결함을 갖는 아동(요보육아동)인데도 불구하고 보육소가 설치되어 있지 않거나, 보육소의 부족 등으로 인가보육소에서 보육을 받아들일 수 없는 경우 이를 대신 보육하기 위하여 보호자와 기타의 사람들이 공동으로 설립·운영하고 있는 무인가보육소를 말한다. 운영주최는 보급자의 대표, 주민의 대표 및 보모 등으로 구성된 운영위원회에서 운영하고 있는 경우가 많다.

### 공동보험(co — insurance) 01
복수의 보험자가 보험계약자의 위험을 분담·공동 인수하는 경우를 말한다. 보통 개개의 공동보험자는 보험증권 상에 확인된 자기가 인수한 부분 이상의 책임을 질 수 없으므로, 보험자 중 어느 하나가 지급불능이 된 경우 다른 공동보험자는 그 지급불능이 된 부분에 대한 책임을 지지 않는다. 각 보험자의 보험계약에 대한 지위는 원칙적으로 평등하다. 그러나 현실적으로는 업무집행의 간소화를 도모하며 가입자와 보험자간의 교섭을 용이하게 하기 위하여 간사회사 조항을 삽입하여 간사 보험자가 중요한 역할을 하고 있다.

### 공동보험 02
한 회사만이 전체위험을 인수하기에는 보험금 지급요구액이 너무 큰 경우 보험위험을 다른 회사와 공유하는 것을 말한다. 보험업자는 정해진 한도까지만 책임이 있으며 그 이상의 책임은 상호 보험업자가 진다. 그러나 공동보험이 재보험과 같이 다수보험자에게 위험을 분산하는 방법이기는 하나, 재보험이 종적인 위험분산인데 대해 공동보험은 횡적인 위 험분산이다.

### 공동사회(community)
독일의 사회학자인 퇴니스(Tonnies, F.)가 설정한 사회집단 유형의 하나로서 이익사회와 대조적인 개념이다. 인간에 있어서 실제적이고 자연적인 본질의지에 의해 결합한 통일체이고 그 자체가 유기적인 생명을 가진다고 생각한다. 또 개개인이 전인격을 갖고 상호의존적인 생활과 공동노동, 공유감정, 연대감에 쌓여있는 성원으로 이루어진 일종의 운명공동체(community of fate)이기도 하다. 목적으로는 자기목적물의 영속적인 사회에 있다. 예로는 혈연에 근거한 가족, 지연으로 인한 촌락, 정신에 의거한 도시 등을 들 수 있다. 혈연에 의한 가족, 지연에 의한 촌락, 정신에 기인한 도시 등을 들고 있다. 퇴니스의 시대인식은 "공동사회에서 이익사회로"라는 도식에 있었다. 그러나 이익사회지배의 현대사회에서는 오히려 고전개념인 공동사회에 대한 재구성·재해석이 시도되어 공동사회의 현대적 재발견에 초점이 모아지고 있다.

### 공동생산(coproduction)
정부기관과 시민이 협력하여 공공서비스를 생산하고 전달하는 것을 말한다. 전통적인 공공서비스 전달방식에서는 정부는 공급자, 시민은 소비자라는 대칭적 관계가 유지되었으나, 공동생산에서는 정부와 시민이 서비스 공급에 같이 참여함으로써 그 권한과 책임을 공유한다는데 특징이 있다. 적령기 아동의 학교보내기·화재경보기 작동·범죄 신고·거리에서의 쓰레기 줍기·지역방범단 활동 등이 공동생산에 해당된다.

### 공동생활공간
공동성과 지역성에 뒷받침된 기초생활공간, 또는 커뮤니티 생활공간을 말한다. 제1차 생활요구로서의 사회적 공동생활수단을 충족시키는 기초성생활공간군이지만 생활요구의 다양화에 의한 개별생활수단의 전개는 사람들의 본질적(일차적) 커뮤니티 감정과도 상응하는 기초적 생활공간의 실질을 잃어버리게 했다. 그에 대신해서 사회계획. 설계의 대상이 되는 사회시스템으로서의 공동생활공간이 초점이 되고 있다.

### 공동생활체
공동체나 생활공동체와 유사한 개념으로 자본주의 성립 이전의 촌락사회에서 전형적으로 볼 수 있으며, 토지의 공동점유를 기반으로 한 생산활동의 공동, 상호부조, 기타 생활상의 연대와 집단규제 등을 주된 기능으로 하는 공동체를 말한다. 산업화, 도시화와 함께 그것이 붕괴되어 왔으나 자본주의가 고도화한 오늘날에는 생활환경파괴나 공동생활수단의 부족 문제 등이 심각하게 되고 있다. 여기서 볼 때 생활방위의식이나 인권의식에 입각한 새로운 공동사회 형성이 과제로 제기되고 있다.

### 공동숙박소
주택을 가지고 있지 않는 독신근로자나 불안정취업자, 실업자 등의 저소득자를 저렴한 요금 또는 무료로 숙박시키기 위하여 공동단체 또는 공익단체가 설치한 시설이다. 이는 경제보호 사업에 속하는 사업의 하나로서 일반적으로 도서실, 오락실, 식당, 목욕탕 등을 부설해서 경제상, 위생상의 편의를 도모함과 아울러 이용자의 교양과 취업의욕의 증진을 목적으로 하고 있다.

### 공동시설세
소방시설 기타 이에 유사한 시설에 필요한 비용에 충당하기 위하여 그 시설로 인하여 이익을 받게되는 자에 부과하는 목적세의 하나이다. 공동시설세의 납세의무자는 과세대상인 토지·가옥·기타 물건의 소유자가 되며, 과세표준은 토지·가옥 등의 재산세액에 상당하는 금액으로 한다.

### 공동예산책정(joint budgeting)
둘 혹은 그 이상의 서비스 제공자가 이미 시행되고 있는 서비스나 새로운 사회서비스의 재정에 관한 결정사항을 공유하는, 각 기관 사이의 연계형태를 말한다. 가령 두 기구는 중복되는 서비스를 제거하여 각자의 비용을 줄이기로 결정할 수 있다.

## 공동의식

일상생활 모든 생산 활동을 같이함으로써 획득되는 주민의 상호경험의 공통성으로서 공동생활이 중복될수록 공동경험의 폭이 넓어지고 깊이가 커져서 응집성이 강하게 되어 타 집단과 구별될 수 있는 습관이나 전통을 따라 안정 상태를 유지하게 된다. 그러나 대도시에는 끊임없는 이주로 공동경험과 이익관계의 기회를 별로 가질 수 없어 안정성이 약화되어 문제시되고 있다.

## 공동이용제

전력, 가스 등 공익설비사업부문에서 배관망을 비롯한 주요 설비를 공동 이용할 수 있도록 하는 제도이다. 독점단계에서 경쟁체제로 넘어가기 위한 과도기에 많이 사용하는 방법이다. 전력사업의 경우 민영화 과정에서 민간발전업체가 송 / 배전망을 별도로 만들지 않고 기존의 한전 송 / 배전망을 사용토록 한다는 얘기다. 그렇게 하면 민간업자는 시설을 만드는데 드는 시간과 비용을 절약하면서 전력수요자에게 직접 전력을 공급할 수 있게 된다.

## 공동체 생태학 이론
**(committee ecology or collective strategy theory)**

조직을 생태학적 공동체 속에서 상호의존 관계를 맺고 있는 조직군(組織群)의 한 구성원으로 파악하고, 이에 기반해 조직의 행동과 환경적응 과정을 설명하려고 하는 거시조직 이론의 한 분파를 말한다. 거시적으로 조직간의 관계 그 자체에 연구의 초점을 두고 환경에 능동적으로 대처해 가는 조직들의 공통된 노력을 설명하고자 하는 공동체 생태학 이론은, 조직 상호간에 호혜적 관계를 형성하는 이유로 필요성·불균형·호혜성·효율성·안정성·정당성 등 여섯 가지를 들고 있다.

## 공동체(community)

맥키버(R. M. MacIver)가 사회유형의 이론으로 분류한 결사체와 상대되는 개념이다. 공동체란 인간의 공동생활이 실시되는 일정한 지역을 말한다. 인간들이 함께 살고, 함께 소속함으로써 자연히 다른 지역과 구별되는 사회적 특징이 나타난다. 그리고 그곳에 사는 사람들의 생활전체에 관심을 갖게 되는데 이것이 공동체 감정이다. 즉 공동체의 기초는 지역성(locality)과 공동체 감정(community sentiment)이다. 그러나 공동체의 개념은 사회학의 기초개념으로서 명백한듯하면서도 사실은 확립이 끝났다고 보기는 힘든 면이 있다. 대체로 공동체를 지역사회 개념으로 파악하는 경향이 공통된 경향이지만, 이 지역사회 개념 그 자체도 이념형으로서는 이해되는 듯하다가도 실체개념으로는 여러 가지 문제가 생기곤 한다. 가령 촌락공동체에 있어서는 지역성과 공동성이 잘 부합되지만, 도

시사회에 있어서는 교통·통신 등의 발달로 지역성이나 공동체감정에 변질을 가져왔다. 그러나 도시사회에 있어서도 공동체 개발, 지역사회 조직 등에 의해 지역성과 공동성을 재조직하려는 경향도 나타났다. 대체로 공동체 개념의 접근은 복합적인 것으로 생태학적인 지리적 영역, 정치권·행정권·경제권 영역, 심리적 관심권·문화권 등 여러 가지가 있고, 향토·지구·국가·국제사회 등을 다루는 경우도 있다.

## 공동치료(conjoint therapy)

치료자 혹은 치료자 팀이 정기적인 시간을 갖고 회원들과 만나면서 가족을 치료하는 개입형태를 말한다. 또 남편과 아내가 한 단위로서 치료되거나 부부치료자 혹은 치료 팀과 함께 면담하는 개입 형태이기도 하다.

## 공동행위

사업자가 협약·협정·의결 또는 어떠한 방법으로 다른 사업자와 공동으로 부당하게 경쟁을 제한하는 행위를 일컫는 것으로 흔히 '담합'으로 표현되기도 한다. 공정거래법 19조에는 가격의 결정·유지·변경 상품·용역의 거래조건이나 지급조건 결정 상품·용역거래의 제한 거래지역·상대방 제한 설비 증설·장비도입 제한 등의 행위를 합의해 할 경우 '부당한 공동행위'로 규정하고 있다. 또 경쟁을 실질적으로 제한하는 경우에도 명시적인 합의가 없더라도 부당한 공동행위를 하는 것으로 추정할 수 있다. 그러나 산업합리화나 산업구조조정, 중소기업의 경쟁력향상 등을 목적으로 할 경우에는 예외적으로 공동행위로 적용받지 않을 수 있다. 공정거래위원회는 부당한 공동행위를 한 사업자에 대해서는 매출액의 5%의 이내에서 과징금을 부과할 수 있다.

## 공리적 조직(utilitarian organization)

보수·근무조건 등 물질적 보상에 기초를 둔 공리적 권한과 타산적 복종이 부합되어 있는 조직을 말한다. 사기업체와 같은 조직의 유형이 이에 속한다. A. Etzioni는 복종의 구조(compliance structure)를 기준으로 하여 조직을 공리적 조직과, 강압적 권한의 사용과 굴종적인 복종이 부합되어 있는 강압적 조직, 규범적 권한과 도덕적 복종이 부합되어 있는 규범적 조직의 세 가지로 나누었다.

## 공리주의(utilitarianism, Utilitarismus)

인간행위에 대한 선악판단의 기준은 고통과 쾌락이라는 관점에서, 이기적인 개인의 결합체인 사회의 기본원리를 '최대다수의 최대행복(the greatest happiness of the greatest number)'에서 구한 사회사상을 말한다. 18세기 말부터 19세기 중엽까지 영국을 지배하였던 이 사상은 모든 인간행위의 동기는 쾌락을 추구하고 고통을 피하는데 있으며, 이러한 쾌락과 고통이 선악판단의 기준이 되는

바, 이 원리는 개인뿐만 아니라 사회에도 적용될 수 있다고 주장한다. 이 사상을 체계화한 J. Bentham은 모든 법이나 정치제도 또는 종교나 도덕도 모두 최대다수의 최대행복에 유익한가 그렇지 못한가에 따라 그 정당성이 판단되어야 한다고 주장한다.

## 공립 공영
공립 공영은 국가·지방자치단체가 직접 시설을 건설하여 경영관리를 하는 것으로 공적책임의 수행, 최저기준보장, 경영안정, 노동조건 보장에 의한 이용자의 처우수준의 보편화 등의 특색을 갖고 있다. 민간에게 부담지우지 않으며 고도로 시장성을 가질 수 없는 서비스를 제공하지만 행정직 경영, 상하관계에 의한 경영으로 주민의 복지욕구에 적극적으로 대응하지 못해서 창조성·적극성·탄력성·자립성이 결여되어 있다는 비판도 있다.

## 공립민영
(government funding and private administration)
공립민영은 지방공공단체가 시설을 건설하여 민간에 경영을 위탁하는 것으로 사회복지사업단 내지는 사회복지법인 등에 의지하는 것을 말한다. 따라서 공사협동 및 시설설치의 공적책임수행능력을 갖는 장점이 있는 한편 사회복지사업단 등의 설립 및 운영기준에 있어서 효율화원칙과 인사규정에서 민간성을 일관하기에 곤란한 면을 갖고 있다. 이것은 직원노동조건의 저하, 민간자금도입에 따른 공비부담의 제약, 무자격직원의 저임금채용 등의 사회복지사업단의 비판으로 보여져 사회복지사업의 규정 및 헌법, 지방자치법에도 저촉된다고 하는 법적견해도 있다.

## 공립시설(public institution)
국립·시·도·군 등 국가 및 지방자치단체에 의해 설치·운영되고 있는 시설을 말한다. 따라서 그 설치주체 및 경영주체는 쌍방 모두가 보건복지가족부장관 및 지방자치단체장이다. 시설장을 비롯하여 관리직을 중심으로 배치전환에 의해 사회복지나 시설에 관한 지식경험이 적은 자가 운영하는 경우도 많고, 민간시설에 비하여 건물, 설비는 정비되어 있어도 처우에 있어서의 여러 문제가 지적되어 있다.

## 공무상 비밀표시
공무원의 직무와 관련된 비밀은 그 접근을 막기위해 여러 가지 방법으로 표시되어 있는데 해당 공무원이 이를 파괴하는 것을 공무상비밀표시무효죄라고 한다. 다음과 같은 행위가 공무상 비밀표시무효죄에 해당한다. ①직무에 관련된 봉인이나 강제처분의 표시를 파괴하거나 그 효과가 지속되지 못하게 하는 행위 ②직무에 관련된 봉함문서나 봉함도서를 개봉하는 행위 ③여러 가지 수단으로 직무에 관련하여 비밀 처리된 내용을 알아내는 행위.

## 공무원단체(public employee organizations)
공무원단체는 공무원들이 자주적으로 단결하여 근로조건의 유지 개선과 복지증진, 기타 경제적·사회적 지위의 향상을 목적으로 조직 하는 공무원집단의 단체를 말한다. 좁은 의미의 공무원단체는 공무원 노동조합(labor union)을 의미한다. 공무원단체에 대한 정책은 나라마다 다르다. 일부 국가는 공무원단체의 구성과 활동 을 폭넓게 허용하는가 하면, 공무원단체의 조직 자체를 금지하는 나라도 있다. 대부분의 국가에 서는 공무원단체에 단결권과 단체교섭권을 부여하고 있으나, 단체행동권은 부여하지 않고 있다.

## 공무원보수조정심의위원회
공무원의 보수를 심의·조정하기 위하여 국무총리 소속하에 설치된 합의제행정기관을 말한다. 이 위원회의 심의사항은 다음과 같다. ①공무원 처우개선을 위한 중장기계획의 수립, ②공무원 보수수준의 결정, ③공무원의 종류, 직군 등간의 보수의 조정, ④기타 공무원 보수제도에 관한 중요 사항.

## 공무원부패(bureaucratic corruption)
공무원들이 그 직무와 관련하여 부당한 이익을 취하기 위해 공식적 규범을 위반하는 행위를 말한다. 공무원들의 부패행위 속에는 횡령, 뇌물수수와 같은 명백한 불법행위(illegality)는 물론, 직권의 남용 및 오용(abuses) 그리고 부정(不正, misconduct)과 같이 비록 직접적인 물질적 혜택은 없다고 하더라도 민주적 절차를 벗어나거나 공정성을 잃은 행정처분 등 공식적 규범을 벗어난 일체의 행위가 포함된다. 공무원의 능력발전 공무원 임용 후에 교육훈련, 근무성적평정, 승진, 전보 등의 인사수단을 통해 공무원 개인의 자기실현 욕구를 자극, 잠재력을 종합적으로 개발하고 능력을 발전시키는 것을 말한다.

## 공무원연금(법) / 제도
공무원의 퇴직 또는 사망과 공무로 인한 부상·질병·폐질에 대해 급여를 실시하기 위한 법률. 공무원의 퇴직 또는 사망과 공무로 인한 부상·질병·폐질에 대해 적절한 급여를 실시함으로써, 공무원 및 그 유족의 생활안정과 복리향상에 기여함을 목적으로 하는 법률이다(1982. 12. 28. 법률 제3586호). 공무원 연금제도의 운영에 관한 사항은 행정자치부장관이 관장한다. 공무원 연금사업을 위하여 공무원연금관리공단을 설립하며, 행정자치부장관이 감독한다. 공무원의 공무로 인한 질병·부상과 재해에 대해서는 단기급여를 지급하고, 공무원의 퇴직·폐질 및 사망에 대해서는 장기급여를 지급한다. 각종 급여는 그 급여를 받을 권리를 가진 자가 당해 공무원이 소속하였던 기관장의 확인을 얻어 신청하는 바에 의해 행정자치부장관의 결정으로 공무원연금관리공단이 지급한다. 급여액은 보수월액을 기초로 하여 산정한다. 급여를 받을 권리는 양도·압류하거나 담보에 제공할 수 없다. 다만 연금을 받을 권리는 금융기관에 담보로 제공할 수 있고, 국세징수법·지방세법 기타 법률에 의한 체납처분의 대상으로 할 수 있다. 단기급여는 공무상 요양비, 공무상 요양일시금, 재해부조금, 사망조위금으로 하고, 장기급여는 퇴직급여, 장해급여, 유족급여, 퇴직수당으로 한다. 연금은 공무원이 20년 이상 재직하고 퇴직한 때에 지급하며, 일시금은 공무원이 20년 미만 재직하고 퇴직한 때에 지급한다. 공무원 연금급여를 받을 권리의 소멸시효 기간은 단기급여는 1년, 장기급여는 5년으로 한다. 급여에 소요되는 비용은 그 비용의 예상액과 기여금·부담금 및 예정운용 수익금의 합계액이 장래에 있어서 재정적 균형이 유지되도록 해야 한다. 공무원 연금의 급여에 충당하기 위하여 적립금 및 결산상 잉여금과 기금 운용 수익금으로 조성한 공무원 연금기금을 둔다. 행정자치부에 공무원연금기금 운용 심의회를 둔다. 행정자치부장관은 회계연도마다 공무원 연금기금의 운용 상황을 대통령에게 보고해야 한다. 급여에 관한 결정 등에 관해 이의가 있는 자는 행정자치부의 공무원 연금급여 재심위원회에 그 심사를 청구할 수 있다. 8장 90조와 부칙으로 되어 있다.

## 공무원연금관리공단

공무원 및 그 가족의 생활안정과 복리향상을 위한 사업추진을 목적으로 하는 공무원연금제도를 효율적으로 운영하기 위하여 1983년 설립된 법인이다. 공무원연금제도를 효율적으로 운영하기 위하여 설립된 특별법인이다. 1982년 공무원연금 특별회계 및 기금의 설치·운영 등에 관한 법률(1983년 공무원연금법으로 흡수·통합)에 의거하여 설립되었으며, 1983년 정부로부터 연금 집행 업무를 인수하여 사업을 시작하였다. 사업은 연금관리 업무와 기금운용 사업으로 크게 나눈다. 연금관리 업무는 기여금·부담금 등 비용징수 관리 업무와 각종 급여의 지급 업무를 수행하고, 기금운용 사업으로는 후생복지를 위한 대부·주택·복지시설 사업과 기금증식사업을 추진한다. 징수관리 업무는 공무원 개인이 매월 월보수액의 일정량을 불입하는 기여금과 국가 또는 자치단체에서 보수 예산의 일정량씩 부담하는 부담금을 징수하여 각종 급여의 재원을 마련하는 일이다. 급여관리 업무는 공무원이 퇴직 또는 사망하거나 공무로 인한 부상·질병·폐질(廢疾)을 입은 경우에 본인 또는 유족에게 각종 급여를 지급하는 일이다. 급여에는 질병 및 부상과 재해 등에 대해 지급하는 단기급여와 퇴직 및 폐질과 사망에 대해 지급하는 장기급여가 있다. 대부사업은 공무원연금기금을 재원으로 공무원의 생활안정에 필요한 자금을 대부해 주고 있으며, 국가와 지방자치단체의 재원으로 공무원 및 자녀에게 학자금 대부를 실시하고 있다. 또 시중은행과 연계하여 다양한 대출을 받을 수 있는 대부도 시행하고 있다. 주택사업은

공무원들의 주거안정을 위하여 독신자 숙소 운영, 임대주택 운영, 주택 건립 분양, 국민주택 특별공급 알선 등 주택지원 사업을 중점사업의 하나로 추진하고 있다. 후생복지사업은 전현직 공무원의 여가선용과 복리증진 등을 위하여 운영하고 있다. 운영시설은 천안 상록리조트, 수안보 상록호텔, 부안 상록해수욕장 등이 있으며, 제휴시설 사업으로 숙박시설(콘도, 호텔), 경찰병원 장례식장 등과 업무제휴를 맺고 있다. 기금 증식사업은 각종 급여를 지급하고 남은 잉여금과 기금 자체의 운용수익으로 조성되는 연금기금을 증식시키기 위하여 채권·주식 등의 유가증권에 투자하고 있다. 서울특별시 강남구 역삼동에 본청이 있으며, 서울, 대전, 대구, 부산, 광주, 전주, 제주, 강원 지역에 지방사무소가 있다.

## 공무원의 신분보장

공무원이 공공의 이익을 위하여 안심하고 담당업무를 수행할 수 있도록 법령이 정한 바에 의하지 아니하고는 면직·휴직 등 신분상의 불이익을 당하지 않도록 하는 것을 말한다. 우리나라 국가공무원법은 공무원이 형의 선고, 징계처분, 또는 공무원법에 정 하는 사유에 의하지 아니하고 그 의사에 반해 휴직·강임·면직을 당하지 않고, 법정사유 에 해당되지 않는한 징계처분을 받지 않으며, 의사에 반하는 신분조치와 징계처분에 대해서는 불복소청을 하여 부당한 불이익처분을 구제받을 수 있다는 점등을 명시하고 있다.

## 공무원의 정치적 중립
### (political neutrality of civil service)

공무원의 정치적 중립이란 어느 정당이 집권하든 공무원은 성실하게 봉사해야 한다는 당파적 중립성을 의미한다. 즉 공무원이 부당하게 정파적 특수이익과 결탁하여 공평성을 상실하거나 정쟁(政爭)에 개입하지 않는 비당파성(非黨派性)을 말한다. 공무원의 정치적 중립은 엽관주의의 폐해를 극복하기 위한 실적주의의 등장과 밀접한 관계를 지닌다. 즉 공무원 인사에 대한 정치적 간섭을 배제 하여 공무원의 신분을 보호함으로써 행정의 안정성과 전문성을 확보하려는데 정치적 중립의 근본 의의가 있다.

## 공무집행

공무원의 적법한 절차에 의한 정당한 직무집행을 방해하는 행위를 공무집행방해죄라고 하는데 폭행이나 협박이 동원된다.

## 공무집행방해

직무를 집행하는 공무원에 대해 폭행 또는 협박을 가함으로써 직무 집행을 방해하는 것을 말한다. 직무의 집행이 적법한 것이어야 하는가에 관해서는 학설이 갈려 있으나, 권한 있는 공무원이 법령이 정하는 형식과 요건에 따라서

행하는 적법한 직무행위에 한하여 공무집행방해가 성립한다고 하는 적극설이 통설이다.

## 공물

국가·공공단체 등 행정주체에 의해 직접 공공목적에 공용(供用)되는 개개의 유체물(有體物)을 말한다. 도로·하천 등과 같이 일반 공중의 공동사용에 제공되는 공공용물(公共用 物)과 청사(廳舍)·교사(校舍) 등과 같이 행정주체 자신의 사용에 제공되는 공용물(公用物)의 양자가 있다. 국유재산 가운데 행정재산만이 공물에 해당하고 수익만을 목적으로 하는 보통재산, 특히 잡종재산은 공물이 아니다. 그러나 공공목적을 위하여 물건 자체의 보존을 목적으로 하는 문화재·향교(鄕校)재산 등과 같은 공적 보존물도 공공목적에 필요한 한도 내에서는 공물 에 준하여 취급한다. 공물은 공공목적에 공용(供用)되는 한도 내에서는 사물(私物)과 다른 법적 취급을 받고 공법적 규정에 의해 규율된다.

## 공민(citizen)

국가 혹은 지방공공단체의 정치에 참여할 자격을 갖는 국민을 말한다. 공민이 갖는 선거권 기타의 권리를 공민권 또는 참정권이라 한다. 공민권을 본래 갖고 있던 자가 일정한 법률에 저촉됨으로써 공민권을 박탈당하는 것을 공민권박탈이라 한다.

## 공범

2인 이상이 서로 의사연락으로 범죄를 실현하는 일. 하나의 범죄에는 여러 사람이 참여하여 죄가 범하여질 때에 공범(共犯) 문제가 생긴다. 처음부터 많은 사람의 참여를 예상한 필요적 공범(必要的共犯)에는 공범에 관한 규정이 적용되지 않는다. 형법은 공범에 관해 공동정범(共同正犯)·교사범(敎唆犯)·방조범(幇助犯)의 3 가지를 규정하였다. 공범은 고의범(故意犯)의 세계에서만 문제될 수 있다. 즉 A·B 두 사람이 각각 고의를 가지고 서로 범죄의사를 연락하면서 공동으로 실행하였으면, 두 사람은 공동정범으로서 각자를 그 죄의 정범(正犯)으로 처벌한다(30조). 또 B는 아무런 고의도 없었으나 A의 교사로 비로소 고의를 가지게 된 경우 B는 정범이 되고, A는 교사범으로서 정범과 동일한 형으로 처벌된다(31조). B가 고의를 가지고 혼자 범죄의 실행을 하고 있는데, A가 그를 방조할 의사를 가지고 도와주었다면 B는 정범이 되고, A는 그 종범으로 처벌된다(32조 1항). 그리고 종범의 형은 정범의 형보다 감경한다(32조 2항). 만일 A에는 고의가 있지만 B에는 과실이 있는 경우 또는 과실도 없는 경우, 즉 과실범으로 처벌되든가 또는 처벌되지 않는 B를 이용하여 범죄행위의 결과를 발생하게 한 A는 간접정범(間接正犯)이 된다(34조 1항). A에 과실이 있고 B에 고의가 있는 경우에는 각각 과실범 또는 고의범으로 처벌하면 되

고, 공범의 문제는 생기지 않는다. 신분범(身分犯)인 경우에 신분 없는 자는 단독으로는 그 죄를 범할 수 없지만, 공동정범·교사범·방조범의 형식으로는 그 죄를 범할 수 있다(33조 본문). 다만 신분관계로 형에 경중(輕重)이 있는 경우에는 신분이 없는 공범은 중한형으로 처벌되지 않는다(33조 단서).

## 공법(public law)

로마법에서는 국가를 일방의 당사자로 할 때 적용되는 법률을 통틀어 공법이라 하였으나, 법체계상의 분류로는 헌법·행정법·형법·소송법·국제법 등을 공법이라 하고 이에 대비되는 사법(私法)은 민법과 상법 등을 말한다. 공법과 사법의 구분 기준에 관한 학설은 권력적 지배에 관계되는 법을 공법이라 하는 법률관계설(法律關係說)과, 공익에 관한 법을 공법이라 하는 이익설(利益說), 그리고 국가생활에 관한 법을 공법이라 하는 법주체설(法主體 說) 등이 있으나, 최근의 공·사법간의 융합화(融合化) 현상을 중시하여 구분을 부정하는 학자도 있다. 또 최근에 발달한 경제법·노동법 등 사회법은 공·사법의 중간적 성질을 지니고 있으며, 이러한 새로운 법의 발생을 '사법의 공법화 현상' 이라 지칭하는 학자도 있다.

## 공법관계

사법관계(私法關係)에 대응되는 개념으로, 공법상의 법률관계를 말한다. 권리 의무 관계인 점에 있어서는 사법관계와 본질적인 차이가 없으나, 사법관계에 있어서와 같은 당사자자치(當事者自治) 즉 사적자치(私的自治)가 인정되지 않고, 법률관계의 변동이 법의 기속을 받으며, 당사자가 대등한 지위에 있는 것이 아니라 행정주체의 법률상 우월적 지위를 인정한다 는 특징을 지닌다.

## 공법상의 계약

공법상의 법률효과의 발생을 목적으로 하여 복수 당사자의 의사표시의 합치에 의해 성립하는 공법상의 법률행위를 말한다. 행정계약이라고도 한다. 이러한 공법상의 계약은 실정법상 개념규정이 없으므로 무엇을 공법상의 계약이라고 하느냐 하는 문제를 둘러싸고 견해가 나누어진다.

## 공법인(public corporation) 01

정부에 의해 지분이나 주식의 과반수가 보유되거나 일반적으로 정부의 규제권한 이상의 통제를 받는 법인으로서 회사법이나 기타 공법, 특별법 또는 행정규칙에 의해 설치되어 그 사업과 관련한 유형자산 및 부채를 운영하는 법인을 말하며 금융기관인 공법인과 무역진흥공사와 같은 비금 융공법인으로 구분된다.

## 공법인 02

특정한 공공목적을 위하여 특별한 법적 근거에 의해 설립

된 법인을 말한다. 넓은 의미로는 국가와 공공단체를 모두 포함하는 의미로 사용되고, 좁은 의미로는 공공단체를 의미하며, 가장 좁게는 공공단체 가운데 지방자치단체 이외의 것을 가리킨다. 공법인에는 그 목적에 부합되는 한도 내에서 행정권을 부여할 수 있다. 공공조합(公共組合)·공사단(公社團) 등이 여기에 속한다.

## 공비부담의료

국가나 지방공공단체가 일반재원에서 의료비를 조달하는 제도를 말한다. 공비부담의료를 대별하면 복지적 의료(의료부조 및 장애인복지법에 의한 의료), 국가보상적인 것(전쟁부상자 원호 등), 사회 방위적인 것(결핵, 정신병 등)으로 분류된다. 이외에 공비부담의료와 같은 기능을 갖는 것으로 난병대책의 소아 및 성인의 특정질환에 대한 공비부담의료가 있다. 공비부담의료 중에서 현재 가장 큰 비중을 점하고 있는 것은 의료부조이다. 건강보험에 있어서 가족급여율 개선 및 고액요양비 지급제도 등에 따라 건강보험의 확충이 시도되기 위해서는 공비부담의료원칙의 명확화, 보험 의료와의 조정 등 의료제도 전체의 재편성 및 재검토가 필요하다.

## 공사
(public corporation or government corporation)

공사란 법인체형 공기업으로 정부 출자로 특별법에 의해 설립되는 공기업을 말한다. 미국의 TVA와 같이 자본주의 국가에서 1930년대 초 처음 나타나기 시작한 공사는 전통적인 정부기업의 공공성과 사기업의 능률성을 조화시킨 제3의 기업형태다. W. Robson은 공사의 특징으로 경영상의 자주성, 비영리성, 비공무원성, 재정상의 자주성 및 임원의 한시성을 들고 있다. 정부기업이 정부조직법에 의해 설립되며, 주식회사형 공기업이 상법에 의거하여 설립되는데 비해, 공사는 특별법에 의해 설치된다. 한국산업은행은 한국산업은행법에 의해 설치되고, 한국조폐공사는 한국조폐공사법에 의해 설치된다. 공사는 전액 정부투자를 원칙으로 한다. 일부 공사의 경우 정부투자비율이 100%에 미달하는 경우가 있으나 그것은 산업은행 등의 모공기업(母公企業)들이 투자한 간접투자 형식을 취하고 있기 때문이다. 따라서 공사의 임원은 투자주인 정부가 임명한다. 공사의 일상업무는 임원이 운영하나, 공사의 주요사업계획과 예산은 정부의 통제를 받는다.

## 공사격차
(gap between public and private practice)

일반적으로 민간사회복지시설과 공립시설과의 사이에 존재하는 노동 조건의 격차를 가리킨다. 임금, 직원배치, 노동시간 등의 문제도 있지만 특히 직원확보·정착과 관련한 임금수준의 격차가 논의되고 있다. 임금문제에 대한 격차시정은 서울시 기타 지방자치제에서 조치 비중에서

사무비(인건비)의 보조가 행해지고 있다.

## 공사분리의 원칙

국민의 최저생활보장에 관한 국가책임을 전제로 하고 공사사회복지 사업의 관계와 본연의 상태를 규정한 원칙이다. 우리나라의 사회복지 사업법 등에는 공사분리의 원칙이 명시되어 있기 때문에 공사협력의 원칙이 별도로 명문화되어 있지는 않지만, 보건복지가족부장관과 서울특별시장, 광역시장, 도지사는 검사감독권을 발동할 수 있으며 이에 의해 민간사회복지사업에 대한 공공의 재원협조의 구실이 열려있어 사실상은 공사협력의 원칙이 전제로 되고 있다.

## 공사사회복지사업

국가의 최저생활에 관한 원칙을 구체화하기 위해 법에 의해 조세를 재원으로 보편적서비스를 행하는 공적사회복지사업의 발달에 맞춰 사회복지사업에 있어서 공·사관계가 논의되어져 왔다. 역사적으로 민간사회복지사업은 자선사업에서 발전해 자주성, 창조성의 특징을 갖고 복지적 관점에서 공적사업을 비판하면서 사회적 문제해결에 실험적으로 활동하고 새로운 분야를 개척해 공적사회복지사업에 대해 선구적 역할을 해왔다.

## 공사협력의 원칙

이 원칙은 첫째로 국민의 생존권의 통합적 보장을 위해 공사 사회복지사업이 각기 독자적 기능을 완수하면서 협동해가야 한다는 원칙이다. 지역사회의 다양한 복지 문제의 효과적인 해결을 위해서는 여러 가지 공사기관이 사회복지사업 동원에 참가하고 복지대상자와 일반 주민의 참가, 협력이 불가결하다는 원칙이다. 공사협력의 원칙은 최저한의 공적책임의 확립을 전제로 하여 성립되는 것이다.

## 공산주의(communism)

생산수단·생산물의 공동소유와 평등한 소비에 기초해서 무계급사회의 수립을 추구하는 사상과 운동. 그와 같은 운동의 성과로 성립된 사회체제를 공산주의사회라고 한다. 근대 공산주의 사상은 자본주의 사회를 근본적이고도 전면적으로 비판한 맑스·엥겔스에 의해 확립되었다. 이러한 의미에서 공산주의는 맑스주의와 동의어이다. 좁은 의미의 공산주의사회는 전체 사회구성원에게 남아돌아갈 만큼의 재화와 문화수준을 보장하는 높은 수준의 생산력이 실현되어 있고 생산수단은 전체 인민적 소유로 되고, 계급도 사회적 차이도 없이 모든 인간의 사회적 평등이 달성되어, 노동이 제일의 생활욕구로 되며, 개인은 능력에 따라 일하고 필요에 따라 충족되는 원칙이 실현되어지는 사회를 의미한다. 그러한 사회에서는 사회적 분업이 근본적인 변화를 가져와 정신노동과 육체노동, 도시와 농촌, 노동자·농민 그리고 지식인간의 본질적인 차이가 제

거된다. 이상의 경제과정에 대응해서 국가는 계급 억압이라는 임무를 완전히 끝내는 한편, 사회 및 경제를 관리하는 임무 또 끝냄으로써 사멸하게 된다. 그러한 사회가 실제적으로 달성 가능한지 여부, 그리고 인간의 정신적 측면을 개조시키지 않고 공산주의사회를 실현시킬 수 있는가는 현재 크게 의문시되고 있다.

## 공상적 사회개량가(do − gooder)

업무 또는 개인적 양심이 그들로 하여금 법령, 사회의 윤리적 가치를 견지하고 불우한 사람들이 특권자로부터 약탈당하는 것을 보호하기 위한 일을 꼭 해야만 하는 사회사업가를 말한다. 또는 다른 사람들을 흔히 경멸적으로 부르는 용어이기도 하다.

## 공생(symbiosis)

생물적 또는 심리적으로 상호 의존관계에 있는 두 유기체 사이의 관계를 말한다. 이것은 다른 종(種)들 사이에서(꽃은 이화수분을 하기 위해서 곤충들에게 의존하며 곤충들의 생존에 필요한 영양분을 공급한다. 또는 같은 종 사이에서 발생한다(흰개미들은 생존하기 위해서 서로 돕는다). 공생은 부모와 자기 간에 그리고 서로 유익한 사회관계에 있는 성인들 사이에서도 종종 발생한다. 이 용어는 한 사람의 독립된 정체성을 방해할 만큼 자신을 다른 사람과 동일시하는 것을 말한다.

## 공소증후군

여성들의 사회참여가 활발하지 못한 사회에서 나타나는 가정주부의 심리적 현상. 결혼 후부터 중년에 이르기까지 남편 뒷바라지, 자녀 양육으로 바쁜 나날을 보냈던 가정주부가 어느날 문득 남편과 자식들이 모두 자신의 품안에서 떠나버려 애정의 보금자리라고 여겼던 가정이 빈둥우리만 남았음을 깨닫고 자신의 정체성에 대한 의심을 품는 현상을 가리키는 말이다.

## 공시지가

정부가 조사·평가하여 공시한 표준지의 단위면적(㎡)당 가격으로 합리적이고 일관성 있는 지가정보체계를 세우기 위해 지가공시법에 따라 산정하여 공시되는 땅값이다. 공시지가는 양도세, 상속세, 증여세, 토지초과이득세, 개발부담금(착수시점), 택지초과소유부담금 등 각종 토지 관련 세금의 과세기준이 된다. 이는 기존 행정자치부의 과세시가표준액, 건설교통부의 기준시가, 국세청의 기준시가, 감정원의 감정시가 등을 1989년 7월부터 일원화시켜 시행한 것이다. 개별 공시지가는 양도소득세·상속세·종합토지세·취득세·등록세 등 국세와 지방세는 물론 개발부담금·농지전용부담금 등을 산정하는 기초자료로 활용된다. 공시지가 열람은 해당 표준지가 속한 시·군·구에서 가능하며 공시된 지가에 이의가 있는 토지소유자 및 법률상 이해관계자는 공시일로부터 60일 이내에 건설교통부 장관에게 서면으로 이의를 신청할 수 있다.

## 공식목표(official goals)

조직이 공식적으로 내세우는 공식적인 목표를 말한다. 공식목표는 설치법규·정관·연차보고서 등에 나타나는 조직의 일반적인 목표로, 조직의 활동영역·조직의 존재이유·존재가치 등을 표현한다. 이에 대해 조직의 운영목표(operative goals)는 조직의 실제 운영상에 나타나는 목표로, 공식목표를 성취하기 위한 수단적 목표로 사용되기도 한다. 한편 스티어스(R. Steers)는 좀 더 세분된 목표 유형을 제시하여 조직의 목표를, 최고관리층에 책임이 있는 공식목표와 조직의 중간관리층에 책임이 있는 운영목표, 그리고 일선 감독자 및 종업원 개인들의 책임에 속하는 운용목표(operational goals)로 구분하고 있다.

## 공식적 의사전달(formal communication)

공식적 의사전달이란 공식적인 조직 내에서 공식적인 의사전달의 통로와 수단에 의해서 이루어지는 의사전달을 말한다. 이러한 공식적 의사전달은 어느 조직의 경우에나 조직의 모든 구성원에게 조직의 목표 및 정책을 알리고 또 직원들의 의견 및 보고 내용을 관리자와 직원에게 알리기 위하여 필수불가결의 것으로 인정되어 왔다. 공식적 의사전달은 주로 서면과 구두에 의해 이루어진다.

## 공식적 조직(formal organization)

일반적으로 조직구성원의 사회적인 지위나 역할 등을 기반으로 한 사회적 접촉관계에 의해 성문규칙을 매개로 형성되는 합리적, 정형적 조직을 말한다. 지역사회 내에 존재하는 이들 조직은 지역행정과 정착되어 행정기능을 하청하는 것에 의해 독한 영향력을 갖는 경향이 있다. 그러나 이들 조직의 자주적 민주적인 재 조직화를 지향하면서 이들 조직과 각 비공식적 조직과의 협동을 촉진하는 것이 주민전체의 지역조직화운동 전개의 열쇠가 될 것이다.

## 공식적 케이스워크(aggressive casework)

reaching − out casework라고 표현되는 경우도 있다. 문제를 가진 사회적 부적응의 상태에 있는 개인이나 가족이 그의 문제해결을 위한 원조를 스스로 원조를 요구하지 않는 경우에도 워커의 쪽에서 적극적으로 활동하여 클라이언트에 원조의 필요성을 감지시키는 단계로부터 시작하는 케이스워크이다. 원조를 필요로 하는 문제를 가지면서 그렇게 느끼지 않는 사람, 문제해결을 위한 도움을 받고 싶어도 원조하여 주는 전문기관의 존재를 모르는 사람, 원조를 받아야 할 입장에 놓여 있으면서도 원조를 거부하는 사람들에게 대단히 중요한 역할을 한다. 비행소년 등이 그 대상이 되는 경우가 많다. 일반적으로 케이스워크가 문제 도움을 청해 왔을 경우에만 워커가 활동하는 소극적인데 비하여 공세적 케이스워크는 보다 적극적인 케이스워크라 하겠다.

### 공식조직(formal organization)

공식조직이란 조직의 공식적 목표를 달성하기 위해 인위적으로 만들어진 분업체제를 말한다. 공식조직에서는 구성원간의 역할 · 권한에 관한 관계가 명시적으로 제도화되어 있다. 반면 비공식조직 또는 자생집단(自生集團)은 취미 · 학연 · 지연 · 혈연 · 경력 등의 인연을 바탕으로 하여 자연발생적으로 발생한 집단을 말한다.

### 공식집단(formal group)

집단의 업무를 수행하기 위해 조직에 의해 성립되고, 일반적으로 조직도표에 포함되는 집단을 말한다. 공식집단에는 상대적으로 영속적이면서 특정관리자와 그 관리자에게 직접 보고를 하는 부하들로 구성되는 명령집단(command group)과 상대적으로 일시적이면서 특정과업이나 프로젝트를 수행하기 위해 만드는 과업 집단(task group)이 있다. 이에 대해 비공식집단(informal group)은 집단 내에서 취미 · 학연 · 지연 · 혈연 · 경력 등의 인연을 바탕으로 하여 자연발생적으로 형성되는 소집단을 말한다.

### 공식화(formalization)

조직 내의 직무가 표준화되어 있는 정도를 말한다. 즉 공식화란 조직 내에서 누가, 어떤 일을 언제, 어떻게 수행할 것인가를 규정한 정도라고 할 수 있다. 조직은 공식화를 통해 조직 구성원의 행위를 규제하며, 조정을 촉진하고, 조직의 효과성을 높일 수 있다. 행정조직에서의 공식화 수단으로는 헌법, 법률, 행정명령 등이 있으며, 하위수준에서는 절차, 내규, 규정 등이 있다.

### 공언목표(stated goals)

조직에 의해 공식적으로 언명된 목표를 말한다. 조직의 고위간부 등에 의해 공언된 목표는 조직이 실제적으로 추구하는 실질목표(real goals)와 다를 수 있다. 에치오니(A. Etzioni)는 조직의 목표를 이와 같이 공언목표와 실질목표로 구분하고 있다. 공언목표는 실질목표와 아무런 관련이 없거나 실질목표를 왜곡시킨 경우도 있다. 일반적으로 양 목표간에 차이가 많을수록 조직은 환경으로부터 도전을 많이 받고 상호 일치할수록 조직 존립의 정당성을 인정받게 된다.

### 공업화(industrialization)

산업구조가 제1차 산업의 농업 중심형에서 제2차 산업의 공업 중심형으로 이행, 변화하는 것을 말하며 산업화란 용어로 대치될 때도 있다. 일반적으로 자본주의국가에서의 공업화는 고도의 기술발전과 그에 병행하는 도시화, 근대화를 하나의 굵은 선으로 하고 있다. 공업도시에 집적하는 도시문제, 환경문제도 공업화에 수반하는 현상이다.

### 공영보험(public insurance) 01

보험사업은 보험자의 경영주체에 따라 민영보험과 공영보험으로 대별할 수 있다. 공영보험은 국가, 지방자치단체, 또는 공법인에 의해 경영되는 보험인데 국가가 법률로서 그 조직을 정해놓고 국가 자신이 보험자가 되어 국가기관을 통해 직접 보험사업을 경영하는 직접국영보험이 있고 국가가 직접 보험사업을 경영하지 않고 다만 그 보험의 전반적인 조직과 제도를 법령으로 규정하되, 그 경영을 특정한 기관 즉 건강보험조합, 건강보험관리공단 연금관리공단 수출입 은행 등에 맡기는 이른바 간접국영보험의 두 가지 형태로 구분된다.

### 공영보험 02

보험사업은 보험자의 경영주체에 따라 민영보험과 공영보험으로 대별할 수 있다. 공영보험은 국가, 지방자치단체, 또는 공법인에 의해 경영되는 보험인데 국가가 법률로서 그 조직을 정해놓고 국가 자신이 보험자가 되어 국가기관(정보통신부, 노동부 등)을 통해 직접 보험사업을 경영하는 직접 국영보험이 있고, 국가가 직접 보험사업을 경영하지 않고, 다만 그 보험의 전반적인 조직과 제도를 법령으로 규정하되, 그 경영을 특정한 기관, 즉 국민건강보험관리공단 국민연금관리공단 수출입은행 등에 맡기는 이른바 간접 국영보험의 두 가지 형태로 구분할 수 있다.

### 공용부담(ffentliche Lasten)

특정한 공익사업의 목적을 달성하기 위하여, 법률에 기반 하여 국민에게 강제적으로 과하는 일체의 인적 · 물적 부담을 말한다. 행정주체가 경영하는 공익사업 자체는 비권력적 작용이나, 사업목적 달성의 보조수단으로 이와 같은 권력적 작용이 필요하다. 공용부담은 특정한 공익사업을 위한 공법상 부담이라는 점에서 기타의 행정목적을 위한 공법상 부담인 경찰부담 · 재정부담 · 군사부담 등과 구별되며, 국민에게 과하는 부담인 점에서 공공단체에 과하는 사업부담 · 경비부담 등과 구분된다. 공용부담은 특정인에게 작위 · 부작위 · 급부를 명하는 인적공용부담(人的公用負擔)과 특정한 재산권에 대해 제한 · 변경을 가하는 물적공용부담(物的公用負擔)으로 구분되며, 전자는다시 부담금(負擔金) · 부역현품(夫役現品) · 노역물품(勞役物品) · 시설부담(施設負擔) · 부작위부담(不作 爲負擔) 등으로 구분되고, 후자는 공용제한(公用制

限)·공용징수(公用徵收)·공용환지(公用換地) 등으로 구분된다.

## 공용사용

특정한 공익사업을 위하여 그 사업주체가 타인의 소유인 토지 기타 재산권을 강제적으로 사용하는 것을 말한다. 공용사용은 공용제한(公用制限)의 일종이나 공용사용권의 설정이 주된 것이고 재산권에 대한 제한은 그 효과에 불과하다는 점에서 공용제한과 성격이 다르다. 또 공용사용은 재산권에 대한 사용권만을 징수하는 점에서, 재산권 자체를 징수하는 공용수용(公用收用)과 다르다. 공용사용에는 공사·측량 또는 비상·재해의 경우에 설정되는 일시적 사용과 계속적 사용의 두 가지가 있다.

## 공용수용

특정한 공익사업을 위하여 개인의 재산권을 법률에 의해 강제적으로 취득하는 것을 말한다. 물적공용부담의 일종으로 수용(收用) 또는 공용징수라고도 한다. 공익사업을 위한 재산권의 징수라는 점에서, 재정상의 목적을 위한 조세징수, 경찰상의 목적을 위한 몰수, 국방상의 목적을 위한 징발 등과 구분되며, 또 재산권의 강제적 취득인 점에서 임의적 취득 및 재산권의 제한인 공용제한과 구별된다. 공용수용은 토지소유권에 관한 것이 가장 일반적이나, 동산·부동산에 대한 소유권과 특허권과 같은 무체(無體) 재산권, 그 밖에 광업권·어업권·용수권(用水權) 등도 그 대상이 될 수 있다. 공용수용의 주체는 국가·공공단체 및 그로부터 특허받은 사인(私人)이 될 수 있으며, 부동산의 경우에도 등기없이 효력이 발생한다.

## 공유성 편집장애(shared paranoid disorder)

망상의 하나로서 편집장애를 가지고 있는 사람들과 긴밀한 관계를 맺음으로써 유발되는 증상을 말한다. 이것은 다른 말로 이인정신병이라고도 하며 경우에 따라서는 1대1이 아닌 몇 사람이 함께 포함될 수도 있다.

## 공유재(common pool resources)

다수의 개인들이 공유하여 사용하며, 비배제성(non—excludability)과 편익감소성(subtractability)을 지닌 자연적 혹은 인위적 시설 물을 말한다. 여기서 비배제성은 잠재적인 사용자들을 배제하기 곤란한 것을 의미하며, 편익감 소성은 한 개인의 사용량이 증가함에 따라 다른 사용자들이 사용할 수 있는 양이 감소하는 것을 의미한다. 비배제성으로 인해 개인적 합리성을 추구하는 사용자들은 가능한 많은 양의 공유재를 사용함으로써 자신의 이익을 극대화하려 하며, 이로 인해 '공유재의 비극(the tragedy of the commons)'이 발생한다. 이와 같이 개인적 합리성에 기초한 개인의 행동이 사회적인 합리성을 달성하지 못하게 되는 경우를 '사회적 딜레마(social dilemmas)'라고 한다.

## 공유재산(public property)

재산물건 가운데 일반공공(一般公共)의 쓰임에 제공되는 것으로, 소유자의 사경제적(私經濟的) 용도에 쓰이는 사유재산과 대비된다. 자본주의 사회에서 대부분의 재산물건은 사유재산에 속한다.

## 공유지식

게임(가령 증권매매)에 있어서 모든 관련자들이 공통적으로 알고 있는 정보사항. 자기가 알고 있다는 것을 다른 사람이 알고 있고, 또 그 렇다는 사실을 서로가 알고 있는 등의 상황을 말한다.

## 공익(public interest)

공공의 이익, 사회구성원 전체의 이익을 말한다. 공익의 개념은 관점에 따라 그 의미가 다양하게 규정된다. 과정설(過程說)을 취하는 학자들은 공익이란 사익(私益)의 총합이거나 사익간의 타협 또는 집단상호작용의 산물이라고 본다. 현실주의적이고 개인주의적인 공익개념을 주장하는 과정설은 공익이 실질적으로 과정적, 제도적, 절차적 국면을 통해서 형성되며, 여러 사회집단이 대립 투쟁 협상 타협을 벌이는 과정에서 결과적으로 다수이익에 일치되는 것이 도출된다고 인식한다. 한편 실체설(實體說)을 취하는 학자들은 공익을, 사익(私益)을 초월한 실체적 규범적 도덕적 개념으로 파악하며, 공익과 사익과이 같등이란 있을 수 없다고 본다. 실체설에서 인식하는 공익 개념의 구체적인 내용은 논자에 따라 자연법, 정의, 형평, 복지, 인간존중, 공동사회의 기본적 가치 등 다양하다. 그러한데 그 공통적 특징은 공익이 사익의 단순한 총화가 아니고 사익과는 구별되는 실체적 적극적 개념이라고 보고 공익의 존재성을 인정하고 있다는 점이다. 다만 그 실체가 무엇이냐에 대해서는 다양성을 보이고 있다.

## 공익법인

사회복지, 종교, 교육, 장학, 의료 등 사회일반의 이익을 목적으로 민법 또는 〈공익법인의 설립·운영에 관한 법률〉에 의해 설립된 비영리 법인을 말한다. 사회일반의 이익을 목적으로 하기 때문에 이에 소요되는 재원을 개인이나 단체가 출연하는 것을 지원하기 위해서 공익법인에 출연한 자산에 대해서는 상속·증여세가 과세되지 않는다. 주무관청의 허가를 받아 설립되며 임원의 취임·정관변경·재산처분 등에 대해 주무관 청의 감독을 받고 수익사업을 통해 소득이 발생하면 법인세가 과세된다.

## 공익법인·비영리법인(public service corporation)

학술, 종교, 자선, 기예, 사교 기타 영리 아닌 사업을 목적으로 하는 법인을 말하며 사단법인과 재단법인의 2종류가 있다. 비영리법인에는 공익, 즉 사회전반의 이익을 목적으로 하되 영리를 목적으로 하지 않는 이른바 공익법인과 공익을 목적으로 하는 것도 아니고 영리를 목적으로 하는 것도 아닌 비공익 영리법인 두 가지가 있다. 공익법인에 출연 또는 기부한 재산에 대해서는 각종 세재 상혜택을 주는 외에 공익상 견지에서 감독을 강화하고 있다. 또 비영리법인은 설립에 허가주의를 취한다.

## 공익사업(public utility)

공익사업이란 국민생활에 필수적인 전력·가스·수도·전신·교통 등의 서비스를 제공하는 사업을 말한다. 공익사업의 주체는 국가·공공단체 또는 국가의 특허(特許)를 얻은 개인·사법인(私法人)도 될 수 있다. 공익사업은 대체로 그 공익적 특성 때 문에 많은 나라에서 사기업에 맡기지 않고 공기업을 설립하여 경영하고 있으며 또 자연적 독점성이 강한 사업이기에 그 요금책정 등을 정부의 통제아래 두어 국민을 독점가격의 횡포로 부터 보호하고 있다.

## 공익소송제

기업의 불법행위로 다수의 소비자들이 피해를 입었을 때 정부가 그들을 대신해 원고자격으로 소송을 제기, 해당 기업으로부터 배상을 받게 해주는 법제도이다. 이 제도가 시행되면 피해를 입고도 까다롭고 번거로운 소송절차, 비용 등의 이유로 소송을 하지 못해 배상을 못 받는 소비자들의 억울함을 정부가 나서 해소해 줄 수 있다. 공익소송제는 소송에 직접 참가하지 않은 다른 수많은 피해자도 소송에 참가한 사람과 똑같은 판결효력을 누리게 되는 '집단소송제'나 소비자단체 등이 피해자를 대신해 소송을 내는 '단체소송제'와 비교할 때 소비자 피해구제 강화라는 목적은 같지만 소송을 정부가 낸다는 점에서 차이가 있다. 이 제도는 그러나 기업등 단체나 개인의 불법행위로 사람들이 피해를 구제 받기 위해 민사소송이나 행정소송을 제기할 경우 현행 법제도하에서는 원칙적으로 피해당사자가 소송을 제기하도록 돼 있는 기존 소송체계와 어긋난다는 지적도 받고 있다. 공정거래위원회는 소비자 피해 구제 강화를 위해 최근 이 제도 도입방안을 대통령직 인수위원회에 보고한 것으로 알려지고 있다.

## 공익조직(commonweal organizations)

각종 행정기관·군대조직·경찰조직 등과 같이, 국민일반(public-at-large)을 주된 수혜자로 하는 조직의 유형을 말한다. Peter Blau와 W. Richard Scott는 조직활동의 주된 수혜자가 누구냐(cui bono)를 기준으로 하여 조직의 유형을 호혜조직(mutual-benefit associations)·기업조직(business concerns)·봉사조직(service organization)·공익조직의 4가지로 나누었다.

## 공장법(factory act)

산업혁명의 진행에 수반하는 노동문제의 심각화에 대해, 영국에서 근로자와 지식인의 노력으로 19세기 전반에 걸쳐 부인, 아동노동을 보호하기 위해 입법화되었다. 우리나라에서는 일제 하에서 1911년에 공장법이 만들어 졌으나 극히 불충분하고 심야노동이 금지된 것은 1929년이지만 당시 우리나라에서는 실제 제대로 적용을 받지 못했다. 정부수립 후 1953년에 근로기준법이 만들어져 비로소 국제적 수준에 가까워지고 노동조합법 등과 함께 근로자의 근로조건과 권리보장을 위한 중심적 지주가 되어온 것이다. 초기 공장법은 자본주의 고유의 노동문제가 심각해지고 자본가와 노동자의 계급대립이 격화하여 자본주의의 유지가 곤란하게 된 사태에 대한 대책으로서 자본주의의 안정화를 도모하는데 중점을 두었다.

## 공장새마을운동(factory saemaeul movement)

새마을운동은 1970년 4월 22일 고 박정희대통령이 지방장관회의에서 새마을운동을 제창하고, 국민들이 이에 호응하여 국민운동으로 전개되고 있다. 살기 좋고 잘사는 마을을 만들기 위해 근면, 자조, 협동이라는 3대정신을 기르며, 생활환경을 개선하고 소득을 늘리는 운동이다. 이 새마을운동이 당초 농촌새마을운동에서 도시새마을운동으로, 나아가 공장새마을운동으로 전개되기에 이른 것이다. 공장새마을운동은 1973년 말 석유파동과 자원난으로 인하여 경기가 급강하하는 시점에서 자원위기를 극복함과 동시에 인간관계개선 및 노사협조체제를 확충함으로써 불황을 타개하고자 정화되기 시작한 것이다. 이는 새마을정신을 바탕으로 한 알찬 생산 활동의 전개로 노사협동을 통한 생산성 향상과 품질개선, 그리고 경영성과의 극대화로 종업원 각 개인에게는 복지향상을 통한 노사공동운명체운동이요, 국가적 차원에서는 조국근대화의 행동철학이라고 할 수 있다. 이 운동은 〈직장의 제 2가정화〉라는 케치프레이즈아래 그 궁극목표는 ①한국적 기업관과 기업인상의 정립, ②노사협동의 증진으로 공동경영체의 확립, ③경영합리화를 통한 생산성향상, ④한국적 노사협력조성으로 국민총화의 성취에 두고 있다. 이 운동의 추진체계는 상공부가 정책수립, 조정기능을 맡고 상공부와 시·도상공국, 시·공상공과가 보조하고 있으며, 업무집행과 지도기능은 추진본부와 47개 추진지부가 맡아서 개별공장의 새마을운동을 관장하고 있다. 그밖에 대한상공회의소, 한국무역협회, 전국경제인연합회 및 중소기업협동조합중앙회와 각급 협회 및 조합 등이 회원지도사업의 일환으로 공장새마을운동을 지도·독려하고 있다. 추진본부의 본부장은 대한상공회의소 회장을 당연직으로 하고 있다. 개별기업에는 새마을 담당부서를 두고 공장에서는 분임조활동 등을 통해 QC운동, ZD운동 등을 전개하고 있다.

## 공재단

일정한 공적 목적에 제공된 재산을 구성요소로 하는 공법인을 말한다. 공재단은 그 자체가 목적을 가지고 법인격이 인정되는 점에서, 그 자체가 목적을 가지지 않고 국가의 목적을 실현함에 불과하며 법인격을 가지지 않는 국가기관과 다르다. 공재단은 또 설립이 국가의 의사에 의하고 목적이 법률에 의해 주어지며 일정한 범위의 국가적 공권이 부여되고 국가의 특별한 감독을 받는 점에서 사재단법인(私財團法人)과 구분된다. 또 일반적으로 공재단을 영조물법인과 같은 것으로 생각하나, 엄격한 의미에 있어서는 전자가 일정한 공공목적에 제공 된 재산에 법인격이 주어진 것인데 대해 후자는 인적·물적 결합체인 시설로서 법인격이 주어진 것이므로 서로 다르다. 국가는 그 자체가 영속적인 단체인 까닭에 원칙적으로 국가로부터 독립한 법인격을 갖는 재단법인을 설립하여 국가적 목적을 수행시킬 필요가 없다. 따라서 학교·철도·우편·전화 등의 사업도 법인격이 없는 보통의 행정기관에 의해 운영되어 온 것이 일반적인 현상이었으나, 근래 에는 사업의 독자성을 인정하여 국가의 간섭을 배제하고 예산 기타의 제약으로부터 해방시킴으로써 채산(採算)과 책임의 귀속을 명백히 하기 위하여 공재단을 설치하는 경향이 있다.

## 공적 사회복지사업(public social welfare service)

국가나 지방공공단체가 주체가 되어 조세를 재원으로 하여 법률에 의거해 시행하는 사회복지사업이다. 19세기말부터 20세기초엽에 걸쳐 특히 제1차 대전 후 국민의 사회적 빈곤에 대한 공적대응의 필요성에서 공적 사회복지사업은 세계적인 조류가 되었다. 공적 사회복지사업은 엄밀하게 국가가 행하는 것과 지방공공단체가 행하는 것으로 분류되며 국가가 행하는 사회복지사업은 법률에 의거 국가 스스로가 행함과 동시에 지방공공단체가 국가의 기관으로서 그것을 행하게 한다. 지방공공단체가 행하는 사회복지사업은 상기와 같이 국가의 기관으로서 행하는 것과 지방공공단체의 행정구역 내에서 주체적으로 필요에 따라 행하는 경우가 있다. 그 어느 경우에도 전 국민, 전 주민을 대상으로 하고 그 권리성을 인정하며 사회복지에서의 공적책임과 자각을 내용으로 하며 무차별평등과 공평을 원칙으로 한다.

## 공적부조(public assistance) 01

공적부조란 사적부조에 대응하는 용어로 개인이 아닌 국가나 지방자치단체의 이전지출금(transfer expenditure)에 의해서 운용되는 것으로 사회보험과 더불어 사회보장의 중심을 이루고 있다. 그러나 공적 부조에 대한 용어는 사회보장의 의미가 내용 및 범위에 있어서 통일된 용어를 갖지 못한 것과 마찬가지로 미국은 공적 부조(public assistance), 영국은 국민부조 혹은 무갹출급여(non —

contributory be — nefits) 서독과 프랑스는 사회부조로 사용하고 있어 국제적으로 통일된 용어가 없다. 이러한 공적 부조가 사회보험으로 보호할 수 없는 극빈자, 즉 단기 유고자에 대한 건강하고 문화적인 최저 생활보장임에도 불구하고 선진국이든 개발도상국이든 공히 저축형의 사회보험만을 지향하고 공적 부조를 경원시하고 있다. 물론 공적 부조에 대해서 여러 가지 비판이 가해지고 있다. 사회학자들은 복지계급(welfare class)의 개인적 선택이나 생활양식으로서 형태를 잘 이해하고 있는지, 그리고 개인적, 경제적 변화에 따라 그들의 형태가 단기간에 수정될 수 있을 것인지에 대한 문제점을 제시하고, 자기보고(self — reporting)에 의하지 않고 자산조사(means test)에 의함으로써 수혜자의 수치욕을 조장시키며 복지심리(welfare psychology)가 후대에까지 전도되며 이중 노동시장(dual labor market)이 형성되는 문제 등을 지적하고 있으며, 경제학자들은 근로의욕(work incentive)의 저해를 우려하고 있다. 그러나 어느 국가든 빈곤자가 존재하는 한 이들의 최저생활보장을 위해서는 공적 부조가 존립해야 하며, 개발도상국은 더욱 힘써야 되리라 본다. 따라서 사회보험과 공적 부조는 상호보완적으로 활용되어야 한다.

## 공적부조 02

국민의 최소한도의 생활권을 보장하기 위해 빈곤자·장애자·노령자 등 사회적으로 보호해야 할 불우집단에게 정부 등 공공부문이 제공하는 보조를 말한다. 공적부조 제도는 사회적 요보호자(要保護者)를 사회에 복귀시키고 빈곤을 최소한으로 감 소시키고자 하는 인도적 목적을 가지고 있다.

## 공적부조 03

공적책임에 근거하여 공비부담으로 생활 곤궁자에 대해 행해지는 소득보장 제도를 공적부조라 한다. 소득보장 제도의 하나인 사회보험과의 차이는 보험이 갹출제에 의한 상호부조의 원리에서 법정의 특정보험사고를 요건으로 자산조사 없이 획일적으로 급여되는데 반해 공적 부조는 개개의 생활 곤궁자들을 대상으로 자산조사를 실시해 공비 부담으로 보족적으로 급여한다는 점이다. 또 양자의 중간에 사회부조로 불리는 분야가 있다. 그것은 무갹출인 공비에 의한 정형적 급여이다. 무갹출 노인연금, 아동수당, 특별 장애인수당 등이 그것이다. 공적부조의 역사는 자본주의 초기의 영국 엘리자베스 구빈법에 소급할 수 있다. 당시에는 빈곤원인을 개인적 결함에 돌리고 빈민은 종종 범죄자와 같이 취급되었다. 산업혁명 전·후의 자유방임(laissez faire)시대에는 1834년 개정구빈법이 탄생했으나 빈민의 생활수준은 자활 노동자의 최저생활이어야한다는 열등처우의 원칙(less eligibility)이 확립되어 원외구제는 최소한으로 축소하고 작업장(work house)에 수용, 보호하는 것을 원칙으로 했다. 산업혁명을 거쳐 자본주의의 경제적 불황이 주기적으로 오게 되자 구조적 실업자가 발생하고 사회문제가 심각해지면서 빈곤을 사회가 책임져야 한다는 인식이 일어났다. 이에 객관적인 사회조사, 빈곤조사의 뒷받침과 민간사회사업의 조직화를 거쳐 비로소 현대적인 공공부조법이 성립하게 되었다. 그 원칙으로는 국가책임의 명확화, 최저생활보장의 원리(national minimum), 무차별평등의 일반부조주의, 현금급여의 원칙, 재택보호의 원칙이 있다.

## 공적부조 심사제도

생활보장에 관한 처분에 불복이 있는 경우 행정 불복심사에 따른 불복신립의 심사 제도를 말한다. 행정사건소송법에 의한 제소는 원칙적으로 즉시 할 수 있지만 사회사업법에서는 생활보장법만이 특례에 따른다. 그러므로 권리침해를 소송으로 제기한 경우 행정 불복심사에 의해 불복신립을 행한다. 그러나 처분청의 상급청이 심사청 또는 재심사청으로 되기 때문에 재결과정의 객관성, 민주성의 문제가 제기되고 있고 실제적으로도 신립건수를 억제하는 결과를 보이고 있다.

## 공적부조 케이스워크(public assistance casework)

생활보장제도를 중심으로 하는 공적부조 분야에서 적용되는 케이스워크를 말한다. 생활보장제도는 최저생활의 보장과 자립지원에 있어서 요보호자의 인격을 존중하고 경제적 급여를 행하는 과정에서 케이스워크의 제반원칙을 적용하는 것이 중요하다. 공적 부조 케이스워크는 빈곤이 경제적 생활뿐만 아니라 인간의 정신적, 신체적 면에서도 영향을 주기 때문에 보호대상자가 생활문제를 과학적으로 파악하고 분석하여 공중보건의 그것을 극복할 수 있도록 도와주는데 있어서 요보호자의 차별과 권리침해를 차단하는 것을 목적으로 한다.

## 공적연금

민간생명보험회사의 연금과 민간기업의 기업연금에 비하여 국가, 기타 공적기관이 행하는 연금제도를 총칭하여 공적연금이라고 한다. 최초의 공적연금이라 할 수 있는 것은 비스마르크 독일국가시대의 폐질노령보험(1889)이다. 우리나라의 경우, 1960년대에 이르러 비로소 공무원, 군경 등을 대상으로 한 공적연금제도가 도입되었고, 1988년 1월 1일부터는 일반 근로자를 위한 국민연금이 실시되었으며, 1999년 4월부터는 전국민을 대상으로 한 국민연금제도가 실시되고 있다.

## 공적연금제도

법률에 의해서 정해지며 정부나 공법인에 의해서 실시되는 연금제도로서 사적연금제도에 대립되는 개념이다.

우리나라의 공적연금제도로는 군인연금법(1963. 1. 1), 공무원연금법(1960. 1. 1), 사립학교 교직원연금법(1973. 1. 1 제정, 1975. 1. 1 시행)이 시행되어 오다가 1986. 12. 31 법률 제3902호로 국민연금법이 제정되어 현재 국민의 생활안정과 복지증진에 기여함을 목적으로 국민연금제도가 실시되고 있다. 군인연금은 국방부 연금국에서, 공무원연금은 행정안전부 산하 공무원연금관리공단에서, 사립학교교직원연금은 교육과학기술부인적자원부의 감독하에 사립학교 교원연금관리공단에서 관장하고 있다. 이상의 3가지 연금제도를 3대 공적연금제도라 한다. 공적연금제도의 반대 개념으로 사적연금제도가 있다.

## 공적의료기관

의료법에 의한 시·도, 기타 보건복지가족부장관이 정하는 자가 개설하는 병원 또는 진료소를 말한다. 의료의 보급을 위하여 보건복지가족부장관은 시·도 등에 대해 공적의료기관의 설치, 명령을 행하며 보건복지가족부장관 또는 시·도지사는 공적의료기관의 건물설비 등을 의사, 치과의사에게 이용시키도록 명령을 행하고 운영에 관한 지시를 하는 등 특별한 배려가 이루어지고 있다.

## 공적자금

금융구조조정을 지원하기 위해 조성한 자금 금융구조조정이란 기업부도 등으로 회수불가능한 부실채권이 많은 은행으로부터 부실채권을 싼값에 사주고, 또 정부가 은행에 출자해 자본금을 늘려줌으로써 은행이 건실한 은행으로 새롭게 탄생할 수 있도록 도와주는 것이다. 이를 추진하는데 동원되는 자금이 공적자금이다. 그러나 그 돈은 정보예산에서 직접 지원하는 것이 아니라 정부산하 무자본 특수법인인 성업공사와 예금보험공사로 하여금 자금을 조성하고 필요한 지원조치를 하도록 제도화시켜 놓았다. 그러한 점에서 정자금과는 다르다.

## 공정(equity)

집단 혹은 사회의 조직적 생활과정에서 여러 인격에 대한 대우 또는 복리의 배분 등을 기준에 따라 공평히 하는 것을 말한다. 대우 혹은 배분의 대상들이 같으면 같이 대한다는 〈동일성〉(same-ness)의 모형과 대상들의 이질성, 동질성의 여하에 관계없이 주어진 규정 혹은 규칙의 적합성에 따라 대하는 〈적합성〉(fittingness)의 모형이 있다.

## 공정거래위원회(fair trade commission)

독점을 규제하고 공정거래를 촉진하기 위하여, 독점규제 및 공정거래에 관한 법령의 제정 또는 개정에 관한 사항과, 독점규제및공정거래에관한법률에 위반되는 사항 등에 대해 이를 심의·의결하기 위하여 국무총리 소속하에 설치 된 합의제기관을 말한다.

## 공정분석

원료에서 완성품에 이르기까지의 전 공정에 관한 작업내용을 시간과 장소에 관련해서 파악하며 이를 연구하는 일이다. 공정분석 수단으로서는 일반적으로 공정분석도나 유선도가 이용된다. 공정분석도는 작업대상이 완성품에 이르기까지의 공정을 도표로 나타내어 공정의 개선에 이바지한다. 유선도는 공장내의 각 작업부서의 작업대상이 통과하는 모양을 명백히 한다.

## 공정성이론(equity theory)

조직구성원은 자신의 투입에 대한 결과의 비율을, 동일한 직무상황에 있는 준거인(準據人)의 투입 대 결과의 비율과 비교하여 자신의 행동을 결정하게 된다는 Stacy Adams 등의 동기이론을 말한다. 다시 말해 조직구성원은 자신의 편익 / 투입을 준거인(referent person)의 그것과 계속적으로 비교를 하여, 양자의 투입 / 산출비가 일치하면 만 족하고, 자신의 것이 작으면 편익 증대를 요구하거나 생산량을 감축하는 등의 투입을 감소시키 며, 반면에 자신의 투입/산출비가 크면 노력을 더하는 등의 투입 증대를 꾀한다는 것이다. 이 이론은 사회적 비교이론(social comparison theory), 분배의 공정성이론(distributive justice theory), 균형이론(balance theory), 교환이론(exchange theory)라고도 한다.

## 공정증서

공증인이나 법원의 관련직원 등 법률상 공증행위를 할 수 있는 사람이 법률행위나 권리관계에 관련된 서류나 문서의 내용을 적법한 형식에 따라 작성하고 서명 날인한 문서를 공증증서라고 한다. 공정증서는 공문서와 같은 효력을 가진 것으로 인정되기 때문에 소송에서 증거로 사용될 수 있고 공정증서에 의한 채권관계 설정의 경우 채권의 변제를 위한 강제집행에 사용된다.

## 공정환율

자유환율과 대립되는 외환율을 말한다. 자유환율(free exchange rate)은 금본위제나 또는 관리통화제를 막론하고 외환의 수급에 따라서 자유로이 변동하는데 반해 공정환율은 정부가 인위적으로 정한 환율이므로 외환의 수급에 따라 자유로이 변하지 않는다는 특징이 있다. 그러나 오늘날 공정환율이란 일반적으로 IMF(국제통화기금)의 평가와 관련된 외환율을 가리킨다.

## 공제(public health) 01

공제란 일반적으로 공통의 이익관계를 갖는 다수인의 집단이 결합하여 특정한 우발적 사건으로 발생하는 경제적 불안을 제거하기 위하여 공동 준비재산을 형성하는 제도로서 과학적인 기초가 결여된 점이 일반적인 민간보험과 다른 점이다. 대표적인 우리나라의 공제제도는 농협과 수협에서 취급하고 있는 생명공제를 들 수 있다.

## 공제 02

질병을 예방하고, 생명을 연장하고, 건강을 증진시키는 것을 목적으로 하는 프로그램을 말한다. 정책, 건강보호 요원으로 구성된 체계, 이러한 목적을 달성하기 위해 다양한 노력들이 이루어지는데 위생설비 점검, 전염성 질병의 통제, 보건위생에 대한 대민교육, 조기진단 및 질병예방을 위한 의료 및 간호 서비스 조직의 운영. 건강보호시설의 개발과 이들 시설의 이용방법 등과 같은 공중보건 조치를 통해 이루어진다.

## 공제액

국민연금에서 장애일시보상금 수급권자에게 급여선택, 중복조정, 연금액변경의 사유가 발생함으로 인하여 공단이 환수하여야 할 금액으로서 지급하여야 할 급여에서 충당되는 금액.

## 공제제도
### (mutual relief system / mutual benefit provision)

기업복지 및 근로자자주복지의 일환으로 시행되는 제도의 하나로 상호부조의 정신에 입각하여 종업원 및 가족의 경제적 후생복지를 증진하기 위하여 종업원 자신의 상호부조를 위한 제도를 말하며, 겸엾으로부터의 재정적 원조를 받는 경우가 많다. 종업원의 사망, 퇴직, 질병, 결혼, 출산, 화재, 수해 등에 구제를 한다. 또 나라에 따라서는 결근의 경우에도 질병 기타 일정한 사유에 따라 결근하여, 급료가 지급되지 않을 때에 상당액의 상병수당, 휴업수당 등이 지급되기도 한다. 영국에 있어서는 우애조합(friendly society)이라는 공제제도가 발전하여 노동조합이 되었는데 따라서 초기노동조합은 공제적 기능이 중심이었다. 노동조합에서 공제제도를 도입한 후 노동조합의 가장 중요한 기능을 했던 공제적 기능은 1890년대에 경제적 기능에 그 제1차적 기능의 자리를 내어주고, 공제적 기능은 지금까지 노동조합의 제2차적 기능으로 되어 내려오고 있다. 노동조합의 공제적 기능은 이를 쟁의공제와 일반 공제로 나누어 볼 수 있다. 전자는 노동조건에 관해 노사분쟁이 일어났을 때 파업의 비용을 지불하거나 쟁의 중 쟁의단원의 생활비를 보증하고, 후자는 조합원의 질병, 상해, 양로, 사망, 실업 등 여러 경우에 있어서 부조와 공제를 하는 것이다. 공제제도는 사회보장제도의 초기적 형태로서 공적구제제도와 더불어 요구제자의 자주적 운동으로 전개된 것이다. 오늘날 사회보장제도와 노동법의 발달로 공제 제도는 그 기능이 축소된 감이 없지 않으나 노동조합 중심의 근로자 자주복지(노동자복지)로 의연히 살아 있다.

### 공제조합(friendly society) 01

동일직업 또는 동일직장에 종사하는 사람들이 조합원이 되어 상부상조를 목적으로 만든 조직. 영국에서 18세기이래 발달했던 '우애조합'이 원형이다. 주로 근로자의 생활상의 사고 즉 질병, 실업, 부상, 사망, 혼인, 출산 등에 대비해서 일정액의 부금을 각출해 두었다가 사고가 발생하면 적립금에서 일정금액을 급여하여 사고로 인한 곤란을 덜어주는 조직이다.

### 공제조합 02

동일직업 또는 동일직장에 종사하는 사람들이 조합원이 되어 상부상조를 목적으로 만든 조직이다. 영국에서 18세기 이래 발달했던 우애조합(friendly society)에서 그 기원을 찾아 볼 수 있는 것으로 조합원이 상호 부조하는 조직으로서 미리 일정액을 각출하고, 일정한 사고가 발생하였을 경우에 일정한 조건에 따라 일정금액의 급여로서, 조합원의 재해를 구제하고자 하는 조직을 말한다. 공제조합은 조합원의 질병, 상해 등의 사고에 부딪쳤을 때에 부조금을 교부하고, 사망하였을 경우에는 그 유족에게 매장료, 부조금을 지급하고 또 천재, 사변, 혼인, 출산 등의 경우에도 일정한 급여를 하는 것이다. 그러므로 공제조합은 서로 타인의 위험을 부담하는 일종의 상호보험단체로 간주할 수 있다. 공제조합은 강제로 가입하는 것과 임의적인 것, 두 가지가 있으나 강제가입의 경우가 많고, 공제조합이 설치되어 있는 곳에 고용되는 자는 반드시 조합원이 될 의무를 부과 받고 있다. 공제조합은 비단 조합원의 공제뿐만 아니라 근속직공에 대한 장려금 또는 연금을 급여하고 오락시설의 설치, 의무실 등 근로자의 복지시설도 설치한다. 최근 들어 조합원과 사업주의 각출로 기금을 조성하여 건강보험부문과 연금보험부문의 사고에 대해 급여하고 있는 공제조합도 증가하고 있다.

### 공중(public)

특정한 공공문제에 대해 관심을 표명하고 그들의 관심이 정책결정에 있어 고려대상이 되는다수의 사람을 공중이라 한다. 공중은 영속적인 집단이 아니며 특정한 쟁점이 발생할 때에 일반적으로 형성된다.

### 공중보건서비스청(public health service)

1870년에 설립된 연방기구로서 지금은 미국보건 및 인간봉사성(HHS : U.S. department of health and human service) 내에 설치되어 있으며, 국민들의 보건 및 건강보호를 유지, 증진시키고자 하는 국가의 노력들을 주도 내지 조정하는 기구이다. 서비스로는 위생 및 교육, 일차예방, 식품 및 약물처리와 취급에 대한 기준 설정 및 강화, 수입동식물 검사, 유행성 전염병 통제, 보건연구의 감독 및 지도 등이 있다. 공중보건서비스청 내에는 질병통제센터, 식량 및 약물청, 보건재원국, 보건서비스국,

국립보건원, 알코올, 약물남용, 정신건강국 등이 설치되어 있다.

### 공중보건의(public health doctor)

1979년부터 실시된 국민보건의료를 위한 '특별조치공중위생법'에 따라 병역의무 대신 3년 동안 무의촌에 들어가 활동하는 의사를 말한다. 의료 인력이 대도시에 편중되어 있는 불균등한 의료배분구조를 시정하려는 고육책으로서 시행된 이 제도는 나름대로 농촌의료에 기여한 것이 사실이지만 기존의 자유방임형 보건의료구조를 근본적으로 혁신하는 것과는 거리가 먼 부분적 보완에 머물고 있다. 그 문제점으로는 ①공중보건의가 의과대학 졸업 후 임상수련 경험이 전혀 없거나 도립 병원에서 형식적인 실습만을 거쳤다는 자질의 문제, ②70%가 6개월 미만 근무하는 잦은 근무지 이동이 주민과의 유대형성에 장애가 되고 있다. 의료장비, 보조요원이 부족하고 후송시설과의 연계가 부족하다. 의료보장제도의 확대가 시급하다. 공중보건의의 근무의욕이 미약하다는 점 등이 거론되고 있다.

### 공중위생(public health)

질병을 예방하고 수명을 연장하며 그 사람 나름으로 신체적, 정신적, 사회적으로 양호한 활동을 하는 것을 목적으로 하는 과학기술의 실천이다. 가족이나 지역사회의 건강을 높임과 동시에 개인의 건강도 지킨다. 활동범위는 적극적인 건강유지(1차 예방)로서 조기발견·조기치료, 적절하고 신속한 치료와 중병화의 방지(2차 예방), 사회복귀(3차 예방)까지를 포함한다.(건강과 질병의 자연사 레프래 및 크라크, 1958) 건강장해는 인간, 환경, 치료인자의 상호작용 이상에서 일어나므로 대인·대환경·대병원인자에 관한 전문적, 합리적인 대책을 추진하는 전문인력과 시설, 제도와 예산, 행정, 지역주민의 참가가 없어서는 안된다. 지역사회의 독특한 욕구를 발견, 현재화하여 지역조직 활동의 강화를 도모하는 것도 중요하다.

### 공중의제(public agenda)

Robert Eyestone이 개념화한 의제의 한 종류로, 사회문제가 확대되어 많은 사람의 관심이 집중되고 정부가 문제해결을 위해 노력하는 것이 정당한 것으로 인정되는 사회문제를 말한다. 이와 같이 정부에 의해 공식적으로 채택되지 않았으나 진지한 관심의 대상이 되는 정책의제를 Roger W. Cobb과 Charles D. Elder는 체제적 의제(systemic agenda)라 칭하고, Anderson은 토의의제(discussion agenda)라 불렀다.

### 공증

공공기관이나 공무원, 기타 법률에 의해 권한을 가지는 사람이 어떤 사실이나 법률관계가 있고 없음에 대해 확

인·증명해주는 것을 공증이라고 한다. 증명서 발급(인감증명서 등)이나 등기(부동산 등기 등), 각종 등록이나 영수증 발급 등이 공증에 속한다.

## 공증제도

돈거래 등 일상생활에서 자주 일어나는 각종 분쟁을 사전에 막기 위한 조처로 공적인 자격을 가진 공증인으로 하여금 당사자들의 계약을 법률적, 공적으로 증명케하여 분쟁의 소지를 미연에 방지하게 만드는 제도. 1971년부터 시행되고 있는 〈간이 절차에 의한 민사분쟁 사건처리 특례 법〉에 근거를 두고 있으며 공증은 공증인가를 받은 합동법률사무소와 법무법인 및 임명된 공증인이 담당하고 있다. 합동법률사무소나 법무법인 임명공증인이 없는 지역은 지방검찰청, 또는 지청의 공증인 직무대행 으로 임명받은 검사가 담당한다. 공증인이 작성한 서류를 공증증서라고 하며, 이 서류는 민사재판이나 형사재판과 같은 판결문의 효력을 지니고 있어 어음·수표·매매계약·임대차계약을 할 때 공증을 해 두는 것이 좋다. 주식회사와 법인설립시 정관과 모든 법인이 등기 절차에 첨부되는 의사록은 반드시 공증해야 한다. 공증의 종류에는 여러 가지가 있으나 어음·금전·소비대차 계약 등 공정증서의 공증과, 차용증·매매계약서 등 사서증서의 공증, 유언공증의 세가지가 널리 쓰이고 있다.

## 공증행위

특정한 사실 또는 법률관계의 존부(存否)를 공적으로 증명하는 행정주체의 준법률행위적 행정행위를 말한다. 각종 증명서 발급·등기·행정청의 등록·토지대장 기타 공부(公簿)의 등재·여권 발급·면장·감찰 등의 교부 등이 그 예이다. 공증의 법률적 효과는 구체적인 법규의 정하는 바에 의하지만, 그 공통적 효력은 반증에 의하지 않는 한 전복되지 아니하는 공적 증거력이 발생하는 점에 있다.

## 공직분류

행정조직 속의 직위를 일정한 기준에 따라 질서 있게 배열하는 것으로, 이러한 분류에 의해 공직구조가 형성되고 인사행정의 기준과 방향이 제시된다. 일반적으로 공무원은 실적을 토대로 하는 경력직 공무원과 그렇지 않은 공무원으로 구분되고, 또 중앙정부 공무원과 지방정부 공무원으로 구분된다. 실적주의가 전반적으로 적용되는 범주로는 미국의 경쟁직(the competitive service) 혹은 분류직(the classified service), 영국의 항구직(the established service), 일본의 일반직이 여기에 해당되며, 미국의 제외직(the excepted service)과 비분류직(the unclassified service), 영국의 비항구직(the unestablished), 일본의 특별 직은 실적주의나 공무원법이 획일적으로 적용되지 않는 비경력직이다.

## 공직윤리

(public service ethics or administrative ethics)
정부조직에 종사하는 공무원들이 지켜야 할 윤리를 말한다. 즉 공무원이 조직구성원으로서 지켜야 할 직업윤리를 말한다.

## 공직자 재산 등록

공직자들의 부정 부패 등을 막기위해 일정 직위 이상의 공무원들의 재산을 등록토록 하는 제도이다. 공직자윤리법에 근거하고 있으며 우리나라는 1993년부터 이를 실시하고 있다. 공직자 재산 공개와 함께 공직자들의 청렴성을 보장하는 두 가지 장치로서의 역할을 하고 있다. 현재 재산을 등록해야 하는 공무원은 일반직 공무원의 경우 4급 이상이며 법관과 검사는 전원, 군인의 경우 대령 이상으로 되어 있다. 또 국립대학의 총장, 부총장, 대학원장, 학 장도 재산을 등록해야 한다. 등록 재산은 본인과 배우자 그리고 직계 존비속이 소유하고 있는 부동산과 동산이다. 동산중 예금, 채권은 1,000만원 이상인 경우만 등록 대상이 되며 보석은 500만원 이상이 대상이다. 재산을 등록하는 시기는 최초로 등록 대상 직위에 보직되었을 때이며 매년 12월 31일을 기준으로 변경된 내용을 1월 중에 신고해야 한다.

## 공직자윤리법

공직자윤리법이란 공직자재산의 엄격한 공개를 법적으로 의무화하는 것이다. 또 공직자의 재산등록, 선물신고 및 퇴직공직자의 취업제한 등을 정함으로써 공직자의 부정행위를 방지하고, 공무집행의 공정성을 확보하여 깨끗한 공직사회를 구현하며, 나아가 공직자로 하여금 국민전체에 대한 봉사자로서의 그 책임을 다할 수 있게 할 목적으로 제정된 법률이다. 공직자윤리법 개정으로 재산등록 의무자는 대통령, 국무총리, 정무직공 무원, 지방의회의 원, 4급이상 공무원, 법관, 대령 이상 장교, 대학총장, 총경이상 경찰공무원이다. 재산공개 의무자는 대통령, 국무총리 정무직 공무원, 지방의회의원, 1급 이상 공무원, 특1·2급 및 1급인 외무공무원과 안기부 기조실장, 고 법부 장관사급 이상 법관, 검사장급 이상의 검사 등이다. 등록대상 재산으로는 본인, 배우자 및 직계존비속의 재산, 비영 리법인의 출연재산과 외국재산, 부동산 소유권, 전세권, 광업권 어업권, 1,000만원 이상의 현금수표 유가증권 채권 채무, 500만원 이상의 귀금속 골동품이 포함된다. 허위신고자는 징계, 해임 등 조치와 2,000만원 이하의 과태료부 등 제재조치를 받게 된다.

## 공직자윤리위원회

공직자윤리에 관한 일정한 사항을 심의·결정하기 위하여 행정부·국회·대법원에 각각 설치한 합의제기관을 말한다. 여기서 일정한 사항이라 함은 ①공직자 재산등록에 있어 등록기관의 장이 공직자의 재산등록 사항 심사결과 재산 은닉(隱匿) 또는 허위등록의 혐의가 있다고 인정되는 자에 대해 법무부장관 또는 국방부장관에게 조사를 의뢰하는 경우에 관할 공직자윤리위원회로부터 얻어야 하는 승인과 ②퇴직공직자의 유관사기업체(有關私企業體) 취업에 관해 관할 공직자윤리위원회로부터 얻어야 하는 승인 등을 말한다.

### 공채(public debt) 01

국가 또는 지방자치단체가 재정상 필요한 자금을 조달하기 위하여 화폐적 신용을 민간부문으로부터 얻을 때 발생하는 채무를 말한다. 공채는 여러 형태로 분류해 볼 수 있는데 ①기채국별로는 외채, 국내채, ②발행주체별로는 국채, 지방채, ③상환기간별로는 단기공채, 장기공채, ④소화방법별로는 강제공채, 임의공채 등으로 각각 나뉘어진다.

### 공채(public loan) 02

국가 및 공공단체가 경비조달을 위해 지는 채무를 말한다. 국가활동의 확대에 따라 팽창하는 경비와 조세수입이 균형을 이루지 못하는 적자재정의 상황에서, 이를 보전하기 위한 한 수단이 공채의 발행이다. 세입의 부족분은 일반적으로 공채의 발행 또는 통화창출에 의해 메꾸어진다. 통화창출은 정부가 중앙은행으로부터 차입하는 것을 뜻한다. 공채는 발행주체에 따라 국채와 지방채로 나눌 수 있다.

### 공채의존도

어느 연도의 일반회계예산이 공채수입에 어느 정도 의존하고 있는가를 나타내는 것으로, 일반회계세입에서 차지하는 공채발행액의 비율을 말한다. 공채의존도는 공채의 적정발행액을 판단할 때 유력한 지표로 활용된다.

### 공청회(public hearing) 01

중요한 정책사안 등에 관해 해당분야의 학식과 경험이 풍부한 전 문가나 이해당사자 등의 의견을 듣기 위해 의회·행정기관·공공단체 등에서 개최하는 회의를 말한다. 공청회의 의견은 법적 구속력은 갖지 못하나, 정치적·도의적 구속력을 갖는다고 할 수 있다.

### 공청회 02

중요한 안건이나 국민의 관심의 대상이 되는 안건 등을 심의하기 이전에 국회나 행정관청, 공공단체 등이 해당분야의 학식과 경험이 풍부한 전문가나 이해당사자들의 의견을 듣기 위하여 개최하는 회의이다. 공청회의 의견은 법적 구속력은 갖지 못하나 정치적·도의적인 구속을 갖는다고 할 수 있다. 최근 통일논의에 관한 문제와 농수산물 수입개방, 대학입시, 토지공개념 등 현안에 대한 국가

의 공청회가 열린 바 있다.

### 공탁

금전이나 이에 해당하는 물건(수표 등)을 법원에 임시보관시키는 것을 공탁이라고 하는데 다음과 같은 것이 있다. ①담보공탁 – 강제집행이나 가압류 등에서 그 실행을 위한 담보나 강제집행이나 가압류 등을 정지나 취소하기 위한 담보를 위한 공탁이다. ②변제공탁 – 채권자가 돈을 받기를 거절하거나 그의 소재가 불분명할 경우 갚을 의사가 있음을 증명하기 위한 공탁이다. ③집행공탁 – 강제집행오 인해 발생한 금전의 보관이나 배당금의 지급 준비를 위한 공탁이다. ④특수공탁 – 부동산 중개인이나 상품권발행자처럼 영업행위를 하기 위한 공탁이다. ⑤보관공탁 – 법률적 이해관계가 없는, 보관을 위한 공탁이다.

### 공통운임제도

시내버스, 지하철, 철도 등을 갈아탈 때마다 다시 표를 사야하는 불편을 해소하기 위해 모든 운수수단에 통용되는 하나의 승차권으로 대체, 운임을 하나로 묶어 공통으로 적용하는 제도. 1964년 독일 함부르크시에서 만성적인 교통혼잡과 정체를 해결하고 보다 편리하게 대중교통을 이용할 수 있도록 하기 위한 방안으로 시행, 현재는 독일 전역에서 실시되고 있다.

### 공판

형사소송에서 공소가 제기되어 판결이 날 때까지 재판이 진행되는 것을 공판이라고 하는데 재판정에서 재판이 열리는 것만을 가리키기도 한다. 1심판결을 원고와 피고가 모두 받아들이면 1심판결로 공판은 끝나지만 항소나 상고에 따른 재판이 재판이 열리면 그에 따라 공판은 계속된다.

### 공포장애(phobic disorder)

일명 공포노이로제 또는 공포신경증이라고도 하며, 두려움 때문에 나타나는 불안장애의 한 유형이다. 이 장애의 특징은 특정한 물체나 상황에 대해 지속적이며 비정상적인 두려움을 갖게 되어 그러한 물체나 상황을 회피하려는 것이다. 이 공포장애에는 익숙한 환경으로부터 떠나는 것을 두려워하는 광장공포증, 대중의 주시를 두려워하는 사회공포증, 동물이나 고공 등 측정한 물체 또는 상황을 두려워하는 단순공포증의 세 가지 유형이 있다.

### 공포증(phobia)

대상이나 상황에 대한 강하고 지속적인 두려움으로 실제적인 위험이나 위협에 기인하는 것은 아니다. 정신사회이론가들은 이를 무의식적인 갈등이 외적인 대상으로 전치되면서 발생한다고 생각하는데 찬반이 엇갈리고 있다. 반

면에 행동이론가들은 다양한 부정적 자극의 연속적인 연합에 따른 결과라고 주장한다. 공포증은 공포장애의 주요 증상이며 이론적으로 파악될 수 있는 공포증은 무한하다. 대체로 일반적인 유형은 광장공포증(친숙한 환경을 떠나는 데 대한 두려움), 고소공포증(높은 곳에 대한 두려움), 야경공포증(어두움에 대한 두려움), 외국인공포증(외국인에 대한 두려움) 및 동물공포증(동물에 대한 두려움) 등이 있다.

### 공해(pollution) 01

불특정다수의 대중에게 정신적, 경제적, 육체적인 피해를 주는 것. 환경보전법에서는 행정의 대상이 되는 공해로 ①대기오염, ②수질오염, ③소음, ④진동, ⑤악취, ⑥토양오염 등을 들고 있다. 이밖에 일반적인 개념으로 식품공해, 약품공해, 교통공해, 정보공해, 농약공해, 전파공해, 에너지공해 등 문명·산업의 발전에 따라 발생하는 여러 장해에도 이 말을 적용하고 있다.

### 공해(public nuisance) 02

당초 사해(私害, private nuisance)와 구분하여, 불법행위 또는 법규정의 불이행으로 공중(公衆)이 생명·건강·재산·행복을 위협받거나 공동권리 행사를 방해받는, 일반 대중의 공통적 생활방해를 의미하였으나 오늘날에 와서는 산업활동 등 인간 활동으로 인해 환경의 구성성분과 상태가 변화함으로써 사람의 건강이나 환경에 피해를 주는 대기오염·수질오염·소음 등 자연환경 오염을 의미하는 것으로 뜻이 바뀌고 있다. 불특정다수에게 피해를 주는 이러한 공해는 공법(公法)으로 규제되며 사해(私害)는 민사법의 규정에 따르도록 규정되어 있다.

### 공해(pollution) 03

도시화나 산업화 과정에서 기업이 유해배출물의 정화와 위험방지의 비용을 절감하기 위한 행위가 주요한 원인이 되어 발생하는 자연환경, 생활환경, 생산수단의 파괴 현상과 그 결과로 야기되는 인간의 쾌적한 생활의 침해, 건강의 파괴, 생명에 대한 위협 등의 현상을 말한다. 고도 경제성장기의 가장 심각한 문제 중 하나이다.

### 공해방지산업

공해를 방지하기 위한 기기, 시스템관계산업의 총칭이다. 공해방지기기의 주된 것은 집진기, 산업배수처리장치, 하수 오염처리장치, 고층굴뚝, 소각로, 배연탈황장치, 중유 탈황장치 등이다.

### 공해배출부과금
### (emission charges or effluent charges) 01

허용기준치가 넘는 대기·수질오염물질·산업폐수를 내보내는 사업장에 부과되는 벌금. 1983년 도입한 이 제도는 대기환경보전법과 수질환경보 전법의 오수, 분뇨 및 축산폐 처리법에 의한 기준치를 위반했을 때 배출량 등을 감안해 부과한다. 즉 암모니아나 먼지 등 10개 대기오염물 질과 유기물질, 부유물질 등 16개 수질오염물질을 허용기준치 이상 배출했을 때 행정처분과는 별도로 부과하는 것이다. 부과액은 오염물질 ㎏당 부과금액·배출허용기준 초과오염물질 배출량·배출허용기준 초과율별 부과계수·지역별 조건·위반횟수별 부과계수·연도별 부과금 산정지수 를 곱한 금액에 사업장 규모별로 부과되는 기본부과금을 합해 산정한다.

### 공해배출부과금 02

일정한 환경기준을 초과 하는 공해물질을 배출하는 업체에 대해 부과하는 부과금을 말한다. 공해배출세(emission tax)라고도 한다. 부과금은 초과배출 오염물질 단위당 일정 금액을 곱하여 산정한다.

### 공해추방운동

공해와 핵을 추방하여 민중의 생명과 건강을 지키고 우리 민족의 삶의 터전을 올바르게 세우기 위한 시민, 주민운동, 변혁운동의 한 영역이다. 우리나라의 공해문제는 1960년 −1970년대의 급속한 산업화과정에서 공해산업의 적극적인 도입에 의해 문제가 발생하기 시작했다. 특히 정부, 기업들이 경제성장을 위해서는 공해가 불가피하다는 논리를 내세워 환경오염과 핵의 위협에 대한 대책을 거의 세우지 않음으로써 공해문제는 날로 심각해져 왔다. 산업폐수, 농축산폐수, 생활하수 등에 의한 수질오염, 자동차 배기가스, 공장에서 유출되는 유독가스 등에 의한 대기오염은 이미 극심한 상태이며, 세계적으로 규제되고 있는 원자력 발전소를 경제성의 원칙만을 가지고 계속 건설함에 따라 방사능사고의 위협이 가중되고 있어서 국민대중의 환경권이 크게 위협받고 있는 실정이다. 이러한 상황 속에서 1982년 한국공해문제연구소가 창립되고 공해피해 주민들의 자발적 주민운동이 활성화되면서 공해추방운동이 시작되었다. 그러나 공해추방, 반핵운동의 이념적, 조직적 통일이 이루어지고, 단순한 피해보상의 차원을 뛰어 넘어 변혁운동으로까지 발전한 것은 1988년 9월 공해반대시민운동협의회와 공해추방운동 청년협의회가 통합되어 공해추방운동연합을 결성하면서부터이다. 그리하여 공해 추방운동은 피해보상, 공장이전, 공해산업설치 반대뿐만 아니라 법, 제도의 개선을 통해 공해를 보다 근본적으로 퇴치하는 방향으로 전개되고 있다.

### 공화제(republic)

주권이 인민에게 있고, 인민이 선출한 대표자가 인민의 인권과 이익을 위해 국정을 행하며, 국가원수가 국민의 선거에 의해 선출되며 일정한 임기로 교체 되는 정치체제를 말한다. 역사적으로 군주제를 부정하는 개념으로 등장하였다.

## 공활

공장 활동의 준말로서 대학생들이 노동현장의 실정을 배우고자 방학이나 휴학기간을 이용하여 일정 기간 공장에 취업하는 것을 말한다. 70년대 초반만 해도 노동운동의 목적을 가지고 노동현장에 뛰어드는 대학출신 지식인들은 소수에 불과했다. 그러나 80년대 들어 산업사회의 모순이 심화되고 노동운동을 통한 노동자계급의 정치적, 사회적 각성·단결만이 사회문제를 해결할 수 있다는 인식이 보편화됨에 따라 대학출신의 기득권을 포기하고 노동자로서의 삶을 살아가려는 사람이 늘어났다. 노동현장훈련, 노동현장 학습훈련, 현장경험 등 여러 용어로 불리는 이 공활은 형태면에서 대학내 팀 또는 야학교사 팀에 의한 활동, 개인적 공활 등 다양한 모습을 띠었다.

## 공황(crisis) 01

광의의 공황은 경제생활의 교란을 가리키며, 이러한 의미의 공황은 시대와 장소에 구애됨이 없이 발생한다. 이에 대해 협의의 공황은 자본주의 경제의 경기변동의 한 단계로서 발생한다. 그것은 한 나라의 국민경제에 그치지 않고 세계적 규모로까지 발전하기도 한다. 자본주의적 공황의 최초는 1825년에 나타났고, 19세기 중엽에는 세계공황의 형태를 갖췄었다. 이후 제1차대전까지는 거의 10년마다 되풀이하여 발생하였다. 제1차대전으로 공황의 주기성은 한때 중단된 듯이 보였으나, 전후 바로 부활되었을 뿐만 아니라 1929년에는 '암흑의 월요일'로 불리는 세계대공황이 발발하였다. 이는 미국에서 시작되어 이내 전 세계로 파급되었다. 제2차대 전후 이러한 전형적인 공황은 발생하지 않았으나, 때로 관찰되는 완만한 경제활동의 축소과정인 이른바 리세션을 놓고, 이것을 공황의 새로운 형태로 보느냐에 관한 논쟁이 있다.

## 공황 02

격심한 금융적 압박·파산·조업단축·실업 등으로 경제활동이 급격히 위축되어 공포에 쌓인 상태를 말한다. 일반적으로는 자본주의 경제체제의 내생적 요인으로 인해 주기적으로 일어나는 경제적 위축현상을 말한다.

## 공황 03

자본주의적 생산관계의 확립이래, 생산의 발전은 주기적인 공황에 의해 중단되고 경제체제 전체가 일시적 마비상태에 빠져왔다. 이로 인해 생산과잉에 의한 상품의 투매, 물가하락, 신용의 수축, 기업도산, 실업증대 등의 현상이 발생했다. 이와 같은 상태를 수반하는 생산력의 파괴를 과정중심주의 공황이라며 경제순환의 한 과정을 이룬다. 공황의 근본원인은 생산의 사회적 성격과 취득의 사

적 자본주의적 성격과의 모순에 있다하나 그 이론적 전개는 여러 가지 설로 나뉘어 있다.

## 공황 04

자본제적 생산체제하에서 경제체제가 일시적으로 마비상태에 빠져, 상품의 구매, 물가하락, 신용의 수축, 기업도산, 실업증가 등의 현상을 수반하는 생산력의 붕괴를 말한다. 경기변동의 한 과정으로 간주되는 공황의 근본원인은 자본주의가 지니고 있는 생산의 사회적 성격화 소유의 사적 성격사이의 모순에 있다고는 하나 통일적인 이론은 확립되어 있지 않다. 공황의 특징은 경제 각 부문에 포괄적으로 영향을 미치는 일반성과, 불황·활황·번영 등 주기성을 지닌다는 점이다.

## 공황발작

인파가 몰리는 지하철이나 백화점, 또는 낯선 곳에 가는 것을 병적으로 꺼리는 현상이다. 예기치 않은 상황에서 신체·정신적으로 극심한 불안·공포를 느끼는 질환으로 유사시 헤쳐 나가기가 쉽지 않다고 생각되는 곳이나 도움을 요청하기 힘든 상황이 되는 것을 피하는 임소공포증을 가지고 있다. 공황발작의 주요증상은 ①숨이 가쁘고 ②심장이 마구 뛰며, ③어지러워 졸도할 것 같고, ④식은 땀이 나고, ⑤가슴이 답답하고 아프며, ⑥토할 것 같고, ⑦전혀 딴 세상에 온 것 같고, ⑧손발은 물론 온몸이 떨리고, ⑨손발이 마비되는 것 같고, ⑩질식할 것 같고, ⑪얼굴이다라 오르며, ⑫죽을 것 같은 공포감이 엄습하고, ⑬자제력을 잃어 미칠 것 같은 증상이 나타난다.

## 과다행동(hyperactive / hyperactivity)

비정상적으로 과도하게 활동하거나 움직이는 행동을 말한다. 이러한 활동은 아동의 학습을 방해하며 행동통제에 심각한 문제를 야기한다. 스트라우스(A. A. Strauss) 등은 특히 두뇌손상을 받은 사람들이 이러한 행동성을 드러낸다고 주장하고 있다.

## 과다호흡(hyperventilation)

짧고 빠르고 과도하게 호흡을 하는 것을 말한다. 심하면 의식을 상실할 위험성이 있다. 이러한 경우 일시적이나마 혈액의 이산화탄소의 비정상적 손실이 온다. 발작이나 쇼크가 생겼을 때 많이 일어나며 비닐봉지를 입에 대주어 한정된 산소 흡입을 하도록 도와주어야 한다.

## 과당경쟁

같은 종류의 기업이 난립하여 서로 시장점유율을 확대하려는 상태. 가격의 인하경쟁이나 지나친 설비에 의한 공급과다 등의 악영향이 생긴다. 이 때문에 합병, 제휴에 의해서 기업의 수를 정리하거나 공동투자, 공동 수주, 공동판매, 협정가격의 설정 등으로 적당한 경쟁을 유도하는

조치가 나오게 된다.

## 과두제

사전적 의미로는 1인이나 다수 또는 전체가 지배하는 것이 아니라 몇몇 소수가 지배하는 정치체제를 의미하며, 이를 플라톤은 법률의 준수여부를 기준으로 법률을 잘 지키는 공정국(公正國)을 귀족제라 하고, 법률을 잘 지키지 않는 불공정국(不公正國)을 과두제라 하여 구분하였다. 아리스토텔레스는 과두제를 귀족제의 타락한 정체로 파악하였다. 그러나 오늘날에는 부정적인 의미로만 사용하지 않고, 오히려 보다 폭넓은 의미로 사용하고 있다. 즉 국가뿐만이 아니라 정당 · 회사 · 노조 · 대학 · 종교단체 등의 사회집단에서도 소수의 지배가 현저하게 나타나기 때문에 과두제라는 용어는 국가는 물론 사회단체에도 적용되어 널리 쓰이고 있다. 이러한 현상에 대해 독일의 사회학자 R.미헬스는 그의 저서 정당사회학 Zur Soziologie des Parteiwesen in der modernen Demokratie(1912)에서 독일과 이탈리아의 사회민주당을 분석하고, '과두제의 철칙(Iron Law of Oligarchy)' 이라는 표현을 사용하였다. 또 1인이나 다수 또는 전체의 지배라고 하여도 현실적으로는 과두제인 경우가 많다.

### 과두지배의 철칙(iron law of oligarchy)

조직의 목표를 효율적으로 달성하기 위해 조직구조가 계서제적 구조를 갖게 되고 결국 소수의 지도자에 의해 지배당하게 되는 현상을 말한다. R. Michels는 사회주의 정당과 노동조합에 관한 연구를 통해, 제1차 세계대전 이전 유럽 국가들의 사회주의 정당과 노동조합들이 평등주의를 지향하였으나, 급진적 사회변혁이라는 목표를 효율적으로 추구하기 위해 결국 소수의 지도자에 의해 지배당하게 되는 현상을 발견하고 이를 과두지배의 철칙으로 개념화하였다. 이러한 과두지배 현상은 원래의 목표가 수단으로 대치되는 목표대치 현상 가운데 하나로 볼 수 있다.

### 과료

경범죄와 같은 가벼운 범죄에 대한 재산형을 과료라고 하는데 기천원에서 기만원 사이다. 작은 금액이지만 과료역시 형법에 정해진 형벌의 일종이기 때문에 행정적인 제제인 과태료에 비하면 훨씬 무거운 것이다.

### 과밀부담금제

과밀부담금제란 지금까지 사실상 금지돼온 대형건물의 신축을 현실적으로 허용해 주는 대신 인구증가, 교통소통악화 등의 부작용에 대해서는 최소한의 금전적 부담금을 물리는 제도.

### 과보호(over protectiveness of children) 01

부모가 아동에 대해 취하는 양육태도 유형의 하나이다.

심리학자인 사이먼스는 지배와 복종, 수용과 거부가 상호교착하는 두 개의 축에 의해 부모의 양육태도를 유형화해 그 중에서 지배와 수용이 동시적으로 나타나는 유형을 과보호형이라 불렀다. 이와 같은 유형을 나타내는 부모는 오히려 아동의 성장을 방해하고 생활경험의 확대나 자주성의 발달을 저해하는 경향을 갖는다. 등교거부, 가정 내 폭력의 행동문제와 상관성이 높다.

### 과보호(overprotection) 02

아동에 대한 부모의 과도한 보살핌이나 지나친 통제, 과보호로 말미암아 아동은 지나친 의존성 및 의타심을 갖게되어 부모뿐만 아니라 주위의 모든 사람들에게 의존하게된다. 따라서 아동은 자신감이 없어지고 매사에 쉽게 좌절하게 된다.

### 과세기간

세금이 부과되는 과세기간으로서 보통 12개월의 기간이다. 각 세법에서는 과세표준을 산정하는 때에 일정한 기간을 단위로 계산하게 되는데 이러한 단위기간을 과세기간이라 한다. 법인세의 경우 과세기간을 사업 연도라고도하며 1년을 초과하지 못하는 범위에서 1회계기간을 의미한다 개인사업자의 소득세 과세기간은 1월 1일부터 그해 12월 31일까지를 한 과세연도로 하여 계산하고 법인사업자의 법인세과세기간은 법령 또는 당 해법인의 정관 · 규칙에서 정하는 1회계기간을 말하는데 그 기간은 1년을 초과할 수 없다.

### 과세소득

특정회계연도의 과세대상이 되는 이익금에서 세법상의 손금으로 인정되는 항목을 차감한 이익. 과세권자가 조세를 부과할 수 있는 소득. 개인의 경우 거주자일 때 과세소득은 종합과세대상인 이자 · 배당 · 부동산 · 사업 · 근로소득 · 기타소득과 분리과세대상인 이자 · 배당 · 기타소득 등이 있고 이외에도 퇴직 · 양도 · 산림소득이 있다. 비거주자일 때는 국내원천 소득에 대해서만 과세한다. 법인의 경우 영리법인일 때는 법인세법상 열 거한 소득만을 과세소득으로 하고 있다. 외국법인의 경우는 국내원천소득으로 열거된 것에 국한하고 있다.

### 과세소득계급

누진세율에서는 과세소득의 증가에 따라 세율을 높이게되는데, 이 때 같은 세율을 내는 과세소득의 범위를 과세소득계급이라고 한다. 일정소 득 이내의 경우에는 세율이없고, 특정 과세소득계급 이상이 되면 최고세율을 적용하게 된다.

### 과세시가표준액

내무부가 재산세, 취득세, 종합토지세 등 지방세 부과의 근거로 삼고 있는 기준. 과세시가표준액은 전국의 토지를 365 등급으로 분류해 등급에 따라 가격의 차이를 두고 있다.

## 과세특례
개인 사업자로서, 연간 거래금액이 일정액 이하인 소기업은 기장능력이 미숙하기 때문에 정상적인 방법으로 부가가치세를 부과하면 불이익을 받을 염려가 있다. 따라서 영세기업의 보호와 행정의 편의를 위하여 영세한 소기업에 대해서는 세금계산서 교부의무 및 제출에 관한 특례와 예정 신고의 고지납부특례 등을 두어 일반 사업자와는 부가가치세법에 있어서의 의무를 달리하는데 이를 과세특례라 한다.

## 과세표준(bases of assessment)
과세물건에 대한 부과징수의 표준으로 세액산정의 기준이 된다. 소득세에 있어서의 소득금액, 재산세에 있어서의 재산가격, 수익세에 있어서의 수익 금액을 말하며, 대개 화폐금액으로 표시되나(從價稅), 자동차세에 있어서의 대수 등과 같이 물건의 수량·중량으로 표시되는 경우도 있다(從量稅).

## 과소·과밀문제
인구이동에 의한 지역상황의 변화이며 과소는 농촌, 산촌, 어촌, 군부의 읍면 등에서 인구의 과도한 유출로 생활의 기반, 공동체적인 지역의 유대가 허물어져 생산·생활을 지탱하는 제 조건이 손상되는 상태이다. 과밀은 그의 대극으로서 도시로의 인구의 과도한 유입, 생산, 교통, 소비, 그리고 모든 도시생활의 과열과 모순이 집중적으로 출현해 생활환경의 악화로 나타난다. 고도성장정책의 부산물로 이와 같은 양극의 격화가 생겼다.

## 과소소비설
공황의 원인은, 소득에서 차지하는 소비지출이 상대적으로 낮은 반면 저축률이 높은 데 있다는 이론을 총칭하여 과소소비설이라 한다. 대표적인 과소소비론자로는 맬더스(Malthus), 시스몽디(Sismondi) 등을 들 수 있다. 과소소비설의 일반적인 특징은 과잉생산 또는 유효수요의 부족은 부분적이 아니라 일반적이며, 자본주의의 발전에 따라 그것이 한층 더 심화하는 경향이 있다고 주장하는 데 있다. 그러나 일반적 과잉생산론이 모두 과소소비설인 것은 아니다. 고전학파 세이의 법칙에 반대하는 마르크스학파 및 케인즈학파의 대다수는 그 이론이 과소소비설이라고 불리우는 것을 거부하여 왔다.

## 과시적 소비
부를 과시하는 것을 의식하면서 행하는 소비를 말한다. 이 개념을 도입한 베블렌(Veblen.T.)은 과시적 소비가 가장 빈곤한 계층을 포함해서 사회의 모든 계층간에 존재하고 있다고 주장하고 있다. 그들은 비록 자기의 자력을 넘는 것이라도 훌륭한 재를 구입함으로써 그 이웃사람들의 부러움의 대상이 되려한다. 베블렌에 의하면, 가장무도회와 같이 사치스럽고 낭비적인 오락은 과시적 소비를 함에 있어서는 가장 좋은 방법이다. 엄밀히 따지면 대부분의 공업국의 소비지출은 거의 모두가 과시적 소비의 상표를 붙이게 될 것이다.

## 과시효과
각자의 소비행동이 사회일반 소비수준의 영향을 받아 남의 소비행동을 모방하려는 사회심리학적 소비성향의 변화를 말한다. 듀센베리가 처음으로 사용했으며 〈전시효과·시위효과·데몬스트레이션 효과〉라고도 한다. 이를테면 소득수준이 높은 도시지역과 소득수준이 낮은 농촌지역이 접촉 하게 되면 농촌지역의 사람들은 어느 정도 소득이 상승하는 과정에서 도시지역의 생활양식을 본받아 소비성향이 높아지게 된다. 이러한 현상은 도시와 농촌 간뿐 아니라 국제적으로 선진국과 개발도상국 간에도 일어난다. 이것은 신문, 영화, TV 등 광고의 영향이 크며, 전시효과에 의한 소비성향의 상승이 저축률의 저하를 가져오므로 개발도상국에서 문제시 되고 있다.

## 과식증(bulimia)
병리학적으로 볼 때 지나치게 왕성한 식욕을 말하며, 때때로 과식증에 걸린 사람은 자기 유도의 구토, 설사약 남용, 체중을 줄이는 약 혹은 이뇨제와 같은 방법으로 해결하려고 한다. 과식증은 보통 음식조절 방법으로부터 시작된다. 그러다가 배가 고프면 먹게 되고, 죄의식을 느끼고, 대변을 보고, 그러다가 더 많이 먹게 되고, 더 체중조절을 시도하게 된다.

## 과실
민법은 과실을 '천연과실(天然果實)'과 '법정과실(法定果實)'의 둘로 나누어 규정하고 있는데, 양자는 물건으로부터 생기는 경제적 수익이라는 점에서 공통될 뿐이고, 그 본질은 다르다. 그러므로 민법도 양자에 관해 별도로 규정하고 있다. 그리고 민법은 물건의 과실 만을 인정할 뿐이고, 권리의 과실이라는 개념은 인정하지 않는다.

## 과실범
과실로 인하여 처벌의 대상이 되는 경우의 범죄. 형법은 고의범(故意犯)의 처벌을 원칙으로 하고, 과실은 법률에 특별한 규정이 있는 경우에만 처벌된다(형법 13조). 과실은 정상적인 주의를 태만히 한, 즉 주의의무의 위반에 의해 범죄사실을 인식하지 못한 경우이므로, 부주의(不注意)는 과실의 본질적 요소이다. 이 주의의무 위반은 행위자가 주의를 하였더라면 결과발생을 예견할 수 있고, 그 예견된 결과발생을 회피할 수 있음에도 불구하고 회피하기 위한 수단을 사용하지 않은 경우에 생기게 된다. 이와 같이 결과의 발생을 회피하기 위한 적절한 수단을 취하지 않는 점이 과실범의 위법성 문제가 된다. 따라서 주의의 무의 위반이 과실범의 위법성의 기초가 된다.

### 과업중심(initiating structure)
조직의 지도자가 집단 활동을 조직, 결정하거나 또는 지도자와 집단과의 관계를 명백히 하는 것이다. 지도자가 구성원 각자에게 기대되는 역할을 분명히 해주고, 임무를 배정하고, 미리 계획을 세우며, 처리하는 방법과 절차를 세우며, 결실을 보기 위해 일을 추진하는 것이다. 즉 지도자와 구성원의 모두에게 조직형태나 맡은 바 일을 분명하게 만들도록 노력하고, 명령계통을 세우고, 과업완수를 분명히 하도록 노력하는 것이다. 지도자와 구성원의 기구, 제도적인 면, 책무의 배정, 의사소통, 정보교환의 길, 조직 활동의 효과 측정, 권한의 계통 등을 통해 조직 목표 달성을 하고, 생산성 향상을 꾀하는데 중점을 두는 행정 유형으로서 구조성차원, 과업만족, 과업위주, 기관 중심적인 면, 과업성취, 목표달성이라는 용어는 모두 이 개념의 동의어로 사용되고 있다.

### 과업중심치료(task-centered treatment)
사회사업가와 클라이언트가 ①특정문제를 확인하고 ②이 문제들을 변화시키는데 필요한 특정과업을 확인하고 ③지정된 시기에 발생하는 다양한 활동들에 대한 계약을 발달시키고 ④그들이 성취하기 위한 동기를 확립하고 ⑤확인된 장애요소들을 분석, 해결하는 사회사업의 단기 개입모델을 말한다. 클라이언트는 또 그들이 일주일 동안 독립적으로 과업을 수행하기 전에 사회사업가의 사무실에서 자극과 사회사업가의 지도에 따라 과업을 수행하는 원조를 받을 것이다.

### 과업지향형(task – oriented leader)
과업지향형 리더는 생산에 대한 관심은 높고 인간에 대한 관심은 낮은 리더의 유형을 말한다. 즉 인간관계적인 요소를 최대한으로 줄이고 업무능률의 향상만을 위해 조직을 관리하는 리더의 유형을 말한다. Robert Blake와 Jane Mouton은 리더의 생산에 대한 관심과 인간에 대한 관심의 두차원을 기준으로 리더의 유형을 무기력형, 사교형, 과업지향형, 절충형, 팀형의 다섯 가지로 분류하는 관리격자도(managerial grid)를 제시하였다.

### 과오납금 반환(국민연금법 제81조의 3)
국민연금에서 과다납한 금액을 납부의무자의 충당 우선순위별로 충당하고 잔여금이 있는 경우 납부의무자 또는 우선순위 유족에게 반환한다. 과오납금은 해당금액을 납부한 날이 속하는 다음달부터 충당·반환결정일이 속하는 달까지 월수에 의해 1년만기 정기예금이자율로 가산

하여 반환하여야 한다.

### 과오납금 충당(국민연금법 제81조의 3)
국민연금에서 과다납부한 금액을 납부의무자가 미납한 아래의 항목별로 순차적으로 충당하는 것. 충당순위 : ① 체납처분비, ②부당이득환수금에 가산할 이자, ③부당이득환수금, ④미납된 연금보험료 및 연체금, ⑤향후 납부하여야 할 1월분의 연금보험료.

### 과잉병상(over bedding)
지역사회가 필요로 하는 것보다 병원시설이 더 많은 경우를 말하는데, 이는 전체 병상이 비어 있는 병상의 비용을 부담해야 하기 때문에 입원하고 있는 환자가 부담해야 할 비용이 많아지는 결과를 낳는다.

### 과잉보상(overcompensation)
실제 혹은 상상된 결손을 메우기 위한 개인의 지독한 노력으로 그것이 무의식중에 생길 때 정신분석 이론가들은 그것을 하나의 방어기제로 간주한다.

### 과잉보호(over protectiveness)
부모나 대리 부모가 심리적 혹은 신체적으로 해가 있다고 생각되는 상황을 피하게 하려고 지나치게 아이들을 보호하려는 경향을 말한다. 그 결과 종종 이러한 아이들은 독립적인 인간이 되는 것을 충분히 배우지 못하게 되는 것을 볼 수 있다. 이러한 과잉보호는 부부 사이 혹은 다른 가족구성원 사이에서도 발생할 수 있다.

### 과잉애(overloving)
'자기 자신을 위해 타인을 통제하려는 것'을 비롯하여 타인에게 강하게 애정을 쏟는 것을 말한다. 이 용어는 프로이트가 만들었는데, 그는 이 과잉애가 사랑으로 경험되는 감정의 상태이지만 사랑의 본질에서 벗어난 것이기 때문에 결국은 자기 자신에 대한 사랑에서부터 유발된 것이라고 지적한다.

### 과잉인구(overpopulation)
기아나 빈곤 등의 사회문제를 인구과잉과 관련시켜 설명하는 경우가 있다. 말사스의 인구론은 인구증가와 식물공급의 불균형을 중심으로 절대적, 생물학적인 과잉인구의 존재를 지적했다. 맑스는 자본론에서 자본의 축적, 운동법측 하에 생산되는 상등적 과잉인구 이산업무 비균의 존재형태에 사회문제와 궁핍화의 구조를 분석했다. 국부적으로는 현대 도시사회에서의 과밀상황과 인구동태에 관해 설명할 때 사용되기도 한다.

### 과잉투자설
경기순환에 있어서는 일반적으로 자본재를 생산하는 산

업 쪽이 소비재를 생산하는 산업보다 극심한 변동에 처해지는 것이 보통이다. 이러한 기본적인 사실로부터 출발해서 소비재 산업의 발전에 비교하여 자본재산업의 지나친 발전이 경기변동의 원인이라고 하는 이론을 과잉투자설이라고 한다. 즉 경기가 상승하는 시기에는 소비재의 생산에 비교하여 자본재의 생산이 격증하고, 이와 반대로 경기가 하향할때는 자본재생산은 격감하는 것인데, 과잉투자설은 이를 호황의 과정에 있어서 경제적 부조정에서 오는 것이라고 여기는 것이다. 그것은 원료로부터 중간생산물을 거쳐 최종생산물로 구체화되는 일관된 계열, 즉 생산구조에서 생긴 조정불량이기 때문에 가끔 수직적 부조정이라고도 일컬어진다. 이와 같이 과잉투자란 일정의 생산구조를 전제로하여 고려된 상대적인 개념이므로 일정의 생산구조에 대비해서 자본재의 생산이 전체의 조화적인 발전을 깰만큼 과잉으로 되는 것을 의미하는 것이다.

### 과점(oligopoly)

소수의 독점자가 동일한 시장에서 경쟁 관계에 놓여 있는 상태를 말한다. 가장 간단한 형태가 복점(複占)이며, 이는 두 개의 경쟁기업이 동일한 재화를 공급하는 경우를 말한다.

### 과정기록(process record) 01

케이스기록 양식의 하나이며 사회사업가와 클라이언트 간의 대화내용, 관찰 등 접촉의 결과를 그 경과에 따라서 기록하거나 혹은 이와 같은 방식으로 쓰인 기록을 말한다. 케이스 기록의 양식으로는 조사표처럼 가족관계, 생활사 등 항목기록도 있으나 이것만으로는 면접내용 등 케이스의 전개과정을 알 수 없기 때문에 일반적으로 위의 두 가지 기록을 함께 사용하고 있다. 과정기록은 케이스 연구나 슈퍼비전의 경우 사회사업가 - 클라이언트간의 교섭적인 관계를 파악하기 위해서 필수적인 기록 방법이다.

### 과정기록(process recording) 02

개입과정 동안 사회사업가와 클라이언트간의 상호작용하는 내용을 기록하는 한 방법이다. 이와 같은 형태를 사용하는 사례기록은 face sheet에 클라이언트에 대한 사실적인 자료(정보)와 관련된 사회, 환경, 경제 및 물리적, 신체적 요인들을 적는 것으로 시작한다. 그 다음 현재의 문제를 적고, 그 문제에 대한 정보기록을 포함한다. 사회사업가는 그때의 목표의 수준, 목표 도달의 장애물, 어디에다 적용할 것인지 등을 포함하여 목표 도달에 필요한 수단과 함께 클라이언트와 사회사업 간의 계약 서명란에 서명한다. 그 기록에는 클라이언트와 사회사업가 또는 기관과 만든 각각의 계약의 내용, 다른 가족들로부터 온 메시지와 전화 내용을 포함하여 구성한다. 또 방문의 시간과 사회사업가가 개발한 어떠한 주관적 인상이나 획득된 사실적인 정보의 요약까지도 표시된다. 이와 같은 기재 사항들은 아주 정교하지는 않지

만 문제중심기록(problem - oriented records)이나 개인중심기록(person - oriented records)보다는 좀 더 연대기적인 기록이라 볼 수 있다.

### 과정모형(process model)

주로 지역사회조직(community organization)에서 사용되는 개념으로 지역사회에 대한 원조과정을 순서 있게 단계별로 배열하여 설명한 것을 말한다. 이 과정모형은 지금까지 여러 가지의 모형으로 제시되었지만, 기본적으로 문제의 파악, 계획수립, 계획실시, 평가의 4가지 단계가 대체로 일치된 준거 틀로 되어 있다. 단계를 많이 가진 모형이 있지만, 그것은 이러한 기본적인 4가지 단계를 세분화시킨 것에 지나지 않는다.

### 과정상담(process consultation)

개인 또는 집단이 조직 내의 '과정적 문제'를 지각하고 이해하며 해결할 수 있도록 제3자인 상담자가 도와주는 조직발전(organization development)의 한 기법을 말한다. 과정상담에서는 조직구성원들의 인간적 과정에 대한 진단능력과 문제해결 능력의 향상을 통해 조직의 효율성을 제고하고자 한다.

### 과정이론(process theory of motivation)

동기이론 가운데 동기유발의 과정을 설명하는 이론을 말한다. 과정이론은 인식절차이론(cognitive process theories of motivation)이라 부르기도 한다. 내용이론이 욕구를 바탕으로 한 이론이라면, 과정이론은 정보처리(information processing)나 인식(cognition) 혹은 직무환경요인과 상황 등에 초점을 둔다. 이러한 인식요인들 이 서로 어떻게 관련되어 있는가를 분석하는데 관심의 초점을 두고 있다. 다시 말하면 인식변수(cognitive variables)가 동기유발에 "어떻게, 그리고 왜" 영향을 미치는지에 많은 관심을 두며, 이러한 변수를 확인하는 것 외에 그러한 변수간의 관계나 교류절차에 대해서 연구한다. 이러한 과정이론에는 Victor H. Vroom의 기대이론(expectancy theory)과 Lyman W. Porter 및 Edward E. Lawler의 업적 만족이론, Basil S. Georgopoulos 등의 통로 목표이론, J. W. Atkinson의 기대이론, 그리고 Adams 공정성이론(equity theory) 등이 있다.

### 과정중심주의(proces - centered social work)

사회사업실천방법의 전개과정에서 그 과정을 중요시하는 방법을 과정중심주의라며 문제해결과 과제중심에 초점을 둔 방법을 과제중심주의라고 한다. 사회사업실천방법은 개인과 집단의 생활문제를 해결하기 위하여 주체가 대상에게 작용하는 것이기 때문에 과정중심주의일지라도 문제해결을 도외시하는 것은 아니다. 과정중심주의는 그 방법의 전개에 있어서 최종적으로는 과제의 해결을

목표로 하지만 그 해결과정에서 더욱 면밀하게 소과제를 설정하여 해결을 도모하면서 최종과제의 해결을 노린다. 과제중심주의는 상대적으로 과정에 역점을 적게 두면서 과제해결을 꾀한다. 과정중심주의가 방법과 과정에 역점을 두는 이유는 무엇보다 그러한 각 국면에 있어서 정확한 대응을 하는 것이 최종과제의 해결을 보다 용이하게 한다는 인식에 있다.

### 과정평가(process evaluation)

프로그램의 운영 및 활동을 분석하는 것으로, 이를 근거로 보다 효율적인 집행 전략을 분석하고 프로그램 내용을 수정·변경하거나, 프로그램의 중단 축소, 유지, 확대 여부를 결정하는데 도움을 준다. 또 경로를 밝혀서 총괄 평가를 보완하는 기능을 하게 된다. 가령 과정평가는, ①원래 운영 계획대로 활동들이 이루어졌는가?, ②계획된 양질의 자원(인적, 물적)이 계획된 시간에 투입되었는가?, ③원래 의도한 프로그램 대상 집단을 상대로 실시되었는가?, ④관련된 법규나 규정에 순응하였는가? 등을 통해 운영 과정상의 활동들을 평가할 수 있게 된다.

### 과제(tasks) 01

개인이나 가족이 각각의 발달단계에 있어 달성하지 않으면 안되는 과제를 발달과제(developmental tasks)라 한다. 그리고 개인이나 가족이 지금까지의 발달과제의 달성을 통해 습득하게 된 수습기제(coping mechanisms)로 대응하지 못하는 위기상황을 맞게 될 때 그것을 극복하기 위하여 달성하지 않으면 안되는 특정과제를 문제해결과제(problem-solving tasks)라 부르고 있다. 이러한 개념은 개인이나 가족의 행동을 이해하고 원조하기 위하여 최근 케이스워크에 도입되고 있다.

### 과제(assignment) 02

정규시간 외에 가정·도서관 등에서 학습하도록 과(課)해진 일정 양의 문제를 말한다. 최근에는 문제·프로젝트(project)·리포트(report)라는 말까지 과제를 나타내는 말로 사용되기도 한다. 과제는 일반적으로 ①학생들의 문제해결력 증진, ②정규 수업시간의 학습부족 보충, ③예습·복습의 자극으로 학교의 수업효과 증진, ④자율적인 학습태도와 습관의 증진, ⑤비교육적 활동에 소비하는 시간의 감소, ⑥학교에서 행하기 어려우나 가정 등 학교 이외의 기관에서 할 수 있는 것의 실행, ⑦가정·사회·산업·학교의 협력관계 향상 등의 목적을 갖는다. 과제물의 종류는 내용·기간·형식·학생반응의 성질 등의 기준에 따라 여러 가지로 분류할 수 있다.

### 과제분석(task analysis)

하나의 과제를 그 구성 요소로 나누어 분석하는 과정이다. 과제분석은 숙련된 작업자가 실제로 특정의 작업을 수행하는 것을 관찰하여 각 작업 단계를 순서적으로 기록함으로써 이루어진다. 가르칠 하나의 행동을 단계별로 잘게 나누어 놓은 것(가령 10단계 20단계)으로서 교수 목표들이 성취될 수 있도록 분석되어 있으면서도 계열화된 일련의 하위 목표들로 구성되어 있는 교수 전략을 말한다. 과제분석은 특정한 기술이나 과제에 대해 각 학생의 개별 기능 수준에 맞게 교사가 목표를 정확하게 설정하도록 도와줌으로써 효과적인 진단적 기능을 하며, 각 아동의 학습속도에 맞게 계획될 수 있기 때문에 계열성 있는 연속적 교수를 하기 위한 기초를 제공해 준다. 특수아동을 담당하고 있는 교사들은 읽기, 쓰기, 산수, 자조기술 영역 등에 상업적으로 나온 교재들이 과제분석되어 있어 유효하다 하더라도 각 장애아동의 요구에 맞추기 위해서는 재과제분석이 필요하며, 과제의 특정 기술에 대한 분석 또 필요하다. 또 효과적인 과제분석을 위해서는 그 영역에 대한 충분한 지식과 시간과 브레인스토밍(brain storming : 차례로 낸 아이디어 중 최선책을 결정하는 방법)이 요구된다. 과제분석에는 절차적 접근(procedural approach)과 위계적 접근(hierarchical approach) 그리고 이 두 접근을 결합한 방법이 있다. 절차적 접근은 특정한 행동이 특정 목적에 도달하기 위해 연속적으로 가르쳐질 때 사용된다. 절차적 분석에 포함된 행동들은 서로 독립되어 있어 흔히 교체될 수 있는 것들이며, '접시 닦는 기술' 등이 대표적 예이다. 즉 접시 닦는 것을 가르치기 위해 어떤 교사는 모든 접시를 닦은 후에 헹구게 할 수 있고 어떤 교사는 각 접시를 닦고 이용단계로 넘어가기 전에 헹구게 할 수 있다. 따라서 각 단계는 독립적이고 그것은 교사의 결정이나 학생의 요구에 따라 바뀔 수 있다. 위계적 접근은 선행 기술을 확실히 포함하고 있어 바람직한 목표 달성을 위해서는 반드시 위계적 순서를 따라 밟아 가야 하는 것을 뜻한다. 일반적으로 학습 기술들은 이 접근을 사용하게 되는데 일련의 단계의 각 기술들은 이전의 기술 습득에 의존한다. 마지막으로 두 접근을 결합해서 사용하는 것으로 정신운동과 인지기술을 요구하는 행동을 가르칠 때 유용하다. 가령 버스 타기와 같은 행동을 가르칠 때 이 접근을 사용한다. Moyer and Darding은 과제 분석을 계획하고 수행하기 위한 지침으로 ①주요 과제의 범위를 한정한다. ②관찰할 수 있는 용어로 하위 과제를 사용한다. ③사용할 사람이 이해할 수 있는 수준의 용어를 사용한다. ④학습자가 하게 될 것이 무엇인지에 대한 과제를 기술한다. ⑤학습자보다는 과제에 역점을 두어 계획하는 것 등을 들 수 있다.

### 과제중심접근방법(task — centered approach)

1970년대 이후 라이드(Reid, W)와 에프스타인(Epstein, L) 등에 의해 사회복지 실제의 모형 중의 하나로서 급속히 발전되어 왔다. 이것은 목표(표적)로 하는 문제를 확정함과 동시에 구체적인 과제를 설정하고 계약에 근거해

의도적으로 단기간에 수행하는 특색이 있다. 처음에는 과제중심 케이스워크로서 체계화되었지만 그 후 점차 확대되어 광범위한 분야에서 적용을 시도하여 효과를 거두고 있다.

## 과제중심치료(task-centered treatment)

단기 사회사업 개입의 한 모델로서 사회사업가와 클라이언트가 ①특정문제를 발견하고, ②그 문제를 변화시키는 데 필요한 과제들을 정하고, ③일정기간 동안 요구되는 다양한 행동을 하도록 계약을 맺으며, ④클라이언트가 그 행동들을 실천할 수 있도록 하는 동기(incentive)를 설정하며, ⑤그들이 발견했던 장애 요인을 분석하고 해결하게 된다. 또 클라이언트는 그들의 과업을 수행하기 전 미리 사회사업가에게 과업에 대한 안내를 받고 수행해 봄으로써 많은 도움을 받을 수 있다. 이 모델의 특징은 시간 제한적이고 문제 지향적이며, 과제중심적이며 또 조사에 기반을 두게 된다. 시간 제한적이란 의미를 갖는 계획적 단기성은 과제중심 케이스 워크의 중심적인 개념이며, 계획적이란 의미는 치료기간을 단축시키기 위해 여러 가지 방법을 의도적으로 접근하는 것이다. 또 단기성이란 주 1회에서 2회를 기준으로 6회에서 12회 정도의 면접 길이를 말한다. 따라서 과제중심 치료는 아무리 길어도 4개월 이내에 종료되는 계획인 치료라는데 그 특징이 있다.

## 과태료 01

일정한 부작위 또는 타인을 대신하여 이행할 수 없는 작위의무(作爲義務)의 이행을 심리적으로 강제하기 위해 부과하는 것과 징계처분의 일종으로 부과하는 것 등이 있다. 그 가운데서도 많은 것은 행정질서벌(行政秩序罰)로 부과되는 것이다. 즉 법률질서에 대한 위반이기는 하나 형벌을 가할 만큼 중대한 일반사회 법익의 침해가 아니라고 인정하는 것에 대해 과태료가 질서벌로 부과되는 것이다.

## 과태료(국민연금법 제107조) 02

국민연금에서 국민연금법상 벌칙규정으로 보건복지가족부장관이 10만원 이하로 부과한다. 과태료 부과사유, ①신고의무 위반 가입자(지역·임의·임의계속) 또는 가입자이었던자, 수급권자와 호적법상 사망신고의무자, ②가입자의 취득·상실·변경 등의 통지의무를 위반한 사용자.

## 과표 현실화율

각종 세금은 과표에 세율을 곱해서 산출하는 것이 원칙이다. 따라서 과표의 크기가 적으냐 많으냐가 바로 세금부담의 크기를 결정하는 것이라고 볼 수 있다. 과표가 실제 세금을 내야하는 대상을 얼마나 충실히 반영하고 있는가 나타내는 것이 바로 과표 현실화율이다. 모든 세금

에서 과표 현실화율이 100%가 되는 것이 바람직하나 현실적으로 그것이 곤란한 경우가 대부분이다. 매달 월급에서 원천징수되는 근로소득세는 100%과표가 현실화된 예이다.

## 과학

원어는 학일반을 의미하며, 영어의 science는 특히 자연과학을 가리키는 경우가 많다. 과학이란 자연 및 사회의 사실을 많은 분야로 구분하여 그의 각각에 관해 행해지는 실증적·합리적인 인식 및 그 성과를 말한다. 따라서 과학은 사실의 관찰로부터 출발하고, 분석·종합, 연역, 귀납, 가설 구성, 실험 등 모든 논리적 수단을 구사하여 사물의 구조나 사상 간의 법칙을 파악하고, 각 분야마다 계통적인 인식을 수립한다. 과학적 인식은 일정한 논리적인 절차를 밟으면 누구라도 확인할 수 있는 객관적인 지식이며, 각 분야마다 역사적으로 축적된 지식은 사회의 공공적인 재산으로서의 의의를 갖고 있다. 과학의 대상인 사실의 세계는 완전히 파악될 수 없는 이상이며, 과학은 부단히 진보 발전하지만 완결되지는 않는다. 따라서 한 시대의 과학적 지식은 이러한 의미에서 상대적인데, 그것은 객관적, 절대적인 것으로 항상 끊임없이 접근해가고 있는 것을 의미한다. 많은 과학을 어떤 식으로 분류하느냐 하는 문제는 인간의 정신능력에 관한 F. 베이컨의 분류 이래, 여러 가지 시도가 행해졌다. 그 대다수는 제창한 자연과학(법칙 정립의 학(學))과 역사과학, 문화과학(다 같이 개성 기술의 학)이라는 연구 방법에 따른 분류는, 한때 여러 나라에서 유행했지만, 자연에도 역사가 있고, 사회는 자연으로부터 발전해 온 이상, 과학을 자연과학과 사회과학으로 대별하는 것이 타당하다. 자연과학도 사회과학도 연구의 진보와 함께 점점 특수화·세분화되어 가고 있는 것이 현재의 실정이며, 그것들을 어떻게 통합하느냐가 오늘날의 당면 문제이다. 과학은 여러 각도에서 사실을 구분하여 연구하는 것이지만 현실을 구체적으로 파악하는 데는 불충분하며, 오늘날에는 갖가지 과학 사이의 학제적(interdisciplinary)인 연구가 진행되고 있다.

## 과학산업혁명

자본주의의 발흥기와 결부된 산업혁명 이후 산업계에 큰 영향을 미친 기술혁신이 집중적으로 이루어진 시기가 몇 차례 있었지만, 특히 제2차 대전 직후의 시기에는 전쟁기술과 관련하여 원자력학, 오토메이션, 전자 공학, 항공공학 및 신합성 물질의 다섯 가지 분야가 거의 때를 같이하여 산업계에 등장하게 되었다. 그러한 여러 가지가 결합되어 산업계에 미친 영향은 산업혁명이라고 불리울 정도로 대규모의 것이었으며, 그것의 특징은 과학이 단지 우연적으로만 산업과 관련을 가지는 것은 아니고, 의식적·계획적으로 산업 속에서 응용·도입되었다는 점에서 이 것을 과학 산업혁명이라 부른다. 과학자가 지향하는 종국

적인 목표는 순수이론을 탐구하는 것인데도, 과학자 자신이 일종의 생산력으로서 영리기업의 논리에 봉사하는 경우가 생기게 됨에 따라 새로운 인간소외의 문제가 발생하고 있다.

### 과학적 관리(scientific management)

과학적 관리란 F. W. Taylor가 기존의 주먹구구식 기업관리방식을 비판하면서 제시한 새로운 관리 기법을 말한다. 그는 과학적 관리의 기본 원리를 다음과 같이 제시하고 있다. 즉 ①노동자의 관리를 위한 진정한 과학의 발전, ②노동자의 과학적인 선발과 능력 발전, ③과학과 과학적으로 선발되고 훈련된 노동자의 결합, ④관리자와 노동자의 계속적이고 밀접한 협력을 그 원리로 제시하였다. 이러한 과학적 관리론은 당초 기업경영의 합리화와 능률화를 위해 발전하였으나 그 뒤 행정운영상의 합리화와 능률화를 위해 많은 기여를 하게 되었다.

### 과학적 관리론(scientific management theory)

19세기말부터 20세기 초엽 미국에서 산업자본주의가 전개됨에 따라 일어난 일련의 기업경영 및 생산과정 과학화운동과 고전적 조직이론이 접목되면서 구축된 이론지향을 일컫는다. F.W.Taylor 등에 의해 대표되는 과학적 관리학파는 '절약과 능률'을 행정의 가장 중요한 가치기준으로 삼고, 정치-행정 분리론을 토대로 하여 행정 고유영역의 활동을 규율하는 과학적 원리와 합리적인 관리기법을 본격적으로 탐구하였다.

### 과학적 관리법

생산능률을 향상시키기 위해 작업 과정에서 시간연구와 동작연구를 행하여 과업의 표준량을 정하고, 그 작업량에 따라 임금을 지급함으로써 조직적인 태업(怠業)을 방지하며 생산성을 향상시키려는 관리방식이다. 미국의 테일러가 창시하였으므로 테일러 시스템이라고도 한다. 포드 시스템은 이것을 더욱 진보시킨 형태라고 할 수 있다.

### 과학적 방법(scientific method) 01

사실을 얻기 위한 사회적, 물리적 조사에서 사용되는 일련의 엄밀한 절차이다. 이러한 절차는 문제를 정의하고, 사전에 문제 측정방법을 조작적으로 진술하고, 가설을 기각할 기준을 미리 정하고, 타당성과 신뢰도를 가진 측정도구를 사용하고, 모든 사례 혹은 표본을 관찰하고 측정하며, 반복실험이 가능하도록 세밀하게 축적도나 사실발견과 방법에 관한 공적 조사를 제시하고 사실발견에 의해 뒷받침된 요소의 결론을 제안한다.

### 과학적 방법 02

지식이나 원리를 발견하기 위하여 자료를 수집하고 가설을 설정하며 나아가 그 가설을 경험적인 활동을 통해 검

증해가는 객관적이고 정밀하며 체계적인 접근방법, 이와 같은 과학적 방법을 적용하는 연구 또는 연구 활동을 지칭하여 과학적 연구(scientific research)라 한다.

### 과학철학(philosophy of science)

과학의 기본적 개념·전제·공준(公準)을 명확히 하고, 과학적 방법과 기호체계의 논리적 구조 등을 체계적으로 연구하는 학문분야를 말한다.

### 과학혁명(scientific revolution)

한 학문분야의 이론을 정립하고 현상을 설명하는 기본 틀로서의 패러다임(paradigm)이 바뀌는 것을 과학혁명이라 한다. 과학혁명이라는 용어를 최초로 사용한 Thomas S. Kuhn은 한 학문분야의 지배적인 접근방법이나 관점을 패러다임이라고 지칭하였다.

### 과호흡증(hyperventilation)

신체가 처리해낼 수 있는 양보다 더욱 많은 공기를 받아들이는 것으로 이것은 혈액에 있는 이산화탄소의 정도를 낮춘 결과이다. 보통 이러한 증상은 흥분의 결과이며, 종종 현기증이 나고, 아찔아찔하며, 기절할 것 같은 느낌을 받는다.

### 관계(relationship) 01

사회사업에서 작업 및 원조 분위기를 창출하는 사회사업가와 클라이언트 사이의 상호 정서교류, 역동적 상호작용, 그리고 감정적, 인지적 및 행동적인 연관을 말한다. 사회사업가인 비에스텍은 사회사업가가 클라이언트에 대해 수용, 비밀보장, 개별화, 비심판적 태도와 같은 특정한 윤리적 행동을 해야 하며 동시에 클라이언트에게 최대한 자기결정, 의도적 감정표현, 통제된 정서적 관여 등을 허용해줌으로서 관계력이 생겨난다는 것을 발견하였다. 관계력이라는 용어는 사회사업가 로빈슨이 처음 사용하였다.

### 관계 02

한 사물이나 생각이 다른 사물에 미치는 영향, 혹은 교섭의 양상을 뜻한다. 〈갑은 을의 형이다〉와 같은 연결의 관계만이 아니라 〈A는 B보다 크다〉 혹은 〈P와 Q는 같다〉와 같은 비교의 관계를 포함해서, 연상, 소속, 대조, 지표, 인과 등의 여러 양상이 있다. 사유, 명제, 개념, 이론들 사이의 필연적 관계를 의미하는 논리적 관계와 사건, 사상, 변화, 실체들 사이의 물리적, 역동적, 기능적, 인과적 관계를 의미하는 사실적 관계로 나누어 생각할 수 있다.

### 관계마케팅

고객 등 이해관계자와의 강한 유대관계를 형성, 이를 유지해 가며 발전시키는 마케팅활동. 고객만족 극대화를 위

한 경영이념으로 최근 관심을 끌고 있다. 즉 마케팅은 기존의 판매위주의 거래지향적 개념에서 탈피, 장기적으로 고객과 경제·사회·기술적 유대관계를 강화함으로써 '나에 대한 고객의 의존도를 제고시키는 것'이다. 개별적 거래의 이익극대화보다는 고객과의 호혜관계를 극대화하여 고객과 우호관계를 구축하면 이익은 절로 수반된다.

## 관계망(network)
자료, 기술, 지식이나 연락 등을 공유하고 있는 조직이나 사람들의 공식, 비공식 결연을 말한다.

## 관계망 치료(network therapy)
개인이나 핵가족에게 중요성을 띤 많은 사람들 모두가 기존의 문제들을 해결하는데 어떻게 도움이 될 수 있는지 논의하기 위해 그 가족과 함께 모이는 가족 단위의 치료 절차, 대가족의 식구들이나, 이웃들, 급우, 직장동료, 전문가들이나 목사 또 그 모임에 포함될 수 있다.

## 관계망 형성(networking)
클라이언트와 그 관계자들, 즉 가족이나 친구, 동료들 사이에 존재하는 사회적 결연을 고양하고 발전시키려고 그 연결망 안에는 클라이언트의 목적을 달성하는데 도움이 되는 효과적인 사람들이 있을 수 있다. 이 용어는 전문가들이 사회체계를 통한 행위를 촉진하기 위해 다른 전문가들과 함께 이루어내는 관계를 지칭하여 사용하는 말이다.

## 관계사고(ideas of reference)
타인의 행동 또는 환경현상이 자신에게 어떤 영향을 주기 위해 일어난다는 불확실한 믿음을 말한다. 가령 우연히 대화하고 있는 낯선 사람들과 마주쳤을 때 그들이 자신에 대해 이야기 하고 있는 중이라고 추측하는 사람의 경우이다. 이것은 망상의 한 형태이며 때때로 편집장애, 정신분열증, 연기성 성격장애, 심한 부정감을 갖고 있는 사람에게서 하나의 징후로서 나타난다.

## 관계요법(relationship therapy)
정신분석학파에 속하는 알렌(Allen, F. H.)에 의해 대표되는 심리요법이다. 이 치료이론은 정신분석에서 분석자와 환자와의 치료관계에 초점을 맞추고 있다. 특히 현재의 치료자와 환자가 대면해서 현실로 전개되고 있는 실제 관계 속에서 환자의 창조성이 발휘되어 자기실현이 이루어지는 것이 바람직하다는 것을 강조한다. 이와 같은 생각은 많은 심리치료의 기본으로 도입되고 있으나 근래 행동요법이 성행함에 따라 이 요법은 새롭게 인식되고 있다.

## 관계욕구(related needs)
타인과의 관계를 유지하고자 하는 인간의 기본욕구를 말한다. 머슬로(A. Maslow)의 친교욕구 또는 소속욕구와 존경욕구의 일부가 여기에 속한다. 앨더퍼(C. Alderfer)는 머슬로의 욕구단계론을 보완하여 개인의 욕구와 동기를 좀 더 현실적으로 설명한 ERG이론을 발표하였다. 그는 인간의 욕구를 생존욕구(existence needs), 관계욕구, 그리고 성장욕구(growth needs)의 3단계로 구분하고 이러한 욕구의 충족은 계층적 구조에 따라 순차적으로 이루어진다고 주장하였다.

## 관념화(ideation)
신념을 발전시키는 과정을 말한다. 가령 자살성 사고를 가진 사람은 죽음, 죽음에 대한 욕구와 그 목표에 도달하도록 돕는 특별한 행동에 대해 생각하기 시작하는 사람이다.

## 관대화 경향(tendency of leniency)
근무성적평정 등에 있어 평정결과의 분포가 우수한 쪽에 집중되는 경향을 말한다. 관대화 경향은 부하 직원과의 비공식적 유대관계의 유지를 원하는 경우 등에 나타난다. 이러한 관대화 경향의 폐단을 막기 위해서는 강제배분법을 활용한다.

## 관련전문가 팀(inter — professional team)
각자는 다른 전문인 분야에서 훈련받고 자신의 기술과 방침을 가지고서 공통 문제를 해결하거나 공동 목표를 성취하기 위해 함께 일하는 작은 규모의 조직화된 집단이다. 팀 구성원들은 지속적인 의사소통, 재심사, 개인별 노력의 평가를 통해서 최종 결과에 대한 집단적 책임감을 가지고 자신의 특별한 재능이 팀의 목표에 도움이 되게 한다. 관련전문가팀은 정신병의사, 심리학자, 사회사업가, 정신과 간호사 등의 정신건강 팀을 포함할 수 있지만 이들에게만 제한되는 것은 아니다. 가령 지역사회가 재난에 대처하도록 돕는데 참여할 수 있는 팀은 의사, 간호사, 경제학자, 건축가, 공학자, 위생 전문가, 정치학자 뿐만 아니라 다양한 전문성을 가신 사회사업가들로 구성할 수 있다.

## 관료엘리트체제(bureaucratic elite system)
군대나 민간공무원 또는 이 양자의 결합을 통해 직업적인 정부관료들이 정치권력의 우위를 점하고 있는 발전도상국의 행정체제를 말한다. Ferrel Heady는 이러한 국가들로 버마·파키스탄·과테말라 등을 들고 있다.

## 관료적 권위주의(bureaucratic authoritarianism)
정치적 경쟁이 폐쇄되고, 민중부문이 정치경제적으로 배제되며, 기술관료가 중요한 역할을 수행하는 정치체제를 말한다. 관료적 권위주의체제는 통제와 조정의 기술관료적 기제(技術官僚的 機制)들이 통치체제 내에 침투해 있다는 점에서 전통적 권위주의체제와 구별된다. 국가의 지배계 충을 이루는 중심인물들은 민간인과 군인을 포함한 기술관료들이며 이들은 해외자본과 밀접한 관련을 맺고 있다. 이들은 또 경쟁적 선거제도를 폐지하고 민간부문의 정치참여를 철저히 통제한다. 엘리트집단에 의한 이러한 통치방식은 국가의 강제력에 의해 뒷받침된 행정권의 강화로 특징지워진다. 그리고 이 체제의 주된 관심은 고도의 산업화를 추진하는데 있으며, 정책지향은 사회의 하위계층보다는 대기업이나 외국자본의 이익을 더 옹호하는 것으로 나타나기 쉽다.

## 관료적 기업가형(bureaucratic entrepreneur)

정책집행 담당 관료들이 정책과정 전체를 주도, 실질적인 결정권을 행사하는 관료의 역할유형을 말한다. 이 유형에 있어 정책결정 자들은 형식상 결정권을 소유하고 있으나 집행자들에 의해 만들어진 정책과 목표를 받아들이는 수밖에 없으며, 모든 실권을 집행자들이 가지고 있다. R. T. Nakamura와 F. Smallwood는 정책 결정자와 집행자 사이의 관계를 이와 같이 고전적 기술자형, 지시적 위임형, 협상형, 재량적 실험형, 관료적 기업가형의 다섯 가지로 구분하였다.

## 관료정치모형(bureaucratic politics model)

정책은 결정과정에 참여하는 관료들의 흥정, 타협, 연합, 대결에 의해 이루어진다고 보는 정책결정 모형을 말한다. 이 모형을 제시한 G. T. Allison은 정부를 잘 조정된 유기체로 보고 엄밀한 통계적 분석에 치중하는 결정방식을 합리적 행위자 모형(rational actor model)이라 하고, 느슨하게 연결된 준독립적인 하위 조직체 들의 결정을 조직과정 모형(organizational process model)으로 분류한 뒤, 정부를 상호 독립적인 정치행위자들의 집합체로 가정하는 관료정치 모형을 제3의 모형으로 제시하고 있다.

## 관료제(bureaucracy) 01

전문적 능력을 가진 관료들이 일정한 법이나 규칙에 따라 질서있는 행정을 행하는 조직형태. 특히 관료제가 소수 지배자의 일방적 지배형태로 나타날 경우 〈관료주의〉라 부른다. 20세기 대중민주주의 출현으로 사회적 이해가 다양해지고 조직화가 진행되면서 대규모 조직체의 출현, 정부활동의 증대 등 정책의 전문화와 규격화가 불가피해져 정책의 입안과 실시에 있어 행정전문가가 수행하는 역할이 커졌다. 그러나 현재는 관료제의 비대화에 따른 비능률이 문제시되고 있다.

## 관료제 02

노동력이 특수한 업무별로 나뉘어 있으며, 권력이 상층에 집중된 수직적인 위계질서, 명확히 규정된 규칙, 의사소통의 공식화된 통로, 전문적인 능력에 따른 채용, 승진, 보상, 보류를 특징으로 하는 사회조직의 한 형태를 말한다.

## 관료제 03

사회적 집단 조직의 효율적인 운영 방식을 대표하는 개념이다. 이 말은 원래 프랑스 혁명 이전 자유주의자들이 좁은 안목을 가지고 번거로운 형식적 절차에 집착하는 독단적인 관료들을 비판하는데서 비롯되었으며, 근대에 이르기까지 그와 같은 부정적인 의미가 보편화되어 이른바 조직체의 복잡화에 따른 책임 분담의 불명확성이나 특수 사례를 고려하지 않는 상투적이고 고답적인 사고방식, 업무 지연이나 책임전가, 지시계통의 갈등, 노력의 중복성 그리고 소수의지에 따른 통치력 등을 비난할 때 사용되는 대명사로 되었다. 그러나 이러한 의미는 〈관료주의〉로 표현되는 것이 상례이며, 〈관료제〉는 현대사회의 효율적인 조직과 통치를 가리키는 기술적 의미로 받아들여지고 있다. 거시적 수준에서 관료제는 조직의 능률을 최고도로 달성할 수 있는 조직 형태라고 할 수 있다. 현대적 의미에서 관료제는 조직의 대형화에 따른 내부 관리의 문제를 기술적으로 해결하기 위하여 조직 관리의 상·하 관계 구조를 명백한 권리 및 의무의 관계로 규정하여 모든 직무는 공식적인 명령 계통을 가진 위계적 질서에 의해 배분, 수행하는 제도를 뜻한다. 이러한 공식적인 행동에 관한 규정은 불평을 야기하기도 하지만 비교적 표준화된 행동을 할 수 있게 하고, 전문화와 권한의 열 그리고 규칙의 체계라는 특징을 갖는다.

## 관료제 04

관료제란 많은 양의 업무를 법규에 따라 비정의적(非情誼的)으로 처리하는 특정한 형태의 대규모 분업체제를 말한다. 기능적 측면에서 볼 때 관료제는 합리적 측면과 병리적 측면, 그리고 권력적 측면을 함께 지니고 있다. 합리적 측면으로는 전문화, 계층제, 분업화, 비정의성, 표준화된 규칙 등의 내용이 포함되며, 병리적 측면은 형식주의, 무사안일, 비밀주의 등 관료주의적인 것을 가리킨다. M. Weber는 18세기 이후 서구사회의 근대화 과정에서 생성된 대규모 공공조직들의 공통된 특징을 통찰하고, 합리적이고 작업능률을 극대화할 수 있는 이상적인 조직형태로서 관료제의 이념형(ideal typus, ideal type)을 설정하였다. 근대적 관료제의 주요 특징은 다음과 같다. 첫째, 관료의 권한과 직무범위는 법규에 의해 규정된다. 둘째, 직무조직은 계층제적 구조를 형성한다. 셋째, 직무의 수행은 서류(문서)에 의거해서 이루어지며, 그 결과는 문서로 기록 보존된다. 넷째, 관료는 직무수행 과정에서 애정이나 증오 등의 개인적 감정에 끌리지 않는, 즉 비정의적(非 情誼的)자세를 견지해야 하며, 업무는 법규에 따라 공정하게 처리된다. 다섯째, 모든 직무는 전문지식과 기술을 지닌 관료가 담당하며, 이들은 시험 또는 자격증 등에 의해 공개적으로 채용 된다. 또 관료들은 지속적인 교육훈련을 통해 전문적 능력을 기르고 관료직을 '생애의 직업'으로 여기고 전념한다. 여섯째, 관료는 직무수행의 대가로서 급료를 규칙적으로 지급받고, 승진 및 퇴직금 등의 직업적 보상을 받는다. 일곱째, 관료제에서 고용관계는 전통적인 신분관계가 아닌 평등한 관계에서 고용의 자유계약이 허용된다.

## 관료제 05

조직의 거대화에 따라 조직목표를 공정하고 효율적인 달성하기 위한 합리적인 조직관리·운영체계를 말한다. 합리적 규칙, 권한위계구조, 비인격적 직무집행, 직무전문화 등의 조직특성을 갖는다. 행정 관료제뿐만 아니라 기업, 정당, 노동조합, 군대, 대학 등 여러 곳에서 볼 수 있다. 그러나 이 관료제는 형식주의, 파벌주의, 책임회피, 비밀주의, 문서주의 등 수많은 조직병리를 낳기 쉽다.

### 관료제의 병리(bureaupathology)

비능률성·형식주의·무사안일주의·비밀주의·할거주의(sectionalism)·번문욕례(煩文縟禮,red-tape)·동조과잉(同調過剩, overconformity)·목표대치(目標代置, displacement of goals)·훈련된 무능력(trained incapacity)·관료적 독선주의(administocracy)·끊임없이 영역확장을 꾀하는 국가건설(帝國建設, empire building) 등 관료제 조직에서 흔히 나타나는 역기능적·병리적 행태와 현상을 지칭하는 개념.

### 관료제의 유형

F. M. Marx는 관료제를 견적 관료제(guardian bureaucracy), 신분적 관료제(caste bureaucracy), 엽관적 관료제(patronage bureaucracy), 실적주의 관료제(merit bureaucracy)로 구분하고 있다. 또 M. Weber는 권위의 정당성을 기준으로 하여 지배의 유형(type of authority)을 전통적 지배(traditional authority), 카리스마적 지배(charismatic authority), 그리고 합법적 지배(1egal authority)로 구분하고, 이러한 지배유형과 관련시켜 관료 제의 유형을 전통적 지배관계에 입각한 가산관료제(家産官僚制), 카리스마적 지배에 입각한 카리스마적 관료제, 합법적 지배에 근거한 합법적·합리적 관료제로 나누었다.

### 관료주의(bureaucratism) 01

관료제가 지배하고 있는 국가의 행정기관 및 사회집단에서 찾아볼 수 있는 특정한 행동양식 및 의식상태를 말한다. 이러한 관료주의는 형식주의·번문욕례·비밀주의·획일주의·선례답습주의·법규만능·창의성의 결여 등 관료병리 현상을 주로 지칭한다.

### 관료주의(bureaucracy) 02

조직의 공정성, 합리성, 효율성을 기할 수 있도록 위계적 질서를 형성하고 있는 전문적 관료들의 체계이다. 〈관료주의〉라는 말은 본래 관료들이 사용한 책상보(bureau)에서 유래한 것이며, 처음에는 18세기의 프랑스 정부 관료들의 업무상의 불성실성, 안목의 협소성 그리고 오만한 자세를 빈정대는 경멸적 용어로 사용된 것이다. 그러나 19세기의 유럽 여러 나라에서 이 말이 사용되면서 다소 그 의미가 확대되기도 하였다. 특히 자유주의자들은 정부의 관리들이 책임 소재를 불확실하게 함으로써 업무의 처리를 지연시키고 책임을 전가하며, 관리들 간에 정책의 방향에 혼선과 갈등이 생기고, 일을 중복해서 하며, 통제력을 집중시킴으로써 결정권을 중앙에서 독점하고, 규칙과 관행을 경직되게 운영하는 등의 태도와 성향을 꼬집는 말로 사용되기도 하였다. 그리고 세계대전 후에는 절대적 지배권을 구축하거나, 자원을 무책임하게 낭비하거나, 업무의 성격에 비추어 인력의 규모를 과다하게 보유하는 타성을 비난하는데에 그 말이 사용되기도 하였다. 그러나 맑스 베버(Max Weber)는 〈관료주의〉라는 말을 그러한 경멸적 용어로서가 아니라 일종의 이론적인 기술적 용어로 사용하였다. 그는 이 말을 성문화된 법규에 의해 합법적으로 임명된 관직자와 그 하위 관료의 위계적 관직 관계를 나타내는데에 사용하였다. 관료주의적 관직관계는 권리와 의무의 배분에 관한 규정이 있고, 계약적 방법에 의해 임용, 승진, 보수, 훈련 등에 관한 조건이 결정되며, 공과 사의 엄격한 분별을 지키는 등의 윤리를 요청받는다. 관료주의의 긍정적 측면을 보면, 업무의 처리에 있어서 능률성을 추구하고, 공평무사주의적 원칙에 따른 합리성을 실현하며, 임용과 보수에 있어서 능력주의를 적용하고, 통제력의 집중과 위계적 질서에 의해 능률성을 발휘하며, 봉사정신과 단체정신을 지키면서 사회적 책무를 다하는 것 등을 규범적 특징으로 하고 있다. 그러나 관료주의는 이와는 오히려 반대로 연상되는 경향도 없지 않다. 〈관료적〉혹은 〈관료주의적〉이라는 말은 획일성에 지배되어 특수한 사례나 개인적 사정을 전혀 고려하지 않으며 비인간적이고 기계적인 비정함을 암시하고 있다. 그리고 관료주의는 규칙을 경직되게 적용함으로써 융통성을 결하고 있으며, 능률성을 겨냥한 획일성은 창의성을 말살시키고, 통제력의 집중은 자발성과 자율성을 제약하기도 한다. 다른 한편 동양 전통 사회의 체제에도 〈관료주의〉라는 말을 적용하고 있다. 그러나 동양 전통 사회에서의 관료는 조직 운영의 기술적 전문성보다는 인문적, 도덕적 자질을 더 중요시하는 것이 그 특징이므로 서양 학자들 간에는 관료주의 혹은 관료체제의 전형이라고 할 수 없다는 주장도 있다. 그러나 관료주의는 관료들의 자질적 특성이라기보다는 조직의 구조와 운영의 특징이므로 동양 전통사회의 경우도 관료주의의 한 사례라고 하지 않을 수 없다.

## 관료화(bureaucratization)

사회기관과 조직이 엄격히 규정된 규칙과 의사소통 통로에 따르도록 더 집중화된 통제와 강요된 복종으로 나아가려는 경향이다.

## 관리(management)

조직목표의 달성을 위해 조직의 협동적 노력을 지휘·조정하는 과정을 말한다. 관리는 조직목표를 설정하고 계획을 세우며, 인적·물적 자원을 조직화하고, 구성원의 활동을 지휘·조정·통제하는 과정을 통해 이루어진다.

## 관리격자도(managerial grid)

Robert Blake와 Jane Mouton이 리더십 유형을 분류하기 위해 마련한 개념 틀을 말한다. Blake와 Mouton은 리더의 생산에 대한 관심과 인간에 대한 관심의 두차원을 기준으로 리더의 행동유형을, 생산 및 인간에 대한 관심이 모두 낮은 무기력형(impoverished), 인간에 대한 관심은 높으나 생산에 대한 관심이 낮은 사교형(country club), 생산에 대한 관심은 높고 인간에 대한 관심은 낮은 과업지향형(task), 인간과 생산에 절반씩의 관심을 두는 절충형(middle of the road), 그리고 생산 및 인간에 대한 관심이 모두 높은 팀형(team)의 다섯 가지로 분류하였다.

## 관리격자도에 의한 조직발전 (grid organization development)

Robert Blake와 Jane Mouton이 개발한 관리격자도를 기초로 삼아 개인·집단·집단간의 관계 그리고 조직전체의 효율화를 도모하려는 조직발전(OD: organization development)의 한 기법을 말한다. 이 기법은 우선 관리유형에 관한 세미나를 통해 기존의 관리방식을 평가하고, 작업집단 발전 기법·문제해결 기법·의사전달 기법·조직과 작업집단의 문화 분석기법 등을 익힌 다음, 이를 실제의 작업관계에 적용하고, 이어 조직전체에 대한 발전계획을 수립·시행한 뒤, 그 결과 를 비판·측정·평가하는 순으로 진행된다.

## 관리계층

경영관리 또는 조직체의 관리를 구성하는 여러 활동의 직능적 분화 방식 중에서 수직적 분화에 의해 형성된 여러 활동군(活動群)의 계층. 관리계층은 일반적으로 최고관리(top management), 중간관리(middle management), 하급관리(lower management)의 3종류로 이루어진다. 이들 3관리계층은 저마다 관리직능의 내용에 따라, 경영·관리·감독 으로 구분되거나, 관리의 대상이 되는 조직 단위에 맞추어 전반관리·부문관리·현장관리로 구분하기도 한다. 또 관리계층은 관리직위 또는 그 직위를

맡게 된 인물을 가리키는 경우도 있는데, 이 경우는 일반적으로 임원급을 최고관리, 부장·과장급을 중간관리, 계장·반장급을 하급관리로 구분하고 있다.

## 관리과업(management tasks)

사회복지 행정가나 관리자의 주요 활동들을 말한다. 패티에 의하면 관리과업에는 6가지 기본적 과업이 있다. ① 프로그램의 계획과 개발, ②재정적 자원과 지원을 얻기, ③조직구조와 과정의 고안, ④직원의 능력 개발과 유지, ⑤기관 프로그램의 사정, ⑥기관 프로그램의 변경 등이 있다.

## 관리기능

경영활동을 지휘, 감독하기 위한 기획·조직·지휘·조정·통제 등의 기능을 말한다. 관리라 함은 계획 실시, 평가의 행위를 말하며 관리자가 하급직원을 지휘하여 자기의 책임을 수행하려면 다음과 같이 작업의 계획을 수립하여야 한다. ①계획 : 합리적 경영활동을 위하여 활동·실행에 앞서 업무수행의 방책 을 세우는 것, ②조직 : 각 조직원의 업무분담과 상호관계를 결정하는 것, ③지휘 : 각 조직원의 업무에 대해 지시와 명령을 행하는 것, ④조정 : 업무수행 중에 야기되는 여러 가지 문제를 해결하고 집단 노력 을 결집시켜 행동의 통일을 도모하는 것, ⑤통제 : 조직원이 지시대로 활동하여 소기의 성과를 달성하였는지의 여부를 검토·심사하는것이다.

## 관리도

작업이 올바르게 행해지고 있는가 어떤가를 확인하기 위해 쓰는 것인데, 그래프의 위와 아래에다 각각 관리한계라는 선을 쳐두고 그 선의 범위 이내면 품질이 일단 안정되어 있으며 만일 그 범위를 벗어나면 어떤 손을 쓰지 않으면 안된다는 것을 자연히 알 수 있도록 한 것. QC의 한 가지 수법이다.

## 관리사회

현대사회를 비판적, 비관 주의적으로 성격화하는 하나의 견해, 조직의 거대화, 관료제화, 과학기술화, 정보산업의 발달 등을 배경으로 하여 현대인의 생활양식과 구조가 일부의 기술 관료층에 의해 관리 된다고 주장한다. 인간본래의 자유인 의사와 행동이 억압되고 선택폭이 좁게 된 사회가 현대사회이고, 그 의미로써 자유억압사회로 간주된다. 또 기능합리성이 전체사회를 지배하고, 실질합리성이 손상된 사회라고 특정지어진다. 막스 —베버(weber Max)에 의해 관료제의 문제 제기가 되었고 갈브레이드(Galbraith, J. K.)의 테크노스트럭쳐(technostructure)에서 이를 긍정하였는데, 바질(Bazil)은 〈인간회복의 경영〉을 통해 이를 극복하려고 하였으며, 베니스(Bennis)와 엘빈 토플러(Alvin Toffler,)에 이

르러서는 관리사회의 상징인 관료제의 사멸을 선언하기에 이른다.

## 관리정보체계
(MIS : management information systems)
사회기관이 조직의 목표를 효율적으로 수행하는데 유용한 자료를 얻고, 처리하고, 분석하고, 보급하는데 흔히 사용되는 관리방식을 말한다. 관리정보체계는 클라이언트에게 제공된 직원의 활동과 서비스를 추적하는데 이용될 수 있다.

## 관리직능
경영체의 활동을 지휘, 감독하기 위한 〈계획 － 조직 － 명령 － 조정 － 통제〉라 는 일련의 기능을 가리키는 말이다. 관리란 〈계획, 실시, 평가(심사)〉(plan, do, see)의 행위를 말하거니와 관리자가 부하를 지휘하여 자기 책무를 수행하기 위해서는다음과 같이 일의 진행계획을 짜는 것이 좋 다. ①계획(planning) = 합리적인 경영활동을 하기 위하여 활동을 실행 하기에 앞서 업무수행의 방책을 세울 것, ②조직(organization) = 각 부 들의 업무분담이나 상호관계를 정할 것, ③명령(directing) = 각각의 업무에 대해 지시나 명령을 내릴 것, ④조정(coordinating) = 업무수행 중에 일어나는 제반 문제를 해결하고 집단의 노력을 집결하여 행동통일을 꾀할 것, ⑤통제(controlling) = 끝으로 부하가 지시한 대로 움직여서 소기의 성과를 거두고 있는지 여부를 검토 · 심사한다.

## 관리통화제도
금본위제도와 같이 통화의 증감을 금준비의 증감에 좌우됨이 없이 통화 관리자(정부, 중앙은행)의 자유재량으로 통화량을 조절하는 제도. 이 제도의 목적은 통화량 조절로 물가를 안정시키는 데 있다.

## 관리회계
기업회계의 한 분야로 경영자가 경영관리활동을 하는 데 있어 도움이 되는 것을 목적으로 한 내부보고회계를 가리킨다. 반면 재무회계는 기업의 경영성적과 재정상태를 기업 이외의 이해관계자(주주 · 채권자 · 투자가 등)에게 보고하기 위한 것이다. 관리회계는 기업의 경영자가 경영계획을 책정, 최고의사 결정을 하는 데 도움이 되는 〈의사결정회계와 경영관리를 위한 〈업적관리회계〉의 두 가지로 대변될 수 있다. 전자는 경영자가 원가명세 · 입지 · 설비 등 경영구조에 관한 기본적 사항에 있어 경영의사 결정을 하는 데 필요한 회계정보를 제공한다. 설비투자문제는 이 가운데 중요한 지위를 차지하는 분야다. 후자는 협의의 경영관리이며 경영상의 경상적 · 반복적 업무집행에 도움이 되는 계획책정과 통제를 하기 위한 회계정보를 제공한다. 업무예산 · 손익계획 · 표준원가계산 등이 이

들 분야의 주요 항목이다.

## 관선 변호인(public defender)
범죄자로 기소 당했거나 법률서비스를 필요로 하지만 상담의뢰비를 지불할 능력이 없는 사람들을 변호해주는 사람을 말한다. 관선변호인 제도는 가난한 피고인에게는 반드시 법정 대리인을 제공해야 한다는 대법원의 기드온 대 웨인라이트 판례를 결과로 대부분의 주에서 실시되고 있다.

## 관성효과
소득이 높을 때의 소비행동은 소득이다소 낮아져도 곧 변하기 어렵다. 이와 같이 소득이 늘어나지 않아도 그 소득과 균형잡힌 상태로 소비가 곧 줄지 않는 현상을 말한다. 래칫(ratchet)효과라고도 한다. 관성효과가 작용하면 소득이 감소국면에 들어가는 경기후퇴시에 소비성향이 한때 상승한다.

## 관세
넓은 뜻의 국세에는 내국세와 관세의 두 가지가 있는데, 관세는 외국에서 수입되는 것에 대해 과세하고, 내국세는 국내의 사람 또는 물건에 대해서 과세한다. 관세는 또 소비세의 일종이며 이에는 보호관세와 재정관세가 있는데 전자는 주로 국내산업의 보호육성을, 후자는 주로 재정수입의 증가를 각각 목적으로 삼고 있다.

## 관세감면제도
수입관세를 줄여 주거나 전액 면제시켜 주는 제도. 관세감면대상물품과 경감률은 재무부장관이 정한다. 같은 물품이라도 수입용도에 따라 관세 감면대상여부가 결정된다. 관세감면대상물품으로 지정받아 수입된 물품은 보통 5년까지 용도변경할 수 없다. 본래의 수입목적으로 사용하지 않으면 정상적인 관세를 추징하게 된다. 관세감면혜택을 받을 수 있는 주요 물품은 ①기술개발주도 관련 산업인 전자 · 기계공업 설비를 위한 물품, ②시설기계류 및 기초설비품으로서 국내에서 제작이 곤란한 중요 산업시설재, ③발전 · 송전 및 석탄광업, 액화천연가스저장업 등에 필요한 자원개발용품, ④방위산업물품, ⑤학술연구용품, ⑥정부조달물품 등이다.

## 관세자유지역
국제물류업체와 수출업체 등에 한해 관세를 부과하지 않고 통관절차를 생략해주는 경제특구 관세자유지역 입주업체의 수출입에 대해서는 관세 · 부가세 등 각종 간접세가 면제되고 세관 신고가 생략된다. 운송 · 가공 · 환적 · 저장 · 상표부착 등 물류업의 자유로운 활동이 보장된다. 입주 외국기업에 대해서는 〈외국인투자촉진법〉에 따른 외국인 투자지역업체들과 동일하게 법인세 등 각종 세금과 토지 임대료 등이 감면된다.

## 관세평가제도

수입품에 부과되는 관세액을 산출하기 위해 과세 가격을 결정하는 것을 관세평가라 한다. 우리나라는 그동안 수입 물품을 통관하기 이전에 세관에서 가격을 심사하는 사전 평가제도를 시행해왔으나 무역규모가 확대되고 물품의 신속통관요구가 증대됨에 따라 1991년 1월 1일부터 원칙적으로 사후평가제도를 실시해왔다. 사후평가제도란 관세납부의무자가 수입 신고때 수입물품의 가격을 신고하면 세관에서는 이를 그대로 인정, 물품을 통관시키고 사후에 가격을 심사해 정산하는 제도이다.

## 관음증(voyeurism)

옷을 벗고 있거나 성행위를 하는 사람을 반복적으로 보는 특징이 있는 정신성적 장애를 말한다. 일반적으로 엿보기로 알려진 이러한 행동은 관음증이 있는 사람들이 성적 흥분을 일으키는 좋은 자원이 된다. 보통 때에 다른 사람을 보거나 관찰하는 것을 즐기는 사람은 종종 비공식적으로 관음증이 있는 사람으로 언급된다.

## 관 이용자 교육(service orientation)

재활사회사업기관에 있어 판정회의를 거쳐 관 서비스 대상자로 판정된 사람들 중 조만간 서비스가 시작될 사람들을 대상으로 복지관 소개와 아울러 관 이용방법 및 절차를 주지시키기 위한 교육이다. 가령 이용자의 경제적 문제를 포함한 치료비 문제, 복지관 시설안내, 관 안내 비디오를 통한 교육 등 이용자로 하여금 관 이용을 보다 손쉽게 할 수 있도록 사전교육을 하는 모든 절차를 일컫는다.

## 관절염(arthritis)

관절에 고통을 주는 염증을 말한다. 이것은 내분비선의 기능장애나 신경손상, 혹은 전염병 및 노령으로 인한 퇴화에 기인한다. 주요 유형으로는 류머티즘성 관절염, 골관절염, 통풍 등이 있다. 미국에서는 다른 어떤 장애보다도 관절염 때문에 많은 사람들이 불구가 되고 있다.

## 관찰(observation)

어떤 대상·과정이 어떻게 되어 있으며, 어떻게 해서 생기는가의 사실을 있는 그대로 확인하는 것이다. 넓은 의미에서는 실험을 포함시킬 수 있는데, 보통은 실험처럼 대상이나 과정에 인위적인 간섭을 가하지 않는 경우를 말한다. 관찰은 감각기관만으로 행해지는 경우, 관찰을 위한 기구(망원경·현미경·한란계 등)를 사용하는 경우, 또는 사회 현상을 연구할 때와 같은 통계적 수단을 사용하는 경우가 있다. 관찰에는 질적인 것과 양적인 것이 있으며, 양적 관찰은 관측이라고 한다. 관찰은 일정한 목적 없이 되는대로 행해지는 것이 아니고, 대상의 목적에 따라 일정한 방침 아래 선택적으로 행해진다. 사실의 관찰은 모든 과학 연구의 출발점이다. 과학에는 관찰을 주요

한 수단으로 하는 것과 실험이 중요한 역할을 하는 것이 있는데 오늘날 자연과학은 관찰에만 그치는 것이 아니고, 어느 정도는 실험에 기초를 두고 있다.

## 관찰법(method of observation) 01

연구방법의 한 형태이며, 자연적 조건이나 상태에서 연구 대상의 행동을 관찰하고 기록하는 절차를 통해 연구 자료를 수집하는 방법을 말한다.

## 관찰법 02

현지조사방법의 하나로서, 조사자의 시각을 통해 직접적으로 피조사자의 언어나 행동, 또는 상황전체를 과학적으로 관찰해 기록·분석하는 방법을 말한다. 관찰법에는 대상의 제 조건을 의도적으로 통제하고 관찰수단을 표준화해서 시행하는 통제적 관찰과 대상을 있는 그대로의 상태로 보는 비통제적 관찰이 있다.

## 관찰보호

갱생보호의 한 방법으로 출소하여 사회에 복귀한 자 중에서 사회적응 능력이 부족하여 정상적인 사회생활이 곤란하거나 재범의 우려가 있는 자에 대해 갱생보호위원이 그들을 방문하거나 또는 면접 또는 서신 등의 방법으로 정신적 지도를 실시하여 재범의 위험성을 제거시켜주고 한편, 극빈자와 무직자에 대해서는 생업보조금의 지급, 생산도구대여 및 취업알선 등으로 자활자립을 조성해 주는 보호방법이다. 보호의 개시와 해제는 갱생보호회 지부장이 결정하고 이를 본인 및 친권자에게 통지하는데 보호기간은 2년 이내로 하며 필요하다고 인정할 때에는 그 기간을 연장할 수 있다.

## 관찰에 기초한 실천(empirically based practice)

사회사업가가 조사연구의 실천과 문제해결의 도구로 사용하는 전문 사회사업 개입기술의 한 형태이다. 개입을 하기 위하여 자료를 체계적으로 모으는 것, 문제 분류 및 기술 그리고 결과를 측정할 수 있는 항목으로 특정화하는 것, 사용된 개입방법을 체계적으로 평가하는 것 등이 있다.

## 관찰연구
### (observational research / observational study)

관찰을 통해 변인들 간의 관계성을 알아보는 연구를 말한다. 흔히 연구자는 변인을 조작하지 않으며, 다만 자연스러운 상황에서 발생하는 변인들을 관찰하고, 그 관계를 분석하게 된다. 관찰연구의 주요 목적은 변인들 간에 관계성이 있는지, 나아가 만일 관계성이 있다면 그 관계의 정도는 얼마나 되는지를 알아보는데 있다. 그러나 관찰연구의 결과만을 가지고서는 변인들 사이의 인과적인 관계가 있는지를 결정하기 어렵다는 한계가 있다.

## 관찰학습(observational learning)

사회적 학습이론의 형태를 적용한 관찰학습은 다른 사람이나 사물의 모델링을 통해서 정상 혹은 비정상적인 행동을 관찰함으로써 자극이 되어 이루어지는 학습을 말한다. 아이들이 격렬한 행동을 관찰한 경우 다른 친구들과 놀때 공격적인 행동을 보이는 것이 그 예이다. 이 용어는 모방학습, 모델링 혹은 관찰 학습으로 다양하게 불리어져 왔으며 현재는 '관찰학습'이란 용어를 더 선호해서 쓴다. 가장 광범위하게 연구한 사람으로 Bandura를 들 수 있는데, Bandura는 모델링은 항상 생각과 행동의 가치, 태도 그리고 패턴을 전환하는데 가장 강력한 수단 중 하나라고 하였고, Miller & Dollard는 새로운 행동의 습득과 이전에 학습된 행동의 억제 혹은 용이성, 둘다의 측면에서 모방의 역할을 강조하였다. 그만큼 인간 발달에 있어 모방은 기본이며 중요한 것이다. 관찰학습은 다양한 면에서 관찰자의 행동에 영향을 미칠 수 있는데 살펴보면 다음과 같다. ①새롭게 독특한 행동의 습득을 용이하게 해준다. ② 이전에 습득된 행동을 감소시키거나 증가시킬 수 있다. ③특별한 행동에 대한 단서를 제공해 줌으로써 반응 레파토리가 정지 상태에 있는 것을 활성화시켜 반응을 용이하게 해주고 다양한 반응 양식을 갖게 한다. ④관찰학습에서 관찰자는 특수한 반응보다는 특수한 자극에 관련 있기 때문에 특수한 음식 먹는 모델을 관찰하면 다른 음식 대신 그 음식을 먹게 되는 것처럼 환경적인 자극의 풍부성도 제공해 준다. ⑤만일 관찰학습의 모델이 감정적 반응을 표출하는 것이라면 관찰자들에게 그러한 감정을 불러일으킬 수 있어 각성의 효과(arousal effects), 관찰학습을 통해 습득된 행동이 모든 상황에서 일어나는 것은 아니므로 직접, 간접 그리고 스스로 만든 자신의 동기부여가 필요한 동기화 과정(motivational processes) 등을 거치게 된다. 이 관찰학습은 정신지체의 경우 문제해결 시 외부단서에 의존하는 외부 지향성과 사회접촉을 유지하기 위해 기꺼이 수행하는 경향 때문에 관찰학습은 이들에게 중요한 학습방법 중 하나이며 이 효과는 비장애인들과 같은 정도로 행동관찰의 효과가 있는 것으로 지적되고 있다. 그러나 정신 지체인들은 주의집중이 부족하고 우연적인 학습이 비장애인보다 덜 효과적이기 때문에 좀 더 두드러진 모델이 필요하다고 한다. 심한 정신지체에게서도 관찰학습의 효과가 발견되는데 이 경우에는 모델링을 보여줄 때 언어교수를 함께 병행해야만 효과가 나타난다고 보고 있다. 행동적인 반응을 하지 않고 관찰을 통해서만 하는 학습을 말하며, 특정한 반응을 하면 즉각 강화하는 절차에 의해 행동변화를 통제하는 작동적 조건화의 이론에 의하면 반응을 하지 않고 따라서 강화도 없는 관찰학습이란 있을 수가 없다. 그러나 인간의 학습은 상당한 부분이 관찰학습에 해당한다. 기능의 학습을 위해서는 연습 또는 실습이 필요하지만 처음부터 시행착오적인 행동을 해서는 안되고 여러 단계에서 교사나 훈련자가 시범하는 동작을 관찰하고 모방해야 한다. 또 영화나 TV를 시청하여 배우는 것은 모두가 관찰학습이다. 어린이들의 관찰학습에 관한 연구에는 영화가 많이 사용되었다. 관찰학습은 행동주의가 주장하는 행동의 변화로서의 학습과는 그 성질이 근본적으로 다르다. 고양이 정도의 영리한 동물도 관찰을 통해 모방할 수 있다는 사실이 확인되었다.

## 관호조치(detention and classification)

소년법에 의해 가정재판소가 비행사건의 심판을 위해 소년의 신병을 보전하여 조사·감별 등을 행하고자 취하는 조치를 말한다. 관호조치에는 가정재판소 조사관의 관찰보호 하에 두는 신병불구속과 소년감별소에 송치하는 신병구속의 2종류가 있으나 전자는 활용되고 있지 않다. 후자는 형사구속의 구류와 대비되나 이유개시나 이의신립 등의 보장이 없으며, 인권감각에 따른 운용이 필요하다. 후자의 수용기간은 2주 이내로 1회에 한해 갱신할 수 있다.

## 광기(insanity)

개인의 심각한 정신장애를 이적하는 데 쓰이는 법률적인 또는 일반적인 용어이다. 이것이 법률상의 용어로 사용될 경우, 정신장애는 범죄행위와 같은 어떤 행위에 대한 개인의 책임을 무효로 할 만큼 신중하게 고려된다. 법적으로 미친 것으로 선고받은 사람은 범죄행위의 불법 여부를 평가하거나 법의 요구에 따라 행동할 실제적인 능력이 부족하다고 생각된다. 일반적인 용어는 사용될 경우, 정신이상은 대체로 미치광이 또는 정신병자와 동의어이다. 그것은 정신건강전문가들의 진단상 전문용어로는 쓰이지 않는다.

## 광역도시계획

국민생활권의 광역화, 지방자치제 실시 등 여건변화에 따라 2개 이상의 도시계획구역이 서로 접하고 있는 구역과 주변지역을 묶어 광역도시계획 구역으로 지정, 도시계획을 세우고 관리하도록 하는 제도. 광역도시계획 구역의 결정 사항은 ①도시기 능별 분담 사항, ②환경보전, ③도로·철도·고속전철·운하·쓰레기 및 오물처리장·유류저장 및 송유설비·가스공급시설·전기공급시설·통신 시설·대통령이 정하는 기타시설 등 광역시설이다.

## 광우병

지난 85년 영국의 소에서 최초로 발견된 이후 최근 독일 프랑스 등 EU12개국에서 발생된 질병으로 충추신경계에 감염돼 뇌 조직이 스폰지모 양(해면상)으로 변화되면서 치매 등 신경증상을 나타낸다. 원인체는 비정상 변형단백질인 프라이온(Prion)으로 추정되고 있는데 변종 크로이츠펠트 야콥병 환자에게서 추출한 프라이온이 광우병 소의 프 라이온과 가장 유사해 광우병과 변종 크로이츠펠트

야콥병이 서로 연관 성이 있다는 주장이 영국 과학자들에 의해 제기된 바 있다.

## 광장공포증(agoraphobia)

낯선 장소에 있거나 집을 떠나 있기 때문에 느끼는 비이성적이고 지속적인 공포를 말한다. 이러한 불안정한 심리를 가진 사람은 복잡한 공간, 공공 수송시설, 터널, 도망치기 어렵게 보이는 환경, 도움을 받을 수 없는 장소 등에서 도망치려고 한다. 광장공포증은 공포장애 중에서 가장 심하고 파괴적인 것이다.

## 광화학스모그(smog, Photochemical smog)

1940년대에서부터 로스앤젤레스시에서 발견되어 로스앤젤레스형 스모그라고도 한다. 자동차 배기가스, 석유화학 공장, 석유 정제, 공장폐기 가스로 인한 오염, 대기 중의 탄화수소와 질소산화물이 태양광선의 작용으로 만들어진 스모그·점막·자극성이 있어 눈을 자극하고·목에 통증이 오고, 식물의 잎을 상하게 한다.

## 교과목표(subject matter objectives)

일반적으로 교육과정을 구성함에 있어 해당 학교수준별 교육의 일반목표를 달성하기 위해 각 교과별로 성취해야 할 목표를 말한다. 교과목표는 교육과정의 구성이라는 과제에서 보면 일반목표의 달성을 위한 하위목표가 되지만 교과교육의 관점에서 보면 교과목표와 일반목표의 관계가 그리 뚜렷하지 않은 경우도 있으며, 실지로 교육과정 구성이 이루어지는 단계에서도 교과 나름의 독특성 때문에 교과목표가 별개로 설정될 가능성이 높다. 우리나라의 현행 교육과정에서는 일반 목표의 아래에 교과목표를 설정·제시하고 있다.

## 교과중심 교육과정(subject centered curriculum)

교육과정의 중심이 되는 내용을 교과로 하는 교육과정 형태이다. 역사적으로 가장 오랜 전통을 가지고 있는 교육과정이다. 특히, 1930년대 미국에서 학생들이 일상생활의 문제 사태를 당하여 겪는 교육적 경험을 교육내용으로 삼아야 한다는 주장이 대두되었을 때, 그 이전의 교육과정관을 일컬어 붙인 이름이다. 따라서 교과중심 교육과정과 대비하여 규정된다. 교육내용은 생활과는 유리된, 교과서에 적혀 있는 지식이었으며, 이때 지배적인 교육방법은 맹목적인 반복·암송이었다. 학생들의 개별적인 흥미와는 관계없이 교육내용은 대부분의 경우에 획일적인 것이었으며, 교육의 과정은 거의 전적으로 교사의 권위와 주도권에 맡겨져서 학생들의 자발적인 참여나 독립적인 사고의 기회가 심하게 제한되어 있었다. 학생들의 학습태도는 수동적이었고 학습에 대한 흥미의 수준도 낮았다. 교육의 내용이 일상생활과 상태에 적용되는 경우는 매우 드물었으며, 또 그것이 중요시되지도 않았다. 그러나 이 모든 특징은 교과중심 교육과정에서 〈주장된〉 것이라기 보다는 경험중심 교육과정을 표방한 사람들이 종래의 교육에다가 〈귀속시킨〉 것이라고 보아야 한다. 다시 말하면, 경험중심 교육과정을 주장한 사람들은 그들의 주장의 정당성을 내세우기 위하여 종래의 교육이 그러한 특징들을 나타내고 있었던 것으로 규정한 것이다. 경험중심 교육과정에 대한 비판으로 나타난 학문중심 교육과정은 교과중심 교육과정의 긍정적인 측면을 새로운 형태로 발전시킨 것이라고 볼 수 있다.

## 교구빈민구제(parish poor rate)

빈곤의 영향범위를 줄이기 위해 직업을 비롯한 사회적 조건들을 자격을 갖춘 빈민에게 원조해주는 초기의 전국적 조세체계로 1572년 영국에서 시작되었다.

## 교도소

징역형이나 금고형 등 신체의 자유를 빼앗는 자유형을 받은 사람들을 격리 수용하여 죄값을 치르게 하고 동시에 형기를 마치고 사회에 복귀한 뒤 적응할 수 있도록 교육하는 시설을 교도소라고 한다.

## 교도작업

작업을 통해 수형자의 근로정신을 함양하고 일인일기(一人一技)기술을 습득하여 건전한 국민으로 사회에 복귀하게 함을 목적으로 수형자에게 목공·인쇄공·철공·자동차공 등 30여 직종에 걸쳐 작업을 부과하고 있고, 생산품은 교도작업 관용법의 뒷받침으로 국가기관, 지방공공단체, 국영기업체 및 일반사회에 공급하고 있다. 또 교도작업의 효율화를 기하기 위하여 1962년부터 교도작업특별회계법에 의해 교도작업에 독립채산제를 도입하고 또 동년의 교도작업관용법의 제정·실시에 따라 교도작업에서 생산되는 물건 및 자재는 국가 또는 지방공공단체의 기관이나 국영기업체 또는 정부관리 기업체 등에서 우선적으로 구매하도록 하여 교도작업의 능률향상과 일관성 있고 계속적인 작업량 확보를 위하여 노력하고 있다.

## 교류분석(transactional analysis)

어떠한 자아 상태에서 인간관계가 교류되고 있는가를 분석하여 자기 통제를 돕는 심리요법의 하나이다. 번(Bem)에 의해 창시되었으며 정신분석의 언어적 재구성으로 평가된다. 부모, 어른, 아동의 자아상태에서 이루어지는 인격의 구조분석과 기능이론에 근거하지만 관찰 가능한 현실의 수준으로 분석하는 것이 다르다. 심리게임인 교류의 성립, 아동기의 부모자녀관계를 통해 정해지는 행동유형 등을 주요한 개념으로 한다.

## 교부금

국가 또는 지방자치단체가 특정한 목적을 위해 교부하는

금전을 총칭해 교부금이라고 한다. 교부금은 국가가 지방자치단체의 재정을 지원하기 위한 것, 국가 또는 지방자치단체가 그 사무의 일부를 위임하고 이에 소요되는 비용을 충당해주기 위해 지급하는 것, 국가 등이 특정한 행정목적을 위해 지급하는 것 등으로 구분된다. 대표적인 것이 지방교부금(세)과 지방교육재정교부금이다. 이곳에 투입되는 재원은 중앙정부에서 부담하기 때문에 액수나 비율이 과다할 경우 중앙정부로서도 부담을 갖게 된다. 지방교부금의 경우 국가가 지방교부세법의 규정에 의해 지방자치단체의 행정운영에 필요한 재정지원을 위해 지급하는 교부금이다. 보통교부세와 특별교부세로 구분되며 보통교부세는 매년 기준 재정수입이 기준 재정 수요에 미달하는 지방자치단체에 그 미달액을 기초로 해 교부토록 되어 있다. 지방교육재정교부금은 초·중등 교육의 재정지원을 위해 지방교육재정 교부금법의 규정에 의해 지급하는 교부금이다. 지방자치 단체가 교육기관 및 교육행정기관을 설치·경영하는데 필요한 재원을 국가가 지원해 지역 교육의 균형발전을 도모하기 위한 것이다. 지난해 25% 수준이던 전체 예산 대비 교부금 비중이 올해부터 28%로 높아졌다. 이에 따라 중앙정부가 정작 써야 할 곳에 예산을 제대로 쓰지 못하는 경우가 발생해 예산당국이 상당히 고심하고 있는 것이 사실이다. 정부는 이에 따라 세출 부문의 예산구조를 과감히 개선해 교부금과 같은 경직성 경비를 줄여 지자체가 스스로 자립기반을 갖추도록 하는 방안을 추진하고 있다.

## 교부세
지방재정조정 및 지방재원을 확보하기 위하여 국가가 지방자치단체에게 교부하는 세를 교부세라 하며 지방자치단체의 재원상에서는 간접과징에 의한 지방자치단체의 세라고도 한다. 지방교부세는 흔히 소득세·법인세·주세·영업세 등의 주요한 국세와 결부되어 있고 교부세의 총액은 그러한 세액의 일정비율로 고정되어 있다. 지방교부세에는 보통교부세와 특별교부세의 2종류가 있으며 전자는 매년도 기준재정수요액이 기준재정 수입액을 초과하는 단체에 교부되며 후자는 특별한 사정이 발생할 때마다 수시로 교부하게 되어 있다.

## 교사범
다른 사람을 설득하여 범죄를 저지르게 하는 사람을 교사범이라고 하는데 공범에 해당한다. 스스로가 범죄행위에 직접 관여하지 않으므로 정범(正犯)이 아니라 공범(共犯)이다. 교사범은 실행행위를 분담하지 않는다는 점에서 공동정범(共同正犯)과 다르다. 또 교사범은 범죄를 결의한 피교사자(被敎唆者)가 자신의 의사에 따라 범죄를 실행하는 것이므로 피교사자에 대한 의사지배가 있지 않다는 점에서 간접정범(間接正犯)과 다르다. 교사범은 범죄의 의사가 없는 자에게 범죄결의를 하도록 한다

는 점에서 이미 범죄의 결의를 하고 있는 정범을 도와주는 종범(從犯)과 다르다. 교사범의 범죄성(犯罪性) 및 가벌성(可罰性)이 정범의 범죄성 및 가벌성을 전제로 하는가에 대해는 공범독립성설과 공범종속성설이 대립하고 있다. 교사범이 성립하려면 첫째, 교사자의 교사의사(敎唆意思)와 정범의 범죄에 대한 고의(故意)가 있어야 한다. 교사의사는 범죄의 의사가 없는 자에게 범죄를 결의하고 실행하게 하려는 의사이다. 그리고 정범의 범죄에 대한 고의가 있어야 하므로 과실(過失)에 의한 교사는 있을 수 없다. 고의는 기수(旣遂)의 고의이어야 하며, 미수(未遂)의 교사에 대해는 교사자의 처벌의 가부와 함정수사(陷穽搜査) 등의 문제가 있다. 둘째, 교사자의 교사행위가 있어야 한다. 교사행위는 명령·애원·설득·유혹 등 그 방법을 불문한다. 셋째, 피교사자가 범죄를 실행하여야 한다. 피교사자의 행위가 범죄로서 어느 정도의 요건을 갖추어야 하는가에 대해는 교사범의 본질에 대한 이해에 따라 견해가 대립한다. 피교사자에게는 범죄행위에 대한 고의가 인정되어야 하며, 피교사자의 행위가 과실에 그칠 때에는 교사가 성립되지 않으며 간접정범이 된다. 교사범은 정범과 동일한 형(刑)으로 처벌한다(형법 제32조). 효과 없는 교사나 실패한 교사의 경우에는 음모(陰謀) 또는 예비(豫備)에 준하여 처벌한다. 교사자가 자기의 지휘·감독을 받는 자를 교사한 때에는 정범에 정한 형의 장기 또는다액의 2분의 1까지 형을 가중한다(34조).

## 교생실습(teaching practice)
교사가 되려고 하는 학생이 자기가 학교에서 배운 지식을 실제 경험을 통해 익히고 연습하기 위하여 교사의 역할을 실제로 수행하는 것이다. 대개 교원양성 기관이나 대학에서 교직과의 이수과정으로서 일정기간 실무에 종사하여 관찰·참가·실습의 단계를 통해 학습지도·생활지도·특별활동·교육과정 운영·학급경영 등 실제적 수련을 파악하게 함으로써 교직생활의 의미를 파악하고 교사로서의 지도능력을 배양하는 기회를 제공한다. 이러한 교생실습은 교직자로서 재직 중에 연수를 받음으로써 그 자질 향상과 실제적 응용의 기회로 활용되는 현직연수(in-service training)와는 구별된다. 우리나라에서는 사범대학·교육대학, 또는 일반 대학에서 교직과정을 이수한 학생들이 학교현장에서 6－8주 정도 실습을 하는 경우가 많고, 다른 국가에서도 6주－6개월 또는 1년 정도의 실습기간을 가지는 나라도 있다.

## 교섭(bargaining)
지역사회 조직과 계획에서 파벌들 간에 타협과 공정한 교환을 할 수 있도록 여러 파벌 간의 합의를 이루기 위한 협상을 말한다. 이러한 협상에 수반되는 계획을 교섭전략이라 한다.

## 교수 단계설(formal steps in teaching)

교육 목표는 올바른 교수에 의해서 달성되어야 한다고 보고, 이를 위해 심리학적 계열 또는 교과 내용의 논리적 계열을 고려하여 교수는 단계적으로 이루어져야 한다는 입장이다. 헤르바르트(Herbart, 1776 — 1841)의 교수 단계설이 가장 대표적인 예이다. 헤르바르트는 교육의 주요 목적을 도덕적 품성을 기르는데에 두고, 교수의 과정은 학생들이 흥미를 가지고 정신을 집중할 수 있도록 구성되어야 하며(정신집중 원리), 그러기 위해서는 모든 교수 내용들이 통일성 있게 하나로 상호 연계되어야 한다고 생각했다(연계성의 원리). 이러한 입장을 그의 추종자들이 발전시켜, 준비 — 제시 — 연상 — 일반화 — 적용의 5단계 교수 단계설을 제안하였다. 헤르바르트의 교수 단계설은 교수의 과정을 하나의 구조로 체계화한 것으로서 교수 이론과 실제에 있어서 뿐만 아니라 교육과정의 내용 선정, 자료의 위계화, 내용의 조직 방법에 대해서도 많은 영향을 주었다. 손다이크(Thorndike)의 과학적 학습심리의 발달로 헤르바르트의 형식적 교수 단계설은 1950년도 이후 퇴조하였지만, 교수방법의 이론과 실제에서 중요한 영향을 남겼다. 단계별 명칭은 다르지만 단원 학습법을 제창한 모르슨(Morrisom)도 헤르바르트와 유사한 교수 단계를 설정한 바 있다. 행동주의의 영향을 받은 체제적 접근의 입장에서 제안된 다양한 수업 절차 모형들에서 흔히 볼 수 있는 진단평가 — 수업전개 — 형성평가 — 심화학습 — 총괄평가와 같은 절차 또는 도입 — 전개 — 정리와 같은 수업의 절차에 관한 아이디어들은 헤르바르트의 교수 단계설과 상응하는 부분이 많은 것이다.

## 교수개발(instructional development)

효과적 · 효율적인 교수방법을 창안해내는 기술을 이해하고 개선하고 적용해보는 것이다. 〈전문적인 활동〉으로서의 교수개발은 설계자의 청사진으로부터 건물을 직접 짓는 것과 같다. 교수개발은 주어진 상황에서 교수방법을 창안해 내기 위한 최적의 절차를 처방하고 활용하는 과정이다. 전문적인 활동으로서의 교수개발의 결과는 마치 건물이 사용될 수 있는 만큼 지어진 것처럼 교수자료와 강의 노트 그리고 교수계획들이 활용될 수 있을 만큼 개발된 상태를 말한다. 동전의 이면과 같이, 〈연구 분야〉로서의 교수개발은 다양한 개발절차, 각 절차들 간의 최적의 조화(즉 전체모형), 그리고 그러한 개발모형들이 각각 적절히 적용될 수 있는 상황 등에 관한 지식을 산출해내는 데에 관심을 둔다. 최근에는 체제적 교수개발 모형들이 많이 제시되고 있는데, 그러한 예로는 딕과 커리(Dick & Carey)모형, 켐프(Kemp) 모형, 유네스코 ISD 모형, IPISD 모형 등 다양하다. 현재까지 제시된 체제적 교수개발 모형들에서 공통적으로 고려하고 있는 것은 분석 · 설계 · 실행 · 평가 · 수정의 단계로 구성한다는 것이다. 분

석단계에서는 수업을 위한 결정적 요구 조건을 알아보고자 요구분석을 한다. 설계단계에서는 학습체제의 개요를 정리한다. 실행단계와 평가단계에서는 물리적 환경을 구비하고 교사를 훈련시키며, 소규모 현장적용 및 대규모 현장적용을 실시한다. 그리고 현장적용과정에서 발견된 문제점들을 수정 · 보완한다. 체제적 교수개발의 효과성은 다양한 학습자와 다양한 상황에서의 실증적 연구를 통해 입증된 바 있고, 교육의 질적 고양을 위한 접근방법임이 밝혀졌다.

## 교수설계(instructional design)

교수활동의 전개과정을 최적의 조건으로 구성함으로써 교수효과를 증진시켜 보려는 교수계획의 수립활동을 말한다. 교수설계란 교수의 과정을 이해하고 개선하려는데 그 목적을 두고 있으며, 특히 학습자의 요구와 교수목표를 분석하고, 그러한 요구와 교수목표를 효과적 · 효율적으로 성취시킬 수 있도록, 수업관련 변인 및 요소들을 체계적으로 조직 · 운영하며 또 적절한 교수방법을 처방해 주기 위한 교수계획을 수립하는 과정이다. 즉 교수설계는 교사 특성 · 학생 특성 · 교과내용 특성 · 물리적 환경특성 · 심리적 환경특성 · 교수방법의 유형 등 다양한 변인들이 유기적으로 상호작용할 수 있도록 구성함으로써 기대하는 교육성취를 효과적 · 효율적으로 달성시키려는 체제적 접근과정이다. 교수설계는 학업성취를 증진시키기 위하여 교수과정 또는 교수활동과 관련된 제반 사태들을 기술 · 설명 · 처방 · 예언하는데 관심을 둔다. 수업과 관련된 제반 사태들을 얼마나 총체적으로 충실하게 고려하고 있느냐에 따라서 교수설계의 목적은 이루어질 수도 있고 그렇지 않을 수도 있다. 그러므로 교수설계의 목적을 성취시키려면 〈교수의 체제적 설계〉 또는 〈교수개발〉의 원리와 기법을 알아야만 한다. 이들의 내용에 관해서는 해당 용어를 찾아보기 바란다. 교수설계의 목적을 살펴보면 다음과 같다. 첫째, 체제적 접근의 특성인 문제해결과정과 피이드백(feed back) 과정을 통해 학습활동과 교수활동을 개선시키고자 한다. 둘째, 체제적 접근의 특성이라고 할 수 있는 심사감독 기능과 통제기능을 통해 교수설계 및 교수개발의 과정에 대한 관리를 개선시키고자 한다. 셋째, 교수사태와 관련된 구성요소들과 교수사태의 계열성에 따라서 평가 과정을 개선시키려고 한다. 넷째, 교수력과 학습력을 증진시키기 위하여 학습자들의 개인차를 최대한으로 고려한 수업을 제공하려고 한다. 끝으로 교수설계에서는 새롭게 연구 · 개발되고 있는 수업 프로그램, 소프트웨어, 코스웨어, 교수매체, 첨단 교수공학 매체 등을 교수 — 학습과정에 적극적으로 활용하고자 한다. 교수설계에서 고려해야만 하는 점들은 다음과 같다. 첫째, 학습자 개개인의 학습이 활성화되도록 도와주는 일에 초점을 두어야 한다. 둘째, 단기 교수계획과 장기 교수계획을 각각 별도의 작업으로 수립해야 한다. 셋째,

체계적 교수설계의 원리를 따라야 하며 체제적 접근에 의해 행해져야 한다. 끝으로 인간이 여하히 학습하게 되는가에 관한 지식에 기초를 두어야 한다.

### 교우도식(sociogram)

미국의 정신과 의사인 모레노(Moreno, J. L.)가 인간관계상황을 측정하기 위한 방법으로 소시오메트리(sociometry)를 창안했다. 소시오그램은 소시오메트리로 얻은 집단의 인간관계와 결부되는 상황을 선을 그어 도식화한 것이다. 이것은 집단 내의 호감 또는 반감을 사는 리더쉽의 유형이나 소그룹의 상황 등 내면적인 인간관계를 쉽게 이해하는 데 사용된다.

### 교육가능한(educable)

배움에 대한, 특히 정식교육과 기본생존 기술에 대한 가능성을 갖는 것을 말한다. 전문가들은 흔히 그 지체도가 어떤 사회적 또는 학문적 기능을 배우는 것을 가로막고 있지 않은 정신적 지체부자유자를 지칭하는데 이 말을 사용한다.

### 교육계획(educational planning)

국가수준에서의 미래의 교육활동에 대한 일련의 결정을 준비하는 과정, 즉 교육과 정치·경제·사회·문화 등의 여러 영역과의 관계 속에서 미래의 교육의 목표와 수단을 결정하는 연구 활동을 말한다. 교육계획은 1960년대의 저개발 국가를 중심으로 국가발전과 경제성장을 위한 교육의 역할을 규정하고 그 기능을 계획하는 일에서 출발되었다. 교육계획은 계획기간에 따라 장기계획과 중기계획으로 구분되기도 한다. 교육계획의 접근 방법으로, ①교육에 대한 사회의 개인적 욕구를 파악·충족시키려는 사회수요 접근(social demand approach), ②인력수요와 공급 간의 불균형을 완화하려는 인력수요 접근(manpower requirement approach), ③교육투자의 효율성을 높이기 위한 투자수익률 접근(rate of return approach) 등으로 나눌 수 있다.

### 교육과정(curriculum)

일정한 교육기관에서 교육의 모든 과정을 마칠 때까지 요구되는 교육목표, 교육내용, 그리고 그 내용을 학습하기에 필요한 연한과 연한 내에 있어서의 학습시간 배당을 포함한 교육의 전체 계획이다. 바꾸어 말하면 학교의 교육목적을 달성하기 위하여 선택한 문화 또는 생활경험을 교육적인 관점에서 편성하고 그들 학습활동이 언제, 어디서, 어떻게 행해질 것인가를 종합적으로 묶은 교육의 전체 계획이라 할 수 있다. 그러므로 종전에 사용하던 교과과정, 또는 학과과정과는 엄연히 그 뜻을 달리하게 된다. 즉 교과과정이란 학교의 지도하에 이루어지는 교과학습의 영역을 뜻하는 것임에 반해, 교육과정은 학교

의 지도하에 이루어지는 교과학습 및 생활영역의 총체를 뜻하게 된다.

### 교육과정 개발(curriculum development)

새로운 교육과정안(案)을 만들어 내는 것을 말한다. 이는 새로운 철학이나 관점 하에서 교육과정의 성격, 기초, 구성, 전개, 평가 등의 전반에 미치는 새로운 안을 개발해내는 것과 기성안 가운데서 어느 특정 부분, 가령 평가영역 또는 평가 영역 중의 일부분에 한하여 새로 개발한 것으로 대체하는 것의 두 가지로 구분된다. 전자는 대개 특정 연구 팀이 조직되어 일정기간 동안 원안입안 → 적용 → 원안수정의 과정을 거쳐서 개발된다. BSCS(biological science curriculum study)안은 그 대표적인 예이다. 후자는 개발된 안을 교육현장에서 계속 활용하는 과정에서 부분적인 문제점들이 야기되어 그러한 문제점들을 해결하려고 할 때 나타난다. PSSC(physical science study committee)안에 대해 몇 년 간격으로 부분적인 수정을 가한 것은 그 예의 하나이다.

### 교육과정 구성
### (curriculum construction / curriculum − making)

설정된 일반적인 교육목표를 달성하기 위해, 교육목표를 구체적인 것으로 세목화하고 학습내용 및 경험을 선정, 조직하는 것을 말한다. 여기에는 일반 교육목표의 분석에 의한 구체적 목표의 진술, 영역(scope)과 계열(sequence)의 설정, 학습내용 및 경험의 선정과 조직, 단원의 구성 등을 행하는 작업이 수반된다. 구성된 교육과정을 일반적으로 사회, 학습자, 지식 중에서 어느 것에 중점을 두고 있으며, 목표, 영역, 계열, 학습내용, 경험의 조직형태, 단원이라는 여러 요소들이 어떤 관계를 맺고 있느냐에 따라 그 특징이 나타나게 된다. 이러한 구성은 교육과정의 전개 및 평가보다 그 작업이 선행되며, 교육과정안(案)을 개발하기 위해서 조직된 여러 위원회 가운데 구성위원회가 주체적 역할을 수행하게 된다.

### 교육과정 설계(curriculum design)

하나의 교육과정을 새로이 만들기 위해 이에 관련되는 제 자원을 고려하여 교육의 목표를 설정하고, 이 목표를 달성하기 위해 적절한 내용을 선정, 조직하며, 이의 교육을 도울 단원을 조직하는 등의 일련의 체계적 작업. 교육과정 설계의 과정은 교육과정 이론이나 교육과정 유형에 따라 다른 모양으로 전개된다.

### 교육과정 평가(curriculum evaluation)

제정된 교육과정의 질 또는 효과의 평가를 말한다. 일정한 교육과정을 평가하는데는 교육과정 체계의 내용적, 논리적 일관성이나 통합성을 평가하는 방법이 있는가 하면 외부적 기준에 입각해서 평가하는 방법이 있다. 즉 교육

의 목표 또는 국가적인 이념의 실천에 해당 교육과정이 얼마나 공헌하고 있는가를 경험적으로 평가하는 것이다. 평가기간의 측면에서 보면 단기적 평가와 장기적인 평가가 있다. 학교의 교육과정은 학교의 제도적 성격 때문에 최소한 3년(중학교나 고교) 또는 6년(초등학교) 간의 교육을 행한 후라야 그 평가가 가능하다는 특징을 보인다. 또 다른 측면에서는 한 교육과정의 운영을 위해 투입되는 변인에 대한 분석을 통한 평가가 있다.

## 교육구좌제
국가가 국민의 평생교육을 촉진하기 위하여 정규 학교교육 이후 모든 국민의 개인별 교육정보를 수록해 개인의 교육정도를 종합적으로 누적 관리하는 제도. 경제협력개발기구(OECD)국가들은 대부분 평생교육체제 확립을 위해 교육구좌제를 중기 정책과제로 설정, 추진 중이다. 프랑스는 모든 국민의 교육정도를 체계적으로 수록, 관리할 수 있도록 개인수첩제를 1993년부터 입법화해 시험운용중이며 영국은 재정지원을 통해 근로자의 평생학습을 지원하는 개인학습 구좌제를 운영중이다. 정부는 내년도 경제정책방향에서 근로자의 직업능력 개발지원을 위해 교육구좌제를 도입키로 했다. 교육구좌제의 도입 근거가 되는 평생교육법은 국회에 제출되어 있는 상태다.

## 교육권
헌법 제31조에 의해 보장된 사회권의 하나로 국민이 교육을 받을 권리를 말할 때와 교육내용의 결정 및 실시의 권한을 일컬을 경우도 있다. 전자는 아이들이 보유하는 능력을 전개, 발전시키고 그 능력을 창출시키기 위해 교육을 보장하는 권리를 말하며 학습권이라고도 할 수 있다. 한편 국가의 책임에 의한 교육기능이라 할 수 있는 것은 이 권리보장과 대응한다.

## 교육목적(educational goals · purpose)
①교육의 여러 가지 조건을 고려하면서 교육을 성취하려고 하는 궁극적인 표적, ②교육목표와 동의어로 사용하는 경우로서 교육을 통해 성취하려는 구체적인 지향점. 그 미래성과 가치성을 보다 강조하는 경우에는 교육의 이상이라고도 표현된다. 교육에 관한 모든 활동, 조직이라든가 운영은 모두가 무엇인가의 목적을 향해 유도된다. 교육내용·방법은 말할 것도 없고 학교제도·교육행정·교육재정 등도 모두 교육목적을 능률적이며 효율적으로 달성하기 위해서 계획, 실시되는 것이다. 우리는 흔히 교육목적·교육목표라는 용어를 사용하고 있는데 목적의 개념은 목표보다 넓고 포괄적으로 사용된다. 교육목적은 다분히 추상적·개념적인 성격을 띠는 것임에 반해 교육목표는 목적을 이루기 위한 구체적인 내용을 이루게 된다. 그러나 어떤 교육목적인가를 불문하고 교육이 추구하는 가치관을 기반으로 성립되는 것이므로 이상적인 인간

상으로 구체화되는데, 가치관은 시대나 장소에 따라 또 논자에 따라 다르므로 교육목적도 다양하게 진술되는 경우가 많다.

## 교육방법(instructional method)
교육목적을 달성하기 위하여 준비된 교육내용을 구체적으로 실천하는 방식이다. 어떻게 가르칠 것인가에 해당하는 개념이다. 종래의 교육방법은 교수·양호·훈련을 뜻하였는데, 근래에는 주로 학습지도 및 생활지도의 영역으로 나누어 생각한다. 학교생활의 주종을 이루고 있는 학습지도 및 생활지도 이외에 교육과정은 물론이요 학급경영방법의 기본적 원리, 시청각적 방법까지 포함하여 광범위하게 해석하기도 한다. 교육방법은 다양하고 다채롭게 연구 개발되고 있으나 아직 하나의 학문적인 체계는 수립되어 있지 않으며, 인간의 신체적·정신적인 구조가 복잡한 만큼이나 교육방법도 일정한 개념으로 규정지을 수는 없다. 왜냐하면 공장에서 물품을 생산하거나 농장에서 농산물을 재배하듯 일정하고 기계적인 방법은 있을 수 없기 때문이다.

## 교육보험(educational endowment)
일반적으로 부모가 계약자가 되며 자녀를 피보험자로 하여 생존급부금이나 만기보험금으로 자녀의 입학금, 학비 등의 교육자금을 확보하는 것을 목적으로 하는 보험을 말한다.

## 교육보호
교육보호는 보호대상자에게 수업료 혹은 교육에 필요한 기타 보조를 위해 보호금품을 지원하는 것으로 피보호자의 친권자나 후견인 및 본인이나 피보호자가 재학하고 있는 학교장에게 현금 또는 현물로 지급한다. 특히 사회복지시설의 수용아동에 대한 교육비 지원이나 영세민의 자활지원을 위한 영세민자녀의 교육보호는 수업료 전액과 학용품비를 지급하고 있다.

## 교육과학기술부조
국민기초생활보장법에 의한 보호의 일종으로 곤궁한 국민으로 당연히 받아야 할 최저의 교육을 받을 수 없는 자를 대상으로 한다. 부조의 범위는 의무교육에 필요한 교과서 기타 학용품, 통학용품, 학교급식 등에 한정하여 원칙적으로 금전급여로 행해진다. 오늘날 비용의 자기지불과 자립효과를 요건으로 동일세대 내에서 고등학교의 통학이 인정되었다. 그러나 교육과학기술부조의 수준이 낮기 때문에 실제로는 요보호아동의 건전발달을 충분히 보장하지 못하는 면도 있다.

## 교육산업
교육과 직접·간접으로 관련되는 일련의 산업군을 말한

다. 좁은 뜻으로는 교육의 기계화를 추진하기 위한 교육기기산업을 가리키는 말로 해석되고 있다. 넓은 뜻으로는 유치원에서 대학까지의 학교경영을 비롯하여 직업훈련, 기술연수, 취미습득 등의 갖가지 학교사업, 도시의 세미나업, 교과서·텍스트·학습참고서 등의 교육출판업·연필·도서공작구·흑판 등의 교재 및 문방구 제조업, 그리고 AV(audio − visual; 시청각)기기로부터 CAI에 이르기까지의 일련의 교육기기를 생산, 판매하는 교육기기산업 등을 포함한다. 기존의 제2차, 제3차 산업 중에서도 〈교육〉이라는 기능으로 유별될 산업군도 포함하고 있는 셈이다. 한편 좁은 뜻에서는 각 종 AV를 비롯해서 LL 장치, TM 및 CAI 등의 교육기기를 생산, 판매하는 산업군을 가리키는 것이다.

## 교육심리학(educational psychology)

교육의 실천에 효과 있는 심리학의 제 분야를 종합해 조직화하는 학문체계이며 발달(아동심리, 청년심리), 인격, 학습, 적응, 집단 측정 등의 영역이 포함된다. 최근에는 프로그램학습 등의 기법개발, 원업분석을 통해서 교육과정의 과학화 등의 경향도 나타나고 있다.

## 교육이념(ideals of education)

교육목적 및 목표의 원천이 되는 교육적 성과에 대한 이상적 관념을 말한다. 듀이(J. Dewey)는 이념(ideals)이란 "존재의 선결적인 조건들을 구체적으로 재구성하는데 영향을 주는 예견적 계획 및 구상"이라고 하였으며, 오천석(吳天錫)은 교육이념은 교육의 "지향할 바"라고 규정하고 다음과 같은 조건들을 갖추어야 한다고 주장한다. ①포괄성 : 교육이념은 반드시 대소개념을 모순 없이 포함하는 총괄적인 것이 되지 않으면 안된다. ②보편성 : 어느 일부분에만 반영, 실천될 수 있는 것이라면 이것은 교육이념으로서는 부적당하다. ③기본성 : 모든 교육 활동을 정당화하는 근거가 되어야 한다는 것이다. ④일관성 : 온갖 교육활동은 이념에 의거한 원리로 운영되기 때문에 그들 사이에 모순이 있을 수 없으며 시간과 장소에 따라 변하지 않는다. ⑤지속성 : 이성작용에 의해 도달된 교육이념은 설혹 절대성은 없더라도 비교적 장기간 계속된다. ⑥긍정성 : 어느 사상을 막론하고 그것이 확고한 기초에 놓여지고 항구성을 지니려면 부정적인 것보다 긍정적인 것이 바람직하다. 한편 정범모(鄭範謨)는 이념의 수준을 단계적으로 고려하여 표언명문한 수준의 이념, 논의수준의 이념, 합의 수준의 이념, 토착문화 수준의 이념 등으로 설명하고 있다. 교육법 제1조에 우리나라의 교육이념은〈홍익인간〉임을 명시해 놓고 있다.

## 교육자 역할(educator role)

사회사업에서 클라이언트에게 필요한 적응기술을 가르치는 책임을 말한다. 이는 클라이언트가 이해할 수 있도록 적절한 정보를 마련함으로써, 충고와 제안을 제시함으로서, 선택의 대안과 그 가능한 결과를 구별하게 함으로써, 행동의 모형을 만듦으로써, 문제해결 기술을 가르치고 인식지각을 분명히 함으로서 이루어진다. 다른 사회사업역할에는 촉진자 역할, 조정자 역할과 동원자 역할이 있다.

## 교육적 재활(educational rehabilitation) 01

1959년 유엔총회에서 채택된 아동권리선언 제5조에 신체적, 정신적 또는 사회적으로 장애가 있는 아동은 그 특수한 치료, 교육 그리고 보호를 하지 않으면 안된다고 규정했다. 이것을 실현하기 위해서 행해지는 것이 교육적 재활이다. 우리가 특수교육이라 부르는 것과 거의 같은 의미이다. 이를 위해서는 가족, 학교, 사회 등의 관심과 전문가 양성 등의 과제해결이 요구된다.

## 교육적 재활 02

장애인 재활사업의 한 분야로 장애인에 대한 교육을 효과적으로 실시하므로 장애인의 사회인으로서 삶을 살아갈 수 있도록 함이 교육재활이다. 1959년 국제연합총회에서 채택된 아동권리선언 제5조에 신체적, 정신적 또는 사회적으로 장애가 있는 아동에게 특수한 치료, 교육 및 보호를 부여하지 않으면 안된다고 규정하여 세계 각국의 특수교육발전에 힘이 되고 있다. 우리나라는 1977년도에 특수교육진흥법의 제정으로 심신장애아동들의 특수교육을 중심으로 특수학교에서의 침구, 물리치료 등의 의료적 치료를 병행하면서 점자도서관 운영, 직업기술 훈련 등을 동시에 실시하므로 통합적 재활이 되도록 하고 있다. 교육적 재활의 중심영역인 특수교육의 대상은 시각장애인, 청각장애인, 언어장애인, 기타 심신 장애인이며, 이들을 위한 교육기관은 특수학교와 특수학급이다. 교육적 재활에 있어서 전문종사자는 4년제 대학 특수교육학과를 졸업한 특수교사를 비롯한 특수교육요원, 교육카운슬러, 사회교육지도자, 레크레이션 사회사업가이며, 이의 전문가 양성이 중요한 과제가 된다.

## 교육지표(educational indicators)

삶의 여건·질, 사회변동의 상황과 정도를 체계적으로 파악하기 위한 사회지표의 일부이다. 1960년대 중반부터 지표의 체계화와 측정연구가 시작되었다. 사회지표가 사회의 복지향상을 위한 산출 혹은 결과에 대한 측정치가 되어야 한다는 입장과, 사회의 삶의 질에 대한 심층적인 보고(social reporting)에 관한 모든 것이 되어야 한다는 두 입장이 있듯이, 교육지표도, ①사회의 복지향상을 위한 교육적 노력의 결과에 대한 측정치와, ②복지향상에 관련된 교육위 상황에 관한 모든 정보로 규정하는 입장이 있다. 전자에 속하는 교육지표는 주로 교육에 관한 성과와 노력을 표시하는 통계치가 주가 되며, 후자의 경우에는 모든 양적·질적인 정보들이 교육지표로 규정된다. 경제협력 개발기구(OECD)에서 제안하는 교육지표는 목표에 따른 노력과 성과의 정도를 측정하는 것을 지표로 삼고, ①지식과 기술의 전달, ②교육과 경제의 관계, ③기회의 균등성, ④개인의 교육욕구의 충족, ⑤교육과 삶의 조건·질 등의 영역에서 교육의 지표를 체계화하고 그 측정방법을 논의하고 있다.

## 교육평가(educational evaluation)

교육목적의 달성도에 관한 증거 및 교육목적의 달성에 영향을 미치는 변인에 관한 증거를 수집하고 그에 대해 교육적 의사결정을 내리는 과정이다. 교육평가 과정에서 가장 핵심이 되는 것은 교육목표의 달성에 관한 의사결정으로서의 성적평가·태도 평가·신체운동 평가 등이지만, 이에 못지않게 이와 같은 목표달성에 영향을 미치는 교육과정 평가·교수평가·학교평가·환경평가도 중요한 문제로 다루어진다. 교육평가를 위해 사용되는 방법은 필답검사·표준화검사·질문지·관찰·면접·평정법·각종 심리검사 등이 있으며, 이러한 도구는 타당도·신뢰도·객관도를 갖추어야 하는 것이 필요조건이다.

## 교육행정

교육행정이라 함은 국가 또는 지방자치단체가 교육의 목적을 달성하기 위하여 행하는 행정을 말한다. 교육은 본래 국가고유의 사업은 아니었으나, 현대국가에 있어서는 가장 중요한 국가사업의 하나로 되어 있어, 교육행정은 행정 중에서도 중요한 내부행정의 일부를 차지하게 되었다. 헌법은 교육의 자주성·전문성 및 정치적 중립성 보장을 선언하고, 교육법에서 국가와 지방자치 단체는 교육의 자주성을 확보하며, 공정한 민의에 따라 각기 실정에 맞는 교육 행정을 하기 위하여 필요 적절한 기구와 시책을 수립·실시해야 한다고 규정하여 교육행정의 대강을 정하고 있다. 교육 행정의 내용은 교육의 목적을 달성하기 위하여 필요한 조건, 즉 교육행정조직, 교육시설·교직원에 관한 제도를 확립하는 것이다. 교육행정의 민주화, 지방분권화의 경향에 따라 국가사무이었던 교육행정이 광범하게 지방자치단체에 이권되어 있다. 교육행정기관으로는 국가의 중앙기관으로 교육과학기술부장관이 있고, 지방자치단체의 기관으로서 특별시, 광역시, 도와 시, 군에 교육위원회 및 교육장이 있다.

## 교육형주의

형벌은 피해법익의 경중에 의해 결정하는 응보형 주의인데 반해 교육형 주의는 형벌을 과하는 목적은 범죄인의 갱생이나 사회복귀를 위한 교육에 있다고 주장하는 주의다. 목적형주의의 하나이며 일벌백계적인 일반처우에 대해 인도주의적, 복지적인 관점에서 범죄인의 특성에 따른 특별예방의 입장에 서며 부정기형, 누진처우의 도입 등을

주장한다. 독일의 리프만 등에 의해 주장되었다.

## 교의(dogma)

교리라고 한다. ①카톨릭 교회가 초자연적인 계시에 근거하는 종교적 진리로서 정식으로 인정한 것이다. 불변의 진리로 인정되고, 신도는 무조건적으로 그것을 승인하지 않으면 안된다. ②프로테스탄트 교회에서는 위의 의미에서의 교의는 존재하지 않지만, 성서나 교회의 최고의 신앙 고백에 의거하여 교의를 조직하는 경우도 있다. ③일반적으로 기성의 종교에서 진리로 공인되고 있는 신앙 내용이다.

## 교정(corrections) 01

투옥 또는 집행유예, 보호관찰 그리고 이상적으로는 교육 프로그램과 사회서비스를 통해 형을 선고받은 법위반자들의 행동을 변화하거나 개선하기 위해 노력하는 전문적인 특수 분야이다.

## 교정 02

교정은 소년원·교도소와 같은 기관에서 갱생을 목적으로 환경조절과 심리요법에 의한 사회적 치료를 행하는 기능을 말한다. 이러한 기능을 주로 교정시설에서 사회사업가가 행하고 있는데 그 주요 역할은 ①피조자의 사회관계를 전체적으로 조사하여 지도와 감독을 행하고, ②법률이 정하는 범위에서 자기 결정의 권리로서 교정대상자를 다루고 생활적응의 교육을 행하며, ③교정 과정에 있어서 피조자의 행동을 규제하여 치료하도록 하며, ④피조자의 생활에 책임이 있는 개인·집단·기관을 움직여서 그의 자원을 활용하여 조정을 꾀하고, ⑤피조자의 가치관에 영향을 미치는 문화유형을 변용, 조정하는 것이라 말할 수 있다.

## 교정교육

교정의 임무를〈수형자를 격려하여 교정·교화하며 건전한 국민사상과 근로정신을 함양하고 기술교육을 실시하여 사회에 복귀시키는 것〉을 의미한다. 교정교육에는 지식의 개발을 위한 학교교육과 국가가 요구하는 산업역군을 양성하기 위하여 기술연마를 위한 직업훈련과 새로운 가치관 정립을 위한 전인교육으로서 정서생활의 순화와 생활지도가 있다. 이러한 교정교육을 실시하고 있음에도 불구하고 출소자가 갱생의 길을 걷지 못하고 재범의 늪에 빠지고 있는 요인은 교정행정에도 문제가 있지만, 출소자가 상당기간 사회와 격리됨으로서 사회현실에 대한 지식이 부족하고 사회적응능력이 불완전하여 사회적 이단자로 규정되어 사회적 적응을 포기 또는 게을리 하는데도 있다. 그렇지만 출소자를 받아들여야 할 사회가 그들을 전과자로 낙인을 찍어 거부하는 자세에 문제가 있다. 특히 소년범에 대한 교정교육은 성년과 달리 특별한 노력을 경

주해야 하는데, 비행소년의 그릇된 성격과 품성을 교정하고 성장기에 있는 소년들의 심신을 건전하게 육성함과 아울러 자주적 생활능력과 국민적 자질을 배양하는데 목적을 두어야 한다. 이를 구체적으로 실현하기 위하여 애국·애족과 향토애를 고취하고, 준법정신과 도의심을 배양하며, 근로정신과 자주정신을 배양한다. 그리고 정서순화와 신체단련 및 체위의 향상을 방침으로 교과교육 또는 직업훈련과 생활지도 특별활동을 통한 비행성의 치료로 과거의 훈계적이고 징계적이던 방법을 벗어나 소년보호정신에 입각한 인격치료로 소년원생들이 건전한 청소년으로 사회복귀를 할 수 있는 능력을 배양시키는데 중점을 두어야 한다.

### 교정누진처우제도
교도소 내의 수형자에 대한 처우에 있어 그 처우의 단계를 여러 단계로 나누고 각 단계에서의 수형성적에 따라 1계급씩 승급 또는 강등케 하는 방법으로 그 처우효과를 증진시키고자 하는 제도를 가리킨다. 이때 각 단계에서의 처우조건을 서로 다르게 규정함으로써 교도소 측의 처우시책에 적극 호응하게 하고, 교정행정의 효과를 증진시키고자 하는 것이 이 제도의 기본이념이다. 간단히 누진제 또는 누진처우제라고도 불린 이 제도는 1840년경 영국의 식민지이며 유형지였던 호주의 노오크섬 교도소에서 처음 실시되었다.

### 교정제도심의위원회
대통령령 제3784호로 제정 공포된 교정제도심의위원회 규정에 의해 설치된 법무부장관의 자문에 응하는 기구로서, 교정제도 및 교정행정의 개선 및 운영에 관한 사항을 심의·건의한다. 동 위원회는 법무부차관을 위원장으로 교정국장을 부위원장으로 하여 변호사, 대학의 법률학 및 행정학 교수, 문화·종교·언론단체의 간부 기타 교정행정에 관한 경험과 학식이 풍부한 자 중에서 법무부장관이 임명 또는 위촉하는 위원으로 구성하도록 되어 있다.

### 교조주의(dogmatism)
맑스주의의 용어이다. 경험주의와 함께 주관주의의 일종. 일반적으로 맑스주의의 고전적 문헌 속에 기술되어 있는 것을 불변의 교조(도그마)와 같이 생각하여, 맑스의 이론을 과학적으로 발전하는 것으로 보지 않고, 또 맑스나 레닌의 하나하나의 말을 때와 조건을 가리지 않고 어디에서나 적용시키는 태도를 말한다.

### 교차계획(inter — sectoral planning)
포괄적인 방법으로 문제나 집단을 조사하기 위하여 사회사업 기획가들이 하는 시도이다. 이것은 한 가지 문제에 노력을 집중시키는 단일문제기구들 간의 노력을 통합하고 조화시키는 것을 가능하게 한다. 가령 관련분야별 기획은 복지협의회와 지역사회 행동기구와 인적자원위원회에서 이루어진다.

### 교차소유
개인·기업이 두 가지 종류 또는 그 이상의 커뮤니케이션 산업을 소유한 형태. 겸영(兼營)이라고도 한다. 가령 신문 소유자가 텔레비전(TV) 방송국이나 케이블 TV 등을 동시에 소유하는 것으로, 이같은 겸영은 미디어의 집중과 수용자의 알 권리를 축소시키는 역기능을 가져올 수 있다. 국가마다 그 규제와 완화에 차이가 있는데, 일반적으로 소수 언론에 의한 시장 독점이나 소유권 집중을 방지하고 언론의 다양성 보장을 위하여 법률로써 규제하여 왔으나, 최근 시장개방과 정보통신산업의 발전으로 통신과 방송의 융합, 미디어 소유 규제완화, 멀티미디어 서비스의 수용과 규제완화 등을 통해 상대 산업에 대한 상호진출을 허용하고 있다.

### 교통·통신서비스
거택 병약 노인은 지역사회나 이웃으로부터 고립되기 쉬우므로 이를 방지하고 의사교환의 필요를 충족시키기 위해 노인 가정에 전화를 설치하여 사회복지전문위원이나 자원봉사자와 정기적으로 전화를 교환하는 서비스를 말한다.

### 교호사업
부랑행위를 한 아동 또는 우려되는 아동을 입원시켜 교육, 보호를 하는 아동복지사업, 감화사업을 원류로 한다. 생활지도, 학과지도, 직업 지도를 포함한 시설 내 처우이며 소년법의 보호처분의 하나이다. 여기에서 아동지도를 하는 전문 직원을 교호라 하며 아동의 보호를 맞는 여자 직원을 교모라 한다. 교호, 교모 중 적어도 한사람은 아동과 기거를 같이하게 되어 있다. 퇴소아동에 있어서는 아동의 사회생활의 적응을 용이하게 하기 위하여 퇴소 후 대개 1년 기간 내에 아동의 방문지도, 고용주의 협력촉진 등 사후서비스사업도 실시되어 왔다.

### 교호시설
아동복지법에 의한 아동복지시설의 일종으로 불량행위를 하거나 우려가 있는 아동을 입원시켜 교육과 보호를 하는 시설을 말한다. 입원조치는 시·도지사의 위임을 받은 아동상담소장이 담당한다. 직원으로는 교호와 교모가 설치되어져 있다. 교육 즉 학과지도는 지역학교가 아닌 시설 내에서 행해져 양호시설 등과는 구분된다.

### 교호작용(reciprocal action)
상호작용이라고도 한다. 사물이 서로 원인도 되고 결과도 되어, 서로 작용하는 일을 말한다. 역학에서의 작용과 반작용, 생물체에서의 제 기능의 교호작용, 사회 현상에서의 토대와 상부구조와의 교호작용 등은 그 현저한 예인데, 우주 속의 사물은 모두 서로 관련하고 제약하고, 교호작용의 관계에 있다. 개개의 현상을 이해하기 위해서는, 그것들을 보편적인 연관으로부터 고립시켜서 관찰할 필요가 있는데, 이 경우에 교대하고 변전하는 현상의 한 쪽이 원인, 다른 쪽이 결과로서 나타난다.

### 교화

가르치며 감화시킨다는 뜻이다. 위정자로서 깊게 유의해야 할 일이며 서민교육의 보급으로 도덕을 가르치고 학업을 가르치는 것이다. 또 문고의 설치, 효행, 우애를 권하는 등 유교정신의 고취와 선행을 행한다. 상부상조의 인보정신을 우선으로 하는 구빈 행정 하에 개인 또는 집단을 교화해 향상시키는 사회교화사업도 출현했다.

### 교회

우리나라 현행법상 교회란 수형자의 정신적 자력갱생능력, 의욕을 계발하는 제 활동 즉 윤리성의 계발을 목적으로 하는 정신적 지도 활동이다. 익국의 경우에는 주로 종교교회로 통용되며, 종교계의 지도자가 공식적·비공식적으로 교도소내에서 수형자의정신적 교회와 위로 등의 제처우를 행한다. 교회의 일을 하는 사람을 교회사라 하며, 교회사는 대개 각종 교계의 교직자(성직자 - 신부, 목사, 승려 등)로 구성되고 독지적으로 근무하는 것이 일반이다. 우리나라에서는 이러한 종교교회 외에 일반교회도 실시하는데 일반적인 교양지식을 기초로 공산주의 회포자, 반사회적 인격자, 무능력자의 회두를 기하는 정신적 교회활동으로서 사회덕망가, 지식인, 역사학자, 철학자 등을 통해 이를 시행한다. 우리나라에서는 현재 4 - 5급 공무원으로 보는 〈교회사〉와 6 - 7급인 〈교회사보〉가 각 교도소에 배치되어 있다. 그러나 외국에서는 이러한 공무원 교회사제도는 배척되는 경향이고, 대개 종교교회사제도를 채택하는 경향이다. 우리나라의 교회사제도는 일반교회를 기본전제로 해서 실시되고 있는데, 행형법제 31조 제 1항에 의하면〈소장은 수형자의 인격도야와 개과천선을 촉진시키기 위하여 교회를 하여야한다〉고하여 일반교회를 포함하는 교회제도를 설정하고, 이어 제 2항에서〈수형자가 그 신봉하는 종파의 교의에 의한 특별교회를 청원할 때에는 당해소장은 그 종파에 위촉하여 교회를 할 수 있다〉고 규정하고 있다. 우리나라에서는 상술한 바와 같이 종교교회와 일반교회로 나누어져 있으나 양자는 다 같이 다음 세 가지 방법으로 시행된다. 하나는 〈총집교회〉로서 수형자 전원을 모아 시행하는 것인데, 종교교회의 경우에는 그 희망자에 한한다. 둘째,〈개인교회〉로 교화상의 필요에 따라 본인의 요청에 응해 개별적으로 시행하는 것이며, 사형수, 독거수용자, 병자 등에 행한다. 셋째는 〈특별교회〉로 수형자의 사망, 그 부사면, 가석방, 상표수여 등의 기회에 수형자의 일부

와 연고자를 모아 행하는 것이 그것이다. 교회처우는 행형교화의 심장부를 이루는 것으로 일컬어져 왔다. 그만큼 이것은 결코 과소평가될 수 없으며, 오히려 가장 중요시해서, 개발, 추진되지 않으면 안 된다. 유엔의 피구금자 처우 최저기준규칙 등 41, 42조에서는 동일 종교의 신봉자가 많은 시설에서는 종교지도를 최대한 허용하고, 가능하면 상근제를 채택할 것, 그리고 교인 수형자의 경우 그 계율서 등 성전의 소지를 허가 할 것(종교적 욕구의 충족)등을 규정하고 있다.

### 구개열

구개열이란 발어기관의 일부인 구개가 전후방향으로 찢어진 선천성 기형이다. 일반적으로 말하는 언청이다. 그결과 들어 마시는 공기가 코로 빠지기 때문에 비강공명과잉이 되어 파열음, 마찰음, 파찰음 등의 발음에 필요한 구강내압을 만들 수 없게 된다. 다시 말하면 구개열에 따른 언어장애는 개비성과 이상구음(잘못된 구음조작이 습관화된 것으로 성문파열음, 인두마찰음, 인두파열음 등이 있다)을 2대 특징으로 하고 있다. 그러나 1세에서 1세 6개월 사이에 구개열의 폐쇄수술을 행하면 당초부터 정상언어를 얻을 확률이 높다. 또 언어장애가 생긴 경우에도 적절한 언어치료에 의해 치유하는 예가 많다.

### 구개피열 언어장애

구개파열이란 발성기관으로서 중요한 입천정이 전후방향으로 나누어져 있는 선천성 기형을 방향으로 나누어져 있는 선천성 기형을 의미하며 이러한 원인으로 인한 언어상의 장애를 말한다. 언어의 특징은 호기가 코로 새어 나오므로 발음에 필요한 읍압을 만들지 못해 음운의 대치 왜곡과 같은 발음장애가 일어난다. 또 전체적을 알아듣기가 어렵다. 이러한 선천적 기형은 유전요인에 의하거나 혹은 임신초기의 모체의 질병, 약물복용 등에 의해 발생하는데 생후 1세 내지 18개월간에 구개파열 폐합수술을 하면 당초부터 정상언어를 획득하는 율이 높다. 또 장애에 대한 치료도 적절한 언어치료에 의해 치료하는 예가 많다.

### 구금

범죄에 대한 혐의가 있는 사람으로 도주나 증거인멸의 염려가 있거나 주거부정의 경우에 해당하는 사람을 교도소나 구치소에 가두는 법원의 강제처분을 구금이라고 한다. 구속영장에 의해 집행되고 형이 확정되지 않은 상태이므로 형벌인 구류와는다르다.

### 구급의료(first aid medicine)

돌발 사고나 급한 상병이 있는 위급한 경우에 인명을 구하기 위한일련의 활동으로서 구급업무와 구급의료로 나눈다. 구급업무는 환자를 위난에서 구출하여 의료기관에 긴급 이송하는 일로서 경찰, 민방위대, 예비군 조직 등에

서 실시한다. 구급의료는 환자가 의사에게 인계됨으로서 실시되며 생명구출을 최우선으로 급성증세에 대한 진단과 치료를 행하는 것이다.

### 구루병(rickets)

비타민 D의 결핍으로 발생하는 병으로서 아동들이 이 병에 걸리면 뼈가 약해지고, 연골이 확장되며, O형 다리와 가슴과 골반의 기형이 나타난다. 우유에 있는 비타민 D의 섭취와 비타민 강화제의 사용으로 구루병의 예방은 미국에서 실효를 거두어왔다.

### 구류

신체의 자유를 뺏는 자유형 중 가장 가벼운 형벌로 구류장에 가두어 두는 것을 말한다. 구류장으로는 교도소가 원칙이지만 경찰서의 유치장이 많이 이용되고 있고 구류기간은 1일 이상 30일 미만이다.

### 구분(division)

삼각형을 부등변·등변·이등변으로 나누는 것처럼, 어떤 개념의 외연(外延)을 몇 개로 나누는 것을 논리학에서는 구분이라고 한다. 유개념을 그것에 종속하는 종개념으로 나누는 것이다. 위의 예에서는 변이 같으냐 안 같으냐를 기준으로 하여 구분을 하고 있는데, 이와 같은 기준을 구분원리 또는 구분의 기초([라)principium divisionis, fundamentum d.)라 하고, 종개념을 구분지라고 한다. 구분원리는 구분되는 개념과 관계있는 것이면 무엇이나 취해도 좋지만, 구분은 하나의 원리에 의해 행하여지지 않으면 안된다. 이 규칙을 어기면 구분지가 교차하는 교차구분(cross division)이 된다. 또 구분이 완전한 것이 되기 위해서는 구분지의 총화는 구분되는 개념의 외연과 같지 않으면 안된다. 구분지를 두 개로 하여 계속 구분하는 방식을 이분법(dichotomy), 세 개로 하는 방식을 삼분법(trichotomy)이라고 한다. 수목을 뿌리·줄기·가지로 나누는 것과 같은 사고 작용은 분할(partition)이며, 분할과 구분을 혼동해서는 안된다.

### 구빈사업

구빈사업이란 빈곤상태에 있는 자를 구제하는 행위의 총칭이나 거기에는 국가정책, 사회제도 개인적인 독지행위까지가 포함된다. 역사적으로 구빈사업 시기는 확실하게 확정짓기 어려운 다의적인 성격을 갖고 있지만 일반적으로 근대 자본주의의 발전과정 속에서 공적구제의 필요성이 제창되고, 구빈입법이 성립되고 운용되면서이다. 이후에 이와 같은 사후적 구제에 대해 예방적 방빈사업이 일어나 사회보장, 사회보험제도로 이어진다.

### 구빈세(poor rate)

중세에서의 교회세는 구빈세적 성격이 포함되어 있었으나 세제로 확립된 것은 절대왕제 하의 공적구제제도의 성립과 빈곤문제의 국민적인 확산을 배경으로 하고 있다. 구빈경비를 교구주민의 세금으로 충당하도록 강제 부과해 이것을 재원으로 충당했다. 영국은 이 공적구제의 확립에 의해 민간자선사업 및 지방자치행정의 독자적 활동을 더욱 발전시켰다.

### 구빈원(poorhouse) 01

20세기 이전에 널리 유행한 원내구호 형태의 빈민을 위한 시설이다. 박애주의자들이 기금을 모아 설립한 이 보호소는 빈곤 가족이나 개인에게 피난처를 제공하였다. 최근 수십 년이 지나면서 구빈원은 원회구호 프로그램으로 바뀌었고, 이 프로그램으로 빈민들은 자신의 집에 머물면서 돈, 재화, 서비스 등을 제공받는다.

### 구빈원 02

가난한 사람에게 일시적 혹은 영구적으로 거주할 장소를 제공하여 돌봐주는 원내구호의 한 형태로 정부기관 또는 민간 자선단체가 재정을 지원한다.

### 구빈원 03

유럽 중세 말 교회·수도원 등이 구빈원의 계보를 갖고 있었으나 17세기말 작업장(workhouse)이 창설되어 수용시설과 수산사업이 통합되면서 1722년의 워크하우스·테스트에 의해 구호억제를 목적으로 하는 시설로 보급되었다. 1834년의 신 구빈법에서 빈곤을 죄악시하는 당시 사상의 반영으로 워크하우스가 이용되어 빈곤자에게는 공포의 집이었다.

### 구빈제도

자본주의 발전에 따라 사회문제로 출현된 빈곤문제에 대해 공적 부조를 중심으로 한 구빈제도를 지칭할 때가 많다. 서구근대에서는 구빈법의 성립과 개정에 이르는 역사가 구빈제도의 전개와 일치한다. 따라서 자본주의사회의 발전에 합목적인 자조, 타민 방지 관념을 기반에 갖고 있어 사회문제로서의 실업대책에 대해 공적책임을 명확히 하고 국가에 의한 보장으로 정책화하는 방향으로는 좀처럼 진행되지 않았다.

### 구상권(A Right to Indemnity)

복지급여의 사유가 제3자의 가해행위로 발생한 경우 급여수급자가 제3자(손해배상의무자)에 대해 가지는 손해배상청구권리를 공단이 대위 취득한 권리를 말한다.

### 구상종료코드

국민연금에서 수급권자의 손해배상청구권이 소멸되거나 수급권이 소멸됨으로 인하여 공단이 연금을 지급하더라도 더 이상 가해자에 대해 구상할 수 없는 상태. ★현행코

드 : 손배수령 / 소멸시효완성 / 수급권소멸 / 구상결정대상소멸.

## 구세군(salvation army)

영국의 멘지스트파 목사인 윌리엄 부스(William Booth 1829 – 1912)에 의해 전도를 목적으로 시작되었으나 그 뒤 자선사업을 추가하여 조직적 활동을 펼치고 있다. 당시 군대의 조직형태를 원용하여 산업혁명하의 생활고에 허덕이는 빈민에 대해 전도와 자선사업활동을 전개했다. 이후 전 세계적인 조직으로 확대되었다.

## 구속

범죄의 혐의가 있는 사람으로 증거인멸, 도주의 염려가 있거나 주거가 일정치 않은 사람을 교도소나 구치소 등 일정한 장소에 데려와 그 장소를 벗어나지 못하게 신체상의 자유를 제한하는 법원의 강제처분을 구속이라고 하는데 다음과 같이 나눌 수 있다. ①피의자 구속 – 범죄수사를 위해 혐의가 있는 사람을 구속하는 것을 말한다. "구속수사를 원칙으로 한다"라고 할 때의 구속이 여기에 해당한다. ②피고인 구속 – 재판을 위해 범죄혐의의 수사를 받고 기소된 사람을 구속하는 것을 말한다. "법정구속"이라고 할 때의 구속이 여기에 포함된다. ③형의 집행을 위한 구속 – 재판을 거쳐 형을 언도받은 사람에 대한 집행을 위해 구속하는 것을 말한다. 구속은 검사의 청구에 의해 법관이 발부한 구속영장에 의해 이루어 진다

## 구속성예금

금융기관이 여신제공과 관련하여 차주기업에 대출금의 일부를 예금이나 적금으로 가입할 것을 요구하거나 유가증권 매입을 강요하는 것을 말한다. 구속성예금의 종류로는 정식으로 질권이 설정되어 해약 또는 인출이 제한되는 예·적금전신탁, 유가증권(담보예금), 예금증서 미교부 등의 방법에 의해 사실상 해약 또는 인출이 제한된 예·적금, 금전 신탁, 유가증권(견질담보형태의 예금), 여신실행일 전후 10영업일 이내에 예입된 예·적금 및 금전신탁, 차주에게 매출된 유가증권(즉시 양건예금) 등이 있다. 현재 금융감독원에서는 금융기관의 구속성예금 수취행위를 대표적인 불공정한 금융관행으로 간주하여 이의 수취를 엄격히 규제하고 있다.

## 구속영장

구속이라는 강제처분을 할 수 있다는 사실을 기재한 법원의 허가장을 구속영장이라고 하는데 다음과 같은 내용이 적혀있다. ①구속대상자의 이름, 주소 등의 인적사항, ②죄명과 범죄사실, ③구속할 장소, ④영장의 발부 연월일, ⑤영장의 유효기간과 유효기간이 지나면 체포할 수 없으며 유효기간이 지나면 영장을 반환해야 한다는 내용, ⑥재판장이나 담당판사의 서명과 날인.

## 구속영장실질심사제도

구속영장 청구의 대상자가 된 피의자나 피의자의 변호인, 배우자, 호주, 가족이나 동거인, 법정대리인, 형제자매, 직계친척 등이 신청할 경우 법관이 피의자를 불러 구속영장의 발부가 타당한지를 심사하는 것이 구속영장 실질심사제도인데 구속전 피의자심문제도라고도 한다.

## 구속적부심사

일단 영장에 의해 수사기관에 체포 또는 구속되었다고 하더라도 피의자는 적부심사절차에 따라 다시 법원으로 부터 체포 또는 구속의 적부(適否)여부를 심사 받을 수가 있다. 이 절차에서 체포 또는 구속이 부당하다고 하여 법원이 석방을 명하면 피의자는 즉시 석방되며 이에 대해 검사는 항고를 하지 못한다. 체포 또는 구속적부심의 청구는 피의자 본인이나 변호인은 물론 배우자, 직계친족, 형제자매, 호주, 가족, 나아가 동거인이나 고용주도 피의자를 위하여 청구할 수 있다. 체포 또는 구속적부심은 사건이 경찰에 있는가 검찰에 있는가를 가리지 아니하고, 검사가 법원에 기소를 하기 전이면 청구할 수 있다는 점에서 기소된 피고인에 대해 인정되는 보석제도와 다르다. 체포 또는 구속적부심을 청구받은 법원은 지체없이 구속된 피의자를 심문하고 증거를 조사하여 결정을 하여야 하는데, 청구권자 아닌 자가 청구하거나 동일한 영장에 대해 재청구한 때, 수사방해의 목적이 분명한 때 등에는 청구를 기각할 수 있으며 이에 대해 피의자는 항고하지 못한다. 개정된 형사소송법은 구속의 적부심사를 청구받은 피의자에 대해서도 피의자의 출석을 보증할 만한 보증금의 납입을 조건으로 석방을 명하는 피의자보석제도를 채택하였는 바, 석방의 요건·집행절차 등은 후술하는 보석의 경우와 거의 동일하다.

## 구순기(oral phase)

성격의 정신성적 발달의 첫 단계로서 0 – 2세에 해당한다. 이 단계에 유아는 입과 구강을 자극함으로써 만족을 찾고, 주위에서 들려오는 언어나 스스로의 정신적인 활동을 통해 세상을 경험한다. 프로이트 이론에 따르면 이 기간에 성적 쾌락의 장소는 구강에 있는데, 이것은 유아가 젖을 빠는 행위에서 얻는 강한 만족감을 설명해준다. 자아개념과 개인적 가치감은 보통 이 단계에서 발달한다.

## 구순성격(oral character)

이미 구강기성격으로 잘 알려진 바와 같이 정신분석이론에서 말하는 용어로서 지나치게 의존적이거나 욕심이 많고, 이른바 가득 채워지기를 요구하는 경향을 보이는 성격을 말한다. 이러한 사람들은 먹기, 담배피우기, 마시기,

말하기와 같은 행위로부터 커다란 만족감을 얻는다. 보통 이러한 사람은 성격발달의 초기단계에서 고착되었다고 여겨진다.

### 구심적 가족구조(centripetal family structure)

가족체계이론에 의하면, 각 성원이 가족에 소속되어 있고 상대적으로 외부인과는 격리되어 있는 가족관계 형태를 말한다. 가령 가족의 자녀는 어른이 되어서도 아이와 같이 행동하며 이러한 가족구성원들은 서로 높은 의존심을 갖고 있다. 또 이 구조는 가족관계 이외의 사회관계에서도 발생할 수 있다.

### 구음장애(articulation disorder) 01

마비성 조음장애라고도 한다. 중추성 혹은 말초성 신경마비로 나타나는 운동마비성 발음장애를 말하며, 뇌간(brain — stem)과 이와 인접한 핵(nucleus) 또는 섬유로(fiber tract)의 질환이나 외상으로 구화근육의 운동부전으로 발생한다. 들은 것을 이해는 잘하며 단어선택도 잘하고 문법적으로 어렵지 않게 배열한다. 그러나 단어나 소리를 적절한 강세나 크기와 고저의 조절로서 정확히 표현하는데 어려움이 있다. 유형으로는 이오나성 발음장애, 경련성 발음장애, 실조성 발음장애, 저운동성 발음장애, 과운동성 발음장애, 혼합형 발음장애가 있다.

### 구음장애 02

특정의 어음을 올바르게 발음할 수 없는 상태를 말한다. 구음의 잘못에는 생략, 치환, 뒤틀림, 부가 등이 있다. 발달도상에서 생기는 구음장애 중 기질적인 요인이 아닌 것을 기능적 구음장애라 한다. 기질적 요인에 의한 구음장애에는 발성발어기관 형태상의 이상에 의 한 것(구개열에 따른 구음장애 등), 발성 발어운동에 관여하는 신경근질환의 기획 장애에 의한 것(발어실행에 따른 구음장애) 등이 있다.

### 구제금융

도산을 구제할 목적으로 금융기관이 기업에 대해 융자해 주는 것을 말한다. 이 구제금융에는 ①신규로 자금을 대출하는 경우, ②대출금(채무)의 회수를 일시 연기하는 경우 등이 있다.

### 구제남용

공공부조제도에서 보호의 필요가 없는데 보호되고 있거나 허위의 신청임에도 보호되고 있는 등의 현상을 말한다. 이는 보호의 실시기관이 보호 이전에 충분한 조사없이 서비스를 제공하는데서 발생하게 된다. 욕구파악과 서비스의 제공이 조직적, 체계적으로 된 근래에는 별로 없는 현상이지만 역사적으로는 19세기 후반 자선사업이 무질서 하게 난립했던 시대에 많이 있었다. 이에 구제남용 현상을 개선하고자 자선조직협회를 설립했다.

### 구제누락

보호를 요하는 자가 수급요건을 갖추었는데도 보호되지 못하는 상태를 말한다. 구제누락이 발생하는 직접적인 이유로는 신청보호를 원칙으로 하고 있기 때문이며 이 원칙 하에서는 보호를 서면으로 요구하지 않는 한 적용받지 못하게 된다. 그 유인으로서는 제도에 관한 정보부족, 수급에 대한 낙인에 기인하는 거부감에 의해 생기는 경우가 있다. 또 정보의 미공개, 상담원의 부족, 보호내용에서의 열등처우 등 실시기관 측의 생활보장제도에 대한 자세가 원인이 되고 있다.

### 구제명령

구제명령이라함은 노동위원회에서 노동조합·근로자 기타의 자의 신청에 따라서 사용자의 부당노동행위의 사실을 인정하고 이것을 구제하기 위해서 발하는 명령을 말한다. 부당노동행위가 성립된다는 판결과 이를 구제하기 위한 명령은 서면으로 해야 하며 이를 당해 사용자와 신청자에게 각각 교부해야 한다. 지방노동위원회의 명령에 대해서는 10일 이내에 중앙노동위원회에 그 재심을 신청할 수 있으며, 중앙노동위원회의 명령에 대해서는 15일 이내에 행정소송을 제기할 수 있다.

### 구제사업(relief work)

사회사업이라는 개념이 일반화하기 이전 시기에 사용되어진 말로서 그 이전까지는 감화사업과 같이한 감화 구제사업이 행정개념으로 사용되어 왔다. 감화가 정신적측면의 교육을 의미한 것에 대해 구제사업은 당시의 생활 곤궁자에 대한 물적 구제의 면을 주로 표현한 개념이지만 반드시 그와 같은 사용방법으로 사용되어진 것은 아니고 물적 정신면에서 빈곤자 구제사업이라 막연히 부른 경우도 많았다.

### 구제역

소나 돼지, 양 등 발굽이 둘로 갈라진 동물에서 나타나는 악성전염병으로 가축전염병예방법에 의해 제1종 법정 전염병으로 지정돼있다. 증상으로는 체온의 급격한 상승과 식욕감퇴 등이며 감염된 동물은 심하게 앓거나 죽게된다. 사람에게는 전염되지 않지만 바이러스 전염을 막기 위해 통상 발생 국가 육류는 수입금지된다.

### 구조(relive / rescue / save)

재해를 당한 자를 구출, 혹은 사망자의 매장을 비롯하여 재해에 의해 갑작스럽게 생기는 생활 곤궁에 대해 주거, 식료, 의류, 의료 등의 기본적 서비스와 상황을 제공하는 활동과 그 위에 생활을 회복하는데 필요한 물건, 서비스, 상황을 제공하는 활동을 말한다. 보호, 원조 등과 다른 점은 대상자의 생활능력의 장애를 문국가가 독점자본주의로 삼지 않는 것, 그리고 빈곤 등 원인이 공통인 것으로 원조에 개별화원칙이 없는 점과 원조가 일시적인 점이다.

## 구조법

보호법의 한 분야로 재해 이재민 기타 응급적 요보호상태에 있는 자에 대해 필요한 보호를 신속히 행하는 것을 목적으로 하는 활동에 관한 법을 말한다. 현행법으로 재해구조법, 재해조위금의 지급에 관한 법률, 행려병인 및 행려사망인 취급법 등이 있다. 구조법의 특징은 신속·응급·보호라는 법의 목적 하에 현재 응급보호를 요하는 자에게는 현재를 원칙으로 충족시켜야 한다.

### 구조적 가족치료(structural family therapy)

부적합한 제도와 상호작용 그리고 가족의 하부체계와 영역의 내부 조직을 명확히 하고 변화시키는 가족치료지향과 절차이다. 구조적 가족치료는 미뉴친이 발전시켰고, 그것은 하나의 단위로서 그리고 이방인으로서 가족성원과 그 성원간의 규칙과 역할을 습득해온 방법을 가족에게 이해시킴으로써 가족을 돕는 것을 강조한다.

### 구조적 사회변동(structural social change)

개혁, 정치적 대변동, 전제지변에 의한 사회제도와 사회가치의 근본적이고 비교적 빠른 변화이다. 이는 점진적 사회변화의 반대개념이다.

### 구조적 사회사업(structural social work)

부적절한 사회제도는 많은 클라이언트들의 문제에 책임이 있다고 간주하여 사람들이 기능수행을 저해하는 사회적 상황을 극복할 수 있도록 돕기 위해 조직된 실천모델을 말한다. 가령 클라이언트들과 필요한 자원들을 연결시켜주고, 어려운 상황을 극복하게 하고, 현재의 제한적인 사회구조를 변화시키는 것들이다.

### 구조적 실업(structural unemployment)

현대자본주의 하에서는 불황기에 발생한 실업자가 호황기가 되어서도 산업에 흡수되지 않는 현상이 자주 발생하는데, 이것은 국민경제에 이들을 흡수할 유효수요가 결여되어 있기 때문에 나타나는 것이다. 이러한 현상을 단순히 경기변동에 따라 흡수되기도 하고 반발되기도 하는 실업현상인 경기적 실업과 구별하여 구조적 실업이라고 칭한다. 이 용어는 19C 중엽의 특징이었던 경기적 실업에 대해 현대 자본주의 하에서의 실업을 특징짓기 위해 쓰여지고 있다. 이러한 구조적 실업에 대처하기 위해 현대에는 국가의 경제정책의 역할이 중요시 되고 있다.

### 구조적 인플레이션

경제전체의 수요가 초과되지 않은 때에라도 특정산업의 산출물에 대한 수요가 초과하고 있기 때문에 일어나는 가격상승을 말한다. 특정의 경제 부문에 수요압력이 가하여졌기 때문에 가격과 임금이 상승한다. 그 결과 수요가 각기 다른 경제제부문의 가격과 임금이 그 이하로는 내려갈 수 없는 최저치가 경직화하는 경향이 있기 때문에 전반적인 인플레이션이 일어난다. 가령 1950년대에 있어서 서비스의 수요가 급증, 따라서 서비스의 가격과 서비스업 종사 노동자의 임금이 대폭 상승하였으나 한 편에서는 내구소비재와 자본재의 수요가 상대적으로 하락하였다. 그러나 내구소비재산업 및 자본재산업에 있어서의 재화의 가격은 그다지 하락하지 않았는데도 이들 양산업 노동자의 임금이 상승한 결과, 금융적 인플 레이션이 일어났다. 미국의 대부분의 경제학자는 인플레이션이 나타날때 는 구조적 인플레이션과 함께 demand pull형, cost − push 형 인플레이션 등이 동시에 일어나고 있다고 보고 있다.

### 구조주의(structuralism)

연구의 한 방법 혹은 몇몇 형식화에서 리얼리즘과 유사성을 가지며 경험론과 실증주의에 대항하는 학문의 보다 일반적인 하나의 원리이다. 언어학, 문학비평, 문학사회학, 미학, 사회과학 그 중에서도 특히 인류학과 맑스주의에서 주된 연구방법론이다. 구조주의 방법론의 주요 특징은 연구대상을 〈체계〉(system) 즉 고립되어 있는 특수한 사실들보다는 일련의 사실 사이의 상호관계로 보는데 있다. 피아제(J. Piaget)에 따르면 체제의 기본 개념은 총체성, 자율적 규제, 변형이다. 언어학에서 소쉬르(Saussure)는 언어의 잠재적 체계로서 랑그(langue)와 개인적 행위로서 파롤(parole)을 구별하고 전자를 체계로서 언어학의 탐구대상으로 정립하였다. 인류학에서 레비 스트로스(Levi Strauss)는 사회생활의 무의식의 구조를 탐구 대상으로 정립하였다. 맑스주의 사상에서 구조주의의 주요 조류는 알뛰세(L. Althusser)에 그 근원을 두고 있다. 알뛰세에 따르면 맑스는 사회이론에서 인가 주체를 배제시켰고 사회 전체에 구조화된 인간의 실천이라는 수준의 〈새로운 과학〉을 건설하였다. 따라서 맑스주의 이론은 본질적으로 사회 전체의 구조 분석이다. 이 분석의 주요 목적은 직접 관찰할 수 있는 사회적 생활현상의 기초를 이루며 이 현상을 창출하는 〈심층 구조〉를 밝히는 것이다. 구조는 직접 볼 수 있거나 관찰할 수 있는 실체가 아니라 인간이 볼 수 있는 한계를 넘어서 존재하는, 그리고 그 기능이 사회체계의 더욱 심화된 논리를 구성하는 수준의 실체이다. 구조주의는 사회 생활에서 인간의 의식과 행동의 역할을 강조하고 역사에 진보의 개념이 내재해 있다고 보는 루카치(Lukacs), 그람시(Antonio Gramsci) 및 프랑크푸르트학파의 견해와 대립한다. 따라서 넓은 의미에서 구조주의는 맑스주의 사상의 양극 사이의 오래된 긴장을 새롭게 표현한 것이다. 여기서 양극이란 한 극단으로는 맑스주의 사상을 사회에 대한 엄격한 과학으로, 또 다른 한 극단에서는 '사회의 통합적 실제 조직에 생명을 부여하는'

휴머니즘적 신조로 이해하는 것이다.

## 구직단념자

비경제활동인구(만 15세이상 인구 중 취업자도 실업자도
아닌 모든 사람으로 주부, 학생, 연로자, 심신장애자 등)
중 취업의사와 일할 능력은 있으나 ①적당한 일거리가 없
을 것 같아서, ②조사대상주간 이전에 구직하여 보았지만
일거리를 찾을 수 없어서, ③자격이 부족하여 등과 같은
이유로 조사대상주간에 구직활동을 하지 않은 자 중 지난
1년내 구직경험이 있었던 사람으로 향후 노동시장에 유
입될 가능성이 있는 잠재인력이란 점에서 중요한 의미를
가진다.

## 구직연장급여

고용보험제도의 하나로 소정급여일수에 해당하는 구직급
여를 수령한 후 일정한 사유 및 요건에 의해 추가하여 수
령하는 구직급여로서 특별, 개별, 훈련연장급여가 있다.

## 구직의 이론

사람이 실업상태에 있는 것은 현행임금보다 높은 임금을
받기 위해 좋은 일을 찾고 있기 때문이라는 이론. 선진국
에서는 최근 실업수당이 괜찮아지는 등 실업보험이 정비
됨에따라 실업기간이 장기화되는 경향이다. 이 이론은 노
동시장에서 수요와 공급이 일치하고 있어 비자발적 실업
이 존재하지 않는다는 고전파의 생각을 계승, 나아가 이
를 보강한 것이다. 케인스의 실업이론과 정면으로 배치되
는 이론.

## 구체적(concrete)

특수한 것으로 존재하는 개체를 언급할 때 사용하는 말로
서, 〈추상적〉(abstract) 혹은 〈일반적〉(general)에 반대되
는 말이다. 구체적 개념은 추상적 개념이 지칭하는 속성
혹은 특징을 포함하고 있는 개체 혹은 사물을 나타내는,
또는 일반화에 의해서 분류되지 않은 사물 혹은 개체를
나타내는 개념이다.

## 구체적 경험(concrete experience)

아동이 직접적으로 활동과 사건에 참여하여 그곳에서 일
어나는 여러 현상을 직접 관찰하며 실제상황이나 사건,
교구에 활동적으로 개입하는 것으로 유아교육현장에서
는 유아의 학습효과를 높이기 위해 늘 강조되어 왔었지만
특히 피아제(J. Piaget)의 인지이론이 나온 후부터 아동의
사고과정을 형성시키기 위해서는 될수록 구체적·직접
적으로 여러 가지 경험을 시킬 것을 강조하고 있다.

## 구체적 조작(concrete operation)

피아제(J. Piaget)의 지적 발달 이론에서, 약 7세를 전후
하여 나타나는 조작을 가리킨다. 이 단계에서 아동은 분

류와 관계에 관한 논리적 사고를 할 수 있다. 가령 아동
은 두 개의 대등한 범주를 합한 상위의 범주가 있다는 것
을 상상할 수 있으며, 크기가 차례대로 된 세 개의 막대
기 A, B, C에서 A와 C를 직접 비교해 보지 않더라도 A =
C라는 결론을 얻을 수 있다. 분류와 관계에 관한 사고를
구체적 조작이라고 부르는 이유는 그러한 사고가 반드시
구체적인 물건(꽃·막대기 등)에서 〈시작하는〉 것이기
때문이다.

## 구체적 조작기(concrete operations stage) 01

인지발달의 단계로서 피아제 이론에 의하면 이 단계는 7
— 11세 때이다. 이 단계에서는 개인이 관찰과 조작이 가
능한 신체적 관계에 논리를 적용한 것을 배우게 된다.

## 구체적 조작기 02

피아제(J. Piaget)의 네 가지 주요 발달단계 중 세 번째 단
계. 7 — 8세에서부터 약 11 — 12세까지 계속되는데, 이
단계의 특징은 아동의 구체적인 문제들, 또는 구체적인
의미에서 쉽게 상상될 수 있는 사물이나 문제들을 다룰
수 있는 능력이 증가하는 것이다. 즉 아동은 인과단계에
대한 일련의 추리를 할 수 있게 되며, 분명하게 관찰할 수
있는 물량의 변화에 대해 보존의 개념을 형성하게 된다.
그러나 구체적 조작은 순수하게 추상적인 내용에는 적용
될 수 없다.

## 구체적 조작적 사고(concrete operational thinking)

Jean piaget의 인지발달이론의 세 번째 단계인 구체적 조
작기(약 7세부터 11, 22세경까지의 시작)의 아동들이 보
이는 사고능력을 지칭한다. 즉 이 시기의 아동들은 구체
적인 대상, 행동 및 경험에 대해 체계적이고 논리적인 사
고를 하는 것이 가능하며 그 적용범위는 구체적인 사상에
국한된다. 반면에 추상적인 문제나 과제에 대한 조작적
사고는 하지 못하며, 이러한 사고능력은 Piaget 인지발달
이론의 마지막 네 번째 단계인 형식적 조작기(약 11, 12세
이후)에 가서야 가능해진다.

## 구축효과

정부가 총수요 확대를 위해 통화량 공급을 수반하지 않은
채 재정지출을 늘릴 경우 이자율 상승으로 민간투자가 위
축되어 그 효과가 상쇄되는 것을 말한다.

## 구치소

범죄에 관한 혐의를 받고 체포됐거나 재판을 받고 있는
사람들을 격리해서 수용하는 시설을 구치소라고 한다.(행
형법 2조 5항) 수형자 수용의 목적과 미결 수용의 목적은
서로 다르기 때문에 각각 별개의 수용시설에 따로 수용하
는 것이 이상적이다. 다만 국가의 재정형편상 전국에 걸
쳐 필요한 만큼의 구치소를 설치하기가 어렵기 때문에 아

직도 일부 지역에서는 교도소의 미결수용시설로써 대용(代用)하고 있다. 현재 한국은 교도소 미결수용실이 아닌 독립된 구치소로서는 서울구치소 · 영동구치소 · 성동구치소가 있다.

### 구타(battery)

물리적 혹은 상해를 포함하는 비합법적인 학대의 한 형태를 말한다.

### 구호법(the relief law)

본 법은 은혜적인 혈구규칙에 대신하여 빈곤하여 생활불가능한 자를 국가의 의무로 구호한다는 입장을 취했으나 보호청구권은 당국에 의해 부정되어 실업자 대량속출의 세계공황임에도 불구하고 노동능력이 있는 곤궁자를 배제하는 제한구조주의가 계승되었다. 또 가족제도의 미풍 유지 하에 능력 있는 부양의무자의 존재가 결격조건으로 되었다.

### 구호시설(relief institution)

생활보장법에 의한 보호시설의 일종으로 각 시 · 도의 자치제 단위로 설치되어 있다. 입소자는 신체 및 정신적으로 심한 결함을 갖고 있어 자립할 수 없는 요보호자로서 수용 및 생활부조를 목적으로 하는 시설이다. 또 수용 전원이 신체장애와 정신장애가 있는 자로서 중복장애를 가진 자도 많으며 장애별 분류수용이 아닌 혼합수용이다. 입소자 태반이 가족해체 또는 가족으로부터 버림받아 고립화된 사람들로 자립, 자활할 수 있도록 생활지도 및 작업지도를 행하고 있다. 그러나 장애에 맞는 분류처우적인 대응수준이 낮아 시설개선이 특히 요망된다.

### 구화법(oral method)

청각장애에 대한 언어교수법의 하나이며 비장애인과 같은 수단에 의해 의사전달을 도모한다는 원리에 입각한 음성언어의 사용방법으로서 종래의 수화법에 대비되는 새로운 방법이다. 언어 이해 면에서는 독화를 사용하여 시각적 상대방의 말을 읽고 표출 언어 면에서는 시각, 촉각, 근운동감각 등을 종합적으로 사용해서 발화를 학습한다. 근래에 구화법과 청능법 잔존청력을 활용하는 방법 및 수화법을 병용하는 방법을 사용하고 있다. 오늘날 각 농아학교에서 수화법을 지양하고 구화법을 위주로 하는 의사전달체계를 확립하려고 노력하고 있으나 농아자 자신들의 의사전달수단으로 대개 수화법을 사용함으로 구화법의 발전에 많은 애로가 있다. 농아학교교육에 있어서 통합교육의 도입은 바로 구화법의 발전에 기초하여야 하므로 이에 대한 연구가 더욱 긴요하다 하겠다.

### 구획계획(sectoral planning)

전반적인 사회계획의 테두리 안에서 특수계층 또는 집단만 을 대상(가령 노인, 영양부족의 산모, 범죄청소년, 장기실업의 이민 집단 슬럼 거주인 등)으로 하는 계획을 말한다.

### 국가(nation)

사회복지학에서 보는 국가란 국가는 사회보장, 사회복지의 증진에 노력할 의무를 진다고 헌법 제34조에서 규정하고 있다. 국가는 광범위한 사회복지의 각 영역에서 사회복지서비스를 할 책임을 갖고 있다. 국가는 공적 부조비 및 사회복지비용을 지방공공단체와 분담하고 있으나 그 사회복지제도에 따라 분담율은 다양하다.

### 국가계약설

국가 또는 사회는 개인의 일반의사(general will)에 의한 동의, 즉 개인의 합의에 의해 이루어진 계약으로 성립되었다는 입장으로, J. J. 루소에 의해 주장되었다. 이 사상은 루소의 유명한 저서 '사회계약론' (민약론)에서 표명되었다.

### 국가공무원법

국가공무원법이라 함은 각급기관에서 근무하는 모든 국가공무원에게 적용할 인사행정의 근본기준을 확립하여 그 공정을 기함과 아울러 국가공무원으로 하여금 국민전체의 봉사자로서 행정의 민주적이며 능률적인 운영을 기하게 함을 목적으로 제정된 법률(1963년 법률 제1325호)을 말한다. 2002년 12월 18일 법률 제6788호로 18차 개정되었다. 본 법은 총칙 · 중앙 인사 관장 기관 · 직위 분류제 · 임용과 시험 · 보수 · 능률 · 복무 · 신분보장 · 권익의 보장 · 징계 · 벌칙 · 보칙 등으로 구성되어 있다.

### 국가기금

기금(fund)이란 포괄적 개념 속에는 국가기금, 범세계기금(global fund) 및 국제기금(international fund) 등이 있다. 국가기금은 한 국가의 증권에 배타적으로 투자하기로 되어 있는 기금을 가리키는데, 이의 예로서는 일본펀드, 이태리펀드, 호주펀드, 캐나다펀드, 멕시코펀드, 코리아펀드 등을 들 수 있다. 이와는 달리 외국시장에 그자산의 25% 이상을 투자 하는 기금을 범세계 기금, 50% 이상을 투자하는 기금을 국제기금이라 한다.

### 국 · 공채

국 · 공채란 국가나 공공기관이 민간에 대해 부담하는 채무를 말한다. 조세와 함께 국가 재정자금을 조달하는 주요한 원천이 된다. 조세는 기업과 가계로부터 강제로 걷는 반면 국공채는 자유 의사에 따라 사고 파는 것으로 공공투자에 대한 혜택과 부담이 장기간에 걸쳐 분담되는 특징을 지니고 있다. 국채는 국민의 재정 부담을 가져오기 때문에 국회의 의결을 거쳐 발행된다. 현재 우리나라가 발행하고 있는 국채는 정부관리기금의 적자 보전을 위해 발행되는 국민투자채권·양곡증권·국민주택채권(1·2종)·국민주택기금채권·군용시설채권·농지채권·공공용지보상채권·농어촌발전 채권과 통화관리를 위한 재정증권 외국환 평형기금 등이다. 또 정부투자기관 등이 발행하는 공채에는 중소금융채권·토지개발채권·주택채권 등이 속한다.

## 국가독점자본주의(state monopolistic capitalism) 01
1929년의 세계대공황 이후 국가유기체사상 주요 자본주의국가에서는 사적자본의 자동조절기능이 무력화되어 장기정체에서의 탈출이 불가능한 상태에 이르렀다. 이 위기로부터의 탈출과정에서 수요창립정책 효과를 대표하는 국가재정의 역할증대와 관리통화제도를 기둥으로 하는 경제 관리의 강화 및 투자의 컨트롤 등이 자본주의경제에 항상적 요인으로 정착했었다. 이것은 국가의 개입을 통해 국민경제에 중요한 구조적 변화가 생긴 것을 의미한다. 이와 같이 자본주의가 새로운 발전단계에 달한 것을 국가독점자본주의라 칭한다.

## 국가독점자본주의 02
독점자본주의의 전화된 형태로, 특히 제1차대전의 전반적인 위기상태에 서 국가 권력과 결탁하여 국가권력을 강력하게 이용함으로써 여러 모순을 완화하고 자기의 체제를 보강할 목적으로 채택한 경제체제이다. 이 일반적 특징은 ①개개의 민간기업의 경제기능이 극히 광범하게 국가 권력의 수중으로 옮아간다는 것(가장 단적인 경우에는 국영기업의 형태를 취한다), ②노동자의 고용관계에 국가가 개입하여 구제한다(미국의 고용법 등이 그 전형이다), ③재정·금융에 대한 국가기능의 강화, 그 기초로서의 관리통화제도의 확립, ④국제적인 경제협력·경제원조에 대 한 국가의 개입 등이다. 이와 같은 특징을 갖는 국가독점 자본주의를 혼합경제라고 부르며, 독점자본주의에 내재한 집중된 권력의 분산을 꾀하고 개인의 자유를 최대한 보장하면서 자유방임으로부터 오는 폐해를 정 부의 힘으로 시정하는 합리적인 제도로 생각하고 있다.

## 국가배상법
국가 또는 지방자치단체에 부과된 손해배상책임과 배상절차에 관해 규정 한 법. 종전의 〈국가 배상금 청구에 관한 절차법〉을 폐지하고 새로 제정했다. 국가 또는 지방자치단체가 손해배상책임을 질 경우는 ①공무원이 그 직 무를 집행함에 있어 고의 또는 과실로 법령을 위반, 타인에게 손해를 가 했을 경우, ②도로·하천·기타 공공 영조물(營造物)의 설치 또는 관리의 소홀로 말미암아 타인의 재산에 손해를 끼칠 경우, ③국가 또는 지방 자치단체가 행하는 사경제(私經濟)행위에 의해 손해가 발생했을 때 도, 민법상의 손해배상책임이 있다.

## 국가배상청구권
공무원의 직무상 불법행위나 공공시설물의 설치나 관리 소홀로 인해 입은 손해에 대한 배상을 국가가 해줄 것을 청구할 수 있는 국민의 권리를 국가배상청구권이라고 한다.

## 국가보호
스스로 돌볼 수 없는 사람들을 보호해주는 국가의 역할을 뜻하는 법적 이념을 말한다. 가령 아동양육보호권, 이혼, 양연보호가정 아동의 탈선 등에 개입하는 법정에서 흔히 사용되는 개념이며, 이러한 권위를 사용함으로써 아동은 부모의 절대적인 소유물이 아니며 국가라는 부모가 맡아야 할 하나의 책임이라고 일반대중들은 말한다.

## 국가사회주의
자본주의 체제에는 많은 모순이 내재해 있는데 자본주의 그 자체를 부정하는 것이 아니라 국가권력의 발동을 통해서 부와 소득의 공정한 분배와 노동조건을 개선하며, 나아가서 주요산업의 국유화와 사회정책의 실시에 의해서 노사관계의 원활화를 도모하려는 적극적인 사회개량주의를 근저로 한 체제를 국가사회주의라고 한다.독일의 랏살레(Lassalle,F.)와 로드베르투스(Rodbertus,J.K)를 대표자로 하며, 국가의 초계급성과 개인에 대한 절대적 우월성을 강조하는 국가주의와의 결합이 특징적이다. 이런 의미에서 이것은 사회주의라기보다는 오히려 국가자본주의에 가깝다 고 할 수 있다. 다만 당시 비스마르크가 노동계급의 회유를 위해 랏살레 등을 이용해서 하향식 사회정책을 시행하려고 꾀했을 때, 그것을 국가사회주의라고 부른 사실로부터 이 명칭이 생겼다. 또 의회주의를 통해서 사회주의를 실현할 수 있다고 본 점에서는 페이비언 사회주의와 공통성을 갖고 있다.

## 국가신용등급
금융기관은 돈을 빌려줄 때 신용을 가장 중시한다. 이는 비단 개인이나 기업에만 해당하는 것이 아니다. 국가에도 똑같은 논리가 적용된다. 국가에도 신용등급이 매겨진다는 얘기다. 국가신용등급은 해당국 기업들의 신용등급을 누적한 것과 유사하다. 다만 그 나라의 경제상황 전반이 고려대상에 포함된다. 뿐만 아니라 해당국의 정치상황 심지어는 정치지도자들의 리더십까지도 신용등급 결정에 중요한 영향을 미친다. 무디스 S&P 피치 IBCA 등 국제신용평가기관이 해당국에 매기는 장기신용등급은 국내 금융기관이나 기업이 해외에서 채권을 발행할 때 금리를 결정하고 발행가능성을 재는 기준이 된다. 무디스의 경우 채권의 투자부적격 판단기준을 Ba1이하로 하고 있다. 최근 지금까지 한국을 투자부적격으로 둔 무디스 기준으론 한국에서 발행하는 모든 채권은 투자할 대상이 아니라는 평가를 받고 있는 셈이다. 투자부적격 기준을 S&P는 BB+(장기)와 B(단기) 이하, 무디스는 Ba1(장기)과 프라임등급이 아닐 때(단기)로 본다. 따라서 신용등급이 기준 밑으로 매겨지면 외국에서 돈 얻는 것 자체가 힘들어진다. 국제신용평가회사들은 한국의 국가신용등급을 외환위기 이후 '투자부 적격' 수준으로 유지하고 있다.

### 국가 위험예고지표
국가 위험예고지표는 금융 / 외환위기 또는 실물경제활동의 부진으로 초래 될 수 있는 국가위험의 증가를 사전에 예고할 수 있도록 고안된 일종의 조기 경보체제다. 전쟁이나 천재지변, 정치 사회적 불안정 등 다양한 국가위험요인 중에서 비교적 사전에 통제가능한 경제관련 위험요인의 변화를 적시에 파악하여 대응책을 강구할 수 있도록 설계됐다. 정보반영도가 높다는 점에서 대외 변수들이 위험요인에서 차지하는 비중이 높은게 특징이다. 조기 경보 체제를 구축하는 지표는 금융 / 외환위기 관련 거시지표와 미시지표를 표 준화한 후 단일지표로 환산한다. 거시지표에는 ①국내 산업생산지수 주가 어음부도율 교역조건 등의 실물부문과 ②외환보유고 증감률 자본유출입변동 등 자본수지, ③경상수지 적자 무역량 등의 경상수지부문 등이 포함 된다. 미시지표에는, ④금융부문 주가지수 일반은행의 외화부채 ⑤예금잔고 증감율 등의 은행경영부문, ⑥국내 신용 / GDP 증감율 등 금융자유화 부문, ⑦총통화 및 외환보유고 증감율 및 외국 신용기관들의 평가 등을 감안해 산출된다.

### 국가유기체사상
국가가 국민사회보다 우위에 존재한다고 이해할 뿐 아니라 인간의 전 존재까지도 포괄하는 공동체적 통일자로 보는 생각이다. 나치즘을 포함한 독일 · 로만주의에 의해 주장된 것이며 유기적전체인 국가는 그 존속과 발전을 위해서는 개인의 권리를 박탈하고 개인의 희생과 봉사를 강요할 수 있다고 생각한다. 국가의 존재가 있음으로 해서 비로소 사회가 있고 개인이 있다고 것이다. 국가 기관설, 다원적국가론 등의 생각과 대립관계에 있다.

### 국가이성
(reason of state, staatsr son, raison d′tat)
자기목적적 존재로서의 국가를 유지 · 강화하기 위해 지켜야 할 법칙 또는 행동기준을 말한다. 국가이유라고도 번역된다. 국가는 그 존재이유를 국가 자체 속에서 가지지 않으면 아니되며, 국가의 생존강화라는 큰 목적을 위해서는 권력이 법 · 도덕 · 종교보다 우위에 서야 한다고 주장된다. 이러한 규범의 수단화는 오늘날 내정면에서 상징조작, 매스컴에 의한 대중조작, 선전이나 홍보에 의한 여론조작으로 나타나고 있다.

### 국가조합주의(corporatism)
정책결정 과정에서 정부는 사회적 합의를 유도하기 위해 이익집단 등 민간부문에 대해 강력한 주도권을 행사하며, 정부와 이익집단간에는 합의 형성이 이루어진다고 설명하는, 다원주의적 이익대표체제에 대한 대안적 이론을 말한다. 조합주의 체제아래서 정부는 자체이익을 가지고 이익집단의 활동을 규정 · 포섭 · 억압하는 독립적 실체로 간주되며, 이익집단들은 강제적 · 비경쟁적 · 위계적으로 조직화되고 경쟁적이기보다는 협력적인 것으로 이해된다. 사회적 책임, 협의, 사회적 조화 등의 가치가 중시되는 조합주의아래서 이익 집단은 준정부기구 또는 확장된 정부의 일부분으로 기능하게 된다.

### 국가주의(statism) 01
국가를 최고의 조직으로 보고, 국가권력이 해당사회 전체를 지배하는 중심으로 인정하는 정치원리를 말한다. 국민주의 또는 민족주의와 같은 뜻으로 사용되기도 하며 국가사회주의를 의미하는 경우도 있으나, 엄밀하게는 그것과 다르다.

### 국가주의(nationalism) 02
국가적 이익의 옹호를 우선 시켜 개개인의 모든 행위와 사상을 거기에 종속시키는 사고 또는 정책을 말한다. 기본적으로는 국민국가의 형성과 함께 성립한 것으로서 근대자본주의의 전개가 이것과 굳게 연결되어 있다. 개인주의, 민주주의와는 대항적 관계에 있으며 권력의 집중현상과 사상의 통제가 계속되어 국가권력 즉 지배층의 자의에 의해서 생활상의 규제도 강화된다. 국민통합을 위한 상층의 조작도 가능해진다.

### 국가채무
국가가 중앙은행이나 민간으로부터 빌려 쓴 돈을 말한다. 국가채무는 크게 네 가지 의미로 나뉘는데 가장 좁은 의미에서는 각종 차입금, 국채, 국고채무부담행위만을 지칭한다. 현재 국가채무의 공식 통계에 사용되는 국제통화기금(IMF) 기준이 이에 해당 한다. 이보다 넓은 의미의 국가채무는 가장 좁은 의미의 국가채무에 국가의 보증채무까지 포함시킨 것을 말한다. 국가의 보증채무란 과거 소련에 대한 소비재 전대차관의 예에서 보는 것처럼 민간의 해외 여신에 대해 국가가 상환보증을 서는 것을 말한다. 다음으로 넓은 개념의 국가채무는 중앙정부채무에 각 지방자치단체의 빚을 모두 더한 것이다. 따라서 여기에는 국채뿐만 아니라 공채도 포함되며 지하철공채 등이 대표적인 예에 해당된다. 마지막으로 가장 넓은 의미의 국가채무는 정부, 지자체뿐만 아니라 각종 공기업이나 공단의 채무까지 포함되는 것으로 공사가 민간기업으로부터 빌린 빚도 여기에 함께 들어간다.

## 국가책임

사회복지에 있어서 생존권보장에 관한 규정을 헌법 제34조에서 국가책임으로 명시하고 있으며 책임주체는 국가만이 아닌 지방자체단체도 포함되고 있다. 사회복지는 개인 및 민간단체에 의한 자선사업에서부터 국가, 지방자치단체에 의한 공적책임에 의해 부담된다. 최근에는 복지영역에 실버산업 등 새로운 민간사업의 참여가 많아 국가 책임이 이들과 어떻게 조화할 것인가가 문제시 되고 있다.

## 국가행정

국가가 직접 그 기관에 의해 행하는 행정을 말한다. 자치단체 또는 공공단체가 국가의 간섭으로부터 해방되어 행하는 독일식 자치행정(법률적 의미의 자치행정 또는 단체자치에 대응하는 개념이다.

## 국경 없는 의사회(MSF : medecins sans frontieres)

1968년 나이지리아 비아프라 내전에 파견된 프랑스 적십자사의 대외구호 활동에 참가한 청년의사와 언론인들이 1971년 파리에서 결성한 긴급의료단체. 세계 어느 지역이든 전쟁·기아·질병·자연재해 등이 발생해 의사의 구조를 필요로 하는 상황이 발생하면 국경을 돌파하고서라도 주민들의 구호에 임한다는 활동방식에 그 특징이 있다. 이는 중립과 공평을 원칙으로 하는 적십자사연맹에 대한 비판이기도 하다. 국경 없는 의사회의 운동은 점차 국외로 퍼져나가 1980년대에 스위스·벨기에·네덜란드·룩셈부르크·스페인에 지부가 발족되었고 국경 없는 의사회 국제 사무국 본부가 벨기의 브뤼셀에 설치되었다. 또 캐나다와 미국·그리스·일본에도 사무국이 설치되었다. 이 단체는 48시간 이내에 구호활동에 임할 수 있는 태세를 갖추고 있는데 이러한 긴급 출동에 필요한 휴대품목은 세계보건기구가 주목하고 있는 부분이기도 하다. 1995년 북한에서 3년 정도 구호활동을 했으나 구호품 배분의 투명성이 보장되지 않아 철수했다. 세계 최대의 국제적 긴급의료단체로 성장하고 있다. 북한에서 구호활동을 펼친 공로로 1997년 서울특별시로부터 서울평화상을 받았으며 1999년에는 노벨 평화상을 수상했다.

## 국고

국가의 재정적 활동에 따른 현금의 수입과 지출은 한국은행에 설치된 정부예금을 통해 이루어지는데 이 예금계정을 국고라 한다. 일반회계가 세금을 징수하거나 양곡관리 특별회계가 쌀 대금을 치르거나 하는 것은 모두 국고수지이다. 한편 한국은행은 단순히 정부예금의 출납사무만 을 취급하는 것이 아니라 국가의 결산, 회계감사를 위한 국고금의 회계 과목별 계리사무까지도 담당하고 있다.

## 국고대리점

국가의 경제활동도 민간의 경제활동과 마찬가지로 금전적 수수를 수반 하게 되는데 이와같은 경제활동, 즉 재정적 활동에 수반되는 일체의 현금을 통상 국고금이라 한다. 우리나라에서는 국고금의 출납의무를 중앙은행인 한국은행이 담당하고 있다. 그러나 대부분의 국민들은 직접 세금을 납부할 뿐만 아니라 정부도 각 지역관서를 통해 재정지출을 하기 때문에 한국은행 본지점만으로는 이러한 출납거래를 하는데 어려운이 있다. 이에 따라 한국은행은 금융기관, 특히 은행 점포 중에서 국고금을 취급 할 수 있는 인력과 시설이 확보된 점포를 대상으로 대리점 계약을 체결하고 국고업무를 취급할 수 있도록 하고 있다. 이같은 대리점계약을 체결한 금융기관 점포를 국고대리점이라고 한다. 국고대리점은 국고의 수납과 지출 업무를 모두 취급할 수 있는데 반해 국고수납대리점은 국고금의 수납업무만 취급할 수 있다.

## 국고보조금(state subsidy) 01

국고에서 지출되는 보조금. 국가가 추진하는 정책을 장려하기 위해 그 재원의 일부를 교부하는 것으로서 국고부담금과는 구별된다. 과학기술의 연구비 보조금이나 무역진흥보조금, 공공사업의 보조금 등 여러가지가 있다. 국고보조금은 특정 사업의 장려가 주목적이지만 지방자치단체에 대한 중앙정부의 통제력 강화를 위한 수단으로 활용되기도 한다.

## 국고보조금(grants — in — aid) 02

국가가 특정한 행정을 지방정부로 하여금 처리케 하기 위하여 지원하는 보조금을 말한다. 국고보조금은 국가위임사무의 처리, 지방행정의 광역적 처리, 지방행정 수준의 향상, 국가의 종합적인 계획 및 업무의 처리, 지방적인 특수 시설이나 행정수행의 장려 등을 목적으로 지방자치단체에 교부된다. 지방재정을 개선하고 균형을 이룩하기 위한 하나의 수단인 국고보조금은 용도와 요건이 정해져 있다는 점에서 용도에 제약이 없는 보통 지방교부세와 구별되며 국가로부터 지방자치단체에 교부되는 의존재원이라는 점에서 공통점을 지닌다.

## 국고부담금

법령에 의해 지방자치단체가 수행하는 사업비의 일정액을 국고에서 교부토록 의무화되어 있는 자금을 말하는데 국고부담이 의무화되어 있는 점이 국고보조금과 다르다. 의무교육비관계 국고부담금, 공공사업비 보조부담금, 재해복구사업 보조부담금 등이 그 예이다.

## 국고수지

국가재정은 일반회계와 특별회계로 구분 경리되고 있는데 이들 자금의 입출입은 일괄적으로 중앙은행을 창구로 하여 이루어진다. 즉 실제의 현금은 국가가 한국은행에 예금하고 있다. 이 예금계정이 국고이다. 일반 회계가 세금을 흡수하고 양곡관리 특별회계가 쌀대금을 지급하는 것은 모두 국고의 출납이다. 국고출납의 밸런스를 재정자금 대 민간수지 또는 국고수지라 한다.

## 국고수표

국고금의 기본지급수단으로서 모든 국고금은 원칙적으로 지출관 또는 출납공무원이 발행하는 국고수표에 의해 지급된다. 국고수표의 종류에는 기명식과 소지인출급식의 2종류가 있는데 국고금 지급에 사용된다는 점과 제시기간이 1년 이라는 점 외에는 일반적인 수표와 법적권리 및 의무가 동일하다.

## 국고지원(농어업인에 대한 연금보험료 보조)

국민연금에서 농어업인으로서 지역가입자에게 '95년7월부터 2004년 12월까지 본인이 부담할 연금보험료 중 최저등급 연금보험료의 1/3이상에 해당하는 금액을 농어촌특별관리회계에서 균등 지원하는 것을 말한다.

## 국고채

국고채란 정부 소요 자금을 마련하기 위해 발행하는 국채의 일종으로 공 공자금관리기금이 상환의무를 지는 채권이다. 금액 비중으로 볼 때 국채의 주류를 이룬다. 국고관리기금채권(국관채)으로 발행돼 오다 99년 9월부터 이름이 국고채 로 바뀌었다. 종전의 농지채권 농어촌발전채권 철도채권 등이 통합 발행되고 있다. 한국은행이 정부를 대신해 발행업무를 취급하고 있다. 시장실세금리로 발행되는 게 특징이다. 만기별로는 1년, 3년, 5년, 10년까지가 있는 데 만기 3년짜리가 주로 발행된다. 3년만기 국고채 유통수익률은 대표적인 시장금리중 하나다. 우리나라의 시중자금 사정을 나타내는 기준금리로 사용되고 있다. 국고채는 미리 공고된 정기발행 예정일정에 맞춰 시장실세 수익률로 발행된다. 주로 은행 투자신탁 종합금융사들이 국고채를 산다. 국고채 발행을 통해 거둬진 돈은 용도에 따라 각 기금에 편입되지만 국제통화기금(IMF)체제 이후에는 재정경제부 일반회계로 편입돼 실업기금 등에 많이 쓰였다. 현재 국고채수익률과 회사채수익률은 대표적인 채권금리 지표로 사용된다. 그러나 국고채는 안전하므로 수익률에서 회사채보다 낮다.

## 국고학자금대여(loan for school expenses)

국가의 부담으로 정규대학 및 이에 준하는 각종 학교에 입학 또는 재학 중인 교직원 본인 및 그 자녀(대학원과정 및 배우자 제외)에게 실등록금 납부액 범위 내에서 무이

자로 대여하는 것을 말한다.

## 국공채형 펀드

국공채형 펀드란 국공채에만 투자하는 투자펀드를 말한다. 따라서 국공채는 민간기업이 발행하는 회사채에 비해 수익률은 다소 떨어지지만 국가 부도가 나지 않는 한 안전성이 보장된다. 국공채란 국가나 지방정부도 민간기업과 같이 자금조달이나 정책집행을 위해 만기가 정해진 채무증서다. 국공채를 발행하는 주체별로 나누면 국채는 중앙정부가 발행하는 채권이고, 공채는 지방자치단체나 특별법에 따라 설립된 법인이 발행하는 채권을 일컫는다. 또 공채 가운데 지방자치단체가 발행하는 채권은 지방채, 특별법에 따라 설립된 법인이 발행하는 채권은 특수채다. 특수채 가운데 금융기관이 발행하는 채권은 금융채라고 부른다. 공채 가운데 국회 동의를 얻어 정부가 지급을 보증해줘 채권 판매를 도와주는 채권을 정부보증채라 한다. 정부가 공채에 대해 지급보증하면 채권 수익률이 낮아져 자금조달 비용이 줄게 된다. 따라서 현재처럼 경기가 좋지 않거나 기업 퇴출 바람이 불 때는 국공채에 투자하는 비율이 높아지게 된다. 하지만 시중 자금이 안전한 국공채에만 몰리면 자금흐름이 왜곡된다. 특히 은행들이 기업대출을 회피하고 국공채 투자에 몰릴수록 은행 고유의 대출기능과 회사채 시장이 위축되는 부작용을 초래한다. 일부 우량기업을 제외한 대부분 기업 회사채 발행길이 막혀 자금시장 경색이 심화돼 자금흐름 양극화 현상이 나타난다.

## 국내균형 · 국제균형

실업을 감소시키기 위해서는 정부지출 또는 국내투자를 증가하거나 그렇지 않으면 수출이 확대되어야 한다. 그리고 인플레이션을 완화하기 위해서는 정부지출 및 국내투자의 감소와 수입의 확대가 필요하다. 그러한 의미에서 인플레이션 압력을 수반하지 않는 완전고용, 즉 국내균형의 달성, 유지를 목표로 하는 한, 정부지출이나 국내투자수준을 조정하는 정책도 수출, 수입수준을 변하게 하는 수출진흥 또는 수입진흥정책도 다같이 유효하다. 그러나 국제수지에 미치는 영향을 보면 수출, 수입의 진흥 정책과 그 외의 유효수요 조정정책과는 정반대의 효과를 가진다. 가령 디플레이션 때의 국내균형화 정책으로는 둘 다 유효하다 해도 수출의 증가는 무역수지의 개선에 기여하는 데에 반해 정부지출 또는 국내 투자의 증가는 무역수지를 악화시킨다. 따라서 국내균형의 달성, 유지를 위해 실시하는 정부지출, 또는 국내 투자의 확장정책은 보정적인 자본유입이 기대하기 어렵거나 외화준비가 충분하지 않을 경우에는 국제수지의 양벽 사이에 끼일 때가 있다. 이러한 경우 국내균형을 취하여야 하는가 국제균형을 취하여야 하는가의 딜레마에 직면하게 된다. 수출 증가가 해외 사정에 비추어 가망이

없고 실업과 외화준비가 약한 국가에서는 국내 균형과 국제균형의 상극의 현상은 심하게 된다. 또 인플레이션과 국제수지의 흑자, 불균형이 병존할 때에도 같은 곤란에 직면하게 된다.

## 국내신용
통화는 정부부문,민간부문,해외부문 및 기타부문을 통해 공급되는 데 이중 통화금융기관이 정부부문과 민간부문을 통해 공급한 통화를 국내 신용이라고 한다. 따라서 국내신용에는 금융기관의 정부 및 민간에 대한 대출금과 이들 이 발행한 유가증권 보유액을 포함한다. 재정정책과 통화신용정책이 완전하게 분리되어 있지 못한 개발도상국 의 경우 정부신용과 민간신용의 구분이 큰 의미가 없어 이를 합한 국내신용을 통화정책의 중간목표로 이용하기도 한다.

## 국내총생산(GDP : gross domestic product) 01
한 나라의 영역 내에서 가계, 기업, 정부 등 모든 경제주체가 일정기간동안 생산활동에 참여한 결과 창출된 부가가치를 시장가격으로 평가한 합계를 말하며, 여기에는 국내에 거주하는 외국인(비거주자)이 제공한 노동, 자본 등 생산요소(factors of production)에 의해 창출된 것은 포함하나 대외거래에 의해 발생하는 소득은 고려하지 않는다. ★GDP = GNP −대외순수취요소소득(대외순수취요소소득 : 우리나라의 생산요소가 해외의 생산활동에 참여하여 벌어들인 소득에서 외국의 생산요소가 국내 생산활동에 참여한대가로 지급한 소득을 공제한 금액)

## 국내총생산 02
국민총생산(GNP)이 '국민' 이라는 사람에 착안한 통계인 데 반해 국내총생산(GDP)은 나라라는 지역에 한정해서 경제활동을 파악한다. 외국인이나 외국기업이 한국에서 생산을 했을 경우 한국의 GDP에는 계산되지만 GNP에는 포함되지 않는다. 거꾸로 한국인(기업)이 외국에서 생산활동을 하면 한국의 GNP에는 포함되지만 GDP에는 포함되지 않는다. 즉 국내총생산의 계산은 GNP에서 해외로부터의 요소소득수취를 공제하고 여기에 해외로의 요소소득지불을 가산한다. 유럽국가의 경우 노동인구의 이동이 격심하여 GNP의 파악이 어려워 GDP와의 차이가 크다. 이 때문에 세계은행(IBRD)과 경제협력개발기구(OECD)의 통계조사는 GDP를 채용하고 있다.

## 국내총생산에 대한 지출
경제활동별로 산출되는 국내총생산을 지출측면에서 파악한 것으로 이를 이용하여 한 나라의 소비수준, 자본축적정도, 재정의 역할 등을 할 수 있다. 국내총생산에 대한 지출은 각 경제주체들이 지출하는 모든 형태의 총계 로서 최종소비지출, 총자본형성 및 재화와 용역의 수출입으로

구성되어 있으며 국내총생산과 일치시키기 위한 조정항목으로 통계상불일치가 있다.

## 국내총소득(GDI : Gross domestic income)
〈실질 국내총소득(real Gross Domestic Income)〉을 의미하는 것으로서 국내에서 생산된 최종생산물의실질구매력을 나타내주는 지표로서 명목 GDP에서 개별상품의 절대가격변화에 따른 변동 분을 제거한 것이 실질 GDP(물량측정치)이며 실질 GDP에서 교환되는 상품간의 상대가격변화에 따른 구매력의 변동분, 즉 상대가격변화에 따른 실질거래손익을 조정한 것이 실질 GDI(구매력측정치)임. 상대가격 변화에 따른 실질거래손익은 거주자간의 거래에 있어서는 거래손실과 거래이익이 서로 상쇄되므로 거주자와 비거주자간의 거래, 즉 무역에서만 발생함. 따라서 이를 교역조건 변화에 따른 실질무역손익이라 함.

## 국내총자본형성
기업부문이 공장ㆍ기계 등의 자본재에 지출하는 국내민간투자와 정부 부문이 정부기업을 통해 자본재를 구입하는 정부투자를 합한 금액으로 서 총투자라고도 부른다. 총투자는 총고정투자와 재고투자로 구분되고 총고정투자는다시 건설물과 생산자 내구재로 나누어진다. 총투자는 또 한 대체투자와 신투자로 구분되기도 한다.

## 국내총투자율
국내총투자율은 '국내총생산과 지출계정' 에서의 총고정자본형성과 재고증가를 합산한 총자본형성을 국민총처분가능소득으로 나눈 비율을 의미하는데, 실제적으로는 총고정자본형성의 크기에 의해 그 비율이 결정된다.

## 국립나병원
정부 산하병원으로서 나환자의 진료, 교도 및 정착자활사업을 위한 직업보도와 나병의 연구를 위하여 설치된 병원이다. 서무과, 교도과, 의료부가 있고 의료부에는 내과, 외과, 피부과, 치과, 안과, 이비인후과, 임상병리과, 약제과 및 간화가 있으며 간호보조 원양성소도 설치되어 있다. 전남 고흥군 도양읍 소록도에 위치한다.

## 국립병원
국민보건향상과 국민의료를 위하여 국가가 설립한 병원을 말한다. 종합병원으로서는 국립의료원과 특수병원으로서 국립정신병원, 국립나병원, 구립결핵원 등이 있다. 국립병원은 의료전달체계의 구심점 역할을 담당하며 각 지방의 협조망을 통해 국민을 위한 보건의료체제를 갖추고 있다.

## 국립보건원(national institute of health)
1912년 10월 1일 위생과 소속기관으로 세균검사 업무와

예방을 위한 두묘생산업무를 담당하던 세균실이 전신이다. 1935년 보건양성소를 설립하고, 1949년 세균실을 국립방역연구소로, 보건양성소를 모범보건소로 개편하였다. 1959년 모범보건소를 중앙보건원으로 개편하고, 1960년 8월 소속 국립보건원으로 개칭하였다. 1963년 12월 국립방역연구소, 국립보건원, 국립화학연구소, 국립생약시험소를 국립보건원으로 통합하였다. 1977년 3월 마산 분원을 신설하고, 1996년 4월 직제 개정으로 식품·의약품 관련 검정업무를 이관하였다. 2003년 국립보건원이 폐지되고 질병관리본부로 확대·개편되었다. 각종 질병의 원인을 규명하기 위한 연구와 보건·복지 분야 종사자를 훈련교육 하는데 역점을 두고 있다. 조직은 원장 아래 서무과, 기획연구과, 전염병관리부, 보건 복지 연수부, 세균부, 바이러스부, 생명의학부로 구성되어 있다. 전염병관리부는 전반적인 기획 및 조직업무를 담당하는 부서로, 보건소 등 전국의 공공 보건기관과의 협력체계 및 체계를 구축하여 감염병 발생 정보를 수집·분석·통계화한다. 보건복지연수부는 보건복지 전문인력 양성을 목표로 하며, 세균 훈련부는 전염병에 대한 실험실을 운영하는 등 감염질환에 대한 예방·진단·관리가 주업무이다. 바이러스부는 소화기·신경계 바이러스·호흡기 바이러스 같은 주요 전염성 바이러스 질환과, 원충질환, AIDS 등을 주로 연구하며, 생명의학부는 암과 퇴행성 질환을 비롯한 주요 비감염성을 대상으로 새로운 진단·치료 및 예방법을 개발하는 데 목적을 두고 있다.

## 국립사회복지연수원
(NAP : national academy of practice)
1981년에 설립된 전문적이고 학문적인 교육기관, 국립과학학교를 본 딴 것으로 사회사업을 포함한 주요 보건기관 출신의 전문가들로 구성되어 있었다. 동 기관의 모든 국민들에게 혜택을 주기 위해 전문적인 훈련의 질을 우수하게 향상시키고 정부나 사회가 공공정책의 관심을 보건 쪽으로 돌리도록 토론의 장소를 제공하는 것이었다. 지금 현재 폐지되었고 이러한 기능을 국립보건복지연수원에서 대행하고 있지만 지난 시기 사회복지에 관한 국가가 직접 교육을 시도한 대표기관으로 그 의의가 크다.

## 국민건강보험법
국민의 질병·부상에 대한 예방과 치료 및 건강증진을 위한 보험급여를 정한 법률. 국민의 질병·부상에 대한 예방·진단·치료·재활 및 출산·사망 및 건강증진에 대해 보험급여를 실시함으로써 국민보건을 향상시키고 사회보장을 증진하기 함을 목적으로 하는 법률이다(1999. 2. 8, 법률 제5854호). 건강보험제도의 통합 운영에 따라 종전의 건강보험법과 국민건강보험법을 대체하여 제정되었다. 국민건강보험 사업은 보건복지가족부장관이 관장한다. 국민건강보험에 관한 주요 사항을 심의하기 위하여 보건복지가족부장관 소속하에 건강보험 심의조정위원회를 둔다. 국민건강보험은 의료보호 대상자를 제외한 대한민국에 거주하는 모든 국민을 지역가입자와 직장가입자로 하고 그 가족 등을 피부양자로 하여 적용된다. 국민건강보험의 보험자는 국민건강보험 공단으로 한다. 국민건강보험공단은 가입자 및 피부양자의 자격관리, 보험료의 부과·징수, 보험급여의 관리, 가입자 및 피부양자의 건강의 유지·증진을 위하여 필요한 예방사업, 의료시설의 운영, 건강보험에 관한 교육 훈련 및 홍보 등의 업무를 수행한다. 가입자 및 피부양자의 질병·부상·출산 등에 대해 진찰·검사, 약제·치료 재료의 지급, 처치·수술 기타의 치료, 예방·재활, 입원, 간호, 이송을 위한 요양급여가 실시된다. 그리고 임의급여로서 장제비·상병수당 기타의 급여가 실시될 수 있다. 일정한 사유가 있으면 급여가 제한 또는 정지된다. 국민건강보험료는 직장가입자는 표준보수월액을 기준으로 정하며, 지역가입자는 소득·재산·생활수준·직업·경제활동참가율 등을 참작한 부과표준소득을 기준으로 세대단위로 정한다. 국민건강보험료는 국세 및 지방세를 제외한 기타의 채권에 우선하여 징수된다. 요양급여의 비용과 적정성을 심사·평가하기 위하여 건강보험 심사평가원을 둔다. 국민건강보험 공단이나 건강보험 심사평가원의 처분에 이의가 있는 자는 당해 기관에 이의신청을 할 수 있고, 이의신청에 대한 결정에 불복이 있는 자는 보건복지가족부장관 소속 하의 건강보험 분쟁 조정위원회에 심사청구를 할 수 있다. 처분이나 이의신청 또는 심사청구에 대해서는 행정소송을 제기할 수 있다. 9장 100조와 부칙으로 되어 있다.

## 국민경제
오늘의 세계에서는 국가가 정치의 기본단위로 되어 있기 때문에 경제생활에 관련된 법률이나 제도도 국가적 영역에서 통일적으로 행해진다. 또 경제주체로서의 국가·지방자치단체·기업·가계(家計) 등의 경제활동은 당연히 그와 같은 법률·제도에 따라 영위되며, 국가적 영역에서 서로 밀접하게 결합되고 있다. 이와 같이 국가를 단위로 하여 서로 밀접하게 관련된 경제활동의 총체가 국민경제이다.

## 국민계정체계
국민경제전체를 종합적으로 분석하기 위해 모든 경제주체들의 경제활동 결과 및 국민경제전체의 자산과 부채 상황을 정리한 회계 기준 및 체계. 1968년 UN이 국제적으로 통일된 국민통계를 작성키 위해 마련했다. 기업의 재무제표에 비견되는 국민계정체계는 생산활동으로 발생한 국민소득이 어떻게 분배되는지를 다룬 국민소득통계, 생산과정에서 상품의 투입·산출 내역을 분석한 산업연관표, 실물과 금융의 양측면에서 자금의 흐름을 기록한 자금순환표, 국제수지표 등 일정기간의 흐름을 나타낸 플로 계정과 일정 시점에서 국민경제가 갖고 있는 실물 및 금융자산, 부채를 모두 기록한 국민대차대조표 등 5개를 종합 정리한 것이다.

### 국민기초생활보장법 / 제도

생활이 어려운 자에게 필요한 급여를 행하여 이들의 최저 생활을 보장하고 자활을 조성하는 것을 목적으로 제정된 법률(1999. 9. 7, 법률 6024호). 빈곤선 이하의 저소득 국민에게 국가가 생계·교육·의료·주거·자활 등에 필요한 경비를 주어 최소한의 기초생활을 제도적으로 보장해 줄 목적으로 제정된 법으로, 헌법 제34조에 근거하여 생활보호법을 폐지하고 새로 제정하였다. 총칙, 급여의 종류와 방법, 보장기관, 급여의 실시, 보장시설, 수급자의 권리와 의무, 이의신청, 보장비용, 벌칙 등 9장으로 나뉜 전문 51조와 부칙으로 구성되며 주요 내용은 다음과 같다. 이 법의 보호대상은 가족의 소득 합계가 최저생계비 이하인 가구이다. 최저생계비는 국민이 건강하고 문화적인 생활을 유지하기 위하여 소요되는 최소한의 비용으로서, 관계전문가·공익대표·관련공무원들로 구성되는 중앙생활보장위원회에서 매년 가계지출, 생활실태, 물가상승률 등 객관적인 지표를 고려하여 결정한다. 이 법에 의해 지급되는 급여에는 생계급여·주거급여·의료급여·교육급여·해산급여·장제급여 및 자활급여의 7종이 있다. 급여는 원칙적으로 금전으로 지급한다. 그러나 최저생계비가 전액 지급되는 것은 아니며, 가구의 소득과 의료비·주민세·전화세 등 다른 법령에 의해 지원받는 금액을 뺀다. 해산비와 장제비는 최저생계비와 별도로 지급된다. 급여를 받는 자에 대해서는 매년 1회 이상 소득 및 재산, 부양의무자 등의 사항을 조사하여 소득·재산이 늘었거나 부양을 받게 되어 더 이상 요건에 적합하지 않으면 보호대상에서 제외한다. 근로능력이 있는 사람에게는 고용안정센터를 통해 직업훈련·취업알선·자활공동체사업·공공근로사업·창업지원·자원봉사 등의 고용서비스를 제공하며, 취업이 어려운 사람에게는 자활후견기관의 자활공동체사업이나 자활공공근로사업 등을 통해 자활능력을 키울 수 있도록 지원한다. 단 허위 사실의 신고 기타 부정한 방법에 의해 급여를 받거나 타인으로 하여금 급여를 받게 한 자는 1년 이하의 징역, 500만원 이하의 벌금, 구류 또는 과료에 처한다.

### 국민보건보험(national health insurance)

기존 의료시장에서 의료비를 모든 시민이 부당하도록 도와주기 위해 제안된 프로그램이다. 이러한 제안은 무척 다양하지만, 기본적으로 기존의 건강보험을 이용하고 보충해서 모든 사람에게 확대하려는 것이다. 지불총액은 이 보험으로 충당될 것이며 개인은 가능하다면 정부에서 지급하는 나머지 부분으로 건강보호 공급자의 청구서에 대한 수수료를 지불한다. 이 프로그램은 국민보건서비스와 혼동하기 쉽다.

### 국민보건서비스

전 국민을 대상으로 질병예방에서부터 재활에 이르는 포괄적인 보건 서비스를 국가가 공급하는 제도를 말한다. 이 제도는 1948년 영국 사회보장제도의 일환으로 창설되어 전 국민에게 소액의 부담으로 일반의의 처방에 의한 약제, 치과, 안경의 서비스 병원, 전문의에 의한 서비스, 지방위생부의 방문간호, 환자이송서비스 등을 공급하는 것이었다. 서방국가으로는 이탈리아가 1979년 국민보건서비스로 이행했다.

### 국민복지 GNP

생활의 질적·양적 수준을 계산하는 방법으로 국민 복지 측면을 고려하여, 기존 GNP를 기초로 복지 증진적 요소를 더하고 복지를 저해시키는 요인을 빼는 방법으로 계산한다. 가령 정부지출 가운데 1인당 공교육비, 문화비, 보건·위생비 사회 복지비 등에 관련된 투자가 복지GNP에 합산된다. 또 가정주부의 가사노동시간, 취업자·학생의 연령·계층별 여가시간을 조사해 이를 화폐로 환산한다.

### 국민복지지표(NNW : net national welfare) 01

순국민복지, 국민복지지표 등으로 번역된다. GNP(국민총생산)을 보완하여 국민의 복지수준을 측정하는 지표를 말한다. 종전까지는 GNP가 국민의 복지수준을 나타내는 것으로 여겨졌으나 급속한 경제발전 과정에서 나타나는 환경파괴, 재해증대 등 마이너스 측면의 재화 생산, 여가, 정신적 안정 등 새로운 문제가 발생하여 GNP에 의한 복지수준측정에는 한계가 명백해졌다. NNW 개발의 방법은 GNP를 기초로 ①개인소비, ② 재정지출, ③공해방지, ④여가 등의 4개 항목을 가감해 추진되고 있다. 구체적으로는 GNP에서 공해, 방위비, 통근시간 등 복지에 관계되지 않는 항목을 삭제하고 여가, 주부 노동 등을 GNP에 추가하여 화폐가치로 나타낸다.

### 국민복지지표 02

국민복지에 돌려진 국내순생산을 나타내는 지표이다. NNW의 발상은 경제성장의 척도로 쓰이는 국민총생산(GNP)이 환경파괴 등을 무시한 지표였다는 반성에서 나온 것이다. 즉 GNP개념에서는 시장거래의 모든 것을 생산물이라 보기 때문에 국민복지에 쓸모없는 공해의 방지나 통근 비용 등이 GNP의 플러스 측에 책정된다. 그래서 이것들은 GNP에서 공제되는 반면 시장기능의 국제가정단체연맹 대상은 되지 않지만 국민복지에 불가결인 여가나 주부의 가사노동을 화폐액으로 환산해 GNP에 가산한다는 것이다. 플러스항목과 마이너스항목의 구성이 아직 확정되지 않아 아직은 그 산정이 곤란하다. NNW의 크기는 계산상으로 이와 같이 GNP를 수정한 결과에서 오는 자본 감모비, 대외격상수지차, 투자를 공제한 액과 동일하다.

### 국민복지지표 03
순국민복지, 국민후생지표 혹은 후생국민소득이라고도 한다. GNP가 주로 경제활동수준, 유효수요수준 지표로서의 성격이 강하고 경제후생지표로서의 성격이 명확하지 못한데 반해 NNW는 후생지표에 가까운 형태로 GNP를 보완하기 위해 만들어진 개념이다. NNW개발방법은 GNP를 기초로 하여 ①개인소비, ②재정지출, ③공해방지, ④여가 등 4개 항목을 주축으로 추진되고 있다. 구체적으로는 GNP에서 공해, 방위비, 통근시간 등 복지에 관계되지 않는 항목을 삭감하고 여가, 주부노동을 GNP에 가산하여 화폐가치로 나타낸다.

### 국민부담률
국민이 1년 간 부담한 조세와 각종 사회보장기여금이 국내총생산(GDP)에서 차지하는 비중. 조세부담률과 사회보장 부담율을 합해 계산한다. 조세부담률은 국민들이 소득 중에서 얼마만큼을 세금으로 내는가를 나타내는 지표로 법인을 포함한 국민들이 1년 동안 낸 세금총액을 GDP로 나눈 비율이다. 조세부담률이 높으면 그만큼 세금부담이 무겁다는 것을 의미하며 반대로 낮으면 세금부담이 가볍다는 것을 의미한다. 올해 우리나라의 조세 부담률은 20.7%로 추정되고 있다. 지난 98년의 경제협력개발기구(OECD)회원 국가 평균 조세부담률은 27.6%이며, 한국은 19.1% 수준으로 미국의 22.1%보다 낮고 일본의 17.5%보다는 높은 수준이다. 사회보장부담률은 건강보험료, 산업재해보험료, 국민연금, 사학연금, 공무원연금, 국인연금 등 각종 사회보장기여금을 합한 금액이 GDP에서 차지하는 비중을 말한다. 작년 우리나라 국민부담률을 26.4%로 지난 99년의 23.6%에 비해 크게 높아졌다.

### 국민생활백서
정부가 매년 발행하는 국민생활에 관한 백서이다. 당초에는 급변하는 가계소비의 실태를 분석하여 국가의 경제계획책정에 이바지하는 것을 목적으로 하였다. 그러나 고도경제성장의 차질이 문제화함에 따라 가계 소비면만이 아닌 주택과 노후생활 등 국민생활전반에 관한 문제를 다루어서 그 현황과 해결방향을 제시하는 방향으로 변화하였다.

### 국민생활지표(NSI : new social indicator)
경제가 발전하고 국민의 생활수준이 향상되면 사람들의 생활관이 다양해지기 때문에 GNP 등과 같은 경제지표만으로는 생활수준을 나타내기가 곤란하다. 이 때문에 생활을 둘러싼 여러 가지 시도가 여러 나라에서 이루어지고 있는데 이를 사회지표(social indicator)라고도 부른다.

### 국민소득(national income) 01
한 나라의 경제주체가 경제활동에 참가하여 얻은 소득의 총계를 말한다. 국민소득은 경제활동의 규모를 표시하는 지표가 되며, 경제정책 또는 예측 등의 기초자료로 이용되고 있다.

### 국민소득(national income) 02
국민순생산은 시장가격으로 평가되는데 시장가격은 소요비용에 간접세를 더하고 보조금을 공제한 것과 같다. 국민소득은 요소비용(factor cost)으로 평가된 국민순생산이다. 즉 시장가격표시의 국민순생산에서 간접세(마이너스 보조금)를 공제한 것이다. 국민소득은 생산·분배·지출의 3면에서 파악할 수 있다.

### 국민소득의 실질화
국민소득은 각 생산물에 단위당 부가가치를 곱하여 화폐금액으로 표시한다음 이를 합계하여 추계하고 있는데 이때 적용되는 가격에 따라 경상국민소득(명목국민소득)과 불변국민소득(실질국민소득)으로 분류된다. 경상국민소득은 당해년도의 생산물에 당해년도 가격을 곱하여 산출한 것이고 불변국민소득은 당해년도의 생산물에 특정기준시점(기준년)의 가격(불변가격)을 곱하여 산출한다. 따라서 경상국민소득은 매년가격과 생산량이 변하게 되면 생산량과 물가의 변동이 혼합되어 나타나는 반면에 불변국민소득은 물가변동에는 영향을 받지 않고 생산량의 변동만 나타나게된다. 이와 같이 경상가격에 의한 국민총생산을 불변가격으로 환가하여 실질 국민소득을 계산하는 것을 국민소득 실질화라 한다.

### 국민소득지표
경제규모를 측정하는 국민소득지표가 98년부터 국민총생산(GNP)에서 국 민 총소득(GNI)으로 바뀐다. UN의 권고에 따라 생산·분배·지출등 국민 소득의 세가지 측면 중 지출측면을 중시한 GNI지표 개발에 착수한 것으로 실제 국민들의 복지수준을 보다 명확히 평가할 수 있다. GNI는 국내에서 생산된 재화와 서비스의 총량(GDP)을 계산한 다음 교역조건변동에 따른 무역손익과 실질대외순수취요소소득을 더하여 구한다.

### 국민소득추계유형
국민소득계정의 그 체계와 개념의 복잡성으로 인하여 추계방법에 있어 서도 복잡다양하다. 기본적인 추계방법에는 국민소득의 삼면등가원칙에 따라 생산접근 방법(production method), 소득접근방법(income distribu-ted method),지출접근방법(expenditure method)의 세 가지 유형으로 세분 할 수 있다. 그러나 이 세 가지 방법도 기초자료와 추계절차에 따라 다시 다양하게 세분할 수 있으며 이와 같은 모든 방법은 자료사정에 따라 서 로 혼용되기도 한다. 국민소득추계유형 ①생산접근방법 − 순산출접근방법 − 부가가치접근방법 − 발생소득접근방법 ②소득접근방법 − 소득지출접근방법 소득수취접근방법, ③지출접근방법 − 공급접근방법 − 재화유통추적법 소매매상방법 소매평가방법 수요접근방법 − 가계조사방법 재정자료방법 대차대조표방법 무역통계방법 자금접근방법 − 저축투자방법 자금조달방법.

## 국민소득통계
산업연관표, 국민대차대조, 자금순환표 등과 함께 대표적인 국민경제 계정의 하나. 한 나라의 거주자가 일정 기간(통상 1년) 창출한 재화와 서비스(용역)를 화폐가치로 표시한 것. 보통 국민소득의 크기가 하나의 종합적인 경제력을 나타내는 척도라고 생각하고 있다.

## 국민순생산
시장가치로 나타난 한 나라의 생산물의 총계를 나타낸 것으로 1년 동안 각 기업이 순전히 새로 생산한 재화와 용역의 부가가치를 말한다. 즉 국민소득에 간접세를 더하고 정부 보조금을 뺀 것이다. 따라서 GNP보다 엄밀한 국민소득 개념이라고 볼 수 있다. ★NNP = GNP − 감가상각비 = 소비 + 순투자 = 국민소득 + 간접세 − 정부보조금

## 국민연금 01
가입자가 퇴직 등으로 소득원을 잃을 경우 일정한 소득을 보장하는 제도로 88년 1월 1일부로 실시됐다. 연금은 18세 이상 국민이 일정기간 가입, 만 60세부터 혜택을 받는 것이 기본이며, 대표적인 연금급여종류는 노령연금 · 장해연금 · 유족연금 · 반환일시금 등 4가지. 연금액은 하후상박 구조로 되어 있어 소득이 많은 사람의 연금액 백분율이 소득이 적은 사람보다 낮으며, 평균액은 20년 가입기준 최종 보수의 약 40% 수준이다.

## 국민연금 02
일반근로자 등 가입자가 노령으로 퇴직하거나 질병 등 기타 사유로 소득원을 잃을 경우, 일정한 소득을 보장하는 제도로 1988년 1월 1일부로 실시됐다. 가입대상은 18세 이상 60세 미만의 모든 국민. 5인 이상 사업장에 근무하는 근로자는 의무적으로 가입해야 하며 1 − 4인 사업장의 근로자와 농어민, 자영업자는 원하는 경우 가입할 수 있다. 다만 5인 이상 사업장의 근로자라도 일용직 또는 3개월 미만의 기한부 근로자, 계절적 · 일시적 사업장의 근로자는 대상에서 제외된다. 연금기금 마련을 위한 갹출료는 1992년까지는 표준 보수월액의 3%를 근로자와 사용자가 각각 1.5%씩 부담했다. 또 1993년부터 1997년까지는 근로자 − 사용자 −퇴직 전환금에서 각 2%씩 6%를, 1998년 이후는 각 3%씩 9%를 내게 된다. 연금은 20년 이상 가입하거나 60세 이상 되어야 혜택을 받는 것이 기본

이며, 종류는 노령연금 · 장해연금 · 유족연금 · 반환일시금 등 네 가지가 있다.

## 국민연금관리공단
1987년 10월 19일 국민연금법에 의거하여 설립하였다. 국민이 나이가 들어 생업에 종사할 수 없게 되거나 불의의 사고로 사망 또는 장해를 입었을 경우 안정된 생활을 할 수 있도록 연금을 지급하고 아울러 각종 복지사업을 실시함으로써 국민복지 증진에 기여함을 목적으로 한다. 주요업무는 국민연금 가입자의 이력 관리, 연금보험료 징수, 연금급여 지급, 기금운용, 가입자와 연금 수급권자를 위한 복지사업 실시 등이다. 1988년 1월 상시근로자가 10인 이상인 직장을 대상으로 첫 시행에 들어간 이후 1992년 1월 5인 이상 사업장까지 확대 시행되고, 1995년 7월 농어민 및 농어촌 지역 주민까지 그 범위가 확대되었으며, 12년 만인 1999년 4월 도시지역까지 확대 적용됨으로써 전 국민이 가입하게 되었다. 2003년 7월 1일부터는 5인 미만의 사업장으로 확대되었으며, 2004년 7월부터는 건강보험 · 고용보험 가입사업장에 확대 · 적용된다. 설립 당시 본부 6부 15과 14개 지부에 총인원 656명 규모였던 것이, 국민연금 적용대상의 확대와 특례노령연금 지급, 농어촌지역 국민연금 확대 실시 등으로 업무량이 대폭 증가하고 전문화됨에 따라 2004년 현재 본부 7실 2팀 1연구센터, 1기금운용본부, 80개 지사, 5개 통합지원센터, 9개 상담소로 인력과 조직이 확충되었다. 본부는 서울특별시 송파구 신천동에 있다.

## 국민연금기금(국민연금법 제82조)
국민연금에서 국민연금사업에 필요한 재원을 원활하게 확보하고, 국민연금법에 의한 급여에 충당하기 위한 책임준비금으로 연금보험료, 기금운용수익금, 적립금 및 공단의 수입지출결산상 잉여금으로 조성된다.

## 국민연금번호
국민연금가입자를 관리하기 위한 개인의 고유번호, 주민등록번호 13자리+0을 사용하며 외국인인 경우 외국인 등록번호 재외국민인 경우 재외국민등록번호를 사용하는 번호.

## 국민연금법
국민의 노령, 폐질 또는 사망에 대해 연금제도를 실시하기 위한 법률. 국민의 노령 · 폐질 또는 사망에 대해 연금급여를 실시함으로써 국민의 생활 안정과 복지 증진에 기여함을 목적으로 하는 법률이다(1986. 12. 31. 법률 제3902호). 국민연금사업은 보건복지가족부장관이 관장한다. 국민연금의 급여 수준 및 연금 보험료는 국민연금 재정의 장기적인 균형이 유지되도록 조정되어야 한다. 보건복지가족부에 국민연금에 관한 사항을 심의할

국민연금 심의위원회를 둔다. 국내에 거주하는 18세 이상 60세 미만의 국민은 공무원·군인 및 사립학교 교직원을 제외하고 국민연금의 가입대상이 된다. 가입자는 사업장 가입자·지역 가입자·임의 가입자 및 임의 계속 가입자로 구분한다. 국민연금 관리 공단은 가입자에 대한 기록의 관리 및 유지, 연금 보험료의 징수, 급여의 결정 및 지급, 복지증진사업, 기금증식을 위한 자금의 대여사업 등을 수행한다. 급여의 종류는 노령연금, 장애연금, 유족연금, 반환일시금으로 한다. 연금액은 지급 사유에 따라 기본 연금액과 가급 연금액을 기초로 하여 산정한다. 급여를 받을 권리는 양도·압류하거나 담보에 제공할 수 없다. 연금 보험료는 가입자 및 사용자로부터 가입 기간 동안 매월 징수한다. 연금 보험료는 원천공제 납부해야 하며, 연금 보험료 기타 징수금의 징수순위는 국민건강보험법에 의한 보험료와 동순위로 한다. 국민연금기금은 보건복지가족부장관이 연금 보험료, 기금 운용 수익금, 적립금 및 공단의 결산상 잉여금으로 조성하고, 관리·운용한다. 가입자의 자격, 표준소득월액, 연금 보험료 기타 징수금과 급여에 관한 국민연금 관리공단의 처분에 이의가 있는 자는 심사청구를 할 수 있고, 심사청구에 대한 결정에 불복이 있는 자는 재심사청구를 할 수 있다. 심사청구와 재심사청구 사항을 처리하기 위하여 국민연금관리공단에 국민연금 심사위원회를, 보건복지가족부에 국민연금 재심사위원회를 둔다. 사용자는 근로자가 가입자로 되는 것을 방해하거나 부담금의 증가를 기피할 목적으로 정당한 사유 없이 근로자의 승급 또는 임금 인상을 하지 아니하거나 해고 기타 불이익한 대우를 해서는 안된다. 9장 108조와 부칙으로 되어 있다.

## 국민연금심의위원회(국민연금법 제5조)
국민연금사업에 관한 사항을 심의하기 위하여 보건복지가족부에 두는 심의기구, 위원장은 차관이며 위원은 20명으로 구성된다.

## 국민연금재심사위원회(국민연금법 제91조)
국민연금 재심사청구사항을 심사하기 위하여 보건복지가족부에 두는 행정심판기구이며 위원장은 차관, 위원은 위원장 포함 7명으로 구성한다.

## 국민임대
국민임대는 지자체와 주택공사 등에서 저소득층을 우선 배려해 시행하는 장기임대로 소득제한이 있다. 즉 20년 임대의 경우 전년도 도시근로자 평균소득의 50%이하 소득자로 당해 주택 소재지 거주자에 한하며 10년 임대의 경우에는 전년도 도시근로자 평균소득의 70%이하 소득자와 청약저축 가입자를 모두 대상으로 한다. 단 분양으로 전환할 수는 없다.

## 국민자본표
국민자본표는 어떤 한 시점에 있어서의 국민경제 전체로서의 자본의 축적을 가리키는 것이며, 국민소득표가 어떤 기간의 국민순생산의 가치의 흐름을 파악하고 있음에 대비된다. 양자의 관계는 일정 수량을 채우고 있는 저수지의 한 시점의 수량과 일정 기간에 걸쳐 이 저수지에 유입 혹은 유출하는 수량과의 관계에 비유된다. 어떤 기간의 유입량과 유출량이 같으면 저수지를 채우고 있는 물은 변화되더라도 전체로서의 저수량은 변함이 없다. 한 기간에 있어서 저수로의 물의 유입을 토지, 자본 및 노동 등의 생산요소 및 용역의 투입으로 가정하고, 그 유출을 같은 기간에 있어서의 국민순생산물의 가치로 가정하는 경우에, 투입량과 산출량을 같다고 생각하는 한, 저수지의 수량으로 가정되는 국민자본의 내용은 부단의 신진대사에 의해서 회전하지만 그 가치의 크기는 변하지 않는 것으로 된다. 확대재생산에 있어서는 이 유출하는 수량, 즉 국민순생산의 일부가 다시 저수지의 저수량, 즉 국민 자본의 가치를 증대케하는 것으로 축적에 추가되는 것이라고 생각하면 된다. 이 경우의 축적으로의 추가분이 곧 투자이다. 결론적으로 말해서 전자는 국민경제를 스톡분석의 관점에서 파악한 것이고, 후자는 플로우분석의 관점에서 파악한 것이라 할 수 있다. 이와 같이 국민자본표는 한 나라의 부를 가리키는 것으로서 매년 국민 소득을 생산해 나가는 국민경제의 생산력의 크기를 가리킨다. 즉 국민경제가 봉쇄체계일 때는 실물자본존재고 국민자본이다. ★실물자본존재고 + 대외채권 - 국민자본 + 대외채무 혹은 국민자본 = 실물자본존재고 + 대외채권 − 대외채무로 된다.

## 국민주
공기업을 민영화하여 국민주로 만드는 기준은, 공기업의 규모가 크고 국민경제적 기능이 중요하며, 그 경영기반이 정착되어 있어 전망이 밝으며 배당이 가능한 공기업이다. 국민주는 중하위소득계층에 폭넓은 확산을 시도한 것으로 여러가지 지원제도가 모색되고 있으며, 국민주신탁 가입자가 수령하는 운용수익에 대해서는 비과세하고 있다.

## 국민주 청약예금
국민주청약예금은 일반 공모주와는 달리 국민주를 중·하위 소득 계층에 우선 배정하려는 목적으로 대상자의 자격을 사전에 확정하여 업무상 혼란을 막고, 매입자금을 사전에 예치하도록 하여 저축을 유도하며 국민주의 청약·배당 상황을 예측할 수 있는 자료를 제공할 수 있도록 하기 위하여 마련된 예금 제도이다. 이 예금은 국민주 우선 배정 대상자인 중·하위 소득 계층 국민 중, 세대주 본인의 실명에 한하여 1구좌씩만 가입할 수 있다.

## 국민주신탁

국민주를 직접 보유함에 따르는 불편과 비용을 덜고 신탁 가입자의 재산증식을 위한 제도로서, 은행이 신탁금을 국민주 및 유가증권 등에 운용하고 그 실적에 따라 이익을 원금에 가산하여 주는 새로운 신탁상품, 국민주신탁의 유리한 점은 할인매입혜택부여, 융자지원, 운용수익의 세금면제, 단주추가배정 등을 들 수 있다.

## 국민주제도

공기업의 주식을 특정세력이 매집할 수 없도록 불특정 다수 국민들에게 골고루 분산시키는 제도다. 공기업의 최종적 주인은 국민이라는 인식을 바탕으로 만들어졌다. 국민주제도는 주로 규모가 크고 국민경제적 기능이 중요한 공기업에 실시하며, 또 중하위 소득계층이 국민주를 쉽게 취득 할 수 있도록 국민주신탁이나 국민주 청약예금제도가 함께 실시되고 있다

## 국민주택

국민주택기금을 지원받아 국가, 지방자치단체 및 대한주택공사 또는 민간 사업자가 공급하는 전용면적 85㎡(약 25.7평) 이하의 주택을 말한다. 민영주택은 국민주택 기금의 지원없이 민간건설업자가 건설하는 주택(평형 구분 없음) 또는 국가, 지방자치단체 및 대한주택공사 등이 국민주택기금의 지원없이 공급하는 주택으로 대개 전용면적 25.7평을 초과한다.

## 국민처분가능소득

국민처분가능소득은 국민경제 전체가 소비나 저축으로 자유로이 처분 할 수 있는 소득의 규모를 나타내는 것으로 국민계정의 중요한 총량 지표 중 하나이다. 국민처분가능소득은 명목시장가격으로 평가된 국민순생산에 교포송금 등과 같이 생산활동과는 관계없이 국외로부터의 소득(국외수취경상이전)을 더하고 클레임 등 국외에 지급한 소득(국외지급경상이전)을 차감한, 즉 국외순수취 경상이전을 더하여 산출한다. 이를 지출면에서 보면 최종소비지출과 저축으로 나누어진다. 한편 이와 유사한 개념으로 국민계정에서 중시시 되고 있는 국민총처 분가 능소득(GNDI)은 국민처분가능소득에 고정자본소모를 더한 것으로 총저축률과 총투자율을 작성하는데 이용되고 있다.

## 국민총생산(GNP : gross national product) 01

한 나라의 거주자가 일정 기간 동안에 생산한 모든 재화와 용역을 시장 가격으로 평가한 것으로 생산과정에서 마손된 고정자산의 소모분(고정자 본소모충당금)을 포함한 개념이며 시장가격으로 평가되었다는 점에서 〈시장가격에 의한 국민총생산〉(GNP at market prices)이라고도 한다. 여기에서 거주자의 생산이라 함은 한 나라의 거주자

가 국내는 물론 국외에 제공한 생산요소에 기인하는 생산을 뜻하는 것으로 비거주자의 생산요소 공급에 의한 생산은 포함하지 않는다. 또 생산의 의미는 총산출액(total output)에서 각 산업에 투입된 중간생산물을 공제한 최종생산물의 총액을 뜻하는 것으로 이는 통계상 불일치가 없다고 가정할 때 지출 면에 있어서의 민간과 정부의 소비지출, 재고증가를 포함하는 국내총자 본형성, 재화와 비요소용역의 순수출 및 해외로부터 수취한 순요소소득 의 합계와 일치한다.

## 국민총생산 02

한 나라가 일정기간(보통 1년)에 생산한 재화와 용역을 시장가격으로 평가하고 여기에서 중간생산물을 뺀 최종생산물의 총액을 말한다. 즉 중간생산물은 원료와 최종생산물인 제품 중 제품만이 GNP에 계산된다. 시장가격으로 평가된 이 GNP가 명목국민총생산인데, 가격은 매년 변동되므로 이 두 가지의 성장률이 각각 명목경제성장률, 실질경제성장률이다. GNP에서 고정자본재의 소모분(감가상각비 등)을 뺀 것이 NNP(국민순생산)이다.

## 국민총생산 03

일정기간 중에 일국전체에서 생산된 총생산액에서 생산을 위해 사용한 원료·재료비 등의 중간생산물의 가액을 차한 부가 가치액의 총계다. 한 나라의 경제활동수준을 나타내는 가장 포괄적인 지표이다. 이것은 생산면에서 보면 제1차 산업, 제2차 산업 및 제3차 산업의 부가 가치액의 지배 면에서 보면 임금봉급, 자본수익 및 이윤 등 요소비용의 합계이며 지출 면에서 보면 개인소비, 정부소비, 투자 등의 합계이나 이들 삼자는 똑같다. 이것을 삼면등가원칙이라 한다.

## 국민총수요

국민소득총계의 중심적 존재인 국민총지출 중 민간소비지출, 정부의 재 화·서비스 경상구입, 국내총고정자본형성, 재고품증가, 〈수출과 해외로부터의 소득〉을 합계한 것(따라서 국민 총지출의 구성항목 속에서 공 제항목으로 되어 있는 〈수입과 해외의 소득〉을 공제하지 않음)으로 한 나라의 경제 전체로서의 수요를 일괄한 것이다. 이것에 대응되는 것이 국민총공급이며 이것은 GNP에, 국민총지출 중의 공제항목으로 되어 있는 수입과 해외의 소득을 옮겨서 가산한 것이다. 이 양자는 국민경제 전체의 수급관계를 나타내는 계정이며 금액은 똑같다.

## 국민총지출(GNE : gross national expenditures)

국민총생산(GNP)을 소비하는 제 지출의 총계를 말한다. 국민총생산을 생산면에서 파악한 것이 산업별 국민총생산이며, 분배면에서 파악한 것이 국민 총생산비의 구성으로 표시한 것이고, 지출면에서 파악한 것은 국민총지출인

최종생산물의 수요구성, 즉 국민경제의 최종생산물에 대한 지출합계로서 표시된다. 국민총지출이란 국민총생산이 지출되는 면에서 파악한 것이므로 개인·정부의 소비지출, 민간기업·정부·개인의 투자 지출, 해외경상잉여 등의 합계로 구성된다. 국민총지출은 자본감모분의 보전부분을 포함한 총개념이므로 지출국민소득에 비하여 자본감모보전분·간접세만큼 커져서 국민총생산과 동액이며 사회 전체의 유효수요와 균등하다. 그리고 이와 같은 국민총지출의 구성비를 국제적으로 비교함으로써 한 나라의 소비수준, 자본축적의 정도, 재정의 역할 등을 알 수도 있다.

## 국민투자기금

특정 분야를 지원하기 위해 은행이나 보험회사 또는 공공기금에서 자금을 갹출하여 조성한 기금으로 정책금융의 하나. 현재 정부는 국민투자기금으로 국산기계 구입자금을 비롯, 전자·자동차·조선공업 및 연불수출 등을 지원하고 있다. 그러나 정부는 금융의 타율적 배분을 지양하기 위해 국민투자기금 등 정책금융을 점차 축소해 나간다는 원칙을 세우고 있다.

## 국민후생지표

순국민복지·국민후생지표 혹은 후생국민소득이라고도 한다. GNP가 주로 경제활동수준, 유효수요수준 지표로서의 성격이 강하고 경제후생지표로서의 성격이 명확하지 못한데 반해 NNW는 후생지표에 가까운 형태로 GNP를 보완하기 위해 만들어진 개념이다. NNW개발방법은 GNP를 기초로 하여 ①개인소비, ②재정지출, ③공해방지, ④여가 등 4개 항목을 주축으로 추진되고 있다. 구체적으로는 GNP에서 공해, 방위비, 통근시간 등 복지에 관계되지 않는 항목을 삭감하고 여가, 주부노동을 GNP에 가산하여 화폐가치로 나타낸다.

## 국부

매년 국민의 모든 경제활동에 의해 생산된 것 중에서 그해에 소비되는 일이 없이 축적되어 온 자산을 말한다. 이 자산은 민간기업에서는 공장의 건물, 기계, 상품의 스토크등의 형식으로 축적되며 개인의 가계에 있어서 주택, 가구, 의류 등도 국부가 된다. 또 국가나 지방공공단체의 자산으로서는 청사 따위의 건물이나 철도, 운수통신시설, 도로, 항만교통, 댐, 기타의 공공시설도 중요한 국부이다. 국부는 나라의 경제발전의 중요한 기초가 되는 것으로 매년의 국민소득을 낳는 모체에 해당되는 것이다.

## 국선변호인제도

현행 형사소송법은 국선변호인 제도를 두어 피고인에게 일정한 사정이 있는 경우에 변호인이 없거나 변호인이 법정에 출석하지 아니한 경우에는 법원은 직권으로 변호인을 선정하도록 하고 있다(형소법 제 282조·33조). 우리 헌법 제 10조 4항은 〈누구든지 체포 구금을 받은 때에는 즉시 변호인의 조력을 받을 권리를 가진다. 다만 법률이 정하는 경우에 형사피고인이 스스로 변호인을 구할 수 없을 때에는 국가가 변호인을 붙인다.〉라고 규정하고 있으며 법원은 다음 경우에 변호인이 없는 때에는(선임이 안 되었거나 법정에 출석하지 아니한 경우 포함—형소법 제 283조 참조) 직권으로 변호인을 선임하여 한다(동법 제 33조). 즉 ①피고인이 미성년자인 때, ②70세 이상의 자인 때 ③농아자인 때, ④심신장애의 의심이 있는 자인 때, ⑤ 빈곤 기타 사유로 변호인을 선임할 수 없으며 피고인의 청구가 있는 때가 그것이다. 또 사형·무기 또는 3년 건의 심리를 하는 경우에는(따라서 단순히 선고만을 하는 것은 제외) 변호인 없이는 개정되지 못 하게 되어 있으며 (형소법 제 282조 참조), 따라서 변호인이 없거나 출석하지 아니한 경우에는 법원 직권으로 변호인을 선임하여야 한다(동법 제 282조). 3년 이하의 보호감호를 선고하는 경우에도 또 같다(사보법 제 21조 2항). 이를 시행하는 방법으로서 각급법원은 관할지역 소관 변호사 협회와 협력하여 개업변호사의 명칭에 의거 순번적으로 국선변호를 의뢰하고 있다. 또 국선변호인은 변호사 중에서 하여야 하며(동법 제 31조 참조), 법률소정의 일당, 여비, 숙박료, 및 보수를 받는다(형사 소송비용법 제 2조 내지 5조). 그러나 국선변호인에 대한 보수의 비현실성과 과거의 타성으로 말미암아 지명된 변호사의 법정 출석율이 저조하거나 사전의 변론준비에 만전을 기하기 어렵다는 문제점이 개재되고 있다. 사전의 변론준비도 없이 출석하여 법원에 대해 관대한 처분을 바란다는 등의 형식적인 변론으로 끝나는 경우가 대부분이다.

## 국세

국가, 즉 중앙정부가 부과하는 조세를 국세라 한다. 국세의 특징으로는 절대적이며 능력원칙에 의거하고 있다. 국세를 소득세류, 소비세류 그리고 자산세류로 3대별할 경우 다음과 같다. ①소득세류: 소득세,법인세, ②소비세류: 부가가치세, 특별소비세, 영업세, 부당이득세, 통행세, 주세, 전기가스세, 입장세, ③자산세류: 상속세, 증여세, 재평가세, 인지세, 전화세

## 국세·지방세

조세를 징수하는 주체에 따라 구별할 때 국세와 지방세로 나누어진다. 즉 국세는 중앙정부가, 지방세는 지방정부가 징수하는 조세를 말한다. 국세는 크게 내국세, 관세, 목적세(교육세, 교통세 등)로 나뉘며 내국세는 소득세, 법인세, 상속세, 자산재평가세, 토지초과이득세 등의 직접세와 부가가치세, 특별소비세, 주세, 인지세 등의 간접세가 있다. 지방세는 보통세와 목적세로 나뉘는데, 보통세에는 취득세, 등록세, 면허세, 마권세 등의 도세와 주민세, 재

산세, 자동차세, 종합토지세 등의 시·군세가 있다. 목적세로는 공동시설세, 지역개발세, 도시계획세, 사업소세 등이 있다.

## 국세기본법

국세에 관한 기본적인 법률 관계를 규정한 법률을 말한다. 이 법은 국세에 관한 기본적인 사항 및 공통적인 사항과 위법 또는 부당한 국세 처분에 대한 불복절차 등을 규정하고 있다. 국세기본법은 국세에 관한 법률 관계를 확실히 하고 과세의 공정을 도모하며, 국민의 납세의무의 원활한 이행에 기여하도록 하기 위한 목적으로 1974년 12월 제정되었다.

## 국세심판소

국세청의 세금 부과에 대해 납세자들이 승복하지 않을 경우, 세금이 제대로 부과됐는지의 여부를 따져 납세자들의 권익을 보호하는 곳. 세금의 징수를 맡은 집행기관인 국세청에서 이의 신청이나 심사청구를 통해 해결되지 않은 세금 문제를 본격적으로 가리는 준사법기관으로 헌법이 보장하는 재판의 3심제도의 제1심에 해당하는 곳이기도 하다. 납세자들이 국세청에서 부과한 세금을 낼 수 없다며 시비를 가려 달라고 심판청구를 해 오면 90일 이내에 결정해야 한다. 그러나 사안이 복잡해 결론을 내기 어려울 경우 연기할 수는 있다. 만일 심판소에서 국세청의 세금부과가 법에 맞지 않는다며 잘못됐다고 결정하면 국세청은 무조건 승복, 납세자에게 물린 세금을 되돌려주거나 취소해야만 한다. 심판소에서 납세자가 제기한 심판청구의 타당성이 없다고 결정(기각)하면 납세자는 고등법원에 행정소송을 낼 수 있다. 모든 심판은 상임심판관 2명과 비상임심판관 2명으로 구성되는 '심판관 회의'에서 결정되며 심판관회의는 심판관 4명의 합의체로 불복사유에 대해 토의를 거쳐 공정하게 심판, 다수결로 불복을 기각하거나 받아들이는 결정을 내리게 된다. 대부분 만장일치로 결정되지만 가불동수인 경우에는 해당 심판건의 조사 검토를 지휘한 상임심판관이 주심으로서 최종 결정한다. 상임심판관과 4명은 각 조사관 2명씩, 그리고 조사관은 다시 사무관 3명씩을 각각 지휘하여 심판청구 내용을 조사, 검토하여 그 결과를 심판관 회의에 회부하게 된다.

## 국세징수법

국세의 징수에 관해 필요한 사항을 규정한 법률을 말한다. 국세수입을 확보함을 목적으로 제정된 이 법은 국세의 징수절차, 납세완납제도 및 체납자에 대한 관허사업 제한, 징수유예에 관한 사항 등을 규정하고 있다.

## 국세환급금

납세의무자가 납부한 국세중 부가가치세 과오납 또는 세법에 의해 납세자에게 되돌려주는 환급금을 말한다. 주로

세무서장이 그 환급금액을 결정하게 되는데 국세의 환급은 세입 징수관의 세입금계좌로 수입된 금액에서 차감하여 지급하게 되는 형태를 지니게 된다.

## 국외순수취요소소득

한 나라의 국민이 해외에서 노동, 자본 등의 생산요소를 제공한 대가로 받은 국외수취요소소득에서 국내의 외국인이 생산활동에 참여 함으로써 발생한 국외지급요소소득을 차감한 것으로 국외순수취 기업 및 재산소득과 피용자보수를 더하여 구한다. 즉 국외순수취요소소득은 국내에서의 모든 경제주체가 생산활동에 참여한 결과 발생한 국내 총생산과 한 나라의 국민이 생산활동에 참여한 결과인 국민총소득의 차이를 의미한다. 우리나라의 국 순수취요소소득은 대외채무에 대한 이자지급 때문에 마이너스로 나타나고 있다.

## 국유

국가의 소유를 말하며, 국가의 소유에 속하는 일체의 동산·부동산 및 권리를 국유재산이라 한다. 우리나라 헌법은 개인의 경제적 자유를 존중하는 자유경제체제를 지향하나, 사회 정의의 실현과 균형있는 국민경제의 발전을 위하여 필요한 범위 안에서의 국가의 규제와 조정 을 허용하고, 나아가 국방상·국민경제상 절실한 필요가 있을 경우 사영(私營)기업을 국유로 이 전할 수 있도록 규정하고 있다.

## 국유재산 01

광의로는 국가존립의 물적기초 내지 그 활동의 자산적 결과로서 국가의 소유에 속하는 재산을 말하며 협의로는 법률로 정한 국유재산으로 고유 재산태장에 게재되고 국유재산법에 의해 통일적으로 관리되고 있는 자산 을 말한다. 우리나라 국유재산법 제3조에 있어서 국유재산이라 함은 다음에 규정된 재산 중에서 국가의 부담이나 기잔, 또는 법령이나 조약의 규정에 의하여 국유로 된 것을 말한다. ①부동산과 그 종물, ②선박·부표·부잔교·부선거 및 항공기와 그들의 종물, ③정부기업 또는 정부시설에서 사용 하는 중요한 기계와 기구, ④지상권, 지역권, 광업권 기타 이에 준하는 권리, ⑤주식출자로 인한 권리, 사채권, 지방채, 증권과 투자 신탁 또는 개발신탁의 수익증권, ⑥특허권, 저작권, 상표권,실용신안권, 기타 이에 준하는 권리 등이다. 그리고 동법 제4조에서는 국유재산을 그 용도에 따 라 행정재산, 보존재산, 잡종재산으로 구분하고, 행정재산으로는 공용재 산, 공공용재산, 기업용재산 등이 있다. 국유재산의 이용에 관해는 동법제3장 제1절·제2절·제3절에서 규정 하고 있는데, 이에 의하면 행정재산은 그 용도 또는 목적에 장해가 되지 않는 범위 안에서 사용 또는 수익을 허가하는 경우를 제외하고는 이를 양도하거나 사권을 설정할 수 없게 되어 있다. 그러한

보존재산과 잡종 재산은 일정한 조건하에서 매각·양도·교환·대부할 수 있고, 또 이에 사권을 설정할 수도 있다.

### 국유재산 02

공유재산(公有財産)·사유재산(私有財産)에 대응하는 개념으로, 국가가 소유 하는 일체의 동산·부동산 및 권리를 말한다. 좁은 의미의 국유재산은 국유재산법제3조에서 규정하고 있는 국가의 부담이나 기부의 채납(採納) 또는 법령·조약의 규정에 의해 국유로 된 것을 말한다.

### 국유재산관리위원회

국유재산의 구분, 관리계획의 조정, 주요 잡종재산의 처분, 은닉 및 무주(無主)재산의 국유화 조치 등 국유재산에 관한 중요 사항을 심의하기 위하여 재정경제부에 설치된 합의제기관을 말한다.

### 국유재산특별조치법

국유재산의 취득, 유지, 보존, 운용, 처분에 관한 국유재산법의 특례 조치를 정한 법이다. 특례조치로서 지방공공단체가 사회복지시설의 사용에 이바지할 때, 사회복지법인이 시·도지사 또는 지방자치단체장으로부터 위탁을 받아 행하는 위탁에 관한 보호 또는 조치사용에 주로 이바지하는 등의 무상대부 내 지방공공단체의 법으로 정한 사용에 이바지할 때 사회복지법인 등에 대한 대부 등의 조치가 있다.

### 국유지신탁제도

국가가 유휴 국유지를 신탁회사에 맡겨 개발과 관리를 대신하게 하고 이에 따른 이익은 국가와 신탁회사가 나누되 신탁기간이 끝나면 국유지를 국가에 귀속하는 제도로 민간의 기술과 자금을 활용해 국유지를 효율적으로 개발, 국민의 생활 환경을 개선하기 위해 도입된다. 가령 국가가 한국부동산신탁 등 개발신탁 전문회사에 공공시설 이전 부지 등의 개발을 의뢰, 사무용 빌딩을 건축한뒤 신탁회사가 이 건물을 임대해 얻은 수익을 국가와 배분하는 것이다. 신탁 대상이 되는 재산은 잡종재산 중 토지와 그 정착물에 한정되며 청사 건물 등 행정재산과 문화재 등 보존재산은 대상에서 제외된다. 또 무분별한 신탁을 억제하기 위해 무상대부나 교환 및 양여를 목적으로 하는신탁(탈법적 신탁) 국가 외의 사람을 수익자로 하는 신탁(타익신탁) 매각 등에 비해 이익이 적은 신탁 등은 제한하며 관리청이 신탁을 할경우 재무부와 사전 협의토록 할 계획이다. 신탁 기간은 투자 원리금 상환 등이 가능하도록 20년으로 하되 만기가 될 경우 계약을 갱신할 수 있다.

### 국유화(nationalization)

산업 혹은 경영의 사유권(私有權)을 국가, 지방 자치단체 또는 공공단체로 옮겨 그의 관리를 국가 혹은 공공단체가 행함을 말한다.

### 국적(nationality)

개인이 특정국가의 구성원이 되는 자격을 말한다. 국적은 개인과 그 소속하는 국가간의 법률적 유대이며, 국적을 가진 개인은 그 국가의 국민인 것이다.

### 국적(nationality)

국적이라 함은 어느 개인이 법률상 국민으로서 어느 국가에 소속하는 관계, 즉 일정한 국가의 구성원이 되는 자격을 말한다. 일정한 국적을 가진 사람은 그 국토 외에서도 그 나라의 주권에 복종하는 반면에 본국에 의해 보호를 받게 되어 있다.

### 국정감사

국회가 행정부의 국정 수행이나 예산 집행 등에 대해 벌이는 감사 활동을 말한다. 헌법 제 61조와 국정감사 및 조사에 관한 법률에 따라 정기국회 개회일 다음날부터 20일간 하도록 돼있다. 국정조사는 특별한 사안에 대해 국회 의결에 따라 수시로 열린다는 점에서 매년 정기국회 때마다 열리는 국정감사와 다르다. 국정감사를 받는 대상 기관은 정부조직법 등에 의한 국가기관·지방자치단체·정부투자기관·기타·국회 본회의에서 국정감사가 필요하다고 의결한 기관 등이다. 감사는 비공개로 하는 것이 원칙이며 개인의 사생활을 침해하거나 재판에 계류중 또는 수사중인 사건의 소추에 관여할 목적으로 행해져서는 안된다. 국정 감사를 하는 국회상임위원회는 감사와 관련된 보고 또는 서류를 관계기관 등에 제출토록 요구할 수 있다. 또 증인·감정인·참고인 등에 출석을 요청하고 청문회도 열 수 있다.

### 국정세율

한 나라에서 그 국내법에 의해 정해져 있는 관세율. 국정세율에는 기본세율과 잠정세율 및 특정국의 수입품에 대해서만 적용되는 특혜세율이 있다. 이에 대해 다른 나라와 통상(관세)조약을 맺고 이에 따라 정한 세율을 협정세율이라고 한다. 흔히 많은 나라들은 이들 각종 세율을 병용하고 있는데 세율 상호간의 우선관계는 원칙적으로 ① 협정세율이 국정세율보다 낮을 때는 협정세율을 쓴다. ② 협정세율이 있더라도 국정세 율쪽이 낮으면 국정세율을 쓴다. ③국정세율 중에서는 잠정세율을 기본 세율보다 우선적으로 쓴다. ④특혜세율이 적용되는 것에 대해서는 특혜 세율을 다른 세율에 우선하여 쓴다.

### 국정운영(governance)

일반적으로 기존의 행정 이외에 통치를 위한 제도·방법·도구는 물론, 민간기업 및 시민단체를 포함하는 시민과 정부의 관계 및 국가의 역할까지 포함하는 개념으로 이해되고 있다. 국정운영의 개념은 오늘날의 행정이 시장화·분권화·네트워크화·기업화·국제화를 지향함에 따라, 종래의 집권적 관료구조에 바탕을 둔 전통적 행정을 대체하는 개념으로 사용되고 있다.

## 국정조사

의회의 결의에 의해, 국정의 특정사항에 대해 벌이는 의회의 조사활동을 말한다. 법정된 기관에 대해 정기적으로 이루어지는 국정감사와는 달리, 국정조사는 의회의 판단에 의해 수시로 이루어질 수 있다.

## 국제 경제블록

몇 개 나라의 경제를 하나의 블록( 지역 )으로 총합, 다른 지역에 대해 봉쇄적인 무역정책을 취하는 것으로 유럽 12개국이 추구하고 있는 EU( 유럽공동체 )통합, 미국, 캐나다, 멕시코 등의 북미자유협정( NAFTA) 아시아지역에서 논의되고 있는다양한 경제통합 구상들이 모두 이에 속한다. 세계의 무역거래가 북미, 유럽, 아시아 세 갈래로 크게 나누어짐으로써 세계경제권 사이의 경쟁관계가 치열해지면서 구조적 마찰도 빈번할 것으로 예측되고 있다.

## 국제 그린크로스

하나뿐인 지구를 살리기 위한 민간 차원의 범세계적인 환경보호운동 기구. 1970년대 초반 세계적인 환경파괴를 우려한 학자 등이 기구 설립의 필요성을 제창해 오랜 준비 기간을 거쳐 1993년 4월 일본 쿄토에서 창설됐다. 국제 그린크로스의 기본이념은 환경보전과 인간생활의 질적 향상 간의 조화를 위한 가치관 및 행동양식의 변혁을 추구하는 것이다. 이를 위해 순수한 비정부 자원봉사자를 중심으로 인류공동의 차원에서 환경 문제에 접근하며 전문가를 통해 환경파괴, 생물자원고갈 및 환경재해 등의 근본원인을 조사 연구해 환경보호에 필요한 국제적인 장치를 마련한다.

## 국제노년학회
(international association of gerontology)

1938년 설립된 노령연구회가 발전해 1950년에 제1회 국제노년학회가 개최된 것을 계기로 결성되었다. 각국의 노년학단체의 국제협력을 통해서 생물학적, 의학적, 사회적 노년학 연구와 전문가의 교육훈련촉진 및 노인문제에 대한 관심의 환기를 촉구하는 활동을 하고 있다. 본부는 이스라엘에 있으며 세계 34개국의 국내조직이 가맹되어 있으며 3년마다 국제회의가 개최된다.

## 국제노동기구
(ILO : international labour organization)

제1차 세계 대전 후 베르사이유조약에 입각해서 1919년 6월 28일에 설립되었다. 현재는 WHO, UNESCO 등과 같이 국제연합(UN)의 전문 기구로서 중요한 지위를 차지하고 있다. 그 목적은 국제적으로 근로자의 노동조건을 개선하고 사회정의를 확립하여 세계평화에 공헌 하는 것과 노동자 생활의 동향, 완전, 노동협조, 사회보장의 실현 등을 조장 촉진하는 것의 두 가지 점이며 1992년 말 현재 가맹국은 161개국이다. ILO조직으로는 최고기관인 ILO총회, 관리기관인 ILO 이사회 및 ILO사무국(International Labour Office)이 설치되어 있으며, 이 외에 보조기관으로서 지역회의, 산업별 노동위원회 등이 설치되어 있다. 사무국은 제네바에 있으며, 본부 외에 방콕 등 4개소에 지역사무소, 마닐라 등 22개소에 지구사무소, 도쿄 등 9개소에 지국이 설치되어 활동하고 있다.

## 국제노동기구헌장(ILo Charter)

1952년 1월 16일 작성된 것으로 1944년 필라델피아에서 채택된 ILO의 목적에 관한 선언을 달성하기 위하여 행한 기본헌장이다. 이 헌장의 취지는 다음과 같은 것이다. 세계의 영속하는 평화는 사회정의를 기초로 하여서만 확립될 수 있다. 그리고 세계평화 및 협조가 위험하게 될 만큼 커다란 사회적 불안을 일으키는 것과 같은 부정, 곤고 및 궁핍을 다수의 국민들에게 초래하는 근로조건이 존재하고, 한편 이들 노동조건을 예를 들면 1일 및 1주의 최장노시간의 설정을 포함하는 근로시간의 규제, 노동력 공급의 조정, 실업의 장지, 타당한 생활임금 지급, 고용에서 생기는 질병, 질환, 부상에 대한 근로자의 보호, 아동, 연소자, 부인의 보호, 노년 및 폐질에 대한 급부, 자국 이외의 나라에 있어서 사용되어지는 경우에 있어서 근로자의 이익의 보호, 동일가치의 노동에 대한 동일임금의 원칙의 승인, 결사자유의 원칙의 승인, 직업적, 기술적 교육의 조직 및 기타 조치에 의해 개선하는 것이 급선무이다. 또 어떤 나라가 인도적인 노동조건을 채용하지 않는 것은 자유로이 근로조건의 해결을 희망하는 다른 나라의 장애로 되고 있기 때문에 이와 같은 제 목적을 달성하기 위해 이 헌장이 작성되어 진 것이다.

## 국제노동사무국(international labour office)

ILO의 상설기관에는 총회, 이사회 및 국제 노동사무국의 세 가지가 있다. 이 사무국의 임무는 근로자의 생활상태 및 노동조건의 국제적 조정에 관한 모든 사람에 대한 자료의 수집 및 배포, 특히 국제조약의 체결을 목적으로 하여 총회에 제출하는 것이 제안되고 있는 사항의 심사 및 총회 또는 이사회가 명하는 어떤 특별한 조사의 스위스의 제네바에 있으며 노사관계의 3주체 즉 노, 사, 정 삼자를 의미하는 뜻에서 건물의 주춧돌이 세 개의 돌로 되어있다.

## 국제노동조건

협약(convention)과 권고(recommendation)의 형식으로

국제노동기준의 설정과 그의 국내 실시의 감독, 개발도상국의 기술협력, 조사연구가 주된 활동수단이다. 기술 특히 노동조합권이나 사회보장의 세계적 보급에 공헌했으나 노동생활의 질(quality of working life)의 향상에도 크게 기여했다.

### 국제농업개발기금

1974년 가을 세계식량회의에서 UN의 한 기관으로 설립이 결정된 기금. 개발도상국의 농업개발에 대한 융자산업을 설립목적으로 하고 있다. 대출의 종류로는 ①무이자, 거치기간 10년을 포함하여 상환기간 50년, 수수료 1%의 초 소프트론, ②금리 4%, 거치기간 5년을 포함하여 상환기간 15 - 20년의 중간적융자, ③금리 8%, 거치기간 3년을 포함한 상환기간 10 - 15년의 하드론 등 세 가지, 로마에 사무국이 있으며 연 1회의 총회와 부정기적인 이사회가 있다.

### 국제박람회

1898년 이탈리아의 베로나에서 처음 개최되었으며 국가간 무역거래 활성화를 도모할 목적으로 다수국이 참여, 각국이 생산한 특정 제품을 한 장소에 전시해놓고 즉석에서 구매상담을 벌이도록한 임시시장을 말한다. 각국의 대표상품이나 신규개발상품이 대규모로 전시되기 때문에 참가국 간의 경제문화교류에 크게 기여한다.

### 국제백신연구소

한국이 유치한 세계최초의 정부간 국제기구로 유엔개발계획(UNDP)이 지난 92년부터 추진해왔으며, 백신연구 및 개발을 통해 아동 및 빈민들의 질병퇴치와 인류복지 증진에 기여하는 것을 목표로 하고 있다 서울대 캠퍼스에 설치될 이 연구소는 이사회(13 - 17명), 연구소장 및 직원으로 조직되며 이 연구소에 대해서는 유사한 국제기구가 인정하는 특권과 면제를 부여받고 있다. 독립된 국제기구로 설립되는 이 연구소의 재정은 회원국과 국제기구 기타 공공기관의 기여금으로 충당된다.

### 국제부흥개발은행

1944년 브레튼우즈협정에 의거해서 설립된 국제은행으로, 세계은행이라고도 한다. 국제금융기관의 중심적 존재이며 상업베이스로 장기의 하드론(hard loan;조건이 엄격한 융자)을 행한다. 전재국의 부흥과 발전도상국의 개발을 위해, IMF가맹국의 정부 또는 기업에 융자를 한다. 우리나라는 1955년에 가입했으며, 현재의 가맹국수는 149개국이다.1960년 자매기관으로서 제2세계은행으로도 불리는 국제개발협회(IDA International Development Association)가 설립되었는데, IDA는 IBRD의 엄격한 융자조건을 따를 수 없는 발전도상국, 주로 1인당 GNP가 806달러 미만의 가난한 나라를 대상으로 한다. IDA와 개발도상국의 사기업을 융자대상으로하는 IFC를 합하여 〈세계은행그룹〉이라고 총칭한다. 본부는 워싱턴에 있다.

### 국제사회보장협회
(international social security association)

1927년 설립되었으며, 사회보장의 기술적, 관리적 개선을 통해 발전과 옹호를 도모하는 국제적 수준에서의 협력기관이며 사회보장의 조사연구, 국제세미나, 원탁토론 개최 등의 활동을 하고 있다. 제네바에 본부가 있으며 세계 104개국의 245기관이 가맹하고 있다. 3년마다 총회와 지역회의를 개최하고 국제사회보장 평론(계간), 세계 사회보장 문헌목록(계간)을 발행하고 있다.

### 국제사회보장회의
(international social security conference)

1945년 파리에서 설립된 세계노동조합연맹은 1953년 빈에서 국제사회 보장회의를 열고 사회보장총액을 채택했다. 그 후 세계 각국의 사회보장확충을 목표로 동연맹이 소집하는 국제회의를 국제사회보장회의라 한다. 이 국제회의는 1961년에 사회보장헌장을 채택해 국제노동운동에 맞는 사회보장개선운동을 전개하고 있다. 또 ILO(국제노동기구)가 관련 국제조직과 협력해서 개최하는 사회보장회의도 국제사회보장회의라 부르고 있다.

### 국제사회복지(international social welfare)

일반적으로 사회복지를 추진하는 구체적인 국제적 제기구와 그 활동을 지칭한다. 그러나 그 사상적 기반을 간과해서는 안된다. 사회복지의 이념은 국내, 국제를 통틀어 세계인권선언에 집약되어 있고 그 같은 이념은 상대적으로 정치가 안정된 한 나라 내에서는 상당한 현실 가능성을 갖고 있다(복지국가의 이념), 그러나 국제사회에서는 사상, 정치, 편견, 이해 등 여러 가지 장해 때문에 그 현실화가 크게 저지되어 있으며 복지사회로의 길은 아직 멀기만 하다. 과학기술이 진보되고 통신·교통의 수단이 비약적으로 발달한 현대에서도 국제사회복지의 현실은 아직 특정조난자의 최저한의 기본적 욕구에 대한 대응에 국한되어 실정이나 사회복지는 초보적 단계에 있다 해도 과언이 아니다. 오늘날 인류 65억 중 5 - 6억은 영양부족상태에 있으며 기아상태의 아동만도 수백만이고 또 1,000만을 넘는 난민이 세계도처에서 기본적 욕구박탈 위험에 직면해 있다. 세계평화는 국제사회복지에 의존하고 있으나 국제사회복지 또 세계평화(정치)가 그 전제조건이다. 국제사회복지는 국제적십자사연맹 등의 선구적인 활동, 혹은 국제연맹의 상설위원회나 보건기구 등의 활동에서 볼 수 있었으나 전 세계적으로 그것이 전개된 것은 제2차 대전 후의 국제연합의 성립 이후라 해도 좋다. 제2차 대전 중인 1943년부터 전후 1946

년까지 활약한 UN부여구제기관(UNRRA)은 그 뒤 사회복지에 있어 국제협력의 묘상이 되었다. 국제연합은 각국정부의 연합체로서 제2차 대전 후의 국제정치의 영역(area)인 동시에 국제사회복지추진의 중심열세이기도 한다. 광의와 협의의 사회복지에 관해서는 경제사회이사회가, 총회의 사회복지에 관해서는 경제사회이사회가 총회에 대해 책임을 지며 각종의 위원회와 관련 제 전문기관을 산하에 두고 또 국제사회복지협의회(ICSW)를 비롯해 민간의 제 기관과도 협력해 광범한 활동을 하고 있다.

### 국제사회복지대회
(international conference on social welfare)
국제사회복지협의회가 격년으로 개최하는 국제대회로서 세계 각국의 사회복지에 대한 정보나 경험의 교류 및 국제적 논의를 위한 가장 광범위하며 종합적인 대회이다. 이 대회는 국제사회복지협의회에 가맹한 각국을 순회하며 개최되고 있다.

### 국제사회복지협의회
(ICSW : international council on social welfare)
1928년 설립. 사회복지에 관한 국제적인 논의와 정보와 경험의 교류, 국제협력의 촉진을 목적으로 국제회의와 지역사회 및 세미나를 개최하고 있다. 본부는 빈에 있으며 세계주요지역 5개소에 지역사무국제연합난민의 지위에 관한 조약국을 두고 세계 76개국의 국내위원회가 가맹하고 있다. 회의록, 국제사회복지사업(계간), 서장신문(계간)외에 서적도 발행하고 있다.

### 국제사회복지협회
(ICSW : international council on social welfare)
사회복지 프로그램의 발전과 지속을 위하여 국가 간의 협력을 증진시키는 국제기구를 말하며 오스트리아 빈에 본부를 두고 있다. ICSW는 국가간 복지활동을 조화시키고, 연구를 돕는다. 그리고 정보를 보급시키고 다른 나라의 사회복지 지도자 간의 회의를 후원한다.

### 국제사회사업가 훈련프로그램협의회
(CIP : council on international programs)
외국의 사회사업가가 미국에 와서 미국 사회사업대학이나 다른 교육시설에서 훈련을 받도록 해주는 사회사업 조직이다.

### 국제사회사업가연맹
(international federation of social workers)
1928년 파리에서 국제사회사업가 상설사무국으로 설립되었다가 1950년 조직개편과 함께 현재의 명칭이 되었다. 제네바에 본부를 두고 국제협력에 의한 전문사회사업

가의 수준, 교육 훈련, 윤리, 노동조건의 향상, 국제노력에 의한 사회복지계획과 국내조직의 형성과 발전에 대한 원조활동을 하고 있다. 세계 46개국의 국내조직이 가맹하고 있으며 적어도 2년마다 총회를 개최하고 있다.

### 국제사회사업대학협의회
(IASSW : international association of schools of social work)
전 세계에 걸친 사회사업 교육가와 사회사업학교로 구성된 국제기구로서 이들이 임무는 훈련을 개선시키고 사회사업교육을 위한 일관된 기준을 확고히 하는 것이다.

### 국제사회사업학교연맹
(international association of schools of social work = IASSW)
1929년에 설립, 사회사업 교육 수준의 국제적 향상을 목적으로 하여 세미나나 연구 집단에 대한 원조, 교육 자료·용어·커리큘럼 교수법에 관한 위원회 활동, 정보 수집과 교환, 사회사업 학교에 조언, UN에 협력을 하고 있다. 비인에 본부를 두고 있으며 세계66개국의 500개 학교가 가맹하고 있다. 격년으로 국제회의를 개최하는 외에 지역 세미나도 개최하며 〈국제사회사업〉을 계간으로 발행하고 있다. 우리나라 사회사업대학협의회도 이에 가맹되어 있는데 따라서 협의회 가입 회원은 모두 국제사회사업학교연맹의 회원으로 인정받고 있다. 이와는 달리 이화여자대학교 등 6개 대학은 회원대학으로 가맹되어 있다.

### 국제수지
일정기간동안 한나라의 거주자와 비거주자 사이에 발생한 상품·서비스, 자본 등의 모든 경제적 거래에 따른 수입과 지급의 차이를 국제수지라 하며 이를 체계적으로 분류 정리한 것이 국제수지표이다. 국제수지는 경상수지, 자본수지, 준비자산증감 등 몇 가지 항목으로 이루어져있는데, 경상수지는 다시 ①상품 수출입의 결과인 상품수지, ②운수, 여행등 서비스거래의 결과인 서비스수지, ③노동과 자본의 이용 대가(즉 임금 및 이자)의 결과인 소득수지, ④아무런 대가없이 제공되는 무상원조, 교포송금 등의 결과인 경상 이전수지로 나뉘어진다. 자본수지는 거주자의 대외자본거래 결과로 발생하는데 이는 대내외 직·간접 투자 및 대출·차입을 포괄하는 투자수지와 특허권 등 무형 자산의 취득·처분, 이민에 따른 해외이주비 등을 포괄하는 기타 자본 수지로 구성되어 있다.

### 국제아동복지연맹
(IUCW : international union for child welfare)
스위스 제네바에 본부를 두고 세계 아동의 복지에 관련된 많은 나라의 정부, 공공, 민간기구를 포괄하는 국제기구

이다. 이 연맹은 연구를 돕고 훈련을 제공하고 아동에게 이로운 정보를 유포한다.

국제아동복지연합(international union for child welfare)
1920년에 설립되었으며 아동권리선언의 보급과 수인, 아동복지의 촉진, 아동문제의 조사와 필요한 개혁의 제언을 목적으로 하고 있다. 국제협력에 의한 세계 각국의 아동복지수준의 향상의 원조, 정보의 수집과 교환, 각국의 아동복지의 비교연구, 난민아동의 구제 등의 활동을 하고 있다. 쥬네브에 본부를 두고 세계 69개국의 단체가 가맹하고 있다. 격년으로 총회와 세계아동복지대회를 개최한다. 국제아동평론을 발행하고 있다.

국제연합(the united nations)
제2차 대전 말기인 1945년 6월 26일 51개의 가맹국에 의해 설립되어 1986년 현재 159개국이 가입하고 있다. 국제연합헌장전문에 나타난 목표는 국제평화의 유지, 기본적 인권의 존중, 국제법질서의 유지, 사회적 진보와 생활수준의 향상 등이다. 국제연합총회, 안전보장이사회, 경제사회이사회, 신탁통치이사회, 국제사법재판소, 국제연합사무국 등이 주요기관이다. 광의, 협의의 사회복지를 포함한 경제·사회적 사항에 관해서는 경제사회이사회가 책임을 지고 있다.

국제연합교육과학문화기구
(united nations educational, scientific and cultural organization)
국제연합의 전문기관 중의 하나로서 1946년 설립되었고, 파리에 본부를 둔다. 그 목적은 유네스코헌장에 근거하여 교육, 과학, 문화부문에서 세계 각국의 협동을 통해 세계의 평화와 안정에 공헌하는 것이다. 회의, 세미나, 출판, 조사, 기술고문파견 등에 의해 교육의 확대(문맹의 박멸), 자원 활용이나 과학기술의 적용, 문화유산보존에 의한 각 민족의 아이덴티의 옹호, 지식의 정보센터, 인권·정의·평화실현에 유용한 사회과학의 발전 등을 지향하고 있다.

국제연합난민고등판무관사무소
(UNHCR : office of the united nations high commissioner for refugees)
연합국부흥구제기관의 일을 일부 계승한 국제난민기구(IRO)를 또다시 계승해서 1951년 국제연합회에 의해 설립되었다. 제네바에 본부를 두고 있으며 그 임무는 새로운 거주지에서 정상적 생활을 되찾을 때까지 국제난민을 정치적, 법적으로 보호하고 물질적 원조도 하는 것이다. 1951년의 국제연합난민조건과 1967년의 의정서에 근거하여 활동하고 전후 현재까지 2500만인 이상의 난민을 구제했다. 1953년과 1981년에 노벨평화상을 수상했다.

팔레스타인 난민은 별개조직(UNRWA)이 취급한다.

국제연합난민의 지위에 관한 조약
(the united nations convention relating to the status of refugees)
1951년 7월 국제연합에 의해 채택되었다. 주로 제2차 대전 후의 정치혁명에 의해 무국적이 된 망명자, 난민의 권리와 처우의 최저한을 국제법적으로 확인하는 포괄적인 조약이다. 난민을 정의하고,(난민의)시행증명서에 관한 규정을 비롯하여 가입국은 난민의 의지에 반해서 추방하거나 자국의 국가로 되돌릴 수 없는 것 등을 규정하고 있다. 1951년 이후의 난민에게 적용하기 위해 1967년 1월 인정서가 체결되었다. 1986년 8월 현재 조약 내지 인정서에 100개국이 가입하고 있다.

국제연합분담금
국제연합의 경비를 충당하기 위해 회원국들이 부담해야 하는 분담금. 국제연합헌장 제17조는 회원국들이 총회에서 책정된 할당비율에 따라 경비를 부담해야 한다고 명시하고 있다. 각국의 분담률은 분담금위원회의 권고에 따라 3년마다 총회에서 결정되는데, 그 산정은 각 회원국의 경제 수준과 지불능력을 고려해서 이루어진다. 미국은 국제연합 초기에 49%를 부담할 정도로 최대의 기부국이었으나 경제사정의 악화와 미국 내부의 반대로 계속 축소되어 1982년 무렵에는 25% 정도로 감소하였다. 1955년 이래 신규가입국들이 격증했음에도 불구하고 국제연합의 활동 범위가 확대되면서 지출경비는 지속적으로 증가하는 반면 회원국들의 분담금 납입은 갈수록 저조하여 유엔의 재무상태는 호전될 기미를 보이지 않았다. 특히 탈냉전시대 이후에는 국제연합이 기존의 동서냉전의 이념적대결에 의해 저조한 활동을 보이던 모습에서 벗어나 소말리아 파병, 캄보디아에서의 평화유지활동 등 활발한 모습을 보이면서 더욱 경비의 분담문제가 중요하게 대두되고 있다. 한국 역시 1991년 9월 161번째로 유엔에 가입한 이후 유엔의 경비분담을 책임지고 있다.

국제연합자원봉사단
청년 남녀에게 건설적인 국제협력의 기회를 주며 아울러 국제기술 교류와 개발에 기여하는 것을 목적으로 1971년에 개설되었다. 국제 연합계획(UNDP)의 일부이며 일정의 자격을 갖춘 21세 이상의 남녀를 대상으로 하고 있다. 자원봉사자는 수입국의 요청과 승인에 의해서만 파견된다. 활동분야는 가령 농업실연, 현지의 자재를 이용한 건축, 소규모댐 건설, 수도부설, 성인식자 교육 등이다.

국제연합헌장
1945년 제2차 대전 종료직전, 샌프란시스코에서 개최된 연합국회의는 국제연합의 설치를 정한 이 헌장을 채택했다. 제1조에서 국제연합의 목적, 제2조에서 가맹국의 주권평등 등의 원칙, 제7조에서 국제연합의 제 기관에 관해 규정했다. 전전의 국제연맹과는 달리, 인권과 복지의 증진을 중시해 경제사회이사회가 설치되었다. 보건, 사회보장, 사회복지의 분야에서는 직속의 UNICEF(국제아동기금), UNDP(국제개발계획국)의 활동 외에 전문기관인 WHO(세계보건기구), ILO(국제노동기구) 등에 대한 권고와 운휴가 중시된다.

### 국제인권규약

세계 인권선언(1948년)에서 제창한 이상을 실현하기 위한 조약이다. 1966년 제21회 유엔총회에서 채택되어 76년 발효. '경제적 사회적 문화적 권리에 관한 규약 (A규약)과 '시민적 정치적 권리에 관한 규약' (B규약)으로 나뉘는데, A규약에서는 '노동자의 단결권'과 '사회보장', B규약에서는 '비인도적 처우의 금지'와 '소수민족의 권리' 등을 보장받을 권리로서 명시하고 있다. A규약의 제 권리의 실현은 점진적으로 이루어져도 좋으나 B규약의 제 권리에 대해서는 체약국이 된 순간부터 실현할 의무를 진다. 단 '국가의 안전', '공공질서' 등을 위해 제한받는 권리도 있다. 체약국은 유엔사무총장에게 실시상황을 보고할 의무가 있으며 B규약의 경우 규약위반만을 따지는 조정제도도 있다.

### 국제인도법(international humanitarian law)

1970년대 초부터 쓰이기 시작한 말로 좁은 의미에서는 국제적인 교전 법규 중에서 제네바 4조약에 명시된 전쟁 희생자의 보호를 위한 국제법을 의미하며 넓은 의미에서는 교전 법규뿐만 아니라 평상시 개인의 기본적 인권을 보장하는 조약에 따른 인권법까지 포함하는 것으로 여겨진다. 전쟁법이나 무력분쟁법을 대신하여 이 말이 쓰이게 된 배경에는 현대의 무력 전쟁이 인간의 생존권뿐만 아니라 인류의 생존까지 위협하는 성질을 띠고 있기 때문이다.

### 국제장애인재활협회

1922년 설립된 협회로서 각국이 장애인 재활정보의 수집과 교환, 장애원인의 연구와 장애의 제거, 국민단체의 창설과 활동의 촉진을 목적으로 하며 국제정보서비스, 원서관, 장애인복지의 상담과 조언 등의 활동을 하고 있다. 뉴욕에 본부를 두고 세계 66개국의 단체가 가맹하고 있다. 3년 마다 세계회의를 개최, 국제재활평론(계간)을 발행하고 있다.

### 국제적십자사연맹
### (league of red cross societies)

1919년 미국적십자사 전시구제협의회장 데비슨의 발의에 의해 설립되어 국제적 인도활동의 촉진, 각국 적십자

사 설립과 독립의 원조, 국제간의 연락조정과 연구를 목적으로 재해긴급구호, 각국 적십자에 정보 및 기술의 제공과 활동에 대한 원조를 하고 있다. 본부는 제네바이며 세계 122개국이 가맹하고 있다. 국제회의와 이사회를 개최하고 파노라마지(년 8회), 연보, 소책자 등을 발행하고 있다.

### 국제질병분류법
### (ICD : international classification of diseases)

세계보건기구가 집계한 정신병을 포함한 모근 인간의 질병을 통계학적으로 분류한 것이다. 일반적으로 국제질병분류법 ICD으로 칭하고 간행 숫자가 매겨지는 이 출판물은 거의 10년마다 발행된다. 1900년에 국제 사인 일람표로 불리는 초판이 완성되었다.

### 국제채

국내채에 대응되는 개념으로 외국에서 유통되거나 외화로 표시되어 있는 채권을 가리킨다. 국제체의 대표적인 것에는 유러채와 외채(foreign bond)가 있는데, 전자는 유러시장에서 유러통화로 표시되어 발행되는 채 권을 가리키고, 후자는 발행인이 자국이 아닌 특정외국에서 발행지 국가의 통화로 발행되어 발행지 국가의 법규에 따라서 인수, 판매되고 유통되는 국제채를 가리킨다.

### 국제청년의 해(international year of youth)

국제연합(UN)은 1978년 총회에서 1985년을 국제청년의 해할 것으로 정했다. 그리고 그 테마를 참가, 개발, 평화로 결정했다. 국제청년의 해의 4대목적은 청년의 상태, 권리, 포부에 관해 정책 결정자나 여론의 인식과 승인을 구한다. 청년에 관한 정책, 계획을 사회적, 경제적 발전에 있어 불가결한 것으로 추진한다. 청년과 청년단체의 적극적인 사회참가, 특히 개발과 평화의 사회참가를 확대한다. 청년에게 평화와 인간 상호간의 존경과 이해의 이념을 보급시킨다.

### 국제카리타스
### (international confederation of catholic organizations for charitable and social action)

1950년 로마교황 피오 7세에 의해 인가된 세계 각국의 카리타스로 이뤄진 연합체이다. 카톨릭 내에서는 COR. UNUM(로마교황청 사회문제 심의위원회)이 구성원이다. 그리고 국제연합의 경제사회이사회(ECOSOC)와 세계보건기구(WHO) 등의 고문역도 맡고 있다. 그 목적에는 목회적인 배려의 틀 안에서 적극적인 인해의 행위에 의해 인간사회 개발이나 가장 혜택받지 못한 사람들의 생활 향상을 위해 각국의 카리타스가 참가하는 것을 장려하고 원조한다. 다른 국제기구와 함께 세계에서 빈곤으로부터 생기는 제 문제에 대해 그 원인을 조사하고 정의와 인

간의 존경에 상응하는 해결책을 제안하기 위한 연구를 한다. 재해시나 위급원조를 필요로 할 때 또는 지역에 마땅한 조직이 없을 경우 즉시 원조하도록 각 단체의 구조 활동을 촉진하고 그를 조정하기 위함이다. 카리타스 국제회의는 4년에 1회 로마에서 열린다.

### 국제통화기금(IMF)

1944년 브레튼우즈에서 조인된 국제통화기금협정에 의거,설립된 국제금융기구. 통화에 관한 국제협력을 촉진하여 국제무역의 확대를 도모하고, 고수준의 고용과 실질소득및 생산자원 개발에 기여함을 목적으로 1947년 부터 업무를 개시하였다. IMF는 전쟁 전 세계 각국이 환절하등 환관리에 급급했던 나머지 국제환금융이 혼란을 겪었던 경험을 되풀이 하지 않기 위해 설립되어 환질서의 유지, 환질하방지, 다각적 지급제도의 수립,환제 한의 폐지,단기적 환기금의 공여에 의한 국제수지의 개선을 도모하려 하 였다. 그러나 이러한 브레튼우즈체제도 1971년 8월에 닉슨쇼크로 붕괴되고 그후 국제통화체제 재건의 노력이 계속된 결과, 1976년 1월 제2차 협정개정이 이루어져 킹스턴체제의 성립을 보게 되었다. 이 협정의 내용은 변동환율제의 승인, 장차 고정환율제로 복귀할 때의 절차규정, 금의 공정 가격 폐지와 각국 통화당국의 금거래의 자유화, 특별인출권(SDR)을 금을 대신하는 중심준비통화로 하는 것등이다. 우리나라는 1955년에 가입했으며 1987년 현재의 가맹국수는 151개국이다. 최고결정기관은 총회로 가맹국의 재무상 및 중앙은행 총재가 정부 대표로 출석하여 연 1회 워싱턴에서 개최 하지만, 3년에 1회는다른 장소에서 한다. 85년 제40차 연차총회는 서울에서 열렸으며 88년 총회는 서베를린에서 열렸다.

### 국제평화의 해(international year of peace) 국채

국가에서 세입의 부족을 보충하기 위해 발행하는 채권. 외국에서 발행 하는 경우를 외국채라고 하며, 국내에서 발행하는 것을 내국채라고 한다. 용도에 따라서 적자국채, 건설국채, 군사국채(군사비 조달을 위한 것) 등으로 나누어진다. 또 국채는 상환시기에 따라 1년 이내의 단기국채와 1년 이상의 장기국채로 구분되는데, 1995년 7월 26일 국내에서는 최초로 발행기간이 가장 긴 만기 7년짜리 국채가 발행됐다. 첫 발행되는 7년짜리 장기채 이자지급 방법은 6개월마다 입찰때 결정된 금리로 지급하는 이표채이다. 이는 종전 만기시 원금과 이자를 일괄지급 하는 방식(복리채)을 변경한 것으로 입찰방법은 모든 입찰금융기관에 낙찰최고금리를 일률적으로 적용하는 단일가격결정(douch)방식이 적용된다.

### 국친사상(parent patriot)

소년법 운용의 배경에 있는 법이념을 표시하는 말이며, 법을 범한 소년에 대해 국가가 피고에 대항하는 원고(대립당사자)로서 행동하는 것이 아니고 흡사 어버이(親)같은 입장에서 행동하고 보호한다는 원칙을 나타내고 있다. 고도로 전문화되어 있어 미국 소년사건은 민사이며 보호처분이 소년의 복지를 위해 시행하고 있다.

### 국토개발계획(national development planning)

국토전역에 걸친 종합적 개발계획을 말한다. 국토개발계획은 토지·물 등 천연자원의 개발·보전·이용에 관한 계획, 도시와 농촌의 공간배치 및 그 구조에 대한 계획, 산업입지 및 산업기반시설의 배치 및 조성에 관한 계획, 문화·후생 및 관광시설의 배치 및 개발에 관한 계획, 그리고 수해·풍해·기타 재해의 방재에 관한 계획 등을 포괄한다.

### 국토계획(national physical planning)

국가목적 달성을 위해 국토 위에 공간적 질서를 수립하는 종합적·체계적 국가계획을 말한다. 즉 국토계획은 각 지역별로 인구·시설·산업 등을 어떻게 배치하고, 토지·물 등 자연자원들을 어떻게 이용·개발·보전할 것인가를 체계화한 것이라고 할 수 있다.

### 군·산복합체(military — industrial complex)

기업인·군부지도자·정치지도자들이 권력엘리트를 형성하고 있는 오늘날의 미국사회에서, 그 가운데서도 상대적으로 우세한 기업인과 군부지도자가 서로 결탁하여 정치엘리뜨를 종속시키고 있는 현상을 가리키는 개념이다. 당초 Einsenhower 대통령이 고별연설(1961)에서 "군·산복합체에 의해 행사되는 부당한 영향력을 정부가 막아야 한다"고 주장하면서 군·산복합체의 잠재적 위험성을 최초로 공식화하였으나, 학술적 개념화 작업은 C. Wright Mills의 'The Power Elite' (1968, Reader in Political Scociology), The Power Elite(1975)에 의해 이루어졌다.

### 군대사회사업(military social work)

현역군인과 그 가족을 위해 개입하는 전문 사회사업을 말한다. 미국 육군 및 공군에는 사회사업가 장교들이 주로 이 서비스를 제공받고 있다. 또 민간 전문사회사업가들도 육군, 해군, 공군 등에서 서비스를 제공한다. 군대사회사업가들은 정서적으로 문제를 지닌 군인이나 그 가족을 치료하거나 평가해주며, 사회자원을 발견하고 개발해주고, 군인들 간의 의사소통과 군인들과 다른 지역에 사는 친지들과의 의사소통을 원활하게 해준다. 최근 군사회복지사에 대한 반향이 일고 있다.

### 군비축소(disarmament)

한 국가나 집단이 소유한 무기의 감소 또는 제거를 초래하는 국제적 결정과 행동을 말한다. 사회사업가들은 평화운동에 적극 참여한 사람이 많았고 그 운동에서 국가들은 무기를 포기하거나 다른 나라에 무기 공급을 중단하도록 권유받는다.

## 군사법원

군인, 군무원(군속), 국군부대의 간수하에 있는 포로, 군교도소의 수형자 등에 대한 재판을 하는 특별법원을 군사법원이라고 한다.

## 군속

민간인 신분으로 군부대에서 군과 관련된 업무를 하는 사람을 군속이라고 하는데 지금은 군무원이라고 부른다. 문관이라고 하는 특정직 공무원으로 직무와 인사문제 외에는 군형법의 적용을 받는다.

## 군인연금법 / 제도

군인의 연금에 관한 사항을 규율하기 위해서 제정한 법률(1963. 1. 28, 법률 제1260호). 군인이 상당한 연한을 성실히 복무하고 퇴직하거나 심신의 장애로 인하여 퇴직 또는 사망한 때 또는 공무상의 질병·부상으로 요양하는 때에 본인이나 그 유족에게 급여를 지급함으로써 본인 및 그 유족의 생활안정과 복리향상에 기여함을 목적으로 한다. 급여를 받을 권리는 양도·압류하거나 담보로 제공할 수 없다. 급여를 받을 권리의 소멸시효기간은 5년으로 하나, 사망조위금·재해부조금 및 공무상요양비에 대해서는 1년으로 한다. 각종 급여는 그 급여를 받을 권리를 가진 자가 당해 군인이 소속하였던 군의 참모총장의 확인을 얻어 청구하는 바에 따라 국방부장관이 결정하여 지급한다. 퇴직연금은 군인이 20년 이상 복무하고 퇴직한 때에 그때부터 사망할 때까지 지급한다. 퇴직연금일시금은 본인이 원하는 때에 퇴역연금에 갈음하여 지급하며, 퇴직연금일시공제금은 20년을 초과하는 복무기간 중 본인이 원하는 기간에 대해 퇴역연금에 갈음하여 지급한다. 퇴직일시금은 군인이 20년 미만 복무하고 퇴직한 때에 지급한다. 상이연금은 군인이 공무상 질병 또는 부상으로 인하여 폐질상태로 되어 퇴직한 때에 그때부터 사망할 때까지 급별에 따라 지급한다. 유족연금은 퇴역연금이나 상이연금을 받을 권리가 있는 자가 사망한 때, 공무상 질병 또는 부상으로 인하여 복무 중에 사망한 때에 그 유족에게 지급한다. 유족연금부가금은 군인이 20년 이상 복무 중 사망한 경우에 그 유족에게 지급한다. 유족연금일시금은 퇴역연금을 받을 권리가 있는 자가 군복무 중 사망한 경우에 유족이 원하는 때에 그 유족에게 유족연금과 유족연금부가금에 갈음하여 지급한다. 유족일시금은 군인이 20년 미만 복무하고 사망한 때에 그 유족에게 지급한다. 유족연금특별부가금은 퇴직연금 또는 상이연금을 받을 권리가 있는 자가 퇴직한 날의 전날이 속하는 달의 다음달부터 3년 이내에 사망한 때에 지급한다. 퇴직수당은 군인이 1년 이상 복무하고 퇴직 또는 사망한 때에 지급한다. 공무상요양비는 군인이 공무상 질병 또는 부상으로 인하여 진단 약제·치료재 및 보철구의 교부, 처치·수술 기타의 치료, 병원 또는 요양소의 수용, 간호, 이송 등의 요양을 하는 때에 지급한다. 재해보상금은 군인이 질병에 걸리거나 부상을 당할 경우 또는 사망한 경우에 지급한다. 사망조위금은 군인이나 군인의 배우자 또는 직계존속이 사망한 때에는 지급한다. 재해부조금은 군인이 수재·화재 등 기타 재해로 인해 재산에 손해를 입은 때에 지급한다. 각 급여 금액의 계산에 대해서는 자세한 규정이 있다. 군인연금기금을 조성하며, 군인연금을 위해 특별회계를 설치한다. 4장 43조와 부칙으로 되어 있다.

## 군정(military government)

①점령 지역에서 군사력에 의해 통치권을 행사하는 것 또는 그 정부를 의미한다. ②군사실력자가 비정상적인 방법으로 정권을 행사하는 것 또는 그것을 행사하는 군사정부를 말한다.

## 군중심리(mob psychology)

군중 속에서 일반적으로 개인적 특성이나 사회적 관계는 소멸되고 사람들이 쉽게 동질화되는 심리현상을 말한다. 이것은 심리학에서는 독자적 연구 분야로 취급되기도 한다. 프로이드는 군중심리를 지도자와의 동일시 개념으로 설명하고 있고 달트는 육체적 접촉에서 생기는 결합체라 했다. 근대에는 감정, 태도, 행동이 무비판으로 받아들여지면서 획일적인 반응패턴이 성립한다는 감염설이나 수감설, 규범 창출설 등으로 군중심리를 설명하는 시도가 전개되고 있다.

## 군집표출(cluster sampling)

표본추출시 직접 개별 구성원을 선택하는 것이 아니라, 자연적 또는 인위적 집단을 각각 하나의 구성원으로 간주하고, 그 중에서 필요한 만큼의 집단을 추출하는 것을 말한다. 모든 초등학교를 모집단으로 하고 그 중에서 무작위로 뽑힌 몇몇 학교의 학생 모두를 표본으로 하는 경우가 이에 해당된다.

## 군축

군비 축소 내지 철폐를 위한 여러 규제 및 교섭을 의미하는 전통적 용어, 제1차 세계대전 후 1922년에 체결된 워싱턴 해군 조약은 전형적인 군축 조약인데, 당시의 주요 해군국인 미·영·일의 주력함 보유톤 수를 5:5:3의 비율을 제한했었다. 군축에는 군비의 철폐가 바람직하고 또 가능하다는 이상주의적 뉘앙스가 포함되어있으며, 제2차 세계대전 후에는 국제연합, 국제법, 평화 운동 등에서 군축이 주창되어 왔다. 종래 미·소의 핵 군비 확장을 배경으로 하여 군의 축소와 폐지보다는 핵억제의 안정과 군비 확장 경쟁의 억제를 추구하는 군비 관리의 개념으로 더 많이 쓰이게 되었다.

## 굿 네이버스(good neighbors)
기독교 정신에 입각하여 가난하고 소외된 지구촌 이웃들의 문제에 관심을 가지며 전문적으로 해결해야 한다는 사회적 요청에 따라 한국에서 1991년 3월 설립된 민간구호단체이다.

## 궁핍화성장
선진국에서는 대개 상품의 수요가 소득탄력적이므로 기술진보에 의한 생산성의 향상은 국내가격의 인하를 가져와 수출을 증대시키고, 또 이로 인한 이윤증대는다시 투자증대를 초래하여 다시 가격인하와 수출 증대를 가져온다. 그러나 개발도상국에서는 대대 수요가 비탄력적이므로 상품의 생산량 증가는 국내가격 인하를 수반하지 않고 수출량만 늘리게 되어 교역조건이 악화되게 된다. 이 경우 교역조건의 악화 정도가 상당 히 크다면 국민후생수준을 높이지 못하고 오히려 낮추는 결과를 초래할 수 있다. 이러한 과정을 궁핍화성장이라 한다.

## 궁핍화이론(theory of deterioration) 01
독점자본주의에서 노동자에 대한 소득분배, 즉 임금이 낮아짐으로써 노동자계급이 계속적으로 점점 가난해지게 되는 현상을 말한다. 자본주의가 발전하면 자본축적과 자본이 유기적 구성이 고도화되는데 노동자 1인당 자본이 증가되면 노동의 한계생산력이 커지므로 임금의 증가율과 이윤율은 저하하게 된다. 이 때 임금의 상승은 인구가 수확체감의 법칙에 의해 이윤율의 저하가 계속적으로 치달아 극한에 이르게 되면 결국 경제의 확대과정도 정지하게 된다. 이러한 상태에 이르러서도 계속 인구 증가와 수확체감의 법칙이 지배하는 한 임금의 저하와 함께 점점 가난 해진다는 것이 궁핍화이론이다. 리카도, 맬더스 등이 고전학파 이론이다.

## 궁핍화이론 02
맑스의 자본론의 제7편 제23장 자본주의적축적의 일반적 법칙에 따라서 이름 붙여진 것이다. 당초에 자본축적이 계속됨에 따라 노동자는 법칙적으로 빈곤해진다고 해석한 것을 독일의 베른슈타인이 사실에 맞지 않는다고 반론했고 또 제2차 대전 후에도 각국에서 논란이 되고 있다. 오늘날에는 점점 더 가난해지는 것이 아니고, 전체적인 노동의 상태가 고소비수준 하에서 더 여러 가지 생활상의 파괴가 계속되는 것 그리고 자본축적 하에서는 빈곤이 없어지지 않는다는 것으로 해석된다.

## 권고사직
권고사직은 임용권자의 권고에 의해 공직을 떠나게 되는 것을 말한다. 권고사직은 의원면직의 형식을 취하나 인사권자의 자의에 의해 이루어지는 사실상의 강제퇴직이다. 권고사직은 직권면직과 달리 국가공무원법상의 제도는 아니다. 권고사직은 흔히 징계대상 공무원에 대해 가혹한 징계를 모면하게 하는 수단으로 이용되거나 대량숙정 작업시 비공식적 징계의 수단으로 이용된다. 권고사직은 공무원 본인의 의사표시의 하자(瑕疵)에 대한 입증이 어렵다는 점에서 법적인 구제가 어렵다.

## 권력(power / authority)
권력이라 함은 국가의 기관이 행하는 합법적 강제력을 말한다. 현행 대한민국 헌법 제1조 2항은 모든 권력은 국민으로부터 나온다고 규정하고 있는데 이것은 국가의 최고의 의사, 국가정치형태를 최종적으로 결정하는 권력을 의미하는 것이다.

## 권력관계
행정주체인 국가 또는 공공단체가 행정객체인 개인과의 관계에 있어 법률상 지배자와 복종자의 우월적 지위에서는 관계를 말한다. 그 지배권의 성립이 일반통치권에 기초 하는 경우가 일반권력관계이며, 특별한 규정 또는 당사자의 합의에 기초하는 경우가 특별권력 관계이다. 이는 행정주체와 객체 사이에 지배 – 복종 관계를 설정하지 않고, 공공복리의 실현이라는 행정목적을 달성하기 위해 사법(私法)관계와 다른 특수한 관계를 인정하는 관리관계(管理關 係)와 대비된다.

## 권력분립(separation of powers)
국가작용을 입법·행정·사법으로 나누어 각각의 권력을 각기 다른 구성을 가진 독립기관에 담당시켜 기관 상호간에 억제·균형의 관계를 설정하고 상호견제하게 함으로써, 권력의 집중과 전횡을 방지하고 국가권력의 남용으로부터 국민의 자유를 보장하려는 정치원리를 말한다.

## 권력적 행정
국가 또는 공공단체가 사인(私人)에 대해 명령·강제하는 작용을 말한다. 국가는 항상 사인(私人)에 대해 명령자로서 우위에 서며, 그 관계는 명령·복종의 권력관계 이다. 경찰·재정 등의 작용이 전형적인 권력적 행정이다.

## 권력집단(power group)
사회적 신분이나 지위를 이용하여 지역사회의 어떤 결정에 영향력을 발휘하거나 여러 가지 자원을 손쉽게 얻을 수 있는 구성원들을 말한다. 권력집단의 구성원들로는 정치지도자, 금융 및 산업계의 중역, 성직자 또는 지방유지 등을 들 수 있다.

### 권력형 부패(power — related corruption)
정치권력이 부패의 주체가 되는 부패를 권력형 부패라 하며, 정치인이 주축이 된다는 의미에서 정치부패(political corruption)라고도 불린다. 권력형 부패는 관료부패보다 훨씬 더 암묵적이고 겉으로 드러나지 않으며, 주로 정책결정 이전 단계에서 그 영향력을 발휘한다는 점에서 관료부패와 그 성격이 다르다.

### 권리(right) 01
현대사회에서의 권리는 공공복리의 이념에 의해 사회성·공공성이 강조되고 있으며(헌법 제23조), 그에 따라 신의성실의 원칙과 권리남용금지의 원칙을 통해 권리행사의 한계가 설정된다(민법 제2조)

### 권리 02
①자기의 의지를 자유로이 행사할 수 있는 능력 혹은 자격. ②법에 의해 보호되는 것으로 이익에 관해 인정되는 힘의 범위 등을 들 수 있다. 윤리학적으로는 주장이나 요구의 합리적 필연성, 즉 법칙에 준하는 것임을 뜻하며, 법률적으로는 법에 의해서 인정된 타인에 대한 요구를 뜻한다. 정치적 원리는 정부의 구성이나 행정에서 일정한 기능을 수행할 수 있는 자격이며, 자유를 향유할 권리, 노동할 수 있는 권리, 행복을 추구하거나 자기를 발전시킬 수 있는 권리이다.

### 권리 03
넓은 의미의 권리는 인간이 타인에 대해 가지는 의사(意思)의 지배를 말하나, 고유한 의미에 있어서는 일정한 주체성을 가진 상대방에 대해 가지는 의사의 지배를 말한다. 전형적인 형태의 권리는 대등한 당사자에 대한 의사의 관철이고 그러한 의미에 있어서 그들 사이에 상급과 하급이라는 주종관계를 발생시키는 것은 아니다.

### 권리 04
사회의 각 구성원들에게 주어지는 사회의 의무를 말한다. 권리는 또 개인이 도덕적 또는 법적으로 정당하게 주장할 수 있는 권한이며, 이러한 것들로는 시민권, 평등권, 인권 등이 있다.

### 권리로서의 사회보장(social security as a right)
생존권, 노동권을 기초로 하는 개념이다. 사회보장의 권리가 용어로 사용되어진 것은 세계인권선언에서 유래한다. 우리나라에서는 헌법 제34조가 생존권적 기본권의 총론적 위치와 사회보장의 권리를 기초로 하고 있다.

### 권리부여(empowerment)
지역사회조직과 사회행동 사회사업에서 한 집단 및 지역사회로 하여금 정치적 영향력 또는 적법한 법적 권위를 달성하도록 도와주는 과정이다.

### 권리장전(Bill of Right)
명예혁명 이듬해인 1689년 제정된 영국의 의회제정법을 말한다. 권리청원이 영국의 퓨리턴혁명으로 이어지는 인권선언임에 대해 권리장전은 명예혁명 당시 이루어진 인권선언이다. 명예혁명의 선후(善後) 조치에 법적 효력을 부여한 권리장전은 실질적으로는 마그나카르타보다 중요한 것으로, 1세기 가까운 국왕과 의회의 투쟁에 종지부를 찍고 영국헌법상의 여러 원칙을 밝힌 문서이다.

### 권리청원(Petition of Right)
1628년 영국 하원에서 기초하여 찰스 1세의 승인을 얻은 국민의 자유에 관한 선언을 말한다. 권리청원은 의회의 승인없이는 어떠한 과세나 공채(公債)도 강제되지 않는다는 것, 법에 의하지 않고는 누구도 체포·구금되지 않는다는 것 등을 주요 내용으로 담고 있다.

### 권위(authority) 01
권위는 권한과 유사한 개념으로, 정당한 권력(legitimate power)을 의미한다. 여기서 권력이란 타인을 움직일 수 있는 능력을 의미하며, 정당성이란 권력의 행사를 종속자가 수락한다는 것을 뜻한다. 이러한 심리적 수락을 C. I. Barnard는 무관심권(無關心圈, zone of indifference)이란 개념으로 표현하였으며, H. A. Simon은 수용권(受容圈, zone of acceptance)이라는 개념으로 표현하였다. 일반적으로 권위의 근원(sources)으로는 전문성, 정당성, 보상, 처벌, 정보, 존경, 선호 등이 지적되고 있다.

### 권위 02
공적으로 인정되는 특별한 형태의 힘(power). 복종 또는 순응을 정당화하는 지배력이라고 규정한 베버(M. Weber)는 카리스마적(charismatic) 권위, 합리적·합법적 권위, 전통적 권위로 구분하고 있는데 비해서, 에치오니(A. Etzioni)는 강압적 권위, 공리적 권위, 규범적 권위 및 혼합된 형태로서 규범적 — 강압적, 공리적 — 규범적, 공리적 — 강압적 권위로 구분하고 있다. 권위가 없이는 사람을 다스릴 수 없는데 남보다 많은 사람을 다스리면 보다 높은 권위를 가졌다고 하고 가장 높은 권위를 가진 사람을 집단 또는 조직의 지도자라고 부른다.

### 권위적인 관리(authoritarian management)
사회복지기관에서 지도자들이 일방적으로 의사결정을 행하고, 조직성원들이 그 결정을 수용하고 지지하도록 하기 위해 권력을 사용하면서 때때로 나타나는 하나의 행정 유형을 말한다.

### 권위주의
위계질서와 지배·복종의 관계를 중요시하는 문화적 정향을 말한다. 권위주의적 조직풍토에서는 계서적 권위를

ㄱ

통한 강제에 의해서만 조직의 효율성이 제고될 수 있다는 관점에서 계서제적 질서의 강화와 상급자들의 통솔력 및 지도력 강화가 강조된다.

### 권위형 리더(autocratic leader)
지도자가 중요한 결정을 홀로 내리고 부하로 하여금 이에 따르게 하는 유형의 리더를 말한다. 즉 리더가 문제를 착상하고 결정하며, 명령에 따른 복종을 강요하고 독선적이며 보상과 처벌의 수단을 동시에 사용하는 리더의 유형을 말한다.

### 권위형지도
K. 레빈의 연구에 의해 집단의 사기와 관련된 지도의 성질이 규명되었다. 권위형지도란 집단의 방침일체가 지도자에 의해 결정되며 진행방법이나 순서도 그때그때 결정되며 권위적으로 명령되는 지도형태를 말한다. 과제나 작업상태도 지도자가 정하고 각 성원의 작업수행에 따르는 보상이나 비판도 지도자의 개인적 주관에 의해 행해진다. 결과적으로 집단은 지도자에 대한 의존성이 높아지고 창조적, 개인적 표현과 발현은 적어진다. 성원들의 불만은 집단 밖의 것을 공격함으로 나타나는데 이것이 권력의 헌신으로 복종하는 형태로 각 성원들의 동일성을 유지시키는 경향을 갖게 된다.

### 권한
조직규범에 의해 그 정당성이 승인된 권력을 말하며, 권위와 유사한 개념으로 사용 된다. 권한은 역할담당자들의 관계를 설정하는 변수로 분화된 조직단위와 역할들을 얽매어 안정된 질서를 유지하게 해주며, 그것이 행사되는 상대방의 복종을 요구할 수 있는 속성을 지닌다. 행정법규에 규정된 권한은 행정기관이 법률상 유효하게 국가 또는 공공단체의 행위를 할 수 있는 범위를 말한다. 권한에는 지역·사항·인적 범위 등과 관련하여 일정한 한계가 있으며, 권한을 벗어나는 행정행위는 하자(瑕疵)있는 행위로 효력을 발생하지 못한다.

### 권한대행
공법상으로 국가기관 또는 국가기관 구성원의 권한을 다른 국가기관 또는 국가기관의 구성원이 대행하는 것을 말한다. 대통령이 궐위되거나 사고로 직무를 수행할 수 없을 때에는, 국무총리 및 법률에 정한 국무위원의 순위로 그 권한을 대행하게 된다.

### 권한의 대리
관청의 권한의 전부 또는 일부를 그 보조기관이나 다른 관청이 피대리 관청(被代理官廳)의 대리인으로서 행사하여 그 대리인의 행위가 피대리관청의 행위로서의 효력을 발생하는 것을 말한다. 관청의 권한 그 자체를 다른 기관에 위양(委讓)하는 권한의 위임 및 관청의 보조기관이 그 관청의 이름으로 단지 사실상 그 관청의 권한을 대리행사하는 위임전결(委任專決)과 각각 구별된다. 관청의 대리는 발생원인에 따라 법정대리(法定代理)와 임의대리(任意代理)로 구분되며, 전자는 다시 보충대리(補充代理)와 지정대리(指定代理)로 나뉜다.

### 권한의 위임(delegation of authority)
법령상의 권한의 일부를 하급관청 등 다른 기관이나 자연인에 위임하는 것을 말한다. 권한이 위임되면 위임관청은 수임(受任)기관의 행위에 관해 책임을 지지 아니한다. 권한의 위임은 권한 자체가 이양되고 법적 근거를 요하며, 일반적으로 수임관청이 하급관청인 점 등에서 권한의 대리와 다르다.

### 귀납(induction)
연역에 반대하는 말이다. 정식으로는 귀납적 추리(inductiveinference, i. syllogism)라고 불린다. 개개의 특수한 사실로부터 일반적 결론을 이끌어내는 추리이다. 귀납적 추리는 아리스토텔레스이후 인정되어 왔던 추리 형식인데, 중세 말에 이르기까지 연역보다 가치가 떨어지는 것으로 생각되었다. 과학 연구에서의 귀납의 의의와 가치가 명백해진 것은 근세가 되면서부터, 특히 갈릴레이나 베이컨 이래의 일이다. 이 추리를 삼단논법의 형식으로 나타내면, 〈M1, M2, M3, …는 P이다(지구·수성·화성 등은 구형(求刑)이다). M1, M2, M3, …은 S이다(지구·수성·화성 등은 유성이다). 그러므로 모든 S는 P이다(모든 유성은 구형이다)라는 전칭적인 형이 된다. 이 형식의 삼단논법은 특칭적인 결론밖에 내지 못하므로, 위의 추리는 형식으로는 오류이다. 그러나 M1, M2, M3 등이 S의 외연의 전부를 포함하는(지구·화성 등이 유성의 전부로서 열거되는) 경우에는 이 추리는 옳다. 이와 같은 경우의 추리를 완전 귀납(perfect induction)이라고 한다. 이것은 이미 알고 있는 지식을 일괄하는 점에서 의미가 있지만 귀납의 본래의 의의는 이미 알고 있는 비교적 소수의 사례로부터 일반적 결론을 도출하는데 있다. 따라서 M1, M2, M3 등이 S의 전부를 열거하지 않는 경우, 즉 불완전 귀납(imperfect induction)이 중요하다. 불완전 귀납에 의한 결론은 개연적인 것이지만 표면적으로 일치하는 성질을 가지는 몇 개의 사례를 열거하여 일반적 결론을 도출하는 단순 열거에 의한 귀납((라)inductio perenumerationem simplicem)은 오류에 빠질 위험이 많고, 하나라도 그것과 모순되는 사례가 발견하면 반박받는다. 과학 연구에서 불완전 귀납을 사용하기 위해서는 사물의 본질적인 성질이나 연관(인과관계 및 기타)을 파악하지 않으면 안된다. 그렇게 함으로써 비교적 소수의 사례로부터 일반적 결론을 도출할 수 있다. J, S 밀은 귀납적으로 인과관계를 확립하기 위한 다섯 가지의 연구법을 제시하고 있다(귀납법). 불완전 귀납이 가능하게 되는 것은 자연히 법칙적인 연관이 보편적으로 지배하고 있기 때문이다. 밀은 귀납의 근본 전제로서 〈자연의 균일성〉을 가정했다. 귀납의 경우 빠지기 쉬운 허위는 관찰의 불충분과 경솔한 개괄에 기인하는 것이다.

### 귀납법(inductive method)

귀납에 의한 과학적 연구법을 말한다. 특히 사물 사이의 인과관계를 확정하는 연구법으로 이것은 이미 F. 베이컨에 의해 그 윤곽이 제시되었는데, J. S. 밀이 과학 연구에서 행해지고 있는 주요한 귀납법을 다섯 가지로 분류한 것은 유명하다. ①일치법(method of agreement) : 연구하고자 하는 현상에 발생하는 몇 개의 사례의 전부에 공통적인 어떤 유일한 사정이 있으며, 이것은 그 현상의 원인 또는 결과이다. 이것은 인과관계를 암시하는 예비적인 방법이다. ②차이법(method of difference) : 연구하고자 하는 현상이 일어나는 사례와 일어나지 않는 사례에 있어서, 전자에 나타나고 있는 하나의 사정을 제외한 그 밖의 모든 사정이 공통적인 경우, 그 하나의 사정이 그 현상의 원인 또는 결과이다. 이것은 일치법에서 암시된 인과관계를 실험적으로 확정하는데 도움이 되는 방법이다. ③일치 차이 병용법(joint method of agreement and difference) : 어떤 현상이 일어나는 몇 개의 사례에 있어서는 유일한 사정이 공통이며, 그 현상이 일어나지 않는 몇 개의 사례에서는 그 사정이 존재하지 않는다는 것 이외에는 공통점이 없는 경우에, 그 사정이 그 현상의 원인 또는 결과이다. 이것은 일치법을 적극적 및 소극적 양면으로부터 이용한 것이라고 볼 수 있다. ④잉여법(method of residues) : 어떤 복잡한 현상 A가 다른 복잡한 현상 B의 결과라는 것이 알려져 있고, 더욱이 B의 한 부분인 b가 A의 일부인 a의 원인이라는 것이 알려져 있는 경우, A에서 a를 빼고 난 나머지는 B에서 b를 뺀 나머지의 결과이다. 이 방법을 조금 변경하여 응용한다면, 어떤 복잡한 현상에 이미 알려져 있는 원인의 결과로서 설명할 수 없는 부분이 남아 있는 경우, 그것에 대한 미지의 원인을 암시하는데 도움이 된다(해왕성의 발견은 이 방법으로 행해졌다). ⑤공변법(method of concomitant variations) : 어떤 현상이 일정한 방식으로 변화함에 따라 다른 현상도 또 일정한 방식으로 변화한다고 하면, 향자는 인과관계를 가지든가, 또는 공통의 원인의 결과이다. ④, ⑤는 양적 관계의 연구에 적합하다.

### 귀납적 방법

개별 사례에 관한 관찰을 총괄하여 그 공통된 성질을 일반명제로 확립하는 추리, 즉 특수사실로부터 일반적 주장을 끌어내는 추리를 말한다. 보편적 법칙 또는 일반적 주장에서부터 특수적 법칙 또는 주장을 끌어내는 연역적 방법(deductive method)과 대비된다.

### 귀납적 추론

기지의 지식이나 데이터를 많이 모아, 그들 사이에 성립되는 일반적 성질을 찾아내 공통의 모델을 작성, 새로운 지식을 도출하는 방법. 좁은 뜻으로는 모델추론이라고도 불린다. 이미 아는 지식으로부터 3단논법 등의 추론규칙을 사용해 연역적으로 도출하는 방법과는 반대된다. A.골드가 귀납적 추론이 가능하면 유한시간내에서 귀납적 추론을 할 수 있는 귀납적 추론기계가 존재한다고 주장했다. 이를 실현하기 위해 추측(conjecture)과 반박(refutation)으로 이루어지는 K.포퍼의 방법이 알려져 있다. 또 E.샤필로는 포퍼의 방법을 써서 PROLOG 프로그램의 귀납적 추론에 의한 자동생성을 실현하고, 컴퓨터 상으로 귀납적 추론이 가능하다는 것을 실례로 제시했다.

### 귀농

농촌을 떠나 제2차 · 제3차 산업에 취업했던 사람이 농업에 환류하거나 환류시키는 것을 말한다. 일반적으로 불황으로 인해 실업한 노동력의 환류나 고령화로 퇴직한 자의 농촌복귀 등이다.

### 귀속계산

국민소득 계정에서 국민소득은 재화와 용역의 거래에 따라 발생하는 부가가치를 추계한 것이다. 거래는 대부분 시장을 통해서 이루어지는 것이 보통이나 경제활동 중에는 시장거래로 표면화되지는 않지만 국민 소득에 포함시켜야 할 것들이 많이 있다. 이와 같이 실제 발생하지 않은 것을 발생했을때의 가치액으로 추정하여 계상하는 것을 귀속계산이라 한다. 자기소유주택의 임대료, 자가소비 농산물, 피고용자에 대한 현물급여, 귀속이자, 귀속임대료 등이 그 예이다.

### 귀속서비스

국민경제 계산상의 개념. 귀속계산이라고도 한다. 어떤 서비스를 제공하거나 누릴 때에 실제로는 그 대가에 관한 화폐적 수불이 없었음에도 불구하고 그것이 마치 행해졌던 것처럼 의제하여 계산하는 서비스를 말한다. 국민경제 계산상 자기소유의 주택서비스, 금융기관에 귀속하는 서비스를 각각 귀속집세 · 귀속이자로서 국민소득에 계상한다.

### 귀속소득

화폐의 형태를 갖지 않는 소득을 말한다. 예를 들면 제공된 용역과 교환하여 수령되는 무료의 식료품, 숙박, 또는 자기의 농장에서 생산되어 자가에서 소비되는 식료품, 소유자가 집세를 물지 않고 거주하고 있는 가옥의 편익 등이다. 국가에 따라서는 귀속소득의 시장가치를 산정하여 그 것을 국가소득계정에 산입하는 나라도 있으며 나아가서는 앞에서 말한 항목외에 다른 종류의 항목을 포함시키고 있는 국가도 있다.

## 귀속이론
오스트리아학파에서 창안된 전형적인 기능적 분배론이다. 귀속이라는 것은 사회의 생산물이 그 생산에 참가한 생산요소들 사이에 그 가치대로 남김없이 분배되는 것을 말한다. 따라서 이 이론은 개개의 생산요소의 가치 또는 가격의 결정을 설명하려는 것이다. 처음에는 Menger, C., Bo - hmBawerk, E.v., Wieser, F.v.에 의해 전개되었으며, Wicksteed, P.H., Walras, L. 등을 거쳐 Wicksell, k.에 이르러, 한계생산력설에 오일러정리를 원용하게 됨으로써 완성되었다.

## 규모의 경제(economic of scale)
늘어난 산출량보다 비율적으로 더 적게 늘어나는 특정 서비스의 제공비용에 대한 경향을 의미한다. 예로 어떤 상황에서는 사회사업기관의 예산은 단지 2배로 늘었지만 서비스의 산출량은 3배로 할 수 있을 것이다.

## 규모의 비경제
모든 생산요소를 똑같은 비율로 변동시킬 때, 총생산량이 생산요소의 증가율보다 더 작은 비율로 증가하는 현상을 말한다. 이를 규모에 대한 보수감소(decreasing returns to scale)라고도 부른다.

## 규범
간단한 사실에 대해 우리들이 이것은 올바르다든가, 좋다든가, 아름답다든가 하는 평가를 할 때의 평가 기준이다. 따라서 그와 같은 것을 만들기 위해서도 따라야 할 척도이다. 규범을 취급하는 학문은 규범학(normative science)으로서, 논리학·윤리학·미학 등을 이 이름으로 부르는 사람도 있다. 당위로서의 규범은 단지 〈존재〉로부터 구별되는 것에 그치지 않고 사회적 인간으로부터도 분리되어, 독자의 초월적이고 선험적인 가치의 세계에서 유래한다고 생각되고 있다. 확실히 규범은 개인의 자의 이상의 것이지만, 그것은 인식에 있어서는 존재와 의식과의 관계로부터, 도덕에 있어서는 인간의 사회생활로부터 생기는 것이며, 인간은 필요로 하는 것을 경험 속에서 골라내어, 이것에 의해서 자기의 활동을 규율하는 것에 지나지 않는다.

## 규범경제학
가치판단에 의해 어떤 경제상태는 바람직하고 어떤 경제상태는 바람직하지 못하다는 것을 설명하는 지식체로서 무엇을 행하여야 할 것인가를 지시하는 것이다. 가령 포트폴리오 이론은 규범경제학에 속한다.

## 규범과학(normative science)
경험적인 사상(事象)을 대상으로 하는 경험과학에 대립되는 것으로, 그 학문적 태도가 사실에 대한 관찰보다는 기본적인 가 치태도에 의해 규정되는 학문을 말한다. 미학과 윤리학이 이 범주에 속한다.

## 규범적 권한(normative authority)
애정·인격존중·신망·사명 등 상징적 내 지 도덕적 가치를 바탕으로 하는 권한을 말한다. 조직관리자가 이러한 규범적 권한을 행사할 경우 부하들은 조직이 부여하는 임무와 자신이 맡은 일을 가치있는 것으로 인식하고 조직의 요구에 순응하는 태도를 가지는 도덕적 복종(moral compliance)을 나타내게 된다.

## 규범적 조직(normative organization)
애정·인격존중·신망·사명 등 규범적 수단에 기초를 둔 규범적 권한과 도덕적 관여가 부합된, 종교단체·이념정당·대학 등의 조직유형을 말한다. A. Etzioni는 복종의 구조(compliance structure)를 기준으로 하여 조직을 이같은 규범적 조직과 강압적 권한의 사용과 굴종적인 복종이 부합되어 있는 강압적 조직과 공리적 권한과 타산적 복종이 부합되어 있는 공리적 조직의 세 가지로 나누었다.

## 규범적 지향(normative orientation)
어떤 바람직하다고 믿는 기준에 따라 '있어야 할' 이상적인 질서를 추구하는 연구지향을 말한다. 행정을 통해 달성하려고 하는 궁극적 목표와 행정과정 속에 스며있는 가치의 문제를 다루는 행정철학이 여기에 속한다.

## 규제실명제
행정규제 완화를 목적으로 규제를 새롭게 만든 공무원의 이름을 명기하는 제도. 1996년 1월 경제장관회의에서 상장주식의 대량보유상황 공시의무를 강화하는 내용의 증권 거래법 시행령을 개정하면서 이를 처음으로 실시했다.

## 규제약물(controlled substances)
약물남용과 중독 가능성 때문에 사용이 제한되어왔고 또 엄격히 규제되거나 법으로 금지된 약이다. 이러한 종류의 약물로는 마리화나, 마취제, 흥분제, 진정제, 환각제가 있다.

## 규제완화(deregulation)
정부의 간섭과 통제하에 놓여 있던 영역을 민간부문 즉 시장경제에 맡기는 것을 의미한다. 1970년대 중반 이후 전세계적으로 규제완화가 주요한 정책이슈로 등장하게 된 배경은 정부의 시장개입이 경제의 효율성과 활력을 위축시킬 뿐만 아니라 새로운 산업의 성장을 가로막는 주요 요인이 된다는 신자유주의(neo - liberalism) 사상의 확산과 국가간 경쟁이 치열해지고 다국적 기업에 의한 해외 투자 활동이 증대됨에 따라 상호주의(reciprocity)에 입각한 시장개방 압력이 강화된 데 있다.

### 규제정책(regulatory policy)

공공목적의 달성을 위해 특정한 개인, 기업체, 조직에 제재나 통제 및 제한을 가하는 정책을 말한다. 환경오염과 관련된 규제, 독과점 규제, 공공요금 규제, 기업활동 규제 등의 정책이 여기에 속한다. 규제 장치로는 ①활동 기준 설정, ②인가, 허가, ③재정통제, ④검열, 감사, ⑤가격, 생산량 통제, ⑥지시, 명령, ⑦조직, 인사 관여 등 여러 가지가 있다. 이러한 규제정책은 다수의 경쟁자 중에서 특정한 개인이나 집단에게 이권이 걸려 있는 서비스나 물품을 제공하면서 이들에게 특별한 규제장치를 부여하는 경쟁적 규제정책과 다수의 일반 국민을 보호하기 위해 일부 사람들의 행동을 규제하는 보호적 규제정책, 그리고 규제 대상자 또는 집단에게 그 소속의 활동에 대해 스스로 규제기준을 설정하고 그 집행까지도 위임하는 자율 규제정책으로 나누어 볼 수 있다.

### 규제행정

법령에 근거해 국가나 지방자치단체가 국민의 행위, 불행위 그 밖의 생활관계에 관해 그 권리나 자유를 제한하는 행정을 말하며 통제 급여행정과 대비되어 쓰여진다. 동의어로서 역해행정, 질서행정이 있다.

### 규준집단(norm group)

표준화 검사를 제작함에 있어서 규준의 설정을 위하여 사용되는 집단을 말한다. 규준을 설정하기 위하여서는 전집을 대표할 수 있는 많은 표본 집단을 선정하고, 이들에게 검사를 실시하여 나타난 점수를 통계적으로 처리하여 변환점수로 만든다. 이 변환점수가 곧 규준이 된다. 각 개인은 이와 같은 규준집단에서 얻은 점수에 비추어 보아 자기가 어떤 위치에 있는지를 알 수 있으며 또 여러 검사에서 얻은 점수들을 직접 비교할 수 있다.

### 규칙(rule) 01

일반 용어로는 준거하여야 할 표준으로 정의될 수 있으나, 행정용어로서의 규칙은 법규의 성질을 갖느냐에 따라 다양한 의미를 지닌다. ①행정기관 내부의 사항을 규율하기 위한 일반적 규범으로서의 규칙은 법규의 성질을 갖지 않는다. ②국가기관이 제정하는 성문법(成文法) 중의 규칙, 또는 헌법에서 특별한 기관에 규칙제정권을 인정하는 경우의 규칙은 법규의 성질을 갖는다. 국회의 의사 및 내부규율에 관한 규칙, 대법원의 소송절차, 법원의 내부규율에 관한 규칙 등이 여기에 속한다. ③그밖에 자치단체의 장이 법령 또는 조례가 위임한 범위 내에서 그 권한에 속하는 사무에 대해 제정하는 자치입법의 하나로서의 규

칙이 있다.

### 규칙 02

규칙이란 생활·실천·인식 등을 잘하기 위해서 따르지 않으면 안되는 일정한 방식이며, 또 그것을 명확히 표현한 것이다. 그러나 그것은 당연히 지켜지지 않을 수도 있다. 여기서 객관적 사상에 있어서도, 예외를 허용하는 것과 같은 일의성이 규칙이라고 불리어진다. 그것은 다양한 현상 속에서 외면적으로 관찰되는 일의성으로서 내면적인 의미에서의 법칙과는 구별된다.

### 규칙제정권(rule making power)

의회의 법률제정권·내각의 명령제정권의 예외로서, 법규이지만 규칙이라는 명칭을 가진 특수한 법형식을 개별 기관이 제정할 수 있는 권한을 말한다. 현행법상 헌법이 인정하는 규칙제정권으로서는 국회의 의사 및 내부규율에 관한 규칙, 대법원의 소송절차, 법원의 내부규율에 관한 규칙의 제정권 등이 있다.

### 규폐

광산 등과 같이 공기의 유통이 나쁜 곳에서 암석채굴작업에 종사하는 사람에게 생기는 직업병의 일종이다. 우리나라에서도 강원도지역 등 광산촌의 탄광 근로자들이 광물성분진을 다수 흡입하여 규폐 혹은 진폐 환자가 많이 발생하고 있어 근로복지공단 산하 동해병원에 규폐센터를 설치 운영하고 있다.

### 규폐증(silicosis)

공기중에 섞여 있는 유리규산 $SiO_2$의 미세분말을 오랫동안 마심으로서 나타나는 만성폐질환이다. 규산 분진을 많이 발생시키는 채광업, 채석업, 요법, 연마업, 야금업, 규산화학공업에 종사하는 사람에게 잘 나타나는 직업병으로서 경도발진 정도의 규산분진 속에 노출될 경우 발병까지는 15−20년이 걸리지만 규산분진의 농도가 높아지면 그 기간은 더 빨라진다. 폐로 흡인된 규산분진은 폐조직에 둥글고 단단한 2−4mm 때로는 6mm의 섬유성 결절과 반혼을 폐전반에 걸쳐 형성하는데 대체로 폐의 상엽과 오른쪽폐의 중엽에 더 많은 결절이 생기는 경향이 있고 폐결핵과 합병될 때가 많다. 일반적으로 자각증세는 없고 증세는 1−4도로 분류되는데 초기에는 운동시 호흡장애를 가져오고 진행될수록 기침, 담이 나오고 피부가 검푸르고 호흡장애를 일으킨다. 진단은 직력조사, ×선 검사, 폐기능 검사 등에 의해 정확히 진단될 수 있다. 특수한 치료방법은 따로 없고 환자를 분진작업장에서 떠나게 하고 만성 기관지염이나 폐기종 등의 치료법에 따른다.

### 균일제(flat rate scheme)

사회보장 특히 사회보험에 있어서 급여나 기여 피보험자

의 소득에 관계없이 균일액으로 하는 것을 말한다. 비버리지의 사회보장계획은 균일기여, 균일급여의 원칙에 근거해서 설계되었다. 균일제는 모든 사람에게 최저 생활수준을 보장할 것과 평등주의를 근거로 하고 있다. 각국의 사회보험은 점차 균일제에서 소득비례제로 옮겨가는 경향이 있다.

## 균형(equilibrium)

①꼿꼿한 자세를 유지하는 것. 속도의 변화에서의 균형은 평형석(statolith)에 의해서, 원운동을 했을 때에 균형은 속귀의 세반고리관에 의해서 이루어진다. 균형감각은 의식의 영향을 받지 않고 의식과는 무관하게 작용한다. ②신체의 각 부분의 힘이나 긴장상태가 다른 부분들과 조화를 이루는 상태를 말한다. 많은 동기이론에서 동기의 근원은 기존의 조화를 파괴하려는 경향을 갖고 있으며 다시 그 조화를 회복하려는 행위를 하게 된다고 상정한다. 균형이란 이 경우의 조화와 같은 의미이다. 균형은 여러 가지 다양한 상황에 적용될 수 있는 추상적인 개념이다. 가령 정신분석학, 캐논(W. B. Cannon)의 균형유지성의 개념, 코퍼(C. B. Cofer), 애플리(M. H. Appley)의 동기이론 등에서 사용되고 있다. ③피아제(J. Piaget)의 인지 발달이론에서 사용되는 개념으로서 어린이가 동화(Assimilation) 또는 조절(Accommo - dation)을 통해서 자신의 인지구조를 현실에 적응시켜 나아가는 과정. 어린이의 인지발달은 균형화(equilibration)의 과정으로서 그 과정은 다음과 같다. ①낮은 수준의 인지적 균형 상태에서 ②모순, 불일치, 조절 불가능한 자료에 접하여 인지적 불균형 또는 갈등을 겪고 나서 ③인지적 불균형을 해소하는 더 높은 수준의 인지적 균형 상태를 나아간다. 따라서 균형은 계속적으로 자기 통제적인 과정이다.

## 균형예산(balanced budget) 01

세입과 세출이 균형을 이루는 예산. 균형재정이라고도 하는데 재정에 중점을 두는 경우 이렇게 부른다. 세입보다 세출이 많은 예산은 적자 예산이라하고 반대로 세입이 많은 경우는 흑자예산이나 초균형예산이라고 한다. 정부는 보통 나라의 한해 살림살이인 예산을 짤때 〈세입내 세출〉을 원칙으로 한다. 즉 한해동안 거둬들일 세금 범위 내에서만 정부 지출 규모를 정한다는 얘기다. 그러나 재정을 운용하다보면 세입보다 정부 지출이 많아 적자를 내거나 예상보다 세금을 더 많이 거둬 흑자를 내기도 한다. 물론 세입내 세출 원칙하에서의 균형예산이 가장 바람직하긴 하지만 이를 달성하기란 말처럼 쉽지 않다.

## 균형예산 02

정부의 조세 및 경상수입으로 정부의 지출을 메꾸어 수입과 지출이 전체적으로 균형되어 있는 예산을 말한다. 우리나라의 예산회계법은 국가의 세출은 국채 또는 차입금

이외의 세입으로서 그 재원으로 삼아야 한다고 규정하여 균형예산의 원칙을 내세우고 있으나, 단서에서 부득이한 경우에는 국회의 의결을 얻은 금액의 범위 내에서 국채 또는 차입금으로 세입을 충당할 수 있다고 규정하고 있다. 이 단서의 규정에 의거하여 일반회계예산은 거의 매년 적자예산을 기록하고 있다.

## 균형이론

일반균형이론과 부분균형이론이 있다. 일반균형이론은 왈라스에 의해 이론화된 것으로 개인, 기업체 등의 경제주체가 각각 효용극대화(개인은 효용의 극대화, 기업은 이윤의 극대화) 행동을 하면 생산물 및 생산요소의 수요와 공급이 일치된다는 조건 아래서 모든 경제변수의 값이 일의적으로 정해진다는 것이다. 즉 경제체계는 전체로써 조화가 유지되고 각 경제변수는 서로 관련되어 있다는 것이다. 이러한 견해에 따르면 경제체계가 하나의 연립방정식으로 표시된다. 이와 같은 체계를 가정함으로써 경제의 제측면이 분석된다. 일반적인 매크로경제모델이나 산업연관분석이 그 대표적인 예이다. 한편 부분균형이론은 각각의 생산물 또는 생산 요소의 균형에 주목한 것이며, 이 경우 다른 조건은 일정하게 보고 분석 한다.

## 균형재정

세출과 세입의 균형이 취해져 있는 재정. 균형예산과 동의어인데, 재정에 중점을 두는 경우 균형재정이라 한다. 세출 쪽이 많은 재정을 적자재정, 반대로 세입쪽이 많은 재정을 흑자재정 또는 초균형재정이라 부른다.

## 그레이 컬러

컴퓨터나 일반 전자장비 관계의 일 또는 오토메이션 장치의 감시 · 정비 등에 종사하는 근로자들의 호칭.

## 그레이 팬서(Gray Panthers)

노인의 사회적, 경제적 욕구를 대신하여 일하기 위해 1970년에 설립한 옹호집단이다. 이 집단의 주요 활동은 노인에게 영향을 미치는 주와 국가의 법률 및 법률 이행을 감시하는 활동에 두고 있다.

## 그룹 다이내믹스

집단역학. 인간의 집단(group)이 지니고 있는 역학적(dynamic)인 성질을 분명히 하고 이를 통제하여 계획적으로 변동시켜서 그 집단의 생산성을 높이는 기술을 체계화한 것이다. 직장 등의 불화나 문제점을 해결하는 수단으로 쓰인다.

## 그룹 홈(group home system) 01

사회생활에 적응하기 힘든 장애인이나 노숙자 등이 자립할 때까지 소규모 시설에서 공동으로 생활할 수 있게 하

는 제도이다. 그룹 홈은 소규모 시설 또는 장애인이 공동으로 생활하는 가정을 뜻한다. 사회생활에 적응하기 어려운 아동, 청소년, 노인들을 각각 소수의 그룹으로 묶어 가족적인 보호를 통해 지역사회에 적응할 수 있도록 도와주는 프로그램이나 제도를 일컫는다. 학교생활의 적응도가 낮아 어려움을 겪는 아동, 가정과 사회생활에 적응하지 못하는 청소년, 정신적, 신체적으로 장애가 있어 타인의 도움을 필요로 하는 노인, 실업 등으로 인해 발생하는 노숙자 등이 주요 대상이다. 각 그룹 홈은 별개의 시설로 운영되며, 최종 목적은 입주자들의 자립과 사회적인 통합이다. 전문 지도교사는 미리 짜여진 프로그램에 따라 가족적인 환경 속에서 독립적인 생활기술을 습득시키고, 장애정도에 따라 개개인의 잠재능력을 높일 수 있도록 돕는 역할을 한다. 선진국에서는 1960년대부터 일반화되었으나, 한국에는 1990년대 중반에 도입되었다. 자치단체들을 중심으로 그룹 홈이 권장되고는 있지만, 활발하지는 않다. 그룹 홈의 장점은 열등의식이 없어지고, 성격이 밝아지며, 여러 가지 능력이 향상되고, 부모나 형제들도 부담 없이 자기 생활을 할 수 있다는 점 등이다. 문제점으로는 개별화된 서비스 및 지역사회 통합 프로그램, 홍보와 지원기관, 전문 인력 등의 부족과 운영시설의 제한성 등이 지적된다.

### 그룹 홈(group home) 02
대규모 수용시설을 중심으로 실시되었던 기존의 장애인 거주 프로그램에 대한 비판으로, 정상화 원리(normalization)에 입각하여 새롭게 형성된 장애인 거주 프로그램이다. 그룹 홈은 장애인의 가치회복과 일탈 방지를 위하여 보다 쉽게 지역사회에 통합될 수 있도록 물리적 환경을 제공하는 프로그램이다. 그룹 홈은 장애인의 가치회복과 일탈 방지를 위하여 보다 쉽게 지역사회에 통합될 수 있도록 물리적 환경을 제공하는 프로그램으로, 장소는 지역사회 내에 존재할 것, 일반 가정과 유사한 규모와 형태를 갖출 것, 이용자는 모두 낮 동안에 일정한 직장이나 시설의 프로그램에 소속되어 있을 것, 지역사회에 접근이 용이하도록 교통이 편리할 것 등의 조건이 갖추어져 있어야 한다.

### 그룹 홈제
장애인들을 아파트, 연립주택, 단독주택등 독립가옥에 소규모로 집단수용, 사회 자립능력을 기를 수 있도록 사회복지요원의 지도를 받게 하는 것. 집단수용된 정신지체자 등 장애인들은 사회복지요원의 도움을 받아 대인관계, 금전관계, 건강관리 등의 사회적응훈련을 받는다. 미국에서는 70년대에, 일본은 88년부터 시행하고 있다.

### 그룹워크 기록(group work recording)
집단사회사업의 원조과정을 명시하는 기록으로 회합마다의 기록은 통계 자료적 부문, 처우과정, 사회사업가의 명령 등 세 부분을 포함하는 것이 보통이다. 통계적 자료로서 최소한 필요한 항목은 기입란을 사전에 한 장의 기록용지에 인쇄하여 두는 것이 좋다. 처우과정에 있어서 구성원이나 집단 상태는 시간경과에 따라 기술하는 것이 기본이며, 구성원 상호간 또는 사회사업가에 대한 반응, 사회사업가 자신의 판단이 구성원에게 미친 영향을 쓴다. 집단전체의 움직임이나 개인의 변화는 체크 리스트 관찰표를 사용하여 기록하기도 한다. 또 명령부분에는 회합에 대한 사회사업가의 평가, 특정인의 행동에 대한 사회사업가의 관찰이나 이견을 기록하여 둔다.

### 그룹워크의 기술(skill of group work)
원조가 순서 있게 전개되는 과정 중 필요로 하는 과정적 기술과 그 같은 과정기반을 일괄해서 필요로 하는 사회사업가의 전달기술이다. 그룹사회사업가의 원조적 과정은 일반적으로 대상자 선정, 원조문제나 직업과제의 명확화, 원조계획 책정, 개시·작업·종결기에 있어서 구성원 개인과 집단전체에 대한 원조, 성과의 평가, 서비스종결이라고 하는 일련의 과정으로 된다. 각 단계에서 사회사업가는 항상 자기행위의 원조적 목적을 인식하여 행동해야 하는데 이 실행능력이 기술이다.

### 그룹워크의 분야(field of group work)
그룹워크는 사회사업가의 주요한 방법의 하나로 모든 사회복지 및 관련분야에 활용되고 있다. 즉 심신장애인, 비행, 범죄자, 노인 기타 재활을 필요로 하는 자들에 대해 그룹워크방법이 사용되어 왔다. 프로그램도 레크레이션을 부각시켜 인간관계 훈련, 작업, 자원봉사 등의 사회참가활동, 사회적 행동 등 다양한 범주를 보이고 있다. 의료·보건·교육·산업 등의 분야에서 그룹워크는 다직종 간의 팀워크 체제 내에서 진전시키기 않으면 안되기 때문에 그룹워크 개념의 보급과 원조 기술의 근로여성복지 발달이 더욱 큰 과제로 되고 있다.

### 그룹워크의 사회자원(social resource of group work)
사회자원이란 사회복지사업의 실시에 있어 활용 가능한 인적, 물적, 제도적 자원의 총칭으로 각종 법률, 시설, 기관, 단체, 설비, 자금, 전문가, 자원봉사자, 시민의 이해 등 유형·무형의 자원이 포함된다. 즉 그룹워크의 활동내용을 풍부히 하고 효과적 원조를 하기 위해 당해 기관, 시설의 대외에 있는 사회자원이 활용된다. 기관시설의 사회자원으로서는 그룹을 원조하고 협력하여 주는 전문적 지식·기술을 가진 사람, 자원봉사자활동이 행해지는 시설과 활동을 뒷받침하는 자금 등이 해당된다. 이러한 사회자원을 최대한 활용하기 위하여 광범위한 지식을 갖추고 새로운 것을 개발하여 가는 것이 필요하다.

## 그린닥터스(green doctors)

국제적 재난지역과 국가재해나 대형인명사고 등 응급의료구호체계가 시급히 필요한 곳이나 의료시설이 부족한 곳에 정치, 인종, 국가를 뛰어넘어 범 인류의 건강 행복을 위하여 의료인을 긴급 파견하여 구제활동사업을 목적으로 2003년 설립된 전 세계적인 민간구호단체이다. 부산에 본부가 있고, 개성공단에서 무료로 진료활동을 하고 있다.

## 그린라이닝(greenlining)

동등한 대여의 기회를 제공하지 않거나 적색지대(대부의 제공에서 어떤 지역주민을 제외하는 것)를 행하는 은행으로부터 그들의 자금을 회수하기 위하여 근린지역의 거주자들을 동원하는, 지역사회 조직가가 활용하는 하나의 전법이다.

## 그린마크

그린마크는 음란 도박 사이버테러 등 불건전정보를 배제한 사이트에 대해 정보통신부가 부여하기로 한 마크다. '그린'이라 칭한 것은 때묻지 않은 '초록' 색이라는 의미에서 붙인 이름. 이 마크를 받으려면 일단 음란 도박 사이버테러 등을 막을 수 있는 소프트웨어를 갖추고 있어야 한다. 또 콘텐츠 자체가 불건전정보를 담고 있지 않아야 한다.

## 그린 비즈니스

녹화산업. 즉 공해나 개발 등으로 잃어가고 있는 〈녹지〉를 되살리려는 산업. 사업내용으로서는 산의 나무를 수요지 근처에 있는 육묘기지에 옮기고 성목을 만들어 판매한다. 환경녹화의 설계 컨설턴트까지 도맡아서 취급하는 기업도 있다.

## 그린 · 옐로우카드제

민원인이 공무원의 업무처리 과정을 지켜본 뒤 친절하고 성실하다고 생각되면 그린카드에 추천하고 태만하거나 불친절하다고 생각되면 옐로우카드에 공무원을 고발하는 제도.

## 그린마트

음란, 도박, 사이버테러 등 불건전정보를 배제한 사이트에 대해 정보통 신부가 부여하기로 한 마크. 그린이라 한 것은 때묻지 않은 순수한 초록색이란 의미다. 이 마크를 받으려면 일단 음란, 도박, 사이버테러 등을 막을 수 있는 소프트웨어를 갖추고 있어야 한다. 또 콘텐츠 자체가 불건전 정보를 담고 있지 않아야 한다.

## 그린타이

〈녹색의 유대〉란 뜻으로 지구온난화방지기구. 지구온난화 억제와 결정 적 관계가 있는 에너지절약기술 등 일련의 첨단기술을 일괄 관리하기 위한 기관이다. 우리나라를 비롯 선진 정상회담 6개국 등 14개국과 국제 에너지기구(IEA) · 경제협력개발기구(OECD) 등이 참가, 93년 7월 신설되었다.

## 그린피스(green peace)

국제적인 자연보호단체이다. 남태평양 폴리네시아에서의 프랑스의 핵실험에 항의하기 위한 선박을 출항시킨 운동을 계기로 1970년에 조직되었다. 네덜란드의 암스테르담에 본부를 두고 있으며 회원은 유럽 각국 외에 미국 캐나다 오스트레일리아 뉴질랜드 등이 중심이다. 운동의 중심은 핵문제와 멸종의 위기에 처한 야생동물의 보호이다. 핵문제에서는 원 · 수폭 반대뿐 아니라 원자력발전의 반대, 핵폐기물 처리 관계 등에 걸쳐 폭넓은 활동을 벌이고 있다.

## 그림지능검사(PTI : pictorial test of intelligence)

미국의 임상심리학자인 Joseph L. French가 제작한 그림지능 검사를 한국아동에게 사용할 수 있도록 표준화한 것이다. 만 4세부터 7세까지의 아동에게 실시할 수 있는 검사로, 어휘능력, 형태변별, 상식 및 이해, 유사성 찾기, 크기와 수개념, 회상능력 등의 6개의 소검사로 이루어져 있다. 따라서 이 소검사 프로파일에 의해 피검사자의 지적 능력 이상의 강점과 약점을 파악할 수 있다. 검사문항의 질문이 간단하고 그에 대한 응답은 손가락이나 눈짓으로 해도 되기 때문에 제시된 문제를 이해할 수 있는 아동이면 다소 언어나 동작에 장애가 있어도 검사 실시가 가능하다. 이 검사에서는 편차 지능지수와 그에 해당하는 백분위 순위를 산출할 수 있다.

## 극대원리

극대원리는 경제이론이 경제주체의 행동양식에 대해 설정하는 하나의 가정이다. 근대경제이론은 경제체제의 구조 또는 그 변동을 이론적으로 해명하기 위해서 경제주체로서의 인간을 일정형으로 규정하고 있다. 즉 근대경제이론에서 소비자로서의 경제주체는 소득액이나 소비재가격 등의 조건이 주어질 때, 소득의 배분 즉 여러 종류의 소비재에 대한 수요량을 결정함에 있어서 주어진 조건 아래 자기의 효용을 극대화하는 것을 목표로 하는 것으로 가정된다. 또 생산자로서의 경제주체는 생산요소, 생산물의 가격 및 생산기술 등의 조건이 주어질 때, 생산요소에 대한 수요량 및 생산물의 공급량을 결정함에 있어서 주어진 조건 아래서 자기의 이윤을 극대화하는 것을 목표로 하는 것으로 가정된다. 또 후생경제학에 있어서는 사회후생함수를 설정하고 정책의 목표를 이 후생의 극대화에 있다고 정하는 것이다. 이와 같은 예가 가리키는 바와 같이 근대경제이론은 경제주체의 행동원 리로서 주어진 조건

하에서의 어떤 양을 극대화한다는 원칙을 설정하고 있는
데, 이 원칙을 극대화원칙이라 부른다.

### 극렬개인주의(rugged individualism)

일련의 경제학자, 정치가 또는 철학자들이 추종하는 이데
올로기로서 욕구충족의 모든 책임은 개인에게 전가되어
야 한다는 입장이다. 이 견해에 의하면 설사 어떠한 문제
를 해결하는 과정에서 다소 어려움이 따른다 할지라도 그
것은 장래의 문제를 효과적으로 해결할 수 있는 성격을
형성시켜 주고 능력을 키워준다는 것이다.

### 근대경제학

고전학파나 마르크스 경제학과 구별하는 뜻에서 대략
1870년대 이후에 발전한 경제학의 제학설을 총칭한 것.
그 특색은 자본주의 경제사회의 역사성과 계급구성을 문
제로 삼지 않는다는 것. 경제현상을 다른 사회현상과 분
리시켜 고찰코자 하며, 개인주의에 입각하여 있다는 것
등이다. 초기의 오스트리아학파(멩거, 뵘바베르크), 로잔
학파(왈라스, 파레토), 케임브리지학파(마셜, 피구) 등은
선택의 자유와 경쟁이 보장되어 있는 한 사회의 모든 구
성원이 극대만족을 얻을 수 있게 된다고 주장했다. 그러
나 1929년의 대공황기에 실업을 없애기 위해서는 국가의
공공 투자를 통해 유효수요를 창출하지 않으면 안된다고
주장하는 케인스가 등장, 이 이후의 경제학은 케인스의
경제이론을 발판으로 보다 현실적인 경제 분석에 필요한
이론을 보강하면서 현재에 이르고 있다.

### 근대화(modernization)

전통사회가 근대사회로 이행하는 과정, 즉 덜 발전된 국
가 또는 사회가 발전된 국가 또는 사회의 여러 특징을 획
득해가는 변화의 과정을 말한다. 이러한 변화의 특징으로
는 자립적인 경제성장, 공중의 정치적 참여, 세속적·합
리적 규범의 확산, 사회적 유동성의 증대, 근대적 퍼스널
리티로의 변화 등을 들 수 있다.

### 근로감독관

노동관계법상의 근로조건을 확보하기 위하여 노동부 및
그 소속기관에 배치된 제1선 감독관을 말한다. 근로감독
관은 서기관, 행정사무관, 행정주사, 보건기사, 화공기사,
기계기사, 행정주사보, 보건기사보, 화공기사보 또는 기
계기사보 중에서 노동부장관이 임명한다. 또 근로기준법
위반의 범죄에 대해서는 형사소송법에 규정된 사법경찰
관의 직무를 행한다. 또 근로감독관은 수비의무를 부담
한다.

### 근로계약 01

노동자가 노동력을 제공하는 대신에 자본가는 그 대가
(임금)를 지불할 것을 서로 약속하는 것을 말한다. 근로계

약은 당사자 간의 합의에 의해 성립하지만 그 내용은 근
로기준법 단체협약 취업규칙 등에 의해 일정한 구속을 받
는다. 그 내용이 위의 규정들에 위반될 때 그 부분은 무효
가 된다. 원칙적으로 근로계약은 1년을 넘는 기간을 정하
여 계약할 수 없다. 다만 일정한 사업의 완료를 기한으로
하는 경우는 예외로 인정된다. 또 근로계약의 불이행에
대한 위약금 강제저축 전차금과 임금의 상쇄를 강제하는
봉건적 착취는 법적으로 금지되어 있다. 노동자가 불리한
근로계약을 맺는 것을 막기 위해 근로계약의 내용이 모집
할 때 제시된 조건과 다르다던가 실제의 노동조건과 다를
때 노동자는 계약을 거부하거나 해약할 수 있고 귀향을
위한 비용 등 손해배상을 청구할 수 있다.

### 근로계약 02

국가의 법률에 따라 이룩되고 있다. 근로계약이 법이 정
하는 기준에 달하지 못하는 근로조건을 정한 근로계약
은 그 부분에 한하여 무효이다(근로기준법 20조). 또는
복지향상과 임금인상, 국가의 인플레 등을 감안하여 근
로계약기간을 1년 이상을 초과하지 못하도록 하였다(21
조). 사용자는 계약체결 때 근로자에 대해 임금과 근로
시간, 기타 근로조건을 명시하여야 한다(22조). 명시된
근로조건이 사실과 상위가 있을 경우에는 근로자는 근
로조건 위반으로 인한 손해의 배상을 청구할 수 있으며,
즉시 근로계약을 해제할 수 있다(23조). 또 사용자는 근
로자에 대해 정당한 이유없이 해고·휴직·정직·전
직·감봉 등을 하지 못하며, 근로자를 해고하고자 할 때
는 적어도 30일 전에 예고하여야 하고, 30일 전에 예고
하지 않았을 때는 30일분 이상의 통상임금을 지급하여
야 한다.

### 근로계약 03

근로자는 사용자에게 노동력을 제공하고, 사용자는 근로
자에게 보수의 지급을 약속하는 유상쌍무계약으로, 근로
조건이나 고용조건의 내용이 정해지는 기본계약이다. 우
리나라 실정법 상으로는 1953년 10월에 공표된 '근로기
준법'에서 처음으로 등장하였다. 그러나 민법에서는 이
미 이러한 유상쌍무계약을 '고용계약'으로 규정하고 있
다. 따라서 근로기준법 성립 이후 근로기준법의 근로계약
과 민법상의 고용계약은 병존해왔다. 그러나 근로기준법
은 근로자보호의 관점에서 계약자유의 원칙에 대폭 수정
을 가하여, 근로계약의 내용이 되는 근로조건(노동조건)
에 최저기준을 설정하고 이에 위반하는 근로계약은 무효
로 규정하고 있다. 게다가 현재는 노동관계의 태반이 근
로기준법의 적용을 받게 되어 있으므로, 고용계약에 관한
민법의 규정이 작용할 여지는 거의 없다.

### 근로권

근로권이라 함은 노동을 할 능력이 있는 자가 노동을 할

기회를 사적으로 요구할 수 있는 권리를 말한다. 실제로는 노동을 할 능력을 가지고 있으면서도 일반기업에 취업할 수 없는 자에 대해 국가 또는 공공단체가 최소한도의 보통임금으로 노동의 기회를 제공하고, 만약 그것이 불가능한 경우에는 상당한 생활비를 부여할 것을 요구하는 권리라고 할 수 있다.

## 근로기준법 01

헌법에 의해 근로조건의 기준을 정함으로써 근로자의 기본적 생활을 보장·향상시키며 균형있는 국민경제의 발전을 도모함을 목적으로 한다. 상시 5명 이상의 근로자를 사용하는 모든 사업장에 적용한다. 법정된 근로조건은 최저기준이므로 그 기준을 이유로 근로조건을 저하시킬 수 없다. 사용자는 근로자에 대해 성별, 국적, 신앙 또는 사회적 신분을 이유로 차별적 처우를 하지 못한다. 근로계약 중 법정기준에 미치지 못하는 근로조건을 정한 부분은 무효로 하며, 그 부분은 법정기준에 의한다. 사용자는 근로계약 체결시에 근로자에 대해 근로조건을 명시하여야 한다. 사용자는 근로계약 불이행에 대한 위약금 또는 손해배상액을 예정하는 계약을 체결하지 못하며, 강제저축 또는 저축금의 관리를 규정하는 계약을 체결하지 못한다. 사용자는 근로자에 대해 정당한 이유 없이 해고, 휴직, 정직, 전직, 감봉 기타 징벌을 하지 못한다. 근로자의 해고와 그 시기는 제한된다. 사용자가 긴박한 경영상의 필요에 의해 근로자를 해고하고자 하는 경우에는 해고를 피하기 위한 노력을 다하고, 합리적이고 공정한 해고의 기준을 정하여 대상자를 선정하여야 한다. 사용자는 근로자를 해고할 때에는 30일 전까지 예고를 하여야 한다. 사용자는 퇴직금을 지급할 수 있는 제도를 설정하여야 한다. 임금·퇴직금·재해보상금 기타 근로관계로 인한 채권에 대해는 우선변제가 인정된다.

## 근로기준법 02

헌법 제32조 3항에 의거하여 근로조건의 기준을 정함으로써 근로자의 기본적 생활을 보장. 향상시키며, 균형 있는 국민경제의 발전을 목적으로 제정된 법률을 말한다. 이 법률은 1953년 5월 10일 법률 제286호로 제정·공포되어 그 후 몇 차례의 개정을 거쳐 오늘에 이르고 있다. 이 법률은 총 12장과 부칙으로 되어 있다. 즉 제1장(총칙), 제2장(근로계약), 제3장(임금), 제4장(근로시간과 휴식), 제5장(여자와 소년), 제6장(안전과 보건), 제7장(기능습득), 제8장(재해보상), 제9장(취업규칙), 제10장(기숙사), 제11장(근로감독관), 제12장(벌칙)으로 되어 있다. 이 법률의 특색으로서는 통일적·총체적이라는 점. 보호의 정도가 거의 국제적 수준에 도달되어 있다는 점. 강력한 전국적 감독 기관이 설치되어 있다는 점 등을 들 수 있다. 이 법은 상시 5인 이상의 근로자를 사용하는 모든 사업 또는 사업장에 적용하고, 동거의 친족만을 사용하는 사업 또는 사업장 가사 사용인에 대해서는 적용하지 하지 않는다. 그러나 4인 이하의 근로자를 사용하는 사업과 대통령령의 규정에 따라 일부규정을 적용할 수 있다.

## 근로기준법 03

1953년 법률 268호. 헌법 32조 3항의〈근로조건의 기준은 법률로서 정한〉라는 규정에 의해 제정된 통일적인 근로보호법이다. 본 법은 근로조건의 기준을 정함으로써 근로자의 기본적 생활을 보장, 향상시키며 균형 있는 국민경제의 발전을 기함을 목적으로 한다. 본 법의 특색으로는 첫째 통일적·망라적이라는 것, 둘째 보호의 정도가 거의 국제적 수준에 이른 것, 셋째 강력한 감독기관이 존재하고, 벌칙이 비교적 무거운 것 등을 열거할 수 있다.

## 근로보호법(protective labour legislationt)

넓은 뜻에 있어서는 근로자의 보호를 목적으로 하는 법규의 전부를 말하며, 구빈법, 사회보험·실업규제 따위에 관한 법도 포함한다. 그러한 보통은 근로계약 관계에 수반하는 폐해의 제거를 목적으로 하는 법을 말한다. 이것은 근로계약의 내용에 국가가 직접 간섭하고, 최저한의 근로조건을 정하는 법이므로 계약 자유의 원칙을 제한하는 것이다. 이 뜻에 있어서의 근로보호법에는 근로기준법, 선원보험법이 있다.

## 근로복지공단

산업재해보상보험법에 의거, 근로자의 업무상 재해를 신속 공정하게 보상하고 이에 필요한 보험시설을 설치·운영하며, 재해근로자의 복지후생 사업, 중소기업근로자 복지진흥법에 의한 복지사업을 행함으로써 근로자의 복지 증진에 이바지할 목적으로 1995년 5월 설립되었다. 1963년 산업재해보상보험법이 제정 공포(법률 제1438호)되었고, 1976년 근로복지공사법이 공포(법률 제2913호)되어 1977년 6월 공단의 전신인 근로복지공사의 설립 등기(자본금 10억 원)가 완료되었다. 그 후 1978년 장성병원, 1979년 산업재활원과 창원병원을 인수, 운영하였으며, 1983년 중앙병원과 동해병원, 1984년 진폐연구소, 1985년 반월병원·순천병원·안산재활훈련원, 1987년 재활훈련센터, 1988년 정선병원, 1989년 직업병연구소를 각각 설치하였다. 1982년 12월과 1991년 1월에 근로복지공사법이 개정되어 자본금이 2,000억 원으로 늘었으며, 1995년 4월 공단의 출연기관으로 의료 및 직업재활사업을 수행하기 위해 재단법인 산재의료관리원이 설립되었다. 1995년 5월 산업재해보상보험법에 따라 공단이 설립되어 산재근로자 및 일반근로자의 복지사업을 수행하기 시작하였고, 1998년 제주청소년수련원을 운영하였다. 1998년 실업자대부사업을 시작하고, 1999년 고용보험 적용 징수업무를 이관하였으며, 2000년 산업재해보상보험(산재보험)을 5인 미만 사업장으로까지 확대 적용하였다. 이사회의 의결을 거쳐 필요한 곳에 지사 또는 출장소를 둘 수 있으며, 공단의 자본금은 전액 정부가 출자하고, 노동부의 산하 단체이므로 노동부장관은 필요한 범위에서 공단의 업무를 지도·감독한다. 조직은 이사장 밑에 4실(기획조정실, 정보시스템실, 산재심사실, 감사실), 6국(총무국, 보험 관리국, 보험 징수국, 보험 급여국, 복지 사업국, 임금 고용국), 20부가 있으며, 6개의 지역본부와 40개 지사, 2개의 훈련원이 있다. 주요 활동은 산업재해보상보험 사업, 중소기업근로자 복지사업, 실업자 생활안정지원 사업, 임금채권보장 및 고용보험 적용 징수, 종합적인 실업대책, 근로자 재활훈련 실시, 진폐연구소 및 제주청소년수련원 운영 등이다. 본부는 서울특별시 영등포구 영등포에 있다.

## 근로빈곤층(working poor)

가족 구성원 가운데 1명 이상이 취업을 해 현재 일을 하고 있음에도 불구하고 소득이 육체적 능률을 유지하는데 필요한 최소한의 생활수준인 빈곤선(貧困線)을 넘지 못하는 계층을 말한다. 분류상 생활에 꼭 필요한 필수품을 얻을 수 없어 최저 생활수준도 유지하지 못하는 절대적 빈곤층의 차상위(次上位)계층에 해당한다. 가족을 부양하는 가구원이 있어도 가난에서 벗어나지 못하는 계층, 쉽게 말해 일을 하더라도 소득이 충분하지 않아 계속 빈곤에 허덕이는 계층이 근로빈곤층이다. 경제학자들은 근로빈곤층이 생기는 가장 큰 원인으로 경기침체를 꼽는다. 즉 경기침체로 인해 안정적인 일자리가 줄어드는 대신, 임시직·일용직이 늘어나게 되면 상용직과 임시직의 임금격차가 커져 일을 해도 가난에서 벗어나지 못하는 근로빈곤층이 늘어나게 된다는 것이다. 근로빈곤층 문제를 해결하기 위한 방안으로는 크게 정부의 간접지원과 직접지원 방식 두 가지가 있다. 간접 지원의 대표적인 방식은 근로소득보전세제(EITC)를 들 수 있다. 근로빈곤층의 소득이 일정 수준에 이를 때까지 정부가 세금을 되돌려 주고, 취업할 경우 소득이 증가하도록 유도하는 방식으로, 미국·영국·뉴질랜드·호주 등이 채택하고 있다. 직접 지원 방식으로는 근로 유무와 상관없이 정부가 급여를 제공해, 모든 빈곤층의 최저 생활을 보장하는 최저소득보장제도(GI)가 가장 많이 채택되고 있다. 독일·프랑스를 비롯해 대부분의 유럽 국가들이 채택하고 있다.

## 근로생활의 질(QWL : quality of working life)

〈노동의 인간화〉라고도 하는 것으로 산업적 생산의 개시나 거기에서의 합리화의 추진과 더불어 이른바 이간소외(human alienation)의 문제가 발생하며 심각화 하는데 한편에 있어서는 합리화의 한층 더 추진이 행해지며 다른 편에서는 근로자의 인간화라는 목표도 추구되게 되며 또 복지운동이 전개된다. 인간관계론의 대두를 계기로 하여 그 제시책이 인간화라는 목표의 과정에서 실시되게 되었다. 최근에는 경제 지상주의에 대한 반성, 노동조합의 세력증대, 근로자의 사회적 성숙, 직장에서의 높아진 그들의 사회적, 인간적면에서의 제 요구 등의 관점에서 또 생산성향상성의 관점에서도 극히 커다란, 그러면서도 포괄적인 것이므로 근로자, 노동의 인간화가 추진되게 되었다. 스웨덴의 풀포의 카라마르 공장의 탈건베어, 인간중심의 공장레이 아웃은 그 전형이 될 것이다. 소시오 테크이컬(socia – technical)한 직무나 직장의 설계에서 근로자의 사회관계(이사회, 감사역회)의 참가까지 그 시책은 실로 다양하다. 또 〈체제내〉에 생활성향상과 연결지위 이것과 균형을 취하면서 노동의 인간화를 추진하는 움직임이 있는 반면에 노동의 인간화를 〈체제변혁〉의 레벨에까지 확대 하여 전개하려고 하는 입장도 있다. 또 노동조합운동은 처음에는 임금분쟁에서 시작하여 법적 권리 분쟁으로 나아가며 최근 선진국가에서는 〈근로생활의 질〉 분쟁으로 나아가고 있다.

## 근로소득

용역의 제공에 대한 보상으로 개인에게 지급되는 개인소득이다. 이는 용역의 제공에 의한 것만을 말하며 배당소득이나 자본이득 등의 비근로소득(unearned income)과 구분된다.

## 근로소득세

근로의 대가로 받는 소득에 부과하는 조세로서 소득세법상 갑·을종으로 구분한다. 갑종 소득에는 ①근로제공으로 받는 봉급, 보수, 상여금, 수당 등의 모든 급여, ②법인의 주주총회, 사원총회 또는 이에 준한 의결기관의 결의에 의해 상여로 받는 소득, ③법인세법에 의해 상여로 처분된 금액, ④퇴직으로 인해 지급받는 소득으로서 퇴직소득에 속하지 않는 소득이 있다. 을종 소득에는, ①외국기관 또는 국제연합군에서 받는 급여, ②국외의 외국인, 외국법인(국내지점·영업소 제외)에게서 받는 급여가 있다. 갑종은 일반급여, 일용근로자의 급여로 구분되며 전자는 급여액에서 보험료공제·의료비공제·근로학생공제·근로소득공제를 한 금액, 후자는 일(日)급여액에서 근로소득공제를 한 금액이 근로소득액이 된다. 단 상여소득이 있는 경우, 갑·을종 모두 상여특별공제액을 공제한 금액을 근로소득금액으로 한다. 이렇게 산출된 근로소득액을 과세표준으로 하여 일정 세율을 적용함으로써 산출된 것이 근로소득세이다. 이것은 원천징수가 원칙이며 연말에 종합소득으로서 정산하지만 일용근로소득자의 근로소득은 종합소득에서 제외된다.

## 근로소득세액공제제도(EITC)

EITC는 현재 시행하고 있는 국민기초생활보장제도 맹점을 보완하기 위한 것이다. 2000년 10월 도입된 국민기초생활보장제도는 전체적인 빈곤을 해소하는데 긍정적인 효과를 거뒀으나 저소득층 근로의욕을 높이는데는 한계가 있다는 지적을 받았다. 소득 규모에 상관없이 최저생계비 총량을 맞춰주는 방식이기 때문이다. 즉 국민기초생활보장제도상 최저생계비가 102만원인 4인 가족을 기준으로 월소득 50만원인 사람은 국가에서 52만원을 받는 반면 월소득 80만원인 사람은 22만원을 지원 받는다. 굳이 힘들여 102만원 이상 벌어야 하는 동기가 없다고 할 수 있다. 이러한 단점을 보완하자는 것이 EITC로 저소득 근로자에게만 적용된다. EITC는 정부가 일정 소득 이하인 사람들에게 각종 소득공제와 세액공제를 합산해본 결과 그것이 근로자가 이미 납부한 원천징수 세액보다 많을 때는 그 차액만큼 돌려준다는 것이다. 지금은 세액공제액이 원천징수 세액보다 많더라도 해당 근로자 최종부담세액이 없도록 하는 면세점 수준에서만 세액공제를 해줄 뿐 그 차액을 돌려주지는 않는다. 이 제도는 최저생계비 이하일 때 소득 규모가 커질수록 국가에서 받는 금액 또 커질 수 있어 저소득층이 적극적으로 소득을 높이려고 노력할 것으로 기대된다. 소득신고를 해야만 혜택을 볼 수 있어 저소득층 세원관리가 확실해진다는 것도 EITC 장점이다.

### 근로시간(hours worked) 01

근로시간은 정상근로시간과 초과근로시간으로 구성된다. 정상근로시간은 법정근로시간(근로기준법 제 42조의 일반근로자 1일 8시간, 산업 안전보건법 제46조의 유해위험작업근로자 6시간, 근로기준법 제55조의 연소근로자 7 시간) 이내로 사업체의 취업규칙이나 단체협약으로 정한 정상근로일(주휴일, 취업 규칙상의 휴일은 제외)에서 휴식시간을 제외하고 실제로 근로한 시간을 말한다. 초과근로시간은 정상근로시간 이외의 연장근로시간, 휴일근로시간 등 정규근로 시간 이외에 초과하여 근로한 시간을 말한다. 이 조사결과의 월평균근로시간 수를 주당평균근로시간 수로 환산하려면 ★주당근로시간 = 월근로시간 ÷ 30.4 × 7'이다.

### 근로시간 02

근로기준법상의 근로시간이라 함은 근로자가 사용자의 지휘·감독 아래 근로계약상의 근로를 제공하는 시간을 말하며, 노동시간, 근무시간, 취업시간이라고도 한다. 근로기준법상 근로시간이라 함은 근로자가 사용자의 지휘 감독 하에 근로계약상의 근로를 제공하는 시간을 말한다. 근대노동법의 역사는 근로시간 단축의 역사라고 해도 과언이 아닐 만큼 근로시간은 근로자의 생활 자체와 직접 관련되어 있다. 그러나 오늘날에는 8시간 근로제가 확립되어 있으며 ILO는 1935년 제19회 총회에서 근로시간을 1주 40시간으로 단축하는 것에 관한 조약을 제47호 조약으로 채택한 바 있다. 우리나라 노동보호입법은 근로시간에 대해 세 가지 원칙 내지 기준을 채택하고 있다. 1일 8시간 1주 44시간의 기본원칙(근기법1 42 - 1), 유해위험작업에 있어서 1일 6시간 1주 34시간의 기준(산위보법1 46) 및 당년에 대한 1일 7시간 1주 42시간 원칙(근기법1 55)이 그것이다. 근기법에서 근로시간은 작업의 개시에서 종료까지의 시간에서 휴게시간을 제외한 실근로 시간이다.

### 근로여성복지(working women's welfare)

고용되어 일하는 여성의 증가에 따라 나타난 제도나 활동을 말한다. 그 기본적 이념은 여성노동자는 경제 및 사회 발전에 기여하며 다음 세대의 출산과 양육에 중요한 역할을 담당하는 자이므로 모성을 보호받으면서 성별에 의한 차별없이 그 능력을 직장생활에 최대한 발휘할 수 있어야 한다. 구체적 사업으로는 직업지도, 임신 중 및 출산 후 근로청소년 교육의 건강관리에 관한 배려와 조치, 육아에 관한 편의제공, 상담, 강습 등이 있다.

### 근로자가구(Salary and wage earners' households)

가구주가 관공서나 회사, 상점 등에 고용되어 정신적 노동(봉급자) 또는 육체적 노동(노무자)을 제공하고 그 대가로서 봉급 또는 노임을 받아 가계를 유지하는 가구를 말한다. 단 관공서의 장·차관 및 청장급 이상과 법인 및 기업체의 대표 또는 이사급 이상 등 사용자의 입장에 있는 가구주는 법인경영자가구로 근로자 가구에서 제외된다.

### 근로자교육(worker's education)

근로자에 대한 일반성인 교육(general adult education)과 노동조합교육으로 대별된다. 일반성인교육은 우리나라의 경우 사회교육법에 따라 기업내연수원 및 일반 사회교육기관에서 행해지며 노동조합이 조합원의 자각을 촉구하기 위하여 근로자 교육을 행하고 있다. 후자의 대표적인 것으로서는 한국노총중앙교육원의 프로그램 기타 각 산별노조의 프로그램 등이 유명하다. 또 오늘날 조합에서는 기술발전에 대응한 근로자의 기술적 훈련도 중시되고 있다.

### 근로자에서 제외되는 자(국민연금시행령 제2조)

국민연금법상 근로자에서 제외되는 자는 아래와 같다. ① 일용근로자 또는 1월 미만의 기한부로 사용되는 근로자(다만 1개월 이상 계속 사용시 포함), ②소재지가 일정하지 아니한 사업장에 종사하는 근로자, ③비상임이사 또는 1월간의 근로시간이 80시간 미만인 시간제 근로자 등 사업장에서 상시 근로에 종사할 목적으로 사용되는 자가 아닌 자.

### 근로자외 가구

가구주가 영세상인인 자영업주나 종업원 5인 이상 사업체의 개인경영자 및 법인경영자 또는 고도의 전문적 지식이나 기술을 이용하여 영업을 하는 자유업자로서 주로 영업이윤으로 가계를 유지하는 가구를 말하며, 가구주가 직업이 없는 무직자의 가구도 포함된다.

## 근로자의 권익보호(국민연금법 제98조)

국민연금에서 사용자는 근로자가 가입자로 되는 것을 방해하거나 부담금의 증가를 기피할 목적으로 정당한 사유 없이 근로자의 승급 또는 임금인상을 하지 아니하거나 고용 기타 불이익한 대우를 하여서는 아니 된다.

## 근로자재산형성

근로자가 주택이나 저축형태로 재산을 갖는 것을 뜻한다. 일반적으로 근로자가 자기집을 마련한다는 것은 쉽지 않은 일이므로 국가가 복지정책의 일환으로 지원을 하고 있다. 이 제도는 1957년 서독에서 재산장려 법 및 주택장려법이 재정되면서 근로자재산형성정책이 복지정책의 하나로 고려되기 시작했다. 우리나라는 79년 3월〈저축증대와 근로자 재산 형성 지원에 관한 법률〉이 제정되면서부터 이 말이 많이 쓰이게 됐다. 재산형성저축의 목적은 근로자로 하여금 장기계획을 세워 소득의 일부를 일정 기간 저축하게 하여 주택 등을 마련토록 함으로써 근로자의 생활안정에 기여하는 데 있다.

## 근로자주택

무주택 근로자의 주거안정과 산업평화정착을 위해 1990년부터 건설공급 하기 시작한 주택. 근로자주택은 사업주체가 근로자에게 직접 분양하는 근로자복지주택과 기업체가 분양 받아 근로자에게 다시 임대하는 사원임대주택 등 2가지 종류로 나뉜다. 근로자주택은 일반주택과 달리 청약 통장가입여부와 주거지에 관계없이 분양되는 점이 특징이다. 해당 주택이 건설되는 지역에 소재한 제조업 등 일정 업종의 기업체에 종사 하는 무주택근로자(비임원급)라면 누구든지 청약자격이 주어진다. 근로자주택을 공급받을 수 있는 기업체는 5인 이상 상시 종업원을 고용 하고 있는 업체며 그 업종은 제조업, 운수창고, 통신업, 전기, 가스업 등으로 규정하고 있다.

## 근로자증권저축 근로자퇴직적립신탁

생명보험회사의 종업원퇴직보험과 같은 형태로 은행권이 기업들의 퇴직 준비금 적립을 위해 만든 신탁. 근로자 퇴직적립신탁의 가입자는 기업과 단체이며 종업원이 퇴직할 경우 은행에게 퇴직금을 지급토록 청구할 수 있는 형태의 신탁이다. 기업은 사내 전직원이 일시 퇴직할 경우에 대비, 퇴직준비금의 절반은 사내에 적립할 수 있으나 나머지 절반은 반드시 사외에 적립해야 적립준비금에 대해 손비를 인정해 준다. 따라서 기업들은 종업원 퇴직금을 지금까지 생보사에 적립해왔으며 이경우 적립금에 대해 서는 손비인정을 받아왔다. 기업들은 은행의 근로자퇴직적립신탁에도 퇴직준비금을 넣을 수 있으나 퇴직적립신탁은 손비인정을 해주지 않는다.

## 근로자파견법

근로자 파견 사업의 규제 및 파견 근로자 보호에 관한 법률로 고용정책 기본법·고용보험법·직업안정법과 함께 노동부가 입법예고한 4개 법안 중 하나이다. 근로자파견법은 기업체 직접고용이 아닌 파견 업체를 통해 근로자를 공급받아 일을 시키는 인력수급조절제도의 하나로 제도화되되, 기존 고용 관행을 저해하지 않는 범위내에서 제한적으로 허 용하는 것을 주요 골자로 한다(허용 업종은 시행령에 명시). 이 법안에 선 파견 근로자 보호를 위해 임금·재해 등은 파견 사업주가 책임지고 근로시간·휴일 등 구체적 운용은 사용사업주가 부담한다. 또 안전 보건상의 책임은 사용사업주가, 일반 건강진단실시의무 등은 파견사업 주가 부담한다.

## 근로자파견제

취업 희망자가 파견업체와 고용계약을 한 후 원하는 사용업체에 일정기간 파견되어 임무를 수행하는 형식. 노동시장의 유연성을 위해 98년 7월부터 시행되었다. 임금은 정식 직원의 80% 수준이며, 퇴직금 건강보험 산재보상 주택자금융자 등의 복지혜택도 받는다. 근로시간, 휴일 등 기본 근로조건은 사용주가 보장해 주어야 한다. 한편 노동부는 기존 근로자 보호를 위해 파견 가능한 사업을 전문적이고 기술 경험을 요구하는 업무로 제한하고, 파견기간도 1년 이내로 하되, 근로자의 동의가 있을 경우 1회 연장이 가능하다.

## 근로조건

근로자가 사용자에게 근로계약에 의해 근로를 제공하는 데 있어서의 제 조건 내지 공장, 사업장 등 근로자가 근로를 하는 장소의 제 조건을 말한다. 임금, 근로시간, 휴일, 퇴직금, 취업의 장소 등이 여기에 포함된다. 고용조건, 노동조건이라고도 한다. 근로조건은 근로자와 사용자가 동등한 지위에서 자유의사에 의해 결정해야 하며, 사용자는 근로계약 체결시에 근로자에 대해 이를 명시해야 한다. 명시된 근로조건이 사실과 다를 경우에 근로자는 근로조건 위반으로 인한 손해의 배상을 청구할 수 있으며 또는 즉시 근로계약을 해제할 수 있다. 이때 근로자가 손해배상을 청구할 경우에는 노동위원회에 신청할 수 있으며 근로계약이 해제되었을 경우에는 사용자는 취업을 목적으로 거주를 변경하는 근로자에게 귀향여비를 지급해야 한다. 단체협약이나 취업규칙에서도 근로조건을 규정하고 있다. 단체협약이나 취업규칙이 있는 경우에는 근로조건에 대해서는 원칙적으로 근로계약에 우선하여 적용된다.

## 근로조건위반

근로기준법은 근로조건의 최저기준을 정한 것이므로 근로관계 당사자가 이 기준을 이유로 근로조건을 저하시키지 못하며, 이 법정기준에 이르지 못하는 근로조건을 정한 근로계약은 그 부분에 한하여 무효로 되고, 무효로 된 부분은 법정기준에 의한다(규범적 효력). 또 사용자는 근로계약 체결 시에 근로자에게 근로조건을 명시함을 요한다. 이 명시된 근로조건이 사실과 상위가 있을 때에는 근로자는 근로조건위반으로 인한 손해배상을 청구할 수 있으며 또 근로계약을 즉시 해제할 수 있다. 배상청구는 노동위원회에 신청할 수 있고 해약할 경우에도 사용자로부터 귀향여비 등을 받을 수 있다.

## 근로청소년교육
(education for youth in labor force)
생애에 있어서 가장 중요한 시기에 있는 청소년이 노동에 종사하고 있는 경우 정상적 교육을 받는데 장애를 안게 된다. 이러한 문제점을 해결하기 위해 사회가 다양한 형태의 교육을 실시한다. 내용·방법으로 제공하는 각종 교육인 야간, 정시제 및 통신제의 학교교육, 각종법인, 기업 및 노동단위 등에 의한 사회교육, 직업교육 훈련 등을 말한다. 앞으로 대학개방, 고등학교교육 등의 개혁 등에 관련해 근로청소년의 교육을 위한 노동조건 개선과 정비가 필요하다.

## 근로청소년복지(working youth welfare)
근로청소년복지라 함은 청소년근로자에게 신체적, 정신적, 사회적으로 조화할 수 있는 발달을 보장하고 근로청소년의 복지실현을 위하여 보호자, 사업주, 국가 및 지방자치단체, 사회일반에 의해 지원하는 활동, 서비스의 체계를 말한다. 근로청소년복지의 기본원칙으로 보편성의 원칙, 선정성의 원칙, 종합성의 원칙, 개발지향의 원칙, 포괄성의 원칙, 전문성의 원칙, 참가의 원칙 등이 있다. 근로청소년 복지의 내용으로는 야간특별학급, 산업체부설학교 등의 교육복지, 건강진단 등 건강복지, 기숙사, 독신자아파트 등 주거복지, 교양레크리에이션, 체육 등 문화, 여가복지, 직업훈련, 직업소개, 직업안정 등 고용과 관련된 복지, 산업카운슬링 등을 들 수 있다. 일본에서는 근로청소년복지법이라는 독립입법을 갖고 있다. 우리나라에서도 이에 대한 종합적인 대책이 요구되고 있다.

## 근린궁핍화정책
다른 나라의 경제를 희생시키면서 자기 나라의 경제적 이익을 추구하는 정책. 특히 수출진흥, 수입제한, 평가절하 등의 방법으로 국제수지의 적자를 다른 나라에 밀어 붙이는 경우에 근린궁핍화정책을 쓴다고 말한다.

## 근린정보센터(neighborhood information)
칸(Alfred J.kahn)과 여러 사회복지 전문가들이 제안한 사회프로그램으로 매우 쉽고 지리적으로 편리한 기관들이 속해 있어서 총체적인 사회봉사체계로 들어가는 관문으로 쓰이는 사회프로그램이다. 이곳은 정보를 제공하고 조언하며 이송하지만, 사회기관의 접수평가 기능은 변경하지 않고 있다. 본부는 따로 없고, 우체국이나 도서관, 시 소유의 건물, 쇼핑센터 같은 곳에 자리잡고 있다.

## 근면성 대 열등감(industry versus inferiority)
에릭슨에 의해, 대략 6세에서 12세 사이에 일어나는 심리사회발전의 네 번째 단계로서 아이는 성인세계에서 효과적으로 생존하는데 필요한 기본적인 사회적 기술이나 능력을 습득하고자 하거나, 이러한 과업을 달성하기에는 쓸모없고 자신과 동등한 사람보다도 능력이 부족한 인간이라고 느끼기도 한다.

## 근무성적평정
(performance evaluation or appraisal)
조직구성원의 근무실적·근무 수행 능력·근무수행 태도 등을 체계적·정기적으로 평가하여 인사관리에 반영하는 제도를 말 한다. 근무성적 평정의 유형은 방법을 기준으로 할 때, 도표식 평정척도법, 사실기록법, 서열법, 체크리스트평정법, 강제선택법, 중요사건기록법, 직무기준법, 목표관리 등으로 나눌 수 있으며, 평정자를 기준으로 하여 자기평정법, 동료평정법, 감독자평정법, 부하평정법, 집단평정법, 감사적 방법 등으로 나눌 수 있다.

## 근속급
근속연수에 따라 임금수준을 결정하는 임금형태로서 속인급 혹은 연공급이라고도 한다. 근속연수에 따라 기준급이 높아지는 근속급은 개인의 생활을 유지·보전하고 폐쇄적인 노동시장에서 일정한 노동력을 확보하려는 차원에서 유용한 제도이며 동양적인 가치관과도 부 합된다. 근속급의 기준설정에는 직선형·오목형·볼록형·혼합포물선형(S형) 등 4가지 유형이 있다.

## 근속정년제도
조직의 신진대사를 촉진하기 위해 조직구성원이 일정한 기간동안 근속하게 되면 자동적으로 퇴직시키는 정년제도의 하나를 말한다. 정년제도에는 이와 같은 근속정년 이외에 미리 정해진 일정한 연령에 도달하면 자동적으로 퇴직하게 하는 연령정년 제도와 일정기간 승진하지 못하고 동일계급에 머물 경우 퇴직시키는 계급정년제도가 있다.

## 근속호봉제
호봉승급액이 호봉별로만 상이하고 전체계급의 호봉승급액이 동일하며, 호봉의 확정방법도 근속년수와 일치하는 제도를 말한다. 이에 대해 계급별호봉제는 호봉승급액이 계급별·호봉별로 상이하고, 승진시 일정호봉수를 감소하여 계급별 경력가치에 차등을 두는 제도를 말한다. 우리나라에서는 계급별 호봉제가 1949년부터 1975년까지 활용되다가, 1976년부터 근속호봉제로 바뀌어 1985년까지 지속되었으며, 1986년부터는 다시 계급별호봉제가 채택되고 있다.

### 근육위축증(muscular dystrophy)
어린 시절에 흔히 시작되는 골격근육의 진행성 질병이다. 환자가 사춘기가 될 때까지 휠체어를 타야만 하는 경우도 있고, 중년까지 살 가망이 아직은 낮다. 초기 증상으로는 근육이 약해지거나 걸음걸이가 비틀거리고, (근육)조정능력에 문제가 생기며, 때때로 학습 불능이나 정신적인 지체 증상을 나타나기도 한다. 병의 원인을 모든 경우에 적용할 수는 없으나 남성 환자들의 경우 다수는 그 원인이 유전적인 것이며 어머니를 통해 전달된다.

### 근육이완법(muscle relaxation technique)
긴장이나 화를 누그러뜨리는 자가치료법이다. 집중적으로 사용하는 어떤 근육을 환자 스스로 수축시켰다 이완시켰다 하는 것이다. 이 과정은 매우 다양하지만 기본 구성은 간단하다. 우선 조용한 곳에 앉아서 예정된 순서에 따라(가령 오른손, 오른팔, 오른쪽 어깨 등) 모든 근육집단이 풀릴 때까지 계속해서 서로 다른 근육 집단을 몇 초씩 웅크렸다 풀었다 한다. 이 방법은 체계적 탈감각화 같은 다른 치료법과 연결해서 사용하기도 한다.

### 근친상간(incest)
가까운 친척끼리의 성관계. 즉 너무 가까운 혈연관계이므로 결혼이 법적으로 금지된 이른바 친족간의 성관계.

### 근친상간욕망(incestuous desire)
개인이 의식적으로 인식하든 그렇지 않든 간에 가까운 친척과 성적인 행위를 하려는 충동을 말한다.

### 근친혼
긴밀한 친족관계에 있는 사람들이 결혼하는 것을 근친혼이라고 하는데 현행 민법은 근친혼을 무효로 규정하고 있다.

### 근태기록법
(absenteeism and tardiness records)
조직구성원의 지각 빈도수, 결근일수 등의 기록을 근무성적 평정의 주요 요소로 하여 평정하는 방법을 말한다. 이러한 방법은 평정 자의 주관성을 배제할 수 있으나 작업의 양, 질, 태도 등이 명시되지 않는 문제점을 지닌다.

### 글로벌 뱅킹
세계 어느 나라에서나 국내에서와 같은 금융서비스를 받도록 하는 제도. 은행의 현금카드나 신용카드를 사용해 외국에서도 현금자동지급기가 있는 곳에서는 일정한 범위내에서 현금인출이 가능하며 자기계좌에 잔고가 없어도 신용카드를 통해 현금을 대출받을 수 있다.

### 글로벌 포럼
(NGO : non governmental organization)
비정부기구 또는 비정부단체)라고 불리는 민간환경운동단체들이 〈하나뿐인 지구〉를 지키는 일을 정치나 정부 관료들에게만 맡겨둘 수 없다며 1992년 6월 브라질 리우데자네이 루에서 직접 행동에 나서 이루어낸 대규모 모임이다. 본래 유엔헌장 제 17조에 있는 말로 경제사회이사회에 협의를 위한 참가가 인정되고 있다. 글로벌포럼에는 5백여개 단체가 공식 등록한 외에도 비공식 참가단체가 5백여개에 이르는 등 참가인원이 3만명에 달하는 사상 최대규모이다. 글로벌포럼에 참가한 대표적인 단체들로는 1975년에 설립돼 세계 25개국에 사무실을 두고 있는 그린피스와 61년 발족돼 멸종위기에 있는 동 － 식물의 보호와 생물다양성 보존에 힘쓰고 있는 세계자연보호기금 등이 있다.

### 글로벌리즘(globalism)
세계통합주의라고 한다. 제2차 세계대전 후의 자유세계 경제운영의 지도이념인, '세계를 일체로' 라는 이념 하에 정치, 군사, 경제의 모든 분야에서 절대적 위치에 있었던 미국이 중심이 되어 추진되어 왔다. 이를 지탱하고 있는 기둥은 달러에 의해 뒷받침되고 있는 국제통화기금(IMF) 체제와 자유 무차별 다각 호혜무역을 목표로 하는 GATT체제. 그러나 1960년대에 들어와 유럽의 지역주의(regionalism)가 대두되어 동요되기 시작, 이 때문에 케네디라운드(Kennedy Round)로 불리는 GATT의 관세 일관인하교섭이 행해겼는데, 1967년의 타결은 글로벌리즘과 리저널리즘의 산물이었다. IMF체제도 유럽국가과 일본의 경제력이 향상됨에 따라 차츰 모순을 드러냈다. 1973년 3월 주요 선진국이 고정환율제를 버리고 플로트제(변동환율제)를 채용하게 된 것도 그 결과에 따른 것이다. 1980년대의 보호무역주의의 대두도 글로벌리즘에 대한 도전이라 할 수 있다.

### 글로벌 스탠더드
단일화된 세계시장에서 기준으로 통용되는 규범이다. 이는 ISO(국제표준 화기구) 인증과 같이 표준화 기관의 승인에 의해 규정된 공식적 표준(de jure standard)과 경쟁을 통해서 시장의 대세를 장악한 사실상의 표준(d e facto standard)으로 분류된다. 글로벌 스탠더드는 작게는 첨단 산업의 기술에서 크게는 금융 및 회계를 포함하는 경제 전반에까지 그 범위가 확대되고 있다. 글로벌 스탠더드는 강자의 논리이며 기준이기 때문에 시대에 따라 변한다.

일본 경제의 전성기였던 1980년대엔 일본식 경영방식 이 사실상 표준이었다면 90년대 후반에는 미국의 로컬 스탠더드가 세계 표준이라 할 수 있다.

## 글로칼리제이션

Globalization(세계화)과 Localization(현지화)을 합성한 신조어로 세계화를 추구하면서 동시에 현지국가의 기업 풍토를 존중하는 경영방식을 뜻하는 말이다. 글로칼리제이션의 가령 다음과 같다. 어느기업이 독립채산제에 의해 운영되는 별도의 현지법인을 타국에 설립했을 경우 현지법인의 경영책임을 타국(현지인)경영자에게 위임하는 것이다. 또 자국의 노무관리가 아니라 현지 정서에 맞는 노무관리를 적용하는 방법으로 현지 고용자들과의 사이에서 발생할만한 마찰을 완화할 수 있도록 하는 것이다.

## 글룩 비행예측법

미국 하버드 대학 법학부교수인 글룩(Glueck)부처가 1950년 보스톤에서 상습비행소년과 비행력이 없는 소년 각 500인을 대조해서 개발한 비행예측의 방법이다. 소년 비행의 해명에 소개되고 있다. 그 방법의 특색은 비교 항목 수 402라는 대규모인 점, 대조군의 사용, 사회학, 정신의학 등 다면적 접근에 의한 보험 통계적 예측법으로 친자관계에 현저한 차가 있다는 것이 입증되고 있다.

## 금고

형법에 규정되어 있는 자유형의 일종으로 교도소에 격리·수용되는 것은 징역과 같지만 노역을 하지 않는 것을 금고라고 한다. 징역과 같이 형법이 규정하는 자유형의 일종이다. 정역(定役)에 의무적으로 복무하지 않는 점에서 징역과 구별된다. 그러나 본인이 희망하면 작업을 과할 수 있다(행형법 67·68조). 금고형은 정치범·비파렴치범·과실범 등에 주로 규정되어 있는 형벌이다. 금고는 무기와 유기로 구별되며, 유기는 1월 이상 15년 이하이다. 다만 유기금고에 대해 형을 가중할 때에는 25년까지로 한다(형법 42조). 무기금고를 감형할 때에는 7년 이상, 유기금고를 감형할 때에는 그 형기의 2분의 1까지로 할 수 있다(55조 1항 2·3호).

## 금단증상

일반적으로는 알콜, 마약 등 약물에 대한 의존자 또는 상습자가 그것을 중단함으로서 발생하는 증상을 말한다. 알콜 중독의 금단증상을 예로 들면 손이나 혀의 떨림, 환각, 한기나 경련 등 주로 신경적·정신적 증상이 나타난다. 중증인 경우에는 호흡곤란, 전신의 경직, 불면 등이 있다. 의사의 지도, 관찰이나 치료에 의해 수일에서 수개월 정도면 금단증상이 없어지는 경우도 많다. 치료는 입원하여 약물과의 격리, 진정제·강심제의 투여, 지속적 수면요법, 인슐린요법, 전기쇼크 등을 병행한다.

## 금융

금융이란 이자를 받고 자금을 융통해 주는 것을 말한다. 즉 일정기간을 정하고, 앞으로 있을 원금을 상환과 이자 변제에 대해 상대방을 신용하여 자금을 이전하는 것을 말한다. 금융은 약속된 상환기간의 장·단에 따라서 단기금융과 장기금융으로 분류된다. 주로 전자는 운전자금의 대차를, 후자는 설비자금의 대차를 가리키는데, 이 구별은 반드시 엄밀한 것이라고는 할 수 없다. 실제로는 보통 6개월 이내의 상환계약에 의한 것을 단기라 하고, 1년 이상의 것을 장기라고 부르고 있다. 또 6개월에서 1년까지의 것을 중기금융이라고 하는 경우도 있다. 일반적으로 기업의 설비자금은 자본금(주주의 불입금), 적립금 혹은 사채에 의해서, 그리고 운전자금은 상업(일반)은행을 중심으로 하는 단기금융을 통해서 조달되는 것이 타당시되고 있다.

## 금융감독위원회
(Financial Supervisory Commission)

건전한 신용질서와 공정한 금융거래 관행을 확립하고 예금자 및 투자자 등 금융수요자를 보호함으로써 국민경제의 발전에 기여함을 목적으로 국무총리 소속하에 설치된 행정기관을 말한다.

## 금융기관

돈의 수요자와 공급자 사이에서 자금의 수급을 중개하는 역할을 하고 있는 기관. 금융기관은 통화창출기능의 보유 여부에 따라 크게 통화금융 기관과 비통화금융기관으로 분류되며 이는다시 다음과 같이 세분된다. 1)통화금융기관 ①한국은행 : 중앙은행으로서 유일한 발권은행, ②일반은행: 시중은행, 지방은행, 외국은행 국내지점, ③특수은행 : 한국외환 은행, 중소기업은행, 한국주택은행과 농·축·수협의 신용사업부문, 2)비통화금융기관 ①개발기관: 한국산업은행, 한국수출입은행, 한국 장기신용은행, ②저축기관 : 상호신용금고, 신용협동조합, 상호금융, 체 신예금, 신탁계정, ③생명보험회사 : 생명보험회사, 체신보험, ④투자회사 : 한국증권금융, 종합금융회사, 투자금융회사, 투자신탁회사.

## 금융시장

은행과 기업 또는 금융기관 상호간에 매일 규칙적으로 금융거래가 실 시되는 것을 말한다. 〈돈의 가격〉이라고도 할 수 있는 금리가 결정되고 그 금리에 따라서 일정액의 자금이 거래되는데 신용시장이라고도 한다. 금융시장은 금융의 종류에 따라서 단기금융시장과 장기금융시장, 국내금융시장과 국제금융시장 등으로 분류된다.

## 금융실명제

금융거래의 정상화와 합리적 과세기반을 마련하기 위해

도입된 제도, 은행예금이나 증권투자 등 금융거래를 할 때 실제 명의로 하여야 하며 가명이나 무기명거래는 인정하지 않는다는 것이다. 이 제도는 사금융 등 음성적인 금융거래를 막는 데 그 목적이 있다. 〈금융실명거래에 관한 법률〉은 1982년 말에 제정되어 전면적인 실명제 실시에 앞서 차등과세제를 도입, 무기명이나 가명으로 예금을 했을 경우 과세상 불이익을 받게 하였다. 93년 8월 12일을 기해 〈금융실명제 및 비밀보장에 관한 대통령 긴급명령〉을 공표하여 전면적으로 실시하였다.

## 금융자본

은행(금융기관)의 업무는 본래 기업이나 개인에게 돈을 빌려 주어 경제 활동을 매개하는 데 있다. 그런데 은행 자체가 비대해져서 독점적인 힘을 가짐에 따라 은행은 단순한 매개자가 아니라 자기 자본을 갖고 산업계에 군림하게 된다. 이와 같은 뜻에서의 금융자본문제를 처음으로 다룬 힐퍼딩(R. Hilferding)의 〈금융자본론〉에 의하면 〈실제로는 산업자 본으로 전환되어 있는 은행자금을 금융자본이라 칭한다〉고 정의하고 있다.

## 금융자산

금융거래에는 대차관계가 발생하게 되는데 금융자산이란 이때의 금융적 청구권을 말하며 금융시장에서 이를 매개로 자금이 거래되므로 금융수단이라고도 한다. 금융시장에서 거래되는 금융자산의 종류에 따라 금융시장은 화폐시장(money market)과 자본시장(capital market)으로 구분된다. 1년 이하의 만기를 가진 금융자산이 거래되는 금융시장을 화폐시장이라고 하는데 1년 이하의 만기를 가진 금융자산에는 단기국공채, 양도성 예금증서, 기업어음, 은행인수어음, 환매조건부채권, 콜자금 등이 있다. 1년 이상의 만기를 가진 금융자산이 거래되는 금융시장을 자본시장이라고 하는데 1년이상 만기를 가진 금융자산에는 주식, 국채, 통화안정 증권, 금융채, 회사채 등이 있다.

## 금융자산 선호도

은행예금이나 증권 등 금융자산을 선호하는 정도. 금융자산은 증권과 같이 위험도가 높은 투자성 자산과 현금, 수표, 예금 등 유동성이 높은 통화자산으로 나뉘어진다. 금융자산 선호도는 1년동안 민간의 금융자산의 증가액을 민간의 저축액으로 나누어 계산하는 것으로 민간저축액이 금융자산에 투자된 정도를 나타낸다. 일반적으로 소득수준이 상승하면 금융자산 선호도가 높아지지만 부동산 경기가 호황일때는 오히려 금융자산 선호도가 하락할 수도 있다.

## 금융절도

세계 경제가 전체적으로 안정적인 발전을 해나가기 위해서는 특정한 한 나라의 계속적인 국제수지적자나 흑자를 그대로 방치하거나 무시되어서는 안 된다. 어느 한 나라의 일방적이고 만성적인 국제수지 적자 또는 혹 자는 상대적이며 경쟁적인 수입규제의 상호 유발을 통해 무역전쟁, 통화 불안정 등을 초래하여 세계경제의 안정과 발전을 저해하는 커다란 요인이 된다. 따라서 세계각국은 국내균형과 국제균형을 양립시키는 절도있는 금융정책을 수립, 시행해 나가야 하며 이것은 또 각국의 의무이기 도 한 것이다. 이같은 요청은 유럽 특히 EC국가에서 강하게 대두되었으며 특히 미국에 대해 금융절도를 강력하게 요구하고 있다.

## 금융정책(monetary policy) 01

정부와 중앙은행이 물가안정 및 국제균형을 목적으로 금리·통화·유동성 등에 작용을 가하여 총수요를 조정하고 경제활동에 영향을 미치는 정책을 말한다. 금리정책·공정할인정책, 공개시장조작, 지불준비율 조작 등이 수단이 된다.

## 금융정책 02

한 나라의 경제가 착실하게 발전하기 위해서는 산업계가 요구하는 장기의 설비자금이나 단기의 운전자금을 원활하게 공급할 필요가 있다. 그러나 수요에 따라서 무제한으로 자금이 공급된다면 통화량이 팽창하여 통화가치가 떨어지고 만다. 그래서 금융을 되도록 순조롭게 함과 동시에 통화가치를 안정시키는 것이 금융상의 중대한 문제이며 이의 조정을 꾀하는 것을 금융정책이라고 한다. 산업계의 동향을 살펴보면서 끊임없이 통화가치의 안정을 꾀하는 것은 경제가 인플레나 디플레가 되지 않도록 경기를 조정하는 것이며, 이와 같은 점에서 금융정책은 재정동향과 밀접한 관련성을 갖고 있다. 금융정책의 주된 수단으로는 금리정책, 공개시장조 작, 지불준비금제도 등이 있다.

## 금융제도

금융시장 및 금융기관과 이들을 형성하고 운영하는 법규와 관행을 총칭하는 것이다. 금융제도의 역할은 자금이 원활히 흐르도록 하는 것이다. 또 지급결제의 보장과 보험서비스 제공도 금융제도가 지니는 중요한 역할이다.

## 금융종합과세

금융종합과세란 이자 등 금융소득이 년 4천만원 이상인 경우 초과분을 다른 소득과 합산해 누진세율은 적용하는 것을 말한다. 우리나라는 소득세 부과에 있어 누진세율을 적용하는 종합과세 방법을 원칙으로 채택하고 있지만 예외적으로 은행 및 단자, 증권, 보험자 등 금융기관으로부터 지급받는 이자와 배당소득에 대해서는 소득종류별로 각각 나누어 과세하는 분리과세를 적용하고 있었으나, 96년부터 이러한 금액으로 연간 4천만원을 초과할 경우 초과분에 대해서는 종합과세하는 형태로 제도가 변경되었다. 금융소득종합과세는 96년 1월1일 이후발생하는 금융소득분부터 적용된다. 만일 부부합산 금융소득이 4천만원 이상임에도 불구하고 소득세 확정 신고시 이를 제도로 신고하지 않는다면 추후 확인과정을 거쳐 배우자 공제 등 각종 세금공제 혜택을 받지 못하게 될 뿐아니라 납부할 세액의 10%를 납부불성실 가산제로 추가 부담돼야 하는 불이익을 받게 된다. 하지만 금융소득이 4천만원 이하인 경우는 종전처럼 원천징수 세율 15% 를 적용해 분리과세하는 방식이 그대로 적용된다.

### 금융 지주회사
금융기관의 사업활동을 지배할 목적으로 금융기관 주식을 보유한 일종의 페이퍼 컴퍼니(Paper Company)로 은행·증권·보험 등 다양한 금융계열 사를 동시에 소유하는 형태. 금융지주회사의 형태로는 타사 지배만을 목적으로 은행·증권·보험사들이 지주회사를 만들고 그 아래 각 업종 계열사를 두어 종합금융서비스를 제공하는 순수 지주회사와 지주회사 자신이 금융업무를 영위하면서 타 금융기관을 계열사로 보유, 관리·경영하는 사업 지주회사가 있다.

### 금전보상기법(token economy)
행동수정, 환경치료 그리고 다양한 시설에서 사용되는 치료 절차를 말한다. 이것은 클라이언트가 특정 과업을 수행하거나, 특정 기준에 따라 행동할 때마다 보상물을 준다. 그러므로 이 보상물들은 클라이언트가 어떤 물품이나 특권을 선택하는데 따라 바뀌어 사용될 수 있다.

### 금지명령(injunction)
법정 피고인이 특정한 행동을 취하는 것을 금지하거나 특정한 행동을 삼가도록 만드는 법적 과정과 법적 명령을 말한다(가령, 다른 사람의 집에 들어가는 것, 소송 중인 재산을 파는 것, 마지못해 이전의 배우자를 방문하는 것). 이 명령은 일시적일 수도 있고 영구적일수도 있으며, 지속기간이 분명히 정해져 있을 수도 있다.

### 금치산자 01
자기행위의 결과를 합리적으로 판단할 능력, 즉 '의사능력' 이 없는 상황에 있기 때문에 자기 자신, 배우자, 사촌 이내의 친족, 호주, 후견인 검사의 청구에 의해 법원으로부터 금치산 선고를 받은 자(제12조), 정도가 약한 정신병자라 해도 한번 선고를 받았다면 치료되더라도 선고를 취소 받을 때까지는 금치산자이다.

### 금치산자 02
심신상실의 상황에 있기 때문에 일정한 사람의 청구에 따라 법원에서 금치산의 선고를 받은 자를 말한다. 심신상실의 상황에 있다 함은 가끔 평상의 정신 상태로 돌아갈지라도 대체로 자기의 행위의 성질을 판단할 능력이 없는 것을 말한다. 청구권자는 본인 또는 그와 일정한 신분에 관계있는 자 및 검사이다. 금치산자에게는 보호기관으로서 후견인을 둔다. 또 금치산자는 무능력자의 하나로서 행위능력의 제한이 가장 강하고 후견인에 의해 대리될 뿐 후견인의 사전 동의에 의해 능력을 보충할 방도가 없으며 그 법률행위는 항상 취소할 수 있다고 한다. 그리고 혼인·인지 등의 신분행위는 후견인의 동의를 얻어 행할 수 있다. 또 금치산자에게는 선거권, 피선거권이 없는 것 등 민법 이외에도 제한이 있다. 금치산의 원인이 소멸되면 선고가 취소된다.

### 금치산자 03
의사표현을 할 능력이 없는 심신상실의 상태로 인해 자신이 한 행동의 결과를 판단할 능력이 없는 사람으로 가족이나 검사 등 관계인의 청구에 의해 가정법원으로부터 금치산의 선고를 받은 사람을 금치산자라고 한다. 금치산자의 거래행위는 법적으로 취소할 수 있기 때문에 제3자의 피해를 막기 위해 법원은 금치산자의 후견인을 정해주는데 후견인은 금치산자를 돌봐주어야 하고 그 재산관리나 거래의 대리를 한다.

### 금치산자의 이혼
금치산자(민12·13)는 후견인의 동의를 얻어 이혼할 수 있는데 이 경우에 부모 또는 후견인이 없거나 동의할 수 없는 때에는 친족회의 동의를 얻어 이혼한다(민835). 협의이혼은 호적법에 정한 바에 의해 신고를 함으로써 성립하며(민836①②), 사기·강박에 의한 이혼은 취소할 수 있다(민823·838·839).

### 급부행정
공익적 활동을 통해 국민의 복지증진에 기여하는 행정활동을 말한다. 무엇을 급부행정으로 파악하느냐에 관해서는 학설상 일정한 견해가 없으나, 일반적으로 급부행정의 활동범위에는 ①공급행정, ②사회보장 행정, ③자금보조 행정 등이 포함되는 것으로 이해되고 있다.

### 급성(acute)
상대적으로 짧은 기간 내의 혼란이나 격렬한 상태를 이르는 용어이다. 6개월 이하로 지속되는 정신병은 급성으로, 6개월 이상 지속되는 정신병은 만성으로 간주된다.

### 급성환자치료(acute care)
단기간의 도움을 요하는 개인에게 전달되는 보건, 인적, 사회적 서비스, 급성환자 치료는 장기간 보호와 같은 광범위한 치료를 기대할 수 없는 지역사회기관이나 병원에서 제공한다.

## 급식 서비스

노인이 나이가 들어감에 따라 시장보기나 요리하기가 어려우므로 식사준비가 힘들어 음식을 잘 먹지 못하고 영양부족이 되는 경우가 많다. 이에 대응해서 노인복지관이나 경로회관에 노인들이 함께 모여 같이 식사하거나 또는 순회급식차로 매일 필요한 식사를 배달받는 서비스이다. 이 급식서비스는 노인들의 영양섭취 및 건강관리의 계기도 되고 자원봉사자나 이웃을 동원하여 홀로 사는 노인을 방문하여 인보관계를 맺는 계기도 된다.

## 급여(pay) 01

공무원, 근로자 등의 봉급·수당·연금 기타 근무에 대한 대가를 말한다. 급여가 일정한 근무에 대한 대가라는 의미에서 고용주가 피용자에게 지급하는 대금까지 포함하여 쓰이기도 한다.

## 급여(benefits) 02

사회복지에서 ①현금이나 현물을 구입할 수 있는 증표의 형태로 지급하는 현금급여와, ②서비스나 재화와 같은 현물급여, 현물급여는 식료품, 농산물, 주택, 개별상담, ③증서(무료식권) 등을 포함한다.

## 급여수급권의 보호
(protection of benefiter's right)

급여를 받을 권리는 양도 또는 압류하거나 담보에 제공할 수 없다는 것. 단 연금인 급여를 받을 권리는 대통령령이 정하는 금융기관에 담보로 제공하거나 국세징수법의 규정에 의해 체납처분을 할 수 있으며, 대통령령이 정하는 바에 의해 관리공단에 대한 채무의 담보로 제공할 수 있다.

## 급여의 제한(국민연금법 제82조)

특정한 사유로 급여의 지급을 제한하는 것. ①고의로 질병·부상 또는 그 원인이 되는 사고를 발생시켜 그로 인하여 장애를 입은 경우, 장애연금을 지급하지 아니할 수 있다. ②고의·중대한 과실 또는 정당한 사유 없이 요양지시 불응으로 인하여 장애·사망 또는 그 원인이 되는 사고의 발생 및 장애악화·회복방해, 급여의 전부 또는 일부를 제한할 수 있다(고의·중대한 과실 : 80 - 100% 제한, 정당사유 없을 때 : 50 - 80%제한).

## 급여재심위원회
(B.R.C : benefit re - examination committee)

사학연금의 경우, 급여에 관한 결정, 개인부담금의 징수 기타 이 법에 의한 처분 또는 급여에 관한 이의신청에 대한 구제기구. 위원장 1인을 포함하여 위원 9인으로 구성되며 위원은 공무원, 의료계, 법조계, 사회보장에 관한 학식과 경험이 풍부한 자 중에서 교육과학기술부장관이 임명 또는 위촉하고 임기는 3년으로 한다.

## 급여주택

일반적으로 사택, 관사, 기숙사 등의 명칭으로 불리며 관청, 회사, 공장 등에서 고용하는 직원, 근무자 등의 거주용으로 제공하는 주택을 말한다. 주택을 제공함으로써 사업의 정상적인 운영을 도모하려고 하는 것이기 때문에 개인의 지가나 임대가옥 등과는 다른 성격을 갖고 있다. 사회, 공장 등은 기업복지의 일환으로서 근로자의 복리 후생시설로 설치하는 것이 일반적이다. 따라서 기숙사 등의 입거비를 징수하는 경우는 드물지만 사택인 경우 유지관리비에 충당하는 매우 저렴한 집세를 징수하는 예가 있다. 근래에는 비용부담이나 관리 운영 면에서 문제가 많은 주택은 종업원의 내 집 마련 방향으로 전환되고 있다. 독신근로자용의 기숙사는 그대로 유지되고 있으며 중소기업은 근로복지회사가 지은 임대아파트, 대기업은 사원아파트가 보급되어 있다.

## 급여행정

국민의 생존을 적극적으로 배려하기 위해 국민의 경제생활이나 사회생활에 필요한 보호를 주는 행정을 말한다. 가령 사회복지행정, 사회보험행정, 전기, 가스, 수도 등 공기업에 관한 행정, 기타 자금의 조성, 교부 등의 행정이 포함된다. 급여의 내용은 금전 기타 물건의 급여나 요양의 급여처럼 역무의 제공일 수도 있다.

## 급진적 사회사업(radical social work)

영국이나 미국에서 1960년대 이후에 사회복지를 둘러싸고 전개된 여러 가지 혁신적인 사상운동과 함께 등장한 입장이다. 그 이해는 반드시 통일된 것이 아니나 주류로나 사회주의의 관점에서 사회복지의 정책, 제도와 실천을 철저하게 비판하고 변혁해 가려는 특징을 갖고 있다. 이미 성과는 연구논문에 보고되고 있으며 사회사업가의 조직화도 고려하고 있다.

## 긍정(affirmation)

어떤 주장이나 명제를 참이라고 시인하는 것이다. 긍정의 형태로 표현된 명제를 긍정명제라고 하며, 이를 양(量)의 개념에 따라서 분류하면, "모든 사람은 죽는다"와 같은 전칭 긍정과 "몇몇 사람(적어도 한 사람)은 죽는다"와 같은 있다.

## 긍정적 강화(positive reinforcement) 01

반응에 따라 자극을 줌으로써 기대했던 행동이나 반응을 강화시키는 것이다. 강화제는 원하는 물건이 칭찬 등을 비롯한 반응을 더욱 강화시킬 수 있는 여러 자극이 될 수 있다.

## 긍정적 강화 02

바람직한 행동을 할 때마다 보상을 주어 그 행동의 발생을 증가시키는 방법을 말한다. 치료 절차에서는 먼저 바람직한 행동을 세부적으로 조사하고 내담자 개인에게 보상이 될 수 있는 것을 찾아낸다. 그러한 후에 내담자가 바람직한 행동을 할 때마다 체계적으로 보상하여 준다.

## 긍정적 내포(positive connotation)
특히 가족치료에서 사용되는 치료기법의 일종으로 특히 가족치료에 사용된다. 즉 사회사업가가 가족 간의 결속력 및 서로 도와 일하려는 의도를 증진시키기 위해 클라이언트의 행동에 긍정적인 동기를 부여하는 것이다.

## 긍정적 전이(positive transference)
클라이언트가 심리치료자나 그를 상담해주는 사람에게 애정, 사랑, 성적 욕망, 온정 또는 친근감을 갖는 전이를 말한다.

## 기각
원고의 청구를 이유 없다고(타당성이 없다고) 하여 물리치는 것을 기각이라고 한다. 기각도 법관의 심리에 의한 판결이지만 피고와 소송 내용에 대해 다투고 난 뒤에 나오는 것이 아니라 다툼을 위한 청구 그 자체의 타당성에 관한 것이다.

## 기간산업(key industry)
나라의 경제활동의 기초가 되는 재화를 생산하는 산업을 말한다. 국가의 경제발전 단계에 따라 산업의 종류가 다르며, 선진공업국에서는 철강·전력 등이 기간산업이 된다.

## 기관개발기금(sunk costs)
사회기관 행정과 사회기획에서 조직 구성원들의 관계유형, 지위와 권력서열(권력제도), 전통적 업무처리 방식을 발전, 유지, 촉진시키기 위해 조직의 성원들이 투자하는 노력과 시간을 말한다.

## 기관형성(institution building)
기관형성이란 국가발전을 주도하고 이끌 공식기관을 설치하거나 공식조직을 개편하는 것을 의미한다. M. J. Esman과 H. C. Blaise는 기관형성이란 가치관, 역할 그리고 자연과학적·사회과학적 기술의 변화를 가져오고, 새로운 규범과 행동양식을 정립하거나 육성 또는 보호하며, 그 환경으로부터 지지와 협조를 받을 수 있는 공식조직을 새로 만들거나 고치기 위해 계획하고 구성하며 지도하는 것을 의미한다고 정의한다.

## 기금(fund) 01
정부가 연구개발, 공무원의 후생, 특정 정책사업 등을 수행하기 위해 설치하는 국가재정 구성요소의 하나를 말한다. 우리나라의 국가재정은 일반회계예산, 10여종의 특별 회계예산, 그리고 여러 개의 기금으로 구성된다. 기금은 세입세출예산 외로 운영되며, 국무회의의 심의를 거쳐 대통령의 승인을 얻은 기금운용계획에 따라서 중앙관서장의 책임 하에서 운용되고, 기금운용계획서와 기금결산보고서는 매 회계연도마다 국회에 세입세출예산안 및 결산과 함께 제출된다. 기금은 1996년 현재 국민투자기금 등 정부관리기금 32개와 민간관리기금 37개가 운영되고 있다. 정부관리기금 조성규모는 1996년말 현재 80조 9,969억원으로 추산, 일반회계규모를 초과하고 있다. 기금의 재원은 각각 상이하나 대개 자체수입, 일반회계 및 특별회계로부터의 전입금, 정부출연금 등이다.

## 기금 02
특정한 공공사업 수행을 위해 정부나 공공단체가 설치한 자금이다. 경제상황의 변화에 탄력적으로 대응하기 위해 정부 예산과 구분되는 자금을 조성, 운용하는 것을 말한다. 관리주체에 따라 정부관리기금과 정부 이외의 기관에서 관리하는 민간관리기금으로 나뉜다.

## 기노(기로)
생활이 어렵거나 주위환경이 노부모를 부양하기 힘들 때 생활능력이 없는 노인을 버리는 행위를 말한다. 이 풍습은 장소를 옮겨 다니며 사냥이나 물고기를 잡던 수렵시대에 많았고 농경사회에 와서는 거의 없어졌다. 근래에 와서는 가족이 노인을 버리거나 폭력을 가하거나 착취를 할 때는 법에 의해 처단하며 버려진 노인을 국가나 민간단체가 경영하는 시설에 수용하여 보호한다.

## 기능(function)
상호의존 관계에 있는 여러 부분에 의해 성립된 전체(기계·유기체·사회체제)에 있어, 그 속의 각 구성요소가 맡은 역할 또는 각 구성요소의 협동관계에 의한 전체적 활동을 말한다. 기능에 대립되는 것이 구조인데, 기능은 구조에 의미를 부여하고 구조는 기능을 가능하게 한다.

## 기능 교육과정(functional curriculum)
학습자의 생활·경험·흥미·활동 등을 중심으로 구성된 교육과정을 말한다. 학습내용보다 학습과정, 정적 학습보다 동적 학습, 지식보다 활동, 지식의 논리보다 학습자의 심리 등에 강조점을 두고 있다. 지식 또는 교과위주의 교육과정에 반대되는 것으로서 분과형보다 통합형을 취하는 교육과정들이다. "행함으로써 배운다"는 원리 하에서 학습자의 흥미로운 활동이나 작업을 통해 생활인이 필요로 하는 모든 기능을 개발하는데 이론적 근거를 두고 있다.

## 기능대학(재능대학, 폴리텍 대학)
노동부 산하 한국산업 인력공단이 직접 운영하는 2년제

특수대학이다. 개설학과는 주거인테리어, 건축기술, 섬유디자인, 패션디자인, 정보기술, 메카트로닉스, 환경관리기술, 자동차기술 등 22개 학과로 이론과 실기를 함께 갖춘 고급 기능 인력을 양성하기 위해 산업현장 위주의 교육을 실시한다. 국가에서 운영하므로 학비부담이 거의 없고 대부분 기숙사를 갖추고 있다. 전형방법은 고교 학생부 성적이나 대입수능시험 성적 중 본인이 자신 있는 성적을 제출하면 이를 심사, 신입생을 선발한다. 77년에 창원기능대학이 가장 먼저 생겼다. 95년 12월 개정된 기능대학법에 따라 기능대학졸업자도 전문대학 학력을 인정하면서 새롭게 주목받기 시작했다. 지금 현재는 전국적으로 다양하게 분포되어 있다.

### 기능별 소득분배
어떤 생산요소를 소유하고 있느냐에 따라 사회집단을 지주·노동자·자본가라는 세 계급으로 분류하여 각 계급간에 소득이 어떻게 분배되는가 를 파악하는 방법을 말한다.

### 기능손상(functional impairment)
일시적이거나 영구적인 신체적 혹은 정신적 무능력 때문에 어떤 기대나 책임을 충족시키지 못하는 개인의 무능력을 말한다. 이 용어는 일부 사회사업가에 의해서 개인이 단지 부분적으로만 장애가 있고 정상적으로 기대된 모든 기능을 수행하지는 못하더라도 대부분을 효과적으로 수행하는 상황을 언급하는 말이다. 또 이 용어는 어떤 사람이 어떤 치명적인 기능을 통제하는 능력이 결여된 경우에도 사용된다.

### 기능자원봉사자
점역이나 수화, 낭독서비스, 생명의 전화 등의 자원봉사활동은 기본적 조건으로 전문적 지식과 기술을 구사할 수 있어야 한다. 또 일상의 직업으로 일하는 사람(전문직, 기술직), 가령 이발, 목수, 사회사업가, 의사, 간호사, 보건부, 교사, 취미선생 등이 자격을 충분히 살려서 직업이외의 시간이나 장소에서 그 기술을 제공하는 사람을 말한다.

### 기능장애(functional disturbance)
광의로는 신체운동기능 내지 정신기능에 장애가 보이는 경우를 말하지만 협의로는 유기체(organism)를 조직하고 있는 제 기관(구조)에는 아무런 손상도 보이지 않는데 소위 동작기능(function)에 장애가 나타날 경우를 말한다. 가령 정신장애 중의 신경증(neurosis)이나 히스테리성의 신체증상, 직성간질의 발작증상 등이 그것이다. 이들은 신경계의 기능장애로 생각되고 있다.

### 기능적 문맹(illiterate functional)
조금은 읽고 쓸 수 있으나, 정상적인 사회, 경제적 관계

내에서 그것들을 사용할 수 있는 충분한 자질을 갖추지 못한 사람을 말한다.

### 기능적 언어(functional language)
한 개인이 자신의 욕구를 타인에게 알릴 수 있는 의사소통 체제를 말한다. 이 용어는 주로 장애의 정도가 심한 사람의 경우 교사가 발달시켜 주고자 하는 언어 목표 또는 기능을 뜻하는데 사용된다.

### 기능적 이상
기질적 병변이 없는 정신적 변화, 신경증, 심인성 정신병 혹은 정신 분열증이나 조울증, 소위 내인성 정신병을 말한다. 정신기능변화의 예로는 심인반응으로서의 경악반응 등이 그 전형적 예이며 폭발, 대지진 등의 돌발적 재해에 조우했을 때 받은 쇼크가 원인으로 설 수도 없고 걸을 수도 없는 상태가 되기도 하며 의식도 몽롱해질 때가 있다. 이것은 뇌에 이질적 병변이 있어서 나타나는 의식장애와는 상이한 것이 특징이다.

### 기능적 자율성(functional autonomy)
올포트(G. W. Allport)가 인간 동기의 복잡하고 논란 많은 문제에 접근하면서 소개한 개념을 말한다. 특정한 활동이나 행동방식은 그것이 원래 다른 이유 때문에 끌어들여진 것이라 해도 그 자체가 목적이나 목표가 된다는 것이다. 그래서 단순한 행동이든 복잡한 행동이든 그것이 원래는 유기체적 혹은 부분적 긴장에서 유래되었다 하더라도 생물학적인 강화 없이도 그 자체는 무한히 유지될 수 있다는 것이다.

### 기능적 접근(functional approach)
기능적 접근은 외형적으로 나타나는 제도나 법규를 중시하기보다 이러한 제도나 법규가 어떠한 활동과 기능을 수행하기 위해 만들어졌는가 하는 관점에서 사회현상을 연구하려는 접근방법을 말한다. 이 접근법은 체제가 왜 계속적으로 유지·존속되는가 하는 체제의 유지에 궁극적인 초점을 두고, 체제가 유지되기 위해 필연적으로 수행되어야 하는 기능들을 분석하고자 하는 것이다.

### 기능적 정신병(functional mental illness)
어떤 분명한 신체적, 유기체적 근거가 없는 심리적 장애를 이르는 용어이다.

### 기능적 지역사회(functional community)
특정기능영역에 속하고 목적적, 한정적으로 결성되는 공동체를 말한다. 기능적인 전문화현상이 이웃과의 상호작용에서 사람을 분리해 내며 전문직 종사자의 집단은 그들 자신이 공동체를 형상하지만 이는 장소와 관계없는 공동체가 된다. 이들 자체 내에 충성심, 일체감, 응집적, 하위

문화를 형성하고 있는 특징을 표하면서 공동의 기능에 의해서 결성된 공동체이다. 이와 같이 기능적 지역사회의 출현은 변동이 분화와 사회계층의 발달에 의한 사회분화 등 일련의 사회구조의 변화를 동질적이고 전인적인 공동가치를 갖는 전통이 분해되고 그 전통의 발달을 저해했다는 논리이며, 그 기능적 지역사회의 성격은 지역성 (locality)을 충분조건은 물론 필요조건으로도 삼지 않는 점으로 개인의 자율·자유의 가치에 기초로 하고 있다. 구드(Goode, W. J)에 의한 기능적 지역사회의 기준을 보면 ①전문직업인들은 그들의 기능적 신분에 비롯된 공속감에 의해 결속된다. ②일단 한 가지 전문직에 종사하면 그 기능적공동체를 좀처럼 떠나지 않는다. ③전문직업인들은 공통된 가치를 갖되 이러한 가치는 그들의 기능적 환경에서 파생되어 나오는 것이다. ④공동체적 행위의 영역내에는 국외인에게는 다만 부분적으로 밖에 이해될 수 없는 공동어가 존재한다. ⑤전문적인 그 성원들에게 권위를 가지며 그 분야 내에 행위규율을 제공한다.

## 기능적 집단
집단으로서 사람들을 결합하는 경우 일정한 목적달성을 목표로 하여 기능적으로 구성된 것을 말한다. 가령 정치적 목적 목표를 달성하기 위한 정당, 경제적 이해의 옹호를 목표로 하는 동업조합, 경영자 단체, 문화적 요구를 만족시키기 위한 학교 등을 들 수 있다. 근대사회에서는 기능적 집단의 역할이 증대해 조직화된 집단으로서 사회생활상의 중추적 위치에 있다. 기능적 집단에서는 구성원간의 관계는 비인격적이고 기초적 집단에 비하여 긴밀하지 못하다.

## 기능조직
관리자가 담당하는 일을 전문화하여 각 기능(직능)별로 전문가를 두어 그 업무를 전문적으로 지휘하고 감독하게 하는 조직을 말한다. 이것은 테일러가 직계조직의 결함을 시정하기 위하여 창안한 조직이므로 테일러 식 조직이라고 한다. 전문화의 원리, 기능화의 원리가 잘 이루어져 중소기업에 적합하다.

## 기능주의(functionalism) 01
제임스(W. james)와 듀이(J. Dewey)의 실용주의에 입각하여 19세기 말엽 시카고 대학에서 형성되었던 미국의 한 심리학파이다. 의식의 내용을 원자적인 요소들로 분석하여 종합하는 분트 학파의 구조주의에 반대해 의식의 기능을 강조했다. 여기에는 〈기능〉이라는 용어는 정적인 구조와 대조되는 능동적인 작용 또는 활동을 뜻한다. 진화론의 영향으로 이러한 기능 또는 활동은 유기체가 환경에 적용하는 문제해결적인 행동으로 간주되었다. 이에 따라 기능주의는 의식 또는 정신을 유기체가 환경에 적응하는 데 공헌하는 유용성이라는 각도에서 파악해야 한다고 주

장했고, 의식이 "무엇이냐"의 문제를 회피하고 의식이 "무엇 때문에 어떻게 활동하느냐"의 문제를 실험적으로 연구할 것을 강조했다. 적응에 대한 관심 때문에 개인의 적응능력의 차이와 그 측정에 중점을 두어 각종의 심리검사들을 제작하였다. 기능주의의 기수는 듀이이지만 안젤(J. R. Amgell)과 카아(H. A. Carr) 등에 의해 체계화되었다. 기능주의는 의식을 인정하나 심리학의 방법으로 과학적 실험을 강조했기 때문에 결국에는 행동주의에 흡수되고 말았다. 우리가 해방 이후 미국에서 받아들였던 새 교육은 실용주의적 교육으로 심리학인 기능주의가 주도적인 역할을 하였다.

## 기능주의 02
개별사회사업 랭크(Rank, Otto)의 의지심리학을 기초로 하며 그 독자성은 다음과 같다. ①사회사업가의 책임 하에 전개되는 과정을 부정하고 클라이언트의 자유의지로 전개되며 원조기관의 기능을 중시, ②클라이언트가 케이스워크 관계를 건전하게 활용 이용하는 것을 촉진하는 과정을 중시 서비스의 활용이나 그 결과 등은 클라이언트의 통제 하에 두고 또 클라이언트 자신이 결정하는 경험의 기회를 가질 수 있게 한다. 사회사업가의 기능은 클라이언트의 특정한 잠재능력을 개발하게끔 원조한다.

## 기능주의 케이스워크(functional casework)
O.Rank의 의지료법(will therapy)에 의거한 케이스워크의 일파이다. 케이스 워커의 책임으로 실시하는 조사·진단·치료의 과정을 부정하고 케이스워크를 클라이언트의 자유의지에 의해 전개하는 관계이라 생각된다. 기능주의란 이 관계의 전개에 중요한 의미를 가진 기관의 기능을 중시한 것에서 유래한다.

## 기능지역사회(functional community)
특정의 기능영역에 따라 목적적, 한정적으로 결성되는 지역사회로 전 기능영역에 관해 기초지역사회와 구별된다. 도시사회에서는 지역사회의 지주인 공동성, 지역성만 해도 개인의 전 생활과정을 포섭, 통합하는 것은 불가능하다. 또 다핵심화, 다층화된 생활의 현실에 착안해서 부분적 영역에 관한 지역사회를 설정한다. 유한책임형 지역사회(community of limited liability)도 그 일례다.

## 기능직 공무원
철도현업·체신현업·토목건축·전신·기계·화공·선박·농림·보건위생·사무보조·방호업무 등의 기능적인 업무에 종사하는 경력직공무원을 말한다. 기능직 공무원의 계급은 국회규칙, 대법원규칙, 헌법재판소규칙, 중앙선거관리위원회규칙 및 대통령령에 의해 정하되 대통령령인 공무원 임용령에는 기능직 공무원을 1등급에서 10등급으로 구분하고 있다.

## 기능집단(functional group)

사람들을 결합하고 일정목적의 달성을 위해 기능적으로 구성된 인위적 집단으로 이익사회, 2차 집단이라 부르기도 한다. 정치적 목적이나 목표를 달성하기 위한 정당, 경제적 이득 옹호를 목적으로 하는 조합이나 경영자단체, 문화적 요구를 충족시키기 위한 학교나 예술인 연합회 등이 그 예이다. 근대사회에서는 기능집단의 역할이 증대되어 조직화된 사회집단으로서 중추적 위치를 차지하고 있다. 기능적 집단에 기능주의 개별사회사업의 구성원간의 관계는 비교적 형식적이고, 공식적 집단에 비해 약하다.

## 기능학습(skill learning)

적절한 반응에 강화 자극이 연결될 때 일어나는 인간의 학습을 말한다. 자극 — 반응 학습은 주로 동물실험을 기초로 한 것이지만 인간에게도 적용된다. 기능학습은 인간을 조작적으로 조건 형성한 것으로서, 모스(Morse) 신호학습·인간 미로학습·원판추적 학습 등이 이에 속한다.

## 기능회복훈련(restorative training)

손상된 신체기능의 회복을 도모하는 훈련이다. 기능회복의 첫째는 생물학적 기능장애의 회복, 즉 뇌졸중, 뇌 외상, 신경근질환 등에 의한 마비, 골절 후 관절염, 기타 수족의 기능회복을 위한 훈련이다. 여기에는 운동용법이나 기능적 작업요법에서의 훈련방법이 쓰여 지며 잃어버린 근력, 관절가동력, 운동속도, 내구성, 교치성의 회복을 도모한다. 기능회복의 둘째는 개체로서의 기능회복이다. 생물학적 기능장애가 영속적인 것이 되었을 경우 신체에 남아있는 건전한 기능을 개발해서 개체로서의 기능회복을 도모하게 한다. 주된 것은 일상생활 동작훈련이다. 뇌졸중 후의 한쪽 마비자에 대해서는 한 손으로 섭식, 정용, 착탈의, 배변 등 필요한 수발을 할 수 있도록 훈련하고 또 오른쪽 마비자에 대해서는 왼손으로 글씨를 쓰고, 수저를 쓸 수 있도록 훈련하는 것 등이다.

## 기대 수단

어떤 사람의 기대, 유인가가 높으면 그의 동기는 높을 것이다. 그러나 셋의 결합 정도가 처음부터 낮으면 과업수행을 위한 동기는 나타나지 않을 것이며, 노력을 시작한 다음에도 처음의 기대가 잘못이었음을 알게 되면 역시 동기가 약화될 것이다. 개인의 동기화 정도는 기대, 수단 유인가의 곱에 의해 수량화할 수 있다. 제1수준의 성과에 대한 개인의 기대는 작업 상황, 타인과의 의사소통, 경험, 자존심 자신감 등에 영향을 받는다. 수단은 과업수행과 보상체제의 영향을 받는데, 여기에는 지도성 행위, 급료, 승진에 관한 회사의 정책이 작용한다. 제2수준의 성과인 부상의 중요성은 개인에 따라 달라진다. 즉 급료, 승진, 인정, 자율성 등에 대한 선호에는 개인차가 존재한다.

## 기대권

기대권이란 어떤 일에 참여하여 자신이 참여한 부분이 그 일의 결과에 반영되리라고 기대하는 권리로, 헌법 제10조 '인간의 존엄과 가치 및 행복 추구권'에 기초한 일반적 인격권 보장에 그 근거를 두고 있다. 1995년 4월에 발생한 대구 가스참사에 관한 보도에서 KBS가 시민들의 증언내용을 삭제하여 참사원인을 밝혀주리라 '기대'를 저버렸다며 이를 근거로 대구 YMCA가 국가와 KBS를 상대로 손해배상소송을 청구한 바 있다.

## 기대분석(expectation analysis)

예견되는 행동(anticipated behavior)이 무엇인가를 조사하여 분석하는 것을 말한다. 인간의 행동은 일반적으로 다른 사람과의 관계에서 무엇을 기대하느냐에 의해 많은 영향을 갖는다. 인간의 상호작용 상황에서 기대는 대상·장소·시간에 따라 상대적으로 기대하는 내용과 수준이 달라진다. 특히 교육에는 교사와 학생의 기대가 일치될 때 교육효과가 증대된다. 따라서 교사는 학생의 기대 분석을 해야 하며, 학생도 교사의 기대가 무엇인가를 인식할 때 행동에 영향을 미치기 때문이다.

## 기대성 오차(expectancy error)

사람이나 사실 또는 사건의 발생에 관해 미리 어떤 기대를 갖고 지각(知覺)하는데서 오는 오차를 말한다. 즉 기대하는데로 지각되도록 하는 과정을 통해 나타나는 오차를 말한다.

## 기대여명(life expectancy)

어느 연령에 도달한 사람이 그 이후 몇 년 동안이나 생존할 수 있는가를 계산한 평균생존년수를 말한다. 특히 출생시 평균여명을 평균수명이라고도 일컫는다. 이는 사망과 밀접한 관계가 있으며 잔여평균수명을 예측하고 있는 지표이다.

## 기대이론(expectancy theory of motivation) 01

어떤 행동을 할 때, 개인은 자신의 노력의 정도에 따른 결과를 기대하게 되며 그 기대를 실현하기 위하여 어떤 행동을 결정한다는 동기이론이다. 브룸(Victor H. Vroom)은 종래의 내용이론이 동기의 복합적인 과정을 설명하기에는 부적절하다고 생각하고 그 대안으로 기대이론을 제안하였다. 기대이론에서 개인은 행동의 결과로 나타날 수 있는 성과에 관한 기대를 가지고 있으며, 사람마다 성과에 대한 선호는 다른 것으로 가정한다. 브룸의 기대이론은 유인가(Valence), 수단(Instrumentality), 기대(Expectancy)의 세 요인으로 구성되며, 첫 글자를 따서 VIE 모형이라고도 한다. 기대란 어떤 행동이나 노력의 결과에 따라 나타나는 성과에 관한 신념으로 자기 자신에게 가져올 결과에 대한 기대감이다. 과업을 날 것이라는 기대에 의해 좌우된다. 성과가 있다고 믿으면 노력을 계속할 것이고 그렇지 않으면 노력을 그만둘 것이다. 기대는 노력과 제1수준의 성과인 과업수행을 연결하며, 그 강도는 노력의 결과 성과가 전혀 없을 것으로 믿는 1까지이다. 수단이란 제1의 성과와 제2의 결과간의 관련성을 지각하는 정도를 말한다. 즉 제1의 성과 또는 과업의 수행은 제2의 성과인 보상을 획득하기 위한 수단의 역할을 한다는 것이다. 수단의 제1의 성과가 제2의 성과를 가져오게 될 것이라는 확률치로서 −1에서 +1까지로 나타난다. 유인가는 제2수준의 성과인 승진, 급료, 인정과 같은 보상에 대한 열망의 강도를 말하는데, 개인의 욕구에 따라 그 중요성과 가치가 달라진다. 어떤 결과를 얻는 것이 좋다고 생각할 때는 +1에서, 결과를 얻지 않는 것이 좋다고 생각할 때는 −1까지로 수량화된다. 브룸의 기대이론을 그림으로 나타내면 다음과 같다.

## 기대이론(expectancy theory) 02
기대이론은 욕구와 만족 그리고 동기유발 사이에 기대(expectancy)라는 개념을 사용하여 동기부여 과정을 설명하는 이론을 말한다. 이 이론은 동기(動機)유발의 크기는 행동의 결과에 부여하는 가치(valence)의 크기와 자신의 노력이 그러한 결과를 가져다 줄 것이라는 기대(期待, expectancy)에 달려 있다고 주장한다. 즉 기대이론은 욕구 충족과 업무성과 사이의 직접적 관계를 주장하는 전통적 욕구이론과 동기이론을 보완하여, 그 사이에 기대라는 개념을 첨부하여 동기유발 과정을 설명하는 이론이다.

## 기대효용이론
일반적으로 미래에 대한 불확실성이라 하면 어떠한 결과가 나타날지 확실히 알 수 없는 상태에서 실현가능한 여러 확률분포를 추정하여 이를 바탕으로 의사결정을 하는 경우를 말하는데 이러한 불확실성하에서 기대 효용을 극대화하는 이론을 기대효용이론이라 한다.

## 기독교여자청년회(YWCA)
여자 청년을 회원으로 하는 국제조직(young women's christian association)을 약칭하여 YWCA라고 한다. 그 목적과 조직 및 사업은 대체로 YMCA와 같다. 1857년 영국에서 조직되었으며 한국에서는 1922년 김활란, 김필례, 유각경 등에 의해서 창설된 한국 YWCA는 그 반세기에 걸쳐 명실 공히 한국부녀자 운동에 앞장서 왔다. 그 활동상황을 보면 전국에 18개 지부를 두고 상호 유기적으로 협조하여 각종 지도자훈련, 교육활동, 복지사업, 봉사활동, 간행물출판 등의 활약을 하고 있으며, 일의 능률과 수준이 가히 국제적이라 할 수 있다. 경기도 소사에 현대식 캠프장을 가지고 있으며, 자체내 지도자 훈련은 물론 관련되는 타 단체에 대여도 함으로써 사회교육 발전에 이바지하는 바가 크다.

## 기독교청년회(YMCA)
기독교를 중심으로 한 청년단 YMCA(Young Men's Christian Association)라고도 한다. 1844년 London에서 George Willians를 중심으로 12명의 근로청년에 의해 종교적 수양단체로서 발족하였다. 서로 단결하여 영성과 지식과 체육의 향상에 힘쓰고 청년들을 유혹하는 사회의 모든 죄악과 싸우며, 사회의 교화에 노력하자는 것이 그의 목적이다. 이렇게 하여 생긴 이회는 발족 당시부터 사회적, 종교적 복지에 불가분의 관심을 가진 것과 순수한 프로테스탄트의 모임이었지만 특정교회를 떠나 초교파적인 운동을 전개한 것이 그 특징이다. 1856년 세계 기독교 청년연맹이 결성되었으며 한국에는 1903년 황성 기독교 청년회가 처음으로 설립되었는데, 초대 총무에는 길렛(Gillertt, T.)이 취임하였다. 회관은 종로 북쪽 향정동의 구옥을 사용하였으며 1907년에 현재의 종로에 건립하여 이전하였다. 청년회는 이상재 · 윤치호 · 이승만 등 사회 명사를 배출하여 각 방면에 걸쳐 한국청년에 기여한 바 크다. 특히 민족봉기때마다 청년회를 대표하는 투사들이 나와 많은 협력을 하였다. 이 기독교청년회운동은 청년들에게 급속히 파급, 현재 세계 각국에 조직되어 회사, 공장들의 근로청소년들을 대상으로 하여 그들에게 신체, 지능 및 정신의 보다 나은 자기 발달을 위한 기회를 제공하고 있다.

## 기록(recording)
사회사업에서 클라이언트, 문제, 예측(진단), 개입계획, 치료의 진전사항, 클라이언트의 상황에 영향을 주고 있는 사회적, 경제적 및 건강상의 요인들 그리고 종결이나 다른 기관 의뢰를 위한 절차 등에 관한 정보를 기록하고 그 서류를 보존하는 과정을 말한다. 기관의 요구사항, 사회사업가의 스타일, 개입의 형태에 따라 기록에는 여러 가지 형태들이 있다. 기록의 종류로는 서술적 요약체, 심리사회적 사정, 행동사정, 문제 중심기록, 소프 기록방법 등이 있다.

## 기말수당(quarterly allowance)
공무원에게 예산 범위 안에서 매년 3월, 6월, 9월, 12월의 보수지급일에 지급하는 수당. 보수월액 산정에 포함되는 수당.

## 기명날인
성명을 기재하고 인장을 찍는 일. 행위자의 동일성을 표시하는 수단이다. 기명날인은 반드시 본인이 하여야 하는 것은 아니며 타인이 사자(使者)로서 본인을 대행하여 할 수도 있다. 많은 법조(法條)가 각종 서류나 증서(證書)에 기명날인을 요구하거나 요건으로 하고 있는 까닭은 그 진정성(眞正性)과 책임관계를 명확하게 하고 행위자로 하여금 일정한 행위를 한다는 자각을 갖게 하려는 것이다.

## 기본급(regular wage, base rate)

근로자의 최저생활을 보장하기 위한 가장 기본적인 임금 항목을 말하며, 특수사정에 의해 지급되는 수당과 구분된다. 기본급은 본인급(本人給) · 능력급(能力給) · 근속급(勤續給)의 세가지를 구성요소로 하기에, 가족급(家族給) · 지역급(地域給) · 임시상여(臨時賞與) · 시간외임금(時間外賃金)과 같은 수당은 포함되지 않는다.

## 기본기능(basic skills)

①개념과 원리의 적용과 같은 기본적인 기능, ②기본이 되는 신체적 기능. 보통은 신체적 기능에서 여러 가지 기능 활동에 기초가 되는 기능을 말한다. 기술교육을 행함에 있어 모든 기능을 다 소유하도록 하기보다는 가장 널리 활용되며 어느 기능의 수행에서도 기초적으로 나타나는 기본 기능을 소유하는 것이 강조된다. 그러나 기본 기능을 기술의 내용적(교과적) 측면에서 선정되어야 한다는 주장이 있는가 하면, 심리학적 관점에서 인간이 보이는 기본적 운동 기능을 선정해야 한다는 주장이 서로 엇갈리고 있다.

## 기본적 분석

기본적 분석이란 기업의 성장성 · 수익성 · 안정성과 자금사정을 비롯한 경제적 환경을 감안하여 주식가치를 평가하는 것을 말한다. 현재의 주가가 평가치보다 높다면 과대평가, 낮다면 과소평가되어 있다고 판단하게 된다. 중장기적으로 주식의 가치는 기업의 수익잠재력에 의해 변화하게 되며 단기적으로는 증시유동성에 의해 변화하게 된다. 기본적 분석은 이러한 수익잠재력과 자금사정 등을 분석대상으로 하므로 중장기적인 주가의 흐름을 파악할수 있게 된다.

## 기본적 생활습관(fundamental habits)

식사, 수면, 배설, 청결, 의복의 착탈 등 아동의 생활 중 기본적 욕구 충족방법에 관한 습관을 말한다. 유아기의 가정생활이나 집단생활을 통해 심신의 성장발달단계에 따른 교육에 의해 이들 습관의 자립이 달성되는 것이다. 정신지체아 등 심신 장애아에 대해서는 특히 이의 배려가 중요하다. 시설보호에서는 일상생활지도를 통해 아동의 기본적 생활습관 외에 대인관계나 지역사회생활에서 필요한 보다 넓은 기본적 생활기술의 습득에 노력하고 있다.

## 기본적 수업모형(basic model of instruction)

수업을 전개하는 절차적 측면에서 기본적인 단계에는 절차를 묘사하고 있는 모형을 말한다. 이 모형으로 가장 널리 인용되고 있는 것은 글레이저(R. Glaser)의 수업 모형

이다. 글레이저는 ①수업목표, ②출발점행동의 진단, ③수업, ④수업평가의 네 단계를 선정하고 수업평가의 결과에 따라 수업평가는 물론, 수업 · 출발점 행동의 진단 그리고 수업목표를 조정하는 피드백(feedback)을 아울러 설정하고 있다. 이러한 네 요소는 어떤 학습과제의 수업에서나 어떤 학습자를 대상으로 한 수업에서도 포함되는 것이다. 즉 수업방법과 평가가 설정된 수업목표와 대상 학습자의 수준 또는 특성에 따라 결정되는 유기적 관계가 잘 나타나 있는 모형이다.

## 기본적 욕구(basic needs)

개체로서의 개인의 생명, 생존유지에 필요불가결한 욕구, 배고픔, 갈증, 배설, 성, 휴식 등의 생물적, 생리적 욕구와 안전, 애정, 소속, 승인, 성취 등의 사회적, 인격적 욕구가 있다. 다 같은 기본적 욕구라도 전자를 일차적 욕구, 후자를 이차적 욕구로 구별하기도 한다. 원래 기본적 욕구의 의미는 일차적 욕구에 있으나, 양자를 나누기 힘들어 일체성을 이루고 있다. 이것은 사회적 존재로서의 욕구가 포함된데 의미가 있다.

## 기본적 인권

인간이 인간으로서 고유하게 가지고 있는 천부불가침의 기본적인 권리를 말하며 자연적 상태에서 인간이 갖는 자유를 의미한다. 이와 같이 국가일지라도 제약할 수 없는 권리를 말하는 것으로 자연권이라고도 불린다. 이 자연권, 자유권중심의 법 원리에서는 재산권의 존중, 결사의 자유 등을 축으로 인간의 해방을 의미하는 것이지만 한편 이 자유는 사회적 약자에게는 역으로 빈곤의 자유를 낳게 되었다. 20세기에 들어와 근대사회에서는 자유권 이외에 사회적 약자의 생존권, 생활권 보장을 위해 국가의 적극적인 권리실현을 내용으로 하는 사회권적 기본권의 창출과 함께 이것도 포함하게 되었다. 국제연합의 인권선언(1948년), 국제인권규약(1966년)은 모두 자유권적 기본권, 사회권적기본권을 포함하는 것으로 되어 있다.

## 기부금

법인세법상의 기부금은 법인이 사용인을 제외한 타인에게 사업과 직접 관계 없이 무상으로 지출하는 증여액을 말한다. 기부금에는 정당한 사유 없이 자산을 정상가격보다 높은 가격으로 매입하거나 정상가격보다 낮은 가격으로 양도함으로써 실질적으로 증여되는 것도 포함된다. 기부금 은 법인의 소득이 외부로 유출되는 것으로 손금산입을 놓고 여러가지로 구분되고 있다. 국가 및 지방자치단체에 지출하는 기부금, 이재민구호금 등은 100% 손금산입되는 반면 지정 기부금(54개 유형)의 손금산입에는 한계가 있다. 사회복지자선 · 문화 · 교육등 공익단체에 지출하는 일반지 정기부금과 비영리공익법인이 고유목적사업에 전용하는 특별지정금액에 는 각각 일정한 한도가

주어진다. 이밖에 조세감면규제법에 의해 개별정 책목적에 따라 특별히 전액 손금산입되는 기부금( 14개 유형)이 있다.

## 기부금 특별공제

우리나라의 기부금 특별공제는 다음과 같다. 개인의 경우 거주자 중 부동산소득과 사업소득을 제외한 종합소득이 있는 자가 소득세법 47조와 49조에 규정된 기부금을 지급한 경우 부동산소득과 사업소득을 제외한 종합소득 금액에서 공제한다. 법인의 경우 ①법정기부금, ②지정기부금, ③비지정기기부금이 있는데 법정기부금은 이월결손금이 없는 한 전액 손금 인정되고 지정기부금은 일정한 범위내에서 인정된다. 반면 비지정기부금은 손금 인정되지 않는다. 미국의 기부금특별공제로 미국 세법이 지정한 조직체에게 기부한 금액에 대해 소득공제를 하게 해준 것을 말한다.

## 기부재산

재단법인 혹은 사회복지법인에 기부된 재산을 말한다. 이 재산은 언제부터 해당법인에 기속하는가가 문제된다. 사회복지사업법은 이 문제에 대해 민법규정에 준용한다고 함으로써 기부재산은, 생전처분으로 기부행위가 행해진 경우는 법인의 설립허가가 있을 때부터 또 유언에 의해 기부행위가 행해진 때에는 유언이 효력을 발생하였을 때부터 법인에 귀속되는 것이다.

## 기부행위(donation practice)

재단법인의 설립행위 즉 재단법인을 설립할 목적으로 일정의 재산을 제공하고 그 법인목적 기타 조직 및 운영에 필요한 기본규칙을 정하는 의사표시를 말한다. 생전처분 및 유언에 의해서도 가능하다. 또 기부행위가 표시된 서면 혹은 서면에 기재된 재단법인의 기본규칙을 기부행위라고도 한다. 민법상의 재단법인은 아니지만 학교법인 및 의료법인도 재단으로서의 본질을 가질 수 있기 때문에 그 설립행위는 기부행위라고 말한다.

## 기소독점주의

형사 피의자에 대한 공소 제기 권한을 검사만이 갖도록 하는 형사소송 상의 원칙. 유럽 대륙법 체계에서 이어져 온 전통으로 공소제기 창구가 일원화되고 기소와 불기소의 기준이 명확, 객관화될 수 있다는 장점이 있다. 반면 검찰이 관료주의적으로 흐를 경우 기소, 불기소 처분이 독단적으로 행해질 우려도 있다. 우리나라 형사소송법도 이 주의를 매우 순수한 형태로 채택하고 있으며 다만 검사의 부당한 불기소에 대해서는 고소인 또는 고발인이 이에 불복, 항고를 제기할 수 있도록 보장하고 있다. 또 직권남용 등을 저지른 공무원이 고소.고발됐을때 검사가 기소하지 않을 경우 고소.고발인이 불복, 해당 공무원을 재판에 회부해 줄 것을 직접 고등법원에 요구해 판사가 지정한 변호사가 검사 역할을 맡아 기소여부를 결정하도록 하는 재정신청도 기소독점주의 예외조항으로 인정하고 있다.

## 기소유예제도

현행 형사소송법은 기소편의주의를 취하여 검사는 범인의 연령, 성행, 지능과 환경, 피해자에 대한 관계, 범행의 동기, 수단과 결과, 범행 후의 정황 등의 사항을 참작하여 소추가 필요 없다고 생각되면 기소하지 않도록 되어 있다. 이와 같이 소위 형사정책상의 고려에서 기소하지 아니하는 처분을 기소유예라 한다. 이에 대해 범죄가 특히 경미하여 기소할 것까지는 없다고 생각되기 때문에 기소하지 않는 처분을 미죄처분이라 하여 구분하고 있는 것이 실제이다.

## 기속처분

법규집행에 있어 행정청의 재량의 여지가 전혀 허용되지 않는 처분을 기속처분이라 하고, 그러한 행정행위를 기속행위라 한다. 기속처분이 잘못되면 위법행위가 되고, 따라서 행정소송의 대상이 된다.

## 기속행위와 재량행위

행정행위는 법규 하에서 법의 구체화 또는 집행으로 행하여지는 행위이지만 근대행정의 광범성과 복잡다기성 때문에 엄격한 법의 기속이 요청되는 행정 분야에 있어서나, 구체적인 사정에 적극적으로 공익목적 달성을 위한 사명을 가진 행정분야에 있어서나, 행정청의 재량을 어느 정도껏 인정함은 불가피 할 것이다. 가령 행정행위에는 비교적 법의 기속을 받는 경우와 비교적 광범한 행정청의 재량이 인정되는 경우가 있다. 법의 구체화 또는 집행으로 행해지는 행위를 기속행위라 하고 어느정도 행정청의 재량이 인정되고 이 재량에 의해 행하여지는 행위를 재량행위라 한다.

## 기수적 효용 · 서수적 효용

효용이란 특정한 개인이 일정량의 재화를 소비함으로써 얻는 주관적 만족의 정도를 의미한다. 효용은 주관적인 것이므로 소득이 같더라도 사람 에 따라 같은 재화에 대한 효용은 달라질 수 있고, 또 같은 개인이라도 그의 경제사정에 따라 달라지게 된다. 따라서 효용에 대한 가측성의 문 제와 개인간 비교가능성에 대해 날카로운 논쟁이 일어났다. 이에 대해 초기의 효용이론에서는 효용을 심리적인 만족 내지는 욕구를 측정하는 양의 개념으로 파악하고, 기수적으로 측정 가능하다고 생각하였다. 이것이 기수적 효용이다. 예를 들어 어떤 사람이 사과 한 개의 효용이 10이고 배의 효용이 5이라면, 사과의 효용은 배의 그것에 비해 꼭 2배의 만족을 얻고 있다는 것이다. 이에 반해 서수적 효용은 이를 부정하고, 단지 재화의 선택에 대한 우선순위만을 알 수 있고, 재의 효용이 타재의 그것보 다 몇배 큰지 알 수도 없으며 또 알 필요도 없다고 주장한다. 서수적 효용은 각각의 재화에 대해서 소비자에게 동일만족을 주는 재화의 조합에 초점을 두고 전개된 무차별곡선의 이론적 배경이 되었다.

### 기숙사(dormitory)

학교나 공장 등에 딸려 있어 학생이나 직원 등이 숙박할 수 있도록 저렴하게 제공하는 시설을 말한다. 학교부설 기숙사는 큰 건물에 다수의 학생을 일제히 수용하는 시설 양호의 형태를 취하며 남녀학생이 구분되어 큰 방에 수명씩 투숙시킨다. 획일적, 규제적 처우가 중심이 되며, 가정적 분위기의 결핍과 직원과의 인간적 접촉, 인간관계의 희박 등이 개선되어야 할 과제이다. 산업체 부설 기숙사는 광의로는 다수인이 기거 및 식사를 함께 하고 있는 숙사를 총칭하지만, 협의로는 근로기준법의 규제를 받는 사업체 부속 기숙사를 말한다.

### 기숙사제도(dormitory system)

근로자를 다수 숙박시켜 협동생활을 행하기 위해 집단적으로 수용하는 설비이다. 원래는 석탄산업, 금속 광업, 방직업, 건축업, 등의 업종에서 사무소의 가장 가까운 거리에 두어 장시간노동을 용이하게 하는 편의를 갖고 있었지만 최근에는 반드시 사무소에 가까이 있지는 않다. 우리나라의 근로기준법 제 10장( 99 — 101)은 기숙사에 대해 규정하고 있다. 그에 의하면 사용자는 사업의 부속기숙사에 기숙하는 근로자의 〈사생활자유원칙〉과 〈기숙사 자치주의원칙〉을 제시하고 있다.(동법 제 99조)이외에도 사용자는 기숙사규칙을 작성하여 노동부장관에게 신고토록 하고 있으며 설비와 안전위생, 풍기유지들을 의무 지우고 있다.이러한 기숙제도의 관리에 있어서는 종래에는 사감을 두어 X이론에 근거한 삼시, 감독에 초점을 두었으나 오늘날에는 y이론에 입각한 자주화의 단계로 이행하고 있다. 따라서 사감 대신에 카운슬러를 배치하는 경향이 늘어나고 있다. 기숙생활 자유화단계의 특징을 보면 ①문화, 체육, 오락 행사계획, 운영의 자주화, ②각종시설의 사용료에 대한 자기 부담화, ③사생활에 관한 사무, 잡무의 자주와, ④집단생활의 기준설정과 운영통제의 자율화, ⑤개인적 생활지도에 관한 자주화, ⑥풍기, 사상무제의 통제, 교육지도의 자율화 등이다. 또 생활지도지원제도(big brother system)도 활용되고 있다. 기숙사의 운영 관리는 근로청소년복지에 차지하는 비중이 매우 크다.

### 기술도시

지방에서 성장하고 있는 산업과 관련된 산업기술의 연구를 위해 지역 내부 또는 인근에 교육·문화·복리후생 등 생활여건이 대도시와 동등하고 환경적으로는 오히려 쾌적한 분위기를 조성한 기술중심의 도시다. 테크너폴리스가 전국적으로 확산될 경우 지방산업이 전반적으로 육성돼 지방도시의 독자적 균형발전이 가능해지며 첨단기술산업 인력의 유입으로 인구분산에도 기여하게 된다. 일본의 경우 현재 쓰꾸바 연구학원도시를 중심으로 전국에 14개 기술도시가 활발히 성장하고 있는 것을 비롯, 미국의 실리콘밸리, 프랑스의 소피안디 폴리스 등이 있으며 영국, 서독 등도 기술도시를 조성해놓고 있다. 이 밖에도 대만의 신죽 과학산업공원, 싱가포르 과학공원, 이스라엘 과학공원 등 개발도상국들도 기술도시를 적극 육성하고 있다. 우리나라도 1973년 정부가 840만평의 대덕연구단지를 건설, 최초의 기술도시로 육성하고 있다.

### 기술신용특례보증제

기술신용보증기금 등 신용보증기관에서 사업성이 우수한 선진기술을 보유한 무담보 중소기업에 보증을 섰다가 채무변제가 제대로 되지 않을 때 정부가 사고금액의 70%를 물어주도록 하는 제도. 정부가 손실 보전의 대부분을 책임지기 때문에 신용보증기관에서 무담보 중소기업에 신용보증을 서 줄 경우 관행적으로 요구하고 있는 제3자 연대보증을 특례 보증 때에는 면제해 주고 있다. 또 기술관련 사업을 보증한다는 점에서 그 대상을 기술개발사업·정보화사업 등 선진기술에 한정하고 있다.

### 기술적 방법(descriptive method)

사실의 기술 즉 경험으로부터의 귀납만에 의해 명제를 구성하려는 방법을 말한다. 이에 대비되는 설명적 방법은 일정한 보편적 명제를 전제로 해서 이로부터 연역적으로 즉 인과적으로 추론하는 방법을 말한다.

### 기술적 행정학

행정을 정책의 효율적 집행을 위한 관리 기술, 즉 경영으로 파악 하는 정치·행정 이원론을 기술적 행정학이라 한다. 즉 행정을 정책집행을 위한 전문적 관리기술로 이해하였기에 기술적 행정학이라 불렀다.

### 기술철학(philosophy of technology)

기술이란 인간이 자연에 작용해 사물을 생산하는 방법 또는 목적을 실현하는 수속을 의미한다. 인간은 의도적으로 기술을 매개로 하여 생산적으로 활동하는 것을 특징으로 한다. 여기에는 객관적 법칙성에 관한 과학적 지식과 함께 문화를 창조하려는 인간적 의욕이 기술의 성격을 결정하는데 중요한 역할을 한다. 따라서 기술의 체계적 이해에는 사회과학적 구명과 함께 철학적으로도 그 의미를 구해야 한다.

## 기술통계학(descriptive statistics)

통계학은 크게 두 가지 분야로 나뉘는데 하나는 기술통계학이고 다른 하나는 추측통계학이다. 이 가운데 기술통계학은 통계적자료의 기술에 관한 학문이라 할 수 있다. 즉 통계적 자료는 전수조사에 의해서 얻은 것을 전제로 하고 그 목적은 집단의 기술로 한다. 즉 도수분포, 집단의 특성값(평균, 분산등), 상관 및 회귀분석 등을 대상으로 한다. 표본조사에 의해서도 위의 분석을 시도할 수 있다. 그것은 모수 추정을위한 것이다. 이러한 점에서 기술 통계학은 K. Pearson까지의 통계학과 대륙 특히, 독일에서 발달된 통계학을 뜻한다. Pearson의 경우도 표본 이론이 있었지만 Gosset과 같은 소표본 이론은 아니었다. 기술 통계학에 대립되는 추측통계학은 W.S. Gosset과 R.A. Fisher에 의해서 완성된 것이라 할 수 있다.

## 기술혁신(innovation)

컴퓨터혁명, 제2차 산업혁명 등과 같은 때의 혁명(revolu-tion)이라는 말이 갖는 공포감이나 살벌한 이미지를 불식하기 위해 경제학자 슘페터(Schumpeter, J.A.)가 도입하여 일반에게 널리 알려진 개념이다. 구체적 수단으로서는 전자공학, 기계공학 등의 기술도입에 의해 인력으로 수행하고 있는 업무를 대체시키는 것이 일반적이다. 기술혁신이 진일보한 개념이 기술혁명(technical revolution) 혹은 과학 기술혁명이라고 하여 현대사회의 특질의 하나로 보고 있다. 기술혁신은 기계화, 자동화를 기반으로 하여 유통과정의 변화, 판매노동의 변화, 사무노동의 변화, 노동조건 및 생활조건의 변화를 초래하여 사회변동(social change)의 원동력이 된다. 이와 같은 기계화, 자동화는 인간의 기계 부품화, 부속물화를 가져와 노동의 자기소외에서 인간의 자기소외 나아가서는 인간성의 상실이라는 결과가 나타나게 된다.

## 기아

기아란 부모 또는 부양의무자로부터 유기되는 어린이를 말하는 바 특히 경찰관은 국민의 생명과 신체를 보호할 의무가 있어 기아의 생명에 대해 응급구호를 하여야 하며 경찰관직무집행법과 형법 제 172조(영아유기죄)에 의해 처리하고 있다. 기아발생의 원인을 보면 생활고로 인한 어린이 유기, 불순한 이성 관계로 출산한 유아의 유기, 질병 편애 등이 있다. 이들 유기된 어린이는 시설보호가 가장 많고 보호자 인계, 위탁보호, 입양기관위탁 등으로 처리된다.

## 기아보호소(foundling hospitals)

버려진 아동을 보호하는 시설을 말한다. 전통적으로 이러한 시설들은 자선적 기부에 의해서 운영되고 후에는 지방세로 운영되었다. 1856년에 설립된 성 빈센트의 기아보호소는 미국에서 최초로 생긴 기아보호소였다. 많은 고아원들은 대부분 양연보호 프로그램으로 대체되었다.

## 기억상실증(amnesia)

과거 경험의 일부 또는 전부를 기억하지 못하는 현상을 말한다. 이것은 정서적, 신체적 요인, 혹은 양자의 결합요인으로 발생한다. 퇴행성 기억상실증은 특정 시간 이전에 일어난 사건을 기억하지 못하는 증상이며, 반퇴행성 기억상실증은 특정 시간 이후에 일어나는 사건에 대한 기억 무능력 증세로 보통 기억상실이 시작된 이후를 말한다.

## 기업

자본주의사회에 있어서 기업이란 이윤 추구를 목적으로 하는 생산경제의 단위체를 말한다. 기업은 기업가의 지배하에 집합된 자본설비 또는 원자재 등을 구입하고 구입한 원자재를 생산과정을 통해 가치를 부가시킨 후, 시장에서 제품 또는 서비스를 판매하는 것이다. 기업은 다른 경제주체, 가령 가계나 정부와는 달리 이윤을 추구하고 있다는 점이 다르다. 기업은 이것을 구성하고 있는 주체에 따라서 그 기업의 형태와 종류가 다르다. 또 기업형태는 기업주체의 단수ㆍ복수 여부 및 책임의 종류에 따라서 결정된다. 따라서 기업형태는 ①공기업(국영기업ㆍ공 영기업), ②공사합동기업, ③사기업(개인기업ㆍ집단기업 ― 합명회사ㆍ합 자회사ㆍ익명회사ㆍ유한회사ㆍ주식회사ㆍ협동조합)으로 분류될 수 있다.

## 기업 내 교육(on ― the ― job training)

직장 내의 상사가 구체적ㆍ실제적인 입장에 서서 직접 가르치는 교육을 말한다. 종래 교육훈련은 전문가가 담당하는 직장 외 훈련이 대부분이었다. 이의 목적은 노동자의 직무수행에 필요한 지식ㆍ기능의 향상뿐만 아니라 기업에 대한 충성심이나 근로 의욕을 높이고 새로운 능력개발 또는 관리, 감독자의 지도력 육성을 목적으로 한다.

## 기업 인수 합병

M은 기업의 흡수매수, A는 종업원을 포함해서 기업을 매수함을 말한다. M & A에 의한 기업변신의 경우에는 사내에서의 신규사업과 비교해서 그 결과가 빨리 나타나는 효과가 있다. M & A가 일어나는 배경에는 사회구조ㆍ산업구조의 변화와 인간의 의식구조 변화, 라이프 스타일의 변화와 같은 시대적 조류때문이다. M & A는 우호적인 매수와 비우호적인 매수로 대별된다. 비우호적인 경우, 매수대상기업의 주식을 일정한 값으로 매입 해버릴 것을 공표하는 테이크 오버 비드(TOB)란 방법도 이용된다. 미국에서는 이전부터 M & A가 성행했는데, 근래에 와서 제4차 붐이 일고 있다고 한다. 자기 회사만으로는 힘겨운 경영의 다각화, 해외개발 등시일을 요하는 과제를 효율적으로 해결하는 수단으로서 M & A가 증가 추세에 있다고 한다.

## 기업 인턴

대학 졸업예정자 중 대학의 추천 등 일정한 인원의 사원 후보를 대상으로 일정기간 인턴으로 수련케 한 다음, 적격자를 사원으로 채용하는 사원 채용제도를 말한다. 이 과정을 거쳐 선발된 사원은 입사 후, 수련 기간만큼 수습 기간을 단축 받게 된다. 이 제도는 입사 후 수습과정을 입사 전에 밟게 함으로써 기업으로서는 입사 전에 사원 개개인의 적성과 능력을 미리 파악, 사원의 배치에 효율적일 뿐 아니라 애사심을 미리 키울 수 있다. 또 기업인턴제의 실시로 기업의 이미지를 높여 유능한 인력을 사전에 발굴할 수 있다. 또 대학생들로서는 사회진출 이전에 자기계발 사회적응력을 배양하고 수습기간이 생략되는 이점과 아르바이트 기회도 가지게 된다.

## 기업가치 / 영업력 배수

우리말로 표현하면 기업가치 / 영업력 배수를 말한다. PER처럼 낮을수록 가치가 저평가됐음을 나타낸다. ① EV(Enterprise Value) = 시가총액(주식수 기말주가)(우선주 포함) + 순부채(총차입금 −현금예금), ②EBITDA(Earning Before Interest, Tax, Depreciation, Amortization) = 세전영업이익(EBIT) + 유형자산감가상각

## 기업구조조정

구조조정은 고부가가치 산업을 중심으로 한 나라의 산업구조가 고도화되는 과정을 말한다. 정책적인 의미에서는 산업구조의 조정과정에서 나타나는 기업의 무더기 도산, 대량실업 등의 부작용을 줄이면서 경제 여건에 맞는 고부가가치산업으로 이행하도록 세계 / 금융지원을 해주는 적극적인 구조조정을 의미한다.

## 기업매수합병

둘 이상의 기업이 하나로 통합되어 단일기업이 되는 합병(Merger)과 특 정기업이다른 기업의 주식이나 자산을 취득해 경영권을 획득하는 기업 매수(Acqusition)가 결합된 개념으로, 외부적인 경영자원을 활용하는 것 으로 기업의 성장을 도모하는 가장 적극적인 경영 기업전략이다. 기업매수합병은 크게 "국내 M&A"와 "해외 M&A"로 나뉜다. 국내 M&A는 부실기업인수와 업종전문화에 따른 그룹계열간의 합병이 대부분이며, 해외M&A는 선진국의 기술 습득, 무역장벽극복 및 해외유통망 확대, 경영다각화 등을 목적으로 우리와 같이 수출주도형 산업구조를 지닌 나라에서 국제화 전략으로 많이 쓴다.

## 기업메세나

로마국가 초기의 대신으로 예술, 문화의 옹호자였던 메세나스로부터 명칭이 유래됐다. 기업이 예술, 문화활동에 대한 전반적인 지원을 하는 것을 말한다. 우리나라는 94년 4월 18일 삼성, 현대 등 재벌그룹을 비롯 총 204개 기업체가 참여한 한국 기업메세나 협의회가 발족됐다.

## 기업보험(commercial line)

기업이 기업경영의 목적으로 이용하는 보험을 말하며 가계보험과 대별되는 것이 기업보험이다. 이를테면 기업의 건물이나 동산을 보험의 목적으로 하는 화재보험, 수출입 화물을 보험의 목적으로 하는 해상보험, 기업의 종업원등의 후생복지를 위해서 기업이 보험계약자가 되어 종업원 등을 피보험자로 하는 생명보험이 있다. 기업을 위한 생명보험에는 기업이 그 기업경영에 없어서는 안 될 키이맨(Key man)인 종업원이나 간부의 사망과 불구로 인해 경제적 손실을 입을 경우를 대비하는 키이맨보험이 있고, 단체 생명보험과 건강보험 등의 피용자급여를 위한 보험 등이 대표적이다.

## 기업복리

기업내복지(기업내복지후생)와 같은 의미지만 구태여 구별하면 기업복지쪽이 다종다양할 뿐 아니라 극히 범위가 넓다. 예를 퇴직금, 주택수당, 통근수당, 탈의실, 휴식, 욕탕, 주택, 보유시설 등도 기업복리에 포함되어 있다. 그러나 해방 후의 근로 기준법, 행정지도 및 노동조합에 의한 단체교섭결과의 단체협약처결 등에 의해 산업에 있어서는 기업복지의 일부가 임금, 노동조건으로서 취급되게 되었다.

## 기업복지

기업복지란 기업의 책임과 비용부담 하에 그의 종사원이 직장 내외의 생활을 통해서 물질적, 정신적 욕구를 충족할 수 있도록 지속적 복지를 실현하는 것을 목적으로 직장이 제공하는 임금 등 근로조건 이외의 제 급여시설 및 활동의 종합적 체계를 말한다. 따라서 기업복지의 주체는 기업의 사용자이며 객체는 종업원과 그의 가족이다. 구현방법은 복지수요, 즉 종업원 등의 물질적(경제적) 정신적 욕구를 최대한 반영시켜, 복지공급, 즉 기업이 제공할 수 있는 가용자원이나 서비스를 적정하게 배분시켜서 목적개념인 지속적 복지 상태를 실현하는 것이다. 종래 복리후생이란 용어가 사용되어졌으나 이 용어는 온정적, 은혜적, 임의적 성격이 강하다. 구미의 경우 2차 대전을 전후하여 기업의 사회적 책임, 노동조합의 정착과 단체 교섭력의 증대, 근로조건의 법제화, 산업민주주의의 확대, 경영사회정책의 발달 기술철학 등에 힘입어 기업이 제공하는 복지서비스가 사용자의 자발적, 임의적, 온정적인 것임에도 불구하고 계약적, 협약적, 준법률적 성격이 증대되었으며 단체협약중심의 권리의 무적 성격이 증대됨에 따라 종래의 복리 후생이라는 말 대신에 기업복지라는 신용어를 사용하게 되었다. 우리나라도 1970년대부터 산발적으로 사용해 오다가 1980년대에 용어의 시민권을 획득했다고 할 수 있다. 그 내용은 사택 · 기숙사 · 내 집 마련

등 주택시책, 급식·구매·탁아·육영 등 생활원조시책, 공제·금융(저축, 대부) 등 공제금융시책, 문화, 체육, 레크리에이션시책, 의료·보건시책, 정신적 복지를 위한 산업상담, 산업사회사업시책, 기타 사회보장 보완복지시책 등을 들 수 있다. 기업복지의 일반적 기능으로는 노동력의 확보 및 정착화, 노동력 재생산과 노사관계의 안정, 근로의욕 향상, 노동능률증진 및 기업 활동의 원활화 등을 들 수 있다. 앞으로 급식, 주택 등의 생활원조중심의 시책과 재산형성, 사업카운슬링 등의 정신적 복지로 전환시켜 가는 것과 사내 근로복지기금법에 따른 기금의 육성 및 산업사회사업가 등 복지전문가의 배치, 활용, 대기업과 중소기업 간의 복지격차, 즉 기업 복지의 이중구조화 현상의 극복 등이 과제로 남아 있다.

## 기업복지시설

기업 내 근로자의 복지를 도모할 목적으로 각 기업이 제공하는 복지시설이다. 여기에는 주택시설로서의 사원아파트, 기숙사, 사택을 비롯해 진료소, 병원, 보육원, 체육시설, 도서관, 오락시설, 보건소 등이 있다. 또 복지사업으로서는 생활·법률상담, 퇴직 후 시책, 각종 자금의 대부 등 광범위하다. 근로자의 복지향상과 함께 기업의 근로자의 귀속의식강화, 생산성향상, 근로관계의 안정을 목적으로 하고 있으며 대기업일수록 정비되어 있고 기업 간 격차가 심하다.

## 기업분할

인수합병(m&a)의 반대개념. 기존 회사 사업부에 자본금과 부채를 나 눠 준 후 새로운 기업을 만드는 것이다. 기업분할에는 물적분할과 인적분할이 있다. 물적분할은 분리, 신설된 법인 주식을 모회사가 전부 소유하며 인적분할은 존속회사 주주들이 자기소유비율대로 신설법인 주식을 나눠 갖는 차이가 있다. 물적분할 기업의 실적과 자산가치는 지분법을 통해 존속회사에 그대로 연결된다. 기업분할은 감자나 주식매수 부담이 없기 때문에 경영진이나 주주들에 게 매력으로 작용하고 있다.

## 기업분할명령제

정책적 의도에 따라서 기업을 분할시키는 것. 즉 여러 기업이 독점적 이익이나 경영상의 이익을 위해 결합함으로써 생기는 독점의 폐해를 막기 위한 제도를 말한다. 그 방법으로 ①회사를 둘 이상으로 해체한다(dissoultion), ②자산의 양도 등 일부를 분리한다(divorcement), ③주식·자산을 처분한다(dive-sture) 등 이른바 3D가 있다.

## 기업사냥꾼

흔히 기존 기업주 동의를 받지 않고 경영권을 탈취하는 적대적 인수&합병을 노리는 개인이나 법인을 말한다. 하지만 경영권을 빼앗는 수준까지는 가지 않더라도 경영권

을 위협할 정 도의 주식을 매입해 시세차익을 노리는 투자자를 포함하기도 한다.

## 기업연금 / 기업연금제도(corporate pension) 01

종업원의 퇴직 후 생활을 안정시키기 위해 기업이 지급하는 퇴직연금제도 중의 일종이다. 이 제도가 전 세계적으로 광범위하게 보급된 것은 제2차 세계대전 후 복지국가가 확산되면서부터이다. 이 시기의 기업연금은 공적연금의 한계를 보충하는 형태로부터 시작되었다. 기업의 입장에서 이 제도는 고령으로 능률이 저하된 종업원에게 일정의 수입을 공여함으로써 원만하게 퇴직하게 하고 이것이 종업원 집단의 근로의욕을 향상시켜 기업의 활력을 유지하기 위한 방편이 된다. 노동의 대가라는 측면에서 보면, 기업연금이란 임금의 일부가 이연되어 퇴직 후 지급되는 이연임금이다. 기업연금의 급부는 노후의 전 생애에 걸쳐 지급되는 노령연금이 대부분이고, 이외에 유족연금·장애연금 등도 지급되고 있다. 외국의 경우 나라에 따라 이러한 기업연금의 제도화가 기업에 강제되었다. 미국의 경우 적격퇴직연금제(適格退職年金制)는 이에 대한 기업의 부금(賦金)은 손비 처리되고 종업원에 대한 과세는 실제로 급부를 받을 때까지 이연된다. 영국의 경우 조정연금제(調整年金制)라는 형태로 후생연금의 일부 급부를 대행하는 동시에 독자적 연금 급부를 부가하여 지급한다. 일본에서는 적격연금과 조정연금을 병행하여 실시한다. 이러한 기업연금의 운영에는 보통 적립방식과 비적립방식이 있는데, 대체로 적립방식을 채용하고 있다. 우리정부는 현행 퇴직금제는 직장이동성 증가, 중간 정산제 확산 등으로 노후소득보장 기능이 크게 약화되자 1999년부터 근로자의 노후보장과 자본시장 활성화의 일환으로 기업연금제도를 확충하는 방안을 검토해 왔다. 2001년 7월부터 노사정위원회에서 기업연금제 도입방안을 논의하였으나, 노사 간에 입장차이가 지속되어 도입이 미뤄지고 있다가 2003년 7월 노사정위원회가 노사간 입장을 정리한 보고서를 노동부에 이송했다. 이에 따라 정부는 2005년 12월 도입에 도입했지만, 기업의 가입율이 저조한 실정이다. 그러나 향후에는 점차 증가할 것이라 예상된다.

## 기업연금 02

고용주가 법률에 의해 의무적으로 실시하지 않고 자율적으로 종업원의 노후, 사망, 질병 등의 사유로 인한 생활의 불안에 대처하기 위하여 연금을 지급하여 주는 제도이다. 이 제도는 사회보험제도가 실시되기 이전에 구미 등지에서 나타났으며 오늘날에 있어서 이 제도는 하나의 중요한 경영사회정책의 수단으로서 사적퇴직연금제도라고도 칭한다. 미국의 경우 연금체계가 공적연금과 사적연금으로 분류되는데 사적연금의 중요 기능을 기업연금이 맡고 있다. 그 급부내용을 살펴보면 각 기업마다 니드(Need)에

부합하는 제도를 설계하는 것이 가능하도록 되어 있어 기업연금의 종류는 다양하지만, 크게는 확정급부형 연금과 확정갹출형연금으로 나눌 수 있다. 확정급부형연금이란 우선 급부액을 결정하고 그 급부에 필요한 보험료를 수리계산에 기초하여 산출·적립하는 형태로, 수리 계산의 오차나 자산운용의 실패 등으로 급부에 필요한 자산의 축적이 불가능한 점도 있다. 그 경우 Risk는 기업이 부담하는 것으로 되어 있어 기업은 부족분을 부담해야 한다. 확정갹출형연금이란, 우선 보험료 갹출 방식을 결정하고 보험료와 그 운용수익에 의해 급부금을 사후적으로 결정하는 것이다. 이 때문에 자산운용의 실적에 의해 급부액이 변하게 된다.

## 기업연금보험(pension plan)

생명보험회사가 계약을 맺은 기업에 대해서 기업연금제도를 설계해주고 그 보험자가 되어 종업원에게 퇴직 후 연금·일시금을 지급하여 주는 보험을 말한다. 이 보험은 기업의 대표자가 계약자가 되고 종업원을 피보험자로 하여 종업원 또는 그 유족이 연금수익자가 된다. 보험료의 산출에 있어서는 예정이율, 예정사망률, 예정사업비율 이외에 예정탈퇴율 및 예정승급률이 사용되기 때문에 각각의 기업의 실정과 희망에 부합된 재정계획이 세워지고 이에 의해서 보험료가 책정된다.

## 기업연금제(도)

기업연금제란 근로자의 노후 보장을 위해 기업이 단독으로 혹은 근로자와 공동으로 조성한 돈을 투신, 보험 등 금융기관의 상품에 위탁 운용해 근로자가 퇴직할 때 연금이나 일시불로 지급하는 제도를 말한다. 이 제도를 도입할 경우 기업은 직원들의 퇴직금에 대한 자금부담을 덜 수 있고 근로자는 회사가 도산하더라도 제3의 금융기관으로부터 안전하게 퇴직금을 지급받을 수 있다. 이는 기업이 근로자의 퇴직시 지불해야 할 퇴직금을 일시에 적립하는 대신 장래에 발생한 퇴직금을 평균적으로 분할해 납입한다는 점에서 종업원 퇴직보험과는 다르다. 종퇴보험은 퇴직 후에 일시금으로만 지급받을 수 있으며 금리도 확정금리형밖에 없기 때문. 이 경우 기업측이 이를 담보로 자금운용을 할 수도 있어 도산시 근로자들이 보험금을 받지 못 할 수도 있다. 이에 따라 기업연금제는 보험금을 담보로 기업이 대출을 받을 수 없도록 했으며 보험을 해약했을 때의 환급금도 근로자에게 돌아가도록 했다. 또 기업연금은 시중금리에 따라 신축적으로 운용, 퇴직 후 연금방식으로 지급받을 수도 있다. 최근 정부는 증시의 수요기반을 확충하기 위해 기업연금제 정부시안을 이달 중 확정, 노사정위원회에 상정키로 한 바 있다. 그러나 노동계는 기업연금 제도가 현행 퇴직금 제도보다 불안하다는 이유로 반대하고 있고, 재계는 기업들의 퇴직금 적립부담률을 현재보다 축소하자고 주장하는 등 이

견이 커 정부시안이 노사정위를 통과할지는 불투명한 상황이다.

## 기업의 사회적 책임

복지사회의 욕구가 고조되는 가운데 기업은 이익에만 집착하지 말고 사회의 일원으로서 책임을 자각하여 그것을 실천하여야 한다는 사고방식을 말한다. 공해·상품투기·편승가격상승 등 기업이 국민복지를 저해하고 있다는 비판의 소리가 높아지고 있는 가운데 나온 것이다.

## 기업의식(management identification)

근로자가 자기가 속하는 기업에 대해서 갖는 동조적 태도를 말한다. 노동조합의식과 비교시켜서 종업원의식이라고도 불리어진다. 기업의식을 구성하는 요소는 주어진 일에 대한 애착이나 만족도와 직장집단의 만족감, 그 일원이기 때문에 느끼는 긍지, 다른 집단과의 관계 등에 의해서 규정된다. 우리나라에 있어서 기업의식은 연고서열제도 종신(생애)고용제도, 경영가조주의 등과 결부되어 이 높은 조합의식과 양립하면서도 기업의식쪽에 보다 높은 비중을 두고 있다. 젊은 층에서는 양 의식이 낮은 경향이 있다.

## 기업이민

상대국에서 독립사업을 하는 이민을 말한다. 일반적으로 이민은 상대국의 고용주에게 고용되어 노동력을 제공하는 임금노동자를 가리키지만 기업이민의 경우는 기자재 및 장비 등 자본재를 가지고 가서 독립하여 기업을 영위한다. 기업이민을 갈 경우 반출한도액이 외국환관리규정에 의해 3만 달러 이상 10만 달러 이하이지만 예외규정으로 캐나다·호주의 투자이민의 경우 10만 달러 이상을 갖고 갈 수 있는 특례를 적용하고 있다. 이들 나라에서의 사업종류는 주로 봉제, 모텔, 음식점업, 소매업, 농·목축업 등이다. 우리나라의 해외개발공사나 민간 4개 업체가 대행절차를 하여준다.

## 기여분제도

상속법 중 피상속인 재산의 유지나 증가에 특별히 기여하였거나 피상속 인을 부양한 자가 있는 경우에 해당자의 상속분 산정에 있어서 그 기여분을 가산해 주는 제도. 기여분은 공동 상속인간의 협의에 의해 정하며, 협의할 수 없을 때는 기여분을 주장하는 자가 가정법원에 청구할 수 있다.

## 기제(mechanism)

적응이론에서 쓰이는 용어이며 적응기제 혹은 방어기제로 사용된다. 이것은 심리적 파국을 피하고 자아의 붕괴를 막기 위해 이루어지는 심리적 메커니즘의 활동이라 할

수 있다. 근도반응, 공격, 퇴보, 대상, 도피 등이 열거되고 있다. 프로이드(Freyd, S.)는 퇴행, 억압, 반동형성, 격리, 취소, 투사, 자기애적 내향, 전도, 승화 등의 방어기제를 제시했다.

### 기준간호(standard nursing care)
입원환자가 자비로 따로 간호부를 두지 않아도 전문 간호부가 돌봐주는 간호체제를 가리킨다. 진료보수에 있어서는 보험 의료기관이 일정의 간호요원을 확보해 환자의 간호를 행하고 있으면 입원료 외에 간호료에 기준 간호료가 가산된다. 그러나 현실적으로는 기준간호의 의료기관에서도 별도의 간호가 묵인되어져 차액실료와 함께 환자의 큰 부담의 하나로 되고 있다.

### 기준근로시간
1주간의 근로시간은 휴게시간을 제하고 44시간.1일의 근로시간은 휴게시간을 제하고 8시간을 초과할 수 없다. 근로자의 기준근로시간은 연소자에 대해서는 1일 7시간, 1주 42시간, 유해.위험작업에서는 1일6시간, 1주 34시간의 예외가 있다(산안법제 46조) 1주 44시간근로; 1주간의 근로시간은 휴게시간을 제외하고 44시간을 초과할 수 없음.(근기법제 49조 1항) 1일 8시간근로; 1일의 근로시간은 휴게시간을 제외하고 8시간을 초과할 수 없음(근기법 49조 2항).

### 기준변인(criterion variable)
하나 또는 일련의 예언변인(또는 독립변인)들로서 예언하고자 하는 연구자의 관심의 변인을 말한다. 실험적 연구에서는 이를 종속변인이라고 부르고 있으나 기술적인 연구에서는 연구자의 조작이 없이 단순히 예언의 기준이 된다는 점에서 이를 기준변인이라고도 부른다. 과거에는 하나의 기준변인과 하나의 예언변인과의 관계 또는 하나의 기준변인 또는 여러 개의 예언변인에 대해 하나의 기준변인과의 관계의 연구에만 국한되었다. 그러나 현재는 컴퓨터의 활용으로 여러 개의 기준변인과 여러 개의 독립변인을 동시에 관련을 짓는 연구가 활발해지고 있다. 분석에 있어서 하나의 기준변인만 고려하는 것은 현상을 너무 단순화했다고 볼 수 있으므로 다수의 기준변인을 동시에 이용하는 방법은 필요하고 바람직한 방향으로의 발전이라고 볼 수 있다.

### 기준타당성(criterion —related validity)
시험성적 또는 조사 내용이 다른 실적기준(criterion of performance)들과 얼마나 부합하느냐 하는 경험적 차원에서 판단되는 타당성을 가리킨다. 가령 채용시험의 성적과 채용 후 일정한 기간(수개월 또는 1 −2년)이 지난 뒤의 근무성적을 비교해 양자의 상관관계가 높으면 채용시험의 타당성이 높은 것으로 판단할 수 있 을 것이다.

### 기질성 정신장애(organic mental disorders)
뇌의 병변 내지는 손상에 의해 일어나는 정신병을 말한다. 본래적으로는 뇌기질성 정신병이라는 것으로 소위 외인성 정신병의 범주에 들어간다. 주증상은 급성증상으로서의 의식장해(집중곤란, 실견당식, 간질성 발작, 몽롱상태 등)가 보인다. 만성증상으로서는 전반적인 지적능력의 저하가 보이며 치매가 나타난다. 장해가 경도인 경우에는 건망증(특히 기억력장해)이 주된 증상이다. 일반적으로 원상회복은 곤란하다.

### 기질적 장애(organic disturbance)
광의로는 유기체(organism)를 조직하고 있는 제 기관(구조)에 손상을 받았기 때문에 생기는 행동내지는 정신면의 장애를 말한다. 협의로는 뇌수의 손상으로 생기는 인지, 언어, 사고, 지능, 정서 내지는 행위의 장애를 말한다. 지각, 운동, 기억, 언어의 장애에 대응하는 뇌수의 손상부위는 어느 정도 해명되었으나 뇌수의 어느 부위에 어떠한 손상을 받았을 경우 어떠한 기질적 장애가 발생하는지는 연구과제다.

### 기질적 정신장애(organic mental disorders)
뇌의 영구적 혹은 일시적 손상에 의해 야기된 정신적 혼란으로서 이 장애는 노화과정, 알코올이나 다른 중독성약물의 복용 혹은 어떤 생리적 역기능과 관련될 수도 있다. 이러한 장애 중에서 기질적 뇌증후군으로는 섬망, 치매, 기억상실증, 기질적 망상, 기질적 환각, 기질적 정동증후군, 기질적 인성 증후군, 비정형 혹은 혼합형 기질적 뇌증후군 등이 있다.

### 기초공제 01
소득세 또는 그것에 준하는 조세의 과세 표준을 산정하는 데 있어, 일정 개인의 최저생활을 보장하는 금액을 소득액에서 공제하는 것을 의미한다. 담세능력에 맞는 과세액을 산정하려 할 때 세율의 결정과 함께 중요하다. 실제는 정부의 기대세수액과의 관련하에서 결정되는 경향이 있다. 이 기초공제액은 일반적으로 면세점과 일치한다.

### 기초공제 02
생활보장의 수입인정에서 노동수입부터 공제되는 근로공제의 일종이다. 당초에는 업종별 기초공제만 해당되었으나 근로공제의 확대로 수입금액별 기초공제가 성립되었다. 이는 업종별 기초공제가 주로 음식물품으로서 ①의 직종(경노동), ②의 직종(중노동), ③의 직종(중노동)별 공제로 구분하고 그 위에 수입별 공제에 의해 근로의욕 향상을 도모하고자 한 것이다.

### 기초선(baseline)
행동수정 프로그램 또는 실험처지를 시작하기 전에 일어

나는 행동의 빈도로서 행동수정 프로그램의 효과를 평가하는 데에 사용되는 행동수준을 말한다. 복합적 기초선(multiple baseline)은 기초선 기간 동안의 시간선상의 다른 시점에 다른 행동, 다른 사람, 다른 상황에 걸쳐 실험조건을 도입함으로써 그 조건의 효과를 알아보는 것으로 반전기간 없이도 실험조건(강화)의 효과를 알 수 있다.

## 기초연구(basic research)

실용적 또는 실제적인 문제해결을 목적으로 하는 것이 아니라 연구대상 또는 연구영역 그 자체를 이해하고 지식을 발견할 목적으로 진행하는 연구 또는 연구 활동을 지칭한다.

## 기초연금(basic pension)

2층 연금체계에서 전 국민 공통의 1층 부분의 연금을 말한다. 전 국민을 적용대상으로 하고 급여는 균일이라는 형태를 취하나 재원에 관해서는 전액조세로 지급하는 국가(북구국가, 캐나다 등)와 사회보험을 주체로 하는 국가(영국, 일본 등)에서 행해지고 있다. 즉 모든 국민에게 노후에 정액의 연금을 지급하는 것을 목적으로 하는 공적연금을 말한다. 지급방식은 여러 가지이나 이전의 소득 수준, 직업에 관계없이와 같은 금액의 연금을 지급한다.

## 기초자치단체

시·군·구의 자치체를 말한다. 우리나라의 자치단체는 이러한 기 초자치단체와 특별시·광역시·도(道)의 광역자치단체로 구분된다. 광역자치단체 내에서 상하의 계층관계를 형성하고 있는 기초자치단체는 광역자치단체의 조례·규칙 등에 의해 일정한 규제 를 받는다.

## 기초훈련(basic training)

산업훈련이라 한다. 직업훈련 또는 기술훈련에서 훈련 초기에 해당 직종 또는 직업 분야의 직무수행에 바탕이 되는 기초적이고 기본적인 내용의 지식과 능력과 태도를 훈련시키는 것이다. 대부분의 양성훈련에 있어서 초기 단계 훈련은 기초훈련이며 기초훈련 이후에는 전문훈련·응용훈련, 또는 고급훈련의 개념을 갖는 훈련이 뒤따른다.

## 기하평균(Geometric average(or mean)

여러 개의 수를 연속으로 곱하여 그 개수의 거듭제곱근으로 구한 수. 흔히 인구성장률이나 경제성장률을 구할 때 적용된다. 기하평균은 집단의 변량에 부(負)의 값이 나타나지 않을 경우에 한해서 이용되며, 다소계산이 복잡하나 변량의 극단적인 값의 영향을 받지 않는다.

## 기호소비

기호에 따른 물품의 소비를 현대 소비 사회의 특질이라고 할 수 있다. 소비사회를 파악하는 방법으로는 생산·교환·소비설, 욕구충족설, 과시적 소비, 욕구단계설 등이 있다. 보드리얄은 소비의 본질을 '욕망'이 뒷받침된 '기호'의 소비로 파악해야 한다고 말하고 기호의 '차이'에 대한 유희의 흐름속에 경제 체제의 논리가 관철되어 있다면서 상징 교환적 소비론적으로 전환하는 현대 사회를 고발했다. 그러나 현재로서 기호지배는 전체적 현상이 되어 사용 가치보다는 교환 가치, 상징 가치가 존중되고 미묘한 차이나 이미지가 소비자의 욕망을 부추기고 있다.

## 기혼부인당 평균출생아수
## (child ever born per a married woman)

기혼부인 1인당 평균출생아수를 나타내는 것으로, 기혼부인 특성별(교육정도, 직업, 산업별 등)로 차별출산력을 분석하는데 주로 이용되는지표이다. ★기혼부인당 평균출생아수 = 총 출생자녀수(사망자녀수 포함) / 총 기혼부인수

## 기회비용(opportunity cost)

어떤 기회를 포기 혹은 상실함으로써 발생하는 비용을 말한다. 개인이나 조직을 막론하고 어떤 일 혹은 사업을 한다는 것은 다른 수많은 일, 혹은 사업을 할 수 있는 기회를 포기하거나 희생하게 된다. 기회비용을 규정하는 이론적 입장에 따라 주관적인 효용개념과 객관적인 기술적 대체관계에서 보는 입장으로 구분되나 요즘에 와서는 최선의 대체관계에 있는 기회의 상실 비용으로 기회비용을 규정하고 있다. 교육에서 기회비용은 흔히 교육을 받게 됨으로써 포기내지 희생해야만 되는 취업과 이에 따른 소득발생의 기회상실 비용을 가리키고 있다. 다양한 용도가 있는 재화가 어떤 한 가지 목적을 위해 사용되었을 때 다른 목적을 위해 사용되었더라면 얻었을 가치를 포기하게 된다. 이 경우 포기된 가치를 기회비용이라 한다. 일반적으로 일정량의 생산요소로 동시에 A와 B의 두 가지 재화를 생산하는 경우 A재(財)를 추가로 몇 단위 생산하려면 B재의 생산단위를 어느 정도 희생치 않으면 안되며 이러한 한계점에서 대체되는 비용이 기회비용이다.

## 기회이론(opportunity theory)

일탈 행동은 특정한 집단(가령서 청소년비행을 저지를 위험에 놓인 청소년)들 사이에서 더 발생하기 쉽다는 가설을 말한다. 즉 사회적으로 용납될 수 있는 목표를 성취할 수 있는 기회가 제한되어 있을 때 사회적으로 용납될 수 없는 방법으로 행동하기가 훨씬 더 쉽다는 것이다. 이 이론은 미국 뉴욕의 청소년을 위한 이동사업과 같은 프로그램에서 검증되었다.

## 기획(planning)

어떤 대상에 대해 그 대상의 변화를 가져올 목적을 확인하고, 그 목적을 성취하는 데에 가장 적합한 행동을 설계

하는 것을 의미한다. 이에 대해 계획(plan)은 기획을 통해 산출된 결과를 의미하며, 사업계획(program)과 단위사업계획(project)은 계획의 하위 개념으로 볼 수 있다.

## 기획예산제도
### (PPBS : planning programming budgeting system)

비용과 전략적 목표의 결과를 합리적이고 체계적으로 결부시키고(planning), 전략적 목표 달성을 위하여 필요한 인적·물적 자원을 재정소요로 전환시키는(budgeting) 예산제도이다. 기획사업 예산제도라고도 보다 정확하게는 기획프로그램 예산제도로 알려져 있다. 이 제도는 1961년에 미국의 맥나라마 국방장관에 의해 국무성에 도입되어 실효를 거둔 이래, 1965년 존슨 미국 대통령이 모든 연방정부의 기관에서 기획예산 제도를 채택하도록 지시함으로써 이제는 모든 행정부에 적용되기 시작하였다. 광범한 정책 결정을 위한 거시적 경제분석에 주목적이 있으며, 세부적인 계획과 수행보다는 산출을 강조하며, 단기계획보다는 장기 계획과 밀접한 관계가 있다. 이러한 제도를 미국 행정부에서 채택하도록 한 근본적인 이유를 보면 ①보다 정확하게 국가 목표를 탐색하여 우선순위를 결정하고, ②목표 달성을 위한 대안을 분석·개발하고, ③각 프로그램의 비용과 수익을 장기적으로 추정하고, ④진술된 목표 달성을 위하여 수년 전에 그 목표에 대한 세부 계획을 수립하고, ⑤프로그램의 성과를 개선된 측정·분석을 통해 수립함으로써 프로그램과 예산 통제를 강화하는데 있었다. 그러나 이제는 수행상 많은 문제가 야기되어 연방정부에서 기대했던 것만큼 소기의 성과를 거두지 못하였을 뿐만 아니라 많은 불만을 초래하였고, 주정부와 지방정부에서도 제도로 정착화하지 못하고 실패하였다.

## 기획프로그램(opportunity programs)

다른 사람들을 위해서 존재하는 기회에 클라이언트 집단이 더 가까이 접근할 수 있도록 준비해주는 방향으로 방침을 정한 사회복지 프로그램과 조직을 말한다. 이 프로그램의 목표는 반드시 클라이언트가 적응하거나 통찰을 얻도록 도와주는 것이다. 가령 청소년을 위한 아동사업 프로그램은 소년범죄를 일으키기 쉬운 청소년에게 사회적, 경제적 그리고 기업적 기술을 익히도록 하여 그들이 경제의 주요한 흐름에 편승할 수 있는 기회를 갖도록 하기도 한다.

## 긴급식품권

소득이 전혀 없어 보호받지 못하는 계층을 위한 제도다. 현금 대신 식품과 교환할 수 있는 증서를 저소득층에 지급하는 미국의 'Food Stamp(식권) 제도'와 같은 개념이다. 지방자치단체가 굶주림의 위기에 직면한 사람에 대해 즉각적으로 식품이나 식사를 제공한다는게 요점이다. 노숙자, 쪽방 거주자, 장기 실직자, 결식아동 등이 대상이다. 300만명의 잠재적인 저소득계층 중 정부 보호를 받지 못하는 150만명 정도가 대상이 될 것으로 보인다. 이들에게 식품권을 나눠주는데 연간 8300억원의 추가 예산이 필요할 것으로 전망된다.

## 긴급정지 명령제

소비자들에게 심각한 피해를 끼칠 우려가 있다고 판단되는 불공정행위에 대해 공정위가 시정조치 확정 이전에 법원에 요청, 해당행위를 즉각 중지시키는 것으로 미국, 일본 등은 이미 이 제도를 시행하고 있다.

## 긴급조정

공익사업이나 규모가 크고 특별한 성질을 갖는 사업에 있어 노동쟁의 행위가 발생했을 경우 그로 인해 국민경제의 운영이나 국민의 일상생활에 중대한 위험이 있을 경우 노동부장관의 결정에 따라 일정 기간 쟁의 행위를 중지시키는 제도. 노동부장관은 긴급조정의 결정을 할 때에는 미리 중앙노동위원회의 의견을 들어야 하며 긴급조정 결정이 공표되면 중앙노동위원회는 지체 없이 조정을 개시해야 한다. 긴급조정 결정이 공표됐을 때 관계당사자는 즉시 쟁의행위를 중지해야 하며 공표일로부터 20일 이내에는 쟁의행위를 할 수 없다.

## 긴급체포

피의자가 사형이나 무기, 장기3년 이상의 징역이나 금고에 해당하는 죄를 저질렀다고 생각되고 증거인멸이나 도주의 우려가 있는 경우 수사기관이 체포영장 없이 피의자를 체포하는 것을 긴급체포라고 하는데 이전의 긴급구속에 해당한다.

## 긴급통보시스템

홀로 사는 노인이 가정 내에서 질병 등 긴급사태가 발생했을 경우에 통보 및 구조를 위해 제도화시킨 것으로 일본에서 취해지고 있다. 복수의 연락선에 순차적으로 통보하는 전송방식과 제1차 통보선을 24시간 체제화시키는 통보센터방식이 있다. 두 가지 다 휴대용 무선발신기의 단추를 누름으로써 연락이 취해진다. 센터방식으로는 수신과 동시에 대상자의 기초자료나 구원협력자 등의 통보가 컴퓨터에 표시되어 구원자에게 연락이 된다.

## 긴급통화

긴급한 사태로 인한 통화부족을 메우기 위해 후일에 상환할 것을 약정하고 공공기관 등에서 긴급한 필요에 따라 발행하는 대용화폐. 구체적으로 점령 지구에서 발행되는 전쟁화폐 또는 사적인 입장에서 발행되는 사적 화폐 같은 것으로 일반적으로 그 소재의 가치는 낮으며 주화, 지폐, 증권표 등의 형태를 띤다.

### 긴장(tension)

외부자극에 대해 심신에 반응이 나타나는데 역동적 심리학에서는 행동을 일으키는 심리체제를 설명하는 경우에 심리적 긴장이라는 역동적 개념을 쓴다. 또 일반에 인정되어 있는 역동적 체제의 긴장은 행동발견 직전의 상황을 말하고 있다. 긴장이 높아지면 신체적으로는 문제발생의 근원이 되며 끝내는 신경증적 행동이 생기게 된다. 긴장해소의 방법으로는 자극흡수의 제한과 외부압력을 이겨내도록 내성을 강화시키는 자율훈련 등이 있다.

### 긴축정책

재정규모를 축소하고 가능한한 조세를 재원으로 하려고 하는 재정정책을 말한다. 공채(公債)를 재원으로 하면서 재정규모를 확대하려고 하는 적극적 재정정책 또는 팽창 정 책과 반대되는 개념이다

### 긴축통화

대출을 받기 어려운 경제상황을 말하는 것으로 보통 중앙은행이 통화공급을 줄이기 위하여 통화를 억제함으로써 발생한다. 반대의 경우는 이완 통화(easy money)라 부른다.

### 길드(gild / guild)

11세기 이래 유럽 여러 도시에서 주로 호상이 당해 도시에 있어서 상거래 독점을 목적으로 하여 자주적으로 조직한 맹약단체인〈상인길드〉((영)gild merchant(독)Kaufmanns gilde)는 도시가 도시영주의 지배를 벗어나 자치시로 발전하는데 중요한 정치적 역할을 다했다. 그 후에 시참사회의 내부에 세력을 뻗쳤고, 한편으로는 12세기 전반 이래 수공업자나 중소상인이〈상인길드〉를 모방하여 조직한 직업별의〈동업길드〉((영)craft gild(독)Zunft)가 자급자족을 취지로 표방하는 도시경제의 사실상의 실력자로서 세력을 얻어, 13 − 14세기에는 어느 정도의 자치권을 획득함과 동시에 호상을 중심으로 하는 도시귀족에 대항하여 시참사회의 조직을 개혁시키고,〈동업길드〉의 구성원은 참정권을 얻기에 이르렀다. 보통 길드는 이〈동업길드〉를 말한다.〈동업길드〉는 총합인 혹인 법인이며, 그 장·위원회·구성원 전체의 집회를 기관으로 한다. 그리고 그것은 시참사회에 의해 영업판매의 독점권(Zunftzwang)을 인정하고, 시참사회의 감독 하에 영업 경찰권, 성원에 대한 과세권, 내부사건의 재판권을 행사했다. 14세기 이래〈동업길드〉는 차츰 변질하여 그 후 자본주의적 경영이 발달함에 이르러서는 겨우 기득한 특권에 의지하여 여명을 부지하다가 16세기에 영업자유의 원칙을 내세운 각국의 입법은 길드의 특권을 폐지시켜 버렸다.

### 깽(gang)

유아기가 지나고 8, 9세가 되면 동성끼리의 강한 어린이 클럽으로 어린이 집단이 생기기 시작한다. 11세로부터 14세경이 가장 심하며, 이러한 집단은 가끔 다른 집단을 습격한다든지 도둑질 등 반사회적 행동을 하게 되는데 이들은 깽(gang)이라 하고 이 시기를 깽 에이지(gang age)라 하며, 일명 도당시대의 소년이라고도 말한다. 이것은 소위 불량패거리와 같은 영속적인 집단이 아니고 일시적 현상으로 청년기에 들어가면 점차 없어진다.

### 나르시즘(narcissism)

자기 자신에게 애착하는 일. 자신이 리비도의 대상이 되는 정신분석학적 용어로, 자기애(自己愛)라고 번역한다. 물에 비친 자신의 모습에 반해 자기와 같은 이름의 꽃인 나르키소스, 즉 수선화(水仙花)가 된 그리스 신화의 미소년 나르키소스와 연관지어, 독일의 정신과 의사 네케가 1899년에 만든 말이다. 자기의 육체를 이성의 육체를 보듯하고 또는 스스로 애무함으로써 쾌감을 느끼는 것을 말한다. 가령 한 여성이 거울 앞에 오랫동안 서서 자신의 얼굴이 아름답다고 생각하며 황홀하여 바라보는 것은 이러한 의미에서의 나르시즘이다. 그러나 이 말이 널리 알려진 것은 S.프로이트가 이를 정신분석 용어로 도입한 뒤부터이다. 그에 의하면 자기의 육체, 자아, 자기의 정신적 특징이 리비도의 대상이 되는 것, 즉 자기 자신에게 리비도가 쏠려 있는 상태이다. 보다 쉽게 말하면 자기 자신이 관심의 대상이 되는 것이다. 정신분석에 따르면 유아기에는 리비도가 자기 자신에게 쏠려 있다. 그래서 프로이트는 이 상태를 1차적 나르시즘이라고 하였다. 나중에 자라면서 리비도는 자기 자신으로부터 떠나 외부의 대상(어머니나 이성)으로 향한다(對象愛). 그러나 애정생활이 위기에 직면하여 상대를 사랑할 수 없게 될 때, 유아기에서처럼 자기 자신을 사랑하는 상태로 되돌아간다. 이것이 2차적 나르시즘이다. 프로이트는 정신분열병(精神分裂病)이나 파라노이아(偏執病)는 극단적인 예라고 생각하였다.

### 나병(leprosy)

피부, 점막, 말초신경계에 여러 가지의 육아종양병변을 형성하는 나균에 의해 일어나는 만성의 전염성 질환이다. 나종라와 결핵양라의 두 종류가 있으며 양쪽형의 중간에 속하는 나병을 경계군라 또는 중간군라 라고 한다.

### 나예방법

복지를 도모하고자 나예방과 환자의 치료를 행해 올바른 지식을 보급하는 것을 목적으로 한다. 이 법에서는 한센씨병의 환자를 발견한 즉시 신고해서 입소격리와 감염예방을 행하도록 정하고 있다. 환자 또는 환자의 친족관계에 있는 자에 대해서 부당한 차별적 취급을 금하고 의사

및 의사이외의 의료관계자의 비밀유지를 의무화하고 있다. 또 지정 외에 따른 진찰과 국립요양소의 입소도 정해져 있다. 위생보호법에 따라 위생수술, 인공임신 중절적용질환이 있다.

### 나요양소

나병으로 진단되어 치료하는 환자를 격리해 요양시키는 시설을 말한다. 이러한 원호는 화학요법제나 외과수술로 증상을 밝혀 쇠퇴시키고 감염원으로서의 위험을 감소시키며 필요시에는 입소환자의 복지증진과 갱생지도 및 교육도 행해지고 있다. 입소환자는 외출을 제한하고 요양에 전념하는 규율을 지키지 않으면 안된다. 소장이 미성년 입소환자로 필요한 자에 대해서는 친권을 행하여 진찰, 치료, 보호 등의 교육에 필요한 조치를 취한다.

### 나이트 시터(night sitter)

베이비 시터(baby sitter)가 사적인 계약에 의한 주간탁아보호인데 비해 나이트 시터는 야간에 아기를 돌보는 곳이다. 아기의 부모 특히 어머니의 취업 시간이 야간인 경우에 필연적으로 베이터 시터가 필요하게 된다. 그러나 현재의 탁아보호는 주간 8시간의 탁아를 원칙으로 하며, 야간탁아소는 거의 없는 실정이다. 점차 보육에 관한 욕구가 다양해지므로 이에 대한 대비책이 필요하다. 일본 등 선진국에서는 베이비 호텔이란 이름으로 운영되는 곳도 있다.

### 나이팅게일(nightingale, florence)

기술로서의 간호를 주창하여 간호교육의 확립에 공헌한 영국 여성이다. 1854년 크리미아전쟁 시 영국 국군병원의 간호업무에 종사하면서 병원의 위생관리와 식사 등을 전반적으로 개선하였다. 1860년에는 나이팅게일 간호학교를 창설하여 간호교육의 기초를 세웠다. 그 밖에 병원 간호의 개혁, 육군의 위생관리, 인도의 위생문제, 위생통계 등의 분야에서 활약하였다. 주저로 간호각서, 병원각서 등이 있다.

### 나프타 분해센터 낙인이론(labelling theory)

일탈 혹은 범죄행동이 행위자의 심리적 성향이나 환경적

조건 때문에 객관적으로 발단된다기보다 특정행동에 대한 사회 문화적 평가와 소외의 결과로 규정된다고 보는 이론이다. 또 종래의 일탈연구가 일탈행동이나 일탈행위자를 판정하는 객관적이고도 보편적인 기준을 전제하고 있음을 비판한다. 낙인이론은 〈일탈〉개념이 한 사회의 문화적 구성물이며 〈일탈행동〉을 규정하는 사회적 과정 자체를 문제시하는데서 일탈연구가 출발해야 한다고 주장한다. 즉 종래의 일탈연구가 "사람들이 왜 일탈행동을 하게 되는가"를 밝히기 위해 일탈행동의 심리적 동기, 그 동기를 유발하는 환경적 요인, 일탈행위자의 사회적 지위 등에 주된 관심을 가져왔던데 비해 낙인이론은 "어떤 사람의 어떤 행동이 왜 〈일탈〉로 규정 되는가"를 밝히기 위해 개인의 행동에 대한 사회적 반응, 사회적 낙인이 행위자의 정체(正體)형성에 미치는 영향, 일탈의 증폭과정 등에 관심을 기울인다. 일탈연구의 이러한 접근은 1960년대 미국에서 레머트(E. Lemert), 베커(H. Becker), 키추스(J. Kitsuse), 메차(D. Matza) 등을 중심으로 이루어지기 시작했다. 낙인이론의 이러한 문제의식 이면에는 현대사회에 대한 다원적인 사회관이 자리 잡고 있다. 고도로 분화되고 복잡한 현대사회에는 다양한 집단과 상호 모순된 집단과 규칙이 대립적으로 존재하고 있으며 따라서 일탈행동과 일탈행위자에 대한 판단은 맥락에 따라 달리 이루어져야 한다는 것이다. 특히 낙인이론은 일탈의 예방과 치유를 위해 설립된 교도소, 소년원, 정신병원, 복지갱생시설 등이 흔히 그 본래 임무를 저버리고 일탈을 영속화하고 있음을 비판한다. 학교 역시 학생들의 생활과 진로를 지도하는 과정에서 일부 집단에게 부당한 낙인을 부여하는 경향이 있음이 낙인이론에 입각한 최근의 연구에서 밝혀지고 있다.

### 낙인화(stigmatization)

본래의 의미는 낙인을 찍는다. 오명을 씌운다. 모멸된 취급을 한다는 뜻이다. 영국 구빈법사에서 16세기항의 잠입법안에 신체 건강한 빈민·부랑인에 대한 본보기로 혹은 취급편의를 위해 인두로 S(Slave)나 V(Vagabond)자로 피부를 태운 것을 말한다. 그 뒤 구빈법이나 빈민처우에서 가혹하고 인권을 침범하는 구제의 대상이나 차별적 취급에 관해, 빈민의 각인으로서의 취급, 거기에 대한 억압, 거부감을 말한다.

### 난민조약
### (convention relating to the status of refugees)

본국의 보호를 받지 못하는 난민을 일반적인 '외국인'과 구별하여 인도주의적 목적에서 그 권리를 보장해주는 조약을 말한다. 이 조약은 유입된 난민에 대해 체제국은 그들의 귀화, 동화를 촉진함과 아울러 여러 종류의 권리를 적극적으로 인정할 것을 명시하고 있다. 난민을 반드시 수용할 것을 규정하지는 않았지만 불법 입국한 난민일지라도 일정한 조건을 갖추면 사법적(司法的) 규제로부터 제외시킬 것을 보장했다. 1951년 7월 제네바에서 26개국이 '난민의 지위에 관한 조약'을 체결하였고 1954년 4월 발효되었다.

### 난병대책

광의의 난병대책은 난병대책요강에 의해 소아만성질환 등을 포함해 보건복지가족부를 중심으로 행해지고 있다. 협의의 난병대책은 보건복지가족부생활위생국 난병대책과에 의해 추진되고 있다. 그 내용은 조사연구 의료시설의 정비, 의료비 부담의 경감 등이다. 요강에서는 그 외에 복지서비스 면에 배려해 가는 것으로 한다고 하고 있지만 구체적인 복지 서비스의 내용이나 공급체제는 명백하지 않고 지방자치단체의 난병대책으로서 시·도에 의한 의료비 공비부담대상 질환의 추가나 상담사업, 지방에 따라 수당·후원금이 있다.

### 난병환자

의학 각 분야의 꾸준한 진보에도 불구하고 아직까지도 불분명한 환자로 놓여있는 사람이다. 베쳇병, 대발성경화증, 재생불량성빈혈, 스몬병, 네후로제 등 약 60종류의 난병 대책 대상 질병이 지정되어 있다. 의료행정으로서 난병환자의 네이버후드, 길드치료 상의 부담, 원인규명 등 환자집단에서도 강한 요청이 있어 실태조사, 치료법의 연수, 의료비의 공비부담 등으로 맞서고 있다.

### 난청(hard of hearing)

청각훈련·구화(speech)·순독(lip reading)·언어치료 또는 보조 청각기 등이 특수서비스가 필요할 정도로 청력이 감소된 상태를 말한다. 적절한 조치가 이루어지면 많은 난청자도 일반아동과 같이 효율적으로 교육을 받을 수 있다.

### 난치병(intractable disease)

종래 난치성 질환의 총칭이었지만 최근에는 원인이 불분명해 치료법이 미확립되어 장기간 가족에게 큰 부담을 주는 질환이 난치병이라고 불리게 되었다. 1972년 일본 후생성은 종합적인 난병대책에 착수함에 즈음하여 난병을 다음과 같이 정의했다. 원인불명, 치료법이 미확립되어 있고 또 후유증을 남기는 질병.(가령 스몬·베쳇병·중증근무력증·전신성 오리테마도·데스) 만성적 질환으로 개호 등에 사람을 요하기 때문에 가족의 경제적 부담이 무거우며 정신적으로도 부담이 큰 질병이다.

### 난치성 간염

난치성 간염에는 극증간염, 만성간염 및 간경변이 포함된다. 극증간염은 간염바이러스 또는 약물로 인해 급속하게 진전되어 간부전증상이 나타나 경과가 좋지 않다. 만성간염도 간염 바이러스에 기인한 간염으로 1년 이상 간염이 지속되어 있는 것으로 거의 B형간염 바이러스로 불린다. 간경변도 만성간염에서 진전한 것으로 간부전 및 문맥압 항진에 의한 각종의 증상이 보인다. 남구 생활보호제도에 있어서 보호의 필요가 없는 데도 보호되고 있다든가, 허위의 신청임에도 불구하고 보호되고 있는 등의 현상을 남구라고 한다. 보호의 실시기관이 충분한 조사를 하지 않고 잘못 보호하는 데서부터 발생한다. 니드의 파악과 서비스의 제공이 조직적, 체계적으로 되고 있는 오늘날에는 거의 볼 수 없는 현상이지만 영국의 역사에서 볼 수 있듯이 19세기 후반에 자선사업이 무질서하게 난립했던 시대에 많이 나타났었다. 이 남구상태의 개선이 자선조직협회(COS)를 설립케 했던 것이라고 할 수 있다.

## 남녀고용평등법

헌법의 평등이념에 따라 고용에 있어서 남녀의 평등한 기회 및 대우를 보장하는 한편, 모성을 보호하고 직업능력을 개발하여 근로여성의 지위향상과 복지증진에 기여함을 목적으로 '87. 12. 4 법률 제3989호로 제정된 후, 법률 제4126호로 개정되었다. 동법시행령은 '88. 7. 7 대통령령 제12489호로 제정된 후 '89. 12. 13 대통령령 제12850호로 개정되었으며, 동법 시행규칙은 '88. 9. 9 노동부령 제48호로 제정된 후, '90. 3. 24노동부령 제58호로 개정되었다. 남녀동일임금 여자의 사회적 지위가 낮은 시대에는 여자의 임금이 부당하게 낮게 책정되는 경우가 많았으나 오늘날과 같이 남녀동권·남녀평등의 사상이 발전·보급된 시대에는 임금에 있어서도 성별에 따른 부당한 차별은 인정되지 않는다. 동일가치의 노동에 대해 동일한 임금을 지불하여야 한다는 원칙은 ILO헌장에서도 권장되어 1951년에는 '동일노동에대한남녀근로자의동일보수에관한조약' 이 채택되었다. 근로기준법 제5조에도 남녀의 차별적 대우를 금지하고 있다. 여기서 동일가치노동·동일보수라 함은 기능·지식·경험 등이 동일하여, 제공하는 노동가치가 동일함에도 성별에 따른 차등대우를 금지하는 취지로서 능력에 따른 합리적인 차등을 두는 것을 금하는 것은 아니다.

## 남북어린이 어깨동무

어깨동무 남북의 어린이들이 평화를 사랑하는 성숙한 시민으로 성장하고, 따로 또는 함께 서로 친구로서 협력을 실천하는 기회들을 통해 평화와 통일에 이바지하는 일꾼으로 성장할 수 있도록 제반 문화, 교육, 교류 사업들을 전개하고자 1996년 6월 설립된 법인이다.

## 납세자권리헌장

납세자의 권익을 법으로 보장하기 위한 헌장. 세금공무원이 세무조사를 하거나 사업자등록을 교부할때 헌장이 수록된 문서를 납세자에게 교부해야하는 것으로 헌장에는 중복조사 금지, 세무 조사를 받을 때 세무사등으로부터 조력을 받을 권리, 납세자의 성실성 추정, 세무조사시 사전통지는 물론 결과를 납세자에게 알려줘야 하는 등 의 내용이 수록돼 있다. 세무조사 기간의 임의연장을 제한하는등 납세자의 권익을 최대한 보장하고 있지만, 권리헌장의 시행은 납세자의 성실납세를 전제하고 있기 때문 에 납세자가 정직·성실하게 세금을 내야 한다는 협력의 의무도 헌장에 포함되어 있다.

## 납세자보호담당관제도

세금을 억울하게 부과받았거나 세무조사 과정에서 부당한 대우를 받은 사람을 보호하기 위한 담당관제도. 납세자보호담당관은 ①중복적인 세무조사나 조사권남용 등으로 납세자의 권리가 부당하게 침해됐다고 판단될 경우 세무조사 중지명령, ②세무서에서 세법을 잘못 적용하거나 사실판단을 제대로 하지 않는 바람에 부당한 과세가 예상되는 경우 과세처분 중지명령, ③위법.부당한 과세처분이 확인될 경우 직권시정 요구, ④세금 부과 및 징수와 관련 서류 열람 등의 권한을 가진다.

## 낫 미

세대 자신의 잘못을 모두 남의 탓으로 돌리려하는 1950년대 베이비붐 세대를 말한다. 성적 저하는 학교 탓이고 난폭한 성격은 할리우드 영화와 TV탓 이라고 하는 등 남을 비난함으로써 자신의 가치를 찾는다는 환상에 빠져 있다.

## 내각(cabinet)

입법·사법·행정의 삼권 중 행정권의 집행을 담당하는 합의제 기관을 말한다. 대통령중심제에서의 이른 바, '대통령의 내각(President's Cabinet)'은 의원내각제의 내각과 성격이 다르다. 대통령 중심제에서 집행권은 대통령에게 부여되어 있으며, 각원 들은 담당부처 업무에 관한 대통령의 비서(secretaries)로서 대통령에 대해 책임을 지나, 의원내각제에 있어서는 집행권이 수상 개인에게 있다기보다 집합체로서의 내각에 부여되어 있으며, 내각은 의회에 대해 집단적 책임을 진다.

## 내국민대우

일반적으로 국가가 타국민에 대해서 자국민과 동일하게 차별없이 대우하는 것을 말한다. 보통 통상항해조약에서 규정되는데 주로 과세·재판·재산권·법인의 참가, 기타 사업활동에 대해 적용된다. 내국민대우는 최혜국대우에 비견되는 국제법상의 대원칙인데 최근에 와서는 통상교섭상 그 한계가 문제시 되고 있다.

## 내담자중심 치료(client − centered therapy)

로저스(C. Rogers)에 의해서 발전된 상담과 심리치료의 이론 및 방법이다. 진단하거나 설득하는 것과 같은 의도적 통제를 배격하여 흔히 비지시적인 상담과 심리치료라고 불리기도 한다. 이의 목적은 내담자에게 일치·공감·수용의 분위기를 조성함으로써 내담자 자신이 잠재능력을 활용할 수 있도록 하여 통찰을 얻도록 하는 것이다. 카운셀러 또는 정신치료자의 역할은 내담자의 태도·생각·행위의 부정적 특징에도 불구하고 내담자가 무조건적인 존경을 받을 만하다는 점을 진심으로 느끼고 이 느낌을 전달하며, 내담자의 사고·감정·행위를 분명하게 이해하는 것이다. 이는 진로지도, 삶의 갈등 문제의 해결, 신경증의 치료, 정신병의 치료 등에 광범하게 적용되고 있다. 이는 또 감수성 훈련의 이론적 기초가 되고 있으며, 상담과 정신치료 영역 이외에도 산업체의 인사관리, 학교교육 등에 광범한 영향을 미쳐오고 있다. 특히 미국에서 광범위하게 활용되고 있으며 한국의 상담과 정신치료 분야에도 지대한 영향을 미치고 있다.

### 내면화(internalization)
어떤 개인이 태도·가치·규범 · 사고·지식 등을 자신의 것으로 수용하는 것을 말한다. 내무부 지방행정·선거·국민투표·치안·민방위 등에 관한 사무를 관장하고, 지방 자치단체의 사무를 감독하게 하기 위해 설치된 중앙행정기관을 말한다. 1998년의 정부조직개편으로 총무처와 통폐합하여 행정자치부로 바뀌었다.

### 내부감사(internal audit) 01
회사의 자산을 보호하고 업무 감독을 하기 위하여, 회사 자신이 회계나 업무의 오차, 부정, 비능률적인 점 등을 조직적으로 검사하는 것을 말한다. 내부감사를 담당하는 부분은 기업 내의 타 부분에서 경원되는 것이 대부분이어서, 수뇌부는 이것을 잘 이해하고, 내부감사 담당부문을 수뇌부의 직속기관으로 하는 등의 배려가 필요하다.

### 내부감사 02
특정기관이 자체의 행위에 대해 스스로 감사하는 것을 말한다. 자체감사라고도 하며 외부감사에 반대되는 개념이다.

### 내부고발(whistle blowing)
조직구성원이 조직 내부의 비리나 불법행위·부당행위 등을 대외적으로 폭로하는 행위를 말한다. 내부고발자의 비리폭로에 대해 조직은 예외 없이 방어적·보복적 대응을 하기에, 부분사회의 이익보다는 국가 등 보다 큰 사회 전체의 이익에 기여할 수 있는 고발행위를 보호하기 위해 각국은 내부고발자를 보호하기 위한 법률을 제정하고 있다.

### 내부과정 접근법(internal process approach)
조직효과성을 내부적인 조직의 건전성과 경제적인 효율성을 기준으로 측정하고자 하는 접근법을 말한다. 경제성을 기준으로 한 효과성 지표로는 투입에 대한 산출의 비율·투입에 대한 변환의 비율·산출에 대한 변환의 비율·투입에서의 변화 등의 경제적 지표들이 사용되며 조직구성원 관점에서의 효과성 평가기준으로는 부하에 대한 배려·조직구성원간의 협력의 정도·상사와 부하들 간의 신뢰 및 믿음의 정도·의사결정이 정확한 정보에 의존하는 정도·의사소통의 원활성·조직목표 및 계획에 조직구성원들의 노력이 통합되는 정도·높은 성과와 성장을 보장할 수 있는 보상체계의 적절성·조직과 하부집단간 상호작용의 원활성 등을 들 수 있다.

### 내부노동시장
기업은 보통 노동조합과의 합의 등 여러 가지 기준에 따라 노동자의 배치, 훈련, 승진 등을 통해 노동력을 편성하고 임금을 관리하는데, 이와 같이 기업 내의 기준이나 관리가 노동시장의 기능을 대신하게 되는 것을 내부노동시장이라 한다.

### 내부불경제
기업의 규모 확대와 함께 기업의 평균비용이 증가하는 상태. 영국의 경제학자인 알프레드 마샬이 도입한 개념으로, 규모의 확대에 따르지 못하는 관리능력의 한계가 주요 원인이다. 이에 반해 기업의 규모 확대와 함께 기업의 평균비용이 감소하는 상태를 내부경제라고 하는데, 규모의 확대로 분업의 이익, 원료비 절약, 경영의 효율화 등으로 인해 발생한다.

### 내부성(internalities)
편익·비용분석 등에서, 프로젝트와 직접적으로 관련이 있는 편익과 비용만을 식별하는 것을 말한다. 이와 대비되는 외부성(externalities)은 한 경제주체의 생산·소비 또는 분배행위가 시장교환에 참여하지 않고 있는 다른 소비자 또는 생산자에게 유리 또는 불리한 영향을 미치는 것을 말한다. 편익·비용분석의 목적 가운데 하나는 적절한 외부성을 내부화하는 데에도 있다.

### 내부수익률(IRR : internal rate of return) 01
비용편익분석에서 편익의 현재가치와 비용의 현재가치가 동일하게 되도록 하는 할인율을 말한다. 즉 순현재가치(net present value)가 영(零)이 되도록 하는 할인율을 말한다. 이 내부수익률의 개념은 사업평가에 적용할 적절한 할인율이 알려져 있지 않은 경우, 사업평가에 매우 유용한 개념이다.

### 내부수익률 02
당초 투자에 소요되는 지출액의 현재가치가 그 투자로부터 기대되는 현금수입액의 현재 가치와 동일하게 되는 할인율이다. 즉 미래의 현금 수입액이 현재의 투자가치와 동일하게 되는 수익률이다. 가령 어떤 투자의 내부수익율이 9%라면 이것은 투자의 원금이 내용년수까지 계속 9%의 복리로 성장하는 자본의 복리증가율과 같은 의미를 갖는다.

### 내부임용(internal recruitment and staffing)
조직 안에서 사람을 움직여 쓰는 활동을 말한다. 내부임용의 유형으로는 전직·전보·파견·겸임 등 수평적 이동 즉 배치전환과 승진·강임 등 수직적 이동 그리고 휴직·직위해제·정직·면직·해임 및 파면 과 복직이 있다.

### 내부접근형 의제설정(inside access model)
사회문제가 정책결정자에 게 쉽게 접근할 수 있는 외부집단에 의해 주도되어 정부의제화하는 의제설정 모형을 말한다. 이 모형에서는 주도집단이 정책의 내용을 미리 결정하고 결정된 내용을 최소한의 수정만으로 집행하려 하며 가능하면 일반 대중에게 그 내용을 알리려 하지 않는다는 점에서 일종의 음모형에 속한다고 할 수 있다.

### 내부정보
일반 투자자들에게는 알려지지 않은 기업 또는 시장관련 정보. 이러한 정보에 접하고 있는 내부자가 이것을 이용하여 거래하는 것은 불법이다.

### 내부통제(internal control)
행정부 내의 상급행정 기관 및 상급자 등에 의해 이루 어지는 행정통제를 말한다. 이러한 내부통제에는 청와대와 국무총리실 등 상급기관에 의한 통제와, 감사원 등 사정기관에 의한 통제, 그리고 중앙 행정부처에 의한 통제 등이 있다. 각종 사정활동과 인사평가 제도, 재무행정 과정 그리고 감사제도 등이 중요한 통제수 단이 된다.

### 내생변수(endogenous variable) 01
시스템 내부에서 시스템에 영향을 주는 변수를 말한다. 가령 경제모형의 방정식체계는 그 모형의 내부에서 결정되는 경제량과 그 모형의 외부로부터 주어지는 경제량으로 성립되는데, 전자를 내생변수라 한다.

### 내생변수 02
경제학에서 볼 때, 현실적인 경제 움직임을 계량경제학으로 정리할 때 상품 가격, 거래 수량 노동 고용량과 같은 시장 수급 관계에서 결정되는 대상을 내생변수라 하고 시장 밖에서 경제에 영향을 주는 것을 외생변수라 한다.

### 내셔널 미니멈(national minimum)
〈내셔널 미니멈〉은 국민최저한 혹은 최저국민생활로 번역되는데 이 사상은 19세기말 웨브 부처에 의해 처음으로 제창되었다. 이사상이 영국 사회보장제도의 기본적 이념으로서 위치 지워진 것은 1942년 비버리지보고서 이후이다. 웨브부처는 19세기 말 당시 영국사회에 광범하게 존재했던 고한산업(seated trades)의 폐지를 목적으로 한 노동환경, 임금의 〈공통규칙〉(common rule)설정을 위한 이념으로서 출발했던 것이다. 그들은 〈국민최저한(national minimum)의 대책을 근로자로 하여금 생산자 및 시민으로서의 실력을 가진 상태로 유지하게 하는 것과 양립할 수 없는 일체의 고용조건의 금지〉라고 하고 금지되어야 할 고용조건으로서 ①15세 이하의 아동의 고용, ②간신히 생존을 유지하는데 그치는 임금, ③ 근로자의 생활을 거의 끊임없이 그리고 더할 나위 없는 불유쾌한 고통스런 일의 기간으로 여겨지는 노동시간, ④사용되어야 할 근로자의 건강에는 유해하며 공중에게는 위험한 위생상태 등 네 가지를 들고 있다. 내셔널 미니멈의 목적은 〈산업상의 기생의 폐해에 대해 사회를 보호하는데 있다.〉결국 내셔널 미니멈정책은 빈곤퇴치문제인데 오늘날 우리나라의 빈곤은 웨부 당시나 비버리지보고 당시와도 다른 양상을 띠고 있다. 내셔널 미니멈은 우리나라 헌법 제 32조에 따른 규범적 개념으로서 사용되는 경우와 비버리지계획과 같이 구체적 정책개념으로서 사용되는 경우가 있는데, 후자의 경우에는 필요최저 생활비를 계측하여 결정하는데 그 수준은 시대와 더불어 변화한다.

### 내용이론(content theory)
동기이론 가운데 동기를 유발하는 요인의 내용을 설명하는 이론을 말한다. 즉 동기이론 가운데 욕구의 내용과 이들을 충족시켜 가는 기제 그리고 이들을 충족시켜 주는 유인의 반응에 관한 이론을 말한다. 이러한 내용이론에는 Maslow의 욕구단계론(theory of need hierarchy), Alderfer의 ERG이론, Herzberg의 2요인 이론(two － factor theory), McGreger의 XY이론, McClelland의 성취동기이론, Murray의 명시적욕구이론(manifest needs theory) 등이 있다.

### 내용증명
어떤 내용의 것을 언제 누가 누구에게 발송하였는가 하는 사실을 발송인이 작성한 등본에 의해 우체국장이 공적인 입장에서 증명하는 제도이다(우편법시행령 10조). 법률상 각종의 최고(催告)·승인(承認)·위임(委任)의 해제·취소 등 권리 의무의 변경 기타로 후일 당사자간의 분쟁 등이 생겼을 때의 증거로서 소송이나 재판에 도움을 주기 위한 제도이다. 따라서 기록취급을 하지 않는 통상우편으로는 증명을 할 수 없으므로 반드시 등기우편으로 하여 기록을 남겨야 한다. 내용증명 우편물은 보통 3통을 작성하여 1통은 내용문서의 원본으로서 수취인에게 우송하고, 등본 2통은 우체국과 발송인이 각각 1통씩 보관한다.

## 내용타당성(content validity)

실험 또는 연구설계에 있어, 측정하고자 하는 내용이 조사대상의 주요 국면을 대표할 수 있느냐 하는 판단과 관련된 타당성을 말한다. 가령 정보검색사 자격시험에서 특정 정보를 얼마나 빠른 시간 안에 검색할 수 있는가를 테스트하는 경우나, 취재기자 선발시험에서 구체적인 기사작성을 시험문제로 출제할 경우, 내용타당성은 확보될 수 있다.

## 내재가치

현 시점에서 옵션이 행사될 경우 실현될 수 있는 가치이다. Call Option은 그 행사가격이 해당 기초자산의 가격 아래이면 내재 가치가 있고 Put Option은 그 행사가격이 해당 기초자산의 가격위이면 내재가치가 있다.

## 내재적 가치(inherent value)

대상의 내재적 속성, 즉 구조적 또는 핵심적 특징이 가지는 가치, 가령 우리가 예술작품이나 자연경관을 가치 있게 여기는 것은 그 대상의 내재적 속성인 "아름다움" 때문이며, 이때 "아름다움"을 그 대상의 내재적 가치라고 부른다.

## 내재적 교육과정(internalcurriculum)

학교 안에, 또는 교실 안에 내재되어 깔려 있는 사회·심리적인 분위기가 학습자의 행동의 변화에 영향은 끼치지만, 교사와 학습자 자신이 의식하지 못하기 때문에 사전에 처방하거나 통제하기가 지극히 어렵다. 이와 같은 분위기와의 장기간에 걸친 상호작용 과정은 학습자의 행동, 특히 정의적인 특성의 변화에 강력하고도 지속적인 힘을 발휘하므로 〈교육과정〉이라고 말할 수 있다.

## 내재적 행동(covery behavior)

외부에서 직접적으로 관찰하기 어려우며, 인간의 내부에 내재해 있을 것으로 추정하는 행동을 말한다. 가령 상상·사고·태도·가치관 등을 들 수 있다. 학교교육에서 추구하는 목표 중에는 이러한 내재적 행동에 관련된 것들이 많다. 외부에서 직접적으로 관찰할 수 없으므로 검사나 심리측정법 등에 의해 간접적으로 추정할 수밖에 없다.

## 내적 동기(internal motive)

지시나 강제 또는 성취의 결과가 주는 보상을 기대하는 것과 같이 학습과제를 성취해야 할 이유가 유기체의 외부에 있는 것이 아니라 학습자 스스로 어떤 과제를 성취하고자 하는 동기이다. 가령 학습과제 그 자체를 해결하는 것이 긴장의 해소에 도움을 줄 수 있는 것과 같이 학습행동 그 자체가 보수를 제공해주는 것이다. 일반적으로 외적 동기는 내적 동기에 비해 강도가 약하며, 행동을 비정상적으로 유도할 수 있으므로 효과적인 동기의 유발방법으로는 외적 동기보다 내적 동기를 유발하는 것이 효과적이다.

## 내적 타당성(internal validity)

실험 또는 연구조사를 통해 찾아낸 효과가 다른 경쟁적 원인들에 의해서라기보다는 조작화된 처리에 기인된 것이라고 볼 수 있는 정도를 의미한다. 즉 처치와 결과 간의 관찰된 관계로부터 도달하게 된 인과적 결론의 적합성 정도를 나타내는 것이다. 내적 타당성을 위태롭게 하는 요소에는 외재적 요소와 내재적 요소가 있다. 외재적 요소는 처치집단과 비교집단을 구성할 때 두 집단에 특성이 서로 다 른 표본들을 선발·할당함으로써 오게 될지도 모르는 편견(biases)을 말하며 내재적 요소 는 평가연구를 수행하는 과정에서 스며들어 가는 교란요인을 말한다. 처치과정에 스며들어 인과적 추론의 타당성을 낮게 하는 내재적 요소들로는 ①역사적 요소(history), ②성숙효과(maturation), ③상실요소(experimental mortality), ④측정요 소(testing), ⑤회귀인공요소(regression artifact), ⑥측정도구의 변화(instrumentation), ⑦선발과 성숙의 상호작용(selection — maturation interaction), ⑧처리와 상실의 상호작용(treatment — mortality interaction) 등이 있다.

## 내집단(in — group)

사회 내의 지배적 가치를 차지하거나, 사회적 과정에서 지배적인 위치를 차지하는 사람들의 집단을 말한다. 조직 내에서는 리더가 신뢰하여 특별한 관계를 맺고 있는 부하집단으로, 이들은 책임과 자율성이 있는 특별임무를 수행하며 이에 따라 특권도 누리게 된다. 이와 대비되는 외부집단(out — group)은 한 문화권에서 종속적인 위치를 차지하거나 또는 그 문화권의 외곽에 위치한 사람들의 집단을 말한다.

## 내집마련(home ownership scheme)

종업원이 자기의 주택을 갖도록 기업이 족지정책상 원조하는 것이며, 저리에 의한 건축 또는 주택자금을 대여하는 기업이 늘어나고 있으며, 저축제도의 발달과 더불어 주택을 건축하게 하여 내집마련을 활성화해 가고 있다. 정부레벨에서는 근로자재산형성 정책으로 재산형성저축과 증권저축을 장려하고 있으며, 도 행정지도에 의해 〈사내근로복지기금제도〉를 추진하여 내집마련을 촉진하고 있으며, 기업레벨에서는 은행 등에서 볼 수 있는 바와 같이 내집마련자금대부제도를 실시하고 있으며, 포항종합제철(POSCO)등에서 볼 수 있는 바와 같이 기업 측이 사원아파트를 건립하여 싼 값으로 구입하도록 하는 제도라든가 지방기업에서 임대 및 급여위탁의 내집마련으로서 방향전환등이 이루어지고 있다. 그러나 아직 우리나라 기업에서는 주택을 포함한 기업복지장기계획을 수립 실시하는 기업이 없으며, 내집마련 제도가 정착되어 있지 못하다. 따라서 기업내부에서 내집마련을 위한 계획과 일련의 운동이 아쉽다. 내집마련한 선배들의 기록표난 생활설계에 노력한 화제를 발표시키고 기업에 있어서도 종업원 개개인의 장래에 전망을 설명하고 주택자금 융자제도를 직접 내지 간접적으로 실시하는 것이 필요하다. 또 기숙사, 독신자아파트, 사택과 내집마련제도 등에 따른 일관된 시책이 요망되고 있다.

## 내집마련주택부금

주택은행이 1988년 5월부터 기준 〈중장기주택부금〉 제도를 사실상 폐지하고 새로 신설한 제도. 매달 월부금을 내다가 일정 기간이 지나면 그 동안 저축한 돈을 찾으면서 최장 20년 만기주택자금을 대출 받을 수 있는 새로운 주택부금제도. 내집마련주택부금은 중장기주택부금과 달리 대출받는 시점까지의 저축금을 인출할 수 있고 대출후에는 원리금 균등 할부상환방식에 의해 대출금을 갚게되어 월부금의 부담이 줄어드는 이점이 있다. 1년만기 정기적금이율이 적용되는 이 저축은 실명의 모든 개인이 가입할 수 있으며, 15년만기로 매월 3만 30만원 범위내에서 가입자의 형편에 따라 1만원 단위로 월부금을 자유로이 불입할 수 있다.

## 네거티브 소득세

정부가 저소득자에 대해 사회적으로 소망스러운 소득수준과 현실소득과의 차액의 일정 비율을 지급하는 제도로, 지급하는 재원은 사회보험료가 아니라 세금으로 충당하는 것. 보통 소득세는 납세자의 소득에서 징수하는 것인데 반해 네거티브 소득세에서는 오히려 저소득자에게 일정률의 현금을 지급하여 저소득자의 가처분소득을 늘리는 것이므로 네거티브 소득세 또는 부의 소득세라고 말한다. 역소득세, 역세율 소득이라고도 한다. 네거티브 소득세는 소득세의 감면으로는 구제할 수 없는 저소득층에 대한 소득보장의 의미를 갖는 것은 물론 현행 사회보장제도의 합리화방 안으로서도 주목되고 있다. 경제적으로 보면 네거티브 소득세는 고액소득층에서 징수한 세금을 효율적으로 저소득층에 분배하는 기능을 갖고 있으며 고액소득층에 의해 저축으로 돌려질 소득이 재배분됨으로써 저소득층의 소비로 돌려지게 되어 사회의 총수요를 높이게 된 이 제도는 선진국에서 오래전부터 제창되어 관심을 모으고 있다.

## 네오 블루 칼라

개성을 추구하며 새로운 감성의 미학을 표현해내는 세대들로 차가움과 부드러움이 교차하며 특유의 매력을 발산하는 영화·CF업계의 감성 세대들이다.

## 네오포디즘

작업의 분절화, 숙련운동과 미숙련 노동간의 양극화를 특징으로 하는 포디즘적 생산방식의 폐해를 시정하기 위해 선진국 기업에서 실험되고 있는 생산방식. 포디즘의 단순 미숙련 작업은 지성·창의성이 전적으로 배제되어 불만족과 인격 타락의 원천이 되며, 높은 결근율과 이직률·대량의 폐품과 태업 등으로 나타난다. 이러한 부작용의 해소방안으로 등장한 이 방식은 기존의 세분화된 작업동작들을 다시 통합하되 각 작업위치에 다양한 작업동작들을 결합하여 작업단위의 지속시간을 늘리고, 노동자 자신이 자기작업을 감독할 수 있도록 한 것이다.

## 네이버후드 길드(Neighborhood Guild)

1886년 스탠튼고잇트에 의해 미국최초의 세틀먼트(인보관)로서 뉴욕시에 설립했다. 숙련근로자의 직능별조합(craft union)에 대응하여 미숙지도를 목표로 하여 길드라고 이름 붙였다. 런던의 토인비 홀(Toynbee Hall)의 영향을 받은 이 시설이 발단으로 되어 시카고 헐 하우스(Hull House)등 세틀먼트를 미국에 발달시키게 되었다.

## 네트워커

네트워크와 관련된 직종에 종사하는 모든 사람들을 가리킨다. 네트워커들은 네트워크를 구성하고 관리하는 사람들과 그 안에 정보를 담아 사용자가 이용하도록 하는 일을 하는 사람들로 분류된다.

## 네트워크 조직(network organization)

조직활동을 자신이 비교우위가 있는 한정된 부문에만 국한시키고 나머지 활동분야는 아웃소싱(out sourcing)하거나 전략적 제휴 등을 통해 외부 전문가에게 맡기는 조직을 말한다. 네트워크 조직은 계층이 거의 없고 조직간의 벽도 없으며 부문간 교류가 활발하게 이루어지는 조직이다.

## 네트워킹(networking)

사회복지처우에서 욕구충족을 위해 필요로 하는 서비스는 다양한 서비스의 조합에 의한 것이 많다. 따라서 다양한 서비스가 효과를 발휘하기 위해서는 상호의 서비스가 유기적으로 결부되어 있을 필요가 있다. 또 서비스를 담당하는 인적자원도 전문직부터 자원 봉사자·근린주민까지 다양하며 영역도 사회복지뿐만 아니라 보건 의료, 혹은 기타의 공적, 사적의 서비스가 합해야 될 필요가 있다. 특히 지역복지서비스의 경우 이와 같은 서비스 네트워크의 형성이 중요하다. 또 서비스정보의 제공, 욕구발견에서 사후조치에 이르는 일련의 과정에서의 네트워크 활동이 중요하다. 이와 같이 네트워크를 구축·형성하는 활동을 의식화하기 위해 네트워킹이라는 용법을 쓰게 되었다.

### 네포티즘(Nepotismus, nepotism)
친족이나 연고자를 관직에 등용하거나 또는 그에 특전을 부여하는 정실주의를 말한다. 족벌주의(族閥主義)로 번역되기도 한다. 본래 로마 교황의 사생아(私生兒)를 네포라 부르고 등용하거나 은전을 베푼 데서 유래한 것이다.

### 네플세대
네트워크 플레이어의 약자로서 혼자 컴퓨터 게임을 하는 것이 아니라 통신망 속에서 네트워크 게임을 함께 즐기는 신세대층을 일컫는 말.

### 넷 데이
책에만 의존하던 수업에서 탈피해 인터넷이라는 가상공간에서 살아있는 지식을 배우는 것을 말한다. 세계의 모든 학교를 인터넷으로 연결하자는 목적으로 95년말 존 게이지(선마이크로시스템스 창업자)와 마이클 카우프만(샌프란시스코 KQED방송 공보국장)이 공동설립했다.

### 노년개발(development of the aged)
노인이 존경되는 존재로서 사회에 의존해 간다는 것만이 아니라 그 능력을 살려 사회의 일원으로 참여하는 의의를 가진다. 사회적 부양력의 한계가 있겠지만 노인들의 능력개발, 주체성 향상에 힘써야 한다는 것이다. 노인개발 내용에는 중고령자의 재교육, 재고용의 촉진으로 취업알선사업과 각종 삶의 보람을 위한 대책으로 노인클럽, 고령자교육, 직업 재설계 등이 있다.

### 노년근로복지(industrial welfare for the aged)
노년기는 향로기(56 − 60세), 초로기(61 − 65세), 점로기(66 − 70세), 노쇠기(71세 이상)로 나눌 수 있는데 이 시기에 있는 노인들의 복지문제를 산업과 관련하여 다루는 것이다. 정년연장문제, 기업연금, 레크리에이션, 평생교육재취업문제, 기타 서비스 문제 등의 중심적 과제가 있다.

### 노년인구지수
인구 노령화를 측정하는 하나의 지표, 생산연령인구(15 − 64세)에 대한 노년인구(65세 이상)의 비율로 사회가 노인을 양육할 경우 그 부담도를 나타낸다. 이 비율은 노년부양비라고도 한다.

### 노년학(gerontology)
노년학은 인간의 노화현상을 과학적이고 종합적으로 연구하는 학문이다. 노화의 원인을 규명하고 분석하며 노화결과로 생기는 제반 문제에 대한 적절한 대책을 강구하는 학문이다. 그 영역은 노년생물학, 노년심리학, 노년경제학, 노년사회학, 노년사회복지학, 노년간호학, 노년의학 등 다양하다. 노년학이라는 용어가 일반적으로 쓰이게 된 것은 1944년 미국노년학회(gerontological society of america)가 결정되고 그 기관지(journal of gerontology)가 1946년에 간행된 때부터이다.

### 노년화 지수 인구
노령화를 측정하는 지표로서 연소인구(0−14세의 인구)에 대한 노인인구(65세 이상)의 비율을 말한다. 이 지수는 인구고령화의 요인으로 출생율의 동향을 중요시 하는데에 특징이 있다. 이를 노령화 지수라고도 한다.

### 노노세대
문자그대로 "노인 아닌 노인"으로 제2의 인생을 구가하는 젊은 50, 60 대를 일컫는 말이다. 일찍이 노년을 대비해 온 이들은 미래 5대 소비계층으로 실버산업·실버 문화의 주인공들이기도 하다. 이들은 제2인생은 탄탄한 경제력과 시간여유에 기초, PC통신 등 젊은이들의 문화를 수용하는데 적극적이다.

### 노동(labou)
인간이 자기가 만든 도구(노동 수단)를 사용하여 자연물을 채취·포획한다든지, 자연의 소재를 개조한다든지 하여 생활에 도움이 되게 하는 활동을 말한다. 인간의 노동의 특징은 합목적 활동과 노동수단의 사용에 있다. 꿀벌은 건축가를 부끄럽게 할 정도로 훌륭한 벌집을 만들지만 인간의 노동과 같이 목적을 의식한 활동은 아니다. 프랭클린(B. Franklin)이 인간을 〈도구를 만드는 동물〉이라고 정의한 것과 같이 노동 수단의 사용은 인간 노동을 발전시킨 것이며, 갖가지의 노동 수단은 각각 노동력의 발달 정도를 보여준다. 노동은 〈인간 생활의 영구적인 자연 조건이며, 인간 생활의 모든 사회 형태에 공통적인 것이다〉(맑스). 노동을 통해 인간은 외적 자연을 변화시킴과 동시에, 인간의 잠세력을 발현시키고, 사회 자체도 변화시켜 왔을 뿐만 아니라, 노동은 인간을 원숭이로부터 분화시킨 기본 조건이었다. 노동을 위한 손·뇌수·언어는 노동과 함께 노동에 의해 탄생되었다. 노동을 원죄로 인한 저주라고 한 유태 신화 이래, 여러 노동관이 있지만, 계급사회의 존속을 통해 변하지 않는 기본적 사실은, 생산자가 노동의 성과를 착취당해 온 사실이다. 또 계급 사회와 함께, 육체적 노동과 정신적 노동과의 분업이 행해져 왔다. 현대의 과학·기술혁명은 오토메이션의 도입 등에 의해, 노동의 질을 변화시켰고, 또 분업을 소멸시키는 조건을 만들어내고 있는데, 그러한 일이 실현되기 위해서는 착취 제도의 근절을 기다리지 않으면 안된다. 맑스는 이른바 공산주의의 고도의 단계에서, 맑스는 이른바 공산주의의 고도의 단계에서, 정신적 노동과 육체적 노동의 대립이 없어지고, 〈노동은 단순히 생활을 위한 수단이 아니고, 생활 자체를 위하여 필요한 것이 된다.〉고 말하고 있지만 여기에는 비판의 여지가 많다.

## 노동가치설

상품가치의 크기는 그것의 생산에 소요된 노동량 혹은 노동시간에 의해 결정된다고 설명하는 가치이론이다. 이 경우 가치의 크기는 사회적인 가치의 크기이며, 개개의 기업 혹은 생산자가 상품의 생산에 실제로 투하한 개별적인 노동량 혹은 노동시간은 아니다. 따라서 가치는 그 상품의 생산에 사회적으로 필요한 노동량 혹은 노동시간 — 어떤 사회에서의 평균적인 생산조건, 즉 평균적인 기술수준 및 기능, 평균적인 노동강도하에서 그 상품을 생산하는 데 필요한 노동시간 — 곧 사회적 필요노동시간에 의해 결정된다. 이러한 노동가치설은 Petty, W.에 의해 창시되고 Smith, A, Ricardo, D.에 의해 발전되고 Marx K. H.에 의해 비판적으로 섭취되고 완성되었다.

## 노동강도

일정시간 내에 행해지는 노동지출의 정도, 노동력의 긴장, 노동의 응축 정도를 말한다. 노동일수가 노동의 외연적 크기를 나타냄에 대해 노동강도는 노동의 내포적 크기를 나타낸다. 노동강도는 노동일의 길이, 노동생산성과 함께 노동력의 가격과 잉여 가치의 '상대적 크기', 즉 잉여가치율을 규정하는 요인으로서 작용한다. 이 경우 노동강도의 변동은 노동생산성의 변동과 구별되어야 한다. 노동생산성이 증대하는 경우에는 동일한 노동일에 있어서의 동일한 노동지출로 보다 더 많은 생산물이 생산된다. 따라서 개개의 생산물에 대해서 보면 보다 더 적은 노동량 밖에 소요하지 않기 때문에 생산물 1단위당 가치는 당연히 저하한다. 이에 반해 노동강도가 증대하는 경우에는 지금까지와 동일한 노동일로도 보다 더 많은 노동이 지출되며 산출량도 증가한다. 그러나 비록 지금까지보다도 많은 생산물이 생산되었다고 해도, 생산물 1단위당 동일한 노동량을 소요하게 되므로 그 가치는 불변이다. 노동강도가 증대하는 것은 이와 같이 보다 더 많은 노동량이 동일한 길이의 노동일에 압축되는 것. 따라서 동일한 길이의 노동일이 보다 많은 가치생산물에 구체화되는 것을 의미하여 노동일을 연장하는 경우와 같은 효과를 가져온다.

## 노동계약(employment contract)

자본주의사회에서 노동자와 사용자는 평등한 인격체로서 자유롭게 계약을 맺을 수 있도록 되어 있지만 사회적·경제적 지위의 격차로부터 노동자 계약체결의 자율은 실질적으로 제약되고 있다. 노동자 보호를 위한 근로기준법에서는 사용자는 노동계약의 체결 시 노동자에 대해 임금, 노동시간 그 밖의 노동조건을 명시하지 않으면 안된다고 하고, 또 그것이 사실과 다를 경우 노동자는 즉시 노동계약을 해제할 수 있다고 규정해 사용자에게 일정의 규제를 가하고 있다.

## 노동권(right of labor)

노동을 할 능력이 있는 자가 노동을 할 기회를 사회적으로 요구할 수 있는 권리를 말한다. 실제로는 노동을 할 능력을 가지고 있으면서도 일반기업에 취직할 수 없는 자에 대해 국가 또는 공공단체가 최소한도 보통의 임금으로 근로의 기회를 제공하고, 만약 그것이 불가능한 경우에는 상당한 생활비를 부여할 것을 요구하는 권리라고 할 수 있다. 노동권에 관해서는 근본적으로 다른 두 가지의 개념이 있다. 개인이 자유롭게 근로의 기회 노동3권을 얻음을 국가가 침범하지 못한다는 소극적 의미의 자유권적 기본권으로 이해하는 17·8세기의 개인주의, 자유주의를 바탕으로 하는 자연법적 기본권리의 개념과 국민의 균등한 생활을 보장하고, 경제적 약자인 근로자의 인간다운 생활을 보장하는 것을 내용으로 하는 적극적 의미의 생존권적 기본권으로 이해하는 20세기의 복리·후생주의적 노동권의 개념이 그것이다. 이러한 의미의 노동권은 멩거 이래 유력한 사회사상으로서 주로 독일에서 제창되어 바이마르헌법에서 채택되기 시작하였다. 우리 헌법의 노동권(근로권)의 조항은 단순한 직업선택의 자유 이상으로 일종의 20세기적인 적극적 의미의 생존권적 기본권으로서의 노동권을 인정하는 동시에 국가는 사회적·경제적 방법으로 근로자의 고용증진과 적정임금 보장에 노력해야 하며 법률이 정하는 바에 의해 최저임금제를 실시해야 하는 것과 국가는 사회보장, 사회복지의 증진에 노력할 의무를 진다는 것을 아울러 선언하고 있다.

## 노동귀족(a labor aristocrat) 01

노동자계급 가운데 상대적으로 높은 임금을 받고 사회적·정치적 특권을 누리며 소부르주아화되어 부르주아의 사회적 지주가 되는 계층이다. 또 노동조합, 사회민주주의 정책당 및 기타 노동자단체가 확대되고 기구가 관료화함에 따라 그 지도적 위치에 서서 부르주아의 신임을 받고 노사협조주의·기회주의에 의해 노동자계급을 관료적으로 지배하는 역할을 하는 사람들을 빗댄 말이다.

## 노동귀족 02

산업기술의 고도화와 노무관리의 합리화가 진행되면서 노동자 중에서도 높은 급료와 특권적 지위를 부여받는 기술전문직이 생겨나 이들은 노동자로서의 계급적인 자각을 잃어버리고 자본 측에 협조적이게 되었다. 이들을 노동귀족이라고 한 것이 그 어원이다. 현재는 노동조합의 간부가 하부 조합원과 의식이 달라져 조합원의 이익대표자로서의 책임을 저버리고 업주 측과 이면에서 야합하는 부패현상을 가리키는 경우에 많이 쓰인다. 한마디로 노동자 계급 중에서 높은 임금을 받으며 유리한 노동 조건 하에서 일하는 특권적인 노동자를 말한다.

## 노동기본권
근로자가 그 생존을 확보하기 위하여 인정되고 있는 기본권을 말한다. 우리나라 헌법(제32조)은 〈모든 국민은 근로의 권리를 가진다〉고 규정하고 노동권(right to work)을 보장하고 있다. 또 근로자의 단결권(right to organize), 단체교섭권(right to bargain collectively) 및 단체행동권(right to strike)을 보장한다. 노동권, 단결권, 단체교섭권 및 단체행동권을 일괄하여 보통 노동기본권이라 한다. 또 노동권 이외의 3권을 노동삼권이라 한다. 노동기본권은 헌법(제31조)에서 보장된 기본적 인권에 속한다. 노동권에 관한 헌법규정은 선언적 규정에 지나지 않는다고 하는 것이 통설이다. 그러나 노동삼권은 노동조합법, 노사협의회법, 노동쟁의조정법 등에 의해 보장내용이 구체화되어 있다. 노동기본권 근로자가 자신의 의사와 능력에 따라 직업 또는 근로를 선택할 수 있는 근로의 권리와 노동3권을 한데 묶은 말이다. 즉 노동자의 인간다운 생활을 보장하기 위하여 헌법에서 정한 노동권 · 단결권 · 단체교섭권 · 단체행동권의 총칭이다.

## 노동력인구
경제활동인구를 통계적으로 파악하기 위한 개념의 하나이다. 특정일 또는 일주일 내의 특정한 기간에 경제활동의 형태나 종류 여하에 관계없이 취업한 사람 또는 일을 찾고 있는 사람 전부를 말한다. 14세 이상의 인구(생산연령인구)는 경제활동 인구와 질병, 노령 등의 이유로 경제활동에 참가하지 않는 비경제활동인구로 대별된다. 노동력 인구가 14세 이상 인구에서 차지하는 비율을 노동력율이라고 한다.

## 노동력(labor force)
일반적으로 취업 중이거나 취업 가능한 인구를 의미하나 용어자체로서는 큰 의미가 없고 조사 상으로 나타난 취업자와 실업자를 합한 인구량을 대변한다. 이 용어는 미국에서 1930년대의 공황 하에 실업자 수를 측정하고 노동의 유효공급량을 파악하려는 정책적 목적에서 생겨났지만 실제적으로는 노동가능 인구 또는 생산가능 인구를 지칭한다. 우리나라는 14세 이상 인구수를, 미국은 16세 이상, 일본은 15세 이상을 노동력 인구로 본다. 노동력 인구는 보통 취업자, 실업자, 비경제활동 인구로 구분하는데, 이때 취업자와 실업자를 합한 것이 경제활동인구가 된다.

## 노동력이동
보다 나은 노동조건을 찾아 노동자가 지역 간, 사업 간 및 기업 간을 이동하는 것을 말한다. 노동력이동이 일어나는 이유를 설명하는 데는 대체로 임금격차설과 취업기회설이 있다. 전자는 노동력은 임금이 낮은 곳에서 높은 곳으로 이 동한다는 견해로 노동이동의 '푸쉬(push)가설'이라 부르며, 후자는 노동력의 이동이 임금의 상대적 높이와는 관계없이 취업기회의 유무에 따라 행해진다는 견해로 노동이동의 'pull 가설'이라 부른다. 그러한데 이 두개의 가설은 이론적으로나 현실적으로 서로 대립하는 관계에 있는 것이 아니고 상호보완적인 성격의 것이라고 생각해야 할 것이다. 말하자면 임금 격차의 존재가 노동력이동의 필요조건이라고 한다면 취업기회의 증대는 그 충분조건인 것이다.

## 노동력인구
한 나라에서 소득을 얻기 위해 노동하고 있는 자와 노동하려고 하나 아직 취업하지 못하고 있는 자의 총수. 인적 생산자원의 총량으로 생각할 수 있다. 우리나라의 노동력인구는 경제기획원 조사통계국의 '경제활동 인구조사'로 매월 발표되고 있다. 경제활동인구란 ILO(국제노동기구)에서 제정한 새로운 용어로, 우리나라는 1982년부터 1547 표본조사로 실시하고 있으며 15세 이상 인구를 조사대상으로 하나 현역군인, 전투경찰 등과 같은 시설인구는 제외함. 조사기간은 지정된 1주간의 경제활동 상태를 노동력 접근법(ILO권고)에 의해 조사하고 있다. 여기에서 취업자 라 함은 ①조사주간 중 소득, 이익, 봉급, 임금 등 수입을 목적으로 한 시간 이상 일한 자, ②가구단위에서 경영하는 농장이나 사업체의 수입을 높이는 데 도운 가족종사자로서, 18시간 이상 일한 자, ③일시적인 질병, 일기 불순, 휴가 또는 연가, 노동쟁의 등의 이유로 일하지 못한 일시 휴직자를 말한다.

## 노동문제(labor problem)
노동문제라 함은 근로자의 사회적 · 경제적 지위의 개선향상에 관련된 문제를 말한다. 산업혁명으로 공장제 생산체제(자본제 생산체제)가 확립됨에 따라 모든 상품은 기계와 동력에 의해 대량으로 생산되었기 때문에 종래 수공업적 생산 내지는 가내공업적 생산에 종사하던 사람은 부득이 몰락하게 되어 대공장을 중심으로 공장근로자로서 일하게 되었다. 공장제 생산체제는 다수의 근로자가 동일한 장소에서 동일한 상품을 생산하는 체제이므로 이곳에서 자연히 저임금문제, 장기간 노동문제 또는 근로자의 재해문제 등이 야기되었다. 이러한 문제를 그대로 방치하기에는 너무나 큰 국가적 문제 · 사회적 문제였기 때문에 국가는 이 문제의 해결에 적극적으로 관여를 하게 되었다. 따라서 이것은 노동법이 생성되어지는 계기가 되었던 것이다.

### 노동부(Ministry of Labor)

노동부는 근로조건의 기준, 복지후생, 노사관계의 조정, 노동조합의 지도, 고용정책, 고용보험, 직업능력개발훈련, 고용평등, 산업안전보건, 산업재해보상보험, 기타 노동에 관한 사무를 관장할 목적으로, 종래 노동청에서 1981년 4월 현재의 노동부로 승격된 중앙행정기관이다. 조직은 장관과 차관 각 1인이 있고, 하부조직으로 정책홍보관리본부·고용정책본부·노사정책국(4팀)·근로기준국(4팀)·산업안전보건국(3팀)·국제협력국(2팀)이 있고, 차관 직할로는 감사관 및 총무과가 있다. 정책홍보관리본부에는 홍보관리관·재정기획관이 있으며 직할로 6개팀이 있다. 고용정책본부에는 고용정책심의관(3팀)·노동보험심의관(3팀)·직업능력개발심의관(2팀)·고용평등심의관(3팀)이 있으며 직할의 3팀이 있다. 소재지는 경기도 정부과천청사에 있다. 소속기관으로는 산재보험심사위원회·최저임금위원회·종합상담센터가 있고, 6개 지방노동청과 40개 지방노동사무소, 1개 중앙노동위원회 및 12개 지방노동위원회를 두고 있다. 산하단체로는 근로복지공단 한국 산업인력공단 한국산 업안전공단 한국노동교육원, 한국장애인고용촉진공단 산재의료관리원, 학교법인 기능대학, 한국기술교육대학교가 있다.

### 노동분배율 01

소득분배에 있어서 근로자측이 차지하는 몫을 말한 것이다. 국민소득중에 차지하는 임금, 봉급의 비율을 구하는 방법과, 부가가치에 포함된 인건비의 비율을 가리키는 경우가 있다.

### 노동 분배율 02

국민소득 가운데서 임금소득이 차지하는 비율 또는 부가가치 중에서 임금비율로 표시되는 노동성과의 노동 측에 대한 분배율. 일종의 상대임금으로 노동 분배율이 낮을수록 자본의 착취가 심하다고 할 수 있다. 이와 같은 노동분배율에는 임금수준 상승이 증가요인으로 작용하고, 부가가치를 전체적으로 증대시키는 노동생산성 향상이 감소요인으로 작용한다.

### 노동비용

노동비용은 사용자가 근로자를 고용하므로서 발생하는 제반 비용으로 현금급여와 현금급여 이외의 노동비용으로 구성된다. 현금급여 : 정액급여, 초과급여, 상여 및 기말수당 등의 합계액 현금급여 이외의 노동비용 : 퇴직금 ― 해고 및 해고예고수당 등을 포함한 퇴직일시금 지급총액 법정복리비 ― 산재보험료, 건강보험료, 국민연금고용보험료 중 사업주부담 분, 장애인고용촉진기금부담금 및 기타 법정복리비 법정외 복리비 ― 사업주 단독에 의한 주거, 식사, 의료, 보건문화, 체육, 오락, 경조 등의 비용, 구판장 등에 관한 비용의 합계액으로 물적시설에 대해서는 감가상각비, 유지관리비, 인건비 등이 포함 교육훈련비 ― 일반적으로 교양을 높이기 위해 설치되는 학교는 포함되지 않고, 근로자의 교육훈련 시설에 관한 비용, 지도원에 대한 수당, 사례, 위탁 훈련에 소요된 비용 등의 합계액 현물지급의 비용 ― 통근 / 정기승차권 / 회수권 및 자사제품 등을 지급하므로서 소요되는 비용의 합계액 모집비 ― 기업이 종업원을 모집하기 위해 행한 모집관리비, 채용시험에 소요된 비용, 채용자 부임수당, 모집관계 업무수당 등으로 모집 관계 업무를 전담하여 종사하는 자의 인건비 등의 합계액 기타노동비용 ― 작업복의 비용, 전근비용, 사보에 관한 비용, 표창 등 위에 분류되지 않은 비용의 합계액.

### 노동3권 01

노동자의 단결권·단체교섭권·단체행동권을 말한다. 즉 노동자가 근로조건 등의 향상을 도모하기 위해 단결할 수 있는 권리를 말하는 단결권과 노동조합 등이 임금, 노동시간, 보건·후생 등 고용의 기본적 조건에 관한 문제를 사용자측과 단체적으로 협의할 수 있는 단체교섭권, 그리고 노사간에 단체교섭을 통한 합의가 이루어지지 않을 경우 분쟁을 해결하기 위하여 파업 등을 할 수 있는 단체행동권을 총칭하여 노동3권이라 한다.

### 노동3권 02

우리나라 헌법 제33조에서 노동권을 보장하고 있는데 이 노동권 이외의 3권을 노동3권이라 한다. 근로자의 인간다운 생활을 보장하기 위해 헌법에서 정한 단결권, 단체교섭권, 단체행동권을 말한다. 우리나라에서는 단체행동권의 행사는 법률이 정하는 바에 따르게 되어 있어 제한을 받고 있으며 공무원인 근로자는 법률로 인정된 자를 제외하고는 노동3권을 가질 수 없도록 되어 있다. 또 국가, 지방자치단체, 국공영기업체, 방위산업체, 공익사업체 또는 국민경제에 중대한 영향을 미치는 사업체에 종사하는 자의 단체행동권은 법률이 정하는 바에 따라 이를 제한하거나 인정치 않을 수 있다고 규정되어 있다.

### 노동3법 01

노동관계를 규제하기 위해 입법된 노동관계 기본법인 노동조합법, 노동쟁의조정법 및 근로기준법 등을 총칭하는 말이다. 노동조합법은 노동자가 단결하여 단체교섭이나 쟁의 기타 단체행동을 할 수 있는 권리를 인정하고 구체적으로 그것을 보장하는 방법 등을 규정한 법률이며, 노동쟁의 조정법은 노동쟁의를 공정하게 조정하여 노사간의 분규, 즉 노동쟁의를 예방 내지 해결함으로써 산업의 안정을 유지하고 나아가서 산업 및 경제의 안정적 발전에 기여하도록 할 것을 목적으로 제정된 것이다. 근로기준법은 노동자의 노동조건, 즉 임금·노동시간·휴일 및 연차유급휴가·안전위생 및 재해보상 등에 관한 최저기준을 규정한 것이다.

### 노동3법 02
노동조합법, 노동쟁의조정법 및 근로기준법을 노동3법이라고 말한다. ①노동조합법은 노동자가 단결하여 단체교섭이나 기타 단체행동을 할 수 있는 권리를 인정하고 구체적으로 그것을 보장하는 방법 등을 규정한 법률을 말한다. ②노동쟁의조정법은 노동쟁의를 공정하게 조정하여 노사 간의 분규를 사전에 예방 또는 해결함으로써 산업을 안정시키고 나아가서 산업 및 경제의 안정적 발전에 기여하기 위한 목적으로 제정되었다. ③근로기준법은 노동자의 노동조건 즉 임금, 노동시간, 휴가, 연차, 안전위생 및 재해보상 등에 관한 최저기준을 규정하고 있다.

### 노동생산성(labor productivity) 01
노동자 1인의 1시간당 산출량(output per man — hour)을 말한다. 경우에 따라서는 노동자 1인의 1일당, 1월당, 1년당 산출량 등으로 정의될 수 있다.

### 노동생산성(productivity of labour) 02
노동자 1인이 일정기간동안 산출하는 생산량 또는 부가가치로 정의되며 일반적으로 노동투입량에 대한 산출량의 비율을 나타내는 물적 노동생산성과 노동 투입량에 대한 부가가치의 비율을 나타내는 부가가치 노동생산성으로 대별된다. 생산활동이 활발하면 노동생산성의 신장률도 높아지는 비례적 관계가 있으므로 노동생산성 지수의 동향은 생산활동의 동향을 보는 중요한 지표로 이용되고 있다. ★노동생산성지수 =(산출량지수 / 노동투입량지수) × 100

### 노동생산성(labor productivity) 03
어떤 생산부문 또는 어떤 생산자의 노동의 생산력을 특히 규정하는 것은 노동자의 숙련의 평균정도, 과학 및 그 기술적인 응용가능성의 발전단계, 생산과정의 사회적 결합, 제생산수단의 범위 및 작용능력, 자연적 제 사정(인종, 농산물의 풍흉, 광물의 매장량 등)이다. 노동의 생산력이 변하여도 일정기간 내에 생산되는 상품의 총 가치는 영향이 없다. 그러나 일정기간 내에 생산되는 상품의 수량이 변하기 때문에 개개의 상품가치의 크기는 변하지 않을 수 없다. 상품의 가치크기는 노동의 생산력에 역비례하여 변동한다.

### 노동생산성 04
노동생산성은 노동의 능률을 말하는 것으로 투하한 노동량과 그 결과에서 얻어진 생산량과의 비율을 의미한다. 임금상승률은 근로자가 노동의 대가로 받는 화폐액을 말한다. 노동생산성과 임금상승률의 비교는 노동가치가 움직인 만큼 임금도 변했는지를 알려준다. 이때 주의할 점은 명목가치를 기준으로 할지, 실질가치를 기준으로 하는지를 명확히 해줘야 동등한 비교가 가능하다는 것이다. 명목가치는 단순한 수치상의 변화를 의미하며 실질가치는 물가지수 변동분을 감안한 것이다.

### 노동소득분배율 01
노동소득분배율이란 국민소득 중에서 노동소득이 차지하는 정도를 나타내는 지표로서 타 요소소득에 비해 노동소득분배분의 상대적 크기를 측정하는데 주로 사용된다. 노동소득분배율의 측정에 있어서는 노동소득 및 국민소득의 개념을 어떻게 정의하느냐가 중요한 관건이 되며 이에 따라 상당한 차이를 보일 수 있다. 국민소득의 범위를 국내총생산으로 산정하는 경우와 요소소득(국내총생산 − 간접세 − 고정자본소모)으로 산정하는 경우가 있는데, 전자의 경우는 간접세와 고정자본 소모를 자본소득으로 보는 것이 되며, 후자의 경우는 간접세와 고정자본소모를 비용으로 파악하게 되는 차이가 있다. 또 자영업주의 소득은 재산소득과 노동소득으로 나누어지는데, 이를 구분하여 계산하는 것은 용이하지 않다. 일반적으로 자영업자 소득전부를 영업잉여로 보고 피용자보수만을 노동소득으로 산정하는 방법을 사용하는데, 이 경우 노동소득분배율은 과소 추정될 가능성이 있다. 특히 전체 취업자 중 피용자의 비율이 낮은 경우 문제가 된다.

### 노동소득분배율 02
한 나라 국민의 생산활동으로 발생한 소득은 노동, 자본, 경영 등의 생산요소를 제공한 경제주체에게 나누어진다. 이 중에서 노동을 제공한 대가로 가계에 분배되는 것을 급여 즉 피용자보수라고 하고 생산 활동을 주관한 생산주체의 몫을 영업잉여라고 한다. 여기에서 피용자보수를 좁은 의미의 국민소득(NI) 즉 피용자보수와 영업잉여의 합계로 나누어 얻어지는 값을 백분률로 나타낸 것이 노동소득분배율(Ratio of Compensation of Employees to NI)이다. 노동소득분배율은 노동의 가격이 자본의 가격보다 높을수록, 그리고 한 나라의 산업이 노동집약적일수록 그 값이 커지게 된다.

### 노동시장(labor market)
자본가적 생산제도의 한 가지 특징으로서는 노동력도 또 인격과 분리된 하나의 상품으로서 매매의 대상이 된다는 것이다. 노동력이 하나의 상품으로서 매매의 대상이 된다는 것은 필연적으로 노동시장의 존재를 조건지워주는데 노동시장은 자본시장 또는 그 밖의 상품시장과는 판이한 특성을 가진다. 즉 상품시장이나 자본시장이 일정한 공간을 점유하여 조직된 통일적인 공급자를 중심으로 형성되어 일물일가의 법칙이 비교적 신속히 국제적인 규모로 달성되는데 반해 노동시장은 일정한 공간을 차지하지 않고 조직된 수요자를 상대로 하여 다수의 독립적인 공급자가 대응하여 노동의 가동성이 사회적 제도적 억제에 의해 크게 제한됨으로써 일물일가의 법칙의 관철이 늦다. 그러므로 만약 제본스(Jevons W. S.)의 정의에 따라 일물일가의 법칙이 작용하는 곳을 시장이라고 한다면 노동시장은 일작업장 단위의 극단적인 불완전시장을 형성하는 것이다. 그러나 거시적으로 고찰한다면 노동에 대해서도 한편으로는 이를 수요하는 사용자가 있고 그에 대응하여 다른 면에는 노동력을 공급하고자 하는 취업희망자, 즉 맑스(Marx, K)가 말하는 방대한 산업예비군이 존재하여 수요가 공급보다 큰 경우(이때를 노동의 판매자시장 seller's market이라 한다), 완전고용 또는 과잉고용과 임금상승이 실현되고 공급이 수요보다 큰 경우(노동의 판매자시장 buyer's market)가 불완전고용상태이며 이러한 경우에는 취업자의 노동조건도 악화되는 경향이 있다. 노동시장의 특수성 시장경제체제에서 노동은 다른 상품처럼 시장에서 거래된다. 그러나 노동은 다른 상품들과 몇 가지 면에서 구별된다. ①노동은 근로자 자신이 직접 생산 현장에서 노동의 구매자인 고용주에게 인도되어야 한다는 특수성을 지닌다. 이때 노동자는 하나의 인격체로서 고용주의 지휘와 감독 하에 노동을 한다. ②일반적으로 근로자들은 노동력 이외 다른 생활 수단을 가지고 있지 않으며, 노동은 그 사용 여부와 관계없이 시간의 경과에 따라 소멸되어 저장이 불가능하다. ③노동의 가격인 임금이 다른 상품 가격과는 달리 수급 조절 기능이 미약하다. ④보통 다른 상품의 경우 가격이 상승하면 공급이 그에 비례해서 증가하는 것이 일반적이지만, 노동공급의 경우 일정 수준 이상으로 임금이 높아지면 오히려 공급이 감소하는 현상을 보인다.

### 노동운동
노동자계급이 자신들의 생활조건을 유지 · 향상시키기 위해 행하는 조직적인 운동을 말한다. 노동운동의 가장 일반적인 형태는 주로 임금 · 노동 시간 등 노동조건의 유지 · 개선을 요구하는 노동조합운동이지만 공제 조합운동이나 협동조합운동, 나아가서 자본주의체제를 부정하고 사회주의 · 공산주의사회의 건설을 목표로 하는 정당운동도 있다.

### 노동위원회(abour relations board) 01
노동조합법 또는 노동쟁의조정법에 의거하여 노동쟁의 조정, 부당노동행위의 판정 등의 권한을 가지는 노동자 · 사용자 · 공익대표의 3자로 구성되는 행정위원회를 말한다. 우리나라에는 중앙노동위원회 · 지방노동위원회 그리고 특별노동위원회가 있다.

### 노동위원회 02
노동행정의 민주화와 노사관계의 공정한 조절을 기하기

위하여 설치된 기구. 중앙의 중앙노동위원회와 각 시도의 지방노동위원회 및 필요에 따라 해당 주무부에 설치되는 특별노동위원회가 있다. 노동위원회는 노동쟁의의 조정, 부당노동행위의 심사, 구제명령의 발령, 노동조합의 자격심사, 노동협약의 지역적 구속력의 협의 등을 통해, 노동행정의 민주화와 노사관계의 공정한 조정을 그 목적으로 한다.

### 노동유발계수
노동유발계수는 생산의 파급과정에서 직 · 간접으로 발생하는 노동량을 계량적으로 표시한 것으로 어느 산업부문의 생산물 한 단위 생산에 직접 필요한 노동량, 즉 노동계수뿐 아니라 생산파급과정에서 간접적으로 필요한 고용량도 포함하는 개념이다. 노동유발계수는 노동계수에 최종수요 한단위당 직 · 간접 생산유발효과를 나타내는 생산유발계수를 곱하여 구하며 어느 한 부문의 열 합계는 한 산업의 최종수요가 1단위 증가하는 경우 각 산업에서 유발되는 노동증가율을 나타내며 노동계수와는 간접노동 유발량 만큼 차이가 난다.

### 노동의 공급곡선
각 임금수준에 대응하여 노동자가 공급하고자 하는 노동량을 표시하는 곡선을 말한다. 전통적인 이론에 의하면 노동자는 매기당 노동공급량을 결정함에 있어서 노동의 한계비효용과 소득의 한계효용을 비교한다. 임금의 효용 혹은 소득의 한계효용이 노동의 한계비효용보다 크면 노동의 공급량을 증가시키고 반대의 경우에는 공급량을 감소시킨다. 그러므로 양자가 동일할 때 공급량이 결정된다. 노동공급이 증가함에 따라 그 한계비효용이 증가하므로 그것을 상쇄할 만큼 임금수준도 높아져야 한다.

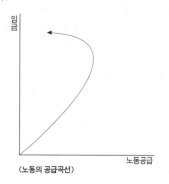

〈노동의 공급곡선〉

### 노동의 수요곡선
임금의 변화에 따른 기업의 노동력수요의 변화를 나타내는 곡선이다. 실물적 견지에서 말하면 노동의 한계생산물 곡선은 그대로 노동수요곡선이라고 볼 수 있다. 다른 생산요소가 고정되어 있는 상태에서 노동투입량을 증가시키면 수확체감의 법칙에 의해 노동의 한계생산물은 감소한다 그러므로 노동의 한계생산물곡선은 우하향의 형태를 취한다. 기업가는 노동자를 고용할 때 노동의 한계생산물과 임금(생산의 한계비용)을 비교 해본다. 만일 노동 1단위의 추가적 고용을 통해 얻어지는 그 생산물(= 노동의 한계생산물, MP)이 그 노동 1단위에 지불해야 하는 임금보다 크면 노동 1단위를 더 고용하는 것은 언제나 기업가에게 유리하다. 반대의 경우에는 노동의 한계생산물(임금일 경우에는 고용량)을 줄이는 것이 이익이다. 따라서 기업가는 노동의 한계생산물이 임금과 같게 되는 점까지 노동량을 고용할 것이다.

## 노동자

자신의 노동력을 제공하고 그 대가로 주어지는 임금에 의존하여서 살아가는 사람들. 노동자라고도 한다. 또 사회적 노동에 종사하는 〈취업자〉에 관한 통계용어로 말하면, 근로자는 〈고용자〉와 거의 같은 의미를 갖고 있으며, 자영농(自營農)·상공업자(商工業者) 등의 〈업주(業主)〉나, 가족의 일원으로서 업주의 일을 도와주는 〈가족종업원〉과는 구별된다. 현재 여러 선진국의 경우 취업자 중에서 고용자가 차지하는 비율은 75 95%에 이르고 있다. 이는 생산단위의 끊임없는 증대를 수반하는 자본주의의 형성과 발전으로 말미암아 생산자의 압도적 다수가 생산수단(토지·기계·원료 등)을 가지지 못하고 집중화된 생산수단을 소유하고 있는 자본가에게 〈고용되어 일하는〉방법 밖에 없기 때문이다. 근로자계층의 발생·증가는 이와 같은 자본주의적 생산관계의 도래(到來)·보급(普及)과 불가분의 관계를 갖고 있다. 자본주의체제에서의 근로자는 자신의 노동으로 산출(産出)되는 가치의 일부를 임금으로 받아 생활을 유지하는 자라는 근로기준법상의 개념과는 달리 근로조합법에서는 〈임금·급료 기타 이에 준하는 수입에 의해 생활하는 자〉를 근로자라고 규정해 실업자까지도 포함시키고 있다. 헌법 33조에서는 근로자에게 단결권·단체교섭권·쟁의권을 보장하고 있다. 그러나 공무원에게는 제한규정이 있다. 노동자 자본주의 기업의 종업원들이 당해기업의 일부 또는 전부를 소유하는 제도를 말한다.이 제도를 주장하는 사람들은 종업원들이 그들의 노동으로부터 발생하는 이익의 일부를 차지하게 되면 생산성이 높아질 것으로 믿는다. 종업원지주제도는 이러한 맥락에서 도입된 제도라고 볼 수 있다.

## 노동장비율

자본(capital)집약도 또는 반대로 노동(labor)집약도를 나타내는 것으로 자본장비율이라고도 한다. 구체적으로는 노동장비율은 유형고정자산을 노동자수로 나누어 계산된다. 일반적으로 중화학공업은 노동자 비율이 높아서 노동절약적 성격을 갖는데 대해 섬유공업과 같은 경공업에 있어서는 노동장비율이 낮아 자본절약적인 성격을 갖고 있다.

## 노동쟁의 01

노동자와 사용자간에 발생하는 쟁의. 자본주의사회에서는 노동자와 자본자(사용자)는 임금·노동시간 등 노동조건을 놓고 대립항쟁하며 노사 쌍방은 타협의 여지가 없이 부단한 투쟁을 전개한다. 초기 자본주의 사회에서는 노동자의 투쟁은 농민봉기 또는 폭동의 형태를 취했으나, 그것으로는 노동자의 주장이 관철되지 않는다는 것을 자각하게 된다.

## 노동쟁의 02

크게는 노동관계에서 생기는 분쟁 일반을 가리키지만, 작게는 사용자와 근로자 집단이 당사자로 되어 있는 집단적 노사분쟁을 말하며 동맹파업·태업·직장폐쇄 기타 노동관계 당사자가 그 주장을 관철할 목적으로 행하는 행위와 이에 대항하는 행위로서 업무의 정상적인 운영을 저해하는 것을 말한다. 노동쟁의조정법에서는 노동쟁의를 '임금·노동시간·후생·해고 기타 대우 등 근로조건에 관한 노동관계 당사자간의 주장의 불일치로 인한 분쟁상태를 말한다' 고 규정하고 있다.

## 노동쟁의 03

노동조합과 사용자측의 단체교섭 결과 노사 쌍방의 의견이 불일치한 경우, 조합측이 취하는 동맹파업(strike)·태업(sabotage)·불매동맹(不買同盟, boycott) 등의 행위와 사용자측이 취하는 작업정지 수단으로서의 직장 폐쇄 행위 등을 말한다.

## 노동쟁의 04

노동쟁의라 함은 일반적으로 노동조합 내지는 근로자의 단체와 사용자 내지는 그 단체 사이의 분쟁상태를 말한다. 노동쟁의조정법 제2조도 노동관계당사자간의 노동조합임금·근로시간·후생·해고 기타 대우 등 근로조건에 관한 주장의 불일치로 인한 분쟁상태를 말한다고 규정하고 있다. 노동관계의 당사자라는 것은 근로자 측으로는 근로자의 단체(노동조합)만 당사자가 될 수 있는 것이고, 개인으로서의 근로자는 이와 같은 자격이 없는 것으로 해석된다. 사용자측으로는 단체가 당사자가 되는 경우가 있고 또 사용자가 당사자가 되는 경우도 있다. 또 노동쟁의는 근로관계의 당사자 사이의 주장이 서로 일치하지 않았기 때문에 발생하는 것이어서 이 쟁의는 단체교섭이 행하여졌다는 것을 전제로 하는 것이다. 단체교섭이 행하여지지 않았던 쟁의는 노동쟁의 조정법에 있어서 노동쟁의라고는 볼 수 없다. 분쟁상태는 분쟁행위가 발생할 우려가 있는 상태라고 해석하는 것이 타당할 것이다. 원래 노동쟁의는 노사 간의 자주적 해결에 맡겨서 노사관계의 안정과 산업평화를 도모하기 위하여 노동쟁의를 예방하고 조정하는 기구가 노사 간에 자주적으로 구성되어야 하는 것이 이상이지만, 노동쟁의조정법이 노동쟁의를 문제로 하고 있는 목적은 국가기관 또는 행정기관의 관여로 분쟁을 신속하고 원만하게 해결하려는 것에 있는 것이다.

## 노동쟁의조정법

노사관계의 공정한 조정을 도모하고 노동쟁의를 예방 또는 해결하여 산업평화의 유지와 국민경제발전에 기여함을 목적으로 1963년 4월 17일에 제정되었다. 노사관계의 적정화를 위하여 노사는 노동협약에서 조정기관의 설치·운영에 관한 사항을 정하고 노동쟁의가 발생한 때에는 노사가 자주적으로 해결하기 위하여 노력할 것을 의무화하고 있다. 자주적인 조정이 곤란할 경우에는 행정관청은 노동위원회에 의한 알선·조정·중재 등을 통해 자주적 조정을 원조할 것을 정하고 이를 위한 기관·절차가 규정되어 있다. 또 공익사업에 대해서는 그 쟁의행위에 의해 국민생활을 저해하고 위태롭게 할 경우에는 노동청장은 중앙노동위원회의 의견을 들어 긴급조정을 결정할 수 있다.

## 노동정책(labor policy)

경제자원의 효율적 배분을 촉진하면서 생활안정과 복지의 향상을 목적으로 하는 정책의 총칭이다. 노동정책의 주요행위자인 정부의 활동 면에서 보면 ①최저 근로기준의 법제적 설정, 특히 최장근로시간과 최저임금의 규제는 노동시장이 저임금 다취업의 악순환에 빠져들어 한없이 열악해지는 것을 방지하는 역할을 한다. ②최저생활의 보장, 즉 경제적으로 자립능력이 없는 등 특별한 원조를 필요로 하는 사람들에게 소득보장이나 의료서비스를 제공하고, 이러한 생존의 확보에 의해서 노동시장으로 하여금 정상적인 경쟁기능을 확보·유지하게 한다. 관련제도로서는 생활보장, 공적연금, 실업보험, 건강보험, 의료급여 등이 있다. ③각종 고용정책, 직업소개 기구의 정비, 직업훈련 등에 의한 인적자원개발정책의 추진이다. 정부는 이러한 정책을 통해 노동시장의 적절한 수급밸런스를 달성하여, 효율적인 자원배분의 기능을 유지할 수 있게 된다. 이러한 정부의 역할은 선진국은 물론 우리나라에서도 각 행정 분야에서 법제화되어 있다.

## 노동조건(working conditions)

노동자가 노동에 종사함으로써 받게 되는 각종 조건으로 임금을 말한다. 노동시간, 휴가, 안전위생 등의 고용조건을 의미한다. 이것은 근대법 하에서는 노동자와 사용자가 대책의 입장에서 결정해야 할 것으로 규정되어 있다. 현실적으로 국가 및 경제적 제 조건에 따라 기본적으로 규정하며 노사 간의 세력관계에 의해 그 수준여하가 결정된다.

## 노동조정위원

원칙적으로 노사관계당사자의 쌍방 간에 노동쟁의조정의 신청이 이루어진 경우 그 조정을 위해 노동위원회 중에서 노동조정위원회가 설정되는데 동위원회를 구성하는 위원을 말한다. 사용자를 대표하는 조정위원, 노동자를 대표하는 조정위원, 공익을 대표하는 조정위원이 있다. 조정위원회의 사용자대표조정위원과 노동자대표조정위원은 동수로 해야 하며 공익대표의 조정위원도 이와 동수로 되어 있다. 조정위원은 노동위원회의 회장이 지명하는 것으로 되어 있다.

## 노동조정위원회(a labor relations board)

노동쟁의의 조정을 위해 노동위원회 중에서 설정된 위원회 노·사·공익의 각각을 대표하는 조정위원으로 구성된다. 관계당사자간의 쌍방으로 노동위원회에 대해 조정의 신청이 성립된 경우, 조정위원회는 당사자 간에 개입해 쌍방의 주장을 듣고 조정안을 작성해 그 외 수락을 권고하고 이유를 달아 공표함으로써 노동쟁의 해결에 노력한다. 노사가 함께 조정안을 수락할 의무는 없지만 3자구성에 따른 위원회의 조정안이라는데 일정의 중요성이 있다.

## 노동조합(labor union; trade union) 01

근로자가 주체가 되어 자주적으로 단결하여 근로조건의 유지·개선과 사회적 지위의 향상을 도모함을 목적으로 조직하는 단체 또는 그 연합단체(우리나라 노동조합법). 노동조합은 역사적으로 1851년 영국에서 결성된 ASE(합동기계공조합)와 같은 직능별조합(craft union)의 형태로 출발 했으나, 19세기말 이후 산업별조합(industrial union)으로 발전하여 오늘에 이르고 있다. 노동조합의 가장 기본적인 기능은 단체교섭과 단체행동에 있다. 전자는 노동조합이 근로자의 단결력을 배경으로 하는 교섭행위이며, 이는 작업의 집단화와 기능의 통일화가 근로조건의 집단화를 가능하게 한 데서 유래된다. 후자는 단체교섭을 지원하기 위해 노동조합이 가진 강제적 수단의 발동으로, 태업·파업 등이 이에 속한다. 우리나라에서 1953년 3월의 노동조합법이 제정되었다. 그러나 1980년의 노동조합법 개악 이후, 산별연맹의 단위조합에 대한 지도력이 축소된 기업별조합으로 후퇴해 버렸다. 따라서 현재 우리나라 노조조직 형태의 기본적 틀은 사업소별, 기업별 노동조합이다. 이 기업별 노조 위에 산업별 연합체 및 산별단일조합이 전국중앙조직인 '한국노동조합 총연맹'으로 결합되어 있다.

## 노동조합 02

노동조건의 유지 또는 개선을 위해 조직된 임금노동자의 상설적인 단체를 말한다. 노동조합의 형태는 인쇄공조합 등과 같이 동일직종에 종사하는 노동자가 결성하는 직업별노동조합(craft union), 일정한 산업에 종사하는 노동자 전체를 구성원으로 하는 산업별노동조합(industrial union), 직업 또는 기업을 불문 하고 동일지역에 있는 중소기업을 중심으로 하여 조직되는 일반노동조합(general trade union)으로 나누어 볼 수 있다.

### 노동조합 03
노동조합이라 함은 근로자가 주체가 되어 자주적으로 단결하여 근로 조건의 유지·개선과 근로자의 복지증진 기타 경제적·사회적 지위의 향상을 도모함을 목적으로 조직하는 단체 또는 그 연합단체를 말한다. 노동조합은 반드시 법인이 될 것을 요하는 것은 아니지만, 단체로서의 계속적 통일체(이른바 권리능력 없는 사단)일 것을 요한다. 따라서 근로자의 일시적인 종합방식에 불과한 쟁의단은 노동조합으로서 인정할 수 없다. 노동조합은 단체로서 종합규약을 가져야 한다는 것은 당연한 일이나, 법은 주로 조합민주화라는 견지에서 이 종합규약의 내용으로서 정해야 할 약간의 사항을 법정노동조합하고, 위에서 설명한 조합 요건과 이 조합규약 요건을 충족시키지 못하는 노동조합, 이른바 법외조합에 대해서는 노동조합법과 노동쟁의조정법에 정하여진 절차와 구제 가령 노동위원회에 의한 노동쟁의의 조정, 부당노동행위의 구제를 인정하지 않기로 했다. 이것은 노동조합에 대한 국가의 계몽적 입장에서의 조치라고 하나, 근로자의 권리를 부당하게 제약할 염려가 있어서 일반적으로 타당치 않다는 견해가 많다. 그러나 노동조합으로서의 단결의 방식은 자유이며, 근로자는 기업별로(기업별 조합·우리나라에서는 이것이 상태이다) 혹은 직종별로(직업별노동조합·외국에서는 이것이 상태이다) 조합을 결성할 수 있으며, 또 조합(단위조합)을 단위로 하는 연합체, 혹은 조합 및 개인근로자의 구성되는 단일조합이라도 무방하다. 조합의 조직·해산 및 조합의 가입탈퇴도 원칙적으로 자유이다. 노동조합·전문직업단체·정당·종교단체 등과 같이 조직의 구성원들 자신이 주된 수혜자가 되는 조직의 유형을 말한다. Peter Blau와 W. Richard Scott는 조직활동의 주된 수혜자가 누구냐(cui bono)를 기준으로 하여, 조직의 유형을 기업조직(business concerns)·공익조직(commonweal organizations)·봉사조직(service organization)·호혜조직의 4가지로 나누었다.

### 노동조합법(the trade union law) 01
헌법에 의한 근로자의 단결권·단체교섭권 및 단체행동권을 보장하여 근로조건의 유지·개선과 근로자의 경제적·사회적 지위향상을 도모하고 노동관계를 공정하게 조정하여 노동쟁의를 예방·해결함으로써 산업평화의 유지와 국민경제의 발전에 이바지하고자 제정된 법률이

다. 1996년 12월 31일 법률 제5244호로 제정되어 1997년 3월 13일 법률 5306호로 폐지되었다가 같은 날 법률 제5310호로 다시 제정되었다. 그뒤 2001년 3월 28일 법률 제6456호로 2차 개정되었다. 이에 따라 노동조합법과 노동쟁의조정법은 함께 폐지되었다. 총칙, 노동조합, 단체교섭 및 단체협약, 쟁의행위, 노동쟁의의 조정, 부당노동행위, 보칙, 벌칙의 8장으로 나누어진 전문 96조와 부칙으로 이루어져 있다.

### 노동조합법 02
근로자가 노동조합을 자주적으로 결성하고 노동3권인 단체교섭권, 단결권, 단체행동권을 수행할 수 있도록 보장하여 근로자의 근로조건 유지 및 개선과 근로자의 복지를 증진시킴으로써 그 경제적 지위 향상과 국민경제의 발전을 기함을 목적으로 제정한 법률이다.

### 노동조합주의(trade unionism)
노동조합주의라 함은 노동조합운동의 모국인 영국의 노동조합주의를 가리킨다. 그러나 널리 노동조합운동, 즉 근로자가 노동조합의 단결력을 배경으로 하여 경제적·사회적 지위의 향상을 실현하려고 하는 단체운동의 방식을 의미하는 경우도 있다. 영국에서의 노동조합주의는 사상적으로는 약간의 변천을 보이고 있지만, 기본적으로는 마르크시즘을 부정하고 소련의 공산주의와 구별된다. 영국에서는 근로자를 위한 여하한 시책도 이 노동조합주의와 조화되지 않는 것은 인정되지 않는다. 특히 우리나라에서는 노동조합주의(trade unionism)를 노동조합운동을 파악할 때는 정치, 경제, 사회 등 노동조합의 외적 환경문제에 관심을 갖지 아니하고, 자본주의의 경제체제를 인정하며, 한 나라의 제도와 정책의 테두리 안에서 단순히 고용제조건(conditions of employment)의 유지, 개선이란 경제활동에만 중점을 두는 개량주의적, 노사 협조적 노동조합운동은 신노동조합주의(new trade unionism)에 대응하는 개념이다. 영국에서는 TUC의 생성과 더불어 이 주의가 채택되었고 19세기 말엽에 신 노동조합주의로 대체된다.

### 노동집약도
생산물 1단위에 대한 투하노동의 비율을 나타낸다. 본래 산업별로 나타 나는 집약도의 차이와 기계화의 진행상황의 차에 의한 집약도의 차이가 있으나 보통은 전자의 뜻이 크다. 노동의 집약도를 될수 있는 대로 낮추는 것이 생산성의 향상을 꾀하는 것이 되며 또 노동의 집약도가 낮은 산업구조로 바꾸는 것이 경제의 고도화를 꾀할 수 있다고 봐도 좋다.

### 노동풀제
노동비를 절감하고 동시에 실업을 예방할 수 있는 새로운

형태의 고용 제도로 〈노동풀〉과 〈기업시장〉이 있다. 이 고용방식은 기업이 한 노동자의 노동력을 독점하는 전통적인 고용계약에서 벗어나 여러 기업이 노동력을 공유한다는 점이 특징이다. 우리나라 농촌에서 농번기에 일손을 나눠쓰던 두레와 유사하나 산업체와 서비스업에서 시행되고 있다는 점에서 다르다고 할 수 있다. 노동풀 제도는 여러 기업이 뭉쳐 필요한 노동력을 산정한 뒤 공동으로 노동자를 고용한 뒤 기업의 필요에 따라 노동력을 나눠쓰는 것이다.

### 노동현장 학습훈련
노동환경 근로자를 둘러싼 직장환경, 즉 작업환경 등을 말한다. 작업환경조건으로는 작업장 기후, 건물의 설비상태, 작업장에 발생하는 분진, 유해방사선, 가스 및 증기, 소음 등이 있다. 이들은 각각 단독 혹은 서로 관련을 맺으면서 근로자의 건강과 작업능률을 좌우한다. 작업장의 기후조건, 특히 온도, 습도는 생산기술상의 조건과 불일치하는 경우가 있다. 가령 방적업 등의 직포작업에서는 온도, 습도를 높이 면 섬유의 장력을 늘리고 생산산량은 증가하지만 이것은 작업자의 심신기능에 현저한 영향을 미친다. 더욱이 근로시간의 길이도 근로자의 건강에 장애를 미친다. 또 ME 등 기술혁신의 진전에 따른 VDP(video display terminal : 단말 표시장치) 작업에 의한 건강의 영향 등 노동환경 속에서 새로운 문제가 생기고 있다. 노동환경이 위험하고 비위생적인 경우, 그 영향이 거기서 일하는 근로자에게 미치는 것은 당연하지만 작업장 밖의 지역까지 미쳐 공해를 유발하여 사회 문제화하는 경우도 있다.

### 노령수당
국가 또는 지방자치단체는 65세 이상의 자 중 소득수준 등을 참작하여 보건복지가족부 장관이 정하는 일정소득 이하의 자에게 지급하는 수당을 말한다. 지급수준은 노인복지 등을 참작하여 매년 예산의 범위 안에서 보건복지가족부장관이 정해 현금으로 지급한다. 노령수당은 노령수당을 지급하기로 결정한 달의 다음 달부터 노령수당을 지급하지 아니하기로 결정한 달까지 매월 지급한다.

### 노령연금(old age pension) 01
우리나라 국민연금법에서 연금급여는 노령연금, 장해연금, 유족연금, 반환일시금이 있는데 그 중의 하나가 노령연금이다. 국민연금법 제56조에 의하면 가입기간이 20년 이상인 가입자 또는 가입자이었던 자가 60세(대통령령이 정하는 직종에 종사하거나 종사하였던 근로자의 경우는 55세)에 달한 때에는 그때부터 그가 생존하는 동안 지급. 가입기간이 15년 이상 20년 미만인 가입자 또는 가입자이었던 자가 60세에 달한 때에는 그때부터 그가 생존하는 동안 제1항의 규정에 의한 노령연금액에서 일정한 금액을 감액한 연금을 지급한다. 가입기간이 20년 이상인 자

로서 보수 또는 소득이 있는 업무에 종사하고 있는 경우 60세 이상 65세 미만의 기간(특수직종 근로자의 경우에는 55세 이상 60세 미만의 기간)동안에는 일정한 금액의 연금을 지급한다. 가입기간이 20년 이상인 가입자 또는 가입자이었던 자로서 55세 이상인 자가 보수 또는 소득이 있는 업무에 종사하지 아니하는 경우에는 제1항의 규정에도 불구하고 60세에 달하지 아니하더라도 본인의 희망에 의해 그가 생존하는 동안 일정한 금액의 연금을 지급받을 수 있다. 제3항 제4항의 규정에 의한 보수 또는 소득이 있는 업무의 범위는 대통령령으로 정한다.

### 노령연금 02
국민연금에서 가입기간 및 연령요건에 의해 수급 받는 연금. 노령연금(법56조) : 완전, 감액, 재직자, 조기, 특례.

### 노령화사회(aging society)
노령화사회란 노령인구의 절대수가 증가되고 반대로 비노령인구가 증가되지 않거나 감소되는 것을 말하며, 그 결과 전인구대비 노령인구가 점유하는 비율이 높아져 가는 사회를 말한다. 유엔은 65세 이상 인구가 총 인구의 7%이상이면 노령화사회라고 분류하고 있다.

### 노령화지수(aged ─ child ratio) 01
유년층 인구에 대한 노령층 인구의비율로 이 지수가 증가할 때 이러한 현상을 노령화라고 하며 인구의 연소화에 대한 상대적 개념이다. ★노령화지수 =(65세이상인구 / 0 ─ 14세인구) × 100

### 노령화지수 02
노령화지수란 총인구 중 65세 이상의 인구가 점하는 비율을 말하는데, 노령화지수가 7%를 넘으면 노령화사회라고 하고, 14%를 넘으면 노령사회에 진입하였다고 말한다. 최근 선진국의 경우 인구의 노령화가 사회문제가 되고 있는데 우리나라도 근래에 출생률의 감소와 사망률의 저하로 인한 인구의 노령화가 급격히 진전되고 있다. 특히 선진국의 경우 비교적 장기간에 걸쳐 현재의 인구구성에 달한 것과 대조적으로 우리나라의 경우에는 인구의 노령화가 급격히 진전되고 있어 문제의 심각성이 더한 상태이다.

### 노멀라이제이션(normalization)
노멀라이제이션이라는 말은 우리나라 말로 일상화, 보편화, 정상화, 상태화 등으로 번역되는데 어느 것도 정확한 표현이라고 보기 어렵다고 하여 그대로 노멀라이제이션으로 쓰는 경우가 많다. 이 말은 원래 장애인복지 서비스에 대한 대등생활의 원칙에 따른 정책을 나타내는 말로서 스웨덴이나 덴마크에서 사용되어 왔었는데, 현재는 노인복지 서비스도 포함한 복지정책의 새로운 사고방식으로

서 보다 넓게 사용되어지고 있다. 노멀라이제이션의 개념을 최초로 사용한 것은 덴마크의 정신장애인협회 회장인 뱅크 밋켈센이며, 이어서 스웨덴의 정신장애인협회 사무국장 벤트 니르제 등에 의해 체계화되어 그것이 1967년에는 스웨덴에서 장애인복지정책에 도입되게 되었다. 나아가 1977년에는 사회복지심의회의에서 노인복지서비스를 포함한 복지정책의 일반적 원리로서 공인되고, 이 후 사회서비스 입법에 구체화되게 되었다. 그러나 이 용어의 유대와는 상관없이 실천면에서는 사실상 노멀라이제이션의 이념에 이어지는 정책이 스웨덴이나 덴마크의 자치제에서는 1960년대 전후부터 도입되고 있었다. 노멀라이제이션이라 함은 사회복지사업의 대상자를 특수하게 보고 격리하여 처우하려는 사고방식을 고쳐 장애인이나 신체가 자유롭게 기능하지 못하는 노인, 장기요양의 병자도 될 수 있는 한 학교에 가서 보통의 생활을 보내는 것이 본인의 복지와 행복으로서 바람직하다는 사고방식이다. 이러한 사고방식의 배후에는 신체가 건전하여 만원버스나 건널목도 이용할 수 있는 이른바 비장애인만으로 구성된 사회가 사실상 비정상적 사회(abnormal society)이고 신체 장애인이나 신체가 부자유스런 노인 등이 얼마쯤은 혼재하고 있는 상태, 그것이 정상적이라고 하는 생각이 밑받침되고 있다. 이는 장애인이나 노인의 각종 의사결정의 참가는 물론, 일상생활, 나아가서는 공공시설에 엘리베이터설치, 장애인 등이 쓸 수 있는 화장실시설, 휠체어를 타고 비장애인과 더불어 보도를 갈 수 있는 도로시설, 기타 주택시설 등이 포함된 하나의 복지이념이라고 할 수 있다. 스웨덴의 노인복지에 관한 최근의 보고서는 노멀라이제이션으로서 시설에서 보통의 주거에 사는 가능성을 높일 것, 옮겨서 사는 물적 및 사회적 인근환경으로부터 이전할 필요성을 될 수 있는 한 적게 할 것, 사회적 교류와 상호원조를 촉진할 것, 필요한 경우에는 특별히 배려된 주택과 케어(개호)를 제공하여 통상의 생활 어매너티(생활의 쾌적성과 주거의 편의) 속에 보여지는 바와 같은 생활의 질(quality of life)을 될 수 있는 한 반영시킬 것 등을 들고 있다.

## 노무관리(labor management)

노무관리라 함은 기업목적달성에 의한 경영의 유지 발전을 위해 경영에서 일하는 종업원의 존재방식을 가장 적당한 상태로 만들어 가는 일련의 관리시책을 말한다. 노무관리론이라 함은 그러한 시책을 대상으로 하여 경영능률 또는 효과와의 관계 등을 연구하는 과학 분야를 말한다. 실무계나 경영학에서는 종래 일반적으로 기업목표(가령 이윤의 극대화)의 달성을 위해 거기에서 일하는 근로자의 유효한 이용에 쓰이는 관리기법의 총체 등으로 해석해 왔다. 이 경우 특히 세 개의 관점이 구별되고 있다. ①근로자를 대상으로 하는 것 특히 그의 노동력(manpower)으로서의 국면에 초점을 맞추려고 하는 부분이어서 협의

의 인사관리라고 부르는 것이 그것이다. ②근로자 중에서 인간적 측면을 발견하고 우선 복지목표나 인간화 목표를 드는 부분이 있는데 협의의 노무관리가 그것이다. 그러나 그들 목표의 추구는 우회적으로 기업목표의 달성에 유익하게 된다. ③노사관계 관리는 근로자 중에 조직근로자를 인정하는 것으로 그 전개는 기업과 단체로서의 근로자, 즉 노동조합과의 관계 이른바 노사관계의 문제로 되어 있다. 그러한데 최근에는 행동과학이나 조직 이론, 시스템 이론의 발전에 따라서 노무관리를 포착하려는 움직임이 표면화되고 있다.

## 노브랜드(no brand)

가정 식품·일용 잡화품 등을 중심으로 하여 브랜드명을 전혀 붙이지 않고 그 상품의 일반 명칭과 법률로 정해진 사항만이 기재되어 있는 상품으로 염가인 것이 특징이다. 포장비를 줄이고 광고비를 없앰으로써 제품의 원가를 낮추는 것이 목적이다. 제네릭 브랜드(generic brand)라고도 한다.

## 노비즘

이웃이나 사회에 피해가 가더라도 자기에게 손해가 오지 않는 일에는 무관심한 것을 말한다. 공공장소·도로 등에 쓰레기를 버리는 것은 상관하지 않지만 자신의 집 뜰에 버리는 것만은 못 봐주겠다는 철저한 개인주의에 바탕을 둔 사고다.

## 노사관계
### (labor management relations, industrial relations) 01

넓게는 노동자와 자본가·경영자 사이에 보여지는 지배·피지배 관계를 말하며 기본적으로는 계급관계이다. 그러나 노사관계는 계급관계 일반이 아니고 그것에 기초해서 발생하는 집단으로서의 노동자와 자본가·경영자와의 관계로서 이해되고 있다. 구체적으로는 노동력의 매매 및 그 교섭을 둘러싼 노동조합과 개별적인 자본가·경영자 혹은 그 단체와의 관계이다.

## 노사관계 02

일반적으로 부림받는 자(근로자)와 부리는 자(사용자)와의 사이에서 생기는 상호관계를 말한다. 이 관계는 단지 기업수준에 그치지 않고 지역수준, 산업수준, 국가수준 및 세계레벨에 있어서도 관찰할 수 있다. 관계의 성격은 다음과 같은 양면성을 갖고 각각 파악된다. 경영과 노동력의 관계와 경영자와 노동자의 관계, 경영과 종업원의 관계와 경영자와 노동조합원의 노사협의회관계, 경영자와 종업원 개인이라는 개별적 관계와 경영과 노동조합이라는 집단적 관계, 협동 관계와 대립관계, 경제관계와 사회관계, 종속관계와 민주적 대등관계, 이들 노사관계는 경영자와 경영자단체, 노동자와 그의 노동조합 혹은 그

상부단체 및 정부와의 사이에서 수평적으로, 대각선적으로 삼화음(triad)을 이루면서 형성되어 있다. 노사관계의 주체는 이상과 같은 노·사·정 이외에 노동위원이나 법원, 지역사회를 포함하며 국제적으로 ILO도 중요한 역할을 담당하고 있다. 노사관계는 산업사회의 제 관계를 종합적으로 파악하려는 것도 필요로 되고 있으며, 이것을 광의의 노사관계로서 산업관계(industrial relations)라고 부를 경우가 많다. 노사관계는 통상 노사 양자의 힘 관계에 의해서 결정되는 것이 보통인데 그것은 시대에 따라 변화한다. 영국의 경우를 보면 산업혁명이 시작된 1760년대에서 1800년대까지는 전제적 노사관계가 지배적이었으며, 1800년 이후 1880년까지는 온정적 노사관계, 1880년에서 1919년까지 완화적 노사관계가, 1920년 이후에는 민주적 노사관계가 지배적이었다. 또 커어(Kerr, Clark)는 노사관계의 유형을 절대적 노사관계(소련), 친권적 노사관계(독일), 계급 투쟁적 노사관계(프랑스, 이탈리아, 일본의 좌경노조), 경쟁적 노사관계(영·미) 등으로 구분하고 있다. 노사정위원회 위원장, 간사위원 각 1인을 포함한 근로자, 사용자, 정부 등을 대표 하는 15인 이내의 위원으로 구성된 협의체이다. IMF사태 이후 경제위기 극복을 위한 국민적 합의를 이끌어 내기 위해 노동단체, 사용자단체 및 정치권과 정부가 위원회 구성에 전격 합의 함에 따라 1998년 1월 15일 제1기 노사정위원회가 정식으로 발족했다. 노사정위원회는 매월 정기회의를 갖고 수시로 임시회의를 개최하여 고용안정, 노사협력, 경제위기 극복 등 현안문제 해결 방안을 심의·의결하며 대통령 자문기구로서의 위상을 가진다. 위원회는 노사정의 대등한 참여와 협력, 국난극복을 위한 개혁과제 논의, 경제회생과 고용안정의 병행 추진, 노사정 고통분담의 기본틀 마련, 독립적·중 립적 운영을 통한 '국민화합의 장'으로 발전 5개 항목을 목표로 한다. 1998년 2월 노사정위원회는 정리해고 법제화, 노조의 정치활동 보장, 전교조 합법화 등을 주요 골자로 하는 노사정 대타협을 선언한 바 있다.

## 노사정위원회
노사정 당사자가 대등한 입장에서 근로자의 고용안정과 근로조건에 관한 노동정책 등에 관해 협의하는 기구로서 국가경쟁력 강화 및 사회통합의 실현을 통한 국민경제의 균형발전을 꾀하기 위하여 1998년 1월에 설치된 위원회이다.

## 노사협의회(labor — management committee) 01
노사협의회는 근로조건의 결정권이 있는 사업 또는 사업장 단위로 설치해야 한다. 다만 대통령령으로 정하는 사업 또는 사업장은 예외이다. 하나의 사업에 지역을 달리하는 사업장이 있을 경우에는 그 사업장에 대해서도 설치할 수 있다. 노사협의회는 근로자와 사용자를

대표하는 동수의 위원으로 구성하되, 각 3인 이상 10인 이내로 한다. 근로자 위원은 근로자가 선출하되, 노동조합이 위촉하는 자로 하고, 사용자 위원은 당해 사업 또는 사업장의 대표자와 그 대표자가 위촉하는 자로 하되, 동일사업 내의 지역을 달리하는 사업장의 경우에는 그 사업장의 최고책임자와 그 최고책임자가 위촉하는 자로 한다.

## 노사협의회 02
기업민주화 및 경영참가의 이념에 입각하여 기업구성원의 일원인 근로자와 사용자가 한자리에 앉아서 기업경영에 근로자의 제안이나 의견을 받아들이거나 협력하여 가는 제도이다. 노사협의회의 예는 영국에서는 1917년의 화이틀리위원회의 보고에 입각하여 설립된 산업협의회, 공장위원회, 독일에서는 1921년의 경영협의회, 미국에서는 종업원대표제(employee representation)및 노사공동제도(union management cooperation)가 여기에 해당하는 것이다. 노사협의회는 경영자와 근로자의협력체제 기관이며, 실시자로서 근로자의 입장에서 경영자에 대해 경영제 활동의 개선을 협의하고, 경영합리화에 대해 상호 협력하는 기관이 되어야 한다. 노동조합선행형의 노사협의회로 조화시켜가야 한다. 단순한 근로조건의 개선은 노동조합의 기능이며 노사협의회의 기능은 아니다. 우리나라의 노사협의회법(1980년 12월 31일, 법률 제3348호)에 규정한 노사협의회의 임무는 ①생산성 향상 및 근로자복지증진에 관한 사항, ②근로자의 교육훈련에 관한 사항, ③노사분규예방에 관한 사항, ④근로자의 고충처리에 관한 사항, ⑤안전, 보건 기타 작업 환경개선에 관한 사항, ⑥기타 노사협의에 관한 사항 등이다. 상시 100인 이상의 근로자를 고용하고 있는 사업장엔 의무적으로 구성하도록 되어 있다. 제 외국의 경우는 기업족지에 관한 사항은 노동조합의 단체협약사항으로 되어 있는데 대해 우리나라는 노사협의회에 부과하고 있다. 이 제도의 활성화를 위해 경영자의 적극적인 참가가 요청되고 있다.

## 노역장법(the workhouse act of 1969)
영국 경제학자들이 네덜란드의 거리에 거지가 없는 점과 구빈원에 입주자들이 수출제품을 만드는 생산적인 일을 하는 것을 보고 감동되어 원료, 양모, 철 등을 확보하여 산업을 위해서 영국의 빈민을 훈련시켜 수출제품의 완제품을 생산코자 하는 의욕을 갖게 되었다. 따라서 법을 제정하여 노동 가능한 빈민들에게 기술을 가르쳐 국가의 부의 증대에 기여하는 한편, 빈민에게 수입을 줄 수 있는 기회를 마련하는데 그 목적이 있었다. 그 결과 거리의 상습적인 걸인이나 난폭한 부랑자가 사라졌지만 작업장제품은 기업체의 상품과 경쟁할 수 없어 경영난을 겪게 되었고, 재료의 낭비 등으로 교구민의 세부담이 늘었고 한편

빈민의 혹사, 노동력의 착취가 문제시 되었다. 그러나 이 법의 의의는 빈민의 직업보전적 성격을 띈 원초적인 프로그램이라는 점에 있다.

## 노역장테스트법(workhouse test act of 1722)

1723년 17세기 후반 이후 번성한 작업장(workhouse)이 빈민을 고용하는 사기업체와 경쟁이 되어 작업장 내재자는 누구나 일할 수 있는 상황이 아니었다. 즉 내재자의 선발 제한을 하기에 이르렀다. 고용인 수를 줄이고 의·식을 최대한 정략하게 되어 과로, 작업환경문제, 위생시설, 과밀한 숙사 등의 문제로 빈민자에게는 비인간적인 혹사를 당하게 되었다.

## 노인(the old / old person / aged person) 01

출생 후 한 평생을 사는 동안 성장기, 청년기, 장년기를 거쳐 노년기에 접어든 사람을 말한다. 노년기는 생물학적, 생리학적, 심리학적으로 개인 간에 서로 차이는 있지만 젊은 세대에 비해 육체적, 정신적 기능이 쇠퇴하는 시기이다. 나이가 몇 살부터 노인으로 보느냐 하는 것은 각 사회와 시대에 따라 다르다. 보통 60세 혹은 65세 이상을 노인으로 보고 있으나 이는 심신의 건강이나 기능 상태를 나타내기 보다는 법적 규정이나 통계 또는 노인복지 대상의 기준으로 더 의미가 있다.

## 노인 02

연령을 기준으로 노인을 구분할 때, 인구학, 사회학 및 심리학 등의 분야에서는 일반적으로 65세 이상 된 사람들을 지칭한다. 흔히 연령 증가에 따라 신체적, 생리적, 심리적 및 행동상의 기능 약화와 함께 사회적인 역할의 축소 경향을 나타낸다.

## 노인가정봉사원

파견사업 가정봉사원 사업은 영국에서 그 원류를 찾을 수 있는데 영국의 home help service, 미국의 home making service, 우리나라의 파출부사업 등이 이와 맥락을 같이하고 있다. 저소득, 질병 기타의 가정 사정으로 정상의 일상생활이 어렵게 된 가정을 대상으로 하는 사업인데 일본에서는 노인복지법에서 노인에 대한 가정봉사원 사업을 규정하고 있다. 이것은 거택노인복지대책의 중심적인 사업으로 신체상, 정신상 장애가 있는 저소득의 65세 이상의 거택노인을 대상으로 무료로 노인가정봉사원이 파견되어 노인의 일상생활의 보살핌과 상담 등이 행해진다. 가정봉사원의 주요서비스 내용은, 첫째, 식사돌보기 의류세탁 및 수선, 둘째 생활 신상에 관한 상담이나 조언 등 대담역이 되어 주는 것 등이다. 파견회수는 주 2회 정도이다. 지방에 따라서는 유료로 파견 사업을 실시하고 있는 경우도 있으며, 일본 전체에 18,278명의 가정봉사원이 있다고 한다.

## 노인건강 상담사업

일본에서 1978년부터 실시한 노인보건의료 종합대책 개발 사업 중재가 노인에 대한 가정간호, 방문지도와 더불어 새로이 부가된 사업으로 노화에 따른 건강실조, 만성 질환에 걸린 65세 이상의 노인과 그 가족에 대해 의사 및 보건의료원이 주 2일 이상 직접 면담하여 건강의 유지, 질병의 예방, 재가요양방법 등에 관한 상담을 하고 건강에 대한 불안의 해소, 건강관리 등에 관한 자각을 드높이기 위해 적절한 조언과 지도를 행하는 사업이다.

## 노인건강진단(medical examinations for the aged)

노인에게 매년 수진의 기회를 부여하고 질병을 조기 발견하여 노인의 건강유지를 도모하려는 노인복지시책의 하나이다. 일본에서는 노인복지법 제10조를 근거로 65세 이상인 자에게 무료로 일반검사와 일부 자기부담의 정밀검사를 받도록 되어 있다. 또 저소득층 노인에게는 의사를 파견하여 방문건강진단을 받도록 하고 있으나 수진율은 전국적으로 평균 20%이다. 그러나 1978년 노인보건의료 종합대책 개발사업의 일환으로 이 사업이 더욱 활발해질 것으로 기대되고 있다. 우리나라에서는 노인복지법 제9조의 규정에 의한 65세 이상의 자에 대한 건강진단은 2차에 1회 이상 국·공립병원, 보건소 또는 보건복지가족부령이 정하는 건강진단기관에서 실시한다.

## 노인문제(the problem of the aged)

노인은 노화과정을 통해 심신기능의 쇠퇴와 사회적 지위의 변동과 경제적 자원의 감소로 생활상 여러 문제를 갖게 된다. 건강문제와 아울러 생계문제, 취업, 주택, 교통, 교육, 여가활동문제 등 노인문제는 실로 복잡하고 다양하다. 노인인구가 급격히 증가하는 현대사회에서 허약노인을 위한 사적부양능력은 약해지고 사회적 부양능력은 아직 미성숙하다는데서 노인문제의 심각성이 있다.

## 노인병(the disease of the aged)

신체적 또는 노화과정에서 오는 질병들 즉 노인들이 걸리기 쉬운 고혈압, 뇌졸중, 심장병, 당뇨병, 관절염, 노인병, 폐렴, 치매증 등을 말한다. 이들은 중년기 이후부터 발병하는 경우가 많으므로 성인병이라고도 한다. 노인병의 특성은 많은 질병이 복합해서 나타나거나 돌발적으로 악화되거나 병으로 인한 생활기능이 저하되어 이차적 장애가 생기기 쉬워 장기치료 및 요양을 필요로 한다. 노인병은 치료만 아니라 질병악화, 합병증, 기능장애 등의 방지에도 목표를 두어 적절한 간호, 요양, 재활서비스 등을 제공해야 한다.

## 노인병원

노인을 대상으로 하는 병원을 말하는데 노인복지시설과 같이 법제도 상의 규정이나 규제는 없다. 노령인구의 증가와 노인의 질병상의 특성으로부터 장기입원, 간호를 필요로 하는 만성질환의 노인(기동불능의 노인)이 증가하지만 이들은 가정에서의 간호가 어렵기 때문에 노인병원의 증설이 강하게 요구되고 있다. 노인의 의료에 대한 규제가 없기 때문에 문제도 적지는 않다.

## 노인보건사업(health service of the aged)

질병의 예방, 치료, 기능훈련에 이르는 각종 보건사업을 종합적으로 행하는 것을 말한다. 노인보건사업은 노인의 료와 의료 이외의 노인보건사업으로 크게 구분되는데 의료 이외의 사업을 협의의 노인보건사업으로 부르는 경우도 있다. 의료이외의 노인보건사업은 40세 이상의 자에 대해 시·군·구가 실시주체로 되는 것을 원칙으로 건강교육, 건강 상담, 건강진단 기능훈련, 방문지도 등의 사업을 전개한다. 기본 건강진단 외에 위·자궁·폐·호흡 등의 각종 검진사업이 있다.

## 노인보건시설(health institution for the aged)

질병, 부상 등에 의해 누워있는 상태에 있는 노인 또는 이것에 준하는 상태에 있는 노인에 대해 간호, 의학적 관리하에 간호 및 기능훈련 그 외에 필요한 의료를 행함과 함께 일상생활을 보살펴 주는 것을 목적으로 시·도지사의 허가를 받은 시설을 말한다. 이 시설들은 입소서비스와 재가서비스를 행하는 시설로 노인의 자립지원과 가정의 복귀를 목표로 밝은 가정적 분위기로 지역이나 가족과의 결합을 중시한 운영이 요구된다.

## 노인보호용주택

노인보호홈이라 불리기도 한다. 1970년 일본의 중앙사회복지심의회 답신(노인문제에 관한 종합적 제 시책)에서 제기된 서비스의 하나로 주택사정이나 주택 환경상 가족과 동거하기가 곤란할 뿐 아니라 경제적, 신체적, 정신적인 이유에서 완전히 자활할 수 없는 노인수의 증가에 따라 상담, 급식, 보호 등의 서비스를 필요에 따라 제공하는 주택을 말한다. 이는 현재 제도화된 시책은 아니다.

## 노인복지(welfare for the aged)

노인복지에는 두 가지 뜻이 있다. 넓은 의미로는 노인의 건강과 복지를 위한 여러 제도, 시책, 서비스 등을 총칭한다. 그 내용으로는 노후생활에 필요한 소득, 보건의료, 취업, 주택, 교통, 여가선용, 사회복지서비스 등을 종합적으로 포함한다. 좁은 의미의 노인복지는 정상적인 사회생활을 영위하지 못하는 노인에게 일상생활을 유지할 수 있도록 구제, 보호, 회복 등의 지원을 제공하는 사회복지서비스를 말한다.

## 노인복지 그룹워크

노년기에 들어서면 직업이나 가정살림에서 물러나 대인관계나 사회활동이 줄어드는 경우가 많으므로 새로운 유형의 그룹을 필요로 하게 된다. 동년배의 노인들과 함께 모여 봉사활동이나 여가시간을 즐기고 또 지역사회의 일원으로 활약하며 사회적 인정도 받을 수 있는 그룹 활동이 필요하다. 노인을 위한 그룹워크가 행해지는 곳은 양로원, 요양원, 노인복지센터, 노인클럽, 노인학교 등 다양하다.

## 노인복지법

노인의 보건과 복지에 관한 사항을 규정한 법률(전문개정 1997. 8. 22, 법률 제5359호). 노인의 질환을 사전예방 또는 조기발견하고 질환상태에 따른 적절한 치료·요양으로 심신의 건강을 유지하고, 노후의 생활안정을 위하여 필요한 조치를 강구함으로써 노인의 보건복지증진에 기여함을 목적으로 한다. 노인은 후손의 양육과 국가 및 사회의 발전에 기여하여 온 자로서 존경받으며 건전하고 안정된 생활을 보장받는다. 그리고 능력에 따라 적당한 일에 종사하고 사회적 활동에 참여할 기회를 보장받으며, 노령에 따르는 심신의 변화를 자각하여 항상 심신의 건강을 유지하고 그 지식과 경험을 활용하여 사회의 발전에 기여하도록 노력해야 함을 기본이념으로 한다. 국가와 국민은 경로효친의 미풍양속에 따른 건전한 가족제도가 유지·발전되도록 노력해야 하며 노인의 보건 및 복지증진의 책임을 지고 그 시책을 강구하여 추진해야 한다. 해마다 10월 2일을 노인의 날로, 10월을 경로의 달로 하며, 5월 8일을 어버이날로 한다. 시·군·구에 노인복지상담원을 둔다. 국가 또는 지방자치단체는 65세 이상의 생활보호대상자, 65세 이상의 소득이 기준금액 이하인 자에게 경로연금을 지급한다. 연금수급권은 양도·압류하거나 담보에 제공할 수 없다. 국가 또는 지방자치단체는 노인의 지역봉사활동 기회를 넓히고 노인에게 적합한 직종의 개발과 그 보급을 위한 시책을 강구하며 근로능력 있는 노인에게 일할 기회를 우선적으로 제공하도록 노력해야 한다. 국가 또는 지방자치단체는 65세 이상의 자에 대해 경로우대를 하고 건강진단과 보건교육을 실시할 수 있다. 보건복지가족부장관, 시·도지사, 시장·군수·구청장은 필요한 때에는 노인의 상담·입소 등의 조치를 해야 한다. 국가 또는 지방자치단체는 치매예방 및 치매퇴치를 위하여 치매연구 및 관리사업을 실시해야 하며, 노인을 위한 재활요양사업을 실시할 수 있다. 노인복지시설의 종류는 노인주거복지시설, 노인의료복지시설, 노인여가복지시설, 재가노인복지시설로 하며 다시 세분한다. 노인복지시설은 국가 또는 지방자치단체가 설치할 수 있으며, 국가 또는 지방자치단체 이외의 자는 그 설치를 시장·군수·구청장에게 신고해야 한다. 다만 노인전문병원에 관해서는 의료법의 규정을 준용한다. 가정봉사원교육기관을 설치하고자 하는 자는 시·도지사에게 신고해야 한다. 7장 61조와 부칙으로 되어 있다.

### 노인복지상담원(counsellor for the aged)

노인의 불안을 완화하고 사회적 고립을 방지하며 나아가 노인에게 삶의 보람을 주고 노후의 풍부한 생활설계를 갖도록 원조하는 방문원이다. 자격요건은 사회복지 자격소지자, 전문대학 이상에서 보건복지가족부령이 정하는 학과과정이수자, 초·중고등학교 교사로 2년 이상 근무한 자, 고등학교 이상의 학력소지자로 사회복지 행정에 2년 이상 근무한 경력이 있는 자, 중학교 졸업자로서 사회복지행정에 5년 이상 근무한 경력이 있는 자이다.

### 노인복지시설(welfare institution for the aged)

우리나라의 노인복지법에 의하면 노인복지시설은 무료양로시설, 무료노인요양시설, 실비양로시설, 실비노인요양시설, 유료양로시설, 유료노인요양시설, 노인복지관, 노인복지주택으로 되어 있다. 일본의 노인복지법에 의하면 양로노인 홈, 특별양로노인 홈, 경비노인 홈, 노인복지센터 등이 있다. 그리고 유료노인 홈, 노인휴게의 집, 휴양노인 홈 및 지방자치제가 제공하는 노인아파트, 민간인이 만든 노인여인숙도 광의의 노인복지시설이라 할 수 있다. 이들 시설은 양로, 요양시설과 같은 입소시설과 노인복지관과 같은 이용시설로 구분되며, 복지의 조치방법에 따라 동사무소에서의 조치결정에 의해 입소되는 것(양로시설, 노인요양시설), 노인 본인과 가족 그리고 경영자 간의 계약에 의해 입소되는 것(실비양로, 실비노인요양시설, 유료양로, 유료요양시설), 자유의사로 동원하는 것(노인복지관, 주관보호센터, 노인 복지주택)으로 구분된다.

노인복지시책 노인생활은 경제적 측면, 육체적 측면, 정신적·사회적 측면 등의 다양한 측면을 내포하고 있기 때문에 이를 감안하여 노인생활 일부만의 충족을 위한 것이 아니라 전(全)생활적 측면에서의 욕구를 충족할 수 있도록 노인복지 서비스와 그 시책이 계획되고 종합적인 것으로 파악·이해되어야 한다. 이러한 노인의 복된 생활의 보장을 위한 복지시책 등의 요청으로, 1981년 6월 노인복지법이 공포되었다. 이 법에서는 노인복지, 즉 노인의 건강유지와 생활안정 시책을 위하여 필요한 조치를 취하게 하고, 국가와 지방 공공단체의 책임을 명시하여 상시 노인복지 향상과 보전을 위하여 건강진단·수용시설·노인정 및 복지관 운영 지원, 사회복지법인의 노인복지시설 설치 권장, 경로주간의 설치, 복지기관(각 시·도)의 감독 등을 규정하여 강력한 노인복지 정책과 행정감독을 실시할 기틀을 마련하였다.

### 노인부양
(financial support for dependant aged person)

노후생활에 있어 물질적, 신체적, 정신적 문제에 대해 원조하는 것으로 주체는 개인인 경우와 공행정인 경우가 있다. 전자를 사적 부양, 후자를 사회적 부양이라 한다. 사적 부양은 민법 제974조의 직계혈족 및 그 배우자간에는 서로 부양할 의무가 있다는 조항을 중핵으로 하며, 사회적 부양은 생활보장법, 노인복지법, 각종 연금에 의한 소득보험이나 사회적 원조에 의한 대인서비스 보장을 주로 한다. 사회적 부양은 행정기관이 담당하는 것 외에 지역주민이 담당하는 부분이 있다.

### 노인의 종말간호(terminal care)

노인주택(congregate housing for the aged) 노인을 위한 주택을 총칭하여 사용하는 용어로 주택문제가 있는 노인을 위한 대책의 하나이며 일본에 있어서는 공영주택법에 의한 노인을 위한 주택이나 지방자치제가 실시하는 노인주택 또는 독신자를 위한 주택, 노인아파트, 전용거실제 공사업 등이 있다. 또 일본 주택공단에서 노인세대우선입주, 페어주택(pair house)이나 주택금융 금고의 노인동거 세대우대 등도 노인주택대책의 일환이다. 앞으로의 노인주택에는 동거세대를 위한 페어주택, 노인세대의 집단주택에 대한 보호서비스가 중요과제이다.

### 노인촌(silver city)

(은빛같이 흰 머리칼을 가진) 노인들이 모여 사는 새로운 도시를 말하며 미국, 스웨덴 등 여러 나라에 발달되어 있다. 노인들 노인취로 알선사업이 모여 사는 이 도시는 노후생활에 적당한 생활환경과 문화시설을 갖추고 오락시설, 의료기관, 각종 복지서비스가 준비되어 있다. 주택이나 교통기관도 허약한 노인들이 편리하고 안전하게 살 수 있도록 계획되었다. 한 가지 약점은 젊은 세대와 떨어져 노인들만 고립해서 산다는 것이다.

### 노인케어 주택

심신기능의 약화로 약간의 도움을 받아야 일상생활을 할 수 있는 노인들을 위해 마련한 주택단지를 말한다. 노인케어주택 내에 혹은 인접해서 노인들을 위한 서비스 센터가 있어 필요한 도움을 집에서 또는 노인자신이 센터에 직접 가서 받을 수 있다. 스웨덴의 서비스 하우스(service house)나 영국의 보호주택(sheltered housing)을 들 수 있다.

### 노인클럽

소지역을 범위로 하여 대체로 60세 이상의 노인을 회원으로 하는 자주적인 조직을 말한다. 그 조직의 목표는 회원 상호 간의 친근감을 깊게 하고, 교양을 익히며 사회성을 함양하여 삶의 보람을 드높여 밝고 풍요한 생활을 기하고 나아가 자기가 가진 능력을 활용하여 사회에 공헌함에 있다. 우리나라의 경우는 6·25전쟁 이후 대도시에 자주적이고 자연발생적인 경로당이 증설되고 이를 기반으로 노인구락부도 발생, 증가되었다. 이들의 명칭은 명노회, 희노회, 장락회, 수경회, 재춘회, 장생구락부, 낙생회 등이다. 이들 조직들은 운영에 관한 정보교환 등을 목적으로 서로 연락을 갖게 되었으며, 1963년에 이르러서는 사회단체 성격을 띤 노인회조직의 기운이 싹트기 시작했다. 1969년에는 전국 노인 단체연합회를 창립했으며, 그 해 4월 15일에는 연합회를 해체, 대한노인회를 창립하기에 이르렀다.

## 노인향 공영주택

일본에서는 노인복지법의 취지에 맞추어 1964년부터 공영주택법에 의해 노인세대를 위한 주택공급이 시작 되었다. 이는 특정목적 고영주택이라고도 불리어지며, 60세 이상의 노인과 배우자·아이들이 있는 세대가 대상이며 주택곤궁도가 입주의 중요한 자격이다. 종래에는 독거노인은 입주 되지 않았는데 독거재판(1975년 12월 복강시에 사는 독거노인 7인이 시영 주택입주를 수리하지 않았던 복강시장을 상대로 낸 행정처분 취소 청구소송)을 계기로 1980년 4월 공영주택법이 개정되어 독거노인도 그 해 10월부터 입주가 가능하게 되었다.

## 노인홈(home for the aged)

노인복지시설의 중심이 되는 시설로서, 노인복지시책 중에서도 가장 중요한 역할을 맡고 있는 것이 양로원이라 할 수 있다. 우리나라의 양로원은 1921년에 시작되었으나 그 수는 49개소(3,510명)에 이르며, 노인복지법과는 달리 아직 전문화되지 못하고 있다. 일본에서는 노인홈이라고 하며, 노인복지법에 규정된 양호노인홈, 특별양호노인홈, 경비노인홈이 있으며, 노인복지법의 규제를 받지 않는 유료 노인홈이 있다. 전자의 2개소는 복지조치의 시설이며, 후자의 2개소는 자유계약시설이다. 양호노인홈은 946개소(69,963명), 특별양호노인홈 1,311개소(98,903명), 경비노인홈(A)은 208개소(12,871명), 경비노인 홈(B)은 38개소(1,810명), 유료노인홈은 90개소(6,813명)에 이르고 있다. 노인홈의 설비·운영기준 노인홈의 기본방침으로서 건전한 환경으로 열의와 능력이 있는 직원에 의한 적절한 처우를 행하는 것과 구조설비의 일반원칙으로는 보건위생상의 충분한 배려와 재해방지설비, 직원의 자격요건, 홈의 관리규정, 비상재해대책 등을 필요조건으로 한다. 규모로는 양호노인 홈은 50인 이상의 수용능력을 필요로 하고 있다. 건축상 불에 잘 견디는 설비로 필요한 거실과 규모, 정양실, 식당, 집회실, 욕실을 기초로 의무실, 사무관계 등 20항에 따른 기준을 제시하고 있다. 특별양호노인홈은 의료와 수발에 대한 배려로 신체부자유를 전제로 하여 나타내고 있으며 직원 수도 양호노인홈보다 많이 필요로 하며 야간 체제를 취하는 등 특히 의료적인 면이 중시되고 있다.

## 노작(occupation)

프뢰벨(F. W. A. Frobel)이 1838년 은물과 함께 고안해낸 것으로 작업 또는 수기라고도 불린다. 어린이들의 놀이를 풍부하게 할 뿐 아니라 손 운동의 민첩성을 길러주고 작업을 통해 자연의 법칙을 가르치는 것을 목적으로 한다. 노작에는 다음과 같은 것이 포함된다. ①디자인을 할 수 있는 정방형 및 삼각형 모양의 나무 패, ②한 변이 10cm인 정방형 색종이와 커다란 흰 종이 및 색도화지로 종이접기, ③위의 자료로 종이 오리기, ④종이 엮기(종이를 가늘게 잘라 서로 엮기), ⑤종이를 넓이가 다르게 길게 잘라 서로 엮기, ⑥25cm길이의 연하고 부드러운 나무 줄 엮기, ⑦30cm 길이의 나무 막대기를 늘어놓기, ⑧콩을 불려서 부드럽게 한 후 꿰서 3차원적인 형태를 만들어 보기, ⑨뾰족한 막대기나 철사로 나무와 코르크를 꿰기, ⑩크기가 각각 다른 고리를 늘어놓으며 놀기, ⑪30cm 및 45cm의 무명실을 가지고 여러 가지의 형태를 만들어 보기, ⑫네모난 종이나 책을 준비하여 그림 그리기, ⑬두꺼운 흰 종이 또는 색도화지에 송곳으로 구멍 뚫기, ⑭털실·무영실·명주실을 이용해서 바느질하기, ⑮그림·모양·글자·지도 등의 외형을 바늘로 뚫은 후 바늘로 실을 꿰어 그림에 수를 놓게 하는 방법 등이 있다.

## 노작교육(work — oriented — education)

종래의 학교교육이 주지성을 강조하는 서적학교로서 타율적이고 수동적이며 비활동적인 성격을 띠고 있었음에 반해, 학생들의 자기 활동을 통한 노작적 학습을 전개시키려는 것을 강조하는 교육을 말한다. 학생들의 노작활동을 중심으로 하는 것이므로 작업교육 또는 근로교육이라는 말로도 표현된다. 이것은 1908년 쮜리히의 페스탈로찌 기념제에서 케르센슈타이너(G. Kerschensteiner)가 노작학교라는 말을 처음으로 사용한 이후 노작학교·노작교수의 문제가 교육계·교육 사상계의 중심문제로 부각되었다. 노작교육은 크게 두 가지 관점에 따라 해석된다. 즉 좁은 뜻으로는 신체적 활동, 주로 손의 활동을 중심으로 하는 수공적 활동을 뜻하며, 넓은 뜻으로는 신체적 활동을 주로 하는 기술상의 일이라든가 자연을 다루는 것에 그치는 것이 아니라 정신적 활동을 강조함으로써 교육의 개선을 기도하려는 것이다.

## 노칼라

정보 산업체 고급인력들의 출근차림이 캐주얼 복장이 주류를 이루고 있어 이러한 정보 산업체 고급인력을 일컬어 〈노칼라(No Collar)〉라 한다. 정보 산업체 고급인력들은 업무 성격상 출·퇴근 없이 컴퓨터 앞에서 재택근무를 하거나 근무복장에 구애받지 않고 자유롭다. 이러한 노칼라는 일반사무직 근로자를 화이트칼라, 생산직 근로자를 블루칼라라고 부르는 것에 대비되는 말이다.

## 노화(aging)

나이가 들어가며 일어나는 신체적 위축이나 기능의 변화

를 말한다. 노화의 범위나 속도는 개인의 특성과 환경에 따라 다르게 나타난다. 또 모든 사람이 겪는다는 점에서 노화는 질병과 다르다. 노화의 증상은 심신쇄약, 기능장애, 방어능력의 감퇴, 회복력의 저하, 적응력 감소 등을 들 수 있다. 노화는 모든 인간이 갖는 자연적 특성으로 피할 수는 없지만 노화과정에 대한 적응과 그 결과에 대한 생활관리 대책을 세우는 것이 중요하다.

## 노후보장

노후의 생활보장으로 일본에서 많이 사용되는 용어다. 평균수명의 연장, 라이프 사이클의 변화 등에 의해 노후기간이 현저히 연장됨에 따라 제3의 인생이라 할 수 있는 노후생활의 안정과 복지확보의 과제가 중요시되기에 노후보장이라는 용어가 일반적으로 사용된다고 볼 수 있다. 노후의 생활보장은 경제적 안정뿐만 아니라 보건·의료의 확보, 생활환경시설의 정비, 교육, 취로 등의 기회확보 그리고 사회복지욕구에 맞는 각종 사회복지시설, 사회복지서비스의 정비 등 종합적인 시책. 제도의 정비와 확보를 뜻하는 경우가 많다. 그러한 의미에서 보면 노인복지, 노인대책과 맥을 같이 하고 있다고 볼 수 있다.

## 녹봉

조선시대에 현물로 지급한 관료의 보수를 말한다. 조선시대 관리에 대한 보수는 토지로 지급한 과전(科田)과 현물로 지급한 녹봉(祿俸)으로 구성되어 있었다. 성종 원년(1470) 직전세(職田稅)의 신설로 이원적 봉급체계가 녹봉만 지급되는 일원적 봉급체계로 전환되었다. 지방관에게는 원칙적으로 녹봉을 지급하지 않음으로써 공·사(公·私)의 무분별과 아울러 관리들의 부정부패가 심해졌다. 녹봉의 품목은 쌀·보리·콩·포목 등으로 구성되어 있었다.

## 녹색복권

1999년 7월부터 새로 나오는 복권. 산림청이 산림환경기능 증진에 필요한 자금을 조성하기 위해 발행한다. 수익으로 조성되는 녹색자금은 일반예산으로는 지원이 어려운 산림생태계 보전과 야생동물보호에 우선 사용되며, 자금 조성액이 늘어나면 보안림·국공립공원 내 사유림 보상 등의 사업에 활용하게 된다. 일본에서는 이와 비슷한 성격의 녹화복권·그린점보복권 등을 발행하고 있다.

## 녹색신고

납세자가 세무당국의 승인을 받고 당국에서 정한 일정한 장부에 소정사항을 기재해서, 이에 따라 소득을 계산, 신고하면 세무계산상 일정한 특전을 받게 되는 납세신고제도로 녹색용지를 사용한다. 녹색신고자에 대한 세법상의 특전으로는 대손충당금 설정한도증액(2%로), 특별상각

20% 허용, 감가상각시인부족액의 이월충당, 결손금이월공제기간연장, 과세표준과세액의 서면조사결정대상, 중간예납신고의 경우 신고결정채택, 경기변동과 경제여건 변화에 따른 감가상각방법 변경허용, 보험차익의 세무조정 필요경비 계산상 허용 등이 있다.

## 녹색의료보호수첩(green medical care card)

녹색의료보호수첩은 제2종 의료보호수혜자에게 발급되는 일부유료진료권(진료비의 50%를 분할징수)으로서 수첩의 표지가 녹색으로 되어 있다. 따라서 green card로 칭하고 있다.

## 녹색혁명

수확량이 많은 개량품종을 도입해서 식량 증산을 꾀하는 농업정책. 1960년대 중반부터 미국을 중심으로 한 각지의 농업연구소에서 소맥, 쌀, 옥수수 등의 품종개량이 추진되었고 식량부족으로 어려움을 겪던 개발도상국이 이를 적극적으로 도입하여 각지에서 농업생산에 획기적 역할을 하고 있다. 특히 동남아시아에서는 필리핀에 있는 IRRI(국제벼연구소)를 중심으로 미러클 라이스(기적의 쌀)라고 불리는 벼의 고수확품종이 개발되어 이것이 아시아 각국의 식량자급체제 확립에 도움을 주고 있다. 그러나 이들 개량품종에는 다량의 비료를 필요로 하여 일부에서는 화학비료에 의한 피해가 나오고 연작에 따른 지력의 저하가 문제시되고 있다.

## 녹취

어떤 사건이나 상황을 재생할 수 있도록 음성녹음이나 비디오촬영 등의 방법으로 기록하여 둔 것을 경찰, 검찰, 법원 등 수사기관이나 사법기관에 녹취물 증거로 제시하고자 할 때 녹음된 결과물을 직접 제출하는 것이 아니라 녹음된 내용을 문서화하여 제출해야만 하는데 그 문서를 녹취록이라고 한다.

## 논 칼라

블루 칼라도 화이트 칼라도 아닌 무색 세대로, 손에 기름을 묻히는 것도 아니고 서류에 매달려 있지도 않은 컴퓨터 세대를 일컫는다. 이는 현대 산업사회가 노동의 질뿐만 아니라 노동시장의 구도도 달라지면서 2차 산업에서 3차 산업으로 블루 칼라는 화이트 칼라로, 화이트 칼라는 다시 논 칼라로 변화하기 때문에 등장하게 된 용어이다.

## 논고

피고인의 범죄사실과 그에 대한 법률의 적용에 대해 검사가 의견을 진술하는 것을 논고라고 하는데 피고인 심문과 증거조사의 절차가 끝난 다음에 행해진다. 논고의 핵심요소는 피고인의 범죄에 대해 그 죄값으로 어느 정도의 형

을 받아야 한다는 구형(求刑)이다.

### 논리실증주의(logical positivism)

개념과 명제의 의미를 논리적으로 분석하는 논리분석의 방법을 이용하고, 가치문제와 형이상학을 배제한 실증가능한 경험적 사실만을 연구대상으로 하자는 경험주의적 연구 지향을 말한다. 이것은 하나의 완성된 철학의 이름이 아니라, 하나의 공통된 철학적 태도, 철학적 방법을 말한다. 즉 논리실증주의는 1924년 M. Schlick를 중심으로 결성되어 1929년 공식적 철학운동으로 발전한 비인학파(Wien學派) 및 여기에 동조하는 일련의 철학적 정향에 붙여진 이름이다.

### 놀이치료(play therapy) 01

아이들의 정신안정과 발달회복을 도모하기 위해 고안된 심리요법의 일종이다. 아이는 자발적으로 자기의 의지나 감정, 욕구를 적당하게 표현할 수 없기 때문에 대화에 의한 정신치료법은 부적합하다. 이에 놀이가 갖는 자기 표현적, 카타르시스적 성질에 주목해 인형놀이, 그림놀이 등 여러 가지 놀이를 매체로 한 요법이 개발되었다. 레비 등에 의해 정서적 긴장의 해결을 구하고자 출발해 정신분석학파에서 아이들의 정신분석치료방법으로 메라니 크라인이나 안나 프로이드에 의해 쓰여 지게 되었다. 특히 근래에 비지시적 카운슬링으로 유명한 로저스의 제자인 아그스라인에 의해 비지시적 심리요법의 이론에 근거해 놀이를 매개로 해서 심리적 안정 및 행동적 문제의 해결을 위한 놀이치료가 행해졌다.

### 놀이치료 02

어린이의 마음에 축적된 긴장 · 좌절 · 불안 · 공격성 · 당혹감 · 공포 등의 감정을 놀이를 함으로써 발산할 수 있게 하여 정서적 안정감 · 신뢰감을 갖도록 하는 방법을 말한다. 심리적 문제를 가진 학령 전기 어린이들을 돕는 방법으로 각광을 받고 있다. 행동주의 심리치료와는 달리 인본주의 심리학에 근거한 놀이 치료에서는 치료자가 시기를 하거나 암시를 하는 것이 아니라 피치료자인 어린이가 주체가 되어 놀이를 이끌어 가고 있다. 치료자는 어린이의 있는 그대로를 받아들이고 이해해주며, 안정감을 주어야 한다. 놀이는 자기표현의 중요한 매체이며 어린이는 자기 스스로 바르게 성장하려는 욕구가 있다는 것이 놀이치료의 기본전제이기 때문이다. 놀이치료를 위한 교구 및 자료는 다양하지만 그 중 가족 인형, 가구, 포유병, 점토, 물감, 그림종이, 크레용, 장난감, 군인인형, 자동차, 인형극을 위한 인형과 정화는 필수품으로 보고 있다.

### 농가(farm household)

생계 또는 영리를 목적으로다음 항목중 한가지 이상에 해당하는 농업을 경영하거나 농업에 종사하는 가구를 말한다. ①10a(약 300평) 이상의 경지를 직접 경작하는 가구 ②연간 농축산물의판매액이 50만원 이상으로 농업을 계속하고 있는 가구 ③연간 농축산물의 판매액이 50만원 미만이라도 조사기준시점 현재 50만원 이상의 가축을 사육하는 가구.

### 농가경제잉여(surplus or deficit)

가처분 농가소득에서 가계비 및 분가지출을 차감한 잔액으로서 연간 농업생산활동 및 농외 소득활동결과로부터 얻은 잉여를 말하며 농가경제의 흑자 또는 적자를 판단하는 지표로 활용된다.

### 농가교역조건지수

농가가 생산해 판매하는 농산물과 농가가 구입하는 농기자재 또는 생활 용품의 가격상승폭을 비교, 농가의 채산성을 따지기 위한 지표다. 농가교역조건지수는 농가판매가격지수를 농가구입가격지수로 나눠 1백을 곱하는 방식으로 산출한다. 또 농가판매가격지수는 기준년도의 평균 농산물 가격을 1백으로,농가구입가격지수는 기준년도의 농기자재 및 생활용품의 평균 가격을 1백으로 해서 각각 당해년도의 지수를 구하게 된다. 이렇게 해서 산출된 농가교역조건지수가 1백이 넘으면 농산물 가격의 상승폭이 농가 구입물품의 가격상승폭보다 커 그만큼 농가의 채산성이 좋아진 것을 의미하며, 1백 이하이면 거꾸로 농산물 가격보다 농가구입물품의 가격이 더 뛰어 농가의 채산성이 악화된 것을 의미한다.

### 농가부채(farm household debts)

농가가 타인에 대해 지불해야 할 각종의 채무 및 미불입금 등의 현금, 현물을 말하며, 차입금, 외상매입금, 미리 타고 불입하지 않은 곗돈 등이 포함된다.

### 농가인구(farm household population)

조사기준일 현재 농가에서 3개월 이상 살았거나 3개월은 살지 않았어도 조사기준일을 전후하여 3개월 이상 같이 살게 될 가구원을 말하며 혈연관계가 없는 가정부, 유모도 포함된다. 단 하숙생과 농사이외의 일로 고용된 사람은 제외한다.

### 농가자산(farm household assets)

농업을 경영하는데 있어 편익을 제공하는 일체의 경제적 자원을 말하며 경영과 가계가 분리되어 있지 않은 농가의 특성상 현금 및 시설물 등은 농업뿐만 아니라 가계 겸용으로도 사용되지만 이를 별도로 구분하지 않는다.

### 농아학교(school for the deaf — mute)

커뮤니케이션의 수단으로 현저한 장애를 가지고 있기 때

문에 사회생활 내에서 곤란한 상황에 처해 있는 농아에 대해 사회생활에 필요한 지식의 흡수나 의견, 정보교환 등의 연수의 장을 만들어 복지증진을 도모하는 것을 목적으로 한다. 학습의 내용도 커뮤니케이션의 방법, 인간관계 등 사회생활 내에서 필요한 사항이다.

## 농어민연금제

농어민의 생활안정과 복지증진의 일환으로 실시된 연금 제도. 농어민의 소득감소와 노후생활의 불안감 등을 해소하기 위해 1995년 7월 1일부터 실시된 제도이다. 가입대상은 18세 이상 60세 미만의 전국 농어민과 군 지역 자영업자들로 일정기간 보험료를 내면 60세 이후 연금 혜택을 받을 수 있다. 이 제도의 특징은 가입대상을 확대한 것으로 고령 농어민은 65세까지 가입이 가능하다. 300평 이상의 농지를 경작하거나 직종별로 농축산물, 임산물 또는 수산물의 연간 판매액이 100만 원을 넘으면 당연 가입된다. 또 농지경작이나 판매실적이 없더라도 농업 및 임업에 종사한 기간이 연간 90일 이상이거나 어업 종사기간이 연 60일 이상이 되는 농어촌 품팔이 가구도 가입할 수 있다. 연금 보험료는 1995년 7월에서 2000년 6월까지는 일제 신고시 자신이 신고한 표준소득등급(45등급)에 의해 결정된 소득월액의 3%에 해당하는 금액을 내야 한다. 2000년 7월에서 2005년 6월까지는 표준소득월액의 6%, 2005년 이후부터는 9%를 적용했다. 다만 자영업자를 제외한 순수 농어민 가입자의 경우 매월 2,200원씩 국고에서 지원된다. 또 일반 국민연금 가입자와는 달리 연금 보험료율이 낮고 국고보조 혜택이 큰 점을 감안하여, 가입대상이라도 기타소득이 농, 축, 임, 수산업 소득을 초과할 경우 가입자격이 없다.

## 농업가구

농가라 함은 생계 또는 영리를 목적으로 다음 농가정의의 각 호 중 어느 하나에 해당하는 농업을 경영하거나 농업에 종사하는 가구를 말하는데 이는 전업농가와 겸업농가로 나누어진다. 1)조사시점 현재 경지(논,밭) 10a(약 300평)이상을 직접 경작하는 가구, 2)연간 농축산물의 판매 금액이 40만 원 이상으로 농업을 계속하는 가구, 3)위의 각호 규모 이외의 가구 중 다음 사항에 해당하는 가구 ①대 가축(한우, 젖소, 고기소) 1마리 ②중 가축(돼지, 면양, 산양 등) 3마리 ③소 가축(토끼) 및 가금(닭, 오리, 거위, 칠면조등) 40마리 이상을 사육 ④꿀벌 5군 이상을 치는 가구.

## 농업경영비

농업조수입을 획득하기 위해서 외부에서 구입하여 투입한 일체의 비용을 말하는 것으로서 농업지출 현금, 농업지출 현물평가액(지대, 노임 등), 농업용 고정자산의 감가상각액, 농업용 차입금이자, 농업생산자재재고증 감액을 합산한 총액을 말하며, 자가생산한 농산물 중 농업경영에 재투입한 사료, 퇴비 등의 중간생산물은 제외한다.

## 농업공제

농협이 실시하는 일종의 보험사업. 가입자로부터 일정액의 공제료를 받고 손해가 발생했을 경우 계약된 공제금을 지급한다. 농업공제에는 생명 공제와 손해공제(일반화재, 산림화재, 특수가축 등)가 있으며 흉작, 병 충해 등에 따른 농작물 피해는 아직 공제 대상이 되지 않고 있다.

## 농업구조정책

농업구조의 개선·개혁을 통해서 농업의 생산성을 높이며 농가 소득의 향상을 도모하자는 농업시책의 총칭. 생산정책이 기존의 구조를 전제로 하고 있는데 비해 구조정책은 기존 구조를 시정하여 생산성 향상을 도모 하자는 것이다. 농업구조란 농업경영에 있어서의 토지·자본 등 생산요소의 상황, 농업부문과 여타 경제부문과의 관계 등을 말한다.

## 농업금융

농업경영에 필요한 시설 및 운영자금의 조달 및 공급을 말한다. 농업은 타산업에 비하여 자연의 영향을 크게 받아 농업생산은 불확실성이 크므로 농업금융은 위험부담이 높다는 특징이 있다. 또 대부분의 경우 농업은 자본과 경영이 미분화되어 생산금융과 소비금융의 구분이 어렵고 자금수요의 계절성이 큰 점, 영농규모의 영세성으로 자금수요가 소액인 점 등이 농업금융의 특징으로 지적될 수 있다. 우리나라의 농업금융은 농협이 전담하고 있는데 자금별로는 영농자금, 농기업자금, 농업기계화자금, 차관자금 등이 있으며 이밖에 특정 시책사업을 지원하기 위한 재정 자금 대출로서 농수산물가격안정기금 대출, 농어민 후계자 육성자금 대출 등이 있다.

## 농업기본법

농업정책에 대한 정부의 기본시책방향을 제시한 법률이다. 농업이 국민 경제의 기반이므로 농업경영을 근대화하고 농업생산력을 발전시켜 농산물의 증산을 기하며 농산물의 생산·가격유통구조의 개선, 농가소득의 증진, 농촌 생활수준 및 문화수준을 향상시켜야 한다는 것이 이법의 취지. 이 법에 의해 정부는 ①농업생산성 향상 ②농업소득 증대 ③농업구조 개선 등에 관한 시책을 수립·실시해야 하도록 되었으며 해마다 구체적인 농업시책을 명시해야 하며 농업동향에 대한 연차보고서를 국회에 제출토록 되어 있다.

## 농업센서스

국제연합식량 농업기구(FAO)의 권장에 의해 서기년 끝자리가 0이 되는 해인 10년마다 세계적으로 실시하는 국제적인 조사사업이다. 이 조사는 일정한 시점을 기준으로 전국의 모든 농가를 대상으로 농업 경영구조 및 변동추세를 계수적으로 파악, 제반 농업정책수립 및 국제간 상호비교를 위한 기초 자료를 수집하는 데 있다. 조사 항목으로는 전업, 겸업별 및 업태별 농가수와 연령별, 성별, 학력별, 취업별로 농가인구를 조사한다. 그리고 이용별(일모작, 이모작), 보유형태별(자기소유, 타인소유), 관개시설별 경지면적을 조사한다.

## 농업총생산액

농민이 일 년간 생산한 생산물의 합계액에서 그 생산물에 포함된 종자, 사료 등의 중간생산물의 금액을 빼낸 것으로 과수나 가축의 성장, 재고 증가 등 모두를 포함한다. 농업총생산액에서 물적경비(농업생산자재비)를 빼낸 금액을 〈시장가격에 의한 농업총생산액〉이라고 하며, 다시 여기서 간접세를 빼고 보조금을 더한 것을 〈요소비용에 의한 총생산액〉이라고 한다. 〈요소비용에 의한 총생산액〉에서 감가상각비를 빼낸 것을 농업순생산액 또는 농업생산소득이라고 하고 있으며 지대 · 이자 · 노임 · 경영자의 이윤으로 분배된다.

## 농업총조사
(agricultural census, census of agriculture)
농업의 구조에 관한 자료를 얻기 위한 전수조사를 말하며 농업사업체, 경지면적, 농가인구, 농기계, 농작물 등을 조사항목으로 한다.

## 농지개량조합

저수지등 수리시설의 혜택을 보고 있는 농민들이 관련시설을 효과적으로 유지 · 보수하고 경지정리 · 농지개량사업등을 공동으로 추진하기 위해 결성하는 조합이다.

## 농촌과잉인구(rural over population)

농촌에서의 저소득인구의 체류를 말한다. 자본주의체제하에서 농촌 문제의 한 표현으로 많이 사용되며 여러 가지 형태를 포함하고 있다. 농업생산이 계절성이 강하고 농한기에 취업부족이 생기는 것도 그 하나지만 오히려 농촌에는 일반적으로 도시공업에로의 진입을 노리는 대량의 잠재적 과잉인구가 있으며, 또 경기변동에 따라 공업부문에서 유휴화한 노동력이 유동적 과잉인구로 유입된다. 또 현대의 자본주의 하에서는 농공업의 불균형발전이 격화 되어 농민대다수가 농업소득으로 생활을 지탱하지 못해 농촌인구의 과잉선업화가 생긴다.

## 농촌문제(rural problem)

일반적으로 농촌지역에서 볼 수 있는 사회문제를 총칭해서 농촌문제라고 하는 경우가 많으나 자본주의가 농업문제에 기인하는 농촌의 사회문제를 지칭한다. 자본주의체제에서 영세한 농업경영은 농공간의 불균형발전에 따라 정체적 과잉인구로서 체류한다. 상향적인 발전도 억제되어 하강분해도 겸업화된 채 소농민으로 남아 과중한 노동과 낮은 생활수준으로 방치된다. 이와 같은 농업문제에 의해 생기는 지역적, 사회적 문제를 농촌문제라 부른다. 근년에는 고도성장과정에서의 생산력의 발전에 의해 생산수준이 상승되어 복잡한 양상을 보이고 있으나 농공간의 불균형발전은 극에 달해 생계유지 불능농가가 증가하는 속에서 산업화에 기인하는 노동과중이나 후계자확보의 곤란, 신부부족 등과 함께 고령자화가 나타나고 과소문제 등의 농촌해체가 심각하게 나타나고 있다.

## 뇌물죄

공무원 등이 직무와 관련하여 부당한 이득을 줄 수 있게 하는 금품을 주고 받는 것을 뇌물죄라고하는데 뇌물죄의 성립에는 다음과 같은 특징이 있다. ①대가성이 있어야 한다. ②뇌물의 목적물은 형태의 있고 없고를 가리지 않기 때문에 향응의 제공이나 성교도 뇌물이 될 수 있다. ③뇌물을 요구하면 그 요구만으로도 범죄는 성립한다. ④당사자가 뇌물을 주고 받을 것을 합의하면 그 대상물을 언제 주고 받을 것인지가 정해지지 않아도 범죄는 성립한다. ⑤일정한 행위를 해 줄 것을 요구하는 청탁은 그 적당성 여부와는 상관 없다. 뇌물을 주는 것은 증뢰죄가 되고 받는 것은 수뢰죄가 되는데 수뢰죄는 다음과 같이 나뉜다. ⑥수뢰죄 − 단순수뢰죄, 가중수뢰죄, 사정수뢰죄, 사후수뢰죄, 알선수뢰죄, 제3자 뇌물공여죄, 알선수뢰후 부정처사죄

## 뇌성마비(CP : cerebral palsy) 01

뇌성마비는 요약해서 CP라 한다. 과거에는 뇌성소아마비라 불리었으나 이것은 대인의 뇌성마비와 증상은 같다. 그러나 뇌성마비아라 하면 타인에게는 없는 수반증상이 포함된 인간이라는 견해가 있기 때문에 교육이나 복지적 관점에서 이 용어가 자주 쓰이고 있다. 수반되는 증상은 간질발작이며 다음으로 지능장애이다. CP자는 운동장애, 지체부자유, 심신장애의 증상을 나타내는 자가 많으며 그 원인은 주기적장애에 의한 것이 많다. 뇌성마비에 따른 언어장애 뇌성마비의 65−95%가 언어장애를 동반한다. 장애의 정도는 발음조차 곤란한 중증에서 실용적인 발화능력을 갖는 경증까지 다양하다. 뇌성마비아의 언어장애는 호흡 · 발성발어기관의 운동장애(경성마비, 부수의 운동, 기타)에 의한 마비성구음장애가 주이나 동시에 감각 · 지각이상, 지능장애, 경련발작 등의 합병증이 발생하는 경우가 많다. 따라서 언어증상으로 음성, 구음, 프로소디(prosody억양, 리듬, 엑센트, 유창함) 등, 발화면의 장애뿐만 아니라 청각장애, 언어 발달의 지

연, 말하는 태도의 이상(가령 발화시의 긴장이나 말할 의욕의 저하)등 복수의 증상을 함께 가지는 예가 많다. 이와 같이 복잡한 문제를 안고 있는 뇌성마비아에 대한 언어치료는 전문가집단에 의한 접근 형태로 한기에 개시하는 것이 바람직하다.

## 뇌성마비 02

미성숙 뇌의 결손이나 병변에 의한 운동이나 자세의 이상으로 정의되는데 뇌의 기능장애로 나타나는 신경결함증상 중에서 신경운동장애가 주로 나타나며 그 손상 정도에 따라 감각, 지각, 청각, 시각, 언어 및 인지능력 등의 복합증상을 가지는 증상군이다. 출현율은 살아서 태어난 아기 1000명 중 1 − 3명의 비율이다. 원인은 출생 전, 출생 시, 출생 후로 나눌 수 있으며 분류는 경련성, 무정위운동성, 경직성, 실조성, 진전, 혼합형으로 한다. 85%가 선천성이며 1/3에서는 원인이 뚜렷치 않다. 신경손상이 나타나는 지체별로는 양하지마비, 편마비, 삼지마비, 사지마비로 나누고 정도에 따라 경도, 중등도, 중증으로 분류한다. 관련된 동반 장애로는 간질, 운동능력저하, 청력장애, 시력장애, 감각장애, 지각장애, 의사전달장애, 정신지체, 감정장애, 학습장애 등이 있다. 치료로는 비정상적인 패턴을 감소시키고 정상 패턴을 중단시키는 운동요법(NDT), 중추신경에 자극을 보내어 정상 반응을 유도하는 Vojta법, 작업치료 등이 있으며 그 외에 변형의 방지 및 교정을 위한 보조기, 수술요법, 근육이완제 사용, 경기조절, 사시교정, 보청기, 뇌수술, 치과 처치와 기타 재활 프로그램으로 교육, 오락, 직업훈련, 상담, 사회서비스 프로그램 등이 있다.

## 뇌성발작

뇌성소아마비 대책 뇌성소아마비는 임신 중이나 출산 시에 일어난 뇌손상으로 운동 기능면인 경직, 부수의, 실조 등의 마비가 생기는 장애이나 지능, 언어, 청각, 시각 등에도 중복해서 장애를 갖는 경우가 많다. 따라서 그 대책은 예방차원에서 임부의 정기검진이나 미숙아에 대한 초조기 진단ㆍ조기치료가 가장 효과적이라 한다. 그러나 마비가 남으면 교육이나 직업지도에 있어 자립곤란의 경우가 많다. 따라서 중도장애인을 위한 보호고용 등의 충실이 요망된다.

## 뇌손상(brain damage)

내적 또는 외적인 여러 이유로 뇌의 신경조직에 이상이 생겨 행동 또는 기능상에 이상이 오는 상태를 말한다. 뇌의 어느 부위에 이상이 생기느냐에 따라 나타나는 장애도 다양하다. 기억장애, 지적 기능의 약화, 방향감각의 상실, 학습ㆍ판단 등의 장애를 가져올 수도 있다.

## 뇌장애(brain damage) 01

뇌의 혈관장애나 종양, 뇌염, 뇌막염, 진행마비 등 뇌 자체의 손상에 의한 이질적 장애를 비롯해 두부외상이나 각종의 중독 혹은 산결상태에 의해 장애가 일어나는 것도 있다. 급성의 경우에는 의식장애가 현저하나 관성적인 상태에서는 지적능력의 저하가 보이며 비교적 경증의 경우에는 건망증이 나타난다. 실어증처럼 언어중추라는 뇌의 특정부위에 장애가 한정되어 일어나는 것도 있다. 환각, 망상 등은 일시적으로 보이지 않는다.

## 뇌장애 02

뇌 가능의 손상과 관련되거나 그에 따라 야기되는 장애를 말한다. 방향감각 상실, 기억력 장애, 수리 이해, 학습 등 지적 기능의 장애, 판단력 부족, 정서 취약 등의 증세를 나타낸다.

## 뇌졸증(cerebrovascular accident)

원인은 출혈ㆍ색전ㆍ혈전 혹은 동맥류 파열 등과 같은 뇌의 급성 혈관 병변에 의해 일어나는 급격한 발병상태로서, 편마비ㆍ부전 편마비ㆍ부분적 지각탈실ㆍ실어증ㆍ구어장애 등을 특징으로 하는 증후군이다. 때로 영구적인 신경장애로 이행하기도 한다.

## 누범

2번 이상 범죄를 저지른 사람을 누범이라고 하는데 형법상으로는 금고 이상의 형을 받은 자가 그 형의 집행이 끝나거나 집행이 면제된 날로부터 3년 안에 다시 금고 이상의 형에 해당하는 죄를 지은 경우를 누범이라고 한다. 누범의 특징은 가중처벌인데 그 내용은 다음과 같다. ①현재 저지른 범죄로 인해 받을 수 있는 형의 최장기간을 2배로 연장해 그 범위 안에서 형기를 정할 수 있다. ②판결 선고전 누범인 것이 밝혀지면 형기를 다시 정할 수 있다. ③형의 집행을 종료하거나 면제된 뒤에 누범이었다는 것이 밝혀질 경우는 가중처벌치 않는다.

## 누진세(progressive tax)

과세표준의 증가에 대해 비례 이상으로 세율을 증가시키는 조세제도가 누진세 제도이다. 최근에는 그 세율 중에 단계를 구분하고 단계마다 차등이 있는 높은 세율을 적용하는 초과누진세율이 적용되고 있다. 대개 소득세는 누진세 제도를 채택하고 있으며, 이러한 누진세 제도는 고소득자에게 많은 세금을 부과함으로써 부의 재분배 효과를 수반한다.

## 눈과 손의 협응(eye — hand coordination)

손을 사용하여 조작하는 활동을 수행하는데 있어서 눈의 기능과 손을 잘 연결하여 서로 잘 협응하도록 하는 능력을 말한다. 뇌성마비나 두뇌손상의 경우 눈과 손의 협응이 잘 이루어지지 않는다. 학습장애 아동의 경우에도 좌우 구별이나 눈과 손의 협응이 잘 이루어지지 않는 경우가 많다.

## 눈 — 손 — 발의 협응
### (eye — hand — foot coordination)

시각적인 자극에 따라 손과 발이 서로 협응하여 움직이는 능력을 말한다. 이러한 적성이 요구되는 직무로는, 악기를 다루는 일, 야구나 축구 등 스포츠 활동, 비행기·자동차·중장비 등을 운전하는 일, 대형 구조물을 설치하거나 조립하는 일, 페달이나 스위치를 조작하는 일 등이 있다.

## 뉴딜정책(New Deal Policy) 01

트럼프의 카드를 새로 나누어 준다는 뜻으로 1933년 대불황시 루즈벨트가 미국정부의 경제정책을 일신할 의도로 사용한 정책이다. 최초에는 머레이(Murray,R.) 등의 영향을 받아 국내대책 제 1주의, 경제활동의 정부개입의 강화, 자유경쟁주의의 수정 등 3원칙을 내세웠으나, 사태 진전에 따라 경제정책은 많은 유연성을 가지고 조정되어 갔다. 초기의 전국 산업부흥법과 농업조정법은 최고재판소에 의해 위헌판결을 받아 좌절 되었고, 정책은 점차 지출정책을 주축으로 하는 방향으로 전환하여 갔는 데 전체를 통해서 테네시 하역개발법, 전국노동관계법, 공정노동기준법 과 같은 사회개혁적 성격을 지닌 입법도 추진하였다. 1938년 이후에 특히 루즈벨트는 반독점의 기치를 들고 후세에 중요한 자료를 남긴 임시전국경제조사위원회(TNEC)를 조직하기도 하였다. 오늘날 뉴딜정책이라 함은 1933년에서 1940년경까지의 루즈벨트 대통령 임기 제1기 및 제2기의 경제정책을 총칭한다.

## 뉴딜정책 02

1930년대의 대공황을 극복하기 위해 미국 루즈벨트(F. D. Roosevelt)대통령에 의해 추진된 일련의 경제사회주의 정책을 말한다. Roosevelt대통령은 1933년 3월에 서 6월말까지 100일간 미국의회를 통과시킨 18개의 법률을 기초로 하여 1939년 제2차세계 대전이 발발하기까지 7년간 미국자본주의를 대공황에서 구출하기 위한 여러 경제정책을 추진하게 되었는데 이를 총칭하여 뉴딜정책이라 한다. Roosevelt대통령은 경제과정에 대한 국가의 간섭이라는 수단을 활용하여, 국내시장의 확대를 꾀하고 공업·농업·상업·금융·노동 등 일체의 생산·유통·분배의 각 분야에 걸쳐 광범한 일련의 경제정책을 수립하였는데, 이러한 뉴딜정책은 국가독점자본주의적 색채를 띠게 됨으로써 자본주의 경제체제 자체의 변질과정을 나타낸다는 점에서 의미를 갖는다. 뉴딜정책의 기본적인 특징으로는, 국내제일주의, 정부의 경제에 대한 적극적 간섭, 독점의 용인 등을 들 수 있다.

## 뉴딜정책 03

미국의 제32대 대통령인 루즈벨트가 1932년에 당선된 이후, 당시의 세계대공황에 대한 대책으로 내놓은 정책 뉴딜이란 "심기일전" 또는 "재출발"의 의미인데, 지금까지의 자유경쟁 원리를 버리고, 정부가 적극적으로 경제활동에 대한 통제와 간섭에 나서서 자본주의의 무계획성에 일정한 제재를 가하기 위해 제창한 것이다. 구체적으로는 은행에 대한 정부의 감독 강화, 금본위제의 정지 및 평가절하 등의 금융조작을 위시하여 1933년의 연방긴급구제법, 농업조정법, 전국상업부흥법, 1935년의 와그너법, 사회보장법 니드 등을 제정했다. 또 TVA(테네시계곡 개발공사)의 설립에 의해 국토개발과 실업구제를 도모하는 등, 이제까지의 자본주의 국가와는 아주 다른 새로운 정책을 실현하였다. 그러나 1937 — 38년 후에는 새로운 공황이 발생하여 그 효과가 충분한 결실을 보지 못한 채 제2차 세계대전을 맞게 되었다.

## 뉴리치 현상

중류의식 확산 현상을 말한다. 통계조사에 따르면 자신의 생활수준이 "보통"이라고 생각하는 사람이 50%를 넘었는데, 이들의 중류개념과 개인의 생활수준인식 사이에는 괴리를 나타내고 있는 것으로 조사되었다. 이와 같이 중하류의 수입에도 빈곤으로 느끼지 않고 보통이라고 생각하는 현상이 이른바 뉴리치 현상이다.

## 뉴욕증권거래소

미국의 증권거래소 중 가장 규모가 큰 증권거래소이다. 1972년에 증권 거래업자들의 자발적인 조직으로 출발하였다. 회원은 정원제로 되어 있어서 회원이 되려면 회원권을 양도 받아야 된다. 회원은 ①커미션 하우스의 주주 또는 동업자, ②자기 계산하에 증권을 매매하는 등록거래원, ③자본가 또는 부동산소유자로 구성되어 있다. 회원의 구성을 기능별로 보면, ①commission broker(수수료를 취득할 목적으로 비회원인 일반고객의 수탁주문만 취급하는 자), ②floor broker(타회원의 주문만을 취급 하는 자), ③등록거래원(registered trader;자기 계산하에 매매 행위를 하는 자), ④전문중개업자(specialist; 뉴욕증권거래소와 증권거래소위 원회의 규칙에 따라 자기매매도 하고 타회원의 수탁주문도 취급하는 자), ⑤채권브로커(bond broker; 수수료취득을 목적으로 채권거래만 취급하는 자)가 있다.

## 뉴패러다임

패러다임이란 원래 모범이라든가 범례라든가 하는 의미인데, 경영학에서는 조직을 지배하는 고정관념이라는 뜻. 기업의 생존을 위해서는 환경의 적응을 늘 생각해야 하는데 그것도 변화에 앞서서 적응을 준비해야만 한다. 그러기 위해서는 끊임없이 패러다임의 변혁에 유의하고 시류의 행방을 예측하는 슬기로움이 필요하게 된다. 이러한 의미에서 ①꿈을 소중히 여긴다, ②이단을 잘 다룬다, ③회사 내외에서의 교류를 활발히 한다는 등의 사고가 요구된다. 이와같이 통찰력을 강화해 나가면 패러다임의 변혁도 가능해진다.

### 느낀 욕구(felt needs)

주관적 욕구(현재적 욕구)의 일종으로 이는 사회적인 욕구상황이 개인·가족이나 집단·지역주민 등 그 담당자에 의해 사회적 해결의 필요성을 포함해서 느끼게 된 상태를 말한다. 그러나 이것은 아직 욕구의 존재가 감성적 수준에서 자각되고 있는 단계에 머물러 있는 것이며 해결의 주체적 행동에 결부되는 것은 아니다. 후자에는 또 다른 매개항(전문사회복지사의 동기부여)을 필요로 한다.

### 능력(ability / faculty / capacity)

어떤 행위를 실제로 수행하는 신체적·심리적 힘을 말한다. 이는 학습된 것일 수도 있고, 생득적인 것일 수도 있다. 능력은 흔히, 지능과 유사한 개념으로 각종 과제(특히 인지적 또는 지적)를 수행하는데 관련된 일반적·공통적 능력과 특정과제의 수행에 관련된 특수 능력으로 구분된다. 능력(ability)과 관련된 개념으로는 적성·성능(capacity)·재능(talent)·역량(competence) 및 능력(faculty) 등이 있다. 능력이란 특별한 훈련이 없이도 외적 상황이 허용되는 범위 내에서 일정한 과제를 수행할 수 있는 힘을 말하고, 적성이란 일정한 훈련에 의해서 특정 수준에 도달할 수 있는 개인의 능력을 지칭한다. 성능은 적성이란 용어와 유사하게 사용되나 특정 기능을 수행할 수 있는 개체의 잠재력을 말하고 최적의 훈련조건 하에서 개체가 달성하는 최대의 효율성을 말한다. 재능이란 고도의 능력이나 적성 수준을 말하고, 역량이란 어떤 과제에 대한 개체의 적합성을 의미하며, 능력(faculty)이란 능력심리학에서 유래된 말로 인지·의지·상상·기억력 등과 같은 일종의 정신기능을 가정한 개념으로 사용되었으나 최근에는 거의 사용되지 않는다. 한편 능력이란 때로 퍼스낼리티(personality)와 대비되는 개념으로 사용되나 넓은 의미에서 능력은 퍼스낼리티의 일부로 간주된다.

### 능력급

임금 중 노동능력에 따라 결정되는 임금부분이며 능력, 학력, 경험, 근속연수, 기능, 연령, 기타 본인의 잠재적 능력 등을 요소로 임금을 지급 하는 체계이다. 능력급은 직무의 가치, 즉 직무의 질 또는 양과는 직접적 관계없이 장래적·가능적인 능력에 따라 임금을 지급하는 것이라 할 수 있는데 직무가 확립되어 있지 않거나 완전한 적성배치가 이루어져 있지 않은 경우에 널리 활용된다. 이는 또 연공서열형 임금체계를 형성 하고 있는 요소이기도 하다.

### 능력급(skill — based pay)

학력·근속·기능·인격 기타 조직구성원의 잠재적 능력에 따라 임금을 지급하는 체제를 말한다. 즉 직무의 가치, 즉 직무의 질 및 양과는 직접 관계가 없이, 장래적·잠재적 능력에 따라 임금을 지급하는 제도를 말한다.

### 능력부담성 / 수익부담성

조세나 사회보장비의 부담에 있어서 각자의 지불능력에 따라 부담해야 한다는 능력부담설과 각자의 수익정도에 따라 부담해야 한다는 수익부담설이 있다. 전자 같은 성격을 능력부담성이라 하며, 재분배효과가 큰데 비해 후자인 수익부담성은 자원배분효과가 적다.

### 능률급

노동성과에 따라 지급되는 임금을 말하며, 가급(加給)·업적급·결과급이라고도 한다. 능률급의 지급형태로는 시간을 기준으로 능률을 결정하는 시간청부제(時間請負制)와 성과를 기준으로 능률을 결정하는 성과청부제(成果請負制)의 두 가지가 있다.

### 능률성(efficiency)

능률성 개념은 투입(input)에 대한 산출(output)의 비율을 말한다. 능률성의 개념은 기계적 능률성(mechanical efficiency)과 사회적 능률성(social efficiency)으로 나누어 볼 수 있다. 기계적 능률성은 행정과 경영의 유사성이 강조된 초기의 정치 행정 이원론 시대에 중요시된 능률관으로, 능률성을 기계적, 물리적, 금전적 측면에서 파악한 개념이다. 한편 1930년대 중반 이후의 인간관계론의 등장과 더불어 강조된 사회적 능률성은 행정의 사회목적 실현·다원적인 이익들간의 통합 조정 및 행정조직 내부에서의 구성원의 인간적 가치의 실현 등을 내용으로 하는 능률관을 말한다. 사회적 능률은 또 민주성의 개념으로 이해되기도 한다.

### 니스카넨의 예산극대화모형

관료들은 권력의 극대화를 위해 소속 부서의 예산규모를 극대화한다는 전제하에, 관료들의 예산극대화 행태를 예산산출함수 및 정치적 수요곡선과 총비용함수 그리고 목적함수를 도입한 수리적 모형을 사용하여 설명한 니스카넨의 이론모형을 말한다. 즉 그는 관료들의 행태에 자기이익 극대화 가정을 도입하여, 관료들은 승진·역득·명성 등의 자기이익을 극대화하기 위하여 예산을 극대화 한다는 것이다. 정부산출물은 그 결과 적정 생산수준보다 2배의 과잉생산이 이루어진다고 그는 주장한다.

### 니치 마케팅

마치 틈새를 비집고 들어가는 것과 같다는 뜻에서 붙여진 이름. '니치'란 '빈틈' 또는 '틈새'로 해석되며 '남이 아직 모르는 좋은 낚시터'라는 은유적 의미를 담고 있다. 니치 마케팅은 특정한 성격을 가진 소규모의 소비자를 대상으로 판매목표를 설정하는 것이다. 남이 아직 모르고 있는 좋은 곳, 빈틈을 찾아 그곳을 공략하는 것으로 가령 건강에 높은 관심을 지닌 여성의 건강음료를 기획, 대성공을 거둔 것이 대표적인 사례로 꼽힌다. 이는 매스 마케팅(대량생산 - 대량유통 - 대량판매)에 대립되는 마케팅 개념 로 최근 시대 상황의 변화를 반영하고 있는 개념이다.

## 니치 상품
니치란 〈틈새, 빈틈〉이라는 뜻이며 니치상품은 일반 상품군의 구분을 세밀하게 연령층, 성별, 직업별, 특정상황에 맞춰 소비자를 특화시켜 이들에게 가장 적합한 것을 개발하여 만들어낸 상품을 의미한다. 최근 특정그룹의 소비자들을 겨냥한 니치상품이 다양하게 쏟아져 나오는 추세다. 니치상품의 주요 품목으로는 어린이용 상품이 가장 많고 그 외 세일즈맨, 맞벌이 부부, 산모 등을 겨냥한 특화상품이 있다. 가구의 경우 어른들에게 맞는 제품이 주류를 이루었으나 어린이 및 청소년들의 신체크기와 성향에 맞춘 침대, 책상, 의자 등이 나오고 있으며 신혼부부를 위한 소형가구도 있다. 출장을 자주 가거나 자취를 하는 미혼 남성이 옷을 매일 다릴 수 없다는 점을 감안하여 구겨지지 않고 다림질을 하지 않아도 되는 의류가 판매되고 있다. 음료수는 몸매에 신경을 많이 쓰는 사람들과 성인병이 있는 사람들에게 맞는 무가당 식이성 음료와 무가당 주스 등이 나오고 있다. 버튼을 한번만 누르면 자동으로 조리돼 노인들이 사용하기에 편리한 전자레인지와 자가용 운전자들을 겨냥한 차량용 진공청소기 등도 있다. 이외에 임산부용 우유와 어린이용 치즈, 신생아용 분유, 수험생용 눈마 사지기, 학생용 옷장등도 니치상품이다.

## 니트족(not in education, employment or training)
일하지 않고 일할 의지도 없는 청년 무직자를 뜻하는 신조어. Not in Education, Employment or Training의 줄임말이다. 보통 15~34세 사이의 취업인구 가운데 미혼으로 학교에 다니지 않으면서 가사일도 하지 않는 사람을 가리키며 무업자(無業者)라고도 한다. 취업에 대한 의욕이 전혀 없기 때문에 일할 의지는 있지만 일자리를 구하지 못하는 실업자나 아르바이트로 생활하는 프리터족과 다르다. 1990년대 경제상황이 나빴던 영국 등 유럽에서 처음 나타났으며 일본으로 빠르게 확산되었다. 고용환경이 악화되어 취업을 포기하는 청년실업자가 늘어나면서 니트족도 증가하였고 사회불안을 유발하는 사회병리현상으로 자리 매김하고 있다. 특히 장기불황을 겪은 일본의 경우 정부차원에서 대책을 마련하고 있는 것으로 알려졌다. 2005년 5월 22일 일본 내각부는 2002년 현재 일본의 니트족이 약 84만 7000명으로 조사되었다고 밝혔다. 니트족을 줄이기 위해 일본 정부는 고용 및 교육 전문가들로 협력체를 구성하여 취업을 지원할 계획이다. 한국에서도 니트족이 급증하고 있는 것으로 나타났다. 2005년 5월 19일 현대경제연구원은 〈한국경제주평〉을 통해 2004년 한국의 니트족 수는 약 18만 7000명이며, 2015년에는 전체 인구의 1.71%인 85만 3900명으로 늘어날 것으로 추산하였다. 소득이 없는 니트족은 소비 능력도 부족하기 때문에 늘어날수록 경제의 잠재성장력을 떨어뜨리고 국내총생산도 감소시키는 등 경제에 나쁜 영향을 주는 동시에 실업문제를 비롯한 여러 가지 사회문제를 일으킬 가능성이 크다.

## 님비(nimby)
'not in my backyard' (우리 거주 지역에는 안 됨이라는 의미로 해석되며, 직역을 하면 '나의 뒷마당에는 안 됨'으로 번역됨)의 줄임말이다.

## 님비증후군(nimby syndrome)
지역이기주의 현상의 하나로서 NIMBY는 'not in my back - yard'(우리 거주 지역에는 안 됨이라는 의미로 해석되며, 직역을 하면 '나의 뒷마당에는 안 됨'으로 번역됨)의 줄임말이다. 현대 사회에서 증가하고 있는 다양한 사회적 요구나 문제들을 해결하기 위한 시설물들(가령 핵폐기물이나 산업폐기물 처리시설, 화장장, 마약 등의 약물 중독자를 위한 수용 및 치료시설 등)이 대체로 불쾌하거나 혐오적이라는 이유로 이를 특정 지역에 건축하거나 배치하는 것에 대해 해당 거주지역의 주민들 혹은 지방자치단체가 나서서 강력하게 반대하는 현상을 지칭한다. '님비현상'이라고도 한다. 이와 반대되는 현상으로 임피증후군(IMFY syndrome)이 있다.

## 님비현상
"내 뒷마당에서는 안된다"는 이기주의적 의미로 통용되는 것으로, 산업 폐기물 · AIDS환자 · 범죄자 · 마약중독자 · 쓰레기 등의 수용 · 처리시설의 필요성에는 원칙적으로 찬성하지만 자기 주거지역에 이러한 시설들이 들어서는데는 강력히 반대하는 현상이다. 님비(Nimby)현상은 지역 이기주의로 공공정신의 약화 현상이라 볼 수 있다. 국민들의 환경에 대한 의식이 높아감에 따라 일정지역 거주민이 지역 훼손사업 또는 오염산업의 유치를 집단으로 거부하고 있어 국가 차원의 공단설립이나 원자력발전소, 댐건설은 물론 핵폐기물 처리장, 광력쓰레기장 같은 혐오시설의 설치가 중단되는 등 많은 문제를 낳고 있다.

**다가구주택(multiple dwellings)**
여러 가구가 살 수 있도록 건축되어진 주택으로서 각 구획마다 방, 부엌, 출입구, 화장실이 갖추어져 한 가구씩 독립하여 생활할 수 있으나 각 구획을 분리하여 소유하거나 매매(분양)하기가 불가능한 주택을 말한다.

**다국적 기업**
세계기업(world enterprise)이라고도 하며 일반적으로 수개국에 걸쳐 영업 내지 제조거점을 가지고 국가적 내지 정치적 경계에 구애받지 않고 세계적인 범위와 규모로 영업을 하는 기업을 말하는데 이 경우에 국내활동과 해외활동의 구별은 없으며 이익획득을 위한 장소와 기회만 있으면 어디로든 진출한다. 2차 세계대전 당시의 국제기업(international business)과의 구별은 국제기업은 본사와 세계 각지 영업거점간에 제품 수출·자금 투자가 이루어 지는 반면 이익이나 이자 및 배당 등은 본사로 송금되게 마련이나, 세계 기업의 경우엔 각 거점은 모두 독립적인 이익관리단위로서의 성격을 가지며 이익은 각 거점의 경영충실화를 위해 재투자됨이 원칙이다.

**다년도 예산계획(multiyear budget projection)**
장기적인 안목에서 정책을 설계 하여 예산을 신축성 있게 운영하기 위해, 예산을 단일연도가 아닌 다년도로 짜는 것을 말한다. 지출 및 수입에 관한다년도 예산계획은 통상 5년 정도를 대상기간으로 한다. 이 제도는 장기적인 안목으로 예산을 운영하면 정책결정자들이 자원 제약을 인식하여 정부지출의 팽창을 억제 할 수 있다는 취지에서 도입되고 있다. 미국에서는 다년도 예산계획을 1961년부터 도입했는데 1974년 의회예산 및 지출유보통제법에서는 다년도 예산계획을 제도화하고 있다. 우리나라에서는 재정동원과 재정배분을 기획하고 예산과 계획을 일치시키려는 목적에서 1982년부터 중기 재정계획을 시행하고 있다.

**다두제적 경쟁체제**
정치적 집단들이 정치권력을 장악하기 위하여 적극적인 경쟁을 하는 발전도상국의 정치체제를 Ferrel Heady는

다두제적 경쟁체제라 불렀다. 서유럽과 미국의 정치체제를 전형적인 다두제적 경쟁체제라 할 수 있다.

**다목적 개발사업(multi－purpose project)**
홍수통제, 수력발전, 수리(水利)사업, 하운(河運) 개발, 등 여러 가지 목적을 성취하기 위한 댐의 건설 등 계곡개발사업을 일반적으로 말한다. 다목적 개발사업은 일반적으로 공기업을 통해 추진되며, 주로 경제불황기에 경기 진작을 위한 목적으로 이용된다. 대표적인 다목적 개발사업은 1933년 설립된 미국의 테네시계곡 개발청(T.V.A)에 의한 테네시강 유역 댐 건설사업이다.

**다문제가족(multiproblem family)**
빈곤, 다수의 자녀, 가족에 많은 문제를 동시에 내포하고 있는 가족이며, 여러 사회복지기관으로부터 서비스를 받아도 원조효과가 없는 가족이다. 중증의 문제를 가진 가족, 지역사회가 개입하지 않으면 안 되는 가족으로서 치료 거부 및 해체 화되는 가족이며 접근 곤란한 가족(hard－to－reach family)이라고도 한다. 장기간(2대 혹은 3대)에 걸쳐 공적 부조의 원조에 의존하는 사례가 많다. 제2차 세계대전 후 미국 세인트·폴시[St. Paul]에서 실험한 〈가족중심계획〉의 영향을 받아 1950년대 이후 사회복지 원조활동을 진행하는 과정에서 관심이 높아지고 있다. 다문제가족에 대해 영국에서는 전통적으로 문제 가족이라고 하며, 그 개념 규정에 있어서는 아직까지 통일된 것이 없다. 공통된 개념으로서 ①몇 개의 사회적 문제를 가지고 있으며, ②만성적인 의존상태를 계속하고, ③사회복지기관에 제공하는 원조 혹은 치료를 적극적으로 활용할 수 없고, ④미성숙한 퍼스넬리티 특성을 가지고 있다. 이와 같은 가족에 대해 종전과 같은 사회복지원조활동으로서는 처우가 되지 않으므로 여러 가지 새로운 시도가 전개되고 있는데 그 중요한 방법은 케이스 회의방식, 인텐시브 케이스워크, 가족중심 케이스워크 방식, 복합서비스 방식, 지역개발방식, 어그레시브 케이스 워크(aggressive casework)등이 있다.

**다부문 성장론**
경제를 농업·공업이라든가, 제1차산업·제2차산업·제3

차산업이라든가 생산수단 생산부문·소비자재 생산부문이라든가 하는 등등의 몇 가지 부문으로 구분하여 부문간의 관련을 생각하면서 성장을 분석하는 이론을 말한다. 종래의 경제성장에 관한 이론, 예컨데 Harrod,R.f, Domar,E.d. 형의 이론은 경제전체의 움직임을 일괄하여 생각하였다. 이것을 거시적 성장론이라고 부른다. 이 이론은 경제내부의 구조와 경제성장의 관련분석이 안된다는 결함이 남아 있었다. 다부문성장론은 이 한계를 극복하려는 새로운 시도이다. 이 이론의 중심되는 관점은 균형성장 혹은 성장균형이다. 이것은 각 부문 생산물간의 상대적 비율을 일정하게 유지하면서 경제가 확대되는 상태를 가리킨다. 이것이 성립되기 위한 조건은 경제의 생산구 조가 수확불변의 전제를 충족하는 것이다. 이 전제를 수학용어로 1차 동차성이라 부를 때도 있다. 그러나 이러한 균형성장은 각 부문의 구성 여하에 따라 여러 가지가 가능하다. 그 중에서도 가장 바람직스러운 것은 성장율 최대의 균형성장이다. 이 성장율 최대의 균형성장을 최초로 구상하여 분석한 학자가 수학자인 노이만(Neumam n,J.)이었다. 그러므로 이것을 노이만균형성장이라고도 부른다.

## 다분파성(poly — communalism)

관리들 상호간의 차별행위로 부분사회의 분파성이 조장되는 과도사회의 특성을 말한다. F. Riggs는 그의 Sala Model에서, 분화된 사회의 관청은 법을 시민들에게 공평하게 적용하는데 반해, 과도사회의 관리들은 그가 속한 지역사회의 구성원에게만 유리하게 차별적으로 적용함으로써 여러 갈래의 분파성을 조장하게 된다고 주장하였다.

## 다세대주택(apartment unit in a private house)

한 건물 내에 여러 가구가 살 수 있도록 건축되어진 주택으로서 건물의 연건평이 200평 이하이면서 건축 당시 다세대주택으로 허가 받은 주택. 주택별로 각각 분리하여 등기가 가능하며 매매 또는 소유의 한 단위를 이루고 있는 점에서 다가구주택과 다르다.

## 다수적 처리에 의한 간섭
(mulitiple — treatment interfernce)

실험연구에서 다수의 실험처리를 실시함으로써 외적 타당성이 저해받는 현상을 말한다. 즉 다수적 처리 자체가 실험 효과에 영향을 미치기 때문에 실험처리를 전혀 받지 않은 모집단에게까지 실험결과를 일반화할 수 없는 한계가 있다.

## 다수파보고
(The majority Report of the Royal Commission on the Poor Law)

영국에서는 19세기말 경부터 갑자기 빈곤이 사회문제로서 표면화하게 되었는데 정부는 1905년에 해밀턴(Hamilton, G)을 위원장으로 하여 20명의 위원으로 구성된 〈왕립구빈법위원회〉를 구성·임명 하고 구빈법의 존재를 검토하게 했다. 그러한데 위원회에는 두 개의 파가 생겨 1909년에 발표된 보고서도 또 두 개로 나누어졌다. 위원장을 포함하여 14명이 서명한 것이 다수파보고이다.

## 다우존스 평균지수

미국에서 주식 및 채권 가격의 전체 동향을 표시할 때 가장 일반적으로 사용되는 지표로, 일본의 닛켈이 지수, 영국의 파이낸셜타임스의 지수 등과 함께 세계 증시의 동향을 재는 중요 기준의 하나이다. 금융전문지 발행회사인 미국 다우존스사가 1897년 12개 종목의 주가총액을 12로 나누어 매일 산업평균을 낸 것에서부터 시작됐다. 그위 대상종목이 확대되고 산출방식도 주식대체나 분할, 배당 등 중요 변수들을 고려해 좀 더 정교해짐에 따라 단순한 산술평균을 넘어 당일의 시황을 나타내는 지표로 다듬어졌다. 30개 종목의 주요 주식을 기초로 산출하는 공업평균지수가 가장 일반적인데 95년 2월 23일 뉴욕증시에서 9지수가 사상 처음으로 4천포인트를 돌파한 기록도 있다.

## 다운사이징(downsizing)

기구축소 또는 감원을 의미하며 원가절감이 주요 목표이기는 하지만 장기적인 경영전략 차원에서 추진된다. 수익성이 없거나 비생산적인 부서 또는 지점을 축소·해체 하거나 기구를 단순화함으로써 관료주의적 경영체제를 지양하고 의사소통을 원활히 하여 신속한 의사결정을 도모하는 것을 말한다.

## 다원적 국가론
(pluralistic theory of the state, pluralistische Staatsauffassung)

국가는 사회에 있어서의 다른 보통의 직능단체를 포괄하는 일반직능단체에 불과하다는 국가관을 말한다. 다원적 국가론은 국가주권의 절대성을 부정하고, 사회에는 국가와 병렬적으로 존재하는 종교단체·경제단체·정치단체·직능단체 등 다른 중요한 집단이 있으며 인간의 사회적 성질은 다양한 목적을 추구하는 이들 집단에 의해 실현된다고 주장한다.

## 다원적 산업주의(pluralistic industrialism)

커어(Kerr, C), 던롭(Dunlop)등이 그린 미래사회모델, 그 사회에서는 직업적, 문화적, 조직적으로 이해가 다원적으로 분화하여 가며 생활수준의 상승, 여가의 증대, 교육수준의 향상에 의해서 개인의 자유도 광범위하게 확산되지만 그 다른 편에서는 국가에 의한 집권적 통제와 대규모 조직에 의한 조작이 필요로 되며, 국가의 역할은 한층 높아진다. 산업주의가 잘 기능하는 것은 이와 같은 다원적 사회모델에 있어서이라고 한다.

## 다원주의(pluralism)

일반적으로 둘 이상의 근본적인 실재(實在) 또는 원리를 세워 그로부터 현상을 설명하려고 하는 입장을 말한다. 정책이론에 있어서의 다원주의는 정책과정에 영향을 미치는 힘은 각종 이익집단과 잠재집단 등 다양한 경쟁적 사회세력에 널리 분산되어 있으며, 엘리트는 대중의 선호에 민감하게 반응하기 때문에 정책과정이 지배엘리트의 이익에만 부합되도록 전개되기 보다는 다양한 대중의 선호가 반영되는 정책과정이 전개된다고 주장하는 이론을 말한다. 다원주의론은 소수의 지배집단인 엘리트가 정부의 모든 정책영역에서 지배적인 영향력을 행사한다고 주장하는 엘리트이론과 대비된다. 다원주의적 관점에 의하면, 정책결정 과정에서의 정부의 역할은 매우 소극적이며, 정책은 이익집단들간의 합의와 조정을 중시하는 가운데 결정된다는 것이다.

## 다중통제

하위자보다 상위자가 더 많은 형태의 통제방법. 일반적인 관청이나 회사 조직에서는 상위자가 하위자를 통제(반대쪽에서 말하면 복종)함으로써 피라미드형(型)의 질서가 성립된다. 이에 반해 병원조직에서는 의사 A가 어떤 환자의 주치의가 되었을 경우, 상식적으로는 A보다 계층이 높고 경험이 많은 의사 B, C…도 A의 지휘에 복종하는 대신에, 다른 환자의 주치의로서의 B에 대해서는 A나 C, 그 밖의 의사도 B의 지휘에 따른다고 하는 식의 형태를 취하기 때문에 다중통제 또는 다중복종이라고 한다. 대학 교수 간의 협력체제에서도 이와 비슷한 관계가 성립된다.

## 다중판별분석

분류되어 있는 집단간의 차이를 의미 있게 설명해 줄 수 있는 독립변수 들을 찾아내고 이들의 선형결합(linear combination)으로 다음과 같은 판별식을 만들어 내어, 분류하고자 하는 대상들이 속하는 집단을 찾아내는 방법이다. ★$Z = W_1X_1 + W_2X_2 + W_3X_3 + \cdots + W_nX_n$

## 다중회귀분석(multiple regression analysis)

독립변수가 2개 또는 그 이상인 모형 으로 분석하는 회귀분석을 말한다.

## 다차원척도분석법

n개의 대상물에 대해서 대상 상호간의 비유사성 또는 유사성이 주어졌을때, 비유사성에 합치할 것 같은 점간 거리를 갖는 n개의 점을 어느 차원의 공간 속에 자리잡게 하는 방법.투입물과 산출물이 비계량적으로 사용되므로 이미지 조사에도 유효하다. 가령 대상상품의 비유사성이라는 사회적 변량을 비전기적인 간격척도로 산출하여 이 척도가 무엇인가를 구체적으로 추리하는 방법 등이 있다.

## 단결권(right to organize)

노동자가 근로조건 등의 향상을 도모하기 위해 단결할 수 있는 권리를 말한다. 단체교섭권·단체행동권과 함께 노동3권이라 불린다.

## 단계적 표출(stage sampling)

몇 단계의 표본추출을 거쳐 최종 표본을 선택하는 방법을 말한다. 가령 도 시·군 읍·면의 단계를 거치면서 각 단계별로 표본을 추출하는 경우가 이에 해당된다.

## 단기급여(Short – term Benefit)

급여수급기간이 짧은것. 사학연금의 경우 교직원이 재직 중에 직무로 질병, 부상을 당하거나 화재, 홍수 등으로 주택에 재해를 입었을 때 또는 배우자나 직계존속이 사망했을 때 지급되는 급여이다.

## 단독형 조직

조직의사결정권이 한 사람의 책임자에게 부여되어 있는 조직형태를 말한다. 반면 합의제 조직은 의사결정권이 여러 사람에게 나누어져 있는 위원회 등의 조직 형태를 말한다. 대부분의 행정조직은 단독형을 띠고 있으며, 각급 단독형 행정기관에서는 장관·처장·청장 등이 행정에 관해 최종적인 의사결정권을 갖고 있다.

## 단생보험(single life insurance)

피보험자가 한 사람인 생명보험을 말한다. 즉 보험계약으로 한 사람의 피보험자를 보장하는 기본적인 보험이다. 연생보험(joint life insurance)에 상대되는 용어이다. 연생보험은 하나의 보험계약으로 두 명 이상의 피보험자를 보장하는 보험이다.

## 단생연금(single life annuity)

단생연금이란 한 사람의 피보험자의 생존을 조건으로 지급되는 생명연금의 일종으로 연생 연금(joint life annuity)에 상대되는 용어이다. 연생연금은 두 명 이상의 피보험자가 전원 생존하고 있는 것을 조건으로 연금이 지급된다.

## 단서(cue)

①행동을 유발하는 신호, ②유기체가 학습을 통해 반응하게 된 지각범위 속의 특수한 부분 또는 자극형태를 말한다, ③어떤 자극을 식별 또는 인지하게 하는 표식, ④스키

너(B. F Skinner)에 의하면 작동작용(operant res —
ponse)을 생성, 유발하는 것.

### 단수추천제(rule of one)

임용추천에 있어 채용후보자명부에 등재된 성적순에 따
라 결원된 인원의 숫자만큼 추천하는 방법이다. 채용시험
이 절대적으로 타당성과 신뢰성을 지닌다는 전제에 입각
하고 있는 이 방법은 임용권자의 재량권을 배제하기 위한
반엽관주의적 인사원칙에 근거를 두고 있다.

### 단순노동 · 복잡노동

상품생산에 있어서 노동은 구체적 유용노동으로서 방
적 · 직물과 같은 상이한 특정의 사용가치를 낳음과 동시
에 사용가치 여하에도 불구하고 모두 동일하게 인간의 뇌
수 · 근육 · 신경 · 감각 등의 기능을 소모하는 추상적 인
간노동으로서 상품가치를 창출한다. 이 가치를 창출하는
인간 노동력의 지출의 정도가 평균적인가 아니면 배가 된
것인가하는 점으로부터 단순노동 · 복잡노동이라는 구별
이 생긴다. 단순노동은 평균적으로 누구라도 보통의 인간
이 특정의 훈련 · 교육을 받지 않고 그 육체 속에 가지고
있는 간단한 노동력의 지출이다. 복잡노동은 말하자면 자
승된, 배가된 단순노동이며 단순노동에 비해서 보다 고도
의 복잡한 인간노동이기 때문에 같은 시간에 보다 큰 사
용가치를 낳는다. 노동력의 가치라는 점에서 볼때도 복잡
노동력은 그 훈련 · 육성에 드는 비용과 육체적 · 정신적
소모의 회복에 드는 비용 때문에 노동력의 재생산비가 높
고 그 가치는 보다 크다. 복잡노동은 일정분량의 단순노
동으로 환원되고 복잡노동의 생산물도 모두 일정분량의
단순노동이 대상화된 것으로 충분하다고 보는 입장, 복잡
노동력 · 단순노동력 양자의 가치비율에 따라서 환원 된
다고하는 입장, 노동력의 지출, 노동의 생산능률 등의 비
율을 통해서 환원된다고 하는 입장 등이 가치론에서 서로
대립하고 있다.

### 단순무작위표출(simple random sampling)

난수표를 사용하거나 기타의 방법을 동원하여 모집단에
포함되어 있는 모든 구성원이 뽑힐 확률을 같도록 하는
표본추출 방법을 말 한다.

### 단순서열법(simple ranking method)

직무평가를 함에 있어, 평가직무의 기술서를 미리 분류담
당자에게 배부하여 그 내용을 숙지시킨 뒤, 직무의 곤란
성 · 책임성 및 복잡성과 자격 요건 등의 순서로 각 직위
를 배열하는 방법을 말한다. 각 분류담당자들이 부여한
각 직위의 서열 평균을 내어 직위들의 서열을 정하되, 이
러한 서열 작성을 1회로 그치지 않고 1 — 2 주간의 간격
을 두고 1회 이상 실시하여 그것들의 평균치에 의해 최종
서열을 정한다.

### 단순평균

평균치의 계산방법에는 산술평균과 기하평균이 있으며,
또 단순히 합계를 내서 항목수로 나누거나 서로 곱하여
항목수로 개방하는 단순산술평균과 단순기하평균이 있
다. 그리고 각 항목마다 웨이트를 주어 계산하는 가중산
술평균, 가중기하평균 등이 있다. 가령 100원짜리 사과 3
개와 200원짜리 사과 2개를 산 경우 사과 하나의 단순산
술평균은(100원 + 200원) ÷ 2 = 150원이며 가중산술평
균은(100원 × 3 + 200원 × 2) ÷ 5 = 140 원이 된다. 기
하평균에서도 이와 같이 각 항목의 양(가중치)을 고려하
느냐 않느냐에 따라 가중기하평균과 단순기하평균으로
구분된다.

### 단원(unit)

교수 — 학습장면에 있어서 일정한 과제를 해결하는데 필
요한 학습내용 및 경험을 전체성과 통일성을 지니도록 조
직해 놓은 분절이다. 전체성과 통일성의 기초를 학습되는
내용에 두고 있느냐, 학습자의 경험에 두고 있느냐 혹은
내용과 경험에 균등히 두고 있느냐에 따라 교과형 단원 ·
경험형 단원 · 학문형 단원으로 나누어진다.

### 단원목표(unit objectives)

단원을 학습했을 때 학습자가 지녀야 할 바람직한 성과를
구체적인 용어에 의해 〈내용 + 행동〉 형식으로 진술해 놓
은 것이다. 이러한 목표는 학년목표, 교과 또는 생활영역
의 목표, 타 단원의 목표 등과 유기적인 관련을 맺고 있으
며, 교수 — 학습과정 및 그 결과를 평가할 수 있는 준거
를 마련해 준다.

### 단원전개(unit development)

계획된 단원 내용을 실천해 나가는 과정이다. 단원이란
일반적으로 어느 포괄적인 주제에 초점이 맞춰짐으로써
상호 밀접하게 관련된 일련의 학습경험이나 활동을 의미
한다. 한 단원이 지속되는 시간은 보통 10 — 15시간이며
2주에서 4주 정도에 걸쳐 가르쳐진다. 또 하나의 단원에
는 단원 나름대로의 분명한 목표와 목표달성정도를 확인
하는 평가단계가 포함되어 있다. 일반적으로 10 — 15시
간에 걸쳐 지속되는 학습활동이 하나의 통합된 경험의 단
위로서 운영, 전개되기 위해서는 치밀한 사전의 계획이
있어야 하는데 이러한 계획을 단원계획이라고 한다. 그리
고 이러한 단원계획에 따라 단원을 실제로 운영, 전개하
는 것을 단원전개라고 한다. 일반적인 경우 단원의 전개
양식은 전적으로 단원의 내용에 의해 결정된다. 그러나
때에 따라서는 전개 양상이 계획의 내용과 일치하지 않는
수도 있다. 따라서 단원전개의 가장 효율적인 방식은 단
원의 계획 단계에서 대부분 처방되지만 그 실제의 모습은
전개의 과정에서 구현될 수밖에 없다. 그러므로 단원을
성공적으로 전개, 운영하기 위하여 교사는 단원의 성격,

단원내용들의 배열, 계획된 지도방법 및 교사와 학생 간 상호작용의 특징 등과 같은 요소에 항상 주의를 기울여야 한다.

### 단원학습(learning of unit)
단원계획에 의한 학습을 말한다. 이러한 학습에 있어서는 활동성·통합성·현실성·과제성이 강조된다. 따라서 학습자들은 스스로 다양한 학습활동을 하되 그러한 활동이 어떤 핵심을 중심으로 해서 집약되어 당면과제의 해결과정을 학습하게 된다. 논제학습·문제학습·생활학습 등이 활동성·통합성·현실성·과제성의 모든 성질을 지니지 아니하고 어느 한 두 개의 성질에 집중되는 반면, 단원학습은 이러한 모든 성질을 포괄하고 있다는 것이 그 특징이다.

### 단위노동비용(unit labor cost) 01
단위노동비용이란 근로자의 임금을 노동생산성으로 나눈 값이다. 즉 임금에 비해 노동 생산성이 높으면 단위노동비용이 줄어들고, 임금에 비해 노동 생산성이 낮으면 단위노동비용이 커진다. 단위노동비용은 상품의 가격 경쟁력을 나타내는 지표로서 단위노동비용 상승은 가격경쟁력 약화를 의미한다. 한편 노동생산성은 국내총생산(GDP)을 취업자 수로 나누어 계산한다.

### 단위노동비용 02
상품 한 단위를 생산하는데 소요되는 인건비. 다른 조건이 일정하다면 노동생산성의 하락 또는 명목임금의 상승이나 명목임금이 노동생산성을 상회하게 될 경우 단위노동비용이 상승한다. 이는 생산코스트의 상승을 초래해 가격경쟁력을 저하시키는 주요 요인으로 작용한다.

### 단일호봉제
공무원의 봉급액을 호봉별로만 차등을 두는 제도를 말하며, 계급개념이 없는 교원 등 비계급제 공무원에 적용된다. 한편 계급별호봉제(階級別號俸制)는 공무원의 봉급액이 계급별·호봉별로 상이한 제도를 말하며, 적용대상자는 계급이 있는 일반직·기능직 등 계급제 공무원들이다. 그리고 고정급제(固定給制)는 각 직위별로 단일봉급액이 지정되어 호봉의 개념이 없는 봉급체계로, 적용대상은 대통령, 국무총리, 장관, 차관 등의 정무직 공무원이다.

### 단체교섭(collective bargaining) 01
노동조합이 사용자 또는 사용자의 단체와 조합원의 근로조건의 유지·개선 등에 관해서 행하는 교섭·근로자 개인의 개별교섭에 대신하여, 가입조합원의 이익을 대표하는 조합(조직)이 주체가 되어 사용자와 교섭하고 협정을 맺는다는 의미에서 '단체' 교섭이라고 한다. 파업이나 작업장 폐쇄를 대신하는 평화적 교섭에 의한 분쟁해결의 방식이라는 뜻도 내포 되어 있다. 오늘날에는 노동조합의 주요기능으로, 노동조합법에 의거 근로자의 단체교섭이 보장되어 있다.

### 단체교섭 02
단체교섭은 노동조합 등의 단체들이 임금, 노동시간, 보건·후생 등 고용의 기본적 조건에 관한 문제를 사용자측과 단체적으로 협의하는 것을 말한다. 개개 근로자와 사용자의 개별적인 교섭에 있어서는 사용자의 사회·경제적 지위가 작용하여 교섭력의 균형을 유지할 수 없기에, 교섭력이 약한 근로자가 대등한 입장에서 교섭할 수 있도록 집단적 세력을 통한 교섭을 허용한 것이 바로 단체교섭권이다. 공무원단체의 경우 단체의 구성을 허용하고 있는 많은 나라에서는 공무원의 단체교섭권을 인정하고 있다. 우리나라의 국가공무원법 제66조는 사실상 노무에 종사하는 공무원에 대해서만 예외적으로 단결권과 단체교섭권을 인정하고 있다.

### 단체교섭 03
근로자가 근로조건을 유지, 개선하기 위하여 단결에 의해서 사용자와 교섭하는 것을 말한다. 우리 헌법은 명문으로 이 권리를 보장하고 있으며, 노동조합법 제1조도 이것을 확인하고 사용자가 정당한 이유 없이 이것을 거절하는 것을 부당노동행위라고 하여 금지하고 있다. 단체교섭은 근로자가 단체의 위력을 발휘하여 사용자와 대등한 입장에서 교섭하는 것으로 단체행동권에 관해서는 마찬가지로 그것 자체가 위법이 되는 일은 없다. 단체교섭의 결과, 일정기간 그 조건을 확보하는 수단으로서 단체협약이 체결되는 것이 보통이지만, 현재 각국에 있어서는 노사쌍방의 조직이 확대되어 감에 따라 그 기본적인 단체교섭사항은 근로조건뿐만 아니라 복리시설 등 광범위에 걸치고 있으며, 또 그 교섭방법도 각 조직의 중앙부에서 집중적으로 해결되어 나가는 경향이 있다.

### 단체보험(group insurance) 01
단체보험이란 단체 또는 단체의 대표자를 계약자로 하는 하나의 계약으로 단체 전원을 무진단으로 일괄해서 계약시키는 것을 원칙으로 하는 생명보험의 종류를 말한다. 단체보험의 이용목적은 기업의 종업원에 대한 복리후생제도로서 종업원의 사망, 고도의 장해시 약정한 보험금 지급과 정년퇴직후의 노후생활을 위한 보장급여의 제공에 있다. 단체보험은 기업의 복리후생제도로서 퇴직금제도보다 건전한 운영과 세제면에 있어 기업의 납입보험료 부분에 대한 손비인정 등의 이점이 있다.단체보험의 특성은 일괄계약, 집단선택, 저보험료율, 경험보험료율에 있다.

### 단체보험(group life insurance) 02

많은 사람의 집단을 대상으로 하여 원칙적으로 무진단의 1매의 보험증권에 의해 일괄하여 체결하는 생명보험으로 일반적으로 단체생명보험을 의미. 단체를 선택의 단위로 하기 때문에 보험회사가 위험선택, 보험료 수금의 수고를 생략할 수 있어 보험료 책정을 저렴하게 할 수 있는 장점이 있다.

### 단체보험 03

종업원 또는 가족이 질병, 부상, 사망, 화재, 도난, 실업 등의 재해에 부닥친 경우에 국가의 보상이나 공제제도를 확충하는 의미에서 기업이 보험료를 부담하는 기업복지(복리후생)제도의 일환이다. 이 제도는 기업복지시설 중에서도 비교적 새로운 것으로 우리나라에도 현재 도입되어 있으나 외국처럼 활성화된 것은 아니다. 우리나라는 기업부담이 아닌 자기 부담이며 건강보험 등에 단체 가입하여 단체보험이라는 말을 사용하고 있으나 이는 개념을 달리 하는 것이다. 단체보험에서 기업은 매월 보험회사에 일괄하여 보험료를 납입해야 하고 종업원의 재해 때에는 불시의 다액의 경비를 부담하게 된다. 이와 같이 단체보험은 공제제도의 보완제도로서 담당하는 역할은 큰 것이다.

### 단체생명보험(group life insurance)

하나의 계약으로 단체소속원 전원이 일괄해서 가입할 수 있는 생명보험으로 가입자들이 직장의 현직 근무자들이므로 무진단계약으로 체결된다. 계약자는 사업주 또는 대표자이고 피보험자는 반드시 직장의 종업원이어야 한다. 개인보험과 크게 다른 점은 저렴한 보험료로 가입할 수 있다는 것과, 소속원 한 사람 한 사람을 위험 선택의 대상으로 하지 않고, 단체 그 자체를 위험 선택의 단위로 하고 있다는 점이다.

### 단체소송

단체소송은 피해를 입은 사람이 여럿일 경우 집단으로 소송을 제기해서 이기면 소송에 참여하지 않았다 하더라도 동일한 피해를 입었을 경우에는 다른 사람도 이에 의제해서 손해 배상을 받게 되는 제도다.

### 단체양로보험(group endowment insurance)

단체에 소속된 피보험자가 보험기간중에 사망하였을 때 또는 만기까지 생존하였을 때에 계약된 보험금을 지급하는 단체보험. 이 보험에서의 만기는 정년퇴직연금과 일치시키는 것이 보통이고 다른 종류의 보험과 병합시키는 경우도 많다.

### 단체연금보험(group annuity insurance)

일반적으로 단체가 그 소속원에게 연금을 지급하기 위하여 생명보험회사와 체결하는 단체생명보험을 말한다. 여기서 말하는 단체는 동일한 회사, 공장, 관공서 등에 임명, 고용 또는 위임에 의해 종속관계에 있는자 또는 동일한 사업체나 기업의 노동조합 등에 소속된 자의 집단을 말한다.

### 단체자치

지방자치단체가 국가로부터 독립된 지위와 권한을 부여받아 독자적으로 지방의 정치·행정사무를 처리하는 제도를 말한다. 유럽대륙에서의 지방자치는 중앙집권적인 것으로서 지방자치에 대한 기본관념은 국가권력 하에서 국가목표의 달성을 위해 필요한 수단적 성격을 지닌다. 따라서 지방자치단체가 자치사무를 처리하는 경우에도 그것이 국가로부터의 수여물이라는 이론적 토대 위에서 중앙정부의 통제를 받도록 하고 있는 것이다. 이러한 단체자치의 개념은 지방주민이 주체가 되어 지방의 공공사무를 결정하고 처리하는 주민참여에 중점을 두는 주민자치의 개념과 대립된다.

### 단체정기보험(group term life insurance)

회사, 공장, 상점, 관청 등의 단체소속원을 대상으로 일괄해서 계약하는 생명보험으로, 피고용자의 사망보장을 목적으로 한 보험기간 1년의 자동갱신조건의 정기보험이다.

### 단체취급계약(wholesale insurance)

계약자가 단체(회사, 관공서 등)에 근무하며, 그 곳에서 급여를 받고 있는 경우, 단체가 보험료를 계약자의 급여에서 공제하여 보험자에게 지급하는 방식의 계약. 이 계약은 원칙적으로 동일단체에 일정 수 이상의 계약자가 있을 경우에 인정되며, 계약자에게는 할증(割增)없이 보험료를 분할해서 납입하는 편의가 주어진다. 단체 자체가 계약자가 되어서 체결하는 단체계약과는 다르다.

### 단체행동

단체교섭이 잘 이루어지지 않을 때 사용자에 대항하여 일정한 절차에 의해 다음과 같은 행위를 하는 것을 말한다. ①동맹파업(strike) : 노동력의 제공을 집단으로 거부하는 행위로 가장 강력한 수단이다. ②태업(sabotage) : 노동자들이 고의적으로 작업태만, 불량품을 생산하여 노동능률을 저하시키는 행위이다. ③시위(demonstration) : 노동자들이 집단적으로 시위하여 요구를 관철하려는 행위이다. ④감시(picketing) : 동맹파업을 성공시키기 위하여 공장 부근에서 파업 방해자를 감시·예방하는 행위로, 노조대표들이 표지를 들고 동조를 구하는 것도 이에 속한다. ⑤불매운동(boycott) : 자기회사의 제품에 대해 집단적으로 불매운동을 전개하는 행위로 경제적 절교상태를 의미한다.

### 단체행동권(right to collective action)

노사간에 단체교섭을 통한 합의가 이루어지지 않을 경우, 분쟁을 해결하기 위하여 근로자 및 근로자단체(노동조합)가 그 노동력의 제공을 집단적으로 통제하여 파업 또는 태업의 쟁의행위를 할 수 있는 권리를 말한다. 공무원단체의 단체행동권은 극소수의 국가를 제외하고는 대부분의 국가에서 부인되고 있다. 공공업무를 수행하는 특수성을 지닌 공무원들의 파업은 공익을 심대하게 침해할 수 있다는 우려 때문이다.

### 단체협약(labor collective agreement) 01

종래에는 근로자의 임금 기타 근로조건은 개개의 근로자와 사용자 간의 개별적인 계약에 의해 규율되는 것이 사적 자치를 기반으로 하는 계약자유의 원칙에 적합한 것으로 보았다. 그러나 개개의 근로자가 사용자와 대등한 입장에서 근로계약을 체결한다는 것은 현실적으로 불가능한 일이라 할 수 있다. 그러므로 근로자들은 노동조합의 단결력을 이용, 사용자와 단체교섭을 행하고 평화적인 교섭에 실패할 때는 쟁의행위를 단행하여 근로조건에 관한 주장을 관철함으로써 실질적인 평등을 도모하게 되었다. 이 단체협약이 자치적 노동법규로서 강제력을 가지는 것은 단체로서의 근로자의 단결을 인정하고 노동조합의 단체교섭행위를 예정하고 있는 이상 사용자와 노동조합의 구성원을 모두 구속하는 것이 당연하기 때문이다. 따라서 단체교섭의 결과로 맺어지는 단체협약은 개개의 근로계약에 대해 지배력을 가지고 협약에 위반한 근로계약을 무효화하며, 무효부분에 대해서는 협약이 정하는 바에 따르도록 강제한다. 또 노동조합이 발달 초기에는 근로조건의 개선을 위한 쟁의행위를 중심으로 하는 단체에서 점차 근로조건의 개선을 위한 노사 간의 협정을 체결하는 단체로 발전된 점을 보면, 이 단체협약이 차지하는 비중이 크다는 것을 쉽게 알 수 있다. 그러나 단체협약에 대한 입법태도는 국가에 따라 달라서 단순히 신사협정으로 보고 법원을 구속하지 않는 나라(영국)도 있고, 반면 단체협약을 법률로 규율하여 법원을 구속하는 나라(유럽 국가, 미국)도 있다. 영국의 입장은 자치적 규범의 준수를 노사 대항관계 속에 방임하는 것이고, 유럽 국가의 법제도는 자치적 규범을 국가법의 체계 중에 흡수하려는 입장이다. 한국의 노동조합법은 후자의 입장을 취하여 제3장에서 단체협약의 성립, 존속, 기간, 효력에 관해 규정하고 단체협약에 일정한 법률상의 효력을 부여하고 있다. 단체협약은 일정기간에 걸쳐서 일정한 근로조건을 규율하려는 것이므로 근로자단체라 하더라도 노동조합이 아닌 일시적 단체(쟁의단)나 협약 당사자로서의 적격성이 없는 어용조합은 단체협약을 체결할 능력이 없다. 단체협약은 반드시 서면으로 작성, 양 당사자들이 서명날인하고 행정관청에 신고해야 한다. 노동조합법은 공익성의 확보를 위하여 단체협약의 내용 중에 위법 부당한 사실이 있는 경우에는 노동위원회의 의결을 거쳐 이를 변경, 취소할 수 있도록 하고 있는데, 인사와 경영에 관한 사항이 단체교섭사항 또는 협약이 될 것인가가 주요 쟁점으로 부각되고 있다. 단체협약의 유효기간은 임금협약의 경우에는 1년, 그 외의 사항에 관한 협약의 경우에는 2년을 초과할 수 없다. 단체협약에서 정한 근로조건 기타 근로자의 대우에 관한 기준에 위반하는 취업규칙 또는 근로계약의 부분은 무효이며, 그 무효부분은 단체협약에 정한 기준에 의하고 근로계약에 규정되지 아니한 사항의 경우에도 동일하다. 그 밖에 동법은 단체협약의 효력확장에 관해 일반적 구속력과 지역적 구속력으로 나누어 규정하고 있다.

### 단체협약 02

근로조건 기타에 대해 노동조합과 사용자 또는 사용자단체간에 체결 되는 협정이다. 이 협정에는 채무적 사항과 규범적 사항의 두 가지가 있다. 전자는 노사쌍방이 서로 구속되는 것이며, 후자는 임금 · 노동시간 등의 근로조건과 같이 근로자의 대우에 대해 개개의 노동계약 기준이 되는 사항만 구속된다. 단체협약이 체결되면 15일내에 행정관청에 신고해야 하며 행정관청은 단체협약내용 중 위법 부당한 사실이 있는 경우에는 노동위원회의 의결을 거쳐 그의 변경 또는 취소를 명한다. 노동협약은 3년 이상으로 정할 수는 없다.

### 당뇨병(diabetes)

췌장에 랑게르한스섬의 베타세포에서 분비되는 인슐린이라는 혈당강하작용을 지닌 호르몬 부족으로 발현하는 질병이다. 인슐린 의존형(고연령형 당뇨병)과 비인슐린 의존형(성인형 당뇨병)으로 대별된다. 인슐린 의존형 당뇨병은 전형적으로 약년(25세 이하)에 케토시스(켄톤 체혈증)를 수반해 급격히 발증하며, 처음부터 인슐린치료를 필요로 한다. 한편 비인슐린 의존형 당뇨병은 전형적으로 중년 이후에 비만을 동반해 발증하며 식사요법 · 운동요법, 경구혈당강하제가 유효하다. 당뇨병의 증상은 구갈, 다식, 다음, 다뇨, 체중감소 등이며 치료하지 않고 방치해 두면 갖가지 혈관합병증, 즉 망막증(실명), 신증(신부전), 신경증 · 동맥경화증(협심증, 당뇨병성 괴저) 등을 병발한다. 섭취 칼로리의 증가에 따라 발증 빈도가 증가하는 경향이 있다.

### 당연가입제도

가입자의 의지와 상관없이 보험에 강제가입하는 것으로 의무가입이라고도 한다. 사회보험은 인적보험이기 때문에 근로자에 대해 당연가입이 원칙이다. 그러나 우리나라의 현행법은 일정 규모 이상의 사업소에 대해 강제 적용하는 방법(당연적용사업소)을 취하고, 거기에 일하는 근로자에게는 강제가입을 적용하고 그의 사업소에는 임의로 적용하고 있다. 당연가입이라 함은 현행법에서는 적용 사업소와 피보험자 쌍방에 대해서 말하는 것이다.

### 당연적용기관
(The School or School Foundation Obligatorily Applied by the Private School Personnel Pension Act)
연금법의 당연(의무)적용기관으로서, 사학연금의 경우, 사립 학교법 제 3조에 규정된 사립학교 및 초·중등교육법 제 2조 5호의 특수학교중 사립학교와 이를 설치. 경영하는 학교경영기관을 말한다.

### 당연퇴직
공무원이 금치산자·한정치산자가 되거나 파산자로서 복권되지 아니한 경우 또는 금고 이상의 형을 받고 집행이 종료되지 않거나 집행유예 및 선고유예 중인 경우 등, 법 령의 규정에 의해 당연히 퇴직하는 것을 말한다.

### 대가족제도(gross family)
한 가족의 구성원이 3대 이상이 되며, 결혼한 자녀들이 분가하지 않고 함께 사는 가족형태이다. 대체로 가족 구성원의 수가 많고 엄격한 가부장적 권위로 다스려진다. 주로 근세 이전의 가족형태이며 특히 우리나라에서는 과거 양반들의 가족형태가 대가족제도였다. 흔히 가족구성원의 수가 상대적으로 많다는 점에서 우리나라 가족제도를 대가족제도로 보기도 하나, 혼인한 자녀 중 한 사람만이 부모와 함께 가족을 이루는 제도로 보아 직계가족(stem family)이라고 하여 구별한다.

### 대개념(major concept)
정언적 삼단논법에서 결론의 술어가 되는 개념을 말한다. 이에 대해 결론의 술어가 되는 개념을 소개념((영)minor concept(독)Unterbegriff(프)mineur)이라 하고, 두 개의 전제에 포함되어 소개념과 대개념을 매개하여 결론을 성립시키는 개념을 매개념 또는 중개념((영)middle concept(독)Mittlebegriffm(프)moyen terme)이라고 한다.

### 대공황
1929년 10월에 일어난 뉴욕 증권시장의 주가대폭락을 계기로 하여 30년대에 엄습한 세계적 불황을 말한다. 1931년 5월에 오스트리아의 크레디트 안슈탈트은행이 파산에 빠진 것을 계기로 구미의 은행에 환불소동, 폐쇄소동이 일어났고 뒤를 이어 세계적인 금융공황이 초래됐다. 프랑스, 영국, 독일, 미국 등 당시 주요공업국의 생산수준은 1908 - 1909년 수준까지 하락하여 불황의 심각도는 그 이전의 어떠한 경기후퇴기보다도 컸다. 또 공업국뿐만 아니라 농업국도 생산부문전체, 상업, 무역, 금융 등 경제 활동의 전분야에 경기후퇴현상이 발생한 것이

그 특색이다.

### 대근육 운동(gross — motor)
신체의 목이나 팔, 다리 등 사지와 관계된 행동을 대근육 운동이라고 하는데 운동기능(locomotion skill)과 비운동기능(nonlocomotion skill)으로 나뉜다. 운동 기능에는 기기, 걷기, 달리기, 뛰기(jump), 구르기, 나르기, 오르내리기 등이 속하고 비운동 기능에는 들기, 밀기, 끌어당기기, 던지기, 받기, 차기 등이 이에 포함된다. 대근육 운동은 큰 근육들의 협응 능력을 꾀하여 운동기능을 발달시키고, 신체의 균형적 발달, 눈과 손의 협응력 그리고 균형 있는 바른 자세 유지를 그 목표로 하고 있다. 또 신체 전체를 사용하는 운동을 시키는 것은 심신의 정상적인 발달에 필요한 신체의식 능력과 감각운동 기능의 토대를 정확히 획득할 수 있도록 도와준다.

### 대기오염(air pollution)
주로 인간의 산업 활동에 의해 발생한 물질이 대기로 확산되어, 그 물질의 농도와 존속시간이 인간 및 동식물의 생활을 방해하게 되어 있는 상태를 말한다. 역사적으로는 1948년 미국의 드노라 대기오염사건, 1952년 영국의 런던 스모그사건이 단기적·국지적 대기오염으로 유명한데, 모두 오존층 아래에서 황산화물이나 부유입자 물질이 정체하여 발생하였다. 과거 대표적 대기오염 물질은 석탄의 연소산물이었으나, 최근 공업생산규모의 거대화와 대도시화에 따라 석유의 연소산물이 주를 이루고 있다. 대기오염은 그 발생 원인에 따라 1차 오염과 2차 오염으로 분류되며, 대표적인 오염물질로서는 이산화황·질소산화물·일산화탄소·탄화수소·부유입자상물질 등이 있다. 우리나라의 배출 기준은 암모니아가 배출구 허용농도 2501 이하, 일산화탄소 401 이하, 염화수소 251 이하, 염소 101 이하이다. 또 1993년부터는 일기예보와 비슷한 개념의 대기오염 예보제를 시행하고 있다.

### 대기오염총량제
정부가 기업체별로 배출할 수 있는 대기오염물질의 총량을 할당하는 제도. 기업체가 지역환경기준을 초과하는 오염물질을 배출할 경우 정부는 연료 변경 및 조업정지 처분을 내리게 된다. 서울 등 주요 대도시의 아황산가스 오염도는 93년 세계보건기구(WHO) 권고수준에 도달했으나 일부 도시의 경우 여전히 아황산가스가 기준치를 넘고 있어 이 제도를 실시하기로 했다. 환경처는 99년부터 인천·대구·울산 등 공업도시에 대기오염지역총량규제를 처음으로 도입한다.

### 대뇌증(hydrocephalus)
뇌수액의 집적이 지나칠 정도로 많은 상태를 말한다. 두뇌에 필요 없는 압박을 주어 두뇌신경 조직의 발달을 저

해하며 한편으로는 두개골이 커지는 결과를 낳는다. 때로는 수두(waterhead)라고 불리어지기도 한다. 지름술(shunting)이라는 수술방법을 사용하여 뇌수액을 어느 정도 막을 수 있다. 사전에 조처를 취하지 않으면 정신지체를 불러일으킬 가능성이 많다. 나이가 적을수록 두개골이 굳어져 있지 않기 때문에 비대해지게 되며 나이가 들어 두개골이 굳어져 있을 때는 압력에 의해 두뇌신경 조직의 성숙과 발달이 방해를 받게 된다.

## 대등한 행정관청

상호간에 직무수행상 필요한 특정행위 또는 일반적 협력을 다른 관청에 요구하는 경우, 이러한 요구에 응하는 협력행위를 말한다. 행정응원은 법적 근거가 없이도 가능하며, 특히 관련 법규정이 있는 경우 요구받은 관청은 이를 거부하지 못한다. 현행 법규정상으로는 경찰응원, 소방응원 등이 있으며, 재해·사변 기타 비상시에 한 행정관청만으로 행정목적을 달성할 수 없을 때 당해 관청의 요구에 의해 다른 관청이 지원할 수 있다.

## 대등형(coordinate — authority model)

정부간 관계에 있어, 연방정부와 주정부간에 명백하고도 확실한 경계가 설정되고 상호독립적 관계를 유지하는 유형을 말한다. 이원연방제(dual federalism)와 흡사한 이 관계유형에서 연방정부와 주정부는 각각 상호 권한의 영역 내에서만 통치할 뿐 양자의 관계는 긴밀하지 않다. 연방정부와 주정부간에 충돌이 일어날 경우 그 중재자는 대법원이 된다. 그러나 이 유형에서 지방정부는 주정부 내에 포함되거나 주정부에 의존하는 것으로 상정된다. 즉 이 모형에서 주정부와 지방정부간의 관계는 딜론의 규칙(Dillon's Rule)에 따르는 바, 이에 의하면 지방정부는 주정부의 피조물로서 명백히 부여된 자치권만을 행사하게 되며, 주정부는 지방정부를 폐지시킬 수 있다. 라이트(Deil Wright)는 미국의 연방 — 주 — 지방정부간의 관계를 분석하기 위한 분석틀로 중첩권위형, 포괄권위형(inclusive — authority model), 대등형의 세 가지 모형을 제시하고 있다.

## 대량생산

생산설비규모가 증대됨에 따라 생산물 단위당 생산비가 감소하는 것을 대규모생산의 법칙이라 한다. 반면에 일정한 생산설비규모하에서 생산량이 증가함에 따라 생산물 단위당 평균비용이 감소하는 것을 대량생산의 법칙이라 한다. 대량생산의 법칙은 기업의 대규모화에 따른 경영의 효율화가 가능해지기 때문인 것으로 생산과정의 기계화와 단계별 기능별특화에 의해서 가능하게 되었다. 물론 수요측면에서는 이에 대응한 시장이 형성되어야 한다. 소품종 특히 단일품종 대량생산의 경우에는 일관 작업 방식이 생산과정을 자동화하기는 하지만 노동을 단순한 하나

의 부속품으로 만들어 노동소외내지 인간성 상실을 야기하는 사회적 문제를 낳고 있다.

## 대리

타인이 본인을 위하여 의사표시(意思表示)를 하거나 또는 의사표시를 수령함으로써 본인에게 그 법률효과가 생기게 하는 것이다. 대리제도는 개인의사(個人意思)의 자치(自治)를 보충하거나 확장하는 기능을 한다. 즉 민법은 의사자치의 능력이 없는 무능력자를 위하여 법정대리인의 제도를 두어서 그 능력을 보충하여 무능력자에게 권리, 의무를 취득시킴.

## 대리보호(substitute care)

대리보호는 가정을 대리할 수 있는 보호로서 시설보호와 가정위탁 보호(foster home care)로 나눌 수 있다. 따라서 어떠한 종류의 대리보호가 아동의 건전성장과 발달에 적합한 것인가를 판별해야 한다. 그러나 아동들의 욕구변화에 따라 시설수용으로는 욕구를 충족시킬 수 없어 점차 가정위탁보호로 변천되어 가고 있다. 오늘날 선진국가에서는 가정위탁보호가 가능치 못한 경우에 한해서만 시설에서 보호하도록 정책을 수립, 시행하고 있다. 그러나 가정위탁보호에도 많은 단점이 지적되고 있어 아동복지를 위한 유일한 제도라고는 할 수 없다. 이에 양 프로그램에 대한 찬반양론이 계속되고 있으며, 오늘날에 와서는 사례와 상황에 따라서 양 프로그램을 유효적절하게 활용하고 있다.

## 대리인 문제

한 개인 또는 집단이 자신의 이해에 직결되는 일련의 의사 결정 과정을 타인에게 위임할 때 대리인 관계가 성립된다. 대리인 관계에 있어 경제 행위를 위임하는 자를 주인이라 보고 위임받는 자를 대리인이라고 간주하여 주·대리인 관계라고 칭하기도 한다.(예 전문경영인과 주주 관계) 대리인 관계가 성공적으로 유지되기 위해서는 대리인이 주인과의 계약을 성실히 이행하여야 한다. 그리고 대리인으로 하여금 자신의 노력을 아끼지 않도록 하기 위해서는 대리인에게 적절한 보상이 지급되어야 하고, 이를 위해서는 대리인의 노력으로 인한 경제적 결과를 정확히 평가할 수 있어야 한다. 그러나 대부분의 대리인관계는 미래의 불확실한 상황을 대상으로 하여 이루어질 뿐만 아니라 대리인의 행위일체를 관찰한다는 것도 현실적으로 거의 불가능하다고 볼 수 있다. 왜냐하면 주인의 입장에서 볼때 대리인이 어느정도의 불확실한 상황에서 어느 정도의 노력을 기울이고 있는가에 대한 정보는 지극히 한정될 수 밖에 없기 때문이다. 대리인 관계에 있어서 이간은 정보의 비대칭성으로 인하여 양질의 대리인이 시장에서 축출되는 역선택과 대리인의 태만으로 인한 도덕적 위해(moral hazard)로 인한 경제적 피해를 입

을 수 있는데, 이러한 상황을 가리켜 대리인 문제라고 칭한다.

## 대리학습(vicarious learning)

간접경험을 통한 학습을 말한다. 다른 사람을 관찰하거나 비디오테이프를 보고 새로운 직무를 배우는 것도 대리학습의 한 유형으로 볼 수 있다. 대리학습이 이루어지기 위해서는 모델이 되는 행동이 비교적 단순하고, 구체적이어야 한다.

## 대립가설(alternative hypothesis)

귀무가설이 기각될 때 받아들여지는 가설로 대체가설(代替假說)이라고도 한다. 대립가설은 귀무가설과 달리 실제 검증대상이 안되며, 단순히 귀무가설이 기각될 때 대체되는 가설을 말한다.

## 대면집단(face — to — face group)

집단구성원의 수가 적어 일상적으로 얼굴을 맞대고 직접 접촉함으로써 서로간의 특성을 잘 알 수 있는 소규모 집단을 말한다. 가족집단과 유희집단이 그 예에 속한다.

## 대민행정

정부업무 가운데 국민생활에 직접적으로 영향을 미치는 행정업무를 말한다. 중앙정부보다는 주로 지방자치단체에서 다루는 대민행정에는 각종 증명서의 발급, 인·허가 업무, 도로 표지판 설치, 쓰레기 수거 등 다양한 행정업무가 포함된다.

## 대변자(advocator)

사회사업가가 대상자(특히 빈곤자)의 이해·권리를 대신해서 관계기관, 단체에 그 사업계획, 운영·처우·방침의 개폐를 요구하는 활동을 펼칠 때 그때의 사회사업가 역할이 바로 대변자이다. 기대되는 활동에는 효과적인 대상자 집단의 조직화를 원조하는 활동도 포함된다. 미국에서는 사회사업가의 전통적인 치료자로서의 역할에 대한 비판 즉 생활문제의 사회성 인식을 기초로 한 활동의 유효성에서 새로운 사회사업가의 사회적 역할에 대한 대변자활동을 주장하는 경향이었으나 이론적으로 그것이 왜 사회복지고유의 활동에 처하느냐의 과제가 남는다.

## 대부금제도(employee credit system)

기업복지의 일환으로 비교적 반제기간이 긴 주택구입대부금과 반제기간이 짧은 일시적 금융이 있다. 전자는 모든 종업원에 대부하는 경우(은행 등)도 있지만 근무연수나 퇴직금을 기준(공무원 연금관리 공단 등)으로 하기도 한다. 후자는 일시적인 생활필수품 등의 구입이나 결혼, 출산, 여행, 장제, 진학, 화재, 상해 등에 부딪쳐서 받는 대부이며, 반제방식도 매월의 급료 등을 기준으로 하거나

일정기간 거치 후 분할 혹은 일시불 등의 여러 가지가 있다. 양자 공히 이자는 시중금리보다도 저율이거나 혹은 같도록 되어 있다. 육영자금(장학자금) 결혼축하금 등의 대부금 형태를 취하는 것도 있는데 이것이 반환을 요하지 않는 경축금으로 되는 경우도 있다. 또 기업에 따라서는 사내저축제도를 활성화함과 더불어 그 기금을 갖고 충당하는 경우도 있다. 대부금의 운영에 있어서는 대부위원회에 의해 공정한 처치를 취하는 것이 바람직하다.

## 대상(object)

모든 것은 그것에 인식이나 의지 등의 주관적 활동이 주어질 때, 그 대상이 된다. 이 의미에서 대상이란 주관적 활동의 상관물이다. 유물론에서는 객관적 사물은 주관적 활동과의 교섭에 의해 그것의 대상이 되기는 하지만 이것에 의해 비로소 존재하는 것은 아니라고 생각한다. 이에 반해 주관적 관념론은 작용의 면도 대상의 면도 다같이 의식의 내재적 구조에 속하는 것이 된다.

## 대상자의 권리성

사회복지대상자의 추이나 다양화에 따른 권리성의 내용. 권리보장의 양태를 단정지어 규정할 수 없다. 생존권보장에 대해서도 단지 공적 부조에 따라 최저한도의 생활을 유지하는 것만으로는 충분하지 않다. 생활보장법에서는 피보호 세대의 자립을 조장하는데 법의 목적을 두고 있다. 특히 장애인의 자립갱신은 장애아(자)로의 권리보장으로서 소득보장과 병행해 의료, 재활, 그 외 과정에서 취로, 가족관계, 사회복귀에 이르는 서비스과정에서 확보된다. 연금, 복지서비스, 노동보장, 교육 등의 포괄적·계통적인 서비스체제에 따라 권리로서의 자립갱생이 가능하게 된다.

## 대상자 참여

사회복지의 대상자가 그 요구의 실현을 도모하거나 타자의 이해를 얻기 위해 서로 연계해서 참여하는 행동으로 넓게는 시민참여 속에 포함된다. 본래 의미는 대상자 자신이 그 과제의 해결을 위해 취하는 자발적인 활동이며 수동적이고 비호 받던 입장에서 스스로의 요구를 적극적으로 호소하며 행정요구, 집단 활동, 정보화의 대처, 각종 캠페인에 참여·행동·호소를 취하는 것이다. 특히 장해아(자), 생활빈곤자, 고령자 등이 대처를 요구하는 참여가 활발해지고 있다.

## 대수의 법칙

통계용어로 대수관찰(대량관찰) 결과 나온 통계는 동일한 사정에 있는 다른 경우에도 거의 적용된다는 것. 이를테면 대수관찰에 의해 매년 인구 1,000명 중 8명이 죽는다면 내년에도 내후년에도 같은 비율로 사람이 죽으리라는 것을 알 수 있다.

## 대습상속

상속을 받을 사람이 상속을 받기 전에 사망한다든지 상속 자격을 상실할 경우 그 사람의 자손이 그 사람 몫을 대신 상속하는 것을 대습상속이라 한다. 가령 상속권자인 A가 상속을 받기 전에 사망하고 그 후 상속이 시작되었다면 A 의 자식인 C와 D가 대습상속인이 된다. 그러한데 이 때 A 의 아내 B는 배우자로서 상속에 참여할 자격 있으므로 B,C,D는 공동으로 A의 몫을 상속받게 되고 분배에 관한 A유언이나 BCD합의가 없을 경우 법정상속에 의해 1.5 : 1 : 1의 비율로 나누게 된다.

## 대안(alternative)

어떤 목표를 달성하기 위해 선택할 수 있는 행동노선, 즉 정책수단을 말한다. 정책결정 또는 기획 과정에서 목표가 정립되고 상황이 분석되면 다음에는 여러 개의 가 능한 행동노선 즉 대안을 탐색하고 그것들을 상호 비교·평가 하여 최선의 대안을 선택하게 된다.

## 대안학교(alternative school)

학교 중도탈락자 등 부적응 학생들에게 다시 한 번 정상 적인 사회생활로 복귀할 수 있는 기회를 주기 위해 일반 학교와는 달리 전인교육과 체험학습 등에 중점을 둔 별도 의 교육프로그램을 운영하도록 고안된 학교이다. 대안학 교는 중·고교 교육과정을 마치면 이에 맞는 학력을 인정 받게 되며, 일반학교에 재학 중 탈락한 학생을 대상으로 1년 이내 단기과정을 이수시켜 원래 학교로 복위시킨다. 이러한 의미 외에도 일반 학교에서 거의 배우지 못하는 창의성 교육을 부모가 대신 시키자는 취지 하에 주로 방 학 중에 운영하는 계절학교 형태의 대안학교도 있다. 이 는 '창의적이고 주체적이며 더불어 살아갈 줄 아는 아이' 로 자라게 하기 위해 부모가 교육의 주체로 참여해 교육 의 본령에 충실함으로써 그릇된 경쟁의식의 악순환에서 벗어날 수 있다는데서 출발하고 있다.

## 대외경제협력기금

1987년에 우리나라가 흑자로 돌아서면서부터 선진국과 같은 의무를 진다는 취지아래 개발도상국을 돕기 위해 만 든 기금이다. 우리보다 어려운 개발도상국을 대상으로 차 관을 지원하는 것이 목적이다. 87년 7월 최초로 재정에서 대외경제협력기금 3백억원을 출연, 설치되었다. 융자조 건은 5년거치에 15년 상환이 보통이다. 이율은 연 5% 이 내다. 주로 개발도상국의 경제개발사업추진을 위한 산업 설비 및 기자재구입 또는 건설자금을 경제협력차관형태 로 지원해줌으로써 개도국의 경제발전을 지원하는 한편 대외경제교류를 확대코자 하는 것으로 미국의 USAID(대 외원조기금)와 일본의 OECF(해외경제협력기금)와 성격 이 비슷하다. 지원되는 자금은 원화로 빌려주고 갚을 때 도 반드시 원화로 갚게 하고 있다. 차관 제공에는 또 그

자금으로 반드시 우리나라 제품을 사거나 차관을 받은 나 라의 제품을 사야한다는 조건이 붙는다. 옛날 미국의 바 이 아메리칸 정책과 비슷한 것으로 볼 수 있다.

## 대위권 등(국민연금법 제94조)

국민연금에서 ①제3자의 행위에 의해 장애연금 또는 유 족연금 지급사유가 발생하여 장애연금 또는 유족연금을 지급한 때에는 그 급여액의 범위안에서 수급권자의 제3 자에 대한 손해배상청구권에 관해 수급권자를 대위하여 행사하는 공단의 권리 → 구상권(급여지급액 만큼 제3자 에게 변제를 구하는 권리), ②제3자의 행위에 의해 장애 연금 또는 유족연금의 지급사유가 발생한 경우 그와 동일 한 사유로 제3자로부터 손해배상을 받은 때에는 공단은 그 손해배상액의 범위 안에서 연금급여액을 지급하지 아 니하는 것 → 손해배상금 수령액의 상응하는 일정한 기간 의 연금을 지급정지함.

## 대응교부금(matching grant)

사용용도가 분명하고 지방정부에서도 교부금에 상당하는 재원을 동일용도를 위해 마련해야 하는 교부금을 말한다. 이러한 교부금을 조건부교부금(conditional grant)이라 부 르기도 한다. 이에 대해 용도가 국한되지 않고, 지방정부 에서 교부금에 상당하는 별도의 재원을 마련할 것이 요구 되지 않는 형태의 교부금을 비대응교부금이라 한다.

## 대의제
## (representative system, repr sentativsystem)

전국민을 대표하는 의원으로서 조직되는 의회를 설치, 국 가의사를 결정하는 제도를 말한다. 의회제(議會制) 또는 의회정치(議會 政治)의 의미와 유사하다.

## 대인비교법(man — to — man comparison)

근무성적평정에 있어, 평정요소와 각 요소별 평정등급을 정하고, 각 평정 등급별 표준인물을 선택한 뒤, 그를 기준 으로 나머지 피평정자를 비교·평가하는 방법을 말한다. 평정기준으로서 구체적인 인물을 활용한다는 점에서 평 정의 추상성을 극복할 수 있고 평정의 조정이 용이하지만 객관적인 표준인물의 선정이 어렵다.

## 대적간 발작(grand mal)

간질 발작 등 아주 심한 상태, 의식이 상실되고 심한 경련 이 수반된다. 발작 정도에 따라 주기적으로 발작 방제약 을 복용함으로써 방지할 수 있으며 이러한 진정제의 발달 로 이들에 대한 교육 및 일상생활 적응 훈련이 가능하게 되었다.

## 대중매체

대중매체는 신문, 잡지, 각종 서적, 라디오, 텔레비전, 영

화, 연극 등을 포함한다. 이러한 대중매체가 윤리성이 높은 내용을 전달할 때 국민 대중에게 지식, 문화의 효과적 전달과 대중문화를 형성하는데 좋은 역할을 하지만 반면에 흥미본위의 색정적, 저속적, 범죄적 내용을 전달할 때 감수성이 예민한 청소년에게 비교육적인 악영향을 주어 비행으로 유도하는 수가 많다. 오늘날 각종 대중매체들은 성범죄, 비행, 사치풍조, 퇴폐풍조를 흥미위주로 꾸미거나 인간의 갈등관계, 저속한 유행어, 은어 등을 자주 취급함으로써 교육성이 고려되지 않은 경우가 많은데, 청소년들의 비행예방을 위해서는 이의 시정이 시급하다.

## 대중사회(mass society) 01

공업화, 도시화, 핵가족화, 대중매체 등의 발달로 사회성원이 수동적, 획일적 그리고 익명적인 존재가 된 사회를 말한다. 대중사회는 전통적인 사회적 유대를 지탱해온 제1차 집단의 기능이 약화되고 이것에 대신해 제2차 집단(학교, 기업, 노동조합, 정당, 국가 등)이 우위에 서게 되어 이들 거대집단이나 조직에 대한 개인의 과동조가 생기기 쉬우며 조직, 엘리트, 정보 등에 의한 대중조작이 나타나는 사회로도 보인다.

## 대중사회 02

현대 사회의 구조적 특징을 나타내는 모델 개념의 하나로서 19세기 말부터 20세기에 걸쳐서, 자본주의의 독점 단계의 이행, 민주화와 공업화의 진전은 구래의 근대 사회(시민사회)의 구조에 어떤 종류의 질적인 변화를 가져오고, 대중을 사회의 전면에 등장시켰다. 이와 같은 변화에 착안하고 이 개념을 사용하여, 현대 사회의 특질, 가치, 발전 방향 등을 고찰하려고 하는 것이 대중 사회론이다. 이 개념의 파악 방식은 반드시 일반적으로 한결같지는 않지만, 사회의 동향에 대한 대중의 세력의 증대와는 반대로, 소수의 엘리트에 의한 대중조종의 가능성도 증대하고 있는 사회로 해석되고 있다. 바꾸어 말하면, 중간적 집단의 해체에 의해, 개인 레벨에서의 원자화 = 확산화, 비합리화 = 정서화와 전체 사회 레벨에서의 조직화 = 수렴화, 합리화 = 관료화가 동시에 진행되고 있는 사회로 생각되고 있다. 이와 같은 견지에서의 고찰은, 현대 사회에 특유한 병리 현상(파시즘 등)이나 인간 소외 상황(반드시 계급 사회적 소외에 환원할 수 있는 것은 아닌 대중화적 비인간화)을 이론적으로 구명하는 길을 열었다. 그러나 그것들을 극복해 가는 방향을 찾기 위해서는, 대중이 가지는 수동성과 능동성, 체제의 논리와 변혁의 논리의 연관 구조가 더욱 깊이 검토되지 않으면 안 될 것이다.

## 대중여가

여가(leisure)가 자본의 이윤추구의 대상이 되고 사람들이 기업에 의해 대중동원되고 대중소비가 행해지는 것과 같은 여가활동의 형태를 말한다. 현대 매스 레저의 성립은 근로시간의 감소나 소득수준의 향상에 의해 가능하게 되었다. 자유시간의 증대는 사람들에게 자율시간을 향유하는 욕구 내지 필요를 낳게 하였는데, 다른 한편 대중의 여가활동은 기업 이윤추구의 대상으로 되고 레저산업, 매스 미디어산업의 발달과 더불어 레저의 대중시장이 형성되었다. 레저가 시장으로서 성립하면 대량생산, 대량소비의 논리가 레저의 영역에도 침투하여 획일적인 소비가 생겨난다. 여기에 생산의 영역과 별개의 또 하나의 관리와 조작이 지배하는 세계가 성립하며, 사람들이 창조적 여가활동으로부터 소외될 위험성이 있다.

## 대중적 정치(majoritarian politics)

정부규제에 대한 비용과 편익이 모두 이질적인 불특정 다수에 미치는 상황을 말한다. 이러한 유형의 정부규제로는 불공정거래에 대한 규제, 신문·방송·출판의 윤리 규제, 사회적 차별에 대한 규제, 낙태에 대한 규제, 종교활동에 대한 규제 등을 들 수 있다. James Q. Wilson은 규제에 따른 비용과 편익의 집중 및 분산을 기준으로 하여 규제의 4가지 정치적 상황을 대중적 정치, 고객정치(client politics), 기업가적 정치(entrepreneurial politics), 이익집단 정치(interest－group politics)로 분류하였다.

## 대집행

행정상의 강제집행의 일종으로, 행정상의 의무자가 그 의무를 이행하지 않는 경우 행정청이 스스로 그 의무자에 갈음하여 의무내용을 실현하거나 제3자로 하여금 그것을 대행하게 하고, 의무자로부터 그 비용을 징수하는 방법을 말한다. 우리나라의 행정대집행법은 무허가건축물의 철거와 같이 타인이 대신하여 행할 수 있는 〈대체적작위의무(代替的作爲義務)〉에 관한 대집행만을 인정하고 있다. 대집행에 불복하는 자는 해당 행정청 또는 직상급(直上級) 행정관청에 행정심판을 제기할 수 있다.

## 대차대조표(balance sheet)

기업의 재무상태를 명확히 보고하기 위하여 작성일 현재의 모든 자산, 부채 및 자본을 나타내는 정태적 보고서로서 차변에 표시되어 있는 자산항목은 기업소유재산의 운용상태를 나타내고 대변에 표시되어 있는 부채 및 자본항목은 기업의 자본 조달형태를 나타낸다. 이러한 대차대조표는 기업의 유동성과재무적 융통성에 관한 정보를 제공해 준다.

## 대체 고용금지

노조가 결성된 사업장에서 쟁의가 발행했을 경우 쟁의기간 중에 비조합원이나 새로 직원을 채용해서 쟁의에 참여한 조합원의 일자리를 대신하지 못하도록 하는 규정을 가리킨다. 노동쟁의조정법 15조는 사용자의 이와 같은 행위를 대체고용금지행위로 규정, 위반때 1년이하 징역이나 1백만원 이하의 벌금형에 처하도록 하고 있다. 이 제도는 당초 국제노동기구(ILO)가 규정한 노동3권중 근로자의 단결권과 단체행동권을 보장하기 위해 도입됐다. 대체고용이 가능하면 근로자의 단체행동권이 유명무실해지기 때문이다. 그러나 노조의 협상력이 강할 경우에는 쟁의발생 때 사용자들의 대응수단이 직장폐쇄같은 극단적인 방법밖에 없어 쟁의가 극렬해지거나 장기화되는 문제도 있다.

### 대체근로제

노조의 쟁의행위 기간 중 사용자가 같은 법인 내의 다른 근로자를 작업에 투입, 조업을 계속하도록 하는 제도. 사업내 근로자 대체가 불가능하면 외부 근로자를 일시적으로 채용하거나 하도급(외주)을 줄 수 있다.

### 대체적 기능

일반적인 사회제도나 사회시책이 갖추어지지 못했으므로 사회복지가 그들을 대신하여 사람들에게 생활상 필요한 급여나 서비스를 제공하고 있는 경우 사회복지는 대체적 기능을 담당하고 있다고 말한다.

### 대체조제

약사가 의사의 처방전에 따라 약을 조제하는 것이 원칙이나 처방약과 동등한 약효를 갖고 있다고 증명된 다른 약을 환자와 의사에게 알리고 조제하는 것을 대체조제라 한다. 임의조제는 의사 처방전 없이 조제, 의사 처방전과 다른 약 조제 등 약사가 임의로 조제판매하는 것을 말한다. 의사들은 현행 법대로라면 대체조제와 임의조제가 성행할 것이라며 약사법 개정을 포함한 근본적인 대책을 요구하고 있다.

### 대체효과

실질소득에 영향을 미치지 않는 상대가격 변화에 의한 효과. 가령 버터와 마가린과 같은 동일한 용도의 물건이 있을 때 버터값이 내리면 마가린을 사던 사람이 버터를 사게 된다.

### 대치(substitution)

정신분석 이론에서 외적(外的) 상황이나 내적 방어 때문에 충족하기 어려운 동기나 욕구를 현실적으로 가능한 대상이나 동기 또는 욕구로 바꾸는 것을 말한다. 정신분석 이론에 의하면 억압된 동기는 계속적으로 대치의 대상을 추구하면서 끊임없이 지속되는 것으로 보고 있다.

### 대통령 긴급명령

대통령의 고유한 통치권한의 하나로 법률적 효력을 갖는 긴급한 명령으로 현행 헌법 76조 ①항은 〈대통령은 내우·외환·천재·지변 또는 중대한 재정·경제상의 위기에 있어서 국가의 안전보장 또는 공공의 안녕질서를 유지하기 위하여 긴급한 조치가 필요하고 국회의 집회를 기다릴 여유가 없을 때에 한하여 최소한으로 필요한 재정·경제상의 처분을 하거나 이에 관해 법률의 효력을 갖는 명령을 발할 수 있다〉고 규정하고 있다. 대통령이 긴급명령을 발동할 때는 지체없이 국회에 보고한 뒤 그 승인을 받아야 효력이 발생한다. 승인을 얻지 못할때는 그 즉시 처분이나 명령의 효력이 상실된다.

### 대포냐 버터냐(guns or butter)

국가정책 중에서 군비(대포)냐 사회보장비(버터)냐 어느 것을 중시하는가라는 의미에서 사용되어졌다. 영국에서는 제2차 대전 후의 경제 변동과 사회불안 속에서 국민생활의 저하에 대해 사회보험을 중심으로 보건서비스, 공적 부조 등의 사회보장정책을 추진하여 국가재정의 약 20%를 사회보장재정에 충당했다. 그러나 일찍이 1947년 경제위기에 부딪쳐 1949년에 파운드절하를 하지 않을 수 없게 되고, 한국전쟁의 발발로 거액의 군사비부담을 짊어지게 되었다. 거기에서 군사비의 일부에 충당하기 위해 국민보건비(1946년 국민 보건 서비스법에 의해 다액의 국고 부담을 구성했다)를 삭감하고, 나아가 이용자부담(의치, 안경, 처방전료)으로 충당했다. 즉 군사비를 위해 사회보장비를 삭감했던 것 때문이다. 그래서 대포냐 버터냐의 논의가 일어났고 당시 노동장관 폐반은 사회보장의 후퇴에 반대해 사임했는데 이 사건을 계기로 하여 각국에서 이 표어 하에 군사비의 증대에 의한 사회보장비의 삭감에 반대하는 여론과 운동이 전개되게 되었다.

### 대표관료제(representative bureaucracy)

대표관료제란 그 사회를 구성하는 모든 주요 집단으로부터 인구비례에 따라 관료를 충원하고 그들을 정부관료제 내의 모든 직무분야와 계급에 비례적으로 배치함으로써, 정부관료제가 그 사회의 모든 계층과 집단에 공평하게 대응하도록 하는 인사제도를 말한다. 대표관료제는 정부관료제의 인적 구성이 그 사회의 인적 구성을 반영하게끔 정부관료제를 구성함으로써, 정부관료제 내에 민주적 가치를 주입시키려는 의도에서 발달된 개념이다. 대표관료제라는 용어를 처음 사용하기 시작한 킹슬리(D. Kingsley)는 대표관료제를 사회 내의 지배적인 세력들을 그대로 반영하도록(mirror) 구성된 관료제라고 정의함으로써 대표관료제의 구성적 측면을 강조하고 있다. 한편 반 라이퍼(P. P. Van Riper)는 대표관료제의 개념을 확대해 사회적 특성 외에 사회적 가치까지도 대표관료제의 요소로 포함시키고 있으며, 크랜츠(H. Kranz)는 대표관료제의 개념을 비례대표(proportional representation)로까지 확대하고 있다.

## 대한가족계획협회

주요사업내용으로는 가족계획의 계몽선전 및 보급, 가족계획에 수반되는 입법촉진, 피임시술사업의 육성, 해외가족계획 제 단체와의 연락 및 협력, 기타 협회 목적달성에 필요한 사업 등을 위해 1961년 창립하여 각 시·도지부를 두고 부속의원을 개설하여 가족계획사업을 추진하고 있다.

## 대한간호협회

국민건강증진을 위한 사업 및 권익옹호와 국제교류를 통한 국가간호사업 발전에 기여하기 위하여 설립된 한국의 협회. 1923년 조선간호부회로 발족되어 1929년 국제간호협회(ICN)에 대표단을 파견하였으며 1948년 대한간호협회로 개칭하였고 1949년에는 국제 간호협의회(ICN)에 정회원국으로 가입하였다. 1953년 7월 회지 〈대한간호〉를 발간하였다. 1970년 산하에 대한간호학회를 설립하였으며 같은 해 협회회관(연건평 395.16평, 지하 1층 지상 5층)을 신축하였다. 1972년 5월 한국 간호사의 윤리강령을 선포하였으며 1976년 12월 기관지 역할을 하는 주간신문 〈간협신보〉를 창간하였다. 주요 사업에 ①국민건강 증진 사업, ②간호윤리 양양, ③간호업무 개선 및 향상, ④간호교육 연구 및 학술개발, ⑤간호업무 및 학술의 국제적 교류, ⑥회원의 권익옹호 및 경제복지를 위한 활동 등을 하고 있다. 한편, 국제관계에서는 ①국제 간호협의회 임원국으로서의 활동, ②F.나이팅게일기장수상 후보자 추천, ③국제세미나를 통한 학술교류사업, ④ICN 회원국간의 교환간호사추진 등의 활동을 한다. 산하단체에 마취간호사회, 양호교사회, 보건진료원회, 대한간호학회, 산업 간호사회, 보험심사간호사회, 가정간호사회가 있다. 기구는 사무총장 밑에 사무국(사무부·전산부·자료실)·기획정책국(정책부·조사연구부·섭외홍보부·복지사업부·국가고시부)·재무국(경리부·자산관리부)·편집국(편집부·취재부·광고부)이 있다. 2006년 7월 현재 협회 소재지는 서울특별시 중구 쌍림동에 있으며, 전국 각 시·도에 17지부를 두고 있다.

## 대한결핵협회

결핵에 대한 조사·연구·예방·퇴치 등을 목적으로 1953년 11월 6일에 설립되었다. 1953년 크리스마스실을 발행하고 1954년 국제항결핵 및 폐질환연맹(The International Union Against Tuberculosis and Lung Disease)에 가입하였으며, 1965년 제1차 전국결핵실태조사를 실시하였다. 1974년 현 위치로 청사를 이전하였고, 1984년 국제결핵관리정보조사기구(TSRU : Tuberculosis Surveillance Research Unit)에 가입하였다. 1987년에 결핵예방백신(BCG) 생산시설(서울 서초구 우면동 소재)을, 1989년에 결핵연구원 청사(서울 서초구 우면동)를 준공하였다. 1995년에는 결핵연구원이 WHO(세계보건기구)의 결핵연구와 교육훈련 및 자문 검사소의 협력기관으로 지정되었고, 1998년에는 한국의 결핵 연혁을 알 수 있는 〈한국 결핵사〉를 발간하였다. 부속기관에 1970년에 설립한 결핵연구원(서울 강남구 논현동 소재)이 있다. 주요 활동에 결핵환자의 조기 발견과 치료, 결핵예방백신 생산과 접종실시, 결핵에 대한 보건교육과 계몽지도, 결핵의 예방과 발견 및 진료 보건소 결핵관리요원의 기술지원, 이동×선 검진 등이 있으며, 국제교류, 조사평가, 요원훈련, 기술지원, 학술연구 등 전문적인 사업을 전담하여 국가결핵관리사업을 효율적으로 관리하고 있으며, 회지인 월간 〈보건세계〉를 발행한다. 산하에 1979년 발족된 복십자부인봉사회가 있는데, 결핵환자 수용시설 위문, 극빈 환자 구호 및 진료를 지원하는 봉사단체이다. 조직은 회장, 이사회, 대의원이 있으며, 회장 밑에 사무총장이 있다. 사무총장 밑에 관리홍보부(총무과·기획지도과·홍보과)와 의료사업부(검진과·복십자의원)가 있다. 운영비용은 크리스마스실 등의 모금사업과 국가·지방자치단체·후원회원 등의 지원으로 조달한다. 크리스마스실은 결핵기금을 확보하기 위해 창립 첫해부터 발행하였는데, 이 사업은 해마다 벌이는 세계공통의 결핵기금운동이다. 2006년 6월 현재 전국에 12개 지부와 10개의 부속의원(복십자의원)이 있고, 소재지는 서울특별시 영등포구 당산동에 있다.

## 대한노인회
(the korea senior citizen's association) 01

우리나라 미풍양속과 전통적 가족제도의 유지발전을 위하여 노인복지 증진에 힘쓰며 회원 상호간 친목을 도모함을 목적으로 설립된 사단법인 대한노인회는 1975. 8. 25 보건복지가족부로부터 법인허가를 받았다. 노인복지 증진을 위한 전통문화 창달과 충효사상 보급, 노인복지에 관한 정책건의, 노인복지를 위한 계몽·홍보 및 간행물 발간, 노인복지사업에 관한 조사연구, 노인직업의 개발 및 보급, 시범노인 복지시설 운영 및 노인문제연구소 운영 등 주요사업을 수행키 위하여 각 시·도에 지부를 두고 있으며, 263개의 지회와 3,911개소의 분회를 통해 전국 100만 여명 회원의 권익을 대변하고 있다.

## 대한노인회 02

1969년 1월 전국노인정 회장이 중심이 되어 창립총회를 개최하여 연합회장에 황한영을 선출하였으며, 1969년 4월 단체의 명칭을 사단법인 대한노인회로 개칭하고 초대회장에 이용한을 선출하였다. 1970년 4월 사단법인 설립허가를 받았다. 서울특별시에 중앙회를 두고, 각 시·도에는 시·도연합회, 시·군·구에 지부, 읍·면·동에 분회를 두고 있으며, 초등학교 단위로 학구단위 노인회가 조직되어 있다. 마을과 동에는 노인정, 연합회 및 지부에는 노인복지회관, 연합회에는 노인대학, 지부에는 노인학교, 학구단위 노인회에는 노인교실을 설치·운영한다. 주요 활동에 노인복지에관한 조사연구 및 정책개발, 노후생활의 권리보장과 복지증진, 노인여가시설의 개발과 운영관리, 청소년 선도, 노인능력은행 운영, 전통문화 선양, 노인능력의 개발과 무료직업(전국 70개소의 노인 취업알선센타) 소개, 경로효친사상의 보급, 거리질서 계도, 환경정화운동, 게이트볼 및 장기자랑대회, 유적지 견학, 고령화 사회에 대비한 노인문제의 해결방안과 현대사회와 노인문제에 대한 세미나 개최 등이 있으며, 1975년 8월에 창간한 격월간 〈노인생활〉을 발행한다. 중앙회는 서울특별시 용산구 효창동에 있다.

## 대한사회복지회

1954년 1월 정부에서 고아 및 혼혈아 입양을 위해 설립한 한국 아동양호회를 모태로 하여 1961년 8월 이름을 대한양연회로 바꾸고 국내입양 및 가정위탁보호를 시작한 뒤 1971년 1월 사단법인 대한사회복지회, 1974년 1월 사회복지법인 대한사회복지회로 각각 이름을 바꾸었다. 1972년부터 미혼모 상담과 탁아사업을 시작하였으며, 1974－1976년 서울특별시와 전라남도 광주시에 영아일시보호소를 설치하였다. 1980년 7월에는 지역보건 향상을 위해 종합병원 한서병원을 개원하였다. 1986년 9월 대구광역시에 미혼모의 집인 혜림원을 개원하고, 1990년 5월 부산광역시에 남구종합사회복지관을 개관하였으며 1991년 4월과 1992년 6월, 2000년 10월에 송정어린이집과 암사재활원, 의정부영아원을 각각 개원하였다. 주요 활동은 아동·청소년·노인·지역·장애인 복지 및 후원사업과 소식지 〈마당넓은 집〉 간행, 손님의 집 운영 등이다. 아동복지 활동은 주로 국내외 입양을 위해 일시적으로 보호가 필요한 아동을 보호하고 양육하는 것으로 서울영아일시보호소·광주영아일시보호소·경기북부아동일시보호소·이화영아원 등에서 담당한다. 청소년복지 시설로는 광주광역시 동구 소태동 청소년 미혼모쉼터와 대구광역시 수성구 범어2동 혜림원이 있고 노인복지 시설은 의정부시 노인복지회관(1999년 개관) 지역복지 시설은 부산광역시 남구종합사회복지관(1990년 개관) 장애인복지 시설은 서울특별시 강동구 암사3동에 암사재활원이 있다. 후원사업으로 의료지원, 해외 및 북한 동포 후원 등의 일을 한다. 부속기관에 1980년 7월 개원한 서울특별시 강남구 역삼동에 위치한 한서병원과 저소득층 가정을 위한 대한어린이집·송정어린이집이 있다. 소재지는 서울특별시 강남구 역삼동 718－35번지이며, 부산광역시·대구광역시·광주광역시·나주시·의정부시에 지방사무소가 있다.

## 대한약사회

1928년 5월 설립된 고려약제사회를 모체로 하여 1945년 10월 조선약제사회를 설립하고 1949년 4월 대한약제사회로 이름을 바꾸었다. 1953년 12월 10개소에 전국 시·도 약사회를 설립하였다. 1954년 1월 대한약사회 창립총회를 열고 1955년 1월 법인설립인가를 받았다. 1956년 7월 약사휘장, 1965년 10월 약사윤리강령을 제정하였으며 1966년 2월 FAPA(아시아약학연맹), 1968년 8월 FIP(국제약학연맹)에 가입하였다. 1990년 3월 약사감시지도업무를 시작하였고, 1992년 7월에는 약사신고접수 업무를 맡았다. 주요 활동은 조제권 수호, 회원의 권익신장, 의료보장시대 약국의 위상 확립, 의약분업 실현, 의료체계의 합리화와 법제 개선, 윤리의식 고양 및 홍보 강화 등이다. 기관지로 〈약사공론〉을 주2회 발행한다. 조직은 대의원총회·회장·감사·이사회·상임이사회의 기구로 구성된다. 하부조직으로 지부장회, 정책협의회, 자문위원회, 회장단회, 사무처, 15개 위원회가 있다. 산하기관으로 16개 지부와 227개 분회가 있으며 뉴욕·시카고·워싱턴·캘리포니아·필라델피아에 해외특별지부가 있다. 임원은 회장 1명, 부회장 7명, 위원장 15명, 사무총장 1명이고 회원은 5만여 명이다. 본부는 서울특별시 서초구 서초동에 위치해 있다.

## 대한의료사회사업가협회

1973년 11월 10일 창립총회로 협회가 결성되어 주요사업내용은 의료 사회사업의 학술적 연구 및 전문지식과 기술보급, 회원 수련에 관한 일, 지역사회에 있어서 의료복지에 대한 계몽지도, 간행물 발간, 국제적 지식교류와 기술보급 및 유대강화, 각 단체 상호연락유대와 회원친목 및 권익옹호 등으로 되어 있다. 이를 위해 매년 세미나 및 친목회 등을 개최하며 전국 규모로 활동하고 있다.

## 대한의사협회

의도(醫道)의 앙양, 의학·의술의 발전과 보급으로 사회복지를 증진시키고 국민보건의 향상과 인권옹호를 기할 목적으로 설립되었다. 1908년 11월 15일 한국의사회 창립총회를 기점으로 하고 있다. 1930년 한국에 체류하던 일본인 의사들로 구성되어 있던 조선의학회와 별도로 한국인 의사의 자주적 단체인 조선의사협회를 창립하였으며, 1939년 국제회의에 한국대표를 파견하였다가 일본 당국에 의해 해체되었다. 1945년 8월 건국의사회, 12월 조선의사회, 1947년 5월 조선의학협회를 창립하였고, 1948년 대한민국 정부수립과 동시에 대한의학협회로 바뀌었다가, 1993년 5월 대한의사협회로 개칭하였다. 1949년 7월 세계의학협회(WMA)에 가입하였으며, 1961년 5·16군사정변 기간 동안에는 잠시 해체되었다가 그 해에 새로이 활동을 전개하여 현재에 이르고 있다. 주요 활동으로는 의료정책 수립 및 연구, 학술활동지원, 회원교육, 정기간행물 발간 등이 있으며, 본부는 서울시 용산구에 있다.

## 대한적십자사
(the republic of korea national red cross)

1919년 7월 13일 대한민국 임시정부가 설립한 대한적십자회를 모체로 하여 출발하였다. 1947년 3월 15일 조선적십자사를 거쳐 1949년 10월 27일 대한적십자사로 재조직되었다. 1955년 5월 국제적십자위원회(ICRC : International Committee of The Red Cross)의 인가를 받고 9월 28일 국제적십자사연맹(IFRC : International Federation of Red Cross and Red Crescent Societies)의 회원국이 되었다. 1958년 2월 15일 국립혈액원을 인수하여 대한적십자사혈액원을 개원하였으며, 1971년 9월 남북회담 사무국을 설치하였다. 1983년 KBS방송사와 함께 남북 이산가족 찾기운동을 벌였으며, 1989년 9월 사할린동포의 고국방문을 추진하였다. 1995년 서울에서 아시아·태평양지역 적십자봉사원대회를 개최하였다. 1997년 5월 26일 중국 베이징에서 제2차 남북적십자실무대표접촉을 가졌다. 주요 활동은 전시(戰時)에는 제네바협약에 입각하여 국군의 의료보조기관으로서 부상자를 치료하는 것을 기본적 임무로 하고, 평시에는 다음과 같은 사업을 추진한다. ①구호사업, ②지역보건사업, ③사회봉사사업, ④혈액사업, ⑤청소년사업, ⑥국제사업, ⑦국내외 이산가족찾기사업, ⑧안전사업, ⑨남북적십자회담, ⑩원폭피해자 복지사업, ⑪인도주의이념 보급, ⑫병원사업, ⑬의료정보사업 등이다. 회원은 한국에 거주하는 자는 누구나 될 수 있으며, 일반회원과 특별회원으로 나뉜다. 대통령을 명예총재, 국무총리를 명예부총재로 추대하며 의결기관으로는 전국대의원총회·중앙위원회·운영위원회가 있다. 이 중 전국대의원총회는 대통령이 위촉하는 8명, 국회에서 위촉하는 12명, 특별시장·광역시장·도지사가 위촉하는 각 2명, 적십자사 각 지사에서 선출하는 각 6명으로 구성된다. 중앙위원회는 총재를 포함한 28명, 운영위원회는 총재를 포함한 7명으로 구성된다. 임원으로는 총재 1명, 부총재 2명, 재정감독 1명, 법률고문 1명을 두고 있다. 각 시·도에 지사를 두며, 사업기관으로 각 시·도의 13개 지사와 16개 혈액원, 7개 병원, 기타 교육원, 혈액제제연구소, 적십자간호전문대학 등을 운영하고 있다. 자원봉사조직으로는 일반지역직장봉사회, 전문봉사회, 청소년적십자(RCY), 각종 사업후원조직 등이 있다. 본부는 서울특별시 중구 남산동에 위치해 있다.

## 댄디족

부모의 돈으로 흥청망청하는 오렌지족과는 달리 자신이 벌어서 센스있는 소비생활을 즐기는 젊은 남자들을 지칭하는 용어. 이들은 주로 방송·광고계·사진작가·컴퓨터 프로그래머 등 요즘 인기가 높은 전문직에 종사한다. 이들 댄디족은 분위기를 찾고 자신을 가꾸는데 인색하지 않으며 나름대로 삶의 질을 무척 따진다.

## 더블 스쿨맨

최근 화이트칼라의 샐러리맨보다 전문직을 선호하는 사람을 가리킨다. 이들은 대학에 적을 두고 있으면서도 자격증을 취득하기 위해 전문학원에 더 치중하거나 대학 졸업 후 전문대학이나 다른 전공으로 대학에 다시 들어가는 학원 역류현상을 나타내기도 한다. 이는 명예나 대학 간판보다는 사회적으로 실용적 능력을 쌓는 것을 더 중요시해서 취업이나 막연한 미래를 위해 자격증을 취득하려고 한다.

## 데먼스트레이션 효과

각자의 소비행동이 사회일반 소비수준의 영향을 받아 남의 소비행동을 모방하려는 사회심리학적인 소비성향의 변화를 말한다. 고도성장기의 내 구소비재 붐 등은 이 효과에 의한 면이 크다. 매스컴이나 대기업의 PR의 발달과도 관계가 있다.

## 데이서비스(day service)

재가노인복지대책 사업의 하나로 1979년도부터 일본에서 실시되었다. 데이케어센터 당초에는 노인복지시설(데이서비스시설)을 서비스 제공의 장으로 행하는 동원서비스 사업으로 시작했지만, 1981년 개정에 따라 새로운 거택을 서비스제공의 장으로 행하는 방문서비스사업이 부가되어 2개의 제도로서 실시되었다. 동원서비스 사업은 재가허약노인의 생활자립, 사회적 고립감의 해소나 가족의 신체적, 정신적인 노고의 경감을 도모할 것을 목적으로 특별양호노인홈, 양호노인홈에 병설한 데이서비스시설에 재가허약노인을 주 1~2회 동원시켜 입욕, 식사, 일상동작훈련 등의 서비스를 제공하는 것이다. 데이서비스시설의 설치주체는 특별구를 포함한 시정촌 또는 시정촌이 위탁한 사회복지법인으로 각종 서비스의 제공에 필요한 설비를 정비함과 동시에 이용자의 동원, 운송서비스를 위한 버스가 배치되어 있다. 이용자는 각종 서비스와 훈련에 따르는 원재료비 등을 실비로 부담한다.

## 델파이 기법(delphi technique) 01

미래를 예측하는 질적 예측 방법의 하나로, 여러 전문가의 의견을 되풀이하여 모으고, 교환하고, 발전시켜 미래를 예측하는 방법이다. 1948년 미국 랜드연구소에서 개발되어 군사·교육·연구개발·정보처리 등 여러 분야에서 사용된 이 기법은 다양한 분야의 미래예측에 이용되고 있다.

## 델파이 기법(the delphi technique) 02

집단접근 방법을 통한 지역사회 의견 조사의 한 기법으로 1차에 사용한 설문에 대한 응답을 정리해서 제2차 설문에서 그 응답을 재확인 하는 식으로 진행하는 조사방법이다. 델파이 기법은 다음의 5단계를 거치는데 1단계는 주요관심사에 관한 설문지 작성을 하고, 2단계는 설문지를 심사위원들에게 배부, 3단계는 설문을 회수, 합의 및 합의되지 않은 분야를 결정하기 위해 집계를 하며, 4단계는 합의되지 않은 부분이 나타나면 첫 번째 판단을 내린데 대한 전문가들의 여러 가지 이유를 내포한 두 번째 설문지를 배부하게 된다. 그리고 5단계에서는 합의점에 이를 때까지 반복하게 된다. 델파이 기법은 참가자들이 익명으로 할 수 있어 발언권이 세고 우세한 참가자의 영향력을 줄일 수 있으며, 피드백을 체계적으로 통제하기 때문에 개인의 이권 행사로부터 오는 부정적 영향력을 최소한 줄일 수 있는 장점을 지니고 있다. 그러나 완전히 익명이 가능한가?, 몇 번이나 반복해야 하는가? 통제된 피드백을 같은 응답자에게 보내야 하는가? 또는 담당자와 실제 전문가와 정책입안자의 의견이 일치되는가? 등의 딜레마가 있게 된다. 실제적으로 '현실적을 가능한가?' 라는 의문이 전제되어야 델파이 기법은 가능해진다.

### 도급근로자의 임금 보장
도급근로자의 임금보장이란 도급, 기타 이에 준하는 제도로 사용되는 근로자의 임금에 대해서는 근로자가 일단 취업한 이상은 성과가 적은 경우라도 노동시간에 대해 일정액의 임금을 보장하여야 하는 것을 말한다. 근로기준법 제46조에서는 사용자는 도급, 기타 이에 준하는 제도로 사용하는 근로자에 대해는 근로시간에 응하여 일정액의 임금을 보장하여야 한다고 규정하고 있다. 이는 작업량에 따라 임금을 지급받는 도급제 또는 일의 능률에 따른 성과급제도에 있어서는 근로자가 일을 하지 못한 경우 또는 성과가 미흡한 경우에는 생활에 위험을 받게되므로 도급근로자의 최저생활을 보장할 수 있는 기본급을 일정액으로 정해야 한다는 취지이다.

### 도넛 현상 01
도심지역 내에서의 지가급등 및 각종 공해로 인해 주택들이 도시외곽으로 진출하는데, 이렇게 되면 도심의 주택은 줄고 결국은 공공기관, 상업 기관만 남게 된다. 이리하여 도심은 텅 비어 공동화되고 외곽지역은 밀집 되는데 이것이 도너트와 같다고 해서 생긴 명칭. 이러한 현상이 심해지면 도시 외곽의 주택지에서 도심까지의 출퇴근은 매우 혼잡하고 교통난을 가중케 하며 비능률이 심화되어 다시 도심으로 돌아오는 현상을 나타내게 되는데 이것을 직주접근 또는 회귀현상이라고 한다.

### 도넛 현상 02
도심 공동화 현상을 말한다. 도심지의 땅값이 급등하고 공해로 인해 주거 공간으로 부적합하게되면 주민들은 도시 외곽 지역으로 옮겨 간다. 도심엔 공공 기관이나

상업 시설만 남고 일반 주택은 사라져 밤엔 텅 비게 된다. 이와 같이 도심이 도넛 모양처럼 공동화하는 현상을 말 한다.

### 도덕성
칸트의 용어로서 그는 행위가 어떤 다른 목적의 수단으로서가 아니고, 오로지 도덕법칙에 대한 순응을 동기로 해서 행해지는 경우에만 도덕적 가치를 가진다고 생각하고 그 같은 행위에 도덕성을 인정했다. 이에 대해 동기야 어쨌든, 결과로서 외형적으로만 도덕법칙에 일치하는 행위는 단순히 적법성 또는 합법성((독)Legalität)을 가지는 것에 지나지 않는다고 한다.

### 도덕적 위해
고용인의 도덕관념이나 그에 따른 행동 때문에 기업이 손실을 입을 확률이 증대되는 상황으로 위임자가 고용인의 행위를 관찰하지 못함으로써 생기는 문제이다. 일반적으로 위임자는 고용인의 행동, 다시 말해 노력의 수준을 관찰하지 못하기 때문에 이기적인 고용인이 위임자의 이익을 위하여 애쓰고 있는지 알 수 없다. 또 고용인은 자기 자신의 효용을 극대화하려고 하는 노력 회피자이므로 가능한 노력을 기울이지 않으려고 한다. 이를 관찰 불가능한 행위 문제(hidden — action problem)라고도 부른다.

### 도덕적 위험(moral hazard)
보험을 이용해서 부당한 이익을 얻으려는 불순한 신청동기 따위의 심리상태를 말한다. 위험에 대해서는 몇 가지의 분류방법이 있는데, 그 한가지가 실체적 위험과 도덕적 위험이다. 실체적 위험이란 이를테면 고혈압증세라던가 위험한 작업에 종사하고 있는 등 피보험자의 보험사고 발생률에 영향을 미치는 구체적인 상태를 말한다. 한편, 도덕적 위험은 인간의 심리상태에 관한 위험으로 의학적 요소와 환경적 요소가 혼재되어 있으며, 그것을 직접 측정하기는 불가능한 일이지만, 여러가지 방법에 의해서 보험회사는 될 수 있는 한 포착하려고 노력하고 있다.

### 도덕적 의무채권
중앙정부나 지방정부가 발행하는 채권으로 보증기관으로부터 명시적으로 완벽하게 보증을 받지는 않았으나 묵시적으로 보증에 대한 약속을 가지는 채권을 말한다. 이러한 채권은 일반적으로 부채에 따르는 명시적 보증을 제한하는 법적인 규제를 회피하기 위하여 발행된다. 이 채권은 이들이 발행하는 일반적인 보증채권보다 등급이 낮게 분류되며 따라서 수익률은 보다 높은 것이 보통이다.

### 도덕지능
미국 아동심리학자 로버트 콜스(미국 하버드대 정신의학)

교수가 지능지수(IQ), 감성지수(EQ)와 더불어 아이들의 성장에 또 하나의 중요한 지수가 될 〈도덕지능(MQ)〉이라는 개념을 그의 저서 〈아이들의 도덕 지능(The Moral Intelligenceof Children)〉에서 한 말이다. 그에 따르면 아이들이 도덕적으로 성장하는데 밑거름이 되는 MQ는 규칙적인 암기나 추상적인 토론, 가정에서의 순응교육으로는 길러지지 않으며 어린이들 스스로 다른 사람들과 어떻게 하면 잘 지낼 수 있는가를 보고 듣고 겪으면서 MQ는 변한다는 것이다. 아울러 초등학교 시기가 도덕심 형성에 가장 중요하다고 주장한다.

### 도미노(domino)
한 나라의 정치체제가 붕괴되면 그 강한 파급효과가 이웃나라에 미친다는 이론이다. 54년 봄 프랑스가 인도차이나에서 베트민(베트남 공산주의 세력)에게 패전을 거듭하고 있을 때, 미국 지도층은 사태를 방치할 경우, 동남아 전체가 공산주의의 위협 아래 놓일 것이라는 두려움에 사로잡혔다. 아이젠하워 대통령은 이것을 도미노(일종의 서양 장기)에 비유해 최초의(장기)말이 넘어지면 그것이 옆의 말을 쓰러뜨린다고 설명한데서 이 이론이 생겨났다. 이 이론에 입각해 미국 케네디 정부는 패퇴하는 프랑스군을 대신해 미군을 베트남에 파견했다.

### 도박개장죄
이익을 얻을 목적으로 다른 사람에게 도박을 할 수 있는 장소를 제공하는 것을 도박개장죄라고 하는데 하우스라고 불리는 전문도박장이 여기에 해당한다. 실제로 도박의 실행여부는 상관없고 도박장을 제공한 자의 도박 여부도 상관이 없으며 도박장제공으로 이익을 얻으려는 의사만으로도 도박개장죄에 해당한다.

### 도수(frequency)
일정 사상이 일어나는 횟수 또는 특정계급에 속한 개체수 등을 말한다. 일반적으로 도수분포표에서 각 계급에 속한 사상의 수 또는 변량의 수를 뜻한다. 이러한 도수는 절대값이나 또는 상대값으로 표시한다.

### 도수분포(frequency distribution)
관찰된 변량을 적당한 크기의 구간으로 나누어 구간별 관찰값의 수를 대응시킨 표를 말한다. 이것은 모집단 분포의 추정을 위해서 작성된다.(작성방법은 먼저 구간 수를 결정해야 하는데 이것은 Sturges 공식에 의해서 즉 K = 1 + 3.3logN에 의한 정수로 한다. 그러나 이 공식을 반드시 따를 필요는 없다).

### 도수분포표(frequency distribution table)
관찰수가 많을 때 자료의 전체적인 윤곽을 파악하기 위해, 관찰치들을 적절한 계급(class)으로 묶어 정리한 표를 말한다. 이때 모든 자료는 빠짐없이 도수분포표에 포함되어야 하며, 극단적 수치를 나타내는 양끝의 계급을 제외하고 계급의 구간은 모두 같아야 한다.

### 도시(city · town)
도시란 일정한 지역 내에 밀집되어 있는 이질적인 사람들이 상호협동과 분업을 통해 주로 비농업 경제활동에 종사하면서 공동생활을 유지하는 지역단위라고 할 수 있다. 도시의 등장으로 경제적 · 정치적 · 사회적 · 물리적 · 문화적 측면 등 거의 모든 인간활동에 관련되는 다양한 변화가 이루어졌다. 즉 도시사회의 등장과 함께 노동분화와 경제잉여가 가능해졌고 따라서 부(富)와 여가, 교육과 학문의 향상, 그리고 기술과 과학의 발전이 초래되었다.

### 도시계획(ity planning · urban planning)
토지이용계획 · 교통시설계획 · 공 원녹지계획 · 공급시설계획 등과 같이 도시의 건설 및 재개발에 대한 계획을 말한다. 이러한 도 시계획은 경제계획 및 사회계획의 요청을 도시시설면에서 받아들여 시설계획을 작성하는 것을 주된 내용으로 하고 있다.

### 도시계획세
도시계획세는 도시계획 사업에 필요한 비용에 충당하기 위하여 도시계획 구역의 안에 있는 토지 또는 가옥을 과세객체로 하는 목적세의 하나이다. 도시계획세는 도시계획 사업으로 인하여 이익을 얻게 되는 토지와 가옥이 과세대상이 되고, 과세표준은 도시계획구역 내의 토지 및 가옥의 가액(價額)으로서 등록세과세표준액산정의 예에 의한 산정액에 의한다.

### 도시문제(urban social problem)
도시사회에서 일어나는 각종의 생활문제를 말한다. 고전적 도시문제는 엥겔스가 제시한 영국에서의 노동계급의 상태(1845)에서 보는 것처럼 하층노동자계층의 경제적 빈곤과 슬럼문제에 특정지어진다. 현대 도시문제는 현대의 빈곤문제로 불리는 것처럼 도시주민의 기본욕구와 사회적(공공적)서비스의 불균형에서 보듯이 생활환경조건, 공해, 환경파괴를 포함하는 각종생활문제를 의미한다.

### 도시산업
도시의 재개발이나 새로운 도시를 건설할 때 도시에 필요한 시설을 공급하는 산업. 지금까지는 상하수도 배관, 도로, 택지개발 등을 개별적으로 건설해 왔지만 앞으로의 도시건설은 새로운 교통 시스템, 도시정보 시스템 등 종합적 시스템을 필요로 하는데 이것을 담당하는 업종을 도시 산업이라 부른다. 유선텔레비전과 컴퓨터를 결합시킨

영상시스템, 쓰레 기처리 시스템, 지역냉난방 시스템 등도 도시산업이 담당할 사업이다.

## 도시재개발(urban renewal)

생활환경기반의 부족, 시설구조 및 산업기반의 노후화와 같은 도시문제를 해결하고 도시기능을 회복 또는 새로운 도시기능으로 전환시키기 위해 실시하는 도시계획 사업을 말한다. 도시재개발은 개발형태에 따라 지구재개발(地區再開發, redevelopment), 지구수복(地區修復, rehabilitation), 지구보존(地區保存, conservation) 등으로 대별된다.

## 도시행정

도시주민에 대해 서비스를 제공하는 행정활동을 말한다. 도시행정은 진개처리(塵芥處理)·도로관리와 같은 환경행정, 교육·아동복지와 같은 대인행정(對人行政), 경찰·위생규제와 같은 보안행정, 주택·모자보건 등 사회복지행정, 상하수도·통신 등의 기반행정(基盤 行政), 버스의 시영(市營)·공설시장 등의 기업행정 등으로 다양하게 분류된다.

## 도시형 업종

다른 업종과는 달리 도시지역에서도 공장의 신·증설이나 가동을 덜 제한하는 업종을 말한다. 공업배치 및 공장설립에 관한 법류에 따라 ①도시 주민생활과 밀접하게 연관된 업종, ②첨단산업으로 공해를 적게 발생 하는 업종을 대상으로 상공부장관이 지정하게 돼있다. 1980년 처음으로 12개 업종이 지정됐으나 그후 산업이다양지면서 85년 7월에는 190개 업종으로 확대됐으며, 92년에는 신발, 갖피가 추가됐다. 가령 도시 생활관련 업종으로는 빵 및 떡 제조·도정제분·과자제조·얼음제조·벽돌제조·인쇄업 등이 첨단산업으로는 반도체·광학기기·유무선통신장비업 등이 지정돼 있다. 또 도시서민층의 고용촉진을 위해 기성복·가방·핸드백·인형제조등 봉제업도 포함하고 있다. 일반적으로 도시의 주거 지역과 상업 지역에서는 공장 설립이 불가능하나 이들 업종은 연면적이 200㎡ 이내일 경우 근린생활시설로 건축이 허용된다. 또 경기 북부지역 등 개발유보권역 안에서는 공장신설이 제한되나 도시형 업종은 가능하고 서울의 공업지역에서도 도시형 업종에 한해서만 공장증설을 허용하고 있다.

## 도시형 재해

현대 도시가 갖는 취약성으로 인해 일어나는 재해를 말한다. 인구가 밀집해 있고, 공장이나 건물이 모여 있으므로 화재·사고·지진 등이 일어나면 위험물의 유출이나 폭발 등 2차 재해가 우려된다. 전기·수도·통신회선의 절단 등으로 일어나는 사고는 도시 전체의 기능을 마비시킬 수 있을 만큼 심각한 재해다.

## 도시화(urbanization)

크게는 인구학적 규정과 사회학적 규정의 두 가지 용법이 있다. 전자는 총인구에 점하는 도시인구의 비율의 변화이며 여기에는 전국적인 모임에서의 변화와 특정지역에서의 변화가 있다. 후자는 도시에 특유한 생활양식(도시적 생활양식)이나 생활태도가 누적하여 강화되거나 농촌으로 침투해가는 과정을 말한다. 도시화는 사회변동의 일측면으로 산업화의 고도화, 그에 수반되는 인구이동에 의해 일어난다. 도시적 생활양식에 관해서는 워즈(Wirth, Louis)의 고전적 논문 생활양식으로서의 대화가 있다. 그는 도시화는 인구량이 크고 밀도가 높으며 사회적으로 이질의 사람들이 집락의 형태로 도시에서 생긴다고 했으며 인간성 생태학, 사회조직, 사회심리학의 세 가지 측면에서 접근하고 있다. 사회복지 욕구의 제 변화, 특히 고차화와 다양화의 측면도 이 도시적 생활양식의 일반화와 분리해서는 생각할 수 없다.

## 도심재개발

노후화된 도시 중심부를 체계적으로 재개발하는 사업으로 정부나 자치단체가 해당지역을 '재개발대상 지정범위'로 지정하면 건물의 용도와 높이 등 각종 규제가 따른다. 재개발 지정대상범위 가운데 시장·군수 등이 구체적인 사업계획을 수립해 광역자치단체장의 승인을 받은 지역을 도심재개발구역이라고 한다.

## 도착점 행동(terminal behavior)

한 수업단위가 끝날 때에 학습자가 성취해야 한다고 기대되는 행동을 말한다. 수업목표는 가능한 한 관찰할 수 있는 구체적 행동용어로 진술될 것이 권장되며, 이와 같은 행동목표를 향하여 수업은 전개된다. 수업이 시작되는 시발점에 있는 학생의 기능과 기타 행동 특성을 출발점 행동이라 부른다면 수업목표는 도착점 행동 또는 종착점 행동이라고 할 수 있다. 이러한 의미에서 무릇 수업목표는 바로 도착점 행동이라 할 수 있다.

## 도축세

도축세는 소·말·돼지 등의 가축을 도살하는 행위에 대해 과세하는 조세를 말한다. 도축세는 소비세와 행위세에 속하는 간접세의 일종이다. 도축세의 과세대상은 소·말·돼 지 등의 가축도살행위이고 과세표준은 도축 1두 단위로 정하고 그 세율은 정액으로 규정하고 있다.

## 독단론(dogmatic)

원어는 원래 그리스 후기의 철학에서 회의론에 대립하는 말로서, 특정한 학설((회)dogma)을 진리로서 주장한 철학을 가리킨 것이었지만, ①칸트는 비난의 의미로 이 말을 사용하였다. 즉 그는 인식 능력의 한계나 본질에 관해 음미하지 않고, 순수한 이성에 의해 실재를 인식할 수 있다고 생각하는 형이상학설(당시의 볼프류의 형이상학)을 이 말로 부르고, 그의 비판주의를 이에 대립시켰다. ②일반적으로 불완전한 점이나 오류가 있을지도 모른다는 것 등에 관한 반성 없이, 권위를 갖고 주장되는 설.

## 독립규제위원회
## (independent regulatory commission)

행정수반을 정점으로 하는 계층제에서 독립하여 준입법적(quasi - legislative) · 준사법적(quasi - judicial) 규제기능을 수행하는 위원회를 말한다. 이 제도는 19C말 이후 행정부의 독재화를 배제하기 위한 필요에서 미국에서 발달되기 시작하였다. 우리나라의 선거관리위원회, 금융감독위원회, 노동위원회와 미국의 연방통상위원회, 주간(州間)통상위원회, 연방전력위원회, 민간항공국 등이 독립규제위원회에 속한다.

## 독립당사자

제3자가 원고와 피고 사이의 소송의 결과로 인해 자신이 권리침해를 받거나 소송목적이 되는 이익이나 법률관계의 전부나 일부가 자신에게 속하는 경우 이를 이유로 제3자가 진행중인 소송에 참가하는 것을 독립당사자참가라고 한다. 이 경우 피고와 원고 사이에 하는 사실의 인정은 제3자가 반대하면 효력이 없기 때문에 법원은 세 당사자 사이의 분쟁을 모두 해결할 수 있는 판결을 해야 한다.

## 독립변수

비교되어지고 있는 다른 어떤 변수들에 의해서도 영향을 받지 않는 변수. 가령 전력회사의 주가와 시장이자율을 비교하고자 할 때 시장 이자율은 독립변수인데 그 이유는 이자율이 전력회사의 주가에 영향을 받지 않기 때문이다.

## 독립변인(independent variable)

다른 변인에게 작용하거나 다른 변인을 예언하거나 설명해 주는 변인이다. 실험연구의 경우는 독립변인은 실험자에 의해 임의로 조작되고 통제된다. 따라서 실험변인(experi - mental variable) 또는 처치변인(treatment variable)이라고 한다. 가령 시청각 교재의 사용이 학업 성취에 미치는 효과를 알고 싶을 때 시청각 교재는 독립변인이며, 이것은 실험자에 의해 임의로 조작되고 통제된다. 자연적인 상태에서는 일반적으로 다른 변인에 영향을 주는 변인을 독립변인이라고 한다. 가령 생물의 생활에 영향을 주는 계절의 변화, 성적에 영향을 주는 지능 등이 독립변인이다.

## 독립성(independency)

타인의 의지나 관습에 맹종하지 않고 자신의 의지를 표현하며, 스스로를 통제하여 충동에 의하지 않고 자발적으로 행동하는 성격 특징을 말한다. 독립성은 성장 · 지도 · 훈련 등을 통해서 습득된다. 독립성 함양의 시기와 방법은 사회 · 문화적으로 결정된다.

## 독립채산제
## (business accountability, self — financing) 01

독립채산제는 산하기관의 재정을 모(母)기관의 재정으로부터 분리하여 영하는 제도를 말한다. 공기업을 국가 또는 지방자치단체의 재정에서 분리하여 독자적으로 경영하는 것도 독립채산제에 속한다. 독립채산제는 ①수지적합의 원칙, ②자본 자기조달의 원칙, ③이익금의 자기처분 원칙을 모두 충족할 경우에 성립된다.

## 독립채산제 02

동일 기업 내의 공장 · 점포 · 영업소 등 사업소단위로 수지결산을 따로 따로 하여 실적을 경쟁하게 하는 매니지먼트 시스템이다. 셀프 서비스에 서는 부문별 관리를 가리킨다. 분권화된 단위로 자주적 경영을 하는 것으로 불채산부문의 발견과 유망한 분야를 명확히 하는데 효과적이다. 반면 모든 것을 본사와 본부가 집중하여 실시하는 것을 중앙집권(집중)제라고 한다.

## 독립합의형 행정기관

행정수반으로부터 독립된 지위를 가지며, 합의제로 운영되는 위원회형(commission - type)의 행정기관을 말한다. 이러한 유형의 행정기관으로는 엽관주의의 폐해를 방지하고 인사행정의 정치적 중립성을 보장하기 위해 설치된 중앙인사기관의 조직 형태를 들 수 있다.

## 독점자(Monopolist)

집단지도 중 늘 집단이나 집단지도자로부터 관심을 독점하려고 하는 사람을 일컫는다. 그는 집단 내의 모든 감투를 혼자 소유하려고 하며 발언도 많이 하는 등 모든 프로그램에 적극적이고 활동적인 반면, 때때로 집단의 문제와 관계없는 개인적 경험을 장황하게 설명하고 집단이 이미 결정한 사항에 대해 계속 논쟁을 제기하는 등 집단의 진로를 방해하기도 한다. 집단지도자는 집단 내 독점자가 생겼을 경우 집단의 분위기를 조정하면서 독점자의 발언을 차단시키고 타 구성원의 참여를 촉진시키는 역할을 해야 한다. 그렇지 못할 경우 집단성원들은 심한 좌절감을 느끼게 되며 독점자를 완전히 제거시켜 그들의 희생 제물로 취급하게 될 수도 있다.

## 독점자본주의

자본주의는 독점체제 이전의 단계에서는 자유경쟁에 의

해 발전하였는데, 자유경쟁은 산업과 자본의 집적을 촉진하여 거대한 독점체제를 낳게 하고, 점차 독점자본주의로 이행하였다. 독점자본주의는 국가주의의 경제적 기초를 이루고 있다. 따라서 국가주의와 독점자본주의의 경제적 특징은 동일하다. 즉 ①생산과 자본의 축적이 고도의 발전단계에 도달하여 독 점을 낳게 하기에 이른다. ② 은행자본과 산업자본과의 융합체인 금융자 본과 이 금융자본을 기초로 한 금융과두제가 형성된다. ③자본수출은 상품수출과는 달리 특히 중요한 의의를 가지고 있다. ④국제적, 독점적 자본가단체가 형성되어 세계시장을 분해하고 있다. ⑤지구상의 영토적 분할이 자본주의 최강국에 의해 완료되었다. 이상이 독점자본주의의 고전적 규정이다. 독점자본주의는 자본주의의 전반적 위기를 계기로 하여 국가독점자본주의라는 새로운 형태를 취하였다. 정치경제의 전체적 위기에 처하여 독점자본은 국가기관을 종속시켜 자기의 지배체제를 유지하여야 하기 때문이다.

### 독점적 경쟁

생산물의 차별화를 수반하는 경쟁을 말하는 것. 동일상품으로 분류되는 것이라도 개별적인 상품은 동질이 아니고 이질적인 것이 많다. 그래서 개개의 소비자는 상품의 품질, 상표, 용기, 포장 등에 의해 상품을 차별하고 또 점포의 소재지 등의 관계도 곁들여서 특정 생산자 내지 점포에서 사려고 하는 경향을 갖는다. 이와같이 생산물의 차별화가 행하여지면 특정 상품의 판매자는 그 상품을 즐겨 찾는 매수인 사이에 특수한 시장을 만들어 어느 정도의 독점력을 갖는다. 이와같은 상태일 때에는 판매자가 어느 정도 가격을 인상하여도 고객의 전부를 잃는 일은 없다. 또 고객을 확대하려면 가격을 내리든가 광고선전을 하든가 해서 다른 데서 고객을 유치해 올 수도 있는 것이다. 따라서 개개의 판매자는 독점자처럼 보여도 다른 경쟁자가 있고 외부에서 그 부문에 새로운 경쟁자가 들어오는 일도 자유이기 때문에 이것을 독점적 경쟁이라고 한다.

### 독촉(국민연금법 제79조)

국민연금에서 사업자가입자 및 지역가입자의 연금보험료 등 공단의 징수금을 납부 기한까지 납부하지 아니한 경우 기한을 정하여 납부할 것을 최고 하는 것. 독촉장 발부방법 – 사업장 : 납부기한 경과일로부터 20일 이내에 10일 이상의 납부기한을 정하여 사용자에게 발부하며, 통상 납부기한(10일) → 수납마감(17일) → 독촉고지(20일경), – 지역가입자 : 납부기한 경과 후 3개월 이내에 10일 이상의 납부기한을 정하여 당해가입자에게 발부하며, 통상 납부기한(10일) → 수납마감(17일) → 독촉고지(2025일경)함, – 부당이득금 : 납부기한 경과일로부터 20일 이내에 20일 이상의 납부기한을 정하여 납부의무자에게 발부하며, 통상 납부기한(고지일부터 20일이상) → 수납

확인 → 미납시 독촉고지(20일이내 20일 이상의 납부기한으로 발부)

### 독화(seech reading)

말하는 사람의 입술, 기타의 발언기관이나 얼굴표정, 전신의 움직임 관찰, 발화 장면이나 전후관계, 문맥 등의 종합적인 판단으로 상대의 발언을 이해하는 방법이다. 청력을 이용하기 곤란한 청각장애인의 의사 전달 수단의 한 방법으로서 중요하며 청각(잔존청력)과 상호 보조적으로 쓰인다. 당연한 일이지만 청력손실이 크게 됨에 따라 독화에 대한 의존도가 높아지게 되었다.

### 돌보미 바우처

차상위 중증 노인·장애인을 돌보고 있는 가족 구성원이 안심하고 사회 경제활동을 할 수 있도록 가구당 월 20만원 상당의 바우처를 제공하여 유료 방문도우미(가사·간병 등) 서비스를 이용할 수 있도록 돕는 제도를 말한다.

### 돌연변이(mutation)

원래는 생물에 나타나는 불연속적 및 유전적인 변이의 의미로서, 브리스(Hugo de Vries)가 그 개념을 내세우고 그것을 진화의 근본 요인이라고 하여 돌연변이설을 세웠다(1901). 오늘날의 유전학에 있어서의 돌연변이의 개념은 드 브리스의 것과는 다르지만, 돌연변이와 자연도태를 결합한 설명은 현재까지 진화 요인론의 주류를 이루고 있다. 주요하면서도 기본적인 돌연변이는 유전자에 포함되어 있는 유전정보의 변화이다. 그러나 염색체의 갖가지의 이상도 특히 돌연변이의 이름으로 불리어진다. 돌연변이는 X선 등의 방사선이나 화학 약품으로 인위적으로 유발되지만, 돌연변이 형질이 일반적으로 생물의 생활에는 불리하며, 기형적·치사적인 것도 많다는 것은 진화 설명의 문제점이며, 또 원자력의 이용에 관한 중대한 문제이기도 하다. 한편 생물의 진화 과정에서는 유리하지도 않고 불리하지도 않은 중립적인 돌연변이가 종의 형질로서 수많이 형성되어 왔다는 것도 명백하게 밝혀지고 있다.

### 동계체재 홈

일본에서의 사회복지시설의 일종으로 재가노인, 장애인이 월동을 목적으로 단기간 체재할 수 있는 집을 말한다. 겨울에 일시적인 체재 시설로 난방이나 재활의 설치를 갖추고 집안에서만 지내기 쉬운 재가노인을 대상으로 하고 있으며, 노인의 순환기병환이 다발하기 때문에 그 예방이나 뇌 장해의 사후보호 목적에도 이용되고 있다.

### 동기 위생 이론(motivation—hygiene theory)

인간의 욕구 가운데는 조직구성원에게 만족을 주고 동기를 유발하는 동기요인(動機要因, motivator) 또는 만족요

인(satisfier)과, 욕구 충족이 되지 않을 경우 조직구성원에게 불만족을 초래하지만 그러한 욕구를 충족시켜준다 하더라도 직무수행 동기를 적극적으로 유발하지 않는 위생요인(衛生要因, hygiene factor) 또는 불만요인(dissatisfier)의 두 가지가 있으며, 이 두 요인은 상호 독립되어 있다는 Frederick Herzberg의 욕구이론을 말한다. 2요인이론(two factor theory)라고도 한다. Maslow는 결핍된 모든 욕구가 동기를 유발하는 것으로 암암리 가정하고 있으나, Herzberg는 욕구는 일을 열심히 하게 하는데 기여하는 요인과 단지 불만을 제거하거나 감소시키는데 기여하는 요인으로 나뉘어 있다는 것이다. 그는 동기요인으로는 성취, 인정, 직무내용, 책임, 승진, 승급, 성장 등의 요소가 있으며, 위생요인에는 조직의 정책과 방침, 관리감독, 상사와의 관계, 근무환경, 보수, 동료와의 관계, 개인 생활, 부하직원과의 관계, 지위, 안전 등이 포함된다고 주장한다.

### 동기(motive)

목표행동을 유발하고 유지시키는 개인 내의 긴장상태이며, 개인이 자기의 행동에 부여하는 의식적, 무의식적 이유이다. 동기화 등에 있어서의 동기는 의식적인 경우뿐만 아니라 널리 정신 활동의 요인이 되는 개체의 내적 상태(긴장상태)를 가리킨다. 동기를 낳은 것은 유기체의 결여 또는 필요(요구)이며 필요라는 관점에서 본 동기를 욕구라고도 부른다. 동인도 같은 뜻이지만 "행동으로 몰아대는 힘"이라는 면이 강조된 말이다.

### 동기부여(motivating) 01

조직구성원으로 하여금 업무를 적극적으로 행할 의욕을 일으키도록 동기를 부여하는 것을 말한다. 강제적 명령에만 의존하여 업무를 지시하는 경우 부하직원은 수동적이 되어 명령이 없으면 일을 하지 않게 되거나, 명령받은 업무만을 수행하는 경향이 있다. 동기부여를 위해서는 조직의 목적과 개인의 목적을 조화시킬 필요가 있다.

### 동기부여(motivation) 02

어떤 요구에 의해 활동을 시작하려는 상태를 동인이 걸린 상태라 하며 활동의 목표가 되는 것을 유인이라고 한다. 이 동인과 유인의 상태에 의해 동기부여가 성립된다. 동기부여는 행동을 개시시켜 행동을 유지하고 그것을 일정 방향으로 유도하는 역할을 한다. 동기부여의 종류는 다양한데 기아 같은 일차적 동기부여, 금전욕구 등의 이차적 동기부여, 또 달성 동기처럼 정신적인 동기부여도 생각할 수 있다. 또한 동인과 목표, 혹은 보수와의 관계도 내인적 동기부여로 나누어 생각할 수도 있다.

### 동기부여된 욕구(motivated needs)

주관적 욕구(잠재적 욕구)의 일종이며 어떤 사회적인 요원 호상황이 개인·가족이나 집단·지역주민 등 그 담당자가 사회적 해결의 필요성을 느끼고 있을 뿐 아니라 스스로의 욕구 문제를 깊이 인식함으로써 그 해결을 위해 주체적 행동에 옮기려는 동기부여에 이르게 된 상태를 말한다. 그러기 위해서는 전문 사회복지사 개입이 필요하게 된다.

### 동기부여의 과정이론

동기이론 가운데 동기유발의 과정을 설명하는 이론을 말한다. 과정이론은 인식절차 이론(cognitive process theories of motivation)이라 부르기도 한다. 내용이론이 욕구를 바탕으로 한 이론이라면, 과정이론은 정보처리(information processing)나 인식(cognition) 혹은 직무환경 요인과 상황 등에 초점을 둔다. 과정이론은 이러한 인식 요인들이 서로 어떻게 관련되어 있는가를 분석하는 데 관심의 초점을 둔다. 다시 말하면 인식 변수(cognitive variables)가 동기유발에 '어떻게, 그리고 왜' 영향을 미치는지에 많은 관심을 두며, 이러한 변수를 확인하는 것 외에 그러한 변수 간의 관계나 교류 절차에 대해서 연구한다. 과정이론에는 브룸(Victor H. Vroom)의 기대이론(expectancy theory)과 포터(Lyman W. Porter) 및 롤러(Edward E. Lawler)의 업적 만족이론, 조고폴러스(Basil S. Georgopoulos) 등의 통로 − 목표 이론, 애트킨스(J. W. Atkinson)의 기대이론, 그리고 애덤스(Stacy Adams)의 공정성 이론(equity theory) 등이 있다.

### 동기부여의 내용이론

동기부여의 내용이론(content theories)이란 동기를 유발하는 요인의 내용을 설명하는 이론을 말한다. 즉 무엇이 개인의 행동을 유지 혹은 활성화 시키는가 혹은 환경 속의 무슨 요인이 사람의 행동을 움직이게 하는가에 관한 이론을 말한다. 동기유발의 주요 내용이론으로는 머슬로(Abraham H. Maslow)의 욕구단계이론, 앨더퍼(Clayton R. Alderfer)의 ERG이론, 허즈버그(Frederick Herzberg)의 2요인이론, 그리고 맥클리 랜드(David C. McClelland)의 성취동기이론 등이 있다.

### 동기요인(motivator)

인간의 욕구 가운데 조직구성원에 만족을 주고 동기를 유발하는 작용을 하는 요인을 말하며 만족요인(satisfier)이라고도 한다. 이에 반해 욕구 충족이 되지 않을 경우 조직구성원에게 불만족을 초래하지만 그러한 욕구를 충족시켜준다 하더라도 직무수행 동기를 적극적으로 유발하지 않는 요인을 Frederick Herzberg는 위생요인(衛生要因, hygiene factor) 또는 불만요인(dissatisfier)이라고 하였다. 직무내재적 성격(intrinsic job condition) 및 직무내용(job content)과 관련이 깊은 동기요인으로는 성취, 인정, 직무내용, 책임, 승진, 승급, 성장 등의 요소를 들 수 있다.

## 동기유발 교수설계
## (motivational design of instruction)

학습동기를 유발시키고 유지시키기 위해 주의, 관련성, 자신감, 만족감 등의 네 가지 요소들을 중심으로 교수처방 방안을 설명하고 있는 캘러(Keller, J. M.)의 ARCS 이론으로 ARCS는 주의(attention), 관련성(relevance), 자신감(confidence), 만족감(satisfaction)의 영어단어 첫 자를 따서 붙인 것이다. ARCS이론은 다양한 교수자료의 동기적 측면을 향상시키기 위한 체계적 방법으로 제시된 것이다. 특히 이 이론은 교수 – 학습 상황에서 동기를 유발시키고 유지시키기 위한 구체적이고 처방적인 방략들을 제시하고 있고 또 교수설계 모델들과 병행하여 활용될 수 있는 동기설계의 체계적 과정을 제시하고 있다. 동기유발 교수설계에 있어서 첫 번째 요소는〈주의〉인데, 이것은 학습자의 관심을 학습자극에 집중시키는 것으로서 특히 지적인 호기심의 유발에 관심을 둔다.〈주의〉를 촉진시키기 위하여 지각적 주의환기, 탐구적 주의환기, 그리고 다양성(예, 교수사태 전개순서의 다양화나 정보조직방식의 다양화를 의미함) 방략을 적용한다. 동기유발 설계의 두 번째 요소는〈관련성〉으로서, 이것은 공부를 해야 하는 이유나 개인적 필요를 지각시키는 것을 말한다.〈관련성〉과 관련된 처방방안으로는 친밀성 방략, 목적지향성 방략, 그리고 필요나 동기와의 부합성 방략 등 세가지를 적용한다. 동기유발 교수설계의 세 번째 요소로는〈자신감〉으로서, 이는 성공의 기회가 있다는 것을 인식시키는 것이다.〈자신감〉과 관련된 처방방안으로는 ①학습의 필요조건의 제시방략, ②성공의 기회를 제시하는 방략, ③공정성 강조의 방략 등이 적용된다. 동기유발 교수설계의 마지막 요소는〈만족감〉으로서, 이것은 학습자의 노력의 결과와 성취기대가 일치하게 되면 학습동기가 유지되는 것을 말한다.〈만족감〉과 관련된 처방방안으로는 ①자연적 결과 강조의 방략, ②긍정적 결과 강조의 방략, ③공정성 강조의 방략 등을 적용한다. 동기유발 교수설계의 체계적 고정은 정의, 개발, 평가의 세 단계로 구분된다. 정의단계에서는 문제분석, 학습자 분석, 목표설정이 이루어지고, 개발단계에서는 동기를 유발시키기 위한 구체적 자료를 개발하게 되고 평가단계에서는 동기방략을 도입한 교수자료의 효과성을 검토하게 된다.

## 동기이론(motivation theory)

동기이론이란 동기를 유발하는 요인의 내용 및 동기유발의 과정을 설명하는 이론을 말한다. 이 가운데 동기유발 요인의 내용을 설명하는 이론을 내용이론(content theory)이라 하고, 동기유발의 과정을 설명하는 이론을 과정이론(process theory) 이라 한다.

## 동기화(motivation)

욕구충족을 위한 행동을 일으키고 유지하고, 일정한 방향으로 이끌어 나가는 과정을 말한다. 따라서 동기화에는 유기체를 행동으로 이끌어 주는 모든 욕구와 이 행동을 구체적인 행동양식으로 이끌어 주는 동인, 그리고 행동의 목표이며, 행동을 종결시켜 주는 유인의 세 과정이 있다. 따라서 에너지의 작용이라는 기계론적 관점에서 보면 조직 내의 물리적 에너지의 방출에 의한 신체적 운동이라고 볼 수 있으며, 목적론적으로 보면 동기화는 목표에 대한 행동의 방향 지움이라고 할 수 있고 발생적 과정에서 보면 동기화의 과정 즉 행동이 일어남과 그 경과를 살핀다는 세 가지 관점이 있다.

## 동맹파업

노동조합이 요구관철을 위한 압력행동으로서 조합원에게 사용자에 대한 노동의 제공을 거부시키는 일. 동맹파업은 범위에 따라 부분파업, 지방 파업, 전국파업으로 구분되며, 방법에 따라 작업장을 떠나는 일반적인 파업(work out strike), 공장에 연좌하는 파업(sit down strike), 단시간으로 끊어 반복하는 파상적 파업, 지령없이 이루어지는 무통제적 파업, 기습적 파업 등으로 나눌 수 있다. 또 목적에 따라 경제파업과 정치파업으로 구분할 수 있다.

## 동반자살

부모가 자녀들을 앞세워 자살하는 것을 말하며 빈곤, 가정불화, 질병 등 그 원인은 다양하다. 자녀를 독립된 개체로 인정하지 아니하고 부모의 종속물로 인식하기 때문이며 부모일지라도 자식의 생명을 좌우할 권리는 없는 것이다.

## 동방사회복지회

1972년 7월 사회복지법인 설립허가를 얻고 1977년 보건복지가족부의 인가를 받아 같은 해 3월 동방영아일시보호소를 열고, 1977년 3월 15개의 지방아동상담소를 두어 운영하기 시작하였다. 1985년 5월 경기도 평택시에 장애인・영아・미혼모 보호시설인 동방어린이동산을 설립하고 1986년 1월 동방아동복지회 부속의원 및 동방영아일시보호소를 완공하였으며, 1986년 9월 특수학교인 동방학교를 세우고 초등부와 유치부를 개설하였다. 1992년 10월에는 서대문종합사회복지관을 개관하고 1998년 12월 별관을 마련하여 정신지체인 종합훈련시설로 사용하였다. 조직은 본부에 총무부・국내입양부・아동보호부・국제협력부・후원사업부 등의 부서가 있으며, 산하 시설로 의료기관인 어린이사랑의원, 신생아 임시보호소인 동방영아일시보호소, 게스트하우스, 서대문종합사회복지관 등이 있다. 주요 활동은 국내외 입양, 아동보호소 운영, 미혼모보호시설 운영, 장애인 대상 재활원 및 근로복지관 운영, 교육, 선교사업, 의료사업 등이다. 소재지는 서울특별시 서대문구 창천동에 있다.

### 동시면접(simultaneous interviewing)
여러 명의 면접시험관들이 한 자리에 모여 면접 하는 면접시험의 방식을 말한다. 이에 반해 여러 명의 면접시험관들이 각각 개별적으로 면접하는 방식을 순차적 면접(consecutive interviewing)이라고 한다.

### 동인(drive, trieb) 01
인간의 행동을 촉발시키는 유기체의 내적 상태 또는 조건을 총칭하는 개념이다. 동기(動機)라고도 한다. 동인은 여러 기준에 의해 다양하게 분류될 수 있다. 생물의 생명유지·종족보존과 같이 생물학적 의의를 현저하게 갖는 충동 즉 굶주림·갈증·성(性)·고통의 회피 등을 1차적(또는 생물적) 동인이라 하고, 타인에 대한 우월·칭찬·경쟁·협력, 사회적 승인·집단적 귀속 등에 대한 욕구를 2차적(또는 사회적) 동인이라 한다. 이러한 동인에 대응하는 대상 또는 상황을 유인(誘因)이라 한다.

### 동인 02
욕구와 거의 동의어로 사용되는 용어로서 엄격히 구분하면 욕구는 생리적 결핍 혹은 과잉에 의한 심리적 긴장상태를 의미하는 반면 동인은 욕구에 의한 잠재적 힘을 어떤 목표를 향해 실제로 특정한 행동양식으로 이끌어 가는 것을 의미한다. 즉 동인은 행동을 유발하는 직접적인 힘을 가리킨다. 한편 동인은 동기와 동의어로 사용되기도 하는데 동인은 보다 생득적이고 기계론적인 데 비해 동기는 이차적이고 목적론적인 것도 포함한다는 점에 차이가 있다.

### 동인이론(drive theory)
인간의 행동을 동인(drive)과 관습(habit)의 복합적 함수로 보는 이론적 관점을 말한다. 즉 인간의 행동은 개인의 욕구결핍 정도를 나타내는 동인의 강도와 학습을 통해 얻어진 과거의 경험을 바탕으로 하여 자신에게 만족스러운 결과를 가져오기 위해 취해지는 것으로 보는 동기이론을 말한다. 동인이론은, 인간은 과거에 만족스러운 결과를 가져온 행동을 계속적으로 되풀이하는 경향이 높다는, 손다이크(E. Thomdike)의 효과의 법칙에 이론적 근거를 두고 있다. 동인이론은 당초 생리적 동기와 관련된 내적 균형을 유지하려는 행동동기의 연구로부터 시작되었으나, 점차 효과의 법칙에 기반을 둔 관습적 행동이 결합되어 총괄적 동인이론으로 발전하게 되었다.

### 동일노동 동일임금
'동일노동 동일임금'을 풀어쓰면 '동일가치노동 동일임금'이다. 즉 같은 가치를 지닌 노동에 대해서는 성별 연령

신분 등에 따라 차별하지말고 같은 임금을 줘야 한다는 얘기다. 최근 한국에서 문제가 되는 것은 특히 정규직과 비정규직, 다시 말해 근로계약 형태에 따른 임금차별이다. 노동부는 그러나 원칙은 좋지만 무턱대고 도입하기에는 현실과 맞지 않다고 주장한다. '동일노동 동일임금'을 적용하기 위해서는 업무 가치를 분석·평가하는 공정하고 객관적인 기준이 있어야 하고 이를 바탕으로 직무급이나 연봉급을 택할 때 가능한 것이지 한국처럼 나이가 들면 자연스럽게 봉급이 많아지는 연공급제에서는 도입하기 곤란 하다는 얘기다. 비정규직은 통일된 기준에 의해 판단하기보다는 유형을 열거하는 편이 이해하기 빠르다. 우선 근로계약 기간에 따라 비정규직을 분류할 수 있다. 기간제 근로자와 단시간 근로자가 비정규직으로 분류된다. 이른바 '계약직' 사원으로 불리는 이들은 기간제 근로자다. 주유소 아르바이트처럼 임시직으로 법정근로시간(주44시간)보다 짧은 시간만 일하는 사람들은 단시간 근로자에 속한다. 근로계약 형태에 따른 분류를 들수 있다. 여기에는 특수 근로가 있다.

### 동일성
A가 다른 상황 하에서도 항상 동일하고 또 동일하다는 인정을 받았을 때 A는 자기 자신과 동일하다. 이때 A=A를 동일성의 성립이라고 한다. A=A로 표시되는 동일률이란, 여하한 개념도 일련의 사고과정에서는 엄밀한 의미로 동의일 것을 요구하는 논리학적 원리이다. 즉 어떤 판단에서 사용되었던 개념적 표상이 불변의 의의를 유지할 것을 요구하는 것이라고 말할 수 있다. 동일성은 좁은 뜻으로는 사물이 자기 자신과 같아야 한다는 것(자기동일성)을 말하며, 복수의 사물 간에는 유사성 및 상등성이 성립될 뿐이다. 다만 현실에서는 사물은 변화하므로 자기동일을 유지하지 못한다.

### 동일시(identification) 01
①일반적으로 타인의 감정·사고·행위 등의 성향적 특징이나 지위·소속·집단특징 등의 상황적 특징을 복사하듯 따름으로써 자신의 성향적 또는 상황적 특징으로 간주하거나 인정하는 정상적 학습과정, ②정신분석에서는 타인의 동기나 심리적 특징을 자신의 것으로 받아들임으로써 자신의 좌절된 동기나 결핍을 경험하고 있는 심리적 좌절을 감소시키려는 방어기제의 일종, ③지각연구에서는 망막의 영상들이 결합되는 것이나 깊이(depth)지각에서 새로운 현상이 산출되는 과정. 또 두 개의 다른 심적 내용(psychic content)이 하나의 새로운 심적 내용을 이끌어 내게 되는 것을 가리키기도 한다.

### 동일시 02
흔히 아동 또는 청소년이 자신이 좋아하거나 중요시하는 성인(흔히 부모)의 행동을 모방하는 과정을 통해 사회적

역할을 습득해 가는 과정을 말한다. 특히 Freud의 정신분석학에서는 항문기의 아동이 동성인 부모의 행동 및 태도를 모방하는 기제 또는 과정을 지칭한다.

### 동일화(identification) 01

타인의 성격이나 태도를 자기 속에 간직하거나 타인과 자기를 일체감을 가지고 느낌으로서 통일화하여 받아들이는 현상을 동일화 혹은 동일시라 한다. 이것은 타인에 대해 공감을 갖거나 타인에 동정하는 능력과도 관계된다. 프로이드(Freud, S.)는 이것을 승부에서 이길 수 없는 상대의 위협에서 자아를 지키기 위한 방법으로 보고 있으나 사회적인 학습열을 주창하는 사람 중에는 동일시를 모방과 같은 의미로 생각하는 사람도 있다.

### 동일화 02

동일시라고도 한다. 일정한 대상의 성격, 태도, 속성 등을 자기의 내부에 수용하거나, 자기를 일정한 대상과 동일시하여 일체감을 얻게 하는 두 가지의 심리적 작용을 뜻한다. 전자를 부분적 동일화(partial identification), 후자를 전체적 동일화(total identification)라고 한다. 발생적으로는 유아기의 정신 발달에 있어서 수용(introjection)으로 시작되는데, 이것을 1차적 동일화(primary identification)라고 하지만 보다 발달한 대상관계 속에서 그 대상과의 사이에 상반병존적인 갈등·분리·불안 혹은 강한 애착이나 적의가 생길 경우, 그것에 대한 자아의 방위로서, 이 동일화의 작용이 발동하는 경우가 많다. 정상적인 상태에서도 이와 같은 퇴행적 동일화(regressive identification)가 일어나지만, 히스테리의 증상 형성, 울병의 발생 동기, 초자아 형성 등에 있어서 이 작용의 역할이 프로이드(Freud)에 의해 밝혀졌다. 또 이 동일화의 능력은 타인에 대한 동정이나 공감, 혹은 학습을 지탱하는 심적 기제로서도 중요하다.

### 동일화의 권위(authority of identification)

조직구성원들이 조직에 대해 귀속감과 동일성을 느낄 때 조직목표에 부합되는 상급자의 의사결정을 따르게 되는데, 이 경우 귀속감과 동일성에 기인하는 권위를 동일화의 권위라 한다. H. Simon 등은 부하가 상급자의 의사결정이나 명령에 복종하는 심리적 동기를 기준으로 하여 권위의 유형을 신뢰의 권위, 동일화의 권위, 제재의 권위, 정당성의 권위 등 4가지로 나누었다.

### 동작연구(motion study) 01

작업 수행상의 불필요한 동작을 제거하고 동작의 표준화를 꾀하기 위해, 각 작업의 동작을 분석하고 요소별 동작에 대한 단위시간을 측정하는 등의 절차를 통해 동작의 개량작업을 연구하는 것을 말한다. 시간 및 동작연구(time and motion study)라고도 한다.

### 동작연구 02

작업자의 동작에서 불필요한 동작을 제거하여 시간도 절약되고, 피로도 적게하는 합리적인 동작을 찾아내려는 연구를 말한다. 테일러의 시간 연구에서 스톱워치 방법으로 출발했으나 일반적으로 길브레스의 고속 영화 촬영기에 의한 미세동작연구를 말한다.

### 동정(sympathy)

곤란한 처지에 있거나 고통을 받고 있는 다른 사람에게 관심을 가지고 그들과 어느 정도 비슷한 감정을 갖게 되는 것이다.

### 동정파업

고용관계에 있는 사용자와의 직접적인 분쟁이 없는데도 다른 사업장의 노동쟁의를 지원한 목적으로 벌이는 파업. 우리나라에서는 1985년 6월 구로공단에서 있었던 대우어패럴 농성에 대한 동조농성이 최초이다.

### 동조과잉(overconformity)

사회나 집단의 구성원들이 표준적인 행동양식에 지나치게 동조하는 현상. 관료제 내에서 상관의 지시나 관례에 따라 소극적으로 업무를 처리하려는 관료들의 병리현상 가운데 하나다. 이와 같은 동조과잉은 목표와 수단의 전도, 법규만능사상, 구태의연, 선례답습주의, 무사안일, 책임회피, 창의력의 결여 등을 조장하고 쇄신을 저해하는 조직풍토를 조성하게 된다.

### 동질성(homogeneity)

어떤 집단을 구성하는 성원의 질이 같거나 거의 비슷한 성질. 집단성원의 질에는 인종·성별·연령·학력·직업능력 등 여러 가지 요인을 들 수 있다. 이와 반대의 의미로는 이질성을 들 수 있는데 이것은 집단을 구성하고 있는 성원이 그 질적인 면에서 서로 차이가 있는 것을 의미한다.

### 동질학급편성(homogeneous class grouping)

학습능력·적성·선행학습·성격·동기·장래희망·지역·성별 등의 학습관련 변인 중의 어느 하나 또는 다수의 기준에서 비교적 비슷한 성질의 학생으로 학급집단을 편성하는 방법으로 동질학급의 반대는 이질학급으로서 학급구성원간의 성질 차가 심한 집단을 말한다. 학교교육의 사태에서 흔히 사용하는 동질학급 집단은 교과별 선행학습 수준이 비슷한 학생끼리 편성하는 것이다.

### 동태적 조직(dynamic organization)

환경변화에 대응하여 신축성과 기동성을 갖는 동적인 조직. 오늘날과 같이 급변하는 환경에 놓인 행정조직은 마땅히 동적인 조직으로 형성·운영되지 않으면 안된다.

### 동화(assimilation)

이미 학습된 지식과 능력을 이용하여 자극상황에 순응하는 과정을 설명하는 피아제(J. Piaget)의 용어다. 동화될 수 있는 상황의 제 측면은 변화 또는 새로운 학습을 요구하지 않는 측면들이다. 동화한다는 것은 어떤 의미에서는 과거에 학습된 것을 흡수하고 사용하는 것으로서, 즉 과거에 학습된 반응들을 새로운 상황에 활용하는 것이라고 말할 수 있다.

### 두레

원시적 유풍을 지니고 내려오는 농촌사회의 자발적인 민간협동체. 상호협력·감찰(監察)을 목적으로 촌락 단위로 조직된 두레의 우두머리를 좌상(座上) 또는 영좌(領座)라 하고 그 밑의 간사역을 공원(公員)이라 하였다.

### 듀낭(Dunant, Jean Henni)

스위스 제네바의 명문가 출신으로서 일찍부터 종교운동이나 자선사업에 참여해서 1826년 이태리 통일 전쟁 시 솔훼리노의 전장을 돌아보며 많은 전상자들이 치료도 받지 못한 채 수용되어 있는 현실에 충격을 받아 솔훼리노의 추억(1862)이란 저서를 발표. 1863년 적십자 창설에도 기여했고 1901년 노벨평화상을 수상하였다.

### 듀이(Dewey John)

미국 버몬드에서 출생하여 버몬드대학을 졸업했다. 시카고대학 교수를 거쳐 콜럼비아대학 교수가 되어 다방면으로 활동하였다. 제임스 윌리암(James, William)의 실용주의에 심취해 이를 발전시켰으며 윌리엄의 사후, 미국을 대표하는 실용주의(pragmatism) 철학자이며 교육학자가 되었다. 시카고대학 교수시절 학교와 사회(1899), 민주주의와 교육(1919)을 저술하여 교육학뿐만 아니라 사회복지에도 많은 영향을 미쳤다.

### 등교거부아(pupil rejecting school attendance)

정서장애의 일동이며 최근 증가하고 있는 문제이나 명확한 원인은 밝혀져 있지 않다. 유아기부터의 인간관계의 결핍이나 부친부재형의 가정생활 등을 요인으로 드는 사람도 많으나 이것은 치료방법의 검토과정에서 밝혀진 것이다. 증상으로서는 학교에 가지 않으면 안된다고 생각하면서도 불안이 강한 경우가 많으며, 최초에는 억압적인 태도가 많으나 점차 행동적, 폭력적이 되기 쉽다.

### 등기

공적 구속력을 가지는 장부에 권리나 권리의 주체, 재산의 귀속 등의 법률관계에 대해 기록하는 등기라고 한다. 등기는 그 내용을 알려 등기를 한 사람과 제3자의 경제활동이나 법률관계의 안전을 보장하고 선의의 피해자를 막기 위한 것으로 다음과 같은 종류가 있다. ①권리의 등기

– 부동산등기, 공장재단등기, 선박등기 등, ②권리주체의 등기 – 법인등기, 상업등기 등, ③재산귀속의 등기 – 부부재산계약등기 등이 있다.

### 등기권리증

등기소에서 교부하는 등기완료증명서로서 등기필증이라고도 한다. 다음 등기시에는 이 권리증을 제출하지 아니하면 안된다. 그러나 이것을 가지고 있으면 권리자라고 추정은 받지만 법률상으로는 어디까지나 등기소에서 발행한 하나의 증명서에 불과할 뿐 진실한 권리자에게 대항할 수는 없다. 따라서 진실한 권리 없이 권리증만 가지고 있다는 것은 법률상으로는 특별한 의미가 없다. 이를 멸실했을 때에는 보증서로써 대신할 수 있다.

### 등기청구권

등기의무자에게 등기에 협조할 것을 요구하는 등기권리자의 권리를 등기청구권이라고 한다. 부동산 매매의 경우 부동산을 산 사람이 그 부동산을 자기 이름으로 등기하려면 부동산을 판 사람의 명의로 된 서류(부동산매도용 인감증명서, 등기필증 등)가 필요하다. 따라서 부동산을 판 사람은 등기의무자가 되어 산 사람이 등기하는데 적극적으로 협조해야 할 의무를 지게 되고 산 사람은 판 사람에게 서류의 발급과 등기소 출석 등의 협조를 요구할 수 있는 권리자가 되는 것이다

### 등기필증

등기가 완료되었음을 증명하는 서류를 등기필증이라고 하는데 여기에는 매매 등의 등기원인과 등기를 마쳤다는 사항과 날짜 등이 적혀 있고 등기소인이 찍혀져 있다. 등기필증을 가진 사람을 등기목적물에 대한 권리가 있는 사람으로 보고 매매하기 때문에 등기권리증이라고도 부르며 흔히 집문서라고도 한다.

### 등록세(registration tax)

권리의 창설·이전·변경·소멸 등에 관해 또는 법률상 정한 일정한 자격에 관해 등기부(登記簿) 기타 정부에 비치된 원부(原簿)에 등록할 때 부과되는 과세를 말한다. 우리나라의 등록세는 국세이며, 부동산·선박·항공기의 등기 및 등록, 재단등 기·법인등기, 광공업·저작권 기타 상표·영업권의 등록, 수출입업·건설업 등의 등록에 과세 하도록 되어 있다.

### 등치(equivalence)

두 개의 논리식 가운데의 어느 한 쪽이 다른 쪽을 함의할 때, 양자를 등치라고 한다. 가령 $\langle p \supset q \rangle$와 $\langle \infty p \lor q \rangle$와는 등치이다. 이것에서 파생하여, 두 개의 명제의 요소명제를 명제변항으로 대치하여 만들어진 두 개의 논리식이 등치일 때 원 명제를 등치라고 한다. 가령 〈날씨가 좋

다 ⊃ 나는 외출한다〉는 〈∞(날씨가 좋다) ∨ (나는 외출
한다)〉와 등치이다.

### 등치개념(equipollent concept)
내포가 일치하지 않아도 그 외연(外延)이 서로 일치하는
개념이다. 가령 〈한국의 수도〉와 〈한국의 최대의 도시〉
와는 등치개념이다.

### 디바인(Devine, Edward T)
미국의 사회사업가, 사회사업학자이다. 1892년 뉴욕 자
선조직협회 사무국장이 되어 1898년 뉴욕박애학교(후에
콜럼비아대학 사회사업대학원)의 설립에 관여, 그 뒤 2
회에 걸쳐 8년간 교장을 역임하였다. 미국 사회사업의
이론적, 실천적 지도자의 한사람으로서 많은 저서와 논
문을 발표하였으며 국내외에 큰 영향을 주었다. 그 중에
서도 1922년의 저서 social work는 사회사업을 체계적
으로 논한 것으로 사회사업의 고전 중 하나로 평가받고
있다.

### 디스프로덕트
마이너스생산. 즉 발생된 공해물을 소각하기 위해 사용하
는 생산물을 말한다. GNP(국민총생산)는 공해문제 등이
고려되지 않아 진정한 의미의 생산이라고 할 수 없는 공
해를 낳는 산업이나 공해로 인해 의료행위 등도 GNP에
포함되고 있다. 따라서 GNP에서 디스프로덕트를 차감해
국민총생산과 경제성장을 계산하는 방식이 점차 넓게 퍼
지고 있다.

### 디커플링
농업생산활동을 의무화하지 않고 농가에 별도의 방법으
로 소득을 보장하는 것. 레이건 미대통령이 1987년 1월에
부족보충(농가의 소득보장)의 수급요건으로서 특정 작물
의 생산 의무를 폐지하는 등의 구상을 발표하여, 농산물
의 공급과잉에 고민해 온 다른 선진국으로부터도 주목을
받았다. 농산물 가격을 일정 수준으로 보장하는 정책을
채택하면 농가의 소득이 안정되는 한편, 가격 수준은 경
쟁력이 약한 영세농가를 필요이상으로 지원하는 것으로
된다. 대규모 농가는 생산의 자극을 받아, 공급 과잉이 발
생한다. 또 재정부담도 팽창해 버린다. 비효율적인 일부
농가를 제외하면 가격수준을 낮추는 것도 가능하고 수급
도 균형을 이룰 것이라는 것이 디커플링의 견해다.

### 디폴트와 모라토리엄
기본적으로 공·사채에 대한 이자지불이나 원금상환이
불가능한 상황을 디폴트라고 한다. 국가로 봤을 때는 한
국가의 정부가 외국에서 빌린 돈을 상환기간이 돌아왔는
데도 갚지 못할 경우에 해당된다. 이에 반해 모라토리엄
(moratorium)은 부채를 갚을 시기가 됐지만 부채가 너무

많아 일시적으로 상환을 연기하는 것을 말한다. 상환할
의사가 있다는 점에서 디폴트와 다르다. 최근 아르헨티
나가 디폴트를 선언한 것이냐, 모라토리엄을 선언한 것
이냐를 놓고 의견이 분분한데 정부가 일부 부채에 한해
지불 거부의사를 분명히 밝힌 만큼 '부분 디폴트' 또는
'부분 모라토리엄'으로 보는 것이 옳다. 디폴트의 가장
대표적인 사례는 1979년 가을 미국의 상업은행이 이란에
대해 디폴트를 선언한 것이다. 당시 미국은 자국 은행에
맡겨진 이란의 예금을 자국이 빌려준 돈과 상쇄시킴으로
써 채권을 회수했다. 모라토리엄의 경우 멕시코가 지난
1982년에 국제수지 적자가 심화한다는 이유로 선언한 것
이 대표적인 사례다. 디폴트든 모라토리엄이든 어떤 경
우에나 해당 국가는 국제적인 신용을 잃어 대외거래에서
엄청난 불이익을 받게 된다. 결국 국제통화기금(IMF)과
같은 기관에 도움을 요청할 수밖에 없는 상황에 이르게
된다.

### 디플레이션
물가가 상당기간 지속적으로 하락하는 현상. 물가가 계속
오르는 인플레이션과 반대되는 현상이다. 인플레는 광범
위한 초과수요가 존재하는 상태인데 대해 디플레는 광범
위한 초과공급이 존재하는 상태이다. 인플레는 물가등귀
를 가져오지만 디플레는 물가하락을 가져온다. 생산과잉
에서 공급과잉이 되는 상태가 디플레다. 일반적으로 공
급이 수요보다 많으면 물가는 내리고 기업의 수익은 감소
하든가 결손을 내기 때문에 불황이다. 가령 가격협정 등
에 의해 물가 하락을 억제할 수는 있겠으나, 실업 증대라
는 형태로 불황에 빠진다. 이상은 재물면에서 본 경우이
지만 돈과 물건과의 관계에서 보면 통화량이 물자의 유통
량보다 적은 상태로 되어있다. 디플레에는 호경기와 불
경기의 교대와 더불어 일어나는 순환디플레와 인플레억
제를 위한 정책적 디플레가 있다. 정책적 디플레는 금융
긴축이나 재정긴축 등에 일어난다

### 디플레이터
국민소득 통계의 명목치(시가표시)를 실질치(불변가격표
시)로 환산할 때 사용되는 물가지수를 말한다. 물가상승
(인플레이션)으로 증대한 명목치를 본래로 되돌리는(디
플레이트) 지수라는 데서 이 명칭이 생겼다. 실제로는 어
느 해의 국민총지출의 내역(가령 소비지출)에 세목마다
당기의 지출수량을 기준시가격으로 평가해서 불변가격
표시의 지출액(실질치)을 구한다. 이 세목을 모두 합산하
면 실질소비지출을 구하게 된다. 명목(시가표시)의 소비
지출을 이렇게 해서 구한 실질소비지출로 나눈 비율이 소
비지출 디플레이터이다. 같은 방법으로 투자지출 등의 각
항목에도 실질치를 계산하고 합계해서 실질국민총지출
을 구하고 이것으로 명목의 국민총지출을 나누면 종합물
가지수, 즉 GNP디플레이터를 얻게된다. 모두가 각기 실

질치를 구한다음에 산출되기 때문에 임플리시트 디플레이터라고도한다.

## 딕스(Dix, Dorother Lynde)

매사츄세츠학교 교사로서 정신건강의 계몽과 정실질환자의 적절한 치료를 호소하여 온 공로자이다. 딕스는 당시 정신질환자가 감옥소나 감화원 같은 곳에서 일반 중범자들과 같이 투옥되어 있는 것을 보고 충격을 느껴 정신질환자만을 위한 특수병원의 설립을 요구하였고 정신질환자도 초기에 정신병원에 입원시켜 적절한 치료를 하여주면 치유될 수 있다는 과학적 통계를 제시하면서 전 미국을 순회하면서 호소하였다. 딕스의 호소와 계몽은 상당한 국민의 호응을 얻었고 정부에서도 그의 주장을 경청하게 되었다. 딕스의 계몽활동은 전 미국 뿐 아니라 영국과 스코틀랜드까지 영향을 주었다.

## 딘트족

딘트족은 Double Income No Time의 약칭. 경제적으로는 풍족하지만 바쁜 업무로 미처 돈 쓸 시간이 없는 신세대 맞벌이 부부를 지칭 맞벌이로 수입은 두배나 서로 시간이 없어 소비를 못하는 신세대맞벌이 부부를 지칭하는 신조어이며, 이들 딘트족은 탁월한 컴퓨터 활용력과 정보화 마인드로 무장한 정보화 사회의 새로운 인간군이다. 딘트족을 위해 예술공연 등 문화행사가 밤늦게 시작하는 경우가 늘어나고 있으며, 쇼핑을 즐길 수 있게 영업시간을 연장하는 업체가 증가하고 있다.

## 딜레마(dilemma) / 양도논법

논리학에서, 두 개의 가언명제를 대전제로 하고 선언명제를 소전제로 하는 일종의 삼단논법을 가리킨다. 소전제에서 전건을 긍정하는 것을 〈구성적〉, 후건을 부정하는 것을 〈파괴적〉이라 하며, 이끌어내진 결론이 정언 명제적인 것을 〈단순하다〉하고 선언명제인 것을 〈복잡다〉고 한다. 이들을 짝지어 네 개의 형식으로 구분한다. 이를 기호로 표시하면, ①단순구성적 : $(p \supset r) \cdot (q \supset r), p \vee q \therefore r$ ②단순파괴적 : $(p \supset q) \cdot (p \supset r), \sim q \vee \sim r \therefore \sim p$ ③복잡구성적 : $(p \supset q) \cdot (r \supset s), p \vee r \therefore q \vee s$ ④복잡파괴적 : $(p \supset q) \cdot (r \supset s), \sim q \vee \sim s \therefore \sim p \vee \sim r$ 이 중에서도 복잡구성적 딜레마가 가장 기본적인 형식이다.

## 딩크

여피족 이후에 나온 것으로 미국의 베이비 붐 세대의 생활양식 · 가치관을 대변하는 용어. 딩크족은 의도적으로 자녀를 두지 않은 맞벌이부부로 넓고 깊은 사회적 관심과 국제 감각을 지니고 상대방의 자유와 자립을 존중하며 일하는 삶에서 보람을 찾으려고 한다. 딩크족에 대해서는 남녀자립의 완전한 달성, 즉 이상의 실현이라고 보는 관점이 있는 반면 과도한 물질성과 노후의 참담한 심리상태를 예상하여 문명병으로 보는 견해, 또는 종으로서의 인간의 부정이라고 보는 주장 등 여러가지 평가가 있다.

## 또래집단(peer group) 01

리스만(Riesman, David)이나 아이젠슈타트(Eisenstad, S. N.) 등이 지적한 바와 같이 전통 지향적 사회구조가 붕괴되고 가족이나 친족집단의 유대가 약화되면 청소년들은 부락의 성인들이나 집안의 어른들에게서 벗어나서 자기 또래의 집단에게서 동일시의 대상을 찾으려고 친우집단을 형성하는데 이를 동년배집단이라 한다. 이들은 이러한 동년배집단을 통해서 그들의 집단규범을 따르려고 하고 이 집단 속에서 소속감을 희구하고 개인적 문제에 대한 상의 대상자를 찾으며, 친교와 취미활동을 위한 다양한 친구집단을 형성한다. 그러나 이러한 친구집단이 건전치 못할 때, 즉 비행집단을 형성할 때 청소년에게 문제가 발생할 우려가 높다.

## 또래집단 02

어린이들이 지역사회나 형식적 집단 속에서 〈놀이〉를 중심으로 형성하는 비형식적 소집단. 때로는 넓게 해석하여 성인들이 사업 · 지위 · 취미 · 사상 등의 유사성에 따라 자연적으로 형성되는 놀이중심 집단을 가리킬 때도 있다. 그 집단형태는 연령에 따른 생리적 · 심리적 성숙도에 따라 다르다. 그 어느 것에나 공통되는 점은 자발적 집단인 데 있으며 대표적인 것이 플레이갱, 도당 등이다.

## 라스파이레스 산식

독일의 통계학자 E. 파이레스가 1864년에 발표한 물가지수 산식. 개별품목의 가격변화를 종합해서 종합물가지수를 작성할 때 개별가격에 각기 기준연도의 웨이트를 곱해서 가중평균하는 형식을 취한다. 이때 기준연도의 물가를 100으로 하고 비교연도의 물가에다 기준연도의 웨이트를 사용하여 총화를 계산하는 것이 라스파이레스 산식이다. 파셰 방식(Paasche formula)에 비해 빨리 산출할 수 있어 라스파이레스 산식이 많이 사용되고 있으나, 웨이트가 일정하므로 소비패턴의 변화에 대응할 수 없는 결함이 있다.

## 라스파이레스지수(Laspeyres' index)

Laspeyres, E.에 의해 1871년에 창안된 지수의 한 형태로 우리나라를 비롯한 대부분의 국가에서 물가지수나 생산지수 작성에 사용되고 있다. 물가지수의 경우 우선 기준시점에서 일군의 품목집합가격과 수량을 파악하여 기준시점가격과 기준시점수량을 정한 후 비교시점에서는 기준시점수량은 고정시키고 가격의 변동분만을 반영한 비교시점가격 · 기준시점수량을 기준시점가격 · 수량과 대비하여 물가지수를 계산하는 방법이다. ★라스파이레스 물가지수(I) = 전품목의 Σ(품목별 비교시점 가격 × 기준시점 수량) / 전품목의 Σ(품목별 기준시점 가격 × 기준시점 수량)

## 라우애 하우스(Raue Haus)

1833년 페스탈로치의 사상을 이어받은 빌헤른에 의해 함부르크 교외에 창설된 비행소년시설이다. 소기숙사제도를 도입하여 수용아동의 개성에 따른 보호, 그리고 기도와 상담, 노동에 의해 갱생시키려 했다. 소위 가정제도와 개별적인 지도의 시작이었으며 후세에 큰 영향을 주었다. 또 이 사업의 효과를 올리기 위해서는 무엇보다도 우수한 인재가 필요하다해서 종사자의 양성에 노력했다.

## 라이트 하우스(light house)

등대의 의미를 갖는 이 말을 맹인복지에 관한 시설의 명칭으로 창시한 것은 미국인 마더(Mather, Winifred Holt)이다. 1906년 마더의 맹인행복을 위한 애망정신에 의해 세워진 뉴욕의 라이트 · 하우스는 그 뒤 세계 각국에 동명의 맹인복지시설을 보급시키는 계기가 되었다.

## 라이프 사이클(life cycle)

인생을 출생부터 사망할 때까지 표준적인 가정생활에 맞추어 보면 보통 출생 → 성장 → 결혼 → 육아 → 노후의 과정을 거치게 되는데 이를 라이프 사이클이라 한다.

## 라이프 스타일(life style) 01

생활양식 또는 사는 방식을 말한다. 현대에 있어서 라이프 스타일은 다양화하고 있는데 그것은 풍속의 차원으로부터 인생관이나 가족관에 기초한 사는 방식의 차원에까지 미치고 있다. 풍속의 차원에서는 가령 뉴 패밀리(new family)페어룸에서(레저를 사는 보람이 있게 하는 친구들과 같은 부부)가 한 때 새로운 라이프스타일로서 각광을 받았다. 새로운 인생관, 가족관에 의한 사는 방식으로서는 부부가 직업과 가정의 역할을 갖는 맞벌이 부부가 있다.

## 라이프 스타일 02

본래는 사회학 용어로서 인생관, 생활태도까지 포함한 넓은 의미의 생활양식을 말한다. 사회의 계층화가 진척될 때에 과거에는 성별, 연령, 소득 등으로 분류되었지만 가치관의 다양화에 수반해 이러한 분류로는 사물의 진상을 파악할 수 없게 되었다. 그러므로 가치관으로 생활패턴(라이프 스타일)을 구분하는 시도가 이루어져 주로 마케팅 관계자들간에 쓰이게 되었다.

## 라이프니쯔 방식(leibnitz method)

사고로 말미암아 사망 또는 부상한 피해자의 상실이익 계산방법이다. 이 방식은 상실이익액의 중간이자를 복리법에 의해서 공제한다. 단리법에 의해서 중간이자를 공제하는 호프만 방식을 개선하는 방식으로 고안된 것이다.

## 라이프니츠식 계산법

현재의 채권액을 기준으로 한 다음, 여기에 이자에 이자를 붙이는 복리법으로 계산한 법정이자를 더해 장래의 채권액을 정하는 것이 라이프니츠식 계산법이다. 라이프니츠식 계산법은 손해배상 등에서 배상할 금액을 정하는데 사용되는데 배상의 원인이 없었다면 피해자가 얻게될 이득을 기준으로 여기에 해당 년수 동안의 법정이자를 복리로 적용하여 배상액을 정한다.

## 라이프사이클 가설

사람들은 생애의 잔여기간 중 기대되는 수입 및 자산의 총계의 현재가치를 염두에 두고, 그 잔여기간의 소비효용 총계의 현재가치를 극대화할 수 있도록 소비계획을 세운다는 가설. 미국의 노벨상 수상 경제학자 F. 모딜리아니등에 의해 주장되었다. 이 가설에 따르면, 장년세대의 평균저축률은 노후세대의 그것보다 고율이며, 따라서 노령화비율이 높아지면 동일 국민소득에 대한 경제 전체의 평균소비성향은 높아지게 된다. 노후에 대비하는 저축과 같이 소비목적을 위한 저축은 '凸저축'(hump saving)이라 하며 일반적으로 凸형저축은 이자율의 감소함수라고 하는 데, 이에 대한 실증적 연구는 아직 충분하지 않다.

## 라이프사이클 분석기법

제품의 라이프사이클 별로 환경영향을 평가하는 선진 환경관리 기법. 다시 말해 원료에서부터 제품의 설계, 제조와 폐기물 처리까지 모든 과정(라이프사이클)을 여러 단계로 나눠 각 단계별로 에너지 및 원재료의 투입과 그에 따른 결과물을 수치해 개량적으로 환경영향을 평가하는 방법이다. 방대한 양의 정보를 처리해야 하기 때문에 컴퓨터를 이용하는 경우가 많다. 국내에서는 일부 대기업만이 도입하는 정도로 초보적인 단계에 머물러 있다. 그러나 라이프사이클 분석기법은 환경오염 감소, 에너지 절감, 폐기물 감축 등의 효과를 거둘 수 있다.

## 라인과 스태프

라인은 직계조직, 스태프는 참모조직을 의미한다. 라인은 상급직원에서 하급직원의 순으로 라인을 계속 연결하는 조직으로 경영의 주된 활동을 할 책임과 권한을 갖고 있다. 스태프의 직원은 전문적인 지식을 활용해서 라인에 조언하는 것이 주요 역할이다. 기업규모가 작을 때에는 라인만으로도 충분하지만 규모가 확대됨에 따라 직능이 분화하여 스태프를 두게 된다. 간단히 말하자면 영업부·생산부는 라인이고 기획실·총무부·인사부 등은 스태프이다.

## 라포(rapport) 01

면접장면에서 면접자와 피면접자의 상호신뢰관계를 말한다. 정신치료, 카운슬링, 심리테스트, 케이스워크 등 매개하는 일에서 기반이 되는 조건이다. 특히 케이스워크에서는 단순한 사무적인 접촉이나 언어적인 의사소통의 수준을 넘어 서로가 흉금을 털어놓고 개별적 세계 또는 정신세계가 서로 통하는 것이 중요하다. 이러한 의미에서 단순한 접촉(contact)이나 소통과는 구별된다.

## 라포 02

면접에 있어서 면접자와 피면접자 간에 상호 신뢰관계를 기초로 한 대인관계를 의미한다. 일반적으로는 두 사람의 생각, 흥미, 감정 등이 일치해서 양자가 맺어질 때의 감정을 말한다. 특히 정신과 의사와 환자, 면접자와 피면접자, 검사자와 피검사자간에 인간적인 친화관계가 성립되는 것을 뜻한다. 특히 케이스워크에 있어서는 단순한 사무적 접촉이나 언어적인 의사소통을 넘어서 클라이언트와 사회사업가가 서로 흉금을 털어놓고 개별적 세계 내지는 정신세계에 접근하는 것이 중요하다. 상담자와 내담자 사이의 신뢰감 있는 관계 형성을 말한다. 심리검사에 있어서는 검사에 대한 피검사자들의 관심을 불러일으켜서 그들의 협조를 이끌어 내며 또 그들을 격려하여 검사의 목표에 적합한 태도로 반응하도록 하는 검사자의 노력을 말한다. 모든 상담의 "촉적적 관계"의 예비적 단계라고 볼 수 있다. 상호간에 신뢰하며, 감정적으로 친근감을 느끼는 인간관계, 상담과 정신치료에서 치료적 관계형성에 핵심이 되는 것으로 생각하는 경험이 있다. 최근의 연구들에서는 상담관계, 상담동맹, 혹은 작업동맹 등으로 표현되기도 한다.

## 랑크(Rank, Otto)

오스트리아의 정신분석가로서 당초 프로이드로부터 정신분석을 배웠다. 후에 출산에 따르는 분리현상을 중시한 출산외상학설을 세우고 스스로의 방법을 의지요법(will therapy)이라고 칭하였다. 클라이언트를 획일적인 형으로 맞춰 넣는 방식을 지양하고 유일하고 독자적인 존재로 분리·독립시키는 과정을 착안하고 프로이드로부터 독립했다. 카운슬링의 영역에서 로저스에게 영향을 주었는데 기능주의 케이스워크의 이론적 지주가 되었다.

## 래디니스(readiness)

어떤 일을 하기 위해서는 일정한 발달수준에 도달해 있어야만 한다. 즉 생후 3개월 된 아이에게 아무리 말을 가르치려고 노력해도 성과가 나타나지 않는다. 그러나 일정한 신체적·정신적 발단계에 이르면 용이하게 학습할 수가 있다. 이와 같이 래디니스란 학습이 일어나기 위하여 뺄 수 없는 일정한 단계의 신체적 발달, 성숙, 지식, 경험, 태도 등이 마련되어 있는 상태를 말한다. 케이스워크에 있어서는 클라이언트가 기관의 서비스를 받을 수 있는 마음의 준비가 되어 있고 그의 문제에 관해 사회사업가와 의논할 수 있는 마음의 준비가 되어 있을 때 도움을 주어야 효과가 있다는 것이다. 케이스워크의 초기과

정에 있어서 래디니스는 그 클라이언트가 기관의 원조대
상에 해당하는 것인지, 즉 적격성을 결정하는 중요한 요
건이 된다.

## 래퍼 곡선

미국의 경제학자 아더 B.래퍼교수가 주장하는 이론으로
세율과 세수의 관계를 나타낸 곡선. 일반적으로 세율이
높아질수록 세수는 늘어나는데 래퍼교수에 의하면 일정
세율(최적세부담률)을 넘으면 반대로 세수는 줄어드는
것을 나타내는 곡선으로, 레이건 행정부의 등장과 함께
각광을 받고 있는 공급사이드 경제학의 지주. 레이건 대
통령은 래퍼 이론에 따라 미국의 세율이 최적수준을 넘은
것으로 보고 대폭적인 감세를 실시하고 있다.

## 러셀세이지 재단(Russel Sage foundation)

1907년 미국의 사회상태, 생활상태의 개선을 위해 설립
된 재단이다. 이 재단은 사회사업의 발달에 많은 공헌을
했다. 리치몬드 여사도 만년에 이 재단에서 활약했다.

## 러커 계획(Rucker Plan)

노동비용에 대비한 부가가치를 기준으로 상여금을 산정
하는 제도를 말한다. 여기서 부가가치는 순판매고와 생
산비용의 차이를 말한다. 부가가치에 대한 노동비용의
비율이 평균비율보다 낮아지면 그로 인한 비용절감부분
의 일부는 사내유보로 하고, 나머지를 고용주와 노동자
가 분배하는 방식을 말한다. 임금의 결정을 부가가치에
일정한 임금총액의 비율을 곱하여 계산하는 방식으로 부
가가치 분배원리라고도 한다. 이것은 미국의 경제학자
A.W 러커가 고안한 방법으로 부가가치가 늘면 임금도
자동적으로 조정되므로 생산성을 높일 수 있다는 장점이
있다.

## 런던 자선조직협회
### (the London charity organization society)

1896년 런던자선구제조직 걸식박멸협회를 결성, 그 이듬
해 런던 자선조직협회(the London charity organization
society)로 개칭하였다. 이 협회의 위원은 구빈신청서를
조사하고 빈곤가족의 체계적인 관찰을 행하였고 선택된
대상은 독지가에게 의뢰하여 독지가가 그들에게 끊임없
는 충고와 감독을 행하여 가족이 독립하여 생계를 영위할
수 있도록 도와주려 했다.

## 레드·존

윤락가나 유흥주점. 숙박업소 밀집지역 등 유해환경으로
부터 청소년들을 보호하기 위해 지정한 청소년 통행금지
(제한)구역 범죄 혹은 비행. 탈선. 사고의 위험이 있는 장
소에 청소년들이 접근하거나 출입하는 것을 막아보자는
취지에서 시행된 제도.

## 레디니스(readiness)

어떤 일을 하기 위해서는 일정한 발달수준에 도달해 있어
야만 한다. 즉 생후 3개월 된 아이에게 아무리 말을 가르
치려고 노력해도 성과가 나타나지 않는다. 그러나 일정한
신체적 · 정신적 · 발달단계에 이르면 용이하게 학습할
수가 있다. 이와 같이 학습이 일어나기 위하여 뺄 수 없는
일정한 단계의 신체적 발달, 성숙, 지식, 경험, 태도 등이
마련되어 있는 상태를 말한다. 케이스워크에 있어서는 클
라이언트가 기관의 서비스를 받을 수 있는 마음의 준비가
되어 있고 그의 문제에 관해 워커와 의논할 수 있는 마음
의 준비가 되어 있을 때 워커가 도움을 주어야 효과가 있
다는 것으로 케이스워크의 초기과정에 있어서 그 기관의
원조대상에 해당하는 것인지, 즉 적격성(eligibility)을 결
정하는 중요한 요건이 되는 것이기도 하다.

## 레세 페르

자유방임주의. 사유재산과 기업의 자유를 옹호하여 이에
대한 국가권력의 간섭을 최소한도로 제한하려는 주의. 프
랑스 중농주의자, 영국의 고전경제학자 등에 의해 주창되
었다. 이와 같은 완전한 자유주의가 대내 · 외적으로 실현
된 것은 19세기 후반의 영국뿐이었으며 다른 후진 자본주
의 국가에서는 대외적으로 보호정책을 채택하지 않을 수
없었다. 독점자본주의 단계와 구별하여 그 이전의 자본주
의를 레세 페르 자본주의라고 부를 때도 있다.

## 레스리스버가(Roe thlisberger)

미국의 산업사회학자이며, 하바드대학 경영학대학원에
서 동대학의 메이요(Mayo. G. E)와 함께 호슨공장에서
노동자에 관해 연구하여 인간 관계론을 형성하였다. 그들
의 주장은 경제인으로서의 인간관보다도 사회인으로서
의 인간관을, 기술적인 조직관보다도 인간적인 조직을 중
시하고, 인간적 유대를 위한 사회적 기능의 개발을 주장
하고, 직장 집단레이 오프에 대한 귀속의식을 높이기 위
해 경영자의 역할을 중시한 점에 특징이 있다.

## 레옹족

레옹족이란 경쟁사의 요구가 있을 때마다 정보를 넘겨주
고 건건이 보상을 받는 신종 산업스파이를 의미한다. IMF
여파로 화이트 칼라의 가치관도 붕괴되고 있으며, 평생직
장에 대한 애사심이 희석되고 정보유출 등 부작용이 발생
하고 있다. 특히 월급삭감에 따른 소득감소로 직장내 레
옹족이 출현하고 있다.

## 레이 오프(lay − off)

기업의 내 · 외적 사정에 의해 일시 해고되는 것이다. 실
업 중인 노동자가 복직할 때에 경력년수가 많은 자에게
복직의 우선적 권리를 주게 된다. 이때 경력년수는 반드
시 동일기업이 아니더라도 해당 직종의 경력년수에 의하

고 실업 중의 생활보장은 실업보험 또는 기업 내 복지제도로서 실업보조금 등에 의한다.

### 레이놀즈(Reynolds, Bertha Cupen)

미국의 사회사업학자, 미국에 있어서 정신의학의 범람을 경험하면서도 1930년대 이후에 있어서 진보적인 사상과 운동에 공감하여 그 진보적인 사상과 운동에 공감하여 그 입장에서부터 케이스워크 실천과 교육의 혁신을 추진하였다. 특히 제 2차 세계대전시에 노동조합에 의한 선원과 가족의 생활문제에 대처하는 케이스워크실천에 의욕적으로 헌신하여 새로운 이념과 방법을 전개하여 산업에 있어서의 사회사업의 선구적 역할을 담당하였다. 그의 저서 Social Work and Social Living ; Exploration in Philosophy and Practice(1951)는 현재에 이르기까지 높이 평가되고 있다.

### 레인(Lane, Robert P.)

뉴욕시 복지협의회 회장, 미국 사회사업회의 의장 등을 역임했고 1939년 동회의 제 3부회에서 그를 위원장으로 하여 정리한 〈레인 위원회 보고서〉는 지역사회조직(C.O)의 개념을 종합적·과학적으로 규명하였다. 내용적으로는〈욕구·자원조정설〉을 체계적으로 나타낸 것으로 주민참가의 개념을 도입한 C. O의 기본적 문헌이다.

### 레인위원회 보고

렌(Lane, R. P)을 위원장으로 하여 작성된 1939년의 전미 사회사업회의 제3부 회의보고서이다. 이 보고서는 지역 사회조직을 연구하는데 기초적 체계를 이루었다. 즉 CO의 개념과 방법, 활동과 분야, 자격과 교육훈련 등을 명백히 하여 CO개념의 체계화를 도모. CO의 주기능을 욕구(needs) 자원조정으로 규정함으로써 사적인 구빈사업의 조직화에 집중하였던 CO의 대상영역을 지역사회의 욕구 중심으로 확대, 사회사업 전문가를 중심으로 구성되어 있던 CO기관에 대해 욕구를 가진 지역주민대표가 참가해야 할 필요성을 명백히 함으로써 주민참가의 개념을 보급, 욕구측정을 위한 조사기술을 발달시키는 계기가 된 것 등이다. 물론 동이론에 일정의 한계가 있다고는 해도 동보고를 계기로 CO의를 전문사회사업의 기본영역의 하나로 정착시키는 노력이 시작되었던 것이다.

### 레임 덕 현상

미국 대통령 선거에서 현직 대통령이 패배하는 경우 새 대통령이 취임할 때까지 약 3개월동안의 국정(國政) 정체 상태를 기우뚱거리며 걷는 오리를 비유해 이르는 말이다. 우리나라의 경우 〈통치력 누수 현상〉이라고 표현하고 있다. 일반적으로 미국의 대통령 선거는 11월 초순에 대통령으로 선거인을 선출하고, 12월 중순에 이들 선거인이 다시 투표를 해, 다음해 1월에 개표하며, 새 대통령의 취임은 1월 20일에 있게 된다. 그러므로 대통령에 새로운 인물이 선출될 경우는 11월 초순부터 다음해 1월 20일까지 약 3개월간 사실상 국정 공백기간이 생기게 된다.

### 레지덴시얼 트리트먼트(residential treatment)

어떤 장애 때문에 사회적 활동을 제한받거나 사회적 편견의 압박 때문에 사회생화에 융화될 수 없는 문제를 가진 사람에 대해 시설의 집단사회사업가가 시설의 생활을 지역사회의 생활환경에 접근시켜 적극적으로 시설내 외의 자치적 활동에 참가시켜 완전한 사회복귀를 목표로 하여 대상자와 일반사회와의 장벽을 제거하는 여러 가지 활동을 전개한다. 교정시설, 장애자시설 등에서 적용될 수 있으나 우리나라에서는 이들 시설에 사회사업 전문가를 배치하는 것이 우선적으로 해결해야 할 과제로 남아 있다.

### 레코딩(recording)

사회사업에 있어 레코딩은 클라이언트에 대한 정보와 관련된 사항들을 기록하고 보관하고 유지하는 과정이다. 클라이언트의 문제, 예후 개입계획, 치료과정, 클라이언트의 사회적, 경제적 요인들과 건강상태 및 종결과 의뢰절차들을 포함한 과정들을 기록 보관하게 된다. 기록의 형태는 기관의 요구와 사회사업가의 스타일 및 개입의 형태에 따라 달라지게 된다. 레코딩의 주요 형태로는 과정기록과 이야기식 요약, 문제중심기록 등을 들 수 있다.

### 렉추어·포룸(lecture forum)

강연식 토의법이라고 한다. 강사의 강연을 들은 뒤 그 내용을 중심화제로 해서 추가 토의하는 것으로 강연을 전제로 해서 문제점이나 해결방법을 탐구하는 경우에 적합하다. 강연내용에 대해 철저를 도모할 수가 있고 의문에 대해 충분한 답을 얻을 수 있는 것이 특징이다. 또 렉추어·포룸의 경우 강연내용을 문제제기에 국한해야 토의가 적합하며 강연시간을 짧게 잡는 것이 포인트다.

### 렌트 추구행위

렌트 추구행위란 경제주체들이 자기의 이익을 위해 비생산적인 활동에 경쟁적으로 자원을 낭비하는 현상, 즉 로비·약탈·방어 등의 경제력 낭비 현상을 말한다. 1967년 툴록(Gordon Tullock)교수의 논문에 의해 비롯됐다. 이 논문에서 툴록은 독점이나 관세부과에서 발생되는 생산자의 이윤을 그냥 주어지는 것이 아니라 기업들의 치열한 노력과 경쟁에 의해서 얻어지는 것이기 때문에 또 다른 형태의 사회적 비용을 유발한다고 주장했다. 여기서 말하는 사회적 비용이란 독점설정 혹은 적당한 관세부과를 위해 기업들이 정부를 상대로 치열한 로비를 하면서 지불하는 유·무형의 여러 자원 손실을 의미한다. 이러한 렌트추구 현상은 후진국뿐만 아니라 선진국에서도 다양한 형태로 존재한다. 우리나라의 경우에도 과거 정부 주도의 고도성장과정을 거치면서 독점 혹은 관세유지와 관련되어 나타난 정경유착을 통해 기업 들의 렌트 추구행위가 광범위하게 존재하고 있다.

### 로렌츠 곡선(Lorenz — curve) 01
소득분포의 평등도를 나타내기 위해 M. O. Lorenz가 고안한 도표를 말한다. 소득인원 및 소득금액을 낮은 쪽으로부터 누계하여, 이 누적소득인원 및 누적소득금액의 그 총계에 대한 100분비를 구하여, 각 소득계급에 관해 누적소득인원 구성비를 종축(縱軸)에, 누적소득금액구성비를 횡축(橫軸)에 잡고 작성한 곡선을 말한다. 현실의 로렌츠곡선이 x · y 양축에 45° 각도를 이루는 대각직선(소득분포가 완전히 균등한 상태)과 벌어질수록 소득분포는 불균등한 것으로 판정된다.

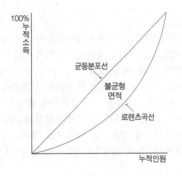

### 로렌츠곡선 02
소득분포의 불평등도를 측정하기 위해 미국의 통계학자 M. O. 로렌쯔가 고안한 도표이다. 종좌표에 소득인원의 누적백분율, 횡좌표에는 이 인원에 대응하는 소득금액의 누적백분율을 넣고 이들 점을 연결해서 얻어지는 궁형의 곡선이 로렌쯔곡선이다. 도의 대각선은 소득 분포의 완전한 평등상태에 대응하므로 균등분포선이라 부르고 로렌쯔 곡선이 거기에서 멀어지는 정도가 소득분포의 불평등도를 표시하게 된다.

### 로렌츠곡선 03
미국 통계학자 로렌츠에 의해 소득분포 상태를 설명한 곡선이다. 그림에서 보는 바와 같이 완전 평등선과 로렌츠곡선의 거리가 멀고 클수록 소득 분포의 격차가 크고, 그 거리가 좁혀질수록 소득의 격차는 줄어지며, 따라서 소득의 분포 상태는 평등에 가까워진다는 것이다.

### 로비스트
입법에 영향을 끼칠 목적으로 의회내의 로비 기타 장소에서 의원에 대한 공작을 벌이는 압력활동의 전문가. 달리 말하면 원외운동가 의안통과 운동원이라 할 수 있다. 국제정치 관계에서도 외국의 원조비 등의 획득에 나서고 있다. 대부분의 경우 특정 압력단체의 대리인으로서 행동하는 경우가 많다. 1976년 미국 정계에 파문을 던졌던 박동선 사건과 86년의 디버 파문이 대표적인 경우.

### 로빈슨(Robinson, Virginia P)
미국에서 193년대 이후 케이스워크 독자성을 확립하여 가기 위해 랑크(Rank Otto)의 이론을 기초로 하여 기능적 어프로치(functional approach)라 불리는 케이스워크이론을 발전시켰다. 그중에서 특히 전문적 자아(professional self)의 발달을 중시한 슈퍼비전의 체계를 부여하는데 공헌했다. 초기의 저서에는 〈A Changing Psychology in Social Case Work〉 (1930)은 유명하다.

### 로스토 이론
미국의 경제학자 로스토( W.W. Rostow )가 1959년에 발표한 이론이며 마르크시즘(Marxism)의 입장 외의 곳에서는 문제되지 않았던 자본주의의 장래를 간파하고 아울러 자본주의, 공산주의 양 진영의 문제를 자본주의 입장에서 취급한 이론으로서 주목된다. 내용은 세계 각국의 경제는 자원, 국민성에 의한 차이는 있으나 그 발전단계를 크게 나누면 다음 다섯 가지가 된다고 한다. ①전통적 사회 : 생산의 중심은 농업이며 사회는 지주에게 부가 집중해서 봉건제가 지배하고 있다. ②과도적 사회 : 생산의 중심이 농업에서 공업으로 이동하는 과도적인 사회, ③도약단계 : 투자율이 증대해서 하나의 산업을 중심으로 비약적으로 생산이 신장하여 정치, 경제의 제도적인 틀이 확립된다. ④성숙 사회 : 중공업, 경공업의 체계가 국내에 정비되는 단계로서 철강업 중심 시대 ⑤대량소비사회 : 이미 미국이 이단계에 달하고 있으며 자동차, 냉장고 등의 내구소비재를 중심으로 한 고도의 소비시대로 들어간다.

### 로오샤크 · 테스트(Rerschach Test)
스위스의 정신과의 로오샤가 고안한 인성검사이다. 잉크의 얼룩을 종이를 통해 작성한 것으로 속칭 잉크브로트 테스트라고도 한다. 피험자는 좌우대칭 10매의 도판에 자유로이 반응하도록 한다. 지적소질, 정동적 측면, 인간관계 등 각 반응영역, 결정요인내용. 형태수준 등을 참고로 해 인격차원이 명백해진다. 투영법에 의한 인격테스트가 대표적인 것이다.

### 로잔느 학파
사회적인 경제제량은 서로 상호의존관계를 형성하고 있는데 이것을 균형이론으로 해명하려는 것이 로잔느학파이다. 특히 경제제량간의 상호의 존관계를 함수관계에 있어서 수학적으로 기술하고자 하기 때문에 이 학파는 때때로 수리경제학파라고도 불리운다. 한편 이 학파는 케임브리지 학파와 더불어 균형이론에 입각하고 있기 때문에 때로는 균형학파라고도 불리운다. 이 학파는 경제 주위의 여건이 불변이라는 전제하에서 가측적인 수학적 합리성 위에 경제학을 체계화하려고 했다.

## 로저스(Rogers)
미국의 임상심리학자로서, 비지시적 카운슬링의 창시자이다. 개별사회사업에도 큰 영향을 주었을 뿐만 아니라 인카운터 그룹, 즉 집단체험에 의한 자기혁신 등 새로운 분야의 개척에도 주력하였다.

## 로지스틱 곡선
자연현상과 사회현상은 대체로 생성·발전·성숙·쇠퇴의 과정을 밟는다. 바로 이러한 과정을 수학적으로 잘 설명한 것이 로지스틱 곡선이다. 모양은 미끄럼대와 비슷해서 시점에서 서서히 상방 커브를 그리다 이윽고 느슨하게 되어 마지막에는 거의 지면과 평행이 된다. 이 곡선은 인구의 장기적 변동이나 내구 소비재의 보급과정에 잘 들어맞아 그 예측에 쓰이고 있다.

## 로치데일
(소비조합)(Rochdale Equitable Pioneers Society) 1844년 영국의 로체데일에서 실직한 28명의 후란넬직공이 소액을 출자하여 창고를 빌려 소비조합을 창설한 것이 그 시초이다. 이는 소비조합의 원류로서 로치데일선언이라는 것을 주장했다. 이 조합의 목적과 계획은 1구좌 1파운드의 출자금으로 충분한 자금을 모으고 조합원의 금전적 이익과 가정적 상태의 개선을 도모하는데 있었다. 이를 위해 다음과 같은 계획과 시설의 건설을 실행한다. 식료품, 의류 등을 파는 점포를 설치한다. 다수의 주택을 건설 또는 구입하고 사회적 상태의 개선에 협력하려고 하는 조합원의 거주에 충당한다. 실직한 조합원 혹은 계속되는 임금인하로 고통 받고 있는 조합원들에게 직무를 주기 위해 조합이 결의한 물품의 생산을 시작한다. 나아가 조합은 토지를 구입하고 또 빌려서 실직해 있거나 노동에 대해 부당한 보수밖에 받지 못하는 조합원에게 이것을 경작하게 한다. 실현이 가능하게 되어 점차 본 조합은 생산, 분배, 교육 및 정치적인 힘을 키운다. 바꾸어 말하면 공통의 이익에 입각한 자급자족의 국내식민지를 건설 하려고 또 똑같은 식민지를 만들려고 하는 다른 조합을 원조한다. 이 선언은 소비조합의 기본이념으로서 중요한 의의를 갖고 있다.

## 로크, 존(Locke, John)
영국의 철학자이며, 인식론적 경험론의 창시자이다. 옥스포드대학에서 의학, 철학을 공부했으며, 그의 생애는 영국 혁명기였고 정치, 교육에 새로운 사상을 주장하고 있다. 교육에서는 루소(프랑스)의 선구가 되고 정치사상에서는 홉스의 국가계약설 위에 입헌체제를 만들려고 생각했다. 1690년의 시민 정부론에서는 법 앞에 평등을 역설하고 근대국가의 기본원리를 처음으로 제창했다.

## 론드 이그재큐티브(loaned executive)
미국의 공동모금운동을 지탱하고 있는 봉사제도의 형태로 주로 지역기업모금, 법인모금에 활용되고 있다. 매년 지역의 기업에서 업종 별로 선발된 사원을 2－5월간 공동 모금회에 파견하는 것으로 급료의 부담은 소속회사 부단이므로 직원대출제도라고도 한다. 파견된 사원은 공동모금회에서 1개월 정도 연수를 받은 뒤 각자가 속해있는 회사와 동업종의 회사를 순회하며 기부를 호소한다.

## 루소(Rousseau)
스위스의 제네바에서 출생한 그는 프랑스에 와서 과학급 기술론을 발표해 유명해졌다. 〈사회계약론〉 및 〈에밀〉은 발간 후, 파리·제네바 등지에서 사회질서를 혼란하게 하고, 그리스도교의 가르침을 파괴한다는 이유로 금서처분을 받고 있고, 정부의 탄압을 받아 그는 스위스·영국·프랑스 등 각지를 헤매었으며, 도망자로서의 방랑생활 끝에 사망하였다. 정열적인 천재로 인류의 평등이나 사회계약을 역설해 당시의 신분사회를 비판했다. 프랑스 계몽시대의 특이한 철학자이며 프랑스혁명의 유력한 원리를 제공하고 세계에 큰 영향을 주었다.

## 룸펜 프롤레타리아(loafer － proletarian)
노동력상실자, 선천성불구자, 전상자, 전쟁고아, 전재가족 등 자본주의사회의 최하층에 침전하여 사회복지적 부조를 받지 않고는 스스로 생계유지가 곤란한 피구휼적인 빈민을 말한다. 누더기를 걸친 사람, 걸레, 폐물 등을 뜻하는 것인 룸펜인데 이들은 장기적인 실업으로 노동의욕 상실과 이에 따른 퇴폐적인 생활태도, 부랑적인생업을 가지는 어느 의미에서는 기생적인존재 형태를 보이고 대도시에서 이른바 슬럼(slum)을 형성한다.

## 르프레이(Le play)
프랑스 사회개혁운동가이다. 광산 감독관이었던 그는 1855년 유럽의 노동자를 저작해 가족을 사회의 단위로 생각해 30년간에 걸친 관찰조사를 상세하게 보고했다. 가계를 기초로 한 모노그라프나 이수법은 엥겔을 비롯해 후세의 가계조사에 큰 영향을 주었으며 특히 사례연구를 처음으로 시도한 사람이다. 또 농촌사회학에 르프레이학파라 불리는 실증 연구파를 구축하는 선구가 되었다.

## 리(Lee, Porber R.)
미국에 있어서 사회사업 교육의 발달에 공헌한 선구자이다. 리치본드의 뒤를 이어서 필라델피아 자선조직협외의 사무국장이 되었다. 1912년부터 뉴욕박애학교에서 케이스워크를 가리키고 5년 후에 교장이 되었다. 특히 밀포드 회의의 의장으로서 보고서를 정리한 것은 유명하다. 또 1929년 전국 사회사업회의에서 행한 회장연설(Social Work : Cause or Function)은 사회개혁자와 사회기술자와 상호차이를 명시한 것으로 높이 평가되며 현재에 이르기까지 영향을 미치고 있다.

### 리더십(leadership)

리더십이란 희구되는 목표를 달성하기 위하여 개인 및 집단을 조정하며 동작하게 하는 기술을 의미한다. 즉 리더십이란 조직 구성원으로 하여금  바람직한 조직목표에 자발적으로 협조하도록 하는 기술 및 영향력을 말한다. 리더십은 조직의 공식적 구조와 설계의 미비점을 보완하고, 변화하는 환경에 조직이 효율적으로 적응하도록 하며, 조직 내부의 조화를 유지시키고, 조직 구성원의 동기를 유발하고 재사회화하는 기능 등을 수행한다. 리더의 유형은 권위형·민주형·자유방임형 등으로 구분되며, 리더쉽 이론은 자질론(資質論, traits theory)으로부터 시작하여 행동유형론(行動類型論, styles of leader behavior)을 거쳐 상황론(狀況論, situation theory)으로 발전하여 왔다.

### 리버타리안

미국, 영국, 프랑스 등지에서 현저해진 철저한 자유방임주의자를 말한다. 종교, 마약은 물론 경제적인 보호주의, 기업의 보조금·누진과세 등 정부의 규제나 보조를 최소한으로 억제, 개인의 자유를 최대한으로 인정해 나가려는 입장을 취한다. 미국에서는 베이비붐세대의 60%가 이러한 리버타리안이라고 알려져 있다. 이러한 경향이 일반화되면 국가는 상당히 변모하여 아나코 캐피탈리즘(무정부 자본주의)에 빠진다고 한다.

### 리비도(libido)

프로이드(Freud, S.)는 인간의 생물학적인 성적에너지를 리비도라고 명명하였다. 이것은 구순기, 항문기, 남근기, 성기기의 단계로 발달되어간다. 모든 행위는 이 리비도의 에너지에 의한 것으로 행위가 장애를 만나면 리비도는 고착점까지 행해서 만점을 얻으려 하나 억압을 수반하면 노이로제가 생긴다고 생각했다. 융(Jung, C. G)은 이 리비도를 단순한 생활에너지나 심적인 에너지에 불과하다고 생각해 프로이드와 대립했다.

### 리세션

경기후퇴. 경기순환의 한 국면으로 호황이 중단되어 생산활동 저하·실업률 상승 등이 생기는 현상. 이러한 상태가 더욱 진행되면 불황(depression)이 된다. NBER(전미경제연구소)는 실질 GNP가 2 / 4분기 이상 연속해서 감소(전기대비)한 경우를 리세션으로 정의하는데 이 기준이 미국에서는 널리 받아들여지고 있다. 리세션이 회를 거듭할 때마다 GNP와 개인소득의 감소가 소폭이 되고 경기침체가 둔화되는 경향을 갖는다. 이것은 실업보험제도와 노동조합의 발전 또는 미국에 독특한 불황지역 지정제도 등으로 경기가 악화되어도 민간소득이 그다지 줄지 않는 구조로 돼있기 때문이다. 1973년 석유 위기에 의해 인플레이션과 리세션이 닥쳐왔을 때 선진 각국은 당초 인플레이션 억제정책을 취했기 때문에 실업률이 높아져 사회문제가 되었다.

### 리엔지리어링

최근 기업들 간의 생존 경쟁이 치열해 지면서 구미 기업들 사이에서 나타나고 있는 새로운 경영 전략의 하나로 '조직 재충전'이라 해석된다. 리엔지리어링의 핵심은 생산성 향상을 위해 기업을 개선시키는 차원이 아니라 원점에서 출발, 완전히 재창조하자는 것이다. 따라서 리엔지리어징은 사업 과정을 혁신적으로 재설계하고 그것을 고유 기능이 무시된 혼성팀이 수행토록 하는 것을 골자로 한다. 리엔지리어링은 산업혁명 이후 기업경영에서 진리로 받아들여져 온 분업의 이익, 규모의 경제, 위계질서 등에 의한 통제 등 전통적인 패러다임을 거부하고 대신 유기적이고 신속하고 효율성있는 업무의 조직화로 급변하고 있는 경영 환경에 능동적으로 대처하는 새로운 모델을 추구한다.

### 리치몬드(Richmond, Mary E. )

미국에 있어서 자선조직협회 운동의 우수한 실천가·지도자·이론가로서 활동하였고 그리고 케이스워크를 최초로 체계화한 케이스워크의 어머니라고 칭하고 있다. 일리노이주에서 출생하였지만 일찍 부모를 사별하여 불우하게 유소청년기를 보내고 28세부터 자선조직협회운동에 종사하였다. 볼티모어 자선조직협회(1889 − 1900), 필라델피아 자서조직협회(1900 − 1909), 러셀 세이지 재단의 자선조직부(1909 − 1928)에 근무하고, 자선조직협회운동발전에 공헌하였다. 많은 저서와 논문을 발표하였지만 가장 유명한 저서는 〈Social Diagnosis〉(1917)와 〈What is Social Case Work ?〉(1922)이다. 그의 케이스워크이론의 특질은 민주주의 이념을 기초로 하여 케이스워크와 사회개량을 상호 연관시킨 점, 케이스워크를 과학적·전문적 수준으로 높이기 위하여 특히 의학을 모형으로 하여 진단 치료의 과정으로서 체계화하고 있는 점, 그 위에 진단 치료에 있어서 사회 환경요인을 중요시 하고 있다는 점이다.

### 리크루터제

선배사원이 출신학교 후배를 추천, 채용하는 제도. 기업에서는 사원들 가운데 리크루터를 선발하여 이들이 원서 배부 기간 부터 원서접수 때까지 학교에 머무르며 모든 인간관계를 동원, 후배들과 접촉한다. 리크루터는 직장 내에서 가장 정열적으로 근무하고 있는 실무자이기 때문에 단순히 인재를 모집하는 역할만 하는 것이 아니라 후배들의 입사자격 요건을 심사하는 것은 물론 직접 면접까지 관장, 최종 입사 여부를 가리는 권한까지도 가지는 경우도 있다.

### 리프레션

1930년대의 대불황 정도는 못되지만 일시적인 경기 후퇴와는 구별되는 정체적인 경제상태를 말한다. 디프레션(depression)과 리세션(recession = 경기의 일시적 후퇴) 사이에 위치하는 경제상태를 나타내기 위한 신조어. 〈뉴욕타임즈〉 지에 의해 처음 사용되었다.

### 리플레이션

통화재팽창을 말함. 디플레이션에서 벗어나 아직은 심한 인플레이션까지는 이르지 않은 상태를 말한다. 불황의 결과, 생산이나 이윤이 대폭 저하하여 실업이 증대하는 경우 정상이라 생각되는 수준에 미달되는 물 가수준을 어느 정도 인상시켜 인플레이션에 이르지 않을 정도까지 경기의 회복을 일으키기 위해 통화를 팽창시키는 금융정책을 리플레이션 정 책이라 말한다.

### 리허빌리테이션 워커(rehabilitation worker)

광의로는 리허빌리테이션의 기관·시설에서 일하는 사회사업가 즉 물리치료사와 작업치료사를 비롯하여 의료 사회사업가, 생활지도원, 심신장애자지도원 등의 총칭이다. 협의로는 직접 리허빌리테이션 업무에 종사하는 물리치료사, 언어치료사, 훈련사 등을 가르친다. 주요업무는 ①장애자 개인의 자립을 위한 동기부여, ②장애자가 사회의 일원으로서 살아가는 역할수행의 원조, ③장애의 예방과 회복에 필요한 사회자원의 개선과 창설, ④역할수행의 원조를 위한 조건의 정비와 관련기관의 연락조정, ⑤장애자 대책에 관한 정책입안 등이다. 여기서 주요한 것은 장애자를 권리주체, 발달주체로 보는 장애자관과 장애자의 잔존 능력을 최대한으로 발달시켜야 한다는 사명감을 갖는 것이다. 워커는 전문적인 지식과 장애자 상담과 지도에 필요한 기술 및 지역사회자원을 파악하고 활용하는 능력을 가지고 있어야 한다. 따라서 전문직으로서의 자격과 신분보장에 대한 제도의 확립이 요청 된다.

### 림포카인

바이러스등 외적의 침입에 대비해 척추동물이 본래 가지고 있는 자기방어기구인 〈면역〉의 주역 임파구가 만들어내는 생리활성물질. 임파구에는 T세포, B세포, 매크로 팹지(대식세포)등 여러가지 종류가 있으나 주로 T세포가 만들어 내는 물질을 가리킨다. 체내에서는 각 임파구의 작용을 컨트롤하는 역할을 하나 최근에는 새로운 항암물질로 주목되고 있다. TNF(종양괴사인자)와 CBF(암파괴인자), 감마형 인터페론 등이 모두 림포카인의 일종으로 알려지고 있다.

### 링컨 플랜

기업이 얻은 성과를 종업원에게 분배하는 이윤분배제도. 종업원의 기업 경영에 대한 이해도를 높이고 나아가 개별적 협력을 유지, 촉진시키기 위하여 실시된 것이다. 이것은 노동자의 협력을 증진시키고 생산성의 향상을 주목적으로 하는 것이다.

### 마그나 카르타(Great Charter, Magna Carta)

근대적 영국헌법과 입헌정치의 제원칙을 확립하는 데 중요한 역할을 수행한 대헌장(大憲章)을 말한다. 발포(發布) 당초(1215년)의 마그나 카르타는 John 왕의 실정(失政)을 계기로 제기된 귀족의 요구를 반영한 봉건적 문서였으나, 시대와 더불어 계속 재확인·활용됨으로써 자의적인 왕권에 대한 법의 지배원칙을 비롯하여 입헌정치의 제 원칙을 확립하는데 중요한 역할을 수행하였다. 여러 차례의 재발포(再發布) 과정을 통해 적법한 재판과 국법에 의하지 않고는 자유민을 체포·구금할 수 없다는 조항은 인신보호조항으로 영국헌법 형성에 중대한 영향을 미쳤으며, 봉건적 부담의 제한 조항은 의회의 동의 없이는 과세할 수 없다는 원칙으로 확인되었다.

### 마르크스(Marx, Karl Heinrich)

과학적 사회주의의 창시자, 독일의 트리어(Trier)에서 출생, 본(Bonn)대학에서 법률학을 공부한 후 베를린 대학에서 철학과 역사학을 연구하고 예나(Jena)에서 박사학위를 받았다. 교수직을 원했으나 프로이센 반동주의로 인하여 교수직을 포기하고 쾰른으로 이주하여 라인지방의 반정부 기관지 라인신문(Rheinische Zeitung)의 주필이 되었으나 동지의 혁명적 논조 때문에 부인과 함께 파리로 이주, 이곳에서 루게(Ruge, A.)와 불·독년지(Franco-German Yearbook)를 발간하고 또 그의 동료겸 재정지원자로서 평생을 지냈던 엥겔스(Engels F.)를 만났으며 프르동(Proudhon, P. J.)을 포함한 프랑스의 사회주의자들을 접촉하게 되었다. 브르셀로 이주 급직전인 프로레타리아 사회주의의 이론과 전술의 토대위에서 노동자협회인 정의연맹(League of Just)의 요청에 따라 엥겔스와 같이 1848년에 공산당선언(Communist Manifesto)을 작성하였고 벨기에서 추방되어 파리를 거쳐 쾰른으로 이전하여 신라인신문(Neue Rheinische Zeitung)의 주필로 활약했으나 탄압을 받아 다시 추방되어 런던으로 이주하여 평생을 보냈다. 영국에서 우울하고 비참한 생활 중에 집요하고 끈질긴 연구와 집필을 계속하여 경제학비판(Grundriss der Kritik der politischen ökonomie ; 1859)과 자본론(Das Kapital) 제 1권(1867)의 저술에 전념하는 한편 국제 노동자협회(제 1인터내셔날)의 이론적·조직적

지도를 행하였다. 마르크스는 독일의 고전철학, 영국의 고전경제학, 프랑스의 혁명적인 여러 이론을 계승시켜 헤겔(Hegel, G. W. F.)의 변증법과 포이엘바하(Feuerbacj, L. A.)의 유물론을 종합하여 이로부터 관념론을 제기한 후 변증법적 유물론과 유물사관을 완성시켜 완전히 새로운 사회체제의 건설을 의도하였으며 자본주의 경제체제의 필연적 몰락을 예언하였다. 사회주의와 공산주의의 바이블인 자본론은 1885 – 1894년에 엥겔스가 편집하여 제 2, 3권이 출간되었고 자본론에 나타나고 있는 생산양식, 잉여가치설, 임금이론, 가치와 분배의 이론 등은 아직까지도 수많은 논의가 계속되고 있다.

### 마비성 조음장애

뇌손상으로 인해 발음기관인 후두, 연구개, 인두, 혀, 입술, 턱을 조절하는 근육기제의 약화, 마비 또는 불협응을 초래하여 발음, 음질, 유창성 등에 장애를 가져오는 것이다. 뇌성마비 아동에게서 흔히 볼 수 있는 언어장애이며, 뇌손상을 입은 어른에게서도 보여 진다.

### 마슬로우(Maslow, Abraham. H)

1935년 전후에 유명하게 된 미국의 심리학자이며 주로 인간심리학의 영역을 개척했다. 인간의 동기, 자기실현, 창조성, 정신위생 등에 관한 연구를 해왔다. 이것은 동물 행동이나 이상행동 등의 영역에서 심리학연구 등을 진행하려는 학파와 대조를 이루는 것이며, 건강한 인간의 정상적인 심리를 생각함으로써 마음의 활동을 체계적으로 가치 평가한 것이라 하겠다.

### 마약(narcotic / drug narcotic / dope)

진통 및 마취작용이 강한 약물로, 중독성이 강하며 사용을 중단할 경우에는 심한 금단증세로 신체적 및 심리적으로 큰 고통 및 부적응을 초래하게 된다. 아편, 모르핀 및 코데인 등이 해당된다.

### 마약대사

세계를 무대로 마약퇴치운동을 벌이는 〈마약외교사절〉. 1991년 3월 유엔산하 국제마약퇴치 운동기구인 유엔마약통제본부 창립총회에서 우리 정부의 제안으로 설립됐

다. 정부는 91년부터 10개년 계획으로 추진되는 유엔의 마약퇴치 범세계운동의 하나로 마약대사제를 제안했었다. 이번에 초대 대사에 한국인을 추대키로 한 것도 이러한 배경에서이다. 마약 대사는 미국, 유럽, 남미, 동남아 등 마약 우범지역을 순회하며 각국 정상들과 만나 정부차원의 마약대책을 촉구하고 해당 국가 청소년을 상대로 마약의 해독성에 대해 강연을 하게 된다. 마약퇴치 기금 모금운동도 벌인다.

## 마약법

1957년 4월 23일에 법률 제449호로 최초 제정, 1989년 동법률 제4122호로 개정되었다. 마약의 해독을 방지하기 위하여 그 사용을 정당한 의료용과 과학용에 국한하며 그 취급의 적정을 기할 목적으로 제정된 법률로서 먼저 총칙적인 규정인 마약의 정의, 마약취급자의 정의 무면허 취급의 금지, 마약취급의 제한 등을 규정하고, 마약취급자 등의 면허, 마약의 관리, 마약취급과 마약중독자, 감독과 단속, 잡칙 및 벌칙 등의 장별로 나누어 상세히 규정하고 있다.

## 마약중독(drug addiction)

마약을 장기간 사용하여 마약을 사용하지 않고는 견딜 수 없는 상태를 말한다. 마약은 일반적으로 아편, 몰핀, 코카인 등을 말하며 통증이나 감수성을 잃고 도취상태를 가져오며 장기상습자가 사용을 중단하면 금단증상이 강하게 나타난다. 인격 망폐에 이어지는 중독으로 범죄와의 관련도 많다.

## 마약중독심사

마약중독자로서 의료시설에 입소한 자에 대해 시·도지사가 정신위생 감정의가 정한 기간을 넘어서 입원을 지속할 필요가 있다고 인정될 때 그 적부를 심사하기 위해 시·도에 설치된 심사회이다. 위원은 5인으로 법률 또는 마약중독자의 의료에 관해 학식경험을 갖고 있는 자 중에서 시·도지사가 임명한다. 마약중독심사회는 심사를 함에 있어 조치 입원자 및 마약중독자 의료시설에서 그 의료를 담당한 의사의 의견을 듣지 않으면 안되도록 하고 있다.

## 마이너스 대출

거래하고 있는 은행의 통장을 이용해 일정한 금액을 수시로 빌려 쓸수 있는 대출제도. 약정금액 한도내에서 돈의 액수에 상관없이 수시로 돈을 빼고 넣을 수 있으며, 돈이 들어있는 동안에는 이자가 붙지 않는다. 이 제도를 이용하려면 일단 은행과 약정을 맺어야 한다. 이때 일부 은행은 보증인을 세우도록 하지만 500만원 이하인 경우는 대체로 보증인이 필요없다. 약정을 맺고 거래가 성립되면 기존 통장이 마이너스 통장으로 변경된다. 대출한도는 주

로 신용도, 거래실적 등에 따라 정해지는데 직장인의 경우 상장기업의 직원이나 공무원 등은 직급에 따라 500만원에서 최고 수천만원대까지 다양하다.

## 마이너스 성장

실질국민총생산이 전기에 비해 감소하는 것을 가리킨다. 1973년말의 석유위기로 각국이 모두 인플레이션 억제와 국제수지의 적자를 시정하기 위해 긴축정책을 계속했다. 이 결과, 각국의 경기후퇴는 현저하며 줄지어 마이너스 성장을 기록했다. 우리나라의 경우 79년의 제2차 오일쇼크의 영향과 이상기온 등으로 80년에 마이너스 성장을 기록했었다.

## 마이어(Meyer, Adolf)

정신생물학의 창시자로서 환자를 한 사람의 인간으로 이해할 것을 강조하고 있다. 그는 환자 한 사람 한 사람 모두 독특하여 조각내어 분류해서 생각할 수 없을뿐더러 어떤 질병으로 분류될 수도 없다고 했다. 그는 환자의 성격화 과거력을 상세히 검토할 것을 주장했으며, 질병은 현재의 스트레스와 지금까지 해온 적응습관에 대한 정신생물학적 반응이라고 설명하였다. 바꾸어 말하면 어느 국한된 일면이 아니라 성격전체의 생물학, 즉 전체 환경속에 있는 전체 인간을 다루어야 한다고 가르쳤다. 1904년 맨해튼 주립병원(Manhattan State hospital)에서 환자의 생활이나 그 병의 원인에 대해 사회적으로 어떤 영향이 끼쳤는가를 폭넓게 임상 이해를 하고자 그의 부인을 가정방문토록 하였으며, 또 환자의 가정, 학교, 지역사회에서 조기에 중재하고 회복기에서는 작업요법과 오락요법등의 사후지도(after care)의 기본원리를 시도 하였다.

## 마인드 맵

성공의 비결로(기록하는 습관)을 버려야 한다는 이론이 유럽의 유수 기업에서 각광을 받고 있다. 기록하면 시야가 좁아진다는 것이고, 노트하는 습관은 인간 두뇌의 종합적 사고를 가로 막는다는 것이다. 이 이론의 주인공은 런던을 주무대로 활약하고 있는 전직 언론인 '토니 부잔' 으로 그가 대신 내놓은 방법은 이른바 〈마인드 맵〉이다. 읽고 생각하고 분석하고 기억하는 그 모든 것들을 마음속에 지도를 그리듯 해야 한다는 독특한 방법이다.

## 마인드 맵 이론

읽고 분석하고 기억하는 모든 것을 마음속에 지도를 그리듯해야 한다는 사고훈련법. 영국의 전직 언론인인 토니 버전이 주장해 유럽에서 선풍을 일으킨 이론으로 기록하면 시야가 좁아지고, 노트하는 습관은 인간 두뇌의 종합적 사고를 가로막는 장애를 극복한다는 것이다.

## 마지널 맨(marginal man)

일반적으로 성질이 대립적인 둘 이상의 집단에 동시에 속함으로써 행동양식이 불안정한 사람을 지칭하나, 넓은 의미로는 집단성원으로서의 자격이나 기능을 충분히 갖고 있지 않은 사람을 가리킨다. K. Lewin은 미국인 사회 속으로 이주해온 유태인과 같이 다수자 집단과 소수자 집단의 경계에 있는 사람을 마지널 맨으로 불렀다.

## 마켓 바스켓 방식

1923년 영국의 노동당이 각국의 실질임금을 비교하기 위해 고안한 방식. 필요한 식료품 품목과 수량을 정하고 그것을 구매하는 비용과 임금을 비교하는 방식이었으므로 마켓 바스켓 방식이란 말이 붙여졌다. 그후 이 방식은 식료품뿐만 아니라 전 생계비목으로 확대되어 일정 생활수준을 유지하기 위해 필요한 생활수단전부의 품목과 수량을 정하고 그 구입가격이나 내용연수 등을 고려하여 전 생계비를 집계하는 방식을 지칭하게 되었다. 이 방식은 최저임금액 또는 사회보장급부금 산출 등에 이용되는 경우가 많다.

## 마키아벨리즘(Machiavellismus)

Machiavelli의 〈군주론〉에 담긴 사상으로 권모술수, 현실정치(Realpolitik)와 거의 같은 뜻으로 사용된다. 즉 목적을 위해서는 수단과 방법을 가리지 않는 반도덕적 행위라 하더라도 결과에 따라 정당화된다는 정치적 사고(思考)를 의미한다.

## 만곡(curvature)

척추는 네 부분에서 만곡이 형성되어 있는데, 경부만곡·흉부만곡·요부만곡·천미만곡 등이 그것으로 모두 생리적인 만곡이다. 이들 만곡은 사람이 바로 설 때 몸의 중력평형을 유지하기 위하여 이루어진 것이다.

## 만성적 실업

제1차 대전 후에 만성적 불황에 수반하는 높은 실업률이 지속되었는데 이 상태가 호황으로 되어도 회복되지 못하고 항상 존재하는 다량의 실업을 만성적 실업이라고 한다.

## 만족모형(satisfying model)

의사결정에 있어 합리적인 결정이나 최적대안을 선택하는 데 있어서는 여러 가지 현실적 제약이 있기 때문에, 어느 정도 동의할만한(agreeable) 차선의 대안을 선택함으로써 제한된 합리성을 찾을 수밖에 없다는 이론모형으로, H. A. Simon과 J. March가 제시한 것이다.

## 말더듬이(stammerer)

말을 할 때 언어의 반복(연발), 말의 연결곤란, 말의 시작곤란, 말도중에 막히는 등 말의 흐름에 이상이 있고, 유창하지 못한 증상을 일반적으로 말더듬이라고 한다. 이와 같은 말더듬이 증상이 있고 또 본인이 말을 더듬는 것에 신경이 쓰여 말하기를 겁내거나, 심신의 긴장을 느끼는 등 정서면의 증상이 나타날 수 있다. 말더듬이 원인에 관해서는 많은 설이 있으며 현재로는 소인설, 신경병설, 학습설 등으로 대별된다.

## 망각(forgetting)

전에 학습했던 것을 상기하거나 재생할 수 있는 능력의 상실을 말한다. 망각현상을 설명하는 이론에는 여러 가지가 있다. 간섭이론에서는 선학습 또는 후학습이 간섭하기 때문에 망각이 일어난다고 주장한다. 형태심리학에서는 기억흔적이 시간의 경과와 더불어 보다 좋은 형태로 재조되지 않으면 망각이 촉진된다고 주장한다. 정신분석 이론에서는 억압에 의한 동기적 망각(motivated forgetting)을 강조한다. 망각현상은 매우 복잡하기 때문에 어느 한 이론에 의해 만족스럽게 설명될 수 없다.

## 망상(delusion) 01

망상은 허망된 생각을 말하는데, 그 특성으로는 사실과는 다른 생각(false belief), 그 사람의 교육정도, 환경과 부합되지 않고 현실과 동떨어진 생각이며, 이성이나 논리적인 방법으로 교정되지 않는 사고장해이다. 그 유형에는 피해망상, 관계망상, 과대망상, 색정적 망상, 우울성 망상, 조정망상, 신체망상 등이 있다.

## 망상 02

이론이나 그 밖의 증거에 의해 바꿀 수 없는 그릇된 확신, 논리적인 설득으로 교정되지 않거나 변하지 않는 잘못된 믿음이다. 현실적으로 타당한 증거가 없음이 명백함에도 불구하고 지니고 있는 허황된 생각. 착각은 상상력이나 그릇된 지각에 의해서 지니는 생각이지만 중국에는 그것이 거짓된 신념임을 인정할 수 있으나, 망상은 확고한 자기기만적 성격을 띠고 있으며 흔히 정신병의 두드러진 증상으로 간주된다. 망상에는 피해망상·과대망상·관계망상·귀신망상 등 여러 가지가 있으며, 이들은 개인의 심리적 성장과정, 환경과 문화적 배경에 따라서 제각기 다르게 나타나는 경향이 있다. 망상을 치료하기 위해서는 망상만을 교정하려고 하기보다는 정신병 자체를 치료해야 된다.

## 맞벌이가족(dual career family)

맞벌이부부라고도 하며 부와 처가 함께 고용근로자로서 취로하고 있는 가족을 말한다. 부부가 함께 임금수입을 얻고 있다는 의미에서 맞벌이가족이라고 부르고 있는데 취업은 단지 임금수입의 획득 또는 가계보충을 위한 것일 뿐만 아니라 생활의 질 향상, 사회참여나 능력발휘(자기실현) 등 사회적·정신적 동기에 의해서도 행해진다. 맞벌이가족에게는 자녀교육문제를 위시하여 많은 문제가 있는데 직장에서의 모성보호, 남녀근로자의 가정책임수행의 보장, 부부의 역할공동부담 등이 해결되어야 할 과제이다.

## 매개(mediation)

직접성, 무매개성에 대립하는 말로서 특히 헤겔의 용어로서는, 무릇 직접적으로 존재하는 것은 사실은 다른 것을 조건으로 하여 결정되며, 또 그 성립 과정의 결과라는 것이다. 그에 의하면 〈내가 베를린에 있다는 것, 즉 나의 이 직접적 현재는 여기에 여행해서 왔다는 것 등등에 의해 매개되고 있다〉는 것이다. 이 의미에서 모든 것은 직접성과 매개성을 포함하며, 〈매개성이란 어떤 것으로부터 출발하여 제2의 것에 도달하고 있다는 것이며, 따라서 이 제2의 것은 제2의 것과는 다른 것으로부터 그것에 도달되고 있는 한에서만 존재한다.〉는 것이다.

## 매개법 그룹워크

W. 슈왈츠의 대표적 집단방법의 기법이며 상호작용모델이라고도 불린다. 이 모델에 따르면 지도자의 기능은 개인과 그 사회가 스스로의 존속과 성장발달을 위해 서로를 필요로 하며 상호작용하려는 과정을 매개하는 것이다. 집단과정에서 생기는 대인접촉에서 상호 원조적 측면적을 중시하여 지도자는 어디까지나 그 매개자의 역할을 할 뿐 복지대상자를 진단하거나 변화시키는 사람이 아니라는 입장을 취한다.

## 매디슨주의(Madisonianism)

미국의 규범적 관료제모형 가운데 이익집단의 요구에 대한 조정을 위해 견제와 균형을 중시하는 모형을 말한다. 제4대 대통령 James Madison의 이름에서 유래한다. 반면 제퍼슨주의는 개인적인 자유를 극대화하기 위해 행정책임을 강조하는 가운데 박하고 단순한 정부와 분권적 참여과정을 중시하며 해밀턴주의는 정부의 적극적인 역할을 통해 행정의 유효성을 지향한다.

## 매스 미디어

매스커뮤니케이션의 과정에서 보내는 측과 받는 측 사이를 맺는 모체. 즉, 신문·라디오·텔레비전·잡지·영화 등 최고도의 기계기술 수단을 구사, 정보를 대량생산하여 불특정 다수의 사람들에게 대량전달하는 기구 및 전달 시스템을 말한다. 미디어는 복수형이고, 단수형은 미디엄이다. 현대사회에서의 매스미디어는 대규모조직이 되어 쉴 새 없이 활동하고 있으므로 일반 사람들에게 미치는 영향력은 막대하다. 이와 같이 강한 영향력을 발휘하는 정보매체인 매스미디어의 미디어와, 지배·정부·정체 등을 뜻하는 크래시의 합성어인 미디어크래시(mediacracy), 그리고 매스미디어를 지배하는 사람이란 뜻으로 미디어크래트(mediacrat)라는 용어도 나오고 있다. 우리가 흔히 말하는 매스컴이란 통상이 매스미디어를 가리키는 경우가 많다.

## 매스 커뮤니케이션

불특정다수의 받는 측을 대상으로 매스미디어를 통해 대량으로 정보를 전달하는 커뮤니케이션 과정. 즉 신문·잡지·서적, 라디오·텔레비전·영화 등의 대중매체를 통해 많은 사람들에게 영향을 주는 활동이며 매스컴이라고 약칭되어 쓰인다. 매스 커뮤니케이션의 특징은 보내는 측은 흔히 대규모로 조직된 집단이고, 기계적·기술적 수단인 정보를 대량으로 복제하며 이것을 분산된 불특정 다수의 받는 측에 전달한다. 받는 측이 보내는 측으로 되는 기회가 적어 역할의 분화가 뚜렷하고 정보의 흐름이 보내는 측에서 받는 측으로 가는 일방적인 것 등을 들 수 있다. 매스 커뮤니케이션이 사회에 대해서 하는 활동을 요약하면 보도·논평·교육·오락활동과 그밖에 광고를 전달하는 광고매체로서의 활동 등이 있다. 매스 커뮤니케이션에 대해 특정한 지역과 사람들을 대상으로 한 매체나 활동을 미니컴, 즉 미니커뮤니케이션(mini — communication)이라고 한다.

## 매스커뮤니케이션(mass communication)

매스컴이라고도 하며 대중전달이라 번역된다. 커뮤니케이션은 개인과 개인 사이에 의사를 전달하는 과정이지만 그 과정의 매체가 언어나 몸짓이 아니고 기계화되어 대중화되면 매스컴이 된다. 대표적인 매체는 TV, 라디오, 신문, 잡지, 영화 등이다. 받는 측은 장소, 직업, 연령을 불문하고 양적, 실적으로 무한정이다. 이와 같이 대중이 받는 쪽이 되는 것이 매스컴의 본질이기도 하다.

## 매스커스터마이제이션

매스커스터마이제이션이란 매스(mass ; 대량)와 커스터마이제이션(cus — tomization ; 고객화)의 합성어이다. 개별고객의 다양한 요구과 기대를 충족시키면서도 값싸게 대량생산할 수 있는 방법을 말한다. 말하자면 품종을 다양화하면서 대량화함으로써 하나의 품종을 많이 생산하지는 않더라도 그 회사 전체의 생산량은 대량생산체제와 맞먹는 수준을 유지하여 이익을 극대화 할 수 있다는 것이다. 미국의 초대형 출판사 맥그로우 힐은 불과 100부 미만의 책의 주문에도 적절히 대처, 큰 이익을 올리고 있는 것이 그 대표적인 사례로 지적될 수 있다. 이와 같이 매스커스터마이제이션은 산업화 이전의 장인식 생산체제에서 가능 했던 '맞춤복식' 의 매력을 근대적인 대량생산체제의 장점인 저가로 누릴 수 있게 하는 경영기법을 말한다.

## 매슬로의 욕구5단계설

인간의 욕구는 타고난 것이며 욕구를 강도와 중요성에 따라 5단계로 분류한 아브라함 매슬로(Abraham H. Maslow)의 이론이다. 하위단계에서 상위단계로 계층적으로 배열되어 하위단계의 욕구가 충족되어야 그 다음 단계의 욕구가 발생한다. 욕구는 행동을 일으키는 동기요인이며, 인간의 욕구는 낮은 단계에서부터 그 충족도에 따라 높은 단계로 성장해 간다. 이것이 욕구 5단계설이다. 1단계 욕구는 생리적 욕구로 먹고 자는 등 최하위 단계의 욕구이다. 2단계 욕구는 안전에 대한 욕구로 추위·질병·위험 등으로부터 자신을 보호하는 욕구이다. 3단계 욕구는 애정과 소속에 대한 욕구로 어떤 단체에 소속되어 애정을 주고받는 욕구이다. 4단계 욕구는 자기존중의 욕구로 소속단체의 구성원으로 명예나 권력을 누리려는 욕구이다. 5단계 욕구는 자아실현의 욕구로 자신의 재능과 잠재력을 발휘해 자기가 이룰 수 있는 모든 것을 성취하려는 최고수준의 욕구이다.

## 매월노동통계조사

민간, 공영사업체 등에 취업하고 있는 상용근로자의 고용, 임금, 근로 시간의 변동추이를 파악하기 위해 노동부가 매월 실시하고 있는 통계조사 이다. 이 조사를 통해 근로자수, 노동이동률, 임금, 근로시간수, 근로 일수 등 기본적인 동태를 파악할 수 있다. 이 조사는 전국의 사용근로자 10인 이상 사업체중 주요 사업내용이 광업, 제조업, 전기·가스 및 수도 사업, 건설업, 도·소매 및 음식·숙박업, 운수·창고 및 통신업, 금융·보험·부동산 및 용역사업, 사회 및 개인서비스업에 속한 사업체를 대상으로 실시하고 있다. 따라서 농업, 수렵업, 임업, 어업과 국가 및 지방행정기관, 교육기관의 사업체는 제외된다. 이 조사에서는 〈매일 매일 또는 1개월이내 기간에 한해서 고용되어 있는 자〉를 임시 일용 근로자로 하며 그중에서 〈3개월을 통산하여 45일 이상 고용된자는 상용근로자〉로 하고 있어 상용근로자의 개념이 일반적인 통념과 달라 그 범위가 넓게 되어 있다.

## 매음금지조약

1949년 UN 제4차 총회에서 채택되어 1951년에 발표된 인신매매 및 타인의 매음행위에 의한 착취금지에 관한 조약이다. 이 조약은 연령, 성별에 관계없이 인신매매를 금지하고, 매음의 권유, 매음에 의한 착취, 매음의 경영, 매음장소의 제공, 매음업자에 대한 융자와 같은 행위를 처벌하도록 규정하고 조약체결국 사이의 국제적 협력을 통해 외국인 매음자에 대한 정보교환과 본국 송환조치에 대해 규정하고 있다. 또 매음자의 갱생과 선도에 대해서도 규정하고 있다. 우리나라는 1962년에 가입하였다.

## 매체(media)

사람들 사이에 의사전달을 할 때의 중개물을 말하며 홍보 활동에 있어서 홍보지 등이 전달수단으로 특별히 쓰이는 것을 말한다. 시각매체(신문, 잡지 등), 청각매체(라디오 등), 시청각매체(TV, 영화 등)로 나누어진다. 매체의 활용은 이해를 도와 기억되기 쉽다는 장점이 있다. 토의를 유효하게 하기 위해 전제매체를 사용하기도 한다. TV, 신문, 잡지 등 대량으로 쓰이는 매체를 매스미디어(mass – media)라고 한다.

## 매체도달

넓은 의미로서는 신문, 잡지의 발행부수, 라디오·TV의 서비스지역 내 세트 대수 등을 말하나 그 매체가 도달하는 인원수를 말하기도 한다. 신문의 경우 부수에 1지당의 열독 인원 수, 당일의 신문 열독률 등으로 산출한다. 라디오, TV에서는 서비스 지역 내의 세트 소유 세대에 세트당 시청인원, 그 프로그램 또는 시간의 시청률을 곱한 것을 도달 인원이라고 한다.

## 매춘(prostitution)

매출 오퍼레이션 자금이 시장에서 과잉상태를 빚고 있을 때(통화량이 지나치게 많을 때) 에는 중앙은행이 보유증권을 매각해서 자금을 시장에서 거둬들이는 것.

## 매출액 경상이익률

기업경영활동의 성과를 총괄적으로 표시하는 대표적인 지표다. 기업의 주된 영업활동 뿐만 아니라 재무활동에서 발생한 경영성과를 동시에 포착할 수 있다. 영업이익에서 금융비용 등을 뺀 경상이익이 매출액에서 차지하는 비중을 말한다.

## 매칭펀드

경영학에서는 공동 자금 출자라는 의미로 쓰인다. 흔히 컨소시엄 형태로 자금을 여러 기업이 공동 출자할 때 매칭펀드라고 부른다. 금융에서는 혼합 기금이라는 뜻으로 쓰인다. 투신사의 경우 국내와 국외에서 수탁받은 자금을 국내와 국외를 가리지 않고 투자하는 펀드를 가리킨다. 재정에서는 중앙 정부가 지방자치단체나 민간에 예산을 지원할 때 자구 노력에 연계해서 배정하는 방식을 말한다. 정부는 지난해 지방 중소기업 지원사업에 이러한 매칭펀드를 처음으로 도입했다. 지방이 무조건 중앙정부에 예산을 달라고 요구할 것이 아니라 먼저 자체적으로 노력을 하면 그에 상응한 지원을 하겠다는 취지였다.

## 매크로

〈거대한〉이라는 의미를 나타내는 접두사로 〈아주 작은〉이란 뜻의 접두사 마이크로(micro)와는 대조적이다. 예를 들어 macrophysics(거시물리학)이 그것. 이와 같이 자연과학분야에서 쓰이는 말이 경제학에 도입되어 매크로 경제학, 마이크로경제학이라는 명칭이 생겼다. 최근에는 매크로가 〈전체〉, 마이크로가 〈개별〉이라는 의미가 되어 매크로는 GNP의, 마이크로는 기업의 대명사처럼 쓰이는 경우도 있다.

## 매트릭스 조직(matrix organization) 01
매트릭스 조직이란 행정활동을 직능 및 기능부문으로 전문화시키면서 전문화된 부문들을 프로젝트로 통합시키는 단위를 갖기 위해 고안된 조직형태다. 행렬조직 또는 복합구조라고도 한다. 행정부문에 전형적으로 존재하는 매트릭스 조직으로는 지방 행정기관과 재외공관조직을 들 수 있다. 가령 전라남도청의 상공국은 산업자원부의 기능 중 전라남도에 해당하는 것만 실시한다. 그리고 재외공관, 즉 대사관에는 대사를 중심으로 영사·상무관·재무관·농무관·노무관·국방무관 등으로 구성되어 있어 외국에서의 자국민에 대한 상업·재정·농업·노동·국방업무를 함께 다루도록 되어 있다.

## 매트릭스조직 02
라인조직 또는 사업부제 조직을 세로에, 프로젝트제도를 가로에 놓고 전자의 안전성과 후자의 기동성을 효과적으로 믹스한 조직. 대규모 조직은 항상 부문간의 연락·조정과 같은 과제를 안고 있어 연락담당자(liaison officer)를 두거나, 과제해결집단(task force), 기동력집단(pr─oject team)을 편성하여 조직횡단적 연대를 높이려고 한다. 매트릭스 조직은 이러한 시도의 정점에 있는 것으로 미국의 항공우주산업에서는 60년대에 이미 이 조직을 실천에 옮긴 바 있다. 그러데 이 조직은 결국은 절충형이기 때문에 쌍방의 단점을 떠맡고 해결하지 못함으로써 완벽하게 가동시킬 수 없는 가능성도 있다는 것이다.

## 매판자본
식민지나 후진국에서 외국자본의 앞잡이 노릇을 하여 부스러기 이윤을 착취하는 반민족적 토착자본. 예속자본이라는 말과 내용이 비슷하지만 비난의 성격이 더 강하고 산업자본이라기보다 상인자본에 주로 해당된다. 원래는 외국자본과 자국시장을 중개하는 무역상인 또는 외국상사의 대리업자를 뜻하였으며 중국 청조 말기 열강의 자본과 결탁하여 폭리를 취했던 중국상인들을 가리키는 말에서 비롯되었다. 최근 제3세계론에서는 그 개념이 보다 엄밀해져 〈저개발 국가에서 정치적·경제적 지배력을 장악한 매판적 엘리트들이 선진자본주의 국가의 지배집단과 수직적으로 야합하여 분업 내지 교역관계를 맺음으로써 자신들의 이익을 보호·유지 할 뿐만 아니라 선진자본주의 국가의 착취를 조장하는 자본〉이라고 규정하였다.

## 매혈자(blood seller)
혈액을 유상으로 제공하는 사람들을 말한다. 전에 우리나라에서는 병원에 필요한 보존혈액 등 혈액제제의 제조.

공급은 매혈자에 의해 충당되어 왔다. 매혈제공에 의해 용이하게 현금 입수되니까 무직자, 일용노동자 중에는 직업적 상습 매혈자가 출현하여 빈번한 채혈에 의한 빈혈, 수혈 후의 혈정 간염발생 등의 폐해가 나타나 사회문제가 되기도 했다. 현재 폐지되었다.

## 맨손근력검사(manual muscle test)
손상근육의 힘을 평가하는 것은 장애 진단에 매우 중요한데 도수적 근육 검사법으로 저항을 달리하여 근육이 이겨내는 힘에 따라 근력의 정도를 나누는데, 중력, 저항, 관절운동 범위의 세 가지 요인을 기초로 하여 다르게 응용하며 근력강도를 0에서 5까지 분류하였다.

## 맬더스(Malthus, Thomas Robert)
영국의 경제학자이며 캠브리지대학을 졸업한 후 목사자격 취득. 1793년 모교의 특별연구원으로 있었다. 1805년부터 동인도대학의 근대사와 경제학 교수가 되어 평생 동안 재직하였다. 주저인 인구의 원리(1798)에서 산업혁명 과정 중 심각하게 대두된 빈곤의 원인을 인구의 자연적 증가가 생활 자료의 증가를 상회하는데서 찾았으며, 인구의 도덕적 억제와 빈민법의 폐지를 역설하여 1834년 빈민법 대개정 즉 신빈민법의 제정에 이론적 기반을 제공하였다.

## 맬더스의 인구법칙
영국의 인구학자 맬더스가 주장한 이론. 인구와 경제력의 관계를 경제 발전의 과정에서 착안하여 보면 인구는 식량이나 생존에 필요한 물자보다도 급속히 증가하는 경향이 있음(제2명제)에 대해 인구는 생존자료에 의해 제한되기(제1명제) 때문에 빈곤과 죄악이 발생치 않을 수 없다(제3명제)는 법칙 등이다.

## 맬더스주의(Malthusianism)
18C 말엽에 맬더스(Malthus, T. R.)가 제창한 인구원리와 인구대책을 받아들이는 것을 의미한다. 즉 인구는 기하급수적 맹아시설로 증가하고 식량은 산술급수적으로 증가하여 과잉인구가 발생하여 빈곤과 악덕이 필연적으로 발생하므로 인구와 식량과의 균형을 위해서는 인구증가의 억제가 요망된다. 이 경우 금욕생활과 혼인연기 등 도덕적 자제에 의한 인구증가의 둔화를 추구하는 것을 맬더스주의라고 한다. 한편, 19세기 후반에 들어와 도덕적 자제에 의한 인구 억제가 실현성이 없음을 인식하게 되어 수태조절과 같은 인위적인 산아제한 등 예방적인 인구 억제를 제창하는 신맬더스주의(New Malthusianism)로 전환되었다.

## 맹아시설(blind child institution)
맹아(강도의 약시아를 포함)를 입소시켜 보호함과 동시

에 독립자활에 필요한 지도, 원조를 행하는 시설이다. 무거운 중증지체부자유아시설에 대해 의학적 조치 및 생활, 학습, 직업에 대한 지도, 훈련이 중심으로 된다. 직업지도에 필요한 설비나 음악설비 외에 아동지도원이 점자를 해석할 수 있는 능력이 필요하다. 맹아가 장애에 따른 운동기능의 제약으로 신체적 발달이 불충분한 경우에는 심신의 발달에 대한 배려가 특히 필요하다.

## 맹인가이드 헬퍼

파견사업 가이드 헬퍼 파견사업 장애인 사회참가 촉진사업의 하나로 중도시각장애인이 사회생활상 외출해야 할 때 시중드는 자가 없기 때문에 지장이 있는 경우에 맹인가이드 헬퍼를 파견해 외출 시중을 들어주는 것으로 1974년부터 일본에서 제도적으로 실시되고 있다. 실시주체는 시·도로서 관내에 거주하는 시각장애인의 복지에 이해와 열의를 갖고 있는 자를 맹인가이드 헬퍼로 선정해 적절한 자에게 의뢰를 행하는 것이다. 우리나라의 경우 자원봉사자들이 이 역할을 맡고 있으나 그 절대수가 부족한 실정이다.

## 맹인안전지팡이

시각장애인의 보행을 돕는 백색의 지팡이로 백장 또는 맹인 안전지팡이로 불리우고 있다. 맹인안전지팡이는 일견, 원시적인 것 같지만 현재로는 이보다 좋은 방법은 없다 한다. 재질은 글래스화이버, 목재, 금속성의 것이 있으며 휴대에 편리하도록 접는 방식의 것도 있다.

## 머레이의 명시적 욕구이론(Manifest Needs Theory)

인간의 욕구는 미리 정해진 순서에 따라 추구되는 것이 아니며, 동기는 명시적으로 대두된 욕구에 유발된다는, H. Murray에 의해 주장된 동기이론. 즉 그는 Maslow와는 달리 욕구의 중요성에 관한 순서를 밝히지 않으며, 명시적 욕구(manifest need)는 인간이 태어날 때부터 갖고 있는 것이 아니라 성장 하며 배우게 되는 학습된 욕구라고 주장한다.

## 머피의 법칙

'잘못되는 것은 원래 그러한 것' 이라는 뜻으로 일이 좀처럼 풀리지 않을때 쓰는 말이다. 버스는 기다리면 안오고, 개 똥도 약에 쓰려면 없다는 등이 그 예이다. 1949년 미국 캘리포니아주 애드워드 공군기지에서 근무하던 에드워드 엘로이서스 머피2세는 귀환 비행기를 살펴보았으나 기체이상과는 상관없이 파일럿의 조정실수가 원인임을 깨닫는다. 이에 머피2세는 〈몇가지 방법 중 하나가 불행의 파국으로 끝날 경우 사람들은 이를 선택한다〉고 말했고 결국 이 말이 격언으로 회자되면서 〈머피의 법칙〉이라는 경험 법칙의 근간의 말이 생겨났다. 머피의 법칙과 정반대되는 샐리의 법칙도 있다.

## 멀티미디어(multimedia) 01

멀티미디어란 문자·음성·화상·동화 등 여러 가지 다른 미디어를 한대의 컴퓨터에 조합해 정보를 전달하는 기술 또는 그 컴퓨터 시스템을 말한다. 세계 최초의 멀티미디어 컴퓨터는 1984년에 발매된 애플컴퓨터사의 매킨토시 128K였는데 1987년에 등장한 Hyper card란 소프트웨어에 의해 복잡한 명령어를 사용할 필요 없이 링크를 따라 목적하는 데이터에 신속히 접근할 수 있는 등 멀티미디어로서의 위력을 발휘하기 시작하였고 새로운 고기능의 플랫폼들이 속속 등장, 급속한 발전과 확산을 지속해오고 있으며, 정보의 저장과 검색을 비롯한 홈뱅킹·홈쇼핑 등의 PC 통신기능, 화상과 영상을 녹화·재생할 수 있는 VCR 기능, 게임기 능등 다양한 기능을 갖는 이름 그대로 멀티미디어의 기능을 십분 발휘하 고 있다.

## 멀티미디어 02

멀티미디어는 CD - ROM이나 웹 페이지처럼 동시에 한 개 이상의 표현매체가 사용된 것을 말한다. 멀티미디어는 텍스트와 사운드 그리고 동영상 등이 어우러져 사용되는 것을 일컫는 용어이다. 어떤 사람들은 애니메이션이 되는 이미지, 즉 웹 상에서의 animated GIF와 같은 것들을 추가하는 것이 곧 멀티미디어라고 말하고 있지만 그러나 멀티미디어란 대체로 아래에 나열된 것들 중 하나를 의미한다. 텍스트와 사운드 텍스트, 사운드, 이미지, 또는 애니메이션 되는 그래픽 이미지 텍스트, 사운드, 비디오 이미지 비디오, 사운드 여러 개의 표현 공간, 이미지 또는 동시에 제공되는 공연생방송 상황에서는, 스피커 사용 또는 사운드, 이미지 동영상, 그 외에 연기자와 소도구 담당자 등.

## 멀티클라이언트

조사기관이 연구위탁을 받을 때 동일테마에 대해 복수의 고객을 모으는 방식. 조사기관 아닌 곳에서 복수의 고객으로부터 동일한 일거리를 인수 받는 경우에도 이렇게 말한다. 각 고객의 부담은 적어지지만 그 성과는 독점할 수 없다. 때문에 대규모이고 공통성이 있는 문제가 테마로 되는 경우가 많다.

## 메가트렌드

미국의 미래학자 존 네이스비츠의 저서 〈메가트랜드〉에서 유래한 용어. 현대 사회에서 일어나고 있는 거대한 조류를 뜻하는 것으로 탈공업화 사회, 글로벌 경제, 분권화, 네트워크형 조직 등을 그 특징으로 하고 있다.

## 메리트 재

소득수준에 관계없이 모든 사람들이 그것의 소비를 필요한 것으로 간주하는 재화 또는 서비스. 가령 교육·주택·건강·식품 등. 그러나 이들 재화 가운데 어느 정도를 메리트 재로 간주할 것인지는 미묘한 문제이며 한 사회의 통념에 의존한다. 또 이 통념은 사회세력간의 부의 분배를 둘러싼 갈등에 의해 역사적으로 규정된다.

## 메세나

문화예술 및 스포츠원조, 사회적·인도적 입장에서의 공익사업 지원을 뜻하는 프랑스어. 문화예술 보호운동에 헌신했던 로마의 대신 가이우스 마에케나스(BC70경 AD8)의 이름에서 연유했다. 마에케나스는 아우구스투스황제의 총신으로 당대의 대시인 베르길리우스, 호라티우스 등을 극진히 보호해 로마의 예술부흥에 크게 기여했다. 오늘날 메세나는 주로 기업의 문화예술 후원을 의미하고 있다. 이는 기업이윤의 사회적 환원이란 측면과 홍보전략의 수단으로 기업지명도 향상 및 이미지 제고라는 양면성을 갖는다. 우리나라에서도 지난 94년 4월18일 한국기업메세나협의회가 결성돼 활발한 활동을 펴고 있다.

## 메인스트림교육(mainstreaming education)

1970년대에 강조된 특수교육의 한 방법으로서 편차가 있는 장애 아동을 그들의 독특한 교육적 욕구에 따라 개별화하여 특별히 설계된 교수방법과 교육내용을 선택하고 융통성 있는 시간계획과 개별된 교실배치와 학습팩케이지(package)를 사용하는 방법으로서 전일제나 시간제로 장애아가 일반학급에 배치되어 교육받는 것을 말한다. 초기 특수교육의 당면과제는 장애아동의 교육권 확립에 있었지만 특수교육이 의무화되고 있는 오늘날에 있어서 중요과제는 그 내용의 질적 향상과 교육배치의 문제 즉 통합교육과 분리교육이 관심의 대상이 되고 있다. 특수교육기관이 시작된지 2세기가 지난 최근에 이르러 학습개별화 운동과 일반학급에서의 교육요구가 높아지고 있다 또 교육재료와 교수 프로그램이 다수 개발됨으로 일반학급에서의 교육이 가능케 되었다. 1975년의 미국장애아교육법(P. L. 94 − 142)은 무상의 무교육과 개별화학습, 메인스트림교육을 골자로 하는 법령으로 하나의 혁명이라 할 수 있다. 많은 장애아가 일반학급에 입학할 경우 일반 교사가 그를 지도할 수 있는 조건, 즉 개별화 교육 프로그램, 융통성 있는 행정체제, 다양한 교육자료, 보상체제 등이 필수적으로 갖추어져야 한다. 이러한 조건이 갖추어진 상황에서의 연구는 긍정적 반응을 보이고 있다. 미국에 있어서 메인스트림교육은 특수교육내용과 방법 등의 개선으로 일반학급에서도 그들의 교육을 수행할 수 있다는 것과 한 인간에게 정신박약이라는 낙인을 찍지 않으려는 인도주의 사상과 부모의 요망과 법원의 판결 등으로 메인스트림교육이 실현하게 된 것이다.

## 메일폭탄

메일폭탄은 특정한 사람이나 시스템에 엄청난 양의 전자우편을 보내는 것을 말한다. 엄청난 양의 메일을 보내는 것은 서버에 할당되어 있는 수신자의 디스크 용량을 단순히 채워버릴 수도 있지만 경우에 따라 처리하기에 벅찰 정도로 많은 양인 경우에는 서버의 작동을 멈추게 할 수도 있다.

## 메트레이(mettray)

1839년 라우애·하우스사업에 자극되어 프랑스에서는 도멧트 드 구디유에 의해 메트레이 비행소년시설이 창설되었다. 이 시설에서는 라우애·하우스에서 행하고 있는 가정제도와 개성적인 지도 외에 '토지는 사람을 바꾸고 사람은 토지를 바꾼다.' 라는 표어 아래 토지를 사랑하는 농업에 의한 지도도 병행했다. 이 사업은 영국의 레드힐에서도 시행하게 되어 후세에 큰 영향을 미치게 되었다.

## 메트로폴리스(metropolis)

일정한 지역에 걸쳐 정치·경제·종교 등의 기능을 총괄하는 기능중심 지로서의 대도시를 의미한다. 일반적으로 대도시와 동의어로 사용되고 있다. 원래는 그리스의 식민지에 대한 모국(母國) 또는 모시(母市)를 말한 것으로, 각종 기능의 중심지를 의미한다.

## 멘터

멘터는 그리스 신화에서 오디세우스가 자신의 아들을 교육해 달라고 했던 반인반수(半人半獸)의 멘토르에서 유래된 말이다. 지금은 조언자 또는 후견인을 의미하는데, 인텔 등 미국 기업들 사이에서 조직관리 기법으로 많이 활용되고 있다. 국내 기업에서도 멘터제도를 도입 확산하는 추세다. 동부제강의 빅브라더 제도, 동부화제의 신입사원 후견인 제도, 한국 디엔에스의 도우미 멘터제도 등이 대표적인 멘터제 적용 사례이다.

## 멘터링 / 멘토링(mentoring)

'멘토' 는 그리스신화에 나오는 오디세우스의 친구 '멘토르' 에서 따온 용어로 현명하고 성실한 조언자·교사·후원자를 뜻하는데, 여기서는 그러한 역할을 하는 선배 여성들을 가리킨다. 이들 멘토는 사회에서 전문가로 활동하는 현명한 여성들로서 새로운 길을 걷고자 하는 어린 여성들에게 방향과 방법을 제시해주는 정신적 지주 역할을 하기도 하며, 이야기를 들어주고 위로해주는 대화자 또는 조언자 역할을 하기도 한다. 반대로 멘토로부터 다양한 조언을 듣고 그들의 경험으로부터 다양한 지식과 지혜를 배우는 제자·학생·대화자는 '멘티' 라고 한다. 최근에는 적용대상이 확대되는 추세인데, 아동, 청소년, 북한이탈주민까지도 포함한 프로그램이 적용되고 있다.

## 면접(interview) 01

대인관계에서 커뮤니케이션을 촉진시키기 위해 의도적으로 이루어지는 대화이며 사회생활의 모든 영역에서 쓰이고 있으나 사회사업실천에서는 더욱 필수적인 수단이다. 사회사업실천에서의 면접은 구성요소(사람, 장소, 문제, 목적, 과정)에 의해 다양한 형태를 취하지만 공통적으로 개별화, 수용, 경청, 반사, 질문, 명확화의 방법을 취할 필요가 있다.

## 면접 02
평가대상인에 대한 과거력과 현재의 상황에 대한 정보를 1대 1의 대인 과정을 통해 얻는 방법으로 가장 기본적인 정보를 손쉽게 얻을 수 있다. 면접은 구조화된 형식 또는 비구조화된 형식을 따라 이루어질 수 있는데, 이를 통해 평가대상인은 자신의 강점과 약점을 파악할 뿐만 아니라 훈련 요건에 도움이 되거나 저해가 될 수 있는 요인들을 인식하게 된다. 특히 다른 평가기법의 적용이 어려운 중증의 장애를 가진 평가대상인의 경우에는 면접법이 재활계획의 수립에 필요한 정보를 효과적으로 얻을 수 있는 방법이 될 수 있다. 일반적으로 면접이란 목표들을 결정하기 위해 구체적이면서도 보편적으로 필요한 사람들 간의 대화로서 이뤄지는 만남이다. 사회사업가와 클라이언트 사이에서 이뤄지는 면접은 문제를 해결하기 위해 취해지는 가장 대표적인 형태로 볼 수 있다. 케이스워크에 있어서 면접의 목적은 해결되어야 할 문제를 알고, 그 문제를 효과적으로 해결할 수 있도록 문제를 가진 사람과 그 상황을 충분히 이해하여 도움을 주고자 하는데 있다. 면접의 방법에는 대개 관찰, 경청, 질문, 이야기, 사적 질문에 관한 응답, 통솔과 지도 및 해석 등이 있으며, 면접의 대상은 개인, 집단 가족, 지역 사회 등과 이뤄지는데 대부분은 혼합해서 이뤄지게 된다. 어떤 내용에 관해 직접 대면하여 정보를 획득하는 양식. 교육·심리의 영역에서 이는 자료집의 기법이 되며 또 카운슬링과 정신치료의 기법이 되고 있다. 자료수집의 방법으로서 면접은 문화인류학·사회학·심리학 등에서 여러 세기 전부터 광범하게 활용되어 왔으며 이를 체계적으로 발전시켜 방법론적으로 잘 통제된 관찰방법으로 그 가치가 인정된 것은 20세기에 들어와서의 일이다. 연구방법으로서의 표준화된 면접방법과 반표준화된 면접방법, 그리고 전혀 구조화되지 않은 개방적이고 심층적인 면접방법이 있다. 카운슬링과 정신치료에서의 면접은 정보를 제공하는 것과 같은 것에서부터 신경증이나 정신병을 치료하는 것에 이르는 광범위한 문제를 직접 대면하여 대화를 통해서 해결할 수 있도록 원조하는 것을 가리킨다. 여기에서는 어떤 사건이나 현상에 대한 태도·지식·가치·판단 등만이 아니라 개인이 주관적으로 느끼고 있는 감정이 중요시되며 의식적 감정만이 아니라 잠재되어 있거나 억압되어 있는 감정을 언어로 표현하는 것을 강조한다.

## 면접방법
사회조사 등에 있어 면접요원이 면접대상자와의 면담을 통해 필요한 사항을 밝혀 내는 방법을 말한다. 면접방법은 비교적 정확한 정보를 얻을 수 있으며, 자료를 수집할 때 용어를 통일시킬 수 있다는 등의 장점을 지니나, 많은 대상자를 조사하는 경우 막대한 시간과 비용이 소요되는 등의 단점을 지닌다.

## 면접시험(oral test)
시험관이 수험자와의 대화·관찰 등을 통해 수험자 개개인의 가치관과 성격, 행태상의 특성, 협조성 등의 특징을 파악하는 구술시험의 방법을 말한다. 면접시험은 필기시험으로는 측정하기 곤란한 수험자의 개인적 성격과 행태상의 특성, 즉 지도성·주의성·지성·인품·인간관계 등을 측정하는데 유용하다.

## 면접조사(interview research)
배포조사, 집단조사, 우편조사와 같이 질문지를 피조사자가 읽고 자기가 응답을 기입하는 기계식에 의한 조사에 비해 면접조사는 조사대상을 조사원이 직접면접을 해서 구두에 의한 질문에 응답자가 구두로 답하는 방식이다. 질문자, 즉 조사원이 그 응답을 기입하는 타계식에 의한 현지조사법의 하나이다. 조사내용은 사실에 관한 것과 의견이나 태도에 관한 것의 양쪽을 충분히 소화할 수 있다. 신뢰할 수 있는 우수한 조사원을 다수 얻을 수 있는 경우에는 일반적으로 가장 훌륭한 조사법이라고 할 수 있다. 이 방법의 장점으로는 대상자 본인에게서 꼭 들을 수 있고 응답자의 오해를 최소한으로 줄일 수 있다는 점이며 단점으로는 조사원의 개인차에 의한 편견과 부정의 소지가 있다는 점이다.

## 면제(dispens)
법령에 의해 일반적으로 부과되어 있는 작위의무·급부의무·수인(受忍)의무를 특정한 경우에 해제하는 행정행위를 말한다. 면제도 의무해제 행위라는 점에서 허가와 그 성질이 같으나, 다만 허가가 부작위의무를 해제하는 행위인데 대해 면제는 작위·급부·수인의 의무를 해제하는 행위라는 점에서 다르다. 면제에는 질서면제·공용부담면제·재정면제 등이 있다.

## 면직
공무원 관계를 소멸시키는 임용행위를 말한다. 면직에는 본인의 의사에 의하는 의원 면직과 임용권자의 일방적 의사에 의하는 직권면직 및 징계처분으로 행하여지는 징계면직으로서의 해임 및 파면이 있다.

## 면책약관
보험에서 사고발생 원인을 따지지 않고 무조건 보상하지 않는 경우를 지정해 명문화한 것을 면책약관이라 한다. 보험 계약전에 가입자에게 고지된다. 보험계약자나 피보험자의 고의에 의한 사고나 전쟁·천재지변으로 인한 사고가 가장 대표적인 경우다. 피보험자의 자해, 자살 미수, 범죄행위도 이에 해당된다. 자동차보험일 경우 무면허운전도 면책약관에 포함된다. 핵연료물질에 의해 발생되는 사고도 보상되지 않는다.

## 면허세

면허세는 건설업·제조업 등 특정 면허를 받은 사람을 대상으로 하여 부과하는 과세를 말한다. 면허세의 과세대상은 특정의 면허이며, 면허의 범위는 지방세법에 규정한 각종 면허에 한하므로, 법에 열거된 면허 이외의 면허에 대여하는 과세할 수 없다. 즉 면허세는 면허·허가·특허·기타 명칭의 여하를 불문하고 특정한 영업설비 또는 행위에 대해 권리의 인정 또는 금지의 해제를 하는 행정처분을 모두 면허로 보고 그 면허를 받은 사람에게 부과하는 유통세의 일종이다. 또 면허세는 수익세의 성격을 띠며, 특정 행정처분에 대한 일종의 대가 또는 수수료의 성질도 띠고 있다.

## 명령(order)

①일반적 의미로는 부하직원에게 일정한 행위 또는 작위(作爲)를 하도록 강제 하는 행위를 말한다. 계서제상의 부하는 상관의 명령에 복종할 의무가 있다. 명령은 문서에 의 하거나 구두에 의해서도 할 수 있다. ②법령상의 의미로는, 국회의 의결로 제정되는 법률에 대 응하는 개념으로 행정기관에 의해 제정되는 법령을 명령이라 한다. 대통령령·총리령·부령 등이 있으며, 성격에 따라 긴급명령·긴급재정경제명령·위임명령·집행명령 등으로 구분할 수 있다.

## 명령상장

유가증권의 상장은 일반적으로 증권거래소가 유가증권의 발행인으로부터 신청을 받아 심사 후 증권관리위원회의 승인을 받아 실시하게 되는데, 재무부장관이 공익 또는 투자자의 보호를 위하여 필요하다고 인정할 때에는 증권거래소에 대해 유가증권 상장을 명할 수 있다. 이 경우의 상장을 명령에 의한 상장이라고 하며 당해 유가증권 발행인으로부터 상장 신청이 없이도 상장시킬 수 있다.

## 명령적 행위

국민에 대해 자연적으로 가지는 자유를 제한하고, 의무를 명하며, 또 특정한 경우에 이러한 의무를 면제하는 행정행위를 말한다. 이러한 점에서, 제3자에 대항할 수 있는 법률상의 힘을 부여하고 또는 이것을 부정하는 것을 목적으로, 국민에게 특정한 권리, 권리 능력, 행위 능력, 법률관계 등을 설정·변경·소멸시키는 행위인 형성적 행위와 구분된다. 명령적 행위에는 하명행위·허가·면제 등이 포함된다.

## 명령통일의 원리(unity of command principle)

조직의 각 구성원은 누구나 한 사람의 직속상관에게만 보고하고 또 그로부터 명령을 받아야 한다는 원칙을 말한다. 따라서 명령통일의 원리는 계층제의 원리에 포함되는 것으로서 조직내의 혼란을 방지하고 책임의 소재를 분명히 하고자 하는데 목적이 있다.

## 명목국민소득(nominal national income)

국민소득을 산출하는데 있어 측정시점의 시장가치에 의해 표시한 것을 말하며 화폐국민소득이라고도 한다. 이것을 물가지수로 나누어 물가변동을 제거한 것이 실질국민소득이다.

## 명목임금

근로자가 노동의 대가로 받는 화폐액. 명목임금으로는 근로자의 보수가 높은지 낮은지 알 수 없어 이 화폐액을 그 당시의 물가지수로 나누어 명 목임금의 실제구매력을 볼 필요가 있는데 이를 명목임금에 대해 실질임금이라 한다.

## 명목화폐·실물화폐

Hildebrand,B.의 경제발전단계(자연경제 화폐경제 신용경제) 중 자급자족적인 자연경제시대에서 화폐성립의 초기형태로서 재화의 사용가치에 기초를 둔 화폐를 실물화폐 또는 자연화폐라 한다. 실물화폐의 구체적인 형태로는 처음에는 장식품이나 장신구의 일부인 패각이, 후에는 피혁, 곡물, 우마 등이 사용되었다. 즉 그 생산량이나 존재량이 충분하지 못하여 희소가치가 있다든가 또는 교환도구로서 편리한 소수의 장화가 실물화폐로 사용되었다. 그러나 이와 같이 구체적인 재화의 성격을 갖는 실질화폐는 가분성, 동질성, 내구성 또는 휴대의 편리성에서 큰 단점을 갖고 있어 이러한 단점이 없는 귀금속류가 화폐재료로서 적당하다고 인정되어 금속화폐가 발전된 실물화폐로 사용되었다. 이러한 실물화폐가 더욱 발전하여 화폐의 소재가치와 명목가치가 분리되었다. 이러한 성질을 가진 화폐를 명목화폐 또는 표지화폐라 하며, 그 대표적인 것은 지폐이다. 이러한 명목화폐는 그 자체가 가치를 가져서 화폐가 된 것이 아니라 국가법률의 권위를 배경으로 또는 역사적인 관습이 그대로 사회적 신임을 받게 되어 교환의 도구로서 통용되게 된 것이다.

## 명석·판명(clear·distinct)

형식논리학에서는 개념의 정확성을 나타내는 말이다. 내포가 충분히 분명치는 않더라도 그 대상을 다른 것으로부터 구별할 수 있는 개념을 명석이라고 하고, 내포가 완전히 분명하게 알려져 있는 개념을 판명이라고 한다. 이 용법은 라이프니쯔가 이 말에 준 의미를 대체로 계승하는 것이지만, 〈명석하면서 판명〉((라)clara et distincta)이라는 것을 진리의 규준으로 삼은 것은 데카르트이다. 그러나 데카르트에 있어서는 의심할 여지없이 정신에 명백하게 나타나고 있는 인식을 명석이라 하고 판명이란 다른 것으로부터 명확하게 구별되고 명석한 것 이외의 어떤 것도 포함하지 않는 것을 말한다.

## 명시적 목표(explicit objectives)

진술된 교육목표가 학생이 학습 후 나타내어야 할 성과를 명백하게 관찰할 수 있는 행동으로 되어 있는 목표. 교육활동에 관련되어 있는 교사·학생·학부모·장학사 등이 누구나 서로 합의할 수 있게 구체적으로 목표를 진술했을 때 명시적 목표라 한다. 명시적 목표의 반대개념을 암시적(implicit) 목표라 한다. 암시적 목표는 의사소통에 방해를 주는 단점은 있으나 여러 가지 행동을 포괄하는 이점이 있다. 소단원의 수업계획에서는 명시적 목표의 진술이 효과적인 것으로 평가된다.

## 명예권

개인의 행복추구권을 보장하고 있는 헌법 제9조에 바탕한 인격권의 하나. 개인에 대한 사회적 평가는 법률상 '명예권'으로 보호받고 있는 데, 명예권은 개인뿐만 아니라 법인이나 단체에게도 있다. 명예권의 침해에 대해서 형법은 명예훼손죄로 처벌하며 민법상으로도 피해자가 손해배상이나 사죄·광고 등 명예회복조치를 요구할 수 있다. 그러나 오보 등으로 명예가 손상되었을 경우 손해배상 등으로는 완전히 명예를 회복하기 어려운 경우도 있다. 선진국에서는 프라이버시권과 함께 중요시되고 있으나, 우리나라의 경우 이에 대한 확실한 판례도 없고 명예권에 대한 인식부족으로 송사에 이르는 경우도 많지 않은 편이다.

## 명예퇴직제 01

기업이나 금융기관 등에서 정년이 되기 전에 직원을 퇴직시키는 제도를 말한다. 보통 정년을 2 – 3년 앞둔 사람에게 명예퇴직제를 적용한다. 기업 내부적으론 인건비를 절감하고 조직을 활성화시켜 경영합리화를 꾀하는 효과가 있다. 명예퇴직자에겐 2 – 3년의 여유를 가지고 정년이후를 준비할 수 있는 이점이 있다. 강제퇴직이 아니기 때문에 보통 퇴직금과 정년까지 근무했을 때 받을 수 있는 급여 중에서 정기예금 이자분(복리)을 공제한 금액이 일시불로 주어진다.

## 명예퇴직제 02

공무원이나 회사원을 정년이 되기전에 퇴직시키는 제도이다. 보통 정년을 5 – 10년 앞둔 사람 중 희망자에 한해 적용된다. 명예퇴직자는 여유를 가지고 정년 이후를 준비할 수 있고 회사는 인건비를 절감하고 조직을 활성화시켜 경영합리화를 꾀할 수 있다. 명예퇴직시 받게되는 급여는 정상적인 퇴직금에 정년퇴직 때까지 남은급여의 일정부

분이 가산된다.

## 명확화(clarification)

케이스워크나 카운슬링의 면접과정에서 클라이언트가 진술한 내용을 요약하여 분명히 하거나 애매한 내용은 다시 표현하게 하여 확인하여 클라이언트가 직면하고 있는 상태, 자기 자신을 올바르게 이해할 수 있도록 하는 기법이다. 그러기 위해서는 클라이언트에게 진술시키고 사회사업가 쪽에서 의도적으로 환류(feed back)하거나 적극적으로 명확하게 질문하는 것이 중요하다.

## 모기지론

뉴브리지에 인수된 제일은행이 모기지론(mortgage loan·장기주택금융) 상품을 출시하면서 이 상품에 관심이 집중되고 있다. 모기지론이란 주택자금 수요자가 은행을 비롯한 금융기관에서 장기 저리 자금을 빌리면 은행은 주택을 담보로 주택저당증권(MBS)을 발행, 이를 중개기관에 팔아 대출자금을 회수하는 제도다. 중개기관은 MBS를 다시 투자자에게 판매하고 그 대금을 금융기관에 지급하는 시스템이다. 보통 주택구입자금대출과 주택담보대출(home equity loan)의 두 종류가 있고 대출한도에 제한이 없으며 대출기간이 최장 30년에 이른다는 점이 기존 주택담보대출 상품과 차이점이다. 은행으로선 대출자금을 곧바로 회수할 수 있어 장기대출에 따른 운용 자금 부족을 줄일 수 있는 데다 MBS는 국제결제은행(BIS) 기준 자기 자본비율을 산정할 때 위험가중치가 20%로 낮게 분류돼 자산건전성을 확보하는데도 보탬이 된다. 특히 내집마련에 집착하는 한국인의 사고방식을 감안할 때 제도가 활성화되면 연간 수십조원 이상의 황금시 장이 형성될 것으로 점쳐지고 있다. 이에 따라 씨티, HSBC 등 외국 금융기관들은 물론 국내 은행들도 모기지 사업 진출을 노리고 있다. 그러나 금리가 높아 고객의 이자부담이 크다는 단점 때문에 현 상황에서는 수요 창출이 힘들 것이라는 전망이다.

## 모노컬처 경제

한 나라의 경제가 몇 개의 1차산품의 생산에 특화되어 있는 단작경제. 식민지 침탈의 유산으로 많은 개발도상국에서 전형적으로 나타난 현상인데 브라질의 코피, 말레이시아의 고무와 주석, 인도네시아의 석유와 고무, 가나의 카카오 등이 대표적이다. 이들 1차산품은 대체로 수요의 소득탄력성·가격탄력성이 적어 선진국의 수요동향에 따라 가격이 대폭 변동하기 때문에 이들에 의존하고 있는 경제는 치명적인 대외의존성·취약성을 드러낼 수밖에 없다.

## 모니터(monitor)

감시자, 권고자, 조언자라는 의미로 TV나 신문이 자기 수

정활동의 일환. 청취자나 독자에 의한 모니터제도를 실시하고 있으며 행정에서도 공청의 필요에 따라 이 제도를 채용하고 있다. 또 민간기업에서도 상품모니터를 운영하고 있다. 연구, 집회, 토의 등의 장에서 모니터를 두고 그 진행사항에 관해 평가·조언을 구하기도 한다. 모니터는 전문가가 아니기 때문에 강점도 있고 또 약점도 있다.

## 모니터링(monitering)
프로그램이 처음의 설계에 일치되게 운용되고 있는가, 그리고 한정된 대상집단에 혜택이 돌아가도록 집행되는가를 평가하는 형성적 평가의 한 기법을 말한다. 즉 모니터링에서는 프로그램이 적절한 집단을 대상으로 하고 있는가, 그리고 설계대로 집행되고 있는가를 확인하기 위한 정책평가를 말한다.

## 모답츠법(modapts system)
모답츠라 함은 modular arrangement of predetermind standards의 약자로 오스트레일리아의 PTS협회에서 개발한 PTS법(predetermind motion time standard system 작업동작표준시간측정법)의 일종이다. 모답츠법은 인간 동작의 최소단위를 MOD라는 단위로 표시한다. 즉 12종류의 기본동작에 관계해서 일어난다. 인간의 신체동작에 필요한 시간치를 MOD(손가락을 보통으로 이동시키는 데에 필요한 시간 치로서 0.129초)를 단위로 하여 수치로 나타낸다. 한 동작의 기준 시간치를 측정기구로 이용하여 산출하고 장애인의 작업시간과의 비를 구함으로서 그 동작능력을 평가한다.

## 모델링(modeling)
내담자가 획득해야할 바람직한 행동의 실제적, 상징적, 본보기를 제공함으로써 모방 및 관찰을 통해 소기의 목표 행동(사회 및 인지적 행동)을 학습하도록 하는 방법이다. 모델링의 유형은 묵시적인 것과 현시적인 것, 또는 직접적인 것과 대리적인 것으로 나눌 수 있다. 묵시적인 모델링은 학습자가 의식하지 못하는 사이에 본보기의 행동을 배우는 것이다. 가령 내담의 문제가 타인과의 대화 능력이 부족한 것이라면 상담 장면에서의 상담자의 언어 행동을 모르는 사이에 학습하는 것이다. 이와 반대로 현시적인 모델링은 역할수행 연습과 같이 학습자가 스스로 모방하고 있음을 자각하는 것이다. 직접적인 모델링은 실제 환경장면에서 타인의 행동을 관찰하고 모방하는 것이며, 대리적인 모델링은 학습자로 하여금 필름이나 비디오테입을 통해 본보기가 되는 제3자의 행동을 관찰하고 본뜨게 하는 것이다. 남의 행동을 보고 이와 똑같은 행동을 취하는 현상의 총칭이다. 의식적 모방은 어린이가 어른이 쓴 글씨를 본떠서 쓰는 것과 같은 경우로서 이것은 고등 동물에서도 볼 수 없는 전혀 인간적인 것이다. 인간에 있어서 모방의 영향을 극히 큰 바 사회학자 타르드가 모방

을 사회의 기초라 본 것은 이 때문이다. 무의식적으로 이루어지는 동적 모방은 하품의 전염과 같은 것이다. 이것을 본능이라고 보는 생각도 있었으나, 후천적인 것으로서 학습된 것이라 논하는 이가 많다.

## 모두진술
검사가 법정에서 재판장의 인정심문에 이어 범죄자를 법정에 세운 자신의 의도를 밝히는 것을 모두진술이라고 하는데 검사가 법정에 나오지 않을 경우 등에는 공소장의 내용으로 대신하기도 한다. 모두진술은 사건의 내용 등을 명확히 해서 소송의 진행을 도우고 피고인이나 변호인이 변호의 방향을 잡을 수 있도록 한다.

## 모라토름 인간
인간이란 자아의 주체성 확립이 지연되어 사회에 진출하는 것을 조금이라도 연기하려 하고 또 사회에 나가도 적응을 못하는 현대 젊은이들의 경향을 말한다. 모라토름 인간은 졸업 후의 불안감으로 기성사회에 대한 적응도 늦어지고 있으며 졸업공포증 때문에 의도적으로 유급을 반복하기도 하고 대학원으로 진학하여 모라토름에 머무르려고 하는 경향을 나타낸다.

## 모라토리엄
채무 상환 기간이 도래했지만 외채가 많아 채무 상환 기간을 일시적으로 연기시키는 것을 대외적으로 선언하는 경우를 지칭한다. 빚을 갚을 능력이 없어 상환 기간이 도래했지만 갚지 못하는 채무 불이행(디폴트 : Default)과는 다르다. 대개 디폴트가 예상되면 정부가 나서서 대외적으로 모라토리엄을 선언하고 빚을 일시적으로 재조정하는 작업을 거치는 경우가 많다. 이 경우 채무국은 외국계 채권금융기관과 협의해 빚을 탕감받거나 만기를 연장해 앞으로 채무 상환 가능성을 높이게 되는 채무재조정(리스케줄링 : Rescheduling) 과정을 거친다. 브라질 등 남미국가들은 80년대 모라토리엄을 선언한 적이 있고, 82년에는 멕시코도 경험한 적이 있다.

## 모라토리엄 증후군
지적, 육체적으로 한 사람 몫을 충분히 할 수 있는데도 사회인으로 책무를 기피하는 증세. 대개 20대 후반부터 30대 초반 사이에 많이 나타나는데 환자들은 대개 고학력 청년들로 대학 졸업후 사회로 나가는 것을 두려워해서 수년씩 학교에 남아있거나 취직도 않고 빈둥빈둥대는 것도 다 이에 포함된다.

## 모럴 해저드
금융기관이나 예금자가 행동의 절도를 잃어버리는 것. 금융자유화가 앞서있는 미국에서 문제화되어 있다. 금융 자유화에 수반해서 금융기관끼리의 경쟁이 심해지면 신용

질서를 유지하기위해 예금보험제도를 충실히 할 필요가
생긴다. 그러나 예금보험제도가 지나치게 충실하면 대규
모 예금자는 경영이 위태롭게 보이는 은행에도 예금을 한
다(예금자의 모럴 해저드). 경영 불안에 빠지고 있는 은행
은 보통보다 높은 이자를 붙여서 자금을 모으려 하기 때
문에 예금자는 보다 많은 이자를 벌 수 있으며 높은 이자
를 지불하고 자금을 모은 은행은 높은 지출을 메꾸기 위
해 다시 위험성이 높은 대출상대에게 높은 금리로 융자해
준다(금융기관의 모럴 해저드). 이러한 악순환이 계속되
면 금융기관의 경영이 악화되어 간다.

### 모방(imitation)

타인의 행동을 의도적·무의도적으로 정확하게 또는 비
슷하게 닮게 행동하는 것으로 모방의 정도와 성질은 시범
의 특징, 모방자의 특성과 경험 그리고 모방 행동에 대해
서 주어지는 보상 또는 벌에 따라 좌우된다. 가치기준 또
는 공격적 행동은 모방에 의해 상당히 영향을 받는다.

### 모빙

직장에서의 정신적 테러를 가리키는 전문용어. 집단적으
로 이뤄지는 심리적 형태의 동료억압인 모빙은 건강에 심
각한 영향을 줄 수 있는 사회적 스트레스의 극단적 형태
이다.

### 모성보호(maternal care)

다음 세대를 짊어지는 자녀를 건전하게 출산·양육하기
위해서는 의학적·사회적으로도 열세한 위치에 처해 있
는 여성, 특히 출산, 육아에 관한 모성의 건강이 확실히
지켜져야 할 필요가 있으며 이를 위해 모성의 사회적 보
호, 원조가 필요하다. 현행 법제 하로는 모자보건법, 아동
복지법, 남녀고용평등법 등의 법률로 모성보호의 관점에
서 여러 가지 조치가 규정되어 있다. 모성보호의 문제는
ILO103호(출산보호)조약에서 보여지듯이 국제적으로도
규정되어 있다.

### 모성실조(maternal derivation)

아동의 발달과정에서 모성으로부터 받아야 할 적절한 심
리적 발달상의 장애현상을 말한다. 이와 같은 현상이 일
어나는 원인적인 상황을 대별하여 세 가지로 정리할 수
있다. ①모성의 양육과 지도가 결핍되어있는 경우, ②성
으로부터의 이별, 즉 영구적인 이별, 재결합이 가능한 장
기간의 이별, 단회의 단기간 분리, 또는 수회에 걸친 단기
간의 분리, ③모성과의 부조화, 즉 모성과의 건전한 인간
관계가 결여되어 있는 경우와 모성에 대한 기본신뢰감이
결핍되어 있는 경우 등이 그것이다. 모성실조는 심리적
발달상의 장애를 일으키는 것으로 보고되고 있는데 특히
지적 발달의 정체현상과 정서 발달의 장애를 초래하는 것
으로 알려져 있다. 지금까지의 연구결과로 미루어 보아

감정통제력의 결핍, 공격적 행동의 무분별한 표현, 죄의
식의 결여, 대인관계가 원만하지 못한 것 등이 두드러지
게 나타나는 모성실조의 결과라고 할 수 있다. 복비(J.
Bowlby)·야로우(L. Yarrow) 등이 이 분야의 연구에 있
어서 선구적인 역할을 담당해왔다.

### 모성적 양육(mothering)

유아에 대한 모성적인 양육행동을 의미하는 것으로 그 대
표적인 행위로 피부접촉(skinship)을 들 수 있다. 볼비
(Bowlby, John H)의 연구에 의하면, 생후 1년 사이에 모
성적 양육자에게 친밀한 접촉을 상실한 경우 아이의 기본
적 인격형성에 막대한 악영향을 주며 지적 발달 뿐만 아
니라 신체면에서도 뒤떨어짐이 나타난다고 했다. 특히 정
서적인면의 지체가 현저하며 무감동적, 정신병적인 경향
을 나타낸다고 했다.

### 모수(population parameter)

모집단의 특성을 나타내는 양적인 측도를 모수라고 한다.
모수는 주어진 모집단의 고유한 상수로서 모평균, 모분
산, 모비율 등이 있다.

### 모순

아리스토텔레스에 의해, 양립하지 않는 두개의 판단의
관계에 대해 사용된 이래, 모순이라는 개념은 주로 논리
적 모순이라는 의미로 사용되고 있다. 그러나 현실 속에
도, 비양립적인 것을 포함하는 사태가 존재한다. 냉전
체제를 유리한 것으로 생각하는 세력과 긴장완화를 이
익으로 믿는 세력, 현존하는 사회 구조를 유지하는 방향
으로 작용하는 제 요인과 그것을 새로운 것으로 변하게
하는 방향으로 작용하는 제 요인 등이다. 이것들은 현실
적인 모순, 즉 현실적인 비양립성이다. 논리적 모순과
현실적 모순에 공통되는 일반적인 규정 비양립성이지
만, 양자 사이에는 또 차이도 있다. 논리적 모순은 어떤
것을 동시에 또 같은 의미로 규정도 하고 부정도 하는
것을 말하므로 이와 같은 사고는 잘못이며, 그것은 수미
일관한 것으로 개작하지 않으면 안된다. 다른 한편 현실
적 모순도 해결이 필요하지만 그러나 이것은 현실적 모
순이 잘못이기 때문이 아니다. 우리들은 현실적 모순을,
논리적 모순을 범하는 일이 없이 사고에 의해 파악할 수
가 있다. 헤겔에 있어서는 논리적 모순과 현실적 모순과
의 구별이 명백하지 않고, 여기에서 많은 혼란도 생겼지
만, 그러나 널리 모순의 의의를 분명히 하고, 모순이 우
연적인 것이 아니고, 자연, 사회, 인식 속에 충만되어 있
고, 모순이 변화와 발전의 원동력이라는 것을 명백히 한
것은, 헤겔의 변증법의 공적이다. 이 점에서 맑스주의
철학도 헤겔을 계승하고 있다. 대립과의 관계에 대해 말
하면, 적어도 현실적 대립과 현실적 모순과는 같은 의미
이다.

## 모순개념(contradictory concept)

서로 부정하여 그 중간에 제3자를 허용하지 않는 개념, 가령 백(白)과 비백(非白), 인간과 비인간 등이 그것인데, 이 경우의 비백, 비인간은 각각 백이외의, 인간 이외의 모든 것을, 또는 적어도 백이외의 일체의 색깔, 인간 이외의 일체의 동물을 가리키는 것으로 해석하지 않으면 안된다. 비인간이라는 말이 대단히 악질적인 인간을 의미하는 경우도 있으므로 이 점은 주의할 필요가 있다.

## 모욕죄

사실에 대한 표현 없이 글이나 말, 동작 등으로 다른 사람의 사회적 평가나 명예감정을 훼손하거나 하려는 것을 모욕죄라고 한다. 모욕죄는 친고죄이므로 피해자가 고소하지 않으면 이를 처벌할 수 없다.

## 모자가족(mother headed family)

모자가족이란 일반적으로 사별, 이혼, 유기, 별거, 미혼모 및 기타 사유로 인해 편모와 자녀로 구성된 가족을 지칭하며 그들이 갖는 특수한 어려움 때문에 여성복지의 주요한 관심 대상이 되어왔다. 일반적으로 모자가족의 편모는 통상적인 어머니와 가정주부로서의 역할 이외에도 경제적 가장으로서의 역할, 일반적으로 아버지가 수행하는 것으로 인식되는 가족을 대표하는 역할, 배우자의 부재로 인한 정서적 문제, 생계유지를 위한 취업과 이에 따른 자녀양육 및 훈련문제, 교육문제 등 심각한 문제를 갖고 있다. 우리나라의 경우 상당수의 모자가족이 기본적인 생존권마저 위협당하는 빈곤상태에 있으며, 이들은 거택보호대상, 법적 영세민, 빈곤계층에 속하는 경우가 많고, 전체 여성세대주 가구의 30%정도가 경제적 도움을 필요로 하는 요보호대상자인 것은 한국만이 아니라 다른 국가에서도 비슷하다.

## 모자문제(maternal and child problem)

모자가정에 놓여있는 생활문제의 총칭이다. 그 기본적 구조는 다음과 같다. 기저부분에 모친들이 직업생활에서 처해있는 열악한 노동조건, 특히 저임금 등의 수입이다. 이것은 빈곤문제를 가져온다. 또 장시간 노동으로 직업과 가사의 양쪽에 무리를 주어 모친의 건강파괴를 가져온다. 주택문제, 자녀의 진학곤란 등은 빈곤문제에서 파생한다. 이외에 모자가정의 차별, 모자의 심리적소외 등도 있다.

## 모자보건(maternal and child health care)

모자보건은 임신기간중 모체의 건강 및 태아의 건강한 발육을 돕고, 출산과정에서 모자의 건강관리가 잘되도록 돕는 것이다. 그리고 시설분만이 불가능하더라도 최소한 의료인에 의한 안전분만이 이루어지면 합병증 예방 및 산모의 정신적 위안이 될 수 있다. 우리나라는 1960년대 이래 가족계획사업에 편중된 가족보건사업에서 탈피하여 1983년부터 군단위에 모자보건센터를 설치하고 운영하여 왔다. 모자보건센터에서는 산전 산후관리, 분만개조, 영아관리, 예방접종, 가족 계획시술, 보건교육 등을 실시하고 있다.

## 모자보건법

모성의 생명과 건강을 보호하고 건전한 자녀의 출산과 양육을 도모함으로써 국민보건향상에 이바지함을 목적으로 한다. 국가와 지방자치단체는 모성과 영유아의 건강을 유지·증진하기 위하여 필요한 조치를 하고, 모자보건사업 및 가족계획사업에 관한 시책을 강구하여 국민보건향상에 이바지하도록 노력해야 한다. 모성은 임신·분만·수유 등에 있어서 자신의 건강에 대한 올바른 이해와 관심을 가지고 건강관리에 노력해야 한다. 영유아의 친권자·후견인 기타 보호자는 육아에 대한 올바른 이해를 가지고 영유아의 건강의 유지·증진에 적극적으로 노력해야 한다. 보건복지가족부장관은 모자보건사업 및 가족계획사업에 관한 시책을 종합·조정하고 그에 관한 기본계획을 수립하며, 관계 중앙행정기관의 장 및 지방자치단체의 장은 기본계획의 시행에 필요한 세부계획을 수립·시행해야 한다. 보건복지가족부에 모자보건심의회를 두며, 국가와 지방자치단체는 모자보건기구를 설치·운영할 수 있다. 보호를 받고자 하는 임산부는 본인 또는 보호자가 보건기관에 임신 또는 분만의 사실을 신고해야 한다. 보건기관의 장은 당해 보건기관에서 임산부가 사망하거나 사산한 때 또는 신생아가 사망한 때에는 시장·군수·구청장에게 보고해야 하며, 미숙아 또는 선천성이상아가 출생한 때에는 보건소장에게 보고해야 한다. 시장·군수·구청장은 모자보건수첩을 발급하며, 보건소장은 등록카드를 작성·관리해야 한다. 시장·군수·구청장은 임산부·영유아·미숙아 등에 대해 정기적으로 건강진단·예방접종을 실시하거나 보건관리에 필요한 조치를 해야 한다. 보건복지가족부장관 또는 시장·군수·구청장은 원하는 자에게 피임시술을 행하거나 피임약제를 보급할 수 있다. 의사는 불가피한 경우에 한하여 본인과 배우자의 동의를 얻어 인공 임신중절수술을 할 수 있다. 모자보건사업 및 가족계획사업에 관한 업무를 행하기 위하여 대한가족보건 복지협회를 둔다. 협회는 법인으로 한다. 모자보건사업 및 가족계획사업에 종사하는 자는 특별한 규정이 있는 경우를 제외하고는 그 업무수행상 알게 된 타인의 비밀을 누설하거나 공표해서는 안된다. 29조와 부칙으로 되어 있다.

## 모자보건수첩제

장애아의 출생을 막고 임산부와 영아의 사망률을 낮추기 위해 임산부와 영·유아의 건강상태를 국가에서 직접 관리하는 제도이다. 보건복지가족부는 임산부가 보건소나 민간의료기관에서 임신확인진단을 받으면 이를 관할 읍·면·동사무소에 신고하도록 하고 이와 같은 절차를 마친 경우 모자보건수첩을 발급하도록 해 임신·출산·영아의 건강관리, 3세 때까지의 각종 예방접종 이행 여부 등을 국가가 종합 관리하는 모자보건수첩제를 87년 1월부터 시행하고 있다.

### 모자복지(maternal and child welfare)

모자복지는 3가지로 규정할 수 있다. 즉 첫째, 모자 복지법에 의해 행해지는 모자복지사업을 가리키는 협의의 규정. 둘째, 모자복지사업 외에 모자문제의 해소. 예방에 있어서 사회복지의 기존정책을 합해 규정하는 아동복지법에 의한 모자원이나 생활보장 등이 있다. 모자문제를 가능한 한 통합적으로 규정함으로써 그의 해소, 예방을 위해 구상된 정책, 운동, 실천 전부를 포함하는 광의의 규정이 있다. 이것도 취로보장, 소득보장을 기축으로 의료, 주택, 교육, 보육 및 홈헬퍼, 상담 등을 포함한다.

### 모자복지법(law for maternal and child welfare)

모자가정(母子家庭)이 건강하고 문화적인 생활을 영위할 수 있게 함으로써 모자가정의 생활안정과 복지증진에 기여(寄與)함을 목적으로 제정된 법률(1989.4.1. 법률 4121호). 국가와 지방자치단체는 모자가정의 복지를 증진할 책임을 진다. 한편 모든 국민은 모자가정의 복지증진에 협력해야 할 의무가 있다(2조). 이 법에서 모자가정이라 함은 모(母)가 세대주인 가정을 말하는 것으로서 세대주가 아니더라도 세대원을 사실상 부양하는 자를 포함하는 개념이다. 이 법에 의한 보호대상자는 보건복지가족부령이 정하는 자로 한다. 본 법의 보호대상자는 시장·군수·구청장이 매년 1회 이상 관할구역 안의 보호대상자를 조사하도록 되어 있으며, 이에 따라 보호대상자를 조사한 때는 그 조사결과를 시·도지사에게 보고해야 한다. 시·도지사가 그 보고를 받으면 이를 보건복지가족부장관에게 보고해야 한다. 한편 당해 보호기관은 보호대상자와 피보호자의 실태에 관한 대장을 작성 비치해야 한다. 기타의 사항에 관해서는 보건복지가족부령이 정한다. 총칙을 비롯, 복지의 내용과 실시, 모자복지시설, 비용, 보칙 등 5장으로 나뉜 전문 31조와 부칙으로 되어 있다.

### 모자복지상담소

모자복지에 관한 사항을 상담하거나 지도하기 위하여 서울특별시장·광역시장·도지사와 시장·군수·구청장은 관할 구역 안에 모자복지상담소를 설치할 수 있다. 이 경우 시장·군수·구청장은 시·도지사의 승인을 얻어야 한다며 모자복지상담소의 조직과 운영 등에 관한 필요한 사항은 대통령령으로 정한다.

### 모자복지상담원
(counsellor for mothers and children welfare)

모자복지법과 관련해 모자가정 또는 부녀를 대상으로 상담지도를 행하는 것을 본래의 직무로 하는 직원으로 모자복지상담소에 배치되고 있다.

### 모자복지센터(maternal and child welfare center)

일본에 있어서 모자복지시설의 하나로 지방 또는 사회복지법인 등에 의해 사회복지사업법에 따라 설치되었다. 모자 및 과부복지법에 의하면 모자복지 센터는 무료 또는 저액인 요금으로 모자가정에 대해 각종의 상담에 응함으로써 그 생활지도 및 생업지도를 행하는 등 모자가정의 복지를 위한 편의를 종합적으로 제공함을 목적으로 하고 있다. 1982년도부터 정비상의 조건이 개선되어 지방도 국고보조의 대상으로 되었다.

### 모자복지시설(maternal and child welfare facilities)

모자보호시설(생활이 어려운 모자가정을 일시 또는 일정기간 수용하여 생계를 보호하고 퇴소 후 자립기반을 조성하도록 지원하는 것을 목적으로 하는 시설), 모자자립시설(자립이 어려운 모자가정에 대해 주택편의만을 제공함을 목적으로 하는 시설), 미혼모시설 미혼여성이 임신을 하였거나 출산을 하였을 경우 안전하게 분만하게 하고 심신의 건강을 회복할 때까지 일정기간 보호함을 목적으로 하는 시설), 일시 보모자 훈련호시설배우자(사실혼관계에 있는 자를 포함한다)가 있으나 배우자의 생리적. 정신적 학대로 인해 아동의 건전양육 또는 모의 건강에 지장을 초래할 우려가 있을 경우 일시적으로 또는 일정기간 그 모와 아동 또는 모를 보호함을 목적으로 하는 시설, 부녀복지관모자가정에 대한 각종 상담을 실시하고 생활지도, 생업 지도, 탁아 및 직업보도를 행하는 등 모자가정의 복지를 위한 편의를 종합적으로 제공하는 것을 목적으로 하는 시설, 부녀상담소 모자가정에 대한 조사, 지도, 시설입소 등에 관한 상담업무를 수행할 것을 목적으로 하는 시설이다.

### 모자복지위원회

모자가정의 복지에 관한 사업의 기획, 조사, 실시 등에 관해 필요한 사항을 심의하기 위하여 보건복지가족부에 중앙모자복지위원회를, 서울특별시·광역시·도 및 시·군·구에 지방모자복지위원회를 둔다. 중앙 위원회는 15인 이내의 위원으로 구성하며 모자복지사업의 기본방향 및 정책수립, 보호기준에 관한 사항을 심의한다. 지방위원회는 10인 이내의 위원으로 시·도에 두는 지방위원회는 모자 복지사업의 기본방향 및 정책에 따르는 당해 시·도의 시행계획의 수립에 관한 사항을 심의한다. 시·군·구에 두는 지방위원회는 시·도의 시행계획에 따르는 당해 시·군·구의 시행계획의 수립에 관한 사항을 심의하고 보호대상자에 대한 보호의 결정, 피보호자에 대한 보호의 변경 및 중지에 관한 사항을 심의한다.

## 모자복지자금대부제도
(law concerning loans to mother with dependent children)

모자 및 부녀복지법에 의한 복지조치의 하나로 중요한 것이다. 시·도가 모자가정의 모친이나 모자복지단체에 대해 경제적 자립의 조성과 생활의욕의 조장을 도모해 아동복지를 증진하기 위해 행하는 자금대부제도이다. 모친에 대한 대부자금의 종류는 사업개시자금, 사업계속자금, 수학자금, 기능습득자금, 수업자금, 취직지도자금, 요양 자금, 생활자금, 주택자금 등이다. 이 제도의 현 과제는 취학률의 상승, 자영업의 고급화 경향 등 사회생활의 변화에 따라 대부금액의 인상 자금 활용을 위한 지도, 상담활동의 충실 등이 요구된다.

## 모자숙박훈련시설

신체에 장애를 갖고 있는 아동을 모친과 함께 단기간 입소시켜 아동의 기능훈련 등의 교육을 행하기 위한 시설로 일본에서 실시되고 있다. 아동복지법에 의한 지체부자유아시설로 설정된 모자입원부문이 그 활동의 장인 일상생활 중에서 신체장애아의 기능훈련 등을 자주적으로 지속되도록 지도와 원조를 행한다.

## 모자훈련
(institutionalization of a child with its mother)

모친과 심신장애아가 함께 훈련을 받는 것으로 입원 혹은 입소해 행할 때는 모자 휴양등 입원 또는 모자 입소라고 한다. 제도화되어 있지는 않지만 그때그때 입소해 행해지고 있다. 지체부자유아시설이나 병원에서 행해지는 것이 보통이고 모자입원부문을 병행하고 있는 시설은 상담 검사부문이 설치되어 가정에서도 훈련방법 등의 지도를 행하는 것으로 하고 있다. 이것은 모친이 훈련을 실지에서 느껴 자택에서 실시 가능하도록 하는 것을 목적으로 하지만 특별한 장소와 설비 등의 변화를 동반한 훈련도 심리적으로 큰 의의가 있다.

## 모집 3권

보험모집에 있어서 모집 3권이란 계약체결권, 계약전 알릴의무 수령권 및 보험료 수령권을 말한다. 보험계약의 체결권이라 함은 위험의 최종적 인수여부 및 인수조건 등을 결정하는 권한을 말하며, 계약체결권을 가지고 있는 자는 보험자와 보험계약의 체결을 대리하는 자, 즉 보험대리점이다. 보험모집인은 보험계약의 체결을 중개하는 자로서 체결할 권한을 가지는 것은 아니다. 계약전 알릴의무 수령권이라 함은 보험계약자 또는 피보험자로부터 계약전 알릴 사항을 수령할 권한을 말한다. 이러한 권한이 인정되어 있는 자를 계약전 알릴 의무 수령권자라 한다. 계약전 알릴 사항의 수령권자는 당연히 보험자, 보험대리점 및 그 대리인이라 할 것이고, 다만 위험측정자료 수집의 기능만을 보험자로부터 특별히 위임 받았다고 할 수 있는 보험의는 계약체결권은 없지만 계약전 알릴 사항 수령권은 있는 자이다. 한편, 모집인은 계약전 알릴 의무의 수령권을 인정할 수 없다는 견해가 지배적이다. 보험료 수령권에 대해 살펴보면 우리나라의 상법은 보험료의 납입 장소 또는 보험료의 정당한 수령권자에 대해 별도의 규정을 두고 있지 아니하므로 민법의 일반원칙에 따라 보험료 납입은 원칙적으로 채권자인 보험자의 영업소에서 하여야 한다고 할 것이다. 즉 보험료 납입채무는 추심채무가 아니고 지참채무라고 보아야 할 것이다. 그러나 현실적으로 생명보험거래에서는 대부분 보험모집인을 통해서 제1회 보험료의 상당액을 수령케 하고 영수증을 발행하게 하고 있으며, 제2회 이후의 보험료도 영수증을 지참하여 수령케 하고 있다.

## 모집단

추측통계학의 가장 기본적인 개념이다. 추측통계학은 유한한 또는 무한한 전체 대상에서 샘플을 뽑아 그것을 관찰하여 본래의 전체 대상에 관한 여러 성질을 추측하는 문제를 취급한다. 이 때 이러한 전체 대상에 속하는 개개의 것을 개체(요소)라 하며 개체의 전집합을 모집단 모집단에 관한 어떤 지식을 얻기 위해 모집단에서 뽑은 개체를 표본이라 한다. 실제로 모집단은 특정한 성질을 갖는 극히 다수의 개체를 포함하여 통계학적 고찰의 대상이 되는 집단을 뜻하며 이론적 연구에서는 모집단을 구성하는 개체의 수를 무한하다고 간주하는 경우가 많다. 모집단의 특성을 보이는 특성치를 모수(parameter)라 하고 표본의 특성을 보이는 특성치를 통계량(statistics)이라 한다.

## 모형(model)

현상의 이해를 위해 주요 구성요소를 추출하여 그들간의 상호작용 관계를 나타낸 현실의 추상적 표현(abstract representation of reality)을 말한다. 이론(theory)과 같은 의미로도 사용된다. 현실을 단순화시킨 이러한 모형은 실험 및 정책대안의 결과를 예측하기 위한 수단으로 작성되기도 한다.

## 목돈마련저축

〈저축증대와 근로자재산형성 지원에 관한 법률〉에 의거. 근로자에게 금리 및 세제상의 우대를 제공하는 예금제도이다. 정기적금과 마찬가지로 계약기간 일정액을 정기적으로 납입한 후 만기시 원리금을 지급받는데, 가입대상이 일정소득수준 이하의 근로자로 제한되어 있고 또 정부와 사업주가 장려금을 지급하는 한편 세제상 혜택이 부여된다.

### 목적(end / purpose)

인간이 실현하고 싶어 하고 그 때문에 행동의 목표로서 설정하는 것으로 그것은 적어도 주관적으로는 실현 가능하다고 생각되는 것이다. 목적은 현실 속에서 실현되는 것이므로, 그것을 실현하는 방법은 현실의 법칙을 따르지 않으면 안되며, 수단((영)means(독)Mittel(프)moyen)도 포함하여 그것의 실현의 전조건과 달성되는 목적과의 관계는 인과관계를 이룬다. 그러한데 목적은 처음에는 주관 속에서 관념으로서 존재하는 것이므로 실현의 과정에 있어서만 객관적 존재와 교섭이 시작되는 것으로 보이지만, 목적은 실제로는 인간 생활 자체가 포함하고 있는 문제나 요구에 뿌리박고 있으며, 단순히 관념적인 것은 아니고, 목적의 설정은 인간의 생활 관계 자체의 객관적인식 위에서만 비로소 이루어질 수 있는 것이다. 또 주관적·상대적인 목적에 대해 객관적·절대적인 목적 자체를 상정하는 사고방식도 있지만, 이것은 목적과 수단을 분리시키는 것이다. 수단이 목적에 의해 결정될 뿐만 아니라 거꾸로 수단의 고려에 의해 목적이 결정되는 면도 있고, 수단과 목적이 결정되는 면도 있으므로 수단과 목적은 상호적으로 규정하는 것으로 생각하지 않으면 안된다.

### 목적계획법(goal programming)

상호 이해가 상충되는 여러 개의 목적을 만족하는 정책대안을 선택하기 위해, 계량화할 수 있는 목적들을 중요도에 따라 우선순위로 구분하여 가중치를 부여하는 방법을 통해 최적해를 얻는 관리과학의 한 기법을 말한다. 복잡한 다목적 체계에서 여러 목적을 만족시킬 수 있는 해(解)를 제공하는 목적계획법은 선형계획법을 발전·개발시킨 것이다.

### 목적론(teleology)

사물의 생성 변화나 질서를 목적의 견지에서 설명하려고 하는 사고방식을 말한다. 인간의 행동과 관계되는 문제에 대해서는 당연히 목적론적 견지를 취하지 않으면 안되는 경우가 많지만 목적론적인 세계관은 이것을 모든 사상에 적용하는 것이다. 쥐는 고양이에게 먹히기 위해 있다는 것과 같은 사고방식은 논외로 하고 세계, 자연이 하나의 목적에 지배되고 있다는 생각은 근세 초까지 인간을 지배하고 있었다. 이미 플라톤에게도 세계의 사상은 이데아를 목적으로 하고 있다는 사고방식이 있었지만, 이 세계관을 체계적으로 전개한 최초의 사람은 아리스토텔레스이다. 그는 세계를 질료가 형상을 실현해 나가는 단계적 과정으로 보고, 형상을 질료의 목적인(→ 원인)으로 생각했다. 여기에는 사물의 고유한 운동 형태, 자기 발전으로서 합리적으로 이해되는 면도 있지만 형상은 종국적으로는 질료로부터 분리되고, 순수 형상으로서의 신이 스스로는 움직이지 않으면서 타(他)를 움직이는 종국적인 목적인으

로 간주되었다. 목적론은 에피쿠로스 등이 기계적 유물론의 입장에서 반대했는데 스토아학파에 있어서도 같은 경향을 엿볼 수 있으며, 또 중세의 스콜라학에서는 아리스토텔레스를 계승함과 동시에, 세계의 질서를 창조자로서의 신(神)의 지혜에 의해 설명하는 사고방식이 지배했다. 근세가 되어 데카르트, 스피노자, F. 베이컨, 18세기의 프랑스 유물론은 목적론을 배척했는데, 이것은 오로지 기계론의 입장에서의 비판이었으므로, 특수한 사물의 내적인 필연적인 발전의 합리성을 명백히 할 수가 없었다. 칸트도 목적론을 설명 원리로 삼는 것에 대해서는 반대했지만, 생물의 유기체에서 볼 수 있는 합목적성은 기계적으로 설명할 수 없는 것을 인정하고, 그러나 그것을 〈마치 합목적적으로 조직되어 있는 것처럼〉 고찰하는 것은 가능하다고 보고, 기계적 설명을 규제하는 원리 내지 그것의 발견적 원리로서 합목적성을 인정했다. 헤겔은 목적론 하에, 관념론의 입장에서 사물의 발전의 내재적 원인, 내적인 법칙성을 인정했다. 변증법적 유물론은 외적 원인을 조건, 내적 원인을 근거로 생각하고 각각의 사물(운동 형태)의 특유한 발전 법칙을 인정하고, 목적론의 잘못을 비판함과 동시에, 목적은 속에 제기되어 있던 목적인의 문제에 참다운 해결 방향을 주려고 했다.

### 목적세(earmarked tax) 01

특정한 사업예산을 안정적으로 확보해야할 필요가 클 경우 세원별로 지출대상을 미리 지정하는 예외를 두고 있는데 이것이 바로 목적세다. 목적세는 일단 사업목적이 달성되면 본예산에 흡수하는게 통례다. 이에 따라 목적세는 대개 종료시점을 못박아 한시적으로 운용되고 있다.

### 목적세 02

특수목적에 사용하기 위해 징수하는 특별세(special tax)를 목적세라 한다. 우리나라의 서울특별시·시·군세(稅)인 도시계획세·공동시설세 그리고 교육세가 이러한 목적세에 해당된다. 목적세와 대비되는 보통세는 국가 또는 지방자치단체의 일반적 지출에 충당하기 위한 조세를 말한다.

### 목적합리성

베버는 사회적 행위를 이해하기 위하여 목적 합리적·가치 합리적·정서적·전통적이라는 4개의 이상형을 구별했다. 목적 합리적 행위는 행위가 목적, 그것을 위한 수단 부차적 결과뿐만 아니라, 목적과 수단 목적과 부차적 결과, 이밖에 또 갖가지의 가능한 제 목적 등의 상호 관계를 합리적으로 비교 평량하여 행하여지는 경우를 말한다. 이에 대해 가치합리성((독)Wertrationalität)을 가지는 가치 합리적 행위는, 예견할 수 있는 결과를 고려하지 않고, 종교적·정치적 및 기타의 자기가 신봉하는 가치에 대한 신

넘에 의해서만 인도되고 무조건적인 자기의 의무로서 행해지는 행위를 말한다. 이 형의 행위는 전통적인 관습 등에 지배되지 않고 그 결과의 성부에 좌우되지 않고, 행위에 내적인 정합성이 있고, 확신에 기초를 둔 행위만이 행해지는 점에서 합리적이라고 말할 수 있다.

### 목표관리(MBO : Management by Objectives)

목표관리는 조직의 상하 구성원들이 참여의 과정을 통해 조직단위와 구성원의 목표를 명확하게 설정하고, 그에 따라 생산활동을 수행 하도록 한 뒤, 각 조직단위 및 구성원들의 업적을 측정·평가함으로써 관리의 효율화를 기하려 는 포괄적 조직관리체제이다. 목표관리는 종합적인 조직운영기법으로 활용될 뿐만 아니라 근무 성적 평정 수단으로, 그리고 예산운영 및 재정관리의 수단으로 다양하게 활용되고 있다.

### 목표관리시스템

목표관리시스템은 비전, 워크숍, 목표, 업적평가 등을 통해 실질적인 성과와 질의 경영을 추구하는 내부경쟁 프로그램이다. MAP는 MBO를 우리나라 기업실정에 맞게 개선한 종합적인 혁신 프로그램 으로 그 바탕은 '인간에 대한 신뢰' 에 바탕을 두고 있다. 이는 기존의 MBO가 지나친 경쟁을 유발하고 톱다운식으로 진행되며 수평적인 업무 흐름보다는 수직적 구조가 강조되어 지나치게 경직적이라는 문제점을 극복 우리 현실에 맞게 개선한 프로그램이다. 즉 인간의 잠재력은 그에 대한 신뢰여부에 따라 결정되며 알맞은 동기여부와 성취감여부에 따라 구성원들이 더욱 자발적으로 회사에 대한 기여도를 높일 수 있다는 신념을 기본 바탕으로 하고 있다. MAP에서는 전략적 관점이 강조되고 고객중심이며 시스템 자체가 유연성을 지니며 톱다운보다는 보텀업이 강조되며 개인보다는 집단이 강조되어 있다. 특히 MAP는 목표의 설정에서 실시, 평가 및 피드백의 전 과정에 조직구성원이 충분히 참여할 수 있도록 워크숍 프로그램이 활성화 되어 있다.

### 목표모형(objectives model)

교육과정의 구성에 있어서 목표의 설정 및 명료화를 중시하는 이론 또는 접근방법을 총칭하여 이르는 말이다. 목표에 근거해서 적절한 수업방법을 동원하고 그에 일관된 평가 방법을 동원해야 한다는 원칙을 강조하는 교육과정 모형이다. 타일러(R. Tyler)의 교육과정 모형이 목표모형의 대표적인 것으로 지적되고 있다. 그의 교육과정에서는 ①목표의 설정, ②적절한 학습경험의 선정, ③경험의 조직, ④학습성과 평가라는 네 가지 요소와 절차를 강조하고 있다. 즉 경험의 선정 및 조직과 평가단계는 설정된 목표를 기준으로 해서 이루어진다는 특징이 강하게 부각되는 모형이다.

### 목표배당률

기업의 수입에 대한 배당을 일정한 수준으로 유지하는 것을 의미하며, 해마다 발생하는 수입의 변동을 일시적인 것으로 간주하고 배당률을 거의 변동시키지 않는 기업정책을 말한다. 기업경영자는 배당의 감소가 시장에 대한 나쁜 신호로 간주된다고 생각하므로 수입이 적을 경우를 대비해 수입이 많을 경우에 적립을 통해 항상 거의 일정한 배당수준을 유지함으로써 기업의 경영성과에 대해 일정한 신호를 보내려고 한다.

### 목표예산(TBB : target base budgeting)

목표예산 제도는 각 부서의 지출한도가 정부의 최고관리자에 의해 집권적으로 설정되면 부서장들은 그 지출한도 내에서 그들의 목적을 가장 효과적으로 달성할 수 있도록 재원을 각 부서에 배분하는 예산제도를 말한다. 미국의 로체스터시를 비롯, 피닉스시, 신시내티시, 탬파시 등 많은 주 및 지방정부들에 의해 채택되고 있는 이 예산제도는 정책에 관한 지침을 예산신청기관에 미리 하달함으로써 정책과 예산의 연계성을 제고할 수 있으며, 총체적으로 일관성있는 예산편성이 가능하다는 장점을 지닌다.

### 목표의 구조화(structure of learning objectives)

한 학습과제 또는 학습단원의 수업에서 학습자가 학습해야 할 여러 가지 학습목표를 수업해야 할 순서대로 위계화한 것으로 넓은 의미의 목표 구조화는 한 교과내의 목표를 수업할 순서로 위계화하는 것을 의미하며, 그 방법에는 세 가지가 있다. 첫째는 가네(R. M. Gagne)의 학습과제 분석법에서와 같이 단원의 최종적 목표를 달성하기 위해 선행해서 학습해야 할 것을 연역적으로 분석함으로써, 수직적인 위계화에 의해 목표를 구조화하는 방법이다. 둘째는 학습과제에 따라서는 수직적인 위계성이 없는 과제에 대해 횡적인 수업순서를 정해서 목표의 구조화를 하는 수평적 구조화의 방법이다. 셋째는 수직적 구조화와 수평적 구조화가 복합되어 있는 방식이다.

### 목표의 다원화(goal multiplication)

기존 목표에 같은 종류 및 다른 종류의 새로운 목표가 첨가되거나 목표의 범위가 넓어지는 것을 말한다. 반면 목표의 확장은 같은 종류의 목표의 수가 늘어나는 것을 말한다. 목표달성이 낙관적일 때 목표가 확장·다원화된다.

### 목표의 대치(displacement of goals)

업무수행과정에서 목표달성의 수단이 되는 규칙과 절차에 집착함으로써 목표가 수단에 대치되거나 우선순위가 바뀌게 되는 현상을 말한다. 즉 조직전체의 목표달성을 우선적으로 생각하기보다는 규칙과 절차를 지켜야 한다는 경직된 태도가 목표와 수단의 전도현상을 초래하게 된다. 이와 같이 조직 구성원들이 절차나 규칙에 지나치게 집착하는 과잉동조(overconformity)현상은 형식주의로 흘러 결과적으로 조직의 효과성을 저해하는 요인으로 작용하게 된다.

### 목표의 승계(goal succession)

목표의 승계란 조직이 원래의 목표를 이미 달성했거나 또는 달성이 불가능한 경우 조직의 생존을 위하여 새로운 목표를 세우는 것을 말한다. 미국의 소아마비 재단(The Foundation of Infantile Paralysis)이 20년간의 활동 끝에 소아마비 예방 백신 개발로 목표가 달성되자, 관절염과 불구아 출생의 예방 및 치료라는 새로운 목표를 채택하여 그대로 존속한 것이 이 예에 속한다.

### 목표의 확장(goal expension)

기존 목표에 같은 종류의 새로운 목표가 첨가되거나, 목표의 범위가 넓어지는 것을 말한다. 반면 목표의 다원화는 같은 종류의 목표뿐만 아니라 이종(異種)목표도 추가되는 것을 말한다. 목표달성이 낙관적일 때 목표가 확장·다원화된다.

### 목표지향타당도(criterion — referenced validity)

목표지향검사(criterion — referenced test) 문항의 타당성을 표현하기 위해 도입된 개념으로 검사문항들이 목표의 달성 및 미달성 여부를 어느 정도 충실히 재고 있는지를 나타냄. 목표타당도(criterion validity)라고도 하며, 설정된 목표에 따라 가르침을 받은 학생들이 그렇지 못한 학생들보다 그 검사에서 더 좋은 성적으로 얻을 수 있는가에 대한 개념으로 이를 추정하기 위한 여러 가지 방법들이 제안되고 있다. 전통적인 측정이론에서의 타당도 추정방법들, 즉 내용타당도(content validity), 준거타당도(criterion — related validity) 그리고 구인타당도(construct validity) 등의 방법들도 모두 목표 지향검사에 적용될 수 있으나 그 방법들이 전통적인 측정이론의 관점에서가 아니라 목표의 달성 및 미달성에 관한 의사결정을 하는 목표지향검사의 관점에서 적용되고 해석되어야 한다는 차이가 있다. 목표지향타당도를 추정할 수 있는 방법으로는 우선 검사문항들이 검사가 재고자하는 내용(즉 교육목표)을 어느 정도 충실히 반영하고 있는가를 알아보기 위해 모든 문항들과 문항제작의 기초가 되는 목표 및 내용간의 대응관계를 논리적으로 분석해 보는 방법을 들 수 있다. 또 논리적인 방법이외에도 두 사람 이상의 내용전문가들로 하여금 의도한 목적과 관련하여 문항들의 적절성을 판단하게 하여 판단자들 간의 합치도(가령 문항 — 목표 합치도 지수, 카파계수, 내용 타당도 지수 등)를 계산하거나, 피검사자의 반응에 기초해 각 문항에 대한 기대난이도와 관찰난이도의 수준을 비교하여 문항의 타당성을 검토하는 통계적인 방법들도 있다.

### 목표현금잔고

기업과 같은 경제주체는 일정량의 현금잔고를 목표치로 두고 그 정상치(목표치)를 이탈하게 되면 그것을 다시 목표치로 환원하기 위해 재화에 대한 공급량을 조정하게 된다는 가정하에서 연구된 분석상의 개념이다. 다시 말하면 현금잔고가 소비지출에 주는 직접적인 효과, 즉 경제주체가 보유하는 현금잔고의 변화가 재화의 수급량을 변동시킨다는 사실을 의미 한다.

### 몬테소리(Montessori)

이탈리아의 유아교육가이며 1907년 로마의 슬럼가에 아이들의 집(Casa dei Bambini)을 창설하였다. 독특한 교육(몬테소리법)을 실천했다. 그녀는 아이들의 자발성, 자기활동을 중시하고 교사의 임무는 환경정비와 아이들의 능력개발조성에 있다고 했다. 교수의 관찰, 상벌. 훈계에 따른 자율적 행위의 억압을 반대하고 놀이작업을 중시하는 감각훈련을 위한 몬테소리교구를 고안, 프뢰벨주의의 극복에 노력했다. 주저서로 아이들 교육의 재건(1970)이 있다.

### 몬테카를로 시뮬레이션

몬테카를로 시뮬레이션이란 불확실한 상황하에서의 의사결정을 목적으로 확률적시스템의 모의 실험에 이용되는 절차를 말한다. 몬테카를로 시뮬레이션의 핵심은 모형의 확률요소들에 대한 실험인데 이는 확률적 또는 우연결과를 발생시켜 주는 도구를 이용하여 수행된다. 이 도구는 모형에서 가정한 확률분포에 따라 무작위표본추출에 의해서 우연결과를 발생시켜 주는데 이용된다. 따라서 몬테카를로 시뮬레이션을 모의적 표본 추출법(simulated sampling technique)이라고도 한다. 우연결과 또는 확률적 결과를 발생시켜 주는데 이용되는 도구로는 주사위나 룰렛바퀴(roulett wheel), 복권추첨에 이용되는 숫자공 등이 있으며, 가장 일반적으로 쓰이는 것은 난수(random number)이며 컴퓨터에 의해 발생되는 의사난수(pseudo — random number) 등이 있다. 몬테카를로 시뮬레이션의 시행을 위한 절차로는 ①단계 확률변수의 확률분포를 얻고, ②단계 누적확률분포를 설정, ③단계 확률변수의 값이나 값의 범위를 나타내기 위해서 적절한 난 수의 집합 — 난수의 구간 — 을 할당, ④단계 무작위표본추출을 이용하여 시뮬레이션실험을 실시 마지막으로, ⑤단계에서 행동방안을 설계·시행하고 통제한다.

### 몰가치성(value free)

경험과학으로서의 사회과학은 실천적 내지 윤리적 가치판단을 배제하지 않으면 안 된다는 M. Weber의 주장을 말한다. 사회과학의 임무는 경험적 사실을 확정하고 그것을 사유에 의해 정서(整序)함으로써 보편타당한 진리를 추구하는데 있다고 주장하는 그는 존재(Sein)를 넘어 당위(Sollen)를 논하는 것은 과학의 영역이 아니기에 사회 과학 연구에 있어 가치판단을 배제할 것을 주장하였다.

## 몰개성화(de — individuation)

개인이 집단의 집합적 목표에 용해되어 버림으로써 자신에 대한 자각이 약화된 개인의 정체감을 의미한다. '몰독자성'으로도 번역된다.

## 몰수

형벌이나 행정상의 목적으로 개인 소유의 물건을 빼앗아 국가 소유로 하는 것을 몰수라고 한다. 다음에 해당하는 경우 범죄의 예방과 범죄로 인해 이익을 얻는 것을 막기 위한 형벌로서의 몰수의 대상이 된다. ①범죄제공물 — 범죄에 제공했거나 하려고 한 물건, ②범죄생득물 — 범죄의 결과 생겼거나 얻은 물건, ③범죄대가물 — 범죄의 대가로 얻은 물건 위에 해당하는 물건이라도 범죄자 이외의 사람이 소유자이면 몰수하지 않지만 범죄로 인해 얻은 물건 즉 장물을 산 사람은 장물임을 알았을 경우 몰수당한다.

## 몽고리즘(mongolism)

정신지체의 임상분류 중의 하나로 1860년에 영국의 랑그돌드가 지은 명칭으로서 선천성이나 순수한 유전은 아니다. 따라서 우리나라 모자보건법 시행령 제15조에서는 유전성 정신지체자만을 인공 임신중절하도록 규정하고 있다. 이들은 대개가 머리가 크고 턱이 앞으로 튀어나온 특징적인 얼굴형을 지니고 있어 국제형으로 일컫고 있다. 원인은 노령산모의 마지막 자녀, 젊은 어머니의 첫 자녀, 많은 형제 중의 막내가 많으며 주로 태내조기고장이 주된 원인이 되고 있다.

## 무갹출제(noncontributory scheme)

사회보장제도에서 보험료를 재원으로 하거나 보험료거출을 수급의 수건으로 하지 않고 일반적으로 국가나 지방자치단체의 조세에 의해 충당되는 시스템을 말한다. 이것은 일정의 소득상한선을 정해서 이 이하의 저소득자에게 급여를 하는 것과 소득에 관계없이 급여하는 것이 있다.

## 무고죄

다른 사람이 형사처벌이나 징계를 받게 할 목적으로 그 사람에 대한 허위사실을 고소나 고발, 서면이나 구두, 투서 등의 방법으로 검찰(공무원)이나 경찰(공무원)에 신고하는 것을 무고죄라고 한다. 무고자 자신은 허위라고

생각하지만 그것이 객관적 진실일 경우에는 무고죄가 되지 않는다.

## 무과실 보상책임(no fault liability for compensation)

손해발생을 당하여 손해를 받은 사람의 고의나 과실이 없어도 이외 가해자로 생각되어지는 사람은 손해배상책임을 지는 것을 말한다. 과실이 없으면 책임이 없다고 하는 근대법의 과실책임주의원칙을 수정한 사고방식이다. 특히 기업의 노동재해나 직업성 질환의 발생에 대해 배상의 공평부담을 실현하고자 노동재해보상제나 보험에 따른 위험분담이 구체화되고 있다.

## 무관련이론

자본구조 및 배당과 기업가치는 무관련하다는 이론으로 Modigliani와 Miller에 의해 주장되었다. 완전자본시장에서 기업의 가치는 그 기업이 속한 위험집단에 적합한 요구수익률로 기대현금을 자본화함으로써 얻어지는데, 자본구조의 변경은 투자안의 현금흐름과 위험도에 아무런 영향을 주지 않고 기업이 벌어 들이는 수입의 배분만을 다르게 하기 때문에 투자안과 자본구조는 무관련하게 된다는 이론이다.

## 무관심(apathy)

원래는 정신의학분야에서 무감동, 무신경을 의미하는 용어이다. 그러나 사회과학에서는 정치적 무관심의 뜻으로 사용된다. 정치적 무관심이란 정치적 상황에 대해 적극적인 반응을 나타내지 않고 주체적 행동도 결여된 의식이나 태도를 의미하고 있다. 그러나 최근에는 정치적 상황에만 국한한 것이 아니라 모든 사회적 상황이나 세상사에 대해 아무런 반응을 표시하지 않는 무감동, 무기력, 비행동적인 태도를 의미한다.

## 무관심형(indifferents)

무관심형은 권한·지위·집단 등이 부과하는 자극에 대해 무관심하며, 조직으로부터 소외되어 있는 조직내 인간유형을 말한다. 조직 구성원의 대다수는 이와 같이 조직 생활에 소극적으로 순응하는 무관심형에 속한다. R. Presthus는 오늘날의 대규모 조직들을 관료제 조직으로 전제하고 이러한 조직 속에서 근무 하는 인간이 조직에 적응하는 성격의 유형을 상승형(upwardmobile), 무관심형(indifferents), 애매형(ambivalents)의 세 가지로 분류하였다. 상승형은 조직의 규범을 준수하고, 조직에 대한 충 성심이 높으며, 권한·지위 등 조직이 제시하는 가치를 적극적으로 추구하는 권력지향적 인간의 유형을 말하며, 애매형은 권력과 지위 등 조직이 제시하는 가치를 추구하면서도 한편으로는 조직 내의 지배적 가치체계에 저항하기도 하는 갈등적 성격유형을 가리킨다.

## 무기력형(impoverished)

생산 및 인간에 대한 관심이 모두 낮은 유형의 리더. 즉 작업에 필요한 노력이 최소한의 수준에 머무르는 리더의 유형을 말한다. Robert Blake와 Jane Mouton은 리더의 생산에 대한 관심과 인간에 대한 관심의 두차원을 기준으로 리더의 유형을 무기력형, 사교형, 과업지향형, 절충형, 팀형의 다섯 가지로 분류하는 관리격자도(managerial grid)를 제시하였다.

## 무노동 부분임금제

파업기간 중 전혀 노동을 하지 않더라도 임금의 일부를 주어야 한다는 것. 이는 근로자들이 받는 임금의 내용을 두 가지로 나누는 〈임금 이분설〉에 근거한다. 임금은 생활보장적 부분과 노동의 제공과 교환되는 부분(노동의 대가)으로 나눠진다는 것이다. 따라서 파업으로 일을 하지 않을 경우 노동교환적 부분의 임금은 주지 않아도 되나 생활보장적 부분은 주지 않아도 되나 생활보장적 부분은 주어야 한다는 것이다. 가족수당, 교통비, 식비등이 포함되나 회사에 따라 같은 명목의 임금이라도 교환적 부분이 되는 경우도 있다. 생활보장적 임금비율은 업종, 회사에 따라 차이가 크나 통상임금의 5 — 10% 정도에 불과하다. 우리나라 대법원은 1992년 3월과 6월 임금 이분설에 기초한 판례를 남기고 있다.

## 무노동 무임금

사용자가 근로를 제공하지 않은 근로자에 대해 임금을 지급하지 않는 것을 말한다. 대법원 판례에서도 이를 인정하고 있다. 외국의 경우 무노동무임금 원칙이 철저히 지켜져 파업기간 중의 임금은 노조에 적립된 파업기금으로 지급되고 있다. 무노동무임금 적용여부를 둘러싸고 사용자측은 〈노조의 파업으로 근로자들이 생산활동에 참여하지 않았기 때문에 임금을 제공할 수 없다〉는 입장을 보이는 반면, 노동계는 〈파업기간 중에도 노사간의 사용관계는 계속 존속되고 있어 근로자의 생활보장 차원에서 임금은 지급해야 한다〉고 맞서고 있다.

## 무능력(disability)

개인을 구성하고 있는 요소들이 신체적 · 심리적 혹은 신경학적으로 정상에서 벗어난 상태를 말한다. 이 무능력은 개인이 적응하는 것에 따라서 장애가 될 수도 있고 되지 않을 수도 있다. 무능력과 장애는 자주 동의어로 사용되고 있지만, 정확하게는 동일한 것이 아니며 장애는 무능력에 의해 산출된 효과를 지칭한다.

## 무단결근(absenteeism)

우리나라에서는 비교적 적지만 풍요한 사회를 실현한 선진공업국에서 자주 나타나는 현상이다. 본인의 질병, 부상에 의한 결근, 혹은 노동조합의 구속의 어떤 의사표시

로서의 직장포기가 아니고 다만 오늘은 일하고 싶지 않다라는 단순한 기분(심리상태)에서 직장에 나오지 않는 것으로 완전 이직의 의사표시를 한 것도 아닌 상태를 말한다. 영국 업계, 특히 자동차공업에서 가장 빈번히 일어나며 미국이 그 다음이다. 임금의 일정수준이 올라가면 근로자는 반드시 문제가족이 매일 정각부터 일하지 않아도 (가령 일하지 않는 날의 임금을 제할지라도) 사회보장제의 발달로 기본적 생활에는 불편이 없는 정도의 소득이 보장되기 때문에 발생하는 현상이다.

## 무료숙박소

일본의 명치시대 때 농촌에서의 대량인구유출로 도쿄(東京), 오오사카(大阪)를 필두로 도시는 불안정한 취업노동자, 가출인, 부랑자, 전과자 등이 모여 싸구려 여인숙이 형성되었다. 범죄나 매춘의 발생지로 변화되고, 슬럼가가 형성되었지만 한편에선 각 자선단체에 의해 숙박시설도 형성되어 사회복지의 중간 시설적 역할을 행했다. 특히 전과자의 면죄 보호사업으로서 무료숙박소가 설치되었으며 대정기에는 정부도 보조금을 지출해 교육과 직업보도의 원조기능을 가졌다.

## 무사안일주의

창의적 · 능동적 업무수행을 피하고, 피동적 · 소극적으로 현상을 유지하려는 행동성향을 말한다.

## 무상교육(free education)

교육을 받는 학생에게 일체의 부담을 주지 않고 무료로 하는 교육형태를 말한다. 일반적으로 의미 교육의 실시와 함께 무상교육이 추진되는 경우가 많다. 그러나 의무교육이 반드시 무상교육과 일치하는 것은 아니며 대개 공립초등학교는 무상화를 실현하는 경향이 지배적이다. 무상화의 정도는 해당 국가의 정치적 · 경제적 · 사회적 · 문화적 형편에 따라 다르다고 보겠으나 최소한 입학금과 수업료의 면제는 공통되는 것으로 보인다. 우리나라의 경우 초등교육은 무상으로 할 것을 규정하고 있으며, 현재 입학금 · 수업료 면제뿐만 아니라 교과서 무상공급, 육성회비 국고 전환이 이루어지고 있는 학교 급식도 실시하고 있다.

## 무선페이징

거동불편 어르신이나 독거어르신을 위하여 안전 확보를 위해 위급상황에서 간단히 발신기(리모콘)의 버튼만 누르면 수혜자의 위치, 성명, 전화번호, 병상기록 등이 자동 신고 되면서 119구급대가 신속히 출동하여 응급처치 및 병원으로 이송할 수 있는 시스템을 말한다. 현재 보건복지가족부와 자치단체들이 소방서 등을 통해 보급 중이다. 보건복지가족부는 1996년 처음 도입하여 1997년 '무선페이징 시스템 보급사업'을 추진, 2007년까지 총 19만

2549대를 보급하였다.

## 무소속 청소년

무소속 청소년은 이른바 방황하는 청소년이다. 이들은 초·중·고등학교 졸업 후 미진학자 가운데 취업을 하지 못한 사람들이며 학교 중퇴, 실직 등으로 무소속이 된 사람들도 포함된다. 이들은 구조적으로 사회적 관심권 밖에 있는 사람들로 불우청소년 집단이 되며 문제청소년으로 발전할 가능성을 많이 가지고 있다. 이들이 본래 일탈지향성이 높다는 의미가 아니라 일탈을 억제할 수 있는 환경적 혜택을 남들보다 적게 가지고 있기 때문이다. 그러므로 문제청소년을 감소시키기 위한 실제적 목적에서도 무소속 청소년들에 대한 정책의 관심은 증대되어야 한다.

## 무의사결정(non − decision making)

지배집단의 가치나 이익에 대한 잠재적인 도전가능성이 있는 정책문제가 의제(議題)의 지위에 도달하기 이전에 정책관련자들이 폭력 또는 편견을 동원하여 질식시키거나 집행단계에서 좌절시키는 것을 말한다. 즉 사회의 지배적 가치·신화·정치적 기관과 절차 등을 지배집단이 조작함으로써 의사결정의 범위를 안전한 이슈에만 한정시키는 관행을 Bachrach와 Baratz는 무의사결정이라 하였다.

## 무의식 01

어떤 사물·사람·동기·태도 등을 일정한 시점에 경험하였으나 억압이나 망각 등에 의해 감지할 수 없게 된 상태를 말한다. 이는 다음과 같이 폭넓게 쓰이고 있다. ①정신분석 이론에서는 의식화의 난이도에 따라서 의식·전의식·무의식으로 분류하며 흔히 본능적 충동이 무의식 속에 억압되어 있는 것으로 봄, ②융(C. G. Jung)의 성격 이론에서는 개인적 경험에 관련된 개인 무의식과 인간의 역사적 경험에 관련된 집단 무의식으로 구분한다, ③일반적으로는 지각하고 의식적으로 행동할 수 있는 능력을 상실할 상태를 가리키고 가장 깊은 무의식의 상태를 혼수라고 부르며, 열·심장마비·약물중독과 같은 전체 유기체의 위협이나 뇌기능의 장애 등에서 기인된다.

## 무의식 02

개인의 마음속에서 일어나고 있는데도 불구하고 의식되지 않는 과정에 관해 말한다. 신체의 생리적 과정은 심적 과정이 아니므로, 의식외의 과정이다. ①그것에 주의가 들려지지 않고, 그것으로서 명백하게 체험되지 않는 심적 과정, 이것은 노력에 의해 의식화될 수 있으며, 전의식(preconscious, 프로이드) 또는 하의식(subconscious)이라고도 한다. 의식적 행위가 반복되어 자동화하고, 이 의미에서 무의식적 행위가 되는 일이 있다. ②마음의 심층에 자리 잡고 있고, 의식에 갖가지 작용을 미치지만, 의지

적 노력으로도 의식화할 수 없는 심적 과정. 이것은 정신분석 등의 방법에 의해서만 엿볼 수 있다(→ 정신분석). 무의식적인 심적 과정의 존재는, 고대·중세의 철학자(플로티노스, 아우구스티누스, 토마스 아퀴나스, 신비주의자들)에 의해 인정되고 있었다. 근세에 이르러 17세기에 데카르트는 정신의 속성을 의식이라고 규정했는데, 이것은 무의식의 부정이며, 그의 학파도 그것에 따랐다. 한편, 17세기에 있어서도 컷워드(Cudworth), 라이프니쯔는 무의식을 인정했다. 18, 19세기를 통해 헤르더, 괴테, 셀링, 쇼펜하우어, 하르트만, 니체, 페히너 등은 무의식의 존재를 긍정하고, 그것의 의미를 인정했다. 그 결과, 이 생각은 상당히 널리 지지를 받게 되었는데, 이것이 크게 문제가 된 것은 프로이드 이후이다. 그러나 그의 영향을 받은 정신분석학자들 사이에서도 무의식에 관한 견해의 차이를 볼 수 있다. 융은 선조로부터의 유전에 근거하는 〈집단적 무의식〉의 존재를 주장했다.

## 무작위(randomization, random assignment)

표본 추출에 있어 조사자의 주관에 입각하여 자의적으로 표본을 선정하지 않고, 확률적·무작위적으로 표본을 추출하는 것을 말한다. 즉 무작위란 모집단을 구성하고 있는 개체가 표본으로 선택될 확률이 모두 동일한 상황을 말한다.

## 무정부주의(Anarchism)

일체의 권력이나 강제의 사회제도를 부정하고 개인(인간)의 완전한 자유를 실현하려고 하는 사회사상과 운동을 말한다. 권력기구로서의 정부의 폐지를 주장하는 것에서부터 무정부주의라고 번역되고 있는데 반드시 적당한 번역은 아니다. 러시아 혁명까지는 공산주의와 함께 세력을 가졌으나 그 후 공상적이라고 비판되어 후퇴를 계속하여 왔다. 현재에는 아직 잠재적인 정도의 영향력을 가진 신좌익운동에서 그 현대적 실현이 보여 진다.

## 무조건 반응(unconditioned response)

무조건 자극이 주어질 때 거의 자동적이며 동시적으로 일어나는 반사적 행동이다. 생득적인 것이기 때문에 학습될 수 없다는 특징이 있다. 가령 눈 깜박거림, 무릎반사, 파블로프(I. P. Pavlov)의 실험에서의 고깃가루에 대한 개의 타액분비 등이 있다. 무조건 반응에 대립되는 개념은 조건반응이다.

## 무직청소년

가장 극단적인 구조적 주변성을 가진 집단이다. 그들은 자신의 장래나 직업에 대한 포부수준이 낮고 지적 능력이 낮은 집단이거나 포부수준은 높지만 그 포부를 달성할 수 있는 수단을 갖추지 못하여 인지부조화(cognitive dissonance) 상태에 빠져 있는 청소년들이다. 예로서 재

수생이나 구직·가출 청소년들은 그러한 젊은이들이다. 무직청소년들은 인간관계나 자아관에서 생기는 소외감으로 인해 심리적 갈등을 가지기 쉬우며 다른 청소년 하위집단보다 높은 수준의 욕구불만을 안고 있어 부모나 가정과 심한 갈등관계를 갖기 쉽다. 이와 같이 소외된 청소년들은 비슷한 처지의 동료들과 밀착된 인간관계를 통해 만족감과 안정을 추구하거나, 자기 자신에 대해 은둔적 자아상을 형성하여 소외감을 느끼지 못하는 소외상태로 자신을 퇴영시켜 사회와 자신에 대해 아주 무관심해 버릴 수도 있을 것이다.

## 무차별평등의 원리
(the principle of equal justice and non – determination)
기본적으로 인간평등의 사상에서 발생한 것으로 법 아래의 평등으로 규정되어져 있고 현행 생활보장법과 보호청구권에서도 명기하고 있다. 즉 모든 국민도 본법의 요건을 만족하기 위해 무차별평등의 권리를 보장하고 인권, 신조, 성별, 사회적 지위, 신분 등에 따라 차별되면 안된다고 한다.

## 무학년제(nongraded system)
학년이나 계열에 관계없이 개개 학생들의 능력과 흥미에 맞는 수준의 과정을 밟을 수 있도록 여러 가지 조건을 마련해 주는 학제다. 미국의 교육학자 굿레드(J. I. Goolad) 등에 의해 주장되고 있는 교육체제이다. 학생 집단의 수준표시는 학년으로서가 아니라 교육과정의 단위로 표시된다. 유치원 2년, 초등교육 6년, 중등교육 6년, 대학교육 4년에 걸치는 18년을 5구분하여 무학년 초등 전반기 교육과정, 무학년 초등 후반기 교육과정, 무학년 중학교 교육과정, 무학년 대학 교육과정으로 표시하는 것이 한 예이다. 이 체제의 목적은 동일한 학급 내에 존재하는 극심한 개인차를 해결하고 학생의 능력에 맞는 과정을 학생들이 자유롭게 이수할 수 있도록 함으로써 교육의 효과를 극대화하자는데 있다. 이 체제에서는 교육과정 계열에 따라 학생들이 무리없이 계속적인 학습을 할 수 있도록 하는 것이기 때문에 학급편성 방식이 중요하게 된다. 학급편성은 보통 ①능력별 집단편성, ②성적수준별 집단편성, ③인성 및 학습경향별 학급편성, ④기타 준거에 의한 편성방법이 활용되고 있다. 또 보통의 학년제와의 절충을 통해 일부의 교과목에서만 무학년제를 채택하는 경우가 많다.

## 묵비권
범죄의 혐의를 받는 사람이 체포된 뒤 조사나 공판에서 자신에게 불리한 내용을 말하지 않을 수 있는 것을 묵비권이라고 한다. 묵비권은 피의자나 피고인의 인권을 보호하고 고문 등에 의한 강제자백을 막기 위한 것으로 범죄용의자를 체포할 경우 수사관은 변호사 선임의 권리와 함께 묵비권이 있음을 알려주어야 한다.

## 문답법(소크라테스의(희)diale – ktik )
소크라테스의 진리 탐구 방법이다. 그는 상대방에게 질문을 던지고 그의 답에 있는 모순을 지적하면서 상대방의 무지를 자각시킴과 동시에 사물의 올바른 개념에 도달시키려고 했다. 이 방법은 상대방에게 가르치는 것이 아니고, 상대방이 스스로 진리를 깨닫는 것을 도와주는 것에 불과한 것이라 하여, 그는 자기 어머니의 직업 이름을 따서, 이것을 산파술((희) maieutik )이라고 불렀다.

## 문제(problem)
혼란하거나, 애매하거나 또는 모순을 포함하거나 하는 불명확한 상황에 대처하지 않으면 안되는 경우에 우리는 문제에 당면한다고 한다. 다만 막연하고 의심스럽다는 단계에서는 문제가 성립하지 않고, 상황을 구성하는 요소를 조사하여 상황이 부분적으로 명확하게 되고 그것을 단서로 하여 해결이 구해질 때, 상황이 문제로서 파악된다. 문제는 근원적으로는 실천적인 것이지만 이론적 문제도 기지와 미지와의 경계선에서 성립한다는 점에서는 같은 구조를 가진다.

## 문제가족(problematic family)
문제가족이란 집단으로서 가족의 조직화가 약화되고 기능상의 장애를 일으키고 있는 가족을 말하며 그리고 문제가족을 병리가족, 이상가족, 부적응가족, 일탈가족, 가족 아노미라고도 한다. 문제가 악화되어 장기적 해결하지 못할 때 가족은 붕괴되거나 해체현상이 나타난다. 문제가족 또는 부적응가족은 가족성원의 의식, 태도, 가치관, 이해관계가 대립되어 상호작용이 결여된 상태의 가족이다. 즉 가족의 성적, 생식적, 경제적, 보호적, 교육적, 정서 안정적, 지위 관계적 제 기능이 원만히 이루어지지 않고, 1차적 집단으로서의 전인적 상호관계가 결여된 가족이다. 따라서 가족성원 서로간의 밀착성이나 연대성이 없어 성원 상호간의 역할기대와 역할수행이 이루어지지 않음으로서 여러 종류의 역할갈등, 부적응, 부조화문제 등이 있는 가족이다. 그리고 가족관계의 대립, 긴장, 갈등이 발생하여 가족성원 상호간에 의사소통이 이루어지지 않아 가족성원의 욕구불만이 해결되지 않고 전체성, 통일성, 응결성, 융합성이 없는 가족을 말한다.

## 문제상황(problematic situation)
목적 지향적인 의도적 행위의 과정이 좌절이나 갈등 등에 의해 방해를 받는 상황을 말하며 문제 장면이라고도 번역된다. 이 문제 상황에는 두 가지 계열의 개념이 있다. 하나는 손다이크(E. L. Thorndike)의 문제상자로부터 유래되는 것으로 학습이론에 응용되는 것이다. 가령 굶주린 고양이를 상자 속에 가두고 상자밖에 먹이를 놓아둔다.

상자는 고양이의 어떤 동작(끈을 당기거나 지렛대로 움직임)에 의해 열리도록 해 둔다. 이때 고양이에게 이 상자 안의 사정은 문제 상황이다. 한편 듀이(J. Dewey)에 의하면 문제 상황이란 어떤 사태가 뒤엉켜서 물음표(?)가 붙는 장면 혹은 이미 가지고 있는 지식으로서 적당한 반응을 기대할 수 없는 장면, 지식이나 경험이 일어나기 전에 지도적 가설이 요청되는 장면을 말하며, 특히 탐구행위(inquiry)는 애매한 문제 상황으로부터 확실한 상황으로 이동하는 과정이라 한다.

### 문제아(problem child)

정신적. 신체적인 제 기능이나 행동 등에 현저한 이상이 나타나 특별한 원조를 필요로 한다고 생각되는 아동을 말한다. 주로 정신장애 등으로 문제행동을 하는 아동을 말하며 비행아, 부적응아 등과 동의어로 쓰이는 경우가 많다. A. S. Y의 대표적 저서 문제의 아동(1926)에서 비롯된 용어라 하고 있으나 용어정의에 정설은 없다.

### 문제중심기록(problem − oriented POR : record)

효율적인 사례기록을 개발, 보존하기 위해 사회사업가, 심리사, 간호사 및 기타 전문가에 의해 사용되는 형식이다. 본래는 Lawence Weed 박사에 의해 문제지향적, 의학적 기록으로 개발된 이후에, 다양한 맥락으로 활용되었고 다른 많은 전문 영역에서 필요에 따라 적용되어 왔다. 문제지향적 기록은 다음의 네 가지 요소를 포함한다. 즉 첫째, 데이터베이스(카드철 정보, 현재 나타난 문제 − 통계학적, 문화적, 의학적 자료, 주소록 등), 둘째, 문제목록(그 문제가 해결되었을 때 그것을 확인하고 고려대상에서 제외하는데 편리하도록 각각의 문제에 번호를 매긴다), 셋째, 계획(각각의 번호가 매겨진 문제들을 해결하는 데 있어 가능한 여러 단계들), 넷째, 후속행동(실제로 계획을 행동으로 옮김)이다. 이같은 문제지향적 기록(POR)은 특정 문제와 그 과정 및 해결에 특히 초점을 맞춤으로써 초점이 흐린 문제보다는 쉽게 계량될 수 있는 전문적이고 임상적인 개요를 작성한다.

### 문제해결능력(workability)

클라이언트의 기능하는 힘을 말한다. 클라이언트가 케이스워크 관계를 통해 제공되는 여러 가지 서비스를 통해 스스로 문제를 해결해가는 정서적, 지적, 구체적 능력의 총체이다. 이것은 클라이언트가 목표에 따라 사회사업가나 관계자 또는 여러 가지 사회자원과 일정한 관계 유지를 해갈 때의 능력, 동기부여와 기회로 구성된다.

### 문제해결모형(problem solving model)

인간의 생활은 문제해결과정이라는 시점에서 사회사업 실천을 전개해 나가기 위한 모델로 발전해 왔다. 이 모델의 체계화작업에 가장 공헌한 펄만은 듀이(J. Dewey)의 견해를 토대로 자아심리학을 도입해 특히 동기부여 − 능력 − 기회라는 틀을 중심으로 구성한 특색을 갖고 있지만 최근에는 체계이론을 토대로 재체계화가 이루어지고 있다.

### 문항분석(item analysis)

특정 시험 또는 검사의 제작 목적과 부합되는 양호한 문항을 선택하기 위하여 검사 실시 대상과 유사한 특징을 가진 집단에게 예비적으로 실시해서 얻은 자료를 토대로 하여 개개 문항들이 그 기능을 어느 정도 수행하고 있는지를 분석이라고도 한다. 검사의 구성과 문항의 형식 등이 상이함에 따라 문항분석 방법에 다소 차이가 있지만 일반적으로 문항분석에는 문항곤란도·문항변별도·문항반응분포가 분석된다.

### 문화(culture)

인간이 자연그대로의 상태에 그치지 않고 노동에 의해 자연에 인공을 가하고, 자신도 자연 상태로부터 벗어나서 형성되어 온 물심양면의 전성과. 물질적 생산·의식주·학문·예술·종교·정치 등 모든 것을 포함한다. 독일에서는 특히 한 민족, 한 시대에 특징적인 정신의 표현을 의미하는 일이 있다. 감성적 노동과는 절단된 이성의 정신적 노동에 의해 인류사가 시작되었다는 데서(칸트 등), 생산 및 일체의 경제관계는 문화사(文化史)에 종속하는 것으로 간주되었지만, 사적 유물론에 있어서는 이 관계로 역전되고, 또 물질적 생산·사회제도를 포함하는 일체의 문화의 전 국민적 수준이 문화 진보의 지표가 된다. 또 훔볼트 이래 자주 물질적 문화가 문명, 정신적 문화가 문화라고 불리어진다. 또 빈델반트, 릭케르트 등에 있어서는 자연과 문화가 분리되어 〈법칙 정립적〉인 자연과학과 〈개성 기술적〉이 문화과학이 대치되었다.

### 문화가치

릭케르트를 대표자로 하는 바덴파(→ 신칸트파)에서는, 문화가치를 생활가치와는 다르게 선험적이고 보편타당한 것으로 보고, 따라서 구체적인 문화재로부터도 구별한다. 진(眞), 선(善), 미(美), 성(聖), 행복 등이 그것이다. 이것들이 한편으로는 형이상학적 존재와 구별되면서도 다른 한편으로, 자연과 인간에 대해서도 초월적인 것으로 생각되는데에 그 특색이 있다.

### 문화산업론

산업을 문화의 측면에서 받아들이려는 주장이다. 종래에는 콜린 클라크 의 제1차, 제2차, 제3차 산업이라는 식의 산업분류방법이 실시되어 생산 측면으로부터 받아들여지는 방식이었다. 그러나 경제가 고도화하고 〈탈 공업화〉, 〈3차산업화〉, 〈서비스경제화〉가 진행됨에 따라 소비 측면으로부터 산업을 받아들이는 일 혹은 최종수요산업에서부터 접근하는 것이 필요하다는 주장이 나왔다. 최종 수요산업가운데 생활의 기쁨이나 삶의 보람의 추구 등 정서적 만족을 창조하는 상품과 서비스를 파는 산업을 문화산업이라 이름짓고 산업 속에서 이러한 것들이 성장하는 것을 문화 산업화라 부른다.

## 문화인류학(cultural anthropology)

20세기에 들어올 무렵부터 세계의 제 사회. 문화의 비교연구가 진행되어 인류학, 민속학, 민족학 등의 분야가 개척되었다. 이러한 성과에 힘입어 미국에서 제 민족의 행동양식, 사회생활 등의 문화의 해명을 위한 한 분야로서 문화인류학이 생겼다. 당초에는 근대적 생활을 하지 못하는 사회나 민족의 생활을 대상으로 했으나 린튼, 린도, 워나, 레드필드 등은 현대사회에 대해서도 행동양식을 중심으로 연구했다. 세계각지의 언어를 갖지 못한 제 민족 등의 실태를 밝힌 공적이 크게 평가되고 있다.

## 문화지체(cultural lag)

물질문화와 정신문화 등 문화 각 영역의 발달이나 보급의 속도에 차가 있기 때문에 사회생활속의 불균형이 생기는 상태를 말한다. 미국의 사회학자 오그반이 제기한 개념이지만 산업기술의 눈부신 발전에도 불구하고 법률, 제도, 도덕 등이 거기에 따라 변화하지 못하는데서 사회의 여러 면에 뒤틀림이 생긴다. 지체라는 언어가 애매하다는 비판도 있으나 사회변화와 문제 상황을 포착하는 중요한 개념의 하나라 할 수 있다.

## 물가지수(price index)

모든 상품의 가격변동을 대표하는 지표. 우리나라에서는 한국은행에서 도매물가, 재정경제부에서 소비자물가를 작성하고 있다. 도매물가는 각종 상품의 가격변동을 생산자의 판매 단계에서 848개 품목을 대상으로 조사하고 있는데 이발, 교통과 같은 서비스가격은 포함되지 않는다. 소비자물가는 소비자가 구입하는 각종 상품과 서비스의 가격변동을 소비자 구입단계에서 470개 품목을 대상으로 조사한다. 소비자물가는 사용빈도가 많은 식료품에 높은 가중치를 두어 작성되고 도매물가는 식료품 이외의 상품에 더 큰 비중을 둔다.

## 물동계획

국가가 긴급히 필요로 하는 주요물자의 수요·공급의 조절을 꾀하는 수급계획. 생산수단이 국유화된 사회주의적 계획경제에서는 흔히 쓰이지만 자본주의 경제하에서도 전시중이나 물자부족이 심각할 때 채택된다. 시장가격기구에 의존하지 않고 정부규제에 의존하는 물동계획은 매점·매석·암시세·폭리·자원낭비 등을 수반하기 쉽다. 가벼운 물동계획은 비상사태가 아닌 평상시에도 시행된다. 가령 물가안정대책의 일환으로서 주요물자의 공급부족과 계절적 수요에 대처하는 연간수급계획, 주요 생필품의 업체별 책임생산제, 비축제도의 운용 등이 그것이다.

## 물리적 환경(physical environment)

학교의 지리적 조건과 설비, 가정의 경제적·사회적 지위등 한 유기체가 속해 있는 외적인 조건. 물리적 환경은 심리적 환경과 함께 환경을 분류하는 전통적 분류 유목이나 그 개념의 애매성으로 인해 근래에 와서는 지위 환경과 구조 환경 등으로 개념화되고 있다. 이 용어에 대비되는 개념은 심리적 환경이다.

## 물리치료

의료재활의 중심적 영역으로서 기본적인 운동기능의 회복과 환자의 신체자립성을 높이기 위하여 열, 광선, 물, 전기와 같은 에너지를 이용한 온열요법, 한냉요법, 광선요법, 전기요법, 견인요법, 수욕치료, 치료적 운동 등의 물리적 효과를 치료에 적용하고 물질의 운동 원리나 법칙을 적용하는 것을 물리치료라고 한다.

## 물리치료사(PT : physical therapist)

의료재활에 종사하는 전문직의 한 직종. 의료기사법 제2조의 의료기사의 종별에 물리치료사가 포함되어 있으며, 동법 제4조에 면허에 대해 규정하고 있는 바 전문대학 이상의 학교에서 보건의료에 관한 학문을 이수한 자와 전문대학 이상의 학문을 이수하고 보건복지가족부장관이 지정하는 보건기관 또는 의료기관에서 면허에 상응하는 보건의료 업무를 1년 이상 수득한 자 등이 국가시험에 합격하므로 그 자격이 인정된다. 물리치료사가 면허를 얻을 경우 보건복지가족부에 등록을 해야 하며 그 직무상 알게 된 비밀은 누설하지 못하고 업무상의 실태와 취업상황을 신고해야 하며 보건복지가족부령에 의해 보수교육을 받아야 한다. 물리치료사는 장애정도를 측정 검사하고 평가하며 물리치료팀의 일원으로서 협조 및 협동하는 능력이 있어야 하고 장애인이 의욕을 가지고 자주적으로 재활할 수 있도록 돕는 능력과 기술을 갖추고 있어야 한다.

## 미국노동총동맹
(AFL : American Federation of Labor)

1886년 S. Gompers 등에 의해 창립된 미국의 직업조합을 말한다. 총동맹의 조합원은 개개의 노동자가 아니고 전국적인 직업조합이다. 총동맹은 기업가와의 교섭에 있어 온건·타협적이며, 직업별 또는 숙련공 및 비숙련공별로 임금 등의 차별을 강하게 주장하고 산업별조합주의를 배척하는 등의 특징을 지닌다. 총동맹의 이러한 노선에 반기를 든 일부 노조 지도자들이 1935년 산업별노동조합(CIO)을 결성하였다.

## 미국노인헌장(the senior citizen charter)

미국노인헌장은 1961년 워싱턴에서 개최된 제1회 백악관 노인문제회의(White House conference on aging)에서 입안되어 제정되었다. 이 헌장은 현재 노인이 된 사람들과 또는 앞으로 노인이 될 사람들이 어떻게 하면 노인으로서의 권리와 의무를 수행해 가느냐가 규정되고 있다. 미국달러 고정환율제도 자국화와 미국 달러와의 환율을 먼저 결정하고 기타 통화와의 환율은 국제외환시장에서 미국 달러와 기타 통화와의 환율을 재정하여 결정하는 제도를 가리킨다.

## 미국사회사업가협회
### (NASW : national association of social workers)

미국의 단일 사회복지전문직단체로서, 1955년에 미국사회사업가협회(AASW)를 중심으로 다섯 개의 분야별, 기능별 전문직 단체가 통합, 결성된 것이다.

## 미국아동헌장

1930년 후버대통령에 의해 소집되어 아동의 건강과 보호에 관한 제3회 아동복지 백악관회의에서 채택해 그 후 다른 나라의 아동헌장 성립에 영향을 끼쳤다. 아동복지에 대한 권리를 시민의 제일 권리로 인식하고 그것에 대한 국민적 도덕적 언약으로서 미국아동을 위해 19개조의 구체적 목표를 설정하고 있지만 개별적으로 특정의 권리를 조문화시킨 것은 아니다.

## 미국우애봉사단(American Friends Service Committee)

1917년 퀘이커 교도들이 창설한 구제·사회복지활동단체, 민족·인종을 초월하여 완전한 무상 봉사활동을 한다. 현재는 오스트리아와 홍콩의 망명자에 대한 서비스, 미국의 재정착산업, 알제리아의 지역복지 등 광범한 활동을 하고 있고, UNRRA나 CAC를 통해 활동을 하고 있다.

## 미국의 포퓰리스트 운동

1891년에 결성된 미국의 제3당, 인민당(Peopie's Party)의 통칭이다. 그레인저 운동, 농민동맹 등을 통해서 남북전쟁 후의 농업부진에 대한 불만을 정치적으로 해소하려고 서부 및 남부의 농민을 중심으로 조직한 정치집단들의 활동을 말한다.

## 미디어크라시

미디어(media)와 데모크라시(democracy)의 합성조어로 현대의 정치는 매스미디어에 의한 민주주의라는 뜻. 이는 현대 사회에서 매스미디어가 정치에 미치는 강력한 영향을 시사하는 말로 이 배경에는 사회구조의 변화. 즉 탈공업사회, 정보화시대가 깔려 있다. 오늘날 매스 미디어는 정치형태도 바꾸어 놓고 있는데. 미국정치학회장을 역임한 라네이는 그의 저서. '권력의 채널'에서 말하기를 매스미디어는 정치 현실을 단순히 보도해 주는 것이 아니라 미국의 정치문화를 재형성해 주고 있다는 것이다. 즉 매스 미디어는 정당을 약화시키는 대신 '미디어 카리스마'가 있는 정치지도자의 지위를 강화시키며, 대통령도 항상 감시함으로써 그의 권위를 약화시키는가 하면 정부는 매스미디어의 스포트라이트를 피하기 위해 점차 관료조직화되어 가고 있다고 한다. 따라서 현대의 정치는 정치인들에 의한 정치가 아니라 매스미디어에 의한 민주정치라는 것이다.

## 미란다 카드

미란다 카드는 형사피의자가 변호인의 도움을 받을 권리 등을 명시한 사항이다. 가령 미국 영화에서 흔히 보게 되는 것처럼 경찰이 범죄자를 추적 체포하는 긴박한 순간에도 체포사유·묵비권·변호사 선임권을 피의자에게 설명해 주는 게 〈미란다 카드〉이다. 1966년 연방대법원이 강도·강간협의로 기소된 "어니스트 미란다"의 청원을 받아 들여 〈연행 당시 묵비권과 변호인 선임권을 알려주지 않고, 신문하여 얻은 자백은 증거능력이 없다〉는 판결을 내린데서 비롯된다. 좀 더 상세하게는 "당신을 협의로 체포한다. 당신은 지금부터 묵비권을 행사할 수 있고 변호사의 도움을 받을 수도 있습니다."라고 알려 주어야 한다. 만약 체포될 때, 피의자가 돈이 없으면 국가가 변호인을 선임해 줄 수 있다는 사실을 고지받을 권리까지 포함하는 것이다. 우리나라 형법의 경우도 〈형사상 자기에게 불리한 진술을 강요당하지 아니한다〉, 〈누구든지 체포 또는 구속의 이유를 알고 변호인의 조력을 받을 권리가 있다〉는 것이 보장되어 있다. 아울러 우리나라에서 미란다 원칙을 무시한 검찰의 구속사건이 위법이라는 법원의 판정이 나기도 했었다.

## 미성년자(minor) 01

성인에 대응하는 용어이며 만 20세 미만인 자를 말한다. 신체적 성장발육이 왕성하며 민감한 감수성을 지닌 사춘기로, 청년전기를 말한다. 법적으로는 의사능력유무에 관계없고 성별·기혼여부도 불문하며, 친권자에게 보호되는 존재이다.

## 미성년자 02

아직 심신(心身)의 발육이 충분하지 않아 판단능력이 부족하므로 민법상 행위무능력자로 하여 법정대리인(친권자 또는 후견인)을 두어야 하며 재산상의 거래행위는 원칙적으로 법정대리인이 대신하든지 미성년자가 법정대리인의 동의를 얻어야 한다.

## 미성년자 등에 대한 간음·추행죄

심신 미약자에 대해 위계 또는 위력으로 강간 또는 추행을 함으로서 성립한다. 본 죄의 객체는 미성년자 또는 심신미약자이고 추행의 경우에는 남녀를 불문하나 강간의 경우에는 부녀에 한한다. 미성년자는 만 20세 미만의 자를 말하고 심신 미약자는 연령을 불문한다. 다만 13세 미만의 자에 대해서는 제305조가 적용된다. 심신미약자라 함은 심신상실의 장애로 인해 정상적인 판단력이 미약한 자를 말한다.

## 미성년자 약취·유인죄

미성년자를 자기 또는 타인의 지배하에 두어 정상적인 보호관계 또는 자유로운 생활 상태를 변경시키는 범죄이다. 약취라 함은 주로 폭행·협박에 의해서 사람을 자기 또는 제3자의 지배하에 옮기는 것을 말한다. 그리고 폭행·협박은 미성년자에 가해지는 것만이 아니고 그 보호자나 감독자에 대해 가해지는 경우도 포함된다. 유인은 약취와 달리 기만과 유혹에 의해 행해지는 것을 말한다. 즉 허위의 사실을 가지고 상대방을 착오에 빠뜨리게 하거나 사실을 가지고 상대방을 착오에 현혹시켜(이 경우에 미성년자는 승낙을 주고받을 만한 의사능력이 있어야 한다) 그의 판단의 적정이 그릇되게 된 사람을 자기 또는 제3자의 실력적 지배로 옮기는 경우는 물론, 현재 실력적 지배를 하고 있는 자가 불법으로 실력적 지배를 계속하는 경우까지 포함한다. 약취, 유인의 목적이 무엇이든 불문한다. 다만 추행, 간음, 영리, 국외이송 또는 결혼의 목적으로 한 때에는 제288조, 제289조 또는 제291조에 해당한다. 그리고 미성년자를 보호, 육성할 목적이 있는 경우에도 본죄가 성립한다.

## 미성년자 음주금지법

미성년자의 음주금지를 목적으로 음주를 제지하지 않은 친권자나 감독자 및 주류 또는 기구를 판매·제공한 자는 형사처벌의 대상으로 한다. 또 미성년자가 음용목적으로 소유 또는 소지한 주류 및 기구는 행정적으로 몰수폐기의 대상으로 된다. 단 미성년자에 대한 음용행위금지규정 그 자체는 훈시구정에 그치고 있다.

## 미성숙·성숙 이론(Immaturity Maturity Theory)

공식조직은 인간의 미성숙 상태를 조장하는 고전적 관리방식을 채택하고 있는 바, 조직구성원이 스스로의 욕구를 충족시킴으로써 성장과 성숙의 기회를 얻을 수 있도록 하는 새로운 관리전략을 마련해야 한다는 Chris Argyris의 이론을 말한다. 그는 공식조직이 구성원의 행태에 미치는 영향을 분석하면서, 직무의 전문화·명령체계의 확립·명령의 통일·통솔범위의 적정화 등의 원리에 입각하여 기계적으로 설계된 공식조직은 인간을 미성숙 상태에 머물도록 구속하기에, 직무확대·참여적 리더십 등 인간의 성숙을 촉진할 수 있는 새로운 관리 전략을 추구하여야 한다고 주장하였다.

## 미수범

범죄의 목적을 달성하지 못한 범인을 미수범이라고 하는데 다음과 같이 나눌 수 있다. ①착수미수 – 범죄행위를 시작했지만 끝까지 계속하지 않은 경우 ②실행미수 – 범죄행위를 끝까지 계속했지만 그에 따른 결과가 나오지 않은 경우 미수범의 경우 형량이 가벼워 질 수 있다.

## 미숙아(premature child)

종래에는 출생 시 체중이 2500g 미만인 유아를 지칭했지만 저체중아가 반드시 미숙해 보이는 것은 아니기 때문에 현재는 저체중아로 부르며 특히 초산의 경우를 미숙아라 부르고 있다. 비장애아에 비해 나환율, 사망률, 심신장애의 발생률이 높고 임신중독증이나 모체의 저영양, 과로 등이 발생요인으로 되고 있다. 따라서 모자보건대책을 중시할 필요가 있어 행정적으로 특별한 조치를 강구하고 있다.

## 미숙(아) 망막증

임신 만33주 이전의 조기출산아(특히 출산시 체중 1500g 이상)에게 일어나기 쉬운 망막의 이상 현상이다. 구명을 위해 투여되는 산소영향으로 망막의 온관에 이상증식이 일어나 중증의 경우에는 실명이 되는 때도 있다. 망막발육이 미숙한 미숙아에게 많이 나타나기 쉬워 미숙아망막증이라고 하지 않고 미숙망막증이라 부른다. 실명예방을 위해서는 산소투여의 적정화와 안과의사에 의한 조기발견을 위해 안전체크가 필요하다.

## 미시적 분석(micro – analysis)

개개의 경제주체인 가계 및 기업의 행동양식과 그 결과로 주어지는 재화와 용역의 수급량과 가격의 결정 및 변동을 경제적 합리성의 공준(公準)에 입각하여 분석하는 것을 말한다. 개개 단위보다는 그것들의 집합의 움직임을 통계적·확률적으로 분석하고자 하는 거시적 분석과 대비된다.

## 미시적 실천(micro practice)

거시적 실천과 대조되는 말로서 일차적으로 개인, 가족, 소집단이 직면한 문제들을 해결하기 위해 고안된 전문적 활동들이다. 미시적 실천은 개별적 사례에 기초하거나 임상에서의 직접적인 개입에 초점을 맞춘다.

## 미아(missing child)

미아는 3 – 12세의 아동이 길을 잃어 가족 또는 부양의 무자 등으로부터 일시 이탈된 아동을 말한다. 미아는 교통이 복잡한 도시에서 발생률이 높으면 간혹 정신지체아 등이 지리를 몰라서 미아가 되는 경우도 있다. 이들에 대한 수배는 4시간 이내에 처리되고 있으며 보호자인계, 위탁보호, 일시보호, 시설인계 등으로 처리되고 있는데 대다수가 보호자를 찾아 연계된다.

## 미조치

아동 복지조치가 필요함에도 불구하고 조치를 받지 못한 아동을 말한다. 일반적으로 보육소 입소를 신청했으나 결원이 없어 대기하고 있는 아동을 비롯해 아동상담소의 조치결정 후 시설에 차원이 없어 대기하고 있는 아동, 상담을 요구했으나 구체적인 복지조치가 정해져 있지 않은 아동 그리고 일시보호소에서 관찰, 조사, 진단 중인 아동을 모두 미조치아동이라 한다.

## 미즈

불평등한 남녀간 호칭에 대한 반발로 쓰기 시작한 여성을 가리키는 호칭. 남자는 독신이건 유부남이건 모두 미스터(Mr)로 통하는 데 반해 여자는 결혼전의 미스(Miss)와 결혼후의 미시즈(Mrs)가 남녀차별을 나타내고 있다는 비판에서 〈미즈〉라는 호칭이 보급되었다.

## 미지급 급여(국민연금법 제55조)

국민연금에서 수급권자가 사망한 경우 그 수급권자에게 지급해야하나 아직까지 지급되지 않은 급여.

## 미혼모(unmarried mother)

미혼여성이 아이를 출산해 모친이 되는 것을 말하고 있으나 보통 미성년자의 경우를 말한다. 산업화와 도시화가 급속도로 진전되면서 성 가치관의 타락과 성개방 등으로 인한 미혼모 발생이 우리사회에 심각한 문제로 야기되고 있으며, 정부는 미혼모 발생을 위하여 1982년부터 기업체 근로여성과 접객업소 종사자들을 대상으로 전국 규모로 교육을 실시하고 있다. 미혼모를 보호하는 시설은 전국에 10개 정도 있으며, 이들을 수용하여 생계보호를 행하는 한편 직업보도 교육을 실시하여 사회인으로 복귀하도록 도와주고 있다.

## 민간단체(private agency)

민간단체란 국가 또는 지방자치단체의 경영과는 달리 개인이나 민간의 임의단체의 자유의지에 의한 기부금이나 기여금에 의해서 부분적으로 또는 전적으로 유지되거나 지원을 받는 조직체이다. 우리나라에는 국내지원에 의한 민간단체와 외원에 의한 민간단체 즉 외국 민간원조기관 한국연합회(Korea association of voluntary agencies) 산하기관이 있어 후생사업, 교육사업, 보건의료사업, 구호사업, 지역사회개발사업 등을 실시하고 있다. 그러나 외원의 감소와 정부시책의 전환으로 점차 외원기관은 줄어들고 국내자원에 의한 활동이 크게 기대되고 있는 실정이다.

## 민간비영리단체

민간비영리단체는 2인 이상의 상근종업원을 가지는 민간의 자발적 단체를 말하는데 종교단체나 노동조합 등과 같이 그 활동과 생산되는 서비스의 성격상 가계와 명백히 구분되는 단체의 경우 비록 2인 미만의 상근종업원을 갖는다해도 민간비영리단체에 포함된다. 이러한 민간비영리단체의 포괄범위는 활동별 분류에서의 민간비영리단체의 민간비영리서비스 생산자의 경우와 동일하지만 민간비영리서비스 생산자에 포함되지 않은 구내식당운영, 도서출판 및 판매 등과 같은 부수적인 생산활동과 주택소유 및 임대활동 등을 포함하므로 보다 광범위하다. 한편 민간비영리단체의 활동은 영리를 목적으로 하지않기 때문에 가계, 기업, 정부 등 다른 거래주체로부터 수취하는 기부금, 보조금, 회비 등 의 경상이전이 운영을 위한 주요한 수입원이 된다.

## 민간비영리 서비스생산자

(producers of private non − profit institution service to households)민간비영리서비스생산자는 노동조합, 정당, 종교단체, 특정 목적의 병원 및 사립학교 등과 같이 특정한 목적을 수행하기 위해 모인 민간의 자발적인 단체로서 이들은 생산한 서비스를 무상 또는 저렴한 가격으로 가계에 제공하므로 영업잉여가 발생하지 않는 경우가 대부분이다. 따라서 민간비영리서비스생산자는 일반회원의 회비나 가계, 기업, 정부로부터의 기부금, 보조금 등에 의해 운영자금을 조달한다. 민감비영리 서비스생산자가 주된 활동외에 주택소유 식당운영 및 신체장애자의 제품판매 등 부차적 생산활동에 종사하는 경우 이들 활동은 그단체의 주된 활동과 분리하여 산업으로 분류하며 2인 미만의 상근종업원을 갖는 친목단체는 민간비영리서비스생산자에서 분리하여 가계에 포함된다.

## 민간사회복지사업(voluntary social welfare service)

민간단체 또는 개인이 행하는 사회복지사업(시설경영을 포함)으로 공적 사회복지사업에 앞서 생겼으며 개척적 역할을 담당해 왔다. 현재 민간이 자주적·임의적·창조적으로 행하는 경우와 국가·지방공공단체의 위탁을 받아 그의 지도감독 아래 행하는 경우, 공립민영의 형태를 취하는 경우 등이 있다. 사회복지사업법에 의하면 현행의 민간사회복지사업의 경영주체는 원칙적으로 사회복지법인으로 되어 있으며 민간사회복지사업의 법제상 조직으로 공동 모금회, 사회복지협의회, 민생위원 등이 규정되어 있다.

## 민간사회복지사업의 재원

민간사회복지사업의 재원으로서는 국가 및 지방공공단체의 위탁비·보조금, 공동모금 이외 기부금, 경륜 등의 공영경기의 수익금에 따른 보조금, 수익사업부문의 수익, 조성 법인에서의 조성, 사회복지사업진흥회 등의 차입금 등이 있다. 이들 중 민간사회복지사업의 시설로 가장 큰 비중을 정하고 있는 것은 국가 및 지방공공단체로부터의 위탁비이지만 이는 순수한 의미로서 민간사회복지사업 재원은 아니다. 그러나 사회복지사업법에 조직위탁에 따른 위탁효과는 법적근거가 있기 때문에 안정 재원으로 되어 있는 것이 현실이다.

## 민간사회복지시설

민간사회복지시설은 민간에 의해 설치되어 운영되는 시설을 말한다. 사회복지법인, 재단법인 및 사회복지시설의 설립은 사단법인, 종교단체, 기타의 비영리법인, 개인, 국가 또는 지방자치단체가 할 수 있다. 사회복지법인을 제외하고는 설치주체, 경영주체는 공히 민간의 이사회 또는 개인이다.

## 민간소비지출

일정기간중의 최종생산물에 대한 가계와 민간비영리단체의 지출을 말하는데 과거 이미 소비지출로 계상된 바 있는 중고품에 대한 지출을 공제하고 해외로부터 받은 현물순증여액을 가산한 것이다. 그 구성은 음식료 품비 주거비 광열비 피복비 및 잡비의 5대비목에 대한 지출로 되어 있다. 여기에는 자가생산물의 소비는 물론 금융기관의 귀속 서비스를 예금 주인 가계가 구입한 것으로 간주되는 부분이 포함되며 또 자기소유의 주택을 사용함으로써 발생되는 귀속임료에 대응하는 서비스의 구매도 계 상하여야 한다. 그러나 자본형성으로 분류되는 주택의 구입비는 제외된다.

## 민간할인율(private discount rate)

민간자본시장에서 형성된 시장이자율(market rate of interest)을 중심으로 결정되는 할인율을 민간할인율(private discount rate)이라 한다. 이에 대해 공공사업에 적용할 할인율을 사회적 할인율(social discount rate)이라 한다. 자본시장의 현실적 불완전성 때문에 공공사업의 평가에 시장이자율을 할인율로 사용하는데는 문제점이 있다. 많은 경제학자들은 공공사업이 후세의 복지에 기여할 뿐 아니라 여러 가지 외부효과를 창출하기에 공공사업에는 시장이자율보다 낮은 사회적 할인율을 적용하여야 한다고 주장한다.

## 민간화(privatization)

공공서비스의 제공이나 이를 위한 재산의 소유에서 정부의 영역을 줄이고 민간의 영역을 늘리는 것을 말한다. 즉 민간화란 정부가 그 기능을 잘 수행할 수 없는 영역을 민간에 맡김으로써 정부의 기능을 축소하는 것을 말한다. 민간화의 개념 속에는 민영화의 개념이 포괄된다.

## 민간활력

정부가 민간에게 부과했던 각종 규제를 완화, 폐지하는

것으로 민간의 활력을 되찾게 하려는 일련의 경제정책을 가리킨다. 미국의 레이건 대통령, 영국의 대처수상 정책이 대표적인 예. 미국에서는 통신 방송, 운수, 금융의 3개 분야에서 특히 현저하고 항공운임, 전화료의 인하, 금융상품의 다양화를 수반했지만 반면에 기업간 경쟁이 격화되어 그때까지의 업계질서가 무너져, 저소득자층에 대한 서비스가 저하되었다는 비판도 높다. 일본에서는 각종 공적규제의 완화, 공공사업분야의 민간자금도입, 투자감세에 의한 민간기업의 설비투자촉진 등의 정책을 펴고 있다.

## 민법

민법이라는 말은 두 가지 의미로 쓰인다. 하나는 1960년 1월 1일부터 시행되었고 그 후 몇 차례 개정된 바 있는 '민법' 이라는 이름의 법률(1958.2.22. 법률 471호)이다. 이는 보통 '민법전'으로 불린다. 또 다른 하나의 민법은 사람이 인류로서의 사회생활을 영위함에 있어서 지켜야 할 법, 즉 사법 중에서 일반적으로 적용되는 일반사법이다. 그 법규가 법률인가, 또 어떠한 이름의 법률인가, 아니면 관습법인가 하는 등의 법의 구체적인 형태와는 상관없다. 그러한 의미에서 민법전을 형식적 의미의 민법이라고 하고 일반사법을 실질적 의미의 민법이라고 한다.

## 민사사건

민사소송의 대상으로서 사법에 의해 규율되는 사인간의 생활관계에 관한 사건. 형사사건에 대해 쓰인다. 일반법원(사법법원)에서는 민사사건의 재판권만을 가질 뿐 행정사건에 관해는 원칙으로 권한을 가지지 않는 행정국가에서는 민사사건과 행정사건의 한계가 일층 중요하게 된다. 즉 일반법원에서는 행정사건의 심판을 할 수 없다. 그러나 영미식 사법국가에서는 법원이 행정사건에 대해도 권한을 가질 뿐 아니라 행정사건은 원칙으로 민사소송절차에 의해 처리되는 관계상 그 한계는 행정소송법이 적용되는 사건인가의 여부가 문제될 따름이다. 민사사건이냐 행정사건이냐는 원고의 소에 의한 청구의 내용이 사법상 권리의 주장인가 또는 행정처분의 취소 그 밖에 공법상 법률관계에 관한 주장인가에 따라서 정해진다. 가령 토지수용이 위법하다는 이유로 그 취소를 청구하는 것은 행정사건이지만 그 처분이 무효이므로 토지의 소유권은 당연히 자기에게 존재한다는 주장이라면 민사사건이라고 보아야 한다.

## 민사사건의 형사사건화

형사소송은 사인(私人)에 대한 국가의 형벌권의 존부의 확정을 목적으로 하는 점에서 사법상의 권리관계의 확정을 목적으로 하는 민사소송과 구별된다. 양자는 서로 독립된 성격을 갖고 있고 고유한 체계가 있었음에도 우리 사회에서는 순수한 민사문제를 해결하기 위해 고소·고발로 형사 입건시켜 재산권 등을 실현하려는 경향이 다분하다. 이것은 고소·고발권의 제도외적 남용이라 하겠는데, 이는 채무자측에 심리적 압박을 가하여 이행하게 하거나 또는 현재 판례의 주류적인 태도가 형사판결은 특별한 사정이 없는 한 민사재판에 있어서 유력한 증거로 인정함에 따라 장차 제기할 민사사건에 대한 증거확보책을 그 목적으로 하는 경우가 많다. 단순한 민사상의 채무불이행에 있어서는 무엇보다 채무자의 책임재산의 존부확인 및 그에 따른 채권보전절차(가압류·가처분 등)을 취함에 급선무임에도 불구하고 이러한 조치를 태만히 한 채, 채무자측에 심리적 압박을 가하기 위한 방편으로 수사당국에 사기죄 등으로 고발만 하는 경우가 허다하며, 상당수는 검찰에서 무혐의처분으로 종결되고, 이미 채무자는 보유재산을 도피시켜 민사소송을 통한 해결책이 효과를 거두기 어려운 경우가 많이 있다. 이와 같이 단순한 채무불이행에 따른 금전적 피해를 입게 된 채권자로서는 순쉬운 고소·고발 등에만 의존하지 말고 채무자의 책임재산에 대한 보전절차를 확실히 한 후 민사소송을 제기함이 문제해결책이 될 뿐더러, 민사문제와 형사문제의 한계를 지워줌으로서 국가수사인력 및 관련인들의 부담을 덜어 주는 길이 될 것이다.

## 민사소송

사법상의 권리 또는 법률관계에 대한 다툼을 법원이 국가의 재판권에 의해 법률적·강제적으로 해결하기 위한 절차이다. 민사소송의 중심을 이루는 것은 재판에 의해 권리관계의 관념적인 확정을 도모하는 판결절차와 권리의 현실적 만족을 도모하는 강제집행절차이며, 그 밖에 독촉절차, 가압류, 가처분소송절차, 공시최고절차, 파산절차, 가사소송절차 등이 있다.

## 민사소송법

형식적 의미에 있어서 민사소송법이라 함은 민사소송법이라는 명칭을 가진 법전, 즉 1960년 4월 4일에 법률 제547호로 제정된 민사소송법전을 가리키나 실질적 의미에서는 민사소송제도 전체를 규율하는 법규의 총체를 뜻한다. 실질적 의미에서의 민사소송법은 국가재판권의 조직작용을 규정하는 점에 착안하면 공법이라고 할 수 있으나 기능적으로는 민·상법과 같이 사법과 밀접한 관계에 있으며, 사인간의 생활관계의 법적 규제를 목적으로 한다. 양자는 실체법과 절차법의 관계에 선다. 그러나 민·상법전 중에서도 사인간의 관계를 규율하지 않고 오로지 소송상의 재판이나 집행방법, 추정규정 등의 절차법적 규정이 있는가 하면 민사소송법 중에도 소송비용의 부담(민소98 이하), 가집행에 의거한 손해배상(민소215) 등의 실체적 규정이 있다. 우리나라 민사소송법은 처음 1960년 4월 4일에 법률 제547호로 성립·공포된 것으로 1960년 7월 1일부터 시행되었으며 계보로는 일본민사소송법을 통한 독일법의 계수라고 하겠다. 그 뒤 1961년, 1963년에 일부 개정하고 1990년 1월 13일에 대폭 개정하였으며, 2002년 1월 26일 법률 제6626호로 전문개정되었다. 이 전문개정 법률은 2002년 7월 1일부터 시행되어 오고 있다. 특히 2002년 전문개정 민사소송법은 민사소송법 중 집행절차편을 민사소송법전에서 분리하여 별도의 단행 법률로 만들었으며, 각종 소송절차를 개선하고 새로운 제도를 다수 도입하였다.

## 민사소송의 목적

민사소송의 제도는 무엇 때문에 존재하는가. 민사소송제도의 목적이 무엇인가에 관해는 종래부터 많은 학설이 대립되어 왔다. 그러나 이 문제야말로 민소법의 이론체계의 기초가 되고 있다는 견해에는 일치하고 있으며, 이를 바탕으로 소송상의 모든 문제에 관해 일관성있는 결론을 도출하려고 노력하는 것이다. 학설의 대표적인 것은 다음과 같다. ①권리보호설 : 사인의 권리를 보호하는 것이 소송의 목적이라고 보는 견해. 개인의 권리방위나 회복에 대해 원칙적으로 자력구제를 허용하지 않는 국가는 그 대신으로 소송제도를 두고 사인의 권리구제를 담당하게 하고 있다는 것이다. ②법질서유지설 : 법질서의 유지에 소송의 사명이 있다는 견해. 국가는 스스로 필요에 의해 법질서를 설정한 이상, 이것이 파괴될 경우 또는 파괴될 위험이 있을 때에는 이를 지켜 줄 의무가 있다는 것으로서 근래까지 지배적인 학설이다. ③분쟁해결설 : 분쟁의 해결이 소송의 목적이라는 견해. 사인의 분쟁을 해결하지 않은채 방치하게 되면 사회는 혼란에 빠지게 되므로 민사소송은 사인간의 분쟁을 해결하여 사회를 보지(保持)하는 제도에 불과하다는 것이다. 이 설이 최근의 다수설이라고 할 수 있다. ④법적 해결설 : 분쟁의 단순한 해결이 아니고 그 법적인 해결이 소송의 목적이라는 견해. 소송은 일정한 때와 장소의 실정법규를 전제로 하지는 않지만, 다른 의미에서의 법은 소송제도의 절대적 전제요건이 되는 것이므로 분쟁의 단순한 해결이 바로 소송의 목적이라고 할 수는 없다고 한다.

## 민사재판권

민사소송을 처리함에 필요한 국가의 권력. 재판에 의해 당사자를 구속하고 집행에 있어서 채무자를 강제하며 그 부수수단으로서 송달을 시행하고 공증을 행하며, 당사자·제3자를 소환 심문하며, 이에 응하지 않는 경우에는 제재를 가하는 따위의 권능을 총칭한다. 통치권의 한 작용으로서 모든 국내 민사소송에 관해 인적·물적지배를 미치는 것이 원칙이나 치외법권을 가진 자에게는 당연히 미치지 않는다. 민사재판권의 존재는 소송요건의 하나이며, 이것을 결여하는 소는 부적법한 것으로서 각하된다.

이를 간과오인한 판결은 상소로서 다툴 수 있으나, 재심 사유는 아니므로 확정 후에는 다툴 수 없다. 그러나 그 내용상의 효력(예 기판력·집행력·형성력)은 발생하지 않는다고 해석해야 할 것이다.

## 민사책임

민사책임이란 사법상의 책임이며 형사책임에 대립하는 개념이다. 민사책임의 법률요건은 위법행위인 채무불이행과 불법행위이며 법률효과인 채무불이행책임과 불법행위책임은 모두가 손해배상채무이다. 손해배상채무는 원칙으로 금전채무이다(민394·763). 채무불이행책임과 불법행위책임과의 관계에 대해는 청구권경합설과 법조경합설 등의 학설대립이 있다. 민사책임에서는 배상이라는 용어를 사용하고 있는데 이것은 위법행위를 법률요건으로 하지 않는 경우의 보상과 구별된다.

## 민영보험(private insurance)

국가에서 실시하는 사회보험(공보험)과 대별되는 개념으로 사보험이라고도 한다. 대체로 사회보험과 민영보험의 관계는 상호보완적인 성격을 지니고 있으며 전자를 통해서 사회적으로 필요한 국민최저생활을 보장하고, 이 최저선 이상은 개인이 스스로의 노력으로 민영보험을 통해서 갖가지 위험의 발생으로부터 오는 경제타격의 정도를 완화시키도록 한다.

## 민영화(privatization)

국가 및 공공단체가 특정기업에 대해 갖는 법적 소유권을 주식매각 등의 방법을 통해 민간부문으로 이전하는 것을 말한다. 넓은 의미에 있어서는 외부계약, 민간의 사회간접자본시설 공급, 공공서비스사업에 대한 민간참여 허용 등을 모두 포함하나, 일반적으로는 외부계약 등과 구분하여 좁은 의미로 사용되고 있다.

## 민원1회 방문처리제(one stop service)

민원을 신속·간편하게 처리함으로써 국민편의를 증진하기 위해, 해당 행정기관 내부에서 할 수 있는 자료의 확인, 관계기관 또는 부서와의 협조 등에 따른 모든 절차를 담당공무원이 직접 이행하도록 하는 제도를 말한다. 민원의 처리기간을 단축하고 민원인의 기관 방문횟수를 줄임으로써 경제·사회적 비용을 절감하는 데 근본목적이 있다.

## 민원사무

민원인이 행정기관에 대해 처분 등 특정한 행위를 요구하는 사항을 말한다. 즉 ①허가·인가·면허 또는 승인의 신청, ②등록의 신청, ③증명 또는 확인의 신청, ④이의 신청·진정·건의 또는 질의, ⑤기타 행정기관의 특정행위를 요구하는 의사표시에 관한 사무 등을 말한다.

## 민원조정위원회

개별적인 민원담당 공무원에 맡길 수 없거나 맡기는 것이 부적절한 민원사안을 심의·조정하기 위해 설치되는 조정위원회를 말한다. 행정기관이 필요할 경우 설치·운영할 수 있는 민원조정위원회는 처리주무부서의 국장·관계부서의 국장·감사담당관 등으로 구성되며 해당기관의 부기관장이 주재한다.

## 민원행정

행정기관에 특정한 행위를 요구하는 민원인(개인·법인·단체 등)의 의사표시에 대응하여 이를 처리하는 행정을 말한다. 민원인에 의해 요구되는 민원으로는 각종 허가 등의 신청, 등록의 신청, 특정한 사실의 증명 또는 확인, 행정기관의 처분행위에 대한 이의신청·진정·건의·질의, 행정관련 불편사항의 신고 및 해소 요청 등이 있다.

## 민원후견인제

인허가 등 복잡한 민원접수시 각 지방자치단체가 계장급 이상 간부를 후견인으로 지정, 민원이 종결될 때까지 곁에서 도와주는 제도. 1994년부터 충북 제천시에서 시범적으로 실시됐는데, 그 결과 민원처리가 빨라지고 진행상황을 쉽게 파악할 수 있는 등 긍정적인 효과를 거두고 있어 1995년 말 내무부가 전국 지방자치단체에 실시를 권장했다. 후견인이 지정되는 민원은 다수기관이 관련된 복합적인 사안이거나 10일 이상이 걸리는 인허가, 공장설립관계 등이다.

## 민족내부거래

민족내부거래는 분단민족간 교역을 국가대 국가간 거래가 아닌 동일 민족간 거래로 보고 무관세 등의 혜택을 주는 무역형태를 말한다. 동서독의 경우 지난 51년 GATT에 가입할때 동서독 무역관계에 대해 민족 내부거래로 인정받았다. 남북간 거래도 지난 92년 2월 발효된 남북기본 합의서에 남북관계를 국가간 관계가 아닌 〈통일을 지향하는 과정에서의 잠정적 특수관계〉로 규정함으로써 내부거래로 인정받을 수 있는 근거가 마련돼 있다. 그러나 최근 미국등 일부 국가에서 남북간 거래도 WTO(세계무역기구)가 규정한 자유무역질서에 따라야 한다며 민족내부거래로 인정하지 않아야 한다는 의견을 제시하고 있다.

## 민족자본

식민지, 반식민지, 종속국 등의 후진국가에서 자주적·민주적으로 발전한 여러가지 형태의 토착자본을 통칭한다. 보통 외국자본, 매판자본 또는 독점자본 등의 개념과 대립되어 사용되는데, 외국자본에 대해 자국의 경제적 독립을 노력하는 또는 객관적으로 그러한 방향으로 나갈 수 있는 경제적 · 사회적 조건이 갖추어져 있는 자본을 말한다.

## 민주사회주의

20세기 초에 영국노동당을 중심으로 하여 제차된 이상주의적 사회주의를 말한다. 이 사상은 기본적으로 사회개량주의(social reformism)에 입각해 있으며 맑스주의적 계급투쟁이나 볼세비키의 폭력혁명을 부인하고 오로지 의회 민주주의적 방법에 의한 사회주의의 실현을 목적으로 한다. 특히 오늘날 복지국가지향의 정치사회노선으로 널리 알려져 있다.

## 민주성

민주성의 이념은 정부와 국민간의 관계에 초점을 두는 정치적 민주주의(political democracy), 즉 조직외적 민주성과, 조직 내의 민주적 관리를 의미하는 조직내적 민주성(organizational democracy)의 두 측면으로 나누어 볼 수 있다. 정부와 국민과의 관계에서의 민주성은 국민의 요구를 수렴하여 행정에 반영시키는 대응성(responsiveness)의 확보 및 책임행정을 구현을 의미한다. 그리고 조직내적 민주성은 조직구성원의 사회심리적 욕구 및 정서적 요인을 중시하는 관리가 행해질 것을 요구한다. 따라서 하의 상달(下意上達) · 분권화 · 자아실현욕구의 충족을 위한 조직의 관리가 이루어질 것을 요구한다.

## 민주통제

민주통제란 행정의 민주성을 확보하기 위해, 행정부의 바깥에서 행해지는 외부통제를 말한다. 이는 행정 내부에서 행해지는 내부통제 혹은 관리통제와 대비된다. 이러한 민주통제에는 의회 · 사법부와 같은 제도적 기구에 의해 이루어지는 공식적 외부통제와 여론 · 이익집단에 의해서 이루어지는 비공식적 외부통제가 있다.

## 밀(Mill, John Stuart.)

런던출생. 부친은 James Mill. 부친의 좋은 교육을 받고 벤담 사상의 영향을 받았다. 런던 동인도회사의 중역이 되지만 1856년 이후에는 저술에 몰두하였다. 영국철학의 주류인 경험론, 심리주의를 계승, 논리학에서는 경험과 귀납을 중시해 밀의 귀납법을 창시하였고 심리학에서는 유신의 능동성을 인정하고, 경제학에서는 근대경제학의 경험적 업적인 경제학원리를 저술하였다.

## 바나나현상

〈어디에든 아무것도 짓지 마라〉는 뜻이다. 쓰레기 매립지나 핵폐기불 처리장 등 각종 환경오염 시설물 등을 자기 가 사는 지역권 내에 절대 설치해서는 안된다는 지역이기주의의 한 현상이다.

## 바네트(Barnett, Samuel)

28세 때 런던 동부 빈민가인 이스트엔드의 성 유다교회의 사제로 임명받아 처 핸드 에티와 더불어 교구민의구제와 생활개선에 노력했다. 기독교 사회주의자로서 세틀먼트 운동(settle movement)을 전개하고 아놀드 토인비에게 영향을 주었다. 시계 최초의 세틀먼트 하우스의 초대관장이 되어 사회개량운동을 전개하였다. 또 세틀먼트의 국제적인 발전에도 기여하였다.

## 바우처제도 01

직업훈련 대상자에게 정부가 지불을 보증하는 전표인 바우처를 지급하여 직업훈련을 받도록 하는 제도. 훈련생은 훈련기관과 과정을 선택할 수 있도록 하고 정부는 훈련비용을 정산해주게 되어 있다. 훈련수요자에게 훈련과정에 대한 선택권을 부여하여 훈련생이 자기책임하에 적극적으로 참여할 있도록 유인하는 효과가 있다. 또 훈련생 모집을 위한 훈련기관간 경쟁을 유도하여 훈련서비스의 질을 높일수 있고 행정부담및 절차가 간소해진다. 정부는 지난해 9월부터 대전, 청주, 천안 등 3개 지역에서 실업자 재취직 훈련대상으로 시범실시하고 있으며 내년에도 대상지역을 계속 확대해나갈 계획이다.

## 바우처제도 02

직업훈련 대상자에게 정부가 지불을 보증하는 전표인 바우처를 지급하여 직업훈련을 받도록 하는 제도이다. 훈련생은 훈련기관과 과정을 선택할 수 있도록 하고 정부는 훈련비용을 정산해 주게 되어 있다. 훈련수요자에게 훈련과정에 대한 선택권을 부여하여 훈련생이 자기책임하에 적극적으로 참여할 수 있도록 유인하는 효과가 있다. 또 훈련생 모집을 위한 훈련기관간 경쟁을 유도하여 훈련서비스의 질을 높일 수 있고 행정부담 및 절차가 간소해진다.

## 바워즈(Bowers, Swithun)

캐나다의 사회복지학자, 카톨릭 사회사업가. 1949년 이래 장기간 오타와대학 사회사업대학원장직에 있으면서 그 사이에 북아메리카 특히 캐나다 및 유럽의 사회복지교육 발전에 공헌했다. 많은 논문 중에서도 1949년에 쓴 장편의 논문 〈The Nature and Definition of Social Casework〉은 케이스워크의 의의를 메어리 리치몬드 이후 제반 정의를 분석하는 가운데서 명확하게 한 것으로서 유명하다. 그가 이 논문 속에서 나타낸 그 자신의 정의를 보면 〈소셜 케이스워크는 클라이언트와 그의 전환경의 전체 또는 일부분과의 사이에 보다 나은 적응을 이룩하는데 필요한 개인의 내적인 힘과 사회의 자원을 동원하기 위해 인간관계에 대한 과학적 지식 및 개인관계에 있어서의 기능을 활용하는 기술이다.〉라고 하였고 대표적인 정의의 하나로 되어 있다.

## 바이마르헌법(Weimarer Verfassung)

제1차 세계대전에 의한 독일국가의 붕괴를 계기로 1919년 8월11일 바이마르에서 열린 국민의회에서 제정된 독일 공화국 헌법이다. 통일적 경향이 강한 연방제 국가조직과 사회민주주의에 입각한 기본적 인권의 규정을 특색으로 한다. 즉 자본주의가 고도로 발전함에 따라 빈부의 차가 심해지고 국민대중의 생활이 위협을 느끼게 되자 국가는 국민에게 국가로부터의 자유를 의미하는 자유권의 보장에 그칠 수는 없게 되었고 국민의 인간다운 생활을 보장하기 위하여 경제적 기본권(생존권적 기본권)을 보장하게 되었다. 경제적 기본권을 포괄적으로 규정한 헌법이 바이마르헌법으로 근대의 새로운 민주주의 헌법의 전형이 되었으나, 1933년의 나치스 정권장악으로 소멸되었다.

## 바이백 방식  바이스테크의 7원칙

케이스워크의 치료적 기능강화를 위해 1950년대 바이스테크(Biestek, F. P)가 도출한 원칙이다. 클라이언트의 기본적 욕구를 이해하고 이를 토대로 원조의 전체과정에서 사회사업가가 유지할 기본적인 원리·원칙이다. 즉 다음과 같이 사회사업가의 기능적 능력에 대한 전문적인 훈련이 필요하다. 개별화, 의도적인 감정표출, 통제된 정서적 관여, 수용, 비심판적태도, 클라이언트의 자기결정, 비밀의 보장 등 7원칙이다. 다시 말해 사회사업가의 순수성, 클라이언트의 인격존중, 감정이입, 태도 등이 중요하다.

### 바카(Berker, Roger)

미국의 심리학자로 1941년 레빈(K. Lewin)과 함께 유아의 놀이행동의 퇴행을 실험적으로 명백히 하려했다. 2세 − 5세의 유아를 우선 실험실에서 장난감으로 놀게 한다. 다음으로 같은 방에서 훨씬 매력적인 장난감으로 단시간 동안 노는 것을 허락했다. 그 뒤 처음의 장난감을 주고 매력적인 장난감을 볼 수는 있지만 가지고 놀 수는 없는 좌절상태를 만들어 주었더니 놀이의 구성도가 현저하게 저하되었다고 한다. 이것을 목표저지에 의한 개인의 퇴행이라고 생각했다.

### 바트레트(Bartlett, Harriet M.)

미국의 사회사업학자이며, 1921 − 1943년까지 메사추세츠 종합병원에서 의료사회사업 실무에 종사하였고, 그 이후에는 주로 미국사회사업가 협회나 사회사업교육협의회의 각종 위원회에서 사회사업 실천과 교육의 발전을 위해 활동하였다. 많은 저서와 논문을 발표했으나 그 중 1970년의 Common Base of Social Work Practice가 대표적이다.

### 박애(philanthropy) 01

18세기 계몽주의 사상을 배경으로 하여 나타난 사상. 신의 사랑의 전통을 바탕으로 하고 있다. 인간은 이성을 부여받은 존재로 모두 자유로우며 평등하다. 이 모든 인간 사이를 결속시키는 것이 인류애 즉 박애이다. 18세기 후반부터 19세기에 걸쳐 영국에서 사회복지를 의미하는 새로운 말로서 자선(charity)과 함께 사용되었다.

### 박애 02

인간에 대한 사랑을 의미하는 것으로 그리스어 philanth − pia에서 나온 말이다. 독일어에서는 Menschenliebe라는 말도 사용되고 있다. 시대 · 국가의 구별을 초월한 인간 · 인류에 대한 사랑을 말한다. 이 말은 고대에서는 코스모폴리티즘의 입장을 취한 스토아파에 의해 사용되었다. 근세 18세기에 바세도우(J. B. Basedow) 등에 의해 교육의 원칙으로 삼아졌지만, 19세기에는 이 말이 시들어지고 인도주의라는 말이 생겼다. 오늘날에는 philanthropy가 주로 자선을 의미하는 말로 되었다.

### 반대(opposition)

서로 배척하는 관계를 가리킨 말이다. 엄밀히 반대(contrary)는 가령 백과 흑의 관계와 같은 것을 가리키며 백과 비백과의 관계 즉 모순(contradictory)과 구별되지만 (→ 반대개념, 모순개념), 보통은 막연하게 이 양쪽의 관계를 포함시켜서 말하는 경우가 많다. 대립이라는 말도 대체로 같은 의미.

### 반대개념(contrary concept)

어떤 유개념에 종속하는 개념 중에서 그것의 내포면에 최대의 차이가 있는 개념을 말한다. 가령 색이라는 유개념에 종속하는 갖가지 색의 개념 중에서 백과 흑은 최대의 차이를 가진다. 이와 같이 백과 흑, 현(賢)과 우(愚), 대와 소와 같은 종류의 개념이 반대개념인데, 이것들에게는 회색, 범용(凡庸), 중(中)이라는 식의 중간개념이 개입될 여지가 있다.

### 반대심문

소송에 있어서 증인을 신청한 당사자(A)의 증인에 대한 심문이 끝난 뒤에 반대 쪽 당사자(B)가 그 증인을 심문하는 것을 반대심문이라고 한다. B는 A가 이끌어 낸 증언에 대한 모순을 찾아내고 자기에게 유리한 증언을 이끌어내기 위해 반대심문을 한다.

### 반동형성(reaction formation)

어린이를 미워하고 있는 계모가 그 감정을 억누르고 오히려 그 반대로 지나친 애정을 쏟는 것과 같이 억압된 욕구와 반대되는 행동경향을 나타내는 것을 말한다. 가령 열등감을 가지고 있는 사람이 자만과 허세를 부리는 태도가 여기에 해당된다. 억압된 경향이 다시 의식에 오르지 못하게 회피하는 것으로 자기 속에 있는 불안을 회피하는 수단으로 취해지는 것이다.

### 반디족

반디족이란 가족들 등쌀에 밀려 밤에 아파트 베란다에서 담배를 피우는 가장을 일컫는 말로서, 담배를 피울 때마다 사람은 보이지 않고 마치 반딧불이 있는 것처럼 반짝인다는데서 생겨난 신조어이다. 집단주거 문화가 발달하고 공동주택이 늘어나면서 그리고 흡연에 대한 목소리가 높아지면서 금연구역이 이제 안방까지 영향력을 미치고 있다. 아내와 자식에게 쫓겨 베란다에서 흡연을 하는 반디족이 된 가장을 무너진 가부장 권위로 받아들이기보다는 흡연권에대한 인정과 가족간 화합의 징표라 볼 수 있다.

### 반론권

신문, 방송, 잡지 등 언론 매체에 방송 · 게재된 내용에 의해 피해를 받은 사람이나 단체가 이미 방송 · 게재된 내용과 반대되는 자신의 주장 등을 방송 · 게재해 줄 것을 요구하는 것을 반론권이라고 한다.

### 반복연구(replication study)

선행연구(특히 실험연구)를 통해서 나타난 결과 혹은 발견을 다시 확인하기 위하여 선행 연구에서 실행했던 방법에 따라 연구(혹은 실험)를 반복하는 것을 말한다. 반복 혹은 반복검증(replication)이라고도 한다.

## 반분법(split – half method)

시험은 한번 치르되 각 문항을 반으로 나누어 그 성적의 상관관계를 살펴 봄으로써 시험의 신뢰성을 측정하는 방법을 말한다. 대개는 문항을 짝수와 홀수로 나누는 분류 방법을 많이 사용한다.

## 반사(reflection)

케이스워크나 카운슬링의 면접과정에서 클라이언트가 말한 사안이나 표현한 감정을 될 수 있는 한 클라이언트와 같은 말로 되풀이해 준다는 기법이다. 이것이 이루어지면 클라이언트는 수용되어 이해되었다고 느껴 사회사업가 대 클라이언트 관계가 깊어짐과 동시에 자기가 직면하고 있는 사태를 다시 한 번 생각하고 감정을 정리하거나 해서 현실적으로 대처해 갈 수 있게 된다.

## 반사적 이익(reflection benefit) 01

반사적 이익이라 함은 법이 공익의 보호증진을 위하여 일정한 규율을 행하고, 또 법에 기하여 행정의 집행이 행하여지는 것의 반사적 효과로서 특정 또는 불특정의 사인에게 생기는 일정한 이익을 말한다. 사치주의 하에서는 행정주체와 사인간은 법에 의해 규율된 관계이고, 이 행정주체와 사인간의 관계가 공법의 규율을 받는 경우에는, 그것은 공법관계라고 말하고, 그 내용을 이루는 권리를 말한다. 의무를 일반적으로 공권 의무라고 한다. 행정객체로서의 사인은 이와 같이 행정주체에 대해 일정한 공권(개인적 공권)을 가지고 있는데, 이 개인적 공권은 자기를 위하여 법률적으로 일정한 이익의 주장을 할 수 있는 힘을 가지고 있다. 그러나 행정상의 관계에 있어서는 이와 같은 개인적 공권이라고는 말할 수 없는 사실상의 이익이 생기는 것이 적지 않다. 법이 공익의 보호증진을 위하여 일정한 규율을 행하고, 또 법에 기하여 행정의 집행이 행하여지는 것의 반사적 효과로서, 특정 또는 불특정의 사인에게 일정한 이익이 생기는 것이 있다. 이 경우에는 일정한 이익을 법적으로 주장할 수 없다고 되어 있고, 공권과 구별하여 반사적 이익이라고 한다. 즉 반사적 이익에 지나지 않는다고 간주된 경우에는 재판상의 보호를 받을 수 없다고 일반적으로 해석되고 있다. 그러나 구체적으로는 무엇이 공권이고, 무엇이 반사적 이익에 지나지 않는가에 대한 구별상의 난해점이 많다.

## 반사적 이익 02

법이 공익의 보호ㆍ증진을 위하여 일정한 규율을 행하고, 또 법에 의해 행정의 집행이 이루어지는 것의 반사적 효과로서 특정 또는 불특정의 사인(私人)에게 생기는 일정한 이익을 말한다. 이러한 반사적 이익은 법적으로 주장될 수 없으며, 재판상의 보호를 받을 수 없는 것으로 일반적으로 해석되고 있다. 그러나 구체적으로는 무엇이 법적으로 주장될 수 없는 반사적 이익이고, 무엇이 자신의 이익을 위하여 법률적으로 일정한 이익을 주장할 수 있는 개인적 공권(個人的 公權)에 해당되는지를 구별하기가 쉽지 않다.

## 반사회성(antisocial personality)

사회성은 사회에 공통하는 인간의 적응행동의 총칭으로 정의되지만 반사회성은 그 사회의 전통, 도덕, 규율, 조직 등에 대한 적의, 공격을 나타내는 것이다. 구체적으로는 사회의 질서에 대한 반항적 행동으로 표현되며 청소년의 비행 등이 이에 상당한다. 모두가 사회에 적응하는 것이 곤란한 상태에 놓여 있을 때 폭력이나 비행으로 자기표현의 장을 찾는 심리기제가 작용하고 있다.

## 반사회적 집단(antisocial group)

집단으로서는 일단 조직이나 질서나 구속력을 갖고 있지만 그 집단의 목적이나 규범 등이 일반사회의 그것과 합치하지 않고 나아가서 일반사회의 질서유지를 위협하며 파괴하는 집단이다.

## 반사회적 행동(antisocial behavior)

다른 사람 또는 다른 집단의 존재ㆍ규범ㆍ목적을 부정하거나 배척하는 행동과는 대조적으로 사회적 행동은 개인이나 집단에 행위를 말한다. 일반적으로 반사회적 행동이라는 개념은 사회의 보편타당한 가치ㆍ규범에 동조하지 않고 사회질서를 간접적이거나 직접적으로 파괴하는 행동으로 개인적ㆍ집단적ㆍ조직적으로 일으키는 행동을 말한다.

## 반의사불론죄

가해자의 처벌을 원치 않는다는 피해자의 의사표시가 있으면 범죄자를 처벌할 수 없는 죄를 반의사불론죄라고 하는데 이에는 단순폭행죄, 과실상해죄, 협박죄, 명예훼손죄 등이 있다. 반의사불론죄의 경우 피해자가 처벌을 원치 않는다는 의사를 표시하면 기소할 수 없고, 이미 기소된 경우라면 이를 기각한다.

## 반일휴가제

개인적으로 병원에 가거나 집안일을 볼 때 등 하루를 다 쓰기 아깝고 잠깐 나가서 일보기에는 눈치 보일 때 하루의 반나절만 휴가를 내는 제도이다. 사무직과 정보통신 등 서비스 업종에서 요긴하게 활용된다.

## 반정립

정립에 대립하는 말이다. 특정한 긍정적 주장에 대응하는 특정한 부정적 주장으로서, 정립에서 주장하는 것이 반정립에서는 부정된다. 헤겔은 개념을 실제로 보고, 이와 같이 대립하는 개념이 새로운 종합을 만들어낸다고 생각했다(가령 유 − 무 − 성). 그것은 주로 사고에 있어서의 일면성의 극복이다. 현실 속에는 현실적 모순이 있으며, 현존하는 것을 유지하려는 방향으로 작용하는 요인에 대해 그것을 부정하는 방향으로 작용하는 요인은 하나의 반정립이다.

### 반항기(revolt stage) 01

성격발달과정에서 부모 · 교사 또는 그밖의 권위적 인물이나 기존의 체제와 질서에 대해 반대 · 증오 · 파괴 · 무시 등의 공격적 태도를 지니는 시기이다. 흔히 3 − 5세를 제1반항기라고 하고 13 − 14세를 제2반항기라고 하는데, 이 시기에 반대적 행동증상(oppositional behavior syndrome)이 많이 나타나는 것을 볼 수 있다.

### 반항기(rebellious stage) 02

인간은 정신전달과정에서 여러 가지의 자기주장을 하면서 성장하는 것이지만 특히 그 2세말에서 4세까지의 유아기 그리고 13세경부터 청년기에 반항적인 태도가 현저하기 때문에 이 시기를 각각 제1반항기, 제2반항기라 한다. 전자의 경우 부모의 의존관계에서 자립하려는 자아가 눈을 뜨면서 반항으로 나타난다하며 후자는 부모 뿐 아니라 사회적 권위에 대한 반항이 중심이 된다. 건전한 자아형성에는 반항기의 경험이 필요하다 하겠다.

### 반환일시금(국민연금법 제77조)

국민연금에서 아래와 같은 특정한 사유에 해당할 때 가입자 또는 가입자이었던 자 또는 유족에게 가입자가 납부한 연금보험료 및 이자 · 가산한 이자를 일시에 반환하여 가입이력 및 가입기간을 청산하는 성격의 급여. ①가입기간 10년 미만인 가입자가 60세에 달한 때, ②가입자 또는 가입자이었던 자가 사망한 때(단 유족연금이 지급되지 않는 경우), ③가입자 또는 가입자이었던 자가 국적을 상실하거나 국외에 이주한 때, ④타공적연금의 적용을 받는 특수직역에 종사하는 공무원 · 군인 · 직원이 된 때  부칙 16조 3항: '99년 4월 1일전의 퇴직연금 등 수급권자가 사업장가입자 또는 지역가입자의 자격을 상실한 때에는 제67조 제1항 제1호의 개정규정에 불구하고 반환일시금을 지급 받을 수 있다(2007. 12. 21).

### 발달(development)

유기체가 그 생명활동에 있어서 환경에 적응하여 가는 과정이다. 동물과 인간의 발달은 생후부터 사망까지 전 기간에 걸쳐 일어나며, 인간의 경우에는 아동발달에 특히 중점을 둔다. 발달의 개념은 카마이클(L. Carmichael)이 주장하는 것처럼 성장과 양적인 증가로 발달을 간주하는

것이며, 둘째는 빌러(K. Bühler)와 게젤(A. Gesell)의 입장과 같이 발달을 보다 나은 단계로 전개되는 질적인 변화로 이해하는 것이다. 셋째는 스턴(W. Stem)의 주장과 같이 발달의 개념에 결정적 요인, 즉 유전과 환경이 영향을 고려하는 것이다. 이러한 개념규정은 현재에는 그렇게 중요시되지 않는다. 발달과 학습의 차이는 발달이 학습의 특수한 유형이라는 점에 있다. 다른 각도에서 보면 발달은 보다 넓은 뜻으로 유기체의 성장과 성숙의 과정이며 학습과는 독립적인 것으로 간주될 수 있다. 발달과정은 다양한 연령수준을 종단적 또는 횡단적으로 비교함으로써 단기간의 효과를 규명할 수도 있다. 최근에는 전 생애 발달(life − span development)을 전후 맥락 속에서 연구하는 새경향이 나타나고 있다.

### 발달과업(developmental task)

한 특정 문화권 또는 하위문화권내에서 발달하는 각 아동이 당면하게 되는 과업이다. 해비거스트(R. J Havighurst)는 발달과업의 개념을 발달전망의 측면에서 정상적인 인간 발달을 기술하는데 사용했다. 아동이 각 발달과업을 완수하게 될 때까지 각 발달과업들은 대체로 아동의 동기유발과 흥미의 핵심을 이루게 되며 과업이 완수된 후에는 아동을 묘사하고 각 아동들을 비교하는 데에 중요한 기점으로 사용하게 된다. 발달과업은 각 문화권에 따라 상당한 차이가 있으나 대개가 연령에 따라 계열화되어 있다.

### 발달과제(developmental tasks)

인간의 형성과정에는 유아기부터 노년기에 이르기까지 각각의 발달단계에서 학습하고 익혀야 할 발달과제가 있다. 이 문제가 달성되지 않으면 사회적 승인을 얻을 수가 없고 후속되는 과제도 있어 적응에 곤란이 증대된다. 1950년대 하비가스트(R. J. Havighurst)에 의해 교육목표와 교육적 적기의 교육론으로 전개되어 발달연구에 중요한 시점을 가져오게 되었다.

### 발달단계(developmental stage)

인간발달의 연속선상에서 현저하게 구분되는 어떤 기준에 다른 단계이다. 각 단계에 도달하기 전에는 나타나지 않았던 어떤 특정인 행동이나 특성이 어떤 지점을 기준으로 하여 처음으로 나타나게 된다. 또 하나의 단계는 새로운 단계로 들어가면서 끝나게 된다. 발달단계는 학자들에 따라 각각 다르게 구분되기도 한다. 즉 프로이드(S. Freud)는 성본능과 관련져서 인간의 발달단계를 구강기(oral stage) · 항문기(anal stage) · 성기기(phallic stage) · 잠복기(latent stage) · 성욕기(genital stage) 등의 5기로 구분한 반면, 피아제 (J. Piaget)는 사고와 동작이 통정된 심리적 도식의 내용이 변화함에 따라 발달단계를 감각운동기(sensory − motor stage) · 전조작기(preoperational stage) · 구체적 조작기(concrete operational stage) 및 형

식적 조작기(concrete operational stage)의 4기로 구분하였다. 또 헐로크(E. B. Hurlock)는 개인의 전발달과정을 10단계로 구분하였다. 즉 임신부터 출생까지를 출산전기, 출생부터 2주까지를 신생아기, 2주 ─ 2세를 유아기, 2 ─ 6세를 아동초기, 6 ─ 10세 또는 12세를 아동후기, 10(또는 12) ─ 14세를 사춘기, 14 ─ 17세를 청년초기, 17 ─ 21세를 청년후기, 21 ─ 60세를 성년기, 60세 이후를 노년기라고 하였다.

## 발달보장(development protection)

모든 인간은 그 사람 나름대로 발달의 가능성을 가지고 있으며 그 가능성을 최대한으로 추구해 개개인의 인격 전달을 보장함으로써 그 사람 고유의 가치실현을 도모하는 것이 교육이나 사회복지의 목적이라고 생각하는 것이다. 이 관념은 1960년대 이후 특수교육이나 장애인 복지 특히 중증장애 아동에 대한 교육이나 사회복지의 활동에서 실천의 이념화 작업 등에 강한 자극을 받으면서 체계화된 것으로 장애의 유무가 인간의 사회적 가치를 시정하는 조건이 될 수도 있다는 존의 사회적 관념에 대한 정면도전이기도 하다. 따라서 발달보장에는 중증장애인이라도 발달을 보장받는 권리를 갖고 있다는 이념, 그리고 발달을 도출하는 과학적 방법론의 확립이라는 두 개의 중요한 과제가 포함되어 있다. 또 이 이념을 공유하는 클라이언트 장애인 교육, 사회복지의 실천가, 시민의 협동에 의한 사회적 운동이 중요한 의미를 갖는다고 하겠다.

## 발달심리학(developmental psychology)

개인의 일생의 지적 · 정서적 · 사회적 과정의 전개에 관심을 두는 심리학의 한 분야이다. 발달원리는 신체적 · 지적 변화가 급속히 이루어지고 행동유형이 형성되는 생후 20세까지의 시기에 적용된다. 최근 동향은 발달심리학이 기술적인 데에서 어떤 현상을 설명하는 과학의 입장으로 변화되어 가고 있다. 따라서 발달심리학의 목표는 교육적이라기보다는 심리적 현상을 설명하는 것으로 볼 수 있다. 성장 · 발달 · 성숙 등의 용어는 주로 미숙한 유기체의 시간에 따른 변화를 지칭하는 개념으로서 발생심리학에서 취급되고 있다. 발달심리학의 연구 영역은 신체 · 지적 · 정의적 · 사회적 발달로 나누기도 하며 영아, 유아, 소년 · 소녀, 청년기, 장년기, 노년기로도 나눈다. 또는 어떤 특수영역, 가령 뇌의 발달, 양심의 발달, 성격의 발달 등으로 나눌 수 있다.

## 발달이론(developmental theory)

발달이론은 발달에 관한 원리이다. 원칙을 설명하는 것이지만 발달의 규정요인으로서 유전과 환경에 대한 생각이 문제가 된다. 셀든(W. H Shelden)은 내적인자로서의 유전과 외적 인자로서의 환경의 쌍방이 작용하는 제도를 문제로 삼아야 한다면서 폭주설을 제창했다. 현재는 유전과 환경의 2가지 요인으로 분리한 양자택일의 사고가 아닌 유전과 환경의 상호작용이라는 생각을 하고 있다. 한편 러시아심리학은 내적 조건의 작용을 인정하면서도 외적 조건의 주도성을 중발달장애시한 상호영향을 주장하고 있다.

## 발달장애(developmental disorder) 01

정상발달에 비교하여 사회성, 언어, 인지 등에 심각한 장애가 있어서 정상적인 발달을 이루지 못하는 경우를 말한다. 정신지체, 전반적 발달장애(자폐성장애 포함), 학습장애 등을 포함한다.

## 발달장애 02

발달은 심신의 제 기능의 분화와 통합, 구조의 변화 등에 의해 표시되는 현상이지만 이들 과정은 일정의 한계에 따라 전개되어 간다. 발달장애는 어떤 원인으로 인해 다음 발달단계로 넘어가는 것이 곤란한 상태에 있는 것을 말하는 경우가 많다. 그러나 그것은 평균적 발달단계를 가정한 비교이며 종래의 발달기준의 시점을 바꾸는 것으로 발달장애의 내용이나 범위도 변화한다.

## 발달지수(developmental quotient : DQ) 01

유아의 정신발달척도를 기준으로 검사수단에서 얻어진 성숙점 내지는 발달연령(DA)과 생활연령(CA)의 비교(OA/ CAX 100)로 표시한 것이다. 유아의 발달장애를 조기 발견하는데 쓰여 진다. 발달척도는 기젤(Gesell, A.)의 업적에 힘입은 바 크며 그는 운동행동, 적응행동, 언어, 개인적 · 사회적 행동의 각 영역에 걸쳐 척도화했다. 대부분의 검사는 발달척도에 의거해서 표준화되었다.

## 발달지체(developmental delay)

성숙의 지체(maturational lag), 즉 발달이 느린 것을 언급하는 말로서 생활연령이와 같은 비장애아동들에게 관찰되는 기능 수준보다 더 아래에 있는 아동을 뜻한다. 발달지체 아동들은 두뇌의 역기능이나 뚜렷한 구조적 손상이 없으면서도 지체아동에게서 나타나는 느린 발달이나 불균형적인 능력들을 보인다. 특수교육 분야에서 볼 때 발달지체는 정신지체, 학습장애, 주의력 결함 장애 등과 관련되어 있는 것으로 보고 있다. 특히 정신지체 영역에서는 정신지체 아동들의 인지 발달을 크게 결함론과 발달론으로 구분할 때 발달지체는 발달론의 입장과 동일한 개념이다. 발달론의 대표적인 학자로 Zigler를 들 수 있는데 Zigler는 발달지체를 정신지체아동의 지적기능과 관련시켰다. 그는 정상분포에서 지적으로 낮은 수준에 있는 아동이면서 정신지체의 75%를 차지하고 있는 아동들이 가계 ─ 문화적 정신지체라고 주장하였고, 기관의 손상으로 인한 정신지체와는 달리 이들은 인지적, 지적으로 볼 때 정상 아동처럼 발달한다고 주장하였다. 즉 아동들이 한 단계씩 연속적으로 발달해 나가는 것과 같은 단계 내에서의 인지기능은 비장애아동이나 가계 ─ 문화적인 정신지체 모두에게 존재한다는 것이다. 비장애아동과 정신지체가 차이가 있다면 그것은 발달율이 느리고, 최종적으로 습득하게 될 인지 수준의 상한선이 낮은 것이라고 하였다. 또 비장애아동과 정신연령을 일치시킨 정신지체아동을 보면 생활연령이나 IQ의 차이와 관계없이 비슷한 인지기능을 갖고 있다고 하였다. 특정한 혹은 일반적인 지적 결함에 대한 설명으로서 발달지체는 많은 질문이 제기될 수 있다. 또 비장애인과 정신지체인의 정신 연령을 일치시킨다 해도 질적인 차이가 존재할 수 있으며 정신지체인에게 생활연령이 가져다주는 효과 또한 무시할 수 없기때문에 이론적으로 타당성이 있다해도 문제가 있을 수 있다. 그러나 이렇게 논쟁적이지만 많은 연구들이 가계 ─ 문화적 정신지체에 관한 Zigler의 기본적인 발달 입장을 지지하였다.

### 발병률(attack rate)
전염병이나 식중독과 같이 비교적 원인적인 인자가 분명한 어떤 요인에 폭로된 사람 중에서 병이 발생하는 상태를 측정할 때의 발생률을 말한다.

### 발전(development) 01
국가나 사회 또는 조직체를 막론하고 바람직한 방향을 지향하는 변화를 의도적으로 추진하는 과정 또는 그 결과, 사회발전·국가발전·조직체의 발전(또는 개발) 등이 있을 수 있다. 가장 포괄적인 것으로 오늘날 특히 강조되고 있는 것은 국가발전이다. 국가발전은 경제발전·정치발전·사회발전·문화발전·교육발전 등의 여러 측면을 가지고 국민공동사회, 즉 국가를 주축으로 방향성 있는 변화를 의도적으로 추진하려는 것이다. 가령 공업화의 추진, 민주화의 추진, 개방사회의 건설, 민족문화의 창달, 교육의 기회 균등 실현 등은 모두 국가발전에 연관되어 있다. 발전에 있어서는 발전의 목표와 방향 등이 문제시될 뿐만 아니라 발전의 속도, 발전을 위한 수단과 방법 등이 중요한 문제로 등장한다. 최근 전 세계는 국가발전을 촉진하는데 깊은 관심을 쏟아왔으며 UN은 1960년대를 〈개발의 연대〉(development decade)라 불렀고, 이어 1970년대를 〈제2의 개발의 연대〉(second development decade)로 불렀다. 그러나 자원의 고갈, 환경의 오염, 남북간·빈부국가간 격차의 심화가 부각됨에 따라 성장에 한계론이 크게 대두되었으며 균형적 발전의 문제가 부각되고 있다. 국가발전의 추진에 있어서 교육발전은 그 목표의 하나일 뿐만 아니라 원동력의 배양을 위한 수단으로도 강조되고 있다.

### 발전(development) 02

일반적으로 단순하고 낮은 단계로부터 복잡하고 높은 단계로 옮아가는 것을 의미한다. 발전은 사물의 단순한 상태의 변화뿐만 아니라 본질적 변화까지 이해하려는 경우에 사용된다.

### 발전행정(development administration)
국가사회의 발전을 유도하고 이끄는 발전사업의 관리(administration of development)와 국가발전 추진체제로서의 행정의 발전(development of administration)을 의미한다. 발전행정에 대한 관심은 1950년대부터 대두되기 시작하여 1960년대에 널리 확산되었다.

### 발전행정론
발전도상국의 국가발전을 위한 전략과, 국가발전 추진체제로서의 행정체 제의 발전 문제를 연구하는 행정학의 한 분야를 말한다. 발전행정론은 1950년대 비교행정론의 한 분과로 출발하였으며, 1960년대에 큰 세력을 떨쳤으나 1970년대 이후 위축되었다.

### 밤병원(night hospital)
영국에서 처음으로 설립된 것으로 정신위생분야에서 지역사회 보호를 행하기 위한 하나의 시설형태로 낮에는 취로·교육 기타의 일로 지역사회에서 생활하고 밤에는 병원에서 치료·간호 혹은 재활 등의 의료적 처우를 받는 시설을 말한다. 주간병원에 대치되는 시설로 정신병 환자를 가능한 한 사회에 접촉시킴으로서 사회복귀나 직장복귀를 촉진시키는 것을 목적으로 해서 만들어지고 있다.

### 방계적 자료원(collateral sources of data)
케이스워크에서 클라이언트의 문제해결을 해결하기 위한 과정에서 필요한 자료(정보)를 수집해야 한다. 이 때 클라이언트 이외에 사람들로부터도 중요한 자료를 얻을 수 있으며 이러한 경우를 총괄하여 쓰여지고 있다. 이와 같은 방계적 자료원에서 자료를 수집할 경우 원칙적으로 그 필요성을 클라이언트에 설명하고 동의와 이해를 얻은 뒤에 진행해야 할 것이다. 최근에는 적절한 표현이 아니기 때문에 별로 사용하지 않는다.

### 방문조사(visiting research)
면접원이 조사대상인 개인, 가정, 사업소 등을 개별적으로 방문하여 응답을 얻는 조사방법이다. 방문조사의 장점으로는 면접원과 피 조사자와의 관계를 적절히 조절하여 보다 정확한 결과를 얻을 수 있다. 조사대상으로서 본인 여부를 파악하기 쉽고 본인이나 가족원의 일상생활을 있는 그대로 파악할 수 있다. 응답에서 제3자의 영향을 받지 않기 때문에 응답에 대한 확인이 가능하다는 점을 들 수 있다.

## 방민적

사회사업 빈곤에 사전적·예방적으로 대응하는 사회사업을 의미하며, 빈곤 발생 후에 대응하는 구빈적 사회사업에 상대되는 용어이다. 이것은 19세기 후반 영국의 자선조직화 운동이나 〈인보운동〉에서 비롯되었는데, 근대 이후의 사회사업은 민주제 사회하에서 구빈적 활동에 의해 빈곤자의 생활 유지·향상을 추진함과 더불어 빈곤 원인의 실제적 상황을 파악하고 대응하는 제시책을 추진하는 등의 방빈적 활동을 전개하고 있다.

## 방범교육(crime prevention education)

일반시민이 범죄의 피해를 받지 않기 위한 예방수단 요령 등을 계발하는 것이며 때로는 직접피해를 당하는 경우, 상황인 범인에 대한 대처방법을 교육하는 것이다. 범죄의 근본원인인 가족생활이나 인격형성 등에 관해 교육하는 것이 아니고 문단속, 신변경제 등 직접피해를 받지 않기 위한 예방이며 그렇기 때문에 범죄수사를 통해서 범죄자의 수법에 정통한 경찰관이 담당하는 경우가 많다. 예방교육은 보복이 겁나 범죄를 목격하고도 무관심을 가장하는 시민 태도와도 깊은 관계가 있기 때문에 사회적 관심을 높이는 일이 중요하다.

## 방법(method)

방법이란 넓은 의미에서는 일정한 목표에 도달하기 위한 길이며, 대개 맹목적이 아닌 행동, 창작, 참구는 모두 그의 방법을 가진다. 그러나 철학적인 의미에서의 방법이란 객관적인 진리에 도달하기 위한 것이며 단순히 임의의 목적을 실현하기까지의 일시적인 술(術) 또는 방편은 아니다. 진리 인식(따라서 또 오류 적발)의 방법은 근세 철학사의 중심 문제의 하나이며, 이미 데카르트의 〈방법서설〉, F. 베이컨의 〈노붐 오르가눔〉(신기관)도 그것을 출발점으로 했다. 우리들의 인식은 하나의 체계인 동시에 무한히 전진하는 과정이며, 따라서 진리로 향해 끊임없이 자기를 검토하고 혁신해 나가는 방법을 갖추고 있지 않으면 안된다. 이 의미에서 세계관으로서의 철학도 자체의 방법을 갖지 않으면 안되며, 이것은 특히 인식론 또는 논리학에서 널리 볼 수 있다.

## 방법론(methodology) 01

연구대상의 범위(scope)와 연구대상을 분석 종합하는 방법(method)을 의미한다. 즉 방법론이란 지식을 획득하기 위한 일련의 준비단계에 대한 고찰이라고 할 수 있다. 일반적으로 방법론은 연역적 방법과 귀납적 방법으로 나누어 볼 수 있다.

## 방법론 02

탐구의 방법에 관한 이론이다. 방법론이라는 말은 여러 가지의 형태로 사용되고 있다. 첫째, 특히 과학적 방법론인 경우에 가설을 설정하고 관찰이나 실험을 계획하여 실시한 결과로 얻어진 자료를 처리, 발표, 검토하는 과정의 원리들을 연구한 이론을 뜻한다. 또 실험이나 관찰의 설계 혹은 통계적 방법에 관한 원리 등을 포함한다. 둘째, 위의 방법론에 의해서 획득된 결과와 관련된 가설이나 그 이론적 배경을 밝힘과 동시에 거기서 사용된 개념을 명료화하고 발견된 연구의 과제를 밝히는 등 그 결과를 객관화하고자 할 때의 논리적 체계를 뜻하기도 한다. 셋째, 듀이(J. Dewey)의 반성적 사고(reflective thinking)나 데카르트(R. Descartes)의 인식원리와 같이 탐구행위의 심리적 과정을 설명하는 이론을 뜻하는 경우도 있다. 넷째, 어떤 과학적 탐구에서 쓰이는 특수한 기술을 뜻하기도 한다. 가령 심리학에서 사용하는 로오르샤하(Rohrschach)의 테스트, 프로이드(S. Freud)의 자유 연상법, 파블로프(I. Pavlov)의 조건반사법, 스키너(B. F. Skinner)의 강화반응법(reinforcement) 등의 기법이 그것이다.

## 방법론 03

진리에 이르는 정신의 합리적인 접근에 관한 고찰이다. 아리스토텔레스의 〈형이상학〉 중에서 존재의 카테고리론과 예비학으로서의 〈오르가논〉 중의 절차론은 그것의 고전적인 두 유형이다. 중세의 스콜라학에서는 교조의 논증의 술(術)로서 오직 후자가 제학의 방법론의 역할을 했는데, 근세 초기에 자연연구의 새 방법의 요구가 높아지자, 분석·종합·귀납법 등이 밝혀졌다(F. 베이컨, 데카르트). 이것은 당초 자연관의 변혁에 근거하는 것이었는데, 곧 종래의 형식논리학(그 원리론)과 더불어 주관적 측면의 규칙의 집대성으로 여겨졌다. 이 의미에서는 방법론은 이론체계에 대해 외적이다. 헤겔은 존재에 대해 외적인 반성으로서의 방법론을 배격하고, 방법은 내용의 내적 자기운동의 형식에 관한 의식이라고 했다. 맑스주의 세계관에 있어서도, 방법은 이론에 대해 그것의 외적인 보조수단이 아니고 그것의 내용의 필연적인 발전의 길이다.

## 방법론 통합화(integrating method)

사회사업실천의 3대 방법인 개별사회사업, 집단사회사업, 지역사회조직이 발달하는 과정에서 교육과 실천의 수준에서 점차적으로 전문화되어 방법 간에 서로 배타적이 되면서 전문적 근시안이 되어버린 현실에 대한 반성과 비판이 나타나게 되었다. 특히 1960년대 이후의 여러 가지 동향 중에서 사회사업실천을 포괄적으로 통일하기 위한 공통 기반을 확인하면서 총체로서의 실천방법에 대한 의의를 갖고 이제까지 제기된 방법의 재편성을 도모하려는 시도가 이루어지고 있다. 그 중에서 핀커스와 미나한의 업적은 높이 평가되고 있다.

## 방법론적 개체주의(methodological individualism)

전체는 개체의 합이라는 관점에서 개체를 분석의 기초단

위로 삼는 방법론을 말한다. 이에 반해 형이상학적 전체주의(metaphysical holism)는 전체는 개체의 단순한 합이 아닌 전체로서의 특성을 지닌다는 관점에서 전체를 분석의 대상으로 삼는 방법론을 말한다.

## 방어기제(defense mechanism) 01

프로이드(Freud, S)는 마음을 이드, 자아, 초자아의 세 가지 영역으로 나누어 생각했다. 이드는 생물학적인 본능, 충동, 욕구이고 모든 심적 에너지의 원천이며, 초자아는 양심처럼 사회적으로 승인된 제한의 규범이다. 이드의 충동이 강하거나 초자아가 너무 강하면 자아는 상처받는다. 그래서 자아는 각종의 방어기제를 가지게 된다. 억압을 대표적 수단으로 해서 퇴행, 반동형성, 치환, 투영, 대리적 만족, 자기애적 내향부정 등의 방법이 있다.

## 방어기제 02

자아를 불안으로부터 보호하기 위해 무의식적으로 채택하게 되는 현실왜곡의 전략이다. 개인이 발달과정의 어떤 시기에는 만족시킬 수 있던 어떤 충동이 〈벌〉이나 〈사회적 조건〉 때문에 억제되어야 할 경우에 생기게 된다. 따라서 이는 불안이나 위험을 통제하거나 회피하려는 것을 그 목적으로 한다. 방어기제에는 억압 · 투사 · 고립 · 부인 · 합리화 등이 있다. 인간의 이상행동의 이면에는 이러한 방어기제가 강력하게 작용하고 있으며 이는 현실에 대한 통찰의 달성에 큰 저해 요인이 되고 있다.

## 방어적 지각의 오차(perceptual defense)

지각자(知覺者)가 사물을 보는 습성 또는 그의 고정관념에 어긋나는 정보를 회피하거나 그것을 자기의 고정관념에 부합되도록 왜곡 시키기 때문에 범하는 지각상의 오류를 말한다. 이 경우 지각자는 자신의 고정관념을 방어하기 위해 지각상의 오류를 범하는 것이다.

## 방임적 지도성(faire leadership)

집단이나 조직의 구성원들이 스스로 문제를 해결하고 자신의 목표를 정할 능력을 가지고 있으며, 지도자의 관여는 오히려 그들의 효과를 제한한다는 신념을 전제로 하여 집단 활동을 지도하려는 한 지도유형이다. 지도자는 구성원이나 그들의 목표를 평가하려거나 규정하려 하지 않으며, 그들의 행동내용이나 방법을 결정하는데 완전한 자유를 준다. 요구가 있을 때에만 필요한 정보를 제공해 줄 뿐이다.

## 방임형 지도(faire type leadership)

게슈탈트 심리학파인 레빈의 지도에 의해 리핏토가 행한 집단적 도덕성의 연구에서 다음과 같은 것을 설명하고 있다. 즉 집단 활동에서 리더가 자유방임적이면 일반적으로 도덕성이 저하되고 활동의 성과도 높이기 힘들다는 것이다. 방임형지도는 전체적 지도, 민주적 지도와의 차이는 구성원의 자발적 참가가 인정되느냐에 달려 있다.

## 방조

범죄에 직접 가담하지는 않았지만 방법이나 형태에 상관없이 범인(정범)의 범죄행위를 수월하게 만드는 것을 방조라고 한다. 방조행위를 한 사람은 범죄의 종범이 되는데 정범에 비해 형량이 가볍다.

## 배려형 리더

지원적 · 우호적 · 개방적인 자세로 부하를 생각해 주고 배려해 주는 유형의 리더. 이에 대비되는 구조창설형 리더는 리더와 하급자 사이의 관계를 명확히 밝혀 주고 조직의 유형이나 의사전달의 통로 혹은 절차 등을 잘 정리할 수 있는 유형의 리더를 말한다. 오하이오 주립대학의 학자들은 1940년대 후반과 1950년대 초반에 수행된 리더십 연구에서 리더의 유형을 이와 같이 배려형과 구조창설형(initiating structure)으로 구분하였다.

## 배상명령

형사사건의 피해자가 범인의 형사재판 과정에서 간편한 방법으로 민사적인 손해배상명령까지 받아 낼 수 있는 제도이다. 절도나 상해를 당한 경우에 범인이 절도죄나 상해죄로 형사처벌을 받는다고 하더라도 피해자가 피해보상을 받으려면 따로 민사소송절차를 밟아야 하는 것이 원칙인데 피해자에게 신속 간편하게 보상을 받도록 해주기 위하여 마련한 제도입니다.

## 배수추천제

공무원 임용추천에 있어 결원된 직위의 정해진 배수(3배수 – 7배수)만큼 인원을 추천하는 방법을 말한다. 역사적으로 가장 많이 이용된 추천의 방법은 3배수 추천제이다. 이 제도는 채용시험의 타당성이 완전하지 않다는 전제 위에 임용권자에게 어느 정도 재량권을 부여하기 위한 것이다.

## 배우자(spouse) 01

가구주와 결혼한 당사자를 말하며, 혼인신고를 한 법률혼 관계에 있는 사람뿐 아니라 혼인신고를 하지 않은 사실혼의 관계에 있는 사람도 포함한다.

## 배우자 02

부부의 한 쪽을 가리키는 말이 배우자인데 촌수가 없는(무촌) 친족이고 법률적으로는 혼인신고를한 사람들만이 배우자가 되고, 혼인관계를 유지해야 배우자 신분을 유지할 수 있으며, 이혼하면 배우자의 자격을 잃어버린다.

## 배임수증재죄
남의 일을 해 주는 사람이 자신의 직무와 관련하여 옳지 못한 청탁을 받고 금전 등의 이익을 얻거나 남의 일을 해 주는 사람에게 그의 직무와 관련하여 옳지 못한 청탁을 하고 금전 등의 이익을 주는 것을 배임수증재죄라고 하는데 이 과정에서 주고 받은 재물이나 이익은 몰수·추징의 방법으로 국가가 환수한다.

## 배임죄
남의 일을 해 주는 사람이 자신이 맡은 임무에 반하는 행위를 함으로써 스스로 이익을 얻거나 제3자가 이익을 얻게 해서 일을 맡긴 사람에게 손해를 입히는 것을 배임죄라고 한다.

## 배치전환(reassignment and transfer)
특정 공무원이 지금까지 담당하고 있던 직위와 책임수준 이와 같은 직위로 이동하는 내부임용의 한 유형을 말한다. 수평적 이동을 의미하는 배치 전환에는 보수액의 변동이 수반되지 않는다.

## 백분위수(Percentile)
자료를 크기 순으로 배열하여 100등분 하였을 때의 각 등분점을 백분위수라고 한다. 심리학 및 교육학의 일부 분야에서 간혹 Centile이라고 쓰기도 한다.

## 백분율분포(Percentage distribution)
총 도수를 100으로 놓고 각 계급의 도수를 퍼센트(%)로 나타낸 도수분포표이다.

## 백색부패(white corruption)
이론상 부패행위로 규정될 수 있으나 사회구성원의 다수가 어느 정도 용인하는 관례화된 부패를 말한다. 이러한 백색부패는 사회체제에 심각한 파괴적 영향을 미치지 않는다. 반면 회색부패는 사회체제에 파괴적인 영향을 미칠 수 있는 잠재성을 지닌 부패로서, 사회구성원 가운데 일부집단은 처벌을 원하지만 다른 일부집단은 처벌을 원하지 않는 경우의 부패를 말한다. 그리고 흑색부패는 사회체제에 명백하고 심각한 해를 끼치는 부패로 구성원 모두가 인정하고, 처벌을 원하는 부패를 말한다.

## 백신
어떤 전염병에 대해 인공적으로 면역성을 얻게 할 목적으로 그 병원균을 배양하여 여러 가지 처리를 한 것이다. 병원균은 열·약품으로 처리해도 항원성(抗原性)을 유지하고 있으며, 강한 면역을 준다는 이론에서 발전하여 대개는 예방접종에 쓰이나 때로는 치료에도 쓰인다.

## 백지수표
수표를 발행하는 사람의 이름과 도장 이외의 다른 사항들(금액 등)은 전부나 일부를 비워 둔 것을 백지수표라고 한다. 기재사항이 모두 적혀 있지 않기 때문에 미완성수표로 보지만 일반 수표처럼 배서 후에 유통되고 있으며 비워져 있던 부분이 채워지면 수표를 발행한 날짜에 소급해서 효력이 생긴다.

## 버블리족
다른 말로는 〈거품족〉이라고 하는데, 지난 86년부터 90년까지의 거품 경기 때 입사했거나 대학생활을 보낸 현재의 직장인 중 거품경기가 사라지면서 급변하는 기업 조직 환경에 적응하지 못하는 젊은층을 지칭하는 말이다. 이들 버블리족의 특징은 무관심·무능력·무경쟁으로 조직의 입장보다는 개인적 관심의 일을 추진하고 모든 책임을 조직에 돌리는 불평층이라는 것이다. 또 주어진 업무나 지시외에는 좀체 일을 찾아서 하지 않고 자신의 업무 외에 회사 전체 및 거시적인 자사 경영 상황에 대해서는 무관심으로 일관한다. 특히 자신에 대한 남의 평가에 대해 별로 관심이 없고 경쟁의식도 없으며, 근무시간에 조직 업무에 대한 집중도 취약해 공사를 명확히 구분하지 못하는 계층이다.

## 버제스(Burgess, Ernest Waston)
미국의 사회학자, 사회과정에 관한 이론들로부터 출발하여 도시연구에 몰두하고 인간 생태학 확립에 공헌했다. 시카고 조사에 입각한 동심원지대설을 전개하여 그 후 도시연구에 결정적인 영향을 주었다. 나아가 그 연장선상에서 가족유형론을 발전시켜 제도형으로부터 동반형의 추이를 설명하였다. 혼인성공도를 측정하는 평가 척도를 만들어 내었고 부부의 태도의 동질성과 사회적 성격이 중요한 요인이 된다 하였다. 그 후 노인 사회학을 전개하여 가족 부양, 사회보장 문제에 업적을 남기는 등 폭넓은 업적을 남겼고 가족사회학의 사실상의 수립자이다.

## 버즈세션(buzz session)
많은 사람이 시간이 별로 걸리지 않는 회의나 토론을 할 때 효과적으로 사용하는 방법이다. 전체구성원을 4 — 6명의 소그룹으로 나누고 각각의 소그룹이 개별적인 토의를 벌인 뒤 각 그룹의 결론을 패널형식으로 토론하고 최후의 리더가 전체적인 결론을 내리는 토의법이다. 최고 50명 정도가 이 회의에 참가할 수 있다. 전체사회자, 서기가 필요하며 참가자 전원이 발언할 수 있는 점이 특징으로, 각 그룹의 사회자를 빨리 정할 것, 시간 내에 각자의 의견을 빨리 취합할 것 등이 요구된다.

## 버클레이보고

1982년 5월 전국사회사업 연구소(national institute for social work)에서 위원회 연구 성과인 "social workers — their role and tasks"를 출판해 위원장의 이름을 붙인 것이다. 이 보고서는 대전 후의 사회사업에 보편화와 통합의 방향을 준 영허즈번드보고(1959년)와 사회사업가들의 대인사회서비스의 새로운 특성 속에서 일하는 지방자치제의 사회서비스부의 설치로 의무화한 시봄보고(1968년)와 함께 영국에서 중요한 보고의 하나로 평가받고 있다. 버클레이보고의 기본적 관심은 공통관심을 가진 지역사회의 전 구성원이 일체가 되어 문제극복이나 생활상황의 개선에 노력하고 또 한편으로 공통감정, 지역사회의 연대, 능력을 향상시키는데 있다.

## 번문욕례(red tape)

번거로운 관청절차를 가리키는 말. 번문욕례는 일반적으로 행정사무를 지연시키고 행정비용을 증대시키며 관료부패의 원인을 제공하는 등의 역기능을 초래한다.

## 벌금

형법이 정한 5만원 이상의 재산형을 벌금이라고 한다. 경우에 따라 5만원 이하도 가능하며 벌금을 못낼 경우 3년 이하의 기간에서 그에 해당하는 노역으로 바꿀 수 있다.

## 벌금(형)

형사재판시 부과되는 형벌은 사형, 징역, 금고, 자격상실, 자격정지, 벌금, 구류, 과료, 몰수의 9가지가 있다. 그 중에서 벌금은 순위상으로 6번째 무거운 형벌이라고 할 수 있다. 벌금이 신체를 구속하는 구류보다도 더 무서운 형벌인것은 벌금을 안내는 경우 환형처분으로 최장 3년까지 노역장에서 유치 처분을 받을 수 있다.

## 벌칙(국민연금법 제128조, 제129조)

국민연금에서 명령과 금지규정을 위반한 자에게 부과하는 형벌. ①3년이하 징역 또는 1000만원이하 벌금 : 사위 기타 부정한 방법에 의한 급여 수급자, ②1년이하 징역 또는 500만원이하 벌금 : 근로자권익보호 위반사용자, 업무상 기밀을 누설한 직원, 근로자 기여금을 부당·초과공제 한 사용자, ③50만원 이하 벌금 : 신고의무위반·허위신고 한 사용자, 공단의 자료제출요구 또는 조사·질문을 거부·기피·방해하거나 허위답변한 사용자(2007. 12.21).

## 범위(Range)

어떤 변수값들의 집합에서 최대값과 최소값의 차이를 말하는데, 범위는 그 자체가 산포정도의 척도로 사용되며, 반복적인 표본추출로부터 얻어진 범위들의 평균을 모집단 표준편차를 추정하는데 이용한다.

## 범인은닉죄

벌금 이상의 형에 해당하는 죄를 지은 사람을 숨겨주거나 도망가게 하는 죄를 범인은닉죄라고 한다. 하지만 형법의 친족특례조항에 의해 범인의 가족이나 호주, 친족이 숨겨주거나 도망가게 했을 때는 처벌받지 않는다.

## 범죄

사회생활상에 해로운 행위는 무수히 많지만, 그 가운데에서 특히 해로운 행위만을 법률로서 형벌을 가하도록 규정하고 있는 행위가 범죄이다. 형법 제2편(형법 각칙)에 규정된 각종 행위가 대표적인 범죄이지만, 그에 한하지 않고 경범죄처벌법 기타 각종의 특별법이나 도로교통법 등 각종의 행정법규에 위반하는 행위도 그에 대해 형벌이 규정되어 있으면 모두 범죄가 된다.

## 범죄소년(juvenile offender)

14세 이상 20세 미만의 소년으로서 형벌법령에 저촉되는 행위를 한 자를 말하며 형사책임을 진다.

## 범죄심리학(criminal psychology)

범죄와 범죄자를 심리학적으로 연구하는 과학을 말한다. 협의로는 범죄자의 성격, 인격형성, 범죄의 동기 등을 연구하는 학문영역을 말하지만 광의로는 정신감정 재판에 관한 심리학적 문제를 취급하는 재판심리학과 범죄자의 교정방법이나 처우 등을 연구하는 교정심리학을 포함한다. 범죄사회학, 범죄정신병리학 등과 함께 범죄학(criminology)을 구성한다. 아들러(Adler, A.), 알렉산더(Alexander, F.) 등이 선구적인 연구를 했다.

## 범죄예측이론

범죄예측이론은 미국의 계량적 형사학의 선도자인 힐리(Healy)가 학술적으로 기술한 것인데, 그는 개개 범죄자의 생활력을 추구하는 새로운 연구방법을 사용하여 생활력에 나타난 제 인자를 지능검사 및 기타 방법에 의해 계량적으로 파악, 기술하려고 했다. 그는 이렇게 해서 얻어진 범죄의 제 인자와 범죄와의 상관을 통계적으로 해명함으로써 범죄원인의 계량적 그리고 과학적인 탐구가 가능한 것을 시사했다. 그러나 힐리의 이와 같은 착상을 범죄 예측표라는 형태로 최초로 구체화한 것이 시카고의 버제스(Burgess)로서 두 사람의 업적은 각국 학자들로 하여금 범죄예측에 관한 많은 연구를 촉진시켰다.

## 범죄예측인자

글류크부부는 잠재적인 범죄소년을 조기 발견하여 정신의학적·심리학적 치료를 함으로써 소년범죄를 조기에 예방하려는 목적으로 3개조 15개의 예측인자를 발견하였다. 그 내용의 3개조는 사회적 5인자, 성격특성의 5인자,

정신의학적 면접에 의한 퍼스낼리티 특성의 5인자이며, 사회적 5인자로는 소년에 대한 부의 훈육 태도, 소년에 대한 모의 감독, 소년에 대한 부의 애정, 소년에 대해 모의 애정, 가족의 결합 등이다. 성격특성의 5인자로는 사회적 주장, 반항성, 의혹성, 파괴성, 정서 이변성 등이 있고 퍼스낼리티 특성의 5인자로는 모험성, 행동의 외향성, 피암시성, 완고성, 정서 불안정성 등이 있다.

## 범죄자

범죄로 인해 피해를 입은 사람이나 그 유족에게 국가가 일정 한도의 구조금을 주는 것을 범죄피해자구조제도라고 한다. 범죄피해자구조제도의 적용을 받으려면 다음의 조건이 되어야 한다. ①피해자가 생명을 잃거나 중상해를 당해야 한다. ②가해자를 알 수 없거나 가해자가 배상할 능력이 없어 피해자가 그 전부나 일부를 배상받지 못한다. ③피해자가 생계를 유지하기에 곤란한 사정이 있다. 피해자가 장애를 입은 경우 피해자 본인에게 장해구조금이 지급되고 피해자가 사망한 경우 가족에게 유족구조금이 지급되는데 구조금을 받으려면 범죄가 일어난 곳이나 신청인의 주소지나 거소지의 지방검찰청에 있는 범죄피해구조심의회에 신청하면 된다.

## 범죄통계의 한계

범죄 통계표는 일국의 범죄 발생 건수 전부를 나타내는 것은 되지 못하는 것이다. 즉 범죄통계에는 허실이 있기 마련이다. 즉 범죄통계에는 허실이 있기 마련이다. 이 점은 형사학자들이 한결같이 강조해 온 사실이지만 서들랜드(Sutherland Edwin)교수와 크레시 교수에 의하면 "범죄와 범죄자수에 관한 일반적 통계표들은 아마 모든 종류의 통계표 가운데서도 가장 신뢰할 수 없고 또 가장 집계하기도 어려운 것이라 한다. 일정시기·일정지역에서의 범죄수량을 정확히 결정한다는 것은 불가능한 일이다. 분명하게도 범해진 범죄의 다수가 적발되지 않고 있는 것이며, 즉 실제로 발생한 범죄건수에 비하여 적발된 건수는 극소수에 불과한 경우도 있고 피해자 가운데는 범죄를 대수롭게 생각지 않거나 자기의 성명이 공포되기를 싫어하거나 경찰에 신고하는 일과 증인으로 출두하는 일을 귀찮게 생각하거나 경찰에 신고하면 오히려 범인 적발이 더 어렵다고 생각하거나 또는 범인이 처벌되는 것을 불쌍하게 생각 하는 등의 이유로 신고하지 않게 되는 경우도 있을 것이다. 경찰정책(police policy)의 변화 즉 집권하고 있는 정치자가 자기 집권시에 범죄량이 감소되었다고 주장하고자 할 경우에는 범죄통계표가 범죄의 감소를 나타내게 되지만 때로는 이와 반대로 집권자가 범죄처리건수의 증가를 주장하는 곳에 〈정치적 가치〉(political value)를 주고자 하는 경우에는 범죄검거 건수가 격증하여 범죄토계표의 수치는 갑자기 상승하게 되는 것이다. 결국 범죄통계표는 일국의 범죄량과 그 질에

관한 정확한 현상파악을 하기가 거의 불가능한 일이며, 다만 국가의 강제적 사법기관을 거쳐가는 범죄소년의 수가 얼마나 되고 있는가에 관한 단순한 기록적 파악만을 할 수 있을 뿐이라는 뜻이다. 범죄통계표가 국민의 여론과 경찰정책의 변덕스러운 변화 때문에 전체 실제 범죄 수와의 비율을 일정하게 유지하지 못하기 쉽다는 사실을 지적하면서, 그러한 변화의 정도가 심하면 심할수록 범죄통계표는 〈범죄지수〉를 계산하는 기초자료로서의 가치를 저게 가지게 된다.

## 범주(category)

존재자에 대한 가장 보편적인 술어다. 원래 소송을 의미하는 카테고리아(kategolia)라는 그리스어를 아리스토텔레스(Aristoteles)가 철학적 용어로 사용한 것이다. 그는, 무수한 개물들을 포섭하는 최고 유개념으로서의 범주로 실체, 분량, 성질, 관계, 장소, 시간, 능동, 수동, 소유의 10개를 들고 있다. 칸트(I. Kant)는 인식의 형식(감성과 오성, 직관과 사유)과 질료(質料)를 구별하여 사유의 선천적 형식(순수 오성형식)을 범주라고 하였다. 그는 전통적 형식논리학의 판단형식에 근거하여 다음과 같은 4강(綱) 12목(目)의 범주표, 즉 ①분량(단일성, 수다성, 총체성), ②성질(실재성, 부정성, 제한성), ③관계(실체성, 인과성, 상호성), ④양상(가능성, 현실성, 필연성)을 도출하였다. 그러나 범주를 칸트처럼 단순한 사유의 형식이 아닌 실재의 형식으로 보려는 형이상학적 입장에서 헤겔(G. W. F. Hegel)이며, 그에 있어서는 절대이념이 필연적으로 전개되는 발전단계가 범주이다.

## 법규명령

위임명령·집행명령 등과 같이 행정권이 정립하는 명령으로 법규의 성질을 가진 것을 말한다. 행정입법 가운데 법규의 성질을 지니지 않는 훈령·지시·명령 등 행정명령에 대응하는 개념이다. 법규명령은 제정기관에 따라 대통령령·총리령·부령 등으로 나뉜다. 행정권에 의한 법규정립은 그러나 행정권 남용의 우려가 있기에 그에 관해서는 일정한 제한을 두는 것이 일반적이다.

## 법규재량

법의 취지·원리 등에 구속되는 재량을 말한다. 즉 구체적인 경우에 무엇이 법인가의 문제에 관한 행정청의 재량을 말하는 것으로, 편의재량에 대응하는 개념이다. 법규재량에는 불문법적 제한이 따르고 그 재량을 잘못 행사하는 것은 결국 법규의 해석을 잘못하는 것으로 위법이 되어 행정소송의 대상이 된다. 이러한 의미에서 법규재량 행위는 기속행위와 다르지 않다고 할 수 있다.

## 법률

실질적 의미에서는 모든 법규범(法規範)을 말하지만 형

식적 의미에서는 국회의 의결(議決)을 거쳐서 대통령이 서명·공포함으로써 성립하는 법률이라는 이름을 가진 규범을 말한다. 법의 체계에 있어서 법률은 헌법의 하위에 있으며, 명령·규칙의 상위에 있다. 따라서 법률은 헌법에 위반되는 내용을 가질 수 없으며, 헌법에 위반되는 내용을 가진 때에는 위헌법률심사(헌법 제111조)를 거쳐서 그 효력이 부정된다.

### 법률구조제도
법률분야의 사회복지제도. 억울한 피해를 당하고도 법을 모르거나 소송 비용이 없어 적정한 법절차에 따른 권리구제 절차를 밟지 못하는 서민들에게 무료로 법률상담을 해주고, 분쟁이 발생한 경우 적법한 절차에 의해 권리가 보호될 수 있도록 도와주는 제도이다.

### 법률부조사업(legal aid service)
경제적 이유로 법률상의 권리획득이 곤란한 자에 대해 상담이나 소송비용, 보증공탁금, 변호사 수수료, 변호사 사례금 등의 부조를 행하는 사업을 말한다. 1952년 일본에는 재단법인법률부조협회가 발족되어 국고보조금을 기반으로 변호사회, 지방공공단체 등의 협력을 받아 이 사업을 전개하고 있다.

### 법률상담(legal consultation)
법률상의 권리를 지키기 위하여 변호사에 의한 전문적 상담, 자력이 모자라는 사람을 위해 세틀먼트센터 등에서 무료상담이 행해졌는데 오늘날에는 가정재판소, 지방공공단체, 대학, 신문사, 변호사회, YMCA, YWCA, 여성단체, 법률구조공단 등이 일반시민을 위해 무료법률상담을 행하고 있다. 오늘날 변호사가 아닌 자가 보수나 이익을 얻을 목적으로 법률상담을 행하거나 행할 뜻을 표시하는 것은 변호사법에 의해서 금지되어 있다.

### 법률적·제도론적 접근방법 (legalistic — institutional approach)
사회적인 특정현상은 법률적·제도적 특성의 반영이라는 관점에서, 각종 제도 및 법령과 사회현상과의 관계를 연구하는 사회과학의 접근방법을 말한다. 행정학 분야에 있어 법률적·제도론적 접근은 특정 행정현상과 관련된 입법부·행정부·사법부 사이의 관계는 물론 각 부처 간의 관계, 중앙정부와 지방정부사이의 권한과 사무의 배분 등에 관한 관련 법규를 중심으로 이루어지고 있다. 또 정부의 각종 인사제도나 예산제도 등의 관련 법규를 연구하는 것도 법률적·제도론적 접근방법의 하나로 볼 수 있다.

### 법률행위적 행정행위
행정행위라 함은 행정권에 의해 행정법규를 구체적으로 적용, 집행하는 행위를 말한다. 실정법상의 용어가 아니고, 실정법의 이론구성으로서 발달한 학문상의 개념이므로 그 내용은 학자에 따라 여러 가지의 차이가 있으나, 협의로는 행정주체가 법 아래에서 구체적 사실에 관한 법집행으로 행하는 권력적 단독행위인 공법행위(행정주체가 행하는 행위 중 사실행위, 사법행위, 통치행위, 입법행위, 사법행위를 제외)의 뜻으로 쓰여진다. 행정권의 행위는 그 성립. 효력 등에 있어서 사업의 원리와는 다른 공법상의 특수한 법원리가 적용된다. 여기에 행정행위의 개념을 구성하는 의의가 있다. 행정행위는 보통 그 행위의 요소인 정신작용이 효과의사냐 아니냐에 따라 법률 행위적 행정행위와 준법률 행위적 행정행위로 분류되며 전자는 명령적 행위(불명행위·허가·면제)와 형성적 행위(특허·대리·허가)가 있고, 후자에는 확인행위, 공증행위, 통지행위, 수리행위가 있다.

### 법무행정
검찰·행형(行刑)·소년의 보호와 교정(矯正)·갱생보호(更生保護)·사면(赦 免)·인권의 옹호·공증(公證)·송무(訟務)·국적의 이탈과 회복·귀화(歸化)·법령의 해석·출 입국관리 등에 관한 행정을 말한다. 법무부가 행하는 행정으로 법원이 행하는 사법행정 또는 법원행정과 구분된다.

### 법실증주의 (legal positivism, Rechtspositivismus)
법학의 대상을 오직 경험적으로 주어진 법, 즉 실정법에만 국한하여 법을 형식논리적으로 파악하려는 입장을 말한다. 근대법체계가 형성·정비되던 19세기에 확립된 이러한 법실증주의는 자연법론을 부인하려는 동시에 법의 사회학적인 고찰을 배제하고 있다.

### 법외조합
노동조합법에 규정하고 있는 노동조합의 자격 요건을 구비하지 못하여 노동조합 설립신고증을 받지 못한 조합. 헌법이 노동조합에게 단결권·단체교섭권·쟁의권을 보장하고 있는 이상 정당한 쟁의행위에 대해서는 민사상·형사상의 면책을 받을 수 있고 부당노동행위에 대해서는 노동자 개인으로서 구제 신청도 가능하다. 그러나 법외조합의 경우 노동위원회에 의한 노동쟁의 조정이나 부당노동행위의 구제신청 등을 하지 못하는 등 법률상 불이익을 당하기도 한다.

### 법의 지배(rule of law)
권력자의 자의적인 지배를 의미하는 '사람의 지배'에 대비되는 개념으로, 국민은 누구나 일반법원이 적용하는 법 이외에는 지배받지 아니한다는 법지상주의 원칙을 말한다. 법의 지배는 흔히 법치주의와 동일어로 쓰이기도 한다.

## 법인(juridical person/corporation) 01

법인이란 자연인 이외의 법률상 권리의무의 주체가 되는 자를 말한다. 무엇을 법인의 본질로 보느냐에 따라 법인의제설·법인부인설 및 법인실재설 등의 법인이론이 있으나, 법인은 사회적 활동을 하는 단체를 거래의 필요상 독립된 법적 주체로 다루는 법률적 기술이라고 할 수 있다. 법인은 법률 규정에 의해만 성립하는데 법인설립에 관해서는 특허주의·허가주의·준칙주의·자유설립주의 등의 입법주의가 있어 전자에서 후자로 그것을 완화하는 방향으로 흘러왔다. 우리나라에서는 회사에 관해 준칙주의, 비영리법인에 관해는 허가주의를 취하고 있다. 법인의 활동은 그 대표기관(이사 등)에 의해 행해지는데 대표기관이 법인의 목적범위내에서 한 행위의 효력은 법인에 귀속하며(행위능력), 또 그 대표기관이 직무수행상의 행위로 타인에게 손해를 가한 때에는 법인이 배상의 의무를 진다(불법행위능력). 법인은 공법인과 사법인, 영리법인과 비영리법인, 사단법인과 재단법인, 국내법인과 외국법인으로 분류된다. 이 중에서 사단법인은 사람의 집합체인 단체이며 법인으로서 법률상 권리의무의 주체임을 인정받은 사람의 집단이 본체인점에서 재단이 실질상의 주체인 재단법인과 다르다. 사단법인에는 민법 규정에 의한 비영리 법인인 사단법인과 상법규정에 의한 영리법인인 사단법인이 있다. 이에 반해 재단법인은 일정한 목적을 위하여 출연한 재산을 개인의 권리에 귀속시키지 않고 그것을 독립된 것으로 하여 운영하기 위하여 그 재산을 구성요소로 하여 법률상 구성된 법인으로서 사람의 집단을 본체로 하는 사단법인과는 달리 재산을 실질상의 본체로 하는 것이어서 재산이 있는 한 영구히 존속할 수 있으며 영리아닌 사업을 목적으로 하는 것만이 인정된다.

## 법인 02

사람 또는 재산의 결합으로서 권리를 가지고 의무를 질 수 있는 주체다. 이러한 권리, 의무능력이 인정되는 전형은 자연인이지만 자연인에게 이 지위가 인정되는 것은 그가 사회에서 여러 가지 일을 하고 있고 그 때문에 법관계의 주체로서 권리, 의무를 가지게 함에 적합하기 때문이다. 그러나 사회에서 일을 함에는 반드시 육체를 가진 자연인만 한하는 것은 아니다. 일정한 목적을 가지고 모인 사람의 결합단체 사단과 일정한 목적에 바쳐진 재산의 단체 사단도 각각 사회에서 중요한 일을 행하므로 이를 법관계의 주체로 하는 것이 적당하다. 그래서 법은 자연인 외에 이러한 것에도 또 권리·의무를 주어 법인격을 인정한 것이다. 국가, 공공단체, 각종의 회사, 사학 등의 대부분이 법인이다.

## 법인소득

국민소득 분배계정의 참고로 간추려진 항목으로 그 내용은 민간의 법인 기업, 협동조합이 일정기간 내에 벌어서 그 나라의 거주자에 귀속되는 이윤을 세금을 공제하기 전단계에서 합계한 금액이다. 따라서 국민소득 분배계정 안에서 국내 법인기업이 상호 지불하는 배당은 중복계산이 되기 때문에 제외하고, 해외로부터의 배당이나, 지점, 자회사 이윤의 순수 취급을 합한 액수, 다시 말하면 국민소득 분배계정을 구성하는 항목의 하나인 개인재산 소득 중의 국내법인으로부터의 개인배당, 그리고 법인기업으로부터 개인의 이전 법인세, 세외부담, 법인유보의 합계이다.

## 법전

헌법·민법·형법·상법·민사소송법·형사소송법 등 성문법 자체를 헌법전·민법전·형법전 등으로 일컫는 경우가 있고, 또는 그러한 성문법전들을 모아 편찬한 법령집을 법전이라 한다.

## 법정고용률

장애인과 중·고령자 등 장애 또는 고령에 의해 취업상 불이익을 받고 있는 사람들의 고용을 촉진하기 위하여 법률로서 일정배율 이상을 할당고용(quota system)하게 하는 것을 말한다. 우리나라의 경우 국가유공자예우에 관한 법률(91. 12. 27. 개정)은 5 − 8% 법정 고용률을, 장애인 고용촉진법(90. 9. 1. 제정)은 상시근로자 3백인 이상 사업장의 경우 2% 법정 고용률을, 고령자고용촉진법(91. 12. 31.)은 상시근로자 3백인 이상 사업장의 경우 3%의 법정 고용률을 규정하였다. 장애인의 경우 일본 1.6%, 프랑스 6%, 독일 6%, 영국 3%의 법정 고용률을 규정하고 있다. 우리나라는 2003년까지는 300인 이상 사업장이 의무고용사업장에 속했으나 2004년부터 50인 이상으로 대폭 강화되었다. 대신 장애인을 의무적으로 고용해야 하는 50인 이상 300인 미만 사업체는 당분간 의무고용비율을 지키지 못했을 경우 부담금 납부의무가 없다. 단 의무고용 인원에 미달할 경우 매년 장애인 고용계획서를 제출해야 한다. 장애인 의무고용률 2%를 지키지 못할 경우 부담금은 2006년 200명 이상, 2007년 100명 이상 사업장으로 단계적으로 확대 적용된다. 100인 미만 사업체는 부담금을 내지 않아도 된다. 한편 국가 및 지방자치단체는 소속 공무원의 2% 이상을 장애인으로 고용하도록 의무화하고 있다.

## 법정급여

사회보험의 각 법에 있어서 보험자가 행할 급여로서 법률에 의해 정해진 급여를 말한다. 이에 대해 보험자가 자주적으로 행하는 급여를 임의급여(부가급여)라고 한다. 가령 일본에서는 국민건강보험에 있어서 요양급여, 고액요양비의 지급, 조산비의 지급, 장제비의 지급 등은 법정급여이며 상병수당금은 임의급여이다. 우리나라의 건강보험에서는 임의급여제도를 부가급여라고 하여 보험급여 이외에 대통령이 정하는 기준에 따라 조합의 정관으로 정하는 장제비 기타의 급여를 할 수 있도록 규정하고 있다.

## 법정대리인

위임을 받지 않고도 직접 법률의 규정에 의해 대리권의 효력이 발생하는 자(친권자, 후견인)를 말하며, 법정대리인이 선정되는 방법에는 다음의 3가지 경우가 있다. ①일정한 지위에 있는 자가 당연히 법정대리인이 되는 경우, ②본인 외의 타인의 지정에 의하는 경우, ③법원이 선임하는 경우. 상법은 법정대리인이 미성년자, 한정치산자금치산자를 위하 여 영업을 하는 경우에는 반드시 상업등기부에 등기를 하여야 하며(제 8조 ①항), 법정대리인이 이들을 대리하여 영업을 하는 때에는 그 대리권에 대한 제한은 선의의 제3자에게 대항하지 못하도록 규정하고 있다(제 8조②항).

## 법정전염병

콜레라, 이질, 장티프스, 발진, 선홍열, 디프테리아, 유행성뇌척수막염, 페스트, 일본뇌염, 파라디프스, 천연두의 11종을 말한다. 전염력 및 그 중증도에 따라서는 긴급대책이 필요하다. 전염병 예방법에 의해 감염원 대책이나 전염경로대책을 강구하고 있다. 감염원 대책은 예방접종으로 행해진다.

## 법정혈족

법정혈족이란 친자라고 하는 자연의 혈통의 연결이 없음에도 불구하고 친자라고 하는 혈통이 이어져 있다고 법적으로 의제되어, 이것을 통해 기타의 친족관계를 가지게 되는 자를 말한다. 가령 양자를 한 경우에는 3대의 방계혈족이라는 혈통의 연결이 있으나 새로이 친자 등의 혈연이 의제되어 이 경우에도 포함된다. 전처의 출생자와 계모 등 또는 혼인 외의 출생자와 부의 배우자 등 사이에는 자연의 혈연이 없음에도 불구하고 친자라고 하는 혈통이 이어져 있는 것으로 법적으로 의제되어 이 경우도 포함된다.

## 법치국가

경찰국가(Polizeistaat)에 대립하는 말이다. 절대군주가 마음대로 행정을 하던 경찰국가에 대해, 행정은 미리 정립된 법률에 의해서만 시행되어야 한다는 법치주의 원칙에 의거하는 국가이다. 그러나 이 개념은 독일에서 발생하였기 때문에 그 내용에는 독일적인 특유한 문제점이 있다. 법치국가라는 말을 처음으로 사용한 것은 R. von 몰로서, 1829년의 저서에서 이 문제를 논하였다. 법치국가의 본질이 행정은 의회가 정립한 법률에 의해야만 한다는 원칙에 있는 이상 이것이 프랑스혁명의 영향 아래 있던 그 시대의 독일에서 발생하였다는 것은 자연스러운 일이다. 1864년 O. 베르는 〈법치국가〉라는 저서에서 행정이

법률에 적합한지의 여부를 사법재판소에서 재판을 하는 것이 법치국가의 본질이라고 논하였다. 그런데 이에 대해 베트와 그나이스트는 역시 〈법치국가〉(1872)라는 저서에서 행정은 사법재판소와는 별도의 행정재판소에서 재판되어야 한다고 주장하였다. 이러한 사고방식은 이론적으로나 제도적으로도 그 후 독일에서 지배적인 것이 되었다. 근대국가는 대개가 법치국가의 형태를 취하고 있다. 그러나 법치국가가 반드시 자유주의적 국가라는 보장은 없다. 법의 내용 여하에 따라서는 단순히 법치주의의 요구를 채우는 것에 지나지 않는 것도 있다. 특히 현대에서는 법의 이데올로기적 성격이 갖가지 비판을 받고 있는 시대인 만큼 실질적인 법치국가란 과연 무엇인가 하는 문제가 제기될 수 있다.

## 법치주의

국가권력으로부터 국민의 자유와 권리를 보장하기 위해, 국가가 국민의 자유와 권리를 제한하든가 국민에게 새로운 의무를 부과하려 할 때는 반드시 국회가 제정한 법률에 의해야 한다는 원칙을 말한다. 고전적 의미에서는 법률에 의한 지배만을 뜻했으나, 오늘날에는 헌법에 규정된 기본권의 제한은 법률로써만 할 수 있다는 원칙과, 권력분립의 원칙, 포괄적 위임입법의 금지, 법원에 의한 행정행위 및 처분의 심사 등 다양한 뜻으로 이해되고 있다.

## 법칙(law)

인간에 대해 명령의 의미를 가지는 일반적인 규정 그리고 사물 사이에 일반적으로 성립하는 필연적인 관계 및 그것들을 말로 표현하는 명제를 말한다. 전자는 규범적 법칙이며, 후자는 사실의 법칙이다. ①규범적 법칙으로는 사고의 법칙, 도덕 법칙이 있다. law, Gesetz 등이 법률의 의미를 겸하는 것과 같이 법률의 규정, 관습이나 전통에 의해 정해져 있는 규범, 신의 의지를 나타내는 것이라고 하는 종교적인 규정도 규범적 법칙이다. ②사실 또는 존재의 법칙세계(자연과 사회)에서의 사실 사이에 성립하는 필연적 관계이며, 동종의 사실에서 반복되는 일반성을 가지고 있는 것을 말한다. 그와 같은 관계를 보여주는 현상은 우연적 사정을 수반하는 일이 많은데, 그와 같은 현상의 본질적 내용이 법칙이다. 법칙의 토대를 이루는 것은 인과관계이며, 법칙은 주로 인과법칙이다. 인과관계를 확정하기 위해서는 귀납법, 가설, 연역, 실험, 검증 등의 논리적인 절차가 필요하다. 모든 법칙은 인과관계를 토대로 하는 것인데, 가령 생체의 법칙, 사회의 법칙은 갖가지 인과관계가 일정한 조건 내지 구조에 의해 결합되고 서로 작용함으로써 성립하는 것이므로, 그 같은 조건이나 구조를 무시해서 단순한 인간관계에 환원시켜 버릴 수는 없다. 생물과 진화의 법칙이나 역사법칙 등도 그러하다. 법칙은 그 적용 범위의 광협에 의해 보편적 법칙과 특수법칙으로 구별할 수 있지만, 이 구별도 상대적인 것이다. ③

필연적 관계를 확정할 수 없는 확률적인 법칙도 있다. ④ 법칙과 규칙의 구별에 관해서는, → 규칙. 법칙의 관념은 그리스어 노모스, 라틴어 Lex에서 나온 것인데, 고대에는 주로 규범적인 의미를 가지는 말이었다. 그리고 자연적인 질서도 신적 이성에 근거하는 것으로 믿어지고, 규범과 존재의 질서와는 구별되지 않았다. 가령 스토아학파의 세계에는 신적인 세계법칙(로고스)에 의해 합목적적인 질서가 주어져 있다고 생각했는데, 이 법칙은 동시에 규범적 의미도 갖고 있었다. 중세에 있어서도 자연계의 질서는 신의 의지에 근거한다는 생각이 지배적이었다. 신을 자연계의 입법자와 같이 생각하는 사살은 근세에 이르러서도 잔존했는데, 케플러나 코페르니쿠스에 의해 준비되고, 갈릴레이, 뉴튼에 의해 자연과학이 확립되는 과정에서 존재의 법칙의 개념으로부터 규범적 의미는 소실했다. 자연과학에 이어서 사회과학이 성립하고 발전함으로써 사회 현상의 법칙이라는 개념이 정착했다. 존재의 법칙을 인식론적으로 어떻게 파악하느냐는 각각의 철학적 입장에 따라 달라지지만 이것을 현실 속에서 성립하는 객관적인 법칙으로 믿는 유물론적 견해 어떤 방식으로 주관에 의해 경험적 소여로서 주어지는 것으로 생각하는 관념론적 견해로 대별할 수 있다.

### 베드타운(bed town)

주택도시. 주로 근로자가 사는 주택단지를 중심으로 형성된 소도시를 말한다. 오늘날 대도시의 도시기능은 구조적으로 도심에는 중추관리기 능·업무기능·상업기능, 도시의 외연부에는 거주기능으로 분화되어 가며 대도시의 외연부는 왕성한 주택수요에 의해 대규모의 주택 단지가 건설되고 순수한 주택도시의 색채를 띠게 된다. 대규모의 주택단지 자체를 베드타운이라고도 한다.

### 베버리지(Beveridge M. William)

영국의 경제학자이며, 1091년 옥스퍼드 대학을 졸업했다. 실업문제에 관심을 가지고 웹의 소개로 상무성에 들어가 처칠을 알게 되었다. 양차 대전 사이에는 대학으로 돌아가 런던대학 경제대학원(LSE)의 학장을 맡았으나 2차 대전과 함께 관계로 복귀하여 1941년 노동성 차관이 되었다. 동년 사회보험과 관련 서비스에 관한 위원회의 의장으로 임명되어 이듬해 자신의 책임 하에 이른바 베버리지보고서를 발표함으로써 영국 사회보장의 설계자가 되었다. 만년에는 상원의원으로 선출되었다.

### 베버리지보고서(Beveridge report)

1942년 윌리암스 베버리지의 이름으로 영국정부에 제출된 사회보험과 관련서비스라는 제목의 보고서이다. 이것은 전후 재건구상의 하나인 사회보장계획을 제안한 것이다. 균일액 저생활 비급여, 균일액의 보편화, 행정의 일원화 등 여섯 개의 기본원칙에 입각한 사회보험을 중심으로

국민부조와 임의보험이 이를 보충하는 체계로 구상되었다. 그 전제조건으로 아동수당, 포괄적 보건서비스, 채용 유지에 관한 제안도 포함되어 있다. 전후 영국의 사회보장의 확립은 이 보고서의 구상에 따라 시행되었다. 베버리지보고서는 역사적으로는 아직 명조나 이념에만 머물고 있던 사회보장에 구체적 내용을 부여했다는 점에서 사회보장사상에 획기적 의의를 가지며 다른 나라에서도 큰 반향을 불러일으켰다. 그러나 그 뒤 균일급여, 균일거출의 원칙은 고도경제성장기에 들어오면서 조정이 불가피하게 되었다.

### 베이비부머

2차대전이 끝난 46년 이후 65년 사이에 출생한 사람들. 2억6천여만명의 미국 인구중 29%를 차지하는 미국 사회의 신주도 계층 이다. 2차 세계대전 기간 동안 떨어져있던 부부들이 전쟁이 끝나자 다시 만나고 미뤄졌던 결혼도 한꺼번에 이뤄진 덕분에 생겨난 이들 베이비붐 세대는 이전 세대와는 달리 성해방과 반전(反戰)운동, 히피 문화, 록음악 등 다양한 사회·문화운동을 주도해 왔다. 히피문화는 베이비붐세대가 앓았던 전형적인 질병중의 하나였다. 현 재 빌 클린턴(52) 대통령과 앨 고어(50) 부통령을 비롯한 영화감독 스티븐 스필버그(51) 등 베이비붐 세대의 연장자 그룹이 이미 미국내 정치 사회 문화 등에 영향력을 가진 인물로 등장했고 빌 게이츠(43) 등 40대들이 다음 주자로 떠오르고 있다.

### 베이비시터(baby sitter)

일반 탁아소와는 달리 사적인 계약에 의한 유아 탁아소로서 산휴가 끝난 유아로부터 생후 5 — 6개월 미만의 아기를 맡는 곳으로 규모는 자택을 사용하여 2 — 3명의 아기를 맡은 곳으로부터 탁아소와 같이 시설을 갖추고 전임을 배치하여 두는 곳도 있다. 미국, 일본 등지에서는 베이비홈 혹은 가정보육실로 운영되고 있으나 한국에는 아직 공식적인 기관은 없다.

### 벤치마킹(benchmarking) 01

최고의 성과에 이른 다른 조직체의 관행 또는 경험을 본받아 혁신을 추진하는 것을 말한다. 벤치마크는 유사하다른 사물들을 비교할 수 있도록 상세하게 규정된 어 떤 기준(standard)을 의미하며, 벤치마크 지위(benchmark position)는 다른 지위를 평가하는데 사용될 수 있는 준거(frame of reference)지위를 말한다.

### 벤치마킹 02

자기 분야에서 가장 우수한 성과를 내고 있는 최고 회사를 모델로 삼아 그들의 독특한 비법을 배우면서 자기 혁신을 꾀하는 것으로 넓은 의미에서는 리엔지니어링의 개념에 포함시키기도 하지만 독립된 한 분야이다. 시초는 일본 기

업에 밀려 고사 상태에 놓여있던 미국의 제록스 社가 경쟁
업체인 일본 기업의 경영 노하우(know – how)를 캐기위
해 직접 일본에 건너가 조사 활동을 벌인 뒤 조사 결과를
경영 전반에 활용 다시 경쟁력을 회복하면서 부터이다. 벤
치마킹은 단순히 최고 수준의 경쟁 회사를 찾아가 배우는
것이 아니라 회사 내 또는 異업종에서도 찾을 수 있을만큼
응용 범위가 무궁무진하다. 게다가 상대와 비교할 수 있는
계기가 되기 때문에 우리의 수준을 정확히 측정할 수 있어
극복해야할 문제점이 극명하게 드러나고 따라서 혁신의
필요성에 대한 조직원들의 공감을 쉽게 끌어낼 수 있는 장
점을 지니고 있다.

## 변동금리 적용(The Fluctuating Interest Rate)
사학연금의 경우, 생활자금 대여에 있어서 매년 12월 익
년도 대여이자율을 시중은행 금리를 감안하여 조정하고
있으며 변동이 있을 경우에는 신규대여는 물론 기존 대여
도 이자율이 자동적으로 변동됨을 말한다.

## 변동소득
소득 가운데 월급과 같이 고정적인 소득을 항상소득이라
하고, 이와는 달리 해마다 소득금액이다른 농·어업소
득, 작곡료, 원고료, 강연료 등을 변동소득이라 한다. 일
본의 경우 이러한 변동소득이 총소득 중 일정 비율 이상
을 점할 때는 과세상의 우대조치가 적용되어 세금을 덜
물게된다. 그러나 우리나라에서는 이중 창작소득 즉 문
예, 학술, 미술, 음악 또는 사진 등 창작품에 대해 원작자
가 받는 소득(원고료, 인세)만을 과세표준에서 공제할 뿐
이다.

## 변론
소송에서 소송당사자들이 소송에 관련된 사실이나 증거
에 관해 말로써 자신의 의견을 표현하는 것을 변론이라고
하는데 형사소송에서는 검사의 논고나 피고인의 최후진
술도 변론에 속한다. 변론은 법관이 관장하는 공개된 법
정에서 이루어져야 하며 변론을 하는 날에 결석할 경우
소장이나 준비서면의 내용으로 변론을 대신한다.

## 변리사
특허·실용신안·의장·상표에 관해 특허청 또는 법원
에 하여야 할 사항의 대리 및 그 사항에 관한 감정, 기타
의 사무를 담당하는 사람. 만 20세 이상의 국민으로서 ①
변리사 시험에 합격하여 1년 이상 실무수습 을 마치고 전
형에 합격한 사람이나 ②변호사 자격을 보유하거나 특허
청 에서 5급 이상의 공무원으로 5년 이상 심판 및 심사사
무에 종사한 사람으로서 변리사 등부에 등록을 했을 때
자격이 주어진다. 변리사가 변리사법 또는 변리사회칙에
위반되는 행위를 했을 때는 상공부장관이 변리 사징계위
원회의 의결에 의해 징계할 수 있다.

## 변별학습(discriminative learning)
몇 가지의 대안 중에서 적절한 것을 선택하는 학습을 말
한다. 동물실험의 경우 먹이가 있는 곳으로 가기 위해서
는 우회전을 하고 물이 있는 곳으로 가기 위해서는 좌회
전을 하는 행동을 정확하게 하는 것 등이 변별학습의 예
이다.

## 변수(variable)
연구조사에서 관심의 대상이 되는 성격 또는 속성(attribute)
을 말한다. 관찰이나 연구의 목적에 따라 변수는 하나일 수
도 있고 여러 개일 수도 있다.

## 변액보험(variable insurance)
다수의 보험계약자가 납입하는 보험료 중 저축보험료를
따로 분리하여 주식이나 국채, 공채, 사채 등 주로 수익성
이 높은 유가증권에 투자하여 그 투자수익을 보험계약자
의 환급금(해약환급금 또는 만기환급금)에 반영하는 한
편, 투자수익의 성과에 따라 보험금지급사유 발생시에 지
급되는 보험금액이 변동되는 보험을 말한다. 변액보험의
특징으로는 자산운용에 따른 Risk를 보험계약자가 부담
하는 점과, 자산은 특별계정을 설정하여 별도로 운영하는
점을 들 수 있으며 변액보험의 종류로는 기존 종신보험과
양로보험을 각각 변형시킨 변액종신보험과 변액양로보
험이 있다.

## 변액보험료
생명 보험은 갱신을 조건으로 하는 1년 정기단체보험
료를 제외하고는 일반적으로 평준보험료를 의미한다. 즉
매년 균등한 보험료를 전체 납입 기간에 납입하는 것이
상례로 되어 있다. 그러나 어떤 경우에는 보험료 납입기
간의 매년 또는 일정기간마다 보험료가 변하는 경우가 있
다. 이러한 보험료를 변액보험료라 한다.

## 변인(variable)
연구의 대상이 되고 있는 일련의 개체. 어떤 속성에 있어
서 서로 구별될 수 있는 개체의 속성. 여기에서 개체라 함
은 연구의 관심이 되는 분석의 단위를 말한다. 이때에 분
석의 단위는 한 학교 또는 지역사회를 구성하고 있는 개
개인이 될 수도 있고, 또는 특수한 경우에는 한 학교, 또
는 지역사회가 분석단위의 한 개체를 이루는 경우가 있
다. 변인은 그 특성에 따라 여러 가지로 분류될 수 있다.
가령 양화할 수 있느냐의 여부에 따라 질적 변인과 양적
변인으로 구분되고, 또 양적 변인은 주어진 범위 내에 어
떤 특정한 값만 같게 되느냐, 또는 그렇지 않느냐에 따라
비연속적 변인과 연속적 변인으로 구분된다. 또 그 측정
의 수준에 따라 명명변인 서열변인·등간변인 및 비율변
인으로 구분되기도 한다. 연구와 관련하여 연구자가 임의
적으로 조작하는 변인을 독립변인 그리고 이 독립변인에

영향을 받는다고 생각되는 연구자의 관심의 변인은 종속변인이라고도 부른다. 실험연구가 아닌 기술연구에 있어서는 독립변인 대신에 예언변인, 종속변인 대신에 기준변인이라고도 부른다. 변수가 개체에 대한 '수(數)'의 개념이라면 변인은 '질(質)'의 개념이다.

## 변제

채무자나 채무의 의무가 있는 사람이 채권자나 그 대리인 등에게 빚을 갚아 채무를 없애는 것을 변제라고 한다. 변제는 계약 조건에 따라 행하는데 보통 정해진 날 안에 양쪽이 합의한 장소에서 하고 그에 따른 비용이 들 경우 채무자가 부담하는 것이 보통이다.

## 변증법(dialectic)

그리스어 dialektike techne에서 나온 말로서, 원래는 대화·문답의 기술을 의미했다. 엘레아의 제논이 문답 기술의 개조로 알려지고 있는데, 특히 소크라테스가 유명하였다(→ 문답법). 그의 제자 플라톤은 논의의 대상이 되는 사항의 다양한 경우를 하나의 정의로 종합하거나, 여러 종류로 분할하거나 하여 그 사실의 본질 즉 이데아에 도달하는 방법을 변증법이라고 불렀다. 아리스토텔레스는 많은 사람의 동의를 얻을 수 있는 명제를 전제로 하는 추리를 변증법이라고 하였고 참다운 명제로부터 출발하는 학문적 논증과 구별했다. 중세에서는 변증법은 논리학과 거의 같은 뜻으로 사용되었다. 이 밖에 고대로부터, 미세하며 교묘한 무용지물과 같은 논의를 비난하는 뜻으로 변증법이라고 부르는 경우가 있었는데, 칸트는 그것을 계승하여 착각적인 공허한 추론을 변증법이라 이름붙이다. 변증법을 〈가상의 논리〉라고 했다. 그리고 순수이성이 경험의 범위를 넘어서 순수이성의 여러 원리를 형이상학적 문제에 적용하는 경우에 생기는 착오(선험적 가상)에 대한 비판을 그의 선험적 논리학의 제2부의 〈선험적 변증론〉의 과제로 삼았다. 헤겔은 칸트가 지적한 이성이 지니는 자기모순에 적극적인 의의를 인정하고 일반적으로 유한한 것은 자기 자신 속에서 자기와 모순되고 그것에 의해서 자기를 지양하고 반대물로 이행하는 것을 주장했다. 이것이 그의 변증법이며, 이것을 〈현실세계의 일체의 운동, 일체의 생명, 일체의 갈등의 원리〉로 보았다. 그의 체계는 이 입장에서 자연·역사·정신의 전 세계가 부단한 운동·변화·발전 속에 있다는 것을 보여주고, 그들 운동·변화·발전의 내적인 연관을 분명히 밝힐 것을 시도했는데, 그것은 이데(idea)의 자기 발전이라는 관념론적, 신비적인 형태로 전개되었다. ②유물변증법. 맑스, 엥겔스는 헤겔 변증법이 전면적이고 내용이 풍부한 심오한 발전학설이라는 것을 인정하고, 그의 관념론적 외피를 버리고, 유물론의 입장에서 그것의 〈합리적 핵심〉을 강조하고, 변증법을 〈자연, 인간 사회 및 사고의 일반적인 운동 법칙과 발전 법칙에 관한 과학〉으로서

확립했다. 이 과학으로서의 변증법은 물론 유물론의 입장에서는, 현실의 세계의 변증법적인 운동·발전 법칙의 의식에 있어서의 반영이다. 따라서 변증법이라는 말은 이 두 가지 뜻을 사용되고 있다. 맑스주의의 유물변증법은 과학의 진보, 사회의 발전에 의해 발전된 동시에, 또 발전 중에 있지만, 그 원초는 엥겔스에 의하면, 고대에서는 그리스의 초기 철학자(특히 헤라클레이토스 등)나 아리스토텔레스, 근세에서는 데카르트, 스피노자, 디드로 등에서도 찾아볼 수 있다. 변증법은 형이상학적 사고방법과 같이, 세계를 완성된 고정적 사물의 복합체로 보지 않고, 제 과정의 복합체로서 파악한다. 더욱이 세계 속에서 끊임없이 생성하고 소멸하고 발전하는 일체의 사물은 각각 주위의 사물과 연관되고 서로 영향을 주는데, 사물 발전의 근본원인은 사물의 내부에 있어서, 다른 사물과의 연관이나 상호의 영향은 사물 발전의 제2차적 원인(조건)에 지나지 않는 것이라고 생각한다. 그리고 사물의 발전의 내부적 원인으로 인정되는 것은 일체의 사물의 발전 속에서 더욱이 각 과정에서 처음부터 끝까지 존재하는 서로 모순되고 서로 배제하는 대립적인 제 측면의 투쟁이다. 이것이 변증법의 가장 기본적인 법칙이다. 서로 모순되는 제 측면은 서로 의존하여 통일을 이루고 있는데, 그것들의 투쟁이 최고점에 달하면, 통일이 깨어지고 사물은 자기 자신의 대립물로 전화되고 새로운 사물의 과정이 생기고 다시 그것에 내재하는 모순의 투쟁이 생긴다. 대립물의 통일은 조건적, 상대적, 일시적이고 그것들의 투쟁은 무조건적, 절대적으로서, 운동·발전은 영원히 계속된다. 이것이 발전의 변증법적인 해석이며, 이것에 의해, 자기운동, 양의 질로의 전화, 비약, 낡은 것의 소멸과 새로운 것의 발생, 직선적이 아니고 나선적으로 행해지는 발전(→ 부정의 부정) 등이 이해된다. 사물을 이와 같은 발전 과정으로써 파악하기 위해서는, 또 상기 외에 많은 법칙을 필요로 하는데, 그것들이 변증법의 카테고리이다. 그것들을 정확히 규정해 나가는 것이 오늘날의 변증법적 논리학의 중요 과제이다.

## 변증법적 유물론(dialectical materialism)

맑스주의의 철학 학설로서 맑스와 엥겔스가 창시한 공산주의의 세계관이다. 이 학설이 마르크에 의해 처음으로 형성된 것은 19세기의 40년대 중기이며, 그의 직접적인 발판이 된 것은 포이에르바하와 헤겔이었다. 포이에르바하의 유물론은 8세기의 프랑스 유물론을 계승하여 종교 및 신학과 싸우면서 관념론의 가장 완성된 형태로서의 헤겔 철학을 비판하여, 유물론의 입장을 분명히 했다. 그러나 그의 유물론은 아직 기계적(역학적)인 것으로서, 당시의 자연과학의 성과(특히 에너지 전화의 법칙, 세포설, 생물진화론)를 고려하지 않고 자연에 관한 연관이나 발전의 의의를 결여하고 있었다. 따라서 그것은 인간을 고찰할 때에도 영원불변의 〈인간적 본질〉에 시종하고 인간의

사회적인 연관이나 역사적인 발전을 보지 않고 관념론에 빠지고 있었다. 헤겔은 변증법은 칸트 이후의 독일 관념론을 계승하고, 사물(자연과 역사)의 연관 및 발전의 법칙을 포괄적으로 서술하려고 한 최초의 시도였지만, 어디까지나 개념 또는 이데의 변증법이었으며, 현실 세계의 과정은 이 세계 창조 이전의 절대자(이데)의 모사로 간주되고 있었다. 〈헤겔에 있어서는, 그가 이데의 이름 아래 독립적인 주체로까지 전화시키고 있는 사고 과정이 현실적인 것의 조물주이고…, 나에게 있어서는 그와 반대로, 관념적인 것은, 인간의 두뇌로 치환되고 번역된 물질적인 것에 지나지 않는다〉(맑스). 이리하여 맑스, 엥겔스는 포이에르바하의 유물론의 형이상학적(비변증법적)인 성격과 헤겔의 변증법의 관념적인 형태를 근본적으로 비판하여, 유물론의 최고 형태로서의 변증법적 유물론을 수립했다. 이에 의하면 세계의 본질은 스스로 운동하고 발전하는 물질이다. 의식(사고)은 그 하나의 발전 단계로서의 특정한 유기적 물질(뇌수)의 소산이며, 인식이란 인간의 실천을 통해 얻어진 물질의 모사의 과정에 지나지 않는다. 세계는 이 인식 활동도 포함하여 서로 연관하는 모든 과정의 통일이며 모순을 내포하고 질적인 비약을 포함하여, 저차의 것으로부터 고차의 것으로 향해 나아가는 무한한 발전 과정이다(→ 변증법). 변증법적 유물론은 인간 사회에 적용되어 사적 유물론으로서 전개되었다.

### 변형근로시간제 01
〈탄력적 근로시간제〉를 의미한다. 기준근로시간을 탄력화해 기업의 경영 여건·수주량 변화·업무량 변동 등에 대처, 근로시간의 연장·단축 및 휴일 증가를 가능케 하는 제도이다. 통상 초과근로시간에 대해선 연장 근로수당을 지급하지 않는다.

### 변형시간근로제 02
근로자의 근무시간을 바쁠 때는 법정시간 이상으로 늘리고 한가할 때는 이하로 줄이는 등 탄력적으로 운용하되 전체근로시간이 법정기준을 충족할 경우 초과 근로수당 등을 면제토록 하는 근로제도. 업종과 회사에 따라 업무가 밀릴 때와 한가한 때가 있으므로 이와 같은 여건에 따라 근무시간을 탄력적으로 운용, 효율성을 높이자는게 이 제도의 취지.

### 변화매개체계(change agent system)
사회사업의 네 가지 기본적인 체계들 중의 하나로 클라이언트에 대한 계획적 변화를 목적으로 특수하게 고용된 '돕는 사람' 의 체계이다. 사회사업가는 다양한 종류의 사람들과 일을 하는데 있어서 그의 목적과 관계가 어떤 것이여야 하는지를 결정해야 한다. 사회사업가는 그의 변화 노력으로 혜택을 받을 사람이 누구이며, 변화를 위해 일할 수 있는 권한을 누가 부여했으며, 변화의 영향을 필요로 하는 사람은 누구이며, 변화노력에서 여러 다른 목표들을 달성하기 위해 누구와 함께 일을 해야 하는가를 분명히 해야 한다. 이러한 결정과정에서 사회사업가는 변화매개인이 되며 그가 속한 기관은 변화매개체계가 된다. 또 클라이언트의 변화에 영향을 줄 수 있는 기타의 이윤추구 기관들도 변화매개체계라 볼 수 있다. 이밖에 사회사업활동과 관련된 체계들로는 클라이언트체계, 표적체계, 행동체계 등이 있다.

### 별정직 공무원
일반직 공무원과는 다른 절차와 방법에 의해 임용되고, 일반직 공무원의 계급에 상당하는 보수를 받는 공무원으로서 다른 법령이나 조례에 별정직으로 지정하는 특수경력직 공무원의 한 종류를 말한다. 즉 국회수석전문위원, 감사원 사무차장 및 서울특별 시·광역시·도선거관리위원회의 상임위원, 국가안전기획부의 기획조정실장, 각급 노동위원회 상임위원, 해난심판원의 원장 및 심판관, 차관급 이하의 비서관·비서 등 관리관급 이하의 특정 업무를 담당하는 공무원을 말한다.

### 병목 인플레이션
생산수요의 일부가 부족함으로써 생산능력속도가 수요의 증가속도를 따라가지 못해 나타나는 물가상승현상을 말한다. 장기적으로 자원제약문제, 환경보전문제 등이 제기되면 1차 상품이나 토지 등에, 또는 장기간의 설비투자 부진으로 인한 공장, 기계 등의 생산설비등에 병목현상이 발생 하여 물가상승 → 긴축정책 → 불황 → 투자부진의 악순환이 일어날 수 있다.

### 병상규칙
일정지역의 병원병상수를 법률 등으로 규제하는 것을 말한다. 시·도지사가 각 시·도는 소수 지역의료계획을 정하도록 되어 있고 의료법에서 이에 따라 해당 지역은 모두 병상의 규제를 받고 있지만, 개인 병원에 대해서는 권고라는 형태로 되어 있다.

### 병상이용률
병상이용률은 병원운영의 합리화를 측정하는 기본적인 지표로서 병원 당 재원 환자이용률을 의미하며 〈병원 1일 평균 재원환자수 ÷ 병상수 100〉으로 산출하였다. 여기서 병원이라 함은 종합병원, 병원, 치과병원, 한방병원, 결핵, 정신, 나병원을 말하고 또 병원을 소유주체별인 국립, 공립, 사립(법인 및 개인)과 병동별인 일반, 전염, 결핵, 정신병원으로 구분하여 지표를 작성한다.

### 병아보육(care for sick children at the nursery)
보육시설에 들어가 있는 아동이 질병에 걸렸을 경우 쉽게 하지 않고 통원시키면서 하는 보육으로 가정에서의 경제적 이유 등에 따라 가족이 보육할 수 없는 경우 보육소 내에서 돌볼 수 있도록 하는 곳도 있다. 그러나 보육소에 교사나 간호사, 양호실은 있으나 진단 치료를 위한 의사가 확보되어 있지 않고 아동심리가 불안정하다는 문제점이 지적되고 있다.

## 병약노인

노인성 질환이나 심신장애, 기능저하로 건강한 일상생활을 할 수 없는 노인을 말한다. 병이 들고 허약한 노인은 정상적인 사회활동을 유지하기 어렵고 방에 누워있는 시간이 많으므로 삶에 대한 보람을 상실하기 쉬우며 우울증 또는 치매증에도 빠지기 쉽다. 이들을 위해서는 질병치료와 아울러 상담, 간호, 자원봉사자 방문, 급식, 가사 서비스, 주간보호소(day care center) 등 각자 환경에 알맞은 서비스를 제공함이 좋다. 인구의 고령화로 병약노인 수도 계속 증가될 것이 예상되므로 건강하지 못한 노인이 일상생활에 잘 적응해 나갈 수 있는 알맞은 가정환경과 지역사회서비스를 조성하는 것이 필요하다.

## 병원수익채권

지방정부, 의료기관 등에 의해 발행되며 병원수익에 의해 지급이 보증되는 비과세 채권을 말한다. 이 채권 발행으로 조달된 자금에 의해 구입되는 설비는 병원에 대여되거나 판매된다. 병원이 조세부과력을 갖 지 못하므로 이 채권은 일반적인 정부채나 상하수도채에 비해 위험이 크다.

## 병행치료(concurrent treatment)

가족치료(family treatment) 형태의 하나로서 1인의 사회사업가가 가족집단을 합동면접하고 병행해 가족원의 개인에 대해서도 면접을 행하는 것이다. 이 형태는 수회에 걸친 초기면접에서 가족문제에 대한 진단에 따라 가족구성원의 클라이언트를 별도로 면접하고 다른 시간에 가족을 면접하는 경우와 처음부터 클라이언트가 입원하였거나 분리되어 있어서 자연적으로 병행면접이 되는 경우가 있다. 이러한 형태를 취하는 것은 개인의 정신세계의 문제에 대해 깊은 내성(introspection)이 필요한 경우나 클라이언트가 가지고 있는 감정이나 생각의 표현에 비밀을 보장해 주어야 할 때 유효하다. 가족원 중의 클라이언트의 치료를 위해서 가족의 원조를 얻을 최상의 방법을 결정하거나 클라이언트의 진보를 방해하지 않기 위하여 취하는 방법이며, 클라이언트를 질병의 단위로 보고 가족성원을 건강단위로 보는 것이다. 사회사업가와 클라이언트가 직접 깊은 면접을 할 수 있기 때문에 클라이언트가 잘못 이해하는 것을 예방할 수 있으나 치료의 이중성에 대한 배려가 요구된다.

## 보강증거

어떤 주장이나 사실이 옳다는 것을 입증하기 위한 다른 성질의 증거를 보강증거라고 하는데 주로 범인의 자백이 유일한 증거일 때 요구된다. 피고인이 범인이라는 것을 확신할지라도 법관은 보강증거가 없는 자백만으로는 유죄를 선고할 수 없다.

## 보건복지가족부(Ministry of Health and Welfare) 01

한국의 사회복지 업무는 1948년 정부수립과 함께 사회부(보건국·후생국·노동국·주택국·부녀국)가 신설되면서 시작되었다. 1949년에 보건부를 신설했고 1955년에 보건부와 사회부를 통합해 보건사회부로 개편했으며, 1994년 12월 정부조직법 개정에 따라 보건복지가족부로 명칭이 변경되었다. 조직은 장관, 차관 아래 2실(기획관리실·사회복지정책실), 3국(보건 정책국·보건 증진국·연금 보험국), 8관(공보관·감사관·한방 정책관·비상계획관·기초생활심의관·가정복지심의관·장애인보건복지심의관)으로 구성되고, 하부조직으로 9담당관과 24과가 있다. 소속기관으로는 국립의료원, 국립보건원, 국립정신병원(5), 국립소록도병원, 국립재활원, 국립결핵병원(2), 망향의 동산 관리소, 국립검역소(13), 식품의약품안전청 등이 있으며, 25개 위원회를 두고 있다. 주요기능으로 국가의 보건·식품·의학 정책, 약학정책, 사회복지, 공적부조, 건강보험, 국민연금, 가정복지에 관한 업무를 관장하며 종합적이고 체계적인 정책을 개발·수립하여 국민의 '삶의 질'의 향상을 도모한다. 경기도 과천시 정부과천청사 안에 있다. 이명박정부 출범이후 보건복지가족부로 개칭되었다.

## 보건복지가족부 02

한국의 중앙행정기관 중의 하나로서 1921년에 사회과가 창설된 이래 보건후생국(1945, 군정법령 제18호), 보건후생부(1946, 법률 제1호), 보건부(1949, 법률 제22호)를 거쳐 1955년에 보건부와 사회부를 통합해 로 개편했으며, 1994년 12월 개정에 따라 명칭이 변경되었다. 보건복지가족부라 함은 보건복지가족부장관으로 하여금 보건위생, 방역, 의정, 약정, 구호, 자활지도, 부녀, 아동과 가족계획에 관한 사무를 관장하게 하기 위하여 설치된 중앙행정기관을 말한다.

## 보건소(health center)

보건소법에 의해 시·도 또는 정책령으로 정한 시에 설치되어 있으며, 여기에서 공중위생의 향상, 증진을 도모하기 위한 행정기관을 말한다. 주민의 건강증진, 질병예방, 치료, 시험검사, 환경위생, 보건교육, 보건사업 등의 업무를 행한다. 모자보건, 결핵, 정신위생 외에 노인보건사업도 일부 담당하고 있다.

## 보건시설(health services)

기업복지(복지후생)제도의 일환으로 운동장, 운동시설,

요양소, 숙박소, 클럽. 바다의 집(해안휴양소), 산의 집(산간휴양소) 등을 말한다. 병원이나 진찰소는 광의의 보건시설이지만 의료시설에 들어갈 수도 있는 것이다. 운동관계의 시설로서 야구, 테니스, 탁구, 발레, 농구, 수영, 골프, 스케이트장 등이 있지만 널리 전종업원이 사용하는 것이어서 일부의 운동선수만의 사용이나 회사 명예를 높이는 의미에서의 이름을 파는 운동경기적인 시설은 보건시설이 아니다.

## 보건위생(health hygiene)

공중위생(public health)과 동의어이나 공중위생보다 넓은 분야에서의 보건, 즉 의료도 포함되는 개념이다. 급성질환이나 감염증의 예방·치료뿐만 아니라 만성질환에 대한 대책도 포함되며 때로는 넓게 재활까지 포함된다. 질병의 조기발견, 건강유지도 포함하는 개념이므로 포괄적 보건과 같은 사고라 할 수 있다. 역사적으로는 전염병대책이나 환경개선(모기, 파리 없애는 것) 등이 주였으나 최근에는 건강증진, 건강관리, 건강생활 그리고 성인병예방, 질병조기발견 등으로 중점이 옮겨지고 있다. 행정의 노력뿐만 아니라 개인이나 가족, 각종의 지역적 조직이 협력해서 실시해 나간다면 보다 효과적인 사업이 될 것이다.

## 보건지도(health guidance)

일반적으로 사람들이 건강을 유지·증진하거나 질병을 예방하는 등 건강을 관리하는데 있어 필요한 조언, 원조를 의사, 간호사 등의 전문가가 제공하고 또 사람들이 건강한 생활을 유지하도록 유도하는 것을 보건지도라 한다. 보건지도원 법률 등으로 정해진 제도는 아니지만 지역에서의 자발적 활동으로 종사하는 자로서 이들을 설치하고 있는 지역도 있다. 주로 모자보건이나 성인병대책, 영양지도 등의 업무 협력자로 있는 경우가 많다. 주민 또는 주민조직 중에서 추천 선출된다. 지역주민과의 연락, 보건부와 공동의 활동 등을 주업무로 한다.

## 보도(guidance)

사람을 올바른 방향으로 이끄는 것으로 윤락행위 등 방지법이 매춘권유 등의 죄를 범한 성인여자에 대해 보도처분을 정하고 범죄 보도처분자 예방 갱생법이나 집행 유예자 보호관찰법이 직업보도, 취직원조, 숙사나 의료의 제공 등 보호관찰에 따른 보호원 등의 방법을 정하고 있다. 또 소년에 대한 경찰활동을 소년보도라 부르며 범죄자, 비행소년에 대한 공적조치를 가리키는 등 많이 사용되어지고 있다.

## 보도처분

윤락행위 등 방지법이 특히 보호조치의 일종으로 정한 처분이다. 매춘에 있어서 공공연한 권유행위를 한 경우를 처벌대상으로 하고 경찰서가 지방검찰청에 송치해 기소되면 재판소에 보내져 징역 또는 금고의 형을 언도받는다. 집행유예인 때는 판결과 동시에 보도처분에 대한 취지를 언도받는다. 만 20세 이하의 여자에게 적용되며 보도원에 송치된다. 오늘날 그 수는 감소되었으나 강제적 조치를 강구함과 동시에 인권용호의 관점에서 재검토할 필요가 있다.

## 보모(nursery teacher) 01

보모는 사회복지시설 종사자 중에서 양적으로 약 5할을 차지하고 있으며 아동복지법에 따라 아동복지시설에만 배치된다. 그러나 현실적으로는 정신지체자 원호시설에도 소수가 배치되고 있다. 보모는 아동복지 법시행령에서 아동의 보육에 종사하는 여자로 정하고 있는 바와 같이 여성의 직종이지만 남성에서도 문호를 열었다. 양성학교의 졸업, 또는 보모시험의 합격에 따라 자격이 부여되며 간호부, 의사, 영양사 등을 제외한 사회복지 고유직종 중에서 자격제도가 명확한 직종 중의 하나이다. 보모의 직무는 아동의 일상생활개조, 생활지도, 놀이, 학습 지도, 보건지도 등 일상생활의 유지와 심신발달에 직접 관계하는 내용으로 직접처우직원 중에서도 가장 중요한 역할을 담당하고 있는 직종이다.

## 보모(care mother) 02

아동의 보육에 종사하는 여자를 말한다. 탁아소·신체허약아보호시설·영아시설·아동보호 시설 등 아동복지시설에서 어머니를 대리하여 아동의 의식생활 관리·신체적 관리 등을 원활히 할 수 있도록 보살펴 주는 사람을 말한다. 5급 공무원 시험 합격자, 고등학교 졸업 후 2개월간 소정의 교육을 받은 자는 보모가 될 수 있다. 대학 2년, 4년 과정의 유아교육을 전공하여 자격을 갖추는 유치원 교사와는 그 역할이 다르다.

## 보보

삶에 지쳐 있으나 돈이 많은 사람이라는 뜻으로 여피족의 타락했을 때의 모습이다.

## 보산케트(Bosanquet, Hellen)

철학자이자 대학 교수였던 남편 바나드(Barnard, Bosan－quet 1843－1923)와 함께 자선조직운동에 참여하였다. 그녀는 자선조직협회지(charity organization review)의 편집진의 일원으로서 자선조직운동 이론가였으며, 1905년 빈민법과 실업구제에 관한 왕립위원회의 위원에 임명되었다. 이 위원회는 다수파와 소수파로 분열되어 다수파의 지도자가 되었다. 런던의 사회복지 1896－1912 등의 정서가 있다.

## 보상(compensation)

비교적 자신 있는 행동이나 태도를 선택하여 그 방면에서 남을 능가함으로써 자신의 열등감. 무력감 등을 의식적으로 또는 무의식적으로 극복하려는 심리적 기제(기제)를 말한다.

## 보상기능훈련(compensatory skill training)
장애의 보상 기능이 되면서 취업에 있어 중요한 개인의 기술을 개발하는 것을 말한다. 가령 맹인을 위한 낭독, 걸음걸이 훈련, 보행훈련 등을 들 수 있다.

## 보석(bail)
보석이란 일정한 보증을 조건으로 하여 구속의 집행을 정지하고 구속되었던 자를 석방하는 제도이다. 현행법상 보증은 일정한 보증금의 납입에 한정되고 또 기소 후의 구속(즉 피고인)에 대해서만 보석이 인정된다. 따라서 현행법상의 보석은 일정한 보증금의 납입을 조건으로 하여 구속의 집행을 정지하고 피고인을 석방하는 제도라 할 수 있다. 보석은 구속영장의 효력을 소멸시키는 것이 아니라 그 집행을 일단 정지시킬 뿐이라는 점에서 구속의 취소와 구별되고, 또 일정한 보증을 조건으로 하는 점에서 단순한 구속의 집행정지와도 그 성격이 다르다. 그밖에 보석제도는 피고인 측으로서는 구속으로 인한 불이익을 감소시키고 국가 측으로서는 미결구금을 위한 시설 및 그 유지에 필요한 경비를 절약하게 하고 형사 정책적 견지에서도 죄수간의 악감염의 폐단을 없애는 등의 기능을 가진다.

## 보수(pay or compensation)
조직구성원에 대해 노무·사무처리 등의 대가로 지급하는 금전·유가물 등을 말한다. 보수에는 봉급과 기타 각종 수당이 합산된다. 가령 공무원의 보수는 일반의 표준 생계비·민간의 임금 기타 사정을 고려하여 직무의 곤란성 및 책임의 정도에 상응하도록 계급별로 정한다.

## 보수·봉급·임금
모두 다 사용자가 노동의 대가로서 근로자에게 지급하는 금전 기타의 것을 말한다. 보수는 사용자인 국가나 지방자치단체가 근로자인 국가공무원 및 지방공무원에게 지급하는 근무의 대가에 관해 쓰이는 것이다(국공46 이하, 지공44). 보수란 봉급과 기타 각종 수당을 합산한 금액을 말한다(공무원보수규정4 - ①). 그리고 봉급이란 직무의 곤란성 및 책임의 정도에 따라 직책별로 지급되는 기본급여 또는 직무의 곤란성 및 책임의 정도와 재직기간등에 따라 계급(직무등급 또는 직위를 포함한다)별, 호봉별로 지급되는 기본급여를 말한다(상규정4 - ②). 또 임금이란, 근로의 대가로서 사용자가 근로자에게 지급하는 금전 기타의 것을 말한다. 임금에는 현물급여도 포함한다.

## 보수비례거출(earning related contribution)
사회보장 특히 사회보험의 재원조달을 위해 거출금을 징수하는 경우 본인의 소득에 비례해서 부과하는 것이다. 대다수가 이 방법에 의해 보험료 또는 보험세를 조달하고 있다. 이것은 종전생활수준을 유지하기 위한 소득비례급여에 대응하는 비용조달방법으로 일반화된 것이지만 보통은 이 보수에 시정되어 그 이하에서는 정률의, 그 이상에서는 정액의 보험료가 부과된다.

## 보수상한제
변호사 수입료와 같은 전문자격 서비스업종의 보수는 현재 업종별 협회가 정하고 있는데, 행위별 보수기준을 정하고 일정 이상 가격을 받지 못하도록 상한선을 정하는 것이 보수상한제이다. 당초 전문인이 부족한 점을 감안, 가격급등을 막기위한 소비자보호차원의 조치였으나 지금은 전문자격자들이 늘면서 가격담합의 근거로 작용해 공정한 경쟁을 저해한다는 지적을 받고 있다.

## 보수연액(yearly salary)
보수월액의 12배에 상당하는 금액.

## 보수월액(monthly salary)
교직원이 근무하는 학교 및 경영기관에서 실제로 받고 있는 보수액에 불구하고 공무원 보수 규정에 의해 당해 교직원의 직위, 자격 및 경력 등에 따라 산정되는 표준봉급월액과 공무원 수당규정으로 정하는 수당 중 기말, 정근, 정근수당가산금의 연지급액을 12월로 평균한 금액을 합한 금액으로 부담금 및 급여액 산정의 기초가 된다. ★보수월액 = 봉급월액 + (기말수당연액 + 정근수당연액 + 정근수당가산금연액) / 12

## 보수주의(conservatism)
좁은 뜻으로는 각국의 보수당의 신조, 또는 정치적 입장을 말하며, 넓은 뜻으로는 현재의 조직 체제를 유지하려는 입장 일반을 말한다. 인간은 자기 경험에 대한 신뢰로부터 변화를 꺼리는 경향을 가지는데 이것을 자연적 보수주의라고 한다. 그러나 이론적으로 체계화된 보수주의는 사회변혁에 대항하여 현상을 유지하려는 지배계층의 속성을 나타낸다. 근대적인 보수주의는 프랑스 혁명 뒤에 반혁명적인 봉건적 귀족계층에 의해 형성되었는데 그 이론적 내용은 이 혁명의 중심사상이었던 계몽주의나 개인주의사상 등에 반대하는 것으로 나타났다. 이러한 입장을 명확히 한 사람은 영국의 버크(E. Burke)이다. 20세기에 와서는 사회개혁을 시도하는 진보주의에 반대하는 태도를 가리킬 때가 많다. 교육에서의 보수주의 사상은 기존질서의 유지나 지식의 전달을 교육의 기능으로 보고 있다. 브루바허(J. S. Brubacher)나 오타웨이(A. K. C. Ottaway)가 이러한 주장을 하고 있다. 사회가 정적일 때에는 교육은 보수적 기능만으로 족할 수 있다. 그러나 동적인 사회, 즉 모든 사회질서나 문화체제 등의 유동성이 강한 사회에서는 보수적 기능만으로는 부족하고 진보적 기능이 요청되기 마련이다. 또 한편으로는 진보적 기능이 필요한 때에도 진보만이 아니고 참된 보수를 전제로 할 필요가 있다.

### 보수체계(pay system)

조직구성원에 대한 경제적 보상으로서의 보수의 구성체계를 말한다. 보수체계는 어떤 종류의 보수를 어떻게 배합하느냐에 따라 달라진다. 보수체계를 구성하는 보수의 종류는 형식에 따라 기본급과 부가급(수당)으로 나누어 볼 수 있으며 보수의 목적에 따라 생활급 · 근속급 · 자격급 · 능력급 · 직무급 · 실적급 · 종합결정급 등으로 구분할 수 있다.

### 보쌍케(Bosanquet, Helen)

아버지인 Barnard(1843 - 1923)는 철학자로 대학교수였는데 그와 더불어 자선조직 운동에 참가하여〈Charity Organization Review〉의 편집을 맡고 자선조직운동의 이론가가 되었다. 1905년 구빈법 및 실업규제에 관한 왕실위언회의 위원에 임명되어 다수파의 지도자가 되었다. 저서는〈1896년부터 1912년까지 런던에 있어서 사회사업〉(1914)이 있다.

### 보안경찰

사회공공의 안녕과 질서를 유지하기 위하여 다른 종류의 행정작용에 부수되지 아니하고, 오직 경찰작용만으로써 목적을 달성하는 경찰을 말한다. 즉 다른 행정작용에 부수하여 일어나는 장해를 제거하기 위하여 행하여지는 좁은 의미의 행정경찰과 대비되는 경찰 고유의 기능을 수행하는 경찰을 말한다.

### 보안관찰처분

특정한 범죄로 3년 이상의 형을 언도 받고 복역한 사람으로 다시 그 범죄를 저지를 가능성이 있다고 판단되어 이를 막기 위해 계속해서 살펴야 한다는 결정이 보안관찰처분이다.

### 보안처분
(measure taken the preservation of public security) 01

정신이상자나 마약중독자처럼 사회나 사회구성원의 이익에 해를 입히는 위험한 행위를 할 것으로 판단되는 사람을 별도의 시설에 수용해서 교정이나 교화한다는 결정을 보안처분이라고 한다.

### 보안처분 02

사회적으로 위험한 행위를 할 우려가 있는 자에 대해 이들의 격리, 교정, 교화를 목적으로 과하는 처분을 말한다.

상습범이나 정치범에 대한 예방구금, 주벽 등의 교정처분, 정신장애인의 치료처분, 범죄소년에 대한 보호 처분 등이 있다. M. 안젤은 이것을 인도적 사회방위의 처분이라고 말하며 법학 상으로는 형벌과 이질의 것으로 되고 있으나 본질적으로는 형벌의 변종이다.

### 보울비(Bowlby, John M.)

영국의 정신과의사. 1951년 유유아기에 체험하는 모성적 보육의 상실을 모성상실(maternal deprivation)이라고 부르고 인격형성에 커다란 영향을 미친다고 하였다. 즉 유유아의 발달이나 정신위생의 기초는 모친과의 인간관계가 친밀하고 계속적이어야 하기 때문이다. 상실이 오는 것은 온화한 분위기가 결핍괴고 긍정적 · 부정적 감정의 어느 것도 강하게 주어지지 않고 보육의 양과 질의 일관성을 잃거나 사회적 자극, 청각, 시각 자극이 부족했을 때에 생긴다고 한다.

### 보육(nursery care)

영유아를 대상으로 양호(보호), 교육하는 것으로 역사적으로는 가정교육의 보조적 기관으로서 유치원이 설치되었지만 그 기능을 표현하는데서 이 용어가 사용되었다. 가령 양호과보호, 보건위생, 건강 증진 등 주로 생존을 유지하고 신체적 발달을 육성하는 움직임을 보육사라 가리키고 있으며 보육은 이와 같은 양호기능과 함께 교육적 기능도 포함한 개념이다. 이 교육은 소학교의 교과를 중심으로 한 그것과는 다르며 영유아의 발달에 맞는 독자의 내용을 갖는다. 가령 영유아 교육 중 자발적 놀이 활동과 그 지도를 중심으로 기본적 생활습관의 자립을 기초로 하는 생활지도나 교과교육의 기초로서의 과업지도가 행해진다. 이러한 보육의제활동도 여러 형태로 행해지지만 보육시설에서는 동 연령의 아이들은 중심으로 한 집단보육의 형태를 취하는 것이 일반적이다.

### 보육계획(nursery care programing)

자치단체 등에서 만들어져 지역의 보육계획을 가리키는 경우도 있지만, 일반적으로는 보육소. 유치원 등의 보육시설에서 보육활동을 진행해가는 일정기간의 계획을 의미하고 있다. 보육커리큘럼이라 부르기도 한다. 보육계획 중 구체적인 실천지도에 관한 계획을 지도계획하며 그 계획의 기간에 따라 기간계획, 월안(月案), 주안(週案), 일안(日案) 등이 있다. 연간계획은 보육계획 중에서도 골자로 되어있다. 아이들의 발달상황을 근거로 연간보육목표를 정해 그것에 이르는 순서를 명확히 하지 않으면 안되지만 이것은 아이들의 여러 생활을 포함한 집단생활의 발전을 축으로 구상된다.

### 보육단가(nursery unit cost)

보육소에 입소한 1인당 조치아동의 조치비인 월액단가를

기준으로 하여 국고부담의 기준을 정한다. 그 내용도 사업비 — 일반생활비와 아동용 채원비, 인건비, 관리비가 포함된다. 그 구성은 지역별, 정원규모별, 연령별, 소장의 설치·미설치의 4개 항목이 기본분단가로 아동용 대원비, 한냉지수당, 사무용채원비, 제실비, 보육소기능강화 추진비가 각 보육소의 요건에 따라 가산된다. 지방자치단체가 독자적으로 가산을 하는 것도 있지만 국가의 산정방법을 채용하고 있다.

### 보육료 징수기준(standard for day nursery fees)

아동복지법에 의해 보육소 입소조치를 받은 아동의 부양의무자로부터 징수하는 비용의 기준을 가리키며 지방조례 또는 규칙에서 정하고 있다. 국가는 국고부담금산정에 사용하는 결제기준으로서 보육소 징수기준액표를 작성하고 있지만 이것은 동시에 지방이 비용징수기준을 정할 때 참고로 되는 가이드라인을 표시하는 것이다. 비용징수는 능력부담의 사고방식으로서 아동가정의 부담능력에 맞게 계층구분을 설정해 징수 기준액을 정하고 있다. 국가기준에 따른 계층구분은 생활보장에 의한 피보호 세대(제1계층), 전년도분의 지방세 비과세세대(제2계층), 전년도분 지방세 과세세대의(과세액에 따라 제3, 4계층으로 구분) 전년도의 소득세 과세세대(제5계층 내지 제10계층으로 세분화)로 되어있다. 또 3세 미만 아의 경우와 3세 이상 아의 경우 기준액이 바뀐다.

### 보육목표

보육은 목적지향적인 운영으로 장래의 인간상이 확보됨과 동시에 일정기간에 도달해야 할 보육목표가 아이들 발달에 맞게 설정되지 않으면 안된다. 보육목표로는 장래의 목표와 당면한 것을 실현해가는 가까운 목표가 있다. 활동목표인 가까운 목표는 아이들에 따라 다르게 설정하여 그것을 실현해가는 과정에서 적정 아이들의 의욕을 끌어내고 장래목표를 향해서 그 목표의 수준을 높여가야 한다.

### 보육부적아동(children requesting nursery care)

보육부적상황을 아이들의 심신발달과 부적합한 것을 받게 되는 상황으로 정의하고 재혼한 부모의 인격적 결합에 따른 것, 아이들의 심신 장애로 인한 것, 보호자 이외의 가정상황에 의한 것, 지역상황이 부적당한 것의 4개 항목을 제시하고 있다. 그러나 이것은 입소조치기준에 반영되지 않고 산업구조가 제3차 산업으로 이행해가고 있고 특히 서비스업의 점유비율이 증대하는 가운데 시간대나 요일 등 보육의 부적상황은 급속하게 다양화되어가고 있는 실정이다.

### 보육사

아동복지시설 종사자의 일종으로서 보모로 일컬어 왔다. 그러나 1982년 아동복지법시행령의 개정으로 보육사로 개칭하였으며 이들의 자격을 세분화·전문화하여 보육사 1급, 보육사 2급, 보육사 3급으로 구분하여 칭하고 있다. 보육사 1급의 자격은 ①대학(전문대학 포함) 또는 이와 동등 이상의 학교에서 보건복지가족부령이 정하는 사회복지에 관한 학과를 전공하여 졸업한 자, ②대학 또는 이와 동등 이상의 학교에서 제1호 이외의 학과를 전공하여 졸업하고 보건복지가족부장관이 실시하는 양성교육과정을 이수하였거나 자격검정시험에 합격한 자, ③보육사 2급으로서 사회복지업무에 3년 이상 종사한 경력이 있고 소정의 보수교육 보육소아를 이수한 자, ④유치원 또는 초등학교 정교사로서 사회복지에 관한 소정의 보수교육을 이수한 자이며, 보육사 2급의 자격은, ①고등학교 또는 이와 동등 이상의 학교를 졸업한 자로서 보건복지가족부장관이 실시하는 소정의 양성교육과정을 이수한 자, ②보육사 3급으로서 3년 이상 사회복지업무에 종사한 경력이 있고 소정의 보수교육을 이수한 자, ③유치원 또는 초등학교 준교사로서 사회복지에 관한 소정의 보수교육을 이수한 자이며, 보육사 3급의 자격은, ①고등학교 또는 이와 동등 이상의 학교를 졸업한 자, ②보건복지가족부장관이 실시하는 자격검정시험에 합격한 자로 정하고 있다.

### 보육소아

아동복지법에 의해 보육에 결한 유아를 말한다. 유아 중 보육소에 조치된 아동을 가르친다. 특히 필요한 때에는 그 외의 아동을 보육할 수 있다고 하고 있어 이 규정은 실제로는 소학교저학년이 대상으로 된다. 보육에 결한 내용은 보육소입소조치기준이 정하고 있다. 오늘날에는 빈곤이 반드시 입소조건으로 되는 것은 아니다. 소득에 관계없이 상기기준으로 조치되며 계층을 초월해 일반화하고 있다. 특히 0세 영아, 1세 영아에서는 맞벌이부부의 비율이 높아 가업종사자나 내직자는 입소가 곤란하다. 한편 영유아인구가 감소경향을 보여 지역에 따라서는 4세 유아, 5세 유아는 유치원, 3세 유아와 3세 미만 유아는 보육소로 규정하는, 연령에 따른 분할방식을 취하고 있는 곳도 있다.

### 보육정책(day nursery policy)

국민의 요망에 의해 취해진 보육소에 관한 정책이다. 일반적으로 정부·여당에 의한 것이 현저하나 민간단체나 야당에서도 구상되어 실현이 기대된다. 보육이 필요한 아동을 위해 보육소를 정비해 보호자와 아동의 생활을 보장함과 동시에 아동심신의 건전한 성장발달을 도모하는 것이 보육정책의 목표이다. 보육정책이 국민의 보육욕구에 올바르게 대응하고 구현화되기 위해서는 국민의 보육제도에 대한 요구가 강력하게 표명되어야 한다. 그러나 보육정책 중에는 여러 가지 대립적 견해가 있다. 즉 보육제도방식을 둘러싼 3세 미만 유아 특히 유아에 대해 시설보육을 주장하는 견해와 가정보육을 취해 육아휴직의 충실 등을 주장하는 대립적 견해와 유보일원화를 둘러싼 대립이 계속되어 오고 있다.

### 보육제도(day nursery system)

국가 · 지방자치단체에 의해서 유아 · 유아의 건전한 성장발달을 도모하고자 법규에 성립되어진 보육에 관한 조직기관의 조직 및 그 작용의 총칭이다. 보호자가 노동 또는 질병 등의 이유로 보육에 부적합한 상황에 있는 유아에 대해 1일 8시간의 보육을 행하는 보육소가 아동복지법에 따른 보건복지가족부소관으로서 제도화되어 있다. 한편 3세 이상의 유아에게 조직적인 유아교육을 행하는 유치원이 학교교육법에 의해 교육과학기술부 소관으로 제도화되어져 있다.

### 보육커리큘럼(child day care curriculum)

커리큘럼이라 함은 교육목표를 달성하기 위해 조직된 교육내용을 의미하는 것으로 교과과정으로 해석되고 있다. 일반적으로는 보육계획, 지도계획 등과 같은 의미로 사용된다. 초기의 보육과정은 초등학교 교육의 영향을 받아 일반적으로 교화형적이었지만 미국의 영향으로 경험주의적으로 되었다. 그러나 과정으로서 계통성이 애매하여 새로운 방식이 실천적으로 추구되고 있다.

### 보이지 않는 손

영국 고전파 경제학자 아담 스미스가 그의 저서 〈도덕감정론〉(1759)과 〈국부론〉(1776)에서 표현한 유명한 말이다. 그는 시민사회에서 개인의 이기심에 입각한 경제적 행위가 결과적으로 사회적 생산력의 발전에 이바지하며, 이러한 사적 이기심과 사회적 번영을 매개하는 것은 하나님의 〈보이지 않는 손〉이라고 생각하였다. 즉 스미스는 각 개인은 자기의 이익을 뜻대로 추구하고 있는 동안에 〈보이지 않는 손〉에 이끌려 상상치 못했던 사회전체의 이익을 가져온다 고 보았다. 이러한 견해는 자연법 사상에 입각한 자연적 질서관을 표명한 것으로, 그의 경제학은 이러한 〈보이지 않는 손〉을 일상 경험적으로 파악하려다가 경제행위를 과학으로서 체계화하게 되었던 것이다. 어떤 사회라도 그 사회내에서는 ①그 국민경제에 필요한 물자의 종류와 수량의 결정, ②생산방법의 결정, ③생산물의 분배의 결정등의 가장 기본적인 경제문제를 해결해야 한다. 사회주의사회에서는 중앙계획기관의 계획과 명령을 이용하여 위와 같은 경제문제를 해결하지만 전체적인 계획과 통제를 하는 기관이 없고, 일체의 생산과 소비활동이 개인의 자유에 맡겨져 있는 자본주의 사회에서는 이러한 문제를 해결하는 것은 바로 스미스가 말하는 〈보이지 않는 손〉이 해결해 준다고 보는 것이다.

### 보이코트

특정 회사나 서비스를 구입하거나 사용하지 않기 위한 협정의 보이코트, 즉 불매동맹이라 한다. 영국에서는 1880년에 특정 지주에 대한 소작인의 항의에 대한 수단으로 채용되었으나, 현재는 소매점에 대한 소비자운동의 항의수단으로서, 혹은 공정한 노사관계를 수립하기 위해서 내지는 특정기업에 대한 항의의 수단으로서 노동조합에서도 채용되고 있다.

### 보장구(prosthetic appliance)

장애인의 신체일부의 결손이나 기능의 장애를 보충하고 일상생활 등을 용이하게 하기 위해 그 기능을 돕는 장보편적 욕구기의 총칭이다. 보장구는 많이 있지만 그 개인의 특성에 알맞은 최적의 것을 선택해서 사용에 불편이 없도록 연습하는 것이 중요하다.

### 보장구 제작시설
### (facilities or manufacturing prosthetic appliance and prosthetic)

장애인복지법에 의한 신체장애인 갱생원호시설의 일종이다. 정해진 보장구의 종목, 수탁 보수액 등에 관한 기준에 따라 보장구의 제작 또는 수리를 장애인 및 가족의 수입에 맞춰 무료 또는 저액으로 행하는 시설이다. 일본은 34개 제작소가 활동하고 있고 최근에는 대학연구소의 협력을 얻어 기술적으로도 장족의 진보를 이루었지만 장애의 다양성과 생활환경을 고려해 신기술의 개발이 요망되고 있다.

### 보장성보험

피보험자에게 사망 · 상해 · 입원 · 생존 등과 같이 사람의 생명과 관련하여 보험사고가 발생했을 때 약정된 급부금을 제공하는 보험상품으로 계약 만기때 지급되는 급부금의 합계액이 이미 납입한 보험료를 초과하지 않는 보험을 말한다. 보장성보험은 원초적의미의 보험상품으로 각종 재해로 인한 사망이나, 암과 같은 질병으로 인한 사망 · 입원 · 치료 · 유족보장을 주요 내용으로 하는 보험으로 재해보장보험 · 암보험 · 성인병 보장보험 · 건강생활 보험 등의 상품이 있다. 많은 사람이 소액의 보험료를 거두어 높은 보험금을 지급하므로 중도해약이나 만기시에도 환급금이 납입보험료를 넘지 않는다. 연말 소득정산시 연간 100만원까지 공제받을 수 있다.

### 보전집행

가압류나 가처분 등과 관계된 보전소송의 결과 신청인의 신청을 받아들인 보전명령이 나면 이를 강제집행하는 것을 보전집행이라고 한다.

### 보정적 재정정책

국민소득과 고용에서의 변동을 보충정리하기 위하여 행

하여지는 정부의 재정조작을 말한다. 적자무역과 흑자무역을 결합하는 보정적 재정정책은 높은 국민소득수준을 유지함으로써 높은 고용수준을 달성하려고 노력한다. 그것은 바람직한 균형을 이루기 위하여 과세와 지출을 사용하여 조정한다. 기업활동이 쇠퇴하였을 때에는 바라는 소득수준을 유지하기 위하여 민간기업으로부터의 정부의 총구입량을 증가시키던가 또는 조세를 감하여 소비자가 기업 또는 그 양자의 소득을 증대시키는 정부정책을 실시한다. 한편 지나친 확장이나 인플레이션 시기에는 바람직한 소득수준을 유지하기 위하여 정부정책은 지방재정교부금지출의 감소나 가능한 조세의 증가 또는 양자 모두에게 보충시켜야 한다. 만일 그러한 정부의 시책이 시기적으로 적중하였고 또 그 충당액이 충분하면 국민소득과 고용에서의 실질적 변동은 피할 수 있을 것이다. 일반적으로 민간소비는 단기에는 안정적이나 민간투자는 상대적으로 불안정하기 때문에 보정적 재정정책은 주로 민간투자의 변동을 상쇄하는데 목적을 둔 것이다.

### 보조금(grants in aid, subsidy) 01

행정목적의 달성을 위해 행정기관이 하부 행정기관·사적 단체 및 개인에게 교부하는 현금적 급부(給付)를 말한다. 그 목적은 지방공공단체에 대한 재정적 원조, 특정 산업의 육성, 공공적 성격을 지닌 사회·문화사업의 조성 등 여러 가지가 있다.

### 보조금(subsidies) 02

판매자와 구매자 사이의 정상적인 경제적 거래의 외부에서 지불하는 무상의 공여금이나 교부금을 의미한다. 일반적으로 보조금은 구매자에게 값싸게 재화와 용역을 수취하도록 하며 보조금 수령자의 실질 소득을 높이는 효과가 있다. 보조금의 형태는 단순보조금(flat grant)과 일방적 보조금(matching grant)으로 나누어지는데, 전자는 종교적 헌금과 같은 민간의 자선적 공여이고, 조세감면, 연구보조비, 장학비 등은 후자에 해당한다. 우리나라의 경우 각 부처별로 시행되는 각종 국고보조금이 있고 사회보장 관련사업인 영세민지원, 원호대상자의 생계보호, 근로자복지 등을 위한 보조금이 있다.

### 보조금 03

상품생산이나 수출 자원, 산업 보호 등을 위해 제공하는 장려금이나 금융·세제 지원 등 모든 지원금을 말한다. UR협상에서 불공정 무역의 한 형태로 논란대상이 되어 축소 또는 폐지하기로 결정되었으나 각국은 보조금이 지급된 수입품에 통상 상계관세를 부과한다.

### 보조기관(auxiliary agencies)

행정관청 등에 부속하여 그 의사결정의 보조를 임무로 하는 기관을 말한다. 보조기관은 행정사무에 관해 국가의 의사를 결정하고 그 의사를 외부 국민에 대해 표시·집행할 수 있는 권한을 지니지 못하며 단지 국가의사 결정의 준비적 행위 밖에 할 수 없으나, 위임받은 사항에 대해서는 그 범위 안에서 행정기관으로서 사무를 수행할 수 있다. 행정 각부의 장관은 행정관청인데 비하여, 차관·국장 등은 보조기관에 속한다. 지방자치법은 지방자치단체장의 보조기관으로 부지사·부시장·부군수 등을 규정하고 있다.

### 보조사회사업가(case worker aide)

미국에서 사회복지 전문교육을 받은 전문사회사업가를 보조하기 위해 채용된 직원이다. 그 실무가 넓어져 소셜 서비스 에이드(social service aide) 혹은 소셜 워크 어시스턴트(social work assistant) 등으로 표현되고 있다. 종래 비전문가이며 잡무를 처리하는 임시적인 대리 직원으로 생각되어 왔으나 특히 1960년대 이후 중요한 역할을 담당하는 사람으로 재평가되어 직원으로서 위치를 잡고 있다.

### 보조상인

다른 사람의 위탁을 받아 자기의 명의 또는 타인의 명의로 상업행위의 대리·매개·연락을 하여 주고, 그에 대한 일정한 보수를 받는 자를 말한다. 보조상인은 고의나 과실이 아닐 때에는 상거래 결과에 대한 어떠한 책임도 지지 않으므로 소개상인 또는 수수료상인이라고도 한다. 대리상, 중개인, 위탁매매인, 운송주선인 등이 있으며 상업사용인과 다른 점으로 보조상인은 독립된 상인으로 외부에서 다른 상인의 영업을 보조해주고 수수료를 받으며 법인도 가능하다. 상업사용인은 상인에게 고용된 자로서 내부에서 그 영업상 업무를 보조해주고 고정급료를 받으며 자연인에 한한다.

### 보증보험(bond insurance)

채무 불이행인 경우의 채권자 손해를 보상하는 것을 목적으로 하여, 채무자가 채권자를 피보험자로 해서 계약하는 보험의 총칭이다. 보증보험에 속하는 보험으로는 신원보증보험, 이행보증보험, 납세보증보험 등이 있다. 보증보험은 본래의 보험과는 다른 점이 있으므로 보험업법에서도 추가로 규정되어 있다.

### 보증인

보증인은 채권자와 보증인 간의 계약에 의해 주채무를 이행할종된 채무를 부담하는 것이나 주채무가 어떤 사정(무효·취소·조건불성취 등)으로 성립하지 않은 경우에는 보증채무도 성립하지 않고 주채무가 동일성을 잃지 않고 변경되면 보증인의 채무도 이에 따라 변경되며 주채무가 소멸하면 따라서 소멸한다.

### 보직(placement)

보직은 공무원을 일정한 직위에 배치하는 행정행위를 말

한다. 즉 보직은 관(官)과 직(職)이 분리되어 있는 경우, 일정한 관에 임명된 자에게 구체적 직의 담당을 명하는 행정행위다. 이에 반해 임명은 특정인에게 공무원의 신분을 부여하는 신분설정행위를 말한다. 공무원을 보직함에 있어서는 당해 공무원의 전공분야, 훈련, 근무경력, 전문성 및 적성 등을 고려하여 그 적격한 직위에 임용하여야 한다.

## 보청기(hearing aid)

난청자의 청력을 보충하기 위해서 마이크, 증폭기, 레시버로 이뤄지는 음의 증가장치이며 일상생활에 쓰이는 휴대용의 소형보청기에는 상자형, 귀걸이형, 안경형, 답이형 등이 있으며 그밖에 교육용 보청기가 있다. 보청기는 귀에 사용하고 의사전달의 기능을 높이기 위해 있는 것이기 때문에 개인의 특성에 맞는 기기의 선정과 습숙의 훈련이 필요하다.

## 보충급여제도(supplementary benefit scheme)

현행 영국의 공공부조제도로서 1948년 이래 국가부조제도에 대신해 1966년부터 실시된 자산조사를 수반한 급여제도이다. 이 제도로 이행된 주된 이유는 수급자격이 있으면서도 수급하지 못하는 자를 감소시키는데 있으며 이를 위해 수급수속의 간소화나 부조에 따라다니는 스티그마(낙인)를 불식하기 위해 보험행정과의 긴밀화가 도모되었다. 보충급여기준은 연금연령이상의 수급자 등을 대상으로 한 장기 기준과 그 이외의 자에 대한 일반기준이 있으며 전자 쪽이 약간 그 수준이 높다.

## 보충적 개념(residual conception)

보충적(residual) 사회복지와 제도적(institutional) 사회복지는 윌렌스키(Wilensky, H. L)와 르보(Lebeaux, C. N)가 제시한 것으로 전자는 정상적인 공급구조 즉 가족이나 시장이 파괴될 때만 사회복지제도가 작동되어야 하며 후자는 현대산업사회에 있어서 사회복지서비스를 제일선(first line)의 기능으로서 간주하였다. 이 두 가지 개념의 차이를 페더리코(Federico Ronald C.)는 다음과 같이 구분하고 있다. 전자는 전산업 사회를 배경으로 하여 선별원칙 하에 빈곤자를 대상으로 한다. 빈곤의 책임은 개인에게 돌리고 사회보장 수단으로서는 공적부조(public assistance)로서 개별화된 일시구제라는 조치에 의존하는 개념이다. 후자는 현대산업사회를 배경으로 하여 보편원칙 하에 전국민을 대상으로 한다. 생활책임을 빈곤자 개인이 아닌 사회에 돌리고 있으며, 사회보장수단으로는 사회보험(social insurance)이나 일반부조(demogrants)로서 표준화된 제도적 조치에 의존하는 개념으로 구분하고 있다.

## 보통세

보통세는 국가 또는 지방자치단체의 일반적 지출에 충당하기 위한 조세를 말한다. 조세수입은 일반 재정경비의 충당에 사용되는 것이 일반적이나, 특수한 목적에 사용하기 위해 징수하는 경우도 있는 바, 이와 같이 특수목적에 사용하기 위해 징수하는 특별세를 목적세라 한다. 우리나라의 서울특별시·시·군세(稅)인 도시계획세·공동시설세 그리고 교육세가 이러한 목적세에 해당된다.

## 보통지방자치단체

그 존립의 목적·조직·권능 등이 일반적인 성격을 가진 자치단체를 말한다. 우리나라의 경우, 보통지방자치단체는 서울특별시·도·시·군 등을 말한다. 반면, 특별지방자치단체는 특수한 행정사무를 처리하거나 행정사무의 공동처리를 위해 설치되는 지방자치단체조합 등을 말한다.

## 보통지방행정기관

중앙행정관청의 직할로 되어 있는 사무나 특별지방행정기관의 권한에 속하는 사무를 제외하고, 당해 관할구역 내에 시행되는 일반적인 국가행정사무를 관장하는 국가의 지방행정기관을 말한다. 국가사무를 위임받아 처리하는 경우의 지방자치단체의 장이 이에 해당된다. 이에 대해 특별지방행정기관은 특정한 중앙행정관청에 소속하여 당해 관할구역 내에 시행되는 그 중앙행정관청의 권한에 속하는 특수한 행정사무를 관장하는 국가의 행정기관을 말한다. 어느 특정한 중앙행정관청에 소속하지 않고 당해 관할구역 내에서 시행되는 일반적인 국가행정사무를 관장하는 보통지방행정기관에 대응하는 개념이다. 소속 중앙행정 기관의 직접적인 지휘·명령을 받는 일선기관으로서의 특별지방행정기관에는 지방환경청, 지방국토관리청, 지방국세청, 지방병무청, 지방영림서 등이 있다.

## 보통징계위원회

6급 이하 공무원·연구관·지도사 및 의료직 공무원과 기능직 공무원의 징계사건을 심의·의결하기 위하여, 5급 이상의 공무원·연구관·지도사 또는 의사를 장으로 하는 행정기관에 설치되는 징계위원회를 말한다. 위원장은 기관장의 차순위자가 되며, 4인 이상 7인 이내로 구성되는 나머지 위원은 징계대상자보다 상위급류의 소속공무원 중에서 기관장이 임명한다.

## 보편성(universality)

특수성을 가진 여러 개체들이 공유하고 있는 특성을 말한다. 그 특성에 의해서 여러 개체들이 하나의 집합을 성립시킨다. 그러므로 보편성은 한 집합을 성립시키는 원소들이 공통적으로 가지고 있는 특성이라고 할 수 있다. 그 집합의 개념을 우주에 적용할 때, 모든 존재하는 사물이 공유하고 있는 궁극적 특성을 일컫는 것이 된다. 플라톤

(Platon)은 보편성은 이데아이며 그것은 존재하는 실체라고 생각하였으나, 유명론자들은 보편성이란 일반성을 나타내는 개념에 불과할 뿐 결코 실체로 존재하는 것이 아니라고 하였다.

## 보편적 욕구(universal needs)

모든 인간생활에 보편적으로 있는 욕구를 의미하며 1949년 전미사회사업가협회가 발표한 것으로 노동의 기회와 경제적 안정, 가정의 보존, 정신적·신체적 건강, 적절한 교육, 종교적 표현의 기회, 여가의 만족한 이용 등을 말하며, 이것과 동종의 것으로 의·식·주의 충족, 신체적·경제적 보편주의적 사회복지보장, 건강, 자기표현, 집단참가, 신앙의 자유를 모든 인간에게 공통되는 기본적 욕구로 들고 있다.

## 보편주의(universalism)

①보편자를 개별자의 상위에 두고, 후자는 전자에 참여함으로써만 존재성과 의의를 갖게 된다는 입장. ②특수주의에 대치되는 개념으로 합리적이고 보편적인 기준에 입각한 사회관계나 그 행동양식. 사회행동을 이해하기 위하여 파슨즈(T. Parsons)가 제시한 사회관계 행동유형 변수에서 보다 근대적 사회에 두드러지게 나타나는 행동유형이다. 즉 전근대적 사회에서는 사회관계에서 자기와 특별한 관계, 가령 친족·족벌·지연 등에 입각하여 행하던 것이 근대사회 이후에는 개인적 업적·훈련·교육 등에 의한 객관적이고 합리적인 근거에 의해 행한다는 것을 뜻한다.

## 보편주의적 사회복지

사회복지서비스의 이용자를 일정한 계층으로 나누어 저소득층에 한정 하는 선별주의적 복지로부터 경제사회의 변동에 따른 사회복지의 필요가 다양화되면서 모든 계층의 사람들이 복지서비스의 이용자가 되는 것을 전제로 한 사회복지의 제도개혁을 지향한 개념이다. 이러한 사회복지의 전환은 1960년대 후반부터 70년대에 걸쳐 구미에서 일어난 사회복지 서비스제도이다. 즉 서비스와 소득보장을 분리하는 움직임에 근거하여 소득보장을 제외한 필요요건만을 중심으로 서비스를 제공하는 것에서 시작되었다 할 수 있다. 이와 같은 경향에 비추어 사회복지서비스는 개인사회서비스(personal social service)라는 명칭이 주어졌고 요구가 있는 시민이 그 요구에 따라 서비스를 이용할 수 있다는 이념 하에서 서비스의 제공이 이루어지게 되었다.

## 보험

많은 사람들이 미래에 입게될 사고에 대비해 일정한 금액을 여러 차례에 걸쳐 내면서 만들어진 금전으로 사고가 발생할 경우 그로 인해 피해를 입은 사람에게 약정한 금액을 지불하는 것을 보험이라고 하는데 연금보험, 생명보험, 화재보험, 자동차보험 등이 있다.

## 보험가입금액

보험기간내에 보험사고가 발생하면 보험자는 일정한 금액을 지급할 책임을 지는 것이며 이 금액이 보험가입금액이다. 보험가입금액은 재해사망보험금 및 일반사망보험금에 따라 피보험자의 최고가입한도를 제한하고 있다.

## 보험감독

보험감독이란 국가가 사영보험사업을 효율적으로 지도, 감독하는 것을 말하며, 보험사업에 대해 어느 정도의 감독을 할 것인가는 입법정책 및 보험정책에 관한 문제로서, 그 유형은 공시주의, 준칙주의, 실질적 감독주의로 대별할 수 있다.

## 보험료

보험료란 보험계약에 의거 보험회사가 보험금지급책임을 지는 대가로 계약자가 납입하는 금액을 말한다. 보험료는 2개 부분으로 구성되어 있으며, 하나는 장래의 보험금을 지급하기 위한 재원이 되는 순보험료이고 또 하나는 보험회사가 보험계약을 유지·관리하는 데 필요한 경비로 쓰이는 부가보험료가 있다. 이중에서 순보험료는 사망보험금 지급의 재원이 되는 위험보험료와 만기보험금 지급을 위한 저축보험료로 구성되는데 이는 예정사망률과 예정이율을 기초로 계산되며, 부가보험료는 신계약비, 유지비, 수금비로 구성되며 이는 예정사업 비율을 기초로 계산된다.

## 보험수익자

보험자(보험회사 등)로부터 보험의 목적인 보험금을 받게 되는 사람을 보험수익자라고 한다. 손해보험의 경우 피보험자가 바로 보험수익자가 되는데 비해 인보험의 경우 보험자와 보험계약을 하는 피보험자와 보험사고 발생시에 보험금을 받는 보험수익자가 다를 수 있다. 가령 생명보험의 경우 피보험자가 사망하면 유족이 보험금을 받기 때문이다. 보험수익자는 보험금을 받을 권리가 있기 때문에 보험자는 보험금을 받게 된다는 것을 알려주고 이에 따른 제반 사항을 설명해줘야 한다.

## 보험시설

사회보험이 보험의 비용에 따라서 경영하는 보험복지시설을 말한다. 우리나라의 산재보상보험은 근로복지공사를 통해 산재병원, 산업재활원, 반월신장자공작소 등 재활(rehabilitation) 시설과 온천보양소 등을 설치·운영하고 있으며, 보건복지가족부장관은 가입자, 가입자이었던 자 및 수급권자의 복지를 증진하기 위하여 대통령으로 정하는 시설과 사업을 할 수 있도록 규정하고 있다. 의료 보험법에도 이러한 규정을 삽입하여 복지사업을 전개해야 할 것으로 본다. 선진국의 경우는 대체로 보양소, 노인홈, 모성보호시설, 유아보호시설 등을 두고 있다.

## 보험업법

보험업에 관한 사항을 규정하기 위해 제정한 법률(전문개정 1977. 12. 31, 법률 제3043호)을 말한다. 보험사업을 효율적으로 지도·감독하고, 보험계약자·피보험자 기타 이해 관계인의 권익을 보호하여 보험사업의 건전한 육성과 국민경제의 균형 있는 발전에 기여함을 목적으로 한다. 보험사업을 영위하고자 하는 자는 주식회사·상호회사와 외국보험사업자 로서 금융감독위원회의 허가를 받아야 한다. 보험사업자는 300억원 이상의 자본금 또는 기금을 납입하여야 하고, 영업개시 전에 보호예탁금을 금융감독원에 예탁하여야 한다. 보험사업자는 재무건전성기준을 준수하고, 보험계약자의 보호를 위하여 필요한 사항을 즉시 공시하며 내부통제기준을 정하고 준법감시인을 1명 이상 두어야 한다. 주식회사·상호회사와 외국보험사업자의 국내지점에 대해서는 각각 자세한 규정이 있다. 보험의 모집을 하는 보험모집인, 보험대리점 또는 보험중개인은 금융 감독원에 등록하여야 한다. 금융감독위원회는 보험대리점 또는 보험 중개인에 대해 감독상 필요한 명령을 할 수 있다. 보험계약의 체결 또는 모집에 종사하는 자는 부당한 행위를 하지 못한다. 보험사업자는 그 임원·직원·보험모집인 또는 보험대리점이 모집을 함에 있어서 보험계약자에게 가한 손해를 배상할 책임을 진다. 금융감독원장은 보험사업자에 대해 감독상 필요한 명령을 할 수 있다. 금융감독위원회는 금융감독원의 업무를 감독하고 필요한 명령을 할 수 있다. 보험사업자는 보험협회와 보험료율산출기관을 설립할 수 있으며 이는 법인으로 한다. 보험사업자는 보험계리인과 손해사정인을 선임하여 당해 업무를 위탁하여야 한다. 보험계리업자나 손해사정업자는 금융감독위원회에 등록하여야 한다. 7장 229조와 부칙으로 되어 있다.

## 보험의료기관

시·도지사의 지정을 받아 건강보험법에 의해 요양의 급여를 담당하는 병원 또는 진료소를 말한다. 진료에 종사하는 의사, 치과의사, 조제에 종사하는 약제사는 시·도지사의 등록을 받은자(보험의, 보험약제사)라야만 한다. 병원의료기관 또는 보험약국은 보험의 또는 보험약제사를 두어 진료 또는 조제를 행하도록 하는 외에 요양의 급여 등을 담당한다. 보험의료기관 및 보험약국은 선원보험법, 국가공무원 등 공제조합법 또는 지방공무원등 공제조합법에 따른 요양의 급여 등도 담당한다.

## 보험재산운용준칙

보험회사의 재산운용 방법과 기준을 정한 규정. 보험회사 자산운용의 건전성, 효율성 및 가입자의 여러가지 제약을 가하고 있다. 이 준칙은 우선 재산의 운용방법을 규정하고 있다. 부동산투자비율을 규제하고 동일 계열회사에 대한 대부한도, 동일인에 대한 대부한도, 주식소유한도 등을 명시하고 있다. 또 대부의 이자율, 담보물건의 종류와 평가방법, 신용대부의 한도등 대부에 관한 세부항목을 규정하고 있다. 또 상업어음의 할인이율 등에 대한 규정과 유가증권의 대여한도 등을 규정하고 있다. 주요 규제사항을 보면 동일 계열회사에 대한 대부는 총자산의 10%로 되어 있고 부동산 소유는 총자산의 15%로 규제받고 있다.

## 보험중개인제도

전문성이 부족한 불특정 다수의 보험가입자 권익을 위해 보험계약체결을 돕는 전문인. 우리나라에서는 OECD가입과 함께 97년 4월부터 도입하였다. 기존 한국시장에서의 보험모집체계는 보험회사의 이익을 대변하는 보험 사 전속 대리점중심 운영이었다. 이에 반해 보험중개인은 어느 보험회사에도 소속되지 않으면서 보험가입자를 대변하는 독립조직이다. 이 제도의 도입으로 보험가입자는 적절한 보험상품의 선택에 도움을 얻을 수 있을 뿐 아니라 경쟁이 격화된 보험사들로부터 더 나은 서비스를 받을 수 있다.

## 보험증권

보험계약의 성립과 그 내용을 증명하는 서류를 가리키며 보험사와 보험 인수인 또는 그 대리인에 의해 작성된다. 보험증권은 예정보험증권과는 달리 이미 발생하였거나 곧 발생할 확정보험사실에 대해 부보되었음을 증명하는 서류이므로 확정보험증권(definite policy)이라고도 한다. 보험서류에는 상법 제666조 및 제695조에 의한 필요기재사항이 기재되어 야 하며 필요기재사항은 ①보험의 목적, ②보험사고의 성질, ③보험 금액, ④보험료와 그 지급방법, ⑤보험기간을 정한 경우 그 시기와 종기, ⑥무효와 실권의 사유, ⑦보험계약자의 주소·성명·상호, ⑧보험계약연월일, ⑨보험증권의 작성지 및 작성연월일, ⑩선박의 명칭·국적 및 종류, ⑪선적항과 도착항, ⑫보험가액을 정한 경우 그 가액 등이다.

## 보험증명서

포괄예정 보험증권(open policy)에 근거하여 발행된 보험서류를 가리킨다. 현재 확정보험사실이 발생한 것은 아니나 앞으로 발생하게 될 예정 보험에 대해 부보되었음을 증명하는 보험증권을 포괄예정 보험증권이라고 한다. 가령 1월초에 1년 동안 발생예정인 1백만달러에 대해 부보하는 것과 같은 것이 그것이다. 그러나 차후 구체적인 보험사실이 발생한 경우에는 이 포괄예정 보험증권에 근거하여 이미 부보되었음을 증명하게 되는데, 가령 10만달러의 신용장을 수취하고 약정상품을 선적하는 경우에 11

만달러의 보험증명서를 발급하는 경우가 그것이다.

### 보험차익

보험에 가입한 고정자산에 보험사고가 발생하여 손실이 생긴 때에 가입한 보험회사로부터 지급받는 보험금액이 피해를 받은 고정자산의 장부가액을 초과하는 경우에 그 초과하는 금액을 보험차익이라 한다. 일반적으로 손해보험은 자산의 시가를 기준으로 보험금액을 결정하게 되므로 보험차익은 고정자산의 가격변동이나 과거의 감가상각비의 과부족 등에 의해 영향을 받게 된다. 현행세법의 규정에 의하면 보험차익은 원칙적으로 익금에 산입하고 있 으나, 다만 내국법인에 대해는 보험사고로 인하여 멸실하거나 손상된 고정자산과 동일한 종류의 고정자산을 취득하는데 충당하고 스스로 세법에 정하는 바에 따라 그 손금산입액을 일시상각충당금으로 계상한 때에는 당해 사업연도의 소득금액계산상 익금으로 보지 않는다. 반면 기업 회계기준에 의하면 보험차익의 발생 원인에 따라 달리 구분하여 계정처리하고 있다. 화폐가치의 변동으로 인하여 발생한 보험차익은 자본잉여금으로 처리하여야 한다. 이는 오늘날 기업회계에게 주어진 임무는 계속기업을 전제로 하여 실질자본을 유지할 필요가 있기 때문이다. 그러나 화폐가치가 안정된 때에도 발생하는 경우가 있는데 재고자산에 대해 발생한 보험차익을 예로 들 수 있다. 그것은 과년도에 있어서 비밀적립금이 기업내에 보존되어 있는 경우나 보험특성상 보상금적인 성질 때문에 발생하는데, 이러한 경우에는 과년도의 손익을 수정하는 의미에서 그 차액을 손익계산서상의 특별이익으로 처리하도록 되어 있다.

### 보험표준약관

보험약관은 보험계약에 관해 계약자와 보험사 쌍방의 권리·의무를 규정한 약속이다. 이 가운데 모든 보험상품에 두루 표준이 되는 것이 표준 약관이다. 보험회사는 이를 모체로 각 보험상품의 특성을 담은 개별약관 을 만들게 된다. 보험회사는 많은 사람을 상대로 하므로 계약자들과 일 일이 계약내용을 결정하는 것은 불가능하다. 따라서 미리 계약조건을 약관이라는 형식으로 만들어 누구나 공평한 조건으로 가입할 수 있게 하는 것이다. 그러나 보험회사가 임의로 약관을 만들 경우 계약자에게 불이익 이 생길 우려가 있으므로 정부는 약관을 보험사업의 기초서류로 지정, 재무부장관의 인가를 받도록 규정하고 있다.

### 보호(protection care)

생활능력 혹은 기능이 저하되어 있는 자, 미숙인 자를 외부의 환경으로부터 지키면서 일정수준의 생활과 능력의 유지, 성장을 기대해서 생활요구의 충족현실을 가능케 하는 서비스·상황·지도 또는 보도를 일체적으로 제공해 가는 원조활동을 말한다. 원호가 지속적인 생활수준의 지지에 주안점이 있는데 대해 보호는 외부의 장애요인의 소멸될 때까지의 기간, 환경으로부터 지키는 것에 역점이 주어진다. 또 보호에는 외부압력에 의해 장애를 받은 능력의 회복을 촉진하는 지도가 강조된다. 보호는 일반적으로 그 형태에 따라 거택보호와 수용보호로 나누어진다.

### 보호감호처분

여러 개의 범죄를 저질렀거나 여러 개의 형을 받은 사람을 일정한 시설(보호감호시설)에 수용해 보호하면서 교화하고 직업훈련 등을 시키는 것을 보호감호처분이라고 하는데 그 기간은 7년을 넘을 수 없다.

### 보호고용(sheltered employment)

고용부진대책을 행한다 해도 일반노동시장에서 경쟁을 통해 고용되기 곤란한 중도장애인에 대해 국가책임으로 장애인의 노동에 대한 권리를 보장하기 위해 특별한 취로의 제공을 목적으로 제2차 대전 후 서구 국가을 중심으로 발달해 온 제도이다.

### 보호관찰

선고유예나 집행유예를 받은 사람 등이다시 범죄를 저지르는 것을 막고 그의 사회적응을 돕는 것을 목적으로 그 사람의 일상생활을 살피는 것을 보호관찰이라고 한다.

### 보호관찰부 가석방(parole)

미국의 보호관찰제도의 일종인데 parole이란 형사 또는 교정시설에서 선고형의 일부를 복역하고 마친 자를 종국적인 방면이 인정될 때까지 선행을 가지고 당해 시설 또는 주의 인가를 받은 타 기관의 감독 및 지시에 복종할 것을 조건으로 석방하는 행위 또는 석방되어 있는 상태를 말한다. parole는 probation과 마찬가지로 사회에서 생활하면서 태도나 습관이 변할 것으로 기대되는 범인을 개별적으로 선도하고자 하는 것이며 범죄 및 범죄성에 대한 치보호의 결정료적 반응을 구체적으로 시도하는 것이다.

### 보호서비스(protective service)

학대를 받거나 유기 혹은 적절한 보호와 지도 감독을 받을 수 없는 아동을 위한 특수인인 케이스워크 서비스이다. 이 프로그램은 사회단체나 시민의 호소로 시작되며 보호기관(protective agency)이 아동이전을 법원에 청원하여 아동과 부모에게 적절한 보호를 실시하여 부모에게 더 많은 책임을 지우고 아동보호를 가로막는 문제를 해결하고 아동을 재평가할 수 있는 기회를 부여하여 아동과 부모를 재결합시키는 프로그램이다. 아동은 바로 클라이언트가 되며, 부모는 치료의 초점이 되는 것으로 아동과 부모를 위한 프로그램으로서 우리나라에는 아직 시행되지 못하고 있다. 미국에서는 이 프로그램이 연방정부의 위임프로그램(mandated program)이며 많은 예산이 투입되고 있다.

## 보호소년

경찰관직무집행법에 의거 미아, 가출아동, 기아를 요보호대상으로 하여 응급의 구호를 요하는 경우에는 24시간의 범위 내에서 보호조치를 하고 있다. 이때, 보호 조치된 미아, 가출 아동 혹은 기아를 보호소년이라 한다. 따라서 보호소년의 가족, 친지, 기타의 연고자가 나타나지 않을 경우에는 공공사업기관, 병원, 기타 구호기관에 인계함으로써 비행에 빠지지 않도록 적절한 보호와 처우를 하고 있다.

## 보호수탁자(vocational guidance parent)

아동복지법에 의해 의무교육을 완료하였으나 보호자가 없는 요보호아동으로서 장래에 자활을 필요로 함에 따라 사회생활의 적응능력을 높임과 동시에 독립자활에 필요한 직업능력을 육성하는 것을 목적으로 아동을 위탁받을 자를 말한다. 양부모에 대해 통칭 직친이라고도 부르며 희망자는 시·도 아동복지심의회의를 거쳐 등록명부에 기재된다. 이 제도는 아동복지시설에 직업 지도적 기능을 기대하는 것이 곤란한 경우나 노동력으로 이용할 목적으로 양자를 수탁하는 등 양부모제도에 폐해가 발생해 창설되었지만 현재에는 활용되고 있지 않다.

## 보호시설(public assistance institution)

헌법 제34조의 모든 국민은 인간다운 생활을 할 권리를 갖는다고 하는 규정을 제도상으로 구체화한 것 중의 하나로 생활보장법에 의해 설치된 보호시설이다. 각 시설은 요보호자의 인권과 생활의 보장, 자립능력의 조장을 목적으로 하고 있다. 구호시설의 경우를 보면 신체 및 정신장애에 있어서 자립할 수 없는 요보호자를 수용하여 생활부조를 행하는 것이 일반적이다. 이 외에도 갱생시설, 의료보호시설, 수산시설, 숙소제공시설 등이 보호시설로 설치할 수 있는 것들이다. 우리나라에서는 이 보호시설이 미흡한 실정이어서 앞으로 연구 과제라 할 수 있다.

## 보호시찰법

출소자의 갱생지도와 사후관리 등을 전담케 하기 위하여 법무부가 1984년 정기국회에 상정할 예정으로 만든 법인인데 이 법을 제정하려는 것은 해마다 늘어나고 있는 각종 범죄의 50% 가량이 전과자에 의해 저질러지고 있고, 특히 현행법에는 출소자들에 대한 갱생지도나 사후관리를 할 제도적 장치가 없기 때문에 출소자들이 방황하다 재범하는 경우가 많기 때문이다. 이 법안의 내용은 법무부 보호국 내의 심사과를 관찰과로 확대 개편하며 전국지검단위로 보호관찰소를 신설하고 이 보호관찰소에는 정규대학의 사회사업학과, 심리학과 출신 등 전문적인 보호관찰관 20 — 25명이 배치되어 전국 각 교도소, 구치소에서 출

소한 후 고향에 돌아온 출소자들의 사후관리 및 갱생지도를 맡게 된다. 보호관찰관은 직무의 특수성이나 전문성에 비추어 5급 이상 공무원직으로 하고 공개채용 형식으로 선발할 계획이다. 보호관찰관은 출소자 뿐 아니라 법원에서 집행유예를 선고받고 석방되는 사람들을(1년에 1만 5천여명 정도)에 대해서도 법원으로부터 보호관찰 요구가 있을 때는 관찰업무를 맡게 된다. 이 제도는 1841년 미국 매사추세츠주의 한 제화공 존·오거스트스란 사람이 친구인 알콜중독자가 범죄를 저지른 것을 자기가 책임지고 선도하겠다고 법원에 탄원, 석방시킨 후 선도한 것이 성공하여 법원은 선도를 인정하게 되었고 선도에 자신을 얻은 존은 그 후 1,800여명의 범죄인을 석방시켜 보호관찰로 선도에 성곡한 것이 국가정책으로 반영되어 전세RP에 보급되었는데 1869년 매사추체츠주가 처음으로 보호관찰법을 제정했고, 1900년에는 미국 전체로 확대되었으며, 일본은 19049년부터 1958년 사이에 보호관찰관 제법령을 제정하여 현재 보호관찰소 50개소, 보호관찰관 800여명, 민간인 보호위원 5만 2천 명을 확보하고 있으며, 스웨덴은 1965년부터 전면적인 실시를 하고 있다. 현재 공산권국가와 아프리카의 일부지역을 제외하고는 전 세계적으로 이 제도가 실시되고 있다.

## 보호의무자
(person responsible for protective custody or care)

정신 장애인으로서 입원치료가 필요한 경우, 본인의 동의가 반드시 필요한 것은 아니지만 치료를 위해 본인을 대신하여 동의를 행하는 등의 의무를 부담하는 자를 말한다. 보호의무자는 정신장애인의 후견인, 배우자, 친권자 및 부양의무자이다. 정신위생법에 의하면 정신장애인의 자해 및 타해의 사고가 일어나지 않도록 감독하거나 본인의 재산상의 이익을 보호하지 않으면 안된다고 되어 있다. 보호 의무자가 없을 때나 의무를 수행할 수 없을 때에는 지방장이 의무자로 된다.

## 보호자(parent, guardian)

아동복지법에서 말하는 보호자라 함은 친권을 행하는 자, 후견인, 그 외의 자로서 아동을 현재 강요하는 자를 가리키고 있다. 이 규정은 양육관계에 대한 아동의 보호를 행하는 입장으로 반드시 동거하고 있을 필요는 없지만 아동에 대한 감호상태의 지속이 객관적으로 인정됨과 동시에 감호의 의지를 갖고 있어야 한다는 것이 보호자 요건으로 된다. 따라서 친권자나 후견인도 아동의 양육을 타인에게 위임하고 있는 경우 생활비 제공은 보호자와는 무관하다.

## 보호 작업장

보호 작업장이란 통제된 작업환경과 개별적 취업목표를 가진 작업 지향적 재활시설로서, 장애인들이 정상적인

생활과 생산적인 취업상태로 발전해 나가도록 도와주는 작업경험 및 관련 서비스를 제공해 주고 노동시장으로 진출할 수 없는 장애인들에게 생산량에 따라 정규적인 보수를 제공해 준다. 주요 기능은 중증장애인의 사회적, 경제적 의존 수준을 감소시키는 것과 그들 자신의 생산 능력에 따라 일할 수 있도록 하는 것이며 대상은 작업 능력이 일반인에 비해 상당히 떨어져 일반 기업체에 취업이 곤란하며 경쟁 고용을 성취할 수 없는 중증장애인들이다. 우리나라의 경우 1989년 보호 작업장 설치 및 운영 방식을 규정한 보호 작업장 운영지침에 의거하여, 시설의 설치, 요원 확보 및 배치, 대상 장애인 근로자 선정 경위, 직업훈련 및 근로조건, 지도, 회계 및 임금, 관리 체계 등에 대해 규정하고 있으며, 대부분이 수용시설이나 장애인복지관 등 이용 시설에 부설된 형태로 운영되고 있다.

### 보호적 규제정책(protective regulatory policy)
정부가 국민 일반을 보호하기 위해, 민간활동에 일정한 조건을 부여하여 규제하는 정책을 말한다. 환경보호 정책, 독과점 규제 정책, 부당노동행위 금지 정책 등이 여기에 속한다.

### 보호조치 01
경찰관이 정신착란자·미아(迷兒)·주취자(酒醉者)·자살기도자 또는 부상자로서 긴급구호를 요한다고 믿을만한 상당한 이유가 있는 자를 발견한 때에, 보건의료기관 또는 공공구호기관에 긴급구호를 요청하거나, 경찰관서에 보호하는 등 취할 수 있는 조치수단을 말 한다. 이 때 긴급구호 요청을 받은 보건의료기관 또는 공공구호기관은 정당한 이유 없이 긴급 구호를 거절할 수 없으며, 피구호자가 휴대하고 있는 무기·흉기 등 위험을 야기할 수 있는 것으로 인정되는 물건은 경찰관서에 임시영치(臨時領置)할 수 있다.

### 보호조치 02
정신이상이나 음주 등으로 인해 자신이나 다른 사람에게 피해를 준다고 판단되는 사람이나 자살기도자, 미아나 부상자 등 응급조치를 필요로 한다고 판단되는 사람을 경찰관이 경찰관서에 데려와 보호하는 것을 보호조치라고 한다. 보호조치를 한 경찰관은 24시간 안에 가족 등 연고자에게 연락을 해 신병을 넘기거나 공공 병원이나 공공 구호기관에 인계해야 한다.

### 보호주의
외국으로부터 양질·염가의 상품이 대량으로 들어오고, 자국의 산업이 이것과 경쟁할 수 없는 경우 어떤 수단에 의해서든 자국의 산업을 보호하려는 생각이나 방침. 그 수단으로서는 외국상품에 대한 높은 관세(보호관세), 수입과징금과 수입할당 등의 수입통제책이 있다.

### 보호주택(sheltered housing)
고령자를 위한 특별설계와 긴급통보장치가 구비되고 워든복지공장(Warden)이라고 불리는 주택관리자가 있는 고령자용 소규모주택들을 말한다. 영국에서는 1959년부터 1977년까지 잉글랜드와 웰즈에 이러한 보호주택을 약 22만호 건설했다. 주택관리자는 거주노인들의 일상생활을 돕고 긴급구호가 요구될 때는 즉시 적절한 지원을 제공한다.

### 보호처분 01
가정법원소년부나 지방법원소년부가 소년을 보호하기 위해서 내리는 결정으로 다음과 같은 것이 있다. ①보호자 등에게 감독하고 보호하게 한다. ②병원이나 요양소에 치료나 보호를 받게 한다. ③보호관찰관의 단기보호관찰을 받게 한다. ④보호관찰을 받게 한다. ⑤아동복지시설 등에 감독과 보호를 맡긴다. ⑥단기로 소년원에 보낸다. ⑦소년원에 보낸다.

### 보호처분 02
①보안처분의 일종으로, 지방법원 소년부가 심리의 결과 소년에 대해 언도하는 처분, 그 종류에는 보호자 또는 적당한 자의 감호에 위탁하는 것, 사원, 교회 그 밖의 소년 보호단체의 감호에 위탁하는 것, 감화원에 송치하는 것, 소년원에 송치하는 것 등 다섯 종류가 있다. ②사회보호법상 재범의 위험성이 있고 특수한 교육, 개선 및 치료가 필요한 자에 대해 사회복귀를 촉진하고 사회를 보호할 목적으로 하는 처분, 동법상의 보호처분에는 일정한 시설에 수용하여 감호·교화하고 사회복귀에 필요한 직업훈련과 근로를 과하는 보호감호, 일정한 시설에 수용하여 치료를 위한 조치를 하는 치료감호, 일정 장소의 출입제한·특정물품의 사용금지 등의 준수사항을 부과하는 보호관찰 등 세 종류가 있다.

### 보호청구권
생활 곤궁자가 생활보장을 받을 권리를 말한다. 공적부조의 역사는 청구권을 부정해왔지만, 생존권보장의 이념에 의해 현행 생활보장법 중에서 보호청구권이 인정되었다. 동법에서는 모든 국민은 이 법률이 정한 요건을 만족하는 한 이 법률에 의한 보호를 평등하게 받을 수 있다고 해 보호의 수급을 권리로 명기하고 있다. 그러나 생활보장법에 보호청구권이 실제적으로 보장되었는지에 대해서는 학설이 분분하다. 이 청구권의 행사는 보호의 신청 즉 보호를 받고 싶다고 하는 요보호자의 의사표시에 의해 시작된다. 따라서 신청에 의한 청구권의 행사가 행해지지 않으면 국가의 보호도 이행되지 않는다. 또 청구권은 일신전속성의 권리로서 차압, 권리의 양도, 상속대상으로 되지 않는다는 성격을 갖는다.

## 보훈복지의료공단

1981년 4월 '한국원호복지공단법'에 의해 한국원호복지공단으로 발족하였으나, 1984년 8월 근거법이 '한국보훈복지공단법'으로 개정됨에 따라 한국보훈복지공단으로 개편되었다. 2001년 근거법이 '한국보훈복지의료공단법'으로 개정됨에 따라 한국보훈복지의료공단으로 다시 명칭이 변경되었다. 사업은 ①국가유공자아 유·가족 등의 진료 및 재활, ②직업재활교육, ③국가유공자 등 단체의 운영지원, ④복지시설의 운영, ⑤국가유공자 및 그 자녀의 학비지원, ⑥ 호국정신의 함양 및 고취를 위한 사업 등이다. 한국보훈복지의료공단은 사업을 수행하기 위해 전국 주요 도시(서울·부산·광주·대구·대전)에 첨단시설을 보유한 종합병원인 보훈병원을 운영하고 있으며, 수원에 보훈 복지 타운과 보훈원 등 전문주거시설, 교육연수시설, 보훈연구원과 충주에 휴양원 등을 운영하고 있다. 수익사업으로는 복권사업 및 판매사업, 건제, 봉제사업을 진행하고 있다. 수익사업에서 발생하는 이익은 전액 목적사업을 위해 사용된다. 본사는 서울 서초구 반포동에 소재하고 있다.

## 복권

형의 선고나 파산 결정 등으로 잃어버리거나 정지되었던 권리나 자격을 다시 가지게 되는 것을 복권이라고 한다. 형의 선고와 관련한 복권은 형기를 마치거나 형 집행을 면제받은 사람들에 한해 대통령의 사면으로 이루어지는데 일반복권과 특별복권이 있다. ①일반복권 ─ 대통령의 결정, ②특별복권 ─ 검찰총장의 신청 → 법무부장관의 상신 → 대통령의 결정 복권이 되어도 형의 선고에 따른 효력 즉 전과는 그대로 남는다. 파산선고와 관련한 복권은 법정복권과 신청에 의한 복권으로 나누어진다. ③법정복권 ─ 법률의 규정에 의해 복권, ㉾ 사기파산이 아닐 경우 파산선고 뒤 파산선고 뒤 10년이 지났을 때, ④신청에 의한 복권 ─ 빚을 갚은 파산자의 신청 → 파산법원의 복권결정.

## 복리이자

원금과 이전에 지급된 이자의 합에 대한 이자. 가령 10%의 이자율로 ₩100이 지급되면, 다음해에는 ₩110을 받을 수 있고, 그 이듬해에는 ₩121을 받을 수 있다. 이때 ₩1은 이전에 이자로 지급받은 ₩10에 대한 이자인데, 이러한 방법을 복리법이라 한다. 물론 연간, 6개월간, 월간, 혹은 다른 기준에 의해서도 위의 예를 적용할 수 있다.

## 복리후생(employee welfare and services)

기업이 종업원 또는 종업원 가족의 소비생활을 신체적,

정신적으로 또는 경제적으로 직접 원조하여 복지를 꾀하는 일체의 체계를 말한다. 종래의 복리후생은 사용자의 온정적 색채가 짙었는데 오늘날에 와서는 기업의 사회적 책임에 입각하여 법적, 권리적 색채가 농후하여 감에 따라 기업복지라는 말로 고쳐 부르게 되었다. 또 노동(근로)복지라고 할 때 노·사·정 3자에 의한 복지를 의미하므로 이것과의 구분을 위해서도 사용자 중심의 노동(근로)복지를 기업복지로 명명하게 되었다. 임금과 복리후생은 경영자가 부담하면서도 근로자의 생활에 가장 관계가 깊은데 그 차이는 임금이 통상 화폐에 의해 지불되기 때문에 종업원은 화폐에 의해서 자유로이 자기의 욕망을 소비생활에 충족하는 것인데 복리후생시설은 기업 측에서 소비생활을 규제하는 경우도 많다. 가령 주거시설과 같은 것은 현저히 낮은 집세로 임대함으로써 종업원이 회사 측의 주거정책에 의존하며 안도감을 갖게 될 것이다. 또 임금이 복리후생은 개별임금이며 기본적 근로조건인데 대해 복리후생은 집단임금이며 부가적 근로조건이라고 할 수 있다. 복리 후생의 내용을 개관하면 생활원조관계로서 사택, 기숙사, 아파트 등의 거주설비와 급식, 욕탕, 미용실, 이발소, 일용품판매소, 매점, 세탁 등의 제 시설, 의료관계로서 의무실, 병원, 구급실, 문화 오락시설로서 학교, 도서관, 독서실, 공장잡지, 오락실, 영사실, 운동장, 레크리에이션시설, 금융관계로서 저축, 단체보험, 저리대부금 등, 안전위생시설로서 휴식설비, 탈의실, 화장실, 조명, 환기, 난방, 냉방 등의 설비, 화재방지시설, 안전장치시설, 보호구, 경제관계시설로서 공제제도, 기타 법정복리시설로서 사회보험, 노동보험, 질병 및 재해수당과 사회보험보완복지, 상담시설 등이 있다.

## 복리후생비

기업의 복리후생비는 근로자에게 지급되는 임금 등의 보수(상여금과 시간외 수당 포함)를 제외하고, 근로자의 복지와 후생, 즉 부가급부 (fringe benefits)를 위해 지불되는 경비를 말한다. 구체적으로는 다음과 같은 경비 항목을 포괄한다. ①법정 부가급부 : 각종 보험, 퇴직금, 연금, ②근로하지 않은 시간에 대한 보수지급 : 유급의 휴가, 휴일, 휴식시간, 갱의시간, 세면시간 등, ③식사, 기숙사, 통근차 제공 등 현물 급여에 소요되는 경비, ④의료, 위생, 오락, 스포츠 등의 경비, ⑤장학 금, 주택수당 등이 있다.

## 복수노조

노동조합이 분열해 탈퇴자가 노조를 결성했을 때 또는 노조에 가입하지 않은 자가 기존 노조에 대항해 별도의 노조를 결성했을 때, 해당 노조를 일반적으로 복수노조라고 한다.

## 복수양식법(multiple form method)

동일한 내용의 시험을, 양식을 달리하여 치른 뒤 그 성적을 비교하여 시험의 신뢰도를 측정하는 방법을 말한다.

## 복수직급제

복수직급제란 공무원의 승진적체 문제를 해소하기 위해 조직계층상의 한 직위에 계급이 서로 다른 사람을 배치할 수 있도록 한 우리나라의 인사제도를 말한다. 가령 서기관이 임명되는 과장 직위에 부이사관을 배치할 수 있도록 한 인사제도다. 이러한 복수직급제는 정부조직의 계서제적 구성원리를 교란하고 인사체제의 불안정을 초래할 수 있는 편법적 승진제도다.

## 복식예산제도

예산을 경상예산과 자본예산으로 구분하여 운영하는 제도를 말한다. 스칸디나비아국가에서는 1930년대부터 실시되고 있는데, 미국의 후버 위원 회의 권고와 Hicks,J.R.의 '예산개혁문제' (1948) 등에도 이 주장이 있다. 경상예산과 자본예산을 구분하는 이점으로서 경제분석을 위한 유효성, 자본관리, 채무조달이 용이하다는 것 등을 들수 있다. 복식예산제도는 경상예산에 대해서는 매년 균형을 구하지만 자본예산에 대해서는 다년간에 걸친 균형을 기도하는, 예산의 장기적 균형의 사고방식에 결부되어 있다.

## 복잡한 인간관(complex man)

인간의 욕구는 일원적이 아니라 다양하며 환경과 시간의 흐름, 사회·경제적 배경, 나이, 지위 등에 따라 변화가 심한 것으로 파악하는 Schein의 인간모형을 말한다. 즉 인간은 복잡한 욕구를 가졌을 뿐만 아니라 그 욕구는 변하기 쉬우며, 일상 또는 조직경험을 통해 욕구를 학습할 수 있고, 동일한 일을 하는 경우에도 상이한 동기가 작용할 수 있으며, 동기·능력·일의 성격 등에 따라 각기 다른 관리전략에 반응을 보일 것으로 보는 관점을 말한다.

## 복제권

지적재산권의 일종으로 판매권이나 제조권같이 특허권 안에 포함된 권리이다. 다시말해 특허를 낸 물건을 생산해 팔 수 있는 권리로 특허권자의 허가를 받지 않고 특허 물건을 복제할 수 없으며 로열티를 내야 복제권을 가질 수 있게 한 것이다. 복제권은 지난 1980년 GATT에서 도입 됐다. 복제권은 그 개념에 따라 ①수입품을 수입 상태대로 재현하는 좁은 의미의 복제권, ②수입 물품에 내재한 고안 창작을 다른 물품에 재현 하는 좁은 의미의 복제권, ③영화필름을 상영하는 권리까지 포함하는 가장 넓은 의미 등으로 나눌 수 있다.

## 복지경제학(welfare economics)

복지개선을 위한 정책의 양과 질을 평가하려는 경제학으로 넓은 의미에서 후생경제학의 한 조류를 이루고 있으나 종래의 이 분야가 너무나도 추상적, 형식적이었다는 비판에서부터 출발하고 있다. 일부 학파의 주장으로는 후생경제학에 대한 복지경제학의 특징을 첫째, 복지개념의 확장, 둘째, 현실의 복지정책을 둘러싼 실천제이론의 흡수 등을 들 수 있다. 그러나 복지경제학은 공공경제학(시장구조 외의 자원배분, 소득분배를 구체적으로 취급한다)과 많은 공통점을 가진다고 볼 수 있다.

## 복지공장(welfare workshop for the disabled)

일하려는 의사와 작업능력을 가지고 있으나 직장환경이나 설비, 통근교통사정 등 때문에 일반기업체에 고용되는 것이 곤란한 중증 신체 장애인에게 직장을 가지게 하여 자립적 시민으로서 사회생활을 영위하도록 하는 것을 목적으로 하는 시설이다. 신체장애인 수산시설의 일종으로서 설치되는데 기업적 색채가 강하고 장애인은 종업원으로서 사업주와 고용계약을 체결한다. 복지공장에 일하는 신체장애인의 대부분은 휠체어의 이용자이다. 일반장애인 및 중증장애인의 복지공장의 보호고용이 아직 제도화하지 않은 우리나라에 있어서는 장애인 복지시설이 정부 및 지방자치단체의 보조에 의해 복지공장과 비슷하게 운영되고 있다.

## 복지국가(welfare state) 01

극단적인 개인주의·자유방임주의를 지양하고 국민의 공공복리를 주요한 기능으로 하는 국가를 말한다. 즉 국가의 기능을 치안유지와 외교·국방에 한정하는 야경국가(夜警國家)에 대비되는 개념으로, 사회 구성원의 복지 증진을 국가의 가장 중요한 임무로 규정하고, 이를 위하여 국가의 자원을 사용하는 국가를 말한다. 19세기 후반 이후 고도자본주의의 발달에 따라 빈부격차, 실업, 노사분규, 산업재해 증가 등 자본주의가 초래하는 많은 폐단이 나타남에 따라, 유럽의 여러 국가들은 자유방임주의 정책을 지양하고 민간 경제질서에 적극적으로 개입함으로써 경제적 이해의 대립을 조화하고 국민 생존의 실질적인 보장을 추구하게 되었다. 이와 같이 국가기능이 확대된 현대국가의 형태를 복지국가라 부른다.

## 복지국가 02

국민전체의 복지 증진과 확보 및 행복 추구를 국가의 가장 중요한 사명으로 보는 국가. 특히 자본주의국가에서는 완전고용·최저임금보장·사회보장제도 등이 가장 중요한 시책이다. 현재는 북유럽이 잘 발달되어 있다. 역사적으로는 "짐은 제1의 공복이다"라 불렸던 절대주의 혹은 전제주의 계몽국가에서부터 시작되었다. 또 20세기의 국가 사회주의적 사상을 배경으로 하는 직능국가(職能國家)도 복지국가로 볼 수 있다. ①고전적 복지국가 : 근대 국가의 초기에 절대군주는 "공공의 복지는 최고의 법"이라든가, "군주는 국민의 제1의 공복"이라고 칭하며, 국민의 복지실현이라는 미명 하에 중상주의(重商主義)정책을 취하였다. 이 때 국민의 복지내용은 군주 스스로가 임의로 결정하였고, 국민복지의 이름으로 국민생활의 구석구석까지 간섭하였으므로 경찰국가이기도 하였다. 따라서 현대의 사회복지국가와 구별하여 공공복지국가라고도 한다. ②현대적 복지 국가 : 현대의 사회복지국가는 자본주의적 생산양식과 결부되어 있어, 계급대립의 격화는 폭력혁명에 의한 체제변화를 초래하기 때문에 19세기 후반부터 민주사회주의나 사회민주주의 등의 자본주의 수정이론이 나타나 국민전체의 사회복지를 추구하고 있다. 북유럽 지역의 근대경제학, 영국의 페이비어니즘(Fabianism), J. M.케인스의 고용이론, A. C.피구의 후생경제학 등은 복지국가이론에 큰 몫을 한 이론들이다. 스웨덴·노르웨이·핀란드·덴마크 등의 북유럽 국가들은 각기 "국가를 국민의 집으로", "개인의 성공과 관계없는 생활의 안정을", "어린이의 성(城)" 등의 구호를 내걸고 거의 모든 국민이 소득을 가지게 하는, 일찍부터 잘 발달된 복지국가로 알려져 있다. 제2차 세계대전 이후 영국도 "요람에서 무덤까지"의 구호를 실현하게 되었다. 한국의 현행헌법도 전문과 제34조 등에서 복지국가건설을 목적으로 하고 있음을 천명하고 있다. 복지국가는 적당한 수준의 경제성장에 의해 얻어지는 국민소득총액의 증대를 바탕으로 조세정책, 일부 산업의 국유화, 완전고용, 쾌적한 의식주의 확보, 질병자·실업자·노인과 모자의 사회보장, 국민연금 등에 의해 국민들로 하여금 최저한의 건강하고 문화적인 생활을 보장하는 것이다. 여기에 덧붙여 언론·집회·결사의 자유 등과 같은 정신적 복지도 불가결한 것이다. 그러나 다른 한편에서 볼 때 국민이 체제에 지나치게 의존하거나 국가통제의 증대화를 촉진시킬 수 있다. 또 관리국가로서 관료들의 국민생활 간섭으로 소외감을 가져올 수 있고, 생활안정으로 노동자의 노동의욕이 감퇴되거나 노인자살과 비행청소년의 증대를 초래하기도 한다.

## 복지국가 03

어원으로서는 제2차 대전 중 독일, 이탈리아 등의 국가를 전쟁국가(warfare state)라 한데 대해 영국 캔터베리사원의 대승정 연설에서 영국 등을 복지국가라 칭한데 유래한다. 보통은 국민의 복지증진과 확보를 중요한 국가목표의 하나로 천명하고 완전고용과 사회보장, 사회복지 등의 정책을 실현하는 국가를 말하나 전후의 영국과 북구국가을 특정하는 경우도 있다. 맑스주의 이론에서는 자본주의체제의 유지를 도모하기 위해 독점자본과 국가권력이 유착한 국가독점자본주의 한 형태로 간주하기도 하지만 일반적으로는 자본주의와 사회주의 중간적 형태로 보며 경제체제는 혼합경제체제, 정치체제는 자유주의와 사회주의의 공존 등을 특징으로 한다. 최근 복지국가에 대한 복지

사회, 복지사회와 복지국가와의 연관성 등의 논의가 활발해지고 있다.

## 복지국가의 기능

복지국가란 단어는 1941년 당시 영국 요크시의 대주교였던 윌리엄 템플(William Temple)이 제2차 대전의 전범 독일을 무력국가(the power state)라고 부르면서 이에 대치되는 의미로 복지국가라는 단어를 사용한데서 비롯되었다. C. W. Friedmann은 현대국가의 행정기능으로서 질서유지자(protector), 사회봉사자(dispenser of social services), 산업경영자(industrial manager), 경제적 통제자(economic controller), 대립의 중재자(arbitrator)의 기능을 들고 있으며, Marshall E. Dimock과 Louis W. Koeing은 보호기능(protection), 규제기능(regulation), 원호기능(assistance), 직접적 봉사기능(direct service)을 들고 있다. 그러나 이러한 복지국가 이념도 비판이 따르고 있다.

## 복지권(welfare right)

아동복지영역을 중심으로 발달시켜 온 사회복지의 권리 개념으로 사회 복지적 보호가 갖는 사후 구체적인 의미. 한계를 초월하여 아동의 곤란한 생활을 예방하고 생활의 향상과 건전한 발달을 보장하도록 급여, 서비스에 대한 요구를 내용으로 한다. 구체적으로 복지권은 충분한 보육 서비스, 놀이 공간 등 아동의 건전한 발달을 보장하도록 서비스에 대한 요구를 확보하는 권리개념이다. 우리나라에서는 국민의 정부 출범이후 복지권에 대한 논쟁이 시작되었다. 복지권이 인간의 보편적 권리의 하나로 인식되기 시작하였다.

## 복지기기

신체장애인 등 장애를 갖고 있는 사람을 위해 의학, 직업, 사회생활, 스포츠, 레크레이션 등의 분야에서 장애를 가능한 한 경감시키는 것을 목적으로 사용되어지는 기계 기구를 통칭한 개념으로 보장구로부터 복지시설의 성력기기까지를 포함하고 있다.

## 복지기획(welfare planning)

복지기획이란 사회기획(social planning)의 부분기획으로서 복지문제를 해결하고 예측 또는 체계적인 사고에 의해서 미래를 통제하는 의도적 노력이다. 이러한 기획가(planners)의 권위를 M·Rein은 전문적지식과 기술(expertise), 관료제(bureancracy), 소비자(consumers), 전문적가치(professional values)에 근원한다고 지적하고 있다.

## 복지넷

보건복지가족부 산하 한국사회복지협의회가 사회복지관

련 정보를 제공하기 위하여 1995년에 만든 사회복지포탈 서비스이다.

## 복지노동(welfare labor)

이 용어가 언제부터 사용되어졌는지는 확실하지 않지만 1960년대 후반의 사회복지시설 개선운동의 고양기에 사용되기 시작해 1970년대 전반에 정착되어졌다고 생각된다. 복지노동은 사회복지종사자를 분명히 노동자의 일부로 규정함으로서 종래의 처우, 업무의 개념을 노동으로 취급해 그 전문적 성격을 밝히기 위해 의도적으로 사용되어져 언제부터인가 복지노동(자)론이 제기되었지만 정확한 개념은 없다. 사회복지의 처우, 업무를 노동으로 규정해 그 노동과정을 과학화하고 실천＝노동의 발전 가운데 노동대상을 보다 깊이 인식하고 노동의 내용을 높이며 노동의 전문성, 과학성을 명백히 하는 일 및 이들 사항과 노동자론을 결합시키는 것이 과제로 되고 있다.

## 복지대상자의 권리

사회복지 대상자의 대상규정이 다양화 되어가는 추이이기 때문에 그 권리의 내용, 권리보장의 양태도 일괄해서 규정할 수 없다. 생존권 보장에 있어서도 단지 공적부조에 의한 최저한도의 생활 유지만으로는 충분하다고 할 수 없을 것이다. 자립이라는 것도 대상자가 타인의 원조 없이 스스로의 생활을 자율, 자립할 수 있는 것을 의미한다. 특히 장애인의 자립갱생은 장애아(인)의 권리보장으로서 소득보장과 함께 의료(재활의료), 사회적 재활 과정에서 취업, 가족관계, 사회복귀에 이르는 서비스과정에서 확보된다. 연금, 복지서비스, 노동보장, 교육 등의 포괄적·통계적인 서비스 체계에 의해 권리로서의 자립갱생이 가능해진다.

## 복지문화(welfare culture)

복지문화는 사회화의 복지적 행위에 관련된 측면이지만 인간의 복지적 행위는 인간의 가치 지향적 행위에 대한 주체의 가치의식 내지 평가적 태도(value attitude)에 의해 결정된다. 일반적으로 복지행위에 대한 가치의식, 평가적 태도를 복지의식(welfare consciousness)이라고 하여 복지의식에 의해 복지적 행위를 한다. 이렇게 볼 때 복지의식은 주체적 정신 내지 태도라고 볼 수 있다. 이에 대해 복지문화는 객관적 가치 내지 창조물이라고 할 수 있다. 복지문화는 복지조직이나 시스템을 움직이는 원동력이 된다. 복지문화는 가변적인 복지환경(welfare environment)과 불변적인 복지풍토(welfare climate)로 나누어지는데, 이들 복지문화요인은 주체적인 복지의식과의 상호작용 속에서 복지적 행위가 결정된다. 이렇게 하여 결정된 복지적 행위는 장기간에 걸쳐서 복지규범(welfare norm)을 형성시켜 새로운 복지문화로 전환하게 된다.

## 복지비(welfare expenditure)

복지비란 복지 경비를 말하며 성질상 이전지출(transfer expenditure)에 해당하는 것으로서 고소득층으로부터 저소득층으로 이전되며 국민소득의 일부분이 되지 않는다. 즉 공적부조는 순수이전(pure transfer)이며 사회보험은 혼합이전(mixed expenditure)에 속한다. 이러한 복지비는 소득재분배기능, 자본축적기능, 경제성장 촉진기능, 경기변동에 대한 자동안전기능을 지니고 있다.

## 복지사회(welfare society)

복지사회에 대한 정설은 없지만 그 하나는 복지국가와 관련해서 말하는 주장이다. 영국, 북구국가를 복지국가라고 하는데 대해 프랑스, 독일 등 서구선진국을 복지사회라고 부르는 것으로 구별하거나 복지국가가 정치행정의 과제인데 대해 복지사회는 국민의 의식태도에 관한 것으로서 복지국가의 사회적 기반을 복지사회라고 부르거나 아직도 복지국가가 하나의 국가체제인데 대해 복지사회는 보다 열려진 것으로서 복지세계와 동의어로 사용하는 예 등이 보여 진다. 이것과는 별도로 발달단계를 규정하는 주장으로서 가령 탈산업 사회의 하나라고 부르는 방식으로 하나의 산업사회의 일정한 수정으로서의 복지사회를 주장하는 경우가 있다. 그 경우에는 산업사회의 지배적 가치관계로 되는 업적주의(meritocracy)에 대한 연대주의(solidarism)를, 이기주의에 대한 이타주의를, 사적 또는 그 경제적 시장에 대한 사회적 시장을, 등가교환에 대한 시여, 증여를 축으로 하는 교환의 행동양식의 통합을 어떻게 도모하는가에 대해 문제삼고 있다.

## 복지사회학(welfare sociology)

사회복지 제 관계법에 제시된 영역을 대상으로 하면서 각각의 욕구에 관한 질량을 그 사회적 배경, 형성과정에 따라서 해명하는 학문의 한 영역으로서 그 욕구에 대한 각종 서비스의 다원적인 공급구조와 과정을 분석하고 질과 양에 있어서 수급(차)과 그 원인을 관계주체의 사회적 존재와 그 행동양식에 소급하여 연구하는 사회학의 한 분야이다. 이 속에는 복지정책도 포함되며, 또 사회보장, 가족, 지역 사회, 의료, 보건, 산업, 노동, 행·재정연구 등과 깊은 관련을 갖고 있다.

## 복지수준(level of welfare)

일정 시점에서 개인이나 인구집단의 욕구에 대한 충족, 만족의 결과가 인지된 상태로서 복지수준은 육체적 발달복지시설수준인 신체 상태는 물론 정신적 발달수준인 교육상태, 나아가 사회 상태와도 관련이 깊은데, 이러한 여러 가지 상태가 복지수준의 결정소가 된다. 신체 상태는 영양상태, 건강상태, 여명, 육체적 적응성 등으로 파악되며, 교육 상태는 문맹률, 교육수준, 고용상태, 교육의 적합성, 성취 등에 의해, 사회 상태는 국민전체, 사회계층, 가족의 일체감과 통합력 및 사회참여의 정도에 의해 그 수준이 나타나는데 이들을 종합한 것이 바로 복지수준이다.

### 복지연금(welfare pension)

적용대상에서 제외된 층에 대한 조치로 무거출제의 사회부조적인 국민연금법의 급여제도로 도입되었다. 노령복지연금, 장애복지연금, 모자복지연금, 준모자복지연금의 4가지 급여가 있었지만, 국민연금법 개정으로 노령복지연금을 제외하고 폐지되어 법시행일 전까지 수급권이 발생하고 있는 모자복지연금과 준모자복지연금은 시행일에 유족기초연금으로, 장애복지연금은 장애기초연금으로 전환되었다. 참고로 우리나라에서는 이 제도와 비슷한 형태로 우선 원호대상자를 위한 연금제와 공무원연금제를 실시하고 있다.

### 복지위원 시장(서울특별시장 및 광역시장 포함)

군수는 사회복지사업을 원활하게 수행하도록 하기 위하여 동(구, 시에 한함), 읍, 면에 복지위원을 두는데 이들 복지위원은 장의 추천으로 서울특별시장, 광역시장 또는 시장, 군수가 위촉한다. 이들 복지위원은 ①지역사회 실정에 밝고 사회복지 증진에 열의가 있는 자, ②사회복지에 관한 학식과 경험이 풍부한 자로서 임기는 3년이며, 복지위원의 정수는 동, 읍, 면 별로 각 2인 이상으로 하되 지역여건을 감안하여 서울특별시, 광역시 또는 도의 조례로 정한다. 이들은 명예직으로 예산의 범위 안에서 수당을 지급받을 수 있으며, 이들의 직무는 ①관할지역 안의 영세민, 아동, 노인, 심신장애인, 요보호 여자 등 사회복지사업에 의한 도움을 필요로 하는 자에 대한 선도 및 상담, ②사회복지대상자를 위한 보호의 의뢰 및 사회복지시설이용의 알선, ③사회복지관계 행정기관, 사회복지시설 기타 사회복지 관계단체와의 협력, ④기타 관할지역주민의 복지증진을 위하여 필요한 사항 등이다.

### 복지재원(welfare funds)

복지재원이란 부담주체로 보면 국가나 지방자치단체, 고용주, 수혜자 본인, 기타 의연금으로 대별할 수 있으나 점차 국가나 지방자치단체의 부담을 줄이고 고용주와 수혜자 본인이 부담하는 사적연금제도를 권장하고 있는 듯하다. 복지재원의 종별로는 조세(taxes)로서 이는 복지재원의 확보, 소득재분배의 효과, 복지참여의욕 진작의 효과를 가져올 수 있다. 사용주 부담금으로서 이는 국가재정의 압박을 완화시킬 수 있고 노사협력 체제를 강화할 수 있는 이점과 기업이윤의 저하로 근로자의 임금수준의 저하란 단점을 지니고 있다. 갹출료로서 이는 노사 간의 호혜정신을 조장하고 부담선이 명백하기 때문에 제도설정 유지가 용이하고 부담이 따르기 때문에 피용자의 낭비적 수요를 견제할 수 있고 당해 조직집단에서의 이탈을 방지

할 수 있다. 수수료로서 우리나라의 건강보험은 갹출제와 수수료를 혼합사용한 것이다.

### 복지재정계획

복지재정계획이란 설정된 사회복지정책을 능률적으로 달성하기 위한 수입과 지출의 체계화를 말한다. 사회복지계획을 구체적으로 추진해가기 위해서는 시책의 체계화와 대상자 및 종사자, 재원 등이 전체로서 어떻게 유효하게 체계화 되는가 중요한 과제지만 사회복지계획뿐만 아니라 모든 행정계획은 재정적 뒷받침이 있어야 비로소 실시할 수 있는 것이다. 따라서 계획의 일부 간으로 재정계획이 명확해져야 한다. 재정계획은 보통 당해 연도의 예산이라는 형태를 취하기 때문에 장기적인 전망을 결하고 또 계획부문과 분리되기 쉽다. 따라서 이 폐해의 시정을 위한 방법의 개발이 검토되어야 할 것이다. 또 사회복지의 충실, 서비스의 확대에 따라 조세에 의할 것인가 수익자 부담에 의할 것인가의 재원조달의 방법에 대한 검토나 지방자치단체에 기반을 둔 사회서비스의 요청 확대에 따른 지방분권적인 재정제도의 확립 등이 과제가 될 것이다.

### 복지재평가론

복지재평가론은 1975년 전후부터 종래의 고도경제성장 하에서 복지에 대한 반성으로 논의되어진 것으로 그 논의로는 2가지가 있다. 하나는 성장률 저하의 상황 하에서 복지의 우선순위를 무시하거나 혹은 인기 취급적 시책이 보여 지거나 함으로서 복지시책을 재평가해 보다 효율적으로 복지 상태를 구한다고 하는 것으로 주로 재정력으로 주장되어진 견해이다. 이에 대한 다른 견해는 경제동향에는 직접적으로 관계하지 않고 오히려 국민생활과 의식변화로부터 복지정책욕구가 변화해 그를 위한 복지상태가 개정되어 검토되지 않으면 안된다고 하는 주장으로 이 관점에서 새로운 사회복지로의 추구 등이 건설적으로 논의되고 있다.

### 복지행정(public welfare administration) 01

사회구성원들의 복지를 향상시키기 위한 공공 복지기관의 행정을 말한다. 넓은 의미의 복지행정에는 공공복지기관의 행정뿐만 아니라, 사회복지기관의 행정도 포함된다.

### 복지행정 02

복지행정이란 복지개념과 행정개념의 복합개념으로서 행정학의 한 분야이며 복지행정현상을 사실적 측면에서 고찰하는 국가 혹은 지방자치단체의 책임 있는 행정을 말한다. 이에 Mues Arthur P.는 그의 저서 an introduction to public welfare에서 곤궁자(the needy)를 구제하고 사회적으로 또는 정신적으로 부적응자를 치료하는 기교(art) 혹은

기술(technique)이라 하였고, White R. Clyde는 administration of Public Welfare에서 "복지행정을 빈곤자의 구제, 종속아동과 문제아의 보호, 범죄자와 비행자의 치료, 정신병자의 치료를 목적으로 하는 정부활동에 관한 기술이며, 과학이다."라고 하여 대상, 목적, 주체를 분명히 하고 있다.

## 복직
휴직·직위해제 또는 정직(停職) 중에 있는 공무원을 직위에 복귀시키는 것을 말한다. 휴직 중인 공무원은 휴직기간 중 그 사유가 소멸된 때에는 30일 이내에 임용권자 또는 임용제청권자에게 이를 신고하여야 하며, 임용권자는 지체없이 복직을 명하여야 한다. 직위해제 중인 공무원의 직위해제 사유가 소멸된 때, 정직 중에 있는 공무원의 정직 사유가 소멸된 때에 임용권자는 곧 복직시켜야 한다.

## 본뉴우만 모겐스텐 효용함수
다음과 같은 2가지 조건을 만족하는 기수적 함수형태로 표현되는 효용함수를 본뉴우만 모겐스텐 효용함수라고 한다. ①효용함수가 소비자의 선호체계를 완전하게 유지한다. 즉 효용이 높은 재화의 효용함수 값이 효용이 낮은 재화의 효용함수값보다 크다. ②불확실한 대안에 대한 효용은 기대효용으로 표현된다.

## 본능(instinct) 01
생득적으로 타고난 생리적 충동과 원시적 욕구를 지체 없이 즉각적으로 만족시키려는 성격구조의 한 단위. 정신분석 이론에서 쓰이는 용어이다. 본능은 쾌락을 추구하며 모든 본능의 과정은 무의식으로 되어 있다고 한다.

## 본능 02
인간이나 동물의 행동 가운데 학습된 행동을 제외한 행동경향 혹은 행동양식을 총칭한다. 흔히 본능 혹은 본능적 행동은 목표 지향적이며 종에 따라 차이를 보인다.

## 본능 03
인간 및 동물의 본능의 정의에 관해 19세기부터 종에 고유한 행동으로서 유전적인 것, 단순한 주성이나 반사가 아니고 연쇄적인 것, 종과 개체의 유지를 위해 적응적인 것, 내적 충동이 관여하는 것 등이 중요한 규범으로 생각되어 왔다. 그러나 본능의 엄밀한 정의에는 여러 가지 곤란이 따랐고 행동의 설명에 본능이라는 말의 사용을 기피하는 경향이 강했다. 오늘날의 동물행동학에서는, 일반적으로 진화의 과정에서 종에 고유한 정형화된 행동 패턴으로서 유전적으로 확립된 것을 본능적 행동이라고 정의하고, 그 같은 행동을 그 의미에서 생득적(innate)이라고 말한다. 본능적 행동은 신호 자극(해발인)에 의해 개시되는

데, 그 과정에 있어서는 학습이 참여하는 것도 가능하다. ─ 자연본능((라) instinctus naturalis)이라는 말은 고대부터 있었는데, 한편으로는 직각적인 평가·통찰의 능력으로 간주되고, 근세에도 이러한 뜻으로 이해되었다(허버트). 또 다른 한편으로는 맹목적인 충동으로 생각되고, 이성이나 오성과 대립하는 것으로 이해되어 그것보다 낮은 능력으로 생각되었다. 칸트는 인간의 역사는 본능의 보호로부터 탈피하는 것이라고 생각했다. 쇼펜하우어는 본능을 자연의 의지의 무의식적 ─ 합목적적 활동으로서 파악하고, 이 두 개의 견지를 통합하려고 했다. 또 니체는 이성에 비해 본능을 높이 평가했다. 20세기에 있어서도, 베르그송은 오성이 대상을 외부로부터 파악하고 물질을 인식하는데 적합한 능력인데 반해 본능은 공감의 능력으로서, 생명의 내부에 접근할 수 있는 것으로 믿었다. 동물이 본능적으로 적응한다는 사실은 예부터 주목되었는데, 교회의 가르침에서는 이것은 신의 의한 창조에 근거하는 것이라고 하고 신의 존재의 증명에 이용되었다. 이 관념은 오랫동안 잔존했지만, 생물학, 특히 진화학설의 발전에 의해 극복되었다.

## 본원적 축적
자본주의의 발전의 내용을 이루는 자본의 축적은 이미 성립하고 있는 자본·노동 관계를 전제한 그의 확충·발전을 의미한다. 그러나 이러한 자본·노동관계는 역사적으로 형성된 것이다. 이러한 자본축적에 대해 그것이 전제하고 있는 자본·노동관계 그 자체의 역사적 형성을 본원적 축적이라 한다. 자본주의가 생겨난 모체가 된 봉건사회의 생산적 기초는 자영농민 및 수공업자였다. 자본주의는 이 자영업자로부터 생산수단 특히 자영농민으로부터 토지를 수탈해서 노동력과 생산수단의 자연적 결합을 파괴하고, 이렇게 해서 생산수단을 수탈당한 노동력을 자본을 위한 임금노동으로 전화시키고 생산수단을 임금노동착취의 수단으로써 자본으로 전화시킬 때 성립한다. 따라서 자원적 축적은 두 개의 과정으로 구성된다. 제 1의 과정은 자영업자 특히 자영농민으로부터 생산수단을 수탈하는 과정이다. 이 수탈과정은 영국의 인클로우저 운동 가운데 전형적으로 나 타난다. 14세기 후반의 제 1차 인클로우저 운동과 18세기 중엽의 제 2차 인클로우저 운동은 대량의 농민을 토지로부터 분리시키고 그들을 무 산자로 전락시켰다. 제 2 의 과정은 이렇게 해서 분리된 생산수단이 소수의 수중에 집중되고 이것이 자본으로 전화하는 과정이다. 농업에서의 토지집중·집적·도시수공업의 발전, 해외무역과 식민지 착취를 통한 거대한 상업자본의 축적·집중이 이루어짐으로써 이 과정이 완성되었다.

## 본질(essence)
사물이나 현상을 성립시키는 궁극적인 특성이다. 본질은

다음의 세 가지 뜻으로 쓰인다. ①형이상학적으로는 표면적·일시적인 것에 대해 변하지 않는 것을 뜻한다. ②실존에 대립되는 개념으로 어떤 것이 존재할 때 그 존재의 본성을 구성하는 것. ③논리학적으로는 사유의 대상을 정의할 때 한정, 규정의 총체를 가리킨다.

### 본질적 가치(intrinsic value)

가치 자체가 목적이 되는 가치를 의미하는 것으로 결과에 상관없이 만족을 줄 수 있는 가치를 의미한다. 반면 수단적 또는 비본질적 가치라 함은 어떤 욕구되는 결과, 즉 목적을 실현하는 것을 가능하게 하는 가치들을 의미한다.

### 본질주의(essentialism)

문화적 유산의 가치가 모든 사람에게 전달되어야 한다고 주장하는 20세기 미국사회의 한 교육사조이다. 본질은 실존하며 직관적으로 알 수 있고 구체적인 존재보다 우선한다는 철학적 학설로서 실재론과 관념론을 포괄하고 있다. 객관적 관념론인 플라톤(Platon), 실재론인 데모크리토스(Demokritos)와 아리스토텔레스(Aristoteles) 등에서 그 연원을 찾을 수 있으나 현대적 본질주의는 문예부흥기 이후 많은 관념론자와 실재론자들의 사상 속에서 발견될 수 있다. 그러나 이는 일반철학에 속한다기보다는 교육운동에 깊이 관련된 것으로, 문예부흥기부터 진보주의 교육이 나오기까지는 모든 세속학교를 지배한 사상이다. 20세기에 들어와 진보주의 교육의 그늘 아래 잠시 가렸으나, 1930년 버글리(W. C. Bagley)를 위시해 데미어쉬케비치(M. Demiashkevich), 혼(H. H. Horne), 피니(R. L. Finney), 칸델(I. L. Kandel), 브리드(F. S. Breed), 브릭만(W. Brickman), 베스토(A. Bestor), 스미드(M. Smith) 등에 의해 진보주의 교육이 공격받으면서 발전한 것이다. 개인의 가능성을 믿으나 아동의 자유나 흥미보다는 질서·노력·훈련·개념적 학습 및 교사의 권위가 강조된다. 항존 주의와 같이 고전과 영원한 진리를 가르치되 그 자체를 위해서라기보다는 현재의 문제를 해결하기 위한 것이라는 점에서 방법 면에서는 진보주의 교육에 더 가깝다.

### 볼비(Bowlby John M.)

영국의 정신과의사이다. 1951년 볼비는 유아기에 체험하는 모성적 보육의 상실을 마터날 디프리베이션(maternal deprivation)이라 부르고 인격형성에 큰 영향력을 미친다고 지적했다. 즉 유아와 모친과의 인간관계가 친밀하고 계속적인 것이 유아의 발달이나 정신위생의 기초라고 생각한 것이다. 상실은 모친과의 관계에서 온화한 분위기가 없고 긍정적, 부정적 감정의 어느 쪽도 강하게 받지 못하여 보육의 양, 질, 일관성이 떨어져 사회적 자극, 청각자극, 시각자극이 적어질 때 생긴다고 했다.

### 봉급(basic salary)

직무의 곤란성 및 책임의 정도에 따라 직책별로 구분되는 기본급여 또는 직무의 곤란성 및 책임의 정도와 재직기간 등에 따라 계급별, 호봉별로 지급되는 기본급여를 말한다.

### 봉사조직(service organization)

사회사업기관·병원·학교 등과 같이 고객집단이 주된 수혜자가 되는 조직의 유형을 말한다. Peter Blau와 W. Richard Scott는 조직활동의 주된 수혜자가 누구냐(cui bono)를 기준으로 하여, 조직의 유형을 호혜조직(mutual — benefit association s)·기업조직(business concerns)·공익조직(commonweal organizations)·봉사조직의 4가지로 나누었다.

### 비·비·에스(B. B. S)

〈big brothers and sister〉의 두문자만 모은 것인데 비행소년이나 불우소년과 친구가 되어 그의 갱생 내지는 교정을 도와 주는 단체로서 이 단체의 활동을 B. B. S운동이라 한다. 비행소년이나 불우소년들에게 형제자매의 입장에서 상담상대가 되어 주고 희노애락을 같이 하면서 정상의 사회인으로 복귀하도록 지원해 주고 있다.

### 빅브라더제

군대의 사수와 부사수처럼 선배사원이 신입사원을 입사후 6개월 동안 1대 1로 보살펴주는 제도. 신입사원들에게는 선배사원들과의 친목도모로 조직 적응력을 높여주는 한편 기존 사원들에게는 사고의 전환을 가져다 주는 장점이 있다.

### 빈곤(poverty)

빈곤은 일반적으로 기본수요의 부족현상으로 생활필수품의 결핍과 그것이 가져오는 육체적, 정신적 불안감을 포함하는 생활 상태이다. 종래에는 빈곤의 원인이 나태, 무지 등의 개인, 빈곤가정 책임이나 천재지변 등에 있다고 생각했으나 오늘날에는 자본주의의 진행과 함께 사회 자체에 있다고 생각하게 되었다. 빈곤측정의 방법으로는 라운트리의 육체적 능률의 유지만을 내용으로 하는 절대적 빈곤에서 탈피해 노동자(the working poor)를 포함하여 가난하고 팽대한 상대적 빈곤의 존재를 문제 삼기에 이르렀다. 최근에 이르러 조금은 넓게 박탈된 상태, 다양화 속의 빈곤(deprivation)이라는 말이 쓰이고 있으나 그들은 사회참여가 불가능하고 고립적, 분산적이어서 자주적 조직이 없다.

### 빈곤가정(poor family)

빈곤가정이란 경제적 빈곤현상 즉 실업 및 저소득, 노령, 불구 등으로 생계유지를 원만히 영위할 능력이 없는 가정을 말한다. 빈곤가정은 대개 저속한 문화 환경 속에 위치하게 됨으로써 그 자녀들의 불량문화의 감염을 용이하게 한다. 그 밖에 과밀거주에 의한 갈등 내지 불안정성, 주부의 과중한 노동으로 가족에 대한 원만한 애정 기능이 결여되어 가정결손의 위험까지 발생할 우려가 있는데 이러한 것을 빈곤 가정 내의 수반현상이라 한다.

### 빈곤선 01

빈곤과 비빈곤의 경계선. 생존에 필요한 최저 소득으로 보는 절대개념 과 필요한 의·식·주 및 오락, 교육 등 기본수요 충족으로 보는 상대개 넘이 있다. 소득보장사업의 급수수준을 결정하는 데에는 적정성·형평성·균등성에 입각해서 조처해야 하는데 이중 적정성을 기하는 것이 바로 빈곤선을 정하는 일이다.

### 빈곤선(poverty line) 02

일반적으로는 소득의 저하와 빈곤에 의해서 노력의 재생산인 생활의 과정과 구조에 나타나는 상태를 하나의 수준(선)으로 표시한 것이다. 라운트리는 영국 요크시에서 수차에 걸쳐 빈곤조사를 하며 특정 가정의 총수입이 육체적 능률을 유지하는데 필요한 최소한도에도 못 미치는 생활 상태를 빈곤선이라 생각했으며 제1차 빈곤, 제2차 빈곤으로 구별했다. 공적부조의 부조기준의 설정과 깊은 관련이 있다.

### 빈곤예방(prevention of poverty)

빈곤에 빠지는 것을 사전에 예방하는 것 또는 그 같은 생각을 의미하며 사후적인 의미를 갖는 구빈에 대비되는 용어이다. 그러나 구빈은 빈곤자에게 금품을 급여해서 그 생활을 구제수준까지 끌어올리기 때문에 구제가 계속되는 한 구제수준 이하로 저하되는 것을 방지하나 빈곤자 원조 면에서는 빈곤예방과 그 방법을 달리한다. 빈곤예방은 근면, 저축, 질병, 예방, 상호부조 또는 피구제자의 빈곤원인에 대응하는 사회적 시책을 강구하는 방법을 취하고 있다. 현대사회에서는 공적책임 하에 국민의 권리로서 생활보장의 체제가 점차 정비되어가는 실정에 있고 빈곤예방시책은 사회보장제도 특히 사회보험에 가치를 부여하고 있다.

### 빈곤위험계층 소득

인정액이 최저생계비의 100 - 120%에 해당하는 저소득계층 2003년 기준 86만 명으로 전체인구의 1.8%를 차지한다.

### 빈곤의 악순환 01

Nurkse, R. 가 1953년 그의 저서 〈저개발국의 자본형성의 제문제〉에서 저개발국이 용이하게 지속적인 경제발전궤도에 오르지 못하는 저해요인으로 지적한 것이다. 그 내용은 2가지 측면에서 설명될 수 있다. 먼저 공급측면에서 살펴보면 저개발국은 일반적으로 자금축적이 빈약하여 생 산성이 낮으며 저생산성은 낮은 실질소득을 낳는다. 그 결과 낮은 저축 수준이 불가피하여 자본형성을 초래한다. 한편 수요측면에서는 저소득으 로 말미암아 일반적인 구매력 수준이 낮아 기업의 입장에서 본 시장은 협소하기 마련이다. 이것은 다시 기업의 이윤기대에 악영향을 주어 투자 요인을 적게 한다. 따라서 이것은 저수준의 투자수요와 저소득의 원인이 된다. 이상을 도식적으로 나타내면 다음과 같다. 공급면 : 자본부족 → 저생산력 → 저소득 → 저저축 → 저자본형성 → 자본부족 수요면 : 저소득 → 저구매력 → 시장의 협소 → 저투자요인 → 저투자수요 → 저 소득 결국 빈곤의 악순환이란 실질소득의 저수준이 악순환되는 관계를 말한다.

### 빈곤의 악순환 02

후진국은 소득이 적어 저축과 구매력이 낮고, 이는 또 저투자의 현상을 가져오며 이에 따라 생산력은 저하되어 또 다시 소득의 감소를 가져오는 악순환이 계속 반복되는 것을 말한다. 즉 빈곤의 악순환은 대체로 공급 면에서 저소득 → 저저축 → 저자본 → 저투자 → 저생산력 → 저소득의 과정으로 순환되고, 수요 면에서는 저소득 → 저구매력 → 저투자유인 → 저생산력 → 저소득의 과정으로 순환된다. 빈곤의 악순환(vicious circle of poverty)이란 용어는 미국의 국제경제학자 넉시(R. Nurkse)가 처음 사용한데서 비롯되었다.

### 빈곤의 악순환설(vicious circle of poverty)

저개발국의 실질소득이 낮은 수준에서 악순환되는 관계를 넉시(Nurkse, R.)가 그의 저서 저개발국의 자본형성문제(Problems of Capital Formation in Underdeveloped Countries : 1953)에서 체계화한 이론이다. 저개발국은 자본축적수준이 낮아 저생산성과 저소득 그에 따른 낮은 저축수준으로 자본부족이 악순환 된다. 한편, 저소득은 낮은 구매력과 함께 시장의 협소를 초래하고 기업의 투자유인을 감소시켜 결과적으로 다시 저소득의 악순환이 된다. 이 과정에서 저임금, 실업, 인구증가, 질병, 생활필수품 등이 결핍하여 빈곤 상태를 순환시킨다는 것이다.

### 빈곤의 유형(type of poverty)

빈곤은 사회구조에 기인한다고 보는 시각에서부터 문화적인 것에 기인한다고 보는 입장에 이르기까지 여러 가지 관점에서 파악되어 왔다. 그 유형을 보면 다음과 같다. 사회 구조형 빈곤은 사회구조상 반드시 존재하며 무능력자인 빈자는 사회발전상 자연 도태된다는 것으로 스펜서(Spencer, H) 등 다원학파의 주장이다. 내부 결함형 빈곤자신의 내부결함인 신체적·정신적 불구로 영구히 실업자가 되어야 하고 미숙련자는 그만큼 사회에 뒤떨어지기 마련이라는 시각이다. 문화형 빈곤오스카 류이스 (Lewis, Oscar)의 빈곤문화설에서 처럼 문화양식을 형성하는데 뒤떨어짐으로 나타나는 빈곤을 말한다. 생활주기형 빈곤유아동기, 청년기, 중장년기, 노년기 등 개인의 생활주기 혹은 일생주기에 따라 생활유지가 어렵거나 불가능하게 되어 생명주기적 빈곤이 나타나 복지사회의 결함으로 나타난다는 파악이다. 불균형 분배형 상대적 빈곤자본주의적 소유관계와 생산관계에서 불균형적 분배가 원인이 되어 상대적 빈곤을 야기한다는 입장이다. 현대빈곤은 그 형성과정이 문화적인 면으로부터 더욱 영향받고 있다. 수입, 보건, 교육, 주택은 물론 노동참가, 사회활동 등의 소외감이나 차별감으로 나타나는 사회적 빈곤은 사회부조형태의 공동참여, 의식고양이나 정치적인 국민의사반영 등의 모든 방법과 수단을 동원하여 근절해야 할 것이다.

## 빈곤층(the poor strata)

포괄적인 사회보장제도가 존재하는 속에서의 빈곤은 단순히 저소득자, 노동력을 잃었거나 혹은 없는 자만이 아니고, 현재 일을 하는 데도 빈곤 속에 있는 광범한 취업계층(working poor)까지를 포함하는 넓고 깊은 것이다. 그들은 집합해서 하나의 계층을 형성하며 고정화된다는 장기성, 고정성을 가지고 있다. 하나의 중핵인 사회계층의 생활개선을 통해 모든 사회의 생활안정을 확보하는 것이 의도되고 있다.

## 빈도(frequency)

한 주어진 속성에 대한 측정결과인 측정치 또는 점수에서 어떤 동일한 점수에 대한 사례를 말한다. 주어진 집단에 대한 빈도분포는 주어진 속성에 대한 그 집단의 특성을 나타낸다. 빈도자료는 흔히 일정한 점수급간으로 묶어서 제시하는데 이러한 이유는, 첫째로 점수범위가 상당히 클 때는 자료를 일정한 급간(級間)으로 묶어서 제시하는 것이 분포의 여러 특징을 파악하는데 도움이 된다. 둘째 일정한 급간으로 묶음으로써 간편 계산법을 적용할 수 있다. 셋째로 점수를 일정한 급간으로 묶어 제시함으로써 우연한 불규칙성을 제거해주기 때문에 전집분포와 보다 유사한 분포의 특징을 나타내 준다. 넷째로 자료를 묶음으로써 어떤 도표로서 제시하는데 보다 타당한 자료가 된다. 그러나 단점으로는 점수를 일정한 급간 내에 속하는 한 모든 사례는 동일하게 취급되므로 각 사례가 갖고 있는 원점 수에 관한 특수한 정보를 잃어버리게 된다.

## 빈민(the poor)

일반적으로 빈곤생활에 허덕이는 사람들을 총칭한 것이지만 제1차 대전 후부터 빈곤자라는 명칭이 사용되었다. 건전한 노동의욕을 상실하고 정신적으로도 황폐해져 타인의 구호를 바라고 생활하는 궁민과는 구별된다. 따라서 빈민은 자활할 수 있는 경미한 사고나 우연한 경우를 당해 생활 곤란에 이르렀거나 개인이 속한 사회적 관계에서 육체적 및 정신적 유지발달에 필요한 제반조건과 인정되어진 물질을 얻지 못하는 자이다.

## 빈민가(slum)

빈민들이 모여 사는 지역을 말한다. 이 지역의 특성으로는 인구구성의 이질성, 어두운 골목과 방임, 이민 집단의 불쾌한 요소, 빈곤 및 결손가정, 성공 못한 비숙련노동자들, 떠돌이와 범죄자들, 마약중독자와 주정뱅이들, 이동성과 익명성, 과밀거주와 지역적 통제력 상실, 건설적 영향물의 결여 등을 꼽을 수 있다. 이 지역에서는 공통으로 경험하는 실패감으로 인해 사해동포주의(cosmopolitanism)가 성행하기도 하나 다른 사람의 업적을 인정하는 고차원적인 그것과는 구별된다. 빈민하위문화가 있으며, 범죄가 배양되기 쉬운 지역이다.

## 빈민감독관(overseers of the poor)

1601년 집대성된 엘리자베스 구빈법에서 종래의 빈민감독관이 통일되었다. 매년 부활제 주에 치안판사는 농지주인, 상점주, 제조업자 등 유력세대주 중에서 교구별로 2 − 4명을 임명했으며 이들은 무급이지만 과세권을 갖는다. 행정관으로서 미숙련 임기 1년을 다하지 못하고 단기교체가 많았다. 얼마 뒤 유급의 보조자를 고용하게 되었다. 1834년의 개정구빈법의 행정조직에서는 치안판사, 감독관의 권한은 실질상으로 빈민구제위원회(boards of guardians)에 넘어갔다.

## 빈민구제위원(poor law guardians)

1834년의 개정구빈법에서는 각지의 교구연합에 빈민구제위원회(boards of guardians)가 생겼다. 치안판사와 납세자, 건물소유주 중에서 선거로 뽑혀 노역장의 건설관리, 구제신청의 인가 등을 행했다. 이에 따라 종말의 치안판사, 감독관의 권한은 유명무실하게 되었다. 1894년 지방자치법은 노동자나 여자의 당선을 가능하게 하여 구빈법의 민주화를 추진했다. 위원은 수급자의 입장에서 구빈재정의 증액을 요구한 예가 많았으며 투옥까지 된 1921년의 포푸러지구의 반란은 유명하다.

## 빈민보호위원(poor law guardians)

개정구빈법에 따라 종래 행정단위의 교구로부터 교구연합(parish union)으로 확대됨에 따라 치안판사에 대신하여 구빈행정의 책임을 맡았다. 교구연합은 치안판사로 임명된 자로 구성되었다.

## 빈부격차차별시정위원회
(Presidential Committee on Social Inclusion)

사회안전망 확충을 통해 빈부격차를 해소하고 사회적 차

별을 시정하여 사회통합을 위하여 설립된 대통령자문기구이다. 국민의 삶의 질 향상과 사회통합을 목적으로 1999년 7월 12일 대통령훈령 제80호에 따라 설립된 삶의 질향상기획단을 모태로 한다. 2003년 5월 6일 대통령훈령 제109호에 따라 '삶의 질 향상 기획단'이 사회통합기획단으로 개편되면서 빈부격차·차별시정 태스크포스가 업무를 시작하였다. 빈부격차·차별시정 태스크포스는 대통령령 제18410호에 의해 2004년 6월 5일 빈부격차·차별시정위원회로 개편되었다. 빈부격차·차별시정위원회는 2004년 7월 1일 위원회 현판식과 위원 위촉식을 갖고 빈곤대물림 차단을 위한 희망투자전략 국정과제회의를 마련하며 업무를 시작하였다. 이후 위원 및 전문위원 전체회의, 참여정부 사회정책 지역 순회 설명회, 시민사회 릴레이토론회 등을 개최하고 있다. 위원장과 25인 이내의 위원, 대통령비서실 기획운영실장이 겸임하는 간사 등으로 위원회가 구성되며, 위원은 국무위원 10명으로 구성된 정부위원과 학계, 시민단체 등의 분야별 전문가 15인 이내로 구성된 민간위원으로 나뉜다. 초대 위원장은 정책기획위원장이 겸임하였으며, 현재는 위원 가운데 대통령이 위촉하고 있다. 2005년 4월 27일 이혜경(연세대학교 사회복지대학원 교수)이 위원장으로 취임하였다.

### 빈터(Vinter, Robert D.)

미국의 집단사회사업학자이며 미시간학파의 대표자인 그는 1954년부터 현재까지 미시간 대학 교수로 있다. 그의 집단사회 사업론은 일반적으로 치료모델이라 불리며, 그는 "집단사회사업을 대면적 소집단 안에서 또는 그 집단을 통해서 클라이언트가 바람직한 변화를 나타내도록 원조하는 하나의 방법이다."라고 정의하였다. 동료와 공저인 Individual Change Through Small Group은 미시간학파의 집단사회 사업론을 집대성한 것이다.

### 비교연구법(comparative method)

교육연구에 있어서 광범위하게 사용되고 있는 한 접근방법으로서 유사점, 공통점, 차이점 등을 상호 비교하는 방법으로 비교 교육학(comparative education)에서는 이 방법이 핵심이 되고 있으나 광의의 비교연구법은 일반적으로 역사적 연구, 기술적 연구, 실험적 연구 등에서도 상용될 수 있는 것이다. 비교교육학에 있어서 국민교육 제도를 상호 비교·연구함에 있어서는 역사적 접근법, 사회과학적 접근법, 철학적 접근법, 문제접근법 등으로 구분되지만 그 어느 경우를 막론하고 국제간 또는 서로 다른 사회 간의 비교를 전제로 한다. 비교연구에 있어서는 구체적인 사실의 기술로서 만족할 수 없으며 역사적, 사회적, 철학적, 일반화(generalization)가 요청된다. 그러나 구체적 사실의 규명이 선행되어야 함은 물론이다.

### 비교집단(comparative group)

실험집단의 결과와 비교하기 위해 실험처리를 하지 않는 집단을 말한다. 통제집단(control group)이라고도 한다. 진실험 설계에 있어서는 허위변수 및 혼란변수의 영향을 제거하여 실험의 순수 효과를 추정하기 위해 이와 같은 비교집단을 마련한다. 비교집단은 실험집단과 동질적인 집단이 되도록 구성하여야 된다.

### 비교평가(comparative evaluation)

여러 가지 교육 프로그램이나 교육 목표의 대안들 사이에서 어느 것이 보다 우수하며 어떤 장점이 있는지, 또 그것의 효과는 무엇인지를 비교·제시해 줌으로써, 그것 중에 어느 것을 선택할 수 있는지의 의사결정에 필요한 정보를 제공해 주는 평가이다. 이 평가는 크론바하(Cronbach)가 제안한 기초 위에 스크리븐(Scriven)이 주장한 것으로 실제 어느 프로그램이 우수하다고 해도 왜 우수한지를 알 수 없는 경우가 있기 때문에 비교의 대상이 되는 다른 프로그램이나 교육 목표에 비해 그 프로그램이 우수하다는 판단을 할 수 있게 해 줌으로써 의사결정에 도움을 주는 평가이다. 이것은 엄밀히 말하면 평가로 모형이라기보다는 하나의 평가방법이라고 보는 것이 타당하다.

### 비교행정(comparative administration)

좁은 의미의 비교행정은 여러 나라의 공공행정을 상호 비교하는 것을 의미하나, 넓은 의미로는 각국 행정의 비교는 물론 공공행정과 사경영(私經營)·병원행정·교육행정 등의 상호 비교를 포괄하는 개념으로 사용된다. 비교행정의 연구가 시작된 것은 1940년대부터이며, 1950년대의 전후 냉전 상황에서 서방진영의 후진국에 대한 기술원조 문제가 대두되면서 더욱 활기를 띠게 되었다. F. Riggs는 비교행정 연구방법의 경향이 규범적 방법에서 경험적 방법으로, 개별례적 접근방법(idiographic approach)에서 일반법칙적 접근방법(nomothetic approach)으로, 비생태론적 접근 방법(non－ecological approach)에서 생태론적 접근 방법(ecological approach)으로 전환되고 있다고 지적하며, 비교행정의 연구는 경험적, 일반법칙적 연구에 국한되어야 한다고 주장하였다.

### 비교행정연구회 (Comparative Administrative Group : CAG)

1960년대에 제3세계에 대한 기술원조를 제공하기 위해 구성된 미국학자들의 조직으로, 각국 행정의 특성을 비교·연구하는 작업을 수행하였다. 1960년 구성된 비교행정연구회는 1973년 해체되었으며, 1962년부터 1971년까지 포드재단의 재정지원을 통해 발전행정론의 세력확산에 큰 기여를 하였다.

## 부

개인 또는 집단(기업, 정부, 국가 등)이 법적 소유권을 가지고 있는 실 물자산과 금융자산의 총가치에서 부채가치를 뺀 값을 말한다.

### 부가가치(added value) 01

기업이 생산활동을 한 결과, 생산물의 가치 등에 새로 부가된 가치를 말하며 임금 및 급여, 복리후생비(비급여성 제외), 감가상각비, 제세공과금, 납부 부가가치세, 영업이익을 합산한 금액이다. 그러나 광공업 부문의 센서스부가가치는 생산액(산출액)에서 제조과정에 직접 투입된 중간소비(직접생산비, 즉 원재료비, 연료비, 구입전력비, 구입용수비, 외주가공비 및 수선비)만을 공제한 수치이다. 따라서 국민계정상의 부가가치(GDP)와 센서스 부가가치 개념을 적용하는 광공업통계조사의 부가가치에는 차이가 있는데, 이는 산업, 품목, 지역 등의 자료를 모두 파악하기 위해 사업체단위로 조사되는 광공업통계조사의 부가가치에는 중간소비로 일부 공제되어야 할 간접생산비(대부분 기업 공통경비이므로 분리 파악 곤란)가 모두 포함되어 있어 국민계정보다 높게 나타나기 때문이다.(광공업통계조사 부가가치 = 산출액 − 직접생산비 중 중간소비(원재료비, 위탁생산비, 연료비 등), 국민계정 부가가치 = 산출액 − 직·간접생산비 중 모든 중간소비) · 센서스 부가가치(광공업통계조사) = 산출액 − 직접생산비 중 중간소비 · 국민계정 부가가치(GDP) = 산출액 − 직·간접생산비 중 모든 중간소비

### 부가가치 02

생산 과정에서 새롭게 부가된 가치. 부가가치는 인건비, 이자, 이윤의 합계라고 할 수 있다. 부가가치를 경제전체에 대해 합계한 것이 국민소득이다. 이것은 순부가가치이며 총 부가가치는 순 부가가치에 감가상각을 합한 것이다.

### 부가가치 03

재화 또는 서비스의 판매로 취득한 총수익과 재료·설비에 지급한 금액 및 이자와의 차액을 말한다. 즉 총매출액에서 재료비·감가상각비·이자·보험료·임대료 등 타인급부(他人給付)의 비용을 차감한 잔액이 부가가치가 된다.

### 부가가치 생산성

근로자 한 사람이 일정 기간(보통 1개월 또는 1일)에 산출한 부가가치액을 말한다. 생산에 사용한 것과 이에 의해 생산된 것과의 양적인 관계를 생산성이라 하는데, 사용한 노동과 제품의 비율을 보는 것을 노동생 산성이라 한다. 또 생산성을 측정하는데는 생산된 물건의 양으로 측정 하는 경우(물적생산성)와 가격으로 측정하는 경우가 있는데 가격으로 측정하는 경우는 생산된 물건의 가격으로 하는 것과 원료비나 감가상각비를 뺀 부가가치액으로 하는 경우가 있다. 일반적으로 생산성이라 할 때는 노동생산성을 가리킨다. 노동생산성 가운데서도 부가가치 생산성을 말하는 경우가 많다. 물적 생산성은 다른 제품간의 비교가 어려우며 제품가격으로 생산성을 비교하는 경우도 원재료비의 비중이 제품에 따라 각각 다르므로 비교가 어렵다.

### 부가가치세(value added tax) 01

생산 및 분배과정의 각 단계에서 재화 및 용역에 부가 되는 가치에 한정시켜 과세되는 간접세를 말한다. 본래 유럽에서 발전된 일반소비세(general tax on consumption)의 일종으로 우리나라에는 1977년도에 도입되었다. 부가가치세의 특징은 과세표준이 판매액의 총가치(gross value)가 아니라 각 판매단계에서 부가되는 순가치(net value)에 있다는 점이다. 부가가치제 실시 이후 간접세의 비중이 급격히 증가하여 우리나라의 세수구조는 간접세 중심으로 전환되었다.

### 부가가치세 02

제품이나 그 부품이 팔릴 때마다 과세되는 소비세로 '생산자·도매업자·소매업자·소비자'의 각 유통단계마다 증가된 가치(부가가치)의 부분이 과세 대상이 된다. 즉 영업세나 물품세 처럼 기업이 판매한 금액 전액에 대해 과세하는 것이 아니라 판매금액에서 매입금액을 공제한 나머지 금액인 '부가가치'에다 세율을 곱한 것이다. 우리나라는 지난 77년부터 부가가치세를 실시했다.

### 부가급부(fringe benefit)

노무관리 중에서 임금, 급여, 상여라는 작업의 직접적 소득 이외에 복지후생, 퇴직금 등의 물적, 정신적으로 근로자에게 끼치는 이익을 가리킨다. 원어 그대로〈프린지 베니핏〉이라고도 한다. 우리나라에서는 대규모기업에 있어서는 이것에 관심이 높으며 근래에는 소규모기업에 있어서도 관심이 높아가고 있다. 프린지 베니핏의 범위를 어디까지로 하는가는 의문점이 많지만 최대한으로 보면, 임금 이외의 기업부담의 급부를 일체를 포함한다는 해석이 있다. 가령, 복리후생시설, 불취업수당, 할증임금, 임금, 상여, 현물급여, 휴가매상수당, 교제비, 이윤분배 등이 있지만 우리나라가 기업에서는 복리후생적 급부에 가까운 좁은 의미로 사용되고 있다. 기업복지의 비용적 측면에서 포착한 것이라고도 할 수 있다.

### 부가적 급부

근로자가 기본임금 외에 사용자로부터 받는 보수를 말한다. 부가적 급부란 1940년대에 미국에서 처음으로 사용되기 시작하였는데 오늘날은 그 범주 내에 다음과 같은 것을 광범하게 포함시키고 있다. ①실업수당·노

령·유족보험과 같이 법적으로 청구할 수 있는 보수, ② 연금·보험·상품이나 서비스의 할인 등과 같은 종업원 서비스, ③휴게시간·식사시간·쟁의 등에 대한 수당지급, ④휴가·휴일·병휴가중 등 불취 업시간에 대한 수당지급, ⑤이윤분배·연말상여·제안상 및 기타 수당 등 이다.

## 부가급여(fringe benefits)

근로자가 기본임금 외에 사용자로부터 받는 보수를 말한다. 부가적 급여란 1940년대에 미국에서 처음으로 사용되기 시작하였는데 오늘날은 그 범주 내에 다음과 같은 것을 광범위하게 포함시키고 있다. 실업수당, 노령, 유족보험과 같이 법적으로 청구할 수 있는 보수, 연금, 보험, 상품이나 서비스의 할인 등과 같은 종업원 서비스, 휴식시간, 식사시간, 세면시간 등에 대한 수당지급 휴가, 휴일, 병 가중 등 불취업 시간에 대한 수당지급, 이윤분배, 연말상여, 제안상 및 기타 수당 등이다.

## 부과방식(pension benefit imposition system)

공적연금의 재원조달방식의 하나로서 많은 유럽 선진국가은 제2차 대전부터 전후에 걸쳐 종래의 적립방식에서 부과방식으로 이행했다. 적립방식은 인플레나 화폐가치의 변동과 저하에 약한 반면, 부과방식은 슬라이드방식의 도입이 쉽기 때문이다. 이것은 단기간(가령 1년간)에 연금수급자에게 지불되는 급여비를 그 기간 내의 보험료 등으로 지불하는 방식이며, 근로자, 사용자, 국가에서 어느 정도를 부과하느냐 하는 것이 내용으로 되어 적립금은 보유하지 않는다.

## 부녀보호(protective care for women)

윤락행위 등 방지법에 따라 매춘을 한 요보호여성에 대해 보호갱생대책을 시작으로 미연방지대책이나 사회환경 정화를 위한 활동까지를 말한다. 또 광의로 보면 가정복지, 모자복지 등 부녀가 당면한 생활상의 문제나 모순의 대응을 포함한다. 그 경우 부녀복지와 동의로 취급된다. 또 근로부녀의 노동문제 등을 포함되면 적극적인 의미를 갖는 것으로 된다. 윤락행위 등 방지법에 의한 부녀보호는 현재도 행해지고 있지만, 매춘양태가 변화해 보호의 대상으로 되는 여성은 정신질환자나 정신지체자 등이 주로 되며 또 고령화되어 장기수용보호가 필요로 되는 등 과제가 많다.

## 부녀보호시설(protective facility for women)

윤락 행위 등 방지법에 의한 시설로서 부녀보호시설의 수용보호결정에 따라 요보호여성을 수용 보호한다. 사회복귀를 위해 급식, 생활지도, 직업지도 및 원조, 취직지도 등 자립생활을 행하는 것을 목적으로 한다. 매춘의 양태 변화에 따라 전락 미연 방지를 요하는 매춘력이 없는 연소여자나 정신질환자, 정신지체자 등 일상생활의 자립곤란한 자의 증가경향이 보여진다. 또 고령화하여 사회복귀가 곤란한 자가 증가하는 경향이다. 이러한 대상자를 위해 장기수용시설이 설치되어지고 있다.

## 부녀복지(women's welfare)

일반적으로 부녀라고 하면 부인과 여자를 가리키는 말로서 부녀복지는 미혼과 기혼을 가리지 않고 모든 여성의 문제와 욕구를 해결하려는 복지대책의 전반을 포함한다. 그러나 현실적으로 사회복지의 분야로서 부녀복지는 근로여성, 모자가정, 미혼모, 윤락여성 등의 문제를 중요하게 취급하고 있다. 1980년대 여성운동과 여성학이 활발히 논의되고 수용됨에 따라 현재는 부녀복지라는 용어보다는 여성복지라는 용어가 더 많이 사용되고 있다.

## 부녀복지상담원(counsellor for women)

윤락행위 등 방지법에 의해 요보호여자의 발견, 상담, 지도 등을 업무로 하는 비상근 특별지방공무원을 말한다. 도에서는 의무설치, 시는 임의설치이다. 원칙적으로 부녀상담소에 소속하지만 필요에 따라서 부녀상담소에 주재한다. 오늘날 부녀상담원은 매춘뿐만이 아닌 다양한 업무를 행해 관계기관과의 연락을 밀접하게 하여 부녀갱생자금대부, 부녀보호시설입소 등의 부녀보호사업에 적극적으로 관계하고 있다.

## 부녀상담소(counselling center for women)

윤락행위 등 방지법에 의해 설치된 부녀보호사업의 중심적 기관, 그 설치는 도는 의무설치, 시는 임의설치로 되어 있다. 주된 기능은 성행 또는 환경에 비추어 요보호여자의 전략방지와 보호갱생을 위한 상담, 조사, 판정, 지도 및 일시보호 등이다. 부녀상담원, 부녀보호시설, 민생위원, 부녀단체 등 관련 있는 기관과 연휴하여 부녀보호사업의 적극적, 효과적인 실시를 도모하고 이를 위한 계몽활동 등도 행한다.

## 부담금

공익사업으로 인해 이익을 받는 사람이 그 사업에 필요한 경비의 전부나 일부로 사용하기 위해 내야 하는 돈을 부담금이라고 하는데 경우에 따라 다음과 같이 나눈다. ① 수익자부담금 — 해당 사업으로 인해 특별한 이익을 받은 사람이 그 수익의 범위 안에서 내야하는 비용, ②손상자부담금 — 자신이 경영하는 사업으로 인해 공익사업에 손해를 끼치는 사람이 내야 하는 해당 공익사업의 유지 등에 필요한 비용, ③원인자부담금 — 공공사업(공사)을 하게 만든 원인을 제공한 사람이 그에 따라 내야 하는 비용.

## 부당노동행위(unfair labor practice) 01

사용자와 노동자가 부당한 수단에 의해 타방을 압제하거

나 타방의 세력약화를 기도하는 행위를 말한다. 사용자측의 경우 노동자의 대표 자선정권을 방해하거나 사용자가 스스로 노동조합을 만들려고 하거나 또는 조합을 통치하려는 행위, 노동자들을 어떤 조합에 가입 또는 탈퇴시키기 위해 고용상의 제반조건에 대한 차별대우를 하는 행위 등이 부당노동행위에 속한다. 또 노동조합의 경우 조합이 노동자에게 가입을 강제하거나 사용자들에게 그들이 원하지 않는 계약대표와 협의하도록 강제하는 행위, 조합이 노동자들을 규합하기 위한 조직적인 감시를 하거나 사용자에게 조합을 인정하도록 강요하는 행위 등은 부당노동행위가 된다.

### 부당노동행위 02
사용자가 근로자의 단결권, 단체교섭권, 쟁의권이나 조합의 정상적인 노동운동에 대해 행하는 방해행위의 총칭. 노조법은 다음 사항을 부당 노동행위로서 금지하고 있다. ①노동자의 조합결성, 조합가입 등에 대해 불이익한 취급을 하는 것, ②조합에 참가시키지 않는 일, 조합으로부터의 탈퇴를 고용 조건으로 하는 일, ③정당한 이유 없이 단체 교섭을 거부하는 일, ④조합의 결성, 운영을 지배 개입하고 또는 경비원조를 하는 일, ⑤노동위원회에서 노동자가 증거를 제시하고 발언한 것을 이유로 불이익한 취급을 하는 일.

### 부당이득
법률적인 근거없이 다른 사람의 노동이나 재산에 의해 이익을 얻고 이 이익이 그 사람의 손해가 될 때 이것을 부당이득이라고 한다. 부당이득에 의해 손해를 본 사람은 부당이득을 얻은 사람에게 다음과 같이 그 이득을 반환하라고 청구할 수 있다.

### 부당이득금(국민연금법 제53조)
국민연금에서 법률상의 원인 없이 부당하게 얻은 이익. ①수급권이 소멸한 자가 급여를 지급 받은 경우, ②급여지급제한 사유에 해당하는 자가 급여를 지급 받은 경우, ③가급연금 계산대상 제외자를 포함하여 연금을 지급 받은 경우, ④급여지급 정지사유 해당자가 급여를 계속 지급 받은 경우, ⑤사망추정으로 유족연금을 지급하였으나, 그 후에 생존이 확인된 경우, ⑥산재·근재·선원법의 병급조정대상급여를 조정하지 아니하고 지급 받은 경우, ⑦이중수급을 받은 경우, ⑧기타 급여가 과오지급 된 경우, ⑨기타 법령의 원인 없이 급여를 지급 받은 경우, 또 부당이득금을 미납하면 체납처분을 할 수 있다, 소멸시효는 3년 ('98년 이전분은 5년)이다.

### 부당해고
민법에서는 사용자가 고용계약해지를 이와 같이 자유롭게 할 수 있으나 근로기준법에서는 사용자에게 종속노동을 제공하고 그댓가로 받은 임금을 유일한 생계수단으로 하는 근로자가 일시에 사용자로부터 해고를 당하는것은 근로자에게는 일종의 사형선거와도 같은 것이므로 사용자의 해고권을 엄격히 규제하고 있습니다.

### 부도덕가정(immoral family)
가족 중에 범죄자, 부도덕자, 알콜 중독자 등이 있는 가정을 말하며 많은 학자들이 비행성의 원인으로 지목하고 있다. 버트(Burt Cyril)의 연구에서 비행자의 가정은 무비행자의 가정보다 부도덕성(vice)과 범죄기록을 가진 예가 5배나 더 많다고 주장했고 글류크 부부는 소년비행자의 연구에서 부도덕 가정의 출신자가 86.7%이었다고 주장했다. 결국 부모와 다른 가족원들의 행동 및 사고방식이 일정치 못하면 그만큼 자라나는 아이들의 행동방식도 올바르게 이끌 수 없고 사회적으로 문제를 일으키기 쉽다.

### 부모교육(parent education)
유치원 교육의 효과를 높이기 위해 부모들에게 아동발달·교육과정 등을 알려주고, 가정에서의 협력을 도모하고자 하는 목적으로 시작된 교육으로 1965년 미국 연방정부에서 저소득층의 어린이들을 위해 헤드스타트 프로그램(Head Start Program)을 시작한 이후 유아교육 현장에 부모의 직접적·간접적인 참여가 강조되면서 더욱 연구되고 있는 분야이다. 부모의 참여를 위한 프로그램에 통합되기도 하지만 부모로서 효율적인 양육태도 및 방법을 지니도록 교육하는 것을 일컫는다. 신생아 교육법, 영아 및 유아를 위한 부모교육, 분만예정 산모를 위한 교육, 유아교육 현장에서 교사 보조자역할을 위한 교육, 청소년을 가진 부모를 위한 교육 등 발달단계에 따라 다양한 프로그램이 있다. 부모됨을 생리적인 견지에서만 보지 않고 전문직으로 보고 있으며, 어린이들에게 미치는 부모의 영향을 바람직한 방향으로 이끌어가고자 하는 것을 그 목적으로 하고 있다.

### 부모회 활동
장애아동이 입학하고 있는 각 특수학교에서 아동의 부모로 조직된 학부모회의 활동을 말한다. 장애아동의 효과적인 교육과 생활지도 및 학교와 가정과의 긴밀한 연락을 도모하고 자기 아동이 공부하고 있는 특수학교에 대해 물심양면의 지원을 하므로 학교발전과 교사의 사기양양을 고취시켜 학교에서의 물리치료, 직업교육, 사회적 재활 등에 도움을 주며 장애아동에 대한 사회적 인식의 개선에 힘쓰기도 한다. 이러한 부모회활동은 장애별로 조직되는 것이 바람직하며 전국적인 조직과 연합적인 조직을 강화함으로써 국가와 지방자치단체에 장애아의 복지, 교육증진을 위한 요구운동을 전개할 수 있으며 부모의 자기학습과 기관지의 발행 등 매스컴을 통한 사회의 이해증진에 노력할 수 있다.

## 부문화(departmentation)

조직의 목적달성에 필요한 업무를 분류하고 이것을 각 부문에 할당하는 것을 말한다. 이러한 부문화에 의해 부문조직이 형성된다. 부문에 할당된 업무를 더욱 분류하여 과(課)에 배분하고 과의 업무를 다시 각 계(係)에 할당하는 것을 재부문화(再部門化, subdepartmentation)라 한다. 부문화 및 재부문화를 통해 업무의 분장이 이루어지고, 각 부(部), 과(課), 계(係)의 분장업무가 나타난다.

## 부메랑효과(boomerang effect) 01

흔히 경제학 분야에서 많이 사용되는 용어로, 선진국이 개발도상국에 자본투자나 기술제공 또는 경제원조를 한 결과, 그로 인한 생산이 수혜국가 자체의 수요를 충족시킬뿐만 아니라 오히려 자본이나 기술 또는 경제 원조를 했던 선진국으로 역수출되어 선진국의 해당 산업분야 또는 업체와 경쟁을 벌이는 현상을 지칭한다. 한편, 심리학 분야, 특히 사회심리학 분야에서는 기존의 태도나 관점을 정반대로 바꾸는 행동이나 그러한 행동을 하는 사람을 지칭할 때 '부메랑효과' 라는 용어를 사용하기도 한다.

## 부메랑 효과 02

선진국이 개발도상국에 제공한 경제원조나 자본투자 결과 현지생산이 이루어지고 이어서 그 생산 제품이 현지시장수요를 초과하게 되어 선진국에 역수출 됨으로써 선진국의 당해산업과 경합하는 것을 말한다. 부메랑은 원래 호주원주민이 사용한 것으로 던지면 다시 되돌아오는 도구이다. 2차대전후 구미 각국의 자본투자, 기술원조를 받아 발전한 일본의 중화학공업 부문이 현재는 그 제품을 구미각국에 역상륙시켜 그 나라에 위협을 주고 있다. 또 일본은 한국에 대해 첨단기술 등의 이전을 주저하고 있는데 이것은 부메랑효과를 경계하기 때문이라고 한다.

## 부부간 공동재산

남편과 아내에 의해 공동으로 소유된 재산이다. 증여나 상속의 경우를 제외하고 결혼기간 동안에 취득한 재산은 어느 한 배우자가 취득한 것이라도 공동취득한 것으로 본다. 이 개념은 이혼의 경우나 배우자 사망의 경우 중요한 법적 의무를 갖는다.

## 부부공동입양

배우자가 있는 사람이 양자를 들일 때나 양자가 될 때 배우자의 동의를 얻은 것을 부부공동입양이라고 한다.

## 부부별산제

부부가 각각 자기의 재산을 관리하는 것을 부부별산제라고 한다. 결혼 전에 가지고 있던 재산은 물론이고 결혼 후에 자신의 명의로 한 것은 아내나 남편 한 쪽의 소유가 되고 이를 별도로 관리·사용하고 여기에 따른 수익도 각자가 가진다.

## 부부분리 과세소득

각각의 배우자에 의해 독립적으로 얻어진 과세소득으로 여기엔 각 배우자에게 속하는 소득과 공제액들이 나열되어 있다. 각각의 배우자들은 분리과세나 소득과 공제액을 결합한 결합과세 중에서 선택하게 된다.

## 부부분리 소유자산

전적으로 한 배우자에 의해 소유되고 있는 자산. 이는 일반적으로 상속이나 증여로서 받은 자산이나 결혼 전에 한 배우자가 소유하고 있는 자산을 포함한다.

## 부부사제

우리나라의 사회복지시설(수용시설)은 모두 남녀별로 구별되어 있는데, 오늘날 선진국에서는 고령화 사회 속에서 유로 노인 홈이나 경비 노인 홈에 부부가 함께 입소하는 사례가 증가하여 복지시설로서 부부를 위한 숙사를 특별히 설치할 필요가 생겼다. 특히 구미 선진국에서는 노인 홈의 부부동거는 일반화하고 있으며, 일본에서도 연금제도가 발달하고 핵가족화가 추진됨에 따라 노인 홈에 부부사제방식이 도입되는 경향에 있고 사회적 요구도 증대되고 있다.

## 부부역할(marital role)

핵가족에 있어서 남편의 역할을 수단적 역할(instrumental role)이라 하고, 부인의 역할을 표현적 역할(expressive role)이라고 한다. 수단적 역할은 가족의 사회적, 경제적 균형유지와 대외적 목적을 위한 관계를 수단적으로 수립하는 역할이며 표현적 역할은 가족 성원 내의 통합관계의 유지, 정서적 지지, 긴장완화의 역할을 이행하는 것이다. 부부간의 역할분담은 현대사회에서 많은 변화가 있으나 전체적으로 여성이 자녀를 출산하여 양육하고 남성이 가족의 부양책임자로서 주로 직업에 종사하는 기본적인 분담이 있으나 현대에 와서는 기능적으로 융통성 있게 부부역할을 분담하기도 한다.

## 부부연금

부부를 단위로 한 개인연금으로 부부 중 한 사람만 살아있어도 연금이 지급되는 상품이다. 부부의 연령차에 일정한 제한이 있지만 따로따로 가입하는 것보다는 합리적이며 보험료도 훨씬 싸진다. 노령화시대를 대응해 다양한 종류의 부부연금 개발이 예상된다.

## 부부재산계약

부부재산계약은 당사자가 자유로운 의사에 의해 결정하는 것으로 계약의 내용은 자유로이 결정할 수 있지만 다른 사람에게 대항력이 있게 하려면 혼인신고 전에 등기를 해야 한다.

## 부부치료(Marital Therapy)

사회사업가, 가족치료자 또는 다른 전문가들이 부부들을 도와서 그들의 관계, 대화형태, 성적인 문제, 경제적 문제들을 해결하도록 개입하는 과정이다. 부부치료에는 다양한 치료적 단계와 다양한 치료모델 및 치료기술이 있다.

## 부분발작(focal seizure)

뇌의 동작기능을 통제하는 부위와 관련되는 신체의 세부적인 부분(예 손가락)에서부터 경련이 시작되어 대 전간발작(grand mal)으로 일반화되는 발작의 초기단계.

## 부분입원(partial hospital)

입원과 외래치료의 중간 형태로서 24시간 입원시키는 것이 아니라 하루의 일부만 병원에서 치료받게 하는 제도이다. 그 형태로는 낮 병원(day hospital) 근무시간 중인 주간에만 병원에서 치료받고 야간엔 귀가하는 출퇴근식의 제도, 밤 병원(night hospital) 근무시간에는 사회활동을 하고 야간에는 병원으로 돌아오는 병원에서 출퇴근하는 형, 저녁 병원(evening hospital) 근무가 끝난 후 귀가 길에 병원에 들러 일정시간 치료받고 귀가하는 형, 주말 부분조사병원(weekend hospital) 즉 주말에만 와서 치료받는 형이 있다.

## 부분조사(partial enumeration)

통계조사에서 조사대상범위에 속하는 모든 조사단위를 조사하지 않고 일부분을 조사해서 전체를 추측하려는 조사로 전수조사와 대칭된다. 표본조사, 추출조사도 부분조사의 하나다. 사회현상을 연구하는 경우 거기에 관계되는 개인이나 집단을 전부 조사하는 것은 불필요하거나 또 경비나 시간,인력관계상 전수조사가 불가능한 경우에 쓰여진다. 이러한 경우 선택된 부분이 전체를 대표할 수 있어야만 한다.

## 부분화

사회사업실천에서 문제해결과정이 클라이언트가 직면하거나 제기한 모든 문제를 대상으로 하는 것이 아니고 문제 중에서 우선 취급해야 할 필요가 있는 부분을 선택하여 다루어 나가는 것을 말한다. 이것을 적절히 진행하기 위해서는 경청에 의해서 초점을 잡는 것(focusing)과 클라이언트를 참가시키는 것이 기본요건이다. 결코 과도한 단절화에 빠지지 않도록 유의하는 것이 중요하다.

## 부스(Booth, Charles)

리버플의 곡물상의 아들로 태어났으며, 선박회사(Booth Steam Company)의 사장이 되었다. 일찍부터 빈곤문제에 관심을 갖고 1886년 사재를 투입하여 런던 빈민굴의 빈곤조사를 행하고, 그 결과를 정리하여 1903년〈런던시민의 생활과 노동〉(Life and Labour of the People in London)전 18권을 출판하였다. 이 조사를 통해 노동자 생활의 수입과 지출의 관계와 생활, 고용능력의 표준에 관한 통계적 방법과 사례연구를 통해 빈곤원인을 과학적으로 밝혔고 무거출 노령 연금제를 제안하였다. 1905년의 왕실 구빈법위원회에 참가하였고 20세기 초반의 영국 구빈행정에 커다란 영향을 주었다.

## 부스(Booth, William)

영국의 종교가이며 구세군의 창립자이다. 영국 노팅검에서 태어났다. 소년시절에 가정이 몰락하여 20세때 런던에 갔다. 15세때 감리교신자가 되며 23세에 목사가 되었으나 26세에 목사를 사임하였다. 각종 경험과 사고 끝에 36세에 독립된 종교단체를 만드는 사업을 시작하였고 49세에 구세군(Salvation Army)이라고 개칭하여 빈곤자, 범죄자의 구제와 구령활동을 실시하였고 구세군은 세계적인 조직으로 발전하였다. 그의 주저서로서〈The Parkest England and its Exit〉(1980)가 있으며 당시의 빈민들의 실정과 구호책을 제시한 명저이다.

## 부양(support) 01

부양은 부양의 정도에 따라 생활유지의 부양과 생활부조의 부양으로 나누어진다. ①생활유지 부양 : 제1차적 부양의무로 부부 사이, 부모와 미성숙자녀 사이의 부양의무를 말한다. 이는 공동생활에 의해 본질적으로 요청되는 관계이므로 한 개의 빵이라도 나누어 먹여야 할 관계이다. ②생활부조 부양 : 제2차적 부양의무로 일반적으로 친족부양이라고 할 때에는 이를 의미하며, 협의(協議)의 부양이라고도 한다.

## 부양 02

자신의 힘만으로는 생활을 유지할 수 없는 사람에 대한 생활상의 원조를 말한다. 넓은 뜻으로는 국가의 사회보장제도에 의한 공법적 부양도 포함되지만, 좁은 뜻으로는 사법(민법)상의 친족 부양을 의미한다. 민법은 부양에 관한 장을 두어 생계를 같이하는 일정한 친족관계에 있는 사람과 직계혈족 및 배우자 상호간에 부양의무를 지우고 있다.

## 부양비(Dependency ratio)

생산가능연령인구(15 − 64세)에 대한 유년층인구(0 − 14세)와 노년층인구(65세 이상)의 합의 백분비로 인구의 연령구조를 나타내 주는 지표이다. 15 − 64세 인구에 대한 0 − 14세인구의 백분비를 유년부양비(Youth dependency ratio), 15 − 64세 인구에 대한 65세 이상 인구의 백분비를 노년부양비(Olddependency ratio)라고 하며, 부양비의 세분지표이다. 비경제활동인구에대한 경제활동인구의 백분비인 경제부양비(Economic dependency ratio)와는 다르다. ★부양비 = {(0 − 14세 인구 + 65세 이상 인구) / 15 − 64세 인구} × 100

## 부양아동가족부조
### (aid to families with dependent children)
부모의 적절한 보호를 받을 수 없는 아동을 위한 미국 연방, 주, 지방 정부의 프로그램이다. 자신의 집이나 친척집에서의 보호를 격려하기 위해 재정적 부조, 재활, 기타 서비스를 제공하고 그들의 부모나 친척을 자조할 수 있도록 도와 가족생활을 유지, 강화토록 한다. 1968년 이래 수령자가 급격히 증가하고 있다. 대다수의 가족이 모자가족, 부자가족 등 결손가정으로 구성되고 있으며, 종족별로는 흑인과 소수민족이 큰 혜택을 받고 있다. 재정은 연방정부가 50% 정도, 나머지는 주와 지방정부가 부담한다. 지급방법은 주로 현금이나 의료보호, 식품 구입권 등이다.

## 부양의무
어떤 사람이 자신과 친족관계에 있는 사람이 생활을 유지할 수 있도록 경제적으로 도와주어야 한다는 것이 부양의무인데 생활유지의 의무와 생활부조의 의무가 있다. ①생활유지의 의무 − 부부나 부모자식간에 관계에 의해 당연히 생기는 의무 ②생활부조의 의무 − 부부나 부모자식의 관계가 아니지만 생계를 같이하는 친족들을 도와주어야 하는 의무 부양의 범위는 부양자와 피부양자가 상의해서 결정하면 되는데 부양자가 자신의 의무를 다하지 않을 경우 당사자의 신청에 의해 법원이 정할 수 있다.

## 부양의무 법률상
일정한 친족 간에 인정되는 생활보장의 의무를 말한다. 부양의무는 성질상 생활유지 의무와 생활부조 의무로 나누어진다. 전자는 부부관계, 친자관계에서와 같이 현실적 공동체에 입각하여 당연히 요청되는 것인데, 후자는 일반 친족 간에 있어서 자기의 생활에 여유가 있는 경우에 최소한도의 생존을 보장하는 의무이다. 보통 후자를 친족 간의 부양의무라고 한다.

## 부유세
부동산, 귀금속 등 재산에 대한 과세의 하나로 고액자산 소유자를 대상으로 한다. 우리나라에는 부유세가 없지만 별장, 호화주택 등 사치성 재산에 대해서는 지방세로 15% 중과세하도록 되어 있으며, 귀금속의 취득세, 특별소비세를 물게되어 있다. 부유세제도를 실시하는 데는 ①재산의 보유실태를 파악하기 어렵다, ②소득세와 조정이 곤란하다는 등의 난점이 있다.

## 부의 공공재(public bads)
환경오염과 같이 외부불경제(external diseconomy)를 창출하는 것을 '부의 공공재'라 한다. 일반적으로 경찰ㆍ소방과 같이 외부경제(external economy)를 창조하는 공공재는 시장기구를 통할 경우 사회가 원하는 양보다 훨씬 적게 공급되며, 반대로 외부불경제가 있는 재화는 정부의 통제없이 시장기구에 맡길 경우 사회전체에 해가 되는 과다생산이 이루어지게 된다.

## 부의 소득세(negative income tax : NIT) 01
소득수준이 면세점에 미달하는 모든 저소득자에게 면세점과 과세 전 소득과의 차액의 일정비율을 정부가 지급하는 소득보장제도. 보통의 소득세는 납세자로부터 징수하는데 반해, 이것은 역으로 저소득자에게 지급하기 때문에 부의 소득세 또는 역소득세라 부른다. 여기에서 면세점을 Y1, 과세 전 소득을 Y, 부의 소득세를 합친 소득을 Y1, 소득이 전무할 때의 최저 보장액을 Y1, 부의 소득세율을 1이라 하면, Y1 = Y + (Y1 − Y)1 = (1 − 1)Y + Y1 1 = (1 − 1)Y + Y1이 된다. 이 제도가 적용되면 저소득자의 소득은 최저소득액에 세공제소득을 합한 것과 같게 된다. 부의 소득세는 ①소득만을 기준으로 해서 급여를 정하기 때문에 자산조사(means test)에 따른 사회적 굴욕감이 없다, ②면세점 이하의 모든 사람에게 적용되기 때문에 공평하다, ③공적부조와는 달리 행정상의 자유재량에 의한 자의성이 적다 등의 장점이 있다. 그러나 이것은 소득보장제도에 그쳐서 공적부조에 비해 사회보장범위가 좁다는 단점을 갖고 있다. 미국의 M. 프리드만이나 J. 토빈이 제창하였다.

## 부의 소득세 02
신고소득액이 과세최저한도 이하인 경우, 그 부족분의 일정율만큼 정부가 조세의 환부(還付)와 같은 방법으로 지급하는 제도를 말한다. 공적부조의 성격을 지니는 이 제도는 미국 등 일부 선진국에서 시행되고 있다.

## 부의 순자산
부채의 규모가 자산을 초과하는 경우. 자산이 공정하게 가치평가되고 있을 때, 기업이 그 자산을 모두 처분해도 부채를 변제할 수 없는 상태를 말한다. 그러므로 소유주에게 아무것도 없는 상태이다.

## 부의 영업권
어떤 자산을 취득할 때 그 자산의 공정가액보다 낮은 값으로 매입할 경우 발생한다. 가령 20억 원짜리 회사를 15억 원에 샀다면 5억원의 부의 영업권이 발생하는 것이다. 2000년 7월 22일 제정된 〈기업인수ㆍ합병 등에 관한회계처리준칙〉에 의하면 "매수일에 피매수회사로부터 취득한 식별가능한 자산ㆍ부채의 공정가액 중 매수회사의 지분이 매수원가를 초과하는 경우에는 그 초과액을 부의 영업권으로 계상한다"고 명시되어있다. 프리미엄을 주고 기업을 살 때 발생하는 영업권과 반대되는 개념이며, 두 회사가 합병할 때 발생하는 합병차익도 부의 영업권에 해당된다. 영업권을 상각하면 비용 처리가 되지만 부의 영업권은 환입이 되므로 이익이 발생하게 된다. 이 이익을 20년 이내 합리적인 기간을 정해 정액법으로 환입하는 것이 현행 기업회계 기준의 해석이다.

## 부의 재분배 효과

부의 재분배효과란 기업이 주식이나 채권 등의 발행으로 자본구조가 변화함에 따라 기업청구권자들의 부가 달라지는 현상을 말한다. 기업의 부채는 고정이자를 반드시 지급해야 되는 자본이고, 주식은 기업의 수익정도에 따라 배당을 지급하므로 고정 이자를 지급하지 않는 자본이다. 고정 이자 지급비율이 높을수록 기업은 이자지급 불능에 따라 파산할 가능성이 높아지게 되므로 부채비율이 높을수록 위험한 기업이 되고 이에 따라 채권자들은 높은 이자를 요구하게 된다. 반대로 부채비율이 낮을수록 채권자들은 낮은 이자를 요구하게 된다. 여기서 기업이 주식을 발행하면 부채비율이 낮아지고, 기존의 채권자들은 낮은 위험에서 높은 이자를 받는 결과가 되고, 기업이 채권을 발행하면 기존의 채권자는 높은 위험에서 낮은 이자를 받는 결과가 되므로 기업의 부중 채권자의 몫이 주주에게로 이전되는 결과가 된다. 이를 부의 재분배효과라고 한다.

## 부자가정(father – child family)

부모의 이혼 혹은 모의 사망으로 인해 아버지와 미혼의 자녀로만 구성된 결손가족을 의미한다. 모자가정이 일반적으로 경제적 곤궁의 문제를 내포하고 있는데 비하여 부자가정은 아동의 양육과 가사, 취사를 적절히 수행할 수 없는 문제를 가지게 된다. 가족역할에 있어서 어머니의 역할, 아내의 역할이 결여되고 애정의 기능을 비롯한 가족의 제 기능이 수행되지 못하므로 가정 분위기가 경직될 가능성이 있고 성격형성에도 문제가 있다. 부자수당제의 도입, 가정 봉사원의 파견, 유아원, 탁아소의 이용, 부자가정 회의조직 등 복지서비스의 제공이 이루어져야 한다.

## 부재가정

부재가정이란 가정의 기본적 구성원인 부모가 장기간 주거를 이탈함으로서 일상생활에 중요 장애를 초래하고 있는 가정을 말한다. 부재가정도 따지고 보면 결손가정의 한 유형이지만 결손가정은 부모의 부재현상이 영구적인데 비하여 부재가정은 일시적이라는데 차이가 있다. 부재가정은 자녀들과 부모의 접촉기회가 적어 상호간의 의사소통, 모성애의 경주 등이 결여되고 자녀의 교육문제 및 건강관리가 방임되며 가정 내에서의 자녀들의 일상생활이 파괴하게 되어 반사회적 비행화의 우려가 잦다. 그러

므로 부득이한 경제적 문제나 가정의 직장관계 등이 아니면 부재현상을 만들지 않도록해야 한다.

## 부재자

전에 살던 곳을 떠나 당분간 돌아올 가능성이 없는 사람을 부재자라고 한다. 부재자는 부재자의 재산을 관리하기 위해 생겨난 법률적 제도라고 할 수 있는데 부재자가 자신의 재산을 돌보지 않을 경우 이로 인해 피해를 입는 사람이 있을 수 있기 때문이다. 따라서 친권자나 후견인처럼 부재자의 재산을 관리해 줄 사람이 없을 경우 이해관계인이나 검사의 청구에 의해 법원이 재산관리인을 뽑아 부재자의 재산을 관리하게 한다. 또 일정기간 동안 부재자의 생사를 알 수 없을 때는 관계자가 실종선고를 신청할 수 있다.

## 부적강화(negative reinforcement)

어떤 반응 또는 행동에 대해 주어지던 자극을 제거함으로써 그 행동의 빈도나 강도를 증가시키는 것을 말한다. 흔히 어떤 행동에 대해 제공되던 혐오자극을 제거함으로써 그 행동을 증강시키는 것을 가리킨다. 간혹 부적 강화와 벌을 혼동하는 경우가 있으나 이는 잘못된 것이다. 벌은 어떤 자극의 제공에 의해 행동의 빈도가 감소되거나 강도가 약화된 것을 가리키나 부적강화는 행동의 강도나 빈도가 높아지는 것을 가리키며 자극의 제공이 아니라 자극의 제거에 의해서 이루어지는 것이다.

## 부적응(maladjustment)

어떤 사람이 자신이 살아가고 있는 가정·사회·직장 그 밖의 환경적 요구에 자신을 적응시키지 못하고 있는 상태를 말한다. 이러한 부적응은 흔히 정신병·신경증·범죄 등 이상심리의 원인이 되며 또 결과가 되기도 하기 때문에 상담과 심리치료 또는 생활지도에서 다루고 있는 중요한 현상 중의 하나이다.

## 부적응 행동(maladjustment behavior)

목적행동이 저지되거나 적응행동이 좌절되거나 해서 사회적 규범을 무시하고 욕구 충족을 위해 일반적인 기준(정상)에서 일탈한 행동을 말한다. 적응장애와 동의어로 방어기제에 의한 인격체의 내성을 벗어나 이상한 적응과정에 의한 불건강한 반응이나 행동, 내적부적응, 외적부적응이 있으며 상황에 의한 일시적인 부적응행동, 사회적 부적응행동(비행), 인격적 부적응행동(정신장애)이 있으나 그 판별은 사회의 상대적 기준에 의해 이루어진다.

## 부정

상대방에 피해를 입히면서 개인적인 이익을 달성하는 속임수. 가령 의도적으로 중요한 사실을 감추면서 주식을 파는 것은 부정의 일종이다. 이것은 고의로 일정한 목적

을 달성하려고 실시한 사기행위로 직접 금전이나 금품을 소비하였는가에 따라 세 가지로 나뉜다. ①금전소비가 따른 부정 : 이것은 종업원의 이기적 부정이며, 수익관계 의 부정과 지출관계의 부정이 있다. ②물품소비가 따른 부정 : 이것은 운송이나 보관 중의 자산을 유용하는데서 생기는 부정이다. ③금전 · 물품소비가 없는 부정 : 재무제표에 의해서 흔히 야기되며 이익의 과대계상, 비용의 과대계상 등이 있다. 보통 회계의 허위는 현금 등 금전의 소비와 관계된 것이 많으며 인플레이션시 물품의 소비에 따른 부정도 허다하다. 종래 감사의 주요 목적의 하나는 이 허위의 발견에 있었으며, 특히 영국에서는 정밀감사가 이루어졌고, 점차 감사의 주목적에서 떠나, 내부감사에서 이루어지도록 변천되어 왔다.

### 부정기형(indeterminate sentence) 01
범죄에 대해 벌을 받아야 하는 기간을 정하지 않고 유죄선고를 하는 것을 부정기형이라고 하는데 상대적부정기형과 절대적부정기형이 있다. ①상대적부정기형 － 최고한도나 최저 한도를 정하는 것. ②절대적부정기형 － 어떤 한도도 정하지 않은 것 우리나라의 경우, 소년범에 대한 상대적부정기형을 제외하고는 죄형법정주의에 의한 정기형을 선고한다.

### 부정기형 02
형기를 확정하지 않고 언급하는 자유형의 일종이다. 형기를 전혀 정하지 않는 것을 절대적 부정기형이라 하며 단기와 장기를 정해 그 기간 내에 교정교육의 효과에 따라 선방하는 것을 상대적 부정기형이라 한다. 형을 법익침해에 대한 응보로 생각하는 응보형주의에 대해 부정기형은 형을 특정범죄자의 범벌 경향을 제거하기 위해 필요한 교육기간이라 생각하는 교육형주의를 사상적 배경으로 한다. 절대적 부정기형은 죄형법정주의에 반한다.

### 부정적 개념(negative concept)
소극적 개념이라고도 한다. 긍정적 개념에 대립하는 말로서, 어떤 성질이 존재하지 않고 있는 것을 가리키는 개념, 가령 무학, 불행 등이 그것인데, 부정적인 접두어가 붙어 있어도 내용은 오히려 적극적인 의미를 가지는 말도 있다. 가령 〈무례〉나 〈무구〉 등은 단순한 부정을 넘어서서 적극적인 의미를 가지고 있다.

### 부정적 / 부적 강화(negative reinforcement)
불쾌한 결과를 회피하기 위해서 시켜진 바람직한 행동을 하는 것을 말한다. 가령 선생님한테 꾸중 듣지 않기 위해 숙제를 열심히 하거나 혹은 자리를 잘 뜨는 아동에게 "자리 뜨면 매 맞는다"라고 하면 매 맞지 않기 위해서 자리에 앉아 있는 것 등이다. 부정적 강화는 간혹 벌과 착각하기 쉬운 용어이다. 부적강화는 위에서 언급한 것처럼 고통을

회피하기 위해 바람직한 행동을 하는 것으로 좋은 행동을 증가시키는 것이지만 벌은 아동에게 육체적 혹은 심리적 고통을 줌으로써 고통을 회피하기 위해 나쁜 행동을 하지 않게 하는 것, 즉 문제 행동을 감소시키는 방법이다. 불쾌한 결과를 회피하기 위하여 행위를 함으로써 그 행동이 강화되는 것을 말한다. 가령 선생님으로부터 꾸중 듣지 않기 위해서 숙제를 열심히 하는 것 등이 부적 강화의 좋은 예이다.

### 부조
경제적 요보호상태에 있는 자에 대해 공비로 행해지는 급여를 부조라 한다. 생활보장법을 공적부조라 하기도 하고 생활보장법의 급여를 부조라 하기도 하며 은급 등의 급여금을 부조료라 하기도 한다. 구제, 구호보다는 좀 더 권리성을 함축하고 있지만 보장적인 측면에서는 권리성이 불명확하다.

### 부조법(public assistance law)
보호법의 한 분야이며, 생활 곤궁자에 대해 건강하고 문화적인 최소한의 생활을 보장할 것을 목적으로 하는 부조 활동에 관한 법의 총칭으로 한국의 생활보장법 등 공적 부조에 관한 법률, 독일. 프랑스의 사회부조법, 영국의 보조급여법 등이 이에 해당한다. 역사적으로 볼 때 주로 제2차 대전 전에는 일반적으로 구빈법이라고 총칭되던 것이 적지 않았다. 우리나라에서는 생활보장법이 그 대표적인 것이다. 이들 부조법의 특징은 보족성의 원리에 입각한 것이며, 이로부터 부조법연구의 착안점으로서는 주어진 부조법의 구조가 부조를 권리로서 청구하도록 되어 있는가?, 부조의 요건은 무엇인가?, 노동 능력의 여하를 불문하고 부조를 받을 수 있는 일반 부조주의인가 아니면 노동무능력의 곤궁자에게 한정하는 제한부조주의인가?, 친족부양과의 관계, 급여의 종류와 방법, 곤궁외국인도 권리로서 부조를 받을 수 있는가? 등을 들 수 있다.

### 부조집단(Mutual Aid Group)
어떤 공통된 문제를 갖고 정기적인 소집단 회합을 통해 서로에게 조언, 정서적 지지, 정보와 기타 도움을 주기도 하는 공식적, 비공식적 회합이다. 상호부조집단은 운송, 주택보상, 판매권 및 기타 유사한 활동들과 같이 좀더 복잡한 서비스와 자원의 교류를 내포한다는 것을 제외하고는 대개 '자조집단(self-helf group)'과 같은 의미로도 쓰인다.

### 부호화(coding)
수집된 조사 자료의 질문항목이나 분류범주에 각각의 부호를 부여하는 것이다. 조사표 작성시 질문항목이나 회답의 선택지에 미리 코드를 부여한 경우 프로코딩이라고 하

며 이와 반대로 조사가 끝난 후 회답을 보면서 분류범주를 결정하여 코드를 부여하는 것을 애프터 코딩이라고 한다. 애프터코딩은 자유회답항목이나 기타라는 선택지에 기입된 회답에 쓰이는 경우가 많다. 코드에는 흔히 숫자나 알파벳이 쓰이는데, 수집계에서는 어떤 코드를 써도 된다.

### 북한보건의료네트워크

북한보건의료에 대해 이루어진 연구 성과들, 남북 교류협력에 관련한 정보, 최근의 북한 관련 정보들을 모아 누구나 쉽게 이용할 수 있도록 정리하여 북한의 보건의료에 관심이 있는 학자, 의료인, 시민 그리고 대북지원에 관계하는 일꾼들, 정부 관계자 등이 모여 자료를 이용하고 의견을 나눌 수 있도록 2003년에 만든 법인이다. 어린이 의약품지원본부와 동일한 기관이 운영한다.

### 분권적 관리조직

의사결정권의 상당한 부분을 최고경영층으로부터 하위의 관리계층에 위 양하여 각 부문 관리자가 계획과 관리면에서 일정한 자주성을 가지는 형태의 기업관리방식이다. 분권적 관리는 관리의 변속성과 합리성이 확보 될 수 있기 때문에 대규모 경영의 경영적 유리성을 확보하고 다른 한편으로는 관리자의 창의를 진작시킬 수 있다. 분권적 관리는 기능별로 분권화하는 기능별 분권제와 사업부문별로 분권화하는 사업부제의 두 가지 방식으로 나누어진다.

### 분권화(decentralization) 01

의사결정권이 조직의 하층부 · 하급기관 · 지방 등으로 분산되는 것을 말한다. 행정구조의 분권화는 지방분권화 · 지리적분권화(geographical decentralization) · 행정권한의 집중배제(deconcentration)를 의미하는 수직적 분권화와, 독립규제위원회 · 공사(公 社), 행정재판소 등의 수평적 분권화로 나누어 볼 수 있다.

### 분권화 02

경영관리상의 제 사항 중 상식적인 사항은 가능한 한 각 담당자에게 위임하고 톱 매니지먼트는 예외적인 사항의 처리에만 전념하는 것을 말한다. 이에 따라 각 부문은 업무에 창의성을 발휘할 수 있으며 그 결과 사기가 진작되고 업무 결정이 신속하게 이루어진다는 장점이 있다. 이와는 달리 톱 매니지먼트에 통제력을 집중시키는 것을 집중화(centralization) 라 한다.

### 분권화 03

의사결정권이 조직의 하층부 · 하급기관 · 지방 등으로 분산되는 것을 말한다. 행정구조의 분권화는 지방분권화 · 지리적분권화(geographical decentralization) · 행정

권한의 집중배제(deconcentration)를 의미하는 수직적 분권화와, 독립규제위원회 · 공사(公社), 행정재판소 등의 수평적 분권화로 나누어 볼 수 있다.

### 분류법(job classification)

직무평가의 한 방법으로 미리 작성한 등급기준표(혹은 표준직무 기술서)에 따라 평가하고자 하는 직위의 직무를 어떤 등급에 배치할 것인가를 하나하나 결정해 나가는 방법을 말한다. 등급수를 몇 단계로 구분할 것인가는 직무의 복잡성과 책임 직무 수행에 필요한 지식과 기술, 감독의 책임, 의사결정의 자율성, 직무의 중요성 등에 따라 결정된다. 등급법이라고도 한다.

### 분류소득세제(classified income tax)

소득을 몇 가지의 발생원천별로 구별한 뒤, 소득원천에 따라 단일비례세율 또는 복수세율을 적용하여 원천징수 방법으로 과세하는 제도를 말한다. 반면 종합세제(global income tax)는 소득획득자 개인별로 각종의 소득을 종합하여 개인적 사정에 따른 담세력을 조정한 뒤 누진세율을 적용하는 제도를 말한다. 분류소득세제는 원천징수에 의한 방법이기에 징세가 간편하나 개인의 담세력에 따른 조정이 이루어지지 않아 과세의 형평을 유지하기 어려운 단점이 있다.

### 분류수용

대상의 구분에 의한 시설수용을 말한다. 가장 초기에 있어서 복지대상은 성, 연령, 기타 종류나 문제의 차이를 불문하고 생활 빈곤자이며 요구호자라는 하나의 이름아래 구호되었다. 따라서 시설내용의 경우 구빈원이라는 하나의 시설에 무차별하게 수용되며 시설에는 노인 아동도 있었으며 건강인과 장애자도 함께 수용하는 잡다한 혼합 상태였다. 사회복지의 발전과정은 이 잡거적 혼합수용을 점차로 분리시켜가는 한편 요구호자라는 일색의 복지대상을 그 종류나 니드의 성질에 따라 구분하여 사업을 전문화 하여가는 과정에 있다고 할 수 있다. 고아원의 건설에 의한 성인으로부터의 아동의 분리, 삼회원의 설립, 각종 장애자시설의 창설 등 특히 19세기부터 현저한 전개가 있었으며 현재 많은 종류의 시설이 존재한다. 과학적 연구나 처우기술의 발달은 진단을 점차 철저화하게 하고 더욱더 분류를 추진하여 잘 것인데, 이러한 현대적 상황속에서 아동이나 장애자가 전체성을 잃어버리기 때문에 반성이 세차게 일고 있다.

### 분류조사

소년원에서는 보호처분을 받고 송치된 소년에 대해 교정교육과 개별처우에 필요한 각종 자료를 모집하기 위한 분류조사를 실시한다. 분류조사에서는 소년의 가족관계, 성장환경, 교육 및 직업경력 등 생활사를 중심으로 한 사회

적 조사를 위시하여 지능, 성격, 적성, 흥미, 학력 등 각종 심리검사, 신체의 이상 유무를 밝히기 위한 신체검사, 행동관찰, 보호자상담을 하게 된다. 이렇게 하여 밝혀진 제 사실과 법원소년부 또는 소년감별소에서 송부된 참고자료는 원생처우심사위원회에서 종합 검토되어 보호소년 개개인의 처우소년원 지정, 교육과정, 분류수용, 교육 계획수립 등에 반영된다.

### 분류처우회의
수용자를 합리적으로 처우하기 위하여 교도소 내에 설치되는 것으로서 분류처우예비회의와 분류처우회의로 나뉜다. 분류처우회의에서는 분류처우예비회의에서 예비 심의한 사항으로서 수영자의 분류심사 및 급별 사정에 관한 사항, 수형자의 소행, 작업, 상훈점수의 사정에 관한 사항 및 수형자의 계급의 편입, 진급, 진급정지, 강급의 심사에 관한 사항을 심사한다.

### 분리권위형(separated – authority model)
중앙정부와 지방자치단체간의 관계의 유형에 있어 분리권위형은 중앙정부와 지방정부의 관계가 서로 독립적이고 자치적으로 운영되는 관계를 말한다. 미국의 연방정부와 주정부와의 관계를 이와 유사한 예로 볼 수 있다.

### 분배국민소득
생산활동에 참여한 개개의 생산요소에 지불된 소득과 기업가의 이윤을 말한다. 임금, 지대, 이윤, 배당, 이자 등의 형태가 그것이다. 우리나라의 국민소득계정에서는 피고용자보수, 비법인기업소득, 재산소득, 법인에 대한 직접세, 일반정부의 재산과 기업소득을 가산한데에서 공채이자 및 소비자 부채이자를 공제한다.

### 분배정책(distributive policies)
정부가 특수한 대상집단에게 각종 서비스·지위·이익·기회 등을 분배하는 정책을 말한다. 수출산업에 대한 재정·금융 지원정책과 도로·항만 건설 사업 등이 이러한 정책유형에 속한다.

### 분산
각 관측치와 산술평균과의 차이를 제곱하여 그 합을 구한 뒤 이를 전체 관측치수로 나누어 계산한 값이다. 분산은 범위와는 달리 모든 관측치를 이용하여 계산하며, 단순히 얼마나 퍼져 있는지를 나타내기보다는 평균에서 얼마나 떨어져 있는가를 나타내 준다. 또 이 분산값의 양의 제곱근이 표준편차이다.

### 분업
단독으로 행하는 일을 여러 부분으로 분할하고, 각 분담자의 작업을 총괄적으로 그리고 하나의 전체적인 일로 행하는 것을 말한다. Smith,A.의 학설 이래 분업은 작업의 분할과 노동의 전문화로 노동 생산력의 증진을 가져오는 것으로 중요시 되어 왔다. 그것은 사회적 분업과 개별분업(작업장내분업)으로 나누어진다. 전자는 사회의 총노동이 농업·공업·상업 등의 큰 생산유통부문이나 나아가서 그 내부에서 특수직업으로 분화되는 것을 말한다. 이것은 2개의 출발점에서 발전한다. 하나는 가족 또는 종 족의 내부에서 성별 및 연령별 차이라는 생리적인 기초 위에서 자연발생적으로 생기는 경우이고, 다른 하나는 공동체 상호간의 생산물교환으로부터 생기는 경우이다. 반면에 개별적 분업은 개개의 작업장내에서의 노동의 기능분할을 말한다. 자본주의 이전의 사회에서는 이러한 분업은 기껏해야 우연적으로 밖에 존재하지 않았다. 자본주의적 생산방법이 채택되는 단계에서 단순협업은 작업장 내에서의 분업에 의해 이루어지는 협업으로 발전한다. 이 협업은 매뉴팩쳐에서 전형적으로 나타난다. 사회적 분업과 개별적 분업은 유사성과 관련성을 갖고 있지만, 양자는 구별되지 않으면 안된다. 왜냐하면 개별적 분업은 언제나 협업으로서 통일적 의지에 기초해서 계획적으로 행해지지만, 사회적 분업은 반드시 그러한 것이 아니라 상품생산이 행해지는 사회, 특히 자본주의사회에서는 무정부적으로 행해지기 때문이다.

### 분업의 원리 (division of work or specialization principle)
업무를 그 종류와 성질별 로 나누어 조직구성원에게 가능한 한 한가지의 주된 업무를 분담시킴으로써 조직의 능률을 향상시키려는 원칙을 말한다. James D. Mooney에 의해 주창된 '직능의 원리(functional principle)' 와 같다.

### 분임연구(syndicate)
피훈련자들을 10명 내외의 분반으로 나누어 분반별로 동일한 문제를 토의해 문제해결 방안을 작성한 후, 다시 전원이 한 장소에 모여 분반별로 작성한 안을 발표하고 토론을 벌여 최종안을 작성하는 형태의 훈련방법을 말한다. 영국의 관리자대학(Administrative Staff College)에서 관리자 훈련을 위해 개발한 훈련방법인 분임연구는 여러 참여자의 중지(衆智)를 모아 문제해결을 위한 정책대안을 모색하는 데 유용하며, 고급관리자들에 대한 교육훈련에 많이 이용된다.

### 분포(distribution)
통계학에서의 분포는 확률변수의 분포를 뜻한다. 확률변수는 이산형과 연속형으로 나눌 수 있으며, 확률변수의 분포형은 여러 가지가 있다. 즉 이산확률변수의 분포는 이항분포, 포아송분포, 초기하분포 등이있으며, 연속확률변수의 분포는 정규분포, 지수분포, 감마분포 그리고 베타분포 등이 있다.

## 분할연금수급권자(국민연금법 제64조)

국민연금에서 혼인기간(국민연금가입기간 중)이 5년 이상인 노령연금수급권자와 이혼한 경우 혼인기간에 해당하는 연금액을 균분하여 지급 받는 연금.

## 분화(differentiation)

가족체계 이론에서 가족구성원들이 가족의 다른 성원들로부터 감정, 사고, 정체감을 불리 또는 구별할 수 있는 능력이다. M. Bowen에 따르면 분화는 상대가 다른 성원과 어떤 관계에 있든지 간에 누구와의 관계에도 휘말리지 않고 독자적으로 기능할 수 있는 것이다. 분화가 잘 되는 개인은 가족 속에서 건강하게 자랄 수 있다.

## 불고지죄

반국가단체를 구성하거나 찬양 · 고무 등을 한 사람이라는 것을 알면서도 이를 수사기관에 신고하지 않는 것을 불고지죄라고 하는데 이는 국가보안법 제10조에 의해 규정된 것으로 헌법에 보장된 양심의 자유와 충돌하고 있다.

## 불공정거래행위

불공정거래행위는 현실의 경제사회에서 행해지거나 행해질 가능성이 있는 〈공정한 경쟁을 저해할 우려가 있는 행위〉이다. 현실의 자본주의 경제사회는 본래의 자본주의 정신을 왜곡한 자유방임적 이윤추구행위 또는 자유경쟁의 과정 중 자본이 집중 · 집적된 결과 나타나는 거래주체간의 경제력 차이 등으로 독과점 및 카르텔의 규제 등 시장지배력 형성 방지만으로 공정하고 자유로운 경쟁을 충분히 확보할 수 없다. 따라서 공정한 자유경쟁을 확보하기 위해 각국은 불공정거래행위를 규제하는 것이 보편화되어 있으며 불공정거래행위는 다방면에 걸쳐 다양한 형태로 나타나므로 이를 규제하는 제도로 상표 · 상호제도의 확립, 부정경쟁방지법, 공정거래법 등이 출현하게 되었다. 우리나라의 〈독점규제 및 공정 거래에 관한 법률〉은 불공정거래행위를 모든 사업자에게 공통적으로 적용되는 일반불공정거래행위와 특정 사업 또는 특정행위에만 적용되는 특수불공정거래행위로 구분, 지정하여 규제하고 있다. 일반지정으로 고시된 불공정거래행위에는 ①부당한 거래거절, ②거래조건등의 차별적 취급, ③집단배척 및 집단적 차별취급, ④차별대가, ⑤부당염가 및 부당고가 매점, ⑥부당한 고객유인, ⑦부당표시, ⑧부당한 거래강제, ⑨우월적 지위의 남용, ⑩부당배타조건부 거래, ⑪부당구속 조건부거래, ⑫허위 과장 광고 및 기만행위 등을 규정하고 있으며 특수지정의 대상은 ①경품류의 제공, ②유통업계의 할인 특별판매행위, ③하도급거래 등에 관한 불공정거래행위를 규정하고 있다.

## 불교사회사업

사회사업의 원점으로서 자선을 우리나라 사회복지의 장에서 생각해 보면 불교적 자선, 유교적 자선, 기독교적 자선, 세 가지로 나누어 진다. 그리고 그것은 각각의 교의에 기초하여 차이가 있다. 불교적 자선의 중심사상은 자비에 주어지는데, 여기에서 자는 진실한 우정이나 순수한 친애를 의미하며, 비는 애정이나 온화함에서 찾아 볼 수 있다. 또 대중불교에서는 자비를 밭은 여락으로 이해하고 있다. 자비의 실천이라 함은 〈타인을 자기 속에 윤회하게 한다〉는 것으로 자타불이의 평등성에 불교적 자선의 입장이 있다. 그것은 살아있으면서 사는 자의 봉사이며, 모두 번뇌를 가진 중생중에서 자타불이이다. 특히 포시와 복전에서 나타나며, 그것에 기초하여 동양사회속에서 폭넓은 자비 활동이 행해 졌었다.

## 불균형의 누적효과

경상수지의 흑자(또는 적자)가 계속되면 대외자산(또는 대외부채)이 누증된다. 이로 인해 네트의 이자수취액(또는 이자 지급액)이 증가하므로 경상수지의 흑자(또는 무역적자)에는 변화가 없더라도 경상수지의 흑자 (또는 적자)는 확대된다. 이것이 불균형의 누적효과인데, 이러한 효과가 나타나게 되면 경상수지의 균형을 도모하기 위해 무역수지의 대폭적인 개선이 필요하게 된다.

## 불기소처분 01

고소나 고발된 범죄 용의자에 대해 수사를 한 검사가 용의자를 재판정에 세우기 위한 공소를 제기하지 않는 결정을 불기소처분이라고 하는데 다음과 같은 나뉜다. ①기소유예처분 – 기소할 수 있는 여건은 구비돼 있지만 범행의 동기나 수단 범행의 결과, 피의자의 연령이나 지능, 피해자와의 관계 등을 고려해 기소하지 않는 것이 좋다고 판단한 검사가 기소를 하지 않는 것을 기소유예라고 한다. ②기소중지처분 – 피의자나 참고인의 행방을 알 수 없는 경우 등 실질적으로 수사를 할 수 없거나 재판을 위한 여건을 구비할 수 없을 때 수사를 일시적으로 중지하는 것을 기소중지 라고 한다. ③공소권 없음처분 – 피의자의 사망이나 피의자가 사면을 받았거나 고소없는 친고죄의 경우, 피해자가 가해자의 처벌을 원하지 않는 반의사불벌죄 같은 경우 등 소송을 위한 조건이 준비되지 않았을 경우에 하는 처분이다. ④혐의 없음처분 – 증거가 없거나 범죄사실이 인정되지 않을 경우 피의자에 대한 범죄혐의가 없다는 처분이다. ⑤죄가 안됨처분 – 행위 자체는 범죄행위에 해당할지라도 법률의 규정에 의해 죄가 되지 않는 긴급피난, 심실상실, 정당방위 등에 해당할 경우 내리는 처분이다. ⑥공소보류처분 – 국가보안법을 위반했지만 정상을 참작해 재판을 받지 않게 하는 처분이다. 불기소처분을 했을 경우, 즉시 피의자에게 알려줘야 하고 7일 안에 고소인이나 고발인에게도 알려주어야 한다. 이를 안 고소인이나 고발인은 그 이유에 대한 설명을 요구할 수 있고 항고나 재정신청을 할 수 있으며 항고나 재정신청이 받아들여지면 다시 수사해야 하고 해당사항이 있을 경우 재판을 해야 한다.

## 불기소처분 02

검사가 기소하지 않는다고 결정하는 것을 말한다. 기소편의주의에 의한 기소 유예의 경우 외에, 소송조건이 불비한 경우나 사건이 죄가 되지 않거나 증명이 되지 않는 경우 등 결국 유죄가 될 가망이 없는 경우를 포함한다. 일단 불기소처분을 한 후 새로이 기소하여도 지장은 없으나, 불기소처분을 한 때에는 그 취지를 피의자, 고소인, 고발인에게 통지해야 하며, 고소인 또는 고발인의 청구가 있는 경우에는 7일 이내에 그 이유를 서면으로 설명해야 한다.

## 불량주택지역(slum area)

불량주택이 밀접하여 위생, 풍기, 보안 등에 유해 또는 위험이 있는 지구(슬럼 등)를 말한다. 정부는 불량위생지구 개선의 긴급실시를 요망하는 여론에 따라 사회사업조사회에 개선책을 자문해 그 답변에 의해서 불량주택지구 개량법을 제정·공포했다.

## 불법원인급여

불법에 해당하는 원인으로 인해 발생한 재산이나 노동의 제공을 불법원인급여라고 하는데 불법원인급여를 한 사람은 이를 돌려달라고 요구할 수 없다. 가령 도박에 쓸 것임을 알고 돈을 빌려준 경우 이를 돌려달라고 할 수가 없다. 그러한데 고리대금처럼 그 원인이 수익자에게 있을 경우 빌린 사람이 고리대금을 갚은 후라도 반환을 요구할 수 있다.

## 불법행위

고의나 과실로 다른 사람에게 손해를 입히는 법을 어긴 행위를 불법행위라고 하는데 다음과 같은 경우에는 불법행위에 해당되지 않는다. ①미성년자나 심실상실자가 행위자일 경우, ②긴급피난이나 정당방위 등으로 인한 행위처럼 법률이 위법이 아니라고 정해 둔 경우, ③가해행위와 손해사이에 원인과 결과 관계가 없을 경우 다른 사람의 불법행위로 손해를 본 사람은 가해자나 그 사용·감독자(국가나 고용주)를 대상으로 금전배상이나 사과광고, 원상회복 등의 손해배상을 청구할 수 있다.

## 불복신청

아직 확정되지 아니한 재판에 대해 상급법원에 불복을 신청하는 것을 말한다. 소송법상 재판이라 하면 판결 외에 결정 명령 등이 있는데, 재판이 행해진 경우에 이것을 곧 확정시키지 아니하고, 일정한 요건 하에 불복의 신청을 허용하는 것이 원칙이며, 이 불복신청이 곧 상소이다. 상소 중에서 항소와 상고는 판결에 대한 불복신청이고

항고는 결정·명령에 대한 불복신청이다. 재판에 대한 불복신청에는 그 밖에도 재심과 비상상고가 있으나, 양자가 모두 확정된 재판에 대한 불복신청인 점에서 상소와는 다르다.

## 불송치 처분제도

검사 또는 사법경찰관이 형사 처벌은 물론 보호처분조차 필요 없다고 판단할 때 소년부 송치를 하지 않는 제도이다. 우리나라는 이 제도를 채택하고 있는데 몇 가지 문제점이 있다. 즉 비행청소년의 요보호성의 인정은 전문가인 가정법원 또는 지방법원 소년부가 해야 합리적이라는 것이다. 그것은 경찰의 사건처리는 사회질서의 유지에 치중해야 하는 업무의 성질상 객관적, 외면적 행위나 결과의 대소를 기초로 하기 때문에 요보호성의 적정한 판단을 기대할 수 없으며, 불송치 처분으로 소년의 비행성을 조기에 발견하고도 적기에 필요한 조처를 강구할 기회를 잃기 쉽기 때문이다.

## 불심검문

경찰관이 수상한 거동 기타 주위의 사정을 합리적으로 판단하여 죄를 범하였거나 범하려고 있다고 의심할만한 상당한 이유가 있는 자 또는 이미 행하여진 범죄나 행하여지려고 하는 범죄행위에 관해 그 사실을 안다고 인정되는 자를 정지시켜 질문을 하는 수단을 말한다. 경찰상의 즉시 강제 수단의 일종이다. 불심검문 장소에서 질문하는 것이 그 사람에게 불리하거나 교통에 방해가 된다고 인정되는 때에는 부근의 경찰관서에 동행할 것을 요구할 수 있다. 그러나 이 경우 당해인은 형사소송에 관한 법률에 의하지 아니 하고는 신체를 구속당하지 아니하며 그 의사에 반해 경찰서의 동행이나 답변을 강요당하지 않는다.

## 불안(anxiety) 01

막연하고 대상이 불분명한 공포의 감정으로 정신적, 육체적으로도 불쾌한 상태를 말한다. 위험을 살펴서 알 수 있는 현실불안과 불합리하고 병적인 반응을 수반하는 신경정신적 불안으로 구별된다. 무의식적으로 억압된 이별과 사별, 애정상실 등이 의식화하려는 위기의 신호로서 구동적으로는 개념화된다. 신경증상으로 고정화되는 경우가 있으나 이것을 학습된 반응으로 해서 조건부의 이론 등으로 처치하는 행동요법의 입장도 있다.

## 불안 02

알려져 있거나 현실적으로 존재하는 대상이 없음에도 불구하고 막연하게 주관적으로 느끼는 불쾌한 감정을 말한다. 흔히 혈압·피부 등의 신체적 반응을 동반하고 있다. 생득적으로 지니고 있는 반응, 지나친 자극, 외부의 위협, 생존의 모험에 대한 실존적 인식 등이 원인이 되고 있다. 실제로 불안을 설명하는 이론은 다양하며 그 중 대표적인 것을 들면 내면적 심리의 갈등으로 보려는 정신분석

적 이론, 조건화 과정으로 설명하려는 행동주의적 이론, 생리적 과정으로 설명하려는 생리학적 접근 등이 있다. 불안은 구체적 대상이 없다는 점에서 공포와 구별되며 현실적 위협에 대처하게 하는 경고와 같은 현실적 기능이 있는 반면에 현실적 위협과 하등의 관계도 없는 병리적인 신경증적 측면이 있기도 하다. 불안이 심화되어 하나의 신경증으로 발전되면 이를 불안신경증이라고 한다.

## 불안정균형

안정균형에 반해 어떤 경우에는 일단 경제의 균형상태가 교란되면 경제 내에서는 다시 본래의 균형상태에 복귀하려는 힘이 없을 뿐만 아니라 나아가서 그곳으로부터 이탈해 가려는 경향이 생기는 경우가 있다. 이러한 균형상태를 불안정균형이라 한다. 가령 이것은 경사를 이룬 평면상에 있는 구슬의 상태와 같은 것이다.

## 불완전취업 01

어떤 형태로든지 취업은 하고 있으나 불안정한 것으로 불안정취업이라고도 한다. 잠재실업과 거의 같은 의미이지만 잠재실업이 무업자(15세 이상의 학생, 주부 등) 중 취업을 희망함에도 불구하고 구직하지 못한 자를 포함하는데 반해, 불완전취업은 이것을 포함하지 않는 점에서 다르다. 또 반실업과는 실태로서는 동일하다. 또 불완전고용과 비교해서 보면 영세농업자, 소경영주 등을 포함하기 때문에 범위는 보다 넓다. 완전취업 측정지표로서는 취업의식면에서 노동력조사나 취업구조기본조사에서 전직희망자, 진가 취업희망자류 및 위업희망자류 또는 소득 면에서 생활보장법에 의한 피보험자와 같은 정도 이하의 소득수준 또는 표준선계표 이하의 소득수준에 있는 자의 수, 또는 취업시간 면에서는 극단적인 단기간 취업자 수가 사용된다.

## 불완전취업 02

취업의식, 소득, 취업시간 등을 종합적으로 고려하여 불충분한 취업상태에 있는 것을 말하며 잠재실업, 위장실업 등을 말한다. 원래의 의미는 불황 등으로 노동공급이 과잉상태가 되었는데도 불구하고 기업이 노동조합의 저항, 종신고용제도 때문에 해고는 단행하지 못하고 계속 취업시키는 경우를 가리키는 것이었다. 그러나 현재 말해지고 있는 불완전취업자는 ①의식면에서 전직이나 추가취업을 희망하고 있는 자, ②소득면에서 생산보호법에 의한 피보호자와 같은 정도의 수입밖에 벌고 있지 못한 자, ③취업시간면에서는 취업시간이 매우 짧거나, 또는 장시간 취업하고 있으면서도 그 수입이 매우 낮은 자 등을 말한다.

## 불응(non – compliance)

정책결정자가 결정한 정책의 내용 및 지침과 일치하지 않는 정책집행자 및 정책대상집단들의 행태를 말한다. 일반적으로 정책불응의 원인으로는 불완전한 의사전달 · 자원의 부족 · 정책의 부적절성 · 권위에 대한 불신 등을 들고 있다.

## 불평등화요인

한 지역의 경제발전은 다른 지역의 발전에 두 가지 영향을 준다. 첫째는 다른 지역의 발전을 저해하며 지역간의 발전의 불평등화를 초래하는 영향(뮈르달 Myrdal, K.G.은 역류효과. Hirschman, A.O.은 분열효과라고 한다.)이다. 불평등화작용은 노동 · 자본 · 재화의 이동에 의해서 야기된다. 먼저 발전하고 있는 지역은 다른 정체지역으로부터 생산성이 높은 인적자원(진취적인 청년노동 · 숙련노동 · 기술자 · 경영자)을 선택적으로 흡수하고 생산성이 낮은 인적자원과 불리한 인구구성(피부양자의 상대적 증대)을 다른 지역으로 배출한다. 자본의 발전지역으로의 집중은 발전지역의 발전을 한층 추진할 뿐만 아니라 얼마 안되는 정체지역의 저축마저 흡수한다. 나아가서 발전지역의 산업(공업)은 대부분의 경우 수확체증과 대규모생산의 이익에 의해 정체지역의 산업을 압도한다. 반면에 또 평등화요인도 작용한다. 평등화작용에서 가장 중요한 것은 발전지역의 정체지역에 대한 매입과 투자의 증대이다. 불평등화요인과 평등화요인 양자의 강도를 뮈르달은 '시장세력은 불평 등화의 방향으로 강하게 작용한다'고 생각하고 있다. 그러나 허시만은 그와 같은 생각은 너무도 비관적이라고 비판하고, 비록 일시적으로 불평 등이 강하게 작용한다 할지라도 머지않아 정책담당자는 정체지역의 발전 없이는 발전지역의 발전도 한계점에 이른다는 것을 알게 되고 결국 한 나라 전체를 커버하는 발전정책이 수립되게 되어 평등화요인의 작용이 강화된다고 생각하고 있다.

## 붐

단어의 의미로는 사업 또는 투기활동의 활발한 기세, 자원과 인구의 급속한 발전, 가격 · 상업상의 발전 등으로 쓰이나 일반적으로는 갑자기 경기나 가격이 폭등하는 것을 말한다. 이러한 의미에서 단기적으로 일어나는 호황을 번영이란 말 대신 붐이라고도 부른다. 붐의 주요특징은 ①소나기 경기로 특히 증권시장이나 상품시장의 투기에 의해 일어난다. ②경기순환의 절정으로 슬럼프라는 경기순환의 밑바닥의 반대 현상이다. ③공황이나 패닉이 후퇴의 강도를 나타내듯이 붐은 호황의 강도를 나타낸다.

## 붐플레이션

호황을 의미하는 붐(boom)과 인플레이션(inflation)의 합성어로서 호황 하의 인플레이션을 의미한다. 이것은 스태그플레이션(경기침체하의 인플레이션), 슬럼플레이션(불황하의 인플레이션) 등 새로운 용어에 대응해서 나온 말이다.

## 브레인스토밍(brain storming) 01

아이디어 창출방법의 하나. 한 가지 문제를 집단적으로 토의해 제각기 자유롭게 의견을 말하는 가운데 정상적인 사고방식으로는 도저히 생각 할 수 없는 독창적인 아이디어가 튀어나온다는 것이다. 브레인스토밍을 성공시키기 위해서는 ①타인의 아이디어를 비판하지 않으며, ②자유분방한 아이디어를 환영하고, ③되도록 많은 아이디어를 서로 내놓아야 한다.

## 브레인스토밍 02

여러 사람이 모여 다양한 아이디어를 제시하고 이러한 아이디어 들을 취합·수정·보완하여 새로운 아이디어를 얻는 방법을 말한다. 자유분방한 분위기 속에서 보다 많은 창조적인 아이디어들이 제시될 수 있도록 브레인스토밍의 첫 단계에서는 아이디어에 대한 평가를 하지 않는다.

## 브레인스토밍 03

어떤 구체적인 문제를 해결함에 있어서 그 해결방안을 생각할 때 판단이나 비판을 일단 중지하고 질을 고려함이 없이 머릿속에 떠오른 창의적인 아이디어를 얻는 방법이다. 후에 이 아이디어들을 결합시키거나 개선하도록 하여 자유연상을 요구했을 때보다 더 좋은 아이디어를 산출할 수 있다는 것이다. 이것은 1953년에 오스번(A. F. Osbarn)이 제안한 방법이다.

## 브레인스토밍 04

특정한 주제나 문제(또는 그 해결방법)와 관련하여 참여자(또는 토론자)들이 자유롭게 가능한 한 많은 아이디어를 제시하는 것을 말한다.

## 브레인 풀 제도

해외고급과학두뇌 초빙제도. 우수교수 또는 연구인력을 국가가 채용, 대학 또는 연구기관에서 특정기간 동안 근무케하면서 연구와 강의 활동을 보장해주는 제도. 선진국에 비해 기술수준이 낮은 우리나라에서는 해외에서 인정받고 있는 우수 동포학자들을 초빙, 대학강단이나 연구소·산업현장 등에서 활용함으로써 국내 연구 수준을 높이겠 다는 취지로 시행하고 있다. 한국학술진흥재단을 통해 1992년부터 이 제도를 운영중이며 20901년까지 첨단과학분야에서 활동하는 2,450명의 박사학위 소지 교포과학자들을 초빙, 산학연 공동연구 등에 활용할 계획이다. 또 과총은 동포과학자는 물론이고 미국 등 선진국 과학자들을 대상 으로 1994년부터 '해외고급과학두뇌 초빙제'를 실시중이다.

## 브룸의 기대이론(expectancy theory of Vroom)

개인의 동기는 그 자신의 노력이 어떤 성과를 가져오리라는 기대와 그러한 성과가 보상을 가져다주리라는 수단성에 대한 기대감의 복합적 함수에 의해 결정된다는 Victor H. Vroom의 동기이론을 말한다. 이 이론을 VIE이론이라 부르기도 하는데 이는 곧 사람의 행위를 선택하는데 미치는 요인이 행위의 결과로 얻게되는 보상에 부여하는 가치(valence)와 행위의 1차적 결과가 2차적 결과로서의 보상을 초래할 가능성, 즉 수단성(instrumentality)과 자신의 행동을 통해 1차적 결과물을 가져올 수 있으리라는 자신감, 즉 기대(expectation 또는 expectancy) 이 세 가지라는 것이다. 다시 말해 사람이 조직 내에서 어떠한 행위 또는 일을 수행할 것인가의 여부를 결정하는 데는 그 일이 가져다 줄 가치와 그 일을 함으로써 기대하는 가치가 달성될 가능성, 그리고 자신의 일처리 능력에 대한 평가가 복합적으로 작용한다는 것이다. 이를 $M = f(V, I, E)$과 같이 간략한 식으로 표시할 수 있을 것이다. 여기서 M은 일을 하고자 하는 심리적 힘, 즉 동기의 강도를 뜻한다. 이러한 동기부여의 기대이론은 Kurt Lewin과 Edward Tolman의 인지 개념(cognitive concepts) 및 고전적 경제이론의 선택행동과 효용개념에 이론적 근거를 두고 있다.

## 블록경제

광역경제와 같은 뜻으로 자본주의가 판매시장·원료시장으로서의 식민지나 반식민지를 필요로하고 이의 배타적 지배를 강화하게 된데서 비롯되었다. 이말은 1932년 오타와에서 열린 영국 국가경제회의에서 세계공황 후의 심각한 경제위기와 각국간의 격렬한 시장경쟁에 대처하기 위해 영국 본토와 그 속령과의 사이에 특혜관계가 설정되면서 널리 사용됐다. 이와 같은 의미에서 당시 블록경제로는 영국블록·범미국블록·프랑스 블록 등이 있었다. 그러나 최근에는 식민지 개념과 달리 일정 지역의 국가들이 동등한 입장에서 블록을 형성하고 역내교역은 자유롭게 하되 역외국가엔 배타적 무역장벽을 쌓는 것을 의미한다. 예컨데 유럽 12개국이 추구하고 있는 유럽통합, 미국·캐나다·멕시코 등의 북미자유무역협정(NAFTA), 아시아 지역에서 논의되고 있는 다양한 경제통합 구상들이 모두 이에 속한다.

## 블루 라운드

노동라운드. 각 국의 근로조건을 국제적으로 표준화하려는 목적으로 추진되는다자간 협상으로 1994년부터 국제노동기구(ILO)를 중심으로 본격 논의되기 시작했다. 아동노동과 강제노동을 금지하는 ILO규범을 충족시키지 못하는 국가에서 수출되는 상품을 규제하는 것을 내용으로 한다. 정부는 이에 대처하기 위해 노동외교를 적극 강화하기로 하고 이를 위해 그동안 노동부에서만 운영해 온 블루 라운드 실무연구반을 범정부 차원의 대책기구로 전환하기로 했다.

## 비경제활동인구(not economically active population) 01

만 15세 이상 인구 중 조사대상 주간에 취업도 실업도 아닌 상태에 있는 사람을 말하는데 이들은 주된 활동상태에 따라 가사, 통학, 연로, 심신장애, 기타로 구분된다.

## 비경제활동인구 02

만 15세 이상 인구 중 취업자도 실업자도 아닌 사람, 즉 일할 능력은 있어도 일할 의사가 없거나 아예 일할 능력이 없는 사람을 말한다. 이를 테면 집안에서 가사에 종사하는 가정주부, 학생, 연로자와 불구자 자발적으로 자선사업이나 종교단체에 관여하고 있는 사람들이 포함된다.

## 비경합적 소비(non — rival consumption)

한 개인이 소비에 참여함으로써 얻는 이익이 다른 모든 개인들이 얻는 이익을 감소시키지 않는다는 것을 의미한다. 공공재는 일반적으로 이러한 비경합적 소비의 특성과 비배제성(non — exclusion)의 특성을 지닌다.

## 비경쟁집단

케인즈(J.E Cairnes)가 1870년 전후에 영국의 직업별 노동조합의 존재에 기초하는 이종집단간의 임금격차에 주목해서 제창한 임금이론의 기초 개념 직업 선택의 사회적 기회균등이 보장되어 있지 않은 사회에서는 이들 각계층의 노동자간의 상호교류, 이동은 매우 제한되어 있다. 각 계층내에는 경쟁적이지만 각 계층간에는 경쟁이 이루어지지 않아 임금 및 순이익의 불균등이 유지되고 있는 노동자의 집단을 비경쟁집단 이라고 한다.

## 비공식보호(informal care)

공식적(제도적)보호에 대비해서 제도화되어 있지 않은 다양한 형태의 보호를 총칭한 것이다. 구체적으로는 이웃이나 지역사회 자원봉사자, 비영리단체 등에서 행하는 보호이며 인간적인 따뜻함이 있고 세심하고 서로 정이 통하는 서비스가 기대된다. 공식적인 보호는 공적기관의 제도에 의해 실시되어 사회복지서비스의 기초적인 부분을 형성하고 있으나 일정한 기준에 따르기 때문에 획일적인 면이 강하다. 여기에 비해 비공식적 보호는 개개인 요보호자의 처지나, 환경, 그리고 욕구를 제대로 파악할 수 있기 때문에 기동성 있고 탄력적인 서비스를 제공할 수 있게 된다. 비공식적 보호는 사회복지에 정상화의 이념과 주민참가, 지역사회주민의 관심이 보다 밀착되기를 강조하고 있다.

## 비공식적 의사전달(informal communication)

자생집단 내에서 비공식적인 방 법으로 이루어지는 의사전달을 의미한다. 이러한 의사전달은 조직의 공식적 규범에 의해 설정되는 것이 아니라 자생적으로 형성되는 것으로서 공식적인 의사전달을 도와 그 효율성을 제고시키기도 하나 다른 한편으로 공식적인 권위관계를 파괴하고 조정을 곤란하게 하는 경향이 있다.

## 비공식적 조직(informal organization) 01

조직 내에서 구성원간의 면접적인 관계를 통해서 이루어지는 표면화되지 않은 자연발생적 조직으로 자생조직·참고조직 또는 심리적 집단의 성격을 띤다. 1930년대 이후 바나드(C. Barnard), 뢰슬리버거(F. J. Roethlisberger), 사이먼(H. A. simon) 등에 의해 그 존재 이유와 존재방식이 강조되었다. 비공식조직은 자연스러운 의사소통, 자발적인 협력관계, 감정에 논리에 의거한 행동방식을 특색으로 하는 것이며 공식조직의 기능을 수행하는데 있어 건설적인 역할을 할 수도 있지만 파괴적인 역할을 하는 경우도 없지 않다. 이 조직은 내면적인·내재적 조직이고 전체적인 조직 속의 각 계층, 각 단위에서 자연발생적인 소집단으로 성립하는 부분적인 질서이다. 자유로운 의사소통과 긴밀한 협조와 인화의 유지를 위한 매개가 됨으로써 공식조직의 기능을 원활히 수행해 나갈 수 있도록 하는 것이 현대 조직운영에 있어 절대적인 요청인 것 같다. 비공식적인 조직은 심리적 안정감의 형성, 공식적의 경직성 완화, 업무의 능률적 수행, 구성원간의 행동규범 확립 등의 순기능과 적대감정, 정실행위, 비공식적 의사전달의 역기능도 갖고 있다.

## 비공식적 조직 02

어떤 경영조직 내부에 잠재하는 것으로 심리적·감정적인 면의 공통 성에 의혜 자연발생적으로 결합되는 조직을 말한다. 경영조직의 목표와 는 다른 규범력을 가지고 조직 구성원의 태도나 행동에 영향을 주므로 경영목표에 협조를 유도할 필요가 있다.

## 비공식집단(informal group) 01

조직 내에서 취미·학연·지연·혈연·경력 등의 인연을 바탕으로 하여 자연발생적으로 발생하는 소집단을 말한다. 자생집단(自生集團)이라고도 한다. 비공식집단은 공식조직만으로 구성원들의 당면문제 해결이나 욕구충족이 어려운 상황에서 이를 보완하기 위해 탄생한다. 반면 공식조직은 조직의 공식적 목표를 달성하기 위해 인위적으로 만들어진 분업체제로 구성원간의 역할·권한에 관한 관계가 명시적으로 제도화되어 있는 조직을 말한다.

## 비공식집단 02

조직적이고 기구적으로 편성된 공식적집단(formal group)에 비해 사적, 개인적 계기에 의해 구성되어 있는 집단을 말한다. 가령 A공장의 B부 C과로 편성되어 있는 공식적 집단 속에서 취미, 신조 등에 의해서 형성된 낚시회, 시조회, 혹은 동향회 등의 집단을 말한다. 공장, 학급, 지역집단 등의 내적구조를 파악해서 그 활동을 활성화하려는 경우에 유의해야 할 집단이다.

## 비과세소득

본래는 과세소득이면서 정책상 과세권이 포기되어 당해 연도의 과세소득의 범위에 포함되지 않는 소득. 법인세법에서의 비과세소득은 국민저축조합 저축의 이자 및 공익신탁의 신탁재산에서 생기는 소득이다. 소득세법에서의 비과세소득은 이자소득, 부동산소득, 사업소득, 근로소득, 퇴직소득, 기타소득 및 양도소득 중 소득세법에서 특별히 비과세소득으로 규정한 소득으로 되어 있다.

## 비교기준(criteria for comparison)

비교연구법에 있어서 상호 비교할 수 있는 준거척도이다. 가령 진학률·취학률·중도 탈락률 같은 교육지표가 그러한 기준이 될 수도 있고 학교의 수업연한, 교육과정의 내용, 교육통제의 유형, 지방분권의 정도 등이 그와 같은 기준이 될 수도 있다. 비교 기준의 설정에 있어서는 같은 용어도 서로 개념이 다를 수 있으며 그 개념의 명료화가 선행되어야 한다. 통계치의 경우 그 표준화도 절실히 요청된다.

## 비교동학

비교동학은 비교정학이 여건변동의 결과(균형점의 변동)에 주목하여 변수의 균형치의 변화에만 관심을 기울이는 데 반해, 그 결과에 이르기까지의 시간적 적응과정을 문제로 삼는다.

## 비교류형 인사체제

공무원의 근무와 경력발전 계통이 하나의 기관에 국한되는 인사체제를 말한다. 하나의 기관에 국한해서 근무하는 비교류형도 기관 자체 내에서 담당직무의 성격이 동일하거나 유사한 직위로의 이동은 가능하며 그 기관이 특별지방 행정기관을 설치해서 운영하는 경우의 이동도 가능하다. 원래 비교류형은 인사행정의 부처주의(departmentalism)에서 연원하는 것으로 일반 행정가주의를 지향하는 인사체제에서 대부분 관행으로 굳어진 것이다. 따라서 극단적인 부처주의에 입각한 비교류형의 인사체제는 기관별 인력의 질적 불균형을 낳고 정부 전체의 통합적 행정활동을 제약할 뿐 아니라 인력활용의 융통성도 기대하기 어렵다.

## 비구조화면접(unstructured interview)

일정한 지침이 없이 진행하는 면접시험 방식을 비구조화면접이라 한다. 이와 대비되는 구조화면접(structured interview)은 질문내용과 방법을 미리 정해 놓고 진행시키는 면접을 말한다. 물론 표준화된 형식을 사용하는 구조화면접의 신뢰성과 타당성, 그리고 객관성이 높다.

## 비권력적 행정

국가가 사인(私人)에 대해 우위에 서는 명령·강제의 작용이 아니라 사인과 동등한 관계에서 사업을 관리하고 경영하는 행정작용을 말한다. 도로·하천 등의 공물(公物)의 관리, 학교·병원·도서관·우편 등 영조물의 경영·관리 작용이 여기에 속한다.

## 비대응교부금(non — matching grant)

지방교부금 가운데 그 용도가 국한되지 않고 지방정부에서 교부금에 상당하는 별도의 재원을 마련할 것이 요구되지 않는 형태의 교부금을 말한다. 이러한 교부금을 무조건부교부금(無條件附交付金, unconditional grant)이라 부르기도 한다. 이에 대해 사용용도가 분명하고 지방정부에서도 교부금에 상당하는 재원을 마련해야 하는 교부금을 대응교부금이라 한다.

## 비대칭분포

확률분포가 어느 한쪽으로 쏠려있는 경우를 말한다. 쏠려있는 정도는 비대칭도에 의해 측정된다. 확률분포의 최대 빈도수가 기대치의 오른편에 위치하고 있으면 음의 비대칭도를 보이고 왼쪽으로 위치하면 정의 비대칭도를 보인다. 동일한 분산과 기대치를 가지더라도 비대칭도는 다를 수 있다.

## 비네·시몬 지능검사법(Binet — Simon test)

1905년 프랑스의 A.비네와 T.시몬은 정신지체아를 일반 아동으로부터 구별하는 방법을 문부성에서 위탁받아 비네 시몬 지능검사법을 작성했다. 뒤에 미국에서는 이 검사법이 L. M. 타만에 의해 스탠포드 — 비네 지능검사법으로 개정되었다. A.비네의 지능관은 이해, 구상, 방향잡기, 비판, 추리 등 광의의 것이었다. 1908년에는 연령척도가 도입되어 정신 연령이라는 개념이 만들어지게 되었다. 현재 사용되고 있는 비네 지능검사는 정신연령(MA)을 역연령(CA)에 제해서 IQ를 산출한다.

## 비대응교부금(non — matching grant)

지방교부금 가운데 그 용도가 국한되지 않고, 지방정부에서 교부금에 상당하는 별도의 재원을 마련할 것이 요구되지 않는 형태의 교부금을 말한다. 이러한 교부금을 무조건부교부금(無條件附交付金, unconditional grant)이라 부르기도 한다. 이에 대해 사용용도가 분명하고 지방정부에서도 교부금에 상당하는 재원을 마련해야 하는 교부금을 대응교부금이라 한다.

## 비대칭분포

확률분포가 어느 한쪽으로 쏠려있는 경우를 말한다. 쏠려있는 정도는 비대칭도에 의해 측정된다. 확률분포의 최대빈도수가 기대치의 오른 편에 위치하고 있으면 음의 비대칭도를 보이고 왼쪽으로 위치하면 정의 비대칭도를 보인다. 동일한 분산과 기대치를 가지더라도 비대칭도는다 를 수 있다.

## 비대칭정보

게임의 참가자들 가운데 어떤 참가자가 다른 참가자들이 가지고 있는 정보와 다른 정보를 가지고 있는 상황. 가령 내부자인 경영자가 자신의 기업에 대해 외부투자자들이 보유하고 있지 않은 정보를 가지고 있는 경우가 비대칭정보 상황의 하나이다. 자본시장의 투자자들은 기업의 수익력에 관한 충분한 정보를 가지고 있지 못하고 다만 그들이 인식 한 기업의 현금흐름 창출능력에 기초하여 주식의 가치를 평가하지만 기업의 경영자는 일반적으로 미래의 현금흐름에 대해 보다 많은 정보를 가지고 있기 때문에 비대칭정보 또는 정보비대칭의 비근한 예로 자주 인용된다.

## 비독립단독형 행정기관

행정수반으로부터 독립되지 아니하고 의사결정도 행정수반에 의해 임명된 한 사람의 기관장이 행하는 집행부형(executive ─ type)의 행정기관을 말한다. 대부분의 행정기관이 행정부에 속해 있으면서 행정수반이나 내각의 지시를 받고 행정에 대한 책임도 최종적으로 한 사람의 기관장이 지는 이러한 조직 형태를 취하고 있다.

## 비동거 사유

동거하지 않더라도 생계의 유지를 인정하는 사유. 당사자의 학업, 취업, 요양, 사업, 주거의 형편 기타 이에 준하는 사유 및 정기적 생계비 지원사실이 있는 경우에는 생계의 유지를 인정한다.

## 비례세(proportional tax)

과세표준에 비례하여 과세하는 것을 비례세라 한다. 이는 과세 표준의 증가에 대해 비례 이상으로 세율을 증가시키는 누진세(progressive tax)와 대비된다. 누진세 제도가 고소득자에게 많은 세금을 부과함으로써 부의 재분배 효과를 수반하는데 반해 비례세는 재분배 효과가 없는 조세다.

## 비밀보장(Confidentiality)

사회사업가나 다른 영역의 전문가들이 클라이언트의 동의 없이 클라이언트에 대한 정보를 밝혀서는 안된다는 사회사업가 윤리항목 중의 하나이다. 정보에는 클라이언트의 신분을 나타내어 기록 되어진 신상에 관한 일, 클라이언트에 대한 전문적 견해 및 기록에서 얻어진 자료 등이 포함된다. 미국의 경우 어떤 법원에서는 폭력의 위험, 범죄의 위탁, 아동학대가 의심될 때 등의 경우 클라이언트의 정보를 지방판사에게 밝혀야만 한다고 규정하기도 한다.

## 비밀보장의 원칙

클라이언트가 진술한 사실을 비밀로 지켜야 하는 케이스워크 기본 원리의 하나이다. 모든 전문 직업에 공통되는 태도이기도 하며 클라이언트를 제1차적 정보원으로 하는 케이스워크나 사회사업에서는 인간성의 존엄이나 원조관계유지에 필요한 중요한 원칙이다. 클라이언트로부터의 정보수입, 케이스 기록의 경우에도 클라이언트가 불이익을 당하지 않도록 세심한 주의가 요구된다. 비밀보장은 원조의 목적에 부합하도록 치료적 신뢰관계를 연결하는 윤리적인 일이기도 하다.

## 비밀의 유지(국민연금법 제124조)

국민연금에서 비밀을 누설하지 않는 것. 가령 국민연금관리공단에 종사하였던 자 또는 종사하고 있는 자는 그 업무상 알게된 비밀을 누설하여서는 안된다.(위반시 1년 이하의 징역 또는 500만원 이하의 벌금을 부과함)

## 비버리지보고서(Beveridge report) 01

영국의 경제학자이며 사회보장제도, 완전고용제도의 주창자인 비버리지가 정부의 위촉을 받아 사회보장에 관한 문제를 조사 · 연구한 보고서이다. 이 보고서는 사회보장이나 사회사업이 당면하는 결핍, 질병, 불결, 무지, 태만의 5대 사회악을 지적하고 사회보장제도상의 6원칙을 제시했다. 이 보고서는 이른바 '요람에서 무덤까지' 국민들의 사회생활을 보장한다는 '복지국가' 이념의 대표적인 문헌이다.

## 비버리지보고서 02

영국의 '사회보험 및 관련 서비스 각 행정부의 연락위원회(위원장 : W. H. Beveridge)'가 1942년에 제출한 보고서로, 정식명칭은 〈사회보험 및 관련서비스 social insurance and allied services, reported by William Beveridge〉이다. 이동수단 · 보건 서비스 · 고용 유지를 전제로 하여 사회보험을 주요 수단으로, 국가 부조를 보조수단으로 한 사회보장 계획을 구성하였다. 이 내용은 1948년까지 거의 제도화되어 제2차 세계대전 후의 영국 사회보장제도 확립의 기초가 되었고 자본주의 국가들의 사회보장제도 확립에 큰 영향을 주었다.

## 비사회성(unsocial behavior)

반사회성은 사회에 대한 공격적 자세를 적극적으로 행동화하는 데 반해 비사회성은 반대로 자기를 억제하고 사회와의 접촉을 회피해서 지극히 소극적인 존재가 됨으로써 그 부적응 상태를 표현하는 행동을 말한다. 아이들의 경우에는 침묵상태나 등교거부 등으로 주위로부터 철퇴(withdraw)하는 비사회적인 태도를 볼 수 있다. 일반적으로 자아형성의 미숙함이 원인이 되고 있으며, 고도경제성장기 이후 비사회성의 강한 문제행동이 넓게 현재화되어 새로운 사회현상으로 주목받게 되었다.

## 비상임이사
법인의 이사 중 상시 업무에 종사하지 않는 이사. 예 사외이사 등.

## 비소비지출
지출 가운데 세금, 사회보장비 지출 등을 말한다. 그 밖에도 가정에서 이용하는 채소밭의 임대료, 개인의 사채 등도 포함된다. 개인이 실제로 소비와 저축에 충당할 수 있는 가처분소득이란 자체소득에서 비소비지출 을 제외한 것이다.

## 비수급 소득빈곤층 소득
인정액은 최저생계비 미만이나 부양의무자, 재산 기준으로 인해 수급자로 보호받지 못하는 계층을 말한다.

## 비숙련작업(unskilled work)
판단력이나 이해력이 거의 요구되지 않아 단기간(30일 이내)의 학습을 통해 수행이 가능하며 특별한 신체적 기능이나 힘이 요구되지 않는 단순한 수준의 작업을 말한다. 따라서 이 부류에 속하는 작업들은 아무리 숙달되어도 기능이 습득되었다고 말하지 않는다. 이 범주에 속하는 작업의 가령 종이접기 등 간단한 수작업, 자동으로 또는 다른 사람이 작동하는 기계에 연속적으로 재료를 공급하는 일, 기계를 사용 후 손질하는 일, 1 － 2공정의 단순한 부품을 분해 · 조립하는 일, 시각적으로 제품을 검사하여 선별하는 일 등이 있다.

## 비스마르크(Bismarck, Otto Eduard Leopold)
독일국가의 철혈재상. 1848년 프러시아 의회의원이 된 이후, 1851년 독일연방회의 프로이센 사절, 1859년 주러시아 공사 등 외교관으로 활약, 1862년 프러시아 수상이 되어 독일의 통일을 지도하였다. 그 성공과 함께 1871년 독일국가의 초대 수상이 되었으며, 1890년에 퇴직하였다. 당시 독일의 사회주의 운동을 저지하기 위해 1878년 사회주의자 진압법을 제정하는 한편, 세계 최초로 사회보험제도를 실시하였다. 이를 당근과 채찍 정책이라고 한다. 비스마르크 사회보험은 사회정책의 발전에 획기적인 일이었다.

## 비심판적 태도(nonjudgemental attitude)
클라이언트에 대응할 때 취해야 할 전문적 태도의 하나로

클라이언트를 일방적으로 비난하거나 힐난하지 않는 태도를 말한다. 이것은 사회사업가와 클라이언트 관계를 유지 발전시키는 기본요건이 되고 있으나 클라이언트의 언동에 대해 무관심, 냉담하거나 평가, 판단을 안한다는 태도와 혼동해서는 안된다.

## 비어스(Beers, C. W.)
정신위생의 필요성을 제창한 미국인으로 그 자신 정신병에 걸렸으나 완쾌된 뒤, 신경증이나 정신병, 알콜 중독 등의 예방법과 이와 같은 병의 조기발견, 보호, 처우의 구체적 방법을 연구하였다. 이에 공감한 아돌프 마이어와 함께 정신위생협회를 창립하였다.

## 비언어성 직업흥미검사
(RFVII : AAMD reading － free vocational interest inventory)
RFVII는 AAMD에서 읽기 능력과 언어 이해력이 뒤떨어지는 중증 장애인들의 직업흥미를 효과적으로 검사하기 위해 고안한 그림으로 만들어진 직업흥미검사이다. 비언어적이란 언어적 기호나 문자를 해석하는 능력이 전혀 요구되지 않는다는 의미이다. RFVII는 3개의 그림을 1조로 하여 모두 55조로 구성되어 있는데 피평가자는 3개의 그림으로 된 직업 활동 중에서 자신이 가장 좋아하는 활동을 선택한다.

## 비언어성검사(non － verbaltest)
문항의 진술과 해답에 있어서 기호나 도형 및 그림 등과 같은 비언어적 내용으로 구성된 검사이다. 이것은 표준화 심리검사를 분류하는 하나의 방법으로 언어적 검사, 비언어적 검사 및 작동에 의한 검사로 구분 할 수 있다. 비언어적 검사의 가장 대표적인 것으로 군대용 베타($\beta$) 지능검사를 들 수 있다. 이 검사는 문자의 해득과 언어구사능력을 요구하지 않는 기호와 도형으로만 구성된 검사이다. 군대용 알파($\alpha$) 지능검사는 언어에 의한 지능검사로 미국 군인의 선발과 배치를 위하여 제작된 검사이나 문맹자에게는 실시할 수 없으므로 이와 동등한 수준의 지능검사로서 문맹자에게 실시할 수 있도록 한 것이 군대용 베타 지능검사이다. 이외에도 초등학교 이전의 아동의 지능검사 그리고 일반 지능검사 속에도 공간지각, 도형추리 등의 능력을 재기 위한 비언어적 검사내용이 들어 있다. 단 성격검사에도 올포 － 버논의 가치관 검사는 그림의 내용을 통해 가치관을 잴 수 있도록 하는 그림형 가치관검사가 있고 또는 그림 좌절검사 등도 비언어성 검사의 한 예가 된다.

## 비영리단체의 복지활동
지방공공단체 또는 실버비지니스(영리단체)와는 다르게 주민참가를 주체로 해서 공사, 사회복지의회, 생활협동결합, 자원봉사단체 등 비영리를 취지로 하는 단체의 복지

활동을 말한다. 재가복지서비스 활동을 다양한 형태로 전개하고 있는 것으로 총칭해서 주민주체에 의한 민간유료(비영리) 재가복지서비스 = 참가형 재가복지서비스라 하고 있다. 실시주체는 다양하며, 일반적으로 지역 재가복지서비스의 제공, 자원봉사자, 주민참가를 주축으로 한 이용자의 비용부담(유료)을 수반한다. 이들의 사업은 비영리, 공공성, 사회성을 기본으로 하고 있는 등의 특징이 있다.

## 비영리보험(non — commercial insurance)

보험사업을 경영하는 근본동기가 이윤의 획득을 목적으로 하지 않는 보험을 의미하며, 공동경제적 보험이라고도 한다. 비영리보험의 경영형태로는 국민보험·조합보험 등이 있다.

## 비영리사업체

경제활동의 목적이 이윤추구가 아닌 사업체를 말하며, 공공 비영리사업체와 민간비영리사업체로 구분된다. 비영리사업체는 자신이 생산하는 상품이나 서비스를 대부분 자가소비하며 활동자금이 통상적으로 회원의 회비나 개인, 기업, 정부로부터의 기부금으로 조달되고 영업잉여를 갖지 않는다.

## 비용·편익분석(cost — benefit analysis)

프로그램 투자의 우선순위나 지원의 배분을 결정할 때 사용되는 분석방법으로 투입과 산출이 모두 시장가격 또는 화폐가치로 평가될 수 있는 경우에 적용된다. 이 방법은 장래 기대되는 편익의 현재 할인가치(present discounted value)를 그때까지의 투입비용의 현재 할인가치로 나누어 얻는 비로서 분석하는 것이다. 일반 공식은 다음과 같다. 이 공식으로 r(내부 수익률, internal rate of return)을 구하여 비용 — 편익분석을 한다. 가령 대학교육에 관한 투자계획을 세울 때 대학 4년간의 총교육비와 대학졸업자의 평생소득(소득기간은 43년 가정)과 비교하여 결정할 수 있다. 이때 다음과 같은 공식을 사용할 수 있다. 이 공식에서 좌변은 4년간의 직접교육비와 대학을 다님으로써 상실하게 되는 기회 비용(opportunity cost), 즉 포기소득(foregone earnings)을 합산한 총비용의 현재가치이며, 우변은 평생동안 대학 졸업자의 임금과 고교 졸업자의 임금의 차를 수익으로 보고 평생 수입차의 현재가치로 확산하는 것이다. 여기서 r은 내부수익률로서 높게 나올수록 대학 교육 투자가 유리하다.

## 비용·효과분석(cost — effectiveness analysis) 01

프로그램을 평가하거나 체제의 성과를 측정하는 분석방법, 프로그램에 대한 투자의 우선순위와 자원의 배분을 결정하기 위하여 이 방법을 사용한다. 프로그램이나 체제에 투입된 모든 요소를 비용으로 확산하고 비용을 산출된 효과와 대비하여 분석한다. 대체로 성과가 시장가격(금전)으로 평가될 수 없지만, 투입은 평가될 수 있을 때 사용된다. 교육계획이나 체제에서 효과의 지표가 되는 것은 성적·졸업 직후 취업률·중도 탈락자 등으로서 비교적 단기의 목적과 기준의 달성도로 볼 수 있다. 일정한 목표를 달성하는데 비용이 가장 적게 들거나, 같은 비용을 들여 가장 높은 또는 가장 좁은 성과를 가져오는 프로그램이 최선의 것이다. 가령 비용 — 효과의 비율이 최소가 되는 안을 선정하고자 할 때의 경우를 생각해 보자. 읽기 성적에서 제1안은 60점에서 60점으로 올리는데 10,000원이 들고, 제2안은 60점에서 64점으로 올리는 데 5,000원이 든다고 가정하자. 1안의 비용 — 효과의 비율은 10,000원 / 10점 = 1,000원 / 단위점수이고 2안은 5,000원 / 4점 = 1,250원 / 단위점수가 될 것이다. 이때 보통 1안이 좋은 것으로 선정하게 된다. 그러나 6점을 더 올리기 위하여 5,000원을 더 투자할 것인지는 주어진 예산을 최적 배분할 때 신중히 고려할 문제이다.

## 비용·효용분석(cost — utility) 02

프로그램 투자의 우선순위나 자원의 배분을 결정할 때 사용되는 분석으로 금전적 기대가치보다는 효용성을 극대화할 수 있는 의사결정을 내리는데 사용된다. 효용은 주관적 선호(subjective preference)이므로 의사결정자 개인마다 다를 수 있다. 효용은 총효용과 한계효용으로 구분한다. 총효용은 재화나 용역을 얻는 데서 나오는 전체적·심리적 수익을 말하며, 한계효용은 일정 수준의 재화나 용역을 초과하여 1단위 더 추가함으로써 얻게 되는 초과 효용을 말한다. 어떤 욕구충족에 있어서 총효용은 소비량에 따라 증가되지만 효용의 증가율은 오히려 감소하게 된다.

## 비용부담의 원칙(the Principle of sharing expenditure)

복지급여 기타 연금법을 운영하기 위하여 소요되는 비용은 그 비용의 예상액과 개인부담금, 국가부담금, 법인부담금, 재해보상부담금 및 그 예정 운용수익금의 합계액이 장래에 있어서 균형이 유지되도록 해야 하며, 이 경우 급여에 소요되는 비용은 적어도 5년마다 다시 계산해야 한다.

## 비용분석(cost analysis)

보통 생산성 향상이나 기타 목적을 위하여 재화나 용역을 생산하는데 투입된 모든 비용을 분석하는 것으로 교육에서 비용분석은 주로 교육체제에 투입된 비용을 분석하여 교육의 생산성·효율성을 평가하는데 목적이 있다. 쿰즈(D. Coombs)와 힐락크(J. Hullak)는 비용분석의 주요목적으로, ①교육계획의 경제적 실현가능성을 비용화하고 검사한다. ②교육자원의 배분(예 교육수준별·교육 형태별)을 평가하고 개선한다. ③동일한 교육목표를 추구하는 여러 가지 대안 중 상대적 이점을 고찰한다. ④특수 사업의 장·단기 비용 상의 의의를 결정한다. ⑤주요 교육혁신의 도입비용과 장기적 비용상의 영향 등을 추정한다. ⑥효율성과 생산성의 개선을 위한 일반적 탐색을 수행한다. ⑦특수 정책이 결정되기 전에 그 정책의 경제적 의의와 실현가능성을 검토하는 것 등 일곱 가지를 들어 설명하였다. 교육의 생산성과 효율성을 높이는 방안으로 쿰즈는 11개의 방법을 제안하고 있다. 즉 ①교육시설비 절감, ②시설공간의 집약적 관리와 재배치, ③라디오와 텔레비전을 통한 우수강의 실시, ④수업시간의 연장과 고가의 시설 및 유능한 교사의 공유, ⑤고가의 특수 교육 프로그램의 공유, ⑥교사보조 인력 및 기재의 활용, ⑦잘 조직된 자율학습의 강조, ⑧교과서 및 보조교재비 증액, ⑨학교경영에 근대적 경영 원리적용, ⑩소규모 학교의 통폐합, ⑪학교규모 및 교지결정의 합리화 등이다.

## 비용상승 인플레이션

금리, 임금, 원료 대금 등의 인상에 따라 생산 비용이 상승하여 물가가 등귀한게 되는 현상. 이것은 1955년 이후 미국에서 초과수요가 없고 재정도 흑자인데 물가가 계속 오르자 등장하게 되었다. 또 1973 — 1974년의 석유값 인상에 따른 수입 원자재 값 폭등으로 인한 국내 물가상승도 비용상승에 의한 인플레라 할 수 있다.

## 비용징수기준 사회복지시설

입소자 또는 이용자의 처우에 요하는 경비에 대해 본인 또는 보호자로부터 이를 징수할 것을 각 법은 원칙으로 정하고 있다. 이용하는 조건에 따라 필요로 하는 경비는 다르지만 입소자, 이용자측은 수입에 따라 지분되도록 구성되어 현재는 납세액에 따라 부당구분이 정해져 있다. 즉 보육소의 경우 국가는 각 보육소의 운영경비를 보육단가로서 일률적으로 지불함으로써 비용징수는 종래의 자산조사방식을 개정해 전년도의 소득에 따른 과세액으로 계층구분을 해 능력부담방식을 취하고 있다. 1987년부터 일본에서는 전 계층을 10단계로 구분해 계층구분 1에 해당하는 생활보장세대는 부담이 나눠지지만 계층구분 10단계는 보육단가를 전액 부담한다. 이 기준액은 매년 개정되어 조치비 중에서 국가의 부담액을 산정할 것이 기초로 되어 있다.

## 비용편익분석(cost — benefit analysis) 01

여러 정책대안 가운데 목표달성에 가장 효과 적인 대안을 찾기 위하여, 각 대안이 초래할 비용과 편익을 비교·분석하는 기법을 말한다. 즉 어떤 프로젝트와 관련된 편익과 비용들은 모두 금전적 가치로 환산한 다음 이 결과를 토대로 프로젝트의 소망성을 평가하는 방법이다. 각 대안의 비교에는 비용편익비(費用便益比, B / C ratio), 순현재가치(純現在價値, net present value), 내부수익률(內部收益率, IRR) 등의 기준이 사용된다.

## 비용편익분석 02

비용편익분석은 사회자본에 관한 투자기준을 마련하기 위해 고안된 분석용구의 하나이다. 민간투자의 경우에는 얻어지는 이익이 판매수익인 화폐액으로 나타나는데 비해 사회자본의 경우에는 이익이 판매수익을 나 타내지 못하므로 한정된 자원을 효과적으로 활용하기 위해서는 이익을 비용과 비교할 수 있도록 화폐단위로 환원해야 한다는 문제가 생긴다. 가령 정부 또는 공공단체가 수자원개발을 위해 댐을 건설할 때 몇 가지 계획안을 놓고 각각의 경우의 비용과 이익의 양면을 비교·검토하여 그 중 가장 유리한 계획안을 채택하는 것과 같은 방식이다.

## 비용효과분석(cost — effectiveness analysis)

여러 정책대안 가운데 가장 효과적인 대안을 찾기 위하여 각 대안이 초래할 비용과 산출 효과를 비교·분석하는 기법을 말한다. 이 기법은 특정 프로젝트에 투입되는 비용들은 금전적 가치로 환산하나, 그 프로젝트로부터 얻게 되는 편익 또는 산출은 금전적 가치로 환산하지 않고 산출물 그대로 분석에 활용하는 특징을 지닌다. 이 기법은 산출물을 금전적 가치로 환산하기 어렵거나, 산출물이 동일한 사업의 평가에 주로 이용되고 있다.

## 비율

비율은 어떤 수나 양의 다른 수나 양에 대한 비를 말한다. 일반적으로 통계적 요소 또는 집계치를 사용하여 계산되며, 생산성, 수익성, 경쟁성 및 각 산업부문의 활동성 지표를 제공한다. 각 산업부문의 경제적인 중요성을 평가하는데 이용될 수 있는 비율들은 많이 있으며 생산성, 피용자보수 및 부가가치의 분배를 측정하는 비율은 다음과 같다. ★ 시간당 생산성 = 부가가치 ÷ 근로시간·일인당 생산성 = 부가가치 ÷ 종사자수·임금조정 노동생산성 = 부가가치 ÷ 임금 및 급여(인건비)·시간당 보수 = 임금 및 급여 ÷ 피용자의 근로시간·부가가치에서 인건비 비중 = 인건비 ÷ 부가가치·투자율 = 투자액 ÷ 부가가치·금융지출율 = 금융지출 ÷ 총영업잉여·부가가치율 = 부가가치 ÷ 생산액·총이익율 = 총영업잉여 ÷ 부가가치

## 비율분석

비율분석은 재무제표 등과 같은 수치화된 자료를 이용하여 항목 사이의 비율을 산출, 기준이 되는 비율이나 과거의 실적, 그리고 다른 기업과의 비교 등을 통해 그 의미나 특징, 추세 등을 분석평가하는 것이다. 기업의 재무상태나 영업성과를 분석평가하기 위한 재무분석에서 사용되는 재무비율은 크게 ①유동성비율, ②효율성비율, ③레버리지비율, ④수익 성비율, ⑤시장가치비율로 구분할 수

있으며, 각 항목별로 구체적인 세 부지표들이 있다. 실질 재무자료로부터 비율이 계산된 경우, 그 비율이 높은가, 낮은가 또는 양, 불량을 판단하기 위해서는 일반적으로 기업간 비교인 횡단면 분석방법과 기간별 비교인 시계열 분석방법이 많이 이용되고 있다. 이러한 비율분석은 복잡한 경제현상을 비교적 단순한 분석방법으로 비교, 평가할 수 있다는 장점이 있는 반면, 비교평가의 절대적인 기준을 설정하기가 용이하지 않고 종합적인 평가가 곤란하다는 한계를 가지고 있다.

### 비인격화(personalization)

인간의 개성이나 정서적인 측면이 배제되어 하나의 조직 속에 편입되어 있는 상태를 말한다. 비인격화 현상은 대규모 관료제 조직이나 오늘날의 대중사회 속에서 두드러지게 나타나고 있다.

### 비인과적 관계성(noncausal relationship)

변인들 간의 관계를 밝히고자 하는 연구에서 독립변인과 종속변인의 값이 상관이 있기는 하지만 인과적이지는 않은 관계를 지칭한다. 즉 두 변인간의 관계에서 독립변인이 종속변인 값을 초래하는 원인으로 작용하는 관계가 아님을 의미한다.

### 비자금

기업체 등이 정상적인 기업활동 이외의 용도에 사용할 목적으로 비밀리에 조성해 감춰둔 자금을 통틀어 말한다. 비밀적립금이라고도 불리는 비자금은 공식적인 기업체의 재무제표 등 장부상에는 드러나지 않는다. 비자금의 조성은 주로 무역 및 계약 등의 거래에서 관례적으로 발생하는 리베이트(사례금)와 커미션(수수료), 외형누락 및 순이익조작 등 회계조작을 통해 이뤄지며 그 용도는 기업주의 개인적인 유용이나 접대비, 거래대가지불 등 외에 정치자금으로도 쓰여진다. 비자금은 그 조성방법 및 용도가 모두 떳떳치 못한 부정한 것으로 지탄의 대상이 되고 있으나 대다수 기업체에 있어서는 공공연한 비밀로 받아들여지고 있다.

### 비자발적 실업(involuntary unemployment)

유효수요의 부족에 따른 실업으로 J. M. 케인즈가 주창한 것이다. 즉 일할 능력을 가진 노동자가 현행의 임금수준으로 취업할 것을 희망하면서도 일자리를 찾지 못하고 있음을 말한다. 고전학파의 경제학에서는 임금은 노동력의 수급관계로 결정된다고 보았기 때문에 수급균형이 잡혀 있을 때는 자발적 실업과 구조적 실업 이외의 실업은 없다고 했으나 케인즈는 수요가 부족한데도 균형이 취해진다고 했다. 즉 과소고용균형으로 되는 경향이 강해 이 경우와 완전고용 상태에서의 고용량과의 차를 비자발적 실업으로 규정했다.

### 비정부기구(NGO : non — governmental organization)

지역·국가·국제적으로 조직된 자발적인 비영리 시민단체를 말한다. 공동의 이해를 가진 사람들이 특정목적을 위해 조직한 비정부기구는 정부정책을 감시하고, 정보제공을 통해 시민의 정치참여를 장려하기도 하며, 인권·환경·보건·성차별 철폐 등 특정이슈를 추구하기도 한다. 이러한 비정부기구를 정부 — 기업에 이어 '제3섹터(the 3rd sector)'라 부르기도 하며, 입법 — 행정 — 사법 — 언론 다음의 '제5부'라 부르기도 한다. 시민운동으로서의 비정부기구의 첫걸음은 1863년 스위스에서 시작된 국제적십자운동이나 비 정부기구를 공식영역에 끌어들인 것은 유엔이다. 1948년 유엔은 후진국 경제개발을 지원하면서 민간기구에 감시를 맡겼고 이후 비정부기구는 유엔이 인정하는 민간기구 뿐만 아니라 국제협력 사업에 참여하는 민간단체를 총칭하게 되었다. 비정부기구의 활동영역은 다양하다. 1961년 영국의 피터 베넨슨 변호사가 양심수 석방을 위해 창립한 '국제사면위원회'와 1994년 르완다 내전에서 활약한 '국경없는 의사회', 국제적인 환경단체인 '그린피스' 등이 대표적인 비정부기구다. 1996년 현재 국제적으로 활동하는 비정부기 구는 3만8천여개이나 각국의 비공식 기구를 합치면 100만개가 넘을 것으로 추산된다. 참여민주주의를 지향하는 이러한 비정부기구의 영향력이 커지면서 우려의 목소리도 없지 않 다. 비판자들은 비정부기구가 기본적으로 이념의 포로가 되기 쉽고 이상주의에 치우친 나머지 결과에 무책임하다는 점을 지적한다. 최근에는 비정부기구를 감시하는 비정부기구가 생겨나기 도 하였다.

### 비정부조직

원래 정부조직이 아닌 민간조직을 지칭하는 용어였으나 국제연합과의 관련으로 비정부국제조직(INGO : Interational Non. Governmental Organization)을 지칭하는 경우가 많다. INGO는 정당과 영리를 목적으로 하는 조직은 제외되며 그 사회적인 문제를 대상으로 활동영역이 국제적인 조직을 지칭한다. 국제연합헌장 제71조 빈곤에 규정되어 있고, 특히 1960년 이후 개발도상국의 사회경제개발이 활발해져 경제사회위원회에서 다수의 NGO 사이에 협력관계가 확립되면서부터 NGO라는 표현이 빈번하게 쓰여지게 되었다. 국제사회복지협의회는 국제적십자연맹, 국제사회보장협회 등과 함께 카테고리 1에, 그리고 국제사회사업학교연맹, 국제사회사업가연맹은 카테고리 2에 포함되어 있다.

### 비정의성(impersonality)

조직의 구성원이나 고객이 개인적인 특성에 관계없이 공평하게 취급되는 것을 말한다. M. Weber는 그의 관료제의 이념형에서 이러한 원칙을 근대적 관료제의 한 특징으로 제시하였다.

## 비정형적 결정(non — programmed decision)

정책문제의 구조화 정도가 낮고 선례가 없어 정책문제가 발생할 때마다 정책설계를 새롭게 해야 하는 의사결정의 유형을 말한다.

## 비지시적 상담(nondirective effect)

로저스(C. Rogers)의 상담과 심리치료의 이론이다. 로저스 자신은 이론 발전과정의 초기에 자신의 이론적 입장을 비지시적 상담이라고 하였다가 후에 내담자중심 상담이라고 불렀다.

## 비판(criticism)

일반적으로는 인간의 지식이나 행동에 관해 그것의 진리성, 유효성 등을 식별하는 것으로 〈비평〉이라고도 한다. 그 철학적인 의의의 자각은 유럽에서는 18세기와 함께 시작되고 〈체계의 시대〉로서의 17세기와 비교하여 18세기는 〈비판의 시대〉라고 불리어진다. 그 대표적인 것은 라이프니츠, 볼프의 형이상학체계에 대해 이성능력의 비판을 철학의 중심 과제로 삼은 칸트의 〈비판주의〉이었다. 후대의 신칸트파나 경험비판론도 철학의 과제를 지식·문화·경험의 비판에서 구했는데, 그러나 여기서는 칸트 자신에게 있었던 진보적인 비판정신은 이미 찾아볼 수 없었다. 이에 대해 맑스주의에서 말하는 비판은 일반적으로 이론이나 행위나 제도를 물질적인 계급 관계로부터 해명함과 동시에 이것을 계급 관계의 실천적 변혁으로 발전시키는데 있다. 맑스는 〈비판적이며 혁명적〉(kritisch und revolutionär)을 자기의 방법으로 삼았다.

## 비판적 실재론(critical realism)

제1차 대전 직후 드레이크(Drake, D.), 러브죠이(Lovejoy, A. O.) 등 7인의 미국 철학자의 공동 연구 〈비판적 실재론 논집 : Essays in Critical Realism, 1920)에서 발표한 주장이다. 제1차 대전 전 페리(Perry, R. B.) 등이 주장한 신실재론의 지나친 객관주의를 수정하고, 특히 주관적인 오류의 설명을 용이하게 하려고 하였다. 객관적 실재를 그대로 알 수는 없다. 알 수 있는 것은 지각 여건으로서의 〈성질복합 : Character Complex〉에 지나지 않는다. 다만 우리는 그것을 어떤 실재물의 성질로 믿고 그와 같이 반응할 따름이다. 따라서 객관적 실재는 〈실용주의적〉 견지에서 시인된다는 것이다.

## 비판적 합리주의(critical rationalism)

칼 포퍼(Karl R. Popper)와 알버트(Hans Albert)가 옹호한 과학이론이다. 이들은 이 비판적 합리주의는 자연과학과 사회과학에 동시에 적용될 수 있다고 생각한다. 비판적 합리주의는 인간의 오류 가능성에 근거하고 있다. 인간은 오류를 범할 수 있는 존재이기 때문에 항상 타인의 비판에 귀를 기울이고 그 비판을 통해서 자신의 잘못을 고쳐나가야 한다고 주장한다. 곧 비판적 합리주의란 오류를 통해서 배우려는 태도이다. 〈내가 잘못되었을 수도 있고, 당신이 옳을 수도 있다. 그리고 우리가 서로 노력만 한다면 진리에 가까이 갈 수 있다〉라는 포퍼의 말은 비판적 합리주의의 기본 정신을 잘 나타내주고 있다. 비판적 합리주의에 따르면 인간들 서로의 이해가 충돌할 때 폭력을 휘두르지 말고, 여러 가지 요구와 제안을 토의함으로써 타협에 도달할 수 있다. 이러한 비판적 합리주의는 역사법칙주의와 전체론적 사회공학에 반대해 점진적 사회공학을 옹호하며 개방사회를 지지한다.

## 비판주의

칸트가 말하는 비판에 기초를 두는 철학적 입장으로서, 독단론 및 회의론에 대립한다. 이 경우 비판은 논평이나 평가가 아니고 이성 능력의 음미 검토를 의미한다. 칸트에 의하면 이것이 없으므로 이성론은 이성 능력을 과신하여 독단론으로 빠지고, 경험론은 이성에 대한 불신 때문에 회의론에 빠진다. 이것에 반해 비판주의는 이 음미에 의해 인식을 가능한 경험의 범위에 한정시키고, 이 한계 내에서 인식의 성립을 인정하지만 한계를 넘어서는 인식은 성립하지 않는다고 본다. 또 인식을 형식과 질료로 나누고, 이성적인 것을 형식, 경험적인 것을 질료로 봄으로써 비판주의는 이성론 및 경험론의 주장을 부분적으로 인정하고 종합하는 입장에 선다. 또 경험의 한계를 넘었을 때는 완전히 무의미한 것이 되는 것이 아니라 객관적인 인식은 성립하지 않지만 이념으로서 우리들의 인식을 규제하는 의미가 있다는 것은 인정되고 있다.

## 비행(delinquency) 01

도리에 어긋나는 행위, 부정행위를 말하지만 일반적으로 범죄 내지 범죄적 행위를 지칭한다. 오늘날 많은 경우 소년비행의 뜻으로 쓰이고 있다. 범죄는 형벌법령에 규정되어 위법이며 책임 있는 행위로서 법에 의해 국가가 형벌을 과할 수 있는 행위이다. 이에 반해 비행은 반사회적, 반규범적행위로 지칭되며 그 범위에는 탄력성이 있다.

## 비행 02

도둑질, 살인과 같은 반사회적 행동이나 범법행위를 보이는 젊은이들(주로 18세 이하)의 행동을 일컫는 용어를 말한다. 일반적인 양상은 다음과 같다. ①법이나 규칙의 잦은 위반, ②절제의 부족, ③비정상적인 성적 패턴, ④욕구의 만족을 지연시킬 수 없음, ⑤피상적인 대인관계, ⑥남들에 대한 비난이나 원망, ⑦상습적이고 고치기 어려운 행동, ⑧거짓말, ⑨불경스러운 용어의 잦은 사용, ⑩관심 받고 싶은 욕구, ⑪부, 권력, 다른 사람에 대한 무시, ⑫지능과 의식발달의 부조화. 비행의 원인을 살펴보면, 개인과 관련되어 있는 환경적인 요인에 따른 비행이 있다. 비행자들은 어릴 때부터 바람직하지 못한 행동이나 태도를 받아들이는 환경에서 자랐다는 관점이다. 부모가 반사회적 행동을 자주 보임에 따라 그것을 학습하고 거기에 적응한 경우라고 할 수 있다. 두 번째의 경우는 반사회적 반동의 한 형태로 나타난 비행이다. 반사회적인 행동은 분노의 표현이거나 대인관계의 어려움의 표현이거나 무책임 혹은 충동의 표현으로 보는 것이 적합하다. 연구에 의하면 비행의 발달적인 요인으로는 신경계의 손상, 결손가정, 부모들 간의 갈등, 적절한 교육의 부재, 부모의 유기, 가정의 불안정, 과보호, 가난한 가정환경, 문화적 언어적 장애, 삶의 전망의 부재, 나쁜 친구와의 교제, 부족한 성지식, 매스컴의 영향, 정신적인 대화의 부재 등을 보고하고 있다. 치료적인 접근으로는 계속되는 불복종이나 난동 피우는 행동에 대한 즉각적인 관심을 표명하는 것이 중요하다. 교사와 부모, 그리고 전문가의 적극적인 노력이 초기에 가용하다면 매우 심각한 문제는 피할 수 있을 것이다. 비행치료의 가장 기초가 되는 것은 개인 내의 갈등에 직접 다가가는 접근이다. 제재나 벌은 오히려 적대감을 더욱 불러일으킬 수 있다. 그러나 대개의 노력이 성공적이기 어려운 것을 그들 스스로가 변화의 동기를 가지고 있지 못하기 때문이다. 가장 우선의 할 일은 그러한 행동의 내적 동기를 이해하는 것이다. 그들 자신의 감정을 표현하고 이해할 수 있는 기회를 마련하는 것이 필요하다.

## 비행 원인론(etiology of criminal behavior)

범죄 및 우범행위를 포함한 비행의 원인을 고려하는 범죄학의 일부이다. 맑스학파는 범죄를 자본주의사회에서의 필연적 소산이라는 사회경제적 요인을 중시하였으나 생태적 범죄이론을 주창한 롬브로소는 유전적·생물학적 요인을 강조하였다. 그러나 현대범죄학의 입장은 범죄행위를 환경과 개인의 상관함수로 보며 논자에 따라 생활학, 심리학, 사회학 등 강조점의 차이가 다르다.

## 비행성 예측자료표

소년범이 장래 재범을 할 것인가를 객관적 자료에 의해 예측하는 측정법인데 동 예측법의 창시자는 글류크 (Greuck) 박사 부처이다. 우리나라는 글류크박사 부처가 연구 발표한 예측법 중 사회적 예측법을 토대로 개개인의 실정을 참작하여 생계담당자, 가정결손, 의무교육, 장기결석, 교우관계, 가출경험, 재발비행 등 7개 인자를 중심으로 자료 표를 작성하여 활용하고 있다. 여기서 유의할 점은 글류크 박사 부처의 비행예측의 사회항목은 5개 인자인데 비하여 우리나라의 예측 자료표는 7개 인자라는 것이다.

## 비행집단(delinquent gang)

소년갱(juvenile gang)이라고도 하며 청소년기에는 그들 각자가 품은 욕구불만, 특히 사회의 공식태도에 대한 불만감 내지 저항감에서 시작하여 이탈감을 느끼다가

비슷한 생각을 갖는 소년끼리 우연히 만나게 되는데 이때부터 그들은 그들 나름대로 새로운 세계를 형성하는 집단을 만든다. 이들 집단의 행동방향 결정은 그 지역의 특수조건, 즉 사회가 갖고 있는 가치관과 문화의 특성에 의해 영향을 받는다. 조직적인 움직임이 시작되면 그들 각자의 행동은 동료의 행동의 자극제가 되어 불량한 연쇄반응이 일어나게 되며, 그 소속원은 각기 타 소속원과 긴밀히 연결됨으로서 거기서 빠져나오지 못하고 태도 변경을 쉽게 할 수가 없게 된다. 비행집단은 소속집단에 충성하는 것을 가장 큰 덕으로 생각하여 비행행동에 대한 수치심이나 제어심은 완전히 사라지고 오히려 비행이 정당시되거나 영웅시되게 된다. 이것이 비행성을 더욱 가중시킬 것은 두말할 필요가 없고 계속되면 성인 범죄로 연결된다.

## 비행하위문화(delinquent subculture)

A. K. 코헨의 비행소년 ― 갱문화(1955)에서 제시된 개념으로 하나의 집단을 지배하는 하위문화 속에서 비행이 불가결한 요건으로 되어 있다는 것이다. 비행하위문화는 하류계층출신의 소년이 중류계층 문화에 대한 반동으로 비공리성, 파괴적 경향, 부정주의, 다변성, 극단적 쾌락주의, 집단자율성 등을 특징으로 하는 문화를 생성한 것으로 본다. 이와 같은 비행하위문화는 코헨에 의하면 대도시 하류계층지역의 비행집단에 전형적인 것이며, 그는 비행을 개개 성원에 의해서 공통으로 지지된 사고, 신념, 가치관, 규범 등으로 규정한다. 이것은 비행을 비행소년의 특유한 심리적·정신적 특성의 귀결이라고 하는 입장과 현저히 대조를 이루는 것이 있다. 이 점에서 비행하위문화이론은 문화전파이론을 계승한 것이라고도 할 수 있다. 이 이론은 문화적 기회구조론이나 W. B밀러의 하류계층문화의 비행원인론 등의 전개 계기가 되었다.

## 비헌법기관

중앙행정기관은 헌법기관과 비헌법기관으로 나누어 볼 수 있는데, 비헌 법기관은 설립근거가 정부조직법 또는 개별법에 규정되어 있는 행정기관을 말한다. 비헌법기관은 기구개편의 필요성이 대두할 때 관련 법률의 제정 및 개정에 의해 용이하게 개편할 수 있는 장점을 갖는다. 비헌법기관은 대통령 직속기관으로 대통령비서실, 대통령경호실, 국가정보원 등이 있으며, 국무총리의 직속기관으로 국무조정실, 공정거래위원회, 비상기획위원회 및 법제처, 국가보훈처 등 각 처가 있다. 그리고 외교통상부, 행정자치부, 법무부, 국방부, 교육과학기술부, 농림부, 정보통신부, 환경부 등 행정각부가 있다.

## 비형식적 교육(nonformal education)

교사나 교재를 정규적·공식적으로 하는 필요로 하지 않

으면서 무의도적·자연발생적으로 이루어지는 교육활동, 가정교육이나 사회교육 등 각종 생활환경을 통해 인간의 행동변화에 영향을 미치게 되는 학교 이외의 모든 교육이라고 할 수 있다. 듀이(J. Dewey)에 의하면 사회생활·공동생활에 의해 그 구성원인 인간이 서로 감화 영향을 주면서 어떠한 인간성에까지 도달하게 되는데 이러한 현상을 비형식적 교육으로 본다. 비형식적 교육은 인간·문화·자연의 모든 생활환경은 물론이요, 제반 생활의 요건이 인간을 형성하는 작용이라고 할 수 있으므로 오늘날의 교육은 학교 교육에만 의존하지 말고 정화를 통해 바람직한 교육환경을 구성함으로써 비형식적 교육을 중시하는 경향이 강해지고 있다.

### 비형식적 교육과정(informal curriculum)

형식적인 교육과정을 밟지 않은 교육과정이다. 여기에서 〈형식적인 절차〉란 교육 목표를 설정하여 상세화한 다음, 그 목표를 성취할 수 있는 학습 내용을 선택하고 조직하는 일련의 단계를 뜻한다. 그리고 이렇게 하여 구성된 바를 교실사태에서 전개하기 위한 여러 의도적이고 공식적인 절차를 뜻한다. 그러므로 〈비형식적 교육과정〉이란 위와 같은 절차를 밟지는 않았지만 실질적으로는 형식적인 교육 과정과 같거나 비슷한 기능을 발휘하는 교육 내용을 뜻한다.

### 비화폐적 요구

화폐적에 상대된 말로 금전급여로서는 해결할 수 없는 욕구를 말한다. 화폐적 욕구에 비해 개별적이고 다양하며 그 욕구도의 충족에는 물품·시설 혹은 인적서비스 등의 이상서비스가 필요하다. 구체적인 내용으로는 가사지원, 신변원조, 정서안정 등이다.

### 비확률적 표본추출(non ─ probability sampling)

무작위방법과 같은 확률 표본추출이 불가능하거나 비경제적일 경우, 연구자가 임의로 모집단과 비슷하다고 생각되는 성격의 표본을 추출하는 방법을 말한다. 연구자의 주관에 의해 표본이 선택되므로 오차를 포함하게 될 뿐만 아니라, 오차에 대한 분석이 불가능하게 된다. 비확률적 표본추출은 편의표출(便宜標出, convenience sampling)과 판단표출(判斷標出, judgement sampling)로 구분된다.

### 사각적 의사전달(diagonal communication)

횡적인 의사전달의 한 종류로 사각적 의사전달은 계층제상의 지위가 다르고 직속 상관이나 부하의 관계에 있지 않는 조직구성원 사이의 의사전달을 말한다. 반면 수평적 의사전달은 계층제상의 지위가 같은 구성원간의 횡적인 의사전달을 말한다.

### 사경제 / 공경제

사경제란 개인 또는 사법적 단체의 경제를 말하며 가정 경제 및 기업 경제가 이에 속한다. 공경제란 국가 또는 공공 단체의 경제를 말하며 재정이 곧 이에 해당한다. 사경제와 공경제가 혼합되어 있는 경우를 혼합경제라고 한다.

### 사교육비

사교육비는 공공회계를 거치지 않고 학부모나 학생이 교육을 위하여 직접 지출하는 경비이다. 사교육비의 주요항목에는 교재구입비, 부교재구입비, 학용품비, 수업준비물비, 학교지정 의류비, 과외비, 학원비, 단체활동비, 교통비, 급식비, 하숙비, 잡비 등이 포함되어 있다.

### 사교형 리더

인간에 대한 관심은 높고 생산에 대한 관심은 낮은 유형의 리더. 즉 사교형은 업무의 능률성 제고보다는 종업원과의 인간관계를 원만히 하는데 많은 노력을 기울이는 리더의 유형을 가리킨다. Robert Blake와 Jane Mouton은 리더의 생산에 대한 관심과 인간에 대한 관심의 두차원을 기준으로 리더의 유형을 무기력형, 사교형, 과업지향형, 절충형, 팀형의 다섯 가지로 분류하는 관리격자도(managerial grid)를 제시하였다.

### 사기

고의로 사실을 속여서 사람을 착오에 빠지게 하는 행위이다. 과대선전이나 과대광고는 모두 사실을 속이는 것이나 이를 보거나 듣는 쪽에서 과장되어 있다는 것을 예기할 수 있는 경우에는 사기로 되지 않는 것이 보통이다. 이와 같이 표의자가 타인의 기망행위로 말미암아 착오에 빠지고 그 결과로써 한 의사표시가 사기에 의한 의사표시이다. 표의자는 사기에 의한 의사표시를 취소할 수가 있다

(민110 ①). 취소된 행위는 처음부터 무효로 되기 때문에 (민141), 상대방이 계약의 이행을 요구해도 거절할 수 있으며 이미 이행을 끝냈다면 이행한 물건의 반환이라든가 등기의 취소를 청구할 수 있다 . 그러나 사기라는 사실을 알지 못하고 그 물건에 대해 새로이 권리를 얻은 자에 대해는 취소를 주장하여 반환이나 취소의 청구를 할 수가 없다(민110 ③). 집을 사들인 경우에 그 후에 집에 중대한 결함이 있다는 것이 판명된 것과 같은 때에는 매수인은 민법 제569조 이하의 규정 에 따라서 매도인의 책임을 추궁할 수 있느냐 또는 중요부분의 착오나 사기가 성립하는 경우에는 그것을 주장하여 대금에 상당한 액의 반환을 청구할 수 있느냐에 대해는 학설이 나누어져 있으나 일반적으로는 어느 것이나 주장할 수 있다고 해석되고 있다.

### 사기(morale)

개인이 소속하는 집단의 공통목표를 실현하기 위해 적극적으로 노력하려고 하는 태도로서 조직이나 집단의 분위기, 특히 집단적 목표를 달성하는데 대한 의욕의 전체적인 고저로 나타난다. 즉 근로의욕, 전후의욕 등의 집단 활동성의 정도, 도덕정신의 강도를 나타내는 용어이다. 사기가 높은 집단은 대개 자기가 집단일원이라는 자각이 강한 성원으로 이루어져 있고 성원의 목표의욕이 공통이며 좋은 지도자가 있는 경우가 많다. 또 조직내부에 분열이 없고 사람들 사이에 반목이 없는 것이 조건이 된다. 산업사회학에서 객관적 직장조건과 산업성을 매개로 하는 것으로서 중요시되어 왔다. 사기를 구성하는 것은 일의 몰입정도, 일하는 의미의 자상정도, 집단귀속의식의 높이 등을 들 수 있다.

### 사기업

민간이 소유하는 기업으로서 사익(私益) 즉 영리를 목적으로 한다. 출자자 수에 따라 개인기업과 공동기업으로 분류, 공동기업은 다시 조합 기업과 회사기업으로 분류되며, 회사기어은 합명회사 · 합자회사 · 주식회사 · 유한회사로 분류된다.

### 사기조사(morale survey)

사기조사란 조직행동에 있어서 공통목적을 가진 개인 또

는 단체의 심정 및 태도의 수준을 측정하는 것을 말한다. 사기조사는 대체적으로 통계적 방법에 의한 사기조사와 조직구성원 의식조사 등 2가지로 대별해 한다. 통계적 방법에 의한 사기조사에는 노동이동률, 결근률 및 지각률에 의한 측정, 그리고 퇴직률, 고충처리율, 사고빈도율에 의한 근무관계 기록측정 등이 있다.

## 사기죄
어떤 사람이 다른 사람을 속여 그 사람의 착오로 말미암아 자신이나 제3자가 금전이나 부동산 등 재물을 받거나 노동의 제공이나 채무의 면제 등 재산상의 이익을 얻게 하는 것을 사기죄라고 하는데 다음과 같은 특징이 있다. ① 상습적인 사기범은 가중처벌을 받고 미수범도 처벌한다. ②속임을 당한 사람과 손해를 보는 사람이 다를지라도 속임을 당한 것이 원인이 되어 손해라는 결과가 생기면 사기죄가 된다.

## 사내근로자
복지기금제도 스리랑카, 인도, 파키스탄과 중동지역국가에서는 기업순이익의 10%를 근로자복지를 위한 중앙사회서비스기금으로 적립하고 있는데 우리나라에서는 1982년에 노동부가 마련한 근로자의 향상을 위한 사내근로복지기금이다. 설치운영준칙을 만들어 행정지도로 기업복지기금을 설치 운용토록 하고 있으며 동 제도의 개요는 다음과 같다. 기금의 설치대상은 노사협의회의 설치 사업체로 하되 노사 간의 자율적 협의에 따라 그 설치여부를 결정한다. 기금의 출연은 당기 순이익의 100분의 5 내외에서 노사협의에 따라 정한다. 기금은 그 사업체의 영업재산으로부터 독립하여 운영되어야 하며, 사업운영자금으로 전용 또는 담보로 제공될 수 없다. 기금은 근로자의 주택마련 자사주식구입자금 등 재산형성지원금 또는 장학, 공제 등 생활부조적 지원자금으로 사용한다. 기금의 운영은 노사협의회를 최고 의사결정기관으로 하여 노사대표자 명의로 사무 집행에 임하도록 한다. 그 밖에 기금의 운영, 관리 기타 법상의 지위에 대해서는 단체(재단)에 관한 법리에 준하도록 한다. 정부는 이 기금설치를 촉진하기 위하여 기업의 기금출연분에 대해서는 세법상 지정기부금으로 규정하여 손금인정하고 근로자의 수혜자금에 대해서도 증여세 등 면제의 혜택을 주도록 하고 있다.

## 사내기업가제도
창의적인 아이디어를 갖고 창업을 원하는 사원들에게 사원 신분을 유지시키며 창업자금을 지원하는 제도이다.

## 사내실업자
감량경영에 따른 조직개편에 많은 중간관리직이 폐지되면서 직무를 배당 받지 못해 할 일이 없이 소일해야 하는 중간관리자. 보직없이 이른바 파트장, 워킹 매니저, 파트리더 등 어정쩡한 이름을 갖고 있다. 기업들이 팀제나 성과급제를 도입하면서 하나 둘씩 생겨나기 시작했다.

## 사닥다리이론(the extension ladder theory)
영국의 웹부부에 의해 제창된 이론이다. 행정에 의한 최저생활기준의 확립 외에 사닥다리를 밀어내듯이 행정에서 할 수 없는 독창적 고안이나 종교적·도덕적 감화 같은 기능적 독자성을 민간 활동이 맡아 그로 인해 행정의 일도 한층 충실해진다는 공리사회복지사업의 관계를 주장했다. 그레이(Grey) 평행봉이론(parallel bars theory)과 함께 공리사회서비스의 관계를 논한 이론으로서 유명하다.

## 사단법인(composite juridical person)
자선사업이나 영리사업 등의 일정한 목적을 갖고 복수의 사람들이 모여 설립한 단체를 사단법인이라고 한다. 이에 대해 하나의 재산(그 재산은 여러 사람들로부터 기증되는 경우도 있고 한 사람이 기증하는 경우도 있다)을 운영할 것을 목적으로 한 단체를 재단법인이라 한다. 사단법인은 사원총회라는 의결기관 및 집행기관인 이사와 감사기관(감사)에 의해 운영된다. 한편 재단법인은 사원이 없으므로 사원총회가 없고 이사가 그 기관을 운영한다.

## 사랑의 전화
전 세계 41개국 461센터와의 상담 네트워크를 형성하여 살아가면서 부딪히는 어려운 문제와 24시간 긴박하게 접수되는 위기상담을 통해 사회문제를 예방하고 접수되는 다각적인 사회문제를 보다 구체적이고 전문적으로 해결하기 위해 종합사회복지관을 운영하고 있으며 국내 최초 사회문제의 현장으로 직접 찾아가는 이동복지관을 운영, 적극적이고 해결중심적인 프로그램을 운영하는 1981년에 개설된 전문 사회복지기관이다.

## 사랑채권
교회, 병원, 학교 등과 같은 사설 공공단체에 의해 발행된 사채를 말한다. 수익성보다는 구매자의 마음에 호소하기 때문에 이러한 이름이 붙여졌다.

## 사례관리(case management) 01
장애인복지, 지역사회 정신보건, 노인복지, 의료·보건사업, 발달장애 등과 같은 인간을 대상으로 하는 서비스에 두루 쓰이는 실천양식으로 지역사회 세팅 내에서 만성 장애인이나 중증 장애클라이언트에게 차츰 확대되고 지속적인 보호를 제공하는 수단으로 여겨지고 있다. 사례관리 기법의 실용적 정의는 광범위하고 포괄적이며 유동적이라고 할 수 있다. 사례관리의 본질적인 목적은 문제해결에 있다. 문제해결이란 지속적인 서비스를 제공하고 서비스체계의 경직성, 분산된 서비스, 서비스나 시설접근의 어려움 등을 극복함으로써 이루어지는 것을 말한다. 사례관리기법은 서비스체계 차원과 동시에 클라이언트 차원에서 생각할 수 있다. 즉 정부나 사회복지기관과 같은 서비스체계 차원에서의 사례관리기법은 체계 내의 클라이언트에 대한 서비스를 조장하는 전략으로 이해할 수 있고 클라이언트 차원에서의 사례관리는 클라이언트에 대한 특정한 서비스의 필요성과 그 필요한 서비스를 제공받을 수 있도록 하는 클라이언트 중심의 목적 지향적인 과정으로 정의되고 있다. 클라이언트나 클라이언트의 그룹을 위한 모든 원조 활동들이 조화를 이루도록 조정하는 절차들이다. 그 절차들은 그 기관 또는 다른 기관 내의 많은 사회사업가들이 전문적 팀워크를 통해 그들의 서비스가 서로 조화롭게 제공되도록 하고 그럼으로써 요구되는 서비스 폭도 넓히게 된다. 사례 관리는 여러 분야의 다른 전문가, 기간, 건강 관리소 및 휴먼 서비스 프로그램의 서비스로 필요로 하는 클라이언트를 알아내는 것도 포함할 수 있다. 또 케이스 발견과 다양한 측면에서의 문제 사정과 빈번한 제 문제 사정도 여기에 포함된다. 사례 관리는 규모가 큰 기관이나 기관들 간에 서비스를 조정·연결하는 지역사회 프로그램에서 발생할 수 있다. 한편 사례 관리는 제공자들 간의 부적절한 것의 조정, 스텝의 교체, 스텝의 이동 및 서비스 분열로부터 발생하는 문제들을 최소한 줄이도록 하는 중요한 방법으로 여겨지고 있다.

## 사례관리 02

사례관리는 복합적 원인으로 요보호상태에 있는 클라이언트에게 유효하고 다양한 지역사회자원을 연결시켜 관리하는 원조대책이다. 영미에서 발달한 새로운 보호방식으로서 정신장애인, 누만이 있는 노인, 치매성노인 등이 가지고 있는 여러 가지의 욕구를 조기에 적절하게 대응하는 지역보호체계이다. 사생아, 복지, 의료, 보건간의 독립된 체계를 없애고 되도록이면 재가봉사를 계속하는 것이다. 사례를 발견할 수 있는 체계를 확립하고 클라이언트의 자격여부와 욕구를 종합적인 접근으로 대처한다. 케이스계획(case plan)은 복지와 의료, 그리고 보건문제를 종합적으로 해결하도록 고려하여 세운다. 그 실행하는 지역 내의 사회자원 모두가 관련되며 사례관리자는 케이스의 원조과정을 통해 자원을 연결시키는 역할을 한다. 이와 같은 일을 하는 사람은 복지계와 간호계의 교육을 받은 사람이며 각각 졸업 후의 전문교육이 필요하다. 팀웍과 자원연결이 관리의 특색이다.

## 사례관리 03

클라이언트나 클라이언트의 그룹을 위한 모든 원조활동들이 조화를 이루도록 조정하는 절차들이다. 그 절차들은 그 기관 또는 다른 기관 내의 많은 사회사업가들이 전문적 팀워크를 통해 그들의 서비스가 서로 조화롭게 제공되어지도록 하고 그럼으로써 요구되는 서비스 폭도 넓히게 된다. 사례관리는 여러 분야의 다른 전문가, 기관, 건강관리소 및 휴먼서비스 프로그램의 서비스를 필요로 하는 클라이언트를 알아내는 것도 포함할 수 있다. 또 케이스 발견과 다양한 측면에서의 문제사정과 빈번한 제문제사정도 여기에 포함된다. 사례관리는 규모가 큰 기관이나 기관들 간에 서비스를 조정·연결하는 지역사회프로그램에서 발생할 수 있다. 한편 사례관리는 제공자들간의 부적절한 것의 조정, 스텝의 교체, 스텝의 이동 및 서비스 분열로부터 발생하는 문제들을 최소한 줄이도록 하는 중요한 방법으로 여겨지고 있다.

## 사례기록(case record)

케이스워크에서 클라이언트의 문제해결을 원조하기 위한 실천 활동의 과정을 기재한 기록이다. 기관의 관리향상 뿐만 아니라 전문직으로서의 실천 활동의 향상이나 케이스워커의 성장을 도모하는 면에서도 중요한 요건으로 생각된다. 케이스기록은 일반적으로 페이스 시트(face sheet), 조사표, 경과기록, 기타서류 등으로 구성되며 케이스 파일에 기록하여 보관되고 있다. 그 중에서도 가장 중요하며 노력이 많이 드는 것은 경과기록이다. 사례기록은 클라이언트의 문제 해결을 원조하는데 중요한 도움을 준다는 점에서 부단히 검토하고 개선해가는 것이 필요하다. 또 기록으로 남기 때문에 클라이언트의 비밀을 지키는데 세심한 주의를 필요로 한다.

## 사례사(case history)

클라이언트의 출생 시부터 현재까지의 생활사로서 진단주의 케이스워크의 진단과정에서 특히 중시한다. 라이프 히스토리 또는 생활사로 표현되며, 보호력, 학적조회 등 객관적 자료도 참고하지만 클라이언트의 자발적인 참가에 의해 사실적 수집이 불가피하다. 기능주의 케이스워커나 위기이론에 의한 단기치료에서는 클라이언트의 과거는 중시하지 않는다.

## 사례연구(case study) 01

심리학이나 사회학 등과 같은 사회과학에서 진행하는 연구는 흔히 다수의 피험자 또는 참여자들로 구성된 표본을 대상으로 하는 경우가 많지만, 경우에 따라서는 한 개인 또는 하나의 사례만을 대상으로 심도 있는 연구를 진행하기도 하는데, 이러한 경우를 지칭하여 사례연구라 한다.

## 사례연구 02

일반적으로 양적 데이터에 근거한 통계적 조사, 연구에 대해 소수사례를 세밀히 조사함으로서 사례의 배경에 있는 법칙성을 찾아내는 사회조사의 방법을 말한다. 이 경우에 연구대상이 되는 것은 개인, 집단 지역, 조직, 사업 등이다. 자료는 직접관찰에 근거한 기록, 일기, 면접, 기타의 기록 등이다. 자료수집방법과 내용, 그리고 분석의 틀을 사전에 정해주는 방법과 정하지 않는 방법 등 여러 가지 수준의 연구방법이 있다. 한편 카운슬링, 케이스워크 등에서 대상자와 문제의 성질과 원조과정을 검토해 문제점을 명확히 찾아내고 원조방법의 자세를 발견하는 방법도 사례연구에 속한다. 어떤 경우에도 사례연구는 어떠한 사상, 상태에 관한 여러 가지 요인의 전체 관련성을 명확히 하고 시간적 경과, 작용에 의한 변화를 조사하는 방법으로서는 훌륭한 것이다. 수집된 자료를 주관적으로 분석하기 쉽다는 약점도 있다. 또 여러 가지 직종의 훈련방법으로 사례검토가 사용되는 경우도 사례연구이다.

## 사례연구 03
특정 사례에 대해 여러 사람이 문제점과 원인 및 대책을 검토하고 분석하는 훈련 방법을 말한다. 이러한 사례연구는 여러 사람에게 경험적·분석적 사고능력과 문제해결 능력을 발전시켜 주는 장점을 지닌다.

### 사례연구법(case-study method)
아동 및 학생의 문제 행동의 특성과 원인을 찾아내어 거기에 대한 교육적 대책 또는 치료적 대책을 강구하기 위한 연구방법의 하나로 특정 아동이나 학생의 문제 행동의 소재를 밝혀내기 위해 출생에서부터 현재까지의 생활사를 기초로 해서 여러 가지 수단으로 총합적으로 또 조직적으로 자료를 수집하고 연구하는 방법이다. 또 이 방법은 특정 아동과 학생의 행동뿐 아니라 문제행동 일반에 관한 보편적 이론을 얻어내려는 목적도 가지고 있다. 개인의 생활사를 수집하는 방법이나 내용이 반드시 일정한 것은 아니다. 대체로 드러난 문제행동과 관련지어서 가계·가족관계·친구관계·물리적 환경·신체·기능·학업·성격 등의 여러 가지 사항에 대해 상세하게 조사하게 된다. 이 조사를 위해서는 전문조사원·심리학자·의학자·교사 등이 이들 항목에 대해 관찰·테스트·측정·면접 등을 실시하거나 일기나 자서전 등을 분석하며 이밖에도 도움이 된다고 생각하는 여러 가지 자료를 활용한다. 이들 자료를 총합적으로 분석하고 해석해서 문제행동 발생의 매커니즘(mechanism)과 이에 대응하는 처치 방법을 연구하게 된다. 이 방법은 학교뿐 아니라 각종 시설에 설치된 교육 및 심리 상담에서 널리 활용되고 있다.

### 사례연구협의회(case conference)
케이스워커 및 수퍼바이저(supervisor : 지도감독자), 의사 등 케이스에 관계가 있는 전문가들이 각자 전문적인 의견을 교환하여 케이스의 진단 치료에 관해 검토하는 회의이다.

### 사례회의(case conference)
본래의 뜻은 슈퍼비전에서 사례기록을 토대로 슈퍼바이저에 의한 사회사업가의 개별적인 지도를 의미한다. 처우과정에서 케이스는 담당사회 사업가만이 알고 있고, 또 해결해야 하는 것은 현실의 근무체제에서 반드시 올바른 일은 아니기 때문에 슈퍼바이져의 지도감독 하에 대처하고 직원의 집단 교육 및 훈련을 강화하기 위해서 사례연구의 의의가 크다.

### 사립학교 교직원연금법
사립학교 교직원의 연금제도를 확립함으로써 교직원 및 그 유족의 경제적 생활안정과 복리 향상을 위해 제정한 법률(1973. 12. 20, 법률 제2650호). 사립학교교원 및 사무직원의 퇴직·사망 및 직무상의 질병·부상·폐질에 대해 적절한 급여제도를 확립함으로써 교직원 및 그 유족의 경제적 생활안정과 복리 향상에 기여함을 목적으로 한 법률이다. 이 법은 사립학교법에 규정된 사립학교 및 이를 설치·경영하는 학교경영기관, 초·중등교육법의 특수학교 중 사립학교 및 이를 설치·운영하는 학교경영기관, 기타 사립학교 및 학교경영기관 중 교육과학기술부 장관이 지정하는 사립학교와 이를 설치·경영하는 학교경영기관에서 근무하는 교직원에게 적용한다. 부담금의 징수, 제급여의 결정과 지급, 자산의 운용, 교직원 복지사업의 수행, 기타 연금에 관한 업무를 관장하기 위하여 사립학교 교직원연금관리공단을 설립한다. 관리공단은 법인으로 한다. 관리공단에 임원으로서 이사장 1명, 2명 이내의 상무이사, 6명 이내의 이사 및 감사 1명을 두되, 이사 중에는 교직원 및 학교경영기관의 장이 포함되어야 한다. 이사장과 감사는 교육과학기술부 장관이 임명하며, 상무이사와 이사는 이사장의 제청에 의해 교육과학기술부 장관이 임명하고, 임원의 임기는 3년으로 한다. 관리공단의 중요사항을 심의하기 위하여 이사장·상무이사와 이사로 이사회를 구성한다. 교육과학기술부 장관은 관리공단의 업무를 감독하며 감독상 필요한 명령을 발할 수 있다. 급여의 계산에 있어서 교직원의 재직기간은 임용 전 병역복무기간의 산입, 전재직기간의 합산 등이 인정되며 세부적 규정이 있다. 교직원의 직무로 인한 질병·부상 및 재해에 대해서는 단기급여를 지급하고, 교직원의 퇴직·폐질 및 사망에 대해서는 장기급여를 지급한다. 각종 급여는 그 권리를 가질 자의 신청을 받아 관리공단이 결정하며 급여를 받을 유족의 순위는 상속의 순위에 의한다. 허위 기타 부정한 방법 등으로 이루어진 급여는 환수된다. 그리고 급여를 받을 권리는 양도 또는 압류나 담보제공이 제한된다. 단기급여 및 장기급여에 관한 급여의 종류, 급여의 사유, 급여의 액 및 급여의 제한 등에 관한 사항은 공무원연금법의 규정을 준용한다. 급여 기타 소요되는 비용은 그 비용의 예상액과 개인부담금·국가부담금·법인부담금·재해보상부담금 및 그 예정운용 수익금의 합계액이 장래에 있어서 균형이 유지되도록 해야 한다. 이 경우 급여에 소요되는 비용은 적어도 5년마다 다시 계산해야 한다. 국가는 사립학교 교직원 연금재정의 안정을 위하여 예산의 범위 안에서 책임준비금을 사립학교 교직원 연금기금에 적립해야 한다. 재해보상부담금은 재해보상급여준비금으로 적립해야 한다. 재해보상급여준비금에서 지급되는 급여는 직무상요양비·직무상요양일시금·재해부조금·사망조위금·장해연금·장해보상금·유족연금 및 유족보상금으로 한다. 관리공단은 부담금 또는 환수금이 납부되지 아니한 때에는 교육과학기술부 장관의 승인을 얻어 국세체납처분의 예에 의해 직접 체납처분을 할 수 있다. 급여에 관한 결정, 개인부담금의 징수 기타 처분 또는 급여에 관해 이의가 있는 자는 사립학교 교직원연금급여재심위원회에 그 심사를 청구할 수 있으며, 심사의 청구는 처분이 있는 날부터 180일, 그 사실을 안 날부터 90일 이내에 해야 한다. 사립학교 교직원 연금급여에 충당하기 위한 책임준비금으로서 사립학교 교직원 연금기금을 두며 기금은 관리공단의 예산에 계상된 적립금과 결산상 잉여금 및 기금운용수익금으로 조성한다. 기금은 관리공단이 관리하며, 금융기관의 예입 또는 신탁, 유가증권의 매입, 교직원 및 연금수급자에 대한 자금의 대여, 기금증식과 교직원의 후생복지를 위한 재산의 취득 및 처분, 기타 기금증식 사업 또는 복지증진을 위한 사업을 운용하며 그 중요사항에 대해서는 미리 교육과학기술부 장관의 승인을 얻어야 한다. 사립학교교직원연금에 관한 사항을 심의하기 위하여 관리공단에 사립학교 교직원연금운영위원회를 둔다. 급여를 받을 권리는 그 급여의 사유가 발생한 날로부터 단기급여에 있어서는 1년간, 장기급여에 있어서는 5년간 이를 행사하지 아니할 때에는 시효로 인해 소멸된다. 장기급여를 받을 권리가 시효로 인해 소멸된 때에는 부담금을 징수할 권리도 소멸한다. 일부 규정의 위반에 대해서는 과태료의 제재가 있다. 8장 62조와 부칙으로 되어 있다.

## 사립학교교직원연금운영위원회
(The Steering Committee of Korea Teachers' Pension)
사학연금제도에 관한 사항, 연금재정에 관한 사항, 기금운용계획 및 결산에 관한 사항과 기금에 의한 교직원 후생복지사업에 관한 사항 등을 심의하기 위하여 공단에 설치된 운영위원회. 이 위원회에는 교직원 대표와 학교법인 경영자 대표, 정부 대표와 전문가 그리고 시민운동 대표자가 포함되어 있다.

## 사망률(death rate)
사망의 발생수를 비율로 나타낸 것이 사망률이며 보통 특정기간(보통 1년)의 사망자수를 총인구로 나눈 것이다. 이는 작성이 쉽고 이해도가 높기 때문에 가장 많이 사용한다.

## 사망보험(insurance against death)
피보험자의 사망을 보험사고로 해서 보험금을 지급하는 보험계약을 말한다. 그 목적은 피보험자의 사망으로 말미암아 생길 수 있는 경제적 필요를 충족시키는 데 있다. 사망보험에는 계약의 시점으로부터 일정기간 중에 사망하였을 경우에 보험금이 지급되는 정기보험과 기한을 정하지 않고 사망시에 보험금이 지급되는 종신보험이 있다.

## 사망보험금(death benefit)
생명보험에서의 사망보험계약 또는 손해보험에 있어서의 상해보험계약에 의거하여 피보험자가 사망하였을 경우에 보험수익자에게 지급되는 보험금을 말한다.

## 사망원인(cause of death)
사망을 유발했거나 사망에 영향을 미친 모든 질병, 병태 및 손상과 이러한 손상을 일으킨 모든 사고나 폭력의 상황을 말한다.

## 사망원인별 구성비
한 국가의 건강상태가 증진됨에 따라 총 사망자가 상대적 크기 변화와 아울러 사망원인의 구성에 변화가 온다는 사실에 기초를 둔 지표로 전체 사망자수에 대한 사인별 사망자수를 백분비로 나타낸 것이다. 즉 건강상태가 저조한 국가에서는 사망률이 높고 전염병 및 기생충 질환이 높으며 일반적으로 선진국의 경우는 사망률이 낮고 만성병 및 사고(특히 교통사고) 등이 많은 부분을 차지하는 경향이 있다.

## 사망일시금(국민연금법 제80조)
국민연금에서 가입자 또는 가입자이었던 자가 사망한 때에 법63조의 규정에 의한 유족이 없는 경우에는 그 배우자·자녀·부모·손자녀·조부모·형제자매 또는 4촌 이내의 방계혈족으로서 가입자 또는 가입자이었던 자에 의해 생계를 유지하고 있던 자에게 장제비 성격으로 지급하는 급여. 사망일시금 지급금액은 반환일시금에 상당하는 금액으로 하되 가입자의 최종표준 소득월액(재평가한 금액) 또는 가입기간 중 표준소득월액의 평균액(재평가한 후의 평균액)중 많은 금액의 4배를 초과할 수 없다.

## 사면
형사소송에서 아직 형을 언도 받지 않은 사람은 공소권을 없애버리고, 형을 언도 받은 사람은 그 일부나 전부를 없애버리는 대통령(국가원수)의 결정을 사면이라고 하는데 일반사면과 특별사면이 있다. ①일반사면 — 대통령령으로 사면할 죄의 종류를 정한 뒤 그 죄에 해당하는 모든 사람을 사면하는데 국회의 동의가 있어야 한다. ②특별사면

— 법무부 장관이 사면을 신청한 어떤 사람에 대한 형 선고의 효력을 없애버리거나 형의 집행을 면제한다.

### 사무관리(office management) 01

조직의 목적을 달성하기 위해, 사무(office work)를 계획·조직하고, 인원과 물자, 기계, 방법, 금전 및 대상자 사이의 관계를 조정하고 통제하는 행위를 말한다. 종래의 사무관리에서는 W. H. Leffingwell과 F. Taylor에 의해 체계화 된 바와 같이 사무의 작업적 측면을 중시하였으나, 근래의 사무관리에 대한 사조는 기능적 측면을 중시하는 방향으로 바뀌고 있다.

### 사무관리 02

한 조직의 목적을 수행하는 과정에서 수반되는 제반 기록과 장부의 작성·보관, 공문서와 제보고의 처리, 회계 및 경리 등을 처리하는 행위를 말한다. 이제까지는 주로 서면으로 업무를 집행하거나 처리하여 왔으나 이러한 사무관리는 각종 조직규모의 확대에 의한 사무량의 증대, 사무의 복잡화와 그 능률적 처리의 요청에 따라, 과학적이며 합리적인 방법과 절차 및 도구를 사용할 필요가 증대되었다. 이에 따라 사무관리는 점차 기계화되어 왔으며 전자계산기의 발전과 더불어 더욱 큰 변혁을 가져왔다. 즉 모든 사무관리는 전산화되어 필요한 조직계층의 요청에 맞게 정보화되어 가고 있다.

### 사무분장(job description)

한 개인이 가장 능률적이면서도 성공적으로 특정한 일을 수행할 수 있도록 기술된 직무의 주요 성격과 내용을 말하며, 여기에 기술된 내용은 주로 ①직무명, ②해당직무의 포괄적 기술, ③직무수행에 필요한 도구, ④기계 및 특수 장치, ⑤협동관계에 있는 직무, ⑥필요한 훈련, ⑦작업조건, ⑧노동시간, ⑨급여액과 종류 등이 된다. 또 해당 직무에 종사할 개인의 인적 배경·교육경력·훈련경력·개성·특수기술 등을 기재하기도 한다. 관리직무의 경우 통제의 범위, 의무와 제한 등을 기재하기도 한다.

### 사무종사자(Clerks)

관리자 및 전문가를 보조하여 사업계획에 따라 업무를 추진하며, 당해 작업에 관련된 정보기록, 보관, 계산 및 검색업무를 수행하는 자와 금전취급 활동, 여행알선, 정보요청 및 예약업무에 관련하여 많은 고객을 대상으로 하는 사무적인 업무를 수행하는 자를 말한다.

### 사법(justice) 01

입법·행정과 함께 국가통치작용의 하나로, 개인 상호간 또는 국가와 개인간의 법률관계에 관한 쟁의로 인해 소송이 제기될 경우 무엇이 적법(適法)인가를 선언하는 행위를 말한다. 사법권은 그 행사에 공정성을 확보하기 위해 독립의 지위를 가진 법원이 당사자주의에 의해 행사하는 것을 통례로 하고 있다.

### 사법(private law) 02

법에 대응하는 개념으로, 민법·상법 등과 같이 국 가를 당사자로 하지 않는 사인(私人)에 한 법을 말한다. 공법과 사법은 권력관계의 법과 대등관계의 법을 구분 기준으로 하기도 하며(法律關係說), 공익에 관한 법과 사익에 관한 법으로 구분하는가 하면(利益說), 국가에 관한 법과 사인(私人)에 관한 법으로 구분하기도 한다(主體說). 그러나 한편 최근의 공·사법간의 융합화(融合化) 현상을 중시하여 공·사 법간의 구분을 부정하는 학자도 있다. 또 최근에 발달한 경제법·노동법 등 사회법은 공·사법의 중간적 성질을 지니고 있으며, 이러한 새로운 법의 발생을 '사법의 공법화 현상'이라 지칭하는 학자도 있다.

### 사법경찰(judicial police)

범죄의 수사를 목적으로 하는 경찰작용을 말하며, 본래 행정기관의 지위에 있는 자가 범죄수사를 담당하는 경우에 그 직무로서 행하는 작용을 말한다. 행정경찰에 대한 개념이다. 사법경찰과 행정경찰의 구분은 유럽에서 유래한 것으로 영·미에서는 이 구별을 인정하지 않는다. 행정경찰이 사회질서의 유지, 즉 사전에 국민의 생명·신체·재산을 보호하려는 예방경찰에 중점을 두는 데 대해, 사법 경찰은 그 법익(法益)이 침해된 때에 범죄를 수사하는 활동으로서 특색이 있으며, 검사와 사법경찰관리가 그 임무를 담당하며, 형사소송법이 정하는 절차에 따라서 행한다.

### 사법보호케이스워크

사법보호케이스워크는 비행소년이나 사회복귀·예방, 갱생을 꾀하기 위하여 가정재판소의 조사관이나 보호관찰소의 보호관찰에 의해 전개되는 케이스워크를 말한다. 이것은 강한 법의 권위를 배경으로 클라이언트와 대응하는 경우가 많으므로 진실한 원조관계를 수립하는 것이 곤란하다.

### 사법통제(judicial control)

사법통제는 사법부에 의한 행정통제를 말한다. 사법통 제는 행정업무 수행과정에서의 위법·부당한 시민의 권익침해에 대한 구제와 행정명령·행정규칙·행정처분의 위헌·위법 여부를 심사하는 두 가지 내용으로 구성되어 있다. 사법통제는 행정이 이미 이루어지고 난 후의 사후조치라는 점에서, 비용과 시간이 많이 든다는 점에서, 그리고 우리나라의 경우 사법권의 독립성과 공정성이 권력적·금전적 압력으로부터 위협받고 있다는 점에서 효과성의 한계가 있다.

## 사보타지

태업. 동맹파업과는 달리 조합원이 출근·취업하면서 생산능률을 저하 시키는 쟁의전술. 서구에서는 기계를 부순다거나 하는 등의 적극적인 기업의 업무방해를 포함하는 넓은 의미로 사용되고 있다. 태업은 크게 세 가지로 구분할 수 있다. 첫째는 통상의 작업속도보다 느리게 작업하는 태업이나, 특정한 업무에 관한 사업자의 명령에 불복하는 태업. 둘째는 단순히 일의 능률을 떨어뜨리는 소극적 태업과 태업에 수반해 파생되는 특수한 효과를 일으키는 태업. 셋째는 개개 노동자의 태업과, 노동조합 단위로 볼 때 일부 노동자의 파업이나 태업에 의해 전체로서 능률이 크게 저하되는 경우이다.

## 사보험(private insurance)

보험의 이용 목적에 의한 분류로 공보험의 대립개념이다. 관계자가 사경제적 목적에 의해서 임의로 시행하는 보험인 것인데, 보험관계는 사법상의 법률에 의거하여 운용된다. 따라서 공보험에서와 같은 국가재정으로 부터의 조성·보조나 보험급부의 법정, 가입 강제 등은 없다.

## 사분위수(quartile)

변량 X의 n개의 관측값을 작은 쪽으로부터 크기 순으로 배열했을 때 전체 관측값을 4등분하는 위치에 오는 값을 말한다. 제2 사분위수는 중앙값과 같다.

## 사생아(illegitimated child)

여자가 정당한 혼인관계 없이 낳은 비적출자를 그 모에 대해 일컫는 명칭으로서 일반적으로 자기 아버지를 전혀 모르는 아이를 가리킨다. 한편 자기 아버지를 아는 아이는 서자라 하여 구별하고 있다. 법률적으로 사생아와 그 아버지의 관계는 아버지가 자진하여 인지하지 않는 한 친자관계가 성립되지 않으나 사생아는 자기 아버지에 대해 인지를 청구할 권리를 갖고 있고, 일단 인지가 되면 아버지의 서자로서 부양청구권을 가질 뿐만 아니라 상속에서는 상당한 대우를 받는다. 또 어머니와의 관계는 인지를 기다릴 필요가 없이 모자관계가 성립되나 어머니의 집에 들어가려면 호주의 동의를 받아야 하며 어머니에 대해 부양청구권을 가지는 것도 물론이다.

## 사생활(privacy)

세계인권선언의 제12조는 개인도 자신의 개인적인 일, 가족, 주거 또는 통신에 대해 타인으로부터 간섭받거나 명예와 신용에 대해 공격받을 일은 없다. 사람은 누구나 간섭 또는 공격에 대해 법의 보호를 받을 권리를 갖는다. 라고 규정하고 있다. 이 조문 중의 개인적인 일이 바로 프라이버시이다. 이는 일반적으로 개인적 생활 또는 비밀이라는 의미를 갖는다. 그러나 법적으로 프라이버시권은 자기 혼자 있을 수 있는 권리(간섭제지권)와 자

기에 관한 정보의 흐름을 통제하는 권리(자기정보지배권)가 포함된다. 사회복지정책은 프라이버시와 깊은 관련을 갖고 있다. 가령 각종의 행정적인 조치를 수속하는 과정에서 프라이버시에 관여하는 일이 많다. 특히 수용시설에 수용된 클라이언트는 개인적 생활의 장소이기 때문에 프라이버시의 보호는 중요한 의미를 갖는다. 사회복지사나 보육사는 프라이버시가 기본적 인권이라는 것을 이해하고 침해하지 않도록 적절한 처우를 전개해야 할 것이다.

## 사실(fact) 01

시간적·공간적 개체성을 가지고 존재하는 혹은 발생하는 사상으로 현대의 실증주의적 사고에서는 경험적 인식의 대상이 되는 것으로 필연적이 아니라 우연적인 것이라고 생각한다.

## 사실 02

시간상·공간상 실재하는 것으로서 인식되는 존재 또는 사건, 그것은 ①실제적인 것으로서 환상, 허구, 가능성과 대립하고, ②개체적·경험적인 것으로서 논리적 필연성을 갖지 않고, 따라서 그 반대의 가능성을 배제하지 않으며, ③이미 거기에 주어져 있는 것으로서 당위적인 것과 대립한다. 직접명명하지 않은 사실을 확인하기 위해서는 엄밀한 논리적 절차를 필요로 한다.

## 사실심

어떤 사건에 대한 재판을 위해서는 그 사건과 당사자 간의 사실관계, 그 사건과 관계된 법률의 규정 등을 검토한 뒤 판결을 내리는데 사실과 법률의 두가지 측면을 다 고려한 판결을 사실심이라고 한다. 반면에 법률적인 면만 고려한 판결을 법률심이라고 하는데 1심과 2심은 주로 사실심이 되고 3심(상고심)은 주로 법률심이 된다.

## 사실판단(factual judgement)

사실(fact)에 관한 판단 즉 실제세계에 있는 사건과 대상에 대한 진술로서, 진위가 경험적으로 검증될 수 있는 명제들을 말한다. 이에 대해 가치판단은 행해야 하거나 행하지 말아야 하는 것에 대한 진술, 혹은 어떤 것이 좋거나 바람직하거나 옳다는 주장 등을 지칭하는 것이다.

## 사실혼

혼인신고를 하지 않아 법적으로는 부부가 아니지만 양 당사자가 합의해서 부부로서의 생활을 하는 것을 사실혼이라고 하는데 결혼식을 하더라도 혼인신고를 않할 경우 법률적으로 사실혼이라고 한다. 사실혼에서는 동거나 부양 등의 권리·의무관계는 같지만 출생한 아이의 신분관계, 친족과의 신분관계 등에서 혼인신고를한 법률혼의 부부와 차이가 있다. 다음과 같은 경우 사실혼 관계는 사라진

다. ①공동생활이 끝났을 경우, ②사실상 이혼의 합의, ③당사자가 사망한 경우.

## 사업성기금

일반적으로 기금이란 예산 원칙의 일반적인 제약으로부터 벗어나 좀더 탄력적으로 운용할 수 있도록 특정 사업을 위해 보유·운용하는 특정 자금을 말한다. 전체 자산 운용 규모만도 국가 예산의 2배인 240조원 정도에 달한다. 정부의 재정활동은 주로 일반회계와 특별회계 등 예산에 의해 운용되고 있지만 특정 분야의 사업에 대해 지속적이고 안정적인 자금지원이 필요한 경우 예산과는 별도로 정부가 직접 기금을 조성해 운용하는 경우가 있다. 또는 민간이 조성해 운용하는 기금에 정부가 예산을 지원함으로 정부의 정책목적을 달성하는 사례도 많다. 이러한 기금은 그 설치목적과 존재형태가 다양하다. 크게 세 가지 형태로 기금을 분류하는데 첫째는, 연금성 기금이고, 두번째는 금융성 기금, 나머지 하나가 바로 사업성 기금이다. 연금성 기금은 국민연금처럼 일정액을 연금식으로 갹출해 운용하는 형태이며 금융성 기금은 예·적금처럼 적립식으로 이뤄지는 경우가 많다. 사업성 기금은 특정 사업을 위해 기금이 마련되고 집행되는 것이다.

## 사업소세

지방자치단체 내에 공장 등 각종 사업소를 설치·운영함으로써 그 지역 내의 도로·상하수도 등 공공시설을 이용하는 혜택을 입는데 대해 부과하는 지방세의 하나를 말한다. 이러한 사업소세는 각 사업소에서 부담한 조세재원이 사무비·인건비·물건비 등의 일반 행정비에 충당되지 않고 해당 지역의 환경개선·시설확충 및 개선 등에 충당되도록 하는 목적세이다.

## 사업장가입자

국민연금에서 당연적용·임의적용 사업장에 사용된 근로자 및 사용자로서 국민연금에 가입된 자.

## 사업체(establishment)

개개의 공장, 작업장, 광산, 사업소 등과 같이 '일정한 물리적 장소에서 단일 소유권 또는 단일 통제하에 경제활동을 하는 경제단위'를 말한다. 참고로 기업단위란 재화 및 서비스를 생산하는 법적 또는 제도적 단위의 최소결합체로서 자원배분에 관한 의사결정에서 자율성을 갖고 있으며, 하나 이상의 사업체로 구성될 수 있다는 점에서 사업체와 구분된다. 따라서 1개의 기업체가 여러 개의 장소에서 경제활동을 할 경우 각 장소별로 사업체를 파악한다.

## 사업협동조합

중소기업 등 협동조합법에 의거하여 설립된 단체. 개별적으로는 힘이 약한 중소기업자가 공동화함으로써 경제적 지위향상을 도모하는 것이 목적이다. 생산·가공·판매·구매·보관·운송·금융 등의 사업이 이루어지고 있다.

## 사외공

하청업자에 고용된 근로자. 사외공은 모기업과 직접적인 고용관계를 맺지는 않지만 모기업의 내부에서 그 설비를 사용하면서 본공과 똑같은 일에 종사하는 경우가 많다. 고용관계가 직접적이냐 간접적이냐 하는 차이를 제외하면 실질적으로 임시공과 같은 처지에 있다. 이것은 청부계약으로 위장된 노동자 공급이라고 볼 수 있고 직업안정법에 위반되는 탈법행위이다. 또 중소기업을 하청관계에 의해 예속시켜 노동자를 저임금으로 수탈하는 체제이기도 하다.

## 사외이사제

영어로는 Board of Directors로 "이사회"로 불려야 할 용어인데 우리나라처럼 이사들이 사내에 있는 경우와 구분하기 위해서 "사외"란 말을 덧붙였다. 우리나라에서는 "이사"는 부장들이 진급하는 자리고 따라서 우리나라의 이사는 "사내이사"들이다. 이사회는 원래 주주들을 대변하여 경영이 잘되는지를 감독, 관리하는 기구인데, 우리나라는 사내에서 경영에 참여하는 사람들이 경영을 감독해야 하는 야릇한 입장이어서 사실상 이사회로서 제 구실을 하지 못하게 된다. 그래서 말이 주식회사지 사실상 개인기업처럼 운영되는 경우가 많다. 그러다보니 비자금같은 뒷주머니를 주주들로부터 아무런 제재를 받지 않고 대주주이자 또 대표이사인 사람들이 마음대로 마련한다. 소유와 경영이 분리되어 있고 또 이사회를 좌지우지하는 대주주가 있다면 감히 "고용사장"이 회사돈으로 비자금을 만들 수 있겠는가를 생각해 보면 사외이사제의 필요성을 쉽게 이해할 수 있다. 사외이사제가 돼 있어야 합병, 인수 뿐 아니라 중요한 투자 또는 인사 등 회사의 중요한 의사결정에 대주주, 소액주주 구분없이 주주들의 의견을 반영할 수 있다. 사외이사제가 있으면 대주주라고 해서 무조건 사장이나 회장이 될 수 없고 이사회가 그 사람들의 경영능력을 평가하여 임명하게 된다.

## 사용자 부담(user charging)

공공기관이 민간에 제공하는 재화와 서비스에 대한 대가를 소비자 또는 사용자로 하여금 지불하도록 하는 것을 말한다. 여기에는 행정기관간 재화와 서비스 제공에 대한 대가지불도 포함된다.

## 사이몬드(Symonds P. M.)

미국의 교육심리학자이며 주제통각검사법(TAT)의 세계적 권위자이다. 하와이대학 교육학과 심리학 교수를 거쳐 콜롬비아대학 교육학 교수, 명예교수가 되었다. 미국심리학회에서 교육심리학의 책임자이기도 했다. 그는 교육심리학에서 정신분석이론의 도입을 꾀하고 청년기나 부모의 양육태도를 연구해 왔다. 청년기의 공상이란 저서가 있다. 또 육아태도와 성격의 관련에 대한 연구에서는 부모의 육아태도를 지배 복종, 확보, 거부의 2차원 좌표축에 표시하여 유형화를 시도하였다.

## 사이버대학

세계적인 통신망인 인터넷을 이용, 실제 교실에서 이루어지는 것과 똑같은 강의를 컴퓨터 화상을 통해 받을 수 있는 가상공간에 세워지는 대학이다. 특히 실제 교육과는 달리 컴퓨터 단말기와 화상회의 시스템을 이용, 교수와 일대일 교육이 가능하며 전자우편을 통해 과제를 제출할 수 있어 시간과 공간에 제약을 받지 않는 장점을 가지고 있다.

## 사이버범죄

사이버범죄는 컴퓨터범죄를 포함하여 사이버공간에서 행해지는 모든 범죄를 말한다. 과거 컴퓨터범죄, 정보통신범죄, 하이테크범죄 등의 용어가 사용되었다. 컴퓨터범죄는 독립적인 컴퓨터시스템에서의 범죄라는 개념이다. 사이버범죄는 대규모 피해를 야기시키는 해킹, 바이러스 제작 유포 등을 통해 행하여지는 사이버테러와 과거 현실 세계의 범죄가 단지 컴퓨터시스템을 이용하여 범해지는 형태의 일반 사이버 범죄로 나눌 수 있다.

## 사인분류
### (classification of disease andcause of death)

세계보건기구에서 권고한 국제질병ㆍ사인분류체계(International Classification of Disease and Cause of Death)에 따라 분류한다. 분류체계는 질병 및 손상을 어느 정도 자세하게 분류하느냐에 따라 21개장, 261개 항목군, 2,036개의 3단위 분류 및 12,121개의 4단위 분류로 구분하며, 사망원인은 4단위로 분류한다. 우리나라의 통계제표는 일반사망요약분류표 103항목과, 사인순위 선정을 위한 일반사망 선택분류표 73항목, 우리나라 실정에 맞게 보완한 한국사인요약분류표(236항목) 등이 있다.

## 사인의 공법행위

사인(私人)이 공법관계에 있어서 행하는 행위를 말한다. 여기에는 국가 또는 지방공공단체의 기관으로서의 지위에서 행하는 행위와, 행정권의 상대방으로서 국가 또는 지방공공단체에 대해 행하는 행위가 있다. 전자의 예로는 선거에 있어서의 투표가 있고 후자의 예로는 이의의 신청, 행정심판, 소송의 제기, 재결의 신청, 각종 신고, 동의 등이 있다. 사인의 공법행위에 관해는 일반적인 규정이 없으므로 특별 규정이 있는 경우를 제외하고는 원칙적으로 민법의 규정 또는 원칙이 유추ㆍ적용된다고 해석된다.

## 사적부조(private assistance)

공적부조에 대비되는 개념으로 사적인 개인 상호간에 이루어지는 생활의 원조로서 민법적 부양을 주로 하는데 법률상 부양의무관계가 없으면서도 친척, 기타 개인적인 관계로 임의로 행해지는 생활상의 원조를 말한다.

## 사전검사(pretest)

실험연구에 있어서 실험변인을 적용시키기 전에 실시하는 검사이다. 단일집단설계(single group design)에 있어서는 사후검사의 비교를 위한 준거검사(criterion test)적 성격을 지니고 있으며, 통제군 간의 질적인 차이를 알아보기 위하여 실시한다. 사전검사에 의해 양 집단 간의 피험자의 질적 차이가 있으면 공변량분석(analysis of covariance)과 같은 통계적 방법을 써서 실험효과의 검증을 해야 하며 양 집단이 통계적으로 의미 없는 차가 나타나면 사후검사(post test)의 차만으로 실험의 효과를 검증한다.

## 사전이전소득

부양의무자 또는 후원자 등으로부터 정기적으로 지원받는 금품을 말한다.

## 사전적 통제(a priori control, precontrol)

조직구성원의 활동이 목적에서 이탈될 수 있는 가능성을 미리 예측하고 그러한 가능성을 제거하기 위한 예방적 통제를 말한다. 계장ㆍ과장ㆍ부장별로 전결(專決)에 의해 지출할 수 있는 비용의 한도를 미리 정해 두는 것도 사전적 통제에 해당된다.

## 사전조사(pretest)

본 조사의 실시를 위하여 본 조사와 똑같은 조건 하에서 소규모에 걸쳐 구체적인 실제자료를 수집하는 조사이다. 가능한 사전조사를 철저히 할수록 타당성을 갖게 되어 잘못된 점을 시정할 수 있다. 그리고 사전조사를 함으로서 그 자료에 의한 표본설계(sampling design) 여부를 검토하고 조사도구(research tool)의 사용가능성 여부를 검토하며 잠정적인 research design을 이 과정에서 확정하여 본 조사의 계획으로 사용하게 된다.

## 사정(assessment)

1970년대 이후 사회사업실천에서 의료모델에 대한 비판이 강해지면서 이때까지 사용하고 있던 진단이라는 용어 대신에 일반적으로 사정이라는 용어를 사용하고 있는데 이는 클라이언트가 직면하고 있는 문제와 상황을 확인하고 이해하기 위한 자료를 수집하여 분석함과 동시에 문제

해결을 위한 계획을 확정해가는 과정을 말한다.

## 사체계모형(four systems model)

핀커스(Pincus, A)와 미나한(Minahan, A.)이 사회사업실제를 전개하여 갈 때 관계되는 다양한 사람들이나 조직체를 체계적으로 다루기 위하여 제시한 것으로 다음의 체계로 구성되고 있다. ①변화매개체계(change agent system) : 변화매개인으로서 워커를 고용하고 있는 조직체, ②클라이언트체계 (client system) : 워커의 원조를 받아서 문제해결에 전념할 것을 약속한 개인, 가족 등, ③표적체계(target system) : 워커가 클라이언트와 함께 문제해결을 위하여 변화시켜야 할 사람이나 조직체 등, ④행동체계(action system) : 문제 해결을 위하여 워커가 협조하여 가는 사람.

## 사춘기(adolescence)

사춘기란 라틴어의 adolescrere에서 온 말로 성숙에로의 접근(approach to maturity)으로서 과도기(transition age or between age)를 의미하고 있다. 이에 스텐리 홀(Hall Stanley)은 그의 저서 사춘기(Adolescence)에서 사춘기를 폭풍과 긴장(storm & stress)의 시기라고 표현하고 있으며, 디킨즈(Dichen Charls)는 두 도시의 이야기(a tale two cities)에서 광명과 암흑의 계절이요, 희망의 봄인 동시에 절망의 겨울이라고 하였다. 이러한 사춘기는 학자에 따라 2, 3단계로 구분하고 있으나 일반적으로 중학교 시대를 사춘기 전기, 고등학교 시대를 사춘기 후기로 보는 것이 타당한 것 같다. 이 시기의 일반적 특성은 지식이 산만하여 사회에 적응키 어려우며 욕구불만이 많고, 우세한 성인에 대해서 동일시(identification)하려는 경향이 짙고, 소설, 일기, 편지, 악기, 시 등을 추상하고자 하며, 직업에 대한 관심에 지대하고, 고독을 즐기며, 자기 방을 갖고 싶어 하고, 반항심이 나타나고, 진, 선, 미, 성에 대한 가치추구와 비판을 하려고 하며 스포츠를 즐기며, 다독으로 심리적 고민에 대한 해답을 얻고자 하고, 신체적 변화에 따라 이성을 동경하게 된다.

## 사택(company's housing quarters)

기업복지(복지후생)의 일환으로서 주택을 대여하는 것이다. 업무사택과는 달라서 기업의 거주를 의무지우는 것은 아니고 종업원의 자주적인 의사에 따라 사는 것이며 임대료를 내고 있다. 급여주택이라고도 말한다. 가족사택과 독신사택이 있다. 화장실, 숙소 등이 독립해 있는 것으로 일반 기숙사와 다르다. 독신사택은 사원료라고도 불려진다. 사택의 사용료는 무상인 것도 있지만 유상인 것이 원칙이며 일반가옥 임대료에 비하여 낮다. 사택은 기업의 기업복지시설의 일환으로서 강조되고 있는데 일반적으로 고도 성장 하의 기업은 자금을 투자하여 사택의 증강을 꾀하여 기업자산으로 하는 곳도 있지만 저상

장하에서는 가옥을 임대하거나 일시임대해 임대료를 지불하여 화사의 자산으로 하지 않고 차용사택으로 하여 종업원에게는 소정의 임대료를 지불하게 하고 있는 예가 많다. 단지, 아파트 등을 임대해 당해 기업명을 붙인 호칭을 갖는 곳도 있으며 많은 사원을 동일장소에 주거시키는 경향도 있다.

## 4P

펄맨(Perlman H. H.)이 1957년의 저서 "케이스워크 : 문제해결의 과정"에서 케이스워크의 준거 틀을 설명하기 위하여 사용한 개념이다. 그녀는 케이스워크를 사람(person). 문제(problem), 장소(place), 과정(process)의 4가지의 P의 형태로서 표현하여 케이스워크 장면을 구성하는 기본적 요소를 그 준거틀로 사용하여 설명하였다. 따라서 그녀에 있어서는 "4가지 P의 형태의 명확화"가 케이스워크 진단에서 이루어져야 한다고 보았다.

## 사해행위

남에게 갚아야 할 빚이 있는 사람이 고의로 땅이나 집, 예금 등을 다른 사람 명의로 바꾼다든가, 골동품이나 그림 등 재산적 가치가 있는 물건을 몰래 팔거나 숨겨두어 결국 재권자가 빚을 돌려받는데 지장을 주는 것을 사해행위라고 한다.

## 사행정(private administration)

공공부문의 관리(행정)와 대비되는 사기업의 관리 즉 경영을 일컫는 말. 행정학의 학문적 존립 근거와 관련된 공·사행정의 차이점과 유사점을 각기 강조하는 학설들이 대립하고 있다. 사행정은 이윤을 추구하고 시장기능에 의존하며 경쟁적 상황에 놓여 있는데 비해 공행정은 공익을 추구하고 국가공권력에 의존하며 비경쟁적·독점적 상황에 놓여 있다는 점이 서로 다르다.

## 사행행위

여러 사람에게서 돈이나 이에 해당하는 것을 받은 뒤 추첨 등의 방법으로 소수의 사람에게 금전을 지급하고 나머지 다수의 사람들에게는 손해를 입히는 것을 사행행위라고 한다. 다음과 같은 경우 행정기관의 허가를 받아 사행행위를 할 수 있다. ①공공복리의 향상을 위해 필요하다고 인정될 때, ②외화획득에 필요하다고 인정될 때, ③상품의 판매선전을 위해 필요하다고 인정될 때.

## 사형폐지운동

형벌로서 사형을 법률상으로 폐지하기 위한 운동을 말하며 토마스 모어, 벳카리어, 리프만 등이 주창했다. 사형폐지운동은 인도주의적 견지에 의한 것과 죄형이 반드시 살인 등의 중죄의 예방효과가 있는 것은 아니라고 하는 형사 정책적 견지에 의한 것이 있다. 독일, 영국 등에서는

이미 사형을 폐지했다.

## 사회 / 사회적 서비스(social services)

단수로 표현되는 사회서비스는 협의의 개념으로서 사회사업 또는 사회복지사업을 말한다. 복수의 사회서비스도 같은 개념이나 광의의 개념으로 사용될 때가 많다. 영국에서 많이 쓰였으나 오늘날에는 미국에서 더 사용된다. 영국에서의 사회서비스는 사회보험, 소득보장, 의료보장, 공중위생, 사회복지로부터 주택, 교육의 일반대책까지도 포함하지만 비행, 범죄관계의 갱생보호사업은 포함되지 않는 것이 보통이다. 이것은 특히 이론적 근거가 있는 것이 아닌 역사적으로 보는 관용적인 용법이 일반화한 것이다. 따라서 이들 단어가 사용될 때는 구체적으로 무엇이 함축되어 있는가를 명백히 하는 것이 필요하다.

## 사회간접자본(social overhead capital)

어떤 특정한 생산을 위해 제공되는 직접적인 자본이 아니라 항만 · 도로 · 통신망 · 교육 등과 같이 간접적으로 생산활동에 기여 하는 자본을 말한다. 사회간접자본은 경제적 사회자본과 순수한 사회간접자본으로 나누어 볼 수 있다. 경제적 간접자본(economic overhead capital)은 항만 · 도로 · 철도 · 전기 및 가스 · 통신망 · 도관(導管) 등의 산업 시설을 말하며, 순수한 사회간접자본은 교육 · 대중보건 등에 필요한 시설과 설비 등을 말한다.

## 사회간접자본(SOC : social overhead capital)

도로, 항만, 철도 등 어떤 제품을 생산하는데 직접 사용되지는 않지만 생산 활동에 간접적으로 도움을 주는 시설을 말한다. 사회간접자본에 대한 투자를 소홀히 하게 되면 교통체증 항만적체 등을 유발해 생산과 수출에 애로를 겪게 되며 따라서 상품의 경쟁력이 저하되는 문제가 발생한다.

## 사회감사

기업의 사회적 책임을 이행하기 위해 벌이는 노력을 평가하는 것으로 경제적 책임, 법적 책임, 도덕적 책임 등을 완수하는지에 관심을 두고 있다. 경제적 책임은 건전한 영업활동을 통해 이익을 창출하는지 또는 그 기업이 부실화될 가능성은 없는지를 살펴보는 것이다. 특정기업이 법에서 정한 기준보다 더 엄격한 내부기준을 정해놓고 이를 준수한다면 도덕적 책임도 완수하고 있는 것이다.

## 사회개량(social reform)

자본주의체제의 모순, 특히 노동자계급의 빈곤화에 대해 체제의 근본적인 변혁(혁명)이 아닌 체제의 부분적 수정에 의해 해결해가는 것이다. 개량은 종종 혁명과 상반되는 개념으로 취급되지만 반드시 그렇지 않으며 사회주의를 목적으로 하는가, 안는가에 관계없이 단순히 사회적인 모순이나 결함의 시정을 도모하는 것에 불과하다. 단 사회주의 사회로의 이행이론에 관계하여 혁명을 부정하고 개량에 의한 점진적 이행을 주장하는 경우에 사회개량주의는 혁명과는 상반되는 개념으로 취급된다. 그러나 오늘날에는 생산관계의 변력에 도달한 사회주의 사회의 실현을 주장하는 구조개혁이론이 나타나 단순히 개혁이냐, 개량이냐로 이행론을 전개하는 것은 불가능하게 되고 있다.

## 사회개량주의(social reformism)

프롤레타리아 혁명에 의 한 사회체제 변혁 방법에 대결하여, 자본주의 사회의 폐해와 모순을 점진적으로 수정하고 개량하려는 사상 · 정책 · 운동을 말한다. 사회개량주의는 독일의 강단사회주의와 같이 지배계층으로부터의 사회개량을 주장하는 입장과 영국의 페이비언 사회주의와 같이 의회 및 노동조합을 통한 점진적 사회개량을 주장하는 입장의 두 유형으로 나누어 볼 수 있다.

## 사회개발(social development) 01

소득 · 부 및 기회와 같은 사회적 가치를 보다 공평 하게 분배하고 생활의 질(quality of life)을 향상시키는 사회체제의 능력향상을 말한다. 이러한 사회개발은 궁극적 목표를 사회구성원의 생활의 질의 향상에 두고 사회적 형평성을 추구하며, 경제개발 과정에서 야기되는 문제점과 역기능을 해소하여 균형있고 통합적인 발전을 지향한다는 등의 특징을 지닌다.

## 사회개발 02

일반적으로 생산 제일주의의 경제정책을 점차로 국민복지 중심으로 바꾸어 가는 것을 의미한다. 경제개발이 경제의 양적 확대를 추구하는 것이라면, 그 질적 향상을 도모하는 것이 사회개발이라고 할 수 있다. 생산의 향상과 관련되는 정책이면 모두 사회개발정책이라고 불리우는 것이 보통이지만, 정부시책을 기준으로 분석해 보면 ①주택의 정비, ②상 · 하수도 등 생활환경시설의 확장, ③공해방지, ④사회보장제의 확립, ⑤근로조건의 개선, ⑥인적능력의 향상, ⑦소비자의 보호 등이 사회개발의 주요내용이 되며 그밖에 치안대책 등이 포함된다.

## 사회경제구성체(economic social structure)

경제적 사회구성체라고도 한다. 물질적 생산력의 진정한 발전 단계에 대응하는 생산관계의 총체(사회의 경제적 구조) 및 그것을 토대로 한 상부구조와를 총괄해서 말하는 개념이다. 그것은 사회 발전의 역사적 단계를 나타내는 것으로서, 원시 공동체 · 노예제 · 봉건제 · 자본주의 · 공산주의(사회주의는 그 1단계)의 5개의 구성체로 구별된다. 이들 중에서 처음과 마지막 것 이외는 절대적인 계급적 구성을 가진다. 각 구성체는 그들에게 공통된 일반 법칙에 지배될 뿐만 아니라, 각각에 특유한 발생적·가능적인 법칙 그리고 고도의 구성체로 이행하는 법칙을 가진다. 현실의 구성체는 순전히 특정한 형(型)의 생산관계만을 포함한다고는 할 수 없으며, 낡은 사회의 유물 또는 새로운 사회의 맹아로서의 생산관계를 포함하는 일이 많지만 특정한 형의 생산관계가 그곳에서 지배적이라는 것이 구성체로서의 요건이다. 이 의미에서 특정형의 생산관계 그 자체와 구성체와는 구별되며, 전자는 우클라드(경제 제도)라고 불리어진다. 따라서 여러 가지의 우클라드가 투쟁하고 있는 과도기의 사회는 구성체가 아니라고 한다.

## 사회계급(social class)

일반적으로 특정의 역사적 발전단계에 있는 사회적 생산체계 또는 사회구성체 안에서 생산수단의 소유 또는 비소유에 의해서 지위, 자격, 기능, 소득원천, 소득액을 탈피하는 점에서 구별되며 서로 대립하는 집단 계층을 뜻한다. 계층이나 지위, 경제적 지표에 의해 분류된 인간집단(스미스, 리카도) 또는 같은 사회계급 상황에 있는 인간집단을 가리키는 경우도 있으나 맑스주의 입장에서는 계급을 사적 소유의 성립, 노동과 소유의 분열로 인한 타인 노동의 영유에서 비롯된 것이라 본다.

## 사회계약설(theory of social contract) 01

독립한 원자의 집합처럼 생각되는 개인들 위에 어떻게 해서 국가 권력이 생기는가를 설명하려고 하는 부르주아적 학설로 개인들은 그들의 자주권의 일부 또는 전부를 국가에 양도하고, 이에 의해서 각 개인의 안전을 얻는다는 것이다. 〈개개인이 연합한 공동의 힘으로써 각 개인은 생명과 재산을 보호하고, 각 개인은 전체적으로 단합하고 있지만 역시 자기에게만 복종하는 것이다. 그러므로 이전과 같이 자유로운 하나의 연합 형태를 발견하는 일, 이것이 사회계약에 의해 해결되어야 할 근본문제이다〉라고 루소는 말한다. 사회계약설은 군주신권설이나 사회유기체설에 대립하지만 그 외에도 많은 견해를 가지며, 또 그 정체에 관한 결론도 사람에 따라 다르지만 사회와 국가를 구별하지 않고 국가와 계급과의 관계를 무시하며 사유재산을 신성시하는 점 등은 많은 사회계약설에 공통되는 특징이다.

## 사회계약설 02

17 - 18세기에 영국과 프랑스에서 전개된 사회이론이다. 자연법적 합리주의에 기본을 두고 인간은 자연 상태에서 시민사회로 이행하지만 시민 사회는 만인의 자유와 평등의 권리에 따라 개인 간의 계약에 의해 성립한다고 주장했다. 논지에 따라 차이가 있지만 왕권에 대해 사유재산의 보호, 자연주의의 확립을 요구하는 사고는 입헌군주제 또는 공화제로 전환하는 정치사상적 의미를 갖는다. 홉스, 로크 특히 루소가 이 설의 주창자였다.

## 사회계약설 03

자연상태에서의 자유·평등한 개인으로부터 출발하여 정치사회의 역사적·논리적 기원을 개인상호간의 계약에서 구하고, 이에 의해 권력적 구속을 변증(辨證)하는 17 - 18세기 시민혁명기의 사회·정치 이론을 말한다. 국가권력의 기원을 인민의 동의에서 구하고, 권력설정의 목적을 개인의 권리와 자유 및 재산수호에 두는 이 이론은 본래 자유·평등한 여러 개인이 자연권을 보다 잘 수호하기 위해 이성(理性)의 법인 자연법에 따라 주체적으로 국가 및 정치사회를 조직·구성한다고 본다.

## 사회계층(social strata)

독자적인 계급을 이루지 못한 사회적 집단. 대표적인 것은 인텔리이다. 인텔리는 독자적인 계급을 이루지 못하기 때문에 하나의 사회 정치세력을 이루지 못하고 주로 지식과 기술, 정신노동으로 일정한 계급에서 복무한다. 사회계층 가운데는 인텔리와 함께 룸펜프롤레타리아트도 있다. 룸펜프롤레타리아트는 노동계급으로부터 타락되어 기생적 생활을 하는 사회계층이다.

## 사회계획(social planning)

광의로는 현존하는 사회구조를 장래에 실현 또는 지향해야 할 보다 나은 상태를 향해 의도적, 계획적으로 유도해 가는 행위를 말하며 협의로는 기술적, 행정적 계획을 가리킨다. 정의상 경제계획을 그 하위 부내에 갖는다. 케인즈 정책의 도입 이후 제2차 대전 후에 출현한 것으로 현실적으로는 사회 제 정책의 복합체라는 형태를 취하며 그 직접적인 책임부서는 행정부가 된다.

## 사회고용(social employment)

1950년부터 적응고용이라는 장애인의 보호고용제도를 추진해 온 네덜란드는 그 표본을 보호고용의 선진국인 영국의 램플로이공사(Remploy Ltd.)에 두고 램플로이를 추월한다는 슬로건 하에 제도 확립에 노력하여 1967년 11월 사회고용법을 성립시켜 1969년 1월부터 그 실시에 들어갔다. 사회고용의 커다란 특색은 막대한 정부원조금과 장애인 고용의 책임을 지방자치단체에 부과하고 있다는 점이다. 동법의 전문은 사회고용의 개념과 목적을 기술하고 있는데 사회고용이라 함은 근로의 의사와 능력이 있지만 신체적 장해, 정신적 장해, 기타 개인적 이유에 의해 일반노동시장에서 고용의 기회를 확보할 수 없는 자에 대해 고용의 형태에 입각한 근로의 장을 주고 또 그 자의 노동능력의 개발, 유지, 향상을 도모하는 것을 말한다. 사회고용은 보호고용의 네덜란드적인 개념이라고 할 수 있다.

## 사회공학(social engineering)

시스템공학의 기법과 사회현상 간의 상호작용에 관한 경험적 규칙성을 응용해서 실천적으로 사회문제의 해결을 도모하는 것이 사회공학이다. 사회계획의 중요한 기법의 하나로 사회공학은 포괄적인 사회변혁이나 사회계획에 대해 부분적인 사회구조의 점진개혁을 중시하는 입장에 서있다. 가끔 사회계획, 사회정책, 사회개량, 응용사회학 등과 동의어로 쓰이기도 한다.

### 사회과학(social science) 01

사회현상의 본질성과 합법칙성을 밝혀주는 학문으로 자연과학과 함께 과학의 한 분야를 이룬다. 철학, 정치경제학, 역사학, 법학, 문예학, 언어학 등이 이에 속한다. 사회과학은 과학이라는 견지에서 자연과학과 공통성을 가지며 자연이 아니라 사회의 여러 가지 현상들을 연구한다는 점에서는 그와 차이점을 가진다. 사회과학은 자연과학과 마찬가지로 오랜 역사를 가진 사회규범이 있으며, 그 발전과정에 수많은 부문들로 세분되었다. 사회과학의 가장 중요한 특징은 그것이 계급사회에서 철저히 계급적 성격을 띤다는데 있다.

### 사회과학 02

사회를 대상으로 하는 과학. ①사회현상은 복잡다기한 상호 연관에 의해 결합되어 있으며, 이것은 여러 가지의 분야로 구분되어 연구가 행해지므로, 많은 사회과학이 성립한다. 경제학·정치학·법학·역사학·사회학 등이 그 대표적인 것이다. 사회는 자연에 비해 비교적 짧은 시간 내에 변화·발전하므로 사회과학은 뚜렷하게 역사적 성격을 가진다. 자연과학과 마찬가지로 사회과학도 사실의 관찰에서 출발하고, 모든 논리적인 수단을 사용하여 사회현상의 객관적 법칙을 탐구하는데, 엄밀한 의미의 실험은 할 수 없다. 그러나 사회적 실천의 결과를 주의 깊게 검토함으로써 가설을 검증한다는 것은 불가능한 일이 아니다. 다만 자연과학의 경우와 같은 정확한 법칙을 확립한다는 것은 곤란하다. 또 사회현상이 역사성을 갖기 위해, 법칙의 적용이 시기적인 한정을 받는 경우가 많다. ②사회과학의 맹아는 고대 그리스나 중세에서도 찾아볼 수 있는데, 그것이 근대과학으로서 확립된 것은 17 - 18세기이며, 자본주의 사회의 성립·발전과 결부되고 있다. 그것은 자본주의의 성립과 함께, 봉건적 질서가 지배한 시대와는 달리 사회가 동적으로 복잡한 양상을 띠게 되어, 그 동태를 연구할 필요가 생겼다는 사실, 초자연적인 것을 인정하지 않으며 종교적 권위에 사로잡히지 않고, 사회를 관찰하는 인간의 능력이 싹텄다는 사실에 근거한다. 사회과학은 근대 시민사회의 확립과 시민사회 시대에 절대주의적 권력과의 투쟁을 위한 사상적 무기의 역할을 성취했다. 그리고 자본주의의 발전과 함께 발전했는데, 19세기가 되어서 자본주의적 모순이 노출되고 계급 대립이 격화되자, 자본주의 체제를 변혁하기 위한 맑스주의의 비판적 사회과학이 탄생했다. 사회과학자의 입장 자체가 여러 가지의 계급과 결부되어 있기 때문에, 사회과학은 많든 적든 계급적 성격을 띠고 있다. 특히 20세기에 이르러 사회주의 국가들이 출현한 이래, 현대의 사회과학은 이 문제와의 대결을 강요당하고 여러 가지 방식으로 이러한 사실을 반영하고 있다.

### 사회과학 03

인간과 인간의 관계인 사회현상을 과학적인 연구방법을 동원하여 연구하는 학문분야를 말한다. 사회과학은 사회현상, 즉 인간 공동체 내의 현상들 중에서 사회생활의 경제적 측면, 정치적 측면, 행정적 측면, 법적 측면, 사회적 측면 등을 다룬다. 사회과학이라는 용어가 등장하기 전까지는 사회학, 정신 과학, 문화과학, 인문과학, 인간과학 등의 용어가 다양하게 사용되었다. 사회과학이라는 용어는 1883년에 칼 멩거가, 1895에는 에밀 뒤르켐이, 그리고 1904년에 막스 베버가 인간 공동체에 관한 과학을 사회과학으로 부르면서 널리 사용되기에 이르렀다.

### 사회관계(social relation)

사회적 존재인 사람들의 상호관계를 말한다. 사회의 운동변화발전, 사람들의 생존과 활동과정에서 필연적으로 이루어진다. 사회관계에서 중요한 것은 정치, 경제, 문화, 도덕적 관계 등인데 여기에서 가장 중요한 것은 정치적 관계이다. 사람들의 정치적 관계는 국가주권의 소유관계에 따라서 규정되며, 경제적 관계는 생산수단의 소유관계에 의존된다. 문화. 도덕적인 관계를 비롯한 다른 모든 사회관계는 국가주권과 생산수단을 누가 장악하고 있는가 하는데 따라 결정된다. 착취사회에서는 착취계급과 피착취계급, 지배계급과 피지배계급 간의 계급적·대립적 투쟁이 사회관계의 기본으로 된다.

### 사회교육(social education)

국민의 자유인 주체적 자기학습, 상호학습으로 그 활동의 발전은 저변에 민주주의와 테크놀로지에 좌우되어 있다. 사회교육은 국민교육의 중요한 일환으로 국민의 학문의 자유, 사상의 자유에 기인한 주체적 활동으로서 사회교육행정은 국민활동을 조장하는 등 중요한 이념이다. 현재의 고령화 사회, 정보화 사회, 기술혁신의 시대, 고학력사회, 혹은 지역붕괴 등의 이유로 과거보다 사회교육의 중요성이 요구되어져 공적책임을 갖는 사회교육행정의 방향이 모색되어지고 있다. 또 사회복지와의 관계에서도 지역복지와의 관계, 장애인이나 고령자의 사회교육의 과제 등이 문제되고 있다.

### 사회구조(social structure)

부(소득과 자산), 권력재, 사회 관계재(명예나 위신), 지식정보재, 인재 등 사회적자원이 분배법칙에 의해 분배되며 지속적으로 발생할 때 이 유형을 지적해서 사회구조라 부른다. 이 구조가 어떤 환경조건 하에서 존속해 가려면 얼마만큼의 기능적 요건을 충족하지 않으면 안된다. 그렇지 못하면 그 사회구조는 붕괴되므로 기능적 요건을 충족할 수 있도록 자원의 분배원칙이나 분배상태를 변경할 필요가 있다.

## 사회국가

독일연방공화국 기본법 제20조 1항이 독일연방공화국은 민주적이고 사회적 연방국가이다. 라고 정하고 동 공화국을 사회국가라 칭하고 있다. 사회국가원칙의 의미에 대해서는 학설 및 판례 등도 분분하다. 전혀 무내용인 조항으로 하는 것만으로는 현실성이 없는 선언적 원칙이라고 하는 설, 윤리적 요청설, 재산권 등의 자유권 행사를 사회적으로 제한하는 근거로 하는 설, 입법자에 대한 프로그램설, 법의 해석, 집행의 원칙으로 하는 설, 직접적인 청구권의 기초가 된다고 하는 설 등이 있으며 행정재판소의 판례는 이를 보호급여청구권의 법적기초로 하는 것이 많다. 또 사회보장 관계자는 사회보장제도의 실현을 국가기관에 요청하는 헌법적 근거로 하는 견해가 있을 수도 있다. 사회국가의 전통은 바이마르헌법 아래 형성된 것이다.

## 사회권(social right)

근대법이 시민법으로서 개개인의 권리를 주체로 하여 구성되어 있는데 대해 사람들의 단결권이라든가 환경권이라 불리는 근대법의 틀을 넘어선 제권리의 확보를 향해 쓰이는 개념이다. 그러나 법학적으로 충분한 승인을 받고 있는 것은 아니다. 현대사회는 경제, 사회, 정치의 각 국면에서 공공성을 확대하고 있는 사태와 결합되어 있다. 사회복지, 사회보장에 대해서도 이것을 공적, 사회적인 것으로 법체계에 적용하려 할 때 이 용어가 쓰인다. 복지권도 사회권의 일종이다.

## 사회규범(social norm)

어떤 사항에 관해 집단이나 사회가 성원들에게 기대하고 있는 의견, 태도, 행동의 비교적 지속적인 준칙을 뜻하며 사회적 기준이라고도 한다. 사회학에 있어서는 행위이론의 기초개념으로 인간에게 일정한 사회적 행위를 당위적으로 의무지울 것을 요구하는 관념을 말한다. 심리학에서는 집단 또는 사회에 있어서 그 집단의 표준이 되어 있는 태도나 행동의 형을 사회 문제적 규범이라 한다.

## 사회기술(social skill)

숙달될 수 있는 것, 연습된 능력, 능숙 이라는 개념으로 사용되며 사회기술은 학습될 수 있고 증진될 수 있는 것을 의미한다. 사회기술에 대한 정의는 이론적인 입장에 따라서 사회기술을 행동에 초점을 두고 정의하는 방안과 인지적인 측면을 포함하여 정의하는 방식이 있다. 사회기술은 언어적인 행동과 비언어적인 행동으로 이루어져

있을 뿐 아니라 본질적으로 인지적인 요인을 포함하고 있다. 가령 대부분의 사람들은 어떤 상황에서 어떻게 행동해야 하는지에 관한 공통된 기준을 갖고 있다. 그러므로 사회적인 상황에서 적절하게 행동하기 위해서는 사회적으로 적절하다고 받아들여지는 사회기준을 이해할 수 있는 능력과 다양한 상황에서 효과적으로 사회기술을 사용할 수 있는 능력을 갖추고 있어야 한다. 따라서 사회기술을 정의할 때 인지적인 측면과 행동적인 측면을 동시에 고려하는 것이 타당하다. 사회기술이란 사회적 강화를 상실하지 않고서도 대인관계에서 긍정적이거나 부정적인 감정들을 적절하게 표현하는 능력이며 언어적, 비언어적 반응을 조절해서 전달하는 능력을 포함하고 있다. 또 사회기술은 상호간에 나누는 일상의 대화 만남에서 요구되는 정보 나누기 태도, 의견 및 감정을 표현하는 능력을 포함하며 복장과 행동양상, 무슨 말을 해야 하고 하지 않아야 하는지의 규범, 사회적 강화, 대인관계의 밀접성 정도 등도 포함한다. 이상에서 언급한 사회기술을 광의로 생각해볼 때 사회기술은 두 가지 범주의 목적을 성취하기 위한 기능이 될 수 있다. 그 중 한 가지는 수단적 기능(instrumental function)으로 자기보호, 섭취, 직업, 재무, 교통, 지역사회 내에서의 의료시설, 공공기관, 다양한 사회기구들을 활용할 수 있는 생존에 필요한 능력이고 또 다른 기능은 사회 정서적 기능(social emotional function)으로서 친교, 지지, 온화함, 인정, 만족스러운 대인관계 형성에 필요한 기술을 의미한다.

## 사회기술훈련

사회기술훈련은 1970년대 초부터 개발되어 왔는데 이는 "인간의 모든 행동은 학습되어지는 것이며 인간의 모든 주관적이고 생리적인 감정 역시 학습되어지는 것이다." 라는 행동주의 학파의 사회학습이론의 원칙에 근거를 둔 재활치료의 중요한 전략 중의 한 형태로 현대 정신의학적 재활전략의 필수적인 요소로 보았다. 인간은 출생과 더불어 끊임없이 환경적 자극에 대해 반응하고 개체의 제 조건, 제 특성을 환경적 조건에 적응하면서 성장·발달하게 된다. 적응이란 개념은 생물학에서 비롯된 것으로 1850년대 Darwin의 이론이 기초가 되어 있는 순응이란 개념을 심리학자들이 적응이라는 용어로 개정하여 사용하게 된 것이다.

## 사회도 측정법(sociometry)

한 개인 또는 한 학생이 자기 동료에 의해서 어떻게 인식되고 받아들여지고 있는가를 평가하는데 사용되는 여러 방법, 한 학급이나 소집단 내의 역동적 사회관계를 이해하기 위해서, 또는 어떤 특정한 소집단을 구성하는데 학생간의 사회적 관계에 관한 자료를 얻기 위해서 사용되는 방법을 말한다. 여기에는 그 자료의 수집방법과 분석방법에 따라 동료평정법, 추인법("guess who" technique), 지

명법, 사회도 분석 및 사회적 거리추정법 등이 있다. 이러한 사회도 측정법의 발달은 1934년에 모레노(J. A. Moreno)의 사회도 분석법(sociogram)에서 시작되었다고 할 수 있다. 이 방법은 우선 가령 같이 일하고 싶은 사람, 공부하고 싶은 사람, 또는 둘 정도 써내 놓도록 한 다음, 선택이 제일 많이 된 인기학생(star)을 중앙에다 놓고 외톨박이(isolates)는 주변에 그 위치를 나타내고 그 이외의 학생들은 선택된 정도에 따라 중앙과 주변 사이에 그 위치를 나타낸다. 이러한 사회도 분석은 한 집단 내의 역동적 관계를 이해하는데 도움이 되지만 학생 수가 많을 때에는 이러한 사회도를 구성한다는 것은 상당히 복잡한 작업이 된다.

## 사회문제(social problem) 01
사회질서의 유지존속을 위협하고 사회 그 자체의 해체를 초래할 듯한 제 문제가 사회에 넓게 생성되어 있을 경우 그것을 사회문제라 한다. 사회문제는 사회구조 그 자체의 모순에서 생기는 것으로 체제적 위기의 표현으로도 볼 수 있다. 산업혁명 후 이와 같은 사회문제를 인식하게 된 초기에는 사회문제가 열악한 노동조건과 노동자의 빈곤과 관련한 범죄, 질병 등 생활문제였으며 그에 대한 노동자의 반항, 투쟁이 시작이었다. 그 뒤 사회적 모순으로서의 사회문제의 종류도 점차 증가해 오늘날에는 모든 계급, 계층을 휩쓰는 사회문제로 전개되게 되었다. 사회적 평가 체계에서 일탈한 범죄, 비행, 폭력, 알콜 중독 등의 제 문제나 청소년을 해치는 저속한 퇴폐적 문화의 범람 등 사회병리현상이라는 것의 존재 자체도 간과할 수 없는 사회문제이다.

## 사회문제 02
사람과 사람들 간의 조건 또는 사람과 환경간의 조건들에 의해 사람들의 가치 또는 규범에 부합되지 않는 사회 반응을 일으키거나 정서적, 경제적 고통의 원인이 되는 것으로 사회문제는 시대와 사회에 따라 또는 사람에 따라 달리 볼 수 있기 때문에 정확한 정의를 내리기는 어렵다. 따라서 학자마다 사회문제를 보는 관점이 다양한데, E. Rubington과 M. Weinberg의 관점에서 사회문제를 보면 ①사회병리학, ②사회해체, ③가치갈등, ④일탈행위, ⑤낙인 등으로 정리할 수 있다. 사회병리학적 개념은 바람직한 사회적 조건과 조직은 건강하고, 도덕적 기대에 벗어난 사람이나 상황은 질병, 즉 나쁘다는 것으로 보기 때문에 이 관점에서의 사회문제는 도덕적 기대에 어긋나는 것이다. 사회 해체적 개념은 사회의 부분간의 적응 결여 또는 허약과 관련 규칙의 실패로 인식되며, 해체의 주요한 형태는 무규범성(normlessness), 문화적 갈등(cultural conflict) 또는 와해(breakdown)이다. 가치갈등은 집단 가치와 모순되는 사회 조건으로 사회문제의 원인은 가치 또는 이익의 갈등이다. 일탈 행위적 개념은 규범적 기대

의 저촉으로 규범에서 벗어난 행위 또는 상황은 탈선인 것이다. 낙인적 개념은 규칙 또는 기대의 저촉 혐의자에 대한 사회적 상호작용에 의해 규정된다. 이상의 다섯 가지 개념은 서로 다르지만 근본적으로 인간의 문제를 어떠한 관점에서 보느냐에 달려 있다. 사회병리학적 관점은 인간(person)에 관심이 집중되고, 사회 해체적 관점은 규칙(rules)을 강조하며, 가치 갈등적 관점은 가치와 이익을 관찰하고, 일탈 행위적 관점은 역할(roles)을 강조하며 낙인적 관점은 사회적 상호작용(social interaction)을 중요시한다.

## 사회민주주의(social democracy) 01
19세기 말부터 제 1 차대전까지 제 2 인터내셔날에 집결한 사회민주당의 이론과 정책의 총칭이다. 19세기 말 자본주의하의 노동자에게도 참정권이 주어져 정치적·형식적 민주주의는 달성되지만 경제적 민주주의는 아직 달성되지 않았는데 이것을 획득하는 것이 노동자계급의 과제라는 발상으로부터 사회민주주의란 용어가 생겼다.

## 사회민주주의 02
사회민주주의라는 어휘가 언제 시작되었는지는 분명하지 않지만, 독일에서는 라살(Lassalle)파의 사회주의자가 1865년 처음으로 기관지에 사회민주주의자라는 이름을 붙였고, 1869년 맑스파의 사회주의정당은 사회민주주의 노동당이란 이름을 썼다. 이후 정치적 민주주의를 주장하는 부르주아 정당을 대비시켜 사회주의적 노동자 정당의 대다수가 그 이름을 썼다. 그 중에서도 맑스주의자가 많았고, 일반에게는 맑스주의적 사회주의 운동이 사회민주주의로 생각되어 왔다. 그러나 러시아혁명 후 사회민주주의자의 좌파가 별도로 공산주의당을 결성한 까닭에 제1차 세계대전 후에는 공산주의와 대비된 사회주의 운동의 조류가 사회민주주의로 불리게 되었다.

## 사회발전론(theory of social development)
사회변동을 고찰하는 사회이론의 하나로서, 사회현상을 역사적으로 고찰하고 그 전 과정을 추적함으로써 사회발전의 일반적인 법칙을 발견하려는 입장이다. 즉 사회전체에 대한 거시적이고 역사적인 변화를 고찰해 보려는 사회이론을 말한다. 고전적으로는 생시몽, 콩트가 인간의 신학적, 형이상학적, 실증적 단계를 따라 인류의 정신이 진보하며, 이에 대응해 사회도 군사적, 법률적, 산업적 단계로 발전한다는 3단계 설을 제시하였고, 맑스는 사회구성체의 발전단계를 아시아적, 고대적, 봉건적, 근대부르주아적 생산양식의 4단계로 구분하였다. 이 모두 진보사관이나 사회진화론이 중심이었지만 제2차 세계대전 후, 전후세계의 새로운 역사적 국면 하에서 여러 가지 발전이론이 전개되었다.

## 사회법(social legislation)

시민법에 대한 수정적 기능을 기대해 성립시켜온 법의 분야를 일반적으로 사회법이라 한다. 자본주의사회는 소유권의 절대와 계약자유의 원칙을 기초로 하는 시민법을 법적지주로 해서 발전되어 왔으나 노동문제를 비롯한 많은 사회문제가 생겨나 소위 체제적 피해자라 할 수 있는 노동자 계급에 속하는 사람들의 실질적 자유, 평등의 회복으로서의 생존권요구에 부응하기 위해 사회법이 요청되어 왔다. 노동관계법, 공해관계법, 사회보장관계법 등이 여기에 속한다.

## 사회변동(social change)

사회구조의 전체 또는 부분이 변화하는 것을 말한다. 변동요인으로는 기후, 풍토, 자원 등의 자연적 요인, 인구 등의 생물학적 요인, 기술이나 생산력 등 갖가지 사회적, 문화적 조건 등을 들고 있다. 또 변동의 파악방법에 있어서도 스펜서, 뒤르껭, 퇴니스 등의 유형론이나 단계론, 파레토 등의 순환론, 도시화, 산업화, 관료제화 같은 양적변화의 파악, 맑스의 변혁 이론 등 여러 가지가 있다.

## 사회병리(social pathology)

인간, 물자, 제도 등 사회의 구성요소에 부적응상태가 생겨 개인이나 집단의 욕구나 목적의 충족이 현저하게 저해되어 여러 가지 생활 곤란이 발생하는 상태를 말한다. 가령 계급대립, 빈곤, 실업, 반사회적 집단 슬럼, 매춘, 범죄, 비행, 가정불화, 이혼, 자살, 친자동반자살, 정신병, 마약이나 알콜 중독 등이 그것이다. 이것들은 모두가 개인이나 집단 상호간의 불화, 반목, 대립, 적대 등의 사회적 긴장의 요인이기도 하며 또 그 결과이기도 하다.

## 사회병리학(social pathology)

사회병리현상의 연구나 접근방법에는 여러 가지가 있으나 사회학이 정상상태에 관한 연구라면 사회병리학은 이상상태에 관한 학문이다. 즉 사회조직에 대해서의 사회해체, 순기능에 대해서의 역기능, 사회보장심의위원회제에 대해서의 아노미, 또는 어떤 기준에서 벗어난 사회적 일탈이나 일탈행동, 혹은 사회에 대한 부적응 현상처럼 현행의 사회질서나 연대, 기능 등이 위협받고 마비되고 파괴된다는 관점에서 파악하려고 한다.

## 사회보장(social security)

경제생활에 위험을 받고 있는 사회구성원의 생활을 사회가 공동으로 보호하기 위해 국가가 여러 정책적 조치를 강구하는 것을 말한다. 사회보장의 개념은 상이한 여건과 제도에 따라 다양하게 규정되고 있다. 그러나 그 속에는 국민 생활의 안정이라는 목표와, 자본주의적 경제질서의 결함을 시정하기 위한 소득의 재분배 라는 개념 및 사회구성원의 최저생활보장(security of income up to a minimum)을 위한 소득의 보장이라는 의미가 내포되어 있다.

## 사회보장 급여비

사회보장지출 중에서도 가장 중요한 항목으로 개인에 대해 직접 지급되는 현금 및 현물급여비를 말한다. 사무비나 시설 정비비는 포함되지 않는다. 국민총생산(국민소득)에 대한 비율은 비용면에서 본 사회보장의 중요한 지표로서 시계열적 국제적 비교로 사용된다.

## 사회보장(social security)

빈곤상태에 빠지거나 생활수준이 대폭적으로 저하될 위험에 처했을 경우에 국가나 공공단체가 현금 또는 대인서비스를 급여, 최저한도의 생활수준을 보장하는 공적제도이다. 빈곤이나 생활수준을 저하시키는 원인은 실업 또는 상병에 의한 수입의 상실, 출산, 사망 등에 의한 특별지출 등이다. 사회보장이란 용어의 시초는 1935년 미국의 사회보장법(SSA : social security act)으로 대공황의 와중 속에 뉴딜정책의 일환으로 등장하였다. 사회(social)와 긴급경제보장위원회(emergency economic security committee)의 보장(security)의 합성어. 1938년 뉴질랜드의 사회보장법 제정과 1942년 영국 사회보장제도의 원형이 된 비버리지 보고서에 의해 사회보장·사회보장제도라는 용어는 국제적인 것이 되었다. 이 비버리지 사회보장계획 및 같은 해에 나온 ILO의 사회보장의 길은 체계적이고 포괄적인 사회보장계획을 처음으로 제시하여 사회보장이 대전 후에 전개된 현대복지국가의 공공정책 중에서도 가장 중요한 제도로서 정착하게 되었다. 제도적으로 공적부조, 사회보험, 사회복지, 공중위생의 4개 부문을 포함하고 있지만, 급여내용은 소득보장, 의료보장, 사회복지서비스보장의 세 가지로 구성되어 있다. 그 급여수준은 내셔널 미니멈을 원칙으로 하고 있는데, 국제적으로는 ILO의 사회보장최저기준조약(1952)과 장애·노령·유족 급여에 관한 조약(1967)이 기준이다. 우리나라에서는 제3공화국 헌법에서 사회보장조항이 설정된 후, 1963년 11월 5일 사회보장에 관한 법률이 제정되고 이어 산업재해보상보험법, 건강보험법, 생활보장법 등이 제정되면서 구체화되었다.

## 사회보장권

우리나라 헌법 제34조의 인간다운 생활권보장, 사회보장, 사회복지에 대한 국가의무, 헌법 제10조의 행복추구권(쾌적한 생활권보장) 헌법 제11조의 보편적 평등보장의 이념 등의 실현을 위해 국가가 행하는 모든 생활부문에 대한 시책, 가령 사회복지(개인적인 서비스), 사회보장(소득보장) 등을 받을 권리로 구성된다. 이 권리의 제도적 보장은 관계법에 의해서 정해지고 있는데 이들 보장을 위해서는 각종 사회적 급여를 받기 위한 수속관계의 권리,

각종 급여의 권리내용, 행정기관의 각종 사회보장 행정행위에 대해 불복중립이나 법원에 소송을 하는 권리, 사회보장행정에 관한 수익자의 행정운영에 참가할 권리의 4가지가 충분히 보장되지 않으면 안된다. 우리나라의 사회보장법제는 아직 고용보험제도의 미정립 등 부족한 면이 많으며, 기존법제 자체도 많은 과제를 안고 있다고 할 수 있다.

## 사회보장급부비

사회보장지출 중에서도 가장 중요한 항목으로 개인에 대해 직접 지급되는 현금 및 현물급부비를 말한다. 사무비나 시설정비비는 포함되지 않는다. 국민총생산(국민소득)에 대한 비율은 비용면에서 본 사회보장의 중요한 지표로서 시계열적 · 국제적 비교로 사용되어 진다. 1970년에 주요 유럽국가(EEC)에서는 GNP의 19.3%의 복지비를 지출하던 이들 국가들은 83년현재 GNP의 거의 3분의 1의 복지비를 지출하고 있다. 특히 스웨덴은 GNP의 36&를 넘어서고 있다. 이탈리아의 1인당 1년 복지비는 830달러이며 서독은 1천 9백 달러로 83년 우리나라의 1인당 GNP 18,876달러를 넘어서고 있다. 우리나라의 사회보장급부비는 83년 현재 GNP의 1.8%에 머물고 있는데 이 부문에 대한 투자의 확대가 하나의 과제로 되어 있다.

## 사회보장기금

정부가 사회 전체 또는 대부분을 대상으로 한 사회보장수혜를 목적으로 정부 스스로 설립하거나 또는 정부의 감독이나 자금원조를 받아 조직한 것으로 사회보장기구라고도 한다. 사회보장기금은 정부에 의해 그 가입이 의무화되고 통제를 받으며 정부 또는 민간으로부터의 자금이 조달되는 것을 특징으로 하고 있다. 우리 나라의 경우 중앙정부의 산업재해보상보험 및 국민복지연금 특별회계 국민복지연금기금과 지방정부의 의료보호기금 특별회계 이외의 전국 건강보험조합 등이 해당된다. 그러나 공무원만을 대상으로 하는 공무원연 금기금과 군인연금기금 등은 금융기관에 포함된다.

## 사회보장법(social security act) 01

1935년의 미국 연방노동법, 뉴딜 입법의 하나로서, 실업보험 · 양로보험 · 유족보험 그밖에 여러 사회사업 시설을 연방정부의 재정적 원조 하에 실시하려는 것이다. 사회보장의 명칭 하의 최초의 실정법으로 사회보장제도의 구상 및 발전에 영향을 미친 바가 크다.

## 사회보장법 02

현대의 독점자본주의 단계의 사회의 법체계에서 사회적 약자계층의 생존권보장에 관한 법을 말한다. 시민법을 수정하여 등장한 사회법의 한 영역을 차지하는 법의 총칭이다. 구체적으로 한국 헌법 제34조의 생존권, 헌법 제10조의 행복추구권, 헌법 제11조의 보편적 평등 등의 보장을 기본적 이념으로 하며 국민의 구체적인 생활보장을 위한 소득보장이나 사회복지서비스보장, 나아가서 건강이나 생활환경 보존을 위한 각종 관계입법을 그 대상으로 한 법의 총칭을 말한다. 사회보장에 관한 법률과 사회보험법으로서 건강보험법, 산업재해보상보험법, 국민연금법, 근로기준법에 의한 퇴직금규정, 공무원 및 군인연금법, 사립학교 교직원 건강보험법 및 연금법 등을 들 수 있으며, 공적 부조법으로서 의료보호법, 생활보장법, 재해구호법, 군사원호법 등이 있다. 사회복지서비스로서는 사회복지사업 아래 장애인 복지법, 노인복지법, 아동복지법, 모자복지법, 윤락행위 등 방지법 등이 있으며, 기타 건강 및 환경보존에 대한 여러 가지 법률이 있다.

## 사회보장기본법

사회보장에 관한 국민의 권리와 국가 및 지방자치단체의 책임을 정하고 사회보장제도에 관한 기본적인 사항을 규정함으로써 국민의 복지증진에 기여함을 목적으로 한다. 사회보장은 모든 국민이 인간다운 생활을 할 수 있도록 최저생활을 보장하고 국민 개개인이 생활의 수준을 향상시킬 수 있도록 제도와 여건을 조성하여 그 시행에 있어 형평과 효율의 조화를 기함으로써 복지사회를 실현하는 것을 기본이념으로 한다. 국가 및 지방자치단체는 사회보장제도를 확립하고 매년 필요한 재원을 조달하며 가정이 건전하게 유지되고 그 기능이 향상되도록 노력하여야 한다. 모든 국민은 자신의 능력을 최대한 발휘하여 자립 · 자활할 수 있도록 노력하고 국가의 사회보장정책에 협력하여야 한다. 모든 국민은 사회보장수급권을 가진다. 국가는 모든 국민이 건강하고 문화적인 생활을 유지할 수 있도록 사회보장급여 수준의 향상에 노력하여야 한다. 국가는 최저생계비를 매년 공표하여야 하며, 최저생계비와 최저임금을 참작하여 사회보장급여의 수준을 결정하여야 한다. 사회보장수급권은 타인에게 양도하거나 담보로 제공할 수 없으며 압류할 수 없다. 사회보장심의위원회를 둔다. 보건복지가족부장관은 사회보장증진을 위한 장기발전방향을 5년마다 수립하고 관계중앙행정기관의 장 및 특별시장 · 광역시장 · 도지사는 소관주요시책의 추진방안을 매년 수립 · 시행하여야 한다. 국가 및 지방자치단체는 사회보장제도를 모든 국민에게 적용하여야 하며 급여 수준 및 비용부담 등에 있어서 형평성을 유지하여야 한다. 사회보험은 국가의 책임으로 공공부조 및 사회복지서비스는 국가 및 지방자치단체의 책임으로 행함을 원칙으로 한다. 국가 또는 지방자치단체는 모든 국민이 쉽게 이용할 수 있도록 사회보장 전달체계를 마련하여야 하며, 사회보장에 관한 권리나 의무를 해당 국민에게 설명하도록 노력하고, 사회보장에 관한 상담에 응하며, 사회보장에 관한 사항을 해당 국민에게 통지하여야 한다. 4장 35

조와 부칙으로 되어 있다.

## 사회보장부담금

사회보장부담금은 사회보장기금에 대한 개인의 부담으로 이에는 고용주가 피고용자의 이익을 위하여 사회보장기구에 직접 지불하는 것도 포함되는데 제도부문별 소득지출계정에서 가계의 지불, 일반정부의 수취로 계상하고 있다. 다만, 고용주가 지불한 부담금, 즉 고용주분담금은 먼저 가계가 이를 피용자 보수로 수취한 후 다시 개인이 사회보장기금에 지불 하는 것으로 의제 처리하고 있다.

## 사회보장수혜금

사회보장기금에 의해 통상 특별기금을 재원으로 하여 개인에게 지급되는 것으로 그 지급액은 일반적으로 지급을 받는 개인의 고용에서 발생한 개인소득 또는 그 개인을 수익자로 하는 계정의 사회보장부담금과의 관계에 의해 결정된다. 사회보장수혜금은 제도부문별 소득지출계정에서 일반정부의 지불, 가계의 수취로서 계상되며 실업보험 수혜금 및 추가금, 사고 상해 질병에 대한 수혜금, 무능력자 연금, 가족수당금 등이 있다.

## 사회보장심의위원회

(national advisory council on the social security system)

사회보장에 관한 중요사항의 자문에 응하게 하기 위하여 보건복지가족부장관 소속 하에 설치한 기관을 말한다. 보건복지가족부장관은 사회보장의 구성, 사회보장에 관한 계획을 수립하고자 할 때에 미리 이 위원회의 자문을 거쳐야 한다. 이 위원회는 위원장 1인과 부위원장 2인을 포함한 인원 11인 이내로 구성한다. 위원장은 보건복지가족부차관이 되고, 부위원장은 위원 중에서 호선한다. 위원은 다음의 자 중에서 보건복지가족부장관이 위촉한다. 관계행정부처의 2급 공무원이상의 자, 근로자를 대표하는 자 및 사용자를 대표하는 자, 사회보장에 관한 학식과 경험이 있는 자. 위원의 임기는 2년으로 한다. 다만 공무원인 위원의 임기는 그 재직 기간으로 한다. 보궐위원의 임기는 전임자의 잔임 기간으로 한다. 이 위원회의 운영에 관해 필요한 사항은 대통령령으로 정한다.

## 사회보장의 구성

사회보장은 그 기능에 따라 의료보장과 소득보장으로 나누어진다. 또 사회보장의 방법이나 제도의 종류라는 점에서 사회보험, 사회부조, 사회서비스 등으로 분류된다. 의료보장은 협의로는 의료서비스나 의료비의 보장을 가리키는데, 광의로는 질병시의 소득보장을 포함한다. 고용보장을 독립된 지주로서 세우려는 사고방식도 있는데 그것은 광의로 해석하면 실업시의 소득보장이 중심으로 된다. 사회보장의 기관 사회보장(사회복지 제외)의 행정기관은 행정감독층인 각 부처를 위시하여 보험자의 기관 및 그 출장기관, 불복심사기관 및 자문기관으로 나누어 볼 수 있다. 이 중 보험자인 기관은 정부가 관장하는 보건복지가족부, 건강보험공단이며 산재보험은 노동부 직업안정국, 근로 기준국, 산재보험국, 근로복지공사 등이다. 이외의 공법인인 건강보험조합, 건강보험연합회 등이 있다.

## 사회보장의 기능

사회보장의 기능은 정치적 기능, 경제적 기능, 사회적 기능으로 나누어 볼 수 있다. 사회보장의 정치적 기능은 체제유지 기능을 말하는 것으로 사회보장에 의해서 국민의 생활상의 욕구가 충족되고 있는 한 현존 정치경제체제에 대한 비판·반대가 완화되기 때문이다. 자본주의가 고도로 발달한 나라일수록 국가예산 중에서 사회보장비가 차지하는 비중이 큰 것은 사회보장이 생활보장으로서의 본래적 기능을 유지하는 외에 정치적 기능이 크다는 것을 말해 준다. 사회보장의 경제적 기능은 직접적으로는 소득재분배기능으로서 빈부의 격차를 상대적으로 감소시키고, 그것에 의해 소비수요를 신장시키고, 경기변동의 완화작용도 하기 때문에 경제체제의 자동안정 장치(built-in stabilizer)의 기능도 한다. 특히 사회보장비가 국민소득 속에서 상당한 부분을 차지하거나, 혹은 연금적립금이 크게 되어, 그 운영을 어떻게 하느냐에 따라 경제, 저축, 금융, 경기 등에 영향을 크게 미치고 있다. 사회보장의 사회적 기능은 국민최저생활(national minimum)을 보장함으로써 사회안정을 확보하려는 것이다.

## 사회보장의 대상영역

사회보장은 많은 사람들의 생활안정을 위협하고 빈곤에 떨어지게 할 위험이 있는 일정한 사회적 사고에 대해 사전에 준비하는 것을 주요 목적으로 한다. 사회보장의 대상영역을 형성하는 이들 사회적 사고 중 대표적인 것으로는 질병, 출산, 장애(폐질), 노령, 유족(생계중심자의 사망), 실업, 업무상의 재해, 가족부담(자녀의 부양)의 8가지가 있다. 현대적인 사회보장은 이러한 모든 사회적 사고에 대해 보장을 행하는 것을 기본원칙으로 한다.

## 사회보장의 수준

사회보장제도에 의해 보장되는 급여수준을 말한다. 사회보장급여비와 국민소득 내지는 국민총생산(GNP)의 비는 그 하나의 지표이다. 사회보장수준은 사회보장의 수요와 공급에 의해서 결정된다. 수요는 경제적 요인으로서 고용자비율의 상승 및 고령노동율의 저하, 인구동태적 요인으로서 인구노령화율의 상승, 사회적 요인으로서 핵가족화의 진행 등이며 이것은 수준인상의 압력요인으로 된다. 또 공급은 경제적 요인으로서 소득수준에 의한 재원의 확대, 정치사상적 요인으로서 생존권사상의 고양이며 이것은 수준인상을 가능하게 하는 조건으로 된다. 현재 선진국가의 사회보장기준을 사회보장급여비 대 GNP의

비로 볼 때 10 - 25%의 범위에 분포하고 있는데 소득비에 급여방식을 취하는 보험료 중심의 유럽대륙 국가가 상대적으로 높다. 또 최저보장형 급여방식을 취하는 공비부담중심의 앵글로섹슨 국가가 상대적으로 낮다.

## 사회보장의 원리

사회보장의 조직원리를 보면 현대적인 사회보장은 모든 사회구성원을 대상으로 하며 모든 사회적 사고에 대비한다는 보편성 원리에 입각하고 있다. 이 경우 조직을 일원화한다는 통일성 원칙, 당사자의 대표가 운영에 참가한다는 민주주의 원칙도 중시된다. 사회보장에 있어서 개인과 사회 또는 국가의 관계는 사회정의나 개인의 자유라는 기본적 사회원칙에 의해서 규정되는데 특히 개인과 사회가 상호결합관계를 갖고 그들 각자가 책임을 감당하고 있다는 사회연대의 원칙은 사회보장의 성립과 기능으로서 불가결한 원리이다.

## 사회보장의 이념

인간의 존엄과 가치 및 행복추구권(헌법 제10조), 생존권 보장과 국가의 의무(헌법 제34조)에서 보이는 바와 같이 생존권과 개인의 존중이 사회보장의 이념으로 되어 있다. 사회보장(social security)은 유럽에서 생겨난 사회보험(social insurance)과 미국의 긴급경제보장(economic security)과의 합성어로서 생겨났다. 1935년 세계대공황기인 미국에서는 루즈벨트 대통령의 네 가지 자유 중 결핍으로부터의 자유를 이념으로 하여 사회보장법(social security act)이 성립되었다. 영국에서는 1942년의 비버리지 보고서에 의해 결핍으로부터 자유의 대책으로서 사회보장이 구상되었다. 대체로 많은 나라에서 사회보장은 경제성장을 배경으로 양적으로 커다란 성장을 가져 왔지만 지나친 보장주의가 경제위기를 초래하여 1970년대 후반부터 반성기에 접어들고 있다. 사회보장의 위기는 단지 재정적 위기만은 아니고 지금까지 사회보장의틀 그 자체에 차별되나 세대대립의 위기를 내포한 문제도 있다. 따라서 사회보장의 존재방식으로서 과도한 개인주의를 억제하는 휴머니즘의 윤리나 사회통합(social integration) 즉 보편주의가 원칙으로 된 것이다. 이 점에서 프랑스에서 태어난 사회연대의 이념도 중요하다고 할 수 있다.

## 사회보장의 재정

이는 사회보장비의 재원조달을 말하는데 재원으로는 보험료와 조세의 두 가지 종류가 있다. 일반적으로 사회보장은 피보험자가 거출하는 보험료 또는 피보험자와 사업주가 공동 거출하는 노사보험료를 주된 재원으로 하는데 민간보험과는 달리 개인적인 공평과 아울러 사회적인 적정을 중시하는 소득재분배의 기능이 강하다. 그 때문에 조세부담의 비율도 높다. 이에 대해 최저생활수준의 보장을 목적으로 하는 공적부조, 요보호자에 대한 사회서비스, 불특정다수를 대상으로 하여 사회적 편익을 주는 공중보건서비스 등은 일부 또는 정부가 조세로서 충당한다. 피보험자, 사업주, 국가의 3자에 의한 비용부담의 비율은 그 나라의 복지문화, 소득, 부의 분포상태, 소득수준 등에 따라 좌우된다. 소득이나 부의 분포가 불평등하면 할수록 또 사회수준이 낮으면 낮을수록 재분배의 효과가 큰 조세 의존 비율이 높다. 역으로 분포가 비교적 평등화하고 소득수준이 높은 곳에서는 보험료 기여액의 비중이 높다.

## 사회보장제

사회의 구성원인 개인의 부상, 질병, 출산, 실업, 노쇠 등의 원인에 의해 생활이 곤궁에 처하게 될 경우에 공공의 재원으로 그 최저생활을 보장하여 주는 제도를 말한다. 이에는 사회부조와 사회보험의 두 가지가 있다. 사회부조는 국가 또는 공공단체가 생활비의 일부 또는 전부를 부조하는 제도이며, 생활곤궁자에 대해서만 부여되는 것이 보통이다. 사회보험은 본인 또는 이를 대신하는 자가 보험료를 적립하고 여기에 국가가 보조를 해주어 상기한 바와 같은 사유가 발생한 경우에는 연금 또는 일시금을 지급하는 제도이다.

## 사회보장투쟁

일반적으로 사회보장의 개선, 향상을 목표로 하는 사회행동(social action)을 말한다. 이는 다양한 사회보장요구가 제기되는 과정에 제도의 소극적인 수익자적 입장에서 구체적인 권리요구로 사회보장의 과제에 대처하여 싸우는 운동으로 나타난다. 이것은 노동조합뿐만 아니라 광범한 시민 즉 주민운동으로 전개된다.

## 사회보장헌장(social security charter)

세계노동조합연맹(WFTU)이 1961년 제5회 모스크바 대회에서 채택한 것으로 1982년의 제10회 하바나 대회에서 20년 만에 이것을 새롭게 했다. 신 헌장은 인권하의 사회적 보호, 사회보장의 지침이 될 기본적인 일반원칙, 사회보장에서 취급되는 사회적 책임과 리스크의 3장으로 되어 있다. 이 제3장은 위생, 보건, 직업안정에 대한 사용자와 국가의 책임을 상기한 외에 건강보험, 산업재해와 직업병, 출산보호, 가족수당, 장해와 노령(노령연금지급개시연금은 남 60세, 여 55세), 유족수당과 장례비 등을 언급하고 있다.

## 사회보장협정(국민연금법 제127조)

대한민국이 외국과 국민연금의 가입, 납부, 급여의 수급요건, 급여액 산정 및 지급에 관해 맺은 행정협정.

## 사회보험(social insurance) 01

질병, 부상, 분만, 노령, 장애, 사망, 실업 등 생활 곤란을 초래하는 여러 가지 사고에 대해 일정한 급여를 행함으로써 피보험자의 생활안정을 도모하는 강제성 보험제도로 독일의 비스마르크에 의한 질병보험에서 비롯, 그 후 각국에 보급되었다. 산업재해보상보험, 건강보험, 실업보험, 연금보험 등 네 종류로 대별된다. 급여는 획일적으로 일정한 기준에 따라 정해져 있고, 비용은 피보험자의 보험료를 중심으로 하되 사업주와 국가의 경비부담 등에 의한다.

## 사회보험 02
사회정책상 질병·부상·폐질·노령·사망·실업 등을 당한 근로자 및 그 가족을 구제하기 위하여 보험방식으로 운영하는 제도. 우리나라는 산업재해보상보험(1964), 건강보험(1977), 국민연금(1988), 고용보험(1995)을 각각 도입하였다.

## 사회보험 03
사회정책을 위한 보험으로서 국가가 사회정책을 수행하기 위해서 보험의 원리와 방식을 도입하여 만든 사회경제제도이다. 구체적으로 국민을 대상으로 질병, 사망, 노령, 실업, 기타 신체장애 등으로 인하여 활동능력의 상실과 소득의 감소가 발생하였을 때에 보험방식에 의해 그것을 보장하는 제도이다.

## 사회보험 04
사회구성원의 경제적 생활을 보장하기 위하여, 생활에 위협을 가져오는 사고가 발생할 경우 보험의 원리를 응용하여 생활을 보장하고자 하는 사회보장 정책의 하나를 말한다. 자본주의 발전 초기 이 제도는 특정 산업의 저소득 노동자를 대상으로 하여 발달하였으나, 오늘날에는 그 범위가 산업노동자 및 그 가족뿐만 아니라 전 국민을 대상으로 확대되고 있다.

## 사회보험 행정불복심사제도
사회보험에 관한 행정 불복 심사는 사회보험심사관 및 사회보험심사회에 의해 행해지는 한편, 국민건강보험의 보험료 및 보험급여에 의해 각 지역에 위치한 국민건강보험심사회가, 또 노동보험에 의한 노동보험심사관 및 노동보험심사회가 취급한다. 사회보험에 관한 그 외의 불복은 행정 불복 심사법에 규정한 처분청의 상급행정청이 담당한다.

## 사회보호법
죄를 범한 자에 대한 보호처분에 관한 사항을 규정하기 위해 제정한 법률(1980. 12. 18. 법률 제3286호)이나 2005년 8월 4일에 폐지되었다. 사회보호법은 죄를 범한 자로서 재범의 위험성이 있고 특수한 교육·개선 및 치료가 필요하다고 인정되는 자에 대해 보호처분을 함으로써 사회복귀를 촉진하고 사회를 보호함을 목적으로 한다. 수

개의 형을 받거나 수 개의 죄를 범한 자, 심신장애자 또는 마약류·알코올 기타 약물중독자로서 죄를 범한 자를 보호대상자로 한다. 보호처분의 종류는 보호감호, 치료감호, 보호관찰로 한다. 보호대상자가 일정한 범죄에 해당하고 재범의 위험성이 있는 때에는 보호감호에 처한다. 피보호감호자에 대해서는 보호감호시설에 수용하여 감호·교화하고, 사회복귀에 필요한 직업훈련과 근로를 과할 수 있다. 보호감호시설의 수용은 7년을 초과할 수 없다. 보호대상자가 심신장애 등에 해당하고 재범의 위험성이 있는 때에는 치료감호에 처한다. 피치료감호자에 대해서는 치료감호시설에 수용하여 치료를 위한 조치를 한다. 치료감호시설의 수용은 피치료감호자가 치유되어 사회보호위원회의 치료감호의 종료결정을 받거나 가종료결정을 받을 때까지로 한다. 보호대상자가 가출소한 피보호감호자 또는 가종료한 피치료감호자에 해당하는 때에는 보호관찰이 개시된다. 보호관찰의 기간은 3년으로 한다. 감호의 청구는 검사가 감호청구서를 관할법원에 제출하여서 한다. 검사는 공소제기한 사건의 제1심 판결의 선고 전까지 감호청구를 할 수 있다. 법원은 검사에게 감호청구를 요구할 수 있다. 검사는 공소를 제기함이 없이 감호청구만을 할 수 있다. 감호사건의 판결은 피고사건의 판결과 동시에 선고해야 한다. 보호처분의 집행은 검사가 지휘한다. 보호감호와 형이 병과된 경우에는 형을 먼저 집행한다. 자격정지는 보호감호와 같이 집행한다. 치료감호와 형이 병과된 경우에는 치료감호를 먼저 집행한다. 법무부에 사회보호위원회를 둔다. 사회보호위원회는 피보호감호자에 대해 정기적으로 집행면제 또는 종료 등의 여부를 심사·결정해야 한다. 사회보호위원회는 피보호관찰자가 관찰성적이 양호한 때에는 보호감호의 집행면제 또는 치료감호의 종료를 결정할 수 있다. 검사, 피치료감호자와 그 법정대리인 및 친족은 위원회에 심사·결정을 신청할 수 있다. 7장 43조와 부칙으로 되어 있었다. 2005년 8월 4일에 폐지되었다.

## 사회보훈
국가유공자의 생활이 보장되도록 실질적인 보상을 행함으로써 생활안정과 복지향상을 도모하고 그들이 국민으로부터 예우를 받을 수 있도록 하는 제도. 국가의 존립과 유지를 위해 공헌하거나 희생한 국가유공자의 생활이 보장되도록 실질적인 보상을 행함으로써 생활안정과 복지향상을 도모하고 그들이 국민으로부터 예우를 받을 수 있도록 하며 국민의 애국정신 함양에 이바지하는 제도이다. 보훈제도는 어느 나라든 국가가 형성되면서부터 필연적으로 발생한 제도이다. 한국의 경우에도 옛날부터 국가유공자를 지원하고 예우하는 관서가 있었는데, 신라 때 상사서(賞賜署), 고려시대 고공사(考功司), 조선시대 충훈부(忠勳府)라는 관청을 두어 국가를 위해 공훈을 세운 사람을 예우하였다. 그러나 체계적인 한국의 보훈제도의 효

시는 1950년 공포된 군사원호법이라 할 수 있는데, 이 법이 시행됨에 따라 당시 사회부 사회국에 군사원호과가 설치되어 공비토벌 중 전사한 자 또는 군복무 중 순직한 자의 유족에 대한 원호업무가 실시되었다. 그 후 1961년 군사원호청이 설치되었고 1984년 그 동안 시행되어 오던 군사원호보상법, 국가유공자 등 특별보호법, 군사원호보상급여금법, 군사원호대상자녀의 교육보호법, 군사원호대상자임용법, 군사원호대상자고용법, 원호대상자정착대부법 등 7개 법령을 통합·일원화하여 법률 제3742호 '국가유공자예우 등에 관한 법률'을 제정·공포하여 85년 1월 1일부터 시행하기에 이르렀다. 현재 보훈제도의 대상자는 순국선열, 애국지사, 전몰·전상·순직·공상군경, 무공보국수훈자, 6·25참전 재일학도의용군인, 4·19혁명 사망·상이자, 순직·공상공무원, 국가사회발전특별공로순직·상이자 등이다. 보훈제도의 시책에는 ①생계를 위한 생활보장시책 : 보상금지급제도, 직업보도, 대부지원사업, 의료시책, 교육보호 및 양로·양육보호, 단체지원사업 등, ②사회적 예우를 위한 시책, 민족정기 선양사업과 기타 예우시책 등이 있다. 또 제대군인관리 개선시책이 있다.

## 사회복귀
본래적으로 인간에게 맞는 권리, 자격, 권위의 회복을 의미한다. 사회복귀라고 하는 경우에는 다의성이 있지만, 사회적 복권에 가까운 사고방식으로 사용하는 것도 가능하다. 장애인을 예로 들면, 단순한 신체상의 운동기능장애의 회복 및 심리적, 경제적, 직업적 등의 장애를 전인간적인 입장에서 복권하는 것이 사회복귀의 일이다. 고령화사회에 의한 노인 등에도 사용된다.

## 사회복귀대책
장애인이 지역사회에 융합해 사회생활을 안정하게 영위할 때까지 자립, 자조를 위해 지원하는 대책을 말한다. 가령 정신보건 분야에서 민간을 중심으로 지역에 정신병원을 두고 사회복귀를 위한 상담, 원조를 행하는 것, 또 지역의 정신장애인 사회복귀시설의 설치 등 법적근거 등을 손꼽을 수 있다.

## 사회복지(social welfare) 01
사회구성원의 일정한 생활수준 및 보건상태를 확보하기 위해 계획된 사회적 정책 및 제도의 조직적인 체계라고 규정할 수 있다. 사회복지의 개념을 좁은 의미로 사용할 때는 노인·신체장애자와 같이 평균적 생활수준에서 낙오된 사회적 약자에 대한 특수한 사회적 보호의 방책이라고 규정할 수 있으며 좀 더 넓은 의미로는 사회적 약자뿐만 아니라 사회의 모든 구성원을 대상으로 그들이 속하고 있는 사회와 적절한 관계를 확보할 수 있는 수단을 제공하는 계획적인 사회적 서비스 또는 시설의 체계로 규정할

수 있다. 사회복지 사상은 역사적으로 두 개의 흐름을 형성해 왔다. 그 하나는 개인의 가치와 책임을 강조하는 것이고, 다른 하나는 사회 또는 국가의 책임을 강조하는 것이다. 개인적 책임은 중세 이전의 사회와 미국과 같은 현대 자본주의 경제체제에서 강조되고 있으며, 오늘날 유럽 여러 나라는 개인성보다는 사회성을 강조하는 복지체계를 추구하고 있다.

## 사회복지 02
우리나라 헌법 제34조에서는 사회복지를 사회보장과 구별하여 사용하고 있으나, 그 의미나 내용에 대한 언급은 없다. 따라서 사회복지의 의미는 사회복지를 사회보장의 일부로 보는 견해, 사회보장, 보건위생, 노동, 교육, 주택 등 생활과 관계되는 공공시책을 총괄한 개념으로 보는 견해, 생활에 관계되는 공공시책 그 자체가 아니라, 이와 같은 시책을 국민 개인이 이용하고 개선하여 자신의 생활문제를 자주적으로 해결하게끔 원조함을 의미한다는 견해 등 여러 가지로 풀이되고 있다. 사회복지의 대표적인 예는 일본으로 사회복지란 국가부조를 받고 있는 자, 신체장애인, 아동, 기타 원호육성을 요하는 자가 자립하여 그 능력을 발휘할 수 있게끔 필요한 생활지도, 갱생보도, 기타 원호육성을 행함을 말한다고 한다. 사회복지는 미국과 영국 등 서구 여러 나라에서 볼 수 있는데, 사회복지의 대상자는 전 국민이고 그 범위도 생활과 관계되는 사회적 서비스 전부로 한다. 사회복지는 UN의 정의, 즉 사회복지란 개인, 집단 지역사회 및 여러 제도와 전체사회 수준에서 사회인으로서의 기능이나 사회관계의 개선을 목적으로 한 개인의 복지(personal welfare) 증진을 위한 갖가지 사회적 서비스와 측면적 원조(enabling process)라는 것과 내용을 같이 한다. 그러나 사회복지가 사회보장이나 보건의료 등의 생활관련 시책과 다른 고유성으로 사회복지는 인간의 행동과 해결, 생활욕구의 충족 그리고 개인과 제도관계의 문제처리에 채용하는 전체적 종합적 접근법에 있다는 것이다.

## 사회복지 전문요원
사회복지업무의 효율적 추진을 위해 지방자치단체의 장이 사회복지사 자격을 갖춘 사람 중에서 선발, 저소득층 밀집지역의 행정기관에 배치한 지방공무원. 주요 업무로는 생활보장대상자를 조사하는 것을 비롯하여 보호금품 지급과 생계보호, 직업훈련, 생업자금융자, 취업알선 등의 자립지원, 개별 상담 및 사후관리, 생활보장대상자를 위한 후원 금품이나 후원자 알선 등이다. 1987년부터 신규 임용되기 시작했다.

## 사회복지 조직
사회사업기관 및 시설 내의 관계집단을 한데 모으고 배열하여 전체적인 활동을 하게 하는 행위나 과정이다. 사회

복지 조직은 인간의 복지증진에 그 목표를 두고 있으며 목표달성은 구성원과 고용기술면에서 전문직에 의해 전문적 지식과 기술을 통해 이뤄진다. 사회복지조직은 크게 공식조직과 비공식조직으로 구분될 수 있는데 공식조직은 광범위한 목적과 계획에서 시작하여, 활동별로 나누어지며 이들 활동도 각부서에서 맡겨진다. 그 구조적 관계는 개인과 개인 사이에 형성되는 것이 아니라 지위와 지위 사이에서 형성된다. 반면 비공식조직은 자연 발생적이며, 빈번히 접촉하는 소수의 직원들로 구성된다. 그 목표가 경제 · 행정조직보다 상대적으로 추상적, 목적적, 장기적 성향을 지니므로 구조자체가 탄력적이어야 한다. 그리고 그 목표수행을 전문인의 전문적 지식에 의존하고 직접 고객과 접하므로 전문적 권위성과 자율성이 보장되어야 한다. 또 저소득자나 수혜자와 같이 사회평균적 수요를 충족 받지 못하고 있는 특정고객의 수요를 충족시키기 위한 것으로 고객지향성이 강하다. 따라서 사회복지조직은 탄력성과 전문성 및 고객지향성이라는 구조적 특성을 갖는다.

## 사회복지 행정계획

헌법은 34조 2항에서 국가는 사회보장, 사회복지의 증진에 노력할 의무를 진다고 이 수행을 임무로 하는 보건복지가족부를 설치했다. 또 보건복지가족부 소관 사무에 관한 것을 관례적으로 보사행정이라 칭하고 사회복지행정 또는 자치제로 사용되어지는 민생행정 등도 이와 거의 유사하다. 따라서 사회복지행정계획으로는 보건복지가족부가 상기의 헌법규정에 의해 적극적인 행정활동을 추진하기 위해 책정한 행정계획을 말하며 방침이나 구상의 종류도 포함한다. 그 내용도 다양하여 사회복지 행정전반에 대한 장기 구상에서부터 특정의 노인보건시설 설치계획, 또는 각 부국에 따른 부문계획도 포함되며, 사회복지 행정계획의 효율화에는 전반적 장기계획과 부문계획과의 정비 및 통합이 불가피하다.

## 사회복지 행정기구

사회복지 행정기구는 사회복지 행정조직과 동의어로 사용된다. 일반적으로 행정은 복잡다기할수록 그 기획, 조정, 통합 기능이 중요하게 된다. 종래의 조직론에서는 전문화원칙에 의한 능률증진의 방향이 강조되어 왔으나 인간 대상의 행정기구는 단순히 전문화에 의한 특수성의 존중성 뿐만 아니라 전인적 인간을 통일적으로 처우하는 입장에서 그것을 보편성존중의 조직원칙으로 통합할 필요가 인식되기 시작하였다. 이때부터 관청에서의 수직적 행정에 대한 진지한 반성이 일어나고 있다.

## 사회복지 행정사무

사회복지행정사무는 주민의 복지와 관련된 행정사무를 말한다. 일반적으로 행정사무는 주민의 권리를 보장하고 생활을 안전하게 하는데 목적이 있지만 주민의 권리를 제한하고 자유를 규제하는 등 권력의 행사를 수반하는 사무도 있다. 가령 벌칙 기타의 규제규정이다. 즉 미성년자 및 정신병자의 보호 · 양호를 위한 규제사무, 각종 생산물 · 가축 등의 검사 · 규제사무, 폭력행위의 조치 등 경찰적 규제사무가 있다. 사회복지행정사무를 처리함에 있어서 주민의 생존권과 권리의무에 미치는 영향을 고려하여 신중히 수행해야 할 것이다.

## 사회복지 행정조직

사회복지 행정조직은 조직의 목적과 정책 및 계획을 형성하고 수행함에 있어 사람들의 활동이 가장 효과적으로 이루어지는 관계가 수립되는 구조와 과정을 의미한다. 일반적으로 국민이나 주민에 대해 행정 사무를 행하는 국가는 지방자치단체의 행정사무담당자를 행정기관이라 하고, 다수의 행정기관이 계통 지워진 기구를 행정조직이라 한다. 행정기관 중에서 행정주체의 구속력 있는 행정의사를 결정하고 이것을 외부에 대해 표시하는 권한을 갖는 기관을 행정청이라 하며 행정청의 내부국실로서 그 행정의사의 형성결정을 보조하는 권한을 갖는 기관을 보조기관이라 한다. 또 행정객체에 대해 표시된 사상을 실시하는 권한을 갖는 기관을 집행기관 또는 실시기관이라 한다. 모든 행정조직은 이들 삼개기관을 구성요소로 하며, 그밖에 행정청에 대해 자문에 응하거나 또는 자발적으로 의견을 진술하는 권한을 갖는 자문기관이 설치되는 경우도 있다.

## 사회복지 행정지도

사회복지 사회봉사교환소 분야의 행정지도를 말하며, 일반적으로 행정지도란 행정기관이 그 소관 사무에 관해 상대방의 자발적 협력이나 동 조를 얻기 위해 유도함으로서 일정의 행정목적을 달성하려는 행위를 한다. 여기에는 상대방의 이익을 조장하는 것을 내용으로 하는 조성적 행정지도와 공익상의 장애발생예방을 내용으로 하는 규칙적 행정지도가 있으며, 실무상으로는 지도, 지시, 권고, 요망, 경고, 조언, 주의, 알선 등의 용어가 쓰인다.

## 사회복지계획(social welfare plan)

사회복지의 욕구는 경제정세의 변화, 사회, 생활구조, 의식구조의 변화에 따라 큰 영향을 받는데 이 변동은 현대사회에서 정책의 소산이다. 이러한 사회복지의 과제에 대응해가기 위해서는 장래의 구상, 구체화가 도모되어져야 한다. 그 요건은 다음과 같다. 사회 복지의 기본적 시점의 확립, 이에 의한 사회복지정책 및 사회복지 계획의 체계화이다. 사회복지의 원조가 고유성, 필연성, 유효성을 갖기 위해서는 개혁적 개선과정을 거쳐야 한다. 사회복지의 원조는 계획적 변혁의 입장에서 문제의 명확화로부터 원조의 종결, 평가에 이르는 개입의 전 과정을 통일적으로 파악하는 방법론의 검토가 요청된다.

## 사회복지계획의 구성요소

계획은 일반적으로 planning(기능개념), 그 결과로서의 plan(실체개념) 및 계획책정의 주체인 planer로 구성된다. 앞의 둘은 표리일체의 것으로 볼 수 있다. 계획책정에 있어서는 ①사회복지의 이념이 명확화 될 필요가 있다. 그리고 그 지표 등을 작성하므로 현상을 파악하여 장래를 구상한다. 이것에 기초하여 구체적인 방침 내지 목표를 실정하고 다시 ②이것을 단계적으로 달성하기 위한 목적, 프로그램이 그 요소로 된다. 따라서 계획의 계열의 체계성이 필요 하다. ③계획은 그 목표, 부문, 기간, 대상으로 하는 지역 등에 의해 분류되는데 이들 계획의 조정, 정합성이 필요하다. 그리고 마지막 ④계획책정의 주체는 사회복지담당의 행정기구, 시민, 복지전문가 등이 되며, 이들의 균형은 계획의 종류 여하에 따라 달라지겠으나 기본적으로 당사자인 시민, 전문가에게 그 비중을 더한다.

## 사회복지계획의 책정과정

일반적으로 계획을 세운다는 기능적인 측면은 ①구상(정책)계획, ②과제(운영)계획, ③실시(집행)계획, ④평가(관리)계획의 단계로 구분된다. 제 1단계는 사업방침이나 정책책정이며 문제의 명확화에 근거하여 고도의 시점에서, 또 선정성을 띤 목표설정이 요구된다. 제 2단계의 과제계획은 데이터를 구집하고 목표달성을 위한 갖가지 대체 안을 작성하며 이들을 검토·선택하여 계획으로서 구체화한다. 재정적 뒷받침을 명확히 하는 방법으로는 PPBS(기획계획예산방식)가 있다. 제 3단계의 실시계획이라 함은 선택된 계획에 대해서의 구체적인 실행계획이며 방법으로서는 PERT(기획·평가·검토기술)등이 있다. 이상의 과정을 거쳐 실시된 계획의 결과는 그 방침 혹은 목표에 비추어 마지막 단계로서 평가를 하며 불충분하다면 계획의 재검토를 필요로 하게 된다. 즉 계획측정과정은 통일된 역동적인 기구로 보고 그 가운데서 피드백(feed back)의 기구를 짜넣어 두는 일도 필요하다.

## 사회복지공동모금회

사회복지 공동모금, 공동모금 재원의 배분·운용·관리, 사회복지 공동모금에 관한 조사·연구·홍보 및 교육훈련 등 국민의 성금으로 마련된 재원을 효율적이고 공정하게 관리·운용하기 위해 1999년 3월 설립된 단체이다.

## 사회복지공동모금회법

사회복지공동모금회에 의해 모금된 재원의 관리·운용에 관해 규정한 법률(1999. 3. 31, 법률 5960호). 1998년에 제정된 사회복지공동모금법을 전면 개정한 것이다. 사회복지공동모금회의 공동모금을 통해 사회복지에 대한 국민의 이해와 참여를 제고시키고, 국민의 자발적인 성금으로 조성된 재원을 효율적이고 공정하게 관리·운용함으로써 사회복지증진에 이바지함을 목적으로 한다. 기본원칙으로 기부자의 의사에 반한 모금의 금지, 공동모금한 재원의 공정한 관리·운용, 객관적 기준에 의한 배분과 그 결과의 공시 등을 규정하고 있으며, 공동모금사업을 관장하기 위한 사회복지법인으로 사회복지공동모금회을 설립하여 보건복지가족부장관의 인가를 받도록 하고 있다. 모금회는 사회복지 공동모금사업, 모금한 재원의 배분 및 운용·관리, 모금과 관련된 조사·연구·홍보·교육훈련 등의 사업과 지회의 운영 및 그 사업과 관련된 국제교류 및 협력증진사업 등을 수행한다. 모금회에는 임기 2년의 임원으로 회장 1인, 부회장 3인, 회장 및 부회장을 포함한 15인 이상 20인 이하의 이사와 감사 2인을 둔다. 모금회에는 정관에서 정하는 중요사항을 의결하기 위하여 이사회를 두고, 업무를 처리하기 위하여 사무총장 1인과 필요한 직원 및 기구를 둔다. 또 모금회의 기획·홍보·모금·배분업무에 관한 사항을 심의하기 위하여 해당분야의 전문가와 시민대표 등으로 구성되는 기획·홍보분과실행위원회와 모금분과실행위원회 및 배분분과실행위원회를 둔다. 그밖에 지역 단위의 사회복지 공동모금사업을 관장하기 위하여 특별시·광역시·도에 사회복지공동모금지회를 둔다. 모금회의 조직·운영 등에 관해 이 법에서 규정하고 있는 사항 외에 필요한 사항은 정관으로 정한다. 모금회의 사업에 필요한 경비는 사회복지공동모금에 의한 기부금품과 기타 수입금으로 조성한다. 보건복지가족부장관은 모금회의 업무에 관해 지도·감독을 하며, 필요하다고 인정할 경우에는 관계서류의 제출을 명하거나 소속공무원으로 하여금 그 운영상황을 조사하게 하거나 장부 기타 서류를 검사하게 할 수 있다. 모금회의 운영이 이 법 또는 정관에 위반된다고 인정되는 경우에는 필요한 조치를 할 수 있다. 본문 36조와 부칙으로 이루어져 있다.

## 사회복지관(community welfare center)

사회복지관은 사회관(community center), 인보관(settle—ment house), 근린관(neighborhood center) 등으로 불린다. 그 기원은 영국의 사회복지법인 토인비홀(Toynbee Hall), 미국의 헐하우스(Hull House), 우리나라의 태화사회관(1921년 감리회 선교사 마이너여사에 의해)이 개관된데서 비롯된다. 이 사회복지관의 기본적인 성격은 ①자주성, ②지역성, ③복지성, ④다목적성, ⑤전문적이다. 사회복지관의 주요기능으로는 ①관료화 되지 않은 기관으로서 주민과의 접촉이 직접적이고 인간 전체면의 관계 속에 주민의 생활전체에 대해 대화를 나눈다. ②주민에 대해 안정된 거주의 근거를 갖게 한다. ③생활문제를 처리하기 위한 새로운 지식과 기술의 응용에 대해 실험을 행한다. ④거주하고 있는 장소부근에서 원조를 필요로 하는 자에게 서비스를 제공한다. ⑤직접, 간접으로 문화적 활동을 촉진한다. ⑥도시계획에 의한 지역사회개발사업의 입안과 실행에 관련해 중요한 서비스를 제공하는 것 등을 거론할 수 있다.

## 사회복지관계지
우리나라에서 발간되고 있는 것은 사회복지연구(대구대), 사회사업학보(서울대). 사회사업(이화여대), 사회복지연구(중앙대).

## 사회복지교육(social welfare education)
광의로는 학교 교육에서 아동, 학생에 대한 활동, 사회교육 등에서 일반주민을 대상으로 하는 활동, 대학 등의 전문 교육기관에서 사회복지 전문 인력 배출을 위한 활동 등으로 대별된다. 협의로는 사회복지에 대한 주민의 이해와 참가를 촉진하기 위하여 사회복지행정, 사회복지협의회, 학교교육, 사회교육 분야에서 홍보매체, 학급, 강좌, 체험학습, 교류 등의 방법을 이용하여 행해지는 교육활동을 말한다. 그 내용은 주민이 사회복지제도에 대한 이해를 깊게 하며, 사회복지행정에 주민참가를 증진시키고 자원봉사활동에 주체적 참가를 촉진시키는 활동 등이다.

## 사회복지기능(social welfare function)
사회복지의 기능이라 함은 사회복지의 목적을 효과적으로 실현하기 위한 노력, 즉 제도로서의 역할을 말한다. 따라서 사회복지의 목적에 대한 이해 여하에 따라 기능의 내용은 달라진다. 사회복지의 목적이 경제시장이나 자신의 가족에 의해 생활요구를 충족시킬 수 없는 특별한 악조건 하에 있는 개인에 대해 생활요구를 충족할 수 있게 함에 있다고 규정짓는다면 사회복지의 핵심적 기능은 보호서비스의 제공에 있다. 이에 대해 생활자로서의 모든 국민이 사회제도를 이용함으로써 사회생활상의 요구를 충족시킬 수 없을 때 그 사회관계의 곤란을 문제 당사자가 자주적으로 해결할 수 있게 원조하는 것이라고 사회복지의 목적을 규정짓는다면 사회복지의 기능은 다음과 같이 복잡하다. ①평가적 기능 : 사전평가와 사후평가로 나누어지는데 사전평가는 복지적 원조의 시초에 필요한 사회자원과 현실적으로 가능한 해결, 방법 등을 문제 당사자가 발견하도록 원조하는 것이며 사후평가라 함은 원조 종료 시 또는 일단락되었을 때 지금까지의 문제해결 과정을 반성하며 효과과정, 결정, 미래예측 및 개선책 같은 것을 문제 당사자와 더불어 검토하는 기능이다. ②조정적 기능 : 생활자로서의 그 개인이 갖는 다수의 상호관계가 서로 모순되지 않도록 개인, 가족, 제도적 기관에 작용하여 개인이 사회관계를 잃지 않도록 원조함과 동시에 지역 사회에 있어서 각종 생활관련 시책운영이 생활자로서의 주민의 입장에 의해 제어될 수 있는 제도를 실현하는 기능이다. ③송치적 기능 : 모든 국민이 사회생활상의 요구를 충족하기 위해 적당한 제도나 자원을 선택하여 그것을 건설적으로 이용할 수 있게 원조하는 기능이다. ④개발적 기능 : 생활자로서의 국민이 갖는 문제해결 능력의 잠재

적 가능성을 찾아내어 그것을 발전시켜 나갈 수 있게 원조하는 기능인데 이것은 개인에게도, 집단에게도 적용될 수 있다. ⑤보호적 기능 : 이상의 네 기능에 의해서도 역시 그 생활상의 요구 충족이 이루어지지 않는 개인에 대해 그 사회관계를 보호하는 서비스를 제공하나 동시에 1－4의 기능을 병행시키지 않으면 안된다.

## 사회복지법인(social welfare juridical person)
사회복지사업을 행하는 것을 목적으로 사회복지사업법에 정해진 바에 따라 설립된 법인으로 보건복지가족부장관의 인가를 얻어 설립등기에 의해 사회복지사 설립되는 특수한 공익재단 법인이며 목적사업에 관해서는 면세이다.

## 사회복지사(social worker)
사회복지사는 사회복지사업법 제5조와 동시행령 제11조에 의거 보건복지가족부장관이 사회복지사업에 관한 전문지식과 기술을 가진 자에게 교부하는 자격이다. 사회복지사 1급, 사회복지사 2급, 사회복지사 3급으로 구분하여 자격증을 발급하며, 이들은 사회복지를 위하여 헌신 봉사하고 맡은 바 책무를 성실히 수행해야 한다. 종전의 사회복지 종사자 자격증을 취득한 자는 1985년 2월 말일까지 사회복지사 자격기준에 따라 해당 등급의 사회복지사 자격증을 교부받아야 했다. 사회복지사 1급은 국가고시자격제도로 시험을 통과해야만 하고, 그 이하는 일정교과목만 이수하면 자격증이 지급된다.

## 사회복지사 자격기준
사회복지사업법 제5조 제2항의 규정에 의해 사회복지사의 등급을 아래와 같이 구분한다. 사회복지사 1급 : ①교육법에 의한 대학원에서 사회복지학 또는 사회사업학을 전공하고 교육과학기술부에 석사 또는 박사학위 등록을 한 자, ②교육법에 의한 대학의 사회복지학과 또는 보건사회부령이 정하는 사회복지 관련학과를 졸업하고 교육과학기술부에 학사학위 등록을 한 자, ③교육법에 의한 대학 또는 이와 동등이상의 학력이 있다고 교육과학기술부장관이 지정하는 학교의 사회복지학과를 졸업한 자로서 보건사회부장관이 지정하는 교육훈련기관에서 4주 이상의 사회복지사업에 관한 교육훈련을 이수하였거나 1년 이상 사회복지사업(사회복지 행정을 포함)의 실무경험이 있는 자, ④사회복지사 2급 자격증 소지자로서 5년 이상 사회복지사업의 실무경험이 있는 자. 사회복지사 2급 : ①교육법에 의한 대학 또는 이와 동등 이상의 학력이 있다고 교육과학기술부장관이 지정하는 학교의 사회복지학과를 졸업한 자, ②교육법에 의한 대학에서 보건사회부령이 정하는 사회복지 관련학과를 부전공하여 졸업하고 교육과학기술부에 학사학위 등록을 한 자로서 보건사회부장관이 지정하는 교육훈련기관에서 4주 이상 사회복지사

업에 관한 교육훈련을 이수한 자, ③교육법에 의한 대학을 졸업한 자 또는 이와 동등이상의 학력을 가진 자로서 보건사회부장관이 지정하는 교육훈련기관에서 12주 이상 사회복지사업에 관한 교육훈련을 이수한 자, ④교육법에 의한 전문대학의 사회복지학과 또는 보건사회부령이 정하는 사회복지사업 관련학과를 졸업한자로서 보건사회부장관이 지정하는 교육훈련기관에서 8주 이상 사회복지사업에 관한 교육훈련을 이수한 자, ⑤사회복지사 3급 자격증 소지자로서 5년 이상 사회복지사업의 실무경험이 있는 자. 사회복지사 3급 : ①교육법에 의한 전문대학의 사회복지학과 또는 보건사회부령이 정하는 사회복지사업 관련학과를 졸업한 자, ②교육법에 의한 전문대학을 졸업한 자로서 보건사회부장관이 지정하는 교육훈련기관에서 12주 이상 사회복지사업에 관한 교육훈련을 이수한 자, ③고등학교를 졸업한 자 또는 이와동등 이상의 학력이 있다고 인정하는 자로서 보건사회부장관이 지정한 교육훈련기관에서 24주 이상 사회복지사업에 관한 교육훈련을 이수한 자, ④7년 이상 사회복지사업의 실무경험이 있는 자로서 보건사회부장관이 지정하는 교육훈련기관에서 24주 이상 사회복지사업에 관한 교육훈련을 이수한 자.

### 사회복지사업(social welfare service)
협의로 사용할 때는 사회복지사업으로 사회복지사업법 제2조에 열거된 것만을 포괄적으로 표시한 말이다. 따라서 이 속에는 법무부 계통의 갱생보호사업 등은 포함되지 않는다. 광의의 사회복지사업은 사회복지를 목적으로 하는 사업으로 사회복지사업이라고 할 때는 광의의 용법에 의한 것이 많다. 다만 광의의 것도 협의의 사회복지사업을 중핵 부문으로 하여 성립된 것이 명확하다. 복지라는 말의 역사는 오래지만 사회복지사업이란 용어가 일반화된 것은 사회복지사업법이 제정되고 나서부터라 볼 수 있다. 이 사회복지사업은 그 본질적 내용이 종래의 사회사업과 크게 다른 것은 아니지만 예방적인 면과 적극성을 중시하고 강조했다는 점에서 차이가 있다. 오늘날 제도로서의 사회복지를 그 기능 면에서 서비스의 체계로 포착할 때 사회복지사업으로 표현하는 경우가 비교적 많다.

### 사회복지사업법
사회복지사업에 관한 기본적 사항을 규정하기 위한 법률(전문개정 1997. 8. 22. 법률 제5358호). 사회복지사업에 관한 기본적 사항을 규정하여 사회복지를 필요로 하는 사람의 인간다운 생활을 할 권리를 보장하고 사회복지의 전문성을 높이며, 사회복지사업의 공정·투명·적정을 기함으로써 사회복지의 증진에 이바지함을 목적으로 한다. 국가와 지방자치단체는 사회복지를 증진할 책임을 진다. 복지업무에 종사하는 사람은 그 업무를 행함에 있어서 사회복지를 필요로 하는 사람을 위하여 차별 없이 최대로 봉사해야 한다. 특별시·광역시·도 및 시·군·구에 사회복지위원회를 둔다. 시장·군수·구청장은 읍·면·동단위에 복지위원을 위촉할 수 있다. 보건복지가족부장관은 사회복지에 관한 전문지식과 기술을 가진 자에게 1·2·3급의 사회복지사의 자격증을 교부할 수 있다. 사회복지법인 및 사회복지시설을 설치·운영하는 자는 사회복지사를 채용해야 한다. 시·도, 시·군·구 및 읍·면·동에 사회복지전담공무원을 둘 수 있으며, 복지사무를 전담하는 기구를 설치할 수 있다. 국가는 매년 9월 7일을 사회복지의 날로 하고 사회복지의 날부터 1주간을 사회복지주간으로 한다. 사회복지법인의 설립에는 보건복지가족부장관의 허가를 받아야 한다. 법인은 목적사업의 경비에 충당하기 위하여 법인의 설립목적 수행에 지장이 없는 범위 안에서 수익사업을 할 수 있다. 전국 단위의 한국사회복지협의회와 시·도 단위의 시·도사회복지협의회를 둔다. 국가 또는 지방자치단체는 사회복지시설을 설치·운영할 수 있다. 국가 또는 지방자치단체 외의 자가 시설을 설치·운영하고자 하는 때에는 시장·군수·구청장에게 신고해야 한다. 시설의 운영자는 화재로 인한 손해배상책임에 대비하여 책임보험에 가입해야 한다. 시설의 장은 시설에 대해 정기 및 수시로 안전점검을 실시해야 하며, 상근해야 한다. 각각의 시설은 수용인원이 300인을 초과할 수 없다. 보건복지가족부장관 및 시·도지사는 시설을 정기적으로 평가하고 필요한 조치를 할 수 있다. 후원금은 수입·지출 내용과 관리에 명확성이 확보되어야 한다. 사회복지사는 법인으로 한국사회복지사협회를 설립한다. 보건복지가족부장관, 시·도지사 또는 시장·군수·구청장은 사회복지사업을 운영하는 자에 대한 지도·감독을 한다. 5장 58조와 부칙으로 되어 있다.

### 사회복지사윤리강령
윤리강령(code of ethiecs)은 전문직(profession) 성립의 조건으로 전문직단체가 그 중핵적인 가치관을 명문화해서 스스로가 향할 자아상, 자기의 책무, 최소한의 행동준칙 등을 들어 자기규제의 기준을 제시한 것이다. 그 기능으로서는 가치지향적 기능, 교육·개발적 기능, 관리적 기능, 제재적 기능을 들 수 있다. 사회복지사 윤리강령은 사회 복지사 협회에서 제정하여 그 회원인 사회복지사가 준수토록 하는 것을 말한다. 현재의 사회복지사 윤리강령은 1993년 개정된 것으로 전문에는 사회복지의 이념과 사회복지사의 사명을 밝히고 이를 달성하기 위해 사회복지사가 준수해야 할 준칙들을 10개의 조문으로 명시하고 있다.

### 사회복지시설의 기능
사회복지시설의 역할, 기능은 사회복지의 역사적 발달과 함께 변화해 왔다. 사회복지의 발전이 아직 충분하지 않은 시기에 사회복지시설은 주로 가정에서 요양·개호 등이 가능하지 않은 사람들을 수용해 가족기능을 대체, 보충하는 역할, 기능을 갖고 있었다. 현재는 사회복지시설 특히 입소시설이 가족을 대체하여 생활의 장을 제공하는 것만이 아닌 치료, 훈련, 재활 그 외 전문적 원조기능을 갖고 있다. 그 외에 입소시설기능의 지역개방, 시설을 중심으로 한 통원 혹은 이용시설 등의 중간시설(intermediate facility)이 증가하는 경향이 보여지고 있다. 사회복지욕구의 변화, 복지처우의 이념 및 방법의 변화로 사회복지시설기능은 변화해가고 있으며 그것은 또 새로운 사회복지시설을 발생시킨다.

## 사회복지시설의 노동조건관리
사회복지시설의 운영관리에 있어 불가피한 조건은 직원이다. 직원이 의욕을 갖고 창조성을 발휘하여 그 기능을 충분히 산출하느냐의 여부에 따라 시설운영의 효율성을 크게 좌우된다. 그 때문에 시설목적을 자각하고 역할의 목적의식성을 높이는 동시에 능력을 충분히 발휘할 수 있도록 노동조건의 정비가 필요하다. 노동조건 중에서 직원배치와 급여, 노동시간이 기본이지만, 휴일, 휴가 근무체제, 안전위생, 복리후생의 조건도 중요하다 하겠다. 이들 노동조건을 적절히 보장하고 직원의 노동력을 보전해 직원이 근로의욕을 갖도록 하는 역할이 노동조건관리이다. 그를 위해서는 노동조건의 수준명시와 그의 준수, 점검, 조정, 개선의 기능이 행해져야 한다. 그 노동조건의 기준을 법제적으로 나타내고 직원의 노동조건확보를 목적으로 하는 것이 조례기준법이고 이의 준수는 노동조건관리의 기본이다.

## 사회복지시설의 업무관리
시설의 업무는 처우실천으로 이는 시설목적을 실현하는 구체적인 봉사로 시설활동의 중심이다. 그 업무관리의 위치는 계획, 실천, 평가에 미치는 업무과정의 통괄과 점검을 행하고 실시하도록 지도, 원조, 조정, 업무분담과 업무조직화가 잘 이루어지도록 점검. 개선 및 재편성하는 역할이다. 이를 위한 업무과정의 분석이나 업무분석은 중요한 방법이다. 또 업무의 대인적, 정신적 성격은 업무실시과정에 둔 지시, 명령보다도 목적과 계획의 자각을 통해서 동기를 갖는 것이 중요하고 자율적 판단과 창의력을 개발해 의욕적으로 할 수 있도록 업무운영을 요구하고 있다.

## 사회복지시설의 운영관리
20세기 초 미국에서 공장, 기업의 경영관리방법을 사회복지시설에 적용함으로써 각 국가에 시설의 분류수용이 정착했다. 사회복지시설의 운영관리는 시설의 목적을 달성하기 위한 활동의 과정과 그 과정이 효과적으로 전개되기 위한 조건인 효과적 운용의 방법을 포함한 개념이다. 사회복지시설이 그 목적을 실현하기 위해서는 생활의 조건을 정비하고 구체적인 원조를 실시하는 것이 처우실천의 업무이다. 업무의 전개는 시설목적 및 이용자의 욕구에 따라 처우목표계획을 입안하고 실천해 평가하는 과정이다. 처우계획은 사회복지시설의 운영방침계획에 의한 업무가 양적, 질적으로 정해져 업무가 조직화되고 직원조직이 형성되어 업무가 수행되지만 그것이 효과적으로 행해지기 위해서는 직원배치, 직원의 질적 조건, 직원의 노동조건, 건물, 설비, 재원, 지역자원 등을 적절히 조달, 정비하고 업무과정, 조직, 조건을 총괄해 지도·수정하는 기능과 방법이 중요하다.

## 사회복지시설의 운영방침
사회복지시설의 운영관리의 기본은 시설목적으로 이용자의 욕구에 의한 처우목표이지만 그것을 실현하기 위한 운영관리활동 중에서 구체적인 계획입안과 그 외 실시에 따른 계획의 기본방향, 조직방식과 조건정비, 조달방식, 운영방법 등의 방향을 제시해야 한다. 이들의 방향(의지, 지침, 전망)이나 사고방식이 운영방침이고 업무전개과정을 구체적으로 전개시키는 기본적 의사이다.

## 사회복지시설의 인사관리
인사관리는 노동조건관리와 함께 노무관리의 중심적 기능이다. 인사관리는 직원의 채용, 배치, 육성, 작업환경의 정비를 통해서 직원이 의욕을 갖고 업무에 전념할 수 있도록 체제를 조정하는 것을 말한다. 직원조직전체의 상황파악과 평가에 따른 채용을 합리적으로 하고 교육훈련을 실시하여, 업무분석 및 적정한 인사고과에 반영해 배치전환, 승진·승격을 실시하고 인간관계의 조정을 하는 등 다양하고 중요한 기능을 담당한다.

## 사회복지시설의 재무관리
사회복지시설의 운영 관리 중에서 직원과 함께 중요한 것이 재원이다. 재정기반이 확립되어 있지 않으면 직원확보 및 정착과 보장이 불가능하다. 재무관리는 시설목적과 업무계획을 기초로 한 재원조달, 예산 관리, 재무 분석, 진단을 포함한 기능이다. 재원에 관해서는 종래 조치비로서 국가와 자치단체에 의해 보장되어져 왔기 때문에 재원조달의 필요성은 낮았으나, 조치비의 국가부담할당에 따른 재원조달의 과제는 커지고 있다. 공영시설인 사회복지법인 경영시설에 대해서는 건축. 개축비나 지역욕구에 따른 사업의 적극적 전개를 감안할 때 재원의 조달은 무시할 수 없다. 다음으로 예산관리는 목적과 계획에 따른 예산의 작성과 집행, 결산과정의 통제, 지도이다.

## 사회복지시설의 직원집단
시설의 업무운영을 직접적으로 담당하는 자는 직원집단이다. 이용자 욕구의 다양화로 시설업무는 다양하고 총괄적이다. 다직종의 직원이 조직적인 집단으로 협동해 업무를 총괄적으로 충족시켜 이용자 욕구를 만족시켜 준다. 또 처우가 계획적·통일적으로 실천되어야 하고 교체제 근무에 있어서도 동일한 목적과 동일한 이념에 의해 협동 한다고 하는 직원집단의 인식이 중요하다.

## 사회복지시설의 처우

아동, 모자, 장애인, 노인복지시설 등의 사회복지시설은 각 연령 대상자 층의 다양한 욕구에 대응해 각 시설 고유 의 기능을 가지고 서비스를 제공하고 있다. 그 서비스는 일상생활양호를 기본으로 케이스워크, 그룹워크, 상담 등 사회복지고유의 기술서비스로부터 시작해 OT, PT, ST나 심리요법, 치료 등의 치료서비스, 사회복지시설기능의 목 표개념인 가정·사회에서의 정상생활의 복귀를 원조, 촉 진하는 사회적 재활서비스에까지 이른다.

## 사회복지시설의 체계

사회복지시설은 생활보장법에 의한 보호시설, 노인복지 법에 의한 노인복지시설, 장애인복지법에 의한 장애인복 지시설, 아동복지법에 의한 아동복지시설, 윤락행위 등 방지법에 의한 직업보도시설, 모자복지법에 의한 모자복 지시설 등이 있다. 사회복지시설은 각각의 목적, 기능이 세분되고, 그 종류는 다양하다. 이들 시설은 그 기능에 따 라 입소시설과 통원시설로 구별된다. 최근 재가복지서비 스가 중시되는 경향이 보여 통원시설의 증가가 두드러지 고 단기거주(short stay) 입소시설의 일부 통원화 경향이 보이고 있다.

## 사회복지시설의 후원회

사회복지시설을 경영, 운영하는데 있어서 경영조직의 이 사회. 관리조직과 업무조직을 포함한 시설운영기구가 있 지만 후원회는 그 양자에 대한 역할을 갖고 각각의 조 직·기구의 일부로 되어 있다. 현재 경영조직에 둔 역할 로서는 재정원조가 크고, 이사회운영에 대한 역할은 작 다. 또 시설운영에서 처우운영에 대한 원조역할이 기대되 지만 현실적으로 역할이 적다. 앞으로는 재정적 원조만이 아닌 운영전체에 대한 역할이 기대되며 주민의 시설운영 참여의 형태도 중요하다.

## 사회복지의 경영주체

경영은 그의 기관, 시설운영의 최고방침에 관한 결정, 중 요인사, 운영감사를 총괄한 개념이지만 사회복지사업에 목표를 둔 공영시설에서는 국가나 지방공공단체의 장을 보좌하는 시설장이, 민간시설에서는 이사회와 그의 영향 아래 있는 시설장이 운영주체로서 활동한다. 특히 대인 서비스를 중심으로 하는 사회복지사업에서는 경영을 단 지 기술적 개념으로서 기계적으로 받아들이는 것이 아닌 종사자와 수익자가 생활공동체형성을 목표로 하고 경영 참가의 방향을 존중하는 것으로 보는 경향이 높아지고

있다.

## 사회복지의 계획

사회복지의 권리주체 사회복지는 국민의 기본적 인권 옹호에 따라 전인적 인간의 통일적 인격 확립을 지향하 는 활동인 점에서 그 정책입안과 운영에 둔 권리 주체는 언제나 지역주민이다. 따라서 사회복지 성립과정에서 의 자본이해, 그것과 결부된 관료지배에 의한 관료주의 적 복지행정의 경향은 행정권이 주민의 사회권을 억압 한 상황을 발생시키기 때문에 민주화수준의 향상을 형 성하고자 복지행정에 대한 주민참가운동이 활성화되어 야 한다.

## 사회복지의 기능

사회복지의 기능이라 함은 사회복지의 목적을 효과적으 로 실현하기 위한 노력 즉 제도로서의 역할을 말한다. 따 라서 사회복지의 목적에 대한 이해여하에 따라 기능의 내 용은 달라진다. 사회복지의 목적은 경제시장이나 자신의 가족에 의해 생활요구를 충족시킬 수 없는 특별한 악조건 하에 있는 개인에 대해 그들이 갖는 생활요구를 그들을 대신하여 충족할 수 있게 함에 있다고 규정짓는다면 사회 복지의 핵심적 기능은 보호서비스의 목적은 생활자로서 의 모든 국민이 사회제도를 이용함으로써 사회생활상의 요구를 충족시킬 수 없을 때 그 사회관계의 곤란을 문제 당사자가 자주적으로 해결할 수 있게 원조하는 기능은 다 음과 같이 복잡한 것이 된다. ①평가적 기능 — 사건평가 와 사후평가로 나누어진다. 사전평가라 함은 복지적 원조 의 시초에 필요한 사회자원과 현실적으로 가능한 해결· 방법 등을 문제 당사자가 발견하도록 원조하는 것이며, 사후평가라 함은 원조 종료시 또는 일단락되었을 때 지금 까지의 문제 해결 과정을 반성하며 효과판정, 결정, 미래 예측 및 개선책 같은 것을 문제 당사자와 더불어 검토하 는 기능이다. ②조정적 기능 — 생활자로서의 그 개인이 갖는 다수의 상호관계가 상호간에 모순하지 않도록 개인, 가족, 제도적 기관에 작용하여 개인이 사회관계를 잃지 않도록 원조함과 동시에 지역사회에 있어서 각종 생활관 련 시책운영이 생활자로서의 주민의 입장에 의해 제어할 수 있는 제도를 실현하는 기능이다. ③송치적 기능 — 모 든 국민이 사회생활상의 요구를 충족하기 위해 적당한 제 도나 자원을 선택하여 그것을 건설적으로 이용할 수 있게 원조하는 기능이다. ④개발적 기능 — 생활자로서의 국민 이 갖는 문제해결 능력의 잠재적 가능성을 찾아내어 그것 을 발전시켜 나갈 수 있게 원조하는 기능인데 이것은 개 인에게도 또 집단에게도 적용될 수 있다. ⑤보호적 기능 — 이상의 네 기능에 의해서도 역시 그 생활상의 요구 충 족이 이루어지지 않는 개인에 대해 그 사회관계를 보호하 는 서비스를 제공하거나 동시에 ①—④의 기능을 병행 시키지 않으면 안된다.

## 사회복지의 날

국가는 국민의 사회복지사업에 대한 이해를 증진하고 사회복지사업종사자의 활동을 장려하기 위하여 매년 9월 7일을 사회복지의 날로 하고 사회복지의 날로부터 1주간을 사회복지주간으로 한다. 또 2000년 9월 7일부터 매년 동일에 사회복지의 날 기념식을 갖는다.

## 사회복지의 대상

사회복지의 대상은 한마디로 생활 곤란이라 할 수 있다. 그 주된 대상은 다음과 같다. 생활보장대상자나, 그 가족으로 현금·현물 이외에 가정불화, 소득원부족, 자립의욕 저하, 사회 심리적 취약성, 편부·편모가정 등으로 가정기능이 약화 내지 해체되어 빈곤의 악순환이 예측되는 가정과 주민, 생활보장대상으로 책정되어 있지 않으나, 가정불화, 직업, 의료, 자녀교육 문제 등으로 인해 생활보장대상자로 전락하거나 또는 빈곤의 악순환이 예측되는 가정과 주민, 특수문제가정으로서 빈곤문제 이외에 심신 장애인문제, 가정갈등문제, 비행문제, 노인문제 등으로 가정의 결속력과 사회대처 능력이 저하되는 가정과 주민, 직업·부업훈련 및 알선의 필요성이 있는 가정과 주민, 유아보호 및 교육의 필요성이 있는 가정과 주민, 일반 지역주민으로서 생활정보·교양교육 및 주민결속력 강화를 필요로 하는 주민과 불우가정 등이다.

## 사회복지의 보충성

생활에 관련된 공공시책이나 제도의 부족 또는 결함을 사회복지 서비스로 보충하는 것을 말한다. 대체적 보충 — 사회보장제도의 미발달이나 결함을 보충하기 위해 사회복지가 빈곤자에게 최저생활에 필요한 금품 등의 서비스를 제공하는 경우에 사회복지는 사회보장을 대체한다고 한다. 특수서비스에 의한 보충 — 생활관련 시책이 어느 정도 정비되어 있어도 특수조건을 가진 소수개인은 그 서비스에 해당되지 않는 경우가 있다. 사회복지는 이와 같이 누락된 사람들에게 특수한 서비스를 제공한다. 가령 일부 중증장애인 복지시설 등이 여기에 해당한다. 사회복지 고유의 기능에 의한 보충 — 분업화된 전문가에 의해 운영된다. 모든 생활관련 제도는 이것을 이용하는 개인의 생활조건 전체에 대해 맹목적이기 때문에, 제도의 이용효과를 높이기 위해서는 사회복지 고유의 기능으로서 전체적·주체적 원조라는 사회복지의 실시 주체관점에서 보충되지 않으면 안된다. 가령 의료복지 등이다.

## 사회복지의 부문계획

사회복지의 부문계획은 서비스 분야 및 자원에 의한 것, 차원(level)에 의한 것으로 분류된다. 서비스 분야는 의료·보건, 교육, 주택, 문화·오락 등이 있으며, 자원의 부문으로는 시설정비, 인력, 재정, 정보관리가 있다. 분야는 전체적으로 인식될 필요가 있으며 또 자원은 서비스가 확대되려면 당연히 직원이나 시설의 수요가 증대하고 동시에 그들 재원조치가 필요한 것과 같이 서로 관련되어 있는 것이고 조종 되어야 하는 것이다. 한편 차원에는 정부 차원의 종합계획, 전체적인 사회복지계획, 그리고 지역차원의 개별계획, 지역복지계획이 있다. 따라서 부문계획에 있어서 서비스 분야, 자원 및 차원의 측면에서 전체적·포괄적인 계획에 관한 위치설정의 명확화와 조정이 필요하며, 계획 전체를 수행하기 위해서는 계획의 관리기능도 확립되지 않으면 안된다.

## 사회복지의 삼원구조

사회복지는 본질과는 달리 사회복지를 형성하는 세 가지의 기본적인 요소 또는 조건이 생각된다. ①사회복지가 대상으로 하는 사회문제이다. ②사회복지 입법, 제도화를 기하는 것으로 사회복지사업이나 여러 가지 활동의 체계를 책임지는 정부로, 즉 정책주체이다. ③사회문제에 대해 고민하고 있는 사람들이 제시하는 요구 등이다. 따라서 ①사회문제가 없으면 사회복지도 필요치 않게 되므로 이것은 불가결의 요소가 된다. ②전책주체는 이것이 없으면 미미한 자원봉사차원에서 머물게 되며 사회복지는 정책주체의 의도적인 어떤 목표가 내포되어 형성된다. ③운동이 결여되면 사회복지는 저수준의 것이 되고 정책주체의 처지나 목표만을 위한 것이 되고 만다. 오늘날의 사회복지의 수준이나 성격은 ②의 정책주체나 ③의 운동관계 여하에 크게 좌우되는 것으로 이것은 사회복지의 실태를 분석·평가 하는데 필요한 요건이 된다.

## 사회복지의 실시계획

사회복지기관이나 시설에서 목표달성을 위해 책정된 계획을 구체적으로 실시하기 위한 실행계획을 말한다. 이는 구상계획, 과제계획에 이어지는 계획단계이며, 언제 누가, 어디서, 무엇을, 왜, 어떻게 진행하느냐의 소위 6하 원칙을 명확히 하는 것이 기본이다. 실시계획의 수행에는 유연성을 갖도록 하며 또 평가에 따라 계획의 변경이나 불확정요인에 대처하는 체제 확보가 필요하다.

## 사회복지의 실시주체

사회복지 관계법에 따라 사회복지정책의 실시를 담당하는 주체는 국가, 지방자치단체 및 민간단체 등이 된다. 사회복지 실시주체자는 사회복지 근대화의 시대적 요청에 의해, 사회복지 수요자(client) 및 주민본위의 운영, 지역사회 전체의 사회적제 요인의 통합적 관점, 전문직 처우의 고도화를 관리목표로 하여 그 활동의 진행 관리, 내부감사, 정보 처리를 엄격히 하여 그것에 적합한 기동적 운영을 도모하기 위해 동태적인 조직의 확립과 그것에 필요한 직원의 육성에 노력해야만 한다. 관리체계의 확립과 능력개발을 위한 운영에는 집중적 관리와 분산적 통제의 균형이 필요한데 사회복지의 실시주체가 공영적 성격을 더함에 따라 민간기업이 지닌 합리성이나 진보성에 뒤떨어지는 매너리즘이 발생하기 쉬운 면도 지적된다. 그래서 공립 민영조직을 육성하여 공영과 경쟁시키는 것이 필요하다는 주장이 생겼다.

## 사회복지의 조직화

사회복지욕구의 발견과 설명이나 자원의 조정과 개발, 그리고 집단 활동의 조직화를 행하여 사회복지시설은 물론이고 다른 제도적 기능의 전문가와 일반주민 또는 사회복지서비스 대상자가 함께 협동적인 대책행동을 취하도록 원조하는 것이다.

## 사회복지의 조치

사회복지관계 법령에 근거하여 행정권한, 행정책임을 발동하기 위해 행정권한을 가진 자가 서비스의 필요성을 선별, 결정하여 사실행위를 발생시키는 것이다. 또는 그를 위한 공비부담행위를 가리킨다. 협의로는 사회복지시설의 입소결정과 그 계속 등에 대해 사용된다. 조치의 개념은 그 결정, 변경·해체 등의 수속이나 조치에 의해서 발생되는 권리성의 구체적 구조에서 문제로 된다. 따라서 사회복지의 조치는 광범한 정책노력이나 예산조치를 전체로 하진 복지서비스의 급여를 위한 동의, 신청 등에 입각하여 금전의 급여, 복지서비스(사실행위)의 급여내용의 결정 등 이들 행정행위를 중심으로 인식된다. 대개의 경우 복지서비스의 대부분은 사회보장제도적 국가운영에 따르기 때문에 개개의 권리가 법령에 근거하는 조치로서 결정되고 있다. 그만큼 권리성은 명확하나 입법 상으로는 집권주의나 임의규정인 경우가 많고 수속에 관한 규정(생활보장에 관한 규정은 예외)도 애매한 것이 많다. 따라서 일본은 대부분 행정 불복 심사법의 수속에 넘겨지고 있다.

## 사회복지의 주체(primary aspect of social welfare)

사회복지는 사회생활상의 기본적 욕구를 충족시키고 또는 사회관계의 부조적 현상을 극복, 예방하여 기본적 인권을 옹호하려고 하는 공사의 사회활동의 총체를 의미하는데 그것은 정책주체, 실천주체, 운동주체의 세 구성체에 의해 추진된다. 주체란 타인에 대해 자기의 의사를 펼치는 행동의 장본인을 말하는데 사회복지 주체의 목표나 설정은 사회복지의 행동의사를 실현하는 국가 및 지방 공공단체, 민간단체 및 지역주민이라고 하는 각기 다른 입장에 따라 그 기조를 달리한다.

## 사회복지의 처우

처우는 대상자의 취급이나 대우방법을 결정하는 것을 의미한다. 사회복지에는 사회복지에 종사하는 직원의 처우와 사회복지서비스를 이용하는 대상자(client)의 처우 등 두 가지 사용법이 있으나, 주로 후자의 의미로 많이 사용된다. 복지서비스 이용자의 처우는 분류기준에 따라 여러 가지로 나뉜다. 가령 직접처우와 간접처우, 시설처우와 재택처우 또는 거택처우, 개별처우와 집단처우, 단독처우와 공통처우, 가시적 처우와 불가시적 처우 등이다. 어떤 처우법을 채택하는가는 케이스의 상황에 따라 정확한 사회진단에 근거하여 결정된다. 또 처우는 언제나 좋은 사회사업가·클라이언트 관계를 기초로 전개되지 않으면 안된다.

## 사회복지 전달체계 (social welfare service delivery system)

사회복지서비스를 구체적으로 추진하고 실천하기 위해 필요한 자원을 조달, 배분하여 서비스를 실시하는 조직체계를 의미한다. 이 체계는 여러 구성요소로 이루어진다. 즉 서비스자원에는 인력, 시설이나 기기, 재원, 지식·정보 등이 속하고 이들 자원을 조합하여 서비스가 조직화된다. 따라서 사회복지공급은 서비스의 직접공급수준, 자원개발과 조달수준, 재원조달수준으로 나눌 수 있다. 사회복지의 공급체계는 각각의 수준특성에 대응 중앙정부, 지방자치단체, 전문직 집단 기업 등의 다양한 주체와 기관, 조직이 관련 사회복지 정책되어 있다. 이것을 유형화하면, 먼저 사회복지서비스가 공공적으로 제공되느냐, 자발적 혹은 사적으로 제공되느냐, 또 공공적 경우에서도 행정이 직접 서비스를 제공하느냐, 행정의 인가에 의한 민간단체가 행정책임의 위탁계약에 의해서 제공하느냐로 대별된다. 그리고 사적서비스 제공의 경우에도 시장적 서비스의 제공과 지역사회를 형성하는 시민참가에 의한 서비스 제공으로 대별되어지는데 이것들이 서비스 전달 유형을 이룬다.

## 사회복지전문직(social welfare profession)

사회복지 전문직의 개념이나 성립조건에 관한 연구를 정리해 보면 다음의 7가지 조건이 유출된다. 즉 고도의 이론적 체계, 전달 가능한 기술, 공이익과 복지목적, 전문직 단체의 조직화, 전문직으로서의 자율성과 그것을 지시하는 윤리강령, 전문직으로서의 하위문화 그리고 최종적으로 필요한 학력·시험 등으로 증명되어진 능력, 자격과 그에 대한 사회적 승인이다. 그러나 아직까지는 이와 같은 엄밀한 의미로서의 사회복지전문직은 아직 성립되기 어렵고 자격의 법적근거도 직종에서 차이가 있다.

## 사회복지정보(social welfare information)

사회복지정책형성이나 제도운영 혹은 현장 실천이 수행되는 과정에 서는 각각의 직무수준에 따른 여러 정보가 필요하게 된다. 첫째, 현장 실천의 수준에서는 사례처우에서 사례의 욕구정보가 중요하고 욕구 충족을 정확히 파악해야 한다. 둘째, 제도운영 수준에서는 제도이용자에 관한 욕구정보, 서비스이용요건에 관한 정보, 서비스의 실시상황이나 서비스 자원상황 등에 관한 정보가 필요하다. 셋째, 정책내지 계획책정의 수준에서는 사회복지욕구에 관한 질, 양의 예측, 혹은 서비스자원의 필요 조달량에 대한 정보 등이 중요하다. 이와 같이 사회복지의 각 수준에서 활동에 필요한 정보를 체계적으로 수집, 가공, 관리하는 것이 중요하기 때문에 이러한 일련의 과정을 취급하기 위한 사회복지정보 개념의 확립필요성이 요구되고 있다.

### 사회복지정보센터
사회복지정보의 수집·가공·관리·제공의 일련과정을 전문적으로 담당하는 조직·기관이다. 그동안 사회복지 관련 정보의 생산과 축적은 확대되어 왔으며 그 양은 매우 큰 것이므로 사회복지관련 정보를 분산 관리하는 것은 비능률적이고 중요한 정보의 누락도 있을 수 있기 때문에 사회복지 정보기능을 독립적으로 조직화하는 동향으로써 사회복지정보센터 등의 필요성이 대두되고 있다.

### 사회복지정책(social welfare policy)
광의로 사용되는 경우는 광의의 사회복지와 같은 의미를 가지며 정책적 성질을 강조하는 경우에 사용된다. 협의의 경우에는 사회사업 또는 협의의 사회복지로의 국가 자치단체의 정치적 배려 및 정책을 의미하는 것으로 사용된다. 어느 것이나 민간 활동에서 비롯된 자선 사업이 사회사업으로 바뀌어져 자본주의의 고도화로서 국가 또는 자치단체가 국민, 주민의 복지를 중시한다고 하는 정치 자체의 변화 가운데 출현한 것이다. 원래는 민간사회사업에 관한 통제, 관리, 지도, 조성을 시작으로 하여 사회사업의 공영화, 국영화의 진전을 도모하였다. 오늘날에는 사회복지시책, 계획전반을 국가 또는 자치단체가 입법, 행정, 재정에 대한 지도 및 계획을 한다고 하는 적극적인 입장에 있다. 이러한 역사적 전개에 대응해 용어도 협의에서 광의로 이행해 가고 있다.

### 사회복지정책의 구성요소
사회복지정책의 목적을 달성하기 위해 필요한 사회자원을 조달하고 조직 및 제도의 유지 내지 개선을 행하는 것이지만, 사회복지의 정책운영상의 과제이다. 이와 같은 입장에서 사회복지정책은 조작 가능한 체제로 보여진다. 즉 사회복지정책은 파악되어진 사회복지욕구의 충족상황인 사회복지목표의 체계와 그 목표를 달성하기 위한 시책의 체계화에 따라 구성된다. 시책의 체계는 사회복지 개개의 목표로 구성되지만 그 내용은 서비스 이용자에 대한 직접서비스의 제공, 서비스 제공에 필요한 인적·물적 그리고 이들 시책을 실시하고 추진하는 수단으로서 서비스 실시의 대상요건, 서비스의 질적·양적 수준, 요원배치, 시설수준 등의 최저기준, 재정적인 규정으로서의 조치, 위탁비나 보조금 수준 등이다.

### 사회복지정책의 목표설정
사회복지의 목적은 이념 및 가치판단과 결합된 것이 많아 그 내용은 추상적, 일반적이다. 그러한데 목적이 추상적, 일반적이면 이 목적수행을 위한 정책실현은 여러 가지 문제를 발생하기 때문에 목적을 먼저 명확히 하고 이를 구체적으로 달성해나갈 세분화된 목표가 필요하다. 그러나 사회복지정책을 보다 현실적, 유효적으로 이끌어가기 위해서는 이러한 것 외에 절차에 관해서도 연구할 필요가 있다.

### 사회복지정책의 주체
사회복지의 목적과 수단을 결합하여 복지목적을 달성하는 수속을 사회복지정책이라 부르는데, 이 정책을 전개하는 기동력의 근원이 누구에게 있는가 하는 것이 정책주체의 문제이다. 국가 및 지방자치단체는 국민의 최저생활보장과 생활향상에 공적책임을 지는 입장에서 사회복지의 정책주체로서 복지계획의 입안과 집행을 행정관리의 과제로 한다. 지역주민은 이러한 정책주체에 대해 국민의 사회권을 들어 사회행동(social action)으로 적극적으로 정책수립에 참가하려 한다. 정치가 자본 이해에 편향하고 지역사회의 주민생활 실태로부터 유리하면 관료주의에 빠져 정책주체를 향한 민주화 투쟁이 불가피하게 된다.

### 사회복지정책의 책정과정
사회복지정책도 다른 정책현상과 같이 공공적 의사결정의 대상이다. 즉 사회복지에 관심과 이해를 갖고 있는 시민계층, 단체, 조직의 영향을 받아 정당, 정부, 행정기관, 입법부 등이 제반정책 우선순위 결정과정에 이를 반영해 결정해간다. 정책결정의 내용으로서 제도의 창설이나 제도개선 제도운용의 개선, 예산편성을 통한 제정조치의 책정 등이 주어진다.

### 사회복지정책의 효과측정
사회복지정책의 당초 정책목표달성도를 아는 것이 효과측정의 목적이다. 이를 위해서는 효과측정을 위한 기준과 방법의 측정모델 개발이 불가피하다. 사회복지의 이념인 자립과 통합 그리고 정책평가기준으로서의 서비스효과, 효율, 공평성, 접근성, 권리성 등의 개념을 사회복지욕구 및 공급체계의 구성요소에 적용해 조작적인 지표를 구성하고 측정해야 한다. 더 나아가 사회복지정책의 효과측정은 그것만으로 부족하여 효율측정이 뒤따라야 한다. 사회복지에서 수행결과의 측정부분은 가장 미진한 부분이며 후에 개척이 도모되어야 할 영역이다.

### 사회복지조사(social welfare research)
일정사회 혹은 사회집단에서의 사회복지현상을 현지조사(field work)에 의해 관찰하고 기술하고 분석하는 과정으로서 사회복지학은 물론 사회학에 데이터를 제공하며 국가의 사회복지 정책결정에도 크게 이바지하고 있다. 이러한 사회복지조사는 사회복지방법론 중의 하나이며 보조수단으로 중요시 되고 있으며 사회복지학과 개설 대학에선 전공필수과목으로 이수하게 하고 있다.

## 사회복지지표

사회복지에 관련한 여러 가지 측면, 제 활동의 성과를 나타낸 통계 데이터로서 목적의식에 의한 사회복지의 상태를 수량적으로 표시한 것이다. 각 계층별로 시책 및 수준, 평등화가 행해지고 있는가를 나타내는 것이 기대된다. 이와 같은 지표는 사회복지의 방향인식, 사회복지의 상태평가, 장래의 예측, 공공당국의 계획책정에 활용된다. 구체적으로는 사회복지에 관련한 지표를 체계적으로 정비, 축적해 그 정책목표를 지표로 표시하고 미니멈 수준에서의 괴리를 나타낼 필요가 있을 때 이용된다.

## 사회복지행정(social welfare administration)

사회복지행정은 사회복지와 행정의 복합어로 행정은 관리, 경영, 운영 등과 그 밖의 여러 가지 의미로 사용되고 있으며 단체나 조직에서 필요로 하는 기능이다. 사회복지행정의 발전과정을 보면 하나는 일반경영이론에 기초를 두고 시설관리론으로서 발전한 것과 다른 하나는 행정이 비대화하여 사회복지분야에 영향을 미치고 국민의 생존권보장에 대한 국가의 책임이 높아져 국가에 의한 복지행정이 강화되기에 이른 것이다. 전자는 1910년대에 발전한 것으로 이른바 사회사업방법으로서 사회사업가의 양성, 훈련과 관련하여 사용되었고 또 사회사업기관 및 시설의 관리행정이 주가 되고 있다. 후자는 대상자 원조에 관한 사회적 제서비스가 다양하여 국가 또는 지방자치단체의 행정과 관련을 갖게 됨으로써 보다 광범위한 의미를 갖는 사회복지행정이라는 광의의 개념으로 사용되고 있다. 사회복지분야에 있어서 행정은 어떤 경우에는 사회복지단체, 기관(사회복지시설기관)의 활동전체를 지칭할 때도 있으나 일반적으로는 사회 복지와 그에 관련된 단체·기관 등이 갖고 있는 목적을 달성하기 위한 방법이나 수단의 선택과 그 목적을 달성하기 위한 과정의 효과적, 효율적 추진을 도모하기 위한 접근방법으로 이해할 수 있다. 사회복지기관. 조직 중 특히 사회복지시설은 시설입소자의 처우를 어떻게 하느냐는 사회복지에서의 처우실천의 관리, 운영이 그 중요한 과제가 되기 때문에 일반 행정과 구별되는 경우가 있다.

## 사회복지협의회(Council of Social Welfare)

발달한 사회복지 체계를 갖춘 구미 국가의 다수는 명칭, 조직 등에서 각 국정에 다른 특색을 가진 사회복지협의회 및 이와 유사한 민간단체가 조직되어 사회복지의 증진이나 운영·조정에 커다란 역할을 담당하고 있다. 미국에서는 Council of Social Welfare, 유럽에서는 Council of Social Service라는 계통의 명칭이 많이 사용되고 있다. 근래에는 발전도상국에도 이러한 조직이 생겨서 이들의 국제 협력을 위한 〈국제사회복지협의회〉가 조직되었고, 가맹국은 약 80개국이다. 미국의 협의회는 민간적 성격이 강하나, 유럽대륙의 경우는 대개 행정과의 관계가 긴밀하다. 영국은 전국적으로나 자치체단계에서도 상당히 계통적으로 조직화되어 있어서 형태상으로는 일본의 것과 가장 유사한 것이다. 따라서 일본의 사회복지협의회의 발전에 커다란 영향을 끼친 것은 영국, 미국 양국이라 할 수 있고, 우리나라의 것도 그 영향을 많이 받고 있다. 그 원류는 근대 사회사업의 성립기까지 소급되나, 오늘날의 기능이나 조직이 싹트게 된 것은 영국, 미국 할 것 없이 20세기 초기로 볼 수 있으며, 우리나라는 이보다 늦은 1952년 2월 15일 〈한국사회사업연합회〉라는 명칭으로 발족하고, 1961년 6월 25일에는 〈한국사회복지사업연합회〉, 다시 1970년 5월 22일에는 1970년 1월 1일에 제정·공포된 사회복지사업법에 의해 〈한국사회복지협의회〉로 개정하였다. 사회복지사업법 제 24조에 근거한 〈한국사회복지협의회〉는 1960년 9월에 〈국제사회복지협의회〉의 정회원으로 가입했다.

## 사회복지협의회의

목적과 조직 한국사회복지협의회의 목적은 사회복지를 목적으로 하는 각종 활동을 조장하고 이를 위한 국민의 참여를 촉진하여 우리나라 사회복지의 향상과 발전에 기여하는 것이다. 회원은 정회원과 특별회원으로 구성되어 있으며, 정회원은 사회복지법인 또는 사회복지와 관련 있는 법인단체의 대표자로서 이사회의 가입 승인을 받은 자로 하며 특별회원은 사회복지사업에 공로가 현저한 자와 학식과 경험이 풍부한자, 사회복지 관계 공무원 및 관청에 설치된 사회복지 관계 위원회의 대표자로서 이사회에서 가입승인을 받은자로 한다.

## 사회봉사교환소(social service exchange)

지역사회조직기관의 하나로서 주요하고도 믿을 만한 등록과 협동적인 서비스를 행하는 사회복지 및 보건기관의 연합체이다. 사회봉사안내소의 중요한 기능으로는 사회사업기관의 등록교환, 성원기관의 요청으로 개인 또는 가족에 대한 정보교환, 새로운 조사 때문에 전에 도움을 받은 성원기관에 대한 통지, 그리고 조사연구를 위한 자료공급 등이다. 이것은 사회사업기관으로 하여금 보다 효율성을 실현하게 하는 지역사회의 자원이요, 기관들로 하여금 팀웍(team work)을 할 수 있게 한다. 그 기원적인 것은 1876년 보스톤등기소(Boston Registration Bureau)에서 찾을 수 있는데, 1919 − 1925년까지는 전미 사회봉사교환소 연합회가 결정되었다. 우리나라에서는 한국사회복지협의회 산하에 사회봉사안내소를 두고 있다.

## 사회봉사명령제

격리수용이 최선의 방법이 아닌 경미한 범죄나 청소년 범죄인 경우 다양한 봉사활동에 무보수로 종사하도록 하는 제도. 1972년 영국의 형사재판법을 효시로 선진국에서 활발히 시행되어 큰 교정효과를 거두고 있다. 우리나라에서는 1989년 7월 개정된 소년법에 따라 보호관찰 결정과 함께 사회봉사명령을 내릴 수 있으며 1992년 법무부가 국회에 제출한 형사법 개정안에도 부분적으로 도입, 집행유예를 선고할 때 사회봉사명령을 내릴 수 있다.

## 사회부조(social assistance)

본래는 사회보험에 대비해서 사용되는 용어이다. 사회보장급여의 조직화는 기술적으로 사회보험과 사회부조로부터 이루어진다고 하는 경우에 사용되어지는 개념으로 공적부조에 가깝다. 사회부조 내지 공적부조는 급여의 수급요건으로서 자산조사(means test) 또는 소득조사(income means test)에 복종하는 것을 요하는 점에서 사회보험이나 공적 서비스(가령 영국의 국민보건 서비스 등)와는 다르다. 또 각종 아동수당, 무갹출복지연금, 원호 등을 사회부조라고 칭하는 입장도 있어서 우리나라에서는 용어로서 확립되어 있지 않다.

## 사회부조금

일반정부 및 민간비영리단체가 개인에 지불한 보조금 중 사회보장수혜와 무기금 피고용자복리수혜를 제외한 것을 말한다. 일반 정부부문에서 지불한 사회보조금은 생활보호비 사회보장기구의 수혜대상에 포함되지 않는 개인에 대한 구제금 등을 들 수 있고 민간비영리단체분으로서는 장학금이나 무상의 의료서비스등이 포함된다. 그러나 우리나라의 경우 제도부문별 거래주체의 분류에서 민간비영리단체와 개인을 합쳐 개인으로 분류하고 있어 사회부조금의 거래내역은 일반정부에 의한 지급이 개인의 수취로만 기록되고 있다.

## 사회불안(social unrest)

사회불안은 개인과 집단 조직, 계급 등의 내부나 상호관계 상황에서 발생하는 사회적 긴장이나 투쟁의 위기감정이다. 그리고 사회의 복잡화나 거대화 등에 의해 개인의 무력감이 확대되고 소속집단의 분화나 갈등 등에 의해 소속감이나 종속감이 약화되거나 상실되면 사회불안은 더욱 가중된다.

## 사회사업(social work)

사회복지 정책과 제도의 체계에서 하나의 전문직으로 전개되는 실천 체계로서 사회복지의 기술론적 입장을 강조한 것을 말한다. 사회사업은 전통적으로 방법을 중심으로 발달해 왔으며, 이 방법들이 전문화해서 체계를 이룬 개별지도, 집단지도, 지역사회조직 등의 방법으로 구성되었

다. 그러나 근래 이와 같은 분화는 전문직으로서 불가결한 실천의 공통기반을 발전시켜 나갈 수 없게 한다는 비판과 반성아래 1960년대부터 새로운 실천모델을 개발하는 시도가 활발히 전개되어 왔다. 여기에는 특히 Bartlett, Pincus, Minahan, Compton 등의 시도가 괄목할 만한 것이다.

## 사회사업가(social worker)

사회복지종사자의 일반적인 명칭으로 쓰여지고 있으나 국제적으로는 고도의 이론과 기술을 습득한 사회복지전문직에 부여되는 자격에 기초한 명칭이며 일상적인 케어·워커(개호직원)와는 구별되고 있다. 종래 이 전문분야에서 케이스워커라던가 그룹워커로 호칭되던 사람들도 미국의 사회복지방법론의 통합이나 영국의 시봄보고서 이래 단일사회복지전문직(a single social work profession)으로서 사회사업가로 불리는 경향이 강해지고 있다. 다만 다른 고전적 삼대전문직(의사, 변호사, 성직자)에 비교해 전문교육기간이 짧고(5년 이하), 생명·인권의 관여도가 낮으며 자율성이 낮고 비밀 보장이 엄격하지 않은 점에서 간호사나 교사처럼 준전문직(semi profession)으로 보는 견해(A. 애치오니)도 있다.

## 사회사업교육(social work education)

사회사업분야에 종사 또는 종사하려는 사람에게 실시되는 교육을 말한다. 사회사업분야에 종사하는데 필요한 지식과 기술을 체계적으로 배우고 실천 활동에 응용하도록 하는 교육체제의 필요성은 오래전부터 인식되어 왔다. COS운동의 역사에서 그 단서를 볼 수 있으며 1989년 뉴욕의 하기강습 이후에 체계적인 커리큘럼도 정비되었다. 오늘날 전문직 재확립의 기초가 되는 것으로 미국에서는 대학원 과정에서 고도의 교육지도가 행해지고 있다.

## 사회사업기술(social work skills)

사회사업실천에 대한 기준과 능력으로서 미국 사회사업가 협회에서 출간한 '사회사업실천에 필요한 기준분류'에 따르면 기본적으로 다음의 사항들로 나타낼 수 있다. ①타인에 대한 이해와 목적을 갖고 경청한다. ②사회력, 문제 사정 및 자료를 수집하는데 필요한 정보를 끌어내고 관련 사실을 취합한다. ③전문적 원조관계를 만들고 또 이를 유지한다. ④언어적, 비언어적 행동을 관찰하고 해석하며 성격이론과 진단방법 등에 대한 지식을 활용한다. ⑤클라이언트(개인, 가족, 집단 지역사회 포함)가 그들의 문제를 스스로 해결하려는 것과 신뢰를 얻기 위한 노력에 관여한다. ⑥감상적이고 정서적인 주제를 유감없이 토의한다. ⑦클라이언트의 욕구에 대한 새로운 해결방법을 찾아낸다. ⑧치료적 관계 단절의 적절한 시기와 그 요구를 결정한다. ⑨조사 연구 작업의 지휘와 전문서적을 탐구한다. ⑩각 영역 간의 갈등을 중재하고 협상토록 한다. ⑪기

관이나 조직 간의 연결서비스를 제공한다. ⑫사회적 요구를 자료의 원천, 정부관계자 또는 입법자에게 설명하고 그들과 대화의 창구를 열어놓는다 등으로 나타낼 수 있다. 같은 맥락에서 사회사업가는 논쟁적 성격이나 갈등상황과 관련된 긴장 속에서도 기능을 발휘할 수 있고, 사회학, 심리학, 문화인류학 이론을 사회사업 실제와 관련시킬 수 있어야 하며 문제 해결을 위해 필요한 정보를 정리하며 기관 서비스나 자기 자신의 업무에 대한 연구를 이끌어 나갈 수 있어야 한다.

### 사회사업조사(social work research)

광의의 사회조사에 포함될 수 있으나 사회복지라는 특정 영역의 대상에게 시행하는 조사이며 사회사업실천의 과정에서 사용하는 전문적인 방법의 하나이다. 일반적으로 사회조사와 구별되는 특징은 그 대상이 문제해결을 위한 공헌이 요청되고 조사결과가 사회복지실천, 정책, 프로그램계획의 입안 등에 직접적으로 관련되어야 한다는 점이다. 구체적으로는 지역사회의 욕구측정이나 사회사업실천의 효과측정을 위한 조사 등을 들 수 있다.

### 사회사업팀(social work team)

체계화된 목표들을 달성하기 위해 사회사업가가 여러 영역의 관련 특수전문가들이 통합, 조정, 협력의 과정을 통해 서비스를 전달하는 체계라 할 수 있다. Robert L . Barker와 Thomas L . Briggs에 의하면 팀의 구성원들은 목표를 효율적으로 성취할 수 있도록 하는 모든 활동과 사회사업가나 팀의 리더에 의해 합의된 목적에 필요한 여러 과제들에 대해 토론을 하게 된다. 한편 사회사업가는 정신의료나 일반의료영역과 같은 분야에서도 타 학문분야와 관계하는 팀에도 참여하게 된다.

### 사회사업 행정

R . Skictmore에 따르면 사회사업 행정은 사회정책을 사회복지 서비스로 전환하는 과정으로서 사회복지서비스를 효과적으로 공급하고 전달하는 것을 용이하게 하는 방법이다. 즉 사회사업기관의 행정을 사회복지 전달로 전환시키기 위한 과정(기본적인 과정들로는 계획, 조직, 스텝 구성, 지도, 관리, 통제 등)들을 용이하게 하는 스텝 구성원들의 활동으로 간주될 수 있다. 유능한 사회사업기관의 리더는 사회사업 지식을 가지고 있는 단순 행정가가 아닌 '전문 사회사업 행정가' 인 것이다. H. B. Trecker는 사회사업 행정의 기본원칙으로서 ①사회사업 가치의 원칙, ②지역사회와 클라이언트 요구의 원칙, ③기관 목적의 원칙, ④문화적 장의 원칙, ⑤의도적 관계의 원칙, ⑥기관의 통제성의 원칙, ⑦전문적 책임의 원칙, ⑧참가의 원칙, ⑨커뮤니케이션의 원칙, ⑩지도력의 원칙, ⑪계획의 원칙, ⑫조직의 원칙, ⑬권한 이양의 원칙, ⑭조정의 원칙, ⑮자원 활용의 원칙, ⑯변화의 원칙, ⑰평가의 원칙, ⑱성장의

원칙을 들고 있다. 사회사업 분야에서 행정은 기관의 관리 및 운영에 주요한 역할이 되고 있으며 케이스 워크 또는 그룹워크와도 같은 기본적인 사회사업의 실천적 방법으로서의 행정이 대두되고 있다.

### 사회성 기술(social skill)

타인과 사회적인 관계를 맺고 그 관계를 유지하기 위해서 반드시 필요한 것으로서 주어진 상황에서 효과적인 것으로 확인된 반응이나 상호작용하는 사람을 위해 긍정적인 효과를 산출 유지하거나 풍부하게 해줄 수 있는 가능성을 극대화해주는 반응들로 타인과 생활하고 상호작용하는 적절한 행동들을 말한다. 역사적으로 볼 때, 특수교육분야에서는 장애 유형을 정의하고 이해하는 데에 있어서 사회적 능력을 강조해 왔다. 사회적 능력은 사회성 기술과 적응행동 둘 다를 포함하며, 사회적 능력은 특수한 대인관계에서 독특한 자극에 대한 반응으로 나오는 언어적 혹은 비언어적인 복잡한 행동세트를 말한다. 이러한 행동은 다른 사람이 있는 상황에서 일어날 수 있는 고립된 기술뿐만 아니라 다른 사람과의 상호작용을 요구하는 사회성 기술을 포함한다. 따라서 적응 행동의 초점은 자기 충족(self sufficiency)인데 비해, 사회성 기술의 초점은 대인관계에서의 기능과 사회적 수용이라고 볼 수 있다. 장애 아동들은 사회적으로 다양하게 적응 문제를 겪을 수 있고 또 부적응 행동을 보일 수 있다. 이러한 것들이 장애 아동의 전반적인 발달을 방해하기도 한다. 사회성 기술을 주제로 한 연구들은 장애 아동의 통합의 실패는 동료 집단의 수용에 중요한 것으로서 선행되어야 할 사회성 기술의 부족 때문임을 지적하고 있고 장애 아동이 일단 통합이 되면 사회성 기술 발달을 계속해서 지지해 줄 수 있는 프로그램이 없는 것도 한 요인이 됨을 지적하고 있다. 따라서 장애인들에게는 다른 사람을 반가이 맞게 하는 것부터 이성 교제까지 개인이 사회적 능력을 얻게 할 수 있는 모든 사회성 기술, 즉 사회적 해독(관련 단서를 식별하는 능력), 사회적 의사소통, 비언어적 행동, 독립적인 사회성 기술(예, 공원에 혼자 앉아 있는 것)들을 모두 훈련시키는 것이 필요하다.

### 사회성숙도(social maturity)

인간에게서 생산적인 욕구와 사회 · 정치적 생활의 초기적인 측면에 대한 인식이 나타나는 상태를 말한다. 이때 부모로부터의 이탈과 복잡한 성인세계로부터의 소외감이 극복된다. 신체적 · 지적 · 정신적으로 분화되어 있는 개인은 전인(whole person)으로서 통합되면서 지역사회와 문명세계 내에서 생활할 준비를 갖추게 되고, 소위 완전한 성인의 역할을 하게 된다. 고대에는 25세가 되어야 승려직 · 도제양성자 · 조합의 회원 등이 될 수 있었으며, 모든 사회에 이 성숙도에 달하게 되면 특별한 의식이 진행 되었다고 한다. 각 문화권은 법으로 성인 연령을 정하

여 두지만 역연령과 실제의 사회성숙도는 상관이 높지 않은 것으로 알려져 있다.

## 사회성숙도 검사(social maturity scale)

1935년 미국의 Doll이 제작한 바인런드(Vineland) 사회성숙도 검사 제5판을 1965년 김승국, 김옥기씨가 한국 실정에 맞게 표준화한 한국판 검사이다. 출생부터 30세까지의 자조능력, 이동능력, 작업능력, 의사소통, 자기관리능력, 사회화 등과 같은, 적응 행동의 표본이 된다고 할 수 있는 120개 문항으로 구성되어 있으며 동일한 척도의 문항들은 평균 곤란도 순으로 배열되어 있다. 검사실시 시 피검사자가 검사 장면에 참석하지 않아도 보호자나 지도하고 있는 교사의 보고에 의해서 실시할 수 있으며, 검사문항을 행동 영역별로 검토하므로 피검사자의 영역별 행동 수준을 측정할 수 있을 뿐 아니라 수량화된 점수(SA, SQ)를 통해 적응행동 수준을 종합적으로 평가할 수 있다. 또 피검사자의 과거 발달력을 용이하게 추적할 수가 있어 미래의 예후를 비교적 정확하게 예측할 수 있다. 제한점으로는 대부분 보호자와의 인터뷰에 의존해야 하기 때문에 보호자의 반응에 따라 과대 또는 과소평가 될 우려가 있으며, 뇌성마비나 지체장애인의 경우 그들의 잠재능력을 정확하게 평가하기 어렵다. 또 SA / CA × 100이라는 단순 통계 처리에 의해 SQ가 산출되기 때문에 특히 정신지체아의 경우 연령이 많아짐에 따라 사회지수(SQ)의 의미가 감소된다. 또 영역별 적응행동 규준이 없다는 제한점 등이 있다. 일반적 지적 능력의 측정이라는 견지를 떠나서 한 개인이 자신의 실제적 욕구를 만족시키고자 책임을 질 수 있는 개인적인 능력의 정도를 따지는 발달척도의 하나. 이 검사의 한 예로 돌(E. A. Doll)이 제작한 사회성숙도 검사를 들 수 있는데 이 검사는 출생 후부터 25세까지를 측정해 주고 있으나 주로 어린 아동과 정신지체아의 사회적 적응발달을 측정하는데 적합하다. 이 척도는 117개의 문항으로 구성되고 이것을 각 연령단계로 묶어서 제시하고 있다. 이것은 피검사자와의 면접이나 보호자와의 면접을 통해 그의 일상생활에서의 행동을 면접자가 표시하도록 되어 있다. 검사문항은 다음과 같다. ①일반자조능력, ②독립적 식사능력, ③외모, 치장의 능력, ④자발적 능력, ⑤작업 능력, ⑥의사소통, ⑦운동능력, ⑧사회화 정도의 8개의 영역으로 나누어진다. 이 척도로부터 사회적 연령수준과 사회성지수가 계산될 수 있다. 1974년, 바인런드 사회성숙도 검사(Vineland social maturity scale)보다도 우수한 것으로 미국 정신지체아협회에 의해 제작된 적응 행동척도(ABS : the adaptive behavior scale)가 현재 많이 활용되고 있다.

## 사회성숙도 척도(social maturity scale)

정신지체의 개념적 파악(1941년)에 영향을 준 돌이 1935년 바인런드 사회성숙도 척도로서 작성한 사회생활능력에 관한 측정척도. 성숙연령을 25세 정도로 하고 사회생활능력지수(SQ)의 적용에 의한 분류처리나 지도의 평가기준 등으로 그 실천적 의의는 크다. 지능검사와 병용되는 것으로 ①산변처리능력, ②자기억제력, ③커뮤니케이션능력, ④사회화능력, ⑤이동능력, ⑥작업능력 등에 사용된다.

## 사회성의 발달(social development)

사회에서 독립된 개인으로서 사회적 책임을 지는 능력이 연령 또는 발달단계에 따라 나타나거나 획득되는 것으로 다른 영역의 발달에서도 마찬가지이지만 이 사회성 발달은 인간이 인간의 사회에 접속될 때에 가능하다는 전제에서 출발한다. 가령 유아기에는 모자관계의 형성, 학령전기에서는 공격성의 발달, 성(性) 역할의 학습, 또는 집단의 형성 등의 문제가 있고 소년 · 소녀기에는 도덕성의 발달, 사회관계의 상보성, 또래집단의 영향 등이 중요한 문제로 대두되며 청년기에 들어서면 가치관의 정의 등 여러 문제에 당면하게 된다. 일반적으로 사회성 발달은 자기와 타인과의 관계에 대한 꾸준한 재정의의 과정이라 할 수 있다.

## 사회수당

각 국가에서는 일반적으로 사회보장의 전통적인 방법으로 사회보험 및 공적부조로 구분하는데 이것만으로 부족하여 양자의 중간적 성격의 현금 급여를 말할 때 이 용어를 사용한다. 사회보험과 다른 점은 사회수당이 거출을 조건으로 하지 않는 것이고 공적부조는 대상자를 반드시 빈곤자에 한정하여 자격제한이 있음에도 보족성의 원칙에 의하지 않고 있다. 노령복지연금, 아동수당, 아동부양수당, 가족수당, 특별아동부양수당 등이 해당된다.

## 사회심리적 사정(psychosocial assessment)

클라이언트의 해결되어져야 할 문제에 대한 사회사업가의 요약, 판정으로 '사회 심리적 진단'이라고도 한다. 사회 심리적 사정은 ①클라이언트가 현재 어떠한 곤란을 겪고 있는가, ②그 곤란의 요인은 무엇인가, ③어떤 영역의 변화가 그의 곤란을 경감 또는 해소시킬 수 있는가, ④이 목적을 위해 사회사업가는 어떠한 단계를 취할 것인가 등의 적절한 자료를 갖고 추론하는 노력이 요구된다.

## 사회심리적 위기(psychosocial Crsis)

개인은 생애를 통해 정신적, 사회적으로 예측 가능한 발달의 단계나 국면을 경험하고 각각의 단계는 그 사람이 건전한 발달과정을 거치기 위해 대처해야만 하는 독특한 환경과 도전을 제시한다는 개념으로 사회심리적 위기는 개인의 새로운 단계의 요구에 대처함에 있어 이전의 경험이 거의 없는 경우나 갈등상황에서 필요한 사회심리적 적응력이 효과적이지 못할 때 발생된다. 위기 상태에 있는 클라이언트를 돕기 위해서는 사회사업가는 신속히 클라이언트에게 접근해야 하는데 이유는 도움을 요청한 시간으로부터 며칠 내 또는 최소한 일주일 이내에 그 요청을 충족시킬 수 있는 기관과 서비스의 구조가 필요하기 때문이다.

### 사회심리적 재활(psychosocial rehabilitation)

심신의 장애를 가지고 있는 장애인과 그 가족들에게 필연적으로 따르게 되는 사회심리적 제 문제를 찾아내어 해결해 주는 것이다. 장애인의 전인격적 측면에서 사회 심리적 요인의 파악과 장애로 수반되는 사회심리적 장애를 스스로 인식하고 해결할 수 있도록 돕는 일이 사회적 서비스이다. 이러한 서비스의 결과 장애인이 자기의 장애를 현실적으로 받아들이는 것을 돕는다. 사회심리적 재활 모델은 인간의 잠재성에 대해 매우 긍정적이고, 낙관적인 관점을 갖고 있다. 이 모델의 목표 중 하나는 심하게 손상된 사람들로 하여금 지역 내에서 기능하는 것이 가능하도록 기술을 유지하고 발전시키는 것이 가능하도록 하는 것이다. 이 모델에서 중요한 개념은 '정상화' 이다. 그들이 정상적으로 느끼고, 정상적으로 처우 받는다는 것을 의미한다. 더 나아가 평등주의적인 프로그램 구조를 통하고 실제 경험적인 사회적 학습의 기회들이 주어지면서 그들에게 사회에 기여하고 적응할 수 있는 능력을 강화시키게 된다. 이와 같이 사회심리적 재활은 현재 클라이언트와 그 상황에서 관계하고 클라이언트가 도달할 수 있고, 기능을 유지하기 위하여 환경과 클라이언트 모두에게 개입을 시도하며 개인의 변화라는 것은 사회적 환경 안에서의 변화로 측정된다.

### 사회심리적 조사(psychosocial study)

사회사업가가 개인, 가족, 집단 지역사회와 같은 클라이언트를 돕기 위해 합리적인 계획을 개발하고 결정하는데 필요한 정보를 얻는 과정이다. 이러한 정보는 문제에 대한 클라이언트의 진술, 병원 기록, 학교, 개인적 기록, 편지, 전화 내용, 클라이언트의 가족들과 클라이언트를 아는 다른 사람들과의 직접적인 만남 등과 같은 다른 자원들로부터의 확인, 현재의 사회 심리적 내력, 클라이언트의 문화적 배경과 하위문화 집단에 대한 정보, 클라이언트의 생활에서의 독특한 환경에 대한 정보 및 클라이언트를 돕기 위해 사용될 수 있는 다양한 자료들에 대한 정보 등이 포함된다. 사회심리적 조사에서 얻어진 정보는 결국 사회 심리적 진단을 얻어내는데 사용된다.

### 사회심리적 진단(psychosocial diagnosis)

치료에 선행하는 단계로 클라이언트 체계의 본성에 관한 이해를 그 환경에서 이해하고 공식화하는데 필요한 사실들을 면밀히 조사하는 것으로 정의될 수 있다. 진단의 주요한 목표는 개인 혹은 그룹과 치료를 계획하고 행하기

에 충분한 상황을 이해하는 것으로, 진단은 치료를 개별화하고 그룹의 목표, 구조, 과정이 개인적인 요구와 그룹 차원의 요구에 대처하는데 적절하다는 것을 확인하기 위해서 필수적인 과정이다. 진단의 내용은 서비스의 여러 측면, 특히 그 목적과 구조에 따라 다양해질 수 있다. 개인에 대한 진단의 경우, 사회사업가는 클라이언트의 개인적인 특성, 즉 연령, 성별, 가족 내에서의 역할 및 사회 경제적인 상태를 통해 개인의 사회심리적인 발전을 이해하는 것이 중요하다. 그리고 개인과 가족의 생활사에 중요한 사건들은 문제와 목표를 정의하는 것과 관련성이 있게 된다. 특히 개인의 가족 내에서의 사회적 관계, 동년배들과의 사회적 관계, 그리고 다른 사회적 역할 속에서의 사회적 관계의 특성 등은 관련성이 깊을 것이다. 왜냐하면 사랑과 애정을 주고받을 수 있는 능력은 자신의 욕구 충족의 필요성과 개인적인 생활의 필요성 사이의 균형을 알게 해주며, 또 다른 사람이 자신의 역할에 대한 인식, 그것을 해석하는 방법, 다른 사람들의 기대치에 대한 반응 그리고 다른 사람의 역할을 해석하고 반응하는 것 등을 포함하여 환경에 상호작용하는 개인성의 기능화를 설명할 수 있는 실마리를 제공해 줄 수 있게 된다. 이와 같이 개인에 대한 사실들은 그들 각각을 이해하는데 활용될 뿐 아니라 그룹에 있어서 성원들 간의 차별성과 동질성이 그룹의 상호작용과 발전에 영향을 미치게 될 방법을 드러내 줄 뿐 아니라 그룹의 프로필을 개발하는데 활동될 수 있다. 그래서 그룹에 대한 진단을 할 경우, 대개 그룹의 구조와 과정을 이해하는데 주의를 기울이게 된다. 특히 사회사업가와 그룹의 관계가 발전됨에 따라 사회사업가는 성원들이 다른 사람의 감정에 반응하는 능력, 욕구와 마주치는 상호성의 정도 그리고 개인의 성장과 그룹의 유지 및 발전, 양자에 공히 관계된 건설적인 목표와 파괴적인 목표를 위하여 사용된 관계형태, 역할 구조의 적절성, 역할 수행의 기대치에 대한 적합성이나 갈등의 수준, 권력과 권위의 배분, 그리고 역할의 유연성과 경직성을 주목하게 된다. 한편 가족체계 내에 사회사업가가 개입할 때 사회사업가는 체계의 상태가 분열되는 정도와 불균형을 이뤄내는 스트레스와 긴장의 특성을 파악하게 된다. 즉 체계 내 상호 감정, 욕구, 견해를 피력하는데 장애가 있는지 또는 말로 전하는 것과 말 이외의 방법으로 전달하는 것의 불일치성이나 다른 사람에게 귀기울일 수 있는 능력의 부족 등을 유념하면서 그것들에 대한 지식을 문제해결 노력과 개인 혹은 그룹의 발전 방향에 영향을 미치는 근거로 활용해야 한다.

### 사회심리적 치료(psychosocial therapy)

사회심리적 치료는 정신치료나 카운슬링의 '심리적' 관점과는 달리 '사회심리적' 관점을 갖는다는 점에 그 특색이 있다. 그것은 단지 심리학이나 사회학의 통합을 의미하는 것이 아니라, 인생을 생리적, 심리적으로 구분하며

인간을 둘러싼 사회경제적인 상황을 포괄적, 전체적 시각을 '사회심리적'으로 표현하고 있는 것이다. 19세기 말에 시작된 사회심리적 치료모델은 인간과 상황에 대한 이중의 관점으로부터 인간과 집단을 이해할 필요가 있음을 강조하면서 클라이언트와 클라이언트의 환경 사이에 일어나는 일들에 초점을 두게 된다. 이와같이 사회심리적 치료는 개인의 내면뿐 아니라 대인관계와 더불어 사회관계에도 초점을 맞추면서 전문가와 개인, 가족, 집단 또는 지역사회에서 발생하는 관계를 클라이언트로 하여금 그의 특수한 정서적 또는 지역사회에서 발생하는 관계를 클라이언트로 하여금 그의 특수한 정서적 또는 사회적 문제를 극복하고 달성하여 사회심리적으로 건강한 상태로 되어지도록 하는데 그 목적을 갖게 된다. Fransis J. Turner에 따르면 사회심리적 치료모델은 개인, 집단 가족적 관계를 구성하여 요구되어 지는 것을 창조하거나 이용가능한 자원을 동원해서, 클라이언트에게 그들의 행동, 성격 또는 상황을 수정하도록 꾀한다. 한편 Florence Hollis는 케이스워크를 사회심리치료로 간주하며 케이스워크의 치료기법을 다음의 일곱 가지로 유형화하고 있다. 즉 직접치료로서 지지기법, 지시기법, 정화법, 사람과 상황의 상호작용에 대한 반성적 토의, 퍼스낼리티의 반성적 토의 및 유아기의 발생적 고찰과 간접치료로서 환경조정을 들고 있다. 결국 케이스워크가 인간을 생리적, 심리적, 사회적 존재로서, 즉 하나의 전체로서의 인간으로 파악해야 한다는 점과 케이스 워크는 인간을 개방체계(open system)로서 항상 환경과 교류, 에너지를 교환함으로써 스스로를 변화시킴과 아울러 환경에도 변화를 주는 사회적 존재로서 간주해야 한다는 점이 특색이라 하겠다.

## 사회심리학(social psychology) 01

사회 환경, 집단 환경, 대인관계 사이에 나타나 기능하는 심적 과정을 취급하는 사회과학이 사회심리학이다. 사회적 행동은 여러 가지 입장에서 설명된다. 즉 본능에 의한 설명과 학습이나 지각, 적응의 관점, 문화인류학적인 입장, 집단행동(유행, 여론 등)을 취급하는 학파도 있다. 또 사회정신의학과 공통하는 분야, 집단역학, 리더십, 사회적 역할을 취급하는 분야도 있다. 일반적으로 사회와 개인의 관계를 생각해 보면 그 중핵이 되는 것은 사회에서 개인의 자아는 반드시 다른 사람에게 영향을 미치고 다시 개인 자신에게 되돌아온다는 것이다. 즉 타자에 의해 자기가 어떻게 평가되고 인지되어 있느냐를 타인의 반응에 의해 추측할 수 있는 과정이 사회적 관계 속에는 포함되어 있는 것이다. 1대 1의 치료적 관계나 군중의 이상심리에도 이것이 포함되고 있다.

## 사회심리학 02

인간의 사회활동 및 생활에서 타인들과의 상호작용이 개인의 태도와 행동에 미치는 영향, 집단 내에서의 행동 그리고 기타 다양한 사회적 장면(혹은 상황)에서 발생하는 개인들의 행동을 연구하는 심리학의 한 분야이다. 이 분야에서 이루어지는 대표적인 연구주제로는 친사회적 행동, 이타행동, 동조, 설득, 갈등 및 집단행동 등이 있다.

## 사회악(social evil)

사회내부에 발생해 기존질서나 가치를 침해하는 현상으로 범죄, 비행, 부도덕 등을 총칭하는 개념으로 사용된다. 사회악의 원천은 사회자체의 모순의 장으로서 또 시기적으로 사회악이라고 간주되는 중심으로 새로운 가치나 질서의 붕괴가 포함되어진 것이다.

## 사회연대(social solidarity)

일반적으로 개인 간의 상호의존에 근거한 결합의 총칭을 의미하는 말이다. 그러나 프랑스의 사회학자 뒤르껭이 사회적 분야의 발달에 따라 동질의 구성원들 간의 결합체인 기계적 연대로서 사회관계가 이질자들의 기계적 연대에 근거한 긴밀한 조직적사회로 이행해간다는 사회연대의 변화를 설명한 이후부터 사회연대라는 개념은 뒤르껭의 생각을 상기시키는 것으로 평가되고 있다.

## 사회연령(social age : SA)

사회생활을 해나가는데 있어 기본적으로 필요한 사회적 능력(가령 자조능력, 자기관리능력 등)들이 있는데, 이것은 반드시 지적인 능력에 의해 지배된다기보다는 생활 지도나 훈련을 통해서 얻어지는 것으로 이러한 능력 등이 나타나는 평균 생활연령을 사회연령이라 한다.

## 사회운동(social movement)

최근 사회학에서의 광의의 개념은 사회변동의 원인 내지 결과로 생기는 사회적 위기를 해결하려는 의도 하에 조직적으로 행해지는 집합 행동을 의미하고 협의로는 자본주의사회에서 노동자계급이 사회문제의 해결을 통해 궁극적으로 체제의 변혁을 목표로 하는 운동을 의미한다. 가령 복지증진을 위해서 각종 제도의 개혁이나 생활수준의 향상을 요구하는 대중이나 사회복지관계자의 조직적 행동과 같은 개별적인 요구에 뿌리를 둔 운동도 사회운동에 넣을 수 있겠다. 사회운동은 사회의 기구나 제도 등에 대한 변혁요구를 갖고 있으며 각각의 운동이 행해지는 구조적 조건의 차이에 다라 운동형태가 상이할 뿐만 아니라 요구의 내용과 방향 및 변혁의 방법이 달라진다. 또 노동운동, 부인운동, 주민운동처럼 운동참가주체에 따라서도 다양한 차이가 생긴다.

## 사회원가

사회적 비용 또는 국민경제적 원가라고도 하며 기업의 생산활동이 일반 시민이나 사회 전체에 부담을 요구하는 비용의 크기를 말한다. 이에 대해 일반적으로 기업이 부담하는 비용은 원가계산상의 원가로서 회계처리 되며 사적 원가라고 한다. 사회원가의 종류는 산업적 원인과 사회제도에 기인하는 것 등 2가지로 대별된다. 전자는 본래 기업의 부담인데 사회에 부분적인 부담을 요구하는 것. 가령 공해병 환자의 치료비 등은 원래 개인부담이 아니라 공해발생원인 기업이 부담해야 되는데, 환자의 구제 나 주민건강의 보호, 생활환경의 보전이라는 국가적 관점에서 국가나 지 방자치 단체에도 부담이 요구된다. 후자는 경기변동에 의한 실업이나 산 업구조의 전환에 따르는 구제비용, 도로·철도·항만시설 등 사회적 시설의 투자, 상하수도 등 생활기반의 투자, 혹은 직업병 치료를 위한 부담이 사회적으로 요구되는 것 등을 말한다.

### 사회유대(social bond)
개인과 개인 사이에 결합을 발생하게 하고 집단이나 사회를 성립시키는 계기가 된다. 일반적으로는 각각의 집단을 구성하고 있는 사람들 사이에 공통적인 특질을 이룬다. 혈연이나 지연 등이 거론되는 경우가 많으나 그밖에 이해의 공통성 등 경우에 따라서는 오히려 상호간에 자신에게 부족한 것을 서로 협력하고 보충, 보완하는 것처럼 이질적인 요소가 유대를 이루는 경우도 있다. 이와 같은 점을 생각하면 이 개념은 포괄적이어 세분화가 필요하다.

### 사회의식(social consciousness)
이데올로기, 사회심리, 애토스 등, 집단성원에 공통적인 의식을 총칭해서 사회의식이라 한다. 사회의식은 민족, 계급, 계층, 기타 사회집단 등의 각각의 존재조건에 따르지만 동시에 그들 성원의 주체적 행동을 규정하는 것으로서 존재조건의 유지와 변혁에 큰 힘이 된다. 오늘날에는 매스커뮤니케이션을 포함해서 의식의 작용도 다양화되어 있어 존재와 의식의 연관성을 단순하게 파악할 수 없는 면도 있다.

### 사회의학(social medicine)
사회적 차원에서 건강문제를 연구하는 의학, 유아, 모성, 노동자, 노인 등의 사회적 특성에 입각하여 보건상 의학상의 문제를 해명해 해결책을 추구한다. 빈곤, 노동, 사회환경, 공해, 질병 등의 문제나 의료의 사회화, 공급체제, 건강보험제도, 의료복지 등에 관한 문제 등이 특히 중요하다. 공중위생이나 노동위생의 대책에 이론적 기초를 두고, 예방의학과도 밀접한 관계를 갖는다. 광의의 사회의학에는 범죄, 사고, 자발 등에 관한 법의학도 포함된다.

### 사회이동(social mobility)
개인이나 집단이 어느 사회적 위치로부터 다른 사회적 위치로 이동·변화하는 것을 말하며 이 개념을 체계적으로 정리한 사람은 P. A. 소르킨이다. 소르킨은 사회이동을 수평적·수직적 이동으로 분류하였다. 수평적 사회이동

은 사람들이 사회적 상하관계로 보아 동일수준에 있는 사회적 위치 사이를 이동하는 것을 말하며 수직적 사회이동은 상하로 다른 사회적 위치, 즉 사회계층간의 이동으로 상승과 하강의 두 가지로 나눌 수 있다. 소르킨 이후 사회이동의 연구는 사회의 불평등선이나 부정의 또는 사회의 경직성이나 비효율성을 측정하는 전략적 테마로서 진행되어 왔다. 사회이동은 생활의 기회를 확대하고 생활양식을 크게 변화시키지만, 그 결과로서 일어나는 여러 가지 문제나 영향에 주의할 필요가 있다.

### 사회자본(social capital) 01
산업 활동에서 생산성을 높이거나 혹은 생산의 편의와 필요성에 의해서 정비되는 시설을 말하며 민간자본에 반해서 사용된다. 이들 사회 자본은 국가의 행정투자에 의한 것과 지방공공단체, 공동기업체에 의해 정비된 것이 있다. 산업기반 정비를 위한 도로, 항만, 철도 등이 있고 생활환경 정비를 위한 상·하수도, 학교, 의원, 공원 등이 있다. 오늘날에는 사회자본의 지역적 편재, 지역격차 등의 문제가 대두되고 있다. 통신, 우편, 공항, 등대, 하천이나 해안의 제방, 댐 등도 여기에 속하며 경제성장의 촉진을 위해서도 사회자본 확충의 문제가 국가정책의 중요부분으로 되어 있다.

### 사회자본 02
사회간접자본 또는 외부경제라고도 한다. 도로, 항만, 하수도, 공원, 통신, 우편, 공항, 등대, 하천이나 해안의 제방, 댐 등 특정인을 위한 것이 아니라 국민경제 전체의 기초로서 그 원활한 운영을 실현하기 위한 것의 총칭이다. 공공을 위한 것으로 그 지역의 독점적 성격이나 영리사업으로 성립되기 어려운 성격 등의 이유 때문에 정부나 공공기관에서 행하는 것이 보통이며 경제성장을 촉진하기 위해서도 사회자본의 확충이 경제정책의 중요한 부문으로 되어 있다.

### 사회자원(social resources)
사회욕구를 충족하기 위해 동원되는 시설. 설비, 자금이나 물자, 그 외에 집단이나 개인이 갖는 지식이나 기능을 총칭한 말이다. 개별사회사업, 집단사회사업 및 지역사회조직의 과정에서 사회사업가는 욕구를 명확히 함과 동시에 신속하고도 효과적으로 사회자원의 동원을 꾀하지 않으면 안된다. 사회자원은 그 질량이나 형태에 따라 접근성, 적응성, 효과성이 문제가 되므로 언제나 사회자원의 근원과 만전을 기하지 않으면 안된다.

### 사회재활(social rehabilitation)
장애인의 사회적으로 불리한 입장을 유리한 입장으로 변화시킴으로써 사회적 통합(궁극적 목적)을 달성하고자 하는 활동의 총체라고 그 개념을 정의한다. 사회재활은

장애인의 정상적인 사회생활(사회통합)을 위한 사회적 기능을 수행할 수 있는 사회적 능력을 최대한으로 향상시키는 것이라 정의할 수 있다.

## 사회적 강화(social reinforcement)

생득적 또는 무조건적 자극에 의한 것이 아니라 후천적 또는 사회적 학습에 의한 조건화된 자극을 제공함으로써 어떤 행동의 빈도나 강도가 증가되는 것, 사회적 강화의 역할을 할 수 있는 자극으로 돈·칭찬·명예·지위 등과 같은 것을 들 수 있다. 이차적 강화라고도 한다.

## 사회적 거리(social distance)

개인 혹은 집단 간의 친근성 정도를 말한다. 이 경우 단순하게 좋고 나쁜 감정에 의한 것이 아닌 공감에 기인한 이해도가 친근성의 정도로 나타난다고 생각되고 있다. 이 경우 개인 간 또는 집단 간의 수평적 거리와 함께 사회계층이나 지위의 차이로 인한 수직적 거리도 존재한다. 긴밀하게 조직된 집단성원은 높은 친근감을 나타내지만 집단결합의 유대가 이완된다. 집단외적 감정이 많아지면 사회적 거리는 멀어져 집단과 조직의 해체를 갖고 온다.

## 사회적 규제 (social regulation)

사회구성원의 삶의 질(quality of life) 향상을 위해 정부가 개인 및 기업의 사회적 행동을 규제하는 것을 말한다. 환경오염, 근로자의 보건 및 안전에 대한 위험, 소비자 권익의 침해 등 사회적 영향을 야기하는 기업의 사회적 행동(social conduct)에 대한 규제를 특히 사회적 규제라 한다. 정부규제는 그 대상영역을 기준으로 하여 이와 같은 사회적 규제와 기업 및 개인의 경제활동을 규제하는 경제적 규제(economic regulation)로 나눌 수 있다.

## 사회적 기능(Social Functioning)

일반적으로 사회와 그가 당면한 환경 및 자기 자신에 대한 책임을 수행하는 것이다. 이러한 책임감은 개인의 기본적인 욕구와 부양가족의 욕구와 직면하고, 사회에 긍정적 공헌을 하는 것들을 포함한다. 인간의 욕구는 물리적인 측면(음식, 거주, 안전, 건강, 보호), 개인적인(생리적) 성취(교육, 여가, 가치, 미학, 종교, 교양), 정서적 욕구(소속감, 상부상조, 우정), 그리고 적절한 자아개념(자신감, 자긍심, 정체감) 등을 포함한다. 사회사업가는 개인, 집단 지역사회의 사회적 기능을 위한 능력을 회복시키고, 그것을 향상시키는 것을 주요역할 중 하나로 간주한다.

## 사회적 기본권(social rights)

국민이 생존을 유지하거나 생활을 향상시켜 인간다운 생활을 하기 위하여 국가에 대해 적극적인 배려를 요구할 수 있는 권리로 사회권, 사회권적 수익권, 생활권적 기본권, 생존권적 기본권이라고 불리기도 한다. 우리의 현행

헌법은 제31조에 교육을 받을 권리, 제32조에 근로의 권리, 제33조에 노동 3권, 제34조에 인간다운 생활권, 제35조에 환경권 등 일련의 사회적 기본권을 규정하고 있다.

## 사회적 기술(social skills)

사회적 기술은 개인이 지역사회나 직장에 통합되어 성공적으로 적응하는데 필요한 대인관계와 관련된 여러 가지 행동들로 구성된다. 일반적으로 사회적 기술은 다음의 4가지 성격을 특징으로 한다. 첫째, 개인이 다른 사람과의 상호작용에서 부정적인 반응을 피하고 긍정적인 반응을 이끌어 내는 사회적으로 통용될 수 있는 행동이다. 둘째, 다른 사람에게 현재 또는 미래에 어떤 영향을 미치기 위하여 표출되는 행동으로 목표 지향적이고 도구적이다. 셋째, 그 사회의 특수한 상황이 반영된 것으로 사회적 맥락에 따라 변화된다. 넷째, 관찰이 가능한 행동과 관찰되지 않는 의식적 감정적인 요소가 모두 포함된다.

## 사회적 긴장(social tension)

개인 또는 집단 간에 잠재적, 현재적으로 존재하는 대립, 불화, 항쟁 등의 관계를 의미한다. 사회적 긴장의 요인으로 욕구불만, 편견, 공포, 증악, 권위주의적 성격의 심리적 요인과 경제적, 정치적 불평등 또는 경제 불안, 생활불안 등의 사회적 요인이 생각되고 있으나 양자를 대립관계로 보는 것이 아니라 역사적, 사회경제적 제조건 하에서 사회적 요인과 심리적 요인이 복잡하게 작용하여 사회적 긴장이 발생한다고 본다.

## 사회적 능률성 (social efficiency)

사회적 능률성은 Dimock이 강조한 가치개 념으로, 이는 과학적 관리론에 입각한 기계적 금전적 능률관을 비판하고 행정의 사회목적 실현, 다원적인 이익들간의 통합 조정 및 행정조직 내부에서의 구성원의 인간적 가치의 실현 등을 내용으로 하는 능률관이다. 따라서 사회적 능률은 민주성의 개념으로 이해되기도 한다. 사회적 능률은 1930년대 중반 이후의 인간관계론의 등장과 더불어 강조된 개념이다.

## 사회적 딜레마 (social dilemmas)

개인적 합리성에 기초한 개인의 행동이 사회적 합리성을 가져오지 못하게 되는 상황을 말한다. 즉 사회전체적으로 볼 때 공유재의 효과적 사용을 위해서는 개인들이 적정수준 이상의 공유재 사용을 자제하여야 하나, 사익을 극대화하려는 개인들의 합리적 결정이 결국 사회 전체적인 면에서 최적성(social optimality)을 달성하지 못하게 하는 상황을 말한다.

## 사회적 목표 (social goal)

조직이 사회가 요구하는 욕구를 충족시켜 주기 위해 가

지는 목표를 말한다. Charles Perrow는 조직을 체제로 보고 조직의 목표를 사회적 목표, 산출목표, 생산목표, 체제목표, 파생적 목표의 다섯 가지 유형으로 분류하고 있다. T. Parsons는 조직의 대사회적(對社會的) 목표를 목표달성(goal attainment), 통합(integration), 적응(adaptation), 체제유지(pattern maintenance)의 네 가지로 분류하였다.

## 사회적 보호(foster child care)

가족 이외의 사회적 장소에서 아동의 양육과 보호의 제 프로그램을 내용으로 하는 개념이다. 아동양육은 가정양육을 기본으로 하나 현대사회의 가정양육 기능이 변화, 축소됨에 따라 보완적·대체적 기능으로 평가되고 있다. 모든 아동은 성장, 개발과정의 어느 시점에서, 국가·공동단체·민간조직 등에 의한 각종의 아동복지기관, 시설, 개인서비스제도가 제공하는 보호, 교육, 상담서비스를 받는 것이 필요불가결하게 되어 있다. 다양화하는 아동 양육보호의 전개과정은 국가 사회의 당연한 책임이고 그 구체적 실시에는 국가·공공단체의 자금 조치로 유지된다. 이와 같은 사회공공에 의한 제 보호형태를 총칭해 사회적 보호라 한다. 이와 같은 사회적 보호의 개념은 성인, 노인, 심신 장애인에 대한 복지 분야에도 정착되고 있다.

## 사회적 부담비(social charge)

임금 이외에 근로자의 부가적 가치를 형성하는 것으로 사회적 부담비라고 불리며 임금, 교육비, 레크리에이션비, 보건위생비 등 이외의 노무비용을 말한다. 가령 사회보험 관계의 기업부담비용, 해고수당, 퇴직금, 퇴직수당, 휴가일의 급여, 주택시설비, 급식비, 결혼 축하금, 탄생축하금 등이다.

## 사회적 부양(social assistance)

사적부양에 비교되는 개념이지만 그 중심에는 국가책임에 근거해서 생활 곤궁자의 최저생활을 권리로 보장하는 생활보장제도가 있다. 근대에 들어와 생활의 곤궁은 개인적 책임에 의한 것이 아니라 사회적 원인에 의한 것으로 인식되게 되었다. 사회적 문제로서의 곤궁에 대해 사회적 부양으로 대응하기 위한 생활보장법 이외에도 각종 공적 원조나 사회복지의 민간단체에 의한 조직적 원조가 그것을 선도, 보충하고 있다.

## 사회적 부적응(socially maladjusted)

사회에서 요구되는 최소의 행동기준 내에서 행동하기를 계속적으로 거부하고 있는 상태를 말한다. 사회적 부적응 아동은 학교기물을 파괴하고 특권을 남용하고 자기의 책임을 회피하고 교사나 동료 그리고 그와 접하게 되는 타인들을 놀려대는 등의 행동을 하는 경향이 많다.

## 사회적 비용 (social costs)

개인적 비용(private costs)과 외부적 비용(external costs)을 합친 개념을 말한다. 외부적 비용은 매연·악취·소음 등 공공해악을 제거하는데 소요되는 비용으로 생산자들에게는 내재화되지 않으나 사회적 관점에서는 매우 중요하고 실질적인 개념이다. 시장기구는 재화의 개인적 비용만을 계산하기에 그 재화의 생산비용은 사회적인 관점에서의 실질 비용보다 낮게 책정되어 공급과잉을 초래하게 된다.

## 사회적 상호작용(social interaction)

둘 또는 그 이상의 사람·집단·사회단체들이 서로 영향을 주고받는 과정. 이러한 과정을 통해 상호이해하거나 어떤 반응을 나타내게 되는 것이다. 사회적 상호작용을 통해 사람들은 같은 집단의 성원이라는 것을 알게 되고, 서로의 행동을 인정 또는 부정하기도 하고, 역할기대가 형성되며, 서로 신체적으로 떨어져 있어도 상호작용을 하고 있다는 것을 알게 된다. 현대사회에서는 여러 가지 상호작용의 형태가 있으나 그 중에서도 상징적 상호작용(symbolic interaction)은 중요한 개념의 하나이다.

## 사회적 성격(social character)

프롬이 제창한 개념으로 그에 의하면, 인간은 본능에 의한 상황의 적응력을 거의 상실한 생물이고, 일정한 상황 하에서 본능에 의한 것과 같은 행동을 할 수 있는 토대를 산출한다. 이것이 성격이며, 본능의 내용품으로서 제2의 본성이다. 성격은 사람에 따라 여러 가지인데 동시에 또 일정한 역사적인 사회와 그 속의 여러 계급 및 각 집단의 필요에 따라 성격이 형성된다. 이것이 사회적 성격이며, 개인적 성격 속에도 일반적인 사회적 요인이 동시에 부가되어 있다. 또 지배적인 사회적 성격과는 다른 〈반역적인〉 사회적 성격도 형성되고, 이것이 사회 변혁의 씨가 된다고 한다.

## 사회적 수요(social demand)

사회적인 필요의 총재이다. 사회구성원들이 그들의 욕구 충족, 혹은 목적 실현을 위해서 그에 상응하는 대가를 지불하려는 용의의 정도를 말한다. 가령 교육에 대한 사회적 수요는 사회성원들이 교육을 통해 얻고자 하는 제반욕구이며, 이러한 수요는 교육계획이나 혁신의 과정에 반영된다.

## 사회적 안전망(social safety net)

정부의 근로자에 대한 고용과 실업에 대한 각종 대책. 개인이 직장을 잃고 실업자가 된 뒤 다시 직장을 얻으려고 노력하는 대신 노숙자 같은 사회적 무기력층이 되는 것을 막기 위해 정부가 최소한의 생계를 유지할 수 있도록 해주는 제도를 말한다. 또 경제구조조정으로 불가피하게 발생한 실업자들에게 공공사업을 통해 일자리를 제공하거나 생계비를 보조해 주는 것을 말한다. 그러나 보다 넓은 의미로는 사회보장과 같은 뜻으로 노령·질병·실업·산업재해 등 사회적 위험으로부터 모든 국민을 보호하기 위한 제도적 장치를 가리킨다. 우리나라에서는 1997년 말 외환·금융위기를 계기로 실업자 수가 급증하면서 사회안전망을 갖춰야 한다는 논의가 사회적으로 일어나기 시작하였다.

### 사회적 역할(social role)

인간의 행동을 설명하기 위하여 미드(G. Mead)가 적극적으로 전개한 개념이다. 자아와 타자와의 상호작용 과정에 있어서 각 행위자의 행위가 조직화·구조화되어 있을 경우에 그 일련의 시종일관된 행위의 계열을 가리켜 역할이라고 한다. 사회심리학자의 역할이론이 자아 — 타자 관계의 맥락에 강조점을 둔 데 대해 사회학에서는 이 시각을 역할행동과 사회구조의 수준으로 확정했다.

### 사회적 연령(social age)

개인이 그의 사회화 과정을 통해 사회적 행동을 발달시켜 나가는데서 사회관계의 의식, 사회적응성, 대인관계의 원만성 등이 그의 생활연령에 비추어 발달된 정도이다.

### 사회적 욕구(social needs)

니즈(needs)는 욕구, 필요, 가난, 절박한 사태 등으로 번역된다. 일상적으로 쓰이는 말이지만 사회복지 분야에서 사회적 욕구라 할 경우에는, 인간이 사회생활을 영위하는데 필요불가결한 기본요건을 결한 상태를 말한다. 한편 사회복지정책, 사회복지행정, 사회행정의 차원에서는 사회복지원조가 필요한 상태를 의미한다. 환원하면 어떤 결핍된 상황을 사실적 인식으로 파악할 뿐만 아니라 그 상태를 개선하지 않으면 안된다는 사회적 인식(가치인식도 포함)에 근거해서 정책적으로 취급되는 과제로 이해할 수 있다.

### 사회적 의식

사적 유물론의 용어로서 우리들의 모든 의식 활동은, 각 사람에게 고유한 개체적인 측면과 함께, 사회생활 속에서 역사적으로 형성되어 온 다소 공통적인 측면을 가지고 있다. 이와 같은 사회적 각인을 띤 의식을 사회적 의식이라고 부른다. 실은 이것이야말로 인간 의식의 특징이며, 이에 의해 사람들 사이의 정신적인 교통도 가능하게 된다. 소위 민족성이나 사회 심리, 더욱 더 한층 가공되어 체계화된 소산(정치적, 법적, 도덕적, 종교적, 예술적, 철학적 등의 의식 형태)이 이것에 속한다. 사적 유물론은 이 사회의식(가령 정의, 선, 미 등의 관념)이 결코 선천적인 기원을 가지는 것이 아니고 인간 사회의 생산 관계(계급 관계)에 의해 규정된다는 것으로, 계급사회에 있어서는 계급의

식으로서 나타난다는 것을 분명히 했다.

### 사회적 인간 (social man)

인간을 사회적 욕구 즉 애정, 우정, 집단의 귀속, 다른 사람으로부터의 존경 등을 원하는 욕구를 지닌 존재로 파악하는 관점을 말한다. 사회적 인간관은 따라서 이러한 사회적 욕구의 충족을 통해 구성원들의 동기를 유발할 것을 처방한다.

### 사회적 잉여 (social surplus)

개인이나 기업조직이 시장에 참여함으로써 얻는 순편익(net benefits)을 말한다. 즉 사회적 잉여는 전체 시장에서의 소비자잉여(consumer surplus)와 생산자잉여(producer surplus)를 합한 것이다. 완전경쟁시장에서는 재화와 서비스에 대한 Preto 최적배분이 이러한 사회적 잉여를 극대화한다.

### 사회적 장벽 (social fences)

사회전체적으로 볼 때 개인들은 공공재를 공급해야 하나, 개인적인 차원에서는 공공재를 공급하지 않는 것이 합리적인 선택이 되는 경우를 말한다. 이 때 공공재가 과소공급됨으로써 사회적 문제가 야기된다.

### 사회적 장애(social handicapped)

건전한 사회생활을 영위하는데 있어 장애되는 사태를 넓게 사회적 장애라 한다. 사회적 장애를 일으키는 요인으로서는 실업, 노령, 질병, 심신장애, 화재 등 직접생활 장애를 유발하는 사고적 요인과 빈곤, 차별, 소득 등 자본주의적 생산관계에서 생겨나는 모순으로서의 사회적·경제적 요인이 생각된다. 양쪽 다 자립적인 사회생활의 영위와 정당한 사회생활의 충족을 손상시키는 사태를 갖고 오는 것으로 사회복지의 대상으로 생각되어야 할 문제를 갖고 있다.

### 사회적 재활(social rehabilitation) 01

심신장애인의 종합적 재활사업의 사회적인 측면으로서 장애인이 사회생활이나 가정생활에 적응하도록 원조하는 것을 말한다. 장애인이 의학적으로 치료되고 직업 기술을 습득한 것만으로는 충분한 재활이 이루어졌다고 할 수 없으며, 인간이 사회생활을 영위해 나가는데에 따르는 욕구 전반에 관심을 가지고 장애인이 일반 사회의 한 성원이 될 수 있도록 장애인과 사회의 관계를 물심양면으로 개선하는 것을 목표로 하고 있다. 이와 같이 사회적 재활은 사회의 장애인에 대한 태도가 수용적이어야 하며 물리적 환경 역시 장애인들의 일상생활상의 접근이 용이하게 되도록 해야 한다. 구체적으로 신체 혹은 정신적 장애를 가진 모든 사람의 사회적 생존을 보장하기 위해 사회 환경이 인간에게 불리하게 할 경우 사회구조 그 자체에 리

허빌리테이션을 도모해서 장애인의 생활이 원활히 영위되도록 사회복지정책으로부터 개별 처우에 이르기까지의 원조 체계이다. 장애인을 둘러싼 사회 환경의 첫째의 과제는 물리적 환경이다. 공공건물, 가옥, 도로축조, 교통수단 상수도 시설 등이 중도장애인까지 스스로 용이하게 활용될 수 있도록 되어져야 한다. 둘째의 과제는 경제적 환경이다. 노동능력과 의욕이 있는 장애인은 평등한 기회를 가질 수 있고 그가 거주하고 있는 지역사회의 수준에 비슷한 경제보호를 받을 수 있도록 하는 것이다. 셋째의 과제는 법적 환경인데 장애인도 모든 시민과 같이 법에 의한 보호를 받는 것은 물론 장애인의 특별한 욕구를 만족하게 하고 권리나 입장을 보호하도록 하는 법률제정과 사회적 계몽 등이다. 넷째의 과제는 장애인이 거주하고 있는 지역에 있어서 사회 문화적 환경의 개선 즉 그 지역에 특유한 가치관이나 편견이 특정의 장애인을 사회로부터 소외시키지 않도록 하는 것이며 모든 장애인으로 하여금 사회가 그들을 수용하고 있다고 느껴지도록 사회적 환경을 향상시키는 것이다.

### 사회적 재활 02

장애인이 정상적인 사회생활을 할 수 있도록 제도. 정책적 차원에서부터 개인처우를 위한 전문적서비스에 이르기까지의 일관된 지원체계이다. 사회적 재활의 변화대상인 장애는 개인적 장애와 사회 환경적 장애로 구성되는 사회적 불리(handicap)를 말한다. 개인적 장애는 신체장애(impairment)와 의식장애(despair)로 구성되는 능력장애(disability)를 말하며 사회 환경적 장애는 물리적 장애(공공건축물, 주택, 교통시설 및 수단 소득 등에 접근이 어려운 상태), 문화적 장애(상징적 문화와 규범문화의 접근이 어려운 상태), 사회 심리적 장애(편견과 차별) 등으로 구성된다. 사회적 재활은 장애(개인적 장애와 사회 환경적 장애)를 변화(치료, 조치, 개선)시킴으로서 장애인 개인의 전인적 능력개발과 사회 환경 개선을 통해서 장애인의 정상적 사회생활(사회적 통합, 사회적 자립, 완전사회참가 등과의 동의개념) 실현을 궁극적인 목표로 한다.

### 사회적 적응(social adjustment)

적응이란 생물유기체가 그 환경 속에서 균형을 유지하며 그 개체가 갖는 욕구를 충족시켜 생존을 유지하는 과정을 말한다. 사회적으로 용인된 방법에 의해 사람들은 그 욕구를 충족시키면서 사회적 환경과의 균형을 유지하며 생활을 전개해 간다. 개인이 사회적 환경에 규제되면서 사회를 만들어간다는 주체적 태도가 요구되고 있다. 교육 지도, 여러 가지의 카운슬링, 케이스워크, 그룹워크, 사회복귀 등의 과정은 사회적 적응을 목적으로 하는 원조이다.

### 사회적 존재

사적 유물론의 용어로서 사회의 경제적 구조를 이루는 생산관계의 총체를 말한다. 사적 유물론은 이것을 사회의 실재적인 토대라고 부르고 인간의 의식에 좌우되지 않는 물질적인 〈존재〉며 〈생활〉이라고 생각한다. 〈사람들의 의식이 그들의 존재를 규정하는 것이 아니고, 반대로 그들의 사회적 존재가 그들의 의식을 규정한다〉(맑스 : 〈경제학 비판〉서문). 〈의식이 생활을 규정한다.〉(맑스·엥겔스 : 〈독일 이데올로기〉)

### 사회적 지위(social status) 01

사회적 위치관계로서의 지위는 단순한 공간적 배열현상에 그치지 않고 그 지위를 포함한 사회나 집단의 여러 가지 속성에 따른 사회적 성질을 부여한다. 첫째, 그 지위는 다른 지위를 점한 행위자와의 상호 작용 양식을 지위 점유자에게 지시하고 일정의 행위를 요구하는 권리와 일정 행동기대에 응하는 의무로서 행위자에게 인지되어 그것이 집단이나 사회에 인식되어지는 것이 보통이다. 특히 조직적 집단에서는 권리와 의무의 내용이 규정되어 있는 것을 직위라고도 부른다. 둘째, 이 지위에 따른 각종 자원처리능력의 사회평가에 대한 상이는 지위배분의 성층구조를 발생시킨다.

### 사회적 지위 02

집단 내에 있어서의 개인 또는 한 집단이 다른 개인 혹은 집단과의 관계에서 갖는 서열 또는 위치를 말한다. 이 지위에 따라서 일반적으로 기대되는 행동을 역할이라고 하는데 지위와 역할은 사회학의 기본개념을 이룬다. 성별·연령과 같이 개인의 노력에 관계없이 사회에 의해 주어지는 요인으로 얻어지는 지위가 귀속적 지위(ascribed status)이고 개인의 노력에 의해 얻어지는 지위가 획득적 지위(achieved status)이다.

### 사회적 지지(social support) 01

대인관계를 통해 개인의 정서나 행동에 유리한 결과를 갖도록 정보 조언, 구체적인 원조를 포괄한 개념으로 신체적·정서적인 건강상의 문제, 위기 등의 적응상의 문제, 사회적 분리. 독립 등으로 야기된 무력감의 문제 등을 이해하고 해결해가기 위한 불가결한 요인이다. 사회적 지원의 근본적 체제는 가족, 친구, 이웃 등의 자연발생적으로 존재하는 지원체제, 자원봉사집단 등의 의도적으로 형성된 지원체제 전문기관에 배치되어 있는 전문가 등의 사회 제도화되어 있는 지원체제가 포함되지만 이것들을 어떻게 동원, 활용하느냐가 중요한 과제로, 네트워크 접근방법의 추진이 시도되고 있다.

### 사회적 지지 02

타인과의 관계를 통해 제공되는 심리적 및 물질적인 형태의 모든 긍정적인 지원을 총칭하는 말로, 여기에는 타인으로부터 제공되는 존경 및 애정 등의 정서적 지지, 정보 지식 형태의 인지적 지지 그리고 경제적 혹은 물질적 지지 등이 포함된다. 일반적으로 사회적 지지는 개인의 정신건강 및 적응에 대해 직접 및 간접적으로 긍정적인 영향을 미치는 중요한 심리·사회적 변인으로 알려지고 있음. 사회적 지원이라는 표현으로도 사용된다.

### 사회적 지지망(social supports network)

사회적 지지는 의지할 수 있는 사람, 돌봐주고 사랑하며 가치있다고 인정해 주는 존재, 또는 이용 가능성으로 정의될 수 있으며, 사회적 조직망에 의해 제공된 여러 형태의 도움과 원조를 의미한다. Cohen과 Hoberman은 사회적 지지를 기능적 측면에서 4가지 하위유형, 즉 도구적 지지, 자존적 지지, 정서적 지지, 정보적 지지로 분류하고 있다. 도구적 지지는 문제해결에 필요한 도구나 경제적 도움, 시간, 노동력 제공 행위 등을 의미하는 것으로 경제적 문제 및 역할 수행을 도와주는 것이다. 자존적 지지는 타인에게 비춰진 자신을 보게 하여 자신의 평가하게 함으로써 자신감을 심어주는 것으로 문제대처 능력을 향상시킨다. 또 정서적 지지는 정서적 공감을 표현하거나 정서표출을 도와주고 존중과 사랑을 표현해 줌으로써 편안함을 느끼게 하여 심리적 적응을 돕는다. 그리고 정보적 지지는 문제해결에 도움이 되는 정보나 충고를 해주어 문제해결 능력을 향상시키는 것이다. 이와 같은 개인이 구성하고 있는 지지적 체계의 유대망을 사회적 지지망이라 보며 이는 개인에게 사회적 정체감을 유지시키고 정서적, 물질적, 서비스, 정보, 새로운 접촉기회 등을 제공하는 유대이다. 한편 사회적 지지망의 지각정도를 사회적 적응에 영향을 주는 요인이라고 보면 사회사업가는 클라이언트가 직접 지각할 수 있도록 사회적 지지망을 확보해 주고 자조집단 및 자원연결을 통해 상호연계하에 지속적으로 지각된 사회적 지지를 활용할 수 있도록 개입하게 된다. 이를 위해서 사회사업가는 끊임없이 문제해결 및 적응에 관련된 사회적 지지 및 서비스개발에 주력할 필요성이 있다.

### 사회적 퇴행(social regression)

M. Bowen의 가족치료 용어로 가족이 만성적이고 지속적인 불안에 처해 있을 때 가족은 이성적으로 부모가족과 접촉하는 것을 피하기 시작하고 불만을 경감시키기 위하여 주로 감정적으로 결정하고 반응하게 된다. 이 개념은 가족에 대한 기본 이론을 보다 큰 사회적 영역으로 확장한 것으로 이는 부모와 사회 양쪽에 책임이 있는 범죄 청소년과 관련이 있고, 부모와 사회 기관이 문제를 다루는 방법과 관련이 있다.

### 사회적 함정(social traps)

사회전체적으로 볼 때 개인들은 공유재의 사용을 자제하여야 하나, 개인적인 차원에서는 공유재를 경쟁적으로 많이 사용하는 것이 합리적인 선택이 되는 경우를 말한다. 이 때 공유재의 지나친 사용으로 사회적 딜레마가 초래된다.

### 사회적 행위이론(theory of social action)

내면화 되어진 규범으로 다른 개인이나 집합체에 관계된 개인의 욕구충족 과정을 사회적 행위라고 한다. H. 웨버는 행위유형을 전통적, 정동적, 가치 합리적, 목적합리적의 4개로 구분했다. 또 T. 파슨즈는 규범, 조건, 목적, 수단이라는 4개의 개념을 사용해 사회적 행위이론을 실증주의적 유형, 이상주의적 유형 그리고 주의주의적 유형의 3개로 구분했다.

### 사회적 형평성(social equity)

정책의 소망성(desirability)을 평가할 때 능률 성보다는 형평성이 주요 기준이 되어야 한다는 규범적 기준을 말한다. 신행정학파가 중시한 행정이념으로, 신행정학파는 행정이 사회적 불우집단에 더 많은 혜택이 돌아가도록 하는 도덕적 의무를 져야 한다고 주장한다.

### 사회적 동반자제도

오늘날 오스트리아의 노사관계를 일컬으며 2차대전 직후 사회안정, 사회보장, 실업구제, 국가경쟁력 등의 사회적 목표를 추구하면서도 각 단체들이 서로 공존할 수 있는 방법을 강구한데서 시작하여 경제적 이해 당사자 간의 협력을 도모하는 국가제도로 정착했다.

### 사회적응성(social adaptation)

넓은 의미로는 생물체가 그가 속한 환경의 조건과 생활의 요구에 의한 변화에 적합하도록 자기 행동 및 태도를 변화시켜 순응하는 능력을 말한다. 좁은 의미로는 개인과 그 개인이 속하고 있는 사회와의 사이의 균형 조화의 상태로 이해되고 있다. 즉 개인과 개인이 속하고 있는 사회 환경과의 균형이고 통합이다. 사람들은 이러한 일련의 적응 과정을 통해 자기 개발, 인간관계 형성, 작업의 효율성 등의 의미 있는 부분을 발전시켜 나간다. 정신지체인의 적응성이란 개인이 처해있는 환경과 그 연령에 부과된 개인적 자립성과 사회적 책임감에 대처하는 능력을 말한다. 표준화된 검사법과 임상적 판단에 의해서 평가되며 사회지수(SQ)로 표시하기도 한다.

### 사회적응훈련

사회적응훈련 프로그램이란 독립적으로 개인적, 사회적 생활을 영위하지 못하는 장애청소년들에게 다양한 기초생활훈련을 실시함으로써 독립적인 사회생활이 가능하도록 돕는 훈련프로그램으로 스스로 신변 처리나 대중교통 수단의 이용, 가정 내에서의 일상 활동 등을 가능하게 하며, 나아가 타인과의 관계형성 및 유지 기술을 습득하는데 목적을 둔다. 이 프로그램은 보통 3개월 − 1년 동안 주 3 − 5일 실시하며 신변 처리와 스스로 출퇴근이 가능한 15 − 25세의 장애청소년 8 − 10명을 대상으로 하는 것이 바람직하다. 프로그램 내용으로는 ①공공시설 이용, 대중교통수단이용, 시장보기, 견학 등 외부에서의 생활을 돕기 위한 사회생활훈련, ②조리실습, 신변처리훈련 등 일상생활능력 향상을 위한 가정생활훈련, ③쓰기, 말하기, 셈하기 등의 기초교육훈련, ④음악, 미술, 연극 등 심리 정서적 측면의 강화를 위한 예능훈련, ⑤체육 및 오락활동 등 신체적 기능향상 및 여가활동 활용을 위한 체육 및 레크레이션 훈련 등이 있다.

## 사회정책(social policy)
종래의 노동정책으로서의 사회정책을 구별하고, 현대사회 서비스의 정책개념을 설명하기 위해 사회정책이란 용어를 사용했다. 복지국가적 상황에서는 종래의 노동정책의 범위에서 이해하기 힘든 각종 복지서비스가 확대일로에 있다. 즉 소득보장으로서의 사회보장, 보건의료, 사회복지, 교육, 주택 등을 사회서비스로 해서 그 정책입안, 운영관리의 문제를 대상으로 한 사회정책개념을 재구축하는 것이 이론적 과제이다.

## 사회정책의 본질
사회정책이라 함은 무엇인가에 대해서는 1870년대 이래 논쟁이 거듭되어 왔지만 오늘날에 이르러서도 아직 최종적으로 논쟁이 끝났다고 말할 수 없다. 그 만큼 지금까지 사회정책의 개념에는 대립과 다소라도 명확히 하기 위한 수단으로서 과거 사회정책 개념의 계보를 돌이켜 보면 대별하여 두 가지 유형을 볼 수 있는데, 그 하나는 사회정책 도의론이며 다른 하나는 사회정책 정치론이다. 1)첫째의 사회정책개념은 모든 사회정책개념 중에서 가장 전통이 오래된 고전적 형태로서 그것을 유형적으로 나타내면 다음과 같은 몇 개의 요인으로 조립해 볼 수 있다. ①일체의 사회문제의 소재를 자본제 경제 질서기 영리정신과 자유방임에 기울어져 온 결과 일어나게 된 것이라고 생각하고 자본제 경제의 기구와 사유질서를 현존 그대로 긍정한 위에 그들 폐해의 부분만을 대중료법적으로 수정함으로써 자본주의는 그 본래의 건강체로 회복한다고 생각한다. 그래서 이를 위한 수단이 사회정책이라고 불려지는 정책체계이며 일종의 자본주의 수정책이다. ②사회정책은 자본주의 사회에 있어서 자본의 영리정신과 자유방임하에서 신음하는 가련한 노동자 특히 아동이나 연소자, 부인, 중소기업자 등을 인도적 내지 도의적 관점에서 보호하고 구제하려는 것이라고 생각한다. 임금인상, 근로시간의 단축, 고용의 제한 등 모두는 근로자에 대한 위로부터의 보호의 관점에서 고찰된다. ③이 경우 사회정책의 주체로서 국가는

어느 경우에는 복지국가이며 그리고 일반적으로는 서로 대립하는 계급적 이해에 초월하는 제 3의 중립적인 존재로서 이해되고 있다. 이상과 같은 여러 가지 특징을 갖는 사회정책의 도의론은 일찍이 독일에서 역사학파의 대표자들에 의해서 주장되고 독일에서 사회정책학회를 통해 실천에 옮겨졌다. 이 경우 사회정책은 오로지 도의적 관점에서 가련한 근로자로 위로부터 중립적인 국가의 손을 통해 보호 내지 구제하려고 하는 것이며, 또 노동운동에 대해서는 강인한 반사회주의적인 신조와 소박한 노자협조론을 갖고 대처하려고 하는 것이 공통된 특징이다. 2)둘째의 사회적책의 정치론은 이에 반해 사회정책의 존립이나 그 발전의 근거를 오로지 서로 대립하는 계급간의 힘의 밸런스로부터 설명하려고 하는 것으로 주로 제 1차 대전 후에 있어서 노자간의 세력균형의 변동을 배경으로 하여 만들어 낸 이론이다. 대전 후에 있어서 노동자정당이나 노동조합의 발언력의 강대화, 자본제경제 그 자체의 막바지는 사회정책에 대한 새로운 해석을 낳게 했다. 즉 사회정책은 중립적인 국가가 그 윤리적 이념에 입각하여 가련한 노동자를 구제하고 보호하려고 하는 것에서도 아니며 또 서로 대립하는 두 개의 계급간의 이해의 협조를 도모하려는 것도 아니다. 그것은 자본에 대해 노동계급자 사회적 투쟁력이 강화된 결과이며, 노동계급의 투쟁력이 강대하면 할수록 사회정책의 현존 자본주의 속에서 성장하며 이윽고 사회정책을 매개로 하여 자본경제는 사회화되어 사회주의사회로 연결하게 된다고 한다. 이와 같은 사회정책론은 제 1차 대전 후 일시 유럽사회정책학회를 풍미했는데 여기에서는 앞서 말한 첫 번째의 사회정책론과는 달리 사회정책의 경제적 필연성은 완전히 무시되어 왔을 뿐만 아니라 근대국가의 사회정책인 노동정책이 되어 일면에서 노동운동에 대한 채찍으로서 등장했는지에 대해서는 이해할 만한 근거가 없다. 3)사회정책의 경제적 필연성 : 사회정책에 관한 이상과 같은 도의론이나 정치론이 나타내는 바와 같이 사회정책의 전통적 이해에 있어서는 그것은 어떤 입장에 있어서도 주로 자본제경제에 대해 그 밖으로부터 가해지는 정책으로서 이해되며 사회정책은 도의적 이념의 결정무로서도 사회적 강력한 힘의 산물로서도 자본제적 경제질서와 대립하는 것이었다. 어느 것이라고 하더라도 사회정책은 자본제경제를 존립 내지 안정시키기 위한 조건으로서가 아니라 오히려 그것과 대립하며 그것을 수정하고 그것을 변혁시키는 것으로서 이해되고 있다. 다만 사회정책은 이 같이 자본주의적 질서의 밖에 있는 것이 아니고 자본주의 그 자체의 존립과 그 발전을 위한 조건으로 하여 자본주의경제 그 자체가 자기의 태내에서 만들어 낸 것에 불과하다. 자본경제를 그 역사적 발전과정에서 보면 거기에는 생산요소로서의 노동력에 대해서 대체로 아래와 같은 세 가지 모양의 요청이 일어나게 된다는 것을 보게 될 것이다.

①자유로운 임금노동의 일정량을 창출하고 이것을 도야할 필요가 있다. 근세 초기의 수세기를 통해 한편으로는 자본의 원시적 축적을 진행함과 동시에 다른 편으로는 이것에 대응하여 적수공권의 프로테리아계층이 과잉인구나 빈민층 중에서 분해되지 않으면 안되었다. 자본경제의 발전을 위해서는 봉건적 신분의 분해 중에서 발생된 과잉인구를 근대풍의 자유로운 임금노동자로서 확보하고 도야하지 않으면 안되었다. 근세 초기의 국가가가 임금노동자 창출을 위해 강행한 수많은 잔학한 노동자정책은 실은 사회정책의 최초의 형태를 이루는 것이었다. ②근게 초기의 수세기를 통해 강행되었던 임금노동 창출을 위한 노동자정책은 산업혁명의 진행과 더불어 보다 그 기능을 변화시키게 된다. 산업혁명과 더불어 시작한 자본의 자유경쟁 하에서 진행한 임금노동에 대한 개별자본의 난잡하고 급격한 마멸은 조만간 일정한 한계에 도달한다. 이 사회에서는 노동력은 분명히 일종의 상품이며 동시에 그것의 담당자가 살아 있는 인간이라는 점에서 임금노동의 충분한 사용에는 최초부터 한계가 붙어 있었다. 상품으로서의 노동력의 제약은 바로 그 점에 있었다. 이 점은 물론 개별자본의 입장에서 보면 아무 고려도 할 바 없는 문제이지만 지금까지의 산업사회를 전체로 보면 노동력총체의 장기에 걸친 소모와 마멸이라고 하는 것이 그대로 경제사회속의 재생산을 노동력의 점에서 불가능하게 하는 데는 틀림이 없다. 개별자본이 어느 정도 영리주의에 철저한 노동력의 충당방법으로 뚫고 나간다 해도 사태는 전혀 달리 나타나게 될 것이다. 획득되고 도야된 자유로운 임금노동은 개별자본이 놀면서 재산탕진을 하는 데서부터 보호받지 않으면 안 되므로 전체로서 건전한 상태에 있어서 확보, 보건, 배양되지 않으면 안 된다. 그것은 남벌이 합리적인 산림경영이 아닌 것과 같으며, 남정이 합리적인 농업경영이 아닌 것과 같은 것이다. 이와 같이 하여 일정량의 자유로운 임금노동을 전체로서 보전하고 그 노동력으로서의 재생산의 기본조건을 정비하려고 하는 것이 두 번째의 사회정책이며 산업혁명 후 주로 19세기 이후에 발전한 공장입법을 중심으로 하는 근세의 노동자보호법이 그것이다. ③다만 노동력은 어디까지나 노동력 그대로 있지 않고 산업의 발전에 따라 결국 사회적 자각을 갖게 되며, 또 노동조합과 같은 조직을 만들어 기업에 대해 투쟁하게 된다. 여기에 따라서 자본도 또 이와 같이 성숙한 노동력을 계속하여 생산요소로서 그 손에서 파악하기 위해서는 고용의 안정단체활동의 자유 등을 내용으로 하는 사회정책을 필요로 하게 된다. 다만 이경우의 사회정책은 결코 자본과 노동의 타협이나 노사협조를 의미하는 것이 아니고 한층 성숙한 단계에서의 노동력을 총체로 하여 자본이 그 손에서 파악하기 위한 합리적 수단의 체계에 지나지 않는다. 이상과 같이 사회정책은 이것을 일관해 총체로서의 자본이 노동력을 그 손에 확보하고 노동력의 시점에서 그 재생산을 관찰시키기 위한 정책의 체계로서 이해하지 않으면 안 된다. 그 것은 지금까지와 같이 도의적 구제나 정치적 타협과는 관계가 없는 것이다. 사회정책의 경제적 필연성을 이해하는 것이 그 본질파악을 위한 기본적 태도이다.

## 사회제도(social institution)

정치제도, 경제제도, 교육제도 혹은 가족제도, 사회보장제도 등과 같은 사용방법으로 다양한 사회의 분야나 영역에서 볼 수 있는 관습이나 규범, 법등의 복합체를 말한다. 이것은 인간의 행동양식을 보장하거나 한쪽에서 일탈하려는 행동에 대한 사회적 제제를 가하는 사회구조라 할 수 있다. 가령 가족제도에는 결혼이나 육아에 관한 관습이나 부조, 부양 등의 규범이나 가족의 권리의 무관계에 관한 법적 규정 등이 포함되어 있다.

## 사회조사(social survey) 01

일정한 사회나 집단에서의 사회사상을 사회생활과 관련해서 주로 현지조사의 방법으로 직접 관찰하고 기술하고 분석하는 과정 내지 기술을 말한다. 사회조사는 센서스의 계보에서 오는 통계조사기법의 발달, 사회사업, 사회개량의 목적으로 행해지는 사회답사에 의한 사례연구법이나 참여관찰법, 여론조사, 시장조사에서 오는 표본추출법의 개발, 사회·심리적 조사에 의한 규제 척도의 구성, 소시오메트리 등 그 방법 면에서 다양한 발달을 하고 있다.

## 사회조사 02

넓은 의미에서의 사회조사는 모든 사회환경을 조사의 대상으로 한다. 그러나 표본조사를 전제로 하는 경우에는 사회를 구성하고 있는 사람들의 다양한 사회행동의 실태를 조사하는 것이다. 따라서 사회조사에서 중요한 것은 ①조사대상의 범위와 특성, ②주제를 명확히 하는 것이다.

## 사회조사분석사 (survey analyst)

지식기반 확충과 서비스분야의 고용확대 등 산업환경변화에 대응하기 위하여 99년에 신설된 〈사회조사분석사〉 국가기술자격을 취득한 자를 말한다. 자격의 종류는 검정기준의 난이도에 따라 1급과 2급으로 구분되며, 검정주관기관은 통계청이다. 1급의 검정기준은 ①종합적인 조사계획을 수립할 수 있는 능력의 유무, ②표본을 추출하는 방식을 결정할 수 있는 능력의 유무, ③조사목적에 적합한 조사방법을 선택·결정할 수 있는 능력의 유무, ④새로운 조사방법·표본추출법·통계기법 등을 활용할 수 있는 능력의 유무, ⑤조사보고서 작성 업무를 총괄적으로 기획하고 관리할 수 있는 능력의 유무 등이며, 2급은 ①질문지(조사표)를 체계적으로 작성할 수 있는 능력의 유무, ②조사방법에 관한 기본지식을 갖추고 있는 능력의 유무, ③회수된 조사표를 검토하고 분석을 위한 자료 준비(편집, 부호화, 자료선정 등)를 수행할 수 있는 능력의 유무, ④통계프로그램을 활용하여 조사결과를 분석할 수 있는 능력의 유무, ⑤분석결과를 토대로 조사보고서를 작성할 수 있는 능력의 유무 등이다.

## 사회조사의 과정

사회조사의 과정은 크게 분류해 조사의 기획, 준비단계, 현지조사 실시의 단계, 조사결과의 정리, 분석, 보고의 세 단계로 이루어진다. 상기의 기획·준비단계에서는 조사 목적의 명확화, 가설작성, 조사지역 선정, 조사방법의 확정, 예산과 조사단 편성, 조사대상의 추출, 조사표 작성, 사전 조사 등이 포함된다. 현지조사를 거쳐, 조사결과의 회수, 점수, 집계, 제표, 분석, 보고서 제출로 하나의 조사과정이 완결된다.

## 사회조직(social organization)

성원규모에서 개인 혹은 집단과 사회제도 혹은 전체사회의 중간에 위치하는 특정의 목적을 위해 만들어진 단체를 의미한다. 규모가 큰 조직이 되면 그 조직목표를 달성하기 위해 관료제의 발달을 필요로 한다. 현대사회에서 대표되는 사회조직으로 기업조직과 행정관료제를 들 수 있다. 조직 외부적으로는 이들 사회조직과 전체사회와의 관련, 조직 내재적으로는 성원의 개인목표와 조직목표와의 결합을 어떻게 하느냐가 큰 문제로 되어 있다.

## 사회주의(socialism) 01

19세기 초부터 나타난 사회체제를 표현하는 개념의 하나이다. 일반적으로는 자본주의를 넘어서 생산, 노동, 소비의 사회화가 진행되고 부, 권력 등이 개인에게 평등하게 분배되고 있는 사회를 의미한다. K. 맑스와 F.엥겔스의 이론이 대표적이며 러시아에서 처음으로 사회주의사회가 실현되었다. 사회주의사회는 착취와 계급대결의 소멸, 소유의 사적 성격과 생산의 사회적 성격과의 모순의 소멸, 계획적인 경제발전 등의 과정에서 공산주의 사회와 공동된 특징을 지니지만 아직 많은 점에서 이전 사회의 잔재가 남아 있다.

## 사회주의 02

생산수단의 사적 소유와 관리, 자본에 의한 임금 노동의 착취와 그에 따른 경제적 불평등, 자본주의적 시장생산의 무정부성 등에 반대해 생산수단의 공동소유와 관리, 계획적인 생산과 평등한 분배를 주장하는 이론 또는 사상, 운동 그리고 그와 같은 구상을 실현한 체제를 말한다. 사회주의란 용어는 1827년 영국 오언파의 출판물에서 처음 쓰였으며, 사회주의 사상은 산업혁명 이후 산업혁명에서 비롯된 생산의 무정부성, 불평등, 빈곤 등에 대한 저항으로 발생하였다.

## 사회주의 시장경제

중국이 표방하고 나선 새로운 체제이론. 사회주의의 골간을 유지하면서 국가경제 운용면에서는 자본주의 기법을 도입한다는 것. 이는 계획경제 의 폐해적 비생산성·비능률성을 퇴치하기 위한 시도로 92년 1월 등소평의 남순강화에서 "사회주의에 시장이 있으며 자본주의에도 계획이 있다" 고 지적, 그해 6월 강택민이 공식 제창하였다. 92년 10월 14전인대에서 〈사회주의 시장경제〉를 개혁·개방의 최대목표로 채택했다.

## 사회지능(social intelligence)

사회성과 밀접한 개념으로 사회적 관계 혹은 인간관계에서 타인을 이해하고 동시에 그 관계 속에서 적절하게 대치하고 행동하는 능력을 의미한다.

## 사회지수(social quotient : SQ)

정신연령을 IQ로 환산하듯이 사회연령(SA)을 생활연령(CA)으로 나눈 다음 100을 곱하여 산출한다. SQ 100인 아동은 보통의 사회적응수준이라고 볼 수 있다. 왜냐하면 실제 생활연령과 사회연령이 같을 때 100이란 숫자가 얻어지기 때문이다.

## 사회지표(social indicator) 01

한 사회의 주요 국면의 상태를 나타내는 지표로, 사회 발전의 정도를 평가하는 직접적인 기준이 된다. 즉 사회지표는 한 사회의 발전 상태를 나 타내는 규범적 총체로서 경제·사회·환경 (생활의 질(quality of life)) 등을 포괄하는 지표라고 할 수 있다. 당초 경제지표의 대칭개념으로 부상한 사회지표는 경제·사회변화의 분석과 계획작성 및 정책평가를 위한 목적으로 많이 이용된다. 사회지표의 대상영역은, 보건·식량·환경·인구·공안(公安) 등 삶의 기본조건을 나타 내는 영역과 노동·고용·소득·소비·거주문제·사회보장·생활환경 등 사회경제적 영역 가족과 가정생활·이웃관계·단체생활·종교·정치행정관계 등 사회정치적 영역, 시간 활용과 여가문제·학문과 예술·교육·사회계층과 사회적 이동 등 사회문화적 영역으로 나누어 볼 수 있다.

## 사회지표 02

역사적 흐름 속에서 우리가 처해있는 사회적 상태를 집약적으로 나타내 생활의 양적인 측면은 물론 질적인 측면까지 측정, 국민생활의 전반적인 복지정도를 파악할 수 있게 하는 척도이다. 조사대상은 인구를 비롯해 소득·소비·고용·환경·여가·공안 등 생활과 관련된 전분야를 망라 하고 있다. 사회지표는 국민생활의 수준, 사회의 종합적 상태, 사회변화의 예측, 사회개발정책의 성과 등을 측정하는 데 이용되고 있다.

## 사회지표 03

어떤 사회정책 당국이나 의사결정자에게 연속되는 사회현상의 정도를 제시해 줄 수 있는 자료나 명세목록으로 어떤 의미에서 사회지표란 단순한 경험적 의미를 살릴 수 있는 검사의 수치로 표시되기도 하고 어떤 경우에는 그러한 통계적 숫자적 차원에서의 변화를 나타낸 복합치를 지적하기도 한다. 그러나 보다 좋은 의미에서는 사회의 주요 목표와 관련하여 사회정책에 관한 평가를 유지할 수 있는 연속적 자료목록을 나타내기도 한다. 복지수준을 측정하는 지표. GNP가 개인소비나 민간설비투자 등 경제활동을 화폐량으로 집계하는데 비해 사회지표는 GNP 계산에 직접 산입되지 않는 항목, 즉 건강·교육·학습활동, 고용과 근로생활의 질, 여가, 물적 환경, 범죄와 법의 집행, 가족, 커뮤니티, 생활의 질, 계층과 사회이동 등 국민생활과 관계되는 통계로서 복지수준을 나타내는 것이 특징이다.

## 사회진단(social diagnosis)

케이스워크 과정의 하나이다. 인테이크나 사회조사의 과정에서 수집된 자료나 정보를 분석하고 검토하여 문제의 인과관계를 종합하여 해석하고 문제의 본질을 해명하는 과정을 말한다. 협의의 진단 다음에 문제해결을 위한 치료, 처우의 계획입안을 하는 것을 평가(evaluation)라 부르고 있으나 통상적으로 진단과 평가를 합쳐서 사회진단이라 부르고 있다. 케이스워크에서의 진단은 클라이언트의 참가를 통해 문제사회진단론의 명확도를 도모해나가는 것이 특색이다.

## 사회진화론(social evolution)

다윈이 종의 기원을 발간하면서 생물학적 법칙으로서의 동물의 진화론이 인정되기에 이르렀는데, 이것을 인간사회에 적용해 사회의 진화를 설명하려는 이론을 말하는 것으로 H.스펜서가 다윈의 이론과는 별도로 사회진화론을 전개했다. 그는 적자생존과 자연도태에 의한 사회조직이나 규범도 진화해 사회가 하나의 유기체로 존재하고 있다고 주장했다. 19세기 말에는 이와 같은 사고가 성행했으나 1980년대에는 또 다른 형태의 진화론이 일어나 사회의 발전이론에도 적용되고 있다.

## 사회집단(social group)

사람들이 생활의 장으로 구성하고 있는 집단을 총괄한다. 사회집단에는 여러 가지의 유형, 형태가 존재하나 대별해서 조직적 사회집단과 비조직적 집단이 있다. 조직적 집단에는 주로 혈연, 지연에 의해 구성되는 기초적 사회집단과 일정의 목적기능에 의해 만들어지는 기능적 사회집단으로 구별되며 기능적 집단에는 정치적, 경제적, 문화적인 기능을 갖는 제 집단이 포함된다. 비조직적 집단에는 통계집단이나 군중, 청중, 대중 등의 지속성, 응집성, 조직성이 없는 군중이 포함된다.

## 사회체제(social system)

주로 경제활동의 양식, 혹은 정치권력의 성격에 따라 전체사회를 특징지을 때 이것을 사회체제라 표현한다. 보통 역사의 발전단계를 기술할 때 쓰인다. 자본주의체제나 사회주의체제 등이 대표적인 예이다. 사회체제론은 이 이론에서 알 수 있듯이 맑스주의 사회이론에 의해 개발되어 왔다. 따라서 사회체제의 분석에는 계급구조의 성립이나 계급대립의 설명이 불가결한 것으로 되어 있다.

## 사회측정(sociometry)

미국의 정신과 의사인 J, L, Moreno가 창안한 집단 내의 인간관계를 파악하는 측정법이다. 집단 내의 각 성원간의 견인(attraction)과 배척(repulsion) 형태를 분석하고 그 강도나 빈도를 측정함으로써 어떤 개인이 집단에 대해 가지고 있는 관계나 위치 또는 집단자체의 구조나 발전 상태를 발견, 기술, 평가하는 방법을 말한다. 이 방법에 의해 개인의 성격, 지위, 적응성, 중심성 등을 알 수 있으며, 집단적 특성에 있어서 집단구조(하위집단의 분화, 층화, 지도성의 구조)는 응집성, 안정성, 외부압력의 저항성 등이 밝혀진다. 성원이나 집단의 특성을 계산하는 것을 소시오 메트릭스(socio metrix)라고 한다.

## 사회치료(social treatment)

케이스워크 과정의 하나이며 처우, 처치라고 하는 경우도 있다. 클라이언트가 스스로의 문제를 해결할 수 있도록 하는 여러 가지의 심리적, 사회적 원조활동을 말한다. 클라이언트의 문제의 내용에 따라 달라질 수도 있으나 구체적으로는 사회 환경의 조정, 수정 및 개선, 사회자원의 활용과 동원 등의 환경요법(간접요법)과 심리적인 원조에서의 지지요법이나 통찰요법 등의 직접요법을 포함한 광의의 치료적이고 원조적인 처치의 총체이다. 이러한 두 가지 요법은 실제에 밀접하게 관련된 형태로 실천된다.

## 사회통계(social statistics)

사회현상에 관한 통계 또는 통계학적 처리의 방법을 뜻한다. 와그너 엥겔, 마이야 등을 대표로 하는 독일 사회통계학파의 연구는 사회집단을 연구대상으로 하고 대량관찰법을 기본적 방법으로 하며 사회생활에서 합법칙성을 추구하는 실질적인 과학으로 생각되었다. 사회생활에 직접 관계된 통계, 실업통계, 주택·위생상태 조사, 가계조사 등의 중요성이 특히 강조되었다. 오늘날에 와서는 일반적으로 사회조사에 응용되는 통계학적 기법의 체계를 말한다.

### 사회통제(social control)

사회 및 그 내부의 집단이 질서를 유지하기 위하여 내적으로 발생하는 일탈, 범죄, 긴장을 처리하여 균형을 확보하는 과정을 말한다. 사회에는 개인이나 집단에게 사회가 바라는 행동을 취하게 하는 작용이 있다. 그와 같은 작용 일체를 사회통제라 하며, 그 목적 내지 기능은 사회의 기존질서를 유지하는데 있다.

### 사회통합(social integration)

비통합적 상태에 있는 사회 안의 집단이나 또는 개인이 서로 적응함으로써 단일의 집합체로서 통합되어 가는 과정이다. 파슨즈(Parsons T.)는 통합을 일컬어 다음의 상태 또는 그 상태로 인도하는 과정이라고 하였다. 즉 복수의 사람들 사이에 공통의 목표가 존재하며 그 목적을 달성하기 위한 각자의 역할이 분담되어 있고 그 역할 외 수행이 당연한 권리이자 의무임을 서로 인정하고 있으며 분담하고 사후 보호 있는 역할은 크든 작든 그 사람에게 욕구충족을 가져다주는 것으로 정의하고 있다.

### 사회해체(social disorganization)

사회적, 경제적 변동 등에 의해 사회를 구성하는 개인, 집단 지역사회 등의 조직이나 구조에 균열이 생기거나 여러 가지 기능장애가 일어나 붕괴하는 상태를 말한다. 인격해체, 가족해체와 같은 사회해체의 하나의 형태인 지역해체는 공업화. 도시화의 진행에 따라 지역성, 공동성 같은 종래의 지역사회통합이 붕괴되는 것으로 지역사회에 대한 주민의 관심의 감소, 거기에서 생기는 각종 병리현상 등을 말하는 개념이다.

### 사회행동(social action)

넓은 의미에서의 사회복지활동의 하나로 대상의 요구에 따라 복지관계자의 조직화를 도모하고 여론을 환기시켜 입법, 행정기관에 압력행동을 전개해 기존의 법제도의 개폐, 복지자원의 확충 및 창설 그리고 사회복지의 운영개선 등을 지향하는 조직 활동을 말한다. 또 지역 사회조직과 주민간의 상호 부조적 활동에 그치는 것이 아니라 지역사회의 공적인 복지수준의 향상에 공헌하는 데는 이것의 존립이 필요불가결한 요소이다. 이러한 사회행동에는 두 가지 흐름이 있는데 하나는 사회적 발언력이 약하고 신체적 · 정신적 장애를 가진 대상자를 대신해서 복지관계자나 전문사회사업가가 중심이 되어 행동하는 형태이며 또 하나는 대상자가 스스로의 장애를 극복하고 요구 실현을 위해 조직화를 도모하는 형태이다. 전자에서는 복지욕구의 구체적 충족이 그 목표가 되지만 후자에서는 그 위에 대상자의 권리주체자로서의 육성이나 정책결정과정의 참가가 지향되고 있다.

### 사회행정(social administration)

사회행정 또는 사회복지행정으로 번역되기도 했으나 최근에는 사회복지관리나 사회복지경영으로 번역하는 예도 있다. R. M. 티트머스는 사회행정을 정의하는 것은 어려운 일이라고 말하며 사회적 제서비스의 행정이라 부르고 그것은 단지 단체, 기관 혹은 시설의 행정과는 상이하여 사회적 제서비스의 정책형성과 그 관리 · 운영을 의미하는 경우가 많아 사회복지정책, 사회복지행정으로 취급하고 있다고 했다. 그가 제시한 내용들은 반드시 이론적 체계적으로 정비된 것은 아니지만 사회적 욕구와 그 욕구의 충족에 관한 제 문제가 포함되어 있다. 사회행정의 연구는 1920년대부터 영국에서 시작되었으나 특히 전후 영국에서의 복지국가의 건설과 결부되어 성행했다. 미국에서도 1960년대 이후 사회정책(social policy)에 대한 관심이 높아지면서 이 분야의 연구가 진행되고 있다.

### 사회화(socialization) 01

사회심리학 중 행동이론의 경우에 사회화는 넓은 범위의 행동을 취할 가능성을 가지고 태어난 생물적 존재로서의 인간이 자기가 속한 사회의 행동기준에 규제되고, 또 관습 내지 생활양식에 허용되어 있는 한정된 범위의 행동을 취하거나 취하도록 이끌어지는 과정을 사회화라 한다. 사회화 과정은 지능, 정의적 특성, 체력 등의 생득적 소질과 사회화가 행해지는 직접적인 환경 특히 가정의 여러 조건 직접적인 환경배경으로서의 하위사회 · 하위문화라는 세 가지 수준에서 개인차가 생긴다.

### 사회화 02

사회구성원이 성장하면서 그 사회의 문화와 가치를 습득하는 과정을 사회화라 한다. 사회는 이러한 사회화 과정을 통해 정체성을 유지하게 되며, 개개인은 이러한 사회화 과정을 통해 체제에 적응하게 된다.

### 사회환경(social environment)

자연환경에 대응하는 사회적 제 조건의 총칭을 뜻한다. 일반적으로 풍토, 기후 등의 자연환경(물리적 환경)을 기초로 하여 인간이 만들어 낸 제도이다. 조직, 계급, 풍습, 규범 등을 말하며 사회적 인간을 형성하는 조건으로 여겨진다.

### 사회활동

개인의 행동 중에서 가정 내부의 영역에 행해지는 사적활동에 대해 직장, 지역사회, 기타의 사회 제 영역에 행해져 사회에 영향을 주는 활동을 사회활동이라 한다. 경제학에서 직업노동이 사회적 유용 노동이 된다는 것을 기저로 경제적 가치에 머물지 않고 사회적, 문화적, 제도적인 영향력을 넓게 보아 사회참가활동의 사회적 유용성을 지적한 것이지만 가정 내 영역의 가치평가나 사회적영역의 내부분화 등에는 애매한 점이 많다.

## 사회후생함수

사회의 경제적 후생의 증감을 판단하기 위해 기준이 되는 것으로 사회의 경제적 후생과 이에 영향을 미치는 제요인과의 사이에 존재하는 함수관계를 말한다. 가령 국민소득의 변동이 사회후생에 어떻게 반영되는가 국민소득 분배의 평등, 불평등이 사회후생의 증감과 어떤 관계를 갖는가 하는 문제 등의 판정기준을 부여한다.

## 사후검사(post test)

실험연구에 있어서 그 효과를 알기 위하여 실험변인을 작용시킨 후에 실시하는 검사. 단일집단 실험설계에 있어서는 사전검사와의 차(差)로 그 효과를 알 수 있고, 통제집단 실험설계에 있어서는 실험집단과 통제집단의 차로 그 효과를 알 수 있다.

## 사후보호(after care)

애프터케어로 쓰이는 경우가 많다. 의학적인 사후보호에는 외과수술 뒤나 중증질환의 회복기에 행해지는 건강관리, 정신병환자가 퇴원 후에 그 효과의 유지를 목적으로 행해지는 요양지도 등이 있으며 신체장애인의 재활과정에 있어서도 follow1 up과 같은 의미로 쓰여지고 있다. 재활은 후에 지체부자유를 남길 우려가 있는 질병이나 외상에 대해 발병 혹은 상처를 입은 후 초기부터 계속적인 치료를 필요로 한다. 또 의학적 재활에 의해 일정 수준까지 산업민주주의 기능이 회복한 장애인이라도 방치해 두면 다시 퇴화하는 경우가 종종 있으며, 특히 노인에 있어서는 그 같은 경향이 현저하다. 이러한 기능의 후퇴를 방지하기 위해서는 수시로 사후보호가 실시되어야 한다.

## 사후심리기준

유흥·음식·숙박·서비스업소의 매출이 어느정도 될 것이라고 국세청 이 미리 파악해 놓은 수입금액추정치를 사후심리기준이라고 한다. 수입 금액을 미리 추정해 놓은 다음 업소가 수입금액을 신고하면 제대로 신고 했는지를 따져보는 기준이라는 뜻이다. 사후심리기준은 업소의 의자수·탁자수·객실수 등 시설기준과 인건비·임차료·원부재료비 등 기본경 비를 파악한다음 업소의 규모·위치·유명도를 감안하고 과거에 실시한 입회조사 결과나 각종 세무조사 실적을 망라해 업소별로 설정된다.

## 사후적 통제(a posteriori control, postcontrol)

구성원 및 단위부서의 목적추 구활동의 결과가 목적기준에 부합되는가를 평가하여 필요한 시정조치를 취하는 통제를 말한다. 사전적 통제와 대비된다.

## 사후중증

장애상병에 따라 초진일로부터 2년 경과한 때에는 장애등급에 해당하지 아니하였으나 60세 되기 전에 장애가 악화되어 장애등급에 해당하게 된 경우. 사후중증의 장애연금 수급사유 발생일 : 청구한 날.

## 사후지도(follow up)

일정한 훈련이나 평가 과정을 마치고 취업한 후, 직업생활과 관련하여 발생하는 제반 문제들을 예방하거나 해결하기 위하여 일정기간 제공되는 전문가의 도움을 말한다. 사후 지도의 목표의 대상인이 겪게 되는 직장 내에서의 불편한 관계를 확인하고 그것이 개선되도록 조정하는 역할을 수행함으로서 갈등적 요소를 제거해주고 나아가 만족스러운 직업생활을 영위할 수 있도록 지원하는데 있다. 사후 지도의 고려사항으로는 ①직무를 올바르게 이해하도록 하고, ②다양한 사회 환경에 적절하게 적용하도록 지도하며, ③자신의 노력으로 자립하도록 하며, ④신체적·지적·정서적·심리적인 면에서 조화있는 삶을 누릴 수 있게 하며, ⑤자신과 주위환경과의 이해를 바탕으로 생애를 설계하고 계획하게 지도한다.

## 산소결핍증(anoxemia)

신체조직에 산소의 공급이 부적절하여 일어나는 증상으로 심한 경우에는 두뇌손상이나 기관(organ) 손상을 일으킨다. 특히 출산 시 탯줄이 엉키거나 분만시간이 긴 경우에 태아가 산소 결핍증에 걸릴 확률이 많으며 이로 인해 정신지체 현상을 낳는 수도 있다.

## 산술평균(arithmetic mean) 01

관측값들을 모두 합한 후, 그 개수로 나눈 값을 말한다.

## 산술평균 02

몇 가지 항목의 수치를 합계한 값을 그 항목수로 나눈 것이다. 통계적으로는 각 항목의 중요도를 곁들인 것(가중치를 곱한다고 함)을 가중산술평균이라고 하며 그것이 없는 단순산술평균과 구별한다. 계산이 간단하므로 물가지수 등의 작성에 사용되고 있으나 극단적인 수치의 항목에 영향을 받기 쉬운 단점이 있다. 그리고 산술평균에 대해 몇 개 항목의 산술치를 곱하여 합친 상승적을 그 항목수로 개방한 것을 기하평균이라고 한다.

## 산업 카운슬링(industrial counselling)

산업의 단위를 이루는 기업이나 사업장에서 직장의 부적응문제에 대응해 이루어지는 카운슬링의 한 분야이다. 산업카운슬링의 목적은 종업원인 인간으로서 행복증진, 생산성의 향상, 재해사고의 방지, 노동이동의 방지, 비행범죄의 방지, 기업의 신뢰축적 등을 들 수 있으며 산업 카운슬링의 기능은 동기부여기능과 복지적 기능을 들 수 있다. 산업 카운슬링의 유형을 주체별로 보면 국가기관의 상담, 기업에 의한 상담, 노조에 의한 상담 및 민간단체에 의한 상담을 들 수 있으며 문제내용별로는 고충상담, 스트레스 상담, 퇴직상담, 성적차별. 학대상담, 정신건강 상담, 법률상담, 재정상담, 알코올 중독 상담, 경력개발계획 상담 등이 있다.

### 산업민주주의(industrial democracy)

산업체의 의사결정에 피용자가 제도적으로 참여하는 것을 말하며, 민주주의적으로 운영되어지는 하나의 노동조합을 산업사회의 구성원으로 승인함으로써 국민사회의 산업관계를 계급관계가 아닌 민주주의적 체제로 발전시켰다는 주장이 있다. 이 주장의 출발점은 19세기 말의 웹부처이지만 현대에서는 산업과 기업의 상태를 결정함에 즈음하여 노동자와 노동조합의 의사반영과 참가를 촉구하는 의지가 강하게 일어 새로운 산업민주주의의 의미가 부각되어지고 있다.

### 산업별 조합

동일 산업에 속하는 노동자를 숙련도나 직종여하와는 관계없이 다만 동일산업에 속한다는 기반 아래 조직하는 노동조합이다. 산업전체에 걸친 임금결정이나 노동조건은 당해산업의 지도적 기업인 거대기업이 결정하게 되므로 전국적 규모로 단체교섭이 이루어지거나 혹은 노동협약의 표준화가 이루어지게 된다.

### 산업별노동조합
(Congress of Industrial Organization : CIO)

직업별 조합주의를 고집하는 미국노동총동맹(AFL)에 반기를 들고 1938년 결성된 미국의 산업별노동조합을 말한다. 비숙련노동자를 기반으로 출범한 산업별노동조합은 노동총동맹에 비해 급진적인 성격을 지니며 인종·숙련도·직업 등의 구별을 초월하는 포괄성을 지닌다는 특성을 지닌다.

### 산업별조합(industrial union)

동일산업에 속하는 근로자를 숙련도나 직종 여하와는 관계없이 다만 동일산업에 속한다는 기반 위에 조직한 노동조합. 산업전체에 걸친 임금결정이나 노동조건은 당해 산업의 지도적 기업인 거대기업이 결정하게 되므로 전국적 규모로 단체교섭이 이루어지거나 혹은 노동협약의 표준화가 이루어지게 된다.

### 산업사회학(industrial sociology)

산업을 구성하고 있는 기업, 사업소와 그곳에서 움직이는 인간을 둘러싸고 일어나는 행동양식 및 다른 사회영역과의 관계를 대상으로 연구하는 사회학의 한 부문이다. 미시적 영역으로서는 직장의 비공식적 인간관계와 노동자

의 태도, 관리자의 리더쉽, 경영자의 사회적 성격 등이고, 중간적 영역으로서는 기업, 사업소나 노동조합의 조직, 제도, 행동양식 및 노사관계, 거시적 영역으로서는 산업과 사회와의 관련, 산업화와 사회적, 문화적 조건 및 영향 등이 취급되어 진다. 호오손실험으로 시작된 초기 산업사회학은 비공식집단과 유형관계 등 주로 미시적 영역에서 관심을 가졌지만, 1950년대 후반에는 산업화와 사회변동, 문화변동이 관심을 불러일으켜 그 연구영역의 확대를 보였다.

### 산업상담(industrial counseling)

카운슬링의 한 분야로 산업관계 분야에서 사용되고 있는 것을 말한다. 구체적으로는 공장이나 회사 등에 상담원을 배치하여 직원에 대해 상담 조언을 하는 형태를 취한다. 이러한 사람을 산업상담원이라고 하며 우리나라에는 노동부산하에 산업상담원을 배치하고 있으나 그 전문적 기능을 수행하기에는 미흡한 실정이다. 상담내용으로서는 개인의 심리적 고민, 직장 내 대인관계에 있어서의 문제 등을 취급하며 현재 우리나라에 있어서는 부당해고에 관련된 문제가 많이 취급되고 있어 전문성의 발전이 중요한 과제이다.

### 산업심리학(industrial psychology) 01

산업분야에 관계된 심리학의 전 분야를 포함한 명칭이다. 산업심리학에는 노동심리학, 직업심리학, 소비심리학으로 상징되어진 3개 측면이 있다. 초기산업심리학은 노동자의 작업동작, 능력적성, 피로현상이란 노동 과학적 연구가 많았었지만, 오늘날에는 사회심리학적인 연구 내지 행동과학적인 연구에 기인한 산업심리학의 분야가 크게 확대되어 왔다. 근로의욕의 연구, 매매동기의 연구 등을 함축한 경영심리학의 분야도 연구되어 오고 있다.

### 산업심리학 02

기업체나 회사의 생산성, 인사, 직업훈련 또는 종업원훈련, 종업원의 사기증진 및 복지향상등과 관련된 제반 문제를 연구하는 심리학 분야이다.

### 산업안전보건법(industrial safety and health law)

산업안전·보건에 관한 기준의 확립과 그 유지·증진을 도모하기 위한 법률(전문개정 1990. 1. 13. 법률 제4220호). 산업안전·보건에 관한 기준을 확립하고 그 책임의 소재를 명확하게 하여 산업재해를 예방하고 쾌적한 작업환경을 조성함으로써 근로자의 안전과 보건을 유지·증진함을 목적으로 한다. 정부는 산업안전·보건에 관한 제반 사항을 성실히 이행할 책무를 진다. 사업주는 산업재해의 예방을 위한 기준을 준수하며, 사업장의 안전·보건에 관한 정보를 근로자에게 제공하고 적절한 작업환경을 조성함으로써 근로자의 생명보전과 안전 및

보건을 유지·증진하도록 하고, 국가의 산업재해 예방 시책에 따라야 한다. 근로자는 산업재해 예방을 위한 기준을 준수하며, 국가와 사업주의 산업재해의 방지에 관한 조치에 따라야 한다. 노동부에 산업안전보건정책심의위원회를 둔다. 노동부장관은 산업재해예방에 관한 중·장기기본계획을 수립해야 한다. 사업주는 사업장의 유해 또는 위험한 시설 및 장소에 안전·보건표지를 설치·부착해야 한다. 사업주는 안전보건관리책임자와 산업보건의를 두고, 근로자·사용자 동수로 구성되는 산업안전보건위원회를 설치·운영해야 한다. 사업주는 단체협약 및 취업규칙에 맞도록 안전보건관리규정을 작성하고 근로자에게 알려야 한다. 노동부장관은 안전·보건조치에 관한 지침 또는 표준을 정하여 지도·권고할 수 있다. 노동부장관은 유해 또는 위험한 기계·기구 및 설비의 안전기준을 정할 수 있다. 근로자의 보건상 특히 유해한 물질은 제조·사용 등이 제한되며, 적절한 취급을 해야 한다. 사업주는 정기적으로 근로자에 대한 건강진단을 실시해야 한다. 유해 또는 위험한 작업에 종사하는 근로자에 대해서는 연장근로가 제한된다. 노동부장관은 감독을 위하여 필요한 조치를 할 수 있다. 근로자는 사업장에서의 법령위반사실을 노동부장관 또는 근로감독관에게 신고할 수 있다. 산업안전지도사와 산업위생지도사가 직무를 개시하고자 할 때에는 노동부에 등록해야 한다. 등록한 지도사는 법인을 설립할 수 있다. 정부는 산업재해예방기금을 설치하며, 그 기금은 노동부장관이 관리·운용한다. 노동부장관은 산업재해예방시설을 설치·운영하거나, 명예 산업 안전감독관을 위촉할 수 있다. 9장 72조와 부칙으로 되어있다.

### 산업안전포상제
산업재해 예방과 감소에 공이 큰 사업장과 개인에게 포상을 실시하여 근로자가 마음놓고 일할 수 있는 안전하고 쾌적한 작업환경을 조성하자는 제도.

### 산업연관표(Input — output table) 01
일정기간(보통1년)동안 국민경제내에서 발생하는 재화와 서비스의 생산 및 처분과 관련된 모든 거래내역을 일정한 원칙과 형식에 따라 기록한 종합적인 통계이다. 이 표의 세로방향은 각 산업에서 생산활동을 위해 사용한 중간재와 생산 요소의 구성을 나타내는 투입구조를, 가로방향은 각 산업에서 생산된 산출물에 대한 수요를 나타내는 배분구조를 의미한다. 연관표에는 당해년도의 모든 재화와 서비스에 대한 총공급(총산출+수입)과 총수요(중간수요+최종수요)가 각 산업별로 나타나 있어 국민경제 전체의 공급과 수요구조뿐만 아니라 각 산업의 공급과 수요구조도 한눈에 파악할 수 있다. 따라서 산업연관표를 통해 그물과 같이 복잡하게 얽혀있는 산업부문간의 상호연관관계를 한 눈에 파악할 수 있어, 경제구조 분석과 향후

정책 수립에 기초자료로 이용된다. 이러한 산업연관표는 1930년대 초 미국의 레온티에프 (W. W. Leontief) 교수가 처음으로 작성 발표한 이래 선진국은 물론 개발도상국에 이르기 까지 많은 나라에서 작성되고 있다. 창안자의 이름을 따서 '레온티에프표' 라고도 한다. 우리나라에서는 한국은행이 지난 1960년부터 5년마다 산업연관표 실측표를 작성하고 있으며 실측표 발표 중간에 부분적인 조사를 통해 자료를 수정한 연장표를 내고 있다.

### 산업연관표 02
특정 상품을 생산하기 위하여 어떤 상품이 얼마나 투입되었는가와 특정 상품이 어떤 상품의 생산에 얼마나 투입되었는가를 보여주는 통계로서 국민경제의 제조원가명세서라고 할 수 있다. 또 산업간의 상호연관관계를 한눈에 파악할 수 있는 도구로서 한 나라의 경제구조를 자세히 나타내는 일종의 해부도라 할 수 있다.

### 산업예비군
실업자 및 반실업자를 포함하는 이른바 상대적 과잉인구. 자본주의가 발달하여 자본의 유기적 구성이 고도화함에 따라 노동을 절약하는 자본 집약적인 생산방법이 널리 채용되어 노동력이 실업으로 나타나는 것을 말한다. 마르크스는 이것을 자본주의 발전에 따르는 필연적 산물이라 하였다.

### 산업자본
상품생산 과정에서 화폐가 자본으로 전화했을 때 이것을 산업자본이라고 한다. 실제 형태로서는 생산을 경영하는 기업이 자본을 투하하여 어떤 생산설비를 사용하고 노동을 조직해서 잉여이윤을 낳는가에 따라서 달라지는데 자본주의의 하나의 특징으로서 산업자본의 지배를 들 수 있다. 유통과정에서 형태전화하는 화폐 즉 상품자본에 대응되는 말이다.

### 산업재해(industrial accidents) 01
노동과정에서 작업환경 또는 직업행동 등 업무상의 사유로 발생하는 근로자의 부상, 질병, 사망, 직업 환경의 부실로 인한 직업병 등도 포함된다. 산업재해는 제조업의 노동과정에서뿐만 아니라 광업, 토목, 운수업 등 모든 산업분야에서 항상 발생할 가능성이 있다. 산업혁명 후 기계공업이 발달하면서 주로 제조업 중심으로 산업재해가 급속히 증가하였다. 산업재해의 발생 원인을 근로자 측에서 보면 근로자의 피로, 작업상 부주의나 실수, 숙련미달 등을 들 수 있고 사용자측에서 보면 주로 산업재해에 대한 안전대책이나 예방대책의 미비 또는 부실에 기인한다고 볼 수 있다.

### 산업재해 02
근로자가 업무에 관계되는 건설물, 설비, 원재료, 가스, 증

기, 분진 등에 의하거나 작업 기타업무에 의해 사망, 부상 또는 질병에 걸리는 것을 말한다. 산업안전 보건법, 산업재해보상보험법, 근로기준법 등에 이에 관한 제반규정을 명시해 놓고 있다. 노동재해라고도 하는데 여기에는 부상, 그로 인한 질병·사망, 작업환경의 부실로 인한 직업병 등이 포함된다. 산재보험적용사업장은 1989년에는 종업원 16인 이상 고용한 전업종이 해당되며 90년에는 10인이상, 91년에는 5인 이상 고용한 전업종에 걸쳐 전면 실시하고 있다. 또 92년부터는 산재안정기준이 확대되어 근무시간 외, 사업장시설 외에서 발생한 재해에 대해 '의학적으로 상당한 인과관계가 있는 경우'에도 적용되었다. 그 전까지에는 '의학적으로 명백한 경우'에만 인정되었다.

### 산업재해 03

산업안전보건법 제2조 1항에서 정의한 산업재해란 근로자가 업무에 관계되는 건설물, 설비, 원재료, 가스, 증기, 분진 등에 의하거나, 작업에 관련된 기타 업무에 기인하여 사망 또는 부상당하거나 질병에 이환되는 것을 말한다. 여기서의 산업재해는 업무에 관계되는 일로 사망자가 발생한 경우나 4일 이상의 요양을 요하는 부상을 입은 자가 발생한경우와 업무와 관계되는 일로 질병이 발생한 경우를 말한다.

### 산업재해보상보험
(industrial accident compensation insurance)

근로자의 업무상 재해를 신속하고 공정하게 보상하기 위한 보험. 노동자의 재해보상을 보장하는 제도는 1884년 독일에서 처음 실시되었으며 현재 많은 나라에서 이를 채택하고 있다. 우리나라에서는 1963년에 산업재해보상보험법이 제정되어 이듬해부터 시행되어 오고 있다. 이 법이 시행됨으로써 근로기준법의 적용을 받는 모든 사업 또는 사업장의 노동자에 대한 업무상의 재해를 신속·공정하게 보상함과 동시에 이에 필요한 보험시설을 설치·운영해 노동자 보호에 기여하게 되었다. 보험급여의 종류에는 요양급여, 휴양급여, 장해급여, 유족급여, 유족특별급여, 장의비, 일시급여 등이 있다.

### 산업재해보상보험법
(workman's accident compensation insurance law)

산업재해에 있어서 근로자에게 보험급여를 하기 위하여 필요한 사항을 정한 법률. 산업재해보상보험 사업을 행하여 근로자의 업무상의 재해를 신속하고 공정하게 보상하고, 재해근로자의 재활 및 사회복귀를 촉진하기 위하여 이에 필요한 보험시설을 설치·운영하며 재해 예방 기타 근로자의 복지증진을 위한 사업을 행함으로써 근로자 보호에 이바지함을 목적으로 하는 법률이다(1994. 12. 22. 법률 제4826호). 보험사업은 노동부장관이 관장하며, 보험은 근로자를 사용하는 모든 사업에 적용한다. 노동부에

산업재해보상보험 심의위원회를 둔다. 근로복지공단은 보험에 관한 기록의 관리·유지, 보험료 기타 징수금의 징수, 보험급여의 결정 및 지급, 보험시설의 설치·운영, 근로자의 복지증진 사업 등을 수행한다. 사업주는 당연히 보험의 보험 가입자가 된다. 보험급여는 업무상의 사유에 의한 것을 전제로 하여 요양급여, 휴업급여, 장해급여, 간병급여, 유족급여, 상병보상연금, 장의비로 한다. 요양 급여는 요양비 전액을 지급하며, 근로복지공단이 설치하거나 지정한 보험시설 또는 의료기관에서 하도록 하고, 범위는 진찰, 약제 또는 진료 재료와 의지 기타 보철구의 지급, 처치·수술 기타의 치료, 의료 시설의 수용, 간병, 이송 등으로 한다. 휴업급여는 요양으로 인해 취업하지 못한 기간에 대해 지급하며, 장해급여는 치유 후 신체 등에 장해가 있는 경우에 지급한다. 간병급여는 치유 후 간병이 필요하여 실제로 간병을 받는 자에게 지급한다. 유족급여는 유족에게 지급하며 수급권자의 선택에 따라 유족보상연금 또는 유족보상일시금으로 한다. 요양 개시 후 2년 이후에 폐질 등의 상태가 계속되면 휴업급여 대신 상병보상연금을 당해 근로자에게 지급한다. 장의비를 지급한다. 손해배상청구권에 갈음한 장해 특별 급여나 유족 특별 급여가 인정될 수 있다. 근로자의 보험급여를 받을 권리는 퇴직으로 인해 소멸되지 않으며 그 권리는 양도 또는 압류할 수 없다. 보험급여를 받을 권리는 3년간 행사하지 않으면 소멸시효가 완성된다. 보험료는 근로복지공단이 보험가입자로부터 징수한다. 보험료는 보험 가입자가 경영하는 사업의 임금 총액에 동종의 사업에 적용되는 보험료율을 곱한 금액으로 한다. 보험료율은 사업 종류별로 구분·결정된다. 보험료 기타 징수금의 강제집행은 국세 체납처분의 예에 의한다. 산업재해보상보험 기금은 보험료·기금운용수익금·적립금 등을 재원으로 노동부장관이 조성한다. 보험급여에 관한 결정에 대해 불복이 있는 자는 근로복지공단에 심사청구를 할 수 있고 심사청구에 대한 결정에 불복이 있는 자는 산업재해보상보험 심사위원회에 재심사청구를 할 수 있다. 10장 106조와 부칙으로 되어 있다.

### 산업재해보험

근로자의 재해보상을 보장하기 위한 제도는 1884년 독일의 재해보험법을 시작으로 현재 많은 나라에서 채택하고 있다. 이는 사용자의 입장에서 보아도 산업재해로 인한 위험 부담을 분산·경감해주고 안정된 기업 활동을 할 수 있도록 도와주는 이점이 있다. 산재보험의 시행 초기에는 근로기준법상의 보상 수준을 그대로 대행하는 책임보험의 영역에서 벗어나지 못했다. 경제 발전과 몇 차례의 법 개정을 통해 보험급여의 수준을 향상시켰고 산재근로자를 위한 여러 복지시설을 설치·운영하는 등 사회보장 제도로서의 면모를 갖추었다. 근로자가 산재보상을 청구하기 위해서는 그 재해가 업무상 발생한 것이어야 한다.

### 산업주의(industrialism)
생활력이론을 기초로 수렴이론의 입장에서 발달한 산업 사회를 특징짓는 말로서 최초로 이 말을 사용한 사람은 상시몽(Simon Saint)이었다. 체제나 이데올로기의 차이를 넘어서서 산업화(industrialization)가 고도로 진행된 단계의 각종 사회에 나타나는 구성원리를 가리킨다. 경제적으로는 소득의 평균화, 정치적으로는 복수의 이해집단(interest group)에 의한 권력의 분권화, 문화적으로 이데올로기에 대체되는 과학의 우위, 그리고 사회적으로는 계층 간 차이의 소멸과 수직적 사회이동의 빈번함을 기초로 한 평등하고 다원적인 사회의 출현 등을 특징으로 하며 거기에서의 사람들의 지위를 결정짓는 주요한 요인은 교육과 직업선택이다.

### 산업케이스워크(industrial casework)
기업에서의 인사상담, 노무상담, 고충처리, 직업적응 등의 방법으로서 전개되는 케이스워크의 활동영역을 말한다. 이것과 동일내용의 활동을 산업 카운슬링이라 부르는 것도 일반적이다. 주로 면접에 의해서 직장의 대인관계나 심리적 고민 등을 완화시키는 것이 일반적이다. 노무관리의 중요한 수단이 되고 노무자를 인간으로 처우하고 복지 향상을 위해 절대로 필요한 기능이며 방법기술이다.

### 산업폐기물
산업활동에 수반해 발생하는 폐유, 폐산, 재 등 폐기물. 종류에는 종이, 나무,섬유, 고무 등 쓰레기와 분진, 오니, 동물의 분뇨 등이 있다. 산업폐기물의 처리는 사업자가 배출되는 산업폐기물을 최소한으로 억제하는 한편 자원화나 재생불가능한 폐기물은 환경청장의 허가를 받은 폐기물업자에 위임하여 보관, 운반, 처리해야 한다. 이때 운반등은 환경보전법 시행규칙 52조에 따른다. 그러나 재활용이 가능한 산업폐기물은 배출업자가 직접 원료나 재료로 가공업자에게 판매할 수 있다. 산업폐기물은 특정 산업폐기물(특정 유해산업폐기물, 폐유, 폐합성 수지), 일반산 업폐기물(유기물류, 무기물류) 등으로 양분된다. 산업폐기물업자는 기술 능력, 운반장비, 보관시설, 시험기기와 처리시설 등을 갖춰야 한다. 우리나라의 산업폐기물은 주로 매립(약 80%), 재생활용(약 15%)등으로 처리되며 나머지는 소각처리, 기타의 방법으로 처리하고 있다.

### 산업혁명(industrial revolution) 01
근대 자본주의 확립 과정에서 공업기술의 대변혁을 매개로 공장제 공업의 출현 등 산업상의 제변혁이 일어나 그에 따른 경제, 사회조직의 혁명적 변화를 말한다. 영국에서는 1760 − 1830년대에 프랑스는 1830 − 1870년, 독일에서는 1848 − 1870년, 미국에서는 1840 − 1870년에 걸쳐서 일어났다. 이에 따라 근대적인 노동자계급이 형성되고 동시에 소녀노동, 실업 등의 사회문제도 출현했다.

### 산업혁명 02
1970년부터 시작된 영국을 중심으로 방적기계 · 증기기관 등의 발명으로 종래 수공업적 생산 방법에서 공장제 기계공업(factory)으로 전환되고 자본주의 사회가 완성되었던 경제제상의 대변혁을 말한다.

### 산업화(industrialization)
사회학에서는 '근대산업의 발전에 의해 일어나는 사회적, 문화적인 변동의 과정이다.'라고 정의된다. 산업화는 공업화와 동의어로 인더스트리얼리제이션의 역어로 쓰이고 있으나 이 정의에 따르면 산업화는 공업화까지도 포함한 광의의 개념이라 할 수 있다. 그리고 산업화의 결과로서 도달점인 사회적, 문화적 특성은 산업주의라 불린다.

### 산전산후휴가(leave before and after delivery)
근로기준법에 의하면 산모에 대해 출산전후 60일의 유급 보호휴가가 인정된다. 이 휴가는 산후에 30일 이상 확보되도록 하고 있다. 여기에서 출산이라 함은 임신 4개월 이후의 분만을 말한다. 국민의 정부에서 90일로 확대되었다.

### 산출기록법 (production records)
조직 구성원이 달성한 실질적 작업량을 평가의 대상으로 하는 근무성적평정의 한 방법을 말한다. 즉 구성원이 일정한 시간당 수행한 작업량을 측정하거나 또는 일정한 작업량을 달성하는데 소요된 시간을 계산하여 그 성적을 평정하는 것이다. 이 방법은 타자원, 속기사 등과 같이 표준작업시간과 표준 작업량의 산정이 가능한 직종의 평정에 적합하다.

### 산포(dispersion)
관측값의 퍼짐을 뜻한다. 관측값들이 평균을 중심으로 얼마나 집중되어 있는가 또는 얼마나 퍼져있는가를 알고자 하는 경우가 있다. 이러한 목적을 위한 산포의 측도는 여러 가지가 있는데, 가령 범위(Range), 4분위편차(Quartile de viation), 평균편차, 표준편차, 지니평균차(Gini' s mean difference)등이 있다.

### 산포도(scatter diagram)
회귀분석 또는 상관관계분석에서 두 변수의 짝들을 좌표에 옮겨 그린 표를 말한다. 산포도분석은 예측식을 구하기 이전에 두 변수의 대체적인 관계를 알아보는 예비단계로 사용될 뿐 예측을 하는데 직접적으로 쓰이는 것은 아니다.

### 산학협동
산업계와 대학교가 협력하여 산업인 육성에 노력하는 제

도를 말한다. 구체적으로 대학교에서 경제학 교육을 하거나 회사측에서 학교에 위탁연구생을 파견하여 재교육을 하는 한편 이와는 반대로 대학교의 학생을 각 기업이 받아들여 공장이나 현장에서 실습을 하게 하거나, 강사를 상호 교환하여 학문과 산업간에 실제의 융합을 기도하는 것이라 할 수 있다.

## 살로몬(Salomon, Alice)

베를린출신의 여성사회복지이론. 나치스정권의 유대인 탄압에 의해 1937년 국외추방을 받아 뉴욕에서 사망하였다. 1899년 사회복지원조를 위한 소녀 및 부인단체의 회장으로 선출되고 같은 해 1년제 여성사회사업가양성소를 설립하였다. 1908년 베를린 사회사업학교 교장으로 취임되는 등 생애를 사회복지교육에 헌신하였고, 1936년의 국제사회사업학교연맹을 결성 하는데 기여했다. 주저서로는 〈Leitfaden der Wohlfahrts Pfledge〉(1921)가 있다.

## 살쾡이파업

노동조합 지도부가 주관하지 않는 비공식적인 파업. 흔히 사업장 단위로 기층 근로대중에 의해 자연발생적으로 터져나오며 노동조합이 근로 대중의 현실적 이익을 대변하지 못하는 사회에서 보편적으로 나타난다. 미국의 노동운동이 제2차 대전을 고비로 노골적인 노사유착의 경향을 가지면서 이러한 파업이 일어났다. 기습적이고 산발적인 형태로 전개된다는 점에서 살쾡이라는 이름이 붙었다.

## 삵쾡이 파업

노동조합 지도부가 주관하지 않는 비공인 파업. 흔히 사업장 단위로 기층 근로대중에 의해 자연 발생적으로 발생한다.

## 삼각관계(triangle)

M. Bowen의 가족체계이론에서 나온 용어로 그의 말을 빌리면 가족 속에서 세 명으로 구성된 체계(하위체계)는 인간관계의 단위로서 가장 안정된 것이다. 가족에 있어 안정된 시기에는 그중의 두 사람은 친밀한 관계를 공유하며 다른 한명은 비교적 자유로울 수 있다. 그러나 긴장이 감도는 경우, 두 사람은 함께 있는 것의 긴장이나 불안으로부터 벗어나고 싶기 때문에 자유를 갈구하게 된다. 흔히 있는 삼각관계의 유형은 한쪽의 부모가 자녀와 공모하여 다른 한 명의 부모를 소외시키는 것이다. 자녀가 한쪽의 부모와 밀착된 관계를 가진 상태에서 또 한 명의 부모와는 갈등적 관계가 되는 경우도 가계도에 표시되게 한다.

## 삼권분립

(seperation of the three powers, die drei Gewaltenteilung)
국가권력의 분산을 통해 인민의 자유권과 재산권을 수호하기 위해, 국가권력을 그 성질에 좇아 입법권은 국민대표기관인 입법부가, 사법권은 법관으로 구성된 사법부가, 행정권은 행정부가 각각 분담·행사케 하는 근대적 정치제도를 말한다.

## 삼성복지재단

1989년에 설립되어 저소득층 가정을 위한 보육사업의 일환으로 전국적으로 삼성어린이집을 건립, 운영하고 나아가 청소년, 장애인, 노인 및 지역사회의 구성원들을 위한 다양하고 체계적인 사회복지 프로그램을 제공하는 복지재단이다.

## 상거(Sanger, margaret)

미국인으로 산아제한운동의 개척자. 대학졸업 후 교원으로 있으면서 간호학교를 나와 뉴욕에서 보건요원이 되었다. 빈민가에서 다산 때문에 생활고에 처해 있는 여성의 비극을 목격하고 당시 금지되어 있는 피임법을 연구하여 그 보급에 생애를 바쳤다. 기관지의 발행금지, 투옥 등의 압박도 많았지만 1920년대부터 지지자가 증가하여 미국을 위사하여 특히 영국에 파급되었다. 대전 후에는 국제활동에 힘을 기울이고 1955년 국제가족계획협회를 결성하고 그 회장을 역임하였다.

## 상관계수

(correlation coefficient, coefficient of correlation) 01
두 변수간의 상호 종속관계를 측정해주는 계수로써 $-1$에서 1까지의 값을 갖는다. 값이 0이면 상관이 없는 경우이다. 상관계수의 종류로서 Kendall, Spearman, pearson 등이 제안한 여러 가지가 있다.

## 상관계수 02

두 변인 또는 여러 변인 간의 관계의 정도를 나타내는 계수다. 수학에 있어서 지름과 원둘레와의 관계는 명료한 직선적 관계로 나타낼 수 있다. 그러나 사회과학 분야에 있어서 이러한 변인 간의 관계를 오차 없이 명료한 관계로 나타낼 수 없는 경우가 많다. 가령 지능과 키와의 관계라든가 또는 지능과 학교성적과의 관계 등은 오차 없이 1대 1의 명료한 관계로 나타낼 수 없다. 그러나 이 관계를 정확한 공식에 의해서 나타낼 수는 없지만 확률적인 의미에서 수량적으로 그 관계의 정도를 나타내는 계수를 상관계수라고 부른다. 이러한 두 변인 간의 상관관계를 나타내는 수량적 지수로서 가장 대표적인 것이 피어슨의 적률 상관계수이고 그 이외의 두 변인의 특수성, 가령 두 변인 중 어느 한 변인이 두 개의 질적인 유목변인인가 또는 두 개의 유목이지만 연속성을 가정할 수 있는가 등의 변인의 측정수준에 따라 양류 상관계수(point biserial correlation), 양분상관(biserial correlation), 사류상관(fourfold correlation), 사분상관(tetrachoric correlation), 유관계수(contingency coefficient), 등위상관(rankorder correlation), 켄달의 등위상관과 일치도계수, 굿만 − 쿠르스칼의 계수 등이 있고 두 변인의 곡선적 관계를 나타내는 계수로 상관비(corre − lation ratio)가 있다. 두 변인간의 관계 이외에 한 변인과 다른 변인과의 관계를 나타내는 중다 상관계수(multiple correlation), 중다 상관계수와 같은 경우이지만 독립변인들이 질적인 유목변인인 경우에 적용되는 중다 유목상관(multiple classification analysis)이 있으며 일련의 두 쌍의 변인들 간의 상관관계를 나타내는 다원 집단 변인 상관(canonical correlation) 계수 등이 있다.

### 상관관계(correlation) 01
한 변인의 변화에 수반되어 다른 변인에서의 변화가 일어나는 경우와 같이, 두 변인이 서로 의존하고 있는 관계성 또는 두 변인간의 관계를 지칭한다. 흔히 두 변인 간 관계의 방향성에 따라 정적 상관과 부적 상관으로 구분된다. 또 두 변인 간 관계의 정도 또는 크기를 나타내는 수치를 상관계수(correlation coefficient)라 하며, 그 범위는 최저 상관이라고 할 수 있는 영(零)의 상관, 즉 0에서부터 최고 상관이라고 할 수 있는 완전상관, 즉 1까지 분포된다. '상관' 이라고도 한다.

### 상관관계 02
①아버지와 아들, 위와 아래 등과 같이, 한 쪽이 다른 쪽과의 관계를 떠나서는 의미가 없는 것과 같은 것 사이의 관계로서 이와 같은 관계에 있는 개념을 상관 개념(correlative concepts)이라고 한다. ②어떤 두 개의 현상이 상당한 정도의 규칙성을 사지고 동시에 변화해 가능 관계에 있는 경우, 그 관계를 말한다. 수학적 수단으로서 상관이 정도를 양적으로 나타내는 것이 상관계수이다.

### 상관관계분석(correlation analysis)
변수간의 밀접한 정도 즉 상관관계를 분석하는 통계적 분석방법을 말한다. 즉 회귀분석(regression analysis)에서 변수 사이의 관계식이 어느 정도 신빙성이 있는가를 살펴보는 것이라 할 수 있다. 회귀분석에는 상관관계분석이 필수적으로 수반되어야 한다. 따라서 회귀상관분석(regression and correlation analysis)이라 하여 같이 붙여 사용하기도 하며 회귀분석이라는 용어만으로도 상관관계를 포함하는 의미로 사용하기도 한다. 단지 상관분석에서는 두 변수 중 어느 것도 먼저 결정 된 것으로 보지 않는데 비해 회귀분석에서는 X는 주어지고 Y만이 확률변수(random variable)이며, Y수치들은 정규분포를 이룬다는 가정을 하고 있다.

### 상관성(correlation)
교육과정을 구성하는 교과 간에 또는 경험 내용 간에 서로 보이는 관계성 또는 공통성, 상관교육과정에서 교과를 서로 관련시킬 수 있는 상관성의 종류에는 ①사실의 상관(factual correlation), ②기술의 상관(descriptive correlation), ③규범의 상관(normatic correlation)을 들 수 있다. 사실의 상관은 역사적 사실을 배경으로 하는 문학작품의 학습에서 역사와 문학을 상관시킨다든지 독립선언문을 통한 국어 학습에서 국사의 3·1운동과 관련시키는 등의 것이다. 기술의 상관은 두 가지 또는 그 이상의 교과나 교과목에서 공통적으로 활용될 수 있는 규칙이나 원리의 적용 시에 나타난다. 가령 지리에서의 침식작용의 원리와 화학의 산(酸) − 알칼리 작용의 원리는 서로 상관된다. 규범의 상관은 기술의 상관과 대동소이한 것인데 그 원리가 기술적이라기보다는 사회 도덕적인 면이 강조되는 것이다. 가령 국어에서의 소녀 유관순(柳寬順)의 애국심과 서양사의 소녀 쟌 다르크(Jeanne d' Arc)의 애국심과는 서로 규범적인 면에서 상관된다.

### 상관연구(correlational research / correlational study)
둘 또는 그 이상의 변인들 간의 관계 정도와 방향성에 초점을 맞추어 진행되는 연구를 말한다.

### 상관연구법(correlational method)
둘 이상의 변인들 간의 상관(관계)에 초점을 맞추어 진행하는 연구방법 또는 기법을 말한다. 즉 한 변인의 변화에 따라 다른 변인(들)에서 일어나는 변화의 정도나 방향성을 밝히기 위해 사용되는 연구방법으로 상관법이라고도 한다.

### 상담(counseling)
카운슬러가 도움을 필요로 하는 사람에게 전문적 지식과 기능을 가지고 내담자 자신과 환경에 대한 이해를 증진시키며, 합리적이고 현실적이며 효율적인 행동양식을 증진시키거나 의사결정을 내릴 수 있도록 원조하는 활동. 상담에는 다음과 같은 특징이 있다. ①모든 행동변화나 의사결정은 내담자가 원하는 것이어야 한다. ②상담은 자발적 변화가 일어날 수 있는 조건을 제공하는 것이어야 하며 개인이 선택하고 결정할 권리를 존중해야 된다. ③합리적 계획, 문제해결, 의사결정, 환경적 압력에 대한 대응, 일상 행동습관 등과 같은 일상생활의 문제에 중점을 둔다. 상담은 흔히 심리치료와 같은 의미로도 쓰인다. 그러나 상담은 정신질환이 없는 정상적 사람을 대상으로 하는 것임에 반해서 심리치료는 신경증이나 정신병 같은 이상행동을 주대상으로 하고 있다. 심리치료와 같이 그 이론적 배경이 정신분석학·행동주의심리학·인지심리학·생태심리학 등의 발달과 밀접하게 관련되어 있으며 그 대상문제에 따라서 성격상담·학업상담·진로상담 등으로 분류하기도 한다.

## 상담심리학(counseling psychology)

임상심리학의 경우에 정신장애나 이상행동의 문제를 진단하고 원인을 밝히며 나아가 치료하는 등의 문제를 연구하는데 비해, 상담심리학은 대부분의 비장애인들이 맞게 될 수 있는 생활 속의 적응과 기능의 문제에 초점을 맞추어 연구하는 심리학 분야라고 할 수 있다. 보다 구체적으로, 상담심리학은 삶을 살아가는 과정에서 개인의 적응과 기능 및 대인관계를 촉진하는데 목표를 두고 있으며, 정서적, 행동적, 사회적, 직업적 측면 그리고 교육 및 건강 등의 영역에서의 적응, 기능 및 문제에 초점을 맞추어 연구를 진행한다. 또 상담심리학에서는 상담의 목적이나 방법 및 과정 등의 문제를 연구한다.

## 상대소득가설

미국의 경제학자 듀젠베리에 의해 주장된 소비이론이다. 그는 소비에 영향을 주는 요인으로서 당기의 소득은 물론 타인의 소득과 본인의 과거 소득을 중요시하였다. 소비와 타인의 소득과의 관계는 소비행동의 상호 의존성에 의해 설명될 수 있다. 소비자는 항상 자기가 속해 있는 계층의 사람들과 비교하면서 생활하기 때문에 타인의 소비형태와 소득수준에 의해 영향을 받게 된다. 듀젠베리는 이와 같은 소비행동의 상호의존관계를 전시효과라고 부른다. 한편 소비와 과거소득의 관계는 소비행동의 비가역성으로 설명한다. 소득이 증가함에 따라 일단 높아진 소비수준은 소득이 감소해도 다시 종전의 수준으로 감소하지 않는다는 것이다. 현재의 소비는 비가역성의 작용에 의해 과거의 최고 소비수준에 의해 영향을 받게 되는데, 듀젠베리는 이러한 현상을 톱니효과라고 불렀다.

## 상대적 전원일치(relative unanimity)

완전한 전원일치는 아니지만 2/3 또는 3/4의 찬성을 요구하는 원칙을 말한다. 공공정책의 결정에 있어 완전한 전원일치는 거의 불가능하기에 소수자의 의사를 보호하면서 공공정책을 용이하게 추진할 수 있는 방법으로 K. Wicksell이 제의한 개념이다.

## 상대적(relative)

절대적에 대해, 어떤 규정이 다른 것과의 관계에 의해서 결정되는 것이다. 〈대(大)〉라는 규정은, 다른 일정한 양과의 비교에 의해서만 성립하고, 〈아버지〉라는 규정은 다른 특정한 인간 〈아들〉과의 관계에 있어서만 성립한다. 따라서 어떤 상대적인 규정은, 보편적인 아닌 특정한 것과의 관계에 의존한다. 어떤 조건 하에서의 바른 행동도, 다른 조건 하에서의 바른 행동도 다른 조건 하에서는 그렇지 않을 때, 그 바르다는 것은 상대적이다.

## 상대주의(relativism)

인간의 인식이나 평가는 상대적인 것으로서, 그것은 인간

및 인간이 놓여 있는 여러 조건에 의존되고 제약되는 것이라고 주장하고, 여기에 어떤 절대적인 것을 인정하지 않는 학설을 말한다. 인식론 상의 상대주의는 객관적 진리를 부정하므로, 결국은 회의론이 되며 진리 개념의 부정에 도달한다 (→ 절대적 진리와 상대적 진리), 평가 문제(윤리학·미학 등)에서는, 가치의 역사성을 주장하고, 또 초인간적인 가치의 원천을 부정하는 것은 옳지만, 절대적인 면을 모두 부정하므로 가치 있는 문화유산의 계승이나, 인간적 요구에 있어서의 불변의 요소를 무시하는 결과가 된다.

## 상대평가(normative evaluation)

한 학생이 받은 점수가 다른 학생들이 받은 점수에 의해 상대적으로 결정되는 평가방식을 말한다. 이 경우 개개 학생이 받은 점수는 그 시험에서 그가 속한 집단이 취득한 평균 점수를 준거로 하여 평가되기 때문에 규준지향평가(規準指向評價)라고도 한다.

## 상동증(stereotype)

특히 정신분열증이나 긴장형과 같은 정신 증에서 많이 볼 수 있으며 한 발로 오래도록 서 있거나 같은 보조로 왔다 갔다 한다던지, 또 한 없이와 같은 말을 되풀이 하는 것 등으로 똑같은 태도, 몸짓, 행동, 말 들을 장시간에 걸쳐 지속하는 증상을 말한다. 지속한다는 것 동일한 형태를 지속한다는 것, 아무 가치가 없는 것, 주위에 적응이 되지 아니하는 것 등이 상동증의 특징이다.

## 상드(sand)

벨기에 브러셀러대학의 교수이며 인간경제학의 제창자, 인간을 경제적인 가치로 인정하여 인간가치의 향상을 위한 투자는 장래의 효과를 기대해서 행하며, 노인, 신체장애인, 불치병자에 대한 투자도 장래 희망을 거는 생산적인 투자로서 비생산적인 지출이 아니라고 주장하였다. 사회복지 대상자들이 원하는 것은 휴머니즘에 의한 보호가 아니라 그들 스스로의 가치를 사회에 구현할 수 있는 기회라고 보는 등 인간의 가치를 중시하였다. 국제사회복지협의회의 전신인 국제사회사업회의의 제창자 중 한 사람이었다.

## 상병보상연금(sickness benefit) 01

상병보상연금은 산재를 인정받아 요양급여를 받는 노동자가 요양 개시 후 2년이 경과되어도 치유가 되지 않고 폐질등급(1 – 3급) 기준에 해당되는 경우와 장해보상연금을 받고 있던 노동자가 부상 또는 질병이 악화되어 재요양을 하는 경우에 휴업급여(요양기간 중에 생계보호를 위해 임금대신 지급되는 평균임금 70% 상당의 보험급여) 대신에 지급하는 것을 말하며, 상병보상연금이 지급되는 경우에는 휴업급여나 장해보상연금은 지급이 중단된다.

상병보상연금제도는 업무상 재해로 인해 2년 이상 장기 요양을 필요로 하는 폐질의 상태에 있는 노동자에게 장해 보상연금과 동일한 수준의 급여를 지급함으로써 당해 노동자와 그 가족의 생활안정을 도모하기 위한 제도이다. 따라서 상병보상연금액은 폐질등급에 따라 차등 지급되며, 장해등급 제1급부터 제3급까지 장해보상연금의 금액과 같은데, 제1급인 경우 평균임금의 329일분, 제2급인 경우 평균임금의 291일분, 제3급인 경우 평균임금의 257일분이다. 상병보상연금 지급요건에 해당되는 산재노동자는 그 사유가 발생한 날부터 14일 이내에 상병보상연금 청구서에 폐질상태를 증명할 수 있는 의사의 진단서를 첨부하여 해당 의료기관을 관할하는 근로복지공단에 제출해야 한다. 상병보상연금은 연금을 받던 노동자가 만 65세에 도달한 이후에는 각 연금액의 93%로 감액 지급되며, 최저임금에 미달하는 임금을 받는 노동자의 평균임금은 최저임금액에 100분의 70을 곱한 금액이 되며 이를 기준으로 상병보상연금액이 산정된다. "요양개시 후 3년이 경과한 날 이후에도 상병보상연금을 받고 있는 경우에는 사용자가 일시보상을 한 것으로 보기 때문에 사용자는 근로자가 업무상 부상 또는 질병의 요양을 위한 휴업기간과 그 후 30일간 또는 산전·산후의 여성이 이 법에 규정된 휴업기간과 그 후 30일간은 해고하지 못한다"가 적용되지 않는다.

### 상병보상연금 02

산업재해보상보험법에 의거, 업무상 재해 즉 부상 또는 질병에 걸린 근로자가 상병으로 인한 요양이 장기화되어 개시 후 2년이 경과된 날, 또는 그날 이후에 다음 요건에 해당되는 경우, 그 요건에 해당되는 달의 다음 달부터 지급된다. 즉 그 부상 또는 질병이 치유되지 않은 상태에 있고, 그 부상 또는 질병에 의한 폐질의 정도가 폐질 등급표의 폐질등급에 해당될 때. 이 연금의 수급권자에게는 필요한 요양보상급여가 계속 지급되지만 휴업급여는 지급되지 않는다. 또 요양기간 2년 경과 후 상병은 치유되지 않았으되 그 폐질의 정도가 폐질등급에 해당되지 않는 노동자에겐 계속 요양보상급여 외에 필요에 따라 휴업급여가 지급된다. 연금액수는 폐질등급 1급이 평균임금의 313일분, 2급이 272일분, 3급은 245일분이다.

### 상병수당금(sickness and injury allowance)

피보험자 또는 각 공제 조합원이 질병이나 부상의 요양으로 노동 불능이 되어 수입을 상실, 생계보호의 보호비용하거나 감소된 경우에 수입의 일정비율에 따라 지급되어지는 것이 상병수당금이다. 일본의 국민건강보험에서는 임의급여로 국민건강보험조합의 약 65%가 실시하고 있는 한편, 건강보험 선원보험, 각 공제조합에서는 법정급여이고, 각각의 법에 수급요건, 수급기간이 정해져 있다. 입원하고 있는 경우에는 지급액이 감액된다.

### 상부구조 (superstructure, berbau)

사회의 경제적 구조를 의미하는 하부구조 위에 성립하는 정치적·법률적·예술적·철학적인 관념이나 그에 조응해서 만들어지는 여러 제도를 말한다. 사적유물론(史的唯物論)을 전개한 맑스는 생산력의 변화에 뒤이은 생산 관계의 총체적 변화가 일어난 다음 이것이 상부구조의 변화에 반영된다고 주장한다.

### 상속

일반적으로 죽은 사람의 재산을 물려받는 것을 상속이라고 하는데 법률적으로는 죽은 사람이 가졌던 모든 재산이 만들어 낸 법률관계(채권이나 채무 등)를 이어받는 것을 말한다. 따라서 법률관계를 만들어 낼 만한 재산이 없다면 상속도 없지만 재산이나 채권, 채무 중 하나만 있어도 상속을 할 수 있다.

### 상속연금형

연금지급이 시작된 후 피보험자가 매년 계약에서 약정한 해당일에 생존시 생존연금을 지급하는 형태로 연금개시 시점의 책임준비금 상당액의 이자를 연금액으로 지급한다(단, 연금개시시점의 책임준비금 상당액은 피보험자 사망시 상속자금으로 지급).

### 상속의 개시

어떤 사람이 죽음으로인해 그가 가졌던 모든 재산이 만들어 낸 법률관계(채권이나 채무 등)를 이어받는 과정이 시작되는 것을 상속의 개시라고 하는데 시간적으로는 사망하는 그 순간이 상속의 개시점이 된다.

### 상속의 승인

상속을 받는 사람이 상속을 받겠다는 의사표시를 하는 것을 상속의 승인이라고 하는데 이는 상속을 받는 것이 오히려 재산상 손해를 보는 경우도 있기 때문이다. 상속의 승인은 단순승인과 한정승인으로 나눌 수 있다. ①단순승인 — 죽은 이의 재산과 채권, 채무를 모두 물려받는 것으로 물려받은 재산으로 채무를 다 갚지 못하면 상속받은 이는 본인의 재산을 사용해서라도 빚을 갚아야 한다. 만약 한정승인이나 상속포기의 신청을 하지 않으면 자동으로 단순승인이 되므로 주의해야 한다. ②한정승인 — 상속받는 재산의 범위 안에서만 죽은 이가 만든 채무를 책임진다는 조건으로 상속을 승인하는 것이다. 재산보다 채무가 많으면 그 이상 책임을지지 않아도 되고 채무보다 재산이 많으면 빚을 갚고 남는 재산을 가질 수 있다.

### 상속의 포기

상속을 받을 자격이 있는 사람이 상속을 받지않겠다고 하는 것을 상속의 포기라고 하는데 상속이 시작되었음을 안 날로부터 3개월 안에 관할법원에 상속포기신청서를 제출해야 한다. 신청서가 받아들여지면 처음부터 상속인이 아니었던 것으로 되고 그 재산은 다른 상속인들이 나누어 가질 수 있다.

## 상속인

상속인이 될 피상속인의 자식이나 형제들이 상속개시전에 사망하거나 상속결격자가 된 경우 이에 갈음하여 그의 자식이나 부인이 상속을 받는 제도를 말한다. 이때에는다른 상속권자들과 마찬가지로 공동상속인의 지위를 가지게 된다(민법 제1010조).

## 상속 · 증여세

완전포괄주의 법률에 별도 면세규정을 두지 않은 한 상속 · 증여로 볼 수 있는 모든 거래에 대해 세금을 물릴 수 있도록 하는 제도다. 반면 현행 세법이 채택하고 있는 유형별 포괄주의는 상속 · 증여 세법에 명시돼 있는 14개 유형과 비슷한 상속 · 증여행위에 대해서만 세금을 물리고 있다. 한국은 세법에 열거된 상속 · 증여행위에 대해서만 과세하는 '열거주의'를 기본으로 하고 '유형별 포괄주의'로 이를 보완하고 있다. 이것은 법에 열거된 것과 유사한 상속 · 증여행위에 대해서도 과세할 수 있는 제도로 2000년 말 도입됐다. 완전포괄주의란 여기에서 한 걸음 더 나아가 법에 열거되지 않더라도 '사실상 상속 · 증여'가 발생하면 모두 세금을 매김으로써 세법의 허점을 뚫고 부를 세습하는 행위 등을 원천봉쇄하는 것이다. 완전포괄주의를 채택하고 있는 미국은 불문법 국가여서 상속 · 증여세 완전포괄주의도 '판례' 위주의 법 적용을 시행하고 있다. 미국은 상속 · 증여세가 세수에서 차지하는 비중이 2%대로 세계에서 가장 높은 수치를 기록하고 있다. 관련 세율이 높은 것도 주된 이유지만 무엇보다 완전 포괄주의에 따른 현금 투명성이 확보됐기 때문이란 지적이다. 성문법에 토대를 둔 국내 법체계와 같은 독일은 완전 포괄주의를 국세기본법으로 규정해 미국과 비슷한 효과를 보고 있다는 평가다.

## 상승작용(synergism)

약물이나 생리학 관련 연구에서 많이 사용되는 용어로, 몇 가지 요인들이 겹쳐서 동시에 작용하게 되면 각각이 독립적으로 작용하는 경우에서 나타나는 결과나 효과를 합한 것보다 더 큰 결과나 효과를 나타내는 현상을 지칭한다.

## 상승형(upward mobile)

조직의 목적과 조직의 정당성 및 합리성에 대해 의심을 품지 않고 규범을 준수하며, 조직에 대한 충성심이 높고, 권한 · 지위 등 조직이 제시하는 가치를 적극적으로 추구하는 권력지향적 인간의 유형을 말한다. 이러한 인간형은 조직의 상 층부에 많다. R. Presthus는 오늘날의 대규모

조직들을 관료제 조직으로 전제하고 이러한 조직 속에서 근무하는 인간이 조직에 적용하는 성격의 유형을 상승형(upwardmobile), 무관심형 (indifferents), 애매형 (ambivalents)의 세 가지로 분류하였다. 무관심형은 권한 · 지위 · 집단 등이 부과하는 자극에 대해 무관심하며, 조직으로부터 소외되어 있는 인간유형을 말하며, 애매형은 권력과 지위 등 조직이 제시하는 가치를 추구하면서도 한편으로는 조직 내의 지배적 가치체계에 저항하기도 하는 갈등적 성격유형을 가리킨다.

## 상시채용제

시기에 관계없이 우수인력이 눈에 뜨기만 하면 언제든지 채용하는 제도이다. 보통 정기 공채와 병행해 실시한다. 상시채용제는 단발적이고 한시적인 채용형태에서 탈피, 인력채용의 전문성과 탄력성을 확보할 수 있다는 점에서 기업들의 주목을 끌고 있다. 특히 기졸업자, 특수경력직 및 해외인력, 대학교 지도교수가 추천한 우수연구인력에 대해 서류심사를 거쳐 면접을 실시한다.

## 상실요소(experimental mortality)

실험 또는 연구조사에서 연구대상이 되는 표본들이 연구기간 동안에 이사, 전보 등으로 변화를 보임으로써 인과적 추론의 타당성을 저해하는 현상을 말한다. 이러한 상실이 실험집단과 비교집단에서 서로 다른 비율로 나타날 경우 실험결과를 왜곡시킬 수 있다.

## 상용노동자(regular employee)

근로자 중에서 1일 고용이 아니고 상시 고용되어 있는 자를 말한다. 다만 노동부에서 실시하는 매월 노동통계조사에서는 3개월을 통산하여 45일 이상 고용된 자까지를 상용근로자에 포함시키고 있다.

## 상용종사자(Regular employee)

임금 또는 봉급을 받고 고용되어있으며 고용계약 기간을 정하지 않았거나 고용계약 기간이 1년 이상인 정규직원을 말한다.

## 상용직 근로자

임금을 받고 일하는 근로자 가운데 하루하루 일자리를 찾지 않고 안정적으로 고용돼 있는 사람을 일컫는 말이다. 통계청에서는 월별 고용동향을 작성할 때 임금(또는 현물)을 받기로 한 고용계약기간이 1년이상인 사람을 상용직 근로자로 분류한다. 반면 계약기간이 1개월 — 1년 미만은 임시직 근로자, 1개월 미만은 일용직 근로자로 구분한다.

## 상위개념(superordinate concept)

여러 종류의 개념을 포괄하는 개념으로, 가령 참새 · 비둘

기·꿩·잉꼬 등을 포괄하는〈새〉, 삼각형·사각형·마름모·평행사변형·육각형 등을 포괄하는〈다각형〉이라는 개념은 그 속에 포괄되는 개념에 비해 상대적으로 상위개념에 속한다. 삼각형은 다각형이라는 개념에 대해서는 하위개념이지만, 다시 정삼각형·이등변삼각형·둔각삼각형·예각삼각형 등을 포괄하는 상위개념이 된다.

## 상주인구
조사기준시점 현재 조사지역 내에 상주하거나 앞으로 상주예정인 모든 사람을 포함한다.

## 상징정책(symbolic performance)
정치체제 및 정부의 정통성을 제고하고 국가권력에 대한 순응을 확보하기 위한 목적 등으로 애국가를 제창하고, 국기를 게양하며 군대 사열식을 거행하는 등 국가적 상징물을 동원하는 정책을 말한다.

## 상품할인제도(merchandise discount)
기업복지시설의 일환으로 또 실질임금을 높이는 제도로서 작업에 사용되는 의복, 의료품과 같은 것을 값싸게 판다든가, 사회의 생산품, 구매품을 값싸게 팔거나 또는 구매부를 통해 회사의 제품과는 무관계한 것을 파는 제도이며 할인율은 일반적으로 1할 내지 2할로 구입액에 일정한도의 제한을 가하는 경우도 있다. 우리나라에서도 백화점, 군인복지사업단(PX)등에서 이 제도가 채용되고 있다.

## 상해보험(accident insurance) 01
피보험자가 우연한 외부적인 사고로 인해 신체상의 상해를 입어 그 결과 사망 또는 불구 등이 되거나 치료를 받아야 할 경우 사망보험금, 장해보험금, 치료비 등을 지급하는 보험을 말한다. 사망보험금은 보험가입액 전액, 장해보험금은 장해 정도에 따라 보험가입금액의 일정비율로, 치료비는 따로 정한 보험가입금액을 한도로 실비가 지급된다.

## 상해보험 02
피보험자가 우연한 외부적인 사고로 인하여 신체상의 상해를 입어 그 결과 사망 또는 불구폐질이 되거나 치료를 받아야 할 경우 사망보험금, 불구폐질보험금, 치료비 등을 지급하는 보험을 총괄한다. 상해보험은 생명보험과 마찬가지로 인보험이지만 생명보험이 모두 정액보험인 반면, 상해보험은 보험사고의 발생으로 인한 상해의 정도에 따라 일정한 보험금을 지급하는 정액 보험인 경우와 비정액보험인 경우가 있다.

## 상해죄
다른 사람의 신체적·정신적 건강을 해치는 행위를 하는 것을 상해죄라고 하는데 단순상해의 범위를 넘는 다음과 같은 경우 형이 더 무거워질 수 있다. ①중상해죄 － 생명에 지장을 줄 정도의 상해를 입었을 경우, ②존속상해죄 － 자기나 배우자의 존속을 상해했을 경우, ③상습상해죄 － 상습적으로 상해를 입었을 경우, ④상해치사죄 － 상해로 인해 상대방이 죽은 경우

## 상해치사죄
죽게 할 생각이 없이 다른 사람에게 상해를 입혔는데 그 상해가 원인이 되어 죽음에 이르게 한 경우를 상해치사죄라고 한다. 자신이나 배우자의 직계존속을 상해치사에 이르게 하면 그 형이 더 무거워진다.

## 상향식 접근(bottom up approach)
하급구성원의 이니셔팁을 권장하는 '참여적 관리'의 철학을 말한다.

## 상향적 의사전달(upward communication)
부하로부터 상관에게 전달되는 수직적 의사전달의 한 종류로, 그 수단으로는 보고·면접·의견조사·제안제도 등을 들 수 있다. 일반적으로 보고가 가장 공식적인 의사전달의 수단으로 이용된다. 하의상달(下意 上達)이라고도 한다.

## 상호보험
보험을 하고자 하는 다수인이 직접 단체(상호회사)를 구성하여 사원에 의해 상호간에 행하는 보험이다. 이것은 영리보험과 달라 보험자가 없고 보험계약도 없으며 다만 단체 구성원인 사원들이 서로 보험자, 피보험자를 겸하는 지위에 있다. 상호보험은 일정액(5000만원) 이상의 기금을 가진 상호회사로서 재경부장관의 면허를 얻은 자가 아니면 이를 할 수 없다. 이것은 상법의 보험계약 규정이 적용되지는 않으나 사업운영에 있어 영리보험과 공통점이 많으므로 상법은 성격이 허락하는 범위에서 영리보험에 관한 규정을 상호보험에도 준용하고 있다.

## 상호부조(mutual assistance)
사회집단에서 그 구성원에 생활상의 사고 또는 위험이 있을 때 상호 간에 서로 돕는 것을 말한다. 일차적 사회집단인 가족, 동족간의 상호구조가 그 원형이다. 고도산업사회로 오면서 전통적 사회집단의 상호부조기능이 저하되었다. 이것을 대체 또는 보완하는 것으로 요원호자 내지는 요원호집단에 대한 공동사회에서의 일방적인 원조를 나타내는 사회부조와 강제적인 상호원조에 기금을 두는 사회보험이 정형화되고 있다.

## 상호주관성
간주관성 또는 공동주관성이라고도 번역된다. 상호주관성이란 많은 주관 사이에서 서로 공동으로 인정되는 것에

관해 하는 말로서, 카르납, N. 하르트만 등에 의해서도 사용되고 있지만, 특히 훗설은 그의 만년의 저작 〈데카르트적 성찰〉에서 상호주관성의 문제를 다루었다. 그는 주저 〈Ideen, I〉에서 현상학적 환원에 의해 근원적 현상으로서의 순수의식에 도달했는데, 이것은 어디까지나 자아의 의식이었다. 그러나 자연·사회·문화에 있어서의 대상은 모두 상호주관적인 의미를 갖고 있어서 타아를 전제로 하므로 어떻게 해서 타아가 인식되는가가 문제인데, 그는 립스의 감정 이입을 모방하여, 타(他)의 신체에 〈자기이입〉((독) Einfühiung)을 행함으로써 타아가 인식된다고 주장했다. 이 의미에서의 타아에는 이입된 자아에 지나지 않는다는 난점이 있다. 그의 유고는 그 후에도 이 문제로 고민했다는 것을 보여주고 있다. 현상학파의 사람들에 의해 이 문제의 규명은 계속되고 있는데 신체적 차원의 상호성으로부터 이 문제에 접근하려고 한 메를로 퐁티의 시도는 주목할 만한 일이다.

### 상황(situation)
일반적으로 어떤 순간에 어떤 효과를 개체에서 주는 자극의 총체 또는 환경적 조건을 말한다. 이것을 철학의 기본적인 개념의 하나로 만든 것은 야스퍼스이다. 그에 의하면 과학과 기술의 대상인 세계는 의식 일반의 대상이므로, 객체적·보편적인 것이어서 개개인의 생활에 대해 직접적인 의의를 갖지 않는다. 이와 같은 세계가 다름 아닌 나의 세계로서 나의 생활에 불가분한 것이 되었을 때, 그것은 상황이라고 불리어진다. 상황은 사물의 공간적 배치에서 시작되어, 생물학적으로는 적응되어야 할 환경이며 경제학적으로는 수급의 관계라든가 인구상태 등이다. 이와 같은 상황은 언제나 시간적으로 변동해가며 기술적으로 변경할 수 있다. 그것이 불가능한 것이 한계상황이다.

### 상황의존도 분석(contingency analysis)
한 모형에서 패러미터의 변화가 아니라 외생변수나 조건변수의 변화에 따라 결과가 얼마나 민감하게 변하는지를 파악하기 위한 분석을 말한다.

### 상황적응적 접근(contingency approach)
특정 현상이나 조직 행태 등을 설명할 때 조직체제의 환경적 상황을 주요변수로 하여 설명하고자 하는 접근 방법을 말 한다. 조직 속의 인간행태를 설명할 때 개인 및 집단의 심리적 결정요인에 초점을 두고 설명할 수도 있고 조직구조상의 특성을 중심으로 설명하기도 하며, 조직체제의 환경적 결 정요인을 주요변수로 하여 접근할 수도 있는 바, 상황론은 환경적 요인을 중시하는 접근 방법이다. 리더십이론에 있어 상황론 또는 상황적응적 접근은, 사람의 개인적 속성이 아니라 상황이 지도자를 만든다는 사고방식에서 출발한다. 즉 어떤 사람이 지도자가 되는 까닭은 그가 지닌 생래적 속성 때문이 아니라 그가 처한 상황에 따라 적합한 행태를 보이기 때문이라는 것이다. 리더십이론은 초기의 자질론에서 상황론으로 발전하여 왔다. 일반적으로는 상황변수 속에 리더의 속성과 추종자들의 욕구 및 상황적 변수를 포괄하여 설명하고 있다. Fred E. Fiedler는 그의 상황적응적 리더십 모형(leadership contingency model)에서 리더십의 효과성을 결정짓는 상황변수로 지도자와 추종자의 관계(leader member relations), 업무구조(task structure), 지위 권력(position power)의 3가지를 들었다.

### 상황정의(definition of situation)
외부자에 의해 관찰될 수 있는 행위와 가공물로 이루어진 사회적 상황에 대해 내부자들이 부여하는 의미규정을 말한다. 인지인류학자들은 사회적 상황에 대한 내부자들의 상황정의를 문화적 장면(cultural scenic)이라고 부른다. 상황정의는 두 사람 이상이 공유하고 있는 의미 혹은 정의이다. 그러나 특정한 사회적 상황은 그것을 지각하는 사람에 따라 서로 다른 방식으로 정의될 수 있다. 특히 복잡한 사회에서는 동일한 상황에 대한 정의가 한 가지 이상이 될 수 있다. 즉 복잡한 사회에서는 모든 사람들이 특정한 상황정의를 공유하지 않으며 사람들은 몇 개의 한정된 상황정의만을 공유한다.

### 상훈제도
공무원으로서 직무에 정려(精勵)하거나 사회에 공헌한 공적이 현저한 자에 대해 훈장(勳章)·포상(襃賞)을 하거나 표창(表彰)을 하는 제도를 말한다.

### 새니토리움(sanitarium)
광의로는 결핵, 정신신경질환 등 장기간의 치료와 생활의 규제를 요하는 병환을 위한 시설이나 협의로는 결핵요양소를 말한다. 결핵에 관해서는 기원 150년경 카레누스가 해안의 휴양지에서 안정, 영양, 생활지도를 행한 것을 시작으로 많은 의사에 의해 공기가 깨끗한 해안이나 고원에 요양원을 세워 생활양식이나 환경을 정비하여 자연치유력 증강을 기도하는 요법이 시도되었고 특히 19세기 후반에는 새니토리움 요법이 결핵치료의 주류가 되었다.

### 새로운 빈곤 / 신빈곤
고전적 빈곤에 대해 현대적 빈곤을 말한다. 경제 번영에 수반해 표면적인 생활수준의 향상과 평준화로 빈곤은 소멸해가는 것처럼 보인다. 그러나 실제로는 국가독점자본주의 하에서의 인플레이션이나 증세에 의해 근로자의 실질임금의 신장은 강하게 억제되고, 사회 보험료나 공공요금 등의 부담이 증가하고, 나아가 소비욕에 자극되어 월부 등의 반제를 위한 맞벌이나 내직을 하지 않을 수 없게 되는 등 새로운 형의 빈곤이 확산되고 있다. 3C(Color Television, Cooler, Car), 빈핍, 주택빈핍, 교육빈핍, 저축

빈굅, 여가빈굅 등으로도 불리는 데서 그 구체적인 현상을 볼 수 있다. 이외에 빈곤문제를 한 나라에 국한시키지 않고 남북문제나 개발도상국의 기아문제 등 국제적 불균형에 눈을 돌린 새로운 시각에서 빈곤이 논해지기 시작하고 있다.

### 새마을금고
마을 주민, 직장, 단체 등 상호 유대를 가진 사람들이다 같이 잘살아 보려는 의지로 협동조직체를 만들고 근검 절약을 통한 지속적인 저축으로 자금을 조성하여 회원간에 활용하고 공동사업을 벌여 생활향상을 도모하면서 공동으로 발전하기 위해 조직한 협동체. 1960년대 초 지역사회 개발사업으로 시작, 1983년부터는 새마을금고법을 제정, 이에 따라 운영 하고 있다.

### 새피족
도시에서 거주하는 전문직 엘리트를 뜻하는 여피족에 대비되는 개념으로 교외에 거주하면서 자연친화적인 생활을 누리려고 하는 사람들을 말한다. 80년대가 여피족의 세상이었다면 90년대는 새피족이 대거 등장한 시대라 할 수 있다.

### 샐리의 법칙
머피의 법칙과 정반대의 개념으로 우연히 자신에게 유리한 일만 거듭 해서 일어난다는 것이다. '샐리'는 영화(해리가 샐리를 만났을 때)에서 맥 라이언이 맡은 역으로 엎어지고 넘어져도 결국은 해피엔딩으로 나아가는 샐리의 모습에서 힌트를 얻은 것이다.

### 생계보호(livelihood aid)
생계보호는 요보호자에 대해 최저한의 생활유지에 필요한 의복, 음식 기타 일상생활의 수요를 충족하기에 필요한 금품을 국가가 무상으로 급여하여 그 생계를 유지하도록 하는 생활보장법상의 중추적인 보호방법이다. 생계보호는 피보호자의 주거에서 행하는 거택보호를 원칙으로 하지만 경우에 따라 수용보호, 위임보호를 행할 수도 있다. 또 생계보호는 금전급여에 의해 행함을 원칙으로 하나 현물급여를 행할 수도 있다. 보호금품은 1월분 이내를 한도로 전도하는데, 단 그것이 곤란할 때에는 1월분을 초과하여 전도할 수도 있다. 그리고 보호금품은 피보호자에게 직접 교부하도록 되어 있으며, 수용보호나 위탁보호의 경우에는 보호시설 또는 보호를 위탁받은 자에게 이를 교부할 수 있게 되어 있다.

### 생계비(cost of living) 01
생활에 필요한 비용. 일정기간(1개월)을 단위로 해서 생활을 위해 구입한 생활수단의 질과 양을 화폐지출이라는 형태로 표시한 것. 이것은 이론생계비와 실태생계비로 나뉘는데 이론생계비란 일정 세대 인원수, 연령, 성에 따라 일정 소비내용을 이론적으로 설정하고 이것에 각 품목의 가격을 곱해 1개월의 생계비를 이론적으로 상정하는 것이다. 실태생계비란 소비자가 실제로 소비하는 생활자료의 총계를 말하며 일정시기와 장소에서 그 사용목적에 적합한 대상세대의 생활실태를 조사, 산정하는 것이다.

### 생계비 02
인간이 생활하는 데 필요로 하는 비용으로서 가계비 중 소비지출에 대응하는 개념이다. 생계비에는 실제 조사결과로 나타난 지출 비용을 나타내는 실질생계비와 일정한 생활조건, 즉 거주지역·연령·가족구성 등에 대응하는 표준적인 소비유형을 가정하여 계산하는 표준생계비가 있다. 전자는〈있는 그대로〉의 생계비나 후자는〈있어야 할〉생계비로서의 요소를 포함하고 있어 임금수준(특히 최저임금제)이나 최저생활비수준을 결정하는데 이용된다. 그러한데 이 경우의 표준은 실태를 전제로 하여 가정되는 것이므로 양자는 밀접한 관계를 가진다. 생계비는이론생계비(표준생계비, 최저생계비)와 실태생계비로 나누어 볼 수 있는데 가계조사 결과의 가구당 평균가계소비지출비는 실태생계비이다.

### 생계비 03
식료품비·주거비·광열비·피복비·잡비(또는 문화비) 등으 로 구성된, 실제 생활에 소요되는 비용을 말한다. 생계비는 실제생계비와 이론생계비로 나눌 수 있다.

### 생계비지수(cost of living index) 01
가계의 단계에서 포착되는 물가수준을 측정한 것. 생계비지수는 소비자 물가지수와 성격이 같지만 소비자물가지수가 소비자 가계 전체를 대상으로 하는데 반해 생계비지수는 일정계층의 근로세대만을 대상으로 하는 경우가 많다는 점에서 구별된다.

### 생계비지수 02
두 개의 서로 다른 가격집단(품목집단)간에 동일한 만족(효용)을 얻기 위해 요구되는 최소비용을 비교하기 위해 작성되는 지수로서, 흔히 두 시점간에 동일한 만족을 얻기 위해 요구되는 최소비용을 비교하기 위해 작성된다.

### 생디깔리즘
어원은 프랑스어의 syndicat에 있으며, 노동조합을 통해서 사회주의를 실현하려는 사상 및 운동을 말한다. 생디깔리즘은 2개로 대별되는데 그 중 하나는 노동자 계급의 이해를 대표하는 정당형성과 그를 통한 정치운동을 인정하지 않고, 노동운동을 경제투쟁에 한정시키려는 노동조합주의의 '우파생디깔리즘'이고 나머지 하나는 '우파생디깔리즘' 보다 과격한 '혁명적 생디깔리즘' 이다. 이 혁명적 생디깔리즘은 오로지 노동조합의 직접행동과 그 최고형태로서 총파업에 의해서 사회혁명을 달성하고 공산제에 의거한 생산·소비조합의 자유로운 활동을 통해 신사회를 구성하려 고 한다. 보통 생디깔리즘이라 하면 이 혁명적 생디깔리즘을 지칭하며 국가권력 일반을 부정하는 점에서 anarcho syndicalisme 이라고도 불린다.

## 생리적 욕구(psysiological needs)

인격체란 무엇인가의 원인으로 생리적 평형상태를 회복하려는 상황이다. 기본적 욕구라고도 불리며 욕구, 필요 등과 동의어적으로 사용된다. 동인으로서 배고픔, 갈증, 호흡, 체온조절, 수면, 배설, 성욕, 통증 등이 있다. 이외에 사회적 욕구도 있으나 양자를 명확하게 구별할 수 없는 경우도 있다.

## 생명보험

생명보험은 보험금 지급사유, 피보험자의 수, 피보험자의 표준체 여부, 건강진단의 유무, 보험금액의 지급방법, 이익배당의 유무 등에 따라 다음과 같이 분류할 수 있다. ① 보험금 지급사유 − 생존보험, 사망보험, 생사혼합보험, ②피보험자의 수 − 단생보험, 연생보험, 단체보험, ③피보험자의 표준체 여부 − 표준체보험과 표준하체보험, ④ 건강진단의 유무 − 진단보험과 무진단보험, ⑤보험금액의 지급방법 − 일시지급보험과 연금보험, ⑥이익배당의 유무 − 이익배당부보험과 무배당보험.

## 생명보험회사

인체와 관련된 사고에 대해 보험금을 지급하기로 약속한 보험증서를 발행하여 보험계약자로부터 보험료를 징수하고 이 자금을 각종 투자에 운용하는 금융기관이다. 생명보험회사는 보험사고가 발생할 경우 보험계약자에게 보험금을 지급하고 보험료에 의해 조달된 자금을 예금·유가 증권·부동산·신탁 등에 운용한다.

## 생명의 전화(life line)

생명의 전화는 소정의 훈련을 받은 자원봉사상담원이 24시간 대기하며 전화상담을 통해 인생문제를 해결해주는 사회봉사운동으로, 1963년 3월 오스트레일리아의 목사 A.워커에 의해 처음 창시된 이후, 한 사람의 생명이 천하보다도 귀하다는 인간존중철학과, 도움은 전화처럼 가까운 곳에 있다는 긍정적 생의 신념과 더불어 세계적으로 확산되었다. 한국의 운동은 1969년 목사 이영민에 의해 시작되었다. 이영민은 1973년 6월 생명의 전화를 위한 아가페의 집을 개설하였으나 도시재개발사업으로 1973년 12월 문을 닫은 이후, 1976년 9월 1일 한국기독교연합회관에서 서울 생명의 전화 개통식을 가졌으며, 이것이 한국 생명의 전화의 모체가 되었다. 1977년 LLI(Life Line

International : 생명의 전화 국제위원회)에서 정회원으로 인준을 받았으며, 1978년에는 사회복지법인 생명의 전화로 인허받고 부산 생명의 전화를 개통하였다. 1983년 충주, 1985년 인천·대구·대전의 생명의 전화를 개통하였으며, 1986년 생명의 전화 종합사회복지관을 개관하고, 한국생명의 전화 전국위원회를 조직하였다. 1992년 대구 생명의 전화 산격종합사회복지관, 1993년 대전 생명의 전화 생명종합사회복지관, 부산 생명의 전화 학장종합사회복지관을 개관하였다. 1994년 부천과 1997년 김해 생명의 전화 청소년 상담실, 1999년 울산 생명의 전화 가정폭력상담소와 성폭력상담소, 2000년 포항 생명의 전화 가정폭력상담소를 개관하였다. 2000년 현재 14개 도시 15개 센터에 5,600여 명의 자원봉사자들이 활동하고 있으며, 1976 − 1999년 전국 총상담건수 142만 789통이다. 서울·부산·대구·대전 4개 도시의 종합사회복지관과 부천·김해의 청소년상담실, 포항·울산의 가정폭력상담소, 성폭력상담소를 운영하고 있다. 상담자원봉사자들은 시민상담교실에서 50시간 이상의 카운슬링 교육을 받고, 인턴과정을 마친 후 상담현장에 배치된다. 이 밖의 교육과정으로는 상담봉사원교육·전문상담대학·상담대학원·소그룹학습·상담원계속교육·연구활동·성인학습상담이 있다. 생명의 전화 사업은 ①전화상담·의료상담 등의 전문상담, ②평생교육, ③전국 대회, ④국제대회, ⑤홍보·출판 연구조사 등이며, 생명의 전화 종합사회복지관 사업은 ①무의탁노인, 소년소녀가장 등을 위한 활동, ②정신지체장애인을 위한 교육, ③실직가정을 위한 활동 ④이웃사랑 실천을 위한 운동, ⑤새싹어린이집 운영, ⑥청소년놀이문화 조성, ⑦사회교육프로그램 실시, ⑧초·중·고·대학생 자원 봉사교육 및 사회봉사지도 등이다. 출판도서로는 〈생명의 전화〉 〈도움은 전화처럼 가까운 곳에〉 〈함께 생각합시다〉 〈이름도 없이 얼굴도 없이〉 등이 있다. 본부는 서울특별시 종로구 연지동에 있다.

## 생명표(life table) 01

생명표란 한 출생집단이 연령이 많아짐에 따라 소멸되어 가는 과정을 나타내는 표이다. 어떤 연령층의 인구가 주어진 사망력의 유형과 수준이 그대로 적용된다는 가정 하에 평균적으로 더 살 수 있는 기간, 연령별 사망확률, 특정 연령의 사람이 다른 연령까지 생존할 수 있는 확률 등을 나타내 준다. 사망원인 생명표(Cause deleted life table)는 특정 사인을 완전히 제거했을 때의 생명표로 주어진 특정 사인을 예방하거나 그 질병을 퇴치함으로써 그 사인이 완전히 제거되었다고 가정하고 나머지 사인에 의한 사망률 및 사망확률 등에 의해 작성한다. 각 세별로 작성한 생명표는 완전생명표(Complete Life Table), 5세 계급별로 작성한 생명표는 간이생명표(Abridged Life Table)라 한다.

## 생명표(mortality table) 02

사망표, 사망생존표라고도 한다. 특정한 나이의 사람이 앞으로 몇년동안 생존할 것인가를 각 연령별로 표를 만든 것으로 생명보험의 요율산정 의 기초가 된다. 국민전체에 대해 조사한 표는 〈국민표〉라고도 한다. 현재 국내생명 보험회사가 사용하고 있는 생명표는 경제기획원통계국 이 작성한 것을 근거로해서 만든 조정국민생명표이다. 그 러나 경험치를 토 대로 산출한 경험생명표 제정작업에 착 수, 1988년부터 적용하고 있다.

## 생명표 03

특정 연령의 사람이 금후 몇 년이나 살 수 있는지를 각 연 령에 따라 나타낸 일람표이다. 사망표, 사망생존표라고도 한다. 인간의 수명에 관한 본질적인 문제를 아는 중요한 통계표이며, 국민의 보건위생 상태의 지표가 된다. 생명 보험료율은 이 표를 기초로 하여 산정된다. 국민전체에 대해 조사한 표는 국민생명표 또는 국민표라고 한다. 현 재 국내 생명보험회사가 사용하고 있는 생명표는 경제기 획원 통계국이 작성한 것을 근거로 해서 만든 조정국민생 명표이다. 그리고 피보험자의 경험치를 토대로 산출한 경 험생명표 제정 작업에 착수, 1988년부터 적용하고 있다.

## 생산(production)

인간의 생활에는 생활 자료(의ㆍ식ㆍ주 등)가 반드시 필 요하다. 인간은 생산 용구(도구ㆍ기계)를 사용하여 집단 적으로 이것들을 생산하고, 이 점에서 다른 동물과는 다 르다. 사적 유물론의 입장에서 보면 이와 같은 물질적 생 산이야말로 인간의 최초의 역사적 행위인 동시에, 인간 역사의 항구적인 기본조건인 것이다. 사회발전의 역사는 이 의미에서 생산자의 역사, 근로 대중의 역사, 인민의 역 사이다.

## 생산관계(production relation)

인간의 생산에는 생산력 및 생산관계라는 두 가지 면이 있다. 생산은 언제나 집단적ㆍ사회적인 것으로서, 생산하 기 위해서는 인간은 서로 일정한 관계를 맺지 않으면 안 된다. 생산력은 물질적 재화의 생산에 이용되는 자연물 또는 자연력에 대한 인간은 관계를 나타내는데, 생산관계 는 생산과정에 있어서의 인간 상호의 관계이다. 이 복잡 한 관계에 기초가 되어 있는 것은, 누가 생산수단을 소유 하고 있느냐는 것, 즉 소유 형태이다. 이것은 사회의 생산 력의 일정한 발전 단계에 대응하고, 인류의 역사상으로는 원시 공동체ㆍ노예제ㆍ봉건제ㆍ자본주의ㆍ사회주의라 고 하는 다섯 개의 형이 알려져 있다. 이것들의 생산관계 는 각각 생산력의 발전 단계와 그 기본성격에 대응하는 것으로서 하나의 생산관계에서 다른 생산관계로의 이행 이 곧 사회변혁이다. 일반적으로 생산관계는 사람들의 의 지에 따라 임의로 좌우되지 않는 물질적인 생활 관계이

며, 이미 18세기의 영국이나 프랑스의 학자 또는 헤겔 등 이 〈시민 사회〉라고 부르고 있던 것의 정체이며, 법제적 및 정치적인 제도나 사회적인 의식형태의 현실적 토대를 이룬다.

## 생산구조

본원적 생산요소의 투입으로부터 최종소비재의 생산이 완성될 때까지의 생산과정의 전체를 말한다. 생산구조는 크게 단선적 생산구조와 복선적 생산구조로 구분된다. 단선적 생산구조는 노동력의 투입으로부터 소비재의 생 산에 이르기까지의 전생산과정이 단선적인 흐름으로써 나타내어지는 경우에 성립한다. 가령 어부가 물고기를 잡기 위하여 자신의 노동력을 투입하여 먼저 실로 어망 을 만들어 최종소비재인 물고기를 포획 하는 경우가 그 것이다. 이 경우에는 본원적 생산수요가 전단계의 중간 생 산물에 차례로 부가되어 결국 소비재가 생산된다. 중 간생산물전체는 자 본재로써 역할하는 것이며 소비재생 산량과 중간생산물인 자본스톡과의 비율을 우회도라 한 다. 생산의 우회도가 커질수록 보다 많은 최종생산물이 얻어지게 된다.

## 생산능력지수(production capacity)

제조업부문의 생산능력을 나타내는 지표로서 공급능력 의 수준과 동향이 어떻게 변화하는가를 나타내는 지표.

## 생산력(productivity) 01

노동의 생산성, 즉 단위노동시간에 생산되는 사용 가치량 을 지칭하는 경우와 생산성을 규정하는 주체적, 객체적인 제 요인을 지칭하는 경우가 있다. 여기에서 주체적 요생 존권 보장인이란 인간의 노동능력 그 자체를 의미하는 것 으로, 그 정도는 숙련도에 따라 상이하다. 그리고 객관적 요인에는 노동수단(생산용구), 노동대상(원료 등), 노동 방법(분업과 협업의 제 형태 및 이것을 조직화하는 관리 방법)이 포함된다. 생산성은 이들 제요인의 발전정도, 성 능, 그리고 결합상태에 의해 규정된다.

## 생산력(production force) 02

①물질적 재화를 생산하는 능력. 그 요소는, a) 생산 상 의 일정한 경험과 숙련을 가진 노동력, b) 생산용구 및 기타 노동 수단 c) 노동 대상으로서의 자연물 및 원료이 며, 이것들이 특정한 생산관계에 의해 결합되어 사회의 생산력이 된다. 이들 제력의 총체라는 의미에서 생산 제 력이라고 일컬어지는 일도 있다. 맑스는 생산력의 요소 로서 위의 세 개를 들었다. 스탈린의 〈그 도움을 빌어서 물질적 재화가 생산되는 생산 용구, 일정한 생산 상의 경험과 노동의 숙련의 덕택으로 생산 용구를 움직여 물 질적 재화의 생산을 실현하는 인간 — 이들 모든 요소가 합쳐져서 사회의 생산 제력을 형성한다.〉 정의는 노동

대상을 생략하고 노동 수단으로서는 생산 용구만을 든 점에서 논의를 초래했지만 생산력의 요소 중에서 결정적으로 주요한 것만을 든 것으로 해석할 수 있다. 생산력과 생산관계는 생산의 두 가지 면인데, 생산의 가장 핵심적인 요소는 생산력이며, 이것의 발전에 의존하여 인간의 생산관계, 따라서 사회의 상부 구조도 발전한다. 원시의 조석기에서 현대의 기계화된 대공업까지의 생산력의 모든 단계는 인류역사 발전의 여러 단계를 보여주고 있다. ②노동의 생산력(Produktivkraft der Arbeit)이라고 하는 경우에는, 노동의 생산성(Produktivität)을 의미하며, 단위 노동시간 또는 노동자 한 사람당의 평균 생산량으로 표시된다.

## 생산목표
조직의 생산 기능 또는 생산활동과 관련된 목표로 조직의 가장 기본적인 목표라 할 수 있다. 생산량과 질(質), 다양성, 형태, 효용성 등 산출의 여러 특성을 규정하는 것이 생산목표가 될 수 있다. 조직의 다른 목표와 마찬가지로 생산목표의 체계는 상위목표와 하위 목표의 연쇄 또는 목표 — 수단의 계층으로 파악할 수 있다. Charles Perrow는 조직을 체제로 보고 조직의 목표를 사회적 목표, 산출목표, 생산목표, 체제목표, 파생적 목표의 다섯 가지 유형으로 분류하고 있다.

## 생산물배상 책임보험
상품을 산 사람이 사용 도중 상품설계·제작상의 잘못이나 제조업체의 사전 주의의무 소홀로 다치게 될 경우를 대비 제조업체가 가입하는 보험을 말한다. 이와 같이 사고가 날 가능성이 높은 상품을 제작하는 회사는 생산물배상 책임보험에 가입하거나 자체적립금을 마련해 놓고 있다. 가령 라이터·가스버너 등에는 대부분 "보험에 가입되어 있으며 사고가 나면 배상받을 수 있다"고 적혀 있는 것을 볼수 있는데 이는 모두 생산물배상 책임보험에 가입되어 있는 상품들이다. 영미법계통의 미국에서는 건축물을 잘못 짓거나 약을 팔면서 특수체질에 맞지 않는다는 경고문을 붙이지 않아 사고가 나면 배상책임을 져야 한다.

## 생산비
생산에 투입된 생산요소들의 화폐비용으로서 임금, 이자, 원료비, 고정 자본의 소모비, 조세, 보험료 등을 포함한다. 비용의 개념에는 명시적 비용과 잠재적 비용이 있다.

## 생산성
재화 생산의 투입량과 산출량의 비율. 생산이 행해지기 위해서는 원료, 동력, 기구, 노동, 자본 등의 생산요소가 필요하지만 생산을 위하여 소비시킨 생산요소의 양과 그 결과 생산된 생산물 양의 비율이 생산성이며 구체적으로는 원료단위(가령 1톤)당 제품산출량, 노동력단위(가령 1인의 노동)당 제품산출량으로 표시하며 노동력단위당 생산성을 노동생산 성이라고 한다. 또 노동자 1인당 부가가치로 측정한 것이 부가가치생산성이다.

## 생산성(productivity) 01
투입된 생산요소의 양에 대한 산출물의 산출량을 말한다. 일반 적으로 생산성의 개념은 투입에 대한 산출의 비율을 의미하는 능률성뿐만 아니라 산출의 질이나 내용을 중시하는 효과성의 개념을 동시에 내포하는 것으로 볼 수 있다. 이러한 관점에서 생산성의 개념은 효율성과 같은 의미로 규정될 수 있다.

## 생산수단(means of production) 01
생산에 필요한 노동대상(노동목적)과 도구·기계와 같은 노동수단, 그리고 건물 공장과 같은 노동설비의 셋을 총칭하여 자본재 또는 생산재라고도 한다. 그리고 이들 생산 수단이 영리를 목적으로 사용될 때 이를 자본이라 한다.

## 생산성 02
생산재의 투입량과 산출량의 비율로서 이는 생산에 대한 합리성을 말한다. 즉 생산을 위하여 소비된 생산 요소와 양과 그 결과 생산된 생산물량의 비율을 말한다. 구체적으로는 원료 단위(예 1톤당)의 제품산출량, 노동력 단위(예 1인당)의 제품 산출량으로 표시한다.

## 생산수단 02
인간이 물질적 재화를 생산하는 과정은 세 개의 단계로 나누어진다. ①인간의 노동, ②노동 대상, ③노동 수단. 노동은 인간이 자연물이나 자연력에 변화를 주어서 자기의 욕망에 적용하는 것으로 만드는 합목적적인 활동이다. 노동 대상은 이 노동이 작용하는 모든 대상으로서 이것에는 삼림이나 지하 매장물과 같이 자연 그대로의 것과 공장 내의 고아석이나 변화와 같이 이미 가공된 것(원료)이 있다. 노동수단은 노동 대상에 작용하여 변화를 주기 위해서 사용되는 것으로서 도구나 기계와 같은 생산 용구 외에, 토지나 건물, 교통 기관, 통신 기관 등도 포함된다. 생산수단이란 노동 대상과 노동 수단을 합친 것이며 어떤 개인·집단·계급이 이들 생산수단을 소유하는가에 따라 생산관계의 성격이 정해진다.

## 생산양식(mode of production)
인간의 생존에 필요한 물질적 재화(의식주·연료·생산 용구 등)를 획득하는 양식. 사적 유물론은 인간 사회의 발전의 주동력을 이 생산양식에서 구하며 이 변화에 의해 전사회제도·사회적 관념·정치적 견해·정치적 제도의 변화가 필연적으로 초래된다고 생각한다. 그리고 원시공동체·노예제·봉건제·자본주의·사회주의 아래에서는 각각 다른 생산양식이 있으며 이에 대응하여 또 각각의 제도나 이데올로기가 있다. 생산양식은 사회의 생산력과 사람들의 생산관계와의 통일체이며 생산력의 발전에 따라 생산관계가 발전하고 이 생산관계는 다시 생산력의 발전을 촉진 또는 저지하면서 반작용을 미친다. 생산관계가 아무리 생산력의 발전보다 뒤지더라도 결국은 그 발전 수준에 조응되지 않을 수 없다. 사회발전의 역사는 기본적으로 말하면 생산양식의 역사라고는 할 수 없다.

## 생산연령

경제활동을 할 수 있는 연령을 말한다. 실제로는 노동력조사의 대상이 되는 만 14세 이상이 이에 해당된다. 생산연령 인구는 일할 의사와 능력이 있는 경제활동인구와 일할 의사가 없는 비경제활동인구로서 다시 취업자와 실업자로 분리된다.

## 생산연령인구(productive age population)

현실적으로 취업하고 있는지의 여부를 불문하고 직업에 종사할 수 있는 인구 계층을 말한다. 보통 14세 이상 65세 미만의 인구를 말하나, 상한을 정하지 않으면서 14세 이상으로 하는 경우도 있다. 그리고 어떠한 형태로든 경제활동에 종사하고 있는 인구는 경제활동인구라 부르며, 그 중 특정의 날이나 1주일을 넘지 않는 특정의 기간에 취업하고 있는 사람 또는 일을 찾고 있는 사람을 노동력인구로 파악하고 있다. 노동력조사나 국제조사의 노동력인구가 바로 이것이다.

## 생산의 3요소

생산의 필수 불가결한 요소인 토지, 노동, 자본을 말한다. 토지에는 토지 자체 외에 광석이나 석유와 같은 자연자원이 포함된다. 노동은 근대적 기술을 기반으로 하는 생산과정에서 불가결의 능동적 역할을 하는 인간의 능력과 의지가 포함된다. 자본에는 건물이나 기계, 설비 등 고정설비 외에 원료나 반제품 또는 완제품의 재고가 포함된다. 현대 자본주의 경제체제 하에서는 이상의 전통적인 구분 외에 생산 조직을 통제하는 경영(기업가의 능력)을 추가하여 '생산의 4요소'를 주장하기도 한다.

## 생산적 또는 경제적 조직
(productive or economic organizations)

사회전반 또는 그 일부를 위해 부(富)를 창조하고 재화를 생산하며 서비스를 제공하는 조직을 말한다. 기업조직이 전형적으로 이 유형에 속한다. Katz와 Kahn은 조직의 기본적 기능에 초점을 두고 조직의 유형을, 생산적 또는 경제적 조직, 유지기능적 조직(maintenance organizations), 적응적 조직(adaptive organizations), 관리적 또는 정치적 조직(managerial or political organizations)의 네 가지로 나누었다.

## 생산지수(production index)

경제 활동을 지탱하는 것은 생산활동이므로, 그 동향을 파악하기 위해 생산지수가 작성된다. 생산지수는 기준시점에 대한 품목별 생산수량의 신장을, 기준시점에 있어서의 부가가치(생산금액의 원재료비 등을 차감한 것)를 웨이트로 하여 가중평균한 것이며, 생산의 수량적 확대의 정도를 나타낸다. 따라서 한 나라의 생산활동은 다음의 세 가지 지수를 검토 함으로써 그 대략을 파악할 수 있다. 제1차산업에 관한 농림업 생산지수 제3차산업에 관한 제3차산업활동지수, 그리고 제2차산업에 관한 광공업 생산지수이다. 그 중 광공업 생산지수는 가장 규모가 큰것이어서 산업별 생산지수 외에 출하·재고·원재료소비 등에 관련된 지수도 작성되고 있다.

## 생산지향형(production oriented 리더)

종업원을 조직목표를 달성하기 위한 도구로 보고 생산이나 작업에 있어서 기술적 측면을 강조하는 리더를 말한다. 반면 종업원지향형 리더는 조직구성원들의 개성과 개인적 욕구를 중시하고 일에 있어서 인관관계를 중시하는 리더를 말한다.

## 생산피로설(production fatigue)

사고재해의 원인을 인간의 피로에 기인한 것이라고 보는 학설로 경제학자 플로렌스(P.S. Florence)에 의해 주장된 것이다. 일반적으로 작업시간별로 재해율의 데이터를 보면 사고재해는 오전 10시경에서 최대의 피크를 나타내어 상승하고 12시경에 이르러 저하하는 산형의 곡선을 이루며 오후에도 오전과 유사한 경향을 보여 16시경에 다시 피크를 그리는 산형의 곡선을 이룬다. 이러한 시각별 재해곡선이 무엇을 나타내는 것인가에 대해서는 여러 가지 추측이 행해져 왔는데 경제학자 플로렌스는 자동차공장이나 기계공장에 대해 시각별 사고 재해율을 조사하고 생산피로설을 도출해냈다.

## 생애임금

학교를 졸업해서 바로 입사한 표준적인 근로자가 취직에서부터 퇴직하기까지 취득하는 정기급여·특별급여를 누적시킨 것에 퇴직금을 합한 총 임금수입. 실제 산출에는 현재의 입사연차 마다의 임금곡선을 고정시켜 계산하는 방식과 장래의 승진을 고려하여 계산하는 방식이 있다. 기업의 원가관계자료로 이용되는 한편, 학교 졸업자의 회사선택의 지표로도 된다.

## 생애주기가설

앤도(A. Ando)와 모딜리아니(F.Modigliani) 등에 의해 제

창된 소비이론 이다. 이 가설에 의하면 사람들은 대체로 남은 평생을 염두에 두고 현재의 소비를 결정한다. 여생 동안 얻을 수 있는 총소득을 노동소득과 자산 소득으로 나누면, 소비는 이 두 소득의 선형함수로 표시할 수 있다. $C = aA + bW_t$ 여기서 $C$ 는 소비수준, $W$ 는 여생동안 벌어들일 수 있는 근로소득의 현 재가치, $A$ 는 자산소득의 현재가치이다. 이 가설에 의하면 평생소득에 대한 소비의 비율은 당기의 소득에 대한 비율보다는 훨씬 안정적이라는 것이다. 즉 사람들의 일생을 통한 평생소득으로 볼 때 장기적으로 평균 소비성향(APC) = 한계소비성향(MPC)이 성립한다.

## 생업부조(occupational aid)

과거 생활보장법에 의한 보호의 일종. 궁핍해서 건강하고 문화적인 최저생활이 불가능한 자들을 대상으로 생업에 필요한 자금 기구 또는 재료, 생업에 필요한 기능습득, 취로에 필요한 것을 범주로 금전급여를 행하는 것을 말한다. 이 부조는 예방과 자립조장의 관점에서 탄력적으로 활용되어야 하지만 현실적으로 미흡하다.

## 생업자금
### (financial assistance for operating business)

모자복지자금대부제도, 세대갱생자금대부제도와 더불어 대부금제도의 하나로 모자세대, 저소득세대가 자립갱생 사업을 개시하기 위해 필요한 자금을 저리로 대부하는 것을 말한다. 어느 것이나 스스로 사업을 개시하기에 필요한 설비비. 재료 등의 구입비 등에 해당하는 자금이다. 그후 개정되어 이 명칭은 아니지만 현행 모자복지자금에서는 사업개시자금과 사업계속자금, 세대갱생자금에서는 갱생자금 내의 생업비에 해당한다.

## 생육발달사

한 개인이 태어나서 성장하는 동안에 신체적, 정서적, 교육적 발달 내역은 성장에 따른 대인관계, 태도, 행동에 중요한 영향을 미치게 된다. 특히 유아기는 성장과정에 중요한 의미를 지니게 되는데, 성장과정에서 보여지는 정보는 한 개인의 생활력을 이용하는데 중요한 자료가 되며, 그 개인의 가족력과 가족관계를 통해 정신발생적 진단이 유도될 수 있다. 개인의 생육발달사를 조사하는 내용으로는 대개 현재의 주된 행동이 얼마동안 존속되어 왔으며, 언제 그것이 시작되었고, 어떤 경우에 일어나며 누구에게 그것이 행해져왔으며 가족은 그것에 대해 어떻게 해왔는가, 또 생육적 사건으로서 출생과 이유, 수면, 식사, 신체적 습관, 활동성, 배변훈련, 유희, 공포 등과 교육력, 질병, 사고, 신체 장애의 외상적 경험의 경력, 가족적 배경 등을 꼽을 수 있다. 이러한 조사자료들은 이러한 사실들을 명확히 해주며 진단지 결과를 내리는데 매우 유용한 자료가 된다.

## 생존권

국민은 누구나 인간다운 생활, 생존을 계속할 권리가 있다는 것으로 건강하고 문화적인 생활을 할 권리와 함께 그 권리를 보장하는 사회복지, 사회보장의 사회제도를 요구할 권리가 있다는 것이다. 법학의 체계로서는 생존권과 같은 의미로 쓰이고 있으나 학문적으로는 미성숙하다. 그러나 공해, 환경파괴, 생활파괴 속에서 국민의제운동이 그 내실을 다져온 것이다.

## 생존권 보장

생존권은 국민의 개인의 생존에 필요한 조건보장을 국가에 요구하는 권리로 헌법 제34조에 규정되어 있다. 구체적으로는 생존권을 공통의 이념적 기초로서, 노동법과 사회보장법의 체계로 전개하고 있다. 역사적으로 보면 자유권 체계를 근거로 한 시민사회에서 현실사회의 실질적 불평등을 매개로 하여 시민법의 수정원리인 사회법이 형성되었다. 그것은 사적자치의 원칙에 변혁을 가져와 생존을 위협받은 국민에 대해 은혜적으로 구제하는데 그치지 않고 인간의 직접생존을 권리로서 보장하도록 국가에 의무화하고 있다. 생존권은 세계인권선언사나 각국 헌법의 기본적 인권규정의 역사적 발전과 함께 생성되어 왔고, 국제연맹이 1948년에 세계인권선언을 채택하여 생존권 규정의 국제적 확립을 보였다.

## 생존권적 최저생활

사회보장의 목적을 생존권 보장에서 구하고 있는 법학자가 많다. 헌법 제34조를 중시해 최저생활 확보는 국가의 책임이라고 한다. 따라서 공적부조에 의한 최저한도의 생활 확보가 중시된다. 구체적으로는 생활보장법에 의한 최저한도의 생활유지를 연령별, 성별, 세대구성별, 소재 지역별로 규정하여 보장하고 그 외에 인간다운 최저생활이 전 국민에게 평등하게 보장되어져야 한다.

## 생태론적 접근
### (ecological theory, ecological approach)

특정 현상을 설명함에 있어 환경적 결정요인(생태)의 역할을 중시하는 이론적 관점을 말한다. 행정학에 있어서는 행정의 환경을 구성하는 정치 · 경제 · 사회적, 인구학적, 자연적 요인이 행정의 성격에 중요한 영향을 미친다고 보는 관점을 생태론적 접근이라 한다. J. M. Gaus는 정부 기능을 설명하는데 유용한 환경변수로 국민(people), 장소(place), 과학기술(physical technology), 사회적 기술(social technology), 욕구와 이념(wishes and ideas), 재난(catastrophe), 개성(personality)의 7가지를 들고 있다. 한편 F. W. Riggs는 행정의 환경변 수로 경제적 기초, 사회구조, 이념적 요인, 통신 및 정치체제의 5가지를 선정하고 이들 환경요소가 농업사회와 산업사회의 행정에 각각 어떻게 영향을 미치는가를 설명하고 있다.

## 생태심리학(ecological psychology)

환경과 유기체의 관계를 연구하는 생태학적 이론을 적용하여 심리학의 문제들을 해결하려는 심리학의 한 분야이다.

## 생태이론(ecological theory)

유기체와 환경의 관계를 연구하는 생태학의 이론으로 교육학에서는 인간행동의 학습과 변화를 생태학적 이론을 적용하여 연구하는 이론을 뜻한다. 대표적인 예로 바아커(R.G. Barker)는 인간행동이 생활환경에서 주어진 행동무대에 의해 결정된다고 했다. 행동무대는 제각기 독특하고 지속적인 특성을 지니고 있으며 사람으로 하여금 그것에 맞추어서 행동하도록 강요하기 때문에 행동은 그 무대에 따라서 달라진다. 아동의 부적응행동은 아동이 생활하고 있는 환경의 행동무대가 비정상적이거나 병리적 특징을 지니고 있을 때 그러한 행동무대에 맞추어서 행동하는 것이다. 이 이론의 특징은 환경이 인간행동을 결정한다고하는 점이다.

## 생태학적 난민

생태계가 파괴됨으로써 생기는 난민, 자연이 파괴되어 생태계가 무너 지면 그 토지에 의존하고 있는 사람들의 생활도 곤경에 빠진다. 급속히 진행되고 있는 삼림의 파괴는 홍수나 토양 침식, 사막화, 나아가서는 기후의 변화까지 초래해 주민들로부터 집과 경지를 빼앗아간다. UNEP(유엔환경계획) 등에서 쓰기 시작한 이 말은 전쟁난민과 구분짓 기 위한 것이지만, 베트남전쟁에서 명백해진 바와 같이 전쟁이 최대의 자연파괴라는 사실은 말할 것도 없다.

## 생태학적 접근(ecological approach)

인격체와 환경의 상호작용을 연구하는 과학으로 발전해온 생태학적 입장(ecological perspective)을 기초로 1970년대 이후 사회사업학계에 하나의 실천적 접근방법으로 체계화되고 있다. 이것은 인간과 환경의 상호작용 영역에 초점을 두고 양자의 적합을 도모하는 것을 의도하며 사회복지실천의 독자성을 구현해 가는데 공헌하고 있는 것으로 평가되고 있다. 그 대표적인 예가 생활모델이다.

## 생활구조론

인간은 출생(가족), 성, 연령, 사망 등의 비선택이며 불가피적인 속성을 몸에 지닌 채 각자의 성장단계에 따라 일정한 생활양식을 만들어 가고 있다. 가족을 포함한 각종의 집단 혹은 조직, 지역사회, 전체사회와의 관련 속에서 형성해 가거나 혹은 형성되어가는 개개인의 생활양식의 유형을 생활구조라 한다. 생활자로서의 시점을 각 개인에 맞추면서 사회구조적 조건과 생활양식이 어떻게 관련되어 가는가를 설명하려는 것이 생활 구조론

의 과제이다. 가족구조나 생활주기, 생활시간구조의 성립 그리고 생활사의 분석이나 지역사회의 검토도 소홀히 할 수 없다.

## 생활권

인간의 생활 욕구를 충족시키는 일정의 통합된 행동영역을 말하는 것이다. 생활욕구와 욕구충족에 필요한 자원 등 여러 가지의 범주가 있다. 일상적으로 발생하는 생활욕구와 생활공간을 일상생활권 또는 제1차 생활권이라 하는데 비교적 소지역이 상정되고 있다. 이에 대해 보다넓은 범위에서 욕구의 충족이 행해지는 것을 광범위 생활권 또는 제2차 생활권이라 칭하는 경우도 있다. 최근에는 지역사회형성의 수단으로서도 주목되고 있다.

## 생활급

조직구성원과 그 가족의 생활을 보장하기 위해, 생계비를 기준으로 임금을 결정하는 보수체계를 말한다. 생활급을 결정하는데는 개개인의 연령·가족상황 등이 고려 되며, 개개인의 연령에 대한 임금이므로 연령급이라고도 한다. 사회가 발전함에 따라 생계비의 개념도 최저생계비에서 표준생계비로 바뀌고 있다.

## 생활기능(life skill)

사회생활을 하는데 효능을 발휘하는 여러 가지의 기술과 능력. 이 말은 흔히 교육과정의 내용을 결정하고자 할 때에 활용하는 한 가지 접근방법(approach)으로〈생활기능법〉이라는 표현으로 쓰인다. 이 접근방법은 학습내용은 그것을 학습한 어린이들이 장차 사회에 나아가서 생활할 때 쓸모가 있을 여러 가지의 기능들로 구성되어야 한다고 보고, 당장의 성인들의 사회생활의 모습을 조사한 바에 따라서 학습내용의 요소들을 결정한다. 적응을 통한 생존을 최고의 가치로 규정하는 진화론의 한 사상이 학교와 사회와의 관계에 적용된 것이며, 이는 사회는 변화하지 않는다는 것과 당장의 사회가 이상적인 것이라는 것을 전제로 한다.

## 생활단계(life stage)

생활주기의 단계이며, 개인의 생활주기단계는 유아기·아동기·청년기·중년기·고령기 등으로 나누어지며 가족의 생활주기는 신혼기·육아기·교육기·자녀독립기·자녀독립 후 부부기·노부부기·독신기 등으로 나눌 수 있다. 수명의 연장, 교육기간의 연장, 자녀감소 등에 따라 생활단계는 양적으로 변화해 왔다. 또 핵가족화, 도시화 등에 의해 각 단계의 생활구조와 생활과제도 변화하고 있다.

## 생활력(life history)

클라이언트의 출생부터 현재까지의 생활과정을 말한다.

진단주의 케이스워크에서는 조사와 진단을 위해 특히 중요시한다. 케이스 히스토리 혹은 사례사로 표현되며 발생적 진단방법에서는 필수적이다. 학력조회 등 객관적 자료도 참고하고 있으나 클라이언트의 자발적인 진술에 의한 사실 수집이 더욱 중요하다. 기능주의 위기이론에 근거한 단기치료(short term treatment)에서는 클라이언트의 과거를 중요하게 여기지 않는다.

### 생활모델(life model) 01
클라이언트와 그 환경간의 양면에 초점을 맞추기 위해 환경적 상관관계를 사용하는 사회사업 접근방법이다. 이 접근법을 사용하는 사회사업가는 생활가운데 심각한 문제를 개인이나 환경의 상호작용의 연속성으로서 간주한다 (주생활 변화, 대인간 상호과정, 환경장애 등). 이 접근법은 개인능력을 향상시키고, 환경적인 스트레스를 감소시키며 상호의사거래를 증진하고 성장토록 회복시키는 통합적인 방법이다.

### 생활모델 02
의료모델을 대신한 사회사업실천의 모델로서 1970년 이후 메이어(Meyer)와 저메인(Germain) 등에 의해서 의욕적으로 발전시킨 모델이다. 특색은 생태학과 자아심리학의 성과를 적극적으로 도입해서 인간과 환경의 상호작용에서 전개되는 인간의 성장과 발전에 관한 관점과 개념을 토대로 사회사업실천의 재편성을 도모하려는데 있으나 아직 설득력 있게 체계화된 것은 아니다.

### 생활문제(livelihood problem)
건강하고 문화적인 사회생활의 영위를 저해하는 문제가 사회적으로 넓게 생성되어 있는 경우에 이것을 생활문제라 한다. 빈곤·실업·노동재해·질병·열악한 노생활보장대상자의 선정방법 동조건 등이 가장 전통적 일반적인 생활문제이나 최근에는 공해문제, 환경파괴문제 혹은 사회적 공간, 생활수단의 부족 등의 새로운 생활문제가 차례차례로 생겨나기에 이르렀다. 이들 생활문제는 사회적 제 모순이 개인생활에 장해가 되어 나타나는데 불과하나 소비생활, 가족관계, 지역사회 관계 등 여러 가지 국면에서 야기되고 있다.

### 생활물가지수(CPI for living necessaries)
일상생활에서 소비자들이 자주 많이 구입하는 생활필수품을 대상으로 작성된 소비자물가지수의 보조지표로서, 품목은 쌀, 배추, 쇠고기 등 소비자들의 구입빈도가 많은 156개 생필품을 대상으로 하고 있어, 소비자의 구입빈도와 관계없이 516개 품목으로 작성되는 전체 소비자물가지수에 비해 소비자들이 체감하는 물가지수로 이용이 가능하다.

### 생활보장(public assistance)
노령, 질병 기타 근로능력의 상실로 인해 생활유지가 곤란한 상태에 있는 자를 구제하는 일을 말한다. 우리나라는 생활보장법상, 생계보호·의료보호·자활보호·교육보호·해산보호·장제보호 등 여섯 종류를 규정하고 있다.

### 생활보장제도(public assistance system)
우리나라에서 생존권보장을 규정하는 헌법 제34조 1항의 이념에 의해 국가는 생활이 곤궁한 모든 국민에 대해 곤궁의 정도에 따라 필요한 보호를 행하고 있는데 그 최저한도의 생활을 보장하는 것을 기본으로 하여 자립조장을 목적으로 한 시책의 체계를 생활보장제도라고 한다. 이는 우리나라 사회보장에 있어서 공공부조제도의 중핵을 형성하며 이때의 생활보장기준은 내셔널 미니멈(national minimum)의 역할을 맡고 있다.

### 생활보호법(livelihood aid law)
생활유지의 능력이 없거나 생활이 어려운 자에게 필요한 보호를 행하여 이들의 최저생활을 보장하고 자활을 조성함으로써 사회복지의 향상에 기여함을 목적으로 82. 12. 31 법률 제3623호로 전문개정이 되었다. 동 법시행령은 83. 12. 30 대통령령 제11293로 전문개정된 후 90. 12. 1 대통령령 제13173호(장애인복지법시행령)로 개정되었으며, 동 법 시행규칙은 84. 3. 31 보건복지가족부령 제743호로 제정되었다. 국민의 정부에서 국민기초생활보장법이 제정됨에 따라 폐지·통합되었다.

### 생활수준(standard of living)
인구집단의 평균적인 생활상태의 정도를 말한다. 경제사회의 발전에 따라 인구집단의 욕구위계는 상향 이동하므로 생활수준은 본질적으로 욕구위계와 이에 대한 충족과 관련이 깊다. 따라서 생활수준은 욕구에 대한 만족도 또는 충족도로 요약된다. 생활수준을 규정짓는 요건으로 영양, 의복, 주거, 건강, 교육, 가족, 개인 및 생활의 안정 생활과 관련되는 사회적·물리적 환경 등으로 나타나고 있다. 이렇게 생활수준을 구성하는 요건들을 통계적으로 파악하고 그 분포까지 종합화한 것이 드류노우스키(Drewnowski Jan)가 제안한 생활수준지수(level of living index)이다. 통상적으로 생활수준을 상·중·하류로 구분하는데 분석적인 관점에서는 한 경제사회가 규정하는 표준생계 또는 표준생활(standard of living)을 중심으로 그 이상, 그 이하로 대별한다.

### 생활시간
생활시간이란 자본주의에서 자연일을 기초로 하여 노동시간을 제외한 시간으로서 노동자가 자유로이 처분할 수 있는 시간. 이에 대해 노동시간이란 자본가가 잉여가치를 생산하기 위해 노동자를 전체적으로 지휘 관리하여 노동시키는 시간을 말한다. 노동시간과 생활시간의 구별은 노동자 계급이 일반적 법률(노동법)에 의해 노동시간을 일률적으로 제한 하고 표준노동일을 제정하면서부터 확립되었다.

## 생활시간조사

국민들의 생활양식을 구체적으로 파악하기 위해 하루 24시간 중 국민들이 어떠한 행동을 어느 시간대에 하고 있고, 특정 행동에 할당하는 시간량은 얼마인가를 조사하는 것이다. 이 조사는 통계청에서 1999년 9월 처음으로 전국 17,000가구의 10세 이상 가구원에 대해 조사한 이후 매 5년 주기로 실시하게 되며 조사결과는 국민계정의 가계부문생산의 가치측정에 대한 기초자료로 쓰일 뿐 아니라 각종 노동, 복지,문화, 교통관련 정책 수립이나 학문적 연구의 기초로 활용된다.

### 생활시설(living institution) 01

생활시설은 그 이용형태에 따라 수용시설, 통원시설 및 이용시설로 나눌 수 있으나 이중 수용시설의 기능에 주목해서 이것을 생활시설이라고 부르는 경우가 있다. 즉 수용시설에 입소하는 사람들은 비교적 장기간에 걸쳐 해당 시설에서 모든 일상생활을 영위하게 되는데 그 생활과 관계, 또 그 생활 외에도 필요에 따라 교육, 훈련, 갱생, 원조, 기타의 서비스를 받게 된다. 그러나 그 시설기능은 어디까지나 생활이 기초가 된다는 의미에서 수용시설은 생활시설과 동의어로 사용된다.

### 생활시설 02

상시 보호를 필요로 하는 중증 장애인으로 가정에서 돌보는 것이 어려운 장애인이 입소하여, 의학적 관리 하에 필요한 보호를 받으며 생활하는 시설로 전국에 있는 148개 시설 중 5개 시설만이 지방자치단체가 운영하고 있으며 대부분은 민간법인이 설립하여 운영하고 있다.

### 생활양식 02

특정의 서비스 기술사회, 집단의 사람에게 공통적으로 보여지는 생활 방식. 의 · 식 · 주의 양식이나 생활수단의 소유방식 등 소비생활의 물적인 양식뿐만 아니라 생활에 대한 생각이나 습관 · 규범 등도 포함되어 문화와 거의 같은 의미로 쓰이는 일도 적지 않다. 원래 이 개념은 세계 각 지역에 서로 다른 생활양식을 갖는 사회가 있다는 것에 주목되어 쓰여지게 되었으나 그 후 계층의 차이나 시대적인 차이도 중시하게 되었다.

### 생활양식(way of life style) 01

사적 유물론의 용어로서, 사회적 존재로서의 인간의 사는 방식이며, 그 토대는 생산 양식이다. 맑스에 의하면, 〈생산양식은 여러 개인의 활동의 일정한 방식, 그들의 생활을 표현하는 일정한 방식, 그들의 생활양식이다〉.

### 생활의 질(quality of life)

소득의 향상이나 부의 증대 등 생활수준의 양적인 개선만으로는 인간생활의 풍요함은 가져올 수 없다는 문제의식에서 생활의 질적인 충실의 관심이 높아지게 되었다. 단소비생활뿐만 아니라 노동생활, 여가생활 그리고 가족생활뿐만 아니라 직장이나 지역 생활 등도 포함한다. 그러면서도 물질적인 면뿐만 아니라 사회관계, 문화, 레크레이션 등 생활 제 영역의 인간화가 거기에서 과제로 되고 있다. 이것을 지표화했을 때 생활의 질 지표로 나타난다.

### 생활적응 교육(life adjustment education)

학교교육과 실생활과의 접근, 나아가서는 생활에 적응하는 교육을 강조함으로써 생활에 유용한 인간을 육성하려는 교육이다. 교육과정은 학습자의 흥미나 일상생활의 경험을 중심으로 종합적으로 구성되며 학습자 스스로가 생활하고 행동하는 것을 통해 학습하게 하는 것을 학습방법의 기본으로 삼는다. 이렇게 함으로써 학습자를 충실한 사회의 생활자로 육성하려는 것을 목표로 하는 교육이다. 생활적응 교육에서의 생활경험은 그들이 살고 있는 지역사회에서 전개되므로 지역사회의 성격에 따라 결정되는 일이 많은데 그 중에서도 현재 학생들이 직면하고 있는 문제, 특히 학생들이 깊은 관심을 가지고 있는 문제가 중심이 되어야 한다. 왜냐하면 그들이 무관심하면 아무리 당면한 과제라 할지라도 학습문제로 성립될 수 없기 때문이다.

### 생활주기(life cycle) 01

인간과 가족의 연속적인 세대형성과 그 발전을 하나의 생활주기로 보며 그것이 세대의 재생산을 위해 반복하는 현상을 가리킨다. 비록 모든 사람이 예정된 순서에서 똑같은 변화를 겪는다고는 할 수 없지만 이 개념은 특별한 선택을 포함한다.

### 생활주기 02

개인이 출생에서 사망에 이르는 동안 연령과 관련되어 경험하는 체계적인 발달과 변화의 연속성으로 인생주기라고도 한다. 대부분의 사람들이 예견되는 단계에서는 비슷한 변화를 거친다고 말하지만 생활주기의 개념은 개인 특유의 선택들까지도 포함이 된다.

### 생활중심 교육과정(life—centered curriculum)

교과중심 교육과정에 의한 전통적인 학교교육은 청소년들의 현실생활과 유리되는 흠이 있다는 비판 아래 생활교육의 이론을 바탕으로 학생들의 내적 요구와 생활경험의 체계에 따라 구성된 교육과정, 생활에서 사회의 운영이나 개인의 활동이 집중되어가는 것을 포착하여 그것을 기반으로 마련하는 교육과정이다. 그러므로 교육과정 구성의 기초자료를 마련하기 위해 사회조사와 아동조사를 실시한다. 사회조사는 어떤 생활경험이 갖는 사회적 가치를 추구하여 사회의 요구를 찾고 아동조사는 개개 학생의 필요·욕구와 그들이 지니는 문제를 확실히 찾아내서 교육과정 구성에 직접적인 기초를 마련한다. 이와 같이 함으로써 주된 생활영역을 영역(scope)으로 하고 학생의 발달단계에 따라 계열(sequence)을 정해서 종횡이 맞는 교육과정을 구성하는 것이다. 이 유형의 교육과정은 1929년을 전후한 미국의 미증유의 경제공황 이후 1930년대에 완성되었다.

### 생활지도(guidance) 01
학교교육이나 사회복지시설의 처우에 있어서 개인의 자주성을 존중하며 그에게 내재하는 가치의 실현에 조언을 주거나 지도하는 것을 말한다. 학교교육의 경우에는 학생지도 등의 말이 쓰여 지고 있다. 생활지도 내용은 인테이크(intake) 본인의 적성, 생활지도, 인성검사 및 허가, 정보수집, 카운슬링, 진로방향의 결정에 의해 구성된다. 고도정보화 사회에 있어서 정확한 가이던스를 주는 것은 특히 중요하다.

### 생활지도 02
John & Hand : 개인으로 하여금 그들의 욕구(need)를 발견하도록 돕고 잠재력을 발견하며 그들의 생애목표를 개발시키고 이러한 목표를 도와주는데 행동계획을 형성하여 자아실현에 이르도록 특별하게 관심을 지닌 불가분의 교육적 과정의 분야이다. Jones : 인간다운 생활과 종족 보존의 원리에 기초하며 인간욕구의 사실에 근거를 두고 있다. Peter & Farwell : 미성숙하지만 성장하고 있는 학생에게 자신을 보다 잘 이해하도록 돕고 최적의 학업효과에 이르도록 충분히 생각하도록 하며 개인에게 존엄성을 표시하는 것 ― 이것이 생활지도의 성격이다. Van Hoose & Pietrofesa : 생활지도는 하나의 과정이요 마지막 결과는 아니다. 문제해결 방법을 배우는 것이 특수한 문제 해결보다 더욱 중요하다. 생활지도는 하나의 학습과정이다. Aubrey : 생활지도는 학생들이 개인발달과 심리적 능력에 영향을 주도록 고안된(계획된) 학교에서 기능과 봉사와 프로그램들의 종합적인 체계인 것이다. 교육학적 개념으로서 생활지도는 학생들로 하여금 발달적이고 교육적인 결과들을 성취하기 위해 고안되고 계획된 경험의 총화인 것이다. 교육활동으로서 교수(teaching)와 같이 생활지도는 학생들의 발전적이고 교육적인 결과를 얻기 위해 사용된 수많은 기능과 활동으로 구성되어 있다. 생활지도는 사람마다 다른 각도에서 의미를 달리하고 있다. 학교에서 학생들의 생활을 돕기 위한 활동 중에서 아동의 성장발달과 사회적 요구에 긴밀하게 관련을 맺고 있는 것이 생활지도이다. 생활지도는 그 용어가 가지는 뜻이 다양하고 사람에 따라 다른 해석을 하고 있기 때문에 한 마디로 정의를 내리기는 어려운 일이다. 생활지도는 학교와 가정과 지역사회에서 최대한으로 적응하기 위하여 필요한 자기이해(self understanding)와 자기지도(self direction)를 할 수 있도록 개인을 돕는 과정이다.(F. W. Miller) 이와 같은 목적을 달성하기 위하여 학교생활의 지도 프로그램은 학생들에 대한 조직적이고 포괄적인 연구를 해야 하며, 학생들에게 그들 자신에게 교육적, 직업적, 사회적 및 개인적 적응의 기회를 제공하고 상담을 통해 개인을 도울 수 있는 기회를 주며 학생들의 요구를 충족시키도록 하기 위하여 학교직원, 학부형, 지역사회 기관에 대한 조사연구, 정보활동 및 훈련을 쌓도록 해야 한다고 하였다. 생활지도는 학교 또는 학교 밖에서 일어나는 개인이 그들 자신의 세계를 보다 정확히 이해하고 그를 둘러싼 환경을 바르게 이해하여 현명한 적응과 성장을 할 수 있도록 도모해 주어야 하며 사회생활에 필요한 지식, 기능, 태도, 가치 등을 습득시켜 효과적으로 사회에 공헌할 수 있는 자질을 길러 나가야 한다고 전제하면서, 생활지도는 교육적 활동의 두 가지 측면, 즉 가르치는 면(敎)과 지도하는 면(guide) 가운데에서 지도하는 면에 속한다. guide는 안내하다, 이끌다, 지도하다, 교도하다, 방향을 가리키다 등의 넓은 뜻을 가지고 있다. 이와 같은 용어는 주로 학생들의 성장, 발달과 성숙을 바람직한 방향으로 안내하고 지도하며 조언하는 뜻이 포함되는 내용이라 하겠다. 따라서 생활지도는 교육의 목적을 달성하기 위한 방법으로 학생들이 일상생활에서 해결해야 할 여러 가지 문제, 즉 교육적, 가정적, 사회적, 직업적, 신체적, 도덕적, 정서적 문제를 자력으로 해결할 수 있도록 도우며 저마다 가지고 있는 흥미, 적성, 능력, 성격 등 인격적 특성과 잠재력을 이해하고 발견하도록 하여 이를 최대로 발전시켜 나가며 개인에게 합리적인 사고와 의사결정을 통해 현명한 선택과 적응을 위해 조직적이고 체계적인 봉사가 이루어지며 자유롭고 책임감 있는 민주사회의 육성과 자기지도 및 자아실현을 통한 올바른 행복한 삶의 추구가 가능하도록 지원해주는 계속적인 과정이라고 할 수 있다. 학교와 사회복지시설에 있어서 개인의 자주성을 존중하면서 그가 가진 가치의 실현에 조언을 주거나 지도하는 것과 취업준비 및 취업알선에 관한 내용을 중심으로 한 직업지도, 학교생활의 적응에 관한 교육지도, 사회 내의 바람직한 인간관계를 중심으로 하는 사회성지도, 신체적 정신적 건강에 관한 지도를 하는 건강지도, 여가를 보다 적절하게 활용케 하는 여가지도로 분류된다. 생활지도란 어디까지나 개인이며 하나의 전인으로서 고려하여 통일적 과정으로 개인을 지도하는 것을 뜻한다.

### 샤프츠버리(Shaftesbury Anthony Ashley Cooper)
백작이며, 옥스퍼드대학 졸업, 1826 ― 1846년까지 하원의원, 1848 ─ 1885년까지 상원의원. 10시간 노동법, 아동노동의 제한, 탄광노동자의 보호 등을 위해 의정활동을 펼쳤다. 1846년 곡물법 폐지에 반대해 하야하였다. 야인생활 2년 동안 슬럼을 시찰하였다. 정신병자보호협회, 빈곤아동 학교협회, 빈곤맹인방문협회의 회장을 수십 년간 역임하여 민간사회 복지의 발전에 공헌, 민중의 양심으로 평가받았다.

## 서비스

질적 재화를 생산하는 노동과정 밖에서 기능하는 노동을 광범위하게 포괄하는 개념으로서 용역이라고 번역되기도 한다. 서비스에는 여러 가지 노동이나 활동이 포함되는데 대체로 다음과 같은 특징이 있다. ①다른 노동은 생산물로 대상화되어 생산물을 통해 우회적 · 간접적으로 인간의 욕망을 충족시켜주나, 서비스 노동은 인간의 욕망을 직접적으로 충족시켜준다. ②다른 노동은 생산물로 대상화되어 그 생산과 소비가 시간적 · 공간적으로 분리되어 이루어지나, 서비스 노동은 생산물로 대상화 되지 않으므로 시간적으로는 생산과 동시에 그리고 공간적으로는 생산된 곳에서 소비되어야 한다. ③다른 노동은 물질적 재화의 생산을 통해 인간생명의 물질적 재생산에 직접 기여하는 바가 많으나 서비스 노동은 인간생명에 직접 기여하는 바는 적다. ④다른 노동은 노동대상이나 노동수단 곧 생산수단을 필요로 하나 서비스 노동은 반드시 생산수단을 필요로 하지는 않는다.

## 서비스 계약(service contract)

사회사업실천을 전개하는 과정에서 표적이 되는 문제, 목표, 진행방법, 참가자의 역할과 과제 등에 관해 사회사업가와 클라이언트 간에 확실한 합의를 하는 것을 말한다. 1970년대 이후 중요성이 강조되어 적극적으로 도입하게 되었다. 계약은 문서에 의한 경우와 구두에 의한 경우로 대별되나 어느 경우에도 형식적, 일방적이 되지 않도록 배려하면서 공동의 책임으로서 탄력적으로 체결하는 것이 중요하다.

## 서비스 구매권(voucher)

특정한 공공 재화와 서비스를 제공받을 수 있는 구매권(購買權)을 말한다. 공공서비스를 구매권을 통해 제공하는 방식의 주요 특징은 재화와 서비스 종류의 선택에 있어서는 소비자가 구속을 받지만 소비자들이 특정 재화와 서비스의 공급자를 자유롭게 선택할 수 있는 기회를 확대시켜 준다는 점이다.

## 서비스 기술(service skill)

사회사업실천에서 목표달성을 위해 의도적으로 쓰이는 사회사업가의 행동 또는 능력을 말한다. 그 같은 기능은 사회사업가의 지식과 가치에 기초하고 있으며 이것은 계획적인 교육과 훈련에 의해 습득된다는 특질을 갖고 있으나 광범위하기 때문에 체계화하는 것은 많은 노력이 뒤따라야 한다. 가장 초보적이며 기본이 되는 기술은 면접, 관찰, 기록 및 의뢰 등이겠으나 핀커스와 미나한은 문제평가, 자료수집, 최초의 접촉 계약 체결, 행동체계 구성, 행동체계 유지조정 등에 영향을 끼친다. 변화노력을 종결한다는 기술을 제시하고 고찰하였다. 이들 기술을 향상 발전시키기 위해서는 슈퍼비전, 자문 등을 활용하면서 끊임없이 수련할 필요가 있다.

## 서비스업

경제학에서는 경제활동에 있어 사고팔 수 있는 대상이 되는 것을 재화(財貨)와 용역(用役)으로 구분한다. 재화 즉 물건을 만들어내는 일을 담당하는 산업을 제조업으로, 또 용역을 만들어내는 산업은 서비스업으로 분류한다고 생각하면 쉽다. 가령 유형재의 생산은 제조업, 무형재의 생산은 서비스업으로 이해할 수 있다 서비스업의 범위는 매우 넓고, 단순노동에서부터 광범위한 지식이 요구 되는 것까지 다양하다. 가령 서비스업에는 도 / 소매업이나 음식 / 숙박 업에서부터 유통업 금융업 컨설팅업 의료업 등 부가가치가 높은 부문까지 포함된다. 서비스업은 그 자체적으로 부가가치를 창출하는 것은 물론 제조업부문의 부가가치 창출에 결정적인 영향을 미친다.

## 서양의 생산적 복지

영미(英美)에서 80년대 초반 이후 '생산적 복지(workfare)'라는 말이 나온 것은 과거 복지(welfare)제도에 대한 비판선상에서였다. 복지제도를 너무 잘 만들어놓으니까 일할 사람들이 실업수당이나 타먹고 논다는 것이었다. 그래서 소모성 지출을 줄이고 개인들이 일하는 능력을 키워주는 프로그램의 지출을 늘리는 방향으로 정책이 전환됐다. 실업자들이 노동현장에 복귀해 다시 세금을 내게 되면 국가재정이 생산적으로 돌아갈 수 있다는 점에서 '생산적' 복지였다. 그 맥락에서 '일하기 위한 복지(welfare to work)'라는 표현도 사용됐다. 영미에서 사용된 생산적 복지는 따라서 전체적으로는 복지국가를 축소하는 자유주의자들의 정강(政綱)이었다. 복지지출의 효율성을 높여 작은 정부를 지향한다는 점에서 수익위주로 기업과 금융기관을 재편 한다는 자유주의적 구조조정 방향과도 일치하는 것이다. 유럽 사회민주주의자들이 내세운 제3의 길에서 말하는 '사회투자국가'도 이념적 지향점은 다르지만 복지지출의 규모를 줄이고 성격을 바꾼다는 점에서는 마찬가지이다. 기든스 교수는 사회투자국가란 "정부가 (복지)혜택을 직접 지출하는 것보다 인적자본에 대한 투자를 가능한 늘리는 것"이라고 정의한다.

## 서열법(ranking method)

일반적으로 대상을 비교함에 있어 절대점수를 산출하여

상호 비교하는 것이 아니라, 단순한 서열만을 기준으로 비교하는 것을 말한다. 근무성적 평정에 있어 서열법은 피평정자의 근무성적을 서로 비교해서 그들간의 서열을 정하여 평 정하는 방법이다. 이 방법에는 평정요소를 세 구분(細區分)한 객관적 지표에 의하지 않고 피평정자의 전체적인 근무상황을 포괄적으로 비교하는 종합적인 순위법과 평정요소를 선 정하고 각 요소별로 피평정자를 비교하여 통합하는 분석적 순위법이 있다. 그리고 서열을 정하기 위한 비교방법에는 피평정자를 두 사람씩 짝을 지어 비교를 되풀이하여 평정하는 쌍쌍비교법(paired comparison method)과, 평정요소(가령 지도력 · 전문지식 · 협조성 · 책임성 등)를 선정하여 각 요소별로 평정등급을 정한 후 각 평정등급별 로 피평정자들 중에 표준인물을 선택하여 그를 기준으로 나머지 피평정자를 비교 · 평가 하는 대인비교법(man to man comparison) 방법 등이 있다.

## 서울복지재단

사회복지현장의 목소리를 시정에 반영하고 서울시의 복지서비스 행정을 지원하며 서울시민의 복지서비스 만족 수준을 높이고 복지서비스의 수준 향상 및 선진화를 위해 노력하고 시정 방침에 따라 복지사회 실현을 위한 토대를 구축해 나가기 위해 2004년 설립된 공익재단이다.

## 선고

소송의 결과인 판결을 알리는 것을 선고라고 하는데 보통 판결 주문의 낭독과 그 이유의 요지를 설명하는 것으로 되어있다. 역시 소송의 결과이지만 결정이나 명령을 알리는 것은 고지라고 한다.

## 선고유예

형사소송에서 피고인이 죄가 있음을 인정하지만 정상을 참작하여 피고인에 대한 형의 선고를 미루는 것을 선고유예라고 한다. 선고유예를 받으려면 다음의 조건을 모두 갖춰야 한다. ①형벌이 1년이하의 징역이나 금고, 자격정지나 벌금일 경우, ②범행을 깊이 뉘우치고 있어야 하며, ③자격정지 이상의 형을 받은 적이 없어야 한다. 선고유예 기간 중에 자격정지 이상의 형을 받은 적이 있다는 것이 밝혀지거나 자격정지 이상의 확정판결을 받으면 유예했던 형을 선고하지만 선고유예후 2년 동안 이상없이 지내면 소를 면제받을 수 있다.

## 선납

국민연금에서 연금보험료를 납부할 때 12개월의 범위내에서 미리 납부할 것을 신청하여 납부하는 것. 선납의 특징은 선납신청은 해당월 전월 15일까지 신청하여야 한다. 선납보험료는 선납기간에 해당하는 감면율(1년만기 정기예금 이자율)을 적용한 금액을 납부한다. 선납으로 납부한 연금보험료는 해당월 전월분의 납부기한 다음날에 납부한 것으로 본다.

## 선납보험료

선납보험료란 보험료 납입기일 도래전에 차회 이후의 보험료를 납입하는 것이다. 생명보험약관에 의해 계약자는 언제나 장래에 납입할 보험료의 일부 또는 전부를 선납할 수 있다. 이때 회사는 일정한 이율로서 복리로 할인한 금액을 받아들이며 회사가 정한 소정의 이율을 붙여 적립하고 보험료 납입기일 도래시마다 그 보험료로 충당시킨다.

## 선데이 은행

논뱅크(nonbank)라고도 한다. 은행이 아니면서 소비자에게 융자해주 는 기업이다. 미국 · 일본 등에서는 신용판매회사, 크레디트카드회사, 소비자 금융회사, 슈퍼마켓, 백화점에서 고객들에게 현금서비스를 하고 있다. 은행 법의 규제를 받지 않으며 일요일에도 영업을 하는 곳이 많아 이런 이름이 붙었다.

## 선박보험

선박의 멸실이나 손상 때문에 생기는 손실을 보상할 것을 목적으로 하는 해상보험을 말한다. 또 선체보험이라고도 한다.이에 대한 보험증권을 HULL POLICY라고 한다. 보험가액은 당사자간에 약정한 보험평가액에 의 하는것을 상례로 하며, 보험기간은 기간보험(TIME INSURANCE)으로서 언 제부터 언제까지라고 역월에 의하여 정하며 그 기간이 항해 미완료중에 내도하는 경우를 생각하여 보험기간의 연장을 정한 계속적 약관(CONTIN − UATION CLAUSE)을 첨부시킨다.

## 선발과 성숙의 상호작용
(selection − maturation interaction)

실험연구에서 실험집단과 비교집단에 선발된 표본들이 처음부터 차이가 있었을 뿐만 아니라 두 집단의 성장 또는 성숙의 속도가 다름으로써 내적 타당성이 저해되는 현상을 말한다.

## 선별소비

소비자가 상품이나 서비스를 구매할 때 가격동향에 따라 가격이 오른것은 피하고 저렴한 것을 골라서 구매하는것. 한편 습관적 소비는 소비자가 상품을 구매할 때, 가격에는 별로 신경을 쓰지 않고 고정된 습관이나 유행 등에 따라 구매를 결정하는 것이다.

## 선별적 정책수단

어떤 특정 부문에 대해 선별적인 영향을 주기위해 취해지는 금융정책이다. 선별적 정책수단은 크게 두종류로 나눌 수 있는데, 하나는 경제 안정을 주목적으로 하는 것으로 일반적 금융통제정책의 집행 결과 어떤 특정 부문이 바람직하지 못한 영향을 받는 경우 그것을 중화하기 위해 취하는 선별적 통제이고 다른 하나는 경제의 특정 부문의 육성 또는 개발을 위한 것이다.

### 선별주의(selection)

사회보장 급여를 저소득층에 효과적으로 집중시키기 위해 소득, 자산조사, 기타 필요사항 조사에 바탕을 두고 수급자격요건이 해당하는 사람들에게만 선별적으로 급여를 행해야 한다는 사고방식, 생활보장이 선별주의의 좋은 예이다. 이에 대해 소득·자산조사를 하지 않고 보편적으로 평등한 급여를 원칙으로 삼아야 한다는 생각이 보편주의(universalism)이며, 그 전형적인 예로는 사회보험 급여를 들 수 있다.

### 선보호제도

노무현 전 대통령은 2005년 1월 13일 연두 기자회견에서 이의 개념을 "빈곤 소외계층이 곤경에 처했을 때 우선 보호조치를 하고 나중에 절차를 밟는 것"이라고 규정했다. 긴급한 도움이 필요한 빈곤층에 대해 우선 정부 지원을 하고 이후 조사를 거쳐 기초생활보장수급자나 차상위계층 등으로 편입, 항구적인 지원책을 강구토록 한다는 의미다. 이는 보건복지가족부가 추진하고 있는 '찾아가는 복지'와도 맞물려 있다.

### 선원보험법

선원에 대한 보험제도를 규정한 법률(1962. 1. 10, 법률 964호). 선원과 그 가족의 복리증진을 위하여 제정되었지만, 시행령과 시행규칙이 마련되지 않아 현재는 사문화되어 있는 법이다. 주요내용은 보면 다음과 같다. 선원보험에 관한 업무는 정부가 관장하며 선원보험에 관한 중요기획·운영 등에 관한 사항의 자문을 위하여 자문기관으로서 선원보험중앙심의회와 지방심의회를 두도록 되어 있다. 피보험자는 선원법에 규정된 대한민국 국민인 선원으로서 국내에 선적항을 정한 선박에 승무하는 자이어야 한다. 선박에 승무한 날로부터 그 자격을 취득하고 사망한 날, 선박에 승무하지 아니하게 된 날의 다음 날로부터 그 자격을 상실한다. 보험급여기간의 계산은 피보험자이었던 기간은 피보험자의 자격을 취득한 달부터 가산하고, 그 자격을 상실한 달의 전월로서 종료한다. 보험금의 지급기간은 보험금을 지급할 사유가 발생한 달의 다음 달부터 개시하고 권리소멸의 달로서 종료한다. 보험급여의 종류는 요양조처, 상병수당금, 양로연금, 폐질연금, 폐질수당, 퇴직수당금, 사망수당금의 7종이고, 급여대상, 급여원인, 급여조처, 급여기간 등을 세부적으로 정하고 있다. 피보험자이었던 자가 요양을 위하여 노무에 취역할 수 없을 때에는 그 기간 중 상병수당금으로

서 1일에 대해 피보험자의 자격 상실 당시의 평균 보수일액의 100분의 60에 상당하는 금액을 지급한다. 15년 이상 피보험자이었던 자가 그 자격을 상실한 후 55세를 넘은 때 또는 56세를 넘어서 그 자격을 상실한 때에는 그가 사망할 때까지 양로연금을 지급한다. 피보험자의 자격상실 전 6년 간에 3년 이상 피보험자이었던 자의 자격상실 전에 발생한 질병 또는 부상 및 이로 인하여 발생한 질병이 있는 자에게는 그 정도에 따라 그 자가 사망할 때까지 질병연금을 지급하거나 일시금으로서 질병수당금을 지급한다. 3년 이상 15년 미만 피보험자이었던 자가 사망하거나 그 자격을 상실한 후 다시 피보험자로 되지 아니하고 1년 6월을 경과한 때에는 탈퇴수당금을 지급한다. 정부는 선원보험사업에 필요한 보험료를 징수한다. 국고는 요양조처 및 상병수당금을 제외하고 보험급여에 요하는 비용의 4분의 1을 부담하고, 피보험자 및 피보험자를 고용한 선박소유자는 각각 보험료의 2분의 1을 부담한다. 총칙, 피보험자, 보험급여 및 복지시설, 비용의 부담, 보칙, 벌칙의 6장으로 나눈 전문 67조와 부칙으로 이루어져 있다.

### 선임권

경제부진 등으로 종업원을 해고하든가 휴직시키든가 할 때, 또는 승진 시킬 때 원칙적으로 먼저 채용한 고참자가 우대받는 것을 말한다.

### 선입견에 의한 오류

평정 요소와 실제적인 관련이 없는 성별·출신 학교·출신 지방·종교·연령 등에 대해 평정자가 갖고 있는 편견(personal bias)이 평정에 영향을 미침으로써 발생하는 오류를 말한다.

### 선택고용(selective placement)

장애인의 적직(適職)선택의 실현을 위해 직업재활, 카운슬링, 직업훈련에 이어지는 단계로 장애인이 갖는 신체적·정신적 가능성과 직업이 요청하는 성능과의 적합이 중시된다. 장애인은 일반적으로 직업동작의 일부에 결함이 있다고 인식되기 쉬우나 직무분석과 개성조사에 의해 적직을 선택하며 오히려 능력을 더 발휘할 수 있다. 고용 능력으로서 그밖에 개인의 취미, 작업태도, 교육·훈련수준과 동작·기능면 등 종합적으로 고려하여 선택해야 한다.

### 선택적 근로시간제

사업 및 종업시각을 근로자의 결정에 맡기기로 한 근로시간제. 일정한 기간동안 미리 정해진 총근로시간의 범위내에서 개별근로자가 원하는 대로 출, 퇴근시각을 조정할 수 있는 근로시간제로 플렉스타임제(flex time system)라고도 함.

## 선택적 지각의 오차(selective perception)

모호한 상황에 대해 부분적인 정보만을 받아들여 판단을 내리게 되는 데서 범하는 지각상의 오류를 말한다.

## 선택정년제

정년에 도달되면 해당 구성원이 그 조직에 계속 근무할 것인지 퇴직할 것인지를 독자적으로 결정하게 하는 변형된 정년제를 말한다. 이는 정년에 도달하더라도 일할 의욕과 능력이 있으면 고용관계가 계속될 수 있게 하는 제도이다.

## 선택추천제(selective certification)

공무원 임용후보자 추천에 있어 임용권자가 특정한 자격 등을 가진 후보자를 추천해 줄 것을 요구하는 경우, 시험실시 기관이 채용후보자명부에 등재된 성적순에 관계없이 추천하는 방법을 말한다. 우리나라의 공무원 임용령에서는 이와 같이(특별추천)할 수 있는 경우를, 임용예정기관에 근무하고 있거나 6개월 이상의 근무 경력이 있는 자, 임용예정기관의 장이 학력, 경력 및 특수자격요건을 정하여 추천을 요구하는 경우 등으로 한정하고 있다.

## 선택형 근로자복지제도

근로자가 회사의 다양한 복지혜택 가운데 필요한 것을 일정 한도(국내의 경우 보통 50만원)에서 골라 쓰는 제도다. 마치 카페테리아 식당에서 준비된 음식 가운데 먹고 싶은 메뉴만 고를 수 있다고 해서 일명 '카페테리아 플랜'으로 불린다.

## 선행지표

경기의 동향을 표시하는 각종 경제통계 가운데 경기의 움직임에 선행해서 움직이는 것을 말한다. 이에 대해 경기의 움직임과 함께 움직이는 것을 동행지표, 경기의 움직임에 뒤이어 따라가는 것을 후행지표라고 한다.

## 선험적 관념론

비판적 관념론((독) kritischer Idealismus) 또는 형식적 관념론이라고도 하며, 칸트의 비판주의에 근거한다. 인식의 객관성의 근거를 객관(실재)속에서가 아니고 주관에서 구하는 점에서 관념론이지만 인식을 단순히 경험적 주관의 소산으로 보지 않는 점에서는 질료적 관념론으로부터 구별되며 또 개개의 경험적 주관을 근거로 하지 않는 점에서 버클리식의 주관적 관념론과도 구별된다. 즉 가능한 인식의 제약(원리)인 직관형식이나 카테고리 등은 결국은 선험적인 통각에 의한 종합적 통일에 근거하는 것이라고 하지만 그것은 오로지 인식의 형식에 관한 것이며 그 주관은 개인적 주관은 아니고 선험적 주관이라고 하는 것이다. 이 점은 신칸트파에서 강조되는데 선험적 관념론이

라는 명칭은 피히테 및 셸링에서도 사용되고 의식 또는 정신의 선험적인 원리를 자각적으로 전개하는 입장 및 철학을 말한다. 피히테에 있어서는 지식학의 입장을 셸링에 있어서는 자연철학에 대해 선험철학의 입장을 가리킨다. 신칸트파에서는 선험적 주관과 인식하는 경험적·개인적 주관과의 전기의 구별을 역설함으로써 전자를 순수한 제약(원리)으로서 이해하려고 노력하고 그 결과 그 주관성을 청산하여 객관주의(라스크)나 실재론에 가까운 입장(N. 하르트만)을 낳게 되었다.

## 선험적 방법

칸트의 선험철학의 설문이나 권리문제 등의 사상에서 나온 신칸트파의 용어로서, 발생적 방법(genetische Methode) 또는 심리학적 방법에 대립한다. 인식 작용에 대한 사실적·심리학적 연구가 아니고 선험적 문제 즉 인식 가능한 권리근거를 따지는 철학적 방법을 말한다. 그러나 근거에 의해 제약된 인식은 사실로서 주어지므로 구체적으로는 이 방법은 사실로부터 거슬러 올라가서 인식의 원리를 구하는 것이 된다.

## 선험적(transcendental)

초월론적이라고도 번역된다. 칸트에서 시작된 용어로서, 초월적에 대립한다. 즉(초월적인) 대상에 관해서가 아니고 대상에 관한 우리들의 인식 방식, 가능한 경험의 제약에 관한 인식에 관해서 말한다. 또 선천적과도 다르며 선천적 인식의 가능성을 문제로 삼는 인식에 관해서 말한다. 후에 신칸트파에서 이 말이 중시되었다. 또 훗설에 있어서는 이것과 달리 순수의식의 영역에 관해 말한다.

## 선형도시

도시 패턴의 일종. 대부분의 도시가 도심을 중심으로 확산·발전하여 원형 또는 방사원형으로 형성되지만 선형도시는 간선도로를 중심으로 노선 양면을 따라 도시기능이 대상으로 뻗어나가는 것을 말한다. 노면측에 상가, 업무 등 서비스 기능을 배치하고 그 뒷편에 주택지를 배치함으로써 양측의 회단교차를 줄일 수 있고 또 서비스 지구에 접근이 용이하여 자동차 교통처리에 능률적이라는 장점이 있다.

## 설명(explanation)

기술에 대립하는 말로서, 단순한 사실의 확인이 아니고, 어떤 일이 어떤 법칙적인 연관에 의해서 생겼는가를 분명히 하는 것이며 이와 같은 발달 단계에 도달해 있는 과학을 설명과학이라고 한다. 인식을 설명의 단계에 달해야만 비로소 예견이 가능하게 된다. 어떤 법칙 자체가 설명된다는 것은 그것이 보다 포괄적인 법칙으로부터 도출되는 것을 의미한다.

## 설비

보다 장기의 목적으로 사용되는 고정자산을 보완하기 위해 구입된 유형 고정자산으로 가령 건물의 전기설비 같은 것을 들 수 있다. 설비는 토지와 달리 일반적으로 이동설치가 가능하다.

## 섬망(delirium)

광범위한 뇌 조직 기능의 저하에 의해 일어나는 인지기능의 손상으로 급성 뇌증후군에 해당되며 다양한 증상 변동을 나타낸다. 주증상은 의식의 혼탁으로 집중력과 지각에 장애가 와서 착각, 환각, 해석 착오가 있고 사고의 흐름이 지리멸렬하고 체계가 없으며 말이 토막나고 보속증을 보이며 불면 또는 과수면, 악몽, 가위눌림 등을 보이기도 하고 행동 저하를 보이는 등 극단적인 변화가 많다. 기타 불안, 공포, 좌불안석, 분노, 우울, 다행감, 무감동 등 감정 변화가 심하다. 신경학적 증상이 동반되기도 하는데, 여러 형태의 경련(tremor)을 흔히 볼 수 있으며 자율신경계 증상들도 흔히 나타난다.

## 성 정형화(sex typing)

어떤 문화권 내에서 특정한 행동을 남성적 또는 여성적인 것을 지칭하고 이러한 역할을 수행하도록 아동들을 의도적으로 또는 무의도적으로 학습시켜 나가는 과정을 말한다.

## 성격(personality) 01

사람의 지속적인 경향이나 비교적 오랫동안 계속되는 행동 성향의 조직 내지 집합이며 이는 인지적 사고나 가치 그리고 신체적 특성을 포괄하는 개념이기는 하나 감정적이거나 의지적 특징과 같은 정의적 측면을 주로 가리키며, 특히 어떤 사람의 독특하거나 두드러진 행위와 생각을 결정한다고 간주되는 심리적 복합이나 무의식적이거나 내현된 행동 성향을 의미한다. 성격은 염색체와 같은 유전인 것과 생화학적 특징과 같은 생리적인 것에 따라서 결정되기도 하나 개인의 성장과 발달 과정에서 경험하는 학습에 따라서 크게 달라지기도 한다. 성격은 비교적 안정되고 지속적인 특징을 지니고 있으나 발달 단계에 따라서 또는 새로운 학습에 따라서 변화된다고 보는 경향이 우세하다. 성격을 설명하는 이론의 체계는 무척 다양하나 아직 성격의 모든 측면을 만족하게 설명할 만한 통일된 이론체계는 확립되어 있지 못하다. 대표적인 이론의 체계로는 문화 인류학이나 사회학에서 발전된 이론을 적용하려는 생리심리학적 이론이 있으며 생리학 영역에서 고유하게 발전된 이론의 체계로는 프로이드를 중심으로 한 정신분석 이론, 작동적 조건반사 이론을 발전시킨 행동주의 이론, 지각과 해석에 중점을 둔 형상학적 이론, 생리심리학적 이론 등을 들 수 있다.

## 성격(character) 02

①개인에 특유하며, 어느 정도까지 지속적인 행동의 방식, 그 사람의 개개의 성질이 아니고 그 사람의 전체로서의 심리적 특질을 가리키는 것으로서 선천적인 기질에다가 후천적인 영향이 합쳐진 것으로 생각된다. 좁은 의미에서는 특히 개인의 의지적 방면의 특질을 가리킨다(이 경우는 품성이라고 한다). 약한 성격, 강한 성격이라고 하는 경우가 그것이다. ②자기의 원칙에 충실하고 초지일관해 움직이지 않는 의지적 태도. 어떤 사람에게 성격이 있다느니 없다느니 하는 경우는 이 의미. ③더 넓은 의미에서, 가령 국민의 성격, 언어의 성격 등이라고 말하듯이 사물의 전체적인 특질을 말하는 경우도 있다.

## 성격 03

인격과 같은 의미로 쓰는 일도 있으나 행동의 통일성을 문제로 하는 인격보다는 오히려 행동의 정서적 측면을 말할 때 이 용어를 쓰는 경우가 많다. 성내기 쉽다 라는 것이 인격을 표현하는 것이라면 심하게 성낸다, 조금 화낸다 등의 반응의 성질은 성격이라 생각할 수 있다. 성격을 신경질, 감상성, 열정성, 흥분성 등으로 분류하고 어느 정도의 조화를 이루어야 한다.

## 성격검사(personality tests) 01

응시자의 기질적 · 정서적 특성을 측정하는 시험을 말한다. 일반적으로 성격검사는 응시자의 정서적 안정성 · 자신감 · 협동성 · 사교성 · 활동성 · 도덕성 등을 측정한다. 간단한 심리검사는 질문지 방법에 주로 의존하나, 그 밖에 면 접, 관찰 등이 심리검사의 방법으로 이용된다. 성격검사는 지능검사, 업적검사, 적성검사 등 다른 시험에 비해 타당도와 신뢰도가 낮은 것으로 평가되고 있다.

## 성격검사 02

하나의 독립된 생리적 · 심리적 · 사회적 존재로서 개인 각자의 심리적 독자성을 규정짓는 그의 전형적 행동양식의 전체적인 체계에 관한 특징을 측정 또는 진단하기 위하여 만들어진 검사. 관찰이나 면접을 통해 성격을 검사하는 경우도 있지만 표준화해서 시판되고 있는 대부분의 성격검사처럼 특성론에 입각하여 적출 또는 목록을 이용한 자기보고를 통해 성격을 검사하는 방법이 가장 많이 사용되고 로오르샤하(Rohrschach) 검사나 주제통각검사처럼 개인이 가지고 있는 성격의 역동적 특징을 기술하고 진단하는 투사법도 널리 이용되고 있다. 개인이 일상생활에서 보여주는 행동이나 태도에는 일정한 항상적인 경향이 있으며 그것은 타인의 그것과도 구별되는 전체적인 특수성을 보이는 것이다. 이와 같은 개인의 성격을 밝히고자 하는 것이 성격검사이다. 성격검사 방법으로는 피험자가 자기 스스로를 관찰해서 질문에 대해 자기 보고의 형식을 취하는 질문지법(inventory)과 종이와 연필로 하는 검사만으로 불충분하기 때문에 전문가가 피험자의 행동을 관찰해서 그 정도를 척도치로 표시하는 평정법과 피험자에게 작업을 부과해서 이것을 수행하는 과정을 통해 성격을 테스트하는 작업검사법, 모호하면서도 자유로운 반응을 분석해서 성격을 파악하는 투사적 기법 등으로 나누어진다.

### 성격구조(personality structure)

인간의 정신이 이드(id), 자아(ego), 초자아(superego)의 세 가지 부분으로 되어 있다는 가설을 프로이드가 최초로 사용한 후 지금은 정신 병리를 논할 때 이 생각의 방법이 필요불가결하게 되었다. 이것으로 인해 성격의 각각 다른 부분이 상충하는 역동도 잘 이해될 수 있고 또 구조도 설명이 되지만, 이를 구체적인 현실로 잘못 인식해서는 안 된다. 오히려 세 가지의 각기 다른 기능과 힘의 할거라고 하겠다.

### 성격발달(personality development)

유기체의 생물학적 구조가 성숙과 발달의 과정을 거치게 되는 것과 같이 성격이 사람과 환경의 지속적인 상호작용의 과정을 통해서 성숙되고 발달되는 상태를 말한다. 성격발달의 과정을 설명하는 체계는 이론에 따라서 제각기 다르나 일반적으로 성격의 발달은 개인의 생득적 특성과 환경의 상호작용에 따라서 결정되는 것으로 간주하고 있다. 성격 발달의 이론의 대표적인 것으로 정신분석이론 · 행동주의이론 현상학적 이론 등이 있으나 발달의 단계를 분명하게 구분하여 놓은 것은 주로 정신분석학적 연구들이다. 프로이드는 성격의 발달이 아동기에 모두 이루어지는 것으로 보고 발달의 단계를 구강기 · 항문기 · 남근기 · 잠재기 · 성기기로 구별하였으며 각 시기에 독특한 성격적 발달이 이루어지는 것으로 보았다. 또 에릭슨은 전 생애의 발달 단계를 위기와 그 극복의 과정 속에서 설명하고 있다.

### 성격이상(personality disorder) 01

정신적 불안정 상태의 하나. 개인의 적응적 잠재력을 극심하게 제한하는 자기패배적 행동 특징을 나타내며 흔히 사회적으로 문제가 된다. 타인은 부적응적이라고 생각하지 못하며 특정의 이상 행동을 제외하고는 현실적 사고를 하고 있는 점에서 신경증이나 정신병과 구별된다.

### 성격이상 02

성격신경증이라든가 정신질환과 유사한 의미로 유전과 관련이 있다는 설과 유아기 생활사에서 인성형성에 그 원인이 있다고 하는 설이 있다. 적응에 대한 시도가 정서장애 등 정신증상이나 신체증상으로서가 아니라 주로 행동이상의 형태를 취한다. 정신질환과 함께 의학적 개념이라

기보다는 사회적 개념이라는 사람도 있으며 이것이 학문적 지위를 얻기 위해서는 사회적 역사적 상황과 대상과의 관계를 어떻게 파악하느냐가 문제라고 하겠다.

### 성격지도(personality guidance)

학생들이 지니고 있는 성격 발달의 과정의 문제를 해결하고 긍정적인 성격 특징의 발달을 촉진하기 위한 생활지도 영역으로 학생들의 성격지도 대상이 되는 문제는 다음과 같다. ①긴장 · 불안 · 욕구좌절 등의 정서적 문제, ②대인관계 · 사회활동 · 오락활동 등의 사회적 행동문제, ③신체적 질환 · 불구 · 허약 등의 신체적 문제에 대한 심리적 반응문제, ④부모 · 형제 · 친척 등의 가족과의 관계에 관련된 문제, ⑤경제적 조건 · 가치관 등에 관련된 문제 등이다. 주로 상담과 심리치료의 접근이 적용되고 있다. 그러나 최근에 와서 교육의 과정을 통해서 성격적 적응력을 향상시키는 경향이 나타나고 있다.

### 성격진단법(personality diagnosis methods)

적응장애, 행동이상, 습벽의 기초인 인격을 파악하기 위해 성격의 유형, 특성, 구조를 분석, 판정, 평가하는 방법이다. 과학적 방법으로서의 심리검사 결과와 면접, 관찰, 성장력 조사의 종합과 임상경험에 근거한 판단이 요구된다. 검사는 평정법 목록법 작업검사법 투영법을 조합해서 사용한다. 진단에 대신해서 적응능력의 사정을 의미하는 아세스먼트가 용어화되는 경향이 있다.

### 성과급(piece wages; performance awards)

개인이나 집단이 수행한 작업성과나 능률에 대한 평가를 실시하여 그 결과에 따라 지급하는 보수로 업적급 · 능률급이라 부르기도 한다. 이러한 성과급은 생산성을 높이려는데 주된 목적이 있으며 성과급은 크게 개인 성과급과 집단 성과급으로 나눌 수 있다. 성과급은 개개인의 작업량이나 성과에 관계없이 업무에 종사한 시간을 단위로 하여 정액으로 지급하는 고정급과 대비된다.

### 성과배분제

기업이 생산성 향상에 의해서 얻은 성과를 배분하는 제도. 배분하는 방법은 생산성이 높아져서 벌어지는 몫인 성과를 생산설비확대에 대비해 회사이윤에 넣거나 동업 타사와의 경쟁에 이겨 소비자에게 서비스를 강화하기 위해 제품의 가격인하에 쓰거나 생산성향상에 직접 기여한 종 업원의 임금인상에 쓸 수 있다. 생산성향상을 위한 인센티브제도인 셈이다. 그러나 분명한 것은 생산성 향상의 성과가 뚜렷할 때 성과배분제의 의미를 갖는 것이다.

### 성교육(sex education)

아동, 젊은 남녀에게 성에 대한 생리적, 의학적 지식 등

성적 성숙이나 생식현상, 동성인, 이성의 특질을 과학적으로 이해시키는 것을 기본으로 하는 교육으로 성에 대한 무지와 성욕으로 말미암아 생기는 폐해를 없애려는 교육이다. 오늘날 체력의 향상에 따라 초경이 빨라졌고 포르노문화가 범람하기 때문에 성에 대한 올바른 판단력이나 태도의 형성이 중요한 과제로 되어 있다. 남녀평등의 사회나 민주적인 가정을 이룩하는데 있어서도 이성의 특성을 아는 것은 필요하다 하겠다.

## 성반응검사(introversion extroversion test)
융의 외향성, 내향성이라는 성격유형을 보편적인 행동경향으로 해서 정량적으로 포착하는 목록법(성격특성을 목록화한 질문지)에 의한 검사를 말한다. 일반적으로 행동예측이 쉬운 사교적, 내성적 성격에 대한 파악방법이며 투영법 이전에는 성격검사로서 가장 오래되고 보편적이었던 목록법을 대표해 왔다.

## 성범죄(sex crime)
성범죄는 성에 관련된 범죄로 성욕을 제어하지 못하여 생긴 범죄이기 때문에 협의로는 어느 특정한 성행위 등을 금지 또는 처벌하는 법률에 저촉되었을 경우를 말하며, 광의로는 그 사회의 성모레스에 위반되는 일체의 성행동을 말한다. 강간, 외설행위, 노출, 들여다보기 등의 공연외설과 성욕에 의한 절도, 상해, 주거침입 등이 있다. 매춘의 권유, 장소제공 등의 성에 관련된 범죄가 있으며 중혼도 특이의 성범죄가 된다.

## 성비(Sex ratio)
인구의 성별 구조를 나타내는 지표로 여자 100명당 남자의 수를 나타낸다. 여아 출생아 100명당 남아 출생아수를 가리키는 출생성비, 여자사망률에 대한 남자사망률의 백분비인 사망률성비와 구분된다.

## 성숙(maturation)
발달단계에 따라 신체적, 지적, 정신적 분화의 통합이 이루어지는 과정으로, 이 결과로 개인의 성장은 완료되며 모든 면에서 적극성을 띠게 된다. 성숙이 너무 빠르거나 늦으면 지적, 신체적, 정신적 발달의 불균형과 부조화를 초래하게 된다.

## 성숙효과(maturation effect)
실험 또는 조사연구에서 표본으로서의 집단의 구성원들이 정책의 효과와는 관계없이 스스로 성장함으로써 인과적 추론의 타당성을 저해하는 효과를 말한다.

## 성역할(sex role)
사회집단이 한 개인에게 기대하는 것으로서 그 개인의 성에 따라 전형적인 행동 유형을 부과하는 것이다. 성적 행동 유형의 일부는 여성의 월경이나 임신과 같이 생리적으로 결정되며, 지배성과 복종·직업 선택과 같이 문화적인 영향에 따라 차이가 있으며, 현대 산업사회에서는 고정된 과거의 성역활이 변화되어 가는 양상을 띠고 있다.

## 성역할의 고정화(sex role stereotyping)
부모·교사·형제·친구 등과의 관계에서 형성된 성적 역할. 사람은 한 사회에서 볼 수 있는 여러 가지 성적 역할 중에서 그 하나를 선택하여 자신의 성적 역할을 고정시킨다. 대체로 남자는 독립적이고 활동적이고 경쟁적이고 논리적이고 모험심이 강하고 자신감이 있고 야망 있는 존재로 그리고 여성은 부드럽고 다른 사람의 느낌에 민감하며 깨끗하고 사랑스런 느낌을 표현할 수 있는 존재로 성역할을 고정시킨다.

## 성인교육(adult education)
영국 미국의 성인교육의 역사는 오래되어 산업혁명 이래 시민사회발전 중에서 시민 노동자의 자기교육운동으로 발달했다. 그러나 우리나라에서는 성인교육이 사회교육의 일환으로 학교교육을 보충, 확장, 대치하는 기능을 갖고 있다. 구미의 성인교육은 독자영역을 갖고 발전했지만 정보화 사회, 노동시간단축으로 성인교육이 급속히 중시되어졌고 방송대학, 대학공개강좌 등에 대한 요구가 점증되고 있다.

## 성인병 대책
뇌혈관장해, 심장병, 암(악성신생물), 당뇨병 등이 중년 이후에 만성, 잠행성으로 진행되어 복합적인 성인병이 발생한다. 성인병은 개인위생, 식사, 기호품, 노동 등의 일상생활, 문화에 직결되기 때문에 중년 이전부터의 위생교육과 자기관리가 중요하다. 유병률이 높아 정기적인 집단검진에 의한 조기발견, 조기치료, 중증화방지에 중점을 두어야 한다.

## 성인병(diseases of adult people)
노령에 따라 생기기 쉬운 병의 총칭을 말한다. 암, 뇌졸증, 심근경색 등 동맥 경화에 관련되는 것과 기타로 대별된다. 사망률이 높은 암, 심장병, 뇌졸증을, 특히 3대 성인병이라고 한다. 일반적으로 생활습관 자체가 성인병의 소지가 되는 이상상태를 만들고 그 연장으로서 병이 발생한다.

## 성장(growth)
①유기체가 단세포의 접합자로부터 성인이 되기까지의 질적·양적 변화과정, 성장을 양적 변화, 발달(development)을 질적 변화로 보는 학자도 있으나 두 어휘를 서로 바꾸어 써도 크게 무리는 없다. 가령 신체적 성

장은 신체적 발달과 같은 의미를 갖는다. 경우에 따라서는 성장이라는 말이 어색할 때도 있다. 가령 성격발달을 성격 성장이라고 말하는 경우는 드물다. ②인간의 성품, 능력, 신념, 태도, 지력 등이 자연적·문화적 환경에 적응하는 힘이 향상되고 내적으로 통합을 성취하면서 재구성되는 과정. 듀이(Dewey)는 교육에 의한 인간의 성장을 경험의 재구성으로 설명한다.

## 성적 발달(sexual development)

아동후기가 끝나기 직전에서부터 아동의 신체적 발달상에 성적인 변화가 일어나는 것이다. 즉 사춘기의 두드러진 신체적 변화를 말한다. 이 시기에는 성 기관에 1차적 성 특징의 발달이 현저해져서 성호르몬의 분비가 시작되고 체형이 변화되어 남자는 남성다워지고 여자는 여성다워지게 된다. 2차 성 특징은 남자의 경우 변성, 음모 발생, 골격구조와 근육이 단단해지고 수염이 생기는 등의 특징을 볼 수 있으며, 여자의 경우는 월경 개시, 유방의 융기, 음모의 발생, 골반의 확대, 피부의 광택, 곡선적 체형 등 여성적 특징이 나타나게 된다.

## 성적희롱(sexual harassment)

남성의 여성에 대한 성적혐오행위를 말한다. 국제 자유노련부녀국에서는 섹슈얼 해러스먼트를 합의에 의하지 않고, 갖가지의 형태로 행해지는 성적혐오행위라고 넓게 정의를 내리고 있다. 직장에서 남성 상사나 동료가 성적인 요구를 하여 여성이 불응하면 직업상 불이익을 당하는 경우가 있다. 미국에서는 우먼 리브가 고조되었던 1970년 중엽부터 문제시 되었다.

## 성차(sex difference)

남성과 여성간의 차이를 말한다. 성차는 생리·신체적인 차이에서 뿐만 아니라 행동·흥미·태도·능력의 차이에서도 나타난다. 유전인 특성과 문화적인 배경에 따라 달라질 수 있다.

## 성차별

여성이기 때문에 사회적 경제적 조건 또는 사회적 기회에서 주어지는 차별로, 여성이 남성보다도 무능력하고 열등하다고 하는 편견에 의해 일어난다. 역사적으로 사유재산이 성립했을 때부터 여성은 자손유지의 수단으로 취급되어졌다. 오늘날 우먼리브 등으로 사용되는 용어에서도 여성문제를 단지 체제상의 문제에 그치지 않고 편견에 의한 장기적과제로 취급하는 경우가 많다.

## 성취동기(achievement motivation)

어떤 것을 할 때 그것의 수월성 또는 탁월성의 기준에 도달하기 위해 가치가 있거나 중요한 일을 이룩하려는 사회적 동기이다.

## 성취동기이론(achievement motive theory)

개인 및 사회의 발전은 성취욕구 와 밀접한 상관관계를 갖는다는 D. McClelland의 동기부여 이론을 말한다. 그는 높은 성취동기의 사람들로 구성된 조직이나 사회가 경제발전이 빨랐으며 성취동기가 높은 사람들 은 보다 훌륭한 경영자로서 성공했다고 주장한다. 그는 특히 한 나라의 경제성장은 그 국가의 문화가 성취욕구에 두고 있는 가치의 함수라는 주장을 한다. 그는 또 개인의 욕구 중에서 습득된 욕구들을 성취욕구(need for achievement)·소속욕구(need for affiliatio n)·권력욕구(need for power)로 분류하고, 성취욕구·기업적 활동량·특정문화에서의 경제성장은 높은 관련성이 있다고 주장하였다.

## 성취지수(achievement quotient)

한 학생의 지능지수에 대한 그의 교육지수를 백분율로 표시한 것이다. 이때 교육지수는 생활연령에 대한 교육연령의 백분율로 계산되고 교육연령은 학생이 표준학력검사에서 받은 점수에 해당되는 학년과 월수에 그 이전의 교육년수와 취학적령을 더한 것이다.

## 성폭력특별법

성폭력사범의 처벌을 대폭 강화하고 피해자 보호장치를 마련한 법률로 93년 12월 17일 국회에서 통과되고 94년 4월 1일부터 시행에 들어갔다. 정식명칭은 '성폭력 범죄의 처벌 및 피해자보호 등에 관한 법률'. 시내버스·지하철 등 공중밀집장소에서의 추행, 전화·우편·컴퓨터 등 통신매체를 이용한 음란행위 등이 최고 징역 1년까지 형사 처벌된다. 성폭력이 여전히 '정조에 관한 죄'로 규정돼 있고 친고죄 역시 그대로 존속돼 있는 등 여성계 요구에 크게 못 미치지만 상담소의 설치 및 경비보조, 성폭력범죄의 예방과 피해자보호를 위한 국가적 차원의 지원 대책을 명시하는 등 기존 형법에 비해 진일보했다는 평가.

## 성희롱(sexual harassment) 01

원래 미국에서 직장에서의 성폭력을 방지, 여성의 노동권을 보장하려는 취지에서 태동한 개념으로, 미연방평등고용기회위원회는 '직장이나 캠퍼스 등에서 직무 또는 고용관계에 있는 상사 또는 동료가 부하 직원 등에게 장기적이고 반복적인 성적 불쾌감을 주는 행위'라고 정의했다. 우리나라에서는 1994년 4월 서울대조교성희롱사건 담당재판부 '직장 내에서 근로자의 임면, 지위, 근로조건 결정에 영향을 줄 수 있는 자가 근로자를 상대로 언동을 통해 불쾌감이나 성적 굴욕감을 주는 행위, 성 접근을 요구하거나 성적 접근을 하는 행위, 근무환경을 불쾌하고 열악하게 하기 위하여 성적인 언동을 하는 행위'라고 더욱 상세히 규정했다. 그러나 성희롱은 아직 확고한 개념

정립이 안된 상태이고 분명한 법률적 정의가 없기 때문에 그 개념과 한계에 대한 논란이 분분하다.

### 성희롱 02

원래 미국에서 직장에서의 성폭력을 방지, 여성의 노동권을 보장하려는 취지에서 태동한 개념으로 미연방고용평등위원회는 80년대 초 "직장이나 캠퍼스 등에서 직무 또는 고용관계에 있는 상사 또는 동료가 부하직원 등에게 장기적이고 반복적인 성적 불쾌감을 주는 행위"라고 정의했다. 94년 4월 17일 서울대조교 성희롱사건 담당재판부는 "직장 내에서 근로자의 임명 지위 근로조건 결정에 영향을 줄 수 있는 자가 근로자를 상대로 ①언동을 통해 불쾌감이나 성적 굴욕감을 주는 행위, ②성적 접근을 요구하거나 성적 접근을 하는 행위, ③근무환경을 불쾌하고 열악하게 하기 위해 성적인 언동을 하는 행위"라고 더욱 상세히 규정했다. 한편 한국여성단체연합과 서울대조교 성희롱사건 공동대책위원회가 공동으로 펴낸 자료집(침묵에서 외침으로)에서는 성희롱의 구체적인 사례와 대응법을 제시하고 있는데, 여기서는 성희롱을 고용상의 성차별로 파악하고 "노동현장에서 상대방의사에 반하는 성과 관련된 언동으로 불쾌하고 굴욕적인 느낌을 갖게 하거나 고용상의 불이익 등 유무형의 피해를 주는 것"으로 규정하고 있다. 그러나 성희롱은 아직 확고한 개념정립이 안된 상태이고 분명한 법률적 정의가 없기 때문에 그 개념과 한계에 대한 논란이 분분하다.

### 세간(Seguin, E. O)

프랑스의 정신과 의사이며 교육자이기도 하다. 아베이론의 야생아를 교육한 이탈(Itard) 밑에서 중도정신지체아의 교육에 종사했다. 특히 감각기능과 지능의 발달적 관련을 중시했다. 이 감각훈련법은 제자인 몬테소리 여사의 교육방법의 기본이 되고 있다. 1842년에 미국으로 이주해 특수교육이론의 형성에 진력했다. 만년에 미국의 정신지체아 병원협회 회장을 맡았다.

### 세계교회봉사회(Church World Service)

1946년에 미국 프로테스탄트교회 세 가지 긴급한 구제사업조직을 위하여 세운 것이다. ①아시아에 있어서의 구제사업 교회위원회 이것은 1938년 중국 구제를 위한 교회위원회를 확장한 것이다. ②해외 구제와 재건을 위한 교회위원회인데 이것도 1938년에 조직된 해외구제 위원회를 계승한 것이며, ③1945년에 출발한 유럽구제를 위한 위원회인데 이것은 세계교회 회의와 연락을 위한 사업기관이다. 1951년에 세계교회봉사는 미국에 새로 세워진 미국기독교 연합회(N. C. C. U. S. A)의한 부서로 되었다. 본부는 뉴욕에 있고 세계 100여개국 이상의 교회조직이 가맹되어 있다. 6년마다 열리는 총회와 특별한 의재로 열리는 국제회의가 있다.

### 세계기독교여자청년회
(World YWCA : world young women's christian association)

1855년 영국런던에서 로버트여사에 의한 기도단과 키나드 여사에 의한 간호부흠이 결합된 형식으로 시작되어 1894년 세계YWCA가 조직되었다. YWCA는 복음에 의한 부녀의 인격의 독립과 해방을 목표로 하고 제2차 대전 후에는 대전에 대한 반성으로 기본적 인권과 세계평화의 확립을 위해 노력하고 있다.

### 세계기독교청년회동맹
(World YMCA : world alliance of young men's christian associations)

1844년 죠지 윌리암스가 청년 12명과 함께 런던에서 창설했다. 1855년에 채택된 파리기준에 의해 YMCA는 예수 그리스도를 신으로 추앙하고 구세주로 받들며 신앙과 생활에서 그의 제자가 되기를 원하는 청년들을 하나로 묶어 기독교 정신이 청년 사이에 자라나도록 하는 것을 각국의 YMCA 공통의 목적으로 하고 있다.

### 세계노동조합연맹 01

1945년 10월에 결성된 국제적인 노동조직. 당초는 56개국 6,700만명의 전세계 조직노동자를 결집하고 있었지만 동서대립 등 국제정세를 배경으로 공산권의 세계정책 수단으로서 세계노동조합연맹이 이용되고 있다는 비판때문에 1949년 1월 영국, 미국, 네덜란드, 서독 등 조합이 탈퇴, 국제 자유노동조합연맹을 결성했다.

### 세계노동조합연맹 02

전 세계의 노동조합을 결속하여 침략전쟁을 저지하고 영구적인 세계평화를 이룩할 것을 목적으로 1945년 10월 결성된 국제적인 노동조직이다. 당초에는 미·영·소 등 56개국 6700만의 조직노동자를 결집한 조직이었으나 냉전이라는 국제정세를 배경으로 분열, 미국 영국 등 서방측이 탈퇴하여 49년 국제자유노동조합연합을 결성했다. 본부는 프라하에 있고 대회는 4년마다 개최한다.

### 세계링크모형

국민경제의 분석과 예측을 위해 각국은 계량경제모형을 개발, 이용하고 있으나 각국 경제의 상호의존 심화로 일국의 독자적인 모형만으로는 종합적인 분석을 어렵게 하고 있다. 이에 따라 경제의존도가 높은 국가간의 국별 모형을 연결시킨 종합적인 모형이 개발되게 되었는데 이를 세계 링크모형이라 한다. 이 모형에 따르면 세계경제에서 발생하는 변화가 각국 경제에 파급해가는 경로와 영향정도 등을 시간적 추이와 함께 수량적으로 파악할 수 있다. 〈링크〉모형의 효시는 1968년 미국사회과학연구 위원회(Social Science Research Council)의 후원 하에 시작된 프로젝트 링크이며 그 이외에도 주요선진국을 중심으로 개발된 소규모의 링크모형이 다수 있으나 대표적인 예로는 OECD의 국제링크모형(International Linkage Model), 미국연방준비제도이사회(FRB)의 다수국모형(Multi Co untry Model), 일본경제기획청의 세계경제모형(World Econometric Mo del) 등을 들 수 있다.

## 세계보건기구(World Health Organization : WHO)

국제연합의 국제연합전문기구의 하나이며 국제연맹보건기구와 공중위생 국제사무소를 계승해서 1948년에 설립되어 제네바에 본부를 두고 있다. WHO의 일은 다음의 세 종류로 나눈다. 국제보건관리의 중 추로서의 정보수집, 조사연구, 기준설정(예 전염병격리의 기준 등) 전염병, 풍토병 박멸의 운동주체로서 항생물질, 예방접종, 환경위생, 수도공급, 보건교육 등에 관한 제사업 가맹국의 공중위생관리의 개선향상에 여러 가지 기술원조를 행하는 것 등이다.

## 세계보건기구헌장
### (constitution of the world health organization)

1946년 뉴욕에서 개최된 국제보건회의에서 채택된 헌장. 그 뒤 1960년의 제20회 세계보건기관총회에서 수정 결의된 헌장은 세계보건기관의 목적, 기능, 구성, 조직, 총회, 이사회, 위원회, 지역위원회 예산 등을 명시했으며 총 19장 82항목에 이른다. 일종의 세계보세대단위의 원칙건기관의 규약 같은 내용이다. 그 전문에 건강에 관해 기재하고 있는데 이는 모든 인간의 행복, 조화, 안전과 일치한 이념을 말하고 있다. 5건강이란 육체적, 정신적, 사회적으로 완전히 양호한 상태에 있는 것이며 단지 질병 또는 허약이 아니라는 것은 아니다. 인종, 종교, 정치적 신조, 경제상태의 여하를 불문하고 가능한 한 최고의 건강 수준을 향수하는 것은 모든 인간의 기본적 권리다.

## 세계식량계획

1961년 UN식량농업기구(FAO) 11차 총회의 결의에 따라 책정된 세계적 규모의 식량난 구제대책. 130개국 이상이 참가하여 ①개발 도상국이 새로이 경제사회개발 프로젝트를 책정한 경우, ②지진, 호우 등 천재지변이나 정치혼란에 따라 대규모의 식량부족이 발생한 경우 등을 대상으로 하 여 쌀, 보리 등 곡물에서 생선통조림까지 다양한 식량, 식료품을 공급한다. 원조의 원자는 현금 1,현물 2의 비율로 FAO 가맹국으로부터 조달 한다.

## 세계은행

정식명칭은 국제부흥개발은행(International Bank for Reconstruction and Development)이다. 1944년의 브레튼우즈 협정에 기초해서 1946년 6월에 발족한 국제금융기관의 중심적 존재이며, 상업베이스로 장기의 하드 론

(hard loan :조건이 엄격한 융자)을 행한다. 우리나라는 1955년 에 가입했고 1970년 대표이사로 선임되었으며 1985년 10월 제40차 총회가 서울에서 개최되었다. 세계은행은 각국의 경제부흥과 개발촉진을 목적으로 설립되었는데 현 재는 주로 개발도상국의 공업화를 위해 융자를 행하고 있다. 세계은행이 지원하는 개도국의 프로젝트 총투자액은 연간 500 − 600억 달러 정도 규모로 지역별로 중남이 지역이 가장 큰 수혜국이 되고 있다. 분야별로는 석유, 전력 등 에너지 분야에 큰 비중을 두고 있다. 세계은행의 융자방식은 전체융자액 가운데 50 − 55% 가량은 협조융자 방식으로 지원하고 그 재원은 2국간, 다자간 등 공적차관을 비롯해서 각국 의 수출신용과 상업차관에서 마련된다.

## 세계인권선언
### (universal declaration of human rights)

1948년 제3회 국제연합총회가 채택한 것이다. 전문에서 법의 지배에 의해 인권을 보호할 필요를 선언하고 본문에서는 인권의 내용으로 시민적 자유와 정치적 권리(소위 자유권)외에 사회보장, 노동, 교육 등의 권리(소위 사회권)도 포함하고 있다. 이것들은 1966년 경제적 · 사회적 · 문화적 권리에 관한 국제규약(국제인권A규약), 시민적 · 정치적 권리에 관한 국제규약(동B규약), 동선택 의정서(동C규약)을 내용으로 하는 것이다.

## 세계인권의 날(world human rights day)

1948년 제3회 국제연합총회에서 세계인권선언이 채택된 것과 동시에 동선언의 보급에 관한 결의를 하고 특히 선언이 채택된 12월 10일을 정식으로 세계인권의 날로 정했다. 모든 인간은 태어나면서부터 자유로우며 존엄과 권리에 관해 평등하다는 세계인권선언의 정신을 이해하고 세계인의 인권을 지키기 위해 여러 가지 운동이나 기념행사를 행하고 있다.

## 세계정신위생연맹
### (world federation for mental health)

1948년의 제3회 국제정신위생회의를 계기로 설립되었다. 생물학적, 의학적, 교육학적, 사회적 제 영역에서 세계 각국의 정신위생수준의 향상을 목표로 국제기관과 국내단체와 협력해서 정신위생서비스의 개선, 정보의 수집 · 교환 등의 활동을 하고 있다. 뱅쿠버에 본부를 두고 세계 51개국의 35단체가 가맹하고 있다. 국제회의와 연차총회를 개최하며 세계정신위생지(계간)를 발행하고 있다.

## 세뇌(brain washing)

정치적이거나 도덕적인 확신의 변화 또는 어떤 견해나 행위를 변화시키기 위해서 신체적 고통이나 심리적 강압 수

단을 적용하는 일. 비밀을 알아내기 위하여도 이 방법을 사용한다. 세뇌의 방법으로는 흔히 음식이나 수면의 박탈, 과도한 신체적 긴장, 의료적 처지의 중단 고립화 등을 들 수 있으며 한국전쟁 이후에 심리학적 연구 대상이 되었다.

## 세대격차(generation gap)

서로 다른 세대 사이에 나타나는 차이 세대란 모체로부터 유기체의 재생산에 이르는 20 – 30년의 간격을 가지고 있는 연령집단이나 시기를 말한다. 사회가 안정되어 있는 경우에는 세대격차는 별문제가 안 되지만 사회변동의 속도가 빨라서 세대 사이에 가치간의 갈등이 나타나는 경우에는 세대격차가 중요한 사회문제로서 등장한다.

## 세대단위의 원칙

급여청구권의 권리주체는 생활빈곤자 개인이고, 세대가 아니지만, 급여의 여부와 정도를 결정할 경우에는 세대를 단위로 하여 정하도록 하고 있다. 따라서 개인 등을 단위로 행하는 것은 이 원칙의 예외에 해당한다. 이 원칙은 부부, 친자의 범위를 넘어선 생활공동체가 있어서 이것을 부정하는 것은 적당치 않다는 이유에 입각하여 규정한 것인데, 그 후 생활상황이나 부양관계가 변화했기 때문에 실정에 맞지 않는 점이 생겨 세대분리를 통해 이 원칙은 완화되어야 할 상황에 있다.

## 세대차 고령화

사회를 맞이하여 각 세대 또는 동일연령 계층의 사람들이 공존하며 지내는 상황을 맞이하고 있다. 이에 따라 가정 내에서 고령자와의 동거에 수반해서 세대 간의 마찰이 또는 기업 내에서 정년의 연장 등에 따라 세대 간의 갭이 상호의 사회 심리적 스트레스로 되기 시작하고 있다. 세대 간 갭이란 말은 이질의 가치관을 가진 연령 · 세대 계층의 사람들이 상호 커뮤니케이션을 가지고, 가능하면 동질의 가치관이나 생활방법을 함께 하고 싶은 마음이 있음에도 불구하고, 실제로는 커뮤니케이션이 잘 되지 않거나 상호 이질적인 채로 단절을 경험하는 경우에 사용된다.

## 세미나

독일대학의 교육방법 중의 하나로 교육자가 피교육자에게 일방적으로 어떤 결론을 주입시키는 것이 아니라 피교육자가 토론이라는 형식으로 교육과정에 참여해 교육효과를 높이는 것을 목적으로 한다.

## 세외수입(non tax revenue)

일부의 수입 가운데 조세(租稅) 이외의 수입을 말한다. 재산수입 · 경상이전수입 · 재화 및 용역판매수입 · 수입대체경비수입 · 관유물매각대 · 융자회수금 · 국공채 및 차입금 · 차관수입 · 전년도 이월금 · 전입금 등으로 구성된다. 세외 수입이 세입에서 차지하는 비중은 낮으나 그 종류는 많다.

## 세율

주어진 소득이나 주어진 자산의 화폐가액에 부과되는 세금의 비율정도. 만약 세금이 총수입의 기준에 따라 계산된다면 이를 평균세율이라 하고 수입의 초과분에 대해서만 계산된다면 이를 한계세율이라 한다. 세율을 과세표준의 증가에 따라 높이게 되면 누진세라고 하고 과세표준의 증가에 상관없이 단일하게 부과하면 단일세율이 된다.

## 세이브더칠드런

1953년 한국에서 활동하기 시작한 세이브더칠드런은 지금까지 국내외 아동의 건강, 보건, 의료, 교육을 비롯해 아동 학대 예방 치료 사업, 결손 빈곤 가정 어린이 지원 사업, 아동 권리 교육 사업 등의 국내 어린이들을 위한 지원은 물론이거니와 어린이 사랑을 아시아로, 그리고 세계로 펼쳐 나아가는 대표적인 아동권리전문기관이다.

## 세이의 법칙

공급은 스스로 수요를 창조한다는 고전학파의 명제이다. 즉 생산(공급)이 되면 생산물가치만큼 소득이 창출되고 이 소득이 수요로 나타나 일반적 과잉생산 없이 수요가 존재한다는 것이다. 세이의 법칙에 의하면 국민소득은 순전히 공급측면에 의해 결정되고 수요측면에 의해 전혀 영향을 받지 않는다.

## 세입(revenue)

한 회계연도 내의 예산상의 모든 수입(receipts)을 말한다. 세입은 부가가치세 · 소득세 · 법인세 등의 내국세, 관세 그리고 재산수입 · 경상이전 수입 등의 세외수입으로 구성되어 있다. 영국과 미국 등 일부 국가들은 세입법으로 세입예산을 대신하고 예산은 세출예산 하나만으로 구성하고 있다.

## 세출(expenditure)

한 회계연도 내의 예산상의 모든 지출(outlays)을 말한다. 세출예산의 수치는 입법부의 심의를 거쳐 확정된 것으로서 구속력을 갖는다. 세출예산은 조직체별, 기능별, 품목별, 경제성질별로 분류될 수 있다.

## 섹슈얼 해러스먼트(sexual harassment)

성적으로 짓궂게 구는 것을 말하며 여성의 직장진출에 따라 직장에서 상사가 그 지위를 이용하여 말하는 것을 들어주지 않는 여성에게 불이익한 취급을 하는 것이다. 구미에서는 최근 이 문제가 클로즈업되어 재판에 호소하여 여성이 점차 승소하고 있다.

## 센세이셔널리즘

대중의 원시적 본능을 자극하고 호기심에 호소하여 흥미본위로 하는 보도경향. 특종의식과 같은 저널리스트의 심리도 센세이셔널리즘과 결부되어 있다. 자본주의 사회의 매스미디어는 대부분 영리기업으로 성립되어 있으므로 가능한한 많은 독자·시청자를 획득할 것을 필수조건으로 하고 있다. 매스미디어의 상업주의에서 나온 센세이셔널리즘은 대중획득을 위해서는 매우 유효한 수단이다. 판매경쟁이 센세이셔널리즘을 낳는다고 할 수 있다.

## 소극적 손해

적극적 손해에 대하는 말. 얻을 수 있었던 새로운 재산의 취득이 방해된 경우의 손해, 얻을 수 있었을 이익의 상실이라고도 한다. 전매로 인하여 얻을 수 있었던 이익의 상실 등이 그 예. 손해배상에 있어서는 적극적·소극적인 양손해가 모두 배상된다.

## 소근육 운동(fine motor skill)

몸의 전체를 움직여 큰 운동을 하는 대근육 운동과는 달리 몸의 상지, 특히 손과 손가락을 사용하는 작은 운동을 말한다. 소근육 운동은 눈과 손의 협응, 두 손 사용의 협응, 사물의 조작력 그리고 손가락의 민첩성과 힘의 4가지 주요 요소들로 구성되어 있고 이들이 조화를 이룰 때 아동은 환경과의 관계에서 적절한 운동 계획을 짤 수 있다. 또 소근육 운동은 아동의 지각능력, 모방 기능과 관련이 깊으며 신변처리 기술과 쓰기 학습에 필수적인 요소이다. 소근육 운동에는 잡기, 쥐기, 놓기, 협응, 조작하기, 집어 올리기, 종이접기, 말뚝판 꽂기, 용기 속에 물건담기, 쓰기, 형태판 끼우기, 블록 쌓기, 크기 순서대로 끼워 넣기, 구슬 끼우기, 색칠하기, 그리기, 자르기 등의 행동이 포함된다.

## 소년(minor)

아동복지법에서는 초등학교 취학 시기에서 만 18세에 달하기까지의 아동을 말하고, 소년법에서는 14세 − 20세 미만이다. 성장발달의 단계에서는 아동기에서 사춘기를 경과해 청년전기는 2차 성장기로 심신의 변화가 나타난다. 신체적발육과 정신적 발달의 불균형은 정서적 불안정의 상태를 증가시켜 압박감을 받기 쉽다. 성인기에 달하는 준비기로서, 법적인 혼인연령, 형사처분의 대상연령으로도 관계된다.

## 소년감별소
## (juvenile detention and classification home)

소년감별소는 법원소년부로부터 송치된 가위탁생 및 보호자, 각종 단체로부터 의뢰된 소년 중 소년법원의 결정으로서 송치된 소년을 수용하고 의학, 심리학, 교육학, 사회학 등의 전문적인 지식이나 기술에 의해 심판 및 보호처분에 자료가 될 당해 소년의 성격, 소질 등을 감별하는 시설이다. 소년감별소의 감별업무 추진의 목적은 비행소년에 대한 과학적인 지식과 기술로 비행원인을 규명, 진단하여 합리적인 교정방법 및 처우지침을 제시하고자 함이다. 또 소년감별소에 가위탁된 소년들에게 그릇된 사고방식과 행동양식을 교정시켜 사람다운 사람으로서 생활할 수 있도록 자주적 생활능력과 국민으로서 자질을 함양시켜 정의사회가 필요로 하는 바람직한 청소년을 육성하는데 있다.

## 소년검찰(juvenile prosecution)

전체 소년사건을 담당한 소년계검사에 의한 검찰활동. 특히 대도시의 검찰청에는 전문소년계 조직이 있고, 교통, 마약, 풍기문란을 제외한 소년사건을 처리하고 있다. 통상, 검찰의 임무는 치안유지의 목적에서 범죄조사와 기소, 불기소결정, 재판소에서의 법의 정당한 적용청구, 재판의 집행감독에 있지만, 소년사건에 관해 현행 소년법에 따라 검찰의 관여를 배제하고 있다. 권한의 내용은 가정재판소에서 형사처분으로 송치된 소년사건의 수리, 범죄소년 및 우범소년의 가정재판소의 송치와 이것에 따른 구류에 대한 조치청구, 성인의 형사사건에 관한 가정재판소년보도활동소로의 통지, 수리 등이다.

## 소년경찰(juvenile police)

발견된 비행소년에 대한 처리는 비행의 내용, 소년의 연령, 소년사건의 양태, 원인, 동기, 재비행의 위험성 유무 등 소년의 장래, 심리, 환경 기타 특성을 깊이 이해하여 처우를 행한다. 따라서 범죄소년은 수사경찰에서 취급 처리하는 반면 촉법소년, 우범소년, 불량행위소년(풍기문란행위)은 소년경찰에서 취급, 처리하고 있다. 특히 소년의 보도와 처리는 소년의 성행 및 환경 기타 비행의 원인을 정확히 규명하여 개별적으로 타당한 보도 및 처우가 있어야 한다는 것이 전제되고 있으며 선도위주주의, 조언, 보호자에 대한 연락, 관계기관의 통보 등 소년을 건전하게 지도, 육성, 보호함을 기본정신으로 하고 있다.

## 소년경찰제도(police work with juveniles)

소년경찰제도는 자라나는 청소년 중에서 범죄소년으로 전락할 우려가 있는 소년 또는 이미 그러한 우범지역에서 방황하는 청소년에 대해 경찰의 입장에서 특별지도활동을 전개하는 제도이다. 우리나라에서는 1960년대부터 치안본부와 각급 경찰서에 보안과 소속으로 소년계를 발전시켜 왔다. 이러한 소년계는 여자경찰관이 1 − 2명씩 배치되는 것을 원칙으로 하는데 서울특별시의 경우 각 경찰서 소년반에는 평균 2명의 여자경찰관이 배치되고 있다.

### 소년교도소(juvenile prison) 01

소년교도소는 형사처분을 받은 소년 범죄자를 성인범죄자와 분리수용하기 위하여 설치한 것으로 현재 인천과 김천에 두고 있다. 인천교도소는 집행할 형기가 6개월을 초과하는 소년 중 초등학교졸업 이상의 초범자를 주로 수용하고 있고, 김천소년교도소는 누범자와 초등학교 미수자를 수용하고 있으며, 소년교도소 수용 중 성인이 되면 일반소년교도소로 이관 수용하고 있다. 여자소년수형자는 별도의 시설이 마련되어 있지 않아 일반교도소에 성년 및 남자수형자와 분리수용되고 있다. 위 2개 교도소는 1969년도에 노동부로부터 법무부 제10조 제17공직업훈련소로 허가받아 그간 청소년수형자에 대한 직업훈련을 매년 강화, 가구제작, 전기용접 등 12개 직종의 훈련을 실시하여 왔으며, 원생 중 상당수가 각급 기능사자격과 면허를 취득하여 국가기능인력 개발에도 일익을 담당하여 왔다.

### 소년교도소 02

징역이나 금고의 형벌을 받은 19살 이하의 범죄자를 수용하는 곳을 소년교도소라고 하는데 소년교도소에 수감이후 23세가 되면 일반교도소로 옮겨진다. 이렇게 성인 범죄자와 분리수용하는 이유는 소년은 재범방지와 사회적응 등에 대한 교육의 효과가 높기 때문이며 또 성인범죄자에게 물드는 것을 막기 위해서이기도 하다.

### 소년범 01

소년범이란 소년의 범법행위를 성인의 범법행위와 분리취급하기 위하여 설정된 개념으로 넓은 의미로는 범죄소년, 촉법소년, 진범소년, 불량행위소년을 의미하나 좁은 의미에서는 범죄소년만을 의미한다. 소년범죄의 원인 내지 범인성 요인으로는 경제적 빈곤, 결손가정으로 인한 애정, 훈육의 결핍, 불량교우, 퇴폐풍조 등을 지적할 수 있는 바 이에 상응하는 적절한 조치가 바로 소년범에 대한 형사정책이며, 따라서 빈곤추방, 완전고용, 우범지역의 정화, 소년복지시설의 확충, 학교의 증설, 장학금 지급대상 및 금액의 확대, 가족결손의 예방, 도시의 인구분산, 청소년전용의 운동 및 오락시설의 증설, 퇴폐풍조의 근절, 사회기강의 확립과 모범청소년상의 정립 등은 전부 소년범의 예방을 위해 필요하고도 유익한 정책이라 할 것이다.

### 소년범 02

소년범 환경조사서에서는 소년범의 인적사항, 가족, 성장과정, 교우관계, 세평개전의정 유무 등을 조사기재하게 되어 있는데 성장과정의 성격, 소행의 변화라든가 세평 같은 것은 소년범의 피의자 심문 조사상으로는 잘 나타나지 않는 사항들이다. 경찰에서 사용하고 있는 피의자 환경조사서와 비슷하나 피의자 환경조사서에 포함되어 있

는 항목 중에서 사상관계, 노쇄자 또는 폐질자일 때 부양자의 주거, 성명과 성장과정 및 가족상황을 추가하여 작성된다.

### 소년범 03

환경조사서 소년범 환경조사서에는 소년범의 인적사항, 가족, 성장과정, 교우관계, 세평, 개전의 정의 유무 등을 조사 기재하게 되어 있는데 성장과정의 성격, 소행의 변화라던가 세평같은 것은 소년범의 피의자 심문조사상으로는 잘 타나자니 않는 사항들이다. 경찰에서 사용하고 있는 피의자 환경조사서와 비슷하나, 피의자 환경조사서에 포함되어 있는 항목중에서 사상관계, 노쇄자 또는 폐질자일 때 부양자의 주거, 성명과 성장과정 및 가족사항을 추가하여 작성된다.

### 소년법원제도(juvenile court system)

일정연령 이하의 범죄소년과 우범소년, 촉법소년 등을 특별히 관할하는 법원제도를 가리키는 것으로 우리 법제상으로는 가정법원과 지방법원의 소년부에서 그 기능을 담당한다. 현재 전국적으로 소년부를 두고 있는 법원은 서울가정법원과 대구, 부산, 광주에는 소년부 지원이 별도로 설치되고 독립건물에서 소년사건의 심리를 담당하고 있다.

### 소년보호(juvenile probation)

비행행위를 한 소년에 대해 국가의 형사정책상의 보호를 말한다. 오늘날 이들 요보호성이 있는 소년에 관해 가정재판소의 결정에 따라 보호관찰이나 소년원에 의한 교정교육, 교호원이나 양호시설에 의한 교육보호 및 환경조정 등의 보호처분으로 처리하고 시험관찰 등의 처분권조치를 행해 소년의 건전한 육성을 도모하고자 한다.

### 소년보호소

가출소년의 보호시설로 보호자가 인수할 때까지 장시간을 요하는 경우에 활용된다. 검찰청 소년 일과에서는 도내(서울역, 영등포역 등)에 가출인상담소를 개설해 가출소년의 발견보호활동에 주력하고 있다. 담당자로는 숙련된 소년계경찰관과 케이스워커가 배치되어 있지만 그 활동의 근거법규는 존재하지 않는다. 소년경찰 활동요강에 기초해서 경시청내규에 규정되어 있지만 이러한 종류의 활동은 어느 정도의 법적근거가 요구되어지기 쉽다. 시민활동이 일방적재량에 의해 제한되는 것은 바람직하지 않기 때문이다.

### 소년심판(juvenile justice)

비행행위가 있는 소년에 대해 복지적·교육적 배려를 수반해 국가적 처우를 결정하기 위한 비행심판이나 요보호상태의 여부 및 필요한 처우방법을 결정하는 임무를 갖고

있으나 심판기구는 성인의 재판·심판과 다르다. 가정재판소에 의해 행해지며, 검찰관의 입회를 배격하고, 대심구조에 따른 소송형식을 받아들여 가정재판조사관 등의 과학적 조사·원조를 활용하여 행해진다.

## 소년원 01

가정법원소년부나 지방법원소년부에서 보호처분을 받고 보내진 소년을 돌보면서 학교교육이나 재범방지교육, 사회적응교육 등을 시키는 곳을 소년원이라고 한다. 소년원에 수용되는 것은 형사처벌이 아니므로 전과가 되지 않을 뿐만 아니라 이것을 이유로 어떠한 불이익을 받아서도 안 된다.

## 소년원
(institution for delinquent juveniles, juvenile training school) 02

1958년 법률 제493호로 제정된 소년원법에 따라 소년원은 법원소년부(서울 가정법원 및 지방법원 소년부)의 보호처분에 의해 송치된 14세 이상 20세 미만의 촉법소년, 12세 이상 20세 미만의 우범소년 등 법원 소년부로부터 소년원 송치처분을 받은 비행소년을 수용하여 교정교육을 행하는 곳으로 법무부 소속의 특수교육시설 국가기관이다. 소년원은 사법적 기능보다 교육적 기능을 중시하며 비행에 대한 책임을 추구하는 것이 아니라 국가가 소년들의 보호자가 되어 엄격한 규율 밑에서 기초적인 교육훈련과 의료, 직업보도를 실시하는 기관으로서 소년원에서의 비행소년 수용은 형벌이 아니라 교육의 성질을 가진다. 이점에 의해 소년교도소와 엄격히 구별된다.

## 소년의 집(boy's house)

에드워드 J. 후라나강 신부가 1917년 미합중국 네브라스카주 오마하시에 창설했다. 1921년 시 서쪽 11마일로 이동해 수 백에이커의 토지, 관리사무소, 소년숙박시설, 식당, 직원관, 우체국, 학교가 있는 생활공동체 소년의 마을은 성인직원지도 아래 소년들 중에서 시장 등의 책임자를 선출하여 자치적으로 생활하며, 12 − 16세의 장애인 부모의 아이들 1,000명을 수용하고 있다. 경비는 기부에 의한다.

## 소년전기(early adolescence)

사춘기 특유의 생물적 성숙과 성적성숙(제2차 성 특징)이 시작되어 그것이 완성되기까지의 시기를 말한다. 가령 소년은 발모, 성기의 발달, 변성 등 제2차 성특징이 일반적으로는 12세에서 14세 사이에 확실해지나 성숙한 정자형성이 완성되어 생식능력이 확립되는 것은 15세에서 16세쯤 된다고 한다. 또 소녀에게는 유방, 유두, 치모, 내외성기의 발육, 초경 등은 11세부터 14세 사이에 나타나지만 초경 시에는 아직 무배란의 상태로서 배란과 수태가 가능하려면 초경 후 평균 2 − 4년의 시기를 요한다는 것이다.

## 소년중기(middle adolescence)

소년중기를 실험적인 생활단계라고도 하는데 부모로부터 분리·독립을 원하는 심리적 이유기로서 분리·독립을 원하면서 다른 한편으로는 부모 이외의 의존대상이나 이상상(지도자, 선배, 교사)을 희구한다. 이 시기의 성장과정에서 이성, 남자 또는 여자로서의 자기, 이성과의 애정관계 등 자신에게 알맞은 것을 탐구하고 모색한다. 이와 함께 사회인으로서의 자기에게 알맞은 사고방식, 가치관, 인생관, 직업관, 생활방법을 발견하려고 노력하는 시기이다.

## 소년후기(late adolescence)

소년 후기는 실험의 모색으로부터 현실의 선택으로 향하는 시기라 하겠다. 남녀교제는 훨씬 진지하고 책임있는 과정을 거쳐 마침내는 결혼으로 향한다. 직업이나 생활방법의 선택도 사회인으로서의 자기 능력과 환경에 알맞게 가지려 한다. 또 어떠한 집단에 소속하며 어떠한 역할을 하고, 어떠한 삶의 의의를 터득한 인간으로 될 것인가를 자기 스스로 결정하는 시기이다.

## 소득(Income)

가구의 실질적인 자산의 증가를 가져온 현금 및 현물의 수입을 말하며 경상소득과 비경상소득으로 구성된다. 가구 및 가구원이 근로의 대가로 받은 일체의 보수와 자영으로부터의 가계전입소득 및 사업이윤과 부업소득 그리고 이자, 배당금, 임대료 등 재산적 수입, 이전소득 비경상소득(퇴직금 일시불, 복권당첨금, 상속금) 등 실질적인 현금 및 현물 소득의 합계로서 다만 비정기적인 소득은 조사기간동안 실제로가계지출에 충당된 금액만을 포함한다. 참고로 기타수입은 소득이외의 수입으로서 재산상태에는 실질상의 증감없이 재산상의 형태가 변함으로서 이루어지는 현금수입을 말한다(예 저금찾은 금액, 보험탄 금액, 유가증권 및 부동산 매각 등).

## 소득공제 01

소득세의 과세에 있어서 과세소득에서 미리 일정한 금액을 공제하는 것을 소득공제라고 한다. 즉 배우자공제, 부양가족공제, 근로소득공제, 의료비공제, 생명보험료공제, 장애자공제 등 소득공제를 인정하고 있다. 이들의 공제는 최저생활수준을 유지하려는데에 그 목적이 있다.

## 소득공제 02

소득액에 대해 세율을 곱해서 세금을 매기기 전에 법정 금액을 공제하는 것을 말한다. 근로소득공제·특별공제ㆍ인적공제ㆍ조세특례제한법상공제 등이 포함된다. 근로소득공제는 근로자들이 소득을 얻는 과정에서 필수적으로 들어가는 경비를 세금 부과대상에서 빼주는 것으로서 종전에는 소득액에 따라 연간 5백만 — 9백만원이 한도로 설정되어 있었는데 이번에 5백1천2백만 원으로 공제 폭이 늘어났다. 특별공제는 근로소득공제 외에 예외적으로 생기거나 정책적으로 지원이 필요한 부분을 공제해 주는 것으로 보험료, 교육비, 의료비, 주택자금 대출금 원금상환액, 신용카드 사용액, 기부금 등을 소득에서 빼주는 방식이다. 인적공제는 근로자 개인과 가구 구성원에 대해 일정액을 과세소득에서 제하는 것으로 모든 납세자에게 적용되는 최저생계비적 공제로서 기본적으로 1인당 1백만 원을 공제해주고 2인 가족은 50만 원을 추가로 빼준다. 개인연금저축이나 창업투자회사에 출자한 돈에 대해서는 조세특별제한법에 따라 일정비율을 소득에서 빼준다.

## 소득보상보험(income indemnity insurance)
상해 또는 질병으로 인하여 의사의 치료가 필요하고, 전혀 취업을 할 수가 없게 되었을 경우(취업불능)에 피보험자가 입는 손실에 대해 보험금을 지급하는 보험을 말한다. 취업불능이 되고 나서 면책기간(7일, 14일, 30일 등)이 경과한 날로부터 보상기간(1년, 2년 등)내의 취업불능 기간에 대해서 보험금이 지급된다. 그리고 상해로 인한 사망ㆍ후유장해 담보특약을 부가함으로써 사망보험금, 후유장해 보험금이 지급된다.

## 소득보장 실업(income security)
질병, 재해에 의해 수입이 중단될 때, 또는 노령에 의한 퇴직이나 부양자의 사망 등에 의해 수입이 상실될 때, 또는 출생, 사망 등에 수반하는 지출이 발생할 때 일정한 생활수준을 유지할 수 있도록 소득을 보장하는 것을 말한다. 이것에는 저소득자에 대해 보충성의 원리에 의해 최저생활수준을 보장하는 공적부조, 정형적 급여를 행하는 사회수당(또는 사회부조), 기여원칙을 기초로 생활안정을 위해 보험사고 발생시 일정한 급여를 행하는 사회보험 등 세 가지가 있다. 위에 말한 공적부조는 자산조사를 기준하여 보호ㆍ적용하는 선별주의를 취하는데 대해 사회보험의 수급에서는 자산조사가 없고 이른바 보편주의 원칙에 입각하고 있다.

## 소득분배(income distribution) 01
해마다 국민순생산물이 그 생산에 참가한 경제주체 간에 일정한 법칙에 따라 배분되는 것을 보통 소득분배라고 한다. 소득분배에 관해 기능적 분배론, 제도적 분배론 등이 있으나 근대에 와서는 소득의 인적 분배가 보다 더 중요한 문제로 되어 있다. 인적 분배란 개인간의 소득분포 상태를 지칭하는 것으로 부자와 빈자와의 소득분할을 말한

다. 소득분포의 통계적 연구는 재정지출, 사회보장 등의 정책입안을 위한 기초가 된다.

## 소득분배 02
소득분배의 접근방법은 크게 기능별 소득분배와 계층별 소득분배의 두 가지로 나누어진다. 기능별 소득분배는 요소소득의 수취자가 수행한 생산기능에 따른 소득분배를 고찰하는 것이다. 계층별 소득분배는 모든 가계를 소득의 원천에 관계없이 소득의 크기에 따라 차례로 배열하여 상이한 소득계층의 소득이 경제전체의 총소득 중 얼마의 비율을 차지하고 있는가를 고찰하는 것이다. 계층별 소득분배 접근방법에 의해 소득분배의 불균등도를 측정하는데 흔히 사용되는 지수로는 지니계수와 10분위분배율이 있다. 인구의 누적점유율을 횡축, 소득의 누적점유율을 종축으로 하는 정사각형에서 계층별 소득분배를 표시한 곡선을 로렌츠곡선이라고 한다. 이 곡선이 대각선에 가까우면 가까울수록 소득분포는 균등한 것이고, 멀면 멀수록 불균등한 것을 나타낸다.

## 소득분배 03
해마다 국민순생산물이 그 생산에 참가한 경제주체간에 일정한 법칙에 따라 배분되는 것을 보통 소득분배라고 한다. 소득분배에 관해서는 기능적 분배론, 제도적 분배론 등이 있으나 근대에 와서는 소득의 인적 분배가 보다 더 중요한 문제로 되어 있다. 인적분배란 개인간의 소득분포 상태를 지칭하는 것으로 부자와 빈자와의 소득 분할을 말한다. 소득분포의 통계적 연구는 재정지출, 사회보장 등의 정책입안을 위한 기초가 된다.

## 소득분포(personal income distribution)
자본주의 국가에서는 소수의 부유층과 다수의 빈곤층이 있어 빈부의 차가 심하다. 이 소득의 불평등에 대해 근대 경제학에서는 한편으로는 이것을 생산요소의 요소가격에 기인한다고 생각하여 노동전체와 자본전체를 일괄하여 그 상대적 분배분(이것을 기능적 분배라고 한다)을 설명하려는 분배론상의 한계생산력설과 다른 한편으로는 통계적으로 그 나라의 인구를 개인의 소득 순으로 배열한 후, 이 소득분포로서 인적 분배상태를 밝히려는 시도가 병존하고 있다.

## 소득불평등(income inequality)
개인 또는 세대 간에 고소득에서 저소득까지 소득분포가 산재해 있어 균등화하지 못한 것이다. 불평등 또는 인구의 누적백분율을 횡축으로 소득의 누적백분율을 종축으로 하는 로렌츠곡선을 그려 대각선으로 표시되는 완전 평등선에서 멀거나 가까운가로 나타낼 수 있다. 이밖에 대각선과 로렌츠곡선으로 둘러싸인 면적과 대각선과 종축ㆍ횡축으로 둘러싸인 삼각형의 면적과의 비로 나타내

는 지니계수 등이 있다.

### 소득비례의 원칙(income related principle)

사회보험에서 급여 혹은 갹출 또는 그 양자를 피보험자의 소득수준에 비례시킨다는 원칙. 페라라청의 균일갹출, 균일급여의 원칙과 좋은 대조를 이루고 있다. 이 원칙을 사회보험의 목적을 종전생활수준에 두고 부담능력에 상응하는 갹출은 공평한 부담이라고 하는데 기인한다. 이것이 성립되기 위해서는 최저생활수준의 보장이 전제가 된다.

### 소득세(income tax) 01

소득을 직접과세대상으로 하는 인세로서 광의의 소득세는 개인소득세와 법인소득세를 총칭하지만 오늘날 소득세라 함은 개인소득만을 가리키는 협의의 소득세를 의미한다. 소득세는 기초공제, 부양가족공제 등 인적 공제와 필요경비를 인정하고 있다. 때문에 납세자의 개인적 사정이 고려 되고 수입탄력성을 갖는 점에서 조세 중에서 가장 공평하고 이상적인 조세라 할 수 있다. 소득세의 기본적인 특징은 개인에 귀속하는 소득(종합 소득, 퇴직소득, 양도소득, 산림소득)을 결합하여 단일세율을 적용하는 종합과세제도, 자산소득 및 불로소득에 중과하는 차별과세제도, 소득규모가 늘어남에 따라 세부담이 가중되는 초과누진세율제도 등이라고 할 수 있다.

### 소득세 02

소득을 직접 과세대상으로 하는 인세로서 광의의 소득세는 개인소득세와 법인 소득세를 함께 말하지만 오늘날 소득세는 개인소득세만을 가리키는 협의의 소득세를 의미한다. 과세되는 소득은 그 성격상 다음 10종류로 분류된다. ①예금 국채 등의 이자소득, ②주식출자자의 배당소득, ③상공업이나 농업 등의 사업소득, ④토지 건물 등의 임대료인 부동산소득, ⑤급료 상여금 연금 등의 급여소득, ⑥퇴직수당 등 퇴직소득, ⑦토지 건물 자동차 등을 판 양도소득, ⑧산림의 나무를 판 산림소득, ⑨퀴즈의 상금 등 일시소득, ⑩영업이 아닌 대금의 이자나 작가 이외의 사람이 쓴 아르바이트의 원고료 등의 잡소득으로 분류한다. 소득세의 기본적 특징은 개인에 귀속하는 이러한 소득을 결합하여 단일세율을 적용하는 종합과세제도, 자산소득 및 불로소득에 중과하는 차별과세제도, 소득규모가 늘어남에 따라 세부담이 가중되는 초과누진세율제도 등이다.

### 소득세 03

과세대상소득을 종합소득(이자소득, 배당소득, 부동산임대소득, 사업소득, 근로소득, 일시재산소득, 연금소득, 기타소득)과 퇴직소득, 산림소득, 양도소득으로 분류하여 규정하고 있다. 개인이 소득을 얻었다하더라도 위에 열거

된 소득에 해당하지 않으면 납세의무가 없다.

### 소득세 04

소득을 직접과세대상으로 하는 인세로서 광의의 소득세는 개인소득세와 법인소득세를 총칭하지만 오늘날 소득세라 함은 개인소득만을 가리키는 협의의 소득세를 의미한다. 소득세는 기초공제, 부양가족공제 등 인적공제와 필요경비를 인정하고 있다. 소득세의 기본적인 특징은 개인에 귀속하는 소득(종합소득, 퇴직소득, 양도소득, 산림소득)을 결합하여 단일세율을 적용하는 종합과세제도, 자산소득 및 불로소득에 중과하는 차별과세제도, 소득규모가 늘어남에 따라 세 부담이 가중되는 초과누진세율제도 등이라고 할 수 있다.

### 소득세 실지조사

국세청이 매년 제정하는 소득세 신고기준에 미달한 사업자에 대해 세무 공무원이 현장에 나가 조사하는 것을 말한다. 즉 사업자의 영업장에서 장부와 증빙서류(영수증) 등을 일일이 대조 확인해 소득세 신고상황이 적정하게 이루어졌는지를 가리는 것이다. 국세청은 매년 3월 전년도의 경기동향 등을 분석, 지역별・업종별로 소득세신고 기준율을 발표한다. 서면 신고기준이상의 신고자에 대해서는 현장에 나가지 않고 납세자가 제출한 서류를 검토해 부담세액을 확정하게 된다. 매년 5월중 소득세 신고를 받게 되면 세무서는 기준미달 신고자를 가려 7 − 8월부터 소득세 실지 조사를 벌이게 된다.

### 소득신고

근로소득자인 경우(근로소득만 있는 경우) 근로소득만 있는 사람은 해당 직장에서 매년도 초에 전년도분에 대해 근로소득 연말정산 신고함으로써 소득세 신고의무를 다한 것이 된다. 그러나 이는 종합소득세 신고를 하는 것이 아니므로 향후 추가 공제사항이나 환급을 받기 위해서는 종합소득세 신고납부기간 내에 신고를 하셔야 한다. 사업자인 경우 사업소득이 있거나 부동산임대소득이 있는 경우에는 매년도의 소득에 대해 다음해 5월 1일부터 5월 31일까지 종합소득세를 신고납부하여야 한다. 원칙적으로 사업 내용을 회계장부로 기장하여 그 내용에 따라 과세소득을 계산하여 과세표준을 계산하고 이에 세율을 적용하여 소득세를 계산한다.

### 소득재분배(income redistribution)

자본주의 경제체제 하에서 상품교환을 매개로 하는 재화의 유통은 당사자의 자유로운 교환으로 이루어진다. 따라서 소득분배 면에서 항상 불평등이 생길수도 있기 때문에 국가는 정책으로 소득분배의 불평등을 시정하기 위하여 각종의 정책적 조치를 취한다. 가령 사회보장제도나 누진과세세제, 기타 공공적 공동소득 소비수단의 도

입 등으로 가능한 한 개인이나 소득계층간의 격차를 시정하고 축소화하는 조치를 취하는데, 이러한 것을 소득재분배라고 한다.

## 소득재분배효과
사회보장은 조세, 사회보험료라는 형식으로 민간부문, 생산부문에서 형성된 소득의 일부를 흡수해 그것을 사회보장급여로 가계에 이전함으로서 소득의 재분배를 행한다. 사회보장급여는 주로 일시적, 항구적으로 취업에서 이탈한 사람들에게 공급하게 되는데 자본주의경제 체제 하에서는 이와 같은 소득재분배가 없으면 미취업자의 생활은 유지 될 수 없다. 조세와 사회보장에 의한 소득재분배는 직접적으로는 개인소득이나 세대소득의 분포, 격차 즉 인적소득분배를 바꾸지만 소득계층격차를 축소하느냐, 또는 동일계층 내에서의 분배에 그치느냐에 따라 수직적 재분배와 수평적 재분배로 구별된다. 전자의 효과가 뚜렷한 것은 조세에서는 누진소득세, 사회보장에서는 공적부조이며 저축율이 높은 고소득층에서 소비율이 높은 저소득층으로 소득이 흘러가기 때문에 소비확대, 저축감소를 가져오는 형태로 국민경제에 영향을 준다 하겠다. 사회보험은 보험료와 소득보험 급여가 소득비례이기 때문에 수평적재분배라 한다.

## 소득정책(income policy) 01
일반적으로 물가와 고용사이의 이율배반적인 관계를 전제하여, 물가 안정을 위하여 임금 및 이윤의 인상금을 직·간접적으로 규제하거나 유도하는 정책이다. 현실적으로는 임금상승률을 생산성 상승률로 받아들이는 것을 중요한 목적으로 하고 있다. 1950년대 이후 선진 자본주의국에서 인플레와 경기침체가 함께 나타나는 이른바 스태그플레이션(stagflation)이 계속되자 각국 정부는 그 원인이 노동생산성을 상회하는 임금인상으로 보고 물자와 임금상승의 악순환을 제거하려는 시도로서 소득정책을 제시하였다.

## 소득정책 02
광의의 해석은 유엔의 〈전후 유럽에 있어서의 소득〉이라는 보고서의 정의이며 여기서는 '노동 및 자본의 보수의 수준과 구조에 대해, 그리고 가구와 기업의 국민소득분배에 대해 어느 정도의 직접적이고 집단적인 통제를 확보하려는 노력'이라고 되어 있다. 표준적인 정의라고 할 수 있는 OECD의 정의는 〈당국자가 ①경제적 제목표, 특히 물가안정과 모순되지 않는 각종 소득증진방향에 대해 견해를 가지며 ②각종 소득의 가이드가 되어야 할 원리에 대해서 공중의 합의를 촉진하는 길을 구하고, ③사람들이 자발적으로 이 가이던스(guidance)에 따르도록 유도하는 노력을 할 것〉이라는 것. 현실적으로 실시된 소득정책으로서는 1971년 8월에 미국의 닉슨대통령이 내세운 〈임금, 물가, 이윤의 동결령〉이 가장 강력한 형식을 취한 예이다.

## 소득제한
(the income limit over which one loses eligibility)
수급자 본인 또는 부양의무자의 소득이 일정한도를 넘는 경우에 급여의 정지 또는 제한을 행하는 것을 소득제한이라 부른다. 선진국가의 경우 무갹출연금, 아동수당 등에는 생활보장의 어느 것도 소득제한이 있다. 이러한 소득제한을 하는 이유는 사회보장의 목적이 최저 생활수준의 보장에 있는 것, 비용증대를 초래하여 욕구에 대한 사회 보장비의 효율적 배분을 도모하는 것, 생활보장에 있어서 자산조사에 비하여 제한의 정도가 완만하여 제한의 실질적 피해가 적은 것 등이다. 그러나 대부분의 기여제 사회보험에서는 소득제한을 두지 않고 급여가 행해지고 있는 소비자 운동이다. 이것은 소득조사에 많은 행정비용이 수반한다는 것, 모든 사람들이 평등하게 취급받는 것은 민주적이라는 사고방식에 의한 것이다.

## 소득지출계정
소득지출계정은 소득의 발생을 기록하는 생산계정과 소득의 처분결과인 소비지출계정을 연결시킴으로써 소득순환구조를 나타냄과 아울러 저축을 통해 소득과 투자를 연결시키는 계정이다. 따라서 이 계정에서는 경제 주체가 소득을 수취할 경우에는 수취측에, 지급할 경우에는 지급측에 기록하는데 피용자보수, 영업잉여, 순간접세 등 생산활동의 결과 얻은 소득, 즉 부가가치는 경제주체의 수취측에 기록하고 이자, 임료, 배당과 같은 재산소득은 양변에 기록하며 최종적인 소득의 처분형태인 최종소비지출은 지급측에 기록한다.

## 소득총액신고
국민연금에서 사업장가입자에게 적용할 표준소득월액 정기결정을 위하여 매년 2월말일까지 해당근로자의 전년도 소득총액(연말정산한 근로소득)을 공단에 신고하는 것. ★소득총액신고 일정 : 매년 1월 신고안내(공단) ★소득총액신고(사업장) : 2월말 ★정기결정통지(공단) : 3월말 ★등급변경(4월 1일)

## 소득평등화
경향 노동, 자본, 토지 등의 생산요소를 제공하는 개인 또는 세대에 대해 이윤이 임금, 이자, 지대 등의 형식으로 분배될 때 소득의 개인 간, 세대 간의 분포가 점차 균등화하고 있는 경향을 말한다. 소득분포는 재산소유의 차, 교육·훈련기회의 차, 시장적응의 차, 천부의 자질의 차, 질병·사고 등의 우연적 요인의 차등에 의해 좌우되고 있다. 사회보장에 의한 재분배정책이나 기능의 평등화를 확보하는 정책 등에 의해 선진국에서는 평등화가 진행되고 있다.

## 소득평준화전략

매년 과세소득이 큰 폭으로 변할 때에는 세금이 계속 변하게 되므로 개인이 자신의 소득을 평준화 할 수 있게 함으로써 개인소득세를 일정하게 유지토록 하는 세금전략이다.

## 소득표준율

사업자의 외형매출액, 즉 총수입금액에서 비용을 뺀 소득이 차지하는 비율. 이는 국세청이 납세자의 소득액을 계산하는 척도가 된다. 즉 매출 액에 해당 업종의 소득표준율을 곱하면 과세표준액의 토대인 소득액이 계산된다. 이는 사업내용을 기장하지 않는 경우 세액을 추계 결정하고 기장이 불성실하여 실지 조사결정하는데 기준이 된다. 소득표준율은 납세 자의 세액규모와 직결되는 만큼 〈제 2의 세율〉이라고도 불린다. 업종별 소득표준율은 해당 업종의 특성에 따라 결정되는데 학계 · 경제단체 · 금융기관 등이 추천하는 민간위원 11명과 경제기획원 물가국장, 국세청 직세국장, 조사국장 등으로 구성되는 소득표준율심의회의 심의를 거쳐 확정된다. 소득표준율은 매년 업종별 · 지역별 업황을 반영, 매년 조정된다.

## 소득효과

영국의 경제학자 힉스에 의하면 어떤 상품가격이 하락할 때 그 상품에 2가지 경로로 다른 영향을 미친다. 하나는 가격의 하락이 소비자의 실질 소득을 증가시켜 그 상품의 구매력이 늘게 된다. 이는 소득이 증가하여 수요가 증가하는 효과와 동일하다. 다른 하나는 버터와 마가린과 같은 동일한 용도의 물건이 있을 때 버터값이 내리면 그때까지 마가린을 사던 사람이 버터를 사게 된다. 이것은 실질소득에는 영향을 미치지 않는 상대가격 변화에 의한 효과이다. 전자를 소득효과, 후자를 대체효과(substitution effect)라고 하여 소득분배이론에 응용된다. 이밖에 국제무역 분석에서 가격이 불변인 경우 소득이 증가하면 수입이 증가하는 관계가 밝혀지고 있는데 이것을 소득효과라고 하는 경우도 많다.

## 소매업(retail trade)

소매업이란 구입한 신상품 또는 중고품을 변형없이 일반소비자에게 재판매하는 산업활동을 말한다. 대부분의 소매상은 판매상품에 대한 소유권이 있으나 특정한 경우에는 소유권을 갖지 않고 수수료 또는 계약에 의해 소유자를 대리하여 판매하는 경우도 있다. 소매업의 형태는 크게 일반소매업, 종합소매업, 특수소매업으로 분류할 수 있다. 일반소매업은 동일한 주된 품목을 계속적으로 취급하는 사업체를 말한다(백화점, 슈퍼마켓, 대형마트 등 단

일경영체계를 가진 종합소매업은 제외). 종합소매업에는 백화점, 슈퍼마켓, 대형마트 등과 같이 단일 경영체계를 갖고 각종 상품을 판매하는 활동을 말한다. 특수소매업은 일반 구매자를 대상으로 직접 판매할 수 있는 매장을 개설하지 않고 특정상품을 전문적으로 소매하는 산업활동을 말한다.

## 소멸 01

소멸이라 하면 계약 당사자간의 계약관계가 종료되는 것을 뜻한다. 따라서 보험계약의 소멸은 보험계약자와 보험회사 간에 체결되었던 보험계약에 따른 제 권리 및 의무관계가 종료되는 것을 말하며, 보험계약에 있어서 소멸사유는 보험사고발생, 해약, 효력상실, 만료, 무효등으로 대별해 볼 수 있다.

## 소멸(extinction) 02

무조건 자극(강화)을 수반하지 않고 조건자극만 제시했을 때나(고전적 조건형성 과정에서), 조건반응에 대해 강화가 주어지지 않았을 때(작동조건 형성과정에서) 조건반응의 강도가 점차적으로 약화되는 현상을 말한다.

## 소멸시효 01

일정기간 행사하지 않는 권리를 소멸시키는 제도. 소유권 외의 재산권은 모두 소멸시효에 걸린다. 그러나 상린권 · 점유권 · 물권적 청구권 · 담보물 권 등은 제외된다. 채권에 있어서 민사는 10년, 상사는 5년, 그 이외의 재산권은 20년의 불행사에 의해 소멸하는 것이 원칙이다.

## 소멸시효 02

채권 등 자신이 가진 권리를 행사하지 않을 경우 일정한 시간이 지나면 그 권리를 행사하지 못하게 되는 것을 소멸시효라고 한다. 채무자 등 소멸시효로 인해 이익을 보게된 사람이 빚을 갚을 경우, 그 이익을 포기하고 빚을 갚을 경우 이를 소멸시효이익의 포기라고 한다.

## 소멸시효(국민연금법 제115조) 03

국민연금에서 연금보험료 · 환수금 기타 국민연금법에 의한 징수금 등을 징수하거나 징수할 수 있는 공단의 권리는 3년간, 급여를 지급 받거나 과오납금을 지급 받을 수급권자 또는 가입자 등의 권리는 5년간 행사하지 아니하면 소멸시효가 완성한다.

## 소비경기

국민일반의 소비가 왕성해져서 소비재의 수요가 증대해 경기가 호전되는 것. 자본재의 수요증가에 의한 투자경기와 대비되지만 이 양자는 밀접한 관계가 있어서 투자가 활발해지면 고용이나 임금이 증대해 소비도 활발해져서 소비경기를 가져온다. 소비재의 수요가 증가하면 소비재

공장의 확장으로 투자경기를 초래한다. 그러나 소비경기가 지나치면 소비인플레가 될 우려가 있다.

## 소비구조
가계에서 소비지출이 여러가지 비목으로 배분되는 상호관계를 말한다. 가계조사에서 산출되는 평균소비구조에 의해 소비자 물가지수의 웨이트(가중치)가 결정된다. 소비지출의 비목은 식료품비, 주거비, 광열비, 피복비, 잡비 등이 5개 비목으로 분류되었으나 1982년 이후부터는 식료품비, 주거비, 광열·수도비, 가구집기·가사용품비, 피복 및 신발비, 보건의료비, 교육·교양·오락비, 교통·통신비, 기타소비지출 등 9개 비목으로 분류하고 있다.

## 소비기회선
개인은 주어진 부를 가지고 자본시장에 참여하여 현재와 미래에 그의 부를 소비할 수 있다. 이때 그가 현재와 미래에 얻게 되는 모든 소득을 현재소비의 부의 수준과 미래소비의 부의 수준과 연결한다면 그 집합은 주체가 소비할 수 있는 부의 모든 가능수준을 포함하게 될 것이다. 주어진 부를 가지고 현재와 미래에 소비할 수 있는 소비가능영역의 집합이라 할 수 있다.

## 소비생활협동조합
(consumers cooperative association)
소비자 스스로 생활안정과 생활문화의 향상을 목표로 지역이나 직장을 단위로 하여 자발적으로 출자해 조직한 협동조합. 조합이 생활에 필요한 물품이나 서비스를 공동구입함에 따라 저렴한 가격으로 입수하거나, 문화·교육의 활동을 행해, 생활의 충실화를 증진시키려는 것이다. 이것은 19세기 영국의 노동자 생활물자 공동구매에서 시작되었다.

## 소비성향
소비생활은 소득을 떠나서는 고려할 수가 없는 것이며 국민소득과 이것에 의해서 이루어지는 소비와의 관계가 소비성향이다. 정상적인 상태에서는 소비지출은 소득수준에 결정적으로 의존하게 되는 것이다. 그리고 소득을 Y, 소비지출액을 C로써 나타내면 소득에 대한 소비지출액의 비율 C / Y를 평균소비성향이라 한다. 그러한데 소득이 증가하면 장래의 불의의 사고에 대한 준비, 재산의 축적, 영리목적 등과 같은 주관적 조건과 이자율이나 재정정책의 변화, 장래의 소득의 변화와 같은 객관적 조건에 의해서 소득의 일부가 저축 또는 투자됨으로써 소비에 지출되는 부분은 소득의 증가에 비례해서 증가하지는 않는다. ★평균소비성향 =(소비지출 ÷가처분소득) × 100 · 한계소비성향 =(소비지출증가분 ÷ 가처분소득증가분) × 100

## 소비세(consumption tax) 01
재화 및 용역의 생산·판매·소비과정에서 부과되는 조세를 말한다. 소득세가 가계수입의 원천에 대해 과세되는 인세(人稅)인데 비해, 소비세는 가 계소득의 사용(지출)에 대해 과세되는 물세(物稅)다.

## 소비세 02
사람들이 소비를 위해서 돈을 지불하는 상태를 포착하여 부과하는 세금. 물건을 소비하는 배후에는 각기의 소득이 있으므로 납세의 능력이 있다고 판단하는 것이다. 특별소비세, 주세 등이 이에 해당한다. 원칙으로서 생활필수품에는 소비세가 부과되지 않는다.

## 소비수요
식료품, 의복, 내구소비재등 가계에서 구입하는 재화 및 서비스에 대한 수요. 보통 그 수요의 크기는 국민총지출 중의 개인소비지출에서 계산된다. 현금지출을 수반하는 것 외에 월부나 신용매입에 따른 구입도 포함 되는데 토지·건물의 구입은 제외되고 있다.

## 소비수준
생활수준을 비교할 때에 사용되는 기준으로서 소비자가 일상생활을 영위하기 위해서 구입, 소비한 재화와 서비스의 양을 기준시점과 비교하여 나타낸 것으로 다음의 세 가지 산출방법이 있다. ①가계조사에 따른 것, ②국민소득 조사에 의한 것(국민소득 통계의 개인소비지출의 총액을 인구로 나누어 국민 1인당 1년간의 소비지출액을 산출), ③생활물자 및 서비스공급량 조사에 의한 것이다(주된 생활물자나 서비스에 대해 국내 소비용으로 출하된 양을 추계).

## 소비인플레이션
민간소비가 갑자기 증대되어 인플레이션을 초래했을 경우를 말한다. 임금 등의 형식으로 분배된 소득 가운데서 저축이나 납세에 배당되는 비율이 비교적 적고 소비에 배당되는 분이 팽창되었을 경우에는 공급이 이러한 구매력의 급증에 따라갈 수 없고 수급관계의 불균형으로 인해서 물가가 오르게 된다.

## 소비자물가지수(consumer price index : CPI) 01
도시가구가 소비생활을 영위하기 위하여 구입하는 일정량의 상품과 서비스의 가격변동을 종합적으로 파악하기 위하여 작성하는 지수로 소비자가 일정한 생활수준을 유지하는데 필요한 소비금액의 변동을 나타내므로 소비자 의구매력 측정에 사용된다.

## 소비자물가지수 02
소비자 물가지수는 전국 도시의 일반소비자 가구에서 소

비 목적을 위하여 구입한 각종 상품과 서비스에 대해 그 전반적인 물가수준동향을 측정하는 것이며 이를 통해 일반 소비자가구의 소비생활에서 필요한 비용이 물가변동에 어떻게 영향 받는가를 지수치로서 나타내게 된다. 경제기획원에서 매월 작성, 발표하는 소비자 물가지수는 1985년을 100으로 하여 일반소비자 가계지출 가운데 중요도가 크고 빈도수가 높으며 영속성있는 상품, 서비스 중 470개 품목을 선정하여 서울을 포함한 전국 주요도시의 가격변동사항을 조사, 서울소비자물가지수와 전 도시 소비자물가지수의 2가지로 나누어 작성되고 있다. 이 470개 품목은 식료품, 조거, 광열·수도, 가계집기·가사용품, 피복·신발, 보건·의료, 교육·교양·오락, 교통·통신, 기타 잡비의 9가지로 분류된다.

## 소비자물가지수 03

일반 도시가구가 소비생활을 영위하기 위하여 구입하는 각종 상품과 서비스의 가격 변동을 종합적으로 파악하기 위하여 작성되는 지표. 소비자가 일정한 생활수준을 유지하는데 필요한 소득내지 소비금액의 변동을 나타내기 때문에 소비자의 구매력과 생계비 등의 측정에 사용되며 매년 근로자들의 임금인상 기초자료로도 이용되고 있다.

## 소비자보호

소비자는 각종 물품의 사용이나 서비스를 이용하는 과정에서 제품의 하자·부당 거래·계약 불이행 등 다양한 피해를 입을 수 있습니다. 이러한 경우 소비자가 사업자로부터 적절한 보상을 받을 수 있도록 품목별·피해 유형별로 보상 기준을 마련해 놓은 것이 소비자 피해 보상 규정입니다.

## 소비자보호법

소비자의 이익옹호와 증진에 대해서 중앙정부, 지방자치단체, 사업자의 책무와 소비자가 이룩해야 할 역할을 명확히 함과 동시에 그 기본이 되는 사항을 정하여 국민소비생활의 안정과 향상을 확보하기 위해서 제정된 법률. 구체적인 시책으로서 상품·서비스에 대한 위해의 방지, 계량·규격표시의 적정화, 공정자유경쟁의 확보, 계발활동과 교육의 추진, 소비자의견의 시책의 반영 등에 대해 규정하고 있다. 이 법은 1980년 1월 4일 공포되었다.

## 소비자보호위원회

소비자보호법에 근거하여 소비자보호 및 국민소비생활의 향상에 관한 사항을 심의하기 위하여 경제기획원에 소비자보호위원회를 설치하고 있다. 위원회의 구성은 위원장 1인을 포함하여 20인의 위원으로 구성되어 있는데 위원장은 경제기획원장관이 되고, 위원은 관계부처의

장과 소비생활에 관해 전문지식이 있는 자, 소비자대표, 경제계대표 중에서 경제기획원 장관이 위촉하는 자로 구성한다. 위촉위원의 임기는 3년이며, 위원회의 기능은 안전에 관한 기준, 표시 및 광고에 관한 기준의 제정 및 변경 손해배상기구의 설치, 운영 시정명령, 부당한 거래의 시정명령 소비자보호법 시행에 관련되는 국가의 주요 시책에 관한 사항 기타 소비자보호 및 소비자 생활에 관련 있는 사항으로서 위원장이 부의하는 사항 등으로 되어 있다.

## 소비자심리

소비자의 경기감각과 그에 기초한 소비태도를 말한다. 소비자심리가 이완되면 소비지출이 늘어나고 반대로 위축되면 소비는 침체된다. 개인소 비지출은 실질 GNP의 5할 이상을 차지하고 있어서 경제성장을 유지해가는데는 그 동향이 중요한 의미를 갖는다.

## 소비자왜곡

소비자를 연구하는 학자들은 소비자들이 인식과 행동 사이에 많은 불일치를 보인다고 말한다. 잠깐 떠오른 새로운 생각이 늘하던 습관을 바꾸고 새로운 행동을 하도록 강요하기 쉽지 않다는 것이다. 이를 소비자 왜곡(Consumer's Biases)이라고 말한다. 최근 월드컵 축구대회를 계기로 소비자 왜곡에 대한 연구가 필요하다는 지적이 일고 있다. 월드컵을 계기로 우리나라 우리 기업의 브랜드 파워가 엄청나게 높아졌다는 느낌은 분명한데, 이것이 실제 구매력으로 이어지겠는가 하는 점에 대해선 이견이 있다. LG 경제연구원도 최근 보고서에서 "월드컵을 계기로 설령 수십억원어치의 광고효과를 보았다하더라도 실제 소비자가 장기적으로 매출에 기여 할 것인지 또는 브랜드에 대한 태도까지 좋아졌는지에 대해 섣부른 결론을 내릴 수 없다"고 말했다. 심리학에서 말하는 '고정관념(Stereotype)'을 경계해야 한다는 지적도 있다. 이번에 우리가 거둔 성과에 대해 많은 국가들이 찬사를 보내고는 있지만 한국과 한국인에 대한 고정관념을 깨는 것이 그렇게 쉽지만은 않다는 것이다. 더욱이 이번 대회에서 우리에게 패한 국가들의 경우 실제 구매력이 어떻게 나타날 것인지 미지수다. 인식과 행동 사이에 많은 불일치를 보이는 다중의 소비자들에게 월드컵 효과를 극대화해 우리 브랜드 이미지를 높이고 실제 상품구매에 이르게 하려면 이제부터 기업들이 월드컵을 배경으로 적극적인 지역밀착형 마케팅에 나서야 한다는 지적이 많다.

## 소비자운동(consumers movement)

소비자의 권리를 수호하고 확장시켜나가며 부정·불량상품문제, 상품의 안전성과 서비스문제, 환경문제, 독과점문제 등 소비자문제를 해결하기 위한 시민운동을 말한다. 소비자운동은 일제 하의 조선물산 장려운동에서 기원

을 찾을 수 있으며, 1950, 1960년대의 국산품애용과 물자절약, 일본상품 불매운동, 소비조합 1970년의 불량상품 고발운동 등으로 점차 활성화되어 왔으나 아직도 광범위한 시민대중이 참여하는 대중운동으로 전개되지는 못했다. 그러나 1989년 초 백화점 사기 세일사건이 폭로되면서 소비자들의 권리의식이 고무되기 시작하고 소비자보호단체협의회를 중심으로, 보다 전문적이고 체계적인 활동을 전개함으로써 소비자운동의 내용과 영역이 활성화되고 있다. 특히 이전의 상품고발이나 피해보상의 차원을 뛰어넘어 소비자의식 개발을 위한 교육, 정부에 대한 정책건의, 소비자권리보호를 위한 법·제도개선운동 등으로 적극화되고 있다.

## 소비자의 권리

1962년 미국의 케네디 대통령은 소비자보호 특별교서로 ①안전의 권리, ②알권리, ③선택의 권리, ④의견을 말할 권리 등 소비자의 4개 권리를 천명했다. 그 이후 소비자의 권리라고 하면 이 4개항 또는 이와 유사한 권리라고 생각하게 되었다. 이와 같이 소비자의 권리는 소비자에게 있어서 당연한 권리라고 생각되는 이익을 개괄적으로 표현하는 말이었으나 그러한 이익을 지키기 위해서는 제도상의 권리가 확립되어야 한다는 의견이 강력히 대두되어 오늘날에는 그러한 제도상의 권리를 소비자의 권리라고 말하는 경우가 많다.

## 소비자잉여(consumer's surplus) 01

소비자들이 어떤 재화나 서비스에 대해 지불하고자 하는 값과 실제로 그들이 지불한 값과의 차이를 말한다. 즉 소비자가 높은 가격을 지불하고라도 얻고 싶은 재화를 낮은 가격으로 구매한 경우 그것으로 얻는 복리 또는 잉여만족(surplus satisfaction)을 말한다.

## 소비자잉여 02

소비자가 높은 값을 치르더라도 반드시 얻으려하는 재화를 값싸게 구입 했을 때 얻는 복지 또는 잉여만족. 즉 구매자가 실제로 치르는 대가와 그가 주관적으로 평가하는 대가 사이의 차액. 가령 성냥, 소금, 신문 등은 이러한 재화가 없을 때 겪어야 할 불편함에 비해 값이 싼 재화라 할 수 있다. 즉 소비자잉여가 매우 큰 것이다.

## 소비자주권

사회의 경제활동은 사람들이 소비에서 얻는 만족이 최대가 되도록 행동하는 것이 바람직하다고하는 규범을 표현하는 경우와 시장기구에 있어서 생산을 결정하는 것은 결국은 소비자의 수요라고 하는 사실관계를 표현할 때 쓰이는 경우가 있다. 그러나 소비자가 당연한 권리로서 기대하는 이익 또는 그 이익을 보장하기 위한 제도나 행정이 실현될 것을 요구하는 소비자 운동의 슬로건으로서 소비자 주권이라는 용어가 사용되는 예가 많다.

## 소비자태도지수

소비자의 경기에 대한 인식이 경기동향 파악 및 예측에 유용한 정보가 된다는 전제하에 소비자의 현재 및 장래의 재정상태, 소비자가 보는 경제 전반의 물가, 구매조건 등에 대해 설문조사를 하고 이를 지수화한 것을 말한다. 소비자신뢰지수(consumer confidence index : CCI)라고 하기도 한다. 이는 소비자의 경기인식을 바탕으로 작성된다는 점에서 기업가의 경기 판단으로 작성되는 기업경기실사지수에 대응된다. 따라서 양지수를 비교하고 종합함으로써 기업가와 소비자의 경기감을 종합적으로 판단 경기예측력을 향상시킬 수 있다.

## 소비자파산절차

자신의 능력으로는 감당할 수 없는 빚을 진 개인의 신청에 의해 법원이 신청자의 재산을 모두 금전으로 바꾼 다음 모든 채권자에게 골고루 나누어 주는 과정을 소비자파산절차라고 한다. 신청자가 파산자가 된 후 면책결정을 받으면 나머지 빚을 갚을 의무가 없어지지만 공무원이 될 수 없고, 거주지를 옮기려면 법원의 허가를 받아야 되는 등 여러 가지 불이익을 당한다.

## 소비자행정

경제정책의 궁극적인 목표는 국민생활의 안정과 향상에 있으며 넓은 의미에서는 경제정책 전반이 소비자행정이라고 하면, 보통 소비자행정이라고 할 때에는 소비자의 생활안정 향상을 직접적인 목적으로 하고 소비활 동면을 대상으로 한 행정을 가리킨다. 소비활동의 공정질서 확립, 상품 검사 및 일반소비자에 대한 정보제공, 생활개선, 합리화를 위한 정보제 공이나 상담, 시장조사 등이 있다.

## 소비재

사람들이 욕망을 채우기 위해 일상생활에서 직접 소비하는 재화를 가리 키는데 소비자가 구입, 이용한다고 해서 소비자재라고도 한다. 또 소비재는 사람들의 생활에 곧 사용되도록 완성된 것이며 사람들의 욕망을 채운다는 뜻에서 직접재, 완성재, 향락재라고도 한다. 그러나 같은 재화라도 그 용도에 따라서 소비재도 생산재도 되는 것이 있다. 가정에서 사용하는 전기는 소비재이지만 공장에서 사용하는 전기는 생산재이다.

## 소비조합

자본주의 사회에서 경제적 약자인 소비자들이 그들의 조직력을 배경으로 중간상인들을 배제하고 경제상의 불이익을 줄이기 위해 조직하는 협동조합의 한 형태. 소비조합은 1844년 영국의 랭커셔주 로치데일에서 28명의 플라넬 직공들이 각자 1파운드씩을 갹출하여 R. 오웬이 제창한 '이윤 없는 협동조합'을 실현하려는 이상 아래 설립한 로치데일 공평 개척 자조합을 효시로 하여 각국으로 확산 · 보급되었다. 로치데일 조합원들은 정치적 · 종교적 중립, 구매액기준 배당, 시가 현금거래, 1인1표주의를 내용으로 하는 '로치데일 원칙'을 확립하였는데 이는 각국 소비조합의 기본원칙이 되었다. 산업혁명 이래, 계급대립의 첨예화에 따른 노동자계 급의 운동은 한편으로는 적극적인 노동조합운동으로, 다른 한편으로는 소극적인 소비생활의 합리화로서의 소비조합운동으로 표현되었다.

## 소비함수

소비수준에 영향을 미치는 요인으로는 소득수준, 이자율, 재산, 물가수준, 장래의 경기에 대한 전망, 기호와 취미, 정부정책 등 무수한 요인들이 있다. 소비함수란 이러한 요인들과 소비수준 사이에 존재하는 함수관계를 말한다. 소비함수에 관한 중요한 가설로는 절대소득가설, 상대소득 가설, 항상소득가설, 생애주기가설 등이 있다.

## 소비혁명

경제성장으로 인하여 대중의 소비생활양식이나 소비에 관한 윤리관념이 질적으로 크게 변화함으로써 일어나는 소비생활의 변화를 말한다. 이러한 소비혁명을 가능케 하는 기본적 조건은 개인소득의 급속한 증대에 있으나 직접적인 원인으로는 대기업이나 백화점 등의 대자본에 의한 신종상 품의 개발과 마케팅의 조직적인 전개와 매스콤 특히 TV 방송망의 보급이다. 이와 같은 요인으로 대중의 소비습관은 단시일에 급속히 변하며 그 변화는 주로 다음과 같이 나타난다. ①내구소비재의 보급이 크게 확대되어 간다. 가전제품을 중심으로 하는 TV, 승용차, 냉방장치 등의 보급이 활발해진다. ②소비가 평준화되어 가는데, 이는 청년층의 소득이 신장되어 대중이 풍요하게 된 결과로 대량소비의 기반이 확립된다. ③할부판매의 보급이 확대된다. 특히 고가품의 할부가 늘어나고 소액품의 할부가 줄어 든다. ④유행이 대규모 · 조직적으로 되어간다. ⑤인스턴트상품과 웨이스 트상품의 보급 등이다. 이러한 소비혁명은 국민경제와 대중생활에 좋은 면과 나쁜 면을 초래하게 되는데 좋은 결과로는 가사노동의 경감이다. 나쁜 결과로는 소비풍조에 의해 허영적 소비경향이 대중에 만연된다는 것이다.

## 소셜 워커(social worker)

수용시설의 현장에서 시설운영자와 수용자 사이에 제도적으로 개입해 예산지원당국의 감독을 대신하고 수용자의 인권과 법적 불이익을 대변 옹호하는 자격인. 서구에 제도화되었는데 사회복지사 혹은 사회사업가라 번역되었다.

## 소송

사실관계나 법률관계에서 대립하는 사람이나 단체, 행정기관 등의 요청을 받은 법원이 재판이라는 구속력있는 형식을 통해 당사자나 이해관계인들을 불러 그들의 주장을 들은 다음 법령에 비추어 그 사실관계나 법률관계를 결정하는 것을 소송이라고 한다. 형사소송과 민사소송, 행정소송이 소송의 주류를 이루고 이밖에 헌법소원, 특허소송, 선거소송 등이 있다

## 소수민족(racial minority)

민족국가를 형성하고, 인구비율에서 소수파의 민족. 민족국가 내부에 있어서 문화 · 언어 · 종교를 달리한 이민족 집단인 경우가 많다. 이 경우는 소수민족문제가 발생해 정치를 초월한 문화문제로 된다.

## 소수집단(minority group)

소수파의 인종집단이나 특정의 복지계층처럼 사회전체 속에서 인종적 · 계층적으로 소수이며 노력관계도 약하기 때문에 차별적인 대우를 받거나 사회적으로 착취당함으로서 여러 가지 생활 곤란을 받고 있는 집단을 말한다. 인종적인 소수집단의 대표적인 문제로 미국의 유색 인종문제가 있다. 흑인문제에서 보듯이 그들은 고용 등의 경제적 차별이나 교육, 주택, 정치적 생활과 결혼, 사회적 교제 등의 기회의 제한 같은 사회적 차별에 의해 여러 가지 생활 곤란에 빠지기 쉽고 또 그렇기 때문에 일정지역의 집단거주를 할 수 밖에 없는 경향도 있다. 또 합의전술을 중시한 종래의 지역복지활동에서 그들의 요구는 배제되거나 혹은 부차적 과제로 처리되어 왔으나 복지문제 등이 심각한 오늘날에는 그들에 대한 조직적 대응이 중요과제가 되고 있다.

## 소수집단우대정책(affirmative action)

불우집단(disadvantaged groups)의 고용을 촉진하기 위한 정책적 노력을 말한다. 미국에서 1960년대에 처음 이 용어가 유통 될 당시에는 여성과 소수집단의 고용에 대한 '인위적 장벽(artificial barriers)'의 제거를 의미하였으나, 그 뒤 불우집단에 대한 보상적 기회의 제공을 의미하게 되었다.

## 소수파보고
(the minority report of the royal commission on the poor law)

영국의 왕립구빈법위원회(1909 – 1950년)는 두 개의 파로 나눠지는데, 1909년에 비어트리스 웨브(Beatrice Webb) 등 노동당 및 노동조합 관계의 4명의 위원의 서명

을 받아 발표된 것이 소수파보고이다. 이미 시대에 뒤떨어지게 되었던 구빈법개혁을 위해 다수파보고서 보다 철저한 방책을 주장했다. 즉 기존 구빈법을 해체하고 새로 예방적 원칙에 입각하여 빈곤의 원인별로 최저생활의 유지를 가능하게 하는 시책수립을 권고했다. 그 주장은 다수파보고처럼 바로 정부에 의해 받아들여지게 된 것은 아니었지만 구빈법의 해체는 당시 노동운동의 슬로건의 하나로 되는 등 그 간접적인 영향은 컸다.

## 소숙사제도(cottage system)

아동의 입소시설(그중에서도 육아시설이나 교호원)에서 아동처우의 효과를 올리기 위해 가정적 분위기를 증대시키고 구성원간의 상호작용을 긴밀히 하기 위해 대개 8 - 12명 정도를 한 단위로 해서 단독건물에 거주시키는 제도를 말한다. 또 큰 건물이라도 이 규모의 소그룹(홈, 조)으로 분할해서 소수그룹이 함께 생활하는 경우를 요사제라고도 한다. 소숙사제도는 담당직원의 책임감이나 애정을 높여 자주적이며 유연한 활동을 하기 좋다는 이점이 있다. 우리나라에서는 SOS어린이 마을이 대표적인 시설이다. 정부도 수용시설을 대규모에서 소규모로 또 소숙사제도로 전환하기를 권장하고 있다.

## 소시얼 · 세틀먼트운동
## (social settlement movement)

1870년대 영국의 대도시는 슬럼문제의 해결에 고심했다. 경제문제로서 빈곤은 주민들의 빈곤에 대한 의식의 빈곤에 문제가 있음을 인식하여 일어난 운동으로서 교양 있는 사람이 슬럼에 정주해 빈민과의 인격적 접촉을 통해 복지향상을 도모한 사업이다. S. Barnett를 지도자로 1884년에 설립된 런던의 토인비 홀이 최초의 인보관이다. 인보사업이라고도 해서 대학인에 의해 시작되었기 때문에 대학 식민 사업으로도 불려졌다. 미국 · 프랑스 · 독일 등 각국으로 이 운동은 확대되었으며 관계자에 의해 국제세틀먼트 연맹이 조직되고 있다.

## 소시얼마케팅

소시얼 마케팅은 기업이 자기의 이익을 추구하기 전에 사회 전체의 이익을 손상시키지 않도록 하고 구매자의 이익뿐만 아니라 사회 전체의 이익을 고려해야 한다는 사고방식에 기초를 두고 있다. 기업이 사회 전체의 이익을 손상시키지 않도록 배려하는 것이 중요하다는 사실을 강조한 사고방식이다. 소시얼 마케팅은 컨슈머리즘(Consumerism)의 고조와 동시에 강조되기 시작했다. 컨슈머리즘은 기업에 대해 소비자의 권리를 주장하는 사회 운동이다. 기업은 구매자의 이익뿐만 아니라 구매하지 않는 계층, 즉 사회전체의 이익을 구려해야 한다. 그것은 안전의 문제, 환경보호의 문제, 더 나아 가서는 생태계 보전의 문제에까지 관련되게 된다.

## 소시얼인터그룹 워크(social intergroup work)

인터그룹 워크 지역사회 내의 각종집단에 소속하는 유지가 협력하여, 그러한 집단이 당면하는 사회적 목표를 공통적인 것으로 인식하고 그 공통목표의 달성에 집단 간의 현실 문제를 조정하여 나가는 과정을 말한다. 전문 사회사업가의 역할은 각 집단 간에 목표달성을 위하여 결속을 강하게 하고 각 유지가 소속집단을 대표하는 힘을 강화하고 각 집단이 이 과정에 참가를 표명하는 것 등을 돕는 것이다. 이것은 지역사회조직의 중요한 측면이다.

## 소시오 드라마(socio drama)

Jacob L. Moreno에 의해 시작된 소시오 드라마는 동의된 사회적 상황을 참가자들이 자발적으로 연기하는 집단행동 방법으로 사람들이 그들의 생각과 느낌을 표현하고 문제를 해결하고 그들의 가치를 명확히 하는 것을 돕는다. 단순히 사회적 논점을 토의하는 것 이상으로 소시오 드라마는 사람들을 그들의 위치에서 끌어내어 그들에게 흥미 있는 화제에 대해 행동으로 탐구하게 한다. 그들이 다양한 논점을 탐구할 때, 그들 자신과 다른 이들을 더 잘 이해하기 위해 다른 사람의 입장이 되어본다. 소시오 드라마는 그 목표로서 감정정화(감정의 표현)와 역할훈련(행동적 연습)을 가진다. 논점이 무엇이든 간에 소시오 드라마 회기(소시오 드라마의 워밍업에서 쉐어링까지)는 울음부터 웃음까지, 흥분에서 고요함까지의 모든 범위의 감정들을 사람들이 표현할 기회를 제공한다. 사이코 드라마가 사적인 역할 측면과 각각의 개인적인 문제들에 초점을 맞추는데 반해 소시오 드라마는 공유된 경험이라는 전제조건에 기초하여 그룹은 구성원들이 풀어야하는 문제들을 정의하려고 노력한다. 소시오드라마에서 일반적으로 쓰이는 기법은 ①워밍업(warming - up), ②마술가게(magic shop), ③직접표현(self presentation), ④이중자아기법(doublee go technique), ⑤역할전환기법(role reversal technique), ⑥거울기법(mirrotechnique), ⑦body language, ⑧재판의 장면 등이다.

## 소시오메트리(Soziom trie, sociometry)

구성원 상호간의 선호관계 파악을 통해 집단 및 동료의 내부구조를 측정하려는 이론 및 기법을 말한다. J. L. Moreno에 의해 고안된 소시오 메트리는 인간관계나 집단의 생태를 인간 상호간의 견인(attraction) · 반발(repulsion)의 역 동적인 긴장체계로 보고 어떤 시점에 있어서의 집단의 견인 · 반발의 빈도나 강도를 측정 하고 그것을 도시(圖示), 수량적으로 표현하여 집단의 특성이나 구성원의 지위 등을 분 석 · 기술하려는 것이다.

## 소여(given data)

여건(輿件)이라고도 한다. 일반적으로는 인식활동에 있어서 사고(思考)의 전제가 되는 것이다. 사고, 의식의 작용을 돕지만, 그 작용으로부터는 도움을 받지 않는 것을 소여라고 한다. 가령 칸트(Kant)는 우리들로부터 독립하여 객관적으로 존재하는 물자체를 인정하고, 그것이 우리의 감성을 촉발함으로써 대상이 우리에게 주어진다. 즉 소여가 되는 것이라고 생각하였다. 릭케르트(Rickert)는 소여 자체에 형식을 부여하고, 사실을 사실로서 판단하기 위하여 사실성 혹은 소여성의 범주를 인정했다. 현대 경험주의에서는 감각소여(send datum)라는 말이 특별한 의미로 사용된다. 감각소여는 또 직접경험이라고 바꾸어 불러도 좋으며, 럿셀(Russell)은 물론 헴펠(Hempel, C.G), 카르납(Carnap) 등도 원리적으로는 모든 사물의 개념, 이론으로 쓰인 문(文)은 감각소여 언어(sense datum language)로 바꾸어 놓을 수 있다는 환언주의의 입장을 취하거나 또는 한때 취한 때가 있었다. 현재에도 모든 인식의 기초에 감각소여를 상정하는 경험주의의 이론은 많은 분야에서 나타나고 있다.

### 소외(alienation / estrangement) 01

인간이 만들어낸 산물 그 자체가 독자적인 힘을 갖는 존재가 되어 그것을 만들어낸 인간을 지배하기에 이르는 것을 말한다. 또 인간 이 자기본래의 모습을 잃어버리고 다른 것으로 되어버리는 상태로 소외라는 사고방식은 헤겔에서 유래한다. 맑스는 자본주의적 생산관계에서 소외적 운동을 문제 삼았으나 현대사회에서는 관료제적 조직, 기술, 분업, 거대사회, 대중매체로부터의 소외 등을 포함해 유적존재인 의식적 생활행위로부터의 소외 인간의 인간에 대한 소외(맑스)가 진행되고 있다.

### 소외 02

개인이 그가 속해 있는 사회와의 관계에서 통합되지 못하거나 거리가 있는 상태를 말한다. 소외 현상은 개인이 사회로부터 거의 완전한 감정적 단절(emotional severance)을 의미하는 것으로 무력(powerlessness)·무의미(meaninglessness)·고립(isolation)·자아소외(self — estrangement) 상태를 뜻하기도 한다. 또 주변적 또는 사회와의 격리라는 뜻으로도 해석된다. 소외의 원인과 형태에 대해서는 여러 가지 학설과 주장이 있지만 일반적으로 소외 현상은 현재사회의 심각한 사회문제의 하나로 인식되고 있다. 급격하고 광범위하게 일어나는 사회변동, 사회구조의 복잡성, 과학과 기술의 발달, 조직화와 도시화 등에 따른 가치갈등 현상은 현대인의 현실에 대한 원만한 적응을 어렵게 만들기 때문에 인간들로 하여금 소외시키는 결과를 낳고 있다. 소외 현상에 빠지는 사회 구성원이 많아질수록 사회해체의 가능성은 높아진다.

### 소외 03

〈소원한〉, 〈별개의〉 것이 되는 것을 뜻하는 말. 이 말은

오랜 역사를 가지며, 이에 상당하는 라틴어인 alienatio는 중세의 신학에서도 사용되고, 또 근세의 법학 용어로서는 무엇인가를 〈양도〉하는 것을 의미한다. 중요한 철학 용어가 된 것은 헤겔 이후이다. ①헤겔의 체계는 이데((독)(Idee)가 자연이 되고, 다음에 자연을 지양하여 정신으로서의 자기에게 귀환하는 이데의 발전 서술인데 이데가 자기를 외화하여 자기와는 별개의 것인 자연으로 되는 것을 이데의 자기 소외라고 부른다(자기 소외와 그 지양은, 헤겔에 있어서는 가장 미세한 단계에서도 반복된다). ②포이에르바하는 이 개념을 종교 비판에 적용했다. 그에 의하면 종교는 인간적 본질의 자기 소외이며 현실의 세계에서 실현될 수 없는 인간적 본질을 이상화하고 그것을 외부에 투사하여 만들어 낸 환상적·공상적 존재가 신인 것이다. ③맑스는 종교 비판은 지상의 현실의 비판으로 나아가지 않으면 안된다 하고, 현실의 세계에서의 비참한 상황을 소외의 문제로서 포착하고 초기의 저작에서 이것을 논했다. 그는 아직 자본주의 사회의 경제법칙을 충분히 해명하지 않고 있었지만, 소외의 문제를 논하는 경우에는 자본주의의 상품생산 사회를 문제 삼았던 것이다. 소외의 개념을 맑스의 초기에 한정시키는 주장도 있는데 용어의 문제는 별개로 치고, 소여에 대한 생각은 그의 일생을 통해 일관해 있던 것으로 생각된다. 맑스는 소외를 두 가지 면에서 파악하고 있다. ㉠인간이 그의 생산물로부터 소외되는 관계를 말한다. 생산물은 인간의 노동의 대상화(Vergegenständlichung)이며, 이 사정은 모든 시대를 통해 불변인데, 〈노동자가 보다 많이 생산하면 할수록, 그만큼 점점 빈곤하게 되는〉 자본주의적 상품 생산사회에서는 노동자의 생산물은 그에게는 소원하고, 통제할 수 없는 독립한, 더욱이 그에게 적대적인 힘이 된다. 이와 같은 사실은 자본의 힘에서 명확하게 나타나 있다. ㉡인간의 자기 소외. 인간이 그의 생산물로부터 소외되면, 생산 활동도 자기에게는 소원한 것이 되고 단순한 생활유지의 수단이 된다. 그것은 고통스러운 강제된 노동이 되고 생산자는 거기에서 자기의 충족을 찾아낼 수 없다. 모든 노동자가 노동을 단지 생활수단으로 삼는 것과 같은 사정하에서는 노동자 상호 간의 관계도 서먹서먹한 것이 된다(인간의 인간으로부터의 소외). 생산 활동이 자기로부터 소외되는 것과, 인간 상호 간의 소외를 맑스는 인간의 〈자기소외〉라고 부르고, 유산자인 자본가도 이것을 면할 수 없다고 했다. 가령, 소외란 인간이 자기가 만들어 낸 것(갖가지의 제도도 이것에 포함시킬 수 있다)에 의해 지배되는 동시에 인간이 그의 생활상의 일에서 충족을 찾아내지 못하고, 인간 상호의 관계도 이해타산의 관계로 되어버리고 인간이 인간성을 잃어가고 있는 상황을 가리킨다. 이 상황은 다시 인간관계의 물상화, 상품의 물신성을 낳는다. 맑스는 소외를 자본주의 사회에만 한정하고 있지는 않지만, 소외는 초역사적 현상은 아니고, 특히 자본주의 하에서 현저하게 나타나는 현상이며, 그 극복은 사회

의 변혁을 필요로 한다. 사회주의에 있어서의 소외의 존재에 관해 여러 가지로 논의되고 있다. ④현대의 사회학에서도 이 문제가 연구되고 있는데, 그것의 심리적인 면만이 대상이 되고 있는 경우가 많다.

### 소용돌이의 장(turbulent field)

조직과 환경과의 관계에서 매우 복잡하고 격변하는 동태적인 작용이 이루어지는 환경을 말한다. 이러한 조직환경은 환경 내의 특정한 구성체제들이 벌이는 상호작용에 의해서 뿐만 아니라 환경이라는 장(場) 자체로부터 동태적인 과정이 야기되는 환경유형이다. 상호작용의 복잡성과 급속한 변화로 예측이 곤란한 이러한 환경 속에서는 장기계획이란 의미가 없으며, 조직은 변화하는 환경에 적응할 수 있도록 신축적인 내부구조를 갖는 것이 유리하다. F. E. Emery와 E. L. Trist는 조직환경의 기본유형을 소용돌이의 장을 포함하여, 정적·임의적 환경(placid, randomized environment), 정적·집약적 환경(placid, clustered environment), 교란·반응적 환경(disturbed reactive environment)의 네 가지로 분류하였다. 이들은 조직환경이 단순하고 변화하지 않는 정적·임의적 환경에서 복잡하고 동태적인 소용돌이의 장으로 진화되는 과정을 밟는다고 주장한다.

### 소원(beschwerde)

행정작용이 위법 또는 부당하다고 불복하는 자가 일정한 행정청에 그 재심사를 청구하는 행위를 말한다. 불복자의 제소(提訴)가 있으면, 처분청의 상급감독청 등이 그 취소·변경 여부를 판단하기 위하여 재심사하는 절차를 밟게 된다. 소원제도는 간략한 행정구제의 수단이 되며, 특히 소원전치주의(訴願前置主義)를 채택하고 있는 우리 나라에 있어서는 의의가 크다. 소원의 재결(裁決)은 재판적 행위로 판결에 준하여 기속력·확정력을 가지며, 당사자 및 관계인 뿐만 아니라 처분행정청도 기속한다.

### 소음 01

단순히 시끄러운 소리만이 아니라 듣기 싫은 소리를 포함해 우리 감각에 불쾌감 또는 피해를 주는 비주기적인 소리 소음의 크기를 나타내는 dB의 특징은 소음이 10배 증가할 때마다 10dB씩 증가한다는 것이다. 즉 30dB보다 소음이 10배 증가하면 40dB이 된다. 일반적으로 나누는 대화는 약 60dB, 지하철 안이나 시끄러운 공장내에서는 80 — 90dB정도이다. 보통 85dB를 넘어가면 불쾌감이 생기기 시작하고 130dB이상이 되면 귀에 통증이 오며 심하면 고막이 파열되기도 한다.

### 소음 02

소음이 인간에 미치는 영향은 청력에 영향을 준다든가, 인간이 소음으로 인해 시끄럽다고 느껴 자기 일에 몰두할 수 없다든가, 또는 TV를 보는데 방해를 받는다든가, 정신적·신체적으로 피해를 받는 것 등 여러 가지가 있다. 이와 같은 영향은 소음의 물리적인 성질에 따라 달라지고, 그 소음을 듣고 있는 인간이 어떤 상태에 있느냐에 따라 달라질 수 있다. 소음 레벨이 클수록 우리가 받는 영향은 크다. 소음의 주파수 성분이 저주파보다는 고주파 성분이 많을 때 크게 영향을 받으며 지속시간이 길수록 더 많은 영향을 받는다. 지속적인 소음보다 연속적으로 반복되는 소음과 충격음에 의한 영향이 더 크다고 할 수 있다. 소음에 대한 인간의 감수성은, 첫째 그 사람의 건강도에 따라 달라진다. 즉 건강한 사람보다는 병을 앓고 있는 환자 또는 임산부 등이 받는 영향이 크다.

### 소음공해

소음공해는 대기오염이나 수질오염과는 달리 감각적 공해라는 것이 특징이다. 소음은 크게 공장소음, 교통소음, 생활소음, 항공기소음 등으로 크게 나눌 수 있다. 공장에 설치되는 시설은 한번 설치되면 반영구적으로 사용하게 되므로 공장소음은 인근지역에 지속적으로 피해를 줄 수 있다. 교통소음은 그 배출원이 자동차, 기차 등으로서 발생소음도가 매우 클 뿐 아니라 그 피해지역도 광범위하다. 특히 자동차는 차량보유 대수가 급격히 증가하는데 반해 도로여건은 부족하고 운전자의 소양도 부족해서 더욱 심각해지고 있어 대도시 소음원으로서 가장 중요한 위치를 차지하고 있다. 생활소음 배출원은 확성기소음, 건설공사장의 작업소음, 소규모 공장의 작업소음, 유흥업소 심야소음 등 매우 다양하다. 최근 인구증가와 더불어 도시화, 산업화 등에 따라 생활소음 배출원수는 급격히 증가하고 있다. 항공기소음 피해는 항공기의 운항항로 신설 및 운항회수의 급격한 증가에 따라 사회적인 문제로 대두되고 있다.

### 소장

민사소송에서 소를 제기하기위해 재판청구의 취지와 원인, 소송당사자나 그 대리인의 인적사항 등을 적어 1심 법원에 제출하는 문서를 소장이라고 하는데 2심의 경우는 항소장, 3심의 경우는 상고장이라고 한다. 원고나 그 대리인의 기명날인이 있어야 하고 소송물의 가액에 따라 인지를 붙여야 하며 피고가 두 사람 이상인 경우 그 수많큼 등본을 첨부해야 한다.

### 소집단(small group) 01

상호간에 대면적인(face to face) 관계와 상호작용 관계가 이 루어지고, 지각(知覺)과 인상(印象)을 가질 수 있는 소규모 집단을 말한다. 즉 소수의 사람들이 대면적인 상호작용을 하며 직접적인 의사전달을 하는 집단을 말한다. 소집단은 현상과 행태면에서 비공식집단과 유사한 속성을 지니나 소집단 가운데는 공식적인 소집단도 있다.

## 소집단 02

대조직 또는 대집단에 대해 사용되고 있는 용어. 집단을 구성하고 있는 사람수가 적어서 구성원이 직접 접촉, 상호 커뮤니케이션을 행할 수 있는 집단을 말한다. 소집단은 구성원 전원이 얼굴을 맞대고서 자주적으로 집단의 운영에 참가할 수 있으므로 구성원이 소외감에 빠지는 일이 없는 것이 특색이다. 이 장점을 살려 거대한 경영조직 속에 직장별, 목표 별로 소집단을 만들고 거기서 나오는 건설적인 의견을 적극적으로 경영에 끌어들이려고 하는 움직임이 활발하게 되었다.

## 소집단 수업(small group instruction)

2 − 6명의 학생으로 구성된 소집단을 활용한 자율적 수업운영 형태를 말한다. 70명의 학급을 예로 든다면, 5 − 6명의 학생으로 12 − 14개 소집단이 구성된다. 교사가 전체적인 수업을 통해 문제를 제시하면, 각 소집단별로 이 문제의 해결을 위한 수단과 해답을 찾는 토론을 전개하여 어떤 결론을 만들도록 하며 전체토론을 통해 각 소집단의 결론을 비교 · 검토하는 단계를 거쳐 전체적인 최선의 결론을 찾는 방식으로 수업이 운영된다. 소집단의 운영방식은 대상 학생의 특성, 교실의 구조 등에 따라 융통성 있게 계획될 수 있다. 이질적 학급에서 다양한 배경의 학생을 한 소집단으로 구성하여 갖자 이해하도록 한다는 이점을 살리자는 것이 대체적인 경향이다.

## 소집단토의(small group discussion)

소집단의 사람들이 공통목적을 의식하고 자신들의 상호관계, 방향결정, 문제해결 등을 위해 토의하는 것을 말한다. 지역조직모임이나 주부교실, 연구모임 등에서 볼 수 있다. 소집단토의는 상담, 토론의 기본적 형식으로 소수의 인원(20명 이내), 사회자, 서기를 둘 것, 온화한 분위기, 목적을 명확히 하고 자료를 준비하여 실시하는 것 등이 중요하다.

## 소청

소청은 공무원 인사제도로서의 소청제도와 지방자치단체 등의 행정처분에 대한 주민의 민중쟁송적 직접청구의 두 가지로 나누어 볼 수 있다. 즉 소청에는 인사상의 불이 익처분을 받은 공무원이 이의를 제기하는 경우와, 지방자치단체장 등의 행정처분에 대해 주민이 연서(連署)하여 그 취소 등을 청구하는 민중쟁송적 직접청구를 의미하는 경우로 나뉜다. ①공무원 인사제도로서의 소청 제도는 징계처분이나 강임 · 휴직 · 직위해제 또는 면직 처분과 같이 본인의 의사에 반하는 불이익처분을 받은 공무원이 그에 불복하여 이의를 제기하는 경우,

이를 심사하여 구제하는 절차를 말한다. 소청심사 제도는 공무원의 신분을 보장하는 하나의 제도적 장치다. ②직접참정의 한 형식으로서의 소청은 지방자치단체의 조례 또는 그 장의 명령 · 처분이 헌법이나 법률에 위반된다고 인정된 때에 주민 100인 이상이 연서(連署)하여 그 취소 등을 직접 청구하는 민중쟁송적 직접청구를 말한다.

## 소청심사위원회

행정기관 · 국회 · 법원 소속 공무원으로 징계처분 기타 그 의사에 반하는 불리한 처분을 받은 공무원이 이에 불복하여 소청을 제기하는 경우, 그 소청사건을 심사 · 결정하기 위해 설치된 합의제 행정기관을 말한다. 소청심사위원회에는 그 밖에도 지방공무원소청심사위원회와 교육소청심사위원회 등이 있다.

## 소추

형사소송에서 공소를 제기하고 소송을 수행하는 것을 소추라고 하는데 우리나라는 국가기관인 검사가 소추를 담당하는 국가소추주의를 실시하고 있다. 또 헌법의 규정에 의해 탄핵으로 공무원 등의 파면을 요구하는 것도 소추라고 한다.

## 소프트 랜딩

원래는 비행기가 충격을 받지 않고 사뿐히 착륙하는 것을 말하는데 특히 석유위기라는 비상사태가 발생한 1973년 이후 어떻게 해서 원활하게 정상적인 경제로 이행할 것인가 하는 경제문제로서 관심이 모아졌다. 석유위기 이후에 발생한 인플레이션과 불황 가운데서 어느 쪽의 해결을 우 선시킬 것인가에 따라 소프트랜딩의 방법선택이 달라진다.

## 소프트 뱅킹

은행이 기존의 수익성을 추구하는 업무외에 부가적인 서비스를 제공하는 것을 말한다. 지식집약형 산업과 서비스업의 비중이 점차 높아지면서 은행의 부가서 비스가 고객 유치에 결정적 역할을 할 것으로 예상되는데 기존업무와 함 께 정보력을 활용한 고부가가치 서비스를 제공하는 은행업무의 방향을 〈소프트 뱅킹〉이라 한다. 가령 은행이 카드회사나 보험회사 등과 제휴 · 연계하여 이들의 업무영역을 대신하는 서비스를 제공하거나 마일리지 서비스, 경품, 신상품 할인 티켓 등을 제공하는 것이 소프트 뱅킹의 대표적 사례다.

## 소환

법원이 원고나 피고 등 소송당사자나 증인이나 참고인 등 이해관계인에게 언제, 어디에 나와달라고 요구하는 것을 소환이라고 한다. 소환은 소환장을 발부해 해당되는 사람

에게 전달하는 것으로 이루어지고 형사소송에서 소환을 거부할 경우에는 강제로 데려올 수도 있다.

## 속기

사람의 말이나 생각을 특정 기호를 이용하여 그 속도에 따라 기록한 후 번문(飜文:일반 문자화)하는 활동이다. 속기의 활용은 기록속기와 구술속기로 크게 나눌 수 있다. 기록속기는 각종 회의 · 재판 · 토론 · 강연 · 설교 · 대담 · 좌담회 등 사실적인 기록을 작성하기 위한 속기이고, 구술속기는 속기사와 상대자가 직접 대화를 하면서 속기하는 것으로 신문 · 통신관계의 전화속기에 의한 취재나 저술을 위한 속기, 간단한 메모, 일기 등 그 활용범위가 다양하다.

## 속성(attribute) 01

일반적으로 사물의 성질, 혹은 특징을 일컫는 말. 보다 엄격한 철학적 의미로는 사물의 본질적인 성질, 곧 철학적 의미로는 사물의 본질적인 성질, 곧 그것 없이는 사물을 생각할 수 없는 성질을 가리킨다. 즉 사물의 존재의 근본적 규정을 의미하며, 우유성이나 양태와는 대립된 개념이다. 스콜라 철학과 이를 받아들인 데카르트(R. Descarets) · 스피노자(B. Spinoza) 등에서 특히 이러한 의미로 사용되는데, 데카르트는 실체에 내재하는 본질을 속성이라 하여 정신의 속성의 사유이고 물체의 속성은 연장이라 하였으며, 스피노자는 이러한 이원론을 배격하여 사유와 연장은 유일의 실체인 신의 속성이라 하였다.

## 속성 02

①보통의 용법으로는 사물의 성질, 특징의 뜻. ②엄격한 철학적 의미에서는 실체의 본질적인 성질, 그것 없이는 실체를 생각할 수 없는 성질. 우유성, 양태에 대립하는 말. 스콜라학의 용어를 이어받아, 특히 데카르트, 스피노자가 이 의미로 사용했다. 데카르트는 연장과 의식을 각각 그의 두 개의 실체(물체와 정신)의 속성으로 생각했는데, 스피노자는 데카르트의 이원론을 배척하고 연장과 의식을 유일한 실체 = 신의 속성으로 보았다.

## 속인급

기업 내의 임금 격차에 관련된 임금제도의 하나이며 기준으로는 학력, 경력,근속연수를 중요시한다. 직무 직능급은 직무나 직능을 기준으로 임금을 결정하는 임금 제도로서 직무평가를 통해 직무의 상대적 중요도 와 임금이 결정된다. 또 속인급적인 요소와 직무 직능적인 요소를 종합적으로 반영한 것으로 종합급제도가 있는데 선진 사회로 갈수록 속인급이 줄어드는 경향이 있다. 현재 우리나라의 기업들이 많이 사용하고 있는 호봉제는 일반적으로 성, 학력, 근속연수 등의 영향을 많이 받기 때문에 속인급에 속한다고 할 수 있다. 이러한 속인급적

임금제도는 합리적인 직무 분석과 직무 평가를 널리 시행하면서 직무 직능급내지 종합급 쪽으로 유도할 필요가 있다.

## 손비

일정기간동안 기업의 생산및 판매활동중에 따른 이익창출과정에서 발생하는 비용. 손비의 기본 특성은 그것이 수익을 올리려는 활동과정에서 발생되는 것에 국한된다. 따라서 고정자산 처분과 화재 등으로 인한 자산의 유출 또는 부채의 증가는 손실로 처리된다. 또 손비는 특정한 이익을 창출하는 과정에서 생긴 비용에 대해서만 인정하는 〈수익 · 비용 대응의 원칙〉에 따라야 하며 이같은 연관성이 없는 경우에는 기간비용으로 따로 처리한다. 세법상으로는 손비가 발생한 부분만큼을 과세대상에서 제외시켜주는데 기업체들이 과도하게 손비처리를 하지 못하도록 하기 위해 수익에 대한 일정비율의 한도를 정해 놓고 있다.

## 손상(impairment)

상해나 결함 또는 기능의 감소를 나타내는 일반적 용어다. 정상에 못 미치는 상태를 말하며, 시력 손상 · 언어 손상 · 신체적 손상 등을 들 수 있다.

## 손실보상

공용수용(公用收用) · 공용사용(公用使用)에 있어서와 같이 적법한 공권력의 행사로 인하여 특정인에 대해 그가 책임질 수 없는 사유로 인해 특별한 경제상의 희생을 가한 경우에 행정주체가 행하는 재산적 보상을 말한다. 적법행위로 인한 재산권 침해의 보상이라는 점에서 불법행위로 인한 공법상의 손해배상(국가배상)과 구별된다.

## 손실포지션비용

투자 포지션을 유지하는데 드는 비용이 그 투자로부터 나오는 현재의 수입을 초과하는 경우 그러한 투자 포지션의 순비용을 말함. 이를테면 현재의 수익률이 10%인 채권을 13%의 이자율로 차입하여 구매하는 경우 손실포지션비용은 3%이다.

## 손익

손실 및 이익을 총칭하는 것으로 자본의 투하 및 인출 이외의 원인에 의해 투하자본의 가치에 증가가 생긴 것을 이익이라 하고 그 감소가 생긴 때 이를 손실이라고 한다. 일정기간 손익을 산정하기 위한 방법은 두 가지가 있는데 하나는 순재산 증가설로 기초와 기말의 순자산액을 비교하는 것이다. 또 하나는 일정기간의 손익을 계산하기 위하여 기간 중에 발생한 수익과 그것을 얻기 위 한 비용과의 차액을 산정하는 방법이다.

## 손익계산서(Income statement)

기업의 경영성과를 명확히 파악하기 위하여 일정기간동안 발생한 모든 수입과 이에 대응되는 비용을 나타내는 동태적 재무보고서로서 회계정보 이용자로 하여금 기업의 수익성을 판단하는데 유익한 정보를 제공한다.

## 손해배상 · 손실보상

손해배상과 손실보상의 차이는 한마디로 말하면 그것이 위법행위로 인하여 생긴 손해의 전보인가, 적법행위로 인하여 생긴 손해의 전보인가에 있다. 민법상 손해배상이라고 하는 때에는 불법행위(민750 이하) 또는 채무불이행(민390 이하) 등의 일정한 사유로 인하여 손해가 생긴 경우에 그 손해를 전보하여 손해가 없었던 것과 같은 상태로 하는 것을 말하며, 보통은 금전급부로써 하게 된다. 그리고 민법에서는 불법행위에 관해 고의 또는 과실로 인한 위법행위로 타인에게 손해를 가한 자는 그 손해를 배상할 책임이 있다(민750)고 하고 있는 것과 같이 통상 행위자의 고의 또는 과실 기타의 책임을 질 사유가 있음을 요건으로 하고 있으나, 이와 같은 요건이 모든 경우에 요구되는 것은 아니고 이들을 필요로 하지 않는 경우도 있다. 가령 금전채무 불이행에 대한 손해배상(민397 ②)이나 공작물 등의 소유자의 손해배상책임(민758) 등이 그것이다. 행정상의 손해배상은 위법한 행정작용에 의해 국민의 권리 · 이익을 침해한 경우에 이로 인하여 생긴 손해를 전보하는 제도이다. 이러한 종류의 손해배상에 관해 헌법 제29조제1항은 공무원의 직무상 불법행위로 손해를 받은 국민은 법률이 정하는 바에 의해 국가 또는 공공단체에 정당한 배상을 청구 할 수 있다고 규정하고 이 규정에 의해 국가배상법이 제정되었다. 국가배상법은 행정상의 불법행위로 인한 손해배상에 관한 일반법이며 동법의 제정에 의해 국가 또는 공공단체의 손해배상책임이 명확하게 되었다. 또 같은 손해를 전보하기 위한 것이지만 손해의 배상이라고 말하지 않는 경우가 있다. 가령 전항의 경우에 이웃 사람이 손해를 받은 때에는 보상을 청구할 수 있다(민216 ②). 전항의통행권자는 통행지 소유자의 손해를 보상하여야 한다(민219 ②), 이로 인한 손해를 보상하여야 한다(민230 ①단)고 하는 것 등은 보상 이라고 말하고 있는데, 이것은 일정한 권리를 인정하는 한편, 그 권리의 행사로 인하여 손해를 받은 자가 있는 경우에 손해에 대해 보상의 의무를 규정한 것이며, 그 손해가 권리로서 인정한 행위에서 생기는 것이라고 하는 점에서 손해의 배상과 구별한 용어를 사용 한 것이다. 그리고 변상은 회계관계직원은 고의 또는 중대한 과실로 법령 기타 관계규정 및 예산에 정하여진 바에 위반해 국가 또는 단체 등의 재산에 대해 손해를 끼친 때에는 변상의 책임이 있다(회계관계직원등의책임에관한법률4 ①), 감사원은 감사의 결과에 따라 따로 법률이 정하는 바에 의해 회계관계직원 등에 대한 변상 책임의 유무를 심리 · 판정한다(감사원법

31 ① ― ⑤)고 하는 것 등과 같이 공무원이 직무집행상 그 의무에 위반해 국가에 손해를 끼친 경우의 손해배상에 관해 변상 이라고 하는 용어를 사용하고 있다. 다음은 손실보상 인데, 이것은 주로 국가 또는 사회전체가 공공의 목적을 위하여 적법한 공권력의 행사를 한 결과, 특정인에게 경제상의 희생을 가한 경우에 그 특정인에 가해진 경제상의 특별한 희생에 대해 사회 전체적 견지에서 형평이 이루어지도록 그 희생을 사회 전체가 부담하고 손해의 조정을 도모하는 제도이다. 이 제도는 전술한 바와 같이 적법한 공권력의 행사로 인하여 생긴 손해의 전보라고 하는 점에서 손해배상과는 다르다. 현행 제도상 이러한 종류의 손실보상에 관해는 헌법은 공공필요에 의한 재산권의 수용 · 사용 또는 제한 및 그 보상은 법률로써 하되, 정당한 보상을 지급해야 한다(헌23 ③)고 규정하고, 이 헌법의 규정에 의해 개개의 법률에 있어서 각각의 경우에서의 구체적인 보상원인이나 보상의 기준, 방법 등을 정하고 있다. 가령 공익사업을위한토지등의취득및보상에관한법률 에서는 공익사업에 필요한 토지등의 취득 또는 사용으로 인하여 토지소유자 또는 관계인이 입은 손실은 사업시행자가 이를 보상하여야 한다(공익사업61)고 규정하고, 이하에서 사전보상(공익사업62), 현금보상(공익사업63) 등을 규정하고 있다. 또 무죄의 판결을 받은 자에 대한 형사보상법에 의한 보상 등이 있다. 이 보상이라고 하는 용어는 손실, 비용, 대가 등을 갚는다는 의미인데, 법령상의 용어로서는 형사보상법, 산업재해보상보험법이라고 하는 법률의 제명에 사용되거나 재해보상이라고 하는 장명 등에서도 사용되고 있다.

## 손해보상(indemnity)

손해보험계약에서 피보험자가 소정의 우연한 사고로 말미암아 손해를 입었을 경우에 계약에 의거하여 보험자가 보험금을 지급하는 행위를 말한다. 손해보험에서는 도박 등과의 구별 또는 사고유발방지를 위한 이득금지의 원칙이 적용되며, 보험금 지급은 손해액을 한도로 원칙적으로 현금으로 보상한다.

## 손해보험(property and liability insurance)

보험자가 소정의 우연한 사고로 말미암아 생길 수 있는 손해를 보상할 것을 약속하고 보험계약자가 그 대가로 보험료를 지급할 것을 약속하는 계약이다. 보험종목으로서는 화재보험, 해상보험, 자동차보험, 상해보험, 보증보험, 영업배상책임보험 등 다수가 있다.

## 손해보험회사

화재, 도난, 사고나 부주의로 인하여 발생하는 재산상의 손실에 대해 보험금을 지급하기로 약속한 보험증서를 판매하고 이로부터 조달된 자금을 각종 투자에 운용하는 금융기관이다. 손해보험회사가 취급하고 있는 보험종목은

그 부보대상에 따라 화재·해상·자동차·보증·특종·장기저축성 보험 6가지로 구분된다. 손해보험회사는 생명보험회사에 비하여 보험증서의 만기가 비교적 짧고 현금유출입을 예측하기 어렵기 때문에 자금운용면에서 현금 및 예치금의 비중이 높고, 그 밖에 유가증권·부동산·대출금 등에 자금을 운용한다.

## 손해사정사

보험사고로 생긴 손해에 대해 그 손해액 결정과 보험금지급을 담당하는 사람. 보험업법에 따르면 보험회사는 보험사고에 대한 손해액 및 보험금 사정업무에 관해 손해사정인을 고용 또는 선임토록 돼 있고 아울러 보험 계약자도 손해사정인을 선임 할 수 있다. 이 제도는 1978년 보험회사와 보험계약자 사이에 전문성을 갖고 공정한 손해사정업무를 처리하기 위해 처음 도입됐으며 필요인력 확보문제로 8년간의 경과기간을 둔 뒤 1985년 부터 본격적으로 시행되었다.

## 솔로산업

혼자 살기를 원하는 독신자들이 늘어나 사회의 새로운 계층으로 등장하 면서 이들을 겨냥해 생겨난 산업을 말한다. 일찌감치 부모로부터 독립해 독자적인 생활을 하려는 신세대 독신층의 증가와 함께 사회 전반적으로 결혼연령이 늦어지고 있는데다 아예 결혼을 하지 않겠다는 독신층도 점차 늘어나면서 가전업체 식품업체 건설업체 등이 이 독신세대들을 새로운 소비자군으로 분류해 이들을 위한 상품을 개발하고 있다. 세탁기·전기밥솥 등 독신자용 가전제품, 원룸식 주택, 동전을 사용하는 편의세탁점, 즉 석식품을 취급하는 편의식품점 등이 대표적인 솔로산업이다.

## 솔리(Solly, Henry)

런던에서 태어났다. 런던대학을 졸업하고 은해의 서기로 되었다가 얼마되지 않아 일어난 차이티스트운동(Chartist Movement)에 동의적이었고 데니슨(Denison, Edward)의 노동자대학에 협력·참가하였다. 1862년 노동자클럽을 추진하는 단체를 만들며, 1868년에는 자선조직협회(COS)의 전신인 빈곤범죄예방협회(Society for the Prevention of Pauperism and Crime)를 창설하였다. 사회는 계급과 계급의 협조에 의해서 재편성된다는 꿈을 갖고 사회교육을 제창하고 나아가서 인구의 도시집중을 피하기 위해 산업마을(Industrial Village)을 제창하였다.

## 송달

소송에 관한 문서나 문서의 등본, 그 내용 등을 소송당사자나 이해관계인 등에게 알리거나 전달하는 것을 송달이라고 하는데 우리나라의 경우 법원이 직권으로 행하는 직권송달주의에 의해 송달한다. 송달에는 송달장소에 직접 주는 교부송달, 법원의 게시판 등을 이용하는 공시송달, 우편으로 하는 우편송달, 다른 행정기관을 통해 하는 촉탁송달 등이 있다.

## 송치

형사사건화된 모든 사건은 사건의 크고 작음에 구별이 없이 검사만이 수사를 종결할 수 있다. 그러므로 사법경찰관은 그가 수사한 모든 형사사건에 대해 기록과 증거물을, 그리고 구속한 경우에는 피의자를 검찰청으로 보내야 하는데 이를 송치한다고 한다. 일반인 중에는 간혹 경찰서에서 조사를 받고 다 끝났는데 검찰청에서 또 부르는 것은 무슨 까닭인가라고 묻는 경우가 있는데, 그것은 검사만이 수사를 종결할 수 있는 권한이 있다는 것을 이해하지 못하였기 때문이다. 그리고 사법경찰관은 송치할 때 그동안 수사한 결과를 종합하여 사법경찰관으로서의 의견(가령 기소, 불기소 또는 기소중지, 무혐의 등)을 붙여서 송치하는데 이를 송치의견이라고 한다. 이 의견은 검사가 수사를 종결하는데 참고가 되지만 그 의견에 기속되는 것은 아니다. 검사는 그 책임하에 사건에 대해 종국결정을 하여야 한다.

## 송치적 기능

가정에서 양호를 받을 수가 없다든가, 기업에 취업되지 못하는 등의 요구 불충족 사태에 대해 대상자가 가장 적합한 요구충족수단이나 상황을 찾아 그가 그 사회자원을 활용하여 생활을 적극적으로 전개해 나가도록 촉진하는 활동이 사회복지의 목적을 달성하는 수단이라고 하는 의미이다. 이러한 기능을 가진 활동이 요청되는 근거는 생활자가 개별조건을 갖고 그가 영위하는 사회관계의 총체를 자기생활로서 의의를 부여하려는데 있다. 이와 같은 기능을 가진 사회복지의 현실형태는 상담소 혹은 의료, 교육, 공적부조 등의 각종 전문기관에 속하는 상담부분이다.

## 숍 스튜워드(shop steward)

노동조합의 위원을 지칭하는데 미국에 있어서 직작위원회제도는 직장의 조합원중에서 선임될 수명의 직장위원이 조합원에 대해 조합의 정책이나 방침을 전달시켜서 조합활동을 활발하게 하기 위한 제도이다. 조합의 본부에 항상 직장의 정보를 알리는 것으로 조합과 직장과의 커뮤니케이션을 행하는 기관이다. 또 직장위원은 직장장인 포어맨과의 교섭, 즉 미국에 있어서 경영자측에 속하는 직장에 있어서 감독자가 행하는 경영방침은 노동협약의 실행유무를 항상 감시하며 근로자의 불평, 불만을 수리하여 포어맨과 접촉 교섭하거나 또는 경영자측에 알리거나 조합원의 근로조건을 확보하기 위해 노력한다. 직장위원은 조합원의 신임을 조합에 받고 있는 자이며 조합원의 신뢰를 잃은 경우에는 언제라도 해임된다. 이들은 산업별 조합을 주로 한 구미의 에이지만 우리나라에서는 기업별 조합이기 때문에 집행위원이 직장위원의 역할을 맡고 있다고 할 수 있다.

## 수급자격
(eligibility to receive social welfare benefits)
사회보험의 피보험자가 소정의 수급요건을 충족한 경우에 보험급여를 줄 자격이 생긴다. 건강보험의 경우에는 보험이 적용되는 산업장의 근로자는 입사한 날 부터 퇴사하기까지 수급자격을 갖게 된다. 사용자도 마찬가지이다. 일용근로자의 경우에는 2개월을 계속하여 근무하는 경우에 2개월 이후부터 조합원이 되어 수급자격을 갖게 되며 3개월 이내에 기간을 정하여 일하는 근로자의 경우는 그 기간을 넘어 계속 근무하는 경우에 그때부터 조합원이 되어 수급자격을 갖게 된다. 사망, 국적상실, 사용자와의 사용관계가 끝난 때, 조합이 해산된 때 등의 사유로 수급자격은 상실된다.

## 수단적 가치(instrumental value) 01
가치를 기능별로 분류할 때, 그 자체가 목적이기 때문이 아니라 어떤 목적을 실현하는 수단이기 때문에 가지게 되는 가치, 가령 돈을 모으는데서 만족을 느끼고 돈 자체를 목적으로서 추구하는 수전노가 아닐 경우에 우리는 다른 목적을 실현하기 위한 수단으로서 돈을 추구한다. 그러므로 우리가 돈에 부여하는 가치는 수단적 가치이다. 이때 참된 가치는 흔히 외재적 가치라고도 부른다. 한편 미술작품의 내재적 속성에 가치를 부여하지 않으면서도 상업수단으로 그것을 사 모으는 화상의 경우처럼 내재적 가치를 가지는 대상에도 수단적, 외재적 가치가 부여될 수 있다.

## 수단적 가치 02
어떤 욕구되는 결과, 즉 목적을 실현하는 것 을 가능하게 하는 가치들을 의미한다. 반면 본질적인 가치는 가치 자체가 목적이 되는 가치를 의미하는 것으로 결과에 상관없이 만족을 줄 수 있는 가치를 의미한다.

## 수단적 결정(instrumental decision)
주어진 목표의 능률적 달성과 관련된 결정을 말한다. A. Etzioni는 조직의 의사결정은 '통합적 결정' (integrative decision)과 '수단적 결정' 의 두 범주로 나눌 수 있다고 하면서, 통합적 결정은 합리적 목표의 설정과 관련된 결정을 말하며 수단적 결정은 목표의 능률적 달성과 관련된 결정을 의미하는 것으로 규정하였다.

## 수당(allowance)
기준외 보수로서 기본급을 보완해 주는 부가급(附加給)을 말한다. 직업의 성격과 업무조건이 복잡해지고 다양화

되기 때문에 수당제도를 통해 기본급의 미비점을 보완하고 있다. 공무원에게 지급되는 수당은 성격에 따라 상여수당·가계보전수당·특수지근무수당·특수근무수당·초과근무수당 등으로 분류할 수 있다.

## 수렴적 사고(convergent thinking)
지능검사에서 어떤 사실이나 진리에 맞는 구체적인 정답을 산출하는 것이다.

## 수뢰죄
공무원이나 그에 해당하는 사람이 그가 맡은 업무와 관련하여 금전이나 그에 해당하는 물건을 달라고 하거나 그러한 물건을 받는 것, 그러한 물건을 주고 받을 것을 약속하는 것을 수뢰죄라고 한다. 뇌물을 받은 뒤에 그에 따른 행동을 하지 않거나 할 생각이 없더라도 이 죄는 이루어진다.

## 수산사업(providing with work)
요보호자, 저소득자, 심신장애인, 가정 사정으로 취로시간에 제한을 받거나 취업능력에 한계가 있는 사람을 대상으로 취업의 기회를 제공하고 기능을 습득하게 하여 경제적 자립과 생활안정을 유지하도록 하는 사회복지사업의 하나이다. 수산시설은 작업장으로서 비교적 자유로운 취로시간과 취로가능한 일을 알선하고 지도함으로서 기능의 습득과 임금을 받을 수 있게 운영하는 것이다. 수산방법은 수산장 내에서 시설설비를 이용하여 작업을 행하는 장내 수산과 작업만을 거택에서 행하는 장외수산 그리고 재료의 지급이나 제품의 수집을 가정에서 행하는 가정수산이 있다. 일본의 경우 수산사업이 매우 발달되어 있고 제도적으로 뒷받침되고 있는데 우리나라에서도 생활보장법과 장애인복지법에 이러한 수산시설을 운영할 수 있도록 법 개정을 단행해서 저소득자와 장애인이 그 능력에 맞는 취업활동을 할 수 있도록 장려해야 할 것이다.

## 수업(instruction)
학습이 일어날 수 있도록 학습자의 내적 및 외적 조건을 체계적으로 조정하는 과정. 이 정의에서 보듯이 수업은 목적성·의도성·계획성을 가진 활동이다. 학교 교육이라는 체계적 활동을 통해 이루어지는 수업은 교육과정과 밀접한 관련을 맺고 있다. 수업할 내용의 타당성을 교육과정에서 찾아야하는 것이다. 즉 좋은 수업은 목표로서의 교육과정에 적합한 것이어야 한다. 동시에 수업은 학생들로부터 학습이 일어나도록 기대하는 것이므로, 학생들이 학습한 것과 수업한 것과의 일치도를 판단해서 수업의 질을 평가할 수도 있다.

## 수업모형(models of instruction)
복잡한 수업현상이나 수업상태를 그 특징적 사태를 중심

으로 단순화시킨 형태를 말한다. 수업모형은 수업사태의 일반을 이해하는데 도움을 준다. 가령 인체의 구조를 이해하기 위해서 실제의 인체를 보기보다는 실제의 인체 해부도를 본다거나 태양계의 구조를 이해시키기 위해서는 태양계의 모형을 보이는 경우와 같이 복잡하게 전개되는 수업현상을 그 구성변인 간의 관계를 단순화시킨 모형으로 제시함으로써 이해를 촉진할 수 있다. 또 학자들마다 다르게 설명하는 수업이론을 수업모형의 형식으로 정리하면 그 이론의 윤곽이 보다 명료하게 특징지어진다. 수업모형은 수업현상을 보는 관점에 따라 ①수업절차 모형, ②학습조건 모형, ③수업형태 모형의 세 종류로 구분할 수 있다. 수업절차 모형은 수업이 전개되는 절차 또는 단계의 특징을 중심으로 수업현상을 설명하는 것이며, 수업형태 모형은 학습조건의 차이에 따라 수업현상을 설명하는 것이며, 수업형태 모형은 교사와 학생의 상호 작용하는 관계 또는 모양에 따라 수업현상을 설명하는 것을 말한다.

### 수업목표(instructional objectives)

일정한 시간 동안을 통해 학생이 성취해야 할 행동 또는 내용. 수업의 길이에 따라 진술되는 수업목표의 수준에 차이가 있겠으나 대체로 수업목표는 구체적인 용어로 진술해야 하는 원칙으로 되어 있다. 수업할 학습 과제가 심미적인 것인 경우에는 행동적인 용어로 진술하기 힘들기 때문에 상당히 일반적인 용어로 수업목표를 진술하기도 한다. 수업목표는 수업의 방향을 결정해 줌은 물론 수업내용의 선정과 조직에 구체적 시사를 제공하며 수업결과를 평가하는데 기준이 된다. 수업목표를 분명히 제시하게 되면 교사는 쓸데없는 시간낭비를 감소시킴으로써 수업밀도를 높일 수 있게 되며 학생의 입장에서도 쓸데없는 문제에 관심을 적게 쏟아도 됨으로써 학습주의력을 높이게 되고 결과적으로 되고 결과적으로 학습밀도를 높이는데 공헌하게 된다.

### 수업연구(class work study)

수업과정을 지배하는 일반원리를 수업목표의 달성 가능성과 관련시켜 행하는 모든 현장 실천적 연구를 말한다. 수업연구는 수업이 끝나는 시점에서 학생이 보이는 학습 성취도의 관점에서 행할 수도 있고, 수업이 진행되는 과정의 분석을 통해 행할 수도 있다. 전자를 결과지향적 수업연구라 한다면, 후자는 과정 중심적 수업연구가 된다. 후자는 교사와 학생의 상호작용 관계를 중심으로 수업연구를 할 수도 있으며, 교사와 학생 사이에 제기되는 언어의 논리적 분석을 통해 행할 수도 있다. 이들 연구는 여러 집단을 비교하거나 한 집단에 대한 계속적인 관찰을 통해 이루어진다. 또 학생 측이 아닌 교사 측의 능률과 부담을 중심으로 한 연구도 계획될 수 있다.

### 수업원리(instructional principles)

수업효과와 수업과정의 적정화 또는 효율성을 높이는데 관련된 여러 변인간의 관계를 진술한 원칙. 수업에 영향을 주는 학습자 변인, 교사의 수업변인·수업환경 변인간의 상호조정 또는 각 변인 내의 구체적 요인들 간의 관계를 진술한 것을 말한다. 가령 학습자의 성공적인 학습에 강화나 보상을 제공하면 앞으로 그러한 학습이 일어날 확률이 높아진다는 것은 수업원리의 한 예이다.

### 수업참관(inspection of an instruction)

일정한 목적이나 의도를 가지고 교사가 행하는 수업장면을 관찰하는 것이다. 수업참관의 형식에는 ①장학사·교장·교감 등이 지도의 목적으로 하는 것, ②전문적인 성장을 위하여 동료교사들끼리 하는 것, ③교사 지망자의 실습형식, ④학부형 또는 지역 사회인이 참고 자료를 얻기 위해 하는 형식, ⑤위의 조건을 종합한 일종의 수업연구의 형식이 있다. 수업 참관의 주된 목적은 수업실행자의 성장을 도울 뿐만 아니라 수업 관찰자 모두의 교육적 성장을 돕자는데 있다.

### 수용(acceptance) 01

개인의 행동이나 태도를 반드시 용서하는 것과는 관계없이 인간으로서 개인의 가치를 긍정적으로 인식하는 것이다. 이러한 수용은 사회사업가에게 있어 클라이언트와의 관계성을 돕는 기본적인 요소 중의 하나로 간주되며 수용적 태도는 케이스워크에 있어 가장 중시되는 기본적 태도이다. 사회사업가는 클라이언트를 대할 때 클라이언트의 강점과 약점, 긍정적 감정과 부정적 감정 또는 건설적 감정, 혹은 파괴적 행동이나 태도를 포함해 있는 그대로의 클라이언트를 이해하고 다루어 나감으로써 클라이언트는 안도감을 느끼면서 자신의 문제와 자기 자신을 저항이나 방어 없이 표면화하게 되어 문제 해결에 커다란 도움을 주게 된다. 따라서 사회사업가는 클라이언트의 선한 면만이 아닌 있는 그대로의 현실적인 면을 바라보고 또 받아들일 수 있어야 한다. 상담 과정에서 내담자를 있는 그대로의 한 인간으로 받아들여 그의 특성 모두를 그대로 인정하고 존중하는 태도이다. 따라서 내담자에 대해 평가하지 않으며 내담자가 현재 그대로 느끼도록 행동할 권리가 있음을 인정한다.

### 수용 02

케이스워커가 면접과정에서 지켜야 하는 기본원칙의 하나이다. 사회사업가는 인간존중의 입장에서 클라이언트의 행동과 태도를 감정, 도덕, 사회규범 등의 시각에서 일방적으로 비판, 심판, 시인, 승인 등을 하지 않고 클라이언트가 현재 있는 그대로를 받아들이는 것이다. 즉 다양한 생활배경을 갖는 클라이언트의 입장과 행동의 의미를 이해하고 개별적인 문제 상황을 충분히 파악하고 내관이나 사례의 명확한 진단을 위해서 필수불가결한 원칙으로 적극적이고 능동적이며 공감적인 전문직업인의 자세이며 태도이다.

## 수용권(zone of acceptance)

타인의 권위 및 의사결정을 받아들이는 범위를 권위의 수용권이라 한다. H. A. Simon은 C. I. Barnard의 권위수용설을 계승하여 수용권이라는 개념으로 발전시켰다. Simon은 수용이 이루어지는 조건을 다음과 같이 제시한다. 즉 타인의 제의나 의사결정을 따르는 사람은 타인의 제의나 의사결정의 장·단점을 검토하고 확신을 가진 후 따르는 경우와 그 장·단점에 대해 충분히 검토하지 않고 따르는 경우, 그리고 제의나 의사결정이 잘못된 것이라고 확신하더라도 따르는 경우가 있을 수 있는데, 이 세 경우 가운데 마지막 두 경우를 권위의 수용권이라고 그는 말한다.

## 수용모형(accomodation model)

조직이 목표를 수립하고 목표의 달성방법 및 절차를 결정할 때 구성원의 목표를 고려하고 이를 수용함으로써 조직의 목표와 개인의 목표를 통합하려는 접근방법을 말한다. 자아실현적 인간관을 전제로 하고 있는 수용모형은 따라서 동기부여의 내재성(intrinsic motivation)을 강조하고 조직관리에서 자율적인 업무 성취를 지향하며 권한보다는 임무중심의 조직설계를 추구한다.

## 수용보호(indoor relief)

역사적으로 사회복지혜택의 중요한 방식으로 시설에서의 보호가 적합한 경우 수혜자가 시설에서 생활하도록 조치하여 보호하는 것이다. 구빈원(almshouse)이 수용보호의 대표적 형태라고 할 수 있다.

## 수용시설 그룹워크

수용시설에 있어서의 그룹 워크를 의미한다. 수용시설은 생활자체가 집단적으로 운영되는 것으로, 피수용자와 모든 직원과 교류의 장면이 그룹워크의 실천의 장면이 된다. 그러나 특히 시설내에 전문 그룹워크가 있는 경우에는 집단생활의 조직, 운영에 관한 프로그램, 흥미집단에 구체적 원조와 지도, 연중행사 등 레크레이션 활동의 기획운영, 취직준비 퇴원 등에 교육, 치료적 집단활동에 대한 지도조원, 볼런티아의 교육훈련 등이 그 주된 역할이 된다.

## 수용시설

시설서비스를 필요로 하는 사람들을 수용(입소)시켜서 일상생활을 돌보아 줌과 동시에 필요한 원조서비스를 하는 시설이다.

## 수월성(excellence)

생활의 모든 면에 있어서 최상의 표준에 도달하기 위한 노력. 수월성은 심리검사에 인성을 해석하기 위한 '잉크블로트(ink blot)' 처럼 각기 다른 사람에게 각각 다른 것을 의미하는 다양한 개념을 가지고 있다. 모든 개인은 포부수준과 과업수업에 대한 표준 그리고 보다 좋은 세계에 대한 희망이 각기 다를 뿐 아니라 정치·음악·문학·교육 등의 각 특수영역에 있어서 최고수준의 성취를 위한 노력의 형태가 각각 다르기 때문에 수월성을 한 가지로 규정하기는 힘들다. 그러나 수월성에 대한 모든 광범한 개념은 민주사회의 특징인 ①가치에 대한 다원적 접근, ②개인의 자아실현이라는 두 가지의 기초 위에 구축되어야 한다. 어떤 종류의 수월성은 교육체제에 의해 조장될 수 있지만 어떤 것은 교육체제의 외부에서 조장되어야 한다. 어디서 어떻게 길러진 수월성이든 간에 수월성의 정도를 측정할 수 있는 방법에는 두 가지가 있는데, 첫째의 방법은 대인간의 비교로서 가령 음악에서 우수한 사람과 그렇지 못한 사람과의 비교이고, 둘째의 방법은 최선에서의 자신과 최악에서의 자신을 비교하는 방법이다.

## 수의계약

입찰이나 경매 등 공개적인 방법이 아니고 특정한 상대방과 계약조건에 대해 의사교환을 한다음 계약하는 것을 수의계약이라고 한다. 경쟁하는 상대방이 없어 공정성이 떨어지기 때문에 공공기관이 수의계약을 한 경우 특혜시비가 일어날 수 있다.

## 수의지출

가계의 소비지출 가운데 소득의 증감에 따라 변화하는 부분. 선택적 지출이라고 한다. 주로 교양오락비, 피복비, 내구소비재 등이 이에 해당되 며 소비정체기에는 우선 절약되는 지출이다. 이에 대해 소득의 증감에 상관없이 고정적으로 지출되는 주식비, 주거비, 교육비 등을 기초적 지출이라고 한다.

## 수익

영업 활동의 결과 자본의 증가를 가져오는 것. 회계에서는 수익이 발생 하면 자본의 출자나 증자에 의하지 아니하고 자본이 증가된다. 또 수익은 영업활동의 과정에서 고객에게 제공한 재화나 용역의 가치를 화폐가치로 표시한 것이다.

## 수익률

기업이 일정한 영업기간에 올린 이익이 기업활동의 규모를 나타내는 다른 수량, 특히 매출액 또는 자본금에 대해 몇 퍼센트에 해당하는가를 나타내는 비율. 이익의 절대그액만 보고는 기업의 수익력을 알 수 없고 다른 회사와의 비교도 할 수 없으므로 이것이 수익력의 지표가 된다. 이익의 매출액에 대한 비율이 매출액 수익률, 자산에 대한 배율이 자산수익률이다.

### 수익자 부담(benefit principle) 01

공공재를 생산하는 경우, 그 소요비용을 누가 부담하느냐 하는 문제가 제기된다. 이때 수익자 부담원칙이란 사적인 재화의 소비에서처럼 공공재로부터 이익을 받거나 그것을 집약적으로 이용하는 사람에게 비용을 부담시킨다는 원칙이다.

### 수익자 부담(user charges) 02

공공적인 목적에 자원을 배분함에 있어서 그 재원을 조달하는 방법으로서 사적인 소비재와 같이 그 공공적인 시설 등을 이용하는 개인이 비용을 부담하는 것을 말한다. 가령 휘발유세는 도로의 사용자가 휘발유의 사용량에 따라 도로의 건설이나 유지를 위해서 비용을 부담하는 것이다.

### 수익자부담 03

공공서비스에 소요되는 비용을 그 수익자에게 부담시키는 재정방식을 말한다. 공공서비스는 그 이익이 특정인에게 한정되지 않고 널리 국민 전체에 편익이 제공되는 특징이 있기에 국가 또는 지방자치단체가 부담하는 것이 일반적이다.

### 수인의 딜레마

두 사람의 피의자가 있는데 쌍방이 묵비권을 행사하여 자백하지 않으면 똑같이 1년, 한쪽이 자백하고 다른쪽이 자백하지 않으면 전자는 석방되고 후자는 10년, 쌍방이 자백하면 다같이 5년을 복역하게 된다고 가정한다. 만약 쌍방이 협력하여 자백하지 않으면 쌍방에게 명백한 이익이 존재함에도 불구하고 최악의 사태를 피하기 위해 결국은 쌍방이 모두 자백하는 것과 같은 상황을 수인의 딜레마라고 한다. 이 수인의 딜레마에 대응하는 사회적 사례는 많다. 우선 공공재의 '공짜 이용'이 그 예이다. 만일 공공재가 비용을 부담하지 않는 사람에게도 이익이 갈 수 있는 것이면 사람들은 공공재의 비용을 부담하는 것보다 공짜 이용을 택하는 것이 유리하다고 생각할 것이다. 그러나 모든 사람이 이와 같이 행동한다면 결국은 비용조달이 불가능하게 되어 공공재의 생산은 중단되고 만다. 이것은 모두가 비용부담에 응하여 공공재를 생산하는 경우보다 열악한 상황인 것이다.

### 수입의존도

국민소득 또는 국민총생산에 대한 수입액의 비율을 말한다. 한 나라의 경제가 어느정도로 대외경제에 의존하고 있는가를 수입량으로 측정한 것이다. 한편 한 나라 내의 생산중에서 대외로 나가는 수출이 차지하는 비율을 수출의존도라 한다.

### 수재

공무원이 아닌 사람이 직무와 관련해 금품 등을 수수·요구할 경우 성립되는 범죄이다. 공여자에 대한 처벌규정이 없으나 금융기관의 임직원에 대해 금품을 공여한 자는 특별경제범죄 가중처벌법에 의해 5년 이하의 징역이나 3천만원 이하의 벌금에 처해진다.

### 수정예산(budget reversions)

국회가 심의중인 예산안을 행정부가 부득이한 사유로 수정하여 다시 국회에 제출하는 예산안을 말한다. 즉 행정부가 예산안을 입법부에 제출한 이후 국내외의 사회경제적 여건의 변화로 예산안의 내용 중 일부를 변경할 필요성이 있을 때, 행정부가 입법부에 다시 제출하는 예산안을 말한다. 수정예산은 입법부의 예산심의 중에 행정부가 예산편성 내용을 일부 변경하는 것을 말하는데 반해, 추가경정예산은 입법부를 통과하여 이미 성립된 예산에 대해서 행정부가 다시 편성내용을 변경하는 것을 말한다(예산회계법 제33조).

### 수정자본주의

케인스(J.M. Keynes)가 〈일반이론〉에서 설명한 개념. 원칙적으로는 자본주의의 체제를 유지하면서 자본주의의 발달에 의해 발생한 모순을 극복하기 위한 보강책이다. 제 2차대전후 영국 노동당의 정책이나 미국의 뉴딜(New Deal)정책 등이 이 이론을 적용했던 예이다.

### 수정적립방식

공공연금의 재원조달방식의 하나. 적립방식을 전제로 하면서 수정해 가는 방식. 건강보험, 국민연금과 함께 원칙적으로 5년마다 재정재계산을 행할 것을 의무화하고 있지만, 건강보험·국민연금이 재정재계산기간에 급여의 개선이 행해져 왔기 때문에 당초보다도 급여비가 증대한다. 그것을 후대의 피보험자 등의 부담으로 대응해 실질적으로 부과방식에 가깝다.

### 수직적 공평성(vertical equity)

상이한 사람들을 서로 다르게 취급하는 것(unequal treatment for unequals)을 말한다. 수직적 공평성은 사람들이 인간의 존엄과 인격면에서는 동등하지만 능력 등 다른 측면에서 차이가 있는 경우 불평등하게 취급할 것을 처방한다.

### 수직적 분화(vertical differentiation)

조직 내의 책임과 권한이 나누어져 있는 계층의 양태를 말한다. 조직은 계층의 수에 따라 통솔범위나 감독범위(span of control)가 달라지며, 계층의 수와 통솔범위는 반비례한다. 계층제는 상관이 부하를 조정 통제할 수 있도록 하며 계층의 높이에 따른 차별적인 보상을 통해 조직 구성원들의 근무의욕을 자극시킨다.

### 수직적 의사전달(vertical communication)

조직의 상하계층제를 따라 수직적으로 이루어지는 의사

전달을 말한다. 수직적 의사전달은 다시 하향적 의사전달과 상향적 의사전달로 나누어 볼 수 있다.

## 수질오염(water pollution)

공해대책기본법에 따라 공해로 규정된 7가지 공해 중하나. 사업 활동에 따라 배출된 유해유독물질로 하천이나 강, 바다 등의 수질이 유해화하고, 인간생활이나 건강에 영향을 미치는 현상. 역사적으로는 대기오염의 예와 같이 광산이나 공장이 원인인 경우가 압도적으로 많지만 오늘날에는 폐유나 빌딩의 폐수, 각 가정의 생활폐수도 심각한 문제다.

## 수평적 공평성(horizontal equity)

동일한 것을 동일하게 취급하는 것(equal treatment for equals)을 말한다. 수평적 공평성은 모든 사람이 인간의 존엄과 인격면에서 동등하기 때문에 기계적으로 동일하게 취급되어야 한다고 주장하는 경우의 공평성을 말한다.

## 수평적 분화(horizontal differentiation)

조직이 수행하는 업무를 그 특성에 따라 조직 구성원들이 나누어 수행하는 양태를 말한다. 수평적 분화는 부문화(departmentation)와 직무의 전문화 등으로 나타난다. 부문화의 대표적인 예는 행정부의 각 부처청의 구분이다. 직무의 전문화는 부문화된 업무들의 집합을 보다 세분하여 특수화 한 것으로 분업라고 부른다.

## 수평적 의사전달(horizontal communication)

수평적 의사전달은 계층제상의 지위가 같은 사람들끼리의 횡적인 의사전달을 말한다. 횡적인 의사전달 가운데서도 사각적(斜角的) 의사전달은 계층제상의 지위가 다르고 직속 상관이나 부하의 관계에 있지 않는 사람들 사이의 의사전달을 말한다.

## 수평조직(horizontal organization)

업무과정을 중심으로 조직을 설계하여 조직 내의 수직적 계층이 감소된 조직을 말한다. 이러한 수평조직은 조직의 구조를 부서간 기능이 아니라 업무흐름 또는 업무과정을 중심으로 설계하며, 조직의 수직적 계층을 줄여 키작은 조직으로 만들고, 경영진의 과업을 하위계층으로 위양한 조직으로 그 기본요소는 자율경영팀(self managed team)이 된다.

## 수형자

징역형·금고형 또는 구류형을 선고 받아 그 형이 확정된 자와 벌금을 완납하지 아니하여 노역장 유치명령을 받은 자. 형의 집행을 받는 자. 넓은 뜻으로는 형의 집행을 받는 모든 자를 뜻하나, 좁은 뜻으로는 구금(拘禁)이 수반되는 형(자유형)의 집행을 받고 있는 자를 뜻한다.

미결수용자(未決收容者)나 보호처분에 의해 소년원에 수용된 자는 이에서 제외된다. 만 20세 이상의 수형자는 교도소(矯導所)에, 미성년인 수형자는 소년교도소에 수용한다(행형법 2조 2·3항). 예외적으로 같은 교도소에 수용할 때에는 성년과 미성년을 분리수용하며, 남자와 여자는 격리수용한다(3·4조). 수형자는 원칙적으로 독거수용(獨居收容)하며, 혼거수용(混居收容)하거나 작업장에서 취업시킬 때에는 형기(刑期)·죄질·성격·범수(犯數)·연령·경력 등을 참작하여 구별수용한다(11조). 수형인에게는 원칙적으로 특정의 의류·침구·식량 기타의 상용기구를 급여하고, 머리털과 수염 등을 짧게 깎으며, 질병의 치료를 하여 준다(20·23·26조, 행형법시행령 73 - 91조). 수형자는 개별적인 심사·분류에 따라 그에 상응하는 분류·처우를 받으며, 규칙적인 생활을 한다(행형법 44조). 징역형 수형자는 국경일·공휴일을 제외하고 작업에 종사하여야 하며, 금고·구류형을 받은 수형자는 신청에 의해 작업할 수 있다(35 - 38조). 그 작업에 대해는 작업상여금을 석방할 때 지급한다(39조). 접견(接見:면회)·서신·목욕·이발의 횟수(回數) 등에도 제약이 있고, 음주·흡연 등은 금지된다(18·19조, 행형법시행령 93·95·83조). 수형자가 규율에 위반하면 징벌을 받게 되며(행형법 46 - 48조), 도주하면 형법의 도주죄로 처벌된다. 수형자에 관한 법령으로는 행형법·행형법시행령·행형법시행규칙, 귀휴시행규칙(歸休施行規則)·수형자 등 호송규칙, 가석방심사 등에 관한 규칙·군행형법(軍行刑法)·군행형법시행령 등이 있다.

## 수형자 분류심사제도

형법 제11조 제2항 규정에 의해 수형자의 형기·죄질·범수·성별·연령 및 경력 등을 참작하여 거실과 작업장을 구별하는데 그쳤다. 이러한 종래의 분류수용을 수형자의 개성과 능력 및 범죄원인을 과학적으로 진단·분류하여 수형자의 개별처우의 교정을 기하기 위해 1964. 7. 14. 예규 교39 법무부장관 훈령으로 수형자 분류조사방안을 제정, 실시하여 오던 중 분류조사와 행상심사를 일원화한 교정누진 처우규정을 1969. 5. 13. 법무부령 제111호로서 공포·시행하기에 이르렀다.

## 수화법(sign language)

청각장애아에 대한 언어교수법의 하나다. 언어획득과 의사전달의 수단으로서의 수화(기호화한 손짓이나 몸짓)를 가르치는 방법이다. 수화는 대화가 적기 때문에 지문자 등에 의해 보완할 필요가 있다. 이와 같이 수지를 사용한 기호는 수지언어(manual language)라 한다. 수지기호에는 음소, 문자, 의미레벨의 것이 있는데 문자레벨은 지문자에 해당하며 의미레벨의 것은 수화에 해당한다.

## 순계예산(net budget)

총액예산에 대비되는 용어로, 국가활동에 있어 국고가 수납(收納) 또는 지출금액의 전액을 예산에 계상하지 않고 순수입(純收入)과 순지출(純支出)을 계상하는 예산제도를 말한다. 즉 조세수입이면 조세의 총수입액에서 징세비를 공제한 잔액, 관업수입(官業收入)이면 총수입액에서 경영비를 공제한 순익을 세입예산에 계상하고, 교육비는 총경비에서 입학금·수업료 등을 공제한 잔액을 세출예산에 계산하는 제도다. 이러한 순계예산은 과거에 있었던 제도이며 오늘날 각국은 총계주의에 의한 총액예산 제도를 적용하고 있다.

## 순국민복지(net national welfare)

국민의 복지는 이론적으로 국민개개인이 재질·용역으로부터 얻는 효용이나 만족도를 합계하여 그 수준을 나타내어야 할 것이다. 그러나 주관적인 효용·만족도는 계량화가 어렵기 때문에 재질·용역의 생산액이나 소비액으로 표시한 국민소득이 국민복지와 비례관계가 있다는 가정하에 국민소득이 국민복지의 대변수로 흔히 이용되고 있다. 이에 대해 국민소득개념은 재화·용역의 가격과 그 질적변화는 물론 소득분배가 반영되지 않고 한경파괴·도시화·교통사고·각종 재해와 같은 복지조해적인 요인과 사회적비용, 나아가 여가시간의 증대·내구소비제로부터 얻는 편익 등 복지증진적 요인 등이 반영되지 못하므로 이러한 여러 가지 요인을 감안하여 기존의 국민소득계정을 수정·보완하여 제시된 것이 국민순복지의 개념이다. 국민순복지를 측정한 사례로서는, 사메트)Sametz, A. W.)의 복지국민총생산(Welfare GNP), 토빈(Tobin, J.)의 경제적복지측정(measure of economic welfare : MEW), 토빈의 방법을 이용하여 일본경제기획청이 시사한 바 있는 순국민복지(net national welfare of Japan : NNW)사무엘슨(Smuelson, P. A.)의 순경제적 복지(net economic welfare : NEW)등을 들 수 있다.

## 순응(adaptation)

환경에 대응하여 일어나는 유기체내의 변화. 이러한 변화들은 특정 환경과의 상호작용을 촉진시킨다고 가정된다. 피아제(J. Paget)의 이론에서 중심적인 역할을 한다. 순응에는 동화작용(assimilation)과 조절작용(accommodation)이 포함된다.

## 순직부조금

공무원이 공무상 질병 또는 부상으로 인하여 재직 중 사망하거나 퇴직 후 3년 이내에 그 질병 또는 부상으로 인하여 사망한 때, 그 유족에게 지급하는 유족 급여의 하나를 말한다. 순직부조금의 액은 공무원 또는 공무원이었던 사람의 보수월액(報酬月額)의 36배에 상당하는 금액이다.

## 순차적 면접(consecutive interviewing)

여러 명의 면접시험관들이 각각 개별적으로 면접하는 방식을 순차적 면접이라고 한다. 이에 반해 동시면접(同時面接, simultaneous interviewing)은 여러 명의 면접시험관들이 한 자리에 모여 면접하는 방식을 말한다.

## 순환보직(rotation)

피훈련자를 일정한 시일의 간격을 두고 여러 다른 직위·직급에 전보 또는 순환보직시키면서 훈련을 시키는 방법을 말한다. 이러한 훈련방법은 여러가지 보직을 담당하는 과정에서 시야와 경험을 넓히고 관리능력을 향상시키는 장점이 있는 반면에, 전보가 빈번히 이루어지는 경우 업무 수행의 전문성과 능률성을 저하시키고 행정의 일관성을 해칠 우려가 있다.

## 순회교육(extension service)

필요한 정보의 입수가 용이치 않은 도서·벽지지역을 해당분야의 전문가가 순회하면서 강연이나 시범을 통해 새로운 지식이나 기술을 필요한 사람들에게 직접 전달해주는 비형식적인 교육제도. 가령 농촌지도소의 지도요원이나 계몽반원이 벽지를 순회하면서 그 지역의 실정에 맞는 농사법이나 새로운 품종에 대한 정보를 강의와 시범을 통해 주민들에게 알려주는 방법이 여기에 속한다.

## 순회보육(mobil nersery service)

보모가 일정한 날에 순회해서 광장 등을 이용해 인근에 사는 유아들을 모아 보육하는 것을 말한다. 현재 유치원, 보육소의 시설이 부족한 지역이나, 유치원에 들어가지 못한 저연령의 유아를 위하여 일정한 날에 관계기관에서 보모를 파견·순회시켜서 놀이의 지도 등을 하고 있다.

## 순회입욕서비스

집안에만 누워있는 노인은 입욕이 어려워 수건으로 닦는 데 그치는 경우가 많다. 일본에서의 노인홈에서는 누워만 있는 노인을 위해 특수욕조를 개발하여 보급하고 있고 이 욕조를 간편화해 차에 설치해서 입욕의 혜택을 받지 못하고 집안에 누워만 있는 노인을 방문해 욕조를 방에 들고가 목욕시키는 서비스가 행해지고 있다. 입욕차는 노인 홈에 배치된 경우가 많지만 입욕서비스의 방법은 각 지역마다 다르다. 개호보조원 2 ─ 3명이 순회계획에 따라 가정방문을 해 입욕일체의 서비스를 행하고 있는 곳도 있다.

## 순회진료(traveling clinic)

섬, 벽지 등에 진료반을 파견해 진료를 행하는 것이다. 오늘날 일본은 사회복지사업법에 의해 무료저액진료사업의 적용기준에 지구의 위생당국 등과 제휴하여 정기적으로 산간벽지나 의사가 없는 지역 등에 진료반을 파견하도록 하고 있다.

### 숨은 비행(hidden delinquency) 01
실제로 발생했지만 경찰이나 검찰과 같은 관련기관에 의해 적발되지 않아서 공식적인 비행통계에 포함되지 않은 비행을 의미한다. 검찰이나 경찰에 의해서 인지 혹은 적발되어 기록된 비행이나 범죄사건 이외에도 드러나지 않은 비행이나 범죄행위가 적지 않을 것으로 추정하는 학자들이 많다.

### 숨은 비행 02
겉으로 드러난 비행 이외의 알려지지 않은 비행을 가리키는 것으로 공식통계에 나타난 비행 보다는 이 숨은 비행이 훨씬 많다. 청소년 비행의 양, 유형, 원인, 통제 등의 특징을 알기 위해서는 그들의 숨은 비행을 연구해야 하는데, 분석결과에 따르면 숨은 비행의 유형에는 은둔비행(95%)이 가장 많고 의도적 반항, 폭력비행, 재산비행 등이 있다. 이러한 비행의 발생요인 중 가정의 분위기는 가장 핵심적인 매개인자가 되고 있다.

### 슈바르츠(Schwartz, William)
1960년 이래 미국을 대표하는 그룹워크이론가의 한 사람으로서 콜롬비아대학교수를 역임하였다. 1961년 〈The Social Workers in the group〉이라는 논문을 발표하고 그룹워크를 사회사업의 이론속에 포함시켜 주목을 받았다. 그의 사회사업 이론은 일반적으로 매개적 그룹워크 혹은 상호작용 모델로 불려지며, 타인과 그 사회의 상호작용에 초점을 두고 개인과 사회의 쌍방을 원조하려고 하는데에 그 특색이 있다.

### 슈퍼바이져
슈퍼바이져는 슈퍼비전을 담당하는 전문가로서 시설 내의 직원을 지도 감독하고 상급 행정기관이나 경영 주체에 소속하여 현장기관, 시설의 직원을 지도, 감독하는 자이다. 사회복지기관, 병원 등에서 슈퍼비전을 담당하는 실무경험이 많고 훈련된 사회사업가를 말한다.

### 슈퍼비전(supervision) 01
구체적인 케이스에 관해 사회사업가가 원조내용을 보고하고 슈퍼바이져는 설명된 자료를 토대로 클라이언트나 가족의 상황을 이해하고 면접 등 원조방법에 관해 조언을 주거나 음미하도록 하는 교육훈련 방법이다. 사회사업가의 숙련도에 의해 케이스를 법적으로 처리하기 위해 행정적 관리적인 방법과 교실에서 습득한 전문적 개념을 구체적인 원조측면에 응용할 수 있도록 한다. 교육적인 측면과 케이스 처리에 필연적으로 나타나는 사회사업가의 버릇이나 행동경향 등을 자각시킨다. 자기 지각적인 측면이 있다. 의사 등 타전문가와 주의해서 조언을 얻을 경우는

자문(consultation)이라 한다. 슈퍼비젼은 개인과 집단(10인 정도)으로 나누어 지도하는 경우도 있으며 학생실습의 경우를 학생 슈퍼비젼(student supervision)이라 하기도 한다.

### 슈퍼비젼 02
사찰지도를 말하며 기관시설 내에서 이미 전문교육을 받은 직원을 대상으로 기관, 시설의 운영 과정에 따른 개인의 가치, 판단 업무를 상대의 입장에서 이해하려는 것으로 보다 나은 사회사업가가 되도록 지도, 감독하는 활동을 말한다.

### 슈퍼비젼 03
사회사업 기관에서 광범위하게 사용되는 교육적이고 관리적인 절차로서 사회사업가가 그들의 기술을 더욱 새롭게 다듬고 개발해서 클라이언트에게 보다 양질의 서비스 기능을 제공하도 돕는 것이다. 행정적으로 슈퍼바이져는 종종 가장 적합한 사회사업가에게 사례를 할당해서 개입 계획과 문제 사정을 토론하고, 사회사업가의 클라이언트와의 접촉 과정을 재검토한다. 사회사업가가 사회사업의 철학과 기관의 정책을 좀 더 잘 이해하도록 돕는 것과 연관된다. 그리고 기관과 지역사회의 자원을 알고 자신에 대한 경각심을 더욱 고취시켜 활동적으로 솔선수범토록 격려하고 지식과 기술을 새롭게 하도록 돕는다. 슈퍼비젼의 또 다른 기능은 시스템을 유지하는 동안 스텝의 도덕성을 증진시키는 것이다.

### 스멀리(Smalley, R.)
미국의 사회사업 학자 로빈슨이나 태프트에 의해서 발전시켜온 케이스워크에 있어서 기능적 접근 또는 기능주의 이론을 계승하여 심화·확대시키는데 공헌한 제 1인자이었다. 1969년까지 펜실비니아(Pennsylvania)대학의 사회사업대학원에서 활약하고 많은 영향을 주었다. 그의 저서인 〈Theory for social Work Practices(1967)〉는 기능적 접근방법의 발전에 있어서 회기적인 의의를 갖는 업적으로서 평가되고 있다.

### 스캔론 계획(scanlon plan)
1935년 노동운동가 Joseph Scanlon이 개발한 상여금제도를 말한다. 총생산비용에 대한 노동비용의 비율을 기준으로 상여금을 산정하는 이 제도는 노동 비용의 비율이 표준노동비용 비율보다 낮아지면 그로 인해 생긴 이윤을 고용주·노동자·사내유보(社內留保)의 세 몫으로 나누어 분배하는 방식을 말한다.

### 스키머이론
인간의 기억 속에 축적된 지식구조인 스키머에 관한 이론. 이 형식을 제안한 사람은 D.라멜하트이지만 스키머

라는 용어는 영국의 심리학자 C. 버트레트의 논문 〈기억〉.(1932)에서 나온 말이다. 버트레트의 스키머란, 처음에 본 고양이의 상을 기억해 그림에 그리고, 다음 사람에게 그 고양이를 전해나간다는 상황을 설정해, 인간의 기억 속에서 고양이의 모양이 어떻게 변해가는가를 고찰한 것이다. 즉 기억이라는 게 사람들에 의해 어떻게 주관적 조직화를 이루어 나가는가를 본 것이다. 지식표현 형식으로서의 스키머는 M.민스키의 프레임이론과 공통되지만 한발짝 나아가 인간이 어떤 지식에 대해 가지고 있는 의미의 프로트타입이 강조되고 있다. 그리고 우리의 일상상황에 따라 스키머가 어떻게 구체화되고 적용되는가의 기능을 고찰한다. 인지과학의 입장에서 이 이론은 학습이나 유추의 분야에서 중요한 역할을 하고 있다.

## 스킨쉽(skinship)

피부접촉육아법. 미국에서 제창되고 있는 육아법은 유아의 심신안정에 필요한 어머니의 애정은 포옹, 수유 등 직접적인 피부접촉에 의해 전해져야 한다는 것이다. 우리나라에서는 예로부터 아이를 업어 주는 일이 많아 스킨쉽이 너무 지나친 것으로 생각되었으나 최근에는 스킨쉽이 부족한 어머니들이 늘고 있다. 그 때문에 어머니의 애정을 모르게 되어 비정상적인 행동을 하는 아이들도 늘어났다. 스킨쉽의 형태는 나이에 따라 다르지만 사춘기에 들어서기까지 필요하다.

## 스타트 업 펀드

벤처기업의 창업을 돕기위해 조선된 기금, 중소기업 창업 및 진흥기금 등 3개의 공공기금을 주요 재원으로 한다. 향후 2002년가지 약 1000억 원 규모의 스타트 업 펀드가 조성될 예정이다.

## 스텐포드 비네 법(Stanford Binet test)

1964년 L. M. 타만에 의해 비네 시몬지능검사법이 개정되어 미국에 보급되었다. 이 지능지수검사법이 실용화되어 지능을 단계화(140 이상을 천재, 90 – 100을 보통, 70 이하를 정신지체로 분류)하고 지능측정의 기준적 토대를 구축했다.

## 스핀 아웃

경영조직은 보통 경리부, 인사부, 영업부, 제조부 등과 같이 직능별로 구분되어 있다. 이것을 직능별 조직이라고 말하는데 이 조직으로부터 예컨대 인사부가 갈라져 나와 인재개발 전문회사로 되는 것과 같은 경우를 스핀 아웃이라고 말한다.

## 스핀햄랜드제도(speenhamland system)

1795년 잉그랜드남부 버크셔주의 치안판사들이 스핀햄랜드에서 구빈법의 원외구제를 목적으로 실시한 것이다. 빵의 가격과 가족의 수에 따라 최저생활기준(speenhamland bread scale)을 선정해 실업자 및 저임금노동자에게 구빈세에 의한 수당을 지급하는 과도적인 임금보조 제도이다. 영국에서는 당시 산업혁명과 농업혁명의 진행에 의해 농업 노동자의 보조적 수입원이 끊겨 임금저하와 물가저하 등에 따라 곤궁상태가 악화되었고 프랑스혁명이 민중에게 영향을 미치기 시작했다. 이와 같은 상황에서 산업예비군을 유지할 필요나 사회운동의 진전을 방지할 필요에서 지주의 이해를 중심으로해 이 제도는 각지에 급속하게 파급되었다. 그러나 산업혁명기의 모순에 대한 대응이었기 때문에 그 뒤 대비전쟁의 종결, 불황의 심각화에 의해 소규모화 되고 지배계급의 폐해가 심해 1834년 구빈법위원회의 권고에 따라 폐지되었다. 길버드법에 이어지는 개혁이기에 양법을 합해 길버드 · 스핀햄랜드 체제라 칭하기도 한다.

## 슬럼(slum)

도시빈곤계층의 과밀집 주거지역을 말하는 것으로 한때 빈민굴이라 했다. 슬럼은 도시전체에서 격리되어 있고 주민은 부정기적인 단순노동자이며 불량주택과 환경, 위생 상태가 특징이다. 독신자 중심의 싸구려 여인숙이 아니고 가족단위이며 그 주거가 아무리 판자집이라고 해도 정착성이 강하다. 근대도시발달의 초기 슬럼은 도시로의 이주자에게 잠자리를 제공하는 사회적 여과역할을 했다.

## 슬럼플레이션

불황하의 인플레이션. 불황을 의미하는 슬럼프(slump)와 인플레이션(inflation)의 합성어. 문자 그대로 불황 하에서도 인플레이션 수습이 안되는 것. 스태그플레이션에 비해서 경기의 침체가 더욱 심한 상태를 말 한다. 영국의 〈이코노미스트〉지가 1974년말부터 75년에 걸쳐 인플레이션이 멈추지 않고 세계적인 불황에 휩쓸릴 위험성이 있다고 지적한 가운데 이 말을 쓴 것이 처음.

## 습관(habit)

반복시행을 통해서 쉽고 친숙해진, 따라서 심사숙고나 주저함이 없이 자동적으로 하게 되는 행위 또는 반응양식이다. 엄격히는 신체동작에만 적용되나 넓게는 어떤 조건이 일정하게 지속됨에 따라 갖게 되는 사고방식이나, 표현방식 · 태도 등에도 적용된다.

## 승급(within grade salary increase)

같은 계급 또는 등급 내에서 호봉이 높아지는 것 을 말한다. 승급은 계급이나 직책의 변동을 수반하지 않는다는 점에서 승진과 구분된다. 승급은 인사제도로서 두 가지 의미를 지닌다. 즉 승급은 근무연한이 길어짐에 따라 직무 수행 능력이 향상되는데 따르는 보상의 의미를 지니는 동시에, 관리적 측면에서 근무의욕을 고취하는 수단이 된다.

## 승진(promotion) 01

계층제 조직의 상위직위에 결원이 발생하였을 경우, 이 결원을 하위 직위의 재직자로 충원하는 것을 말한다. 승진은 일반적으로 직무의 곤란도와 책임의 증대를 의미하며 보수의 증액을 수반한다. 승진의 종류는 성격에 따라 일반승진과 특별승진으로 나뉘어진다. 그리고 시험의 부과 여부에 따라, 승진시험에 의한 승진과 시험에 의하지 않는 승진으로 나눌 수 있다. 승진후보자를 선발하는 기준으로는 대부분의 국가에서 실적과 경력을 이용한다. 실적은 시험성적, 근무성적, 교육훈련성적 등을 의미하며 경력은 근무연한, 학력, 근무경력 등을 나타낸다.

## 승진 02

현재 담당하고 있는 직무보다 책임과 권한이 한층 무거운 상위의 직위로 이동하는 일. 승진은 상위의 직위로 이동한다는 점에서 동일한 책임과 권한의 다른 직위로 수평적으로 이동하는 배치전환(配置轉換:transfer)과 구별된다. 승진에는 권한과 책임의 증대뿐만 아니라 위신의 증대, 급여나 임금의 증가 등이 뒤따르는 것이 보통이다. 따라서 승진은 종업원에게 동기를 부여하여 근로의욕을 증진시키고, 종업원의 잠재능력을 발휘하는 기회를 제공하는 중요한 수단이 된다. 기준은 본질적으로 업적 및 성과와 장래에 있어서의 능력발휘에 대한 기대가능성이다. 이러한 기준이 적용됨으로써 비로소 능력주의(能力主義)내지 실력주의에 따른 인사가 이루어질 수 있다. 승진 결정의 기초로는 정실주의(情實主義)·연공주의(年功主義)·학력주의(學力主義)·능력주의 등이 있다. 한국에서는 종래의 정실주의를 배격하기 위하여 연공주의와 학력주의를 기반으로 하는 연공승진제도가 주로 채택되어 왔다. 연령과 학력은 극히 객관적인 척도라 할 수 있다. 그러나 근래에 와서는 능력주의의 도입이 급속하게 진전되어 감독직까지의 승진에는 연공과 학력이 아직도 큰 비중을 차지하고 있으나 관리직으로의 승진 이후로는 능력주의가 완전히 지배적으로 되어 가고 있다. 그러나 승진 인사에 대해 공평과 객관성을 유지하기 위해서는 근속 연수와 함께 각인의 능력개발의 진전에 따라 승진을 행하는 경로를 미리 계획하여 승진을 체계적으로 추진해 가는 계획적 승진제도(計畵的昇進制度:planned promotion system)를 확립해야 한다.

## 승화(sublimation) 01

정신분석 이론에서 사용되는 개념으로서, 원시적이고 사회적으로 받아들여지기 어려운 동기나 욕구를 사회적으로 용납될 수 있는 동기나 욕구로 대치시키거나 발전시키는 일. 정신분석에서는 원시적인 욕구와 본능을 문화적인 동기로 대치함으로써 문화가 발달되는 것으로 설명하고 있다.

## 승화 02

정신분석학에서 사용되는 용어로 방어기제(defence mech anism)의 한 가지이다. 그대로 표출될 경우에는 사회적으로 제재를 받을 수 있는 원초아(id)의 본능적 충동을 예술, 스포츠 및 문학 활동 등과 같이 사회적으로 수용될 수 있는 방향으로 바꾸어 표출하는 무의식적 과정 혹은 작용을 말한다.

## 시각장애(visual disability)

물체를 식별하는 시력의 기능에 장애를 가진 것을 말하며 시력장애와 시야장애를 포함한다. 장애인복지법시행령 제2조에 규정한 시각장애인의 기준은 두 눈의 시력이 각각 0.1 이하인 자(만국식 시력표에 의한 교정시력) 한눈의 시력이 0.02이하, 다른 눈의 시력이 0.6 이상인 자 두 눈의 시야가 각각 10도 이내인 자 두 눈의 시야의 2분의 1 이상을 상실한 자로 되어 있다. 시각장애에 있어서 시력이 전혀 없는 상태를 전맹, 장애인의 눈에 광선을 조명했을 때 이를 인식할 수 있는 상태를 광각, 눈앞에서 손을 좌우로 움직일 때 이를 알아볼 수 있는 정도를 수동(면전 30), 자기 앞 전방의 손가락 수를 헤아릴 수 있는 상태를 지수로 표현한다. 그리고 일반 활자를 읽을 수 없으나 시력으로 일상생활을 할 수 있는 상태를 약시라고 하며 태어나면서 보지 못하는 선천맹(4세－7세 이하 실명 포함)과 중도에 시력을 잃은 후천맹이 있는데 선천맹은 평생토록 빛, 색, 윤곽 등을 잘 이해하지 못하나 후천맹은 기억 속에 시간 잔상이 남아 있어서 여러 가지 모습을 떠올릴 수 있다.

## 시각장애인 01

시각장애는 1－6급으로 나뉘지만, 크게는 전맹과 저시력으로 구분된다. 한국시각장애인연합회 회원은 14만 명이지만 미등록 장애인을 포함하면 모두 29만여명으로 추산된다. 이중 직업을 가진 이는 30－40%에 불과한데, 안마, 지압사가 가장 많고 역술인, 사회복지사 등도 있다. 시각장애인을 부르는 다른 용어 중 '장님'은 눈이 먼 사람을 뜻하는 '소경', '봉사'를 높여 부르는 말인데, 대부분의 시각 장애인들이 어린 시절 놀림을 받을 때 듣던 말이어서 어감이 좋지 않게 변했다. '맹인'은 '봉사', '소경'의 한자어로 시각장애인들 스스로 쓰는 경우가 많다. 가능하면 사회적 존중과 배려가 담긴 시각장애인으로 부르는게 바람직하다. 흰 지팡이는 시각장애인 전용이다. 따라서 1차 세계대전 당시 프랑스에서 공식 채택된 이후 전세계적으로 일반 지체장애인이나 노인의 보행 때는 금지되어 있다.

## 시각장애인 02

재활시설 지체장애인 재활시설의 심리·사회적 재활에

기준하여 실시해야 하며 직업재활에 관해서는 시각장애인에게 적합한 과목의 직업훈련을 하도록 노력하고 다음의 준비훈련 및 기능훈련을 실시해야 한다. 입소자의 일상생활에 필요한 시각 및 동작에 숙달되도록 생활훈련을 실시 안전보행에 필요한 훈련실시 점자·타자 등 의사소통훈련을 실시해야 한다.

## 시간연구(time study)

근로자의 공정한 하루 작업량을 설정하기 위해, 근로자가 수행하는 개개 작업을 분석하여 각각의 기본동작에 드는 요소시간(要素時間)을 조사하는 것을 말한다. 각 기본동작의 요소시간과 휴게 등 불가피한 여유시간을 참작한 것이 표준 시간이다. F. W. Taylor는 이러한 표준시간의 개념을 이용하여 노동능률 = 실제작업시간 / 표준작업시간으로 규정하였다.

## 시간적 오류(recency error)

평가기간 전체의 실적이 아니라, 최근의 실적이나 능력을 중심으로 평가함으로써 발생하는 오류를 말한다. 근무성적 평정은 대개 1년 내지 6개월로 된 전체 평정기간의 근무성적을 평가하도록 되어 있지만 대체로 전체 기간의 근 무성적을 종합하여 평정하지 못하고 최근의 근무성적에 대한 인상을 가지고 평정하는 경향이 있다.

## 시계열(time series)

시간의 경과에 따라 연속적으로 관측된 관측값의 계열을 말하는 것으로써 동일한 시간간격으로 측정되는 것인데 측정한 시간에서만 취하는 시계열을 이산시계열(Discrete time series)이라 하며, 같은 시간 구간에 걸쳐 동시적으로, 또 순서적으로 배열된 이러한 시계열의 특징은 연속적인 관측값이 대개 독립적이 아니며 반드시 시간순서에 따라 관측값을 분석해야 한다는 점이다. 이 시계열은 대개 4개의 성분(추세, 계절, 순환,불규칙성분)으로 분해한다.

## 시계열 모델

머리 글자를 따서 ARAM 모델 또는 ARIMA 모델이라고도 한다. 경제가 사람들의 과거지식과 경험에 기초한 행동에 따라 움직이고 있음을 중시한 시계열분석의 사고방식을 기초로 한 모델.

## 시계열 분석(time series analysis)

어떤 계량변수의 연속적인 관찰치를 토대로 미래 특정시점의 값을 예측하는 방법을 말한다. 시계열이란 연속적으로 이어진 단위시점마다 취한 어떤 계량변수의 정돈된 관찰치의 집합을 의미한다. 시계열분석은 보통 분기별, 월별, 또는 주별 데이터를 이용한다.

## 시너지 효과

시너지는 원래 전체적 효과에 기여하는 각 기능의 공동작용·협동을 뜻하는 말로 종합효과, 상승효과라 번역된다. 기업에서는 특정 생산자원을 다면적으로 활용하여 시너스효과를 추구한다. 시너지란 H.I. 앤조프에 따르면 기업이 새로운 제품, 시장분야에 진출할 경우 '기업과 제품시장 간에 적합성을 가져오는 바람직한 특징과 조건에 관계되는 것'. 기업활동에서 대기업 1사와 소기업 10사의 매출액이 똑같을 경우 일반적으로 광고·판매·유통·생산·연구개발 등 사내자원은 공유할 수 있는 면이 많으므로 그만큼 대기업의 제품 코스트가 소기업의 제품보다 유리하고 상승효과나 누적효과가 보다 크게 기능함으로써 큰 이익을 얻을수 있다. 판매 시너지, 조업 시너지, 투자 시너지, 경영 시너지가 주로 기업의 내 부관리상의 시너지라면 기업이 놓여 있는 환경조건의 시너지도 중요하 다.

## 시뮬레이션(simulation)

현상의 복잡한 과정을 이해하기 위해 분석대상 현상을 모형화하고 이 모형을 이용한 모의실험을 통해 실제 상황을 해석하는 기법이다. 이러한 시뮬레이션 기법은 전기전자·기계 계통의 물리적인 시스템뿐만 아니라 사회·경제·군사 등의 영역 에 있어서도 널리 활용되고 있으며, 공무원훈련 방법으로도 이용된다.

## 시민사회(civil society)

여러 의미로 사용되지만 기본적으로는 근대 시민혁명을 계기로 자각된, 자유롭고 독립적인 인격으로서의 시민이 소유물을 교환하거나 의사를 소통하거나 하는 사회를 의미한다. 그러나 그 같은 사회는 실제적으로 완전한 형태로 실현되지 않았으므로, 근대 사회 그 자체인 자본주의 사회를 의미하는 경우도 많다. 홉즈의 경우, 시민사회는 로마 교황 = 카톨릭 교회로부터 독립한 사회이며 이 사회의 존립의 필요에서 정치권력을 설정하는 것이었다. 그 후 로크, 루소, 퍼거슨(A. Ferguson), 스미드 등은, 분업과 소유를 기초로 하는 시민사회를 파악하려고 노력했지만 그 경우, 시민사회는 동시에 정치사회이기도 했다. 몽테스큐의 〈법의 정신〉이 처음으로 명확하게 시민사회(l' etat civil)와 정치사회(l' etat politique)와를 구별했는데, 이 시민사회를 국가와의 구별과 연관 속에서 위치 부여한 것은 헤겔이다. 거기에서는 〈욕구의 체계〉로서의 시민사회는 인륜적 이념이 분열한 과적 단계이며, 국가에로 지양되어야 한다는 것이었다. 맑스는 헤겔의 국가론의 관념성을 비판하고, 시민사회야말로 현실의 인간의 생활의 장소라고 했는데, 동시에 근대 시민사회가 자본주의 사회로서 인간의 자기소외와 체제적 모순을 내포하는 것을 분명히 하고 이 사회의 근본적 변혁을 목적으로 삼았다. 그 후, 시민사회 = 부르주아적 사회 = 자본주의

사회라는 인식이 보급되었는데, 시민사회의 본래의 의미를 재인식하고 맑스가 목표로 한 것도 생산 수단의 사회적 소유에 바탕을 둔 새로운 시민사회였다고 하는 견해도 나타나고 있다.

## 시민상담

회의 급격한 변동과 복지서비스의 복잡화, 다양화, 전문화 됨에 따라 시민의 일상생활제문의 처리에 유효한 조언이 필요하게 되었다. 이들 상담사업에는 민간의 독자성을 살린 영국의 시민생활상담소(Citizen's Advice Bureau)와 일본의 각종 생활상담사법에 있어서 각 지방자치체에 시민상담의 한 형태로서 행정통합상담소와 문제별 전문상담기관을 개설하도록 하고 있다.

## 시민생활상담소(citizen's advice bureau)

1938년 영국의 전국사회복지협의회에 의해 개설되어 전 영국에 900개 소(1983년)로 발전해온 민간의 상담기관이다. 사회의 급격한 변동과 사회복지의 다양화·전문분화에 대응해 필요성이 증대되어 창설초기에는 자원봉사자에 의한 정보와 조언의 제공이었으나 제2차 대전 후에는 지방자치체에 의한 8할 보조금교부의 길도 열어 유급전임사회사업가도 두고 있다. 보조를 받으면서도 전임기관의 지배와 통제에서 해방되어 민간의 독자성이 존중되고 있다는데 의의가 있다.

## 시민운동(civic movement)

체제에 대해 '무엇인가 이상하다'라는 감수성을 출발점으로 해서 개인 문제와 사회문제를 총체로 파악하고 해결하려는 시민의 사상과 행동이다. 1960년대에 들어오면서 공해, 환경문제, 생활복지문제, 반전·평화문제 등을 쟁점으로 한 시민운동이 대도시를 중심으로 전개되고 있다. 운동의 공유체험으로 강자의 시민의식도 배타되고 있다. 특정의 지역사회이해에 관계되는 주민운동과는 구별되지만 상호배타적 관계에 있는 것은 아니다.

## 시민의식(civic consciousness)

시민 없는 도시는 도시가 아닌 도시라고 말하듯 시민의식은 도시의 정신을 실현하는 구성요건으로서 서구도시에서는 전형으로 생각해왔다. 개인의 주체성과 합리성, 권리와 의무, 자치와 연대, 저항성 등의 제 특징이 있다.

## 시민참여(citizen participation)

정책 및 행정과정에 일반시민이 참여하여 정책결정 등에 영향을 미치는 것을 말한다. 시민참여는 참여 민주주의(participatory democracy)의 강조와 더불어 증가하는 경향에 있다. 시민참여는 정부의 정책결정과 집행에 일반시민이 직접 참여하여 영향을 미치고 행정의 일탈행동을 감시할 뿐만 아니라 행정에 대한 시민의 지지를 확산하는

데 그 제도적 의의가 있다 할 것이다. 일반적으로 행정문제에 시민이 직접 참여하게 되는 시민참여의 구체적 방법은 아주 다양하다. 각종 자문위원회에 참여하거나 공청회·청문회에 참여하는 활동으로부터 시민운동단체에 참여하고 국민감사를 청구하거나 행정쟁송을 제기하고 시위에 참여하는 것도 시민참여로 볼 수 있다. 또 특별한 정책분야의 정책결정을 직접 담당하는 시민위원회도 시민참여의 한 형태로 볼 수 있다.

## 시민헌장(Citizen's Charter)

공공기관의 고객지향적 의무와 국민이 누려야 할 권리를 명시하여 행정서비스의 질을 향상시키고 국민의 편익을 높이기 위해, 1991년 영국의 메이저 수상 정부가 제정한 헌장을 말한다. 시민헌장 제도는 모든 시민이 공공서비스의 소비자란 인식을 기초로 몇 가지의 기본원칙을 설정하고 있으며, 일상의 공공서비스의 공급과 관리에서 이를 구체화하도록 촉진하는 역할을 수행하고 있다. 이들 기본원칙으로는 공공서비스의 질을 제공하기 위한 지속적인 프로그램을 개발하며(quality), 공급자간의 경쟁을 통한 선택의 폭을 확대하고(choice), 국민들은 서비스 표준에 대해 미리 알아야 하고 표준에 미흡한 서비스가 제공될 때 어떠한 조치를 취할 수 있는지를 알게 되며(standards), 국민세금에 의해 제공되는 공공서비스는 재원의 가치에 상응하는 수준이 되어야 한다는 것이다(value).

## 시봄보고서(Seebohm Report)

1968년 영국사회복지제도의 개혁을 지향한 지방자치체 및 관련 대인사회서비스 위원회의 보고. 위원장인 시봄 경의 이름을 따라 명명 했다. 이전에 지방자치제에서 아동부, 복지부, 보건부로 나누어져 있던 서비스의 대부분을 사회서비스부로 통합. 고령자이거나 핸디캡이 있는 사람들을 포함하는 거택보호 및 시설보호를 통합적으로 행한다는 개혁안이다. 인구고령화에 따라 노인복지와 노인보건을 통합할 필요성이 있는 나라들에게 시사하는 바가 크다.

## 시설보호(institutional care)

지역보호(community care)내지 재가보호(home care)에 대비되는 개념으로 복지욕구를 가진 사람을 수용시설에 보호·양호하는 것을 말한다. 역사적으로는 구빈법의 원내보호에서 발전해 가정이나 지역 사회에서 격리, 수용되는 것이 보통이었다. 지역보호(community care)가 강조됨에 따라 시설의 사회화가 논의되고 격리형태에 반성이 가해지고 있다. 현재 사회복지시설은 생활의 장, 이용의 장으로서 재가보호와 상호보완의 역할을 하고 있으며 종신수용은 피하고 일과성의 장으로 생각하는 것이 바람직하며 치료, 훈련, 재활 등의 전문적 기능의 강화가 필요하다.

## 시설의 적정배치
### (appropriateness of establishing a facility)

사회복지시설의 공급이 이용자 측에서 볼 때 적정한가 어떠한가를 나타내는 용어를 말한다. 독립성이나 격리적 성격 또 시설이용의 용이성이 문제시 되는 바 다음 사항을 고려해야 한다. 시설이용의 수요에 따른 공급이 시설단위로 적정규모에 맞게 배치되어 있는가, 시설목적에 맞게 입지가 시설내의 일상생활 속에서 주민관계를 배려한 것인가 또 지역특성과 시설목적이 관련되어져 있는가, 시설종류가 어떤 지역으로 편중되지 않고 전체시설이 인구와의 관계에서 거의 등간격으로 배치되도록 입지계획이 세워졌는가, 위탁시설이 주거에서 멀리 떨어지지 않도록 또 동원, 면회가 곤란하지 않도록 시설이용범위가 고려되어 적정하게 배치되었는가. 더구나 시설접근은 이용자만이 아닌 일반주민의 문제이기도 하다.

## 시설운영의 주민참가

시설은 본래 지역주민의 복지욕구에 근거해 설치·운영되는 것이 바람직하고 지역사회나 주민이 취한 하나의 사회적 자원이다. 또 시설이 지역주민에게 편견을 갖고 차별해온 과거를 고려해 지역 내에서 일정역할을 담당하는 공생관계를 형성해가는 것이 불가피하다. 이에 따른 시설전개의 방책으로는 시설운영에 주민의 참가가 적극적으로 고려되어져야 하는데 가령 후원회의 조직, 이사회 등의 참가, 자원봉사의 참가 등이다. 주민참가가 앞서있는 시설에서 지역에로의 서비스제공과 지역주민의 원조, 이해가 증진되어 있다.

## 시설의 사회화

시설의 사회화란 시설의 기능과 설비의 지역공개와 시설운영에 대한 지역주민의 참가와 시설처우의 사회화를 의미하는 것으로서 사회변천과 더불어 필연적으로 도래한 문제이다. 이러한 사회화에 대비하기 위해서는 먼저 시설 측에서는 노동조건, 직원의 전문성, 시설운영 의 폐쇄성, 사고발생시의 보장문제, 재원과 설비의 부족, 일반가정에 대한 시설의 저열성, 개척자로서의 마음가짐이 개선되어야 하며 지역사회 측에선 시설에 대한 편견과 이해, 주민들의 공동체 의식이 진작되어야 하고 아울러 이러한 문제는 행정 측의 인적·물적 지원이 수행되어야 하며 시설이 지역사회의 복지센터로 활용되도록 노력해야 한다.

## 시설의 적정규모(the appropriate size of a facility)

시설의 이용범위나 지역과의 경계실정, 입지, 시설이용자의 심리적 영향 등에 따라 적정규모가 문제되지만 법적규제 특히 상한선에 관한 규제가 아직 없다. 작은 규모의 시설이 좋다는 생각이 널리 퍼져 있지만 전문성, 직원배치, 효율성 등과의 관계에서 결국은 적정균형의 문제로 처리되어야 한다.

## 시설의 폐쇄성

시설이 지역사회에 대해 닫혀져 있는 경우를 가리킨다. 역사적으로 시설은 입소자를 가족이나 지역사회에서 격리해 입소자보호를 목적으로 사회에서 독립된 존재로서 자기중심적 세계를 형성해 있다. 시설 측에서는 위탁비제도에 따른 자급자족적 사회로 폐쇄성을 띄는 한편, 지역에서는 무이해와 회피적 태도가 보여진다. 이에 대해 오늘날 시설생활자는 지역주민의 하나라는 발상에서 시설사회화의 운동이 전개되고 있다.

## 시설장(super intendant)

사회복지시설의 관리운영의 책임을 담당하는 동시에 처우직원의 지도·조언, 직원의 조직적인 파악 등 시설처우의 전체적인 조정을 행한다. 따라서 시설장은 이용자 처우관리, 인사관리, 문서관리, 건물설비보전, 경리 등에 대한 지식을 갖출 필요가 있고 시설이 개개의 직원을 두고 시설목적을 확실히 달성하고 있는가를 검토해 그것을 촉진하기 위한 장애의 조건을 해결·완화해가는 능력이 요청된다. 또 민간사회복지시설에 있어서는 시설의 운영·관리에 관해 법인이사와의 긴밀한 연락조정을 진전시키는 것도 요구된다.

## 시장성테스트(market testing)

정부가 공공서비스를 제공할 때 정부 내부조직과 외부 민간공급자를 공정하게 경쟁입찰에 참여시켜 보다 효율적인 공급자를 선택하는 제도. 기획예산처는 정부부문의 효율성과 생산성을 높이기 위해 시장성 테스트 제도를 노입키로 했다고 밝혔다. 이 제도가 도입되면 계약자는 계약을 따내개 위해 비용절감, 고객만족도 제고 등 경영혁신에 주력하게 돼 재정 지출의 효용성을 높이게 된다.

## 시장실패(market failure)

불완전한 경쟁 등으로 인해 시장에 의한 자원배분의 효율성이 확보되지 못한 상태를 시장실패라 한다. 시장에 대한 정부개입의 정당성은 이러한 시장실패를 보완하기 위한 목적에서 찾아진다. 일반적으로 시장실패의 요인으로는 불완전한 경쟁·정보의 불충분성·공공재·외부효과·자연적 독점 등이 지적된다.

## 시차

어떤 자극이 주어진 후 그 영향이 결과로서 나타날 때까지 지체되는 시간을 말한다. 경제학에서 시간의 문제를 시차의 형태로 이론적 분석에 사용되게 된 것은 특히 북구학파의 사전·사후분석과 케인스의 소득분석이 발전된 이후의 일이다. 오늘날 경제이론에서 사용되는 시차 가운데에서 특히 중요한 것은 투자가 일어난 후 그것이 소득을 창출하기까지 걸리는 이른바 승수기간으로서의 시차와 자본설비에 대한 주문이 이루어 지고서부터 그것

이 생산되어 실제로 인도되기까지의 기간으로서의 시차
이다.

## 시청각 교구(audio visual aids)

교과서 등과 같이 언어로서 고도로 추상화된 것 및 실
험·실습과 같이 직접 경험이 되는 것을 제외하고 실제의
세계를 보다 구체적·감성적으로 제시할 수 있는 교수 매
체. 학습자가 교재를 수용할 때에 필요로 하는 감각에 의
해서 시청각 교구를 분류하면, 시각교구·청각교구·시
청각 교구로 분류된다. 시청각 교구는 글자 그대로 시각
과 청각의 다감각에 의해서 학습을 시키므로 다감각 교구
라고도 하며 단일 감각에 의한 학습보다 효과적이라고 본
다. 시청각 교구에는 영사기·텔레비전 세트 등이 있고,
그 교재로는 각종 필름·루프 필름(loop film)·비디오테
이프 등이 있다. 이밖에도 넓은 뜻의 시청각 교구에 포함
되지만, 교재와 교구의 관계를 나누기 어려운 시뮬레이터
(simulater)·언어실습실·디칭머신 등이 있다.

## 시청각 교육(audio visual education) 01

종래 학교교육에서는 주로 칠판과 교과서 및 교재를 이용
해서 학습 활동을 행해 왔지만 여러 가지 교육기기의 발
달에 따라 시각·청각의 교재를 사용하게 되었다. 비디
오·TV·슬라이드 등의 이용으로 학습을 더해주는 효과
를 주고 있다. 시청각교육이 발달해 있는 곳은 미국이며
교재이용과 함께 아동자신에 따른 기록·제작활동을 포
함하여 교육의 현대화의 한 방향을 이룩하고 있다.

## 시청각 교육 02

시청각 자료를 교육과정에 통합시켜 적절하게 활용함으
로써 학습과정을 효과 있게 해주는 교육. 즉 실물·지도·
표본·모형·괘도·레코드·테이프·라디오·영화·
TV 등을 사용하며 전시·연극·견학 등에 의한 교육도 여
기에 포함된다. 과거에는 시청각 교육의 이론적 근거를 구
체성 및 추상성에 의해서 감각경험을 중심으로 하던 것이
그 관점을 돌려 교육을 중심으로 하던 것이 그 관점을 돌
려 교육의 이론과 실천을 교육공학적인 입장에서 다루고
있다. 미국의 교육 통신공학협회(AECT : association for
educational communication technology)에서는 시청각적
통신의 개념을 "학습자의 전 가능성을 발달시키기에 필요
한 커뮤니케이션의 모든 방법과 미디어의 효율적 활용"을
목적으로 한다고 했다. 또 ①학습과정을 통어(通御)하는
각종 메시지의 구성과 이용에 관련되는 것, ②언어 메시지
와 비언어 메시지의 상대적인 장단점의 연구, ③인간과 기
계에 의해 메시지를 구조화하고 조직화하는 일 등의〈인간
─ 기계 시스템〉개념으로 보고 있다.

## 시청각 라이브러리(audio visual library)

사회교육, 학교교재로서의 테이프, 비디오, 슬라이드 영

화 등을 설치한 시설을 말한다. 제2차 대전 후 다양한 문
화운동이 전개되었고 학교교육에서도 교육의 현대화가
진행되어 왔다. 그중에서 영화나 장애인을 위한 음악·비
디오테이프 등이 만들어져 이용되어 왔다. 이것들을 자주
이용할 수 있도록 시·도·군의 도서관·학교 등에 기재
를 설치해 대출이 가능하도록 하고 있다.

## 시청각훈련(audio visual aids)

피훈련자들에게 영화·사진·만화·도표 등 시청각자
료를 보여 주는 훈련방법을 말한다. 이 방법은 피훈련자
들의 흥미를 북돋워 주고 독서를 싫어하는 사람이나 독
서능력이 약한 사람의 훈련에 유효하다는 등의 장점이
있다.

## 시행규칙 / 시행세칙

법률의 시행세칙 또는 그 위임에 의거하는 규정을 내용
으로 하는 명령을 어떠한 법시행령이라 한다. 또 그 시
행세칙이나 위임에 의거하는 규정을 내용으로 하는 하
급명령은 어떠한 법 시행규칙이라고 부르지만 반드시
일관되어 있지는 않다. 하지만 어떤 법을 구체적으로 어
떻게 적용할 것인가를 명시한 것이 바로 시행규칙, 시행
세칙이다.

## 시행착오(trial and error)

원래 동물의 학습 과정에 관해 하는 말(C. L. 모건, 손다이
크 E. L. Thorndike). 동물이 어떤 문제 상황 속에서 여러
가지 맹목적인 운동을 행하고 차츰 착오가 제거되어 우연
히 해결에 도달하는 일. 이것이 인간의 지성적인 계획적
행동이나 가정 구성)의 과정에 적용되어 장래에 대한 행
동·계획이나 가정에 따라서 행동하거나 관측하고, 그 결
과를 예기했던 결과와 비교하여 착오를 제거해 나가는 방
법을 말한다.

## 시행착오 이론(trial and error theory)

모든 학습은 원자적인 자극과 반응이 시행착오적 반복을
통해 연결됨으로써 이루어진다고 주장하는 손다이크
(E.L. Thorndike)의 S ─ R이론. 손다이크는 시행착오의
반복을 연습이라고 불렀고, 처음에는 S ─ R 연결로서의
학습은 이러한 연습만으로 이루어진다고 주장했으나 후
에는 연습 이외에 굶은 동물에게 먹이를 주는 것과 같은
보상(reward)이 수반되어야만 학습이 이루어진다고 자
기의 이론을 수정했다.

## 시행착오 학습(trial and error learning)

새로운 자극과 반응의 연결을 기계적인 반복을 통해 획득
하는 S ─ R이론에 있어서의 학습. 이러한 학습에는 목적
이나 이해가 개재하지 않으며 외부적인 보상이나 강화에
의해 습관으로 고정되는 것이라고 주장되고 있다.

## 시효

일정한 사실상태가 법률이 정한 기간 동안 계속된 경우, 그 사실상의 상태가 진실된 법률관계와 일치하는지에 관계없이 그대로 존중하고 그에 적합한 법률효과를 발생시키는 제도이다. 오랫동안 타인의 물건을 점유하는 사람에게 그 물건에 관한 권리를 부여하는 취득시효(取得時效)와 일정한 기간 동안 권리를 행사하지 않으면 그 권리(가령 채권)를 없어진 것으로 하는 소멸시효(消滅時效)가 있다. 형사법상의 시효에는 형(刑)의 시효와 공소시효(公訴時效)가 있다.

## 식량공급량(1인 1일당)

우리나라 국민이 일반적으로 식용으로 하는 모든 식품(FAO방식 분류)을 조사대상으로 하여 식량공급량을 산출한다. ★총 공급량 = 생산량 + 수입량 + 이입량·식량공급량 = 총공급량 −(이월량 + 수출량 + 사료용 + 종자용 + 감모량 + 식용가공량 + 비식용가공량)

## 식량무기론

식량 특히 곡물을 하나의 외교수단으로 사용하는 것. 과거부터 구상되었던 방식인데 1980년초에 미국이 대소곡물수출제한을 발표한 이래 표면화되었다. 식량(Food)은 병기(Fire), 연료(Fuel)와 함께 국가안전보장상의 3F로 불린다.

## 식물인간

질병이나 두부외상 등으로 의식에 장애가 와서 장기간 계속되는 환자를 말한다. 고무관을 써서 유동식을 주면 생명은 유지된다. 때로는 인공생명 유지장치가 필요할 경우도 있다. 현재의 치료기술로 수개월 이상 계속된 의식장애를 회복시키기는 곤란하다. 적절한 간호로 10년 이상 생존한 예도 있다. 필요한 설비·기술·비용도 일반 의료와 변함이 없다. 가족 등의 개호부담을 경감하는 조치가 필요하다.

## 식품구입권(foodstamps)

공적부조 프로그램의 하나로서 충분한 식품을 구입할 수 없는 저소득 개인이나 가족에게 더 많은 식품을 구입토록 하여 저소득 가족의 영향개선과 농산물의 시장가격의 안정과 부가수입(supplement income)을 위하여 연방정부가 주에 위임한 프로그램이다. 이 프로그램은 1939년 뉴욕의 로체스터에서 농산물을 처리하기 위해 마련된 것으로 1964년에 식품구입법(foodstamp act)이 통과되어 점차 수혜자가 급증되고 있다. 급여량은 수혜자의 수입과 가족크기에 따라 정해지고 주가 공공부조기관(public assistance agency)을 통해 운영하고 있으며 농무성(dept of agriculture)이 지정한 상점에서 식품을 구입하도록 하고 있다.

## 식품오염(food pollution)

식품은 인간의 생명·건강을 유지·증진하기 위해 필요불가결한 것이며 그 안전성의 확보는 중요한 과제이나 현대에 있어서는 다음과 같은 식품오염문제가 있다. 환경오염에 유래하는 식품오염 — 어패류의 수은오염, 어패류·육류·유제품 등의 PCB 오염, 쌀의 카드뮴오염, 야채·과일 등의 BHC·DDT·파라치온 등 잔류농약오염, 핵실험·원자력발전소 사고에 의한 방사능오염 등이 있다. 식품첨가물 — 식품 공업의 발달에 따른 방부·착색 등의 목적으로 식품첨가물이 많이 쓰이게 되어 만성족성시험, 최기형성실험·대사실험 등에 의해 안전성이 점검되고 있음에도 불구하고 가끔 유해성이 문제화되고 있다.

## 신경증(neurosis)

심리적인 차원에서 일어나는 신체각부의 기능장해. 많은 경우 자기의 상태를 어떤 신체적 병으로 의식한다. 정신병과는 틀리며 현실인식의 방법은 근본적으로는 흐트러져 있지 않다. 신경증의 주된 유형으로는 불안발작을 특징으로 하는 불안신경증, 심리적 요인이 신체증상에 전환되어 표현되는 히스테리, 각종의 공포증, 또 일정의 생각이나 행위에 얽매여 수정을 의식하면서도 탈각하지 못하는 강박신경증 또는 신체감각에 과도하게 구애받는 심기증, 기타 근기능성 신경증후군 등이 있다.

## 신고전적 조직이론
## (neoclassical organization theory)

조직 내의 인간적 요소를 중시하는 인간관계론적 조직이론을 말한다. 신고전적 조직이론은 그러나 고전적 조직이론의 기반에 의존하기에 조직 내에서 개인적 노력을 조정하는 주요 수단으로서의 계서제의 존재에 대해 회의하는 것은 아니며, 단지 비공식조직의 존재와 이 비공식조직들이 구성원 사이의 권력관계를 형성한다는 사실을 덧붙여 지적하고 있을 따름이다. 신고전이론은 따라서 동기부여의 유인으로 비경제적·사회적 유인이 더 효과적이라고 주장하였으며, 가치기준으로는 사회적 능률성을 중시하였다. Mary P. Follett, E. Mayo, F. Roethlisberger, C. Barnard 등이 신고전이론의 주창자들이다.

## 신공공관리(new public management)

창의적이고 기업가적인 관리자의 핵심적 역할, 조직의 급진적 개혁, 조직구성원들에게 힘을 실어주는 분권화, 공공부문에 대한 시장기제의 과감한 도입, 고객의 요구 존중, 업무수행의 품질개선 등을 강조하는 새로운 관리 지향을 말한다.

## 신구빈법(new poor law)

1834년 신구빈법은 1832년에 발족된 왕실위원회(royal commission)의 조사를 토대로 하여 제정된 법이다. 전문

109조로 되어 있고 조직의 특색은 중앙에 3명의 위원, 지방에는 구빈위원을 두어 교구연합을 통괄했고, 중앙위원은 국왕에 의해 절대권을 가졌다. 공적구빈제도는 빈곤을 해결하지 못한다는 주장으로 빈곤의 자주 해결을 요구하고 원외구호를 최소화 내지 폐지, 재원은 구빈세로 하나 종전의 지방자치단체에서는 관리 못하고 중앙정부에 의한 전국 획일적인 구제를 기도하였다. 그러나 자본주의의 모순이 심화되고 사회문제의 심각화로 파탄되어 1948년 국민부조법의 성립으로 폐지되었다. 이 법은 다음과 같은 구빈행정체계의 원칙을 마련하는 계기를 주었는데 균일처우의 원칙, 열등처우의 원칙, 작업장활용의 원칙 등이다.

## 신규채용
행정조직에 결원에 생겼을 때, 행정조직 바깥에서 사람을 신규로 선발하여 쓰는 것을 말한다. 신규채용의 방법으로는 자격 있는 모든 사람들에게 지원 기회를 부여하고 경쟁시험을 통해 임용후보자를 선발하는 공개경쟁채용과, 경쟁을 제한하는 별도의 선발절차를 거치는 특별채용의 두 가지가 있다. 특별채용은 퇴직자의 재임용과 특정한 자격증 소지자, 특수목적학교의 졸업자, 외국어에 능통한 자 등으로 그 범위를 제한하고 있다.

## 신념(belief)
①판단·주장·의견 따위를 진리라고 생각하는 마음의 상태를 말한다. 이 상태는 언어로 표현되지만, 언어적 표현 그 자체가 아니라 표현의 의미가 신념이다. 신념에는 참인 것과 거짓인 것이 있으며, 참 신념 중에서 특정 조건을 만족시키는 것을 지식이라고 부르지만 참 신념이라고 해서 다 지식은 아니다. 또 신념은 마음의 상태이지만, 그 상태는 언제나 의식되고 있는 것이 아니라, 주위를 기울일 때에만 의식된다. 가령 "어제 비가 왔다"는 신념은 성향의 일종으로 취급되기도 한다. ②자기 생각을 굽히거나 의심하지 않으려는 의지 또는 정신적 태도. 여기에는 감정적 요인이 크게 작용하며, 확신(conviction)이라고도 한다.

## 신다원주의(neopluralism)
정책결정 과정에서 정부와 관료는 이익집단의 영향력 행사에 구애되지 않고 독자적으로 정책을 결정할 수 있는 능력을 지니며 이데올로기와 정부의 대내외적인 환경도 정책과정에서 중요한 역할을 수행한다는 이론 지향을 말한다. 신다원주의는 정부가 중립적 조정자가 아닐 수 있으며, 특히 자본주의 국가에서는 정부가 기업집단에 특권을 부여할 수밖에 없는 특성이 있음을 인정한다.

## 신뢰도(reliability)
한 검사의 신뢰도를 실제로 어떻게 추정하느냐에 따라 조작적인 견지에서 볼 때 여러가지 다른 의미로 정의된다고 보겠으나 측정하고자 하는 것을 그 검사가 얼마나 신뢰롭게 또는 정확하게 특정해 주고 있느냐 하는 정도. 한 검사 점수가 일관성 없이 어제 측정한 결과와 오늘 특정한 결과가 예측할 수 없을 정도로 변화하여 그 결과를 믿을 수 없다면 그 측정 결과는 아무런 소용이 없을 것이다. 따라서 한 검사가 어떤 목적으로 쓰이기 위해서는 우선 최소한의 신뢰도가 있어야 할 것이다. 결국 신뢰도란 여러 가지 오차의 근원, 즉 검사도구·피검사자 및 검사 실시 과정 등에서 오는 변산적 오차의 정도가 어느 정도 되는가를 나타내는 지수가 된다. 한 검사의 신뢰도 계수는 관찰 변량에 대한 오차 변량의 비로 정의되지만 실제의 진점수와 오차의 정확한 양은 알 수 없으므로 단지 얻어진 자료를 근거로 하여 일종의 모수치에 대한 추정치를 구하는 수밖에 없다. 따라서 앞에서 정의된 신뢰도란 하나의 기본 가정인 것이며, 어떻게 이를 추정하느냐에 따라 한 검사에는 여러 가지 신뢰도계수가 있을 수 있다. 신뢰도계수를 추정하는 방법에는 검사 − 재검사 신뢰도, 동형검사 신뢰도, 반분신뢰도, 쿠더 − 리처드슨 신뢰도 방법이 주가되며, 이외에도 호이트(Hoyt)·롤론(Rulon) 및 크론바하(L. J. Cronbach)의 신뢰도에 대한 개념과 그 추정 방법이 있다.

## 신뢰성(reliability)
측정도구가 측정대상을 일관성 있게 측정하는 정도를 말한다. 시험의 신뢰도를 제고하기 위해서는 질문의 내용이 애매하지 않아야 하며 채점기준을 표준화하여 채점의 객관도를 높이고 출제문항수를 많이 하여야 한다. 그리고 답안작성 시간을 알맞게 주고 적절한 수험환경을 조성해 주어야 할 것이다. 신뢰도의 검증 방법으로는 재시험법, 복수양식법, 반분법의 세 가지가 흔하게 사용된다. 재시험법(test retest method)은 동일한 시험을 동일한 대상집단에게 시간간격을 두고 2회 실시하여 그 성적을 비교하는 방법이다. 복수양식법(multiple form method)은 동일한 내용의 시험의 양식을 달리하여 시험을 치른 뒤 그 성적을 비교하는 방법이다. 반분법(split half method)은 시험은 한번 치르되 각 문항을 반으로 나누어 성적간의 상관관계를 살펴 보는 방법이다. 대개는 문항을 짝수와 홀수로 나누는 분류방법을 많이 사용한다.

## 신뢰의 권위(authority of confidence)
다른 사람으로부터 신망을 얻는 특수한 능력에 기반하는 권위를 신뢰의 권위라 한다. H. Simon 등은 부하가 상급자의 의사결정이나 명령에 복종하는 심리적 동기를 기준으로 하여 권위의 유형을 신뢰의 권위, 동일화의 권위, 제재의 권위, 정당성의 권위 등 4가지로 나누었다.

## 신마르크스주의(Neo − Marxism)
국가를 자본가계급의 계급지배 도구로 간주하는 전통적인

마르크스주의의 입장을 견지하면서도 국가가 정책과정에서 어느 정도 자율성을 지닐 수 있음을 인정하는 이론 지향을 말한다. 국가가 계속적인 자본축적을 위하여 복지정책 등을 추구하는 과정에서 자본가계급으로부터 어느 정도 자율성을 유지할 필요가 있음을 인정하는 Gramsci 및 Poulantzas의 주장과 계급투쟁 과정에서 틈이 생기는 경우나 어느 한 계급이 지배적인 힘을 장악하지 못하는 경우에 국가가 자율성을 지닐 수 있다는 Offe 및 O' Connor 등의 주장이 여기에 속한다.

## 신맬더스주의 인구증가율

억제를 위해 영국에서는 19세기 후반에 맬더스 주의 연맹이 만들어져 도덕적 억제(결혼의 연기) 대신에 조혼과 수태제한을 주장했다. 이것이 맬더스 주의로 가족계획정책과 근본적으로 다른 점은 그들이 인구감소 내지는 양식의 증가 이외에 노임의 실질적 향상은 있을 수 없다 해서 노동운동이나 사회주의 운동에 반대하는 입장을 취한 것이다.

## 신베버주의(neo — weberianism)

정책과정에서 이익집단들이 중요한 영향력을 행사하며 정부 또는 국가는 대립되는 이해관계를 조정하는 수동적인 역할만을 수행한다는 다원론의 주장과는 달리 국가를 스스로 결정하는 힘을 지닌 실체로 보는 관점을 말한다. 전통적인 베버적 관점은 법과 합리성을 정당성의 근거로 하여 수립된 관료제를 중심으로 국가를 이해하고, 국가권력을 합리적으로 행사하는 주체로 정부를 파악한다.

## 신보수주의(new conservatism)

근대 자유주의에 대립하여 유럽의 전통적 질서를 옹호하기 위해 성립한 보수주의가 시민혁명을 통해 재확립된 유럽의 자유주의적 질서와 타협한 보수주의를 말한다. 시민혁명을 통한 자유주의의 보편적 승리는 보수주의의 전환을 불가피하게 하였는 바 19세기말의 보수주의자들은 기성질서의 보존을 위해서도 온건한 개혁을 받아들이지 않을 수 없었으며 20세기 들어서는 더한 수정이 불가피하게 되었다.

## 신분보장

공무원이 형의 선고 · 징계처분 또는 법이 정하는 사유에 의하지 아니하고는 그 의사에 반해 휴직 · 강임 · 면직을 당하지 아니함을 말한다. 교육공무원은 권고에 의해 사직을 당하지 아니하며, 특정직 공무원인 법관은 탄핵결정 · 금고 이상의 형의 선고에 의하지 아니하고는 파면되지 아니하도록 되어 있다.

## 신산업도시(newly developed industrial city)

기성 대도시에로의 인구, 과도한 기업의 집중방지, 지역격차의 시정, 고용기회창출 등의 목적으로 지정되어진 신도시지역의 개발을 중심으로 기대되어져 각 부처 간, 각 자치단체 간에 극심한 경쟁이 발생되지만 고도성장노선에서의 경제 개발적 지향이 강해 사회자본 충실의 관점에서 비판을 불러 일으켰다.

## 신생아 사망률(neonatal deaths rate)

생후 28일 미만인 신생아기의 사망을 신생아 사망이라 하며 출생 1,000명에 대한 비율을 신생아 사망률이라 한다. 임신 기간 중 산모의 영향이 결핍되면 대사성임신중독증, 태반조기발견, 각종 감염, 빈혈, 임신소모, 조기분만, 자연분만 또는 난산의 가능성이 많아지며, 신생아에게는 사산, 지체중아, 조산아, 각종 감염증, 저혈종증, 출산시장애 등의 막대한 건강손실을 갖고 올 수 있다. 한국에서 1970년을 시점으로 할 때 신생아 사망률은 의술의 발달, 모자보건, 적은 자녀수, 환경의 개선, 건강보험, 경제적 안정 등의 이유로 많이 감소되고 있는 것으로 나타나 있다.

## 신용불량

신용불량정보는 장기연체, 부도, 금융질서위반 같은 사유나 발생 사실로 인하여 종합신용정보집중기관에 1차적으로 등록되는 정보이다. 신용불량정보에는 각각의 등록코드가 존재하며, 각 사유별로 해당 등록코드가 부여되어 관리된다.

## 신용생명보험(credit life insurance)

미국에서 1917년에 개발된 정기보험의 하나로서 은행 등의 금융기관에서 대출을 받은 피보험자가 사망했을 때 미상환액을 보험금으로 지급해 주는 보험이다. 보험금액은 채무를 상환하는데 따라 체감된다.

## 신용협동기구

공동유대관계를 가지는 사람들이 조합을 구성하여 조합원에게 저축의 편의와 대출의 기회를 제공하는 것이다. 우리나라의 신용협동기구로는 신용협동조합, 상호금융 및 새마을금고를 들 수 있다.

## 신용훼손죄

어떤 사람에 대한 거짓 사실을 대중에게 알리거나 그 사람 등에게 술수를 써서 그 사람의 지불의사나 지불능력 등 그 사람에 대한 경제적인 믿음이나 평가에 손상을 입히는 것을 신용훼손죄라고 한다.

## 신원보증

남에게 고용되는 사람이 고용 후에 고용주에게 입히는 손해에 대한 배상을 제3자가 약속하는 것을 신원보증이라고 한다. 신원보증법에 의해 신원보증의 기간은 5년을 넘을 수 없고 신원보증인에게 불리한 사항이 일어나면 고용주는 신원보증인에게 알려야 하고 이때 신원보증인은 신원보증의 계약을 해지할 수 있으며 신용보증인의 지위는 상속되지 않는다.

## 신원보증보험(fidelity insurance)
종업원 등 피고용자가 사용자(보험계약자 · 피보험자)를 위해 사무를 처리하는 과정에서 또는 자기의 직무상의 지위를 이용하여 단독 또는 제3자와 공모해서 피보험자에게 절도, 강도, 사기, 횡령 또는 배임의 불성실행위를 함으로써 피보험자가 입게 된 손해를 보상하는 보험이다.

## 신자유주의(neo liberalism)
국가권력의 개입증대라는 현대 복지국가의 경향에 대해 경제적 자유방임주의 원리의 현대적 부활을 지향하는 사상적 경향을 말한다. 개개인의 지식과 창의를 최고도로 발휘케 하는 시장기구의 경제적 효율과 사회적 의의를 강조 한 F.A.v.Hayek의 사상과, 경제적 효율이라는 견지에서 경쟁기구의 제도를 가능한 한 넓은 범위로 확충해서 개인의 자유를 옹호하려고 한 시카고학파의 경제사상이 이러한 범주에 든다.

## 신자유주의학파
미국 시카고대학의 프리드먼 교수를 중심으로 하는 경제학파이다. 이 학파의 주장은 합리적인 경제운영을 기하고 물가상승을 억제하기 위해서는 자유로운 가격기능을 부활시키지 않으면 안된다는 것으로 정부활동보다는 민간의 자유로운 행동을 중시한다.

## 신제도론적 접근방법(neo institutional approach)
제도를 일단의 규칙으로 규정하고 사회적 활동의 결과에 영향을 미치는 제도적 장치를 규명하는데 초점을 두는 사회과학 연구의 한 접근방법을 말한다. 신제도론은 경제적 생산활동의 결과(outcomes)는 경제활동과 사회를 지배하는 정치적 · 사회적 제도(institution)인 일단의 규칙(rules)에 달려 있다고 주장하는 신제도론적 경제학(neo institutional economics)에 기반을 두고 있다. 신제도론자들은 정부활동의 결과는 그 활동에 참여하는 사람들의 교호작용의 유형에 따라 달라지는데, 이러한 교호작용의 유형은 행위자의 선호, 정보처리 능력, 개인의 선택기준 등 행위자의 특성과 행위상황(action situation)에 의해 결정된다는 것이다. 이러한 행위상황은 그 활동이 이루어지는 지역사회의 특성이나 물리적 조건에 의해서도 결정되나, 가장 중요한 것은 일단의 행위규칙에 의해 크게 결정된다는 것이다. 신제도론적 접근방법을 통한 행정학 분야의 연구는 다양하게 이루어지고 있지만, 특히 어장 · 관개시 설 · 목초지 · 산림 등 공유자원을 공동으로 이용하는 개인들이 직면하게 되는 유인의 문제를 다루는 데 적합하다.

## 신중간층(new middle class)
현대사회가 낳은 계층으로 노동자계급과 자본가계급의 중간에 위치해 있는 자들로 쁘띠부르주아 층. 상인, 농민, 관공서 종사자와 근대 산업이나 기술혁신, 생활양식의 변화 속에서 대량으로 창출된 샐러리맨층을 포함한다. 신중간층은 이 중간층의 존재를 전제로 해서 스스로를 중류계급이라 생각한다. 또 생활 형태나 소비성향에서도 독자적인 자율적 판단을 가지며, 상향지향에는 모자라는 중간층의 존재의식을 갖는다.

## 신중상주의(neo mercantilism)
오늘날 국가발전을 위해 부국강병주의를 채택하고 추진하는 국가운영 방식을 말한다. 산업자본주의가 등장하기 이전에 외국무역 등을 통해 부국강병 정책을 추구한 과거의 중상주의와 대비된다. 신중상주의 정책을 추구하는 정부는 부국강병을 구현하기 위해 부족한 자본을 조달하고 공기업을 통해 직접 생산을 담당 하기도 하며, 임금상승을 억제하기 위해 저항하는 노동세력 등을 탄압하여 사회적 안정을 유지한다.

## 신청자(applicant)
일반적으로 케이스워크의 대상이 되는 사람을 총칭하여 클라이언트라고 부르는데, 원조를 신청하여 인테이크를 마치기까지의 단계에 있는 클라이언트를 가리키는 말이다.

## 신체발달(physical development)
신체가 외형적으로 커지고 질적으로 성숙해 가는 것이다. 신체 발달에는 급속한 성장기, 완만한 성장기, 성장이 완숙되는 성숙기가 있다. 출생 후 6개월까지 사춘기부터 15,6세까지 급속한 성장을 하며 그 사이에서는 완만하게 성장한다. 20세기 전 · 후부터는 성장이나 체중의 성장이 중지되고 노년기에 접어들면서 쇠퇴의 경향을 나타낸다. 신체 발달은 행동면에서는 두부에서 각부로 몸의 중추부에서 말초부로 기능면에서는 일반적인 것에서 특수한 것으로 발달한다. 신체 발달은 유전적 요인과 환경적 요인의 영향을 받으며 특수한 요인으로는 지리적 여건이나 기후 · 풍토 · 문화 등의 영향도 받는다. 신체 발달에는 개인차가 있지만 아동기에는 비교적 일반적인 규칙성을 갖고 있다.

## 신체장애(physical disability)
시각, 청각, 사지 및 구간, 언어, 평형기능, 내장 등의 신체적 기능에 장애가 있는 상태의 총칭이고 정신지체, 정신지체, 정서장애 등의 정신결함과 정신병을 제외한 개념을 말한다. 특수교육진흥법에 규정한 특수교육대상자 중에 신체장애에 해당하는 범위는 시각장애인, 청각장애인, 지체부자유자, 언어장애인이다. 그리고 장애인복지법에서 규정한 심신장애인 정의에 나타난 범위는 신체장애는 지체부자유, 시각장애, 음성 · 언어기능장애이고 정신지체 등 정신결함은 제외된다.

## 신체장애인 복지공장
신체장애인 복지공장설치 운영 요강에 의해 설치되어 작업능력과 노동의욕이 있는 자에게 직장의 구조 · 설비, 통근사정 등으로 인해 일반 기업에서 고용되는 것이 곤란한 중증 신체장애인이 작업하도록 직장과 생활환경을 배려한 공장이다. 종래의 신체장애인 수산시설과 다른 점은 기업적 색체가 강하고 장애인은 고용관계로 맺어져 임금보장이나 사회보험의 적용을 받고 생활자립과 안정을 얻을 수 있다는 것이다.

## 신체장애인 요양시설
(nursing care home for the physically handicapped)
장애인복지법에 따라 설치되어진 신체장애인 갱생원호시설의 일종이다. 신체 장애인으로서 개호를 필요로 하는 자를 입소시켜 치료 및 요양을 행하는 시설, 설치운영요강에 따라 운영된다. 중증 신체장애인을 장기적으로 입소시켜 건전한 환경과 적절한 처우를 행할 것을 기본방침으로 한다. 수용자의 건강관리, 개호, 위생관리, 생활지도 및 의료가 주 임무이다.

## 신체장애인(physical handicapped person)
지체부자유, 시각장애, 청각장애, 내부장애 등 신체에 장애를 가진 성인(18세 이상) 및 아동(0 — 18세 미만)의 총칭. 신체 장애인에 관한 1991년 인사부의 등록현황에 따르면 총수가 273천명으로 전체추정장애인 956천명의 28.5%이다. 성인의 장애원인은 질병, 사고 순이며, 뇌졸중이나 교통사고로 인한 증가가 현저하다. 신체장애아동의 발생 원인으로는 출생 시의 사고나 질병이 큰 문제로 뇌성마비아에 있어서는 2/3정도가 정신지체나 언어장애를 동반한 중복장애로 되어 있다.

## 신체적 기능(physical ability)
민첩하고도 유연하게 일련의 숙련된 운동을 연속시켜 가는데 필요한 기초기능, 운동 기능적 영역에 속하는 교육목표의 분류 체계를 제시한 헤로우(Harrow)는 운동 기능적 영역의 목표는 여섯 개의 유목으로 분류될 수 있다고 보았는데, 하나가 신체적 기능이다. 그것은 다시 지구력 · 체력 · 유연성 · 민첩성이란 네 개의 작은 유목으로 나누어진다.

## 신체적 언어(body language)
비언어적 의사소통의 한 수단인 일종의 의사언어(parala — nguage). 손짓 , 몸짓, 눈 깜박이기 등을 말한다. 의사소통은 주로 언어에 의해서 이루어지거나 얼굴 표정이나 몸짓으로도 어느 정도의 의사전달은 가능하다. 일상 회화는 문장론적으로 불완전하고 애매한 경우가 많다. 이때 신체적 언어는 화자의 의도를 파악하거나 청자의 이해 정도 등을 파악하는데 도움을 줄 수 있으므로 일상 회화의 보조 수단으로서 큰 의미를 지닌다.

## 신체형장애
신체형장애라는 말은 신체환을 시사하는 신체증상을 나타내지만 실제는 신체질환이 없고 오히려 심리적 갈등이나 요인에 의해 야기되었다고 판단되는 일련의 정신장애를 말한다. 이는 의도적으로 나타낸 것이 아니라 자신의 의식적인 의도와는 달리 무의식적 과정을 거쳐 신체증상을 나타내는 것이 특징이다. 따라서 본인은 그러한 증상이 왜 생겼는지를 모르고 신체의 병인으로 알고 있다. 그 유형에는 신체화 장애, 전환 장애, 심인성 동통장애, 건강염려증, 비정형 신체형장애 등으로 나눈다.

## 신케인스학파
미시경제학적 기초 위에 거시경제이론을 전개해야 한다는 새고전학파의 주장을 받아들이면서도 안정화정책은 효과적이고 바람직하다는 입장을 취하고 있는 학파이다. 미국의 경제학자 테일러, 피셔, 아카로프, 블란 차드, 스티글리츠, 고든 등이 이 이론을 전개하였다. 이들은 합리적 기대를 모형에 수용하면서도 시장이 항상 균형이라는 새고전학파의 가정을 수용할 수 없다는 입장을 지니고 있다.

## 신핵가족
본가나 처가 근처에 따로 집을 사거나 전셋집을 얻어 오순도순 정을 나누며 살아가는 가족주거의 새로운 형태를 말한다. 3세대가 가끔 만난다고 해서 2.5세대 가족으로도 불리며, 맞벌이 부부가 늘어나면서 급속히 확산되는 추세다.

## 실기시험(performance tests)
직무수행에 필요한 실제적인 기술과 능력을 평가하는 시험을 말한다. 가령 컴퓨터와 같은 도구와 기기를 직접 조작하게 하거나 설계도면 또는 신문기사를 실제로 작성해 보게 하는 시험을 말한다.

## 실무수습(internships)
실제적인 조직상황에서 업무 수행에 관한 지식과 기술을 배우게 하는 훈련방법을 말한다. 실무수습은 아직 정식으로 직원의 신분을 획득하지 않은 사람들에 대한 훈련이므로 신분을 획득한 뒤 해당 직책을 맡아 실제 직무를 수행하면서 선임자나 감독자로부터 지식과 기술을 배우는 현장훈련과는 다르다.

### 실버산업(silver industry)
주로 고령자를 대상으로 한 상품(서비스 포함)을 제조·판매하거나 제공할 것을 목적으로 하는 영리사업이다. 고령이라는 단어가 갖는 마이너스적인 이미지를 없애기 위해 고안된 이름으로 여기서 실버(silver)란 은발이란 뜻이 함축되어 있다. 협의의 실버산업이 우리나라 경제활동 전체에서 차지하는 비중은 극히 한정되어 있지만 구미 고령화 선진국의 사례를 참고하여 전망하면 유료노인 홈 등 고령자용 주거의 제조·판매 혹은 제공 시설용·가정용의 간호, 개호관련 기기의 제조·판매·대여 등의 사업 주택고령자를 위한 거택간호·개호·가사원조 등의 서비스 재산신탁 등의 금융서비스, 개호보험 등의 사적 서비스가 발전할 것이다. 미국의 경우, 전체 인구의 21%가 55세 이상의 고령자로 이들이 미국 전체 부의 56%를 차지하고 있다. 이러한 부유한 고령자의 증가에 따라 이들을 대상으로 건강식품·의료·휴양 및 관광 등을 판매하는 실버산업이 호황을 맞고 있다.

### 실버서비스(silver service)
고령자를 대상으로 한 실버서비스는 60세 이상을 대상으로 자유계약에서 유료로 제공 되어지는 서비스나 상품을 말한다. 실버서비스는 아래와 같은 구체적 서비스를 가리킨다. 주거관련 재가보호 및 생활서비스 복지기기 보험·연금융자 및 금융상품, 레저 관련 상품, 일상생활 관련 상품 그리고 실버서비스 제공에는 여러 가지 형태가 존재하는데 즉 행정이 비용의 일부나 전부를 부담해 민간단체가 위탁을 받도록 하거나 비용은 서비스의 수익자가 전부 지불하고, 서비스 제공을 민간단체가 행하는 것 등이다.

### 실버타운(silver town)
노인들만이 집단으로 생활하는 촌락. 외국의 경우 병원, 백화점, 레스토랑, 은행, 영화관, 레크리에이션센터(수영장·테니스코트·볼링장·헬스클럽) 등 노인들을 위한 편의시설이 구비되어 있으며, 입주자의 건강상태에 따라 노인전용 아파트, 유료 양로원, 유로 요양원, 노인 병원, 치매병원 등 다양한 형태의 주거시설이 있다.

### 실버프로그램(silver program)
고령자복지계획. 장기근속 후의 정년 퇴직자들이 미지의 세계에 적용할 수 있도록 보살피거나 그 직계 자녀 또는 형제자매의 자녀에게 일자리를 보장해주는 등의 인생설계를 말한다. 최근 일부 기업에서 이러한 제도가 도입되어 주목을 끌고 있다.

### 실비양로시설
노인을 입소시켜 저렴한 요금으로 급식, 치료 및 일상생활에 필요한 편의를 제공함을 목적으로 하는 시설로 그 규모는 입소정원이 50인 이상이어야 한다. 다만 다른 노인복지시설에 병설한 때에는 30인 이상이어야 한다.

### 실비진료소
국민대중, 빈곤자 등에게 저렴한 요금으로 의료서비스를 행할 것을 목적으로 한 것이다. 동시에 진료의 사회화, 보급을 위해 자혜의료의 한계를 보충하도록 민간인에 의해 설립되었다. 특히 질병으로 인해 빈곤층으로 전락하는 위험을 의료기관에서 방지해 줄 필요성이 배경으로 있다.

### 실습지도자(field instructor)
사회복지실습 지정시설에서 실습생의 교육·지도를 맡는 시설 측의 실습지도담당자를 말한다. 사회복지교육에 이해를 가지고 고도의 전문지식 및 기술과 지도능력이 요구되며 그 주된 역할은 실습 가이던스, 실습목표나 동기의 명확화, 프로그램의 작성, 실습지도, 평가 등을 들고 있다. 우리의 경우는 아직 실습시설의 선정 및 지정을 비롯하여 실습지도자제도가 확립되어 있지 아니하여 금후 발전시켜야할 과제의 하나라 하겠다.

### 실어증(aphasia) 01
일단 정상적인 언어기능을 가진 후에 대뇌의 특정영역(언어중추)에 손상을 받아 언어에 의한 의사소통 기능이 장해된 상태를 말한다. 최대의 원인질환은 뇌졸중이다. 실어증의 중핵증상은 전달하려는 내용을 언어부호로 변환(부호화)해서 언어로 전해지는 내용을 이해(해독)하는 기능의 장해이며 음성언어와 문자언어의 이해면과 표출면(즉 듣고, 말하고, 읽고, 쓰고 하는 기능의 전부), 그리고 계산기능이 많든 적든 장해를 받는다. 장해의 정도, 유형, 경과는 뇌손상의 부위나 범위, 기타 요인에 따라 다양하다. 대다수의 실어증환자는 적절한 언어치료에 의해 어느 정도의 언어기능을 회복하지만 발병 전과 같은 언어수준에 이르는 예는 드물다.

### 실어증 02
발성기관이나 감각에 장애가 없는데도 말을 못하거나 알아들을 수 없는 말을 하는 병적 상태를 말한다. 뇌의 언어중추에 생기는 장애 때문에 일어난다. 때로는 실독증·실서증에도 영향을 준다.

### 실업(unemployment) 01
이것은 일할 의지와 능력이 있으면서도 직업을 구하지 못하여 노동 소득을 얻을 수 없는 상태를 말한다. 그러나 그 파악은 쉽지 않을 뿐 아니라, 통계조사에 따라서 실업의 정의도 다양하다. 실업의 발생원인에 따라 경기 순환적 실업, 계절적 실업, 마찰적 실업, 자발적 실업, 비자발적인 구조적 실업 등으로 나누는 경우도 있다. 어떻든 이러한 실업은 폭넓은 사회문제를 제기하는 만큼 그 대책도 아주 중요하다.

## 실업 02

노동력이 완전 고용되지 않은 상태. 원인별로 분류하면 ①계절적 실업, ②마찰적 실업(노동력의 이동이 원활히 이뤄지지 않고 훈련, 그밖의 일로 직업에 종사 못함), ③자발적 실업(일하고 싶지 않다), ④비자발적 실업(일하고 싶으나 일자리가 없다) 등이 있다. 협의로는 ④를 실업이라고 말하는데 케인스는 완전고용이란 ④가 없는 상태로 되는 것이라고 정의하고 있다. 그밖에도 불만상태 속에서 취업을 하고 있는 위장실업, 경제정체 또는 불황으로 인해서 생기는 구조적 실업, 저개발국의 직장부족으로 생긴 기술적 실업 등의 개념이 있다.

## 실업급여 01

실직한 근로자의 생활안정과 재취직을 촉진하기 위하여 지급되는 급여로 구직급여와 취직촉진수당이 있으며 취직촉진수당에는 조기재취직수당, 광역구직활동비, 직업능력개발수당, 이주비로 구분된다.

## 실업급여 02

실직 근로자를 지원하기 위해 1995년에 도입한 고용보험 정책 중 하나로서, 구직급여와 취직촉진수당으로 나눈다. 구직급여를 보통 실업급여라고 하며, 실업급여의 수급자격을 갖춘 실직자에게 생계유지와 재취업을 돕기 위해 일정액을 지원하는 제도이다. 취직촉진수당은 실업의 장기화를 막고 실직자들의 적극적인 구직활동을 촉진하기 위한 것으로, 구직급여 소정 급여일수의 1 / 2를 남기고 새 직장에 재취업한 경우 일정액을 일시금으로 지원해주는 제도이다. 여기에는 직업능력 개발수당, 광역 구직 활동비, 이주비 등이 있다.

## 실업률(unemployment rate) 01

경제활동을 할 수 있는 국민 중에서 일자리가 없는 사람들이 차지하는 비중. 즉 경제활동인구에 대한 실업자 수의 비율이다. 경제활동인구는 만 15세 이상의 국민 중 일할 의사와 능력을 동시에 가진 사람을 가리킨다. 따라서 근로능력이 있더라도 일자리를 구하려는 의사가 없으면 경제활동인구에서 제외된다. 학생이나 주부는 원칙적으로 제외되지만 수입을 목적으로 취업하면 경제활동인구에 포함되며 군인이나 교도소수감자 등은 무조건 대상에서 빠진다. 실업과 취업 여부를 가리는 기준은 나라마다 조금씩 다르지만 우리나라를 포함해 대부분의 국가가 국제노동기구(ILO)의 방식을 채택하고 있다. 즉 1주일에 1시간 이상 일하면 취업자, 그렇지 않으면 실업자로 구분하는 것이다.

## 실업률 02

실업자 수를 노동력인구로 나눈 수치로 노동력인구 중의 실업자의 비율을 나타낸다. 통계조사상의 개념에 따른 실업률에는 완전 실업률과 고용실업률이 있다. 전자는 완전 실업자를 노동력인구로 나눈 비율이며, 후자는 노동력인구에서 자영업자 등을 제외한 고용자(취업자) 수에 완전 실업자를 합하고 그 합계로 완전실업자수를 나눈 비율이다. 완전 실업률과 고용실업률은 고도성장기와 같이 1차 산업 종사자의 노동력인구에서 차지하는 비율이 크게 변동할 때는 그 괴리가 심하지만 저성장기에는 양자의 수치는 거의 병행해서 변동한다.

## 실업문제(unemployment problem)

실업은 자본주의 사회에 전형적으로 생기는 현상이며 실업자는 자본제적 축적의 법칙에 의해 생겨나는 상대적 과잉인구의 기본부분이다. 자본주의의 발전과 더불어 실업의 지배적 형태는 변화해 왔지만 산업혁명 후에 경기적 실업이 생겨나게 되어 실업문제는 현재화하며, 특히 일반적 위기의 단계이후로 만성적 실업 내지 구조적 실업이 생겨나게 되었다. 실업문제의 본질은 이후 자본주의사회의 구조적 필연의 결과로서 명확히 의식되게 되었다.

## 실업보험(unemployment insurance)

실업상태에 놓인 근로자의 생활안정을 목적으로 하는 보험으로 고용개발과 고용촉진사업 등을 추가하여 고용보험이라고 부르기도 한다. 그 재원은 사업장의 노사보험료 및 국가의 보조금에 의해 조달한다. 실업보험의 지급기간은 보통 1년 이내이며 보험료의 수준은 기존의 임금 수준에 따라 일정한 비율을 지급하는 것이 원칙이다. 실업보험을 운영하는 기관은 보험금의 지급뿐만 아니라 직업소개업무를 연결하여 운영하기도 한다. 한편 실업보험은 임의가입보다는 대부분 강제가입을 원칙으로 하는데, 그 목표는 실업상태에 놓인 노동자를 돕고 경제의 효율성과 안정성을 증대시키는데 있다. 그러나 실업을 단기적인 현상으로 보고 노동력이 있는 사람만을 그 대상으로 한다는 점에서 사회보장제도로서의 한계를 갖고 있으며 이에 따라 장기화되고 대량화된 만성적 실업이 발생할 경우에는 고용정책이나 경기진흥책 등 보다 근본적인 정책이 필요하다. 또 노동능력이 없는 사람을 위해서는 건강보험 및 넓은 의미에서의 사회보장제도가 요구된다. 한국에서는 1993년 12월에 고용보험법이 제정되어 1995년 7월 1일부터 고용보험이 시행되고 있으며, 실업을 예방하고 재취업의 촉진과 잠재인력의 고용촉진, 직업능력 및 인력수급의 원활화를 목적으로 하여 노동부 주관으로 고용안정사업과 직업능력개발사업, 실업급여 지급 등을 실시하고 있다. 또 노동부에 고용안정센터와 시, 군, 구 지방노동관서에 취업정보센터를 운영하고 있다.

## 실업자(Unemployed person)

15세 이상 인구중 조사대상기간에 일할 의사와 능력을 가지고 있으면서도 전혀 일을 하지 못하였으며 일자리를 찾아 적극적으로 구직활동을 하였던 사람으로서 즉시 취업이 가능한 사람을 말한다. ①구직기간 1주기준 실업자 : 구직활동여부 파악시 대상기간을 1주간으로 적용 ②구직기간 4주기준 실업자 : 구직활동여부 파악시 대상기간을 4주간으로 적용

## 실업자 / 실직자

적극적으로 일자리를 찾아다니고 일이 있을 때 즉시 일할 수 있지만 지난 1주일 동안 돈 받고 일해보지 못한 15세 이상의 사람을 말한다. 국가마다 노동력에 대한 정의가 다르고 실업자에 대한 조건이 다르고 실업자에 대한 조건이 다르다. 한국은 국제노동기구의 정의를 기초로 세 가지 조건을 두고 있어 이를 모두 만족시켜야 실업자로 구분한다. ①만 15세 이상으로 15일이 긴 한 주 동안 일해서 돈 번 경험이 없어야 하며, ②조사기간 중에 적극적인 구직활동을 하고 있어야 하며, ③일자리가 생기면 곧바로 취업이 가능해야 한다.

## 실외 놀이(outdoor play)

실외에서 이루어지는 어린이의 놀이. 실외 놀이터에서 흥미에 따라 활동적 또는 조용한 놀이를 함으로써 큰 근육 훈련의 기회를 갖게 되고 풍부한 에너지를 발산할 기회를 가지며 인지적(認知的) 경험을 하게 된다. 실외 놀이로는 정글짐 · 그네 · 줄사닥다리 · 구름다리 · 미끄럼틀 · 시소 · 작은 배 · 자전거 · 두 바퀴 수레 차 · 할로우 블록(Hollow block) · 매듭줄 · 나무통 등의 기구를 통한 큰 근육 활동 놀이와 물놀이 · 모래놀이 · 목공놀이 등을 들 수 있다.

## 실용주의(pragmatism)

지식의 가치를 행동의 결과로 판단하는 입장. 19세기 말부터 20세기 전반까지 미국 철학의 주류가 된 사고방식이다. 영국 경험주의 철학의 전통 위에 진화론을 기반으로 구성되어 관념적이 아닌 실제생활과의 관련 속에서 사상을 생각하는 입장이다. 퍼스 윌리엄, 제임스 듀이가 그 대표적인 철학자이다. 미국 자본주의의 급격한 발전에 대응하는 사상이라고도 한다.

## 실적(merit)

실적은 능력 · 자격 · 기술 · 지식 · 업적 · 성과 등을 가리키는 복합적 개념 이다. 개인의 실적을 나타내는 지표로는 일반적으로 직무수행능력 · 생산성 · 교육수준 · 근무경력 · 일반경력 및 훈련 등을 들고 있다.

## 실적급(merit pay)

직무수행의 실적 또는 성과를 기준으로 하는 보수. 실적급에는 기본급으로서의 업적급과 능률급적 수당 등이 있다. 실적급은 업적급 · 능률급 · 성과급 등의 명칭으로도 불린다.

## 실적제(merit system)

개인의 능력이나 실적을 임용기준으로 삼는 인사행정 제도를 말한다. 실적제의 주요 구성요소는 기회균등 · 실적에 의한 임용 · 정치적 해고로부터의 신분보장 및 정치적 중립을 포함한다. 실적제는 기회균등의 원칙과 실적에 의한 임용을 보장하기 위한 제도적 장치로서 공개경쟁채용시험을 실시한다. 실적제는 엽관제에 의한 부패와 비능률성을 교정하기 위한 수단으로서 19세기 중엽이래 영국과 미국에서 발달하였다. 영국에서는 공개경쟁채용시험에 의해 공무원을 채용할 것과 시험을 관장할 독립적인 중앙인사위원회를 설치하고 시험을 정기적으로 실시하며 합격자에게는 시보기간을 설정할 것 등을 건의한 1853년의 Northcote와 Trevelyan보고서, 그리고 1855년 제정된 1차 추밀원령(樞密院令)과 1870년의 2차추밀원령을 거쳐 실적제 수립의 제도적 기초가 확립되었다. 그리고 미국에서는 1883년 최초의 연방공무원법인 펜들턴 법(Pendleton Act)의 제정을 계기로 실적제가 시행되기에 이르렀다.

## 실조(deprivation)

인간의 발달에 마땅히 있어야 할 자극이나 환경조건이 부족하거나 전혀 없어 인간의 정상적 발달이 저해되는 상태를 말한다. 실조에는 물리적 환경의 결핍만이 아니라 심리적 환경의 결핍도 포함되는데 이러한 실조현상의 대표적 예로는 문화실조 · 언어실조 · 모성실조 · 부성실조 · 감각실조 · 영양실조 등이 있다.

## 실존(existence)

현실적인 존재라는 의미. 보통은 시간 · 공간 안의 개체적인 존재를 의미하는데, 스콜라학 이래 이 말은 본질에 대립하는 말로서 사용되고 있다. 본질은 〈무엇이냐〉를 나타내는 것이다. 가령 〈황금의 기둥〉이라는 본질을 생각할 수는 있지만, 그것이 현실적으로 꼭 존재한다고는 말할 수 없으므로 본질은 가능적인 것에 지나지 않는다. 가능성이 실현되고 객체적인 존재로 되었을 때 실존이라고 불리어진다. 따라서 사물의 본질과 실존은 구별되지 않으면 안 되는데, 다만 신에게 있어서는 본질이 실존을 포함하는 것으로 생각되었다(→ 존재론적 증명). 플라톤 이래 본질이 실존에 앞서고, 본질을 원형으로 하여 실존이 만들어졌다는 생각이 지배되고 있었는데, 무신론적인 실존주의에서는, 인간이 우선 실존하고, 그의 자유로운 선택에 의해 자기를 형성하는 것이므로, 〈실존은 본질에 앞선

다.)(사르트르)고 주장했다.

## 실존주의(existentialism) 01

인간의 본질, 이성이나 정신 등의 보편적 원리로 규정하고자 하는 철학적 입장과는 반대로 자기의 개별적이고 구체적인 현실존재를 다루며 그 문제성을 추구해가고자 하는 사상. 이 입장을 명확하게 주장하기 시작한 것은 19세기 중엽의 후기 쉐링과 키르케고르이며 특히 1920년대 이후에 한편에서는 마르셀과 야스퍼스에 의해 종교적 배경 하에 다른 한편에서는 하이데거와 사르트르에 의해 존재론적 분석형태로 이 입장이 일제히 전개되었다. 이 실존주의는 인간의 실존이 모든 것에 앞서서 존재한다고 주장하며 관념적 측면에서 맑스주의와 대립하지만 실존을 소외시키는 사회적 조건과의 투쟁 속에서 그냥 있을 수 없다는 정치 참여적 의식을 지닌다.

## 실존주의 02

존재 혹은 실존(existence)의 의미와 기능을 밝히려는 철학적 입장. 19세기의 합리주의적 관념주의와 실증주의에 도전하면서 형성되고 발전된 철학사조로서 분석철학과 함께 현대철학의 2대 조류를 이루어 왔다. 실존주의의 유형과 관심은 매우 다양하여 일반적 특징을 추출하기는 어려우나, 대체적으로 존재의 특수성과 개별성을 강조하고 실존의 주체성과 자율성을 강조하고 있다. 사르트르(J. P. Sartre)는 '실존은 본질(essence)에 앞선다.' 고 하면서 객관적으로 주어진 것으로 판단하던 본질에 대한 전통적 철학의 경향에 도전하였다. 본질은 주어진 것이 아니라, 실존하는 인간이 스스로 선택하거나 결정한 성질의 것이다. 그리고 실존은 단순한 객관적 존재가 아니라, 행동하는 주체적 존재, 즉 자기의 존재에 대해 질문하고 지각하며 자유를 행사하고 그것에 책임을 지는 존재이다. 실존주의자들은 종교적·예술적·형이상학적·도덕적·정치적 관심을 포함하는 다양한 관심의 세계를 점하고 있다. 그것은 아우구스티누스(St. Augustinus)의 내심의 세계, 니체(F. W Nietzsche)의 디오니소스적인 낭만주의, 도스토예프스키(F. M. Dostoevskii)의 허무주의 등의 광범한 사상적 배경에 관련되어 있기 때문이다. 실존주의 철학자들로는 키에르케고르(S. Kierkegaard), 야스퍼스(K. Jaspers), 마르셀(G. Marcel), 사르트르(J. P. Sartre), 하이데거(M. Heidegger), 메를로 퐁티(M. Merleuae Ponty) 등이 있다.

## 실종

사람이 평소의 주소나 거소를 떠나 생사불명의 상태가 계속되는 것을 실종이라고 한다. 실종상태가 오래 계속되면 이로인해 피해를 입는 사람들이 생겨나므로 이해관계가 있는 사람이나 검사가 법원에 실종선고를 해 줄 것을 신청한다.

## 실종선고

어떤 사람의 실종상태가 오래 계속될 경우 그로 인해 재산이나 신분관계, 법률관계 등에서 불이익을 당하게 되는 사람이나 검사의 청구를 받은 법원이 그 사람을 사망한 것으로 판결하고 이를 알리는 것을 실종선고라고 한다. 전쟁이나 항공기사고, 선박침몰 등으로 인해 실종(특별실종)되었다면 1년, 일반적인 실종(보통실종)은 5년이 지난 경우 실종선고를 할 수 있다. 실종선고 후 실종선고를 받은 사람이 살아돌아와 실종선고를 취소하게 되면 실종선고로 인해 만들어진 재산관계나 신분관계, 법률관계 등이 취소되고 선고 이전의 상태로 되돌아 가야 한다.

## 실증적 방법(positive method, positive Methode)

학문연구에 있어 실험관찰에 기초하는 객관적 사실 발견의 방법을 말한다. 즉 경험적 사실에 기초하여 실재(實在)세계의 구조나 법칙성을 체계적으로 탐구하는 과학적 방법을 말한다.

## 실증적(positive)

원어는 다양한 의미를 가지며, 각 국어에 의한 용법의 차이도 있고, 긍정적·적극적·실정적(실정법 : p. law)·기성적(기성도덕 : p.morals) 등의 의미를 가지는데, 실증적이라고 번역하는 경우는 사변이나 추리·추측이나 공상과는 대조적으로 경험적 사실로서 주어진 누구라도 관찰에 의해 확인할 수 있는 것에 관해 말한다. 이와 같은 사실과 객관적 실재와의 관계를 어떻게 생각하느냐는 철학과 입장에 따라 다르다.

## 실증주의(positivism)

일반적으로는 관념적 이해의 전개, 추상적 사고와는 달리 현실적인 사실에 근거해서 검증하는 방법을 말한다. 근대적 과학의 기본적 사고와 방법으로 19세기 이후 정착했다. 그 입장과 태도를 하나의 사상적 체계로 해야 한다고 주장한 사람이 A.콩트다. 그는 추상적·형이상학적 사고를 배제하고 사실에 입각한 지식을 요구하는 실증철학을 확립시켰다. 경험주의의 경향이 짙고 근대과학의 발달에 대응하는 사상으로 현재는 실험과 조사로 지원받아 기법의 정밀화와 그 방법도 깊이 있게 연구되고 있다.

## 실질GNP(real gross national product)

시장가격으로 평가한 명목상의 GNP를 실질적인 가치로 고치기 위해 기준연도로부터의 물가상승을 참작한 디플레이터로 수정한 것이다. 국민경제의 성장률은 보통 이 실질GNP의 증감률로 표시한다. 실질GNP의 규모나 성장률은 국민경제 전체의 양상을 표시함과 동시에 정부는 이러한 GNP 등의 경제전망을 토대로 하여 예산이나 경기정책, 재정금융정책을 결정한다.

## 실질생계비(actual cost of living)

생계비에는 실제로 지출된 비용을 나타내는 실질생계비와 일정한 생활조건, 즉 거주 지역·연령·가족구성 등에 대응하는 소비유형을 가정하여 계산하는 표준생계비가 있다. 전자는 있는 그대로의 생계비이나 후자는 있어야할 생계비로서의 요소를 포함하고 있어 임금수준(특히 최저임금제의 경우)이나 최저생활비수준을 결정하는데 이용된다. 그러한데 이 경우의 표준은 실태를 전제로 하여 가정되는 것이므로 양자는 밀접한 관계를 가진다. 표준생계비의 계산방법에는 이론 생계비방식과 실질생계비방식이 있다. 실질생계비방식은 일정한 생활조건 하에 있는 가계를 조사하여 얻은 실질생계비의 최빈치 또는 평균치를 기초로 계산하는 방식으로 객관적인 측정이 용이하다는 이점이 있으나 실태를 그대로 표준으로 본다는 데 방법론상의 문제점이 있다. 그래서 실제 생활보장행정에서는 이론생계비방식 등이 혼용되고 있다.

## 실질소득(real income) 01

가격이 일정하다고 전제하고 생산물 수량의 변동만을 보기 위한 것으로 매년의 국민소득을 어떤 한해(기준년)의 가격(불변가격)으로 매년 똑같이 파악하므로 물가가 올라도 생산량이 늘어나지 않는 한 커지지 않는다. 실질소득은 경제성장률을 계산하거나 국민경제가 장기적으로 어떻게 변화하고 있는가 등을 알아보는데 이용된다.

## 실질소득 02

명목소득에서 물가 변동 분을 제외한 소득. 명목소득을 소비자물가지수로 나눈 뒤 100을 곱해 계산한다. 가령 물가가 전년도에 비해 10% 올라 소비자물가지수는 110인데 올해 월평균 소득은 지난해와 같은 220만원일 경우 실질소득은 181만 8000원이 된다. 물가상승으로 실제 구매력이 전년도보다 18만 2000원이 줄어든 것이다.

## 실질임금(real wage)

노동자가 임금으로 받는 화폐량을 명목임금이라 부르는데 반해 명목 임금으로 구입할 수 있는 재화 및 서비스의 양을 실질임금이라 한다. 실질임금은 보통 명목임금지수를 소비자물가지수로 나눈 형태로 표시되는데, 이들 지수는 정부통계에 의존하는 경우가 많다. 그러나 산정자료나 방법에 따라 결과가 상이할 뿐만 아니라 생활양식이나 소비유형의 차이를 반영하기 어렵기 때문에 실질임금이 임금의 실질을 정확히 표현할 수 있는 것은 아니다.

## 실질적 목표(real goal)

조직이 실질적으로 추구하는 목표로, 조직이 공식적으로 내세우는 공식적 목표(stated goal)와 대비된다. 일반적으로 조직의 공식적 목표와 실질적 목표간에는 차이가 있는 바 이들 목표가 상호 일치할 때 조직 존립의 정당성이 확립된다.

## 실천(pratice)

인간이 행동을 통해 의식적으로 환경을 변화시키는 것을 말한다. 물질적 생산 활동이 그것의 기본적인 형태인데, 생산은 일정한 역사적인 사회관계(→ 생산관계)를 통해 행해지고 인간은 자연적 환경에 작용한다. 따라서 생산뿐만 아니라, 계급투쟁, 과학 활동(특히 실험), 정치 활동 등 다양한 실천 형태가 있는데, 모든 실천은 사회에서, 역사적인 사회 조건 하에서 행해지는 사회적 실천이다. 인간의 실천은 계획적으로 환경에 변화를 가하여 목적에 도움이 되게끔 하는 점에서 동물의 행동과 다르며, 또 실천은 성공하기 위해서는 객관적 법칙성에 따르지 않으면 안되는데, 그것을 의식적으로 행동에 적용하는 점에서 꿀벌이 벌집을 만드는 것과 같은 본능적 행동과 구별된다. 그러나 의식적 적용이라고 하더라도 어떤 객관적 법칙성이 있다는 것, 그것이 목적 실현에 도움이 된다는 것을 인간이 경험적으로 인정하면 좋은 것인지 반드시 법칙의 과학적 인식을 전제로 한다는 의미는 아니다. 실천은 과학보다도 앞서며, 과학의 기원으로부터도 알 수 있듯이 인식은 실천의 필요에서 생긴다. 인간은 실천에 있어서 외계의 사물에 접촉하고 감성적 인식으로부터 이성적 인식으로 전진하고, 그것을 실천에 적용하여 그 성공·실패에 의해 인식의 진리성을 검증한다. 실천은 인식의 원천인 동시에 그 진리성의 기준이다. 이와 같이 실천·인식·재실천·재인식이라는 과정이 반복됨으로써, 실천이 발전함과 동시에 인식도 발전하고 심화해 간다. 이론과 실천과의 통일은 동적인 변증법적 통일이다. 실천의 개념은 이미 그리스 철학에서 찾아볼 수 있지만, 생산 활동이 멸시되었기 때문에, 그 내용은 좁은 것이었다. 아리스토텔레스는 실천((희) präxis)을 이론 및 제작과 구별하고, 그것을 인간의 윤리적 행동(정치도 포함해서)의 영역에 국한시켰다. 이와 같은 실천 개념은 오랫동안 지배되었고, 근세가 되어서 생산 활동에 대한 멸시가 점차 소멸되어 가고 있었음에도 불구하고, 칸트에 있어서도 실천은 주로 도덕적 행위로서 파악되고 있었다(기술적 실천의 의의를 인정하고는 있지만 중시하지 않았다). 포이에르바하와 같은 유물론자마저도 생산적 실천의 의의를 이해하지 못했다. 생산적 실천, 혁명적 실천의 참다운 의미를 분명히 한 것은 맑스주의의 변증법적 유물론이다. 더욱이 현대에서는 다른 의미로 프래그머티즘도 실천을 중시한다.

## 실천분야(field of practice)

사회사업 세팅에서 일할 때 요구되는 특수한 경쟁과 전문가의 다양한 실행과 관계되는 사회사업 용어이다. 1920년에 시작되어 사회사업 실무에 있어서 그 범위가 넓게 확산되면서 개인들을 커버하기가 점점 더 어려워지게 되었을 때 분야의 구분은 명백해지게 되었다. 사회사업 실천 분야에 있어 일차적 분야는 가족복지, 아동복지, 모자복지, 장애인복지, 교정사회사업, 정신의료사회사업, 일반의료사회사업, 학교사회사업을 포함했다. 이러한 분야들은 점차 확장되면서 그들의 초점도 꾸준히 변화되어 갔고 새로운 분야들이 출현하게 되었다. 그 예로서 산업사회사업, 지역사회사업, 노인사회사업 등이 포함되었다.

### 실천적 지향(practical orientation)

당면문제를 해결하기 위해 가능한 행동방안 을 강구하는 연구지향을 말한다. 이러한 연구 지향은 '있어야 할' 이상적인 질서를 추구하는 규범적 지향과 '있는 그대로' 의 현상의 세계를 대상으로 하여 그 속의 인과관계를 규명하고자 하는 경험적 지향의 통합으로 볼 수 있다.

### 실체(substance)

갖가지로 변화해 가는 물(物)의 근저에 있는 지속적인 것, 또는 그 같은 변화에 의해 양태를 바꾸면서도 동일성을 유지하고 잇달아 나타나는 여러 성질의 소유자로 생각되는 것이다. 실체에 관해 처음으로 상세하게 논한 사람은 아리스토텔레스이다. 그의 실체에 관한 규정은 다의적인 것인데 그가 실체((희) usia)로 인정한 것은 주로 구체적인 개물(주어는 되지만 술어는 되지 않는 것)로서, 그는 이것을 갖가지의 성질과 그것을 짊어지는 기체와의 통일체로 간주했다. 그의 실체개념이 중세철학에서 여러 가지로 해석된 후, 데카르트는 실체를 〈그 자신에 의해 존재하는 것, 그 존재를 위해 다른 것을 필요로 하지 않는 것〉으로 정의했다. 따라서 엄밀한 의미에서는 신만이 실체인데, 그는 물체와 정신을 유한한 실체로 인정했다. 이들을 상호간 독립적인 것으로 생각했기 때문이다. 스피노자는 이 이원론을 배격하고 신(즉 자연)을 유일한 실체로 인정했다. 버클리는 주관적 관념론의 입장에서 물질적인 실체를 부정했는데, 흄은 버클리가 인정한 심적 실체도 부정하고, 자아라는 것은 〈관념의 덩어리〉에 지나지 않는다고 했다. 칸트도 물자체의 인식은 불가능하다고 주장하고, 실체의 개념은 현상을 인식하기 위한 카테고리에 지나지 않는다고 했다. 유물론은 물질의 유일한 실체로 보는 입장이다.

### 실태생계비

생계비의 산출방식에는 이론생계 비상식과 실태생계비 방식이 있다. 실태생계비방식은 인간이 실제로 생활해 가는데 구목하는 것으로 부조행정에서 주로 사용한다. 그러나 실제 생활보호행정에 있어서는 이론생계비방식 등이 혼용되고 있으며 이외에도 라운트리방식, 엥겔방식, 격차축소방식 등을 사용하는 경우도 있다.

### 실행가능성(feasibility)

어떤 정책대안이 채택되어 집행될 수 있는 가능성의 정도를 말한다. 넓은 의미의 실행가능성은 경제적 실행가능성 · 정치적 실행가능성 · 기술적 실행가능성 · 사회윤리적 실행가능성 등으로 나누어 볼 수 있다.

### 실행시스템(execution system)

의료행위나 건축설계 등 실제 작업 그 자체를 지원해주는 정보시스템을 말한다. 전문가의 지식과 경험을 체계화하여 컴퓨터에 기억시켜 둠으로써 일반 사람들이 전문가를 만나지 않고도 정보시스템을 이용하여 서비스를 받을 수 있는 전문가체계(Expert System)가 대표적인 예이다. 가령 의료전문가시스템에서 는 의사들의 처방을 정리하여 지식베이스(knowledge base)에 저장해 놓고, 일반 사용자 이 컴퓨터에 들어 있는 지식을 이용함으로써 의사에게 진찰 받은 것과 같은 서비스를 받 게된다.

### 실험집단(experimental group)

실험처리의 효과를 추정하기 위하여 실제로 실험 처리를 수행하는 집단을 말한다. 이에 반해 실험집단의 결과와 비교하기 위해 실험처리를 하지 않는 집단을 비교집단(comparative group) 또는 통제집단(control group)이라고 한다.

### 심리극(psychodrama)

원래는 루마니아 태생의 정신과의사 J. L. 모레노가 창시한 심리요법이었으나 억압된 감정과 갈등의 표출로 인해 연극에서도 원용되었다. 일정한 대본이 없이 등장인물인 환자에게 어떤 역과 상황을 주어 그가 생각나는 대로 연기를 하게 하여 그의 억압된 감정을 드러냄으로써 적응장애를 고치는 방법이다. 극은 있어야 한다. 그리고 극이 문제의 핵심에서 벗어날 때는 즉시 시정해 주어야 한다. 사이코드라마에도 관객이 있는데 대개 연기자와 똑같은 문제를 가지고 있는 사람들로 구성되는 경우가 많다.

### 심리 · 사회재활서비스(psycho social rehabilitation)

의료, 교육, 직업재활 영역들에 비해 사회 · 심리적 재활에 있어서는 그 목표가 실질적으로 어느 특정한 한 두 가지 방법에 의해 이루어지기 어려우며 상당히 포괄적이고 다양한 방법들을 통합하고 조화시켜 총체적으로 접근하는 것을 필요로 한다. 이와 같은 영역 자체가 지니고 있는 모호성과 그로 인한 접근의 난이성에도 불구하고 사회 · 심리적 재활은 의료, 교육, 직업 등 각 전문 재활분야의 공통 분모적이며 핵심적인 요소로서 각 영역이 추구하고 지향하고 있는 궁극적인 가치나 목표가 되는 중요한 영역이다. 사회 · 심리적 재활의 목표는 장애인의 재활욕구를 향상시켜 적응을 저해하는 개인 내 · 외적인 요인들을 극복하고 새로운 가능성을 찾도록 도와줌으로써 궁극적으로 장애인의 완전참여와 평등의 이념에 입각하여 아무런 차별과 불편을 느끼지 않고 그가 속한 사회의 주류문화를 공유하면서 가정, 학교, 직장 등 사회생활을 충분히 영위하도록 하는데 있다.

### 심리사회적 재활(psycho — social rehabilitation)

장애인을 의학적, 직업적, 교육적인 기준에서 보는 것이 아니라 사회의 한 구성원으로서의 역할을 지닌 전 인격적으로서 인식하고 장애인의 사회적 생존을 보장하는 것을 지향한다. 따라서 사회심리재활은 사회과학의 지식과 기술제 체계를 이용해서 장애를 가지면서도 사회에 참가하는 인간이 어떻게 해야 장애를 가진 사람들에게 적절한 물심양면의 생활조건을 확보하고 향상시킬 수 있는가 등을 생각하는 것이다. 따라서 협의의 사회재활은 사회복지 실천, 사회재활사업 등으로 불릴 수 있다. 장애인의 재활 욕구를 향상시켜 적응을 저해하는 개인내외적인 요인들을 극복하고 새로운 가능성을 찾도록 도와줌으로써 궁극적으로 장애인의 완전 참여와 평등의 이념에 입각하여 아무런 차별과 불편을 느끼지 않고 그가 속한 사회의 주류문화를 공유하면서 가정, 학교, 직장 등 사회생활을 충분히 영위하도록 하는데 있다. 모든 재활서비스에 있어서 가장 바람직한 방향은 장애인으로 하여금 자신의 재활 과정에서 심리적으로 수동적 수혜자가 아니라 능동적 참여자로서 적극적으로 가능하도록 도우며 사회적으로는 비장애인과 동일한 환경에서 비장애인과 동일한 권리와 기회를 누릴 수 있도록 돕는 것이라고 하였다.

### 심리적 재활(psychological rehabilitation) 01

장애인은 자기 신체의 일부분에 장애가 있으므로 정신적인 장애 즉 사회적 열등감과 불안을 가지게 되는데 이러한 심리적 상황을 판정하고 지도하며 심리요법 등을 통해 직업재활, 교육재활, 의료재활이 효과적으로 달성되어 사회적 기능을 최대한으로 수행하도록 하는 것이다. 장애인의 심리적 부적응은 사회의 비장애인들의 장애인에 대한 편견과 인식의 잘못에서 오는 이중의 장애라고 볼 수 있으며 사회복귀가 어렵고 심리적 재활에 문제되는 열등감, 의존심, 몰이해에 대한 공포, 장애를 숨기려는 욕구 등을 극복할 수 있도록 원조하는 것이 심리적 재활이다. 원래이 심리적 재활이라고 하는 말은 뇌성마비장애를 재활하기 위해 심리학적 견지에서 그 기능개선을 모색할 때 사용하는 새로 개발된 용어이다. 심리적 재활의 전문종사자는 정신과의사, 심리 직능 판정원, 심신장애인 복지지도원, 사회사업가, 임상심리학자, 카운슬러 등이다. 심리적 재활의 방법은 사회보장, 사회복지정책 사회계획 등의 제 시책과 케이스워크적 기술 및 카운슬링으로 심리적 열등감과 기관열등감(organic inferiority)을 보상하고 희망과 의욕을 가지게 하는 것이다.

### 심리적 재활 02

장애인은 자기신체의 일부분에 장애가 있으므로 정신적인 장애, 즉 사회적 열등감과 불안을 가지게 되는데 이러한 심리적 상황을 판정하고 지도, 원조하며 심리요법 등을 통해 직업재활, 교육재활, 의료재활을 효과적으로 달성하여 사회적 기능을 최대한으로 수행하도록 하는 것이 심리적 재활이다. 심리적 재활의 전문종사자는 정신과 의사, 심리 직능 판정원, 심신장애인 복지 지도원, 사회사업가, 임상심리학자, 카운슬러 등이다. 심리적 재활의 방법은 사회보장, 사회복지정책, 사회 계획 등의 제 시책과 케이스워크적 기술 및 카운슬링으로 심리적 열등감과 기관열등감을 보상하고 희망과 의욕을 가지게 하는 것이다.

### 심리적 적응(psychological adjustment)

장애를 극복하고 욕구를 만족시키기 위한 유기체의 활동과정 및 변화를 말하며 신체적, 사회적 환경과 조화 있는 관계를 수립하는 것이다. 이 정의는 학습이 아닌 순응과 동조의 의미를 강조한 것이다.

### 심리적 지지(psychological support)

사람들을 원조하는 모든 전문직에서 중요시되는 기법으로 클라이언트가 가지고 있는 힘을 지지함으로써 현상유지를 도모한다. 동시에 적극적인 성장을 촉진하도록 의도적으로 사용한다. 이것은 클라이언트가 가지고 있는 힘을 이해하고 존중하는 것을 전제로 보증, 교육, 연습, 조언, 모델링, 환기, 시간의 제한, 대결 등을 적절하게 조합해서 진행한다.

### 심리적 평가(psychological assessment)

직업평가 수단으로서의 심리적 평가는 장애인의 정신적인 능력과 한계성을 규명하고, 직업의 선택에 영향을 미치는 태도, 관심, 동기, 성격 등의 변인을 판별하는 과정이다. 심리적 평가는 주로 표준화된 심리검사와 상담기법에 의존하며, 활용되는 검사로는 지능검사, 성격검사, 학습 성취도검사, 적성검사, 흥미검사, 지각검사 등이 있고 필요에 따라 선택적으로 실시된다.

### 심리진단(psychological diagnosis)

정신과적 면담과 함께 진단을 내리기 위해 심리학적 검사를 통해 이루어진다. 심리학적 이론과 평가 방법에 의해 개인의 성격 전반을 파악하고 정신장애 현상에 대한 객관적 자료를 얻어 개인 내 여러 특성들 간의 비교와 개인 간의 비료를 할 수 있다. 개인 또는 집단의 특징을 특수한 방법에 의해서 확인하는 것이다. 성격진단 · 지능측정 · 적성검사 등을 모두 포함한다.

### 심리치료(psychotherapy)

심리적 기법을 사용하여 정신 상태나 행동의 부적응을 적응으로 촉진시키기 위한 방법으로 훈련을 받아 사회적으로 승인된 심리학자가 행하고 있으며 주로 의학영역에서 쓰이고 있는 정신요법과 동의어로 사용된다. 심리요법에는 암시에 의해 심리상태를 변화시키는 최면요법, 자기최면을 적용한 자율훈련법, 자유연상을 분석해 무의식적인 심리상태를 통찰시킴으로써 치료를 하는 정신분석요법, 자기분석을 근거로 한 교류분석요법 등이 있다. 이외에 조작적 조건부여를 기초로 한 행동요법이나 바이오 피드백요법(bio feed back) 등이 포함된다. 치료자에 의한 환자의 통제에서 환자자신이 자기통제의 방향으로 발전하는 것이 심리치료이다.

### 심리판정

아동상담소 등의 전문 심리판정원, 의사, 치료사, 아동복지사 등의 협의에 따라 대상아(자)의 심리상의 장애 유무나 그 종류를 밝히기 위함이다. 주로 단순정신지체, 자폐증, 정서장애, 비행 등의 발달장애 구별이나 정도를 판정하지만 그 판정에는 면접, 자유 관찰, 심리테스트, 장애검사목록 등을 이용한다. 장애의 정도는 행정상의 요청에 따라 중증(重症), 중증(中症), 경증(輕症)으로 구별하고 있지만, 장애의 종류는 명쾌하게 구별짓기 어렵다.

### 심리판정원(psychological evaluator)

아동상담소에 소속하여 아동복지법에 규정된 판정을 관장하는 일원으로서 정신과의 아동복지사 등의 직원과 협력하여 아동지도계획을 세우고 임상심리학의 지식을 겸비한 전문 직원, 아동의 지능발달정도, 정서 등의 심리측정, 대화면접에 의한 행동관찰, 친·보호자·교사와의 면접에 따라 아동의 욕구에 관한 자료를 제시하는 역할을 담당하고 있다. 심리판정원은 다른 직원과의 전문적 협의가 불가피하고 일상적 연구 활동도 요구된다.

### 심사청구(application for review)

행정청의 위법 또는 부당한 처분 및 공권력의 행사에 따른 행위에 관해 국민 측에서 행하는 행정쟁송의 일종으로 행정 불복 심사법에 기인해 처분청 또는 부작위청 이외의 행정청에 대해 행하는 것을 말한다. 처분청에 상급행정청이 있을 때 또는 법률이나 조례에 심사 청구할 수 있는 등의 규정이 있을 때로서 전자의 경우는 당해 법률에 정한 행정청에 대해 행하는 것으로 되어 있다. 이 제도의 활용과 민주화가 요망되고 있다.

### 심상(image)

개인의 마음속에서 그리는(떠올리는) 사상들에 대한 정신적 또는 내적인 표상을 의미한다. 심상의 또 다른 의미를 알아보면, 개인이 특정 인물이나 대상 또는 현상에 대해 가지고 있는 인상을 지칭하기도 한다. 한편, 심상은 영어단어의 발음 그대로 '이미지'라고도 한다.

### 심신박약자

어느 정도 사물을 판단하고 의사표시를 할 능력을 가지고 있지만 그 나반면 현저히 떨어지는 불완전한 상태에 있는 사람을 심신박약자라고 하며 한정치산자로 선고되는 대상이 된다.

### 심신상실자

의식은 있으나 정신장애의 정도가 극심하여 사물을 판별할 능력이 없거나 자신의 행위 결과를 합리적으로 판단할 능력(의사를 결정할 능력)을 갖지 못한 자를 말한다. 민법상 금치산 선고를 받아 금치산자가 될 수 있다.

### 심신장애(mental and physical disability)

인지·지능·언어·정서·행위 등의 심신기능면에 장애가 있는 상태의 총칭. 교육이나 복지의 관계에서는 지능장애(정신지체, 시각장애), 시각장애(맹·약시), 청각장애(농·난청), 언어장애, 지체부자유, 병약·신체허약, 정서장애와 이들 장애를 합병하고 있는 중복장애 등으로 분류하고 있다.

### 심신장애자

사물에 대한 판단이나 의사표시 등의 정신기능에 이상이 있는 사람을 심신장애자라고 하는데 심신상실자, 심신박약자, 심신미약자 등이 있다.

### 심신증(psychosomatic disease)

그 자체가 독립된 병은 아니고, 내과를 비롯한 각과에 걸친 여러 가지 병으로서, 심리적 인자가 발단이 되어 발증하거나 그 증상이 오래가는 것이다. 위궤양, 십이지장궤양, 관절류머티즘, 갑상선 기능항진증, 본태성 저혈압, 협심증, 기관지천식, 편두통, 원형탈모증 등이 대표적이다. 최근 미국에서 암의 발증과 그 경과에 대해서도 심리적 요인이 관여하고 있다는 보고가 있는데 넓은 뜻으로는 거의 모든 병이 마음과 몸의 상관을 다루는 심신의학의 대상이 된다고 할 수 있다. 치료법으로는 신체적 질환으로서의 치료와 자율훈련법, 행동요법, 교류분석, 바이오피드백, 절식법 등이 있다.

### 심층 케이스워크(intensive casework)

다문제가족 등 접근곤란한 가족에 대한 원조활동은 특히 집중적으로 깊게 관여해야 효과가 나타난다. 미국의 복지사무소에서는 일반의 공적부조 케이스워커와는 별도로 문제가족의 원조를 위해 심층 케이스워커를 두고 있는 곳도 있다. 그 지역사회조직들에게 다문제케이스를 담당시켜 빈도 높은 접촉에 의해 케이스워크를 효과적으로 진행토록 한다. 그 내용은 가족중심 케이스워크와 같다.

## 심포지엄(symposium)

강단식 토의법이라 하여 학회 등에서 많이 쓰이며 사회자와 강사와 청중으로 구성된다. 하나의 테마에 관해 여러 가지 각도에서 강사(2 — 4인 정도)가 의견이나 문제제기를 하고 이것을 받아서 참가자 전체가 토론을 한다. 포럼과 다른 점은 강사 간에 반드시 대립된 의견제시가 요구되지 않는다는 점이다. 심포지엄에서는 각 강사의 발언내용이 중복되지 않도록 사전조정이 필요하다.

## 심플렉스 방법

두 개 이상의 변수를 가진 선형계획법(線型計劃法)의 해(解)를 구하는 방법으로, 인접해 있는 극단점(極端點)들의 목적함수의 값들을 계속 검토해서 최적해를 구하는 방법을 말한다.

## 심화학습 프로그램(enrichment program)

한 학습 내용을 다양한 수업모형과 매체를 활용하여 학습 활동에 대한 제시 방식을 풍부하게 사용한 학습 프로그램 또는 학습 내용의 수준을 상향적으로 발전시킨 프로그램. 심화학습 프로그램은 한 단위 학습 과제에 대한 학습 과정을 마친 후 학습자의 학습을 강화 발전시키기 위한 목적으로 제공된다. 심화학습 프로그램은 학습 내용을 새로운 상황에서 적용해 보이는 방법, 학습 상황과 유사한 사례를 찾도록 하거나 제시하는 방법, 학습 수준을 상향적으로 조정하여 발전된 문제를 해결하도록 유도하는 프로그램 등 여러 가지 방법으로 개발될 수 있다. 심화학습 프로그램의 사례는 다양한 매체를 이용한 학습내용의 제시, 발전된 문제 해결을 촉진하는 프로그램, 수준이 높은 읽기 또는 연습자료 등으로서 학습내용의 성격에 따라 다르게 구성된다. 심화학습 프로그램은 일단 학습자가 주어진 학습과제에 대한 기본적 학습이 이루어진 것을 확인한 후에 실시하는 것이 바람직하다.

## 싱크족

Single Income No Kid의 약자. 싱크족은 결혼적령기를 넘겼으나 의도적으로 결혼을 미루는 사람을 뜻한다. 결혼에 따르는 자금난이 주된 이유다. 최근 결혼을 앞두고 정리해고 문제로 파혼당한 젊은 약혼자들도 여기에 가세하고 있다.

## 쌍방대리

한 사람이 두 당사자(본인)의 대리를 맡아 그들의 권리나 의무에 영향을 주는 행위를 하는 것을 쌍방대리라고 한다. 쌍방대리는 본인에게 불리한 행위를 할 가능성이 높기 때문에 민법은 이를 금지하고 있지만 빚을 갚는다든지 하는 본인의 이익을 해치지 않는 행위는 쌍방대리로 할 수 있다.

## 쌍쌍 비교법(paired comparison method)

비교ㆍ평가의 대상이 여럿 있을 경우, 순차적으로 두 개씩 짝을 지어 우열을 평가한 뒤, 그 성적을 종합하여 평가하는 방법 을 말한다. 가령 근무성적 평정에 있어 피평정자를 두 사람씩 짝을 지어 비교를 되풀이하여 평정하는 방법을 말한다. 쌍쌍비교법에도 피평정자의 근무실적을 전체적으로 비교하는 종합적 방법과 각 평정요소별로 비교하는 분석적 방법이 있다. 이 방법은 평정자의 주관적 조작을 방지할 수 있고 평정이 용이하다는 장점을 지니나 피평정자의 수가 많을 경우 활용이 곤란하다.

## 쓰레기통 모형(garbage can model)

정책결정이 일정한 규칙에 따라 이루어지는 것이 아니 라 ①문제, ②해결책, ③선택기회, ④참여자의 네 요소가 쓰레기통 같이 뒤죽박죽 움직이다가 어떤 계기로 교차하여 만나게 될 때 이루어진다고 보는 정책결정 모형을 말한다. M. Cohen, J. March, J. Olsen 등이 주장한 이 정책결정 모형은 조직화된 혼란 상태(organized anarchy)에서의 결정을 다루고 있다. 이러한 모형에 해당하는 조직의 예로는 대학사회, 친목단체 등을 들 수 있다.

## 아 프리오리 / 아 포스테리오리

선천적·후천적으로 번역된다. 중세철학에서는 원인에서 결과로, 원리에서 귀결로 나가는 추리를 선천적, 결과에서 원인으로, 귀결에서 원리로 나가는 추리를 후천적이라고 했으나, 근세 이후에는 다음과 같은 뜻으로 쓰인다. ①심리적·발생적 의미. 생득적인 것(가령 생득관념)을 선천적이라 하고, 경험에서 얻어진 것을 후천적이라 한다. ②인식론적 의미. 경험에 의존하지 않고 경험 이전의 인식을 선천적 인식이라 하고, 경험에 의한 것을 후천적 인식이라 한다. 선후는 발생적인 의미가 아니고 논리적인 선후이다. 따라서 선천적이라고 불리는 것은 경험적 인식의 근본적인 전제 조건을 이루는 보편타당한 인식이다. 이 뜻은 칸트 및 많은 신칸트파 학자가 주장하는 바이다. 카테고리와 같은 인식 형식을 선천적인 것이라 하고 경험적 내용을 후천적인 것이라 하였다. 이 파는 단지 인식뿐만 아니라 도덕, 예술 등에도 이러한 뜻의 선천적인 요소가 있다는 것을 주장한다. ③일반적으로 비경험적인 것, 연역적인 추리 등도 선천적인 것이라고 본다. ①, ②의 뜻으로 선천적인 것을 인정하는 입장을 선천설(apriorism)이라 하고, 그러한 요소를 인정하지 않고 모든 경험에 의해서 설명하는 입장을 후천설(aposteriorism)이라 한다.

## 아가페((희) agape)

그리스도교적 사랑을 말한다. 신약성서에서 에로스에 대해, 신의 사랑, 신에 대한 사랑, 그리스도의 사랑, 그리스도에 대한 사랑, 그리스도교도 사이의 사랑에 쓰인다. 보통 〈카리타스〉라고 라틴어로 번역된다. 복수형 agapai는 초대 그리스도 교도의 공동의 식사라는 뜻이다.

## 아노미(anomie) 01

사회적인 무규범상태를 말한다. 프랑스의 사회학자 E. 듈케임에 의해 정식화된 개념이며 그 뒤 내용이 풍부해졌다. 일반적으로는 산업구조의 변용에 따라 사회구조나 사회규범이 변화하고 일원적인 가치체계나 행동양식이 허물어진 혼란 상태를 지칭하고 있다. 19세기 후반부터 공업화의 진전이 사회집단이나 사회연대 그리고 사회관계에 끼친 영향과 그 결과를 해명하는 과정에서 생겨난 개념이지만 현재에는 사회변동일반의 사회적 상호설명에

사용된다.

## 아노미 02

무법 무질서의 상태를 말한다. 신의와 법의 부재를 뜻하는 그리스어 아노미아(anomia)에서 유래한 말이다. 중세에는 폐어가 되었으나 에밀 뒤르껭(Emile Durkheim)이 〈사회분업론〉(1893)과〈자살론〉(1897)에서 이 단어를 사회학적 개념으로 부활시켰다. 그는 이 말을 한 사회에 있어 그 구성원의 '행위를 규제하는 공통된 가치나 도덕적 규범이 상실된 혼돈상태'를 나타내는 개념으로 규정했다. 뒤르껭에 의하면 사회적 분업의 발달은 사회의 유기적 연대를 강화하지만 이상 상태에 빠지면 사회의 전체적 의존관계가 교란되어 통제받지 못하는 분업이 사회적 아노미 상황의 원인이 된다고 한다. 뒤르껭 이후에도 이 용어는 사회해체현상을 분석 기술하는 개념으로 쓰이고 있다.

## 아담스(Adams, Alice Pettee)

미국 뉴햄프셔 출생. 1981년 25세에 선교사로서 일본 오까야마시 하나바다께의 빈민가에 와서 살았다. 그곳에서 일요학교, 빈곤한 미취학 아동을 위한 사립초등학교, 재봉야학교, 남자야학회, 보육원, 유치원, 무료목욕탕, 실업자를 위한 수산장, 진료소, 오까야마박애회 등의 이름아래 실시하여 도시 인보사업을 개시하고, 일본의 인보사업의 창시자가 되었다. 일본 명치 통치의 중기 이후에 있어서 기독교 민간의 사회사업의 선구자로서 공헌하였다.

## 아담스(Addams, Jane)

아담스는 1860년 미국 일리노이주의 부유한 가정에서 태어났으나 허약하고 어머니 마저 일찍 여위었다. 퀘이커교도인 아버지의 엄격한 교육방침으로 신앙심이 강한 소녀로 성장하여 하나님의 가르침은 절대적인 것이었으며, 부친을 따라 이웃마을을 나가 빈곤한 사람들의 생활상을 목격하고 충격을 받아 가난을 해결해 줄 방법이 없을까 하는 의문을 가졌다. 렙포드 대학을 졸업하고 다시 의과대학을 진학했으나 척추가리에스의 재발로 학업을 중단하고 병이 회복된 후요양차 유럽여행을 떠나 런던에 도착하여 우연히 이스트·엔드를 지나게 되어 다시금 빈민들의 생활에 충격을 받았다. 그녀는 마침내 자기의 꿈을 실현

코자 토인비·홀(Tonybee Hall)을 방문하여 면밀히 시찰하여 인보관의 필요성·중요성을 확신했다. 그녀는 그의 친구인 앨렌·지·스타(Ellen G. Starr)를 세워 가난한 사람들의 좋은 이웃이 되었다. 이 인보관에서는 소년·소녀들의 각종 클럽활동, 탁아소, 유치원, 토론회나 강습회, 음악, 미술연구의 특별학급, 운동장, 캠프 및 오락 등 각종 사업을 전개했다. 한편 그녀는 75년생애 중 45년간을 이 헐·하우스에서 지냈으며 금주법, 여성참정권, 임금이나 노동조건의 개선, 노동 시간단축, 안전한 공장 등 세계 평화를 위한 기여가 다대해 노벨상과 명예학위를 받았다.

## 아동 성적 학대(child sexual abuse)
어른들이나 흔히 가족구성원들의 성적 욕구 충족을 위해 폭력이나 조종에 의해 피부양아동이 당하는 아동학대(child abuse)의 한 형태를 말한다.

## 아동 정신분석(child psychoanalysis)
아동의 건전한 발달에 악영향을 미치는 정신적 갈등과 정서적 분열을 극복할 수 있도록 도와주기 위해 정신분석 이론과 방법을 이용하는 것을 말한다. 아동분석으로 알려진 이 분야의 실천들은 주로 정신분석학 교육을 받고 아동을 대상으로 실무 훈련을 쌓은 의사들이다.

## 아동 정신치료(child psychotherapy)
훈련받은 전문가가 정신질병, 정서적 갈등, 손상된 정신발달, 부적응행동을 하는 아동에게 행하는 치료방법을 말한다. 아동 정신치료는 다른 정신치료에서 쓰이는 모든 이론과 방법을 포함하지만 특히 놀이치료(play therapy), 소집단치료, 지원적이고 재교육적인 치료를 강조한다. 아동 정신치료 서비스를 제공하는 전문가들로는 특별히 훈련받은 정신과의사, 사회사업가, 심리학자, 정신건강 간호사, 교육받은 전문가 그리고 기타 정신건강 전문가 등이 있다.

## 아동(child)
아동은 학자나 관계분야에 따라 다르게 정의하고 있다. 일반적으로 아동은 성인에 대비한 개념으로 심리학에서 6세 × 12, 13세의 초등학교 재학 중인 자로 보고 있으며, 아동복지법과 근로기준법에서 18세, 민법과 소년법에선 20세로서 다르게 규정하고 있다. 이들은 성인이나 노인에 비해 심신이 미성숙 상태에 있고 인간의 전 생애과정 중에서 여러 발달단계를 거쳐서 성장 발달한다. 다른 어떤 포유동물보다도 장기간에 걸쳐 의존·보호를 받아야 하며, 생리적 욕구(physiological needs)와 인격적 욕구(personality needs)를 동시에 충족해야 하고, 가정을 시초로 점차 사회화되어 가며, 사회적 인간으로 성장하기 위한 사회 환경에 적응할 수 있는 능력을 학습해야 하는 특성을 지니고 있다.

## 아동건전육성
아동헌장은 아동에 대한 올바른 관념을 확립해 전체 아동의 행복을 도모하기 위해 정의를 내리고 아동의 건강한 성장발달에 관해 기본 이념을 기술하고 있다. 또 아동복지법은 이 이념을 달성하기 위한 책임을 명확히 해 필요한 제도를 규정하고 있다. 아동건전육성은 아동헌장, 아동복지법을 기본으로 보건·교육도 포함하며 아동의 건전한 성장을 시도할 활동 및 그 이념의 총칭이라고 할 수 있다. 일반적으로는 불특정 다수인 아동의 건전한 활동의 보장과 그것과의 대응한 청소년의 비행화방지가 아동건전육성 활동으로 인식되어 있다.

## 아동관
아동을 보는 관점은 시대와 학자에 따라 다양하다. 고대 말기로부터 18세기까지는 어른의 작은 형태로서 보아왔으며, 19세기 초에 이르러서는 과학적인 아동연구에 의해 아동도 비합리적인 충동에 의해 좌우되는 작은 악마로 보았고 20세기에 이르러서는 자기변혁의 자유를 존중한 나머지 아동을 계속적인 보호와 지도가 필요한 자로서 지도의 대상으로 보았다. 이에 따라 아동은 교육의 대상으로서 건전육성되고 있으며 국가발전의 원동력이요, 국가부강의 기본이다, 국가안정의 바탕으로 인식되어 아동관이 점진적으로 고조되어 왔다.

## 아동교육(childhood education)
초등학교에 입학한 후 초등학교를 졸업할 때까지의 아동을 위해 실시하는 교육. 만 5세 이전의 어린이들로부터 초등학교 저학년에 이르는 유아교육이라는 개념과 분리된다. 현재 우리나라에서는 유아교육과 혼동되어 쓰이고 있으며 초등교육이라고 불리는 것이 보통이다.

## 아동구호연맹(save the children federation)
경제적인 어려움 또는 재난을 겪은 지역이나 빈곤 국가들의 어린이와 가족들, 지역사회에 사회서비스, 지역사회개발, 재정적 원조를 제공하기 위해 1932년 설립된 자원봉사기관, 이들 프로그램은 미국 내의 애팔래치아 지역, 미국 인디언 보호구역(American Indian reservation), 도시의 빈민지역, 치카노(Chicano) 지역뿐만 아니라 많은 제3세계 국가들에서 운영되고 있다.

## 아동권리선언(declaration on the rights of children)
제1차 세계대전 이후 전쟁이 아동에게 미친 참상의 깊은 반성에서 1924년 9월 유엔총회에서 세계최초로 아동권리선언을 채택했다. 이것은 제네바선언(5개조)으로 알려지고 있으며 아동의 발달보장, 요보호 아동의 보호, 아동구제의 우선성, 착취로부터의 보호, 아동육성의 목표달성에 노력해야 할 것을 강조하였다. 15년 뒤에 제2차 세계대전이 발발하여 제네바선언을 개정해 2개 조항을 추가하였으며, 1959년 11월 20일에는 전문과 10개조로 된 아동권리선언을 채택해 출생권, 생존권, 발달권, 행복추구권, 교육권, 레크레이션권을 선언하였다. 이후 제30주년이 되는 1989년 11월 20일에 아동권리선언을 투표없이 채택하였다. 인권위원회의 10년에 걸친 작업성과라고 할 수 있는 이 조약은 54개조로 이루어져 있는데 어린이가 자기 이름을 가질 권리, 착취로부터 보호받을 권리, 교육이나 생존 및 발전을 위한 권리 등을 들고 있으며 이제까지 많은 조약과 선언에 분산되어 있던 어린이의 권리를 하나로 묶었다.

## 아동기 자폐증 평정척도
### (childhood autism rating scale : CARS)

자폐아동을 다른 발달장애와 구별하여 규정하기 위해 North Carolina 대학의 Schopler 등이 개발한 행동 평정 척도이다. 총 15개의 항목으로 이루어져 있으며 1점에서 4점까지 7점 척도화되어 있다. 평정은 검사 상황이나 교실에서의 관찰, 부모 보고, 과거력 등을 근거로 비정상적인 행동의 특성, 빈도, 심도를 고려하여 행해진다. 진단은 전체 점수와 3점 이상의 높은 점수를 얻은 항목 수에 근거해 결정된다.

## 아동기 정신분열증(childhood schizophrenia)

사춘기 이전의 아동에게서 나타나는 사고, 인지, 정서, 행위 등의 분열을 포함한 만성적인 정신장애를 말한다. 이러한 정신분열적 아동은 지나치게 위축된 행동, 미성숙, 부모나 대리 부모로부터의 자율성 개발이나 자아확립의 실패 등을 나타낸다.

## 아동기(childhood)

인간 생활주기의 첫 단계인데 그 특징으로서 빠른 신체적 성장, 그리고 정규교육과 놀이를 통해 어른의 역할을 습득하기 위한 노력이 나타난다. 많은 발달심리학자들은 이 단계가 유아기 이후에서 사춘기 puberty(약 $18 \times 24$개월부터 $12 \times 14$세까지) 혹은 성인기 adulthood($18 \times 21$세)까지라고 말한다. 이 단계는 때때로 초기아동기(유아기 말부터 6세)와 중기아동기(6세 × 청년기 이전), 후기아동기(청년기)로 분류되기도 한다.

## 아동단체협의회

"한국아동단체협의회"는 지난 1989년 11월 UN총회에서 만장일치로 채택된 UN의 아동의 권리에 관한 국제협약에 관련하여 국내 아동들의 생존, 보호, 발달을 위하여 1992년 6월에 설립된 단체이다. 한국아동단체협의회는 현재 25개의 회원단체로 구성되어 있으며 아동의 복지, 환경, 보건, 교육, 문화 등 사회 제부문에서의 문제 예방과 개선을 촉진함으로써 미래의 주역이 될 아동들의 건전한 발달을 도모하고 사회발달에 기여함을 목적으로 하고 있다. 매년 4월에 개최되는 어린이와 청소년의 생존, 보호, 발달을 위한 전국대회가 있다.

## 아동문제(children's problems)

광의로는 아동기에 발생한 사회적문제의 총칭. 아동복지법에서는 전 국민은 아동이 심신과 함께 건전하게 성장하고 육성되도록 노력하지 않으면 안된다고 하고 여러 시책을 강구하고 있지만 현대사회는 새로운 문제를 계속해서 야기시키고 있다. 영아 유기, 신체장애아 문제, 등교거부, 비행의 저연령화, 폭력아동복지시설문제, 아동자살 등 현대아동문제는 현사회의 모순을 반영한 것들로 점차 심각한 양상을 띠고 있다.

## 아동문화(child culture)

문화란 인간이 학습에 의해 사회에서 습득한 생활방법, 인간행동양식의 총칭이며, 아동문화란 아동을 대상으로 해서 아동의 성장발전에 영향을 주는 것으로 아동이 그것들에 접촉함으로써 인격형성이 이루어지는 것이라 할 수 있다. 광의로는 아동의 의식주를 포함한 일상생활전반까지 포함한다고 생각되나, 일반적으로는 아동의 성장발달에 영향을 주는 문화재(그림책, 완구, 라디오, TV 등)나 아동자신이 창조적, 집단적으로 생활할 수 있는 아동관, 도서관, 놀이터, 소년단 등의 시설이나 조직 혹은 이들을 이용해서 행해지는 아동자신의 활동을 총칭하여 말한다. 아동문화재 아동의 성장발달을 위해 역사적으로 배양된 생활방법, 인간행동양식, 혹은 아동자신이 성장발달의 과정에서 만들어낸 사상, 사물을 말한다. 광의로는 아동을 둘러싼 환경전체를 말하나 일반적으로는 그림책, 완구, 놀이, TV, 아동문학 등을 말한다. 아동의 성장발달은 의도적, 계획적인 교육생활에 의해서만 이루어지는 것이 아니다. 그날그날 아동이 접촉하는 문화재에 의해 크게 영향을 받기 때문에 아동에게 어떠한 문화재를 주느냐가 과제가 된다. 아동헌장은 좋은 문화재를 준비할 것을 요구하고 있다.

## 아동방임(childhood neglect)

신체적, 정서적, 사회적으로 건전한 발달에 필요한 최소한의 보호 및 책임을 완수하지 못 하는 것, 가령 불충분한 영양섭취, 부적절한 감독, 불충분한 건강보호, 불충분한 교육 등을 말한다.

## 아동보호(child care)

아동의 건전한 성장발달과정을 조장하기 위해 사회나 성인 측에서 아동에게 할 수 있는 모든 형태의 서비스 및 프로그램을 의미한다. 따라서 아동보호조치, 가정양육을 중심으로 한 사회적 보호프로그램을 보완적 · 대체적으로 활용하여 행해진다. 종래는 아동수용시설에서의 보호를 지칭해서 아동보호라고 한정적으로 좁게 사용했으나 현재는 가정양육, 시설(수용·통소)보호, 집단보육, 재가아동보호서비스 등 모두를 포함해서 아동보호조치라 이해해야 할 것이다.

## 아동보호기금(children's defense fund)

전국의 아동을 위해 지지 및 로비활동을 하는 조직으로, 아동에게 영향을 미치는 법률과 정부기관을 면밀히 조사하고, 오래된 프로그램을 바꾸고 새로운 프로그램을 제시하는 일을 수행한다. 또 이 조직은 아동의 특수한 욕구를 만족시켜주는 기관을 지원해주고 아동복지법을 만들고 강화시키기 위해 노력하고 있다.

## 아동보호 사회사업가(child care worker)

함께 거주하면서 아동의 집단생활을 보살펴주고 일상적인 보호를 책임지는 전문가 및 준전문가(paraprofessional)이다. 이들은 때때로 사감(house parents), 시설사회사업가(residential workers) 혹은 집단생활 상담가로 불린다. 이들은 시설에서 아동보호(child care) 활동을 행하는데, 일차적으로 정서가 불안하고 의존적인 아동을 위한 시설, 정신지체아를 위한 시설, 교정시설, 신체적 장애아를 위한 시설, 미혼모 시설에 고용된다.

## 아동보호서비스(child protective service)

보호제공자(care giver)에게서 자신의 요구를 충족시킬 수 없는 아동에게 제공되는 사회적, 의료적, 법률적, 주거적, 관습적 보호 등과 같은 인간서비스를 말한다. 정부기관의 아동보호서비스 분야에서 일하는 사회사업가들은 아동에게 이러한 서비스가 필요한지를 결정하려는 사법당국의 조사활동을 도와주거나 그러한 서비스 자체를 제공하기도 한다.

## 아동복지(child welfare)

아동(18세 미만)의 권리보장을 위한 복지활동, 아동의 기본적인 인권을 존중하고 아동을 과학적으로 이해하여 그 환경에 대응하는 원조와 지도를 하여 모든 아동들에게 가장 적당한 제 조건, 곧 복지를 보장하여 인격형성의 기회를 줌으로써 아동을 심신 모두 건전하게 육성하려는 것이 목적이다. 1981년에 제정된 아동복지법에 의하면 그 책임을 아동의 보호자와 함께 국가와 지방자치단체가 책임지게 하고 있다. 아동상담소·보건소·아동복지단체가 각각 관계 사무를 맡고 있으며 특히 시·구에는 아동위원을 두어 업무를 협력하게 되어 있다. 아동복지서비스는 대부분 그것을 희망하여 신청하고 이에 대한 필요가 인정될 때, 또는 사정에 의해 제3자로부터 통고가 있는 경우, 관계기관의 판단에 의해 급여가 개시된다.

## 아동복지법

아동의 복지를 보장하기 위한 법률. 1961년 12월 '아동복리법'으로 제정·공포되었다가 1981년 4월 전문개정되면서 '아동복지법'으로 개칭되었다. 1981년 4월 13일 법률 제3438호로 개정되었고, 2000년 1월 12일 법률 제6151호로 전문 개정되었다. 18세 미만의 아동이 건강하게 출생하여 행복하고 안전하게 자라나도록 그 복지를 보장함을 목적으로 한다. 아동은 자신 또는 부모의 성별과 연령, 종교, 사회적 신분, 재산, 장애유무, 출생지역 등에 따른 어떠한 종류의 차별도 받지 않고 자라나야 하며, 안정된 가정환경에서 행복하게 자라나야 한다. 또 아동에 관한 모든 활동에서 아동의 이익이 최우선적으로 고려되어야 한다. 국가와 지방자치단체는 아동의 건강과 복지증진을 위하여 노력해야 하고, 그 시책을 시행해야 한다. 아동의 보호자는 아동을 성장시기에 맞추어 건강하고 안전하게 양육해야 한다. 모든 국민은 아동의 권익과 안전을 존중해야 한다. 매년 5월 5일을 어린이 날로 한다. 시·군·구에 아동위원을 두며, 특별시·광역시·도 및 시·군·구에 사회복지전담공무원으로 아동복지지도원을 둔다. 국가는 아동복지시설과 아동용품에 대한 안전기준을 정하여야 한다. 시·도지사 또는 시장·군수·구청장은 보호를 필요로 하는 아동이 있을 경우 최상의 이익을 위하여 보호조치를 하여야 하며, 아동의 친권자가 친권을 남용하는 등의 사유가 있을 때에는 법원에 친권행사의 제한·상실의 선고를 청구하거나 후견인의 선임을 청구하여야 한다. 아동복지시설의 종류는 아동양육시설·아동일시보호시설·아동보호치료시설·아동직업훈련시설·자립지원시설·아동단기보호시설·아동상담소·아동전용시설·아동복지관 등으로 한다. 아동복지시설은 종합시설로 설치할 수 있으며, 각 시설의 고유업무 외에도 아동가정지원사업과 아동주간보호사업, 아동전문상담사업, 학대아동보호사업, 공동생활가정사업, 방과 후 아동지도사업을 할 수 있다. 아동복지시설에는 필요한 전문인력을 배치해야 한다. 국가와 지방자치단체는 아동학대에 대한 신고긴급전화를 설치하고, 아동보호전문기관을 설치해야 한다. 누구든지 아동학대를 알게 된 때에는 아동보호전문기관 또는 수사기관에 신고할 수 있다. 국가 및 지방자치단체는 아동복지단체를 지도·육성할 수 있다. 전문 43조와 부칙으로 되어 있다.

## 아동복지시설(child welfare institution)

아동복지시설은 아동 및 임산부의 복지아동복지위원회를 위한 시설로서 아동상담소, 영아시설, 육아시설, 신체허약아시설, 아동일시보호시설, 아동직업보호시설, 조산시설, 모자보호시설, 아동전용시설, 교호시설, 아동입양위탁시설, 정서장애아시설, 자립지원시설을 말한다.

## 아동복지위원회

보건복지가족부에 중앙아동복지위원회를 서울특별시, 광역시 및 도에는 지방아동 복지위원회를 두고 있다. 본위원회는 아동복지에 관한 사항을 조사, 연구, 심의해 아동복지에 관한 필요한 사항을 관계 기관에 건의할 수 있다.

## 아동부양수당

부모가 이혼한 아동, 부가 사망한 아동, 부가 일정의 질병 상태에 있는 아동, 부의 생사가 불명확한 아동 등 부모와 생계를 같이 하고 있지 않은 아동에 대해, 그리고 모가 그 아동을 보호하고 있을 때 또는 모가 아닌 자가 아동을 양육하고 있을 때에 그 모 또는 양육자에 대해서 아동의 건전한 성장에 기여할 것을 취지로 국가가 지급하는 수당. 아동으로는 18세 미만의 자 외에 20세 미만의 일정의 장애상태에 있는 자가 포함된다.

## 아동상담소(child guidance center)

아동 및 임산부의 복지를 위한 시설로 아동 또는 임산부에 관한 그 가족 및 관계인에 대한 상담 아동지도에 필요한 가정환경의 조사ㆍ입양ㆍ위탁보호 및 거택보호 아동 또는 임산부에 관해 전문적ㆍ기술적 지도를 필요로 할 경우의 개별지도ㆍ집단지도 및 알선 아동 복지시설 또는 요보호아동의 조사ㆍ지도 및 감독 아동을 위한 지역 사회자원의 활용 알선, 아동의 임시보호 기타 아동 및 임산부의 복지증진에 관한 업무를 담당하는 것을 규정하고 있다.

## 아동수당(children's allowance)

가정생활의 안정에 기여하고, 다음 세대의 사회를 짊어질 아동의 건전한 육성 및 자질향상에 이바지함을 목적으로 지급되는 수당을 말한다. 의무 교육 종료 전의 아동을 포함한 2인 이상의 아동을 보호하기 위하여 이들과 생계를 같이하는 부 또는 모에게 지급된다. 지급대상은 원칙적으로 2명 이내의 의무교육 종료 전아동이다.

## 아동심리 집단진단
### (children psychological diagnosis by different discipline)

아동상담소 등의 전문적인 심리 판정원, 아동정신과 의사 치료자의 협의에 의해 대상아동에 대한 심리상의 장애유무나 그 종류를 명백하게 하기 위해 쓰이는 판정. 주로 단순정신지체, 자폐증, 정서장애, 비행 등의 발달장애의 구별이나 정도를 판정하는 것으로 그 판정에는 면접, 자유관찰, 심리테스트, 장애체크리스트, 뇌피도 등을 이용한다. 장애의 정도는 중도(severe), 경도(mild)로 구분되나 장애의 종류판별은 어렵다.

## 아동심리학(child psychology)

태아기, 유아기, 아동기 등의 행동 특수성을 설명하는 발달심리학의 일부 분야이다. 감각, 운동능력, 인지, 사고, 정서, 사회성 등이 취급된다. 아동에 대한 견해에는 두 가지 입장이 있으며 아동은 발달하는 것이라는 생각과 아동은 발달시켜지는 것이라는 생각이 있다. 종래에는 전자의 견해가 강해서 아동중심주의가 교육의 이념이 되어 있었다. 현재는 야생아나 호스피탈리즘의 연구를 계기로 해서 일견 자유로이 발달하고 있는 듯이 보이는 아이에 대해서도 부모나 주위의 사회영향이 중요시 되었다. 피네, 슐덴, 홀 게젤, 피아지 등에 의해 통계적인 방법을 사용해서, 혹은 사건 연구적, 행동 관찰적으로 이론화가 진행되고 있다. 프로이드 또 아동연구의 일단을 담당하고 있다.

## 아동양육보호권(custody of children)

이혼하는 부모 중 누가 아동을 맡을 것인지 혹은 부모 외에 다른 보호자가 아동을 맡을 것인지를 지정하는 법적 결정을 말한다. 이 결정은 아동의 이익을 가장 잘 반영한다고 생각되는 것에 근거해야 한다. 어떤 경우에는 부모 양쪽이 모든 책임을 공유하는 공동보호양육권(joint custody) 결정이 내려진다. 공동양육보호가 결정되면 아동은 일정기간 동안은 어머니, 또 일정기간 동안은 아버지와 함께 살게 된다.

## 아동옹호(child advocacy)

아동학대나 착취로부터 아동의 권리를 찾기 위한 것을 말한다. 이러한 활동이 시작된 후 사회사업가들은 아동노동법을 쟁취하기 위해 노력하게 되었다. 그래서 대중들로 하여금 불충분한 보호시설과 고아원에 대해 관심을 갖게 하였고, 소년재판 프로그램의 도입과 입양보호의 확대 그리고 아동유괴, 납치, 학대 등의 근절을 위해 활동하게 하였다.

## 아동유괴(child snatching)

피부양아동이 법적으로 인정된 부모나 보호자의 보호와 감독을 받지 못하게 하는 불법적인 행위를 설명하는 일반적인 용어로서, 흔히 아동의 친척에 의해서 발생한다. 이것은 이혼이나 입양 등의 가족해체나 과거의 보호자 중의 한 사람이 타인에 대한 법적인 양도조치를 받아들이지 않는 경우에 주로 발생한다. 자격을 인정받지 못한 사람은 아동을 데리고 다니며 숨김으로써 당국으로 하여금 아동에게 정당한 보호를 제공하기 어렵게 한다.

## 아동일시보호시설

가출아동, 부랑아동 기타 요보호아동을 일시 입소시켜 보호하고 아동의 내력, 성정 및 희망 등을 조사, 감별하여 그 아동에 대한 장래의 양호대책 기타 보호조치를 하는 것을 목적으로 하는 시설이다.

## 아동전용시설

어린이공원, 어린이 놀이터, 아동회관, 체육, 연극, 영화, 과학실험전시시설, 아동휴양숙박시설, 야영장 등으로서 아동에게 건전한 놀이, 오락 기타 각종 편의를 제공하여 심신의 건강을 유지, 증진하고 정서를 조장시키는 것을 목적으로 하는 시설이다.

## 아동중심교육(child—centered education) 01

20세기에 들어와 미국의 J.듀이(John Dewey)를 중심으로 아동은 교육의 객체가 아니고 주체라는 사조가 일어났다. 수업은 교과서에 얽매이지 않고 아동의 흥미와 관심에 중점을 두는 아동 중심적 교육이 강조되었다. 자유로운 과외 활동 면에서는 좋게 평가되나 교육과정의 계통성이라는 점에는 논쟁이 있다. 보호 · 양육의 아동보육직원과 요보호아동, 보육아동과의 관계에도 깊은 관련이 있다. 즉 시설보호나 보육소보육에서 성장 · 흥미 · 활동의 주체는 아동자신의 내발성 · 자발성에 있다는 데에서 아동보육직원은 조언 · 격려 · 지지자로서 되도록이면 배후로 물러나고, 전면의 주역은 아동이라는 그룹워크의 원리에도 밀접한 연관이 있기 때문이다.

## 아동중심 교육 02

사회중심 · 성인중심 · 교과중심 · 교사중심 · 서적중심 등 과거의 전통적 교육에 대해 아동중심을 주장하는 교육운동의 하나이다. 이러한 주장은 18세기의 루소(J. J. Rousseau) 이후 강조되어 왔는데 20세기의 초엽 근대사회의 성숙에 따른 휴머니즘(humanism), 케이(E. Key)의 《아동의 세기》, 나아가서 실험심리학과 실용주의 철학 등에서 이론적인 기초를 얻어 《교육은 어린이로부터》라는 표어 밑에 1920년대부터 세계적으로 널리 보급되었다. 1896년 듀이(J. Dewey)에 의한 시카고 대학의 실험학교는 아동의 흥미 · 활동에 중심을 둔 전형적인 아동중심 교육 · 생활교육의 선구를 이루었다. 아동중심 교육은 미국의 개인주의적 자유사회를 온상으로 가장 활발하게 발전하였는데 이는 전통적 학교교육에서의 서적중심의 형식적 획일주의에 대한 반대로 일어난 교육혁신 운동의 하나였다.

## 아동학대(child abuse) 01

신체적, 정신적, 성적인 측면에서 아동의 건강과 복지를 해치거나 정상적인 발달을 저해할 수 있는 성인(보호자 포함)의 폭력이나 가혹행위 및 유기와 방임(아동을 적절하게 보호하지 않는 행위)을 총칭한다. 이 경우 아동의 연령 기준을 어떻게 설정하는가 하는 것은 국가와 사회에 따라 다소 차이를 보이는데, 1975년에 미국 교육복지부에서 출간된 자료를 보면 미국 의회에서는 아동학대를 "18세 이하 아동의 건강 또는 복지가 해를 당하거나 위협받는다고 여겨지는 상황에서, 아동복지의 책임이 있는 사람에 의해 행해지는 신체 또는 정신적 손상, 성적(性的) 학대, 무관심한 대우"라고 규정한 바 있다.

## 아동학대 02

고의적인 구타, 체벌과 조롱, 성적학대 등을 통해 미성년자에게 신체적, 정신적 고통을 가하는 것을 말한다. 주로 부모나 아동양육 담당자들에 의해 행해진다. 많은 주정부 법률에 따라 사회사업가나 다른 전문가들은 아동학대에 대한 사례들을 보고하고 있다.

## 아들러(Adler, Alfred)

오스트리아의 정신과의로서 그는 처음 프로이드의 정신분석을 따르다가, 1911년 개인심리학(individual psychology)을 창시하고 독립하였다. 그에 의하면 신경증 및 성격형성에 있어서 중심적 역할을 하는 것은 니체가 말하는 권력의 의지이며, 유아는 성인에 대한 의존종속에 의한 열등감을 보상하기 위해 이 권력의 의지를 추구한다. 그리고 여성은 남성에 대한 신체적, 사회적인 지위의 열등을 보상하기 위해 이른바 남성적 반항을 꾀한다. 아들러에 의하면 프로이드가 정신 성적(psycho sexual)으로 이해한 심리적 사상은 실은 이와 같은 우월과 열등, 상위와 하위라고 하는 권력관계의 표현이다. 신경증적 성격자는 이와 같은 권력의 의지를 추구한 나머지 자기의 공상적 우월감에 사로잡히고, 그렇기 때문에 사회적 공동감정이 미숙하다. 그리고 신경증은 이와 같은 공상적인 권력의지에 무의식적으로 사로잡혀 있기 때문에, 이러한 사로잡힘의 해소와 참된 현실적인 자기의 실현 및 사회적 공통감정의 발달이 신경증의 치료라고 주장했다.

## 아름다운 재단

올바른 기부문화를 확산시키고, 이를 통해 도움이 필요한 소외계층 및 공익 활동을 지원하며 나아가 우리사회의 시민의식의 성장과 공동체 발전을 위해 기여하는 개인 및 단체를 지원하는 데 목적을 두고 1999년 5월 설립된 재단을 말한다.

## 아베이론의 야생아(wild—boy of aveyron)

파리 맹농아 학원의 의사였던 이탈(Itard)은, 지식은 경험에 의해 학습된다는 생각에서 1800년 산속에서 데려온 야생아를 교육함으로써 이것을 실증했다. 그 기적이 아베이론의 야생아이며, 인간의 발달이 소질보다는 교육에 의한 것임을 주장했다. 이 이론은 세간에 의해 더욱 추진되어 당시 백치라 불리는 장애아들의 조직적인 교육에 크게 공헌하게 되었다.

## 아산사회복지재단

1977년 7월 1일 "우리 사회의 가장 불우한 이웃을 돕는다"는 설립 취지에 따라 의료사업을 비롯한 다양한 복지사업을 전개하여 대규모 종합병원을 건립하고 양질의 의료혜택을 제공하고 있는 민간 사회복지재단이다.

## 아편(opium)

의료약품(마취 및 진통제)으로도 사용되는 마약의 일종으로, 양귀비의 열매에서 추출한 즙액을 건조시켜 만든 물질이다. 아편이라는 말은 'opium'을 한자로 표현한 것이다.

## 악순환모형(vicious circle model)

개인에게 심리적 실패(psychological failure)의 경험을 주는 조직풍토 속에서 구성원의 수동적 적응행동과 경영층의 압력강화는 조직을 경화시키고 생산성을 더욱 낮추게 되는 악순환 과정을 겪게 된다는 Chris Argyris의 개인과 조직간의 상호작용 모형. Argyris는 조직이 필요로 하는 투입으로는 기계적 에너지(mechanical energy), 인간생리적 에너지(human physiological energy), 인간심리적 에너지(human psychological energy)의 3가지가 있으며 심리적 에너지는 개인의 심리적 성공(psychological success)의 경험이 많을수록 증가하는데, 전통적 조직은 심리적 성공의 경험과 역행하는 작업환경을 조성한다고 주장한다. 즉 조직 목표의 성취를 위해 지시·통제·처벌의 수단을 동원하는 관리방식은 심리적 성공의 경험을 추구하는 구성원의 욕구와 배치되며, 이러한 전통적 조직관리 풍토 속에서 구성원은 상부지시의 의존·생산량의 고의적 하향 조정·작업진도의 지연·결근·이석 등 수동적 적응행동(adaptive behavior)을 나타냄으로써 생산성의 저하를 초래한다는 것이다. 이러한 과정이 시간이 흐르면서 반복되고 강화되는 현상을 악순환이라 부른다. 악순환과정은 다음과 같이 나타낼 수 있다.(생산성의 저하 → 경영층의 강화된 압력과 통제 → 비생산적 행동 및 제도의 보호를 위한 새로운 활동 → 정보의 왜곡 → 조직의 경화 → 생산성의 저하)

## 안내상담역(guidance counselor)

대안을 세우고 목표를 분명히 하도록 돕고, 정보와 조언을 제공하고, 클라이언트의 자기 인식을 촉진시키는 것 등에 대해 지식이 풍부하고 숙련된 전문적인 사람을 말한다. 안내상담역은 직업 알선, 업무와 연구의 습관 및 문제 해결 등에서 클라이언트를 지도하는 교육기관 및 경영조직의 인사부서에 자주 고용된다.

## 안락사(euthanasia / mercy killing) 01

병이 중해서 죽음만을 기다리며 고통으로 고생하는 환자를 본인의 희망에 따라 약제를 사용해 고통이 적은 방법으로 인위적으로 죽게 하는 것을 말한다. 안락사는 환자의 생명을 부자연하게 단축시키는 일이며 살인 이외의 아무것도 아니므로 인권상 또는 종교적으로 허용할 수 없다는 입장과, 인도주의의 관점에서 인정해야 한다는 입장이 대립하고 있다. 법률상 합법성의 문제와 함께 치료비에 관한 경제적 문제도 얽혀있어 사태는 한층 복잡하다.

## 안락사 02

죽음을 고통 없이 맞도록 인위적 조치를 가하는 것으로

적극적인 경우와 소극적인 경우가 있다. 전자는 불치환자의 육체적 고통이 격심할 때 독물이나 기타 방법으로 빨리 죽을 수 있는 처치를 취하는 것, 후자는 불치병 치료를 중지하거나 의식불명인 사람(식물인간 등)의 인공연명처치(인공호흡장치 비강영양 등)를 중지하는 것을 말한다. 안락사에는 오래 전부터 찬반양론이 있어 왔지만, 소극적 안락사는 대체로 긍정하는 추세에 있다. 현장의 의사들도 70% 정도가 소극적 안락사의 필요성을 인정하고 있으며 70% 전후의 의사들이 실제로 소극적 안락사를 시킨 경험이 있는 것으로 알려져 있다. 뇌손상으로 식물인간이 된 여성의 아버지가 딸의 생명을 유지시키는 생명유지장치를 제거하기 위해 그녀의 후견인으로 자신을 임명토록 청원, 미 뉴저지주 최고재판소에서 인정받은(1976년) 유명한 켈렌양 재판도 이러한 사례에 해당한다. 미국에서는 1976년 캘리포니아주가 최초로 안락사를 입법화했다. 소극적 안락사는 일종의 자연사로 간주되어 반론이 줄어들었지만, 적극적 안락사는 mercy killing 으로 표현되고 있듯이 살인이라는 강한 뉘앙스가 있어 여전히 반대가 거세다.

## 안락사 03

빈사상태에서 격심한 고통에 괴로워하는 자의 고통을 없애주기 위하여 사기를 단축시키는 것을 말한다. 위법성을 조각하느냐 않느냐에 관해 이론이 있다. 고통을 완화시켜주는 마약의 사용이 부작용을 일으키어 사기를 단축시키는 경우 위법성을 조각하는데 관해서는 전혀 이론이 없으나 독살 등으로 살해함으로써 고통상태를 종결시키는 경우에 관해 위법성을 조각하는 경우도 있다고 해석해야 할 것이지만, 사회에 무용한 정신병자를 살해하는 것은 물론 안락사가 아니다.

## 안전교육

산업재해를 방지하기 위하여 산업안전보건법은 근로자를 고용했을 때, 작업내용을 변경했을 때, 유해, 위험한 작업에 근로자를 사용했을 때에는 사업주의 책임 하에 노동부령이 정하는 바에 따라 당해 업무와 관계되는 안전, 보건에 관한 교육을 실시해야 한다고 의무화하고 있다.

## 안전망(safety net)

만약 경제 삭감 정책에 의해 몇몇의 사회서비스 프로그램이 제거된다면, 거기에는 개인이나 가족들이 자력으로 필요한 자원을 발견할 수 없을 경우에 대비하여 최후 수단의 혜택과 프로그램이 존재하게 될 것이라는 견해를 말한다.

## 안전보건관리(safety and health control)

직장의 환경이 작업의 능률에 영향을 주는 것은 명백한 것이며 육체상에 미치는 각종 영향은 정신면에 커다란 영향을 주는 것이기 때문에 직장의 물리적 환경을 양호하게 할 필요가 있다. 이를 위해 안전보건에 대해서는 안전관리체제, 안전위생관리의 조직, 안전점검, 안전 작업순서, 안전교육, 재해조사, 안전관리규정, 보건관리규정, 안전관리자, 보건관리자 등에 대해 이해하도록 한다. 또 안전평가방식, 직장의 재해원인, 불안전상태, 불안전행동, 직장의 안전을 지키는 기능과 급소, 직장의 안전점검 추진방법과 지도방법, 신입종업원이나 문제점이 많은 부하에 대한 안전교육, 감독자로서의 안전보건지식 등에 대해 주의할 필요가 있을 것이다.

### 안전욕구(safety needs)
안정·보호·공포와 혼란 및 불안으로부터의 해방 등에 관한 인간의 기본욕구를 말한다. 이것은 외부환경으로부터의 보호 및 장래에 대한 보장과 관련된 인간의 기본 욕구 가운데 하나다.

### 안전장치(safety measures)
각 직종에 따라 특수한 환경·작업조건·작업방법 등 때문에 발생할 수 있는 각종 재해를 사전에 예방하고 안전한 작업조건을 유지하기 위해 마련하는 제반 조치사항 및 지침을 말한다.

### 알리바이
범죄를 저질렀다는 의심을 받는 사람이 그 범죄가 발생할 당시에 범죄 현장이 아니라 다른 곳에 있었음을 증명하는 것을 알리바이라고 한다. 알리바이 즉 현장부재증명이 있다는 것은 그 범죄를 저지르지 않았음을 입증하는 것이기 때문에 알리바이가 있는 사람은 무죄로 석방된다.

### 알모너(almoner)
원래는 중세말기 영국의 수도원 등에서 가난한 사람에게 자선을 베푼 사람들의 호칭이었다. 19세기 말 런던에 자선조직협회가 생기고 C. 롯크가 그 중심인물이 되자 왕립시료병원에 M. 스튜어트를 초청해 이 병원에 모이는 가난한 병자와 응대하면서 상담도 하고 정리도 시켰다. 그 후 이와 같은 업무담당자를 알모너라 부르게 되었고 영국의 의료사회사업가를 지칭하게 되었다.

### 알아논(Al － Anon)
상호원조를 제공하고 공통적인 문제해결에 도움을 주는 방법을 토론하기 위해 정기적으로 만나는 알코올중독자 가족들로 구성된 자조조직(self － help organization). 알아논은 미국 전역에 지회를 갖춘 전국조직이다.

### 알츠하이머 병(alzheimer's disease)
혼돈, 학습능력 결여, 방향감각 상실, 치매(dementia), 기억상실을 특징으로 하는 정신질환을 말한다. 이것은 두뇌의 발육부진(특히 이마 돌출부)으로 생긴다.

### 알코올 남용(alcohol abuse)
사용자나 사용자가 접촉하는 사람의 안녕을 해치는 알코올 소비를 말한다. 알코올 남용자들은 사고를 일으키기도 하고 신체적으로 공격적이 되고, 덜 생산적이며, 신체적으로 약화된다. 알코올 남용은 국가뿐만 아니라 세계적으로도 가장 큰 약물문제이다.

### 알코올 중독(alcoholism)
알코올 중독에는 급성과 만성이 있다. 전자를 낙정이라도 하는데 이것은 알코올 음료의 섭취에 의해 생체가 정신적 신체적 영향을 받아 일시적으로 장해를 일으키는 것을 말한다. 만성알코올 중독의 증상은 급성의 경우와 같으나 그 장해가 장기적이고 사회적 기능에도 영향을 받는 것을 말한다. 최근에는 중독이라 하지 않고 의존(dependence)이라 일컫기도 하는데 음주에서 헤어나지 못하는 상태를 의미하고 있다.

### 알코올 중독대책
알코올 의존의 예방, 치료, 재활까지 포함하는 폭넓은 대책이며 주해 대책이라 하기도 한다. 주로 만성중독자에 대한 대책이며 정신보건센터나 보건소 또는 병원이나 진료소가 주체가 되어 만성중독 예방의 상담이나 지도, 치료계속 및 재활의 원조를 행한다. 환자나 단주 중인 사람 또는 환자가족이 참가하는 단주회(alcoholics anonymous) 활동 등에 의해 이들 원조를 효과적으로 돕고 있다.

### 알코올 환자(alcoholics patient)
중독환자 만성알코올중독증을 가진 환자를 말하며 과음 또는 평소 음주행동을 절제 못하는 환자이다. 음주의존의 결과 신체와 정신 양면에 걸쳐 장해가 발생해 간장 질환, 심장병, 암 등 외에 알코올성 정신병을 갖는 경우가 많다. 이들 환자는 단지 병을 가졌을 뿐 아니라 상시음주에 의한 이상한 행동, 대인관계의 이상, 실업, 이혼, 사고나 범죄 등 사회적 경제적 문제를 갖게 되며 사회복지대상이 되는 사람도 많다.

### 암(cancer)
악성종양, 비정상적인 세포가 통제되지 않고 계속 성장하는 것을 말한다. 정상적인 신체세포와는 달리, 암세포는 다른 세포와 접촉했을 때 번식이 중단되지 않고 몸 전체로 퍼져 간다. 곧 이 세포는 주변 조직을 침투해 들어가거나 전이됨으로써 퍼져 나간다(혈액이나 림프액을 통해 다른 조식으로 전파). 암세포는 영양물을 획득하기 위해 정상 세포와 경쟁하고 결국 영양분을 빼앗음으로써 정상적인 세포를 죽인다. 원인, 증상, 예후, 치료는 매우 다양하다.

## 암보험(cancer insurance)
막대한 치료비가 드는 암질환을 종합적으로 보장받을 수 있는 생명보험상품의 하나이다. 이 보험의 피보험자는 본인 뿐 아니라 배우자나 자녀도 종피보험자가 될 수 있기 때문에 일가족 전원을 무진단으로 보장받을 수 있는 보장성 보험이다. 이 보험에서는 암으로 인한 치료비·입원비뿐 아니라 요양급여금 및 사망보험금도 지급된다.

## 암시된 동의(implied consent)
동의로 해석되는 몸짓, 표시, 행동이나 진술, 또는 저항하지 않는 침묵이나 활동하지 않음으로써 나타나는 동의의 성질을 띤 표현을 의미한다. 이것은 종종 강간죄를 다루는 재판에서 변호의 근거로 이용되는데, 피고는 피해자가 동의했다고 믿고 행동했다고 배심원에게 주장한다.

## 암웨이복지재단
금전적 기부를 비롯하여 비금전적 기부와 기술적이고 전문적인 지식 지원 등 다양한 종류의 사회공헌 서비스를 검증된 비영리 단체와 프로그램들에 제공하여 모든 사람들에게 보다 윤택한 삶을 위한 기회를 제공하고자 하는 2003년 1월 설립된 민간재단이다.

## 암페타민(amphetamine)
대뇌피질을 자극하여 일시적으로 정신적 각성을 증가시키고 다행증(euphoria)과 안락감을 일으키고 피로를 줄이는 약물인데 때때로 아동들의 운동과다증(hyperkinesis) 치료와 체중조절에 이용된다. '중추신경자극제'(bennies), 각성제(speed, uppers)로 알려진 이 약물은 중독성을 지녔고, 내성(tolerance)이 커짐에 따라 양도 크게 증가한다. 이 약물에 중독(addiction)되면 과잉복용과 심장발작으로 인해 정신병이나 사망을 유발하기도 한다.

## 압력단체(pressure group)
본래 특정이익이나 주의 등 실현시킬 목적을 지닌 이익단체를 말하며 그 목적을 위해 의회나 행정부에 정치적인 압력을 행사하여 목적을 달성하고자 하는 사회집단을 가리킨다. 전경련, 대한의약협회, 대한약사회, 대한변호사협회 등이나 한국노동조합총연맹 등과 같은 노동조합 등의 단체가 대표적인 이익단체들이다. 민주정치과정에서는 다양한 이익의 표명을 자연스러운 것으로 받아들여 정당정치에 수반되는 정치현상으로 용인받게 되며, 선진국일수록 압력단체의 활동이 활발하다.

## 압력이론(push theory)
Robert Golembiewski가 제시한 조직관리 이론 가운데 하나로, 구성원들로 하여금 다만 고통스러운 결과를 피하기 위해 일하도록 만드는 방안을 처방하는 이론을 말한다.

## 압수 01
몰수나 증거물의 대상이 되는 물건을 확보하기 위해 합법적으로 그 소지자에게서 강제로 넘겨받는 것을 압수라고 하는데 그 특징은 다음과 같다. ①원칙적으로 영장이 있어야 한다. ②압수한 물건의 목록을 만들어 압수당한 사람에게 주어야 한다. ③압수물의 파손이나 방지를 막기위한 조치를 해야 한다. ④압수의 이유가 없어지면 돌려주어야 한다.

## 압수 02
수색영장 수사나 재판을 위해 대상이 되는 사람의 신체나 건물을 강제로 뒤지고 증거물 등을 가져올 수 있다는 것이 기록되어 있고, 법관의 서명날인이 있는 문서를 압수·수색영장이라고 한다. 압수·수색영장은 압수·수색을 실시하기 전에 대상자나 대상건물의 거주자 등에게 보여주어야 한다.

## 애드호크라시(adhocracy)
전통적 관료제 구조와는 달리 융통적·적응적·혁신적 구조를 지닌 '특별임시조직'을 말한다. Warren G. Bennis는 애드호크라시를 '다양한 전문기술을 가진 비교적 이질적인 전문가들이 프로젝트를 중심으로 집단을 구성하여 문제를 해결하는, 변화가 빠르고 적응적이며 일시적인 체제'로 정의한다. 이러한 애드호크라시는 대체로 영구적인 부서나 공식화된 규칙, 그리고 일상적인 문제를 처리하기 위한 표준화된 절차가 없이, 프로젝트에 따라 전문요원들이 팀을 구성하여 상황에 맞게 문제를 해결해 가는 특성을 지닌다. 즉 구조적 차원에서 볼 때 애드호크라시는 복잡성·공식화·집권화의 정도가 모두 낮다는 특징을 지닌다. 애드호크라시의 조직유형으로는 매트릭스 구조(matrix structure)·태스크 포스(task force)·위원회 조직(committee structure or collegial structure) 등을 들 수 있다.

## 애매형(ambivalents)
애매형은 권력과 지위 등 조직이 제시하는 가치를 추구하면서도 한편으로는 조직 내의 지배적 가치체계에 저항하기도 하는 갈등적 성격유형을 가리킨다. 즉 애매형은 조직 내에서 다른 사람으로부터 인정을 받고 성공하기를 갈망하면서도 조직 내의 계서적 질서와 전통적 권위를 배격하는 등 집단규범에 순응하지 못하는 모호한 성격유형을 말한다. 조직 내에서 전문가적 역할과 참모 역할을 주로 담당하는 이 성격의 유형은 독립심이 강하고 창의적·이상적이며 합리적 기준을 존중하는 특성을 지닌다. R. Presthus는 오늘날의 대규모 조직들을 관료제 조직으로 전제하고 이러한 조직 속에서 근무 하는 인간이 조직에 적응하는 성격의 유형을 상승형(upwardmobile), 무관심형(indifferents), 애매형(ambivalents)의 세 가지로 분류하였다. 상승형은 조직의 규범을 준수하고, 조직에 대한 충 성심이 높으며, 권한·지위 등 조직이 제시하는 가치를 적극적으로 추구하는 권력지향적 인간 의 유형을 말하며, 무관심형은 권한·지위·집단 등이 부과하는 자극에 대해 무관심하며, 조직으로부터 소외되어 있는 인간유형을 말한다.

## 애정욕구(belongingness and love needs)

사람들과 친하게 지내고 싶은 인간의 기본욕구를 말한다. 즉 가족·친구·직장동료·이웃 등과 친교를 맺고, 원하는 집단에 소속되어 귀속감을 느끼고 싶어하는 욕구 등을 말한다.

## 애착(attachment)

매력과 의존에 바탕을 둔 개인들 간의 정서적인 연대를 의미한다. 이것은 인생의 중요 시기에서 발전되었다가 한 사람이 다른 사람과 관계를 더 이상 갖지 못할 때 사라진다.

## 애트킨슨의 기대이론

사람들이 어떤 행위를 선택하는 데는, 그 행위를 달성할 수 있는 가능성, 결과가 가져다 줄 유인, 그리고 그 행위를 얼마나 하고 싶어하느냐 하는 요인이 복합적 으로 작용한다는, J. W. Atkinson이 주장한 기대이론을 말한다. 그는 사람이 어떤 행위의 선택 에 임하여 두 가지의 경우를 고려한다고 본다. 하나는 그 행위를 성공적으로 수행하고자 하는 경우이고, 또 하나는 실패를 회피하려고 하는 경우이다. 성공을 바라는 경우의 선택은 ①성공하고 싶은 동기의 강도, ②성공 가능성, ③성공하는 경우의 유인가를 고려한다. 반면 실패를 회피하려는 선택을 하는 경우는 ①실패를 회피하고자 하는 동기의 강도, ②실패회피의 가능성, ③실패회피의 경우 유인가를 고려한다는 것이다.

## 애퍼시(apathy)

본래는 무감동, 무신경을 의미하는 이 말이 사회과학에서 사용된 것으로 정치적 무관심(political apathy)이라고 하는 등의 사용방법으로 쓰이고 있다. 〈정치적 무관심〉이라고 하는 것은 정치적 상황에 대해 적극적인 반응을 표시하지 않고, 주체적인 행동도 결여된 의식과 태도를 말한다. 그러나 최근에는 정치적 상황에 대해서만 사용하는 것이 아니라 모든 사회적 상황과 세상사에 대해 아무런 적극적인 반응을 표시하지 않는 무감동, 무기력, 비행동적인 청소년의 증가가 때때로 문제가 되고 있다.

## 앨리지빌리티(eligibility)

사회복지서비스에서 처우상의 자격사정을 말한다. 1834년 영국의 구빈법개정(new poor law) 때 열등처우의 원칙(less eligibility)을 정립해 요보호자의 보호수준을 최하층인 독립노동자 이하의 수준으로 끌어내리도록 결정했다. 일반적으로는 각종 사회복지서비스 등을 요구에 따라 적용하는 자격요건의 경우를 말하며 특히 공적부조 상에서 수급자격조건의 충족에 관한 말이다.

## 야간보육시설

저녁부터 밤 또는 아침까지 행해지는 보육시설을 의미한다. 모친의 직업이 간호사 등 야간근로를 해야 하는 경우 야간보육이 요구되어져 일본에서는 도시에서 그 수요에 부응하기 위해 베이비호텔 등이 개설되어 있다. 일본에서는 1955년 경도시(京都市)에 있는 사립보육원에서 오후 10시까지 야간보육을 행했는데 이것이 공인된 야간보육소 제1호이다.

## 야경국가 01

국가의 임무를 대외적인 국방과 대내적인 치안유지의 확보 및 최소한도의 공공사업에 국한하고, 경제활동 등 나머지는 개인의 자유에 맡기는 것이 바 람직하다는 근대의 자유주의적 국가관을 말한다. 즉 국가 그 자체를 강탈과 도범방지를 주임무 로 하는 야경(夜警)에 불과한 것으로 보는, 극단적인 개인주의 및 자유방임주의에 입각한 국가관을 말한다.

## 야경국가 02

18세기 후반부터 19세기에 걸쳐 당시의 영국은 자본주의의 성립발전기로서 A.스미스의 국부론(1776) 등 자유주의 경제학설의 영향 하에 정치상의 자유방임주의가 성행했다. 혁명에 의해 새로운 정권을 얻은 부르주아지는 국가에 대해 자신의 사유재산의 보호를 요구하고 자신의 기업에 대해 국가가 지도하거나 개입하는 것을 거부했다. 이러한 영국의 자유국가를 후에 독일의 사회주의자 F.라셀은 야경국가라 불렀다.

## 야뇨증(enuresis)

일반적으로 야간배뇨의 자립은 3세가 지나면서 완성되나 그 시기를 지나도 자립할 수 없는 경우에 문제가 된다. 야뇨증의 원인은 종래 심리적인 면이 중시되어 특히 부모의 태도가 문제되었으나 중추신경계나 방광의 기능성질환 등 생리적 기능의 미숙에 기인한다는 생각에 근거하여 배뇨의 간격 및 자율신경의 활동을 조절하는 등의 투약에 의한 치료가 개발되어 효과를 올리고 있다는 보고가 있다.

## 야마구찌 다다시

대판부 태생. 경도대학 문학부철학과를 졸업 후 궁기중학교 교사가 되었으며 1915년 대판사 사학이 되었다. 1925년 사회부장이 되었으나 관시장의 사망과 동시에 시를 떠나 대곡대학 촉탁교수가 되었다. 시에 재직시부터 사회사업학자로서 서구의 사회사업에도 조예가 깊었는데 특히 일본 사회사업사의 연구가로서 저명하다. 전시에는 〈후생사업〉을 제창하고 당시의 지조다가 되었다. 주요 저서로서는 〈사회사업연구〉(1934)가 있다.

## 야비스 클라이언트(YAVIS client)
"젊고(young), 매력적이고(attractive), 말을 잘하고(verbal), 지적이고(intelligent), 성적 매력이 있는(sexy)"이라는 각 단어의 머리글자로 만들어진 용어를 말한다. 이는 몇몇 심리 치료가들이 클라이언트를 대할 때 더 큰 욕구를 가지고 있는 다른 요구호대상자(클라이언트)들보다도 더 우선적으로 치료하고 싶어 하는 것처럼 보이는 사람들의 유형을 말한다.

## 약가기준(standard price of drugs)
건강보험법 규정에 따라 요양에 요하는 비용액 산정방법으로 투약 및 주사 등 사용한 약제의 구입가격에 관한 기준을 의미한다. 사회보험진료보수의 산정근거로 됨과 동시에 보험의 및 보험약제사가 환자에게 시술, 처방 조제하는 의약품은 원칙적으로 약가기준에 따르기 때문에 보험의 또는 보험약제사에 대한 사용의약품의 범위를 정하는 의미도 있다. 보건복지가족부고시에 따른 사용약제의 구입가격, 즉 약가기준으로 정해져 있다.

## 약관
일정한 형식으로 계약의 내용을 미리 작성해 놓은 것. 보통 은행이나 보험·운송·통신 등 많은 고객을 대상으로 상품이나 용역을 제공하는 사업자가 주무장관의 부터 시행된 약관규제법은 사업자가 약관의 내용을 고객에게 설명하도록 의무화하고 면책조항·손해배상·계약해제·채무이행 등에서 불공정한 조항을 넣지 못하도록 하고 있다.

## 약물남용(substance abuse) 01
알코올이나 약물을 불건전하게 사용함으로써 생기는 장애를 의미한다. 약물남용자로 간주되는 사람들은 한 달 이상 약물을 사용해 왔으며, 약물 사용의 결과로 사회적, 법적, 직업적 문제를 갖고 있으며, 병리적인 사용패턴이나 심리적 의존성(계속 사용하려는 욕망과 그 욕망을 억제할 수 있는 능력의 부재)을 발전시킨다.

## 약물남용 02
적발(drug abuse detection) 대개 다른 사람들보다 권위를 지닌 사람들(예로 부모나 고용주)이 불법 또는 통제된 물질을 사용하지 못하도록 하려는 노력. 이러한 노력에는 소변검사, 금단증상(withdrawal symptoms)의 조사를 위한 억류, 정밀조사, 기타 활동들이 포함된다. 전문가들은 다음의 여러 징후는 약물남용(substance abuse)의 단서가 될 수 있다고 제시하고 있는데 장단기의 망각, 침략성과 흥분성, 공부에 게으름 피우기, 무단결석 또는 떨어지는 성적, 집중력의 결핍, 쇠퇴한 정력, 감퇴된 자기 수양, 자기 방치, 실쭉한 생동, 가족과의 불화, 돈과 가치의 실종, 충혈된 눈을 비롯한 불건강한 모습, 우정의 변화와 회피, 당국과의 말썽 등이 그것이다.

## 약물의존(substance dependence)
약물남용(substance abuse)뿐만 아니라 내성(tolerance) 또는 금단증상(withdrawal symptoms)을 포함하여 알코올이나 약물을 불건전하게 사용함으로써 생기는 장애를 의미한다.

## 약물중독(drug addiction)
약물의 오용에 의해 일어나는 바람직하지 않은 작용을 의미하며. 정상적인 사용에 의한 부작용과 구별된다. 급성중독과 악성중독이 있는데, 만성중독에서 문제가 되는 것은 사회적 영향이 큰 약물 의존성이다. 이는 그 약을 계속해서 사용하고 싶다는 억제하기 힘든 욕구(정신적 의존) 사용량의 급속한 증대(내성) 사용중지에 의해 나타나는 금단증상(신체적 의료)등 세 가지 특징이 있다. 의존성 약물로서는 마약, 모르핀 등이 대표적이며 이외 최면제, 알코올, 일부의 프랭퀼라이저 등이 있다.

## 약물탐닉(drug habituation)
심리적 의존을 초래하고 신체적 의존과는 무관하며, 결핍시 금단증상(withdrawal symptoms)은 생기지 않으나 심리적 불안을 초래하는 약물을 병적으로 갈구하는 화학물질의 남용을 의미한다.

## 약시장제(weak mayor system)
시장 및 집행기관의 권한이 매우 제한되고, 시의회가 시정 전반에 대해 절대적인 권한을 행사하는 미국의 지방행정 제도를 말한다. 미국의 일부 소도시에서 도입하고 있는 이 제도에서는 시의회가 시장의 임명과 해임에 관한 건의를 할 수 있고, 또 의회 내의 각 분과위원회가 시정부의 각 부·국을 직접 감독하는 이외에 필요에 따라서는 의회 내에 시정과 관련되는 각종 위원회를 설치·운영함으로써 시정 각 부서의 일상 업무에 관여한다.

## 약식기소
검사가 피의자에 대해 징역형이나 금고형에 처하는 것보다 벌금형에 처함이 상당하다고 생각되는 경우에는 기소와 동시에 법원에 대해 벌금형에 처해 달라는 뜻의 약식명령을 청구할 수 있는데 이를 약식기소라고 한다. 따라서 구속된 사람에 대해 검사가 약식기소를 하는 경우에는 석방을 하여야 한다. 이 경우 판사는 공판절차를 거치지 않고 수사기록만으로 재판을 하게 된다. 그러나 판사는 약식절차에 의하는 것이 불가능 또는 부적당하다고 생각하는 경우에는 정식재판에 회부하여 공판을 열어 재판을 할 수도 있다. 피고인이나 검사는 판사의 약식명령에 대해 불복이 있으면 7일 내에 정식재판을 청구할 수 있다.

### 약식명령
형사사건에 있어서 법원이 서면심리(피고인에 대한 문서의 기록만을 보고 판단)를 통해 피고인에게 벌금이나 과료 등의 처분을 하는 것을 약식명령이라고 하는데 검사의 신청에 의해 이루어진다.

### 약식절차
형사사건에 있어서 법원이 정식재판인 공판을 거치지 않고 문서의 기록을 보고 판단하는 서면심리를 통해 피고인에게 벌금이나 과료 등의 처분을 하는 과정을 약식절차라고 하는데 검사의 신청에 의해 시작된다.

### 약해환자
약품공해의 피해자를 의미한다. 약해는 특히 기업범죄 및 의료과오와 관련지어 생각하는 경우가 많다. 약품의 부작용에 의해 인체의 구조와 기능이 손상받는다. 새로운 약품의 붐이나 개발, 특히 의료현장에서의 약제의 대량 투여, 약효에 관한 심사체계의 문제, 국민의 약제에 관한 과도한 의존 등의 문제와도 연관된다.

### 양가감정(ambivalence)
양면가치라고도 한다. 애정과 증오, 독립과 의존, 존경과 경멸 등 완전히 상반되는 감정을 동일대상에 대해 동시에 갖는 것을 말한다. 정신요법이나 케이스워크의 경우 클라이언트(client)가 치료자에 대해 갖는 감정이며 치료나 원조관계의 전개에 있어서 양가감정의 존재자체의 확인과 그 처리가 대단히 중요한 의미를 갖는다. 특히 치료에서는 서로 모순된 감정의 양면에 대한 클라이언트의 자기인식과 통합이 하나의 목적이 된다.

### 양극성 정동장애 / 조울병(bipolar disorders)
순환성 정신병, 주기성 정신병이라고도 하며 때때로 우울 감동 상태의 기간과 상쾌 충동 상태의 기간을 나타내며 중간기에는 완전히 정상이다. 이들의 기간은 각각 울병, 조병 이라고 부르며 교대로 나타나는 경우와 한쪽만이 나타나는 경우도 있으며 발병의 기간과 중간기의 길이는 일정하지 않고 분열병보다 늦게 나타난다.

### 양극장애(bipolar disorder)
부적응적인 감정이나 정동 상태를 보이는 정신병의 한 범주

로, 이전에는 조울병(manic − depressive illness)으로 알려졌다. 이것은 조증(mania)의 형태(행동과다증 yperactivity, 다행증 euphoria, 주의산만증 distractibility, 언어촉박 pressured speech, 떠벌림 증상)와 울증의 형태(비애, 무관심, 불면증, 식욕부진, 자기비하, 사고장애), 그리고 조증과 울증이 혼합된 형태(빈번히 조증과 울증이 교차되는 유형)로 구분된다.

### 양극화(polarization)
둘 이상의 물체나 사람 또는 집단이 서로 상반되는 경향으로 분리되는 현상을 말한다. 사회행동주의와 지역사회조직(community organization)에서 이 용어는 조직의 구성원들이 한 가지 문제나 정책을 놓고 양 진영으로 대립하여 조직이 의사결정을 할 수 없는 상태에 이르는 과정을 지칭할 때 사용된다. 그러나 양극화는 조직에 활력을 줄 수도 있다. 숙련된 사회사업가는 더욱 열띤 경쟁과 보다 적극적인 참여 그리고 파벌 간의 강력한 협력을 이루도록 하기 위해 파벌간의 차이를 지적하거나 강조할 수 있다. 또 각 경쟁 집단은 집단 내부의 협조와 충성을 더 잘 이루어낼 수 있어 집단의 목표를 달성하기에 더욱 유리하다. 그러나 이와 같은 양극화를 이용하기 위해서는 집중적인 노력과 매우 숙달된 전문가의 도움이 필요하다. 양도계약서 권리·재산·법률상의 지위 등을 남에게 넘겨주면서 쓰게되는 계약서.

### 양로보험
사망보험과 생존보험을 혼합한 형태의 생명보험. 피보험자가 보험기간 중에 사망하였을 때에 사망보험금을 지급하며, 보험기간 중의 미리 정해진 시기(보험기간의 만료시를 포함한다.)에 생존하고 있을 때에는 생존보험을 지급하는 보험.

### 양로시설(home for the aged)
노인을 입소시켜 무료로 급식 또는 일상생활에 필요한 편의를 제공함을 목적으로 하는 시설로 92년 현재 123개 시설에 7,239명이 수용되어 있다. 늙어서 독립된 일상생활을 영위할 수 없는 요보호자로서 연령은 원칙적으로 65세 이상으로 되어 있다. 양로시설 이전의 시설로는 구호시설의 하나인 양로원이 있었다.

### 양로원
노인의 보호를 대상으로 하는 양로원이 처음에 생겼으나 구호시설의 하나로 자리 잡았었다. 그 후 양로시설로 명칭이 변경되었고 노인 복지법에 따라 실비양로시설, 유료양로시설 등의 명칭이 생겨났다.

### 양벌규정
다른 사람이나 단체(법인)의 일을 하는 사람이 업무와 관

련해 법을 어겼을 경우 그 당사자 뿐만 아니라 그 사람을 고용한 사람이나 단체에 까지 벌을 주는 것을 양벌규정(쌍벌규정)이라고 한다. 행위자와 함께 그 감독자를 처벌하는 양벌규정은 식품위생법이나 공중위생법 같은 행정관련 법규를 어겼을 경우 단속에 대한 효과를 높이기 위한 것이다.

## 양심의 자유(freedom of conscience) 01

자기의 양심에 반하는 신념이나 행동을 강제당하지 않는 개인의 권리를 말한다. 처음에는 종교상의 신앙의 자유로서 요구된 것으로 오늘날에도 그 같은 좁은 의미로 사용되는 경우도 있지만, 윤리가 반드시 종교와 결부되는 것이 아닌 것이 된 때부터는 가장 널리 자기가 확신하는 윤리관, 세계관을 품고, 그것에 따라 행동하는 자유의 의미로 해석되고 있다. 양심의 자유는 오늘날에는 각국의 헌법으로(적어도 형식적으로는) 보장되어 있고, 유엔(UN)의 세계인권선언에서도 강조되고 있다. 물론 양심의 자유가 인정되고 있는 나라에서도 법률에 위반하는 행위는 처벌되지만, 양심적 전쟁 반대자에 대해서는 직접 무기를 드는 군무를 강제하지 않는 나라도 있다.

## 양심의 자유 02

일반적으로 신앙·학문·표현의 자유를 포괄 하는 자유를 말한다. 유럽 및 미국에서는 신앙과 양심의 자유를 표리일체(表裏一體)로 보아 양자를 포괄하여 '종교의 자유' 라는 의미로 사용해 왔다. 즉 양심의 자유는 종교의 내면적 자유로, 신앙의 자유는 종교의 외면적 자유의 의미로 사용해 오고 있다.

## 양연보호(foster care)

친부모와 살 수 없는 아동들에게 신체적 보호와 가정환경을 주는 것을 말한다. 양연보호는 전형적으로 군(郡) 사회복지부가 관리한다. 사회사업가는 법 당국자들이 유치 필요성을 결정하도록 돕기 위해서 아동과 가정을 평가하고, 특정 아동을 양연시키기 적합한지 잠재적 양연가정을 사정하며, 양연 후 양연가정을 지도·감독한다. 또 사회사업가는 아동을 친가족에게 되돌려 보내는 것이 적합할 때 법 당국자와 가족성원이 결정하도록 돕는다. 미국에서 양연보호의 전례는 주로 집 없는 청소년들이 일하는 대신에 직업훈련과 숙식을 제공받기 위해서 상인이나 장인의 보호에 맡겨지는 도제계약(apprenticing indenture)이라고 알려진 절차에서 유래되었다. 또 '양연보호' 란 용어는 노인, 장애인, 혹은 정신질환 성인을 위한 전일제 재가보호에도 적용된다.

## 양육권

이혼할 때 부부가 미성년인 자녀의 친권·양육권 문제를 협의해서 정할 수 있지만 서로 협의가 안될 때에는 부부 중 어느 한쪽이 법원에 친권자나 양육자를 정해 달라는 청구를 할 수 있다. 그리고 나중에 협의 또는 소송을 통해 친권자와 양육자를 변경할 수도 있다.

## 양자(adopted child)

양자라 함은, 생리적 친생자관계가 없는데도 있는 것으로 의제된 법정친자를 말한다. 양자에는 혼인중의 자로서의 분신이 부여되고 혼인 외의 자로서의 신분을 가지는 양자는 있을 수 없다. 양자에 대해 의제된 부모로 된 자를 양부모(양부 양모)라고 한다. 양자는 입양 일로부터 양친의 혼인 중의 출생자와 동일한 신분을 취득하며, 양자의 배우자 직계비속과 그 배우자는 양자의 양가에 대한 친계를 기준으로 하여 친족관계가 발생한다, 그러나 양자의 생가의 부모 그 밖의 혈족에 대한 친족관계는 여전히 유지되고, 양친자 관계는 입양이 취소되거나 파양한 경우에 소멸된다.

## 양자결연

양친과 양자와의 사이에 친부모와 적출자와의 관계와 동등한 법률관계를 발생시키는 계약을 의미한다. 양자결연은 일반적으로 당사자 간에 합의가 있는 것을 첫째 요건으로 하지만 양자가 미성년자인 경우에는 자(子)의 복지보호라는 관점에서 가정재판소의 허가를 필요로 한다.

## 양적 연구(quantitative research)

서술적 또는 추론적 통계분석을 포함하는 체계적 조사방법론을 의미한다. 가령 실험, 조사연구(survey research), 수적비교(numerical comparisons)를 이용하는 조사(inves — tigations) 등을 말한다.

## 양키시티조사(yankee city research)

양키시티조사는 1930년에서 1935년에 걸쳐 미국의 뉴잉글랜드주에 있는 뉴베리포트(new berry port)에서 스트라이크를 둘러싸고 행해졌다. 전통적 지역사회에서 도시적 산업자본의 진입에 따른 기업경영과 지역사회의 마찰과 계층구조의 변화관계를 연구·조사한 것으로 와너(Warner W. L), 화이트(White, W. F) 등 시카고학파를 중심으로 이루어졌다. 이 조사연구는 호손실험을 보완하였고 미국의 산업사회에 미친 영향이 컸으며 산업복지의 기초이론으로서 큰 의의를 갖는다.

## 양형부당

범죄에 이르게 된 과정이나 범죄로 인한 피해 등 피고인이 저지른 사건의 내용에 비해 선고된 형이 너무 가볍거나, 너무 무거운 것을 양형부당이라고 한다. 양형부당은 항소의 이유가 되는데 형이 너무 가벼울 경우 검사가, 너무 무거울 경우 피고인이 항소하게 된다.

## 어린이 날

어린이의 인격을 소중히 여기고, 어린이의 행복을 도모하기 위해 제정한 기념일. 미래 사회의 주역인 어린이들이 티없이 맑고 바르며, 슬기롭고 씩씩하게 자라날 수 있도록 어린이 사랑 정신을 함양하고, 어린이들에게 꿈과 희망을 심어주고자 제정한 기념일로, 매년 5월 5일이며, 법정 공휴일이다. 3·1운동 이후 소파(小波) 방정환(方定煥)을 중심으로 어린이들에게 민족의식을 불어넣고자 하는 운동이 활발하게 전개되기 시작해 1923년 5월 1일, 색동회를 중심으로 방정환 외 8명이 어린이날을 공포하고 기념행사를 치름으로써 비로소 어린이날의 역사가 시작되었다. 1927년부터 5월 첫째 일요일로 날짜를 바꾸어 계속 행사를 치르다가 1939년 일제의 억압으로 중단된 뒤 1946년 다시 5월 5일을 어린이날로 정하였다. 1957년 대한민국 어린이헌장을 선포하고, 1970년 '관공서의 공휴일에 관한 규정'(대통령령 5037호)에 따라 공휴일로 정해진 이래 오늘에 이른다. 기념행사는 크게 중앙행사와 지방·단체행사로 구분되는데, 중앙행사는 청와대 초청행사로 보건복지가족부가 주관하며, 모범 어린이, 낙도 오지 어린이, 소년소녀 가장, 시설보호 어린이 등을 초청해 위안하는 행사를 말한다. 지방·단체행사는 각급 행정기관 및 유관단체에서 주관하며, 모범 어린이 및 유공자에 대한 포상식이 거행된 뒤 각종 공개행사를 실시한다. 공개행사는 체육대회, 연극 공연, 기념잔치, 영화 상영, 글짓기 대회, 음악회, 미술대회 등이며, 도서·벽지 및 시설 보호아동, 소년소녀 가장세대 위문 및 위안행사 등도 개최한다. 이 날 어린이들에게는 어린이공원·어린이회관·공연장 등이 무료로 개방되고, 고궁·기념관·운동장·체육관 등도 무료 개방 및 이용 편의를 제공한다.

## 어린이보험(juvenile insurance)

어린이를 피보험자로 하고 부모를 보험계약자로 하는 생명보험계약을 말한다. 어린이의 교육, 결혼자금 등의 준비에 이용되는 일이 많으며, 만기때에 만기보험금이 지급되는 것 이외에 어린이가 일정 연령에 이를 때마다 입학 축하금이 지급되기도 한다. 또 계약자가 사망하였을 경우, 그 뒤의 보험료가 면제될 뿐 아니라 어린이의 양육자금을 매년 지급한다. 일반적으로 교육보험의 형태로 판매되고 있다.

## 어린이집

영유아보육시설의 통칭으로 소지역을 대상으로 한 사립의 적은 규모를 가리킨다. 이외에 아동사회교육기관의 일반 명칭으로서도 사용되는 공·사립시설이 있다. 어느 것이나 이들 시설은 갱에이지로 불리는 학동기에 있어서 건전육성에 과하여진 역할은 크다. 또 몬테소리 교육법에 의한 보육시설을 어린이 집으로 명명해 우리나라에서도 이 명칭을 사용하고 있다.

## 어음청력검사(speech audiometry)

인간의 귀는 음, 그 자체를 듣는 것도 중요하지만 말을 어느 정도 알아듣고 이해할 수 있는지가 중요하며 이것을 측정하는 것이 어음청력검사이다. 이 어음청력검사는 직접 말을 들려주어 복창을 하게 하거나 받아쓰기 등을 하여 측정하는 것인데 검사자의 음성 크기, 개인차에 따라 달라질 수 있다. 정상 귀는 40dB에서 90% 이상의 어음변별능력을 나타내며 일반적으로 변별능력이 80% 이상인 경우에 부자연스럽지 않으나 70% 미만에서는 귀로 듣는 것만으로는 회화가 불가능하다.

## 억압(repression) 01

정신분석 이론에서, 만족시킬 수 없는 동기와 죄의식을 유발하는 충동, 혹은 기억을 의식에서 사라지게 함으로써 부인하는 방어기제를 의미한다. 이로 인해 불쾌하거나 죄의식을 느끼는 충동을 무의식의 영역에 계속하여 누적되게 하는 경향이 있으며 이러한 결과로 여러 가지의 이상심리가 발전된다. 이상심리의 다양한 유형은 억압된 무의식의 내용·강도 등에 따라서 제각기 다르게 된다.

## 억압 02

정신역학(psychodynamic)이론에서 유래된 방어기제(defense mechanism)의 하나이다. 즉 한 개인이 도저히 받아들일 수 없거나 극도의 불안을 야기하는 어떤 기억을 의미한다. 생각 또는 욕구를 무의식적으로 의식의 세계 밖으로 밀어내는 것을 말한다. 이러한 생각이나 욕구가 일단 무의식 속에 억제되면, 직접적으로 표출되지 못한다. 그러나 이러한 것들은 한 개인에게서 가식적(disguised forms) 행동으로 나타나며, 이들의 영향은 말의 실수(착행증 parapraxis)나 꿈으로 가끔 나타난다. 억압은 정의에 따르면 무의식(unconscious)의 기제이기 때문에 한 개인의 마음속에서 불쾌한 생각들을 의식적 행동으로 표출하는 억제(suppression)와 혼동해서는 안된다.

## 억제(suppression) 01

①정신분석이론(psychoanalytic theory)에서, 사람의 마음속으로부터 불쾌한 생각을 떨쳐내려는 의식적인 심적 기제를 말한다. 억제는 억압(repression)이 사람의 의식으로부터 위협적인 생각을 제거하기 위해 무의식적으로 작용하는 방어기제(defense mechanism)라는 점 외에는 억압과 유사하다. ②사회갈등이론(social conflict theories)에서, 억제는 다른 집단이나 개인들이 그들의 견해를 표현하거나, 모임을 갖거나, 정치력을 발전시키는 것을 막기 위해 한 집단이나 단체가 취하는 행동을 말한다.

## 억제(oppression) 02
집단이나 시설에 엄격한 제한을 가하는 사회적 행위, 전형적으로 정부나 권력을 가진 정치적 조직은 공식적으로 혹은 비밀리에 억압당하고 있는 집단들에 제한을 가하여 그들을 이용하고, 다른 사회집단들과 경쟁하지 못하게 한다.

## 억제(inhibition) 03
행동이나 행위에서 나타나는 망설임이나 억제를 의미한다. 정신분석이론(psychoanalytic theory)에서 이 용어는 초자아(superego)에 의한 본능적인 충동억제를 나타낸다. 행동용어에서 그것은 반응이 억제되는 어떤 과제이다.

## 언어발달(language development)
음성이나 기호를 수단으로 한 의사소통의 발달을 말한다. 인류 전체나, 어떤 특정의 언어가 발전된 과정에 관심을 두는 측면과 한 개인의 성장과정에서 언어가 습득되는 과정에 관심을 두는 두 영역으로 나누어지고 있다. 언어의 발달은 신체적 표현이나 단순한 소리에서 시작되어 복잡한 문장에 이르기까지 점차적으로 이루어진다. 이러한 언어습득의 과정은 모방과 조건화에 의한 습득 등으로 설명되고 있다.

## 언어발달지체(retardation of speech disorders)
표현언어와 이해언어가 정상발달에 비해 상대적으로 늦어있는 상태로 이의 원인은 지능장애, 청각장애, 발성기관의 기능장애, 정서장애, 환경부적응, 뇌수의 기질적 장애 등이 있으나 그밖에 원인불명의 것도 있다. 언어발달지체에 대해서는 청능 훈련이나 언어치료가 필요하며 유유아나 학동의 경우에는 유희요법이나 모친지도를 병행하면 효과가 있다. 광의의 특수교육이나 생활지도도 중요하다.

## 언어심리학(psycholinguistics)
심리사회적 요인에 영향을 받는 것으로서의 언어, 의사소통, 초커뮤니케이션(meta communication)을 연구하는 학문을 의미한다.

## 언어장애(speech defect / disorder) 01
발성근의 이상, 뇌의 장애 등으로 인해 발음 불명료, 실어증 또는 말을 더듬는 등의 언어상의 장애. 언어를 소리로 내는데 있어서의 불완전성을 말하며, 잘못된 구음(faulty arti − culation), 좋지 않은 음성 혹은 기관의 결함 때문에 일어난다. 의사소통에 방해가 됨은 물론 주의를 끌게 되며, 상대방으로 하여금 불안감이나 부적응을 일으키게 한다. 의사표시와 의사소통을 위하여 언어를 적절하게 사용하지 못하는 것을 통틀어 말한다. 실어증, 발음장애, 발

성장애로 대변(대별)할 수 있다. Van Riper에 따르면 언어장애는 듣는 사람의 주의가 무엇을 말하는가 하는 내용보다는 말 그 자체에 쏠리어 대화를 방해하여 말하는 사람이 일상생활에서 불안이나 부적절함을 느끼게 하거나 또는 대인 접촉을 피하려는 부적절한 행동을 유발하는 것이다.

## 언어장애(language disorder) 02
언어를 이해하거나 표현하는데 어려움이 있는 일종의 발달장애(developmental disorder)를 말한다. '표현형'(expressive type) 언어장애란 개인이 연령에 맞는 언어 이해력은 가지고 있지만 어떤 면에서 정확하게 말로 나타내지 못한다. 가령 어린이는 어떤 음을 똑똑히 발음하거나 한 번에 몇 단어 이상을 기억하는데 어려움이 있을지도 모른다. '이해형'(receptive type) 언어장애란 개인이 언어 이해력을 발달시키지 못하는 것이다. 이 현상은 어떤 어린이의 경우에는 감각기관의 결함에 관련된 것이고 어떤 어린이는 재현(recall), 통합 또는 연속작용의 문제 때문일지도 모른다.

## 언어장애인(speech disorders)
언어를 사용하는 커뮤니케이션 정도의 여러 가지 측면에 장애가 있는 자를 말한다. 이 커뮤니케이션 과정이란 전달하고자 하는 내용을 언어부호로 변환(부호화)해서 말하는 언어(또는 문자)로 실현하는 과정과 밀을 듣고(또는 문자를 읽고) 그 의미를 이해(해독)하는 과정이다. 언어장애의 발생률은 인구의 약 5%라 하며 그 종류로서는 언어 발달지체, 실어증, 구음장애, 음성장애, 구개열에 따른 언어장애, 뇌성마비에 따른 언어장애, 청각장애, 흘음 등이 있다.

## 언어지체(language delay)
아동의 정상적인 언어발달 단계에서 기대된 시기에 언어발달이 이루어지지 않고 언어의 이해와 표현에 어려움을 갖는 경우이다. 대부분 지능지체아에게서 나타나며 뇌성마비, 자폐, 행동과다, 청각장애 아동에게도 공통적으로 나타난다. 아주 드문 예나 신체적, 지적, 정서적으로 비장애인데도 언어발달지체가 보이는 경우도 있다. 원인이 어떠하든지 이들이 공통적으로 나타내는 점은 언어발달이 정상·아동이 시작하는 연령보다 뚜렷하게 지체된다는 것이다. 3세가 되어도 언어를 전혀 사용하지 않거나 4세가 되었는데 한두 마디 정도로 사용한다면 언어발달이 지체되었다고 할 수 있다. 이때에는 전문적인 검사 진단을 통해 현재의 상태를 적절하게 진단받도록 하는 것이 중요하다.

## 언어치료(speech language therapy)
지적인 수준, 기질적·기능적인 원인, 혹은 환경적이거나

정서적인 요인 등으로 조음이나 의사소통에 장애가 있는 사람들에게 장애적인 요소를 개선시키거나 능력을 최대한도로 발휘하여 의사소통을 원활히 할 수 있도록 돕는 것이 언어치료이다. 언어치료 및 언어교육을 목적으로 행하고 있는 곳이 언어치료실이며 언어치료 및 교육을 담당하는 사람이 언어치료사(언어치료 전문인)이다. 우리나라에서는 종합병원, 대학 내, 장애관련복지관, 재활원 등에 언어치료실이 설치되어 있으며 대상자는 보통 1회에 30분에서 40분씩, 일주일에 2회에서 4회 정도 개별 지도 또는 소집단 지도를 받게 된다. 병원 내의 언어치료실 경우는 건강보험의 혜택을 받지 못하므로 경제적 부담이 크다. 언어적 의사소통에 장애가 있거나 개인 회화적응에 장애가 있는 사람으로서 단지 정상적인 성숙에 의해서는 증진될 것으로 기대되지 않는 사람의 언어 증진 및 교정을 위하여 계획된 프로그램을 말한다.

### 언어치료사(speech therapist : ST)

언어장애의 치료, 훈련을 하는 전문직이다. 근래 구개열수술, 후두적출수술 후의 발성지도, 언어지도나 뇌혈관장애에 따른 실어증, 구음장애 등의 언어치료에 대한 필요성이 높아짐에 따라 복지 의료 교육의 각 분야에 도입된 직종이다. 필요한 자격으로서 언어장애의 진단 치료 예방 등을 독자적으로 할 수 있는 전문지식과 기술 진단 치료의 개선을 위한 연구능력 관련분야와의 팀웍에 필요한 폭넓은 지식 등을 들고 있다. 미국에서는 이미 많은 대학에서 박사과정을 포함한 전문교육코스가 설치되었고 자격제도도 확립되어 있다.

### 업무방해죄

거짓 사실을 퍼뜨리거나 속임수나 힘으로 다른 사람의 업무를 방해하거나, 업무에 관계되는 기록을 없애거나 바꾸는 행위로 다름 사람의 업무를 방해하는 것을 업무방해죄라고 한다. 이 죄에서 방해의 대상이 되는 업무는 공무(공무의 경우 공무집행방해죄)가 아니며 대가나 형태의 있고 없음 등과는 상관없는 매우 넓은 범위의 일이다.

### 업무상 과실치사상죄

운전자나 의사처럼 위험이 따르는 업무를 보는 사람이 주의를 게을리해서 사람을 다치게하거나 죽게하는 경우를 업무상 과실치사상죄라고 한다. 운전이나 의료 일을 하는 사람은 집중적인 주의를 할 필요가 있는데도 이를 위반해 사람의 신체나 생명에 해를 입혔기 때문에 이 죄에 해당하는 사람은 일반적인 과실치사상죄보다 무거운 형벌을 받는다.

### 업무상 비밀누설죄

종교인이나 의사, 변호사나 공증인 등이나 그들의 업무를 도와주는 사람이 자신이 하는(했던) 일과 관련하여 알게 된다른 사람의 비밀을 제3자에게 알리는 것을 업무상비밀누설죄라고 한다.

### 업무상 횡령죄

업무상 자기가 보관하는 타인의 재물을 그 임무에 위배하여 횡령하는 죄를 업무상횡령죄라 한다(형356). 업무상 타인의 재물을 보관한다는 것은 신분에 관한 것이며, 본죄는 업무상의 임무를 위배했다는 점에서 단순횡령죄보다도 중하게 벌하는 것으로 역시 신분범의 하나이다. 업무란 반복계속되는 사무를 총칭하며, 업무상의 보관이란 업무에 관한 보관이면 족하다. 반드시 직무 또는 영업으로서 생활유지를 위한 업무에 한하지 않고 또 보수나 이익 등 반대급부가 있음을 필요로 하지 않는다. 경찰관이 증거물건을 영치하거나 역장이 단체여행을 주최하고 그 비용을 보관하는 것은 업무상의 보관이다. 이러한 점을 제외하면 단순횡령죄에서 설명한 모두가 본죄에 적용된다. 형벌은 10년 이하의 징역 또는 3천만원 이하의 벌금이다.

### 업적 만족이론(performance – satisfaction theory)

만족이 직무성취 또는 업적을 가져오는 것이 아니라 직무성취의 수준이 직무만족의 원인이 된다고 주장하는, Lyman W. Porter 와 Edward E. Lawler, III가 정립한 동기이론을 말한다. 종래의 사기(士氣)이론이, 욕구의 충족이 업적의 달성을 가져온다(만족 → 업적)고 본데 반해, 이 이론은 업적의 달성이 만족을 가져온다(업적 → 만족)는 인과관계를 상정하고 있다. 즉 이 이론은 직무성취와 그것에 결부된 보상에 부여하는 가치, 그리고 어떤 노력이 보상을 가져다 줄 것이라는 기대가 직무수행 노력을 좌우 한다는 것이다.

### 업적검사(achievement tests)

선천적인 적성이나 지능보다는 후천적인 학습 및 경험에 의해 습득된 능력을 평가하는 시험을 말한다. 업적검사 속에는 특정한 주제 분야의 일반적 지식을 묻는 학력시험(education test)과 회계, 건축, 도시계획, 서기직 등 특수한 직업분야의 전문 지식을 묻는 전문직업시험(trade test), 그리고 실기시험(performance test) 등이 포함된다.

### 엉클 톰(Uncle Tom)

백인에 대한 행동이 상당히 굴종적이거나 흑인집단의 이익에 반대되는 행동을 하는 흑인을 지칭하는 것으로 스토우(Harriet Beecher Stowe)의 반노예 소설 〈톰 아저씨의 오두막〉(Uncle Tom's Cabin)의 등장인물에서 유래된 경멸의 언어이다.

### 에스(Id)

이드(id)라고도 한다. 프로이드가 만년에 자아 및 초자아와 함께 정신을 구성하는 것이라고 생각한 한 측면을 말한다. 자아의 심층을 이루는, 말하자면 원시적인 자아, 거기에는 여러 가지 본능적인 에너지가 혼동돼서 저장되는데 그것에 대해서 도덕이나 논리는 힘을 갖지 못한다. 억압된 관념을 포함해서 인류의 계통 발생적, 개체 발생적인 경험이 그 속에 침전되어 있는 것으로 믿어진다. 에스는 무의식적이며, 그것의 본능적·유동적 행동은 오로지 쾌(快)를 구하고 불쾌를 피하는데, 그것이 실현될 때에는 외계의 현실과 관계한다. 정신이 외계와 접하는 장치가 자아이며, 자아는 의식적이어서 외계를 지각할 뿐 아니라 논리와 도덕의 지배를 받고 본능적·충동적 행동을 통제하여 현실에 적응시킨다. 자아는 소아일 때 에스에서 분화하여 생긴 것이므로, 에스의 말하자면 표층이라고 생각된다. 에스의 개념은 프로이드 이후 여러 학자에 의해서 여러 가지로 해석되고 있다.

## 에이즈(AIDS)

후천성 면역 결핍증으로, 신체의 면역체계가 작용하지 못하도록 하여 죽음에 이르게 하는 치명적인 병이다. 에이즈 바이러스인 HTLV－Ⅲ(human T－cell ymphotrophic virus)은 감염된 혈액 같은 신체 유동액의 교환, 정액, 모유를 통해서 전달된다. 에이즈에 걸린 사람은 폐렴이나 혈관 벽의 암 등 여러 가지 병에 걸리기 쉽다. 비록 대부분의 희생자가 동성연애자이고, 다양한 성관계를 갖는 양성주의자이거나 마약복용자라고 하더라도, 에이즈 감염자와 성관계를 갖거나 주사기를 통해서 감염된 피를 수혈받은 사람도 위험하다. 에이즈가 에이즈 환자나 매우 위험한 집단의 사람과의 일반적인 접촉으로 감염된 경우는 아직 찾아볼 수 없다. 에이즈 바이러스에 감염되어 증상이 나타나기까지는 5년 이상이 잠복기를 거친다.

## 에이형 성격(type A personality)

성급하고 경쟁적이며, 시간에 대한 지나친 걱정으로 특징지을 수 있는 사고와 행동의 한 유형을 말한다. A형 성격을 지닌 사람들은 심장병과 다른 질병에 걸릴 위험이 상당히 높다고 알려져 있다.

## 에포케(epoche)

①그리스의 회의론자의 용어이며 〈판단의 보류〉라는 의미, 어떠한 것에 대해서도 확실한 판단을 내릴 수 없으므로 판단을 보류하지 않으면 안된다는 태도를 가리킨다. ②훗설의 현상학에 있어서도, 현상학의 대상이 되는 영역을 확대하는 방법으로서 자연적 관점에 기초를 둔 판단을 괄호 안에 묶어서 제거하는 작용을 현상학적 에포케((독) phänomenolo－gische Epoche)라고 부른다.

## 엔카운터 집단(basic encounter group)

집중적 그룹 경험의 하나로 1960년 전후에 로저스(C. R. Rogers)가 명명했다. 인간관계기법의 훈련에 초점을 둔 전통적인 기법 그룹과 달리 개인의 성장, 개인 간의 커뮤니케이션, 대인관계의 향상과 개선을 일차적 목적으로 한다. 지도자는 페시리테이터(facilitator)라 불리며 공감적 이해와 수용적 태도를 기본으로 솔직함과 신뢰풍토를 조성해 성원들의 감정과 사고의 자유스러운 표현을 촉진한다.

## 엔클로저운동(enclosure movement)

개방경지·공유지·황무지를 산울타리나 돌담으로 둘러놓고 사유지임을 명시하며 추진한 운동을 말한다. 중세 말부터 19세기까지 유럽, 특히 영국에서 전형적으로 볼 수 있었다. 제1차 엔클로저운동은 15세기 말에서 17세기 중반까지 주로 지주들이 곡물생산보다 양모생산을 위한 경지 확보 및 농지를 목장으로 전환시킨 운동으로 농민의 실업과 이농, 농가의 황폐, 빈곤의 증대 등을 야기시켰다. 제2차 엔클로저운동은 18세기 후반에서 19세기 전반에 걸쳐 인구증가에 따른 식량수요의 격증에 대해 합법적인 의회입법을 통해 정부 주도 하에 이루어졌는데 농민의 임금노동자화를 촉진시켰다. 그 결과 영국에서는 지주, 농업자본가, 농업노동자의 3분제를 기초로 하여 자본제적 대농 경영이 성립되었고 이른바 자본의 본원적 축적이 가능해졌다.

## 엔트로피(entropy) 01

자연소화(自然消火)·부패·혼돈·무질서·와해로 가는 경향 등을 의미한다. 환경과 상호작용하지 않는 모든 폐쇄체제는 환경으로부터 에너지의 투입을 받지 못하기에, 엔 트로피 작용에 의해 소멸되거나 무질서상태(chaotic state)로 가려는 경향이 있다. 엔트로피는 당초 물질체제(physical systems)에 적용된 열역학 용어였으나, 일부 사회과학자들이 사회현상의 설명에 이 용어를 도입하여 사용하고 있다.

## 엔트로피02

무작위 또는 무질서의 상태를 의미한다. 즉 시스템을 그냥 내버려두면 언젠가 엔트로피가 최대 수준까지 증가해 그 시스템은 기능을 정지하거나 해체되어 버리고 만다는 것이다. 따라서 어떤 시스템이 계속 주어진 목적을 달성할 수 있기 위해서는 엔트로피의 증가를 억제하는 활동 또는 입력이 반드시 필요하게 되는데, 이를 부의 엔트로피라고 한다.

## 엔트로피 03

조직의 해산 또는 해제에 관한 체계이론(systems theories)에서 쓰이는 개념으로서 조직은 평형상태(equilibrium)를 향하기도, 벗어나기도 하는 운동과정을 거치는 것으로 가정된다.

## 엘디에스(social services : LDS)

사회서비스(LDS : social services) 모르몬 교회(말일성도)가 창시한, 미국 전역에 걸친 주요 공동체의 지회와 관계가 있는 사회기구 조직으로서 이는 욕구가 있는 모든 가족과 개인들에게 가족서비스(family service), 아동복지사업, 노령인구를 위한 서비스 등을 제공한다.

## 엘렉트라 콤플렉스(electra complex)

특히 3세에서 7세 사이의 딸이 아버지에게 품고 있는 무의식적 성적 사모에 대해 초기 프로이트 이론(Freudian theory)에서 쓰인 말이다. 이 말은 아들의 오이디푸스 콤플렉스(Oedipus complex)와 거의 비슷하다.

## 엘리트 이론(elite theory)

정책은 그 사회의 지배 엘리뜨의 가치와 선호를 반영하며, 정책결정 과정에서 소수의 엘리뜨가 지배적인 위치를 가진다고 보는 정책결정 이론을 말한다. 엘리뜨 이론에는 고전적 엘리뜨론과 1950년대 미국에서 발전된 엘리뜨론 그리고 신엘리뜨론으로 나누어 볼 수 있다. G. Mosca, V. Pareto, R. Michels 등에 의해 대표되는 고전적 엘리뜨론은 어떠한 사회 조직에서도 소수 엘리뜨에 의한 지배체제 득 과두지배체제가 필연적으로 대두된다는 '과두제의 철칙(寡頭制의 鐵則, iron law of oligarchy)'으로 특징지워진다. C. W. Mills와 F. Hunter 등으 로 대표되는 1950년대의 엘리뜨론은 군 — 산복합체(軍 — 産複合體, military — industry complex) 개념에서 보듯이, 미국사회를 지배하는 권력엘리뜨는 정부·군·기업체와 같이 정치적으로 중요한 기관이나 조직의 지도자들이라는 점을 실증적 연구를 통해 입증하고자 하였다. 한편 R. Dahl 등에 의해 대표되는 신엘리뜨론은 중요한 정책결정에 참여한 지도자들의 영향력 및 그들 간의 갈등·타협을 밝혀내어 엘리뜨의 다원성과 대중의 간접적 영향을 주장하였다.

## 엘리자베스 1세(Elizabethan 1)

헨리8세와 앤 폴린 사이에 태어난 공주로서 1588년에 영국의 여왕이 되었다. 헨리8세 이래 로마교회와의 불화 속에서 영국을 근대적인 국가로 발전시켰고 영국의 국위를 드높였다. 또 해외에 식민지를 개척함으로써 대영국가의 기초를 세웠다. 국내에서는 사회변화 즉 봉건제의 쇠퇴에 따라 많은 부랑인과 빈민이 발생했는데 이에 대응하기 위해 그녀의 만년인 1601년에 구빈법을 제정하였다. 엘리자베스 구빈법은 구빈의 국가책임을 명시했다는 점에서 세계 최초의 근대적인 구민법이었다.

## 엘리자베스 구빈법
### (the elizabethan poor law of 1601) 01

영국의 엘리자베스왕조(1558 × 1603) 제43년 해당 년인 1601년에 빈민구제, 취로의 강제, 부랑자의 정리를 목적으로 한 1572년(빈민구제금 일반세 승인, 정부의 최종적인 책임구제) × 1957년(치안판사 동의를 얻어 모든 교구의 부자에게 구빈자금 징수, 노동 무능자는 구빈원 수용)의 제 입법을 거쳐서 1601년 법으로 재편성, 정비되었다. 이 법의 배경으로는 당시 영국에서 14세기 × 15세기의 농업혁명으로 인한 엔크로져(enclosure) 운동과 농노제도의 붕괴로 농촌사회의 기본적 변화와 흥작으로 인한 궁핍의 증대에 대해 사회질서의 유지, 통치자와 피통치자, 토지소유자인 귀족과 토지를 보유치 않은 농민과의 사이에 신분계층의 보전에 그 입법의 이유가 있다. 이 법의 빈민구제의 일차적 의무와 책임은 친척에 있고, 친척이 보호의 능력이 없을 때는 교구에서 책임지는 것을 기본 원칙으로 하고, 정주권이 있는 자에 대해서는 공적 구제를 받을 수 있게 하고 치안판사와 빈민 감독관을 임명하고 구빈세를 과세하고 빈민을 구분 ①노동능력이 있는 자는 작업장(Workhouse)에 일하게 되고 이들에게 시여를 금하고 타 교구에서 이주자는 거주지로 송환하고 노역자가 일을 거부하면 감옥에 보내도록 하여 부랑생활을 금지하고 ②노동능력이 없는 빈민·병자·노령자·맹인·농아·정신이상자·어린 아이 등은 빈민 감독관이 원내구제(indoor relief)를 허락하고 의류, 음식 등의 현물급여를 하였고 ③요보호아동들에 대해서는 고아나 기아 등은 입양희망자에 대해 입양을 허락하고 연령에 따라 도제살이를 하게 하였다. 민생위원(overseer)을 두어 빈민구제행정업무를 관장케 하였는데, 즉 구제신청접수, 신청자의 적격여부 사정, 구빈원 지도감독, 구빈세 징수, 거주자의 10분의 1징수 등으로 구빈의 재원을 조달하였고 그 외는 개인적인 희사금, 유산, 벌과금 징수 등으로 더하였다. 현대적 의의는 ①구빈책임이 국가에 있다는 점을 인식 ②그러한 책임을 다 하기 위한 법률을 제정했다는 점 ③그 실행을 위한 중앙정부로부터 지방의 치안판사, 교구의 빈민 감독관까지 통일적 구제행정기구를 설치했다. ④실질적 운영을 위해 국가의 재원을 충당했고, ⑤종래의 무차별 자선이나 처벌이 아니라 구분에 따라 처우했다는 점 등이다.

## 엘리자베스 구빈법 02

엘리자베스 1세 통치 하에서의 식민 구제, 취로강제, 방랑자 정리를 목적으로 1572년 × 1576년 사이의 제 입법을 1601년 이 법으로 재편성, 정비하였다. 이 입법의 배경은 당시 영국에서의 농업혁명, 엔클로져 운동과 구 농노제의 붕괴가 있자 정부는 농촌사회의 기본적 변화와 질서의 유지, 통치자와 피통치자, 토지소유자인 귀족과 토지를 갖지 못한 농민과의 신분계층의 보전을 강행할 필요를 갖게 되었다는 것이다. 1601년 이 법은 치안판사와 식민감독관을 임명해서 구빈세의 과세무능력빈민의 보호, 징치감, 구치원의 건설, 방랑자나 거지의 처벌 등의 제규정을 성문화하고 지방자치의 말단조직인 교구에 대해서 전국적으로 통일된 구빈행정을 시행했다. 그러나 당시의 교구사업은 그 규모나 성격도 상이해 유력한 농촌지주가 자치·행정 권력을 갖고 있어 법률적 효과는 올릴 수 없었다.

### 엘버펠드제도(Elberfeld system)

독일의 함부르크 시스템을 수정, 발전시킨 전형적 구빈제도로 1852년 엘버펠드시에서 시 조례에 근거해 실시한 조직적 구제사업을 의미한다. 전 시(인구 14만)를 546구역으로 나누고 각 구에 1인의 보호위원을 둔다. 1구의 평균 인구는 300인이며 구내에 4인 이상의 빈곤자가 포함되지 않도록 했다. 14개의 지구로 한 개의 대 구로 조직하여 방면감독이 그것을 통제하고 그 위에 시민선출의 4인과 시의원 4인 그리고 시장을 합한 9인 중앙위원회를 설치해 병원구조, 원외구조에 관한 총괄심의를 했다. 이 제도의 특징은 위원 1인당 대상자수를 아주 적게 하고 케이스워크적 방법에 의해 철저한 구제를 도모했다. 그리고 위원의 인격, 경험, 수완을 중요시함과 동시에 장기간 담당하도록 하였다. 전 제도를 조직화하고 통일과 연락, 획일화와 균등성에 노력한 것 등이다. 영국의 자선조직화 운동에 심대한 영향을 주었다.

### 엘에스디(LSD)

단순히 '환각제'로 알려진 종합적 환각약물인 리세르그산 디에틸아미드(lysergic acid diethylamide)를 말한다. 이것은 감각과 지각에 변화를 일으켜 종종 환각(hallucination)이나, 사고과정의 변화와 우울증(depression)을 초래한다. 이 약물은 오랫동안 과다하게 사용하였을 경우 약을 끊은지 수주 또는 심지어 몇 달이 지난 후에도 이 약물의 효과가 재발할 수도 있다.

### 엘지공익재단

나라의 미래를 이끌어갈 인재육성, 사회복지사업을 통한 행복한 사회 만들기, 깨끗한 환경을 위하여 노력하는 모습 전하기 등의 사회공익활동을 하는 여러 엘지재단의 활동을 소개하기 위해 민간기업이 주체인 사회복지재단이다.

### 엠에스더블유(MSW)

공인된 사회사업학교의 과정을 마친 학생에게 수여되는 사회사업 석사학위를 의미한다. 이 학위는 2년 동안 현장실습 24시간을 포함하여 60시간의 수업일수를 이수해야 하고 논문과 연구 프로젝트를 끝내야 한다. 어떤 학교에서는 이 학위를 MSSW(master of science in social work, master of social service administration) 또는 사회사업(MA in social work)이라고도 한다. 하지만 교육과정이나 기준은 원칙적으로 같다.

### 엣킨스 지수

소득 불평등 측정 지표의 하나. 사회의 후생함수에 기초를 두고 소득분배의 불평등도를 측정하는 방법이다. 먼저 엣킨스는 '평등분배 등가소득'의 개념을 도입하였는데, 이는 현재 분배된 총소득이 구성원 전원에게 분배되었을 때 총사회적 후생과 맞먹는 1인당 소득수준이라고 정의할 수 있다. 이를 통해 불평등한 소득분배에 의한 사회적 후생의 손실을 등가소득의 부족분에 의해 평가한 지수이다.

### 엥겔(Engel, christan lorena ernest)

독일출신의 사회통계학자. 작센왕국의 통계 국장이었던 1857년에 논문 작센왕국의 생산과 소비를 발표했다. 이 논문에서 생산수준을 가계 지출총액에서 차지하는 음식물비의 비율로 표시하는 방법을 발표했는데 이를 엥겔의 법칙이라고 한다. 1895년의 논문 벨기에 노동자 가족의 생활비에서는 퀘트(quet)단위를 고안해 최저생활비 산정 방식을 개발하는 등 사회통계의 종합적인 체계를 확립하는데 공헌하였다.

### 엥겔계수(Engel's coefficient) 01

1857년 엥겔은 가계지출을 조사한 결과 지출 총액 중 저소득 가계일수록 식료품비가 차지하는 비율이 높고, 고소득 가계일수록 식료품비가 차지하는 비율이 낮음을 발견하였다. 이 통계적 법칙을 '엥겔의 법칙'이라고 하며, 총가계 지출액에서 식료품비가 차지하는 비율을 엥겔계수라고 한다. 식료품은 생활필수품으로 소득의 높고 낮음에 관계없이 반드시 일정한 정도는 소비해야 하지만 어느 수준 이상 소비할 필요는 없다는 특징을 갖는 재화이다. 따라서 저소득층이라도 반드시 일정한 금액의 식료품비는 우선적으로 지출해야 하고, 이로 인해 총지출 중 식료품비가 차지하는 비중이 크게 나타나는 것이다. 그러나 소득이 증가해도 식료품비의 증가는 상대적으로 작기 때문에 총지출 중 차지하는 비율이 작아지는 것이다.

### 엥겔계수 02

엥겔법칙 중 소득증가에 따라 식비의 비율이 감소한다는 것으로 총지출에 대한 식비의 비율을 칭한다. 엥겔계수는 생활수준을 나타내는 지표가 되고 보통은 그 값이 50%인 경우 빈곤선의 기준을 삼는다.

### 엥겔방식

음식물비의 지출비율은 생활정도와 관계가 있다는 엥겔의 법칙을 이용해서 일정한 생활수준을 산정하는 방식을 말한다. 구체적으로는 노동력을 유지하기 위해 필요한 음식물 비를 영양학 지식을 근거로 마켓 바스켓 방식 등에 의해 산출하고, 이것을 통계조사의 결과로 나오는 엥겔계수로 나누어 생활비 총액을 산출한다.

### 엥겔스(Engels, Friedrich)
독일 섬유공장주의 장남으로 출생하여 문학, 종교, 철학을 독학하였으며 아버지 소유의 영국 맨체스터 소재 방직공장에 근무하면서 경제학을 연구하였다. 칼 맑스와 함께 과학적 사회주의 이론을 확립하고, 국제노동자협회를 결성·지도하였으며, 맑스를 경제적으로도 지원하였다. 저작은 다양하나 특히 영국에서의 노동자계급의 상태(1845)는 사회문제 연구의 고전이다. 맑스의 자본론 유고를 정리하여 완성시켰다.

### 여가
레저를 시간의 면에서 보면 생활시간에서 근로시간과 생리적 필수 시간을 뺀 시간으로서 정의된다. 그 뺀 시간을 단순히 남는 틈, 즉 여가 시간으로서 포착하는 경우도 있지만 최근에는 보다 적극적으로 구석으로부터 해방된 자유로운 시간으로서 포착하여 가고 있다. 자유로운 시간에 행해지는 자유로운 활동으로서의 레저에는 통상 다음 네 가지의 기능이 인정된다. 피로에서의 회복, 스트레스의 해소, 인간적인 연대의 증진, 자주개발, 자기실현, 여기에서 피로에서의 회복과 스트레스의 해소는 레저가 갖는 소극적 기능이고, 인간적인 연대의 증진과 자기개발, 자기실현은 적극적 기능인데 최근에는 레저 활동이 갖는 적극적인 측면이 중요시 되게 되었다.

### 여가교육(leisure education)
여가를 보다 효과적이고 생산적인 방향으로 선용할 수 있도록 지도하는 교육을 의미한다. 산업혁명이후 분업이 발달하고 노동을 기계가 대신함에 따라 여가시간이 많아지게 되었다. 이러한 현상은 산업이 발달된 구미 각국에서 현저한 양상을 드러내고 있어 여가의 효율적 활용이 교육적 문제로 등장하게 되었다. 이러한 의미에서 성인교육운동이라든가 레크리에이션 운동 등은 정신적·신체적으로 여가를 선용하려는 사회운동으로 확대되고 있다. 그리고 여가시간의 방치는 사회적·개인적으로 해로운 현상을 흔히 유발시키고 있기 때문에 여가교육은 청소년은 물론 성인들을 위해서도 프로그램을 만들어 그들의 취미생활, 심신의 개발과 정신위생, 소질의 개발, 창의적 생활을 하도록 돕는다. 이 프로그램은 개인의 적성과 취미를 고려하여 선택적인 내용으로 구성된다. 학교에서는 특별활동을 통해 효과적 지도를 꾀한다.

### 여가지도(recreational guidance)
공부나 노동과 같이 일에 보내는 시간과 수면이나 식사 또는 그 밖의 생명의 유지에 보내는 시간을 제외하고 개인이 마음대로 활용할 수 있는 시간이나 기회를 뜻하고 생산적으로 보낼 수 있도록 하기 위해서 수행하는 생활지도의 한 영역을 말한다. 여가를 활용하는 오락활동이나 취미활동은 정신건강의 증진을 위해서만이 아니라 공부나 일의 능률향상에도 도움이 되기 때문에 생활지도와 교육일반에서 점차로 그 중요성이 인식되고 있다.

### 여권론(feminism)
여권론은 남녀평등권, 여성해방론, 여권신장운동 등을 말한다. 즉 여성의 사회적 권리가 남성과 차별되어 평등이 인정되지 않는 것을 고발하고, 개선의 정당성과 필요성을 주장하며, 실제로 계몽운동과 실천운동을 펼치는 것을 말한다. 법적지위, 경제활동, 교육, 정치활동, 조직활동, 문화활동 등 전체적인 사회구조와 사회활동에서 평등과 민주화를 실현하기 위한 연구와 활동은 1960년대 이후 여러 차원의 여성단체가 주축이 되어 지속되어 왔다. 한국에서는 최근에 여권신장운동이 활발하게 이루어지고 있으며, 1970년대 이후부터는 대학에 여성학과가 신설되기 시작하였고, 많은 대학교에서 교양과목으로 여성학을 강의하고 있다.

### 여권주위 치료(feminist therapy)
주로 성차별과 성역할 고착화(sex role stereotyping)로 야기된 심리사회적 문제와 사회문제를 극복하기 위해서 전문가(흔히 여성)가 클라이언트(흔히 여성)를 개인적으로 혹은 집단적으로 돕는 심리사회적 치료를 의미한다. 여권주의 치료사들은 특히 의식고양(consciousness raising), 성역할 고착화의 종식, 모든 여성과 공감대를 형성하도록 하여 클라이언트의 잠재력을 최대한 키우도록 돕는다.

### 여론(public opinion)
의견이 대립된 문제에 관해 합리적인 토론을 거쳐 도달된 다수자의 의견이라 정의된다. 여기에는 의견의 대립 합리적인 토론 다수의견이라는 세 가지 계기가 포함되어 있으나 현실적인 여론은 어느 계기인가가 부족하다. 따라서 여론은 민주주의의 정신을 현실화한 것이지만 일부 지도자와 기관에 의한 대중조작의 위험이 숨어있다. 여론측정의 통계적 수단으로 여론조사의 기법이 측정 발달하게 되었다.

### 여론조사(public opinion poll / opinion research)
정치·외교·경제·도시·교육·사회보장 등 사회생활 전반에 걸쳐 사람들의 의견·지식·관심·평가·태도 등을 묻는 조사를 의미한다. 여론은 조사대상의 입장에 따라 차이가 나므로, 성별·연령·직업 등 대상자의 속성이 모집단과 현저한 편향성을 갖지 않도록 무작위추출을 하는 것이 원칙이며, 분석에 있어서도 사회계층별 분석과 같은 속성별 분석을 하는 것이 보통이다. 또 사람들의 의식이나 태도라고 하는 것은 고정된 것이 아닌 까닭에, 엄밀한 표본추출을 하고도 조사의 실시 시기나 질문지의 구성에 따라 회답이 변하기 쉬운 성질을 가지고 있다. 그러나 의견이나 태도의 분포나 그 변화를 계량적으로 측정할 수 있다는 점에서 널리 실시되고 있다. 우리나라에서 현재 실시되고 있는 여론조사 가운데는 전 국민을 모집단으로 하는 한국갤럽조사연구소의 여론조사와 각 신문사가 주로 창간기념일을 전후해서 실시하는 여론조사 등이 대표적이다.

## 여론지도자(opinion leader)

주민 중의 지식층으로 언제나 새로운 정보의 입수에 노력하며, 주위 사람들의 사고에 영향을 주는 사람을 말한다. 특정의 유력자도 아니고 어디서나 볼 수 있는 리더층이다. 매스컴이 대중에 영향을 주는 과정에서 여론지도자가 중개자의 역할을 갖는다는 가설이 있다. 홍보활동의 경우에도 대중에게 직접 홍보하는 것과는 별도로 지역에서의 여론지도자층에 작용하는 것이 중시되고 있다. 사회복지 분야의 홍보와 민간자원의 동원을 위해서는 여론지도자의 역할이 중요시되고 있다.

## 여성 자원봉사자(lady bountiful)

도움이 필요한 사람들에게 재화나 서비스를 제공해주는 사회사업가와 자원봉사자들에게 한때 자주 적용된 다소 조소적인 용어이다. 이 용어는 남북전쟁 때 상류계급 여성들이 가난한 사람들에게 음식과 의류와 조언을 기부하거나 개인적으로 전달하던 것에서 유래한다. 결과적으로 이러한 여성들 중 많은 수가 우애방문자(friendly visitors)로서 전문적 사회사업가(social workers)들의 선구자 역할을 시작했던 것이다.

## 여성경제활동(women's economic activity)

최근 여성의 경제활동 유형을 보면 경제발전과 함께 여성의 가정 내에서의 노동은 점차 감소하는 반면, 노동시장에서의 활동은 증대하는 추세를 보이고 있다. 1980년대 한국의 산업구조변화와 함께 여성의 산업별, 직종별 취업분야도 상당히 변화하였다. 1990년을 기준으로 볼 때 사무직, 생산직 직종에 종사하는 여성비율은 증가하는 반면, 농림수산직 직종에 종사하는 여성비율이 급격히 감소하는 현상을 보이고 있다. 그리고 여성이 취업하고 있는 직종의 분포는 생산직, 농림수산직, 판매직, 사무직, 전문기술직의 순위이나, 전문기술직은 7% 정도일 뿐이다.

## 여성고용할당제

여성의 공직진출을 확대하기 위해 채용시험에 앞서 여성 공무원 채용비율을 미리 정해 놓고 시험성적에 관계없이 비율대로 합격시키는 제도를 의미한다. 이 제도에 따르면 여성합격자가 채용목표 비율에 미달할 경우 커트라인에서 3점(5등급)이나 5점(7급)까지 모자란 여성응시생 가운데 성적순으로 목표치만큼 추가 합격시킨다.

## 여성근로 보호정책
## (labor protection policy for women)

여성근로 보호정책은 근로여성의 평등권, 생존권, 노동권 등의 기본적인 권리를 구체적으로 보장하며, 특별히 고용, 임금, 근로조건에 있어서 부당한 차별을 받지 않도록 규정하는 국가의 법적·제도적 조치를 의미한다. 노동법 중에 여성의 지위와 특별히 관계있는 법률규정으로서 근로기준법, 남녀고용평등법, 직업안정 및 고용촉진에 관한 법률(구직업안정법), 직업훈련기본법, 노동조합법 등이 있다. 최저근로조건을 정하고 있는 근로기준법에 다음과 같은 여성보호 규정이 있다. 도덕상 또는 보건상 유해 위험한 사업에는 여성사용금지, 여성의 갱내근로 금지, 야업 및 휴일근로의 원칙적 금지, 1일에 2시간, 1주일에 6시간, 1년에 150시간을 초과하는 시간외 근로의 금지, 월 1일의 생리휴가, 60일의 출산휴가, 임산부의 경미작업에로의 전환 배치 및 시간외 근로금지, 생후 만 1년의 유아를 가진 근로여성에 대해 1일 2회, 각 30분 이상의 유급 수유시간제공, 해고일로부터 14일 이내에 귀향하는 경우에 귀향여비제공 등이다.

## 여성노동(women's labor)

여성의 임금노동을 가리킨다. 자본주의가 발전해 노동이 기계화함에 따라 여성의 임금노동자가 증가하고 있으며 여성노동의 내용이나 성격도 크게 변화하고 있다. 초기에는 방적공장을 시작으로 하여 경공업의 공장에 미혼의 청년층 여성이 고용되었었지만, 기계·화학공장이나 사무·판매서비스 등의 분야에 기혼의 장년층 여성이 대량으로 고용되어지게 되었다. 저임금의 보조적 노동, 임시 파트타임 고용 등의 차별문제가 있다.

## 여성문제(women's problems)

사회구조로 인해 여성에 대한 억압·차별·소외 등이 발생한 문제의 총칭이다. 구체적인 형태로는 교육에 의한 차별과 억압, 직업노동에 의한 차별, 저임금·건강파괴, 결혼이나 가족관계에 따른 차별과 억압, 농가주부의 무권리나 과중한 노동, 매춘부의 심신의 건강파괴 등 여러 가지 문제가 있고 이것들은 근본적으로 전체 남성이 지배하는 사회구조에서 발생하고 있다. 현대에는 법제적·형식적으로 남녀평등의 권리가 인정되지만, 직업노동에 따른 남녀차별이 재편성되어 그를 위한 교육·결혼이나 가족단계, 사회참여 등 여러 분야의 남녀차별이 존속하고 있다.

## 여성발전기본법

정치·경제·사회·문화의 모든 영역에서 남녀평등을 촉진하고 여성의 발전을 도모하기 위해 제정한 법(1995. 12. 30, 법률 제5136호). 1995년 제정된 뒤 2002년 12월 법률 제6836호까지 6차례 개정되었다. 국가와 지방자치단체는 남녀평등 촉진, 여성의 사회참여 확대와 복지증진을 위해 필요한 법적·제도적 장치를 마련하고 재원을 조달할 책무를 진다. 여성의 참여가 부진한 분야에 대해서는 실질적인 남녀평등이 이루어질 수 있도록 적극적인 조치를 취할 수 있다. 여성부 장관은 여성정책의 기본방향과 추진목표, 재원조달 방법이 포함된 기본계획을 5년마다 세우고, 중앙행정기관장과 시·도지사는 이에 따라 연도별 시행계획을 세워 시행해야 한다. 여성정책에 관한 주요사항을 심의·조정하기 위해 국무총리에 소속되는 여성정책조정회의를 둔다. 중앙행정기관장은 해당 기관의 여성정책을 효율적으로 수립·시행하기 위해 소속 공무원 가운데 여성정책 책임관을 지정해야 한다. 남녀평등 촉진 등에 관한 관심을 높이기 위해 1년 중 1주일을 여성주간으로 정한다. 국가와 지방자치단체는 정책결정 과정에 여성참여를 확대하는 방안을 강구하고, 여성의 정치참여 확대를 지원하기 위해 노력해야 한다. 공무원의 채용·승진 등에서 여성의 공직참여 확대여건을 조성하고, 근로자의 고용 전반에 걸쳐 남녀평등이 이루어지도록 해야 한다. 성희롱 예방 등 직장 내의 평등한 근무환경 조성에 필요한 조치를 하고, 임신·출산 및 수유 기간에는 특별히 보호하며 이로 인해 불이익을 받지 않도록 해야 한다. 여성 근로자가 직장과 가정생활을 병행할 수 있도록 영유아 보육시설 확충, 방과 후 아동보육 활성화, 육아휴직제 정착 등에 관한 시책을 강구해야 한다. 성폭력 범죄와 가정 내 폭력을 예방하고 그 피해자를 보호해야 하며, 민주적이고 평화적인 가족관계를 확립하는 데 힘써야 한다. 저소득 모자가정·미혼모·가출여성 등 보호를 요하는 여성을 지원하는 데 필요한 조치를 취하고, 가사노동의 경제적 가치를 평가하여 법제도나 시책에 반영하도록 노력해야 한다. 대중매체의 성차별적 내용이 개선되도록 지원하고, 대중매체를 통해 남녀평등 의식을 확산하도록 해야 한다. 여성발전기금을 설치하여 여성권익 증진을 위한 사업, 여성단체의 사업, 여성 관련시설의 설치·운영, 여성의 국제협력사업 등을 지원한다. 6장으로 나누어진 전문 36조와 부칙으로 구성되어 있다.

### 여성운동(women's movement)

여성운동이란 여성 스스로가 목적을 이루기 위해 능동적으로 조직화하여 행동하는 현상을 말한다. 이러한 움직임이 대두되기 위해서는 여성 자신의 의식변화가 선행되어야 하며, 여성이 예속된 상태를 자각하고, 한 인간으로서 독립된 인격과 생활을 이루기 위해 집단적인 행동을 취하는 것이 필요하다. 지엽적이며 단편적인 문제에서부터 사회, 경제에 이르는 모든 분야로 확대되었다. 1830년대에 미국과 영국의 여성운동가들은 노예제 폐지운동에 주력하였으나 점차로 금주, 절제운동과 기타 여러 가지 사회개혁운동에 적극 참여하게 되었다. 반면 한국의 여성운동은 민족과 시대적 배경과 밀접한 관계가 있다. 한국의 여성들은 권리신장을 위한 투쟁에 앞서 민족을 구하고 독립을 하기 위한 운동에 동참하였다. 근래에 와서 여성지위에 대한 관심이 고조됨에 따라 여성운동에 대한 연구도 활발히 전개되고 있다.

### 여성의 전화

학대받는 여성을 돕기 위해 83년 6월 발족한 여성단체이다. 지금까지 가정 내 문제로만 덮여 있던 매 맞는 아내들의 고민을 덜어 주고 스스로 문제를 해결하도록 돕는 등의 전화 상담을 주로 한다.

### 여성참정권(women's franchise)

여성참정권은 여성이 정치에 참가하는 권리를 의미한다. 광의로는 정치결사의 자유나 집합 등을 포함하나 협의로는 여성의 선거권, 피선거권을 의미한다. 여성참정권은 1890년 미국의 와이오밍주에서 인정된 것을 시작으로 제1차 세계대전 후에는 많은 국가에서 인정되어 왔다. 한국 여성들의 참정권은 남녀 동등한 선거권, 피선거권, 공무담임권 및 정당 가입권을 부여하면서 남녀평등의 원칙을 선언한 1948년 7월 17일의 헌법에 기초를 두고 있다. 앞으로의 한국정치에 있어 여성정치의 활성화를 위해 중요한 것은 여성들의 정치의식을 변화시키기 위한 새로운 정치사회화 교육이다.

### 여성해방운동(women's liberation movement)

문예부흥, 계몽주의, 프랑스혁명, 민주주의 발달을 통한 인간자유와 평등사상은 여성해방운동에 영향을 주었다. 여성해방운동은 인류의 반수를 점하는 여성에 대한 편견, 차별을 문제 삼아 남녀의 정치적, 경제적, 사회적, 교육적 불평등을 시정하고 또 모성보호 등의 여성특유의 권리보장을 목표로 삼아온 사회운동이며 인간해방 운동이다. 한국의 여성해방운동의 역사는 민족해방운동과 그 궤를 같이하고 있다. 나라와 민족의 위기는 여성의 사회참여를 필요로 하였고, 이를 계기로 여성들은 한 시민으로서, 그리고 한 인간으로서 적극적으로 해방운동에 참여하게 되었다.

### 역과정(adversarial process)

제시된 반대의견을 듣고 평가함으로써 결정에 이르는 절차를 의미한다. 역과정은 흔히 반대입장의 변호사가 그들 각각의 관점 또는 클라이언트를 지지하기 위한 증거나 논쟁을 제시하는 법정에서 볼 수 있다.

### 역기능(dysfunction)

어떤 제도가 작용함으로써 사회체제에 이바지하는 결과가 초래되는지의 여부를 가릴 때 쓰이는 개념으로 그것이 사회체제의 유지 존속에 해로울 때를 나타내는 말이며 순기능에 반대된다. 사회학자들은 이 역기능을 이른바〈관료적 병리현상)의 하나로 본다. 즉 어떤 제도가 본래 추구하던 목적과 그것의 수단이 전도되는 것을 의미하며, 제도의 문제점을 파악하는데 도움을 주는 개념이다. 이상적으로 관료조직체는 특정목표를 달성하기 위하여 형성되었고 형식적 규칙과 절차들도 그러한 목표달성의 수단으로 세워진 것들이다. 실제로는 그러한 수단들 자체가 목적이 되어버림으로써 원래의 조직목표 달성에 지장을 가져오는 때가 많다. 이것을 수단 — 목적 전도현상이라 한다.

## 역동성(dynamic)
성격이론에서 정신 내면의 영향, 의식 또는 무의식의 사고과정과 충동(drive), 갈등(conflict), 동기(motivation) 및 방어기제(defense mechanism)와 같은 관찰할 수 없는 정신적 현상을 강조하는 지향을 말한다. 장(場)이론(field theory)에서는 심리적 장에서 행동하는 힘을 뜻하고, 사회체계 이론에서는 항상적 안전성을 얻으려 애쓰고 유지하는 과정을 지칭한다.

## 역동적 진단(dynamic diagnosis)
케이스워크의 진단과정에서 클라이언트를 이해하는 방법의 하나이다. 케이스워크가 다루는 과제는 인간 문제상황의 복합된 상태 안에 존재하기 때문에 여기에서 상호작용하는 여러 가지 요소의 역동을 명확화하려는 진단개념이 역동적 진단이다. 따라서 클라이언트의 문제 가 그 사람의 생활에서 갖는 의미나 문제해결에 유용한 수단을 객관적 요인으로 명백히 하며 클라이언트의 문제해결능력도 평가하는 것이 필수적이다.

## 역사관(a view of the history)
자연에 관해 여러 가지 자연관(목적론적, 기계론적, 변증법적 등)이 있듯이, 인간 사회의 역사에 관해서도 여러 가지 역사관이 있다. 이것은 역사의 기존적인 구조, 동력, 법칙에 관한 견해이며, 크게 나누면, ①어떤 관념적인 것(신의 섭리, 자유나 인간성의 이념, 민족정신, 개인의 욕망이나 관심)을 중심에 두는 사적 관념론, ②자연적인 제 조건(기후, 풍토, 자질 등)을 강조하는 지리적 유물론. ③인간의 물질적 생산을 토대로 하는 사적 유물론(유물사관)으로 구분된다. 아우구스티누스, 볼테르, 흄, 칸트, 헤겔, 칼라일 등은 ①보댕, 몽테스큐 등은 ②에 속하고, 맑스주의는 ③을 대표한다. 그러나 ②의 지리적 유물론은, 단순히 항구적인 자연 조건만을 가지고는 역사의 변화와 발전을 충분히 설명할 수 없으므로, 역시 ①의 견해를 참작하지 않을 수 없다. 또 인간의 역사의 어느 측면을 중시하느냐 하는 점에서 보면 일반적으로 사적 관념론은 정신사 및 문화사 또는 인간의 의식적인 행동 면에 속하는 정치사를 중심으로 하며, 이에 대해 사적 유물론은 경제사 및 계급 투쟁사에 기초를 둔다. 무릇 역사가 개개의 사실

의 우발적인 병렬과 집합이 아닌 한, 역사의 토대는 무엇인가, 그의 주요한 추진력은 무엇인가, 그의 발전법칙은 무엇인가에 관한 기본적인 역사관이 없으면, 구체적인 역사 기술도 그 방법과 원리를 결여하는 것이 된다. 또 각각의 역사관은 미래를 향해 현재의 사회를 움직이기 위한 방향과 원동력을 제시함으로써, 각각의 실천적인 의의(보수적, 진보적, 전쟁 긍정적, 전쟁 부정적 등)를 갖지 않을 수 없다.

## 역사적 요소
역사적 요소란 실험 또는 연구조사 기간 동안에 발생, 실험집단의 대상(target)변수에 영향을 미쳐 인과적 추론의 타당성을 저해하는 사건을 말한다. 연구실 험에서는 일반적으로 실험처치 또는 프로그램 집행 전과 후 두 차례에 걸쳐 측정을 하는데, 이 때 측정 사이의 기간이 길면 길수록 역사적 사건이 나타날 확률은 더욱 높아진다.

## 역사적 접근방법(historical approach)
특정한 사회적 현상을 이해하기 위하여 관련 사건 · 기관 · 제도 · 정책 등의 기원과 발전과정을 파악 · 설명하는 접근 방법을 말한다. 역사적 접근방법에서는 소위 발생론적 설명(genetic explanation) 방식을 주로 사용하게 된다. 역사적 접근방법은 각종 정치행정제도의 성격과 그 제도가 형성되어 온 특수한 방법을 인식하는 수단을 제공해 준다. 역사적 접근방법을 통한 연구는 일종의 사례연구가 된다.

## 역선택(adverse selection) 01
의사결정에 필요한 충분한 정보가 없어 불리한 선택(역선택)을 하는 상황을 말한다. 가령 보험가입 대상자에 관한 충분한 정보가 없을 경우, 보험사는 보험가입 선호가 큰, 높은 사고확률을 가진 사람들을 보험에 많이 받아들이게 됨으로써 보험재정을 악화시킬 수 있다. 대리인 이론에서는 대리인의 능력에 관한 정보의 부족으로 위임자가 대리인의 능력에 비해 많은 보수를 지급하거나 능력이 부족한 대리인을 역으로 선택하는 상황을 가리킨다.

## 역선택 02
위험발생률이 보통이상인 사람들이 일반적인 보험계약 이상으로 보험에 대한 가입 혹은 연장을 기도하려는 성향을 가리키는 말이다. 보험금 지급사유 발생확률이 높은 위험을 갖고있는 사람이 자진하여 보험금을 목적으로 가입할 때는 보험회사는 불리한 손해를 당하게 되며, 역선택에 의한 위험이 동일보험단체에 집중해지면 대수의 법칙에 의한 수지상등의 원칙이 무너져 보험사업 경영의 기초에 영향을 미치게 되므로 보험회사는 일반보험계약자의 이익을 위하여 역선택을 방지할 필요성을 갖는다. 생

명보험에서는 건강에 자신이 없거나 결함이 있는 사람이 자진 가입하는 경향이 많으며 역선택은 고지의무의 위반과 관련이 많게 된다.

### 역설적 지시(paradoxical directive)
가족치료(family therapy)의 한 형태로서, 사회사업가나 치료자가 가족구성원에게 자신들의 증상적 행동을 지속하라고, 혹은 때로로 '그 증상적 행위를 더 심하게' 하라고 지시하는 접근을 말한다. 이는 가족구성원이 그러한 행위와 행동을 벗어남으로써 얻게 되는 이득을 좀 더 확실히 인식하도록 하여 마침내 그러한 행동을 더욱 잘 조절하도록 해준다.

### 역소득세(negative income tax)
가난한 가정을 돕기 위한 절차를 규격화하기 위해 마련된 프로그램으로, 연방 소득세 체계를 이용하여 가계자산조사를 회피하기도 한다. 소득이 일정한 최소기준 아래로 내려가는 납세자는 연방 재무성에서 그 액수를 환급받게 된다. 저소득자 교부금의 형태는 미국에서 1975년에 소득세 신용대부(Earned Income Tax Credit)프로그램을 통해 형성되었다.

### 역전관계(inverse relationship)
한 변수에서는 더 높은 빈도를 갖고 다른 변수에서는 더 낮은 빈도를 갖는 두 현상 사이의 관련을 의미한다. 때때로 사회연구에서 이것은 부정적인 상관관계(negative correlation)로 일컬어진다.

### 역전이(counter transference)
반대전이라고도 하며 클라이언트의 태도 및 외형적 행동에 대한 상담자 또는 치료자의 개인적인 정서적 반응과 투사를 말한다. 즉 클라이언트에 의해 전이된 감정에 대해 치료자 자신이 전이를 일으키는 것이다.

### 역진세(regressive tax)
가난한 사람이 부유한 사람보다 과표소득(taxable income)에서 세금을 더 많이 내거나 똑같이 내는 정부의 세입징수 제도(revenue collecting system)를 말한다. 가령 2만 달러의 과표소득이 있는 사람이 20%의 세금을 낼 때, 어떤 사람은 1만 달러 소득에 15%의 세금을 내는 경우이다.

### 역차별(reverse discrimination)
때때로 다수 집단에 의해 불이익을 받은 이전의 소수집단 또는 사람들을 우대할 때 쓰는 용어이다. 일반적으로 백인 또는 남성들로부터 고용기회를 확보하여 흑인 또는 여성들을 위한 기회를 창출하는 방법을 예로 들 수 있다.

### 역학(epidemiology)
일정한 시기 안에 사람들 사이에서 발생하는 질병과 같은 특별한 현상의 빈도와 분포에 대한 연구를 말한다. 대개 이것은 발생률(incidence rate 일정시기 안의 새로운 사건 수)과 분포율(prevalence 일반적으로 특별한 문제점을 지닌 사람들의 총수)로 표현된다. 역학에서 일반적으로 쓰는 다른 용어로는 현시점 분포율(point prevalence 시간의 한 시점에서 측정된 사건 수), 기간 분포율(period prevalence 1년처럼 정해진 기간 사이에서 발생하는 모든 사건), 질병위험률(morbidity risk 특별한 병에 걸리는 개인의 평생 동안의 위험)이 있다.

### 역할(role) 01
사회적인 관계에서 어떤 위치를 차지하는 사람들이 해야 할 것으로 기대되는 행동이나 행위의 범주를 말한다. 역할은 조직 내에서 일, 직무, 업무, 임무 및 기능이라고 표현되 기도 하며, 특정한 역할은 관련되는 다른 역할들과 결부되어 규정된다. 역할은 조직구조의 구성 단위로서 다른 역할들과 구분되며 이들과 함께 전체적인 조직구조를 형성한다.

### 역할 02
사회질서 속에서 차지하게 되어 있는 개인의 자리 또는 지위에 따른 정상적인 행동양식, 개인의 역할에는 여러 가지 종류가 있을 수 있다. 연령과 성(sex)에 따른 역할은 물론 공적인 역할과 사적인 역할 등으로 나누어 생각할 수도 있고, 선천적인 생득적 역할과 후천적으로 획득된 역할로 구분할 수도 있다. 일반적으로 어떤 종족에 따른 역할과 성에 따른 역할 등으로 설명될 수 있는 것은 쉽게 역할변경이 이루어지지 않는 데 비해서 교사·사장·장관 등 후천적으로 얻어진 역할은 쉽게 변경될 수 있다. 인간은 누구나 어떤 역할을 갖게 되어 있는데, 한 가지 종류 이상을 가지게 되면 사람들은 대체로 정도의 차이는 있어도 역할 갈등을 느끼게 되는 경우가 많다. 특히 인간은 일생 동안에 수많은 역할에 직면하게 되어 있다. 여기서 그가 어떤 역할에 얼마만한 시간과 노력을 바쳐야 할지를 모르게 되면 역할 혼돈에 빠져 불행하게 된다. 역할혼돈에 빠지지 않으려면 가능한 한 역할종류를 줄이는 것도 한 가지 방법이지만 많은 역할 중에는 중요한 것과 덜 중요한 것이 있을 수 있으므로 중요한 역할에 가장 많은 노력과 시간을 바치도록 해야 한다. 특히 공적인 역할은 사적인 역할보다 중요한 것이라는 인식을 갖고 사회구성원들이 역할수행을 할 때 사회는 질서와 발전을 이룩할 수 있게 된다.

### 역할 03
일정한 지위의 점유자에게 의무 지워진 정형적·반복적·지속적 행위의 기대내용을 말한다. 그것은 타인과의 관계에서 구성되어지며 사회관계에 대응해 다양한 지위와 역할이 부여된다. 처에 대해서는 남편, 자녀에 대해서는 부모, 노인에 대해서는 손자라고 하는 것처럼 입장에 따라 역할도 또 다르다.

## 역할갈등(role conflict) 01

역할간 갈등(interrole conflict), 역할내 갈등(intrarole conflict), 개인과 역할간의 갈등(person role conflict) 등을 말한다. 역할간 갈등은 두 가지 이상의 역할을 동시에 수행함으로 인해 겪는 갈등을 말하며, 역할내 갈등은 동일 역할에 관해 다른 사람들에게서 서로 상충되는 기대를 받게 될 때 느끼는 갈등이고, 개인과 역할간의 갈등은 주어진 역할이 개인의 기본적인 가치관·태도·욕구 등과 상충될 때 발생하는 갈등을 말한다.

## 역할갈등 02

둘 또는 그 이상의 사회적 지위(역할을 갖고 있는 사람이 상반된 기대 역할을 요구받을 때 경험하게 된다. 가령 사회사업가는 클라이언트에게 즉시로 위기를 해결해 주기를 요구받으면서 슈퍼바이져에게는 미리 짜인 스케줄에 의해 클라이언트의 문제를 해결해 나가도록 요구를 받는 경우 맡겨진 일에 대한 갈등을 경험하게 된다.

## 역할갈등 03

역할 담당자가 자기내면에서 주체적으로 처리하기 어려운 상호 모순된 기대가 집단이나 사회의 객관적인 조직과 규범구조 내에 있기 때문에 그 담당역할수행에 따른 내적 갈등을 일으키게 되는데 이러한 갈등을 역할갈등이라 한다. 그것은 역할취득이나 수행에서 담당자의 개인적인 지각과 행동의 오류 및 다양성에서 오는 개인적인 부적응현상과는 구별된다.

## 역할강도(role vigor)

정해진 문화권의 테두리 안에서 일반적으로 기대될 수 있는 범위를 상대적으로 벗어난 역할의 정도를 말한다. 가령 다원화된 도시지역의 생활권에서는 소규모의 읍, 면 소재지보다 더 많은 역할강도가 여성들에게 용납된다.

## 역할기대(role expectation) 01

집단이나 사회는 대내·외적인 각각의 상호행위로서 일정한 지위의 점유자에게 과하여진 전형적인 행동을 양식화하여 그것을 준수하도록 기대한다. 이것은 상호행위의 상황에서 질서를 확립하는 중요한 현상으로서 이 기대방식이나 구속력은 집단이나 사회가 어떠한 행동을 중요시하는가와 관계하며 집단의 규범체계 및 분야별 기구와 관련이 깊다.

## 역할기대 02

집단이나 조직, 또는 다른 개인이 그에게 어떤 역할을 어떻게 수행해 줄 것을 기대하는 것을 의미한다. 개인은 집단이나 사회조직 속에서 다른 사람과의 관계를 맺는 과정에 필수적으로 사회적 역할 또는 구실을 갖게 되어 있다. 사람들은 역할기대가 충족되지 않으면 실망하거나 그 사람의 역할수행 능력을 의심하게 된다. 일반적으로 현대인들은 여러 집단과 조직에 속하게 됨으로써 그에 따르는 역할기대를 충족시키기 어렵다. 교사는 학생들과 그가 속해 있는 학교조직·동료·아내·자녀·형제 및 부모들이 그에게 기대하는 역할이 다양하기 때문에 모든 기대되는 행동, 즉 역할기대를 충족시키기 어려운 나머지 역할갈등에 빠질 가능성이 가장 높은 역할 자이기도 하다. 그러나 역할기대란 상대적인 개념이므로 요구되고 기대되는 역할능력 향상을 통해 역할기대에 따르는 갈등을 해소할 수도 있다.

## 역할놀이 수업모형(role playing model)

학생들에게 특수한 상황이나 장면에 처해보도록 하거나 특정의 역할을 실행해보도록 함으로써 자신이나 타인이 지니고 있는 가치관 혹은 신념을 깊이 있고 명확하게 이해할 수 있도록 하는 실천적 교수방안을 의미한다. 이 모형은 파니 샤프텔(Fannie Shaftel)과 조지 샤프텔(George Shaftel) 부부에 의해 개발되었다. 그들은 20여 년 동안 학생들에게 〈인간의 존엄성〉, 〈정의감〉, 〈애성〉 등의 민주적 관념들을 일상생활에서 어떻게 실천할 수 있는가를 가르치기 위하여 이 모형을 개발하고 적용하였다. 역할놀이는 자신이나 타인들이 현재와 같이 행동하는 이유에 대한 이해를 하는데 도움이 된다. 특히 자신과 다른 사람들의 역할을 실연하는 과정에서 학생들은 인간 행동의 다양성과 유사성을 배우고 이것을 실제장면에 적용할 수 있게 된다. 이 수업모형을 성공적으로 활용하기 위하여 교사는 다음과 같은 것을 할 수 있어야만 한다. 첫째, 적절한 역할놀이 장면을 제시하거나 선정하는 일을 돕는다. 둘째, 학생들이 당황하지 않고 "마치 …인 것처럼" 행동하도록 하는 지원적인 분위기를 조성한다. 셋째, 자발성과 학습을 장려하는 역할놀이 장면을 꾸민다. 넷째, 학생들이 서로를 효과적으로 관찰하고 경험하며 그들이 보고들은 바를 예리하게 해석할 수 있도록 하기 위하여 관찰과 경청기술을 가르친다. 이 수업모형을 적절히 적용하게 되면, 학생들은 다음과 같은 것을 배우게 된다. 첫째, 자신의 견해를 자유로이 피력하고 다른 사람의 견해에 주의를 기울이게 된다. 둘째, 문제해결을 위하여 다양한 방법을 제안 또는 탐구한다. 셋째, 역할놀이 활동에 열성적으로 임하게 된다. 넷째, 역할놀이 장면에서 보고들은 바를 기술하고 해석하고 평가하고 또 자신의 생활과 관련을 지어본다. 이 수업모형에서는 개인의 성장과 사회적 상호작용을 모두 강조하고 있다. 그리고 이 모형은 사회과나 문학에 적용하는 것이 바람직하고, 초등학교 3학년에서부터 중학교 2학년 학생들에게 적용하면 효과적이다. 역할놀이 수업모형에서는 교사는 결단이 필요한 대인상황을 제시할 필요가 있다. 물론 이러한 상황은 아동에게도 흥미가 있어야 하며 또 아동의 경험세계에 속하는 것이어야 한다. 뿐만 아니라 수업모형을 선정함에 있어서 교사는 심리극(psychodrama)이나 드라마(drama)와는 다르다는 것을 알아야 한다. 따라서 교사는 개인치료요법보다는 오히려 대인문제 해결을 위한 논의나 활동에 집중해야 한다.

### 역할놀이(role playing)

어떤 가상적인 역할을 수행하게 함으로써 문제시되는 태도나 행동을 변화시키려는 기법의 일종·정서적 역할 놀이라고도 한다. 가령 재니스(Janis)와 만(Mann)은 여성 흡연자들을 대상으로 하여 실험을 하였는데, 그들에게 암환자의 역할을 수행하게 하여 흡연량을 줄이게 한 사례를 들 수 있다. 역할놀이의 모형에는 공포 — 욕구모형(fear — drive model)과 동형반응모형(parallel response model) 등이 있다.

### 역할 모호성(role ambiguity)

역할이 명확하거나 일관성 있는 기대없이 수행되는 상태 또는 현상을 의미한다. 가령 새로운 클라이언트가 처음으로 상담하게 될 경우 사회사업가가 어떠한 도움을 제공해야 하는지 잘 알지 못하기 때문에 모임으로부터 구체적으로 무엇을 기대해야 하는지 잘 모르는 경우이다.

### 역할 비적임성(role discomplementarity)

한 개인의 다양한 역할들에 일관성이 없거나 관련된 사람들이 갖고 있는 기대감에 부응하지 못하는 경우에 나타나는 상황. 가령 클라이언트나 슈퍼바이저는 사회사업가에 대한 일정한 기대치를 가지고 있으나 이러한 기대치가 무엇인지 분명하게 알 수가 없었으므로 이러한 기대치는 이루어질 수 없다. 사회과학자들은 역할의 비적임성이 발생하는 다섯 가지의 상태(조건)를 지적하고 있다. ①지적 간격(인지 불일치) : 적절한 기대가 무엇인지를 알지 못해 발생하는 것으로서, 가령 클라이언트나 사회사업가가 서로 상대방에게 무엇을 기대하고 있는지 알지 못하기 때문에 기대를 충족시켜줄 수 없는 경우 ②신분적 간격(지위 불일치) : 한쪽이 상대방에게 적합하지 않은 기대를 요구함으로써 발생하는 것으로 가령 클라이언트가 사회사업가에게 의술 또는 의학에 관한 정보를 요구하는 경우 ③분배적 간격(분배 또는 할당 불일치) : 타인의 기대에 부응할 능력이 있는데도 이를 거부하는 것으로, 가령 클라이언트는 사회사업가가 온 가족을 상대로 일해주기를 바라는 반면, 사회사업가는 개인만을 상대로 일하기를 바라는 경우 ④가치관의 차이(가치 지향의 불일치) : 상호간

에 소유하고 있는 기대감은 있으나 그러한 기대가 서로 어긋나거나 부적합한 경우로 가령 클라이언트는 이혼하기를 원하나 사회사업가는 그 결혼을 지속시키려 시도할 때 ⑤국법의 부채(도구적 수단의 부재) : 상호간의 기대치는 부합하는 반면 그것들은 수행할 방법이 없는 상태로 가령 클라이언트나 사회사업가는 모두 가족에게 재정 지원을 늘리기를 희망하나 실질적으로 자원이 부족한 경우이다.

### 역할수행(role performance)

사람이 기대된 역할을 일정의 상황에서 구체적으로 실현하는 것을 말한다. 물론 그것은 조작된 인형이나 로봇처럼 받아들여진 역할기대에 그대로 동조해 버리는 것을 의미하지는 않는다. 인간 독자의 동기나 욕구에 따라 어느 정도의 폭을 갖는 주체적인 행동으로 역할 실현이라고도 한다.

### 역할수행 연습(role — playing)

심리치료나 지도자 훈련에서 내담자로 하여금 자발적인 역할 행동을 수행하게 함으로써 대인관계에서의 바람직한 태도나 행동을 습득하도록 지도하는 방법이다. 즉 문제가 되는 생활 장면을 상담 장면에 재현하여 관계 인물의 입장에서 바람직한 행동반응을 학습하게 하는 절차이다. 이러한 연습을 통해서 내담자는 자기 행동에 대한 교정을 스스로 또는 다른 역할자의 귀환 반응을 통해 교정할 수 있다. 역할수행 연습의 시행 절차를 보면, 먼저 역할 연습의 취지와 절차를 내담자에게 설명한 후 문제 장면의 주요 역할을 배정한다. 그리고 배정된 역할자의 전형적 행동양식과 최근에 실제로 있었던 대화 내용을 알아보고 그 과정을 분석하여 역할 연습에서 시도할 행동 및 대화 장면을 설정한다. 다음에 상담자와 내담자는 각자의 역할을 하면서 새로운 행동 반응을 가능한 한 실감나게 연습한다. 어느 정도 연습이 진행되면 서로 역할을 바꾸어 연습을 진행하기도 한다. 그리고 나서 내담자로 하여금 연습한 행동을 실제 생활 장면에 옮기도록 하고, 다음 상담에서 어느 정도 실천이 되었는지 검토하며 필요한 조정과 추가 연습을 한다.

### 역할연기(role playing) 01

인간관계 등에 관한 사례를 몇 명의 피훈련자가 나머지 피훈련자들 앞에서 실제의 행동으로 연기하고, 사회자가 청중들에게 그 연기 내용을 비평. 토론하도록 한 후 결론적인 설명을 하는 교육훈련 방법을 말한다. 이러한 역할연기 방법은 주로 대인 관계, 즉 인간관계 훈련에 이용된다.

### 역할연기 02

심리적인 갈등이나 심리적 문제의 탐구에 쓰여 왔으며 이

것을 토의법에 도입한 것이다. 대본도 무대도 없이 즉석에서 연출되는 간단한 대화극을 공연한 다음 참가자가 토론을 통해서 문제해결의 실마리를 찾으려는 방식이다. 중요한 좋은 분위기를 만들 수 있어야 할 것, 실감 있게 몰두할 것, 새로운 의견을 발표하기 쉽도록 할 것 등이 요구된다. 다만 흥미본위가 되어서는 성공하지 못한다.

### 역할이론(role theory)
인간의 행동을 어떤 내재적인 소질, 재능, 욕망 등의 표현으로서가 아니고 집단속에서 차지하는 역할을 통해서 설명하려는 이론이다. 역할이론은 인간행동을 사회구조와 관련시켜 설명할 수 있기에 개인과 환경과의 전체관련에 입각하여 전개되는 사회복지실천에서도 기초이론의 하나로 중시하게 되었다. 이것은 특히 최근 도입된 체계이론을 현실에 맞추어 이해하고 활용해가기 위해서는 불가결한 것이다.

### 역할전환(role reversal)
한 개인이 행동을 완전히 전환하여 상대방이 기대하는 방식으로 행동하는 상태를 의미한다. 가령 아버지가 아들 앞에서 어린애처럼 행동하는 반면 아들은 아버지 앞에서 더욱 성숙한 행동을 보이는 경우이다.

### 역할 재평형(role reequilibration)
서로의 기대를 명확히 함으로써 역할갈등(role conflict)이나 역할 비적임성(role discomplementarity)을 종결시키기 위해 두 사람 이상 사이에서 발생하는 과정을 의미한다.

### 역할학습(role learning)
일반적으로 사람들이 조직이나 집단의 사회관계에서 차지하는 계층적 위치를 지위라고 하고, 그 지위에 기대되는 기능적 측면을 역할이라고 할 때, 역할에 합당한 행동을 학습하는 것을 의미한다. 어린이는 어떤 역할에 적절한 행동을 함으로써 부모나 교사 등으로부터 보상을 받지만 부적절한 행동에는 상이 제거되거나 벌을 받는다. 또 사회규범과 같은 일정한 기준에 의해 사회적으로 강화되거나 다른 사람의 행동을 관찰 · 모방하는 대리적 강화를 통해 사회적으로 학습을 하게 된다. 성인의 경우도 이와 마찬가지로 자기 자신의 소속해 있는 사회, 집단 문화 가운데서 자기의 지위에 적절한 행동유형, 역할을 수행한다. 사람은 역할수행을 통해 그 사회에서 요구하는 동일성을 획득하고 다른 사람과의 사회적 관계와 지위에 관해 이해를 넓혀간다. 역할이론에서는 사회심리학적 현상을 기술 설명하고 예측하여 통제하는 기반을 부여한다.

### 역효과 치료환경
사람들을 서로 갈라놓고 그들 간의 상호작용을 방해하는

사무실이나 시설, 물리적 장치 등을 의미하는 용어를 의미한다. 가령 사회사업가의 역효과 사무실과 대기실은 의사소통하기 어렵게 너무 멀리 떨어진 벽 앞에 딱딱한 의자가 놓여 있고, 클라이언트가 사회사업가를 만나기 위해 기다리는 대기실은 아주 길고 어두운 복도이며, 철제책상이나 서류 캐비닛은 클라이언트를 사회사업가로부터 더욱 격리시키는 바리게이트 구실을 한다.

### 연간급여액
조사년도 1년간 피고용자의 노무 대가로 지급된 모든 현금과 현물을 시가로 평가한 금액. 봉급, 상여금, 각종 수당 등을 포함하며 급여액은 세금, 기여금, 적금, 노동조합비 등 공제이전의 것이고, 현물지급분 중 자체 생산품은 지급일자 현재의 공장도가격으로, 구입분은 실제 구입금액으로 환산 · 평가한다.

### 연간지도계획
개개의 복지대상자와 그 집단에 대한 지도, 훈련의 연간 계획이며 개인과 시설단위로 세워진다. 사회복지시설의 입소자는 거의 공통의 과제를 갖고 있으며 또 시설은 양호시설, 노인복지시설, 지체장애인시설, 정신지체시설 등 전문화되어 있어 시설단위로 도달할 목표에 따라 연간계획을 세워야 하지만 이들 계획은 연간행사계획으로 구체화되면서 실현가능해진다. 복지대상자의 현상, 생육사, 재소기간 등을 감안해서 개별화할 필요가 있다.

### 연계(linkage)
사회사업에서 다른 기관의 요원, 자발적 집단 그리고 관련된 개인들과 같은 자원을 결합시키고, 클라이언트나 사회목표를 위하여 그들의 노력을 중개하거나 조화시키는 기능을 의미한다.

### 연구보조금 획득수완(grantsmanship)
사회행정에서 특수한 사업자금에 대한 계획을 개발하는 능력을 의미한다. 이 능력은 조사기획, 언어적 의사소통, 판매수완, 기록, 욕구 사정, 문제해결을 위한 새로운 기술의 혁신, 계획의 조정 및 사업자금의 적절한 재원에 관한 지식뿐만 아니라 정치적, 행정적 활동 등을 포함하고 있다.

### 연구원
연구개발활동에 종사하는 학사 이상 학위소유자 또는 동등이상의 전문지식을 갖고 있는 자로서 연구개발과제를 직접 수행하는 사람(연구개발활동부서에서 행정, 관리, 경영 등의 업무를 수행하고 있으나 과거에 연구원으로서 경력을 보유하고 있는 사람 포함)을 의미하며 대학의 경우에는 전임강사 이상의 교직원, 박사과정 대학원생과 부속연구소 등 연구개발활동부서에서 종사하고 있는 학사 이상의 학위소지자 또는 그에 준하는 자를 말한다.

## 연금(pension, annuity) 01

연금이란 피용자(被傭者) 또는 국민이 소정의 기여금을 일정기간 납부하고 퇴직하거나, 노령·장애 혹은 사망 등의 보험사고가 발생하였을 때, 일정 기간마다 계속 하여 지급받는 급여를 말한다. 공무원연금제도는 공무원의 퇴직 또는 사망과 공무로 인한 부상·질병·폐질에 대해 적절한 급여를 실시함으로써 공무원 및 그 유족의 생활안정과 복리향 상에 기여함을 목적으로 하는 공무원들에 대한 사회보장 제도를 말한다.

## 연금 02

일정 년 수, 수명 또는 영구기간에 걸쳐서 매년 또는 규칙적 간격을 두고 행하여지는 지급을 말한다. 결정된 연수에 계속되는 연금을 확정연금이라 하고, 지급기간이 개정되지 않은 연금을 불확정연금이라 한다. 연금은 타인을 위해서도 또 자기 자신을 위해서도 설정된다. 일반적으로 일괄적 보증 또는 유증 대신에 남을 위하여 설정되는 연금으로 일정기간에 걸쳐 부양의 계속을 보증하려는 것이 있다. 현재로는 자기 자신을 위하여 설정된 연금이 보다 일반적 형태이다. 가장 중요한 근대적 연금은 생명보험의 어떤 형태라고 할 수 있으며 보험 회사에 의해 행하여지는 그 밖의 연금계약 및 퇴직, 발병연금제도가 있다.

## 연금개시연령(pension age)

노후생활자금의 준비를 목적으로 급부내용이 설계된 연금보험에 있어서 매년 일정금액의 연금을 지급하는 시기는 가입시 미리 정한 연령에 따르게 되는데 이러한 미리 정한 연령을 연금개시연령이라 한다.

## 연금수급권(pensionable right)

연금급여의 수급이 법적으로 확정된 경우 그 자는 연금을 청구할 권리를 갖는다. 사회보험에서의 연금수급권의 피보험자(유족급여에 대해서도 그 자의 유족)가 소정의 수급요건을 충족시킬 때에 생긴다. 연금수급권의 확보를 위해 양도금지, 차압금지, 조세 기타 공과금지(노령연금 등은 예외) 등이 정해지며 또 권리구제를 위한 불복신립제도(사회보험심의회 등)가 설치되어 있다.

## 연금슬라이드제(sliding scheme of pension)

연금제도는 장기적·영구적 소득보장책이기 때문에, 물가상승에 의해 그 실질가치가 하락한다는 것은 연금생활자의 생활보호에서 문제가 된다. 따라서 최근 선진 각국에서는 물가상승에 대한 대책으로서, 이 제도의 채용이 당연한 추세로 나타나고 있다. 그러나 물가상승의 정도에

따라 그것이 연금에 실질적으로 어느 정도 영향을 미치고 있으며, 어느 정도 반영되어야 할 것인가는 획일적으로 규정할 수 없으므로, 연금의 종류와 각국의 경제·물가 동향에 따라 그 대책이 달라져야 함은 당연하다. 인플레이션에 대한 대책으로 슬라이드제의 도입이 기본적으로 연금생활자의 생활에 대한 경제적 보장을 확실히 할 수 있다는 점에서, 누구나 그 필요성은 인정하고 있다. 그러나 먼저 수지(收支) 및 재정 문제에 대한 검토가 앞서야 하며, 한편으로는 이 제도에 대한 반대 의견도 있다. 그것은 임금이나 물가수준과의 대응·비례 관계로서 연금 슬라이드제를 실시한다면 그 자체가 하나의 인플레이션의 요인이 된다는 것이다. 뿐만 아니라 이 제도의 도입으로 연금재정을 적립방식으로부터 부과방식으로 조급하게 전환하여 적립금이 붕괴되는 결과를 가져오고, 공적(公的)연금의 슬라이드제 도입은 사적(私的)연금에도 자극을 주게 된다는 것이다. 또 슬라이드제를 도입하게 되면 연금자금의 운용원칙이 고율운용으로 방향전환되어야 하는 문제가 발생한다. 연금 슬라이드의 방식으로는 ①자동 슬라이드 ②반자동 슬라이드 ③정책 슬라이드의 3가지가 있다. 반자동 슬라이드는 연금액의 개정 취지를 법률로 규정하고, 그 의무를 정부(공적연금의 경우)가 부담하는 것이다. 정책 슬라이드는 연금법률에는 특별한 규정을 두지 않고, 필요할 때마다 입법조치에 의해 개정하는 방식이다.

## 연금액의 이체(transmission of pension)

공무원 연금법, 군인연금법에 의한 퇴직연금, 퇴역연금 또는 조기퇴직연금 수급권자가 교직원으로 임용되어 재직기간의 합산을 받은 후 퇴직하거나 사망한 경우에는 공무원연금관리공단 또는 국방부장관은 그 퇴직한 자 또는 그 유족이 공무원연금법 또는 군인연금법에 의해 지급받을 수 있는 퇴직연금, 퇴역연금, 조기퇴직연금 또는 유족연금에 상당하는 금액을 공단에 이체하는 것을 말한다.

## 연금액의 조정(adjustment of pension)

연금인 급여는 통계청장이 매년 고시하는 전전년도와 대비한 전년도 소비자 물가 변동율에 해당하는 금액을 증액 또는 감액하여 당해연도 1월부터 12월까지 적용하며, 공무원보수변동율과 전국소비자 물가 변동율 등이 2% 이상 차이가 발생하는 경우 행정자치부장관이 국방부장관, 교육과학기술부장관 및 기획예산처장관 등과 그 차이가 2%를 초과하지 않도록 사전에 협의해 3년마다 조정하는 것을 말한다.

## 연금재원의 조달방식

공적연금제도에 따라 노령연금 그 외 연금수급자에 대한 연금재원을 어떻게 조달해야 하는가는 중요한 과제로 대

별하면 장기적립방식과 부과방식으로 나뉜다. 국민연금은 전자의 방식으로 발족했지만 5년간의 재정을 재계산하기 때문에 수정적립방식이라 한다. 부과방식은 일정의 단기간에 지불해야할 급여비를 보험료수입 등에서 조달하는 방식으로 적립금은 보유하지 않는다. 선진국의 대부분이 부과방식을 채택하고 있다.

## 연금제도(pensions scheme)

사회보장제도의 중요한 일부분으로 노령 질병 사망 등의 사고에 따른 연금이나 일시금을 지급해 생활보장을 행하도록 하는 제도이다. 연금제도에는 공적연금제도와 사적연금제도의 두 종류가 있다. 통상 법률에 의한 사회보험의 한 형태로 공적연금제도를 지칭하지만 그 외에 유사제도로서의 은급제도가 있고, 민간기업 등이 독자적으로 행하는 사적연금제도는 공적연금제도를 보충하는 것이다. 국민연금과 기본적으로는 같은 형태이지만 이들에는 거출제연금과 무거출제 복지연금이 있고, 노령연금 통산노령연금 장애연금 모자연금 과부연금 및 사망일시금 등의 급여가 이루어진다.

## 연금청산지급(clearing off one's annuity)

연금을 받을 권리가 있는 자가 외국에 이민하게 된 때, 그리고 국적을 상실한 때에는 수급방법상의 어려움 등으로 본인이 원하는 바에 따라 연금에 갈음하여 출국하는 달 또는 국적을 상실하는 달의 다음 달을 기준으로 한 4년분의 연금에 상당하는 금액을 일시에 청산하여 지급받는 것을 말한다.

## 연금투쟁

연금제도의 개선을 원하는 국민운동으로 사회보장투쟁의 하위개념이다. 고령화 사회와 연금문제는 밀접한 관계가 있기 때문에 연금 투쟁은 고령화 사회의 중요 이슈라고 할 수 있다. 연금의 슬라이드제(물가연동제), 국민의 개인연금문제, 부담률, 급여수준 등을 둘러싸고 연금투쟁이 일어나게 되는데 그 주도적인 역할은 역시 노동조합이 되는 경우가 많다.

## 연기성 성격장애(histrionic personality disorder)

지나치게 극단적인 행동, 사소한 일에 대한 과민반응, 주의와 흥분에 대한 열망, 짜증, 피상적인 것과 진실성의 결여에 대한 표현, 명백한 무력감과 의존성, 교묘한 몸짓의 경향 및 자살 위협 등을 말한다. 이러한 장애를 지닌 사람을 대개 히스테리적 성격 또는 히스테리 환자라고 한다.

## 연령별출산율

특정년도의 15 × 49세까지 모의 연령별 당해년도의 출생아수를 당해연령의 여자인구로 나눈 비율을 1,000분비로 나타낸 것으로 출산력 수준을 파악하는 가장 대표적인 지표이다. ★연령별출산율 = (여자의 연령별로 발생한 출생아수 / 당해연령별 여자인구) × 100

## 연령정년제

조직구성원이 일정한 연령에 도달하면 당연히 퇴직하게 되는 정년제도를 말한다. 정년연령은 직종별·직제별·성별로 정해지거나 상근근로자 모두에게 일률적으로 정해 지기도 하는데, 우리나라에서는 이 네 가지 방법이 모두 적용되고 있다. 우리나라 공무원의 경우 계급에 따라 60세 전후로 정년연령을 정하고 있으며, 사회적 상황에 따라 약간씩 조정되고 있다.

## 연령차별(age segregation)

나이에 따라 사람을 격리시키는 것을 의미한다. 이것은 연령차별(ageism), 개인적 선호, 사회적 편리의 결과로서 또는 다른 욕구나 생활주기를 가진 사람에게 다른 서비스를 제공할 필요성 때문에 발생할 수도 있다. 이것은 노인빈민촌(gray ghetto), 공립 초등학교, 강제퇴직 프로그램 등에서 볼 수 있다. 지역사회나 사회가 이러한 차별을 없애려 할 때 강도 높은 연령통합을 추구해야 한다.

## 연봉제(annual base salary)

개별 구성원의 능력·실적 및 조직공헌도 등을 평가하여 계약에 의해 연간 임금액을 결정하는 보수체계를 말한다. 능력중시형의 이 제도는 능력과 실적 에 상응하는 보상을 제공하는데 주된 목적이 있다.

## 연생보험(joint life insurance) 01

2인 이상의 피보험자(被保險者) 생명을 결합하여 그 생사(生死)에 관련된 일정한 조건을 정하고, 이를 보험금 지급 사유로 하는 보험계약. 연생보험에는 피보험자인 2인 이상의 생명을 결합하여 생사에 관한 여러 종류의 보험금 지급조건이 고려되고 있는데, 주요한 몇 가지 형태를 보면 다음과 같다. ①피보험자 중 적어도 1인이 사망한 경우에 보험금이 지급되는 연합생명보험이 있는데, 이는 사업보험(business assurance)의 형태로 미국에서 많이 판매되고 있다. ②보험기간 내에 특정인이 먼저 사망하는 경우에 남은 생존자에게 보험금이 일시에 지급되는 생잔보험(生殘保險)으로, 생존자는 주로 사망자의 부양가족인 경우에 이용된다. ③부부연생의 경우 남편이 사망하면 그때부터 배우자에게 종신토록 연금을 지급하는 생잔연금(生殘年金)이 있다. 한국에서 판매되고 있는 연생보험의 형태로는 부부의 생존과 관련하여 생존연금이 지급되는 부부연금보험과, 어린이를 대상으로 하여 교육자금을 마련하는데 있어 부모의 생사와 결합하여 보험금이 지급되는 연생교육보험이 대표적이다.

## 연생보험(joint insurance) 02
다수의 피보험자중 1인이 사망시 보험금이 지급되는 생명보험계약이다. 통상 피보험자중 최초의 사망이 발생하면 보험금이 지급되고 있으며 경우에 따라서는 최후 생존자의 사망시로 지정할 수도 있다. 부부간, 동업자간, 혹은 밀접한 주주간에 이루어지는 것이 보통이며 그 기간은 종신 혹은 정기로 할 수 있고 증여식을 택할 수도 있다.

## 연소근로자(juvenile labor)
연소근로자라 함은 근로기준법상 13세 이상 18세 미만의 자로 만 14세 미만의 아동은 원칙적으로 노동이 금지되어 있다. 다만 일정한 법적보호 하에서 노동하는 것이 인정되어 있다. 근로기준법에서는 연소자에 대해서는 도덕상 보건 상 유해위험사업장에 사용금지, 연소자증명서, 근로시간의 1일 7시간 1주 42시간, 야업금지, 시간외근로제한, 항내근로금지, 귀향여비, 교육시설 설치의무 등을 규정하고 있다.

## 연속위기(crisis sequence)
위기에 처한 사람이 직면하게 되는 일련의 예측 가능한 변화를 의미하는데 다음과 같은 것들이 있다. ①위험한 사건 : 한 번의 파국적인 재앙이 될 수도 있고, 누적적인 충격을 가져오는 연속적인 재앙이 될 수도 있는 스트레스를 주는 사건 ②상처받기 쉬운 상태 : 위험한 사건으로 긴장과 불안이 높아지고, 이전에 사용하던 대처기술(coping techniques)이 새로운 상황에서는 쓸모가 없다는 것을 깨닫기 전에 모든 대처기술을 사용함으로써 긴장과 불안이 더욱 강화되는 상태 ③가속요인 : 긴장을 절정에 이르게 하는 현재의 문제나 사건, 즉 마지막으로 추가되어 견딜 수 없게 만드는 일 ④위기상태의 활성화 : 불균형상태가 시작되어 이것이 심리적, 신체적 혼란, 일관성 없는 행동, 정신과 지적 기능의 혼란으로 표출되며, 위기를 초래한 사건에 고통스럽게 집착하게 된다. ⑤재통합 : 새롭고 효과적인 대처 기술에 적응, 수용하거나 그 기술을 학습한다. 이 단계는 적응단계 혹은 부적응단계가 될 수도 있다.

## 연쇄효과(halo effect)
근무성적평정 등에 있어 특정 항목에 대한 평정 결과 또는 피평 정자의 전반적인 인상 등이다른 항목의 평정에 영향을 미치는 현상을 말한다. 이러한 평정상 의 오류는 평정의 객관성·타당성·신뢰성을 훼손하게 된다.

## 연역(deduction)
한 개 이상의 명제로부터, 그것을 전제로 하여 경험에 의지하지 않고, 순전히 논리적 규칙에 따라, 필연적인 결론을 이끌어내는 사고의 방법이다. 삼단논법이 그 대표적인 것인데, 직접추리도 연역에 포함시킬 수 있다. 연역은 귀납에 대립하는 개념인데, 현실적인 사고에서는 이 양자는 결합되어 서로 보완하고 있는 것이다.

## 연역적 논증(deductive argument)
기존의 보편적 원리나 일반적 주장에 의거하여 논증을 전개하는 것이다. 귀납적 논증에 대립하는 개념이다.

## 연역적 방법(deductive method, deduktive Methode)
보편적 법칙 또는 일반적 주장 에서부터 특수적 법칙 또는 주장을 끌어내는 추리방법을 말한다. 이는 개별 사례에 관한 관찰 을 총괄하여 그 공통된 성질을 일반명제로 확립하는 추리, 즉 귀납적 방법(inductive method)과 대비된다.

## 연역적 사고(deductive thinking)
확실한 근거가 있거나 가정된 일반적 지식, 법칙, 원리에서 특수한 사례, 원리, 결론 등을 이끌어 내는 사고과정을 의미한다. 연역적 사고는 귀납적 사고에 대립되는 것으로 삼단논법이 그 대표적인 형식이다. 대전제를 일반적 원리라 한다면 얻어지는 결론은 항상 대전제의 한 부분에 해당된다. 귀납법과 대립된다고는 하나 심리적인 과정에서 보면 연역적 사고와 귀납적 사고가 대립적 사고라기보다는 보완적이거나 상호 관련적이라 할 수 있다. 교육활동에 있어서 연역적 사고의 과정이 두드러지게 나타난 수업을 연역적 수업이라 하며, 흔히 연역적 설명식 수업의 형태를 취하게 된다.

## 연역적 수업(deductive instruction)
연역적 수업계열에 의해 전개되는 수업을 의미한다. 연역적 수업은 대체로 학생들의 선행학습 수준이 부족한 경우, 연령수준이 낮은 경우에 적합하다고 평가되나 확정적 사실은 되지 못한다.

## 연역적 추론(deductive reasoning)
진리라고 믿는 일반적인 원칙으로부터 출발하여 특정한 결론에 이르는 과정을 의미한다. 가령 사회사업가는 모든 강간희생자는 결국 어느 정도의 정서적 불안을 겪는다고 생각한다. 사회사업가는 강간당한 클라이언트를 보고 그 여자가 고통을 겪고 있다고 말하지 않아도 어느 정도의 불안을 갖고 있다고 추론한다.

## 연차유급휴가(yearly paid — holiday)
연차유급휴가라 함은 쉬고서도 출근한 것으로 간주되어 임금이 지급되는 휴가를 말한다. 근로기준법상 1년간 개근한 자는 10일, 9할 이상 출근한 자는 8일이다. 또 2년 이상 계속 근무한 근로자는 1년을 경과하는 계속 근로 년수 1년에 대해 1일씩을 위의 10일 또는 8일에 가산하여 받는다. 이 휴가는 원칙적으로 근로자가 청구하는 시기에 주어야 하며, 그 기간에는 취업규칙이나 기타로 정해져 있는 통상임금 또는 평균임금을 지급해야 한다. 그러나 근로자가 청구한 시기가 사업운영상 막대한 지장이 있을 경우에는 그 시기를 변경할 수 있다.

## 연착록

원래 비행기나 우주선이 기체에 무리가 가지 않도록 착륙하거나 궤도에 진입하는 기법을 가리키는 우주항공 용어다. 그러나 이 용어가 경제분야에서 사용되면 급격한 경기침체나 실업증가를 야기하지 않으면서 경제성장률을 낮추는 것을 뜻하게 된다.

## 연체금(arrears)

개인부담금, 법인부담금, 재해보상부담금 및 합산반납금을 소정의 기일까지 납부하지 아니한 때에는 그 지연 납부한 부담금에 대해 대통령령이 정하는 연체이자를 가산하여 징수하는 금액.

## 연평균 가계지출 중 교육비

가계지출 중 교육비는 1가구당 가계소비지출 중에서 교육비가 차지하는 비중으로 이러한 교육비에는 도시가구 교육비 내용으로는 납입금, 교과서, 보충교육비, 문방구비, 유학자녀에게 보내준 하숙비, 자취비용 등이 포함되며, 농가교육비로는 현금및 현물이 추가 포함된다. 이러한 차이는 도시가계조사는 품목별 소비지출을 조사하고, 농가경제조사는 품목별이 아닌 용도별로 조사하기 때문에 나타난다.

## 연합(coalition)

사회에서 하나의 목표를 달성하기 위하여 함께 모인 여러 당파 혹은 이데올로기 집단의 동맹을 의미한다. 지역사회조직(community organization)안에서 사회사업가들은 그들의 영향력을 확대하기 위해 영향력 있는 집단 또는 권력이 적은 집단들 중에서 이러한 동맹을 형성하려고 시도한다. 연합은 일시적일 수도 있고(특별한 목표나 한 가지 이슈를 위해 조직되었다가 그것이 성취되었을 때는 해산한다), 반영구적일 수도 있고(장기적이고 광범위한 목표를 위해 공식적으로 조직되는 경우), 영구적일 수도(정당) 있다.

## 연합모금(united fund)

지역의 사회복지기관을 위한 공동모금 외에 적십자사나 보건단체 등 전국기관을 위한 모금을 포함해서 합동으로 자금조달을 하려는 미국의 모금운동조직이다. 1949년 이후 디트로이트를 비롯해 많은 도시 지역에서 조직되었다. 연합모금은 사회복지협의회와 밀접한 관계에 있으나 1970년부터 양자의 기능을 합친 조직 유나이티드 웨이(united way)로 이행되는 경향을 보이고 있다.

## 연합재정

사회복지 관계기관 단체가 지역주민의 협력 하에 공동으로 사회복지사업에 필요한 경비를 계획적으로 조달하고 지출의 기준설정과 그의 합리적 집행을 도모하며 예산 결산을 공개해서 폭넓게 사회적인 이해를 구하는 등, 사회복지사업재정의 공동화 사회화를 지향하는 활동을 말한다. 원래 미국에서 발달한 것으로 지역사회조직의 주요기능의 하나가 되고 있다. 공동모금이나 연합모금은 그 구체화된 실천형태이다.

## 열등감(inferiority complex) 01

여러 가지 점에서 타인과 비교했을 때 자기가 못하다고 느끼는 기분으로 우월감의 반대감정이다. 신체적인 결함이나 환경 등에 의해 생기는 것이며 보통은 이 열등감을 보상하려는 여러 가지 심리적 경향을 수반하게 된다. 때로는 이것이 오히려 보통 이상의 일을 해낼 수도 있으나 신경증이 되는 경우도 있으며 청년기에 많이 나타난다.

## 열등감(inferiority) 02

신체적·심리적·사회적 또는 그 밖의 상태나 조건이 다른 사람보다 약하거나 낮거나 부족하다고 느끼고 생각하는 심리적 상태, 사람은 이 열등감을 극복하기 위해 완전성·우월성 또는 전체성을 추구하려는 경향이 있다. 아들러(A.Aler)는 인간의 부적응 행동이나 이상 심리의 원인이 열등감에서 기인하는 것으로 보고 정신치료의 중점을 열등감의 극복에 두었다.

## 열등처우의 원칙(the principle the less eligibility)

본래는 1834년 영국의 구빈법 조사위원회보고서에 수록된 신 구빈법의 운영원칙 중 하나이며 구제를 받는 빈민의 처우는 최하급의 독립노동자의 수준보다 낮아야 한다는 것이다. 비인간적인 워크하우스에 의한 구제 이외에는 어떠한 구제도 인정하지 않는, 소위 워크하우스 테스트 원칙과 함께 실질적으로는 구제의 부정이라고도 할 수 있는 사고였다.

## 열성유전

유전학에서는 남녀 공히 열성의 유전자 A를 갖는 경우에 한해서 아이에게 A형질이 나타난다. 이것을 열성유전이라 한다. 그러나 성염색체상의 유전자위치나 조합에 의해 남녀 한쪽에 나타나는 반성유전도 있다. 상염색체성 열성유전에는 웨닐게톤뇨증 등의 선천성대사이상, 백자, 전색맹이, 반성열성에는 혈우병, 적·녹색맹 등이 있다. 근친혼에는 열성유전의 발현빈도가 높아질 위험이 많다.

## 열쇠아이(key child)

부모가 직장인으로서 밖에서 일하는 경우 혼자 가정의 출입문을 열기 위하여 열쇠를 목에 걸고 다니는 아이를 말한다.

## 염색체(chromosome)

세포핵에 있는 막대 모양의 가는 섬유질. 인간은 46개의 염색체를 지니고 있으며, 이 염색체에 유전인자가 선형으로 병렬되어 있다. 염색체는 핵산(DNA)으로 구성되어 있고, 이 핵산의 자기복제에 의해 유전적 특성을 전달하는 작용을 한다.

## 염색체 이상(chromosomal normality)

염색체가 하나 많거나 적은 경우. 이 결과로 신체적·정신적 손상을 초래한다. 이 예로는 21번째 염색체 쌍에 하나가 첨가되어 47개의 비정상적인 염색체 수를 가진 자의 다운증상(Down syndrome), X염색체가 하나가 없는 터너 증상(Turner syndrome), X염색체가 하나 많은 여성적인 남자(Klinefelter syndrome), Y염색체가 하나 많아 사회적 행동의 장애가 유발되는 남성 등을 들 수 있다.

## 엽관제(spoil system)

정당에 대한 공헌이나 인사권자와의 개인적인 관계를 기준으로 공무원을 임용하는 인사행정제도를 의미한다. 일반적으로 정실주의(情實主義, patronage system)와 혼용되나, 엄밀하게 정의할 경우 엽관제는 정치적 신조나 정당관계를 임용기준으로 하는 제도를 말하며, 정실주의는 인사권자와의 개인적 신임이나 친소관계를 기준으로 하는 임용제도를 말한다. 엽관에 의한 임용은 집권당에 대한 관료적 대응성을 보장하기 위한 민주적 장치로 인식되고 있다.

## 영 가설(null hypothesis)

주어진 사실들로는 기대결과를 확정지을 수 없게 하는 연구 자료의 관계를 부정적으로 진술한 것을 말한다. 이러한 무익한 형태로 진술된 한 가지 가설이 바로 "A와 B의 결과 사이에는 아무런 차이가 없다" 이다. 이 무익한 가설은 중요성의 통계적 시험을 허용하는 대신, 긍정적인 진술을 증명하려 할 때보다도 더욱 엄격한 시험절차를 요구한다.

## 영구폐질자부조
### (aid to the permanently and totally disabled : APTD)

미국에서 영구적인 신체적, 정신적 중증장애를 가진 사람들에게 재정 원조를 제공하기 위하여 1950년 사회보장법(social security act) 개정안에 의해서 시작된 프로그램. 1972년에 연방 보충적 소득보장(SSI : supplemental security income) 프로그램이 통과되어, 이 프로그램은 노령부조(OAA : old age assistance)와 맹인부조(AB : aid to the blind) 프로그램과 통합되었다.

## 영기준 예산제도(Zero Base Budgeting)

기존 사업과 새로운 사업을 구분하지 않고 모든 사업의 타당성을 영기준(零基準)에서 엄밀히 분석하여 예산을 새로이 결정하는 예산 제도를 말한다. 영기준예산편성은 예산운영단위(decision unit)의 선정, 단위사업 분석표(decision package)의 작성, 단위사업 분석표의 순위결정(ranking) 순으로 이루어진다. 이 제도는 자원의 능률적 배분과 예산절감을 가져올 수 있고, 의사결정과 계획기능의 개선에 이바지하며, 신속한 예산조정 등 변동대응성의 증진에 기여한다는 등의 장점을 지니나, 아울러 사업의 빈번한 변경이 오히려 더 많은 비용을 초래할 수 있고, 경직성 경비가 많을 경우 효용이 떨어지며, 예산결정에 작용하는 정치적 요인 등을 간과한다는 등의 비판을 받고 있다. 우리나라에서는 1983년부터 예산안 편성에 이 제도를 적용하고 있다.

## 영속적 기획(permanency planning)

아동복지에서 일시적 거택보호의 대안으로서 의존아동을 보호할 때 장기적 지속성을 제공하기 위한 체계적 노력을 의미한다. 이는 입양을 촉진함으로써, 거택보호를 유지하기 위한 명백한 지침을 세움으로써, 혹은 아동의 욕구를 해결할 수 있는 아동의 자연가족을 도움으로써 행해진다.

## 영아사망률(Infant mortality rate)

연간 태어난 출생아 1,000명중에 만1세 미만에 사망한 영아수의 천분비로서 건강수준이 향상되면 영아사망률이 감소하므로 국민보건 상태의 측정지표로 널리 사용되고 있다.

## 영아원

아동복지법에 의한 아동복지시설의 일종으로서 보호자가 없거나 보호자의 사정상 가정에서 양육할 수 없는 유아를 입원시키는 시설이다. 입원조치는 시·도지사의 위임을 받은 아동상담소장이 행한다. 유아는 1세 미만을 말하지만 필요한 경우 2세 미만까지 연장할 수 있고, 그 후에도 시설양호가 필요한 경우는 양호시설에 조치된다.

## 영양(nutrition)

생계유지, 에너지, 성장 등에 필요한 물질을 생명체가 합성하는 과정을 의미한다. 인간의 영양은 비타민, 미네랄, 물뿐만 아니라 단백질, 탄수화물, 지방의 적절한 균형을 위한 음식물의 섭취가 필요하다. 인간에게 적절한 영양은 지나치지 않은 적당한 양의 음식과 칼로리를 담은 균형 있는 식단을 필요로 한다. 이 균형을 이루지 못하면 갖가지 질병이나 역기능, 결핍증세난 죽음이라는 결과를 초래할 수도 있다.

## 영양불량(malnutrition)

반드시 쇠약하다는 증거가 있는 것은 아니나 필요한 음식의 영양소가 불충분한데서 기인하는 신체상태를 의미한다. 일차적 영양불량은 단백질, 비타민, 미네랄과 같은 필수 성분을 함유하고 있는 식품의 양이나 질이 부족한 데서 생긴다. 이는 식품의 부족, 식품을 구입하는 데 따른 개인의 경제적 무능력, 열악한 식생활습관으로부터 생긴다. 이차적 영양불량은 종종 췌장, 간, 갑상선, 신장, 위장계통의 질환에서 발생하는 것처럼, 특정 영양소를 사용하거나 흡수하는 기능의 이상에서 생긴다. 몇 가지 영양불량으로 인해 생기는 질환으로는 구루병, 괴혈병, 각기병, 펠라그라병, 빈혈증 등을 들 수 있다.

## 영양사(dietitian / nutritionist)

영양사법에 규정되어 있는 전문직으로서 영양지도에 종사하는 자를 말한다. 보건복지가족부장관이 지정한 영양사 육성시설에서 규정과목을 습득하고, 도지사의 면허를 취득하여 영양사가 될 수 있다. 사회복지시설의 최저기준에는 영양사 채용이 표시되어 있으며, 그 주요한 업무는 식단 작성, 영양가 산정, 식품보존이나 급식시설의 위생관리 등이다.

## 영양소요량

국민이 건강을 유지증진하기 위해서 하루에 어떤 영양소를 어느 정도 섭취하면 좋은가를 제시하는 것을 말한다. 대부분의 국가에서는 매 5년마다 개정해서 개인이 이용할 수 있도록 생활 활동 강도별, 성별, 연령계층별, 신장별 영양소요량을 표시하는 경우가 많다. 영양소요량은 국민의 건강과 식생활개선책을 추진하는데 있어 가장 기본적인 자료로 쓰이며 국민일반의 영양지도나 집단급식에서 영양급여량을 결정하는 기준으로 쓰이는 등 다방면에 걸쳐 폭넓게 이용되고 있다.

## 영양지도원(nutrition consultant)

영양개선법의 규정에 시·도 및 보건소를 설치한 시의 기술사원으로서 의사 또는 관리영양사의 자격을 가진 자에 대해 도지사 또는 시장이 임명하고 있다. 보건소를 중심으로 활동하고 그 업무는 식품영양상 합리적인 소비, 충분한 영양효과의 급식실시, 급식담당자의 영양에 관한 지식향상, 조리방법의 개선에 대해 필요한 원조 및 지도를 하여 지역주민 피급식자의 식생활 영양상태의 개선에 노력하는 것이다. 특히 영양사를 두지 않은 사회복지시설에 있어서는 식단의 내용, 영양가 산정과 조리 등에 관해 영양지도원의 지도를 받는 것이 필요하다.

## 영유아보육법

보호자의 보호를 받기 어려운 영·유아의 보호·교육에 관해 규정한 법률(1991. 1. 14, 법률 4328호). 보호자가 근로·질병 기타 사정으로 인해 보호하기 어려운 영아 및 유아를 보호·교육하여 건강한 사회성원으로 육성함과 동시에 보호자의 경제적·사회적 활동을 원활하게 함으로써 가정복지를 증진하기 위하여 제정되었다. 특히 국가와 지방자치단체 뿐 아니라 모든 국민이 영·유아를 건전하게 보육할 책임이 있다고 규정함으로써 영·유아 보육의 중요성을 부각시키고 있다. 이와 같이 영·유아의 보육에 관해 그 중요성을 강조하고, 국가가 이에 적극적으로 개입하여 국가정책으로 추진하는 것은 미래 세대인 영·유아가 건전하게 육성되어야만 국가의 장래가 보장되기 때문이다. 1997년 말 일부개정에서는 영·유아의 보육에 관한 사업의 기획·조사·실시 등에 관해 필요한 사항을 심의하는 기관으로 보건복지가족부에 중앙보육위원회를 두고, 특별시·광역시·도 및 시·군·구에 지방보육위원회를 두도록 규정하고 있다. 중앙보육위원회는 위원장 및 부위원장 각 1인을 포함한 위원 30인 이내로, 지방보육위원회는 위원장 및 부위원장 각 1인을 포함한 위원 20인 이내로 구성한다. 각 위원회의 위원장과 부위원장은 각각 당해 위원회의 위원 중에서 호선한다. 중앙보육위원회의 위원은 보건복지가족부장관이, 지방보육위원회의 위원은 당해 지방자치단체의 장이 임명 또는 위촉하며, 임기는 3년이다. 또 영유아의 보육에 대한 제반 정보의 제공 및 상담을 위하여 시장·군수·구청장이 보육정보센타를 설치·운영하도록 하고 있다. 보육시설의 종류에 ①국가와 지방자치단체가 설치·운영하는 국·공립보육시설, ②법인·단체 또는 개인이 설치·운영하는 민간보육시설, ③사업주가 사업장의 근로자를 위해 설치·운영하는 직장보육시설, ④개인이 가정 또는 그에 준하는 곳에서 설치·운영하는 가정보육시설 등이 있다. 이밖에 보육시설이 갖추어야 할 시설기준 기타 필요한 사항과 보육교사 및 보육시설 종사자의 자격, 보육시설의 운영, 영·유아의 보육에 필요한 비용의 부담과 보조, 세제지원 등에 관해 규정하고 있다. 총칙, 보육시설의 설치, 보육시설의 운영, 비용, 보칙, 벌칙의 6장으로 나뉜 전문 32조와 부칙으로 이루어져 있다. 하위법령에 영유아보육법시행령과 시행규칙이 있다. 영점기준예산제(ZBB : zero － base budgeting)는 관리자가 전예산액을 0부터 시작하여 자세히 설명하고 정당화하며, 왜 그 예산액이 책정되었는가를 증명해야 하는 운영 계획 및 예산편성과정이다. 이 방법에 의하면 모든 활동이 의사결정자에 의해 설명되어져야 하며, 의사결정자는 체계적 분석에 의해 평가하고 활동의 중요성에 따라 서열이 매겨져야 한다.

## 영장실질심사제도

구속영장 청구의 대상자가 된 피의자나 피의자의 변호인, 배우자, 호주, 가족이나 동거인, 법정대리인, 형제자매, 직계친척 등이 신청할 경우 법관이 피의자를 불러 구속영장의 발부가 타당한지를 심사하는 것을 구속영장 실질심 사제도인데 구속전 피의자심문제도라고도 하며 1997년 말부터 시행되었다. ①피의자로 체포된 경우, 구속영장발 부여부가 결정될 때까지 경찰서및 검찰청 민원실, 법원 영장계 및 당직실에 비치된 "피의자심문신청서"를 작성 해서 제출하면 된다. ②수사기관은 피의자 신문조서를 받 으면서 피의자에게 피의자심문을 신청할 수 있다는 사실 을 알려주어야 하고, 변호인과 피의자 가족중 피의자가 지정하는 사람에게 피의자심문신청권을 전화나 팩스를 통해 알려주어야 한다. ③체포되지 않은 피의자에 대한 피의자심문은 종전과 같이 담당 법관이 심문 여부를 결정 한다. ④심신상실자의 경우에는 법정대리인에게 반드시 피의자심문신청권을 알려주도록 한다. 판사는 수사기관 이 구속영장을 청구하면서 수사기관이 피의자에게 심문 을 신청 할수 있다는 사실을 알려줬는지 여부를 반드시 확인해야 하며 확인되지 않을 경우 해당 수사기관에 보완 을 요구할 수 있다.

## 영향력 전술(tactics of influence)

다른 집단에 대해 어떤 정책의 채용을 촉진하기 위한 지 역사회 조직가, 행동사회사업가, 기타 여러 가지 사회사 업가들의 활동을 의미한다. 이러한 활동 중에는 욕구를 결정하고 욕구에 대한 대책을 수립하기 위하여 개인과 조 직이 사례에 대해 토론하거나, 사실을 수집하며, 옹호입 장을 취하기도 하며, 위원회를 소집하고 참여하기도 하 며, 청원활동, 매체전략(media campaigning), 전문가의 증언 제공, 원외활동원 활동(lobbyist), 교섭(bargaining), 시위대 조직, 집단민원(class action suits)의 주도 또는 조 정, 전략적 파괴행동(disruptive tactics)에 참여 등이 있다. 영향분석(impact analysis) 사회정책 수립가가 관련 지역 사회에 대한 새로운 법률이나 정책의 효과를 결정하는데 쓰는 평가를 의미한다.

## 예방(prevention) 01

일반적으로 문제사태의 발생예방, 그 조기발견과 조기해 결을 위한 원조활동을 의미한다. 보건에 관한 지식의 보 급, 노인, 임산부와 유아의 건강진단 양육의료, 육성의료 등을 예방으로 볼 수 있다.

## 예방 02

사회사업 관계자 및 다른 사람들이, 신체 및 정서적 결 함 또는 사회경제적 문제를 야기한다고 알려진 사회적, 심리적 상태를 극소화하거나 제거하려고 취하는 조치 를 의미한다. 여기서는 긍정적인 성과를 달성하고자 개 인, 가족, 지역사회를 위한 기회 증진의 여건조성 등이 포함된다. 1차 예방(primary prevention), 2차 예방 (secondary prevention), 3차 예방(teriary prevention) 참조.

## 예방건강 프로그램(preventive health programs)

건강유지 및 질병으로부터 보호를 목적으로 전개하는 공 공 및 민간 부문활동을 의미한다. 공중 보건 서비스청 (public health service), 주 및 지방정부의 보건국 등은 민 간 보건 복지기구 및 재단(foundation) 등과 함께 미국 내 에서 이와 같은 프로그램을 주도하는 기관이다. 이들은 예방접종(vaccination), 위생교육, 위생 점검 그리고 질병 의 원인 및 치료연구 등의 활동을 하고 있다.

## 예방보전(preventive maintenance : PM)

안전관리를 사전에 기계·설비의 안전점검을 행하여 항 상 충분한 성능을 발휘할 수 있게 하는 것으로 원어 그대 로〈PM〉이라고도 한다. 예방보전은 이른바 수리를 위한 수리로 추적해 가서 완전한 작업이 될 수 있도록 하기 때 문에 일보진전한 안전관리를 행하고 있다. 미국의 대규모 기업에서는 이 방법을 채택한 회사가 증가하고 있으며 우 리나라에서도 이를 채용하여 고장의 상당수를 미연방지 하고 있다. 일반적으로 기계 설비의 고장에 의한 사고 등 에는 사후수리나 사후처리를 행하고 있는데 이 보다는 사 전점토에 의해 생산에 지장을 주지 않는 방법을 취하는 것이 훨씬 좋다. 예방에 들어가는 1파운드의 비용은 100 만 파운드의 사후대책보다 값진 것이다.

## 예방의학(preventive medicine)

질병의 발생이나 진행의 방지에 주안점을 두는 의학을 말 한다. 질병은 병인, 환경요인, 체질요인의 삼자 상호관계 에 의해 발생하므로 공중위생대책 등으로 가능한 한 요인 을 제거한다. 가령 소독에 의해 병인이 되는 병원균을 제 거하거나 노동환경을 개선해서 직업병을 방지하거나 예 방접종으로 면역성을 주는 식이다. 감염성질환에 비해 성 인병의 요인은 복잡하고 불명확한 점이 많으나 식생활, 과로, 스트레스, 생활환경 등의 관여가 명백하며 이들을 개선할 보건지도가 중요하다. 질병의 발생을 방지할 수 없는 것도 건강관리에 의해 조기발견 조기 치료해 진행을 방지한다. 또 질병에 걸린 자가 합병증(가령 고혈압증이 심장병을 유발한다)이나 2차적 장애(가령 뇌졸중이 운동 장애를 남긴다)등이 일어나지 않도록 방지하거나 치유 후의 재발을 예방하는 것도 중요하다. 사회의학적 대책이 주요방법이다.

## 예방적 사회복지

보호적 사회복지는 경쟁사회의 탈락자에 대한 사후적 대 책이었다. 그러나 경쟁과 분업사회에서의 많은 사람들은 탈락하기에 앞서 생활상 사회관계의 모순에 고민하고 있 다. 그것은 생활상 사회관계를 아직 유지하고는 있으나 그것들이 상호갈등하고 있는 상황이다. 그리고 그것은 사 소한 새로운 압력에 의해 많은 사회적 비용을 필요로 할 뿐 아니라 효과를 거두기 힘든 보호적 복지의 대상이 문제시 된다. 사회복지는 이 단계에서 제도에 작용하여 개인의 생활조건에 적합하도록 조정하고 사회관계를 유지시킴으로서 보호적 복지의 대상사태 발생을 예방할 수 있는데 이것을 가리켜 예방적 사회복지라 한다.

### 예방정신의학(preventive psychiatry)

예방정신의학은 과거의 극단적인 우생학자가 정신병자를 단종시키는 조치 따위에서 벗어나 보다 넓고 복잡한 사회문화적 여건과 관계한다. 무엇을 어떻게 예방하느냐에 따라 카프란(Caplan)은 제1, 2, 3차 예방의 개념을 정리 제창하였다. 1차 예방(primary prevention) — 정신 장애의 발병을 감소시키는 일로 전 주민에 대해 유해한 환경요인을 조작함으로써 위험도를 최소한 줄이는 방향으로 노력한다. 2차 예방(secondary prevention) — 정신장애인의 조기발견, 조기의 적절한 치료로서 만성화를 예방하는 것이 목적이다. 3차 예방(tertiary prevention)은 주로 병원치료를 받은 환자가 사회복귀를 하여 최대한으로 적응할 수 있도록 뒷받침함으로써 정신질환의 재발을 막고 정신장애로 인한 능력의 저하를 줄이고 환자의 재활에 힘쓰는 것이다.

### 예비비(contingency allowances)

예측할 수 없는 예산외의 지출 또는 예산초과 지출에 충당하기 위하여 계상되는 예산을 예비비라 한다. 우리 예산회계법은 예비비로서 상당하다고 인정되는 금액을 세입세출예산에 계상할 수 있다고 규정하고 있다.

### 예비조사(pre — test)

조사표의 시안을 일부 조사대상에게 적용해서 테스트하고 그 결과를 검토해서 본 조사에 쓰이는 조사표를 완전하게 만들기 위한 사전조사를 말한다. 예비조사는 조사표의 용어법 문제, 질문의 배열, 회답의 형식 등이 주로 검토되며 조사표의 검토에 주안점을 둔다. 따라서 시험 조사나 준비조사와는 다른 성격을 갖는다.

### 예산(budget)

사회기관 혹은 조직이 수령할 것으로 예상되는 모든 예산과 조직운영에 필요하다고 예상되는 총예산과 지출에 대해 항목별로 작성한 목록을 의미한다. 즉 특정기간 동안의 가능한 예산과 지출위대차표라 할 수 있다.

### 예산의 기능별 분류
(functional classification of budget)

행정수반의 정책수립 및 입법부의 예산심의를 용이하게 하기 위해 정부예산을 기능별로 분류하는 것을 말한다. 기능별 분류는 정부활동에 관한 집약적 정보를 국민에게 제공하기에 시민의 분류(citizen's classification)로서의 성격을 지니고 있다. 우리나라는 세출예산을 방위비. 교육비. 사회개발비, 경제개발비, 일반행정비. 지방재정교부금. 채무상환 및 기타 등으로 기능별로 분류하고 있다.

### 예산의 배정(apportionment)

회계연도가 개시되어 예산집행을 위한 첫 단계로 예산을 각 중앙관서별로 배정하는 것을 말한다. 국회가 예산을 의결하였다고 해서 행정기관이 즉각 예산을 집행할 수 있는 것이 아니며, 행정기관은 예산을 배정받아야 비로소 지출할 수 있다. 예산이 성립되면 각 중앙관서의 장은 사업운용계획에 의거한 예산배정요구서와 세입예산월별 징수계획서 및 세출예산월별지출계획서를 예산부서 장에게 제출하면 예산부서장은 4분기별로 예산배정계획을 작성, 국무회의 심의를 거쳐 대통령의 승인을 얻어 각 중앙관서의 장에게 예산 배정을 통보한다. 결정된 예산배정을 변경하고자 할 때에는 국무회의의 의결을 거쳐야 한다.

### 예산의 사정(budget review)

중앙예산기관이 각 중앙관서가 제출한 세입·세출예산 요구서의 내용을 분석·검토한다음 항목별로 금액을 삭감하거나 증액하며, 경우에 따라서는 새로운 항목을 추가하여 계상하는 것을 말한다.

### 예산의 원칙(budget principles)

예산의 편성, 예산의 심의 및 의결, 예산의 집행, 결산 및 회계검사 등의 예산과정에서 지켜져야 할 규범과 준칙을 말한다. 예산의 원칙에는 전통적인 것과 현대적인 것이 공존하는 바, 전통적 원칙들은 시민혁명 초기 국민의 대표로 구성된 의회가 국왕이나 행정부에 대해 엄격한 재정적 통제를 가하기 위해 고안된 것이며, 현대적인 예산의 원칙은 예산의 효율적 운용을 위해 고안된 행정국가 시대의 예산원칙을 말한다. 예산의 원칙에는 예산운영의 모든 상태가 국민에게 공개되어야 한다는 예산공개의 원칙과, 예산을 집행하기 전에 입법부의 승인을 받아야 한다는 예산사전의결의 원칙, 예산의 각 항목은 상호 명확한 한계를 지녀야 한다는 예산한정성의 원칙, 한 회계연도의 세입세출을 모두 예산에 편입하여야 한다는 예산완전성의 원칙, 정부의 재정활동을 하나로 묶어야 한다는 예산단일성의 원칙, 그리고 모든 수입은 국고에 편입되어 여기서부터 지출이 이루어져야 한다는 예산통일의 원칙 등이 있다.

### 예산의 재배정(allotment)

중앙관서에 대한 예산이 배정이 끝나면 이어서 중앙관서의 장은 예산배정의 범위 내에서 예산지출 권한을 하급기관에 위임하는 절차를 이행하는데, 이것을 예산의 재배정이라고 한다. 예산의 배정이 끝나면 각 중앙관서의 장은 예산재배정계획 서를 작성, 하급기관에 예산을 배정하고,

이에 따라서 하급 기관장은 재배정받은 예산의 범위 내에서 지출을 하게 된다.

## 예산집행

국가 또는 지방자치단체의 예산지출 행위를 말한다. 예산집행은 단순히 예산에 규정된 금액을 국고 또는 금고에 수납하고 국고 또는 금고로부터 지급하는 것뿐만 아니라, 그 원인이 되는 국고채무부담행위 또는 지출원인행위를 하는 것도 포함한다.

## 예산편성(budget preparation)

예산편성은 정부의 사업과 계획에 사용될 재원을 추계하고 각종 사업을 지원할 지출규모를 확정하는 것을 말한다. 예산편성 작업은 일반적으로 행정부가 담당하고 있다. 이러한 제도를 행정부제출 예산제도(executive budget system)라 한다. 행정 업무와 구조가 단순한 시대에는 입법부 예산제도(legislative budget system)가 사용되기도 하였다. 중앙정부의 예산편성은 대개 다음의 4단계로 이루어진다. 즉 기획예산처가 재정운영계획을 수립하고 중앙부처에 예산편성지침서를 시달하면, 각 중앙부처가 그들의 사업을 확정하여 예산요구서를 제출하게 되고, 다음으로 중앙예산기관이 각 부처의 예산요구서를 사정하여 정부 예산안을 확정, 의회에 제출하게 된다.

## 예상된 인플레이션

정부가 금융정책이나 재정정책의 내용을 국민에게 미리 공표하면 이로 인한 인플레이션은 장기적으로 경제주체들에 의해 정확하게 예상된다. 이와 같이 경제주체들이 사전에 정확히 예상한 인플레이션을 기대 인플레이션 또는 예상된 인플레이션이라 한다.

## 예수금(trusted fund)

금융기관이 일반대중 또는 기업, 공공기관 등불특정 다수로부터 일정한 이자 지급 등의 조건으로 보관·위탁을 받아운용할 수 있는 자금을 말한다. 예금은행이 취급하고 있는 예금은 일시적 보관 또는 출납 편의도모를 목적으로 하는 요구불예금과 저축 또는 이자수입을 주목적으로 하는 저축성예금으로 대별된다.

## 예술치료(art therapy)

정서적인 문제를 지닌 사람들을 치료할 때 그림이나 조각 또는 다른 창조적인 표현을 이용하는 것을 말한다. 예술치료는 집단 사회사업(social group work)과 집단 심리치료(group psychotherapy)에서 사용한다. 이 치료법은 흔히 시설수용자나 입원환자에게 적용되지만, 또 예술을 개인의 성장과 발전의 수단으로 생각하는 건강한 사람들에게도 효과적이다. 예술치료는 종종 클라이언트들이 자신의 작품을 만들고 그 결과를 치료자나 다른 성원들과 함께 토론하는 형식을 취한다. 또 그 작품을 전시하고 그것이 자신의 감정과 이해에 어떠한 영향을 미쳤는가를 평가하는 형식을 취하기도 한다.

## 예언오차(error of prediction)

예언된 점수와 실제점수와의 차의 분포의 정도를 말한다. X를 알고 Y를 예언하는 두 변인 간의 관계나 또는 여러 개의 독립변인 X1X2…XK를 알고 Y를 예언하는 중다상관관계에 있어서 회귀공식에 의해서 예언되는 점수를 Y′라고 하면 실제점수 Y와의 차(差), 즉(Y − Y′)를 예언하는 오차점수라고 하며 이 오차점수의 분포의 정도를 표준편차로 나타낼 때 이를 예언의 표준오차(standard error of prediction) 또는 추정의 표준오차라고 한다.

## 예이츠보고서(Yates report)

1824년 예이츠(Yates, J)가 뉴욕 구빈법에 사용되어진 경비와 운영에 관한 보고로 당시 뉴욕의 인구문제, 빈곤문제에 대한 말사스류의 비판에 답한 것이다. 주의 빈곤자와 구빈사업의 상황을 기술하고 거택 구호에서 원내구호 중심으로 할 것 구빈원을 구빈의 중추로 할 것 읍·면에 대신해서 군이 중요한 구빈행정기관이 될 것 등을 제안하고 있다. 1834년 영국의 개정 구빈법보다 10년 빠른 것이 주목된다.

## 예정사망률(expected mortality rate)

생명보험의 보험료를 산출할 때 사용하는 기초율의 하나이다. 성별, 연령별로 매년 대략 몇사람이 사망하고 몇 사람이 살아남는가는 생명표에 의해서 예측할 수가 있다. 이것을 기초로 하여 장래의 보험금에 충당할 보험료를 계산하는데, 이 계산의 기초로 쓰이는 생명표의 사망률의 수열을 예정사망률이라고 한다.

## 예측변수(predictor variable)

사회과학 연구에서 차후 목표의 달성 기능성을 예측하는데 사용할 수 있도록 체계적으로 측정된 성과, 등급 또는 점수를 말한다. 가령 상당수의 사회사업학과에서는 응시생이 학과에 대한 적성검사를 받도록 요구하는데, 이 적성검사의 결과가 바로 학생이 학과의 교육과정을 성공적으로 이수할 가능성을 나타내는 예측변수가 된다.

## 예행(behavioral rehearsal)

사회사업가들과 다른 원조전문가, 특히 행동주의자들이 사용하는 기술을 의미한다. 전문가들은 클라이언트에게 바람직한 행동을 제시해준 뒤 묘사, 역할극, 다른 설명을 통해 비슷하게 행동하도록 고무한다. 사회사업가 사무실과 같은 상대적으로 '안전한' 환경에서 이뤄지는 행동의 반복과 환류는 클라이언트로 하여금 적절한 시기에 바람직한 행동을 하는데 성공할 가능성을 높여준다.

## 예후(prognosis)

병세의 진행, 회복에 관한 예측을 의미하는 의학용어로 케이스워크 에서는 클라이언트가 느끼고 있는 문제의 내용과 성질, 사회자원, 그리고 클라이언트의 활동능력 등을 종합적으로 본 원조과정상의 전망 내지는 예비적 평가를 말한다. 케이스워크에서의 예후의 판정은 내적 외적요소와 이들 제요소의 역동적인 상호관련성을 다각적, 종합적으로 포착하는 것이 요구된다.

## 오단계 교수설

헤르바르트(J. F. Herbart)파의 칠러(T. ziller)의 제자인 라인(W. Rein)이 처음 주장한 형식적인 교수단계를 말한다. 그에 의하면 모든 단원은 다음과 같은 5단계에 의해 교수된다는 것이다. ①예비단계로서, 새로운 것을 받아들이려는 학생의 마음을 준비시킨다. ②제시단계로서, 새로운 것에 대한 여러 가지 사실을 가르친다. ③비교하는 단계로서, 새로운 관념을 이미 학생의 마음속에 있는 관념과 관련시킨다. ④개괄단계로서, 구체적인 개개사실에서 일반적인 것을 추출해서 일반적인 원칙을 만들고 이것을 이미 알고 있는 지식에 연관시킨다. ⑤응용단계로서, 일반적인 원칙을 실제장면에 적용해서 이미 체득한 지식을 활용해 본다.

## 오류(error / fallacy)

논리학에 있어서 바르지 못한 논리적 과정, 특히 외견상 바르게 보이면서 틀린 추리를 의미한다. 통속적 의미로는 참이 아닌 것으로 쓰이기도 하며, 착각·관측상의 오차 등으로 인한 지각상의 착오를 가리키기도 한다. 베이컨(F. Bacon)은, 사실을 바르게 파악하는 것을 방해하는 것은 네 가지 우상(종족·동굴·시장·극장의 우상)을 일반적 오류의 근원으로 지적하였는데, 이때의 오류는 진리의 대립개념이다. 논리학에 있어서의 오류는 크게 나누어 연역적 추리에 관한 것과 귀납적 추리에 관한 것이 있으며, 각각은 다시 여러 가지 형태의 오류로 나누어진다. 연역적 추리에 관한 오류는 세 가지 범주로 분류된다. 논리적 추리의 형식을 지키지 않음으로써 생기는 형식적 또는 순 논리적 오류, 언어의 부정확한 사용이나 의미의 애매성에 기인하는 언어적 또는 반 논리적 오류, 전제가 애매하다든가 증명해야 할 것을 가정한다든가 하는, 사고의 대상인 자료로부터 생기는 자료적 오류 등이 그것이다. 귀납적 추리에 관한 오류는 경험적 사실을 충분히 관찰하지 못한 상태에서 선입견이나 필요한 사실의 간과 등으로 인해 생기는 것으로 조급한 개괄의 오류, 인과관계에 관한 오류 등이 있다.

## 오르가슴 장애(orgasmic impairment)

오르가슴에 도달하지 못하거나 도달하는데 어려움을 느끼는 여성들에게 나타나는 성기능 장애(sexual dysfunction)를 의미한다. 1차적인 오르가슴 장애는 지금까지 한 번도 오르가슴을 느껴보지 못한 경우이고, 2차적인 오르가슴 장애는 과거에는 오르가슴을 느껴본 경우이다. 이러한 장애의 원인은 정신병학적(psychogenic), 기질적(organic) 및 두 가지의 복합 형태로 보고 있으나 정신장애의 진단범주로는 사용하지 않는다.

## 오리엔테이션(orientation)

태도를 정한다는 뜻이며 회의, 행사, 학습 등을 시작할 때 사회자가 참가자와 상의해서 진행방향을 설정하고 참가자가 모두 공통의 견해를 갖도록 유도하는 것을 말한다. 집회의 주제에 대해 참가자의 주의를 모으기 위해서 그 목적이나 목표를 알려준다. 그렇게 함으로서 참가자는 자기 자신이 무엇을 할 수 있는가, 어떤 협력이 필요한지를 이해하게 된다. 또 사회자는 주제나 진행방침을 제시하는 것 외에 진행과정에서 참가자의 반응에 따라 설명을 보충하기도 한다.

## 오이디푸스 콤플렉스(oedipus complex)

프로이트(S. Freud)의 성 심리 발달이론에 나오는 용어로서, 어린아이 때(흔히 3 × 7살) 부모 가운데 이성인 쪽에게 성적인 관심이나 집착이 발달하고, 동성인 쪽에는 질투와 적대감이 동시에 발달하는 것을 말한다. 아이의 감정은 억압되고 무의식적이지만, 부모 중 한 쪽에게는 교태를 부리고, 다른 한 쪽에게는 적대행위를 하는데서 흔히 명백해진다.

## 오차(error)

이론적으로 구하고자하는 참값(true value)과 실제 계산이나 측량 등으로 구한값(get value)의 차이를 말한다. 표본조사에서 발생하는 오차는 표본추출오차와 비표본추출오차로 구분할 수 있으며, 표본추출오차(Sampling error)란 표본 설계 과정에서 이론적으로 생기는오차이고, 비표본추출오차(Non — sampling error)는 표본설계이론에서 나타나지 않는 오차라고 할 수 있다. 비표본추출오차는 여러 가지 요인에 의해 생길 수 있는데, 가령 데이타의 측정·수집·처리과정에서 생기는 실수, 불합리한 층화, 응답자의 잘못된 응답 등의 요인이 있다(응답오차, 처리오차, 근사오차 등). 실제 표본조사에서 표본추출오차는 설계과정에서 고려되고 통제되지만 비표본추출오차는 측정하거나 통제하기가 곤란하므로 각별한 주의를 기울여야 한다.

## 오컴의 면도날(Occam' s razor)

이론체계는 간결할수록 좋다는 논리 혹은 원리. 오컴의

입장은 유명론으로서, 중세의 사변신학 붕괴기에 근세의 경험론적 사상을 준비하였다. 그에 따르면, 인식의 원천은 개체에 관한 직관표상(notitia intuitiva)으로, 개체가 실재이고, 보편자는 실재가 아니며, 또 개체에 내재하는 실재물도 아니다. 보편자는 정신의 구성물이며, 정신 속에서의 개념으로서, 또는 말로서만 존재하고, 정신 속에서의 보편자의 존재는, 정신에 의해 사고되는 것으로서의 존재이다. 보편자가 다수의 개(個)에 관해 술어(述語)가 되는 것은, 보편자가 다수의 개의 기호로서 이들을 대표하는 것에 따른 것이라는 주장이었는데, 이와 같은 생각은 근세의 영국 경험론자가 답습하였다. '오컴의 면도칼'이라는 말은 그가 의론에 자주 사용한 '필요없이 많은 것을 정립해서는 안된다'고 하는 규칙을 말한다.

## 온정적 권위형(benevolent authoritative system)

리커트(Rensis Likert)의 관리체제 모형 가운데, 관리자가 다소 온정적인 신뢰를 부하직원에게 베풀고 관리층과 부하간의 접촉이 제한되어 있으며, 관리수단으로 보상과 처벌 및 처벌의 위협이 사용되고 생리적·안전 욕구뿐만 아니라 자아실현의 욕구도 충족시켜 주고, 상향적 의사전달이 보 편적이며, 목표는 상급관리층에서 설정하고 하급계층에서는 상급관리층에서 정해준 범위 내에서만 의사결정을 할 수 있으며, 통제과정은 집권화되어 있으나 약간의 위임이 행해지고, 비공식집단은 조직의 목표에 부분적으로 저항한다는 등의 특징을 지니는 관리모형을 말한다. 리커트는 조직 내의 여러 변수 즉 지도과정·동기부여·의사전달 과정·교호작용 및 영향관계·의사결정·목표설정·통제과정 등을 기준으로 하여 관리체제를 착취형(exploitative system), 온정적 권위형, 협의형(consultative system), 참여집단형(participative group system)의 네가지로 분류하였다.

## 온정주의(paternalism)

노동자와 자본가의 관계(고용관계)를 가족적인 관계, 즉 부자의 은애의 정에 의해 해결되는 것으로 보는 설이다. 영국에서는 산업혁명 시대에 인도적 친권주의의 이름으로 이 온정주의가 제창되었다. 1874년에 성립한 공장법은 사회 개량가 애슐리경(Lord Ashler, 1801×1885)의 온정주의에 의한 것이다. 그러나 오늘날에는 신분적인 예속 아래 자본가가 노동자를 복종하게 만드는 봉건적 고용제도나 또는 그와 같은 고용정책으로 해석되고 있다. 즉 온정주의는 온정이라는 미명 아래 노동자를 현혹시켜 근로능률을 올리려고 하는 것에 불과하다는 것이다.

## 옴부즈만

일반적으로 보면 국민의 대변인으로 이익을 옹호하는 사람의 뜻이나, 보다 구체적으로는 부당·부정한 행정기관에 대한 감시 감찰, 또는 고충을 처리하는 제도로 이해된다. 1809년 스웨덴에서 이 제도가 발족되어 북구 국가으로 파급되었고 1950년 이후 영불을 비롯하여 세계 각국에 넓게 확대되었다. 옴부즈맨의 임무는 국가에 따라 운영상의 차이는 있겠으나 일반적으로는 국민으로부터의 고충신청에 의해 일정의 권한 하에 조사해 그 결론을 국가기관에 통지하고 필요하면 개선에 대해서도 권고를 행한다. 또 국민의 고충처리방법도 소송이나 불복 신고 제도처럼 법적구속력을 갖기보다 재량적 판단에 의한 권고나 조언 등으로 해결을 꾀하는 특색을 갖고 있다.

## 옴부즈만 제도(ombudsman)

스웨덴 등 북유럽에서 1808년 이후 발전된 행정통제 제도로, 민원조사관인 옴부즈만의 활동에 의해 행정부를 통제하는 제도를 말한다. 옴부즈만은 잘못된 행정에 대해 관련 공무원의 설명을 요구하고, 필요한 사항을 조사해 민원인에게 결과를 알려 주며, 언론을 통해 공표하는 등의 활동을 한다. 입법부와 행정부로부터 독립되어 있는 옴부즈만은 독립적 조사권, 시찰권, 소추권 등을 가지 나, 소추권은 대부분의 나라에서 인정하지 않는 것이 보통이다. 옴부즈만 제도의 유형은 옴부즈만을 누가 선출하여 임명하는가에 따라, 국회에서 선출하는 북구형의 의회 옴부즈만과 행정 수반이 임명하는 행정부형 옴부즈만으로 구분된다.

## 옹호(advocacy)

다른 사람을 직접적으로 보호하거나 대표하는 행위, 즉 사회사업에서 직접 개입이나 권한 부여를 통해 개인이나 지역사회의 권리를 옹호하는 것이다. NASW 윤리법전에 따르면 이것은 전문가의 기본적 의무이다.

## 와론(Wallon, Henri)

프랑스의 심리학자, 정신의학자, 교육학자, 공산주의자이며 이상아의 결함은 개인의 자질만이 아닌 사회적 환경조건에 의해서도 생길 수 있다고 생각했다. 이 생각은 내부적 발달요인을 중시하는 피아제(Piaget, S)와는 대조적이나 발달을 외부환경과의 관계에서 포착하려는 자세는 높이 평가되고 있다. 이 입장은 유물 변증법적이며 아동만이 아닌 유아의 세계에서도 사회적 요인이 중요한 역할을 한다는 것이다. 특히 정서의 영향을 강력하게 주장하고 있다.

## 와이엇 대

시틱니 판례(Wyatt v. Stickney) 공공시설에 수용된 정신질환자들이 치료받거나 정신적인 상태를 향상시키는 실제적(현실적)인 기회를 가질 수 있듯이, 정신질환자들이 치료받을 헌법적 권리를 갖는다고 선언한 1971년 엘라배

마의 법적 판결을 의미한다.

## 완전고용(full employment) 01

취업의 의지와 능력을 갖추고 있는 자(노동인구)가 모두 고용되는 상태를 말한다. 이에 대해 불완전고용은 각종 이유로 근로자가 실업하고 있는 상태로, 케인즈는 이를 자발적 실업, 마찰적 실업 및 비자발적 실업의 셋으로 분류하였다. 앞의 두 실업을 현재는 자연실업으로 부르고 있는데, 최근에 와서는 비자발적 실업의 문제는 거의 거론되지 않고 자연실업률의 문제에 논의가 집중되고 있는 것 같다. 만약 자연실업의 경우 수요를 증대시켜 이를 구제하려 해도 그것은 단지 임금인상(따라서 물가상승)을 유발할 뿐, 기대한 만큼의 효과를 거둔다는 것은 불가능하다. 뿐만 아니라 자연실업자 중 과연 어느 만큼이 자발적인가를 확정하는 일은 매우 곤란하다.

## 완전고용 02

노동의 의지와 능력을 갖추고 취업을 희망하는 모든 사람이 고용되는 상태를 말한다. 즉 현행 실질임금 수준에서 노동의 수요와 공급이 일치하는 상태를 말하며 이론적으로 노동의 수요곡선과 공급곡선이 일치하는 상태이다. 케인즈의 정의에 의하면 현행 화폐임금 수준 하에서 취업할 의사가 있어도 그 기회가 주어지지 않아서 발생하는 이른바 비자발적 실업이 존재하지 않는 상태를 가리킨다. 따라서 완전고용은 현행임금수준에 불만을 품고 취업을 거부하는 자발적 실업의 존재와 모순되지 않는다. 케인즈 이론에서는 공공사업 등의 국가투자로 완전고용을 실현할 수 있다고 주장한다. 구체적으로 실업자 수의 비율이 $3 \times 4\%$가 되면 완전고용으로 여긴다.

## 완전실업

일할 의사와 능력이 있는 노동력 인구나 일정기간(보통 1주일)동안 수입이 있는 일에 종사하지 못한 상태를 의미한다. 엄밀한 의미에서의 실업은 일하기보다는 여가를 선택하는 자발적 실업(voluntary unemployment)이 아닌 비자발적 실업(involuntary unemployment)을 뜻한다. 실업의 정의는 국제기관이나 각국마다 다소 상이하다.

## 완전실업률

단순히 취업하고 있지 않은 사람이 아니라 취업을 바라고 직업을 찾아 돌아다니는데도 일자리를 찾아내지 못한 사람을 완전실업자라 하고, 노동인구(15세 이상의 취업자와 완전실업자의 합계)에서 차지하는 완전실업자의 비율이 완전 실업률이다.

## 외국인근로자 고용허가제

외국인 고용허가제는 사업주에게 외국인 근로자를 합법적으로 고용할 수 있도록 고용허가를 부여하고 정부는 이 사업장에 취업하는 것을 전제로 외국인에게 취업비자를 발급해주는 제도다. 외국인력을 고용하려는 사업자가 직종과 목적 등을 제시할 경우 정부(노동부장관)가 그 타당성을 검토하여 허가여부를 결정하는 외국인력도입정책으로 대부분의 유럽국가와 미국에서 시행되고 있다. 고용허가를 받은 사용자는 국외에서 직접 모집하거나 대통령령이 정한 공공단체 또는 비영리법인을 통해 모집할 수 있으며, 외국인근로자는 송출국의 국가기관 또는 그 국가가 인정하는 기관을 통해야 한다. 사용자는 1년 이내의 기간을 정하여 노동허가를 받은 외국인 근로자와 고용계약을 체결하게 되는데, 계약 체결할 때 임금·근로시간·휴일·휴가 등 근로 조건에 관한 사항과 동거를 위한 가족동반 금지에 관한 사항 등이 포함된다. 이 제도는 사업자에게 허가권을 행사함으로써 외국인근로자에 대한 초과수요를 사전에 통제할 수 있으며, 사업자가 내국인근로자를 고용할 수 없음을 입증하여야만 외국인근로자를 고용할 수 있게 되므로 내국인근로자의 고용기회가 보장되며, 외국인근로자의 고용에 따른 근로조건 악화를 방지할 수 있다. 또 고용을 허가할 때 근로조건을 준수할 수 있는 사업자인가를 확인할 수 있어 무자격사업자의 외국인 근로자 고용을 사전에 차단할 수 있다는 점에서 외국인근로자의 권익을 충실하게 보호할 수 있다. 고용허가제는 국내 사업자에게 '외국인을 고용할 수 있는 권리'를 부여하는 것으로 외국인 근로자에게 '일할 수 있는 권리'를 부여하는 노동 허가제와 다르다.

## 외부경제(external economies)

다른 경제주체의 경제활동에 의해 소비자 또는 생산자가 무상으로 유리한 영향을 받는 것을 말한다. 즉 어떤 개인 또는 조직의 행동이다른 사람에게 이득이나 손해를 가져다주는 외부효과 가운데, 사회적인 편익이 개인적 편익보다 큰 경우를 말한다. 과일나무를 심는 과수원 주인의 활동이 양봉업자의 꿀생산 증가를 가져오는 경우나 교육 및 기술혁신 활동 등이 외부경제의 효과를 갖는다고 할 수 있다. 생산활동의 편익이 생산활동자에 의해 충분하게 흡수되지 않는 외부경제 효과를 갖는 활동은 사회적으로 바람직한 수준만 큼 이루어지지 않는 경향이 있다.

## 외부불경제(external diseconomies) 01

생산자나 소비자의 경제활동이 시장거래에 의하지 않고 직접적으로 또 부수적으로 제3자의 경제활동이나 생활에 영향을 미치는 것을 외부경제 효과라고 하는데, 그 영향이 이익이면 외부경제, 손해면 외부불경제라고 한다. 최근에 외부불경제로 대기오염·소음 등의 공해가 문제시 되고 있다. 외부경제효과가 있으면 시장기구가 완전히 작용해도 자원의 최적배분이 실현되지 못한다.

## 외부불경제 02

한 경제주체의 생산 및 소비활동이 시장교환에 참여하지 않고 있는다른 소비자 또는 생산자에게 불리한 영향을 미치는 것을 말한다. 사회적으로 불이익을 초래하는 이러한 외부불경제의 대표적인 사례가 공해(pollution)다. 개인적 차원에서 볼 때, 어떤 생산활동의 사적 비용이 사회적 비용보다 작을 경우, 이러한 생산활동은 사회적으로 바람직한 수준 이상으로 과다하게 이루어지게 된다.

## 외부성(externalities)

한 경제주체의 생산·소비 또는 분배행위가 시장교환에 참여하지 않고 있는다른 소비자 또는 생산자에게 유리 또는 불리한 영향을 미치는 것을 말한다. 비가격 효과(nonprice effects)·파급효과(spillover effects)·이웃효과(neighborhood effects)라고도 한다.

## 외부임용(external recruitment)

정부조직 바깥에서 사람을 선발하여 쓰는 활동을 외부 임용이라 하며, 이는 곧 신규채용을 의미한다. 정부조직에서 사람을 선발하여 쓰는 활동으로서의 임용에는, 정부조직 바깥에서 사람을 선발하여 쓰는 외부임용과 정부조직 안에서 사람을 움직여 쓰는 내부임용이 있다. 외부임용 즉 신규채용의 방법으로는 공개경쟁채용과 특별채용의 두 가지가 있다. 공직의 임용 기준을 개인의 실적 즉 업적, 능력, 자격에 두는 실적주의 제도 아래서는 공개경쟁채용이 원칙이며, 특별채용은 특수한 직무분야에 있어서와 같이 공개경쟁채용이 부적절할 경우에 제한적으로 시행된다.

## 외부통제(external control)

외부통제는 행정통제 가운데 국회나 사법부와 같은 행정구조 외부의 사람이나 기관에 의한 통제를 말한다. 외부통제로는 입법부에 의한 통제와, 사법부에 의한 통제, 시민에 의한 민중통제, 이익단체에 의한 통제, 여론과 매스컴, 옴부즈만제도 등을 들 수 있다.

## 외부평가(external evaluation)

평가의 목적을 효율적이며 효과적으로 달성평가의 목적을 달성하기 위해서 평가의 목적과 여건에 적합한 외부평가자에 의해서 이루어지는 평가의 방법을 의미한다. 외부평가는 프로그램과 관련된 인사로서 내부인사가 평가자로서 역할 하게 되는 내부평가의 단점을 극복할 수 있는 장점을 가진다. 즉 내부평가는 특정 프로그램의 존속과 관련된 이해관계로 인해 객관적이고 신뢰할 수 있는 평가활동을 전개하는데 애로를 겪을 가능성이 있는 반면, 외부평가는 다 객관적인 관점에서 프로그램의 설정과 관련된 상황과 프로그램을 최초로 실시할 상황에서의 투입되는 모든 관련 변인을 보다 타당하고 객관적인 준거와 기준으로 평가할 수 있다. 또 동원되는 외부평가자는 그 명성과 능력 면에서 쉽게 인정받을 수 있어 프로그램 관련자와 평가 관련자들로부터 평가자에 대한 높은 신뢰감을 획득할 수 있는 장점을 지닌다. 그러나 외부평가는 그 기관이나 프로그램에 관해 또는 그 전개과정에 관해 정확히 이해하기가 어렵고 예상프로그램이나 평가할 상황을 이해하는데 많은 시간이 소요되며 관련인사들과의 의사소통을 원활하게 하거나 그들로부터 필요한 정보를 획득하는데 애로를 느낄 수 있다는 단점을 지니고 있다.

## 외부효과(externalities) 01

한 경제주체의 생산·소비 또는 분배행위가 시장교환과정에 참여하지 않고 있는다른 소비자 또는 생산자에게 유리 또는 불리한 영향을 미치는 것을 말한다. 외부성(外部性), 파급효과(spillover effects) 또는 이웃효과(neighborhood effects)라고도 한다. 외부효과에는 타인에게 손해를 줌으로써 개인적인 비용이 사회적인 비용보다 작은 외부불경제(外部不經濟, external diseconomies)와 이와 반대로 타인에게 이득을 줌으로써 생산활동의 편익이 생산활동자에 의해 충분하게 흡수되지 않는 외부경제(外部經濟, external economies)의 두 가지 유형이 있다.

## 외부효과 02

어떤 경제 활동과 관련하여 제3자에게 의도하지 않은 혜택이나 손해를 가져다주면서도 이에 대한 대가를 받지도 않고 비용을 지불하지도 않는 것을 말한다. 통조림사업이나 과수원 주인과 양봉업자와의 관계처럼 가격 지불 없이 서로에게 이익을 주는 경우를 외부경제 혹은 이로운 외부효과라고 한다. 반대로 환경오염과 같이 다른 개인에게 불리한 영향을 미치는 경우를 외부불경제 혹은 해로운 외부효과라고 한다.

## 외상(trauma)

개인이 어떤 충격적인 경험을 겪게 되었을 때에 갖는 심리적인 고통. 외상이 심한 경우에는 심리적으로 커다란 변화를 겪게 된다. 외상으로 인한 변화는 태도 및 가치관의 변화로까지 발전되는 경우가 있으며 이 변화는 지속적인 변화가 될 가능성이 있다. 외상으로 인한 심리적인 고통은 불안과 공격성을 자극시킨다. 외상은 공격적인 행동을 통해 불만족 상태를 회복시키거나 내면적인 방어기제를 발달시키거나 욕구만족을 방법을 쇄신시킴으로써 치료할 수 있다.

## 외생변수(exogenous variable)

시스템 바깥의 독립변수로서 시스템에 영향을 주는 변수를 말한다. 가령 경제모형의 방정식체계는 그 모형의 내부에서 결정되는 경제량과 그 모형의 외부로부터 주어지는 경제량으로 성립되는데, 후자를 외생변수 또는 파라미터라 한다.

## 외적 타당도(external validity) 01

한 특수한 연구에서 얻어진 연구결과를 그것이 수행된 맥락과는 다른 상황이나 피험자에게까지 일반화시킬 수 있나 없나를 구분하는 정도. 상황에 따른 일반화가 특히 관심의 초점이 되는 경우는 보다 특수한 용어로서 〈생태적 타당도〉(ecological validity)라는 말을 쓴다. 경험적 연구는 크게 내적 타당도(internal validity)와 외적 타당도를 검토하여 평가된다. 연구는 항상 특정한 상황에서 특정한 피험자를 대상으로 수행되지만 연구자는 그 연구 결과가 보다 광범위하게 적용될 수 있기를 바란다. 가령 실험실에서 이루어진 연구결과가 일상적인 상황에까지 일반화될 수 있거나, 혹은 초등학생을 대상으로 얻은 기능과 학업 성적과의 관계가 대학생에게까지 일반화 될 수 있다면 그것은 일상적인 유용도의 면에서 뿐만 아니라 과학적 지식의 발전이라는 면에서 바람직한 일일 것이다. 그러나 연구자는 자신의 소망이 객관적인 사실을 구분짓는 태도를 가져야 한다. 다시 말하면 외적 타당도는 연구자의 기대나 소망에 의해 보장되는 것이 아니라 사실에 의해서 검증되어야 할 성질의 것이다.

## 외적 타당성 02

실험 또는 연구조사에서 얻은 결론들이 다른 이론적 구성요소(theoretical constructs)나 현상들에까지도 일반화될 수 있는 정도를 의미한다. 외적 타당성은 사전·사후 측정, 표본선택시의 편견개재, 표본선택과 실험변수의 상호작용, 다수적 처리에 의한 간섭(mulitiple—treatment interfernce) 등에 의해 저해받을 수 있다.

## 외집단(out—group)

한 문화권에서 종속적인 위치를 차지하거나 또는 그 문화권의 외곽에 위치한 사람들의 집단을 말한다. 조직 내에서는 리더와 함께 하는 시간이 적고 리더의 관심을 적게 받는 구성원의 집단을 말한다. 이에 반해 내집단(in—group)은 사회 내의 지배적 가치를 차지하거나, 사회적 과정에서 지배적인 위치를 차지하는 사람들의 집단을 말한다.

## 요교호아동

요보호아동 중 불량행위를 행한 아동을 교호원에 입소시켜 교육·보호하고 그 불량성을 제거할 필요성이 있는 아동을 말한다. 교호사업, 소년보호는 주로 비행을 일으키는 부당한 환경이나 비행에 빠질 위험성으로부터 아동을 보호하고 아동에게 문제 극복 능력을 길러주기 위하여 아동복지법에 근거를 둔 보호이지만 한편에서는 아동이 나쁜 영향을 줄 수 있다는 위험성으로부터 사회를 보호한다는 사회방어측면을 지적하는 면도 있다.

## 요구저지(frustration)

인격체의 생리적 사회적 요구가 갈등이나 결핍 등에 의해 충족할 수 없도록 저지되어 있는 상태를 의미한다. 좌절, 욕구저지와 동의어이며 욕구불만의 상태이다. 프로이드(Freud, S.)가 정신분석의 중요한 개념으로 전개한 뒤로 젠쓰바이크, 레빈(Lewin, K.)에 의해 이론적, 실험적으로 연구되었다. 사람은 행동에 장애를 받게 되면 긴장상태가 되나 욕구가 만족되거나 장애를 극복하면 사회인으로 인격이 발달, 성장한다는 것이다.

## 요구평가(needs assesment)

개인이나 집단 또는 기관 및 사회의 요구를 확인하기 위해 정보를 수집하고 분석하는 과정을 말한다. 일반적으로 요구는 이루어지길 바라는 것 또는 당연히 이루어져야 할 것들과 현재 이루어진 것 간의 차이(discrepancy)로 정의된다. 요구란 현재의 상태(actual status)가 표적상태(targeted status)에 못 미칠 때 생기게 된다고 할 수 있다. 요구평가는 프로그램 참여자 집단의 요구를 사정하여 기존 프로그램을 개선하기 위한 목적으로 실시되거나 관련 집단의 요구를 바탕으로 새로운 프로그램을 개발하기 위한 목적으로 활용된다. 또 요구평가는 단점이나 문제점들을 진단하거나 발견하기 위해서도 실시되며 필요에 따라 평가모형의 구성요소가 되어 요구평가에서 얻어진 결과가 평가 보고서의 한 부분을 차지하기도 한다. 교육적 요구에 대한 형식적 평가(formalized assessment)는 교육에서의 책무성(accountability)이 강조되고 교육적 계획 및 평가에 보다 정보에 입각한 모델이 적용됨에 따라 적극적으로 활용되고 있다. 요구평가에 적용되는 전략이나 절차는 다양하지만 그 일반적인 절차를 살펴보면 다음과 같다. 첫째, 요구평가가 사용된 목적과 관심을 두어야 할 분야, 관련 집단 등을 규정해야 한다. 둘째, 요구가 사정될 기준을 정한다. 요구사정의 기준이 되는 표적상태(targeted status)의 형태로는 목적(goal) 또는 이상(ideals), 규준(norms), 최저만족수준(minimum satisfactory level), 또는 바람 내지 기대(desire and expectation) 등을 들 수 있으며 연구목적에 따라 적당한 사정기준 형태가 선정되어야 한다. 셋째, 자료수집 과정 및 분석과정과 결과보고과정을 고려해 연구 설계를 하고 실행한다. 넷째, 확인된 요구들의 우선순위를 정하여 그 연구 결과를 활용한다. 요구평가연구는 항상 결과의 활용성(utility)을 중시한다. 어떤 목적으로 요구평가가 실시되었건 간에 마지막 단계는 항상 얻어진 결과의 적극적인 활용이다.

## 요람에서 무덤까지(from the cradle to the grave) 01

1942년 영국의 베버리지 보고서에서 제창한 사회보장의 본연의 자세를 단적으로 나타내는 표현이다. 즉 출생에서 사망까지의 전 생애 중에 예측 가능한 사고는 국가가 최저한도의 사회보장책임을 진다는 것을 표시한 것이다. 그 뒤 사회복지의 자세를 나타내는 용어로 각국에서 사용하고 있으며 스웨덴에서는 이 말을 다시 수정해 태내에서 천국까지라고 표현하고 있다.

## 요람에서 무덤까지 02

1944년 영국 노동당 정부가 본격적으로 실시한 사회보장제도의 이상을 표현하는 슬로건이다. 2차 대전이 파시즘에 대한 민주주의 국가들의 승리로 귀결되면서 각국의 민중 속에서 혁명적인 사회분위기가 조성되는 가운데 집권한 영국의 노동당 정권은 자본주의 체제가 안고 있는 모순과 질병이 부(富)의 재분배를 통해 수정되고 치유될 수 있으리라는 낙관적인 신념을 가졌다. 그러나 오늘날 이러한 신념과 슬로건은 영국과 유럽사회에서 상당히 퇴색한 상태에 있다. 흔히 '영국병'이라 불리는 영국사회의 정체현상과 보수정책은 심각한 위기를 불러일으키고 있다.

## 요보호가구(family in need of public assistance)

국가의 생활보장제도나 지방자치단체 등에 의해 공적인 보호를 필요로 하는 가구를 말하는 것으로 보통 생활보장을 받지 못하면 최저한도의 사회생활조차 영위할 수 없는 가구를 말한다. 자본주의경제의 고도화에 따라 친족이나 근린의 상호부조를 기대할 수 없게 되어 국가나 자치단체 등의 공적인 보호에 의존하지 않으면 일정의 소득을 얻을 수 없는 가구가 증가하고 있다. 현재 생활보장을 받고 있는 것을 피보호가구라 하며 요보호가구에는 보호를 받지 못하고 있는 가구도 포함된다.

## 요보호아동(children in need of protective care)

협의로는 아동복지법에서 규정한 보호자가 없는 아동, 학대받고 있는 아동, 기타 환경상 요양을 요하는 아동을 가리키며, 광의로는 보호자가 있어도 보호자의 간호가 부적당하다고 인정되는 아동을 말한다.

## 요보호아동가족부조
(aid to families with dependent children : AFDC)

1935년 사회보장법으로 시작된 공적부조(public assistance) 프로그램, 부모의 사망, 무능력, 부재 때문에 부모가 아동을 양육할 수 없는 경우, 이러한 아동을 위해 연방이나 주정부가 재정 원조를 한다. AFDC는 국가 또는 지방 수준으로, 일반적으로 공공복지(또는 인간서비스나 사회서비스)를 담당하는 국가부서가 집행한다. 국가 수준에서 AFDC는 미국 보건 및 인간봉사성(HHS : department of health and human services)의 미국 가족복지청(FSA : family services administration)이 운영한다. 자격은 재산(즉 자산조사 means test)과 비교되는 개별화된 욕구에 기초하여 결정된다. 많은 주에서는 아버지가 집에 있지만 실직했을 때 급여를 제공한다.

## 요보호여성(women in need of protective care)

요보호여성으로는 윤락행위 등 방지법에 의한 윤락행위의 상습이 있는 자와 환경 또는 성행으로 보아 윤락행위를 하게 될 현저한 우려가 있는 여자를 가리킨다. 보호지도소 등에서는 요보호여성을 현재 윤락행위를 하고 있는 여자만이 아닌 가출, 부랑 등으로 인해 윤락으로 전락할 우려가 있는 여자까지 폭넓게 포함하고 있다. 윤락행위 등 방지법에는 요보호여성에 대한 보도지도소와 직업보도시설이 강구되어 그 중추기관으로 부녀상담소, 부녀상담원, 부녀보호시설이 정해져 있다.

## 요보호자(person in need of protective care)

요보호자를 일반적으로 클라이언트로 칭하고 있으나 광의로 보면 사회복지사업에 의한 원조를 필요로 하는 자의 전체를 지칭한다. 즉 사회적 경제적으로 또는 심신의 장애 및 생활 곤궁을 위한 원조, 보호, 재활, 육성 등의 사회적 조치를 필요로 하는 자를 말하고, 협의로는 생활보장법에서 말하는 보호개시 이전에 보호를 필요로 하는 상태에 있는 자를 지칭한다. 가끔 보호수급의 상태에 빠질 위험이 있는 자 등을 의미할 경우도 있다.

## 요약기록(summary record)

케이스워크가 전개되는 과정의 상황을 개괄해서 기술하는 방식으로 가장 많이 쓰이고 있다. 이것은 조사요약, 진단요약, 치료요약, 결론요약 등과 같이 여러 가지의 종류로 나눌 수 있다. 어떠한 경우에서도 보다 정확하게 작성하기 위해서는 사전에 요점을 메모하고 정리한 뒤에 기록해가는 것이 중요하다. 또 내용이 복잡할 때에는 일정한 항목을 설정해 요약해 가면서 작성하는 것이 바람직하다. 요양급여 근로자가 업무상의 재해로 부상당하거나 질병에 걸린 경우에 그 상병에 대해 행해지는 산업재해보상보험법과 건강보험법에 기초한 급여의 일종이다. 우선 산재보험법 제9조의 3에 의하면 요양급여는 요양비의 전액으로 하되 노동부장관이 설치한 보험시설 또는 지정한 의료기관에서 요양을 하도록 되어 있다. 요양급여의 범위는 진찰 약제 또는 진료 재료와 기타 보철구의 지급 처치, 수술 기타의 치료 의료시설의 수용 개호, 이송 기타 노동부장관이 정하는 사항으로 되어 있다. 다음으로 건강보험법 제29조에 의하면 피보험자 및 피부 양자의 질병 또는 부상에 대해 진찰 약제 또는 치료재료의 지급 처치, 수술 기타의 치료 의료시설의 수용, 간호, 이송 등의 요양 급여의

기간은 폐결핵을 제외하고는 동일상병에 대해 180일 이내로 하도록 되어 있다.(동법 제30조)

## 요양비(medical treatment expenses)

현물급여에 의해 행해지는 요양급여 또는 가족요양비의 지급에 있어서 현물급여를 하기 곤란한 경우에는 자비로 요양을 받고 차후에 현금으로 그에 요하는 비용의 급여를 받을 수가 있게 하는 것을 요양비라 하는데 우리나라에서도 이 방식을 채택하고 있다.(건강보험법 제36조) 요양비의 지급이 행해지는 것은 건강보험기관 등이 없는 지역에서 이병한 경우, 사고에 의해 보험 의료기관 이외의 병원에서 진료를 받는 등의 경우로 보험자가 필요하다고 인정된 경우에 한정하는 것이 일반적이다.

## 요양비지불방식
## (system for refunding medical treatment expenses)

건강보험에서 보험자가 요양에 관한 급여를 피보험자의 청구에 의해 현금으로 지불하는 방식으로 상환지불이라고도 한다. 법률에 의하면 보험 의료기관 및 보험의에 따른 현물급여방식을 원칙으로 하고 부득이한 사정이 있는 경우에 한해 의료비지불이 인정되고 있다. 요양비 지급액은 요양에 요하는 비용에서 일부부담금에 상당하는 금액을 공제한 뒤 그 금액을 표준으로 보험자가 정한다.

## 요양원(nursing home)

질병이나 기능장애·심신쇠약으로 자립해서 살기가 힘들고 또 개호나 간호를 받아야 하는 병약한 노인들을 수용하여 의료보호와 복지서비스를 제공하는 통합적 시설을 말한다. 미국의 너싱홈은 원조형홈(intermediate care facilities)과 간호형홈(skilled nursing facilities)의 두 종류로 구분되어 있다. 원조형홈은 건강이 조금 약한 노인에게 약간의 기본적인 서비스를 제공하는 양로원을 말하고, 간호형홈은 만성질환이나 중증심신장애가 있는 노인들에게 보다 전문적인 치료와 간호를 제공하는 요양원을 말한다.

## 요양취급기관(the medical institutions) 01

건강보험에서의 요양급여는 보험자가 지정하는 의료기관 또는 약국, 보험자가 설치·운영하는 의료기관에서 받아야 한다고 되어 있는데 이들 의료기관을 요양취급기관이라고 한다. 요양취급기관의 지정은 보험자 또는 보험자 단체가 지정하며 제1차 진료기관과 제2차 진료기관으로 구분하여 지정할 수 있는데, 제1차 진료기관은 통원에 의한 가료를 행하는 진료기관으로서 의원급, 의료기관, 보건소, 보건지소 또는 보건진료소 등이며 제2차 진료기관은 입원 또는 특수진찰에 의한 가료를 행하는 진료기관으로서 병원 또는 종합병원 의료기관 중에서 지정토록 하고 있다.

## 요양취급기관 02

국민건강보험법 제40조의 규정에 의한 요양기관을 말하며, 의료법에 의해 개설된 의료기관과 약사법에 의해 등록된 약국 또는 지역보건법에 의한 보건소, 보건의료원 및 보건지소와 농어촌 등 보건의료를 위한 특별조치법에 의해 설립된 보건진료소 등이 있다.

## 요육(education and care of disabled children)

보건소장은 신체에 장애가 있는 아동에게 진료를 행하고, 필요한 요육을 행하도록 하고 있다. 요육이란 말은 일찍부터 지체부자유아의 관계에서 사용되었지만, 치료와 의료를 보육이나 양육과 함께 의미하는 것으로도 해석된다. 법에 따른 요육지도의 목적은 장애의 조기 발견, 조기치료이다. 치료와 보호육성이 동시에 필요한 곳에 요육시설이 있지만, 실질적으로 의료를 필요로 하는 시설로는 허약아시설, 지체부자유아시설 및 맹아시설이 있다.

## 요육수첩

정신지체아(자)가 각종 원호를 받기 위해 필요한 수첩으로서 시·도지사가 발행하고 있는 것으로 아동상담소 또는 정신지체자 갱생상담소에 의해 정신지체로 판정되어진 사람을 대상으로 급여된다. 장애는 중도의 경우 A, 그외의 경우는 B로 판정하고, 수첩에 기입된다. 요육수첩의 목표는 정신지체아에 대해 일괄된 지도 상담이 행해지도록 하는 것이지만, 특별아동부양수당, 세제감면, 공영주택의 우선입주 등 원조를 주는 것도 중요하다.

## 요인분석(factor analysis)

다변량해석의 대표적 수법 중의 하나이다. 가령 여성에게 결혼상대자를 고를 때 무엇을 중시하겠는가? 라고 묻고 다수 항에 걸친 회답을 받았을 때, 이들의 저변에 잠재하는 공통요인을 찾아 다수의 변수를 소수의 공통요인으로 집약 해석한다. 우선 변수간 상관계수 행렬(상관행렬)에서 공통요인을 발견해낸 다음, 각 요인의 각 변수에 대한 영향의 크기인 요인적재계수(요인부하량)를 구하고 각 조사단위가 갖는 각 요인의 크기(요인점수)를 추정한다. 예에서 제1요인에 요인적재계수가 큰 항목이 경제적 사회적 지위 용모 학력 직업 재산, 제2요인에 순수성 정직 등이, 제3요인에 민주주의 의식 남녀평등의식 직업여성에 대한 이해 등이 주어졌다고 가정했을 때, 제1인자는 외면성, 제2인자는 내면성, 제3인자는 여성존중 등으로 해석할 수 있을 것이다. 또 이 세 요인에서 각각 피조사자의 요인점수를 구하면, 개개인의 각 요인에 대한 점수와 연령별 경향을 알 수 있을 것이다. 요인분석은 기계적으로 계산된 요인이나 요인적재계수에 기초하여 그 의미를 추정하는 탐색적 용도가 주를 이루지만, 요인모형을 가설로 간주, 그 적합성을 검토하는 확증적 요인분석도 연구되고 있다.

### 욕구(need)

유기체의 행동을 일으키게 하는 생활체 내부의 원인, 즉 물은 식물이나 동물에 절대적으로 필요하며 이것이 없을 때에는 이를 얻으려고 하는 긴장 상태가 생긴다. 이러한 긴장 또는 원인을 욕구라고 하며 동기요소가 된다. 인간의 욕구는 동물과는 다른 순수한 직접적인 형태로 행동에 나타나는 일은 드물다. 즉 유전적, 선천적으로 고정되어 있는 것이 아니고 그 기준이나 정도는 주관적, 상대적이며 경제, 사회, 문화의 조건에 의해 다르다. 욕구는 개체 보존의 욕구 : 개체의 생활을 중심으로 하는 것으로서 고통 회피, 배설, 휴식, 음식 등 종족보존의 욕구 : 성욕, 임신후의 여성의 모성적 욕구 등 사회 활동의 욕구 : 개체와 개체가 연속되어 집단생활을 영위하고자 하는 것으로서 협력의 욕구, 집합의 욕구, 집단성의 욕구, 자아실현의 욕구, 경쟁과 공격의 욕구 등 세 가지로 나누어진다. 욕구가 직접 어떤 행동을 일으키는 원동력이 될 때를 동인(drive)이라고 한다. 또 개인이 다른 개인 내지 사회와의 관계를 통해서 충족하게 되는 욕구를 나타내는 경우, 정확히 이를 사회적 욕구라 하며, 사회적 욕구를 충족시키기 위한 유형, 무형의 수단이 사회자원(social resources)이다.

### 욕구단계론(theory of need hierarchy)

인간의 기본욕구는 우선순위의 계층(hierarchies of prepotency)을 이루고 있으며, 욕구의 발로가 순차적으로 이루어진다는 동기부 여 이론을 말한다. 대표적인 학자가 Abraham H. Maslow이다. 그는 인간의 기본욕구로 생리적 욕구(physiological needs), 안전 욕구(safety needs), 소속의 욕구(belongingness and love needs), 존경의 욕구(esteem needs), 자아실현 욕구(self−actualization needs)의 다섯 가지를 제시하고, 하위 욕구가 어느 정도 만족되어야(relatively well gratified), 차상위 계층의 욕구가 부상하게 된다고 설명한다.

### 욕구불만(frustration)

생활체의 욕구가 내적, 외적 방해에 의해서 저지될 때를 말한다. 그러나 단순히 욕구가 충족되지 않은 때가 아니라 정서적 긴장이 따르는 상태를 말한다. 욕구불만을 일으키는 장해가 객관적으로 타당한 것에 의한 것만이 아니고 개체가 존재한다고 믿는 것이나 이겨낼 수 없다고 느끼는 주관적인 것에 의해서도 충분히 욕구가 저지된다. 따라서 욕구가 저지되는 것은 개체의 능력뿐만 아니라 욕구수준, 욕구의 종류에 의해서 결정된다.

### 욕구사정(needs assessments : NA)

사회사업가들이나 전문가들이 클라이언트들을 진단하면서 문제점, 기존의 자원, 잠재적 해결능력, 또는 문제 해결에 장애가 되는 것 등에 대해 체계적으로 평가하는 것을 말한다. 사회기관에서, 욕구 사정은 임상서비스를 받는 클라이언트를 위해 만들어진다. 일반적으로 모든 거주자를 위해서 만들기도 한다. 욕구사정의 목적을 욕구를 기록하여 서비스의 우선순위를 설정하는 것이다. 자료는 상담이나 연구를 통해서 뿐만 아니라 인구조사나 정부통계 같은 기존 자료를 통해서 뽑기도 한다.

### 욕구의 위계(hierarchy of needs)

인간의 욕구가 상승적인 서열로 나타난다는 인본주의적 지향(humanistic orientation)을 지닌 마슬로우(Abraham Maslow)와 전문가들의 견해를 의미한다. 사람은 우선 생리적 욕구를 충족시키고, 다음으로 안전, 소속감 및 자존심의 욕구를 충족시키며, 마지막으로 자아실현 또는 자신의 충분한 잠재력을 실현한다는 것이다.

### 욕구자원조정설

레인위원회 보고에 의해 제기된 이 개념은 오늘날에도 지역사회조직에 있어서 유력한 개념의 하나다. 그 골자는 생활 곤궁의 해소와 예방을 위해 지역사회의 욕구와 사회자원의 발견에 노력하여 양자를 항상 효과적으로 조정하는 활동을 강조하는 데 있다. 따라서 욕구와 자원의 종류, 구조 등의 동향을 파악하는 조사활동이나 양자의 조정을 위해 욕구를 갖고 있는 주민이 그 해결방법을 계획하고 자원을 동원, 창설하는 조직 활동 등이 특히 중시된다.

### 욕구좌절(frustration)

목표 지향적 활동이 전체적으로 또 부분적으로 차단되거나 방해를 당하고 있는 상황을 말한다. 물리적 장애, 보상의 감소나 철회, 반응 또는 행동의 연쇄를 차단하는 것 등이 욕구 좌절을 초래하는 상황이 될 수 있다. 또 실망·패배·목표달성 과정의 방해 등으로 인해서 생기게 된 혼동·당혹·분노·비애 등의 상태를 가리키기도 한다. 그리고 목표달성의 좌절로 인해서 생기게 된 반작용을 가리키는 것으로, 흔히 공격성·퇴행·고착, 또는 반응강도의 상승이나 하강 등의 현상이 규명되어 있다.

### 욕구집단(need group)

개인적인 경험을 통해서 어떤 문제를 알고 있는 사람들을 말한다. 사회정책 발전이나 공동체 조직에서 어떤 문제의 대표적 희생자들은, 흔히 문제를 안고 있는 사람들을 돕기 위한 방안을 의논하고 결정하는 기획위원회에 포함되기도 한다.

### 욕구충족의 우선순위
### (priority order of need satisfactory)

욕구충족에 필요한 자원이 부족할 경우 욕구사이에 우선순위를 정할 필요가 생기게 된다. 따라서 몇 개의 판정원칙을 설정함과 동시에 욕구를 몇 개의 유형으로 분류해 척도화한 뒤 개개의 욕구를 자리 잡게 하는 조작을 거쳐 우선순위를 결정하게 된다. 판정원칙에 대해서는 공평성, 효과성, 효율성, 긴급성, 종합성 등을 들 수 있으나, 이들 제 원칙 간에는 상호모순 되는 면도 포함되어 있기 때문에 적용하는 수준이나 상황을 명확하게 판단할 필요가 있다. 또 척도의 설정에 대해서도 모든 욕구를 포함하는 척도의 설정은 불가능하기도 하고 유용하지도 않기 때문에 목적을 명확히 한 다음 필요한 항목을 선택하는 것이 바람직하다. 또 판정원칙이나 척도가 만들어졌다 해도 적용에 있어서는 구체적 상황에 따라 유연한 대응이 필요할 것이다.

## 욕구측정

일정한 지역 내의 사회적 욕구나 그 지역사회가 필요로 하는 것을 식별하는 조사방법이다. 욕구측정도 프로그램 목표 설정을 위한 절차이며 도구가 된다. 욕구측정을 하는 목적은 해결책을 제시하는 것이 아니라 해결책이 필요한 영역을 식별하고 해결을 위한 기준을 설정하는데 있다. 욕구측정은 적어도 다음 3가지의 자료분석 차원에서 다뤄져야 하는데 그것은 ①지역사회가 갖는 문제들, ②프로그램 또는 서비스를 필요로 하는 사람들이나 집단 ③프로그램 또는 서비스의 종류이다. 욕구측정을 하는 주요 기법에는 주로 ①지표분석, ②일반인구 조사, ③표적인구 조사, ④프로그램운영자 및 서비스 공급자 조사, ⑤주요 정보 제공자 조사, ⑥행정자료 조사, ⑦집단정도 방법을 통한 지역사회 의견 조사 등을 들 수 있다.

## 욕구측정법(needs survey method)

사람이 사회생활을 영위하는데 있어 충족해야 할 욕구로서 욕구에 대한 발견, 측정, 평가 등을 행하는 것을 말한다. 대상자의 의식조사, 빈곤, 질병, 가족문제, 장애, 고령의 문제영역에 따라 욕구를 파악하는 방법은 상이하다. 특히 지방자치단체 등의 행정에 대한 시민의 욕구, 소망에 대해 관심이 증가하고 있다. 욕구측정법에는 대상자의 의식조사, 여론조사방식, 지역의 각종 집단방법 등이 있다.

## 욕망

무엇을 하고자 하거나 간절히 바라는데서 표현되는 심리현상을 의미한다. 사람은 자연과 사회를 자기에게 복종시키기 위하여 물질적 조건과 대상에 대한 요구를 가지게 된다. 이러한 요구가 구체적으로 체험되는 것이 욕망이다. 욕망은 충동, 희망, 의욕 등과 같은 여러 가지 체험형태를 가진다. 충동은 욕망의 시초적 형태로서 일정한 대상에 대한 필요가 초보적으로 체험되는 상태이다. 희망은 욕망의 대상이 뚜렷이 자각되어 무엇이 필요하며, 요구되는가를 자각하는 상태이다. 의욕은 지향의 대상과 방향이 뚜렷할 뿐 아니라 그것을 쟁취하기 위한 수단과 방도가 명백하고 정열적인 노력과 행동이 뒤따르는 행동적 지향

이다. 충동으로부터 의욕에로의 지향의 발전은 자연과 사회에 대한 사람들의 욕망의 의식화 과정을 표현한다. 욕망이 보다 자각적이고 의식적일수록 사람들의 활동은 더욱 더 목적지향성을 띤다. 욕망에서도 가치가 있는 것이 있고, 없는 것이 있는데 그 가치를 규정하는 척도는 그 사회적 의의에 있다.

## 용어구성(wording)

용어구성은 조사에 있어서 질문내용과 형식이 결정된 후에 조사대상자들에게 통용되는 용어로서 중립저기고 간단하고 그 의미가 명료한 용어를 구성하는 것으로서 논리적으로 용어가 완벽해야 하고 유도질문을 피하며 2중적인 의미를 회피하고 가치적, 규범적 용어를 피해야 한다. 특히 조사성격, 내용 등과 비추어 직접질문으로서는 파악될 수 없는 것은 간접질문이나 투사법을 이용하여 가능한지 여부를 검토해 보아야 한다.

## 우리민족서로돕기운동본부

1996년 12월, 북한동포돕기를 범불교적으로 추진하고자 '우리민족 서로 돕기 불교운동본부' 를 창립하고 불교의 동체대비 사상을 바탕으로 굶주리는 북한동포의 고통을 해결하고자 다양한 활동을 전개하여 1999년 5월, 통일부로부터 사단법인 승인을 받아 '좋은 벗들' 로 명칭을 바꾸고 민족의 화해와 평화적 통일을 위한 선결과제인 북한식량난과 식량난민 문제 해결을 출발점으로 동남아시아를 비롯한 제3세계의 난민구호사업과 인류가 안고 있는 분쟁과 갈등의 문제를 근원적으로 해결하기 위한 평화운동, 그리고 인간의 권리가 침해되고 있는 현장을 찾아 인권운동을 전개해 나가는 민간기관을 말한다.

## 우먼리브(women's liberation)

1960년대 후반이후 미국을 위시한 선진자본주의국가에서 발전했다. 여성의 해방과 자립을 둘러싼 새로운 이론과 운동을 말한다. 여러 가지 조류가 있지만 공통적으로 ①성차별고발의 직접적 행동 ②전통적인(남성중심의) 성관계의 규제나 혼인, ③성역할의식의 변혁(직업적 자립의 보장, 가사, 육아의 사회화를 포함)등을 중시하고 있다. 신좌익운동과 더불어 60년대 후반부터 70년대 전반에 걸쳐서 고양되었지만 70년대 후반 이후 ①은 후퇴하고 ②③에 중점이 옮겨지고 있다. UN의 여성차별철폐조약은 우리나라에도 84년에 민법 등 전통적 사항을 유보하고 비준되었다.

## 우범소년

12세 이상 20세 미만의 소년으로서 보호자의 정당한 감독에 복종치 않는 성벽이 있거나 정당한 이유 없이 가정에서 이탈하거나 범죄성이 있거나 부도덕한 자와 교제하는 등 장래 범법할 우려가 있는 소년을 말한다.

## 우생학(eugenics)

유전학적으로 인간의 질을 '향상시키거나', 유전적 장애를 최소화하려는 이론과 실제를 의미한다. 실제는 소극적일 수 있고(생물적으로 결함이 있는 것으로 여겨진 사람들 가운데 부모 기질을 억제하거나 금지하는 것), 혹은 적극적일 수 있다(건강한 사람들 속에서 재생산을 북돋아 주는 것).

## 우애방문(friendly visiting)

영국과 미국에 있어서 19세기 말경부터 20세기 초에 이르기 까지 자선조직협회(charity organization society)의 활동은 빈곤자에 대한 개별방문지도로서 그것에 종사한 사람이 우애 방문원(friendly visitor)이다. 방문원은 그 당시 독지가들로 이루어져 무보수로 활동 했다가 그 후 유급의 사회사업가가 되었다. 이러한 활동 중에 여러 가지 과학의 지식을 도입하여 그것이 오늘날 케이스워크로 발전하였다. 우애방문의 단계에서는 과학적 치료보다도 우애의 정신에 기초를 둔 생활지도가 중시되었다.

## 우애방문자(friendly visitors)

자선조직협회(COS : charity organization societies)의 자원봉사자 또는 뒤에 결국 사회사업가(social worker)가 된 자선조직협회의 고용인을 의미한다. 그들의 일차적인 일거리는 욕구가 있는 가정을 조사하고, 문제의 원인을 판정하고, 문제해결책을 안내하고, 그리고 최후의 수단으로 '가치 있는' 클라이언트에게 물적 도움을 제공하는 것이다. 우애방문은 개별사회사업으로 대체되고, 점점 더 전문화되었는데, 더욱 철저히 훈련받을수록 문제의 원인을 더 잘 이해할 것이라고 한다.

## 우애조합(friendly society)

17세기 영국에서 시작한 조합으로 상호부조를 목적으로 설립하였다. 이 단체는 조합원의 갹출금과 기부금에 의해 운영되고 조합원과 그 가족을 위하여 질병이나 사망급부로 사용되어 왔다. 이후 근대적 생명보험회사의 출현과 국민건강보험의 발달로 제정비되어 급부내용이 충실하고 재정이 튼튼한 공인조합으로 성장해 왔다. 제2차 세계대전후 포괄적인 사회보장이 실시되고 공인조합제도의 폐지로 전후 23,000개의 등록조합은 16,000개로 감소되었다. 1958년의 영국보험회사법은 우애조합을 그 법칙적용에서 제외시켰으며 단지 부칙에서 다루고 있다.

## 우연사고(fortuitous event)

어떤 사고에 있어서 사고의 발생 그 자체나 발생의 시기 또는 발생의 상태, 혹은 그것으로 말미암아 입게 되는 경제적 불이익 중 우연성이 발견되는 경우, 그 발생사고를 우연사고 또는 우연사건이라고도 한다.

## 우연성(contingency)

사회조사와 통계학에서 쓰는 용어로, 분할표(contingency table)에서처럼 변수들 간의 연합 혹은 상관관계를 함축하는 용어이다. 행동주의(behaviorism)에서는 행동 뒤에 일어날 것으로 기대되는 결과를 의미한다.

## 우울신경증(depressive neurosis)

비애감·무가치감·죄책감·무력감 등은 물론 인간관계에서의 이탈, 수면이나 식사 또는 성(性) 등에 대한 욕망을 상실한 정서적 상태와 행동특징을 나타내는 신경증의 일종을 의미한다.

## 우울장애(depressive disorder)

조직을 압박하는 압력이 모세혈관압보다 더 커서 이로 인하여 장시간 조직에 빈혈을 유발하여 생긴다. 대부분 골돌출부위 위에서 여러 시간 과도한 압력이 가해지면 발생하나 이외에 영양 결핍, 부종, 빈혈 등이 또 다른 원인이 된다. 예방에는 ①뼈 돌출 부위의 압박을 경감시킨다.(air mattress, 체위변경, water mattress) ②압박 부위의 순환 증가시킴 ③적절한 식이 섭취 ④피부의 육아조직 보호 등이 있다.

## 우울한 반응(depressive reaction)

실제적으로 발생했거나 감지된 심각한 손실로 인해 생기는 슬픔, 비관, 활동의 저하를 의미한다. 현재 이 용어는 양극장애(bipolar disorder), 주우울증(major depression), 비관우울증(dysthymic disorder), 순환적 장애(cyclothymic disorder) 등의 용어로 쓰인다.

## 우클라드

마르크스주의에서 한 사회경제구성체의 기초적인 생산관계(생산양식)의 형태를 말하며 경제제도로 번역된다. 마르크스 자신이 개념규정한 것이 아니고 역사적으로 구소련이 자본주의에서 사회주의로 이행하는 단계에서의 신경제정책에 관련해서 파악되기 시작했다. 마르크스 경제학에서는 한 시대의 한 사회에는 지배적인 우클라드 외에 낡은 우클라드가 언제나 밀접히 얽힌 상태로 존재한다고 한다. 단 사회주의 사회에 있어서는 사회주의적 우클라드가 사회의 자연성장성의 연장에서 생기는 것이 아니라 사회주의 혁명의 결과로서 비로소 만들어지는 것이므로, 병존하는 다른 우클라드는 모두 사회주의적 우클라드에 통합되어 가지 않으면 안된다고 한다. 우클라드의 개념규정은 역사의 이행과정을 분석, 그 사회가 어떤 사회경제 구성체에 속하는가를 판단할 때 하나의 기준으로서 중요한 의미를 갖는다.

## 우회학습(detour learning)

자극 – 유형 학습이론의 하나이며 실험동물과 먹이의 사이에 철망이나 유리창 등의 장애물이 놓여지게 되면 실험동물은 먹이를 먹기 위하여 반대 방향으로 우회하는 것을 말한다. 이때 동물이 먹이를 먹기 위하여 장애물을 돌아간다는 것이 단순한 결합, 즉 시행착오에만 의존하는 것이 아니라 사태의 이해, 즉 통찰에 의한 행동이 많다는 것이다.

## 운동과다증

지나친 신경운동으로 특징지어지는 아동기의 장애로 집중력이 떨어지고, 신중하게 배우고 지각하는 데 어려움이 따르는 것을 의미한다. 대체로 행동과다증(hyperactivity)과 동의어로, 현재 전문가들이 더 선호하는 용어는 행동과다증을 가진 주의력 결핍장애(attention deficit disorder)이다. 또 이 증후군은 '아동운동과다증후군', '아동기 운동과다증반응', '극미한 두뇌 손상', '극미한 두뇌 역기능' 그리고 '극미한 대뇌 역기능'으로 알려져 있다.

## 운동기능(motor skills)

비교적 단순한 운동(적) 반응계열이 보다 복잡한 운동으로 통합된 신체적 기능을 의미한다. 가령 피아노를 치는 것, 글씨를 쓰는 것, 공을 차는 것과 같은 것이 운동기능의 예이다. 운동기능은 지각적 운동기능(perceptualmotor skills), 또는 심체적 기능(psychomotor skills)이라 불리어지기도 한다. 운동기능의 학습과 성취에는 감각 · 두뇌 및 근육의 작용이 요청된다. 이러한 운동기능은 학습된 신체적 운동 능력으로 속도 · 정확성 · 힘 · 유연성에 따라 그 수준이 판별된다. 학교학습에서는 운동기능의 학습이 중요한 역할을 하여, 저학년에 이르면 이를수록 운동기능 학습이 중요하다. 교과영역에 따라서는 학년이 증가함에 따라 운동기능의 고도화와 통합화가 더욱 강조되는 것도 있다. 스포츠 · 기악 · 기술분야 등은 고도의 통정된 운동기능이 요구되는 대표적 분야이다.

## 운동발달(motor development)

걷기, 기어다니기, 기어오르기, 물건을 손으로 잡기, 물건을 다루기 등, 대근육 및 소근육을 포함하는 신체적 능력이 발달하는 것을 말한다. 운동발달의 일반적인 원칙으로는, ①성숙과 학습의 정도에 따라 발달이 이루어지며, ②예언 가능한 순서로 일어나며, ③발달의 단계는 예언할 수 있으며, ④운동기술의 학습은 아동이 신경계통과 근육이 우선적으로 발달되어 학습할 수 있는 준비가 되어 있기 전에는 장기적 효과를 기대하기 어려우며, ⑤운동발달의 속도는 개인차가 있다는 것을 들 수 있다.

## 운동지각능력(perceptual abilities)

블룸(B. S. Bloom)의 교육목표 분류에 있어서, 심체적 영역의 제 3단계 수준에 속하는 것으로 학습자의 지각적 유형의 전부를 가리키며 이로부터 자극이 학습자에게 접수되고 고등 뇌중추에 전달되어 해석되는 능력을 의미한다. 이 수준은 심체적 영역뿐만 아니라 인지적 행동을 통제해 주고 있지만 많은 연구자들은 심화된 운동경험은 보통 어린이가 당면하는 수많은 사태를 보다 효율적으로 구조화하고 지각하는 능력을 향상시켜 준다고 주장하기 때문에 신체적 영역에 포함시키고 있다. 한 개인의 효율적인 기능발휘를 위해서 이 운동지각 능력은 학습자의 지적 · 정의적 및 신체적 영역의 발달에 필수적이 된다. 이 능력은 학습자의 자극을 해석하는데 도움을 주어 환경에 필요한 적응을 하게 해준다. 이 능력의 발달을 위하여 학습자는 초기에 감각적 자극이 되는 활동에 참여할 수 있는 기회를 최대한도로 갖도록 하며, 이러한 능력의 발달을 촉진시킬 수 있는 각종 동작에 대해 탐구할 기회를 많이 주어야 한다. 이 능력수준은 운동지각능력(preceptual abilities), 시각변별(visual discrimination), 촉각변별(auditory discrimination), 청각변별(tactile dis－crimination), 협응능력(coordinated abilities)으로 분류된다.

## 운영목표(operative goals)

조직의 실제 운영상에 나타나는 목표로, 공식목표를 성취하기 위한 수단적 목표로 사용되기도 한다. 이와 대비되는 공식목표(official goals)는 조직이 공식적으로 내세우는 공식적인 목표를 말한다. 공식목표는 설치법규 · 정관 · 연차 보고서 등에 나타나는 조직의 일반적인 목표로, 조직의 활동영역 · 조직의 존재이유 · 존재 가치 등을 표현한다. 한편 드래프트(R. Daft)와 스티어스(R. Steers)는 좀 더 세분된 목표 유형 을 제시하여 조직의 목표를, 최고관리층에 책임이 있는 공식목표와, 조직의 중간관리층에 책임이 있는 운영목표, 그리고 일선 감독자 및 종업원 개인들의 책임에 속하는 운용목표(operational goals)로 구분하고 있다.

## 워커 － 내담자관계(worker － client relationship)

사회사업실천에서 사회사업가와 클라이언트의 관계를 말할 때 보통 두 사람 사이에 연결된 대인관계를 말한다. 사회사업가가 케이스워커로 기능하는 경우를 한정할 때는 케이스워크관계가 된다. 사회사업가와 클라이언트 관계의 특징은 개인적인 대인관계와는 달리 클라이언트의 과제해결을 원조하는 것을 목적으로 맺어진 전문직업적인 인간관계라는 점이다. 따라서 사회사업가에게는 전문직 종사자로서의 전문적 태도와 자기인식이 요구된다.

## 워커빌리티(workability)

펄만(Perlman H. H)이 그녀의 케이스워크이론을 전개하는데 사용한 중요한 개념으로 케이스워커의 원조를 활용하는 클라이언트의 동기 부여와 능력을 포괄적으로 표명한 개념이다. 이전에는 치료가능성이라고 하였지만 펄만은 이것을 케이스워크의 기능을 활용하는 주체로서의 클라이언트 측면에서 본 것이다. 그녀는 이 능력을 케이스워크 관계를 통해 제공되는 여러 가지 서비스를 자기의 문제해결에 활용하는 지적·정서적·신체적 능력의 세 가지 측면에서 설명하였다.

## 워커와 성원관계

사회사업가와 성원간의 관계를 전문원조관계라 하며 사회사업가와 개인성원간에 성립되는 관계와 사회사업가와 집단전체사이에 성립되는 관계가 있다. 사회사업가는 기본적으로 원조자로 평가되며 집단성원에 의해 선출된 지도자와는 구별된다. 사회사업가는 집단 내에서 좋은 지도자를 키워 바람직한 활동을 전개해가도록 원조하는 역할을 할 때가 많다. 집단에서의 사회사업가는 통솔자, 의사, 조언자, 협력자, 참관자 등의 역할을 한다. 또 사회사업가와 성원들과의 사이에는 신뢰관계가 확립되는 것이 중요한데 그러기 위해서는 성원들 개개인을 인격체로 존중하고 있는 그대로 수용하여 그들의 감정이나 문제에 대해서도 공감을 갖고 이해하려는 태도가 필요하다.

## 워크샘플방법(work sample method)

현실적인 직업에서 보이는 주된 작업을 실제에 가까운 조건으로 행하게 하여 장애인의 직업능력을 평가하는 방법으로 타워법이 그 하나이다. 미국에서는 이 외에 각종 수법이 개발되고 있으며 재활시설을 중심으로 널리 활용되고 있다.

## 원내구호(indoor relief)

빈민을 거택에서 보호하는 원외보호에 대해 노역장에 수용해서 보호하는 것을 말한다. 1834년의 개정구빈법은 원내보호를 원칙으로 하고 있으며 특히 노동능력을 가진 빈민은 구제대상에서 제외하기 위해 열등처우의 원칙이 적용되었다. 구빈법적 원내구호를 원형으로 하는 수용보호는 전통적 처우방법의 하나로서 오래 동안 지속되어 왔으나 현재는 인권존중의 관점에서 재고되고 있으며 시설기능의 고도화, 시설의 사회화 등 새로운 대응이 절실하다.

## 원상복구(restitution)

이전에 빼앗긴 재산 및 권리를 반환(회복)받는 것이다. 도둑질하거나 재산을 파괴한 사람들은 때때로 피해를 받은 사람들에게 원상복구해줄 것을 강요받는다.

## 원심적 가족구조(centrifugal family structure)

가족체계 이론에 따른 가족원들이 응집력이나 애착이 별로 없고 가족 밖에서 정서적 지원을 찾으려는 가족관계 형태를 말한다. 또 이 구조는 가족관계 이외의 사회관계에서도 발생할 수 있다.

## 원외구호(outdoor relief)

원래 영국의 빈곤법에 의해 시정된 빈민구제방법의 하나이며 빈민을 구빈시설인 작업장(workhouse)에 수용 보호하는 원내보호에 대해 빈민을 그 거택에서 보호하는 것을 말한다. 거택보호는 금세기에 들어와 사회사업의 근대화, 민주화와 함께 재평가되어 대상자처 우의 기본원칙이 되기에 이르렀다. 또 근래에는 단순한 거주보호에서 대상자의 가정·지역사회를 보장하는 일환으로 지역사회보호 및 재가복지의 전개가 추구되고 있다.

## 원인 대 기능 논쟁(cause — versus — function issue)

사회사업에서 역사적으로 논쟁이 되어온 주제로서 여기에는 실천, 사회개혁 방향, 케이스 서비스 등이 포함되어 있다. 애덤스(Jane Addams)와 같은 초기의 사회사업가들은 정치적 행동 및 지역사회의 조직화를 통한 사회변화를 강조하는 원인지향을 지지했다. 반면에 리치몬드(Mary Richmond)와 같은 사람들은 사회사업가가 지닌 면접이나 상담 등의 기술을 통한 개인적 발전의 기능을 강조했다. 현재 대부분의 사회사업가들의 견해는 실무분야가 원인과 기능지향을 모두 포함해야 한다는 것이다.

## 원인(cause)

변화, 운동 혹은 행위를 가능하게 한 힘을 의미한다. 아리스토텔레스(Aristoteles)는 원인을 네 가지로 분류하여 ① 사물의 발생을 본질적으로 결정하는 형식적(formal) 원인, ②사물의 자료가 되는 질료적(material) 원인, ③결과를 야기하는 힘을 의미하는 효율적(efficient) 원인, ④목적을 의미하는 궁극적(final) 원인을 들고 있다. 그리고 여기에 더하여 신(神)을 의미하는 제일의(first) 원인을 들기도 한다. 르네상스의 시기에는 원인을 존재하는 실체적 대상(object)으로 생각했으나 오늘날에는 일반적으로 에너지나 행위의 형태로 이해한다. 뉴튼은 같은 결과에는 같은 한 결과에는 다양한 원인이 있다고 주장은 변화의 관계이며 논리적으로 독립된 두 개의 개념들로 표현될 때, 한 사건의 발생한 사건이 원인이 된다.

## 원인적 진단

문제발생원인과 그 뒤의 결과 그리고 이들 상호간의 인과관계를 시간적·계열적·역사적으로 파악하여 진단하는 개념으로 발생학적 진단학이라고도 한다. 이러한 대상이해의 방법은 언제나 문제발생의 메커니즘을 원인과 결과라는 인과관계의 추구에 두기 때문에 현실의 문제 상황이 곤란하거나 클라이언트의 잠재적인 가능성이나 건강한 측면이 소홀히 취급될 염려가 있다는 비판도 있다.

## 원조법

사회사업의 급여에 관한 법의 한 분야로 주로 저소득자에 대해 자립 조장의 목적에서 대부형태로 보장활동이 행해지는 것을 내용으로 한 법을 총칭해 원조법이라 부른다. 이러한 의미에서 원조법에 속한 현행 입법으로는 모자복지자금의 대부를 주 내용으로 한 모자복지법 등이 있다. 이상의 의미로 원조법의 특징은 질계약, 자금대부계약 등과 같이 사법상의 계약관계를 중심으로 해서 원조목적달성상 필요한 특례를 마련하는데 있다.

## 원초상태(original position)

특정 상황이 자신의 이해관계에 미치는 영향에 대해 알지 못함으로써, 사회적 결정이 공정하게 이룩될 수 있도록 조건지워진 이념적·가설적 상황을 Rawls는 원초상태라 칭하였다. Rawls는 그의 정의론(正義論)에서 원초상태의 특징으로 당사자의 절차상의 동등한 권리, 자원의 적절한 부족상태 그리고 무지의 베일(veil of ignorance)의 3 가지를 들었다. 이러한 원초상태 하에서 합의되는 일련의 법칙이 곧 사회정의의 원칙으로 사회 협동체를 규제하여야 한다고 그는 주장한다.

## 원폭후유장애

원자폭탄이나 수소폭탄 등이 폭발할 때 입은 상해가 영속적인 신체장애를 가지고 있는 것이다. 원폭의 상해는 폭풍의 강대한 압력에 의한 외상이나 고열에 의한 화상 등이 있는데 이는 보통의 화약폭발 등의 경우와 비교하면 정도가 심한 점이며 원폭증상의 특징은 방사능에 의한 것인데 순간적으로 강한 방사능을 받아 발생하는 인체의 병변으로서 급성, 만성, 유전성의 세 가지가 있다. 급성은 피폭 직후에서 수일 내지 1 × 2개월 사이에 나타난다. 표면에 나타나는 증상은 전신의 피부나 점막에 생기는 출혈성의 반점이고 이때 위장출혈로 말미암아 피가 섞인 구토나 설사가 생기나 출혈의 원인은 방사능에 의해 조혈기관인 골수가 침해당하기 때문에 일어나는 것이고 혈소판이나 백혈구가 감소하고 심한 빈혈을 일으켜 체력이 약화되고 박테리아에 대한 저항력이 약화되어 박테리아 질환에 의해 실명하기 쉽다. 기타 탈모, 탈치, 발한, 월경정지, 정력탈실 등의 전신증상을 일으켜 수일 내지 4 × 6개월간에 사망하는 사람이 많다. 만성질환에 대해서는 피폭 수년 후에 백혈구 기타의 혈액질환, 종양성 질환, 폐암, 갑상선암, 조혈기능장애, 관장기능장애, 시각기능장애, 운동기능장애, 소화기기능장애 등도 발생한다. 유전성으로서는 강한 방사능을 받은 남녀의 성세포가 돌연변이를 일으켜 자손에 커진다고 한다. 이러한 환자에 대한 정부의 의료적 및 생활보장정책이 강구되고 있으나 보다 철저한 시책이 보완되어야 하겠다.

## 원회활동원(lobbyist)

입법과 공공정책에 영향을 주기 위해서 직접적으로(국회) 의원에게 접근하려는 특별한 이익집단과 개인을 의미한다. 이 용어는 입법자들(국회의원)을 만나기 위해 국회의 로비에 늘 출입하는 이들 중 몇 사람의 경향에서 비롯되었다.

## 월간 지도계획

복지대상자나 집단에 대한 지도, 훈련을 위한 1개월 단위의 개입계획을 말하며 사회복지시설 등에서 입안·사정된다. 지도계획에 의해 달성해야 할 목표를 금월의 목표 등의 표어로 지침을 표현하는 것은 직원, 대상자의 전체적 참가가 중요하기 때문이다. 또 개별적으로 지능은 높으나 자발성이 결여된 정신지체아에 대해 화장실 청소 등 일정한 목표를 세워 청소라는 복잡한 행동을 물을 뿌린다, 걸레로 닦는다. 등의 구체적 행동으로 세분화해서 반복을 통해 학습시키는 등의 지도계획을 말한다.

## 월급여액

기본급 + 정액수당 + 기타수당을 의미하는 개념으로서, 소정 근로시간을 기준으로 받는 급여이기 때문에 시간외수당, 휴일근로수당과 연월차수당 등은 제외된다. 정액수당은 전체 종업원에게 정기적·일률적으로 지급되는 수당(예: 직무수당, 직책수당 등)이며, 기타수당은 정기적으로 지급되지만 전체종업원에게 일률적으로 지급되지 않고 해당자에게만 지급되는 수당(예 가족수당, 지역수당, 기술수당, 자격수당 등)을 의미한다.

## 월드비전

1950년 한국전쟁 당시 고아와 미망인을 돕기 위해 설립된 국제구호 및 개발기구로 한국에서 첫 구호사업을 시작한 월드비전은 현재 세계 최대의 기독교 구호단체로서 전 세계 100여 개국에서 9천만명을 대상으로 긴급구호사업, 지역개발사업, 옹호사업 등을 하는 국제단체이다. 한국의 본부는 여의도에 있다.

## 월평균 가구소득

가구원 전체가 벌어들인 지난 1년간 총소득액을 평균한 한달 소득. 가구원 전체 총소득은 가족의 소득을 의미하므로 영업사용인 또는 사실혼 관계에 있지 않은 동거인과 같이 가족이 아닌 사람의 소득은 제외된다.(가계조사)

## 웨브부처(Sidney Webb and Beatrice Porter Webb)

영국의 시드니 웨브(Sidney Webb : 1859 − 1947)와 그의 처 베어트리스 웨브(Beatrice Porter Webb, 1858 − 1943)는 다같이 페어비언협회(Fabian Society)의 지도적 이론가로서 활약했다. 시드니는 런던의 하층중산계급가정에서 태어나서 버크벡대학(Birkbeck College)에서 야학으로 만학을 하여 국무성 식민성 등에서 서기관으로 활약하고 페이비언협회에서 활동하던 중 실업가의 딸 베어트리스 포터와 결혼하여 함께 저작활동, 노동운동의 지도자로서 활약했다. 시그니는 뒤에 런던대학교수, 노동당내각의 대신 등으로 활약했으며, 베어트리스는 1905×1909년의〈구민법 및 실업자에 관한 왕립위원회의원〉으로 이른바〈소수파보고〉로 유명하다. 이들 부부는 영국의〈민주사회주의〉(democratic socialism)의 이론적 지주로서 영국 노동당에 커다란 영향을 주어 복지국가이론의 초석을 마련했다.〈상업민주주의 사상〉(industrial democracy)과〈국민 최저한〉(national minimum)사상으로 유명하다.

### 웨크슬러(Wechsler, David)

루마니아출신의 미국 심리학자이다. 1939년 웨크슬러·벨뷰척도를 만들어 성인의 지능을 측정할 수 있도록 했다. 웨크슬러의 이 척도는 당시의 스탠포드·비네지능검사법을 능가하는 것으로서 뒤에 성인용 WAIS, 아동용WISC, 유아용 PPSI로 발전해 갔다. 웨크슬러는 지능을 개인이 목적에 맞는 행동을 하고, 합리적으로 사고하고, 효과적으로 환경에 대처해 가는 제 능력의 총체라고 정의하고 있다. 또 지능에는 동기, 충동성 등의 인자도 포함되는 것으로 생각하고 있다. 성격진단에도 쓰인다.

### 웩슬러 개인 지능검사(Wechsler intelligence scale)

뉴욕에 있는 벨로이베(Belleuve) 정신병원에서 웩슬러(D. Wechsler)가 만든 지능검사를 의미한다. 웩슬러—벨로이베지능검사라고도 한다. 이 지능검사에는 성인용(WAIA)·아동용(WISC)·취학전기아동용(WPPSI)의 세 가지 검사는 각각 언어성과 동작성이라는 두 가지 검사는 하위검사로 구성되어 있고, 언어성 검사에서 받는 언어성 IQ, 동작성 검사에서 받는 동작성 IQ를 구하도록 되어 있다. 웩슬러 개인 지능검사는 임상 진단용으로 널리 사용되고 있으며 한국에도 한국판 웩슬러 지능검사인 성인용(KWIS)과 아동용(KWSI)이 각각 표준화되어 있다.

### 위광(prestige)

어느 개인 혹은 집단에 있어서, 사람들로부터 승인된 차별적 가치를 말한다. 위광은 다른 사람들의 심리에 외경(畏敬)·칭찬(稱讚)·신복(信服) 등의 감정을 불러 일으킨다.

### 위기(crisis)

인간의 일상생활 중 언제나 일어날 수 있는 위험한 상황을 의미하는 것으로 사회사업에 있어서는 정서적 요인이 중요시 되고 있다. 위기는 위험한 상황 그 자체가 아니라 그 상황에 대한 개인의 정서적 반응이며, 정서적 장애나 정신병의 발생을 촉진시키는 긴장이기도 하다.

### 위기교섭(crisis bargaining)

불안하거나 위험을 당하고 있을 때 상황을 완화하고 갈등을 최소화하기 위해 취하는 제반 행동을 의미한다. 이 개념은 퀴블러로스 사망단계(Kubler—Ross death stages) 이론에서 가장 분명하게 설명되어 있다. 이 이론에서 교섭은 임박한 죽음에 대한 반응에서 나타나는 세 번째 위기단계이다. 개인은 거부(denial)와 분노(anger) 기간을 거친 후에 약속 혹은 '거래'를 하거나 혹은 다른 기준에 동조함으로써 죽음을 회피하거나 연기하려고 시도한다.

### 위기보호센터(crisis care centers)

단기간의 긴급 보호를 제공하거나 개인과 집단을 위기 이전의 상태로 돌아갈 수 있도록 도와주기 위해 설치된 대인 서비스 분야나 보건의료 분야의 시설을 의미한다. 이러한 센터에서는 재해 구호, 자살 예방, 비상식량과 임시 거처 제공, 강간이나 다른 범죄 희생자에게 대한 상담, 혹은 학대받는 부인과 아동에게 임시거처 제공, 약물 남용자에 대한 치료와 여타의 많은 서비스를 제공한다.

### 위기이론(crisis theory)

새롭고 익숙하지 못한 사건에 직면했을 때 나타나는 사람들의 반응과 연관된 제반 개념을 의미한다. 이러한 사건들은 자연적 재앙, 중요한 것의 상실, 사회적 지위의 변화, 생활주기의 변화와 같은 형태로부터 발생할 수 있다.

### 위기중재(crisis intervention)

개인 또는 가족이 곤란한 사태에 직면해서 불균형 된 상태라는 위기를 맞을 때 전문가가 생활상황 속에 들어가 문제해결을 위한 원조를 제공해 나가는 과정을 말한다. 즉 위기상태에서 다시 균형을 회복시켜 나가는 과정으로 그 위기상황에 있는 개인 또는 가족을 적어도 위기 이전의 수준까지 회복하도록 원조해 가는 실천방법이다. 이것은 주로 지역정신보건의 영역을 중심으로 전개해 왔으나 현재에는 모든 원조 전문직에서 사용되고 있다.

### 위생교육

광의로는 건강에 관한 인간행동이나 관념에 관계하는 개인, 집단 지역사회 등의 활동을 총칭한다. 건강교육, 보건교육과 동의어로 사용된다. 실제로 위생교육은 보건소활동 등에서 기획된 대책이 되고 있으며, 일반적인 위생지식의 보급과 향상, 모자보건이나 치과위생의 교육 등 대상과 목적 방법이 확립되어 있다.

## 위생요인(hygiene factor)

인간의 욕구 가운데, 충족되지 않을 경우 조직구성원에게 불 만족을 초래하지만 그러한 욕구를 충족시켜준다 하더라도 직무수행 동기를 적극적으로 유발하 지 않는 요인을 Frederick Herzberg는 위생요인(衛生要因, hygiene factor) 또는 불만요인(dissatisfier)이라고 하였다. 반면 동기요인(動機要因, motivator)은 인간의 욕구 가운데 조 직구성원에게 만족을 주고 동기를 유발하는 작용을 하는 요인을 말하며, 만족요인(satisfier)이 라고도 한다. 위생요인은 일 그 자체보다는 "직무의 맥락"(job context)과 관계되는 것으로서, 조직의 방침(정책)과 행정, 관리감독, 상사와의 관계, 근무환경, 보수, 동료와의 관계, 개인생활, 부하직원과의 관계, 지위, 안전 등을 말한다.

## 위약(placebo)

효능이 있는 약과 동일하게 보이도록 만들어졌거나 효능이 있는 약처럼 환자에게 제공되지만 효과가 없는 약을 의미한다. 이중맹검(double blind)조사에서 실험대상자의 절반에게는 이 위약을, 나머지 절반에게는 효능이 있는 진짜 약을 주어 약효를 시험한다. 관심을 가져주기를 바라는 환자나 약 사용에 따른 이차적 이득(secondary gain)을 얻으려는 환자에게 때때로 이 위약이 투여된다. 이렇게 효능이 없는 물질이 약효가 있다고 믿는데서 오는 물리적 효과를 '위약효과'(placebo)라고 한다.

## 위임

어떤 사람이 자신을 대신해 특정한 일을 처리할 수 있는 것. 위임을 받은 사람이 위임된 내용에 관해 하는 말이나 행동에 따른 결과는 위임을 한 본인이 책임을 져야한다.

## 위임권(power of attorney)

대리인을 지명하여 그 사람에게 특정한 상황에서 자신을 대신하여 행동할 수 있는 권한을 부여하는 공문증서를 말한다. 위임권은 타인에게 대리인의 권한을 입증하기 위해 사용되며, 특히 재산을 매각할 때나 원칙적으로 불가능한 법률상의 문제를 다룰 때 가장 흔하게 쓰인다.

## 위임사무

국가나 상급 자치단체의 위임에 의해 지방자치단체가 처리하는 사무를 말한다. 이에 대비되는 자치사무는 지방자치단체 존립의 목적이 되는 지방적 복리사무를 말한다. 위임사무는 또 자치단체에 그 자체에 위임된 단체위임사무와 지방단체의 장에게 위임된 기관 위임사무로 나뉘어진다. 기관위임사무의 처리에 대해서는 지방의회는 의견제시권만 가질 뿐 간섭할 수 없다. 자치단체의 사무를 이와 같이 자치사무와 위임사무로 구분하는 것은 이론적으로나 실제적으로 실익이 거의 없다. 우리나라의 지방자치법은 자치사무와 위임사무(단체위임사무)의 구별을 인정하지만 자치사무의 범위를 명시하지는 않고 있다.

## 위임장

어떤 사람이 자신을 대신해 특정한 일을 처리할 수 있다는 것을 기록한 문서를 위임장이라고 하는데 위임장을 받은 사람이 위임장에 기록된 내용에 관해 하는 말이나 행동에 따른 결과는 위임을 한 본인이 책임을 져야한다.

## 위임전결

관청의 보조기관이 그 관청의 이름으로 단지 사실상 그 관청의 권한을 대리 행사하는 것을 말한다. 위임전결은 관청의 권한 그 자체를 다른 기관에 위양(委讓)하는 권한의 위임 및 관청의 권한의 전부 또는 일부를 그 보조기관이나 다른 관청이 피대리관청(被代理官廳)의 대리인으로서 행사하여 그 대리인의 행위가 피대리관청의 행위로서의 효력을 발생하는 권한의 대리와 구별된다.

## 위임행정

공공단체, 기관 또는 개인이 국가 또는 공공단체의 위임에 의해, 국가 또는 공공단체를 대신하여 수행하는 행정을 말한다. 위임행정에는 다음과 같은 3종류가 있다. ①단체위임사무(團體委任事務): 광역 및 기초자치단체에 대한 위임 사무로 전염병원(傳染病院) 등의 설치와 종두(種痘)의 시행 등이 여기에 속한다. ②기관위임사무(機關委任事務): 지방자치단체의 기관에 대해 위임하는 사무로 경찰사무, 호적사무 등이 여기에 속한다. ③사인(私人)에 대한 위 임사무: 사법인(私法人) 또는 개인에 대해 위임하는 사무로 국고금 취급, 금고사무의 취급, 소득세·입장세 등의 조세징수 사무가 여기에 속한다.

## 위자료(alimony) 01

사람의 신체나 재산 등 물질적인 것이나 명예나 정조 등 정신적인 것에 대한 훼손을 했을 경우 그에 따른 손해에 대해 금전이나 금전에 해당하는 것으로 보상하는 것을 위자료라고 하는데 가령 이혼 위자료나 교통사고 위자료 같은 것이다.

## 위자료 02

법적 구비요건에 따라서 전 배우자가 다른 배우자에게 이혼하기 위해 지불하는 돈을 의미한다. 전 아내가 전 남편에게 위자료를 지급하는 경우도 증가하고 있긴 하지만 대개 위자료는 남편이 전 아내에게 지급한다. 위자료는 자녀양육비와 구별된다.

## 위장실업(disguised unemployment)

일할 의사와 능력에 맞는 취업의 기회가 현실적으로 주어지지 못하여 취업상태에 있으나 노동력으로 현재화되지 않은 채 실업통계에 나타나지 않는 실업이다. 로빈슨여사

(Robinson, H.)에 의하면, 불경기 하에서 해고된 노동자가 원래의 직업보다는 생산성이 낮은 직업에 고용되어 있는 상태를 의미한다. 특히 농업이 주종을 이루는 후진적인 경제에 있어서는 구조적으로 한계생산성이 영(零)인 노동력이 존재하는 상태를 반영하여 농촌의 상대적 과잉인구로서 이른바 잠재적 실업을 이룬다.

## 위증죄

재판정이나 국회 청문회 등의 공적인 자리에 법률에 의해 선서한 사람이 거짓말을 하는 것을 위증죄라고 한다. 거짓 증언을 한 사람이 증언을 끝내기 전에 사실을 말하면 위증죄가 되지 않고, 증언을 끝낸 뒤에 자수한다면 형량이 줄어든다.

## 위탁(referral)

법률상으로는 보통 법률(행정)행위 또는 사실(사무)행위에 대해 해야 할 일을 타인에게 의뢰하는 것을 말한다. 법률관계에 따라 용어가 상이하며 사법에서는 위임, 준위임, 신탁 등 용어가 많으나 사회복지 행정에서는 조치의 실시기관이 민간기관 또는 개인에 대해 조치의 실시 계속을 의뢰하는 것에 한정해 사용하는 경우가 많다. 이와 같은 일을 특히 조치위탁이라 한다. 그밖에 공적관계에 있어서의 위탁이 있는데 이것은 사무의 위탁 사무의 위임 등으로 부른다.

## 위탁사업

공공단체의 사업 중에서 민간에 시키는 것이 효과적인 경우에 사업을 위탁하는 것을 말한다. 위탁사업은 계약에 의해 사업의 내용을 정하고 위탁의 대가로 위탁사업비가 지불된다. 노인복지센터의 운영, 시설봉사원 파견사업 등이 대표적인 것이다.

## 위탁시설

조치의 실시기관이 그 이외의 자가 조치·경영하는 사회복지시설에 보호·육성 등의 복지서비스의 급여를 위탁할 때 그 복지의 조치위탁을 받는 시설을 위탁시설 또는 조치위탁시설이라 한다. 일반적으로 민간시설이 되겠으나 지방공공단체도 있을 수 있다. 위탁시설은 조치권자인 조치비의 지변의무자로부터 지급기준에 따라 조치비의 지급을 받는다. 그러나 지역위탁은 위임기관에 있어 언제나 사법적으로 대등한 것은 아니고 조치의 위탁을 받았을 때는 정당한 이유가 없는 한 이것을 거부할 수 없게 되어 있다.

## 위험(risk)

일반적으로 손실을 발생시킬 가능성이 있는 것으로 또 그 손실의 발생이 불확실한 것을 말한다. 생명보험의 대상이 되는 위험은 ①다수의 사람들에게 있어 공통의 위험, ②

손해가 명확한 위험, ③손해의 크기가 엄청나게 크지도 않고 무시할 수 있을 정도로 작지도 않은 위험, ④손해의 발생률을 어느 정도 측정할 수 있는 위험, ⑤보험료가 지급될 수 있는 액수에 해당되는 위험 등에 한정된다.

## 위험률

위험발생률 또는 위험도라고도 한다. 어떤 특정한 위험이 어떤 기간 내에 발생하는 비율을 말한다. 이를 테면 30세 남자의 사망률이 0.00103이라고 하는 경우에는 30세의 남자가 31세가 될 때까지의 1년간에 사망하는 위험률이 10만명당 103명이라는 것을 의미한다.

## 위험직종(hazardous occupation)

생명보험에 있어서 보험사고가 발생할 확률이 특히 높은 직업의 종류를 말한다. 그 위험의 정도에 따라 보험인수를 거절하기도 하지만 대개의 경우에는 보험종류의 제한, 보험가입금액의 제한 혹은 특별보험료 징수의 조건을 부가하여 승낙한다. 우리나라에서는 위험직종을 1급, 2급, 3급으로 구분하고 있다.

## 윌리암즈(Williams George)

영국 서머세트에서 태어났다. 19세 때 런던에 나와 포목상을 하고 뒤에 고용주의 딸과 결혼하였다. 당시에 젊은 점원들의 생활이 거칠어져 있는 것을 구제할 목적으로 Y. M. C. A.(Young Men's Christian Association)를 창설하였다. 처음에는 순수한 종교적 목적을 가진 단체였지만 뒤에는 이에 더하여 청년들이 가진 사회적·교육적인 욕구를 충족시켜주는 단체로 세계적 조직으로 발전했다.

## 유급자원봉사자

볼런티어활동의 원칙으로 무상성의 원칙이 있어 유상볼런티어의 표상은 제도에 어울리지 않지만 비용변상으로 교역비, 기재비, 식사비의 지급은 별도로 하고 있다. 그렇지만 볼런티어활동의 경우에는 유상의 문제가 전기된다. 관리볼런티어·기술볼런티어로서 일반의 임금·보수보다 저액의 보수를 지급하는 경우, 유료부담의 재가복지서비스(홈헬프 사업이 많다.)의 담당자로서 복지협력자에 대한 보수를 각지 에서 볼 수 있다. 활동참가의 동기나 의식은 명백히 볼런티어이지만 이들의 활동을 볼런티어라 칭하느냐의 여부는 견해가 양분되어 있다.

## 유급휴가(vacation with pay) 01

근로자의 적절한 휴양을 위해 설정된 것이 연차유급휴가 제도이다. 근로기준법에 의하면 1년간 개근한 근로자에 대해서는 8일, 90% 이상 출근한 자에 대해서는 3일이며 그 뒤는 근속연수마다 1년에 대해 1일을 가산한 유급휴가를 주도록 규정되어 있다. 휴가 총수가 20일을 초과할 때에는 초과일수에 대한 통상임금을 지급하고 휴가를 주지 않을 수도 있다. 휴가 시기는 근로자가 원하는 시기를 원칙으로 하나 사업운영에 지장이 있을 경우에는 그 시기를 변경할 수 있다. 휴가기간 중에는 취업규칙 등에 의해 통상임금이나 평균임금이 지급된다.

## 유급휴가 02

근로자가 연중무휴로 일만 한다면 육체적으로나 정신적으로 회복할 수 없을 정도로 지쳐 버릴 것이다. 그러므로 근로자가 적절한 휴양을 취하는 것은 건강한 문화생활을 영위하기 위한 최저한의 기본조건이라 할 수 있다. 이것은 또 기업전체로 보나 국가적으로 봐서도 노동력의 유지 배양이라 는 점에서 필요한 것이다. 이러한 취지에서 설정된 것이 근로기준법의 연차유급휴가제도이다(근기59). 연차유급휴가일수는 1년간 개근한 근로자에 대해는 10일, 9할 이상 출근한 자에 대해는 8일이며 그 이후는 매근속연수 1년에 대해 1일을 가산한 유급휴가를 주도록 규정하고 있으나 휴가총일수가 20일을 초과할 때에는 초과일수에 대한 통상임금을 지급하고 휴가를 주지 아니할 수 있다. 사용자는 근로자가 원하는 시기에 유급휴가를 주는 것이 원칙이나 그 시기가 사업운영에 심대한 지장이 있는 경우에는 그 시기를 변경할 수 있다. 사용자는 휴가청구의 사유여하에 따라 휴가를 인정할 것이냐의 여부를 결정할 권한이 없다. 그 명칭이 말하는 바와 같이 휴가기간중에는 취업규칙이나 기타 정한 바에 의해 통상임금 또는 평균임금이 지급된다.

## 유기(desertion)

유기라 함은 요부조자 등의 생명·신체를 추상적인 위험상태에 두는 것을 말하며 여기에는 두 가지의 경우가 있다. 요부조자로 종래에 있던 장소로부터 생명·신체가 위험한 다른 장소로 이전하는 적극적 유기가 있다. 가령 유아를 길거리에 버리는 행위가 여기에 속한다. 요부조자와의 장소적 거리를 생기게 하거나 생존에 필요한 보호를 하지 않는 소극적 유기이다. 가령 요부조자를 멀리 떠나거나, 기거 불능의 노모에게 식사를 제공하지 않는 경우 등이다.

## 유기아(neglected child)

유기아란 부모로부터 양육을 거부당하거나 방치되는 아동으로서 이것은 대개 부모가 아동을 양육하는 과정에서 구체적인 과업을 완수하지 못하는 경우나 부모의 책임을 다하지 못하는 경우에 나타나는 현상이다. 이러한 아동의 특징적인 행동과 문제를 보면 영양결핍이나 지적·신체적 발달의 지체현상이 드러나고 냉담하고 무관심한 태도를 가지며, 정서적 불안, 만성질환에 쉽게 걸리는 취약성을 지니고 있다. 한편 이러한 유기아가 발생하는 가정의 경우, 대개 주거조건이 불량하고 생활에 필요한 물적 수단이 결여되며, 가족 수가 많고, 가정관리가 소홀하다. 이

러한 유기아는 점차 감소되어 가는 경향을 보이고 있으며 대부분이 시설수용보호를 받고 있다.

## 유기죄

경제적인 능력이 없는 사람이나 나이가 많거나 병에 걸린 사람을 보호하고 부양해야 할 법률적, 혹은 계약에 의한 책임이 있는 사람이 보호나 부양의 대상이 되는 사람을 보호나 부양받지 못하는 장소에 방치해 그 사람의 생명이나 신체를 위험에 빠뜨리는 것을 유기죄라고 한다.

## 유기체(organism)

좁은 의미에서는 생물과 같다. 생물체는 그의 제 부분 사이에 형태적으로나 기능적으로나 분화가 있으면서도, 그들 상호 및 전체와의 사이가 불가분의 관계에 있으며, 하나의 통일체를 이루고 있다. 여기서부터, 널리 이와 같은 구조를 가진 것을 유기체라고 한다. 이 의미에서 가령 사회는 하나의 유기체이지만, 그러나 생물체가 갖고 있는 모든 성질을 사회에 귀속시키는 것은 잘못이다.

## 유기체적 윤리(bioethics)

생물학과 관련된 법적, 도덕적, 사회적, 윤리적인 고려사항에 대한 분석과 연구. 특별히 관심을 갖는 쟁점은 유전공학, 산아제한(birth control), 안락사(euthanasia), 그리고 사람이나 동물의 신체 일부를 다른 사람 혹은 동물에게 이식하고, 미수정란의 핵을 체세포의 핵으로 바꿔놓아 유전적으로 똑같은 생물을 얻게 하는 기술 등이다.

## 유네스코(UNESCO)

1945년 파리에 본부를 두고 설립된 국제연합 교육과학문화기구(united nations educational, scientific and cultural organization)를 말한다. 기본 목적은 사상과 문화, 과학적 성과의 자유로운 교류와 모든 사람들을 위한 기초교육 촉진과 인류의 문화적 유산을 보존하는 것들을 포함한다.

## 유능빈민(the able bodies poor)

1601년 집대성된 영국 빈민법은 빈민을 노동능력의 유무를 기준으로 넷으로 분류했다. 유능빈민은 그 중의 하나로 나머지는 무능빈민(the impotent poor) 유아(children)이다. 15세기말 이래의 엔클로우저에 의해 지역을 박탈당한 농민은 부랑빈민화해 16세기에는 중대한 사회적·정치적 문제가 되었다. 처음에는 그들에 대해 억압으로 대응했으나 효과가 없자 도구와 원재료를 준비해서 노동을 강제하여 정착시키려 했다.

## 유니버설 보험

유니버설 보험은 컴퓨터 발달으로 인하여 최근 미국에서

시작된 신종 보험의 형태로 금융시장의 변동에 따라 신축성과 현실성을 최대한 반영하는 생명보험을 말한다. 특징은 다른 보험계약이 추가로 필요없을만큼 신축성이 높으며 저축부문과 보장부문이 명확히 구분되어 있다. 저축부분은 유리한 이자율로 신축성있게 저축할 수 있으며 세제상의 우대를 받을 수 있는 장점이 있다. 이 보험은 여러가지 보험회사가 각기 다른 이름과 내용으로 판매하고 있어 일률적으로 말하기는 어렵지만 대체로 무배당보험이다. 보험계약자의 보험수요 변동에 따라 저축액, 보장액, 보험료 등 변수를 필요에 따라 쉽게 조절할 수 있다.

## 유니세프
(united nations international children' s emergency fund : UNICEF)

국적과 인종, 이념, 종교, 성별 등과 상관없이 도움을 필요로 하는 어린이가 있는 곳이면 어디든가 달려가 도움의 손길을 전하는 '차별 없는 구호'의 정신에 따라 2차 대전의 패전국들과 중동, 중국의 어린이, 극동의 한국 어린이 등을 원조하는 1946년 12월 설립된 국제기구를 말한다.

## 유동적 과잉인구

상대적 과잉인구의 유동적 형태를 의미한다. 근대 산업부문에서는 자본축적에 따라 노동생산성이 급속하게 상승하며 생산의 확대에 따라 취업자 수는 증가한다. 그러나 이 부문에서도 경기변동이나 기타의 경제변동에 따라 노동자의 급수와 반발이 부단하게 생긴다. 이 과정에서 노동자의 일부가 일시적으로 실업한다. 실업자는 재고용되어 현역노동자로 복귀하거나 정체적 과잉인구나 피구제 빈민증가로 전락하는 등의 길을 걸어 장기간 실업자로 남아있는 일은 없다. 이것을 유동적 과잉인구라 한다.

## 유랑여성(bag lady)

가난하고 집 없는 여성을 가리키며, 이러한 여성들은 정신질환을 앓고 있고 소지품을 시장 바구니에 넣어 다닌다.

## 유료복지사업(entrepreneurial practice)

사회사업에서 이익추구를 목적으로 사람이나 서비스를 제공하는 것 등을 포함하는 활동을 의미한다. 이러한 활동에는 요금을 받고 기관과 지역사회의 조직에 자문을 제공하는 사설 임상사회사업 기관, 장애아동을 위한 사립학교와 같은 이익추구의 사회사업 시설의 설치, 실직 사회사업가를 위한 고용기관, 기업체를 위한 훈련시설 그리고 노약자(frail elderly), 미혼모, 제자리를 찾지 못하는 양부모 슬하의 자식들과 같은 위기에 처한 사람들(risk population)을 위한 가정 등이 있다.

## 유료사회단체(proprietary)

통상 특정 사회의 사회봉사를 제공함으로써 영리를 추구하는 사회사업가 및 여타 전문가들이 소유 또는 운영하는 조직이나 시설을 의미한다. 이러한 영리기관은 다소 비싼 요금을 받는다는 점을 제외하고는 비영리단체와 동일한 봉사를 제공한다. 영리기관의 예로는 중간시설(halfway houses), 주거 및 교육시설, 캠프, 정신병원자 입원시설, 훈련소, 연구소, 상담기관, 그리고 지역사회 기구 프로그램 등이 있다.

## 유료사회봉사(proprietary social services)

영리추구를 목적으로 지식, 훈련, 기술, 가치관, 윤리 및 전문적인 사회활동의 방법을 사용하여 사회봉사를 하는 것을 의미한다.

## 유료양로시설

노인을 입소시켜 급식 기타 일상생활에 필요한 편의를 제공하고, 이에 소요되는 일체의 비용을 입소한 자로부터 수납하여 운영하는 시설로서 입소대상자는 65세 이상의 자로 일상생활에 지장이 없는 자라야 한다. 입소정원은 50인 이상이어야 하나 다만 다른 노인복지시설에 병설할 때에는 30인 이상이어야 한다.

## 유료행위(proprietary practice)

사회사업의 비임상분야에서 자영 전문인이 영리를 목적으로 사회봉사를 제공하는 행위를 말한다. 영리행위라는 용어는 개인업이 통상 임상분야에 적용한다는 점을 제외하고는 본질적으로 개업사회사업(private practice)과 같은 의미이다. 영리행위를 하는 사회사업가는 전형적으로 개인 상담역, 특별 이익단체의 조직책 및 특정 단체의 관리인 자격으로 자신의 시설과 전문기술을 제공한다. 이들 중 일부는 특별한 사회봉사와 함께 신체적 도움을 필요로 하는 사람들을 위해 영리목적의 사설기관을 개발하기도 한다.

## 유사빈곤층(near poor population)

고용되었기는 하나 공공원조나 사회보장의 혜택을 받는 사람들보다 겨우 조금 더 버는 정도밖에 되지 않는 사람들(개인이나 가족)을 말한다.

## 유색소수인종(minorities of color)

피부색이 지역사회를 주도하는 집단과 달라서 소수의 지위에 있는 사람들. 미국에서 이 용어는 흑인, 동양인, 미국 인디언과 기타 집단들을 언급하는데 사용된다.

## 유색인(nonwhite)

코카서스인이 아닌 흑인, 미국 인디언, 중국인, 일본인 등 유색인종을 포함하는 인구집단을 가리키는 미국 인구조사국의 용어이다.

## 유스 호텔(Youth Hostel)

"젊은이의 집"이란 뜻으로서 국내 또는 세계 여러 곳을 여행하고자 하는 청소년들이 적은 비용으로 이용할 수 있는 간소하고 청결한 청소년의 간이숙박소로 청년야외활동의 일환으로 하는 운동 및 그를 위한 숙사로서 독일에서 시작한 것인데 청년편력숙박운동, 청년간이숙박소운동이라고도 불리워지는 유스·호텔운동은 청소년들이 여행을 싼 비용으로 할 수 있도록 숙박소 그 밖의 시설을 제공하는 운동으로, 반더포겔(Wandervogel)이 발전한 것이다. 반더포겔은 제 1차 대전 때 도이취에서 시작되어서 도시의 청년들이 기타를 메고 마을에서 마을로 돌아다니면서 낮에는 농가의 일을 도와주고, 밤에는 청년들과 함께 노래 부르고 춤추며 여행하였는데 이것이 영국으로 건너가자 부자나 귀족들이 별장을 숙박소로 개방하게 된 것이 유스·호텔운동의 시초이다. 국제 유스호텔협회의 본부는 코펜하겐에 있으며, 도보·싸이클 등의 방법으로 여행하고, 견문을 넓히며, 규율있는 행위에 의해 인격의 향상을 도모하는 것을 목적으로 하고 국적이나 사회적 배경 또는 종교가 다른 청소년들이라도 서로 만나 우정을 나누며 레크레이션 및 야외활동을 통해 심신을 단련하는 수련장이라 할 수 있다. 이곳에는 부모와 같이 돌보아 주며 어려움이 있을 때 상담과 조언을 해주는 페어런트(parent : 관리자)가 있어 여행하는 젊은이들은 마음껏 여정을 즐길 수 있으며, 여행을 보내는 부모들도 안심하고 여행을 권장할 수 있다.

## 유아(preschool child)

아동복지법에 의하면 만1세부터 소학교 취학시기에 달할 때까지의 아동을 말하며, 인격 형성상 초기단계로 매우 중요한 시기이다. 가령 기본적인 생활습관으로서 자립, 운동기능이 거의 완성된 시기로 노는 것을 통해 사회생활의 학습이 행해진다.

## 유아교육(preschool education)

취학전 교육으로 3세 이상 취학까지의 유아를 대상으로 하지만 의무제는 아니다. 근래에는 유아교육이 강조되어 조기능력 개발에 힘쓰고 있으나 초등학교 교육의 선취로서 또 위락적 경향은 반성을 요한다. 가능한 유아의 자발적 활동을 존중하고 조화적 발달을 조장하는 것이 유아교육의 기본이다. 유아교육은 유치원, 보육소에서 행해지고 있지만 보육소는 탁아소로서의 기능을 하고 현재는 아동복지시설의 하나로서 위치하고 있다. 유보일원화를 바라는 소리가 높아지고 있지만 구체화에 관한 논쟁이 많아 일치를 보지 못하고 있다.

## 유아급사증후군
### (sudden infant death syndrome : SIDS)

젖먹이가 원인불명으로 사망하는 것이다. 대부분 생후 2개월과 5개월 사이에 발생하며, '침대(유아용)사망'(crib death)이라고도 한다. 원인은 아직까지 잘 알려져 있지 않지만, 유아들이 호흡문제를 해결하는데 적합한 방어반응을 하지 못함으로써 발생하는 것으로 추측하고 있다.

## 유아기 반추장애(rumination disorder of infancy)

반복되는 구토로 특정 지어지는 몇몇 유아들의 식이장애(eating disorder). 이것은 유아의 체중을 감소시키거나, 영양부족을 야기한다. 이 증세의 원인은 알 수 없지만 위장병 또는 구역질 때문에 발생하는 것은 아니다.

## 유아사망(infant mortality rate)

유아사망이란 생후 1년 미만의 사망을 말하며 출생 1000에 대한 비율을 유아사망률이라 한다. 유아는 혼자서는 살아갈 수 없으며 저항력도 약해 상처받기 쉬운 존재로 양친 및 사회의 보호를 필요로 한다. 따라서 유아사망률은 모체의 건강상태, 지역일반의 포괄적 건강수준지표라 할 수도 있다.

## 유아자폐증(infantile autism)

아동 정신분열증과 구별되는 아동정신병의 일종을 말한다. 그 행동 특징을 보면 초기부터 극심한 고독에 빠져 있어 모든 사람과의 접촉을 회피하며, 언어발달이 전혀 이루어지지 않는 경우가 거의 대부분이고, 일상적 생활 습관이나 환경의 변화에 대한 저항이 심하다.

## 유엔 아동기금(united nations children' s fund)

UNICEF(유니세프)는 1946년 유엔총회의 결의에 따라 설립된 유엔 국제아동 긴급기금(united nations international children' s emergency Fund)의 약칭으로 구제가 목적이었다. 1953년 유엔아동기금으로 명칭을 변경, 상설기관이 되었는데 약칭은 그대로 두었다. 유니세프는 주로 개발도상국의 아동에 대해 직접 원조를 주는 것을 목적으로 하여 유아·아동·임산부에 대한 급식, BCG주사에 의한 결핵예방대책 등의 건강위생활동과 교육, 직업훈련 등을 행하고 있다. 원조는 침략전쟁의 희생국에 대해 우선권이 주어진다. 본부는 뉴욕에 두고 있다.

## 유의도(significance level)

체계적인 데이터 수집을 통해 획득된 가치는 우연히 발생하지 않는다. 조사보고서 작성시 이것은 우연한 결과가 나올 특정 표본의 수를 제시해준다. 사회과학에서 유의도는 다른 숫자와 마찬가지로 사용될 수 있지만 .01, .05, 또는 .01로 흔히 사용된다. 가령 .05란 유의도가 사용된다면, 100번의 표본추출에서 5번 정도의 결과가 우연히 나올 수 있다는 관찰이 가능하다.

## 유의수준(significance level)

가설검증을 할 때, 표본에서 얻은 표본통계량이 일정한 기 각역(棄却域, rejection area)에 들어가는 확률 즉 오차 가능성을 말한다. 일반적 연구에서는 유의 수준을 a=1%, 2%, 5%, 10% 등으로 정하는 경우가 많다.

## 유전(heredity)

어버이의 성격·체질·형상 등의 특성이 자손에게 전해지는 현상을 의미한다. 이 과정은 세포핵의 염색체 내에 있는 유전인자(DNA 혹은 RNA)에 의해 이루어지는 경우와 세포질에 의한 경우가 있는데, 인간을 비롯한 고등동물의 경우 대개가 DNA에 의해 유전이 된다. DNA는 자기와 동일한 개체를 복제하는 능력을 가짐으로써 어버이가 가진 형질을 그대로 자손에게 전달하게 된다. 이러한 과정에 이상이 생기게 되는 것을 돌연변이에 한다.

## 유전상담(genetic counseling) 01

유전적인 결함에 기인한 신체적 문제를 지녔거나 위험에 직면한 사람들을 돕는 의학의 전문직 및 관련 분야를 말한다. 이러한 문제들은 다운증후군(Down's syndrome), 낭포성 섬유증(cystic fibrosis), 당뇨병(diabetes), 겸상 적혈구성 빈혈(sickle ─ cell anemia), 혈우병(hemophilia) 및 헌팅턴 무도병(Huntington's chorea) 등이다. 상담은 문제의 재생이라는 위험과 대안에 관해 개인에게 조언함으로서 새로운 문제를 방지하고자 한다.

## 유전상담 02

유전상담의 목적은 ①어떤 기형이나 유전성 질환이 발생하였을 때 다른 어린이에게 재발의 위험성을 결정하며, ②유전성 질환을 가지고 태어날 위험성을 결정함으로써 진단과 치료를 신속히 시작할 수 있도록 하며, ③유전성으로 오기 쉬운 중한 장애를 가지고 태어날 수 있는 아기의 출생을 출산 전 진단을 통해서 예방하는 데에 있다. 주요한 진단법으로는 임신 14 ─ 16주에 양수천자를 시행하여 염색체 분석과 ─ 태아 단백 검출을 시행하는 방법과 융모막 채취(CVS)를 임신 9 ─ 11주에 시행하여 직접 DNA 분석이나 세포배양 검사를 할 수 있다. 그 외에 초음파검사, 경피적 제대혈 채취, fetoscopy 및 방사선 방법이 있다. 장애아동이 태어날 확률이 높은 부분들을 위해서 임신 전 혹은 임신 후에 유전학적 정보를 주고, 상담하는 것을 말한다. 유전상담가는 산전 진단 방법을 통한 정확한 진단 자료와 함께 장애에 관한 유전적 형태의 정보 수집은 물론 장애의 원인, 부모의 가계 조사에 이르기까지 가능한 정보를 수집하는 것이 필요하다. 또 장애의 원인이 유전적 문제로 인한 것이라면 부모가 받게 될 심리적 충격에 대한 조언이 필요하며, 산아 제한, 입양 문제, 인위적인 산아 제한이나 낙태에 대한 종교적·도덕적 신념 등을 총망라해서 다뤄야 하기 때문에 단순한 유전학자

이상의 자질을 갖추고 있어야 한다. 이러한 모든 조언을 받고 난 후 부모는 태아가 장애아동으로 태어났을 때 치루어야 하는 고통, 아동을 평생 동안 돌보아야 할 경제적·정신적 부담, 부모들의 종교 혹은 가치관, 교육의 여건, 부모의 준비 태세, 그리고 그 밖의 가족 관계에서 일어날 수 있는 문제 등을 고려해서 임신을 준비하든가 출산 여부를 결정하게 된다.

## 유족연금(survivor allowance)

퇴직금을 받을 권리가 있는 사람이 사망하였을 때 그 유족이 받는 연금을 말한다. 유족급여에는 유족연금·유족연금부가금·유족연금일시금·유족일시금·순직부조금이 있다.

## 유족의 우선순위(Priority of the Survivors)

급여를 받을 유족의 우선순위는 민법상의 상속의 순위에 따른다. 민법 제1000조 내지 1003조에 의해 상속의 순위는 피상속인의 직계비속, 직계존속의 순위며, 동순위의 상속인이 2인 이상인 때에는 최근친을 선순위로 하고, 배우자는 다를 직계존·비속의 유족중 선순위의 유족과 동순위가 되며, 다른 유족이 없을 경우에는 단독 상속인이 된다.

## 유증

사람이 자신이 죽고 난 뒤에 재산의 일부나 전부를 상속받을 사람이 아닌 제3자에게 공짜로 주는 것을 유증이라고 한다. 유증을 받는 사람은 상속을 받는 사람과 같은 권리와 의무를 가지게 되는데 유증을 받게 될 사람이 유증을 받기 전에 죽게 되면 유증의 효과는 없어지고, 유증을 받는 사람의 자손이 대신해서 유증을 받을 수는 없다.

## 유지기능적 조직(maintenance organizations)

사회체제가 와해되지 않도록 규범 적 통합 기능을 수행하는 조직을 말한다. 학교와 교회가 전형적인 유지기능적 조직에 해당한다. Katz와 Kahn은 조직의 기본적 기능에 초점을 두고 조직의 유형을, 생산적 또는 경제적 조직(productive or economic organizations), 유지기능적 조직, 적응적 조직(adaptive organizations), 관리적 또는 정치적 조직(managerial or political organizations) 의 네 가지로 나누었다.

## 유책배우자

유책배우자는 혼인의 파탄에 책임이 있는 사람을 말하며, 민법에서 정하고 있는 유책배우자 즉 이혼사유는 다음과 같다. ①부정한 행위를 한 때, ②악의로 상대방을 견기한 때(악의의 유기), ③배우자 또는 배우자의 직계존속으로부터 심히 부당한 대우를 받은 때, ④배우자의 직계존속

을 심히 부당하게 대우 한 때, ⑤3년이상 행방불명, ⑥기타 혼인을 계속 할 수 없는 중대한 사유가 있을 때

## 유치권

타인의 물건이나 유가증권을 점유한 자가 그 물건이나 유가증권에 관해 생긴 채권이 변제기에 있는 경우에 그 채권을 변제받을 때까지 그 물건이나 유가증권을 유치할 수 있는 권리.

## 유치장

형사피의자 또는 형사피고인으로서 구속영장의 집행을 받은 자(미결수용자)를 수용하기 위하여 법무부장관소속하에 설치·운용되는 국가의 시설을 말한다. 보호실과는 다르다. 대용교도소로 사용되기도 한다. 여기에는 형사피의자·형사피고인, 형벌로서의 구류를 받은 자, 또는다른 수사기관의 의뢰 입감자 등이 유치된다. 유치인은 흉기 기타 위험물을 소지할 수 없고, 사건관련자·공범자·여자 등은 원칙적으로 분리되어 다른 방에 유치되며, 유치인의 신청이 있으면 수사상 지장이 없는 한 가족에게 신상에 관한 통지를 하여 준다.

## 유해환경(noxious environment)

가정과 학교 밖에 있는 사회일반의 환경 중에서 교육적으로 바람직하지 못한 비교육적인 환경이 유해환경이다. 크게 나누어서 학교나 근로청소년들의 직장 바로 앞에 형성되어 있는 유해환경과 그 이외의 사회·일반에 존재하는 비교육적인 환경으로 나누어서 살펴볼 수 있다. 청소년들은 감수성이 예민하고 감정이 풍부하여 감각적이거나 관능적인 면을 자극하는 놀이나 오락에 이끌리기 쉽다. 이러한 청소년의 심리를 이용하여 영리를 추구할 목적으로 교육적인 의미를 망각한 채 유흥음식점이나 각종 오락시설을 설치하는 것이 청소년들에게는 유해환경이 된다.

## 유행병(pandemic)

방대한 지역(가령 시, 국가, 대륙, 세계)에 걸쳐 폭넓게 나타나는 사회문제, 질병 혹은 정신장애를 일컫는 말이다.

## 유형학

면밀히 검사되고 있는 어떤 실체의 구성요소를 서술하기 위해서 사회사업가나 그 밖의 전문가들이 사용하는 분류체계를 말한다. 가령 많은 사회사업가는 사회사업 개입에 사용되는 다양한 활동을 분류하기 위해서, 홀리스 (Florence Hollis)가 개발한 개별사회사업 치료의 유형학 (typology of casework treatment)을 사용한다.

## 유형화의 오차(streotyping)

어떤 사람이나 사물을 볼 때, 그들이 속한 집단 또는 범주에 대한 고정관념에 비추어 지각함으로써 불러일으키는 지각상의 오류를 말한다.

## 유효수요(effective demand) 01

구매력이 있는 투자수요, 소비수요를 의미한다. 한 경제의 경제활동수준은 유효수요의 크기에 의하는데, 생산량을 소비하지 않는다면 양자 간의 괴리가 발생하여 비자발적 실업을 피할 수가 없고 생산과 소비간의 갭(gap)을 없애는 신투자가 필요하다. 따라서 금융·재정정책이 요구되는 논리인 유효수요이론이 케인즈에 의해 제시되고 있다. 대공황에서 유휴설비와 구조적 실업을 처방하는 이론으로서 오늘날에도 자본주의체제를 유지하고 있는 대부분의 국가에서 시행되고 있다.

## 유효수요 02

실제로 물건을 살 수 있는 돈을 갖고 물건을 구매하려는 욕구를 의미한다. 확실한 구매력의 뒷받침이 있는 수요이다. 이에 대해 구매력에 관계없이 물건을 갖고자 하는 것을 절대적수요라고 한다. 또 돈이 있어도 물자통제 때문에 물건을 손에 넣을 수 없다거나 가격이 비싸서 손을 댈 수 없지만 가격이 싸지면 사겠다거나, 소득이 증가하면 사겠다는 등 어떤 사정으로 표면에 나타나지 않은 수요를 잠재수요라 한다.

## 유효수요 03

시장에서 구매력을 수반하는 수요로 정의될 수 있다. 그러 나 이와 같은 정의방식은 가격이론의 한 개념으로 사용된 것으로, J. M. Keynes 이후의 현대경 제학에서는 고용 및 소득수준을 결정하는 요인으로 설명되고 있다. 즉 이는 기업가의 이윤총액 을 극대로 하는 고용규모로서, 사회적 총수요와 총공급이 균형되는 점을 가리킨다.

## 유희치료

놀이가 아동의 자기표현의 자연적인 매개라는 점에 착안하여 아동의 정서 사회적 발달을 촉진시키고 나아가 치료적인 효과를 가져 오도록 놀이를 이용하는 치료방법을 의미한다. 아동은 유희요법의 기회를 통해 긴장상태·욕구좌절·불안정감·공포·갈등·혼돈·공격성 등의 일상생활에서 누적된 감정을 놀이로서 표현하는 것이다. 이 표현된 감정을 아동 스스로가 직면하게 되고 나아가 그 감정을 통제하는 것을 학습하거나 그 감정을 해소시키거나 하게 된다. 유희요법은 비지시적 상담과 마찬가지로 개인의 성장과 자기지도를 할 수 있는 능력을 근본적으로 인정하는 데에서 출발하므로 유희요법의 방법과 기술은 비지시적 상담의 원칙에 준거한다. 유희요법의 장소는 대체로 유희실에서 이루어지나 유희실 이외에서도 진행될 수 있다. 유희요법의 대상은 인성적인 문제를 가지고 있는 12세 이하의 어린이로 삼는 것이 보통이나 인성적인

문제를 가지고 있지 않은 비장애아동을 대상으로 할 수도 있다. 유희요법에서 사용되는 용구는 일반적으로 아동이 쉽게 놀이를 할 수 있는 놀이시설·각종 장난감·그림 도구·찰흙·인형집 등 유치원에서 흔히 볼 수 있는 것들을 이용한다.

### 육성(nurturance)

사회복지 관계법률에서 원조활동은 원호, 육성, 갱생이라 표현된다. 이와 같은 경우 원호는 빈곤자를, 육성은 아동을, 갱생은 심신 장애인을 대상자로 한 원조를 말한다. 각기 대상자에 대한 사회복지원조활동의 특징을 강조한 용어법이라 생각된다. 그 경우 육성은 아동이 충분한 생활능력을 가진 사회인으로 성장·발달하도록 원조하는 것에 중점을 둔다. 이에 반해 원호는 대상자의 생활능력에 주목해서 일정 생활수준의 유지에 중점을 둔다. 원조형태의 어느 경우나 사회인으로서의 기본적 욕구대상인 물질, 서비스, 상황의 제공 및 상담지도와 보도를 공통적으로 포함하고 있다. 사회 복지적 개념으로서의 육성은 심신기능과는 구별되는 생활능력에 대해 명확히 해야 할 것이다.

### 육아노이로제

자식을 제대로 양육하려는 감정과 현실적으로 제대로 양육하지 못한다는 상반된 감정의 갈등에서 오는 신경증적인 불안감을 특색으로 하며, 모친자신의 성장배경에 유래한다. 특히 모친이 신생아에 대해 모성적 감정을 가질 수 없다는 육아부전감이 근저에 있다. 수유, 배설, 체중 등에 과도한 신경을 쓰며 부적절한 육아태도에서 아이에게도 발육상 문제가 생기지만 모친도 신경과민이 되어 때로는 아이를 죽이는 경우도 있다.

### 육아시간(nursing time)

생후 1년 미만의 유아를 기르는 여자노동자가 그 아이를 키우기 위해 노동시간 중에 노동의무를 면제받는 시간을 말한다. 근로기준법 제61조는 생후 1년 미만의 유아를 가진 여자노동자의 청구가 있는 경우에는 1일 2회 각각 30분 이상의 유급수유시간을 주어야 한다고 규정하고 있으며, 남녀 고용평등법 제12조에서는 사업주는 근로여성의 계속작업을 지원하기 위하여 수유·탁아 등 육아에 필요한 시설을 제공해야 한다고 규정하고 있다.

### 육아휴직제도 01

모성보호를 위해 남녀고용평등법 제11조는 사업주는 생후 1년 미만의 영아를 가진 근로여성이 그 영아의 양육을 위하여 휴직을 신청하는 경우에 이를 허용해야 한다고 규정했으며, 이와 같은 육아휴직기간은 근로기준법의 규정에 의한 산전·산후 유급휴가기간(90일)을 포함하여 1년 이내로 하며 이 기간은 근속기간에 포함

한다고 하였다. 또 사업주는 근로여성에게 육아휴직을 이유로 불리한 처우를 하여서는 아니된다고 규정하고 있다.

### 육아휴직제도 02

당해 사업장에서 1년 이상 근무한 노동자가 1세 미만의 영아를 가져 그 영아의 양육을 위하여 휴직을 신청하는 경우 사업주는 허용해야 하는데 이를 육아휴직제도라고 한다. 육아휴직 기간은 1년 이내로 당해 영아가 생후 1년이 되는 날을 경과할 수 없으며, 양육대상이 되는 영아는 법률상의 양자나 사실상 혼인관계에 의해 태어난 영아도 포함된다. 사업주는 남녀를 불문한 노동자가 소정요건을 갖추어 육아휴직을 신청하면 반드시 허용해야 하는데, 육아휴직 개시일 이전에 계속 근로기간이 1년 미만인 노동자, 동일 영아에 대해서 배우자가 육아휴직 중인 노동자, 동일 영아에 대해서 육아휴직을 한 적이 있는 노동자에 대해서는 허용하지 않을 수 있다. 육아휴직은 분할하여 사용할 수 없는데 배우자의 사망, 부상, 질병 및 정신적, 신체적인 장애 또는 이혼 등으로 인해 당해 영아의 양육이 곤란하게 된 경우에는 육아휴직을 한 적이 있었다고 하더라도 사업주는 육아휴직을 허용해 주어야 한다. 육아휴직기간동안 고용보험에서 월 40만원의 육아휴직급여가 지급되는데, 이를 지급받으려면 회사로부터 육아휴직확인서를 받아 거주지를 관할하는 고용 안정 센터에 육아휴직급여신청서와 함께 제출해야 하고 육아휴직 개시 1개월 이후부터 육아휴직 종료일 이후 6개월 이내에 신청해야 한다. 또 육아휴직을 30일 이상 부여하고 육아휴직 종료 후 30일 이상 계속 고용하는 사업주도 육아휴직 노동자 1인당 최소 월 20만원의 육아휴직 장려금을 지급받게 된다. 육아휴직제도 역시 산전후휴가와 마찬가지로 근로형태를 불문하고 1인 이상을 사용하는 전 사업장에 적용되므로 당해 사업장에서 1년 이상 근무한 비정규여성 노동자가 생후 1년 미만의 영아를 가져 육아휴직을 신청하는 경우에도 육아휴직이 부여되어야 한다. 육아휴직기간은 근속기간에 포함되며 사업주는 육아휴직을 이유로 불이익한 처우를 할 수 없음은 물론 육아휴직기간에는 해고시킬 수 없고, 육아휴직 종료 후에는 휴직 전과 동일한 업무 또는 동등한 수준의 임금을 지급하는 직무에 복귀시켜야 한다.

### 육영사업(scholarship program)

주로 빈곤 때문에 교육의 기회를 얻지 못하고 있으나 능력과 자질이 훌륭한 개인과 특정계층 자제에 대해 경제적·사회적 원조활동을 하는 것을 말한다. 이 사업은 당초에는 자혜적 목적으로 유산계급의 개인이나 집단이 해오다가 현재는 공적 또는 준 공적 기관에 의해 폭 넓게 청소년의 교육원조나 신체 장애인에 대한 원조활동으로 전개되어 가고 있다.

## 윤락행위 등 방지법

윤락행위를 방지하여 선량한 풍속을 도모하기 위해 제정한 법률(전문개정 1995. 1. 5 법률 제4911호). 선량한 풍속을 해치는 윤락행위를 방지하고, 윤락행위를 하거나 할 우려가 있는 자를 선도함을 목적으로 한다. 누구든지 윤락행위, 윤락행위의 상대자가 되는 행위, 윤락행위를 하도록 권유·유인·알선 또는 강요하거나 그 상대자가 되도록 권유·유인·알선 또는 강요하는 행위, 윤락행위의 장소를 제공하는 행위, 윤락행위를 한 자 또는 윤락행위의 상대자에게 금품 기타 재산상의 이익을 요구하거나 받거나 또는 받을 것을 약속하는 행위를 하여서는 안 된다. 국가 및 지방자치단체는 윤락행위의 방지와 요보호자의 건전한 사회복귀에 필요한 조치를 취해야 한다. 소년부판사는 윤락행위를 한 20세 미만의 자에 대해 선도보호시설에 선도보호를 위탁하는 처분을 할 수 있다. 특별시장·광역시장 또는 도지사는 요보호자 중 희망하는 자에 대해서는 일시보호소 및 선도보호시설에 입소시켜 선도보호하는 조치를 취할 수 있다. 선도보호의 내용은 상담 및 치료, 개인의 정서안정과 인격향상을 위한 교육, 사회적응에 필요한 기술교육 및 취업안내, 의료보호·건강관리 및 생활지도 등으로 한다. 요보호자를 위한 복지시설은 일시보호소·선도보호시설·자립자활시설로 한다. 국가 또는 지방자치단체는 시설을 설치할 수 있다. 시설의 장은 요보호자의 입소 후 1월 이내에 건강진단을 실시해야 한다. 시설의 장은 요보호자의 건전한 가치관과 자립갱생의 능력을 함양시키고, 사회적응능력을 배양시킬 수 있는 상담·훈련 등을 해야 하며, 요보호자를 선도보호함에 있어 인권을 최대한 보장해야 한다. 시·도지사 또는 시장·군수·구청장은 여성복지상담소를 설치할 수 있다. 국가 또는 지방자치단체 외의 자가 시설 또는 상담소를 설치·운영하고자 하는 때에는 시장·군수·구청장에게 신고해야 한다. 시·도, 시·군·구 및 상담소에는 여성복지상담원을 배치해야 한다. 영리를 목적으로 윤락장소의 제공을 하는 자 등이 영업상 관계있는 윤락행위를 하는 자에 대해 가지는 채권은 무효로 한다. 여성부 장관은 시설 및 상담소를 설치·운영하는 자를 지도·감독할 수 있다. 5장으로 나누어진 전문 28조와 부칙으로 되어 있다. 2004년 9월 성매매처벌법 시행규칙이 의견수렴 과정을 거쳐 공포 및 시행됨에 따라 기존 윤락행위 등 방지법 시행규칙은 폐지되었다.

## 윤락행위(prostitution)

불특정인 으로부터 금전 기타 재산상의 이익을 수수하는 약속을 하거나 기타 영리의 목적으로 성행위를 하는 것을 말한다. 종전에는 인간의 본능과 사회제도와의 관계에서 필요악으로 인정하기도 하였으나 최근에는 윤리와 공공질서 및 건강 면에서의 해독으로 사회악으로 규정하여 법률로서 금지하고 있다.

## 윤리강령(code of ethics)

전문직 성립의 한 조건으로서 전문직 단체가 중심으로 하는 가치관을 명문화하고 스스로 나아가야 할 자아상, 자기책무, 최소한의 행동 준칙 등을 내걸어 자기규제를 행할 기준을 나타낸 것이다. 그 기능으로서는 가치 지향적 기능, 교육 개발적 기능, 관리적 기능, 제재적 기능의 4가지가 고려된다.

## 융모막 추출(chorionic villi sampling : CVS)

임신 중 태반조직의 일부를 떼어내어 검사함으로써 염색체 이상과 유전적인 신진대사 질병을 발견하기 위한 의학적 절차를 의미한다.

## 융합(fusion)

M. Bowen의 가족체계이론에서 나온 용어로 감정과 지성의 기능이 혼란되어 지성이 감정의 부속물이 되는 것을 뜻한다. 가령 남편이 아내와 융합의 상태에 있게 되면, 남편은 스스로 생각할 수 없고 언제나 아내에게 상의를 하게 된다. 또 남편의 감정은 아내의 감정이 거울이 되어 버리게 된다.

## 은유(metaphor)

문자로 표현하기에는 적합하지 않은 어떤 것을 기술할 때 쓰이는 발언의 형태이자 유추의 한 형태이다. 은유는 사회사업가나 클라이언트가 객관적인 사실뿐만 아니라 감정이나 상상을 암시하는 데 사용된다. 가령 사회사업가는 클라이언트를 '허리케인'이라고 표현할 수 있는데, 이것은 클라이언트의 행동과 인성의 다양한 특성을 알려주게 된다.

## 음성언어기능장애(voice — speech disorder)

선천적 혹은 후천적 원인으로 언어습득 및 발달에 지장을 초래하여 타인과의 의사소통 및 자기생각의 전달에 지장이 있는 것을 말한다. 주로 청력장애적인 것을 제외한 장애 즉 언어 진동기관인 치아, 혀, 입술, 턱, 인두, 후두에 장애가 있는 것과 신경계통의 장애 및 환경적, 정서적 요인으로 오는 장애 등을 의미한다.

## 음악치료(music therapy) 01

음악치료자가 치료적인 상황에서 체계적으로 내담자에게 음악을 듣게 하거나 적절한 연주 행동을 하게 함으로써 개인의 신체적, 심리적, 정서적 통합과 바람직한 행동변화를 가져오게 하는 등의 치료적 효과를 보게 하는 특수한 심리 치료법이다. 그 효과는 내담자의 기분뿐만 아니라 신체적 기능에까지도 작용하는데, 음악을 통해서 심신의 건강이 심리적 원인에 의해서 영향 받는다는 것을 이해시키고 음악의 기능을 통해 건강을 회복, 증진시키기는 것이다. 음악치료 프로그램은 개인적인 표현과 정서적 욕구를 위하여 안전한 환경과 구조를 마련한 것이어서 내담자의 고통스러운 정서를 표현하게 하고 받아 주기 위한 그릇이라 할 수 있으므로 자신을 되돌아보는데 안정감을 가지게 하고 현실을 그대로 받아들이도록 도와준다. 장애 아동들의 문제 가운데 하나는 언어적인 수준에서의 소통이 매우 곤란하다는 것인데, 이때 비언어적 전달 수단으로서의 음악이 치료자와 아동을 서로 결부시키는 유효한 매체로서 기능을 한다. 이것은 치료를 유효하게 추진하는 데 필요하고, 특히, 자폐증 아동의 경우 아동과 다른 사람들과의 인간적인 접촉을 가능하게 하며 상호 간에 의사소통의 기회를 넓힐 수 있게 도와준다. 비음악적인 행동을 수정하고, 정신 건강, 사회성 발달, 사회 적응, 운동 협응을 위해 이뤄지는 모든 형태에서 음악을 사용하는 것을 말한다. 때로 음악요법은 재활에서 치료적 기구로 사용되며 레크리에이션이나 교육 목적을 위해서도 사용된다. 특수교육에 있어 음악의 가장 중요한 공헌은 활동을 통해 학습을 즐겁게 촉진시켰다는 것을 들 수 있다. 치료적으로 볼 때 음악은 장애아동의 성격에 심리적·생리학적인 면에 있어 중요한 영향을 미치는 것으로 알려져 왔고, 행동주의자들은 행동을 바꾸고자 할 때 음악을 사용한다고 한다. Freudians는 불안감을 감소시키고, 카타르시스, 승화 그리고 효과적인 상태로의 변화를 위해서는 음악사용이 효과적임을 제시하였다. 음악치료는 병원, 학교, 기관, 1 : 1로 치료·교육하는 임상센터 등에서도 다양하게 적용되고 있으며 이에는 음악, 음악 기구, 춤, 음악회 참석, 작곡, 노래 부르기, 노래 듣기 등이 포함된다. 특수교육에 있어 음악요법은 보상적인 목적으로 장애아동에게 논리적인 연속으로 운동하고, 발생하며, 음악에 대해 반응하고, 참여하기, 지시 따르기 등의 능력을 증가시키기 위해 사용된다. 따라서 모든 아동에게 심리적이고 즐겁고 풍부한 경험을 위해 지식과 기술을 가르치는 음악교육과는 구분된다.

### 음악치료 02
심리치료법의 한 형태로, 심리적, 행동적 및 신체적 문제나 장애를 가진 사람을 치료하기 위해 음악을 이용하는 기법을 말한다. 구체적으로 치료대상자에게 음악을 들려주거나 악기를 연주하도록 하는 방법 등이 사용된다.

### 응급의료
응급환자에게 언제나 의료를 공급하는 체제를 말한다. 구급 의료시스템의 요점은 휴일이나 야간 의료공급시스템의 정비 의료정보시스 템 환자운송시스템의 정비 의료 종사자와 시민에 대한 구급의료에 관한 교육의 4항목이다. 의료공급시스템의 정비에는 개업의의 윤번제 실시, 휴일 야간진료소의 설치, 또 제2차·제3차 의료기관의 계획적 배치가 필요하며 구급 센터 등의 전문시설도 필요하다.

### 응급정신질환(psychiatric emergency)
정신의학자 또는 정신건강 팀의 일원이 즉시 행동을 취해야 할 정도의 정신질환 징후를 보이는 한 개인의 갑작스럽고 예기치 못한 행동을 말한다. 정신질환 긴급사태를 초래하는 가장 보편적인 행동은 자살기도 또는 자살위협, 위협적인 환각상태, 기억상실 상태, 약물 복용으로 인한 위태로운 행동, 정신적 능력의 급격한 악화 등이다. 때때로 이러한 악화는 처방된 향정신성 의약품의 오용 또는 중지와 관련이 있다.

### 응능성 / 응익성
조세와 사회보장비의 부담에 있어서 각자의 지불능력에 상응하여 부담해야 한다는 응능설과 각자의 수익의 정도에 맞춰서 부담해야 한다는 응익설이 있다. 응능부담은 재분배 효과가 크고 응익부담은 자원배분효과가 강하다. 우리나라 건강보험은 응능성과 응익성이 혼합되어 있다고 할 수 있다.

### 응용과학 / 응용학문(applied science)
기초과학에 비교하여 사용되는 용어로, 기초과학(자연과학분야일 수도 있고, 사회과학 분야일 수도 있음)에서 이룬 지식이나 이론 등의 성과를 인간의 실제적 및 현실적 문제를 해결하거나 인간생활에 도움을 줄 목적으로 진행되는 과학분야 또는 학문분야를 총칭한다. 공학 및 의학 등이 해당되며, 심리학분야의 경우에는 응용심리학 분야를 응용과학의 범주로 분류할 수 있다. 사회복지학은 대표적인 응용과학, 응용학문이다.

### 응용심리학(applied psychology)
학습이론, 아이들의 발달이론, 지각이나 감상의 이론, 신경생리학적인 이론 등의 이론적 심리학을 산업, 정치, 범죄, 경영 등의 사회생활현상에 응용한 것을 응용심리학이라 한다. 그러나 이론심리학의 지식이 그대로 응용심리학에 유용하냐 하면 그렇지 않고 타 과학의 지식을 도입해서 독자의 체계를 확립해 가지 않으면 해명할 수 없는 문제가 많아 응용심리학이라기보다는 독자의 과학적 성격이 강하다.

### 의도적인 감정표현
(purposeful expression of feelings)
사회사업가 ― 클라이언트 간의 관계(relationship)에서 기본적인 요소 중의 하나인데 사회사업가는 클라이언트를 격려해주어야 한다는 것을 의미한다. 이러한 교류가 이루어지지 않을 경우 클라이언트의 정서(감정)가 약화될지도 모르므로, 사회사업가는 이들이 자신의 감정을 표현하도록 의도적으로 노력한다. 사회사업가는 클라이언트의 진술을 경청하고, 관련사항에 대해 질문하며, 주의 깊게 답변을 경청하고, 비관용적이거나 심판처럼 보이는 행동을 하지 않음으로서 의도적인 감정표현을 격려한다.

## 의료 · 간호서비스

의료서비스 만성의 거택 병약노인에 대한 방문의료, 방문간호, 방문보건지도 등을 말한다. 병약노인의 건강증진과 기능회복을 통해서 신변자립생활을 충족할 수 있도록 노인과 그 가족을 교육 · 훈련하고, 노인의 보호에 지친 가족을 원조해 주는데 있다. 간호의 방법을 가족에게 교육하고 잔존기능의 회복에 희망을 갖게 하고, 일상생활이나 간호에 유효한 기구나 방법을 연구하고, 기구의 대여 등과 같은 여러 가지 서비스를 해주어 기능회복의 조건을 갖추어야 하는 것이다.

## 의료(medical treatment)

의료란 인간의 질병의 예방, 조기발견, 치료, 사회복지 등을 목적으로 하는 의학의 실천이다. 그리고 의료는 일정의 지식과 기술을 가진 자가 개개의 불특정한 환자에게 작용하는 것이다. 병원이나 의원 등의 의료시설은 일정지역에 있어 각기 지역주민들의 건강을 지키는 역할을 하고 있는데, 이와 같은 의료시설의 기능이 미치는 일정지역의 범위를 의료권이라 한다.

## 의료개별사회사업(medical casework)

의료기관에서 행하는 개별사회사업을 의미한다. 환자나 가족이 의료 · 보건서비스를 유효하게 이용할 수 있도록 그것을 방해하고 있는 경제적, 사회적, 심리적 제 문제를 해결하도록 원조하는 기술 내지 그 과정을 말한다. 그 구체적 내용은 질병의 종류나 병상, 의료기관의 성격 등에 따라 상이하지만 기본적으로 사회사업가는 의료팀의 일원으로서 의사, 간호사 등 의료스텝과 협력관계를 갖고 환자와 좋은 인간관계를 맺고 사회자원을 유효하게 활용할 것 등에서 공통되고 있다. 그러나 그것들을 실행하기 위해서는 집단사회사업(social group work)이 지역사회조직(community organization)의 방법으로도 활용되고 더 나아가서는 의료사회사업으로 행해져야 한다. 여러 가지 문제를 안고 있는 의료제도의 개혁 등 사회적 행동의 원동력으로서도 의료사회 사업가가 해야 할 역할은 크다고 하겠다.

## 의료경보(medic alert)

민간기금으로 운영되는 국영조직으로 여기에 등록된 회원들에게 의료기록을 제공하며, 건강보호 실천가들에게 긴급 의료정보를 제공해주는 프로그램을 말한다. 의료경보는 등록자에게 특별한 팔찌나 다른 증명서를 제공함으로써 건강보호 실천가들이 위기에 처한 환자의 요구를 알 수 있도록 도와준다. 가령 어떤 회원은 특정 약물에 알레르기 반응을 보인다거나 충분히 밝혀지지 않은 신체적인 조건에 대해 이야기하지 못할 수도 있다. 24시간 전화서비스가 제공되며 요금 수신자부담 통화도 가능하다.

## 의료공영방식

의료공급기관의 대부분을 국가 또는 지방자치단체의 직영으로 의료보장을 행하는 방식을 말한다. 러시아 · 중국 등의 사회주의국가은 의료기관 전부가 국유 · 국영이며 의료공영방식을 취하고 있다. 영국에서는 병원은 국영이나 일반의사는 독립한 개업의다. 단 보수 제도는 등록인두식으로 국가에서 지불되고 있으며 개업에는 일정한 제약이 가해지고 있기 때문에 의료공영방식이라 할 수 있다.

## 의료과오

의료과오가 큰 사회문제로 등장하고 있으나 명확하게 개념규정을 하고 있지 않다. 다만 미숙한 의료기술에 의한 것, 의료행위에 있어서 과실에 의한 것들을 말한다. 이 경우 의료기술의 발전단계에서 부득이한 것이냐의 여부판정이 어려우며, 판정에 있어서는 전문가인 의사의 입증에 의한 부분이 크기 때문에 의료과오의 해명은 아직도 미흡하다.

## 의료급여(medical benefit)

건강보험제도에 있어서 보험사고가 발생했을 경우 피보험자가 일정 약정 하에 받는 금전 또는 서비스를 말한다. 의료급여방법으로는 직접급여와 간접급여가 있다. 직접급여는 보험자가 직영하는 의료기관에서 피보험자에게 의료를 공급하는 방법이고, 간접급여는 현물급여와 상환제도(의료비의 지급)로 나뉜다. 전자는 피보험자가 의료를 받았을 경우 의료에 필요한 비용을 직접 의료기관에 지급하는 방법이며, 후자는 피보험자가 의료비를 의료기관에 지불한 뒤에 피보험자가 보험자로부터 의료비의 상환을 받는 방법이다.

## 의료모델(medical model)

인간을 돕는데 있어서 의사들의 오리엔테이션에 영향을 받아 정형화된 사회사업 모델을 말한다. 이 모델은 클라이언트를 치료받아야 할 질병이 있는 개인으로 취급하며, 상대적으로 클라이언트의 환경적 요인들에 대해서는 관심을 적게 갖고, 특정한 낙인적 분류에 입각하여 조건을 진단하며, 일정한 임상적 약속으로 문제를 치료하려 한다.

## 의료문제(medical problem)

일반적으로 의료 상에 관계되어 발생하는 사회문제를 지칭하는 것으로 질병의 원인에 관한 문제와 의료대책에 관한 문제를 말한다. 현대사회의 질병은 개인의 책임에 의한 것보다 과로, 공해, 노동재해, 약화 등 사회적 원인에 의해 생기는 경우가 많다. 따라서 의료문제는 질병원인을 추구함과 동시에 의료를 받을 체제나 조건에 대해서도 추구할 필요가 있다. 가령 무의촌의 존재, 여러 가지 차액징수로 환자·가족의 생계압박, 인력부족으로 인한 환자의 간호문제 등이다. 이와 같은 문제를 포함해서 의료문제의 근원은 질병을 낳게 하는 사회체제문제, 의료기술을 왜곡하는 의료교육문제 또 의약품 산업이나 의료보장, 의료제도의 사회화 지연 등에 기인하는 것으로 생각된다.

### 의료보장(medical security)

의료보장은 인간의 질병의 위험으로부터 구제하고 건강한 생명을 유지하기 위한 사회보장제도이다. 의료보장은 국민의 생존권을 보장한다는 사회복지정책의 근본이념에 기초되어 있는 것으로서 사회계층간의 소득분배와 사회공동체의식 형성, 건전한 국민 활동의 보전과 향상, 탈빈곤과 지병예방으로 사회 안정과 균형적 발전에 이바지하려는 것으로 그 구성은 크게는 건강보험과 의료보호로 되어 있고, 의료는 현물로 급여되며 우리나라는 1977년부터 본격적으로 실시되었다.

### 의료보장제도(medical social security) 01

국민이 빈부격차 없이 필요한 때에 필요한 의료를 받을 수 있는 제도를 말한다. 이 제도는 의료공영방식인 의료기관자체를 사회화하는 방법이고 사회주의국가에서 볼 수 있다. 다른 하나는 의료비의 분담과 지불방법을 사회화하는 방법의 둘로 나뉜다.

### 의료보장제도 02

국가가 국민에게 제공하는 공적 보건서비스를 총칭하는 개념을 말한다. 의료보장제도에는 국가가 생활무능력자 등에게 국가부담으로 의료부조를 제공하는 의료보호와 사회보험 서비스 형태로 운영되는 건강보험 제도를 총칭한 것이다.

### 의료보호(medical aid)

의료보호는 의료를 필요로 하는 요보호자에 대해서 진료, 의학적 조치, 수술과 기타 치료, 시술, 약제 또는 치료재료의 급여, 병원 또는 진료소에의 수용, 간호, 이송, 운반 기타 진료목적의 달성을 위한 조치 등에 해당하는 보호를 행하는 것을 말한다.

### 의료보호법

생활이 곤란한 자에 대해 의료보호를 실시하기 위해 제정된 법률(전문개정 1991. 3. 8 법률 제4353호). 생활유지의 능력이 없거나 생활이 어려운 자에게 의료보호를 실시함으로써 국민보건의 향상과 사회복지의 증진에 이바지함을 목적으로 한다. 특별시·광역시·도와 시·군·구에 의료보호심의위원회를 둔다. 생활보호대상자·국민기초생활보장수급자 등 일정한 자를 보호대상자로 한다. 의료보호는 시장·군수·구청장이 행한다. 시장·군수·구청장은 보호대상자에 대해 의료보장증을 발급해야 한다. 의료보호의 내용은 진찰, 처치·수술 기타의 치료, 약제 또는 치료재료의 지급, 의료시설의 수용, 간호, 이송 기타 의료목적의 달성을 위한 조치, 분만으로 한다. 의료보호의 기간은 연간 210일 이상으로 하되, 65세 이상의 자, 장애인 등 일정한 자에 대해서는 보호기간을 제한하지 않는다. 의료보호의 제1차 진료기관은 시장·군수·구청장에게 개설신고를 한 의료기관, 보건소 및 보건지소, 보건진료소, 시장·군수·구청장에게 개설등록을 한 약국으로 하며, 제2차 진료기관은 의료법에 의해 시·도지사가 개설허가를 한 의료기관, 보건의료원으로 하고, 제3차 진료기관은 제2차 진료기관 중에서 보건복지가족부 장관이 지정한 기관으로 한다. 보호대상자가 고의로 인한 사고 등 일정한 사유에 해당하는 경우에는 의료보호를 행하지 않는다. 의료보호에 소요된 비용은 그 전부 또는 일부를 의료보호기금에서 부담한다. 보호비용의 일부를 의료보호기금에서 부담하는 경우에 그 나머지 보호비용에 대해서는 보호대상자의 신청에 의해 의료보호기금에서 대불할 수 있다. 대불금의 상환은 무이자로 한다. 대불금상환 의무자가 대불금을 납부기한까지 상환하지 않은 때에는 시장·군수·구청장은 납부기한이 경과한 날부터 6월 이내의 기간을 정하여 독촉장을 발부해야 하며, 그 기간 내에 대불금을 상환하지 않은 자에 대해서는 의료보호를 정지할 수 있으며, 지방세체납처분의 예에 의해 징수할 수 있다. 보호기관은 제3자의 행위로 인하여 의료보호를 한 때에는 보호비용의 범위 안에서 그 보호대상자의 제3자에 대한 손해배상청구권에 관해 보호대상자를 대위한다. 시·도에 의료보호기금을 설치하며, 기금은 국고보조금, 지방자치단체의 출연금, 당해 기금의 결산상 잉여금과 기타 수입금으로 조성한다. 의료보호급여를 받을 권리, 의료보호비용을 받을 권리 및 대불금에 관한 채권은 3년 간 행사하지 않으면 소멸시효가 완성된다. 전문 30조와 부칙으로 되어 있다.

### 의료보호사업(medical care service)

생활곤궁자를 대상으로 한 의료보호는 구호법의 시작으로 확립되었지만 구호를 받는 조건이 엄격해 충분히 발휘되지 못했다. 이로 인해 일본에서는 종래의 법령에 따르지 않고 시국을 바로잡아 구제하는 의료나 제생회 등의 의료보호사업으로 대치되었다. 즉 빈곤자의 조직적 구제의료를 목적으로 1941년 의료보호법이 제정·공포되어 조직적인 의료보호사업이 전개되었다. 그 내용은 사회보험에 준한 것이었지만, 비용측면에서는 공적책임의 사적책임으로의 전가가 보여졌다.

### 의료보호제도

국가가 생활무능력자와 저소득계층을 대상으로 건강하

고 인간다운 생활을 보장하기 위하여 국가부담으로 제공하는 의료부조 제도를 말한다. 이는 사회보험 서비스 형태의 건강보험과 대비되는 개념이다.

## 의료복지(medical welfare)

의료복지는 의료사회사업에 대신해서 등장한 것으로 의료보장의 한 분야를 나타내는 말로도 쓰여지고 있다. 그 목적은 국민의 건강과 복지의 향상·증진을 도모하는 것이며 보건·의료서비스(제도·정책·기관·방법·기술)와 복지서비스(제도·정책·기관·방법·기술)를 종합적·포괄적으로 실현하는 제도와 활동의 체계이다. 또 광범위한 국민 층을 대상으로 의료사회문제를 찾아내어 그 해결을 도모하기도 한다.

## 의료부조(medicaid)

미국의 사회보장법 제19항에 근거하여 빈곤자에 대해 연방의 원조를 받아 주가 실시하는 의료에 관한 공공부조제도를 말하며 일정소득액 이하의 자와 자산조사에 의해 대상이 정해진다. 노인, 맹인, 신체장애인, 모자가정 등이 많다. 특히 너싱홈 입주자 중 반수이상은 의료부조에서 지불을 받고 있으며 노인 장기보호에 대한 의료보장이 주이다. 어떤 주에서는 21세 이하의 아동(빈곤자의 제한 없음)도 대상으로 하고 있다.

## 의료비의 감면

의료기관 독자의 방침과 책임에 따라 의료비 지불능력이 없는 환자에 대해 전액 또는 일부의 지불을 면제하는 것을 말한다. 사회복지법인설립의 의료시설에서는 총 의료비수입의 5% 이상을 감면이나 사회 복지사업 종사자의 인건비로 지출할 수가 있다. 공적·준공적 의료기관에서는 감면의 조건·정도 등을 정한 제도에 의해 조치가 이루어지고 있으나 의료보장제도에 따라 오늘날에는 적용되는 예가 적어지고 있다.

## 의료사고

현행법상 의료사고는 손해의 발생을 알게 된 지 3년 내에, 그리고 사고가 발생한지 10년 내에 소송을 제기해야 한다. 이 소멸시효기간이 경과되면 법원에 손해배상청구를 하지 못하게 된다. 사망사고가 아니라 환자가 혼수상태, 중태 등인 경우는 환자를 상급의료기관으로 옮기는 것이 유리하다. 상급 의료기관으로 가면서 진료기록, 검사결과, 방사선 사진 등을 가지고 가야 한다. 상급 의료기관은 환자의 상태를 보고 어떤 과정으로 현 상태에 까지 이르게 되었는지 과정을 추적하는데 이 과정을 통해 의료과실이 드러나는 경우도 있다. 병원을 옮기는 과정에서 상급병원은 환자가 선택하는 것이 좋다. 사고가 난 병원의 인맥이 있는 병원으로 옮기면 아무래도 지인을 감싸게 되기 때문이다.

## 의료사회사업(medical social work)

환자, 가족의 정신적, 사회적, 경제적 문제해결을 위해 의료복지의 제 시책을 활용해서 행해지는 직접적·전문적인 원조와 대인서비스의 총칭이다. 의료사회사업의 정의를 둘러싸고 두 가지의 견해로 나뉜다. 소위 기술론적 견해와 정책론적 견해다. 전자는 미국의료사회사업가협회의 정의로 대표되며 후자는 이것을 직수입적·기술론적이라고 비판하는 일본학자들의 견해이다. 또 전자는 이것을 케이스워크의 한 분야로 보고 의료팀의 일원으로서 MSW의 전문기술자체를 지칭하는데 반해 후자는 이것을 의료 상에 나타난 사회적 장애의 제거, 완화를 위한 공·사의 사회적 시책의 총체라 했다. 그러나 오늘날 거의 일치된 견해로는 근대적 사회사업에서 나타난 MSW를 발전시킨 의료사회사업가의 활동을 지칭한다고 생각해도 좋을 것이다.

## 의료사회사업가(medical social worker)

보건·의료기관 시설 등에서 일하는 사회사업가를 말한다. 그 역할은 의료팀에 협력해서 질병이나 신체장애 등에 의해 일어나는 환자·가족의 심리사회적 문제나 직업, 가정생활 혹은 의료비, 생활비 등 생활상의 문제에 대해 사회적 원인을 밝히고 심리적으로 부축해주고 의료·복지기관 시설을 소개하며 각종 사회보장이나 사회복지제도를 소개·활용하면서 이러한 문제들을 환자나 가족이 자립적으로 해결할 수 있도록 원조·협력하는데 있다.

## 의료의 사회화(socialized medicine)

의료의 사회화란 국민모두가 필요로 하는 의료를 국가적으로나 사회적으로 제공하도록 강구하는 것을 말한다. 자본주의 사회에서는 의료의 수요와 공급의 결함은 수요측면에서는 개인경제력에 의존하지만 공급측은 의사로서의 유자격만이 공급자가 되므로 공급독점에 의한 공급가격이 형성된다. 오늘날 의료의 사회경제적 특성, 즉 의료의 공급독점, 대량생산의 불가능성, 의료서비스의 재고 불가능성, 의료의 긴급성, 비대체성, 비탄력성, 의료의 유통기구 한정성 그리고 개별적이고 주문생산이어서 원가절하가 되지 않아 의료의 사회화에 어려운 점이 많다.

## 의료인력현황

보건의료인력지표는 보건인력 계획수립 및 평가에 중요한 기초자료로서 보통 의사, 치과의사, 한의사, 조산사, 간호사, 약사로 구분하고 있다. 의료인력은 면허등록기준으로 작성한 자료로 실제 활동중인 의료인력수와는다소 차이가 있으나 실제 활동중인 의료인력자료 역시 자료파악상 한계가 있기 때문에 면허 등록자수를 기준으로 지표를 작성하고 있다.

## 의료재활

신체장애에 대처하는 재활 의학적 전문영역으로 재활복지를 구성하는 부분이다. 그러나 단순한 신체적 장애치료에 그치지 아니하고 유기체로의 인간 특성과 사회적 존재로서의 인간 특성을 가지고 있는 장애인의 사회통합을 지향할 수 있는 재활복지의 구성 부분으로서의 개념을 가진다. 의료적 치료는 "외상이나 질병에 대한 병소 치료만으로 끝나는 것이 아니며, 환자가 장애를 갖게 되었을 때, 남아 있는 기능으로 일상생활은 물론 직장생활도 할 수 있도록 훈련시키는 것까지 포함한다."라고 뉴욕대학 러스크가 정의했다. 그러므로 의료재활은 의사를 비롯한 여러 전문요원이 팀을 이루어 시행하는 것으로 재활의학 전문의와 물리치료사, 언어치료사, 보장구 및 의지제작사, 사회복지사, 임상심리사 등이 의견을 종합하여 장애의 종류와 장애정도를 평가하고 치료계획과 치료목표를 설정하고 이에 따라 적절한 치료를 선택하여 실시한다.

## 의료적 재활(medical rehabilitation)

질병이나 사고에 의한 후유증, 만성질환, 노인병 등 장기치료를 요하는 환자와 기능적 장애에 대해 내과적, 외과적 치료의 응용과 함께 모든 물리적, 심리적 수단을 통해 개인의 기능적, 심리적 능력을 개발하고 회복시켜 필요에 따라 그 대상기구를 발달시키는 의료 과정이며 개인이 자립해서 적극적으로 생활하도록 하는 것을 목적으로 한다. 의료재활의 범위는 물리치료, 작업치료, 언어치료, 일상생활 동작훈련, 시능훈련, 보행훈련, 보조구에 의한 처치와 의료사회사업에 의한 보조를 포함한다.

## 의료전달체계(medical delivery system)

의료서비스를 제공하는 병원과 의원의 배치, 기능 및 상호간의 관계를 체계화하여 병원과 의원에서 진료를 담당할 의료 인력의 개발 및 교육배출과 관련된 체계를 말한다. 따라서 그 범위는 우리나라 의료 제도 및 의학교육제도 등 전체를 망라하는 것이 되겠다. 모든 국민에게 필요할 때 양질의 의료를 지불능력범위 안에서 용이하게 제공해 주기 위해서는 거의 무한에 가까운 의료자원을 필요로 하나 의료 자원에는 한계가 있으므로 제한된 자원을 최대한 활용하기 위해 자원의 배치가 조직적, 체계적, 계획적이어야 하고 그 기능을 적정하게 분담시켜야 한다.

## 의료케이스워커(medical caseworker)

의료기관에서 치료나 재활 등의 보건 · 의료가 적절하고 효과적으로 이루어질 수 있도록 환자와 그 가족에 대해 개별사회사업을 하는 전문가를 의미한다. 사회사업가는 의료팀의 일원으로서 환자와 밀접한 인간관계를 유지하고 의료를 방해하고 있는 경제적, 사회적, 심리적 제 문제를 제거하기도 하며 가족이나 직업상의 문제를 조정 · 해결하기 위해 환자와 함께 사회자원을 활용 · 조성해서 문제해결이 가능하도록 측면적 활동을 한다.

## 의료팀(medical team)

현대의료는 환자를 진료하는데 있어서 의사 단독으로 행해지는 것이 아니라 주치의, 담당의, 삼교대의 간호사, 사회사업가 등에 의해 일상의 의료가 분담되고 협동적으로 행해지고 있다. 외래, 검사에서도 같은 그룹이 생겨나 이들을 넓은 의미에서 의료팀이라 한다. 팀의 구성자는 지역의료의 경우 더욱 넓어져 보건부나 위생 감시원, 약사, 건강교육담당자를 포함하는 경우가 있다. 이는 질병에 따른 환자의 미묘한 감정과 정신상태는 물론 독특한 사회환경이나 성격까지도 파악 하는 전인적인 진료가 요청되어 의료적인 서비스와 동시에 심리사회 적인 서비스를 주기 위함이다.

## 의무교육(compulsory education)

헌법 제31조 및 교육기본법에서 국민은 전 자녀에게 9년간(6세 × 15세)의 보통교육을 받도록 의무를 부과하고 있다. 의무교육에 따른 비용(수업료)은 무상이며, 취학 곤란한 아동 및 학생에게 교육을 받을 기회를 균등하게 보장하기 위한 교육보조제도도 있다. 학교교육법에서는 취학의무의 이행에 대해 규정하고 있지만, 장애아의 완전취학은 많은 문제를 낳고 있다.

## 의붓가정(step family)

두 번째 또는 그 이상의 결혼의 결과로 합쳐진 사람들이 구성하는 일차적 친족집단를 말한다. 이러한 가정은 의붓아버지(어머니의 남편), 의붓어머니(아버지의 부인), 의붓자녀(이전의 결혼이나 관계에 의한 배우자의 자식), 그리고 의붓형제자매(의붓부모의 자녀들)를 포함한다. 이혼과 재혼률의 증가로 의붓가정들도 가족의 중요한 유형 중의 하나가 되었다.

## 의사거래(transactional analysis : TA)

마치 그렇게 하도록 미리 짜인 것처럼 클라이언트가 다른 사람들과 상호작용을 하고, 게임을 하고, 역할을 수행하고자 하는 방식을 조사하는 집단이나 개인 심리치료의 한 형태를 의미한다. 부모, 성인, 아동이라는 세 가지 정서 문화적 체계에 의해 영향을 받는다.

## 의사결정론(decision making theory)

목표달성에 유용한 여러 가지 대안에 대해 비용 ─ 편익, 이해득실 등 장단점을 체계적으로 분석 · 검토함으로써 최선의 대안을 선택하는 과정 에 관한 이론을 말한다. 의사결정의 모형으로는 합리모형, 만족모형, 회사모형, 점증모형, 최적 모형, 혼합주사모형, 쓰레기통 모형, 관료정치모형 등이 있다.

### 의사결정의 이론(decision theory)

놀이극(gaming), 모델화(modeling), 시뮬레이션 기법 같은 것을 사용하여 의사결정에 수학적으로 접근하는 방법을 말한다.

### 의사결정지원체제(Decision Support System)

의사결정자가 반구조적 또는 비 구조적 의사결정을 하는데 필요한 정보·모형 등을 제공하는 대화식 시스템을 말한다. 즉 의 사결정자가 컴퓨터 시스템을 사용하여 의사결정 모형을 만들거나 기존의 모형을 이용하여 자료 를 분석할 수 있도록 준비된 시스템을 말한다. 의사결정지원체제는 문제의 일부분만 해결해 주 고 나머지 부분은 의사결정자의 판단과 경험에 맡긴다. 대표적인 의사결정지원체제로는 SAS 등 통계 패키지, 시뮬레이션, 최적화모형 패키지 등이 있다.

### 의사성숙

가족, 집단 또는 조직의 구성원들이 실제로는 적대관계에 있으면서 외관상 회합을 이루고 있는 것처럼 보이는 관계를 말한다. 가족치료(family therapy) 접근방법에 따르면, 의사성숙 관계는 구성원 내부의 심각한 갈등을 유발시킬 수 있다고 한다.

### 의사소통 이론(communication theory)

사람들이 정보를 교환하는 방법에 관한 개념체계. 커뮤니케이션 이론의 주요 요소로는 내용분석(content analysis), 인공두뇌학(cybernetics), 숨은 의도 해석(decoding), 환류(feedback), 동작학(kinesics), 메타메세지(metamessage), 주변언어학(paralinguistics), 인간공학(proxemics) 등이다.

### 의사전달(commication)

사람과 사람, 사람과 컴퓨터, 조직구성원 사이에 정보, 데이터, 메시지 등을 주고받는 행위를 말한다. 의사전달이란 광의로는 상징에 의한 정보 생각 감정 등 을 전달하는 것을 총칭하나, 사람간의 의사결정은 인간과 인간 사이에서 사실과 의견을 전달하고 교환하는 것을 의미한다. 조직 내의 교호작용은 모두 의사전달과정에 의존한다. 의사결정, 권한의 행사, 통제 등 모든 과정은 의사전달에 의존하기 때문에 의사전달은 그러한 과정들의 형태를 빌어 표출된다고 할 수 있다. 의사전달의 유형은 조직내의 공식적인 의사전달의 통로와 수단에 의해 이루어지는 공 식적 의사전달과 비공식적 의사전달, 조직 내 상하급자간에 이루어지는 수직적 의사전달과 동 료간의 수평적 의사전달 등으로 나누어 볼 수 있다. 수직적 의사전달은 다시 위로부터 아래로 내려오는 하향적 의사전달(상의하달)과 부하가 상관에게 하는 상향적 의사전달(하의상달)로 나눌 수 있다.

### 의식(consciousness) 01

현실에서 체험하게 되는 모든 경험 또는 자각하고 있는 정신현상이다. 타인에게는 경험할 수 없는 그러나 체험자 자신은 직접적으로 파악할 수 있으며 현재 느끼고 있는 경험을 말한다.

### 의식 02

①가장 넓은 의미로는 물리적 또는 신체적 과정 등에 대립되는 심리적 정신적 과정. ②철학적으로는 능동적 특징을 가진 의지와 수동적 특징을 가진 지각을 포함한 인식의 근본적 조건으로서의 심리적 − 정신적 과정을 통칭하는 말. ③좁은 의미로는 무의식과 대립되는 것으로 자신의 심리적 − 정신적 과정의 인식·무의식을 의식에 포함할 경우에 흔히 잠재의식이라고도 한다. 해밀턴(W. Hamilton)은 의식은 정의될 수 없다고 하였다. 그는 우리가 의식이 무엇인지에 관해 명백히 알고 있지만 그것을 명백히 타인에게 밝히기 어려운 것은, 의식이 바로 모든 인식의 근원이기 때문이라고 하였다. 의식의 분석은 일반적으로 의식의 행위(과정)와 의식의 내용(대상)으로 구분되며, 또 그 기능은 인지적·정서적·의지적인 것으로 분류된다.

### 의식 03

의식이란 무엇이냐 하는 것은 쉽게 정의할 수 없다. 왜냐하면, 그것은 우리들의 지식·감정·의지의 모든 활동을 포함함과 동시에 그것들의 모든 근저에 있기 때문이다. 어떤 사람은 〈우리들이 몽롱한 상태에 들어감에 따라 없어지는 것, 그리고 물건의 소리에 의해서 깨어남과 따라서 나타나는 것〉이라고 말했다. 의식은 강약이나 명암의 차이를 갖는 심적인 과정으로서, 한쪽에서는 〈자기의식〉(〈자의식〉〈자각〉)이 있고, 다른 한쪽은 〈하의식〉(sub − conscious) 및 〈무의식〉의 상태에 연결된다. 발생적으로 보면, 원래 의식은 유기적으로 조직된 복잡한 물질(특히 뇌수)의 고유한 기능이며, 소박한 감각에 고도의 사고에 이르기까지 이 기능에 의해 객관적인 실제가 갖가지로 반영된다. 특히 인간에 있어서 그것은 비로소 명백한 모습을 취하고, 인간의 노동, 사회생활, 언어의 발달과 함께 발전한다(→ 사회적 의식). 의식과 물질의 관계에 대한 문제는 철학의 중심 문제이며, 관념론은 물질의 독립성을 부정하여 의식(사고, 정신)을 근원적인 것으로 보고, 유물론은 실증과학의 성과에 의거해서 물질(존재, 자연)을 근원적으로 믿는다. 그러나 관념론의 경우, 의식은 때때로 그 물질적인 기반으로부터 분리되어 〈순수사고〉의 활동으로 간주되어 추상적인 의식 일반, 절대적 정신이 상정된다.

### 의식적 조정(conscious manipulation)

케이스워크에서 클라이언트와 그를 둘러싼 사회 환경과

의 상호작용을 조정해 나갈 때 일정한 과정을 의식적인 계획에 따라 밟아가는 과정을 말한다. 그 과정의 진행방법은 케이스워크의 발달에 따라 변화 해오고 있으나 최근에는 클라이언트의 참가 속에 사전평가, 공통목표의 확인, 과제의 설정, 서비스 계약의 체결, 사후평가 등을 포함한다.

## 의식화

한 개인 혹은 집단이 그가 처한 상황에 복종하는 태도에서 자각을 통한 비판적 시각으로 현실적 제 모순에 대항해 그것을 극복하려는 태도로 변화하는 과정 또는 그러한 변화를 유도하는 작업을 말한다. 이 말은 브라질의 민중교육가인 프레이리(P. Freire)로부터 비롯된 것으로 그는 이것을 "사회적·정치적·경제적 모순들을 인식하고, 현실의 억압적 요소들에 대항하여 행동을 취하게 되는 것"으로 정의하고 있다. 즉 역사적으로 지배만 당한 대다수 민중은 그들에게 불리한 현실의 사회구조를 숙명적으로 받아들이며, 감히 그것을 탈피하려는 생각을 갖지 못한다. 오히려 그들은 억압으로부터 벗어나는 것에 대한 일종의 두려움조차 가지고 있다. 그러나 현실적 사회모순들이 해결되기 위해서는 이러한 민중의 의식이 변화해야 하며, 이때 필요한 것이 민중의 의식화이다. 즉 현실은 주어진 것이 아니라 주체적으로 만드는 것이며, 자기에게 불리한 여건은 누군가의 조작에 의한 것으로 인간다운 삶을 위해서는 그러한 모순에 대항하여 권리를 쟁취해야 된다는 의식적 자각이 의식화의 내용이다. 이러한 자각은 지배자의 위치에 있는 사람에게도 요구되며, 포괄적으로 의식화는 보다 나은 사회를 위해 현실적 모순에 대항·극복하려는 모든 사람들의 의식적 자각이라 할 수도 있다. 이러한 의식의 자각을 위한 교육이 의식화교육이다.

## 의약분업 01

의약의 합리화와 약품의 남용을 방지하기 위한 의약의 분업제도. 의사가 치료의 수단으로 환자로 하여금 약을 사용하게 하려고 할 때, 의사는 환자에게 처방전만을 교부하고, 약사는 처방전에 따라 약을 조제·투약하는 제도를 말한다. 즉 환자의 치료에 사용되는 의약품을, 전문 의료인인 의사가 환자의 증상을 진단해 가장 적합하게 처방한 후 약사 역시 처방전에 따라 전문적으로 의약품을 조제·판매하는 것으로, 질 높은 의료 서비스를 제공하기 위해 도입한 제도이다. 1240년 독일 황제 프리드리히 2세의 의약법이 의약분업의 효시이며, 독일·프랑스·미국 등 유럽을 비롯한 선진 각국에서 널리 시행하고 있다. 한국에서도 의약분업이 논의되기는 하였으나 의료수요자의 불편 및 의료업자와 약사의 지역적 분포의 불균형 등으로 인해 시행되지 못하다가 1993년 개정약사법에 1999년 7월 7일 이전에 의약분업을 실시하도록 한 규정에 따라 1998년부터 도입을 추진하였다. 보건복지가족부에서는

1998년 의료계·약계·언론계·학계 등으로 의약분업추진협의회를 구성하였으나, 그해 12월 의사협회·병원협회·약사회가 의약분업 실시 연기 청원을 국회에 제출함으로써 시행이 1년간 연기되었다. 1999년 5월, 다시 시행방안을 협의해 정부에 건의한 뒤 같은 해 9월, 시행방안을 최종 확정하고, 역시 같은 해 12월 7일 약사법 개정법률안이 국회에서 통과됨으로써 시행에 들어갔다. 의사·약사 사이에 환자 치료를 위한 역할을 분담해 처방 및 조제내용을 서로 점검·협력함으로써 불필요하거나 잘못된 투약을 방지하고, 무분별한 약의 오남용을 예방해 약으로 인한 피해를 줄이는데 목적이 있다. 주요 뼈대는 의료기관에서 진료받은 외래환자는 원내에서 조제·투약을 받을 수 없고, 반드시 원외에 있는 약국에서만 받아야 하며, 약국에서는 의사 또는 치과의사의 처방전에 따라 전문의약품과 일반의약품을 조제한다는 것이다. 의료기관에서 직접 조제받을 수 있는 예외 범위는 심한 정신질환자, 상이등급 1급 내지 3급 해당자, 고엽제 후유증 환자, 장애인 1급 및 2급, 파킨슨병 및 나병 환자, 결핵환자, 국가 안전보장에 관련된 정보 및 보안에 필요한 경우 등이다. 대상 의약품은 모든 전문의약품으로 하되 진단용약·예방접종약·희귀약품·방사성의약품·신장투석액·의료기관조제실 제제 등은 병·의원에서도 직접 조제·투약할 수 있다. 또 의사는 일반명 또는 상품명으로 처방하되, 약사는 상품명 처방도 필요한 경우 성분·함량·제형이 동일한 다른 의약품으로 대체 조제할 수 있는데, 약사는 이러한 사실을 환자에게 알리고 동의를 받아야 하며, 추후에 의사에게 통보해야 한다. 이 제도의 시행으로 그동안 약사의 임의 조제에 대해 적용하던 약국건강보험제도가 폐지되고, 의사의 처방전에 의해 조제받는 경우에만 건강보험을 적용받게 된다. 그러나 이 제도의 시행을 둘러싸고 의료계가 장기간 진료행위를 거부함으로써 국민 의료 서비스에 심각한 불편을 야기하였고, 약계 또 자신들만의 이익을 지나치게 고집하는 등 의약계의 집단 이기주의로 인해 전 국민적인 문제로까지 불거지기도 하였다.

## 의약분업 02

의료에서 진료 치료는 의사가, 약의 조제는 의사의 처방전으로 약제사가 담당하는 제도를 말한다. 분업의 장점은 ①약을 필요로 하는 의료가 개선된다. ②전문기술의 분리로 의료의 충실화를 기할 수 있다. ③처방내용이 밝혀지므로 환자의 치료에 대한 자각이 높아진다. ④조제하는 시간이 단축된다는 점 등을 들 수 있다. 그 반면 환자는 진료를 받은 다음 약국을 다시 찾아가야 된다는 불편이 따른다.

## 의역(paraphrasing)

사업가가 클라이언트가 했던 말의 요지를 다시 표현하여

중요점들을 강조하는 것으로 사회사업 면접에서 사용되는 기법을 의미한다. 이는 클라이언트가 자신의 생각을 분명히 할 수 있도록 도와주고, 클라이언트가 전달하려는 내용을 사회사업가가 이해했다는 확신을 갖게 해준다.

## 의제가정(cohabiting dyad)

결혼할 의사를 가진 남녀가 결혼신고를 했을 때 그것은 제정법상의 부부가 된다. 또 결혼식을 올리고 공동생활을 하고 있으나 신고를 하지 않았을 때 그것은 내연관계로 법상 사실혼 부부로 취급된다. 이와는 달리 결혼의 의사는 없고 서로의 편익을 위해 동거하고 있는 경우나 외견은 부부 같으나 부부 아닌 가정을 의제가정이라 한다.

## 의제설정(agenda setting)

정부가 사회문제를 해결하기 위해 공식적 정책문제로 채택하는 과정 또는 행위를 말한다. 즉 사회문제가 정책문제로 전환되는 과정이나 행위를 말한다. Cobb과 Elder는 사회문제(social problem)가 사회적 이슈(social issue)의 단계를 거쳐 공중의제(public agenda)로 발전되며, 궁극적으로 정부의제(governmental agenda)의 지위를 얻게 된다고 말한다.

## 의족(artificial foot)

의족은 하지의 결속부분에 부착하고 다리를 보완하여 체중을 지탱하고 보행하도록 하는 것인데 의수에 비해 일상생활이나 직업생활에서 실용성이 높다. 사용목적에 따라 훈련용으로 일시적 사용에 그치는 가의족, 일상사용하는 〈상용의족〉, 특정의 작업을 수행하기 위해 사용하는〈작업용의족〉으로 분류된다. 절단부위를 기준으로 보면〈대퇴의족〉〈무릎의족〉〈복의족〉〈하퇴의족〉〈복숭아뼈의족〉〈족근종족의족〉〈족지의족〉으로 나누어 진다. 심신장애자복지법의 보장구의 일종으로 교부대상이 되고 있다.

## 의존성(dependency) 01

여러 가지 조력이나 신체적인 접촉, 승인을 구하고, 타인의 관심을 끄는 등 상호관계 지워지는 반응을 말한다. 의존에 의한 타자와의 관계나 그 반응은 각양각색이며 의존이 높은 자는 의존이 낮은 자에 비해 자기 판단을 타인의 판단에 일치시키기 쉽다던가, 자기가 할 수 있는 일이라도 타인의 지시 · 원조가 없으면 할 수 없는 등이 정신장애의 원인이 된다. 개인, 가족의 경제적 · 사회적인 자립을 방해하는 경우에도 이 의존성과 깊은 관련이 있다.

## 의존성 02

한 개인이 존재하기 위해서 또는 사회의 한 구성원으로서의 위치를 유지하기 위해서 다른 개인이나 사회로부터 도움을 받고자 하는 성향을 의미한다. 아동의 의존성은 아동으로 하여금 부모나 교사를 모방하게 하고, 모방은 아동의 사회화의 기초가 된다. 그러나 의존성이 지나치게 높으면 의존하던 대상과 떨어졌을 때는 불안해지며 성격 발달이나 사회성 발달이 늦어지게 된다.

## 의존성 03

아기가 양육자에게 의존하는 것과 같은 의존형태에 관한 용어이며, 어린이들의 전형적인 특성인 의존성이 성인이 되어서도 지나칠 때는 병리증세를 의미한다. 이것은 보통 물심양면의 후원을 상실할 가능성을 두려워할 때 경험하는 우울증의 한 형태이다.

## 의존성 성격장애(dependent personality disorder)

성격장애(personality disorder)의 한 가지 형태로서 이 장애를 갖고 있는 사람은 대부분의 대인관계에서 대체로 수동적이며, 타인에게 책임을 떠넘기려 하고, 자신감을 상실하며, 무력감을 느낀다. 그리고 다른 사람이 자신을 매도하는 것을 용인하는 경향이 있다.

## 의존재원

지방자치단체의 재원 가운데 중앙정부에 의존하는 재원을 말한다. 의존재원 에는 중앙에서 오는 지방교부세, 국고보조금, 지방양여금 등이 있다. 지방교부세는 지방자치단 체간의 재정력 균형을 위해 중앙정부가 지방자치단체에 교부하는 재원을 말하며, 보조금은 국 가에서 어떤 특정한 목적을 위해서 지출하는 재원을 뜻한다. 또 지방양여금은 지방자치단체 의 재정력 확충을 위해 국가가 징수하는 특정한 국세수입의 전부 또는 일부를 일정한 기준에 따라 지방자치단체에 양여하여 특정사무수요에 충당할 수 있도록 하는 지방재정조정제도를 말한다.

## 의지(will)

직접적인 것이 아니고 연장되어서 이루어지는 의식적 반응에 관련되는 기능을 의미한다. 일정한 과정을 밟아서 활동을 전개하는 의식적 결심, 활동하고 있는 자아, 의도적 욕구의 실현을 위해 이루어지는 능동적 과정 등 여러 가지로 정의되나, 일반적으로 어떤 행동목표를 의식적으로 가지고 그 목표를 향해 도중의 장애나 곤란을 극복해서 목적에 도달하려는 심적 과정이라고 본다.

## 의창

삼국, 고려, 조선조에 걸쳐 정부에서 빈민구제를 목적으로 설치되었던 구호기관을 말한다. 고구려의 진대법 등도 한 종류로 고려 태조 때 흑창이라는 이름으로 설치되었다. 986년까지 확대되었으나 무인정권기와 몽고전쟁 때 양광도 및 개경의 5부에 설치되면서 재정비되었다.

## 의학모델(medical model)

의학적 질병모델(medical disease model)로도 표현되는 것처럼 의학에 있어서 질병을 진단 · 치료해가는 경우 환자 개인에만 한정하여 단일의 병인을 탐구해 직접적 인과관계의 견지에서 진행시키려는 것을 말한다. 이것은 전통적 케이스워크에 현저한 영향을 끼쳐왔으나 최근 반성 · 비판이 가해짐에 따라 새로운 모델로 대체되려는 경향이 있다.

### 이기주의(egoism) 01

사물의 인식과 가치의 판단에 있어서 그 근거를 자신의 내적 요인에 두는 사고방식을 의미한다. 일반적으로 자기중심주의라고도 한다. 철학적으로는 자기의 마음 안에 있는 것만 인식된다고 하는 버클리(G. Berkeley)의 이론적 이기주의와 모든 것을 자기의 공리수단으로 보려는 홉즈(T. Hobbes)의 윤리적 아욕주의가 있다. 쇼펜하우어(A. Schopenhauer)는 이기주의가 더욱 강조되면 부덕을 결과하여 윤리 파괴설로 격하된다고 보았다.

### 이기주의 02

원어 에고이즘은 옛날에는 독아론의 의미로 사용되고, 또 심리학적으로는 자기를 지키고, 자기를 보존하고, 발전시키려고 하는, 인간의 자연적 경향, 즉 자애심, 자리심도 의미하는데, 이기주의라고 번역되는 경우에는, 다음 두 가지 의미로 사용된다. ①오로지 자기의 이익에 종속시키고, 만사를 이 관점에서 판단하는 태도. ②개인의 이익에서 출발하여 도덕의 관념이나 원리를 설명하려는 윤리설. 플라톤의 〈국가〉편에 묘사되고 있는 트라쉬마코스(Trasymachos), 마키아벨리, 홉즈, 엘베시우스, 기타 쾌락주의, 공리주의의 윤리설은 반드시 ①의 의미의 이기주의를 주장하는 것은 아니다.

### 이념(ideology, Ideologie)

사회적 상황에 대한 인식적 · 평가적 정향을 사회변혁과 연결시키 는 관념적 신념체계(belief system)를 말한다. 이데올로기의 개념에 대해서는 그 기본적 특성에 대해서까지 어떤 합의가 이루어질 수 없을 정도로 학자들이 다양한 방식으로 정의하고 있다. 맑스와 엥겔스는 물질적 생산력에 대응하여 조성된 생산관계를 기초로 하여, 그 위에 구축되는 상부구조 다시 말하면 법률 · 예술 · 과학 · 도덕 · 종교 등을 총칭하여 이데올로기라 하였으며, Anthony Downs는 이데올로기를 좋은 사회(good society)와 그 좋은 사회를 건설하는 주요 방법들에 대한 구두적인 이미지(verbal image)로 정의하고 있다.

### 이념형(ideal type, Idealtypus)

사회과학을 법칙과학으로 확립하기 위하여 M. Weber가 정립한 개념적 도구를 말한다. 이념형은 즉 Weber가 사회과학의 대상인 개성적 사실(個性的 事 實)을 인과적(因果的)으로 이해하는 수단으로 세운 개념이다. Weber에 의하면 사회현상은 너무나 복잡하고 유동적이기에 그들이 가지는 개성적 · 구체적 특성을 파괴하지 않도록 유의하면서 관찰해야 한다는 것이다. 그리고 인식은 다양한 실재(實在) 세계의 한 부분의 한 측면에 불과한데, 그 측면이란 관찰자에게 의미 있는 측면이며, 따라서 이것은 가치이념에 비추어짐으로써 선택된다는 것이다. 이렇게 설정된 인식대상은 논리적 개념으 로 구성되며 이를 매개수단으로 하여 실재의 인과적 이해가 가능해진다는 것이다. 즉 많은 현상 중에서 본질적으로 가치가 있는 부분을 우리 자신이 가지는 가치관념에서 뽑아내어 객관적 가능성 및 인과적 인식과 관련된 하나의 통일적 사상상(思想像)으로 구성해야 하는데 이것이 바로 이념형이라는 것이다. 이념형의 예로는 관료제 · 가족 · 도시경제 · 자본주의 정신 · 개인주의 · 국가주의 · 봉건주의 등을 들 수 있다.

### 이데아(idea)

이데, 이념이라고도 한다. 모습을 뜻하는 그리스어 idea(에이도스라고 하는 경우도 있다)에서 나온 말이며 플라톤 이래 오랜 역사를 갖고 있다. 플라톤의 대화편에서는, 가령 기하학의 대상으로서의 삼각형, 절대적으로 아름다운 것, 절대적으로 올바른 것 등은 경험의 세계에서는 찾아볼 수 없는 것이나, 그 뜻이 이해되고 사고의 대상의 되는 이상 절대적으로 실재하는 것이라 하고, 이와 같은 수학적 대상, 도덕적 · 미적 가치 등이 이데아라고 불린다. 이데아는 시공을 초월한 비물질적인 영원한 실재이며, 참다운 실재((희) ontós on)라고도 불린다. 이데아는 학적인 이성적 인식(에피스테메)의 대상이지만, 감각적 세계는 불완전한 보다 낮은 존재이고, 감각적 세계의 개물은 이데아를 원형으로 하는 모상이며, 이데아에 의해서 참여하고 이데아를 나누어 갖는데 불과하다. 개물의 이데아에 대한 관계는 모방(미메시스) 내지 분유((희) methexis)이다. 이것이 플라톤의 이데아론(論)(theory of ideas)이라고 불리우는 것이며, 세계를 양분한 그의 사상은 오랫동안 영향을 주었다. 그 이후 신(新)플라톤파(派)에서는, 이데아는 우주적인 정신 속에 있는 모든 사물의 원형이라고 해석했다. 중세 철학에 있어서도(아우구스티누스, 토마스 아퀴나스 등) 신(神)은 그 정신 속에 있는 원형으로서의 이데아에 따라서 여러 가지 물(物)을 만들었다는 사상이 계속되고 있다. 근세에 이르러 데카르트와 그리스의 경험론 등에 의해서 이데아는 심리적인 관념의 의미로 전화되었다. 그러나 칸트는 세계, 영혼, 신 등 경험을 초월한 대상의 개념을 선험적 이데아(trauszendentale Idee) 또는 순수이성개념(reiner Vernunftbegriff)이라고 명명하고, 그것이 이론적 인식의 대상이 될 수 없다는 것을 보여줌과 동시에, 이론 인식의 한계를 정하거나 목표를 설정하는 규제적 원리(regulatives Prinzip)로서의 의의를 이들 이데에 인정했다. 그 후에 헤겔은 또 이데를 절대적 실재라고 하는 절대적 관념론을 전개했다. 그의 이데는 논리적인 이데, 자연, 정신의 3단계를 통해서 변증법적으로 자기 발전하는 것이다. 제1단계인 논리적 이데는 논리적인 카테고리 속에 있는 현실 세계의 원형으로서의 의미를 갖고 있다.

## 이데올로기(ideology) 01

원래는 프랑스의 데스튀트 드 트라시(Destutt de Tracy)의 용어인 〈idéologie〉 (관념학)에서 나온 것인데 오늘날에 쓰이는 일반 용법은 맑스주의에 의해서 주어진 것으로서, 사회에 있어서 각 계급 또는 당파의 이해를 반영하는 일정한 관념, 견해, 이론의 체계를 뜻한다. 따라서 정치적 견해, 법률적 관념, 도덕, 종교, 철학 등은 모두 이데올로기의 여러 형태라고 불리어진다. 사회의 〈토대와 상부 구조〉에 관한 맑스주의의 이론에 의하면, 토대로서의 경제적 구조 위에 서는 상부 구조에는 정치적 · 법률적 기타의 제 제도와 함께 이데올로기의 제 형태가 이에 속한다. 사회의 상부 구조로서의 이데올로기는 그 물질적 토대에 의해서 제약되며, 따라서 계급사회의 모든 이데올로기는 계급적 · 당파적인 색채를 띠지 않을 수 없다. 맑스주의는 이러한 견지에서 영원한 이념, 절대의 정의, 불변의 질서 등의 이데올로기적인 성격을 비판하고 그것들의 사회적인 근원을 밝혔다. 혁명적인 계급의 이데올로기가 사회의 모순을 용서없이 파헤쳐 현실을 올바르게 반영하려는데 반해, 보수적인 계급의 이데올로기는 이 모순을 숨김으로써, 현실을 왜곡된 모습으로 반영하고 있다. 이러한 뜻에서 혁명 계급은 단지 경제적 및 정치적 투쟁뿐만 아니라 이데올로기적 투쟁도 하지 않을 수 없다고 한다.

## 이데올로기 02

개인의 가치, 경험, 정치적 신념, 도덕발달의 수준, 인류를 위한 열망 같은 관념체계(사고방식)를 의미한다. 가령 사회사업가의 이데올로기는 모든 사람을 위한 평등권의 확보와 소외된 자들에게 더 많은 기회를 제공하는 것이라고 할 수 있다.

## 이동보호(ambulatory care)

외래환자 병원, 진료소, 의사 사무실에서 이뤄지는 의료 치료 및 보건을 말하며 또 비시설 보건을 의미한다.

## 이동척도법(movement scale)

케이스워크의 효과를 객관적으로 평가하기 위해 미국지역서비스협회가 1945년부터 1957년에 걸쳐 적용한 측정 방법이다. 이것은 케이스워크의 접수기부터 종결기 동안에 일어나는 클라이언트와 그 환경상황의 변화를 적응능률 무능의 습관과 상태 언어화된 태도와 이해 환경상황이라는 네 가지 범주를 기준으로 케이스 기록에서 얻어지는 증거에 의해 평가해가는 것으로서 케이스워크의 효과측정을 발전시키는데 많은 공헌을 했다.

## 이드(id)

영어로는 이드, 독어로는 에스라 한다. 프로이드(Freud, S.)의 정신 분석학 용어이며 마음속 깊은 곳에 감추어져 있는 본능적 충동의 원천을 말한다. 그것은 쾌락을 구하고 불쾌를 피하는 쾌락원칙에 지배 되고 있으며 충동자신의 만족을 목적으로 하고 있다. 비도덕적, 비논리적이며 무의식적이다. 즉 이드는 의식적인 잠재자아로 끊임없이 개인의 행동을 방향 잡으려 하고 있으나, 현실의 규제나 초자아의 존재에 저지되어 그의 실현은 억압, 변용되는 것이 많다.

## 이든(Eden, Frederic Morton)

영국의 경제학자. 사보험회사의 창립자이며 회장. 산업혁명기 빈곤의 심화 속에서 빈민법과 빈민의 실태를 조사해 1797년 빈민의 상태(전 3권)를 발표하였다. 이 책은 아직까지도 18세기 영국 연구 자료로 평가받고 있으며 이후 사회통계의 중요성을 인식시키는 데 크게 기여하였다. 그의 빈곤관은 자유방임주의적 입장인데, 빈민의 자조와 검약을 강조하고, 일하는 빈민의 상태를 개선하기 위해서는 최저임금제나 빈민법보다 우애조합(friendly society)에 의한 대비가 더 효과적이라고 보았다.

## 이랜드복지재단

도움이 필요한 이웃들에게 인적 물적 자원과 전략적 지식, 현장경영과 네트워크를 통해 차별화 및 전문화된 서비스를 가장 효율적으로 제공하는 민간복지재단으로 1991년 설립되어 주로 사회복지시설 / 기관 지원, 긴급구호, 북한주민 돕기, 교육 / 문화 사업 등을 시행하고 있다.

## 이론(theory) 01

고대 그리스에서는 근대어의 이론에 해당하는 말 theria(관상)는 실천에서 유리된 태도로 진리를 바라보는 것을 의미하고, 실천보다 고상한 것으로 생각되었다. 근세에 이르러 이 말은 실천과 결부하게 되고, 오늘날에는 주로, ①개개의 사실이나 인식을 통일적으로 설명하고, 장래의 실천의 지침이 될 수 있는, 상당히 고도의 보편성을 갖는 체계적인 지식을 의미한다. 이것은 실천에 의해 검증되는 것을 필요로 하는 점에서 단순한 가설이 아니고 또 실천에 근거하여 발전하는 점에서 고정된 교조와 구별된다. 그러나 ②실천을 전적으로 무시한 순수한 지식의 의미로도 사용되고, 그 경우 한편으로는 고상한 것이라는 의미가 포함되어 있는데, 다른 한편으로는 오늘날 오히려 무익, 무가치한 것이라는 의미도 포함시켜서 사용되는 일이 많다. 이밖에 ③어떤 문제에 관한 어떤 학자의 견해, 학설을 이론이라고 부르는 경우도 있다.

## 이론의존적 관찰

현재 미국의 과학 철학자(Hanson. N. R.)의 술어이다. 관찰에는 순수한 관찰은 있을 수 없고 대상의 관찰 경험은 부분적으로 관찰자 자신의 과거의 경험이나 지식, 기대에 의존한다는 것이 이론 의존적 관찰(theory − laden observation)이다. 따라서 모든 관찰은 앞서 관찰자가 지닌 이론의 영향을 받는다. 이와 같이 관찰언명은 이론을 전제로 한다고 하는 관찰의 이론 의존성을 주장할 때 과학적 지식을 형성하는 불충분한 이론이 잘못된 관찰을 결과할 수 있으므로 문제 해결을 위해서는 이론의 개선과 확장이 요청된다고 주장한 이론의 우선성이 귀결된다. 또 이 이론은 과학에 있어서 개념, 명사(term), 언명도 모두 특정한 이론에 의존한다는 이론·의존성(theory − laden)에도 적용될 수 있다. 가령 〈집단적 무의식〉이란 술어 융(Jung)심리학의 문맥에서만 의미를 가질 수 있다.

## 이민(immigration)

1924년 국제이민회의의 정의에 의하면 직업을 찾아서 자국을 떠나는 것 또는 그것에 따르는 가족 또는 타국에 이주한 가족이나 친족과 하나가 되기 위해 출국하는 것 또는 이미 타국에 이주한 것을 의미한다. 또 일시적으로 귀국한 자가 다시 식민지로 돌아가기 위해 출국하는 것은 출국 준비를 시작한 때로부터 목적지에 도착할 때까지의 사이를 이출민이라고 부른다. 한편 직업을 구하려 항구적으로 정주할 의사를 갖고 입국하는 외국인은 모두 이입민이라고 부른다고 규정하고 있다.

## 이민노동자(migrant laborer)

농업이나 건설 현장 같은 곳에서 단기간의 직업이나 계절적인 직업을 얻기 위해 이곳저곳으로 옮겨 다니는 노동자를 말한다. 종종 이 노동자들은 특히 가족들과 함께 집단을 이루어 이주하며, 고용주의 착취로 피해를 당하기 쉽다. 그들과 자녀들은 교육, 사교술, 건강보호를 받을 기회가 매우 제한되어 있다.

## 이상심리학(abnormal psychology)

정신의학적 입장에서 정의되는 정신지체, 정신쇠약, 히스테리, 편집증, 조울증, 정신분열증, 유전성간질, 노인성치매, 알코올중독, 기타 갑상선 이상에 의한 정신병 등의 클라이언트의 심리를 연구대상으로 하는 심리학을 말한다. 이상심리학의 방법은 정신의학적 분야를 기초로 하는 것도 있으나 프로이드(Freud, S.)처럼 증상이 정신적으로 어떻게 이루어졌느냐 하는 것을 역동적인 입장에서 논하는 사람도 있다.

## 이상적응기제(abnormal adjustment mechanism)

생리적, 사회적인 원인으로 생긴 인격체의 불균형 상태를 해소하려는 과정에서 사회적으로 바람직하지 못한 방법으로 해결하려는 경향이나 움직임으로 불량적응기제라고도 하며 공격, 폭발, 도피, 백일몽, 퇴행, 억압, 해소(자아의 통일성 결여) 등의 비이성적, 반사회적인 행동이나 반응에 의해 자기를 방어하려는 적응과정이다. 사회의 기준이나 틀에서 벗어났느냐의 여부는 그때의 사회정세나 반응의 양적·질적인 문제에 따라 상이하다.

## 이상출산(difficult delivery)

출산에 직접관계가 있는 모체의 질병이상과 태어나는 아기에 이상이 수반되는 경우의 출산을 말한다. 임신중독 혹은 곤란한 질병, 장시간노동이나 산모와 태아에게 유해한 노동환경과 노동조건, 외부자극에 의한 산모의 신체적 원인과 태아나 태반이상 등의 원인을 고려할 수 있다. 이상출산의 원인은 여러 가지가 있을 수 있으며, 이상분만 과정에서 신생아는 신체적 손상을 입을 수 있고, 신체적 손상으로 인해 뇌기능 장애 혹은 신체장애를 받을 수 있다.

## 이상행동(abnormal behavior) 01

일상생활에서 행동이나 반응의 방식이 일반적인 기준(정상)에서 일탈한 행동을 말한다. 생활주체가 나타내는 부분적 전체적 행동의 모든 반응에 있어서 부적응(행동문제)이나, 특수한 심리상태, 결여, 저하, 과잉, 장애 등의 행동상태가 있다. 프로이드(Freud, S.)나 파블로프(Pavlov, I. P.) 등에 의해 연구되기 시작했다. 같은 행동이라도 시대나 연령, 사회적 입장이나 상황, 질적·양적으로 이상행동의 기준은 상이하며 통계적·가치적·병리적 기준이 있다.

## 이상행동 02

적응하거나 정상적 기준에서 벗어난 행동을 말한다. 흔히 부적응행동·이상심리 등으로 불리기도 한다. 정상행동과 이상행동을 구별하는 규준이 무엇인가에 대해서는 일치된 견해를 찾기 힘들며, 흔히 다음과 같은 규준들이 논의되고 있다. 즉 통계적 규준에서 벗어나는 것, 사회적 규범에서 벗어나는 것, 이상적 인간행동유형에서 벗어나는 것, 환경적 요청의 기준에서 벗어나는 것, 개인의 심리적 요구에서 벗어나는 것, 즉 개인에게 심리적 갈등을 유발하는 정도에 따라서 규정하는 것 등으로 나누어 생각할 수 있다. 이상행동 또는 이상심리는 신경증(neuroses)·정신병(psychoses)·성격이상(personality disorders)·알콜과 약물중독(alcoholism and drug dependence) 등으로 크게 분류되고 있다. 이러한 이상행동은 대부분 치료적 과정을 통해서 정상행동으로 변화될 수 있다. 치료방법은 크게 정신 치료·생물학적 치료·환경적 치료로 구별할 수 있으며, 각각의 치료방법에는 독특한 이론체계와 구체적 치료의 절차가 발달되어 있다. 최근에 와서 이상행동의 치료보다 국민 정신건강의 증진을 통해서 예방하는 것이 더욱 중요하다는 입장에서 선진 국가에서는 국민의 정신건강을 증진시키기 위한 대대적인 사업을 전개하는 추세에 있다.

## 이성(reason)

①인간을 다른 동물과 구별하는 인간 특유의 능력이라고 생각되는 것. 개념적 사고의 능력을 말한다. 실천적으로는 본능이나 충동이나 감성적 욕구에 좌우되지 않고 사려에 근거하여 행동하는 능력을 의미한다. ②진위, 선악을 식별하여 바르게 판단하는 능력(데카르트 이래의 용법). ③초자연적인 제시에 대해 인간의 자연적인 인식(→ 자연의 빛). ④실재, 절대자를 직관적으로 인식하는 능력. 예부터 많은 철학자가 주장한 것. ⑤선천적(아프리오리) 원리의 총체. 이 용법은 이미 라이프니쯔에서 볼 수 있는데, 칸트의 순수 이성은 그것을 명확히 한 것으로서 그는 인식에 관계되는 이성을 이론 이성 또는 사변적 이성이라 부르고, 행위의 원리를 포함하는 것으로 생각할 때는 실천이성이라고 이름 붙였는데, 양자는 동일 본질의 것으로서 적용이 다를 뿐이라고 생각된다. 그러나 그의 경우, 이른 이성도, ⓐ넓은 의미에서는 아 프리오리한 인식 능력의 전체(감성, 오성, 좁은 의미에서는 이성도 포함)를 의미하고, ⓑ좁은 의미에서는 감성·오성과 구별되고, 이데에 관계하는 보다 높은 사고 능력을 의미한다. ⑥헤겔에 있어서도 이성은 오성과 구별되고, 이성적 사고는 변증법적 사고를 의미한다. ⑦칸트 이후의 독일관념론(피히테, 셸링, 헤겔)에서는 이성은 동시에 우주적 원리로서의 의미를 가지며, 세계 이성, 절대적 이성 등이라는 용법으로 쓰인다. 그리스에서는 누스가 거의 이성에 상당하는 말인데, 스콜라학에서는 감각보다 높은 인식 능력으로서 ratio와 intellectus(이 라틴어는 각각 근대어의 이성과 오성에 해당하는 말)가 인정되고 있다. ratio는 개념적·논증적인 인식 능력이고, intellectus는 신(神)의 직관도 포함하는 최고의 인식 능력을 의미하며, 누스의 역어로서도 사용되고, 칸트의 경우와는 용법이 달라지고 있다.

## 이성애(heterosexuality)

반대의 성을 가진 사람들과의 교제 및 성행위의 지향하는 것을 의미한다.

## 이송

공적부조나 사회복지서비스를 실시함에 있어서 그 목적을 달성하기 위해 수급자나 이용자의 신병을 일정기관 시설 장소에서 다른 곳으로 옮기는 것, 또 그것에 필요한 비용을 말한다. 가령 요보호아(자)를 인도할 곳까지 보내는 일, 의료를 위한 입·퇴원이나 통원, 피보호자 친족의 장례참석의 경우 등이며, 이 때 실시기관이 인정하는 최소한도의 교통비가 지급되며 원거리의 경우에는 숙박료나 음식물비도 포함된다.

## 이송서비스

재가복지서비스의 중심이 되는 각종 통원·통소시설의 이용, 장애인·노인의 사회참가를 위한 수단 병원의 통원이나 환자의 수송 등, 복지이용자의 서비스이용 수단이 되는 수송·운반편의의 체계적 서비스를 말한다. 수송차량(환자수송차, 리프트·버스, 핸드캡, 마이크로버스 등), 운전자, 보조자, 통신·연락수단의 확보 등 과제가 많다. 유럽국가에서는 재가복지의 충실과 함께 이송서비스가 확립되어 있다.

## 이슈망(issue network)

정책과정에 있어 이익집단과 같은 수많은 행위자들이 상호간에 유동적이고 불안정한 관계를 맺고 있는 현상을 이슈망이라 부른다. Heclo에 의해 주창된 이슈망은 정책과정에서 소수의 공식 엘리트와 영향력 있는 특정 이익집단이 안정적인 관계를 형성하여 해당분야의 정책과정을 지배한다고 보는 하위정부 모형에 대한 비판적 관점으로 제시되었다.

## 이용시설

이용시설에는 두 가지 의미가 있다. 첫째, 시설의 이용형태에 따라 입소시설에 대비하는 통원시설이라는 것으로 통원시설이 전문적 프로그램을 갖고 재가의 요원호자가 치료·교육·훈련·갱생 등을 위해 통원, 통소하는 것이다. 이용시설은 지역주민이 선택적 혹은 주체적으로 매일 이용하는 시설이지만 한정적으로 사용하는 경우도 있다. 따라서 이 이용시설에 속하는 것으로는 노인복지센터, 노인휴양홈, 아동관, 인보관 그 밖에 지역복지센터 혹은 커뮤니티센터 등이 있다. 둘째, 조치시설에 대한 계약시설을 이용시설이라 하는 경우로 여기에서의 이용시설은 조치권과는 상관없이 본인의 자유의지에 따라 시설장과 계약해서 시설을 이용하는 것이다. 입소시설의 경우에도 지원시설인 특별양호노인홈이나 양호노인홈에 대한 실비노인홈이나 유료노인홈을 의미하는 경우도 있다.

## 이용자자치회

사회복지시설은 이용자의 생활을 지키고 인간생활의 발전을 원조하는 생활의 장이며 시설의 주인공은 이용자다. 그러나 시설운영은 원조를 실천하는 경영자, 관리자, 직원의 입장에서 전개되어 이용자의 욕구를 존중한다고 하나 생활시설에서 보듯이 시설의 주체자는 아직은 이용자가 아니다. 시설의 운영은 직원과 이용자가 함께 만들어가야 하는데 그 조직적인 뒷받침이 이용자 자치회다. 그러나 자치회 등의 자주적 조직이 있는 시설은 아직 적고 그들의 입장을 시설운영에 반영하기에는 미흡하지만 급식, 입욕, 생활시간 등 처우의 개선이나 지역 활동에 힘을 발휘하는 자치회도 있다.

## 이원론(dualism, dualismus)

세계 또는 인간을 2개의 상호독립적인 근본원리에 의해설 명하려고 하는 견해를 말한다. 즉 상호대립함으로써통일될 수 없는 두 계기(契機)로 사물을 설 명하려는 견해를 말한다. 이에 반해 세계 또는 인간을 하나의 궁극적인원리에 의해서 설명하려는 견해를 일원론이라 한다.

## 이유(reason)

근거라고도 한다. 귀결((영) consequence(독) folge)에 대립하는 말. 이유와 귀결과의 관계는, ①넓은 의미에서는 실재적 관계 및 논리적 관계의 양쪽의 의미로 사용된다. 실재적 관계로서는 형이상학적인 해석을 별개로 치면, 원인과결과의 관계와 같으며(→ 인과관계), 논리적 관계로서는 전제와 결론과의 관계와 같다. 그러나 ②통상은 이유와 귀결의 관계는 좁은 의미로 논리적인 관계로서 해석되고, 인과관계와 구별된다. — 인관관계와 논리관계를 혼동하지 않도록 하기위해 논리적 이유를 인식이유(근거)((라) ratio cognoscendi(독) Erkenntnisgrund)라고 부르고, 실재적 원인을 실재이유(근거)((라) ratio essendi(독) Realgrund)라고부르는 경우도 있다.

## 이의신청

행정법상으로는 위법 또는 부당한 행정처분의 재심사를처분청에 대해 청구하는 행위를 말한다. 법령상으로는 불복신청 · 소원(訴願) · 심사청구 · 재심사청구 · 재결신청 · 재정신청(裁定申請) 등의 용어가 혼용되고 있다.

## 이익사회

독일의 사회학자 퇴니스(Tonnies, F)의 공동사회와 이익사회(1887)에서 쓰여진 개념으로서 공동사회와 쌍을 이루는 사회의 유형개념으로 분류의 기준을 인간의 의지에구하고 이것을 본질의지와 선택의지로 나누고 전자에 근거한 결합을 공동사회, 후자에 근거한 결합을 이익사회라명명했다. 선택의지란 개인이 자기의 목적을 달성하기 위해 특수적, 부분적, 공리적으로 결합하는 사회적 관계이며 흡사 상인의 상거래에서 보는 교환이나 매매, 계약이나 규칙의 관계에 비유된다. 여러 가지 결합에도 불구하고 본질적으로는 분리되어 있는 관계라 할 수 있다. 이익사회개념은 19세기의 산업문명의 급속한 개발에 영향을받아 메인(Sir Henry Maine)의 신분과 계약을 비롯해서스펜서, 듈케임 등의 유형개념과도 조응하고 있는 것에주의해야 할 것이다.

## 이익집단(interest group) 01

특정문제에 관해 직 · 간접적인 이해관계 및 관심을 공유하 고 있는 사람들의 자발적인 집단을 말하며, 압력단체라고도 한다. 이익집단은 구성원들의 공통의 이익을 증진시키기 위해 정책과정에 일정한 영향력을 행사한다. 즉이익집단은 스스로의 이 익을 위해 집단을 구성하여 공동이익을 표명(interest articulation)하고 정책의제화를 위해정치 적 지지를 동원하며, 정책대안을 제시하는 등의 활동을 한다. 우리나라에서 영향력 있는 이익 집단으로는노동조합, 전국경제인연합회, 의사협회, 변호사협회, 약사회 등을 들 수 있다.

## 이익집단 02

특정의 이해, 관심, 가치의 유지 내지 수행을 위해 조직화된 집단을 의미한다. 이익단체, 이해집단 관심집단 등으로도 해석된다. 일반적으로는 어느 특정의 경제적 이익으로 결속된 집단을 말한다. 가령 노동조합 농민단체, 동업조합, 기업가 단체 등을 지칭하는 경우가 많고 때로는 압력단체를 말하는 경우도 있다. 그러나 사회학에서는 반드시 그러한 일정의 경제적 또는 정치적 목적을 가진 집단으로 한정하는 경우가 아닌 제2차 집단에 포함되는 것까지 넓게 보고 있다. 이익집단의 생성도 현대사회의 기능분화를 배경으로 하지만 특히 오늘날의 다원적 민주주의에 따라 중요한 역할을 갖고 있는 것으로 보여진다.

## 이인정신병

두 사람이 공유한 정신병을 의미한다. 가령 어떤 부부는그들이 이웃사람들로부터 비밀리에 비웃음거리가 되고있다고 믿고 서로의 믿음을 강화시킨다. 이것은 공유성편집장애(shared paranoid disorder)라고도 한다.

## 이인증(depersonalization)

가공 상황에 존재하고 있다는 느낌 혹은 자아나 신체가현실과 분리되어 있다고 느끼는 상태를 말한다. 이 경험은 정신병(psychosis)이나 신경증(neurosis)같은 특수한정신장애를 가진 사람뿐만 아니라 지나친 스트레스나 위기 상태에 있는 사람들에게서 흔히 발견된다.

## 이전소득(transfer income) 01

생산 활동에 공헌한 대가로 지불된 소득이 아니라 정부또는 기업이 반대급여 없이 무상으로 지불하는 소득을 말하며, 전체소득이라고도 한다. 생활보장, 사회보험, 아동수당 등의 사회보장급여, 해외원조 등의 증여가 이에 속한다. 그 중 특정범주에 속한 개인을 급여대상으로 하는각종 사회보장급여 같은 이전지출을 정부로부터 개인으로의 이전이라 한다. 사회보험에서는 당초 생산에 기여한보수로 받는 소득에서 보험료를 거출해 보험사고 발생시급여를 받으므로 대가없이 무상으로 받는 소득이라고는할 수 없다. 단 보험료부분은 그 때마다 국민소득의 일부로 계산되기 때문에 사회보험급여가 이뤄질 때에 이중계산을 피하기 위해 대가없는 이전 소득으로 취급한다. 이전소득, 특히 정부로부터 개인으로의 이전은 그 대부분이 사회보장급여이기 때문에 사회경제계획 등에서는 사회보장비에 대신하는 것으로 이해되고 있다.

## 이전소득 02

①소득은 생산활동에 참가한 자가 그 대가로 받는 수입이다. 이에 대해 생산에 직접 기여하지 않고 개인이 정부 기업으로부터 받는 수입은 단지 정부나 기업의 소득이 개인의 소득으로 대체되었을 뿐이므로 일반소득과 구별할 필요가 있는데, 이를 이전소득이라 한다. 개인이 정부로부터 받는 연금, 유족원호금과 회사에서 받는 치료비 등이 이에 속한다. ②국민소득 계정상 가계와 비영리단체계정의 이전소득은 법인기업으로부터 개인으로의 이전, 정부로부터의 이전, 해외로부터의 이전 등 3요소로 되어 있다.

## 이전소득 03

이전지급에 의해 생기는 소득을 말하며 대체소득이라고도 한다. 이전지급이란 정부기관에 의한 연금 · 유족원호금, 육영자금과 개인이 회사 등에서 받는 사회보장급여나 기업의 개인에 대한 증여, 기부 등과 같이 무상으로 행하여지는 지급을 말한다. 이전소득은 그 기초를 생산활동에 두고 있지 않다는 의미에서, 즉 정부나 기업의 소득이 개인의 소득으로 대체되었을 뿐이므로, 국민소득에 포함시키지 않는다. 이전지급은 그 수령자에게 구매력을 부여하는 것이 되기 때문에 현재로서는 소득재분배를 위하여 빼놓을 수 없는 경제정책이다.

## 이전지급(transfer payments)

이론적으로 한 인구집단이 기여하여 다른 인구집단에게 지급되는 현금급여를 말한다. 전형적으로 이것은 한 집단으로부터 징수한 돈을 국고에 두었다가 특정한 다른 집단에 지출하는 것으로 간접적으로 행해진다. 가령 사회보장(social security)에서 젊은 인구집단으로부터 노령인구, 실업보상(unemployment compensation)에서 고용층으로부터 실업자들에게, 요보호아동가족부조 AFDC프로그램에서 부자로부터 빈곤가정으로 이전되는 돈이다. 1980년대 중반 미국에서 주요한 소득이전 프로그램은 정부연금(government pensions), 보충적 소득보장(SSI : supplemental security income), 건강보험(medicare), 의료보호(medicaid)이다.

## 이중경제(dual economy)

이중경제라 함은 후진국가의 경제발전과정의 구조적 측면을 특징짓는 용어로 주로 다음과 같은 의미에서 사용된다. 생산부문의 이중구조를 말한다. 즉 전통적인 생존유지적인 농업부문과 근대화된(또는 상업화된) 비농업부문이 서로 접촉이 없이 병존하는 상태를 말한다. 기술상의

이중구조를 말한다. 특히 각 부문 내부에 있어서 전통적인 기술과 가장 최신의 첨단기술이 동시에 사용되는 상태로 중소기업과 대기업간의 기술수준의 격차에서도 나타난다. 소비의 이중구조를 들 수 있다. 전통적 부문에 종사하는 가구와 근대화된 부문에 종사하는 가구 사이의 소비패턴, 특히 소비품목의 격차까지도 포함한다. 결국 전통적 생활양식과 근대적 생활양식의 공존을 뜻한다.

## 이중구속(double bind)

한 사람이 둘 이상의 모순되거나 서로 용납되지 않는 방법으로 해석될 수 있는 메시지를 전하고, 그 메시지를 받은 사람은 그 모순에 대한 결과나 응답을 할 수 없는 일종의 자가당착적 의사전달을 말한다.

## 이중맹검(double blind)

연구에서 실험을 받는 사람도 실험자도 실제 변화가 사실상 이루어지고 있는지 모르게 하는 기술을 의미한다. 가령 약의 효과를 연구할 때 실험자와 실험을 받는 사람이 위약이 투여되었는지 약효 있는 약이 투여되었는지 모르게 하는 경우를 말한다.

## 이중속박 메시지(double−bing messages)

의사소통에 대한 기본적인 개념으로 단어, 목소리, 얼굴표정 혹은 언어적 메시지를 매우 복잡하고 모순되게 전달하는 것이다. 이중속박은 송신자와 수신자의 관계가 밀접하게 연결되어 있지만 메시지의 내용과 질이 모순되고 숨겨진 상태에서 다른 메시지와 함께 전해지는 것이다. 동시에 전해지는 두 개의 메시지는 상반되고 모순되므로 메시지를 받는 사람은 당황하고 어느 측면의 메시지도 받아들이기 힘들고, 어떠한 반응을 하여도 적합한 반응이 될 수 없는 것을 의미한다. V. Satir는 다음의 상황에서 이중속박메시지가 일어난다고 본다. 즉①낮은 자기존중 감정을 가지고 있고 자신을 나쁘다고 생각할 때, ②다른 사람의 기분을 상하게 할까봐 두려워 할 때, ③다른 사람과의 관계를 걱정할 때, ④강요하는 것을 싫어 할 때, ⑤사람이나 상호관계에 대한 의미를 갖지 못할 때, ⑥관계가 깨질까봐 걱정할 때 등이다.

## 이중수혜자(double benefiter)

연금법의 적용대상자가 공무원연금법, 군인연금법. 국민연금법 등 타 연금법의 적용을 받고 있거나 받은 경우를 말한다.

## 이직률(employment separation rates)

이직은 근로자들을 기업이 정당한 사유로 면직시키는 해고, 근로자 자신의 희망에 의한 사직, 퇴직 그리고 동일 기업내의 다른 사업체로 배치전환에 의한 전출로 이루어지는데 이직률은 이직자수를 전월 말 근로자수로

나누어 계산한다. ★이직률 =(이직자수 / 전월말 근로자수) × 100

## 이질혼합성(heterogeneity)

한편으로는 전통적이고 융합적인 요소와 다른 한편으로 현대적이고 분화된 특성이 혼재되어 있는 과도사회의 특징을 가리키는 개념.

## 이차 예방(secondary prevention)

어떤 문제를 해결하는 데 문제의 초기진단을 말하며 사례발견(case finding), 격리 등의 방법을 동원하여 그 문제가 다른 사람들 또는 환경에 미치는 영향을 최소화 또는 조기치료하려는 노력을 의미한다.

## 이차적 사회화

개인이 특정한 직업집단에 소속되면서 그 집단의 가치와 태도를 학습하여 사회화되는 과정을 말한다. 이차적 사회화는 내부사회화 또는 기관사회화라 불리기도 한다. 이러한 이차적 사회화는, 사회구성원이 성장하면서 전체 사회로부터 문화와 규범을 습득하는 일차적 사회화보다 더욱 인간의 행태를 결정하는 요인이 되는 것으로 알려지고 있다.

## 이차적 이득(secondary gain)

어떤 신체적 및 정신장애로부터 야기될 수 있는 이득 또는 장점을 의미한다. 가령 관심의 대상이 된다거나, 어떤 책임과 의무로부터의 회피, 또는 장애인연금지급의 대상자가 될 수 있는 것 등이다.

## 이코 맵(ecomap)

사회사업가와 다른 전문가들이 사용하는 도식으로 클라이언트, 클라이언트와 관계된 사람들 및 사회제도, 기관들, 그리고 환경적인 영향과의 상호의 다양한 면들을 표현하는 것.

## 이타주의

도덕의 기초를 인애와 동정이라 보며 타인의 행동·복리를 행위의 목적으로 삼는 주장, 이기주의에 반대되는 말로 애타주의라고도 하며 사회적 공리설로 불려지기도 한다. 콩트(A. Comte)에 의하면 사랑을 주의로 하며 질서를 기초로 하고 진보를 목적으로 하는 주의이다. 세네카(L.A.Seneca)의 사해동포관도 여기에 속한다. 라이프니쯔(G. E. Leivniz)나 볼프(C. Wolff) 등은 도덕상 자애의 정을 기독교적 교리로부터 도출하여 사회적 공리설을 주장하고 있으나 이러한 사상조류는 불교나 유교에서도 나타나고 있다. 특히 묵자의 겸애설은 그 논리가 이타주의의 윤리에 일치하고 있다. 그러나 완전한 이타를 주장할 수 없는 것이기 때문에 결국은 자기 행복과의

일치를 구하려고 한다. 교육학에 있어서 이타주의는 교육활동의 최후 목적으로서 봉사적 자아의 형성을 주장하고 있다. 개인의 최고 가치를 타인(他人)의 행복에 둔다면 이타주의는 곧 교육의 궁극 목적이 될 수밖에 없다. 페스탈로찌(J. H. Pestalozzi)의 교육 행위는 이의 대표적인 경우이며 많은 교육적 업적들이 이 주장을 이상으로 삼고 있다.

## 이혼(divorce) 01

부부가 살아있는 상태에서 한 쪽이나 양 쪽 모두의 요구에 의해 혼인관계를 끝내는 것을 이혼이라고 하는데 협의(합의)이혼과 재판상 이혼이 있다. ①협의(합의)이혼 — 부부 모두가 혼인관계를 끝내는 것에 의견의 일치를 본 경우로 본적지나 주소지의 관할가정법원의 확인을 거쳐 남편의 본적지나 주소지 행정기관에 신고하면 되고 이때부터 이혼의 효력이 생긴다. ②재판상의 이혼 — 합의에 의한 이혼이 되지 않아 부부 중 한 쪽의 신청으로 가정법원에 이혼판결을 요청하는 경우로 판결이 나면 그 즉시 이혼의 효력이 생기며 1개월 안에 남편의 본적지나 주소지의 행정기관에 신고하면 된다. 이혼의 효력으로는다음과 같은 것이 있다. ③부부관계는 없어진다. ④처는 친가에 복적한다. ⑤혼인으로 인해 생겼던 인척관계가 없어진다. ⑥자식의 양육은 합의에 의해 한 쪽이 맡게 되고 다른 한 쪽은 자식을 만날 수 있는 면접교섭권을 가진다. ⑦재산분할청구나 손해배상청구를 할 수 있다.

## 이혼 02

결혼을 통해 형성된 부부관계는 법적으로 보호를 받으며, 동거, 동고, 동락하는 공동운명체의 인간관계로서 일반적으로 영구히 지속되는 관계를 의미한다. 그러나 이와 같은 부부관계가 해소되는 경우는 부부 중 한 배우자가 사망하거나 이혼하는 경우이다. 한국에서 이혼은 협의이혼과 재판상 이혼을 법률로 규정하고 있다. 협의이혼은 개인의 자유의사, 감정, 인간의 존엄성을 전제로 규정된 제도로서 당사자의 합의된 의사에 따라 결정하는 것이다. 재판상 이혼은 법률상 일정한 이혼원인을 규정하고 있으며, 배우자가 그 원인에 해당하는 규정을 위반하였을 경우 이혼소송을 제기하여 재판을 받아 이혼이 성립되는 경우이다.

## 이혼문제(divorce problem)

이혼문제를 법적측면에서 살펴보면 재산분할, 위자료를 둘러싼 부부 간에 있어서 실질적 평등, 부부간 폭력과 효과적 구제수단의 제공등을 둘러싸고 검토될 점이 많다. 부부에게 자녀가 있는 경우, 친권자, 감호자의 결정, 이혼 후 별거하는 친자의 면접교섭의 적부, 부모의 재혼과 친자 관계의 조정 등이 문제된다. 이혼 후 가족은 생활상 여러 가지 곤란한 상황에 직면하기 때문에 부양비, 아동수

당 등 생활비 보조, 세제상의 우대, 주거, 입소시설의 정비, 가족문제 상담서비스 등의 충실이 필요하다. 또 당사자의 정신적 타격을 경감시키기 위해 가정재판소와 민간 삼당기관의 유기적 연계도 필요하다.

## 이혼치료(divorce therapy)

이혼하기로 결정한 부부를 돕기 위해서 마련된 일종의 임상적 개입형태를 의미한다. 이혼치료에는 부부가 이혼의 대안을 고려하는 것을 돕는 일, 조정문제를 최소한으로 줄이는 일, 이성적으로 가능한 가장 건전한 방법으로 이혼방법을 통의하는 것이 들어있다. 이 치료는 또 가렴 아동보육 및 재산권 결정과 같은 이혼의 실제적·법적 문제점을 다룬다. 이 치료는 또 부부가 전 배우자의 관례를 조정하고 새 생활방식에 적용하는 것을 돕는다.

## 이환율(morbidity)

상병의 발생빈도를 나타내는 상병통계 지표의 하나이며 조사기간 중에 새로이 발생한 상병건수를 인구에 대한 비율로 나타낸다. 따라서 조사기간 전부터 있어온 상병건수는 제외된다.

## 인가(sanction) 01

금지를 해제하여 일정한 사실행위 또는 법률행위를 할 수 있게 허용하는 행정행위를 말한다. 허가·특허·확인 등의 용어와 실정법상으로 명확히 구별되지 않고 서로 혼용된다. 인가는 법률행위의 효력발생 요건으로서, 인가를 얻지 않고 행한 행위는 원칙적으로 무효이고, 허가에 있어서와 같이 당연히 행정사의 강제집행이나 처벌의 대상이 되지 않는 것이 통례이다. 인가될 법률행위의 내용은 당사자의 신청에 의해 결정되고, 행정청은 이에 동의하느냐의 여 부만을 결정하는데 그치기 때문에 수정인가(修正認可)에는 법률의 근거가 있어야 한다.

## 인가 02

관계부처가 공식적으로 용인한 프로그램이나 기획을 수행할 수 있도록 허락받는 행위를 말한다. 이것은 또 행동에 대한 법 또는 준거집단(reference group)에 의한 처벌을 의미하기도 한다. 가령 만일 사회사업가가 전문 사회사업가의 윤리강령(code of ethics)을 위반했을 경우 협의회로부터 자격정지의 제재를 받거나 면허 취소를 받을 수 있다.

## 인간개발(human development)

사람의 생활주기에 따라 나타나는 신체적, 정신적, 사회적, 경험적인 변화를 말한다. 이러한 변화는 지속적이고, 공정하게 일관된 결과를 발생시키며, 다른 변화들과 함께 누적된다. 이간개발은 예상할 수 있는 방법으로 발생한다. 그러나 변화율은 각 개인에 따라 독특하다.

## 인간관계(human relations)01

구체적 생활환경에 있어서 사람과 사람과의 사이에 생기는 심리작용으로 언어의 작용을 기본적 조건으로 하는 의사소통에 의해 대표된다. 우연적 요소에 의해 인간관계가 성립하는 경우가 많게 되어 옛날 지연사회에 존재하는 룰이 결여되기 때문에 당연히 인간관계의 원리나 법칙을 창출할 필요성이 생긴 것이다. 1924 × 1932년의 이른바 호오손실험의 결과는 생산의 상승이 물리적 환경이나 보수의 개선만 이 아니고 오히려 인간관계적 측면에 의해 크게 좌우된다는 것을 보여 주었다. 기타 학문에서는 레빈(Kert Lewin)의 집단역학이론(group dynamics)이나 소시오메트리, 가족관계나 치료적 인간관계의 실천, 연구 등 복잡한 현대사회에 있어서 대응방법이나 인격의 성장 발달과정으로서 인간관계가 논해지고 있다. 인간관계의 3대 목표는 협동 생산 자신의 직업만족을 얻도록 하는 것이다. 결국 인간관계론이란 집단 내 공동목표의 수립과 동기(motivation)를 발전시키는 것이다.

## 인간관계 02

조직구성원 사이의 직능적·합리적 관계보다는 심리적·정서적 관계를 말한다. 인간관계론의 주창자들은 작업능률이 노동조건과 물적조건의 개선에 의해 향상될 수도 있으나 구성원의 심리적 욕구충족이 중요하다는 사실을 강조한다.

## 인간관계 기술(human relation skill)

조직의 일원으로서 효과적으로 일하고, 조직구성원의 활동을 조정하고, 목적달성을 위해 최선을 다하도록 자극하고 동기유발하는 기술, 학교행정가는 교육위원회, 학교의 비전문직원과 전문직원, 학생, 학부모, 지역사회, 교직전문단체, 일반인 등 관련집단내 또는 그들 관련집단 간의 상충하는 기대의 한가운데 서있는 중간층이기 때문에 어느 조직의 행정가보다도 인간관계 기술이 더욱 중요하고 복잡성을 띠게 된다. 인간관계 기술을 발전시키려면 무엇보다도 자기 자신을 알과 자신의 장·단점을 알아야 하며, 새로운 아이디어를 받아 들여 조직과 조직 속에 있는 사람들에게 변화를 일으키도록 일할 수 있는 내적 평정을 지녀야 한다.

## 인간관계관리(human relation management)

1926년부터 시카고의 호슨공장에서 하버드대학교수 메이요(Elton Mayo)를 중심으로 행해진 호슨·엑스페리먼트에 의해 발견된 하나의 노무관리방식을 말한다. 이는 개개의 근로자에 대한 면접조사를 포함한 장기적이고 계통적인 조사를 토대로 생산성의 향상은 인간의 태도와 감정이 중요하다는 것을 얻어냈다. 또 호슨실험은 기술혁신, 관료제화의 진행 속에서 인간에게 근로의욕을 높이기 위한 새로운 관리기술을 개발함으로써 그 이전의 과학적 관리론을 보완하게 되었다.

### 인간관계론(human relations approach)

조직구성원들의 사회적 · 심리적 욕구와 조직 내 비공식 집단 등을 중시하며, 조직의 목표와 조직구성원들의 목표간의 균형유지를 위한 민주적 · 참여적 관리방식을 처방하는 조직이론을 말한다. 과학적 관리론에 대한 반발로 등장한 인간관계론은, E. Mayo 등 하바드 대학의 경영학교수들이 미국의 Western Electric 회사 Hawthorne 공장에서 1927년부터 1932년까지 수행한 일련의 실험에 의해 이론적 틀이 마련되었다. 인간관계론의 요지는 첫째, 조직구성원의 생산성은 생리적 · 경제적 유인으로만 자극받는 것이 아니라 사회 · 심리적 요인도 크게 작용한다는 점과, 둘째, 이러한 비경제적 보상을 위해서는 대인관계 · 비공식적 자생집단 등을 통한 사회 · 심리적 욕구의 충족이 중요하며, 셋째, 이를 위해서는 조직 내에서의 의사전달 · 참여가 존중되어야 한다는 것이다. 인간중심적 관리를 중시한 이와 같은 인간관계론은 현대 조직이론에 지대한 영향을 미치게 되었다. 즉 조직인도주의(organizational humanism)와 행태과학(behaviorism), 사회 · 기술학파 등의 이론 발전에 큰 영향을 미치게 된 것이다.

### 인간발달단계(life stage)

에릭슨(Erikson, E.)은 8단계의 위기를 거쳐 자기동일성(identity)을 획득한다 했다. 또 D.스퍼는 직업생활에 관해 연령별로 크게 5단계로 나누어 고찰하고 있다. 또 하비가스트(Havighurst, R.)는 일생을 6가지 시기로 나누어 각각의 시기에 고유의 발달문제를 제시하고 달성을 위한 교육의 역할을 명백히 했다. 케이스워크에서 생활력의 중시뿐 아니라 생활주기 연구와 함께 발달단계의 파악은 실천상 중요하다.

### 인간봉사(human service)

인간의 사회적 장애와 심리적 곤란을 극복할 수 있도록 원조하기 위해 수행하는 모든 원조적 활동과 행동을 의미하며 여기에는 정신건강 운동참가자 · 카운슬러 · 심리학자 · 사회사업가 · 법원의 관리 · 성직자 · 의사 · 간호원 · 교육자 등이 인간의 전인적 발달과 환경과의 효과적인 적응을 이룰 수 있도록 돕기 위해서 수행하는 모든 활동을 포함한다.

### 인간성

인간의 여러 가지 가능성의 범위, 문화적 특수성으로 인한 차이가 있지만 어느 사회에서 생활하든 지간에 인간이 공통적으로 행하는 행위의 경향성이나 가능성이 있다고 보고 그러한 인간특성의 범위를 인간 이외의 존재와 대조시켜 구별할 때 사용하는 말이다. 인간의 본질과 목적이 가장 보편적 수준에서 관심의 대상이 될 때, 인간성을 논하는 것이 된다.

### 인간소외(alienation)

소외란 원래 인간이 자기들의 생활을 풍부하게 하기 위해 만들어 낸 물질이 인간으로부터 독립하여 거꾸로 인간을 지배하고 마는 현상을 가리키는 말이다. 즉 인간이 만들어낸 문화가 인간성과 유리되어 인간을 지배하게 되는 현상이다. 소외의 종류를 대별하면 이용적 문화로부터의 소외, 맑스(K. Marx)는 이를 노동생산물로부터의 소외라고 했다. 규범적 문화로부터의 소외, 웨버(M. Weber)는 고도로 공업화된 노동과정의 기계화 · 자동화 그리고 사회기구의 거대화에 따른 관료화로부터 역할을 단편화시키고 타율화시켜 몰인간적으로 만든다. 관념적 문화로부터의 소외는 프롬(E. Fromm)의 자유로부터의 도피과정에서 찾아볼 수 있다.

### 인간행동과학(human behavioral science)

생활과학, 정보과학, 사회과학의 성과와 축적을 총동원해서 인간의 개인적 행동과 집단적 행동에 관한 일반적 이론을 수립하려는 학제적 과학을 의미한다. 행동과학은 인간행동에서도 계측 가능한 현상을 연구대상으로 하는 경향이 강하기 때문에 조작적, 실험적, 실증적 데이터 처리를 중시한다. 따라서 조작성이 낮은 데이터, 비반복적인 현상은 연구대상에서 제외되기 쉽다.

### 인간화(humanization)

원래 신(神)이나 전통적 외압으로부터 인간의 해방과 인간본래의 자주성의 확립을 의미하였으나, 오늘날에는 인간관계의 극단적인 합리화 · 물화(物化)에 대한 인간성의 회복을 의미하는 것으로 바뀌었다. 즉 과학 · 기술 · 제도의 기계적 합리화를 인간성이나 인간의 행복을 고려에 넣은 보다 고차적인 합리화에 의해 극복하려는 경향을 말한다.

### 인격(character) 01

개인의 지적 · 정적 · 의지적 특징 등을 포괄하는 정신적 특성을 나타내는 말이다. 흔히 성격 혹은 개성(personality)과 같은 뜻으로 사용되는 경우도 있으나, 성격은 천성적 특징과 우연적으로 형성된 특징까지를 포함한 보다 넓은 범주의 말임에 비하여 인격은 개체의 노력 혹은 수양에 의해서 형성된 특징에 한정하여 사용하는 말로서 이해되고 있다. 그러므로 성격은 도덕적 평가의 대상이 되지는 않으나 인격은 도덕적으로 평가를 받아 칭찬이나 비난에서 언급되는 대상이다.

### 인격(personality) 02

인간은 다양하고 특유한 행동방법 혹은 행동양식을 결정

짓는 프로그램의 특수성을 갖는다. 이러한 의미에서 성격과 의미를 같이하지만 성격은 정의적인 행동양식이 강조되는 것에 비해 인격은 개인의 통일성, 적응성을 강조한다. 심리학에서의 인격은 도덕적 의미를 포함하지 않는다. 개인이 보여주는 정서반응의 특질을 파악할 경우에는 그것은 기질이다. 즉 어느 개인이 어떠한 행동을 할 경우 어떠한 감정(기질)으로 어떠한 방법(인격)에 의해 어떠한 반응(성격)을 하느냐가 문제가 된다. 상냥하고 침착한 사람이라 할 때 상냥은 성격이고 침착은 인격이라 간주해도 좋다. 즉 행동양식의 특유함이 인격이다.

### 인격의 사회화
인간의 심리적 기능에서 인격은 적응개념으로 쓰여 지지만 인격의 사회화는 인격이 개체 발생적으로 유아기에서 노년기 사이에 사회적 상호작용을 통해서 발달해가는 과정을 말한다. 인격발달은 단지 성숙에만 의한 것이 아니고 양친, 형제자매, 친구, 교사, 사회사업가 등 타인과의 상호작용이나 이것을 매개로 하는 여러 가지 학습을 통해 달성된다.

### 인격장애(personality disorder)
사회적 적응이 불능할 정도의 성격장애를 의미한다. 성격이 보통 사람과 다르다는 것만으로는 마음의 병이라고 할 수 없지만, 그 때문에 자신과 사회가 괴롭힘을 당하게 되면 사회적 반응을 할 수 없게 되므로 정신장애가 되는데, 이를 정신병질(psychopathic personality)이라고도 한다. 독일의 정신과의사 K.슈나이더는 이것을 발제, 억울, 약지, 냉정, 폭발, 기분역섭, 자기현시, 자신결핍, 광신, 무력의 열 가지 유형으로 나누었다. 최근에는 사회변동에 따라 생긴 새로운 형의 부적응을 일으키는 인격장애를 볼 수 있게 되었다. 미국정신학회에서는 이것을 망상성 인격장애, 분열병질 인격장애, 분열병형 인격장애, 연기성 인격장애, 자기애성 인격장애, 경계성 인격장애, 회피성 인격장애, 의존성 인격장애, 강박성 인격장애, 수동·공격성 인격장애, 비정형·혼합성 또는 기타의 인격장애로 분류하고 있다.

### 인공수정(artificial insemination)
출산을 위해 성적 접촉이 아닌 다른 방법으로 정자와 난자를 결합하는 것을 말한다. 자연적으로 임신할 수 없었던 많은 여성들이 이 방법을 통해 임신하게 되었다. 의사는 외과용 기구를 이용하여 해당 여성의 남편이나 익명인한테 받아낸 정액을 나팔관이나 자궁에 주입한다.

### 인과관계(causality) 01
일반적으로 인과관계는 어떤 한 가지 사상(원인)이 다른 한 가지 사상(결과)을 일으키는 관계를 의미한다. 오늘날

의 과학은 원인적 결정조건이 한 가지, 즉 일원 적이 아니고 다원적이라는 점을 강조한다. 이들 다원적인 제조건이 종합적으로 어떤 사상을 발 생시키거나 또는 확률을 증가시키고 있다는 점을 주장하여 종래의 일원적 인과율과 확정성(certainty)의 원리를 배제하고 어디까지나 확률의 원리를 따르려고 한다.

### 인과관계(cultual relation) 02
두 가지 이상의 과정, 사건, 변인들 간의 어떤 현상이 다른 현상을 일으키는 원인이 되는 관계를 의미한다. 가령 A가 B의 원인이 되는 B보다 시간적으로 앞서야 하며 B가 일어나는데 필요하고 충분한 조건이 되어야 한다. 즉 새로운 교수방법을 적용하여 다른 수준의 학업성취도를 얻게 되었다면 그 교수방법이 성적 변화의 원인이라고 해석할 수 있다. 그러나 두 가지 사건이 함께 변한다고 해서 그들 사이에 반드시 인과관계가 있다고 볼 수는 없다. 두 변인 간의 높은 상관계수는 그들 사이의 인과관계를 주장하는 충분조건이 되지 못한다. 가령 교회 수와 범죄율 간에는 통계적으로 정적인 상관관계가 있지만 둘 중 어느 현상이 다른 현상의 원인이라는 결론은 성립되지 않는다. 왜냐하면 그 상관계수는, 그 두 가지 사건이 모두 인구수라는 제3의 변인에 의해서 영향을 받고 있다는 우연적인 관계에서 비롯된 것에 불과하기 때문이다.

### 인과모형
인과모형은 현상 속의 여러 변수들 가운데 시간적으로 선행하는 원인변수들을 독립변수로 하고 결과변수들을 종속변수로 하여, 그들 사이의 인과관계(causality)를 밝히기 위한 연구모형을 말한다. 정책평가에서 정책조치는 독립변수로, 정책의 영향 및 효과는 종속변수로 설정된다.

### 인구구조(population structure)
집단의 구성원은 성별, 연령, 배우자관계 등의 다양한 속성을 구비하고 있다. 집단을 이와 같은 속성에 의해 분류한 결과를 인구구조라 한다. 가장 기본적인 인구구조는 성별구조와 연령별 구조이며 이것은 피라미드 도표로 자주 도식화된다. 이밖에 배우자 관계별 구조, 직업별 구조 등의 인구구조도 이용되고 있다.

### 인구동태(vital population)
인구의 크기는 출생, 사망, 유입, 유출의 요인이 관계되고 이들 요인에 의해 인구증감의 정도가 결정된다. 또 인구를 그 속성, 즉 성, 연령, 배우자 관계, 직업 등으로 분류한 것을 인구구조라 부른다. 이들 인구증가와 인구구조의 변동을 합해 인구변동이라 하며 인구변동의 양상을 인구동태라 한다. 또 이와는 별도로 출생, 사망, 결혼, 이혼의 연간 발생건수를 인구동태통계로 정리하고 있다.

## 인구문제(population problem) 01

인구문제는 사회문제와 밀접한 관계를 갖는다. 일반적으로 인구문제는 양의 문제와 질의 문제로 나누어 생각할 수 있다. 전자에서는 인구의 가속도적 증가가 문제가 되고 후자에서는 연령, 취업, 사회계층 등의 구성이 논의된다. 인구문제는 시대에 따라 그 양상이 달라지지만 오늘날에는 개발도상국에서의 인구증가와 선진공업국에서의 출생력의 저하와 노령인구의 증가가 자원과 환경의 문제와 관련되어 주목되고 있다.

## 인구문제 02

일반적으로 인구의 자연적 증가 즉 인구폭발과, 특정지역에 인구가 집중하는 인구내파(人口內破)를 의미하나, 때에 따라서는 평균수명의 증가에 따른 인구의 노령화 문제와 일부 선진·부유국들에서 나타나고 있는 인구감소의 문제 등을 의미하기도 한다.

## 인구성장율(population growth rate)

자연적 증가(출생 - 사망)인구와 사회적 증가(타지역으로부터 유입 - 타지역으로 유출)인구를 모두 감안한 증감 인구를 연앙추계인구(매년 7월 1일 현재 시점의 인구)로 나눈 수치를 말한다.

## 인구의 제로성장(zero population growth)

출생률을 사망률에 일치시키기 위해서 인구 안정을 옹호하는 운동을 의미한다. 이것은 향상된 성교육, 피임, 가족계획 그리고 규정했던 것보다 더 많은 자녀를 가진 사람들에게 때때로 조세벌금(tax penalties)을 부과함으로써 성취할 수 있다고 옹호자들은 주장한다. 또 인구의 제로성장으로 알려진 공식기구는 1968년에 설립되었고 이러한 목표들을 지지하고 있다.

## 인구이동(population mobility)

인구이동의 원인, 그 양태는 대단히 복잡하다. 일정의 지역단위 상호 간에 이루어지는 인구이동은 단위지역내의 인구의 증감에 영향을 주어 인구구성을 변화시키고, 인구의 재생산결과를 혼란시켜, 출생·사망에 의한 인구의 자연적 증감과는 본질적으로 상이하게 된다. 유출입이라는 인구의 사회적 증감은 특정지역의 생활구조에 큰 영향을 준다. 생활수준이 낮은 곳에서 높은 곳으로의 고용, 생활상의 편의, 교통, 주거 등의 요인도 작용한다. 인구이동은 국내의 지역 간 뿐 아니라 국제이동도 포함하는 개념이다.

## 인구재생산율(reproduction rates)

인구의 재생산율이란 한 여인이 일생동안 여아를 몇 명 낳는가를 나타내는 것으로 이것을 총 재생산율이라 하며, 여기서 여아의 생잔율을 감안한 재생산율을 순 재생산율

이라 하는데, 이는 일생 동안 낳은 여아의 수 가운데 출산 가능연령에 도달한 생존여아의 수만을 나타낸 것이다. 따라서 순 재생산율이 1이면 대체출산력 수준이라고 말하며, 이 수준이 계속하여 일정기간이 지날 경우 인구의 증가나 감소가 이루어지지 않는 상태에 돌입하였다는 의미를 갖는다. ★총 재생산율 = 합계출산율 × 여아출생구성비 · 순 재생산율 = 총재생산율 × 출생여아의 생산율

## 인구정책(population policy) 01

인구정책이란 국가가 인구에 대해 바라는 상태를 실현하기 위해 행하는 노력을 말한다. 이 정책은 시대와 함께 변할 수 있으나 인구증강을 목적으로 하는 정책과 국민복지의 향상을 도모하는 정책의 두 가지로 나눌 수 있다. 그러나 인구에 관한 문제는 개인의 의지에 관계 되는 면이 많아 반드시 국가의 의지와 일치할 수는 없다. 따라서 국민에게 인구문제의 이해를 홍보해서 의지결정에 공통의식을 만드는 일이 중요하다.

## 인구정책 02

인구의 적절한 상태를 실현하기 위한 국가의 의식적·계획적 대책을 말한다. 인구정책에는 현실의 인구상태와 적절한 상태간의 차이를 출생·사망 및 지역적 분포라는 인구학적 요인을 통해 적절한 상태로 실현시키려는 인구 조절정책과, 인구와 사회·인구와 경제간의 불균형 즉 과잉인구 및 과소인구 문제의 해결을 모색하는 정책이 있다.

## 인구조사(population census)

인구 상황을 파악할 목적으로 하는 조사를 의미한다. 기원전 이집트나 중국에서 이미 실시되었으나 근대의 조사는 1790년 미국에서 가장 먼저 시작되었다. 현재는 전수조사이며 국세조사와 동의어로 쓰일 때가 많다. 그러나 인구에 관한 현상은 복잡화하고 있기 때문에 그밖에 국세조사, 이후조사, 인구동태조사, 주민대장인구이동보고, 등록외국인통계조사, 이동 인구조사 등이 실시되고 있다.

인구주택총조사  5년마다 한번씩 실시되며, 면접조사기간은 9개월에 불과하지만 사전 준비에 2년, 결과의 집계 분석에 2년이 소요되는 국내 최대규모의 통계 조사이다. 시도별로 실시된 조사결과는 통계청으로 넘어와 컴퓨터에 입력, 집계·분석 작업에 들어가며, 결과는 4차례에 걸쳐 통계청이 발표한다. 인구총조사는 과학적 조사방법에 의해 지역별 인구와 가구 수는 물론 개인별 특성까지 조사해서 광범위한 내용을 정확히 수집하는데 목적이 있다. 또 주택총조사는 주택의 현황, 즉 주택총수·종류·기타 특성을 정확히 파악해서 각종 정책의 수립·집행에 필요한 기초자료 제공에 활용된다. 인구의 경우 대한민국의 행정권이 미치는 전 지역에 상주하고 있는 모든 사람을 조사대상으로 하고 있으나 해외 취업자. 유학자 및

한국에 거주하는 외국인 중 외교관, 외국군인 및 그 가족은 제외된다. 주택은 거주할 수 있는 모든 건물(천막집·움집 포함)을 조사대상으로 한다. 그러나 이 조사에서도 군대의 병영, 교도소, 경찰서 등 시설내의 막사와 대사관, 외국군대의 병영내의 주택은 제외된다.

## 인구피라미드(population pyramid)

수평축에는 인구수 또는 인구비율(%)을 두고 수직축에는 연령이나 연령그룹을 두어 각 연령(그룹)별로 연속적인 막대그래프로 나타내어 인구의 연령구조를 조사하는데 유용한 자료로서 특정시점의 연령별 인구구성을 한눈에 볼 수 있는 그래프이다.

## 인구학(demography)

인구의 과학적 연구, 특히 크기·구조 및 발달을 대상으로 한 과학으로 인구지학이라고도 한다. 연구대상에 따라 다음과 같은 특별용어가 사용되고 있다. 기술인구학이라 불리고 있는 것으로 인구집단의 수, 지리적 분포 및 일반적인 속성을 기술한 것이다. 형식인구학 혹은 통계인구학이라 불리는 것으로 인구현상간의 양적관계를 연구대상으로 한다. 실체인구학으로 불리는 것으로 인구현상과 사회적·경제적 현상과의 관계, 출생·사망·이동이란 현상과 사회적·경제적 요인과의 상호관계를 연구대상으로 하고 있다. 이와 같이 인구학의 연구영역은 광범위하기 때문에 학제적 연구가 필요하다.

## 인권

사람이 사람답게 살기 위해 필요한 것으로서 당연히 인정된 기본적 권리(→ 기본적 인권). 인권에는 모든 개인에게 보편적으로 해당하는 광범위한 가치들이 포함된다. 인권의 개념은 헬레니즘 시대의 스토아 학파의 자연법 사상에서 유래했다. 스토아 학파는 모든 창조물에는 어떤 보편적인 힘이 스며들어 있기 때문에 인간의 행동은 자연법과 만민법에 따라 평가되어야 한다고 보았다.

## 인권(human rights)

사회적인 성취에서 인종, 성별, 언어, 종교에 차별을 두지 않고 모든 사람에게 동등한 특권과 책임이 주어지는 기회를 의미한다. 1948년 UN위원회가 정식으로 인권에 관해 이렇게 규정했다. 생존, 자유, 생명·신체의 안전과 같은 민주주의 헌법에서 승인된 기본적인 시민권(civil right), 즉 임의 구류·구속·유형으로부터의 자유, 공평한 재판에 의해 공정한 공판과 공청회를 받을 수 있는 권리, 사상·양심·종교의 자유, 평화적인 집회 또는 결사를 갖는 자유를 말한다. 또 노동, 교육, 사회적 안전에 관한 권리 같은 경제적·사회적·문화적인 권리들, 즉 지역사회의 문화생활에 참가하는 것, 그리고 과학의 진보와 예술에서 이익을 공유하는 것을 포함한다.

## 인권보장(safeguard for human rights)

인간이 인간으로 생존하고 생활하기 위해 고유하게 보유하고 있는 기초적·기본적인 권리의 보장을 말한다. 이 인권 중에는 개인적·자유권적인 자유주의적 권리와 국가가 적극적으로 구체적인 시책을 강구하는 사회주의적 권리가 있다. 전자에 속하는 권리로서 재산권이나 결사의 자유 등이 있고 이것들은 국가의 침해를 받지 않는다는 불가침의 인권이며 후자는 생존권 보장처럼 적극적으로 국가에 의해 조치되도록 요청하고 있다.

## 인도주의(humanism) 01

인간의 자유와 존엄을 존중하고 이를 구속하는 일체의 것에 대해 반대하는 인간해방을 목표로 한 사상의 총칭이며 인문주의, 인간주의 등으로도 불린다. 다의적 개념으로 내용도 시대에 따라 다르다. 이념적으로는 그리스·로마시대로 거슬러 올라가지만, 역사상 정신운동으로서는 중세적, 봉건적 구조 속에서의 인간해방을 목표로 한 르네상스·휴머니즘으로 시작된다. 이 흐름은 18×19세기에 추상적 인간관이나 기계론적 사회관에 반대하고 인간적 개성의 존중을 목표로 한 Winckelnann, J. J., Goethe, J. W. 등의 신휴머니즘의 운동으로 계승되었다.

## 인도주의 02

인간의 경험이나 복리를 일차적인 관심사로 생각하려는 사상을 의미한다. 현세에서의 복지와 행복을 존중하는 반내세주의적 특징을 가진 경향도 있고, 르네상스 운동에서와 같이 고전의 정신과 사상을 부활시켜 인간의 개성과 가치를 강조하면서 종교적 제약에 반기를 든 것도 있다. 그 외에 모든 형태의 초현실적·초자연적 세계에 대한 신념을 부정하는 20세기의 철학적·종교적 노선의 형태도 있다. 즉 그것은 현세의 모든 인류가 향유할 가치를 궁극적인 윤리적 목표로 삼고, 인간의 문제를 오직 이성과 과학과 민주주의적 방법에 의해서 해결하려는 경향으로,〈자연주의적 인도주의〉라고 일컬어지고 있다. 콩트(A. Comte)의 실증주의, 영국의 공리주의 등의 영향을 받은 것으로, 미국의〈인도주의자협회〉(american humanist association)가 있고, 국제적으로는〈국제인도주의윤리연맹〉(international humanism and ethical union)이 있다. 또 인도주의는 고전 연구를 강조하는 교육운동을 일컫는 것으로도 이해되고, 톨스토이(L. Tolstoy) 등의 도덕적 문학의 경향을 일컫는 말이기도 하다.

## 인두세(payroll tax)

임금이나 봉급에 부과되어 고용주가 지불하는 세금으로 보통 실업보상(unemployment compentation)과 같은 프로그램을 말한다. 일부 경제학자는 이를 소득세(income tax)라고도 한다.

## 인력계획(manpower planning)

인력계획은 정부의 목표 달성에 필요한 인력의 수요와 공급을 예측하고, 그것을 토대로 최적의 인력공급 방안을 모색하는 활동을 말한다. 인력계획은 현재 정부에서 수행하고 있는 업무의 증가나 감소에 대한 예측은 물론, 장래에 필요로 하는 직무의 종류와 내용 및 규모 등 인적 자원의 질적인 측면에 대한 예측도 포함하여야 한다. 인적 자원의 공급대안을 작성하기 위해 인력계획은 또 정부의 인적자원에 대한 분석 뿐만 아니라 노동시장의 규모와 구조 및 성격에 대한 분석도 포함하여야 한다.

## 인력기획(manpower planning)

사회기관과 같은 사회조직의 문제와 직원의 욕구를 규정하고 그러한 문제나 욕구와 관련된 목표체계를 수립하고 목표를 달성하는 데 필요한 행동을 결정하고 과제를 확인 및 분석하고 직업과 진급경로를 기획하고 현임훈련(in — service training)을 고안하는 체계적 과정을 말한다.

## 인력운영기관(operating personnel agency)

인력 운영기관은 정부 각 부처의 인 사업무를 담당하는 기관으로서 각 부처의 장(長)이 수행하는 인사관리 기능을 보좌하는 기관을 말한다. 부처 인사 기관(Departmental Personnel Office)이라고도 한다. 원래 인사행정은 막료적 기능으로서 각 부처에 분산 운영되어 있었으나, 엽관주의와 정실주의의 폐해가 극심하고 인사 운영권자의 자의에 의한 인사행정이 자행됨에 따라 인사기능을 중앙정부로 집권화시켰다. 미국의 경우는 펜들턴 법이 통과되고 연방인사위원회가 설치되면서 반엽관제적 인사행정을 수행하기 위한 인사행정의 집권화가 시작되었다.

## 인보관(settlement house)

1886년 스탠튼 잇트에 의해 미국 최초의 세틀먼트로서 뉴욕에 설립되었다. 숙련노동자의 직능별조합에 대응해 미숙련노동자의 거리에 상호부조 조직의 지도를 목표로 길드라 이름지었다. 런던의 토인비 홀의 영향을 받은 이 시설이 단서가 되어 헐 하우스 외에 수많은 세틀먼트를 미국에 발달시키게 되었다.

## 인보운동(neighbourhood movement)

스코틀랜드 장로파교회의 종교적 실천가인 찰미즈가 1819년, 그라스 고시의 교구에서 시작한 운동을 말한다. 찰미즈는 구빈법이 빈민을 나태 · 부도덕하게 한다면서 반대하고 주민의 근린관계를 중시한 독자의 지역이론을 토대로 자선의 지역조직화를 제창 · 실천했다. 그의 운동은 확대되지는 못했으나 후일 자선조직협회(COS)에 의해 높이 평가되고 큰 영향도 주었다.

## 인보험(personal insurance)

생명보험에 있어서 신계약액의 신장도를 파악하기 위한 비율로서 보통 당년도 신계약액을 연초 현재 보유계약액으로 나누어 산출된다. 그러나 신계약률은 전년도 신계약의 성장, 보유계약 절대액의 대소, 계약의 종류 및 내용 등에 따라 다르므로 단순히 비교 측정의 척도라 말하기는 곤란하다.

## 인본주의(humanitarianism)

인간의 가치를 주된 관심사로 삼는 사상을 의미한다. 흔히 다음과 같이 세 가지로 나누어 생각하는 경향이 많다. ①인간의 고통을 극소화하고 복지를 증진시키려는 모든 도덕적 · 사회적 운동을 통칭하는 것으로 이해되는 경우가 많다. ②신이나 자연이 숭배의 대상이 아니라, 오직 인간성(humanity)만이 존귀하다고 믿는 실증주의적 인간성 숭배의 사상을 일컫는 경우도 있다. ③예수 그리스도의 신성을 부인하고 그 인격성만을 주장하는 신학사상을 일컫는 말로도 사용된다.

## 인본주의적 지향(humanistic orientation)

사람들의 역기능보다는 그들의 잠재력을 강조하는 개념, 가치, 기술들의 집합을 의미한다. 이러한 생각을 가진 사회사업가나 치료사들은 치료 관계(relationship)를 개발하고 '현재와 미래'에 주의를 집중함으로써 클라이언트를 돕고자 한다.

## 인사관리(staffing)

사회복지 행정에서 직원의 효과성을 유지하고 증대하기 위해 고안된 조직의 활동을 의미한다. 유망한 피고용인이나 자원봉사자를 면접하고 채용하며, 현임훈련(inservice training)과 직원 개발을 한다.

## 인사상담(employee counseling)

조직구성원들의 욕구불만, 갈등, 정서적 혼란 등 부적응 문제를 구성원 스스로 해결하는데 협조하기 위한 개인적 면담 절차를 말한다. 즉 조직구성 원들이 주로 개인 신상 문제로 고민하거나 딱한 사정이 있을 때 전문적인 상담자가 당사자의 정서적 긴장을 발산시키고 안도감을 부여하며 그 해결방안에 관한 조언을 해주는 것이 인사상담 이다. 우리나라의 경우 인사상담은 고충처리 절차에 통합되어 고충심사위원회에 의해 운영되고 있다.

## 인사위원회

인사문제를 다루기 위해 설치되는 합의제기구 및 인사자문기구 등을 통 칭하는 개념이다. 외무공무원의 인사에 관한 중요사항을 심의하기 위해 외교통상부에 설치된 합의제행정기관으로서의 외무인사위원회, 행정자치부장관의 인사자문 기구로서의 경찰공무원인 사위원회와 소방

공무원인사위원회, 교육공무원 인사에 관해 교육과학기술부장관의 자문에 응하기 위해 설치되는 교육공무원인사위원회, 그리고 지방자치단체 공무원의 임용 및 승진시험의 실시, 임용 권자의 요구에 의한 공무원의 징계의결 등의 사무를 관장하게 하기 위해 지방자치단체에 임용 권자별로 설치되는 합의제행정기관으로서의 인사위원회 등 다양한 기능과 양태의 인사위원회가 있다.

### 인사행정(public personnel administration)
정부의 목표 달성에 필요한 인적 자원(human resource)을 관리하는 활동 또는 체제를 의미한다. 즉 인사행정은 정부의 목표 달성에 필요한 인적 자원을 충원하고 유지하며, 근무의욕을 고취하고, 통제하는 상호 연관된 일련의 활동으로 구성되는 동태적인 관리활동 또는 관리체제라 할 수 있다.

### 인성검사(personality test)
성격(character)의 특질, 기질(temperament) 등의 측정(assessment)을 위해 여러 가지 연구방법이 시도되고 있으나 질문지법, 작업법, 투영법이 그 주된 것이다. 인성검사는 인격(personality)의 구조나 유형에 주안을 둔 독일 성격학의 영향을 받은 것으로 생각되나 최근에는 역동적인 퍼스낼리티를 전체로 파악하려는 입장에서 인격검사로 불리는 일이 많다.

### 인성적응훈련(personal adjustment training)
직업 분야에서의 적응에 관련된 습관이나 태도를 개발하는 것을 말한다. 가령 신뢰성, 타인에 대한 책임성, 인내력, 일관성, 시간관념 등이다(Bitter, 1968).

### 인스티튜셔널리즘(institutionalism)
통상은 호스피탈리즘과 동의어로 취급된다. 역사적으로 엘리자베스 구빈법 이래의 수용시설형태는 격리·징벌적인 성격을 많이 가지고 있었으며, 군대의 막사식 건물과 명령·복종에 의한 일상생활의 획일적 규제의 문제가 있고 피수용자(아동, 성인 등) 심신의 건전한 발달을 해치는 문제를 가지고 있는 것을 의미한다. 20세기 전후의 민간사회개량자들은 시설입소자의 정상적 인간성 회복과 사회복귀를 강조해 시설수용주의의 개선에 노력했다. 이것은 그 뒤 호스피탈리즘 논쟁과 관련하게 된다.

### 인식(cognition)
넓은 의미의 앎에 상당하는 말로서 지각이나 기억이나 내성에 의한 깨달음. 의욕·정의와 함께 의식의 기본적인 형태 혹은 기능을 이룬다. 스콜라(schola)철학에서는 인식이 직관적·포괄적·추상적·본질적인 것으로 구분된다. 직관적 인식은 대상 그 자체의 가장 명백한 형태나 영상을 직접적으로 접합으로써 깨닫는 것을 뜻하며, 대상 이외의 증거에 의해서 추리되거나 관찰된 것이 아닌 직접적 인식이다. 포괄적 인식은 대상전체를 완전히 아는 것으로, 대상 그 자체에 전적으로 상응하는 인식이다. 추상적 인식은 피조물을 통해 창조주인 신을 알듯이, 어떤 대상을 직접적으로 아는 것이 아니라 다른 사물을 통해 알거나, 대상 그 자체의 영상이나 특징이 주어지지 않아도 알게 되는 것이다. 본질적 인식은 대상의 정확한 영상에 의해서 안다는 점에서는 직관적 인식과 유사하나, 대상의 본질적이고 고유한 특성을 꿰뚫는 인식이다.

### 인신보호영장
죄수 또는 다른 시설에 수용된 개인의 후견인이 그 사람을 판사 앞에 데려오도록 하는 법원의 요구를 의미한다. 이때 법원은 소송당사자가 정당한 절차에 대한 헌법의 권리를 위반해 수용하고 있는지 여부를 결정한다.

### 인위적인 장애(factitious disorder)
비정상 또는 정신병의 징후처럼 보이지만 주체의 자발적인 통제 아래 이루어지는 행위를 의미한다. 그것은 인위적인 장애에서처럼 문제로부터 얻는 이익이 없다는 점만을 빼면 꾀병부리기(malingering)와 유사하다.

### 인재은행
재취업을 원하는 중고령자에게 정보를 제공하고 재취직 상담·소개를 취급하는 사업단체를 의미한다. 실버 인재 센터, 고령자 사업단 등의 명칭을 가지기도 한다. 정년으로 퇴직한 후에도 일을 함으로써 자신의 노동 능력을 활용하고 추가적인 수입과 사는 보람을 느끼고 사회에 기여하는 등의 목적으로 사회참가를 희망하는 고연령자에게 재취업을 알선해주는 사업이 주요업무가 된다. 보통 고연령자가 자주적으로 운영하는 공익법인일 경우가 많다.

### 인적 자본(human capital)
①사람의 질을 향상시키기 위한 지출. 이러한 지출은 생산성을 높여준다. ②한 국가의 시민들에게 공공교육, 보건프로그램, 직업교육을 통해 투자하는 것으로 궁극적으로 경제적으로 더욱 건강한 사회를 만드는데 기여하려는 것이다. ③개인의 종합적인 기술, 능력, 교육경력, 지적인 잠재력으로, 이것들을 노동시장으로 유인된다.

### 인적서비스(personal social services)
사회복지의 정책·제도를 통해 제공되는 서비스 중 대인관계를 기초로 해서 개인에게 제공되는 상담, 교육, 치료, 재활, 직업훈련 등 직접적서비스를 말한다. 그 기능은 사회복지 전문직으로서의 실천인 사회사업보다 광범위하다. 칸(kahn, A)은 사회화와 발달을 촉진시키거나, 치료를 실시하거나, 새로운 서비스를 이용시키거나,

또 그 정보를 알리는 것 등의 서비스가 포함된다고 보고 있다.

## 인적자원(human resources)

한 사회, 또는 국민경제가 필요로 하는 재화와 용역의 생산에 투입될 수 있는 인간의 노동력. 거시적 관점에서의 인적 자원은 그 나라의 경제활동 인구의 규모에 의해 결정되며, 미시적으로는 생산적인 재능, 기술, 지식을 갖춘 노동자의 수에 의해 그 양(量)이 결정된다. 이에 반대되는 개념은 물적 자원으로서 원자재, 기계, 설비, 건물, 토지 등을 일컫는다.

## 인종차별(racial discrimination)

집단의 신체적 특성이 보다 우세하거나 보다 열세한 인종이라고 확인될 때에 심리적 특성도 그와 같은 식으로 연결지어 생각하려는 신념이다. 흔히 인종이나 민족 집단에 대한 그러한 부정적 감정을 가리킬 때 이 말을 사용한다. 인종은 일반적으로 피부색, 골격, 문화적 또는 종족적 특성과 같은 신체적 특성을 가리키는 의미이다. 인종차별을 나타내는 부정적 태도를 편견이라 부르고, 편견에 의해 야기되는 인종이나 민족에 대한 행위는 차별대우라 한다.

## 인지 불일치(cognitive dissonance)

개인이 두 가지 혹은 그 이상의 모순된 신념과 인지를 동시에 경험하는 정신적 상태를 의미한다. 건강한 사람에게 이러한 상태는 흔히 정신적 불안정을 초래하며, 자신이 모순된 점을 찾을 때까지 겪는다.

## 인지구조(cognitive structure)

지각하는 현상을 믿음 · 태도 및 기대의 통합적이며 위계적인 형태로 조직한 것을 의미한다. S − R 이론이 학습을 시행착오의 반복을 통해 고정되는 습관이라고 간주되는데 반대해 형태심리학에서는 학습을 통찰에 의한 인지구조의 변화라고 주장했다. 이때의 인지구조는 부분들의 단순한 산술적 총합이 아니라 조작된 전체라는 뜻을 갖게 된다. 가령 어떠한 멜로디를 이조하면 낱말의 음은 모두 달라지지만 멜로디 전체는 변하지 않는다. 형태심리학은 지각을 먼저 원자적인 감각으로 분석하고 다시금 종합하려고 했던 연합주의적 심리학에 반대해 지각은 처음부터 조직된 전체로 주어진다는 입장을 취했기 때문에 학습 역시 이러한 전체적인 인지구조의 변화라고 주장하게 되었다.

## 인지모델(cognitive models)

사람이 현상을 인식하고, 지각하거나 이해하게 되는 방법의 표현을 의미한다. 이러한 모형은 피아제 이론(Piagetian theory)에서처럼 인간 개개인이 자신들의 세계를 이해하고 지식을 형성하는 능력을 어떻게 개발하는지를 생각하고 기술하는데 사용될 수 있다. 또 이 모형은 합리적 · 정서적 치료(rationalemotive therapy), 엘리스(Albert Ellis), 현실치료(reality therapy), 글래서(William Glasser), 개인 심리학적 치료(individual psychology), 아들러(Alfred Adler), 합리적 개별사회사업(rational casework), 선리(Robert Sunley)와 워너(Harold D.Werner) 등과 같은 치료접근법을 설명하는데 사용된다.

## 인지발달(cognitive development)

개인이 정보를 지각하고 평가하며 이해할 수 있는 지적인 능력을 습득하는 과정을 의미한다. 피아제(Jean Piaget)는 가장 완전한 인지이론을 형성하였다. 그는 인간 발달을 네 가지 전형적인 단계로 분류하였다. 즉 감각운동기(sensorimotor stage : 출생 × 2세), 전조작기(preoperational stage : 2 × 7세), 구체적 조작기(concrete operations stage : 7 × 11세), 형식적 조작기(formal operations stage : 11세 × 청년기).

## 인지유형(cognitive style)

개인이 정보를 조직하고 처리하는 방식이다. 이것에 영향을 미치는 문제를 지각 · 기억 · 이해하고 해결하는 방법은 개인마다 다르다. 가령 어떤 사람들은 환경에 대해 더욱 분석적일 수도 있지만 다른 사람들은 보다 전체적인 접근법을 취할 수도 있다는 것이다.

## 인지이론(cognitive theory)

개인이 정보를 받아들이고, 처리하고, 반응하기 위한 지적인 능력을 개발시키는 방법에 관련된 일련의 개념들을 의미한다. 인지적 개념들은 행위가 일차적으로 본능적인 성향이나 무의식적인 동기보다는 오히려 사고와 목표에 의해 결정된다는 점을 강조한다.

## 인지치료(cognitive therapy)

어떤 행위에 대한 클라이언트의 의식적 사고과정, 동기, 행위의 원인에 초점을 맞추어 인지이론(cognitive theory) 개념을 이용한 임상적 개입을 의미한다. 이 인지 치료의 주요 창시자는 아들러(Alfred Adler)이다. 현재 이 접근의 유형으로는 합리적 · 정서적 치료(rational − emotive therapy), 현실치료(reality therapy), 실존주의 치료(existential therapy), 합리적 개별사회사업(rational casework) 등이 있다. 초기의 심리사회적 경향을 지닌 '프로이트 이전'의 사회사업가들은 인지적 접근과 공통점이 많았다.

## 인지행동수정(cognitive behavior modification)

사고와 인지를 행동적 절차에 의해 바꿀 수 있는 것으로 취급하는 행동치료의 확장된 영역을 의미한다. 인지행동

수정은 엘리스(Ellis), 백(Beck)의 연구에 힘입어 발전되었는데 이는 여타의 행동치료들과는 달리 행동적, 인지적인 다양한 기법을 포함한다. 인지행동 치료의 기본 가정은 심리적 장애를 일으키는 것은 경험 그 자체가 아니라 그 경험에 대한 개인의 해석이라는 것이다. 치료는 비합리적인 사고를 바꾸기 위한 일련의 설득과 논쟁을 포함하여 구성된다. 주요한 생활사건에 대한 잘못된 시각과 해석을 수정하기 위한 구체적인 행동과제가 부여되기도 한다. 인지행동치료가 인지적 과정의 치료에 관심을 가지면서도 기본적으로 행동치료의 영역에 속하는 것은 인간의 행동에 대한 학습이론의 수용과 과학적 연구절차의 의존 때문이다.

### 인지행동치료(cognitive – behavioral therapies) 01
사고·신념·가치 등의 인지적 측면과 동시에 구체적으로 나타난 정신신체 행동(paychomotor behavior)의 측면에 관련된 개념·원리·이론을 체계적으로 통합하여 부적응행동을 치료하려는 정신치료의 경향을 의미한다. 일반적으로 조건화이론에 근거한 행동수정과, 켈리(Kelly)·엘리스(Ellis) 등의 인지적 접근을 하는 인지치료를 통합하려는 카운슬링과 정신치료의 시도를 가리키는 폭 넓은 개념이다.

### 인지행동치료 02
행동주의(behaviorism), 사회학습 이론(social learning theory), 행동치료(action therapy), 기능주의 사회사업(functional social work), 과업중심 치료(task – centered treatment) 등에서 채택한 개념과 기술 그리고 인지모델(cognitive models)에 근거한 치료로서 특수한 문제를 해결하는데 도움을 주는 접근법을 말한다. 이러한 치료유형은 통찰치료(insight therapies)와는 반대되고 비교적 단기적이고 현재에 초점을 맞추며, 목표도 한정되고 특수하다. 인지 – 행동지향적 치료자들은 상당히 직접적인 경향을 지니며 클라이언트의 표출된 문제(presenting problem)에 초점을 맞춘다.

### 인테이크(intake) 01
어떤 사람이 문제 즉 욕구가 있어 그것을 해결하기 위해 원조에 대한 필요를 의식하고 어떤 사회사업기관 또는 시설에 찾아온다. 이 때 도움을 얻기 위해 찾아온 사람에게 그 기관에 속한 사회사업가가 처음으로 접촉하여 그의 욕구가 무엇이며 그것을 그 기관에서 충족할 수 있는 것인가를 결정하는 초기 과정으로 접수상담 또는 인테이크라고 한다. 이와 같이 인테이크는 사회사업 기관에서 클라이언트의 생산적이고 유용한 초기 접촉을 만들기 위해 사용되는 절차이다. 일반적으로 접수상담 절차는 클라이언트에게 기관에서 제공하는 서비스나 제공하지 못하는 서비스에 대해 정보를 알려주는 것을 포함하여 비용이나 약

속시간 등과 같은 서비스의 조건에 대한 정보를 제공하며, 클라이언트에 대한 필요한 정보(신상 …)를 수집하게 된다. 한편, 문제의 본질에 대한 예비적인 인상을 얻기 위해 면접을 하게 되며, 기관의 서비스를 제공하기 위해 가장 적합한 사회사업가에게 할당하는 것이다. 인테이크의 방법에는 기관과 사회사업가에 따라 조금씩 방법의 차이는 있지만 일반적으로 사회사업가는 클라이언트가 처음 기관을 찾아왔을 때 갖게 되는 초기저항(예 말이 심하게 많음, 정보제공회피…)을 빨리 인식, 그것을 제거하는 방법을 알아야 한다. 이때 사회사업가는 클라이언트에 대해 우월감을 느끼는 듯한 태도나 위협적인 태도 및 감상적인 태도 등을 삼가고 클라이언트를 수용, 이해, 그리고 그 말에 대한 충분한 경청과 감정에 대한 변함없는 태도를 보이며 클라이언트로 하여금 편안하게 이야기할 수 있도록 격려를 해야 한다. 이와 더불어 사회사업가는 클라이언트가 하는 이야기에 대한 문제의 초점을 확실히 하여 그 문제가 복잡한 경우 이를 세분화할 수 있는 능력 또 요구된다. 서울장애인종합복지관에서는 클라이언트 내담 시 인테이크와 사회 진단을 워커가 실시하게 되는데 그 내용을 보면 일반신원사항, 주호소 및 욕구진료사항, 생육사(출생전 – 출생시 – 출생후), 발달사항(신체발달 – 언어발달 – 신변처리), 현재 건강상태, 개인사항(강점, 약점 – 사회성), 가족사항(주양육자 – 양친자녀관계 – 장애수용도 – 유전적 요소), 가정환경(주택 – 수입 – 생활정도 – 동거), 교육사항(조기교육 – 학교적응), 요양, 소견 및 재활계획 등이다.

### 인테이크 02
케이스워크 과정의 첫 단계로 원조를 구하려 방문하는 클라이언트의 욕구나 문제가 기관이나 사회사업가의 기능으로 해결·완화될 수 있는지의 여부를 묻는 단계이다. 인테이크의 주된 일은 클라이언트의 호소를 듣고 욕구를 정확하게 파악하는 일 소속기관의 기능을 클라이언트의 욕구와 관련시켜 설명하는 일 클라이언트에게 기관기능의 설명 내용을 구체적이고 현실적으로 검토시켜 그 기관에서 원조를 받으려는 의사를 확인하는 일이다.

### 인텐시브(intensive caseworker)
케이스워커, 미국의 복지사무소 등에서 특히 복잡하고 어려운 문제를 가진 클라이언트만을 담당하여 여러 차례 많은 접촉을 통해서 케이스워크를 실천해가는 사회사업가를 말한다.

### 인플레이션(Inflation)
인플레이션은 〈일반물가수준이 상승하는 현상〉을 말하는데 구체적으로는 물가지수가 증가하는 것으로 표시된다. 물가지수가 증가하였다면 그 증가폭의 크기에 따라

인플레이션이 있는가 없는가 또는 강한가약한가를 알게 되는 것이다. 인플레이션에 대한 정의는 몇 가지 단계로 구분된다. 통화와 물가와의 관계에 대해 유효수요를 통한 기능적 관계를 설명하지 않고 화폐수량설적인 비례관계로 파악한 고전적인 이론에서는 인플레이션을 통화의 팽창이 물가상승을 초래하는 것으로 정의되었다. 그러나 통화와 물가의 관계가 유효수요를 통해 설명되는 현재에 있어서는, 인플레이션에 대해 재화의 총 공급을 초과하는 총수요, 또는 재화의 초과수요라고 정의되고 있다. 경제학자 케인즈에 의하면 총공급이 수요, 즉 유효수요보다 클 때 그 차이를 디플레이션 갭이라 하고 그 반대로 유효수요가 총 공급을 초과하는 부분을 인플레이션 갭이라 한다.

### 일과표(daily schedule)
교육현장에서 일어날 수 있는 여러 가지 교육활동들을 체계적으로 상세하게 정리한 하루의 일 시간표를 말한다. 하루의 일과가 미리 계획되어 있더라도 아동들의 신체적 요구와 흥미에 따라서, 또는 교사의 지도계획에 따라 융통성 있게 진행할 수 있다.

### 일관성의 원리(consistency principle)
고전적 조건형성 이론에서의 조건자극이 성립되기 위한 조건 중의 하나이며 강화과정에서 동일한 조건자극에 대해 일관성 있게 강화해야 한다는 원리이다. 이 원리는 자극의 일반화나 제지, 또는 탈제지 현상 등을 미루어 보아도 알 수 있는 원리이다.

### 일몰법(sunset law)
정부의 사업 또는 조직이 미리 정한 기간이 지나면, 입법기관이 별도의 조치를 취하지 않는 한, 자동적으로 폐지되도록 규정한 법을 말한다. 일몰법은 기존 사업과 지출을 재검토하여 불필요한 사업을 폐지하고, 강력한 저항력을 지닌 행정조직들을 효과적으로 폐지하는데 주목적이 있다.

### 일반 사회사업(generic social work)
일반이라는 개념은 밀포드회의 보고서(1929년)에서 최초로 사용된 후 주로 각 분야의 케이스워크에 공통되는 부분 혹은 측면을 의미하는 것으로 사용되어 왔으나 최근에는 사회사업 전체로 확대되었다. 즉 가정, 아동, 공적 부조, 의료, 정신질환, 장애인 등 어떠한 분야의 케이스워크에도 공통되고 기본이 되는 원리, 가정, 기술을 나타내는 기본적인 사회사업실천의 방법을 의미한다.

### 일반 사회사업가(generic social worker)
본래는 각 전문분야별로 발달한 케이스워크의 어떤 입장에서도 공통 되는 기본적인 기술과정을 나타내는 개념으로서 일반 케이스워크를 행하는 사람이라는 의미로 출발하였으나 현실적으로는 사회복지 전문요원 등이 업무를 종합적으로 다루는 사람이라는 의미로 전환되고 있다.

### 일반가구(ordinary households)
1인 또는 2인 이상이 모여서 취사, 취침 및 생계를 같이하는 단위인 가구중 외국인 가구와 집단가구를제외한 가구를 말한다.

### 일반개념(general concept)
보편개념이라고도 한다. 많은 대상 중의 어느 것에도 그 뜻을 바꾸지 않고 적용할 수 있는 개념을 말한다. 가령 책·산·인간 등이 그것이며, 개념의 대부분은 이와 같은 종류의 것이다. 단독개념에 대립하는 말이다.

### 일반개업자(generalist)
광범위한 지식과 기술을 지니고, 문제를 사정하고 그들을 포괄적으로 해결하는 사회사업 개업자를 의미한다. 일반개업자는 종종 전문가들 사이의 의사소통을 촉진하고 그것에 의해 보호지속성(continuity of care)을 조장함으로써 그들의 활동을 조정한다.

### 일반권력관계
국가 또는 공공단체가 통치권에 기반해 국민에게 명령·강제하는 권력관계를 말한다. 국민이 납세하고, 병역의무를 지며, 경찰권에 복종하는 관계 등이 여기에 속한다. 근대국가에 있어서는 국가 및 공공단체가 개인에 대해 명령·강제하기 위해서는 반드시 법률 및 그의 구체적인 위임을 받아 제정된 명령에 근거하지 않으면 안된다. 이러한 측면에서 볼때 일반권력관계는, 그 내부에서 법치주의가 제한되는 특별권력관계와 구분된다.

### 일반균형이론
일반균형은 여러 여건(생산의 기술적조건, 기호, 재화 및 생산요소의 부존량등)이 주어져 있으며, 완전경쟁과 효용 및 이윤극대화원리가 작용 한다는 가정하에서 가격을 포함한 모든 경제량이 전면적인 균형상태에 있게 되는 것을 말한다. 일반균형이론은 무수한 경제주체가 존재하는 원자적 완전경쟁경제에서 경제주체들간의 상호의존관계가 시장행동을 통해서 어떻게 일반균형상태 로 나타나게 되는가를 규명하는 이론이라 할 수 있다.

### 일반급부(demogrants)
소득이나 고용상태에 구애됨이 없이 연령등 인구론적 사유(demographic basis)에 의서 일정사유에 해당하는 전국민에게 정액급부(flat payment)하는 제도로서 아동수당(children's allowance), 노령연금(old age pensions), 출산수당(maternity benefits)등이 그 중요한 에이다. 이러한 일반급부는 사회보험과 더불어 제도적개념(institutional conception)으로서 전국민을 대상으로 한 보편성(universality)의 원칙에 해당한다.

## 일반급여

소득이나 고용상태에 구애됨이 없이 연령 등 인구론적 사유(demographic basis)에 의거, 일정사유에 해당하는 전 국민에게 정액 급여(flat payment)하는 제도로서 아동수당(children's allowance), 노령연금(old age pensions), 출산수당(maternity benifits) 등이 그 중요한 예이다. 이러한 일반급여는 사회보험과 더불어 제도적 개념(institutional conception)으로서 전 국민을 대상으로 한 보편성(univer － siality)의 원칙에 해당한다.

## 일반능력(general ability)

어떤 일이나 활동을 수행할 수 있는 지식이나 기능 어떤 활동이나 일을 수행하기 위해서 필요한 모든 심리적 조건을 가리키기도 한다. 일반능력에는 지능·적성 등이 포함될 수 있다. 그러나 엄밀한 의미에서 일반능력은 지능이나 적성보다 더 포괄적이라고 할 수 있다. 적성은 학습할 수 있는 능력, 가령 타자를 배우기 전에 지니고 있는 타자를 배울 수 있는 능력을 가리키며, 지능이란 비네(A. Binet)에 의하면 문제를 해결하기 위해 방향을 설정하고 목표도달을 위해 수단을 변경시켜 나가며 문제해결을 위한 시도와 방법을 비판적으로 생각할 수 있는 개인의 심리적 과정의 특징을 뜻한다. 그러나 조작적으로 보면 적성은 적성검사에 의해 측정된 결과를 가리키고, 지능은 지능검사에 의해 측정된 결과를 가리키고, 지능은 지능검사에 의해 측정된 결과를 뜻한다. 일반능력은 지능·적성·흥미·학업성취 등을 모두 포함하는 개념이다.

## 일반부조(general assistance)

노령, 유족, 장애 및 보건보험 OASDHI, 요보호아동가족부조(AFDC : aid to families with dependent children), 보충적 소득보장(SSI : supplemental security income) 등과 같은 몇몇 범주적 프로그램(categorical program)에 적합하지 않은 개인을 대상으로 자산조사(means test)를 통한 재정적 및 다른 원조를 제공하기 위해 주와 지방의 후원 하에 실행되는 보충 또는 긴급 복지프로그램을 말한다. 지방의 공공복지부(몇몇 군에서는 인간봉사부 또는 사회봉사부라고 부른다)가 적격성을 결정하고 이들 자금의 분배를 조정한다.

## 일반소비세(general tax on consumption)

모든 재화와 용역에 대해 일률적으로 부과하는 조세로서 대표적인 것이 부가가치세와 일반판매세(general sales tax)다. 이에 대비되는 개별소비세는 특정한 재화와 용역에 특정세율을 선별적으로 부과하는 조세를 말한다. 우리나라의 개별소비세로는 과거의 물품세·영업세·입장세·통행세 및 현재의 특별소비세·주세·전화세·관세 등을 들 수 있다.

## 일반인구조사(general population survey)

지정된 지역 내 주민가운데 추출된 표본으로부터 면접 또는 설문지를 통해 자료를 얻어 이 자료를 근거로 욕구를 측정하는 방법이다. 이 조사방법은 사용된 조사방법과 조사도구(설문지)를 다른 지역에서도 그 지역의 특수성에 맞게 수정보완해서 사용할 수 있으며, 조사도구는 선정된 문제에 맞도록 부가 또는 삭제가 가능하므로 다른 조사기법을 보완할 수 있고, 선정된 응답자나 지역에 알맞도록 조사도구를 만들 수 있으므로 신축성이 있다는 장점이 있다. 그러나 비용이 많이들 뿐 아니라 전문적인 조사기술을 요하며 상당한 기간(6 － 12개월)과 인원을 필요로 한다는 단점을 가지고 있다.

## 일반적 케이스워크(generic casework)

기본적 케이스워크를 포함하여 말하는 것으로 전문적 케이스워크(specific casework)에 대응하는 것이다. 가정, 아동, 공적부조, 의료, 정신의학적 케이스워크 등 어떤 분야의 케이스워크에도 공통적이고 기본적으로 사용되고 있는 부분 즉 케이스워크의 원리, 과정 및 기술을 말하고 있다. 가족의 문제 전체를 하나로 담당하여 취급하는 케이스워크의 경우를 일반적 케이스워크라고 하는 경우도 있다.

## 일반적 － 특수적 논쟁(generic － specific controversy)

1920년대 이후 벌어진 사회사업가들 사이의 논쟁. 한 분파에서는 전문직에 대해 한 분야의 지식 및 상당한 훈련과 숙련된 실제를 요구하며 모든 분야의 사회복지 욕구 중 특수하고 상대적으로 좁은 분야에 적용하는 대단히 세련된 전문기술을 각각 지닌 다른 전문가 집단의 절충으로 간주한다. 다른 분파에서는 전문 사회사업을 거시적 지향(macro orientation)을 지니고 서비스를 개발하고 통합하며 그것과 사람들을 서비스 연결(channeling)하는 사람들인 일반개업자들로 구성된 것으로 간주한다. 일반개업자 분파에서는 또 사회사업가가 다양한 환경 내에서 효율적이도록 사회사업 기술이 하나의 전공으로부터 또 다른 전공에 이르기까지 충분히 유사성을 지니고 있다고 믿고 있다. 1929년 밀포드 회의(Milford Conference)가 그 논쟁을 해결하려고 소집되었지만, 대부분의 사회사업가들은 이들 극단 사이의 어딘가에 속하여 그들의 입장을 취했다.

## 일반화(generalization) 01

① 한정적이거나 특수한 경험에 기초한 사람, 일 또는 사

건의 분류에 관한 관념, 판단 또는 추상 등을 구성하는 과정②개인이 보편적으로 개인의 문제들의 성격을 규정함으로써 그것들에 대해 토론하기를 회피하는 행위 또는 행동양식. 가령 어떤 클라이언트는 현재의 부부 간의 갈등을 숨기기 위하여 "모든 부부는 싸운다."고 말한다. 일반화는 또 클라이언트의 경험과 다른 사람들의 경험을 연결짓거나 분명하게 하기 위해 사회사업 실제에서도 사용된다. 가령 사회사업가는 "모든 사람은 때때로 우울하게 느낀다."고 말한다.

### 일반화 02

어떤 과제를 학습한 것을 학습한 상황과 다른 상황이나 다른 자극 및 과제 요구에서도 학습한 것을 적용하여 이용할 수 있는 것을 의미한다. 학습의 일반화는 자극의 일반화와 반응의 일반화로 나누어 볼 수 있다. 자극의 일반화는 학습을 한 장소, 학습을 가르친 교사나 부모, 학습에 쓰인 자료가 바뀌어도 그 학습 과제를 할 수 있는 것을 말한다. 즉 장소, 사람, 자료에 대해 모두 일반화가 일어나야 한다는 것이다. 반응의 일반화는 학습에서 습득한 목표 행동 이외에 이와 비슷한 다른 행동도 수행할 수 있는 것을 말하는데 가령 한 자리 수 + 한 자리 수 덧셈을 가르쳤다면, 두 자리 수 + 한 자리 덧셈 등을 할 수 있는 것을 말한다. 학습의 일반화를 촉진시키기 위해서는, 첫째, 학습시 사용되는 자료나 가르치는 사람은 가능한 일반 환경과 유사하게 해준다. 둘째, 학습 혹은 행동지도시 가능하면 다양한 환경에서 바꾸어 실시한다. 셋째, 아동의 학습을 부모나 교사의 강요에 의해 억지로 하게 하는 것보다는 아동 스스로 자발적으로 학습할 수 있는 방법을 모색하여 유도하는 것이 필요하다. 학습할 때 처음에는 강화를 자주 주다가 차츰 그 횟수를 줄이며 종류도 다양하게 해서 유도한다. 조건 형성에서 일단 조건 반응이 특정 자극에 대해서 확립하게 되면 비슷한 자극에 대해서도 동일한 반응을 일으킨다는 원리이다. 가령 자라보고 놀란 가슴 솥뚜껑보고 놀란다고 하듯이 한 번 불안을 유발했던 자극 조건과 비슷한 조건과 장면에서도 불안 반응을 일으키게 된다. 또 문제해결 및 학습의 전이에서 학습자가 한 종류의 대상, 사상이나 문제에 공통적인 특징이나 원리를 알아내어 이와 유사한 것을 찾아낼 수 있는 것을 말한다. 가령 우리가 알고 있는 개들이 공유하는 공통적 특징을 알고 있어 새로운 종류의 개를 보고 정확하게 개라고 알 수 있는 것이다.

### 일부다처제 / 일처다부제(polygamy)

한 명 이상의 부인이나 남편을 갖는 것을 허용하는 사회관습을 말한다. 한 명의 남편과 한 명 이상의 부인으로 이루어진 결혼형태는 '일부다처'(polygamy)라고 하고, 한 명의 부인과 한 명 이상의 남편으로 이루어진 결혼형태는 '일처다부'(polyandry)라고 부른다. 일부다처제(일처다부제)는 중혼(bigamy)과 동의의가 아니다. 중혼이란 결혼한 배우자와 이혼을 하지 않은 채 또 다른 배우자와 결혼하는 불법행위를 말한다. 반면 일부다처제(일처다부제)는 일부 사회에서 아직도 합법적이다.

### 일사부재리

형사소송에서 이미 확정판결을 받은 사건에 대해서는 다시 공소를 제기하는 행위를 인정하지 않는 것을 일사부재리라고 하는데 여기에 해당되는 소송은 소송조건에 하자가 있는 것을 이유로 면소판결을 내린다. 국회법에 의해 회기중에 부결된 안은 그 회기 중에 다시 제출하지 못하게 하는 것도 일사부재리라고 한다.

### 일상생활보장

일상생활 동작능력이 쇠퇴한 경우나 기능장애를 일으켰을 경우에 사람은 보장구, 보조구로 어느 정도의 자위성을 회복할 수 있다. 그러나 전면적으로 자위성을 회복할 수 없을 경우 타인에 의한 보호가 필요하게 된다. 이에 사회복지시설에 일상생활보장을 필요로 하는 사람을 수용하여 시설 등을 이용하게 하는 방법과 일상생활보장을 필요로 하는 사람이 있는 가구에 사회복지사 등이 방문해서 보호하는 두 가지 방법을 취하고 있다.

### 일상생활지도(routine daily - life guidance)

사회의 기초적 생활습관을 통해 자립심을 기르기 위해 행하는 지도이며 주로 아동복지시설 등에서 행해진다. 여기에는 개인지도와 집단 지도의 두 가지 방법이 있는데, 그 지도에는 개별화와 사회화의 균형이 유지되어야 한다. 그러기 위해서는 지도자가 대상이 되는 아이들의 특성을 잘 파악해두지 않으면 안된다. 이 지도를 담당하는 것은 주로 보모와 아동지도원이다.

### 일시귀휴제

일거리의 부족으로 사업 활동의 일부를 축소하고, 후일 다시 불러들일 것을 전제로 종업원을 일시 휴직시키는 제도를 말한다. 일시귀휴의 기간 동안 고용관계는 지속되는 것이므로, 휴업수당이 지급된다. 외국의 경우는 일시귀휴제보다 잉여 노동력이 발생한 경우에 재고용을 약속하고 일시적으로 해고하는 레이오프(lay\off)가 일반적이다. 레이오프에서는 노사협정으로 미리 근무연한 등을 감안한 선임권순을 정해놓고, 이를 발동할 때는 순위가 낮은 자부터 해고해 나가고, 복직시킬 때에는 반대로 선임권순위가 높은 자부터 복직시킨다.

### 일시보호(temporary care)

아동상담소나 부녀상담소에서 볼 수 있는 기능의 하나이며 원칙적으로 상담소에 부설된 시설인 일시보호소에서 실시된다. 일시보호는 가출아 · 기아 등 보호자가 없는 아동이나 보호가 필요한 여성에 대한 최종적인 조치가 결정될 때까지의 기간 동안 일시적으로 보호하는 일이라 할 수 있으나 그 밖에 지도방침을 정하는 데 필요한 아동의 대인관계나 능력에 관한 구체적 자료를 얻기 위한 행동관찰이 포함된다. 아동상담소의 경우에는 단기적인 수용이 유효하다고 판단되는 아동의 치료지도, 원격지 아동에 대한 검사의 실시나 치료지도를 목적으로 한 활용되기도 한다.

## 일시적 경기침체(recession)
저조한 경제활동, 높은 실업, 구매력 감소 등의 특징을 나타내는 사회경제적 상황을 말한다. 이는 경제 불황(depression)에 비해 덜 심각하고 단기적인 것이다.

## 일시차입금
국가 또는 지방자치단체가 회계연도 내의 일시적인 현금의 부족을 보충 하기 위하여 차입하는 금전을 말한다. 국가는 국고금의 출납상 필요할 때에는 재정증권을 발행하거나 한국은행으로부터 일시차입을 할 수 있으며, 재정증권 발행과 일시차입금의 차입최고액 은 필요한 각 회계에 대해 매회계연도마다 국회의 의결을 얻어야 한다. 일시 차입금은 당해 연도의 세입으로써 상환하여야 한다. 지방자치단체의 장은 예산 내의 지출을 하기 위하여 필요 한 일시차입금의 차입한도액을 회계연도마다 회계별로 지방의회의 의결을 얻어 일시 차입을 할 수 있으며, 일시차입금은 그 회계연도의 수입으로써 상환하여야 한다.

## 일안(daily program)
복지대상자와 집단에 대한 매일의 과업계획이다. 일과가 시설 전체의 기상부터 취침까지의 일상생활행동의 예정표인데 반해 일안은 그 날에 달성해야할 처우계획안이다. 처우에는 보통 두 가지 지식이 필요한데 하나는 처우기술에 대한 지식이며 또 하나는 이것이 구체적으로 적용되는 복지대상자 집단에 대한 지식이다. 따라서 처우개선을 세우는 데는 복지대상자와 집단의 참가가 불가결하게 된다.

## 일용근로자
엄밀한 의미에서의 날품(일용)뿐 아니라 사업의 성수기에 있어서 2, 3개월 정도의 비교적 단기간계약에 의해 임시로 고용된 근로자를 말한다. 오늘날 일용근로자가 문제가 되는 것은 일용이라는 명목하에 계약을 경신하여 가면서 실제로는 상용근로자와 똑같은 일에 종사하면서도 노동조합가 입 · 임금 · 복리후생시설의 이용등에 있어서 부당한 대우를 받을 뿐 아니라 경기침체 등으로 인한 기업부진시 아무런 법적 보장 없이 해고를 당

하기 때문이다. 따라서 명목상 일용근로자라 할지라도 실질적으로 상용과 다름없을 때에는 이를 상용근로자와 동등한 보호를 받도록 해석함이 최근의 경향이다. 근로기준법 제21조에서는 단시간 근로자에 대해 1주간의 소정근로시간이 당해 사업장의 동종업무에 종사하는 통상근로자의 1주간의 소정근로시간에 비하여 짧은 근로자를 말한다고 정의하고 있다. 또 근로기준법 제25조와 동법시행령 제9조에서는 단시간근로자의 근로조건의 원칙을 소정근로시간에 따라 비례적으로 보호하도록 하고 있으며 4주간을 평균하여 1주간의 소정근로시간이 15시간 미만인 근로자에게는 퇴직금제도, 주 휴일, 연 · 월차유급휴가에 관한 규정을 적용하지 아니할 수 있도록 하고 있다.

## 일인가구(one person household)
혼자서 살림하는 가구, 즉 1인이 독립적으로 취사, 취침 등 생계를 유지하고 있는 가구를 말한다.

## 일인당 GNI(또는 GNP)
국민총생산은 한 나라의 경제규모를 파악하는데 유용한 반면 국민들의 생활수준을 알아보는 데는 한계가 있다. 따라서 국민생활수준을 알아보기 위하여 도입한 개념이 1인당 GNI(또는 GNP)로서 경상GNI(또는 GNP)를 한 나라의 인구수로 나누어 구한다. 1인당 GNI(또는 GNP)는 국제비교를 위하여 보통 미달러화로 표시하고 있다. ★원화표시 1인당GNI(GNP) = 경상GNI(GNP) ÷ 연앙인구(거주자개념) · 미달러표시 1인당GNI(GNP) = 원화표시 1인당GNI(GNP) ÷ 연평균 환율

## 일제학습(learning in a body)
일정한 집단의 피교육자들을 동일한 방법, 동일한 내용으로 일시에 지도하는 학습형태를 말한다. 이 학습형태는 어떤 특정한 전문성을 지닌 학습형태라기보다는 개별학습에 반대되는 일반적인 성격을 지니고 있다. 그 기원은 18세기 말부터 19세기 초에 영국에서 시도한 조교제도(monitorial system)에 두고 있으며, 산업혁명 이후 다수의 근로자교육을 시행하는 과정에서 그 필요성이 인정되었다. 그 후 세계 각국에서 현대식 학교교육이 대중 교육화됨에 따라 일제학습은 그것 자체가 지니고 있는 약점에도 불구하고 학교교육의 기본적인 방법으로 등장하였다. 그러나 20세기에 들어와 학생들의 개성에 부합하고 창의성을 계발하는 새로운 피교육자 중심의 방법들이 강조되고 있으므로 이에 대한 비판의 소리가 높다.

## 일차 예방(primary prevention)
질병이나 사회문제를 야기하는 조건 또는 상황이 발생하지 않도록 취하는 조치를 의미한다. 일차 예방의 예로 지

역 내의 위생시설, 레크레이션 센터 및 공원 건립 등을 들 수 있는데, 이러한 조치가 스트레스성 장애나 질병 예방에 도움이 될 수 있다.

## 일차 집단(primary group)

절친하여 빈번하게 긴밀한 개인적인 접촉을 갖는 사이로서 공통적인 규범을 보유하고, 상호 지속적으로 광범위한 영향력을 공유하는 사람들을 말한다.

## 일차적 사고과정(primary process thinking)

외부세계에 대한 고려 없이 표현된 비조직적이며 비합리적인 생각을 의미한다. 심리분석 이론가들은 이러한 생각이 자아(ego)에 의해 걸러지지 않은 무의식적인 생각으로 정신의 깊은 곳으로부터 나온다고 믿고 있다. 이와 같은 현상은 정신병 환자나 잠꼬대하는 사람들에게서 볼 수 있다.

## 일차적 사회화

사회구성원이 성장하면서 사회집단의 문화와 가치를 습득하는 과정을 사회화 또는 일차적 사회화라 한다. 반면 개인이 특정한 직업집단에 소속되면서 그 집단의 가치와 태도를 학습하여 사회화되는 과정을 이차적 사회화, 기관 사회화 또는 내부사회 화라 한다.

## 일차적 치료(primal therapy)

격렬한 정화(catharsis)를 기본으로 한 심리치료의 한 형태이다. 치료의사는 환자가 오랫동안 크게 소리 지르도록 하는 것과 같은 극적인 수단을 통해 원초적인 감정을 나타낼 정도로 어린 시절의 경험에 초점을 맞춤으로써 환자의 회복(regression)을 조장하는 치료기법이다.

## 일차진료(primary medical care)

1차진료는 일단 질병이 발생하여 진료를 받을 때 처음 이를 담당하는 것을 말한다. 이 진료는 하나의 가족을 단위로 하여 "단골의사", "주치의사"가 담당하는 것이 바람직하다. 이러한 의사를 일반의, 개업의, 전과의, 초진의, GP(general practitioner)등으로 부르고 있으나 개념적으로는 가족을 단위로 하여 1차 진료를 담당하는 의사를 일컫는다. 근래에 가정의 제도가 거론되고 있다. 이들 1차 진료 의사가 진료하고 필요에 따라서 환자를 분류하여 전문 의사(specialst)에게 후송 의뢰하거나, 2차 진료기관인 병원 또는 3차 진료 기관인 종합법원으로 의뢰한다.

## 일출법(sunrise law)

사업 및 조직의 신설을 억제하기 위해, 행정조직과 사업의 신설 요구가 있을 경우 입법기관이 엄격하게 심사하도록 규정한 법을 말한다. 일출법은 기존 조직 및 사업이 일정기간 경과 후 자동적으로 폐지하도록 규정한 일몰법과 대비된다.

## 일치(congruence)

사회심리학의 용어로서 자신에 대해 지니고 있는 견해, 그 견해에 따른 행동에 대한 자신의 해석, 자신의 견해와 해석에 대해 타인이 어떻게 반응 할 것인가에 대한 의견 등의 세 요소 사이에 합치가 이루어지기를 원하는 현상을 의미한다. 사람은 이 세 가지 요소의 균형을 유지하는데 도움을 주는 사람에게 매력을 느끼고 접촉을 계속하려는 경향이 있다. 상담과 정신치료에서는 카운슬러가 말하고 행동하는 것의 일치나 내면적 경험과 그 표현이 일치되는 것을 가리키는 개념으로 사용되고 있으며 로저스(C. Rogers)는 이것이 상담관계 형성에서 수용 · 공감과 함께 가장 중요한 요소라고 주장한다. 또 내담자의 관심과 고통에 대한 카운슬러의 관심이 일치되는 것이 중요하다고 보기도 한다.

## 일탈(deviance)

정상행위나 기존의 기준과 뚜렷이 구분되는 행위, 또는 수용되는 기준과 상반되는 행동, 규범, 가치의 기준을 유지하는 행위를 의미한다. 이 말은 전에는 성변태(perversion)를 나타내는데 사용되었다.

## 일탈행동(deviant behavior) 01

일탈(deviation)은 용인된 규범으로부터의 탈선, 용인된 규범의 측면에서의 탈선, 용인된 규범에 부착된 무능력이라고 한다. 첫 번째의 경우는 사회의 정상적인 규범을 받아들이지 못했거나 정상적인 사회의식의 발달이 못된 것을 합리화하기 위해 일어나는 행동, 두 번째의 경우는 문화적 요인에 의해 정서적으로나 사회적으로 적응하지 못하는 탈선, 세 번째의 경우는 인간의 생물학, 정서적, 사회적 요소의 결함에 의해 일반적으로 승인된 규범을 따르는데 무능력한 것을 말한다. 그러나 사회적 여건이나 상황에 따라 상대성이 있고, 사회규범의 변화에 따라 일탈을 규정하는 사회적 기준도 변화한다.

## 일탈행동 02

사회적 규범에서 일탈한 행동, 그러한데 사회적 규범은 극히 다양하여 문화에 따라서 다르고, 같은 문화라도 시대에 따라서 다르며 하위문화에 따라서 다를 수도 있다. 범죄 · 비행 · 마약 · 매춘 · 폭행 · 속어 · 비어 · 은어의 사용, 신(神)에 대한 모독, 정치 · 경제에 대한 과격한 언동 등이 여기에 포함된다. 일탈행동은 사회적 규범의 규정방법에 따라서 상대적인 뜻을 갖는다. 일탈자란, 일탈행동 약식을 취하고, 정도가 강한 일탈행동을 하거나, 또는 정도는 가볍지만 되풀이하여 사회적 허용한계를 넘음으로써 사회, 또는 집단으로부터 일탈자라는 낙인이 찍히게 된 사람을 말한다. 레머트(E. M. Lemert)는 일탈을 개인적 일탈·상황적 일탈·체계적(집단적) 일탈의 세 가지로 나누었고, 머튼(R. K. Merton)은 혁신형·의식형·반항형 등의 유형으로 나누었으며, 그밖에 파슨즈(T. Parsons) 및 듀빈(R, Dubin) 등의 연구가 있다.

### 일화기록법(anecdotal records)
한 개인의 행동에 관해 제3자의 입장에서 관찰·기록하는 것을 의미한다. 이것은 한 학생의 특정한 행동을 그 행동이 있을 때마다 이를 상세히 종단적으로 관찰·기록하는 것이다. 이 방법은 주로 학생의 정의적 학습과 사회에 대한 평가에 사용되나 일반 지적 영역에 대한 평가를 위해서도 이용될 수 있다. 특히 이 방법은 특정한 학생의 문제행동을 연구하는데 도움이 된다. 하나의 문제행동을 해결하는 데는 그것이 어떠한 발달과 변화과정을 거쳐왔는가에 관한 과거의 지식이 중요하기 때문이다. 교사 또는 제 3자의 의해서 기록되는 일화기록 방법에는 일정한 양식이 있는 것은 아니지만 일반적으로 다음과 같은 내용과 특징을 가지고 있다. ①어떤 행동이 언제, 어떤 조건 하에서 발생되었는가의 사실적 기술이 있어야 한다. ②이러한 행동에 대한 해석과 처리 방안이 각각 따로 분리되어 기록 제시되어야 한다. ③하나의 일화기록은 하나의 사건의 기록이 되어야 하며 여러 시기의 사건을 총관하여 종합적으로 기록해서는 안된다. ④하나의 기록된 사건은 그 학생의 발달과 성장을 이해하는데 의의가 있는 것이 되어야 한다. 이 방법은 다른 관찰 방법보다 일반적으로 비공식적이며, 그 체계성이 적다. 또 시기에 따른 체계적인 시간표집이 되는 것이 아니라 그때그때 사건이 생길 때마다 기록되므로 다른 관찰 방법보다 덜 신뢰될 가능성이 있다.

### 일회성 집단(single — session group)
성원들이 단지 한 번만 만나는 집단치료(group therapy)나 집단사회사업(social group work)의 한 형태를 말한다. 대개 이러한 집단은 고도로 조직화되어 있고 한 가지의 문제에 초점을 두고 있다. 이러한 형태의 집단을 대개 한 시간이나 두시간 정도 지속하지만 마라톤 집단(marathon group)처럼 여러 시간 지속하기도 한다.

### 임금(wages and salaries) 01
정액급여, 초과급여, 특별급여로 구성된다. 정액급여는 근로계약, 단체협약 또는 사업체의급여규칙 등으로 정상 근로 시간에 대해 지급하기로 미리 정하여져 있는 지급액을말하며 지급조건, 산정방법에 따라 다음의 3가지로 구성된다. ①기본급 : 본봉, 연령급, 능률급, 근속급 등 기본적으로 지급되는 급여 ②통상적수당 : 단체협약, 근로계약, 취업규칙 등의 규정에 의해 통상근로에 대해 일정한 요건에 따라모든 근로자에게 정기적, 일률적으로 지급하는 수당을 포함한다. 이는 사업체에서 통상임금을 산정할 때 포함되는 수당으로 직무, 직책, 자격, 책임자, 금융, 물가, 조정, 특수작업, 위험작업, 벽지, 한랭지, 생산장려, 기술, 승무수당 등이포함된다. ③기타수당 : 통상임금에 포함되지 않는 고정적 수당으로서 가족, 정근, 근속, 통근, 연월차, 주택, 결혼, 월동, 김장, 급식수당 및 현물급여 등이 포함된다. — 초과급여 : 정상근로시간외의 근무로 인하여 추가로 지급되는 급여 — 특별급여: 정기 또는 부정기적으로 근로자에게 지급되는 특별한 급여로서 상여금, 기말수당, 3개월을 초과하는 기간마다 산정, 지급되는 수당 등이며 〈매월노동통계조사〉에서는 임금인상 소급분이 특별급여에 포함된다.

### 임금 02
사용자가 근로대가로 근로자에게 지급하는 일체의 금품을 말한다(근기18). 따라서 급료·봉급·상여·수당·보수 등 명칭여하를 불문하며 실물임금도 포함된다. 자본가는 원료·기계기구 및 노동력 등 여러 가지 생산요소의 결합으로 생산활동을 하며, 이 생산활동중 사용자가 근로자에게 근로의 대가로 지불하는 것이 임금이다. 따라서 법률적으로는 근로자는 근로라는 급부를 제공하고 그 반대급부로서 사용자로부터 임금을 지급받는 것이므로 그 관계는 채권·채무의 계약관계이다. 계약자유의 원칙에 따라 임금의 액·지급방법 등을 노사간에 일임한다면 결과적으로 근로자에게 불이익을 가져오게 되므로 근로기준법은 전차금과 임금과의 상계금지(근기28), 미성년근로자의 임금수령의 보호(근기66)를 규정하였을 뿐 아니라 임금은 원칙적으로 통화로 직접 전액을 매월 1회 이상 일정한 기일에 지급할 것을 규정하고 있으며(근기42), 취업규칙에도 임금에 관한 일정사항을 정하도록 강제하고 있다.

### 임금 가이드라인
임금과 물가의 악순환을 방지하기 위해 국가가 바람직한 임금 상승률을 민간 노사에게 제시함으로써 절도 있는 임금 상승률을 실현하려는 정책을 말한다. 법률에 의하지 않는 완만한 소득정책의 일종을 의미한다. 따라서 강제력은 없지만 위반한 기업에게는 국가가 정부조달 물자의 수주를 막는 등의 제재를 가하는 경우도 있다. 미국을 비롯, 구미 선진국에서 채용하고 있는 예가 많다.

### 임금 코스트(wage cost)
일반적으로 생산물 가격에서 점하는 임금비용을 말한다. 즉 임금을 생산성으로 나눈 것인데 임금이 상승해도 노동자 1인당 생산량이 증가하면 코스트는 상승하지 않는다. 그 때문에 임금 코스트는 상승하지 않는다. 그 때문에 임금 코스트의 변화를 보기 위해서는 임금수준의 변화와 노동생산성의 변동을 쌍방에서 볼 필요가 있다.

## 임금 피크제(salary peak)

일정 연령이 되면 임금을 삭감하는 대신 정년은 보장하는 제도. 워크 셰어링(work sharing)의 한 형태로, 일정 연령에 된 근로자의 임금을 삭감하는 대신 정년까지 고용을 보장하는 제도를 말한다. 미국·유럽·일본 등 일부 국가에서 공무원과 일반 기업체 직원들을 대상으로 선택적으로 적용하고 있으며, 한국에서는 2001년부터 금융기관을 중심으로 이와 유사한 제도를 도입해 운용하고 있다. 그러나 공식적으로는 신용보증기금이 2003년 7월 1일부터 '일자리를 나눈다' 는 뜻에서 워크 셰어링의 형태로 임금피크제를 적용한 것이 처음이다. 워크 셰어링은 노동자들의 임금을 삭감하지 않고 고용도 유지하는 대신 근무시간을 줄여 일자리를 창출하는 제도이다. 2 × 3년의 기간을 설정해 노동자들의 시간당 임금에도 변함이 없으며 고용도 그대로 유지되는 단기형, 기존의 고용환경과 제도를 개선할 목적으로 비교적 장기간에 걸쳐 행해지는 중장기형으로 나뉜다. 신용보증기금이 운용하는 임금피크제는 워크 셰어링을 응용한 것으로, 정년인 58세까지 고용을 보장하는 대신 만 55세가 되는 해부터 1년차에는 원래 받던 임금의 75%, 2년차에는 55%, 3년차에는 35%를 받도록 되어 있다. 이에 따라 만 55세가 되는 근로자는 퇴직금을 받은 뒤, 일반직에서 별정직 등 다른 직책으로 바꿔 근무하게 되는데, 개인의 능력에 따라 최대 60세까지 일할 수 있다. 국제통화기금(IMF) 외환위기 이후 기업 구조조정으로 인해 사회문제로 불거진 50대 이상 고령층의 실업을 어느 정도 완화할 수 있고, 기업 측에서도 인건비의 부담을 덜 수 있을 뿐 아니라, 한 직종에서 평생을 보낸 고령층의 풍부한 경험과 노하우를 살릴 수 있는 장점이 있다. 반면 각 기업의 특성을 무시한채 일률적으로 임금피크제를 적용할 경우 임금수준을 하락시키는 편법으로 작용할 수 있고, 공기업의 경우 노령자 구제수단의 일환으로 악용될 수도 있다는 것이 단점으로 지적된다.

## 임금지수(wage index)

임금수준의 시간적(공간적) 변동을 나타내기 위해 사용하는 지수를 의미한다. 임금지수는 첫째, 노동력 가격으로서의 임금수준의 변동을 나타내는 지수와 둘째, 국민경제 전체로 본 노동자 1인당 수입수준의 변동을 나타내는 지수 셋째, 기업의 입장에서 본 비용으로서의 인건비 총액 등의 변화를 나타내는 임금의 지수 등이 있다. 첫째 것은 노동자의 연령별·성별·직종별·사업규모별 등의 웨이트(weight)의 변화를 고려하여 산출한다. 둘째 지수는 통계상의 평균임금을 그대로 지수화한다. 셋째, 지수는 국민소득통계에 의해 분석된다. 일반적으로 널리 사용

되는 임금지수는 둘째 의미의 것이다. 임금지수는 기준시의 임금액을 100이라 하고 그 후의 임금액을 지수화한 명목임금지수와 다시 그것을 소비자 물가지수로 나누어 산출한 실질임금지수가 있다.

## 임금채권

근로자가 정해진 노무를 제공함으로써 사용자에게 임금의 지불을 청구할 수 있는 권리를 말한다. 임금은 형식적으로는 사용자와 근로자간의 노동력 매매계약에 의해 성립하며 근로자가 약속한 노무가 종료된 때 채권으로서의 효력을 갖는다. 이 임금채권은 다른 일반채권보다 중시된다. 가령 민사소송법 제579조 4항에서는 '근로자의 노무로 인하여 받는 보수의 2분의 1을 초과하지 않는 금액 또는 그 유족의 보조료' 를 압류금지 채권으로 규정해 놓았다.

## 임금커트

일반적으로 근로자가 근로계약에 정한대로 노무의 제공을 완전히 이행하지 못하였을 경우에 사용자가 근로자에게 지급할 임금 중에서 노무불제공의 정도에 상응한 일정 금액을 공제함을 말한다. 임금이 시간급이나 도급금이 아니고 월액 등 일정액으로 정하여진 근로자의 경우 특히 문제가 된다. 또 임금커트는 취업시간중의 조합활동이나 스트라이크중 노무를 제공하지 못할 때에 문제가 된다. 이 경우 그 시간에 대응한 임금공제를 하지 않으면 노동조합법상 노동조합의 운영을 위한 경비보조에 해당되어 사용자의 부당노동행위가 되지 않으냐 하는 문제가 있다. 단지 근로시간중 에 협의 또는 교섭하는 것을 사용자가 허용하는 경우는 제외된다.

## 임금통제(wage controls)

고용주가 근로자에게 지불할 수 있는 임금의 인상이나 인하액을 제한하는 정부 규제를 의미한다. 명시된 목적은 주로 물가 상승을 억제하고 고용을 증가시키는 것이다. 이러한 정책은 종종 가격통제(price controls)에 수반된다.

## 임금통화지급원칙

임금통화지급원칙이란 사용자가 근로자에게 지급하는 임금은 강제통용력을 가진 통화로 지급하여야 한다는 원칙을 말한다(근기42①). 통화는 화폐경제사회에서 가장 유리한 교환수단이므로 사용자가 근로자에게 통화로서 임금을 지급하여야 하며, 근로자에게 불리한 현물급여는 금지된다. 따라서 법령이나 단체협약에 의한 예외를 제외하고는 임금은 강제 통용력이 있는 화폐(은행권과 주화)로 지급되어야 하며, 다만 은행에서 발행하는 자기앞 수표는 통화불의 원칙에 위배되지 않는다. 그러나 어음·당좌수표의 지급은 통화불의 원칙의 위배라기 보다는 사용

자와 근로자간에 기일연장합의에 불과한 것으로 보는 것이 타당할 것이다.

## 임금형태

자본주의사회에서 노동자의 보수는 일정의 노동분량에 대해서 지불되는 화폐, 즉 노동의 가격으로서 나타난다. 그것은 임금의 본질인 노동력의 가치 혹은 가격이 전화한 형태이다. 임금의 형태는 매우 복잡·다양하지만 그것에는 두 개의 지배적인 기본형태가 있다. 그것은 시간임금과 성 과임금(산출고임금)이며, 다른 여러 가지의 임금형태도 대부분은 이 두 개의 기본형태의 복잡한 변형조합에 불과하다. 노동력은 항상 일정한 기간에 걸쳐 판매되는 것이므로 노동력의 1일의 가치, 1주간의 가치 등으 로 나타나는 전화형태는 일임금, 주임금 등의 시간임금의 형태를 취하지 않을 수 없다. 이러한 의미에서 시간임금은 노동력의 가치의 가장 직접적인 전화형태이다. 이 임금형태하에서는 노동일수에 의해, 즉 매월 노동 자에 의해 제공되는 노동분량에 의해 임금액은 달라진다. 따라서 일임금 ,주임금 등의 노임의 총액과 시간당임금인 노동의 가격과는 일단 구별해서 생각하지 않으면 안된다. 가령 명목적인 일임금이나 주임금이 상승 해도 노동의 가격이 그대로 있거나 하락할 수도 있다. 성과임금 piece wages은 시간임금이 전화한 형태이며 단가×개수라는 산식으로 지불된다. 평균적인 숙련과 강도로 노동하는 1인의 노동자가 일정의 제품을 하루에 10개 생산하는 것이 경험적으로 명백하고 또 일 임금이 500원이라고 하면 1개당 단가는 50원으로 된다. 성과임금은 시간 임금과 같이 노동자의 살아있는 노동에 대해 지불되는 화폐가 아니고 이 미 만들어진 생산물에 포함되어 있는 노동에 대해 지불되는 것이다. 그 러므로 이 경우 임금은 노동자의 작업능력에 따라 결정되는 것이다. 그러나 성과임금의 본질은 시간임금과 마찬가지로 역시 부불노동(잉여노 동)이 착취된다.

## 임대인

임대차계약에 있어서 당사자의 일방으로서의 상대방, 즉 임차인에 대해 목적물을 사용·수익하기로 약정한 자. 임대인은 임차인에 대해 아래와 같은 권리·의무를 진다. 목적물을 사용·수익시킬 의무, 담보책임, 비용상환, 차임청구권 등(민623·624).

## 임대주택

1984년 12월에 제정된 임대주택건설 촉진법상 임대를 목적으로 대한 주택공사, 지방자치단체 또는 주택건설업체 등이 건설하여 무주택 서민의 주거생활안정을 위해 저렴한 표준임대료로 임대하는 사회복지차원의 주택을 말한다.

## 임산부(maternal)

임신 중, 출산 시, 출산 후의 산욕기에 있는 부인을 임산부라 부른다. 의학적으로는 출산 후 6 × 8주까지의 기간이지만 행정적으로는 모자보건법에 따라 출산 후 1년 이내를 말하고 있다. 모성보호의 관점에서 임산부를 대상으로 모자보건법에 의한 방문지도, 의료원조, 노동기 본법에 의한 산전·산후휴가나 무거운 물건이나 유해물 취급의 취업 제한 등의 모성보호조치 및 남녀고용기회균등법에 따른 건강관리에 관한 배려 등 여러 가지의 행정적 조치가 마련되어 있다.

## 임산부 부가급여
(additional allowance for an expectant or nursing mother)

생활보장에 둔 일반생활비 가산의 일종으로 임산부의 모자보건을 위해서 부양보조금을 지원해주는 것을 의미한다. 산부에 관해서는 출산일이 속한 달부터 행해 6개월 한도로 하고, 오로지 모유로 유아를 보육하는 산부는 6개월 또는 3개월간으로 가산되고 있다.

## 임산부 사망률(maternal death rate)

임산부 사망은 임신기간 및 부위에 관계치 않고 임신 또는 관련증상이 악화됨에 따라 임신 또는 분만 후 42일내에 여성이 사망하는 경우를 말한다. 출생 1만 또는 10만에 대비한 비율로 나타낸다.

## 임상가(clinician)

주로 사무실, 병원, 진료소 혹은 다른 통제된 환경에서 클라이언트와 직접 일하는 전문가. 임상가는 이 시설에서 문제를 연구하고 클라이언트의 상태를 평가하고 진단하며 클라이언트가 정해진 목표를 달성하도록 직접적인 처치와 도움을 주며, 사회사업 임상가는 일반적으로 자신의 사무실에서 클라이언트(개인, 가족 혹은 집단)에게 직접적인 원조 서비스를 제공하는 사람이다.

## 임상사회사업(clinical social work)

미국에서 1960년대에 사회행동이 강하게 대두되자 이에 대한 반발로 1970년대 이후 직접적 서비스 실천의 중요성을 주장하여 이의 발전을 도모하기 위해 임상사회사업이라 부르게 되었다. 이를 실천하는 사람들은 전국적 조직을 결성하였으며 전문학술지를 발행하고 있다. 이러한 동향은 무시할 수 없으나 직접적 서비스 실천을 구분할 필요가 있느냐는 점에서 의문이 제기되고 있다.

## 임상심리학(clinical psychology) 01

인간의 심리적 제 문제의 진단과 치료에 관한 심리학으로 이론적, 조사적 연구라는 리서치의 체계이기도 하다. 진단방법은 전통적으로 심리진단기술이며 각종의 임상

테스트가 그 수단이다. 거기에는 지능이나 성격을 측정하는 심리검사가 있어 정신위생의 영역에서 의학과 중요한 역할을 하고 있다. 임상심리학의 실천을 심리임상이라고도 하는데 이 분야에서 테스트 이외의 방법인 치료적 접근은 눈부시게 진보했다. 특히 개인이나 소집단의 심리요법 내지 카운슬링을 비롯해 행동의 변용을 위한 그룹이나 감수성훈련, 인카운터그룹 등 각종의 집단방법이 개발되고 있다.

## 임상심리학 02

심리학의 다른 모든 분야와 사회학 등의 인접 학문에서 연구된 이론이나 방법을 개인 또는 집단의 부적응 문제의 진단·치료에 적용시키는 심리학의 한 분야를 의미한다. 임상심리학은 실험연구와 측정에 근원을 둔 심리학의 학문적 연구분야로 출발하였다. 처음에는 정신이상의 분류, 개인차에 관심을 가졌으며 어린이가 주대상이었으나 차츰 진단 외에 심리치료까지 곁들이면서 대상도 성인으로까지 확대되었다. 최근에는 연구방법·진단기술 등이 발달함에 따라 관심영역이 확대되었고 정신질환의 사회·심리적 원인과 처치방안, 사회나 국가를 단위로 한 정신건강 예방 프로그램 등에도 역점을 두게 되었다. 또 현재에는 심리적 건강을 개인적·문화적·사회적·윤리적 요인의 복합적인 현상으로 보고 다방면으로 접근하고 있다. 임상심리학이 다루는 문제는 정신병·청소년 범죄·범죄행동·약물중독·정신지체·가족갈등, 그 외의 부적응 행동들이다. 임상심리학에 대한 사회적 요구의 증대에 따라 임상심리학자들은 병원·학교 등에서 치료활동을 하는 것 외에도 소년법원·직업상담소·결혼상담소·가족상담소·노인학교 등 여러 기관에서 상담활동을 하고 있다.

## 임상적 진단(clinical diagnosis)

케이스워크의 진단과정에서 클라이언트를 이해하는 방법의 하나이다. 한 사람의 인간을 병적 상태 또는 적응장애의 내용과 특질에 의해 평가하려는 시도이다. 아동상담 업무에서 쓰이는 정신지체, 행동장애, 신경증 등의 진단분류가 그 예다. 이들은 원칙적으로 정신과 의사가 판단할 일이며 케이스워크의 입장에서는 환경에 대한 부적응이기 때문에 구체적이고 직접적인 계획을 수립하고 치료에 임한다.

## 임시예산(ordinary budget)

규칙적으로 계속되어 연속성이 있거나 변동이 있더라도 일반적 경향이 있어 그 변동이 예견가능한 경상적 세출입(歲出入)을 계상(計上)한 예산. 즉 조세 수입이나 일반 행정비를 계상한 예산을 말한다. 이에 반해 임시예산은 재산매각수입·공채(公債) 수입이나 재해대책비·토목사업비 등과 같이 발생이 불규칙하여 연속성이 없거나 예측이 힘든 임시적 세출입을 계상한 예산을 말한다. 현대국가에 있어서는 기업적 활동이 증대됨에 따라 경상예산과 임시예산의 구분은 의미가 적어지고 있으며, 오히려 경상예산과 자본예산의 구분이 중요시되고 있다.

## 임신(pregnancy)

체내에 태아가 생긴 생식상태, 즉 정자와 난자의 결합에서 출산 사이의 기간을 의미한다. 인간의 임신기간은 보통 280일이며 태아는 이 기간에 산모의 자궁 안에서 빠르게 성장한다. 임신 여부는 일정한 증상을 관찰하여 결정할 수 있는데, 의사들은 다음의 세 가지 증상으로 임신 여부를 판단하고 있다. 임신으로 추정할 수 있는 증상으로는 생리예정일에 생리가 없는 경우, 속이 울렁거리거나 토하는 경우(입덧 등), 피로하고 잠이 모자라는 경우, 목이 부드러워지는 경우, 소변이 자주 마려운 경우, 유두주위의 피부색이 변하는 경우 등이 있다. 이 밖에 거의 임신이 확실시되는 증상에는 호르몬이 일정한 수준을 넘는지 가리기 위한 소변검사 결과 양성반응이 나오는 경우, 배가 불러오는 경우, 자궁이 변형되는 경우 등이 있다. 완전한 임신의 표시로는 태아의 심장박동, 자궁 내 태아의 운동, X－레이검사시 태아의 골격 출현 등이 있다. 임신여부 및 태아의 건강상태는 조기에 확인하는 것이 중요하다.

## 임용(staffing)

정부조직에서 사람을 선발하여 쓰는 활동을 말한다. 임용에는 일반적으로 공무원의 신분관계를 설정하는 임명(任命)과, 이미 공무원의 신분을 취득한 자에게 일정한 직무를 부여하는 보직(補職)행위가 포함된다. 정부조직에서 사람을 선발하여 쓰는 활동으로서의 임용에 는 정부조직 바깥에서 사람을 선발하여 쓰는 외부임용과 정부조직 안에서 사람을 움직여 쓰는 내부임용이 있다. 정부조직 바깥에서 사람을 선발하여 쓰는 외부임용은 신규채용을 의미한다. 신규채용의 방법 으로는 공개경쟁채용과 특별채용의 두 가지가 있다. 공직의 임용 기준을 개인의 실적 즉 업 적, 능력, 자격에 두는 실적주의 제도 아래서는 공개경쟁채용이 원칙이며, 특별채용은 특수한 직무분야에 있어서와 같이 공개경쟁채용이 부적절할 경우에 제한적으로 시행된다. 정부조직 안에서 사람을 움직여 쓰는 내부임용의 유형으로는 전직·전보·파견·겸임 등 수평적 이동 즉 배치전환과 승진·강임 등 수직적 이동 그리고 휴직·직위해제·정직·면직·해 임 및 파면과 복직이 있다.

## 임의가입(optional entry system)

사회보험은 강제가입방식을 원칙으로 취하고 있지만, 입·퇴원기준경우에 따라 임의가입이 인정되고 있다. 우리나라 사회보험제도에서는 종업원 5인 미만의 사업장에 대해 건강보험, 국민연금 등의 피용자 보험의 강제적용이 제외되어 이들 사업장의 종업원은 임의포괄피보험자에 대한 절차에 따라 임의 가입하도록 인정되고있다.

## 임의동행

수사관 등이 범죄의 용의자나 참고인 등을 본인의 동의를 받아 경찰서 등에 데리고 가는 것을 임의동행이라고 하는데 임의동행을 요구받은 사람은 거절할 수 있고 임의동행으로 경찰서 등에 간사람은 6시간 안에 돌려보내져야 한다.

## 임의성 자금(discretionary funds)

생활필수품의 구매 후 쓸 수 있는 돈, 가처분소득이라고 언급되는 돈을 의미한다. 회계상 이 용어는 또 고정된 범주적 수당(categorical grant)외의 할당을 위해 배치된 재원을 가리킨다. 이 재원의 사용은 일반적으로 사용방법을 택하도록 권한을 위임받은 사람들이 결정한다.

## 임의조정

노동법상 노사관계 당사자 쌍방의 요청에 의해 개입되는 조정. 직권조정 또는 강제조정과 대립되는 개념이다. 1963년 4월17일 전문 개정시의 노동쟁의 조정법 제 22조는 임의조정과 강제조정 양자를 인정하고 있었 으나, 현행법은 일반 사업이나 공익사업 모두 강제조정을 행하도록 하고 있다. 즉 노동쟁의에 관해 알선이 성립되지 않으며 그 사건에 관한 관계 서류를 행정관청이 노동위원회에 이송한 때에는 노동위원회는 지체없이 노동쟁의의 조정에 착수해야 한다. 이 규정은 노사간의 분쟁이 당사자간에 자율적으로 해결되는 것을 이상으로 볼 경우에는 입법론상 논의가 있 을 수도 있다. 그러나 노동쟁의를 신속히 해결하여 산업평화를 유지한다는 데에 그 의의를 찾을 수 있다.

## 임종간호(terminal care)

임종에 가까운 노인을 위해 제공하는 간호를 말한다. 병약노인의 노쇠한 몸은 젊은 사람과 달라 신체기능이 약화되고 병균에 대한 저항력이 감퇴되어 숨이 차고, 배설장애가 오며, 세균에 쉽게 감염되고, 종창 등 고통스러운 증상이 심해진다. 이 고통을 제거하기 위해 산소호흡, 배설원조, 체위변경, 영양식 지급, 환경정리 등을 제공한다. 또 환자의 심리적 불안을 제거하고 고립감을 방지하기 위해 가족이나 친지들이 환자를 찾아가 마음의 대화를 나누게 하는 것도 중요하다. 종말간호는 인간의 생명을 최후까지 존중하는 생(生)의 완성의 지원이다.

## 임질(gonorrhea)

성적 접촉에 의해 주로 감염되는 전염성 질병을 말한다. 이것은 생식기에 염증을 일으키며 경우에 따라서는 불임의 원인이 되기도 한다. 임균은 대부분의 항생물질에 매우 약하다. 이 질병은 감염된 어머니로부터 태어난 신생아들이 실명하는 주요 원인이 되기도 하지만 출생 시 아기의 눈에 질산은 용액을 상용하면 그 문제를 해결할 수 있다.

## 입건

범죄를 알게 된 수사기관이 사건부에 번호를 붙이고 수사를 시작하는 것을 입건이라고 한다. 수사대상이 되면 형사소송법상 '피의자'가 되는 것이다 그러한데 우리는 가끔 용의자라는 말과 내사라는 말을 듣게 된다. 아직 범죄의 혐의는 뚜렷하지 않아 정식으로 입건하기에는 부족하지만 진정이나 투서가 있다든가 또는 진정 등이 없더라도 조사를 해 볼 필요가 있는 경우에는 정식입건을 하지 않고 내부적으로 조사를 할 때가 있다. 이를 흔히 내사라고 하는데 내사를 할 때에는 내사사건부에 기재함은 물론이다. 그리고 가령 살인사건이 났다고 할 때 범인이 아닌가 하는 상당한 의심이 가는 자가 있으나 범인이라는 뚜렷한 혐의가 아직 발견되지 않은 경우 흔히 그 자를 용의자라고 부른다. 이에 대해 조사가 더 진행되어 범죄의 혐의가 인정됨으로써 정식으로 입건되면 그때부터는 위에서 말한대로 그 자는 피의자의 신분이 되는 것이다.

## 입법부 예산제도(legislative budget system)

예산편성 업무를 의회가 주관하는 제도를 말한다. 예산편성 작업은 일반적으로 행정부가 담당하고 있으나(행정부제출 예산제도), 행정업무와 구조가 단순한 시대에는 입법부 예산제도가 사용된 적도 있었다. 미국의 경우 1921년 예산회계법(Budget and Accounting Act) 제정으로 예산국(BOB: Bureau of the Budget)이 설치되면서, 입법부 예산제도가 행정부제출 예산제도로 바뀌게 되었다. 예산 회계법 제정 이전에는 각 행정기관이 각각 예산을 편성하여 곧바로 의회로 제출하며, 의회는 각 행정기관의 예산을 개별적으로 심의하였다. 이 당시 각 행정기관에서 개별적으로 제출한 예산은 일관성 있는 분류기준도 없었다. 따라서 대통령은 각 부처 예산이나 정책에 대한 권한을 행사하거나 통합적인 정책을 취하기 어려웠다.

## 입법통제(legislative control)

입법부에 의한 행정부의 통제를 말한다. 행정통제 가운데 가장 역사가 오래되었으며, 실질적으로 그 효과가 가장 크다. 그러나 오늘날 행정부의 권한 위임이 증대함에 따라 입법통제의 영향력이 약화되는 경향이 나타나고 있다. 입법통제의 수단으로는 법률제정, 공공정책의 결정, 예산심의, 각종 상임위원회의 활동, 국정조사 및 국정 감사 활동, 임명동의·해임건의 및 탄핵권, 기구개혁, 청원제도 등 여러 제도적 장치가 있다.

## 입소

갱생(재활)시설 의학적 치료나 생활훈련을 필요로 하는 장애인을 대상으로 사회통합을 목표로 재활훈련 프로그램을 종합적으로 실시하는 시설이다. 재활훈련을 받으며, 훈련이 끝나면 퇴소하여 취업 또는 자영사업운영을 목표로 한다.

## 입소명령

전염의 위험이 있는 환자 또는 보호자가 입소권유에 응하지 않을 때에 국립요양소에 환자의 입소를 명하며 전염병환자를 전염병원 및 격리병동으로 강제 수용시킨다. 또 전염의 위험이 있는 결핵환자 또는 보호자에게 결핵요양소나 결핵병동이 있는 병원에 입소할 것을 명하며, 외래 전염병(4종)이 공항검역소에서 발견된 때에는 환자 및 승원을 강제격리 수용한다. 이들 모두 전염방지의 목적에서 행해진다.

## 입소시설

사회복지시설은 이용형태에 맞게 입소시설, 통원시설로 크게 구별할 수 있다. 입소시설은 원래 수용시설로 되어 있지만 수용이라고 하는 단어가 진부하여 입소시설로 되었다. 입소시설은 시설서비스를 필요로 하는 사람들을 입소시켜 일상생활보장을 행함과 동시에 필요한 원조서비스를 행하는 시설이다. 입소시설은 이용자의 인격존중에 중대한 관계를 갖는다는 인식에서 제1종 사회복지사업에 속한 시설이다. 최근 입소시설의 설비, 기능을 입소자 이외에게 개방하는 시설도 증가하고 있다. 시설기능의 지역 개방이나 사회화로 인한 경향에서 이들에 관한 입소시설의 일부 통원화 등의 움직임이 나타나고 있다.

## 입소지도

사회복지시설 입소자가 맨 처음 받는 처우가 입소지도이다. 사회복지 시설에 처음으로 입소하는 사람은 거주지가 바뀌고 집단생활을 영위하게 되어 생활상의 문제 등을 책임져야 하는 등 새로운 생활에 불안을 느끼는 경우가 많다. 입소지도는 먼저 이들의 불만을 제거하는 것이 우선이다. 이를 위해 시설목적이나 기능을 잘 설명해 시설 내외의 물적 인적자원 및 정보 활용 방법 등이 지도된다.

## 입양(adoption) 01

혈연관계가 없는 사람들이 법률적으로 친부모와 친자와 사이와 같은 관계를 만드는 신분행위를 입양이라고 한다. 입양신고를 마친 양자는 양부모나 그 가족, 친인척 사이와의 관계에서 부모가 혼인 중에 낳은 자식과 같은 권리를 가지고 양자의 배우자나 자식들도 양가를 기준으로 한 친족관계를 가지게 된다. 하지만 양자는 친부모와 그 친·인척 간의 관계는 그대로 유지되고 입양의 취소나 파양을 하게 되면 양부모와의 사이에 만들어진 신분관계는 없었던 일이 된다.

## 입양 02

사람, 보통 유아나 어린이를 가정에 속하게 하고 그 가정에서 태어난 것처럼 취급하는것, 아동복지(child welfare) 기능과 과정일 뿐만 아니라 합법적이다. 출생부모로부터 입양부모에게 법적으로 아동을 입양시켰다는 법정 기록의 변경을 포함한다. 입양된 어린이는 다른 어린이와 똑같은 상속권을 받고, 양부모는 다른 부모와 똑같은 책임과 통제권을 갖는다.

## 입양보조금(subsidized adoption)

요보호아동을 입양하는 가정에 대한 공적인 재정 부조 시책(공급). 최근의 연방과 주의 법은 입양보조금에 대한 기준을 마련하였다. 가장 두드러진 두 가지 기준은 아동이 낳아준 부모에게 되돌려질 것 같지 않거나, 돌려보내서는 안 될 경우와 보조금 없는 입양단체와 관계당국이 여러 번 시도하였지만 아동의 신체 또는 정서 상태나 인종 또는 민족 배경 때문에 실패한 경우다.

## 입양특례법

보호가 필요한 아동의 입양을 촉진하고 양자로 되는 자의 보호와 복지증진을 도모하기 위해 필요한 사항을 규정한 법(전문개정 1995. 1. 5, 법률 제4913호). 1976년 12월 입양특례법으로 제정되었고, 1995년 현재의 명칭으로 전문개정된 뒤 2004년 3월 법률 제7183호까지 6차례 개정되었다. 국가와 지방자치단체는 태어난 가정에서 양육이 곤란한 18세 미만의 아동에게 건전하게 양육될 수 있는 다른 가정을 제공하기 위해 필요한 조치와 지원을 할 책임이 있다. 양자가 될 자격은 부양 의무자를 확인할 수 없어 보장시설에 보호응 의뢰한 아동, 부모 또는 후견인이 입양에 동의해 입양기관에 보호를 의뢰한 아동, 친권상실을 선고받은 자의 자식으로서 보장시설에 보호가 의뢰된 아동 등으로 정한다. 양친이 될 자격은 양자를 부양할 충분한 재산이 있는 자, 양자에게 종교의 자유를 인정하고 양육과 교육을 할 수 있는 자, 가정이 화목하고 정신적·육체적으로 부양하기에 뚜렷한 장애가 없는 자, 외국인인 경우 본국법에 따라 양친이 될 수 있는 자격이 있는 자 등으로 정한다. 입양은 해당 아동의 부모 또는 직계존속이나 후견인의 동의를 얻어야 하며, 15세 이상인 경우에는 부모의 동의 외에 양자가 될 본인의 동의를 얻어야 한다. 입양은 호적법에 따라 신고함으로써 효력이 발생한다. 양자로 되는 자는 양친이 원하는 때에는 양친의 성과 본을 따르며, 입양취소 또는 파양된 경우에는 본래의 성과 본을 따른다. 입양기관을 운영하고자 하는 자는 보건복지가족부 장관의 허가를 받아야 한다. 외국인으로부터 의뢰받은 입양기관의 장이 국외입양을 알선할 때에는 보건복지가족부 장관에게 해당 아동의 해외이주에 관한 허가를 신청해야 한다. 국가와 지방자치단체는 입양아동의 양육수당·의료비 등의 양육보조금을 지급할 수 있다. 또 입양기관의 운영비와 가정위탁보호 비용 등을 보조할 수 있다. 총칙, 입양의 요건, 입양절차, 입양기관, 입양아동 등에 대한 복지시책, 보칙, 벌칙의 7장으로 나누어진 전문 28조와 부칙으로 구성되어 있다. 시행령과 시행규칙이 있다. 최근 입양자격기준을 완화하여 독신자와 같은 편부모 가족에게도 허용할 예정으로 법적 검토가 진행 중이다.

### 입원보험(hospital insurance)

입원보험은 1929년 미국에서 시작한 건강보험의 일종으로 Blue Cross라고도 불리운다. 이 보험은 보험가입자에 대해 현금보상을 실시하는 것이 아니라 입원시 발생한 입원실의 비용이나 기타 시설물 사용등에 소요되는 비용을 보험자가 직접 미리 선정된 의료기관이나 의사들에 대해 지불하는 제도로, 보험가입자에게는 본인이 받을 "서비스의 종류"가 중요한 선택의 대상이 된다. 통상 Bule Cross에 가입된 의료기관이나 의사는 보험 가입자에 대해 비가입자에게 청구하는 의료비보다는 그 병원에서 발생한 실제비용을 청구하게 되며, 만약 가입자가 지정되지 않은 의료기관 사용시 보험자는 병원비의 일부만 지불하고 나머지는 본인부담이 된다.

## 자가보험(self - insurance)

자보험이라고도 불리며 본래의 의미는 보험을 배제하는 것이나, 보험에 관련하여 쓰이는 경우도 있다. 일반적 의미의 자가보험은 가옥, 차량 또 는 선박 등을 다수 보유하는 기업이 그 가옥, 차량 또는 선박의 손해 사 고에 대해 보험에 들지 않고 우발손해보상 목적의 준비금을 설정하는 것을 말한다.

## 자가소비 (self consumption)

당해 사업체에서 생산한 제품중 다른제품의 생산을 위하여 당해 사업체내의 생산공정에 재투입된 양을 말하며, 위탁생산을 위하여 타 사업체에 반출된 중간제품 및 재고량의 재투입도 포함된다.

## 자각(self - consciousness)

자기의식이라고도 한다. 자기 자신에 관한 의식, 외계나 타인과 구별된 자아로서 가지를 의식하는 일. 막연히 자기를 의식하는 정도의 것도 포함된다. 또 이 말은, 자기의 능력이나 소질에 관해 그 한계를 올바르게 안다는 의미로도 사용되지만, 철학상, 독일 관념론에서는 자아가 형이상학으로 취급되는 동시에 자각도 개인적 · 심리적 의미로서가 아니라 이른바 우주적인 자아나 정신의 자기의식으로서 해석된다.

## 자격정지

유기 징역이나 유기 금고의 판결을 받은 사람에게, 일정한 자격 전부 또는 일부가 일정 기간 동안 정지되는 명예형(名譽刑)의 한 가지.

## 자격증(certification)

사람이나 사물이 일정한 특성을 지니고 있음을 공식적으로 보장하는 것이다. 전문직의 법적 자격증은 그 자격증을 지닌 사람이 특정한 수준의 지식과 기술을 보유하고 있음을 보증하는 것이다. 자격증은 대개 무자격자가 특정한 행위를 못하도록 제한하지는 않지만(면허(license)는 제한을 가함), '자격이 있다' 는 타이틀을 사용하지 못하게 제한한다. 전문가의 자격은 전문협회가 보증한다. 자격증은 보통 등록(registration)보다는 통제가 강력하지만

면허보다는 약하다.

## 자계식과 타계식

조사표 기입을 누가 하느냐에 따라서 구분하는 조사방법의 유형으로서 자계식은 응답자가 스스로 기입하는 것이고, 타계식은 조사원이 기입하는 방법이다. 따라서 면접조사방법과 전화조사방법은 타계식에 의한 것이며, 배포조사방법, 우편조사방법, 집합조사방법은 자계식에 의하는 것이다.

## 자구행위

권리침해를 당했는데 경찰관 등의 도움을 받거나 기다릴 수 없어 권리침해를 당한 사람 스스로가 자신의 권리를 되찾기 위해 조치를 취하는 것을 자구행위라고 한다. 자구행위는 길거리에서 소매치기를 당했을 때처럼 ①이미 자기의 권리가 침해 당했고 ②적법한 절차를 밟을 여유가 없으며 ③즉시 조치를 취하지 않으면 권리를 되찾지 못하거나 어려워지는 경우에 할 수 있는 것으로 형법상의 개념이다.

## 자극(stimulus) 01

①기본 생리과정에 영향을 미치는 비교적 가공되지 않은 물리적 에너지의 형태를 말한다. 이러한 자극의 예로는 빛 · 음파 · 온도 등 생리적 반응을 유발할 수 있는 모든 물리적 자극을 들 수 있다. 생리학자들이 관심을 가지는 것으로서 감각 시스템이나 운동 시스템에 전해지는 단순한 물리적 에너지를 말한다. ②자극 - 반응이론에서, 유기체가 반응하는 대상이 되는 것. 이러한 자극은 유기체의 행동을 통제하거나 촉진하는 기능이 강조된다는 점에서 물리적 자극과 구별된다. 이 자극은 그 성격에 따라 조건자극 - 무조건자극, 혐오적 자극 - 강화적 자극 등으로 구분되며 특정한 자극은 특정한 행동과 일관된 양식으로 결합된다고 믿어지고 있다. ③한 연구의 독립변인 혹은 실험을 장치하는 방식이다.

## 자극 02

행동주의(behaviorism)에서 환경에서 발생하는 모든 사건(event)을 말한다. 자극은 차별적, 유도적, 보강적, 처벌

적, 중립적인 것이다.

### 자극반응 이론(irritation response theory)

몇몇 경제학자와 사회계획가가 제기한 것으로, 사람들은 사회복지가 처벌적이고 최소화되면 그들의 환경을 개선하기 위해 더 열심히 노력할 것이라고 주장하는 관점이다.

### 자극 − 반응학습
### (S − Rlearning : stimulus − response learning)

특정 자극에 대해 학습자가 특정 반응을 함으로써 어떤 자극과 반응이 결합되는 학습을 말한다. 고전적 조건 형성, 도구적 조건 형성 등이 자극 − 반응 학습의 대표적인 유형이다. 이 유형의 학습은 기계적인 학습이며, 따라서 가장 기초적인 학습이다.

### 자기결정(self − determination) 01

사회사업 윤리 중 한 가지로서 클라이언트의 권리와 요구를 인식하고 그들이 스스로 선택하고 결정할 수 있도록 하는 원칙이다. 이 원칙은 사회사업가의 도움이 클라이언트가 활용할 수 있는 자원이 무엇이고, 무엇을 선택할 수 있는지, 그들이 할 수 있는 선택의 범위가 어떤 것인지를 알게 하는 것이다. 즉 클라이언트가 지역사회와 자기의 퍼스낼리티에서 활용할 수 있는 적당한 자원을 발견 · 활용할 수 있도록 원조함으로써 자기 스스로 나갈 방향을 결정하려는 클라이언트의 자기결정 권리는 적극적, 건설적 결정을 내릴 수 있는 클라이언트의 능력 및 법률이나 도덕의 테두리 또는 사회 간의 기능의 테두리에 따라 제한을 받게 된다. 이와 같이 자기결정권은 사회사업가와 클라이언트의 관계성을 돕는데 있어 중요한 요소 중의 하나이다.

### 자기결정 02

자기지향(self direction), 자기책임(self responsibility)이란 표현으로 사용되는 경우도 있다. 케이스워크 과정에 있어서 클라이언트가 주체적으로 스스로 생각하고 판단하여 자기의 책임을 선택하여 행하는 것을 말한다.

### 자기결정의 원칙

클라이언트가 자기의 판단에서 결정하는 것을 의미하는 것으로 케이스워커가 클라이언트에게 지시하고 지배하는 관계는 아니다. 이와 같이 사회사업가가 클라이언트 자신이 권리를 깨닫고 스스로 판단으로 스스로의 책임 하에 계획하고 결정할 수 있도록 측면적으로 원조하는 것이 케이스워크의 기본이다.

### 자기모순(self − contradiction)

논리적으로 서로 모순의 관계에 있는 두 개의 주장이나 명제가 한 진술 속에 나타나는 현상이다. "X는 남자이다" 와 "X는 어머니이다" 는 논리적으로 서로 모순되는 관계에 있는 것인데, 이러한 두 개의 주장이 "X는 남자 어머니이다" 와 같이 한 진술 속에 포함될 때, 이러한 진술은 자기모순의 진술이다.

### 자기분화(differentiation of self)

M. Bowen의 가족체계이론의 기본개념으로 정서적 기능과 지적기능 사이에 융합이나 분화의 정도에 따라 개인을 규정하는 것이다. Bowen은 자기분화가 가장 낮은 상태와 가장 높은 상태를 각각 0과 100으로 하여 그 수준을 평가 하고 정서적 − 지적기능(emotional intellectual functioning)을 0 − 25(가장 낮은 자기분화수준), 25 − 50(낮은 자기분화수준), 50 − 75(높은 자기분화수준), 75 − 100(완전한 자기분화수준)의 범위로 구분하고 있다. 자기분화수준이 낮을 수록 생활이 감정과 정서의 의해 지배되고, 분화수준이 높을 수록 불안이 증가할 때에도 정서적 체계에 지배를 받지 않고 독립적으로 의사결정하며 자율적으로 결합하게 된다. 현실적으로 완전한 자기분화가 극히 드물다.

### 자기이해(self − understanding)

'나는 이렇다.' 라는 자기개념을 갖는 것은 자기를 이해하는 것이기도 하다. 무엇인가를 이해하거나, 인지하거나, 의식하거나 하는 것은 그 자체의 독자적인 행위일 수는 없다. 무의식적인 욕구의 영향을 받고 있거나 이해 그 자체가 자아의 방어에 의해 조작되고 있을 가능성도 있다. 자기구현시의 충동이 있는 사람은 자기를 본질보다 좋게 이해하거나 역으로 자기를 비관적으로 이해하기도 한다.

### 자기인식(self − awareness)

케이스워크의 기본원리로서 보통 인간은 타인을 볼 때 가치기준이나 감정에 영향 받기 쉽고 또 그와 같은 일을 스스로 느끼기 힘들다. 만일 사회사업가가 클라이언트와의 대인관계에서 자신이 선입견을 갖고 대하거나 자기 자신의 감정대로 상대방을 대한다면 사람을 쉽게 수용할 수도 없고 올바르게 이해할 수도 없다. 따라서 사회사업가는 평소부터 의식적으로 자신의 심리나 행동의 특이한 면을 보다 정확하게 파악할 필요가 있다. 이러한 면에서 슈퍼비전(supervision)은 필수적이라고 할 수 있다.

### 자기중심주의(egocentrism)

자기에 대한 지나친 집착이나 자기 중요성에 대한 과장된 견해를 말한다. 또 피아제 이론(Piaget theory)에서는 아직 다른 사람의 견해를 받아들이는 것을 배우지 못한 6세 이하 어린이의 정상적인 상태를 말한다.

### 자기지각(self − awareness)

케이스워크의 기본원리의 하나로 자기확지라고도 한다.

보통 인간은 타인을 볼 때 자기의 평가기준이나 감정을 영향을 받기 쉽고, 그러면서도 그것으로부터 스스로 벗어나게 된다. 만약 워커가 클라이언트와의 대인관계에 자신의 선입관적 태도를 가지게 되거나 있는 그대로의 자기감정으로 상대방을 대하면, 쉽사리 사람을 수용하지 못하고 올바르게 이해하지 못한다. 그 때문에 워커는 언제나 의식적으로 자기의 심리나 행동의 특성에 관해 잘 알고 있어야 한다. 그러기 위해서는 지도감독(supervision)이 없어서는 안된다.

### 자기통제(self – control) 01
사람은 누구나 자기에 대한 개념을 가지고 있다. 행동은 이 개념을 유지하기 위해 이루어진다고 생각할 수도 있다. 돌연한 충동에 용이하게 사람이 따라가는 것은 이 자기개념의 유지에 관계된다. 이와 같은 자기개념을 지키기 위해서는 행동의 통제 혹은 자아의식상태의 통제까지도 필요하게 된다. 그러한 의미에서 자아의식은 그 자체가 내적인 행동이라 할 수도 있다. 자기통제는 인격을 지배하는 기본적이고도 보편적인 경향이다.

### 자기통제 02
①행동주의 심리학에서 외부로부터의 강화나 벌이 전혀 없는 상태에서 자기 스스로 내적 강화나 벌을 부가함으로써 특정의 행동을 하게 되는 확률을 증가시키거나 감소시키는 것. ②조직은 상급자와 구성원이 서로 목표를 합의해 이를 달성하기 위하여 스스로 중간점검을 하고 반성하며 시정하여 전체조직의 운영효과를 높이고 원래의 목표에 도달하려고 노력하는 활동. 이 자기통제의 개념은 조직의 구성원들이 서로 다른 분야에서 활동하더라도 그러한 공헌들이 모두 공동의 목표달성을 위해 기여토록 조직의 운영을 개선하여 능력주의적 실적 중심으로 하자는 목표관리(management by objectives)의 가장 핵심적인 개념 내지 기본적인 원리라 하겠다.

### 자기통제기법(self – control technique)
행동수정 이론에서 즉각적인 외부의 자극이 없는 상태에서 자기 스스로 유발한 자극에 의해 특정의 행동이 발생될 확률을 증가시키거나 감소시키는 기법이다. 자기평가, 선행자극의 통제, 후속결과의 통제, 자기강화 등의 기법이 활용되고 있다. 자발성(spontaneity)이란 사회적 의무나 책임으로 인한 속박감으로부터 자유로운 상태를 말한다. 즉 사회적 요구로부터 벗어났거나 그에 무관심한 상태이며, 자발적 행동은 일상적 제약과 현장의 제한적 요소로부터 완전히 해방된 경우에만 가능하다.

### 자기평정 (self – rating)
피평정자가 자기를 스스로 평가하는 근무성적 평정 방법을 말한다. 자기평정은 상향적 정보소통의 촉진, 상하간의 이해 증진, 직무수행에 대한 체계적 반성의 기회 제공, 자기발전의 동기유발 등의 장점을 지닌다. 그러나 자기평정만으로는 객관성을 확보하기 어려운 난점이 있어 감독자평정과 병행하여 자기평정의 단점을 보완하여야 한다. 우리나라에서는 평정대상기간동안 평정대상 공무원이 행한 업무실적을 스스로 평가하여 기재하게 함으로써 근무성적 평정에 반영하고 있다.

### 자기폭로(self – disclosure)
사회사업 면접을 하는 과정에서 사회사업가가 클라이언트에게 자신에 대한 정보, 개인의 가치관 또는 행동 등을 폭로하는 것이다. 전문직에서는 이와 같은 자기폭로에 대해서는 해야 한다 또는 해서는 안된다는 가치판단을 하지 않으나, 경우에 따라서는 자기폭로가 도움이 된다고 인정될 때도 있다. 그러나 일반적으로 자기폭로가 클라이언트를 도우려는 목적이나 치료적 효과에 도움이 되지 않는다면 자기폭로를 하지 않는 것이 바람직하다는데 약간의 합의가 이루어졌다.

### 자기혐오(self – hate)
자기에 대해 부정적인 인지와 복합적 감정으로 청년기에 나타나기 쉽다. 이상적인 자기의 개념과 현실의 자기 사이에는 차이가 있으나 청년기에는 그의 이상형의 차원이 너무 높아 갈등을 일으키기 쉽다. 가끔 이 감정은 반항적인 태도나 공격성과 연결되나 이것은 과거의 자기가 부정됨으로 인해 새로운 자기로 변신할 때의 불안에 의해 생기는 것으로 볼 수 있다.

### 자력구제
권리를 침해당한 사람이 국가기관이나 행정기관의 도움에 의하지 않고 스스로의 힘으로 그 권리를 되찾는 것을 자력구제라고 하는데 우리 민법에는다음의 두가지 경우가 있다. ①자력방위 — 자신이 가지고 있는 동산이나 부동산에 대한 침해행위가 있을 때 스스로의 힘으로 이를 막는 것. ②자력탈환 — 다른 사람에게 자신이 가지고 있는 동산이나 부동산을 빼앗겼을때 현장에 있던 권리를 침해당한 사람이 그 즉시 자기의 힘으로 다시 찾는 것을 말한다.

### 자력집행
국가 또는 공공단체가 그의 의사를 스스로의 기관에 의해 강제하고 실현하는 것을 말한다. 사인(私人)간에 있어서 자력집행은 원칙적으로 금지되며, 국가기관 의 힘을 빌려서만 그의 의사를 강제적으로 실현할 수 있는데 비해, 국가 또는 공공단체와 사인간에 있어서는 국가가 일방적으로 명령하고 의사를 강제하여 실현할 수 있다. 가령 국민이 세금을 자진 납부하지 않을 경우, 세무공무원이 압류·공매(公賣) 등의 절차를 통해 강제 징수하거나, 무허가건축물을 강제철거하는 것 등이 이에 해당된다.

### 자료(data) 01

모집단이나 표본조사 또는 실험의 관측결과 얻어진 개체의 특성값들을 말한다. 개체의 특성은 여러 가지로 표현할 수 있으나 통계학에서는 수량적으로 표현된 것이 대부분이다. 이러한 뜻에서 흔히는 통계적 자료(Statistical data)라고도 한다. 자료를 데이터라고 부르기도 한다.

### 자료 02

자료는 사실(fact)을 문자·소리·이미지·화상 등의 기호(symbol)로 표현한 것을 말한다. 자료는 정보(information)와 동일한 의미로 사용되기도 하나, 엄밀한 의미의 자료는 가공되지 않은 상태의 것을 의미하며, 정보는 특정 목적을 위하여 자료를 가공 한 것을 의미한다. 자료는 가공되기 전까지는 그 자체로서 사용자에게 특정한 의미를 주지 못한다.

### 자료수집면접(fact — gathering interview)

사회사업가가 클라이언트로부터 구체적인 자료와 사전 결정을 구하기 위해 하는 면접이다. 사회사업가는 구체적인 질문을 하고 관련된 응답을 기본 양식이나, 면접지에 기록한다. 이것의 목적은 본래 치료적인 것이 아니므로 클라이언트에게 감정을 환기시키거나 문제를 통해 작업할 수 있는 기회는 거의 주어지지 않는다.

### 자립생활(independent living)

자립에 대한 일반적 해석은 외부의 원조를 받지 않고 독립된 경제생활을 영위하는 것을 말한다. 신체에 장애가 있으면서도 타인의 원조없이 독립된 일상생활을 영위하는 것을 말한다. 그러나 영어 independent living이 번역어로 쓰이는 자립생활은 노동력으로서의 사회활동을 기대할 수 없는 중도장애인이 사회의 일원으로 의 있는 자기실현과 사회참가를 위해 주체적으로 노력하는 것을 말하는 것으로 사회적으로 가치평가하려는 생활개념이다.

### 자문(consultation)

특별한 전문성을 소유한 기관이나 개인(가령 상담가) 혹은 특수한 문제를 해결하기 위해 전문성을 필요로 하는 사람들간의 상호 관계를 말한다. 카두신(Alfed Kadushin)은 사회사업 자문을 자문가들이 일과 관련된 문제에 직면한 개인, 집단 조직, 지역사회에 상담과 기타 다른 원조활동을 제공하는 문제 해결과정으로 묘사했다. 상대적으로 연속적이고 많은 관심영역을 포함하는 지도감독(supervision)과는 달리, 자문은 임시적이거나 일시적인 기반에 근거해서 일어나며 특별한 목표나 상황초점(situation focus)을 갖는다. 감독관과는 달리 자문가는 충고를 받는 사람들에게 어떤 특별한 행정적 권한을 가지고 있지 않다.

### 자문기관

행정기관의 자문에 응하여 또는 자진하여 행정기관에 의견을 제공함을 임무로 하는 기관을 말한다. 자문기관은 법률의 근거가 없어도 대통령령으로 설치할 수 있다. 부속기관으로서의 자문기관이 제공하는 답신(答申)·의견·건의는 법률상 그 행정기관을 구속하는 힘이 없는 점에서 의결기관과 다르다. 심의기관으로서의 국무회의도 법적 성질에 있어 자문기관에 속한다는 것이 통설이다.

### 자문위원회
(advisory board, advisory board, advisory committee) 01

특정 조직 또는 기관장의 자문에 응하기 위한 목적으로 설치된 합의제 조직을 말한다. 이러한 자문위원회의 결정은 대부분 법적 구속력이 없으며, 다만 전문적인 지식과 각종의 이해관계를 정책결정에 반영 하는데 그친다.

### 자문위원회 02

조직의 목표 달성 방법 또는 어떤 사전결정에 따른 방법에 필요한 정보나 전문적 의견, 건의를 제공하는 위원회이다. 자문위원회는 그들의 전문성을 위해 집단이나 개인의 자격으로 조언을 듣는다. 위원들은 선출 또는 고용되거나, 자원봉사자로 근무할 수 있으며, 조직의 기관장 위원회(board of directors)와 같을 수도 있고 다를 수도 있다.

### 자문제공(advice giving)

사회사업가가 클라이언트로 하여금 문제나 목표의 존재를 인식하고 이해하며 그것을 처리하는데 나타나는 여러 반응을 고려하도록 돕는 사회사업 개입의 한 방법으로 그 때 사회사업가는 목표를 성취하기 위한 최선의 방법이라고 여겨지는 행동을 취한다.

### 자발성 대 죄악감(initiative versus guilt)

에릭슨(Erikson)에 의한, 대략 3 — 6세 때 일어나는 심리사회발달 8단계 중 세 번째 단계이다. 아동은 활발히 무언가를 배우고 찾고 시험하는 것을 시도하도록 자극받는다. 반면, 아동은 잘못이나 나쁜 것 에 대한 감정을 유발하는 거부, 처벌, 제한 때문에 수동적인 경향을 개발하기도 한다.

### 자발적 실업(voluntary unemployment)

일할 의사와 능력이 있음에도 불구하고 한 사회의 지배적인 임금수준 하에서 취업을 원치 않기 때문에 발생되는 실업으로서 완전고용과 양립되는 개념이자 행위이다.

## 자본과 경영의 분리

자본주의 초기에는 한명 또는 몇명의 자본가가 회사의 전 자본을 소유함 과 동시에 직접 경영을 맡았다. 이것을 소유자지배라고 한다. 그러나 경영규모의 확대와 자금수요의 증대로 자본을 널리 다수의 투자가로부터 모집하게 되었다. 이에 응모한 주주의 대부분은 주식의 배당금 또는 매 매차익에 의한 이식이 목적이며 경영에 참가할 뜻은 없고 경영은 대주주인 경영자에게 맡겼다. 이것을 주식의 부재소유제라고 한다. 이 경우 대주주가 과반수의 주식을 소유함으로써 경영을 지배하는 것을 과반수지배 라고 한다. 그 후 주식분산의 고도화와 부재소유자의 증대에 따라 과반 수주식을 갖지 않고서도 회사를 지배하게 되었다. 주주총회에서는 부재 소유자의 백지위임장을 모으면 의결이 가능하기 때문이다. 이것을 소수 지배라고 한다. 이와 같이 경영규모가 확대되고 주식분산이 고도화됨에 따라 관리기구가 방대해지고 복잡해져서 경영의 전문적 지식이 필요하게 되어 소유자는 고용경영자에게 경영을 맡기게 되었다. 고용경영자는 결국 고용사장, 고용임원으로 봉급생활자이다. 고용경영자의 기용에 따라 소유자의 직접관리는 간접관리로 전환되고 소유자는 경영면에서 후퇴했 다. 경영규모가 더욱 확대되고 생산기술의 고도화, 판매경쟁의 격화, 노동공세 등에 따라 관리기구는 점점 방대해지고 복잡해졌으며 이에 따라 전문경영자가 더욱 필요하게 되었다. 전문경영자는 출자자일 필요는 없으며 경영의 지식과 능력을 갖고 경영자의 지위를 차지하게 된다. 전문 경영자는 출자자의 이해를 무시하고 경영상의 결정을 하지는 않으나 출자자의 지배를 받지 않는다. 이와 같은 전문경영자의 출현으로 회사의 소유자지배는 경영자지배가 된다. 이것을 자본과 경영의 분리, 소유와 경영의 분리, 출자와 경영의 분리, 자본과 관리의 분리라고 한다.

## 자본론

맑스가 자본주의 경제를 분석함에 있어 핵심이 되는 가치론은 영국 경제학의 스미드(Smith, A)와 리카르도(Ricardo, D.)의 이론을 계승·발전시킨 것이다. 그리고 그의 철학, 역사, 경제이론을 집대성하여 자본주의체제에 대한 비판의 대안으로 체계화한 것이 자본론이다. 자본론 제1항 자본의 생활과정에서는 그 특유의 가치론에 의해 잉여가치의 원천과 잉여기준의 자본에로의 전화과정 및 자본이 잉여가치를 생산하는 과정을 분석하고 있다. 그리고 제2항 자본의 유통 과정에서는 생산과정에서 생산된 잉여가치가 유통과정에서 화폐로 실현되는 과정을 논하고 있다. 제3항 자본제 생산의 총 과정에서는 생산과정에서 생산되고 유통과정에서 실현된 잉여가치의 분배, 즉 잉여가치의 현상으로서 이윤인 상업이윤, 이자, 기업소득, 지대 등의 분화 내지 전화를 구명하고 평균이윤이론과 이윤율 저하의 법칙을 설명한다.

## 자본주의

시장경제라고도 하는데, 봉건사회의 붕괴 후에 성립한 시민사회의 경제체제로서 사유재산제도를 기축으로 하고 영리 원칙과 자유 경쟁을 양륜으로 하는 경제조직으로서 산업 혁명을 계기로 확립된 자본주의는 현대 국가의 지배적인 경제체제로 되어 있다. 그리고 자본주의 3대 원칙으로는 자유경쟁주의, 사유재산제도, 영리주의를 들 수 있다.

## 자본주의적 생산관계
(employer — employee relationship in a capitalistic society)

인간은 상호관계를 유지하면서 물질적 생산을 하는데, 이 관계를 생산관계라 한다. 이러한 관계는 생산수단의 소유형태에 따라 기본적으로 규정된다. 자본주의적 생산관계에서는 생산수단의 사적소유에 기인하는 전생산물이다. 노동력의 상품화가 이루어져 개개의 상품소유자는 교환을 통해서만 상호관계를 갖는다. 생산은 전면적인 상품관계 특히 자본과 노동과의 교환을 통해 잉여가치의 획득을 직접적인 목적으로 삼는다.

## 자본집약적 산업

노동력에 비해 대량의 자본설비를 사용하는 산업. 산업의 자본집약도는 (자본량 ÷ 노동량) 또는 (자본량 ÷ 산출량)의 비율로 측정된다. 이 비율이 높은 산업의 예로는 석유, 제1차 금속, 화학, 지류산업등이다. 반대로 이 비율이 낮은 산업의 예로는 의류, 피혁, 가구산업 등이 있다.

## 자산(assets)

조달된 자본(타인자본인 부채포함)이 구체적으로 가령 토지, 건물, 현금, 원재료 및 제품 등으로 운용되어 구체적인 형태를 취하게 되었을 때 이를 회계학상으로 자산이라 한다. 따라서 이는 자본이 기능형태 내지 운용형태로서 화폐가치적으로 표현된 것을 말하며, 대차대조표상 차변항목으로서 금액으로 표시된다. 자본은 모든 재화를 조달형태로 표현한 것으로 대차대조표상 대변항목으로서 금액으로 표시된다.화폐가치상으로 볼 때 자산=자본으로 되며, 자산에는 일반적으로 유동자산, 고정자산, 이연자산이 있다.

## 자산예탁 고령자

세대가 복지서비스의 이용료를 확보하기 위해 주거의 토지, 건물 등 자기자산을 담보로 복지자금의 대출을 받을 수 있는 제도. 복지서비스의 유료화의 대응 등 사회복지 시책의 변화와 복지이용자의 지역·가족환경의 변화를 먼저 받는 제도이다. 토지가격의 인상에 따른 자산가치의 증대, 가족부양의 한계와 상속재산방식 제도이다.

## 자산조사(means test) 01

생활보장사업의 대상자 선정에서 필히 행하여지는 것으로 복지수혜자에게 수치욕을 조장시키는 등 명예훼손에 영향을 주고 있다. 이에 자산조사에 대한 비판과 더불어 찬성과 반대의 의견이 대립되고 있다. 먼저 찬성의견을 보면 공금을 절약할 수 있고 개인의 욕구를 규명할 수 있고 공적부조의 보완적 성격을 충족할 수 있다는 것이며, 반대의견을 보면 개인의 권리와 존엄성이 침해되고 클라이언트의 욕구정도를 결정하기가 어렵고 자산조사를 위해 막대한 행정비용이 소요된다는 것이다. 그러나 어느 국가든 자산조사는 행해지고 있다. 가능한 한 수혜자의 명예가 보장되는 범주 내에서 시행되도록 유도함이 바람직하다.

## 자산조사 02

클라이언트의 재정을 평가하여 그 결과를 서비스 수혜자격의 결정시준으로 사용하는 것이다. 기존의 경제서비스, 사회서비스, 건강서비스를 받는 클라이언트도 그 서비스의 대가를 지불할 수 있는 '자산'이 있다고 조사자가 판단하면 서비스 수혜대상에서 탈락하게 된다. 클라이언트의 수혜자격을 결정하는 이러한 자산조사를 사용하는 프로그램으로는 의료보호(medicaid), 요보호아동가족부조(AFDC : aid to families with dependent children), 식품권 프로그램(food stamp program), 일반부조(general assistance) 등을 들 수 있다. 자산 조사평가를 하기 위해 사회사업가는 보통 클라이언트의 소득, 자산, 부채와 기타 채무, 부양 가족수, 건강 요인들을 조사한다.

## 자산형성지원사업

근로능력이 있는 저소득층이 매월 소액의 저축을 해나갈 경우 정부와 민간(기부금 등)이 추가로 돈을 보태 목돈을 만들어줌으로써, 저축을 통해 자활 의지가 확인된 저소득 근로소득자가 일정 규모의 자산을 형성, 자신의 힘으로 빈곤에서 탈출할 수 있도록 도와주는 제도이다.

## 자살(suicide)

자기의지에 의해 죽음에 이르는 행위이다. 뒤르켕은 자살론(1897)에서 개인과 사회와의 연결을 기초로 이기적 자살, 이타적 자살, 아노미적 자살, 숙명적 자살의 네 가지 유형을 들고 있다. 청소년의 자살은 학업 문제를 비관해 행해지는 예가 많고, 자살률이 높은 노인층에서는 질병, 가정불화 등을 주된 동기로 하고 있으며 또 실업률과 자살률이 밀접한 관련이 있는 것 등 자살이 사회문제의 하나임을 나타내고 있다.

## 자살성 사고(suicidal ideation)

자살에 대해 심사숙고하거나 자신을 죽음으로 이끄는 사고유형이다. 전문가는 클라이언트가 자살하려고 하는 가능성을 판단하기 위해 특정한 실마리와 주변 환경을 기록한다. 그 중에서 가장 높은 가능성은 우울증(depression)이고, 현재나 과거에 다른 사람들과의 접촉을 기피하고 희망이 없다는 생각이 수반될 때 특히 그렇다. 수면행위에서의 큰 변화, 죽기를 바라거나 자살을 기도할 의지를 나타내는 명확하거나 암시적인 진술을 할 때, 약물남용(substance abuse), 돌이킬 수 없는 손해(손실)를 최근에 경험했을 때, 지지체계가 결여되었을 때, 치명적인 도구(무기, 약물 등)에 쉽게 접근할 수 있을 때, 이전에 자살경험이 있는 경우, 실패감과 거부당함을 느낄 때에도 자살 가능성이 높다.

## 자선(charity)

일반적으로 종교적, 윤리적 동기에 의해 불쌍히 여기거나 이웃애 또는 은혜 등을 총칭한다. 구제의 정치, 전략적 동지에 대해 주관적인 봉사나 윤리적인 선(善)에 중점을 둔 종교적 실천덕목으로서 중요한 의미를 갖고 있다. 이들 실천태도들을 비교하면 가톨릭은 신앙과 박애적 실천을 동시에 추구했고 기독교는 구제대상 중에 신의 형상을 표제하여 근대적 인격관을 형성했다. 그리고 남에게 베푸는 주체윤리로 강조하고 동기의 순수성을 중시했다. 또 불교에서는 베푸는 자와 받는 자와는 자타불이라고 하는 평등관계에 있다고 하고 유교에서는 개인의 수양이 가정과 국가를 다스리는 원리가 된다고 하였다.

## 자선남비(charity pot)

구세군이 사회사업의 일환으로 연말 또는 계절적으로 불행한 사람들을 돕기 위하여 모금하고자 가두에 모금용 냄비를 설치하는 것이다. 이 운동은 제1차 대전 이전부터 행하여졌고 제2차 대전 이후부터 더욱 활발해졌으며 이 자금으로 많은 빈궁자가 구제되고 있다. 이 운동은 세계 각지에서 행하여지고 있으며 성탄절 때에는 특히 크리스마스 포트(Christmas pot) 혹은 크리스마스 케틀(Christmas kettle)이라는 냄비를 설치하고 모금운동을 전개한다.

## 자선병원(charity hospital)

자선학교운동과 함께 영국의 18세기 박애정신의 주류를 형성한 것으로서 영혼의 휴양을 목표로 한 중세적인 하스피탈(hospital)과는 달리 의료자체를 목적으로 한 근대병원을 자선조직에 의해 건설되었고, 1719년 웨스트민스트 병원이 최초이다.

## 자선사업(charity work)

일반적으로는 자선과 자선사업은 명확히 구별되지 않는다. 그러나 자선사업은 산업혁명 전후에 사용되어진 용어로 그 성격은 자선에 대해 보다 사회성도 가지고 있고 과학적 조직성을 기초로 한다는 점에서 양자를 구별짓는다.

또 자선행위가 개인적 행위인데 대해 자선사업은 자선적 색채를 가진 사회적구제사업으로 보았다. 자선사업의 전개는 영국·미국에서 그의 전형이 보이지만 중세 기독교적 자선이 18세기 계몽의 소산인 박애를 통해 산업혁명기에 자선사업으로 성립했다. 그것은 동시에 근대사회사업의 출발점으로도 되고 있다.

## 자선조직협회(the charity organization society)
18세기 말엽 영국은 산업혁명으로 인해 공업 및 산업상의 대변혁과 함께 사회조직에 변혁이 일어나 여러 가지 사회문제가 발생하였다. 이것을 해결하기 위해 구빈법을 중심으로 한 빈민구제, 경제·교육·의료제도의 개선으로 빈궁방지의 방법을 사용했는데 전자를 보완하기 위한 기술방법으로 나타난 것이 자선조직협회이다. 이 협회는 당시의 복지사업과 기관간의 효과적인 조정을 기하며, 구호행정의 중복과 경쟁을 피하고 기구와 기술을 발전시키고자 하는데 있었다.

## 자선조직화운동
(the charity organization movement)
임의성을 가진 여러 가지 자선활동의 연락조성을 자주적으로 행하여 무차별 구제의 중복성을 방지하고 자선과 구빈제도간의 기능적 분담을 명백히 하여 결식을 방지하는 것을 목적으로 추진되었다. 이 운동은 19세기 말 영국의 여러 도시에서 만성적 구제불능 상태에 있었던 노동자 계급의 궁핍화와 피구휼층으로 전락하는 것이 증가되는 것을 배경으로 형성되어 근대 사회사업의 성립에 영향을 미쳤다.

## 자아(ego/self) 01
프로이드(Freud, S.)는 마음의 기조를 이드, 자아, 초자아의 삼층으로 나누어 그들의 역동적인 상호작용으로 심리현상을 설명하려 했다. 일반적으로 지각, 감성, 사고, 행위의 주체를 자아라 해도 좋으나 그 지각, 감성 등이 자기의 내부세계의 다른 무엇인가에 영향 받는 것을 생각한다면 역시 거기에 이드나 초자아를 가정하는 것이 필요해진다. 이에 프로이드는 자아는 그 정상의 존재를 유지하기 위해서 10종류나 되는 방어기제를 갖는다고 생각했다.

## 자아 02
1)인간이 자신의 동일성(identity) 또는 연속성(continuity)을 의식할 때 그러한 의식을 하는 주체. 2)성격심리학의 핵심개념으로서 다음과 같은 뜻으로 쓰인다. ①자아몰입(ego − involvement)과 같은 뜻으로 동기유발의 근원이나 목표로서 구체적 행동을 하도록 하는 개인의 동기를 가리킨다. ②행동이나 경험을 조직하는 것으로서 환경에 대처하여 개인이 적응하도록 하는 기능을 지니고 있다. ③경험의 내용과 행동의 유형을 가리키는 것으로 행위·태도·정서 등의 경향을 뜻한다. 3)정신분석이나 분석심리학에서는 의식된 성격의 부분을 가리키는 개념으로서 인간의 심리를 통일하고 조절하려는 기능을 말한다. 본능과 같이 원시적이고 조직되지 않은 충동을 조직화하고, 초자아의 충동을 조정하여 충동들을 현실적으로 만족시키도록 하고 있다. 본능이 쾌락을 추구하고 초자아가 도덕성을 추구하는 것에 반해 현실에 근거한 판단과 조정의 기능을 하는 것을 말한다. 4)개인이 자기 자신을 지각하는 것이다. 현실적 자아(ego self)·경험적 자아(empirical self)·이상적 자아(idealized self)·상징적 자아(symbolic self) 등과 같이 다양한 수식적 용어와 함께 쓰이는 경우가 많다.

## 자아 03
인식, 의욕, 행동의 주체가 자기를 외계나 타인과 구별하여 하는 말이다. 자아는 시간의 경과를 통해 동일한 단일의 개체로서의 의식을 수반하고, 일상적으로는 신체도 포함해서 생각하는데, 신체를 배제하여 생각하는 경우도 있다(심리적 자아). 자아가 철학 상의 문제가 되는 것은 주로 근세가 되면서부터이며, 봉건적 속박으로부터의 개인의 해방이 그것의 사회적 배경이다. 근세 초 데카르트는 의심할 수 없는 자아의 존재로부터 출발했다. 그의 자아는 정신적인 실체였는데, 흄은 자아의 실체성을 부정하고, 자아는 〈관념의 다발〉에 불과하다고 말했다. 칸트는 일상의 경험적인 자아는 현상계에 속하는 것으로 믿고, 경험적인 자아의 내용을 모두 배제한 극한적인 자아라고도 할 수 있는 선험적 자아(→ 통각)를 상정하여, 이것을 실체적인 것은 아니었지만, 그도 도덕의 근거로써 본체로서의 자아를 인정했다. 피히테는 다시 이것을 형이상학화하고, 절대적 자아로부터 모든 것을 이끌어내려고 했다. 또 슈티르너는 자아를 만물의 유일한 척도로 생각하는 철저한 주아주의를 주장했다.

## 자아개념검사(Self − Concept Test)
한 개인이 그가 처해 있는 생활의 장(場)에서 자기 자신 및 그의 주위 환경을 어떻게 느끼고 있는가를 알아보기 위해 정원식(1968)에 의해 개발된 검사이다. 중학생 이상의 연령에서 실시할 수 있으며, 자아 준거가 되는 진술로 이루어진 100개의 검사 문항으로 구성되어 있다. 피검자는 자기 자신과 관련된 정보를 5가지 척도에 따라 표시하게 되어 있다. 이로써 자기의 신체사항, 가족사항, 성격적인 면, 도덕적인 관념 그리고 대인 관계의 5가지 외적 측면에서 그 개인의 동일성, 자아수용 및 만족 그리고 외적 행동의 적극성과 소극성 등을 측정할 수 있다. 이를 통해 한 개인이 자기 자신을 어떻게 지각하고 있는가를 알게 됨으로써 그 개인을 이해하고 돕는데 유용한 정보를 얻을 수 있다.

## 자아결정(self — determination)

인간의 행위는 인간 외적 요인에 의해 기계적으로 결정되는 것이 아니라, 자아의 본질과 특성에 의해 결정된다는 뜻으로 윤리학에서 결정론과 비결정론(혹은 자유론)의 대립을 극복하기 위하여 라쉬달(H. Rashdall) 등이 자아결정의 개념을 사용하였다. 엄격한 의미에서 그는 결정론자보다는 자유론자에 속한다. 이러한 의미의 자아결정론에 의하면, 인간의 도덕적 자유는 자아의 결정에 의존한다.

## 자아력(ego strengths)

정신역학 이론상 문제해결을 위해, 정신적 갈등해결을 위해, 정신적·환경적 어려움을 방어하기 위해서 개인이 이용할 수 있는 정신적 에너지의 정도, 또 논리적 사고, 지성, 지각력 그리고 직접적 만족을 성취하려는 충동을 자제할 수 있는 개인의 능력을 말한다.

## 자아발견기

청년기에 배워야 하고 이루어야 할 것은 많다. 이들을 종합하면 자아발견이라는 과업으로 직결된다. 말을 바꾸면 자아정체성의 발견 또는 형성이라는 과업이다. 이 때문에 청년기는 제 2의 탄생기라고 한다. 신체·사회·국가·사상·역사라는 온갖 세계 속에서 자기의 존재·위치·역할이 무엇인지를 탐색·실험하여 정향적 발견을 이루는 일이라고 할 수 있다. 청년기가 끝날때 까지는 대충이나마 이 세계에서 자기인생의 설계도를 가지고 있어야 한다. 그 설계도 없이는 자아 자체가 정처가 없는 셈이다. 자아발견에서 특히 세가지 관련에서의 자아발견이 중요하 다고 생각된다. ①직업의 세계에서의 자아발견, ②인간사회라는 세계에서의 자아발견, ③국가사회와의 관련에서의 자아발견은 역사속에서의 〈길고〉 〈높은〉 자아발견이다.

## 자아상태(ego state)

Eric Berne은 인간의 성격을 형성하는 감정, 사고, 행동이 분명히 구분되는 상태로 나타난다고 보고 이를 자아상태라고 정의하였다. 그는 자아상태를 상이를 행동양상에 따라 어버이(Parent), 어른(Adult), 어린이(Child)로 구분하고 치료의 핵심적인 도구로 삼았다. '어린이 자아상태' 란 환경에 반응할 때 마치 아동의 행동에서 보듯이 주로 감정적 행동을 보이는 것을 말한다. 반면 '어른의 자아상태' 란 사고와 합리적 행동, 사물에 대한 관찰과 정보의 수집 및 처리, 결정 등의 특징을 갖는다. 그리고 '어버이의 자아상태' 란 학습된 개념들, 가치지향, 자신과 타인들을 어떻게 돌보아 줄 것인가에 대한 지식, 태도 의견 등을 포함한다. 자아상태가 효율적인 기능이 부족할 때 여러 가지 문제가 일어날 수 있다. 가령 Adult가 Parent와 Child 간의 역동적 관계를 잘 중재하지 못할 때 '어른의 자아'

의 과소이용 또는 과잉이용, 혼합(contamination), 배타(exclusion) 등의 문제가 있게 된다. 이 문제는 우울증, 또는 혼도노가 같은 정신인 문제를 일으키게 된다. 그러므로 상담시 의사거래분석법(TA)을 응용할 때 고려할 문제는 '어른의 자아상태' 를 보다 더 효율적으로 사용하게끔 도와주는 일이다. 이것을 돕는 방법은 클라이언트로 하여금 객관적 입장 곧 3자의 입장에 서서 자신의 '어른 자아상태' 의 기능자료를 관찰하고 분석하게 하는 것이다.

## 자아성취 기대(self — fulfilling prophecy)

한 개인이 어떤 개인, 집단 또는 사회현상에 대해 어떤 기대감 또는 선입견을 가지고 있을 경우 바로 그러한 기대나 선입견대로 대상 집단을 인식하는 것이다. 가령 한 사회사업가가 요보호아동가족부조(AFDC : aid to families with dependent children) 수혜자들은 모두 게을러서 취업할 의사가 전혀 없다는 선입견을 가지고 있을 경우, 막상 취업을 요구하는 AFDC의 수혜대상자인 클라이언트의 말을 들어주지 않고 이 요청을 기각해버릴 수 있다.

## 자아수용(self — acceptance)

자신의 능력이나 처해있는 상황을 잘 인식하여 자신의 요구나 단점·감정·충동 등을 받아들이는 것을 말한다. 이것은 정서적으로 성숙되고 안정된 사람의 특징으로 스스로를 학대하거나 거부하지 않으며 자기중심성에도 빠지지 않고, 자신에 대해 객관적으로 반응하는 태도이다.

## 자아실현(self — realization) 01

자아의 실현이 궁극의 목적이며, 이 목표에 도달하는 행위가 올바른 행위라고 하는 그린, 브래들리 등의 윤리설. 이 경우의 자아는 경험적인 자아는 아니고 보편적·절대적인 의미를 가지는 자아이다.

## 자아실현(self — actualization) 02

일반적으로 자신의 능력이나 기능을 충분히 발휘하여 이룩하려는 노력이나 그 이루어진 상태를 말한다. 학문적 입장에 따라 자아실현의 과정은 차이를 보여주고 있다. 카운슬링에서는 진정한 자기의 발견과 새로운 가치의 목적을 이루고자하는 행동의 시작을 의미하고, 정신분석에서는 자신의 허구에서 벗어나 갈등을 해결하고 진정한 자아상을 실현하는 것을 의미한다. 장애아 교육의 현장에서는 장애아 한 사 한 사람의 독자성을 말할 때가 있다. 따라서 자아실현을 위한 노력에 동기를 부여하기 위해서는 교육적 원조와 치료적 원조를 제공할 필요가 있다.

## 자아실현욕구(self — actualization needs)

인간의 기본욕구 가운데 최고급 욕구 로, 자신의 잠재적 능력을 최대한 개발하여 이를 구현하고자 하는 욕구를 말한다.

## 자아실현적 인간관(self — actualizing man)

인간의 욕구 가운데 자신의 잠재력을 구현하려는 욕구를 가장 근본적인 것으로 파악하는 인간관을 말한다. 자아실현적 인간관은 인간의 자율성, 동기부여의 내재성, 개인과 조직 욕구의 일치를 강조하는 특징을 지닌다. 이러한 인간관에 기초한 관리전략은 내재적 보상을 기초로 하고, 구성원에게 더 많은 자율을 주도록 처방한다.

## 자아심리학(ego psychology)

인격에서 자아의 역할을 해명하는 심리학. 프로이드(Freud, S.)는 자아를 이드와 초자아와 현실과의 갈등을 해결하는 방어적인 존재로 규정했으나 이것은 아들러(Adler, A.) 등에 의해 비판의 대상이 되었다. 뒤에 프로이드학파의 에릭슨(Erikson, E.) 등은 자아의 역할을 보다 적극적인 것으로 평가하게 되었다. 즉 자아는 방어적인 것뿐만 아니라 자율적인 성숙과정도 가진 것이고 자아형성에서 그것들의 기능이 나타나는 것에 따라 개인의 전체적 통합성을 이해할 수 있다는 것이다.

## 자아의식(self — consciousness)

자신에 의해 자신을 아는 것을 뜻한다. 우리의 마음은 직접적인 성찰에 의해 의식의 과정과 내용을 알게 된다. 즉 신체적 특징, 신체를 구성하는 물질적 특징, 사회적 존재로서의 타인 혹은 타아와의 관계, 집단이나 공동체를 초월한 종교적 세계와의 관계 등에 의해 자신을 의식한다. 이러한 외적인 모든 것과의 관계를 끊고 순수하게 자신의 내면적 세계에 대해 아는 것, 이것을 순수한 자아의식이라고도 한다. 철학적으로는 흔히 순수한 자아의식, 즉 반성·자각과 같은 내면적 과정에 의해 자유와 책임들의 근거가 성립된다고 본다.

## 자아정체(ego — identity)

자신을 시간의 흐름에 따라서 본질적으로 불변하는 실체로 인식하는 개인의 느낌을 말한다. 이는 개인의 이상과 행동 및 사회적 역할을 통합하는 자아의 기능에 의해 이루어진 결과이다. 유아기의 특정한 반응이나 거울에 비친 자신의 모습에 대한 인식 등에서 관찰될 수 있는 신체에 대한 지각, 유아기에서 나타나는 '나'라는 대명사 사용과 도전적 태도 및 특정한 역할수행 등에서 자아의 최초 출현을 볼 수 있다. 이와 같은 자아발달의 최종단계를 에릭슨(E. H. Erikson)은 자아정체감의 발견으로 표현하고 있다.

## 자아정체감 위기(identity crisis)

자아에 대한 동일감과 연속성이 상실되어 사회에 의해 기대된 역할을 받아들일 수 없는 상태로 격리, 위축, 저항, 부정 등으로 나타난다. 특히, 청년기에는 급격한 신체적 변화와 새로운 사회적 요구에 부딪히기 때문에 지금까지 회의 없이 받아들였던 자기 존재에 대해 정체감 혼미가 나타나게 된다.

## 자아정체감(self — identity)

자기 자신의 독특성에 대해 안정된 느낌을 갖는 것으로, 행동이나 사고, 느낌의 변화에도 불구하고 내가 누구인가를 일관되게 인식하는 것이다. 개인의 자아정체감은 4개의 기본 차원으로 구성되어 있다. 즉 ①인간성 차원 : 각 개인은 인간이라는 느낌 ②성별 차원 : 남성, 혹은 여성이라는 느낌 ③개별성 차원 : 각 개인은 독특하다는 느낌 ④계속성 차원 : 시간 경과에도 불구하고 동일한 사람이라는 인식 등이 그것이다. 안정된 정체감을 형성하기 위해서는 신체적·성적 성숙, 추상적 사고 능력의 발달, 정서적 안정이 선행되어야 하며 동시에 부모나 또래 집단의 영향으로부터 어느 정도 자유로울 수 있어야 한다.

## 자애(self — love)

자기 보존의 본능에 근거하여, 인간에게 갖추어져 있는 것으로 믿어지는 자기의 복리를 중요하게 여기는 성향, 이것이 타인의 복리를 자기의 복리에 종속시킨다는 의미에서의 이기주의되지 않는 한, 이 성향은 도덕적으로는 선(善)도 악(惡)도 아니다. 버틀러는 단순히 일시적인 쾌락을 구하는 것이 아니고, 자기의 영속적인 만족을 구하는 것을 합리적 자애(rational self — love) 또는 냉정한 자애라 부르고, 이것은 양심과 조화하는 것이라고 주장했다.

## 자연권(natural rights)

인간의 자질·능력·신분·계급의 차이에 관계 없이 만인이 인간일 수 있는 자격에 있어 향수해야 할 선험적인 여러 권리를 말한다. 이는 인간의 존엄과 자유의 존중이라고 하는 정신적 풍토에 기초한 이념이며, 민주주의·자유주의·개인주의와 밀접한 관계에 있다.

## 자연발생적 집단(spontaneous group)

일반적으로 자발적 집단으로 불린다. 목적의식적 집단에 상대된 집단으로 자연발생적으로 구성된 집단을 말하며 원래는 회사운동의 전개과정에 나타나는 단계적 차이를 표명하기 위해 사용되나 집단유형을 구별하는데 쓰이기도 한다. 일상적 요구나, 상황변화, 개개인의 취향 등에 의해 생기는 집단으로서 형성과정이 의도적이 아니기 때문에 집단통제 및 응집력도 전반적으로 약하다. 그러나 현실적 필요나 개인들의 자발성에 의해 형성된 경우에는 쉽게 목적 지향적이고 방향을 설정하는 집단으로 전환할 가능성을 내포하고 있다.

## 자연법사상(the principle of natural law)

16 — 17세기부터 전개된 사회사상의 하나로 근대사회의

형성에 있어 중요한 사상적 역할을 했다. 그로티우스, 홉스, 로크, 루소 등 차이는 있으나 자연법사상을 주장했다. 자연법에서는 인간이 가지는 본능, 본성을 중시해 경제적제 사실, 관습, 작위적인 실정법과 대립시킨다. 즉 근대 이전의 왕권, 교회권에 대해서, 개개인의 인간이성을 강조하는데에 중점이 있었다. 이 자연법사상은 고대그리스, 중세로마에서도 존재했었다.

### 자연보험료(natural premium)

각 연령별 사망률에 기초를 두고 1년 마다 수지의 균형이 잡히도록 계산된 보험료를 말하며, 사망률에 비례하여 보험료가 체증하는 바, 연령의 증가에 따라 보험료 납입의 부담이 커진다. 따라서 계약자의 입장에서는 보험료의 납입 능력에 문제가 생길 수 있으며, 매년 납입보험가 상이하므로 계약의 유지 및 관리에도 복잡한 단점을 지니고 있다.

### 자연사(natural history)

원어는 박물학의 의미도 되지만, 이 용법은 오늘날에는 사용되지 않고 있다. 관념론에서는 인간을 자연의 목적으로 보고, 인간과의 관계에서 자연에 역사적 의미를 부여하는데, 맑스주의는 이와 같은 목적론을 배격하고, 자연과학의 성과에 근거하여, 자연을 변증법적으로 발전하는 것으로써 역사적으로 파악할 뿐만 아니라, 사회의 발전도 개개의 인간의 의지나 의식과는 독립된 법칙에 따라 발전하는 자연사적 과정으로서 파악한다.

### 자연연상(free association)

어떤 자극어를 주었을 때 마음에 떠오른 생각을 자유롭게 나타내게 하는 것, 자유연상법에는 자극어를 하나씩 읽어 주고 피험자의 마음에 떠오른 표상을 반응하게 하는 것으로서 어떤 연상을 어떠한 방법으로 하느냐를 밝히는 것과, 처음에 주어진 자극어에서 시작해서 머리에 차례로 떠오르는 생각을 연상시키는 방법으로 정신분석에서 정신의 심층을 분석하는데 사용된다. 자유연상에 대해 첫 번째 연상되는 말, 반대어 또는 동의어를 답하게하는 것을 제한 연상(controlled association)이라 한다.

### 자연원조망(natural helping network)

어려움을 겪고 있는 사람들을 기꺼이 돕고 봉사하는 비전문가들과 그 봉사를 받는 사람들 사이의 비공식적이고 유동적인 결연관계를 말한다. 대체로 자연원조망은 도움이 필요한 사람들의 가족이나 이웃, 직장동료, 교회에 나오는 사람들 또는 그 사람이 속해 있는 협회나 사회계급의 구성원들 혹은 지역사회 안에 있는 이타적인 사람들 사이에서 발전한다.

### 자연적 원조망

요구호자나 피구호자에게 자발적으로 중요한 서비스나 지지를 제공하는 비전문가들간에 비공식적이고 융통성 있는 연계와 그 관계망을 일컫는다. 대부분의 자연적 원조 조직망은 궁핍한 사람들의 가족, 그 사람이 다니는 교회의 구성 및 그 사람이 소속되어 있는 조합이나 사회집단의 구성원 또는 그 지역사회의 이타적인 사람들 사이에서 나타난다.

### 자연주의(naturalism)

①자연 이외의 실재를 인정하지 않고, 자연만을 일체의 존재와 가치의 원천으로 하는 갖가지 입장의 총칭이다. 이 입장에서 자연은 그 자체가 자기 완결적인 상호 관련된 체계를 이루고 있고 초자연적인 설명 원리를 필요로 하지 않는 것이라고 한다. 자연을 어떤 것이라고 보느냐의 입장에 따라 다르다. 가령 고대의 스토아파의 범신론적 유물론에서는 보편적인 세계 이성(로고스)이 자연에 내재하여 자연을 합목적적으로 지배하고 있다고 생각하였지만, 18세기의 유물론은 자연을 시공적으로 무한한 기계적 인과율의 지배하는 체계로 본다. 또 맑스주의의 변증법적 유물론은 자연을 상하의 계층을 이루어 서로 연관하는 물질의 갖가지 운동 형태로서 파악하고 있는데 이것도 자연주의에 포함시킬 수 있다. ②(윤리학상의) 〈좋다〉〈옳다〉 등의 윤리적 가치 개념을 〈쾌락을 가져온다〉든가 개인이나 집단의 〈자기 보존에 도움이 된다〉든가 하는 것과 같은 자연적 사실에 의해 정의하는 윤리학설. 쾌락주의·진화론적 윤리설 등이 대표적인 것인데, 오늘날에는 일반적으로 사실로부터 가치나 당위를 이끌어내려는 윤리학 상의 입장을 말한다. → 자연주의. ③(문학상의) 실증주의나 진화론의 영향 아래 19세기 후반에 나타난 문학상의 조류. 대표자는 졸라(é. Zola). 현실의 이상화를 배격하고, 있는 그대로의 인간의 생활을 묘사하는 것을 목표로 했는데, 인간의 동물적인 측면이나 인간이 환경에 의해 결정되는 면을 강조했다. 따라서 인간이 환경에 작용하고, 그것을 변혁하는 면이나 인간이 환경에 작용하고, 그것을 변혁하는 면이나 인간이 이상을 향해 노력하는 면을 무시하고, 일면적인 인간 파악에 빠진다.

### 자영 사회복지기관(private social agencies)

특정 지역의 주민이나 특정한 종교신자의 집단 민족집단 연령집단 이익집단 등 주로 목표대상 집단의 구성원에게 대인적 사회서비스(personal social)를 제공하며, 자발적인 자선기부금 및 정부 보조금으로 운영되는 비영리기구(Nonprofit organization)이다. 이러한 기관은 법인체로 구성되어 있으며, 지역사회를 대표하고 정책을 수립하는 원우회가 있다. 영리를 목적으로 하는 기관을 영리기관(proprietary agencies)이라고 한다.

### 자영자 (Own — account worker)

자기 혼자 또는 무급가족종사자와 함께 자기 책임하에 독립적인 형태로 전문적인 업을 수행하거나 사업체를 운영하는 사람을 말한다.

## 자원(resources)

욕구 충족에 쓰일 수 있는 필요한 기존의 서비스 또는 물질(상품)을 통칭하는 자원이라 한다. 사회사업가의 일차적인 기술(primary skill)은 클라이언트를 돕는데 필요한, 현존하고 있는 지역사회의 자원에 대한 지식과 그것을 활용하는 능력이다. 사회사업가가 전형적으로 활용하는 자원들은 관련된 다른 사회기관, 정부의 프로그램, 자원봉사자 및 자조집단(self ‒ help groups), 자발적인 원조자(natural helpers), 그리고 클라이언트를 도울 수 있는 자질과 동기를 갖고 있는 지역사회에 살고 있는 개인들이다.

## 자원봉사 보상보험

보상보험 보험에 가입한 자원봉사자가 활동 중에 사고를 당한 경우, 〈상해급여〉, 자원봉사자가 활동 중에 제3자의 신체, 또는 재물에 손실을 줄 경우, 〈배상책임급여〉, 그리고 자원봉사자가 자신의 지병 등 신체적인 요인으로 사망한 경우, 〈위로금〉으로 나뉜다.

## 자원봉사 상해보험

상해보험 자원봉사자가 봉사활동 중 발생할 수 있는 만약의 사고에 대비, 보험에 가입하여 보장하는 것으로 다양한 봉사단체에서 가입·시행 중이다. 2001년부터 사회복지봉사활동 인증관리 사업을 시작한 보건복지가족부·한국사회복지협의회는 국내 봉사활동의 대부분을 차지하는 사회복지분야에서 봉사활동을 하는 자원봉사자들이 마음 놓고 안전하게 봉사활동을 할 수 있도록 하기 위하여 우수봉사자들을 대상으로 2003년부터 자원봉사상해보험에 무료로 가입해주고 있다. 2003년에는 5,000명, 2004년 30,000명, 그리고 2005년에는 40,000명의 우수봉사자를 보험에 가입하여 복지현장에서 봉사하는 분들의 안전을 우선시하고 있다.

## 자원봉사센터(volunteer center)

제도나 행정만으로는 충족할 수 없는 세부적인 복지서비스의 실현을 위해 생활 및 살기 좋은 지역사회 구현을 만들고자 자원봉사활동 진흥을 시도하는 기관이다. 자원봉사센터는 자원봉사활동의 발굴과 원조를 위한 조사, 연구, 홍보, 연락조정, 복지교육, 자원봉사국의 설치·운영, 또는 자원봉사활동의 사고에 대한 보험운영, 자원봉사활동기금의 조성 등 사업이나 활동을 행할 것으로 기대되고 있다. 더불어 자원봉사활동 담당자에게 학습 및 연수사업도 필요에 맞게 진전시켜야 한다. 센터의 역할은 소지역의 자원봉사국이 보다 기능하기 쉽도록 원조하는 기관으로서 전문가에 의한 사업운영이 원칙으로 되고 있다.

## 자원봉사자(volunteer)

개인의 자유의사로 보통 재정적인 보상 없이 봉사를 제공하는 사람을 말한다.

## 자원봉사주의(voluntarism) 01

19세기 영국에서 민간사회복지에 한계가 보이자 자선조직화운동 및 세틀먼트사업과 더불어 자원봉사활동이 시작되었다. 20세기 전반에는 사회복지정책화의 시대, 복지국가성립의 시기였으나 자원봉사활동은 구주, 구미에 폭넓게 행해졌다. 후반에서는 자원봉사활동 이념, 역할이 명확해져서 그 필요성이 더욱 강하게 나타나게 되었는데 이것을 볼런터리즘이라고 한다.

## 자원봉사주의 02

정부기관이 원조 밖의 인간서비스를 제공하기 위해 무보수로 일하는 개인과 집단을 동원하여 이들을 이용하는 것으로 이 용어는 자조집단(self ‒ help groups), 상호원조집단(mutual aid groups), 자조조직(self ‒ help organization), 박애(philanthropy)의 이념과 관계가 있다. 미국 정부는 정부의 액션(ACTION) 프로그램에서, 전국을 통해 이러한 노력들을 조정하도록 돕기 위해 자원봉사연결사무소(office of volunteer liaison)를 유지하고 있다. 동일한 목적을 위해 봉사하는 다른 조직들로는 전국자조정보센터(national self ‒ help clearing house), 전국자조자원센터(national self ‒ help resource center), 지방의 자원봉사활동센터(VAC : voluntary action centers)의 전국 연결망을 촉진하는 전국자원봉사활동센터(national center for voluntary action)가 있다.

## 자원봉사활동(volunteer activity) 01

자원봉사활동은 자유의사에 의해 자발적으로 하는 실천행위 그 자체이며 복지사회를 만드는데 적극적으로 참여하는 의도적, 계획적인 일상 활동이라 할 수 있다. 즉 시민의식을 기초로 지역사회를 위해 보다 살기 좋고 밝은 생활로, 상호연대하면서 구축해가는 끊임없는 활동이다. 자원봉사활동의 기점은 17세기 유럽국가의 부인들이 생활을 지키는 활동을 토대로 해서 발전해오고 있다. 가령 독일의 자선자매단 프랑스의 애선 부인협회 등은 빈곤자에게 의식을 주기위한 직접행위를 통해 연대의식을 고양하여 제도화를 촉진시킨 예도 있다.

## 자원봉사활동 02

개인이나 집단의 이용 또는 동원으로 정부기관 외의 휴먼서비스를 제공하기 위한 것으로서 사회의 제문제의 예방이나 그 해결을 위해 개인이 자신의 자유의지에 따라 조직체와 관계하여 무보수로 자신의 시간과 정력을 바치는 자발적인 활동을 말한다. 자원봉사활동은 어떠한 선의적 요소가 있다 하더라도 차별의식에서가 아니라 타인의 문제, 사회의 문제를 자신의 문제로 파악하여 그 문제해결에 함께 참여한다는 동기에서 행해지는 활동을 말한다.

## 자원체계(resource systems)

사람들이 역할의 수행, 욕구의 충족, 문제의 해결을 도모하기 위하여 유용하게 동원, 이용할 수 있는 자원의 전체 연관성을 체계적으로 포착하기 위한 개념이다. Pincus, A.와 Minahan, A.는 그러한 자원을 가족·친구 등의 비공식적 또는 자연자원체계, 어떤 목적을 위해 형성된 집단·조직 등의 공식적 자원체계, 학교·병원·복지시설 등의 사회적 자원체계로 분류하고 있다.

## 자위행위(masturbation)

스스로 성기를 자극함으로써 성적인 쾌감을 느끼는 행위를 말한다. 청소년기에 호르몬 분비의 변화에 따른 긴장, 성적 욕구의 증가에 따라 나타나는 행위인데, 이는 정신적인 장애나 병적인 증상은 아니다. 문화적인 맥락에서 하나의 금기가 되면 개인의 심리적인 적응을 방해할 수 있는 죄의식이나 불안을 동반할 수 있다.

## 자유(freedom) 01

자유는 여러 뜻을 가진 개념이지만, 일반적으로는 무엇을 하는 데에, 자애·구속·강제 등의 방해 조건이 없는 것을 말한다. 지유는 〈…로부터의 자유〉이다. 이에 대해 〈…할 자유〉는 그 무엇(가령 결혼)을 명시하고, 그것에 대한 방해 조건이 없는 것을 가리킨다. 〈…로부터의 자유〉와 〈…할 자유〉는 불가분의 양면을 이루고 있다. 행위의 목적과 조건에 의해 자유는 다양한 의미를 가진다. 그것들을 명시하지 않는 한 자유라는 개념은 공허하다. ①엥겔스는 〈자유란 자연의 필연성의 인식에 근거하여, 우리들 자신 및 외적 자연을 지배하는 일이다〉라고 규정하고 있는데, 여기서 말하는 필연성에서는 사회법칙의 필연성도 포함되는 것으로서, 이것은 자연적·사회적 환경에서 생활하는 인간이 그들을 지배하는 법칙을 인식하고, 생활상의 목적을 위해 그것을 계획적으로 이용하는 것을 가리키며, 생활상의 장애가 되어 있는 조건을 제거하거나 완화시키거나 하는 일이다. 인간의 역사는 과학·기술의 발전에 의해 이 의미에서의 자유가 확대되어 온 역사이다. ②사회적 자유. 개인이 사회생활에서 다른 개인이나 집단 사회 제도에 의해 방해되지 않고 행동할 수 있는 것을 말하는 것인데, 사회생활에서 개인의 자유가 어느 정도 인정되고 있느냐, 또 개인이 어떤 행동의 욕구를 갖고 있느냐는 역사적으로 변화하고 있다. 봉건사회는 개인의 행동을 몇 겹으로 속박한 사회였는데, 그것으로부터의 해방으로서 출현한 자본주의 사회와 함께 시민적 자유(civil liberty) 또는 정치적 자유(political liberty)가 성립했다. 전자는 기업의 자유, 계약의 자유, 재산·신체의 자유, 사상·양심의 자유, 언론·집회·결사의 자유 등을 가리키며, 후자는 참정권을 위시하여 정치적 목적을 위해 행동하는 자유이며, 다같이 그것들이 국가 권력에 의해 간섭되지 않는 것을 의미한다. 자본주의 사회는 개인의 사회적 자유를 확대시켰지만, 노동자는 어느 자본가에게 고용되지 않는 한 살아나갈 수 없으므로, 그 점에서 제도적인 강제가 있으며, 생존의 자유가 충분하게 보장되지는 않는다. 사회주의 사회에서는 생존의 자유가 국가에 의해 보장되지만, 이것은 노동자의 착취를 토대로 하는 자본주의 제도를 없앰으로써 가능하게 된다. 사회주의에 보장하는 갖가지 생활상의 권리는 〈착취로부터의 해방〉에 의해 가능하게 되는 것이다. 그러나 국가가 존재하는 한, 자본주의와 불가분이 아닌 시민적 자유나 정치적 자유는 계승된다. 자본주의도 사회주의도 다같이 그것에 앞서는 사회의 법칙 의식에 근거하여 자유를 속박하고 있던 조건을 제거함으로써 성립되므로, ①의 의미에서의 자유의 확대가 토대로 되어 있는데, 그들의 사회에서의 자유는 각각 주로 〈권력으로부터의 자유〉, 〈착취로부터의 자유〉라는 의미를 가진다. ③자기실현의 자유. 맑스는 생산력이 크게 발전하고, 노동시간이 단축될 수 있게 된 공산주의 사회를 〈참다운 자유의 나라〉라고 말하고 있는데, 이 경우의 자유는 생활을 위해 노동에 시달리는 일이 없이 인간의 능력을 전면적으로 발전시키는 자유이다. 이 경우에는 〈노동으로부터의 자유 ― 노동 시간의 단축〉이라는 것이 조건이다. ④의지의 자유. 인간의 의지 결정이 인과의 필연성으로부터 자유인가 아닌가의 문제이다. ⑤윤리적 자유. 의지가 감성적인 욕망에 구속되지 않고 이성적인 도덕 법칙의 명령에 복종하는 것을 가리킨다. 칸트는 이 의미에서의 자유로운 의지를 자율적 의지라고 불렀는데, 이것은 선(善)한 의지와 같은 의미가 된다. → 자율. ⑥실존주의에서는 자유는 인간의 존재론적 구조를 이루는 것으로서, 인간의 근원적인 존재 방식을 말한다. 사르트르에 의하면 인간은 안에서도 밖에서도 의지할 것이 없고, 끊임없이 어떤 선택을 강요당하고 있고, 〈자유임을 강제당하고 있다〉(condamné á être libre)고 말한다. ⑦ 자유와 가치. 자유의 개념 자체는 가치와 무관계이지만, 일정한 조건 아래에서의 특수한 자유에 관해서는 선악이 문제가 된다.

## 자유 02

제약과 간섭이 없는 상태를 일컫는다. Isaiah Berlin 은 자유의 의미를 두가지로 구분하여 간섭과 제약이 없는 상태를 소극적 자유(negative freedom)라 하고, 이와 대비되는 적극적 자유(positive freedom)는 '무엇을 할 수 있는 자 유'라고 말한다. 자유는 자기지향적이며 자기중심적인 개념이다. 그러나 이러한 자유에는 사회성(sociabilit )이라는 한계가 있다. 개인의 자유는 타인의 자유와 상충되거나 사회의 일반적 이익과 대립되는 경우가 있는 바, 이러한 경우 자유는 더 이상 자기중심성을 유지 할 수 없다. 즉 자유는 남의 권리 및 자유와 상충되지 않는 범위

내에서 행사되며 보장될 수 있는 것이다.

## 자유권

국가권력에 의해 침해받지 아니하는 천부불가결의 권리 또는 자유를 말하며 근대국가의 헌법 또는 권리선언에 의해 보장되는 자유를 의미한다. 자유권적 기본권이라고도 불린다. 이와 같은 자유권의 구체적 내용으로는 신체의 자유, 거주·이전의 자유, 직업선택의 자유, 주거의 자유, 사생활의 자유, 통신의 자유, 양심의 자유, 종교의 자유, 언론·출판·집회·결사의 자유, 학문·예술의 자유 등이 인정되고 있다.

## 자유기업제도(free enterprise system)

경제에 대한 국가 규제와 개입을 최소화하고, 소비자를 위한 개방적인 경쟁을 허용하는 국가와 지역사회의 경제적 지향을 말한다. 이것은 상대적 개념인데, 왜냐하면 무정부주의 제외한 어느 사회체계에서든 어떤 공공규제나 통제들이 존재하기 때문이다.

## 자유노동자
(a person irregularly employed under the public employment system)

경제활동 인구조사 상 임금 및 보수를 받고 고용되어 있으나 고용계약기간이 1개월 미만인 자, 또는 일정한 사업장이 없이 사업을 경영하는 자를 말한다.

## 자유방임(laissez — faire)

영국 19세기 중엽의 지배적 사상으로 인간은 모두 이성을 가지고 있어 그 이성에 따르는 것이 자유이며 언론, 종교, 출판, 사생활에 대한 국가의 간섭을 거부한 사상이다. 특히 경제에 대한 국가의 개입을 거부하는 것으로 자유주의 경제가 성립했다. 자유방임주의 국가는 야경국가로 불리었다.

## 자유방임주의(laissez — faire) 01

정부의 역할을 국방 및 질서유지 기능만에 국한하여야 하며, 경제활동에 대해서는 국가가 어떠한 간섭도 해서는 아니 된다는 정부관을 말한다. 자유주의에서는 개인의 자율성의 보장을 가장 중요한 근본원칙으로 삼기 때문에 국가는 한 개인의 자율성이다른 개인에 의해 침해받는 일이 없도록 보장해야 하고, 국가 자체도 개인의 자율성을 침해하지 않도록 해야 한다고 본다.

## 자유방임주의 02

①교육사상의 하나로서, 인간이 타고난 자연성을 자유롭게 무제한으로 발전시키는 것을 교육의 목적이라고 주장하는 교육관. 이 교육사상은 자연적 성장에 어떤 인위적 통제가 가해지는 것을 배격하며, 오히려 자연적 성장을 방해하는 장애요인을 제거하는 것이 교육원리의 중요한 특징이라고 한다. 루소(J. J. Rousseau)의 자연주의 교육관이 이를 대표한다. ②경제사상의 하나로서 인간의 이기심과 자연적 욕구를 바탕으로 개인의 경제적 활동을 자유롭게 하고자 하는 입장. 재화의 생산과 분배에 대한 국가의 간섭을 최소한으로 줄이는 것을 특색으로 하며, 중상주의(mercantilism)에 대한 반동에서 비롯된 것이다. 아담 스미스(A. Smith) 등의 고전 경제학자에 의해 이론적 체계가 형성되었다.

## 자유방임형 리더

권위형 리더와 반대로 지도자가 스스로 결정하지 않고 권력을 거의 행사하지 않으며, 오히려 구성원들의 재량을 최대 한도로 허용하는 리더의 유형을 말한다. 이러한 유형의 리더십은 구성원의 능력이 고루 우수하고 업무의 내용이 고도로 전문직업적인 성격을 가지는 경우 효과적이다.

## 자유연상(free association) 02

정신분석과 다른 통찰 — 지향적인 치료에서 가장 널리 사용되는 치료 절차인데, 전문가는 클라이언트가 떠오르는 생각이나 감정을 무엇이나 표현하도록 부추긴다. 치료자에 의해 클라이언트는 오랫동안 말하고, 치료자는 제시된 이야기 거리에 영향을 줄 수 있는 외적지시는 하지 않는다.

## 자유연상 01

생각이나 기억이 아무 목적이나 의도 없이 자연스럽게 표현되는 것을 말한다. 꿈·백일몽·공상 등, 정신치료나 정신분석에서 흔히 볼 수 있는 현상이며 자유스러운 연상에서 표현되는 내용이나 감정 등을 통해서 무의식적으로 지니고 있는 동기나 욕망을 가려낼 수 있다.

## 자유의지(free will)

자유로운 선택을 행사하는 행동에 작용하는 의지. 자유의지는 대체로 다음의 의미에서 성립된다. 즉 행위자의 성격·동기·상황 등의 심리적 — 물리적 요인에 의해 영향을 받지 않을 때의 자유를 의미하는 비결정성(indeterminacy), 행위의 선택가능성이 있을 때의 선택능력을 의미하는 선택의 자유, 자신의 내적 동기나 이상에 따라 외적 구속없이 행사할 수 있는 자유론을 의미하는 자기결정 등이다.

## 자유재량(discretion)

넓은 의미로는 행정주체의 판단 또는 행위가 법이 인정하는 일정한 범위 내에서 법의 구속으로부터 해방되는 것을 말한다. 좁은 의미의 자유재량은 넓은 의미의 자유재량 가운데 법규재량(法規裁量: 羈束裁量)을 제외한 편의재량(便宜裁量: 公益裁量)을 말한다. 법규재량 행위는 법의 취지·원리 등에 구속되는 재량행위인데 비해, 편의재량 행위는 이러한 조리법적(條理法的) 제한을 받지 않고 단순히 공익에 의한 제한만을 받는 재량행위를 말한다. 일반적으로 자유재량은 편의재량을 말한다. 법규재량과 편의재량의 구분기준은 명확하지 않으나, 대체로 국민의 자유·권리를 침해·제한하는 경우에는 법규재량에 속하고, 그것을 부여·설정하는 경우에는 편의재량에 속하는 것으로 본다.

## 자유주의

자유주의라 함은, 개인의 자유보장을 최고의 이념으로 하는 주의를 말한다. 자유주의가 정치원리로 확립되기까지 오랜 기간이 필요했다. 자유주의는 중세의 극복에서 출산된 것으로 자율성을 보유하려는, 환언하면 자신의 인격을 타인의 명령에 의해서가 아니라 독자적으로 발전시키려는 인간정신의 본연의 발로 속에 뿌리박은 것이며, 오랜 역사를 가진 생성과정의 소산인 것이다. 로크과 몽떼스큐를 통해 칸트에 이르러서는 자유주의는 법치국가, 권력분립의 사상을 형성하게 되었고 경제면으로는 자유방임주의(laissez faire)를 낳았다.

### 자율(autonomy ) 01

타율(heteronomy)의 반대어로서 정치학에서는 자치를 의미하지만 ①칸트윤리학에서는 의지가 의지의 본질인 이성의 명령에 복종하는 것을 말하며, 칸트는 자율적 의지를 자유로운 의지로 생각했다. 이에 대해 의지가 감성의 자연적 욕망에 의해 규정되는 것을 타율이라고 불렀다. 칸트의 이와 같은 사고에서는, 도덕원리가 별개의 사실의 수단이 아니고 그 자체로서 독립적인 의미를 가진다는 주장과 인격의 자기 결정이라는 주장이 통일시 되고 있지만, N. 하르트만은 책임에 기초를 두는 것으로서의 의지의 자유는 선(善)도 악(惡)도 행할 수 있는 자유라고 하여, 이 의미에서의 〈인격적 자율〉과 도덕의 〈원리적 자율〉을 구별했다. ②일반적으로 어떤 문화 영역이 어떤 다른 것의 수단으로서가 아니고 그 자체 속에 독립적인 의의와 가치를 가지는 것을 말한다.

### 자율 02

행동을 자기 스스로 의도하고, 계획하고, 규제하고, 장벽을 극복하고, 실행하는 것을 자율적이다. 라고 한다. 자기 힘으로 하는 것을 자립이라 한다면, 자기가 결정한 일에 자기의사가 포함되어 있을 때 이를 자율이라 한다. 사회복지적 원조는 장애인의 자립 자율 모두를 목적으로 하고 있다. 지체부자유자는 자율적으로 자기가 결정할 수는 있으나 신체적으로 자립할 수 없는 경우도 있다. 정신병이나 신경증, 혹은 정신지체 등에서는 자기가 할 수는 있어도 자기가 결정할 수 없는 사람도 있다. 사회복지는 인간

이 스스로 일어서며 스스로 다스려야(律) 한다는 생각에 근거를 두고 행해지는 원조이며 이를 위한 지도나 훈련을 하려는 것이다. 각종 수용시설, 요양학교 등은 이를 위해 있는 것이며 장애인을 사회적으로 격리시키려는 것은 아니다.

### 자율성(autonomy)

외부의 어떤 권위나 제재의 개입 없이 자기결정에 의해 생각하거나 행동하는 것이다. 칸트(I. Kant)는 의지의 자율성은 의지 그 자체 법칙을 의미하는〈정언적 명령〉(categorical imperative)에 따르는 것이며, 이성적 의지 밖에 있는 권위나 목적에 따르는 것을 타율성(heteronomy)이라고 하였다. 말하자면, 자신의 행위를 지배하는 원리·규범·규칙을 자신이 선택·결정하여 그것을 실행하는 자유가 곧 자율성이다.

### 자율성 대 수치심과 의심 (autonomy versus shame and doubt)

에릭슨(Erik Ericson)에 따르면 대략 2살에서 4살 사이에서 발생하며 인간의 심리사회적 발달의 두 번째 단계에서 발견되는 기본적인 갈등을 말한다. 이 단계에서 아이들을 환경의 통제를 더욱 느끼게 되고 독립된 행동을 발달시키지 못한다. 혹은 다른 사람들이 아동의 독자적인 행동을 가끔씩 용인해준다면 죄책감이 없어질 수 있다.

### 자조조직(self — help organization)

체계를 갖춘 공식화된 단체로서 문제를 지닌 성원을 이미 성공적으로 문제의 해결을 경험한 성원들과 만나게 함으로써 상호부조의 서비스를 제공하는 조직을 말한다. 미국 전역에 지부를 갖고 있는 이러한 유형의 조직들은 다음과 같다. 알코올중독자갱생회(AA : alcoholics anonymous), 알아논(Al — Anon), 습관성구타자갱생회(batterers anonymous), 우울증환자모임(depressives anonymous), 도박금지단체(gamblers anonymous), 약물중독자 모임(narcotics ano — nymous), 신경증 환자모임(neurotics anonymous), 과식자 모임(overeaters anonymous), 조산아 및 질환이 많은 유아부모들의 모임(parents of permature and high risk infants), 편부모모임(PWP : parents without partners), 갱생협회(recovery, inc.), 국제스트로크클럽(stroke club international), 여성금주조직(women for sobriety) 등이다.

### 자조집단(self — help group)

자신들의 공통된 문제를 서로 이야기하고, 서로 격려하며 서로 도움을 주고받는 집단을 말한다. 대표적인 단체로는 단주회, 정신장애인 가족회 등이 있다. 이 집단의 특징은 같은 문제를 갖고 있는 당사자들이나 가족들 공통된 목

표, 대등한 관계, 자발성 등을 들 수 있다.

## 자존심(self − esteem)

자신에 대한 존엄성이 타인들의 외적인 인정이나 칭찬에 의한 것이 아니라 자신 내부의 성숙된 사고와 가치에 의해 얻어지는 개인의 의식을 말한다.

## 자질론(traits theory)

지도자가 될 수 있는 사람은 다른 사람들에게서 찾아 볼 수 없는 독특한 생래적 속성을 가지고 있다고 주장하는 리더십 이론을 말한다. 자질론에는 지도자의 신체적 특성에서 지도자의 자질을 찾는 이론과, 지도자의 성격 속성을 내세우는 이론의 두 가지 유형이 있다. 연구인들이 조사한 지도자의 속성에는 지능, 지배 성향, 공격성, 언어구사력, 통찰력, 판단력, 결단력, 사교성, 사명감, 육체적 특성 등 여러 가지가 포함되어 있다. 리더십이론은 초기의 자질론에서 상황론으로 발전하여 왔다.

## 자치권

지방자치단체가 지역공동단체로서의 그 존립목적을 실현하기 위해 가지는 자율적 통치권을 말한다. 자치단체의 자치권은 자치입법권과 자치행정권으로 대분되며, 자 치행정권은 다시 자치조직권·협의의 자치행정권·자치재정권으로 구분된다.

## 자치단체

공공단체의 하나로, 국가 밑에 국가로부터 그 존립목적이 부여된 공법 상의 법인을 말한다.

## 자치단체장

지방자치단체 집행기관의 책임자를 말한다. 지방자치단체장은 당해 지방자치단체를 외부에 대표하는 기능, 지방자치단체의 사무를 통할하는 기능, 국가위임사 무를 집행하는 기능 등을 갖는다.

## 자치사무

국가로부터 간섭받지 않고 자율적으로 처리할 수 있는 지방자치단체 본래의 고유사무를 말한다. 지방자치단체의 존립근거가 되는 자치사무는 대개 주민의 복 리와 관련된 사무다. 지방자치단체의 사무는 자치사무와 위임사무로 나뉘는데, 위임사무는 국가나 상급 자치단체의 위임에 의해 지방자치단체가 처리하는 사무를 말한다. 자치단체의 사무를 이와 같이 자치사무와 위임사무로 구분하는 것은 이론적으로나 실제 적으로 실익이 거의 없다. 우리나라의 지방자치법은 자치사무와 위임사무(단체위임사무)의 구별을 인정하지만 자치사무의 범위를 명시하지는 않고 있다.

## 자치재정권

지방자치단체가 행정수행을 위해 자치권에 기초하여 자주적으로 그 재원을 조달하고 관리하는 권능을 말한다. 자치재정권이 없을 경우 실질적인 지방자치 의 실현은 불가능하나, 현실적으로 완전한 재정적 자주성이 실현된 국가는 거의 없다.

## 자치조직권

지방자치단체가 행정기구·정원·사무분담 등 자기의 조직을 자주 적으로 정하는 권능을 말한다. 영·미계 국가에서는 광범한 자치조직권이 인정되고 있으나, 대륙계 국가 특히 프랑스에서는 제한된 자치조직권이 부여되고 있다.

## 자치행정권

지방자치단체가 자기의 사무를 원칙적으로 중앙정부의 간섭을 받 지 않고 자주적으로 처리할 수 있는 권능을 말한다. 넓은 의미의 자치행정권에는 자치조 직권·자치재정권이 포함된다.

## 자폐아(autistic child)

자폐증이 있는 어린이를 말한다. 주위 사람들이나 상황에 대해 관심을 가지지 않는다는 것이 문제점이며, 같은 연령의 어린이는 물론 부모에 게조차 대응하지 않을 경우도 있다. 그 반면에 자기가 흥미를 가진 대상에는 무엇이든지 무조건 고집하거나 열중한다. 그러므로 종종 길들이기나 교육이 어려워진다. 남자아이에게 많으며, 남아 대 여아의 비는 71 또는 101이다. 원인은 아직도 불명이지만, 선천적이라는 것은 어느 정도 인정되고 있다. 우선 주위 사람들과 상황에 대한 관심을 강화하기 위해 스킨십(skin ship)을 비롯한 적극적인 대처가 필요하며, 주위 사람과 상황에 관심을 나타내기 시작할 때 바로 잡는다. 또 흥미를 나타내는 대상을 전문화하는 한편, 흥미를 넓히기 위해 새로운 교육방법을 개발할 필요가 있다.

## 자폐증(autistic disorder) 01

원망이나 고뇌 등을 안으로 갖고 있으면서 자기 자신의 허물(껍데기)에 틀어박혀 대인관계의 교류를 곤란하게 하는 심적 상황이다. 특성으로는 망상이라고 하는 자폐세계의 방면이 실존의 세계보다도 현실성을 가질 수도 있다.

## 자폐증 02

정신 지체나 뇌손상아가 아니면서 사회성 발달, 언어발달, 인지발달 등에 심각한 장애가 있어서 정상적 발달을 이루지 못하여 일상생활에 적응을 하지 못하는 아동이다. 인구 1만명당 4 − 5명의 발생이며 남아가 여아보다

3 - 4배 많다. 대인관계 형성의 장애로서 출생 후 수개월부터 사람과의 눈맞춤, 신체접촉을 피하고 낯가림도 안 보이며 혼자서 지내기를 좋아하고 어머니와의 애착이 형성되지 않으며 의사표시는 말보다 손을 잡아끌어 표현하며 불러도 대답이 없고 다른 사람의 존재를 인식하지 않는 듯이 행동한다. 언어장애로서 언어 발달이 전혀 안되거나 괴성을 지르며 옹알거림, 모방 언어도 없고 언어가 시작되어도 무의미한 되풀이나 선전 문구, 노래를 하지만 대인관계에는 사용되지 않는다. 한두 마디 하다가 잊어버리는 듯하고 반향어가 있으며 발음과 음의 고저가 특이하며 언어가 발달되어도 이해력과 연상이 비정상적이다. 변화에 대한 저항과 반복적 행동으로서 한 가지 물건에 집착하거나 한 가지 행동을 되풀이하거나 조그마한 변화도 싫어하여 편식이 심하고 고집이 세다. 특정한 상동행위(손놀림, 앞꿈치로 걷기 등)가 많다. 기타 과잉행동, 자해행위가 있고 대변가리기의 지연 등이 있으며 지능 발달도 3/4에서는 정상보다 낮으며 전반적으로 낮다기보다 불규칙한 지능발달을 보이며 50% 이상에서 뇌파와 CT 촬영에 이상이 보이고 상당수에서 경련을 수반한다(사춘기까지 1/4에서 나타남). 원인은 불확실하나 최근에는 기질적 뇌기능상의 이상, 특히 감각의 통합과 인지 발달의 이상이 주원인이라 생각하고 다만 이러한 행동을 다루는 부모의 능력과 태도에 따라 그 증상과 예후가 크게 다른 것 같으며 일부 아동기 발병 발달장애아는 환경적 심인성 원인이 관여할 가능성도 있다. 치료는 특수교육, 부모 상담과 교육, 필요에 따라 소량의 진정제나 항경련제 등이 도움이 될 수 있다. 예후는 1/3 - 1/5 정도에서 비교적 독자적 생활을 할 수 있고 상당수의 아동들은 자폐적 증상은 없어져도 정신지체 때문에 계속 특수시설에 머무는 경우가 많다.

## 자해행동(self - injurious behavior)

자기 자극 행동이 자신에게 실제적인 신체의 해를 입힐 수 있을 때 자해행동으로 본다. 따라서 자해행동이란 손가락을 물어뜯어 피가 나는 것처럼 자기가 자신에게 신체적 손상을 입히는 행동을 말한다. 일반적으로 흔히 일어나고 있는 자해행동의 형태로는 자신의 몸 즉 얼굴이나 머리 등을 때리는 행동, 머리를 바닥이나 벽에 부딪치는 행동, 입으로 자신의 손이나 입술 등을 무는 행동, 자신의 몸을 할퀴거나 꼬집는 행동, 반복적으로 음식물을 토하는 행동, 자신의 눈을 찌르거나 머리카락을 잡아 뜯는 행동, 먹지 못하는 담배 · 벌레 · 종이 · 배설물 등 이물질을 먹는 행동 등을 들 수 있다. 이러한 자해행동은 그 행동이 반복적이고 만성적이며 직접적으로 신체적 손상을 유발시키는 것이 특징이다.

## 자활공동체

2인 이상의 수급자 또는 저소득층이 상호 · 협력하여, 조합 또는 공동사업자의 형태로 탈빈곤을 위한 자활사업을 운영하는 업체를 말한다.

## 자활기업

도시근로자의 일정비율을 수급자로 채용하는 기업으로서 보장기관으로부터 인정받은 기업이다.

## 자활보호(occupational aid)

자활보호는 보호대상자의 자활을 조성하기 위하여 자활에 필요한 금품의 지급 또는 대여, 기능습득의 지원, 취업의 알선, 기타 대통령령이 정하는 자활조성을 위한 각종 지원으로서 그 내용을 보면 아래와 같다. 취로구호로서 영세민에게 고용과 소득의 기회를 제공하여 그들에게 근로의욕을 진작시키고, 생활안정을 도모하도록 하며 지역사회개발에 참여케 함으로서 애향심을 갖게 하고 있다. 그러므로 당해 취로사업장은 언제나 그 대상자가 거주하는 지역 내의 환경개선 및 지역사회개발이어야 한다. 응급구호로서 걸식 및 천막기거자와 같이 응급구호가 필요한 영세민에게 현물급여를 원칙으로 하여 영세민의 항구적 생활 대책의 밑바탕을 만들어 줌과 함께 건전사회 내지 명랑사회 건설의 기틀을 다지기 위한 조치로서 읍, 면, 동장의 재량사업으로 실시하고 있다. 기능교육으로서 영세민과 그 자녀에 대한 기술교육은 점차 국가에서 많은 관심을 갖고 추진하고 있다. 남자인 경우는 금속, 기계공작, 목공 등이며, 여자인 경우는 미싱자수, 양재, 기계편물, 미용 등의 과목을 소정기간 동안 교육시키게 되는데 대체로 수료자 거의가 국가 2급 기능공 자격을 취득하고 있다. 자녀 수업료지원으로서 영세민자녀들 중에서 중학생에 한하여 수업료 전액을 보조해주고 있는데 이는 개별적으로 지급을 하는 것이 아니고 일괄적으로 해당 교육위원회나 해당 학교로 납부하고 있다.

## 자활소득공제제도

보충급여를 기본원리로 하고 있는 국민기초생활보장제도가 야기할 수 있는 수급자의 근로의욕 감퇴를 예방하는 차원에서 근로소득의 일정비율을 공제함으로써 추가로 지급되는 생계급여를 '자활장려금' 의 형태로 구분, 지원하는 제도이다.

## 자활후견기관

수급자와 차상위 계층의 자활촉진을 위한 사업을 실시하기 위하여 보장기관으로부터 지정을 받은 기관으로서, 자활의욕 고취를 위한 교육, 자영창업지원 및 기술, 경영지도 등을 수행한다.

## 작업 징역형

수형자는 형법상 정역에 복무하도록 되어 있어서, 국가는 징역형 수형자에게 일정한 노동을 부과하는데 이를 교도 작업 또는 작업이라 함.

### 작업단원(unit of work)

학습자의 생활 장면에 기초를 두고 있으면서 실제 학습활동을 협동적으로 수행해 가는데 적당하며, 학습자 자신들이 문제를 발견, 해결할 수 있게 일련의 학습경험을 유기적으로 조직해 놓은 학습단원이다. 이 단원은 일상생활 가운데서 학습자들에게 매우 절실한 문제에 대한 경험이 학습을 계속케 하는 단서 또는 중핵을 이루고 있기 때문에 학습자의 학습동기를 유발시키기가 쉬우며 공동 작업을 통해서 학습과제를 해결해가기 때문에 협동성·책임감·집단의식·집단 내의 성원의 역할인식 등이 보다 잘 체득된다. 그러나 작업화 할 수 없는 내용의 학습, 기초기능의 연마 등에 어려움이 있다.

### 작업동기(work incentives)

적당한 직업을 구하고 유지하려는 사람을 격려하고, 사람들이 직업을 유지하도록 한다. 그리고 고용자 조직들에 고용을 장려하는 혜택, 요구 혹은 특별한 원조를 말한다. 개인들을 위한 작업동기는 주간보호(day care), 높은 임금(정부보조금으로 가능해지는), 작업을 거부하는 사람들에게 복지수당을 축소하거나 폐지시키는 것, 작업환경의 개선을 포함한다. 사용자 조직들을 위한 작업동기들은 특정한 사람들의 수와 범주(경험요율(experience rating)에서와 같이)를 고용하거나 채용하는 것에 대한 조세, 지불임금(wages paid)을 보조하기 위한 직접지불(direct payment) 그리고 조직이 더 많은 노동자들을 고용시킬 수 있도록 하는 일반 경제의 자극을 포함한다.

### 작업상여금

작업을 하는 수형자는 그 작업시간과 작업의 정도에 따라 법무부장관이 정한 상여금을 받음

### 작업장(work house/workplace)

17세기말 영국에서 구빈법에 의한 구빈사업의 지출이 증가하자 그 대책으로 1697년 브리스톨에서 보수를 주는 작업장이 설립되었다. 이 작업장은 영국 전역에 세워졌으나 1722년 워크하우스 테스트에 의해 본보기의 장소로 이용되게 되어 1834년의 개정구빈법(신 구빈법)에서는 이 방향이 강조되었다.

### 작업장법(the workhouse act of 1696)

영국 경제학자들이 네덜란드의 거리에 거지가 없다는 점과 구빈원 입주자들이 수출제품을 만드는 생산적인 일을 하는 것을 보고 감동되어 원료, 양모, 철 등을 확보하여 산업을 위해서 영국의 빈민을 훈련시켜, 수출완제품을 생산코자하는 의욕을 갖고 만든 것이다. 이 법은 노동 가능

한 빈민들에게 기술을 가르쳐 국가의 부의 증대에 기여하는 한편 빈민에게 수입을 줄 수 있는 기회를 마련하는데 있었다. 그 결과 거리의 상습적인 걸인이나 난폭한 부랑자가 사라졌지만 작업장 제품은 타 기업의 질과 경쟁할 수 없어 경영난을 겪게 되었고 재료의 낭비 등으로 교구민의 세 부담이 늘었다. 한편 빈민의 혹사, 노동력의 착취가 문제시 되었다. 그러나 이 법의 의의는 빈민의 작업 보전적 성격을 띤 원초적인 프로그램이라는 점에 있다.

### 작업집단 발전(team building or team development)

작업집단 구성원들의 협조적 관계 형성을 통해 조직의 효율성을 높이려는 조직발전(OD: organization development)의 한 기법을 말한다. 작업집단 발전의 과정은 일반적으로 구성원들이 집단 활동상의 문제를 지각하고 발전 목표를 모색하는 촉발(initiating team development) 단계, 자료수집(collecting data) 단계, 계획(planning the meeting) 단계, 실시(conducting the meeting) 단계, 평가(follow — up and evaluation) 단계로 구성된다.

### 작업치료(occupational therapy)

재활의 중요한 일부분으로서 각종의 작업 활동(유희, 게임, 운동을 포함)을 매개로 지체운동 장애인에게는 응용적인 기능회복을 꾀하고 정신 장애인에게는 장애의 경감과 적응력의 증강을 도모함과 아울러 환자의 자립성을 높이는 것을 목적으로 한다. 기능적 작업요법(운동 요법적인 작업요법), 일상생활 동작훈련, 심리적 작업요법, 직업적 작업요법(직업훈련과 다름) 등으로 분류된다. 최근에는 실행증, 실인증 등의 치료도 작업요법을 통해 그 성과가 인정되고 있으며 정신과 병원에서도 작업요법의 활용이 점차 확대되어 가고 있는 실정이다.

### 작업치료사(occupational therapist : OT)

의학적 재활에 필요한 전문직으로서 그 직무의 성격은 장애인에 대해 행하는 일시적 혹은 영속적인 의료의 한 형태이며 의사의 처방에 근거하여 적절한 작업 활동을 통해 장애인으로 하여금 응용동작능력이나 사회적응능력의 회복을 가지게 하는 것이다. 작업치료사는 임상병리사, 방사선사, 물리치료사, 치과기공사, 치과위생사와 같이 의료기사의 일종이다.

### 작업평가(work evaluation)

평가 대상인이 보다 실제적인 직무와 작업환경을 직접 또는 간접으로 경험하도록 함으로서 기대하고 있는 직업분야를 스스로 이해할 수 있는 기회를 제공한다. 이 단계에서는 실제 직무 또는 작업과 유사한 과제를 이용하여 수행 능력과 작업행동, 수행하고 있는 작업에 대한 흥미와 관심, 신체적인 한계점 등을 정밀하게 측정한다. 일반적

인 작업평가의 방법으로는 표본작업평가(work sample evaluation), 상황설정평가(situational assessment), 현직 평가(job site evaluation) 등이 있다.

## 작은 정부(small government)

정부부문의 영역과 기능을 축소하고 관료제를 혁 신하기 위하여 정부기구를 축소하거나 정부지출을 감축한 정부를 말한다. 작은 정부의 평 가지표로는 정부기능 및 규제의 범위·조직의 규모와 공무원의 수·예산의 규모·정부와 민간 및 기업의 권력관계 등 여러 가지가 이용될 수 있다.

## 작화증(confabulation)

이야기나 세부적인 사항들을 꾸며내어 기억의 틈을 메우는 행위를 말한다.

## 잔여적 모델 대 제도적 모델
## (residual versus institutional model)

윌렌스키(H. L. Wilensky)와 르보(C. N. Lebeaux)가 기술한 사회복지에 대한 두 개의 개념으로 구성된 이분법을 말한다. 잔여적 모델은 사회복지를 개인 및 제도의 실패에 대한 임시적인 프로그램으로서 일차적으로 안전망(safety net) 기능을 하는 존재로 보는 입장이다. 제도적 모델은 사회복지 프로그램을 영구적인 것이어야 하며 인류(인간)에 대한 전반적인 보장(안정)과 정서적 지원을 제공하는 것으로서 '주류적' (main line) 기능(다른 사회제도, 즉 가정, 종교, 경제 및 정치와 동등한)으로 보는 입장이다.

## 잔여적 복지시책(residual welfare provision)

정부의 사회적 서비스나 공적 부조는 가정이나 정상적인 사회구조 및 시장을 통해 필요한 원조를 비통상적인 상황으로 인해 받을 능력이 없는 사람에게만 제공되어야 한다는 입장의 복지시책을 말한다.

## 잔학입법

마르크스가 〈자본론〉에서 이름붙인 16세기 영국의 일련의 부랑걸식단속법령으로 종획운동(enclosure — movement)의 결과 토지를 떠난 농민이 부랑화하여 중대한 사회불안을 불러일으킨데 대해 튜터절대왕정은 종획운동의 제한 등의 노력을 강구했지만 효과가 없고, 13세기 말 이래의 노동자법령(Statutes of Labourers)의 부랑단속조항을 엄하게 하여 억제하려고 했다. 그 전형, 즉 엄격한 점에서 절정에 달한 1536년 법은 부랑 3범자를 사형했다. 그러나 이와 같은 현실을 무시한 단순한 억압은 성공하지 못하고 이 후도 억압은 계속되었지만 다른 편에서 노동능력이 있는 빈민에게 일을 강제하여 정착시킴에 따라 적극적으로 대책을 발전시켜 구빈법(1601년의 엘리자베스구빈법)으로 된다.

## 잠복기(latency/latent stage)

정신분석 이론에서 6세에 12세 사이의 발달단계를 말한다. 이 시기에는 본능이 행동의 동기 유발에서 극히 미미한 역할 밖에 하지 못한다고 한다.

## 잠재국민총생산

노동과 자본 등 생산요소를 완전 가동하여 달성할 수 있는 최대 GNP 또는 인플레이션을 가속시키지 않고 지속적으로 달성할 수 있는 최대 GNP를 의미한다. 실제 GNP가 잠재 GNP보다 낮을 때는 경제가 최대로 생산할 수 있는 수준 이하에 있기 때문에 물가상승을 가속화하지 않으면서 공급을 늘려 실업률을 낮출 수 있다. 반대로 실제 GNP가 잠재 GNP를 초과하면 경기가 과열되어 인플레가 가속화할 우려가 있어 총수요를 억제할 필요가 있다.

## 잠재기(latency stage)

정신성적 발달은 다루는 프로이트 이론에서 남근기(phallic stage) (오이디푸스 콤플렉스에 기초한)와 생식기(genital stage)에 존재하는 아동의 성격(personality)발달 단계. 프로이트는 이 시기를 아동이 새로운 갈등을 전혀 출현시키지는 않지만 이전의 진행을 강화하는 시기로 보았다. 설리번(Harry Stack Sullivan)과 에릭슨(Erik Erikson) 등의 다른 분석이론가들은 이 단계를 아동이 사회 기술과 성적 자기인식을 발달시키는데 중요한 단계로 보았다.

## 잠재연령기(latency — age child)

대략 6세는 지났지만 아직 사춘기에 접어들지 않은 아이를 말한다. 보통 사회사업 분야에서 사용될 때는 정신성적(psy — chosexual) 발달에 관한 프로이트 이론(Freudian theory)에서는 잠재기(latency stage)를 언급한다. 이 용어는 원래 개인의 성욕은 잠재적이며, 잠복해 있다는 것을 의미하기 위해 사용된다. 하지만 이러한 전제는 지금 논의의 여지가 남아 있다.

## 잠재의식(subconscious)

어떤 경험을 의식적으로 한 후, 그 경험과 관련된 사물·사건·사람·동기 등과 같은 것이 일시적으로 기억·감지되지 못하고 있으나 그것이 필요하면 다시 기억을 재생할 수 있는 상태를 말한다. 흔히 전의식(preconscious)이라고도 하며 무의식과 의식의 중간과정으로 간주한다.

## 잠재적 과잉인구(latent overpopulation)

상대적 과잉인구의 잠재적 형태로서 농업부분에서는 자본축적에 따라 노동생산성이 상승되지만 생산물 수요는 그만큼 증가하지 않아 취업자 수는 절대적으로 감소된다.

그러나 첫째, 비농업부문장애인에 충분한 고용흡수력이 있다고 할 수 없다. 둘째, 노동력의 지역적 가동성에 한계가 있다. 셋째, 노동수요의 계절적 변동이 크다는 등의 이유로 과잉화한 인구의 일부는 저소득, 반실업상태로 농촌에 체류한다. 이렇게 해서 조건이 허락하면 보다 좋은 기회를 구해서 비농업부문에 유출하는 자세를 갖는 잠재적 과잉인구가 형성된다.

### 잠재적 동성애(homosexuality, latent)

정신역학 이론 중, 개인의 인식지각 외부에서 한 명 또는 그 이상의 동성에 대한 성적충동에 직면하는 것이다. 개인은 이러한 이끌림에 대한 행동의 단서를 주었을지도 모르지만 명백한 동성애적인 행동을 시작하지는 않는다.

### 잠재적 동성애자(latent homosexual)

남자 또는 여자 자신이 이성애 지향을 가지고 있다고 믿지만, 동성간의 성애적 경향의 만족감에 대한 무의식적 욕구를 가지고 있는 개인에게 사용되는 용어를 말한다. 잠재적 동성애자는 성적 지향(sexual orientation)에 관한 깊은 갈등에 빠져 있을 수 있고, 그러한 갈등이 있음을 그들 자신이나 타인에게 부인하는데 많은 정신적 에너지를 소모한다. 그러한 부정은 동성애자들에게 공공연한 적의를 보인다든가, 그들을 회피하거나 이성에게 적절할 것 같은 행동을 회피하는 것으로 나타난다.

### 잠재적 비용

기업가 자신이 소유하고 있으면서 생산에 투입한 생산요소의 기회비용으로서 귀속임금·귀속이자·귀속지대·정상이윤으로 구성된다. 귀속비용 또는 묵시적 비용이라고도 부른다.

### 잠재적 실업(latent unemployment)

보이지 않는 실업이라고도 하며 실업통계에 나타나지 않는 실업을 말한다. 따라서 광의의 실업자 중 통계에 나타나는 완전실업자 이외의 모두가 포함되며 그 구체적인 수는 어디까지를 실업으로 하느냐에 따라 상이하다. 일례로서 취업구조 기본조사에서는 무업자의 취업 희망자중의 비 구직자수, 내직자수, 단시간 취업자수를 가산한 숫자를 잡고 있다. 또 논자에 따라서는 농업의 잠재적 과잉인구만을 잠재실업으로 하고 있다.

### 잠재적 욕구(latent needs)

어떤 사회적인 요원호상황이 객관적으로 존재하고 있고 그 사회적 해결이 필요하다고 인정되고 있음에도 불구하고 요원호상황에 있는 개인, 가족이나 집단 지역주민이 그것을 자각하지 못하고 있는 상태 또는 자각하고 있어도 주위의 편견, 견제 등에 의해 억압, 매몰되어 그 욕구가 사회적으로 표면화되지 않는 상태를 말한다. 잠재적 욕구

에 대응하는 기존서비스의 이용을 종용해서 이를 현재화시켜 자각된 요구를 높여갈 필요가 있다.

### 잠재적 정신분열증 환자(latent schizophrenic)

몇 가지 정신분열증(schizophrenia) (때때로 무감각 : flat affect), 약간의 편집형 사고(paranoid ideation)와 사고장애를 포함한)의 징후를 가진 것 같지만 뚜렷한 정신병의 에피소드나, 현실과의 엄청난 분열은 전혀 없는 사람을 말한다. DSM - II(1968)에서 정신병학자들은 그러한 증상을 나타내는 개인들을 '경계선'(borderline) 또는 '정신병 전증'(prepsychotic)이 있는 사람이나 정신병의 '전조'(incipi - ent)를 가진 것으로 언급했지만, DSM - III(1980)에서는 그러한 조건에 대한 진단적 분류(diagnostic label)를 '정신분열성 성격장애'라고 하였다.

잠재적 충성(invisible loyalties) 가족 구성원 간에 의식적인 인식영역의 외부에서 생기는 동맹으로 가족치료(family therapy)나 또는 다른 구성원을 지지하기 위해 필요한 무의식적인 수행과 관련되어 가장 흔히 언급된다.

잠재적 학습(latent learning) 행동으로 드러나지 않는 학습이다. 가령 먹이를 충분하게 섭취한 쥐를 미로 속에 넣고 10일간 탐색활동을 하게 하였다. 11째 되는 날에는 먹이를 주지 않고 미로의 종점을 바로 찾아가야만 먹이를 제공하였다(즉 먹이를 강화하였다). 하루 내지 이틀 사이에 이 쥐는 10일간 강화를 계속했던 통제집단의 쥐와 마찬가지로 정확하게 미로의 종점을 찾아가는 행동을 하였다. 쥐는 강화되지 않은 10일간 행동으로 드러나지 않았지만 잠재적 학습을 하고 있었던 것이다.

### 장기결석아동
### (long term absentee from primary school)

1년 중 50일 이상 병이나 경제적, 가정적 이유로 계속 또는 단속적으로 학교를 결석하고 있는 아동을 말한다. 과거에는 농림어업 종사에 따른 연소노동이 원인이었으나 최근에는 비행(반사회적 행위), 가정 내 폭력, 등교거부(비사회적 행위) 등이라는 경향으로 장기결석 사유가 변화해오고 있다. 이들 배경을 분석해 교육위원회, PTA, 지역사회가 연계활동을 펼쳐 노력하는 수협제도가 필요하며, 핵가족화 및 그 기능의 변화에 대응해 친자를 위시한 대인관계 과정상의 문제를 풀어볼 필요가 있다.

### 장기손해보험(long - term policy)

생명보험과 달리 손해보험에서는 보험기간 1년을 기준으로 하여 1년을 넘는 것을 장기보험계약이라고 한다. 1년 미만은 단기보험계약으로 본다.

### 장기이식(organ transplantation)

기능하지 않게 된 장기와 정상기능을 하는 타인의 장기를

수술을 통해 대체함으로써 기능회복을 꾀하는 일을 말한다. 장기이식은 현재 임상에서 많이 행해지고 있는데, 특히 각막이식과 신장이식은 이미 치료법으로서 확립되어 있다. 세계 전체의 신장이식은 연간 약 1만 5,000건에 달하며 1년 생존율은 90% 정도이다. 이식장기로는 그밖에 심장, 간장, 췌장, 장, 뼈, 연골, 골수 등이 있다. 그러나 장기이식에는 의학적으로 개체간의 조직적 합성의 차이, 거부반응에 대한 면역억제제의 개발, 수술기술의 향상 등의 과제가 남아있을 뿐만 아니라, 사회적으로는 장기적출의 법률적, 종교적 문제를 안고 있다.

### 장기치료(long – term care)

어떤 기능적 능력을 상실한 사람에게 일정한 기간 동안 전달되는 일련의 건강서비스, 대인서비스, 사회서비스. 케인(Rosalie A. Kane)에 의하면 이러한 유형의 치료는 기관이나 유급직원, 또는 친구나 이웃들이 요양원이나 지역사회에서 제공할 수 있다고 한다. 이 장기치료를 필요로 하는 주된 대상은 노인들이며, 발달상의 장애를 지닌 자, 정신질환을 지닌 자, 만성적인 신체적 손상을 입은 자, 그리고 최근에 에이즈로 인한 희생자 등도 이 서비스의 대상이 된다.

### 장물죄

재산과 관련한 범죄로 얻은 물건 즉 장물을 받거나, 받아서 이를 보관하거나, 제 3자에게 주거나, 장물의 유통을 주선하거나 도우는 행위를 하는 것을 장물죄라고 하는데 이는 피해자가 반환청구권을 행사하는 것을 막거나 방해하게 된다. 돈을 받고 주고 받거나 공짜로 주고 받거나는 상관이 없고, 장물인 것을 알면서 위와 같은 행위를 하면 장물죄에 해당한다

### 장애(handicap/disability) 01

세계보건기구(WHO)의 장애 분류 안에 의하면 장애는 세 개의 차원으로 분류된다. 제1차 장애는 impairment로 신체의 생리학적 결손 내지 손상이다. 제2차 장애는 disability로 제1차 장애(impairment)가 직접, 간접적인 원인이 되어 심리적 문제가 직접 간접적 발생할 경우의 인간적 능력(주체적 행동개념)이 약화 또는 손실된 상태이다. 제3차 장애는 handicap으로 제1차 장애와 제2차 장애가 통합된 형태에 다시 사회 환경적 장애(물리적 장애, 문화적 장애, 사회 심리적 장애)가 통합된 형태로 사회적 불리이다. 즉 모든 장애요인이 중층적으로 통합되어 사회적으로 정상적인 생활을 할 수 없는 불리한 입장에 처한 상태이다.

### 장애(impairment) 02

생활의 질을 떨어뜨리는 신체적 또는 정신적인 이상을 말하며 즉 기능과 형태면(organic)의 장애를 말한다.

### 장애구역 분석(force field analysis : FFA)

제안된 변화에 대한 저항이나 수용의 정도를 사정하기 위해서 사회복지 계획, 행정 그리고 지역 사회조직에서 흔히 사용되는 문제 해결 도구를 말한다. 이 분석은 변화를 요구하는 사회적 힘(현 프로그램이나 구조의 높은 비용, 혹은 목적 달성에서 비효과성과 같은 것)을 열거하고, 다음에 변화에 장애가 될 것으로 보이는 힘(일자리의 보장이나 권위를 상실할까 두려워하는 현재 직원의 공포 같은 것)을 열거하는 것 등을 포함한다. 그 다음 장애구역 분석은 바람직한 목적을 향한 운동을 촉진하기 위해서 어떤 힘을 증가 또는 감소시킬 수 있는 행동을 구사한다.

### 장애급여(disability benefit)

신체적, 정신적 상태 때문에 어떤 활동을 할 수 없는 사람에 대한 현금, 현물, 서비스의 급여. 장애에 기초한 일종의 범주적 부조(categorical assistance)를 의미한다. 미국의 지체부자유자에 대한 보충적 소득보장(SSI : supplemental security income) 계획은 근래 이 형태의 프로그램 중 가장 대표적인 실례이다.

### 장애등급 구분(degree of disability)

심신장애의 정도를 평가하기 위한 기준이다. 일본에서 공적시책 법률로 이것을 규정하고 있는 것은 공무재해에 대해 보상을 위한 노동자 재해보상보험법(14단계), 소득능력회실을 보상하기 위한 국민연금 법(2단계) 및 후생연금보험법(3단계), 사회복지의 관점에서 하는 신체 장애인복지법(6단계)의 4가지 입장에 따른 등급구분이 대표적인 것이다. 제도의 목적, 내용, 성립과정이 서로 달라 각 법에서 규정된 장애범위 및 등급구분이 불일치한다.

### 장애보상급여(disability compensation)

산업재해보상급여에 기인한 급여의 일종으로 업무상의 부상을 치료한 후에도 신체에 장애가 남아있는 경우에 정도에 따라 지급되는 금전 급여로 피 재해노동자의 소득능력 손실의 보완을 목적으로 한다. 여기에서 말한 치료된 때 또는 증상이 고정되어 그 이상의 치료효과를 기대할 수 없는 경우를 말한다. 장애정도의 판정은 노동부령에 의해 정해진 장애등급표(신체장애등급표)에 따른다.

### 장애아동교육법
### (education for all handicapped children act)

학습지진아를 포함하여 모든 장애 어린이에게 교육의 기회균등과 무상 특별 서비스를 할 수 있도록 공립학교에 기금을 위임 분배하는 법으로, 1975년에 제정된 미국 연방법(P. L. 94 – 142)이다. 이 서비스는 특별테스트, 교정수업, 상담 및 개인교수 등을 포함할 수 있다.

## 장애우권익문제 연구소

연구소장애우에 관한 제반 문제를 연구 조사하여 장애우 복지 증진과 권익옹호에 이바지하고, 나아가 장애우의 보다 나은 인간다운 삶을 이룩하는데 기여함을 목적으로 하는 1987년 12월에 설립된 연구소이다.

## 장애인

특별한 신체적·정신적 조건이나 약점 때문에 분명한 책임이나 기능을 수행하는 것이 불가능한 사람들을 말한다. 그러한 조건이 일시적이거나 영구적일 수 있으며 신체적 일부 또는 전체에 결함이 있을 수 있다. 국제노동기구(ILO)에서는 장애인을 "신체 또는 정신상의 결함으로 인해 적절한 직업을 확보, 유지해 나갈 전망이 없을 정도의 실제적인 손상을 입은 개인"으로 규정하고 있다. 우리나라에서는 장애인복지법에 "장애인이라 함은 지체부자유, 시각장애, 청각장애, 음성·언어기능장애, 또는 정신지체 등 정신적 결함으로 인해 장기간에 걸쳐 일상생활 또는 사회생활에 상당한 제약을 받는 자로서 대통령령으로 정하는 기준에 의하는 자를 말한다."라고 한다.

## 장애인 고용촉진 및 직업재활법

장애인의 고용촉진 및 직업재활을 도모하기 위해 제정한 법(전문개정 2000. 1. 12, 법률 제6166호). 1990년 1월 '장애인 고용촉진 등에 관한 법률'로 제정된 뒤 4차례의 개정을 거쳐 2000년 1월 현재의 명칭으로 전문 개정되었다. 국가와 지방자치단체는 장애인의 고용촉진과 직업재활에 관한 교육·홍보 및 고용촉진운동을 지속적으로 추진해야 한다. 사업주는 정부의 시책에 협조하고, 근로자가 장애인이라는 이유로 채용·승진 등 인사관리상의 차별대우를 해서는 안 된다. 노동부에 장애인고용촉진위원회를 둔다. 특수교육기관 등 장애인 직업재활 실시기관은 직업재활사업을 다양하게 개발하여 장애인에게 직접 제공해야 한다. 장애인이 능력에 맞는 직업에 취업할 수 있도록 직업지도와 직업적응훈련, 직업능력개발훈련을 실시한다. 중증장애인에 대해서는 지원고용을 실시해야 한다. 자영업을 영위하고자 하는 장애인에게는 창업자금을 융자할 수 있다. 장애인 고용 우수 사업주를 지정하여 우대할 수 있고, 고용현황에 대한 실태조사를 실시할 수 있다. 국가와 지방자치단체장은 장애인을 소속 공무원 정원의 2% 이상 고용해야 한다. 상시 근로자 50인 이상을 고용하는 사업주는 근로자 총수의 5% 범위 안에서 대통령령이 정하는 의무고용률 이상의 장애인을 고용해야 한다. 이를 이행하는 사업주에게는 고용장려금을 지급하고, 미달하는 사업주는 매년 장애인고용부담금을 납부해야 한다. 부담기초액은 해당 연도의 최저임금액의 60% 이상으로 정한다. 한국장애인고용촉진공단을 설립하여 장애인이 직업생활을 통해 자립할 수 있도록 지원하고, 고용촉진 및 직업재활 업무를 수행하게 한다. 공단의 운영, 고용

장려금의 지급 등을 위해 '장애인고용촉진 및 직업재활기금'을 설치한다. 장애인직업생활상담원 등의 전문요원을 양성해야 한다. 6장으로 나누어진 전문 74조와 부칙으로 구성되어 있다.

## 장애인 수첩
(identification booklet for the physically handicapped)

시장, 군수 또는 구청장은 검진의뢰를 받은 의료기관에서 결과를 통보받은 때에는 장애등급에 해당하는지의 여부를 확인하여 장애인 수첩을 교부해야 한다. 또 교부받은 수첩은 분실하였거나 헐어 못쓰게 된 때에는 관할 읍, 면, 동장을 거쳐 시장, 군수, 구청장에게 재교부를 신청해야 하고, 수첩은 양도하거나 대여할 수 없다.

## 장애인 순회진단
(mobile clinic for the persons with disability)

장애의 조기발견을 통한 재활서비스의 제공을 목적으로 병원, 복지관에서 진단을 받지 못하고 있는 사람들을 대상으로 지역사회주민의 협조아래 지역사회주민을 대상으로 무료로 종합적인 진단을 실시하는 프로그램이다. 서울장애인종합복지관에서는 1983년에 처음으로 장애인 순회진단을 실시하였다. 한편 1990년 12월 전국 장애인종합복지관협의회가 발족함으로써 1991년부터는 전국 장애인종합복지관이 전국에서 동시에 장애인 순회(무료) 진단을 실시하고 있다. 순회진단의 대상은 ①지체부자유(뇌성마비 등), 정신지체, 언어 청각장애, 정서장애 및 자폐증, ②발달이 늦되거나 정상이 아니라고 생각되는 아동(유아), ③특히 경제적인 어려움이나 이동의 어려움으로 서비스를 받지 못하고 있는 재가장애인 등이다. 순회진단을 통해 제공될 수 있는 서비스 및 기대효과는 ①장애의 조기발견, ②진단 평가를 통한 재활방향 제시, ③재활서비스 기회제공, ④장애예방과 장애에 대한 국민의 이해증진, ⑤장애인 등록업무 지원, ⑥장애인복지 대상의 욕구 파악을 통한 프로그램 및 정책설정을 위한 기초자료 등을 들 수 있다.

## 장애인 의무고용 준수율

종업원 300인 이상 총 사업체 중 장애인의무고용제도를 준수하고 있는 사업체의 비율이다. 근로능력이 있는 장애인의 고용을 위한 장애인고용촉진법 등에 의거하여 종업원 300인 이상 사업체를 대상으로 근로자의 2% 이상을 장애인으로 고용하도록 하는 의무고용제도를 실시, 장애인 의무고용을 준수하지 못할 경우 부담금을 납부하도록 하고 있다.

## 장애인 / 장애우(the disabled)

지체장애, 시각장애, 청각장애, 언어장애 또는 정신지체 등 정신적 결함으로 인해 장기간에 걸쳐 일상생활 또는

사회생활에 상당한 제약을 받는 자를 말한다. 장애우라고
도 한다.

## 장애인공동생활가정(group home)

장애인공동생활가정이란 지역사회 내 소수의 장애인들
이 일정한 경제적 부담을 지면서 일반가정과 같은 가정을
이루어 공동 생활하는 유사가정 시설로, 보다 정상적인
가정환경 속에서 자립적인 생활기술을 키우는데 목적을
둔다. 미국과 같은 선진국에서는 정신지체인이나 중증장
애인을 위해 설립된 거주지(시설) 중에서 가장 인기 있고
보편화되어 있으며, 우리나라에서도 1992년 10월부터 실
시하기 시작하였으나, 거주지 마련이 우선적으로 전제되
어야 하는 경제적인 문제로 인해, 소수의 기관에서만 이
프로그램을 실시하고 있다. 하지만 민간 장애인지원 단
체, 장애인 부모모임 등에서 본 프로그램의 확대를 위한
모금활동 등 적극적인 활동을 전개하고 있으며, 97년부
터는 정부가 지원하고 각 지방공공단체 및 사회복지법인,
종교법인이 설립 주체가 되는 형태의 장애인 공동생활 가
정을 서울을 제외한 지방 5곳에 설치하고자 계획하고 있
어 점차 확대될 전망이다. 대체로 가족적인 환경에서 독
립적인 생활을 할 수 있도록 생활지도원이나 지도교사,
간호사가 상주하거나 회진하며 보호·관리하는 방식으
로 운영되나, 장애인의 특징과 상태에 따라 다양한 형태
로 운영될 수 있고, 보통 4 - 5명의 장애인이 한 가정을
이루게 되는데 독립생활이 가능하고 취업하여 일정한 소
득이 있으며 가정이나 시설에서의 보호보다는 장애인공
동생활가정에서 생활하는 것이 자립, 발달에 더 유익하다
고 판단되는 장애인을 대상으로 한다.

## 장애인등록률

전체 장애인 중 등록장애인이 차지하는 비율이다. 장애인
등록법에 모든 장애인은 등록하도록 규정되어 있으며, 등
록장애인은장애인 복지법과 국가유공자 예우에 관한 법
률에 의거하여 등록한 장애인을 의미한다.

## 장애인복지(handicapped welfare) 01

장애인들이 가지고 있는 개인적 또는 사회적 욕구를 충족
시켜 줄 수 있는 가능한 자원을 연결하는 제 활동(프로그
램 등)과 그들이 사회에 통합되는데 장애가 되는 제반 환
경들을 개선시켜 나가는 일로 장애인에게는 장애의 수용
과 강한 재활동기를 조성해주고 전인재활을 위한 치료,
교육, 훈련의 기회를 제공하며, 그 부모에게는 장애인자
녀를 수용하고 지원하며 장애인을 위한 다양한 복지활동
에 적극 참여하게 한다.

## 장애인복지 02

신체장애인, 정신 발달지체자, 정신장애인 등이 그 장애
로 말미암아 가족생활, 사회생활에 곤란을 가지게 되는

것을 국가나 민간사회복지기관이 그들을 모든 생활에서
곤란을 느끼지 않도록 교육적, 직업적, 의료적, 심리적,
사회적 제 문제에 걸쳐 원조하는 제도적 정책적서비스
의 조직적 활동과 노력을 말한다. 장애인복지라고 하는
용어는 앞에 심신이라고 하는 말을 생략하고 장애인라
고 하는 것인데 UN에서도 여러 가지 종류의 장애인을
포함하여 (disabled persons=장애인)라고 칭하는 것이
다. 장애는 의학적 생리학적 현상이며 본인의 인격이나
선택과는 무관계한 것임에도 불구하고 현실적으로는 장
애인에게 책임을 돌리고 교육이나 취직의 기회를 너무
좁게 하는 사회적 불리(handicap)를 주고 있다. 장애인
복지는 생리학상의 문제를 개인의 불행으로 돌리는 일
반 사회인의 편견이나 약한 자를 더욱 불리하게 하는 경
쟁사회의 구조에 대해 장애인이 생활의 위기를 대처해
나가도록 예방적, 사회 치료적으로 개입하는 시책과 실
천행동이다. 장애인복지가 과학적인 사회복지의 한 분
야로서 성립되기 위해서는 3가지 영역을 이론적으로나
실증적으로 확립할 필요가 있다. ①사회적 노력을 결집
하여 장애인의 생명과 권리에 대한 외경적 인간관과 인
권에 기초한 전문 종사자의 윤리관 확립 ②심신장애상
황을 해명하는 의학, 심리학, 사회학, 직업, 공업 등에 기
초한 지식체계의 성숙 ③문제해결 또는 사회적 불이익
을 불러일으키는 사회구조에 도전하는 개인, 집단 사회
조직에 개입책의 구체적인 방법론의 확립과 응용성의
입증을 하는 것이다. 장애인복지에서 고려해야 할 내용
은 ①장애인문제의 복잡성이다. 신체적 부분의 장애나
언어기능과 정신적 결함은 의학적 생리학적 장애상황에
고통을 당하는 것이 아니라 학교입학, 가족결혼에 악영
향 등 부차적 문제로 고통을 당하는 것이다. ②장애인복
지의 종합성이다. 장애인복지는 사회복지의 방법론적
영역을 벗어난 의학, 교육학, 심리학, 사회학, 공학, 건축
학, 노동문제, 사회보장, 재활사업 등의 종합적인 과제
이다. ③장애인복지의 운동성이다. 장애인위치를 구제
대상에서 권리주체로 높이고 정부종사자 전문가중심의
장애인복지정책 및 제도 수립에서 장애인 자신의 권리
의식을 높이고 참여하며 인식의 개선 등을 위한 운동이
다. ④발달 보장의 권리이다. 장애의 유무에 관계없이 모
든 인간의 발달은 기본적으로 공통적인 기제를 갖게 된
다. 따라서 장애를 가진 아동에 있어서 부모나 중간집단
교사, 지역사회 등의 풍부한 교육적, 사회적 관계가 보
장되어야 한다. 우리나라는 1981년에 장애인복지법을
제정하여 심신장애인의 예방과 재활 및 보호에 관한 복
지사업을 수행토록 하고 있는데 국가와 지방자치단체는
의료적 재활과 보장구의 교부, 부양수당의 지급, 장애별
복지시설의 설치와 그 재활에 관한 상담과 훈련을 실시
하고, 요양시설, 근로시설을 통해 직업재활을 도모하고
점자도서관과 점자출판시설을 두도록 하고 있다. 그리
고 1977년에 특수교육진흥법이 제정되어 교육의 기회

가 증대되고 있으며 1981년의 세계장애인의 해를 계기로 장애인의 완전 참가를 중심으로 하는 국민의 이해 증진에 효과가 있었다. 앞으로 심신장애인 기본대책법과 장애인고용촉진법의 제정으로 직업을 통한 장애인복지가 확산되어야 할 것이다.

### 장애인복지 그룹워크
장애인이 신체적인 기능을 회복하고 동시에 사회생활능력을 회복, 강화해 가도록 그룹워크 활동을 이용하는 것이다. 최근에 통원시설, 거주시설, 지역센터 등에서 장애인과 그 가족을 위한 그룹 워크가 시도되고 있으며 그룹활동, 가족회, 데이 캠프(day camp), 합숙, 사회참가활동 등이 성행되고 있다. 그리고 각 연령층에 걸쳐서 장애인과 비장애인과의 교류프로그램이 활발히 전개되고 있으며 많은 참가와 확대가 바람직하다.

### 장애인복지법
장애인의 복지에 관한 사항을 종합적으로 추진하기 위한 법률(전문개정 1999. 2. 8 법률 제5931호). 장애인의 인간다운 삶과 권리의 보장을 위한 국가와 지방자치단체 등의 책임을 명백히 하며, 장애발생의 예방과 장애인의 의료·교육·직업재활·생활환경개선 등에 관한 사업을 정함으로써 장애인복지대책의 종합적 추진을 도모하며, 장애인의 자립, 보호 및 수당의 지급 등에 관해 필요한 사항을 정함으로써 장애인의 생활안정에 기여하는 등 장애인의 복지증진 및 사회활동 참여증진에 기여함을 목적으로 한다. 장애인복지의 기본이념은 장애인의 완전한 사회참여와 평등을 통한 사회통합을 이루는데 있다. 장애인은 인간으로서의 존엄과 가치를 존중받는다. 누구든지 장애를 이유로 정치·경제·사회·문화생활의 모든 영역에 있어 차별을 받지 않는다. 장애인은 가지고 있는 능력을 최대한으로 활용하여 사회·경제 활동에 참여하도록 노력해야 하며, 장애인의 가족은 장애인의 자립 촉진을 위하여 노력해야 한다. 국가와 지방자치단체는 장애의 발생을 예방하고, 장애의 조기발견에 대한 국민의 관심을 높이고 자립을 지원하며 필요한 보호를 실시하여 장애인의 복지를 증진할 책임을 진다. 모든 국민은 장애인의 인격을 존중하고 장애인복지증진에 협력해야 한다. 국무총리 소속 하에 장애인복지조정위원회를 둔다. 매년 4월 20일을 장애인의 날로 하고 장애인의 날부터 1주간을 장애인주간으로 한다. 국가와 지방자치단체는 장애발생예방, 의료·재활치료, 교육, 문화 환경의 정비 등을 위한 시책과 제도를 강구하고 실시해야 한다. 재단법인으로 한국장애인복지진흥회를 설립한다. 장애인은 시장·군수·구청장에게 등록해야 한다. 시·군·구에 장애인복지상담원을 둔다. 국가와 지방자치단체는 장애인복지시설을 설치할 수 있다. 사회복지법인으로 장애인복지단체협의회를 설립할 수 있다. 보건복지가족부 장관은 재

활보조기구의 품목과 기준·규격을 정하여 고시할 수 있다. 국가와 지방자치단체 기타 공공단체는 장애인 복지 전문 인력의 양성 및 훈련에 노력해야 한다. 장애인은 복지조치에 대해 이의가 있을 때에는 장애인복지실시기관에 심사를 청구할 수 있다. 기본시책의 강구, 복지조치, 복지시설 및 단체, 재활보조기구, 장애인복지전문인력, 벌칙에 대해서는 각각 별개의 장으로 자세한 규정을 두고 있다. 8장으로 나누어진 전문 80조와 부칙으로 되어 있다.

### 장애인복지위원회
장애인복지의 관한 사항을 심의, 건의하기 위하여 보건복지가족부에 중앙위원회를, 서울특별시, 광역시, 도에 지방위원회를 둔다. 위원회의 기능은 장애인 복지에 관한 장·단기계획 및 정책건의 장애인 복지증진을 위한 각종 제도의 개선, 장애인에 대한 인식전환, 이해 증진과 장애인의 사회참여 확대를 위한 유관기관과의 협조, 기타 장애인복지에 관한 사항을 심의한다. 중앙위원회는 20인 이내, 지방위원회는 10인 이내의 위원으로 하되 위원 중 1/3 이상은 장애인으로 하며, 임기는 3년이다.

### 장애인올림픽(olympic for the disabled)
신체장애인의 스포츠 경기대회를 말하며 1948년 런던 교외 소톡만데빌의 척추상해센터에서 재활을 위해 시행한 하지마비자(paraplegia)의 경기대회(paralympics)가 국제적인 신체장애인의 스포츠 경기대회로 발전한 것이다. 1960년 17회 로마올림픽대회 이후부터 장애인올림픽은 올림픽 개최지에서 행해지게 되었다. 이와 같은 경위에서 이전에는 패럴림픽(paralympics)이라 불렀으나 오늘날에는 장애인올림픽(olympic for the disabled)이라 부르고 있다. 우리나라에서도 해마다 장애인 체전이 열리고 있으며 1988년 서울올림픽 때 개최되었다.

### 장애인의 권리선언 (declaration on the right of disabled persons)
1975년 12월 9일 제30회 국제연합총회에서 총회결의로 채택하였으며 장애인의 존엄성과 자유와 평등권을 기초로 하는 권익옹호와 장애인의 재활증진 및 장애의 예방을 도모하고 모든 활동분야에서 능력을 최대한 발휘하도록 원조하고 보호하기 위한 기초와 지침이 되고 있다. 본 권리선언은 13조로 구성되어 있는데 그 중요한 조항을 몇 가지 보면, 제3조 장애인은 인간으로서의 존엄이 존중되는 권리를 출생하면서부터 갖고 있다. 장애인은 그 장애의 원인 특질 또는 정도에 관계없이 동년배의 시민과 동등한 기본적 권리를 갖는다. 제6조 장애인은 보장구를 포함한 의학적, 심리학적 및 기능적 치료 또는 의학적, 사회적 재활교육, 직업교육, 훈련재활, 원조, 고정상담, 직업알선 및 기타 장애인의 능력과 기능을 최대한으로 개발하

며 사회통합 또는 재통합하는 과정을 촉진하는 서비스를 받을 권리가 있다.

### 장애인의 참이웃 모임
(people – to – people committee for the handicapped)
장애인 가족에게 유용한 서비스와 자조활동에 대한 정보를 제공하는 자원봉사 조직으로 이 모임은 〈장애인 원조조직 목록〉(directory of organizations interested in the handicapped)이란 책을 발간하는데, 이 책은 장애인을 위한 치료, 훈련, 장비 및 기법에 대한 정보를 알려주는 조직의 목록을 폭넓게 담고 있다.

### 장의 이론(field theory)
인간의 행동을 역동적인 특성을 지닌 장(場)이라는 개념 틀 속에서 설명하고 예측하려는 이론을 말한다. K. Lewin 은 장(場, field)을 '상호의존적인 것으로 생각되는 공존적 사실들의 총체(the totality of coexisting facts which are conceived of as mutually interdependent)'로 정의하고 있다. Lewin의 집단역학에서는 역 동적인 전체집단이라는 장(場)이 상호의존 관계에 있는 각 구성원에게 어떠한 힘을 발휘 하며, 그 힘은 어떤 조건으로 좌우되는가 하는 역동적 문제들을 이론적·실증적으로 연구 하고자 하였다.

### 장티푸스(typhoid fever)
오염된 물과 음식을 통해 주로 감염되는 병으로 고열, 설사 또는 변비, 신체의 붉은 반점, 비장 확장 및 인체의 여러 기관에 해를 주는 증상을 나타내는 전염성 질병. 예방 접종과 음식물 취급자를 비롯한 위생법안 및 환경 청결 및 보호를 촉진시키는 법안에 의해 장티푸스의 발병률이 현저히 줄어들었다.

### 장해급여
공무원이 공무상 질병 또는 부상으로 인하여 폐질(廢疾) 상태로 퇴직한 때, 또는 퇴직 후 3년 이내에 그 질병 또는 부상으로 인하여 폐질 상태로 된 때 지급하는 급여를 말한다. 장해급여에는 장해연금과 장해보상금이 있는데, 장해보상금의 액(額)은 당 사자가 받을 수 있는 장해연금의 5배에 상당하는 금액으로 하고 있다.

### 장해등급
장해란 부상 또는 질병이 치유되었을 때에 신체에 잔존하는 영구적인 정신 또는 육체의 훼손상태로 말미암아 발생하는 노동력의 상실이나 감소를 말하는 것으로, 신체의 해부학적 관점에서 우선 장해를 부위별로 나누고, 이를 기능의 면에 중점을 둔 생리학적 관점에서 다시 수종의 장해군으로 구분한 것을 장해등급이라 한다. 생명보험에서는 노동능력의 상실정도에 따라 신체장해를 1급부터 6급으로 구분하여 사용한다. 보험회사에서는 일정한 기간 내에 일정한 신체장해의 상태가 되었을 때에는 판정된 장해등급에 기준한 보험금액을 지급하게 된다. 장해부위는 신체를 해부학적 관점에서는 눈, 코, 귀, 입, 신경계통의 기능 또는 정신, 흉복부, 장기, 팔, 다리 등으로 구분하고 생리학적 관점에서 신체의 장해정도에 따라 등급을 부여하고 있다.

### 재가노인복지대책
병약노인이 가정이나 지역사회에서 적절한 부양을 받지 못하고 양로원, 요양원 같은 노인복지시설에 수용되어 살면 시설노인이라 하고 가족이나 지역사회의 도움으로 일반 가정에서 살아가는 노인은 재가노인이라고 부른다. 시설중심의 노인복지는 시설운영의 과다한 경비, 수용인원 제한, 그리고 시설 서비스에 대한 불만 등으로 비판을 많이 받고 있다. 따라서 가정에 살고 있는 노인들을 위한 각종 서비스를 개발하여 재가노인복지사업을 발전시켜야 한다는 주장이 높아가고 있다. 가사서비스(home help service), 간병서비스(home health care)나 주간보호서비스(adult day care service) 등은 재가노인을 위한 유용한 서비스들이다.

### 재가보호
거택보호가 시설수용보호에 대한 개념인데 대해 재가보호는 가족관계 안에서 충족할 수 없는 복지욕구에 내해 사회적으로 대체, 보완하는 복지서비스를 말하며 가정에서 생활을 가능하게 하는 방법이다. 사회변동에 의한 새로운 복지욕구의 해결을 위해 홈헬프, 서비스 등 주로 대인복지서비스에 중점을 두고 있으며 간호, 재활 등의 전문적 원조와 함께 자원봉사자, 주민의 협력, 참가가 중요하다.

### 재가보호서비스(home care service)
가정에서 누워만 있거나 허약한 고령자, 혹은 장애인 등을 개호하는 경우 개호자의 부담을 경감하기 위해 재가복지위해 전문가에 의한 재가보호서비스를 받을 수 있다. 가정에서의 서비스에는 청소 등의 가사원조와 몸의 청결, 욕창의 예방과 처리, 입욕개호 등의 개호서비스가 있으나 재가보호는 후자를 지칭하는 경우가 많다. 병원의 방문 간호사, 보건부 등이 중심적 역할을 담당하고 있으나 앞으로는 개호 복지사의 제도화에 의해 기업서비스로의 확대도 기대된다.

### 재가복지(domiciliary care)
카두신(Alfred Kadushin)은 가족의 약화된 부분을 보완하는 보충적 서비스라고 정의하고 있고, 보건복지가족부 지침에서는 지역사회 내에서 일정한 시설과 전문인력을 갖추고 필요한 재가복지서비스를 제공하는 것이라고 정의하고 있다. 따라서 여러 가지로 도움이 필요한 노인, 장애인, 아동들을 시설에 수용하지 않고 집에 거주하게 하면서 지역사회의 가정봉사원을 가정으로 파견하거나 또는 재가복지센터로 통원을 하게하여 일상생활을 위한 서비스와 자립할 수 있는 프로그램을 제공하는 것이라고 정의할 수 있다. 재가복지서비스는 시대적인 변천과 국민들의 사회복지 욕구의 변화에 따라 새로운 프로그램으로 대두되기 시작하였는데 그 이유는 산업화와 핵가족화로 인해 가족부양에 한계가 왔기 때문이며, 종래의 시설복지서비스보다 비용이 적게 들고 많은 사람에게 혜택을 줄 수 있기 때문이다.

### 재가복지봉사센터

센터에서는 적극적으로 서비스 요구를 발굴하여 이에 대응하는 자원을 효율적으로 운영해야 하며, 관련기관과 수시연계체계를 갖추고 알선, 의뢰, 자원봉사 등을 수행해 자립 및 자활을 행하는데 중점을 둔다. 센터는 대상자 및 가정의 욕구조사와 문제를 진단하여 직·간접 서비스를 제공하고 지역사회자원을 동원, 활용하여 그 효과에 대한 사업평가를 해해 자원봉사자 및 지역주민에게 교육제공의 역할을 함으로써 지역사회내의 연대의식을 고취시키는 기능을 행한다.

### 재결합가정(reconstituted family)

'재혼가정' 으로 알려져 있으며, 그 단위가 법적으로 결혼한 남편과 아내, 그리고 이전의 결혼이나 관계에서 생겨난 하나 혹은 그 이상의 자녀로 구성되어 있는 가정을 말한다.

### 재교육증명

경험있는 전문가들이 양질의 서비스를 제공하기 위하여 자신들의 능력을 유지하고 있다는 것을 증명하는데 필요한 품질보증(quality assurance) 척도이다. 이는 전문가가 능력을 보유하고 있다는 점을 보여주고 자격이 충분하다는 점을 보여주고 자격이 충분하다는 것을 공식적으로 선언하는데 사용된다. 이 재교육증명은 전문가들이 재임(career)기간 동안 지정된 시기에 시험을 통과해야 하고, 여러 차례의 전문적이고 자격 있는 훈련(qualified training) 및 재훈련 프로그램 또는 일련의 계속되는 교육을 받아야 할 것, 동료들에게 지속적으로 자신의 실무능력을 보여줄 것을 강요하고 있다.

### 재구성(reframing)

각기 상이한 배경(상황)에서 나타나는 증상이나 행동패턴을 가족들이 이해할 수 있도록 돕고자 하는 가족치료자들이 사용하는 한 기술을 말한다. 가령 우울증으로 진단이 내려진 아동은 가족들에게 무의미한 존재로 비쳐져 가족으로부터 분리될 수도 있다. 이것은 개인의 질병이 가족의 문제가 되어 문제에 대한 이해가 변화된 것이다.

### 재낙인(relabeling)

가족치료에 있어 치료자가 가족 문제의 증상에 대한 정의를 내림으로써 보다 더 적절한 치료를 하도록 하기 위해 사용되는 기술이다. 가족 구성원들로 하여금 스스로 증상이나 행동에 대한 이해하는 방법을 변화시키고, 그것을 좀 더 적극적인 방법으로 점차 반응하도록 하는 것이다.

### 재난(disaster)

천연적이든 인위적이든 간에 시간적·공간적으로 집중되어 재산, 인명 및 건강에 피해를 주는 결과를 가져오는 이상 사건을 말한다. 이것은 또 필수기능을 지속시켜야 할 사회제도의 능력을 파괴하기도 한다.

### 재단(기금)(foundations)

사적 기부금이 교육, 국제관계, 보건, 복지, 연구, 자선, 종교와 같은 목적을 위해서 분배되도록 한 기관. 사회복지 연구와 서비스 제공에 기부된 이러한 기금은 러셀 세이지재단(Russell Sage foundation), 켈로그재단(Kellogg foundation), 로버트 우드 존슨재단(Robert Wood Johnson foundation), 카네기재단(Carnegie Endowment), 포드재단(Ford Foundation), 록펠러재단(Rockefeller Foundation), 연방재단(Commonwealth Fund) 등이 포함된다.

### 재단법인(foundation) 01

하나의 재산(그것이 여러 사람으로부터 기증되었거나 한 개인에 의해 기증된 경우를 막론하고)을 운영하는 것을 목적으로 하는 단체를 재단법인이라 한다. 재단법인은 사원이 없는 관계로 사원총회가 없고 이사가 그 조직을 운영하고 있다.

### 재단법인 02

특정한 목적을 가진 재산에 법률적인 인격을 준 것을 재단법인이라고 하는데 영리를 추구하지 않는 활동만 할 수 있다. 교육이나 종교, 공익 등 특정한 목적에 쓸 재산을 내 놓은 다음 그 목적에 합당하게 이 재산을 운영하는데 필요한 규정 등을 담은 정관을 만든 다음 행정기관의 허가를 받아 등기소에 설립등기를 하면 된다.

### 재량권 남용

비례원칙·평등원칙·공익원칙 등 조리(條理) 상의 제약을 무시하고 재량권을 남용하여 위법을 구성한 재량권의 행사를 말한다. 특정 행정행위가 법이 재 량을 인정하고 있는 범위 내에서 이루어졌다 하더라도, 그 재량에는 항상 행정목적에 의한 조리(條理) 상의 제약이 존재하는 것으로 해석된다. 즉 행정청의 재량권은 공익의 증진, 행정

목적의 원활한 수행 등을 위해 행사되어야 한다. 이와 같은 법의 취지를 무시하고 공정성을 결한 재량이 자의적으로 행사되어 평등원칙에 반하는 경우, 그 행정처분은 부당(不當)에 그치지 않고 위법을 구성하게 된다. 재량권남용이나 재량권일탈이 있는 경우 법원은 이를 취소할 수 있다.

## 재량권 일탈
법률에 의한 재량권과 일반법 원칙의 제약의 한계를 넘어서 재량권을 행사한 경우를 말한다. 재량권을 일탈한 행정행위는 위법행위가 된다. 이와 같이 위법인 재량권의 행사를 재량권일탈이라 한다. 재량권일탈이나 재량권남용이 있는 경우 법원은 이를 취소할 수 있다.

## 재량소득
실수입(가처분소득)에서 생활필수품의 구입 등 기본적인 생활비에 해당 하는 부분 및 수업료 등 계약적지출, 생명보험료 등의 계약적 저축에 해 당하는 부분을 제외한 것. 재량소득은 재량소비지출(가구, 전자제품, 양복, 과자 등 자유로이 지출할 수 있는 것)과 수의저축의 두가지로 이루 어진다. 기본적인 생활비인 소비지출과 재량소비지출의 합계가 개인소비 지출이 된다. 소득수준이 높아지면 재량소득도 증가한다. 자유재량소득 이라고도 한다.

## 재량적 실험형(discretionary experimenters)
정책결정자들이 구체적인 정책 을 설정하지 못하고 정책의 대부분을 집행자들에게 위임하는 관료의 역할유형을 말한다. 이 유형에서는 정보·기술·현실 여건 때문에 결정자들이 구체적인 정책이나 목표를 설정 하지 못하고 추상적인 수준에 머무는 반면, 집행자들이 정책목표의 구체화, 수단 선택, 정책 시행을 자기 책임 하에 관장하게 된다. R. T. Nakamura와 F. Smallwood는 정책결정 자와 집행자 사이의 관계를 고전적 기술자형, 지시적 위임형, 협상형, 재량적 실험형, 관료적 기업가형의 다섯 가지로 구분하였다.

## 재량행위
넓은 의미의 재량행위는 행정행위의 내용을 결정함에 있어 행정기관의 재량이 인정되어 있는 행위 또는 처분을 말하나, 좁은 의미에 있어서는 기속재량 행위에 대비되는 편의재량(공익재량) 행위, 즉 무엇이 공익에 적합한가의 재량에 의해 행하여지는 행위를 말한다.

## 재명명(relabeling)
가족문제를 치료할 때 그 증상을 정의해 좀 더 개선(치료) 가능한 것으로 만들기 위하여 가족치료자들이 사용하는 기술로서 가족성원들은 그들의 증상이나 행동을 이해하는 방법을 변화시키고 더욱 건강한 방법으로 이러한 증상이나 행동에 달리 반응하기 시작한다.

## 재무관리(financial management)
어떤 사람의 소득과 지출의 계획, 통제, 감독. 이것은 적절한 기록과 부기, 구매결정을 위한 우선순위와 시기를 계획하고 집행하는 것, 낭비의 최소화 그리고 예산을 포함한다. 사회사업 행정가는 그들의 관리책임상 통합적한 부분으로서 재무관리에 관심을 갖게 된다. 일선에서 일하는 사회사업가는 흔히 그들의 일무 클라이언트에게 재정을 계획하고 관리하는 방법을 가르치거나 도와준다.

## 재무분석(financial analysis)
공공사업의 타당성을 평가함에 있어, 사회전체의 입 장이 아닌 개별사업의 입장에서 실제의 비용과 편익을 추정하고 이에 따른 재무적 수익률 (financial rate of return)을 계산하여 그 타당성을 평가하는 방법을 말한다. 국민경제적 입장에서 비용과 편익을 계산하는 경제성 분석과 대비된다.

## 재무행정(government financial management)
국가 기타의 행정주체가 그 임무를 수행하기 위해 필요한 재원을 조달·관리·사용하는 일체의 활동을 말한다. 중앙정부의 재무행정 속에는 예산·결산의 작성, 예산의 집행, 지출부담행위 실시 계획의 작성, 지급계획의 승인, 회계 및 회계검사, 지방자치단체 재무의 조정, 조세의 부과·징수, 수수료의 징수, 국고금의 출납·관리·운용, 국채의 발행·상환·이자지급 활동 등이 포함된다.

## 재범 / 재발률 / 상습적 범행률(recidivism rate)
특정 기간 동안 교도소(시설) 수용인구와 비례(비교)하여 다시 교도소(시설)(institution)에 재수감(수용)되는 사람의 비율을 말한다. 가령 정신병원의 경우 연간 50%의 재발률이라 함은 1년 안에 퇴원한 환자 중 절반이 다시 정신병원에 재수용되는 것을 말한다.

## 재범자 / 상습자(recidivist)
종전의 상황이나 경향으로 되돌아가는 사람을 말한다. 또 최초로 수감(수용)으로 이끌었던 행동이나 상황을 다시 범(행)함으로써 교도소(시설)로 재수감(수용)되는 사람을 말한다.

## 재보증(reassurance)
사회사업실천에서 클라이언트가 가지고 있는 능력, 감정, 욕구 혹은 클라이언트가 노력해서 달성한 업적 등을 솔직하게 인정하고 평가하며 격려해줌으로써 클라이언트를 지지해주는 기법이다. 이것은 사회사업가와 클라이언트

간에 적극적인 따뜻한 관계를 이루고 클라이언트가 사회사업가의 권위를 받아들이게 되는 것을 전제로 한다. 너무 빠른 시기에 과도한 재보증이 되지 않도록 유의하는 것이 중요하다.

## 재보험(reinsurance)

한 보험회사가 자기가 인수한 계약중의 일부 또는 전부에 대해 다른 보험회사에 다시 보험가입을 함으로써 위험을 전가하는 것을 말한다. 이 경우 재보험을 출재하는 보험회사를 출재회사, 재보험을 인수하는 회사를 재보험회사라고 한다. 즉 재보험이란 출재회사가 재보험료를 재보험회사에 납입하는 대가로 재보험회사로부터 재보험금을 회수하는 쌍무계약이다. 따라서 출재회사의 입장에서 볼 때 재보험은 위험의 분산 및 이익의 평준화를 기해 주는 동시에 보험계약 인수능력을 증대시켜주는 기능을 지니고 있다.

## 재분류(reclassification)

현행 및 잠재적 피고용자에 대한 업무지침(job descriptions), 교육요건(educational requirements), 인사기준(personnel standards)을 고용자 조직(employer organization)이 공식적으로 변경하는 것으로 공공기관에 근무하는 사회사업가는 이들 기관이 수습수준업무에 대해 교육요건을 완화하고, 정규교육과 경험을 동등시하고, 비사회사업 전공 학사 및 석사 출신자에게도 사회사업의 과업을 부여하는 등 이러한 변화에 특별히 영향을 받아왔다. 조직의 지도자는 조직 운영을 합리화하고 경비를 절감하기 위하여 가끔씩 이러한 재분류를 실시한다고 밝히고 있다.

## 재분배정책(redistributive policy)

부·소득·재산·권리 등을 집단간에 이전시키는 정책을 말한다. 특히 소득과 부를 많이 소유한 집단으로부터 그렇지 못한 집단으로 이전시키는 복지정책들이 이러한 재분배정책에 속한다. 누진세 제도와 영세민 보호정책 등이 여기에 속한다.

## 재분배효과(redistributive effect)

재정의 국민소득에 대한 작용은 국민소득의 규모의 증감에만 그치지 않고 분배관계까지도 미치는 것이다. 즉 재정은 지출과 수입 두 경우에 있어서 모두 소득의 재분배효과를 가지고 있다. 재정 지출에 있어서 사회보장적 경비지출은 그것이 저소득층에 대한 소득의 추가로 나타날 것이므로 그만큼 소득균등분배로 접근하게 될 것이다. 재정수입에 있어서는 조세의 기능에 의한 재분배효과가 위주가 된다. 누진도가 높은 누진과세일수록 소득분배의 균등도를 높일 수 있다. 이러한 누진과세는 직접세 특히 소득세에 대해 적용하는 것이 과세 기술상 편리하며 조세원칙인 능력원칙에 대해서도 가장 잘 부합되는 것이라 할 수 있다. 재산에 대한 누진과세도 직접적으로 재산의 재분배효과가 있고 더욱이 소득불균등의 원인이 재산불균등에 있는 경우에는 재분배효과가 매우 큰 것이라 하겠다.

## 재사회화(resocialization)

사회학적 용어로서, 태어나서 청년기에 이르기까지 가족과 이웃 학교 등을 중심으로 하는 자아의 형성과 사회적 가치의 인지과정을 원초적 사회화라고 한다면, 성인이 되어 새로운 상황에 적응해 가는 것과 관련된 것을 재사회화라고 한다. 일반적으로 재사회화는 짧은 시간 안에 하나의 역할을 버리고 다른 역할을 취할 때 나타나는 사회화를 말한다. 소규모의 재사회화는 생활배경이 다른 남녀가 결혼하였을 때, 사무원을 하다가 노무자가 되었을 때 등 급격한 상황변동이 있을 때 나타나게 마련이다. 완전한 재사회화가 발생하는 극단적인 경우로는 세뇌를 들 수 있다.

## 재사회화 집단(resocialization group)

사람들이 익숙하지 않은 역할과 지위에 적응하도록 돕는 집단치료 또는 자조집단의 한 유형으로 이러한 집단들은 기능상실 주부, 최근에 남편을 잃거나 이혼한 사람들, 신체적으로 장애가 발생한 사람들, 그리고 노부모를 부양해야 하는 성인들과 같은 사람들을 위해 존재한다.

## 재산보험(property insurance)

보험은 사고발생의 객체에 따라서 인보험과 재산보험의 두가지로 나눌 수 있는데, 사람에 관해서 생기는 사고는 생명보험 또는 상해보험 등을 대상으로 하며, 재산에 관해서 생기는 사고는 화재보험, 자동차보험, 해상보험 또는 비용·이익보험 등을 대상으로 한다.

## 재산분할

혼인관계를 청산하는 사람들 중의 한 쪽이 다른 쪽을 상대로해서 재산을 나누어 달라는 것을 재산분할청구권이라고 하는데 다음과 같은 특징이 있다. ①재산이 누구 앞으로 되어 있는가 상관이 없다. ②분할이 요구되는 재산을 만드는데 각자 어느 정도 공헌했는가가 나누는 기준이 된다. ③혼인기간, 각자의 직업, 수입 등을 참조한다. ④분할로 지급하는 것은 현금은 물론이고 부동산 같은 현물도 가능하며 분할지급도 가능하다. ⑤액수나 방법에 대한 협의가 되지 않은 경우 당사자의 청구를 받은 가정법원이 결정한다. ⑥이혼 후 2년 안에 행사해야 한다.

## 재산세(property tax)

재산세는 토지·가옥·광구(鑛區)·선박 등의 재산을

소유함으로써 사용·수익할 수 있는 권리사실(權利事實)에 대해 과세하는 대 물세(物稅)를 말한다. 재산세는 종래의 토지세·가옥세·광구세·선세를 통합한 세목으로 이루어져 있다. 재산세는 농지세와 같이 시(市)·군(郡)의 독립세이므로 그 대상물에 대해는 시·군세 이외의 도세(道稅) 등은 부과할 수 없다.

## 재산소득

어떤 경제주체가 다른 경제주체의 소유로 되어 있는 금융자산, 토지 및 무형자산을 사용함으로써 발생하는 소득이전으로 이자, 배당, 임료 및 독점적 권리의 사용료 등이 있다. 이를 항목별로 보면 이자는 예금 이나 대출금, 채권등의 금융자산에 의해 발생하는 소득이고 배당은 민간법인기업과 협동조합등에 대해 주식 또는 출자지분의 형태로 자본참여를 함으로써 발생하는 소득이며 임료는 임대된 토지에서 발생 하는 순임료 즉 총임료에서 토지에 대한 유지비를 차감한 부분을 재 산소득으로 계상한다.

## 재산적 손해

재산상 받는 손해로서 정신적 손해에 대하는 것. 그 액은 금전적으로 산출된다. 재산의 침해의 경우뿐 아니라 신체 등의 인격적 이익의 손해의 경우에도 재산적 손해가 생기는바(치료비·상실이익 등) 그 어느 경우에도 동시에 정신적 손해를 발생시킨다. 손해배상에 있어서는 재산적·정신적인 두 손해가 모두 배상된다(민750 752 참조).

## 재시험법(test — retest method)

동일한 시험을 동일한 대상집단에게 시간간격을 두 고 2회 실시하여 그 성적을 비교하여 신뢰도를 검증하는 방법을 말한다.

## 재외 빈곤교포 및 이민

외국에 있으면서 생활곤궁에 빠져 있어서 모국에 의한 어떤 원조를 필요로 하는 사람들을 말한다. 이민이나 재일거류민과 같이 해외에 진출하여 생활을 영위해 가는 사람들 중에서 사업등에 실패하거나 근로상의 불리 특히 언어상의 핸디캡에 의해 생활곤궁에 빠진 사람들은 적지 않다. 이민정책을 일종의 기민정책이라고 부르는 것은 이와 같이 재외곤궁자국민이 생기기 때문이다. 재일거류민문제, 재미동포문제, 브라질이민문제, 사할린교포문제 기타 재중국, 재소교포귀환문제 등도 이 문제와 무관하지 않다. 재외곤궁자국민에 대한 대책은 그 체류지에 따라 다르겠지만 사회보장제급부와 서비스의 제공, 재외공관에 의한 보장, 송환의 제공, 재외공관에 의한 보장, 송환 등의 수단이 강구되어야 할 것이다. 그러나 그 체류국의 정치, 사회적 사정, 본인의 시민권이나 곤궁문제, 연령, 건강상태, 생활수준 등의 다양한 조건차가 있어 특히 곤란한 실정이다.

## 재정(public finance)

국가 및 지방자치단체가 그 기능을 수행하기 위해 재화를 조달·지출·관리하는 계속적인 활동의 총체를 말한다. 국가 및 지방자치단 체가 일정한 기능을 수행하기 위해서는 경비가 필요한 바, 그러한 경비를 충당하기 위해 수입을 조달하고 경비를 지출하는 과정이 곧 재정이다.

## 재정계산

국민연금에서 국민연금재정의 장기적인 균형을 유지하기 위하여 5년마다 재정수지에 관한 계산을 실시하고, 국민연금의 재정전망과 연금보험료의 조정 및 국민연금의 운용에 관한 계획 등을 포함한 국민연금운영 전반에 관한 계획을 수립하여 국무회의 심의를 거쳐 대통령의 승인을 얻어야 하며 이를 국회에 제출하고, 일간신문 및 경제분야 일간신문에 공시하는 것이다.

## 재정귀착이론(fiscal incidence theory)

공공부문의 조세 및 지출정책으로 인 한 가구의 상대적 소득지위의 변화를 연구하는 이론을 말한다. 귀착은 조세 또는 지출의 궁극적 부담 또는 편익의 종착위치를 가리키는 개념이다. 재정귀착이론은 조세부담이 궁극적으로 누구에게 돌아가느냐의 문제를 다루는 조세귀착, 정부지출의 편익을 누가 차지 하느냐의 문제를 다루는 지출귀착, 조세귀착과 지출귀착을 동시에 보는 재정귀착 또는 예산귀착의 3분야로 나누어 볼 수 있다.

## 재정상의 강제집행

국민이 재정상의 의무가 있음에도 불구하고 이를 이행하지 않았을 경우, 국가가 재정권(財政權)에 의해 그 이행을 강제하거나 또는 이행한 것과 동일한 상태를 실현하는 작용을 말한다. 이를 국세체납처분이라고도 한다. 납세의무를 이행하지 않을 경우 국가가 취하는 행정상강제집행의 방법에는 국세징수법상체납처 분·담보권실행·관세법상강제집행의 3종류가 있다.

## 재정상의 긴급처분
### (emergency disposition in financing government)

내우(內憂)·외환(外患)·천재(天災)·지변(地變) 또는 중대한 재정경제상의 위기 등의 긴급한 사태에서 공공이 안전을 유지하기 위해 또는 국민의 재액(災厄)을 피하기 위해 긴급한 조치가 필요한 경우에는 국회의 승인을 얻지 않고도 대통령의 재량에 의해 필요한 재정상의 처분을 할 수 있게 되어 있는 제도를 재정상의 긴급처분이라 한다. 민주적 의회주의 제도에서 재정상의 모든 조치는 원칙적으로 입법부의 의결을 얻어야 하나, 재정상의 긴급 처분은 이러한 의회주의의 예외다. 우리나라에서는 국회의 소집을 기다릴 여유가 없을 때에 한하여 재정상의 긴급처분을 할 수 있게 되어 있다.

## 재정수지

일반회계, 특별회계, 공공기금간의 전출금 및 전입금 등 회계간의 내부거래와 국채발행, 차입, 채무상환등 수지차 보전을 위한 보전거래,즉 재정상의 채권·채무행위액을 세입과 세출에서 각각 제외한 순계개념의 세입과 세출(순융자 포함)의 차를 의미한다.

## 재정위기

경제성장에 따라 재정규모가 팽창된 석유위기후의 불황으로 세입이 수준에 달하지 못해 항상 세입부족에 빠져있는 상태를 말한다. 세입부족을 보충하기 위해 발행된 적자공채가 눈덩이와 같이 불어나 재정은 더욱 더 악화한다. 오늘날의 재정위기는 선진자본주의국가과 같은 현상이지만 예산에 따른 국채의존도의 높이가 재정 경직화의 제1의 원인이 되고 있다.

## 재정자금 (government funds)

총예산 중에서 재정소비와 민간산업자금 공급의 대부분을 제외한 잔여분을 재정자금이라 한다. 정부사업관계 출자가 대부분을 차지하는 재정자금에는 공공사업비·공공기업의 설비투자·정부사업관계의 출자 등이 포함된다. 넓은 의미의 재정자금은 조세·공채 기타의 방법에 의해 국민자금 가운데서 흡수한 자금을 가리킨다고 할 수 있다.

## 재정자립도

지방자치단체의 전체재원에 대한 자주재원의 비율을 말한다. 지방 자치단체의 자주재원으로는 지방세와 세외수입이 있으나, 우리나라의 경우 일부 대도시를 제외하고는 대부분의 기초자치단체의 재정자립도가 낮은 실정이다.

## 재정정책(fiscal policy)

재정정책은 정부의 지출수준·조세율·공채발행 등을 조절하여 국민경제의 안정적 성장을 추구하는 재정운용정책을 말한다. 재정정책은 그 성격에 따라 중상주의 재정정책과 자유주의 재정정책 및 독점자본주의의 재정정책으로 구분할 수 있다.

## 재정조정

(exchequer equalization grants, grants, grants – in – aid)

중앙정부와 지방자치단체 또는 지방자치단체 간에 세입을 배분하거나 조정하는 것을 재정조정이라 한다. 지방자치단체간의 재정력의 차이를 조정하고 지방세부담을 경감시키며, 행정상 통일된 일정 수준을 유지하기 위하여 시행되는 이러한 재정조정 제도로는 중앙정부가 지방자치단체에 보조하는 교부세 등이 있다.

## 재정착(resettlement)

다른 지역으로 이동하여 새롭고 영구적인 주거지를 건설하는 것을 말한다.

## 재정평형교부금

(general exchequer contribution, shared taxes)

자본주의경제는 일반적으로 그 발전과정에 있어서 농업과 공업부문, 도시와 지방간의 경제발전의 파행성을 가져온다. 이와 같은 불균등한 경제발전은 지역간의 재정력의 불균형을 초래한다. 이렇게 되면 국민경제 각 구성단위간의 균형적 발전을 위해 지방공공단체의 지방 재정은 지방세 수입에만 의존할 수 없게 된다. 이러한 경우에 재정력이 상대적으로 약한 단체의 수요충족에 연결시 중앙정부의 조정, 즉 재정조정이 필요하게 된다. 동 교부금은 이상과 같은 경우가 발생할 때에 지방자치단체의 재정수요와 세수를 비교하고 부족재원을 충족시키기 위하여 국가가 지방자치단체에게 교부하는 재원으로서 그 교부재원은 지방세와 같이 지방 자치단체의 일반재원으로 사용되는 것으로 이에 따라서 지방자치단체는 일정수준의 교육, 토목, 사회사업 등을 시행함으로써 재정수요의 초과수요와 불균형적인 발전에서 오는 지역간 격차를 완화할 수 있다.

## 재정학(public finance · economics of public finance)

국가가 개별경제주체로부터 재화를 강제적으로 취득하여 국가목적 달성에 필요한 경비를 지출하는 재정활동이 국민경제 및 사회구성원의 후생에 미치는 효과를 경제학적인 측면에서 분석·연구하는 학문을 말한다. 재정학의 연구 분야로는 재정이론·재정정책·재정사·재정학사·비교재정학·재정철학 등이 있다.

## 재조직화(reorganization)

사회변동에 의해 개인, 집단 지역사회의 형태나 기능의 붕괴가 진행되나 이와 같은 현상에 대해서, 일정의 개별적, 집단적, 조직적인 작용을 해서 사회의 병리적 이상을 경감하고 그들 기능의 정상적인 회복이나 개발을 도모하는 과정을 말한다. 지역사회의 재조직화를 위해서는 지역주민의 개별적 생활이해의 공동해결을 위한 주민조직 행동이나 근린적인 인간적 접촉의 회복을 위한 집단활동의 육성, 새로운 지역 공동체 의식개발 등의 접근이 필요하다.

## 재직자훈련(refresher and extension course)

재직 중인 조직의 구성원을 대상 으로 새로운 지식이나 기술 또는 법령의 내용을 습득시키고 근무태도와 가치관을 개선시키기 위하여 정기적 또는 수시로 실시하는 훈련을 말한다. 일명 보수교육(補修敎育)이라고 도 한다.

## 재택근무(telecommuting)

사무실에 출근하지 않고 자택에서 통신수단 등을 이용해

회사 일을 하는 것을 말한다. 통근에 따르는 피로감이나 시간이 절약되어 실질근무시간을 늘릴 수 있고, 회사에선 사무실의 공간절약과 출근할 수 없는 주부들의 잠재적 능력을 이용할 수 있다. 반면 고기능 워크스테이션 등의 설비 비용이나 통신비용의 증대, 재택근무자의 소외감 발생 등의 문제점도 있다.

## 재판

검사가 기소한 사건에 대해 법원은 공판을 열어 재판을 하게 된다. 그러나 검사가 약식기소한 사건에 대해는 공판을 열지 않고 기록만으로 재판을 하지만 전술한 바와 같이 판사가 정식재판을 할 필요가 있다고 생각하면 사건을 정식재판에 회부할 수도 있다. 공판은 보통 법원에 마련된 공판정에서 공개리에 진행이 된다. 이 재판에서 피고인은 자기의 억울함이나 정당함을 주장할 수 있고 또 변호인의 도움을 받을 수 있다.

## 재판상의 이혼

법률에 정해 둔 이혼의 조건에 해당하는 사유가 발생한 경우 이를 이유로 부부 중의 한 쪽이 법원(가정법원이나 지방법원)에 이혼을 청구하고 이 청구에 대해 법원이 내리는 판결로 인해 혼인관계가 끝나는 것을 재판상의 이혼이라고 한다. 재판상의 이혼을 가능하게 하는 원인에는 다음과 같은 것이 있다. ①배우자가 부정한 행위를 했을 때, ②배우자로부터 악의의 유기(遺棄)를 당했을 때, ③배우자나 직계존속으로부터 심히 부당한 대우를 받았을 때, ④배우자가 자기의 직계존속에 대해 심히 부당한 대우를 했을 때, ⑤배우자의 생사가 3년이상 불명일 때, ⑥기타 혼인을 계속하기 어려운 중대한 사유가 있을 때이다.

## 재해

사고·풍수해·자연재해 등 재앙으로 인한 피해, 근로자가 업무상 사유에 의한 질병·부상·폐질 및 사망을 말한다.

## 재해강도율

근로시간 합계 1,000시간당 재해로 인한 근로손실일수를 말하며, 재해로 인한 피해정도를 나타내는 것으로 근로손실일수를 연근로시간수로 나누어 1,000분비로 산출한 것이다. ★재해강도율 = (총근로손실일수 / 연근로시간수) × 1,000

## 재해과학(disaster science)

광의로는 재해에 관한 자연과학도 포함하는 것인데 사회과학에서는 지진, 분화, 폭발 등과 각종 재해 시에 있어서 사람들의 반응 행동이나 사회적 영향에 초점이 맞춰진 연구를 재해과학이라고 부른다. 현재 아직 학문이라고 말할 수는 없지만 정보의 전달, 피난행동, 방재조직의 활동, 식량이나 운송수단의 확보 등 취급해야 할 주제의 다양성으로 볼 때 행정학, 경제학, 사회학, 심리학, 공학 등의 제 과학에 의한 학제적 연구가 필요하게 된다.

## 재해구제로 인한 의사상자 보호법

타인의 위해(危害)를 구제하다가 신체의 부상을 입은 자나 그 가족 및 사망한 자의 유족에 대해 필요한 보상 및 보호를 실시함으로써 사회정의 구현에 이바지함을 목적으로 1970년 8월 4일에 제정되었다. "재해구제로 인한 의사상자구호법"은 1990년 12월 31일에 "의사상자보호법"으로 전면 개정되었고, 1996년 현재의 명칭으로 다시 개정되었다. 이후 2001년 5월 법률 제6474호까지 3차례 개정되었다. 지금 현재 "의사상자예우에 관한 법률"이라 한다. 이 법의 적용범위는 ①타인의 생명, 신체 또는 재산을 보호하기 위해 강도·절도·폭행·납치 등의 범죄행위를 제지 또는 그 범인을 체포하다가 의상자(義傷者) 또는 의사자(義死者)가 된 때, ②자동차·열차 등의 사고로 위해에 처한 타인을 구하다가 의사상자가 된 때, ③천재지변 등의 재해로 위해에 처한 타인을 구하거나 불특정 다수인의 위해를 막기 위해 긴급한 조치를 취하다가 의사상자가 된 때, ④야생동물 또는 광견 등의 공격으로 위해에 처한 타인을 구하다가 의사상자가 된 때로 정한다. 의사상자의 가족 및 유족에 대한 보상 등을 심사·결정하기 위해 보건복지가족부에 의사상자심사위원회를 둔다. 이 법의 적용을 받으려는 의사상자의 가족 및 유족은 관할 시장·군수·구청장에게 신청해야 한다. 시장 등은 지체 없이 보건복지가족부 장관과 시·도지사에게 보고하고, 보건복지가족부 장관은 5일 안에 심사위원회에 회부하여 심사·결정해야 한다. 보상금은 의사자 유족의 경우는 사망 당시의 '국가유공자 등 예우 및 지원에 관한 법률'에 따른 기본연금 월 급여액에 240을 곱한 금액을, 의상자의 경우는 부상 정도에 따라 의사자 보상금의 100 − 40%를 지급한다. 의료급여는 부상을 입거나 사망한 때부터 실시한다. 의사상자의 자녀에 대해서는 국민기초생활보장법이 정하는 교육급여를 실시한다. 그 가족 및 유족의 생활 안정을 위해 취업보호를 실시한다. 이 법에 따른 보상금 및 보호는 사유가 발생한 날부터 3년이 지나면 신청할 수 없다. 전문 15조와 부칙으로 구성되어 있으며, 시행령과 시행규칙이 있다.

## 재해구호대책위원회

재해구호 사업의 기획·조사 기타 구호실시에 관 하여 필요한 사항을 심의하기위하여 보건복지가족부와 서울특별시·광역시 및 도에 설치한 합의제기관을 말한다. 보건복지가족부에 두는 재해구호대책위원회를 중앙재해구호대책위원회라 하고 서울특별시·광역시 및 도에 설치하는 지방재해구호대책위원회라 한다.

## 재해구호법

비상재해의 복구와 이재민의 보호에 관한 사항을 규정하기 위한 법률(1962. 3. 20 법률 제1034호). 비상재해가 발생하였을 때에 응급적인 구호를 행함으로써 재해의 복구, 이재민의 보호와 사회질서의 유지를 기함을 목적으로 한다. 구호는 한해, 풍해, 수해, 화재 기타의 재해로 인해 동일한 지역 내에서 다수의 이재자가 발생하여 응급적인 구호의 필요가 있을 때에 행한다. 구호는 이재자의 현재지를 관할하는 특별시·광역시·도가 행한다. 시·도는 구호의 만전을 기하기 위하여 필요한 계획의 수립과 구호조직을 확립하여 상시 재해예방조치를 취하는 동시에 재해가 발생하였을 때에는 신속히 구호해야 한다. 보건복지가족부와 시·도에 각각 재해구호대책위원회를 둔다. 구호의 종류는 수용시설의 제공, 급식 또는 식품·의류·침구·학용품 기타 생활필수품의 급여, 의료 및 조산, 이재자의 구출, 이재주택의 응급수리, 생업에 필요한 자금·기구 또는 자재의 급여나 대여, 생업알선, 장사, 기타 사항으로 하되, 시·도는 이재자에게 현금을 지급하여 구호할 수 있다. 대한적십자사 및 구호관계단체는 시·도가 행하는 구호에 협조해야 한다. 보건복지가족부 장관은 대한적십자사로 하여금 시·도가 행하는 구호에 관해 지방자치단체 이외의 단체 또는 개인이 행하는 협조를 연락·조정하게 한다. 시·도는 구호를 실시하기 위하여 타인의 소유에 속하는 토지 또는 건물 등을 사용할 수 있으며, 의료·토목·건축 또는 운송을 업으로 하는 자에게 구호에 관한 협력을 요구할 수 있다. 이재자와 그 인근거주자는 구호에 관한 업무에 협력해야 한다. 시·도는 구호업무의 일부를 시·군·구에 위임하거나 대한적십자사에 위탁할 수 있다. 시·도는 구호경비의 지변재원에 충당하기 위하여 매년 재해구호기금을 적립해야 하며, 재해구호기금에서 생기는 수입은 그 전액을 재해구호기금에 편입해야 한다. 전문 19조와 부칙으로 되어 있다.

## 재해도수율

연간근로시간수(월평균 근로시간×12×근로자수)에서 재해건수가 차지하는 비율을 백만분비로 나타낸 것으로, 100만 근로시간당 재해발생건수를 말하며 재해가 일어나는 빈도를 나타낸다. ★재해도수율 = (총재해건수 / 연근로시간수) × 1,000,000

## 재해발생률

통계의 대상이 된 기간 중에 발생한 총 재해건수를 동일 기간 중 위험에 노출된 평균 근로자수로 나누어 1,000을 곱하여 계산한다. ★재해발생률 = (총재해건수 / 평균근로자수) × 1,000

## 재해보상(workmen's compensation)

일반적으로 근로자의 업무상의 재해를 보상하는 것을 말

하며, 업무상의 재해라 함은, 업무상의 사유에 의한 근로자의 부상, 질병, 신체장해 또는 사망을 말한다. 근대산업의 발달은 위험한 기계설비의 채택·노동밀도의 강화 및 기타의 사정으로 사업장에서 근로자의 재해가 빈발하기에 이르렀다. 종래에는 사용자에게 고의과실이 없는 한 사용자의 손해배상책임은 없고, 단지 건물 기타 공작물의 설치·보존에 하자가 있는 경우에 한하여, 책임을 질 정도에 지나지 않았다. 따라서 일정한 범위 내에서 사용자의 과실이 없어도 보상책임을 지도록 하는 규정이 바로 근로기준법에서 규정하고 있는 재해보상제도이다. 재해보상에는 요양보상·휴업보상·장해보상·유족보상·장사비 및 일시보상의 6종이 있으며, 각각 그에 따른 지급요건 및 지급금액의 기준이 정해져 있다. 뿐만 아니라 재해보상을 보험의 방식으로 해결하는 제도로서 산업재해보상보험이 있다(산업재해보상보험법 제1조).

## 재해복구

위기계획 동안 시민들을 참여시키기 위해 지역사회조직자나 재난구호 계획자들이 사용하는 기술이다. 전문가와 지역사회 구성원(특히 위험의 영향을 가장 많이 받을 것 같은 사람)들은 그 상황에 대처할 수단을 찾기 위해 긴밀하게 협조한다.

## 재해복구시스템(Business Recovery System : BRS)

재해복구시스템은 천재지변이나 테러 같은 참사에도 데이터를 보존하고 자동 복구하는 장치로, 회사 외부의 공간에 데이터보관을 위한 공간을 마련해 두는 방식이 대표적이다. 원격지에 별도의 전산센터를 세워 시스템. 데이터 등 정보자산을 보호하고 재해가 발생하면 즉각 주(主)전산센터를 대체, 기업의 경영활동이 계속될 수 있도록 하는 체제다.

## 재해위로금

국가공무원 및 지방공무원 등 공제조합법, 공공기업체 직원등 공제조합법, 사립학교교직원 공제조합법에 의해 비상재해를 보험사고로서 지급해 주는 재해급여의 일종으로 조합원이 재해·수해·지진 기타 비상재해로 인해 주거 또는 가계재정에 손해를 받은 때에 그 손해 정도를 경중에 따라 4가지로 구분하고 위로금액을 각 구분의 0.5, 1, 2, 3의 각 월수를 봉급에 가산해서 금액이 지급된다.

## 재해증후군(disaster syndrome)

대표적으로 위기나 재난의 희생자들이 경험한 전형적인 심리적 사회관계의 문제들을 말한다. 재해구제를 전공하는 사회사업가들은 여러 단계의 증후군을 입증한다. 그 단계는 전충격(위협이나 경고를 수반하는 근심과 걱정), 충격(위험이 돌발하면 지역사회가 구제노력을 조직화한다), 후충격(재난대처 또는 상호 협동을 위한 고도 역량의

'밀월' 단계로 특징지어지는) 및 환멸감(사람들이 재해에 의해 초래된 장기간의 재해와 접했을 때 생기는)이다.

## 재활(rehabilitation) 01

어원은 라틴어의 'habilitare' 적합시키다는 의미이며 여기에 re(재차)라는 접두사가 붙어 생긴 말이다. 따라서 재적합이라는 의미가 본래의 것이며 신체장애를 사회에 재적합시키다는 염원이 담겨진 말이다. 재활의 정의는 신체장애인에 대해 신체만이 아닌 정신적, 사회적, 경제적, 직업적으로 가능한 한 회복을 도모하는 과정이라는 것이 가장 보편적이다. 또 재활은 의학적 재활, 직업적 재활, 사회적 재활, 교육적재활로 나눌 수 있다. 의학적 재활에서는 신체장애의 치료, 제거에 노력하지만 만약 이것이 영속적인 장애가 되었을 경우에는 신체에 남아있는 다른 건전한 기능, 잔존기능을 재개발해서 잃어버린 기능을 대상시켜 의지 · 장구 · 휠체어 · 지팡이 · 보조구 등을 사용함으로서 장애인 개체로서의 기능저하를 개선시킨다. 이들이 목표한 바에 도달하면 직업적 재활 내지는 사회적 재활을 유도한다. 아동에 대해서는 의학적 재활과 병행해서 교육적 재활(특수교육)이 행해진다.

## 재활 02

장애인의 신체적, 정신적, 사회적, 직업적, 경제적 가용능력을 최대한 회복시키는 것이다. 즉 신적, 정신적, 정서적 혹은 사회적으로 장애가 있는 사람들이 스스로 독립된 생활을 영위하면서 직업을 가진 생산적인 시민으로 살아갈 수 있도록 하는 것이다. 재활은 장애발생의 여지를 예방하는 차원의 제1차적 수준과 장애발생으로 인해 손상된 부분 이외에 남아있는 제한된 기능을 최대한 사용가능하도록 재활하는 차원의 제2차적 수준 그리고 장애로 인해 제한된 기능에 제약이 되는 모든 사회 환경을 개선하는 노력에 대해서 개입하는 차원으로, 가령 생활환경의 변화, 편의시설의 설치 등 사회적인 환경변화에 초점을 맞춰 환경개선의 노력을 뜻하는 제3차적 수준으로 설명할 수 있다. 장애인의 사회통합을 위한 종합적이고 총체적인 개념으로 의료, 교육, 직업, 심리, 사회적응, 환경 등의 문제해결을 위한 프로그램 개발, 운영을 포함하는 활동의 총체로 인식된다. 재활이란 장애의 대응전략을 최상의 수준에 도달하거나 유지할 수 있도록 하는 제 과정을 의미한다. 영어의 rehabilitation의 어원은 접두어 re(다시, 재차)와 어간을 형성하는 라틴어의 명사 habilis(알맞다, 적합하다, fit)와 접미어 — ation(…하게 하는 것)으로 구성되어 다시 알맞게, 적합하게 하는 것(to make fit again)을 의미한다. 이때의 habilis 또는 fit라 함은 인간답게 어울린다는 것이어서 rehabilitation이라 함은 인간답게 알맞은 권리, 자격, 존엄이 어떤 원인으로 상처받은 사람에 대해 그 권리, 자격, 존엄 등을 회복하게 하는 것으로 우리나라에서는 재활, 갱생이라는 말로 번역되고 있다. 중

세 유럽에서는 파문의 취소라는 종교적 의미로 사용되었으나 근대에 들어서는 비종교적 의미로 사용되어지기 시작하여 명예의 회복 특히 근거 없는 죄목으로 벌 받은 사람의 무실한 죄의 취소를 가리키게 되었다. 이것은 19세기 교육형사상과 더불어 범죄자의 사회복귀 즉 갱생을 의미하게 되었다. 이 말이 장애인에 대해 사용된 것은 의외로 근년으로 1910년대의 영미에서 일부 선구적인 사람들이 장애인을 위한 의료, 복지활동을 종합적으로 리해빌리테이션이라고 부를 것을 제창했다. 이것이 점차 지지를 얻어 1940년대에 들어서서 제2차 대전이 한창인 때에 영미에서 법률의 명칭이나 국가적 심의회의 명칭으로 사용하면서 비로소 용어의 시민권을 얻게 되었다. 이와 같은 용어의 정착을 달리 표현한다면 장애인을 위한 각종 사업이 통합의 필요성을 의식하고 그것을 찾게 되었으며 또 통일에 대한 적절한 이념을 필요로 했기 때문이라고 할 수 있다. 오늘날 리해빌리테이션은 단순한 치료나 훈련을 넘어서 전체적 인간으로서 장애인의 생존권의 회복 즉 전인적 복권이라는 기본이념에 입각하고 있다.

## 재활사회사업가(rehabilitation worker)

광의로는 재활의 기관 · 시설에서 일하는 종사자 즉 의학료법사나 작업료법사를 비롯해 의료사회사업가, 생활지도원, 재활복지사 등의 총칭이며 협의로는 직접 재활업무에 종사하는 의학료법사, 작업료법사, 훈련사 등을 말한다. 주된 업무는 장애인 개인의 자립을 위한 동기부여, 장애인이 사회의 일원으로 생활하는데 대한 역할수행의 원조, 그를 위한 조건정비와 관련기관과의 연락조정, 장애의 예방과 회복에 필요한 사회자원의 개선 · 창출, 장애인 대책에 관한 정책입안 등이다. 이때 중시되어야할 것은 장애인을 권리주체, 발달 주체로 보는 장애인관과 장애인의 잔존능력을 최대한으로 개발시킨다는 사명감을 갖는 것이다.

## 재활서비스(rehabilitation service) 01

노인에게 신체적, 심리적, 사회적 생활능력을 회복시켜 개인적, 사회적 독립생활을 하게 하는 것을 목적으로 하는 서비스이다. 이는 기능장애의 회복만이 아니고 그 기능장애 때문에 일어나고 있는 여러 가지 생활상의 장애도 제거하는 것이다. 노인의 신체적 측면을 위주 로 한 의학적 재활, 직업적 능력개발에 중점을 둔 직업재활, 병약노인이 갖게 되는 소극적인 생활태도나 심리(의존성, 도피적 경향, 장애부정 등의 심리경향)에 관한 심리적 재활, 노인의 가족이나 사회와의 관계에 관련된 사회적 재활 서비스가 종합적으로 이루어져야 한다. 그리고 신체 장애인이 필요로 하는 물리요법(P.T.), 작업요법(O.T.), 오락요법(recreation), 식이요법, 심리요법, 사회요법, 생활훈련법 등의 서비스도 필요하다. 북구국가의 경우에 재활 서비스를 위한 기관으로는 노인병원, 노인센터, 중간시설

(day facilities) 등이 있다.

### 재활서비스 02
재활서비스로는 상담(생활, 의료, 훈련, 직업, 주택, 결혼 등에 관한 상담), 평가 및 판정(심리, 적성, 신체기능 등에 대한 평가 및 판정), 의료재활(물리치료, 작업치료, 심리치료, 장애진단 등), 직업재활(적응훈련, 기능훈련 등의 직업훈련, 취업알선, 사후지도 등), 사회생활적응(보장구 사용, 기능회복훈련, 일상생활적응훈련), 학습지도(정신교육, 도서관 운영, 특수교육 등), 스포츠 및 레크리에이션 등이 있다.

### 재활시설(rehabilitation institution)
재활은 그 기능에 따라 의학적 재활, 직업적 재활, 교육적 재활 그리고 사회적 재활 등으로 나눌 수 있다. 그리고 그에 따라 의료, 교육, 직업 훈련 등의 분야에서 이들 재활을 전문적으로 행하는 시설이 만들어져 있다. 특히 사회복지분야에서도 대상에 따라 재활, 원호, 기능회복 등의 이름으로 시설이 있으나 상기의 의학·직업·교육 등의 재활과 연계하면서 사회적 재활이 실시되는 일이 많다.

### 재훈련(retraining)
이미 직업훈련이나 산업훈련을 받는 사람, 또는 이러한 훈련을 받고 현직에 종사하는 사람이 그가 지닌 직업지식과 기술이 이미 낡고 오래된 것이어서 이를 새롭게 하고자 할 때, 혹은 직업구조의 변화로 직종이 없어져서 새로운 직종에 취업하고자 할 때, 그리고 현재 가진 직업을 다른 직업으로 바꾸고자 할 때 다시 받는 훈련. 이와 같은 재훈련은 개인적·기업적, 그리고 국가 사회적 요구와 필요에 의해 계획·설계되고 또 실시된다.

### 쟁의권(right to strike) 01
노동자가 사용자에 대해 노동조건 등에 관한 주장을 관철하기 위하여, 단결해서 파업 기타의 쟁의행위를 할 수 있는 권리를 말한다. 쟁의권은 단결권과 단체교섭권의 실효성을 보장해 주는 중요한 권리가 된다.

### 쟁의권 02
헌법 제31조에는 근로자의 단결권, 단체교섭권과 단체행동권 즉 노동3권을 보장하고 있는데 단체행동을 하는 권리가 바로 쟁의권이다. 조합의 시위운동은 집단의 힘에 의해 사용자에게 압력을 가하는 것인데 행위의 정당성의 범위에서 헌법상 인정되어 있으며 법외조합에게도 적용된다. 스트라이크권은 쟁의권의 일종이다. 쟁의권은 노동쟁의조정법에 권리의 행사방법과 절차가 규정되어 있다.

### 저능(imbecile)
지능지수 IQ 25 이상 50 이하를 보이는 정신적으로 뒤처진 사람과 관련된 용어이다.

### 저능자(moron)
시대에 뒤떨어진 용어로, 지능지수가 50에서 70정도이며, 정신적으로 약간 뒤처진 사람을 지칭한다.

### 저당권
돈을 빌려준 사람이 그 빚에 대한 담보로 제공된 목적물에 대해 서류상의 권리를 가진 상태에서 돈을 빌려간 사람이 빚을 갚지 못할 경우 그 목적물에 대한 서류상의 권리를 실제로 행사해 다른 사람에 우선해서 빚을 돌려 받을 수 있는 권리를 저당권이라고 한다. 저당권은 목적물의 인도없이 당사자의 계약만으로 성립되고 등기라는 형식을 통해 권리를 설정하는데 경매를 통해 그 권리를 행사한다.

### 저당보험
저당 권리자가 그 담보물의 감실·훼손으로 인해 저당권자로서 입어야 할 손해의 전보를 목적으로 하는 손해보험을 말한다. 저당물이 감실해도 채권자가 채권을 보유하는 이상 당연히 저당물만의 손해가 있다고 하기 어려우므로 그 법률구성에 대해 의견이 분열되어 있으나 저당물의 감실·훼손으로 인해 입는 채권손실(변제수령 가능성의 감퇴)에 관한 일종의 신용보험이라고 보아야 한다. 실제에는 저당보험이 아니고 채권자 자신으로 하여금 저당 물건을 보험에 붙이게 함과 동시에 저당권자의 이익을 지키기 위하여 채무자가 자유로이 보험금의 지급을 받음을 제약하는 특약을 하는 일이 많다.

### 저소득자대책
가구소득이 낮은 상태에 있는 사람들을 대상으로 생활향상과 안정을 증진하기 위해 행해지는 소득증가 및 지출감소 기능을 갖게 하는 공사 사회복지활동의 총칭이다. 저소득자대책의 전개는 생활보장법이 실시되면서 생활보장기준액에 가까운 가구인 저소득계층의 존재가 두드러져 그에 대응한 사회적 시책을 편 것으로 소비생활협동조합, 임대 주택, 보훈사업, 자금융자 등을 저소득계승대책을 체계화시켰다. 여기에 각종 복지연금, 복지수당, 사회복지시설이용요금과 과세감면 등과 같은 소득제한에 관련한 시책을 첨가하여 저소득자 대책으로 하는 견해도 있다.

### 저소득자세대(borderline family)
소액의 소득밖에 얻을 수 없는 빈곤세대로 피보험세대는 아니지만 그 소득이 생활보장기준 이하이거나 겨우 상회할 정도의 생활수준에 있는 세대를 말한다. 한때는 보더라인층(borderline class)이라 불렸다. 소비수준이 낮을 뿐만 아니라 상병, 노령, 실업, 가정 붕괴 등을 가져오기 쉬워 생활이 불안정한 세대이다.

## 저임금

영세 · 저소득 근로자를 보호하기 위해 사업주가 근로자에게 의무적으로 주도록 한 최소한의 임금을 의미한다. 시간급, 일급, 월급으로 정해져 종업원 10인 이상 사업장에 적용된다. 최저임금 이하로 임금을 지급할 때는 사업주를 형사처벌할 수 있다. 1987년 7월 최저임금법이 시행되면서부터 적용되고 있다. 최저임금은 노동자대표 사용자대표 공익대표 등 모두 27명으로 구성된 최저임금심의위원회가 노동부의 심의 요청을 받아 의결하는데 전국 영세사업장 근로자의 생계비를 기준으로 산출한다.

## 저임금 노동자

한 사회의 평균적인 생활비 이하의 임금을 받는 노동자이다. 일고노동자, 가내노동자, 영세기업노동자, 임시노동자 등의 불안정, 불규칙한 고용 형태의 노동자로서 잠재적 과잉인구와 혼재되어 있다.

## 저작권 01

어떤 사람이 자신이 만들어 낸 학문적이나 예술적인 작품 등에 대해 배타적이고 독점적으로 사용할 수 있는 권리를 저작권이라고 하는데 형태가 없는 재산권으로 저작인격권과 저작재산권이 있다. ①저작인격권 — 성명표시권, 동일성유지권, 공표권 등 ②저작재산권 — 복제권, 배포권, 방송권, 공연권, 전시권, 2차 저작물이나 편집 저작물을 만들어 이용할 수 있는 권리 등 문예·학술·미술의 범위에 속하는(그렇지 않은 것은 특허권·실용신안권·의장권·상표권 등의 객체가 된다) 저작물(문서·연술·회화·조각·공예·건축·지도·도형·모형·사진·악곡·악부·연주·가창·무보·각본·연출·녹음필름·영화와 텔레비전 그밖의 학문 또는 예술의 범위에 속하는 일체의 물건)에 대한 배타적 독점적 권리. 무체재산권의 일종이다. 저작자의 창작에 대한 노고와 그것이 갖는 재산적 가치에 비추어 저작에 이와 같은 권리가 인정된다. 저작권은 그 성질상 국제적인 것이므로 만국저작권보호동맹조약이 체결되어 있다. 우리나라에서는 저작권법에 의해 보호된다. 존속기간은 원칙으로 저작자의 생존기간 및 사후 50년이다(저작36).

## 저작권 02

지적소유권을 구성하는 2대부문의 하나인 저작권은 문학·연극·음악·예술 및 기타 지적·정신적인 작품을 포함하는 저작물의 저작자에게 자 신의 저작물을 사용 또는 수익처분하거나 타인에게 그러한 행위를 허락 할 수 있는 독점배타적인 권리이다. 저작권은 복제에 의한 저작권자의 저작물판매·배포, 즉 출판 또는 발행을 못하도록 보호하는 권리이다. 1 차적 저작물의 경우는 당연히 원저작자가 저작권자가 되지만 개작·편 집·번역 등에 의한 2차저작물에는 2차저작물을 작성한 자가 저작권자가 된다. 저작권은 이전성이 있으므로 제 3자에게 양도할 수 있을 뿐만 아 니라 사망시 상속할 수도 있다. 따라서 저작자가 아닌 저작권자가 있을 수 있다. 정부는 한미통상협정에 따라 새 저작권법이 발효되는 1987년 7 월 1일부터 10년이내에 발행된 미국 저작물(77년 1월 1일 이후의 발행 저작물)을 국내출판사가 무단복제 출판할 경우에는 출판사 및 인쇄소 등 록에 관한 법률에 적용받도록 했다. 87년 10월 UCC(세계저작권조약)에도 가입했다.

## 저출산고령사회위원회

설립목적은 낮은 출산율과 급속한 고령화 등 인구구조변화가 사회 경제에 미치는 영향을 분석, 예측하고 국민의 삶의 질 개선 및 지속적인 국가 경쟁력 확보를 위해 필요한 저출산고령사회 종합대책(5개년 기본계획, 연도별 시행계획)의 수립과 종정, 평가 등에 관한 사항을 심의하기 위해 2005년 9월 출범하였다. 조직구성은 대통령을 위원장으로 하여 12부처 장관과 민간위원 12명으로 구성되어 있으며, 운영위원회와 저출산, 노후생활, 인력경제, 고령친화 산업 등 4개 분야별 전문위원회로 구성되어 있다. 이를 위한 기구로는 '저출산고령사회정책본부'가 설치되어 있다.

## 저항(resistance)

사회사업가의 영향력에 대해 방어하려는 클라이언트들이 사용하는 회피(avoidance) 행동이다. 또 정신분석 이론(psychoanalytic theory)에서 한 개인이 무의식(unconscious) 생각을 의식의 세계로 끄집어내는 것을 막는 정신적 과정이다.

## 저혈당증(hypoglycemia)

혈액 속의 낮은 당도를 말한다. 치료되지 않으면, 정서적 장애에 대해 부적절한 치료를 가져오는 정신병학적(psycho — genic) 증후의 원인이 될 수도 있다. 저혈당증의 가능성 때문에 신중한 사회사업가들은 환자에게 정신치료를 시작할 때, 먼저 신체검사를 받도록 권한다.

## 적격성(eligibility)

어떤 혜택을 받기 위한 특별한 자격의 충족을 말한다. 복지제도에서 어떤 사람들이 원조를 받아야 할지를 결정하는 기준이다. 가령 식품권(food stamps)을 받을 자격이 되려면 일정한 소득요건을 충족시켜야 한다. 건강보험혜택(Medicare) 혜택을 받으려면 일정한 나이 이상이 되어야 한다.

## 적극적 개별사회사업(reaching out casework)

사무실에 찾아오는 클라이언트를 대상으로 케이스워크

를 행하는 것이 아닌 사무실 밖으로 나가 클라이언트를 찾아내는 적극적인 행동을 취하는 것으로서 적극적 케이스워크라고도 한다. 즉 객관적으로 보아 원조가 필요하다고 판단되는 문제를 안고 있고 사회적 부적응의 상태에 있으면서도 자발적으로 사회복지기관의 원조를 받으려 하지 않는 클라이언트나 그 가족에 대해 기관(사회사업가)측에서 적극적으로 활동하여 전문기관의 원조를 받아 문제해결하도록 동기부여(원조의 필요성의 감지)를 제공하려는 케이스워크이다.

## 적극적 손해

이미 가지고 있던 재산에 적극적인 감소가 발생한 것. 어떤 물건이 멸실·훼손됨과 같다. 소극적 손해에 대하는 말. 민법상 채무불이행이나 불법행위로 인하여 발생하는 배상청구에는 적극·소극의 모든 손해가 대상이 된다.

## 적극적 인사행정 (positive personnel administration)

실적주의 인사행정의 비용통성·소극성·경직성·집권성을 탈피하기 위하여, 엽관주의적 요소와 인간관계론적 요소의 보완을 통해 인사행정의 인간화와 적극적·분권적·신축적 인사원칙을 추구하는 인사행정의 지향을 적극적 인사행정이라고 한다. 적극적 인사행정을 구현하는 방안으로는 적극적 모집활동, 구성원의 능력발전과 잠재력의 계발을 위한 교육훈련의 강화, 공직의 안정감을 확보하고 의욕적으로 근무하게 하기 위해 근무환경을 개선하고 고충처리·인사상담·제안제도 등의 수단을 동원한 행정의 인간화, 공무원단체의 활용, 인사행정의 분권화, 엽관주의적 요소의 활용 등을 들 수 있다.

## 적립금(accumulation)

법인이 액면 이하의 가격으로 취득한 채권을 보유하고 있는 경우 상환차익(상환가격과 구입가격의 차)을 상환까지의 잔존연한으로 균등하게 배분하여 매 결산마다 취득가격에 더해 장부가격을 인상해 가는 것으로 반대로 액면 이상으로 취득한 채권의 장부가격을 상환차손(상환 가액과 구입액의 차)이라 한다. 이것을 균등 배분해서 장부가격을 인하해가는 것을 분할상환(amortization)이라 한다. 그러나 채권상환 전에 상환차익을 이익으로 계산하게 되어 일반법인은 적립금을 거의 행하지 않는다.

## 적립방식(accumulative method)

공적연금의 재원조달방식의 하나로 장래 지급될 노령연금의 연금원가가 그 제도에 가입하고 있는 사이에 보험료 등에 의해 적립되도록 계획하는 방식이다. 제도발급 당시는 급여비보다도 보험료 수입의 방식이 크기 때문에 적립금이 증대, 거액화 한다. 그러나 연금수급자가 늘어나고 급여비가 보험료 수입을 상회하게 되면 적립금을 여기에 사용한다. 적립방식의 장점은 보험료(율)가 낮아 서서히

인상하는 것이며, 단점은 인플레이션 화폐가치의 변동에 약하다는 것이다.

## 적모서자 관계

부가 처 이외의 다른 여성과의 사이에서 낳은 자, 즉 혼인 외에 출생자를 자기의 자녀라고 인지하는 경우에 그의 처와 혼인 외의 출생자와의 관계이다. 이때 처는 혼인 외의 출생자의 적모가 되고 그 자녀는 처의 자가되는데 법적으로는 생모자간과 같은 관계가 생긴다.(민 774) 이것을 반혈연가족 혹은 법정혈족이라도 한다. 따라서 상호간에 부양의무·상속권이 생기며 적모는 혼인 외의 출생자에 대해 친권을 행사할 수 있다. 그러나 중요한 행위에 대해 대리하거나 동의를 하고자 하는 경우에는 친족회의 동의를 요한다(민 912). 적모서자 관계는 혼인 외의 출생자의 부와 적모 간에 혼인이 해소되거나 부가 사망 후 적모가 친가에 복적하거나 재혼함으로써 당연히 소멸한다(민 775).

**적법 증거**(competent evidence) 법률제도에서, 확신할 수 있고 믿을 만하며 정당할 뿐만 아니라 법정에서 인정될 수 있는 케이스에 관한 사실들로서 이러한 정보들은 여론이나 추측 혹은 전문가들이 제공한 간접자료들과는 다르다. 가령 아동의 타박상이 과거에도 그 가족 가운데 유사한 경우가 있었기 때문에 아마도 아동학대의 결과일 것이라는 사회사업가의 판단은 합법적인 증거로 간주될 수 있다.

## 적법절차(due process of law)

정당한 법의 절차를 말한다. 역사적으로 마그나 카 르타 39조 중의 "국법에 의하지 않고는 체포·구금·재산박탈·법익(法益)박탈·추방을 받지 아니한다"는 규정에 연원되고 있다.

## 적성(aptitude)

일정한 훈련에 의해 숙달될 수 있는 개인의 능력, 즉 어떤 특정 활동이나 작업을 수행하는데 필요한 능력이 어느 정도 있으며, 그러한 능력의 발현 가능성의 정도를 문제시한다. 지능 또는 일반 능력이 일반적이고 포괄적인 능력의 가능성을 지칭하는데 반해 적성은 구체적인 특정 활동이나 작업에 대한 미래의 성공 가능성을 예언하는데 주안을 둔다. 따라서 학력이나 성취도까지도 넓은 의미의 적성에 포함된다. 또 적성이란 일반적인 또는 특수한 지식·기술을 숙달할 수 있는 개인의 잠재력을 지시하는 것으로 전자를 일반적성, 후자를 특수적성으로 부르기도 한다. 적성은 예언하고자 하는 구체적 활동, 작업의 성질과 내용에 비추어 여러 가지로 구분되는데, 학업 성취에 관련된 적성을 직업적성이라 부른다. 또 특수 적성은 사무적성·기계적성·음악적성·미술적성·언어적성·수공적성·수리적성 등으로 세분된다. 그리고 개인의 적성을 밝히고 개인차를 밝히는데 사용되는 검사를 적성검사

라 하는데 각 적성 요인을 총괄적으로 측정하여 어떤 직무에 적합한가를 알아보는 일반 적성검사와 각 적성 요인을 분리해서 개인이 어떤 특정 직무를 수행하는데 필요한 소요능력을 갖추고 있는지의 여부를 측정하는 특수 적성검사로 나뉜다.

### 적성검사(aptitude tests) 01
특수한 분야의 직무를 수행할 수 있는 잠재적 능력을 평가하는 시험이다. 적성의 영역은 기계적 능력·수리능력·기억력·어휘력·손재주 등 으로 나누어 볼 수 있다.

### 적성검사 02
교육이나 훈련을 받기 전에 잠재적으로 소유하고 있는 능력의 일종으로서, 특정 분야의 교육·훈련 또는 직업과 관계되는 활동을 성공적으로 수행하는데 필요한 특수능력의 소유 정도를 측정하기 위하여 만들어진 검사이다. 적성검사에는 학업적성검사(GATB)가 있고 미술·음악·기계 등에 관한 재능을 독립적으로 측정하는 특수 적성검사가 있다.

### 적십자사(red cross)
인간의 고통을 덜어주고, 공중보건 및 시민권을 증진시켜주는데 관여하는 100여 개가 넘는 자치적인 국공립단체들(autonomous national societies)로 구성된 국제기구 내지는 연합체. 뒤낭(Jean Henri Dunant)에 의해 1863년 스위스에서 설립된 이 기구의 상징(휘장)은 스위스 국기를 바탕으로 제작되었다. 국제적십자사는 국가 간의 전쟁이나 분쟁에서 중립적인 중개자로서 활동하며, 전쟁 포로자에 대해 인도적인 대우(치료, 취급)를 보장하고자 일한다. 1881년 바턴(Clara Barton)이 설립한 미국적십자사는 재해구호, 군인 및 재향 군인들에 대한 사회봉사, 보건 및 안전 프로그램, 병원에 혈액 및 인체기관의 기증 등을 조정하는데 역점을 두고 있다.

### 적응(adjustment) 01
개인의 필요와 사회가 지니고 있는 요청이 모두 충족되고 있거나 개인과 객관적인 환경과의 조화가 이루어진 상태를 말한다. 환경과 개인 사이의 조화된 관계를 형성하는 과정을 가리키기도 하며 현실적으로 개인의 필요의 적절한 충족이 환경과 갈등 관계를 유발하지 않는 것을 가리킨다. 따라서 적응은 유기체의 필요의 다양성과 환경적 특징의 다양성 때문에 제각기 다른 상태와 과정이 될 수 있다.

### 적응(adaptation) 02
생존, 발달, 충분한 재생산 기능을 위해 환경에 잘 적응(goodness of fit)해 나가려는 개인과 종족의 활동적 노력을 말한다. 저메인(Carel B. Germain)에 따르면, 적응은 개인과 환경 사이의 상호과정인데 개인이 환경을 변화시키고, 환경에 의해 변화되는 것을 포함한다. 체계이론(systems theories)을 지향하는 사회사업가는, 적응능력을 지지하고 강화시킴으로서 스트레스가 많은 삶을 전환시키도록 도와주는 일은 개입전략의 중요한 부분이라고 생각한다.

### 적응기제(adjustment mechanism)
자아의 방어기제와 개인의 환경에 대한 적응방법이 중심적인 문제가 되고 있다. 따라서 가정적인 자아의 붕괴를 방어하는 프로이드(Freud, S)의 방어기제의 이론과는 다른 점도 있다. 이들 기제는 결과적인 행동의 환경에 대한 적응방법에서 추측된 것으로 자아라는 개념설명을 사용하지 않아도 된다는데 특징이 있다고 하겠다.

### 적응·부적응(adjustment·maladjustment)
외부의 환경에 대해 알맞은 행동을 하는 것을 적응이라 하고 그것이 안되는 것을 부적응이라 한다. 온도의 변화에 따라 의복을 벗고 입고하는 적응을 특히 조절(accommodation)이라 하고, 발병 등과 같은 적극적인 적응을 순응(adapta – tion)이라 부르는 경우도 있다. 또 인간과 환경의 조화·평형상태에서의 인격의 상태를 적응상태라 할 때도 있다. 욕구불만은 이 경우 부적응이며 그것을 토대로 해서 재적응이 되어 적응상태에 이른다고 생각된다.

### 적응성 진단테스트(adjustment diagnosis test)
적응(adjustment)이란 인간을 둘러싸고 있는 외적, 내적인 환경조건에 대해 행동이상(behavior disorders)없이 자신을 조절, 유지하는 것을 말한다. 이 적응의 정도를 진단하기 위해서는 개인의 문제성, 가족 내 부적응, 성격 부적응, 인격테스트 등을 적절히 조합해서 시행한다. 적응성이 낮은 사람은 일반적으로 자아강도, 성숙도, 정서적인 안정성이 낮다.

### 적응성(adaptedness)
개인, 집단 사회체계가 체계와 환경의 변화에 적응할 수 있는 정도를 말한다.

### 적응장애(adjustment disorder)
어떤 사회심리적인 스트레스를 경험한 개인에게 약 석 달 동안 일어난 무질서한 행동형태를 말한다. 불안은 스트레스원에 대한 정상적 또는 기대반응보다 더욱 심각하다. 그리고 사회적 기능의 수행을 악화하는 결과를 낳을 수도 있다. 결국 이 증세는 일반적으로 스트레스 원인이 제거되거나 개인이 새로운 단계에 적용할 때 없어지거나 약화된다.

## 적응적 수업(adaptive instruction)

학습자의 학습 사에 따라서 일련의 수업활동의 계열 또는 수업프로그램을 처방하는 것이다. 적응적 수업에서는 학습자의 다양한 학습양식을 충족시켜 줄 수 있도록 다양한 학습 환경을 제공해 줌으로써 학습자들의 학습초기 또는 시발점 능력수준의 발달을 촉진시켜 주려는데 관심을 둔다. 즉 수업의 최종 목표를 보다 수월하게 달성하는데 필요한 최적의 교수 자료들을 개별적 학습자에게 제공하기 위하여, 학습자들이 갖고 있는 요구 수준에 있어서의 개인차를 진단하는 일련의 총체적 과정이라고 볼 수 있다. 특히 란다(Landa)는 학습과 관련된 학습자의 독특한 심리적 특성이나 요구에 맞추어서 기본적으로 재조정하여 보고자 실시하는 진단적 과정과 처방적 과정이 통틀어서 적응적 수업의 관심 분야임을 제시하고 있다. 이때 진단적 과정에서는 ①학습자 관련변인(예 일반 학업성적, 생리학적 요인 등), ②학습과제의 특성(예, 곤란도 수준, 내용의 구조화 정도, 학습개념의 속성 등), ③수업전달체제의 속성(예 청각매체, 그래픽, 도식화, 컴퓨터의 상호작용 기능 등) 등을 파악해서 적응적 수업의 기초로 삼는다. 적응적 수업을 위하여 고려해야 하는 교수심리학적 변인들로는 학습도, 학습능력, 정보처리 및 반응의 속도, 학습내용의 난이도 수준, 학습시간, 학습속도의 학습자 통제방식과 프로그램 통제방식 등을 들 수 있다. 적응적 수업을 전개하기 위해서는 개별학생의 인지 ― 정보처리 특성에 이상적으로 부합될 수 있는 수업 처방을 해 주어야 하며, 그렇게 하기 위해서는 학습량의 적정화, 학습계열의 최적화, 학습시간의 효율화, 피드백의 강화, 그리고 학습 동기화를 위한 충고정보의 제공 등을 동시에 고려해야 한다. 이와 같은 다섯 가지의 적응적 교수처방 변인들을 동시에 고려하면서도 학습에 소요되는 시간을 약 50% 정도 단축시킬 수 있는 것으로 밝혀졌다.

## 적응적 조직(adaptive organizations)

사회의 유지발전을 위해, 지식을 창출하고 이론을 구성·검증하는 기능을 수행하는 조직의 유형을 말한다. 대학과 연구기관이 이에 해당된다. Katz와 Kahn은 조직의 기본적 기능에 초점을 두고 조직의 유형을, 생산적 또는 경제적 조직(productive or economic organizations), 유지기능적 조직(maintenance organizations), 적응적 조직, 관리적 또는 정치적 조직(managerial or political organizations) 의 네 가지로 나누었다.

## 적응적·유기적 구조(adaptive ― organic structure)

Warren G. Bennis 가 제시한 탈관료제 조직구조를 말한다. 그는 조직내 업무의 비정형화·기술의 고도화·직업적 유동성의 고도화 등 급속한 환경의 변화에 대응할 수 있는 조직구조의 모형으로 적응적·유기적 구조를 처방하였다. 이 구조의 특징은 비계서제적 구조·구조 배열의 잠정성·권한이 아니라 능력이 지배하는 구조·민주적 감독·창의성의 존중 등을 들 수 있다.

## 적응행동(adaptive behavior)

개인이 주어진 사회적 환경에 효율적으로 대처할 수 있는 능력을 말하며, 특히 중증의 발달장애인이나 신체 장애인들이 소속된 사회적 집단 속에서 어느 정도 독립적으로 일상생활을 유지하며 주위 환경에서 요구하고 있는 기대에 어느 정도 부응할 수 있는지를 나타낸다. 적응행동은 발달 단계에 따라 다음의 영역으로 세분화될 수 있다. 즉 유아기와 아동 초기에는 감각 ― 운동기술, 의사전달기술, 자조기술, 사회화 등의 영역으로 나타나며, 아동기와 청년초기에는 기본적인 학문을 일상생활에 적용하는 기술, 적절한 추리력과 판단력을 적용하여 환경에 대처하는 기술, 사회적 기술 등의 영역으로 나타나고, 청년후기와 성인기에는 직업생활과 사회적 책임의 수행으로 나타난다. 동일 연령이나 문화를 가진 집단에서 기대되는 사회적 책임감, 개인적 독립, 학습과 성숙의 적정 수준에 효과적으로 대처하는 개인의 능력을 말한다. 이것은 표준화된 검사법과 임상적 판단에 의해 평가되며 사회지수(SQ)로 표시되기도 한다.

## 적응훈련(orientation training)

조직구성원이 새로이 어떠한 직위의 직책을 담당 하기 전에 받는 훈련을 말하며 일명 신규 채용자 훈련 또는 기초훈련이라고도 한다. 적응 훈련에서는 소속 직장 전체의 성격과 업무상황을 알려 주고, 직무 수행에 필요한 기초지식을 습득케 한다. 적응 훈련은 주로 신규 채용자를 대상으로 하지만 승진, 복직, 배치전 환 등의 경우에는 경력자를 대상으로 이루어질 수도 있다. 이러한 경우 재적응 훈련 (reorientation training)이라 부른다.

## 적자생존(the survival of the fittest)

생존경쟁·사회도태에 의해 심신이 우수한 능력을 가진 자만이 살아남는다는 의미이다. 다윈(Darwin, C.)의 생물진화론의 영향을 받아 그것을 사회현상에도 적용하려는 사회진화론 내지는 사회다원주의의 용어로서 인종간의 투쟁, 종복의 논리, 자유방임경제에 의한 이윤추구 등을 정당화하려는 이론이나 이데올로기로서 가끔 반동적인 역할을 하기도 했으나 대내적으로는 계급대립의 왜곡화, 차별의식의 정당화와도 결부되어 나타나는 일도 있다.

## 적자예산(deficit budget)

정부의 재정수입이 지출에 미달하여, 공채(公債) 발행 또는 통화창출을 통해 적자를 보전하도록 편성된 불균형예산을 말한다. 통화창출은 정부가 중앙은행으로부터 차입하는 것을 뜻한다. 적자예산은 정부의 지출은 조세 및 경상수 입으로 충당하여야 한다는 균형예산에 대비되는 개념이다. 우리나라의 예산회계법은 국가의 세출은 국채 또는 차입금 이외의 세입으로서 그 재원으로 삼아야 한다고 규정하여 균형예산의 원칙을 내세우고 있으나, 단서에서 부득이한 경우에는 국회의 의결을 얻은 금액의 범위 내에서 국채 또는 차입금으로 세입을 충당할 수 있다고 규정하고 있다. 이 단서의 규정에 의거하여 일반회계예산은 거의 매년 적자예산을 기록하고 있다.

## 적정수익의 원칙(fair return principle)

공익사업에 투자된 민간자본에 대 해 적정 수준의 투자이윤을 보장하여 주는 공익사업 가격의 결정방법이다. 공기업에 투자 된 민간자본의 적정수익률(rate of fair return)은 대개 1년간의 은행정기예금 이자에다 2% 정도를 가산한 수치를 적정선으로 보고 있다.

## 적출자

법률적인 혼인관계에 있는 부모 사이에서 태어난 아들을 적출자라고 하는데 적자나 혼인중의 출생자라기도 한다. 적출자는 아버지가 친생부인(내 아들이 아니다)을 주장하지 않는 한 당연히 아버지의 호적에 올라가고 혼인외의 자에 우선해서 호주승계를 받는다. 예외적으로 다음과 같은 경우도 적출자가 된다. ①미리 아이를 가졌지만 이후 법률적인 혼인을 하고 아이가 태어난 경우, (이를 준정이라고 한다) ②법률적인 혼인 성립일로부터 200일 후나 법률적인 혼인관계가 끝난 날로부터 300일 안에 출생한 경우가 있다.

## 전공학습(concentrations)

사회사업 전공학생들에게 전문가적 관심영역에 속하는, 깊이 있고 상세한 지식 및 기술을 제공하는 과정들, 또는 공식적인 학습경험을 가리킬 때 사회사업의 기초지식에 관한 공식적인 교육을 받은 뒤 교육의 일부로서 자신의 관심 및 진로를 고려해야 하거나 그 이상의 전공을 선택하게 된다. 여러 사회사업 대학들이 서로 다른 전공들을 갖고 있으며 각자의 전공을 규정하는 방법도 다르다. 대부분의 사회사업 대학에서 전공은 특수한 방법(method), 실무분야(fields), 특정한 인구, 특수한 문제들에 따라 결정된다. 방법 전공에는 개별사회사업, 집단사회사업, 지역사회조직(community organization), 조사 · 평가, 직접적인 임상실천, 행정 · 정책 · 계획 결합, 가족 · 부부치료, 거시 및 미시적 지향을 결합한 일반사회사업(generic social work) 실천 등이 있다. 실무분야 전공은 아동복지(child welfare), 정신건강, 보건, 학교사회사업(school social work), 교정, 노년학, 농촌사회사업, 산업사회사업(industrial social work), 가족 및 아동서비스, 그리고 이들의 다양한 조합들을 포함한다. 특수문제 전공은 약물남용(substance abuse)과 빈곤(poverty), 특정인구 전공은 소수민족(minority)과 여성을 포함한다.

## 전국 소비자 물가변동율
(The Fluctuation Rate of Nation — wide Consumer Price Index)

전전년도에 대비한 전년도의 전국 소비자 물가변동율을 기준으로 통계청장이 매년 고시하며, 이를 기준으로 조정된 연금은 연도 1월부터 12월까지 변동없이 적용하며, 전전년도 대비 전년도의 물가변동율을 구함에 있어서는 어느 특정월 기준의 물가지수를 구하는 것이 아니라 해당 년도의 1년 동안 평균 물가지수를 비교하는 것이다.

## 전국민주노동조합총연맹

사회개혁과 노동자의 정치세력화를 목표로 1995년 11월 11일 출범한 진보적 노동운동계의 대표적 단체. 약칭 〈민주노총〉으로 불린다. 1993년 6월 만들어진 전국노동조합대표 자회의(전노대)가 이 단체의 모체이며, 1994년 11월 열린 전국노동자대 회에서 회의체의 한계를 극복하고 보다 결집력을 갖는 단체로 발돋움하기 위해 민주노총 준비위가 결성되면서 탄생했다.

## 전기충격치료(electroshock therapy : EST)

내과의 특히, 신경과 전문의와 정신과 의사들이 사용하는 치료로서, 소량의 전류를 뇌에 흐르게 함으로써 환자에게 경련이 일어나게 하는 것이다. 비록 이 치료는 정신병의 약물치료(psychotropic mediation)의 더 많은 사용과 발달로 엄청나게 줄었지만, EST(또는 전기경련 요법을 위한 ECT)는 특히 정서장애(affective disorders)가 있는 환자에게 효과가 있다고 전해진다.

## 전략산업

전체 경제발전의 기동력이 되는 산업부문을 말함. 생산의 파급효과가 클 뿐만 아니라 고용의 흡수력도 크며 수출의 확대에도 공헌할 수 있는 산업이 이에 해당되는 셈인데 그 산업을 중점적으로 육성 강화하면서 전체로서의 경제성장을 추진한다.

## 전략적 가족치료(strategic family therapy)

가족과 그 성원의 병적인 행동패턴을 반복함으로써, 서로 상호작용을 할 수 없는 상태를 돕기 위해 가족치료자가 이용하는 방침과 절차이다. 치료자는 가족체계의 내의 모든 다른 상호작용들을 수정함으로써 해결될 수 있는 특정 문제를 해결하기 위해 개입활동을 설계한다.

## 전략적 개입(strategic intervention)

행동을 변화시키기 위하여 구체적 명령이나 지시, 혹은 최면적 암시를 사용하여 개인의 행동 및 가족관계의 변화를 도모하는 치료적 접근법, 역설과 같은 특수한 전략을 사용하는 것이 한 예이다.

### 전략적 계획(strategic planning)

과업성취를 위하여 장기목표와 대안적 방법들을 함축적으로, 공식적으로 명백히 하는 과정이다. 목표는 개입활동의 대상, 후원자, 가치적용, 실행 가능성, 사회체계의 다양한 구성요소 간의 상호관계 등을 명백히 함으로써 정해진다. 따라서 설립된 목표를 달성하기 위한 대안적 방법을 찾아내는 지침을 마련하며, 시행 중인 프로그램이나 서비스에 중요한 수정을 가할 수 있다.

### 전략적 마케팅(strategic marketing)

특정 대중의 기호를 충족시키는 상품 또는 서비스의 개발을 말한다. 로퍼(Armand Lauffer)에 따르면, 여기서 대중은 ①투입 input(자원공급자, 기금조성자) ②산출 output(클라이언트와 기타 수혜자) ③생산대중(throughput publics)(자원, 기금, 관념을 상품이나 서비스로 전환시키는 것을 책임지는 유급직원과 자원봉사자)이다. 전략적 마케팅은 한 기관이나 프로그램의 '적소'(niche) 또는 시장을 명확히 하기 위해 지리적·인구학적·기능적·심리학적으로 대중을 분리하는 기술적 도구를 사용한다. 또 특정 상품이나 서비스에 대한 수요를 조정하기 위해 가격과 순위를 정하고 선전을 하는 것을 포함한다.

### 전략적 파괴행동(disruptive tactics)

법, 규범 또는 사회구조의 변화를 초래하기 위해서 사회제도의 정상적 운영을 방해하는 행동이다. 특히 사회행동가(social activist) 또는 지역사회 조직가(community orga－nization)들은 문제나 불의에 대해 이러한 활동을 벌이게 된다. 그 예로는 법인집행부 사무실 내에서 벌이는 연좌파업시위, 원자로를 향한 도로에서 항의 피켓행진하기, 연설 중 선거 입후보자에 대한 조직적인 야유 퍼붓기, 그린라이닝(green lining)(지역차별화 철폐운동) 등이 있다.

### 전매(public or state monopoly, monopol)

법률에 의거한 국가독점으로 어떤 종류의 재화의 생산과정 및 판매과정의 전부 또는 일부를 독점하는 것을 말한다. 일반적으로 담배·주류·설탕·소금류 등과 같이 일반적인 기호품 내지 필수품이 수요의 변동이 적기 때문에 재정전매(財政專賣)의 대상이 되기 쉽다. 즉, 수입을 얻을 목적으로 특정제품에 대한 판매를 국가가 독점하는 것을 전매라고 하는데 담배나 홍삼에 대한 전매가 대표적인 경우이다.

### 전면발달(holistic－faceted development)

현재 전면발달이란 용어는 명확한 개념규정을 가진 숙어로 사용되고 있다고는 말할 수 없지만 이 용어의 보급은 장애아의 교육문제와 깊은 관련이 있다 하겠다. 즉 종래의 능력중심의 교육관을 배제하고 개인의 발달을 다면적으로 촉진하기 위한 교육적 접근을 중시하려는 이념에 뒷받침되어 있으며 인권존중에 근거한 바람직한 발달 상태를 지향해서 쓰이는 경우가 많다. 그것은 발달의 가능성을 최대한으로 발현할 것을 의미하고 있다 할 것이다.

### 전문가(specialist) 01

가치 지향이나 지식의 특정한 목표가 문제에 집중되어 있고, 특정 활동에 대한 기술적인 전문성과 기법이 고도로 발달되고 세련된 사회사업 실천가를 말한다.

### 전문가(professionals) 02

주된 업무가 자연과학, 생명과학 및 사회과학 분야에서 높은 수준의 전문적 지식과 경험을 기초로 과학적 개념과 이론을 응용하여 해당 분야를 연구, 개발 및 개선하며 고도의 전문지식을 이용하여 의료진료 활동과 각급 학교 학생을 지도하고 예술적인 창작활동을 수행하는 자와, 또 행정·경영 등에 관련된 의사결정 업무를 수행하는 자를 말한다.

### 전문가 증언(expert witness)

의사결정자가 논쟁의 증거나 특성을 잘 사정할 수 있도록 의문시되는 주제에 대한 전문적 지식에 기초하여 입법부나 법정에서 증언하는 사람을 말한다. 사회사업가는 흔히 공공복지를 강화하기 위한 법의 초안을 만드는 입법부에서 전문가 증언을 한다. 또 사회사업가는 법정 청문회에서 전문가 증인으로 증언하도록 요청되는데, 특히 아동양육보호권(custody of children), 아동방임(child neglect), 복지권(welfare rights), 결혼해체(marital dissolution)에 대한 논란과 집주인－세입자의 분쟁, 정신장애인과 신체장애인을 위한 보호에 대해 증언한다.

### 전문개별사회사업(specific casework)

가정아동·공공부조·의료·정신의료·장애인 등 각각의 특정분야에서 행해지는 케이스워크이다. 어떠한 분야의 케이스워크에도 공통적 기본이 되는 케이스워크의 원리, 과정, 기술을 일반 케이스워크를 기반으로 해서 각 분야의 특수성에 따라 전개되는 특수전문분야로 아동, 의료케이스워크 등으로 불린다. 일반 케이스워크 외에 실제로 행해지는 케이스워크 모두를 전문 케이스워크라 할 수 있다.

### 전문사회사업(specific social work)

전문이라는 개념은 일반에 비해서 전문분화되어 전개되고 있는 각 분야의 사회사업 특유의 부문을 의미하고 있다. 실천에 있어서는 직접적으로 이 부분이 중요시되지만 일반부분을 경시해 버리면 전문적 근시안이 되기 때문에 두 가지를 잘 조합하여 생각하는 것이 중요하다.

## 전문요양시설(skilled nursing facility)
특정 유형의 건강보호 분야에서 전문 간호사(nurse practi-tioner)와 고도의 훈련과 경험을 가진 전문 간호사들로 편성되어 비교적 강도 높고 장기간의 보호가 필요한 환자들을 위한 건강보호 구조와 프로그램이다. 이들 시설은 종종 요양원(nursing homes)과 병원의 혼합형(hybrids)으로 기술된다. 전문요양원(skilled nursing home)의 명칭은 연방법, 특히 사회보장법의 타이틀19(title XIX) (의료보호 medicaid)에서 사용되었다. 이것은 요양원 보호(nursing home care)가 필요한 의료부조 환자들이(non-waivered practical nurse)가 지휘하는 전문요양원에 수용될 수 있도록 하였다. 의료부조를 전문요양원으로 부르는 시설은 적극적 치료와 재활 프로그램부터 수용보호(custodial care)의 역할까지 다양하게 운영된다.

## 전문적 태도(professional attitude)
사회복지사가 전문가로서 역할을 할 때 익혀두어야 할 기본적 자세이자 전문직업적 태도를 말한다. 전문직업인으로서 클라이언트와의 신뢰 관계를 형성하고 그 정도에 따라 원조효과를 높이게 된다. 따라서 공공적이고 사회적인 책임과 사명(대상자의 권리와 이익의 옹호, 사회적 가치의 실천)의 촉진과 향상을 위해 전문가는 평소 개인적 자기를 지각하고 통찰하도록 노력해야 한다. 또 자기통제에 의한 전문직업적 자기의 개발에 노력해야 한다. 전문직으로서의 과학적인 이론체계, 방법과 기술, 전문직업적 권위와 윤리를 바탕으로 형성해야 한다.

## 전문직(profession) 01
전문직은 Richard N. Hall이 지적한 바와 같이 전문조직을 활용하고 공중에 대한 신념, 자기규제(self regulation) 신념, 소명의식(sense of calling), 전문적 자율성(professional autonomy)을 지녀야 하고 Walter A. Friedlander와 R. Z. Apte가 지적한 특수한 능력(special competence)과 기술(techniques), 실천가(practitioners), 서비스 개발에 대한 관심, 개인적인 책임을 지녀야 한다. 이러한 전문직의 장점은 신분(status)이 보장되고 전문적 자기규제와 전문적 보상이 이뤄지는 것이며 단점으로서는 공식관료조직과의 마찰이 일어난다는 점이다.

## 전문직 02
한 집단의 구성원들이 공유하면서 특정한 사회적 필요를 충족시키기 위해 사용하는 가치, 기술, 기능, 지식 및 신념의 체계. 일반대중은 이러한 전문직에 종사하는 사람들이 특정한 사회적 필요를 충족시키는데 필요 불가결하다고 생각하여, 관련된 서비스를 제공하는 법적 근거로

인·허가 등을 통해 공적 또는 법적인 인정을 하고 있다. 전문직업인들은 일반대중의 신뢰를 더 높이기 위하여 지식의 범위를 확대하고 같은 직종에 종사하는 다른 사람들이 이 지식에 접근할 수 있도록 하는 한편, 기술과 가치를 갈고 닦으며 이들이 기존의 기준체계를 준수할 수 있도록 하면서, 이러한 목적을 달성하기 위해 취하는 조치를 대외에 공표한다.

## 전문직 공무원
특수경력직 공무원 가운데 하나로, 국가나 지방자치단체와의 채 용계약에 의해 일정한 기간동안 연구 또는 기술업무에 종사하는 과학자·기술자 및 특 수분야의 전문가를 말한다.

## 전문직업시험(trade test)
목수, 회계, 건축 등 특수한 직업분야의 전문지식을 검사하는 업적시험의 한 종류를 말한다. 전문직업시험은 일종의 학력시험이며, 논의의 편 의상 학력시험과 구분될 따름이다.

## 전문화(specialization) 01
특정 유형의 문제, 목표대상(표적) 인구, 목표에 지식과 기술을 전문적으로 적용하는 것을 말한다.

## 전문화(professionalization) 02
관료제화에 따라 조직의 분화과정에서 세분화한 직무를 최적기법을 가진 고용종업원으로 하여금 전문적으로 담당시키는 것을 말한다. 또 직무의 완전수행을 위해 관료제화의 기능합리성이 관철되도록 시도한다. 따라서 전문화는 직무의 기능적 독립성을 보증하기 위해 담당자 에게 권한과 책임을 부여하는 동시에 직무의 상호의존성을 증진시키고 담당자간에 밀접한 커뮤니케이션이 확보되도록 한다. 전문화의 진행은 노동의 전문적 직업화를 일으킨다.

## 전문화의 원리
조직의 전체업무를 성질별로 나누어 가급적 한 사람에게 동 일한 업무를 분담시키는 것을 말하며, F. W. Taylor에 의해 주창되었다.

## 전보
조직 내의 한 직위에서 동일한 직급의 다른 직위로 보직(補職)을 변경하는 수평적 이동을 말한다. 전보는 동일한 조직단위 내에서 이루어질 수도 있고 부처간에 이루어 질 수도 있다. 전보는 직무의 종류와 성격을 달리하는 직렬(職列)의 직급으로 수평적 이동 을 하는 전직(轉職)과 대비되며, 전직과 달리 시험을 요건으로 하지 않는다.

**전성기기(pregenital)**
심리분석 개념에서 성격발달의 구강기 및 항문기에 해당하는 기간 및 그 후 그와 같은 단계가 되풀이되는 기간이다.

**전수조사(complete enumeration)**
부분조사 또는 표본조사와 상대되는 말로 통계조사에서 조사대상범위가 된 모든 조사단위를 조사하는 방법이다. 역사적으로 보면 독일 사회통계학파는 대량관찰법에 의한 전수조사를 통계조사의 본질적 조건으로 했으며 20세기 전반 이후에는 표본추출법의 발달에 따라 표본조사가 일반적이 되었다. 현재 전수조사는 행정적 목적상에 행해지는 센서스나 사회학자가 행하는 농촌조사처럼 대상범위가 적은 특별한 경우에 쓰여 진다.

**전염성 단핵증(mononucleosis)**
성인과 청소년들이 걸리는 바이러스 감염질환으로, 인후통, 열, 오한, 무력감과 피곤감, 림프선 종양의 확대 등의 증세가 나타난다.

**전의식(preconsciousness)**
개인이 어떤 순간에 의식하지 못하지만 쉽게 의식화 될 수 있는 사고를 의미한다. 즉 의식과 무의식의 중간지대로 보고 있다.

**전의식의(preconscious)**
즉시 깨닫지는 못하나 비교적 쉽게 회상되는 생각, 이미지 및 인식에 관계된 용어이다.

**전이 · 역전이(transference · counter – transference)**
부모나 형제, 기타 사람이나 사물에 대해 느낀 애정, 증오 등의 감정이 치료자에게 향하는 것을 전이라 한다. 클라이언트는 치료자로부터 비판이나 상벌을 받을 것을 기대하고 또 치료자의 태도를 왜곡해서 지각한다. 치료자의 과제는 이 왜곡된 지각을 클라이언트에게 설명하고 이해시키는데 있다. 왜곡된 지각의 원인이 클라이언트의 성장과정에 있고 그것이 문제를 구성한다고 생각되기 때문이다. 분석자의 비이성적인 감정이나 인지가 클라이언트에게 향하게 되는 것을 역전이라 한다. 이 역전이를 치료에 잘 이용하는 것이 중요하다.

**전이(transference) 01**
정신분석 이론에서 나온 개념으로 종종 해결되지 않은 무의식적인 경험이 초기에 기인되었으나 현재 관계에 따른 정서적 반응과 관련된 것이다. 가령 부모에게 심한 적대감을 가졌던 아동 클라이언트인 경우 그가 그 감정을 해결하지 않고 명백한 이유가 없음에도 불구하고 사회사업가를 향해 심한 적대감을 발전시킬 수 있다. 전이는 사회

사업가 또는 다른 치료자가 과거의 갈등을 통해 활동하는 것과 이해하는 필요한 하나의 도구로 기인되어 정신 역동적으로 사용된다. 클라이언트가 사회사업가와의 관계에서 사회사업가에게 친밀감을 갖는 것은 긍정적 전이라 하고 적대감을 갖는 것을 부정적 전이라 한다. 정신분석에서 내담자가 무의식적으로 치료자를 정서 반응의 대상으로 삼아서, 치료자에게 내담자의 생활사에서 중요한 다른 사람들에게 느꼈던 감정을 옮기는 것을 말한다. 치료자는 내담자에 대해 중립적이고 객관적인 자세를 취함으로써 내담자의 전이를 유도한다. 전이감정은 내담자로 하여금 중요한 타인에게 가졌던 감정을 표현할 수 있도록 하기 때문에 전이에 대한 해석은 어렸을 때의 정서적 갈등까지 해결하는 계기가 될 수 있다.

**전이 02**
정신분석 이론(psychoanalytic theory)에서 비롯된 개념으로, 초기에 발생한 미해결되고 무의식적인 경험이 현재의 관계성에 부가된 감정적(정서적)반응을 말한다. 가령 부모에게 극단적인 적의를 느꼈고, 그러한 감정이 전혀 해소되지 않은 클라이언트의 과거 감정이 뚜렷한 이유 없이 사회사업가에게 극단적인 적의로 발전하게 된다. 심리 역동적인 치료를 꾀하는 사회사업가나 기타 치료자는 이 전이를 과거 갈등을 해소(working through)하고 이해하는 도구로 사용한다. 사회사업가에게 우호적인 감정 전이를 긍정적 전이(positive transference), 적의의 감정 전이는 부정적 전이(negative transference)라고 한다.

**전자정부(electronic government)**
행정활동의 전산화를 통해 수작업과 문서에 의존하던 종래의 행정서비스에 비해 보다 신속하고 능률적인 서비스를 제공하고자 하는 것이 전자정부론의 기본 구상이다. 이와 같은 전자정부론은 일본의 노무라 종합연구소가 제 안한 (정보 뉴딜) 구상에 입각하고 있다. 전자정부를 구현하기 위한 7 가지 제언은 첫째, 원스톱 행정서비스의 실현, 둘째, 논스톱 서비스의 실현, 셋째, 행정서비스 제공의 지리적 한계 극복, 넷째, 행정정보의 전자적 공개, 다섯째, 정보전달의 전자화, 여섯째, 법정보존문 서의 전자매체화, 일곱째, 전자문서교환(EDI) 등이다. 그리고 이와 같은 7가지 제언에 기 초하여 전자정부를 실현하기 위한 5가지 기본전략으로는 관 · 민정보네트워크의 구축, 개 인 식별코드 도입, 개인정보 보호 규정의 제정, 각종 절차규정의 개정, 행정개혁 추진과의 연계 등을 제시하고 있다.

**전쟁보험**
전쟁에 따르는 피해를 보상해주는 보험. 손해보험회사가 취급하는 전쟁보험은 위험도에 따라 보험료를 올리도록 되어 있다. 1984년 5월 8일 이라크군에 의한 사우디의 탱

커폭격으로 로이드 보험협회의 페르시아만(灣) 방면의
전쟁보험료율은 화물이 0.75%에서 1.5%로, 선박이 1%에
서 2%로 한꺼번에 2배로 뛰어 올랐다. 82년 1월부터 영국
에서 채용된 새로운 '전재위험담보약관(institute war
clause)'에 의하면 이 보험에서 담보되어 있는 것은 전쟁,
내란, 혁명, 반란 또는 이로부터 생기는 국내분쟁 및 교전
국에 의한(또는 대한) 적대행위, 유기된 기뢰·폭탄 등에
의한 화물의 손실 및 손상이며 원자력관계는 제외되었다.

## 전조작기(pre — operational stage) 01
피아제(Piaget) 이론에서 제2의 발달단계로 2 — 7세의 어린
이가 여기에 해당한다. 이 기간에 아이들은 상징(symbol)
및 추론 능력을 사용하기 시작하나, 물체에 대한 분별능력
이 없어 각각의 물체를 별개의 것으로 다룬다.

## 전조작기(pre — operational period) 02
피아제(J. Piaget) 이론에서의 제 2단계. 대략 만 2세부터
7세 사이의 아동의 사고특징을 말한다. 이 단계는 전개념
기와 직관기로 나눈다. 일반적인 특징은 자기중심적 사고
이다. 논리적 조작이 나타나지 않으며 지각적인 사고, 즉
겉으로 보이는 모양에 사고가 좌우되는 것을 말한다. 보
존 개념도 형성되어 있지 않으며, 관계·분류 등 논리의
가장 단순한 것도 나타나지 않고 있다.

## 전직(transfer)
조직 속의 한 직위에서 직무의 종류와 성격이다른 직렬
(職列)로 수평 이동하는 것을 말한다. 전직은 동일한 직급
에 속하는 한 직위에서 다른 직위로 보직(補職)을 변경하
는 전보(轉補)와 대비되며, 전보와 달리 시험을 요건으로
한다. 전직은 동일한 조직단위 내에서 이루어질 수도 있
고 부처간에 이루어질 수도 있다.

## 전체론적 연구(holistic)
전반적인 사람 또는 현상에 대한 이해와 치료를 지향하는
것으로 이러한 관점에서 개인은 분리된 부분들의 총합 이
상으로 간주되며, 문제들은 특수한 증상으로서보다는 전
반적인 맥락에서 파악된다. 전체론적 연구의 철학을 옹호
하는 사람은 개인에 대한 사회적, 문화적, 심리학적 및 물
리적인 모든 영향을 통합하려고 한다.

## 전체주의(totallitarianism)
파시즘의 정치 원리. 전체(민족이나 국가)의 이익은 개인
의 이익에 우선한다는 사고방식을 말한다. 따라서 개인주
의, 자유주의, 민주주의에 반대하고, 계급투쟁이나 사회
주의, 송산주의 적대시한다. 사상면에서는 지성을 경멸하
고, 〈민족정신〉〈피와 흙〉 따위의 비합리적·신비적 관
념이 강조되고, 또 전통적인 관념이 부활되는 많다. 전체
주의는 계급투쟁을 가혹한 수단과 방법으로 탄압하고, 시

민적 가혹한 수단과 방법으로 탄압하고, 시민적 자유를
말살하는 파시즘의 독재를 은폐하는 말이었지만, 제2차
대전 후에는 이 말은 비난의 뜻을 포함시켜서 사용되었
고, 미국 등에서는 사회주의 국가의 정치체제에 대해서도
적용되는 경우가 많다.

## 전체추천제(block or pool certification)
공무원 임용후보자 추천에 있어 채용후 보자 전체를 추천
하여 임용권자가 자유롭게 선발하도록 하는 방법을 말한
다. 임용후보자의 숫자가 적고 단시일 내에 모두 임용될
가능성이 있는 직종의 경우 단일추천 또는 배수 추천의
의미는 없어진다.

## 전치(displacement)
어떤 사상, 감정 또는 소망을 더 바람직하고 수용 가능한 다
른 사상, 감정 또는 소망을 바꾸어 놓음으로써 거기에 따르
는 걱정을 줄이기 위해 사용하는 일종의 방어기제(defense
mechanism)이다.

## 전통적 권위(traditional authority)
권위의 타당성의 근거를 옛날부터 답습해 오는 전통이나
관습의 신성성(神聖性)에서 찾는 권위의 유형을 말한다.
M. Weber는 권위 의 유형을 전통적 권위, 카리스마적 권
위, 합법적 권위로 구분하였다.

## 전통적 지배(traditionale herrschaft)
권위의 타당성의 근거를 옛날부터 답습 해 오는 전통이나
관습의 신성성(神聖性)에서 찾는 전통적 권위에 의한 지
배를 말한다. M. Weber는 지배를 '권위를 지닌 명령권
력'으로 정의하고, 지배의 유형을 전통적 지배, 카리스마
적 지배, 합법적 지배로 구분하였다.

## 전형성적 문화(prefigurative culture)
기성세대가 젊은 세대의 적절한 역할소형이 될 수 없을
뿐만 아니라 오히려 젊은 세대가 기성세대에게 새로운 것
을 전달해 주어야 하는 격변하는 사회의 문화를 말한다.
성인들은 그들이 어렸을 때 습득한 행동규범을 젊은이들
에게 그대로 뒤집어씌우는 낡은 후 형성적 사고방식 때문
에 세대 간의 갈등이 야기된다고 미드(Mead, Margaret)
는 주장했다.

## 전형조사
조사대상결정에 있어 조사지선정 등에서 조사목적에 비
춰 전형적인 범위를 선정해서 행하는 사례연구를 중심으
로 하는 조사를 말한다. 대가족에 관한 조사에서 특정마
을을 선정하는 경우처럼 부분조사의 표본추출법과도 상
이하며 또 전형은 단순한 평균을 의미하는 것도 아니고
오히려 특정사상의 집약적 표현을 조사대상범위로 선택

하는 것을 의미한다. 농촌조사 등에서 상세한 모델조사를 필요로 할 때 특히 유효하다.

### 전화상담(telephone counseling)

1953년 W. Peter West 목사에 의해 시작된 전화상담은 전화라는 매체를 활용하여 신속하고도 신뢰에 찬 관계를 통해 인간의 위기에 개입하는 상담의 한 형태로서 신속, 신뢰, 위기개입의 3가지 요건을 필요로 한다. 전화상담의 기법은 기본적인 위기개입의 기법들을 전화라는 특수상황에 응용하는 것으로서, 간단하게 다이얼을 돌려 접촉하기 때문에 클라이언트의 자발성에 의해 상담이 시작된다. 상담이 진행되는 과정에라도 클라이언트가 상담자에 대해 불편을 느끼면 언제라도 자유롭게 상담을 중단할 수 있다. 클라이언트의 자발성과 자유로운 선택, 이것이 바로 접촉의 시작이며 상담의 전개과정이다. 전화상담은 익명으로 자신의 문제를 노출시킬 수 있기 때문에 체면을 유지하면서 긴급한 요구를 성취할 수 있는 편의성이 있어 한국인의 심성에 잘 맞는 특성을 지니고 있다. 서울장애인종합복지관에서는 1990년부터 전용 전화상담실을 설치하여, 사회사업가에 의해 정기적인 교육과 실습을 받은 전화상담봉사자를 활용, 장애에 관한 제반사항을 상담해 주고 있다.

### 전환(conversion)

불안이나 정서적 갈등이 고통, 감정 상실, 신체 마비와 같은 뚜렷한 신체적 증상으로 전환되는 방어기제(defense me — chanism)이다.

### 전환고용(transitional employment)

경쟁 고용을 장기적인 목표로 하여 보호 작업장에 일시적으로 고용하는 비교적 중증 장애인을 위한 고용 방법이다. 전환 고용의 단계에서는 일반적으로 확대 평가(extended evalu ation), 직업 적응(work adjustment), 특정 직업기술의 훈련(specific vocational training), 기술의 숙련(refinement of skills) 등을 위한 프로그램이 계획적으로 제공된다.

### 전환성 히스테리 신경증
(hysterical neurosis, conversion type)

불안에 의해 야기되고, 아무런 신체적 원인이 없지만 어떤 신체적 역기능 현상을 유발하는 장애를 말한다. 이러한 증상을 보이는 개인은 바라지 않는 활동을 피하려고, 또는 그렇게 행동하지 않으면 타인에게서 얻기 힘든 지지를 얻어내려고 무의식적으로 그러한 증후를 사용한다고 한다. 전환 장애(conversion disorder)와 동의어이다.

### 전환자 역할(distracter role)

회피, 주의를 다른 곳으로 돌리기, 부적당한 진술을 초래하기, 주제를 바꾸고, 주의집중이 여러 방식으로 변하는 것 등으로 특정 지워지며, 특별히 가족성원 간 의사소통의 회귀 형태를 의미한다. 이 역할에 대해 사티어(Virginia Satir)는 전환자를 친밀한 관계의 위협을 두려워하고 친밀관계를 주의를 딴 데로 돌리는 전략으로 방해하는 사람으로 묘사하였다. 다른 역할에는 비난자 역할, 숙고자 역할, 화해자 역할이 있다.

### 전환장애(conversion disorder)

신체적 장애중 하나로서 생체조직의 이상은 발견되지 않으나 신체적 증상을 보이는 것을 포함한다. 일반적으로 신체적 증상을 보이는 것을 포함한다. 일반적으로 신체적 이상으로는 신체마비, 근육장애, 감각마비, 시각장애, 발작과 같은 신경계통 질병의 증상이 포함된다. 이 장애가 발생하는 심리학적 이유는 두 가지로 볼 수 있는데, 첫째는 일차 이익(primary gain)(외상을 일으키는 사건을 목격했을 때 '시각장애'를 일으키는 경우처럼 인지로부터 오는 근원적 갈등을 회피하는 것)을 성취하기 위해서, 둘째는 이차적 이득(secondary gain)(동정심을 이끌어 내거나 달갑지 않은 의무를 회피하기 위한 구실)을 얻으려는 데이다.

### 전환증상(conversion symptoms)

정신병학적(psychogenic) 신체 질병으로 무의식적으로 참기 힘든 생각이나 충동이 신경계통을 포함하여 신체적 증상(가령 신체마비나 시각장애 등)으로 전환된다고 가정하는 정신역동 이론에서 나온 용어이다.

### 절대기준 평가(criterion referenced evaluation)

집단의 평균점을 기준으로 하여 개개 학생의 득점의 상대적 순위를 정하는 규준지향 평가와는 달리, 학생들이 알아야 할 지식과 기술을 알고 있느냐, 또는 모르고 있느냐를 따지는데 주안을 두는 평가 방법이다. 주어진 교육목표의 달성 정도를 기준으로 하여 각 학생의 성취도를 평가하는 방법이므로 준거지향 평가라고도 한다. 교육목적 이외의 다른 내용도 성취도의 평가기준으로 사용될 수 있으나, 준거지향 평가에서는 교육 또는 수업목표를 평가준거로 하고 있기 때문에 준거지향 평가를 흔히 목표지향 평가라고도 한다.

### 절대부조(categorical assistance)

절대부조는 일반부조(general assistance)와 구별되는 공적 부조로서 학자에 따라 범주적 부조로 해석하는 경우도 있다. 절대부조는 노령 부조(old age assistance), 맹인부조(aid to the blind), 장애인부조(aid to the disabled), 종속아동부조(aid to dependent children)로서 65세 이상의 노인, 교정시력이 10 / 200인 맹인, 18세 이상 65세 미만의 심신 장애인, 고아, 기아, 미아 등의 요보호아동에게 미국연방정부의 일반회계예산으로 부조하고 있다. 이상의 절대부조프로그램이 1972년 10월(PL92 – 603)에 이르러 노령부조, 맹인부조, 장애인부조가 부가수입보장제(Supplementary Security Income)로 종족아동부조가 부양아동가족부조(Aid to Family with Dependent Children)로 운영되게 되었다.

## 절대적 빈곤(absolute poverty)

건강·체력을 유지하기도 곤란한 최저생활수준 이하의 생활상태를 말한다. 상대적 빈곤과 대치되어 사용되어지는 경우에는 아래에 서술한 2가지 사항이 포함되고 있다. 현대의 풍요한 사회에서는 고전적 의미로서의 빈곤은 감소하고 현대적 빈곤을 파악하는 새로운 개념이 필요하다. 그를 위해서는 종래의 빈곤기준의 고정적 성격을 제거해 계층이나 집단의 다양화에 따른 추이가 변동하도록 상대적 기준을 갖지 않으면 안된다. 또 절대수준 뿐만이 아닌 제 계층·제 집단 간의 상대 비교가 중요하다.

## 절대적 진리와 상대적 진리 (absolute truth and relative truth)

인간의 인식은 끊임없이 발전하는 것이며, 어떤 역사적 단계에서의 인식은 역사적 제 조건에 의해 제약되므로, 그곳에서 도달된 진리는 종국적인 것이 아니고 상대적인 것에 지나지 않는다. 상대주의는 이러한 사실로부터 객관적인 진리의 존재를 부정하는 결론을 이끌어낸다. 이에 대해 변증법적 유물론은 객관적 실재를 인정하고 그것이 인식 가능하다는 것을 주장하는 것이므로, 진리의 상대성을 인정하지만 객관적 진리에 접근해가는 정도가 역사적으로 조건지어 진다고 하는 의미에서 그것을 인정한다. 따라서 상대적 진리는 객관적 진리의 인식에 접근하는 한 단계이며, 상대적 진리의 총화가 절대적 진리를 구성하는 것으로서, 과학의 각 발전 단계는 이 총화에 새로운 일면을 보태주는 것이다. 변증법적 유물론의 입장에서는 상대적 진리와의 절대적 진리와의 사이에 넘기 힘든 경계선은 존재하지 않는다. 상대적 진리와 절대적 진리와의 변증법적인 관계는 레닌에 의해 명확하게 되었다고 한다.

## 절대주의(absolutism)

원래는 군주가 무제한의 지배권을 가지는 상태를 가리키는 정치학 용어이다. ①철학에서는 헤겔 및 그의 흐름을 따르는 브래들리, 로이스 등의 절대적 관념론의 형이상학. ②절대적인 진리의 가능성을 인정하는 인식론 학설. ③절대적인 가치의 기준을 인정하는 견해를 가리킨다.

## 절도죄

경제적 이익을 얻으려는 목적으로 다른 사람 소유의 재물을 그 사람의 허락없이 가져가 자기나 제3자의 것으로 하는 것을 절도죄라고 한다. 따라서 다른 사람이 가지고 있더라도 자기 것인 경우에는 허락없이 가져가도 절도죄가 되지 않고 다른 사람의 것인데 자기가 보관·관리하고 있던 것을 자기 것으로 하는 것은 절도죄가 아니라 횡령죄가 된다. 일단 재물을 올기는 것으로도 절도죄가 되는데 미수범도 처벌되고, 상습절도나 특수절도, 야간주거침입절도 등은 형이 더 무거워진다.

## 절제(abstinence)

먹는 것, 음주, 약물복용, 성행위와 같은 육체적 행동을 자발적으로 기피하는 것을 말한다.

## 절충(mediation)

쌍방이 논쟁을 할 경우에 그들 간의 차이점을 무마하고, 타협점을 찾게 하며, 양자가 서로 만족할 만한 수준에서 동의하도록 하는 개입방법이다. 사회사업가들은 그들의 독특한 기술들과 가치지향을 사용하여 갈등하는 집단들(가령 집주인과 세입자 조직, 지역사회 거주자들과 중간의 집 직원, 노동관리 대표자들이나 이혼하려는 부부들) 사이를 다양하게 중재한다.

## 절충적(eclectic)

현재의 욕구에 가장 유용하게 보이는 다양한 이론이나 실행방법의 여러 측면으로 구성된 것을 말한다.

## 절충형(middle of the road 리더)

절충형 리더는 Robert Blake와 Jane Mouton이 관리격자도(managerial grid)를 통해 제시한 리더의 유형 가운데 하나로, 업무의 능률성 제고와 인간관계 개선에 다같이 노력하는 리더의 유형을 가리킨다.

## 점수법(point rating method)

직무평가의 한 방법으로, 평가요소의 각 단계마다 일정한 점수를 부여한 직무평가 기준표를 작성하고, 평가요소의 총점을 몇 가지 범주로 나눈 등급기준표를 작성한 뒤, 이러한 등급 기준표에 따라 분류대상 직위의 총점이 몇 등급 에 해당하는지를 가리는 방법을 말한다. 우선 분류대상 직위의 직무를 구성요소별로 구분 하여 직무평가 기준표에 따라 각 구성요소별로 점수를 매기고 이것을 합계하여 각 직위의 총점을 계산한다. 이렇게 하여 나온 각 직위의 총점 차이를 가지고 분류하고자 하는 직위 의 등급을 결정하는 것이 점수법이다.

## 점역봉사자(volunteer braille translation)

소정의 연수를 받고 점역기술을 습득해 시각장애인을 위해 점자서적을 작성하는 사람을 말한다. 기술을 습득하면 가정에서도 가능한 활동으로서 비교적 주부층에 활동영역이 확대되어 있다. 많게는 각 시·도 점자도서관, 사회복지협의회에 거점을 둔 점역봉사자의 조직도 있다. 시간이나 노력을 제공하는 봉사자와 달리 점역기술을 습득하고 있지 않으면 안되기 때문에 봉사자수는 수요에 따르지 못하고 있는 실정이다. 점자도서관을 시초로 관계기관에서 연수 등의 점역봉사원 양성사업으로서 국고조성이 이루어지고 있다.

## 점자(braille)

시각장애인의 부호문자로서 1829년 프랑스의 루이 · 브라이유에 의해 고안되었다. 점자는 촉각으로 식별되는 철자를 조합해서 구성한 기호 체계이며 하나의 문자는 하나의 마스로 표시되며 6개의 점으로 구성되어 한 단위를 이루고 있다. 점자는 좌에서 우로 읽어간다. 점자를 치는 데는 일반적으로 점자기라 불리우는 기구를 사용한다.

## 점자도서관(braille library)

시작장애자를 위한 점자책 및 녹음도서를 수장하고 열람케 하며 대출하는 도서관을 말한다. 그 취급하는 도서의 특수성과 수행하는 역할이 복지적 성격을 가지고 있으므로 도서관법에 의하지 아니하고 특수교육법(제 15조)과 심신장애자복지법(제 15조)에 의해 설치하도록 규정하고 있다. 점자도서관의 역할은 점자도서의 제작, 점자도석의 열람 및 대출, 점자교육의 지도이다. 이용실태는 거의 우송에 의해 대출되고 있으며 녹음도서의 활용이 점차 높아지고 있다. 우리나라는 1958년 4월 1일에 한국맹인도서관이 서울 용산구 한강로에 설치되어 점역대출 및 대학생 교과서 점역과 맹인을 위한 잡지〈새빛〉을 발간하여 맹인들에게 무료 배부하였는데 1968년 한국맹인국제원조고문화가 해산되어 연세대 도서관으로 이관되었다.1969년 12월 10일에〈한국점자도서관〉이 설립되어 의료서적, 교양 서적  점자도서를 출판하고 있으며 1979년 2월 21일자로 교육과학기술부 인가를 얻었다. 대구대학교부설 점자도서관이 1974년에 설립되어 전국맹학교 초 · 중 · 고 전 과목에 걸친 교과서를 출판해 왔으며 1981년 6월 1일 경산군 진량면 대구대학교 캠퍼스내에 건평 840평의 점자도서관을 건립하여 점자 교과서를 비롯하여 각종 도서의 점역 대출, 녹음도서테이프의 제작 보급을 하고 있다. 이외 한국맹인녹음도서관(서울 · 중구회현동)과 각 맹학교 도서실이 운영되고 있으며 우리나라 점자도서는 약 500종에 달하고 있으나 일본의 1백만, 2백만의 녹음테이프, 영국왕립맹인도서관oyal National Institution for the Blind)의 30만권에 비해 빈약한 실정이다.

## 점자출판물

시각장애인을 위해 점자로 인쇄되어진 각종 출판물로, 정보가 적지만 시각장애인에게는 귀중하다. 현재 일본에서 점자출판소라고 불리는 곳은 10개소로 그 중에서도 유일하게 점자에 의한 신문 점자매일은 유명하고, 그 외 월간 잡지 등의 정기간행물, 의학, 문학, 악보 등 각종 점자도서도 발행되고 있다.

## 점자출판시설(facility for braille publication)

무료로 또는 저렴한 가격으로 시각장애인에게 점자간행물을 제공하기 위하여 이를 출판하는 시설로 한국 시각장애인 복지회관이 이에 해당된다.

## 점증모형 (incremental model)

정책결정은 기존 정책을 토대로 하여 그보다 약간 향상된 대안을 추구하는 방식으로 이루어진다는 정책결정의 이론 모형을 말한다. 즉 정책은 기존정책 · 전년도 예산 · 전례 · 관례 등에 기초하여 이를 부분적으로 수정하거나 결함을 교정하는 수준에서 결정된다는 것이다. C. E. Lindblom과 A. Wildavsky는 의사결정에 서 선택되는 대안은 기존의 정책이나 결정을 점증적으로 수정해 나가는 것이며, 의사결정 은 부분적 · 순차적으로 진행되고, 이 과정에서 목표와 수단은 상호조절되며, 의사결정 과 정에서 대안분석의 범위는 크게 제약을 받는다는 관점에서 이 모형을 제시하였다. 이러한 점증모형의 특징으로는 기존정책의 점증적 수정, 목표와 수단의 상호조절, 계속적 결정, 참여집단의 합의 중시 등을 들 수 있다.

## 점진적 사회변화(incremental social change)

사람들의 가치, 요구 그리고 우선사항들의 변화들을 반영하기 위해 사회기관들이 행하는 점진적인 적응과 조정, 기관들은 그들의 존재와 기본특성을 유지하지만 받아들여진 요구에 맞게 그들의 목표와 방법들을 수정한다. 이것은 구조적 사회변동(structural social change)과는 상대적인 것이다.

## 점진주의(incrementalism)

사회계획에서 가능한 한 가장 이성적인 결정뿐만 아니라 타협과 상호 동의로부터 생기는 받아들이기에 가장 알맞은 절차를 위해 다양한 정치적 · 다원적인 영향을 고려하는 노력. 그러므로 계획 수립가는 다양한 경로를 탐구하고 교섭, 타협, 그리고 만족(satisficing)(일부 관여자들의 관점에서 반드시 가장 좋은 것이 아니라 과정을 수립하기에 충분히 좋은) 단계를 취함으로써 원하는 목표를 향한 과정을 수립해야 한다.

## 접근방법 (approach)

특정분야의 학문 연구에서 무엇을(what) 어떻게(how) 연구 할 것인가에 관한 견해와 관점들을 접근방법이라 한다. 이러한 접근방법은 그 분야의 연구활동을 안내해 주는 일종의 전략이나 지향(orientation)이라고 할 수 있다. 접근방법은 학 문 연구에 유용한 가설을 설정하는 데 좋은 아이디어를 제공해 주는 발견적(heuristic) 기 능을 갖는다.

## 접근하기 어려운 클라이언트
### (hard — to — reach clients)
전문적인 원조 및 사회사업 개입이 꼭 필요하지만 제공되는 서비스를 알지 못하거나, 받으려는 의욕이 없거나 또는 두려워하는 개인, 가족 및 지역사회를 말한다.

## 접수단계(intake)
클라이언트와의 최초 접촉이 생산적이고 유용하도록 하기 위해 사회사업기관이 이용하는 절차들이다. 일반적으로 이 절차는 클라이언트에게 기관이 제공할 수 있고 제공하지 못하는 서비스에 관해 알리는 것, 요금과 예약시간과 같이 서비스의 조건에 대한 적절한 정보를 얻는 것, 클라이언트에 대한 적절한 정보를 얻는 것, 기관의 서비스를 기꺼이 수락하도록 클라이언트와 합의에 도달하는 것, 클라이언트에게 필요한 서비스를 가장 적절히 제공할 수 있는 사회사업가를 배정하는 것 등을 포함한다.

## 접수면접(intake interview)
인테이크(intake) 단계에서 행하는 면접으로 수부면접이라고도 한다. 일반적으로 대상자가 사회적 기관과 접촉하는 최초의 단계가 되는 것으로 대상자와 기관과의 좋은 관계가 맺어지도록 특별한 배려가 요구된다. 대상자에 대해 수용과 이해로 시작하는 경청면접이 필요하다.

## 접수절차(admissions procedures)
조직, 사회기관 또는 보건시설의 보호를 받고 있는 개인을 데리고 오는 명백한 규칙과 행동양식. 접수절차는 흔히 적절한 보호를 제공하기 위해 클라이언트의 동의를 얻고, 다양한 자원으로부터 클라이언트와 직접 관련된 정보를 얻고(클라이언트나 클라이언트 가족과의 인터뷰, 의료기록, 개인의 사회사, 의학적·심리학적 테스트), 보호에 대한 재정적 지원을 위해 클라이언트 또는 제3자와 계약을 하고, 언제 적절한 장소로 찾아갈 것인지에 대해 클라이언트에게 조언하고, 클라이언트와 관련된 사람들과 클라이언트들 사이의 정보교환을 조정하는 것을 포함한다. 접수절차는 보통 서비스를 신청하는 사람을 받아들일 것인지 말 것인지에 대한 기준까지 포함한다.

## 정규간호사(registered nurse : RN)
질병을 앓고 있는 사람들에게 지속적인 간호를 제공하는 과학을 실천하고 있는 전문가로 간호사는 간호전문학교에서 광범위한 훈련을 성공적으로 마쳤으며, 특정한 건강보호서비스를 수행하는 기술을 보유한 사람으로 등록된 사람이다. 많은 간호사들은 정신병환자·신생아·임산부들을 위해 일하며, 응급실에서 전문적인 기술을 발휘하며, 또는 외과의사의 숙련된 조수로 일하는 전문가(specialists)가 된다. 정규간호사가 될 수 있는 과정은 여러 가지가 있다. ①대학에서 4년의 학사과정 프로그램(baccalaureate program) ②지역사회 대학에서(community college) 2년 과정의 단기 프로그램(associate degree program) ③병원에서 실시하는 2—3년 과정의 자격부여 프로그램(degree — granting hospital program) 이수 등이 있다. 그러나 점차 보다 광범위한 지식과 기술에 대한 요구가 기본이 되고 있어, 정규간호사는 4년의 학사과정에서 더 많이 배출되고 있다.

## 정규분포(normal distribution)
자료의 분포가 평균을 중심으로 대칭인 종모양(bell shape)을 이루는 분포를 말한다. 즉 자료를 정리한 분포가 정규곡선(normal curve) 의 모양에 가까운 분포를 말한다. 정규곡선의 모양과 위치는 분포의 평균과 표준편차에 따라 달라진다.

## 정근수당(allowance for one's good attendance)
공무원에게 업무수행의 노고에 대한 보상과 권장을 위한 취지에서 지급되는 것으로 예산의 범위 안에서 근무연수에 따라 매년 1월과 7월의 보수 지급일에 지급하는 수당. 보수월액 산정에 포함되는 수당.

## 정급(allocation)
직위분류제의 수립과정에서 직급명세서의 작성이 끝난 뒤, 분류대상 직위들을 해당 직급에 배치하는 작업을 정급이라 한다. 정급이 끝나면 정급표(allocation list)를 기관별로 작성하여 각 기관에 배포한다. 정급표에는 해당기관의 공무원의 성명, 그 직위가 속하는 직급 및 등급이 기록된다.

## 정기보험(term insurance)
사망보험중 보험기간이 일정기간에 한정되어 있는 보험을 말한다. 정기보험의 장점은 저렴한 보험료로 고액의 보장을 받을 수 있다는 것이며, 단점으로는 생존자는 보험금을 못받게 된다는 점이다.

## 정기생명연금(temporary life annuity)
피보험자의 생존을 조건으로 지급되는 생명연금 가운데, 연금이 지급되는 기간이 일정기간(5년이라던가 10년 등)에 한정되어 있는 것을 말한다. 지급기간을 한정하지 않고, 피보험자가 생존해 있는 한 지급되는 종신연금과 구별해서 정기생명연금이라고 부르는 것이다.

## 정기승급(The Periodical Raise of Salary Grade)
공무원의 호봉간 승급에 필요한 기간은 1년으로 하며, 매년 1월, 4월, 7월 및 10월의 초일자로 승급한다.

## 정년(age − limit)

조직구성원이 일정한 연령에 도달하면 자동적으로 퇴직하게 규정한 한계 연령을 정년이라 한다. 이러한 정년제도는 직무수행 능력이 떨어지는 노령인력을 퇴출시킴으로써 조직의 신진대사를 촉진하고 능률성을 확보하려는 데 그 목적이 있다.

## 정년제(mandatory retirement)

정부나 기업이 일정 연령에 달한 공무원이나 근로자를 자동적으로 퇴직시키는 제도. 남녀별 정년제, 특히 여성에 대한 조기정년제는 합리적이 못 된다는 주장이 점차 정착되어, 최근 남녀고용기회의 균등과 정년의 남녀차별의 철폐가 실현단계로 들어서고 있다. 선진국의 경우는 법에 의해 정년의 남녀차별이 금지되고, 은퇴하고 연금을 받을 은퇴연령이 사회적으로 성립되어 있을 뿐만 아니라, 심지어는 보통의 정년연령보다 낮은 연령에서 퇴직하면 퇴직금을 증액하는 형태의 조기퇴직자우대제도 또는 선택정년제를 도입하고 있는 기업도 많다.

## 정년퇴직

조직구성원이 일정한 연령에 도달하거나, 장기간 근속하거나, 일정한 기 간동안 승진하지 못하고 동일계급에 머물 경우 조직의 신진대사를 촉진하고 능률성을 확 보하기 위해 자동적으로 퇴직하게 하는 제도를 말한다. 정년퇴직 제도에는 이와 같이 미리 정해진 일정한 연령에 도달하면 자동적으로 퇴직하게 하는 연령정년 제도와, 일정한 조직 근무 기간이 끝나면 자동적으로 퇴직시키는 근속정년 제도, 그리고 일정기간 승진하지 못하고 동일계급에 머물 경우 퇴직시키는 계급정년제도가 있다.

## 정당방위

자기나 다른 사람에게 현재 가해지고 있는 권리침해를 막기 위해 부득이하게 한 행위를 정당방위라고 한다. 형법에서는 법에 의해서 보호받아야 하는 자기나 다른 사람의 이익이 가해자의 위법적인 행위에 의해서 침해당하기 직전이나 침해당하고 있을 때 이를 막기위한 위법행위나 불법행위를 정당밥위라고 한다. 민법에서는다른 사람의 불법행위에 의해 자기나 제3자의 이익을 지키기위해 부득이하게 한 행위를 정당방위라고 한다. 형법의 정당방위에는 제3자에 대한 방어행위는 정당방위로 인정하지 않는데 민법의 정당방위는 가해자 이외의 제3자에 대한 방어행위도 용납되고 이로 인해 피해를 입은 제3자는 손해배상을 청구할 수 있다.

## 정당성의 권위(authority of legitimacy)

복종의 근거를 규칙 및 절차의 정당 성과 같은 정당성에 두는 것을 정당성의 권위라 한다. H. Simon 등은 부하가 상급자의 의사결정이나 명령에 복종하는 심리적 동기를 기준으로 하여 권위의 유형을 신뢰의 권위, 동일화의 권위, 제재의 권위, 정당성의 권위 등 4가지로 나누었다.

## 정당행위

법률이나 명령에 의한 권리행사나 의무수행, 정당한 업무에 의한 행위, 사회의 규범에 의한 행위 등을 정당행위라고 하는데 형법에 규정된 개념으로 이러한 행위는 처벌을 받지 않는다. 가령 운동경기를 하다가 상대방을 죽게 했다든지, 교도관의 사형집행 등이 정당행위이다.

## 정당화(legitimation)

구체적으로 기술된 기능을 수행하거나, 구체적 목표를 추구하기 위한 권리나 권한의 획득을 말한다.

## 정도(Precision)

측정에서 일어나는 오차와 관련하여 엄격한 의미에서는 정도와 정확도(Accuracy)는 구분되는 개념이다. 정확도라 함은 관측값과 관측대상과의근접정도로서 일반적으로 확률오차(Random error)와 편의에 기인한 계통오차(Systematic error)의 합을 나타내는 것이고, 정도는 확률오차에만 관련된 것으로 반복측정에서 얼마나 재현성이 있는가, 즉 얻어진 각 측정값간의 산포정도를 나타낸다. 일반적으로 어떤 추정량(Estimator)의 정도는 그것이 기초한 표본수의 평방근에반비례한다.

## 정동(affect)

분위기, 성미, 느낌에 대한 개인적 표현. 즉 개인이 표현하는 감정적 상태를 말한다.

## 정리해고제 01

기업이 근로자에 대해 취할 수 있는 가장 강력한 제재수단으로, 주로 경제적 · 기술적 여건의 변화에 따른 경영여건을 개선하기 위해 기업이 근로자를 〈정리〉하는 것을 말한다. 우리나라에서는 관련 법규나 제도가 마련되어 있지 않지만, 판례를 통해 ①사용자가 해고를 하지 않으면 사업을 계속할 수 없다고 인정되는 경우 ②산업구조조정 등 불가피한 사유로 기구를 개편하거나 작업부서를 폐쇄 했으나 근로자를 타 부서로 전직시켜 사용할 수 없는 등 특별한 사정 이 인정되는 경우에 한해서만 정리해고를 할 수 있도록 되어 있다. 한마디로 정리해고는 기업이 문을 닫을 정도로 경영이 악화되었을 때에 만 동원할 수 있는 제도이다. 그러나 정부는 엄격한 정리해고의 적용이 사업구조조정과 금융산업 구조 개편 등을 촉진하는 데 가장 큰 걸림돌이 되고 있다고 보고 이를 완화 조치하고 있다.

## 정리해고제 02

사용자가 계속되는 경영악화 방지, 생산성 향상을 위한

구조조정과 기술혁신, 사업부문의 일부 폐지 및 기업인수합병(M&A) 등 긴박한 경영상의 이유가 있는 경우 종업원을 해고할 수 있도록 합법화한 제도로서, 기업주는 정리해고에 앞서 근로자 보호를 위해 해고 회피노력을 다하고, 합리적이고 공정한 기준에 따라 대상자를 선정한다. 또 해고 60일 전에 해당자에게 통보하고 노동부에 신고해야 한다. 이 제도의 도입으로 연공서열식 고용구조가 파괴되고, 평생직장 개념이 사라지게 됐다.

### 정보(information)

정보란 일정한 의미를 부여한 기호 및 기호의 체계로, 어떤 의도하에 정리 또는 가공한 자료의 집합을 말한다. 즉 정보는 일정한 목적에 기여할 수 있도록 자료(data)를 처리·정제한 것을 말한다. 자료(data)는 사실(fact)을 문자·소리·이미지·화상 등의 기호(symbol)로 표현한 것으로, 가공되기 전까지는 그 자체로서 사용자에게 특정한 의미를 주지 못한다.

### 정보 및 의뢰서비스
### (information and referral service)

사람들에게 현존 급여프로그램과 그들을 획득하거나 이용하는 절차에 대한 정보를 제공하고, 사람들이 다른 적당한 자원과 원조의 근원을 찾도록 돕는 기관 내에 세워진 사회사업기관이나 사무소를 말한다.

### 정보관리체제(information management system)

정보관리체제란 조직활동에 필요한 모든 정보를 의식적·계획적으로 설계하여 관리하는 체제를 말한다. 즉 조직의 신속한 의사결정을 지원하기 위해 정보를 체계적으로 수집·처리·저장·검색·제시할 수 있도록 설계한 종합 정보처리 시스템을 말한다.

### 정보보조(information subsidies)

정책의제 설정과정에서 일반대중 및 관심집단이 손쉽게 관련정보를 얻을 수 있도록 도와주는 이슈주도 집단의 활동을 말한다. 이슈주도 집단이 이슈와 관련된 자료의 분석 결과·연구보고서 등 각종 자료를 언론사·여론주도 집단·관심집단 등에 배포하거나, 각종 세미나·정책토론회·공청회 등에 참여하여 발표·토론하는 등의 활동을 정보보조 활동이라 할 수 있다.

### 정보산업

넓게는 정보를 생산, 유통, 판매, 서비스하는 산업군, 좁게는 컴퓨터와 직접 간접 관련되는 산업군을 가리키는데 이것은 광의의 정보산업과 구별해 정보처리산업이라고도 부르고 있다. 최근에는 광의와 협의의 구별이 확실해졌기 때문에 정보산업이라고 하면 대체적으로 광의의 산업군의 총칭이라고 봐도 좋다. 여기에는 정보처리산업을 비롯해 교육산업, 두뇌산업 등의 새로운 산업 군과 출판, 인쇄, 신문, 방송, 통신, 광고 중 전부터 있었던 산업군이 포함된다.

### 정보의 비대칭성(information asymmetry)

대리인 관계에 있어 위임자와 대리인 양측이 갖는 정보가 같지 않은 경우를 말한다. 위임자와 대리인은 각각 자신의 효용과 이익을 극대화하려고 하기 때문에 상충되는 이해관계를 가지며, 대리인이 위임자보다 특정한 과업에 대해 더 많은 지식과 능력을 갖게 되는 정보의 비대칭성 때문에 주인이 자신의 이익을 충분하게 확보하지 못하는 대리인 문제(agency problem)가 발생한다. 정보의 비대칭성에는 '역선택(逆選擇, adverse selection)'과 '도덕적 해이(道德的 解弛, moral hazard)'로 지칭되는 두 가지 유형이 있다.

### 정보자원관리 (information resource management)

조직에 필요한 정보를 생산하는 데 사용되는 자원을 관리하는 것을 말한다. 정보자원은 크게 시스템 자원·자료 자원 및 조직 자원 등 3가지 자원으로 구성된다. 즉 정보를 사용하고 생산하는 조직이 있고, 정보를 생산하는데 투입되는 자료가 필요하며, 마지막으로 자료를 가공하는데 사용되는 시스템 자원이 있어야 한다. 시스템 자원은 다시 하드웨어 자원과 소프트웨어 자원으로 구성된다.

### 정보체제(information system)

정보기술을 이용하여 업무 처리에 사용되는 정보 를 수집·전달·저장·검색·조작 및 표시해 주는 체제를 말한다. 즉 정보시스템은 정보와 정보기술을 이용해서 업무 처리를 지원해주는 시스템을 말한다.

### 정보통신망(information network)

컴퓨터가 상호 자료를 교환할 수 있는 원격 통신(telecommunication)과 컴퓨터망(computer network)의 두 방식을 포괄하는 개념을 말한다. 정보통신망은 송·수신 장치, 인터페이스 장치, 통신채널로 구성된다. 송·수신 장치는 정보를 정보통신망으로 전송 가능한 신호로 또는 전송된 신호를 정보로 교환하는 기계 인터페이스를 말하며, 인터페이스 장치는 송신장치와 수신장치 간의 통신채널 양쪽 끝에서 정보를 변환시키거나 코드화하는 장치를 말한다. 인터페이스로는 아날로그 신호를 디지틀 신호로 바꾸어주거나 디지틀 신호를 아날로그 신호로 바꾸어주는 모뎀(modem)을 비롯하여 교환기, 멀티플렉서, 컨센트레이터 등이 있다. 그리고 통신채널은 유선과 무선으로 나누어지며, 유선채널로는 표준전화선, 동축케이블, 광케이블 등이 있고, 무선채널로는 방송, 마이크로웨이브, 레이다, 인공위성 등이 있다.

### 정보화사회(information oriented society) 01

물질·에너지뿐만 아니라 그 이상으로 정보의 역할이 중시되는 사회를 정보화 사회라 하며 그곳에 도달하는 과정을 정보화라 한다. 이러한 발상은 D. 벨의 탈공업화 사회(Post Industrial Society), A. 토플러의 제3의 물결(The Third Wave)에서 찾아볼 수 있다. 이에 대해 고도정보화사회라는 용어가 정보화 사회와 구별되어 사용되고 있다. 제1차 정보화라는 개념이 1960년대에 제3세대의 스텐드앨론형 컴퓨터를 염두에 둔 문제제기적 관념론이었는데 대해, 제2차 정보화(고도정보화)는 1980년대의 분산처리·네트워크화를 전제로 한 문제 해결적 실체론이라는 점이 극히 대조적이다. 또 제1차 정보화의 과정에서는 산업내부의 컴퓨터화(산업의 정보화)와 정보관련 산업의 탄생(정보의 산업화)이 두드러진데 대해, 제2차 정보화의 단계에서는 퍼스널 컴퓨터나 워드프로세서가 가정으로 보급되고(생활의 정보화), 현금카드 등의 보급으로 사회 전체가 정보에 대한 의존도를 높여갈(사회의 정보화) 것으로 예측되고 있다.

### 정보화사회(information society) 02

이전의 산업 및 공업화시대에 비하여 정보의 가치가 가장 중요시되는 사회를 말한다. 중심적인 경제 및 사회활동은 정보의 생산과 전달을 통해 이루어지며, 그 과정에서 컴퓨터 및 인터넷이 가장 중요한 수단으로 이용된다. '정보사회' 라고도 한다.

### 정보화사회 03

최근 정보통신기술의 급속한 발달로 인한 충격은 정보통신관련 산업에 국한되지 않고 경제·사회의여러 부문으로 확산되고 있다. 이는 정보통신기술이 지식기반경제의 성장과 정보화 사회를 촉진하는 기폭제이기 때문이다. 정보화 사회는 정보화 경제와 정보화 경제의 사회적 영향으로 이루어지며, 정보화 경제는 정보통신산업(Information and Communication Technologies), 정보컨텐츠산업, 정보통신 상품과 정보의 이용으로 구성된다.

### 정보화사회 04

정보를 생산·유통·이용하는 정보산업이 발 달함에 따라 인간사회의 제도와 생활양식이 근본적으로 변화되고, 경제의 연성화(soften) 가 촉진되는 사회를 말한다. 산업사회(industrial society)와 대비되며, 탈산업사회 (post — industrial society)·초산업사회(超産業社會, super — industrial society)·지식사회 (knowledge society) 등 다양한 이름으로 불리기도 한다. 정보화사회는 지식·창의가 중 시되고, 조직구조가 탈관료제화·분권화되며, 경제활동에 있어서도 제품의 경박단소화(輕 薄短小化)·다품종소량생산(多品種少量生産)이 추구되는 등의 특징을 지닌다.

### 정부(government)

①넓게는 국가 자체 또는 국가의 입법·행정·사법의 모든 기관을 총체적으로 지칭하는 의미로 사용되는가 하면, ②행정부만을 지칭하는 개념 으로 사용되기도 하고, ③좁게는 행정부 내의 내각만을 뜻하는 의미로 사용된다.

### 정부규제(government regulation)

바람직한 경제사회 질서의 구현을 위해 정부가 시장에 개입하여 기업과 개인의 행위를 제약하는 것을 말한다. 정부규제는 그 대상영역을 기준으로 하여, 기업 및 개인의 경제활동을 규제하는 경제적 규제(economic regulation)와 사회적 활동을 규제하는 사회적 규제(social regulation)로 나눌 수 있다. 정부규제로 인한 비용과 편익이 모두 소수의 동질적 집단에 국한되고 개개인이 느끼는 비용과 편익이 크기에, 쌍방이 모두 조직화와 정 치활동의 유인을 강하게 가지는 상황을 말한다. James Q. Wilson은 규제에 따른 비용과 편익 의 집중 및 분산을 기준으로 하여 규제의 4가지 정치적 상황을 이같은 이익집단 정치와, 고객 정치(client politics), 대중적 정치(majoritarian politics), 기업가적 정치(entrepreneurial politics) 로 분류하였다.

### 정부기업

일반 부처조직(governmental department)과 같은 형태의 공기업을 말 한다. 행정기업 또는 관청기업이라고도 하는 정부기업은 기업 그 자체가 행정관청의 일부 분으로 조직되고, 경영은 정부장관 또는 지방자치단체 장의 직접 지휘하에 있기 때문에 소유와 경영이 일치되고 있다. 체신사업·철도사업 등을 비롯하여 지방공기업법에 의한 수도사업·궤도사업·자동차운송사업·가스사업 등이 이에 속한다. 공기업은 이러한 정부 기업과 회사법 규정에 의해 설립되며 정부가 그 주식의 전부 또는 일부를 소유하는 주식 회사형(joint stock company) 공기업, 그리고 정부기업의 장점인 공익성과 주식회사형 공기업의 장점인 기업성의 두가지 요소를 조화시킬 목적으로 특별법에 의해 설립되는 공사 (公社, public corporation)의 3가지가 있다. 선후진국을 막론하고 가장 전형적인 공기업형 태인 정부기업으로는 우리나라의 경우 철도청이 있다.

### 정부대행기관

한국은행은 정부대행기관의 예금을 수입하고 정부가 보증하는 경우 동 기관에 대해 대출을 할 수 있다. 정부대행기관이란 정부를 위하여 생산·구매·판매 또는 배급에 있어서 공공의 사업 또는 기능을 수행하는 정부지정법인을 말하는데, 현재는 비료업무를 취급하는 농협중앙회만이 유일한 정부대행기관으로 지정되어 있다.

### 정부실패(government failure)

시장에 대한 정부의 개입이 자원의 최적 배분 등 본래 의도한 결과를 가져오지 못하거나 기존의 상태를 오히려 더욱 악화시키는 경우를 말한다. 정부실패의 원인은 세금 · 헌금 등으로 인한 비용과 수입의 분리, 조직성과를 유도하고 조절하기 위한 목표로서의 내부성(externality), 파생적 외부성(derived externality), 권력과 특혜로 인한 분배적 불공평 등의 4가지 유형으로 분류할 수 있다.

### 정부의 재화 · 서비스
경상구입 국민총지출 가운데 한 요소이며 정부나 지방자치단체의 경상적 지출을 말한다. 국민소득계정 중 일반정부계정의 구성요소로 되어 있다. 이 가운데는 정부 · 지방단체적 직원의 봉급과 기업 · 해외에서의 경상적인 재화 · 서비스구입이 포함된다. 이른바 재정지출 가운데서 투자적 지출 이외의 부분을 지칭한다.

### 정부의제(governmental agenda)
정부의 공식적인 의사결정에 의해 심각하게 해결책을 모색할 것을 밝힌 사회문제를 말한다. 제도적 의제(institutional agenda) 또는 공식의제(formal agenda)라고도 한다.

### 정부조직법(law of the administrative organization)
국가 중앙행정조직의 대강(大綱)을 정하여 통일적이고 체계있는 국가행정사무의 수행을 기함을 목적으로 정부의 조직을 규정한 법률을 말한다. 여기서의 정부의 개념은 헌법상의 통치기구로서의 입법부와 사법부를 제외한 협의의 정부인 행정부만을 말한다.

### 정부지출금(appropriation)
특정한 목적을 달성하기 위해 정부에서 인가한 기관이나 프로그램에 대해 의회가 할당한 재원을 말한다.

### 정부출자기관
정부가 자본금의 50% 미만을 출자한 법인체형 또는 주식회사형 공기업을 말한다.

### 정부투자기관
국가의 공기업 가운데 간접투자기관을 제외한 법인체형 공기업을 말하며, 여기에는 공사(公社)와 주식회사형 공기업이 포함된다. 현실적인 구분기준으로는 정부가 자본금의 50% 이상을 출자한, 정부투자관리기본법의 적용을 받는 공기업을 말한다. 정부투자기관으로는 한국산업은행 · 중소기업은행 · 한국전력공사 · 한국도로공사 · 한국전기통신공사 등이 있다.

### 정부투자기관 경영평가위원회
정부투자기관의 관리에 관한 사항을 심의 · 의결하기 위하여 재정경제부에 설치된 합의제기관을 말한다. 재정경제부장관은 이 위원회의 심의 · 의결 사항의 전문적 · 기술적 분야에 관한 용역연구를 하거나 자문에 응하기 위하여 필요하다고 인정되는 경우에는 관계전문가로 구성되는 정부투자기관경 영평가단을 운영할 수 있다.

### 정부투자기관관리기본법
정부투자기관의 책임경영체제에 관한 기본적인 사항을 규정한 법률을 말한다. 이 법은 정부투자기관의 경영합리화와 정부출자의 효율적 관리를 기하기 위해 1983년 12월 제정되었다. 1962년 8월에 제정된 정부투자기관 예산회계법의 후신인 이 법의 적용범위는 정부가 납입자본금의 5할이상을 출자한 기업체이며 한국방송공사는 제외된다. 대상 투자기관은 한국산업은행, 한국전력공사, 한국전기통 신공사, 농어촌개발공사, 한국가스공사 등이다.

### 정부회계
정부의 경제적 활동을 측정하고 전달하는 과정으로서, 재무거래의 기록과 보고뿐만 아니라 재무활동 절차 및 내용을 포함하는 포괄적인 개념이다. 예산회계 또는 기금회계라고도 불리는 정부회계는 정부자산을 보호하고, 개별적인 자원의 관리에 대해 보고하며, 정책결정을 위한 정보를 제공하려는 목적을 가지고 있다. 정부회계시스템은 자금과 여타 자원에 대한 통제가 실패하는 것을 예보해 주고, 관리자들에게 운영이 재정계획에서 일탈하는 것을 알려주며, 계획된 지출액과 실제 비용과를 비교해 주고, 계획된 업무와 실제 집행된 업무와를 비교하며, 여러 행동 대안의 결과를 예측하는데 필요한 재정정보를 제공해 준다.

### 정상(normal)
일반적이고 평균적인 기대치와 크게 다르지 않은 행위나 현상을 문화적으로 규정한 개념을 지칭하는 용어이다.

### 정상둔자(dull — normal)
지능지수가 70에서 90까지의 사람을 지칭할 때 교육자나 교육심리학자들이 때때로 쓰는 용어로서 약간 한정된 지적 능력을 지니고 있지만 광범한 보호나 후원을 필요로 할 만한 결함이 없는 사람을 말한다.

### 정상분포(normal distribution)
어떤 기록이나 사례가 발생하는 한도 내에서 기대되는 빈도분포로서 이 정상분포를 보여주는 연구발표를 표현할 때 결과는 종 모양의 대칭형 도표로 기록한다. 대부분의 기록은 종 모양의 가장 높은 지점을 형성하는 중간점 근처에서 떨어진다. 중간점에서 거리가 넓어짐에 따라 경사면의 양쪽에 자리 잡는 경우는 드물다.

### 정상적응기제(normal adjustment mechanism)
인격체가 좌절상태에 빠져 항상성 유지나 긴장해소하려

하는 적응 노력으로, 주위환경에 순응하려고 자아의 붕괴를 방지하려는 작용으로 적정적응을 기제라고도 한다. 사람에 따라 그 반응경향은 몇 가지로 나누어지며 보상, 대상 동일화, 합리화, 지성화, 책임전가, 투신 등을 들 수 있다. 인생은 모두가 적응기제의 과정이며 학습에 의해 합리적 해결을 얻고 내성을 기른다. 정상적인 상황하에서 기대되는 수준이상으로 가격이 상승할 정도로 자 산에 대한 수요가 공급을 압도하는 시장. 할인 발행 신주에 대한 투자자의 거대한 수요는 판매자 시장의 한 보기이다.

## 정상행동(normal behavior)

개인이 속해 있는 집단에서 규정하고 있는 기준에서 벗어나지 않는 일상적인 행동. 개인적인 차원에서 집단성원으로서 다른 사람들의 행동과 비슷하게 집단규범을 지키는 일종의 습관적인 것이지만 사회적으로는 전체의 한 부분으로서 전체의 질서와 체계를 유지하는데 공헌하는 행동을 의미한다. 정상적인 행동을 하는 사람들이란 비슷한 문화를 가지고 공동생활을 하는 다수의 행동과 동 떨어지는 행동을 하지 않는 사람을 말한다. 집단이나 사회는 구성원들의 정상행동을 바탕으로 유지되는 것이므로 사회화 과정에서 정상행동의 학습을 무엇보다도 강조하게 된 것이다. 만일 사람들이 무엇이 정상행동인가를 알지 못하게 되면 사회는 혼란에 빠지게 된다. 그러나 정상행동의 기준은 근본적으로 문화에 의해 결정되기 때문에 상대적인 개념이기도 하다.

## 정상화(normalization)

어떠한 아동, 장애인이라도 특별시 하지 않고 보통의 인간으로 처우해 가는 것을 말한다. 장애인도 장애라는 외피적 속성을 제외하면 기본적으로는 대등한 인격주체다. 장애인을 아무리 소중하게 보호하고 있다 해도 그것이 격리나 배제사상에서 이뤄진 것이라면 진정 장애인의 인격이 존중되고 있는 것이 아니다. 정상화란 장애인의 과보호나 특별대우와는 다르다. 장애인이 당당한 인격자로서 일반사회 속에 참가할 수 있는 기회를 확대시키고 장애의 유무에 불구하고 인간으로서 평등하게 권리와 의무를 분수에 맞게 담당하며 살아가는 대등한 생활원리다. 정상화사상은 완전참가와 평등을 목표로 한 국제장애인의 해의 철학이다.

## 정상화의 원리(principle of normalization)

장애인에 대한 70년대 이후에 나타난 서비스 경향의 원칙으로서 Nirje(1969)는 정상화 원리를 '정신지체인의 삶의 형태와 일상생활 조건을 가능한 한 일반적인 상황과 사회 속에서 살아가는 방법들과 가깝게 해주는 것'이라고 정의하였고, Wolfensberger는 '가능한 한 사람에게 가치있는 수단을 이용하는 것'이라고 정의하였다. 이 정의에서처럼 정상화란 가능한 한 장애인의 생활도 일반인들이 경험하는 생활과 가깝게 만들려고 노력하는 서비스 정신

을 뜻한다고 볼 수 있다. 이 정상화 원리에 대한 개념을 역사적으로 보면 1960년대 후반 북미 지역에서 인간 복지 개념의 하나로 대두된 개념이며, 1960년대 말에는 스칸디나비아의 정신지체인을 위한 복지 문제로부터 유래되었고, 그 후 북미 지역에서 정교화, 일반화, 체계화되었으며, Wolfensberger에 의해 확고하게 정립된 개념이다. 이 원리는 사회에서 가치 이하로 평가된 사람들을 위한 복지에 적용되었을 때 적절하고 설득력 있는 원리이다. 특수교육 분야에서는 불행하게도 정신 지체 관련분야 외에는 잘 알려지지 않은 개념이다. 정상화 원리의 가장 중요한 목적은 사람들이 그 사회 안에서 사회적으로 가치있는 역할을 수행할 수 있도록 하거나 지원해 주는데 있다. 이를 위한 방법으로는 첫째, 가치 이하로 평가된 사람의 '사회적 — 이미지'를 증진시키는 것이며, 둘째, 이들의 '능력'을 증진시키는 것이 있다.

## 정서(emotion) 01

외적 자극이나 내적 상념에 관련되어 느껴지는 쾌·불쾌의 상태를 감정이라 부르는데, 일반적으로 이 감정의 분화된 상태를 말한다. 정서는 비교적 심한 생리적 반응을 수반하며, 흔히 나타나는 생리적 반응으로는 급격한 심장고동의 증진, 근육긴장 등이 있다. 정서의 예로는 공포·환희·분노 등을 들 수 있다. 한편 정서는 감정의 격하 정도와 관계없이 정적인 의식을 수반하는 모든 행동을 의미하기도 한다.

## 정서 02

감정, 기분 또는 정동(affect)을 의미한다. 생리적, 행동적 변화를 동시에 수반하며 어떤 내적 또는 외적 대상에 대한 인식에 토대를 둔 마음의 상태를 말한다.

## 정서발달(emotional development) 01

심리적, 신체적인 자극을 받았을 때 심리적·생리적인 긴장반응이 일어나는 상태를 말하며, 이때 일어난 긴장해소의 방법이 발달에 의 해 변화하는 것을 정서발달이라 한다. 프릿제스는 2세까지의 정서발달을 4단계로 나누어 2세 때에는 공포·혐오·분노·질투 등 10종류에 이르는 기본적 정서의 분화가 완성된다고 하였다. 정서발달에는 성숙과 환경자극에 의한 경험이 복잡하게 관계하고 있으며 특히 인간관계의 영향이 크다. 정서발달은 아동 기초기에 급속히 진전된다. 정서는 아동의 출생 초기에 미분화상태인 흥분으로부터 시작해서 발달단계가 진행됨에 따라 점차 분화된 정서를 보여주게 된다. 아동의 정서는 청년과 성인에 비해서 일시적이고 강렬하다. 정서의 발달은 에너지 체제의 분화와 확대의 과정이며 이 체제가 불안정한 것으로부터 안정화되어 가는 과정이라고 할 수 있다. 따라서 정서적 안정은 개체의 생리적 기제뿐만 아니라 환경적 조건에도 의존하고 있다.

### 정서발달 02

주로 아동기에서 쾌·불쾌 차원의 미분화된 감정상태로부터 분노·공포·환희와 같이 보다 분화된 정서상태로 발달, 안정되어가는 과정으로 정서발달은 생리적으로는 뇌의 시상하부와 관련되어 있고 정서행동은 대뇌피질과 관련된다.

### 정서불안정(emotional insecurity)

사소한 자극에 의해 심신이 과도의 긴장이나 불안상태에 빠지기 쉬운 경향을 말한다. 그로 인해 행동의 안정성을 결하고 폭발적 분노나 집중력의 결여, 기분의 역변성이 생기는 것 등이 특징이다. 이것을 신경증적 경향으로 파악하는 경우도 있으나 정서적 미성숙과의 관련도 무시할 수 없다. 원인은 질환 등에 의한 신체조건, 자율신경계의 과민성, 부모의 육아태도의 편향(과보호, 거부) 등을 들고 있으며 상태에 따라 환경조정이나 카운슬링을 필요로 한다.

### 정서일치(affective congruency)

같은 일에 대해 대부분의 다른 사람이 갖는 감정과 일치하는 감정으로, 가령 아동학대를 보고 괴로워하는 사회사업가는 대부분의 다른 사람과 정서적 일치를 갖는다.

### 정서장애(emotional disturbance) 01

인간관계에서 가지게 되는 감정상태가 어떤 좌절이나 갈등으로 왜곡된 상태가 생겨나 그 결과 일어난 행동장애를 말한다. 신체질환이나 뇌장애 등 일차적인 원인에 따른 행동장애는 이 범주에서 제외된다. 구체적 증상은 식욕부진, 식사거부, 식욕도착, 야뇨, 야경, 자위, 말더듬이, 침묵, 각종 신경성습벽, 신경성변비 또는 설사, 신경성두통, 강박증, 등교거부, 신경증, 파괴행동, 고립, 거절증, 학대 등이다. 이들 정서장애에는 심리요법, 행동요법이 유효하다.

### 정서장애(affective disorders) 02

우울증(depression), 다행증(euphoria), 조증(mania) 같은 기분의 만성적 또는 일시적 변화를 특징으로 하는 정서적 장애. DSM − Ⅲ에서 이와 같은 장애는 주요 정서장애(major affective disorder)에 해당하며, 주우울증(major depress − ion), 양극장애(bipolar disorder), 순환적 장애(cyclothymic disorder) 등이 포함된다.

### 정서장애 03

다른 사람들이 수용할 수 있는 정도의 행동을 유지할 수 있을 만큼 자신의 감정을 충분히 통제 할 수 없는 상태를 말한다. 이는 연령에 적합한 정서반응을 보이지 못하거나 정서의 표출이 안정되지 못한 경우, 혹은 가까운 사람과의 정서적 교류를 갖지 못하는 경우 등을 포함하는데, 그 증상으로는 아동의 경우 주의 산만, 과잉활동, 발열, 잦은 용변, 손가락 빨기 등으로 나타날 수 있다. 행동장애(behavior disordered)라고도 하며 장애의 정도가 약한 아동은 방문 순회교사나 위기교사(crisis teacher)의 도움을 받으면서 정규학급에서 공부할 수 있다.

### 정서장애아(emotionally disturbed children)

주로 신경증 증상을 나타내는 아이들을 지칭하나 호스피탈리즘 증후로서의 비행아까지를 포함하는 일도 있어 여러 가지 의미로 쓰여지고 있다. 광의로는 자폐증, 뇌장애 등의 증후도 포함되나 협의로는 후천적인 인간관계 장애로 생각해도 좋다. 정서장애아는 정서적으로 기복이 심하고 교우관계가 원만하게 이루어지지 않는 것이 하나의 특징이며 친구교제가 안되므로 사회적으로 고집된다.

### 정서장애아시설

정서장애의 보호자로부터 위탁받아 통원시켜 치료하는 것을 목적으로 하는 시설을 말한다.

### 정서적 단절(emotional divorce) 01

보통 결혼한 한 쌍(dyad) 사이의 거리감을 말한다. 이것은 그들이 상당한 고통, 걱정, 분노를 겪었거나 전에 만났을 때 다른 비슷한 반응을 겪었기 때문에 발생한다. 결과적인 행동으로는 상대방과 함께 있는 것을 꺼리고, 정서적으로 부담 있는 사건에 대한 토의를 기피하고, 필요한 정서적 지지, 제공 등을 거부하는 것 등이 있다.

### 정서적 단절(emotional cut − off) 02

M. Bowen은 정서적 단절을 분화과정, 즉 부모로부터의 격리, 위축, 부모로부터 멀리 달아나는 것, 부모가 중요시하는 것을 부정 혹은 거부하는 것으로 보고 있다. 부모에 대한 해결하지 못한 정서적 애착의 정도는 자기 자신의 삶과 다음 세대에서 다루어야 하는 비분화수준과 같다. 해결하지 못한 정서적 애착은 부모와 함께 사는 동안에 부모를 거부하고 자신을 격리시키며, 부모로부터 멀리 떠나거나 함께 살면서 정서적으로 고립되는 것으로 나타난다. 과거와의 단절이 심할 수록 자기 자신의 결혼생활과 부모의 가족문제를 관련시켜서 생각하며, 자녀들과 정서적 단절은 심화된다. 자신의 부모로부터 멀리 떨어져 나가는 사람은 집을 떠나지 못하는 사람과 같이 정서적으로 의존적이다. 이들 양쪽 모두 정서적인 융합을 필요로 하면서도 몹시 싫어한다.

### 정서적 불안정

기분상태를 빨리 자주 바꾸는 경향을 의미한다. 이는 혼히 발생하는 정서장애(effective disorders)와 미숙의 증후로 나타난다.

### 정서테스트(emotional test)
인격의 상면(modality)을 지, 정, 의로 분할하는 생각은 옛부터 존재했다. 지적측면을 측정하는 지능테스트에 대해 정서테스트는 감정 측면과 의지, 기질의 측면을 측정하고자 한 것이다. 다우니(Downey)의 의지·기질테스트나 풀치크의 EPI(emotions profile index) 등이 그 예이다. 최근에 정서테스트는 성격테스트 안에 포괄되어 정서테스트라는 말은 거의 사용되지 않는다.

### 정서학습(emotional learning)
정서적 지식을 이해시키며 품성을 배양하는 학습. 아동의 정서발달은 성숙과 학습에 의해 이루어진다. 이 중 학습이 정서발달에 미치는 영향은 특히 중요하다. 아동기에 있어서 정서발달에 미치는 학습의 종류는 시행착오·학습·모방 및 조건화가 있다.

### 정성분석과 정량분석
정성분석과 정성분석은 말 그대로 해당 성분이 들어있느냐, 아니냐에 대한 분석이고, 정량분석은 들어있다면 얼마나 들어있느냐에 대한 분 석이다.

### 정신(mind)
①물질이나 육체에 대합하는 것으로서의 마음, 영혼과 같은 의미로도 사용되지만, 정신이라고 하는 경우는 대개는 고차의 심적 능력(과학적 및 예술적 인식 등)을 가리킨다. ②또 정신은 시대정신, 민족정신 등이라고 말하는 경우와 같이 초개인적인 의미를 가질 뿐만 아니라, ③많은 철학자에 있어서는 세계적인 원리로 믿어지고 있다. 그것의 현저한 예는 헤겔이며, 그는 세계의 처음에 초세계적인 이데아를 두고, 정신은 이 이념이 자연이라는 이념의 외화로부터 벗어나서 자기에게 돌아온 것이라고 하였다.

### 정신건강 사회사업가(mental health workers)
정신병자 정신병을 앓을 수 있는 사람들의 요구를 충족시키기 위해 관계하고 있는 시설이나 조직체에서 일하는 정신건강 전문가, 준전문가, 자원봉사자와 보조원들을 말한다. 정신건강 사회사업가들은 그들의 노력이 전문화되고 초점화된 목표를 성취하려는 다른 사회사업가들과 적절하게 협조가 이루어지지 않을 경우에만 정신건강팀과 구분된다.

### 정신건강 전문가(mental health professional)
정신질환을 치료하기 위한 전문화된 훈련과 기술을 지닌 사람을 말한다. 이들은 전문화된 기술을 사용하여 정신적인 어려움을 겪고 있거나 겪기 쉬운 사람들에게 임상적이고 예방적이며 사회적인 서비스를 제공하는 사람들이다. 정신건강 전문가들에는 정신병 의사, 심리학자, 정신과 간호사, 사회사업가 그리고 정서적으로 어려움을 가진 사람들을 전문화된 숙련기술로서 도와주는 다른 분야의 전문가들이 포함된다.

### 정신건강(mental health)
갈등하지 않고 합리적인 결정을 하며, 환경적 스트레스와 내적인 압력에 대응할 능력을 만들 수 있고 수행할 수 있는 지속적인 능력을 지님으로써 갖게 되는 상대적으로 좋은 정서 상태를 말한다.

### 정신건강 팀(mental health team)
정신이상에 영향을 받는 클라이언트(클라이언트의 가족)를 위해 광범위한 서비스를 제공하려고 함께 일하는 다양한 영역의 전문가들과 보조자들로 구성된 팀이다. 이 팀의 성원들에는 정신과 의사(주로 팀을 이끌어 간다), 사회사업가, 심리학자, 간호사들이 포함된다. 어떤 정신시설에서 팀의 성원으로는 물리치료사, 작업치료사, 레크레이션 전문가, 교육자, 상담자, 정신과 보조원, 자원봉사자, 토착인 사회사업가(indigenous worker) 등이 포함된다.

### 정신력동학(psychodynamics)
인간의 심리현상 또는 행동을 역학적인 인관계의 가정에 의해서 이해하려는 입장을 말하며, 프로이드의 정신분석 특히 무의식 심리학의 역동적 입장에서 유래한다. 즉 이것은 ①인간 심리현상의 배후에 본인 자신이 의식하지 못하는 무의식적 동기나 의도가 관여하고 ②이 무의식적 동기나 의도는 서로 갈등함으로써 역학적인 항쟁을 야기하는데, 인간행동은 이 등의 타협형성으로서 이해한다. 이 정신동력학의 대상이 되는 정신질환자에 있어서 발병 전과 발병 후, 정상과 병태간에도 연속성을 가지고 활동하고 있고 ②인간전체의 심신양면에 걸쳐 균형(homeostasis) 유지와 환경의 적응을 동시에 이루어 가며, 또 ③개체내에서 만이 아니라 대인관계, 가령 치료관계 및 심리요법 과정이나 가족관계에도 작용하고 있다. 또 보다 넓게는 인간의 행동 및 동기에 관한 계통적인 지식과 이론이라는 의미로 사용하는 입장이 있는 가하면 정동적인 과정에 한정하여 지적 상징적 기제에 대해서 형성적 기제라는 개념을 사용하는 입장도 있다.

### 정신박약(mental retardation)
지능이 현저히 낮아서 일상생활과 사회생활에 있어서 적응을 하지 못하는 상태를 말한다. 사회적인 적응능력의 부족 현상이 주로 18세 이전에 오는 것을 말하며 선천성 혹은 출산시나 출생초기에 뇌수에 어떤 장애를 입어 지능이 미발달 상태에 있으므로 사고능력 즉 정신활동이 열약하여 학습, 사회생활의 적응이 곤란한 정신결함이다. 정신박약은 다른 장애에 비해 생각이나 통찰 판단 기억 등의 능력과 추상적 개념 및 수개념이 빈약하므로 교우관계 학교생활이 거의 불가능하므로 항상 고립되어 있으며 멸시나 소외를 받음으로 다른 심리적 증상도 유발하기가 쉽다. 그리고 정신발달의 지체는 신체적 발육에도 많은 지장을 초래하여 신체적 특징을 가지게 되며 균형이 비정상적인 경우가 많다. 합병증으로 간질, 언어장애 팔다리의 마비 등을 갖는 경우가 많다. 인간의 세포는 재생하는 작용을 하는데 뇌세포만은 재생을 하지 않는다. 특히 대뇌의 세포는 신경세포로서 작용하며 인간의 뇌는 출생시 약 300그램이고 정신활동을 하는 신경세포는 약 140억에 이르며 이 세포수는 일생에 걸쳐 감소하되 지능, 지혜에 있어 고차적 작가 각종의 원인에 의해서 그 발달이 지체되고 지능작용이 불완전한 상태에 있게 되는 것이다. 정신박약자는 지능지수 70이하를 말하는데 어느 정도 사회생활에 독자성과 적응능력이 있느냐 하는 것이 문제이며 교육훈련에 의해 개인차가 있을 수 있다. 따라서 지능지수 70이하이면서 적응능력이 낮고 문제가 있을 때 이는 정신박약자범주에 포함하는 것이다. ①IQ를 중심으로 한 분류에는 백치(idiot) : 20 − 25이하(지능정도 2세) 치우(imbacile) : 25 − 50(지능정도 3세 − 7세) 노둔(moron) : 50 − 70(지능정도 8세 − 12세) ②세계보건기구 제네바회의의분류에는 경도(mild), 중등도(moderate) 중도(severe)로 나누며 ③심신장애자 복지법시행규칙 제 2조에는 1급(중도) : 지능지수 34이하로 일생동안 타인의 보호가 필요한 자, 2급(중등도) : 지능지수 35이상 49이하의 자로 복잡하지 아니라고 특구기술을 요하지 아니하는 직업을 가질 수 있음, 3급(경도) : 지능지수 50이상 70이하의 자로 교육을 통한 사회적 직업적 재활이 가능한 자로 분류되어 있다. 정신박약자는 특수교육진흥법에 의해 특수교육을 받을 수 있고 직업교육과 요육을 아울러 받을 수 있다. 그리고 심신장애자복지법에 규정한 보호, 의료재할, 부양수당, 복지시설의 입소, 혹은 통원을 할 수가 있는데 심신장애자기본대책법 및 고용촉진법의 제정에 의한 복다 적극적이고 철저한 재활사업이 이루어져야 할 것이다.

## 정신박약아교육

지능지수가 낮아서 일반아동과 같은 교육으로는 소기의 목적을 달성할 수 없는 아동에게 특수한 방법으로 교육하는 특수교육의 하나, 정신박약아 가운데서도 지능지수의 차이가 즉 경도, 중등도, 중도에 따라 일률적으로 대응할 수 없는 것이 정신박약아 교육의 특질이다. 정신박약아 교육의 시초는 프랑스의 세강(S guin, E.)에 의해 19세기 초 백치교육이 시작됨으로서 그 가능성을 실증하였다. 그후 미국, 프랑스, 프러시아, 영국, 독일 등지에서 정박교육기관이 설치되었고 우리나라에서는 교육법 제 81조 6항의 특수학교의 설치규정에 따라 현재 약 37개교가 설립되어 있다. 그리고 특수학급을 일반국민학교에 설치하여 정신박약교육을 비롯한 특수교육을 시행하고 있다. 특수교육진흥법에서 정신박약아교육과 국가 및 지방자치단체의 임무를 규정하고 있는데 특수교육에 소요되는 각종 설비 인건비, 특수 운영비 등이다. 정신박약아 교육의 교사는 특수교육학과를 이수한 특수교사와 교육과학기술부의 특수교사자격 검정고시에 합격한 전문인에 의해 수행되고 있다. 이러한 정신박약아의 교육의 원리는 내용선택은 구체적으로 하고 추상적인 것은 배제하며 생활을 통해서 생활수단을 배제하며 생활을 통해서 생활수단을 배우게 준비하고 능력에 맞추어 직업교육을 준비하며 사회생활적응에 필요한 내용을 선택하고 교육가능정신박야아는 개별화의 원리에 맞추는 것 등이다.

## 정신박약자시설

선천성 혹은 후천성의 원인으로 대뇌 신경세포의 발달이 충분히 이루어지지 못하고 지체되어 가족생활, 학교생활, 사회생활에 있어서 적응을 하지 못하는 지능지수 70이하의 사람을 특수한 복지시설에 수용하여 양육, 보호교육, 기능회복훈련 등을 실시하는 기관을 말한다. 심신장애자복지법 제 15조 4항에 의한 시설로서 입소 또는 통원하게 하여 보호함과 동시에 그 재활에 필요한 상담 · 지도 또는 훈련을 행하는 것이다. 여기서 보호한다는 양육과 사회생활에 필요한 교육, 학교교육, 의료보호 등을 포함한다. 우리나라 심신장애자복지법에는 아동과 성인의 구별이 없으므로 이에 대한 고려가 있어야 되겠으며 보호의 구체적 상황과 전문종사자에 대한 자격기준 및 직업훈련에 대한 구체적 사항이 규정되어야 할 것으로 본다.

## 정신발달과정

인간은 태어남과 동시에 육체기능과 같이 정신기능도 끊임없이 변화, 발전한다. 전자는 성인이 되어 완성되는데 반해 후자는 일생동안 성숙을 향해 성장하며 발전하는 것이다. 발달이론은 여러 가지 정신증상에 대해 그것을 단순히 정신병리적인 해명에 그치지 않고, 발달과정을 종합 검토하여 그 특성을 보다 명확하게 파악함으로써 적극적인 예방차원의 방향제시를 하고 있다.

## 정신발달지체아(the mentally retarded)

정신적인 장애를 가지고 지능이 뒤처지는 아동은 모두 정신발달지체라고 해도 좋다. 협의로는 병리적인 원인을 갖는 정신지체아 이외의 정신발달상 지체를 나타내는 아이를 지칭하며 유전적 · 환경적 조건으로 발현된다고 생각한다. 정신발달장애아의 정신활동은 완만하며 정확성의 결여도 많고 활동수준도 일반적으로 낮지만 제대로 교육받고 경험을 누적하면 어느 정도 정신적 발달을 기할 수 있다.

## 정신병(psychosis) 01

기질적(organic) 또는 심리학적 원인에 근거해서 다음 증상을 나타내는 심각한 정신장애를 말한다. 그 증상들로는 손상된 사고 및 사유능력, 인지장애, 부적절한 감정반응, 부적절한 정서, 퇴행 행동, 감소된 충동통제, 손상된 현실판단 관계사고(ideas of reference), 환각(hallucination), 망상(delusion) 등이다.

### 정신병 02

신경증과는 현저하게 다른 인격의 병으로 특징은 인격의 해체이다. 가령 뇌에 기질적인 변화가 있어서 기억력장애라는 증상이 있어도 즉시 정신병이라 할 수는 없다. 통상적으로 받아들여지고 있는 분류로는 다음과 같은 것이 있다. 신체적기반이 있는 정신병으로는 뇌에 장애가 있는 기질성정신병, 급성전염병과 내분비장애에 수반하는 증상정신병, 알코올중독이나 각성제중독 등에 의한 중독성 정신병이 있다. 또 현재에는 그 신체적 근거에 의한 원인론이 밝혀지지 않고 내인성 정신병이라 불리는 정신분열증, 조급증이라 불리는 비정형내인성 정신병이 있다. 정환성정신병을 여기에 포함시키는 사람도 있다. 이밖에 경악과 구급반응 등 강도의 심인반응을 표시하는 것을 반응성 정신병이라 한다.

### 정신병 약(psychoactive drugs)

사용자의 기분, 인식력, 인지도에 변화를 야기시키는 약물로서 이러한 약물로는 향정신의약품(psychotropic drugs) (환자의 심리적, 정서적 변화를 돕기 위하여 의사가 처방해주는 약물)과 불법약물(illicit drugs) 혹은 규제약물(controlled substances) (인식을 혼란시키고, 분위기나 활동수준을 변화시키고, 도취감 그리고 유사한 정신적 경험을 하기 위해 불법적으로 남용되는 약물)이 있다.

### 정신병리학(psychopathology)

역기능이 방생하는 심리사회적 환경과 사물의 원인, 증상, 결과 등을 포함하여 정신적, 인지적, 행동적 장애의 본질에 대해 연구하는 것으로 이 용어는 또 개인이나 개인과 접촉하는 사람들에게 문제나, 지능지수 이하의 결과를 야기하는 성격이나 행동특성을 설명할 때 사용된다. 사실 정신의학자가 진단할 수 있는 모든 정신적, 신체적 장애 혹은 개인들의 행복을 위해 잠재력을 발휘하는데 방해가 되는 모든 사회적 문제는 병리학적으로 고려될 수 있다.

### 정신병원(mental hospital) 01

정신장애인의 의료보호를 목적으로 하는 병원이다. 정신병원은 종래에는 폐쇄적인 격리수용이었지만 근래는 약물요법, 정신치료, 작업요법, 사회치료를 사용한 개방적이고 치료적인 시설로 변화해가고 있다. 즉 근래의 정신병원은 장애인의 주체적인 생활을 중시하는 한편 지역사회의 정신건강 활동으로 병원 내 자원을 활용하여 입원환자의 재활은 물론 퇴원환자를 병원프로그램에 함께 참여

시켜서 다양한 방법으로 지역사회와 밀접한 활동을 전개해 간다.

### 정신병원 02

정신병으로 고통을 받는 사람들을 전문적으로 보호하고 치료하는 시설이다. 이 시설들은 공공재정이나 민간재정으로 충당될 수 있고, 제공되는 서비스의 분야는 전반적인 건강보호가 될 수도 있고, 한정된 보호에만 그칠 수도 있다. 미국에 존재하는 다수의 공립 정신병원은 사회개혁자인 딕스(Dorothea Dix)의 영향으로 세워졌다.

### 정신병질적(psychopath)

정신질환을 가진 사람에 대한 부정확한 언어로서, 이 용어는 심리학적 병리나 질병을 연구하는 정신 병리학에서 유래하였고, 정신건강 전문의가 반사회적 성격(antisocial per sonality) 장애의 진단을 받은 사람을 일컬을 때 사용되기도 하였다.

### 정신병학적(psychogenic)

신체의 생리적 구조보다는 오히려 개인의 정신이나 마음에서 일어난 장애나 상황에 관련된 용어이다. 이 용어는 일반적으로 기질적(organic)의 반대말로 쓰인다.

### 정신보건센터(mental health center)

보건소와 지역정신보건활동의 거점으로서 시·도에 정신보건센터의 설치가 가능하다. 업무는 정신보건에 관한 지식의 보급·조사연구, 복잡 또는 곤란한 상담과 지도 그리고 보건소에 대한 기술지도나 연수이다. 과제로는 수가 적어 빈약한 구성을 이루고 있어 지역의 진료기관이나 병원과의 네트워크 부족 등 진료체제를 갖지 못한 점이 있다.

### 정신보건행정(mental health administration)

국가와 지방자치체의 정신장애인 등에 대한 의료·보호, 사회복귀, 발생예방 및 국민의 정신적 건강의 유지·증진을 도모하는 시책·수행을 말한다. 정신장애인에 대한 시책을 살펴보면, 정신병자의 불법감금, 감호의 비판에서 보호·치료를 목적으로 한 정신병원법이 생겨났으나 실효를 거두지 못하였다. 그 후 사택감호의 폐지, 적극적 병원 입원치료, 공안적 배려 등을 목적으로 한 정신위생법이 제정되어 민간병원의 의료 확대와 강제적인 조치입원 환자수의 증대가 있었다. 오늘날에는 조치입원비의 급상 등, 치료법의 변화, 인권문제 등에서 사회복귀의 촉진과 정신장애인 등의 복지증진, 그리고 적극적인 국민의 정신적 건강 보유·증진으로 전환해가고 있다.

### 정신분석 이론(psychoanalytic theory)

프로이트(S. Freud)가 발표하고 융(Carl Jung), 아들러

(Alfred Adler), 랭크(Otto Rank), 스태클(Wilhelm Stekl), 클레인(Melanie Klein), 존스(Ernest Jones) 등과 같은 많은 이론가나 분석가들이 수정하고 정교화한, 인간의 성격과 성격발달에 대한 가정과 치료방법으로 현재 정신분석에 대해 알려진 대부분의 개념들은 프로이트 이론(즉 쾌락원칙(pleasure principle), 현실원리(reality principle), 리비도(libido), 무의식(unconscious), 이드(id), 자아(ego), 초자아(superego), 정신성적 발달이론(psychosexual development theory)에서 유래하였다. 다른 분석가들이 강조한 개념으로는 방어기제(defense mechanism) (안나 프로이트 Anna Freud), 대립관계(object relations) (딕스 H. V. Dicks), 열등감(inferiority complex) (아들러), 집합적 무의식 원형(Jung), 의지론(랭크), 심리사회 발달(에릭슨), 분리된 개인(말러 Mahler), 정신분석 이론(설리번 Harry Stack sullivan) 등이 있다. 정신분석 이론, 특히 그것의 아류인 자아심리학과 신프로이트학파는 1940 − 1965년에 사회사업의 진단학파에서는 임상사회사업(clinical social work)과 개별사회사업(social casework) 이론에 많은 영향을 끼쳤다.

### 정신분석(psychoanalysis)

프로이드가 창시한 신경증의 정신 요법과 그것에 사용된 정신의 심층을 탐구하는 방법, 그리고 거기서 발전한 그의 심리학설 및 그의 흐름을 따르는 제 학설을 말한다. 프로이드에 의하면 정신 과정은 ①의식, ②전의식 즉 의지적으로 회상할 수 있는 기억, ③무의식의 3층으로 되어 있으며, 심층인 무의식의 과정은 의지적으로는 재생할 수 없는 것이다. 원망이나 생각이나 표상이 우리들이나 주의 사람들의 평가와 충돌하는 것은 억압을 받아서 무의식의 층에 쌓이게 되지만, 그것들은 작용을 중지하는 것은 아니고, 행위의 착오 또는 꿈이 되어 나타나거나, 정신 장애를 초래하는 일도 있다. 이와 같이 억압되어 있는 힘 즉 콤플렉스는 생물적 본능, 주로 성적 충동에 근거하는 것으로 간주되고 더욱이 어릴 때의 성적 체험에 귀착된다. 신경증의 치료는 환자의 마음에 떠오르는 대로의 이야기, 착오 행위, 꿈 등을 요체적 방법으로 해석하고, 억압되어 있는 것을 분명히 하고, 그것을 의식시켜서 콤플렉스를 해소시키는데 있다. 그는 다른 한편으로 예술이나 종교 등의 문화도 성적 충동의 에너지가 사회적으로 가치 있는 일로 대치되어 승화된 것으로서 설명했다. 프로이드는 만년에 의식, 전의식, 무의식이라고 하는 정신 과정의 종별만으로는 불충분하다고 생각하고, 그의 저서 〈자아와 에스〉 (das ich und das es, 1923)에서, 에스, 자아, 초자아라는 3개의 측면으로 되어 있다고 하는 정신 구조의 도식((영) mental topography)을 상정하였다. 그의 성욕 중심의 사고방식은, 그의 제자 아들러나 융에 의해 수정되었다. 정신분석은 예술에 영향을 미쳤을 뿐만 아니라, 문화인류학・사회학・교육학 등의 인간의 과학에도 침투했는데, 그와 함께 그것들로부터도 영향을 받고, 또 프로이

드가 생물학적 본능을 중시하고, 사회적・문화적 조건을 문제로 삼지 않은 점을 비판하고, 콤플렉스의 형성 등에 있어서의 사회적・문화적 요인을 중시하는 신(新) 프로이드파가 등장하게 되었다.

### 정신분석가(psychoanalyst)

용어풀이 정신분석가(psychoanalyst) 프로이트(S. Freud)와 그의 추종자들이 만든 특수한 정신치료기법 뿐만 아니라 정신성적 발달(psychosexual development)과 성격구조 이론을 적용하는 전문가를 말한다. 미국에 있는 대부분의 정신분석가들은 정신의학자들이지만, 전문가에는 인정받은 정신분석 훈련이나 개인적 정신분석을 통해 자격을 부여받은 사회사업가 및 정신건강 전문가들도 포함된다. 일반적으로 정신분석학자들은 특정 기간 동안에 때때로 무기한으로 주당 4 − 5회, 40 − 50분 정도 환자를 진찰한다. 클라이언트는 보통 침상에 누워서 자유연상(free association)을 통해 말하게 된다. 정신분석가들은 환자들의 꿈과 감정 표현을 추진력, 무의식적 동기, 방어기제의 부적절한 사용 등과 연관지어 해석한다.

### 정신분석요법(psychoanalytic therapy)

프로이드(Freud, S)에 의해 창시된 정신요법으로 히스테리의 치료를 계기로 개척되었다. 그는 정신현상을 변화하는 동적과정으로 규정하고 생물학적으로 규정된 본능충동(리비도)의 발달과 환경과의 관계를 중시해 발달과정을 구강기, 항문기, 남근기, 에디프스기라 명명했다. 무의식, 유아체험을 중시하고 억압되어 있어 문제를 파헤쳐 자아를 강화한다. 이 요법은 국제정신분석학회의 훈련을 받은 유자격회원이 행하고 치료하는 기간도 수년간 걸리지만 단기치료법도 있다.

### 정신분석학(psycho − analysis)

프로이드(Freud, S)에 의해 제창된 인간의 무의식과 정신 병리와의 관련에 관한 심리학. 인간의 생활사 특히 유아기에서의 친자관계를 중시한 발달론. 인간의 방어기제라든가 동기부여 등에 관한 역동론과 본능(id), 초자아(super ego), 자아(ego)로 되는 인격구조론에 의해 정신의학에 큰 공헌을 했다. 이들 이론에 근거한 정신요법에 정신분석요법이 있다. 자유연상이나 꿈의 분석에 나타나는 소재의 해석을 통해서, 또 환자와 치료자 관계에서의 저항과 전이(치료자를 부모의 이미지와 겹쳐서 인지하는 정서적・무의식적 현상)를 해석함으로써 환자에게 대인관계의 장애나 증상의 의미를 통찰시킨다. 정신분석은 미국에서 제1차 대전 후에 일어난 진단주의 케이스워크를 형성하는 동인이 되었다.

### 정신분열병(schizophrenia)

대개 청년기에 아무런 이유 없이 나타나며 대부분이 특이

한 인격결함 상태에 빠지게 된다. 이 병의 주축을 이루는 것은 감정과 의지의 장해이며 여러 가지 심적 기능 사이의 연관과 통일을 잃는 것이다.

### 정신분열성(schizoid)

집중력 결여, 사회적 퇴행 또는 타인의 감정에 무관심함 등의 특성을 보이는 성격을 일컫는 용어다. 만일 이러한 특성이 만연하고 비교적 지속적일 경우에는 정신분열성 성격장애(schizoid personality disorder)의 소유자라고 진단받을 수 있다. 18세 이하의 사람이 이러한 성격장애를 지닐 때는 '아동기 또는 청소년기의 정신분열성 성격장애' 라고 진단할 수 있다.

### 정신분열증(schizophrenia) 01

정신장애의 하나로 주로 청년기에 발병하며 사고·의리·감정 등에 이상을 보여 조울증과 함께 내인성 정신병으로 분석된다. 정신병원 입원자의 7 − 8할을 차지하며, 경과가 길어 입원이 장기화되고 환각(환청), 망상 등의 이상체험 때문에 주위에서 편견으로 보여지는 까닭에 정상적인 사회생활이 곤란하다. 1950년대 이후의 약물요법의 진보에 의해 외래통원이나 데이케어(day care), 기타에 의한 재가치료가 여러 형태로 추진되게 되었다.

### 정신분열증 02

기질적 정신장애(organic mental disorders) 또는 정서장애(affective disorders)와는 무관한 45세 이전에 본격적으로 발작을 일으켜 6개월 이상 지속되는 정신병의 한 형태를 말한다. 전형적인 증상으로서는 사고의 장애(가령 현실에 대한 잘못된 해석, 모호 연상(loose association), 망상(delusion), 환각(hallucination), 분산된 사고), 감정의 변화(비적절한 정서적 반응, 메마른 정서, 감정이입 능력의 부재, 양가감정), 의사소통의 문제(조리에 맞지 않는 진술, 대화 화제의 부족), 퇴행적이거나 괴이한 행동 등이 있다. 정신분열증은 특수한 증상에 따라 여러 형태의 하부적인 증상(disorganized) (파괴적 긴장성 : hebephrenic catatonic), 편집증(paranoia), 미분화(undifferentiated)를 동반한다. 그러나 최근 개발된 향정신 의약품(psychotropic drugs)과 심리치료(psychotherapy)의 덕택으로 많은 환자들이 원만한 기능을 수행하며, 정신병원 등의 시설에 의존하지 않고 생활에 적응해가고 있지만 완치될 전망은 거의 없다고 여겨진다. 이 방면의 연구가들은 정신분열증이 한 가지 증상이 아닌 각기 다른 복합적인 요인들 때문에 나타난다는 관점에 동의한다. 비전문가들(laypersons)은 종종 다중성격(multiple personality)으로 알려진 전혀 관계없는 분열장애(dissociative disorder)와 정신분열증을 혼동한다.

### 정신분열증 03

유발형 부모 가족치료가 또는 정신 분석가들이 자녀들에게 정신분열증(schizophrenia)을 유발시키는 횡포하고 일관성 없는 어머니 또는 순종적이고 일관성 없는 아버지를 설명하는데 쓰는 개념이다. 그러나 이 이론을 실증할 만한 과학적 증거는 거의 없다.

### 정신분열증 장애

지속기간이 2주 − 6개월인 것을 빼면 정신분열증(schizo − phrenia)과 똑같은 증세를 보이는 장애를 말한다.

### 정신상의 장애

정신이 노동불능상태이거나 노동에 제한을 가할 필요가 있는 장애. ⑩ 우울증, 간질병, 정신박약 등.

### 정신상태 검사(mental status exam)

환자의 심리사회적, 인지적, 정서적 기능과 시간과 장소에 대한 적응성을 결정하기 위해, 정신의학자나 다른 의사들이 일차적으로 만든 체계적인 평가기준. 면접을 통해 의사는 환자의 정서, 사고 내용, 지각 기능, 인지 기능, 치료를 위한 요구와 동기 등을 관찰한다. 환자들에게 "오늘이 며칠입니까?", "지금 당신은 어디에 있습니까?" 등을 질문함으로써, 이러한 평가 작업이 이루어진다. 환자는 또 숫자를 앞뒤로 반복할 것을 요구받을 수 있으며, "유리 집에 사는 사람은 돌을 던져서는 안된다"와 같은 여러 경구들을 해석하도록 요구받을 것이다.

### 정신성적 발달이론 (psychosexual development theory)

인간의 성격이 형성되는 과정을 기술한 정신분석 이론(psy − choanalytic theory)과 프로이트 이론(Freudian theory)에서 유래한 개념으로 이 이론에 따르면 인간은 기쁨과 즉각적인 만족을 위해 타고난 추진력과 본능으로 동기를 부여받는다. 인간은 성숙해지면서 여러 가지 발전단계를 통해 변화하는데, 이러한 단계에는 구순기(oral phase) (2세까지), 항문기(anal phase) (2 − 3세), 남근기(phallic phase) (3 − 7세), 잠재기(latency phase) (7세부터 사춘기), 생식기(genital phase)가 있다. 만약 인간이 각 단계에서 내재적인 갈등을 해결한다면 성인이 되었을 때 어느 정도 정신병리에서 벗어나게 되지만, 만일 그렇지 못하다면 정신 내면의(intrapsychic) 갈등, 고착(fixation), 잠재적으로 심각한 정서문제를 겪을 수 있다.

### 정신성적 역기능(psychosexual dysfunction)

정신성적 장애(psychosexual disorder)의 한 유형으로 가장 큰 특징은 정상적인 성적 반응을 한 가지 이상의 부분에서 억제하는 것을 말한다. 구체적인 정신성적 역기능에는 성욕과 성적 흥분 그리고 오르가슴을 억제하는 것, 조루, 기능적 성교 장애(dyspareunia), 기능적 질경(functional va — ginismus), 비친화적 자아(ego dystonic), 동성애 등이 있다.

## 정신성적장애(psychosexual disorder)

부분적 혹은 전체적으로 정신병학적(psychogenic)인데서 기인하는 인간의 성적 장애이다. 이 장애의 구체적인 형태는 성정체감(gender identity) (성전환주의 : transsexualism 포함), 성도착(paraphilia) (소아기호증 : pedophilia), 노출증(exhibitionism), 정신성적 역기능(psychosexual dys — function)이다. 이러한 장애가 심인성(psychogenic)인지 생물학적(biogenic organic) 원인으로 나타나는 것인지는 여전히 논란의 대상이다.

## 정신신체의학(psychosomatic medicine)

신체의 질병도 감정에 의해 영향을 받는다는 것에 입각하여 질병치료에 심리학의 원리와 방법을 적용한 것으로 심신의학이라고도 한다. 정신신체의학의 대상이 되는 병환은 다양하여 모든 기관계통에 나타나지만 유아, 아동은 복통, 설사, 빈뇨증세 등을 들 수 있다. 전형적인 병환으로는 천식, 십이지장궤양, 위통, 원형탈모증 등이 있다. 치료법에는 여러 가지 심리요법, 정신요법이 있다.

## 정신신체증(psychosomatic)

정신과 신체의 상호연관 관계와 관련된 것으로서 대개 신체적 요인인 것처럼 보이지만 부분적 또는 전적으로 심리적 요인들과 결과인 개인의 증상을 말한다.

## 정신약리학(psychopharmacology)

행동이나 성격에 변화를 일으키기 위한 약물 사용이나 연구를 말한다.

## 정신역동학(psycho — dynamics)

인간의 심리현상 또는 행동을 역학적인 인과관계의 가정에 의해 이해하려는 입장을 말하며, 프로이드의 정신분석 특히 무의식 심리학의 역동적 입장에서 유래한다. 즉 이것은 인간 심리현상의 배후에 본인 자신이 의식하지 못하는 무의식적 동기나 의도가 관여하고 이 무의식적 동기나 의도는 서로 갈등함으로써 역학적인 항쟁을 야기하는데, 인간행동은 이 갈등의 타협형성으로서 이해할 수 있다는 것이다.

## 정신역학(psychodynamic)

의식적 혹은 무의식적으로 사람의 행동을 자극하는 인지적, 감정적 정신과정과 관련된 용어이다. 이러한 과정은 인간의 유전적 · 생물학적 유산, 사회적 환경, 과거와 현실, 인지능력과 왜곡 그리고 인간의 독특한 경험과 기억들 간의 상호작용 결과이다.

## 정신연령(mental age)

지능의 정도, 또는 수준을 역연령에 비추어 지적 연령으로 환산한 것으로 이것은 생활연령에 대한 정신연령이 백분율로 표시되는 비율 지능지수의 산출에 사용된다. 일정 연령의 표집집단이 65 — 75%가 통과한 5 — 6개의 문항을 모두 맞추게 되면 그 집단의 연령을 피검사자가 정신연령으로 간주한다. 또 피검사자가 일련의 문항에서 일정한 연령이 표집집단이 얻은 평균과 동일한 점수를 받게 되면 그것을 피검사자의 정신연령으로 삼는 방법도 사용되고 있다.

## 정신요법(psychotherapy)

전문적 훈련을 받은 정신치료사가 심리적 영향을 주는 각종 매개를 써서 적응이상을 재적응할 수 있도록 치료하는 방법이다. 그 대상은 신경증, 알콜중독, 약물중독이 중심이었으나 최근에는 내인성 정신장애, 소아의 적응장애가 시도되고 있다. 정신분석요법, 유회요법, 실존분석, 현존재분석, 행동요법, 집단요법이나 작업, 레크리에이션, 회화, 극, 최면 등의 학습이론을 매개로 한 것 등 여러 가지 치료방법들이 있다.

## 정신위생(mental health)

정신건강에 관한 과학과 실천의 체계이다. 정신적 건강이란 정신질환에 걸리지 않은 상태를 말하는 것과 개인의 자질을 개발하여 삶을 영위케 한다는 것이다. 정신위생의 대응목적을 한마디로 말하면 사람이 그 생활에서 직면하는 위기에 대한 예방과 대처방법이다. 인간 생활의 위기는 때로는 정신질환이나 정서불안의 상태로 나타나고 때로는 인간발달의 각 단계에서 여러 가지 형태로 나타난다. 또 빈곤이나 사별, 친자분리나 이혼, 기타 비행, 자살 등의 형태를 취한다. 이와 같은 문제의 해결에는 종래의 진료나 상담활동에서 한 걸음 더 나아가 지역사회에 뿌리를 둔 정신위생활동으로 전개하는 것이 요청된다. 미국에서의 지역정신위생활동의 실천이 보여준 바에 의하면 집중적으로 기한을 정해서 행해지는 단기개입, 소위 위기개입이라 할 수 있는 케어가 당사자를 장기적 · 보호적 케어를 필요로 하는 상태까지 가지 않게 할 수 있으며, 또 어느 정도의 회복을 가능케 한 것이다.

## 정신위생운동(mental hygiene movement)

정신질환의 원인은 사회환경적 · 문화적 요인이 보다 더 영향을 준다는 것에 근거한 지역사회 정신의학이 태동하게 되었다. 1908년 자신이 정신병원에 입원한 경험을 가진 Clifford W. Beers가 정신병원에서의 좋지 않은 대우를 근거로 "마음의 실체(A Mind That Found Itself)"라는 저서를 발간하게 되었다. 이를 계기로 하여 정신과의, 일반의, 법률가, 종교인 및 교육자들이 한데 모여 1909년 Connecticut Society for Mental Hygiene이 창립되고, 다음 해 전국정신위생위원회로 발전함으로써 정신질환자에 대한 치료보호에 범세계적인 새로운 선풍을 일으키게 된바 Beers의 공로가 컸다. 정신위생운동은 병든 개인에 대한 관심보다도 지역사회 전체의 정신 건강문제에 더욱 관심을 두게 되었다. 따라서 지역사회에 좋지 않은 영향을 조속히 발견하고 시정함으로써 정신적인 부적응을 방지하기 위한 방향으로 법률을 제정하고 지역사회가 할 수 있는 모든 면에서의 봉사활동을 촉진하고 대중에 대한 계몽교육에 목표를 두게 되었다.

## 정신의료 사회사업(psychiatric social work)
정신의학과 깊게 연결된 사회사업을 이렇게 부른 시기도 있었지만, 현재는 일반적으로 정신과 의료의 영역이다. 구체적으로는 정신과의사가 근무하는 병원, 보건소, 각종 상담기관 등에 있어서의 사회사업을 말한다. 신경증, 정신병 등의 정신장애인 및 그 가족을 대상으로 하는 특수한 문제를 취급한다는 점에서 의료사회사업과 구별된다. 정신과의사와의 팀의 일원으로서 환자나 그의 가족의 감정적·환경적 제 문제의 해결을 도와 의료 효과를 촉진한다. 케이스워크가 중심이 되지만 그룹워크도 사용되고 있다.

## 정신의료 사회사업가(psychiatric social worker)
의료사회사업가의 전문화한 일종으로 정신의료의 분야로서 구체적으로는 정신병원, 정신위생센터, 보건소, 공동작업소, 공동주거 등 공리의 정신의료, 정신보건의 영역에서 정신의료와 관계되어 일하는 사회사업가를 지칭한다. 현재의 정신의료사회사업가는 사회복지의 전문기술로 정신장애인이나 그 가족을 둘러싼 사회생활상의 제 문제에 대응하기 위해서 개개의 대상자가 안고 있는 문제에 관해 대상자의 자기결정 권을 존중하면서 함께 문제해결을 꾀하고, 또 지역사회 안에서 관련기관이나 사회자원에 접촉하거나, 지역의 요원(key person)을 동원하여 지역전반의 정신보건문제를 해결할 수 있도록 지역에서의 조직화활동을 원조하는 등 다면적인 역할이 기대되고 있다.

## 정신의학(psychiatry)
정신질환의 진단과 치료에 관한 의학의 한 분야로 전통적으로 기술 정신의학의 강한 영향을 받아 왔으나 제2차 대전 후 미국의 역동정신의 학이 도입되어 임상심리학이나 사회학 내지 사회복지학과의 학술연구나 팀 임상이 전개되게 되었다. 또 임상의 근간을 이루는 정신병리학 외에 개체와 환경과의 관련성 속에서 대상을 파악하려는 방향도 중시되고 있다.

## 정신의학자(head shrinker) 01
클라이언트로 하여금 통찰력의 발달과 행동의 변화를 가

겨오도록 노력하는 정신의학자, 심리학자 및 임상사회사업가 등에 적용되는 표현이다.

## 정신의학자(psychiatrist) 02
정신적 질병을 전문으로 치료하는 의사로서 정신의학자들은 정신적 질병에 대해 특수한 진단과 처방을 하며, 감독하고, 필요한 치료를 직접 해준다. 치료에는 심리치료(psycho — therapy), 향정신의약품(psychotropic drugs), 환경치료(milieu therapy), 기타 의학적 치료가 있다. 정신의학자가 되는 자격요건은 4년간 의과대학에서 공부하고 정신병원이나 병원 정신과 병동에서 4년 이상 인정된 레지던트 과정을 이수해야 한다.

## 정신의학적 개별사회사업(psychiatric casework)
협의로는 정신의학적 관점. 즉 정신요법적 접근을 지향하는 개별사회사업이나 광의로는 정신과 영역에서 정신의학사회사업의 일환으로 행해지는 개별사회사업을 의미한다. 광의로 이해할 때는 정신요법적 접근뿐만 아니라 정신장애인의 진료·치료·사회복귀에 이르기까지 여러 가지 원조활동이 포함되어 있다. 또 의료문제, 가족조정, 사회자원의 활용 등 유효·효율적 활동을 전개해 나가기 위한 기술이다.

## 정신의학적 집단사회사업(psychiatric groupwork)
정신과 영역에서 정신의학적 사회사업의 일환으로 행해지는 집단사회 사업이다. 집단의 활동을 통해서 대인접촉의 개선을 기도하는 것으로 레크리에이션활동에서 생활요법(approach)까지 폭은 넓다. 오늘날 데이케어(day care)나 회복자의 집단 활동을 통해 집단사회사업의 필요성이나 유효성이 인정되고 있다. 정신병원에서도 생활요법이 비판되고 그 반성 속에서 소그룹활동이 지향되고 있다.

## 정신장애(mental disorder)
정신장애는 정신결함과 정신질환으로 대별된다. 정신결함은 정신지체와 간질을, 정신질환은 정신의학에서 다루는 정신병, 즉 정신분열증, 편집증, 신경증, 조울증 등과 정신병질적인 것을 의미한다. 정신장애 중 정신지체와 정서장애는 특수교육의 대상이 됨과 동시에 직업적, 사회적 재활인 사회복지의 영역에 포함된다. 정신질환은 의료적 치료와 재활의 대상이 되면서 사회적·심리적 재활과 직업적·보호적 재활도 되므로 역시 사회복지의 범주에 포함된다. 우리나라 장애인복지법에서 정신지체는 복지의 대상으로 하나, 정신병류에 속하는 질환은 대상으로 하지 않고 있다.

## 정신적 학대(mental cruelty)
한 배우자의 행위가 다른 배우자의 정신건강을 해쳐 부부

관계를 지속시킬 수 없다고 판단되어 재판되어 이혼사유가 되는 법적 근거를 말한다.

## 정신적 손해

무형적(無形的) 손해라고도 한다. 정신적 손해를 금전으로 평가하여 지급하는 배상금을 위자료(慰藉料)라 한다. 민법은 "고의 또는 과실로 인한 위법행위로 타인에게 손해를 가한 자는 그 손해를 배상할 책임이 있다"(750조)고 규정하였는데, 그 손해에는 정신적 손해도 포함된다. 또 "타인의 신체·자유 또는 명예를 해하거나 기타 정신상 고통을 가한 자는 재산 이외의 손해에 대해도 배상할 책임이 있다"(751조 1항)고 규정하였는데, 재산 이외의 손해는 바로 정신적 손해를 의미한다.

## 정신지체(mental retardation) 01

지적 능력이 평균 이하의 조건에 있거나 지적 발달이 늦은 것으로 이것은 유전적 요인, 정신적인 충격, 기관의 손상, 사회적인 손상 등이 그 원인이 된다.

## 정신지체 02

정신지체의 정의는 나라나 학자에 따라 다소 차이가 있어 확립된 개념은 없다. WHO에서는 정신능력의 전반적 발달이 불완전하거나 또는 불충분한 상태로 규정하고 있다. 또 미국정신지체협회에서는 발육기 중에 시작되어 사회 적응의 장애를 수반하고 있는 전반적 지능의 수준 이하의 자로 규정하고 있다. 이와 같은 개념에서 밝혀진 것처럼 정신지체는 질병이 아닌 상태상인 것이다. 지적능력의 증후는 나라에 따라 다소의 차이는 있으나 지능지수(IQ)에 의해 경도(75 - 50), 중도(中度)(50 - 25), 중도(重度)(25 이하)로 분류된다.

## 정신지체 03

정신지체란 현재의 기능면에 있어서 실질적인 한계가 있음을 의미하는 것으로서 이는 지적기능이 유의하게 평균 이하이면서 동시에 다음의 적응기술 영역 주 2가지 이상 영역에서 한계를 갖고 있는 것으로 특징 지워진다. 의사소통, 자조기술, 가정생활, 사회성기술, 지역사회 시설물 이용, 자기지시, 건강과 안전, 기능적인 학습, 여가, 일 등이다. 정신지체는 18세 이전에 명백하게 드러난다.(1992, AAMD) 발생률은 인구의 3% 정도(미국)로서 성인이나 아동에서 모두 장애를 가져오는 가장 큰 단일인자로서 남 : 여=1 : 1이다. 원인으로는 산전 원인이 3 / 4으로 유전적(염색체 이상, 그 외 우성·열성, 반성유전되는 여러 질환들), 비유전적(모체감염, 임신 중 출혈, 임신중독증, 자궁 내 발육지연 및 영양실조, 약물) 원인으로 나누며 주산기 원인으로 난산, 산후원인으로 뇌염, 독성, 외상, 두 개 조기봉합, 반복성 저혈당증, 간질중첩증, 납중독, 영아 경축 등이 있다. 치료로는 정신지체의 정도에 따라

교육, 수용, 직업재활 등을 한다.

## 정신지체아교육 (education for mentally retarded children)

광의의 심신장애인 중에서 지적능력이 뒤진다고 불려지는 정신지체자에 대한 특별교육을 말한다. 정신지체아 중에서도 중도와 경도는 차이가 있기 때문에 일률적으로 대응하는 것은 불가능하다는 데에 정신지체아교육의 특질이 있다. 주로 양호학교에서 교육이 행해진다. 경도의 것 등도 보통학급이나 특수학급에서 건강한 아이와 함께 교육받도록 하고 있지만 교사와 특별훈련을 받도록 되어야 한다는 취지와 맞서고 있다.

## 정신질환(mental illness) 01

정신적인 질병. 이상심리나 정신병리 등과 같은 뜻으로 쓰이기도 한다. 정신병이 현실과의 접촉에 실패한 이상심리를 가리키는 것임에 반해서 정신질환은 신경증·성격장애·정신병 등을 포함하는 포괄적인 개념이다.

## 정신질환 02

생물학적, 화학적, 생리학적, 유전학적, 심리학적, 사회적, 환경적 기제들은 작용들 가운데서 하나 또는 그 이상의 것들이 문제를 일으킴에 따라 일어나는 심리사회적, 인지적 기능의 손상을 말한다. 정신질환은 그 주기나 성도, 예후가 극단적으로 다양하고 특정 형태에는 다음의 것들이 포함된다. 정신병(psychosis), 신경증(neurosis), 정서장애(affective disorders), 성격장애(personality disorders), 기질적 정신장애(organic mental disorders), 정신성적 장애(psychosexual disorder) 등이 있다.

## 정신질환(psychopathic personality) 03

슈나이더(Schneider, K)는 성격이상에서 특히 그 일로 인해 스스로가 고민하거나 또는 사회가 고민하는 이상인격을 정신질병이라 정의했다. 이것이 일반적인 정의이지만 이와 같이 가치개념을 포함하는 것을 진단분류 속에 넣는 것에는 논의가 많다. 원인으로서는 유전적 형질을 중시하는 견해도 있지만 정서적 체험의 빈곤에 의한 자아이상 형성의 실패로 생각하는 것이 타당할 것이다. 반사회적 경향이 강한 정신질병인격은 애정결핍과 유아기 부모의 자학적인 처우의 소산이라 생각되고 있다.

## 정신질환명(psychiatric labels)

정신과 의사, 일반 의사 또는 정신건강 전문가들이 한 개인의 정신병 진행과정을 묘사하거나 진단하는 용어이다. 이 용어는 DSM - Ⅲ(양극장애(bipolar disorder) 또는 전환장애(conversion disorder)와 같이)에서 사용되는 공식적인 진단상의 것일 수도 있으며, 또는 약간 비공식적인 특성짓기(병적 흥분(hysteric), 공포증(phobic) 또는 약물중

독(drug addiction) 등)일 수도 있다. 정신질환 분류를 비판하는 이들은 이러한 분류가 부정확하고, 인간성을 박탈하며, 개인주의의 전조가 되는 한편, 문제를 지나치게 단순화해 이러한 문제가 발생하는 심리사회적 그리고 환경체제의 영향을 최소화한다고 말하고 있다. 정신질환 분류를 옹호하는 쪽은 이러한 분류에는 전문인들을 돕는 사람들 간의 효율적인 의사소통이 필요하며, 조사에 중요하다고 본다.

### 정신치료(psychotherapy)

정신치료란 적절한 수련을 받은 사람이 전문직업적인 관계에 입각 하여 상대방이 지닌 성격상의 문제와 감정상의 문제를 심리적인 방법을 통해 치료하는 것이다. 환자가 가진 정신증상을 제거 · 개선 · 지연시키고 그 행동양상 가운데 고통스럽게 느끼는 점을 조정하여 그의 인격이 긍정적인 방향으로 발전하고 성장하도록 하여 그가 자기 자신 및 주위사람, 세상과 평화롭게 정을 나누며 균형 · 조화된 삶을 영위할 태세를 갖추게 함에 그 목적을 둔다.

### 정신후유증 / 외상후유증

사람들이 보통 경험하는 범위를 넘어선 사건을 경험한 뒤에 나타나는 심리적 반작용이다. 이러한 사건의 유형에는 사고, 천재지변, 전투, 강간 및 피습 등이 있다. 결혼생활의 문제, 사별, 질병 등과 같이 사람들에게 흔한 스트레스는 이에 해당하지 않는다. 이러한 사건을 체험한 사람들은 정신집중에 어려움을 겪거나 감정이 무디어지고, 극도로 긴장하거나 신경질적이 되며, 고통스러운 기억, 악몽, 불면 등에 시달리기 쉽다.

### 정실주의(patronage system)

인사권자와의 개인적 신임이나 친소관계를 임용기준 으로 하는 인사제도를 말한다. 정실주의는 정치적 신조나 정당관계를 임용기준으로 하는 엽관주의와 구분되나, 일반적으로는 같은 의미를 지닌 개념으로 혼용된다. 영국에 있어 절 대군주제 확립 당시의 국왕은, 자신의 정치세력을 확대하거나 반대세력을 회유하기 위하 여 개인적으로 신임할 수 있는 의원들에게 고위관직이나 고액의 연금을 선택적으로 부여 하였으며, 장관들도 하급관리의 임명권을 이권화(利權化)함으로써 정실주의를 확대하였다.

### 정액교부금(block grant)

수혜자조직이 자금을 가장 훌륭하게 배분하는 방법을 결정하도록 하면서 지방의 보건, 교육, 사회복지 욕구를 충족시키기 위하여 자금을 지불하는 제도로서 이 제도는 연방정부가 주로 사용하고 주정부도 가끔씩 사용하는데, 예산을 항목별로 분류하고 모든 개별 프로그램과 범주적 프로그램(categorical program)을 위하여 미리 획득하여 표시하는 자금의 필요성을 제거하기 위해 고안된다.

### 정액보험(fixed return insurance)

보험사고가 발생하였을 때 지급할 보험금액이 미리 계약 시에 정해져 있는 보험을 말한다. 사람의 생사와 관련한 생명보험 등에서는 사고로 말미암은 경제적 결과에 대한 금전적인 평가가 곤란하기 때문에 지급되는 금액이 미리 정해지게 된다. 이와 반대로, 보험금액의 범위내에서 실손 보상되는 보험을 실손보장보험이라 한다.

### 정액요금(flat − rate fee)

어떤 서비스를 제공한 대가로 사회사업가나 다른 전문가들이 부과하는 정해진 돈의 액수. 그 액수는 클라이언트의 경제적 여건보다는 서비스 자체와 관련해 사정된다.

### 정액제(flat rate scheme)

사회보장 특히 사회보험에 있어서 급여와 갹출 이 양자를 피보험자의 소득에 관계없이 균일액으로 갹출하는 것을 말한다. 베버리지의 사회보장계획은 균일갹출 · 균일급여의 원칙에 의해 설계되었다. 균일제는 모든 사람들에게 최저 생활수준을 보장하는 것이며, 모든 시민의 평등주의를 근원으로 하고 있다. 각국의 사회보험은 점차로 균일제에서 소득비례제로 옮겨가는 추세에 있다.

### 정역

징역형의 내용으로서 교도소 내에서 강제적으로 종사시키도록 정하여진 작업. 행형법에서는 작업(作業)이라 하는데(35조 이하) 금고형 및 구류형에도 본인이 희망하는 경우에는 청원작업이 허용되고 있으므로(38조), 실제는 모든 자유형은 정역과 밀접한 관계가 있다. 정역은 범죄자에게 고통을 주기 위한 수단의 하나로서 채용되어 왔으나, 오늘날에는 범죄인의 교화수단 사회복귀를 위한 직업보도수단으로서의 형사정책적 의의가 중요시되고 있다. 작업상여금은 석방할 때 본인에게 지급하는 것이 원칙이나, 본인의 가족생활 부조 또는 교화상 필요할 때에는 석방 전이라도 그 일부 또는 전부를 지급할 수 있게 하고 있다(39조).

### 정원지불방식

일반적으로 보조금 등을 지급하는 방식의 하나로서 현원불방식과 구별된다. 일본의 경우를 보면 아동복지시설에 대해 사무비의 보호단위로 정원(T.O)에 따라 지불하는 방식으로 주로 수용시설에 적용하고 있다. 이것은 아동의 생명에 관한 긴급입소에 대응하여 아동복지시설 최저기준에 대해 정원배치가 규정되며, 항시 조건이 충족되어져야 한다는 것이다. 우리나라에서도 이 방식의 도입이 바람직하다고 하겠다.

### 정의(definition) 01

일반적으로 개념의 의미를 결정하는 일로서 철학에서는

개념의 애매성과 모호성을 제거하기 위하여 그 개념의 내포와 외연을 분명히 하는 것을 정의라 한다. 그러나 보다 엄밀하게는, 개념의 내포를 분명히 하는 것을 정의라 하고 개념의 외연을 분명히 하는 것을 구분이라 하기도 한다. 정의는 약정(convention)을 공식화한 것이기 때문에 약정의 목적에 따라 여러 가지로 구분될 수 있다. 즉 개념의 일상적 의미를 명확하게 하기 위하여 사용되는 사전적 정의, 내포와 외연의 모호성을 인위적 약속에 의해 제거하기 위한 약정적 정의, 이론적으로 개념을 명확하게 하기 위한 이론적 정의, 남을 설득하기 위한 설득적 정의 등이 있다. 그러나 논리학에서는 주로 내포적 정의와 외연적 정의로 구분한다. 내포적 정의는 유(類)와 종차에 의해 종개념을 정의하는 것을 말하며, 외연적 정의는 그 개념의 외연에 속하는 개체들을 열거하여 정의하는 것이다.

## 정의 02

개념의 내포를 결정하는 것이다. 사전에서 볼 수 있는 개념의 설명도 정의인데, 이것은 개념을 다른 말로 바꾸어 놓은 것에 지나지 않는 경우가 많다. 〈맑스주의〉를 〈맑스학설의 총체〉라고 설명해도 개념의 내포는 분명해지지 않는다. 정의는 그 개념이 나타내는 대상의 가장 본질적인 속성을 표현하지 않으면 안된다. 〈삼각형은 3개의 직선으로 둘러싸인 평면 도형이다〉라는 정의는 이 요구를 충족시키고 있다. 이 경우 〈평면 도형〉은 삼각형에 대해서는 유개념이고 〈3개의 직선으로 둘러싸인〉은 삼각형을 다른 평면 도형과 구별하는 종차이다. 따라서 정의는 가장 가까운 유(類 (라) genus proximum)에 종차를 보탬으로써 성립한다. 이것이 보통의 정의의 형식인데, 대상의 본질적인 속성을 파악하고 있으면, 이 형식에 의하지 않아도 된다. 또 가장 보편적인 것, 단순한 직관적인 성질, 개체 등은 위에서 설명한 형식으로 정의할 수는 없다. 정의를 위해 지켜야 할 규칙으로서는 상기 외에 다음과 같은 것이 있다. a) 정의에 사용되는 개념과 정의되는 개념과의 외연(外延)은 일치하지 않으면 안된다. 그렇지 않으면 정의는 너무 넓든가 너무 좁든가 하게 된다. b) 정의되는 개념을 정의 속에 포함시켜서는 안된다. 이 규칙을 어기면 순환적 정의가 된다. 정의는 우리들이 사용하는 개념의 내용을 고정하는 것으로서, 연구의 출발점이지만, 또 연구 성과의 총괄이기도 하다. 그러나 정의는 언제나 근사적·상대적으로서 대상을 완전히 고려할 수 있는 것은 아니다. 연구의 진보에 따라, 대상 자체의 발전에 의해 정의는 보다 깊고 풍부해지고 있다.

## 정의적 의미(affective(emotive) meaning)

정서를 유발시키는 기능을 하는 말이나 문장의 의미다. 〈인지적〉〈과학적〉〈사실적〉 의미와 대립된다. 이 말은 주로 비엔나 학파를 중심으로 한 논리실증주의자들이 유의미성의 기준을 검증 가능성으로 확립하기 위하여 쓴 개념이다. 즉 논리실증주의자들에 의하면, 가치 언어가 들어 있는 문장은 진위를 판별할 수 없는, 단지 감정을 유발하고 표현하는 문장에 지나지 않기 때문에 인지적 의미는 없고, 정의적 의미만을 가진다.

## 정적·임의적 환경(placid, randomized environment)

환경적 요소가 안 정되어 있는 가장 단순한 조직환경을 말한다. 아메바 및 유아가 처해 있는 환경이 이 범주에 속한다. F. E. Emery와 E. L. Trist는 조직환경의 기본유형을 복잡성과 불확실성을 기준으로 하여 정적·임의적 환경(placid, randomized environment), 정적·집약적 환경(placid, clustered environment), 교란·반응적 환경, 소용돌이의 장(turbulent field) 등 네 가지로 분류하였다.

## 정적·집약적 환경(placid, clustered environment)

환경적 요소가 안정 되어 있고 비교적 불변하지만 그러한 요소들이 일정한 유형에 따라 군집(群集)되어 있는 환경을 말한다. 계절의 지배를 받는 식물의 환경, 유아의 환경, 농업 등 1차산업의 환경이 이러한 범주에 속한다. F. E. Emery와 E. L. Trist는 조직환경의 기본유형을 복잡성과 불 확실성을 기준으로 하여 정적·임의적 환경(placid, randomized environment), 정적·집약 적 환경, 교란·반응적 환경(disturbed — reactive environment), 소용돌이의 장(turbulent field) 등 네 가지로 분류하였다.

## 정적강화(positive reinforcement)

아동이 어떤 바람직한 행동을 했을 때 아동이 좋아하는 것들로 보상해 주어서 바람직한 행동을 증가시키는 것을 말한다. 가령 아동이 엄마 심부름을 했을 때 칭찬해 주고 과자를 주면 아동은 다음에도 엄마의 심부름을 잘하게 된다. 심부름을 한 후 받게 되는 칭찬과 과자 때문이다. 이렇게 칭찬해 주고 과자를 주는 것처럼 어떤 바람직한 행동 뒤에 제공하는 보상들을 정적강화라 한다. 칭찬, 사탕이나 과자, 스티커 붙이기, 어떤 자유놀이, 텔레비전 보기와 같이 아동이 좋아하는 활동 등을 강화제라고 한다.

## 정주법(the settlement act)

찰스2세 때에 제정된 법으로 각 교구는 자기 교구 내에서 출생한 법적거주권 소지자에 한하여 구빈을 책임진다는 법. 그러나 빈민들은 일자리를 찾아 부유한 교구로 이동해 다녔기 때문에 이로 인하여 많은 부랑자 군이 생겨났고 구빈비용은 계속 증가하게 되었다. 그리하여 빈민의 자유로운 이동을 금지하는 법을 제정하기에 이른 것이다. 새로운 이주자에게는 40일 이내 조사하여 치안판사로 하여금 귀환조치 내지 축출시켰고, 새 이주자 중 년 10파운드 세를 낼 수 있는 자는 제외시켰다. 그러나 이 법령은 빈민의 자유로운 이동을 금지하여 선의의 빈민의 거주선택의 자유와 정의에 대한 뚜렷한 침해라는 비판을 받게 되었다.

## 정주법과 이주법(law of settlement and removal)

1662년에 시행된 역사적으로 중요한 영국 법으로서, 공적부조의 적격성을 결정하는 데에 주거제한법이 광범위하게 쓰이도록 유도했다. 이 법으로 시의 공무원은 단지 가난한 시민만을 돕고, 그 밖의 원조에 의존하게 될 수 있는 관할구역 밖의 사람을 추방할 권한을 부여받았다.

## 정직(suspension of one's duty) 01

징계처분의 한 종류로 1개월 이상 3개월 이하의 기간으로 하고, 정직처분을 받은 자는 그 기간 중 신분은 유지하나 직무에 종사하지 못하며 보수의 2/3를 감한다. 징계처분의 집행이 종료된 날로부터 18개월 동안 승급이 제한되며, 징계처분이 종료된 날로부터 7년이 경과하게 되면 승급기간의 특례에 의해 징계처분기간을 제외하고 승급의 제한을 받은 기간은 재산입한다.

## 정직 02

중징계의 하나로 공무원의 신분은 보장하나, 직무에 종사하지 못하게 하는 것을 말한다. 국가 및 지방공무원의 정직기간은 1월 이상 3월 이하로 하고, 정직처분을 받은 자는 그 기간 중 보수의 3분의 2를 감한다(군인의 경우에는 봉급의 3분의 1 이하를 감액한다). 특정직공무원인 법관의 정직기간은 3월 이상 1년 이하이고, 이 기간 중 직무집행을 정지하고 정직 중에는 봉급을 지급하지 아니 한다.

## 정책(policy) 01

어떤 기관이나 정부가 결정을 내릴 때 준거로 삼는 명시적 또는 묵시적인 계획. 이 계획은 기관과 그 기관 구성원의 가치관, 입장, 법규, 정강, 사회규범 및 지침의 총체이다.

## 정책(public policy) 02

공공문제를 해결하기 정부에 의해 결정된 행동방침을 말한다. 정책은 법률·정책·사업·사업계획·정부방침·정책지침·결의사항과 같이 여러 형태로 표현된다. 정책에는 법률·투표 또는 묵시적 승인에 의해 합법적 강제력을 수반하는 권위가 부여되며, 따라서 이러한 정부의 결정이나 방침에 따르지 않을 때는 벌금·제재·감금·규제·제한 등의 조치를 받게 된다.

## 정책개발(policy development)

정책개발이란 정책문제와 목표들을 명확히 규정하고 모형을 개발한 다음 각 대안들의 비용·편익 및 효과 등의 비교분석을 통해 정책의 효율성·실행가능성·대표성·논리성 등을 향상시키려는 일련의 활동을 말한다. 목표설정·자원할당·효과성 평가 등을 주요 활동으로 하는 정책개발은 다루는 범위가 정책분석보다 더 포괄적이며, 정책분석·정책형성·정책평가를 포함한 총체적 노력으로 볼 수 있다.

## 정책결과(policy outcome)

정부 정책의 영향으로 일어난 사회에 대한 효과를 말한다. 정책영향(policy impact)과 거의 같은 의미로 사용된다. 정책결과는 정책의 결과로 나타나는 정책효과뿐만 아니라, 부수적 효과(side effect), 부작용, 정책실현을 위한 사회적 희생(정책비용)까지를 포함한다.

## 정책결정(policy making)

정책결정이란 행정기관이 국가목표를 달성하기 위해 정책대안을 탐색하고 그 결과를 예측·분석하고 채택하는 동태적인 과정을 말한다. 즉 정책 결정은 정책이 추구하는 미래의 바람직한 상태 즉 목표상태를 결정할 뿐만 아니라, 정책 목표달성의 수단으로서의 정책대안을 개발·분석·채택하는 일련의 과정을 말한다.

## 정책결정론(policy decision − making theories)

특정한 정책과 법으로 옮겨지는 사회정치적 영향과 고려해야할 사항에 대한 설명이다. 맨(L. D. Man) 등의 학자들은 어떻게 정책이 결정되는지를 설명하기 위하여 5가지 모델을 규정하였다. 이 5가지 모델은 ①일반 대중을 위하는 사람들이 모여 기획집단을 이루고 정책입안자를 고용하여 합리적인 결정을 내리며 적절한 계획을 제한하는 '전통 모델' ②소수의 기업인들이 정치인들에게 영향력을 행사하여 사회 하부구조에 결정을 강요하는 '권력 피라미드 모델' ③각기 다른 이슈가 다른 리더십 형태를 갖게 되는 '예일 Yale 식과 두 권력형 모델' ④시간에 따라 규모와 중요성이 바뀌는 여러 이익집단이 영향력을 갖고 있는 '영향력 분산 모델' ⑤의사결정은 이해관계가 얽힌 여러 체계들이 상호작용한 결과의 흐름이라고 설명하는 '의사결정 과정 모델'이다.

## 정책결정요인론(policy determinants theory)

정책의 내용을 결정하는 요인에 관한 이론을 말한다. 학자들 가운데는 정치·행정적 요인이 정책의 내용을 좌우한다고 주장하는 학자가 있는가 하면, 사회·경제적 요인이 정책의 내용을 좌우한다고 주장하는 학자도 있다. 많은 정치학자들은 "정당간 경쟁이 치열할수록 유권자들의 지지를 획득하기 위해 사회복지비에 대한 지출을 늘린다"라는 명제를 당연하게 받아들여, 정당간 경쟁이라는 정치적 변수가 정책의 내용을 결정하는 요인이라는 주장을 펼쳐 왔다. 그러나 Fabricant와 같이 미국의 주정부 및 시정부의 정책을 사회경제적 특성과 관련시켜 연구한 경제학자들은 일인당소득·인구밀도·도시화 등의 변수가 주정부 예산지출의 결정요인임 을 주장하면서, 정책의 내용을 결정짓는 것은 사회 · 경제적 요인이라는 주장을 하였다.

### 정책공동체(policy community)

정책목표 및 인과(因果)에 관한 기본신념을 공유하면서 그러한 정책목표의 달성을 위해 각급 정부기관의 규칙을 조종하려고 하는 특정 정책 분야의 전문가 집단을 말한다. 정책공동체는 하위정부(subgovernment) · 이슈망(issue network) · 정책창도자 연합(advocacy coalition) 등 다양한 용어로 묘사되기도 한다. 정책공동체의 구성원으로는 일반적으로 관계기관의 고위관료 · 학자 · 민간연구소 연구원 · 이익집단 및 시민단체 지도자 등을 들 수 있다.

### 정책과정(policy process)

정책과정은 정책문제의 인지로부터 목표설정 · 대안의 분석 · 결정 · 합법화 · 집행 · 평가의 과정을 거쳐 정책이 종결되기까지의 일련의 과정을 말 한다. 이러한 정책과정은 정치적 성격을 띠고 정치적 역동성을 지닌다.

### 정책대안(policy alternative)

정책문제의 해결을 위해 채택 가능한 여러 가지 정책안 가운데 하나를 지칭하는 용어를 말한다.

### 정책대안의 실현가능성

정책대안의 실현가능성(feasibility)은 특정 한 정책대안이 정책으로 채택되고 그 내용이 충실히 집행될 가능성을 의미한다. 즉 정책 으로서의 채택가능성과 채택된 후의 집행가능성을 말한다. 정책대안의 실현가능성은 기술 적 실현가능성(technical feasibility), 재정적 실현가능성(financial feasibility), 행정적 실현 가능성(administrative feasibility), 정치적 실현가능성(political feasibility), 법적 · 윤리적 실현가능성 등으로 나누어 볼 수 있다.

### 정책망(policy network)

다원주의 사회에서 특정한 정책부문별로 실질적인 정책결 정권을 공유하고 있는 집합체를 말한다. 특정 이익집단 · 관료 · 의회의 관련 위원회가 상 호간의 이해관계를 보호하기 위해 각 정책영역별로 안정적인 관계를 형성하여 해당 분야 의 정책과정을 지배하는 하위정부(subgovernment)는 소수의 행위자들간에 이루어진 정책망으로 볼 수 있다.

### 정책목표(policy goal)

정책목표란 정책을 통해 달성하려는 미래의 바람직한 상태(desirable future state)를 말한다. 정책목표는 정책수단 선택의 기준이 되고, 정책집행과 정에서의 의사결정의

지침으로 기능하며, 정책평가의 기준이 된다.

### 정책변동(policy change)

정책결정 과정을 통해 수립된 최초의 정책이 정책집행 과정 중에 또는 집행이 완료되어 이에 대한 평가가 이루어진 후에 최초의 정책목표나 의도, 수단 등에 변화가 생기거나 종결되는 것을 말한다. 정책변동에는 정책종결 이외에 정 책승계, 정책쇄신 등 다양한 유형이 있다.

### 정책분석(policy analysis) 01

정책분석의 개념은 다의적으로 사용되고 있다. Duncan MacRae와 James A. Wilde는 정책분석을 '여러 대안들 사이에서 최선의 정책을 선택하기 위해 이성적인 사고와 실제적인 증거를 활용하는 것' 으로 정의하는가 하면, Edith Stokey 와 Richard Zeckhauser는 '합리적인 정책 결정자가 목표를 수립하고 이러한 목표를 달성하 기 위한 최선의 방법을 탐색해 가는 논리적 과정이 활용되는 분야' 라고 정의하고 있다. 정책분석의 활동유형에는 정책결정 요인에 관한 분석, 정책결정자들에게 제공해 줄 수 있는 정책에 대한 정보의 산출, 정책집행 결과에 대한 사후적 분석인 정책의 모니터링과 평가활동, 특정 정책이 추구하는 의도와 운용에 관해 연구하는 정책내용의 분석 등이 포함된다.

### 정책분석 02

정책 및 정책이 형성되는 과정에 대해 체계적인 평가를 하는 것이다. 정책을 분석하는 사람들은 장 · 단기적인 측면에서 정책형성 과정과 그 결과가 합리적이었는가, 명확했는가, 형평에는 어긋나지 않았는가, 합법적이었는가, 정치적으로 실현 가능한 것이었는가, 사회적인 가치규범에 부합되는가, 투입된 비용이 효과적으로 쓰였는가, 그리고 더 좋은 대안은 없는가 등에 관해 검토한다.

### 정책불응(policy noncompliance)

정책 집행자 및 정책대상 집단이 정책에서 요구 하는 행태를 따르지 않는 것을 말한다. 즉 정책결정자가 결정한 정책의 내용 및 지침과 일치되지 않는 정책 집행자 및 대상집단의 행태를 말한다.

### 정책산출(policy outputs)

정책집행의 일차적 결과를 말한다. 정책산출의 예로는 징수된 세금 · 건설된 고속도로 · 배분된 복지연금 · 복지 프로그램의 수혜자 수 · 검거된 범법자수 등을 들 수 있다.

### 정책성과(policy outcomes)

정책집행의 결과로 정책대상자들에게 실제로 나타난 변화를 말한다. 가령 영세민복지 프로그램을 통해 영세민들

의 영양상태가 좋아진 정도나 소득증대 효과를 정책성과
라 할 수 있다.

## 정책쇄신

정부가 이전에 개입하지 않았던 분야에 개입하기 위해 새
로운 정책을 형성하는 것을 말한다. 기존의 정책이나 법
률·조직·예산 및 사업활동이 없는 상태에서 완전히 새
로운 정책을 형성하는 것을 의미하기에 엄격한 의미에서
정책변동의 유형으로 보기보다는 신규정책의 형성이라
고 할 수 있다.

## 정책수단(policy means)

정책목표를 달성하기 위한 수단을 말한다. 정책수단은
정책목표 달성의 직접적 수단이 되는 실질적 정책수단
(substantive policy means)과, 실질적 정책수단을 실
현시키기 위해 설득, 유인, 강압적 수단 등을 동원하는
도구적 정책수단(instrumental policy means)으로 나누
어 볼 수 있다. 쌀값 안정을 위한 정부미 공급 증대는 실
질적 정책수단으로 볼 수 있을 것이며, 이러한 실질적
정책수단을 실현시키기 위해 조사·처벌 등 순응기제
(compliance mechanism)를 동원하는 것을 도구적 정
책수단 또는 보조적 정책수단이라 할 수 있다.

## 정책순응(policy compliance)

정책 집행자 및 정책대상 집단이 정책에서 요구하는 행태
를 따르는 것을 말한다. 즉 정책결정자의 의도나 정책내
용에 포함된 행동규정에 대해 정책 집행자나 대상집단이
일치된 행동을 하는 것을 의미한다. 반면 정책 집행자 및
정책대상 집단이 정책에서 요구하는 행태를 따르지 않는
것을 정책불응(policy noncompliance)이라 한다.

## 정책승계(policy succession)

정책목표는 변화시키지 않고 목표 달성을 위한 실질적
정책수단 등을 변경시키는 것을 말한다. 정책승계의 유형
으로는 기존의 정책수단이나 사업을 완전히 종결하고 종
전과 동일한 목표를 달성하기 위하여 새로운 사업계획을
수립하는 것을 의미하는 선형적 승계(linear succession)
와, 두 개 이상의 정책이나 사업계획이 완전히 또는 부분
적으로 종결되고 이와 유사한 정책목표를 추구하기 위하
여 새로운 단일의 정책이 제도화되는 것을 의미하는 정
책통합(policy consolidation), 정책통합에 반대되는 개념
으로 기존정책이 두 개 또는 그 이상의 정책으로 분할되
는 것을 의미하는 정책분할(policy splitting), 기존의 정
책 중 일부는 계속적으로 유지하면서 일부는 완전히 종결
시키는 부분종결(partial termination), 정책유지·대체·
종결 또는 추가 등 정책승계의 여러 유형들이 복합적으로
나타나는 복합적 정책승계(complex patterns of policy
succession) 등이 있다.

## 정책실명제

정책을 만들고, 시행하고, 감리한 공무원들의 이름을 확
실하게 밝혀 그 정책의 성공과 실패에 대해 책임을 지게
하는 제도를 말한다.

## 정책실험(policy experiment)

정책실험 또는 사회실험은 정책평가의 한 방법으로, 정책
의 효과를 파악하기 위해 정책의 전면적인 추진에 앞서
일정한 정책대상 집단에게 시행하는 시험적 정책집행을
말한다.

## 정책언명(policy statements)

공공정책을 공식적으로 표출한 것을 말한다. 정책언명에
는 정부의 의도와 목적 그리고 이것들을 실현하기 위하여
정부가 해야 할 것에 대하여 공무원이 행한 성명이나 진
술 그밖에 법률·집행명령·행정규칙 또는 규정, 그리고
법원의 판결 등이 포함된다.

## 정책영향(policy impacts)

특정 정책의 집행이 사회에 미친 영향을 말한다. 가령 범
죄예방 프로그램으로 치안상태가 개선된 정도나, 영세민
복지 프로그램으로 사회복지 수준이 향상되거나 생활만
족도가 높아진 정도를 말한다.

## 정책의 가치(policy value)

공익 또는 도덕적 기준에 비추어 볼 때, 정책 자체가 지
니는 바람직함의 정도를 말한다. James E. Anderson은
의사결정자의 행태를 이끌어주는 가치를 정책의 가치
이외에 정치적 가치(political value), 조직의 가치
(organizational value), 개인의 가치(personal value), 이
념적 가치(ideological value)의 5가지로 나누어 설명하
고 있다.

## 정책의제(policy agenda)

사회적 문제를 해결하기 위해 정책담당자가 공식적으로
다루기로 한 정책문제를 말한다. 즉 어떤 사회적 문제나
이슈가 정책결정자나 이들과 밀접히 관련되어 있는 사람
들의 관심을 끌게 됨으로써 공공정책의 형성을 위하여 검
토되고 논의될 수 있는 상태에 놓이게 된 것을 정책의제
라 한다.

## 정책종결(policy termination)

특정 정책목표와 이를 실현하기 위한 정책수단 등을 완
전히 폐지·소멸시키고 이들을 대체할 다른 정책을 마련
하지 않는 것을 의미한다. 즉 정책종결이란 특정한 정책
을 의도적으로 종결시키거나 중지시키는 것으로 여기에
는 특정 정부문의 기능·사업·정책 및 조직의 중지 또는
종식 등이 포함된다.

## 정책집행(policy implementation)

정책결정 과정을 통해 만들어진 정책을 시행하는 것을 말한다. 결정과정을 통해 얻어진 정책 속에 포함되어 있는 수많은 정책수단과 계획들은 집행 작업을 거쳐 현실로 나타나야만 원하는 목표를 달성할 수 있고 정책 문제를 해결할 수 있다. 정책집행은 오랜 시간, 여러 장소, 복합적인 상황 속에서 발생하는 일련의 행정적, 정치적 결정과 활동으로 이루어진다.

## 정책창도(policy advocacy)

정부가 사회문제를 해결하기 위해 해야 할 일을, 요구 · 토의 · 설득 · 정치활동 등을 통해 주창하는 것을 말한다.

## 정책철학(policy philosophy)

B. Bozeman은 정책철학을 정부의 목적이나 그러한 목적을 달성하기 위해 가장 바람직하다고 생각되는 수단에 대한 여러 가지 가치들의 집합으로 정의한다. 이는 개별적 정책이 지향하는 개별적 · 단기적 목적이 아니라 모든 정책이 공통으로 지향하는 일반적인 궁극적 목표라 할 수 있다. 정책철학은 그 지향에 따라 보호주의, 합리주의, 중개주의, 실용주의, 이전(移轉)주의. 이기주의 등으로 나누어 볼 수 있다.

## 정책평가(policy evaluation)

정책의 내용과 집행 및 그 영향 등을 추정하거나 평정하는 것을 정책평가라 한다. 정책평가는 정책집행 과정에서 등장하는 여러 가지 문제점을 해결하여 보다 나은 집행 전략과 방법을 모색하기 위하여 실시되는 형성적 평가(formative evaluation)와 정책집행 후 당초 의도했던 효과를 성취했는지 여부를 판단하는 총괄적 평가(summative evaluation)로 나누어 볼 수 있다. 형성적 평가는 과정평가 · 도중 평가 · 진행평가 등으로도 불린다.

## 정책학(policy science)

사회문제를 해결하기 위한 정부의 정책을 연구하고 그 개선 방안을 모색하는 학문을 말한다. 정책학의 학문체계를 최초로 정립한 Harold D. Lasswell은 정책학을 정책 및 정책과정에 관한 지식(knowledge of policy and the policy process)과 정책과정에서 사용될 지식(knowledge in the policy process)의 산출로 구분하고 있다. 정책학의 범위 · 내용 · 관심은 논자에 따라 다양하게 제시되고 있으나, 정책학은 정책결정 · 집행 · 평가 등의 정책과정과 그 과정에 포함되는 분석, 정책과 관련된 상황적 조건, 참여자, 정책의 구체적 내용과 효과 등을 주된 연구 대상으로 한다.

## 정책학습(policy learning)

정책목표의 성취여하에 따른 원인을 규명하고, 성취하였을 경우에는 성취요건들을 계속 강화해 나가며, 실패하였을 경우에는 오류의 원인을 규명하고 해결책을 강구하는 한편 환경변화에 맞추어 정책목표들을 수정 · 보완해 가는 과정에서 이루어지는 학습활동을 말한다.

## 정책형성(policy formulation, policy formation)

정책형성은 정책목표를 설정하고 정책대안을 개발 · 선택하는 일련의 과정을 말한다. 정책을 형성하는 작업 또는 과정에 대해서는 정책결정 · 의사결정 등의 용어들이 다양하게 쓰이고 있다.

## 정책환경(policy environment)

정책결정 체제의 외부에 있는 객관적 환경을 말하며, 여기에는 기후 · 지리적 상황 · 지정학적 조건 · 사회경제적 조건 · 정치문화 · 물리적 환경 · 인구 등이 포함된다.

## 정체(identity)

심리학에서 개성의 한 특징을 가리키는 말. 즉 인간의 여러 가지 생리적 · 심리적인 변화에도 불구하고 개성이 일정한 특징을 가지고 존재할 때 그것을 정체라고 한다.

## 정체성 대 역할혼란(identity versus role confusion)

대략 12 — 18세 때 일어나는, 에릭슨(Erikson)의 인간 심리발달의 다섯 번째 단계이다. 청소년들이 직면하는 갈등은 가치관, 직업목표, 인생에서의 위치 등에 대해 분명한 이상을 수립하려는 것이거나, 사회 환경에 어떻게 적응할 것인가에 대한 확신이 부족한 것일 수 있다. 이 시기에는 정체성위기(identity crisis)가 나타날 가능성이 가장 큰 시기이다.

## 정체성(identity)

다양한 상황에서 유지되는 가치관, 행위, 사고의 기본적인 통합과 지속성뿐만 아니라 개인의 자의식과 독특성.

## 정체성 위기(identity crisis)

생활에서 자신들의 역할에 대해 혼란을 느끼는 상태를 말한다. 개인은 다른 사람의 기대에 부응하여 살 수 있는가, 의심해보는 시기가 있으며, 만일 그러한 기대가 충족되지 않는다면, 어떤 사람이 될 것인가에 대해 불확실하게 생각한다.

## 정체이형(heterostasis)

체계 또는 유기체가 불안정하게 되는 경향을 말한다.

## 정체적 과잉인구

상대적 과잉인구의 정체적 형태를 말한다. 기계공업이 발전되어도 수공업이나 가내공업은 소멸되지 않고 근대산업의 외곽에서 재편성된다. 이 때 부문 내의 자체축적 과정에서 재출된 과잉인구 외에 대공업부문이나 농업부문에서 과잉인구가 유입하고 저자금 · 과도노동의 불규칙 취업자군이 발생한다. 가내노동자가 그 전형으로, 미숙련노동자이나 초보자라도 할 수 있는 단순노동이 많고 노동시간의 규제가 곤란하다는 등의 문제가 있다.

## 정치 · 행정이원론
(politics — administration dichotomy)

정책결정 기능을 담당하는 정치와 집행을 담당하는 행정은 명백히 구분된다는 초기 행정학의 관점을 말한다. 이러한 입장을 기술적 행정학(技術的 行政學)이라고도 부른다. 대표적 학자로는 W. Wilson과 H. Goodnow 등을 들 수 있다.

## 정치 · 행정일원론

행정도 정책결정 기능을 수행한다는 입장에서 정치와 행정은 하나라는 학문적 관점을 말한다. 1930년대 New Deal 정책 이후 대두된 이 학설의 대표적 학자로는 J. M. Gaus, M. E. Dimock, L. D. White, P. Herring, P. H. Appleby 등이 있다. 기능적 행정학(機能的 行政學)이라고도 한다.

## 정치경제학(political economy)

정치와 경제의 관계에 관한 체계적 연구를 통해 사회현상을 설명하고자 하는 연구지향을 말한다. 정치경제학에는 크게 두 가지 이론모형 이 있다. 하나는 마르크시즘(Marxism)의 경제결정론과 같이 경제적 과정이 정치를 결정 한다고 보거나 반대로 정치적 과정이 경제를 결정한다고 보는 결정론적 이론(deterministic models)이며, 다른 하나는 정치와 경제를 기능적으로 분리된 것으로 파악하 면서 양자 사이에는 교호적 관계가 존재하고 따라서 정치와 경제는 상호영향을 주고받는 것으로 보는 상호작용 이론모형(interactive models)이다.

## 정치기능설

행정을 정의함에 있어, 정책결정과 집행의 기능을 다같이 수행하는 통치과정의 일부로 보는 관점을 말한다. 행정도 정책결정 기능 즉 정치기능을 수행한다고 보는 점에서 정치기능설이라고 하며, 통치기능설이라고도 한다. 1930년대 미국에서 등장한 학설로 M. E. Dimock, P.H. Appleby 등이 대표적 학자이다.

## 정치문화(political culture, politische Kultur)

정치적 상호작용의 유형과 정치체제 에 대한 신념체계를 말한다. 여기에는 정부가 무엇을 해야 할 것인가, 어떻게 운영되어야 할 것인가에 대한 가치관 및 신념과, 정부와 시민의 관계에 대한 신념 및 태도 등이 포함 된다.

## 정치사회화(political socialization)

인간이 정치와 관련되는 태도상의 경향이나 행위유형을 습득해 나가는 과정을 말한다. 정치체제는 안정과 존속을 위해 그 구성원들에게 체제의 유지에 유리한 최소한의 인식 · 태도 · 감정 및 가치를 습득시켜야 한다.

## 정치적 경기순환론(political business cycle)

정치가들이 선거에서 승리하기 위해 선거전에 경기호황이 이루어지도록 확장정책을 사용하는 반면 선거 후에는 물 가상승을 억제하기 위해 긴축정책을 펴기 때문에 정치적 경기순환이 이루어진다는 이론을 말한다. 수리적 모형을 사용하여 정치적 경기순환론의 논리를 전개하고 일부 선진국들에 서 정치적 경기순환이 존재한다는 것을 최초로 입증한 William D. Nordhaus에 의하면, 초기의 정치적 경기순환론에 관한 연구들은 실업률, 인플레이션, 실질가처분소득 등 정책 결과(policy outcome)변수에 관심을 기울였으나, 최근에는 정치적 경기순환이 어떠한 경로 를 통해 정책결과변수들에 영향을 미치는가를 규명하기 위해 예산(재정)정책, 세출정책, 조세정책, 통화정책 등을 대상으로 연구가 이루어지고 있다.

## 정치적 실현가능성(political feasibility)

정책대안이 정치체제에 의해 정책으로 채택되고 집행될 가능성을 의미한다. 즉 정책대안이 정책결정 및 집행과정에서 정책결정자 · 중간집행자 · 이익집단 · 정책대상집단 · 일반국민 · 매스컴 등 지배적인 정치세 력들의 정치적인 지원을 받을 가능성을 의미한다.

## 정치적 행위(political action)

입법, 선거 및 사회여론 등에 영향을 주기 위한 행위. 사회사업가들은 선거에 출마하거나, 다른 후보나 이슈를 지지하는 선거운동을 하거나, 유권자와 여론을 동원하는 등 여러 방법을 통해 정치행위에 참여한다. 매허페이(Maryann Mahaffey)와 행크스(John W. hanks)에 의하면 정치적 행위에는 그 밖에도 로비, 의회위원회에서의 증언, 공직자 및 공무원들의 업무 감시 등이 있다. 또 사회사업가들은 직장연합회의 정치행위 조직인 페이스(PACE : 후보자 선출을 위한 정치적 활동)와 엘란(ELAN) 등을 통해 정치행위에 참여할 수도 있다.

## 정치적 활동(political activism)

선거직 공무원, 임명직 공무원, 일반 공무원 및 유권자들의 결정과 견해에 영향을 미치는 활동에 참여하는 것이다. 이러한 활동에는 유권자 등록운동, 사회적 자각운동, 국회의원 선거운동을 위한 선거자금 모금활동, 로비활동, 입후보, 언론을 활용한 선거운동, 공정선거 감시활동 등이 있다.

## 정형적 결정(programmed decision)

선례에 따라 반복적으로 이루어지거나 문제해결을 위한

절차나 모델이 이미 만들어져 있어, 기존 정책설계의 틀을 이용할 수 있는 의사결정의 유형을 말한다.

## 정화(catharsis)

인간의 정신내면에 억제되어 있던 관념이나 감정을 표출시킴으로써 불안이나 긴장을 해소시키는 일을 말한다. 불로이어는 히스테리 환자 중에 억제되어 있던 기억이 최면상태에서 감정을 동반해 재생되거나 제거되는 것을 발견했다. 케이스워크의 면접장면에서도 클라이언트의 감정을 모두 표출시키고 정화시켜 이것을 수용하고 경청함으로서 자기이해를 깊게 하고 원조활동을 원활히 전개시킬 수 있다.

## 정확도(accuracy)

일반적인 통계학적 의미로 정확도는 계산된 값이나 추정값이 참값(True value)에 얼마나 가까이 있는가 하는 측도를 말한다. 구체적으로 ①추정량에서 정확도는 불편성을 의미하고, ②표준오차의 역수로 나타내질 때는 정도(Precision)를 나타낸다.

## 제1단계 변화(first — order change)

체계이론에서, 한 체계 내에서 일어나는 일시적 · 피상적 변화, 또는 체계가 기능하는 방식이다.

## 제1종 사회복지사업

사회복지사업은 제1종과 제2종으로 분류된다. 다만 그 분류는 형식주의적 · 열거주의적 정의에 기초한 것이기 때문에 그 구별의 법적기준도 불분명하나 일반적으로 제1종 사회복지사업은 공공성이 특히 높은 사업이어서 인격존중과 중대한 관계를 갖는 사업, 혹은 부당한 착취를 미치게 해서는 안 되는 사업으로 대상자의 전 생활을 보장하는 수용시설, 수산시설, 공익전당포 등의 경제보호사업 및 공동모금사업이 이것에 해당한다. 제1종 사회복지사업은 상기와 같이 공공성이 높아 경영주체는 국가 · 지방공공단체 및 본법에 의한 사회복지법인이 경영하는 것을 원칙으로 하고 그 외의 자가 경영하도록 하는 경우는 시 · 도지사의 허가를 받지 않으면 안된다. 이와 같이 경영주체가 제한되어 있는 점을 들어 제1종 사회복지사업을 허가 사회복지사업으로 부르고 있다.

## 제1종오류(type I — error)

귀무가설이 실제 옳은데도 불구하고 검정 결과가 그 가설을 기각하는 오류를 말한다. 알파오류($\alpha$— error)라고도 한다.

## 제1차 · 제2차 · 제3차산업

클라크(Clark, C. G.)에 의한 산업분류로서 제1차산업에는 농업 · 임업 · 수산업 · 목축업 · 수렵업 등이 포함되며, 제2차산업에는 제조업 · 광업 · 건설업 · 전기수도가스업이, 그리고 제3차산업에는 상업 · 운수통신업 · 금융업 · 공무 · 가사 · 자유업 등이 포함되어 있다. 이러한 클라크의 3분류 법은 Petty,W.가 산업을 농업, 제조업 및 상업으로 분류한 것을 전산업 에 확장시킨 것이라 할 수 있다. 클라크의 3분류법은 주로 다음의 세 가지 점에 의거하고 있다. 첫째, 제1차산업의 생산물은 주로 생활필수품이기 때문에 그 수요가 확실히 비 탄력적이라는 점, 다시 말하면 소득증가율만큼 수요가 증대되지 않는다 는 사실이다. 둘째, 제1차산업은 생산량이 증대함에 따라 생산물단위당 생산비가 증가하는 이른바 수확체감의 법칙이 적용되는 데 반해 제2차산 업은 반대로 수확체증의 법칙이 적용되고 있다는 점이다. 셋째, 제1, 2 차산업의 생산물은 운반이 가능하기 때문에 이를테면 국제무역의 대상이 될 수 있는 데 반해서 제3차산업의 생산물은 원칙적으로 그것이 불가능 하다는 점이다. 원래 개념 또는 분류의 유용성은 그것이 낳는 분석상의 성과에 달려있다.

## 제2금융권

전형적인 금융기관인 은행과 대비하여 1980년대 이후 급신장한 보험 회사, 신탁회사, 증권회사, 종합금융회사 등을 일컫는 비공식적인 용어이며 주로 언론을 통해 보급된 말이다. 이와 비슷한 의미로 통용되는 말로서는 비은행금융기관이 있다.

## 제2단계 변화(second — order change)

체계이론(systems theories)에서, 체계 구조상의 근본적 또는 상대적으로 영속적인 변화와 그것이 기능하는 방식이다.

## 제2종오류(type II — error)

귀무가설이 실제로는 틀린 데도 불구하고 그것을 옳은 것으로 잘못 받아들일 오류를 말한다. 베타오류($\beta$— error)라고도 한다.

## 제2차적 집단(secondary group)

관청 · 회사 · 학교 등의 거대하고 형식적인 근대적 조직으로서의 사회집단. 쿨리(C. H. Cooley)가 말한 제1차적 집단에 상대되는 말이지만 쿨리 자신은 사용하지 않았다. 그의 뒤에 나온 영(K. Young)이나 스미드(W. R. Smith)에 의해 만들어진 개념이다. 그 특징으로는 간접적(문자 · 전보 · 전화 · 전신 등) 접촉에 의한 결합이며, 특수한 이해관계가 결합요인이라는 점이다. 또 심리적 자극에 대한 반응이 이시적(異時的)이고 자연적인 것이 아니라, 크거나 작건 간에 의식적으로 조직되는 것도 특징이다. 때로는 파생적 집단(derivative group) 또는 특수 이해관계 집단(special interested group)이라고도 한다. 여기에 해당되는 집단의 대표적인 것은 국가사회·국제사회이다. 학교·학회·조합·정당 등은 스미드가 말한 중간적 집단에 속한다. 이들은 1차적 집단과 2차적 집단의 중간적 성격을 갖기 때문이다.

### 제2축 장애(axis II disorder)

DSM — Ⅲ(정신장애 진단·통계편람 : diagnostic and sta — tistical manual of mental disorders)에서 말하는 정신장애의 한 분류. 이러한 장애는 개인의 정신구조에 깊이 스며있고, 기본적인 성격이 형성될 때 생겨난다. 제2축 장애는 너무 깊이 스며있어서 다른 정신적인 장애의 증상이 있는 사람을 평가할 때 그냥 지나칠 수도 있는 분리된 층 혹은 행동 축에 속하는 것으로 여겨진다. 성인과 청소년기의 성격장애에는 경계선(borderline), 회피(avoidance), 편집증(paranoia), 정신분열성(schizoid), 연기성(histrioic), 반사회적(antisocial), 의존(dependency), 강박적(compulsive), 수동 — 공격적(passive — aggressive), 정신분열성(schizoty — pal), 자아도취적(narcissistic)인 것을 포함한 12가지 특정 성격장애(personality disorders)와 부정형적인 성격장애가 있다. 아동의 제2축 장애로는 독서, 언어, 발음, 수리의 발달장애가 있다.

### 제3부문(the third sector) 01

국가나 지방공공단체가 공공적 목적으로 행하는 사업(공공부분)과 민간 기업이 영리목적으로 행하는 사업(민간부분)의 중간에 위치하는 부분을 말한다. 지역개발이나 도시경영 등을 위하여 국가 내지 지방 공공단체와 민간 기업이 공동출자하여 사업체를 설립하고 그것에 의해 민간의 자금과 능력을 공공적 목적의 사업에 동원하려고 하는 것이다.

### 제3부문(third — party payment) 02

보험회사나 정부자금기관이 사회사업가, 사회기관 또는 기타 클라이언트에게 서비스를 제공하는 관련자에게 지불하는 재정 상환을 말한다.

### 제3세계(third world)

기술적으로 저개발 상태에 있으며 빈곤률, 문맹률, 영양결핍률이 높은 나라들을 말한다. 서부 유럽과 소비에트권에서 제3세계와 선진국들을 구별하는데 이 용어를 사용하고 있다.

### 제3섹터

본래 공공부문과 민간부문 어느 부문에도 속하지 않은 분야의 모 든 조직을 일컫는 말이나, 공공기관과 민간이 공동으로 자본을 투자하여 설립한 특수법인 을 지칭하는 개념으로도 사용되며, 비정부기구(NGO: nongovernmental organization)를 가리키는 개념으로도 사용 된다. Theodore Levitt는 The Third Sector: New Tactics for a Responsive Society(1973)에서 제3섹터는 공공부문과 민간부문 양측에서 외면당한 문제들을 해결하기 위해 제도화된 조직이라고 정의하였다.

### 제3의 공간

산업화, 도시화에 따른 생산과 소비의 장이 분화하여 가정과 직장 즉 제1의 공간과 제2의 공간이 분리됐는데 동시에 그 사이에 제3의 공간이 생겨났다. 그것은 번화가를 전형으로 하는 여가의 공간이며 자유의 공간이다. 도시 사회학에서는 이것을 가장 도시적인 공간으로 간주하고 있는데 그 확대와 더불어 다시 한 번 그 의미를 캐묻게 되었다.

### 제3의 인생(the third age)

직업이나 일에서 은퇴하여 유유자적한 생활을 보낼 시기를 적극적으로 재검토하자는 생각에서 붙여진 용어를 말한다. 만숙기(later maturity), 프로덕티브 에이징(productive aging), 웰에이징(well — aging) 등도 같은 맥락의 용어이다. 한 사람이 태어나서 사회에 나설 때까지를 인생의 제1기, 사회인으로서 일하며 자녀를 키우는 시기를 인생의 제2기로 보고, 그 다음에는 제3의 인생이라는 뜻에서 붙여진 말이다. 예전에는 이 시기를 '여생'이라고 불렀지만, 이제는 이러한 소극적인 삶이 아닌 적극적인 생활태도로 노령기를 보내자는 뜻이 담겨 있다. 이를 실현하기 위하여 세계 각국에서는 고령자의 자기개발, 자기실현을 목적으로 하는 각종의 공적·사적인 프로그램이 실시되고 있다.

### 제4부문(fourth party)

건강보호나 사회봉사의 제공자, 그 서비스의 수혜자, 그리고 서비스에 대한 지불을 하는 조직 사이에서의 재정중재기구(fiscal intermediaries)를 말한다. 제4부문은 비용을 갚기 위해서 현금을 주는 것은 아니고, 현금지급자(제3부문)에게 행정적 서비스를 제공한다. 가령 미국 정부는 군인 피부양자의 치료에 대해 건강보호 제공자에게 지불하는 챔푸스(CHAMPUS) 프로그램에 대한 제3부문이다. 그러나 대부분의 지방에서 챔푸스 프로그램은 청십자 — 청방패(제4부문)와 같은 개인보험 회사와 계약을 맺어 행정적인 사무를 처리하도록 한다.

### 제너럴 스트라이크

특정 산업분야 또는 전산업의 근로자가 전국적 규모로 일제히 돌입하는 스트라이크. 정부의 노동정책 반대 등 정치적인 목적에서 일어나는 경우 가 많다. 1926년의 영국, 1977년의 프랑스에서의 제너럴 스트라이크가 유명하다.

### 제대군인원호법(GI bill)

미국의 퇴역군인들에게 교육, 주택, 보험, 의료 및 직업 훈련의 기회를 제공하는 1944년에 개시한 제반 법률과 프로그램 등에 대한 통칭. 이들 프로그램은 제2차 세계대전이 끝난 뒤 돌아온 퇴역군인들을 사회에 통합시키고 미국의 노동인구(work force)를 증가시키기 위해 시작되었다.

### 제도(institution) 01

결혼, 재판, 복지, 종교와 같은 문화의 기본적인 관습이나 행동유형. 또 조직은 몇몇 공공목적과 조직의 사업을 위한 물리적 시설, 가령 감옥과 같은 것을 말한다.

### 제도 02

인간의 행동·태도·관념을 규율하는 각종의 규범이 행위자가 지니는 목적·내용에 따라 상호관련지어짐으로써 일정한 형태를 갖게 된 것을 지칭한다. 즉 일정한 상황 하에서 누가, 무엇을, 어떻게 할 것인가에 대한 규범적 양식의 복 합체가 제도인 것이다.

### 제도망(institutional network)

서비스 조직을 구성하는 지역사회 안에 있는 사회복지기관들의 모임.

### 제도적 복지급여(institutional welfare provision)

전체적 사회보장(social security)과 사회성원들의 복지를 위해 제공하는 사회의 영구한 프로그램. 이것은 주로 공공교육, 노인들을 위한 의료보호, 사회보험(social insurance)과 같은 사회의 보편적 프로그램(universal program)인 것이다. 그러나 자산조사(mean test) 프로그램이나 특별한 상황을 다루어 일시적으로 효과를 보는 프로그램 등은 여기서 제외된다.

### 제도적 부패(systemic corruption)

G. E. Caiden이 말하는 제도적 부패는 행정 체제 내에서 부패가 실질적인 규범의 위치를 차지함으로써 조직의 본래적 임무수행을 위한 공식적 행동규범이 예외적인 것으로 전락한 상황을 가리킨다. 체제화된 부패(systemic corruption)라고도 한다. 부패가 제도화되어 있는 이러한 상황에서는 부패한 구성원이 조직의 옹호를 받는 반면에 공식적 행동규범을 고수하려는 구성원들은 공식적 혹은 비공식 적으로 처벌을 받을 가능성이 있다. 제도적 부패와 대비되는 우발적 부패는 사건 자체의 연속성이 없으며, 구조화되지 않은 부패를 말한다.

### 제도적 의제(institutional agenda)

정부에 의해 채택된 의제로, 정부의제라 부르기도 한다. 즉 제도적 의제는 권위 있는 의사결정자가 적극적이고도 진지한 관심을 기 울이는 이슈들의 모음이라고 할 수 있다. 여기에 비해 정부에 의해 공식적으로 채택되 기 이전이지만 공공의 관심을 끌 가치가 있고 현재의 정부 당국이 합법적으로 다룰 수 있는 문제라고 정치공동체의 구성원들이 공통적으로 인지하고 있는 이슈들을 체제적 의제라 한다. Roger W. Cobb과 Charles D. Elder는 정책결정 기관에 의해 채택되었는지의 여부를 기준으로 하여 정책의제를 체제적 의제와 제도적 의제로 분류하였다. 한편 Robert Eyestone은 이와 같이 정부에 의해 공식적으로 채택되지 않았으나 진지한 관심의 대상이 되는 정책의제를 공중의제(public agenda)라 불렀다.

### 제로베이스 예산편성(zero — based budgeting)

사회행정에서 과거 지출과 관계없이 조직의 재정 운영에 대한 전체적인 미래 계획을 평가하는 과정. 각각의 새로운 재정계획은 0에서 시작된다. 그러므로 조직은 각각의 단위를 위한 자금이 늘어나는지 혹은 줄어드는지를 간단히 고려할 수 없지만, 조직의 목적과 그들을 성취하는 수단(방법)을 고려할 수 있다.

### 제로섬 사회(zero sum society)

레스터 C. 더로 교수(메사추세츠 공과대학)의 저서 제목에서 따온 용어를 말한다. 제로섬이란 통상 스포츠나 게임에서 승패를 모두 합하면 제로가 되는 것을 말한다. 미국사회는 제로성장에 빠진 결과 에너지·환경·인플레 등의 난제를 해결하려고 하면 반드시 어느 계층의 이해와 충돌하여 반대에 부딪혀 문제해결이 곤란해진다. 그 때문에 제로섬 상황을 타파하기 위해서는 저축을 투자에 결부시켜 경제성장률을 플러스로 할 필요가 있다. 그렇게 하기 위해서는 소비를 억제하는 세제의 도입이 필요하다고 더로 교수는 주장한다.

### 제안제도(suggestion system)

조직구성원으로 하여금 업무합리화·경비절약 등 업무의 개선을 위한 제안을 제출하게 하여, 심사결과 채택된 제안에 대해 응분의 보상을 하는 제도를 말한다. 제안제도는 업무의 능률향상과 개선은 물론, 조직구성원의 참여의식 과 문제해결 능력의 증진 및 사기앙양을 목적으로 시행되는, 인간관계론적 인사관리의 한 방법이다. 공식조직의 계층을 거치지 않고 하위계층에서 상위계층으로 전달되는 커뮤니케 이션의 한 방법으로 기능하는 제안제도는 1880년 스코틀랜드의 조선업자(造船業者) W. Denny가 공장 내에 제안함을 설치한 것이 그 단서가 되었다.

### 제한부조주의

공적부조의 피부조자를 명백히 제한하여둘 생각으로 특히 노동능력이 있는 빈민의 부조를 거부하는 것을 그 특색으로 한다. 이에 대해 노동능력의 유무를 불문하고 생활이 곤궁한 모든 자를 보호하는 사고방식을 일반부조의라고 부른다. 우리나라의 생활보호법은 일반부조주의를 채택하여 〈생활능력이 없거나 (제한부조) 생활이 어려운 차 (일반부조)〉에게 필요한 보호를 행한다.

## 제한의결권주

하위의결권주(inferior voting stock)를 의미한다.

## 제한진료(limited medical care)

건강보험의 진료급여인 보험급여에 대해 그 내용 및 범위에 일정한 제한을 두는 것을 말한다. 본래 질병의 개인차로부터 보험급여의 내용의 차이가 생기는 것인데 보험경제의 재정적 고려 때문에 보험 급여를 일정한 내용, 범위로 한정하는 것이다. 이 경우 의료의 개별성, 의사의 주체적 판단을 저해하는 문제를 발생시킨다. 일반적으로 의료급여의 내용 및 범위에 일정한 제한이 있는 것을 지칭하는 경우에 규격진료라고도 부른다. 의료적으로 필요하다고 인정되는 경우에도 제한을 하며, 그 이외의 진료를 인정하지 않는 것을 지칭하는 경우에 제한진료라고 불릴 때가 많다.

## 젠더리스(genderless)

성과 나이의 파괴를 주특성으로 하는 패션의 새로운 경향을 말한다. 가령 군화를 신은 여성, 귀고리를 한 남성 등과 같이 남녀 모두 성의 구분이나 연령을 예측하기 어려운 옷을 입는 것이다. 젠더리스 패션은 70년대에 유행, 여성들이 무조건 남성복 스타일의 옷을 입었던 유니섹스 패션과는 성격이 다르다. X세대에 의해 태어난 젠더리스 패션의 두드러진 특징은 '보이쉬' 인데, 이들은 성인 남성의 패션을 공유하려는 것이 아니라 어리고 순수해 보이는 소년풍의 옷을 선호한다.

## 조각기법(sculpting)

집단 또는 가족치료가들에 의해 실험적으로 사용되는 기법. 이 기법은 집단이나 가족의 한 구성원에게 다른 가족 구성원들과의 관계를 어느 정도 이해하는가를 서술하도록 요구하는 것이다. 이것은 치료대상자를 특정한 장소로 움직이게 한 뒤 특정한 동작을 취하게 함으로써 이루어진다.

## 조건반사( conditioned reflex) 01

파블로프(Pavlov, I. P.)는 개가 사육사의 신발소리에 침을 흘리는 것에 착안하여 침을 흘리게한 먹이를 무조건자극, 신발소리를 조건자극으로 할 때 이 양자를 몇 번이고 반복하면 끝내는 조건자극만으로 침을 흘리는 무조건반응을 일으킬 수가 있다고 한다. 조건반사는 눈꺼풀, 무릎의 굴신반응, 심장의 고동 등 여러 곳의 신체부위에 대해 성립 시킬 수 있다. 파블로프는 이 개념만으로 인간의 무

의식적 행동을 설명하려 했으나 성공하지 못했다.

## 조건반사 02

인간을 포함하는 고등 동물이 태어났을 때는 갖지 않고, 살아가는 도중에 획득하는 반사. 환언하면 일정한 조건하에 형성되는 반사를 말하며, 이에 대해 태어나면서부터 갖고 있는 반사를 무조건 반사라고 한다. 가령 개에 일정한 소리와 빛을 신호(조건 자극)로서 주고, 그 후에 먹이를 주는 것을 반복하면, 곧 개는 그들 신호만으로 타액을 분비하게 된다. 이것은 무조건 반사의 경로와 지각의 경로가 결합함으로써 가능하게 되는데, 여기에 다시 대뇌피질의 기능이 개입한다. 조건반사는 신호만을 보내고 무조건 자극(위의 예에서는 먹이를 주는 일)을 주지 않고 내버려 두면 소거가 일어난다던가, 비슷한 신호에 대해 분화시킬 수 있다던가, 그 밖에 이에 관해 많은 법칙성이 연구되고 있다. 이 현상은 금세기 초에 파블로프에 의해 발견되었고, 동물의 심리현상 또는 보다 일반적으로 고차적인 신경활동을 객관적·생리학적으로 연구하는 길을 제시하였다는 점에서 그 의의가 크다. 조건반사는 동물로 하여금 개체마다 다른 생후의 다양한 생활조건에 적응시킨다는 의의를 지니며, 일반적으로 완전히 본능적인 것으로 간주되고 있는 젖먹이 현상 등에도 많은 조건반사가 가해지고 있다. 인간에게는, 감각으로서 직접 받아들여지는 제1신호계의 역할은 부차적인 것이 되고, 이에 대신하여 언어, 즉 제2신호계가 주요한 것이 된다. 또 조건 자극에 의해 형성되는 것을 개개의 반사로서 해석하지 않고, 보다 복합적인 반응으로서 보는 경우에는, 이것을 조건반응이라고 한다.

## 조건반응(conditioned reponses)

고전적 조건화에서 조건자극에 의해 유발될 수 있도록 학습 또는 습득된 반응.

## 조건부 계약(contingency contracting)

행동치료 behavior therapy에서 뒤따라 올 어떤 결과를 위하여 수행해야 하는 행동을 자세히 설명하면서 합의를 이루는 기술. 특히 이 기술은 가족원들이 '요구되는 행동을 따르면 어떤 결과가 나올 것이라는 진술' (if — then statement)을 수행하도록 돕는 행동주의 가족치료가들이 사용한다.

## 조건부 금지(conditioned inhibition)

행동수정(behavior modification)에서 주체가 전에 반응을 나타낸 자극에 반응하지 않는 법을 배우는 양식을 말한다.

## 조건부과제외자

근로능력이 있음에도 불구하고 개별가구·개인 여건 등

으로 인해 자활사업에 참여할 것을 조건으로(생계)급여를 지급하는 것이 곤란하다고 인정되는 자로서 조건부수급자 선정에서 제외되는 자를 말한다.

## 조건부수급자
근로능력이 있는 수급자 중 자활사업 참여를 조건으로 (생계)급여를 지급받는 자.

## 조건화(conditioning)
행동이 학습되는 과정. 조건화는 두 가지 주요한 형태가 있는데 하나는 반응적(respondent)이고 다른 하나는 자발적(operant)인 것으로, 이 구분은 자극이 주어지는 연속선상에 의한 것이다. 반응적 조건화 (respondent conditioning)에서는 행동이나 반응을 유도해내기 위해 자극이 먼저 주어진다. 조작적 조건화 (operant conditioning)에서는 주체의 행동이 먼저 나타나고 다음에 보상이 주어진다. 조건화된 자극 (conditioned stimulus), 무조건 자극(unconditioned stimulus), 조작적 조건화, 반사행동(respondent behavior) 참조. 조건화(respondent conditioning)와 다르다.

## 조건화된 자극(conditioned stimulus : CS)
무조건 자극(unconditioned stimulus)과 짝을 이루어 학습된 반사나 조건반사(conditioned response)를 유도해내는 상황에서 이전에 일어난 중립적인 사건을 말한다. 가령 개는 사람들을 두려워하지 않지만 사람들은 개에게 물리는 것을 연상하면 개를 보고 두려움을 나타낼 수 있다는 것이다.

## 조기교육(head start)
가정환경이 어려운 소수민족 가정의 미취학 아동들에게 그들의 사회적 박탈의 영향을 어느 정도 상쇄시키기 위한 보충교육을 제공하기 위해 1965년 창설된 위대한 사회(great society)의 연방 프로그램이다. 연속사업 (project follow through)으로 알려진 관련 프로그램은 저소득 가정의 아동들에게 국민 학교 시절을 통해 부가적인 보충교육을 받을 수 있도록 원조하기 위하여 1967년 창설되었다.

## 조기노령연금
국민연금에서 연령(55세 이상), 가입기간(10년 이상), 소득여부(무소득)의 요건이 모두 충족되고 가입자가 연금 청구를 희망하는 경우에 청구하여 지급 받는 연금.

## 조기발견 / 조기치료(early finding early treatment)
조기발견 · 조기치료라고 하는 말은 결핵을 치료하는데 있어서 가장 적절한 시기를 결정하는 것으로 부터 유래되었다. 오늘날에는 암의 조기발견에 따라 치료율이 높게 나타내고 있기 때문에 보건상 주요용어로 사용된다. 보건복지가족부와 보건소를 중심으로 건강진단 등에 힘써 질병의 조기발견체제가 성과를 거두고 있다. 그러나 어느 정도 조기에 질병이 발견되고 그것에 대응한 의학기술이 진전되어도 치료를 받는 조건 가령 의료보장제도가 가능하지 않으면 그것은 문구에 그치고 만다. 특히 사회문제시 되고 있는 의료기관의 여러 차액 징수의 확대는 조기발견 · 조기치료에 지장을 주고 있다. 조기발견 · 조기치료의 효과적 추진 역시 의료보장이나 의료제도의 정비에 있다 해도 과언이 아니다.

## 조기사망(premature death)
계약후 또는 부활 후 단기간내에 발생하는 사망을 말하는 것으로, 계약후 또는 부활후 2년 미만의 사망을 말한다.

## 조기퇴직연금(early — retirement Annuity)
사학연금의 경우, 교직원이 20년 이상 재직하고 60세 미만, 정년 또는 근무상한연령에 도달하지 못하여 퇴직한 때에 본인이 원하는 경우 해당연령에 미달하는 연수에 따라 일정율을 감액한 후 조기에 지급받을 수 있도록 한 연금. 조기퇴직연금은 연금지급개시연령에 미달하는 연수가 5년 이내로 매 1년 당 5%씩 감액된다.

## 조기퇴직제
기업들이 인사적체를 해소하고 퇴직금 부담을 줄이기 위한 방안으로 정년보다 앞서 퇴직할 경우 잔여임금의 일부를 일시에 지급하는 제도. 명예퇴직제라 부르기도 한다.

## 조례(regulations)
헌법에 의거하여 지방자치 단체가 법령의 범위 내에서 그 지방의회의 의결에 의해 제정하는 주민의 권리 · 의무에 관한 일반규칙을 말한다. 다만 주민의 권리 · 의무에 관한 사항 · 벌칙을 규정할 때에는 법률의 위임이 있어야 한다.

## 조사(study) 01
케이스워크의 과정에 있어서 사회진단을 위한 기초자료를 수집하는 것을 말하며, 이때 클라이언트 자신을 제1의 자료원으로서 존중하게 된다. 만약 클라이언트 이외의 곳으로부터 자료를 수집할 때는 클라이언트의 양해를 받는다. 사회조사라고 하는 경우도 있지만 지역의 사회조사와 혼동되어 조사라고 사용하는 경우가 많다.

## 조사(research) 02
사실(요인)(facts)이나 원리(원칙)(principles)를 찾는데 사용되는 체계적 절차(systematic procedures)를 말한다.

## 조사(survey) 03

연구대상 집단을 대표하는 표본에 대해, 서면이나 구두로 일련의 특정 질문을 하여 체계적으로 사실을 수집하는 절차를 말한다.

## 조사 04

조사란 인간생활과 그를 둘러싸고 있는 환경 전반에 걸쳐 정보를 얻기 위해 행해지는 행위이다. 따라서 조사는 관찰대상에 대해 알고자 하는 항목들의 집합되어진 성질과 관계를 갖게되며, 전수조사(Census)와 표본조사로 구분된다.

## 조사구(enumeration district)

조사대상 누락이나 중복을 방지하기 위하여 조사담당구역을 명확히 하며, 조사원의 업무량을 적정하게배분하고, 각종 통계조사의 표본틀을 제공하기 위하여 분할 설정한 조사구역단위이다.

## 조사기록

면접이나 관찰결과를 기록한 것을 조사기록이라 한다. 어떠한 사회조사에서도 조사기록은 중요한 분석 자료이지만 특히 분석자가 면접자나 관찰자가 아닐 경우에는 더욱 중요하다. 면접자나 관찰자에 의해 많은 것이 얻어졌다해도 남겨진 조사기록만이 유일한 분석 자료가 되기 때문이다. 따라서 면접이나 관찰결과는 충실하게 기록되지 않으면 안된다. 가령 자유회답의 경우 회답을 가능한 말 그대로 기록하도록 유의해야 한다.

## 조사대상(research subjects)

사회조사에서 목적, 주체, 방법 등과 함께 조사의 테두리로 규정하는 기본조건의 하나이다. 조사대상의 확정은 조사목적과 함께 조사비용 등의 실제조건에 의해 결정되는 일도 적지 않다. 기본적으로 우선 조사지역의 선정이나 모집단의 결정을 포함하는 조사대상범위를 결정하고 다음으로 이 대상범위 안에서 조사목적에 합당한 적절한 단위를 조사대상으로 선정하게 된다. 이러한 경우 사건조사에는 전형성, 대표성을 갖는 사례를 선정하고 통계조사에서는 전수조사나 표본조사처럼 일정한 부분을 조사대상으로 선정해야 한다.

## 조사방법(enumeration)

조사에서 얻고자하는 원자료(raw data)를 수집하는 방법을 말한다. 타계식 조사방법은 조사원이 조사표의 설문에 따라 피조사자에 문의해 답을 구하고 그 답을 조사원이 조사표에 기입하는 조사방식이며,자계식 조사방법은 피조사자가 조사표의 설문에 대해 직접 그 답을 조사표에 기입하는 조사방식이다. 우편조사는 조사원이 피조사자를 방문하는 대신 조사표를 우편으로 발송하여 피조사자가 자계식으로 조사표를 작성한 후 이를 우편으로 제출토록 하는방식이다. 한편, 최근에는 컴퓨터의 사용이 늘어나면서, 컴퓨터를 이용한 면접조사(CAPI), 컴퓨터를 이용한 자계식조사(CASI), 인터넷조사 등이 크게 증가되고 있다.

## 조사방법 02

조사방법은 일반적으로 자료수집과 처리의 관점에서 통계적조사법과 사례적조사법으로 대별된다. 통계적조사법은 전수조사와 표본조사로 나눌 수 있으나 모두가 대량관찰에 의해 객관적으로 문제를 파악하려는 양적방법이며 사회적 사실을 평균이나 도수분석, 상관계수 등에 의해 통계적으로 해석한다. 사례조사법은 소수사례를 인과관계나 사회정황의 상호관계 속에서 깊이 있게 파악하려는 방법으로 생활사법이나 요인관련법 등이 있다.

## 조사수단

현지조사로 자료수집을 하는 수단에는 조사표법, 관찰법, 자유면접법, 테스트법 등이 있으나 가장 폭넓게 이용되는 것이 조사표법이다. 조사표법은 그 사용하는 방법에 따라 개별면접조사법, 배표조사법, 집합조사법, 우송조사법, 전화조사법 등으로 분류된다. 이와 같은 조사수단에는 각기 장점과 단점이 있어 조사주체는 조사목적이나 조사 대상에 맞춰 어떠한 수단을 써야할지를 결정할 필요가 있다.

## 조사원(enumerator)

조사표를 갖고 피조사자와 접하여 조사를 실제로 담당하는 사람을말한다.

## 조사의 작업가설

조사는 상대적으로 실태파악에 중심이 되는 사실 발견적·현상기술적 조사, 사실 간의 관련성이나 인과관계에 대한 가설검증에 비중이 주어진 조사로 분류된다. 그러나 전자에 있어서도 사실이나 문제의 예측에 관한 가설은 필요하다. 구드나 핫드는 조사의 작업가설을 구성하는 기준으로 명석한 개념에 근거할 것, 경험적인 통일성, 한정적일 것, 유사한 기술과의 관련, 전체적인 이념과의 관련 다섯 가지를 들고 있다.

## 조사 − 재조사 신뢰도(test − retest reliability)

사회조사에서, 검사 또는 조사절차가 첫째 집단에서 시행되었을 때 두 번째 조사가 첫 번째 조사와 유사한 결과를 얻는 정도. 가령 사회사업 학생집단에게 적성검사를 실시하였을 때, 만약 두 번째 점수가 첫 번째와 매우 다르다면 신뢰도는 낮은 것으로 간주된다.

## 조사주체

조사가 유효하게 행해지기 위해서는 조사주체가 조사의

목적이나 가설을 명확하게 해서 이에 근거한 조사대상을 선정하고 가장 적합한 조사방법과 수단을 결정하는 일이 대단히 중요하다. 또 정확한 자료를 수집하기 위해서는 조사대상자의 이해를 얻는 것은 물론 사전에 조사원들에게 명확하게 지침을 시달하는 것이 특히 중요하다. 조사기구, 조직의 운영과 경비의 합리적배분도 조사주체의 중요한 임무의 하나이다.

## 조사집계

조사결과의 집계는 조사표의 내용을 점검하는 편집(editing) 과정, 조사항목마다 회답을 분류해 부호화하는 코딩(coding) 과정, 조사표를 집계해서 통계표에 취합하는 집계제표작업과정으로 이루어진다. 이들 과정이 정확하게 행해져야만 비로소 조사표법, 테스트법, 통제적 관찰법 등에 의해 얻어진 자료가 집계되어 통계적 분석이 가능하게 된다.

## 조사표(schedule)

조사표는 집단이나 연속적인 대상과 문제에 대한 정보를 도출하는데 고안되어진 질문의 형식을 취하며, 리스트(List)와 같은 통상적인 의미와는다르다. 조사표의 양식에는 단기표(Individual schedule), 연기표(Collective schedule) 및 가구표(Households schedule) 등이 있으며 그 사용은 조사방법, 집계방법 및 경비 등을 고려하여 정한다.

## 조산(premature birth)

정상적인 임신기간이 만료되기 훨씬 전의 조기 출산 또는 체중이 비정상적으로 가벼운 아기(통상 2kg 미만의 아기)를 출산하는 것이다.

## 조산시설(maternity home)

요보호임산부를 입소시켜 조산을 받게 하는 것을 목적으로 하는 시설이다.

## 조세(tax)

국가 또는 지방자치단체가 경비조달을 목적으로 개별적 반대급부 없이 사경제로부터 강제적으로 징수하는 수입을 말한다. 조세는 국가 또는 지방자치단체 가 과징(課徵)하는 점에서 그 이외의 단체가 과징하는 조합비(組合費), 회비(會費) 등과 구별되며, 과세단체의 재력(財力)의 취득을 목적으로 하는 점에서 벌금·과료(科料)·과태료(過怠料)·몰수(沒收) 등 처벌을 목적으로 하는 벌과금과 구별되고, 반대급부 없이 과징 하는 점에서 사용료·수수료 등과 구별된다.

## 조세 및 조세부담률

조세란 일반적으로 국가가 수입을 조달할 목적으로 특정

한 개별적인 보상없이 사경제로부터 강제적으로 징수하는 화폐 또는 재화를 의미한다. 이러한 조세 수입이 GDP에 대해 차지하는 비중(조세수입 / 경상GDP)을 조세부담률이라고 하는데 이는 국민전체의 조세부담정도를 나타내 주는 지표라 할 수 있다. 조세부담률의크기는 조세의 누진정도, 국가의 조세징수능력 등에 의해 결정된다.

## 조세감면소득

감가상각비와 같은 비용은 현금의 유출이 없는 비용이므로 과세로부터 감세효과를 얻게 된다. 이렇듯 일반적으로 해당과목에 계상함으로써 과 세로부터 보호받는 소득을 조세감면소득이라 한다.

## 조세공과금(tax & dues)

소득세, 교육세, 방위세 등의 국세와 농지세, 재산세, 주민세 등의 지방세 및 각종 조합비 등 부담금이 포함된 금액을 말한다.

## 조세공제제도(tax deductibility)

지방정부에서 지불한 모든 세금액을 중앙정 부의 소득세 계산시 과세소득(taxable income)에서 공제해 주는 제도를 말한다.

## 조세범

행정벌에 속하는 재정범의 일종이다. 조세범에는 조세질서범과 조세포탈범이 있다. 전자는 조세에 관한 법률의 질서규정에 위반하는 범죄이고, 후자는 사기 기타 부정한 행위로써 조세를 포탈하거나 조세의 환급(還給)·공제를 받는 범죄이다. 조세범의 처벌·절차는 조세범처벌법과 조세범처벌절차법에 의하되 형법총칙의 규정과 형사소송법이 원칙적으로 적용되지만, 특례를 인정하고 있는 경우가 많다. 가령 형법총칙상의 고의를 요건으로 하지 않고, 형식적·객관적으로 처벌하며, 법인의 범죄능력이 인정되고, 행위자 외에 영업주·대표자 등을 쌍벌(雙罰)하거나, 경합범·누범·작량감경 등에 관한 규정이 조세범에는 적용되지 않는 경우가 많다. 또 과형절차(科刑節次)도 벌금 또는 과료나 몰수·추징금 등에 통고처분제도가 마련되어 있고, 세무서장 등의 고발이 없으면 검사가 공소를 제기할 수 없게 하고 있다. 다만 생명형이나 징역형만 규정되어 있는 조세범에 대해는 고발이 없어도 검사가 공소를 제기할 수 있다. 고발된 사건이나 검사가 공소를 제기한 사건은 일반 형사소송절차에 의해 다루어지며, 일반형사범과 다를 바가 없다.

## 조세법률주의

과세의 요건과 조세행정절차는 엄격하게 법률로 규정하도록 하는 원칙을 말한다. 우리나라 헌법 제59조는 "조세의 종류와 세율은 법률로 정한다"고 조세법률주의를 규정, ①납세의무자, 과세물건, 과세표준, 세율 등의 과세요건과 ②조세행 정청의 조세부과와 징수 등의 조세행정절차를 법률로 엄격하게 규정하도록 하고 있다.

## 조세부담률
(ratio of amount of taxes(to national income))
세금이 무겁다 가볍다고 말할 때 자주 등장하는 숫자로서 보통 국민소득에 대한 조세수입(국세와 지방세)의 비율. 법인을 포함한 국민이 평균적으로 얼마만큼의 세금을 지불하고 있는가를 나타내는 지표.

## 조세신용제도(tax credits)
중앙정부가 징수하는 것과 동일한 세(稅)를 지방 정부가 징수한다면 중앙정부는 지방정부 징수액을 감하고 난 액수만 징수하는 제도를 말 한다. 가령 미국에서 상속세는 중앙정부에서 원칙적으로 징수하는데, 만약 지방정부 가 이를 징수하고자 하면 그 징수액만큼 크레딧(credit)을 지방정부에 준다는 점에서 지방 정부가 징수한 액수만큼 제한 나머지를 중앙정부가 징수하는 셈이다. 주민들로서는 동일 한 액수의 세금을 내지만 지방정부로서는 그만큼 세원(稅源)이 확보되는 셈이다.

## 조세유예제도(tax deferral)
해외투자지원제도의 하나로, 거주지국에서 해외소 득에 대해 과세를 하되, 그 과세를 소득발생 시점에 하지 않고 거주지국에 그 소득이 송 금된 시점까지 유예해 주는 제도를 말한다. 우리나라에서는 아직 도입하지 않고 있다.

## 조세지출(tax expenditures)
사회적·경제적 목적을 달성하기 위해, 특정 활동 또는 특정 집단에게 세제상의 혜택을 제공해 지원하는 것을 말한다. 예산상의 모든 지출이 직접지출이라면 세제상의 특혜를 통한 지원은 간접지출이라고 볼 수 있으며, 이를 조세지 출이라 한다. 조세지출은 그만큼의 보조금을 준 것과 같다는 의미에서 '숨은 보조금(hidden subsidies)'라고 부르기도 한다. 조세지출의 개념은 미국 재무부 차관 보였던 Stanley S. Surrey에 의해 처음 고안되었으 며, 1968년 예산문서에서 처음 사용되었다. 미국의 1974년 의회예산 및 지출거부통제법(Congressional Budget and Impoundment Control Act)에는 조세지출을 '현실의 총소득에 특별비과세, 특별면제, 특별공제를 허용하거나 또는 특별한 세액공제, 특혜적 세율, 또는 세부담의 이연을 허용하는 연방정부의 세법 규정 때문에 야기되는 세수 손실 로 정의하고 있다.

## 조세특례제도
계약을 체결한 사람이 조세부과를 면하기 위해 필요한 서류를 작성 제출함으로 면세를 받는제도.

## 조세특별조치법
소득세나 법인세, 상속세, 주세 등을 대상으로 그에 대한 경합, 면제 또는 환부 등의 조세특례조치를 설정함에 따라 특정정책목적을 실현하기 위해 정해졌다. 이러한 특별조치는 개별적 또는 사회적인 스텝의 충실이나 기술진흥을 위한 조치, 해외 상행위 보전을 위한 조치 및 사회보험 진료보수의 소득계산 특례조치를 시작으로 각종 정책목적을 달성하고 있다.

## 조업허용수역 확대
지금까지 조업이 금지되어 왔던 서해·동해 등 연근해 어장 1만 5,600 여 ㎢에 대한 조업허용 조치. 수산청은 1992년 7월 선박안전조업규칙(내 무·국방·농림·수산·교통 등 4부 공동부령)개정안을 입법예고, 서해 3,300㎢와 동해 1만 2,000㎢를 조업자제수역으로 신설함으로써 조업허용 수역을 확대시켰다. 그밖에 서해의 연평도어장이 280㎢, 만도리어장이 20㎢, 동해의 저도어장이 0.6㎢늘어난다. 이와 아울러 직접 승선해오던 승선지도원 제도를 폐지하기로 하였다.

## 조울병(manic — depressive illness)
깊고, 오랜 우울증(depression)으로부터 흥분, 도취, 동요하는 행동에 걸친 심각한 기분 동요로 특정 지어지는 정서장애. 정신의학자들은 이 증세를 양극장애(bipolar disorder)라는 진단명으로 부른다.

## 조음장애(articulation disorders) 01
발음의 오류로서 받침을 빠뜨리거나 단어를 틀리게 발음하는 것을 말한다. 아동의 발달과정, 성장과정에서 일어나는 조음장애에는 중기질적인 요인이 아닌 기능적 조음장애와 발성발음기관의 형태상의 이상에 의한 조음장애, 발성발어 운동에 따른 신경 근질환에 기인하는 마비성조음장애 등이 있다. 일반적으로 발음의 종류로 발음의 오류를 분류하는데, 어떤 음소나 형태소가 잘못 발음되는가에 따라 생략형, 대치형, 왜곡형, 첨가형 등으로 구분된다.

## 조음장애 / 발음장애 02
말에 사용되는 자음이나 모음 등 말소리를 잘못 발음하는 것을 말한다. 말에 사용되는 자음이나 모음을 잘못 발음해서 의사소통에 어려움이 있는 경우 아동들은 언어발달 과정에서 대부분 발음 문제를 나타낸다. 7세 정도 되면 모든 음을 정확하게 발음하게 된다. 그러나 아동이 학교에 들어가기 전까지 발음에 문제가 있으면 언어 치료를 받아야 한다. 학령 전 아동에게 발음 이상이 나타나는 원인으로는 언어 발달의 지체, 청각장애, 발음기관의 기능이상, 정신 지체, 뇌성마비, 적절한 발음습관을 가질 수 있는 모델이 없는 경우 등이다. 이와 같은 장애로 언어 발달을 중심으로 하는 교육이 우선 이루어져야 한다. 발음 이상에 관한 기초적인 훈련으로는 바른 음과 잘못된 음을 듣고 분별할 수 있도록 듣기 훈련을 시킨다. 그리고 특정한 음을 바르게 발음하도록 하는 것은 단시간에 가능하나 일상생활에서까지 일반화하여 정확하게 발음하도록 하는 데는 장기간이 필요하다. 조음장애 유형은 다음과 같다. ①기능적 조음(발음)장애(functional articulation disorders) - 발음기관의 장애, 운동마비 등의 원인 없이 발음에 이상이 나타나는 것. ②기질적 조음장애(organic articulation disorders) - 해부학적(구개, 혀, 입술, 턱 등), 생리학적, 신경학적 원인에 의해 발음에 이상이 나타나는 것이다. 음오류의 유형은 다음과 같다. ①생략(omission) - 필요한 위치에 있는 음소를 적절하게 발음하지 못하여 표준음이 생략되는 것(예 "신문" - "시무") ②대치(substitution) - 표준음을 다른 음으로 대치하는 경우 우리말에서 흔히 나타나는 대치현상은 'ㅈ'은 'ㅊ'이나 'ㄱ'으로 'ㄱ'은 'ㅊ'으로 발음하는 것이다.(예 "사과" - "다과") ③첨가(addition) - 불필요한 음을 첨가하는 것(예 "고래" - "골래") ④왜곡(distortion) - 표준음을 잘못 발음하는 것인데 오류음을 정상적으로 사용되는 음소로 표기하기 어렵다. 왜곡된 발음은 변이기호(diacritic marks)를 사용하여 표기할 수 있다.

## 조이혼율(Crude Divorce Rate)
1년간 발생한 총 이혼건수를 당해연도의 주민등록에 의한 연앙인구로 나눈수치를 1,000분비로 나타낸 것. ★조이혼율(‰) =(특정 1년간의 총 이혼건수 / 당해년도의 연앙인구) × 1,000

## 조작적 개념(operational definition)
조사연구에서 연구할 현상을 어떻게 측정해야 할 것인지에 대한 구체적 진술.

## 조작적 정의(operational definition)
어떤 술어를 정의하고자 할 때, 그 술어가 포함되는 명제의 진위를 판별할 수 있는 조건을 지시하여 정의하는 것이다. 조작적 정의는 성향(disposition)을 나타내는 말에 적용된다. 가령 소금의〈용해성〉이라는 말을 정의하고자 할 때, 그 말이 적용되는 "소금은 용해성을 가진다."라는 문장의 진위를 판별하기 위해서 조작이 가해진다면, 그것은 소금을 물속에 넣는 일이다. 소금의〈용해성〉이라는 말은 "소금을 물속에 넣으면, 그것은 녹는다."는 뜻이다. 조작적 정의는 " - 한 조건 하에서" 식으로 조작의 사태를 제시하고 " - 한다"는 식으로 관찰 가능한 사실을 표현한다. 통상적으로 하나의 성향개념은 조작방식에 따라

서 여러 개의 조작적 정의를 갖는다.

## 조작적 조건화(operant conditioning)
스키너(B. F. Skinner)가 말한 학습의 한 형태로서 행동에 뒤따르는 보상을 변화시킴으로써 행동을 강화하거나 약하게 하는 것이다. 조작적 조건화는, 즉 결과조건보다는 선행된 조절조건의 효과를 갖는 파블로프(Pavlov) 학파 혹은 반응적

## 조작적 치료(operant therapy)
조작적 조건화(operant conditioning)를 활용하는 치료의 한 형태를 말한다.

## 조장자 역할(enable role)
클라이언트가 상황적 또는 변이적 스크레스를 잘 극복할 능력을 갖도록 도와주는 사회사업가의 책임을 의미한다. 이 목적을 달성하는데 쓰이는 특별기술들은 희망부여(conveying hope), 저항과 양가감정 줄이기(reducing resistance and ambivalence), 감정의 인식과 유지(recognizing and ma - naging feeling), 개인의 힘과 사회적 권리를 규명하고 지지하는 것(identifying and supporting personal streng ths and social assets), 모든 문제를 더 쉽게 풀 수 있도록 여러 부분으로 분석하는 것, 목표상의 초점과 목표달성 방법의 유지 등이 있다. 다른 중요한 사회사업가의 역할에는 촉진자 역할(facilitator role), 교육자 역할(educator role), 동원자 역할(mobilizer role)이 있다.

## 조장자(enabler)
조력자, 힘을 보태주는 사람 등으로 생각할 수 있다. 케이스워커와 지역사회조직가 등의 전문가가 지역주민 스스로 지역 내의 문제를 해결하도록 원조하는 역할을 말한다. 이 역할은 사회복지 전문가의 독특한 과정의 업무를 제시하고 있으며, 1960년대부터 다양하게 중계자(broker), 대변자(advocator), 기획자(planner) 등의 역할이 나타나고 있다.

## 조절(accommodation)
이 용어는 사회사업가에게 세 가지 다른 의미를 지닌다. ①지역사회 조직(community organization)에서, 다른 집단과 더 좋은 관계를 맺기 위해 문화적 측면 또는 환경적 측면을 수정하는 집단의 능력, ②노인보건사업에서, 관찰자로부터 다른 거리에 놓인 대상에 초점을 맞추기 위해서 눈의 렌즈 모양을 변화시킬 수 있는 시각적 성질, ③발달이론과 피아제 이론(Piagetian theory)에서, 새로운 또는 새롭게 인지된 환경상태를 다룰 수 있도록 현재의 사고구조를 수정하는 개인의 성장된 능력을 말한다.

### 조정(coordination) 01

조직의 목적 달성을 위하여 모든 부분 활동을 통합·조화시키는 작용을 말한다. 조정에 관한 주요원리로는, 권한의 계서적 구조를 통해 분화된 활동을 통 합해야 한다는 조정의 원리(coordination principle)를 비롯하여 계층제의 원리(principle of hierarchy), 명령통일의 원리(unity of command principle), 명령계통의 원리(chain of command principle), 그리고 통솔범위의 원리(span of control principle)가 있으며, 그밖에 보완적 원리로 목표의 원리(principle of objectives)와 집권화의 원리(principle of centralization), 권한과 책임의 상응에 관한 원리(principle of parity between authority and responsibility)가 있다.

### 조정(mediation) 02

노동위원회의 중계에 의한 노동쟁의 해결의 한 방법으로 노동쟁의조정법의 규정에 근거한다. 노동위원회가 정식으로 조정안을 작성하고, 그 수락을 권고하는 점이 알선과 다르다. 물론 수락의 여부는 당사자의 자유이며 조정안이 수락된 경우, 관계당사자와 조정위원 전원이 서명날인한 조정서는 단체협약과 동일한 효력을 갖는다.

### 조정 03

조직의 공동목적을 달성하기 위하여 행동통일을 이룩하도록 집단적 노력을 질서정연하게 배열하여 가는 행정과정. 정책이 결정되고 그 소요경비가 마련된 다음에 요구에 부합되는 조직이 이루어지고, 인원이 배정되어 지시를 내리고, 권한과 책임의 위임이 결정되어 감독문제까지 해결되면 이러한 모든 요인이 서로 연결관계를 맺게 하는 수단을 필요로 하는데 이 단계가 조정이다. 조정의 성과를 올리려면 조직구성원들이 뚜렷한 목표의식을 가져야 하며, 기본적인 행동방식에 관해 어떠한 원칙적 합의가 있어야 한다. 따라서 조직책임자는 자기의 조정 노력이 조직구성원들에게 침투되도록 하며, 규율과 공정한 징계제도 등에 의해 이탈자를 방지하거나 시정하게 된다.

### 조정간격 계획표(fixed — interval schedule)

반응이 일어난 뒤 일정 기간이 경과한 후에 강화(reinforce — ment)가 전달되는 것으로 행동수정(behavior modification)에서 사용되는 한 절차를 말한다. 가령 할당된 숙제를 다 한 후 10분이 지나서 아동에게 보상이 주어진다.

### 조정의 원리(coordination principle)

조직의 공동목표를 달성하기 위하여 하위 체계 사이의 노력을 통합하고 조정하는 원리를 말한다. 조직에 있어서는 수평적·수직적 구조분화를 통해 분업화·전문화된 각 구성원의 개별적 노력을, 조직의 공동목적을 달성하기 위한 공동적 노력이 되도록, 통합해 주는 것이 필요하다.

### 조정자(coordinator)

사회사업가의 역할 중 하나로 문제선정을 위한 원조활동이다. 사회복지의 전문직뿐만 아니라, 의사, 간호사, 보건부, OT, PT 등의 전문인, 지도자, 기타 많은 사람들과의 협동이 필수적으로 되어 사회사업가는 이들 관계자 사이에서 조정적 기능을 수행해야 한다. 이들 조정적 기능의 수행은 각종 복지시설이나 기관의 사회사업가에게 기대되어질 뿐만 아니라 지역사회분야에서도 점점 중요성이 증대되고 있다. 즉 지역복지 증진을 위해서는 지역 내에서의 각종 전문인, 주민조직, 자원봉사조직, 기타 수많은 복지차원의 광범위한 조직화와 함께 이들에 대한 조정적 기능이 필요하게 된다. 지역복지에 있어서 조정자의 역할을 담당하는 사회복지협의회의 활동이 점점 더 중요하다 하겠다.

### 조정적 기능(coordinative function)

원래 전체적이며 주체적인 주민의 생활요구에 대해 사회제도가 대립하거나 불리하지 않도록 주민(집단과 개인)과 사회제도 전반에 작용해 그 관계를 조정하는 사회복지의 기능을 말한다. 이는 지역사회의 생활관련 시책이나 사회복지의 공사서비스가 별로 분리되어 계획·운영되는데서 생겨나는 폐해에 대응하는 것이다. 이 기능은 사회복지협의회의 활동으로 수행된다. 또 구체적인 개인 상담에 의해 클라이언트가 생활조건의 모순을 발견하고 그것을 사회기관에 주장 해가는 것을 원조하거나 혹은 대변해가는 개별적인 조정의 원조도 있다.

### 조정전치주의

분쟁이 있을 경우 재판을 신청하기 전에 미리 조정을 신청하고 조정이 이루어지지 않았을 때에 재판으로 갈 수 있게 한 것을 조정전치주의라고 한다. 가사소송의 경우 반드시 조정을 거쳐야 하는데 곧바로 소송을 신청할 경우에는 가사조정을 받게 한다.

### 조증(mania)

특별한 정신적이고 행동적인 상태를 묘사하는 데에 사용되는 세 가지 방식의 상이한 용어를 말한다. ①도벽(klepto — mania : 도둑질), 여성의 색정광(nymphomania : 성교에 대한 비정상적이고 지나친 욕구) 그리고 방화광(pyromania : 방화에 대한 몰두)처럼 일부 생각이나 행위에 강하게 몰두하는 것이다. ②동요, 급한 생각, 과다활동, 지나친 의기양양의 상태(조울병 : manic — depressive illness)의 조증 에피소드(manic episode)와 같은)는 일부 주요 정서장애(major affective disorder)와 특정한 조직적인 정신장애에서 발견된다. ③개인이 폭력적이고 매우 동요된 듯이 모이는 '정신이상' 이나 '정신적 붕괴' 를 묘사하는데 사용되는 일반적인 용어를 뜻한다.

### 조증 에피소드(manic episode)

어떤 사람이 동요하고, 흥분하고, 성급하고, 초조한 태도로 행동하며 도취되고, 단언하고, 수다를 떨고, 과다활동을 보이는 시기를 지칭하는 용어를 말한다. 이 단계에 개인의 판단력과 주의력은 최소화하고 종종 다른 사람들과 갈등을 일으킨다.

### 조직(organization) 01

사회사업과 지역사회 개발에서 개인이나 집단이 그들의 노력과 의사소통체계, 구조를 잘 정비하여 상호이익이 되는 방향으로 하나의 목표를 성취하기 위해 함께 일할 수 있도록 도와주는 과정을 말한다.

### 조직 02

공동의 목표를 달성하기 위해 형성된, 분업과 통합의 활동체계를 갖춘 사회적 단위(social unit)를 말한다. 조직은 구조와 과정 및 규범을 내포하며, 환경과 교호작용을 한다.

### 조직개발(OD : organization development)

인간관계와 체계이론에서 유래된 행정기법으로 기술을 혁신하고 기능을 조정하여 문제해결, 효과적인 의사소통, 생산의 효율성 신장을 위해 집단성원들의 능력을 향상시키기 위한 것이다. 이는 장기적인 과정이며 하나의 경영스타일이다. 또 이것은 감수성 훈련집단(sensitivity group), 집단생활지도집단(T − group), 환류(feedback) 체계, 과정 자문, 팀 형성 등과 같은 다양한 기법을 사용한다.

### 조직구조(organizational structure)

조직 구성원의 '유형화된 교호작용'(patterned interaction)을 말한다. 조직 구성원들은 조직목표를 달성하기 위하여 서로 협동하면서 끊임없이 상호작용을 계속하는 바, 이러한 계속적인 교호작용 속에서 조직 구성원들의 행위의 유형이 형성된다. 조직구조는 조직내의 수평적 분화 및 수직적 계층에 따라 다양한 형태를 띠고 있다. 대표적인 조직구조는 M. Weber가 제시한 관료제조직으로 분업화와 집권화 및 공식화 정도가 높은 조직 형태이다. 그밖에 애드호크라시(adhocracy), 사업부제조직, 직능조직, 행렬조직 등이 있으며, 단순조직과 복잡조직도 있고, 기계적 조직과 유기체적 조직도 있다.

### 조직구조의 복잡성

조직 내에 존재하는 분화의 정도(degree of differentiation)를 말한다. 조직구조의 복잡성은 수평적 분화, 수직적 분화 그리고 장소적 분산의 세 가지 요소로 구성되어 있으며, 이들 3요소의 정도가 높을수록 조직의 복잡성은 높아진다.

### 조직내 사회화(organizational socialization)

조직구성원들이 조직의 문화를 익힌 뒤, 이러한 자신의 지식과 이해를 다른 구성원들에게 전수하는 과정을 말한다. 조직 구성원들은 이러한 조직내 사회화 과정을 통해 조직의 문화를 익히게 되고 조직생활에 적응하게 된다.

### 조직도(organization chart)

정부 및 기업을 비롯한 모든 조직체의 구조와 권한관계를 일견(一見)해서 알 수 있도록 도시(圖示)해 놓은 것을 말한다. 조직도를 통해 그 조직의 특성을 쉽게 알아볼 수 있을 뿐 아니라 각 부분조직단위의 위치와 구조 그리고 각 직위가 조직 안에서 차지하고 있는 위치와 직능을 개괄적으로 파악할 수 있다.

### 조직몰입(organizational commitment)

조직구성원이 자신이 소속되어 있는 조직을 얼마나 동일시하며 그 조직에 얼마나 헌신하고자 하는가 하는 정도를 말한다. 조직몰입도가 높은 구성원은 직무를 열심히 수행하고 이직률이 낮은 경향이 있다. 조직몰입도는 근속연수와 같은 개인적 요인과, 의사결정의 참여 정도 및 직장의 안정성 같은 조직 요인에 의해 영향을 받는다.

### 조직발전(OD)

organization development): 조직의 인간적 측면에 주목하여 구성원의 잠재력을 최대한으로 개발하고 행태를 개선함으로써 조직전체의 개혁을 이룩하려는 조직혁신의 접근방법을 말한다. 1950년대에 일부 기업체에서 적용되기 시작한 조직발전은 1970년대를 거치면서 빠른 속도로 성장·보급되어 왔다. 조직발전의 기법으로는 실험실훈련(laboratory training, T − group training) 또는 감수성 훈련(sensitivity training), 작업집단발전(team development or team − building), 과정상담(process consultation), 태도조사환류기법(survey feedback method), 격자도 조직발전(grid orgaization development), 직무다양화(job enrichment) 등이 있다.

### 조직분규

노사분규의 일종. 근로조건 개선을 둘러싼 노사간의 대립에 의한 분규가 아니라 노동조합의 파벌 등 노동자 조직간의 대립에 의해서 야기된 분규.

### 조직의 구조(organizational structure)

조직의 구조는 조직 구성원의 '유형화된 교호작용'

(patterned interaction)을 의미한다. 조직 구성원들은 조직 속에서 조직목표 를 달성하기 위하여 서로 협동하면서 끊임없이 상호작용을 계속한다. 이러한 계속적인 교 호작용 속에서 조직 구성원들의 행위의 정형이나 유형이 형성된다. 조직의 구조는 단순한 조직의 편제나 기구도(機構圖)가 아니라, 그 속에서 구성원들이 움직이고 상호작용하는 동 태적이고 역동적인 것으로 보아야 할 것이다.

### 조직의 목표(organizational goal)

조직의 목표란 조직이 달성하려고 하는 소망 스러운 상태(desired state)를 의미한다. 조직의 목표는 조직활동의 방향을 제시하고 현재 활동에 실질적 영향을 미치는 사회적 힘을 가지고 있다. 조직의 목표는 조직의 합법성 및 정당성의 근거를 제공하고, 조직구성원의 행동의 기준을 제공하고 동기를 부여하며, 의사결정의 지침을 제공하고, 나아가 효과성 평가의 기준을 제공하는 기능을 수행한다.

### 조직진단(diagnosing organizations)

조직진단이란 의도적인 조직변화를 시도하기 위한 전단계로, 조직의 현황을 분석하여 조직의 문제점을 파악하는 과정을 말한다. 조직진 단은 원래 조직발전(OD)를 위한 한 과정으로 자료수집 및 분석의 단계로 연구되기 시작하였다. 그러나 점차 조직진단이 실용적으로 사용되기 시작하면서 그 범위가 넓어지기 시작하여, 최근에는 조직의 사무적인 측면에서부터 환경적 측면까지 포괄하는 광범위한 개 념으로 사용되기에 이르렀다. 조직진단의 대상은 조직의 구조, 기능, 기술, 행태, 효율성 등 매우 다양하다. 조직진단에 사용되는 기법은 다양하다. 조직행태에 관한 진단을 위해서는 행태적 지표 에 따른 설문조사 및 면접조사가 행하여질 수 있고, 업무과정의 효율성을 분석하기 위해 서는 업무과정에 대한 플로우 차트(flow chart)가 사용된다. 그밖에 직무분석과 각종 사무 진단의 기법들도 조직진단의 한 분야로 볼 수 있다.

### 조직화(organizing)

행정관리의 기능 중 가장 핵심적인 요인 중의 하나로서 정적 구조만을 뜻하는 것이 아니라 각 조직 구성요소 간의 상호관계를 설정하는 일련의 동태적 과정. 조직화의 기본적 과제는 영속적인 과제로서 고위층의 행정관리들이 과업수행에 관련된 행정조직 전체와 기술적 방법을 적용시키는 데 있다. 따라서 조직화가 잘 이루어지기 위해서는 인간적 요인·기술적 요인·정치적 요인의 조화가 잘 이루어져야 한다. 일반적으로 조직화에서는 세 가지 영역이 고려되고 있다. 즉 ①일반적인 조직 내지 구조의 영역으로 통상적인 조직 편성의 수준에 따라 부서간의 권한을 배분하게 되므로 직무수행을 위한 공식적 조직구조 내지는 조직화가 이루어지는 것이다. ②직무수행의 절차에 관한 문제영역으로서 결재절차·예산절차·구매절차·수용절차 등의 문제가 고려되어야 한다. ③행정직무 수행 수단에 대한 문제영역으로 일상적인 행정업무 수행활동이 원활히 이루어지도록 고려되어야 한다.

### 조출생률(Crude birth rate)

특정인구집단의 출산수준을 나타내는기본적인 지표로서 1년간의 총출생아수를 당해 년도의 주민등록에 의한 연앙인구로 나눈 수치를 1,000분비로 나타낸 것이다. ★조출생률(CBR) =(특정 1년간의 총출생아수 / 당해 년도의 연앙인구) × 1,000

### 조치권

사회복지서비스의 급여를 법에 따라 결정한 권한. 광의의 복지조치에는 행정기관의 작용에 한계가 없는 수익적인 성격의 것도 있지만, 담당범위와 행정행위의 책임의 주체를 명확히 하기 위한 것도 있다. 조치내용에 맞게 권한을 자세히 명기한 것이 특징이다. 시설입소 조치권은 시·도지사가 행사하는 것이 전형이다. 아동복지법에 따른 보육소의 입소조치 등은 구청장이 관여하는 것도 있지만 읍·면·동에 대한 위임사무로 되어가는 추세에 있다.

### 조치권자 지불방식

조치비지불방식의 한 형태로 복지조치에 따른 비용을 지불하는 주체가 조치권자인 방식을 말한다. 법에 정한 부담구분에 따라 최종적인 부담을 의미하는 것은 아니지만 대체지불에 영향을 주는 것으로 모두 이 원칙을 따른다. 그러나 시설의 입소조치가 국·시립시설에 대해 행해지는 경우 설치자 지불방식을 취하는 경우가 있다.

### 조치기관 / 조치권자(administering authority)

조치기관은 특정의 복지조치에서의 권한청 내지는 처분청으로 행정 행위의 주체를 말하며 실시기관이라고도 한다. 조치권자는 대개 시·도지사이나 아동복지관계의 일부 보육소 등의 문제를 다룰 때는 구청장이 이를 대신한다. 조치권자는 자치회 내부에 전문행정기관을 설치하기 때문에 법에 의해 그 권한을 전문행정기관(가령 복지사무소, 아동상담소)의 장에게 위임할 수 있다. 조치권자는 지방행정체의 장으로 복지입법에 따른 복지조치는 전후 오랫동안 기관위임사무방식을 중심으로 해왔지만 현재는 생활보장법에 의한 보호시설을 나타내 복지조치는 모두 모체위임사무로 되었다. 또 조치권자는 조치비를 지불하는 의무를 지고 있기 때문에 조치비 지불 의무자라고도 한다.

### 조치기준

복지조치의 결정에 즈음하여 서비스의 필요성을 확인하기 위한 척도로서 사용되는 기준. 주로 사회복지시설의 입소기준으로 사용되지만, 시설수요의 충족선을 결정하는 것을 의미하며, 이용자에 따른 시설이용 권리를 실체화하기 위한 표준이다. 따라서 이 기준은 시설이용의 권리억제로도 운용되기 쉬워 기준의 명확한 설정이 불가피하다. 시설의 입소조치기준은 개개의 시설에 대해 기준이 세밀히 정해져 있는 경우(보육소·노인홈 등)에 법으로 정해진 목적규정만으로 그 것에 대신하는 경우가 있지만, 실제시설이용은 수요와 공급의 관계에서 결정되기 때문에 기준에 관계없이 조치판정을 할 때 우선순위 결정의 행정재량이 따른다. 조치기준의 내용은 시설과 완전히 다르지만 보육에 부족한 환경요건과 신체장애 등의 속인적 요건으로 대별 해 속인적인 요건에 따른 조치에는 행정조치에 앞선 충분한 조사와 판정이 필요하다.

## 조치비

각 실정법에 따른 시·도 및 지방이 취해야할 복지조치에 요구되는 경비를 가리킨다. 일반적으로 성인시설은 조치에 요하는 경비라는 표현을 사용하고, 아동시설은 최저기준을 유지하는데 요하는 경비라고 한다. 조치비의 내역은 시설운영을 위한 직원급여비 및 시설관리비를 사무비로 호칭하고, 입소자의 생활비나 교육비 등을 사업비로 하고 있다. 조치비는 매년 국가예산계획에 따라 보건복지가족부 담당 하에 국고부담금 교부기준으로 나타낸다.

## 조합국가(St ndestaat, stato corporativo)

전국민이 각각 직업조합에 가입하거나 또는 그 영향하에 놓이게 되어 조합(組合)이 국가의 기초단위가 되는, 이탈리아 파시즘이 만들어낸 특수한 국가형태를 말한다.

## 조합복지(corporate welfare)

조직체의 생존을 돕고 이윤을 확보할 수 있도록 조직체에 서비스, 재정원조, 보조금, 기타 다른 혜택을 제공하는 것이다. 가령 연방정부는 노동집약적인 산업이 시민에게 많은 일자리를 제공하기 때문에 그 산업의 세율을 인하하거나 비용의 일부를 보조할 수도 있다. 지방정부는 지역 경제를 활성화시키기 위해 그 지역에 재배치되는 회사들에 토지를 저렴한 비용으로 혹은 전혀 비용 없이 토지를 제공할 수도 있다. 개인들에 대한 국가사회복지를 강하게 반대하는 일부 사람들은 기업을 위한 조합복지 프로그램을 선호한다.

## 조합주의(corporatism)

국민건강보험제도의 실시방법을 둘러싼 주장. 조합주의란 소득원·소득 파악률·의료이용률 등을 유사한 집단별로 묶어 독립채산 방식에 의해 자치 운영하자는 주장이다. 우리나라는 현재 조합주의방식에 의해 직장근로자조합·공무원 및 교직원조합·농촌지역조합·도시 지역조합 등 4개 유형의 조합으로 나눠 운영되고 있다. 조합주의의 장점은 조합의식에 의한 알뜰한 보험재정관리로 조합의 흑자재정을 가능케 해 결국 조합비를 인하하는 등 조합원에게 이익을 되돌려줄 수 있고 피보험자의 의료낭비를 막을 수 있다는 점이다.

## 조형(shaping)

행동수정(behavior modification)에서 바람직스럽고, 치료사가 목적한 형태의 행동변화를 점차 보이도록(특히 다른 방법(행동)을 강화하지 않고서) 하는 치료절차를 말한다.

## 조혼인율(Crude Marriage Rate)

혼인력의 가장 기초적인 것으로서 1년간 발생한 총 혼인 건수를 당해연도의 주민등록에 의한 연앙인구로 나눈 수치를 1,000분비로 나타낸 것. ★조혼인율(‰) =(특정 1년간의 총 혼인수 / 당해년도의 연앙인구) × 1,000

## 존재(being)

유(有)라고도 한다. 〈있다〉는 것 및 〈있는 것〉을 의미하는데, 〈있다〉는 가장 보편적이고 단순한 개념이며, 따라서 보다 보편적인 개념을 사용하여 그것을 정의하는 것은 불가능하므로, 여기서는 그것의 여러 용법을 지적함에 그친다. ①〈…이다〉에서의 〈이다〉. 이것은 〈S는 P이다〉라는 판단에서의 〈이다〉로서, 주어와 술어의 결합관계를 나타내는 것. ②〈…이 있다〉에서의 〈있다〉의 의미로서 〈있는 것〉. ⓐ시간·공간 속에 있는 지각의 대상이 될 수 있는 객관적 존재. ⓑ표상, 욕구, 감정 등 심리학의 대상이 되는 심적 존재. ⓒ형이상학적인 실재. ⓓ수학의 대상 등을 위시한 본질로서의 존재. ⓔ가능적인 존재로서의 본질적 존재에 대하는 것으로서의 현실적 존재, 특히 인간의 주체적 존재(→ 실존). 이들 여러 가지 존재의 어느 것을 본원적으로 보느냐는 각각의 철학적 입장에 따라 다르다. ③상기의 갖가지 존재는 여러 가지로 한정되고는 있지만, 어느 것이나 모두 존재하는 것이며, 그것들을 존재하게 하는 것으로 나타내는 〈존재〉다.

## 종결단계(termination phase)

사회사업가 — 클라이언트 개입과정의 종결, 곧 업무관계(relationship)를 끝내기 위한 체계적인 절차를 말한다. 이러한 단계는 목표가 이루어졌을 때, 특정한 업무기간이 끝났을 때, 또는 클라이언트가 업무관계를 지속하는 것에 더 이상 관심이 없을 때 발생한다. 여기에는 목표 성취와 탐색과정(working through), 저항(resistance), 거부(denial), 그리고 질병편력(flight into illness)에 대한 진전사항을 평가하는 것이 종종 포함된다. 또 종결단계에는 장래 문제를 어떻게 예상하고 해결할 것인지 그리고 장래에 욕구가 생겼을 때 요청할 더 필요한 자원을 어떻게 찾을 것인지에 관한 논의가 행해진다.

## 종교사회사업(religious social work)

사회복지실천은 경험적사실의 확립과 가치관에 기인하는 사회적 평가와의 통일을 장으로 해서 전개된다. 가치적 선택을 수반하지 않는 사회사업은 인간의 주체적 행동으로서는 무의미하다. 신앙을 갖는 사람에게는 종교인으로서 버리지 못할 가치관이 행동의 동기가 되어 사회 복지 실천의 방향을 좌우한다. 그 공통의 특질은 인간생명에 대한 존엄성과 이웃에 대한 전인적 인간재재의 경배정신에 있다. 인간존엄의 강렬함이 오랜 역사를 통해 종교사회사업의 높이·넓이·깊이를 나타내고 있다.

## 종교적 사회복지(sectarian services)

종교단체(sectarian services) 또는 교단의 재정적인 후원으로 발달하게 된 전반적인 사회사업 프로그램을 총칭하거나, 특정한 교단이 성원들만을 대상으로 후원해주는 프로그램이다. 가령서 미국 카톨릭 자선단체(Catholic Charties USA), 유대인 사회기관(Jewish social agencies), 엘디에스 사회서비스(LDS Social Service), 루터 교단의 사회서비스(Lutheran social Services), 구세군(Salvation Army) 등이 있다.

## 종교적 자선사업

사회복지의 역사는 사회낙오자의 구제로부터 비롯되었지만 그 대상자에 대한 동일성이 없으면 안된다. 하나는 동료 또는 친구라는 의식이 고 다른 하나는 인간으로서의 의식이다. 인간으로서의 의식은 옛부터 종교에 뿌리를 두고 있다. 가령 기독교에서는 신에 의해 인간은 만들어졌고 신 앞에서는 형제라는 동일감이 사회복지의 실천으로 연결된다. 이와 같은 발상은 현대 민간사회복지사 등에 중요한 측면이 되고 있다.

## 종단적 연구(longitudinal studies) 01

조사대상으로 선정된 일단의 사람들에게 여러차례에 걸쳐 동일한 질문을 되풀이함으로써 집단성향의 변화를 파악하고자 하는 조사 방법을 말한다. 이때 조사대상자 및 질문내용은 되풀이되는 조사 때마다 바뀌어서는 아니 되며 동일한 것이어야 한다.

## 종단적 연구 02

의미 있는 시기에 걸쳐 동일한 현상이나 대상 집단을 반복적으로 조사, 연구하는 것이다.

## 종사상의 지위(status of workers)

고용주, 자영자, 무급가족종사자, 상용근로자, 임시근로자 등과 같이 취업자가 실제로 일하고 있는 신분 내지 지위상태를 말한다.

## 종사자수(number of workers)

자영업주, 무급가족종사자, 피고용자(생산직, 사무직 등),

파견 받은 종사자를 종사상 지위별로 연말과 조업기간중 월평균 기준으로 각각 해당사업체의 종사자수를 조사하였다.

## 종속변수 / 종속변인(dependent variable)

독립변인의 조작결과(操作結果)에 의존하며 이의 효과를 판단하는 준거가 되는 변인. 실험의 기본적인 형태는 어떤 변인이 다른 어떤 변인에 어떠한 영향, 즉 효과를 미치는지를 알아보고자 한다. 가령 X변인을 교수방법, Y변인을 학생의 학업성적이라고 한다면, 실험자는 X변인을 다른 요인들과는 독립하여 체계적으로 조작시켜 보고 이러한 조작에 의존하고 종속되어서 Y변인이 어떻게 변화하는지를 확인하고자 할 것이다. 이때 X를 독립변인, Y를 종속변인이라고 한다. 이 변인은 독립변인의 조작결과에 의존하며, 거기에서 투출된 것이고, 거기에 반응된 것이며, 그리고 독립변인의 효과여부를 판단하는 준거가 되기 때문에 투출변인·반응변인·준거변인이라고도 한다. 성취도·태도 등이 예이지만 무엇이 종속변인인가는 물론 실험에 따라 다를 수 있으며, 또 대개 실업에서는 하나를 취하지만 하나 이상의 종속변인을 취할 수도 있다.

## 종속이론(dependency theory)

제3세계 국가의 저발전은 한 국가 내의 재화나 용역 등의 부족에 기인하는 것이 아니라 세계체제 속에서 중심부와 주변부의 세계적 수준의 분업에 기인하며, 주변부의 국가는 중심부의 국가에 의해 정치, 경제, 사회, 문화적으로 종속상태에 있다는 이론. 종속이론은 근대화이론과 발전이론에 대한 대안적 패러다임으로 등장했다. 제3세계 국가의 저발전 현상을 서구세계의 발전과 분리시켜 설명할 수 없으며, 오히려 제3세계의 저발전은 유럽을 중심으로 한 서구세계의 국제적 팽창과정 속에서 제3세계 국가가 식민지로 자본주의 세계체제의 발전을 중추 ─ 의성관계(metropolis ─ satellite)로 파악하는 프랑크(A. G. Frank)와 중심부 ─ 주변부(center ─ periphery)로 구조화한 아민(S. Amin), 핵심부 ─ 주변부 ─ 반주변부(semi ─ periphery)로 파악한 월러슈타인(I. Wallerstein)에 의해 제기되었다. 교육에서 종속이론은 주로 문화적 측면에서 제기된다. 세계체제 속의 한 국가라는 상황은 교육의 발전과 저발전에 대한 세계적 수준의 경제, 정치, 사회문화적 요인을 조건지으며, 이는 주변부에 대한 지배력을 계속적으로 유지한다. 특히 카노이(M, Carnoy)는 제3세계 국가의 교육팽창이 성공하지 못한 이유로 서구 자본주의 국가의 문화적 지배를 들고 있다.

## 종신고용제도(life employment system)

일본의 대기업에서 보여지는 것으로 직장에 들어가 연륜이 더해짐에 따라 누적적으로 경험을 쌓는 노사관계 하에서 신규학교졸업자가 직장에 들어간 후 동일기업 내에서 연공서열에 따라 승진하면서 정년까지 고용관계가 계속되어가는 것이다. 점차 퇴색해진 제도이다.

### 종신보험(whole life insurance)

피보험자의 일생을 보장하는 보험으로서, 사망한 경우에만 보험금을 지급하는 사망보험을 말한다. 종신보험은

### 종신연금(whole life annuity)

연금을 수령하는 자에 대해서 종신에 걸쳐 지급하는 연금을 말한다. 영속·무기 또는 영구연금이라고도 하며, 이에 대립되는 용어는 유한연금이다.

### 종업원대표제도(employee representation)

미국에서 제1차 대전 이후 각 기업에 설치한 일종의 노사협의제도이다. 본래의 취지는 회사의 경영자와 선발된 종업원의 대표가 근로 조건에 대해 협의하려는 것이다. 이 제도는 근로자집단의 자주적 조직이라기보다는 오히려 기업 내지 경영자가 그것을 육성한 것이어서 그 이름이 나타내는 바와 같이 노무자만으로 구성되어 있다. 종업원 대표선출에는 경영자의 의향이 강하게 작용하였으며 종업원대표의 활동에는 기업으로부터 경제원조가 행해졌다는 점에서 본래의 노동조합 활동과는 그 성격이 다르다. 때문에 일반 노동조합에서는 회사조합(company union)이라고 하여 자주적인 노동조합과 구분하여 불렀다.

### 종업원지주제도
### (employee stock ownership plan) 01

기업이 자사 종업원에게 특별한 조건과 방법으로 자사 주식을 분양·소유하게 하는 제도. 제1차 세계대전 후 산업민주화의 풍조 속에서 생긴 제도로, 종업원 주식매입제도·우리사주제라고도 한다. 특별한 조건·방법으로는 저가격·배당우선·공로주·의결권 제한·양도 제한 등이 있다. 종업원이 증권시장을 통해 임의로 자사 주식을 취득하는 것은 종업원지주제라고 하지 않는다. 이 제도의 목적은 종업원에 대한 근검저축의 장려, 공로에 대한 보수, 자사의 귀속의식(歸屬意識) 고취, 자사의 일체감 조성, 자본조달의 새로운 원천(源泉)개발 등에 있다. 그러나 자본조달의 원천개발은 부차적인 목적이고, 주목적은 소유참여(所有參與)나 성과참여로써 근로의욕을 높이고, 노사관계의 안정을 꾀하는 데 있다.

### 종업원지주제도 02

회사가 종업원에게 자사주의 보유를 권장하는 제도로서 회사로서는 안정주주를 늘리게 되고 종업원의 저축을 회사의 자금원으로 할 수 있다. 종업원도 매월의 급여 등 일정액을 자금화하여 소액으로 자사주를 보유할 수 있고 회사의 실적과 경영 전반에 대한 의식이 높아지게

된다. 우리나라는 1968년 11월 제정, 공포된 '자본시장 육성에 관한 법률'에서 종업원에 대한 신주의 10% 우선 배정에 관한 특례 조항을 두어 제도적으로 보급시키고 있다.

### 종업원지주제도 03

종업원이 자기회사의 주식을 소유하게 되는 것을 종업원지주제도라고 한다. 종업원은 스톡옵션이나 신주인수 등을 통해 주식을 사서 가지게 되는데 다음과 같은 이점이 있다. ①종업원 — 지분많큼이지만 회사의 주인이라는 생각을 가질 수 있고 나중에 주식을 팔아 그 차액을 얻을 수도 있다. ②회사 — 종업원의 근로의욕을 높이는 동시에 자본을 조달하는 등 회사의 발전을 꾀할 수 있다.

### 종업원지향형(employee oriented 리더)

조직구성원들의 개성과 개인적 욕구를 중시하고, 일에 있어서 인관관계를 중시하는 리더를 말한다. 반면 생산지향형(production oriented) 리더는 종업원을 조직목표를 달성하기 위한 도구로 보고 생산이나 작업에 있어서 기술적 측면을 강조하는 리더를 말한다.

### 종업원퇴직연금제도
### (employee pension benefit plan)

보험가입 단체의 소속자 전원을 피보험자로 하며 정년퇴직시까지를 보험기간으로 하여 피보험자가 퇴직시에는 가입비율에 따라 연금형태로 보험금을 지급하는 생명보험의 단체보험상품 중 하나이다.

### 종업원퇴직적립보험

보험가입 단체의 소속자 전원을 피보험자로 하며 정년퇴직시까지를 보험기간으로 하여 피보험자의 퇴직시 가입비율에 따라 퇴직금을 지급하는 보험을 말한다.

### 종전보수월액 적용
### (application of one's former original monthly salary)

교직원이 강임·전직 또는 재임용 등의 사유로 보수월액이 감액되었을 때 본인이 희망하고 학교경영기관의 장이 동의하면 종전의 보수월액 적용신청을 하여 승인을 얻는 것을 말한다. 보수월액이 감액되기 전의 신분으로 1년 이상 재직한 경우에만 신청 가능하다.

### 종주도시(primate city)

특정지역에 인구가 집중하는 인구내파(人口內破) 현상으로 인해 나타나게 되는 하나의 중심적인 거대도시를 말한다. 즉 종주도시란 한 나라에 하 나의 초대형도시가 있는 경우의 도시를 말하는데, Bert F. Hoselitz는 종주도시의 특성으 로 투자의 독점·인력의 흡수·문화의 지배·타 도시의 발전저해·생산률에 비해 높은 소 비율 등을 지적

하면서 어느 나라나 발전의 초기에는 이러한 모든 기능이 종주도시에 집중된다고 한다.

## 종합건강관리기구
(HMO : health maintenance organization)

일정한 연회비로 서비스를 제공하는 종합적인 건강보호 프로그램 및 의료집단. 진료별 요금선물제의 대안으로, 육체적·정신적 질병의 치료와 예방을 포함하여 등록자들이 그들의 의료 및 건강보호를 위해 자발적으로 선불한다. 종합건강관리기구는 사회사업가와 다른 건강보호 제공자뿐만 아니라 모든 전문의를 두고 있는 의료보호 시설을 갖추고 있다.

## 종합과세

소득세법상 동일한 종류의 과세소득이라 하더라도 과세 방법에 따라 종 합과세방법과 분리과세방법이 있는데 종 합과세방법이란 원천별로 각 소 득을 합산하여 소득세 과세표준과 세액을 계산하는 방식을 말한다. 따라서 같은 이자소득이라 하더라도 분리과세소득에 해당하는 이자소득 은 그 이자소득을 영수할 때 원천징수의무자로부터 원천징수를 당하게 되면 그것으로서 납세의무를 다한 것이며, 이를 다시 종합소득에 합산하 여 과세되지 않는다. 그러나 종합소득에 해당하는 이자소득의 경우에는 그 이자소득을 영수할 때 원천징수 의무자로부터 원천징수를 할지라도 확정신고시 이를 종합소득금액에 합산하여 종합소득세를 신고납부하여야 한다.

## 종합기획(comprehensive planning)

정책수립가가 종합적인 목적을 달성하기 위해 대규모로 지식·영향·자원을 조정하는 조력. 이것은 문제의 증후들보다는 숨겨진 원인들을 찾아내며, 문제 해결뿐만 아니라 인간의 잠재성을 실현하는 것도 추구한다. 이를 위해서 종합계획은 기존의 기관들 및 전문가들의 특수한 기능을 기반으로 하기보다는 조직의 라인들을 종합하여 프로그램 자원들을 조정하려고 한다.

## 종합보험(comprehensive insurance) 01

손해보험의 종합보험에는 주택종합보험, 점포종합보험, 장기종합보험 등이 있다. 종래의 화재보험은 화재의 위험만을 보험대상으로 삼았지만 최근에는 주택이나 점포의 화재위험만 있는 것이 아니므로 비행기의 추락, 자동차 사고, 낙뢰, 가재의 도난 등 종합적인 위험에 대해 그 손해를 커버하려는 것이 종합보험의 목적이다.

## 종합보험 02

여러 가지 위험을 하나의 증권으로 일괄해서 보상하는 보험의 총칭으로 주택상공종합보험, 동산종합보험, 개인용 자동차 종합보험 등이 있다.

## 종합보험 03

손해보험의 종합보험에는 주택종합보험, 점포종합보험, 장기종합보험이 있다. 종래의 화재보험은 화재의 위험만을 대상으로 보험을 걸어 왔지만 최근에는 주택이나 점포의 화재위험만 있는 것이 아니기 때문에 비행기 의 추락, 자동차사고, 낙뢰, 가재의 도난 등 종합적인 위험에 대해 그 손해를 커버하려는 것이 종합보험의 목적이다.

## 종합소득세
(taxation on aggregate income, global income tax) 01

개인에게 귀속되는 각종 소득을 종합하여 과세하는 소득세. 그 특징은 개인의 담세력에 적합한 공평과세를 할 수 있고 수입의 신축성이 풍부하여 재정수요의 증감에 적응하는 일이 쉽다는 것이다. 장점은 ①누진세율을 적용할 수 있다. ②최저생활비에 대해 면세할 수 있다. ③국가의 공동수요를 충족하기 위한 과세의 신축성을 기할 수 있다는 것이다. 단점은 ①개인소득의 정확한 파악이 어렵다 ②세원 조사로 인하여 영업비밀이나 사생활을 침해할 우려가 있다는 점이다.

## 종합소득세 02

소득이 발생하는 원천에 따라 소득을 종류별로 구분하여, 각종 소득에 대해 개별적으로 원천과세하는 분류소득세와 대비된다. 소득과세의 이상(理想)에서 보면 개인의 소득을 종합하여 이것에 공제규정 및 누진세율을 적용하여 과세하면 개인의 사정을 고려할 수 있고, 개인의 담세력에 일치하는 과세를 할 수 있다. 그러나 소득의 종합 등 징세상의 복잡과 종합소득의 신고 등 납세의무자에 주는 납세절차상의 번잡을 면할 수 없다.

## 종합소득세 03

소득세 가운데 가장 대표적인 것이며 분류소득세에 대한 용어로서 개인에게 귀속되는 각종 소득을 종합하여 과세하는 소득세이다. 종합소득세의 특징은 개인의 담세력에 적합한 공평과세를 할 수 있고 수입의 신축성이 풍부하여 재정수요의 증감에 적응하는데 용이하며 다음과 같은 장단점을 가지고 있다. 장점은 ①누진세율을 적용할 수 있다. ②최저생활비에 대해 면세할 수 있다. ③국가의 공동수요를 충족하기 위한 과세의 신축성을 기할 수 있다. 단점은 ①개인소득의 정확한 파악이 어렵다. ②세원조사로 인하여 영업의 비밀이나 사생활을 침해할 우려가 있다.

## 종합적 판단(synthetic judgement)

"S는 P이다"처럼 두 개념을 연결하는 사고에 의한 판단에서 S의 개념 속에 P가 전혀 내포되지 않은 것이다. 분석적 판단에 대립되는 것이다. 가령 "복돌이는 키가 크다" 따위의 판단에서 이 S가 그것과 전혀 논리적 관련 없는 P와 결합함으로써 인간에게 새로운 인식을 제공하지만 논리

적 확실성은 가지지 못한다. 확장판단(eweiterunges
urteil)이라고도 한다.

### 종합진단(Synthesis Diagnosis)

재활기관에서의 종합진단이 의미하는 것은 모든 분석결
과 자료를 함께 묶어서 클라이언트의 상태를 정확히 그려
내는 것이다. 서울장애인종합복지관을 중심으로 종합진
단을 살펴보면, 진단팀으로는 재활의학전문의, 사회사업
가, 임상심리사, 특수교사, 언어치료사, 직능평가사 등이
고, 진단내용은 의료진단 사회진단 심리진단 교육진단 직
업평가 등이다.

### 종합평정법(method of summated ratings)

어떤 심리적 특성이나 태도를 나타내는 한 변인의 연속성
을 가정할 수 있고 이러한 연속선상에서 한 심리적 특성
을 나타내는 여러 개의 진술문이나 문항이 있는 경우에
이 심리적 연속변인상에서 진술문의 척도치를 구하는 방
법의 하나. 이 척도제작법을 흔히 리커르트(Likert) 척도
제작법이라고 불러왔다. 그러나 각 진술문에 대한 반응을
일종의 평정으로 볼 수 있고, 이 평정점수를 모든 진술문
에 대해 합하여 총범을 내게 되므로 버드(Bird)는 이 방법
을 종합평정법이라고 명명하였다. 척도제작은 한 심리적
특성을 여러 가지 수준에서 대표하고 있는 진술문들을 작
성한 다음 피검사자 집단에 주어진 각 진술문에 대해 찬
성과 불찬성을 표시하도록 한다. 각 진술문에 대한 찬반
의 정도를 ①대단히 찬성한다. ②찬성한다. ③잘 모르겠
다. ④반대한다. ⑤대단히 반대한다의 5개의 유목으로 나
누는 것이 보통이다. 그러나 경우에 따라서는 3개 또는 4
개의 유목으로 나눌 수 있다. 이러한 유목의 수는 진술문
의 특성에 따라서 적절히 결정해야 할 것이다. 진술문의
각 유목에 대한 비중치는 각 유목에 대한 피험자의 반응
비율을 정상분포 편차에 따라 주는 것이 원칙이나 각 유
목의 긍정 − 부정의 정도에 따라서 4, 3, 2, 1, 0의 단순한
점수의 배정에 의한 비중치 결과는 상당히 상관이 높으므
로 전자의 복잡한 비중치 방법을 피하고, 보통 후자의 단
순 비중치 배정을 하고 있다. 이렇게 각 진술문의 유목에
비중치가 주어져서 한 심리적 특성을 측정하는 척도가 된
다. 이 척도를 사용하여 한 개인의 척도치를 구하는 방법
은 각 진술문의 유목에 대한 반응점수(비중치)를 총합한
것이 그 개인의 최종척도점수가 된다.

### 좌절(frustration) 01

목표의 성취나 욕구의 충족이 이루어지지 못하고 꺾이는
것이다. 물리적 장애, 보상의 제거나 감소 등은 좌절의 상
황이 되며, 좌절의 정도는 사람의 생리적 반응을 중심으
로 측정될 수 있다. 좌절에 대한 반응으로 공격(좌절 −
공격가설)·퇴행(좌절 − 퇴행가설)·고착(고착 − 고착
가설)·우울(좌절 − 우울가설) 등이 흔히 관찰된다.

### 좌절 02

욕구의 만족이 내부의 원인 또는 외부의 원인에 의해 방
해되어 그것에 의해 신체 또는 자아에 대해 중대한 영향
이 생기는 경우에 높아지는 정서적인 긴장을 말한다. 이
개념은 프로이드(Freud, S.)에 의해 처음으로 쓰인 것이
지만 최근의 행동이론에서는 이것을 조작적으로 정의된
매개변수의 하나로 사용하는 경우도 있다. 좌절에는 노여
움, 공격반응 또는 별도의 목표를 설정해서 대상적인 만
족을 구하는 경우도 있으며 이를 이겨내는 힘을 용기, 극
복이라 한다. 조작적 정의의 경우 좌절은 절식시간이나
급식량의 함수로서 양적으로 정의된다.

### 좌파(leftist)

보적이거나 급진적인 정치관을 갖고 동맹을 맺은 사람이
다. 그 명칭은 유럽의 입법기관들이 더 진보적인 당의 의
원들을 복도나 의장의 왼쪽에 앉히려 했던 경향에서 비롯
되었다.

### 죄수의 딜레마(prisoner's dilemma)

두 공범자가 서로 협력하여 범죄사실을 숨기면 증거불충
분으로 형량이 낮아지는 최선의 결과를 누릴 수 있음에도
불구하고, 상대방의 범죄사실을 밝혀주면 형량을 감해준
다는 수사관의 유혹에 빠져 서로 상대방에게 죄를 씌워
최악의 결과를 초래하게 되는 현상을 말한다.

### 죄의식(guilt)

어떤 나쁜 일을 행하거나, 어떤 일에서 실패하거나, 또는
중요한 사회규범을 위반한 사실을 인식한 뒤에 갖게 되는
감정적인 반응. 이는 때때로 자존심의 상실 및 회복하려
는 욕망으로 나타난다. 정신역학(psychodynamic) 이론
에서 이 반응은 무의식적(unconscious)일 수 있으며, 어
떤 현실적인 비행에 기초하지 않고 초자아(superego)에
의해 설정된 금지와 모순되는 숨겨진 충동 및 동기에 기
초할 수 있다.

### 죄책감(guilt feeling)

정서적 태도의 하나로서 자기의 행위나 사고에 잘못이 있
다고 느끼는 심리상태를 말한다. 일반적으로 도덕적 규범
이나 사회의 가치관에 실제로 혹은 허구적으로 위배된다
는 생각에서 정서적 갈등을 동반한다. 적정한 수준의 죄
책감은 아동의 건전한 정서발달에 필요하지만 엄격한 가
정분위기, 부모의 지나친 지배적 성향 등에 의한 과도한
허구적 죄책감은 아동의 건전한 정서발달을 저해하기도
한다.

### 죄형법정주의 01

범죄에 대한 형벌은 법률의 규정에 의하지 않으면 안된다
는 것을 죄형법정주의라고 하는데 "법률이 없으면, 범죄

없고 형벌도 없다."는 법언(法言)에서 나온 사상이다. 다시 말하면 죄형법정주의란 범죄와 그 형벌에 대해 법률에 문자로 씌여진 규정이 없다면 그 범죄를 벌할 수 없다는 것인데 그 주요한 특징은 다음과 같다. ①소급효금지의 원칙 — 범죄를 저지른 이후에 만들어진 법규에 의해 처벌되지 않는다. ②관습형금지의 원칙 — 범죄에 대한 처벌의 근거는 문자로 기록된 법률에 의한다. ③유추해석금지의 원칙 — 문자로 된 규정을 넘어서는 확대해석을 해서는 안된다. ④명확성의 원칙 — 규정의 해석이 불명확하거나 막연해서는 안된다.

### 죄형법정주의 02
어떤 행위를 범죄로 처벌하는 데는 행위시점에서 성문의 법률이 존재하고 또 그 행위에 형벌을 과한다고 규정하는 것을 필요로 하는 형사 사법상의 원칙이다. 국가의 형벌권의 자의적인 행사로부터 국민의 인권을 지키기 위해 제창되어 불란서혁명의 인권선언이나 미국독립 선언에도 강조되었고 세계인권선언에도 채택되었다. 형법상 성문법 주의, 형벌불소급, 유추해석의 금지, 적대적부정기형의 금지 등이 원칙의 근거가 되었다.

### 주간병동(day hospital)
영국, 미국 등에서 정신장애인의 사후보호 혹은 재활을 행하는 시설로서 정신병원과는 별도로 주간병동이 있으나 노인의원의 분야에서도 의학적 감독 하에 특별간호, 재활 등을 행하는 의학적인 중간시설로서 주간병동이 세워지고 있다. 그리고 일반적으로 노인 병원과 긴밀한 유대를 가지고 설치·운영되고 있다.

### 주간보호(보육)(day care)
부모 또는 보호자가 아동이나 다른 피부양자를 보호할 수 없을 때 그들을 보호하기 위한 시설과 프로그램. 이 용어는 저녁에는 집으로 돌아가는 모든 연령층을 위한 건강과 신체 보호프로그램(health and physical care programs)을 지칭하기도 한다.

### 주간보호사업(day care service)
주간보호사업이란 가족으로부터 적절한 보호를 받지 못하거나 가족에게 항시 개호의 부담을 주는, 혹은 가족의 질병, 출산, 관혼상제, 사고, 출장, 휴가 등 부득이한 사유로 일시적으로 가족의 보호를 받을 수 없는 재가중증장애인에게, 낮 동안 복지관내에서 보호 및 각종 서비스를 제공하여 가족의 일상 보호 부담을 해소시키고, 건전한 가정 조성과 사회적·경제적 활동에 도움을 주기 위한 프로그램이다. 주요서비스내용은 일상동작훈련, 취미생활, 여행 및 견학 등으로 구성되어 있는데, 일상동작훈련은 질환이나 손상, 결손 등으로 기본적인 일상생활을 하는데 문제가 있는 장애인들을 위해 신변처리, 의복 착탈, 식생활, 위생, 침상자세, 보행, 물건사용법 등을 훈련시키며, 취미생활은 폭넓은 대인관계형성 및 자신의 특기와 취미를 살릴 수 있도록 음악, 영화감상, 레크리에이션, 서예, 수예, 바둑, 장기, 운동 등을 실시하며, 새로운 환경과 정보를 접하게 하여, 심신의 기능을 향상시키기 위한 고궁, 박물관, 민속촌, 한강선착장 등지의 견학이나 야유회 등을 실시한다. 본 프로그램은 사회사업가, 물리치료사 등으로 구성된 팀에 의해 운영되며, 중증장애인을 대상으로 하기 때문에 셔틀버스운행이 필수적이다.

### 주간보호소(adult day care)
심신이 쇠약한 노인이 주로 낮 시간에 이용하는 보호시설을 말한다. 평소 집에서 돌보아주는 가족(care giver)이 직장에 나가 일하는 동안 노인은 주간보호소에 가서 필요에 따라 급식, 상담, 투약, 여가활동, 재활치료, 건강교육 등의 서비스를 이용한다. 서구에서는 병원이나 양로원 또는 노인복지관에 주간보호소를 설치하여 고령노인의 일상생활에 필요한 수발이나 신변개호를 제공하는 서비스가 증가하고 있다.

### 주거침입죄
주택이나 선박, 차량 등을 불문하고 사람이 먹고 자는 곳, 즉 사람이 거주하는 곳에 정당한 이유없이 들어가는 것을 주거침입죄라고 한다. 주택에 따른 정원이나 숙박업소의 방이나 사무실, 공장 등도 주거침입의 대상에 포함된다.

### 주관적 욕구(subjective needs)
어떠한 사회적인 요구호상황이 객관적으로 존재하고 있는 것을 기초로 해서 사회적 해결의 필요성을 자각적으로 받아들이고 있는 상태를 말한다. 현재적 욕구를 의식수준에서 규정한 용어로 의식적 욕구라고도 한다. 객관적 사실과 반드시 일치하지 않는 표현 형태를 취하는 경우도 있으나 당사자의 의식적 사실로 받아들일 필요가 있다.

### 주기적 검사법(periodic tests)
조직구성원의 작업량을 일정기간만 측정하여 근무성적을 평정하는 방법을 말한다. 이 방법은 작업량을 측정한다는 점에서 산출기록법 과 동일하지만, 산출기록법이 평정기간 전기간에 걸쳐 계속적으로 작업량을 조사하여 평균치를 가지고 평정하는데 반해, 주기적 검사법은 평정기간 중 일정 시간에 한정하여 작업량을 조사하고 그것으로 전기간의 성적을 추정하여 평정한다는 점에서 차이가 있다.

### 주기적 실업(cyclical unemployment)
경기순환주기에서 주기적인 경기 하향추세로 인해 발생하는 직업 상실. 일반적으로 이러한 형태의 실업은 다른 형태의 실업(마찰 : fictional, 계절적 : seasonal, 기술적 :

technological 실업)보다 오랫동안 많은 노동자에게 영향을 미친다.

## 주류화(main streaming)

예외적 특정을 갖고 있는 일부 사람들을 일반 사람들의 생활, 근로, 교육환경에 끌어들이는 것이다. 가령 교육에서 특정한 학습장애나 신체장애가 있는 아동을 '정상적'인 아동들의 수업이나 활동에 참가시키는 것이다. 주류화는 개인에게 사회나 통합을 위해 더 많은 기회를 준다. 그러나 이것은 또 그들이 사회적으로 거부되고, 특수한 보호를 상대적으로 적게 받는 커다란 위험에 처하게 할 수도 있다.

## 주민(inhabitant) 01

주민이라 함은 지방자치단체의 구역 내에 주소를 가진 자를 말한다. 국적·성·연령·행위능력의 여하를 불문하며, 어떤 행정행위나 등록 등 공증행위를 요하지 않는다. 주민은 법령이 정하는 바에 의해 소속 자치단체의 재산과 공공시설을 공용하는 권리가 있고, 그 자치단체의 비용을 분담하는 의무를 진다. 또 주민은 일정한 요건 하에 당해 지방자치단체의 참정권을 가진다. 주민등록법은 30일 이상 거주할 목적으로 일정한 장소에 주소 또는 거소를 가진 자를 주민으로 하여 주민등록의 대상으로 하고 있다.

## 주민 02

지방자치단체의 구역 내에 주소를 가진 자를 말한다. 주민은 법령이 정하는 바에 의해 소속 자치단체의 재산과 공공시설을 공용할 권리가 있고, 그 자치단체의 비용을 분담하는 의무를 지며, 일정한 요건아래 당해 지방자치단체의 참정권을 가진다. 우리나라 주민등록법은 30일 이상 거주할 목적으로 일정한 장소에 주소 또는 거소(居所)를 가진 자를 주민으로 하여 주민등록의 대상으로 하고 있다.

## 주민검진

지방자치기관이 주민을 대상으로 특정한 환자의 예방 또는 조기발견을 목적으로 하는 검진활동을 말한다. 현재 결핵검진, 성인병 예방대책으로서의 암 검진 등이 행해지고 있다. 이 검진활동이 일정한 성과를 올리고 있지만 검진률(cover율)이 극히 낮다는 문제점을 가지고 있다. 검진률을 향상시키기 위해서는 검진결과를 기초로 해서 자료를 받기도 하고 건강관리에 활용하기 위해 지역의 보건, 의료, 복지시스템을 충실하게 하며 그 가운데에 주민검진을 하는 것이 중요하다.

## 주민리더(citizen leader)

주민주체·주민참가의 지역복지활동에서 지도적 역할을 담당하는 주민의 활동가. 주민리더는 주민에게 신뢰와 영향력이 있는 사람으로서 지역복지문제를 자신들의 문제로 인식하고 조직자의 자질과 역량을 갖추어서 활동을 해가는 것이 필요하다. 주민리더는 독재 및 전제형과 주민요구 청부형이어서는 안되고 주민의 힘을 이끌어 내면서 주민과 함께 활동을 전개해 나가는 민주형이 바람직하다. 또 활동 중에 후계리더층의 양성이 필요하다.

## 주민운동(citizen' s movement)

일정지역의 주민상호간에 민주성이 얽힌 문제 상황의 쟁점을 공동적 노력으로 해결하고자 하는 집합적 행동. 형태적으로는 주(住) 즉 생활환경조건, 복지 등의 충실을 구하는 작위 요구형과 대형공공사업(간선도로건설 외) 등에 따른 지역파괴, 생활파괴 저지의 작위 저지형으로 분류된다.

## 주민자치(citizen autonomy) 01

중앙집권적이며 관료적인 지방자치를 배제하고 주민만이 지방자치의 주권자가 되어 문제해결의 주체가 되어야 한다는 것이다. 시민자치와 동의어로 표현되는 경우도 있는데 이는 여가와 교양, 자립과 자율의 정신을 지닌 보편적인 시민개념을 포함해 사용된 것이다. 주민자치는 정치적 의미와 자치행정이며 주민의 자치능력을 중요시한 민주적·지방분권적인 지방제도이다. 주민자치의 이념은 본래 영국에서 형성되었으며 그 구체적인 제도는 단체자치보다 뒤떨어지지만 영국에서는 법제화되었고 미국에도 도입되었다.

## 주민자치 02

영국과 미국에서 발달된 지방자치의 개념으로, 주민들이 조직한 지방단체에 의해 지역사회의 공적 문제를 스스로 결정하고 집행하는 것을 의미한다. 즉 주민자치는 지방주민이 주체가 되어 지방의 공공사무를 결정하고 처리하는 주민참여에 중점을 두는 제도를 말한다. 이러한 주민자치의 관점에 의하면, 국가이익을 대표하는 중앙정부와 지방이익을 대표하는 지방정부가 대립한다는 것은 있을 수 없으며, 중앙정부의 행정사무를 지방자치단체가 처리하는 경우에도 지방자치단체가 한편으로는 국가의 하급 행정기관으로서 다른 한편으로는 지방의 자치행정기관으로서 이중적 지위를 가지는 일은 없다. 이와 같은 주민자치의 개념은, 지방자치단체의 자치권은 국가에 의해 수여된 전래적 권리라는 이론적 토대에 입각하고 있는 단체자치의 개념과 대비된다.

## 주민좌담회

역사회조직(community organization)에 있어서 집단 토의의 한 형태이다. 주민좌담회는 사회조사의 중요한 방법의 하나이기도 하고 지역에서 주민의 요구를 직접 파악하는 장으로 설정된다. 그것은 또 주민활동의 의욕 에너지(energy)를 얻어내는 곳으로도 된다. 지역복지활동에 주민이 직접 참가하는 장으로서 중시된다. 주민좌담회는 지구별만이 아니고 계층별, 문제별로도 설정되고 나아가서는 양자를 집약하는 곳으로도 설정되어야 한다.

### 주민주체의 원칙

주민주체의 헌법원리는 주민자치와 주권재민을 전제로 한 민주사회의 원리이다. 이것이 지방자치를 살리는 길이지만 고도경제성장정책이 지역주민의 생활환경파괴를 일으켜 주민운동이 활발해졌고 몇몇의 지역정책이 두드러지게 됐다는 경위에서 주민주체의 원칙이 강조되어 행정 및 운동의 개념으로 일반화했다. 지역복지의 분야로는 사회복지 협의회 기본요항에 사회복지협의회의 민주화원리를 나타냈다. 그러나 주민주체원칙의 규정이 반드시 충분한 것이 아니어 그 후 복지활동지도원의 실정 등에 따른 지역사회복지협의회의 육성이 패도에 올라 지역사회복지협의회의 활동 강화 요항이 책정되었다. 또 복지 과제를 해결하기 위한 운동의 주체자로서 스스로 활동을 전개하는 일이라고 정의했다. 지향도 고도성장정책의 전개에 따른 지역모순의 격화, 생활·군리연계운동을 높여 사협 활동에 투영해 지역복지의 기본개념으로 되었다.

### 주민참가(citizen participation)

지역사회의 다양한 욕구가 효과적으로 충족되게 하기 위해서는 공사의 여러 가지 복지자원의 개발과 동원, 광범위한 대상주민의 참가가 필요하다. 주민의 참가형태는 첫째, 주민의 의사를 공적시책에 반영하고 복지의 권리성을 확보하는 운동형 참가 둘째, 지역참가서비스의 계획 입안과 운영을 위하여 공적기관, 시설 단체 및 주민과 대상자의 협력단계를 만들어 내는 공사협동형 참가의 형태가 있다. 셋째, 공적 서비스의 한계를 보충하기 위해 주민간의 자발적인 상호원조의 제공이나 대상주민의 사회참가를 촉진하는 자동형 참가가 있다.

### 주민참여(citizen participation)

지역주민들이 정책결정이나 집행과정에 개입하여 영향력을 행사하는 일련의 행위를 말한다. 행정참여라고도 한다. Dwight Waldo는 주민참여를 공식적 행정조직의 외부에서 이의 영향을 받는 사람들이 행정조직의 목표설정과 사업수행에 참여하는 것으로 규정하고 있다. 또 James V. Cunninghams는 주민참여를 지역사회의 주민들이 그 사회의 일반 문제들과 관련된 의사결정에 대해 권력을 행사하는 과정으로 파악하고 있다. 참여민주주의(participatory democracy)의 대두와 더불어 강조되고 있는 주민참여는 조직 내부의 의사결정에 대한 하위계층의 참여와 함께 참여행정의 핵심적 요소를 이룬다.

### 주변언어학(paralinguistics)

의사소통에 부가적인 의미를 부여하고, 말하는 사람의 정서와 문화적 입장을 표현한 발언에 동반되는 비언어적 발성. 여기에는 목소리, 속도, 쉼, 크기, 탄식소리, 웃음 들이 포함된다.

### 주변인(marginal man)

둘 또는 그 이상의 갈등적·사회·문화적 체계들 속에서 다양한 가치를 내면화시킴으로써 어느 한 가치에도 만족하지 못하는 사람, 주변성(marginality)이란 개념에서 파생된 주변인은 팍(R. E. Park)이 처음으로 발전시킨 용어이다. 팍은 주변인을 문화적 잡종(cultural hybrid)으로서 현재의 당면문화와 전통 속의 어느 하나에도 통합하지 않는 사람이라고 했다. 위 개념에 대해 쿠버(J. R. Cuber)·쉬부타니(T. Shibutani)·로즈(A. Rose) 등 여러 사회학자들의 정의가 있다. 주변인은 때로는 복잡한 성격구조를 갖고 있거나, 지속적이고 일관성 있는 행동을 하지 못하는 경우가 많은 것으로 알려져 있다. 특히 주변인은 모든 사회·문화적 체계로부터 소외되는 것이 일반적이므로 주어진 상황에서 옳고 틀린 것을 판단하지 못하게 되기도 한다.

### 주안(weekly schedule)

클라이언트와 집단에 관한 처우계획을 1주 단위로 작성하는 것을 말한다. 주간행사 계획과 불가분의 관계에 있으며 행사를 수단으로 클라이언트로 하여금 시설생활에 적응하도록 하거나 식사과정을 도와주면서 서로의 신용관계를 돈독히 한다. 그리고 소극적인 클라이언트는 집단 내에서 좀 더 수동적이고 쉬운 역할을 배정하여 집단체험을 습득시키는 등 개인의 상황에 맞게 수립된 개인과 집단에 대한 1주간의 훈련 및 지도를 계획하는 것이다. 목표가 분명히 있고 현재의 상태를 조금이라도 향상시키기 위한 수단으로 사용된다.

### 주요 정서장애(major affective disorder)

기분 변화의 기복이 심하고, 그것을 감당할 수 없는 경향을 보이는 정서장애(affective disorder)의 한 유형. 중요한 정서장애로는 주우울증(major depression)과 양극장애(bipolar)가 있다. 순환적장애(cyclothymic disorder)와 비관우울증(dysthymic disorder)과 같은 덜 극단적인 정서장애는 DSM－Ⅲ에 '주요 정서장애'가 아닌 '기타 특수 정서장애'로 명기되어 있다.

### 주우울증(major depression)

일상 활동에서 관심의 상실, 초조, 식욕부진, 불면이나 과도한 수면, 성적 충동의 감퇴, 피로, 정신운동 동요, 절망감, 집중불능, 자살성 사고(suicidal ideation)와 같은 증상을 보이는 주요 정서장애(major affective disorder)

들 중의 한 유형. 주우울증은 '단독 에피소드(single episode)'(최소한 네 가지 증상이 2주 이상 동안 거의 매일 나타난다)와, 증상이 나타났다 사라지는 '반복 에 피소드(recurrent episode)'로 나뉠 수 있다. 주우울증을 겪는 사람은 조증 에피소드(manic episode)를 갖지 않는다는 점에서 양극장애(bipo－lar disorder)를 보이는 사람과 구별된다. 비록 개인이 동시에 양쪽 장애로 고통을 받는다고 진단할 수 있으나, 주우울증은 지속성과 심각성에 따라 비관우울증(dysthymic disorder)(우울증적 신경증)과 구분할 수 있다.

### 주의력 결핍장애(attention deficit disorder)
충동적인 행동, 부주의, 지나친 활동을 특징으로 하는 유아기, 아동기, 청소년기에 발생하는 장애. '주의력 결핍장애'라는 용어는 '아동 과행동증후군', '최소뇌기능 장애' 그리고 '아동의 행동반응'을 포함한 덜 정확하고 덜 신중한 용어를 대신하여 쓰인다. 주의력 결핍장애는 '행동과다증(hyperactivity)을 동반하는 주의력 집중장애' '과행동이 없는 주의력 집중장애' 그리고 '주의력 결핍장애의 나머지 유형'으로 구성된다.

### 주제집단(theme group)
토의의 범위를 모든 참가자들이 관심을 가지고 있는 하나의 주제에 국한시키는 집단치료(group therapy) 또는 집단사회사업(social group work)의 한 형태를 말한다.

### 주치의등록제
자가 매년 일정액의 등록료를 의사에게 지불하고 감기 등 가벼운 질환에 대해서는 1차적으로 해당의사의 진단과 치료를 받는 제도. 환자나 그 가족은 주치의로부터 질병치료는 물론 의사 또는 간호사의 방문서비스나 전화를 통해 정기적으로 건강문제를 상담 받을 수 있으며 의사는 의사대로 안정적인 환자수를 확보함으로써 운영난을 덜 수 있다. 주치의의 범위는 보편적인 질환을 다루는 가정의학, 내과, 소아과 등이 주 대상이다.

### 주택관리(housing management)
ILO의 근로자주택에 관한 권고의 일반원칙에서는 모든 근로자 및 그 가족에게 충분하고도 적절한 주택 그리고 적당한 생활환경을 제공하기 위해 일반적인 주택정책의 범위 내에서 주택 및 관계 공동시설을 촉진하는 것을 국가정책의 목적으로 두고 주택에 관한 기본방침의 책임자를 국가 또는 지방자치단체로 하고 있다.

### 주택보급률(Diffusion ratio of house)
일반가구수(총 가구에서 1인가구, 비혈연가구를 제외한 가구수)에 대한 주택수를 말한다. ★주택보급률 = {주택

수 / 일반가구 －(1인가구+비혈연가구)} × 100

### 주택부조(housing aid)
생활보장에 따른 보호의 일종. 곤궁하여 건강하고 문화적인 주생활이 불가능한 것을 대상으로 주거(집세), 가옥보수 그 외 주거유지에 필요한 사항을 원칙으로 금전급여가 행해진다. 금전급여 이외의 것으로 숙소제공시설의 이용 및 자산보유의 최저기준이 확립되어 있지 않아 요보호자의 생활기반으로서 충분한 주생활이 보장되어 있지 않는 면도 있다.

### 주택자금(housing allowance)
세대갱생자금대부제도, 모자복지자금대부제도, 과부복지자금대부제도의 각 제도에 둔 대부금의 하나로서 각 대상세대의 주택 증·개축, 확장, 보전, 수리 등에 필요한 경비를 저리로 대부하는 자금. 이외에 세대갱생자금은 공영주택법에 규정한 주택을 양도받는데 필요한 경비를 포함해 모자복지자금, 과부복지자금은 주택을 이전할 때 필요한 주택의 임차경비를 포함하고 있다.

### 주택조합
무주택 서민들이 내집 마련을 위해 구성하는 조합으로 크게 직장주택조합, 지역주택조합, 재건축조합의 세 가지로 나눌 수 있다. 직장주택 조합은 직장동료들끼리 돈을 적립, 주택건설업자를 통해 직접 아파트 등을 짓는 사업조합과, 주택공사 등 공공기관이 지은 아파트를 분양받을 수 있는 분양조합으로 나뉜다. 직장주택조합과 지역주택조합의 구성인원은 20인 이상, 가입자격은 3년 이상의 무주택세대주로 부양가족이 있는 사람이어야 하되, 직장주택조합의 경우 같은 직장에서 2년 이상 근무한 사람으로, 지역주택조합은 서울시의 경우 서울시내 1년 이상의 거주자로 각각 제한되어 있다. 또 1988. 6. 16부터 재개발 지구 이외의 지역에서도 결성이 허용된 재건축조합의 설립 요건은 노후, 불량주택의 밀집지역으로서 건물들이 훼손·노후하여 안전사고의 우려가 있거나 지은 지 20년 이상 된 것으로 주민 당사자의 80% 이상의 찬성이 있으면 재건축이 가능하다.

### 주택지구 상류화(gentrification)
더 잘사는 가족들이 자신들의 개인적인 주거 또는 투자를 위하여 이전에는 가난하고 과밀한 빈민지역을 구입하고 사적으로 복원시키는 사회적 현상. 이것은 재산가치, 임대료 및 인근 지역 모든 가정들의 재산세율을 상승시키고, 거기에서 살 여유가 있는 사람들이 덜 유복한 사람들의 잔존과 복귀가 이뤄지지 못하도록 강요하는 효과를 지닌다. 상류화된 근린지역은 바람직해 보이지만, 거주지를 옮긴 사람들은 다른 근린지역에 몰리게 되고, 인구증대에 따른 압력 결과 그 근린지역이 쇠퇴하게

된다.

## 주휴2일제(two ─ days weekly system)
주노동시간이 48시간에서 40시간으로 변화됨에 따라 주 1일의 휴일이 주2일의 휴일로 되게 된다. 하루의 노동시간을 적게 하기 보다는 휴일을 더 얻는 것을 택하게 된다. 오늘날 기계설비의 근대화에 의해 노동력이 인력으로부터 기계력으로 이행해가서 기계설비의 합리화가 진행됨에 따라 노동시간 단축의 경향이 나타나 격주 주휴2일제나 완전주휴2일제의 경향으로 되게 되었다.

## 주휴제
근로자보호중에서 가장 기본적인 노동시간 규제의 한 형태이다. 주휴1일제, 주휴2일제 등의 형태로 매주 1회 휴일을 보장하는 제도이다. 우리나라에서는 근로기준법 제42조의 규정에 의해 원칙적으로 주 44시간 이상 노동, 주휴1일제를 행하고 있다. 구미의 고도공업국에 있어서는 이미 1960년대에 주 40시간 노동 완전주휴 2일제를 실시하고 있다.

## 준거(criterion)
어떤 사물의 특성을 판단하는 논리적 근거. 즉 어떤 사물이 어떤 준거를 만족시키지 못하면 그것은 그 특성을 가지지 않는다고 말할 수 있다. 만약 X가 Y의 준거라면 X는 논리적으로 Y의 준거가 된다. 이와 같이 준거는 정의(definition)에 기초를 두는 결정적인 증거(decisive evidence)인데 비하여 징후(symptom)는 경험을 통해서 알게 되는 비본질적인 증거이다.

## 준거적 권력(referent power)
권력주체를 좋아해서 그에게 동화되고 그를 본 받으려고 하는 데 기초를 둔 권력을 말한다. 일반적으로 정당성·보상과 제재·전문지식·개인적 선호·강압적인 권력 등이 권력의 기초(power bases)로 제시되는데, John E. P. French, Jr와 Bertram H. Raven은 이러한 권력의 기초에 기반해 권력의 유형을 정 당한 권력·보상적 권력·전문적 권력·준거적 권력·강압적 권력의 다섯 가지로 분류하였다.

## 준거집단(reference group) 01
전반적으로 가족, 또래집단과 같이 어떤 사람이 태도, 판단 행동을 결정할 때에 그 선택기준이 되는 집단이다. 따라서 이 집단은 사람의 목표 혹은 동일화의 대상이 되거나 자기 자신이나 타인을 평가하는 척도로 사용된다. 대체로 지역적 유대에 의해 형성되고 있는 마을 내의 모임이나 그 하부조직 등의 지역집단은 준거집단의 역할을 맡고 있다. 그러나 가치관의 다양화, 생활권의 확대 등과 더불어 준거집단의 지역화가 탈피되어가고 있는 것이 현실

이다.

## 준거집단 02
관계집단 등으로 해석되고 있지만 어떤 개인이 특정 집단에서 표준적인 것으로 되어있는 태도나 행동에 동조한 태도나 행동을 받아 들일 그 집단과 그사람에게 있어 리퍼런스 그룹이라고 한다. 이와 같은 리퍼런스 그룹은 개인에 있어 규범의 처리장소로서 기능을 하지만 반드시 리퍼런스 그룹이 개인의 소속하는 집단과 일치하지는 않는 것에 주의하지 않으면 안된다. 예를 들면 사회적 지위향상을 강하게 지향하는 개인이 자신보다 상위의 사람들을 리퍼런스 그룹으로서 그들의 가치기준에 의해 구매하는 상품의 선택을 행하는 것을 들 수 있다. 또 특정의 사물에 관 해서 개인이 자기나 타인을 평가할 때에 특정집단을 비교하는 경우도 있다. 이와 같은 사회적 비교의 기준으로서의 기능을 하는 집단도 리퍼런스 그룹이라 부르고 있고 이 경우의 기능을 비교기능이라고 한다.

## 준거집단 03
개인이 자기 자신의 의견과 행동을 비교, 판단 및 결정하는데 기준이 되어주는 어떤 집단을 말한다. 개인이 속한 집단의 규범은 태도 변화를 일으키게 하는 설득적 압력으로서 작용하거나, 개인의 입장이 공격받게 될 때에 그 입장을 지원해 줌으로써 변화를 막아준다.

## 준거타당도(criterion ─ related validity)
한 검사가 주어진 기준변인과의 관계 또는 기준변인을 예언하는 정도. 준거타당도는 예언타당도와 공인타당도로 나누어 볼 수 있다. 둘 다 준거변인과의 관계라는 점에서는 공통이지만 예언타당도에서는 기준변인이 미래에 있는 반면에 공인타당도에서는 현재에 있다. 즉 예언타당도의 경우에는 검사를 실시한 후 얼마간 기간이 지난 후에 기준변인에 관한 자료를 수집하여 이와의 관계를 알아보는 반면에 공인타당도에서는 검사실시와 동시에 기준변인에 관한 자료를 수집하여 이와의 관계를 따지게 된다. 따라서 예언타당도에 있어서는 검사와 기준변인 간의 시간적 간격이 있는 반면에 공인타당도에는 이것이 없다. 예언타당도는 성공적인 직업을 예언하기 위하여 흥미검사를 사용한다든가 또는 자동차사고를 낼 가능성이 많은 사람을 미리 예언한다든가와 같이 미래의 어떤 행동을 예언하는데 관심이 집중된다. 반면에 공인 타당도에 있어서는 많은 비용과 노력이 드는 개인용 지능검사와 간단한 집단용 지능검사와의 관계를 알아서 기준변인인 개인용 지능검사 대신에 집단용 지능검사를 사용하는데 목적이 있다. 이와 같이 예언타당도는 검사로서 미래의 기준변인을 예언하는데 관심이 있는 반면에 공인타당도는 현재의 기준변인을 한 검사로서 대신하는데 관심이 집중된다.

## 준법률행위적

행정행위 준법률행위적 행정행위는 판단·인식·관념 등 효과의사 이외의 정신작용의 표시를 그 구성요소로 하고, 그 법률적 효과는 행위자의 의사여부를 불문하고 직접 법규의 정하는 바에 의해 발생하는 행위를 말한다. 반면 법률행위적 행정행위는 행정행위 가운데 효과의사(效果意思)의 표시를 구성요소로 하고, 그 효과의사의 내용에 따라 법률적 효과를 발생하는 행위를 말한다. 준법률행위적 행정행위에는 확인행위·공증행위·통지행위·수리행위(受理行爲) 등이 있으며, 부관(附款)을 붙일 수 없다.

## 준비도(readiness)

①학습에 관련된 특성이 갖추어진 정도. ②해당과제 또는 과업에 관련된 행동이 갖추어진 정도. 준비도는 어떤 학습과제를 적당한 곤란감 및 도전감을 가지고 공부할 만한 지적·정의적·사회적·신체적, 기타 여러 측면의 특성을 갖추고 있는 정도를 가리키기 위해 사용된다. 학습자에게 일정한 학습에 알맞은 준비가 되어 있는지의 여부와 함께 가장 적합한 시기에 학습시켜야 한다는〈적시성〉이 되어, 이와 같은 준비성 개념에 따라서 일정한 수업을 연기하는 등의 중대한 교육적 처치가 취해져 왔던 것이다. 그러나 성숙을 준비성 개념에 주요 내용으로 삼은 과거의 준비성 개념에 대해 브르너(J. S. Bruner)는 성숙이 이룩될 때까지 기다릴 것이 아니라 준비도 그 자체를 육성할 것을 제안한다. 근래에는 준비도라는 용어보다는, 출발점 행동 또는 투입행동, 선행경향성, 적성, 선행 필수요건의 능력(prerequisite capability) 등의 용어를 보다 빈번하게 사용하는 추세이다.

## 준사기죄

미성년자의 지려천박 또는 사람의 심신장애를 이용하여 재물의 교부를 받거나, 재산상의 이익을 취득하는 자는 사기죄에 준해서 처벌되며(형348), 이를 준사기죄 또는 유혹취재죄라고 한다. 본죄의 피해자가 될 수 있는 자는 지려천박한 미성년자와 심신장애자인 것이다. 전자는 만사에 지려천 박함을 요하지 않으며, 현재에 관계되는 사항에 대해서 지려천박하면 족하다. 후자는 정신이 불건전하고 미숙하기 때문에 현재 관계되는 사항의 이해득실에 있어서 사려가 불충분하면 족한 것이다. 본죄의 행위는 지려천박 또는 심신장애를 이용하는 것이므로 처음부터 기망수단을 사용했을 경우에는 본죄가 성립하는 것이 아니라 단순히 사기죄가 성립될 뿐이다.

## 준사법 기능(quasi – judicial function)

합의제 행정기관 등이 갖는 준사법적 심판 기능을 말한다. 가령 공무원의 권익을 보장하기 위해 위법·부당한 처분을 받은 공무원의 소청이 있을 때 이를 재결하는 중앙인사기관의 기능이 준사법 기능에 속한다. 물론 위법성에 관한 최종적인 판단은 사법기관인 법원이 하게 된다. 미국의 실적제보호위 원회나 한국의 행정자치부에 설치된 소청심사위원회가 이러한 준사법적 기능을 수행한다.

## 준실업(semi – unemployment)

취업중이지만 취업이 불안정하거나 수준이하의 상태에 있는 사실상의 실업상태를 말한다. 반실업이라고도 한다. 불안전취업과 같은 의미인 바 이 용어는 우리나라에서 1974년 특별고용통계조사를 실시할 때에 불완전취업자 수를 파악하기 위하여 사용되었다. 준실업은 노동력이라는 관점에서는 취업자이지만 이들은 추가취업을 희망하는 사람들이고 도시의 영세 상공업종사자, 영세 농업종사자, 일고, 가내노동자 등에 해당되어 과잉노동인구의 주류를 이룬다.

## 준실험(quasi – experiment)

준실험은 무작위 배정(random assignment)에 의해 실험대상을 선정하지 않고 행하는 실험을 말한다. 준실험에서는 무작위 방법을 사용하지 않기 때문에 실험집단과 비교집단의 동질성이 확보되지 않을 수 있다. 정책평가 실험에 있어서는 동질적인 집단 구성의 어려움 등으로 준실험이 많이 이용되고 있다.

## 준예산(provisional budget) 01

국가의 예산이 법정기간 내에 국회에서 의결되지 못한 경우에 정부가 일정한 범위 내에서 전 회계연도의 예산에 준하여 집행하는 잠정적인 예산. 국회는 정부가 제출한 새 회계연도 예산을 법정기한까지 의결해야 하는데 만약 새 회계연도가 개시될 때까지 의결하지 못한 때에는 정부가 예산안이 의결될 때까지 ①헌법이나 법률에 의해 설치된 기관 또는 시설의 유지 운영비 ②법률상 지출의무의 이행을 위한 경비 ③이미 예산으로 승인된 사업의 계속비 등은 전년도 예산에 준하여 집행할 수 있다. 집행된 준예산은 당해 연도의 예산이 국회에서 의결되어 결정되면 그것에 의해 집행된 것으로 간주된다.

## 준예산 02

예산 불성립시 일부 경비에 한해 입법부의 의결이 필요없이 당해년도의 예산이 성립할 때까지 제한없이 사용할 수 있도록 하는 예산제도를 말한다. 현재 우리나라 에서 이용할 수 있도록 규정된 제도이나 실제 이용한 적은 아직 없다. 헌법 제54조 제3항은, 헌법이나 법률에 의해 설치된 기관 또는 시설의 유지·운영, 법률상 지출의무의 이행, 이미 예산으로 승인된 사업의 계속을 위한 경비에 한하여 전년도 예산에 준하여 지출 할 수 있도록 규정, 준예산으로 지출할 수 있는 경비에 제한을 두고 있다.

## 준의료직원(paramedical staff)

의사 이외의 보건의료종사자의 총칭. 파라케디칼 종사자라 할 때도 있다. 그 안에는 의료기사, 보조자, 병력관리사, 영양사, 치과위생사, 의사보조 등이 포함된다. 의사보다 낮은 종사자로 받아들여질 우려가 있기 때문에 세계보건기구(WHO)에서는 이 표현을 쓰지 않기로 했다. 이와 유사한 용어로 관련종사자(allied health personnel)가 있으며 면허와 인정을 받은 종사자를 의미한다.

## 준입법기능(quasi – legislative function)

준입법적 기능이란 의회에서 제정한 법률의 범위 내에서, 행정부가 갖는 규칙 제정권을 말한다. 현대 행정국가에서는 사회의 복잡성 증대로 위임입법의 영역이 점차 확대되고 있다.

## 준전문가(paraprofessional) 01

전문지식을 가지고 있으며 기술훈련을 받는 사람으로서 전문가와 함께 일하고, 전문가의 지도와 감독을 받기도 하며, 공식적으로는 전문가가 맡고 있는 업무를 수행하기도 한다. 가령 법률보조원, 의사보조원, 사회사업 보조원(social work associates) 등이 있다.

## 준전문가
## (technicians and associate professionals) 02

주된 업무가 하나 이상의 자연 및 생명과학 또는 사회과학 분야의 기술적 지식과 경험을 기초로 전문가의 지휘하에 조사, 연구 등에 관련된 기술적인 업무를 수행하는 자와, 또 정규교육의 보조적인 업무, 의료, 재무, 판매에 대한 기술적 업무, 예술 및 스포츠 활동 등을 수행하는 자를 말한다.

## 준조세

세금은 아니지만 세금과 같이 피할 수 없이 내게 되는 부담금. 중소기업의 경우 소속업종별 조합비, 상공회의소 회비, 적십자 회비, 기금납부액 등 각종 준조세가 불필요한 자금부담을 주고 원가상승요인으로 작용, 국제경쟁력 강화에 걸림돌이 되고 있다. 감사원 등 정부기관에서는 때때로 제도상 문제점이나 비리개입 소지 등 준조세 실태에 대한 감사를 실시한다.

## 준칙주의

법인설립에 관한 주의의 하나. 법률이 미리 정한 일정한 요건만 갖추 면 곧 법인으로 인정하는 주의이다. 관청의 인가를 받을 필요는 없고, 다만 그 조직과 내용을 공시하기 위한 등기나 등록을 성립요건으로 한다 준칙주의는 회사의 설립을 자유로이 할 수 있었던 자유설립주의 시대에서, 1회마다 입법적으로 허가하였던 특허주의 시대와, 1회사마다 행정관 청의 설립인가를 받았던 허가주의 시대

를 거쳐 시행하게 된 회사설립에 관한 국가의 태도를 말한다. 우리나라의 경우 회사 및 노동조합 등의 설립에 이 주의를 취하고 있다.

## 중간값(median)

점수의 분포에서 높고 낮은 수 가운데 가장 중간에 위치한 수로 중심경향측정(measure of central tendency)을 말한다. 통계자료를 처리하는데서 이 중간값의 이점은 평균(mean)값에 비해 극단적인 몇몇 점수에 의해 영향을 받지 않는다는 점이다.

## 중간관리층(middle management)

한조직이작은 여러계층중에 상부관리층(top management)과 하부관리층(supervisory management) 사이에 존재하는 계층. 조직에서 중간관리층의 역할이 대단히 중요한 것은 조직의 하의상달과 상의하달에서 교량적 역할을 하며 조직에 방법을 불어넣기 때문이다. 조직에서 중간관리층에 있는 사람을 통솔해야 하기 때문에 통솔범위(a span of control)에 문제가 생겨 조직의 효율성이 저하되기 쉽다. 학교조직에도 기업경영의 조직이론이 적용되어 경영층과 작업층으로 나누려는 경향이 있는데 이때 중간 관리층은 관리층에 해당된다.

## 중간시설(halfway houses) 01

어떤 전문적인 지도감독, 지지, 보호를 필요로 하지만 전 시간 시설수용이 필요하지 않은 개인을 위한 과도적인 주거시설, 그러한 시설은 대부분 전에 입원하였던 정신병 환자, 가석방자, 알코올 및 약물의존(drug dependence)자들이 활용하고 있다(욕구에 따라 서비스를 많이 또는 적게 제공하는 4반분 및 4분의 3반분 시설로 불리는 다른 과도적인 주거시설로 불리는 다른 과도적인 주거시설들도 있다).

## 중간시설(intermediate facility) 02

원래는 병원에서의 집중적인 치료는 필요 없으나 그렇다고 가정에 복귀시킬 정도로는 쾌유되지 않는 환자를 입소시켜 간호, 치료 등의 보호를 행하는 시설이다. 요양시설(extented care facilites 현재의 skilled nursing home), 혹은 하프웨이 하우스(halfway house), 회복자홈(convalescence home) 등 여러 가지가 있다. 사회복지의 분야에서는 수용시설과 가택(재가)의 중간에 있는 시설로 단기보호시설(short stay), 데이케어센터 등을 중간시설로 불러왔다.

## 중간집단(intermediate group)

상위집단의 중간에 위치하는 사회집단. 사회집단을 크게 상위집단 · 중간집단 · 하위집단으로 나눌 때 중간집단은 다른 두 집단을 연결하는 집단적 성격을 갖고 있다. 일반

적으로 중간집단이 안정되어 있어야 사회 안정을 기대할 수 있는 것으로 알려져 있으며 중간집단의 성원들은 상호 간에 매우 활발한 상호작용을 하는 것으로 이해되고 있다. 중간집단을 흔히 중류계층의 사람들로 구성되는 집단이라고 한다.

### 중개자 역할(broke role)

클라이언트(개인, 집단 조직, 지역사회)가 이용 가능한 지역사회 자원을 찾고, 연결될 수 있게끔 도와주며 지역사회의 여러 부분의 상호이익을 증진시키기 위해 서로 접촉할 수 있도록 하는 사회사업가와 지역사회 조직가의 한 기능. 중고년근로자의 노동과 퇴직에 관한 ILO의 권고 1990년 제66회 연차총회에서 채택한 것으로 앞으로 노동인구의 고령화에 따라 세계적으로 중시되고 있는 중고연령자의 보호에 대한 국제적인 기준을 나타낸 것이다. 주요내용은 ①연령의 진행에 따른 차별을 받지 않고 균등한 기회. 대우를 받도록 해야 한다. ②직업소개나 재훈련에서 차별하지 않는다. ③노화를 빠르게 하는 근로조건, 작업 환경을 될 수 있는 한 개선하고 초과근무 등을 제한한다. ④가능하면 퇴직을 임의적인 것으로 하며, 연금수급연령을 보다 탄력적인 것으로 한다.

### 중년위기(midlife crisis)

중년의 개인들에게 일어나는 내면적인 갈등이자 변화된 행동패턴을 말한다. 이러한 위기에 처한 개인들은 인생의 의미와 방향에 대해 재평가하게 되고, 미래의 목표에 대해 질문하게 되며, 목표를 성취하는데 관련되는 과정을 조사하며, 그들에게 부과되는 다양한 사회적 요구에 대처한다.

### 중대한 과실(gross negligence)

과실중에서 경과실에 대립하는 것으로, 현저하게 주의를 게을리함으로써 일정한 사실을 알지 못하는 심리상태를 가리키고, 단순히 중과실이라고 일컫는다. 상법상 보험계약자 등의 보험가입자 측의 중대한 과실은 고의의 경우와 함께, 보험자의 면책사유, 고지의무 위반의 주관적 요건, 보험계약이 무효인 경우의 보험료반환청구권의 소멸사유 및 주관적 위험변경·증가 사유가 된다.

### 중도 정신지체(severly retarded)

훈련 가능급 정신지체보다 지적인 기능수준이 낮은 상태를 말한다. 이 상태의 아동은 집단이나 다른 형태의 삶의 체제 속에서 살 수 있으나 평생 동안 광범위한 감독과 지도가 요청된다.

### 중도실천(mezzo practice)

일차적으로 가족과 소집단을 대상으로 하는 사회사업 실천(social work practice). 이 실천에서 중요한 활동은 의사소통, 절충(mediation), 협의, 교육, 사람들을 모으는 것이다. 이는 거시적 실천(macro practice) 및 미시적 실천(micro practice)과 함께 사회사업 실천의 세 가지 방법 가운데 하나이다. 모든 사회사업가들은 비록 그들이 한두 가지의 방법에 주된 관심을 갖는다고 하더라도 어느 정도는 이 세 가지 수준의 방법에 관여하게 된다.

### 중도증액제도

생명보험에서 보험기간 중에 계약자의 희망에 따라, 이미 가입하고 있는 보험에 정기보험특약 등을 추가함으로써 사망보험금액을 증액하는 제도. 따라서 보험기간은 원래의 보험의 잔여기간과 일치하고, 만기보험금액은 원래의 보험과 동액이 된다. 즉 보장의 확대로 사망보장의 증액만을 희망하는 사람에게 적합한 제도이다.

### 중독(addiction) 01

약품을 이용할 수 없을 때 내성(tolerance)과 금단증상(with — drawal symptoms)을 일으키는 화학약품에 대한 생리적 의존. 이러한 물질에는 알코올, 담배, 마취제, 다량의 진정제가 포함된다. 대부분의 전문가들은 근래에 들어 약물의존(substance dependence)이라는 용어를 사용한다.

### 중독(intoxication) 02

외부로부터 물질을 섭취한 결과로서 도취된 상태를 말한다. 이러한 물질에는 알코올, 약물이 있으며 결과적으로 나타나는 행동은 일시적인 황홀감, 불분명한 발음과 운동기능의 손상부터 비효율적인 작업 수행, 판단불능, 사회적 기능 저하 등 부적응행동이다.

### 중독 03

약물 혹은 기타의 물질에 대해 심리적 신체적 내성이 형성되도록 계속적으로 약물을 사용하는 상태를 말한다. 중독의 발생에 대해 보면, 극히 적은 비율의 사람들만이 의학적 목적으로 약을 복용하다가 약물에 중독된다. 대부분의 약물중독은 부적응적 성격의 개인에 의한 지속적인 약물복용의 결과로 생긴 내성 형성으로 보인다. 청소년의 경우 자극을 얻기 위한 수단으로 약물을 복용하는 경우가 많은데 비해 어른들은 고통의 회피, 혹은 실망, 좌절, 스트레스로부터 도피하기 위한 동기로 약물을 사용한다. 중독은 인종이나 성, 사회경제적 주위를 막론하고 거의 모든 곳에서 나타나는데 만성적 약물의 사용은 비극적인 결과로 이어진다는 데에 더욱 큰 문제가 있다. 만성적 약물의 중독은 여러 가지 비도덕적 혹은 범죄적 행위와 관련되어 있다. 만성적 약물의 중독은 여러 가지 비도덕적 혹은 범죄적 행위와 관련되어 있다. 즉 부적응적 인성과 약물효과의 결합으로 중독의 상태에서는 많은 반사회적 행동의 참 유혹으로부터 무력해져 비도덕적, 범죄적 행위에 쉽게 빠지게 된다. 또 중독은 약물을 얻기 위한 필사적인 노력을 요구하게 되는데 대개의 경우 남자는 도둑질과 같은 행위로 여자는 매춘의 방법으로 약물을 구하기 위한 비용을 마련한다고 한다. 중독성을 가진 약물로는, 진정제로서 바비튜레이트류(barbiturates), 흥분제로서 암페타민(amphetamine), 코카인(cocain), 마취제로서 아편(opium), 모르핀(morphine), 헤로인(heroin), 메타돈(methadone) 그리고 환각제 카나비스(cannabis), 대마초(marijuana), 메스칼린(mescaline), 신경안정제로 리브리움(librium) 등이 있다.

### 중립세

납세자가 도저히 피할 수 없는 세금 비과세 감면의 범위를 줄인다든가, 과세대상간 세율격차를 줄이는 것, 과세대상의 범위를 넓히는 것 등은 조세의 중립성을 높이기 위한 시도. 납세자들이 조세회피가 쉬울수록 정부의 조세부과가 신중해 지는데, 중립세에 가까워질수록 정부가 세금을 지나치게 높게 부과할 능력도 커진다. 지나친 세금은 비효율적이기 때문에 중립세도 비효율적이다.

### 중범위이론(theories of the middle range) 01

연구의 대상범위를 좁혀 제한된 연구대상을 집중적으로 연구할 것을 주장하는 연구지향을 말한다. 즉 일반체제이론은 지나치게 포괄적이며 추상적인 까닭에 실증적 자료에 의한 뒷받침이 어려우므로 연구대상의 범위를 좁혀 연구하자는 접근법을 말한다. F. Heady는 비교연구를 위한 가장 좋은 중범 위모형은 관료제모형이라고 지적하였다

### 중범위이론(middle range theory) 02

사회학에서 머튼에 의해 주장된 이론으로 구체적인 수준의 작업가설과 추상화된 수준의 일반적 개념도식의 중간에서 이를 연결하고 활성화시키는 특수이론(가령 역할이론 등)을 표명하기 위해 사용되었다. 사회복지실천에서는 이와 같은 기초이론이 불가결한 것으로 생각되어 중요시되고 있다. 또 사회복지실천이론자체도 이와 같은 성격을 띤 이론을 구축, 발전시켜 나갈 필요가 있다.

### 중복보험계약(overlapping insurance)

일반적으로 손해보험계약에서 사용되는 용어로서, 동일의 피보험 이익에 대해서 복수로 보험계약을 체결하는 경우 이것을 광의의 중복보험계약이라고 하며, 중복되는 각 보험계약의 보험금액의 합계가 보험가액을 초과하는 경우 이것을 협의 또는 상법상의 중복보험계약이라고 한다.

### 중상주의(mercantilism)

봉건사회가 해체되고 근대자본주의 사회가 성립되는 동안에 취해진 경제정책. 주로 15세기부터 18세기에 걸쳐 유럽에서 지배적이었다. 중상주의는 자본축적을 위한 정책으로 산업의 보호장려를 위해 보호 관세, 항해조례, 곡물법을 적용하고 금·은의 획득보유를 위해 외환관리 등 상공업을 장려하였다. 노동자를 희생으로 한 지주. 상인. 제조업자의 이익우선이론으로 화폐=부, 일국의 이득=타국의 손실, 노동자는 가난할수록 일을 잘한다 라고 하는 것은 중상주의의 독특한 특징이다. 미국의 독립 등에 의해 그 효과성을 잃었지만 현대에도 새로운 중상주의적 사고는 계속 존재하고 있다.

### 중세부활론

중세는 생활보장적 초합리성을 갖는데 대해 근대는 경제적 합리성에 기초하고 있으며 현대는 중세적 요인과 근대적 요인의 통합에 의해 복지사회를 지향한다는 논리이다. 근대에서 브랜타노(Brentano, Lujo.)등이 노동조합의 이론적 배경을 찾고 있으며, 현대에서는 미국의 기업연금(private pension)의 대가인 하브랙트(Harbercht’Paul. P.)는〈연금기금과 경제력〉속에서 중세부활설을 주장하고 있다. 그에 의하면〈20세기 자본주의혁명〉의 와중에 있는 현대 미국사회와 중세봉건사회와는 다음과 같은 여러 가지 면에서 비슷한 요소가 인정된다는 것이다. 즉 ① 소유와 경영의 분리이다. 현대 자본주의사회가 근대의 그것과 다른 주요 특징의 하나로는 현대기업에서 자본의 소유와 경영이 분리되는 경향인데 중세사회의 토지관계도 소유로부터 경영(관리)이 분리하는데서 비롯되었다는 것이다. ②재산집중과 처분권의 제약을 들 수 있다. 고대 로마에 보급된 재산소유와 그에 따르는 자유로운 처분권이 그 특징이었는데 중세봉건사회로 넘어옴에 따라 대토지소유의 형으로 재산이 특정인에게 집중하며 그러면서도 그 토지는 무사계급의 봉건적 조직에 의해 관리의 망이 펼쳐지고 처분권은 제약되었다. 마찬가지로 근대의 재산은 화폐여서 자유로운 처분권이 수반되었으나 현대에 들어서서는 재산소유는 법인 특히 대기업에 집중하고 소유와 경영이 분리되고 그 권력사용에 대해 국가, 조합, 정당, 여론 등 이해관계집단의 감시제약을 받게 외었다. 또 산업민주주의, 노사협의제 등 경영자독재를 제약하는 제도가 발전해 왔다. ③목표가 생활안정이요, 수단이 경제생활이라는 점에서 비슷하다. 중세의 자치조직인 길드(Guild)에 의해 생활의 유지, 안정을 위한 통제를 받았다. 그때는 생활이 목적이며 경제생활은 그 수단인 지위를 넘어서지 못했다. 그러나 근대에서는 목적과 수단이 전도하여 이윤추구가 목적이 되고 많은 근로자의 생활은 불안정한채 방치되었다. 현대는 그 같은 근대를 수정하는 것으로서 다시 인간의 생활을 목적으로 하려고 선회하기 시작한 시대이다. ④중세 소작인과 현대 샐러리맨의 심리상태가 유사하다는 것이다. 중세의 소작인은 영주의 보호하에 세습적 소작인이 되는 것을 자연스럽다고 생각하고 자유로운 마음으로 거기에 순종했던 것처럼 현대의 근로자도 근로시간의 내외를 불문하고 기업복지의 네트워크 속에

사유되며 때로는 불평을 갖고 있지만 전체적으로 보아 그것을 자연상태로 생각하고 자유의사에 따라 복종하고 있다는 것이다. 현대사회는 중세의 부활 속에서 복지사회를 추구하고 있다는 것이다.

### 중심경향 측정(measure of central tendency)

통계와 조사의 백분율 분포에서 데이터를 요약하는 한 방법이다. 그 세 유형은 평균(mean), 중간값(median), 중위수(mode)이다.

### 중앙값(median)

데이터를 크기순서로 나열했을 경우 가장 중앙에 위치하게 되는 데이터의 값이나 이에 해당되는 값을 말한다. 산술평균이 극단값(Extreme data)에 영향을 크게 받게 되는 약점을 피하기 위하여 고안된 것이다.

### 중앙은행(central bank)

국가의 출납업무를 대행하는 국고금의 예수(預受)기관을 말한다. 일반적으로 중앙은행은 정부의 은행, 정부의 대행기관, 은행의 은행, 정부의 조언자 등의 기능을 한다. 영국의 잉글랜드은행, 독일연방은행, 프랑스은행, 일본은행, 미국의 연방준비제도(Federal Reserve System) 등이 각국의 중앙은행이다. 우리나라의 한국은행은 일반 상업은행이 고객에게 하듯이 정부 가 기관들에게 서비스를 제공한다. 정부의 수입은 한국은행 본점의 정부예금계정으로 집중되고 여기서 정부예산지출이 인출, 지급되므로 한국은행은 정부 각 부처의 예금계정을 취급하게 된다.

### 중앙집권(centralization)

행정조직에 있어서 권한을 중앙에 집중시키고 지방에 대해 강력한 지휘 명령권을 인정하는 것이다. 이러한 중앙집권의 장점으로서는 ①강력하고도 신속한 행정의 집행 가능, ②상부의 권한을 하부에 철저하게 반영하여 행정기능의 통일 확보, ③행정기능의 전문화를 기함으로서 행정능률 향상, ④전국적인 관점에서 지역 간의 불균등방지 등을 들 수 있다. 이러한 중앙집권의 개념은 상대적인 것이며, 안보상의 위기나 또는 기타 중대한 역경에 처하게 되거나 전국 규모의 강력한 계획·정책의 추진, 그리고 지역 간의 제 조건의 격차를 균등화할 필요가 있을 경우에 집권화의 필요성을 평가받고 있다. 이를 교육행정은 특히 교육행정을 담당하는 부문을 두어 일체의 교육행정 활동을 국가적으로 총괄하는 행정형태이며, 전체주의 국가나 급속한 국가교육 체제를 정비할 필요가 있는 국가에서 채택하고 있다. 이러한 중앙집권적 행정 유형을 가진 국가에서는 중앙정부가 대부분의 주요 교육정책을 결정하고 모든 교육기관을 직접 또는 간접으로 관장하고, 지방정부는 중앙 정부의 정책을 집행하고 중앙정부의 지시에 따라 각급 학교를 운영·관장한다. 현재 교육행정에서

중앙집권제를 실시하고 있는 나라는 프랑스·필리핀·한국 등이며 미국·영국·브라질 등은 지방분권적 조직형태를 취하고 있다.

### 중앙집중화(centralization)

한 집단이나 기관 또는 정치조직 내에서 행정력이 집중되는 것이다. 가령 공적부조 프로그램(주로 주나 지방정부에서 관리함)은 사회보장법(Social Security Act) 및 최근의 보충적 소득보장 SSI 프로그램으로 더욱 중앙집중화되었다.

### 중요사건기록법(critical incident method)

근무성적 평정에 있어 중요사건 기록법은 피평정자의 근무실적에 큰 영향을 주는 중요사건들을 평정자로 하여금 기술하게 하거나 또는 주요 사건들에 대한 설명구를 미리 만들고 평정자로 하여금 해당되는 사건에 표시하게 하는 평정방법을 말한다.

### 중용적 실천(mezzo practice)

가족, 소집단을 기본적 단위로 하는 사회사업 실천이다. 이 수준에서의 주요활동은 의사소통의 촉진, 중재, 교섭, 교육, 화합 등을 포함한다. 이것은 거시적 실천, 미시적 실천과 함께 3가지 사회사업실천 수준의 하나이다. 모든 사회사업가들은 비록 한 가지 또는 두 가지 수준에 주안점을 둔다 해도 어느 정도까지는 세 가지 모두를 활용하게 된다.

### 중위수(mode)

통계나 조사에서 중심경향 측정을 나타내는 수치로, 일련의 수치 가운데서 가장 많이 나타나는 수치를 말한다. 예로서 어떤 기관에서 하루에 대부분의 사회사업가들이 몇 명의 클라이언트를 보기를 원하는지 알려는 경우를 들어보자. 20개 기관의 사회사업가 중 일부가 하루에 12명의 클라이언트를 만나고, 또 소수의 다른 사회사업가들은 하루에 5명의 클라이언트들만을 만난다. 그러나 대부분의 사회사업가들은 하루에 8명의 클라이언트들을 만날 경우에, 이것이 중위수가 된다.

### 중위연령

전체 인구를 연령의 크기 순으로 일렬로 세워 단순히 균등하게 2등분하는 연령이다.

### 중위치

작은 수에서 큰 수로, 또는 큰 수에서 작은 수로 배열한 일군의 치중의 중앙치를 말한다. 중위치는 집단을 대표하는 특성치 중 하나로 그 중요한 이점은 비정상적으로 높은 치 또는 낮은 치에 의해 대표치가 부당하게 영향받지 않는 것에 있다. 그것은 한 집단에 속하는 사람들의 전형

적 소득을 기술할 때에 때때로 사용된다.

### 중재 · 이혼(mediation · divorce)

법률 적용을 피한 합의이혼 과정을 통해 이혼하려는 부부 간의 논쟁을 해결하는 것을 도와주는 사회사업가, 법률가, 기타 전문가들이 행하는 한 절차를 말한다. 몇몇 주에서 이러한 중재는 법원의 후원 아래 이루어지나 지역에 따라서는 중재가 민간서비스를 통해 이루어지기도 한다. 중재는 부부가 서로 받아들일 수 있는 타협을 이끌어내고, 부부문제의 성격을 이해하게 하며, 재산을 적절하게 분배하는데 합의하게 하고, 아동의 양육권을 결정하고, 건강하지 못한 관계를 정서적으로 청산하도록 돕는 것을 목표로 한다.

### 중재(mediation)

둘 이상의 적대적인 파벌이 의견일치를 볼 수 없거나 목표를 달성하기 위해 계속 의견조정을 할 수 없을 때 요구되는 의사결정 기제. 각 파벌은 중립적인 사람을 지명하고 그 사람의 결정에 다르다는 것에 동의한다.

### 중재 역할(go — between role)

사회사업가나 다른 전문가가 분쟁당사자들(남편과 아내, 부모와 자녀, 소비자와 판매인, 집주인과 세입자 또는 2명의 치료집단 성원 등) 사이를 조정하며, 상호이해를 증진시키고 긴장을 완화시키기 위해 노력하는 중재과정을 말한다.

### 중재자 역할(mediator role)

가족성원들 간에 명확하고 바른 위사소통을 하도록 중재해주는 가족치료자의 활동. 이것은 이혼 중재에서 하는 역할과는 다르다.

### 중죄(felonies)

경범죄(misdemeanors)보다 심한 범죄. 중죄에는 강도(bur — glary), 절도(larceny)의 일부 유형, 살인(homicide), 강간(rape), 폭행(assault) 등이 속한다.

### 중증심신장애아
### (child with severe mental and psysical handicaps)

중증심신장애의 명칭은 의학적 용어가 따로 없어 의학적 정의도 없다. 각 국가만의 장애분류에 따른 것이기 때문에 외국에는 통용되지 않는 독자의 것이다. 아동복지법의 개정으로 중증심신장애아 시설의항이 첨가되어 공식적으로 등장했다. 생략해서 중장애라고 하지만 간단하게는 중도지체부자유와 중동정신지체를 중복하고 있는 것으로도 규정된다. 이 규정은 제도상 사회적으로 발생한 것으로 사회조건에 따라 변화할 가능성이 있다. 현재 중증 아시설수용아에는 중증심신장애주변아가 많다. 즉 걷지 못하는 중도지체부자유와 I.Q 35 이하의 중도정신지체의 중복장애를 갖는 아동이다.

### 중증심신장애아시설
### (facility for adults and children with severe mental and physical handicaps)

아동복지법에 따른 아동복지시설의 하나로서 중도정신지체와 중도지 체부자유를 둘 다 갖추고 있는 아동(18세 이상의 성인도 포함)을 입소시켜 보호함과 동시에 의학적 보호와 일상생활지도를 행하는 것을 목적으로 한 시설이다.

### 증가율(rate of increase)

일정한 수와 양이 증가되는 비율을 증가율이라 한다. 시계열자료의 분석에 있어서는 비교대상기간에 따라 전월(대)비, 전분기(대)비, 전년(대)비, 전년동기(대)비 등으로 쓰인다. 일반적으로 통계시계열의 분석을 위해 행해지는 기간간 비교에서 전년동월(분기)비는 원계열을 쓰고 전월(분기)비는 계절조정치를 쓴다. 이는 단기간의 변화에는 계절적인 변화가 포함되어 있어 단순히 당월의 경기가 호조인지 부진인지의 파악이 불가능하기 때문이며, 전년동월(분기)비의 비교는 계절적으로 동일한 상황하에 있는 1년전의 달과 비교라는 의미에서 계절적으로 같은 의미가 되기 때문에 경제시계열 관찰에 많이 이용된다. 그러나 생산자물가지수나 소비자물가지수는 전월비에서도 원지수를 이용한다. 이는 지수작성과정에서 계절적인 영향이 제거되도록 작성하기 때문이다.

### 증상 설명(prescribing the symptom)

가족 치료에 쓰이는 기술의 하나로, 의사는 가족 중 한두 명에게 일정한 환경에서 증상이 나타나는 행동을 계속하도록 역설적인 지시를 한다. 가령 의사는 가족 중 한 사람에게 화요일마다 토라진 얼굴을 하라고 지시할 수 있는데, 그러면 나머지 가족이 증상을 깨닫고 이를 자발적으로 통제할 수 있다.

### 증서제도(voucher system)

개인이 사회서비스, 건강보호 및 개방시장에서 나타날 수 있는 요구에 대해 보조금을 지급하는 방식이다. 전형적으로 이 제도 아래서 빈곤한 사람은 흔히 구제할 수 있는 증지(redeemable stamps)나 쿠폰 형태로 증표를 받으며, 이것은 특정한 서비스나 생산물에 사용하면 일정 금액의 가치가 있다. 이러한 제도 중 가장 보편적인 것으로는 식품권(food stamps), 수업료 보조금(tuition grants), 주택보조금 증명서(housing subsidy checks)가 있다.

### 증상(symptom)

내면화된 심리적, 신체적 장애 또는 심리사회적인 문제가 생길 가능성을 나타내는 지표를 의미한다. 가령 무감각 (flat affect)은 정신분열증(schizophrenia) 또는 우울증 (depression)의 증상이고, 관계사고(ideas of reference)는 편집증(paranoia)의 증상이며, 열이 비정상적으로 높은 것은 전염병의 증상이고, 갑작스런 체중감소(몸무게의 25%)는 식욕상실증(anorexia nervosa)의 증상이며, 인플레이션(inflation)은 수요와 공급의 불균형상태이다.

### 증후군(syndrome)

특정 질병이나 어떤 상태를 만들기 위해 발생하는 행동유형, 성격 특성 또는 신체적 증상을 총칭하는 용어를 말한다.

### 지

①지식, 지성. ②중국에서는 일반적으로 인생을 영위하기 위한 지적 능력의 의미. 맹자는 지를 인간에게 본래부터 갖추어져 있는 도덕적 판별력으로 보았는데, 장자는 사람의 자연(天)은 무지로서, 지는 허망이요, 인간의 자기 상실이라고 보았다. 명가의 지식론이 행해진 후, 순자는 허심을 주관으로 하고 천지의 도(道)를 그 대상으로 함으로써 장자를 극복하고 지를 정당화했다. 주자학에서는 장자가 부정한 지는 대상적인 전문의 지라고 하고 순자의 설을 관념론화하여 심(心)과 물(物)의 이(理)와의 일치를 주장하여 덕성의 지라고 불렀다. 주자의 설은 왕양명의 지행합일론을 철저화 한 것이다(→ 격물치지). 청조에서는 고거학을 배경으로 한 유물론적인 지식론이 싹텄다.

### 지각 왜곡(perceptual distortion)

신체적 현실과 개인이 지각하고 이해하며 해석하는 방법 간의 불일치를 말한다.

### 지각(reception)

고대철학에서 지각과 감각과는 거의 구별되어 있지 않았다. 그러나 단순한 감각과 지각 사이에는, 뇌수의 제1차 시각영역이 침범되면 시력 자체가 쇠약해지고, 제2차 시각영역의 전체상이 잘 파악되지 않게 되는 것을 보아도 차이가 있다는 것을 알 수 있다. 지각은 기억이나 상상과는 달리 직접 감각 기관에 작용하는 사물을 눈앞에 갖고 있고, 감각 기관을 통해 얻어지는 재료에 근거하고 있는데, 그것에는 어느 정도의 기억이나 사고의 작용이 첨가되고 있다.

### 지각중추(감각)(sensorium)

두뇌, 정신, 마음 등을 포괄하는 의식(consciousness)의 세계이다. 이것은 여러 감각기관으로부터 입력되는 모든 정보를 재정리하여 처해 있는 환경에 대한 체계적이고 의미있는 이해를 가능하게 한다. 정신과 진단서에 "자각기관에 이상이 없음"이라고 쓰여 있다면 해당 환자가 시간, 장소, 대인관계, 기억력 등에 이상이 없음을 뜻한다.

### 지구진단(community diagnosis)

지역사회문제의 해결을 위해 공동계획의 책정에 앞서 행해지는 지역 사회진단이다. 주민의 자립적 조직화를 중시하는 지역사회조직에 있어서의 진단과정으로 ①대상지역의 주요한 주민조직과 전체적인 지역의 개요를 파악하는 과정 ②지역사회문제의 종류와 그 발생을 촉진하는 사회적 조건을 파악하는 과정 ③문제의 주민의식도와 문제에 내포된 여러 사실 등 문제해결에 직접적으로 유용한 요인을 파악하는 과정의 3가지가 있다.

### 지노트(Jinott, Haim. G.)

미국의 심리학자. 홉스의 사상을 이어받아 치료자에 의해 이행되고 수용되는 아동집단심리요법을 주장하였다. 치료는 환자의 내적심리의 균형 상태에 변화를 주는 것으로서, 그것을 위해서는 관계의 통합, 카타르시스, 통찰, 현실검증, 승화 등이 치료과정에서 실현되어야 한다는 점을 강조하였다. 그는 이를 통해 환자가 자아의 강화, 초자아의 수정·개정된 자아상을 가지게 된다고 보았다.

### 지능(intelligence) 01

기능적으로 규정된 개념으로는 ①경험에 의해 변화할 수 있는 능력 즉 학습능력 ②환경의 다양한 사태에 적응하는 능력 ③기호와 개념에 추상적 사고능력이라 하는 것이 일반적이다. 인자분석의 결과로서 구조적으로는 생득적 요인에 규정된 유동성 지능(새로운 상황, 사태 적응에 관한)과 문화적, 경험적 요인에 규정된 결정적 지능(학습으로 획득된 지식에 근거한 판단과 습관에 의한)인자로 하는 것이 유력설로 되어 있다.

### 지능 02

실제로 존재하거나 구체적으로 설명될 수 있는 단일 개체가 아니라 일종의 가설적 개념으로 인간의 정신 능력을 설명하기 위해 학자들이 추리해 낸 구조이다. 따라서 인간의 행동을 어느 측면에서 연구하느냐에 따라 지능의 개념도 달라진다. Spearman은 지능의 2요인설(two Factor theory)을 통해 지능은 일반 지능 G(general intelligence factor), 특수지능 S(specific factors)로 구성된다고 설명하였다. G요인은 일반적 능력으로서 경험을 인식하고 경험 간의 관계를 파악하고 상호간의 상관관계를 추출하는 능력이며, 전반적인 지능척도와 높은 상관을 보이는 어휘력 (vocabulary), 수학문제 해결이나 도형의 관계파악, 문장의 이해 속도 등이 포함된다. S요인은 특수한 능력과 관계가 있으며, 수개념, 수학적 추리, 언어적 추리, 기억과 같은 지능들이 포함된다. 또 특수요인들 사이에 공통요인이 있음이 인정되어 군요인(group factors)으로 분류하여 설명하였다. Wechsler는 지능을 개인이 환경과의 관계에서 목적으로 행동하고 합리적으로 사고하며 효과적으로 대응할 수 있는 집합적이고 전체적인 능력으로 정의하고, 순수한 지적인 요소뿐 아니라 정서적 요소, 인격적 요소가 포함되는 일반 지능으로 설명하였다. 문제해결 및 인지적 반응을 나타내는 개체의 총체적 능력, 지능이란 용어는 일상생활에서 빈번하게 사용되나, 지능을 연구하는 학자들 간에도 지능의 의미와 구조에 대해 완전히 견해의 일치를 보지 못하고 있다. 지능을 조작적으로 "지능검사에 의해 측정된 특점"으로 정의하는 학자도 있으나, 지능의 정의방법이나 입장과 측정 내용과 방법은 실로 다양하다. 지능에 대한 정의는 다양하나 이를 대별하면 대체로 다음과 같다. ①개인의 생활 내지 전체 환경에 대한 일반적인 정신적 적응 능력으로서의 지능의 적응적 성격을 강조하는 입장 ②개인의 학습능력으로서 추상적 사고력을 강조하는 입장 ③지능이란 추상을 학습하여 구체적 사실과 관련시키는 능력이라는 입장 ④이들을 종합적으로 포괄해서 지능은 목적을 향해 행동하고, 합리적으로 사고하며, 환경을 효과적으로 다루는 개인의 총체적 능력이라고 보는 입장이다. 따라서 지능은 단일의 순수능력으로 생각되기 쉬우나 실제는 다양한 능력의 복합체로 생각되며, 지능검사가 측정하는 능력의 내용도 다양하다. 이와 같이 지능의 구성요소와 조직과 구조를 밝히려는 입장과는 달리 근자에는 적응과정이나 정보처리 과정과 같이 지적인 과정 그 자체의 본질로서 지능을 정의하고 접근하려는 시도도 활발히 이루어지고 있다.

### 지능검사(intelligence test) 01

훈련이나 학습 등의 영향을 받지 않고 성숙에 따라 일반적 경험의 소산으로 형성되는 소질적인 지적 능력을 측정하기 위하여 만들어진 검사. 지능검사로 측정된 지능은 정신연령 지능지수나 또는 편차치로 산출되는 편차 지능지수로 표시된다. 지능 검사의 종류는 스피어만(C. E. Spearman)의 2인자 설에 입각하여 공통인자만을 측정하는 일반 지능검사와 써스톤(L. L. Thurstone)의 다인자설(多刃自說)에 입각하여 지능의 구조적 특성을 분석적으로 측정하는 지단검사로 구분되고, 또 문자사용 지능검사와 도형사용 지능검사, 언어성 지능검사와 동작성 지능검사, 개별 지능검사와 집단 지능검사로 구분되기도 한다.

### 지능검사 02

개인차로서의 지능을 표준화한 측정수. 즉 검사와 기준을 수량화하는 방법이다. 지능검사는 정신지체아의 판별, 교육을 위한 프랑스의 비네(Binet, A.)가 시몬(Simon, E.)의 능력으로 개발(1905년)한 것이 시초이다. 미국에서 스탠포드. 비네 테스트로 표준화되어 제1차 대전 중, 인체검사의 개발로 일반화되었다. 또 진단검사 웨크슬러·벨뷰 테스트가 고찰되어 임상운동에 크게 공헌하고 있다. 결과는 지능연령(MA), 지능지수(IQ) 등으로 표시된다.

### 지능계발(intelligence development)

지능의 발달을 일깨우는 것이다. 지능발달에 있어서 유전적 소질과 환경적 경험의 상대적 중요성에 대해 여러 주장이 있다. 젠센(A. R. Jensen)은 지능이란 고도의 생득적 특성이기 때문에 교육과 같은 환경의 힘에 의해 지능발달에 영향을 미칠 수 있는 소지는 거의 없다고 한다. 그러나 블룸(B. S. Bloom) 등에 의하면 지능의 상당한 부분은 환경의 힘에 변화될 수 있으며 이러한 변화가능성은 어릴 때일수록 크다고 한다. 즉 17세기를 기준으로 볼 때, 지능의 50%는 출생 후 4년 동안에 발달하며, 어릴 때의 문화결손이 성장 후의 결손보다 더 큰 영향을 미친다는 것이다. 지능의 발달 또는 개발. 육성이란 관점에서 그는 ①언어의 효율적 사용과 언어능력을 신장하는 환경 ②직접. 간접의 다양한 문화적 체험 ③자발적 사고 및 문제해결을 자극하는 분위기 ④부모와의 상호작용 등이 중요하다고 한다. 이러한 주장은 부모의 직업이나 사회경제적 지위 등 상태변인보다 부모와의 상호교섭에서 나타나는 성취와 언어발달에 대한 압력 같은 작용변인이 지능 발달에 더 큰 영향을 준다는 일련의 연구결과와 일치한다. 근자에는 환경적 요인에 대한 측정과 연구뿐만 아니라, 지각기능의 개발, 인지요법, 문제해결력의 신장, 영양상태 및 환경적 경험이 개체의 지적 기능의 발달이나 뇌의 생화학적인 변화에 미치는 영향을 밝히려는 연구가 이루어지고 있다.

### 지능구조(intelligence structure)

인간의 지능을 이루고 있다고 생각되는 가설적인 구조 또는 영역. 인간의 지능을 올바로 이해하기 위하여 길포드(J. P. Guilford)는 지능구조의 가설적 모형을 제시했는데 이를 SI(structure of intellect) 모델이라 한다. 그는 인간의 지능을 조작(operations)·내용(contents)·소산(products, 결과) 등의 3차원의 입방체로 생각했다. 조작의 차원은 지적 기능의 양상을 분류한 것으로 평가·수렴적사고·확산적사고·기억·인지의 5종으로, 내용차원은 지능측정을 위한 검사내용을 구분한 것으로 도형·기호·언어·행동 등의 4종으로, 그리고 소산차원은 지적 작용의 소산을 분류한 것으로 단위·유목·관계·체계화·전환·함의의 6종으로 구분하고 있다. 따라서 길포드에 의하면 지능이란 5개의 조작차원 × 4개의 내용차원 × 6개의 소산차원 = 120개의 영역으로 구성되어 있는 것이라 하며, 이 중 80여 개의 영역을 측정하는 검사는 이미 개발되었고, 그 밖의 영역에 대해서는 연구개발이 진행되고 있다.

### 지능발달(intelligence development)

연령의 증가에 따른 지능의 변화. 지능은 개체의 성장에 따른 생득적(生得的)소질과 환경적 경험의 상호작용에 의해 변화하며. 지능에 대한 견해는 학자에 따라 다르다.

지능의 크게 양적 접근과 질적 접근으로 구분된다. 심리측정학적 입장에서 살펴본 지능의 양적 변화는 연령증가에 따라 개인의 지능은 일정한 정점에 달하며 그 후 점차 하강곡선을 그리고 정점도달시기나 발달속도는 측정되는 능력에 따라 다르다. 블룸(B. S. Bloom)에 의하면, ① 지능은 생후 1세부터 10세까지는 거의 직선적인 성장을 하고 그 후 발달속도가 느려지다가 20세를 전후해서 정체 및 하강현상을 보이며, ②연령의 증가에 따라 지능의 변산도, 즉 개인차는 커진다. 또 웩슬러(D. Wechsler)에 따르면 지능의 발달속도나 반응경향성은 측정하는 능력에 따라 달라, 동작성 지능은 비교적 일찍(20대 초반)정점에 도달하나 언어성 지능은 30대 초반까지 계속 발달하며 전자가 후자보다 더 급속한 내림세를 보인다고 한다. 지적 기능의 변모에 관심을 주는 질적 접근의 입장은 지능이란 방향·이해·창조·비판의 네 가지 주요기능이 연령증가에 따라 계속적 적응과정으로 각 연령단계별로 특정한 인지양식이 나타난다고 한다.

### 지능요인(factors of intelligence)

정신능력의 구성요소 또는 지능을 구성하고 있는 기본요인. 스피어만(C. E. Spearman)은 지능을 일반요인(G요인)과 특수요인(S요인)으로 구분하고 일반요인을 일반적인 능력 내지 지능을 지칭하는 개념으로 간주했으나 요인분석 이론과 기술의 발달로 이러한 일반 요인론은 배격되고 인간을 능력을 일반적인 것과 특수한 것을 연속선상에 놓여 있는 어떤 속성으로 생각하게 되었다. 써스톤(L. L. T Hurstone)은 군집요인설에서 지능은 언어요인·수요인·기억력·공간관계·지각속도·언어유창성·추리력의 7개 요인으로 구성된다고 보았으며 이들 능력 요인을 기본 정신능력이라 불렀다. 길포드(J. P. Guilford)는 지능은 조직차원⑤, 내용차원④, 소산차원⑥의 3차원적 구조를 가진 120개(4×5×6)의 영역으로 구성되어 있다는 지능구조의 가설적 모형(SI 모델)을 제시했다. 케텔(R. B. Cattell)은 경험이나 교육과는 다소 무관한 개인의 잠재력을 나타내는 유동성 지능과, 문화적 경험이 내포된 지식, 기능을 포함하는 결정성 지능으로, 젠센(A. R. Jensen)은 기계적 학습이나 연상능력 같은 획득 가능한 제1수준의 능력과, 개념형성·분석·종합·문제해결 같이 비교적 복잡한 정신과정의 제2수준의 능력으로 각각 구분했다. 이와 같이 지능의 요소화 본질에 대한 견해는 학자에 따라 상이하며 근자에는 지적 과정·인지 과정 자체를 이해하려는 노력이 대두되고 있다.

### 지능장애(intelligence disorder) 01

지능이란 어떤 과제에 반응해서 추상적 사고나 상징의 이해에 의해 순응하고 학습하는 능력인데 지능장애는 정신발육의 지체나 치매, 혹은 간질후유증 등에 의해 일어나는 상태를 말한다. 이중 정신지체는 유전적인 것, 배종손상, 태내성, 출산시 유유아기의 외인적 원인에 의한 손상의 후유증에서 기인한다. 또 정신지체는 지능의 발달지체뿐만 아니라 운동기능의 장애도 수반한다. 여기에 대해 치매는 뇌신경세포의 소실, 위축이라는 기질적 변화에 의한 세포결함상태이다.

### 지능지수(intelligence quotient : IQ) 01

지능의 발달정도를 나타내는 지수. 정신연령 척도, 비율지능지수 및 편차지능지수로 대별된다. 비네(A. Binet)가 처음으로 지능검사를 제작하였을 때 단순히 연령척도로 정신연령을 사용하였다. 그러나 이것은 한 개인의 지적 발달을 충분히 나타내주지 못하였다. 즉 정신연령이 10세인 아동이 그의 생육연령이 8세냐 또는 15세냐에 따라 그 의미가 전혀 달라지므로 생육연령이라는 기준에 의한 정신연령의 표현이 필요하게 되었다. 이것을 처음 제시한 사람은 1912년 독일심리학자 시테른(W. Stern)으로 그는 정신연령(MA)을 생육연령(CA)으로 나눈 비율에 100을 곱하여 지능지수, 즉 IQ로 사용할 것을 제안하였다. 이것이 흔히 말하는 IQ로서 엄격히 말하면 비율지능지수는 각 연령단계에서 표준편차가 같지 않다는 점과 지적발달은 연령의 증가와 직선적인 관계를 갖고 있지 않다는 이유에서 현재는 거의 사용되지 않고 있으며 역사적인 전례로서 취급되고 있다. 이러한 비율 지능지수의 문제점을 보완해주는 것이 소위 편차지능지수(deviation IQ)로 흔히 DIQ라고도 부른다. 이것은 각 연령집단의 대표적인 표집을 중심으로 각 연령의 평균이 100이고 표준편차가 15 또는 16인 표준점수의 하나로 나타내고 있다.

### 지능지수 02

지능의 발달정도를 표시하는 것이다. 지능연령(MA)을 생활연령(CA)으로 제해서(MA / CAX 100) 얻은 지수. 심리학에서는 90 − 100은 보통, 70 이하를 정신지체급의 지수로 쓰는 것이 일반적이다. 성인까지의 지능수준을 예측하는 지표(IQ의 항상성)로서 절대시하는 폐해가 생겼다. 그러나 성인은 연령의 기준적 의의가 낮고 연령분포에 차가 있기 때문에 지능연령(MA)의 재검토, 편차치에 의한 합리적 표시 등의 반성이 가해지고 있다.

### 지능진단(intelligence diagnosis)

지능테스트를 지능수준 측정에서 인격의 임상적 진단에 적용하는 시도. 웩슬러(Wechsler, D.)의 WAIS(wechsler adult intelligence scale)나 WISC(wechsler intelligence scale for children) 등의 지능 진단검사가 발표되어 많은 나라에서 표준화되고 있다. 언어성검사와 동작성검사의 편차치로 지능지수를 산출하여 양자의 관계에 의해 지적 행동의 배경에 있는 인격을 진단한다.

## 지니계수(Gini' s coefficient)

인구분포와 소득분포와의 관계를 나타내는 수치로서, ⟨0⟩은 완전평등, ⟨1⟩은 완전불평등한 상태이며 수치가 클수록 불평등이 심화⟨상세⟩ 주) 이탈리아의 통계학자 C. 지니가 제시한다. 이탈리아의 통계학자 C. 지니가 제시한 지니계수는 소득분배의 불평등도를 나타내는 수치이다.(수치가 높을수록 불평등이 심함) 일반적으로 분포의 불균형도를 의미하지만 특히 소득이 어느 정도 균등하게 분배되어 있는가를 평가하는데 주로 이용되며 이는 횡축에 인원의 저소득층부터 누적 백분율을 취하고 종축에 소득의 저액층부터 누적백분율을 취하면 로렌츠 곡선이 그려진다. 이 경우 대각(45도)선은 균등분배가 행해진 것을 나타내는 선(균등선)이 된다. 불평등도는 균등도와 로렌츠곡선으로 둘러싸인 면적(λ)으로 나타난다. 그리고 균등선과 횡축, 종축으로 둘러싸여진 삼각형의 면적을 S라 할 때, λ/ S를 지니계수라고 부른다. 0에서 1까지 숫자로 표시하는 지니계수는 가계간의 소득분포가 완전히 평등한 상태를 0으로 상정해 산출하는 지수로 1에 가까울수록 불평등 정도가 높아 '부익부 빈익빈' 현상이 심화됨을 의미한다. 0.4를 넘으면 상당히 불평등한 소득 분배의 상태에 있다고 할 수 있다. 지니계수를 통해 근로소득이나 사업 소득 등 소득분배상황은 물론 부동산과 금융자산 등 자산분배상황도 살펴볼 수 있다.

## 지도감독(supervision)

사회사업가들의 기술을 좀 더 개발하고, 정교화 하는 것을 돕고, 클라이언트에게 품질보증(quality assurance)을 제공하는 행정적 · 교육적 과정. 행정적으로 감독자는 가장 적합한 사회사업가에게 업무를 맡기고, 사정과 개입계획을 토의하고, 사회사업가가 현재 접촉 중인 클라이언트에 대해 재고한다. 교육적으로 감독은 사회사업가가 사회사업 철학과 기관의 정책을 좀 더 잘 이해하고, 더 자신에 대해 깨닫고, 기관과 지역사회의 자원을 알고, 활동의 우선순위를 설정하고, 지식과 기술을 세련되게 하도록 돕고자 이뤄진다. 카두신(Alfred Kadushin)에 따르면, 감독의 또 하나의 기능은 체계를 유지하는 동안 직원들의 사기를 강화하는 것이다. 경험이 적은 사회사업가는 개인지도 모델에 의해 따로 감독을 받는데 여기서는 좀 더 경험있는 사회사업가와 함께 사례에 대한 의논, 동년배 집단의 상호작용, 직원개발 프로그램, 사회사업 팀(social work team)을 통해 유사한 목적을 달성한다. 메이어 Carol H. Meyer는 교육적 감독(educational supervision)(전문적 관심 지향적이고 특정 사례와 관련된)을 행정적인 감독(administration super − vision)(기관정책과 공적 책임 지향적인)과 구분하고 있다.

## 지도성 유형(leadership style)

다른 사람의 행동에 영향을 주기 위해 일어나는 행동 특성을 분류한 것이다. 행동과학적 연구의 결과에 근거한 지도성 유형의 효시는 레빈(Kurt Levin), 리피트(Ronald Lippitt) 그리고 화이트(ralph K. White) 등에 의해 마련되었다. 이들은 지도성을 전제적 지도성, 방임적 지도성 그리고 민주적 지도성을 분류하였다. 민주적 지도성은 전제적 지도성이나 방임적 지도성보다 훨씬 영향력이 큼을 밝혔다. 미시간 대학 사회학연구소의 리커트(Rensis Likert)는 지도자의 유형을 과업중심 지도자와 종업원 중심 지도자로 분류하였다. 헴필(John K. Hemphill)과 쿤스(Alvin E. Coons)가 중심이 된 오하이오 주립대학의 연구팀들은 다양한 집단을 대상으로 하여 지도성에 관한 광범위한 연구를 수행하였다. 그 결과 이들은 지도성을 과업 지향적 차원과 인간 지향적 차원으로 분류하였다. 과업 지향적 차원의 지도성은 리커트의 과업 중심 지도자가 보이는 행동과 비슷한 것으로 조직의 구체적 목표달성에 중점을 둔 것이다. 한편 인간 지향적 차원의 지도성 행동은 리커트의 종업원 중심지도자의 행동과 같은 것으로 조직 구성원의 인화 유지를 강조하는 것이다. 양쪽 차원에서 동시에 높은 수준을 보이는 지도성 유형이 가장 효율성이 높은 것으로 보고된다. 리커트와 헴필 및 쿤스 등의 지도성 이론은 2차원적 지도성 이론의 전형으로서 이후의 지도성 연구에 커다란 영향을 주었다. 한편 블레이크(Robert R. Blake)와 머튼(James S. Mouton)은 지도성에 영향을 주는 요인을 생산에 대한 관심과 인간에 대한 관심으로 구분하였다. 이들 각각의 요인의 높고 낮음의 조합으로 지도성의 유형을 무기력형, 과업형, 중도형, 크럽형, 팀형 등 5개로 분류했다. 이 중에서 인간에 대한 관심과 생산에 대한 관심 모두 높은 팀형 지도성을 가장 이상적인 것으로 보았다. 허시(Paul Hersey)와 블랜차드(Kenneth H. Blanchard)는 상황적 지도성이론을 제시한 학자들이다. 이들은 지도성을 지도자의 과업 지향적 행동, 인화 지향적 행동, 그리고 조직 구성원들의 과업 수행능력 및 심리 상태의 성숙도와의 상호작용에 의해 나타나는 것으로 보았다. 조직 구성원들의 성숙도에 따라 지시적 지도성, 조성적 지도성, 참여적 지도성, 혹은 위임적 지도성 유형을 적절하게 선택해야 이들에 대한 영향력을 높일 수 있다고 주장했다.

## 지도성 행동기술 질문지
### (leadership behavior description questionnaire : LBDQ)

조직 지도자의 지도유형을 진단해 낼 수 있는 질문지. 헴필(Hemphill)과 헬핀(A. W. Halpin)은 구성원들의 지각 및 지도자 자신의 반응을 통해서 지도자의 지도성 유형을 인화중심적 요인(배려성 : consideration leadership behavior)과 과업중심적 요인(구조성 : initiating structure leadership behavior)의 두 차원으로 지도자가 집단활동을 조직 · 결정하거나 또는 지도자와 집단과의 관계를 명백히 하는 것을 뜻한다. 따라서 지도자는 각 구성원이 각자에게 기대되는 역할을 분명히 해주고 임무를 배정하고, 미래계획을 세우며, 일을 처리하는 방법과 절차를 세우며, 결실을 보기 위하여 일을 처리하는 것을 주로 하는 유형이다. 인화중심적 차원은 지도자와 집단 사이의 상호신뢰 · 상호존중 · 화합과 친화 · 라포(rapport) 등을 나타나게 하는 행동을 포함하는 것으로서 구성원의 욕구에 깊은 관심을 가지며, 아랫사람으로 하여금 의사결정 과정에 적극적으로 참여하게 하고, 의사소통을 활발히 하도록 장려하는 행위를 포함하는 것으로서 지도자와 구성원간의 따스한 인간적 교류를 주축으로 하는 지도행위다. 지도자의 광범위한 행위를 LBDQ 척도로 진단하여 나타난 결과에 따라 지도자의 지도유형은 효율적 행정유형 · 과업중심적 행정유형 · 비효율적 행정유형 · 인화중심적 행정유형 등 네 가지로 분류된다.

### 지발성 디스키네지아(tardive dyskinesia)

특히 입, 입술, 혀 등의 비정적이고 통제할 수 없는 신체 증상으로, 때때로 머리, 손, 발의 반복성 운동은 보인다. 이것은 오랫동안 항정신병 약물을 복용해온 클라이언트에게서 많이 나타난다.

### 지방공공단체(local authority)

국가영토의 일부인 일정지역을 존립의 기초로 하여 그 지역 내의 주민에 대해 지배권을 갖는 공공단체로서의 공법인을 말한다. 지방자치가 발전하지 않은 나라에서 지방공공단체는 자치단체로서의 성격이 제한되고 중앙집권체제의 하부단체 또는 중앙정부의 포괄적인 일선기관에 불과하다.

### 지방공기업

지방자치단체가 지역주민의 복리를 위하여 인적 · 물적 시설을 갖추어 경영하는 사업을 말한다. 공기업의 형태는 일반행정조직과 같은 정부기업(governmental department)과, 회사법 규정에 의해 설립되며 정부가 그 주식의 전부 또는 일부를 소유하는 주식회사형(joint stock company) 공기업, 그리고 특별법에 의해 설립되는 공사(公社, public corporation)의 3가지가 있다.

### 지방교부세(exchequer equalization grants)

지방자치단체간의 재정력 균형을 위해 중앙정부가 지방자치단체에 교부하는 재원을 말한다. 지방교부세에는 각 자치단체의 재정부족액을 산정하여 용도에 제한을 두지 않고 교부하는 보통교부세와, 일정한 조건을 붙이거나 용도를 제한하여 교부하는 특별교부세가 있다. 내국세 총액의 일정비율로 정한다는 점에서 지방교부세라 하나, 중앙

정부에서 교부되는 재원이라는 측면에서 지방교부금 이라고도 한다.

### 지방노동위원회

서울특별시. 광역시 또는 도에 설치되나 다만 부산광역시를 제외한 광역시의 경우에는 따로 지방노동위원회를 설치하지 아니하고 인근 도에 설치된 지방노동위원회로 하여금 사건을 통합. 관장하게 할 수 있다. 특히 중재와 부당노동행위의 관정. 구제에 대해서는 초심의 절차를 담당한다.

### 지방분권(deconcentration)

지방분권은 중앙정부의 권력을 지방에 분산하는 것을 말한다. 지방분권은 자치적 분권과 행정적 분권으로 나누어 볼 수 있다. 자치적 분권(autonomous decentralization)은 지방적으로 집행을 요하는 행정기능과 통치권력을 일정한 범위 내에서 자치권을 인정받고 있는 지방자치단체에 위양하는 것을 말하며, 행정적 분권(administrative decentralization)은 지방에서 처리를 요하는 행정사무를 담당하기 위하여 중앙정부와 계층적 지휘감독 관계에 있는 지방행정기관을 설치하고 그 기관에 행정기능과 통치권력을 위임하여 행사하는 분권 방식을 말한다. 이러한 지방분권의 개념은 결국 중앙의 국가기관이 주체라는 점에서 지방자치와 구분된다.

### 지방분권화(decentralization)

중앙정부에 과도하게 집중되어 있는 행정기능과 권한을 지방정부에 이양하여 지방자립=자율화를 도모하는 것을 말한다. 현재의 서구형 민주주의의 발전을 지방분권화의 실현을 위한 중요한 밑거름으로 삼고 있으나 중앙집권적 성향이 높은 우리나라의 경우, 하급기관의 불신이 크고 우리 실정에 맞는 분권화의 계획 · 조직 · 통제 · 조정 등의 업무가 아직 마련되어 있지 못해 이론적 수준과 여론의 수준에서만 논의되고 있는 실정이다. 분권화는 의사결정의 권한을 위임 또는 전결의 방식으로 분산하는 것이 효과적이다.

### 지방세(local tax) 01

지방자치단체가 과정하는 조세를 지방세라 한다. 즉 지방세는 지방자치단체의 존립에 필요한 재정수요를 충족하기 위하여 그 주민으로 부터 개별적인 대가 없이 무상으로 강제 징수하는 재화를 말한다. 지방세는 지방자치단체의 일반적인 경비를 충당하기 위한 보통세와 특정목적의 용도를 위한 목적세로 이원화되어 있다. 세목별로 보면 보통세로는 취득세 · 등록세 · 면허세 · 주민세 · 재산세 · 자동차세 · 종합토지세 · 농지세 · 도축세 · 마권세 · 담배소비세 등 11종이 있고, 목적세로는 도시계획세 · 공동시설세 · 사업소세 및 지역개발세의 4종을 두고

있다.

## 지방세 02

지방세는 지방자치단체에 의해 부과 · 징수되며 당해 지방자치단체의 재정수요에 충당된다는 점에서 국세(國稅)가 국가에 의해 부과 · 징수되며 국가의 재정수요에 충당되는 것과 다르다. 어떠한 조세를 국세 또는 지방세로 할 것인가에 대해는 명확한 기준이 없으며, 세원(稅源)의 규모와 분포, 재정의 여건, 행정의 편의 등을 고려하여 결정된다.

## 지방세법

특별시 · 광역시 · 도 · 시 · 군 · 구 등 지방자치단체의 지방세 부과 및 징수절차, 지방세의 종류, 과세물건, 과표, 세율 등을 규정한, 지방자치단체의 조세행정의 기초가 되는 법률을 말한다.

## 지방양여금

지방자치단체의 재정력 확충을 위해 국가가 징수하는 특정한 국세수입의 전부 또는 일부를 일정한 기준에 따라 지방자치단체에 양여하여 특정사무수요에 충당할 수 있도록 하는 지방재정조정제도를 말한다. 1991년 도입된 이 제도는, 지방교부세가 재원이 부족한 자치단체에만 교부되는데 반해, 일률적인 기준에 따라 모든 자치단체에 양여금이 배정된다는 점에서 특징을 갖는다. 지방자치단체에 양여되는 재원은 전화세의 100%, 주세의 15%, 토지초과이득세의 50%이며, 양여금의 대상사업은 지방도로정비사업, 일반폐기물 처리시설 사업 등이다.

## 지방예산

지방자치단체의 세입 · 세출 예산을 말한다. 지방자치단체의 예산구조는 일반회계, 특별회계, 교육비특별회계로 구성되어 있으며, 그밖에 예산외로 운용되는 기금이 있다. 지방자치단체의 세입은 지방세, 재산수입 · 재화 및 용역판매수입 등 세외수입, 기타 특별회계 수입 및 국고보조금 · 지방교부세 · 지방양여금 등 의존재원으로 구성되어 있으며, 세출예산과목은 중앙정부와 같이 장 · 관 · 항 · 세항 · 목 별로 분류된다.

## 지방의회(council of local government)

지역주민에 의해 선출된 의원으로 구성되는 지방자치단체의 대의기구를 말한다. 지방의회의 존재양태 및 기능은 각국의 자치전통에 따라 다르다. 지방의회의 유형은 일반적으로 지방의사의 결정기능과 집행기능을 한 기관에 귀속시키는 기관통합형 의회제와 각각 다른 기관에 분담시키는 기관분립형으로 나뉜다. 지방의회는 조례의 제정 및 개폐, 예산의 확정 및 결산의 승인, 기타 법령에 의한 사항을 결정하며, 이와 같은 의결권 이외에 주민을 대표하여 지방자치단체를 감시하고 통제하는 기능도 담당한다.

## 지방자치
## (local autonomy, kommunale Selbstverwaltung) 01

지방자치란 일정 지역에 거주하는 주민이 지역단체를 구성하여 지역공동사회의 정치와 행정을 그들의 의사와 책임아래 처리하는 것을 말한다. 지방자치의 개념을 주민자치와 단체자치로 구분하기도 하나, 지방자치에는 이 두 가지 개념이 혼재되어 있다. 영국과 미국에서 발달된 주민자치의 개념은 주민의 자치활동에 초점을 두어, 주민들이 조직한 지방단체에 의해 지역사회의 공적 문제를 스스로 결정하고 집행하는 것을 의미한다. 반면 프랑스와 독일 등 대륙법 계통의 국가에서 발전된 단체자치의 개념은 법인격으로서의 단체에 초점을 두어, 지역 사회의 공적 문제를 지역단체의 힘으로 중앙정부로부터 독립된 의사에 의해 처리하는 것을 의미한다.

## 지방자치 02

지방자치라 함은, 지방행정사무를 지방주민 자신의 책임에서 자기의 기관으로 처리케 하는 것을 말하며 주민자치와 단체자치의 두 유형이 있다. 전자는 주로 영국에서 발달한 제도로 주민 스스로의 의사에 의해 자신의 책임하에서 행하여지는 행정이며, 후자는 주로 독일 기타 유럽대륙에서 발달한 제도로 국가로부터 독립한 자치단체의 존립을 인정하고 될 수 있는 한, 국가행정기관의 관여를 물리치고 단체자신의 손에 의해 행하여지는 행정이다. 양자는 행정조직의 민주화에 중요한 일환으로 기능하는 것이므로, 진정한 자치행정이 되기 위해서는 단체자치의 요소뿐만 아니라 주민자치의 요소도 갖추지 않으면 안된다.

## 지방자치권

지방자치단체는 국가가 위임하거나 허용한 일정한 범위 내에서 자치권을 갖는다. 이러한 자치권에는 지방적 사무를 자율적으로 처리하는 자치행정권, 조례와 규칙을 제정하는 자치입법권, 자치조직권, 자치재정권, 인사권 등이 있다.

## 지방자치단체 01

지역공동사회의 정치와 행정을 중앙정부로부터 독립된 의사에 의해 처리하기 위해 일정 지역에 거주하는 주민들이 구성한 자치단체를 말한다. 우리 나라는 지방자치단체를 광역자치단체와 기초자치단체로 구분하고 있으며, 이러한 일반자치 단체 이외에 교육위원회 등 특별지방자치단체를 두고 있다. 광역자치단체로는 특별시와 광역시 및 도가 있으며, 기초자치단체로는 시 · 군 및 자치구(특별시 및 광역시의 구)가 있다.

## 지방자치단체 02

국가 아래서 국가 영토의 일부를 구성요소로 하고 그 구역 내의 주민을 법률이 정한 범위 안에서 지배할 수 있는 권한을 가진 단체. 자치 행정의 주체로서 국가로부터 행정권의 일부를 부여받은 공공단체의 전형적 존재이며 공법이다. 지방자치단체의 종류는 보통 지방자치단체와 특별지방자치단체(지방자치단체조합)로 대별할 수 있고 보통지방자치단체는 상급자치단체(도·서울특별시·광역시)와 하급지방자치단체(시·군)로 나뉜다. 지방자치단체는 헌법 117조에 따라 자치에 관한 규정을 제정할 수 있고 헌법 118조는 지방자치단체의 의회를 두도록 하고 있다.

## 지방재정교부금

국가가 지방자치단체의 행정운영에 필요한 재정을 지원하기 위해 지급하는 교부금. 지방교부금과 지방교육 재정교부금으로 나누어지는데 지방교부금은 내국세의 13.27%, 교육재정교부금은 내국세의 1.8%에 해당하는 금액을 지원한다. 지방교부금은 매년 기준재정수입이 기준재정수요에 미달하는 지방자치단체에 그 미달액을 기초로 지원되는 보통교부금과 특별한 재정수요가 있거나 재정수입의 감소가 있을 때 교부하는 특별교부금으로 구분된다. 교육재정교부금은 지방자치단체가 교육기관을 설치·운영하는데 필요한 재원을 국가가 지원하여 지역 간 교육의 균형발전을 도모하기 위한 것이다.

## 지배의 유형

M. Weber는 권위의 정당성을 기준으로 하여 지배의 유형(type of authority)을 전통적 지배(traditional authority), 카리스마적 지배(charismatic authority), 그리고 합법적 지배(1egal authority)로 구분하고, 이들 중 근대사회를 특징짓는 것은 합법적 지배이며, 이것이 관료제적 지배라고 하였다.

## 지성(intellect) 01

고차적인 추상적 개념적 수준의 조작 능력, 아리스토텔레스(Aristoteles)의 철학에서는 인간의 영혼을 동물의 영혼과 구별하는 특징으로서 "지성"을 들고 있다. 그는 수동적 지성과 능동적 지성을 구별하고, 전자는 개념을 획득하거나 소유하는 능력을 뜻하고, 후자는 개념을 판단의 과정에서 조합(組合) 혹은 연결하는 능력을 뜻한다고 하였다. 또 그는 능동적 지성은 영원불변하는 것이라고 하였다. 흔히 지성은 지적 능력이 교육이나 훈련에 의해 연마된 상태를 일컫는 말로도 사용된다. "지성인" 이라고 할 때의 "지성" 이 바로 그것이다.

## 지성(intellectus) 02

넓은 의미에서는, 감정, 의지 등에 대해 아는 능력을 뜻한다. 이 경우 대상과의 직접적인 접촉에서 생기는 감각은, 지성의 가장 기초적인 것을 나타내지만, 안다는 것은 완전한 형태로는 사고에까지 진전하지 않으면 안 되므로 감성에 주어진 재료를 가공하는 능력, 즉 사고력을 특히 지성이라고 부르는 일이 많다. 이것은 좁은 의미에서의 지성이며, 감성에 대립하는 개념이고, 넓은 의미에서의 이성과 거의 같은 의미이지만, 오성의 의미로 사용되는 경우도 있다.

## 지성화(intellectualization)

개인이 느낌이나 감정을 무시하고, 될 수 있는 한 객관적으로 문제와 갈등을 분석하게 하는 방어기제(defense mecha-nism)와 성격 경향을 말한다. 때때로 형식적이거나 지나치게 이성적인 태도를 보일 수 있다.

## 지속적 강화(continuous reinforcement)

행동수정(behavior modification)에서(자주 일어나지 않는 간헐적 강화(intermittent reinforcement)와 비교하여) 목표행동이 발생할 때마다 매번 강화되는 강화계획(schedule of reinforcement)을 말한다.

## 지속적 지지수속(sustaining procedures)

홀리스(Hollis. F)에 의해 유형화된 케이스활동 수속의 하나이다. 이것은 모든 케이스워크 활동에서 기본적이며 불가피한 것으로 경청, 수용의 전달, 재보증, 격려 등의 기법을 적절하게 사용함으로써 진행된다. 그러나 그 같은 기법이 필요한 경우는 케이스에 따라 상당한 차이가 있으며 동일 케이스에서도 변하기 때문에 신중하게 판단하고 선택할 필요가 있다.

## 지수(Index number) 01

어떤 현상에 대한 수준의 추이를 살피거나 또는 몇개의 현상에 대한 추이를 서로 대비하기 위해 직접 측정할 수 없는 수량의 변동을 기준시점의 값에 대한 상대값으로 나타낸 값을 말한다. 종합지수의 계산식으로는 라스파이레스산식, 파아쉐산식, 피셔산식 등이 있다.

## 지수(index) 02

경험적 관찰을 바탕으로 하여 개념적으로 표시하거나 측정한 수치, 지수는 숫자(배율 또는 가중된 평균치와 같이)로 표시되는 것이 보통이다. 하나의 항목을 중심으로 한 것을 단순지수(sample index)라고 하고 전자를 지표(indicator), 후자만을 지수라고 하는 경우도 있다. 또 일정한 기준시기를 100으로 하여 나타내는 지수(index number, 물가지수와 임금지수)를 의미하기도 한다.

## 지시적 상담(directive counseling)

카운슬러가 상담의 진행에서 일어나는 성장·발달·변

화를 통제하고 내담자에게 최선의 것이 무엇인가를 결정하는 책임을 지는 상담의 원리와 이론 또는 그러한 원리와 이론에 의해 이루어지고 있는 실제적인 상담. 이 상담에서는 환자의 이야기를 소극적으로 듣고 해석하는 것보다는 적극적으로 어떤 행동이나 상황에 개입하는 것이 특징이다. 공포증 환자에게 공포를 유발하게 하는 장면에 직면하도록 하거나, 마약 중독자에게 마약을 끊도록 하거나, 진로문제를 지니고 있는 사람에게 진로문제를 직접적으로 해결해 주는 것과 같이 문제를 직접적으로 직면하여 해결하게 하는 것이 특징이다. 이러한 지시적 상담은 윌리암슨(E.G. Williamson)의 상담이론에서 잘 정립되어 왔으며 정신치료의 영역에서는 단기치료·위기 개입·행동치료 등이 발전되어 왔다. 지시적 상담은 명백하고 객관적인 정보·지식·행동을 강조하며 문제의 분석·종합·진단·처방·해결을 외현된 사고·감정·행위 등에 중점을 두면서 하게 되기 때문에 상담과 정신치료의 과학화와 구체적 기법의 발전에 큰 기여를 하여 왔다. 특히 윌리암슨의 지시적 상담이론은 진로지도의 발전에 크나큰 기여를 하였고 행동수정과 단기 치료는 신경증을 포함한 여러 가지 부적응 행동의 치료에 객관적이고 효과적인 실제적 절차와 이론의 발전을 촉진하였다.

### 지시적 위임형(instructed delegates)

정책결정자들에 의해 목표가 수립되고 대체적인 방침이 정해진 뒤 나머지 부분은 집행자들에게 위임되는 관료의 역할유형을 말한다. 집행자들은 목표 달성을 위해 필요한 범위 내에서 행정적, 기술적, 협상적 권한을 충분히 소유한다. R. T. Nakamura와 F. Smallwood는 정책결정자와 집행자 사이의 관계를 고전적 기술자형, 지시적 위임형, 협상형, 재량적 실험형, 관료적 기업가형의 다섯 가지로 구분하였다.

### 지시적 치료(directive therapy)

사회사업가 또는 기타 정신건강 보호의 제공자가 더 효과적인 행위를 위한 방법과 처방에 관한 충고, 제안, 정보를 제공하는 상담의 한 접근방법이다.

### 지식(knowledge) 01

올바른 근거에 입각한 참 신념, 즉 감각경험이나 타당한 추리를 통해 대상을 명확하게 인식하고 있어서 의문에 의해 혼란되지 않는 마음의 상태를 말한다. 통속적으로는 이 상태를 언어로 표현한 진술을 뜻하기도 한다. 지식은 일종의 신념이므로, 역시 단속적인 의식상태이며, 따라서 성향의 일종으로 취급되기도 한다. 가령 "지구는 둥글다"는 것을 〈안다〉는 것은 그것을 끊임없이 의식하고 있다는 뜻이 아니라, 의식하려고 하면 언제나 동일하게 의식할 수 있다는 뜻이다. 지식에는 과학의 경우처럼 물질적 대상에 관한 지식(knowledge of things)과 논리나 수학의

경우처럼 비물질적 대상인 진리에 관한 지식(knowledge of truths)이 있다. 물질적 대상에 관한 지식은 감각경험을 통해 직접 경험함으로써 얻기도 하고, 그렇게 얻어진 것을 전제로 추리하여 얻기도 한다. 전자를 지각적 지식(knowledge by acquaintance), 후자를 서술적 지식(knowledge by description)이라고 한다. 직접 경험을 통해 대상을 아는 경우를 인식이라고 하며, 추리를 통해 간접적으로 대상을 아는 경우를 이해라고 한다.

### 지식 02

넓은 의미에서는 사물에 관한 명확한 의식을 가지는 것이다. 엄밀하게는 사물의 성질, 다른 것과의 관계 등에 관해 참된 판단을 가지는 것을 말한다. 지식을 인식과 구별하는 경우에는, 전자는 작용보다도 성과를 나타내고, 후자는 양쪽을 포함한다. 지식은 억견으로부터 구별되는 동시에, 단순한 감각이나 기억상 이상의 의미를 가지고 있으며, 이미 사고가 가해져 있는 것이다.

### 지식기반경제(knowledge — based economy)

OECD 정의에 의하면 지식기반경제란 지식의 창출과 확산, 활용에 근거한 경제를 말한다. 지식기반경제는 생산활동에서 기존 생산의 3요소 이외에 지식에 의존하는 비중이 높고 지식이 가장 중요한 의미를 지니는 경제, 사회구조를 의미하는 것이다. 참고로 MIT의 경제학자 Lester Thurow교수가 '월간 Atlantic' 6월 호에 '부(富)의 형성(Building Wealth)' 이라는 기고를 통해 제시한 지식기반경제의 8개 법칙을 소개하면 다음과 같다. '진정한 부는 단순한 절약으로는 불가능하며, 더 적은 노동력과 자본을 갖고 더 많은 것을 생산할 수 있는 능력이 가능할 때만 이뤄진다' (1법칙), '성공적인 기업들은 계속 현 기술을 해체하고 새 기술을 받아들여야 한다' (2법칙), "기술의 급진적 변화 외에도 사회적인 불균형 — 개발의 불균형도 성공의 기회를 제공한다" (3법칙), "globalization은 가격인하 바람을 초래하고 계속 생산단가가 싼 곳으로 생산시설을 옮기게 해, 인플레이션 환경보다 디플레이션 압력 하에서 자본주의를 운용하는 것이 더 어렵다" (4법칙), "창업가를 대체할 사회적 기구는 없다" (5법칙), '질서를 우선 순위에 놓는 사회는 결코 창조적일 수 없다' (6법칙), "성공적인 지식기반 경제를 이루려면, 교육과 하부구조, 연구개발에 대한 대규모 공공투자가 필요하다" (7법칙), "개인은 어떻게 경력을 쌓아가느냐 하는 미지(未知)의 최대 도전에 직면한다" (8법칙)

### 지식기초(knowledge base)

사회사업에서 집적된 정보와 과학적 발견, 가치와 기술의 총계 그리고 알려진 것을 습득하고 사용하고 평가하기 위한 방법론. 사회사업의 지식기초는 사회사업가 자신의 조사연구, 이론구축과 관련한 구조적 연구와 다른 사회사업

실습자들의 직접적이거나 보고된 경험으로부터 얻어진다. 또 상담자와 다른 훈련이나 직업 종사자들로부터 얻으며 대체로 사회의 일반적 지식으로부터 얻는다.

## 지식체계(knowledge system)
여러 개별적 지식들이 일관된 논리에 따라 조직됨으로써, 각 부분이 전체 또는 다른 부분과 관련하여 이해될 수 있도록 통일적 전체를 이루고 있는 것이다. 여기에서 임의적 기준에 따라 분류된 지식들의 단순 집합체는 제외된다. 학문 중에는 일관된 논리로 구성됨으로써 하나의 지식체계를 이루는 것도 있지만, 여러 지식체계들의 단순 집합체에 불과한 것도 있다.

## 지역개발(community development) 01
한 나라의 일부를 공간적 단위로 하는 개발을 말한다. 영국의 지역개발은 도시와 그 주변농촌을 하나의 공간적 단위로 보고 개발해야 한다는 도시 및 농촌계획(town and country planning)에서 출발하였으며, 미국에서는 광역권개발(metropolitan area development) 또는 주간(州間)개발의 개념으로 파악되고 있다.

## 지역개발 02
지역의 가능성, 즉 잠재해 있는 가능성을 개척한다고 하는 의미가 있다. 국가수준인 경제개발중심의 대규모개발의 경험을 갖고 있지 않은 국가에서는 지역개발이 외부로부터 투입해 부채의 의미를 갖고 있었다. 개발은 지역사정에 따라 다르지만 산업, 문화, 생활복지의 어느 것을 취함에 있어서도 다른 것과 연관해 총체적관점에서 구해지고 있다. 지역격차(differences related to geographic location) 일국 내부의 지역 간에 보여지는 소득수준, 소비수준, 생활수준, 경제 발전율, 지방재정력, 복지수준 등의 각종 격차를 가리킨다. 자본주의적 경제발전에 내재하는 농·공간 격차, 자본의 집적, 집중 등이 지역적인 현상으로 파악된다.

## 지역공동사회개발(community social development)
종래의 지역개발이 국가정책적인 경제개발지향성을 강하게 나타낸 것에 대해 이것은 지역수준에서 보건위생. 주택. 노동 또는 고용문제와 교육. 사회보장 등에 관한 사회적 서비스의 전개를 도모하여 균형적 발전을 이룩하고자 함이다. 지역공동사회개발은 유엔 등의 후진국 원조에 따른 경제개발과 균형이 맞는 사회개발 및 경제개발의 기반정비로서의 사회개발이라는 함축된 의미가 있다.

## 지역보건의료계획
보건 및 의료를 지역과 밀착시켜 인적자원과 물적 자원을 유기적으로 결부함으로써 보건과 의료의 유기적 연계를 실현하고, 지역에서의 인식의 구체화를 도모하고자 지역

보건의료계획이 실시되게 되었다. 그것은 보건의료자원을 어떤 방법으로 배분하는가를 포함하는 포괄의료이기 때문에 보건소, 병원은 물론 의사회, 지자체의 관계자나 주민 조직이 일체로 하여 책정. 실시해 가는 것이다. 지역보건의료계획을 수립함에 따라 의료시설의 난립이나 의료시설에 둔 의료기구의 중복투자를 피하는 것도 기대할 수 있다.

## 지역보험
(insurance covering a total community, community based insurance)
사회보험 중 고용관계에 있는 피용자 이외의 지역에 있는 일반주민을 대상으로 한 보험. 직장보험 및 피용자보험과 달리 가구주 또는 직업 활동에 종사하는 자만을 피보험자로 하는 것만이 아닌 가구원 전부를 피보험자로 하는 것을 말한다.

## 지역보호(community care)
지역보호의 기원은 영국에서 전문기능을 갖는 병원과 환자가 발생하자 환자와 그가 복귀하는 지역사회와의 관계 및 환자들 상호관계를 보호하고 원조한다는 기본자세를 추구한 것이었다. 이로 인해 1950년대부터 정신병자 및 정신지체자에 대한 시설수용보호로 부터 지역의 보호와 정신위생서비스의 정책전환이 도모되었다. 이것이 '지역에 근거한 가족본위의 서비스'를 강조한 1968년의 See－bohm 보고에 의해 널리 복지정책의 개념으로서 확대되어 나갔다. 지역보호를 지역사회에 있어서 거택의 대상자에 대해 그 지역에 있는 사회복지기관과 시설이 사회복지에 관심을 가지는 지역주민의 참가를 얻어서 서비스를 제공하는 사회복지의 방법이라고 정의한 것 외에도 '사회복지대상을 수용시설의 보호만이 아니라 지역사회, 즉 거택에서 보호를 하고 그 대상자의 능력을 보다 더 유리하게 발전시키는 것을 도모하려는 것이다' 라고 정의하기도 한다.

## 지역복지(community welfare)
용어는 1950년대부터 쓰였으나 지역사회를 구조적으로 파악하고 지역사회사업, 지역사회서비스, 지역사회보호 등과 관련된 포괄적 개념으로서 의식적으로 사용된 것은 1970년대 후반부터이다. 오늘날 지역복지는 사회변동에 의해 생겨난 지역주민의 생활상의 고난의 해결에 대해 행정서비스에만 의존하지 않고 주민운동 등을 벌림으로서 주민이 주체적으로 욕구를 해결한다는 개념으로 등장한 용어이다. 그 거점이 되는 기관은 사회복지협의회, 공동모금회, 사회복지시설 등이다. 지역복지는 이것을 거점으로 한 다양한 활동과 지역주민의 자주 활동을 배경으로 각각의 기관 등의 역할분담을 명확히 하고 복지 네트워크를 조직화하여 지역의 복지를 높이는 공사협동의 실천체

계라 생각된다.

### 지역복지계획(community welfare planning)
지역사회의 욕구파악에 근거해 사회복지문제가 지역사회에 제시되어 지역사회수준에서 사회복지욕구의 충족을 도모하는 것을 목적으로 한다. 이 경우 지역복지의 특성에 비추어 행정기관만이 아닌 지역주민, 볼런티어, 지역의 사회복지시설, 사회복지협의회 당사자단체 등 공사의 제 단체가 계획화에 관여하는 것이 지역복지계획의 요건이 된다. 해당 자치제는 지역사회의 복지수준을 유지·향상시키는 것을 목적으로 시설과 재가서비스의 실시계획을 추진함과 동시에 복지공급의 다양성을 위해 민간을 포함한 서비스제공조직의 활동을 원활화하기 위한 자원의 조달, 정비를 포함한 행정계획으로서 지역복지계획을 수립할 필요가 있다.

### 지역복지센터
지역복지를 추진하기 위한 활동거점으로서 복지니드 충족의 상담, 홍보활동, 주민참가에 의한 교육, 학습활동, 레크리에이션, 복지활동 등을 전개하는 지역센터로서의 성격을 가지고 있다. 각 시, 군, 읍, 면에 지역복지센터를 1개 이상 설치하여, 전문직원을 배치 함으로서 주민의 지역조직활동을 측면에서 원조하는 기능을 갖도록 하는 것이 요청된다.

### 지역복지시설
지역복지시설에는 전통적인 세틀먼트(settlement), 인보관, 커뮤니티 센터(Community Center)등과 시, 군, 읍, 면 설치의 지역복지센터와 같이 지역복지를 종합적으로 추진하는 시설이나 노인복지센터, 장애자복지센터, 모자복지센터와 같이 전문별, 기능별의 시설이 있다. 이들 시설은 지역의 복지센터임과 동시에 커뮤니티를 형성하는 핵으로서 레크리에이션, 사회교육활동센터, 지역보호의 추진장 또는 사회복지협의회의 활동지점으로서 기능을 하는 것이 기대된다. 지역주민의 자주적 활동 전개에는 그 지점 확보가 불가결하고, 지역의 실정에 따라 탄력적인 활동내용을 채용하는 것이 필요하다. 지역복지를 추진하기 위해서는 소지역마다 복지센터를 분산·설치하고 그 운영에 주민참가와 협력을 얻어 것과 전문직원을 배치하여 주민의 복지활동을 측면에서 원조해 가는 역할을 다하도록 하는 것이 바람직하다.

### 지역분석
지역간의 발전과 개발정도에 관한 비교연구 및 국민경제에 있어서 그 지역의 장래의 역할에 대한 분석을 말한다. 지역분석에는 지역적 생산물의 동향과 지역적 자원의 부족에 관한 자료가 필요한데, 이 자료들의 대부분은 불충분하기 때문에 지역경제에 관한 총괄적 정보는 얻기 곤란

하 다. 그러나 개인소득, 인구, 고용, 공업생산 등의 지역적 자료 중에는 입수할 수 있는 것도 있다.

### 지역사회(community)
거대도시화의 현 단계에서 도시와 농촌을 포함한 전체사회의 체계로 규정한 매크로(macro)규정과 주민의 생활과정에 착안해 지역성과 공동성을 계기로 생활관련 시스템으로 규정하는 마이크로(micro)개념이 있다. 사회복지분야에서는 마이크로 상정이 유력하다. 생활관련체계를 지역사회의 용어로 대치하는 경우도 있으나 여기서의 지역사회는 인간이 일정한 지역에서 출생하여 지역사람들과 일상생활을 영위해 나가며 지역적 통일을 이루고 있는 사회를 말한다. 그 구성요소는 개인 또는 가족의 생활구조, 생활전면의 향상을 기하려는 원리이며, 지역사회의 특징은 성원들의 모든 생활이 자족성을 가지고 일상적인 면에 상호 긴밀한 관계를 맺어 협력한 결과 공통의 관습, 전통, 가치관이 생겨 성원각자의 공동감정을 가짐으로서 타 집단과 지역적, 문화적, 사회적으로 구별되는 공동생활의 한 영역이라는 것이다.

### 지역사회개발(community development) 01
이것은 원래 1942년에 영국의 신흥독립국 원조의 방법으로 시작되어, 제2차 대전 후에 국제연합의 저개발국 혹은 개발도상국의 국제원조활동의 한 방법으로 발전했다. 그 뒤 이 방법은 선진국가에서도 적용될 수 있다해서 일부에서는 지역사회조직에 대신해서 쓰이기도 한다. 지역사회개발의 시도는 비교적 새롭기도 해서 국제연합 기타의 국제적 기관에서도 여러 번 국제회의를 갖고 개념 및 방법에 관한 정립화에 노력하고 있으나 아직까지 통일된 개념을 내리지 못하고 있다. 일반적으로는 지역주민의 주도에 따라 지역사회의 경제적, 사회적, 문화적 상태의 개선을 시도하는 것이며 특히 주민의 자각과 노력에 의해 지역사회의 의도적 개혁을 도모하는 것이라 하겠다.

### 지역사회개발 02
지역사회의 인적·물적 자원을 발굴·파악·개발하여 그 주민 개개인 또는 전체집단이 골고루 보다 높은 수준에서 행복한 생활을 누리고, 그 지역사회가 그 주민들의 경제·사회·문화 활동의 공동체적 기본단위가 되도록 만드는 과정. 이는 농업과 생활개선에 역점을 두고 농민들의 학습과정을 제시하는 농촌지도보다 종합적이며, 각종 개발활동 간의 협동, 조정의 과정을 강조한다. 또 미국과 같은 개발된 국가에서는 지역의 통합과 재편성을 강조하여 지역사회 조직이란 용어를 많이 쓰고, 이와 구분하여 지역사회의 개발은 보다 후진된 지역의 개발을 강조하는 의미로 쓰인다. 따라서 세계적으로 후진된 지역으로서의 농촌에 많은 비중을 두는 것이 사실이며 일정한 지역단위에서 정부나 다른 외부의 지원이 있든 없든 간에 그

지역주민들의 공동 및 협동적 노력이 주축이 된다.

## 지역사회결정망(Community Decision Network)

지역사회에서 받아들여지게 되는 행동과정을 결정하는데 있어서 공식적 또는 비공식적 힘을 갖고 있는 개인 또는 핵심조직의 집합군이다. 이 결정망은 정치적 지도자, 합법적 기구들, 산업지도자, 종교집단 시민 연합체 등이 포함되어 있다. 그것의 구성은 구체적 목표 또는 지역사회에 의존하고 있으며 다양하다.

## 지역사회계획(community planning)

지역사회에 존재하는 욕구를 발견하여 그 해결을 목적으로 계획을 수립하는 것을 말한다. 계획의 내용은 목표설정의 전제가 되는 사회적 욕구의 파악, 목표의 설정, 그것이 요하는 기간, 각종 사회자원의 활용방법, 구체적인 실시계획과 재정계획의 입안 등이다. 계획단계에서는 각종 관계기관 대표자, 주민 대표자가 참가하여 합동계획방식에 의한 종합계획의 책정이 바람직하다. 계획의 효과적 실현을 도모하기 위해서는 주민의 소리를 반영하는 체계로서 심의회, 의회 등이 필요하다. 또 계획 작성으로부터 실시, 평가의 전 과정에 이르기까지 욕구의 변화에 따라 계획의 변경이 가능한 유연성을 가지는 것이 요구된다.

## 지역사회관계(community relations)

지역사회의 접근방법 중 하나이며 지역사회 내에서는 단체. 기관 등이 그 지역사회에 참가, 협력하는 활동을 말한다. M. 로스(Ross)에 의하면 그 형태에는 ①기관의 활동에 대한 이해를 구하는 홍보 ②기관의 서비스를 지역주민에 제공하는 지역사회서비스 ③지역사회의 제 활동에 대표를 파견하는 지역참가 등이 있다. 가령 시설의 사회화를 예로 들면, 시설입소자의 지역사회관계를 유지하는 활동, 시설운영에 대한 주민참가의 활동 등이 그것이다.

## 지역사회교육(community education)

일정한 지역 내에서 지역의 제반 자원을 최대한으로 활용하여 실시하는 지역주민에 대한 집단적인 사회교육, 즉 지역사회의 생활, 문화, 자원, 요구, 활동 등 지역사회의 제 자원에 기초를 두고 이에 적용하는 지역사회 주민의 집단적인 사회교육과정이다. 교육과정은 지역사회 생활의 중요한 문제나 과정을 중핵으로 하여 이를 계획 운영하고, 학습활동 있어서는 지역사회의 인적, 물적 자원을 최대한으로 이용한다. 미국에서 지역사회교육은 지역사회학교보다는 뒤늦게 활성화되었는데, 1942년 메사추세츠(Massachusettes) 법에서 그 유래를 찾을 수 있다. 그 주 내용은 지역사회학교와 내용이 지역사회나 지역사회의 전통을 뒷받침하도록 계획되어야 한다는 것이다. 지역사회교육의 목적은 ①지역사회의 프로그램을 개발하는 것, ②학교와 지역사회와의 관계를 증진시키는 것, ③지역사회의 자원을 조사하고 자원을 조화롭게 이용하는 것, ④사회와 정부기관사이의 보다 나은 관계를 유발시키는 것, ⑤지역사회 문제를 정의하고 지역사회의 요구를 찾아내는 것. ⑥지역사회가 스스로 추진력을 가질 수 있도록 과정을 개발하는 것 등이다. 지역사회교육의 과정에는 교육은 교육아 존재하는 지역의 지역적 특성에 영향을 줄 것이라는 전제가 들어 있다. 성공적인 지역사회교육 프로그램이 되려면 지역사회의 독특한 특성을 반영해야 하고 대부분의 지역사회주민의 요구에 부응해야 한다. 이것은 지역사회학교와 지역사회학교의 프로그램에 영향을 주는 의사결정과정에 지역사회주민이 포함되어야 한다는 것을 의미한다. 지역사회교육의 교육관에 의하면 학습은 지속적이며, 평생에 걸친 경험과 평생에 걸친 필요이다. 이것은 지역사회교육과정이 태어나자마자 가정에서 시작하고 지역사회학교에서 계속되며, 교육적 지역사회(educative community)에서 이루어진다는 의미이다. 교육적 지역사회 또는 학습사회에서는 전체 지역사회가 교사로서 지역사회주민의 계속적인 교육에 영향을 미친다. 즉 지역사회가 하나의 학교로서 지역사회주민에게 작용한다는 것이다. 우리나라에서는 아직 지역사회교육이 학문적으로 자리잡지 못하고 있으나 부분적으로 실시되고 있고 지방자치시대를 맞이하여 그 필요성도 점차로 인정되어 가는 추세이다.

## 지역사회보호(community care)

영국에서는 전문기능이 있는 병원과, 환자가 발생해 복귀하는 지역 사회와의 관계, 그리고 환자상호간의 관계와, 그 보호의 자세에 대한 문제제기로부터 시작되어, 1950년대부터 정신질환자와 정신지체자에 대한 시설수용보호에서 지역사회내의 보호로 정신위생서비스의 정책 전환이 시도되었다. 이것은 또 '지역에 뿌리를 둔 가족본위의 서비스'를 강조한 1968년의 시범보고에 의해 넓게 복지정책의 개념으로 퍼져나갔다. 그러나 개념으로서의 지역사회보호는 통일되지 못하였고 다음의 세 가지 주장으로 나뉘어져 있었다. ①주민의 연대성과 공동성에 뒷받침된 지역사회를 형성하고 사회복지추진의 주요한 역할을 수행하게 할 것이다. ②복지욕구의 다양화에 대응하려는 새로운 의미에서의 재가복지서비스를 지칭한다. ③지역사회에서 관련 제 기관, 시설의 유기적 연계를 도모하여 유효적절한 복지서비스를 확보한다. 이 세 가지 주장은 모두 지역사회의 복지기능, 주민참가, 행정의 책임과 한계, 시설의 역할변화, 공사의 책임분담의 중요성 등에 착안해 지역복지의 전개에 길을 열었다.

## 지역사회복지(community welfare) 01

매우 포괄적인 개념으로 전문 혹은 비전문인력이 지역사회수준에 개입하여 지역사회조직에 존재하는 각종 제도에 영향을 주고 지역사회의 문제를 예방하고 해결하고자 하는 일체의 사회적 노력을 의미한다. 지역사회복지는 개인적인 복지나 가정복지보다 넓은 차원의 개념이며 아동복지, 청소년복지, 장애인복지, 노인복지 등과 같은 대상층 중심의 복지활동보다는 지역성이 뚜렷하다는데 지역사회 조직과 차이점을 보인다. 그러나 개인, 가정, 집단 등의 낮은 수준의 사회체계의 복지와 대립적인 위치에 있는 것이 아니라 사회복지라는 일련속선상의 다른 극에 위치하여 상호보완적인 관계를 유지하게 된다.

## 지역사회복지 02

전문 혹은 비전문인력이 지역사회 수준에 개입하여 지역사회조직에 존재하는 각종 제도에 영향을 주고 지역사회의 문제를 예방하고 해결하고자 하는 일체의 사회적 노력을 의미. 지역사회복지는 개인적인 복지나 가정복지보다 넓은 차원의 개념이며 아동복지, 청소년복지, 장애인복지, 노인복지 등과 같은 대상층 중심의 복지활동보다는 지역성이 뚜렷하다는데 지역사회 조직과는 차이가 있다.

## 지역사회사업(community work)

1960년대부터 영국에서 급속하게 대두된 활동으로 사회운동의 한 형태라고 주장하는 설도 있으나 일반적으로는 사회사업의 영역에 속하는 방법으로 생각되고 있다. 영국에서의 지역사회조직의 개념과 동의어라기보다는 1950년대부터 전개되어 지역사회조직을 계승, 발전시켜온 개념이다. 1968년에 결성된 지역사회사업가협회가 편집한 지역 사회사업과 영국 전국사회복지협의회가 출판한 동명의 책이 간행된 이래 지역사회사업에 관한 논의가 활발해졌다. 그 개념을 규정하면 지역사회의 자기결정을 촉구하고, 그 실현에 따른 자치의 달성을 원조하기 위해 지역사회사업가의 전문적 참가를 얻어 욕구와 제자원의 조정을 도모함과 동시에 행정에 대한 주민참가를 강화하고 지역사회의 민주화를 조직하는 방법이라 하겠다. 지역사회행동의 입장에서 보면 지역사회사업은 기존의 권력구조 속에 들어와 복지정책을 실시하여 지역사회를 규제하는 역할을 하기 때문에 자기결정에는 한계가 있다고 비판받고 있다.

## 지역사회사업가(community worker)

지역사회조직의 과정에서 실질적인 추진력이 되는 것은 주민의 자주적인 노력이지만 그 자주성을 측면에서 원조하는 전문적인 원조자를 지역사회사업가라 한다. 미국의 이론가 M. 로스는 ①안내자로서의 역할 ②지원자(지지자)로서의 역할 ③기술전문가로서의 역할 ④치료전문가로서의 역할을 제시하고 있다. 특히 ①과 ③의 역할이 비교적 중시되며 지역사회사업가가 안내자가 되기 위해서는 반드시 전문가가 되어야 하므로 '지역사회가 자신이 변화되어 가려는 방향으로 효과적으로 갈 수 있도록 원조하는 전문직업인'이라고도 말한다.

## 지역사회센터(community center)

광의로는 지역사회에서 주민의 복지를 높이는 시설을 말하며 인보관, 공민관, 복지센터 등을 총칭한다. 전문용어로서는 1910년대에 미국의 그룹워크를 중심으로 한 시설과 전후 영국의 지역주민조직의 지역 활동을 의미한다. 역사적으로는 세틀먼트의 흐름을 따라 전문적인 기능과 주민참가를 요소로 하는 지역시설로 발전했다.

## 지역사회 의사결정 조직망
(community decision network)

지역사회가 취할 행동을 결정할 수 있는 공식적·비공식적 권력을 지닌 주요 기관과 개인들의 결합체. 의사결정 조직망에는 정치지도자, 법적기관, 산업지도자, 종교집단 시민단체 등이 있다. 이것의 구성은 특별한 이슈나 지역사회에 따라 다양하다.

## 지역사회의학

의료인과 주민의 공동노력으로서 지역사회 주민의 건강을 효율적·체계적으로 증진시키고자 하는 의료실천의 방법론. 근대의학은 인간의 생물학적 측면만을 편중적으로 취급해 왔다. 또 의학의 세분화·초(超)전문화가 진행됨에 따라 인간을 포괄적으로 파악할 능력을 잃고 있을 뿐만 아니라 급속한 의료수가의 양등을 초래, 의료자원 배분의 극심한 불균등현상을 가져왔다. 이러한 근대의학에 대한 비판의식에서 '모든 사람에게 의료를(healthcare for all)'이라는 목표를 내걸고 1950 − 60년대에 '지역사회의학'이 태동했다.

## 지역사회 자조(community self − help)

지역사회의 의사결정, 서비스계획, 전문가 및 기관책임자와의 업무조정에 자원봉사자 및 일반시민들을 참여시키는 과정. 이것은 연방, 주, 지방기관으로부터 책임과 통제를 개인 및 지역사회집단으로 분산시킨다.

## 지역사회 조직(community organization)

공통된 관심을 갖고 있거나 같은 지역에 살고 있는 개인과 집단이 사회문제를 처리하거나 계획된 집단행위로서 사회적 안녕을 향상시키려 할 때 사회사업가들이나 다른 전문가들이 사용하는 개입과정. 이를 위한 방법에는 문제지역 확인, 원인분석, 계획 공식화, 전략 개발, 필요한 자원 동원, 지역사회 지도자의 선발, 이들의 상호관계를 격려하는 것 등이 포함된다.

## 지역사회접근방법(community approach)

보건위생이나 사회복지의 문제해결을 위해 지역사회에 작용하는 과정의 총칭이다. 환언하면 지역사회수준의 문제해결방안이며 지역사회조직을 포함한 넓은 사고에 입각하고 있다. 이 작용에는 문제발견, 지구논단 대책수립,

실시, 평가의 다섯 단계를 포함하나 문제해결에 있어서는 주민이 중심이 되어야 한다. 지역사회수준의 문제해결에는 한계가 있으며 한편에서는 보다 넓은 대중접근을 요한다.

## 지역사회 정신의학(community psychiatry)

지역사회정신의학은 종래의 병원정신의학에서 탈피하여 지역사회와 밀접한 유기적 관계를 가진 일체의 진료, 예방, 교육 등을 강조하는 것이기 때문에 다분히 사회적 성격을 띠고 있다. 즉 ①지역사회를 기초로 하는 정신병원 ②단기입원 ③만성적인 입원환자를 재활시켜 지역사회로 돌려보내고 ④지역사회의 여러 보건기구의 통합 ⑤학교, 경찰, 기업 등에 카운슬링 및 서비스 ⑥정신 장애인을 지역사회에 적응시키기 위한 대책의 개발 ⑦지역사회정신 위생대책의 재조직과 운영 ⑧외래진료소, 주간병원(day hospital), 야간병원, 가족방문 등 지역사회정신병원에 대한 보조적 서비스의 개발과 치료계획의 보조적 직원의 참가와 활동을 망라한 것이다. 이것은 폐쇄적이고 격리적 방향에서(입원치료중심) 지역사회 중심의 개방적 치료체제로 전환을 의미한다.

## 지역사회조직(community organization : CO)

CO는 케이스워크나 그룹워크와 함께 기본적인 사회사업 방법의 하나이다. CO는 지역사회를 단위로 해서 발생하는 사회적 제 문제=지역 사회에서 주민들의 공통적인 생활요소, 생활고 난을 지역사회 스스로가 조직적으로 해결하게끔 전문가인 지역사회사업가가 측면적으로 원조하는 기술과정이며 거기서 중심적인 기술적 요소는 조직적인 문제해결을 위해 그들의 요구와 제 자원의 효과적인 조정이나, 주민과 집단 간의 자주적인 협력. 협동의 태세를 확립하는 것 등에 있다. 미국의 CO의 역사를 보면 자선조직협회나 사회복지시설협의회의 활동에서 보듯이 자선구제사업이나 시설의 연락조정의 기술로 출발했다. CO는 1939년의 레인위원회보고에 의해 처음으로 전문적 체계를 정비하고 지역사회의 욕구에 대상을 확대함과 동시에 제2차 대전 후의 도시화에 의한 전통적 지역사회의 급속한 붕괴에 대응해서 인터 그룹워크이론이나 조직화의 과정 .합의기술을 중시해 지역사회의 전체적 조화. 민주적 재조직화를 지향하는 M.로스의 이론으로 일반적 지역사회의 조직화기술로 체계를 확립했다.

## 지역사회조직가(community organizer)

사회복지의 전문방법의 하나인 지역사회조직을 구사 전개하는 전문가이다. 지역복지추진의 열의, 지역주민에 대한 깊은 신뢰를 기본으로 해서 지역복지에 관한 과학적지식과 그 조직적 전개를 원조하는 기술을 필요로 한다. 후자에서는 특히 조사, 홍보, 집단검토, 연락조정, 자원의 동원개발, 집중적 운동방법 등이 중요시 된다.

## 지역사회조직의 실천모델 (community organization model)

사회제도의 발전과 변화에 관심을 기울이며, 문제확인, 원인진단 해결책 수립 등과 주민의 조직 및 행동을 끌어내는데 필요한 전략의 고안 등 조직을 꾀하는 활동으로서, 미국에서나 다른 나라에서도 도시나 농촌을 막론하고 의도적이며 목적적인 지역사회의 변화에 최소한 세 가지 접근법이 있다고 본다. 지역사회조직의 세 가지 모델은 지역사회개발(local development), 사회계획(social planning), 사회행동(social action) 등이다.

## 지역사회중심 재활사업(CBR)

CBR은 community based rehabilitation의 약자로 지역사회중심 재활사업을 의미한다1960년대 말 아일랜드의 재활계획 회의에서 처음 거론된 CBR 사업은 1970년 WHO에서 본 사업을 권장하게 되었고, 우리나라는 전국의 장애인종합복지관에서 1992년부터 동시에 실시되었다

## 지역사회진단(community diagnosis)

지역사회문제의 해결을 위한 공동계획의 책정에 앞서서 행해지는 지역의 사회진단이다. 주민의 자립적 조직화를 중시하는 지역사회조직에서는 진단의 과정에 ①대상지역의 주요한 주민조직과 전체적인 지역의 개요를 파악하는 과정 ②지역사회문제의 종류와 그 발생을 촉진하는 사회적 조건을 파악하는 과정 ③문제에 대한 주민의식의 정도, 문제에 내포된 여러 가지 사실 등 문제해결에 직접 유용한 요인을 파악하는 과정이 포함된다.

## 지역사회포럼(community forum)

지역복지의 전개과정에서 지역전체활동을 촉진하기 위해서는 주민집회를 의식적 · 계속적으로 개최하는 것이 필요하다. 지역사회. 포럼은 지역조직활동을 활성화하기 위한 주민집회에서의 토의활동을 의미한다. 이에 의해 문제발견, 계획화, 실천, 평가의 단계가 주체적으로 진행된다. 토의는 지역조직활동의 중심이므로 조직화의 진전에 따라 단계적으로 실시된다.

## 지역사회해체(community disorganization)

공업화. 도시화 등의 진행으로 지역사회의 통합(지역성과 공동성)이 붕괴함으로써 지역주민의 지역복지 공통목표에 대한 무관심, 지역활 동의 참가결여 등을 초래해 각종 병리현상을 일으키는 사태를 가리킨다. 버제스는 도시성장을 나타내는 동심원지대이론에서 중심원에 잇따른 제2의원 외측부분을 천이지대라고 부르고, 그 지역에 병리적인 해체가 집중된다고 했다.

## 지역실습 배치(block placement)

사회사업 교육에서 현장실습(field placement)을 위한 전

통적인 양식에 대한 대안. 전통적인 모델에서 학생들은 매우 정해진 요일에 교실경험(수업)을 대신하여 사회기관의 업무를 본다. 지역실습에 배치된 학생들은 단지 몇 달 동안만 학교에 가고 나머지 기간에는 전문가의 감독 하에 사업기관에서 실제적인 전임업무를 본다. 지역실습 배치를 받는 동안 기관에서 소비하는 시간의 양은 전통적인 접근에서와 같다.

### 지역의료(community health care)
일반적으로 특정 지역에서 주민의 건강상태의 향상과 회복을 위한 제 활동이나 대책을 지역의료라 한다. 이 경우 의료는 건강증진이나 예방도 포함하는 넓은 개념이며 치료만을 중심으로 하는 의료와는 다르다. 그러나 실제로는 광의의 공중위생과 같은 의미로 사용하거나 보건위생의 유사개념으로 쓰이는 경우도 있어 이 용어의 사용이나 정의에는 주의하지 않으면 안된다. 미국에서는 일반적인 의미 외에도 입원의료 및 보건의료 전반을 의미하는 경우도 있고 유럽 등에 서는 그 지역의 자원에 의한 지역을 위한 보건사업을 말하는 경우도 있다.

### 지역의료계획(regional medical plan)
일반적으로 일정지역의 보건의료상의 목표나 정책을 합목적적으로 달성하기 위해 책정되는 계획을 말한다. 오늘날 지역의료계획에 대한 관심이 높아졌는데 이는 의료법의 개정에 따라 지방의 책정이 의무화되었기 때문이다. 이 계획의 골자는 시·도 내의 광역지방단위의 집단의료권으로 분류해, 권내의 인구나 연령구성, 환자의 발생상황, 교통사정 등으로부터 〈필요병상수〉를 책정해, 지역병원의 신규개설이나 침재, 증설에 대해 지사가 지도나 권고로 규제하고 있다는 것이다.

### 지역정보 보건활동(community mental health service)
넓은 의미로는 지역을 중심으로 한 일반주민의 정신적 건강의 보유, 증진을 말하며 좁은 의미로는 정신장애인의 예방, 의료, 보호, 재활활동을 말한다. 후자, 특히 재가 정신장애인에 대해 정신보건법이 여러 차례 개정됨에 따라 정신위생상담원, 정신위생센터의 활동이나 통원공비부담제도, 정신장애인의 생활훈련이나 일자리를 부여하는 사회복귀시설 등이 있다. 이와 동시에 전국정신장애인 가족연합회나 지역정신의학 사회사업가의 활동도 전개되고 있지만 아직 체계화 부족으로 미흡하다.

### 지역정보지
지역발행의 지역생활정보지를 말한다. 오늘날에는 각지에서 많이 간행되고 있다. 매스컴 등 기존 문화로부터 경시되고 있지만 젊은이가 만들고 젊은이가 참여하는 유니크한 것이 많다. 그밖에 지역상점가를 스폰서로 한 것도 점차 증가되고 있다. 과거의 일들을 취급하기보다 앞으로

의 행사나 예고를 취급하는 경향이 보여 미래성 정보지로 자리를 잡아가고 있다.

### 지역정보화
지역발전을 위하여 특정 지역을 중심으로 정보시스템을 구축하여 활용하도록 하는 것을 말한다. 지역정보화는 지역에서 발생된 고유정보를 자체적으로 가공해서 공유하고 지역의 주요 시스템을 정보화로 통합함으로써, 정보화를 통해 지역의 발전을 꾀한다는 것을 의미한다.

### 지역조사(community study)
사회문제의 해결이라는 실천적 접근의 특색을 가진 사회조사는 노동자의 생활내용에 주목한 가계조사, 빈곤자(층)의 생활실태를 지역사회의 넓은 범위에서 파악하려는 지역조사의 두 개 분류로 나뉜다. 과학적인 지역빈곤조사의 선구가 된 19세기말 C. 부스의 런던조사나 B. S 라운트리의 요크조사는 정책적으로 큰 영향을 주었다. 조사방법 상에서도 이와 같은 지역조사의 계보는 오늘날에도 중요한 의의를 가지고 있다.

### 지연성(community bond)
지역사회 주민이와 같은 지역적 범위 안에서 그들의 생활이 하나의 생활공동체에 속한 상태에서 연대의식을 생기게 하고 주민간의 상호관계가 빈번하여 공통된 생활경험을 갖게 하며 공동가치와 제도로 형성케 하는 기초로서 지역사회 형성에 기초적 요소인 지역적 범위를 말한다.

### 지원고용(supported employment)
미국의 1984년 발달장애법(developmental disabilities act of 1984)에 의해 채택된 정신 지체, 학습장애, 자폐증, 뇌성마비 등 발달장애인들을 위한 고용제도로 정상화(normal － action)의 정신을 바탕으로 하고 있다. 지원고용의 필요성은 발달장애인들을 위한 최선의 직업재활 서비스로 인식되어 왔던 기존의 보호작업장은 장애인들이 비장애인과 분리된 특정의 장소에서 극히 단순한 작업에 종사하도록 되어 있기 때문에, 그러한 차별적이고 분리된 환경은 장애인들에게 문화적으로 정상적인 기회를 제공하지 못할 뿐만 아니라 일탈된 행동도 관대히 넘어가고, 따라서 그들이 지역사회의 직업 환경에 수용될 수 있는 수준으로 기능할 수 있는 가능성이 점차로 감소되는 문제점이 지적되면서 부각되었다. 지원 고용의 전제 조건은 다음과 같다. ①실제의 작업(real work)에 고용되어야 한다. ②그러한 고용은 정규적이고 통합된 작업환경(regular and integrated work setting)에서 이루어져야 한다. ③지속적인 지원이 있어야 하며 그러한 지원을 지속시키는데 필수적인 것이어야 한다. ④고용의 상태를 유지하기 위해서는 지속적인 지원을 필요로 하는 중증의 장애인을 대상으로 한다. 지원 고용의 대표적인 유형으로는,

직업코치(job coach)가 장애인과 1 : 1로 한 조를 이루어 직무를 수행하게 하는 개별화 배치모델(individual placement model), 4명에서 5명의 장애인을 집단으로 동일 직무에 배치하고 해당 업체의 직원에 의해 특별한 지도를 받게 하는 기업 내 집단고용모델(the enclave model), 4명에서 5명의 장애인과 직업 코치가 한 조를 이루어 요청이 있는 업체로 이동하면서 작업을 수행하는 이동 작업자 모델(mobile crew model), 먼저 일정 기간 동안 현장 외의 장소에서 특정의 작업에 관해 집단으로 훈련을 받고, 다음 단계로 개별화 배치 모델과 같이 직업현장에 직업 코치에 의해 지원을 받는 고용 훈련 모델(employment training model) 등이 있다.

## 지원체계(support system)

개인들에게 정서적·정보적·물질적·애정적 지지를 제공하는 사람들, 자원들 그리고 단체들의 상호관련 집단을 말한다. 지원체계의 성원들에는 욕구가 있을 때 원조를 요청할 수 있는 개인들의 친구, 가족성원, 동료집단의 주요 성원들, 동료 직원들, 회원 조직과 기관 등이 포함될 수 있다. 정식으로 직접 계약을 맺은 소수의 개인들로 구성된 지원체계는 지원집단(support groups)이라 불리기도 한다.

## 지위(status) 01

사회적 체제 속에서 특정 구성원이 차지하는 위치의 비교적 가치(relative worth)를 말한다. 지위는 계층화된 지위체제 내에서 등급 또는 계급으로 나타난 다. 지위의 차이는 차등적인 보수와 편익, 권한과 책임 등을 기초로 하고 있으며, 차등적인 지위에는 각각 그에 상응한 지위상징(status symbol)이 부여된다.

## 지위 02

문화적으로 정의된 기대 또는 역할 role을 수행하는 사회적 위치. 지위는 '성취자(achieved)' (사회사업가, AFDC 수혜자, 정부관료)처럼 되기도 하고, '귀속자'(ascribed)(여성, 스페인 사람, 아동)처럼 되기도 한다. 문외한(layman)들은 이 용어를 '위세(명성)(prestige)'와 동의어로 사용한다.

## 지위 불일치(status inconsistency)

개인이 동시에 몇 가지의 지위를 갖고 있을 때 지위들이 동등하게 평가되지 못하여 지위 간의 균형을 유지할 수 없는 상태를 말한다. 지위 불균형이라고도 한다. 개인이 갖고 있는 어떤 지위는 높은 평가와 특전을 누릴 수 있는 데 비해서(예 벼락부자가 된 사장) 어떤 지위(예 부랑인 시절의 동료)는 그렇지 못할 때 사람들은 보다 높은 평가로 특권을 누리는 지위만을 내세우려 하는 경향을 띤다.

## 지위부조화

조직 내에서 직위에 의한 지위와 능력에 의한 지위가 괴리되는 현상을 말한다.

## 지위위반자(status offender)

기본적으로 범죄는 아니지만 특정법에 저촉되는 행동을 하는 사람을 말한다. 가령 그들의 부모가 다루기 힘들거나 가출을 하고, 무단결석을 하는 아동이 바로 지위위반자에 해당된다.

## 지적 직관(intellectual intuition )

감성적인 직관도 논증적인 인식도 아닌, 초감성적인 것의 직접적인 파악, 플라톤이나 아리스토텔레스는 이성은 준재의 궁극적인 근거나 원리를 직접적으로(관상에 의해) 파악한다고 주장하고 이 생각은 그 인식론의 중요한 기초를 이루고 있다. 경험론, 유물론, 칸트의 비판철학 등은 이것을 부정하지만 피히테, 셸링, 헤겔 등은 각각 일종의 지적 직관을 철학의 원천으로 삼고 있다고 말할 수 있다.

## 지적기능(intellectual skill)

상징적 기호 활용을 통한 지적 조작능력. 가네(R. M. Gagne)가 분류한 목표별 수업영역에서 인지영역에 속하는 하나의 학습된 능력을 말한다. 지적 기능은 무엇 무엇을 안다는 것과는 달리 무엇 무엇을 할 수 있는 능력이다. 즉 지적 기능을 소유하게 되면 학생은 주위환경을 자기 나름으로 개념화해서 반응할 수 있게 된다. 가령 자연의 묘사를 위해 은유법을 쓴다든가, 미지항이 있는 이차방정식에서 해답을 제시할 수 있다든가, 주어진 여러 개의 도형을 서로 식별할 수 있다든가 하는 것이 지적 기능에 해당된다. 지적 기능의 학습을 위해서는 내재적 조건과 외재적 조건을 고려해야 한다. 내재적 조건은 새로운 기능의 구성요소가 되는 선수학습기능과 그리고 선수학습기능을 회상하여 새로운 형태의 기능으로 통합하는 과정으로 구성된다. 즉 어떤 기능의 학습에 전제되는 선행기능의 학습이 우선적으로 이루어져야 한다. 이를테면 복합원리의 학습을 위해서는 구체적 원리의 선수학습이 요청되고, 원리의 학습을 위해서는 개념의 학습이 선행되어야 하고, 개념의 학습이 이루어지기 위해서는 사물의 식별과 같은 학습력의 소유가 선행학습으로 요청된다. 뿐만 아니라, 몇 가지의 구별되는 학습사태는 외재적 조건을 형성한다. 외재적 조건으로서의 학습사태에는 ①하위연계 기능의 재생을 자극시켜 주는 일, ②학습자들에게 수행목표를 알려주는 일, ③진술문, 질문, 힌트 등을 이용하여 새로운 학습과제를 안내해 주는 일, ④방금 학습한 기능을 새로운 장면에서 수행에 볼 수 있는 기회를 제공해 주는 일 등이 있다. 지적 기능의 하위범주들로는 변별, 개념, 고차적 규칙들, 절차들 등으로 구성된다.〈변별〉은 어떤 특수한 대상물의 속성들에 있어서 변이성들간의 차이점을 말하며, 대상물의 속성들은 그들 자체가 구체적 개념이라고 부르는 기본적 개념이다. 〈개념〉은 규칙의 하나의 구성 요소이면서 규칙의 하위 구성요소이다. 〈고차적 규칙들〉은 일반성을 지니고 있는 더욱 복잡한 규칙들을 말한다. 〈절차들〉은 여러 부분으로 구성된 규칙 또는 단순한 규칙들의 연쇄를 말하며 특히 절차적 규칙이라고도 말한다. 지적 기능의 학습에 있어서 기본적 형태는 〈연합〉과 〈연쇄〉이며, 연합과 연쇄는 〈변별학습〉의 선수학습요소이고, 개념은 〈규칙학습〉의 선수학습요소이고 규칙은 〈고차적 규칙학습〉의 선수학습요소이다.

## 지적재산권

지적 소유권이라고도 한다. 지적 소유권에 관한 문제를 담당하는 국제연합의 전문기구인 세계지적소유권기구(WIPO)는 이를 구체적으로 '문학·예술 및 과학작품, 연출, 예술가의 공연·음반 및 방송, 발명, 과학적 발견, 공업의장·등록상표·상호 등에 대한 보호권리와 공업·과학·문학 또는 예술분야의 지적 활동에서 발생하는 기타 모든 권리를 포함한다'고 정의(定義)하고 있다. 이것은 인간의 지적 창작물을 보호하는 무체(無體)의 재산권으로서 공업소유권과 저작권으로 크게 분류된다. 공업소유권은 특허청의 심사를 거쳐 등록을 하여야만 보호되고, 저작권은 출판과 동시에 보호되며 그 보호기간은 공업소유권이 10 — 20년 정도이고, 저작권은 저작자의 사후 30 — 50년까지이다.

## 지정기부금(designated donation)

법인세법에 따른 국가, 지방공공단체, 민법규정에 의해 설립된 법인 또는 단체에 대한 기부금의 일종. 더욱이 내국법인은 각 사업 년도에서 지정기부금을 지출한 경우에는 그 법인의 그해 소득금액계산상 손해 본 금액으로 계산해 법인세의 과세대상에서 제외할 수 있다.

## 지정시혜기구
(preferred provider organizations : PPOs)

환자에게서 직접 서비스에 대한 대가를 받는 것이 아니라 제3부문 지불(third — party payment)을 받겠다고 계약한 전문가협회로서 주로 개인적으로 개업한 경우가 많다. 지정시혜기구에 가입한 기관은 지정된 집단의 사람들에게 다른 사람보다 저렴한 가격으로 전문적인 서비스를 해주는 대신에 제3부문은 그 집단의 사람들이 지정시혜기구에 가도록 알선한다.

## 지정의료기관(designated medical facility)

아동복지법, 장애인 복지법, 모자 복지법, 결핵예방법 등 각 법에 규정된 의료급여를 담당하기 위해 보건복지가족부장관 또는 시·도지사가 지정하는 의료기관을 말한다. 지정권자는 생활보장법과 결핵예방법에 따라 국립의료기관은 보건복지가족부장관이, 그 외는 시·도지사로 되어 있다. 지정된 의료기관은 각 법에 따라 〈보건복지가족부장관이 정하는데 구석구석까지 미칠 수 있도록 의료를 담당해야 할 것〉 등의 의무를 부과하고 이 의무에 반하거나 지정 의료기관으로 부적당한 경우에는 지정이 취소된다. 지정 의료기관은 예외조치가 설정되어 있다고는 하나 환자에게 공비의료를 제공하는 파이프 역할을 했다.

## 지정통계(Designated statistics)

국가 또는 지방자치단체의 인구·사회·경제 기타 정책의 수립 및 평가에 널리 활용되는 통계로 다음 각호중 하나에 해당하는 통계로 통계청장이 지정하여 고시하는 통계를 말한다. ①전국을 조사대상으로 하고 특별시·광역시·도별 통계자료를 생산하는 통계 ②다른 통계의 모집단자료로 널리 활용 가능한 통계 ③국제연합 등 국제기구에서 권고하는 통일된 기준 및 작성방법에 따라 작성하는 통계 ④기타 지정통계로 지정할 필요가 있다고 통계청장이 인정하는 통계. 지정통계는 통계법상 자료제출명령권, 실지조사권이 부여되어 있고 일정한 위반행위에 대해서는 과태료를 부과할 수 있도록 하고 있다(일반통계는 이러한 권한이 없음).

## 지지(support)

심리적 지지(psychological support)라고도 한다. 정신요법, 카운슬링, 케이스워크에 있어서 사용되는 치료기술이다. 환자 혹은 클라이언트가 자유롭게 이야기 하도록 격려, 경청, 수용하고 사회사업가가 이해와 관심을 나타내는 것에 의해 긴장이나 죄책감을 경감시켜 그들이 자신을 가지고 현재의 현실적 문제에 대처하도록 원조해 나간다는 점에 특색을 두고 있다. 케이스워크에 있어서는 공통된 기본적인 것이지만 특히 이것을 중심으로 하고 있는 경우를 지지적 케이스워크(supportive casework)라고 부른다.

## 지지적 과정(sustaining procedures)

클라이언트가 자신감을 갖고 사회사업가의 능력과 호의를 신뢰할 수 있도록 돕기 위해 사회사업가가 사용하는 관계 형성 활동. 그러한 활동들에는 클라이언트에게 우월감보다는 진지한 관심과 이해심을 갖고 클라이언트의 말을 경청하며, 상호존경심을 전달하는 것을 포함하고 있다. 수용(acceptance), 재보증(reassurance), 격려, 출향(적극적) 원조(reaching out)는 홀리스(Florence Hollis)와 우즈(Mary E. Woods)가 규명한 또 다른 지지적 과정이다.

## 지지적 치료(supportive treatment)

사회사업가와 다른 전문가들이 사용하며, 주로 개인들이

적응양식을 유지하도록 원조하려고 계획한 원조 개입. 이 것은 재보증(reassurance), 충고와 정보 제공, 클라이언트의 장점과 자원을 지적해주는 면접에서 제공된다. 지지적 치료는 무의식적 요소를 다루거나 변화시키려고 하지 않는다. 그러나 지지적 치료(supportive treatment)와 '더욱 심오한' 통찰치료(insight therapy)와의 경계는 불명확하고 중복되어 있다.

### 지체(retardation)
개인의 신체적 · 정신적 발달이나 사회적 진전이 늦는 것이다. 또 지적 기능이 평균능력보다 현저하게 낮은 경우(정신지체 : mental retardation) 또는 신체적 · 정서적 반응이 늦는 경우(정신운동 지체 : psychomotor retardation)도 포함된다.

### 지체부자유(physical handicapped)
신체적인 결함을 통틀어 가리킴. 학습이나 적응에 방해를 받는 상태를 말하며 일반적으로 불구나 만성적인 건강 문제를 지칭한다. 맹(盲)이나 농(聾)과 같은 단순 감각장애는 여기에 포함되지 않는다.

### 지체부자유자(physically handicapped)
신체구조의 어떤 질병이나 의상 등으로 그 기능에 장애가 있어 자유스럽게 운동이나 활동을 하지 못하는 상태를 지체부자유 또는 지체장애라고 한다. 이러한 지체부자유를 가져오는 원인은 뇌의 손상으로 근육의 조절기능이 약화되어 팔다리와 머리 및 눈동자를 조절하기 힘든 뇌성마비와 척수에 있는 운동세포의 바이러스 감염으로 팔다리에 마비증이 오는 소아마비와 류마티즘관절염이나 골성관절염으로 오는 관절질환, 발목이 안으로 구부러져 있는 내반족, 근육에 이상이 생겨 힘이 없어지는 진행성 근육위축증과 말초신경마비증 그리고 성인에게서 많이 볼 수 있는 뇌졸중이나 산재사고로 지체절단 등 여러 가지가 있는데 그러한 장애가 급성이나 일시적인 것이 아닌 영구적인 장애를 말한다. 지체부자유의 특징은 신체장애자 중에서 그 차지하는 비율이 과반수 이상 된다는 점이며 최근의 지체부자유자는 종래의 척수성소아마비, 선천성고관절탈구, 골관절결핵에서 뇌성마비나 뇌혈관장애등과 교통사고나 산업재해 등의 사고에 의한 장애자가 증가하고 있는 점이다. 이러한 장애의 내용의 변화와 중도, 중복장애자의 증가가 큰 특징이 되고 있다. 우리나라 심신장애자복지법 시행령과 시행규칙에 지체부자유에 대한 등급이 상세히 규정되어 있다. 이들은 국 · 공립병원이나 보건소 기타 의료기관에 재활상담과 의료지도를 받을 수 있고 복지시설에 입소 또는 통원하여 재활에 필요한 상담 치료 또는 훈련을 받을 수 있도록 복지조치를 하고 있으며 보장구의 교부와 부양수당 등을 지급받을 수 있다.

### 지체부자유자재활시설
심신장애복지법에 의해 설치되는 상지 · 하지 또는 신체의 기능에 장애가 있는 자를 입소 또는 통원 하여 그 재활에 필요한 상담 · 치료 또는 훈련을 행하는 시설이다(심신장애자복지법 제 15조). 이 시설은 다른 장애자재활시설 즉 시각장애자재활시설 등과 마찬가지로 복지시설임과 동시에 의료적 재활, 교육기회의 제공, 직업지도, 생활지도, 기능훈련 등이 실시되고 있다. 이러한 시설은 보건위생, 급수 · 안전 및 교통편의 등을 고려하여 쾌적한 환경의 부지에 설치해야 하고 입소정원은 30명 이상으로 하며 시설의 구조와 설비는 성별, 연령별 특성에 맞도록 하여야 한다.

### 지체장애인(crippled people)
상지, 하지 또는 신체구조에 영속적인 장애가 있는 사람을 말한다. 법률적인 정의는 장애의 범위나 정도의 인정에 대해 제도간의 차이는 있으나 기능장애로 일상생활에 현저한 제한을 받는 상태에 있다고 인정되는 자가 시책의 대상이 된다. 지체부자유자는 단일증상은 아니고 그 원인, 종류, 정도는 다양하다. 최근에는 질병강조의 변화로 뇌혈관장애, 척추손상, 뇌성마비 등의 마비를 갖는 장애인문제가 제시되고 있다.

### 지체장애인시설
(rehabilitation institution for the physically disabled)
장애인복지법에 의해 설치되는 상지, 하지 또는 신체의 기능에 장애가 있는 자를 입소 또는 통원하여 그 재활에 필요한 상담. 치료 또는 훈련을 행하는 시설이다. 이 시설에서는 다른 장애인재활시설 즉 시각장애인재활시설 등과 마찬가지로 복지시설임과 동시에 의료적 재활, 교육기회의 제공, 직업지도, 생활 지도, 기능훈련 등이 실시되고 있다. 이러한 시설은 보건위생, 급수. 안전 및 교통편의 등을 고려하여 쾌적한 환경의 부지에 설치해야 하고 입소정원은 30명 이상으로 하며 시설의 구조와 설비는 성별, 연령별 특서에 맞도록 해야 한다.

### 지표(index / ndicator)
①퍼어스(C. S. Peirce)의 논리학과 기호학(symbiotics)에서 사용되는 말(index). A라는 사상이 발생하면 반드시 B라는 사상이 따를 때 B는 A의〈지표〉라고 한다. 이 경우에 지표는 또 하나의 기호로서 기능을 한다. 날씨가 더우면 온도계의 수은주가 올라가는 두 사상에서, 수은주의 높이는 그 날의 기온을 가리키는 기호로서의 기능을 한다. ②경제학에서, 발전의 정도를 나타내는 준거 또는 척도(indicator). 경제 발전이 척도가 되는 경제 지표로서는 취학률 · 진학률 · 중도탈락률 · 취업률 · 교사 대 학생 비율 등이 있다. 교육지표는 양적인 것과 질적인 것(예 진학률)과 교육외적인 것(예 교육 투자액 대 GMP비율) 등이

있으며 교육발전을 계획하거나 평가함에 있어서 필수 불가결한 준거를 제시해 준다.

## 지표분석

욕구측정을 위한 기법의 하나로 기초 공용자료를 이용, 여러 가지 사회지표(예 소득지표, 보건지표… 등)기준으로 욕구의 정도를 분석한다. 사회지표 접근법은 정책계획 처음 단계에 해당지역에 대한 사정을 파악하는데 유용한 방법으로 지표는 신뢰성과 타당성이 있어야 하며 실제적으로 욕구를 잴 수 있는 공인된 지표라야 한다. 한편 지표분석은 해당지역의 사정에 알맞은 지표가 드물고, 지표를 통해 수집된 욕구자료는 조사의 목적에 따라 전문가의 손을 통해 재분석되어 해석이 가해져야 하는 단점이 있다.

## 지하경제(underground economy)

세금을 비롯하여 갖가지 정부의 규제를 회피, 보고되지 않는 숨은 경제로서 범죄, 마약, 매춘 등 비합법적인 것과 합법적인 경제활동인데도 세무서 등 정부기관에 포착되지 않는 각종 경제활동을 말한다. 지하경제는 보통 현금으로 거래되므로 캐시 이코노미(cash economy) 또는 위법성 때문에 블랙 이코노미(black economy)로 불리기도 한다. 지하경제로 축적된 자금은 결국 비생산적인 지하자금의 형성 되풀이해서 쓰이거나 사치성 과소비의 원천이 된다. 우리나라 지하경제를 형성하고 있는 것 가운데 두드러지는 부동산 투기, 사채, 입주권의 프리미엄 등은 사회악의 원천이 되고 있다.

## 지휘(direction)

조직 구성원들에게 각자의 일을 시키는 행동. 지시(comm − anding) 또는 영향(influencing)이라는 용어로도 쓰인다. 즉 지휘란 권한을 이용해서 영향력을 행사하는 하나의 방법으로서 권위의 행사뿐만 아니라 교육과 설득 및 협의와 참여를 토대로 하는 협동적 방법이 강조되고 있는 바 집단의 노력을 유도하는 설득과 협력의 과정이다.

## 직 · 간접세

세원(稅源)인 소득 및 재산을 직접 포착하여 과세하는 조세를 직접세라 하고, 소득 및 재산에서 획득된 소득의 지출 혹은 소득 및 재산의 이전사실을 포착하는 조세를 간접세라고 분류한다. 즉 직접세는 개인소득세, 재산세, 상속세 등 주로 개인 또는 개인소유에 부과되는 조세로서 납세자는 세부담을 타인에게 전가할 수 없다. 이에 반해 간접세는 물품세, 관세 등과 같이 물품의 교환, 매매 등의 행위에 과세되는 조세이다. 우리나라 조세체계에서 직접세는 소득세, 법인세, 상속세, 자산재평가세,토지초과이득세가 있으며 간접세로는 부가가치세, 특별소비세, 주세, 전화세, 증권거래세, 인지세 등이 있다.

## 직계가족(stem family)

조부모, 부모, 자녀, 자손처럼 어떤 가족원을 중심으로 세대가 상하 직선적으로 연결되고, 상하 가족원의 연결이 강한 가족을 직계가족이라 한다. 확대가족의 일반 형태이며 대가족, 3대가족이라 할 때 거의 같은 의미로 쓰여진다. 직계가족은 부와 자의 수직적인 계승선을 중요시 한다. 직계가족의 가족형태는 가계의 계승에 중점을 두는 것으로 우리나라를 포함하여 일본 등지에서 볼 수 있다. 직계가족은 핵가족과 비교할 때에 부부관계보다 친자관계를 중요시한다.

## 직계비속(Lineal descendants)

본인의 자손 및 그들과 동등이하의 항렬에 속하는 혈족.

## 직계제(position classification)

직위분류제의 일본식 용어.

## 직계조직

라인을 중심으로 이루어진 조직. 의사명령이 최고경영자로부터 말단 종업원에 이르기까지 하나의 명령계통으로 전달되는 조직 형태이다. 가장 단순하고 오랜 역사를 지닌 조직으로 군대식 조직(Military Organization)이라고도 한다. 명령일원화가 잘이루어지고, 권한과 책임이 명확하며, 조직의 활동을 촉진하고, 리더쉽이 강하다.

## 직계존속(Lineal Ascendants)

본인의 부모 또는 부모와 동등이상의 항렬에 속하는 혈족.

## 직관(intuition) 01

일반적으로 대상을 다른 인식 방법의 매개 없이 직접 파악하는 것이다. 그러나 그것으로 파악되는 것이 무엇으로 생각되느냐에 따라, 직관의 의미와 의의에 큰 차이가 생긴다. 감성적 지각이 무매개적이라는 의미에서 직관적이라는 것은 누구도 인정하지만 그 이외의 비감성적인 직관에 특별히 큰 의의를 인정하는 철학자도 있는데, 이것에는 두 종을 구별할 수 있다. 하나는 플라톤이나 아리스토텔레스와 같이, 사고만을 참다운 인식 능력으로 보면서, 존재와 사고의 최고의 원리는 논증에 의해가 아니고 직접 파악된다고 생각하는 입장이다. 또 하나는, 사고를 참다운 연식 능력으로 보지 않고, 진실재는 다만 특별한 직관에 의해만 파악된다는 입장으로서, 각각 서로 다르기는 하지만 야코비나 셸링이나 베르그송 등은 이것을 대표한다.

## 직관 02

단적(端的)으로 대상의 전모(全貌)와 본질(本 質)을 파악하는 인식작용을 말한다. 원래 의미는 '본다' 는 뜻이나, 철학적 의미로는 한 인식능력 또는 요소로서 사유(思惟)

와 대립되는 작용을 말한다.

## 직관적 사고(intuitive thinking)
엄밀한 논리적 추리과정을 거치지 않고 문제의 해답을 생각해 내는 추리작용. 직관적 사고에는 여러 층이 있다. 가령 피아제(J. Piaget)의 지적 발달이론에서 〈조작〉을 할 수 없는 단계의 아동이 하는 사고도 직관적 사고요, 오랫동안 학문을 연구한 학자들이 세밀한 논증 이전에 해답을 생각해내는 것도 직관적 사고이다. 그러므로 직관적 사고는 옳을 수도 있고 그릇될 수도 있다. 그것이 옳은 것으로 입증되기 위해서는 다시 엄밀한 논리적 추리나 경험적 검증에 의해 확인되어야 한다.

## 직관주의( intuitionism)
직각주의라고도 한다. ①일반적으로 인식에 관해 분별적인 사고보다도 직관에 우위를 주는 설. 특히 실재는 직관에 의해만 파악된다고 하는 설(가령 베르그송). ②윤리학상으로는 선악의 구별은 직관적으로 알 수 있다고 하는 설. ③수학적 기초론에서의 직관주의는 동향을 참조

## 직권보호주의
행정작용으로서 당사자주의, 신청주의에 대비된 개념으로, 행정기관의 재량에 의해 일정처분으로 보호를 행하는 것을 밀한다. 가령 생활보장법은 신청주의를 취하고 있지만, 요보호자가 급박한 상황에 있음이 판명될 때에 신청을 안해도 보호실시기관에서 직권으로 보호를 개시하지 않으면 안된다.

## 직권주의
행정기관과 사법기관이 행정의 객체나 소송 등의 당사자 청구. 주장 등의 신청이나 신립을 우선으로 하지 않고, 자신이 자발적으로 행정 행위나 사법행위를 하여 행정상이 아닌 사법상의 목적을 달성하는 것을 말한다. 가령 생활보장이 신청보호의 원칙을 위하고 있는데 대해, 노인복지법 등 복지제법에는 신청보호의 원칙에 관한 명확한 규정은 존재하지 않아 직원주의에 의한 조치결정을 원칙으로 하고 있다.

## 직급(class)
행정사무관 · 재경주사 · 토목기사 등과 같이, 직무의 종류 · 곤란성 · 책임 도가 상당히 유사한 직위의 군(群)을 말한다. 동일한 직급에 속하는 직위에 대해서는 임용 자격 · 시험 · 보수 기타 인사행정에 있어서 동일한 취급을 할 수 있다.

## 직능국가(service state)
20세기의 성숙한 국가유형 개념으로 사회 내지 국민의 경제생활을 위해 적극적으로 봉사하는 국가를 말한다. 즉 국가가 사회보장 및 공기업의 주체가 되어 사회 · 노동 · 보건 · 공익기업 · 문화 등의 영역에 대한 조성 · 통제의 권한을 강화해 가는 국가유형을 직능국가 또는 행정국가라 한다.

## 직능부제
조직 전체 조직을 직능별, 기능별, 분야별 분류에 따라 조직화시킨 조직형태를 말한다. 즉 같은 종류, 같은 부문의 일을 하나의 관리자 밑에 집단화시킨 조직 구성을 말한다. 가령 산업자원부를 산업정책국, 기초공업국, 기계공업국, 전자전기공업 국, 섬유생활공업국 등으로 분할한 경우가 여기에 해당한다.

## 직능판정원(vocational aptitude assessor)
직업재활(vocational rehabilitation)에 있어서 빠질 수 없는 일원으로서 직업적 능력을 평가하는 직종이다. 구체적으로 작업표본테스트나 질문지법에 의한 표준테스트, 면접 등을 통해 직업능력을 평가한다. 우리나라에서는 아직 전문적으로 확립되어 있지 못하며 갱생보호소의 심리직이나 보훈청의 보훈업무담당자, 산업재활원의 사회사업 등이 담당하고 있다. 앞으로 장애인이나 노인의 고용촉진과 직업 재활을 위해 개척되어야 할 영역의 하나이다.

## 직렬(series of classes)
직무의 종류는 유사하나, 그 곤란성 · 책임성의 정도가 상이한 직급의 군(群)을 말한다. 직급은 같은 등급에 속하지만 의무와 책임의 수준이나 곤란성이 서로 다른 직급들을 모아놓은 것을 직렬이라 한다.

## 직류(sub — series)
직렬을 더 자세히 분류하여, 담당분야가 아주 유사한 직무의 군(群)을 말한다. 우리나라는 행정의 전문화 추세에 부응하여 공무원의 채용과 임용후의 보직 관리를 합리화하고 직위분류제의 기반을 조성하기 위하여 직렬을 다시 직류로 구분하고 있다.

## 직무(Job)
〈생산활동에 종사하는 개별 종사자 한사람에 의해 정규적으로 수행되었거나 또는 수행되도록 설정, 교육, 훈련되는 일련의 업무 및 임무〉라 정의되며, 직업분류의 가장 기본적인 개념이다.

## 직무감찰
직무감찰은 행정기관의 사무와 그에 속하는 공무원의 직무를 감찰하는 것을 말한다. 직무감찰은 행정의 합법성과 능률성 여부를 검토하는 것으로 그 대상범위가 행정기관에 한정된다.

### 직무급(job – based pay)

개개인이 맡고 있는 직무의 상대적 가치를 평가하여 임금의 상대적 격차를 두는 체계를 말한다. 다시 말해 직무분석과 직무평가를 통해 마련된 직무 등급에 응하여 임금이 지급되는 제도를 말한다. 우리나라에서는 직무수당을 기본급에 포함하는 조치를 취하여 이를 부분적으로 수용하고 있다. 직무급제가 정착되기 위해서는 직무가 표준화되고 객관화되어야 한다.

### 직무기준법

근무성적 평정에 있어 직무기준법은 직무수행의 기준을 미리 설정 하고 직무수행실적과 기준을 비교하는 방법을 말한다. 이 방법은 피평정자의 직무수행을 개선하는 데 특히 유용하다. 직무기준은 각 직무에 대해 공무원에게 최소한의 실적수준 으로서 직무수행의 양·정확성·시간단위·방법 등을 고려하여 설정하여야 한다. 또 직무기준은 감독자가 일방적으로 결정해서 안되며 피평정자의 의견도 충분히 반영하여야 한다.

### 직무다양화(job enrichment)

직무담당자의 책임성과 자율성을 제고하고 직무수행에 관한 환류가 원활히 이루어지도록, 직무의 내용뿐만 아니라 책임수준까지 바꾸는 직무의 개편을 말한다. Frederick Herzberg가 제창한 직무다양화는 즉 계층제적 조직에 있어서 계층분화가 고정화되어 행정관리의 과정이 수직적으로 분단되는 것을 방지하기 위해, 직능 내지 권한을 말단조직에 분산·위임하는 것을 말한다. 이러한 직무의 다양화는 직무집단에 대한 재량의 존중을 의미하는 것으로 직원의 능력개발에 효과적이다.

### 직무대행

직급배정을 변경함이 없이다른 직급의 업무를 수행하게 하는 잠정적인 임용조치 또는 그러한 업무를 담당하는 사람을 말한다. 대체로 직무대행은 상위직급에 결원이 있을 때나 상급자의 유고시에 하급자로 하여금 그 업무를 임시로 대행하게 하는 수단으로 이용된다.

### 직무분석(job analysis) 01

직무분석이란 직위분류제의 수립과정에서, 직위를 직무의 종류에 따라 직군·직렬·직류 등으로 분류하는 것을 말한다. 이에 대해 직무평가란 책임 도·곤란도 등 직위의 상대적 가치 또는 비중을 기준으로 하여 직위의 등급을 결정하는 것을 말한다.

### 직무분석 02

개인의 특성과 능력에 따라 적합한 직업을 선택할 수 있도록 계획을 수립하기 위하여 특정 직무의 구성 요소들을 분석하는 기법을 말한다. 직무 분석은 작업내용(작업의 개괄, 작업공정 등), 작업수행에 필요한 요건(적성, 흥미, 지적수준, 작업태도, 신체적 기능 등), 작업환경(작업설비, 작업도구, 물리적 환경 등)을 중심으로 행해진다. 구조화된 직무분석을 위해서는 명확한 목적의 설정, 문헌과 훈련교재 또는 기타 정보를 통한 예비조사, 조사업체의 선정과 연락, 조사에 필요한 준비물의 확보, 현장방문, 담당자와의 면담, 작업현장의 관찰, 관리자와의 면담, 작업담당자에 조사된 내용의 재검토 의뢰, 필요한 요인의 분석 및 정리, 평가해야 할 요인의 결정, 평가기준의 설정 등의 순서를 따르는 것이 중요하다.

### 직무분석 03

직무의 종류·곤란도·책임의 정도를 달리하는 각종 직무의 내용을 분석·검토함으로써 그 직무의 성공적인 수행에 필요한 담당자의 자격요건을 밝혀내는 과정. 이 과정은 먼저 직무별로 직무의 내용을 구체적으로 기술하되 그 방법은 담당자가 스스로 자기 일에 대해 기술하거나 분석자가 관찰과 면접을 통해 얻은 자료를 기술하게 하고 다음으로 직무명세서를 작성하게 한다. 이렇게 해서 분석된 결과는 직무평가·인사고과·인사관리, 그리고 직무상담의 기본 자료로 이용된다. 또 직무분석의 결과에 의해 직무가 계통적으로 분류되고 숙련의 정도에 따르는 직업으로 구분되어 임금책정에 이용되기도 한다.

### 직무분석 04

시간연구나 모션스터디(동작연구) 등으로 종업원의 작업을 공평하게 분석하여 기준을 작성, 이 기준에 따라 각자의 작업내용, 책임, 일의 난이도, 그일을 하는데 필요한 경비, 능률 등을 밝히는 일. 이 직무분석은 수 천명이나 되는 종업원의 작업을 하나하나씩 분해하는 번잡한 작업이기는 하나 직무급을 채택하는데 있어서 필요한 직무평가를 하려면 반드시 시 행해야 되는 절차이다.

### 직무분석 05

시간연구나 동작연구 등으로 종업원의 작업을 공평하게 분석하여 기준을 작성하고 이 기준에 따라 각자의 작업내용, 책임, 일의 난이도, 그 일을 하는데 필요한 경비, 능률 등을 밝히는 일. 직무분석은 수천명씩이나 되는 종업원의 작업을 하나하나씩 분해하는 번잡한 작업이 기는 하나 직무급을 채택하는데 필요한 직무평가를 하려면 반드시 시 행해야 되는 절차이다.

### 직무정년제

기업에 있어서 관리직에 있는 자는 정년전의 일정한 연령에 달하면 그 직무로부터 물러나도록 하는 제도이다. 평균수명의 신장, 고령화 사회의 이행에 따라 정년연장은 앞으로 우리나라에 있어서 중요한 과제로 부각되고 있는데, 이 경우 포스트수가 일정한 관리직의 승진이 문제가 된다. 이 때문에 인재의 유효활용, 기업조직의 활성화를 위해 직무정년제가 요청되는 것이다. 가령 일본의 한 기업에서는 관리직은 제1차 정년(55세)에 은퇴하고 그 후 제2차 정년(60세)까지 일정한 권한과 책임을 가진 전문직(job title)에서 일하도록 구상하고 있다. 직무정년제는 정년연장에 따르는 과제의 하나로서 쟁점화 되어가고 있다.

### 직무조사(Collecting of job information)
직무조사는 분류될 직위의 직무에 대한 객관적 정보를 수집하고 기록하는 작업이다. 직무조사에서는 직무의 내용, 책임도, 곤란성, 자격요건 등에 관한 모든 자료를 수집한다. 직무조사를 정확하게 하기 위해서는 공무원으로 로부터 얻은 직무에 관한 정보 이외의 법령, 규칙, 조직도표, 업무보고서, 예산서, 보수지 급표, 사무용구와 비품 등에 관한 정보도 보조적 자료로 이용된다. 직무조사의 방법으로는 질문지방법(questionnaire method), 면접방법(interview method), 관찰방법(observation method) 등이 사용된다.

### 직무조정(job accommodation)
장애인들이 수행할 수 있는 직무의 가능성을 확대시키기 위하여 직무를 재구성하거나 작업환경을 수정하는 것을 말한다. 직무 재구성(job restructure)은 어떤 직무를 수행하는데 요구되는 과제(task)들을 여러 요소로 나누어 그것을 재결합시키거나 또는 어떤 요소를 제거하거나 추가시키는 과정을 말한다. 환경의 수정(environmental modification)은 작업자에게 직무를 수행하는데 필요한 보조적 수단을 제공하거나 물리적 또는 사회적 환경을 변화시키는 것이다. 특히, 중증의 장애인은 이러한 과정을 통해 이전에는 불가능했던 직무의 수행이나 생산성의 향상 또는 적응성의 증진을 기대할 수 있다.

### 직무평가(job evaluation)
직무평가란 직위분류제의 수립과정에서, 책임도·곤란도 등 직위의 상대적 가치 또는 비중을 기준으로 하여 직위의 등급을 결정하는 것을 말한다. 한편 직무분석이란 직위를 직무의 종류에 따라 직위를 직군·직렬·직류 등으로 분류 하는 것을 말한다.

### 직무확충(job enlargement)
과도한 분업화에 따르는 업무의 단조감을 시정하기 위해 직무의 완결성이 제고되도록 전문적 분할을 재편성·확장하는 것을 말한다. 즉 구성원들의 충실감과 성취욕을 자극하기 위해, 시간상으로 짧고 반복적인 일을 비교적 덜 반복적인 작업과정으로 만드는 것을 말한다. 직무확충 이전에 여러 사람이 나누어 하던 일 을 한 사람이 모두 하게 하는 것도 한 방법이 된다.

### 직업(occupation)
직업이란 개인이 계속적으로 수행하는 경제 및 사회활동의 종류를 말한다. 일의 계속성이란 일시적인 것이 아니고 매일, 매주, 매월, 주기적으로 행하고 있는 경우, 계절적으로 행하고 있는 경우 또는 명확한 주기를 갖지 않더라도 계속하고 있으며 현재 하고 있는 일에 대해 의사와 능력을 가지고 행하는 것이어야 한다.

### 직업개발(job development)
고용주와의 직접적인 접촉이나 여러 형태의 구인광고를 통해 장애인에게 가능한 직업을 찾아내는 일을 말한다. 장애인의 성공적인 직업 재활에 가장 기여할 수 있는 요인은 그들에게 적합한 직업을 찾아내고 그 직업이 어느 정도 유용한가에 대한 보다 현실적이고 구체적인 정보를 찾는 일이 매우 중요하다.

### 직업공무원제(career civil service system)
젊은 인재들을 공직에 유치하여 그들이 평생에 걸쳐 근무하도록 조직·운영되는 인사제도를 말한다. 직업공무원제는 젊은 인재를 최하직급으로 임용하여 단계적으로 승진시키기에, 응시자의 학력과 연령은 엄격히 제한되며, 선발기준으로는 전문적인 직무수행능력보다는 장기적인 발전가능성을 중시한다. 유럽에서의 직업공무원제는 절대군주국가 시대부터 발달하기 시작하였다.

### 직업교육(on the job training) 01
기업이 행하는 종업원 교육의 하나로 직장 내에서 업무를 통해 행해지는 교육을 말한다. 지식·기능에 맞춰 직장인으로서의 행동양식을 습득시키기 위한 교육도 중시된다. 직장을 둘러싼 훈련은 가장 새로운 형식으로 주어진다.

### 직업교육(vocational education) 02
직업생활과 관련되어 행해지는 모든 교육. 넓은 의미로 일반교육의 직업적 측변을 가리키는 말이다. 즉 개인이 일의 세계를 탐색하여 자기의 적성·흥미·능력에 알맞은 일을 선택하고, 그 일에서 필요로 하는 지식·기능·태도·이해 및 판단력과 습관들을 개발하는 교육을 말한다. 좁은 의미로는 특정 직업에 종사하기 위하여 필요로 한 지식, 기능을 습득시킬 목적으로 이루어지는 실업교육, 기능교육, 직업훈련을 지시한다. 지금까지 실업교육, 기술교육, 산업교육, 실업기술교육 등의 용어가 구별 없이 사용되어 왔으나 점차 직업교육으로 통일되어 사용되고 있다. 따라서 직업교육은 직업훈련, 실업교육, 산업교육, 기술교육 등 각 직업과 관련된 수단적 측면에 대한 상위의 개념으로서 그 자체가 하나의 목적이 되며, 개인이 자율적으로 직업을 이해하고 실천 방안을 터득하게 하는 보다 광의의 개념으로 해석하는 것이 옳다. 우리나라에서는 직업교육을 인문교육과 구분되는 실과교육이나 사회적 지위가 낮은 사람들에게 적합한 기능교육을 시키는 것으로 인식되어 왔다. 특히, 인문숭상의 유교적 전통은 직업교육을 부정적으로 인식하게 하였으며, 그 결과 직업교육은 일반교양교육과 대비되는 특수교육으로, 계속교육과 대비되는 종국교육(terminal education)으로 이해되어 왔다. 그러나 현대사회에서 직업의 중요성이 더욱 커지고 과학기술의 발달이나 사회변화로 인해 노동의 성격이 변화됨으로써 새로운 관점에서의 직업교육에 대한 이해와 필요성이 제기 되고 있다. 현대적인 해석에서 보는 직업교육은 평생교육의 이념을 받아들이면서 인간존중의 사상을 바탕으로 하며, 각 개인의 직업 생활에 공헌하는 모든 사람을 위한 교육을 뜻한다. 현재 우리나라에서의 직업교육은 크게 학교를 중심으로 하는 직업교육과 학교 밖에서 사회교육형태로 실시되는 직업교육의 2가지 종류가 있다. 학교에서의 직업교육과 학교 밖에서 사회교육형태로 실시되고 있으며 기간학제로는 중등학교의 실업가정교육, 전문대학의 중견직업인 양성을 위한 직업교육들이 있으며, 방계학제로는 고등공민학교, 기술학교, 고등기술학교 등에서 행해지는 직업교육은 직업훈련이 대표적인 형태이다. 최근에는 산업체 학교 연구소가 협동하여 교육을 수행해야 한다는 중론이 크다. 한 가지 문제점이 있다면, 헌법상에서는 단선형 학제가 보장되어 있지만, 현실적으로는 직업교육에 대한 인식이 구태에서 벗어나지 못하고 있다는 점이다.

### 직업군(occupational cluster)

산업체별 혹은 동일계열별 직업을 종(綜)으로 묶어놓은 것이다. 각 기업의 직업세계에서의 위치와 다른 직업과의 관계도 나타낼 수가 있다. 종전의 직업교육은 특정 직종을 목표로 실시되어 왔으나 직업군 개념의 도입으로 직업군과 직업군과의 관계, 직업과 직업과의 관계가 이해하기 쉬워졌으며, 특정 직종을 위한 교육에서 직업군에 관한 일반적인 교육을 실시함에 따라 교육과정도 그 체제가 통합되었다. 따라서 직업의 선택기회가 많아지고, 능력에 따라서 직업군 내의 직종 선택의 기회도 또 많아졌으며, 기초교육도 특정직종을 위한 것이 아니기 때문에 진로수정도 수월하게 할 수 있게 되었고, 기술의 발달에 의한 직업적인 여건의 변화에도 빨리 적응할 수 있게 되었다.

### 직업능력평가

직업능력평가란 직업재활대상자의 직업 능력을 평가하는 과정으로, 장애인의 신체적, 정신적, 직업적 잠재력 및 직업적 행동에 대한 평가를 통해 현실적인 목표를 설정해주고, 그에 따른 최적의 서비스를 제공토록 하기 위한 근거 자료를 제시해 준다. 직업능력평가 방법은 장애의 유형이나 정도에 따라 다르지만 보편적인 방법으로 초기평가, 표본작업평가, 현직 평가 등을 들 수 있는데, 초기평가는 구직신청을 한 장애인에 대한 현재까지의 자료 수집과 과정에 대한 기초적인 사정을 의미하는 것으로, 구직신청 시 제출한 서류에 대한 심사와 면접, 기초검사과정이 포함된다. 서류심사에서는 이력서, 구직 신청서, 타기관의 자료 등에 대한 심사가 이루어지며, 면접에서는 획득한 정보의 확인이나 직업적 발달조사, 취업희망직종의 확인 등을 행한다. 기초검사는 주로 인지적, 정서적 기질을 측정하기 위한 지필검사를 많이 사용하며, 이 중 대표적인 것이 지능 및 적성검사, 성격검사, 성취도검사, 직업능력흥미검사, 직업능력검사 등이다. 작업표본평가는 실제 직업이나 직업군에서 사용되거나 이와 유사한 과제, 재료, 도구를 사용하여 작업적 능력을 사정하는 것으로, 실제 작업과 유사하고 대부분의 작업이 구체적이며, 장애인의 작업 수행에 대한 피드백이 이루어지고, 장애인에게 다양한 직업 및 직업과제 탐색의 기회를 부여하는 장점이 있다. 평가 종류로는 TOWER시스템, 필라델피아 JEVS작업표본종합검사, Singer직업평가시스템, VALPAR 부분별 작업표본 시리즈, MVE평가시스템 등이 있다. 현직평가는 장애인의 직업적 행동을 관찰하고 사정하기 위해 실제 사업장에 투입시켜 실무를 수행시켜 봄으로써 직업인으로서의 여러 가지 자질을 평가하는 방법으로, 평가된 결과는 실제적인 장애인의 잠재능력 또는 발전에 관한 정보를 줄 수 있다는 장점이 있다. 주로 보호 작업장에서 많이 이루어지는데 최근에는 지원고용에 의해 일반 사업장에서도 상당수 이루어지고 있다. 사용되는 평가방법으로는 관찰, MDC행동파악법, 직업 적응 평가법, 목표달성평가법 등이 있다.

### 직업단(job corps)

학교 탈락자에게 고용과 직업기술을 제공하기 위한 경제기회법(economic opportunity act)의 한 부분으로서 1964년에 수립된 연방프로그램. 16 − 21세의 실업청소년들은 훈련원이나 보호수용소(conservation camps)에서 일하고 공부한다. 직업단은 미국의 경우 노동성(department of labor)이 운영하는데, 지역당국과 사설 기구가 계약하여 훈련원을 설립한다. 이 프로그램은 부분적으로 시민보호청년단(CCC : civilian conservation corps)과 이와 유사한 뉴딜(new deal)을 모델로 삼았다.

### 직업만족도(job satisfaction)

주어진 직업이 얼마만큼 개인의 자아를 충족시켜 주는가의 척도. 직업만족도의 주요 요소는 직업에 대한 개인의 관심도이다. 일반적으로 볼 때 각 개인에게 흥미 있고 자아표현의 기회가 풍부하며, 창조성을 충분히 발휘할 수 있는 직업이 만족도가 높다고 할 수 있다.

### 직업면허(occupational licensing)

정부가 일정한 자격요건을 정하여 이를 충족하는 자에게만 특정의 직업에 종사할 수 있도록 면허하는 것을 말한다. 의사·약사·간호사·변호사·공인회계사·건축설계사 등에 대한 면허가 이러한 예에 속한다.

### 직업발달(vocational development)

개인의 직업적 소양·가치·지식·기술 등의 습득을 통해 궁극적으로 직업적 적성에 부합되는 행동 판단력을 배양하며 직업적 성숙의 결과를 낳는 과정. 직업발달에는 실리적·사회적·문화적·경제적 요인들이 장시간에 걸쳐 개인에게 미친 영향력이 많이 적용된다. 직업발달은 직업선택의 가능성 개발이라는 두 가지 측면에서 분석할 수 있으며 이러한 과정의 반복과 경험을 통해 직업발달 단계는 크게 소양 - 준비 - 확정으로 구분할 수 있다. 개념적으로 진로발달과 매우 유사하면 때로는 동일어로도 쓰인다.

### 직업배치(job placement)

분석 및 개인의 직업 욕구와 작업 환경에 관계된 모든 정보들의 연구와 평가를 통해 장애인의 능력과 흥미에 부합되도록 직업을 찾아 주는 과정을 말한다. 이 과정에서 직업상 담자는 작업의 특성, 작업의 조건, 고용 전망, 구인업체의 유무, 위치, 임금, 편의 시설 등 고용 업체의 특성과 개인의 신체적 정신적 상태, 교육 및 훈련의 내용, 직업적성, 성격, 행동 특징 그리고 주변 환경과 교통 및 기타 편의시설 등을 모두 고려하여 적절한 직업에 배치해야 한다.

### 직업병(occupational diseases)

일정한 직업에 종사하고 직업상의 유해인자에 노출됨으로써 야기되는 질병. 직업병으로 인정받기 위해서는 업무 수행성, 작업환경의 열악성, 업무기인성 등의 요건을 갖추어야 한다. 직업병의 실태로는 특수검진 대상자의 3% 내외가 이환되어 있으며 1971년 10만 명당 117명에서 1982년 267명으로 급증하고 있다. 뿐만 아니라 검진대상이 5인 이상의 사업체에 국한되어 있고 검진시설. 기술 부족, 실적위주의 형식적 진단 기업주의 비협조, 퇴직 후 발병한 경우나 부당해고가 두려워 본인이 숨긴 경우, 직업병으로 간주되어야 함에도 법적으로 인정받지 못한 직업병의 경우, 병 자체가 새로운 것이어서 아직 의학적으로 규명되지 못한 것 등 통계에서 누락된 것을 감안하면 직업병으로 인한 근로대중의 고통은 훨씬 심각하다. 현재 진폐증, 소음성 난청, 유기용제 중독 등은 그 피해가 특히 심각하며 유해환경에서의 야간작업, 교대근무, 불규칙노동, 장시간 노동은 질병의 이환가능성을 더욱 높인다.

### 직업보도

노동능력을 갖고 있는 실업자 또는 신체장애인에 대해 재취직 또는 직업전환 등의 취업을 용이하게 하기 위하여 이에 필요한 특별지식 및 기능을 쌓게 하기 위한 지도를 말한다. 종래의 직업보도시설로서는 공공직업보도소가 직업안정법에 의해 설치되어 있었지만, 직업훈련법의 제정에 따라 공공직업훈련소에서 행하도록 개정되었다.

### 직업분류(Job classifications)

생산적인 경제활동에 종사하는사람들에 의해 수행되어야 할 각종 직무를 그 수행되는 일의 형태에 따라 체계적으로 유형화한 것이 직업분류이며, 통계청에서는 ILO의 국제표준직업분류(ISCO - 88)를 근거로 국내 직업구조 및 실태에 맞도록 표준화한 한국표준직업분류를 제정·고시하고 있다.

### 직업상담(vocational counseling) 01

직업에 문제를 가진 개인에게 전문적이고 효율적인 서비스를 제공하여 개인이 사회의 일원으로서 직업 세계에서 활동할 수 있도록 하는 과정이다. 직업 상담의 궁극적인 목적은 직업을 선택하는데 직접적으로 영향을 미칠 수 있는 장애상태와 주변 환경 및 작업환경 등 제반 문제점들을 스스로 찾아 해결하고 자신이 처한 상황과 능력에 적합한 직업을 선택함으로서 주어진 역할을 성공적으로 수행할 수 있도록 제반 도움을 제공하는데 있다.

### 직업상담(career counseling) 02

미래의 직업을 결정해야 하는 사람과 현재의 고용상황을 개선시키려 하는 노동자에게 자원을 연계해주고 정보, 조언, 지원을 제공하기 위해 사회사업가, 지도교사, 교육전문가, 다른 전문가들이 사용하는 절차, 직업상담은 보통 고등학생이나 대학생에게 기회를 찾도록 도와주고, 그들로 하여금 자신의 능력과 한계를 알 수 있도록 도와주기 위해 흔히 제공된다. 또 이러한 상담은 노동조직에서 노동자로 하여금 그들의 직업상의 잠재력을 극대화하기 위해 제공된다.

### 직업설명(회)(job description)

취직을 조건으로, 피고용인에게 요구되는 분명한 책임과 구체적인 임무. 어떤 직무내용 설명서에는 재직자에게 기대되는 교육적 요건, 경험적 요건, 기술적 요건이 언급된다.

### 직업안정법

1967년 법률 제 1952호로 제정되고 그 후 세 차례에 걸친 개정이 있은 후 오늘에 이르고 있다. 이 법은 고용관계에 들어가려고 하는 근로자가 그 능력에 맞는 직업에 취업할 기회를 부여함으로써 공업 기타 산업에 필요한 노동력을 충족시켜 직업의 안정을 도모하고 국민경제의 발전에 기여함을 목적으로 하고 있다(동법 제 1조). 직업안정소 등에 의한 직업소개, 직업지도, 직업보도, 근로자의 모집, 근로자공급사업 등에 대해 규정하고 있다. 이 법을 원활하게 수행하기 위하여 서울특별시, 직할 시 및 도에는 직업안정위원회를 두러 직업안정 및 산업대책에 관한 중요 사항을 심의하게 하고 있으며, 노동부장관은 고용안전기 본계획을 수립할 것을 규정하고 있다(동법 제 6조). 직업 소개는 무료직업소개와 유료직업 소개소가 있으며 근로자의 모집은 ①신문광고모집, ②직접모집, ③위탁모집 등의 방법이 활용되고 있다. 또 제 17조의 2에서는 신체장애자의 고용촉진도 규정하고 있다. 현재 우리나라에서는 연고고용 등의 관행, 노동조합 역할의 부재와 대기업의 직접모집 때문에 노동시장은 제대로 형성되지 못한 채 공공직업안정소는 일부의 기능공 등을 제외하고는 제 기능을 다하지 있지 못한 실정에 있다. 앞으로 본 법을 보다 보완하여 노동시장의 형성과 더불어 공공직업안정소의 기능을 강화해야 할 과제를 안고 있다.

## 직업인성(work personality)

능력과 욕구 외에 개인을 특징지우는 태도, 행동들을 포함한다. 직업인성은 개인이 직업생활에 반응하는 행동 특성으로 직업태도, 가치체계, 동기, 능력, 태도를 포함하는 것으로 개인의 직업적응은 직업과 개인의 적합성 정도에 의거하여 이루어진다는 특성요인 이론에 그 개념적 바탕을 두고 있다. 개별 심리학과 성격이론에 기초를 두고 있는 특성요인 이론에 따르면, 직업인성은 개인의 신체적 성숙과 더불어 발달하고, 능력과 욕구 및 개인을 특정지우는 태도와 행동을 포함하며, 출생 직후 형성되기 시작하여 그 개인이 유전적 소인과 가정 및 지역사회 환경 속에서 경험하는 내용에 따라 달라진다고도 본다.

## 직업적 성숙도(vocational maturity)

직업선택과 이에 관련된 제반 문제를 풀어나갈 수 있는 능력의 성숙정도ㆍ직업발달 과정에서 탐색기에서 쇠퇴기에 걸쳐 나타난다. 흔히 성숙도 I과 성숙도 II로 구분하며, 성숙도 I은 각 개인의 나이의 성숙을 기준으로, 성숙도 II는 각 개인의 직업적 행동의 성숙을 기준으로 하여 나타낸다.

## 직업적 아이덴티티(occupational identity)

직업의 일체감을 의미한다. 현대에서는 이것을 곤란하게 하는 조건이 다량으로 존재한다. 직업이 갖는 의의에 공감되지 않는다는 일반적 배경 외에 자신의 직업에 대해 가치를 인정하기 어려운 경우에 직업적 아이덴티티의 위기가 발생한다. 직업관과 직업의식을 뒷받침할 수 있는 기업 측의 교육 등 유인이 있어야만 직업적 아이덴티티는 고도화될 수 있다.

## 직업적 재활(vocational rehabilitation)

신체장애인 등이 적합한 직업을 발견하고 될 수 있는 한 빨리 직업 생활에 복귀할 수 있도록 행해지는 원조수단을 말한다. ILO(국제노동기관)의 정의에 의하면 그것은 직업상담, 직업훈련, 직능평가, 직업 기능훈련, 보호고용의 취로 알선, 고용정보의 제공, 일반고용의 취업지도, 정착지도, 사후보호 등을 포함한 일련의 원조체계이며 다양한 고용기회의 창출을 위한 방책도 포함된다.

## 직업적 적응(vocational adjustment)

개인이 직업세계에 동화되어 취미ㆍ적성 등이 직업과 좋은 조화를 이루는 상태. 직업적 적응의 중요한 요소로는 ①개인의 경제ㆍ사회적 측면에서 직업의 개념, ②개인의 직업의 수행 능력도, ③개인의 직업 만족도, ④개인의 생의 적응도와 직업이 허용하는 생활방식과의 관계 등을 들 수 있다.

## 직업적응훈련

직업적응훈련이란 모든 직업 영역에서 공통적으로 필요한 직업인으로서의 기초 능력과 태도를 형성시켜 주는 프로그램으로, 장애인이 직업적 역할을 성공적으로 수행함에 있어 문제시되는 요소를 해결하거나 수정, 보완시키기 위해 개인이나 환경을 변화시키는 과정이며, 작업습관훈련, 직업준비훈련, 직업강화 또는 직업전 훈련으로 지칭되기도 한다. 이 훈련 과정은 모든 직업 영역에서 공통적으로 필요한 직업인으로서의 기초 능력과 태도를 길러 특정 직종의 훈련에 들어갔을 때 토대가 되는 경험을 얻게 하는데, 여기에는 직업인으로서의 자격, 즉 체격, 내구성, 노동습관, 기초지식과 직업인으로서의 차림새 등 장애인의 일반적인 특성뿐만 아니라 경제상황, 고용주의 가치관, 기술적 진보, 물리적인 작업환경 혹은 사회적인 편견과 직장에서의 인간관계와 역할 인식, 개인의 내적인 문제 등과 같은 상황을 해결하기 위한 적절한 프로그램과 방법을 가지고 있어야 한다. 일반적으로 기관에서 실시하고 있는 직업적응훈련의 기간은 3 − 6개월이며, 약 8 − 10명을 대상으로 하고, 2 − 3급의 정신지체인과 정서 및 행동장애인을 대상으로 한다.

## 직업전 훈련(prevocational training)

직업 기술 개발의 선택과 준비에 필요한 배경과 지식을 말하고 있다. 직업전 훈련은 직업 기술 훈련을 위한 준비 단계이다. 프로그램의 예를 들자면, 견학, 작업장의 교대, 독서 등을 통해 직업에 익숙하게 하는 것이다. 그리고 취업신청서 작성법 습득, 대중교통 이용, 소득관리 등도 포함된다. 대다수의 직업적응 프로그램은 인성적응훈련과 직업전 훈련을 결합한 것이다.

## 직업지도(vacational guidance) 01

새로운 직업을 선정하고 그에 대한 취업을 준비하고 그 직업에 대한 적응력을 크게 하기 위한 원조과정을 말한다. 특히 신체장애인에 대한 직업지도에서는 잔존능력의 개발과 직업정보제공에 의한 개인의 가능성발견, 직업전

훈련 등을 포함한 자기이해와 적성탐색 그리고 개인이 갖는 직업성능과 직업이 요청하는 직업성능과의 비교검토가 필요하다. 거기에는 직업의 기술적 측면 뿐 아니라 장애인의 전인격적 훈련이 중요하다.

## 직업지도 02

학생들이 지니고 있는 직업상의 문제를 현실적이고 합리적으로 해결하고 직업적 발달을 촉진하기 위해 수행하는 생활지도의 대상이 되는 문제는 다음과 같다. ①직업적 준비과정에 관한 문제. ②직업의 선택과 결정에 관한 문제, ③직업의 세계에 대한 정보와 자료의 수집, 보관, 제공에 관한 문제 ④학생 자신의 직업적 적합성을 이해하는 것에 관련된 문제, ⑤직업적 능력을 발달시키는 것에 관련된 문제 등이다. 직업지도가 성공하기 위해서는 ①학생 개인에 대한 중요한 이해, ②직업자체에 대한 정확한 이해, ③양자의 상호관련성에 대한 합리적이고 현실적인 판단이 이루어져야 된다. 직업지도는 국가의 경제적 발달과 밀접하게 관련되어 있기 때문에 20세기 초반 이래 선진국에서는 활발한 활동과 연구가 이루어지고 있다. 이를 위해 직업명사전의 출간, 직업정도의 수집·개발·보급이 이루어져 오고 있으며 다양한 지도 방법을 개발하고 있다. 현장견학, 직업정보의 전시, 〈생업의 날〉 행사, 현장실습, 자유 토론회, 직업상담 등이 직업지도에 활용되고 있다.

## 직업지도원(vocational counsellor)

신체장애인의 갱생보호시설과 원호시설 등에 배치된 직종의 사람으로 작업지원으로도 부른다. 시설이용자의 취직준비 또는 자활에 필요한 직업상의 기능을 신체에 연결시켜 주는 것이 주 임무이다. 특별한 자격제도는 없고 실제의 취로경험을 하고 있어 한 가지 이상의 기능을 취득하고 있는 것이 요망되어지는 것에 불과하다. 미국에서는 이상의 조건에서 1년 이상의 수직경험을 주거나 일정의 재활과정을 수료하고 있는 등의 조건을 첨가하고 있다.

## 직업카운슬링(vocational counseling)

직업심리학의 주요한 응용영역의 하나로서 개인의 직업상의 결정과 적응을 원조하는 과정이다. 인사선발이나 인사배치가 통상 직업의 관점에서 이루어지는 과정인데 대해 직업카운슬링(직업상담)은 스스로의 캐리어선택을 위해 의사결정을 행하는 개인이 관점에서부터 이루어지는 과정이다. 직업카운슬링은 스스로 취로하고 싶은 직업을 선택하는 자유가 거의 없던 고대 및 중세에는 볼 수 없고 직업선택의 상대적 자유가 인정된 근대산업사회에서 탄생하게 되었다. 직업 카운슬링에 있어서는 직업에 관한 정보를 수집하고 체계를 부여하는 직업연구가 필요하다.

## 직업코치(job coach)

지원고용(supported employment)에 있어서 장애인들이 고용 상태를 유지할 수 있도록 직업 배치에서 사후 지도까지 지속적인 도움을 주는 전문인을 말하며, 고용 전문가(employment specialist)라고도 한다. 직업 코치의 역할로는 작업 수행 방법의 습득과 작업장에서 동료들과의 적응을 돕는 일, 작업장의 물리적 사회적 환경의 평가 및 조정, 고용주와의 임금협상 등 구체적으로 장애인의 직업재활을 돕는 일을 수행한다.

## 직업평가(vocational evaluation)

장애인의 직업재활 과정에서 가장 기본이 되는 단계로 직업적성, 직업흥미, 신체기능, 작업행동 및 성격 등 개인의 잠재적 직업능력을 파악하고, 각종 직업의 내용과 현장에 관한 폭넓은 정보를 제공함으로서 그들이 자신에게 적합한 직업진로를 스스로 설정하고 이를 실현하는데 필요한 서비스를 받을 수 있도록 지원하는 과정으로, 그 주요 목적은 ①피 평가자의 잠재적 직업능력과 한계 및 가능성을 측정하고, ②직업 재활에 도움이 되는 주변의 인적, 물적 자원 및 저해가 되는 요소들을 찾아내며, ③직업적 한계와 저해 요소들을 개선할 수 있는 방법과 정도를 예측하고, ④직업진로를 정하고 그것이 현실적으로 실현될 수 있도록 실행 계획을 작성하는데 있다.

## 직업훈련(vocational training) 01

직업인으로서 일정한 직무를 수행하는데 필수적으로 요구되는 직업적 지식(knowledge)과 기술(skill)을 제공해 주는 훈련의 조직적인 형태를 말한다. 특히 장애인의 직업훈련이 갖는 중요한 의미는 다음의 3가지로 생각해 볼 수 있다. 첫째, 경제적인 측면으로 장애인들이 경제적으로 자립할 수 있도록 함으로서 사회적인 부담을 경감시키는 한편 더 나아가서 납세자로서 사회에 기여할 수 있는 기회를 제공하며, 둘째, 인도적인 측면으로 장애를 갖고 있다는 이유로 해서 이들의 직업능력이 개발되지 않고 사장되는 일이 없도록 균등한 능력개발의 기회를 제공하고, 셋째, 치료적인 측면으로 직업훈련을 통해서 자신감과 정서적 안정을 도모하며 신체기능을 향상시킬 수 있는 기회를 제공한다.

## 직업훈련 02

근로자 또는 근로자가 되려는 사람들에게 직업에 필요한 기능과 지식을 습득시키기 위하여 조직적으로 실시된다. 근로자의 직업에 필요한 능력을 개발·향상시킴으로써 근로자의 직업안정과 사회적 경제적 지위 향상을 도모하고 나아가 사회발전에 기여하는데 그 목적이 있다. 우리나라의 직업훈련은 직업훈련기본법을 근간으로 운용되고 있다. 실시 주체에 따라 한국직업훈련관리공단을 중심으로 하는 공공직업훈련, 각 기업체에서 실시하는 사내직업훈련 및 노동부장관의 인가를 받아 실시하는 인정직업훈련이 있다. 훈련과정으로서는 기능사를 비롯하여 사무·서비스직 종사자, 감독자, 관리자 및 직업훈련교사를 양성하는 과정 등이 있다.

## 직업훈련기본법

1981년 법률 제 3507호로 제정된 법으로 근로자에게 직업훈련을 실시하여 그 능력을 개발, 향상케 함으로써 근로자의 지위향상을 도모하고 국민경제의 발전에 기여함을 목적으로 한다(동법 제 1조). 직업훈련의 기본원칙으로는 ①직업훈련은 근로자의 직업생활 전 기간을 통해 단계적, 체계적으로 실시 ②직업훈련은 교육법에 의한 학교교육과 산업사회와의 밀접한 관련하에 실시, ③여성직업훈련의 중시 ④중고령자 및 신체장애자에 대한 직업훈련의 중시 등의 제 원칙을 정하고 있다(동법 제 4조). 이 법에 의한 직업훈련시설의 종류는 공공직업훈련, 사업내직업훈련 및 인정직업훈련이 있으며 여기에서 양성훈련과 기능개발센터 중심의 향상훈련, 능력개발훈련을 실시한다. 또 사업내직업훈련을 실시할 경우에는 사업주가 직업훈련분담금을 지급하도록 하고 있다.

## 직업훈련수당(vocational training allowance)

공공직업훈련시설에서 행하는 직업훈련을 받는 탄광이직자에 대해 지급되는 수당. 더구나 고용대책법은〈구직자의 지식 및 기능습득을 용이하게 하기 위한 급여금〉으로서 훈련수당의 지급을 정하고 있다. 훈련수당은 구직자로서 중고연령실업자 등 구직수첩의 발급을 받고 있는 자. 실업대책사업의 실업자 등이 공공직업안정소의 지시에 따라 직업훈련을 받는 경우에 기본수당, 기능습득수당, 기숙수당이 지급된다.

## 직업훈련시설(vocational training institution)

직업훈련기본법(1981년 법률 제3507호)에 의한 직업훈련시설에는 공공직업훈련원, 사업 내 직업훈련원, 인정직업훈련원의 세 종류가 있으며, 이 외에 근로복지공사 산하에 산업재활원을 두고 장애인 등에 대한 양성훈련 등을 행하고 있다. 직업훈련원에서 기능개발센터를 중심으로 향상훈련, 능력개발훈련을 맡아 실시하고 있다. 단 공공직업훈련은 한국직업훈련 관리공원의 설립(1983. 3. 18)과 직업훈련기 본법 시행령의 개정으로 국가, 지방자치단체 그리고 한국직업훈련관리공단이 실시할 수 있도록 되어있다.

## 직원개발(staff development)

직업상 현존하고 변화하는 요구를 충족시키기 위해 직원의 능력을 높일 수 있도록 고안된 조직 내의 활동과 프로그램. 이러한 활동은 단기현임 교육반(short − term in − service training classes), 관련정부의 배포, 집단회합, 외부 고문이나 강사의 초빙, 조직 외부의 회합과 훈련 프로그램에 특정 피고용인들을 참여시키기 위해 투자하는 것 등이다. 직원개발은 보통 고용조직의 직업 특성상 요구와 관계가 깊지만 역시 광범위한 기능을 하며, 직원의 경력과 기회를 증진시키고자 한다. 메이어(Carol H. Mayer)에 따르면 직원개발의 잠재적 기능은 조직이 유능한 직원을 끌어들이고 유치하며, 조직을 명확히 하고, '인간화(humanize)' 하려는 것이라고 본다. 직원개발은 학문적인 신용장(신용증서)을 수여하지 않는다는 점에서 전문교육과는 구분되며, 참여자는 각기 다른 정도의 수준을 갖고 있다.

## 직원회의(staff conference)

직원회의는 직무를 기본으로 한 직장조직으로서 상호연락조정을 도모하고, 직원전체의 협의, 의사결정기관으로서 시설운영기구보다 좀 더 중요한 부분이다. 직원회의는 기본적으로 전 직원의 참가가 있어야 하나 직원규모의 비대와 변칙근무로 전원참가가 곤란한 경우에는 대표제로서 실시하고 있다. 공통된 정보를 전하고, 계획·실시·평가·조건 정비에 관해 협의하고 방침을 결정하여 협동의 합의를 행하는 역할을 갖는다.

## 직위(position)

한 사람의 조직구성원에게 부여할 수 있는 직무와 책임을 말한다. 여기서 직무는 각 직위에 배당된 업무이며, 책임은 공무원이 직무를 수행하거나 타인의 직무수행을 감독할 의무를 뜻한다. 직위란 한사람의 구성원이 맡아 수행할 일의 단위이기에, 일반적으로 직위의 수와 직원의 수는 일치하게 된다.

## 직위분류제(position classification system)

조직내의 직위를 각 직위가 내포하 고 있는 직무종류별로 분류하고, 또 직무수행의 곤란성과 책임성에 따라 직급별·등급별로 분류하여 관리하는 인사행정 제도를 말한다. 사람을 중심으로 하여 공직구조를 형성하는 계급제와는 달리 직무의 특성이나 차이를 중심으로 하여 공직의 구조를 형성하는 직무 지향적 제도(job − oriented career system)이다. 직위분류제를 채택하고 있는 나라는 미국 을 비롯하여 캐나다·파나마·필리핀·호주·뉴질랜드 등이다.

## 직위해제 01

직위해제는 직무수행능력이 부족하거나 근무성적이 극히 불량한 자, 징계의결이 요구중인 자, 형사사건으로 기소된 자 등에 대해 임용권자가 공무원으로서의 신분은 보존시키되 직위를 부여하지 않는 임용행위를 말한다. 임용권자는 특정 공무원의 직무수행능력이 부족하거나, 근무성적이 불량한 자 등에 대해서는 3개월 이내의 기간 대기를 명하게 되며, 대기명령을 받은 자에 대해는 능력회복을 위한 교육훈련 등 특별한 조치를 취하여야 한다. 그리고 직위해제의 사유가 소멸하면 임용권자는 지체없이 직위를 부여해야 한다. 그러나 이 기간 중 능력의 향상 또는 개전의 정이 없다고 인정된 때에 임용권자는 직권면직을 통해 공무원의 신분을 박탈할 수 있다.

### 직위해제 02

공무원에게 직위를 계속 유지시킬 수 없다고 인정되는 사유가 발생한 경우 그 직위를 해면(解免)하는 임용행위. 직위해제는 공무원에 대한 불이익처분의 하나이므로 ①직무수행능력이 부족하거나 근무성적이 극히 불량한 자, 또는 공무원으로서 근무태도가 심히 불성실한 자 ②〈징계〉의 의결이 요구중인 자 ③형사사건으로 기소된 자 ④소속부하에 대한 지휘와 감독능력이 현저히 부족하다고 인정되는 자에 대해서만 할 수 있다.

### 직장사회사업(occupational social work)

고용인 원조계획(EAPs : employee assistance programs)이나 직장의 알코올중독 프로그램처럼 고용주가 기금은 낸 프로그램을 통해서 직장에서 벌이는 전문봉사. 고용인에게 여러 가지 봉사(결혼이나 가족문제까지 포함)를 하고, 정서적인 문제, 사회관계의 갈등이나 개인적인 문제들을 도와줌으로써 그들의 인간적, 사회적 욕구를 충족시켜주는 것을 목표로 삼고 있다. 직장사회사업은 개인적인 임상활동뿐 아니라, 거시적 실천(macro practice)(가령 고용인 집단을 대신한 조직의 중재 등)에 속할 수 있다. 사회사업가들은 이 용어를 산업사회사업(industrial social work)과 비슷하게 쓰고 있다.

### 직장폐쇄(lock out)

사용자가 노사협상에서 자신의 주장을 관철시키기 위해 일정기간 동안 직장 문을 닫아 버리는 것을 말한다. 직장폐쇄 기간 중에 근로자들은 작업장 내 출입이 일체 금지되며 임금도 받지 못한다. 이 조치는 노사 간에 분쟁이 있을 때에만 가능하며 사용자가 휴업수당 등을 지급하지 않으려고 직장폐쇄를 할 경우에는 인정되지 않는다. 노조 측에서 사용자측에 맞서 싸울 수 있는 가장 강력한 행위가 파업이라고 한다면 직장폐쇄는 노사 간 분쟁이 있을 때 사용자측이 행사할 수 있는 최대한의 무기라고 할 수 있다. 그러나 일부 학자들은 현행 헌법에서 근로자의 단체행동권만을 인정하고 있으므로 사용자의 직장폐쇄는 당연히 폐지되어야 할 독소 조항이며 만일 직장폐쇄를 하더라도 그 기간 동안 임금은 지급되어야 한다는 주장을 한다.

### 직접강제

행정상 작위·부작위의 의무자가 의무를 이행치 아니하는 경우에, 직접적으로 의무자의 신체 또는 재산에 실력을 가함으로써 행정상 필요한 상태를 실현하는 작용을 말한다. 가령 예방접종을 받아야 할 사람이 그것을 받지 아니하는 경우에 실력으로써 예방접종을 행하며, 금지에 위반해 영업을 하는 장소를 실력으로써 폐쇄하는 것과 같다. 의무불이행을 전제로 하는 점에서 그것을 전제로 하지 않는 행정상의 즉시강제와 구별 된다. 우리나라에서는 신체의 자유 또는 재산에 중대한 제한을 직접 가하는 이러한 직접 강제는 인정하지 않고 있다.

### 직접보호

갱생보호의 한 방법으로 수용보호와 귀주보호의 두 가지 방법이 있으며, 갱생보호의 대상자 중 주거가 불분명하거나 친족. 연고자들로부터 원조를 얻을 수 없는 경우에 자활촉진을 위한 ①취업알선 ②직업보도 ③생활도구의 대여 ④신원보증 ⑤구호단체 또는 독지가의 의탁·알선 ⑥귀주알선 ⑦ 부설사업장의 취업 ⑧ 단기의 숙박 또는 식사제공 등을 수행한다. 시설에 수용할 때에는 성년, 미성년과 남녀를 구분해야 한다. 피보호자에 대한 숙박 또는 식사부 숙박의 제공은 6개월을 초과할 수 없다. 단 필요하다고 인정할 때에는 3개월을 초과하지 아니하는 기간에 한하여 1차 연장할 수 있다.

### 직접비

직접적으로 각 제품에 부과되는 원가요소를 말한다. 원가요소란 원가계 산상 계산의 대상이 되는 최초의 요소를 말한다. 직접비와 대조되어 정의되는 것이 간접비인데 이것은 어느 배부기준에 따라 각 제품에 배부되는 원가요소이다. 그러나 이 둘의 구별이 뚜렷한 것은 아니며 계산의 편의나 금액의 중요성에 따라 다르게 처리한다. 직접비의 일반적 성질은 비례원가적 형태를 가진다는 것이고 이에 따라 보통 직접비와 간접비의 구별을 추적가능성에서 구한다. 즉 특정제품에 기여한 것으로 추적가능 한 것은 직접비로 하고 그렇지 아니한 것은 간접비로 한다.

### 직접세(direct tax)

조세법상 납세의무자와 실제의 조세부담자가 일치하는 조세를 직접세라 한다. 이에 반해 간접세는 조세부담이 납세의무자로부터 다른 곳으로 전가되는 것이 예상되는 조세를 말한다. 직접세에는 소득세, 법인세, 상속세, 토지초과이득세, 자산 재평가세, 부당이득세 등이 포함되며, 간접세에는 부가가치세, 특별소비세, 주세, 증권거래 세, 전화세 등이 포함된다.

### 직접실천(direct practice)

클라이언트를 대신해 전문적 활동을 지시하기 위해서 사회사업가가 사용하는 용어를 말한다. 여기에서는 개인적인 접촉과 사회서비스를 구하는 사람들에 대한 즉각적 영향을 통해서 목표가 달성한다. 이것은 간접활동(indirect practice)(사회목표를 달성하거나 인간의 기회 발전을 목표로 삼는 활동)과 구분되어야 한다.

### 직접영향(direct influence)

클라이언트에게 특별한 형태의 행위를 촉진하고자 시도하는 개별사회사업(social casework) 또는 임상사회사업(clinical social work)의 치료절차를 의미한다. 조직적으로 주의 깊게 행하여지며, 특히 클라이언트 자신의 목표에 가장 잘 도달할 수 있는 방법에 대해 제안이나 충고를 한다.

### 직접적 치료(directive therapy)

재활세팅에서의 사회사업가가 상담 중에 클라이언트에게 충고나 제안 및 자원에 대한 정보를 제공하고 좀더 효과적인 행동을 위해 처방전을 주는 접근 방법이다. Mary Richmond는 직접적 치료를 클라이언트와 사회사업가간에 직접적으로 일어나는 과정으로서 이때 사회사업가의 활동은 주로 클라이언트의 주관적 사실, 감정 등에 관계한다고 보는 반면 Gordon Hamilton은 직접적 치료를 고도의 면접기술을 활용하며 사회사업가 — 클라이언트간의 관계를 통해 전이(transference), 명확화 및 통찰의 제 기법을 사용하여 문제를 해결하려고 시도하는 케이스 워크의 한 방법으로 보고 있다.

### 직접질문(direct questions)

어떤 주제(topic)에 대해 언급을 강요하는 질문(questioning)이다. 때로는 클라이언트가 그 답을 회피하거나 최소화하기를 바랄 때 그 답을 얻기 위하여 이러한 질문을 하기도 한다. 직접질문은 폐쇄적일("당신은 이번 주에 술을 마셨습니까?") 수도 있고, 개방적일("얼마나 술을 마시면 취합니까?") 수도 있다.

### 직접처우(direct treatment)

케이스워크에서 간접처우와 대치되는 용어로서 사회사업가 대 클라이언트 관계를 통해서 직접적으로 제공되는 서비스 전체를 말하는 것이다. 그러나 수용시설의 관리규정에 직접처우직원이라는 표현이 있듯이 시설처우에서도 자주 쓰이고 있다. 이 경우의 직접처우란 수용보호자의 문제에 따라 다르기는 하지만 기본적 생활습관의 지도, 생활문제에 대한 상담. 조언 등 서비스제공자가 대상자에게 직접 행하는 생활원조를 말한다. 이것은 시설처우의 기초를 이루는 것이다. 이 서비스는 보통 보모, 사감, 지도원, 간호사 등에 의해 이루어진다.

### 직종지정(designated employment)

일정의 직종을 지정하는 것을 말한다. 고용보험법에서 노동부장관이 정한 주조, 판금, 제관, 금속, 용접, 도금, 전기 공사, 건축, 배관, 건설기계운전, 도장 직종에 관련된 공공직업훈련을 받는 수강자에 대해 특정직종 수강수당이 지급된다. 또 노동부장관은 신체장애인의 능력에 적합하다고 인정되는 직종을 선정하도록 하고 있다.

### 직책

한 직위에 부여된 직무와 책임을 말한다. 여기서 직무는 각 직위에 배당된 업무 를 말하며, 책임은 공무원이 직무를 수행하거나 타인의 직무수행을 감독할 의무를 뜻한다.

### 진단(diagnosis) 01

한 질환을 다른 질환으로부터 가려내는 기술 혹은 어떤 질환의 성질을 확정하는 것이다. 의료적 측면뿐 아니라 사회적 및 심리적인 문제를 규정하고 원인을 강조하며 해결을 명확히 하도록 하는 일련의 과정을 일컫는다. 사회사업초기에는 진단이 치료와 조사에 이어서 3대 주요 과정 중의 하나로 인식되어져 왔다. 진단이라는 용어가 의료적 의미를 내포하고 있기 때문에 사회사업에서는 이를 문제사정(problem assessment)으로 부르기도 하는데, 진단은 '원인을 강조하고 발견하는 과정'으로 문제사정은 관련된 정보를 진단에 더 첨가하는 것으로 볼 수 있다. 진단의 과정은 크게 역동적 진단과 원인론적 진단 및 임상적 진단으로 나눌 수 있다. 역동적 진단은 클라이언트 성격의 여러 측면이 어떻게 상호작용하는가 하는 점을 검토하게 된다. 또 클라이언트와 타인과의 상호작용을 보며, 하나의 체계 중 일부분의 변화가 어떻게 다른 부분에 영향을 미치는가를 이해하기 위해서 체계 내의 상호작용을 살펴보게 된다(가족 내 상호작용의 역동성은 가족진단의 대부분을 차지하므로 특히 중요하다). 원인론적 진단은 문제의 요인이 상호작용 내에 있는지, 현재까지 영향을 미치는 과거의 사건에 있는지, 혹은 클라이언트 딜레마의 원인에 있는지를 찾아내고자 하는 것이다. 임상적 진단은 클라이언트의 여러 가지 기능하는 측면들을 분류하려는 노력이다. 한편, 현재 서울장애인종합복지관에서 진단에 참여하는 전문가로서는 재활의학 전문의, 사회사업가, 임상심리사, 특수교사, 언어치료사, 직능평가사 등이 있다.

### 진단 02

(의학적일 뿐만 아니라 사회적, 정신적인)어떤 문제와 그 근본적인 원인을 증명하고 해결책을 공식화하는 과정. 초기의 개별사회사업에서 이 말은 조사, 치료와 함께 세 가지 중요한 과정의 하나였다. 근래에는 흔히 '진단' 이라는 용어에 수반되는 의학적으로 함축된 의미 때문에 이 과정을 사정(assessment)이라고 부르기를 좋아하는 사회사업가들이 많다. 다른 사회사업가들은 진단을 기초적 원인을 탐구하는 것으로, 사정을 적절한 정보수집과 더 관계가 많은 것으로 여긴다.

## 진단범주(diagnostic category)

진단은 어떤 상태를 전부 안다는 의미를 내포하고 있지만 원래 진단의 목적은 치료나 원조를 보다 적절히 하고 효과를 높이기 위한 과정의 하나이다. 따라서 개별적 존재인 케이스에 관해 공통되는 부분이나 법칙을 일정한 틀로 분류할 필요가 있다. 펄만은 케이스워크를 인간, 문제, 상황의 형태로 보아 ①임상적 진단 ②원인론적 진단 ③역동적 진단의 방법으로 유형화하고 있다.

## 진단적 평가(diagnostic evaluation)

일련의 교육활동을 시작하기에 앞서, 그 교육활동에서의 성공적인 학습을 위해 요구되는 학생들의 적성과 선수학습에 있어서의 학습결손·경험배경·성격특성 등을 체계적으로 조사함으로써 그 교육활동에서의 학습 성취율을 증진시키려고 하는 평가활동. 이 평가방법은 다음과 같은 세 가지 형태로 분류될 수 있다. ①어떤 교과나 단원의 학습을 위하여 선수되어야 할 것으로 판단되는 특정 출발점 행동을 학생들이 제대로 갖추고 있는지를 확인하는 것을 목적으로 하는 형태를 말한다. ②어떤 교과나 단원의 수업목표군의 상당한 부분을 이미 충분히 습득했는지를 밝힘으로써 학습의 중복을 피하게 하기 위한 형태, ③교과나 단원의 특수성 및 예상되는 수업방법 등에 비추어, 학생들의 흥미·성격 특성·신체적 − 정서적 특성·경험배경·적성·과거의 학력 등을 밝힘으로써 효과적인 학생 배치, 예상되는 학습장애나 학습곤란에 대한 사전대책의 수립 등을 목적으로 하는 형태를 들 수 있다.

## 진단주의 사회사업학파
## (diagnostic school in social work)

정신역학적, 사회변동 이론과 통찰지향적 치료과정을 강조한 사회사업 지향자들에게 붙여진 명칭. 처음에 이 용어는 이러한 사회사업가 진단을 기능주의 사회사업학파(functional school in social work)와 관련된 전문가들과 구별하기 위해서 사용되었다.

## 진단주의 케이스워크(diagnosis casework)

케이스워크 이론의 하나이다. 사회사업가 입장에서의 처우를 중요시하며 케이스워크의 원조과정을 이들의 과정으로 체계화한다. 특성은 1920 − 30년대 프로이드(Sigmund F.)의 심층심리학, 정통정신분석학 개념을 적극적으로 받아들여 의존하는데 있다. 케이스워크 이론의 주류를 차지하고 있다.

## 진로지도(guidance for career direction)

사회복지시설에서 처우의 일환으로 취급되는 진로지도에는 진학지도에는 진학지도나 취업지도가 포함된다. 진학지도에는 보다 고도의 교육단계로 나아가려는 개인에게 적절한 방향성을 제시하고 또 취업 지도에는 적성에 합당한 직업에 취업할 수 있도록 지도·조언하는 것이다. 이것들은 모두 가이던스의 일종이며 적성과 능력의 진단 진학 이전의 학교에 관한 정보수집 등을 전제로 상담·지도, 의지결정 등의 국면이 포함된다.

## 진료과정

건강보험에 있어서 진료하는 과정으로서 진찰에서부터 퇴원하기까지의 전 과정에 걸친 것을 말한다. 여기에는 진찰과 검사, 투약, 주사, 진료재료의 공급, 입원 등이 포함되며 그 외에 심야진료와 야간 응급 구호센터, 치과진료의 과정을 새로이 생각해 볼 수 있다.

## 진료자수 및 치료일수

조사대상기간(2주간) 동안 0세 이상 유병자를 대상으로 하여 치료방법 및 치료 기간을 조사하여 작성한 지표이다. 진료자수는 유병기간중 병·의원 치료를 1회 이상 받은 사람수이며, 병·의원이란 종합병원, 일반병·의원, 치과병·의원, 보건소 등을 말한다. 1인당 치료일수는 병·의원치료를 1회 이상 받은 사람의 총 치료일수를 병·의원 진료자수로 나누어 산출한다.

## 진료지역권

의료자원의 효율적 활용을 도모하고 지역 및 의료기관간의 적정·균형적인 발전을 도모하기 위해 지역권을 나누어 진료지역권 내에 있는 요양기관을 이용하게 하는 것을 말한다. 현행 우리나라의 진료지역권은 경인, 강원, 충남, 충북, 전남, 전북, 경남, 경북 등 8개의 대진료권과 140개의 중진료권으로 구분하고 있다. 근무지와 거주지가 다른 피보험자는 조합의 인정에 의해 피보험자 중에 2개의 진료지역이 표기되며, 피부양자와 함께 2개의 진료지역에서 진료받을 수 있다. 구급환자나 당해지역내의 의료시설에서는 치료가 불가능한 경우, 해당진료권 내에 있는 병·의원에서 인정하면 타 지역진료가 승인된다. 기타 조합으로부터 사전승인을 얻은 때도 가능하다. 타 진료지역 승인은 조합에서 '타 진료지역사전승인서'를 발급받아야 한다.

## 진리(truth)

사태를 있는 그대로 파악한 인식, 판단 명제가 갖는 특질. 그 반대는 〈위(僞)〉 또는 〈오류〉이다. 그것은 〈관념(사고)과 사물(존재)과의 일치〉라고 일컬어지는데, 그 경우에 이것을 〈사물에 대한 관념의 일치〉로 보는 반영론과 그와는 반대로 〈관념에 대한 사물의 일치〉로 보는 구성론이 있다. 일반적으로는 전자는 의식으로부터 독립해 있는 객관적 실재를 인정하는 입장에서 출발하는 유물론의 진리 개념이며, 후자는 사물의 세계를 의식 또는 정신에 의해 구성 또는 창조된 것으로 보는 관념론의 진리 개념이다.(중세의 스콜라학파, 가령 토마스 아퀴나스 등에서도 경험적인 지식을 외계의 모사로 보는 일종의 반영론을 볼 수 있는데, 그러나 이 외계 자체가 사실은 신의 창조이며 이데아의 반영이므로 이것도 근본적으로는 관념론에 귀착된다). 이러한 진리 개념 외에 관념과 관념의 내적인 정합성 속에서 진리를 구하는 견지도 있다. 이 경우에 이 합성을 보증하는 것으로는 형식논리학의 여러 법칙이 있는데, 이것만으로는 진리를 위한 불가결한 조건이 되는 것에 그치고 결코 충분한 조건이 될 수는 없다.

### 진실험(true experiment)

실험집단과 비교집단의 동질성을 확보하여 행하는 실험을 말한다. 즉 실험대상을 무작위 배정(random assignment)하여 비교집단(control group)과 실험집단 간에 동질성을 확보한 뒤, 두 집단의 결과변수(outcome variable) 상에서 나타나는 차이를 실험처리(treatment)의 효과로 추정하는 실험방법이다. 진실험은 집단간의 비동 질성으로 인한 내적 타당성의 여러 문제를 극복하게 해주나, 외적 타당성의 문제와 실행 가능성의 문제를 야기할 가능성이 높다.

### 진정(petition)

국가 또는 지방공공단체의 기관에 대해 특정사항에 관해 적절한 조치를 받고자 그 실정을 호소하는 것을 말하지만 실질적으로는 청원과 같다. 그러나 청원에 관해서는 헌법 제26조에서 국민의 청원권을 보장하고 국회에 대한 청원은 국회법, 지방의회에 대한 것은 지방자치법에 규정되어 있다. 그 밖의 일반법으로는 청원법이 있다.

### 진정제(downers)

깊은 이완상태를 유도하기 위하여 어떤 약의 남용자가 흔히 사용하는 신경안정제(barbiturates) 또는 중추신경 진정제를 일컫는 속어 또는 은어. 진정제에 너무 의존하는 남용자는 가끔 내성(tolerance)을 높이기도 한다.

### 진지(genuineness)

성실과 정직, 즉 효과적인 치료적 관계의 발달에서 하나의 중요한 성실, 진지함이란 클라이언트에게 겸손하고, 효과만을 의식하기보다는 오히려 정직하게 말하며, 개인의 한계를 인식하고, 오직 성실한 확신을 제공하는 것 등을 말한다.

### 진폐증 보상프로그램(black lung program)

지하 갱에서 일하다 걸리는 결핵 계통의 질병으로 불구가 된 광부를 위해 연방정부가 규제하는 노동자 보상프로그램. 이 프로그램의 재원은 주로 탄광업주들이 내는 세금으로 조달된다.

### 진행성근위축증 (progressive muscular atrophy and dystrophy)

척수에서 나오는 운동 신경섬유에 퇴행변성이 일어나 진행성의 근위축을 일으키는 병으로서 주로 요근, 상퇴근, 배근, 상박근, 안면근 등을 침해한다. 좌우대칭으로 서서히 진행하여 탈력, 운동장재를 수반하면서 근육이 위축되어간다. 발생은 유전적으로 나타나고 남아의 발현율은 여아의 약 3배이다. 유년기에 보행장애로 발견되는 일이 많고 서서히 진행하여 전신에 미친다. 확실한 치료법은 없으며 20세 전후에 사망하였으나 근년에는 생활수준의 향상으로 수명이 늘어났다.

### 진화론(theory of evolution, Evolutionstheorie)

유기적 자연의 발생 및 발전에 관한 과학적 이론을 말한다. 즉 생물의 종류가 간단한 것에서 복잡한 것으로, 저급한 것에서 고급한 것으로 변화·발달할 뿐 아니라 생물의 종류는 영구불변하지 않고 대를 이어감에 따라 진화한다는 이론을 말한다.

### 질(quality)

성질이라고도 한다. 양(量)과 반대는 말. ①기본적인 카테고리의 하나. 〈어떠한〉이라는 물음에 대응하는 사물의 존재 양태. 질은 양적 규정을 가질 수 있는 것이지만, 양적 규정이 변화해도, 어떤 한도 안에서는 질은 변하지 않는다. 질은, ⓐ감각적(색·맛·향기 등과 같은), 비감각적(교양이 있는, 현명한 등과 같은)인 대상의 개개의 측면을 가리키는 경우와, ⓑ이와 같은 몇 개의 질이 모여서 전체로서 어떤 대상을 다른 대상과 구별하는 규정성이 있는 것을 가리키는 경우가 있다. 자본주의의 질, 사회주의의 질 등과 같이 말해지는 것은 후자의 경우이다. 기계적 유물론은 질적 차별을 양적 차별로 환원시키는 경향이 있는데, 변증법적 유물론은 물질의 각 발전 단계에 고유한 질이 있다는 것을 주장하는 동시에 또 다른 한편으로는 질을 단지 주관적인 것으로 보는 관념론에 반대해, 질적 차별의 객관성을 인정한다. 또 ②사물의 가치적 차별을 질적 차별이라고 말하는 경우도 있고, ③논리학에서는 판단이 긍정판단이냐 부정판단이냐의 차별을 판단의 질이라고 한다.

### 질문(questioning)

사회사업 면접에서 가장 기초적인 도구. 사회사업가는 이러한 질문을 체계적으로 진행하여 클라이언트에게서 정보, 환류, 정서적 표현 등을 알아낸다. 사회사업가의 질문 과정은 클라이언트에게 초점을 맞추고 작업관계(업무관계)(working relationship)를 지향하고 있으며, 클라이언트로서는 자기 이해를 발전시키고 새로운 기술과 통찰력을 배우는 매개수단이 되기도 한다. 질문은 면접의 장단기 목적에 따라 여러 형태가 있다.

## 질문지법(questionnaire method) 01

질문지를 피조사자에게 배포해 피조사자 자신이 읽어서 자신이 회답을 기입하는 자계식 조사법으로 여기에는 우송조사, 집합조사나 배포조사 등이 활용된다. 조사법의 장점은 질문지를 배포하고 회수하는 방식이어서 면접을 생략해 그것에 소요되는 시간, 노력, 비용을 절약할 수 있고 또 면접조사법의 경우에 일어날 수 있는 면접원의 편견을 피할 수 있다는 점 등이다.

## 질문지법 02

연구 및 평가에 있어서의 자료수집의 방법으로 어떤 문제에 대해 계획적으로 작성된 일련의 기술된 질문에 대해 필답으로 응답하게 하는 방법이다. 처음 질문지를 사용한 것은 1880년 갈턴(F. Galton)이었으며 그 후 홀(G.S. Hall)이 연구 및 평가의 도구로 발전시키고 보급시켰다. 질문지의 용도는 크게 두 가지로 분류할 수 있다. 그 하나는 사실발견에 관한 질문으로서 가령 연령·가족수·직업·출생지와 같은 것을 알아보는 질문이고 다른 하나는 의견·판단·태도·감정과 같은 자아관여에 관한 질문으로, 가령 교사에 대한 태도, 한글전용에 대한 의견, 학교에 대한 감정에 관한 것 등을 알아보는 질문이다. 질문지는 응답형식에 따라 구조적 질문지(structured questionnaire)와 비구조적 질문지(unstructured questionnaire)로 나누고 있다. 전자는 선택지를 주고 이 선택지 중에서 선택을 하게 하는 방법, 또는 선택지에 기호나 서열을 붙이게 하는 방법이며, 후자는 자유반응적 질문(free response)의 형식을 말한다.

## 질병관리본부

각종 질병의 원인 규명을 위한 연구와 보건·복지분야 종사자의 교육훈련을 실시하는 국립기관. 각종 질병의 원인을 규명하기 위한 연구와 보건·복지 분야 종사자를 훈련교육 하는데 역점을 두고 있다. 조직은 본부장 아래 전염병관리부(방역과·예방접종과·에이즈, 결핵관리과·생물테러대응과), 질병조사감시부(검역관리과·역학조사과·질병감시과·만성병조사과), 국립보건 연구원(기획연구과·세균부·바이러스부·생명의학부·유전체연구부), 국립검역소(인천공항·기타 12개 검역소) 등으로 구성되어 있다. 보건·복지요원의 훈련, 전염병 및 특수질환에 관한 조사·연구·평가 업무를 관장하는데, 전염병에 관한 조사연구 업무는 전염병의 전파 방지·효과적인 예방 진단 치료법의 개발·신종 전염병 발생에 대비하는 것이고, 고혈압·당뇨병 등 비전염성 질환에 대한 업무는 간편한 진단방법의 개발, 효율적 치료법의 연구개발, 효과적 예방방법의 모색 등이다. 이밖에 유전자원은행 설치 및 운영·질병유전자 분석 기술 개발 등의 일을 하는 인간유전체 실용화 사업을 하고 있다.

## 질병보험(sickness insurance) 01

질병을 사고로 하는 보험을 말하며, 건강보험과 같은 의미로 사용된다. 급여의 주된 것은 질병으로 출산의 경우 의료급여와 노무불능에 따른 상병수당금이다. 사회보험의 경우 그 비용도 노동자, 사업주, 국가 또는 지방공공단체가 분담하는 것이 보통이다. 사보험으로서의 질병보험도 있다. 이 경우 보험자는 민간 기업이고 가입은 임의이며 급여도 보험료에 따른 계약에 의해 결정된다.

## 질병보험 02

피보험자가 병에 걸렸을 경우 치료비, 입원비, 수술비 등을 지불하는 보험. 대개 이 보험은 피보험자가 일정기간 이상 입원하였을 경우는 입원급부금을, 불의의 사고나 병환으로 수술을 받았을 경우엔 수술급부금을 지불한다는 등을 내용으로 하고 있는 것이 일반적이다.

## 질병편력(flight into illness)

치료가 거의 끝난 클라이언트가 갑자기 표출된 문제(pre‑senting problem)의 새로운 징후를 보이는 것으로, 임상사회사업과 다른 심리치료 부문에서 흔히 보이는 현상. 이것은 사회사업가에 대한 클라이언트의 의존성(dependency)이나 전이(transference) 경험의 표현이라고 여겨진다.

## 질식(apnea)

호흡기의 비정상 상태로, 보통 일시적인 호흡정지를 일으킨다. 유아에게 나타나는 이러한 비정상은 죽음을 부르기도 한다.

## 질적 연구(qualitative research)

개인, 집단 조직 또는 지역사회에 대해 귀납적이고, 면밀한 비수량적인(nonquantitative) 조사를 하는 체계적 조사방법론이다.

## 집계분석(tabulation)

현지조사에서 얻어진 자료를 통계적 또는 사례적으로 분석하기 위해 행해지는 작업 내지 과정을 말한다. 통계적 분석을 위한 집계의 과정은 조사표의 기입내용을 점검하는 에디팅, 회답을 분류해 부호화하는 코딩 그리고 집계제표의 3개 과정으로 된다. 통계표에는 하나의 표식에 관해 도수를 나타내는 도수분포표, 둘 이상의 표식의 조합에 관해 도수를 나타내는 상관표가 있다. 이와 같은 집계 분석은 제표, 작도, 그래프화 된다.

## 집계제표기술

조사표를 집계해서 통계표의 형태로 완성시키는 작업을 말한다. 통계표에는 하나의 지표에 관해 도수를 표시한 도수분포표와 2개 이상의 표식조합에 관해 도수를 표시하는 상관표가 있다. 전자를 만드는 것을 단순집계, 후자를 만드는 것을 크로스집계라 한다. 집계제표의 방법은 획선법, 카드법, 펀치카드법, 전기법 등에 의한 수집계에 의한 것과, 컴퓨터 등을 쓰는 기계집계에 의한 것으로 크게 나누어진다.

### 집단(group) 01

동일한 관심을 갖고 모여 일관되고 획일적인 활동을 할 수 있는 사람들의 집합. 집단의 주요 유형에는 회원들이 친밀한 관계를 유지하고 광범위한 특징과 상호작용을 공유하는 일차 집단(primary group) 및 회원들이 대면적인 접촉을 드물게 하거나 결코 하지 않으며 비개인적으로 제휴되어 있고 단지 하나 또는 약간의 특징과 공통관심사를 공유하는 이차 집단(secondary group)이 있다. 집단의 다른 유형으로는 일회성 집단(single — session group), 주제집단(theme group) 및 마라톤 집단(marathon group) 등이 있다.

### 집단 02

우리나라는 성원의식을 갖고 실질적인 상호작용이나 정신적 소속감을 유지하는 사람들의 집합체, 단순한 사람들의 모임과는 근본적으로 다르다. 집단이란 반드시 성원들의 실질적인 상호작용을 수반하는 것은 아니지만 공동관심·공동목표를 갖고 의사소통을 하는 사람들로 구성된다. 특히 의사소통과 상호관계의 정도, 성원간의 유사성, 집단의 크기, 성원의 통제방식 여하에 따라 집단의 성격이 결정된다. 집단은 사회조직의 단위이기도 하다.

### 집단 03

사회심리학적으로는 상호의존적 관계에 있는 복수개체의 모임을 말하며 단순한 개체의 모임인 집합(aggregate)과는 구별된다. 집단으로서의 조건은 ①성원들 간의 목표의 공통성 ②목적달성을 위한 상호 의존성의 인지 ③상호작용의 지속성 ④역할분화에 따른 분업과 협력 체계 성립 ⑤규범의 성립 ⑥동료의식의 성립 등을 들 수 있으나 실제로는 이들 조건의 충족정도에 따라 여러 형태의 집단이 있다. 집단에는 상호작용이 직접적이고 심리적 일체감이 있는 1차적 집단과 특정한 목적을 위해 형성된 비교적 상호작용이 간접적인 2차적 집단 집단의 목표·구조·규칙 등이 사전에 설정되어 성원을 구속하는 공식집단과 성원간의 심리적 관계를 바탕으로 자연발생적으로 만들어지는 비공식집단 또 성원이 실제로 소속되어 있는 성원집단과 소속유무에 관계없이 스스로를 관련시켜 그 규범의 영향을 크게 받는 준거집단 등이 있다.

### 집단 04

관련집단(DRGs) 의료(건강)보험 환자에 대한 의료 및 병원치료의 비용을 통제하기 위한 연방위임 지출기구를 일컫는 용어를 말한다. 이 제도는 건강보호재정국이 관리한다. 노인의료보호 환자의 병원치료에 대한 지불은 467개의 분리된 장애종류에 기초하거나 혹은 진단관련 집단에 근거하여 환자의 입원 허락, 수술필요 여부에 따라 선불이 결정된다. 그리고 어떤 경우에는 말썽이 생기기도 한다. 적절한 부가적 요인을 지닌 간 범주의 병은 균일가격으로 균등해진다. 만일 치료비가 선결가격을 넘으면, 병원 쪽이 초과분을 감당할 것이며, 만일 선결가격보다 낮으면 병원 쪽이 그 차액을 가질 것이다. 이것은 기간이 짧은 병원가료, 입원가료에 대해 덜 광범위한 서비스를 독려할 것이며 또 재입원가료의 가능성을 줄였다.

### 집단 05

집단이란 어떤 목적을 달성하기 위해 구성원 사이에 상호작용(interaction)을 하며, 이러한 상호작용을 통해 이해(利害)를 함께 나누는 조직체를 말한다. 인간의 행동은 집단과 분리해서 이해할 수 없는 바, 특히 공동의 이익을 기초로 하여 결집한 이익집단은 정책결정 과정에서 중요한 역할을 수행한다. 이러한 관점에서 집단이 론가(group theoriests)들은 정치학이란 결국 집단행태의 연구라고 주장한다.

### 집단간의 집단지도(intergroup work)

지역사회 조직에 있어서 주요기술의 하나이며 W. I. 뉴스릿터의 연구 그룹에 의해 체계화되었다. 그에 의하면 지역사회란 그 내부집단의 상호작용체계로 긍정적 협력관계를 만들어내는 것이 지역문제의 조직적 해결을 위한 유효한 수단이 된다. 구체적으로는 ①지역사회를 대표하는 하위집단의 각 대표자로 구성되는 조직체를 구성해 협력관계의 원활화를 도모한다. ②하위집단의 대표력을 강화해서 조직체와 각 하위집단의 결합을 다진다. ③각 하위집단의 기능강화를 도모한다. ④조직체가 결정한 공동계획에 따라 하위집단간의 협동실천 활동을 원활하게 전개하는 일이다. 따라서 구성 집단 간의 평등성과 자주성의 존중과 함께 특히 룰②강화하는 기술이 중요하게 된다.

### 집단검진(group medical examination)

학교나 사업소 등의 건강자 집단에 대한 조기발견의 방법으로서 행해지는 검진. 결핵, 성인병, 암처럼 만성 및 잠재성으로 자각증상이 적은 병이나 특수한 유해환경업무 종사자에 유효하다. 보통 스크린 방식에 의해 1차에서 질병이 발견된 자는 2차에서 질병의 확정이나 중도가 판정된다. 필요하다면 3차 정밀검사도 있다. 그 결과를 토대로 건강관리구분에서 요주의 요휴양, 요의료 등의 사후조치가 취해진다.

### 집단경험(encounter group) 01

참여자의 개인적 발전을 기도하는 게슈탈트 치료, 집단심리치료, 인본주의적 지향의 원리와 기술을 사용하는 일종의 강력한 단기 집단경험. 장애를 고치는 것을 강조하기보다는 오히려 정서적, 감각적 모순을 늘리고 개방된 의사소통과 자기인식을 늘리는데 목적이 있다.

### 집단경험(group experiences) 02

집단사회사업에 있어서 중심이 되는 개념의 하나로 집단과정을 회원의 성장 발달의 관점에서 취하는 것이다. 집단경험은 집단 내의 인간관계, 사회적 가치나 행도의 학습, 집단활동의 참가를 통한 깊은 자기인식 등의 종합으로서 회원에게 체험시키는 것이며, 또 자주적인 집단참가의 기반이라고 생각된다. 이러한 의미에서 희망하는 집단경험을 회원에게 주는 것이 집단사회사업의 목표라고 하겠다.

### 집단과정(group process)

집단은 그 목표를 달성하기 위해 성원이나 하위집단 사이에서 여러 형태의 상호작용을 갖는다. 이와 같은 상호작용이 지속되고 진전됨에 따라 집단 내 성원 간에 공통된 약속사항이나 규칙 즉 규범이 생기게 된다. 일단규범이 생기면 이 규범은 각 성원의 행동에 일정한 방법으로 영향을 미치게 된다. 집단과정은 이와 같은 복수의 인간들이 공통의 목표를 가지고, 공통의 규범을 기반으로 하는 상호작용과정이다.

### 집단관계(intergroup relations)

다양한 인구집단 특히 민족적, 인종적, 종교적, 지리학적, 사회·경제학적 기타 종류의 집단 간에 다양하게 확인될 수 있는 부분의 협력을 증진시키고 상호존중을 강화하려는 사회적 제도와 활동. 이러한 활동은 또 '인종관계', '이종교 간의 관계', '다른 문화 간의 교육'으로 알려졌다. 사회사업 전문가는 집단 간의 관계 활동에 종사하여 집단들 사이에 존재하는 장벽, 여러 우선순위, 오해를 없애거나 축소하려 한다.

### 집단구조(group structure)

집단의 성원 간에서 볼 수 있는 심리적 관계의 배열상태를 말하며 그 관계의 종류(구조 차원)에 따라 몇 가지의 집단구조를 추출할 수 있다. 주된 것으로는 성원간의 견인반발이라는 감정 관계에 따른 소시 오메트릭구조, 성원들 사이의 영향력이나 그 가능성에 따른 세력구조, 커뮤니케이션 경로의 수나 분포에 따른 커뮤니케이션구조, 집단 내에서의 지위나 역할의 분화와 통합에 따른 역할구조 등이 있다.

### 집단기능(group function)

집단 내에서의 여러 가지 성원활동이나 집단자체가 성원에 대해 가지고 있는 심리적작용 등을 말한다. 이 기능은 집단목표의 설정, 규범의 형성과 그에 수반되어 일어나는 성원에 대한 동조의 사회적 압력 등 집단으로서의 과제수행과 관련된 목표달성기능과 집단매력이나 응집성 등 집단자체의 유지·강화와 관련된 집단유대기능으로 대별된다. 이들 기능을 중심적으로 담당하는 사람이 지도자이며 이 기능이 조화 있게 운영될 때 집단의 지지가 높아진다.

### 집단면접(group oral test)

집단토론 과정을 통해 수험자들의 사고와 행동의 특성을 평가하고자 하는 면접시험의 한 방식을 말한다. 집단면접은 사고력, 통찰력 같은 수험자의 개인적 특성 뿐만 아니라, 협조성, 지도성, 사교성과 같은 사회적 행동을 평가하는데 유용하다.

### 집단발달(group development)

형성된 집단이 성원들의 지속적인 상호작용을 통해서 상호의존적관계라는 집단의 특징을 강화하고 집단으로 성장해가는 과정을 집단발달이라 한다. 구체적으로는 집단목표의 명확화, 규범의 출현, 〈우리들〉이라는 소속감정의 성립과 집단응집성의 견고화, 또는 심리적인 대인관계의 분화, 지위 — 역할관계의 분화와 통합, 의사소통 경로의 성립 등 집단발달에 따라 집단의 기능과 구조면에서 많은 변화가 나타난다.

### 집단보육(collective child care)

보육소, 유치원 등의 사회적 보육시설에서 가정과는 달리, 비슷한 연령 또는 비슷한 연령에 가까운 아이들 집단을 기초로 조직적인 보육이 행해진다. 이것을 집단보육이라 부르고 있다. 이곳에서는 전문적인 보육자에 의해 다양한 분야에서 계획적인 보육이 행해지지만, 특히 아이들은 집단생활의 즐거움이 체험되어질 수 있으며, 모두가 협력해 공동목표가 실현되는 것을 배울 수 있다. 이러한 것을 토대로 자립된 사회적 인격으로서 기초가 배양된다.

### 집단비행(group delinquency)

집단적으로 행해지는 소년의 범죄행위 또는 우범행위를 말한다. 비행을 행하는 집단은 여러 가지의 경제적, 사회적, 심리적인 이유로 정당한 사회적 생활의 적응력이 결여된 또래집단일 때가 많다. 그들은 사회에 대한 불만이나 열등감에서 공격적이고 반항적인 태도를 취하기 쉽다. 또 반사회적인 비행의 길을 걷기 쉽다. 그러나 집단비행의 특성으로 동기의 유희성, 과격행위, 범죄의 유치성이 지적되고 있으며 처음부터 형벌의 대상으로만 생각하기는 곤란하다.

### 집단사회사업(social group work) 01

유사한 관심과 공동의 문제를 가진 소수인들이 정기적으

로 모여서 공동 목적을 달성하기 위하여 고안한 활동에 참여하는 사회사업 개입의 한 방법 또는 방향. 집단심리치료(group psychotherapy)와는 달리, 집단사회사업의 목적은 반드시 정서적 문제의 치료에만 있는 것은 아니다. 이것의 목적은 정보를 교환하고, 사회적 기술과 손재주(manual skill)의 개발, 가치지향의 변화, 반사회적 행동을 생산적인 방향으로 전환시키는 것 등을 포함한다. 개입기술은 또 제한된 것은 아니지만 통제된 상태에서 치료를 목적으로 한 토론을 포함하며, 어떤 집단은 교육과 교육방법, 운동, 예술, 공예, 오락활동과 정치, 종교, 성별(sexuality), 가치, 목표와 같은 주제에 대한 토론을 하기도 한다.

### 집단사회사업(group work) 02

집단지도, 집단사업, 집단처우법이라고도 하는 것으로 사회사업실천의 한 가지 방법을 말한다. 세틀멘트(settlement) 및 청소년 단체의 집단활동을 사상적 실천적 기반으로 하여 1930년대 미국에 있어서 집단 과정을 활용하는 교육적 과정의 하나로서 서서히 체계화된 것으로 사회사업 분야에 널리 의식적으로 사용되기 시작한 것은 제2차 세계대전 이후이다. 코노프카는 사회사업의 한 가지 방법으로 의도적인 집단경험을 통해 개인의 사회적 기능을 높이고, 개인, 집단, 지역사회의 문제에 보다 효과적으로 대처하도록 개인을 돕는 것이라 정의하고 있다. 집단사회사업은 집단의 특성, 즉 집단회원에게 심리적, 사회적 안정감과 사회적 행동의 학습기회, 현실과의 폭넓은 접촉의 기회를 부여하고, 또 개인으로서는 불가능한 것을 협력하여 달성하는 경험과 민주적인 행동의 학습의 기회를 제공하는 힘에 의거하여 사회복지의 각 영역에서 여러 가지 직면하는 문제에 적합한 집단을 만들어 어떤 기존의 집단이나 회원을 원조하고, 고립된 사람을 원조하는 것이다. 집단사회사업가는 집단 및 회원과 집단사회사업가와의 관계, 집단 내의 상호관계, 토론 및 그 외 프로그램 활동을 통해 집단과정에 영향을 주어 집단과 회원의 요구(목표)를 명백히 하여 문제해결과정을 원조한다.

### 집단사회사업 03

집단지도, 집단사회사업, 집단서비스라고도 사용되며 사회사업실천의 한 가지 방법을 말한다. 세틀먼트(settlement) 및 청소년 단체의 집단 활동을 사상적 실천적 기반으로 하여 1930년대 미국의 집단과정을 활용하는 교육적 과정의 하나로서 서서히 체계화된 것으로 사회사업 분야에 널리 의식적으로 사용되기 시작한 것은 제2차 세계대전 이후이다. 집단사회사업은 집단의 특성, 즉 집단회원에게 심리적, 사회적 안정감과 사회적 행동의 학습기회, 현실과의 폭넓은 접촉의 기회를 부여하고, 또 개인으로서는 불가능한 것을 협력하여 달성하는 경험과 민주적인 행동의 학습의 기회를 제공하는 힘에 의거하여 사회

복지의 각 영역에서 여러 가지 직면하는 문제에 적합한 집단을 만들어 어떤 기존의 집단이나 회원을 원조하고, 고립된 사람을 원조하는 것이다.

### 집단사회사업가(group worker)

사회복지단체나 시설 및 의료사회사업 등의 분야에서 조직된 그룹활동에 있어서, 그룹에 배속된 구성원과 같이 활동하며 원조자로서 기능하는 사람 또는 그 입장을 말한다. 집단의 조직, 활동의 기획, 실시, 평가의 전 과정을 통해서 구성원과 집단의 요구를 명확하게 원조하기 위해 일반사회복지에 첨가해 집단교육, 프로그램 활동 등에 대한 지식과 기술, 또 자기 자신이 좋은 집단체험을 쌓는 것이 필요하다.

### 집단사회사업의 사회자원

사회자원은 사회복지사업 실천에 있어서 활용할 수 있는 인적, 물적, 제도적 자원의 총칭이다. 구체적으로는 각종 법률, 시설. 기관. 단체, 설비, 자금, 전문가, 자원봉사자, 시민들의 이해 등 유형, 무형의 자원이 포함된다. 집단방법에서는 그 활동내용을 풍부히 하고, 원조를 효과적으로 하기 위해 당해 기관, 시설 내외에 있는 사회자원이 활용된다. 기관 및 시설 안에는 직원, 시설, 설비 외에 그 사업지침도 자원이며 활용가능하다. 기관, 시설 밖의 사회자원으로는 집단을 원조하고 협력해주는 전문적지식과 기술을 갖는 사람, 자원봉사자, 활동의 장소와 시설 그리고 활동을 뒷받침하는 자금 등이 있다. 사회자원을 최대한으로 활용하기 위해서 사회사업가는 사회자원에 관해 광범위한 지식을 갖추어야 함은 물론, 언제나 필요한 사회자원을 활용하고 새로운 사회자원의 개발에 힘쓰는 것이 필요하다.

### 집단사회사업의 실천분야

집단사회사업은 오늘날 사회복지사업의 주요한 방법의 하나로 모든 사회복지 관련분야에서 활용되고 있다. 종래에는 주로 지역사회 복지관활동, 청소년육성사업의 레크리에이션, 캠프, 클럽활동 등에 집단사업방법이 활용되어 왔다. 그러나 1970년대부터 심신장애인, 비행・범죄자, 노인들이 재사회화 내지는 사회적 재활을 필요로 하는 사람들에 대한 집단사업이 점차 행해지게 되었다. 프로그램도 지금까지의 레크리에이션 외에 역할수행 등 인간관계훈련, 작업, 자원봉사자 등의 사회참가활동, 사회적 행동 등으로까지 광범위하게 확대되었다. 의료, 보건, 교육, 사업 분야에서의 집단방법은 다직종간의 팀워 체제에서 진행되기 때문에 집단방법개념의 보급과 원조기술의 발달이 점점 더 큰 과제가 되고 있다.

### 집단상담(group counseling) 01

한 사람의 상담자가 동시에 1 — 10명의 내담자들로 구성

된 집단구성원 간의 역동적 관계를 바탕으로 내담자 개인의 관심사, 대인관계, 사고 및 행동양식의 변화를 가져오는 노력을 말한다. 집단상담은 병리적 문제보다는 주로 발달의 문제를 다루거나 구성원의 생활과정의 문제를 취급하여 개인으로 하여금 자기이해와 대인관계의 능력을 향상시키고 보다 건강하게 적응할 수 있도록 환경을 조성시켜 주는 것을 일차적 목표로 하고 있다. 이것은 본질적으로 예방적 기능을 가지고 있으나 가끔 개인이 대처해 나가야 할 특별한 문제를 다루기도 한다.

## 집단상담 02

집단구성원간의 상호작용적 관계(역동적 관계)를 바탕으로 내담자 개개인의 문제해결 및 변화가 이루어지는 집단적 접근 방법이다. 상담의 일차적 목표는 개인으로 하여금 자기 이해와 대인관계의 능력을 향상시키고 생활환경에 보다 건전하게 적응할 수 있도록 하는 것이다. 이 목표를 달성하기 위하여 전문적인 훈련을 받은 한 명의 상담자가 동시에 4 – 10명의 내담자들과 상담관계를 이루게 되며, 각 내담자들은 상담자의 인도 아래 개인 문제를 토의한다. 이때 병리적 문제보다는 대인관계에 관련된 태도, 정서, 의사결정과 가치문제 등에 초점이 맞추어진다. 상담집단의 특성에 따라 개인사례 중심, 공통 관심사 중심 그리고 집단중심의 세 가지 유형의 접근모형을 생각할 수 있다. 개인사례 중심의 접근모형은 한 내담자의 문제를 중점적으로 다룬 후 다른 내담자의 사례를 다루는 것이다. 주로 개인적 문제를 가진 내담자들의 집단에서 많이 사용된다. 타인의 문제가 어떻게 해결되었는가를 들음으로써 정화 및 모방학습의 효과가 있다. 공제를 동시에 다루는 것으로 새로운 환경에 대한 적응 및 능력개발 등의 공동목표를 가진 집단에서 주로 사용된다. 집단중심의 접근은 비구조적 접근 방법으로서 개인 문제든 공동 관심사이든 순서 없이 내담자들에 의해 자유롭게 진행되도록 하는 방식이다.

## 집단상담 03

개인이 지니고 있는 여러 가지 문제를 소집단의 경험을 통해 해결하는 상담의 한 형태, 흔히 개인상담과 대비되어 사용된다. 집단상담에는 내담자에게 정보나 지식을 제공하는 것보다는 개인의 감정·태도·동기·가치·행동의 구체화와 이들의 변화를 촉진함에 중점을 둔다.

## 집단상호작용(group interaction)

집단에 변화를 가져오는 중요한 요소로 인간관계의 측면을 말한다. 여기에는 2개의 측면이 있는데, 하나는 집단사회사업가가 전문가로서의 입장에서 자기를 집단에 관계시켜 그와 집단회원간의 관계를 말하며, 다른 하나는 집단내의 회원들 간의 인간관계의 측면이다. 집단사회사업에 있어서 이루어지는 원조는 이러한 상호작용을 통해

행해지게 된다.

## 집단생활지도집단(T – group)

종종 한 조직에서 함께 일하는 사람들로 구성된 훈련 집단을 말한다. 이러한 집단은 의사소통, 자기 개발과 협동적인 문제해결을 위해 결성된다. 집단생활지도 집단은 고도로 구조화되어 있는 반면에, 다른 집단들은 성원들이 인간 상호관계에서 더욱 효과적으로 관계를 형성하는 방법을 경험을 통해 배우도록 고도로 비 구조화되어 있다.

## 집단시설보호(group institutional care)

호스피탈리즘 논쟁을 계기로 시설보호에 대해 가정적 양호나 집단적 양호냐의 상대적 개념의 실천활동. 이론적으로 논쟁의 쟁점이 되고 있다. 시설의 물적 설비나 인간관계에 가정적 건물환경이나 가족 간의 인간관계를 도입해 보아도 결국 의사가정 인간단체의 틀을 벗어날 수 없다는 한계를 갖고 있다면 이 인위적 인간단체라는 사실을 기본으로 하여 집단역할을 적극적, 과학적으로 활용해 시설아동의 건전한 인간형성을 도모해야 한다는 것이 집단양호의 입장이라 하겠다. 그 하나인 집단주의 양호이론에서는 아동은 다른 아이들과 직원들과의 집단생활 속에서 생활경험을 서로 교환하고 함께 살아간다는 생각을 의식적으로 높여감으로서 사회의 담당자로서 보다 적극적인 인간성장을 이룰 수 있도록 함과 동시에 시설생활전반에서 아동자신들의 자활적 운영을 강조한다.

## 집단심리요법(group psychotherapy)

집단심리요법은 집단을 활용하여 행하는 심리요법이다. 개인을 대상으로 한 심리요법의 원리를 응용해 집단에 그 효과를 기대하는 방법과 집단의 구성자체를 치료의 의의와 기능의 출발점으로 두는 방법이 있다. 전자는 주로 집단상담으로 쓰여지며 로저스의 환자중심요법이 대표될 수 있다. 아동들을 대상으로 하는 집단유희요법이 있다.후자로는 모래노의 심리극 등을 들 수 있다.

## 집단역동(group dynamics)

집단성원들이 서로 감정과 생각을 교환할 때 구성원 상호간에 서로가 영향을 주고 받게 된다. 이때 집단행동의 특이한 양태에 대한 연구, 특히, 집단 내 또는 집단과 집단주변 및 사회적 장에서 일어나는 상호작용이다. 즉 집단 구성원들 사이의 영향력 교류와 정보의 흐름이라 볼 수 있다. 이러한 교류들은 종종 집단지도자나 도움을 주는 전문가들에 의해 수정될 수 있고, 구성원에게 혜택이 될 수 있는 사전에 결정된 목표를 분명하게 하는데 이용되곤 한다. 집단역학이란 용어는 K. Lewin에 의해 처음 사용되어졌다.

### 집단역학(group dynamics) 01

인간은 집단 내에서는 혼자 있을 때와는 다른 반응을 나타낸다. 성원들 간의 힘의 관계가 복잡하게 작용하여 지도자가 생겨나고 하위지도자가 출현한다. 성원상호간의 결합도 복잡하다. 집단은 인간을 수용하는 힘이나 배척하는 힘도 갖는다. 이와 같이 집단속에서 인간이 어떠한 심리상태가 되며 어떠한 행동을 하게 되는 것인지를 연구하는 것이 집단역학이다. 이와 같은 연구는 역동적 심리학(K. Lewin)에서 출발하고 있다.

### 집단역학(group dynamics) 02

일정한 사회적 상황에서 집단성원 상호간에 존재하는 상호작용 또는 상호의존성과 세력(forces)을 집단역학이라 한다. 집단역학에서는 개인단위를 넘어선 집단의 특유한 운동법칙을 규명하는데 초점을 두고 있다. Lewin은 집단역학에서 역동적인 전체집단이라는 장(場)이 상호의존관계에 있는 각 구성원에게 어떠한 힘을 발휘하며, 그 힘은 어떤 조건으로 좌우되는가 하는 역동적 문제들을 이론적·실증적으로 연구하고자 하였다.

### 집단응집성(group cohesiveness)

집단회원의 모든 사람에게 그 집단 내에 머물게 작용하는 힘의 총체를 말한다. 집단 내의 각 회원의 매력, 집단자체의 목표에 걸려있는 기대, 그 집단의 회원이 됨으로써 획득되는 위신 등이 집단응집성의 구성내용이다.

### 집단 적격성(group eligibility)

어떤 협의회 회원자격 또는 규정된 사회적 지위에 종사한 결과로 급여 또는 규정된 사회적 지위에 종사한 결과로 급여 또는 의무에 대한 자격을 얻는 것이다. 가령 일정한 연령에 이른 모든 사람은 사회보험(social insurance) 급여의 자격을 갖는다.

### 집단정신치료(group psychotherapy)

집단정신치료란 집단상호작용을 통해 증상 또는 행동을 증진시킬 수 있도록 만들어진 공식적으로 조직된 집단에서 일어나는 정신치료적 과정을 말한다. 이는 1905년 프라트(Pratt, Joseph)가 결핵병동의 환자들에게 적용소개했다. 보통 4 − 12명의 환자가 한 집단을 구성하고, 1 − 2명의 전문가가 참여하여 보통 주 1 − 2회에 걸쳐 45분 − 1시간 반까지 지속할 수 있다. 치료의 주요방법은 ① 과거보다 현재경험에 중점 ②생각보다 감정에 중점 ③질문보다는 이야기에 중점 ④ "− 해야 한다"는 것보다 경험에 중점을 둔다. 중요 원칙은 지지, 자극, 언어화, 실천할 수 있는 기회를 갖게 하는 것 등이다.

### 집단지도(group guidance)

생활지도의 한 형태로서 개인이 지니고 있는 여러 가지 문제를 해결하거나, 성장과 발달을 촉진하고 사회적 적응을 돕기 위해서 집단경험을 통한 학습기회를 제공하는 활동. 정규 교과교육을 제외한 방법으로는 홈룸(home room) 프로그램·현장견학·클럽 활동·학생자치회·지역사회 조사·집단상담·오리엔테이션 등이 활용된다. 상담과 밀접하게 관련되어 있는 집단지도로서 교육이나 직업에 관한 정보를 집단적으로 제공하기도 하고 심리검사에 관한 정보제공·실시·결과 해석 등을 집단적으로 실시하기도 한다. 최근에는 사회적 기능의 발달, 인간관계의 개선, 성격적 적응이나 정신건강의 향상을 위한 집단적 토의와 경험을 통한 집단적 토의와 경험을 통한 지도가 강조되고 있다.

### 집단지도기록

집단사회사업의 원조과정을 묘사하는 기록이다. 모임의 기록에는 통계자료, 대처과정, 담당사회복지사의 평가 등 세부적 사항을 포함하는 것이 통상적이다. 통계자료로서 필요한 항목은, 기록용지에 인쇄해 두면 좋다. 가령 집단명, 담당자 이름, 모임의 일시, 장소, 일기, 출(결)석자, 지가(조퇴)자, 방문자, 중요한 프로그램 활동 등이다. 대처과정에서는 회원이나 집단의 상태를 시간의 경과에 따라 이야기 식으로 기술하는 것이 기본적이다. 기록의 중요 점은 회원 상호간에, 또 지도 자에 대해 어떻게 반응했느냐, 지도자 자신이 어떠한 판단에 근거해서 회원에게 어떻게 행동 했느냐도 써야 한다. 집단전체의 동향이나 개인의 변화를 체크리스트나 기록하는 방법도 있다. 또 평가 부분에는 모임에 대한 사회사업가의 평가, 특정 회원의 행동에 대한 관찰이나, 의견을 기록해 두는 것이 보통이다.

### 집단지도의 기술

집단지도의 기술을 둘로 대별하면 하나는 원조가 순서에 따라 전개 되는 과정 속에서 필요한 절차상의 기술이며 또 하나는 이들 수적의 기감을 일관해서 필요한 사회사업가의 커뮤니케이션기술이다. 집단지도의 각 단계에서 사회사업가는 항상 원조적 목적을 의식해 다양한 지식과 기법을 쓰지 않으면 안 된다. 그 중에서도 그룹편성과 형성을 촉진하고 프로그램 활동을 전개해가는 원조기술은 집단방법이 갖는 독특한 특징 이다. 프로그램 활동에는 레크리에이션, 역할수행, 심리극, 대화, 사회 참여 등 여러 가지 활동들이 있다. 커뮤니케이션기술은 사회사업가와 집단 성원 사회사업가와 집단전체, 사회사업가와 집단성원의 관계자들, 사회사업가와 직장의 다른 직원들, 사회사업가와 지역사회의 여러 사람들과의 관계와 상호작용에 필요하다.

### 집단지도자(group leader)

집단의 지도자, 조직적 대표자 또는 실제적으로 성원의

요구를 찾아내어 분위기를 만들며 활동을 조직하여 공통된 목표로 향하는 영향력을 가진 사람을 말한다. 또 집단사회사업에 있어서 집단사회사업가(group worker)와 비교하여 사용되는 경우는, 특히 회원 중에서 나온, 혹은 선출된 지도자를 말한다. 이 경우 집단사회사업가는 집단지도자와 경쟁적 관계에 있는 것이 아니라 지도자가 그의 역할을 충분히 발휘하도록 원조자로서 일하는 것이 중요하다.

### 집단책임(collective responsibility)
하나 이상의 사람이나 조직이 책임, 신뢰, 비난 등을 나눠 갖는 것이다. 가령 한 지역의 모든 '굴뚝 있는 공장들'은 산성비에 대한 책임이 있다고 생각되며, 따라서 이 문제를 해결하기 위해 그들에게 특별세를 부과할 수 있다.

### 집단치료(group therapy)
집단요법이라고도 하는 것으로 이것은 한 사람의 치료자가 동시에 4, 5명 이상의 내담자들을 상대로 심리적 갈등을 명료화하며 문제행동을 수정해가는 일련의 집단면접을 말한다. 이것은 집단상담보다 더 심한 장애를 가진 사람을 대상으로 하며 보다 깊은 성격의 문제를 다루는 것이 특징이다. 보다 나은 자기 이해를 통해 심리적 긴장을 감소시켜 치료적 목표를 달성하는 것으로 비적응적 태도의 변화 및 심리적 문제의 해결에 직접적 관심을 두고 있다.

### 집단평정
복수의 평정자들이 한 사람의 피평정자를 평정하는 근무성적평정 방법을 말한다. 일반적으로 평정자 집단은 상급자들로 주로 구성되나, 집단평정에는 상급자·동료·부하·피평정자·외부전문가 등 피평정자의 직무수행과 관련된 여러 분야의 사람들이 참여할 수 있다. 이 방법은 복수의 평정자를 통해 편파적인 평가의견을 견제할 수 있으며, 균형있는 평가를 할 수 있다는 장점을 지닌다.

### 집단행동요법
행동이론 또는 학습이론에 근거한 집단기법을 의미하며 성원 개개인에 대한 행동변화의 필요에 따라 설정된 목표의 달성, 즉 건설적인 행동변화를 집단을 매체로 하여 이루는 기법이다. 진단도 치료목표도 관찰이 가능한 구체적인 행동을 중심으로 이루어진다. 행동변화는 학습에 의해 생긴다고 가정하며 강화, 소거, 토큰 등의 기술이 쓰여진다. 집단은 목표달성을 위한 배경이며 수단으로 파악된다.

### 집단행동의 딜레마(collective action dilemma)
집단 또는 잠재적 집단이 공통의 이해관계가 걸려 있는 문제를 스스로의 노력으로 해결하지 못하는 상황을 말한다. 대규모 사회 집단의 구성원들이 협동심을 발휘하여 스스로의 문제를 해결할 수 없는 것은, 공공재의 생산과 공급을 위해 스스로 시간·노력·비용 등을 투입하지 않으려고 하는 일부 구성원들의 무임승차(free - rider) 성향 때문이다.

### 집단행위의 금지
사실상 노무에 종사하는 공무원을 제외하고, 공무원은 노동운동 기타 공무 이외의 일을 위한 집단적 행위를 해서는 아니 되는 것을 말한다. 집단행위 금지의 이유는 공무원의 집단행위가 국민·주민 전체의 봉사자로서 공공복지를 위하여 근무해야 하는 공무원의 특수적 지위에서 행하는 행위와 배반하게 된다고 하는 점에 있다.

### 집단활동
사회교육, 사회복지의 단체나 시설에 있어서 참가자의 성장발달을 목적으로 하여 조직적으로 전개되는 집단프로그램을 총칭하는 것이다. 활동을 집단으로 행할 때 나오는 효과에 착안하여 수행할 때 사용된다. 구체적으로 클럽(club), 흥미집단 학습회, 팀(team), 위원회 활동, 레크리에이션, 파티, 캠프(camp), 하이킹 등 다양한 형태를 포함한다.

### 집중화 경향(central tendency)
근무성적평정 등에 있어 평정자가 모든 피평정 사들에게 대부분 중간수준의 점수를 주는 심리적 경향을 말한다. 이러한 집중화 경향은 평정자가 피평정자를 잘 모를 때 그리고 집단적 유대 때문에 부하들의 평가에 심리적 부담을 느끼는 평정자가 책임 회피의 수단으로 모든 피평정자들에게 비슷한 점수를 줄 때 나타나는 현상이다. 집중화 경향의 오류를 피하기 위해서는 강제배분법을 적용한다.

### 집합조사
조사대상자를 한곳에 모아 질문지를 배포하고 그 자리에서 기입시키고 회수하는 방법이다. 장점으로는 ①회수율이 높고 ②조사의 설명이나 조건설정이 모든 피조사자에 대해 평등하게 행해지며 ③비용과 조사원의 수가 적고 조사가 간편하다는 점이다. 반면, 단점으로는 ①피조사자를 동일 장소에 모으기가 곤란하며, ②회답에 있어서 내심의 의견보다는 표현적인 대답이 되기 쉽다는 점이다.

### 집행기관
의결기관 또는 의사기관에 대해 그 의사결정 사항을 집행하는 기관을 말한다. 행정법학에 있어서는 행정기관의 명령을 받아 국가의사를 실력으로써 국민에 대해 강제하고, 그 상태를 실현시키는 기관을 말한다. 경찰공무원·세무공무원 등이 여기에 속한다.

## 집행벌

행정상의 강제집행의 일종으로, 행정법상의 의무 불이행이 있는 경우에 그 의무자에게 심리적 압박을 가하여 의무의 이행을 간접적으로 강제하기 위해 과하는 금전벌을 말한다. 즉 허가없이 영업·건축 등을 하여서는 아니된다는 부작위의 무와 성병환자가 강제검진을 받지 않는 것과 같은 비대채적작위의무(非代替的作爲義務) 등을 이행하지 않을 경우, 일정기간 내에 의무를 이행치 않으면 일정한 과태료에 처한다 는 뜻을 미리 계고(戒告)함으로써 심리적 압박을 가하여 의무이행을 간접적으로 강제하는 것 등을 말한다. 집행벌은 행정벌과 마찬가지로 행정법상의 의무이행을 확보함을 목적으로 한다는 점에 서 공통점을 지니나, 행정벌은 행정법상의 의무위반이라는 과거의 비행에 대해 과하는 제재라는 점에서 차이가 있다. 그리고 간접강제인 점에서 직접적·실력적 사실행위인 대 집행·직접강제와 다르다. 집행벌은 의무이행이 있을 때까지 반복하여 과태료를 과할 수 있으나, 반면에 강제의 필요가 소멸된 때에는 이행기간 경과 후에라도 과태료를 과할 수 없는 점에 특색이 있다. 우리나라에서는 이러한 집행벌이 인정되지 아니한다.

## 집행분석(implementation analysis)

정책의 전환과정에서 발생하는 집행 저해요인들을 분석하고, 정책순응 확보 방안을 마련하며, 효율적인 집행전략을 마련하기 위한 분석활동을 말한다. 정책은 기본적으로 ①선택된 정책이 정부 프로그램으로 전환되는 단 계, ②정부 프로그램이 지방정부 사업으로 전환되는 단계, ③지방정부 사업이 일선 집행 기관에 의해 시행되는 단계, ④시행된 정책이 산출물을 산출하는 단계 등 4단계의 전환 과정을 거치면서 집행된다.

## 집행비용(enforcement cost)

자원을 낭비하거나, 기술적 제약 또는 자원의 제약 때문에 행정 실패가 나타나는 경우에 발생하는 비용을 말한다. 비록 관료가 좋은 의도를 갖고 정책을 집행한다고 하더라도 불충분한 지식 때문에 실패하는 경우가 있는데 이때 발생하는 비용이 집행비용이다.

## 집행유예 01

단기자유형의 폐해를 방지하고 범죄자의 개과천선을 도모하려는 형사정책 목적으로 19세기 말에 유럽(벨기에·프랑스·독일)에서 영미의 선고유예제도(19세기 중엽 발생)의 영향을 받아 비롯된 제도이다. 형의 선고를 할 경우에 정상에 의해 일정한 기간(1년 이상 5년 이하의 범위 내에서 법원이 정하는 기간) 그 집행을 유예하여, 유예가 취소됨이 없이 무사히 그 기간을 경과한 때에는 형의 선고는 그 효력을 상실하는 제도이다. 집행유예를 받은 자가 그 기간 내에 다시 범죄를 저지르면 집행유예는 취소되고 다시 실형을 받아야 한다(제63조).

## 집행유예 02

한국 형법상 집행유예의 요건은, ①3년 이하의 징역 또는 금고의 형을 선고할 경우이어야 하고, ②그 정상에 참작할 만한 사유가 있어야 하며, ③금고 이상의 형의 선고를 받아 형의 집행을 종료하거나 또는 집행이 면제된 후 5년 이상 경과한 자임을 요한다(62조 1항). 집행유예의 기간은 1년 이상 5년 이하의 범위 내에서 법원이 재량으로 정하며, 형을 병과할 때에는 그 형의 일부에 대해 그 집행을 유예할 수 있다(62조 2항). 집행유예의 선고를 받은 자가 유예기간 중 금고 이상의 형의 선고를 받아 그 판결이 확정된 때에는 집행유예의 선고는 효력을 잃으며(63조), 집행유예의 선고를 받은 후, 금고 이상의 형의 선고를 받아 집행을 종료한 후 또는 집행이 면제된 후 5년을 경과하지 아니한 자임이 발각된 때에는 집행유예의 선고는 취소된다(64조). 집행유예의 선고를 받은 후 그 선고의 실효 또는 취소됨이 없이 유예기간을 경과한 때에는 형의 선고는 효력을 잃는다(65조). 따라서 처음부터 형의 선고를 받지 않은 것과 같다.

## 집행유예자 보호관찰(probationer system)

형의 집행유예가 허용된 자에 대해 보호관찰을 행하는 것으로 이는 반드시 행해야 한다. 이는 범인을 교도소 기타의 시설에 수용하지 아니하고 자유로운 사회에서 일정한 준수사항을 명하여 이를 지키도록 지도하고 필요한 때에는 원호하여 그의 개선·갱생을 도모하는 처분이다.

## 징계(discipline) 01

넓게는 일정한 조직 안에서의 규율에 위반해 그 내부 질서를 문란하게 한 자에 대해 과하는 제재를 총칭한다. 좁게는 공법상의 근무관계 또는 특별감독관계에 있어서의 의무 위반에 대해 행정상의 책임을 묻는 제재를 말한다.

## 징계 02

징계란 조직구성원의 의무위반에 대한 제재를 말한다. 징계는 조직구 성원이 맡은 바 직무를 보다 성실하게 수행하고 행동규범을 준수하게 하기 위한 통제활동으로, 의무위반자에 대한 제재를 통해 구성원들의 잘못된 행태를 교정하려는데 주목적이 있다. 공무원의 경우, 징계처분의 대상이 되는 징계사유는 국가공무원법 제78조에 규정되어 있는 바, 그 사유는 ①이 법 및 이 법에 의한 명령에 위반하였을 때, ②직무상의 의무에 위반하거나 직무에 태만하였을 때, ③직무의 내외를 불문하고 그 체면 또는 위신을 손상하는 행위를 한 때로 규정되어 있다. 한국의 국가공무원법에서 규정하고 있는 징계처분의 종류는 파면, 해임, 정직, 감봉, 견책의 다섯 가지이다.

## 징계권

특별권력관계 및 공법상의 특별한 감독관계의 질서를 유지하기 위하여 질서문란자에 대해 징계벌을 과할 수 있는 권한을 말한다. 넓은 의미의 징계권에는 가택 권적 기율권(家宅權的 紀律權: 시립운동장, 국립도서관 등의 경우)과 적극적인 징계권(공 무원·학생·소년원생 등의 경우)을 총칭하나, 좁은 의미에서는 적극적인 징계권만을 말한다. 징계권은 특별권력관계의 내부에서 성립하는 특별권력이라는 점에서 일반통치관계에서 성립하는 일반통치권인 형벌권(刑罰權)과 구별된다.

## 징계벌

특별권력관계에 따르는 의무에 위반이 있는 경우, 특별권력관계의 질서유지를 위하여 그 의무위반에 대해 과하는 처벌을 말한다. 징계벌은 특별권력 내부에서 성립한 특별권력에 의해 그 질서를 유지하기 위해 과해지는 질서벌이라는 점에서, 일반통 치권에 의해 국가사회의 일반적 질서를 유지하기 위하여 과해지는 행정형벌(行政刑罰)과 다르다. 그러므로 동일한 행위에 대해 징계벌과 행정형벌이 병과(倂科)되어도 일사부 재리의 원칙에 반하지 않는다. 국가공무원법에서 규정하고 있는 공무원에 대한 징계의 종류로는 파임·해임·정직·감봉·견책의 5가지 종류가 있다.

## 징벌

수용자가 법무부장관이 정한 규율을 위반하는 경우 이에 대해 법률(행형법)로 정한 범위내에서 처벌을 하는 행정처분. 징벌의 종류 ①경고 ②1월 이내의 신문 및 도서열람의 제한 ③2월 이내의 신청에 의한 작업의 정지 ④작업상여금의 전부 또는 일부의 삭감 ⑤2월이내의 금치가 있음.

## 징벌적 손해배상

손해배상에 있어서 가해자의 악의적 행위에 대한 처벌 성격으로서 가해자가 똑같은 불법행위를 다시는 반복하지 못하도록 하기 위해 추가해서 가하는 손해배상이다. 미국 판례에 의해 대두되었으며 기존의 손해배상외에 추가적으로 형벌적 성격의 손해배상을 가하는 것으로 가해자(특히 거대기 업)의 횡포를 방지하기 위한 조치이다.

## 징수

일반적으로 조세의 부과와 수납을 포함한 개념이나, 수납과 같은 의미로 사용하는 경우도 있다. 징수에 관한 사무는 재정경제부 장관이 총괄하고, 각 중앙관서의 장이 관리한다.

## 징수기관

넓은 의미로는 조세를 징수하는 기관을 총칭하나, 좁은 의미로는 수납 기관을 제외한 개념이다. 국가에 있어서는 원칙으로 각 중앙관서의 장이 징수기관이고, 지방자치단체에 있어서는 원칙으로 지방자치단체의 장이 징수기관이다. 징수기관은 수납기관을 겸할 수 없다.

## 징역

형법에 규정된 형법의 하나이다. 자유형 중 가장 대표적인 형벌이고, 형법상의 형벌 중 사형 다음으로 중한 형벌이다. 무기와 유기로 구별되며, 무기징역은 원칙석으로 종신형(終身刑)이며, 무기징역을 감경할 때에는 7년 이상의 유기징역으로 할 수 있다(55조 1항 2호). 유기징역은 1개월 이상 15년 이하이지만, 형을 가중하는 때에는 25년까지로 한다(42조). 반대로 감경할 때에는 그 형기의 1/2까지 내릴 수 있다(55조 1항 3호).

## 차관

외국의 실물자본 또는 화폐자본을 일정 기간 차용하거나 대금결제를 유예하면서 도입하는 것. 그 형태에 따라 실물차관 또는 현금차관으로 구분되어 실물차관은 다시 원자재차관과 자본재차관으로 나뉜다. 또 차관의 목적에 따라 재정차관과 상업차관, 차관의 주체에 따라 정부차관과 민간차관으로 구분된다. 차관은 일반적으로 선진국에서 후진국으로 공여되는 것이며 그 동기는 금리차에 의한 이자수입, 유휴자본의 운용, 선진국에서 발달한 중화학공업분야 등의 시장확보 등이며, 후진국에서는 경제발전에 필요한 자본을 국내에서만으로는 조달할 수 없기 때문이다. 우리나라는 미국의 개발차관기금(DLF)에 의한 차관을 효시로 그동안 많은 외국차관을 도입해 왔다. 정부는 이러한 외국자본의 유치를 위해 외국자본의 원금과 과실송금을 보장하는 〈차관에 대한 지불보증에 관한 법률〉을 이미 1962년에 제정한 바 있으며 이는 66년에 제정된 외자도입법에 통합되어 오늘에 이르고 있다.

## 차별(discrimination)

특정의 개인이나 집단에 대해 그들이 고유한 특징을 고려하지 않고 그들을 이질자로 취급하며 그들이 바라고 있는 평등대우를 거부하는 행동이다. 즉 차별은 자연적인 의사와 사회적 카테고리에 근거를 두어 구별을 전제로 하여진 일체의 행위이다. 차별에는 공식적 모욕(법률에서의 불평등 승인 등)과 사적개인에 의해 행해진 모욕적 행위의 형태가 있다. 가령 흑인에 대한 주거지역, 교통기관 등에서의 격리는 차별형태의 전형이다.

## 차별대우 폐지(desegregation)

불법적(de facto)이든 합법적(de jure)이든 특정 소수집단에 가해지는 차별대우(segregation)를 폐지하려는 활동을 의미이다.

## 차별수정계획(affirmative action)

소수의 취업, 승진, 기타 기회의 불일치를 해소하기 위해서 조직이 취하는 적극적 조치를 말한다. 또는 조직에서 다수의 직원에 대한 소수의 비율을 변화시키기 위해 고안된 조치를 의미한다.

## 차별적 반응(differential response)

행동주의(behaviorism)와 사회학습 이론(social learning theory)에서 가능한 한 많은 여러 자극 중에서 특별한 자극(stimulus)에 의해 일어나는 반응이다. 예로 어린이는 부모가 웃을 때 웃는 것을 배울 수 있다.

## 차상위계층

기초생활보장 수급자(최하위계층)의 바로 위의 저소득층을 말한다. 가구소득이 최저생계비의 100% 이상, 120% 이하인 '잠재 빈곤층'으로 정부의 기초생활보장수급 대상에 들어가지 못하거나 소득이 최저생계비 이하라도 일정 기준의 재산이 있거나 자신을 부양할 만한 연령대의 가구원이 있어 기초생활보장 대상자에서 제외된 '비수급 빈곤층'을 합쳐서 이르는 말이다.

## 차티스트운동(the chartist movement)

영국에서 1837년부터 1848년에 걸쳐 행해진 급진정치운동을 의미한다. 성인 남녀의 참정권을 말한다. 무기명투표 등을 중심으로 한인민헌장(People's Charter)의 국회 통과를 요구했다. 이 운동은 점차 전국적인 규모가 되어 과격화됨에 따라 무력적인 탄압을 받고 소멸했다. 운동은 성공하지 못했으나 후에 영국의 노동운동이나 정치에 큰 영향을 주었다.

## 착각

어떤 대상물을 지각할 때 실제와 다르게 느끼거나 감각하는 것을 의미한다. 환각(hallucination)이 실제로 존재하지 않는 것을 마치 있는 것처럼 지각한 것임에 비해서, 착각은 지각 대상이 있을 때 그 대상이 지니고 있는 어떤 조건이나, 그 밖의 이유로 실제로 있는 그대로 지각하지 못하는 것이다.

## 착오

법이 일정한 의사에 의거한 행위를 필요로 할 경우에 착오가 있으면 그 행위자는 법이 요구하는 의사를 결여하는 것이 되어 그 행위의 법률효과에 영향을 끼치는 일이 있다. 특히 사법상(私法上)의 의사표시와 형법상의 고의에 관한 착오가 중요하다.

## 착행증(parapraxis)

비공식적으로 '프로이트의 실수' (Freudian slip)라고 알려진 것으로서, 말하는 사람이 무의식(unconscious) 속에 있던 것을 드러내어 실수하는 것을 뜻한다. 가령 사회사업 조사자가 복지급여를 줄일 것을 두려워하는 클라이언트가 자신을 '쓸데없이 걱정하는 사람' (social worrier)이라고 부르는 경우이다.

## 찰머즈(Chalmers, Thomas)

스코틀랜드의 신학자, 경제학자. 1819년 글래스고우 세인트존 교구의 목사가 되어 인보운동(neighborhood movement)을 전개하였다. 영국 빈민법의 구제방식에 비판적이었으며, 빈민의 자조와 상부상조를 중시하는 구제방법을 채택하여 교구를 소교구로 나누고 집사를 배치해 조직화하였다. 이는 자선조직운동(COM)의 선구가 되었다. 1823년에는 모교인 세이트앤드류스의 도덕철학교수가 되었고 1828년에는 에딘버러대학의 신학교수로 취임하였다.

## 참가혁명(participatory revolution)

고도산업사회에 있어서 진행되는 인간의 소외를 참가체제의 실현에 의해 극복하려고 하는 운동내지 요구의 시도를 말한다. 1960년대 후반부터 70년대에 걸쳐서 참가와 자치를 요구하는 사회운동이 높아지고, 학생참가, 산업민주주의, 주민참가, 학생참가 등 직장, 지역, 학교 기타에 있어서 권력기구나 의사결정과 자주관리·자기실현과 인간복지의 우선을 기본이념으로 하는 체제만들기 시도를 계속하고 있다. 앨빈 토플러(Alvin Toffler)는 참가혁명과 관련하여 예찰적 민주주의를 주장했으며, 존, 나이스비트(Naisbitt John)는 《대변혁의 물결》(Megatrends)에서 미래의 10대변혁 중 참가혁명을 부르짖고 있다.

## 참여관리(participative management)

원하는 조직적 변화에 의해 영향 받기 쉬운 모든 사람들을 포함하는 사회기관 행정가가 사용하는 의사결정 전략으로서, 조직의 목표를 성취하기 위해 조직의 직원, 클라이언트, 후원자 및 이해집단들 사이에 자발적 합의(consensus)를 형성하는 것이다.

## 참여관찰(participant observation)

관찰자가 피 관찰자가 속하는 사회나 집단에 들어가 같은 사회생활을 체험하면서 내면에서 관찰하는 사회조사법의 하나이다. 린데만 (Lindeman. E. C)에 의해 명명되었다. 린도부처의 '미들타운' (1929년)이 유명하다. 피조사자의 상태가 자연 그대로 관찰되는 이점이 있으며 폐쇄적인 범죄집단 등의 조사에 유효하나 피조사자의 생활에 너무 밀착해 객관성을 잃을 우려가 있고 또 조사자의 신분에 따라서는 인권옹호상 허가되지 않는 경우도 있다.

## 참여모델(participant modeling)

행동치료(behavior therapy)와 행동수정(behavior modifi — cation)에서 사용되는 기법으로, 클라이언트가 사회사업가나 다른 사람들이 아무런 해로움 없이 두려운 자극과 상호작용하는 것을 관찰하도록 하는 것이다. 그러면 클라이언트는 점차 해로움에 대한 두려움 없이 동일한 자극과 상호작용할 수 있는 용기를 갖게 된다.

## 참여적 관료제(participatory bureaucracy)

계서적 압력을 감소시켜 중간관리층 이하 공무원들의 정책형성 참여기회를 확대하고, 그들이 대내외적으로 자신들의 견해를 표현·관철할 수 있는 기회를 넓혀 주는 정부관료제를 말한다.

## 참여적 관리(participatory management)

의사결정 과정에 대한 하급구성원들의 참여기회를 확대하는 조직관리 방식을 말한다. 참여적 관리는 조직구성원들의 사기를 앙양하고 동기를 유발함으로써 조직의 생산성을 제고하고, 결정사항에 대한 구성원들의 승복을 유도함으로써 집행을 용이하게 하는 등의 장점을 지닌다.

## 창의성(creativity)

새로운 관계를 지각하거나, 비범한 아이디어를 산출하거나 또는 전통적 사고유형에서 벗어나 새로운 유형으로 사고하는 능력, 토랜스(E. P. Torrance)는 창의성의 과정을 ①어떤 문제·결핍·격차 등에 민감한 것, ②문제나 곤란을 추측하고 형성하는 것, 그리고 가설을 검증하고 재검증하는 것, ③결과를 전달하는 것으로 생각하고 있다. 이것은 여러 가지 검사들에 의해 측정될 수 있으며, 교육과 정신건강의 목표로서 중시되고 있다. 따라서 창의성을 향상시키기 위한 교육 프로그램이 연구 개발되어 활용되고 있다.

## 창의적 사고 수업모형(creative thinking model)

학생들이 사물, 사상, 개념, 감정을 다루는데 있어서 유창성, 융통성, 독창성을 높여주기 위한 교수방안. 이모형은 학생들이 스스로 자신의 창의력을 길러 가는 방법을 배워야만 한다는 가정에 기초를 두고 있다. 그러므로 학급 분위기는 다양한 반응이 존중되고 보상받는 분위기이어야 한다. 창의적인 기법을 배운 학생들은 이를 활용하여 주어진 교과에서 직면하게 되는 문제를 효과적으로 해결해 나갈 수 있다. 창의적 사고 수업의 기법은 무수히 많겠지만 그 중에서 여섯 가지만 지적하면 다음과 같다. 첫째, 눈에 띄지 않는 특성 대상 및 관계에 초점을 맞춘다. 둘째, 문제에 대해 가지고 있는 가정을 다시 생각해 본다. 셋째, 아이디어 계통도를 만들어 본다. 넷째, 기존의 방식에서 어느 부분을 빼거나 뒤바꾸어 봄으로써 새로운 사고를 탐색한다. 다섯째, 이상한 것을 친밀한 것으로 유추한다. 여섯째, 친밀한 것을 이상한 것으로 유추한다. 교사가 이모형을 성공적으로 활용하려면, 다음과 같은 것들을 할 수 있어야만 한다. 첫째, 직접 활용할 수 있거나 독창적이거나 또는 새로운 아이디어는 모두 수용되는 분위기를 조성한다. 둘째, 일반적으로 통용되는 설명이나 신념의 부적절성 그리고 괴리를 이해하도록 돕는다. 셋째, 환경에 보다 개방적이고 민감하도록 돕는다. 넷째, 학생의 창의와 독창적 사고를 방해하는 형식적이며 시험적인 분위기를 확인해 둔다. 다섯째, 분명한 사고를 실천할 수 있는 자극을 제시한다. 이러한 수업모형을 적절히 활용한다면, 학생들은 다음과 같은 것을 배우게 된다. 첫째, 창의적 사고에 요구되는 태도를 기른다. 둘째, 새로운 아이디어를 창출하기 위하여 문제를 재설정하는 기법을 사용한다. 셋째, 아이디어들의 차이를 이해하여 새로운 아이디어를 창출한다. 넷째, 새로운 아이디어를 창출해 내기 위하여 비유방법을 활용한다. 이 수업모형은 과학과, 사회과, 언어학습에 가장 적합하며 특히 초등학교 3학년에서부터 중학교 3학년학생들에게 적용하는 것이 바람직하다. 이 수업모형에서는 창의적 사고를 자극할 수 있는 특수한 자료나 상황이 있어야만 한다. 이들 자료나 상황은 다양한 반응을 가져오게 할 이상함, 난처함, 괴리, 신비함과 같은 특성을 지니고 있어야만 한다. 이 수업모형의 적용에 있어서 중요한 점은 다양한 반응의 가치를 찾고, 단일의 정답이 있다는 생각을 버리고, 학생들이 자신의 아이디어를 생각할 수 있을 만큼 충분한 시간을 주는 것이다.

### 책임(responsibility)

①도덕적 책임. 사람이 자기의 행위에 관해, 자타의 평가를 받아들이고, 그것에 근거하여 자책이라든가 다른 사람들로부터의 비난이라든가 하는 갖가지 형태의 도덕상의 제재를 받지 않으면 안되는 사정에 있는 것. 책임이 성립하기 위해서는, 행위자가 사회의 윤리적 규범을 받아들이고 있다는 것. 행위가 자유로운 의지 결정에 근거를 두고 있다는 것. 행위의 결과가 당연히 예측되는 것 등이 필요하다. 이것이 윤리학상의 책임의 의미이지만, 현대 사회와 같이 사회가 많은 모순을 내포하고, 인간이 복잡하고 거대한 조직이나 기구의 톱니바퀴와 비슷한 것이 되고, 또 기술의 놀라운 발달 때문에, 자주적 행동의 범위가 좁혀지고, 행위의 결과의 전망이 불가능하게 된다든가, 또는 결과가 직접 체험되지 않는 경우가 많아지기 때문에, 도덕적 책임을 정하는 데에 있어서는 어려운 문제가 일어나고 있다. ②법률적 책임. 타인에게 준 손해에 대해 법률에 따라 배상한다든가, 범죄 때문에 형벌을 받지 않으면 안되는 처지에 있는 것. 도덕적 책임과 다른 것은 법적 강제력으로 책임을 지우는 점에 있다. ③일반적으로 업무상 맡고 있는 임무 및 그것을 게을리 하는 경우 어떤 제재를 받지 않으면 안되는 사정에 놓여 있는 것. 이 경우에는,

동시에 도덕적 책임과 법률적 책임을 지지 않으면 안되는 경우와 그렇지 않은 경우가 있다.

### 책임능력

법에 어긋나는 행위를 했을 때 이를 책임질 수 있는 능력을 책임능력이라고 한다. 자기의 의사를 밝힐 수 있는 상태에서 법률상의 책임을 구별해 알 수 있으면 민법상의 책임능력이 있는 것이 되고, 사물을 구별하고 의사를 결정할 수 있으면 형법상의 책임능력이 있는 것이 된다. 미성년자나 심신상실자의 경우 책임능력이 없는 것으로 보고 그 위법행위에 대해 문제삼지 않는다.

### 책임보험 01

피보험자가 보험기간중의 사고로 인하여 제3자에게 손해배상책임을 진 경우에 보험자가 이로 인한 손해를 보상할 것을 목적으로 하는 일종의 손해보험(상719). 이것은 피보험자가 보험사고로 인하여 직접 입은 재산상의 손해를 보상하는 것이 아니고, 제3자에 대한 손해배상책임을 짐으로써 입은 이른바 간접손해를 보상할 것을 목적으로 하는 점에서 일반 손해보험과 다르다. 책임보험은 보험자의 보상책임을 지는 객체에 따라 신체장해배상책임보험과 재산손해배상책임보험으로, 피보험자의 대상에 따라 영업책임보험, 직업인책임보험 및 개인책임보험, 그리고 그 가입의 강제성 여부에 따라 임의책임보험, 강제책임보험으로 나눌 수 있다. 상법은 이에 관해 독립절로 하여 8개 조문을 두고 있는 이외에, 일정한 강제책임보험이 시행되고 있다. 우리나라에서 시행되고 있는 강제책임보험으로서는 자동차손해배상보장법에 의한 자동차손해배상책임보험, 화재로 인한 재해보상과 보험가입에관한법률에 의한 신체손해배상특약부 화재보험, 산업재해보상보험법에 의한 산업재해보상보험 등이 있다. 이 보험에 있어서의 보험의 목적은 특정한 개개의 재화가 아니고 피보험자가 지는 배상책임(소극재산)이며, 그 배상책임의 담보가 되는 것은 바로 피보험자의 모든 재산이다. 따라서 피보험자가 제3자의 청구를 막기 위하여 지출한 재판상 또는 재판외의 필요비용은 피보험자가 배상책임을 지지 않는 경우에도 보험의 목적에 포함된 것으로 한다(상720 ①). 그리고 영업책임보험의 경우에는 피보험자의 대리인 또는 사업감독자의 제3자에 대한 배상책임도 보험의 목적에 포함한 것으로 한다(상721). 책임보험은 재산보험이므로 일반의 물건보험에 있어서와 같이 피보험이익을 평가할 수 없다. 그리하여 보통책임보험약관은 보험료의 산정기준으로서의 보험금액을 정하여 각 개인과 단일사고에 대해 적용할 책임한도액을 정하고 있으나 보험기간 동안에 보험자가 책임을 사고의 수를 제한하지 않는다. 그러므로 책임보험에서는 원칙으로 보험가액은 존재하지 않으나, 예외적으로 보관자의 책임보험(상725)에서와 같이 피보

험자가 보관하고 있는 목적물이나, 책임의 최고한도액이 제한된 경우에는 보험가액을 측정하게 된다. 책임보험의 보험사고에 대해서는 이론상 여러 설이 갈라져 있으나, 피보험자에게 손해배상청구를 할 수 있는 사고(가령 자동차책임보험에서 자동차사고)가 발생한 것을 보험사고로 보는 것이 타당할 것이다. 위탁보험자는 피보험자가 보험기간중의 사고로 인하여 제3자에 대한 배상책임을 진 경우에 이를 보상할 책임을 진다(상719). 책임보험자의 책임 범위는 당사자의 특약에 의해 정하여지는 것이 보통이나 상법은 피보험자가 제3자에 대해 변제, 승인, 화해 또는 재판으로 인하여 확정된 채무 외에 피보험자가 제3자의 청구를 방지하기 위하여 지출할 재판상 또는 재판 외의 필요경비를 부담하도록 하고 있다. 또 피보험자는 보험자에 대해 그 비용의 선급을 청구할 수 있다(상720 ①). 그리고 피보험자가 담보의 제공 또는 공탁으로서 재판의 비용을 면할 수 있는 경우에는 보험자에 대해 보험금액의 한도 내에서 그 담보의 제공 또는 공탁을 청구할 수 있다(상720 ②). 또 이러한 필요경비의 지출이나 담보의 제공 또는 공탁행위가 보험자의 지시에 의한 것인 때에는 그 금액에 손해액을 보탠 금액이 보험금액을 초과하는 때에도 보험자가 이를 부담하여야 한다(상720 ③). 그리고 영업책임보험의 경우에는 피보험자의 대리인 또는 그 사업감독자의 제3자에 대한 책임으로 인한 손해 도 보상하여야 한다(상721). 책임보험자는 특별한 기간의 약정이 없으면 피보험자의 채무확정통지를 받은 날로부터 10일 내에 보험금액을 지급하여야 한다(상723 ②). 그러나 보험자는 피보험자가 책임을 질 사고로 인하여 생긴 손해를 제3자에게 배상을 하기 전에는 보험금액의 전부 또는 일부를 피보험자에게 지급하지 못한다(상724 ①). 한편, 제3자는 직접 보험자에게 보상을 청구할 수 있다(상724 ②). 피보험자는 제3자로부터 배상의 청구를 받은 때와 제3자에 대한 변제, 승인, 화해 또는 재판으로 인하여 채무가 확정된 때에는 지체없이 보험자에게 통지를 발송하여야 한다(상722·723 ①). 피보험자가 보험자의 동의없이 제3자에 대해 변제, 승인 또는 화해를 한 경우에는 보험자가 그 책임을 지게 되는 합의가 있는 때에는 그 행위가 현저하게 부당한 것이 아니면 보험자는 그 보상책임을 면하지 못한다(상723 ③). 또 보관자의 책임보험에 있어서는 물건의 소유자는 보험자에 대해 직접 그 손해의 보상을 청구할 수 있다(상725).

## 책임보험 02

자동차보험의 일종으로 자동차 운행으로 사람이 사망하거나 부상한 경우에 손해배상을 보장하는 제도를 확립함으로써 피해자를 보호하기 위해 마련됐다. 자동차손해배상법에 따라 자동차를 가지고 있는 사람은 누구나 강제적으로 들도록 되어 있다. 자동차를 운행하면서 사람을 다치게 할 때 그 손해에 대한 책임을 개인에게 맡김으로써 보상이 되지 않을 수도 있는 위험을 없애려는 사회보장적 성격을 지니고 있다.

## 책임보험(liability insurance) 03

일정한 사건의 발생에 의해 피보험자가 제3자에 대해 일정한 변상할 책임을 짐으로써 입는 재산상의 손해를 보상하는 보험이다. 피보험자가 제3자에 대해 담보배상책임을 부담하므로써 발생하는 재산상의 손해를 담보하는 것으로는 손해배상책임보험(public liability insurance)이 있으며 피보험자의 재해보상책임을 담보하는 것으로는 재해보상책임보험이 있다. 또한 피보험자의 계약상의 책임을 담보하는 것으로는 계약책임보험(contractual liability insurance)과 신용보험의 일부로서 신원보증인책임보험이 있다.

## 책임성(accountability)

지역사회, 생산물 또는 서비스의 소비자, 기관장위원회(board of direction)와 같은 감독기관에 대해 책임이 있는 상태를 말한다. 또한 그 기능과 방법이 무엇인지를 명백히 밝히고, 클라이언트에게 실행자들의 능력이 분명한 기준을 충족시킨다는 확신을 주는 전문가의 의무이다.

## 책임윤리

베버가 심정윤리에 대치하여 사용한 개념으로서, 그 자신의 윤리적 입장을 나타낸 것이다. 심정윤리에서는 행위의 결과가 아니고 선(善)한 의지만이 문제가 되는 데 반해, 책임윤리는 심정을 무시하는 것은 아니지만, 예견할 수 있는 행위의 결과에 엄격한 책임을 지우는 것을 의미하며, 따라서 목적과 수단의 관계, 직접으로는 의도하지 않은 부수적인 결과 등을 충분히 인식하고, 그것들을 서로 비교 측정한 후에 행위하는 것을 의미한다. 그리고 정치가에게는 특히 이 윤리가 요구된다.

## 책임집행기관(executive agency)

정책기능으로부터 분리된 집행 및 서비스 기능을 전담하는 독립적인 책임경영조직체를 말한다. 영국의 행정개혁 모델에 입각하여 각국에 확산되고 있는 책임집행기관의 장은 일반적으로 공개경쟁채용 과정을 거쳐 계약제로 임명되며, 기관장은 해당부처 장관과 사업목표 등에 관한 성과계약을 체결하고 그 사업의 실적에 따라 장관에 대해 책임을 진다.

## 처리와 상실의 상호작용
## (treatment – mortality interaction)

실험연구에서 표본이 실험집단과 비교집단에 무작위로 배정된다 할지라도, 상이한 실험처리로 인하여 처리기간

동안 각 집단에서 서로 다른 성질의 구성원들이 상실됨으로써 내적 타당성이 위협받는 현상을 말한다. 이때 각 집단에 남아 있는 표본들만을 대상으로 처리효과를 추정하게 되면 그 결과가 왜곡될 가능성이 있다.

## 처방(prescription, medical)

의사가 약사에게 약이나 다른 치료제의 종류와 양, 사용기간 및 기타 필요한 사항을 적어 그대로 조제하도록 한 지시서를 의미한다. 의사들은 처방전을 작성할 때 종종 아래와 같은 약어를 쓴다. ad lib.(필요한 만큼 as needed), a.c.(식사 전 before meals), b.i.d.(하루 두 번 twice a day), deib.alt.(이틀에 한번 every other day), o.d.(매일 every day), p.c.(식사 후 after meals), q.h.(1시간마다 every hour), q.2h(2시간마다 every two hours), q.3h(3시간마다 every three hours), t.i.d.(하루에 세 번씩 three times a day), q.i.d.(하루에 네 번씩 four times a day), q.s.(필요한 만큼 as much as needed), stat.(즉시 immediately), p.r.n.(필요시 when needed)

## 처벌(punishment)

나쁜 행실이나 불법행위(가령 전자의 경우 아동에 대한 부모의 매질 또는 학대, 고립이나 격리, 아동의 특권박탈 등이며, 후자의 경우 구금 등)에 벌칙을 가하거나 ②행동수정(behavior modification)에서 어떤 행동을 한 뒤 불쾌하거나 원하지 않는 사건(event)을 제공하며, 그러한 행동을 반복하게 될 가능성을 줄이는 것이다.

## 처우계획(treatment plan)

일반적으로 보호시설, 노인복지시설 등 수용시설에서 클라이언트 혹은 그 집단에 대한 훈련, 지도, 단체 활동 등을 통해서 시설설립의 목표를 실현하기 위한 계획이다. 또 처우계획은 사회복지정책에서 구체화된 시설단위의 정책이기도 하다. 입소자는 수시로 입소할 뿐만 아니라 연소자라도 재소력이 오래된 아이도 있고 또 가지고 있는 문제도 다양하기 때문에 처우상 고도의 전문능력이 필요하다. 각 시설의 특색에 따라 입소자는 공통의 과제를 가지고 있으나 이들 과제는 ①입소의 준비단계와 인테이크, ②초기의 적응관찰, ③집단생활을 통한 개인과 집단의 이해, ④가족관계의 진단과 가족단체의 재적응의 원조, ⑤퇴소의 준비와 사후보호 등의 처우과정을 거쳐 실현된다.

## 처우기록(case record)

일반적으로 수용시설에서의 클라이언트 또는 집단에 대한 지도, 훈련 등의 처우를 기재한 문서이며 케이스워크에서의 사례기록에 대응하는 것이다. 특히 시설에서는 한사람의 사회사업가가 클라이언트나 집단에 유일하게 관여하고 있지 않고 야근 등 근무교대가 있으며,

클라이언트에 따라 목공 등 집단 활동의 장이 다르다. 따라서 사회사업가 상호간에 정보교환의 자료로서 중요할 뿐만 아니라 클라이언트나 집단의 개별적인 처우목표의 도달정도를 아는데 있어서도 필요한 자료다. 그러므로 처우계획을 세워 실시하고 있는 바를 관찰, 기록함으로서 다음의 처우계획을 세우는 데에 중요자료로 삼을 필요가 있다. 수용시설에서는 집단처우가 주가 되며 이 집단 안에서의 개개의 클라이언트의 동정도 기록할 필요가 있다.

## 처우목표

복지서비스에 대한 이용자 처우는 여러 형태의 기관, 시설에서 행해지지만 그 궁극적 목표는 모두 '인간의 잠재가능성을 최대한으로 실현시키는 원조'라는 가치에서 비롯된다. 그러나 실제는 개인의 기능에 한정하여 대상자의 문제와 시설의 필요성에 따라 구체적으로 개별적 목표, 소집단단위의 목표, 또는 시설전체로서의 목표가 설정된다. 기본적으로 그것은 대상자와의 면접에 근거해서 결정되어야 하며, 또 성취 가능한 것이어야 한다.

## 처우방침(policy of treatment)

사회복지기관, 시설에서 대상자처우의 방향으로 제시되는 것이다. 이것은 기관, 시설의 설치주체, 사회복지법인의 집행기관, 이사회 등에서 그 설치목적은 물론 관계직원의 자질, 대상자의 특성, 그 시대 및 지사회의 기대 등을 감안해서 책정된다. 물론 그것이 처우의 원리원칙과 모순되는 것이어서는 안된다. 처우방침이 갖는 의미는 시설의 집단처우에서 특히 크지만 개별처우에 있어서도 가령 사회적 회복훈련의 중시라는 방침은 그 처우목표, 처우계획의 책정에 큰 영향을 미치게 된다.

## 처우수준의 평가척도

시설처우는 입소하는 개인의 복지요구에 대응해서 그 해결, 유지 향상 또는 발전을 기하지 않으면 안된다. 그러기 위해서는 처우목표를 척도화해서 구체화하지 않으면 안된다. 물론 개개의 상황은 틀린다 해도 일정척도의 평가는 직원집단이 처우 상 일관성을 갖기 위해, 또 시설간의 처우수준의 평가 화를 도모하기 위해 중요한 요건이다. 그 내용으로는 입소에 있어서 입소사유, 교육관계, 생활습관, 작업 장면, 자기주장, 가족대응 등 처우대응 유형을 유형화할 필요가 있다. 그러나 평가척도는 어디까지나 참고로서 사용하고 인간 신뢰와 본질에 대한 평가가 되어서는 안된다.

## 처우의 운영관리

복지서비스를 제공하는 기관, 시설은 처우의 적절성을 확보하기 위해 처우의 내용, 수속. 방법, 조건 등을 점검해서 문제가 있으면 개선해야 한다. 이 기능을 처우의 운영

관리라 한다. 이것은 보통 처우의 관리자 등에 의해 행해지며 크게 처우과정에서의 처우내용, 수속, 방법의 관리와 처우조건의 관리로 나눌 수 있다.

### 처우의 이념

클라이언트 즉 복지서비스의 이용자처우를 향상시킬 때 그 근거로 하는 원리를 처우의 이념으로 이해한다면, 그 기본적인 것은 헌법 제34조의 생존권보장의 이념과 서비스이용자의 인격에 대한 발달보장의 관념이다. 이것을 사회복지 대상자인 클라이언트의 개별적 요구에 대응해 여러 형태의 처우에 대한 장애를 극복하고 사회적으로 독립하는 것을 목적으로 하고 있다. 따라서 사회복지에서의 일련의 처우과정은 물질적, 신체적, 정신적인 면에서도 클라이언트가 건강하게 문화적 생활을 영위하도록 인격의 전면적인 발달을 보장할 것을 기본이념으로 전개되어야 한다.

### 처우제한의 원칙(principle of less eligibility)

열등처우의 원칙과 같다. 원래는 영국 구빈법이 개정된 1834년에 확인된 원칙의 하나로 구민법에 의해 구제받는 빈민의 생활수준을 임금노동자의 층보다 낮게 책정하는 것이 당연하다는 이론이다. 이에 기인하여 복지서비스의 이용자에 대한 처우는 엄격하게 제한하는 것이 당연하며 그렇지 않을 때 그들의 의존심을 조장시킨다는 것을 나타내는 말로 오늘날에도 쓰여진다.

### 척도(scale)

자료가 수집될 때 관찰된 현상에 하나의 값을 할당시키기 위하여 사용되는 측정의 수준을 말하며, 여기에는 명목척도(Nominal scale), 순위척도(Ordinal scale), 구간척도(Interval scale) 그리고 비척도(Ratio scale) 등으로 분류된다.

### 척수손상

산업재해, 교통사고 등 외상, 척추종양, 척수염 등에 의해 척추가 그 기능을 상실한 것을 말한다. 척추의 장애는 어느 부분에서 일어나는가가 문제로 된다. 즉 척추는 경추, 흉추, 요추의 세 가지로 대별된다. 이중 경추에서는 상지를 지배하고 있는 신경이 나오는 것으로 경추에서 손상이 일어나면 상지도 하지도 장애로 된다. 흉추나 요추에서는 상지는 침해되지 않고 하지만 여러 가지 대마비로 된다. 나아가 흉추, 요추에서도 침해되는 부분이 밑으로 될수록 잔존기능이 많게 된다. 또 척수의 장애에서는 운동의 장애뿐만 아니라 내장이나 피부의 감각에도 장애가 일어난다. 따라서 오줌이나 대변을 컨트롤 할 수 없는 경우도 있으며 그 결과 방광염이나 신염 등을 불러일으키기 쉽고 또 진통을 일으키기도 쉽다. 이 때문에 의료관리가 필요하다. 또 휠체어생활이 대부분이기 때문에 주거나 작업을 위한 환경에 특별한 배려가 필요하며 이동에 따른 교통문제에도 똑같은 배려가 필요하다.

### 척추 측만증(scoliosis)

관상면에서 환자의 척추를 보았을 때(검사자가 환자의 뒷모습을 보았을 때), 척추가 일직선 상에 있지 않고 어느 한 방향으로 휘어 한쪽은 볼록하게 튀어나오고 반대쪽은 오목하게 들어간 형태의 기형을 의미한다.

### 척추파열(spina bifida)

태아기 발달기 동안 척추가 완전히 밀착하는데 실패한 경우를 말한다. 이러한 장애는 정신지체, 뇌수종과 그 복합 증세 같은 다른 문제들과 병행되곤 한다. 이러한 장애를 가진 사람은 일생동안 정형외과, 신경외과, 병원, 기타 의료보호나 사회적 서비스를 받아야 한다.

### 천민자본주의(pariah capitalism)

근대자본주의와 구분되는, 근대 이전의 비합리적 자본주의를 가리키는 말이다. M. Weber가 이 표현을 사용하면서 염두에 둔 것은 중세사회의 신분제적 테두리 밖에서 오로지 상업과 금융업을 영위한 천민(賤民)으로서의 유태인이었으나, 일반적으로는 낡은 성격의 자본주의를 지칭하는 말이다. 중세에 있어 상인이나 금융업자는 특별한 신분을 형성하는 경향이 있었을 뿐 아니라, 그들이 종사하는 직업은 종교적 으로나 도덕적으로 비천한 직업으로 생각되었었다.

### 천식(asthma)

기관지벽의 근육 수축으로 인한 호흡장애를 말한다. 이로 인해 사람들은 숨 쉬는데 어려움을 겪게 된다.

### 철의 삼각(iron triangle)

정책과정에서 이익집단 · 관료조직 · 의회 위원회가 상호간의 이해관계를 보호하기 위해 밀접한 동맹관계를 형성하고 있는 현상을 가리키는 개념을 말한다. 철의 3각 개념은 하위정부 또는 하위체제(subsystem)와 거의 동일한 의미를 지닌다.

### 철회

행정행위가 아무런 흠이 없이 완전하게 유효하게 성립하였으나, 사후에 그 효력을 더 존속시킬 수 없는 새로운 사정이 발생하였을 때, 그 효력을 상실시키는 별개의 행정행위를 말한다. 철회의 원인이 되는(새로운 사정)은 법률에 규정되어 있는 경우나, 부관(附款)인 철회권(취소권)의 유보에 정해져 있는 경우 또는 법정의무 또는 부관에 의한 의무를 위반하거 나, 일정한 시기까지 권리행사 · 사업 착수가 없는 경우 등을 가리킨다.

## 청각언어기능

장애인재활시설 청각장애인 또는 음성언어기능 장애인을 입소 또는 통원하게 하여 그 재활에 필요한 상담·치료·훈련을 행하는 시설로 아동복지법에 의한 성인농아인 양호시설 중 농아를 수용보호하고 있는 시설과 사회복지사업법에 의해 성인 농아인을 수용보호하고 있는 사회복지시설이 이에 속한다.

## 청각장애(hearing impairment)

소리와 말을 듣는 귀 즉 외이, 중이, 내이로 연결되어지는 청신경의 기능에 이상이 생겨 말과 음을 잘 듣지 못하는 상태를 말한다. 청각 장애의 용어적 구별은 ①일반적으로 소리를 거의 들을 수 없다든가 말의 판별이 어렵다든가 하는 일체의 정상이 아닌 청각상태를 '청각장애'(hearing impairment)라 하고 ②아주 큰 소리로 말을 해야 알아듣고 일상생활에 현저한 장애가 있는 것을 난청(hard of hearing)이라 하며 ③청각장애가 어느 정도인가를 표현할 때 흔히 몇 데시벨(db : decibel) 청력손실이라 하고 ④일상생활에서 청력을 활용할 수 없는 상태를 농(deaf)이라고 하는데 이농은 청각의 이용목적에 따라 몇 가지로 구분된다.

## 청각장애인

장애인복지법시행령 제2조에 청각장애인의 기준을 규정하고 있는데 ①두 귀의 청력손실이 각각 60db이상인 자(비장애인은 1 − 24db임), ②한 귀의 청력손실이 80db이상이고 다른 귀의 청력손실이 40db 이상인 자, ③두 귀에 들리는 보통 말소리의 명료도가 50% 이하인 자로 되어 있다. 청각장애 중 발생률이 가장 높고 또 문제가 많은 증상은 청력의 저하 즉 난청이다. 난청인의 특징은 난청의 정도나 유형 또는 장애를 받은 연령에 따라 다르다. 가령 언어학습 면에서 보면 언어습득 이전의 고도난청아는 특별한 지도를 받지 않는 한 언어를 획득하는 일은 곤란하며 언어습득 후의 고도난청아와는 문제의 성질에 현저한 차이가 있다.

## 청교도 윤리(protestant ethic)

일반적으로 근면, 절제하는 노력이 경제적 부, 사회적 신분상승 및 자유 등 보상을 가져다주고 긍정적으로는 천국에 갈 수 있다는 믿음과 연관된 가치와 혹은 행동경향, 청교도 윤리는 칼뱅, 루터, 웨슬리와 같은 청교도 지도자들의 도덕적 가르침에서 그 이름이 유래하며, 식민지 시대 이례 많은 중산층 미국 가정의 행동규범을 이끌어왔다.

## 청년기(youth adolescent)

어린이에서 성인으로의 이행기에 있는 사람들을 지칭한다. 이 시기에 사회에서 성인자격으로 볼 수 있는 제 조건이 준비된다. 그 주요한 조건으로 다음의 세 가지를 들 수 있다. ①성적성숙을 중심으로 한 신체적 발달 ②지적·지능적 능력의 신장을 중심으로 한 노동력의 준비 ③정조의 발달, 자아확립을 중심으로 한 사회집단의 적응력 증진이 그것이다. 그러나 현재 ①조숙화 경향 ②고학력화에 반해 직업자립의 지연 ③관리사회화와 가치의 다원화에 의한 자아확립의 곤란이라고 하는 문제상황의 사이에서 청년기는 갈등과 긴장으로 차있는 시기이다.

## 청년문화(youth culture)

어린이에서 성인으로의 이행기에 있는 청년기 특유의 역할, 가치관, 행동양식을 가진 하위문화를 지칭한다. 특히 청년문화의 개방화를 보는 배경으로서는 소득수준의 향상에 의한 청년문화의 성립이라고 하는 경제적 조건과 독자적 자기실현의 강한 욕구라고 하는 정신적 조건을 들 수 있다. 또한 청년문화의 다양한 양상을 굳이 유형화 하면, 그것은 기성질서와의 관계로부터 동조 → 일탈 → 반항이라고 하는 행동양식과 정신구조특성을 축으로 설정할 수 있다. 오늘날 청년 문화가 결국에는 지배적인 가치의 사회화(주도문화)에 묻히는 일시적인 것인지 그렇지 않으면 새로운 문화 창조에 일익을 담당하는 것인지가 주목된다.

## 청능언어치료전문직원

언어치료사(ST), 청능언어사 등으로 불린다. 언어치료사란 언어장애인의 재활을 목적으로 해서 장애의 진단 치료, 지도, 예방에 종사하는 전문가를 말한다. 언어치료사가 실제로 활동하고 있는 기관으로는 병원, 학교, 재활센터, 사회복지시설 등이다.

## 청능훈련사(audiologist)

청각장애의 치료나 재활과정에서 이비인후과의사 등과 팀을 짜서 청력검사, 보청기의 선택, 보청기에 의한 청능훈련을 행하는 전문이다. 의학이나 음향의 기초지식은 물론 복잡한 장애 평가나 훈련프로 그램의 입안시설 등 고도의 능력이 요구된다. 미국에서는 청능사의 양성, 자격은 대학원수준의 교육체제로서 확립되어 있다.

## 청력측정기(audiometer)

청각적 감수성과 예민성을 재는 기구. 청력 상실의 측정은 청력을 재는 한 단위인 데시벨(decibel)로 기록된다. 때로는 정상적인 청각적 감수성의 백분율로 기록되기도 한다.

## 청소년(juvenile) 01

형법상 성인으로 취급될 나이는 아직 되지 않은 젊은 사람을 의미한다. 이 용어는 법률상 능력을 언급하는 데 사용되는 '미성년(minor)' 과 구분된다. 1974년 청소년사법과 비행방지법(juvenile Justice and Delinquency

Prevention Act)이 연소자를 18세가 되지 않은 사람으로 정의했지만, 그 연령은 주마다 다르다.

## 청소년(adolescence youth) 02

청소년의 개념을 민법에서는 미성년자로서 20세 미만으로 보며, 아동 복지법에서는 18세 미만을 요보호대상으로, 근로기준법에서는 소년근로자를 18세 미만으로, 소년법에서는 14 − 19세까지는 범죄소년으로 12 − 13세까지는 촉법소년으로 본다. 흔히 청소년은 중고교학생의 연령으로 보며 심리학적으로 청년은 14.5 − 22.3세, 소년은 12, 13세까지로 본다. 청소년기는 청년기와 소년기를 통틀어 부르는 말로 볼 수 있으나 근래의 일반적 용법에서는 양자를 구별하는 일이 거의 없이 청소년기를 하나의 시기로 다루고 있다. 즉 청소년은 자립할 수 있도록 준비하는 기간이며, 중학생에서 대학생까지 13·14 − 23·24세로 본다.

## 청소년기본법

청소년의 권리 및 책임과 가정사회국가와 지방자치단체의 청소년에 대한 책임을 정하고, 청소년육성정책에 관한 기본적 사항을 규정하기 위해 제정한 법(1991. 12. 31, 법률 제4477호). 1991년 청소년육성법을 대체하여 제정된 뒤 2004년 2월 법률 제7162호로 14차례 개정되었다. 9세 이상 24세 이하를 청소년으로 규정하고, 이들이 사회 구성원으로서 정당한 대우와 권익을 보장받고 건전한 민주시민으로 자랄 수 있도록 장기적·종합적 육성정책을 추진하는 것을 기본이념으로 한다. 청소년 육성정책은 문화관광부 장관이 총괄·조정하고, 청소년 육성에 관한 주요 시책을 심의하기 위해 청소년육성위원회를 둔다. 국가는 범정부적 차원에서 청소년 육성정책 과제를 설정·추진·점검하기 위해 청소년 분야의 전문가와 청소년이 참여하는 청소년특별회의를 해마다 개최해야 한다. 또 5년마다 청소년육성에 관한 기본계획을 세우고, 매년 5월을 청소년의 달로 정한다. 국가와 지방자치단체는 청소년 시설을 설치·운영해야 하고 청소년지도사 및 청소년상담사 자격검정시험을 실시한다. 또 특별시·광역시·도 및 시·군·구에 청소년육성전담기구를 설치하고 전담공무원을 둘 수 있다. 가출 및 비행을 예방하고 건전한 사회복귀를 돕기 위해 필요한 복지적 지원을 제공해야 하고, 유익한 환경을 조성해야 한다. 청소년에게 유해한 매체물과 약물 등이 유통되지 않도록 하고, 청소년이 유해한 업소에 출입하거나 고용되지 않도록 하며, 폭력·학대·성매매 등 유해한 행위로부터 구제해야 한다. 한국청소년진흥센터를 설립하여 청소년활동·청소년복지·청소년보호에 관한 종합적 안내 및 서비스 제공 등 청소년육성사업을 수행하도록 한다. 또 한국청소년상담원을 설립하여 청소년의 올바른 인격형성과 조화로운 성장을 위한 상담관련 정책을 연구개발하는 사업 등을 수행하도록 한다. 총

칙, 청소년 육성정책의 총괄·조정, 청소년시설, 청소년지도자, 청소년단체, 청소년활동 및 복지 등, 청소년육성기금, 보칙, 벌칙의 9장으로 나누어진 전문 66조와 부칙으로 구성되어 있다. 시행령과 시행규칙이 있다.

## 청소년단체(youth organization)

청소년단체는 약화된 가정교육과 학교기능을 보충, 연장하고 청소년들이 자기 자신의 발전은 물론 국가와 사회의 발전에 공헌할 수 있는 사람이 되도록 도와주는 사회적 역할을 수행하도록 기대되고 있다. 그러나 가정과 학교에서 지나치게 지식 중심의 교육을 강조하고 있기 때문에 청소년들이 과중한 수업으로 인해서 단체에 가입하여 활동할 시간적 여유를 가지지 못하고 있다. 청소년 단체의 사명이 인적·물적 후원이 필요한 사업에도 불구하고 사회의 뒷받침이 이에 따르지 못하고 있다. 중요한 것은 민간 청소년 단체의 활동에 대한 정부의 지원이 적극적으로 실시되어 이들 청소년 단체가 유용한 프로그램을 많이 개발하고 실질적으로 청소년 지도의 일익을 담당해야 한다는 점이다.

## 청소년대책사업(youth programs)

청소년이 자신의 자질을 개발하고, 민주시민으로서의 자율성을 기르며, 국가 사회발전에 기여할 수 있도록 지원함을 그 목표로 하고 있다. '청소년 백서'에는 대책사업의 기본방향을 다음과 같이 서술하고 있다. 첫째, 청소년으로 하여금 국가관과 윤리관을 확립하도록 한다. 둘째, 청소년으로 하여금 민주시민으로서의 자율성을 함양하도록 한다. 셋째, 청소년 개개인의 능력을 최대한으로 개발하고 심신단련을 강화한다. 넷째, 청소년 선도에 대한 국민의 관심을 제고하고 청소년 건전육성을 위한 사회기풍을 조성한다. 이에 근거하여 정부는 학생, 근로청소년, 농·어촌 청소년, 불우청소년, 비행청소년으로 시책대상을 분류하며 주로 정신개발 건전지도, 직업훈련, 복지후생, 선도교정의 5개 부분에 걸쳐 사업을 진행해 왔다.

## 청소년범죄(juvenile crime / offence)

미성년자의 범죄를 말한다. 인생의 일대도약기로서 성장발달과정에 있는 청년기의 좌절 자립 모색의 실패적 성격으로 형벌에 의한 대처가 아닌 비행으로 취급해 주로 국가적 보호·육성조치의 대상으로 하는 것이 일반적이다.

## 청소년보호(juvenile protection)

소년이 아직 미완성된 인격이기 때문에 청소년의 건전한 성장을 위해서는 그것을 저해하는 요인의 배제는 중요한 과제이다. 청소년의 생활환경의 보호와 건전육성을 도모하기 위해 근로기준법에 의한 연소근로자의 취로제한 등 유해환경의 정화대책이 행해지고 있다. 즉 청소년에 대한 성충동을 조장하는 출판물, 영화. 광고 등의 규제를 위해

관련업계의 자주규제의 촉진, 주민의 지역활동촉진, 청소년보호 육성조례의 제정, 시행 등의 대책이 강구된다.

## 청소년보호육성조례
(regulations on delinquency prevention and youth development)

청소년의 보호육성에 관한 사항을 정한 조례로 시·도에 제정되어져 있다. 조례의 명칭은 일정하지 않고 규정한 사항도 동일하지 않지만, 유해광고물의 부착금지, 유해흥행 등의 관람제한, 유해문서 등의 판매제한, 사행심유발행위의 제한, 심야 외출제한, 유흥업소설치제한 등을 정한 것이 많다.

## 청소년비행(juvenile delinquency)

소년비행이라 함은 범죄소년, 촉법소년, 우범소년으로 형법법령에 저촉된 행위를 하였거나 특별법 또는 환경에 비추어 장래 형법법령에 저촉되는 행위를 할 우려가 있는 12세 이상 20세미만인 자의 비행을 말하며 소년경찰의 보도대상에는 불량행위소년도 포함하고 있다. 따라서 소년비행을 구분하는 법률상의 용어는 다음과 같다. ①범죄소년 - 14세 이상 20세 미만의 자로서 형법법령에 저촉되는 행위를 한 자(형사책임을 진다) ②촉법소년 - 12세 이상 14세 미만의 소년으로서 소년법에 저촉되는 행위를 한 자(형사책임은 없다) ③우범소년 - 12세 이상 20세 미만의 소년으로서, 보호자의 정당한 감독에 복종치 않는 성벽이 있거나 정당한 이유 없이 가정으로부터 이탈하거나, 범죄성이 있거나 부도덕한 자와 교제하는 등의 사유로 장래 범법할 우려가 있는 자(소년법 제4조) ④불량행위소년 - 20세 미만의 소년으로서 음주, 끽연, 흉기소지, 싸움, 부녀희롱 등으로 자기 또는 타인의 덕성을 해치는 풍기문란 행위자. 그러나 우범소년과 불량행위소년은 행위자체로는 구별되지 않고 장래 범죄를 범할 우려성의 여부에 따라 구체적으로 결정해야 한다. 특히 소년경찰직무요강에 의하면 소년의 성행, 환경, 기타 비행의 원인을 정확히 규명하기 위하여 비행소년의 사안 중 특이하고 중요한 사안은 간부가 이를 전담 처리해야 한다고 명시되어 있다.

## 청소년 사법정책(juvenile justice policy)

미성년자의 불법행위에 대처하는 방법을 결정지을 때, 고려하기 위한 사회지침과 확립된 절차를 포함하는 형사 사법정책(criminal justice policy)의 구성요소를 말한다. 미국의 현행 청소년 형사정책의 요소에는, 미성년자에게도 성인에게 주어지는 재판과 변호인에 대한 같은 법적 권리를 주고, 성인용 공공시설과 분리된 시설에 감금시키며, 더 짧은 형기, 지정한 기간 동안 선행을 하면 기록을 깨끗이 지우는 것, 징벌보다는 보다 더 치료적인 방법이 되는 방침 등이 있다.

## 청소년 사법제도(juvenile justice system)

어떤 재판권 내에서는 22세 미만이고 다른 재판권에서 16 - 18세 미만인 나이 어린 사람들이 불법행위를 저지르지 못하도록 하고, 그러한 행동에 관여한 미성년자의 치료를 지향하는 형사 사법제도(criminal justice system)의 한 부분을 말한다.

## 청소년상담사(youth counselor)

청소년상담사는 청소년 상담관련 분야의 상담 실무경력 및 기타 자격을 갖춘 자로서 검정에 합격하고, 연수 100시간을 이수한 자에게 문화관광부장관이 부여하는 국가자격으로 1급, 2급, 3급으로 나누어진다. 1급 청소년상담사 : 상담관련분야 박사학위 취득자 및 석사학위를 취득한 후 상담 실무경력이 4년 이상인 자 또는 이와 동등한 자격이 있는 자. 2급 청소년상담사 : 상담관련분야 석사학위 취득자 및 학사학위를 취득한 후 상담 실무경력이 3년 이상인 자 또는 이와 동등한 자격이 있는 자. 3급 청소년상담사 : 상담관련분야 학사학위 취득자 및 상담관련분야가 아닌 학과의 학사학위를 취득한 후 상담 실무경력이 2년 이상인 자 또는 이와 동등한 자격이 있는 자.

## 청소년육성

집단지도 청소년의 건전육성에 있어서는 제 집단이 참가하여 상호협력하며 책임을 가지고 스스로의 역할을 다해가는 사회적 체험이 불가결하다. 따라서 아동후생시설인 아동관, 각종 사회교육관계시설 또 YMCA 등 민간 집단과 다양한 활동을 추진하고 있다. 이들 시설, 단체에서는 전문지도자나 지원지도자에 의한 체계적인 청소년 지도방법으로 집단지도방법이 중요시되고 있다.

## 청원(petition) 01

청원이라 함은 국가기관에 대해 희망을 진술하는 것을 말한다. 국민의 청원권은 현대의 각국 헌법에서 거의 빠짐없이 보장하고 있고, 우리나라 헌법에서도 이를 보장하고 있다(헌법 제26조). 수익권의 일종으로 청원사항은 단지 소극적으로 불평의 구제에 그칠 것이 아니라, 적극적으로 국가에 대해 희망을 진술하는 것도 포함된다. 청원의 대상이 되는 국가기관도 원칙적으로 제한이 있을 수 없고 행정기관, 입법기관은 물론, 법원에 대해서도 할 수 있지만, 헌법상 인정된 국가기관의 권한을 침해하는 청원은 허용될 수 없다.

## 청원 02

국가기관에 대해 불만의 구제를 제기하거나 희망을 진술하는 국민 의 수익권(受益權)의 하나를 말한다. 우리나라 헌법에서도 이를 보장하고 있으며, 오늘날 각국 헌법은 거의 빠짐없이 보장하고 있다. 청원의 대상이 되는 국가

기관은 원칙적으로 제한이 없으며, 행정기관·입법기관은 물론 법원에 대해서도 할 수 있으나, 헌법상 인정된 국가기관의 권한을 침해하는 청원은 허용될 수 없다. 청원은 반드시 문서로 하여야 하고 국가기관은 이를 수리하여 심사할 의무만 지며, 재결을 해 줄 필요가 없다는 점에서 행정심판과 차이가 있다.

### 체계(system)

각 구성요소가 일정의 상호연관관계를 갖고 공통의 전체 목적에 공헌하고 있는 경우를 말한다. 즉 다른 실체와의 상호작용과는 다른 방식으로 상호작용하는 성분들의 조직화된 하나의 전체를 말하는데, 이것은 어떤 기간 동안 지속된다.

### 체계이론(system theory)

갖가지 학문영역에서 취급되는 대상을 체계 즉 '상호작용하는 요소의 복합체' 라 보고 그 체계 일반에 적용되는 모델, 원리를 말한다. 법칙을 확정 또는 적용해 가려는 의도에서 개발된 새로운 이론이다. 이것은 1947년 생물학자 벨타란휘에 의해 제창된 이래 특히 사이버네틱스나 정보이해의 성과를 흡수, 통합하면서 급속도로 진전되어 현재 모든 학문영역에서 기초이론으로 받아들여지기에 이르렀다. 사회복지의 영역에서 주목을 받게 된 것은 최근의 일이지만 일반체계이론으로 확정된 개념, 가령 조직화되어 있는 복잡성, 체계의 계층적질서, 개방체계, 결과성 등은 사회복지실천에 있어서 꼭 필요한 것으로 생각되고 있다. 그러나 그 적용을 위해서는 검토되어야 할 많은 과제가 남아 있다.

### 체계적 추출법(systematic sampling)

등간격 추출법이라고도 말하고 있는 것처럼 모집단에 포함되는 모든 개체를 임의의 순서로 늘어놓고 난수표를 사용해서 출발점을 무작위로 정한 뒤에 일정의 추출간격(추출률이 1／a라면 a개의 간격)으로 개체를 뽑아내며 그것들은 표본으로 하는 표본추출법이다. 단순무작위 추출법의 경우에 비해서 추출 틀의 추출단위에 일련번호를 붙이지 않아도 실제 추출작업이 가능하며 추출조작 자체도 간단하여 노력도 적게 들고 또 추출미스도 적다는 장점이 있다.

### 체계적 탈감각화(systematic desensitization)

어떤 대상이나 사건과 관련된 공포와 근심을 점차 완화하는, 울프(Joseph Wolpe)가 고안해낸 행동수정(behavior modification) 기법을 말한다. 이완운동과 유도된 이미지(guided imagery)를 사용하면, 클라이언트는 근심을 유발하는 상황에 대해 자극(stimulus)을 드러내놓는다. 가령 만약 클라이언트 6피트 이상의 높이를 무서워한다면, 사회사업가는 클라이언트가 사다리의 가장 낮은 단에서 서 있도록 하고, 그 동안에 걱정이 그 수준에서 종결될 수 있도록 충분히 오랫동안 즐거운 경험을 생각하게 한다. 이 과정은 클라이언트가 6피트보다 더 높은 곳에서 편안해질 때까지 천천히 반복하는 것이다.

### 체계적 표출(systematic sampling)

하나의 모집단 배열이 무작위로 되어 있을 때 체계적 수단을 이용하여 표본을 추출하는 방법을 말한다. 전화번호부에 등재된 사람 가운데 매 100번째 사람들을 표본으로 추출하는 경우가 이에 해당된다.

### 체계적 필수조건(systemic requisites)

지역사회 조직과 사회정책 개발에서, 잠재적 자원이나 프로그램뿐만 아니라 기존의 자원과 프로그램을 확인하여 이들 자원을 연결시키고 조정하는 협동적인 노력을 말한다. 이렇게 함으로써 중복과 경쟁을 피할 수 있으며 서비스의 범위와 질을 확대할 수 있다.

### 체드위크(Chadwick Edwin)

신문투고를 위해 취재차 슬럼을 탐방한 것을 계기로 빈곤과 위생에 관심을 갖게 되었다. 공리주의 철학자 벤텀의 영향을 받아 행정개혁에 많은 업적을 쌓았다. 1832년 '왕립빈민법 조사위원회' 의 위원보가 되어 낫소 시니어와 공동으로 보고서를 기초하였다. 1834년에는 동위원회의 사무국장으로 취임하여 신빈민법의 제정에 기여하였다. 1842년에는 "영국 노동자의 위생 상태에 관한 보고서"를 상원에 제출 하였고, 1848년에는 '공중위생법' 의 제정에 공헌하였다. 1854년까지 중앙위생국의 위원이었으며, 그 뒤 연구와 평론에 전념하였다.

### 체벌(corporal punishment)

훈육의 한 방법으로서 특정의 행동을 중단하도록 하기 위해 신체적 고통을 가하는 것을 의미한다. 체벌은 신체적 고통을 가할 뿐만 아니라 심리적 좌절감이나 갈등을 유발하고, 동료 학생에게도 영향을 미치게 되기 때문에 이의 사용을 둘러싸고 논란이 있어 왔다. 특히 이는 부정적 자아개념을 유발하는 경향이 있으며, 그 효과도 의문시되기 때문에 사용하지 못하도록 권장하거나, 또는 법령이나 행정지시를 통해서 금지하는 것이 세계적인 추세이다. 그러나 일선의 교사나 부모의 대부분이 체벌을 훈육의 방법으로 사용해야 한다는 입장을 취하고 있기 때문에 체벌은 아직도 널리 사용되고 있다.

### 체제(system) 01

특정기능을 수행하는 조직화된 전체를 말한다. 체제는 환경과 구분 되는 일정한 경계를 지니고 있으며, 내부는 하위체제(subsystem)로 구성되어 있고, 하위체제는 상호

의존성을 지니고 상호관계를 가지며, 체제는 외부로부터 투입을 받아 전환과정을 거쳐 산출을 내고 산출은 다시 환류된다는 등의 특징을 지닌다. 이러한 체제의 개념은 자연과학뿐만 아니라 행정학을 포함한 사회과학 전반에서 널리 활용되고 있는 체제적 접근방법의 바탕을 이루고 있다.

## 체제 02

어떤 정해진 목적, 또는 목표를 달성하기 위하여 각 구성요소, 혹은 부분이 전체와 유기적으로 관련되어 조화롭게 기능하는 관계의 집합 내지 단위를 의미한다. 다시 말해, 투입(input) ― 전환(process) ― 산출(output) 과정에서의 사물과 이들 사이의 관계라 할 수 있으며, 조직의 업무수행과 그 성취를 이해하기 위한 분석적인 틀로서 흔히 다음과 같이 제시되고 있다. 이러한 체제의 일반적인 특성 내지 속성을 다음 몇 가지로 종합할 수가 있겠다. ①목표 지향적이다. 즉 뚜렷하게 설정된(nahrvy), 곧 성취해야 할〈무엇〉이 있다. ②부분과 부분, 도는 부분과 전체의 상호 관련성을 가지고 전체로서 기능을 발휘한다. 즉 문제를 종합적으로 본다. ③투입에 대한 산출, 또는 효과에 강조를 둔다. ④결과의 평가가 다시 재투입되는 환류(feedback)기능을 가진다. 이렇듯 체제는 모든 현상을 분석하고 설명하는데 적용할 수 있는 논의기준이며 사고양식이라고 볼 수 있으며 모든 사회현상이나 교육문제들을 개념화하도록 그 기초를 제공한다.

### 체제목표(system goals)

체제의 생존·유지·적응·성장 등에 관한 목표를 말한다. Charles Perrow는 조직을 체제로 보고 조직의 목표를 사회적 목표(societal goal)·생산목표 (production goal)·투자자 목표(investor goal)·체제목표(system goal)·파생적 목표(derived goal)의 다섯 가지 유형으로 분류하고 있다.

### 체제분석(system analysis) 01

체제분석은 의사결정자가 여러 가지 문제해결 대안 중에서 최적방법을 선택할 수 있도록 체계적으로 분석·연구하는 방법을 말한다. 체제분석은 의사결정 이론 중에서 규범적 접근 방법에 속한다. 체제분석은 운영연구(OR: Operations Research)와 유사하나 계량분석에만 전적으로 의존하지 않고, 전체로서의 체제의 구조·기능·행태의 경험을 기본지식으로 삼는다는 점에서 운영연구와 다르다. 체제분석의 절차는 크게 준비단계와 체제분석 단계로 나누어볼 수 있다. 체제분석의 준비단계는 문제의 성격 파악·목표의 명확화·제약점의 발견 및 자원조사·체제분석의 한계 설정 등 으로 구성되며, 체제분석 단계는 대안의 모색 및 개발·대안의 비교분석·불확실성의 분석 및 고려 등으로 구성된다.

### 체제분석 02

과학적인 문제해결 방식의 한 형태를 말한다. 정책결정자 또는 의사결정자가 목표를 설정하고 이 목표를 달성하기 위하여 여러 가지 대안들을 상황과의 관련 하에 내세우고, 각 대안을 이에 소용되는 비용과 이익의 대비에 의해 비교하여 가장 좋은, 또는 최적의 대안을 택하도록 하는 체계적인 분석 절차를 말한다. 뱅하트(F.W. Banghart)는 이러한 체제분석에서 사용되는 주요 활동내용은 상황분석·체제접근·체제평가·체제설계, 그리고 체제운영 등의 다섯 단계의 과정을 포함한다고 주장하였다. 그러한데 최근에는 체제 접근과 체제분석의 과정을 유사하게 혼용하여 그 구분을 정확하게 하기 힘들다.

### 체제자원적 접근(system resource approach)

조직이 다른 조직들과의 경쟁을 통해서 자기 조직에 유용한 희소자원(valued and scarce resources)을 환경으로부터 획득하는 능력 즉 '흥정 지위(bargaining position)'를 기준으로 삼는 조직효과성의 평가방법을 말한다. Ephraim Yuchtman과 Stanley Seashore에 의해 제시된 체제자원적 접근은 조직효과성에 대한 평가가 투입물의 획득 능력·변환과정·산출물의 유통 능력·안정과 균형의 유지 능력 등에 의 해 이루어져야 한다고 주장한다.

### 체제적 의제(systemic agenda)

정부에 의해 공식적 의제로 채택되기 이전이지만, 공공의 관심을 끌고 있고 정부 당국이 합법적으로 다룰 수 있는 문제라고 정치공동체의 구성원들이 공통적으로 인지하고 있는 사회적 이슈들을 체제적 의제라 한다. 반면 정부에 의해 채택된 의제를 제도적 의제라 한다. Roger W. Cobb과 Charles D. Elder는 정책결정기관에 의 해 채택되었는지의 여부를 기준으로 하여 정책의제를 체제적 의제와 제도적 의제로 분류하였다.

### 체제적 접근방법(systems approach)

모든 현상을 상호관련된 일련의 하위체로 구성된 체제(system)라는 개념에 기초하여, 포괄적·통합적 분석을 시도하는 접근방법을 말한다. 체제적 접근방법은 자연현상이나 사회현상을, 상호작용하는 여러 구성요소로 이루어져 있는, 전체의 한 부분으로 본다. 정치현상 및 행정현상에 대해 체제적 접근방법을 도입한 대표적 인 학자는 David Easton과 Ira Sharkansky이다. Easton은 정치체제에 대한 설명을 다음과 같이 하고 있다. 정치체제는 환경으로부터 요구(demand)와 지지(support)를 받아 전환과정을 거쳐 정치체제의 산물인 정책을 산출하며, 이러한 정책은 환류되어 다시 정치체제에 투입된다는 것이다.

### 체크리스트 평정법(check lists)

근무성적을 평가하는데 적절하다고 판단되는 표준행동

목록을 미리 작성해 두고, 이 목록(list)에 단순히 가부를 표시하게 하는 방법을 통해 근무성적을 평가하는 방법을 말한다. 평정자는 질문항목마다 가부 또는 유무의 표시를 할 뿐 항목마다 피평정자의 특성을 평가하여 가치를 부여하거나 등급을 정하지 않는다. 평정결과를 평가하거나 평정요소마다 가중치를 부여하는 체크리스트 평정법은 가중 체크리스트 방법(weighted check lists)이라 한다.

## 체포

수사기관 등이 범죄의 혐의가 있는 사람의 신체활동의 자유를 빼앗는 것을 체포라고 하는데 다음과 같은 종류가 있다. ①통상체포 — 법원으로부터 발부받은 체포영장을 가지고 체포하는 것. ②긴급체포 — 장기 3년 이상의 형에 해당하는 죄를 짓고 도망가거나 증거를 없애버릴 우려가 있는 피의자는 일단 체포하고 48시간 안에 법원에 구속영장을 신청한다. ③현행범체포 — 범죄를 저지르거나 막 끝낸 범인의 경우 일단 체포하고 48시간 안에 법원에 구속영장을 신청한다. 긴급체포와 현행범체포의 경우 48시간 안에 구속영장을 신청하지 않으면 체포한 사람을 즉시 석방해야 한다. ④긴급체포 — 수사기관이 범죄가 무겁고 긴급한 사정이 있어 판사의 체포영장을 발급받을 여유가 없을 때에는 그 사유를 알리고 영장없이 피의자를 체포할 수 있는데 이를 긴급체포라 한다.

## 체포영장

죄의 혐의를 받고 있거나 재판에 출석하지 않는 사람을 체포해도 좋다는 법원의 허가장을 체포영장이라고한다. 피의자 등의 체포는 체포영장을 발부받은 뒤에 하는 것이 원칙이지만 현행범이나 긴급한 경우에는 체포후 48시간 안에 체포영장을 신청하면 된다.

## 체험적 치료(experiental therapy)

사회심리적 개입 혹은 임상치료의 한 형태로, 활동이나 갈등 및 상황 설정, 역할극 등을 통해 클라이언트의 임상적 경험과 유사한 상황을 재현하는 것 등을 강조한다. 체험적 치료는 '현시점과 장소'(here and now)에 초점을 맞추고, 클라이언트가 과정의 호나경 상황을 스스로 깨닫게 함으로써 클라이언트를 위축(dis — courage)시키게 한다. 체험적 치료는 종종 집단 또는 가족치료 세팅에서 활용된다.

## 초감각적 지각(ESP : extrasensory perception)

감각기관에 의존하지 않고 물체나 사건을 지각하는 현상을 의미한다. 천리안이나 텔레파시 등의 현상이 해당되며, 초심리학 혹은 심령학의 연구대상이 된다. '초감각지각'이라고도 한다.

## 초기경험(early experience)

유기체가 단세포의 접합자로부터 성숙한 어른이 될 때까지의 경험이 그 뒤의 행동 또는 기능과 어떤 관계를 갖고 있는가를 밝히려는 연구영역을 말한다. 동물의 실험에서 인간에 이르기까지 수많은 연구가 이루어져 왔다. 동물의 경우 로렌츠(K. Lorenz)의 각인(imprinting) 학습이 모자관계에 주는 영향에 관한 연구로부터 생후 초기에서의 감각결핍이 뒤에 오는 행동에 주는 영향이라든지, 하로우(H. F. Harlow)의 유명한 실험인 피부접촉에서 오는 따뜻한 느낌이 신체적·지적 사회성 발달에 미치는 영향 등이 그 대표적 예이다. 모성결핍에 관한 연구나 초기의 문화실조 현상이 뒤에 오는 학습활동에 미치는 영향에 관한 연구, 임부의 건강상태·정서상태, 또는 약물이 태아에 미치는 영향 등이 이 영역에 속한다. 정신분석학에서는 만 5세 이전의 모자관계를 초기경험으로 생각하며 성격형성의 중요한 시기라 한다.

## 초인플레이션

연율로 따져 몇 백%로 진행되는 아주 높은 인플레이션을 말한다. 초인 플레이션은 대개 높은 통화증가에 사람들의 인플레이션 기대심리가 가세 하여 일어난다. 이러한 경우의 예로는 1920년 대 독일의 경제상황을 들 수 있는데, 그 당시 독일에서 빵을 사거나 편지 한통을 부치는 데 수천억 마르크가 들었다.

## 초자아(super ego)

프로이드가 규정한 개념이다. 이것은 사회적인 틀 특히 친자관계에서 습득되는 것으로 개인의 본능적인 충동의 발현에 대해 양심으로서 제지적인 작용을 하는 것이다. 성장의 과정에서 이것이 특히 강하게 되면 자아는 끊임없이 충동의 압력에 대해 방어적이 되지 않을 수 없고 방어과속인 인격이 만들어지게 된다. 이것이 약하면 충동은 비교적 자유롭게 발현해 버리기 때문에 현실에 부적응이 생기기 쉽다.

## 초정책결정(meta — policymaking)

정책결정을 어떻게 할 것인가에 대한 결정을 말한다. 즉 결정참여자·시기·결정을 위한 조직과 비용·결정방식들은 미리 결정하는 것을 말한다. Y. Dror는 그의 최적정책결정모형에서 정책결정은 초정책결정·정책결정·후정책결정(post — policymaking)의 3단계를 거쳐 이루어진다고 주장하였다.

## 촉매자 역할(catalyst role)

사회사업가나 지역사회 조직가가 클라이언트나 지역사회로 하여금 자기 평가와 반성의 분위기를 형성하고 의사소통을 촉진시키며, 문제 파악을 자극하고, 변화 가능성에 대한 신념을 고무하는 기능을 의미한다.

## 촉법소년 01

12세 이상 만 14세 미만의 형사미성년자로서 형벌을 받을 범법행위를 한 사람을 촉법소년이라고 하는데 촉법소년은 형사책임능력이 없기 때문에 형벌이 아닌 보호처분을 받게 된다.

## 촉법소년 02

형벌법령에서 저촉되는 행위를 한 12세 이상 14세 미만의 소년으로서(소년법 제4조 1항) 경찰서장은 직접 관할소년부에 송치해야 하며, 또한 이러한 소년을 발견한 보호자 또는 학교와 사회복지시설의 장은 이를 관할소년부에 통고할 수 있다. 이들 소년들을 책임무능력자로 규정하여 형사책임능력이 없다고 보고 있으므로 형사처벌의 대상은 되지 않으나(형사책임 없음) 보호사건으로 처리되어 보호처분을 받게 된다.

## 촉진(facilitation)

사회사업가가 클라이언트 체계들 사이의 연계 (linkage)를 자극하고 중개하며, 새로운 체계를 개발하도록 돕고, 혹은 현재 있는 체계를 강화하도록 돕는 사회사업 개입의 한 접근방법이다. 사회사업가는 클라이언트가 바람직한 목표에 도달하도록 길을 놓으며, 클라이언트를 위한 조장자, 지원자, 중재자, 중개자로서 일한다. 핀거스(Allen Pincus)와 미나한(Anne minahan)에 따르면, 촉진활동은 정보와 의견의 도출, 감정표현의 촉진, 행동의 해석, 행동의 대안에 대한 논의, 상황 명료화, 용기 부여, 논리적 사고의 실천, 성원의 충원을 포함하는데, 흔히 협조관계나 협상관계에서 이루어진다.

## 촉진기법(Facilitation Technique)

집단 상담이 진행되고 있는 과정 중에 보다 더 집단 구성원들이 깊이 자신들을 관여시킬 수 있도록 분위기를 조성하고 보다 적극적으로 대화를 나누는 일에 참여토록 하는 기술이다. 촉진기법에 사되는 기술들을 대개 격려(encouragement), 해석(interpretation), 침묵(silence), 질의(questioning) 등이 있다.

## 촉진자 역할(facilitator role)

사회사업에서 사람들을 끌어 모으고 의사 전달의 길을 터주며, 그들의 활동과 자원을 연결하고(channeling), 전문가에게 접근할 수 있도록 함으로써 변화노력을 촉진시키는 책임을 의미한다. 다른 일차적 사회사업 역할은 조장자 역할(enabler role), 교육자 역할(educator role), 동원자 역할(mobilizer role) 등이다.

## 총괄평가

프로그램 평가의 한 종류로서 프로그램이 진행되고 난 후 프로그램이 미친 영향을 측정하는 조사활동이다. 총괄평가는 프로그램의 효과를 파악하는 것이 주된 핵심으로 비용까지도 감안하는 효율성 평가도 함께 하게 된다. 총괄평가의 가장 핵심적인 작업은 프로그램의 효과성을 프로그램 목표의 달성도로 파악하는 것이다. 예를 들면, 첫째, 의도했던 프로그램 효과가 과연 그 프로그램 때문에 나온 것인가? 둘째, 프로그램 목표와 대비하여 발생한 프로그램의 효과는 어느정도 인가? 또는 셋째, 이 프로그램 효과의 크기는 해결하고자 했던 문제를 해결하는데 충분한가? 등을 통해 효과성을 측정할 수 있다. 이밖에도 의도하지 않았던 '부수효과(side − effect)'에 대해서도 판단할 수 있다. 한편 총괄평가의 내용 중 비용을 감안한 효율성 평가는 '비용 − 편익 분석'이나 '비용 − 효과분석' 방법을 사용하게 된다. 효율성 평가에는 ①프로그램에 직접적인 비용은 얼마인가? ②부작용이나 사회적 충격을 포함한 사회적 비용은 얼마인가? ③프로그램 효과는 비용을 상쇄시킬 만큼 큰 것인가 등을 알아보게 된다. 이밖에도 총괄평가는 프로그램 효과와 비용이 사회집단 간에 혹은 지역간에 공평하게 배분되었는가도 평가하게 된다.

## 총괄적 평가(summative evaluation)

정책집행 후 당초 의도했던 효과를 성취했는지 여부를 판단하는 정책평가를 말한다. 반면 형성적 평가(formative evaluation)는 정책집행 과정에서 등장하는 여러 가지 문제점을 해결하여 보다 나은 집행 전략과 방법을 모색하기 위하여 실시되는 정책평가를 말한다.

## 총자원예산(Overall Resource Budget)

정부부문의 예산뿐만 아니라, 기업의 생산 및 투자, 가계의 소비 및 저축을 망라한 전체 국민경제를 통합된 단위로 하여, 인적·물적 자원은 물론 화폐적 자산을 포함해서 그 생산·투자·소비·대외거래 관계를 포괄적으로 다루는 연간 계획을 말한다. 경제개발 5개년 계획을 효과적으로 수행하기 위한 구체적인 정책수단과 가용자원을 파악하기 위해 구성된 총자원예산 속에는 예산의 규모와 주요 내역은 물론, 통화량을 포함한 금융부문의 주요지표, 외자도입을 비롯한 외환수급계획, 주요물자 수급계획, 민간부문을 포함한 부문별 투자계획 등이 포함되었다. 우리나라에서 1967년부터 매년 작성되었던 총자원예산은 1977 − 81년에는 국민경제운용계획이라는 3개년 연동계획(rolling plan)으로 대체되었으며, 1982년에는 중기재정계획으로 대체되었다. 총자원예산의 목차는 ①세계경제의 현황과 전망, ②전년도의 경제실적, ③당해 연도의 경제총량계획, ④당해 연도의 경제시책, ⑤부문별 주요시책 등으로 구성되어 있다.

## 총체적 평가(holistic evaluation)

타일러식의 전통적인 평가모형의 대안으로 맥도날드(Barry Mac Donald) 등이 주창한 평가의 방법을 말한다.

타일러식의 평가모형이 실험적이거나 심리측정적인 방법들을 사용하며, 프로그램을 하나의 전체로 보는 관점이 부족하다는 비판을 근거로, 의도한 교육적 산물의 측정은 프로그램을 하나의 총체로서 보는 관점 ― 측정의 이론적 배경, 전개과정, 조작 방법, 성취도, 난이도 등 ― 을 견지해야 한다는 주장이다. 맥도날드는 평가는 특정자료(학생들의 반응결과)만이 관심의 영역이 되는 것이 아니라 프로그램과 그것의 맥락과 관련된 모든 자료들을 수용해야 한다는 입장을 취한다. 또한 평가의 총체적인 접근에서는 한 프로그램의 새로운 혁신은 일련의 단절된 효과들에 의해 이루어지는 것이 아니라 프로그램의 작용과 결과가 유기적으로 관련된 것이며, 따라서 어떤 단일한 작용은 전체적인 상황 안에서 기능적으로 위치해 있다는 사실을 함축하고 있다.

### 총평(assessment)

머레이(Murray)가 〈인성의 탐구〉(1938)라는 저서에서 처음 사용했다. 전인격평가 혹은 총 인격평가라고도 한다. 그 이후 O.S.S.총평 (1948)에서 사용했던 것이 이 용어가 널리 알려지게 된 계기이며 전인격 평가와 같은 개념이다. 즉 개인의 행동특성을 특별한 환경, 특별한 과업, 특별한 준거상황에 관련시켜 의사결정을 하려는 것을 말한다. 따라서 총평의 분석방법은 개인이 달성해야 할 어떤 준거의 분석과 이 개인이 생활하고 학습하고, 작업해야 할 환경의 분석에서 출발한다. 총평에서는 환경이 강요하는 심리적 압력, 요구하는 역할이 무엇인지를 결정해야 하며, 그 사이에 존재하는 단계적 순서, 일관성 및 갈등을 분석 결정하는 일이 중요한 목표가 된다. 그러한 다음, 이 환경 속에서 생활하고 학습해야 할 개인에 관한 증거, 가령 취약점과 장점, 욕구, 인성특성, 능력 등을 결정하게 된다. 따라서 분석의 순서로 보면 환경이 요구하는 압력이나 역할을 분석하는 과정이 먼저 오고, 다음에 개인의 특성이 이에 적합한지 어떤지를 분석, 결정하게 된다. 총평의 관점은 임상에 임하는 의사의 임상적 평가방법(clinical evaluation)과 유사하며, 측정방법에 있어서는 계량적인 측정방법 이외에 전체적이며 때로는 직관적인 판단 질적인 평가방법, 과거 ― 현재 ― 미래를 통합한 판단이 이용된다. 총평에서 사용하는 개인에 관한 정보의 수집은 구조화된 객관식 검사형태, 비구조화된 투사적 방법, 자유연상법 등의 다양한 형태를 통해 이루어진다.

### 총합평가(evaluation synthesis)

기존의 여러 평가에서 발견하였던 사실들을 재분석하는 평가활동을 말한다. 메타평가(meta evaluation)·2차적 평가(secondary evaluation)·감사적 평가(evaluation audit)·평가의 평가(evaluation of evaluation)라고 불리기도 한다. 이러한 총합 평가는 연구자의 개인적 흥미에 의해 수행되기도 하며, 정책과정의 감독을 위해 수행되기도 하고, 정책의 수정·보완·종결을 위해 수행되기도 한다.

### 최고범죄연령(the age of maximum criminality)

청소년들의 비행발생이 가장 높은 구성 비율(범죄수)을 차지하는 연령을 '최고범죄연령'이라고 한다. 최고범죄연령은 범죄의 종류에 따라 크게 변화하는데, 우선 재산범과 강력범으로 크게 나누어 살펴보면 다음과 같다. 재산범에는 17 ― 18세의 소년범에서 가장 높이 솟아 있으나, 강력범에 있어서는 19세에서 가장 높은 수치로 올라가다가 20세 이후에서 높은 곡선을 계속적으로 유지하지만 24 ― 25세에서 가장 높이 솟았다. 강도 19세, 강간 18세, 공갈 18세 그리고 절도범은 17세가 가장 높은 구성 비율을 차지하고 있다.

### 최면상태(hypnosis)

대상의 인지 외에는 모든 것이 무시될 정도로 집중력이 강해지는 정신적인 상태를 의미한다. 최면상태는 영화나 책에 완전히 몰입하는 것과 거의 흡사하다. 모든 최면상태는 자기 최면이며 최면술사의 역할은 단지 집중의 수준을 깊게 할 수 있는 암시를 주는데 있다. 일반적으로 최면대상자들은 도덕적, 윤리적 덕목과 상반되는 무엇도 하려 하지 않으며 최면상태로부터 자신의 의지대로 벗어날 수 있다. 최면상태의 유형들은 최면치료와 같은 치료적 개입에서 성공적으로 사용된다. 최면대상자들은 체중 감량, 금연, 고통 구제, 공포증(phobia) 극복과 같은 특정한 목표달성을 이루기 위해 자기최면을 할 수 있도록 지도받을 수 있다.

### 최면요법(hypnotherapy)

최면을 사용한 심리요법으로 인위적으로 최면상태와 흡사한 정신상황을 만들어 의식화되어 있지 않은 심리적 기능이나 생리적 기능을 불러일으켜 장애가 되고 있는 부적응행동이나 증상을 제거한다. 최면시에 문제의 증상, 행동을 감퇴시키는 암시에 의해 문제극복의 자신을 갖게 하고 최면이 깬 뒤에도 최면시에 되찾은 자신은 지속시킨다. 최면요법은 타자에 의한 것 외에 자기가 최면상태를 만드는 자기최면, 자기훈련법이 있는데 모두가 고도의 지식을 필요로 한다.

### 최면치료(hypnotherapy)

최면 또는 최면술의 특성을 이용하여 진행되는 심리치료 또는 심리치료법을 말한다. 최면 자체의 효과를 기대하고 최면치료를 사용하는 경우와 최면을 통해 다른 심리치료법의 효과를 높일 목적으로 최면치료를 사용하는 경우가 있다. 최면요법이라고도 한다.

### 최빈값(mode)

도수를 가장 많이 점유하는 변수(Variable)의 값을 최빈값 또는 유행값이라 한다. 기성복의 표준치수 또는 유니폼의 표준치수는 앞서 말한 평균이나 중앙값보다는 오히려 최빈값을 그 표준치로 잡는 것이 보통이다. mode는 여러 개 존재할 수도 있다.

## 최저국민수준(national minimum)

국가가 사회보장, 기타의 공공정책에 의해 모든 국민에게 보장하는 최저생활수준을 말한다. 영국의 시드니 부처에 의해 처음으로 제창되어 1942년의 베버리지 사회보장계획에서 구체적인 정책목표로 설정되었다. 이것은 규범적 개념으로 사용되는 경우도 있고 베버리지 계획처럼 구체적인 정책개념으로 쓰이는 경우도 있다. 후자의 경우에는 필요 최저생활비를 계측해서 결정하지만 그 수준은 시대에 따라 변화한다.

## 최저생계비(minimum cost of living)

최저생계비라 함은 무엇인가 기준으로 되어 있어야 할 '최저'를 말하는 것으로 그것은 ①동물적으로 살아가는 것 만이라는 기준(최저생존) ②문화적, 사회적 동물로서 최저산도(최저생활)라는 기준으로 나누어진다. 말할 필요도 없이 인간은 후자에 의해 노동력 재생산을 도모하면서 생활하지 않으면 안된다. 역사적, 지역적으로 다양하고 곤란한 이 비용의 산출에 대해서는 라운트리, 피터 타운센트 등이 연구를 시도한 바 있다.

## 최저생계비 산정방식(market basket method)

최저생계비란 노동 재생산에 필요한 최저한도의 생활비용을 말하나 그 경우의 비용은 단순한 육체적 재생산비용이 아닌 건강하고 문화적인 최저한도의 생활비용이다. 이 비용은 사회적, 경제적, 자연적 제 조건에 의해 상이하며 국제 비교는 별 의미가 없다. 최저생계비의 산정방법을 집약하면 일정의 생활수준을 유지하기 위해 필요한 생활물자나 서비스의 양을 생활과학상의 지식에 근거해 계산하고 이것을 금전 환산하여 그 합계액을 최저생활비로 하는 이론 생계비방식과 현실적으로 영위되고 있는 가계내용의 분석을 통해서 그 속에서 최저생활비를 산출하는 실태생계비방식의 둘로 대별된다. 그러나 양방식 모두 장, 단점이 있어 어느 한 방식이 옳다고는 할 수 없다.

## 최저생존 수준(minimum subsistence level)

물적으로 살아갈 수 있을 뿐인 최저한도의 수준을 의미한다. 라운트리는 빈곤을 제1차와 제2차로 나누어 각각 '총 수입이 육체적 능률을 유지하는데 불충분한 것', '충분하나 음주나 도박 등 다른 소비에 쓰면 불충분 한 것'으로 규정했다. 그 어느 것도 노동력재생산을 가능하게 할 수 있다고는 할 수 없다. 그러한데도 그의 1899년 제1회 조사에서 제1차 빈곤은 노동계급인구의 15.5%(일반인구의 9.9%)나 되었다.

## 최저생활 가계부(minimum market basket)

생존하는 데 필요한 최소한의 음식 양을 규정하기 위해 경제학자들과 사회복지 기획자들이 사용하는 개념이다. 최저요구 측정(minimum needs estimation)을 하는 하나의 형식이다.

## 최저생활보장
## (guarantee of the minimum standard of living)

사회보장에서는 전 국민 모두를 대상으로 최저생활을 보장한다. 베버리지는 사회보험을 주로하고 공공부조를 보조로 한 최저생활의 보장을 의도했다. 그러나 현실은 부조의 수준이 높아 부조가 빈곤자에게는 최후의 안전 대피망이 되고 있다. 영국의 보족급여에서는 현재 그 수준은 일반생활에 참가할 수 있는 높이, 의식주를 상응하게 충족하고 사회적으로 공무원, 교사 등과 차별 없는 대우를 받는 것으로 하고 있다.

## 최저생활수준

인간은 문화적, 사회적 동물이므로 이러한 면에서 최저한도의 것을 포함한 생활수준이라는 생각이다. 이 수준을 확보하질 못하면 노동 의욕을 상실한 뿐만 아니라 일에서의 창의능력이나 사회적 활동능력을 잃는다. 사회보장에서 최저생활보장이 유의할 점이다. 라운트리의 최저생존수준을 비판하고 최저생활수준을 다시 생각하자는 것이 에벨 스미스, 피터 다운젠트 등의 빈곤의 재발견(rediscovery of poverty)이다.

## 최저요구 측정(minimum needs estimation)

사회복지 기획자들이 인간이 생존하는데 최소한으로 요구되는 음식, 의복, 주택, 재화 등을 규정하는 것을 말한다. 이 개념은 소득빈곤선을 책정하는 기초로 사용된다.

## 최저임금법

근로자에 대해 임금의 최저수준을 보장하여 근로자의 생활안정과 노동력의 질적 향상을 기하기 위하여 제정된 법률(1986. 12. 31. 법률 제3927호). 최저임금은 노동자의 생계비, 유사노동자의 임금 및 노동생산성을 고려, 사업의 종류별로 구분하여 최저임금심의위원회의 심의를 거쳐 노동부장관이 정하도록 규정하고 있다. 심의위원회는 근로자·사용자·공익을 대표하는 근로자위원·사용자위원·공익위원 등 각 9인으로 구성된다. 특히, 사용자가 이 법에 의한 최저임금을 이유로 종전의 임금 수준을 저하시킬 수 없도록 규정하고, 이를 위반한 자는 3년 이하의 징역 또는 1,000만원 이하의 벌금에 처하거나 이를 병과할 수 있도록 하였다. 또 최저임금의 적용을 받는 근로자와 사용자 사이에 최저임금액에 미달하는 임금을 정한 근로계약은 그 부분에 한하여 무효가 됨을 규정하고 있다. 그러나 신체의 장애 등으로 근로능력이 현저히 낮은 자에 대한 최저임금의 적용은 제외하고 있다. 총칙, 최저임금, 최저임금의 결정, 최저임금심의위원회, 보칙, 벌칙 등 6장으로 나뉜 전문 30조와 부칙으로 되어 있다.

## 최저임금액(minimum wage)

최저임금은 시간, 일, 주 또는 월을 단위로 하여 정한다. 이 경우 일, 주 또는 월을 단위로 하여 최저임금액을 정하는 때에는 시간급으로도 이를 표시해야 한다. 취업기간이 6월을 경과하지 아니한 18세 미만의 근로자에 대해 대통령령이 정하는 바에 의해 제1항의 규정에 의한 최저 임금액과 다른 금액으로 최저임금액을 정할 수 있다. 임금이 통상적으로 도급제 기타 이와 유사한 형태로 정하여져 있는 경우에 있어서 제1항의 규정에 의해 최저임금액을 정하는 것이 적당하지 아니하다고 인정될 때에는 대통령령이 정하는 바에 의해 최저임금액을 따로 정할 수 있다. 2007년도 최저임금액은 업종 구분없이 시간 당 3,480원이다. 이는 2006년도 3,100원에서 12% 인상된 금액이다.

## 최저임금제(minimum wage system) 01

최저생활을 보장하는 최저임금을 국가가 법률로써 정하고 임금을 그 수준 이상이 되도록 규제하는 제도를 말한다. 이 제도는 19세기말 부터 각국에서 채택되기 시작했다. 근로자의 최소한의 생계보호를 위하여 최저임금의 하한선을 정해놓고 기업주에게 이 하한선 이상의 임금을 지급하도록 법으로 강제하는 제도이다. 그러므로 최저임금제가 시행되면 기업주가 근로자와 합의해 최저임금액보다 낮은 임금을 지급한다고 정하더라도 그것은 당연히 무효가 되며, 이 경우에도 최저임금액을 지급해야 한다. 이 제도는 모든 기업에 적용되는 것이 아니고, 상시근로자 10인이상의 사업장에만 적용되며, 상용근로자 뿐만아니라 임시근로자나, 일용근로자, 시간제근로자 등 모든 근로자에게 적용된다. 또한 18세 미만의 연소근로자에게는 취업기간이 6개월이 될 때까지 시간급 최저금액의 90%를 지급하도록 되어 있다.

## 최저임금제도 02

영세, 저소득 근로자를 보호하기 위해 사업주가 근로자에게 의무적으로 주도록 한 최소한의 임금을 말한다. 시간급 및 일급, 월급으로 정한 후 종업원 10인 이상 사업장이 이 금액 이하로 임금을 줄 때는 사업주를 형사처벌하도록 되어 있다. 근거법령은 1987년 7월 제정된 최저임금법을 의미한다. 최저임금 산출은 전국 영세사업장 근로자의 실태생계비를 기준하는 것으로 되어 있으나 실제는 근로자위원을 파견하는 한국노총과 사용자위원을 파견하는 한국경총의 협상아래 이루어지고 있다. 최저임금의 적용시기는 매년 1월 1일부터 12월 31일까지다. 일본, 미국 등이 산업별로 차등 적용하는 것과는 달리 우리나라는 전 산업에 일률적으로 적용하고 있다.

## 최적모형(optimal model)

Y. Dror가 제시한 정책결정모형으로, 정책결정에 합리적 요소와 초합리적 요소를 모두 포괄하여 정책결정 체제의 성과를 최적화하려는 의사결정 모형을 말한다. 이 모형은 기존의 합리적 결정 방식이 지나치게 수리적 완벽성을 추구하여 현실성을 잃는 것을 경계하고, 그 반대로 다른 접근 방식들이 너무 현실지향적이 되는 것을 막는다는 의도로 모색되었다. 이 모형은 합리적 분석만이 아니라 결정자의 직관적 판단도 중요한 요소로 간주하고 있으며, 계량적 분석뿐만 아니라 질적 분석도 중시하고, 경제성을 감안한 합리성을 추구하며, 정책결정 능력의 계속적인 고양을 꾀한다는 등의 특성을 지닌다. 이 모형은 정책결정 단계를 초정책결정 단계(meta ─ policymaking stage), 정책결정 단계(policymaking stage), 후정책 결정 단계(post ─ policymaking stage)의 3단계로 나누어 설명하고 있다.

## 추가경정예산 01

국가의 본예산이 성립하여 실행의 단계로 들어간 후 정세의 변화에 따라 필요불가결한 경비가 생겼을 때, 정부는 예산을 추가 · 변경하여 국회에 제출하는데, 이를 추가경정예산이라 한다. 따라서 본예산과 추가경정 예산의 합계가 그 해의 최종적인 예산으로 된다. 추가경정예산은 이미 성립된 예산의 변경을 가져온다는 점에서 국회에 제출된 예산안의 변경을 위한 수정예산과는 구별된다. 그리고 법률상 또는 계약상 국가의 의무에 속하는 경비의 부족을 보전하는 외에 예산성립 후 발생한 사유로 인해, 특히 긴요하게 된 경비의 지출 또는 채무의 부담을 위해 필요한 예산을 추가할 경우, 또는 예산성립 후 발생한 사유로 인해, 예산 추가 이외의 변경을 가하는 경우에 편성된다.

## 추가경정예산 02

예산성립 이후의 상황 변화로 사업을 변경하거나 새로운 사업을 추진해야 할 필요가 있는 경우, 행정부가 이미 성립된 예산의 편성내용을 변경하여 의회에 제 출 · 의결을 받는 예산을 말한다. 추가경정예산은 입법부를 통과, 이미 성립된 예산에 대해서 행정부가 다시 편성내용을 변경하는 것인데 반해, 수정예산은 입법부의 예산심의 중에 행정부가 예산편성 내용을 일부 변경한 것이라는 점에서 서로 다르다. 추가경정예산은 당초예산과 별개로 성립 · 진행되기에 특정 회계연도의 예산총액을 파악하려면 당초예산과 추가경정예산의 액수를 합산하여야 한다.

## 추가질문(probing)

면접자가 응답자와 만나서 면접을 진행할 때 응답자의 대답이 불확실하거나 불충분하여 알고자 하는 질문의 대답을 파악하지 못할 때 알고자하는 조사내용을 바로 알아내도록 계속 응답자에게 캐어묻는 질문이다. 이러한 추가질문은 응답자가 질문에 대해 피해의식을 갖고서 자기보호를 하기 위하여 응답하지 않거나 열등감, 공포심, 표현력 부족 등에 의해 자신있게 응답을 하지 않을 때에 면접자가 사용하는 질문이다.

### 추리(reasoning, inference)
하나 이상의 진(眞)인, 또는 진이라고 가정된 판단(전제)으로부터 다른 판단(결론)이 진이라는 것을 분명히 하는 사고 작용. 연역적 추리와 귀납적 추리의 구별이 있고, 전자는 또 직접추리의 간접추리로 구별된다. 대부분의 추리는 전제로부터 참된 결론을 이끌어낼 수 있지만, 대당관계처럼 어떤 판단의 진(眞)에 의해 다른 판단의 위(僞)를, 또 어떤 판단이 위라는 사실에 의해 다른 판단의 진을 증명할 수 있는 경우도 있다. 추리에는 하나의 삼단논법이나 직접 추리에 지나지 않는 간단한 것도 있는가 하면, 많은 삼단논법을 조합한 연결추리(복합적 삼단논법)도 있다. 구체적인 인식과정에 있어서는 연역과 귀납이 조합되어 복잡한 추리가 행해지고 있다.

### 추서
공무원이 사망한 경우에 사망한 자를 사망 당시의 직급보다 상위의 직급으로 임용하는 것을 말한다. 재직 중 공적이 특히 현저한 자가 공무로 사망한 때에는 그 사망기일에 소급하여 추서할 수 있다.

### 추수과정(follow — up process)
케이스워크의 과정에서 클라이언트를 혹은 대상자에게 제공된 지원 서비스나 처치가 어떠한 효과나 결과를 가져왔느냐에 대해 추적평가 하는 것을 의미한다. 따라서 단순한 효과측정에 의해 수단이나 수준의 타당성을 검증하는 것에 그치지 않고 케이스워크 과정의 종결 후에도 필요하다면 클라이언트의 상태에 관해 언제라도 대응하는 사후보호 활동을 포함하는 것이다.

### 추수지도(follow — up)
사후지도라고도 한다. 케이스워크나 상담에 있어서 도움을 주어 클라이언트의 문제가 일단 해결되고 원조관계가 종결되어도 클라이언트의 사회적 적응에 관심을 가지고 일정기간 계속해서 관찰 지도하여 적응생활을 도모하는 것으로 사회사업 일반에도 사용된다.

### 추수지도(follow — up service) 02
상담이나 그 밖의 생활지도를 일단 실시한 뒤에 그러한 지도를 받는 사람이 어느 정도 건전하게 적응하고 있는가를 확인한 다음, 경우에 따라서는 필요한 상담이나 그 밖의 교육적 조력(助力)을 더해 주는 것을 말한다. 이는 마치 어떤 의사가 환자에게 주사를 놓거나 약을 복용하도록 한 뒤에 그 결과가 어떻게 되어 있는지를 체크해 보는 것과 유사하다. 진로문제, 교육상의 문제, 또는 그 밖의 여러 가지 문제를 심리검사 · 상담 · 정보제공 등을 통해서 지도를 한 뒤에 일정한 시간이 경과되면 그 지도의 결과가 어떻게 되었으며, 또 어떤 후속조치나 조력이 필요한가를 확인하여 지도하는 것은 개인에게 필요한 교육적 원조를 효과적으로 하는 일이며, 동시에 생활지도의 제반활동을 계속적으로 개선하는 데에 큰 기여를 하게 된다.

### 추징
범죄와 관련된 물건으로 범인이 가진 물건이나 제3자가 얻은 장물을 몰수할 수 없을 때 그 물건에 해당하는 금전을 강제로 받아내는 것을 추징이라고 하는데 추징의 대상이 되는 물건은 다음과 같다. ①범죄로 인해 얻은 물건 ②범죄에 제공했거나 제공하려고 하는 물건 ③범죄를 저지른 대가로 얻게 된 물건이다.

### 추출조사(sampling survey)
표본조사라고도 한다. 모집단의 일부를 무작위추출 등의 기술을 써서 표본으로 추출해 그것을 밀접조사대상으로 조사를 해서 통계량을 추정 또는 검정하려는 조사를 말한다. 이 추정 또는 검정이라는 사고과정이 명확하게 평가되지 않으면 안된다. 이 조사방법은 통계적 추출법, 층화추출법, 부차추출법 등의 무작위추출법의 발전에 의해 전수조사를 대신해서 일반적으로 넓게 쓰여지게 되었다.

### 축소주의(reductionism)
보다 복잡한 국면을 덜 복잡한 국면으로 축소시키는 이론, 방법론, 또는 자료를 설명하는 방법을 말한다. 이러한 방법을 사용하게 될 때 나타나는 효과 가운데 종종 어떤 현상을 지나치게 단순화하거나 부정확한 해석을 낳기도 한다.

### 출발점 행동(entering behavi or)
수업이 시작될 때까지 이룩되어 있는 학생의 수준을 의미한다. 여기에서 학생의 수준이란 선행학습이 무엇이냐를 비롯하여, 그의 지적 능력과 발달 정도 · 동기상태 · 학습능력에 영향을 주는 여러 사회적 · 문화적 요인을 가리킨다. 일반적으로 출발점 행동은 인간능력의 개인차 · 학습준비성 등에 비하여 더 적확한 용어이며, 이와 같은 행동을 시발행동 · 투입행동 · 학습에 대한 선행경향성 · 적성 등으로 부르는 사람도 있다. 출발점 행동의 진단은 한 수업단위의 시작에 즈음하여 학생이 지니고 있어야 하고 그 수업에 적합한 지식 · 기능 · 태도를 밝히는 작업이다. 효과적인 수업과 수업자료를 개발하여 수업과정에서 성공적인 경험을 얻고 학습자와 수업 프로그램간의 유대를 굳게 하려는 노력의 일환이다. 출발점 기능 내지 행동을 확인함으로써 교정학습이 필요한 학습 결손자를 가려낼 수 있다.

## 출산급여

건강보험에서의 출산에 관한 현금 급여의 총칭이다. 피보험자. 조합원에 대한 휴업 보장적 급여로서의 출산수당금과 피보험자, 조합자 및 배우자에 대한 실비 보장적 급여의 분만비, 출산비, 조산비가 있다.

## 출산순위(birth order)

한 가족에서 아동이 차지하는 출생의 순서. 1896년에 갈톤(F. Galton)에 의해 처음으로 출산 순위의 영향이 언급된 바 있다. 그 이래로 출산 순위에 관해 연구 발표된 바에 의하면 아동이 한 가족에서 차지하는 출산 순위는 아동의 학업성취ㆍ사회적 관계ㆍ성격 등에 영향을 미친다고 결론짓고 있다.

## 출산외상(birth trauma)

인간이 모태로부터 태어남으로써 경험하게 되는 불안과 고통을 말한다. 온도ㆍ양분, 산소 등이 아무런 장애 없이 충족될 수 있던 모태에서부터, 기온이 낮거나 변화되고, 소음이나 그 밖의 위험이 있고, 배고픔을 느껴야 하는 환경적 조건으로 태어나는 것에 불가피하게 경험하는 최초의 심리적 상처라고 할 수 있다.

## 출산휴가(maternity leave)

출산 전의 건강이나 출산 후의 발육을 안전하게 보장하기 위해 산모나 임산부에게 제공되는 휴직기간을 말한다. 다양한 고용조직들은 출산휴가에 대해 매우 다양한 정책들을 실시하고 있다. 일부는 출산 전후의 몇 달 동안 휴직할 경우에 정상적인 봉급을 주고, 휴가 후의 복직을 인정한다. 반면 일부는 휴직에 대한 급료의 지불을 인정하지 않거나 단지 며칠간의 '병가'만을 인정한다. 대부분의 사회사업가들은 출산휴가를 인정하지 않는 것은 여성을 차별하는 것이며, 이것은 국가의 미래 복리가 건강한 재생산을 격려하는데 달려 있음을 인정하지 않는 것이라고 하면서 오랫동안 출산휴가 정책의 국가적ㆍ사회적 보편화를 주장해왔다.

## 출생서열 이론(birth — order theories)

형제자매 간에 나타나는 분명한 차이점들을 맏이인지, 막내인지, 둘째인지에 따라 설명하는 가설. 몇몇 학자들은 장남의 성격은 그들에게 많은 것을 기대한다는 것에 영향을 받으므로, 그들은 성취자가 되기도 하지만 또한 더욱 불안감과 실패감을 느낄 경향이 많다고 설명한다. 반면에 차남은 가끔 장남에게 열등감을 느끼고, 따라서 그들은 다른 사람들과의 접촉에서 더 화를 내거나 부적절한 기분을 보이려고 한다. 이 이론가들에 따르면 막내는 남들의

관심을 끌려고 하고 자아도취적인 특성을 보인다. 이 가설에 대한 연구는 여전히 신뢰성이 부족하고 다소 모순적이다.

## 출생순위(Birth Order)

A. Adler는 개인의 출생순위가 생활양식 형성에 영향을 준다고 보았다. 그는 가족내에서의 출생순위가 상당히 중요하며, 특히 각 출생 순위에 수반되는 상황에 대한 지각(perception)이 중요하다고 보았다. 이 말은 아이들의 출생순위가 각자의 생활양식에 어떤 방식으로 영향을 미치는가를 결정하는 상황에 집착하게 됨을 의미한다. 일반적으로 어떤 특정 출생순위에 태어난 아이들은 어떤 특정한 특징을 갖고 있음을 발견하게 되는데 아들러에 따르면 다음과 같다. 첫째 아이는 처음 태어나서 '독자'인 시기엔 부러워할만한 위치에 있게 된다. 그러나 동생이 태어나면 이 아이의 처지와 세계관이 극적으로 바뀌게 된다. 아들러는 가끔 첫 아이를 '폐위된 왕'에 비유했고, 이것이 마음에 상처가 될 수도 있다고 했다. 큰 아이의 주위를 끌기 위한 문제 행동은 벌로 다스려진다. 이 가족간의 투쟁의 결과로 첫째 아이는 스스로 고립해서 적응해 나가며, 다른 사람의 애정이나 인정을 얻고자 하는 욕구에 초연해서 혼자 생존해 나가는 전략을 습득한다. 둘째 아이인 경우, 처음 날 때부터 형이나 누나라는 속도조정자(pace setter)를 가지고 있으므로 그들의 장점을 능가하기 위한 자극과 도전을 받는다. 그 결과 둘째 아이는 아주 경쟁심이 강하고 대단한 야망을 가진 성격이 된다. 그의 생활양식은 항상 자기가 형보다 낫다는 것을 증명하기 위해 노력하는 것이다. 막내 아이의 상황은 여러면에서 독특하다. 그는 동생에게 자리를 빼앗기는 충격을 경험하지 않고, 가족의 응석받이로 자라게 된다. 만일 부모가 경제적으로 넉넉하지 못할 경우, 그는 자기것이라고는 아무것도 없고 다른 가족들로부터 물려받아야 하는 '늘 귀찮게 붙어다니는 아이'의 위치로 전락할 수도 있다. 또한 그는 독립심의 부족과 함께 강한 열등감을 경험하기 쉽다. 이럼에도 불구하고 막내는 위의 형들을 능가하려는 강한 동기유발을 갖는다. 독자인 경우, 경쟁할 형제가 없는 독특한 위치로, 가족의 과민한 보호 속에서 의존심과 자기중심성이 현저하게 나타나게 된다.

## 출생율(birth rate) 01

인구 1,000명 혹은 10만 명당 출생하는 수로 표현되며, 일정한 인구와 일정한 시기 동안 총인구 중 출생자 수의 비율을 말한다.

## 출생율 02

출생의 빈도를 나타내는 통계비례수. 통상 1년간의 출생수를 그 해의 연앙(年央)인구(대개 7월 1일의 인구) 1,000에 대한 비율로 나타내며, 이것을 보통출생률 또는 조출

생률(粗出生率)이라고 한다. 보통출생률의 분모가 되는 인구 중에는 출생에 관계가 없는 어린이나 노인, 미혼의 연령층 인구가 포함되어 있으므로, 출생의 실질적인 정도를 파악하기 위해서는 임신가능연령(15 − 49세)의 여자인구와 배우자가 있는 여자인구에 대한 출생수의 비율을 산정한다. 여기에는 여자(또는 유부녀)의 연령별 인구에 대한 출생비율도 쓰인다. 구미 대부분의 나라에서는 1870년대부터 출생률이 저하하기 시작했는데, 제1차 세계대전 후에는 더욱 급속도로 저하하여 1930년대에는 뚜렷하게 낮아졌으나, 제2차 세계대전 후에는 한동안 베이비붐이 일어났다. 유럽 여러 나라에서는 다시 저율이 되었으나 미국·캐나다·호주에서는 약간 높은 수준을 나타내고 있다. 한편, 개발도상국들에서는 사망률은 저하하기 시작하였는데 출생은 아직도 인구 1,000명당에 대해 1930 1935의 높은 비율을 보이고 있으며, 인구증가율도 뚜렷하다. 한국에서의 출생률은 1925 1944년에 45, 즉 인구 1,000명당 연간 출생아수가 45명에 이르는 매우 높은 출산수준을 보였으나, 1944년부터 낮아져 6·25전쟁까지 지속되었다. 그러다가 1957년부터 출생률이 급증하기 시작하여, 1960년 42.1을 기록한 후 점차 감소 추세를 보였다. 1960년 이후 나타나기 시작한 출산력의 저하현상에 기여한 직접적인 요인으로는, 결혼연령의 연장, 1962년 정부의 가족계획 실시에 의한 다양한 피임법의 보급, 그리고 출산억제방법으로 성행된 인공유산, 교육수준의 향상, 가족에 관한 가치관의 변화, 도시화 및 경제성장과 같은 사회 경제적 여건의 변화 등을 들 수 있다.

### 출소교육
제소자가 출소에 앞서서 사회진출을 위한 준비교육으로서 출소 후의 생활에 필요한 유의사항과 제반신고 등 절차와 사회사정을 교육하는 것이다.

### 출현율(prevalence)
특정한 시기에 특정한 장소에서 어떤 집단 내에 존재하는 전체 수를 말한다. 빈도(incidence)와 달리 출현율은 현재 존재하고 있는 것을 일컬으므로 새로운 사례 수를 고려하지 않기 때문에 인과관계를 결정하는 데에는 유용하지 않다. 그러나 출현율은 특별한 시기에 서비스를 필요로 하는 지역을 결정할 때 빈도보다 더 유용하게 사용할 수 있다. 출현율과 빈도는 준거(criteria), 방법, 성별, 나이, 집단 종족, 사회 정치적 요인들로 인해서 영향을 받을 수 있다.

### 충격(shock)
피해자의 혈액순환에 장애가 오며, 심신에 충격적인 상해가 따르는 신체적 현상. 증상으로는 희미한 맥박, 현기증, 오한, 불규칙적인 호흡, 구역질, 허약함 등이다. '충격'(shock)이라는 용어는 일반적으로 놀라움, 무서움과 신체의 기능이 일시적으로 정지하는 느낌을 뜻하기도 한다.

충격치료(shock therapy).

### 충동(drive)
정신분석 이론(psychoanalytic theory)에 따르면, 명백한 행동을 유도하는 기본적 충동 또는 자극을 말한다.

### 충동성(impulsiveness)
생각없이 그리고 행위의 결과를 거의 고려하지 않고, 내적 충동에 대해 갑작스럽게 행동하려는 성향을 의미한다.

### 충성심사
공직에 취임하려는 사람들이나 현직공무원들의 이념 및 행적에 관한 자료를 조사·평가하는 것을 말한다. 신규임용자의 경우에는 충성심사 결과 문제가 있는 것으로 판정 받은 사람은 공직의 임용이 거부되며, 현직공무원의 경우에는 불충성 판단을 받은 공무원은 공직에서 배제된다. 우리나라의 경우에는 신규임용 대상자에 대한 신원조회 제도가 충성심사의 기능을 수행하고 있다. 미국은 전 공무원을 대상으로 하여 충성심사를 하며, 영국은 안보와 관계가 깊은 직위만을 대상으로 한다.

### 취득세
취득세는 재산권을 취득하는 행위에 대해 과세하는 유통세(流通稅)의 일종을 말한다. 즉 취득세는 부동산(토지·건물·선박·광업권·어업권 등 포함)·차량·중기·입목(立 木)에 대한 소유권의 취득행위가 과세대상이고, 과세표준은 취득당시의 가액(價額)이 된다.

### 취락지구
취락지구란 주민의 집단 생활근거지로 이용되는 지역으로 주택신축, 증.개축, 용도변경 때 비(非)취락지구에 비해 혜택을 받는다.

### 취소(undoing) 01
이전에 취해졌고 그것이 수용될 수 없다는 것을 알게 된 행동의 결과들을 소멸시키기 위해 반복되는 습관에 전념하는 사람의 방어기제(defense mechanism)를 말한다. 가령 부주의한 운전으로 한 아이에게 상해를 입힌 사람은 그 사고가 일어난 곳을 지나갈 때는 천천히 주의 깊게 운전하게 된다.

### 취소 02
일단 유효하게 성립된 행정행위에 대해, 그 성립에 흠 (무효원인이 아니라 단순한 흠)이 있음을 이유로 해서 권한 있는 기관이 그 법률상의 효력을 원칙적으로 소급하여 상실시키기 위하여 행하는 행정행위를 말한다. 행정행위는 비록 그 성립에 흠이 있을지라도 일단 유효한 행위로서 성립하고, 모든 사람 또는 기관에 대해 공정력(公定 力)을 발생하며, 정당한 권한을 가진 기관에 의해 취소되지 아니하는 한, 누구도 그 효력을 부인하지 못하게 된다.

## 취업구조 기본조사

취업, 미취업의 실태 및 그것에 영향을 미치는 요인을 여러 측면에서 밝혀 각종 시책의 기초자료로 하는 것을 목적으로 한다. 조사실시기 관은 통계청이며 3년마다 조사가 실시되고 있다. 조사대상은 약 34만 가구 및 65세 이상의 가구원이다. 조사사항은 산업, 직업, 취업일수, 시간 등으로 취업에 관한 기본적인 항목 외에 취업, 미취업자의 취업에 관한 희망의식이나 취업이동 등도 포함하고 있다.

## 취업구조

이것은 노동력인구의 취업상황, 즉 성별, 연령별, 산업·업종별, 기업 규모별, 종사자 지위별 또는 그 모두를 지역별로 본 취업자의 분포 또는 구성상태를 말한다. 그러한데 자본주의가 발달함에 따라 제1차 산업보다는 제2차, 제3차 산업에서 취업자가 구성비와 고용노동자의 비율이 높아지는 경향이 있는데, 보통 이것을 취업구조의 근대화라 한다.

## 취업규칙(working rule)

사용주가 그 사업장에서 적용되는 근로조건이나 복무규정을 획일적으로 정한 규칙을 말한다. 영세기업을 제외한 모든 사업장에서는 취업규칙이 제정되고, 또한 잘 보이는 곳에 항상 게시 또는 비치해야 한다. 이 취업규칙은 법령이나 근로협약에 반해서는 안된다. 일단 정한 취업 규칙의 기준을 밑도는 근로조건을 정한 근로계약은 무효가 되며, 무효부분은 취업규칙과 같은 내용으로 환원된다. 취업규칙의 내용은 사실상 근로계약의 내용, 즉 근로조건과 연결된다. 그러므로 이 취업규칙을 성문화하여 근로조건을 명확히 명시해두고 이를 행정청의 감독 하에 두어 근로기준법이 정하는 기준의 충족 및 수준확보를 위한 제도이다.

## 취업인구(working population)

노동력(고용)통계의 정의에 의하면 취업인구 또는 노동력인구에서 완전실업자를 제외한 인구를 말한다. 노동력인구 또한 14세 이상의 생산연령인구의 집, 가사종사, 통학 중의 비노동력인구를 제외한 인구이다. 생산연령인구에 대한 노동력인구의 비율은 노동력률이라고 한다.

## 취업인증제

실무수행능력을 인증해 주는 제도. 경영사무, 영어, 컴퓨터 등 일정 프로그램의 실무교육을 실시한 후 이 과정을 수료해 심사를 통과한 사람에게 자격증을 주는 것이

다. 국내 대학 중에서는 1995년에 이화여대가 처음 실시했다.

## 취업인증제

실무수행능력을 인증해주는 제도를 의미한다. 경영사무·영어·컴퓨터 등 일정 프로그램의 실무교육을 실시한 후 이 과정을 수료, 심사를 통과한 사람에게 자격증을 주는 것으로 국내 대학 중에서는 95년부터 이화여대가 처음 실시하고 있다.

## 취업자(employed person)

조사대상 주간에 소득, 이익, 봉급, 임금 등의 수입을 목적으로 1시간 이상 일 한 자, 자기에게 직접적으로는이득이나 수입이 오지 않더라도 가구단위에서 경영하는 농장이나 사업체의 수입을 높이는데 도와준 가족종사자로서 주당 18시간 이상 일한 자, 직업 또는 사업체를 가지고 있으나 조사대상 주간에 일시적인 병, 일기불순, 휴가 또는 연가, 노동쟁의 등의 이유로일하지 못한 일시휴직자를 말한다.(경제활동인구조사)

## 취업준비금

국가가 직업훈련자에게 취업 훈련전후 기간동안 일정한 현금을 지원할 때의 지급경비를 지칭. 취업준비금의 취지는 저소득층을 빈곤에서 벗어나게 하는 가장 확실한 방법은 안정적인 수입원인 직업을 가지도록 하는 것이라는 판단 때문이다.

## 취업지도(job placement guidance)

사회에 있어서 개인이 자립하여 생활이 될 수 있을지 없을지를 규정하는 커다란 요인의 하나로서 직업을 그가 선택하게 하는 지도이다. 이와 같은 관점에서 학교나 직업안정소, 아동복지시설이나 장애인 재활시설에는 취직지도 혹은 취로지도가 이루어지고 있다. 개인적인 취직지도와 집단적인 취직지도의 방법이 있다. 취직지도에 해당하는 것은 클라이언트의 성격이나 지향, 심신의 제 조건을 정확히 포착하고 노동시장의 정보를 정확히 수집 축적하여 그의 상담에 적절하게 맞추지 않으면 안된다.

## 취학률

취학률은 국민의 교육기회 수준에 관한 정보를 제공해 주는 지표로 취학 적령 (5 — 21세) 인구 가운데 유치원(5세), 초등학교(6 — 11세), 중학교(12 — 14세), 고등학교(15 — 17세) 그리고 고등교육기관(18 — 21세)에 재학중인 학생비율을 나타낸다. 취학률을 산출할 때 '각급학교 학생수' 는 연령에 관계없이 실제로 재학중인 학생을 포함시키기 때문에 취학률이 100%이상일 경우도 발생한다. ★취학률 = (각급학교 학생수 / 각급학교 취학적령 인구) × 100

## 취학전 교육(pre — school education)

아이들의 발달을 보장함에 있어서도 초등학교 취학 전의 교육이 유치원 및 어린이집에서 행해지고 있다. 현재 5세 아 인구의 90%가 유치원, 보육소에서 취원하고 있다. 그러한데 유치원은 학교교육법에 의한 교육과학기술부 소관, 어린이집은 아동복지법에 의한 보건복지가족부소관으로 되어있어 비용부담 등에 차이가 있다. 그러므로 발달보장과 교육의 기회균등면에서 취학전 교육으로서의 유보일원화가 요구된다.

## 측정(measurement)

조사에서 명목측정(nominal measurement), 서열측정(or — dinal measurement), 등간측정(interval measurement)의 속성(properties)을 포함하는 측정의 수준(level of mea — surement)을 말하는데 물론 순수 영(true zero)의 속성도 갖는다.

## 측정도구(measuring instrument)

어떤 물체의 무게를 잴 때에는 저울을 사용하는 것처럼, 인간의 심리적 또는 사회적 능력인 특징을 측정하기 위하여 동원되는 모든 형태의 수단과 방법을 말한다. 가령 각종 학력검사는 학생들의 학업 성취도를 재는 측정도구이고, 학부형들의 학교에 대한 태도를 조사하기 위하여 만든 설문지는 태도를 측정하는 도구라고 할 수 있다. 그러나 교육측정이나 심리측정은 일종의 간접측정에 불과할 뿐만 아니라 측정단위도 애매하기 때문에, 자연과학에서 사용되는 측정도구와는 달리, 그 측정도구의 타당도와 신뢰도에 많은 문제점이 있다.

## 측정도구의 변화(instrumentation)

'측정도구의 변화' 란 실험 및 조사연구 과정 에서 측정절차나 측정도구가 변화됨으로써 내적 타당성을 저해하는 현상을 말한다. 평가대상에 대한 측정절차나 측정도구가 동일하지 않을 경우, 실험처리에 따라 나타난 변화가 처치의 효과에 기인된 것인지 아니면 단지 측정도구나 절차가 달라짐에 따라 나타난 것인지 구분하기 가 힘들다.

## 측정오차(measurement error)

주어진 측정목적에 적합하지 않은 다른 요인의 측정정도. 어떤 물체의 길이를 잰다든가 또는 어떤 아동의 지능을 측정하는 경우에 바로 측정하고자 하는 그 물체의 길이 또는 아동의 지능 이외에 여러 가지 다른 불필요한 요인이 작용함으로써 측정결과에는 그 측정하고자 하는 것 이외에 여러 가지 다른 요인의 측정 결과가 오차로서 포함되어 있다. 측정과정에서 오는 오차뿐만 아니라 측정결과의 해석이나 또는 관찰자에 기인하는 오차 등, 오차의 종류는 해석적 오차, 개인적 오차, 변산적 오차 및 고정적 오차로 나누어 볼 수 있다.

## 측정요소(testing)

실험 또는 조사연구에서 측정한다는 사실 그 자체가 연구대상에 영향을 미쳐 내적타당성을 저해하는 현상을 말한다. 사람들은 자신이 측정을 받고 있다는 사실을 감지하고 있을 경우, 의도적인 행위나 무의식적인 반응을 나타냄으로써 인과적 추론의 타당성 을 저해할 수 있다.

## 측정치(measures)

어떤 규정이나 법칙에 따라 물체의 어떤 속성을 수량화한 것을 의미한다. 일반적으로 어떤 규정이나 법칙에 따라 만들어진 측정도구나 측정방법을 통해 얻어진 수치로 국어점수, 달리기에서 걸린 시간, 또는 키를 cm로 나타낸 값이 측정치가 된다. 이러한 측정치는 그 측정치가 갖는 측정수준의 정보에 따라 단순한 분류나 명명에 지나지 않는 명명척도, 숫자의 크기가 서열 정도의 정보를 주는 서열척도, 숫자의 크기가 그 속성이 얼마만큼 많으냐의 정보를 주는 동간척도 및 주어진 측정치가 〈0〉 일 때는 그 속성이 없다는 것과 일치되는 척도, 즉 자연적인 〈0〉 점을 가진 비율척도로 나누어진다. 또 측정치는 자동차의 수 또는 사람의 수와 같이 비연속적일 수도 있고 키·몸무게 또는 지능측정과 같이 그 측정하고자 하는 속성이 연속적일 수도 있다.

## 층화(stratification)

표본추출에 있어 추출단위의 특성을 고려하여 몇 개의 그룹으로 나누는 것을 말한다. 층화에 있어서는 그룹내 분산이 작고 그룹간분산이 크게 되도록 구분하게 되며 부모집단(Subpopulation)의 형성과 의미를 같이한다. 가령 소득집단의층화는 상위, 중위, 하위의 세 그룹으로 구분하는 것과 같은 것이다.

## 층화추출법(stratified sampling)

표본의 크기를 더하지 않고 표본오차를 적게 하기 위해 추정하려는 표식과 관련 깊은 표식을 골라 모집단을 층내에서는 되도록 동질적으로, 층과 층 사이에서는 이질적이 되도록 몇 개 층으로 나누어 각 층에서 무작위로 추출하는 방법을 말한다. 표본을 각층으로 할당하는 방법으로는 최적할당법, 비례할당법이 있으며 표본오차의 계산에서는 각 층마다 표식에 관련 있는 총계적 카테고리를 설정해 평균가, 도수를 계산하는 것이다.

## 층화표출(stratified sampling)

모집단을 성격에 따라 여러 계층으로 분류한다음, 각 층에서 표본을 추출하는 방법을 말한다. 가령 모집단을 연령별·성별·지역별 등으로 구 분한다음 각 연령층 등에서 무작위표출을 하는 방법을 말한다. 이 가운데 표본크기를 정할 때 모집단의 구성비율을 고려하는 경우를 비례적 층화표출이라 한다.

### 치료(therapy) 01

어떤 질병, 장애, 또는 문제를 치료, 치유, 완화하기 위해 계획된 체계적 과정과 활동을 의미한다. 사회사업가들은 종종 이 용어를 심리치료 (psychotherapy), 심리사회 치료(psychosocial therapy), 집단치료(group therapy)와 동의어로 사용한다. 사회사업가들은 작업치료, 물리치료, 오락치료, 약물치료, 화학치료(chemotherapy)와 같은 다른 치료형태를 논할 때 이것들을 더욱 특정한 용어로 사용한다.

### 치료(treatment) 02

처치, 처우, 치료 등을 의미하는 말이며 비교적 폭넓게 사용되고 있다. 사회사업에서는 케이스워크를 사회진단(social diagnosis)에서 사회치료(social treatment)로의 과정으로 표시하는 방법이 오래전부터 유력한 입장으로 존재해 이 말이 일반화된 것으로 보인다. 오늘날에는 사회복지실천에서의 전문적방법의 전체를 사회적 치료로 표현하는 입장도 있으나 일반적으로 승인되지 않고 있다. 사회복지의 처우라 할 때의 처우를 치료로 해석한 것으로 봐도 좋을 것이다.

### 치료감호처분

금고이상의 형벌을 선고 받은 받은 범죄자 중에서 심신장애나 마약 등의 복용자, 일클중독자 등을 일정한 치료시설에 수용하여 치료받게 하는 것을 치료감호처분이라고 하는데 사회보호법에 의한 보호처분의 일종이다.

### 치료거부권(right to refuse treatment)

많은 판결사회를 통해 지지되었거나 여러 주에서 명확한 법령으로 확립된 법적 원리로서 개인은 생명을 위협하는 긴급사태, 또는 심각하게 파괴적인 행동을 하는 경우를 제외하고는 사회사업 개입을 포함한 어떤 형태의 치료도 강제로 받지 않는다는 권리를 말한다. 이 원리는 정신병원, 감옥 등 시설에 본의 아니게 수용되어 있는 사람들에게 적용되어왔다. 그것은 또한 사회사업 서비스가 공적부조(public assistance) 프로그램 내의 소득유지(income maintenance) 프로그램과 통합되는 방식에 영향을 끼쳐왔다. 따라서 공적부조의 수예자는 재정원조를 얻기 위해 상담서비스를 받는 것을 거절할 수 있다.

### 치료관계

사회사업가 — 클라이언트의 원조관계를 말한다. 비행자의 치료의 경우, 비행자는 자발적으로 치료하기 위해 찾아오지 않기 때문에 처벌, 강제 등 권위를 이용함으로서 형식적, 권위적인 관계를 만들어 그것을 토대로 실질적, 전문적인 치료관계를 전용한다. 비행자는 일견 순종한 듯 하고 죄를 후회하는 등 잠재성의 음성감정에 있기 때문에 치료관계의 수립은 곤란하며 사회사업가는 보

통 세 가지 역할 즉 부모, 교육자, 치료자의 역할을 해야 한다.

### 치료교육(therapeutic education)

치료교육의 발생은 유럽이며 의학적인 진단을 말한다. 치료와 병행해서 교육적 지도를 행했던 것이다. 특히 학습장애와 정신발달장애의 쌍방에 의해 시도되었다. 지체부자유 자아에 대해서는 치육이라는 말이 쓰이고 있으나 오늘날에는 중복된 사용도 보이고 있다. 또 교육적 방법에 의한 아이들의 정신, 신경적 장애를 치료한다는 새로운 생각이 오스트리아 소아과의사인 아스페르거(Asperger. H)에 의해 제창되어 넓게 퍼졌다.

### 치료교육캠프

조직캠프가 갖는 교육적 의의는 일직부터 인정되어 대전 전부터 YMCA나 YWCA 등의 청소년단체에서 행해져 왔다. 그러나 자연환경 속에서 전개되는 24시간의 집단생활이 치료력을 갖는 것에 착안하여 치료교육을 목적으로 캠프를 하게 된 것은 전쟁 후의 일이다. 지체부자유아, 비만아, 자폐질아, 비행소년, 정신지체아(자), 정신장애아 등의 수영캠프, 친자합숙 등이 그 예이다.

### 치료권(right to treatment)

와이엇 대스터니 판례에서 결정된 바와 같이 시설에 수용된 개인은 독자적인 기능을 수행할 수 있도록, 또는 시설로부터 퇴원할 수 있도록 적절한 치료를 받을 권리가 있다는 법적 원리를 의미한다. 이러한 권리가 적용됨으로써 적절한 치료 또는 서비스 재원을 갖추지 못한 시설에서 많은 클라이언트들이 퇴원하는 결과를 야기했다.

### 치료기법(thrapeutic technique)

프로베이션(probation)이라는 비행치료의 개별적인 기법은 주로 케이스워크를 사용한다. 직접요법으로는 지속적 지지, 직접적 지지, 정화법, 이성적인 대화, 해석 등이 있고 간접요법으로는 환경조정이 있다. 비행의 기법으로 특히 중요한 것은 클라이언트에게 치료동기가 없기 때문에 동기형성을 위한 권위이용 혹은 행동화(acting out)의 처리, 준수사항 등 행동규제의 방법을 치료적으로 사용하는 방법 등이다.

### 치료사회(therapeutic community)

원래 정신위생의 분야에서 제창된 개념으로서 클라이언트의 치료효과, 재활(rehabilitation)을 위하여 조성된 사회환경이란 의미이다. 하나의 시설, 어떤 지역사회 등이 이에 해단한다.

### 치료의학

질병치료를 목적으로 하는 의학, 문진, 진찰, 임상검사 등

으로 병태를 명확화하는 진료와 질병의 원인이나 증상 등을 제거하는 치료가 두 기둥을 이룬다. 후자는 수술 등에 의한 외과적 치료와 약물, 방사선, 심리작용 등을 쓰는 내용적 치료로 대별된다. 최근 의료전자공학 등의 발달로 기술의 혁신이 이루어져 치료효과도 높아졌으나 약물피해 등의 의원성 질환이나 치료에 따르는 사회적, 심리적 문제도 증대하고 있다. 이에 대응하는 의료사회사업의 역할은 점점 더 중요해졌다.

### 치료자(therapist)
작업치료사, 언어치료사, 혹은 운동치료사, 유희치료사처럼 특정분야에서 치료를 담당하는 전문가를 말한다. 또 심리학이나 정신의학의 방법을 도입한 카운슬러가 심리적, 정신적인 문제를 갖고 있는 클라이언트의 심리적, 정신적 치료 등의 역할을 할 경우에도 치료자라 할 때가 많다.

### 치료적 지역사회(therapeutic community)
영국의 정신지체자, 정신병자에 대한 대책 중에서 전후 주장된 개념이다. 정신병자의 치료는 입원치료만으로는 불충분하며 외래진료와 가족협력의 필요성과 함께 작업요법 등을 통한 사회복귀가 생각되게 되었다. 이에 지역사회를 치료의 장으로 보고 사회생활에 순응시켜 거기에 따라 치료·간호체계를 생각해서 낮병원, 밤병원 등을 발전시키게 되었다.

### 치매(dementia)
정신지체와는 상이하여 지능의 발달지체는 아니다. 이것은 한번 획득되었던 지능이 불가역하게 변화해 결함을 가져온 상태로 후천적인 뇌의 기질적장애가 원인이다. 기질적 변화에 의한 치매는 진행마비, 노년치매, 초로기치매, 뇌동맥경화, 기타 두부외상이나 간질, 만성 알코올중독 등에 의한 것이다. 특히 노년치매는 뇌신경세포의 위축, 쇠퇴의 변화에 의한다. 증상은 새로이 생긴 일을 알지 못하는 기억력장애다. 그리고 빈발하는 증상은 자기가 누구이며, 어디에 있는지를 알지 못할 뿐만 아니라 시간감각이 전혀 없다는 것이다. 정동면의 장애도 현저하게 일어나 식욕이나 성욕 등의 억제가 풀려 강해지는 일도 적지 않다.

### 치매성 노인
노년기에 지적기능이 현저하게 저하된 노인을 말한다. 의학적으로 볼 때 치매증(alzheimer's disease)으로 진단된 치매성 노인은 일상생활을 계속하지 못할 정도의 지능저하나 정신기능의 퇴화는 아니므로 적절한 지원이나 환경개선으로 생활적응을 해나가는 경우가 많으나 치매증는 뇌의 기질적 변화로 1 − 2년 사이에 급속한 지능저하와 생활기능의 상실을 가져오는 수가 많다. 치매증이 심해지면 대인관계가 악화되기 쉽고 무단히 배회하는 등 문제행동이 나타난다. 현재까지는 근본적인 치료책은 없고 적절한 영양, 운동, 심리치료, 약물 투여, 생활관리 등의 지원을 통해 문제행동을 감소시킬 수 있다.

### 치환(substitution)
정신역학(psychodynamic theory) 이론에서, 달성할 수 없고 수용될 수 없는 목표를 달성 가능하고 수용 가능한 목표로 대치시키는 방어기제(defense mechanism)를 말한다.

### 친고죄
피해자 등의 고소가 없을 경우 가해자를 처벌할 수 없는 죄를 친고죄라고 하는데 강간죄, 간통죄, 강제추행죄, 모욕죄, 사자의 명예훼손죄, 미성년자 간음죄, 모욕죄 등이 있다. 친고죄는 피해자의 고소나 고발이 없어도 수사를 할 수는 있지만 범인을 기소해 법정에 세울 수는 없다. 이렇게 친고죄를 정하는 것은 강간죄처럼 피해자의 명예를 고려하거나 모욕죄처럼 상대적으로 죄질이 가벼울 경우 피해자에 선처를 호소하자는 이유 때문이다.

### 친권(parental authority) 01
부 또는 모가 미성년의 자녀를 보호. 교육하고 그 재산을 관리하는 것을 내용으로 하는 권리·의무의 총칭이다. 근대법은 미성년인 자를 보호·교양하는 사람을 위해 친권 개념을 형성했다. 친권자는 ①자녀의 보호. 교육, 거주지 지정, 징계, 영업허락 등 자녀의 신분에 관한 권리 의무 ②재산관리 및 재산상 법률행위의 동의·대리 등 자녀의 재산에 관한 권리의무를 가진다. 친권은 친권자 또는 자녀의 사망, 자녀의 성년도달로 소멸하고 분가, 혼인, 이혼, 입양, 파양, 인지 또는 인지취소 등의 원인으로 되어 종래의 친권자와 자녀의 집, 즉 호적이 다르게 될 때에도 소멸한다. 이 밖에도 소멸원인으로는 친권상실선고와 친권의 일부 사퇴가 있다.

### 친권 02
아버지나 어머니가 미성년자인 자식을 보호하고 기르며, 그 재산을 관리하는 등의 권리와 의무를 친권이라고 한다. 친권은 부모가 공동으로 행사하는데 부모의 의견이 일치하지 않거나 이혼을 한 경우 등은 가정법원이 친권자를 정한다. 친권은 자식이 만 20세가 되어 성년이 되거나 친권자나 자식이 사망하는 등의 이유로 인해 소멸한다.

### 친권상실
친권이 소멸되는 것을 친권상실이라고 하는데 다음과 같은 경우 이에 해당한다. ①자식이 만 20세의 성년이 되었을 경우 ②친권자나 자식이 사망한 경우 ③자식의 입양 등으로 인해 친권자와 자식이 호적을 달리하게 된 경우 친생자 부모와 혈연관계가 있는 자식을 친생자라고 하는데 부모가 혼인한 중에 태어난 경우 혼인중의 친생자라고 하고 부모가 혼인하기 전에 태어난 경우 혼인 외의 친생자가 된다

## 친권상실 선고
법원이 일정한 사유가 있는 경우에 친권자에게 친권을 박탈할 것을 내용으로 하는 선고로 전부박탈과 일부박탈이 있다. 친권자에게 친권남용 또는 현저한 비행 기타 친권을 행사시킬 수 없는 중대한 사유가 있을 때에는 자녀의 친족 또는 검사의 청구에 의해 친권의 전부를 박탈할 수 있다.(민 924) 친권자가 부적당한 관리로 인해 자녀의 재산을 위태롭게 한 때에는 자녀의 친족의 청구에 의해 친권 중 법률행위의 대리권과 재산관리권만을 박탈할 수 있다(민 925). 그러나 이러한 모든 경우에 그 선고 원인이 소멸한 때에는 본인 또는 친족의 청구에 의해 법원은 다시 실권의 회복을 선고할 수 있다.

## 친밀감 대 고립감(intimacy versus isolation)
에릭슨에 따르면, 대개 18 – 24세에 일어나는 사회심리학적 발달의 8단계 중에 6번째로서, 개인은 한 가지 이상의 가깝고 따뜻한 관계를 발전시켜야 하는 도전에 직면하거나 외로운 삶에 부닥친다.

## 친사회행동(pro – social behavior)
개인, 조직 또는 사회가 외부의 보상을 기대하지 않고 사회를 이롭게 하기 위하여 취하는 행위를 말한다. 무엇이 사회의 이익인가 하는 문제는 상대적인 것이어서 각각의 문화적 가치관에 따라 다르다.

## 친생자추정
혼인관계에 있는 아내가 임신한 경우 그 아이(혼인 중에 포태한 자)를 남편의 자식으로 한다는 것을 친생자추정이라고 한다. 혼인성립일로부터 200일 안에, 혼인종료일로부터 300일 안에 태어난 아이는 혼인중에 포태한 자로 되어 그 남편의 친생자로 추정된다.

## 친자관계(parent and child relationship)
친자관계는 단순한 자연적 관계가 아니고 사회적인 관계이다. 이러한 것은 일반적으로 사회에서 사생자(혼인 외의 출생자)에 대해서는 당연히 부(父)와 친자관계가 일어나지 않는 반면에, 양자와 같은 혈연이 없는 사람에 대해서는 의제적으로 친자관계를 인정하는 것에서 볼 수 있다. 일반적으로 친자관계라고 할 때에는 혼인한 부모와 그 사이에 출생한 자녀와의 관계를 말하지만 제도로서 친자관계를 볼 때에는 여러 종류의 친자관계도 고려할 수 있다. 민법상의 친자관계에는 친생친자

관계와 법정친자관계가 있으며, 친생친자관계는 혼인 중의 출생자와 혼인 외의 출생자를 포함한다. 그리고 법정친자관계는 양친자관계, 계모자관계, 적모서자관계를 말한다.

## 친자동반자살
부모가 자녀와 함께 자살하는 것으로 때로는 병고에 의해 성인인 자녀가 어버이를 죽이고 자신도 자살하는 경우를 말한다. 가족전원이 동시에 자살하는 경우는 일가동반자살이라 한다. 보통은 도산, 가정불화, 병고, 장애에 의한 비관 등이 원인이 되어 발생하게 된다. 사회보장제도의 불비도 한 원인이지만 자식은 어버이의 것이라는 의식도 문제가 된다. 서구국가에서는 극히 드문 일이지만 사후의 세계 등 종교적, 문화적인 가치가 독특한 동양사회 특유의 현상이다.

## 친족(kinship) 01
친족이라 함은 자기의 배우자, 혈족 및 인척을 말한다(민법 제767조). 친족이라고 하면 '전체' 개념 같으나 '관계' 개념이라는 것에 주의해야 한다.(자기자신은 친족 가운데 들어가지 아니한다.) 민법상 친족이라고 말하는 때에는 다음과 같이 일반적으로 그 범위가 한정되어 있다(민법 제777조). ①8촌 이내의 혈족 ②4촌 이내의 인척 ③배우자. 여기에서 배우자란 자기의 결혼상대자를 말하며, 혼인신고가 되어 있지 않으면 배우자가 아니다. 배우자를 친족에 포함시키는 입법 예는 구미에는 없다.

## 친족 02
출생이나 혼인, 입양, 인지 등으로 맺어진 관계 중에 민법이 정한 범위 안에 있는 사람들을 친족이라고 하는데 배우자, 4촌 안의 인척, 8촌 안의 혈족을 친족이라고 한다. 호주승계나 재산상속, 부양, 근친혼 금지 등이 친족관계로 인해 생긴 효과인데 친족관계는 사망, 이혼, 파양 등으로 소멸된다.

## 친족법(law of domestic relations)
민법의 일부로서 친족 또는 가족 등의 신분관계 및 그 신분관계에 따르는 권리 의무를 규정한 법규이다. 친족법은 모두가 부부, 친자, 호주, 가족 및 친족 등의 인간본연의 결합관계에 관한 법이므로 타산적, 우발적, 결합관계에 관한 재산법에 비하여 많은 특색이 있는바 특히 민족적, 지방적 습속 또는 관습이 존중되고 비합리적 연혁적인 것이 가장 큰 특색이다. 민법상의 친족편과 상속편을 합하여 가족법(신분법)이라고 할 때 친족법은 가족법 중의 일부라고 할 수 있다. 친족법은 모두가 부부·친자·호주·가족 및 친족 등의 인간본연의 결합관계에 관한 법이므로, 타산적·우발적 결합관계에 관한 재산법에 비하여 많은 특색을 가지고 있다. 특히 민족적·지방적 풍

속 또는 습관이 존중되고 비합리적·연혁적인 것이 가장
큰 특색이다. 한국의 친족법은 민법전의 제4편에 규정되
어 있는데, 친족의 종류와 범위 및 친족관계의 변동을 규
정한 총칙을 비롯하여 호주와 가족, 혼인, 부모와 자(子),
후견(後見), 친족회, 부양(扶養), 호주승계 등 8장으로 되
어 있다.

### 친족상도례친족

사이에 생긴 절도에 있어서 범인의 형을 면제(배우자나
가족, 동거친족, 직계혈족 사이의 경우)한다든가 피해자
의 고소가 없을 경우 범인을 처벌하지 않는다(기타 친족
의 경우)든다 하는 것을 친족상도례라고 한다.

### 친족의무(relative' s responsibility)

특정 가족원이 도움이 필요한 다른 가족원을 보호 내지
원조하도록 명시하는 법률 및 도덕강령(moral codes)
과 관련된 용어를 의미한다. 이러한 의무영역에서 법적
필요조건은 주마다 매우 다양하다. 미국의 모든 주에서
는 미성년 아동(minor children)보호에 대한 법률을 갖
고 있다. 대부분의 주들은 한 개인이 부모, 형제자매, 또
는 먼 친척을 돌보도록 하는 법률을 없애거나 완화하고
있다.

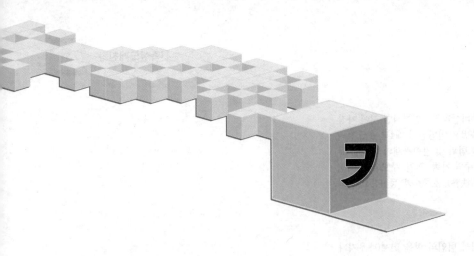

### 카리스마(charisma) 01

M. Weber가 원시기독교에서 차용한 개념으로, 초인간적·초자연적 힘 또는 그러한 능력을 지닌 사람을 지칭하는 개념이다. 이러한 신위적(神威的) 힘의 소유자에 대해 일반 사람들은 신앙적인 귀의(歸依)와 헌신적인 복종을 한다. 카리스마가 특정개인이 아니라 일정한 가계를 따라 전승될 때, 세습 카리스마(Erbcharisma)가 된다. Weber는 이러한 카리스마에 의한 지배를 카리스마적 지배라 하여, 전통적 지배 및 합법적 지배와 구분하였다.

### 카리스마 02

초인적 또는 초자연적 능력과 자질을 가진 것처럼 보이게 만드는 성격상의 신비로운 특질을 말한다. 신비적 지도성으로 번역되며, 성직자들에게서 볼 수 있는 특별한 능력을 의미하는 기독교의 개념을, 독일의 사회학자 베버(M. Weber)가 차용한 것으로 〈은총의 선물〉이라는 뜻이다. 이러한 성격의 지도자를 카리스마적 지도자라 부른다.

### 카리스마적 권위(charismatic authority)

개인의 초인적 힘이나 자질 즉 카리스 마에 의해 정당화되는 권위를 말한다. 카리스마적 권위는 장기적으로 계속하여 존재하게 되면 전통적 권위로 발전된다. M. Weber는 권위의 유형을 전통적 권위, 카리스마적 권위, 합법적 권위로 구분하였다.

### 카리스마적 지배(charismatische Herrschaft)

카리스마적 권위에 의한 지배를 카리스마적 지배라 한다. M. Weber는 지배를 '권위를 지닌 명령권력'으로 정의하고, 지배의 유형을 전통적 지배, 카리스마적 지배, 합법적 지배로 구분하였다.

### 카리타스(caritas)

카톨릭교회의 사랑의 행위를 의미하며, 교회적 협동체사상을 근원 및 동기로 하여 인격적 원조활동을 목표로 하며 인인애를 지도 원리로 하는 봉사조직이다. 옛날의 자선사상에 그치는 것이 아니고 민간 복지 활동의 원동력으로 된 것으로서 보호활동의 범위를 넘어선 보건, 교육, 노동의 넓은 분야에서 세계의 전 가톨릭 교회가 연맹활동을 추진하고 있다.

### 카바(KAVA)

자선단체한국총연합회의 약칭. 한국정쟁이후 외국의 원조, 구호물자에 대한 배분과 관리를 했던 당대 최고의 복지협회였다.

### 카운셀러(counsellor)

개인이 적용하는 과정에서 보여지는 문제에 대해 상담, 조언, 지도하는 상담전문가이며 상담원이라고도 한다. 상담은 클라이언트와 상담자 사이에 전개되는 상호적인 심리작용을 통해서 원조를 하지만 정보제공이나 조언에서부터 심리치료에 이르기까지 다양한 내용을 포함한다. 대상영역에 의해 가족카운슬러, 결혼카운슬러 등이 있고 방법에 의해 지시적, 비지시적, 절충적, 행동 요법적 상담자 등이 있다.

### 카운슬링(counselling) 01

다양한 상담 사업에서 심리적으로 적응하기 어려운 문제에 대응하여 이루어지는 원조과정이다. 이 과정은 상담자가 클라이언트와 면담을 통해 주로 언어를 매개수단으로 하면서 신뢰감을 확립시키고 자유스런 감정을 표현시켜 자기통찰을 높이도록 전개해가는 것이다. 상담도 기초이론에 의해 다양한 접근이 이루어진다. 상담과 케이스워크는 유사하지만 케이스워크는 상담의 범주 이외에 구체적 서비스의 제공, 사회자원의 활용, 사회 환경의 개선과 변혁을 도모하는 측면을 포함하고 있다.

### 카운슬링 02

일상생활에서 혼자 해결할 수 없는 문제에 당면한 사람의 상담에 응하여 그 해결에 조언하는 것을 말한다. 산업계의 인사관리면에서 이용되고 있는 경우가 많다. 이것은 종업원의 업무, 신상에 관한 생각이나 감정을 밝히고 직장에서 고민 있는 사람의 상담에 응하여 그 해결을 지도한다. 학교교육 직업지도 등의 분야에서도 활용되고 있다.

### 카타르시스(catharsis)

정화작용이라고도 한다. 인간의 정신내면에 억압되어진

관념이나 감정을 표출시킴에 따라 불안이나 긴장 등을 해소시키는 것을 말한다. J. 브로이아는 히스테리환자 중에서 억압되어 있던 기억을 감정을 동반한 최면상태에서 재생시켜 토로케 함으로써 이것이 제거되는 것을 발견했다. 개별사회사업의 면접장면에서도 클라이언트의 내재된 감정을 표출, 정화해 그것을 수용하고 경청함에 따라 자기이해를 깊게 하고 원조활동을 전개시켜 간다.

## 카테고리(category)

보통 근본적 개념, 최고 유개념(類槪念)의 뜻으로 사용되며, 일상어로는 부문(部門)의 뜻인 철학용어. 원래 그리스어 'kategorein'에서 유래하였고, 한자어의 범주는 〈서경(書經)〉의 〈홍범구주(洪範九疇)〉에서 유래한다. 아리스토텔레스의 〈오르가논〉에서는 술어의 형식으로서 실체(實體) · 양 · 질 · 관계 · 장소 · 시간 · 위치 · 상태 · 능동 · 수동 등 10개의 범주를 들었다. 스콜라 철학에서는 존재 · 질 · 양 · 운동 · 관계 · 천성(習性) 등 6개의 범주를, R.데카르트와 J.로크는 실체 · 상태 · 관계 등 3개의 범주를 든다. I. 칸트는 아리스토텔레스의 범주가 경험적으로 모아놓은 불완전한 것이라고 하여 판단의 모든 기능을 들어 판단표(判斷表)와 대응시켜서 4강(綱) 12목(目)의 범주를 도출(導出)하고, 또다시 그 선험적(先驗的) 연역(演繹)을 하였다. J. G. 피히테로부터 G. W. F. 헤겔에 이르는 독일 관념론 철학에서는 범주는 사유(思惟)의 형식일 뿐만 아니라, 절대자의 범주로서 실재(實在)의 논리형식으로서 전개시켰다. 현대에는 R. 라일이나 L. 비트겐슈타인과 같이 범주 문제를 분석철학(分析哲學)의 방향으로 전개하는 경향이나 A.화이트헤드와 같이 47개의 형이상학적 범주를 드는 입장 등이 있다.

## 캐넌(Canon, Ida M.)

미국 최초의 의료사회사업가 중 한사람이다. 간호사로서 사회사업교육을 받은 후 사회사업가가 되어 매사츄세츠 종합병원에 사회사업부가 설치된 다음 해인 1906년부터 부장으로 취임하여 40년간 근무하면서 의료사회사업의 개척과 발전에 공헌하였다. '미국 병원사회사업가협회'(the American association of medical social workers)의 창립과 의과대학 사회사업 교육을 위한 위원회의 설치 등을 위해 헌신하였으며 병원에서의 팀 접근이나 사회사업가의 필요성을 역설하였다.

## 캐보트(Cabot, R. C)

하버드대학 임상의학 및 사회윤리학 교수. '보스턴 아동원조협회' 회장 시절 사회사업가와의 케이스 회의나 케이스 기록을 통해 가정상황과 사회 환경에 관한 조사가 환자의 질병이해에 도움이 된다는 것을 인식하고, 매사츄세츠 종합병원으로 옮긴 뒤부터 사회사업가를 채용하여

1905년 미국 최초의 의료 사회 사업부를 설치하였으며, 그 활동을 이듬해 "병원연보"에 소개하였다. 그것은 다른 병원에서 의료 사회 사업부를 설치하는데 모델이 되었다.

캐쉬카우 제품의 수익과 성장의 관계를 나타낼 때 쓴다. 보스턴 컨설팅 그룹(BCG)이 개발했다. 캐쉬카우란 제품성장성이 낮아지면서 수익성(점유율)이 높은 산업을 지칭한다. 이 때에는 투자비용을 모두 회수하고 많은 이익을 창출해 주는 단계다. 가령 삼성전자 반도체 부분이다. 막 신제품이 나와 성장성은 높으나 수익성이 낮은 단계는 프라블럼 차일드(problem child), 성장성도 높고 수익성도 높은 단계를 스타(star), 성장성도 수익성도 낮은 단계를 도그(dog)라 부른다.

## 캠페인(campaign)

어떤 특정한 여론을 환기시키기 위하여 신문지면이나 매스미디어를 일정기간 동원함으로써 계속적, 집중적으로 하는 언론, 보도활동이다. 캠페인이란 일정한 장에 있어서의 행동, 특별한 목적을 가진 조직적 활동이란 의미인데 원래는 평원이란 뜻으로, 그곳에서 전개되는 전투가 변화되어 지금과 같은 의미를 가지게 되었다.

## 커러퀴(colloquy)

대표식 토의(panel discussion)에 있어서 대표참가자의 원탁토의에 전문적 조언자를 참가시키는 토의법의 한 형태이다. 전문가는 토의를 지도하기 위해서가 아니라 필요에 따라 전문적 지식을 제공하기 위하여 참가하게 된다. 따라서 심포지움의 경우와 같이 참가자를 향하여 강의를 하는 것이 아니다.

## 커뮤니케이션(communication) 01

상징에 의해 정보 · 생각 · 감정 등을 전달하는 것을 의미한다. 즉 인간과 인간, 인간과 컴퓨터 사이에서 정보 · 데이터 · 메시지 · 의견 등을 전달하고 교환하는 것을 의미한다. 커뮤니케이션의 유형은 공식적 계층제를 통한 것이냐 아니냐에 따라 공식적 커뮤니케이션과 비공식적 커뮤니케이션으로 분류할 수 있으며, 정보 흐름의 방향에 따라 상의하달적 커뮤니케이션 · 하의상달적 커뮤니케이션 · 횡적 커뮤니케이션으로 구분할 수 있다.

## 커뮤니케이션 02

몸짓, 기호, 언어 등을 매체로 의사를 전달하는 행위를 말한다. 커뮤니케이션은 개인들 간에 이루어지는 직접적인 개인적 커뮤니케이션과 대중매체(TV, 신문, 영화, 잡지 등)를 매개로 한 매스 커뮤니케이션으로 크게 나누어 볼 수 있다. 현대사회에는 특히 후자의 정보전달매개가 양적으로 확대 증가되고 다원화됨으로서 사회적 영향이 지대해지고 있으며 사회적 인식과 변화에 긍정적, 부정적으로 크게 기여하고 있다.

## 커뮤니케이션이론(communication theory)

커뮤니케이션은 각종 기호를 매개로 정보, 사고, 감정 등을 전달하는 인간의 상호작용과정이다. 사회사업실천에 있어서도 커뮤니케이션은 필수적인 요소이다. 커뮤니케이션이론에서는 언어적 그리고 비언어적(특히 신체적) 커뮤니케이션의 특성과 기능, 커뮤니케이션의 왜곡과 영향, 효과적인 커뮤니케이션을 방해하는 요인 등에 관해 많이 연구되었으며 그 연구결과는 사회사업실천분야에 중요한 의미를 지니고 있다.

## 커뮤니티 오가니제이션 워커
### (community organization worker)

지역사회를 조직화하는 과정을 촉진하는데 종사하는 전문가를 말한다. 지역사회를 조직하여, 인간관계를 개선하고, 공동목표를 강조하며, 그 달성에 전문기술을 제공하는 것이 그의 역할이다.

## 커뮤니티 형성

지역사회를 어떻게 파악하느냐는 여러 가지 논의가 있을 수 있으나 일반적으로 지역사회 구성원의 공동성과, 그 연대 혹은 동지의식이 기본이 된다. 커뮤니티형성을 위해서는 사람들의 공동 혹은 상호교류를 어떻게 높이느냐는 것과 그 공동의 활동이나 생활을 통해 또는, 그것과는 별도로 주민의 지역사회의식의 함양과 조성의 노력이 필요하다.

## 커뮤니티센터(community center)

1915년경부터 미국에서 인보관에 지역사회의 개념이 결합해 시작되었다. 학교를 이용하여 성인교육과 레크리에이션을 실시하였으며, 집단사회사업을 중심으로 한 사회사업전문시설로 발전했다. 영국에서는 제1차 세계대전 후에 이것을 여가활동의 활용을 위주로 시작하였지만 제2차 세계대전 후 주민자치에 의한 지역사회연계와 주민을 위한 지역 활동의 거점으로 활용하고 있다.

## 케어(care) 01

케어는 시중, 수발, 보호, 감독, 개호 등의 의미를 갖고 있다. 케어라는 말 자체는 특별한 뜻이 담긴 사회복지의 전문용어는 아니지만 어디서 행해지느냐에 따라 시설보호(institutional care), 재가보호(home care), 지역사회보호(community care) 등의 중요한 의미를 가지며 또 어떻게 제공되느냐에 따라 양로원에서 제공하는 원조형 보호(intermediate care) 혹은 요양원에서 제공하는 간호형 보호(skilled nursing care) 등으로 구분될 수 있다.

## 케어 02

시중, 보호, 감독 등의 의미를 지닌 말로서 그 자체는 특별히 사회복지의 전문용어는 아니지만, 사회복지의 실천, 활용에는 서비스 이용자의 케어, 즉 신변의 보살핌, 일상생활상의 시중 등 당연히 포함되는 것이므로, 사회복지에서 케어의 본연의 자세가 문제되는 것이다. 케어 자체에 전문성의 요구 여부는 중요한 검토문제로 되었다. 양호시설, 양호 노인 홈 등이 경우에 양호의 개념은 케어에 상당하는 것으로 보아도 좋을 것이다. 또 케어가 어디에서 행해지는가에 따라 시설케어, 재택케어, 코뮤니티 케어 등으로 분류된다.

## 케어 워커(care worker)

중도신체장애인, 중도심신장애인, 중증심신장애아, 치매노인, 연소아동 등의 일상생활동작(ADL)을 원조하기 위해 의복의 착용, 입욕, 식사, 배설 등의 개호를 하는 사회복지종사자를 말한다. 구미에서는 이전에 child care worker라는 표현도 있었다. 구미의 케어 워커는 소셜 워커에 비해 전문성이 저하되어 있고 특히 미국에서는 소셜 워커의 고도한 자격에 대해 자격권도 없다. 일본에서의 대표적인 직종은 가정봉사원이나 노인홈의 보조원으로 되어왔지만, 오늘날에는 장애인이나 아동의 개호를 하는 지원으로까지 확대되고 있다.

## 케어주택(care home)

신체장애인과 노인을 위해 생활의 합리화와 편의를 주안점으로 하여 구조적으로 설계된 주택이다. 심신장애인과 노인의 주거생활 중 필요·긴급한 경우에 의사와 간호원, 사회사업가 등의 서비스를 즉시 받을 수 있도록 마련되었다. 지역케어의 전형적인 주택군으로 형성되어 있으며, 지역봉사자의 협력을 얻을 수 있고 긴급용 전화벨의 설치, 목욕서비스, 급식서비스, 청소서비스 등도 마련되어 있다. 레크리에이션과 의료기관, 개호서비스 등도 필요에 따라 제공되도록 배려되어 있다.

## 케이(Key, Elen Karolina Sofia : 1849 — 1926)

스웨덴의 여성운동가, 교원생활 후 사상가, 저작가로서 활약했다. 〈아동의 세기(1900)〉, 〈여성운동(1909)〉, 〈연애와 결혼(1911)〉의 주요 3부작 등을 저술하였다. 생명의 창조와 진화를 위한 여성의 사명은 모성에 있으며 애정 있는 결혼으로 자식을 낳고 자발성을 자유롭게 육성하는 것이 건전한 사회와 평화적인 세계를 만든다고 독특한 여성론, 교육론을 전개했다. 19세기를 여성(여권)의 세기라고 부르고 20세기는 아동의 세기라고 하여 아동보호의 국제적인 사조에 큰 영향을 주었다.

## 케이스(case) 01

이 용어를 정확하게 말하면 social case이다. 이것은 케이스워크에서 클라이언트의 문제를 해결하기 위하여 원조해가는 과정에 관여하며 상황전체가 개별성을 갖고 있는 것을 나타내기 위해 쓰이고 있다. 그 범주와 특질을 포함하는 방법은 케이스워크의 발달에 따라 현저하게 변화해 오고 있지만 최근에는 체계이론에 의거하는 시점에서 파악하려는 경향이 높아지고 있다.

## 케이스 02

사례, 사건 등으로 번역되는 말로서 정확하게는social case라고 한다. 이것은 클라이언트의 문제해결을 원조하는 과정에 관계되는 상황 전체가 개별성을 가지고 있는 것을 나타내기 위해 사용되는 것으로 개별사회사업(case work)에 있어서 원조의 대상이 되는 사람의 상황 혹은 문제를 말한다. 그 범위와 특질을 포착하는 방법은 케이스워크의 발달에 수반해 현저히 변화해 왔지만 최근에는 체계이론(system theory)에 의거하여 포착하려는 경향이 뚜렷해지고 있다. 대상이 되는 사람은 케이스라 하지 않고 클라이언트라고 한다.

## 케이스 기록

케이스워크에 있어서 사용되고 있는 중요한 수단의 하나로 케이스워크 과정을 케이스워크가 기술하는 것, 케이스워크의 클라이언트에 대한 책임 및 워크가 소속한 기관의 사회적 책임을 명백히 하기 위한 문서이다. 케이스 기록을 넓은 의미로 사용할 때는 케이스 화일(case file) 즉 케이스에 관한 일건 서류철 중에 집어넣어 두는 서류 전체를 가리키며, 좁은 의미로는 주로 페이스쉬이트(face sheet)와 경과 기록을 합한 것을 가리킨다. 기록을 하는 목적은 정확한 사회진단과 치료를 하기 위한 기초 자료로서 사용하는 것, 그 기관의 서비스의 수급 자격의 증거로 사용하는 문서로 삼는 것, 그 기관의 서비스로 삼는 것, 슈퍼비젼이나 교육 훈련을 위한 자료로서 활용하는 것 등이다. 경과 기록에는 항목기록, 연월일순식기록, 요약기록, 과정기록 등 목적에 따라 여러 가지가 있다.

## 케이스 로드(case load)

케이스워크에서 한 사람의 케이스워커가 담당하는 케이스의 분량을 말한다. 이것은 기관의 방침, 케이스의 특질, 케이스워커의 조건 등을 고려해 신중하게 탄력적으로 결정해야 되지만 현재의 실정은 케이스워커의 수가 부족하기 때문에 케이스 로드가 과중한 실정이다.

## 케이스 메니지먼트(case management)

케이스 보조자(Case Aide Worker) 사회사업기관에 있어서 사회사업팀의 한 성원으로서 사이드(side)에서 보조해 주는 사람이다. 흔히 보조자는 사회사업가가 구체적인 목표들을 달성하는 때 종종 전문가적인 의견을 사회사업가에게 제공해 주기도 한다. 이러한 것들을 사회사업가가 중요하다고 판단될 때, 사례를 다룰 때 많은 도움이 된다. 보조자의 역할에 대한 가령 보조자는 클라이언트의 가족에게 전화를 걸어 비공식적인 정보를 얻기도 하며, 또 클라이언트의 동료들에게도 필요하다면 정보를 얻을 수도 있다. 외국의 경우 대부분의 케이스 보조자들을 임금을 받지만, 자원봉사를 하는 경우도 있다. 우리나라에서는 케이스 보조자들의 역할이 미비하다. 그러나 현재 서울장애인종합복지관에서는 자원봉사자들이 교육을 통해 전문 전화상담원으로 활용하고 있다.

## 케이스 슈퍼바이저(case supervisor)

케이스워크의 상급자로서 보다 나은 지식과 기술 및 경험을 가지고 평소의 업무에 관해 지도감독하고 사회사업가가 보다 성장할 수 있도록 원조하는 전문가이다. 케이스워크 등 사회사업기술(방법)에는 특히 중요한 존재이다.

## 케이스 슈퍼비전(case supervision)

상급의 케이스워커가 하급의 사회사업가에 대해 담당케이스를 소재로 원조, 지도해가는 과정을 말하며, 개인슈퍼비전과 집단슈퍼비전으로 대별된다. 슈퍼비전은 계획을 갖고 진행해야 하며 내용은 케이스워커의 수준에 따라 관리적, 교육적, 지지적 기능을 적절하게 조합하는 것이 중요하다.

## 케이스 에이드(case aide)

미국에 있어서 사회사업전문교육을 받은 전임 사회사업가를 돕기 위하여 채용되고 있는 직원을 말한다. 현재는 그 업무가 확대된 것도 있고 social service aide 혹은 social work assistant 등으로 표현되고 있다. 과거에는 비전문가로서 잡무를 처리하며 임시적으로 직원을 대신하는 사람으로 보았지만, 1960년대 이후에는 중요한 역할을 담당하는 자로서 재평가되고 직원 구성 중에 위치하게 되었다.

## 케이스 조사(Case Study)

정확한 케이스 워크 진단을 내리기 위해서는 진단에 필요한 자료의 수집, 즉 그 케이스에 대한 조사가 이뤄져야 한다. F. Hollis에 의하면 케이스 조사는 클라이언트와 클라이언트의 문제를 이해하며, 치료를 합리적 방향으로 이끌기 위해 필요한 정보를 될 수 있는 한 많이 수집한다는 목적과 관찰된 사실의 분류를 위한 일련의 과정인 것이다. 케이스 조사에서 사회사업가가 기본적으로 알아야 하는 것은, 클라이언트 자신이 가장 중요한 자료원이 된다는 것과 클라이언트의 현재 상황과 생활력이 케이스 조사에서 가장 중요한 내용이라는 것이다. 이밖에도 케이스워크는 정확한 자료를 얻기 위해 다른 영역의 전문가를 활용하여 자신이 조사한 것에 부가시켜 그 조사를 보충한다. 사회사업가는 클라이언트의 특별한 필요에 따라 어떤 검사를 받아야 할 것인지, 또 무엇이 그 클라이언트의 문제해결에 가장 도움이 될 것인가에 따라 결정해야 하므로

ㅋ

케이스워크시 필요한 검사와 검사결과의 활용방법 등을 알아야 할 것이다. 때때로 한 개인, 집단 가족 또는 지역 사회의 많은 특성들을 체계적으로 연구한 것을 평가하는 방법의 의미로도 쓰인다.

## 케이스 컨퍼런스(case conference) 01

케이스워크에 의한 원조활동이 정확하고 효과적으로 발전될 수 있도록 검토하고 협의하는 회의이다. 이것은 케이스과정 중 어느 단계에 초점을 두느냐에 따라 인테이크 회의, 진단회의 등으로 구분된다.

## 케이스 컨퍼런스 02

사회사업 기관과 다른 조직에서 클라이언트의 문제, 목표, 개입 계획 및 예후에 대해 전문가들이 함께 모여 토의하는 과정이다. 회의 참가자는 클라이언트에게 직접 서비스를 제공하는 사회사업가를 포함하여 클라이언트에게 직접 서비스를 제공하는 사회사업가를 포함하여 클라이언트 체계와 이러한 사회사업가들의 전문적인 슈퍼바이저가 포함된다. 여기에 첨가되어 참가하는 사람은 특수한 전문가나 비슷한 문제에 경험이 있는 다른 기관의 사회사업가들과 정보와 추천을 덧붙여 해 줄 수 있는 다른 전문가 또는 집단의 전문가가 포함된다. 또 클라이언트와 개인적인 관계를 갖고 있어서 도움이 되는 자원이나 정보를 제공할 수 있는 사람들이 포함된다.

## 케이스 통합(Case Integration)

클라이언트의 욕구에 서비스를 동시에 제공하는 다른 후원관계의 서비스 제공자와 사회사업가 활동간의 조정을 의미한다. 이 조정은 각각의 제공자의 서비스들이 일치되는 것과 반복되는 것 및 중복되는 것들을 상호 적절히 조절하는 것을 의미하고 같은 목표를 충분히 성취하도록 이끄는 것이다. 이를 또 사례 관리(case management)라고도 볼 수 있는데, 이는 집단 속의 클라이언트 또는 클라이언트를 대신해서 하는 모든 돕는 행동들을 조정 · 관리하는 과정에서 볼 수 있기 때문이다. 즉 각기 다른 영역에서 클라이언트에게 주어지는 서비스를 확대하고 효과적으로 하기 위해 전문적인 팀워크(team work)을 통해 조정하는 과정이라고 볼 수 있다.

## 케이스 파일(case file)

케이스기록을 보관하기 위한 서류철이다. 그 모양은 각각의 기관에서 연구하겠지만 튼튼하고 사용에 편리한 것이 요구된다. 거기에 철 해두는 케이스 기록의 종류가 많아지거나 분량이 늘어날 경우를 대비하여 이용하기 편리하도록 또 산만하지 않도록 배려하는 것이 필요하다. 보관은 안전한 장소를 택하고 비밀이 유지되도록 하며 필요한 때 즉시 찾아볼 수 있도록 배려에 유의해야 한다.

## 케이스 할당문제(turf issues)

일반적으로 조직 내 구성원 간 또는 각기 다른 전문집단 사이에 일어나는, 책임과 급여(혜택을)의 분배에 관한 갈등을 말한다. 가령 심리치료를 제공하는 권한을 결정할 때 사회사업가는 때때로 심리학자, 정신의학자, 목회상담가와 갈등을 겪는다.

## 케이스워크 과정(casework process)

케이스워크는 개별적이고 구체적인 문제에 대해 해결하려고 의도한 과정이지만 그 과정은 케이스워크가 의거하는 이론에 따라 다소 상이하다. 전통적으로 진단주의파와 기능주의파 두 가지 분류방법이 있다. 진단주의파는 ①사회조사(social study) ②사회진단(social diagnosis) ③사회치료(social treatment)로 나눈다. 실제로는 확실히 구별되는 것이 아니고 서로 뒤얽히며 전개된다. 한편 기능주의파에 의하면 클라이언트의 욕구와 시설 기관의 기능이 일치하는 경우에 그 과정을 전개하기 위해 케이스워크 관계 그 자체가 클라이언트의 창조적 자아를 어떻게 발전시키는가를 과제로 한다. 여기에는 조사 ─ 진단 ─ 치료의 이론적인 개념은 쓰지 않고 원조과정(helping process)이라는 용어를 쓰며 초기의 국면, 중간의 국면, 그리고 종결의 국면이라는 과정으로 진행한다.

## 케이스워크 관계(casework relationship)

케이스워크의 원조는 정신치료나 카운슬링과 같아서 원조자와 클라이언트와의 전문직업적인 인간관계를 기준으로 전개된다. 이와 같은 사회사업가와 클라이언트와의 원조적 인간관계를 케이스워크 관계라고 한다. 이 관계의 특색은 명확한 목적을 갖는 의도적 관계이며 문제해결을 위해 조작적으로 전개되는 관계이고 목적달성과 함께 종결되는 일시적 성격을 가진 것이다.

## 케이스워크 진단(casework diagnosis)

케이스워크에서는 전통적으로 클라이언트와 그 상황을 이해하기 위해 필요한 사실을 수집해서 전문적 판단을 내리는 과정을 의학적 진단의 모형에 따라 케이스워크 진단(혹은 사회진단 심리사회진단이라고도 한다)이라 부르고 그 체계화를 시도해 왔다. 최근에는 의학모델에 의거하는 데 대한 반성비판에서 진단 대신 평가(assessment)라는 표현을 쓰려는 방법이 검토되고 있다.

## 케이스워크(case work)

케이스워크에 있어서 진단주의와 기능주의 미국에 있어서 케이스워크의 2대 주류로서 1950년 이후부터 현재에 이르기까지 통합 혹은 절충적 노력이 이루어지고 있다. 진단주의는 프로이드의 정신분석이론을 기초로 문제의 진단과 치료의 과정으로서 사회사업가가 클라이언트에 지지적으로 원조하는 입장을 취하는데 대해 기능주의는 프로이드의 제자 Rank의 이론을 기초로 인간이 태어날 때부터 가지게 되는 자아의 힘을 자주적으로 가장 잘 기능할 수 있도록 원조하는 것으로 양 입장은 서로 경쟁적으로 케이스워크의 발전에 공헌하였다.

## 케인스혁명

1936년에 발표된 J.M.케인스의 〈고용·이자 및 화폐의 일반이론〉에 의해 이룩된 경제학상의 혁신적 공헌을 일컫는 말. L.클라인이 명명했다 그러나 케인스혁명의 핵심에 대한 견해는 엇갈리고 있다. 첫째는 케인스혁명의 핵심을 유동성 선호함수의 발견에서 찾는 영국 케인지언의 견해이다. 케인스는 '이자는 저축에 대한 보수'라는 생각을 깨고 '이자는 일정 기간 유동성을 포기하는 대가'라고 주장했다. 둘째는 케인스혁명의 핵심을 소비함수 혹은 승수이론에서 찾는 투자가 이자율이 아닌 소득수준의 변화에 의해 균형을 이룬다고 주장했다. 셋째 임금과 고용에 대한 케인스의 새로운 생각에서 찾는 견해이다. 즉 그는 임금인하는 유효수요를 감소시켜 결국 고용과 생산고를 감소시킨다고 주장해, 임금인하가 생산비를 저하시켜 고용문제를 해결한다는 전통적 견해 를 반박했다.

## 케인즈(Keynes, John Maynard) 01

영국의 경제학자. 인도성 관리를 거쳐 1908년 캠브리지 대학의 특별 연구원이된 후 종신토록 금융론을 담당하였다. 많은 저서가 있으나, 특히 "고용·이자 및 화폐의 일반이론"(1936)에서 케인즈혁명이라 불리운 새로운 경제학을 확립하였다. 대량 실업과 만성불황의 원인, 유효수요의 부족을 거시경제학적으로 규명함으로써 재정정책의 필요성과 경제의 국가개입의 길을 열었다. 미국의 뉴딜정책 외에도 전후 각국의 경제정책과 사회보장이론에 많은 영향을 주었다.

## 케인즈 02

영국의 경제학자, 특히 케인즈주의 경제학을 제창한 것으로 알려진 그의 대표작 〈고용·이자 및 화폐의 일반 이론〉에서 완전고용을 위한 획기적인 이론을 전개하였다. 적극적인 투자에 의한 비자발적 실업의 극복을 제시한 그 독창적인 이론은 미국의 뉴딜 정책, 현재의 각국 공공투자 정책에도 반영되어 '케인스 혁명'이라 할 정도로 커다란 영향을 미치고 있다.

## 케인즈 경제학(Keynesian economics)

케인즈와 그의 후계자에 의해 전개된 경제사상체계를 말한다. 케인즈 경제학의 중심이 되는 테마는 총지출과 총소득의 변동원인과 결과에 관한 분석으로 총소득은 총소비+총투자와 같다. 그는 경제이론에서 처음으로 과소고용균형의 가능성을 제기하였다. 경기순환의 불황과정에 있어서 대량실업을 방지하기 위하여 적자재정의 방법으

로 지출을 자극하고 투자승수의 작용에 의해 소득을 완전고용수준에 올리는 투자를 형성함으로써 중앙정부는 총수요의 부족을 보충해야 한다고 그는 주장하고 있는 것이다. 케인즈학파 경제이론의 기본적인 원리는 1936년 케인즈의 저서 "고용·이자 및 화폐의 일반이론"에 포함되어 있다. 그리고 미국의 한센(Hansen, A.H)과 같은 그의 제자들에 의해 더욱 발전된 것이다.

## 코노프가(Konnopka, Gisela)

세계적으로 저명한 그룹워커 이론가 유태계 독일인이었는데 전시 중 미국에 망명 귀화했다. 미네소타대학의 교수로 지내고 그 사이 많은 대학에 초빙되어 그룹워크 강의를 했다. 조존감정의 중요성을 주장하여 상호작용을 갖고 치료교육적 효과를 활용하는 치료교육적 그룹워크에 개천적인 공헌을 했다. 특히 각종의 수용시설 입소자, 비행소년, 정서장애아 등에 대한 그룹워크로 유명하다. 주요한 저서로서 Social Group work(1963년), Groupwork in 속 Institution(1954년)이 있다.

## 코데인(codeine)

처방용 의약품 또는 기침용 시럽 등과 같이 처방전이 필요없는 의약품에 쓰이는 마취성(narcotic) 진통제를 말한다. 모든 마취제와 마찬가지로 코데인은 어느 정도 반복적으로 사용하면 습관성이 될 수 있다.

## 코딩(coding)

기계가 알 수 있는 언어를 일정한 명령문에 따라 문자 또는 숫자를 사용하여 기호 화하는 것을 말한다.

## 코카인(cocaine)

코카나무의 잎에서 추출한 불법적인 약으로, 복용자에게 도취감, 힘, 기민성, 자신감, 높은 감수성을 느끼게 해준다. 코크(coke) 또는 스노(snow)로 알려진 이 약은 흔히 콧구멍을 통해 흡수하고(코로 들이킴), 헤로인(코카인과 헤로인 또는 대마초의 혼합주사) 등과 같은 다른 약물과 섞어 주사하기도 하며, 화학적으로 처리하면 흡연하기도 한다. 많은 연구자들은 이것이 육체적으로도 중독되는 것은 아니며 육체가 내성(tolerance)을 키우지 못할 뿐이지만 심리적으로 습관성이 된다고 주장하였다. 반복된 복용은 신경체계의 치명적인 손상과 신체적 손상, 점막 파괴, 편집증, 우울증, 환각상태를 낳는다.

## 코쿤족

21세기를 준비하는 새부류인 '코쿤족'은 사전적 의미대로 주위를 딱딱한 껍데기로 싸감은 채 골치아픈 사회와 단절하고 껍데기 안에서 '안락함'을 추구한다. 사회적 의미의 '코쿤'은 미국의 마케팅전문가 페이스 팝콘이 '불확실한 사회에서 단절돼 보호받고 싶은 욕망을 해소하는

공간' 이란 뜻으로 사용 했다. 그러나 한국의 코쿤은 '불확실한 사회를 사는 데 필요한 에너지를 재충전하는 공간' 의 의미가 짙다. 예를들어 자동차를 교통수단이라기 보다는 '마음의 평화' 를 얻는 장소로 여겨 투자를 아끼지 않는 자동차 코쿤족, 매일 몇 시간씩 골방에 틀어박혀 음악이나 스크린 감상하는 집 코쿤족, 사무실에 가족사진이나 영화배우의 사진을 걸어 놓거나 화초를 키우는 일터 코쿤족 등이 있다. 코쿤족은 안정된 수입원을 갖고 있으면서, 업무능력이 뛰어나고, 스트레스 등 외부자극에 대한 확실한 해결책(코쿤)을 갖고 있는게 특징이다.

## 코호트(cohort)

조사연구와 인구학적 연구에서, 특별한 기간 내에 출생하거나 조사하는 주제와 관련된 특성을 공유하는 대상의 집단을 말한다. 가령 평균여명(life expectancies)을 계산할 때 같은 달에 태어난 십만 명의 사람이 한 코호트가 될 수 있다.

## 콜라(COLA)

생계비의 조정을 말한다. 화폐의 상대적인 구매력의 변화(인플레이션 inflation이나 디플레이션 deflation)에 따른 급여의 증가나 감소를 의미한다.

## 콜로니(colony)

심신장애인을 위한 종합사회복지시설에서 장기입소(경우에 따라서는 종신보호)를 가능케해 광대한 부지 내에 병원이나 훈련시설 등의 제 서비스기능을 갖추고 종합적인 생활공동체를 이루고 있는 시설군을 말한다. 이와 같은 대콜로니가 일반적이지만 소콜로니라는 생각과 실천도 있다. 대상자별로는 지체인이나 결핵회복자 등의 시설이 전형적인 것이다.

## 콜버그의 도덕발달 이론
### (Kohlberg moral development theory)

콜버그(Lawrence Kohlberg)가 제안한 일련의 관련개념으로 나이에 따라 변하는 '옳고 그름' 에 대한 개인의 도덕적 생각과 사고를 설명하는 방식이다. 발전단계는 6단계로 설명된다. ①벌을 받지 않으려고 규칙을 지킨다. ②상을 받기 위해 규칙을 지킨다. ③다른 사람들한테서 미움을 받지 않으려고 또는 '착한 사람' 으로 보이기 위해 규칙을 지킨다. ④개인이 규칙에 대한 사회의 필요와 잘못된 행위에 대한 양심 가책이나 죄의식을 인식하는 단계. ⑤서로 경쟁하는 가치와 모순되는 가치가 있다는 것과 어떤 공정한 판단이 필요하다는 것을 이해하는 단계. ⑥보편적인 도덕적 원칙들의 정당성을 인식하고 그들에 대해 언급하는 단계. 대부분의 사람들에게 첫 번째 두 단계(도덕적 발전의 보통 이하 수준)는 9세까지는 완성된다. 대부분의 사람들은 20세 이후가 되어야 비로소 마지막 두 단계(후기관례화 수준 : postconventional level)에 도달하며, 콜버그는 많은 사람들이 결코 이 수준까지 도달하지 못한다고 말한다.

## 콤플렉스(complex)

관념복합체 등으로 번역되는 심리학의 개념이다. 가령 열등감이라는 것은 열등콤플렉스이며 우월감이라는 것은 우월콤플렉스라고 생각할 수 있다. 어떻든 타자와 비교하는 것을 지나치게 문제삼는 점에서 비교한 인지는 아니고 복합 관념이다. 정신분석학에서는 남자아이의 어머니에 대한 과도한 애정이 아버지의 존재에 의해 억압되지 않고 그대로 정착되고 마는 경우의 의식형태를 오이디푸스 콤플렉스라고 했다. 여아가 부친에게 애정을 갖고 모친에게 유감을 나타내는 경향은 엘렉트라 콤플렉스라 불린다.

## 쾌락원칙(pleasure principle)

인간은 오직 희열과 쾌락을 추구하며 고통이나 불편을 회피하는 삶을 시작한다는 프로이트 이론(Freudian theory)의 하나이다. 결과적으로 어린이는 자라면서 눈앞의 희열을 때때로 억제해야만 한다는 것을 배우게 되는데, 이때 현실원리(reality principle)가 모습을 나타내기 시작한다. 이후 인간은 평생 양자 사이에서 갈등을 겪는데, 건전한 자아(ego)는 쾌락원리의 여지를 다소 남겨놓은 채 현실원리에 집착하려 노력한다고 한다.

## 쿠르쯔(Kurz, Nepomuk Von)

독일의 종교단체의 지도자로서 지체부자유아를 교육함으로서 시민으로서의 사회적 기여의 가능성을 첨으로 주장하여 1832년 불구아동기술학교(technishen Industrieanstalt für gebrechliche kinder)를 설립하였다.

## 쿠츠네츠 역(U)가설

경제성장과 불평등의 관계를 설명하는 이론을 말한다. 이 가설의 논지는 경제성장 초기단계에는 불평등이 악화하지만 성숙단계에 들어가면 소득분배가 개선된다는 것이다. 그동안 이 주장은 한때 거의 정설로 받아들여져 '선성장 – 후분배' 정책의 이론적 근거가 되기도 했다. 그러나 최근에는 쿠츠네츠(Simon Kuznets) 역(U)가설을 뒤엎는 실증연구들이 많이 나오고 있다. 경제성장이 소득분배에 미치는 영향은 정부의 사회경제 정책과 시대적 조건에 따라 얼마든지 달라질 수 있다. 따라서 쿠츠네츠 가설은 보편적 이론으로 볼 수 없다는 것이 최근 이 분야 전문가들의 일반적 견해이다.

## 퀴블러로스 사망단계(Kubler – Ross death stages)

죽음을 앞둔 사람들과 인터뷰하여, 퀴블러로스(Elisabeth Kubler–Ross)가 묘사한 임박한 죽음에 대한 심리학적 반응을 말한다. 이는 다음의 5단계로 나누어진다. ①부정과 고립 ②분노 ③타협 ④침체(절망) ⑤수용. 어떤 환자들은 이 단계들을 순서가 다르게 겪는데, 어떤 이는 몇 단계, 또는 모든 단계를 왔다 갔다 하며 겪기도 하고, 어떤 환자들은 그 단계들 중 어느 것도 겪지 않기도 한다.

## 퀸(Queen, Stuart A. : 1890 – 1961)

미국에서 출생 파모나대학 졸업 캘리포니아주 자선사업협회 총무가 되었고 후에 시카고대학, 켄사스시립대학, 워싱턴대학에서 사회학을 강의했다. 1922년의 저서 서양사회사업사(Social Work in the Light of History)는 명저로서 유명하다. 본 서는 구미사회사업사를 종합한 것이고 저술방법도 특이성을 가진 고전으로서 필독의 책이다.

## 큐 분류법(q – sort technique)

사회조사의 척도구성법을 말한다. 서스턴 척도의 변형으로, 조사하려는 특정 주제에 대해 일련의 진술이나 문장을 제시한 뒤 이를 9 – 11개의 무더기(piles)로 분류하도록 하고, 평가자의 문장분류 유형에 따라 그 사람의 태도 또는 속성의 척도상 위치를 나타내는 분석방법이다.

## 큐시 써클운동(quality control circle movement)

현장근로자가 소집단(QC circle)을 편성하여 집단의 책임으로 품질관리를 행하고 그 결과를 경합하는 운동이다. 소집단에 의한 목표관리(management by objectives ; MBO)는 품질관리를 중심으로 도입되는 것이므로 이 같이 불려지고 있는데 QC써클은 품질뿐만 아니고 코스트, 안전성, 환경위생, 성력화, 에너지절약 등 직장에 존재하는 광범한 문제에 대해 활동한다. 각 QC써클은 그 구성원 전원으로 직장제안, 정보, 회사방침 등에서 써클에서 해결해야 할 문제를 선정하고 달성목표 및 기일을 정하여 그를 위한 해결, 개선방법을 검토하여 실행에 옮긴다. 그리고 그 성과를 각 써클이 보고 발표하여 우수한 써클에 대해서는 기업이 표창하도록 한다. 직장집단에서 자주적으로 목표를 설정케하고 동시에 목표달성을 위한 구체적 방법도 계획케 하며 그것을 집단맴버의 협력에 의해 달성시키도록 하는 관리방식으로 자주적인 목표달성에 의해 집단으로서의 자기책임이 생겨 그 목표달성에 향한 강한 동기부여(motivation)가 작용하는 것이 기대되는 것이다. 현재 우리나라에서는 70년대 이래 공장새마을운동의 일환으로 활성화되고 있다.

## 크랙(crack)

소량의 코카인(cocaine)을 소다와 물에 섞어 건조시켜 만든 매우 중독성이 강한 코카인의 한 종류를 말한다. 말릴 때 결정체가 부서지거나 작게 쪼개지기 때문에 보통 특수 담배파이프에 담아 피운다. 크랙은 상대적으로 값이 싸고 매우 효능이 강하며 치명적일 수 있다.

## 크리밍(creaming)

기름친다는 뜻으로, 일정한 개입 프로그램의 도움으로 가장 성공 가능성이 높은 사람들이 사회서비스와 프로그램을 이용하는 것을 말한다. 이 용어는 사회서비스 프로그램들이 지식이 많고, 세련되고, 덜 가난한 사람들에게 자주 이용됨으로써 다른 사람들의 접근을 제약하는 과정을 묘사하기도 한다.

## 크리티니즘(cretinism)

신장이 1m 이하이며 피레네 산중이나 히말라야산중 등 바다와 접촉하지 않은 산악지방에 많이 일어키는 풍토병으로서 정신지체의 일종이다. 그 주된 원인은 요오드결핍으로 알려지고 있다. 일명 난쟁이병으로 일컬어지고 있다.

## 크산틴(xanthines)

암페타민(amphetamine : 중추신경을 자극하는 각성제)과 코카인(cocaine)에 관련된 약물군을 말한다. 이것은 중추신경체계 자극제로서 작용하며, 카페인이 흔한 예이다.

## 큰 정부(big government)

1930년대의 세계적인 대공황을 계기로 정부의 역할이 증대됨 에 기능과 구조 및 예산이 팽창한 정부를 말한다. 민간경제에 대한 정부 간섭의 배제 및 감축 관리를 지향하는 '작은 정부(small government)'에 대비되는 개념이다. 행정국가 및 복지국가의 정부가 이에 속한다.

## 클라이언트 중심기록방법(person—oriented record)

몇몇 사회사업가나 사회복지기관이 사용하는 기록형식으로, 각 클라이언트에게 개입한 과정을 구체적이고 책임감 있게 목표 지향적으로 기록하는 것을 말한다. 의사의 문제중심 기록(POR : problem—record)처럼 개별지향적인 기록에는 초기의 기본자료, 치료계획, 사정, 진행노트 및 진행검토(6주 혹은 12주마다 구체적 기간에 따른 클라이언트의 진행을 평가하는 것) 등의 내용을 담는다.

## 클라이언트 중심주의 사회사업 (client—centered social work)

케이스워크는 사회사업가가 일방적으로 클라이언트 '—에 대해(to)' 혹은 '— 를 위해서(for)'가 아니고 '—와 함께(with)' 이루어지는 것이다. 사회사업가는 클라이언트를 케이스워크과정에 적극적으로 참가시켜 함께 과정을 이끌어가는 것이다. '—와 함께' 란 상대와 감정을 함께하고 함께 생각하며 함께 걸어가는 것이다. 그러나 사회사업가도 인간이기에 '함께' 하려는 것이 사회사업가 중심이 되어 클라이언트 '—에 대해' 또는 '—를 위해' 가 되기 쉽다. 본질적인 '함께' 가 되기 위해서는 언제나 클라이언트 중심으로 이루어져야 한다. 대상중심으로 상대의 필요한 욕구를 풀어 나가는 것이다. 대상중심을 상대가

하자는 대로 하거나 상대의 원망이나 요구를 그대로 충족시키는 것은 아니다. 클라이언트 중심주의에 철저하려면 사회사업가의 자기지각이 필수적 요건이다.

### 클라이언트 중심치료(client-centered therapy)
심리학자 로저스(Carl Rogers)가 시작한 심리치료(psycho- therapy)의 한 형태를 말한다. 고객은 자신의 능력을 최대한 개발하려는 동기는 지니고 있고, 치료자가 잘 보살펴주고, 따뜻하게 대해 주고, 감정이입적이고 허용적이며 비심판적인(nonjudgmental) 위기를 제공해줌으로써 자신의 문제를 해결할 수 있다는 것이 이 치료의 중심 가설이다.

### 클라이언트 참가(client participation)
케이스워크의 기본원리의 하나인 자기결정원칙을 다른 측면에서 보면 참가의 원칙이 된다. 케이스워크의 원조과정을 전개해 나갈 때 사회사업가가 주도권을 갖고 조작하는 것이 아니라 클라이언트를 중심으로 두고 사회사업가는 클라이언트와 함께 걸어가는 것이 중요하다. 즉 클라이언트가 케이스워크 과정에서 주체적으로 참가해 클라이언트 자기의 의사표명과 결정이 충분히 이루어지도록 원조해야 한다고 생각한다.

### 클라이언트 체계(client system)
클라이언트와 그 문제 해결에 잠재적 영향을 주는 환경에 있는 사람들을 의미하는데 가령 사회사업가는 핵가족(nuclear family)을 클라이언트로 보고 확대가족(extended family), 이웃, 교사, 고용주를 클라이언트 체계의 한 부분으로 본다.

### 클라이언트(client)
케이스워크 등의 원조를 요청해 찾아오는 내담자를 일반적으로 원어 그대로 부른다. 원래 고객이라는 의미에서 점차 변호사나 사회사업 등의 전문가의 원조를 청해 상담을 의뢰하는 사람의 뜻으로 쓰이게 되었다. 엄밀하게는 원조가 필요하여 신청한 단계에서는 아직 신청자(applicant)이지만 사회복지시설이나 기관에서는 일정한 수속절차에 따라 동의해 계약이 이루어진 사회사업가와의 접촉이 개시된 시점부터 클라이언트라고 부른다.

### 클라이언트중심요법(Client Centerd Therapy)
1940년대에 Carl Rogers에 의해 시작된 치료방법으로써 주요 가정은 상담자가 공감, 일치성, 긍정적 배려 그리고 비판적이 아닌 깊은 이해를 보임으로써 개인의 성장 잠재력을 끌어낼 수 있다는 것이다. 즉 클라이언트는 그들의 자아실현(능력)을 최대화하고 개발할 수 있는 동기를 선천적으로 갖고 있다고 보는 것이며 사회사업가가 따뜻하고하고 동정적, 허용적, 비심판적 열의를 제공함으로써

클라이언트가 그들 자신의 문제를 해결할 수 있다고 보는 것이다. 일반적으로 이 요법에서는 치료기법에 대한 것보다는 오히려 사회사업가와 클라이언트의 태도 및 감정의 중요성이 강조된다. 이 때 사회사업가의 주요기능은 클라이언트가 자신을 탐구하기에 자유로운 분위기를 제공하는 것과 클라이언트 자신에 대한 깊은 이해 및 클라이언트가 점차적으로 자신과 함께 자신과 관련된 세계에 대해 스스로의 지각을 인식토록 해야 한다. 따라서 클라이언트 중심의 치료방법을 채택한 사회사업가는 비지시적인 자세를 취하며, 대개 충고나 해석 또는 도전을 주는 행동을 하지는 않는다. 단 클라이언트를 격려하거나 클라이언트의 인지를 명확히 알도록 재정립이 필요한 때는 예외가 된다.

### 클럽활동(club activity)
학교, 사회단체 또는 사회기관에서 주로 청소년들의 자발적 참여에 의해 행해지는 각종 활동을 말한다. 그 내용은 학예, 운동, 취미, 교양, 오락, 사회봉사, 사교 등 여러 분야이다. 클럽이 참가자들의 손으로 자치적으로 운영해 나가는 데에서 민주시민의 자질을 함양시키고 그들의 의욕을 고취시켜 자발적 활동을 하도록 하는 데에 그 가치가 있다.

### 클리닉(clinic)
도움을 필요로 하는 내담자 또는 환자(개인이나 집단)에게 정신(심리)적 및 의료적 상담이나 치료서비스를 제공하는 장소를 총칭한다. '상담소' 또는 '진료소'라고 번역되기도 하지만 흔히 클리닉이라는 표현이 범용되고 있다. 클리어링 하우스 상품거래업무 중에서 위탁증거금의 예탁. 모든 차액계정의 수불 등 청산업무를 행하는 회사. 한국 등은 거래소에서 일괄하여 청산하고 있지만 구미에서는 대부분 거래소와 청산회사의 업무 분할이 행해지고 있다. 클리어링 하우스는 미국식이고 영국에서는 세틀먼트 하우스(settlement house)라고 한다.

### 킹슬리 홀(kingsley Hall)
1893년 미국 피츠버그시에서 조오지 홉제스에 의해 설치된 흑인이나 이탈리아 노동자를 위한 인보관을 말한다. 영국의 기독교 사회주의자 찰스 킹슬리의 이름을 따 킹슬리 홀이라고 명명했다.

### 타당(valid)

진리를 인식했을 경우, 우리들이 그것을 생각하든 생각하지 않든 진리라는 확신을 수반하는데, 이와 같이 언제 어디서나 승인되어야 한다는, 진리 및 기타의 가치(윤리적이거나 미적인 가치 등)에 갖추어져 있는 성질을 말한다. 보편적으로 승인되어야 한다는 의미를 명시하기 위해, 보편타당성((독) allgemeingül tigkeit)이라고 하는 경우도 있다. 타당이라는 말은 로체에서 시작되는데, 신(新)칸트파에서 널리 사용되고, 가치의 영역이 시공적인 사실의 세계와 다르다는 것이 아니고 〈타당하다〉((독)gelten)라고 일컬어진다.

### 타당도(validity)

평가도구가 측정하려고 하는 대상의 내용 그 자체를 재고 있는 충실성. 그 평가에서 재고있는 것이 무엇(what)이냐라는 개념과 관련되어 있다. 가령 추리력을 측정하려면 추리력을 측정해야지 기억력을 측정해서는 안되며 지능을 측정한다고 하면서 학력을 측정해서도 안된다. 이와 같은 타당도는 다음과 같은 방법으로 그 정도를 따진다. ①안면 타당도 검사의 구성내용으로 보아 그 검사가 무엇을 재고 있는 지를 피검사자의 주관적 인상에 따라 기술하게 하는 방법, ②내용 타당도(content validity) : 전문가가 그 검사와 관련된 정의·전제·가설 등을 기초로 하여 그 검사내용의 타당성을 이론적으로 설명하는 방법, ③구인 타당도(construct validity) : 측정대상의 속성에 따라 이론적 가설의 검증을 통해 밝혀진 검사내용 및 득점에 관한 타당도, ④예언 타당도(predictive validity) : 검사종료 후 상당한 기간이 경과한 후에 검사 득점과 그 검사에서 목적으로 하였던 행동특징과의 상관도를 보아 그 검사의 타당성을 문제삼는 방법 등이다.

### 타당성(validity)

시험 또는 조사 내용이 측정하고자 하는 요소를 정확하게 측정하는 정 도를 말한다. 시험의 효용성을 높이기 위해서는 타당성의 속성개념, 즉 유형을 살펴보고 실제적으로 그 타당성을 평가하여 보아야 한다. 타당성의 유형은 논자에 따라 다양하게 제시되고 있다. 나이그로(Nigro) 부부는 타당성의 종류(또는 평가방법)를 ①기준타당성 (criterion － related validity), ②내용타당성(content validity), ③구성타당성(construct validity)의 세 가지로 나누어 설명하고 있다. 기준타당성은 시험성적이 실적기준(criterion of performance)과 얼마나 부합하느냐 하는 경험적 차원에서 판단되는 타당성을 가리킨다. 내용타당성은 시험을 통해 측정하는 행동이나 질문 주제의 내용이 직무수행의 중요한 국면을 대표할 수 있느냐 하는 판단과 관련된다. 그리고 특정한 시험이 무엇을 측정하는지를 설명하기 위해 심리학자들이 도입한 개념인 구성타당성은 시험이 이론적 구성(theoretical construct) 또는 가설과 얼마나 부합하는가 하는 문제와 관련된다.

### 타당성 구축(construct validity)

사회조사에서 도구 혹은 척도의 타당성을 평가하는 하나의 방법이다. 척도나 도구는 이미 서로 다르다고 알려진 두 집단에 적용된다. 만약 도구가 타당하다면 상이한 결과가 나와야 한다.

### 타당성 연구(feasibility study)

어떤 목표를 달성하는데 필요한 자원과, 이러한 자원을 제공하기 위해서 조직의 현재와 미래의 능력을 현실적으로 평가하는 체계적인 사정.

### 타라소프(tarasoff)

특정 상황에서 클라이언트가 어떤 사람에게 해를 끼치려고 한다는 사실을 클라이언트의 심리치료사들은 그 대상자에게 알릴 의무가 있다고 1976년 캘리포니아 대법원인 판결하였다(캘리포니아 대학의 타라소프 대 리전트 Tarasoff v. Regents의 사례에서). 그 후 이 판결은 많은 다른 주에서 지지받았다. 판결 결과는 치료자가 클라이언트들의 비밀을 보장하고, 클라이언트가 치료자에게 어떤 적대감을 표현하는 것을 더 어렵게 만들었다.

### 타민론

빈곤자 시책의 대상자에 관한 견해의 하나로 생활이 곤궁해서 원조를 받는 사람들은 근본적으로 나태한 마음을 갖고 있다는 견해다. 더 나아가 생활곤궁자가 원조를 받으면 그것에 의존해 나태함이 증가하는 경향을 갖는 견해도

타민론이다. 이것은 빈곤의 원인을 빈곤자의 노력정도나 나태심에서 찾는 사고이다. 자유주의경제가 발전하는 과정에서 발생한 빈곤문제에 대한 대응으로 나온 이 견해는 자유주의 사상을 반영하고 공적부조 시책의 실시나 강화를 저지하여 소극화시키는 요인이 된다. 또 빈곤자에 대한 억압적인 대응이나 냉엄한 처우방법의 추진력이 되기도 했다. 현대사회에서의 공적인 빈곤자 시책은 이와 같은 견해를 극복하고 출현했다고 이해된다.

### 타운센드(townsend plan)
1930년대 초에 타운센드(Francis Townsend)가 만든 것으로, 퇴직에 동의한 60세 이상의 모든 빈곤노인들에게 연방정부가 매달 200달러를 지급하도록 주장한 계획. 이 계획은 특히 미국 노인들이 강력한 사회운동(social movement)을 하도록 만들었고, 사회보장법(social security act)의 발전에 부분적으로 기여하였다.

### 타워법
장애인을 능력에 맞는 직업에 취업시키기 위해 목공, 선반, 렌즈연마 등 수십 종의 작업표본을 소수를 한 팀으로 하여 2－3주 동안 장애인에게 시행훈련을 받게 해 직능적성이나 직업상의 인격평가를 종합적으로 행하는 것이다. 그것을 직업지도의 지침으로 하기 위해 뉴욕의 ICD재활센터가 개발해 표준화한 제2차 산업지향의 직능평가양식이다. 타워법의 정식명칭은 testing and orientation through work evaluation for rehabilitation(재활을 위하여 작업평가를 통한 검사와 진로지도)이며 그 기능을 토대로 우리나라에서 작업 표본식 장애인 직무능력평가방법 등으로 불린다.

### 타워 시스템(TOWER system)
타워법이라고 하며 장애자의 기능훈련을 위하여 목공, 선반, 렌즈연마 등 십수종에 걸친 작업표본을 2－3주간에 걸쳐 몇 사람이 한조가 되는 팀을 구성하여 작업훈련을 받게하는 것이다. 직능적성이나 작업상의 인격평가를 종합적으로 행하고 직업지도의 지침으로 삼기 위하여 뉴욕의 ICD리허빌리테이션 센터(ICD Rehabilitation Center)가 개발하고 표준화한 제 2차 산업지향의 직능평가양식이다. 타워시스템의 명칭은 Testing and Orientation through Work Evaluation for Rehabilitation(리허빌리테이션을 위한 작업평가를 통한 검사와 진로지도)로서 〈타워양식〉〈타워법〉〈타워법의 작업표본식장애자직능평가방법〉등으로 불리워진다.

### 탁아보호(day care)
탁아보호란 낮 동안 다른 사람의 보호를 받아야 할 아동들에게 주어지는 보호이다. 이러한 탁아보호는 어린이에게는 안전한 보호를 받게 하고 활동능력을 키워주고 개인과 협동할 수 있는 집단생활의 훈련을 받게 하고 규칙적인 생활로서 자주성과 독립성을 키워주는 장점을 지니고 있으며, 어머니에게는 안심하고 직장에서 근무할 수 있게 하고 가정의 경제를 돕고 사회활동에 참여토록 하며 객관적으로 어린이를 평가할 수 있는 기회를 제공해주는 장점을 지니고 있다.

### 탄력성(elasticity)
어떠한 두 변수가 일정한 함수관계를 갖고 변화할 때, 그 중 한 변수의 변화 정도가 다른 변수의 변화 정도에 어느 정도 민감한 반응을 보이느냐 하는 것을 나타낸 수치. 가령 A와 B가 함수관계를 갖고 변화할 때, A의 변화율(%)을 B의 변화율(%)로 나눈 값이 B에 대한 A의 탄력성이다. 이 값이 크면 클수록 탄력성이 크다는 것을 의미하며, 이는 곧 B의 변화율에 따른 A의 변화율이 민감하다는 것을 말해 준다. 이를 가격과 수요량의 변화에 적용하면, 수요의 탄력성, 즉 가격 변화율에 대한 수요량 변화율의 반응도를 얻을 수 있다.

### 탄력적 근로시간제
탄력적(변형)근로시간제란 근로시간의 배치를 탄력적으로 운용하는 근로시간제를 말한다. 일정한 기간을 단위로 그 기간내 총 근로시간이 법정근로시간 이내인 경우 그 기간내 어느 주 또는 어느 날의 근로 시간이 법정(기준)근로시간을 초과하더라도 처벌이나 가산임금지급의 대상이 되지 않는 근로시간제를 말한다.

### 탄원(appeal)
사법제도에서 상소된 사건이지만, 가능하면 사법적 결정을 재고시키거나 변경시키기 위하여 고등법원이나 대법원에 호소하는 것이다.

### 탈감각화(desensitization)
자극에 대한 신체적 또는 심리적 반응을 제거하거나 최소화하는 것이다. 행동 지향적 사회사업가가 체계적 탈감각화(systematic desensitization)라고 알려진 이것을 이용하며, 특히 클라이언트가 공포나 비효율적인 행동양식을 극복하도록 돕는데 이용한다.

### 탈관료제(post－bureaucracy)
전통적 관료제의 역기능을 극복하기 위해 구조의 유연성, 환경변화에 대한 적응의 신속성, 인간적 가치의 존중 등을 강조하는 관료제의 새로운 모형을 말한다. 탈관료제 모형의 특성으로는 '적응적－유기적구조'(adaptive－organic structure)·비계층 제적 구조·구조적 배열의 잠정성·권한보다는 능력이 지배하는 구조·민주적 방법에 의한 감 독·상황적응적 원리에 따른 업무수행·집단사고 및 집단적인 과정을 통한 문제해결·직업상의 이동성

(professional mobility) 보장·의사전달의 공개주의 등을 들 수 있다.

## 탈리도마이드(thalidomide)

1960년대 전반에 진정제 및 최면제로 유럽에서 상용하였으나, 임신 초기의 여성에 사용하면 태아의 중증선천기형, 특히 무지증 및 단지증을 일으키는 원인이 된다는 것이 발견되었다.

## 탈세

법령을 위반해 조세부담을 감소시키는 것. 불법적인 조세회피를 한 납세자가 법률상의 불법행위를 통해 세금을 회피하는 방법으로 예를 들면, 과세물품의 밀수입·밀제조, 과세표준의 허위신고, 과세물건의 은닉, 세무공무원에 대한 매수 등에 의한 부담의 회피 등이 있다. 조세회피 는, 조세부담을 감소시키려는 기업의 행위가 법령의 규정과 직접적으로 상충되지는 않으나 조세부과의 취지, 법정신에 위배되는 것이라는 점에서 탈세와는 구분된다.

## 탈수용화(deinstitutionalization)

탈수용화는 수용시설에 장애인을 수용하는 것에서 탈피하여 지역 사회에 거주하게 하고 필요한 서비스를 제공하고자 하는 것이다. 수용시설은 원래 장애인들에게보다 전문적이고 질적으로 우수한 서비스를 위해 설립되었고, 수용시설에서 적절한 훈련과 교육을 시켜 지역 사회로 복귀하는 것이 기본 취지였으나 수용시설의 대부분이 지역사회인과의 접촉이 거의 없는 외곽지역에 접해 있고, 사회적으로 폐쇄적이어서 물리적·사회적인 환경이 장애인들의 재활에 부적절하였다. 또 미국의 경우 수용시설 거주 장애인이 지역 사회에서 일하고 생활할 준비가 되지 않았으며 부적절한 서비스와 비인간적인 대우로 1960년대 후반부터 많은 비난을 받게 되었다. 장애아동과 성인들에게도 일반인들에게 제공하는 것과 같은 삶의 기회와 양식이 제공되어야 하며 일반인들의 생활양식, 생활조건에 가깝게 생활하게 해야 한다는 정상화의 원리가 강조되면서 탈수용화 운동이 전개되어서 장애인들의 가족과 그들의 지역사회에 가까운 곳에서 생활하게 하는 지역사회 공동체, 그룹 홈(공동가정 혹은 집단가정) 등의 배치로 대치하게 되었다. 우리나라에서는 몇몇 그룹 홈이 생기고 있으나 탈수용화 운동이 아직은 활발히 전개되지 못하고 있다.

## 탈시설화(deinstitutionalization)

관리적·격리적인 사회복지시설의 본연의 자세를 배제하고 지역주민의 일상생활을 시설입소자에게도 유지시켜 주려는 시설변혁의 이념과 운동을 말한다. 탈시설화는 결코 시설부정론·시설해체론을 의미하는 것이 아니라 '탈·거대시설화', '탈관리화' 라 해야 할 것이다. 탈시설화의 대표적인 연구자인 R. C. 시렌버거에 의하면 시설입

소자는 가장 제약이 적은 생활을 할 권리를 가지며, 그러기 위해서는 다음 6 항목의 이동, 변화가 사회복지관계자에 의해 꼭 이루어져야 한다고 했다. ①규제 많은 생활에서 규제적은 생활로 ②큰 시설에서 작은 시설로 ③큰 생활단위에서 작은 생활단위로 ④집단생활에서 개인생활로 ⑤지역사회 내에서의 격리된 생활에서 통합된 생활로 ⑥의존적인 생활에서 자립생활로 탈시설화의 배경에는 정상화의 이념이 존재하고 있다.

## 탈행태주의(post ─ behavioralism)

사회과학 연구에 있어 가치배제와 논리실증주 의적 방법 등을 지향하는 행태주의적 접근방법에 반기를 든 1970년대의 새로운 접근방법을 말한다. 행정학 분야에서는 1960년대 말부터 신행정론자들에 의해서 탈행태주의적 접 근방법이 도입되기 시작했다. 이에 따라 행정학 분야에서 가치판단의 문제, 바람직한 사회를 위한 정책의 목표에 관한 문제, 새로운 행정이념으로서의 사회적 형평성 등의 문제에 많은 관심을 갖는 정책지향적인 연구가 크게 이루어지게 되었다. 후기행태주의로 번역되기도 하나, 행태주의적 방법에 대한 거부라는 의미에서 탈행태주의라는 용어가 적절할 것이다.

## 탐색(exploration)

사회사업실천의 일반적인 절차로서 클라이언트가 처한 상황에 대한 다양한 사실, 생각, 그리고 감정들을 발견하는 것이다. 그룹워크에 있어서 의사소통의 탐색적 형식들은 집단성원들 가운데 다양성을 갖는 문제, 주제 그리고 공통적인 관심사들을 조사하게 된다. 탐색을 통해 하나의 전체로서의 집단에 대한 반응과 집단에 대한 성원들의 관심을 증가시킬 수 있다. 탐색 과정에서 사회사업가는 정보를 공유하도록 격려하고 관련된 질문을 제기하며, 의견과 감정을 환기하도록 돕고, 일반적이고 다양한 의사소통을 검사·요약하며 집단목적에 관련되어 있는 요인들의 흐름을 지도한다. 탐색은 의사결정과정의 중요한 요소 중 하나로, 어려움에 대한 정도를 이해하거나 정의하는데 필수적이다.

## 탐색과정(working through)

사회사업가 ─ 클라이언트 관계(relationship)에서, 문제의 해결책에 대한 동의와 그것을 성취하는 수단(방법)이 있을 때까지 상호간에 문제를 탐색하는 과정. 정신분석 이론에서 이 용어는 유아기의 억압된 무의식적인 구성요소를 치료의 방법으로 분석될 수 있는 의식적인 구성요소로 만드는 과정을 말한다.

## 태내환경(prenatal environment)

출생 이전의 태아가 아직 모체에 있을 때의 환경. 태내환경의 차이 때문에 태아의 건강이나 적응에 여러 가지 차

이가 생긴다는 것은 잘 알려진 사실이다. 수태 후의 모체 이상은 태아에게 많은 영향을 준다. 다음의 몇 가지 요인을 생각해볼 수 있다. ①모체의 영양실조 : 특히 단백질·지방질·탄수화물 등의 충분한 공급이 태아에게 절대로 필요하다. ②비타민 결핍 : 비타민 C, B6, B12, D, E 및 K는 태아의 정상발육에 영향을 준다. ③ 모체의 건강 : 태아의 전염성 질환·호르몬 이상 등의 문제를 초래할 가능성이 커진다. ④Rh 요인 : 태아의 신체적·정신적 성장 장애뿐만 아니라 사망 또는 출생 후의 영구적 장애를 초래할 수도 있다. ⑤약물·알코올·흡연 : 태아의 신체·정신적 성장·발달에 영향을 준다. ⑥임신부의 정서상태 : 임신부가 긴장상태에 있으면 태아의 활동과 심장의 뛰는 속도가 증가하게 되며 태아의 발달에 영향을 미친다. 이외에도 많은 요인들이 있다.

### 태도(attitude)

특정한 사물이나 인물에 대한 개인의 반응에 영향을 미치는 학습된 내재적 상태를 말한다. 학자에 따라 여러 가지로 정의되나, ①행위 그 자체가 아니라 행위의도이며, ②다양한 상황에서 태도 대상에 대한 개인적 반응(행위선택)의 일관성을 통해 추리될 수 있으며, ③경험을 통해 학습된다는 것이다. 일반적으로 인지적·정의적·행동적 속성들로 구성된다. 인지적 속성이란 어떤 태도 대상에 대한 생각(아이디어, 또는 범주), 정의적 속성은 그 대상에 대한 생각에 수반되는 감정(좋다 또는 싫다), 그리고 행동적 속성은 그 대상에 대해 어떤 행위를 하려는 의도(준비성)를 의미한다. 가령 사람들은 처음 어떤 식물을 접할 때, 비타민 C가 많다든가, 또는 몸에 해로운 색소가 들어 있어 위생적이지 못하다든가 하는 식으로 그 식품에 대한 생각을 갖는다(인지적 속성). 이 생각은 그 식품 좋아하거나 꺼려하는 감정을 쉽게 수반하게 된다(정의적 속성). 이러한 그 식품에 대한 생각과 감정은 그것을 사거나 먹지 않는 행위에 직접적으로 영향을 미칠 행위의도와 연결된다(행동적 속성).

### 태도교육(attitude education)

인간의 태도를 계획적으로 변화시키는 활동. 태도의 계획적 변화 과정은 세 단계로 구분된다. 첫째는, 무슨 태도를 가르칠 것인가 하는 태도 교육 목표의 설정 단계이다. 이 단계에서는 내재적 상태로서의 태도를 그 학습지도 및 평가에 구체적인 시사를 줄 수 있도록 정의·분류·진술한다. 둘째는, 설정된 태도를 가르치는 학습지도의 단계이다. 여기서는 태도 학습의 내적 과정을 밝히고, 이 과정을 지원하고 촉진시킬 외적 조건을 설정하는 교수설계 및 활동이 전개된다. 태도교수에 관한 이론은 사회과학에서 주로 다루는 태도변화이론에서 도입될 수 있다. 대표적 이론으로 균형이론·불협화이론·기능이론·행동이론·모델링(modeling) 이론 등을 들 수 있다. 셋째는, 학습된 태도를 의미 있고 타당하게 확인하는 평가의 단계이다. 여기서는 교수과정을 통해서 학습자의 태도가 목표에 비추어 얼마나 학습되었는가를 신뢰 있고 타당하게 평가한다. 학습 성과로서의 태도가 영향을 줄 구체적 행위의 진술과, 이 행위가 나타날 다양한 상황을 확인하여 정리한 이원분류표의 작성은 효과적인 태도 평가의 설계도 구실을 할 수 있다.

### 태도조사환류기법(survey feedback method)

조직전체에 걸쳐 구성원들의 태도를 체계적으로 조사하고 그 결과를 조직 내 모든 계층의 개인과 집단에 환류시켜 그들이 환류된 자료를 분석하고 개선방안을 마련하도록 하는 조직발전(OD: organization development)의 한 기법을 말한다. 이 기법의 주요 도구는 태도조사와 연구집회(work shop)다.

### 태도척도(attitude scale)

어떤 사물이나 현상에 대한 개인의 태도를 측정하여, 그 결과를 수량화시킬 수 있도록 만들어진 설문지. 한 가지 사물, 또는 현상에 대해 여러 개의 동질적인 내용의 설문을 주어 그것들에 대한 개인의 반응을 점수화시켜, 하나의 단일 점수로 그 대상에 대한 그의 태도를 측정할 수 있도록 만들어진다. 이 점에서, 주어진 설문에 대한 피조사자들의 반응을 선택지별로 수합하여, 그들의 태도를 집단적으로 측정하는 태도 조사와 구분된다. 제작하는 방법에는 상대적 비교판단법·유사동간법·연속정동간법·종합평정법(리커트 척도 제작법)·가트만 척도 제작법 등이 있다.

### 태도측정(attitude measurement)

부모·학교·놀이·청소 등과 같은 특정한 사물이나 현상에 대해 비교적 일관성 있는 반응을 일으키게 하는 내적 경향성을 재는 것이다. 태도조사와 태도척도라는 두 가지 방법이 널리 사용되고 있으며, 표출된 반응 또는 행동을 측정하는 것이 아니고, 정서적인 기호와 인지적인 판단을 재고 있다는 점에 있어서 문제점을 내포하고 있지만, 정의적 영역의 교육목표의 달성 여부를 확인하고 평가하는데 유용한 도구로 사용될 수 있다.

### 태도학습(attitude learning)

인간의 태도가 형성 또는 수정되는 내적 과정. 이론적 설명은 대략 세 입장으로 분류된다. ①태도는 생각의 변화를 통해 학습된다는 인지적 입장, ②태도는 감정이 변함으로써 학습된다는 정의적 입장, ③태도 학습은 행위에 수반되는 결과, 즉 강화에 영향을 받는다는 행동적 입장이 그것이다.

### 태만(negligence)

합당한 보호나 주의를 기울이지 못해서 그것이 다른 사람들에게 피해를 주거나 피해를 볼 위험에 처하는 결과를 초래하는 경우, 또는 다른 사람을 보호하고 도와줄 의무를 수행하지 못하는 경우를 말한다. 방조적인 태만은 어떤 사람이 신중한 주의를 하지 못하고 그것이 상대방의 부주의와 관련되어 제3자에게 피해를 주는 결과를 낳았을 때 발생한다. 가령 어떤 사람이 소홀히 해서 어린이가 피해를 입게 된 경우를 어떤 사회사업가가 알고도 보고하지 않는다면, 그 사회사업가는 방조적 태만이라는 이유로 입건될 수 있다. 형사적인 태만죄는 어떤 사람이 다른 사람의 안전에 대해 무자비할 정도로 아주 무관심하고 부주의해 상해나 사망의 결과를 초래했을 때 발생한다.

### 태아(fetus)
태어나기 전의 아기로, 흔히 임신 3개월 후부터 출산 때까지를 말한다. 임신 9주부터의 발달은 일차적으로 유기체의 정교화와 크기의 성장이다.

### 태아기 알코올증후군(fetal alcohol syndrome)
임산부의 심한 알코올 섭취로 인해 태아에게 생기는 다양한 해를 말한다. 잠재적인 문제로는 성장지체, 정신지체, 때때로 얼굴과 손발의 비정상 등이 있다.

### 태프트 − 하틀리법(Taft − Hartley Act)
1947년 제정된 미국의 노동관계법을 말한다. 이 법은 노동조합의 행위 가운데도 부당한 것은 제거되어야 하며, 노동자들은 조합에 가입하는데 있어서만 보호받을 것이 아니라 조합을 탈퇴하는데 있어서도 보호받아야 한다고 규정, 노동조합측의 부당 노동행위로부터 사용자측을 보호하기 위한 규정들을 담고 있다.

### 택솔
난소암, 유방암, 폐암의 말기 환자에게 특효가 있는 항암물질. 60년대 미국에서 개발돼 말기 암환자를 상대로 한 임상실험 결과 유방암 환자의 50%, 난소암 환자의 30%, 폐암환자의 25%가 치료되는 등 탁월한 효능이 입증된 바 있다. 미국에서는 그동안 주목의 잎과 껍질에서 택솔성분을 추출해왔는데, 주목의 수령이 100년 정도 되어야 하기 때문에 벌채하는 데 문제가 있어 양산이 어려웠다. 그러한데 93년 우리나라 산림청의 임목 육종연구소에서 세계 최초로 주목 종자의 씨눈에도 택솔이다량 함유돼 있다는 사실을 발견하고 주목씨눈의 인공 배양기술을 개발해 택솔을 양산하였다. 96년 10월 한미약품이 중간원료물질에 사이드체인을 붙여 택솔을 만드는 반합성제조기술을 개발해 앞으로 파일럿 생산에서 성공을 거둘 경우 97년 하반기부터 본격적인 상품화가 이루어 질 것으로 기대하고 있다.

### 테라토마(teratoma)
테라토마는 비정상적으로 분화된 세포를 말하는데 종양학에서는 '기형종' 이란 의미를 가지고 있다. 보통 암의 경우는 외형상 혹처럼 보이지만 테라토마는 손톱이 나기도 하고, 털이 생기기도 하는 등 기형적 형태로 관찰된다. 줄기세포의 경우 무한정 증식하는 암과 같은 특성을 갖고 있기 때문에 이를 면역결핍증상을 유발한 쥐(스키드마우스)에 주입하면 테라토마가 만들어져야 정상이다. 보통 실험에서는 스키드마우스에 줄기세포를 주입한 뒤 약 100일 정도를 관찰하면 된다.

### 테이블 놀이(table − toy activity)
소형의 놀잇감을 가지고 테이블에서 하는 놀이. 테이블 놀잇감으로는, 작은 나무나 플라스틱으로 된 동물들, 소형의 배, 자동차, 기차, 소형 가구들, 자석, 문고리 장식틀, 융판과 융도형틀 등과 같이 손으로 조작하는 놀잇감을 들 수 있다. 작은 근육 훈련, 눈과 손의 협응작용, 물체의 색이나 형태의 인지 등을 포함하는 활동으로 정서적 만족감을 주며 인지적 학습에 도움이 되는 조용한 놀이 형태이다.

### 테이색스 병(tay − sachs disease)
치명적 뇌손상을 일으키는 유전적 신진대사병. 대개 동유럽의 유대계 유아들에게서 발생한다.

### 테프라(TEFRA)
1982년에 통과된 미국 법령으로 조세평등과 재정의무법(tax equity and fiscal responsibility act) (P. L. 97 − 248)이라고도 한다. 이 법은 보충적 소득보장(SSI : supplemental security income), 요보호아동가적부조(AFDC : aid the families with dependent children), 건강보험(medicare), 의료보호(medicaid), 그리고 아동지원 강화와 같은 프로그램의 서비스에서 재정투자의 변화와 삭감을 초래하였다.

### 토레트 병(Tourette' s disorder)
안면 경련, 사지의 갑작스런 경련, 과도한 행동 폭발적인 기질, 음란한 말에 의한 희생으로 나타나는 증상. 비록, 이 병이 오랫동안 발병하고 통제하기 힘든 것이지만, 그 증상은 2 − 3세의 유아기에 발생하는 경향이 있으며 아동기 동안 악화되고 아동기 말기에는 약화된다. 성인기에는 증상이 자연스럽게 완화되거나 소멸되고 약으로 억제되기도 한다. 이 병은 또 질레트 드라토레트 병(Gilles de la Tourette' s disease)과 '복합틱장애'(multiple tic disorder)로 잘 알려져 있다.

### 토론(debate)
공론식 토의법이라 불리우며 디베이트ㆍ포럼이라고도 한다. 한 과제에 대해 대립적 의견을 사람들에 의해 행해진다. 우선 갑과 을이 단상에서 대립적 의견을 서로 개진하고 이에 대해 청중이 질문이나 추가토의를 하는 형식이다. 이 방법은 토의진행에 생기를 불어넣고 관심을 높일 수 있다. 또 일방적 견해에 편중하지 않고 넓게 문제점을 이해하는데 도움이 된다.

### 토론법(discussion method)

학생들이 각자의 생각이나 경험을 발표하거나, 남의 생각이나 경험을 받아들임으로써, 다면적으로 사물을 보고 심층적으로 본질을 추구하는 역동적인 수업상황 또는 수업방법이다. 교사가 주도하여 학급 단위로 전개될 수도 있고, 한 학급을 몇 개의 분단으로 나누어 토론을 하게 한 결과를, 그 분단을 대표하는 학생이 학급 전체에 보고하게 하는 것이 될 수도 있다. 토론법은 강의법과 대비되는 것이기도 하다.

### 토론회(debate forum)

특정 문제에 관해 찬성론자와 반대론자를 정하거나 혹은 발언자를 두 편으로 나누어 많은 논의를 한 후에 청중과의 질의응답에 의해 다시 논의를 심화시키며 최후에 좌장이 의견을 총괄하여 이야기하는 집단토의의 한 방법을 의미한다. 이것은 명확한 상위점이 있고 토론을 위한 공통적 기초가 있으며 참가자들의 생활주변에 가까운 문제를 토론하는 경우에 적절한 방법이다. 교육적 목적으로 사용되는 것이 많으며, 때로는 역할수행과 관련시켜 이용된다.

### 토울(Towle, Charlotte)

1932년 시카고대학 사회사업대학원의 교수가 되었다. 케이스워크의 이론과 실제를 연구하여 제 2차 대전 후 케이스워크 발전에 크게 공헌했다. 그녀의 많은 저서 논문 중에서 1945년의 Common Human Needs(공적부조 케이스워크의 이론과 실제)는 잘 알려져 있고 세계적으로 커다란 영향을 주었다. 케이스워크와 공적부조 행정의 결부를 논하여 공적부조처우의 체계화를 논하였다.

### 토의의제(discussion agenda)

정부에 의해 공식적으로 채택되지 않았으나 진지한 관심의 대상이 되는 정책의제를 Anderson은 토의의제(discussion agenda)라 불렀다. 즉 사회문제가 확대되어 많은 사람의 관심이 집중되고 정부가 문제해결을 위해 노력하는 것이 정당한 것으로 인정되는 사회문제를 Roger W. Cobb과 Charles D. Elder는 체제적 의제(systemic agenda)라 칭하고, Robert Eyestone은 공중의제(公衆議題, public agenda)라 불렀다.

### 토인비(Toynbee, Arnold)

런던에서 출생하여 옥스포드 대학에서 수학하고 모교의 강사가 되어 경제학을 강의하였다. 사후에 출판된 '산업

혁명사'(1884)는 산업혁명 논쟁의 발단이 되었다. 바네트의 권유로 인보운동에 투신하여 노동자의 교육과 사회개량을 위해 헌신하였다. 자원봉사 대학생들의 힘으로 건립된 세계 최초의 인보관인 토인비 홀은 그가 요절한 후 그를 기리기 위한 것이었다.

### 토인비 홀(Toynbee Hall)

세틀먼트의 발상지인 동시에 운동의 상징으로 역사적으로 유명하다. 1884년 런던의 빈민·노동자가에 사뮤엘. 바네트부부의 지도에 따라 대학인의 손으로 세워진 세계 최초의 세틀먼트하우스의 이름이다. 세틀먼트 운동에 투신하여 젊어서 사망한 아놀드 토인비를 기념해서 토인비홀로 명명되었다. 오늘날에도 활동의 터전으로 존재하고 있다.

### 토착인 사회사업가(indigenous worker)

전문가가 지역사회를 위한 서비스의 목표를 달성할 수 있도록 돕는 그 지역사회의 구성원. 토착인 사회사업가들은 자원봉사자일 수도 있고 보수를 받을 수도 있다. 그들의 역할은 주로 문제의 근원을 밝히고, 제공되는 서비스에 대해 거주민에게 교육하며, 전문적인 서비스 제공자와 클라이언트를 연결하고 상담(counseling)하는 것 등이 있다.

### 톤틴연금(Tontine annuity)

17세기 이탈리아의 Lorenzo Tonti에 의해 창안된 연금제도를 말한다. 대중의 소구좌 출자로 대량의 자금을 만드는 방법으로서 출자자를 연령별로 몇개의 그룹으로 나누고 그룹별로 정한 일정액(출자금에 대한 일정금액)을 매년 지급하고 이를 그룹의 생존자 간에 분배하는 방법으로 운영하였다. 따라서 사망자가 많아질수록 생존자가 가져갈 연금은 많아지고 최후까지 남은 사람은 그 당시 사망자 취득분을 모두 받게 되어 있다. 그러나 원금은 일체 상환되지 않고 또 그 그룹의 출자자가 전부 사망했을 경우에는 그 그룹에 대한 지급을 중지하게 된다.

### 톱니효과

제2차대전 후의 이른바 소비함수논쟁을 통해 불황기의 소비성향이 호 황기보다도 오히려 높아진다는 사실이 점차 분명히 되었다. 그 이유는 소비자가 과거 최대소득수준을 확보했을 때의 소비수준을 저하할 것에 저항하는 데에서 생기는 것으로 생각된다. 만일 그렇다면 불황에 의해 소득수준이 저하하려는 경향이 있을 때에도 소비는 그리 현저하게 감퇴 하지 않는 것이고, 이 때문에 경기와 수요 또는 실제의 소득수준은 이러한 변동이 없는 것으로 생각했을 경우보다는 저하하지 않는다. 그렇기 때문에 소비함수의 움직임이 이러한 효과를 가지고 경기에 밑받침이 되는 것을 하강을 저지한다는 의미에서 톱니효과라

고 부른다. 이와 같은 관계는 초기 Modigliani, F.에 의해 발견되었으나 뒤이어 Duesenberry, J.S.에 의해 정식화되었다.

## 통계(statistics)
조사에서 변수들과 변수들 간의 관계, 표본이나 전체 대상집단의 부분집합(subset)의 특징을 설명하고 분석하는 데 이용되어온 기술적(descriptive) 또는 추론적(inferential) 양화 절차(quantitative procedures)이다.

## 통계단위(statistical unit)
통계단위란 생산단위의 활동(생산, 재무활동 등)에 관한 통계작성을 위하여 필요한 정보를 수집 또는 분석할 대상이 되는 관찰 또는 분석단위를 말한다. 관찰단위는 통계가 수집되고 편제되는 단위를 말하며 산업활동과 지리적 장소의 동질성, 의사결정의 자율성, 자료수집가능성이 있는 생산단위가 설정되어야 한다. 자료수집가능성이란 그들의 활동에 관한 자료를 얻을 수 있어야 한다는 것이며, 자율성이란 각 단위가 그들의 모단위로부터 지시를 받지 아니하고 시장과 직접 관계를 갖는 것을 말한다. 이러한 동질성, 자료획득가능성, 자율성은 서로 배타적인 것이 아니며 서로 관련을 갖고 있다. 관찰단위의 종류로는 기업단위, 활동유형단위, 지역단위, 사업체단위 등이 있으며, 생산활동과 장소의 동질성의 차이가 있다.

## 통계법(statistics law)
통계에 관한 사항을 종합적으로 조정하고 통계의 체계를 정비함으로서 통계의 신뢰성과 통계제도 운용의 효율성을 확보할 목적으로 제정된 법으로 통계작성기관, 통계작성사무종사자, 조사대상자(응답자), 통계자료 청구자 등에 적용된다.

## 통계적 분석(statistical analysis)
통계이론을 적용하여 실제 사회 또는 자연현상을 경험적으로 조사·분석하는 것을 말한다. 통계분석은(자료의 수집 → 자료의 정리·요약 → 자료의 해석 → 모집단 특성에 대한 결론)의 순으로 이루어진다.

## 통계적 추정(statistical estimation)
표본의 성격을 나타내는 통계량을 기초로 하여 모수(parameter)를 추정하는 통계적 연구방법을 말한다.

## 통계전문가(statistician)
일반적으로 통계전문가는 ①계량화된 자료를 수집하여 집계, 도표화, 해석하는 기술의 전문가 ②확률론을 기초로 한 통계수리를 활용하는 사람이라고 말할 수 있다. 업무로서는 ①조사계획의 입안, 설계 ②자료의 분석, 평가 ③보고, 권고 등을 담당하는 것이 보통인데 고급 전문적 직능으로서의 통계전문가는 ①통계학 연구자 ②통계교육자 ③통계고문(조언자, Adviser)으로서 대학, 연구기관, 관공서, 회사 등에 근무하고 있다.

## 통계제도(statistical system)
통계정보의 최대 활용기관인 정부가 통계를 효율적으로 생산하기 위하여 채택하는 통계제도는 그 나라의 역사적 배경과 정치적 상황에 적합하게 형성·운용되고 있다. 통계제도의 유형으로는 집중형과 분산형이 있으며, 집중형은 정부통계의 균형적 발전과 장기통계정책에 유리하고 유사·중복 통계작성을 사전에 방지할 수 있는 장점이 있는 반면, 모든 기관에서 필요로 하는 통계를 적기에 모두 공급하기가 어렵고, 각 기관에서 갖고 있는 전문지식의 활용이 곤란한 단점이 있다. 이와 반대로 분산형 통계제도는 개개기관별로 필요한 통계를 비교적 신속하게 얻을 수 있고, 업무상 전문지식을 통계작성시 효과적으로 활용할 수 있으나, 통계활동의 유사·중복으로 인한 인력과 예산이 낭비될 우려가 있고, 통계전문가가 참여치 않을 경우 통계의 질 저하가 초래될 수 있다. 참고로 우리나라의 통계제도는 미국과 일본의 영향을 받아 원칙적으로 분산형 통계제도로 출발하였으나 고용통계, 농수산통계 등 주요통계를 직접 생산하고 있기 때문에 미국, 일본에 비하여 집중형 통계제도의 요소를 다소 내포하고 있다.

## 통계조사(statistical survey) 01
통계조사란 통계기초를 얻는 현실에 대한 관찰과 그 관찰 결과를 집계하는 두가지 단계를 합한 것이다. 통계조사법은 사회 또는 자연현상 가운데서 통계를 작성하는 방법으로서 이 통계에 가공분석을 행하는 통계해석법과 2대분야를 이룬다.

## 통계조사 02
복수의 조사대상으로 해야 할 사회사상에 대해 대량관찰을 행하고, 그 수량적 성격을 밝히기 위한 조사이다. 조사방법으로서는 표본조사와 전수조사가 있어 해당 사회 상태에 대해 수량적. 객관적 분석의 기초자료를 제공한다.

## 통계표(statistical table)
통계표는 오랜 동안 일련의 통계조사업무의 최종생산물로서, 조사결과의 통계수치를 목적에 따라서 기타의 정보와 관련시켜서 조직적으로 결합하여 행과 열에 배치시킨 것이다. 통계수치를 배치시킨 점으로부터, 통계표라 일컬어진다. 통계표를 만드는 목적은 통계로부터 얻어진 지식을 간소하게 질서 지어서 표시하는데 있고, 이 형태를 써서 통계자료의 관찰, 비교, 해석이 극히 간단하게 되는 점이 그의 존재가치이다. 통계해석이 발달하기 이전에는 이 형식을 써서 표시하는 것이 유일한 방법으로서 통계표는 통계의 최종목적으로 간주되었다.

## 통계학(statistics)

연구목적에 필요한 자료 및 정보를 최적의 방법으로 수집하고, 수집한 자료를 과학적이고 논리적인 이론에 의해 정리, 분석하는 학문이다.

## 통과의식(rite of passage)

한 집단의 성원을 하나의 단계에서 다음 단계로 이전시킴으로써 새로운 역할을 담당하게 하거나 일련의 기대를 인식시키려는 공식적 또는 비공식적인 활동, 의식 또는 행동. 가령 졸업행사, 성인식, 퇴직연회, 어머니가 처음으로 딸의 화장을 도와주는 것 등을 들 수 있다.

## 통상임금

근로자에게 정기적으로 지급되는 월급, 주급, 일급, 시간급 등을 총칭 해서 통상임금이라고 말한다. 여기에는 기본급 외에 직무수당과 직책수 당, 기술수당, 면허수당, 위험수당, 벽지수당, 물가수당 등 사업주가 일 률적으로 지급하는 임금은 모두 포함되지만 상여금, 연월차수당, 연장근 로수당 등과 같이 근로실적에 따라 변동지급되는 임금은 포함되지 않는다. 노총과 경총은 94년 3월30일 올해 중앙 노사단체간의 임금 단일인상 안 협상에서 각 사업장에 권고할 임금인상률을 〈통상임금기준〉 5.0 − 8.7%로 합의한 바 있다. 근로기준법에서도 통상임금을 정기적, 일률적급 여의 기준으로 정해놓고 있다. 그러나 퇴직금이나 교통사고, 산업재해보 상시에는 그 기준을 통상임금이 아닌 평균임금으로 하고 있다. 평균임금 은 통상임금에 상여금, 연월차수당 등과 같은 비정기적급여를 합한 실질적 임금총액을 말한다

## 통솔범위의 원리(span of control principle)

통솔범위의 원리는 한 사람의 상관이 감독하는 부하의 수는 그 상관의 통제 능력범위 내에 한정되어야 한다는 원리를 말한다. 조직의 능률성을 확보하기 위해서는 상관이 부하를 효과적으로 통솔할 수 있도록 부하의 수를 일 정한 한도로 제한할 필요가 있다. 계층제의 원리와 통솔의 범위는 상반관계에 있다. 즉 통솔의 범위를 좁게 하면 계층이 늘어나고, 계층수를 적게 잡으면 통솔의 범위가 늘어난다.

## 통정(integration)

요소들을 통합된 전체로 모으는 과정. 심리학적으로 개인의 가치관, 생각, 이상, 지식, 운동반응(motor responses), 관련 사회규범들의 내적인 연결을 말하며, 사회학적으로는 다양한 사회 혹은 인종집단을 모아서 조화로운 관계를 이루려는 과정을 말한다.

## 통제(control) 01

규제하는 것, 즉 어떤 것에 대해 지시를 내리거나 구속하는 것으로, 사회조사에서는 비교의 기준을 의미한다. 사회복지 관리에서는 정보나 활동의 흐름을 규제함으로써 목표 달성을 위한 노력을 조정하는 절차를 뜻한다.

## 통제 02

성문화된, 또는 지시된 규격에 따라 모든 일을 성립하게 하는 행위. 다시 말하면 어떤 일이 일어나도록 또는 일어나지 못하도록 억제하거나 지휘하거나 결정하는 권력의 행사이며, 경영의 과정(management cycle)의 하나로서, 어떤 일의 이점 내지 결과를 평가하고 시정하며 조정하는 활동을 포함한다.

## 통제변수(control variable)

연구자들이 독립변수와 종속변수 사이의 명백한 관계를 조사하기 위하여 도입한 변수를 의미한다.

## 통제적 관찰법(controlled observation method)

통제적 관찰법은 참여관찰법의 결함을 보완한 것으로서 관찰의 방식이 관찰자의 자유에 맡겨지는 것이 아니고 자연과학의 실험처럼 엄밀히 통제되어 있는 관찰을 말한다. Elton Mayo와 Roethlisberger 그리고 Whitehead의 호오손 공장실험(Hawthorne works experiment)이 그 중요한 실례이다. 통제적 관찰법의 장점으로는 ①통계적 처리가 가능하고, ②객관성을 지니고 있으며, ③일반화가 가능하다는 점이다. 제한점으로는 ①소집단에서만 사용될 수 있고, ②전문적 보조기구가 있어야만 하며, ③집단역학에서 사용된다는 점이다.

## 통제집단

실험 연구에서 실험의 효과를 비교하기 위해서 선정된 집단. 실험의 목적은 실험자가 선택한 임의의 독립변인이 종속변인에 주는 영향을 관찰하려는데 있다. 그러나 실험 장면에서 종속변인에 영향을 주는 변인은 실험자가 선택한 독립변인 이외에도 무수히 많기 때문에 그것의 고유한 효과를 알아보기는 매우 어렵다. 따라서 이 문제를 해결하기 위해서 연구자는 실험적 처치를 받은 실험집단과, 실험적 처치는 받지 않았지만 모든 점에서 그 실험집단과 동등한 통제집단을 선택하고, 양 집단 간의 반응을 비교하는 종속변인의 차이가 발견된다면 그것은 오직 실험변인의 효과 때문인 것으로 간주한다.

## 통찰(insight)

개인의 감정, 자극, 문제들에 대한 자기 이해와 인식. 심리치료와 임상사회사업에서, 그것은 이전에는 잘 이해되지 않았던 영역, 즉 클라이언트의 내부영역과 그들의 본성에 관해 의식을 고양하는 것, 조명해보는 것 등과 관련

해서 언급된다.

### 통찰요법(insight therapy)

사회사업, 카운슬링, 정신치료 등의 전문적인 원조기술에서 쓰이는 통찰은 보통 클라이언트가 정신내부의 상당히 깊은 수준에서 행동양식의 기제를 터득하여 인식하는 것이다. 의식적으로 행동의 방법을 변경하는 단계까지의 자기이해를 의미한다. 그리고 이 수준까지의 통찰을 목표로 행하는 치료법이 통찰요법이다.

### 통합교육과정
(integrated curriculum, unrefined curriculum)

교과영역에 구애됨이 없이 이들을 횡단하여 일정한 기준에 따라 학습내용 및 경험을 선정, 조직하려는 교육과정. 경험형 교육과정은 거의 이러한 형태를 취하고 있으며, 중핵 교육과정은 이의 대표적인 예이다. 교육내용이 통합되면 개개인의 인격도 통합될 것이며, 나아가서 사회도 구심점을 중심으로 통합될 것이라는 가정에 그 이론적 근거를 두고 있다. 그러한데 학습내용 및 경험을 어떻게 통합시킬 것이냐에 따라 여러 종류의 교육과정이 나타나게 된다. 주제를 중심으로 한 광역(broad − field)형, 과정을 이원화한 중핵(core)형, 학습자의 현재 욕구를 중심으로 한 생성형 등은 통합 교육과정의 형태를 취한 것들이다.

### 통합성(integrity)

①어떤 신념이나 이론의 체계에 있어서 구성요소들이 모순, 갈등, 충돌이 없을 뿐만 아니라 그 응집력을 가진 상태, 구성요소들 간에 서로 모순, 갈등, 충돌이 없는 소극적 특징만을 가리키는 것이 아니라 그들이 의미 있게 서로 연결되어 상호 보조적인 정도가 높은 것을 통합성이 높다고 한다. 문화체제의 경우에 사회의 구성원들이 문화적으로 집단별 특수성으로 인한 갈등이나 대립이 없을 뿐만 아니라, 서로 공통의 요인에 의해 높은 연대감을 가질 때 통합성이 높다고 할 수 있다. 신념체제의 경우에 신념의 요소들이 논리적 일관성을 가질 뿐만 아니라 서로 의미 있게 상호기반을 제공하고 있을 때 통합성이 높다고 할 수 있다. 반대로, 가령 상관에게는 인격의 존중을 주장하고 부하에게는 자신이 인격적 멸시를 일삼는 것은 통합된 신념체계의 소유자가 아니다. ②교육과정 구성에 있어서 선정된 학습내용 또는 학습경험을 조직하는 단계에서 지켜야 할 내용 또는 경험의 횡적 연계성, 가령 중학교 수준의 교육과정을 구성함에 있어서 같은 학년에 나타나는 국어, 수학, 과학, 영어 등의 교과에서 다루어지는 목표나 내용의 수준 또는 종류가 횡적으로 일정하게 연결되어 있어야 한다는 원칙이다. 다른 교과 특히 도구교과 등에서 다루어지지 않은 개념이나 법칙을 학습된 것으로 전제하고 경험이나 내용을 조직하게 되면 교육과정 운영의 효과를 감소시킨다는 근거에서 강조되는 원칙이다. 이 원칙은

교육과정 내용조직에서 계속성, 계열성과 더불어 세 기본원칙 중의 하나가 된다.

### 통합적 결정(integrative decision)

조직이 합리적 목표를 설정하는 결정을 말한다. A. Etzioni는 조직의 의사결정은 '통합적 결정'과 '수단적 결정'의 두 범주로 나눌 수 있다고 하면서 통합적 결정은 갈등이 지속되는 정치적 규범적 문제와 관련된 결정으로서 조직이 그 수단적 문제를 해결할 수 있도록 합리적 목표를 설정함으로써 조직을 통합시키는데 목표를 두고 있는 결정을 말하며, 이에 반해 수단적 결정은 주어진 목표의 능률적 달성과 관련된 결정을 의미한다고 규정하였다.

### 통합적 방법

방법론 통합화라고도 한다. 사회사업실제의 방법인 개별사회사업, 집단사회사업, 지역사회조직이 발달하여 가는 과정에서 교육과 실제의 수준에서 분화되고 배타적으로 되어 전문적 근시안이라는 좁은 틀 속에서 폐쇄되어온 상태에 대한 반성과 비판 속에서 특히 1960년 이후 현저히 전개되게 되었다. 이에 관련하여 여러 가지 동향이 있는 중에서 사회사업실제를 포괄적 · 통일적으로 취급하기 위한 공통기반을 확인하여 전체로서 방법의 의의, 관점, 준거틀을 확정하여 지금까지 방법의 재편성을 도모하려는 시도가 주목적이다. 그 중에서 바트래트(Bartlett, H. M.)나 핀커스(Pincus, A.)와 미나한(Minahan, A.)의 업적이 높이 평가되고 있고, 일본에서는 오까무라에 의해 체계화가 시도되었다.

### 퇴보형 아동(withdrawn child)

신경병적 아동유형 중의 하나로서 새로운 경험이 과거의 상처를 건드릴까봐 새로운 상황에 처하는 것을 꺼려하는 아동으로서 진취성이 결여된다. 반면에 공격적 아동은 모든 것을 지배하려 하고 행동이 파괴적이며 잔인한 성격을 지니고 있다. 이러한 퇴보형 아동과 공격적 아동은 아동 자신의 기본적인 욕구불충족과 주위환경이 자신의 능력 이상의 어떤 것을 요구할 때 발생된다고 보고 있다. 따라서 이러한 아동을 위해서는 훌륭한 부모 즉 사랑과 인정, 안정성을 심어줄 수 있는 자로서 공포증을 줄여주고 자아실현을 위한 기회를 주어 자아세력을 발달시켜야 한다.

### 퇴원계획(discharge planning)

환자나 클라이언트가 서비스에 대한 필요성이 사라졌을 때, 보호의 대안이나 자기 보호를 용이하게 하고, 적시에 건강한 적응을 하도록 고안된 병원 등 시설에서 이뤄지는 사회봉사를 말한다. 능숙한 사회사업가가 행하는 퇴원계획은 클라이언트와 직접 관련된 다른 사람들이 그 문제와 영향의 복진을 이해하는 것을 돕고, 그들의 새로운 역할에 대한 적응을 수월하게 해주고 퇴원 후의 보호를 준비

하는 것을 돕는다.

## 퇴직(retirement) 01

정규적인 고용이나 어떤 특정한 직업 활동 형태로부터 물러난 상태를 말한다. 어떤 고용주들은 노령이거나 장애를 가진 피고용인들에게 연금이나 일시불퇴직보상금(lump - sum retirement compensation)을 지급하여 어느 일정 시간까지 이들의 퇴직을 조장한다. 근로자들이 퇴직을 원한다 할지라도 부적절한 퇴직급여로 인해 퇴직할 수 없는 경우도 많으며, 만약 퇴직을 하도록 요구받는다면, 그들은 재정적 부조(financial assistance)가 필요하다는 것을 알고 있다.

## 퇴직 02

일반적으로 국가 · 지방공무원 및 기타 기관의 임 · 직원이 일정한 사유로 인하여 그 직에서 물러나는 것을 말한다. 공무원연금법에서의 퇴직이라 함은 면직 · 사직 기타 사망 이외의 사유로 인한 모든 해직(解職)을 말한다. 퇴직에는 본인의 의사에 의하는 의원(依願)퇴직, 정년에 의하는 정년퇴직, 법령의 규정에 의하는 당연퇴직 및 명예퇴직 등이 있다.

## 퇴직공제연금

국가공무원등 공제조합법, 지방공무원등공제조합법 등의 각 공제조합법에 따른 장기급여의 하나이다. 조합원 기간이 20년 이상인 자가 퇴직했을 때 그자가 사망할 때까지 지급되는 연금으로 국민연금에서는 노령을 보험사유로 하고 있는데 대해 퇴직이 수급요건으로 되고 있다.

## 퇴직관리

조직 내 인력의 퇴직상황을 파악 · 예측하고, 적정한 퇴직수준을 유지하며, 퇴직결정을 전후하여 발생하는 문제들을 해결하는 일련의 조직관리 활동을 말한다. 사회전반의 직업구조 및 인력구조가 복잡해지고 부문별 인력수급이 급격하게 변화하는 오늘날의 상황에서 퇴직관리의 중요성은 더욱 부각되고 있다. 퇴직관리 전략은 퇴직을 억제하거나 촉진하는 전략과, 퇴직자 및 퇴직예정자에 대한 지원 전략으로 나누어 볼 수 있다.

## 퇴직금

근로기준법 제28조 제1항은, '사용자는 계속근로연수 1년 이상에 대해 30일분 이상의 평균임금을 퇴직금으로서 퇴직하는 근로자에게 지급할 수 있는 제도를 설정하여야 한다. 다만 근로 연수가 1년 미만인 경우에는 그러하지 아니하다'고 규정하고 있다.

## 퇴직수당(retirement allowance)

교직원이 1년 이상 재직하고 퇴직 또는 사망한 때에 지급되는 급여. 퇴직수당 금액은 재직기간 매 1년에 대해 보수월액에 재직기간별 지급비율을 곱한 금액(10% - 60%).

## 퇴직억제전략

조직구성원의 퇴직 그 가운데서도 특히 임의퇴직을 억제하는 퇴직관리 전략을 말한다. 즉 퇴직률이 적정기준을 벗어날 경우, 관련요인을 분석하여 퇴직을 억제하는 전략을 말한다. 구체적으로는 조직구성원의 부적응을 해소하고, 직무만족도를 제고하며, 보수 등 근무조건을 개선해 주고, 경력발전의 기회를 확대시켜 주는 방안 등이 강구될 수 있다.

## 퇴직연금(retirement benefit)

공무원이 연령 · 질병 · 부상 등으로 인하여 퇴직하거나 또는 사망한 때에 본인 또는 그 유족에게 지급하는 연금급여를 말한다. 오늘날 각국의 연금제도는 퇴직연금만을 대상으로 하거나 이를 주축으로 하고 있다. 우리나라에서는 그러나 연금제도를 폭넓게 규정하여, 퇴직 뿐만 아니라 공무로 인한 부상 · 질병 · 폐질에 대해서도 적절한 급여를 실시하도록 하고 있다. 우리나라의 경우 퇴직연금의 종류는 퇴직급여와 장해급여 및 유족급여의 세 가지로 분류되고 있다.

## 퇴직예고제 01

생산직 근로자의 잦은 이직이 생산성을 떨어뜨리고 조업의 안정성을 해친다는 이유로 퇴직하기 일정 기간 전에 퇴직 사실을 반드시 회사에 통고하도록 하는 제도이다. 92년 9월 초 중소기협 대구경부지회가 중앙회에 입법화 추진을 건의한 것을 계기로 논란이 가열되었다. 중소기협 측은 현행 근로기준법이 해고예고만 의무화하는 등 상응한 의무를 근로자에게는 부과하지 않아 형평에 어긋나며 부당한 스카우트나 집단사표 같은 불건전한 관행을 막기 위해서도 퇴직예고제 도입이 필요하다고 주장. 반면 노총 측은 근로기준법의 입법취지가 사회경제적 약자인 근로자의 보호에 있는 만큼 퇴직예고제 도입은 부당하며 퇴직금정산 때 불리하게 만드는 등 악용의 소지가 많다고 주장했다. 또 직업선택의 자유를 제약하기 때문에 위헌이라는 지적도 있다.

## 퇴직예고제 02

종업원이 퇴직을 원할 때 일정기간 이전에 고용주에게 퇴직의사를 미리 통고해야 하는 제도. 종업원의 무단이직으로 인한 생산차질 등을 막기 위한 것이다. 고용주는 예고기간 동안 다른 종업원을 구하는 등 종업원 퇴직에 대비할 수 있다.

## 퇴직일시금

공무원연금법, 사립학교교원연금법 등에 있어서 20년 미만으로 재직하고 퇴직한 때에는 퇴직일시금을 지급하도록 되어 있다. 퇴직일시금의 금액은 재직기간이 1월 이상 5년 미만인 자에 대해서는 퇴직한 날이 속하는 달의 기여금에 재직월수를 곱한 금액에 대통령령이 정하는 이자를 가산한 금액으로 하고 5년 이상 20년 미만인 자에 대해서는 퇴직한 날이 속하는 달의 보수월액에 재직 년수를 곱한 금액의 100분의 150에 상당하는 금액에다 재직 년수에서 5년을 공제한 년수의 매 1월에 대해 퇴직한 날이 속하는 달의 보수액에 재직 년수를 곱한 금액의 100분의 1에 상당하는 금액을 가산한 금액으로 한다. 이 경우 그 재직 년수는 33년을 초과하지 않는 것으로 하도록 되어 있다.

## 퇴직촉진전략

조직활동을 감축하거나 인력의 신진대사를 촉진할 필요가 있을 경우, 조직구성원의 퇴직을 유도·촉진·강제하는 전략을 말한다. 퇴직을 촉진하기 위한 전략으로는 감원·권고사직·정년단축 등의 강제적 수단과 취업알선·명예퇴직제 도입 등의 유도전략이 동원될 수 있다.

### 퇴출규제(exit regulation)

사업자가 그 사업을 폐쇄하는데 제한을 두는 규제를 말한다. 전형적인 퇴출규제 수단으로는, 사업폐쇄가 노동자·지역경제 등에 주는 충격을 완화하기 위한 공장폐쇄예고제(prior notice system)를 들 수 있다.

### 퇴행(regression) 01

정신적으로 곤란한 상황에 직면했을 때 정신발달의 미숙한 단계로 역행하는 심리기제를 퇴행이라 한다. 즉 곤란한 상태에서의 도피로 정신분석학에서는 리비도의 발달단계에 따라 무의식적으로 초기의 단계로 되돌아가는 것을 말한다. 퇴행현상으로는 응석이나 노여움의 폭발, 방뇨나 손톱 물어뜯기 등을 들고 있다. 한편 레빈은 좌절에 의한 미분화한 원시적 행동특성으로 설명하고 있다.

### 퇴행 02

욕구를 현실적으로 충족시킬 수 없을 때 발달이나 진화상의 초기단계로 되돌아가는 현상. 발달의 전 단계에서 유효했던 옛날의 사고·감정·행동양식으로 되돌아가 그것이 현재에도 유효하리라는 것을 말한다. 퇴행이 심하면 유치증에 빠질 수도 있다. 또 퇴행은 문제해결의 합리적인 방법이 아니며, 갈등이나 곤란한 상태에서 도피하는 일종의 방어기제이다.

### 투사(projection)

인간은 보고, 듣고, 인지하는 모든 것에 어떤 의미를 부여하려는 경향을 갖는다. 이는 인간이 정보를 형태로서 처리하려는 생리적인 기능을 가지고 있기 때문이다. 그 의미 분석은 확연히 그 사람의 심리적 상황을 반영한다. 많은 경우 그 심리상태가 불안하여 자아를 자위하는 수단의 하나인 방어의 일종으로 투사를 사용한다. 즉 환각이나 망상이 환자의 사고나 감정의 투사에 의해 이루어지는 것도 있고 인색한 사람이 타인을 인색하다고 하는 것은 동일시의 일종으로서 투사이다. 또 그림을 그리면 그 속에 그 사람의 심리상태가 표현되는데 이것도 투사로 생각할 수 있다.

### 투석(dialysis)

신장병(kidney disease)의 치료법으로, 혈액투석(hemodi - alysis), 복막투석 및 만성보행 복막투석이 있다. 투석은 병원, 특별 외래 환자센터, 또는 환자의 가정에서 시행할 수 있다. 투석은 치료적 가치는 없으나 신장의 기능을 대신한다.

### 투시검사법(projective test)

대상자의 세상을 인식하고 이해하는 양태를 유출하기 위해 고안된, 유기적이지만 통일되지 않은 자극(stimulus) 또는 상황을 이용하는 절차를 말한다. 이 절차의 가설은 대상자가 자극물에 무의식적인 생각을 쏟아내고 있음직한 정신병리 현상을 드러낼 것이라는 점이다. 주요 투사검사법으로 '로르샤흐 검사'(Rorschach test)와 '주제 통각 검사법'(thematic apperception Test)(이 시험들에서 대상자는 일련의 모호한 그림들을 보고 각각에 대해 설명한다) 등이 있다. 놀이치료(play therapy)의 일부 형태도 투사검사법의 형태로 간주된다.

### 투옥(incarceration)

감옥이나 정신병원 같은 시설에 수용하는 것이다. 주로 이것은 처벌의 목적이나 개인으로부터 사회를 보호할 목적으로, 또는 개인에게 치료를 강제하거나 개인을 보호하기 위해 행해진다.

### 투입(introjection) 01

정신분석 이론(psychoanalytic theory)에서 개인이 어떤 사람이나 사물로부터 받은 인상을 딴 곳으로 돌려 내적으로 그 사람이나 사물의 가상 형태로 향하게 하는 정신기제. 가령 개인이 부모의 비판을 자기 것으로 받아들여 일종의 자아비판의 형태로 전환하는 것이다.

### 투입(input) 02

어떤 체제 안에 들어가는 자료나 정보의 총칭. 다시 말하면 어떤 질문·인간·에너지·재정 등 어떤 체제 안에 들어가는 자원을 말하며, 이것은 체제 자체에 의해 여과와 전환과정을 거치게 된다. 가령 학교 체제에 들어가게 되는 투입변인으로는 학생·교원·교육과정·재정·시설 그리고 지역사회 등을 들 수 있다. 여기서 교원의 경우 연령·학력·경력 등이 포함될 것이다.

### 투입 — 산출분석(input — output analysis) 01

경제학자나 계획가들이 기관들 사이의 연결을 도표화하기 위해 사용하는 수단. 사회복지에서 그 도표는 세로줄에 모든 사회복지기관들의 목록을 담고, 맨 윗단의 가로줄에 같은 순서로 그것들을 목록으로 만들어 구성된다. 총수는 몇몇 기준들에 의해 연결된 어떤 두 기관들의 빈도를 나타내기 위해 끝단에 기록된다. 이 방법은 조직이 독자적인지, 책임과 자원을 공유하고 있는지 등을 도표로 나타낸다.

### 투입 — 산출분석 02

투입변인과 산출변인간의 관계를 분석하는 것이다. 다시 말하면, 어떤 투입변인이 산출변인에 어느 정도의 영향을 미치고 있는가를 분석하는 일이며, 특히 교육활동의 결과에서 나온 산출에 어떤 투입변인이 어느 정도의 영향을 미치고 있는가 하는 관계를 밝혀낸 것이다. 교육의 생산은 학생들이 교육받는 결과로 얻은 체제의 산출이다. 교육 생산의 산출이 투입에 비하여 오른다면 교육의 생산성은 증가하게 된다. 교육의 생산을 올리기 위하여 자원의 효율적 활용을 강조한다 할지라도 사실 자원은 어느 사회나 부족하기 때문에 자원의 합리적 배합의 방법을 안다는 것이 중요하다. 교육의 투입변인 중에는 학교가 직접 통재할 수 있는 내재적 변인으로서 질 좋은 교사나 좋은 도서관, 새로운 실험실 등이 있는가 하면, 학교가 통재할 수 없는 외생적 변인요인으로써, 학생 자체 변인, 사회경제적 변인, 지역사회 환경, 교육재정의 변인 등이 있다. 교육의 산출변인 중에는 경제적 소득과 비경제적 소득이 있을 수 있는데, 쉽게 측정할 수 있는 것으로 전자에는 임금이, 후자에는 학업 성취도가 있다.

### 투자 대 소비 개념
### (investment — versus — consumption concept)

종종 사회계획에서 직면하는 사회서비스의 궁극적인 목적에 관한 논쟁. 한 가지 관점은 사회프로그램은 불우한 사람들에게 재화나 서비스를 제공해 그들의 생활조건을 향상시켜야 하며, 이는 그 자체로 가치 있는 목표라는 주장이다. 다른 관점은 사회프로그램은 수혜자가 경제적으로 더 생산적이 되도록 경제적인 투자로서 존재해야 하며 사회서비스의 우선순위는 이러한 목적에 부합하는 프로그램이어야 한다는 것이다.

### 트리뷴(tribune)

민중의 보호자, 호민관의 의미에서 진화하여 민간회의를 의미하는 영어이다. 세계여성의 해 티리뷴은 1975년 유엔세계 여성의 해 세계회의와 병행하여 6 — 7월까지 같은 멕시코시티에서 NGO(유엔비정부기구)의 주최로 열렸다. 유엔의 세계회의가 정부대표의 구성인데 대해 트리뷴은 민간에 의한 국적자격을 불문한 회의이다. 약 6천명이 참가했다. 집회의 목적은 남녀차별, 여성의 지위에 대해 정보나 의견을 교환하고 그 결과를 유엔의 세계회의에 반영시키는 것이었다. 그러나 세계회의와의 관계가 좋지 않고 세계행동계획에 대한 불만도 있어 베티 프리던을 중심으로 수정안을 제출할 움직임이었으나 결국 어필(appeal)은 실현되지 못했다.

### 특별가사 원조서비스(chore service)

재택 복지 서비스의 일종으로서 아직 정착된 호칭이라고는 할 수 없지만 잡역 서비스(chore service)라고도 불려지며 특별한 노력이 필요한 서비스이거나 간단한 조력 정도의 서비스 등을 말한다. 예를 들며, 이삿짐 나르기나 폭설 지대의 제설 작업, 가옥이나 울타리 수리, 제초나 정원에 나무 심기 등으로 일반적으로 home help service라 불리는 식사·시장보기·청소·목욕 서비스와는 달라서 가사노동과 관계있는 분야의 서비스를 가리킨다.

### 특별교부세

중앙정부가 각 지방자치단체의 재정력 균형을 위해 각 자치단체에 교부하는 지방교부세 가운데 일정한 조건을 붙이거나 용도를 제한하여 교부하는 재원을 말한다. 이에 비해 일반교부세는 중앙정부가 각 지방자치단체의 재정 부족액을 산정하여 용도에 제한을 두지 않고 교부하는 재원을 말한다. 특별교부세는 기준재정수요액의 산정방법으로 포착할 수 없는 특별한 재정수요가 있는 경우나, 보통교부세 산정기일 후에 발생한 재해로 인한 특별한 재정수요가 있거나 또는 자치단체 청사나 공공복지시설의 신설·복구·확장·보수 등의 사유로 인하여 특별한 재정수요가 있는 경우 등으로 그 용도를 제한하고 있다.

### 특별권력관계

국가·공공단체와 공무원의 관계에 있어서와 같이, 법률의 규정 또는 당사자의 동의와 같은 특별한 법률상의 원인에 기하여, 공법상의 특정한 목적에 필요한 범위 내에서, 당사자의 일방이 타방을 지배하고 타방이 이에 복종하는 두 주체간의 관계를 말한다. 양자간의 관계에 있어서는 합리적으로 추측할 수 있는 범위 내에서 법치주의 원리의 적용이 배제되고, 일방은 타방에 대해 명령·강제·징계할 수 있는 권능을 가진다. 근래에는 이러한 특별권력관계를 부정하는 견해가 유력해지고 있다.

### 특별사면

대통령이 형의 선고를 받은 특정한 사람의 형의 집행을 면제하거나 형의 선고의 효력을 상실케 하는 것을 특별사면이라고 한다. 특별사면은 법무부장관이 상신하고 국무회의의 심의를 거쳐 대통령이 결정한다

## 특별소비세

특별한 물품 또는 용역의 소비에 대해 부과하는 소비세이다. 부가가 치세를 포함한 일반매출세는 모든 재화 또는 용역 일반의 소비에 대해 부과하는 일반소비세인데 특별 소비세는 어느 특별한 물품이나 용역에 대해서만 별도로 특별히 높은 세율로써 과세하는 소비세이다. 우리나라 현행 특별소비세법에서도 그 과세대상을 특정한 물품, 특정한 장소에의 입장행위 및 특정한 장소에서의 유흥음식행위로 규정하고 있다. 1977년에 재소편성된 현행 특별소비세법이 시행되기 전까지는 특별소비세의 과 세대상에 따라 물품세, 직물류세, 주세, 통행세, 입장세, 유흥음식세, 석유류세 및 전기·가스세 등으로 각기 세목과 세법을 달리하고 있었는데 이를 모두 특별소비세법에 통합하여 하나의 세목으로 하였다. 다만 주류의 특수성과 징세행정의 편의상 주세와 전화세는 아직도 별개의 세목으로 하고 있다.

## 특별양호 노인홈

일본의 노인복지법 제14조에 의해 설치된 노인복지시설의 하나이다. 입소대상은 심신의 결함이 있기 때문에 항상 원조를 요하는 노인으로서 거택에서 양호가 곤란한 노인이다. 여기서는 심신의 장애나 결함에 따른 서비스를 제공하여 노인의 생명과 생활을 지키고 자립을 촉구하는 원호를 행하고 있다. 이 시설은 원래 간호시설로서 구상되어졌으며 의학적으로 보호를 필요로 하는 노인이 많으며 의료적 보호방법은 긴박한 과제가 된다.

## 특별임시위원회(adhocracy)

이론적으로 프로그램을 더욱 융통성 있게 운영하기 위한 취소화된 인력조직을 특징으로 하는 행정조직의 한 형태를 말한다. 사회기관에서 관료제(bureaucracy)의 대안책이다.

## 특별지방자치단체

자치행정상 특수한 행정사무를 처리하거나 행정사무의 공동 처리를 위해 설치되는 자치단체를 말한다. 이러한 특별지방자치단체에는 특수사업·광역사무· 기업사무 등을 처리하기 위해 설치되는 다양한 종류가 있으며, 우리나라의 지방자치단체조합이 해당된다. 반면 일반지방자치단체는 그 존립의 목적·조직·권능 등이 일반적인 성격을 가진 자치단체로 우리나라의 경우 서울특별시·도·시·군 등을 말한다.

## 특별지방행정기관

특정한 중앙행정기관에 소속되는 지방행정조직으로 소속 중앙행정기관의 행정사무(국가사무)만을 관장하는 지방행정기관을 말한다. 종합행정을 수행하는 지방자치단체 즉 보통지방행정기관과 대비된다. 소속 중앙행정기관의 직접적인 지휘·명령을 받는 일선기관으로서의 특별지방행정기관에는 지방환경청, 지방국토관리청, 지방국세청, 지방병 무청, 지방영림서 등이 있다.

## 특별채용

경쟁을 제한하는 별도의 선발절차를 거치는 외부임용의 한 방법을 말한다. 우리나라의 경우 특별채용은 퇴직자의 재임용과 특정한 자격증 소지자, 특수목적학교의 졸업자, 외국어에 능통한 자 등으로 그 범위를 제한하고 있다. 신규채용의 방법으로는 이와 같은 특 별채용과, 자격있는 모든 지원자에게 평등하게 지원 기회를 부여하고 공개된 경쟁시험(open, competitive examinations)을 통해 임용후보자를 선발하는 공개경쟁채용의 방법이 있다.

## 특별추천제

공무원 임용후보자 추천에 있어 임용권자가 특정한 자격 등을 가진 후보자를 추천해 줄 것을 요구하는 경우, 시험 실시 기관이 채용후보자명부에 등재된 성적순에 관계 없이 추천하는 선택추천제를 말한다. 우리나라의 공무원 임용령에서는 이와 같이(특별추천) 할 수 있는 경우를, 임용예정기관에 근무하고 있거나 6개월 이상의 근무 경력이 있는 자, 임용 예정기관의 장이 학력, 경력 및 특수 자격요건을 정하여 추천을 요구하는 경우 등으로 한정하고 있다.

## 특별활동(extra ─ curricular activity)

학교교육의 목표를 달성하기 위해서 마련된 교과(敎科) 학습활동 이외의 학교교육활동 학생의 개성신장 건전한 취미와 특수기능의 육성 및 민주적 생활을 활동을 육성하기 위하여 학생회·봉사활동·운동경기·토론회·독서회·클럽활동 등을 통해서 행해지는 교육활동을 말한다. 어떤 특수한 학교교육의 목표를 달성하기 위해서 어떤 교과가 필요하듯이, 같은 이유에서 여러 교육목표를 달성하기 위해서 교육과정의 일부로서 특별활동이 요청된다.

## 특별회계(special account)

특수한 목적을 위한 수입·지출을 일반회계로부터 분리하여 독립적으로 경리하는 회계를 말한다. 정부에서 수행하는 사업의 성질에 따라서 예산을 일반회계와 특별회계로 구분할 수 있는데, 특별회계는 사업적 성격이 농후하거나 일반회계와 분리하는 것이 예산운영에 능률성이 있을 것으로 판단되는 것으로서 세입 은 주로 자체수입, 일반회계로부터의 전입금 등으로 구성된다. 특별회계는 예산통일의 원칙과 예산단일의 원칙에 예외가 된다. 예산회계법 제8조에서는 특별회계 설치요건으로 국가에서 특정한 사업을 운영할 때, 특정한 자금을 보유 운영할 때, 기타 특정한 세입으로서 특정한 세출에 충당함으로써 일반의 세입세출 과 구분하여 계리할 필요가 있을 때에 법률로서 설치한다고 규정하고 있다. 특별회계의 종류는 국가에서 특정한 사업을 운영하기 위하여 마련한 특별회계로서 기업특별 회계인 철도사업·통신사업·양곡관리·조달 등이 있고, 국가가 특정한 자금을 운영하는 특별 회계로 재정투융자특별회계 등이 있으며, 특정한 세입으로써 특정한 세출에 충당하기 위하여 일반회계와 구분한 군인연금특별회계·국유임야관리특별회계·지방양여금관리특별회계 등이 있다.

## 특수요양비(special medical treatment benefit)
현행 일반적인 요양으로는 정상적인 치료가 곤란하거나, 치료 후 정상적인 사회활동이 곤란하여 별도의 요양이 필요한 경우에 국민건강보험법령 및 산업재해보상보험법령에 의해 산정한 일반 요양비를 초과하거나 그 범위 외의 특수 요양에 소요되는 비용이다.

## 특수경력직 공무원
실적주의와 직업공무원제의 획일적 적용을 받지 않는 공무원 집단을 말한다. 즉 특수경력직 공무원은 직업공무원처럼 신분이 철저히 보장되지 않으므로 평생 공무원으로 근무할 것이 예정되지 않고, 정치적이거나 특수한 직무를 수행하기 위하여 임용되는 공무원을 말한다. 정무직·별정직·계약직·고용직 공무원이 특수경력직에 속한다.

## 특수공무집행방해죄
위험한 물건을 사용하거나 단체나 여러 사람의 힘으로 공무의 집행을 방해하거나 직무를 강요하는 경우, 국회의장이나 법정을 모독한 경우, 공용서류나 공무상비밀표시, 공무상보관물을 무효로 하는 경우, 공용물을 파괴하는 경우를 특수공무집행방해죄라고 하는데 공무원을 다치거나 죽게 한 경우에는 무거운 처벌을 받는다.

## 특수교육(special education)
심신 장애인에게 초·중등 과정에 준하는 교육과 실생활에 필요한 지식, 기능을 가르치는 것을 목적으로 하는 교육활동. 각자의 '능력에 알맞은 균등한 교육'을 보장하기 위한 조치로서 인간이 기본권의 하나인 교육권의 보장이란 차원에서 다루어지고 있다. 1760년에 드레페가 파리에 농아학교를 창립한 것을 시초로 미국 및 유럽각지에 퍼져 갔다. 우리나라에서는 1894년 미국 감리교 선교사 부인인 R. S. 홀이 평양에 여자 맹아학교를 설립하여 맹아교육을 시작한 것이 시초가 되었으며, 1977년 12월 31일 특수교육을 법적으로 뒷받침할 수 있는 특수교육진흥법을 제정·공포하여 1979년 1월 1일부터 시행함으로써 우리나라의 특수교육은 새로운 전기를 맞이하게 되었다.

## 특수교육진흥법
특수교육의 기회를 제공하고 여건을 개선하기 위한 법률(전문개정 1994. 1. 7 법률 제4716호). 특수교육을 필요로 하는 사람에게 국가 및 지방자치단체가 적절하고 고른 교육기회를 제공하고, 교육방법 및 여건을 개선하여 자주적인 생활능력을 기르게 함으로써 그들의 생활안정과 사회참여에 기여함을 목적으로 한다. 국가 및 지방자치단체는 특수교육의 발전을 위한 업무를 수행해야 한다. 교육과학기술부 장관 소속하에 중앙특수교육운영위원회를, 교육감 소속 하에 시·도 특수교육운영위원회를, 교육장 소속 하에 시·군·구 특수교육운영위원회를 둔다. 특수교육대상자에 대한 초등학교 및 중학교 과정의 교육은 의무교육으로 하고, 유치원 및 고등학교 과정의 교육은 무상으로 한다. 국가 및 지방자치단체는 장애를 지닌 유아에 대한 조기특수교육에 필요한 시책을 강구해야 한다. 정부는 특수교육의 주요시책에 관한 보고서를 매년 정기국회 개회 전까지 국회에 제출해야 한다. 시각장애·청각장애·정신지체·지체부자유·정서장애·언어장애·학습장애 등의 장애가 있는 사람 중 특수교육대상자를 선정한다. 특수교육대상자는 교육감 또는 교육장에게 학교를 지정·배치하여 줄 것을 요구할 수 있으며, 교육감 또는 교육장은 당해 운영위원회의 심사를 거쳐 적절한 학교를 지정·배치해야 한다. 각급 학교의 장은 특수교육대상자가 당해 학교에 입학하고자 하는 경우에는 장애를 이유로 불이익한 처분을 하여서는 안된다. 각급 학교의 장은 특수교육대상자의 입학전형 및 수학 등에 있어서 특수교육대상자의 장애의 종별 및 정도에 적합한 편의를 제공해야 하며, 특수교육대상자로 하여금 그의 능력을 최대한 계발하도록 해야 한다. 특수교육기관의 장은 특수교육대상자에 대한 건강진단 및 생활기능의 회복 정도의 판정을 정기적으로 실시해야 한다. 특수교육기관에는 치료교육을 담당하는 교원을 두어야 한다. 특수교육기관의 장은 특수교육대상자의 특수교육대상자에 대해 직업교육과 진로교육을 실시해야 한다. 특수교육기관의 교육과정은 장애의 종별과 정도를 고려하여 교육과학기술부 장관이 정한다. 특수교육대상자의 교육을 위한 교과용 도서는 무상으로 지급한다. 5장으로 나누어진 전문 28조와 부칙으로 되어 있다.

## 특수기회 내지 우선권부여
(opportunity and extra — chances power)
현대적 급여물 형태의 하나로서 ①조세저항이나 재정압박이 없고 ②당사자의 재활을 돕고 명예를 훼손하지 않으며 ③물질로서 해결할 수 없는 분야 즉 교육이나 직업분야의 복지실현에 적합하다. 우리나라의 현행제도를 보면 특정 사회복지실현으로서 산업진흥을 위한 산업체 근로자에 대한 대학입학상의 특전과 직업분야에서 공무원임용상의 공개경쟁시험합격자 우선임용이 있다. 사회정의 실현(보상)으로서는 교육 분야에는 군사원호대상자 자녀 교육을 위한 취학상의 특전이 있다. 배분실현(진단)으로서 교육 분야에서의 심신장애인에 대한 입학상의 불이익 처분금지와 직업분야에 있어서의 원호대상자직업재활법에 의한 직업보도와 윤락행위 등 방지법에 의한 직업보도가 있다.

## 특수법인(special juridical person)
'특별법률에 따라 특별설립행위를 갖고 설립된 법인'을 말한다. 소위 공사, 공단 기금, 주택사업자금을 대부하는 공공기관, 사업단 등을 가리키다. 업무의 목적이 공공성을 띠어 행정기관이 업무를 행해 적절한 운영을 기대할 수 있고 재무인사 관리 면에서도 능률적 운영을 도모할 수 있다.

## 특수사회시설(Special welfare institution)
양로원,고아원, 모자원, 특수병원, 부녀보호소 등과 같이 집단수용을 위한 구조물을 말한다.

## 특수아동(exceptional children)
특별한 정신적, 신체적, 사회적 능력이나 한계 때문에 특수한 형태의 교육, 사회적 경험, 또는 처우를 필요로 하는 의존적인 아동들을 지칭한다. 이러한 아동에는 그들의 잠재력을 키우도록 고안된 교육훈련 시설에서 혜택을 받을 수 있는 정신지체 아동이 포함된다. 또 재능아, 천재아 또는 특별한 신체능력을 가진 아동 등도 포함된다.

## 특수연합(ad hoc coalition)
관심 또는 문제를 공유하는 사람들이 일시적으로 연합을 형성하여 만든 집단. 이 집단은 목표를 달성하거나 성원들이 더 이상 공통된 관심을 갖지 않으면 해산한다.

## 특수자격(exceptional eligibility)
어떤 특수집단이 독특하거나 특수한 요구를 지니지 않는다 할지라도, 그리고 그 집단 밖에 있는 다른 사람들이 동일한 욕구를 가지거나 동일한 여건에 있을지라도, 그 특수집단을 구성하는 사람만을 위해 설립된 서비스나 급여가 포함된 사회서비스 정책. 이러한 프로그램은 흔히 그 집단의 강한 정치적 압력이나 그 집단에 대한 공공의 동정 때문에 개발된다. 퇴역군인 프로그램들이 좋은 사례이다.

## 특수직종 근로자
국민연금에서 광업법 제4조의 규정에 의한 광업에 종사하는 자로서 갱내작업에 종사하는 광원(입갱수당 지급자) 및 선원법 제2조의 규정에 의한 선박중 어선에서 직접 어로작업에 종사하는 부원. ★특수직종노령연금 : 특수직종가입기간이 전체 가입기간의 3/5이상인 경우 55세 부터 완전노령연금, 감액노령연금, 재직자노령연금을 지급한다.

## 특수진료병원
특수진료병원이란 문자 그대로 특수방사선진료나 동위원소치료를 위한 병원, 또는 정신병원 등 특수진료 또는 질환을 위한 진료기관을 말하는데 이러한 진료를 요하는 환자는 1차 진료기관이나 2차 진료기관에서 직접 의뢰할 수 있고 때로는 3차 진료기관과 상호 의뢰할 수도 있다. 특수진료를 위한 병원은 필요에 따라 있게 되는데 국공립인 경우가 보통이다.

## 특수집단(task force)
어떤 조직에서 계층적 조직구조에 의해 수행하기 어려운 문제를 효율적으로 해결하기 위하여 그 문제와 관련이 있는 능력있는 사람을 선발하여 조직한 특수한 작업집단. 이 집단의 조직은 일시적이며, 특별한(ad hoc) 임무를 수행할 때에 활용된다. 이 특수집단은 많은 목적을 위하여 활용될 수 있지만, 그 중에서도 중요한 것은 하나의 조직에서 의사결정의 질을 향상시킬 수 있다는 것이다. 한편, 건설적 생각·의견·건의·충고·제안 등에 활용되며, 다른 한편 사태나 조건의 해결을 지연시키거나 회피할 때 활용되기도 한다. 그들은 의사결정에 특수한 책임을 지며, 또 그 결정을 하기 위한 표적일자(target date)가 주어진다. 이 집단에 특수한 임무와 최종시한(deadline)이 주어짐으로써, 조직은 일을 능률적으로 처리할 수 있으며 어떤 손해를 방지하거나 최소로 줄이는 조치를 취할 수 있다.

## 특이한(idiosyncratic)
관찰되고 있는 대상이나 현상의 독특한 특성이나 특질에 적용되는 용어, 또는 같은 종류의 다른 것들을 대표하지 않는 특성이나 특질에 관련한 용어를 말한다.

## 특정직 공무원
법관, 검사, 외무공무원, 경찰공무원, 소방공무원, 교육공무원, 군인, 군무원, 국가정보원의 직원과 기타 특수 분야의 업무를 담당하는 공무원으로 다른 법률이 특정직 공무원으로 지정하는 경력직공무원을 말한다. 특정직 공무원은 일반직 공무원과 마찬가지로 실적과 자격에 의해 임용되고 신분이 보장되는 점에서는 동일하지만, 특정직 공무원은 담당 직무가 특수하여 거기에 필요한 자격·복무규율·정년·보수체계·신분보장 등에서 특수성을 인정할 필요가 있는 공무원을 별도로 분류한 것이다.

## 티부 가설(Tiebout hypothesis)
주민들이 지역(지방자치단체)간 자유롭게 이동할 수 있기 때문에 지방공공재(地方公共財, local public goods)

에 대한 주민들의 선호가 표시되며, 따라서 지방공공재 공급의 적정규모가 결정될 수 있다는 C. M. Tiebout교수의 주장을 말한다. 이 가설은, 개개인들은 지역간의 자유로운 이동을 통해 자신들의 선호에 맞는 지방정부를 택할 수 있다는 즉 '발에 의한 투표(voting with feet)'를 행사할 수 있다는 가정에 근거하고 있다. 티뷰 가설은 적정공공재 공급은 정치적 과정을 통해 공급될 수밖에 없다는 사뮤엘슨 교수의 중앙정부 차원의 공공재 이론에 대한 반론으로 제기된 것이다.

### 티켓제도(ticket system)
일반적으로 기업 내 구매시설을 이용할 경우에 현금을 사용하지 않고 전표 또는 계산서를 이용하여 구입하는 제도이다. 매월마다 급료에서 공제하며 또 특약상점에서 구입할 경우는 회사에서 일괄하여 종업원의 구입액을 지불함과 동시에 종업원은 기업에 월부로 변제하여가는 제도도 활용된다. 티켓제도는 우리나라에서도 상당히 확대되고 있다. 일명 쿠폰(coupon) 제도라고도 한다.

### 티트머스(Titmuss, Richard Morris)
영국의 사회정책학자. 제2차 세계대전 후 사회보장과 사회복지 분야에서 영국뿐만 아니라 국제적으로도 많은 영향을 미쳤다. 그가 활약한 시기를 '티트머스시대'라고까지 부르고 있다. 철저한 경험적 자료에 근거하여 그때그때의 문제에 대해 정확한 방침을 제시한 점에서 정평이 나있다. 정치적으로는 노동당에 속해 정책입안에 크게 공헌하였으며, 학문적으로는 사회복지행정학(social administration : 영국에서는 사회복지학을 이렇게 부른다)을 확립한 것으로 유명하다. 주요 저서로는 '복지국가의 이상과 현실' (1958), '사회복지와 사회보장' (1968) 등이 있다.

### 팀 티칭(team teaching)
교수 ─ 학습조직을 개선하려는 수업조직 형태의 하나. 교사의 협력수업 체제, 학생의 융통성 있는 편성 및 교육공학 발전의 체계적 적용이라는 특징을 가진 수업조직 방법이다. 팀 티칭의 방식은 몇 사람의 교사가 팀을 만들고, 몇 학급의 학생들을 하나의 집단으로 편성한 후, 그 집단을 대집단·중집단·소집단·개인별 등으로 융통성 있게 편성하고, 새로운 교육공학을 적절하게 도입하여 학생들의 학습과 생활을 지도하려는 방법이다. 팀을 이룬 교사는 각기 그 팀에 특이하게 공헌할 수 있는 역할을 가지고 있는 것이 보통이며, 그들은 공동으로 계획을 세워 실천에 옮기고 있다.

### 팀워크(team work)
조직적 집단이 공통의 목표를 달성하기 위해 협력하는 것으로 모든 영역에서 중요시되고 있으나 사회복지실천에서도 불가결하다. 팀워크는 시설(기관)내 팀워크와 시설(기관)간 팀워크로 대별되지만 그 어느 경우에도 공통목표를 확립하고 구성원의 역할을 명확히 함과 동시에 각자의 공헌을 존중하고 협동적으로 의사결정을 평가하는 것이 기본이다.

### 팀형(team 리더)
생산 및 인간에 대한 관심이 모두 높은 유형의 리더. 즉 상호신뢰와 존경을 바탕으로 하여 구성원들의 독립심을 최대한 보장하고 업무의 성과를 최대한으로 높이려고 하는 가장 바람직한 리더의 유형을 말한다. Robert Blake와 Jane Mouton은 리더의 생산에 대한 관심과 인간에 대한 관심의 두차원을 기준으로 리더의 유형을 무기력형, 사교형, 과업지향형, 절 충형, 팀형의 다섯 가지로 분류하는 관리격자도(managerial grid)를 제시하였다.

### 파견

파견은 국가적 사업의 수행을 위해 공무원의 소속을 바꾸지 않고 일시적으로 타기관 이나 국가기관 이외의 기관 및 단체에서 근무하게 하는 것을 말한다. 파견은 소속기관을 바꾸지 않고 보수도 원래의 소속기관에서 받는 임시적인 배치전환으로 긴급한 인력수요에 신속히 대응할 수 있는 간편한 내부임용의 방법이다. 파견은 우리나라의 경우, 국가기관 외의 기관에서 국가적 사업을 수행하거나 타기관의 업무가 폭주하는 경우, 국내외 교육연구기관에서 소속공무원의 능력을 개발하기 위해 필요한 경우 가능하며, 이 때 파견기간은 2년 이내로 규정되어 있다. 또 파견은 공무원 교육훈련기관의 교관요원으로 선발된 경우나, 관련기관간 긴밀한 업무협조 및 특수업무의 공동수행을 위해서도 가능하며, 이 때 파견기간은 1년 이내로 규정되어 있다.

### 파괴성 정신분열증(hebephrenic schizophrenia)

난폭한 흥분상태, 킬킬거리는 웃음, 엉뚱한 행동, 급속한 기분의 변화 등의 특징을 보이는 정신병(psychosis)의 한 유형. 이 장애는 무질서한 유형의 정신분열증으로 알려져 있다.

### 파라다이스복지재단

장애아동과 관련된 전반적인 교육, 치료, 복지 향상을 목표로 특성화된 지원 사업 외에도 장애인의 이동 및 정보 접근권 확보를 위한 장애인 편의시설 지원 사업, 중증의 지체 및 중복 장애아동에 대한 구체적인 지원을 하는 1994년 설립된 공익재단이다.

### 파라미터

조변수 또는 매개변수. 가령 어떤 기간의 소비함수를 $C = aY + b$($C$ 는 개인소비지출, $Y$ 는 가처분소득)라는 형태로 특정화하고 계측했다면 그 결과 얻어진 계수 $a$, $b$의 값이 파라미터이다. 이 경우 $a$는 한계소비 성향(가처분 소득이 1단위 증가했을 때 개인소비지출이 몇 단위 증가하는가를 나타낸다)이다. $a$, $b$라는 계수는 특정한 계측기간에는 일정한 값을 갖고 있는 상수라고 할 수 있으나, 경제정세가 상이한다른 기간에 대해 계측하면 역시 다른 값을 나타내게 된다. 경제의 실증분석에서는 이와같은 파라미터의 변화를 분석하는 것이 매우 중요한 의미를 갖는다. 이와같은 어떤 조건 아래서는 일정한 값을 갖고 있으나 조건을 변화시키면 다른 값을 갖는 계수를 파라미터라고 한다. 소비함수나 투자함수 등 의 파라미터는 개인 또는 가계의 소비 행동, 기업의 투자행동의 형태를 표현하는 것이므로 구조파라미터라고 하며 세율과 같이 정책적으로 변경 할 수 있는 것은 정책파라미터라고 한다.

### 파레토 법칙

파레토 법칙은 소득분포에 관한 통계적법칙으로서, 파레토가 유럽국가의 조사에서 얻은 경험적 법칙이다. 파레토 곡선의 기울기는 소득분포의 불평등도 degree of inequality 를 보이는 하나의 척도이다. 파레토는 가 작을 수록 분포가 평등하다고 하였으나, 지니 이후의 많은 연구에 의하면 가 클수록 소득의 균등화 를 보이게 된다. 그러나 이러한 차이는 불평등의 정의에서 비롯되는 바 가 크다. 파레토는 소득자 수에 주목하여 '이하의 소득자원이 이상의 소득인원에 비하여 감소할 때에 소득의 불평등이 감소된다' 라고 정의한다. 파레토법칙이 완전한 타당성을 지니려면, 소득곡선은 직선이 되어야 한다. 그러나 저소득층에 가까울수록 곡선은 굴절하여 수평선에 가깝게 되고, 따라서 가 불평등의 척도로 타당하냐 하는 데 대해서는 논의의 여 지가 있다.

### 파레토 최적(Pareto optimum)

파레토 최적(最適) 상태란 다른 사람의 후생을 감소시키지 않고서는 어느 한 사람의 후생을 증가시키는 것이 불가능하도록 자원이 가장 효율적으로 배분되어 있는 상태를 말한다. 파레토 최적조건이 성립되면 자원배분의 효율성은 확보되지만, 소득의 공평한 분배가 자동으로 확보되는 것은 아니다.

### 파리아 자본주의(pariah capitalism)

발전도상국의 정치·경제적 불안정은 장기적인 자본투자보다는 단기사업이나 고리금융(高利金融)에 집착하는 현상을 초래하고, 기업가는 적대적인 통치계급과 분노한 대중계급 사이에서 정계나 관계로 진출하려는 경향이 질은데, M. Weber는 발전도 상국의 이러한 경제·사회현상을 파리아 자본주의로 개념화하였다.

## 파면

파면은 공무원을 강제로 퇴직시키는 중징계처분의 하나다. 파면된 사람은 5년동안 공무원으로 임용될 수 없으며, 퇴직급여액의 1/2이 삭감(5년 미만 근무자에게는 퇴직급여액의 1/4 이 삭감)되는 불이익을 받는다.

## 파블로프(Pavlov Ivan Petaovich)

러시아의 생리학자. 군의학교 교수를 거쳐 실험의학연구 교수가 되어 생리학 부문의 연구를 지도. 1904년 소화선 연구로 노벨상을 수상. 그 뒤 고차신경활동의 연구에 전념하고 조건반사는 대뇌피질에 일시적 결합이 형성되기 때문에 일으키는 것임을 해명, 피질의 흥분과 제지에 의해 설명했다. 그는 전통적 심리학의 주관성과 심신이원론을 거부하고 넓게 학습에 관한 실험심리학, 정신장애의 연구, 인격심리학에 기여했고 과학적 인간관의 기초를 제공했다.

## 파생적 목표(derived goals)

조직의 존재에 근본적인 중요성을 지닌 본래 목표 이외의 추가적 목표를 조직의 파생적 목표라 한다. 파생적 목표의 추구는 목표의 대치를 가져오는 계기가 될 수 있다. Charles Perrow는 조직을 체제로 보고 조직의 목표를 사회적 목표, 산출목표, 생산목표, 체제목표, 파생적 목표의 다섯 가지 유형으로 분류하고 있다.

## 파생적 외부효과(derived e × ternalities)

정부활동의 결과로 나타나는 잠재적·비의도적 파급효과와 부작용을 말한다. 즉 정부활동의 예기치 못한 효과를 외부효과라 한다.

## 파슨즈(Parsons, Talcott)

미국의 구조기능주의 사회학자. 유럽 사회과학의 지적 전통을 종합하여 사회학의 일반이론을 구축함으로써 현대 사회학의 발전에 크게 공헌하였다. 금세기 사회학의 제일 인자로 평가받고 있다. 주의주의적 행위에 일반이론, 구조기능주의에 입각한 사회체계의 일반이론, 나아가 체계의 기능적 요건에 관한 소위 AGIL식 즉 A(적응), G(목표달성), I(통합), L(잠재적 유형의 유지)을 제시한 것으로 유명하다. 아동의 사회화, 의료사회학, 전문직의 분야에서도 업적을 남겼다. 주저에 '사회적 행위의 구조'(1937), '사회체계론'(1951) 등이 있다.

## 파양

입양으로 인해 양부와 양자 사이에 맺어진 양친자 관계를 없애버리는 것을 파양이라고 하는데 다음과 같은 종류가 있다. ①협의(합의)파양 － 당사자 사이의 협의(합의)로 이루어지는 파양. ②조정파양 － 가정법원의 조정에 의한 파양 ③재판상의 파양 － 당사자 중 일방의 소송제기에 의해 법원의 판결로 이루어지는 파양. 파양이 되면 다음과 같은 효과가 나타난다. ④양자는 양친의 혼인중의 출생자로서의 신분을 잃게 된다. ⑤양부모 등 과의 모든 법정혈족관계는 없어진다. ⑥양자는 생가에 복적한다.

## 파양원인

재판상의 파양을 가능하게 하는 법률이 정한 사유를 파양원인이라고 하는데 다음과 같은 것이 있다. ①가족의 명예를 모독하거나 재산이 손실을 입게 한 중대한 과실이 있을 경우. ②다른 일방이나 그 직계존속으로부터 심히 부당한 대우를 받았을 경우. ③자기의 직계존속이 른 일방으로부터 심히 부당한 대우를 받았을 경우. ④양자의 생사가 3년 이상 분명하지 않은 경우. ⑤기타 양친자 관계를 계속하기 어려운 중대한 사유가 있을 경우가 있다.

## 파업(strike)

노동자가 자신들의 요구를 관철하기 위해 집단적으로 작업을 일시 정지하는 것. 경제학적으로는 노동력의 집단적 판매중지행위이다. 작업정지는 쟁의의 하나인데, 자본가가 행하는 공장폐쇄를 포함하므로 동맹파업과 동의어(同義語)는 아니다. 동맹파업은 태업과도 구별된다. 또 작업거부 같은 것은 동맹파업과 유사한 행위이기는 하지만 동맹파업은 아니며, 동맹파업의 영어인 〈 스트라이크 〉란 말을 한국에서는 잘 쓰지 않는다. 동맹파업 종류로는, 경제적 여러 요구를 관철하려고 하는 경제적 동맹파업과, 정치적 요구를 위한 정치적 동맹파업이 있는데, 이 밖에 총파업, 다른 직장 노동자의 동맹파업을 지원하기 위한 동정파업, 노동조합 본부의 승인 없이 하부 대중이 독자적으로 하는 비공인파업, 또는 본부의 지령없이 조합원의 일부가 분산적으로 하는 파업 등이 있다. 보통 동맹파업은 무기한 동맹파업이지만, 프랑스·이탈리아 등지에서는 24시간 또는 8시간의 한시적 동맹파업이 많다. 부분파업이란 계획적으로 일부 노동자만이 하는 동맹파업으로서, 이 경우 경영자측에서는 공장폐쇄로 대항하는 경우가 많다. 동맹파업은 자본주의사회에서 숙명적이라고 할 만한 현상이다. 이 사회에서 노동자는 원래부터 무산자라고 하는 불리한 조건 외에도 상대적 과잉인구의 압박 때문에 자본가와의 노동계약 체결시 불리한 입장에 서게 되고, 임금과 노동조건에 대해서 자본가가 제시하는 것을 받아들일 수밖에 없는 상황에 있다. 불리한 상황을 극복하기 위하여 노동자는 노동조합을 결성하고, 자신들의 요구조건을 관철시키기 위한 무기로 동맹파업을 조직해서 싸우는 것이다. 노동조합의 경우에는 그 조합자체가 동맹파업을 조직하지만, 프랑스처럼 사업장의 전체 노동자가 모두 조직되어 있지 않은 곳에서는, 별도로 미조직 노동자를 포함한 동맹파업위원회를 조직해서 지도한다. 역사적으로 보면, 동맹파업은 노동조합운동의 발생과 동시에 또는 그 이전부터 발생했다. 대체로 노동조합조직률이 확대되고 노동자의 투쟁성이 높아질수록 빈발하게 되고 규모도 커져서, 때로는 총파업이 발생하게 된다.

### 파이로트 캠페인(pilot campaign)
미국의 공동모금운동에서 채용되고 있는 모금의 일종으로 운동기간 전에 우량기부가 예견되는 수십 개 회사의 기업을 대상으로 하는 법인모금과 직장모금을 말한다. 이들 기업들에서의 높은 모금실정을 바탕으로 본 운동 때에 이것을 호소의 기준으로 삼는다. 원래는 법인모금의 기부목표를 만드는 것을 목적으로 고안된 모금방법이었으나 그 뒤 직장모금에도 이 방법이 쓰이게 되었다. 이 방법은 본 운동을 원활하게 치루기 위한 분위기 조성의 역할도 하고 있다.

### 파이의 논리(logic of pie)
파이(pie)는 분배의 원천을 의미하는데 파이의 논리라고 하면 배분방법은 일정하지만 분배의 원천(pie) 자체를 키우는 것, 즉 생산성 향상을 통해 임금인상도 가능하게 된다는 사고방식을 말한다. 이 파이의 논리는 1848년 밀(Mill. J. S)이 경제학원리에서 주장한 것으로 현대경제학에서도 적용되고 있다. 우리나라에서는 1956년 한국생산성 본부(KPC : Korean Productivity Center)에 의해 기술혁신에 의한 고용의 증대 노사협조, 성과의 공정배분을 위한 생산성 향상의 운동을 전개해 왔다. 이것은 사고방식을 바꾸면 생산성의 틀 속에서 임금인상이라는 생산성 기준원리 혹은 생산성 임금제와 맥을 같이 한다고 하여 선진국의 일부 노동조합의 반발을 사고 있다.

### 파일로트 스터디(pilot study)
기초조사 혹은 탐색적 조사로 사용되고 있다. pilot study는 설문지작성의 이전단계로서 실시되며 그 조사내용도 주로 연구의 문제파악 및 가설의 의미파악조사의 기초자료의 수집을 목적으로 구성된다. 예비조사는 설문지의 초안이 만들어진 후에 설문지의 언어구성, 내용, 반응형성, 문제의 배열 등에 있어서의 오류를 찾아내고 설문지의 적용시 단위면접시간, 응답자간의 분산정도, 재방문율, 응답거부 등 설문지적용상의 제 사항을 알아보는 조사로서 목적이나 절차에서 탐색적조사와는 상호 구별되고 있다.

### 파일로트 캠페인(pilot campaign)
미국의 공동모금운동으로 채용되고 있는 모금의 일종으로서 운동기간 전에 우량기부가 예상되는 기업 수십 개를 대상으로 한다는 법인모금 및 지역모금을 말한다. 이들 기업에 있어서 가장 높은 시세 만들기를 하여 본 운동에 이것을 호응토록 하는 것을 목표로 한다. 원래는 법인모금의 시세를 만드는 것을 목적으로 고안된 모집방법이었는데 그 후 전역모금에서도 이 방법이 사용되어지게 되었다. 이 방법은 본 운동을 순조롭게 행하기 위한 분위기조성의 역할도 맡고 있다.

### 파킨슨 법칙(Parkinson' s Law)
공무원의 수는 해야 할 업무의 경중이나 그 유무에 관계없이 일정비율로 증가한다는, Parkinson이 주창한 법칙을 말한다. 영국의 행정학자 Parkinson은 이렇게 공무원 수가 증가하는 이유로 부하배증의 법칙(제1공리)과 업무배증의 법칙(제2공리) 두 가지를 들고 있다. 부하배증의 법칙은 특정 공무원이 과중한 업무에 허덕이게 될 때 그는 동료를 보충 받아 그 업무를 반분하기를 원치 않고 그를 보조해 줄 부하를 보충받기를 원한다는 공리를 말한다. 그리고 업무배증의 법칙은 부하가 배증되면 과거 혼자서 일하던 때와는 달리 지시, 보고, 승인, 감독 등의 파생적 업무가 창조되어 본질적 업무의 증가 없이 업무량의 배증현상이 나타나 는 것을 말한다.

### 파킨슨병(Parkinsons disease)
영국의사 파킨슨이 1817년에 처음 보고한 질환으로 특징은 진전마비, 주로 50세 전후에 발병. 손발이 떨리고 근육이 경직되는 것이 특징이다. 떨리는 것은 대개 손발부터 시작되어 점차 전신의 수의운동이 불가능해진다. 이 때문에 종종걸음을 하게 되고 몸이 앞으로 구부러지며 얼굴표정이 없고 대화나 눈을 깜박이는 것도 어려워진다.

### 파트타임(part time)
파트타임고용에 대해서는 아직 확립된 정의가 없지만 ILO 제48회 총회보고에서는 '일반 정규 노동시간보다도 짧은 시간수를 1일 또는 1주간 단위로 취업하는 것, 그러면서도 이 취업은 규칙적, 자율적인 것'이라고 정의하고 있다. 그렇지만 우리나라에서는 풀타이머(full timer)와 같거나 또는 그 이상 시간 노동을 하면서 신분상 파트 타이머라고 불리고 있는 경우도 있다. 증가하는 중·고령 여성 파트타임 노동자를 위해 다음과 같은 대책의 정비가 과제로 되어 있다. ①파트타임 근로자 정의의 명확화 ②파트타임 근로자에 대한 근로조건의 정비, 즉 취업규칙의 정비, 근로시간 관리의 적정화(근로시간, 연차유급휴가, 반복 경신된 기간의 정함이 있는 근로계약의 종료, 건강진단에 대한 적절한 조치, 임금기준의 설정 등) ③고용관리의 적정화(모집·채용에서 퇴직·해고에 이르기까지 적정한 고용관리, 고령자고용촉진, 우선적 응모기회부여 노력) ④기타 근로기준법, 최저임금법, 산업안전보건법 등 노동관계법회의 개정과 적용.

## 판단(judgment)

개념과 함께 사고의 근본 형식. 판단을 문장으로 나타낸 것이 명제인데, 양자는 실제상 거의 같은 뜻으로 사용되고 있다. 판단은 물음에 대한 답으로서의 의미를 가진다. 가령 어떤 것이 흰 것이라는 사실만을 알고 있고, 그 밖의 점에 관해서는 명확하지 않는 경우, 물음이 생기는데 (→ 문제), 그것을 관찰하거나, 핥아보거나 함으로써, 〈그것은 설탕이다〉라는 단정을 내리는 것이 판단이다. 이 경우의 〈흰 것〉이 판단의 주어, 〈설탕〉이 술어, 〈이다〉가 언어라고 불리어진다. 그러나 판단의 언어적 표현은 반드시 이러한 것만을 표현하는 것은 아니다. 〈덥다〉〈불이다〉〈꽃이 붉다〉와 같은 문장도 판단이다. 또 언어를 표현하지 않는 언어도 있다. 판단은 위와 같은 개개의 사실에 관한 것뿐만 아니라, 사실의 법칙적 관계를 확인하는 것, 수학적·논리적 관계를 나타내는 것도 있다. 따라서 판단은 보통 몇 개의 개념 또는 표상 사이의 관계를 긍정하거나 부정하는 작용으로서 정의된다. 판단은 개념을 전제로 하지만 개념은 또 몇 개의 판단을 통해 이루어지는 것으로서 양자의 관계는 상호적이다. 판단에 있어서 문제가 되고 있는 사태를 명확히 하기 위해 그것을 분석함과 동시에, 또 분석된 요소를 종합하기도 한다. 물음(질문)은 진(眞)도 위(僞)도 아니지만, 판단에는 진위의 구별이 있으며, 판단이 실재적 관계를 그대로 반영하는 경우에는 참(眞)이며, 그렇지 않는 경우는 거짓(僞)이다. 형식논리학에서는 형성된 판단의 형식적인 측면을 취급한다. 형식상, 판단은 정언적 판단 선언적 판단으로 나누어진다.

## 판단력(judgment)

일반적으로는 판단의 능력을 의미하며, 판단이 어떻게 해석되느냐에 따라, 판단력에 관해서도 철학사상 많은 견해가 있다. 또 판단이라는 말은 인식적인 의미 외에 평가라는 의미를 가지고 있으므로, 스콜라학의 vis aestimativa, 즉 사물을 평가하는 능력도 판단력이라고 해석되는 경우도 있다. 칸트는 판단력이라고 〈특수를 보편 아래에 포괄시키는 것으로서 사고하는 능력〉이라고 말하였다. 여기에는 두 가지 종류가 있다. 인식 능력으로서의 오성으로 해서 주어지는 법칙(가령 인과율) 밑에 특수가 포섭될 때에는 〈규정적〉(bestimmend)이라고 불리어지고, 반대로 특수가 주어져 있고 그것에 대해 보편·통일이 요구될 때에는, 〈반성적〉(reflektierend)이라고 불리어진다. 칸트의 〈판단력 비판〉이 다루는 것은 이 반성적 판단력인데, 여기에서 그는 미적·반성적 판단력과 목적론적·반성적 판단력을 고찰한다. 전자가 그의 미학인데, 그는 미(美)의 독자성을 문제로 삼으면서도, 그것을 주로 형식적으로 해

석고 있다. 후자는 〈자연의 합목적성〉을 다루고, 비속한 목적론 및 기계론을 비판하여 생명현상의 독자성을 이해하려고 했는데, 이 합목적성은 목적론적 판단력의 선험적인 원리로 되어 있다.

## 판단표출(judgement sampling)

모집단의 성격에 대해 전문지식이 있는 사람이, 그가 판단하기에 가장 효과적이라고 생각하는 표본을 뽑는 비확률 표본추출 방법을 말한다. 모집단 성격이 이질적이거나 표본의 수가 적을 때 효과적으로 사용된다. 일반적으로 물가지수 등은 판단표출 방법에 의해 산정된다.

## 판별·상담 서비스

노인의 생활능력에 관한 판별이나 각종 지역보호서비스(수용시설, 중간보호, 거택보호, 사후보호)를 비롯해서 연금, 부조, 의료, 주택, 가족 복지, 심신장애인복지 등의 일반적인 서비스 이용의 필요성과 그 이용에 대한 자격조건을 진단하여 필요한 자원을 소개하는 것을 주기능으로 하는 서비스로서 모든 지역보호에서는 필요불가결한 서비스 기능이다. 노인의 지역복지를 위한 판별·상담기관은 병원을 중심으로 하는 것, 보건소를 중심으로 하는 것, 또는 독립적으로 설치하는 것이 있는데 이는 그 지역사회가 놓여있는 실정에 따라 다르나 어떤 형태의 서비스가 되더라도 의사, 간호시, 심리학지, 가정에 대한 전문가, 사회사업가 기타 관련전문가들을 중심으로 하는 협동체제로 구성하는 것이 기본원칙이 되고 있다.

## 판정(judgement)

상담기관에서 아동이나 장애아의 문제에 대해 그 원인과 배경을 조명함과 동시에 문제의 해결에 가장 적절한 지도와 치료의 방침을 세우는 과정이다. 아동과 장애아도 생물학적 존재인 동시에 사회문화적 존재이다. 따라서 가족이나 지역사회의 일원으로 생활을 영위하고 있는 아동이나 장애인의 문제를 이해하고 적절한 지도방침을 찾아내기 위해서 의학적 심리학적 재검사, 생육사의 조명, 가족, 학교, 지역사회 등에 관한 사회조사를 근거로 하여 다면적이고 종합적으로 진단하는 것이다.

## 판정회의(judgement conference)

아동상담소의 판정부문에서 아동의 문제를 조명하여 가장 타당하고 적절한 지도 혹은 치료의 방침을 세우는 것을 목적으로 정기적으로 실시되는 회의이다. 일반적으로 판정부문의 장을 사회자로 하고 사례담당자를 중심으로 정신과의사, 심리관정원, 상담원 등이 참가해서 각기 전문영역에서 아동과 환경의 양면에 걸친 검사나 조사의 결과에 관해 다면적이고 종합적인 검토를 행한다. 단 그 결론과 지도방침의 최종적인 결정은 조치회의에 넘긴다.

### 패거리(gang)

사회학적인 용어로서, 원래 자발적으로 형성된 구성원들이 어떤 속성을 공유함에 따라 관계를 유지하는 집단을 말한다. 이들의 속성은 나이, 인종, 근린 거주 또는 상호 유대에 의한 공통의 가치 등이다. 사회사업가와 법률기관은 종종 이 용어를 다양한 반사회적인 추구에 의해 서로를 지지하는 응집력 강한 젊은이들의 집단을 언급하는데 사용한다.

### 패널(panel discussion)

토론 및 교육훈련의 한 방법으로, 몇 사람의 토론 참가자들이 하나의 주제에 대해서 공동으로 토론하는 것을 말한다. 반면 심포지엄은 여러 명의 연사들이 각각 별개의 주제에 대해서 발표한다는 점에서 패널과 다르다.

### 패널 토의(panel discussion)

참가자 대표 또는 강사를 3 − 5명 정도 선정하여 사회자의 진행에 의해 특정문제를 중심으로 좌담회형식의 토론을 한 후 전체 참가자와 질문이나 의견을 교환하는 토의법이다. 또 전체토의 한 뒤에 다시 패널에서 토의해 최후에 사회자가 논점을 취합하는 방식도 있다. 패널 토의를 조직할 경우 발신에 공평성이 있어야 하고 참가자의 발언 시간을 충분하게 할당하는 것이 중요하다.

### 패널조사(panel survey)

패널조사는 동일 조사대상(표본)으로부터 자료를 반복적으로 수집하기 때문에 일반적인 서베이조사에 비하여 시장점유율의 변화, 소비자 구매행동의 추이 등 동적 분석을 위한 조사에 적합하다.

### 패러다임(paradigm) 01

한 학문분야의 지배적인 접근 방법이나 관점을 패러다임이라 한다. 이러한 패러다임은 연구자들로 하여금 그 분야의 현상을 바라보는 세계관을 형성해 줌으로써 문제선정과 해답의 방향과 일관성을 갖게 해준다. Thomas S. Kuhn은 이러한 패러다임이 성립된 분야의 과학활동을 정상과학(正常科學, normal science)이라 부른다.

### 패러다임 02

사물의 특징을 설명하고자 할 때, 어떤 개념적 구조나 원리에 의해 그것을 파악하는 인식의 틀. 예시모형과 비슷한 말이다.

### 패밀리 케이스워커(family caseworker)

가족복지기관에 있어서 가족케이스워크를 담당하는 전문직이며 가족원을 가족집단에 적용시키는 것과 가족집단을 원조하는데 그 특수성이 있다. 따라서 다른 케이스워커와 마찬가지로 개인원조의 기술과 함께 집단을 취급하는 기술 즉 가족진단(family diagnosis)과 가족치료(family treatment)에 대한 전문적 지식과 면접기술을 가지고 있어야 한다. 그리고 단순히 가족원을 대상으로 하는 케이스워크에 있어서도 그것을 가족케이스워크에 원칙에 의해서 원조할 것인가 아니면 개별사업의 원리에 입각할 것인가 하는 문제가 있다.

### 퍼블리시티(publicity)

매스컴 보도기관에 정보나 기사를 제공하는 활동이다. 광의로는 홍보와 동의어로 쓰일 때도 있다. 관공서 · 기업체나 단체가 자기에게 유리한 정보를 매스컴 · 정보기관에 제공, 기사로서 보도하게 하는 것은 다른 사람의 비용과 이름으로 하기 때문에 유리하다. 따라서 제공하는 내용에 공공성이 있고 또 진실할 필요가 있다. 방법으로는 기자 회견, 자료배포, 랙쳐, 수시연결, 행사통지 등이 있다.

### 퍼스낼리티(personality)

인격, 성격으로도 번역될 때가 있으나 성격은 엄격한 의미에서는 퍼스낼리티에서 지능, 기질을 뺀 의지적인 면만을 뜻한다. 이것은 일반적으로 인격으로 통용되고 있으나 성격과 동의어로 사용되고 있다. 퍼스낼리티의 정의는 학자에 따라 강조하는 것이 각기 다르지만, 최근에는 퍼스낼리티를 여러 특성이 서로 역동적 관계를 맺고 있는 구조로서 이것을 환경의 장에서 이해하려고 하고 있다. 즉 퍼스낼리티란 생활공간 내에서 개체가 존재하는 양식, 행동양식을 뜻하며 타인과는 다른 특징적인 것을 말한다. 그리고 퍼스낼리티의 형성은 유아기의 경험이 대단히 중요한 것으로 강조되고 있다.

### 퍼지이론

진위, 즉 참과 거짓을 명확하게 구분하기 힘든 개념을 다루는 시스템의 연구. 퍼지란 원래 애매모호한, 경계가 명확하지 않은 이라는 뜻이다. 퍼지이론은 불확실함의 양상을 수학적으로 다루는 이론이며, 캘리포니아 대학의 LA 더디가 제안한 퍼지 집합의 개념이 그 기초가 되고 있다. 모든 것을 진과 위로 명확히 구분하는 이율배반의 논리에 따르는 현재의 컴퓨터로는 사람 말의 뜻, 즉 자연언어의 의미를 올바르게 파악하여 인간과 마찬가지로 추론 연상을 한다는 것은 곤란하다. 그래서 진위를 명확하게 구분하기 힘든 개념을 다루는 시스템의 연구가 퍼지 시스템의 이론 또는 퍼지 이론으로서 인공지능이나 지식 처리의 연구와는 별도의 관점에서 계속되어 왔다. 퍼지 이론의 응용은 주로 지식 공학이나 프로 세스 제어 등의 분야에서 시도되고 있다. 가령 지하철의 자동 운전 장치에 운전자의 노하우(know how)가 퍼지 제어 규칙의 형태로 짜여져 있어, 효율적이고 승차감이 좋은 운전 제어를 실현하고 있는 것 등이다.

## 퍼트(PERT : 프로그램 평가 · 검토기법)

목표와 관련하여 조직관리에서 보통 사용되는 합리적이고 체계적인 절차로서 프로그램 평가 및 검토기법(program evaluation and review technique)을 말한다. 이것은 프로그램의 목적에 따라 수행되어야 할 필요가 있는 모든 활동, 각각의 활동이 요구하는 시간, 활동이 실시되는 절차, 필요한 자원 등을 지시해주며 전 직원이 알도록 하기 위해 도표화되어 게시되기도 한다.

## 펄만(Perman, Harris)

미국의 사회학자, 전공은 개별사회사업. 시카고와 뉴욕에서 가족복지 사업의 실무 경험을 쌓은 뒤 1940 – 1945년까지 뉴욕사회사업학교(콜럼비아대학 사회사업대학원)의 강사로 근무했으며 1945년 시카고대학 사회사업행정대학원으로 옮겨 1971년까지 교수로 재직하였다. 그 동안 개별사회사업에 관한 많은 저서와 논문을 발표하였고, 특히 역할이론 등의 사회과학이론을 도입하여 문제해결적 접근방법을 체계화시켰다. 주저로 'social casework : a problem solving process(1957)' 가 있다.

## 페미니즘(feminism)

이 단어는 여성 혹은 여성적인 것을 의미하는 female에 어원을 두고 있는 용어로, 여성 중심적 및 여성성 지향 등의 의미를 내포하는 여성존중의식을 나타낸다. 인류의 역사 이래로 남성 중심적으로 조명되어 온 인간 삶에 대한 관점을 넘어 여성의 활동과 삶을 우선적으로 부각시키고, 궁극적으로는 남녀 평등한 사회를 지향하기 위한 관점, 활동 및 운동 경향을 말한다. 자유주의에 기반을 두고 있으며 19세기 중반에 시작된 여성들의 참정권 운동이 그 출발점이 된다.

## 페스탈로찌 (Pestalozzi, Johann Heinrich)

스위스의 교육가. 루소의 영향을 받았으며 생애를 노이호후, 슈탄츠 등에서 가난한 아이들의 교육과 구제에 바쳤다. 빈민구제나 사회개혁의 기초는 정신의 자율과 순화이며 교육은 순수한 인간성의 각성과 도야를 목적으로 한다. 도야되어야 할 아동의 능력은 머리 · 마음 · 손이다. 마음의(도덕적 · 종교적) 도야에서는 모자관계를 중시하고 손의 노동작업 교육을 인간 도야의 근본원칙으로 삼았다. 주저에는 'abendstunde eines einsiedlers(1780)', 'wie gertrud ihre kinder lehrt(1801)', 'schwanengesang(1826)' 이 있다.

## 페어 · 쉐어 플랜(fair share plan)

각 개인의 소득상응에 따라 기부를 구하는 모금방법으로 미국이나 캐나다 등의 공동모금운동에서 주로 법인모금, 직역모금에서 쓰고 있는 형태를 말한다. 개인은 연간소득 수준에 따라 또는 법인은 업종, 자본금, 종업원 수, 수익률 등을 감안해서 기부액의 기준표를 작성한다. 거기에 따라 개개의 법인, 직장에 절충해서 기부자와 공동모금 사이의 기부계약을 성립시키는 방식을 취하고 있다. 또 미국이나 캐나다에서는 이 계약이 성립되면 개인적인 기부자의 경우에는 급여에서 자동적으로 기부금액이 지불된다.

## 페어 딜(Fair Deal)

경제통제 · 사회보장의 확충, 태프트 하틀리법의 폐지, 농산물가격유지정책의 존속 등을 주장한 미국 트루먼행정부의 기본정책을 말한다. 1949년 트루먼대통령이 최초의 연 두교서에서 "미국국민은 정부의 공정한 처리(Fair Deal)를 기대할 권리가 있다"고 선언한 데서 연유하는 이 정책은 제2의 뉴딜(The Second New Deal), 새로운 뉴딜(New New Deal)로 불리기도 했다.

## 페이비언주의(Fabianism)

1884년 영국에서 결성된 페이비언협회(Fabian society)의 주장을 말한다. 페이비언협회는 1883년에 만들어진 윤리적 이상주의적 단체인 신생활우애협회를 계승해서 시드니 · 웹, 버나드 · 쇼 등의 지도로 발전되었다. 페이비언주의는 토지와 산업자본을 개인이나 계급적 소유에서 해방해 공유화함으로서 사회를 재조직할 것을 목표로 개량주의적 입장에 서서 의회제 민주주의, 민주국가에 의한 산업관리, 운영에 근거한 점진적인 사회주의로의 이행을 주장했다. 영국 사회주의 운동뿐 아니라 영국사회전체, 또 사회복지, 복지국가의 성립에도 큰 영향을 주었으며 영국노동당의 정책형성에도 기여했다.

## 페이스 시트(face sheet)

케이스 기록의 제1회에 해당하는 부분으로 케이스를 일목요연하게 정리하여 한번에 파악할 수 있도록 항목으로 구성되어 있다. 그 항목은 기관에 따라 다르지만 공통적으로 ①클라이언트의 속성과 가족 상황, ②업무에 필요한 사항, ③케이스에 관해 반영구적으로 불변하는 객관적 사실 등이다. 이들을 기재하는 데는 정확하게 기입하고 변경하는 경우에는 변경일시를 확실하게 기록하는 것이 중요하다.

## 편견(bias) 01

개인이 특정 집단 개인, 사상 등에 관해 긍정적이거나 부정적인 입장을 갖는 것으로 감정에 영향을 미칠 수 있는 태도. 또 조사에서 편견은 부적절한 표집(sampling), 통계도구 혹은 조사도구의 오용, 혹은 다른 부적절한 방법 때문에 어느 한쪽 방향으로 기우는 결과를 초래하는 경향이 있다.

### 편견(prejudice) 02

어떤 인종적 또는 민족적인 집단의 구성원(개인)에 대해 그 개인의 개성이나 특성과 관계없이 그 집단의 구성원이라는 사실만을 기초로 하여 나타내는 부정적 혹은 긍정적 평가나 태도를 말한다. 특히 부정적인 편견은 특정 집단의 구성원들에 대해 부적절한 예단 혹은 행동을 하게 만들 가능성을 증가시킴.

### 편견 03

어떤 집단의 대부분의 성원이 공통으로 가지고 있는 견고한 집단태도로서 논리적 · 객관적인 근거가 없는 의견판단 및 태도를 말한다. 이것은 논리적인 비판이나 설득에 의해도 쉽사리 바뀌지 않는다. 선입관(bias)은 소문이나 타인의 의견에 의해 형성되며, 논리적인 설득이나 비판에 의해 변용 혹은 타파된다. 편견은 이러한 선입관이 어려서부터 형성되어 굳어버린 것이다.

### 편의표출(convenience sampling)

연구자가 손쉽게 얻을 수 있는 구성원을 선택하여 표본으로 삼는 비확률표본추출 방법을 말한다. 이 방법은 표본추출오차가 크고 과학적인 통계방 법으로 설득력이 약하나, 모집단의 성격을 개략적으로 알아보기 위한 연구 등에 사용될 수 있다.

### 편익 −비용비(benefit −cost ratio)

비용의 현재가치(present value)에 대한 편익의 현재가치의 비율을 말한다. 가장 일반적으로 이용되고 있는 경제적 능률성의 척도이다. 대안의 분석에서 적절한 사회적 할인율(social rate of discount)이 적용되었을 경우, 편익−비용비가 1보다 큰 투자사업은 타당성이 있는 것으로 판단된다. 현재가치는 미래에 발생할 편익과 비용을 할인한, 현시점의 시간적 가치를 말한다.

### 편집(editing)

편집은 자료정리의 첫 단계로서 조사원 자신에 의한 편집과 편집자에 의한 편집이 있다. 편집의 내용으로는 ①지정한 조사대상에 관한 조사표가 확보되었는지 여부를 검토하고 ②조사표 중에 누락된 항목의 유 · 무를 색출하고 ③기입이 불완전한 문자를 정정하고 ④회답기 입법을 통일하고 ⑤계산의 착오를 검출하고 ⑥오기나 부정기입을 검출하고 ⑦계산치나 추정회답을 기입하고 ⑧특정된 표본대상과 실제의 조사대상을 대조하여 확인하고 ⑨조사결과를 검토하여 기입이 빠져있거나 불비된 점을 곧 보충하고 ⑩변수의 명칭, 정의, 측정단위 등을 검토하고 ⑪각 사례를 비교 · 검토하고 ⑫비교대상이 될 수 있는 다른 관계자료와 각 변수의 자료를 비교 · 검토하고 ⑬수집된 자료에 있어 누락 자료를 확인하는 것이다.

### 편집장애(paranoid disorders)

지속적인 피해망상 혹은 망상적 질투로 특징지어지는 정신장애의 하나로 정신분열증(schizophrenia : 편집형), 기질적 정신장애(organic mental disorders), 성격장애(personality disorders) 등에서 비롯되는 것은 아니다. DSM −Ⅲ에 따르면, 편집장애의 유형에는 편집증(paranoid), 공유성 편집장애(shared paranoid disorder : 유사한 망상을 지닌 다른 사람과의 관계를 통해서 발전된 망상), 급성 인격장애(acute personality disorder : 6개월 이내에 발생하는 피해망상), 비정형 편집장애(atypical paranoid disorder)가 있다.

### 편집증(paranoid)

정신장애의 하나로서 가장 현저한 특성은 지속적이고 완고하게 의심하고 피해망상(delusion)을 갖는 것이지만 사고체계는 분명하다. 이 장애는 편집장애(paranoid disorders)로 분류되며, 정신분열증(schizophrenia(편집형))이나 편집형 성격장애(paranoid personality disorders)와는 다르다.

### 편집형 사고(paranoid ideation)

감시나 미행을 당하고 있고, 누군가가 나에 대해 이야기하고 있으며 피해받고 있다고 끊임없이 의심하는 것이다. 이러한 행동은 정신분열증(schizophrenia : 편집형), 편집장애(paranoid disorders) 및 편집형 성격장애(personality dis − order) 등의 정신장애에서도 나타날 수 있지만 반드시 나타나는 증상은 아니다.

### 편차(deviation)

한 변량이 어떤 중심위치의 측도와 다른 정도를 나타내는 양이다.

### 편파적 중재(side −taking)

가족치료자들이 자주 사용하는 방법으로 역기능적인 체계의 균형을 깨뜨리거나, 양쪽의 교착상태를 깨뜨리기 위해 의도적으로 한쪽 편을 들어주거나 두둔하는 것이다.

### 편향(Bias)

실제의 상태와 다르게 나타나는 평균적 차이를 통칭하여 나타내는 용어이다. 가령 추정량의 편향이라 함은 추정량의 평균과 모수의 참값과의 차이를 뜻한다.

### 평가(evaluation)

어떤 대상의 가치를 정하는 것이다. 특히 다른 것과 비교하여 가치의 크기를 정하는 것이다.

### 평가설계(designing evaluations)

평가연구에서 제기할 질문들을 정리하고, 이들 질문들에 대답할 방법론적 전략을 발전시키며, 자료수집 과정에서 직면할 문제들과 장애요인들을 예견하고 기술하는 자료수집 계획을 작성하고, 바람직한 정보를 산출할 수 있는 구체적인 자료분석계획을 작성하는 활동을 말한다.

### 평가성 사정(evaluability assessment)

정책사업이 전제하고 있는 가정들(assumptions)의 합리성을 정책사업의 목표에 비추어 평가하고, 프로그램 활동들이 정책목표 달성에 적절하고 기술적으로 가능한지 등을 평가하는 것을 말한다. 평가성 사정은 본격적 평가 의 실행가능성과 영향평가를 실시해야 할지의 여부 등 공식적 영향평가의 유용성을 검토하기 위한 예비평가로 실시되기도 한다.

### 평가자 간의 신뢰도(inter-rater reliability)

체계적 연구에서, 다른 사람들이 동일한 관찰에 비슷한 점수를 주는 정도. 가령 한 연구원이 기관의 모든 사회사업가들에게 클라이언트의 문제에 대한 일관된 목록을 주고서, 그 문제들 중 가장 먼저 다루어야 하는 것을 꼽으라고 요구한다. 사회사업가들이 즉시 같은 문제점을 지적한다면 이 문제는 '평가자의 높은 신뢰도'(high Inter-rater reliability)를 가진 것으로 묘사될 것이다.

### 평가적 기능

평가란 일정의 실천적 입장에서의 현실의 판단으로 과학의 추상과는 구별되는 것이다. 사회적 현실에 대해 사회복지의 대상자와 사회사업가가 협력해서 일정의 판단을 하는 일 자체가 사회복지의 목표를 달성하는 수단이라는 의미다. 케이스워크의 사회진단이나 단체 활동 등에서 사회진단을 하는 것과는 구별되어야 할 것이다. 사회제도나 사회적 시책의 계획·운영에 대한 생활자로서의 다양한 주민의 요구는 그들에 대한 평가의 결과이기 때문에 주민요구를 사회적 시책에 현실화시키려는 예방적 사회복지, 개발적 사회복지를 성립시키는 것이 이 평가적 기능이라 할 수 있다. 이 기능을 다하는 수단은 민주의 생활자로서 자각을 촉구해 주민이 그 입장에서 지역사회를 판단하는 과정을 원조하는 일이다. 이 사회복지평가의 내용·방법을 어떻게 할 것이냐는 이론상 중대한 과정이다.

### 평가조사(evaluation research)

어떤 특정 프로그램의 성공 여부를 결정하기 위한 체계적인 연구. 가령 한 사회사업 연구자는 시민들이 반빈곤 프로그램을 받기 전과 후에 해당시의 영양실조 발생률을 연구할 수 있다.

### 평균(mean)

일반적으로 평균(average)은 어떤 값들의 집합의 적절한 특정을 나타내거나 요약하는 것을 의미한다. 이 의미로서는 중앙값과 최빈수를 포괄한다. 보다 축소된 의미로서의 평균은 그 집합의 모든 값을, 가령 산술평균이나 기하평균과 같이 합성하는 것이다. 통상 평균이라는 용어는 산술평균을 이야기하는 것으로 이해할 수 있다.이와 유사하지만 통계집단의 특성을 한 개의 수치로 나타내는 대표값의 일종인 평균(mean)이 있는데, 여기에는 평균값을 얻는 방법에 따라 산술평균, 기하평균, 조화평균이 있다.

### 평균 소비성향

한 가구가 벌어들인 소득 중에서 얼마만큼을 소비지출하는가를 나타내는 지표. 전체 소득에서 세금 등 비소비지출을 빼면 개인이 직접 처분할 수 있는 가처분소득이 얻어지는데 평균소비성향은 소비지출액을 가처분소득으로 나누어 백분율로 계산한다. 특히 가처분소득중에서 지출되지 않은 나머지 혹자부분은 저축되기 때문에 평균소비성향과 가계저축률을 합치 면 항상 1백%가 된다. 그러나 평균소비성향은 소비지출이 급증하더라도 가처분소득이 더 크게 늘면 하락할 수 있으므로 신중한 판단이 필요하다.

### 평균(mean)

중심경향 측정(measure of central tendency)으로 산술평균을 나타내며, 해당 점수를 더한 합을 그 점수들의 개수로 나눈 값이다. 가령 기관에서 1주일 동안 클라이언트에게 할당된 시간을 알고자 한다면, 사회사업가들이 1주일 동안 클라이언트를 상담한 시간을 모두 더한 값을 일주일 동안 상담한 클라이언트의 수로 나누는 것이다.

### 평균가동률

특정시점의 가동률수준을 파악하기 위한 자료로 통계청에서는 매월 가동률계절조정지수에 기준년도(2000년)의 기준가동률을 곱하여 산출하고 있다. 현재 제조업전체에 대한 평균가동률만 산출하고 있고 업종별(산업중분류 이하)로는 가동률지수만 산출하고 있다.

### 평균소비성향(average propensity to consume)

가처분소득 중 가구에서 지출하는 가계비의 정도를 나타내는 지표이다. ★평균소비성향 = 최종소비지출 / 국민총가처분소득.

### 평균수명(longevity)

어떤 연령의 사람이 평균하여 앞으로 몇 년 살 수 있는가를 그 시점에서의 사망상황을 바탕으로 통계적으로 추계되는 평균여명을 말한다. 평균수명은 사회학적, 예방의학, 치료의학을 비롯하여 생활환경수준 등의 하나의 평가

척도로 쓰여진다.

## 평균열량

1인 1일당 평균열량(㎉)은 각 식품별로 그 공급량(식용공급량)을 당해년도 총 인구(연앙추계인구)로 나누어 얻은 1인당 연간공급량을 365일로 나누고, 여기에 농촌진흥청의 식품분석표를 이용한 각 영양가 성분률(열량)을 곱하여 산출한다.

## 평균치(mean or average)

집중경향지의 하나로서 한 집단에 속하는 모든 점수의 합(合)을 이 집단의 사례수로 나누어 준 값. 일반적으로 평균이라고 하면 집중경향치 중의 어느 하나, 또는 대표치를 말하는 수가 있으므로 이를 엄격히 구별하기 위하여 산술평균이라고 부른다. 가령 한 집단 내에 5개의 사례가 다음과 같이 3, 5, 8, 10, 14의 값을 가질 때, 이 집단의 점수 합은 40이므로 산술평균은 8이 된다. 일반적으로 한 집단의 사례라고 하고, 각 사례의 점수를 1, 2, 3, …이라고 하면 산술 평균 는 다음과 같이 나타낼 수 있다. 추리통계에서 전집의 평균과 표집에서 얻어진 평균과의 구별은 중요하므로 표집에서의 평균은 (또는, )로 표시하고, 전집의 평균은 (무유)로 흔히 표시한다. 산술평균은 다른 집중경향치 중에 가장 대표적인 것으로 다음과 같은 특징을 가지고 있다. ①평균치로부터 모든 점수차의 합은 0이 된다. ②평균을 중심으로 얻어진 편차점수의 곱의 합은 다른 어떤 값을 기준으로 얻은 편차점수의 제곱의 합보다 항상 적다. ③평균은 점수분포의 균형을 이루는 점이 된다.

## 평균편차(average deviation or mean deviation) 01

산술평균으로부터 각 관찰치까지의 거리의 평균을 말한다. 관찰치들의 분포가 평균치로부터 얼마나 흩어져 있는가를 나타내는 지표 가운데 하나다. 분포의 정도를 나타내는 그 밖의 방법으로는 범위(range)·표준편차(standard deviation)·분산(variance) 등이 있다.

## 평균편차 02

변산도지수의 하나로서 한 집단의 산술 평균으로부터 모든 점수까지의 거리의 평균, 평균차를 D라고 하면 다음과 같이 나타낼 수 있다. 평균으로부터 편차점수의 합은 0이므로 이를 방지하기 위하여 절대기호를 사용하고 있다. 이 변산도지수는 이해하기 쉽고 계산이 편리한 장점을 갖고 있어서 매력적인 지수로 보이지만 수리적인 조작에 한계가 있고, 다른 통계치와의 관련성이 적으므로 현재에는 별로 활용되지 않고 있다.

## 평등(equality) 01

꼭같은 원칙에 따르거나, 같은 처지에 있는 사람을 꼭같이 대접하는 것을 의미한다. 평등은 권력·부·명예 등 사회적 가치의 분배 원칙 또는 기준과 관련되어 중요성을 지닌다. 많은 사상가들이 제시한 공평한 분배의 원칙 속에는 평등과 불평등의 두 원리가 공존하고 있다. 즉 인간의 존엄성, 인간으로서의 가치 등에 대한 인식에 바탕을 둔 절 대평등과, 각자의 잠재적·후천적 능력과 기여도 및 필요의 상이성에 바탕을 둔 상대적 평등, 즉 정당한 근거에 기반한 불평등이 그것이다.

## 평등 02

신분·성별·재산·종족 등에 관계없이 인간의 기본적인 가치는 모두 동등하다는 뜻. 동일성과 공정성으로 구분, 해석될 수 있으며, 동일성과 같은 의미로 해석할 때, 이것은 인간을 대우하는 기본적인 양식을 지칭한다. 즉 인간은 빈·부·귀·천의 차이 없이 누구나 동일하게 태어났으며, 따라서 그들의 대우에 있어서 차별이 있을 수 없다. 동일성에 따르면, 평등이란 동질적인 면을 고려하여 동일하게 대우하는 것이다. 그러나 동질성은 범주(category)에 의해 달리 규정될 수 있으며, 궁극적으로 어떤 인간도 타인과 완전히 동일할 수 없으므로 동일성에 의한 정의는 평등의 준거를 소극적으로 제시할 뿐이다. 평등을 공정성으로 파악할 때는, ①평등을 전제한 규정과 실천은 정당한 규칙에 따른 것이어야 하며, ②그 규칙은 대상의 특성을 정확히 파악하여 그것의 적절성에 비추어 적용되어야 한다. 즉 공정성은 어떤 결과가 평등하냐의 문제에 관한 것이 아니고, 어떤 과정이 평등을 만족시키느냐에 관한 것이다.

## 평등 03

사회적 차별의 반대 개념을 말한다. 원시공산주의 사회에서는 성원간의 형식적·실질적 평등이 보장되어 있었다. 그러나 노예제 사회나 봉건 사회에서는 상이한 계급·신분에 속하는 인간 사이의 평등은 형식적으로도 실질적으로도 존재하지 않는다. 다만 같은 계급사회라고 하더라도, 봉건적 신분제도를 타파하여 등장하는 근대 자본주의 사회에서는, 이 사회의 구조적 특질을 반영하여, 개개인은 〈사인〉으로서도, 〈공민〉으로서도, 형식적으로는 평등하다고 생각된(〈본래의 권리에 있어서의 평등〉과 〈법 앞에서의 평등〉). 그러나 생산수단의 소유자인 자본가와 무소유자인 임금 노동자와의 사이에는, 생산 과정에서도 분배 관계에서도 실질적인 불평등이 관찰되고 있다. 공산주의의 저차의 단계에서는 계급적 불평등은 소멸해 가지만, 〈각자의 노동에 따라서 각자에게로〉라는 분배 원칙이 적용되기 때문에, 분배의 실질적 불평등은 없어지지 않는다. 사회 성원간의 완전한 실질적 평등을 위해서는 정신노동과 육체노동, 도시와 농촌의 차이의 해소를 포함한 고차적 단계의 공산주의의 도래가 필요하다(맑스).

### 평등 04

기본적인 사회사업 가치의 하나. 개인들은 서비스, 자원 그리고 기회에 평등하게 접근해야만 하고, 모든 사회제도, 교육제도 그리고 복지제도에 의해 동일하게 처우 받아야 한다는 원리이다.

### 평등권(equal rights)

평등권이라 함은, 모든 사람은 법 앞에 평등하다는 것이 내용으로 되어 있는 권리를 말한다. 모든 인간은 어떠한 사회적 환경에 있어서 인간으로서의 가치는 똑같고 평등한 존재라는 것이 민주주의 사상의 가장 본질적인 내용을 이루는 것이다. 그래서 근대헌법은 예외 없이 평등권을 인정한다. 대한민국헌법도 '모든 국민은 법 앞에 평등하다. 누구든지 성별·종교 또는 사회적 신분에 의해 정치적·경제적·사회적·문화적 생활의 모든 영역에 있어서 차별을 받지 아니 한다'(헌법 제11조1항)고 규정하고 있다.

### 평등주의(equalitarianism)

모든 인간은 그 본질적 가치에 있어 동등하고, 사회에서 권리나 위세를 획득할 균등한 기회를 갖는다는 신념. 인간은 모두 다르기 때문에 모든 인간이 평등하다는 생각은 특별한 방식의 정당화를 필요로 한다. 평등주의 이념을 최초로 전개한 스토아학파(Stoicism)는, 모든 인간은 덕(德)에 대한 동등한 능력을 갖춘 이성적 존재로서 천성적으로 평등하다고 보았다. 중세에는 인간은 평등하지 않다는 생각이 널리 퍼져 있었으나, 17세기의 로크(J. Locke)·홉즈(T. Hobbes) 등의 평등사상을 거쳐, 18세기의 콩디아크(E.D. de Condillac), 헬베시우스(C.A. Helvetius) 등에 의해 인간은 무한한 잠재력을 가지고 태어난다는 점에서는 모두 동등하나, 환경과 경험의 차이가 불평등을 야기시킨다고 주장되었다. 루소(J.J. Rousseau)는 문명과 이에 따른 인위성이 사회적 불평등을 낳는다고 보고, 계약에 의한 불평등의 시정을 주장하였다. 근대 사회에서 경제적·사회적·정치적 불평등은 사회적 기회의 참여에 있어서 동등한 자격을 부여해야 한다는 기회균등의 이념을 고조시켰고, 특히 교육의 기회균등을 통해 이러한 불평등을 해소할 수 있다는 신념을 낳게 되었다. 그러나 오늘날 급진적 교육학자들은 평등주의가 갖고 있는 신념을 환상 혹은 순진한(naive) 생각일 뿐이라고 비판하고 있다.

### 평생교육(life—long education) 01

유아기에서 시작하여 노년기에 이르기까지 평생에 걸친 교육. 학교교육과 사회교육을 동시에 포괄하는 개념으로, 오늘날 대부분의 국가가 평생교육 이념 하에 교육체제를 재정립하는 과정에 있다. 평생교육이 세계적인 관점에서 논의되기 시작한 것은 제2차 세계대전 이후 유네스코를 중심으로 한 활동에서 연유되었다. 평생교육의 교육이념이 정식으로 유네스코에서 채택된 것은 제3차 성인교육 국제회의(1972년, 동경에서 개최)에서였다. 이 대회에서 33개 항목으로 구성된 건의서가 받아들여졌는데, 그 중에는 "성인교육은 평생교육에 통합된 분야로 보아야 한다." 항목이 포함되어 있다. 우리나라에서는 1973년 8월에 유네스코 한국위원회가 주최한 세미나에서 평생교육의 기본이념과 전략이 토의되고 건의서가 채택되었다. 평생교육의 어원은 프랑스어 education permanente에서 연유되었으며, 그 용어는 본래 의미가 충분히 표현되기 위해서는 통합의 의미를 고려하여 life—long integrated education으로 번역되어야 할 것이다. 평생교육의 기본 철학은 전통적 학교교육에 대한 의문에서 제기되었고, 그 이론적 틀은 사회변동, 생의 주기와 그 질적 내용 및 계속 통합교육의 세 측면으로 구성되어 있다. 평생교육의 목적은 개인의 신체적·인격적인 성숙과 사회적·경제적·문화적인 성장 발달을 전 생애를 통해 계속시키는데 있으며, 이러한 평생학습의 기회는 삶의 현장에서 언제, 어디서, 어떤 방법으로든지 이루어질 수 있다는 신념에 근거하고 있다. 교육이 학교교육뿐만 아니라 가정교육 사회교육 등을 망라하여 연령에 한정을 두지 않고 전 생애에 걸친 교육으로 조직되어야 한다는 교육관으로 1967년의 유네스코 성인교육회의에서 제창된 교육론이다. 우리 헌법은 이를 받아들여 '국가는 평생교육을 진흥해야 한다.'고 규정, 그 제도와 운영 및 재정 등에 관한 사항은 법률로 정하도록 하고 있다.

### 평생교육(continuing education) 02

교육이 가정교육·학교교육·성인교육 등을 망라하여 학령기뿐만 아니라 전 생애에 걸친 교육으로 조직화되어야 한다는 교육관. 기술혁신에 따른 생활양식의 변화, 산업계의 요청에 의한 노동력의 재활용, 여가의 증가 등을 배경으로 1965년 파리에서 개최된 유네스코 성인 교육추진위원회에서 P. 랑그랑이 제창하였고, 이어 1970년 유네스코가 제정한 '세계교육의 해'의 기본이념으로 채택된 후 전 세계에 보급되기 시작하였다. 우리나라에서는 1960년 10월 23일 헌법 29호 5·6항에 국가의 평생교육 진흥의무를 규정, 평생교육제도를 수립하기 위한 법적근거를 마련하였다.

### 평생교육 03

실무분야에 필요한 공식 교육자격을 이수한 사회사업가와 기타 다른 전문가들이 받는 훈련. 대부분의 전문직은 그들의 성원이 어떤 일정한 기간 안에 특수한 추가훈련에 참여함으로써 최근 지식에 따라갈 것을 요구하고 있다. 가령 사회사업가들을 위한 국가면허위원회는 사회사업가들에게 자격을 갖춘 학문적 혹은 전문과정을 성공적으로 이수함으로써 일정 정도의 CEUs(평생교육단

위 : continuing education units)를 획득하도록 요구하고 있다.

## 평생교육원

일반여성들의 사회교육을 담당하고자 개설된 학교. 이화여대가 처음으로 1984년 봄 학기부터 개설하여 주부, 사무직·생산직 근로여성들을 위해 교양교육, 사무직교육, 야간강좌, 유학영어 총정리 등의 강의를 개설하여 현직 이대교수와 정년퇴직교수, 전문가들이 강좌를 맡는데 중년여성들의 자기계발을 위한 기회, 기존 취업여성들의 재교육에 기여하고 있다.

## 평정척도(rating scale)

평정자가 타인(또는 자신)에 대한 판단을 척도에 의해 정의된 특성들 상에 기록할 수 있도록 만든 도구이다.

## 평준화방식

공적연금의 재원조달방식의 한 형태로 국가의 경우는 각종공제조합의 장기연금으로 채택되어 있다. 보험료(율)의 방식에 여러 가지가 있지만 공제조합연금의 경우에는 재정방식으로서 가입연령방식을 채택했기 때문에 정상비용에 맞는 보험료를 가리키고 있다. 또 연금급여는 제도발족시에는 소액이었지만 시간의 경과로 증대해 일정수준에 달한다. 이 일정수준을 갖도록 산정된 보험료(율)이 평준보험료(율)이다. 이상을 통합해 평준화방식이라고 한다.

## 평행봉이론(the parallel bars theory)

영국의 벤자민 그레이(Benjamin Gray)에 의해 제창된 이론으로 국가나 민간이 행하는 원조는 각각 다른 범주에 속하는 케이스를 담당하고 있다고 하더라도 두 가닥이 평행한 봉으로 밝게 되어질 의무와 역할을 맡고 있다고 주장한다. 공적 구제를 주로 하는 민간사회사업 간의 기능평행관의 입장이다. Webb부처의 계속투입 사다리이론과 더불어 공·사 사회복지사업의 대표적 이론이다.

## 평형상태(equilibrium)

힘을 부과하여 요소들이 균형을 찾도록 할 때 체계이론(systems theories)에서 사용되는 개념을 말한다. 또 각 변수가, 다른 변수에서 어떤 상쇄나 동등한 변화를 요구하기에, 곧 끊임없이 변화하기 때문에 진정으로 이룰 수 없는 상태나 조건이다.

## 평화봉사단(Peace Corps) 01

1961년에 케네디 대통령이 창설한 연방 프로그램으로서, 미국의 자원봉사자들을 2년간 개발도상국에 보내서 300가지 이상의 기술 특히 농업, 천연자원 개발, 과학 및 공행정 등에 관한 훈련을 받도록 하거나, 훈련시켜 개발도상국에 2년 동안 보내는 것을 말한다. 1971년 평화봉사단은 미국빈민지구봉사단 VISTA, 조부모 양연(foster grandparents) 및 자원봉사활동국(office of voluntary action)과 함께 이 모두를 포함하는 액션(ACTION)이란 기관의 산하로 들어갔다.

## 평화봉사단 02

저개발국 원조정책의 일환으로 미국 케네디 대통령이 1961년 창설한 단체. 학교 교육, 말라리아 퇴치 및 보건위생사업, 농촌의 생활개선, 산업계획과 건설공사, 행정사무 등의 사업을 목적으로 설치했다.

## 평화와 통일을 위한 남북나눔운동

1994년 1월 설립되어 남북이 경건과 절제의 신앙적 기초 위에 영적, 물질적 자산을 나누고 공유하며 민족의 화해와 평화통일에 기여함을 목적으로 여러 지원 활동 외에 다양한 학문 연구를 통해 북한에 대한 왜곡된 시각과 정보를 바로잡고 균형잡힌 통일논의를 전달하는 교육서비스도 함께 제공하는 단체.

## 폐경(menopause)

중년 여인이 더 이상 월경을 하지 않음으로써 나타나는 생리적 과정으로, 어떤 여성에게는 호르몬의 변화가 생리적, 심리적 증상을 유발하기도 한다.

## 폐기관장애(pulmonary disorders)

허파로 산소를 흡입하고 이산화탄소를 배출하는 능력이 감퇴하는 것과 관련된 일단의 질병. 이러한 질병에는 기관지 천식, 기종, 폐렴, 만성폐색성폐질환(COPD : chronic obstructive pulmonary disease), 급성 호흡장애 증후군(acute respiratory distress syndrome) 등이 포함된다. 이러한 증세들은 그 원인이 매우 다양하며, 흡연, 호흡기 계통의 부상과 기도 폐색증(obstructions of the airways) 등으로 나타난다.

## 폐쇄(closed system)

체계이론(systems theories)에 따르면, 현상태를 유지하고 변화를 억제하는 자기 유지 체계. 가령 폐쇄가족 체계는 가족구성원이 아닌 사람들과는 비교적 관계를 맺지 않고 가족신화(family myths)와 어긋나는 관념들은 거의 용납하지 못하며 외부와는 최소한의 상호관계만을 유지한다.

## 폐쇄가족(closed family)

가족성원들 사이의 관계는 매우 상호의존적이지만 가족성원이 아닌 사람과는 관계를 맺을 기회가 거의 없는 가족구조.

## 폐쇄집단(closed group)

집단이나 단체의 구성과 관련하여 가입 및 참여의 기회가 없거나 닫혀 있어서 외부인들이 마음대로 가입하거나 참여할 수 없는 집단을 말한다. '폐쇄된 집단' 이라고도 한다. 한편, 폐쇄집단과는 달리, 가입 및 참여의 기회가 열려 있어서 외부인들이라도 본인이 원하는 경우에는 언제든지 가입하거나 참여할 수 있는 집단을 개방집단(開放集團)이라고 한다.

## 폐쇄체제(closed system)

조직이 외부환경으로부터 차단되어 있어 체제 내의 부분요소 들이 외부환경으로부터 아무런 영향을 받지 않는 체제를 말한다. 즉 환경과의 교호작용이 없는 봉쇄된 체제를 말한다. 조직에 대한 환경의 영향을 도외시하는 개념적 폐쇄성(conceptual closure)에 기반한 고전적 조직이론은 분석단위를 조직내의 개인 및 하위집단에 국한하고 조직 내부의 구조와 기능만을 다룬 한계를 지닌다.

## 폐쇄형 인사체제(closed career system)

폐쇄형 인사체제란 신규 채용되는 공무원은 누구나 원칙적으로 당해 계급의 최하위직에 임용되며 상위계급은 내부승진에 의해 충원 되는 제도를 말한다. 일반적으로 폐쇄형은 계급제에 바탕을 두고 있고, 일반행정이 중심의 인사 체제를 이룬다. 폐쇄형의 인사체제는 절대주의 정치체제의 전통을 가진 국가나 사회가 다원화 되지 못하고 국가발전에 필요한 외부전문가가 부족한 후진국가에서 흔히 볼 수 있다.

## 폐쇄형 질문(closed — ended question) 01

질문지 또는 설문지를 문항구성방식에 따라 구분하면, 크게 폐쇄형 질문과 개방형 질문(open — ended question)으로 구분할 수 있는데, 그 가운데서 폐쇄형 질문은 미리 준비된 선택지들 또는 항목들 가운데서 답을 선택하도록 하거나 또는 제한된 수만큼의 단어로 답하도록 구성된 질문을 말한다. '폐쇄적 질문' 이라고도 한다. 한편, 폐쇄형 질문과는 달리, 개방형 질문은 선택지나 항목들을 미리 준비하거나 답을 일정한 양으로 제한하지 않고 응답자가 자신의 견해나 태도를 자유롭게 표현할 수 있도록 구성된 질문을 말한다. 개방형 질문은 '개방적 질문' 이라고도 한다.

## 폐쇄형 질문 02

클라이언트가 자신의 의견이나, 장식적이고 세부적인 설명이 없이 간명하고 사실적으로 특정한 정보를 밝히도록 돕고자 고안된 질문(questioning) 방식이다. 이러한 질문은 면접시간이 제한되어 있을 때 클라이언트가 주제에서 벗어나거나, 질문을 회피하거나 또는 엉뚱한 정보를 제공

하는 것 등을 방지하기 위하여 사회사업가가 사용한다. 이러한 질문은 주로 예, 아니오 또는 한 단어 응답(단답)을 요구하는 질문이다. 가령 "당신은 이번 주 학교에 매일 나갔습니까?", "당신은 언제 실직하셨습니까?" 와 같은 질문이 폐쇄적 질문에 해당한다.

## 폐질 01

고칠 수 없는 병, 또는 그러한 병에 걸린 사람. ⑩국민연금법의 목적(장애연금).

## 폐질(total disability) 02

산업재해 보상(workers' compensation)과 보험계약에 사용되는 용어로, 업무를 수행하는데 필요한 능력이 없는 상태를 말한다. 대개 업무 수행 중 입은 부상이나 건강문제 때문에 생긴다.

## 폐질(disability) 03

사학연금의 경우, 교직원이 직무상 질병·부상으로 인해 신체에 정신적 또는 육체적 훼손 상태가 지속적으로 남게된 경우를 말한다. 폐질의 정도 구분은 1급부터 14급까지의 14등급으로 구분한다.

## 포괄권위형(inclusive —authority model)

중앙정부와 지방자치단체간의 관계에 있어 포괄권위형은 지방자치단체가 중앙정부에 전적으로 의존하는 계서적 관계의 유형을 말한다. 우리 나라 혹은 과거 미국의 주정부와 지방자치단체와의 관계가 이에 해당된다. 이 유형에서 지방자치단체는 국가의 재량으로 창조될 수도 폐지될 수도 있다.

## 포괄예정보험계약

일정기간 계속하여 수출, 수입하게 될 예정인 계획상품을 예정거래총 액에 대해 개별적 신용사항의 대부분이 결정되지 않은 상태 그대로 일괄하여 보험에 붙이는 포괄적인 보험계약을 말한다. 피보험자는 일정기간 유보해야 할 전체화물에 대해 예정 보험을 특약하는 것으로서 명예 계약(honor contract)이라고 불리운다. 이 자체로서는 법적 효력을 갖는 보험계약은 아니지만, 신용있는 언더라이터(undewriter)와의 보험거래에 서는 오픈 폴리시의 경우와 같이 이용되고 있다.

## 포괄의료(comprehensive medicine)

예방에서 재활, 그 위에 건강유지·증진까지를 포함하는 광의의 의료체계를 나타내는 개념을 말한다. 근대의학의 진보에 따라 전문화, 세분화되어 고도로 발달하게 되었으나 의학의 대상인 인간을 세분화해서 인간의 전체상을 잃어버리는 경향도 생겨나 병든 장기만을 대상으로 취급하는 현대의학의 결함이 지적되게 되었다. 병

든 장기만을 대상으로 하는 치유중심의 사고에 대해 인간의 전체상 또는 그 배후에 있는 사회까지 시야에 넣는 의료의 필요성이 강조되어 이와 같은 의료 개념을 나타내는 것으로 포괄의료의 사고가 제창되기에 이르렀다.

## 포괄적 일죄

여러 행위가 범죄를 이루는 요건에 해당할 때 이 구성요건으로 인해 이루어지는 하나의 범죄를 포괄적 일죄라고 하는데 하나의 죄로 처벌되며 구성요건이다를 경우에는 가장 무거운 죄를 택한다.

## 포럼(forum) 01

토의방법의 하나로 ①소수의 발표자가 의견을 제시하고 청중이 토론에 참가해 의견을 종합하는 형식 ②공론식 토의법처럼 대립된 의견의 발표를 듣고 청중이 토의에 참가하는 방법 ③강의포럼, 영사포럼처럼 어떤 매체를 사용해 화제를 전개한 뒤 청중을 포함한 참가자들이 추가토론을 하고 방향을 잡아가는 형식 등이 있다. 지역 조직 활동에 있어서 세 번째 형식이 많이 활용되어 청중의 적극적인 발언과 참여가 성과를 높인다.

## 포럼 02

토론 참가자들에게 특정한 주제에 관한 새로운 자료와 견해를 제공하여 그 주제에 대한 관심을 높이고 문제를 명확하게 한 후, 그들 자신의 의견을 표명토록 하는 토론 및 교육 훈련의 방법을 말한다.

## 포섭

반대자를 집단 성원으로 흡수하거나 포함시킴으로써 예상되는 반대를 최소화하는 지역사회 조직가의 전략. 일단 집단의 성원이 되면 반대자는 공공 프로그램을 비판할 수 있는 힘이 약화된다. 조직 내의 반대는 그 반대자가 소수파가 되기 때문에 종종 덜 효과적이다. 이 용어는 한 사람 혹은 집단이 다른 집단의 성원으로 선임된 것을 가리키는 데도 사용된다.

## 포스트모더니즘(postmodernism)

객관주의 및 자연과학적 세계관에 입각한 모더니즘에 대한 반명 제(反命題)로 대두된, 상대주의적 · 다원주의적 세계관을 말한다. 즉 객관적 진실이 존재한다고 보는 산업사회의 세계관으로서의 모더니즘과 단절, 사회적 현실은 사람들의 마음속에 구성된다고 보는 구성주의(構成主義, constructivism) 등의 사조를 말한다. 산업사회 이후의 사회적 특성을 반영한 이러한 포스트모더니즘은 예술 · 철학 등의 영역에서뿐만 아니라, 정치학 · 사회학 등 사회과학 분야에서까지 새로운 인식론적 관점으로 주목받고 있다.

## 포용(cooptation)

조직의 안정과 존속에 위협을 미치는 외부세력을 제거하기 위한 수단으로, 조직의 지도층이나 정책결정 과정에 그러한 잠재적 위협세력을 도리어 흡수하는 것을 말한다. 언론과의 우호적 관계유지를 위해 언론계 중진을 정부요직에 발탁하거나, 환경운동가를 환경정책 부서에 받아들이는 조치 등이 이에 해당된다.

## 포진(herpes)

물집 같은 발진이 일어나는 바이러스성 전염병. 단순포진은 투명한 액체로 가득찬 물집의 재발로 나타나며, 그것이 입술 주위에 나타날 때 냉종이라 하고 입 안에 나타날 때 구강궤양이라 한다. 음부포진은 생식기 주위에 나타나는 바이러스성 전염병이다. 대상포진은 신경에 나타나는 아픈 바이러스성 전염병이며, 대개 복부에 나타나서 때때로 다른 신경계로 이어진다.

## 포퓰리즘(populism)

19세기의 Populist Movement에서 유래한 말로, 정부에 대한 국민의 통제를 요구하는 정치정향을 말한다. 즉 정치권력을 정치지도자들로부터 국민에게로 이양할 것을 요구하고, 엘리뜨에 의한 정치가 아니라 모든 국민이 참여하는 정치를 요구하는 정치적 신조를 말 한다.

## 포획모형(capture model)

정부규제에 있어, 규제기관이 규제대상 산업을 지배하기보다 오히려 그들에 의해 지배되어 포로가 되는 상황을 말한다.

## 폭력(violence) 01

대개 상해나 파괴를 초래하는 심하고 격렬한 힘과 권력의 행사. '폭력범죄'라는 용어는 살인, 강간이나 구타와 같이 신체적인 상해를 입히거나 위협을 주는 범죄들과 관련이 있다.

## 폭력 02

일반적으로 사람이 타인에 대해 부당하거나 불법한 방법으로 물리적 강제력을 행사하는 것을 말한다. 법에 따른 힘의 행사(시행의 집행, 범죄인의 체포 등)나 법이 허용한 힘의 행사(정당방위 등)는 폭력이라고 하지 않는다. 폭력이라는 개념은 일정한 법질서의 가치관점에서 부당하다고 간주되는 성격을 내포한다. 따라서 또 폭력은 사회질서를 담당하는 정치적인 권력과 구별된다. 후자는 실정법의 질서에 있어서 어떤 정통성과 조직적 통일성을 가지며, 당해 법질서에 위반하는 폭력의 억압에 힘쓴다. 봉건적 폭력 단체(깡패 혹은 정치적 파격단체 등)의 단속에 관해서는 법적으로도 사회적으로도 아무런 이론이 없으나 노동쟁의에 있어서의 폭력 행사의 한계 등에 관해서는 비상한 문제를 내포하고 있다. 그리고 초 실정법적 견지에서 권력의 폭력화가 논의되고, 그 반한 수단으로서의 폭력을 시인 또는 긍정하는 입장이 있다면 이에는 법률문제를 초월한 정치적 사회적인 근본 문제가 내재하고 있다고 할 수 밖에 없다.

### 폭로자

국민들을 속이고 위험에 빠뜨리게 하는 어떤 폐해, 즉 비윤리적 관행, 타락한 기업활동이나 정치활동을 파헤쳐 대중에게 알리는 언론인, 연설가, 대중선동가, 사회활동가들을 가리키는 용어로 미국 시어도어 루스벨트 대통령이 처음 사용했다. 이 폭로운동은 1900년에서 1915년까지 미국에서 한창이었는데, 개혁시대(Progressive Era)라고 불리는 이때에 많은 개혁을 낳았다. 현 시대상을 반영하고 있는 남용과 타락에 주목하는 사회사업가, 작가, 조사원이나 개혁의지를 가진 사람들이 이 용어를 이용하고 적용한다.

### 폭행죄

사람의 신체에 대해 폭행을 가하는 죄이다(형260 ①). 신체에 대한 일체의 불법적인 유형력의 행사를 포함하며, 그 성질이 반드시 상해의 결과를 초래할 필요는 없다. 이리하여 불법하게 모발 · 수염을 잘라버리는 것, 손으로 사람을 밀어서 높지 않은 곳에 떨어지게 하는 것, 사람의 손을 세차게 잡아당기는 것 등도 폭행이 된다. 또 구타 등과 같이 직접 행위에 의한 경우뿐만 아니라 널리 병자의 머리맡에서 소란을 피우거나 마취약을 맡게 하거나 또는 최면술에 걸리게 하는 등 사람의 신체에 대한 일체의 유형력의 행사, 즉 물리적인 힘의 행사에 한하지 않고 가령 담배의 연기를 상대방에게 뿜어 버리거나 강제로 키스하는 것도 폭행이 된다. 형법에는 폭행죄에 있어서의 폭행 이외에 세 가지 종류의 폭행이 있다. 즉 소요죄 · 내란죄 등에 있어서의 폭행과 같이 사람에 대한 것이던 물건에 대한 것이던 모든 종류의 유형력의 행사, 즉 최광의의 폭행과 공무집행방해죄에 있어서의 폭행과 같이 사람에 대한 직접적 · 간접적인 유형력의 행사, 즉 광의의 폭행 및 강도죄 · 강간죄 및 강제추행죄 등에 있어서의 폭행과 같이 피해자의 저항을 억압할 정도의 유형력의 행사, 즉 최협의의 폭행이 있다. 또 폭행은 고의가 있어야 하고 위법한 것이라야 하므로, 씨름 · 권투시합 · 프로레슬링에서의 행위는 폭행이 아니며 상대방의 승낙을 받아 시행한 최면술도 폭행이 아니다. 신문 기사에 흔히 나오는 부녀폭행은 강간을 의미하는 것으로서, 이는 까다로운 표현을 피하기 위하여 사용되는 말에 불과하고 본래의 의미의 폭행과 다르다. 폭행죄는 2년 이하의 징역 또는 500만원 이하의 벌금 · 구류 · 또는 과료에 처한다. 또 폭행죄는 이른바 반의사불벌죄로서 피해자의 명시한 의사에 반해서는 논할 수 없다.

### 표면적 타당성(face validity)

어떤 도구나 척도의 타당성(validity)을 사정하기 위한 간단한 방법이다. 연구자에게 도구가 타당한 것처럼 보이거나 그렇게 생각되면, 연구자의 전문적 판단만으로 도구가 타당한 것으로 여긴다.

### 표본(sample)

모집단(population)에서 조사대상으로 채택된 일부를 표본이라 한다. 모집단을 구성하고 있는 개체의 수가 매우 클 경우 시간적 · 경제적 문제로 인해 표본을 추출하여 연구를 수행하게 된다.

### 표본분포

표본의 관찰을 통해 모집단에 관한 성질을 추측하는 것이 표본이론이다. 통계적 관찰의 대상이 되는 집단은 일정한 개념으로 규정되는 단위의 집합이다. 이러한 집합전체를 모집단이라 한다. 표본은 모집단의 일부단위로 구성되는 모집단의 부분집합이다. 이와 같은 부분 집합은 모집 단에서 몇 개의 단위를 뽑아서 경험적으로 구성한 것이므로 하나의 모집 단에 대해서 다수의 가능한 표본을 생각할 수 있다. 따라서 표본이론은 이와 같이 가능적 표본의 집합의 성질을 고찰하는 것이다. 그러므로 표본분포란 표본 $(x, x, ...x)$을 n개의 확률변수의 조합으로 볼 때 통 1 2 n 계량의 확률분포를 뜻한다.

### 표본조사(sampling study) 01

모집단을 대표한다고 생각되는 표본을 추출하여 그 추출된 표본만을 대상으로 하여 연구하는 조사방법의 한 형태를 말한다. 조사대상 전체를 대상으로 한 전수조사(全數調査)와 대비된다.

### 표본조사(sampling survey) 02

모집단의 특정치(모수)를 추정 또는 검정하기 위해 모집단의 일부를 표본으로 추출해 그것을 조사대상으로 조사해서 추론하는 조사방법이다. 전수조사에 비해 부분조사인 표본조사는 현실적으로 조사의 비용, 일수, 인원 등이 절감될 뿐만 아니라 무작위추출법, 층화다단계추출법, 부차추출법, 집락추출법, 체계적 추출법 등 기술적방법이 발달하여 전수조사에 비해 손색이 없는 일반적인 조사방법이 되고 있다.

### 표본추출(sampling) 01

전체 모집단의 어떤 정보를 얻기 위해서 혹은 어떤 사실을 확인하기 위한 방법의 하나로 여론조사나 고용문제 등 사회문제, 농업, 의학 등 과학분야에서 널리 사용한다. 샘플링을 표본추출법이라고도 부른다. 표본추출법은 전체를 조사하는 것이 아니라 그 일부만을 조사하기때문에 비용면에서나 시간적으로 많은 유리한 점이 있으며 필연적으로 오차를 수반한다. 이를 표본오차라 부른다. 〈참고 : 표본추출방법〉 ①다단추출법(Multi - stage sampling) : 몇개의 단계로 나누어 표본을 추출하는 것을 다단추출법이라 한다. 각 단계에서 추출단위들은 그전 단계에서 뽑힌 더 큰 단위들로부터 부차추출(Subsampling)된다. 첫 번째 단계에 속하는 추출단위들은 1차 추출단위 또는 1단계 추출단위라 부르며, 그 외의 단계에 속하는 단위들에 대해서도 같은 방법으로 부른다. 추출작업에는 추출틀(Frame)이 만들어져야 하는데 다단추출법은 어떤 단계에서든 뽑힌 모집단의 일부만이다단계에서 목록에 올려질 필요가 있다는 장점이 있다. ②단일추출법(Unitary sampling) : 최초의 집단에 대해서는 첫째 단위가 선택되는다단추출법과 대조되는 것으로서 최종단위를 직접 선택하는 표본추출 방법이다. ③비례추출법(Proportional sampling) : 층화추출에 있어서 표본을 추출할 경우 비례배분에 의해 배정된 표본의 개체수 만큼 표본을 추출하는 방법을 말한다. ④확률비례추출법(Sampling with probability proportionate to size) : 집락을 추출단위로 하는 방법(Cluster sampling, multi - stage sampling)에 있어 그 집락의 크기가 대단히 불균등한 경우에는 각 집락에 대해 균등한 확률을 부여하는 것보다는 각 집락의 크기에 비례하는 확률을 부여하여 표본을 추출하면 표본의 정도를 높일 수 있다. 이와 같이 추출단위에 비례적인 가중값을 부여하는 방법을 확률비례추출법이라고 한다. ⑤비확률표본(Nonrandom sample) : 표본을 추출할 때 완전히 임의적인 방법이 아닌 다른 방법으로 추출된 표본을 일컫는다. 가령 유의표본을 그 예로 들 수 있다. 또 모집단의 목록이 랜덤으로 나열되지 않은 경우 그것을 등간격으로 계통추출한다면 이도 역시 비확률표본이 된다. ⑥ 유의추출법(Purposive sampling) : 표본을 구성하는 단위를 선출하는데 임의추출이 아니라 주관적 방법에 의해 표본을 추출하는 것을 말한다. 그러므로 이것이 편의표본이 되므로 사용범위가 제한된다. 전형표본, 할당표본이 유의추출표본의 예이다. ⑦할당법(Quota method) : 사회조사에서 사용되는 표본추출방법이다. 모집단이 여러 가지 특성으로 구성되는 경우, 각 특성에 따라서 층을 형성하여 층별로 표본을 같은 또는 비례적으로 배정한다. 조사원은 배정된 표본, 개체수를 각 층에서 유의선정한다. 가령 여론조사에 남녀별, 연령별로 표본을 배정한다음 조사원이 대표적이라고 판단되는 개인을 유의선정하는 표본추출 방법이다.

## 표본추출 02

표본조사에 의해 모집단에서 추출될 부분인 표본을 결정하는 수속을 표본추출이라 한다. 표본이 모집단을 객관적으로 대표하는 보증은 일반적으로 모집단을 구성하는 각 단위가 선정될 가능성을 함께 부여받는 방법 즉 무작위추출법의 원리에 의해 달성할 수 있다고 설명되고 있다.

## 표본크기(sample size)

모집단으로부터 뽑힌 표본의 개체수를 의미한다. 다단계 표본추출법에서는 최종 단계의 표본 단위의 개체수를 의미한다.

## 표본틀(frame)

표본추출단위를 목록(List)화 한 것 또는 모집단을 구성하는 단위의 목록(List)을 말한다. 추출대장이라고도 한다.

## 표적인구조사(Target Population Survey)

일반인구 중 어떤 특성을 가진 사람들만을 표집하여 수혜여부, 거주지역 및 현재의 수혜상태를 파악하는 조사방법이다. 이 조사는 일반인구조사에서 얻기 힘든 구체적인 중요한 자료를 수집할 수 있고 비슷한 조사에서 이미 사용된 조사 방법과 도구를 사용할 수 있으며 조사결과의 타당성이 높다는 장점을 가지는 반면, 얻은 자료를 일반화하기 어렵고, 대상자가 수혜일 경우 제공된 정보는 이들과 프로그램 운영주체와의 관계에 별다른 영향을 주지 않는 단점이 있다.

## 표적체계(target system) 01

사회사업의 목표를 성취하기 위하여 변화되거나 영향을 미쳐야 할 개인, 집단 지역사회를 말한다. 핀커스(Allen Pincus)와 미나한(Anne Minahan)에 의하면, 이것은 사회사업 실천에서 네 가지 기본 체계 중의 하나이다(다른 것들은 변화매개 체계(change agent system), 클라이언트 체계(client system)와 행동체계(action system)이다. 표적체계와 클라이언트 체계는 때로 일치하지만 언제나 일치하는 것은 아니다. 이러한 불일치는 클라이언트가 변화되어야 할 대상이 아닐 때 서로 다르게 나타난다. 가령 클라이언트가 전셋집에서 쫓겨난 가난한 가족일 경우, 사회사업가의 표적체계는 집주인일 수도 있다. 표적체계와 클라이언트 체계는 클라이언트가 정서적 고통에서 벗어나는 것과 같은 어떤 자기 변화를 이루려고 할 때 동일할 수도 있다.

## 표적체계 02

사회사업 목표를 달성하기 위해 영향을 주거나 변화시킬 필요가 있는 개인, 그룹, 혹은 지역사회를 표적체계라 부른다. Allen Pincus에 따르면 표적체계는 사회사업 실천에서 4개의 기본적인 시스템(변화매개체계, 클라이언트체계 및 행동체계 포함) 중의 하나로서 클라이언트체계와 동일할 수도 있고 동일하지 않을 수도 있다. 가령 클라이언트가 심리적인 우울 등의 증세에서 벗어나 자신이 변화되기를 원할 때는 표적체계와 클라이언트체계가 동일한 경우로 볼 수 있다. 한편 클라이언트가 영세민으로서 현재 살고 있는 셋집에서 쫓겨나게 된 경우, 사회사업가의 표적체계는 집주인이 되게 한다. 표적체계와 클라이언트체계는 흔히 부분적으로 중복된다. 가령 알코올중독에 걸린 남편(표적)의 부인(클라이언트)이 남편을 위해 도움을 요청할 때 사회사업가는 그 부인의 행동이 남편의 음주 문제에 나쁜 영향을 주고 있음을 발견한다. 사회사업가는 남편과 일하는 동시에 부인의 행동이 수정되도록 시도함으로서 그 부인이 표적이 되는 것이다.

### 표적행동(target behavior)

행동수정(behavior attention)에서, 분석이나 수정을 위해서 선택된 행동을 말한다. 표적행동을 확인하는 것은 치료자가 행동사정(behavior assessment)을 하는데서 첫단계이다. 이것은 특정 행동과 시간 그리고 그러한 행동을 유발시키는 상황을 기술하는 것을 포함한다. 가령 사회사업가는 종종 학교를 결석하는 청소년을 위한 표적행동을 다음과 같이 기록한다. "학생은 지난 두 달 동안 일주일에 평균 두 번 결석하였다."

### 표준(standard)

관계가 있는 사람들의 이익 또는 편의가 공정히 얻어지도록 통일화, 단순화를 도모할 목적으로 물체, 성능, 능력, 배치, 상태, 동작, 절차, 방법, 순서, 책임, 의무, 권한, 생각, 개념 등에 관해 설정된 기준을 말한다.

### 표준 공제 제도

개인의 소득세는 과세 대상 금액에서 각종 공제액을 뺀후 여기에 세율을 곱해서 산출 된다. 여기서 각종 공제는 크게 인적 공제와 특별 공제로 나뉜다. 인적공제란 기초·배우자·부양가족·장애인·경로우대·맞벌이부부등 공제를 말하는 것이다. 특별 공제란 보험료·의료비·교육비 등을 소득세 과표 계산에서 일정 부분 빼주는 것을 말한다. 이중 의료 보험료는 전액, 보장성 보험료는 50만원 한도에서, 의료비는 연급여의 3% 초과분(100만원 한도), 교육비는 초중고교 교육비 전액을 각각 소득세 계산에서 빼준다. 표준 공제 제도란 이같은 특별 공제 제도를 개선, 신설한 것이다. 이는 기존의 특별 공제 제도에 속한 각종 공제를 항목별로 받는 것이 아니라 기초 공제처럼 연간 60만 원을 무조건 공제 해주는 새로운 제도이다. 근로 소득자의 경우 종전처럼 항목별 공제를 택할수도 있고 표준 공제 제도를 택해 무조건 60만원을 공제 받을 수도 있다.

### 표준가구(standard household)

하나의 모델로서 특정목적을 위해 이론적으로 표준화된 가구. 통계적 처리나 일정의 정책효과의 지표화, 가구구조의 속성 검토에 유용하다. 표준 4인의 가구(37세 남, 33세 여, 8세 여, 5세 남)를 모델로 최저생활의 기준액을 산정한다. 이전에는 5인가구를 표준가구로 채택

되었지만 가구구조의 변화에 따라 4인가구로 하고 있다. 핵가족화의 진행과 표준가구의 모델은 상관관계가 있다.

### 표준검사(standardized tests)

사회조사자, 교사, 의료인들이 이용하는 측정도구. 이 검사는 타당성(validity)과 신뢰도(reliability)에서 높은 신뢰를 인정받으며, 많은 대상에 이용되어 왔다. 표준검사는 사회의 많은 부분들과 표본집단을 비교할 수 있도록 지침, 규범, 통계적 자료를 제공한다.

### 표준보수제(standard pay system)

사회보험의 보험료나 급여를 산정하는 기초로 피보험자의 일정기간의 정기보수를 취하는 방식을 표준보수제라 한다. 이는 사업운영을 신속하고 원활하게 추진할 수 있는 장점을 가지고 있다. 우리나라에서는 건강보험, 국민연금제 등에서 표준보수제를 채택하고 있으며 일정방식에 따라 개별적인 양태를 집약하여 급별로 하고 일정기간 고정시키는 방법을 취하고 있다. 매년 한 번의 정시결정과 큰 변화가 있는 경우의 수시개정 등에 의해 각 피보험자마다 해당 급이 결정된다.

### 표준생계비(standard cost of living)

일정한 생활조건 즉 거주지역, 연령, 가족구성 등에 대응하는 표준적인 소비유형을 가정하여 계산하는 것으로 '있어야 할' 생계비로서의 요소를 포함하고 있어 임금수준(특히 최저임금제의 경우)이나 최저생활비 수준을 결정하는데 이용된다.

### 표준세대

통계조사의 모델의 하나로서 생계비의 산출 등에서 많이 활용되고 있다. 가령 5인 세대를 표준세대로 보았을 때 61세 남, 30세 여, 9세 남, 5세 여, 1세 남 등을 설정하게 된다. 또 인수에 따라 4인세대, 3인세대 등도 가능하며, 가장유형에 따라 미망인세대, 상병세대, 군경세대, 회사원세대, 공무원세대, 교사세대 등으로 구분하여 표준세대를 설정할 수 있다. 가족계획 등에 따라 핵가족 세대구성원수가 줄어들고 있어 표준세대구성원수도 감소추세에 있다.

### 표준소득률

연간 총매출액에서 총비용을 뺀 순소득이 차지하는 비율. 영업장부를 기재하지 않거나 불성실하게 작성한 사업자에게 종합소득세를 과세하기 위한 기준이 된다. 총매출액에 해당업종의 표준소득률을 곱하면 과세표준액의 토대인 소득액이 나온다. 납세자의 세금액수와 직결되기 때문에 '제2의 세율'로 불린다. 국세청은 업종별, 지역별 경기상태 등을 감안해 매년 표준소득률을 조정한다.

## 표준예산제도

조직운영등에 경상적·반복적으로 지출되는 인건비·기준경비·관리운 영비및 기타 사업비를 대상으로 매년 예산요구전에 일정한도액, 즉 표준 예산을 확정하는 제도이다.

## 표준편차(standard deviation) 01

통계집단의 변수의 분산 정도를 표시하는 분포도지수의 하나로, 각 변량과 그 산술평균치의 차이를 제곱한다음, 그 수치들의 산술평균의 제곱근을 구한 것을 말한다. 실제로 가장 많이 사용되고 있는 분포도지수이다. 표준편차와 분산은 같은 개념이며, 단순히 표준편차를 제곱한 것이 분산이다.

## 표준편차 02

변산도지수의 하나로서 각 점수와 산술평균과의 차, 즉 편차점수를 제곱한 다음 모든 사례에 대해 합한 것의 제곱근. 표준편차를 S라고 하면 다음과 같이 계산된다. 표준편차는 여러 집단 간의 분포의 정도를 비교하기 위한 변산도지수로서도 가장 많이 활용되며, 또 한 측정방법이나 척도의 신뢰도 지수로서, 원점수를 보다 비교가 가능한 표준 점수화하는 방법으로, 정상분포와 관련하여, 그리고 표집오차의 분포의 정도를 나타내는 통계치 등으로 널리 사용되고 있다. 표준편차의 특징으로서는 ①분포상의 모든 점수의 영향을 받는다. ②표집에 따른 변화, 즉 표집오차가 다른 변산도지수보다 가장 적다. ③모든 점수에 일정한 점수를 더하거나 빼도 그 값은 변화하지 않는다. 다만 일정한 점수를 곱하거나 나누는 경우에는 그만큼 증가, 또는 감소한다. ④표준편차 계산에 있어서 산술평균으로부터의 자승화보다 최소가 된다. ⑤정상분포와 일정한 체계적인 관계를 가지고 있다.

## 표준편차 03

분포의 평균치와 편차 정도를 나타내기 위한 통계적 수치. 표준편차는 분포에서 개인점수와 중간점수 간의 평균 차이이다. 이는 편차를 제곱하여 이를 모두 더하여 점수보다 작은 1 이하의 숫자로 나누어 결과의 제곱근을 취하여 구한다. 정상분포(대칭형 또는 종형)일 때, 사례 중 68.2%가 중간값 mean으로부터 +1 또는 -1 표준편차 사이에 위치할 것이고, 사례 중 95.4%는 +2, -2 표준편차 사이에 위치하며, 99.7%는 +3, -3 표준편차 사이에 위치할 것이다.

## 표준화 검사(standardized test)

어떤 사람이 사용해도, 검사의 실시·채점·해석이 동일하도록 모든 형식과 절차가 기술적으로 엄격하게 통제된 검사. 교사들이 만든 시험이나, 행동발달 상황을 조사하기 위하여 잠정적으로 개발한 설문지 등과 같은 비형식적 검사와 달리, 표준화 검사는 검사의 구성과 문항의 표집이 엄격한 예비조사를 통해 되었을 뿐만 아니라, 상당한 수준의 타당도와 신뢰도가 보장되고 있고, 상대적 비교가 가능한 규준을 갖추고 있다.

## 표지(face sheet)

보통 클라이언트의 사례기록부의 앞에 있거나, 질문지의 앞에 있는 면. 이 면은 대상에 대한 자료를 확인하기 위한 것으로 나이, 성별, 소득, 가족 수, 기관과의 사전 접촉 여부 등을 기록하도록 되어 있다.

## 표집방법(sampling method)

전집으로부터 일정한 사례를 추출하는 방법이다. 추리통계의 기초가 되며, 표집의 오차의 크기를 결정지어주는 역할을 한다. 표집방법은 크게 확률적 표집방법과 비확률적 표집으로 대별할 수 있다. 확률적 표집방법에는 그 기본 형태로 무선표집·유층표집 및 군집표집으로 나눌 수 있다. 이에 반해 비확률적 표집방법이란 유목적적 표집(pufposive sampling) 또는 판단표집(judgement sampling)과 같은 전문가의 입장에서 전집에 대한 대표적 표집을 얻기 위해, 또는 편의상 임의적으로 행하는 표집방법이며 이 표집방법은 그 표집오차를 객관적으로 결정할 수 없는 문제가 있다. 이상적인 표집방법은 전집의 모든 특성을 골고루 포함하여, 마치 얻어진 표집이 전집의 축소형과 같아서 표집에서 얻은 통계치가 바로 전집치가 되는 것이다. 그러나 실제에 있어서는 특수한 경우를 제외하고 이러한 표집은 거의 불가능하므로 확률적 표집방법에 의해 표집오차를 추정하게 된다. 일반적으로 추리통계에 있어서는 단순 무선표집을 가정하고 있으나 기타의 확률적 표집방법을 혼용한 경우에는 이에 대한 표집오차를 새로이 추정해야 한다. 유층표집은 편파적 표집에 영향을 줄 수 있는 요인을 사정에 고려하므로 표집오차가 단순 무선표집보다 적어지는 반면에 군집표집은 표집의 단위가 크므로 표집오차의 범위가 더 커지게 된다.

## 표찰(labeling)

사회학에서 유래한 용어로 개인에게 부과하는 특정한 위치를 말하며 대중의 의사를 포함하기 때문에 낙인(stigma)과 같은 의미를 지니는 것을 말한다. 특수교육 분야에서는 특수교육의 대상 아동에게 정신 지체, 정서장애, 청각장애, 언어장애, 뇌성마비, 지체부자유, 특정학습장애, 시각장애 등과 같이 일반화된 명칭을 부여하는 것을 말한다. 또 특수교육 분야에서의 표찰은 임상적 관점(clinical perspective)과 사회체제적 관점 양면에서 살펴볼 수 있다. 임상적 관점은 본래 의학에서 병리적 모델을 빌려 온 것으로 이 관점에서는 질병과 생물학적 손상 상태를 치료하고 연구하는 일에 치중하기 때문에 정확한 진단을 중시하고 병의 원인을 찾기 때문에 특수아동에게 붙이는 표찰은 개인이 가지고 있는 어떤 특수한 상태를 지칭하게 된다. 한편 사회체제적 관점에서는 각 특수아동을 개인이 지니고 있는 병인이라기보다는 특별한 사회체제 내에서 개인이 가지고 있는 지위로 간주한다. 그렇기 때문에 사회 구성원들은 특수아동들에게서 그 지위를 점유하는 자로서의 새로운 역할을 기대한다. 이렇게 볼 때 특수아동의 각 표찰은 획득된 지위이기 때문에 정상 행동(normal behavior)에 대한 다른 규준을 가진 다른 사회체제 내에서는 특수아동으로 분류되지 않을 수도 있게 되는 것이다. 특수아동들에게 표찰하는 것은 개개인에게 필요한 특수서비스를 제공하기 위해서, 행정적 지원의 편의나 의사소통을 위해 붙이는 것이다. 그러나 아무리 필요하고 적절한 표찰이라 하더라도 '장애'로 판별된 아동은 그에게 평생 지속되고 개인에게 지울 수 없는 낙인이 될 수 있으며, 종종 희생양이 되게 할 가능성이 있다. 또 표찰을 가짐으로써 장애아 본인에게는 자아개념 형성에 부정적인 영향을 미치고, 자기 비하, 포부 수준의 저하, 성취, 졸업 후 사회적응에도 영향을 미칠 수 있다. 그리고 장애인으로 표찰된 사람은 확산효과(spread effect)에 의해 장애만이 아닌 다른 여러 측면마저 불완전하다고 인식되어 그들의 말이나 행동의 가치가 평가절하되는 위험이 있다.

## 표출된 문제(presenting problem)
환자가 문제라고 생각하여 도움을 구하는 자각증상, 노출된 문제 또는 어려움. 사회사업 관계자들은 노출된 증상이 보다 근본적인 이유 때문이거나 환자가 느끼는 증상이 정확하지 않을 수 있다고 생각하므로 증상설명에 대한 고려는 단지 판단의 초기단계에 불과하다고 말한다.

## 표현적 언어(expressive language)
의사소통에 사용되는 말이나 문자 · 기호를 뜻한다. 표현적 언어의 장애인은 언어를 받아들이고 이해하는 측면에는 전혀 장애가 없을 수 있으며, 언어학적으로 볼 때 언어적 능력(language competence)은 갖추고 있으나 산출(production)에 장애가 있는 사람이다.

## 푸르메재단
가족이 믿을 수 있는 환자 중심의 재활전문병원을 설립하고 환자들의 홀로서기와 사회 복귀를 위한 선진국형 재활 시스템을 구축하여 새로운 형태의 재활전문병원을 설립해 각종 장애로 고통 받고 있는 환자들에게 사회로 복귀할 수 있는 재활 기회를 주는 것을 목표로 하는 2004년에 설립된 민간재단이다.

## 푸시(PUSH)
1976년에 잭슨 Jesse Jackson 목사가 설립한 자발적인 사회행동가와 시민권(civil rights) 조직으로서 인간성 회복을 위한 국민연합체(people united to save humanity)를 말한다. 이 단체의 목표는 그 나라 학생들의 학문적 성취에 대한 동기를 유발시키고, 약물사용 및 비생산적인 행동을 못하도록 도와주는 것 등이 있다.

## 풀뿌리 민주주의(grass roots democracy)
미국에서 볼 수 있는 민주주의의 형태, 상황을 지칭한다. 미국에서는 건국이념과 관련해서 근린집단 지역사회 내에 민주주의 규칙과 정신이 정착되어 있다. 현대사회에서 볼 수 있는 관료제화, 중앙집권화에 의한 병리적 현상의 출현에 대해 그것을 환류시켜 민주주의를 활성화하는 힘을 갖는 것으로 중시되고 있다.

## 품행(conduct)
인간의 도덕적 행위의 특징을 평가할 때 사용되는 말. 개별적인 행위를 평가하지 않는다는 점에서는 행위와 다르며, 행위자의 신념이나 가치관의 평가를 포함하지 않는다는 점에서는 인격과 다르다. 행동의 외형적 형태를 사회의 일반적 도덕관념에 비추어서 평가하는 것이 품행의 일반적인 평가이다. 품행은 많은 행위들을 포괄하며, 인격의 객관적인 평가를 위한 자료를 제공한다.

## 풍요사회(affluent society)
Galbraith에 의해 문제의식적으로 사용되어진 말로 결핍과 투쟁해 온 종래사회에 대해 생산력은 향상됐지만 이질의 문제성을 갖게 된 사회를 말한다. 이와 같은 사회에서는 빈곤이 소멸된 것이 아니라 섬에 흩어져 있게 되어 종래와는 다른 대책이 요구된다. 또 풍요사회의 기본문제는 사물보다 인간에게 이전해 '인간의 투자'라는 교육이 중시되지 않으면 안된다.

## 풍진(rubella)
독일식 풍진 또는 3일 홍역이라고도 알려진 단기적이고 가벼운 홍역의 형태를 말한다. 아동 및 성인에게는 치명적인 것은 아니나, 임산부가 풍진을 앓게 되면 유산하거나 기형아를 낳을 수도 있다.

## 풍토병(endemic)
일정한 인구집단 문화 또는 지역에 특수한 현상 혹은 사회적 문제 또는 병을 지칭한다.

## 퓨리터니즘 / 청교도주의(puritanism)
교리를 따르지 않는 행동에 대해 가혹한 처벌, 엄격한 훈련, 그리고 비도덕적이라고 여겨지는 것에 대한 통제 등으로 특징지어지며, 17세기에 두드러졌던 가치와 신념의 한 체계. 청교도 철학의 많은 부분은 영국의 구빈법(poor laws)에 강하게 포함되어 있으며, 식민지 미국에도 수입되었다.

## 프라이(Fry, Elizabeth)

부친과 남편 모두 퀘이커교도 자본가였다. 19세기 전반에 감옥개량을 위해 노력하였다. 런던의 감옥을 견학하고 그 비참함에 놀라, 감옥을 재소자를 위한 교육의 장으로 만들기 위해 감옥 내에 작업장과 교실을 개설하였다. 60세 때에는 간호학교를 창설하여 전문직으로서의 간호사를 양성하였다. 여기서 교육받은 간호사들이 크리미아전쟁시 나이팅게일 밑에서 일했으며, 적십자운동에도 연결되었다.

## 프라이머리 케어

초기진료 혹은 기초진료. 일반적으로 한개인이나 가족을 최초로 진료하는 것을 말한다. 구체적으로는 의사가 초진 환자의 질병을 정확하게 파악하여 적절한 지시를 내리고 긴급처방을 실시한 다음 다른 전문의에게 환자의 진료를 위탁하거나 혹은 환자의 지속적인 건강진단 만성질환의 계속적인 치료를 담당하는 주치의로서의 역할을 수행하는 것을 말한다.

## 프렌드 봉사단
(american friends service committee)

1917년 프렌드종교회원들(퀘이커 교도)에 의해 창설되어 구제를 목적으로 한 사회복지활동단체. 민족, 인종을 불문하고 무상의 봉사활동을 한다. 현재는 오스트리아나 홍콩망명자에 대한 서비스, 미국의 인보관, 알제리의 지역사회서비스 등 폭넓은 활동을 하고 있다.

## 프로그램

사회사업가가 속한 시설이나 기관의 원조목표를 달성하고 성원들의 성장과 변화를 촉진하기 위해 사회사업가가 활용하는 원조매체로 집단 활동의 계획 및 실시, 평가에 이르는 전 과정을 의미한다. 그룹워크에서 특징적인 것은 사회사업가와 성원 관계, 성원들 간의 상호관계를 포함한 집단과정이 프로그램 활동 매체를 통해서 전개되는 것이다. 구체적인 활동내용이 되는 프로그램 행사는 성원들의 관심과 능력, 집단의 목적에 따라 이루어지며, 성원들은 언어적(대화, 독서회 등), 비언어적(놀이, 수예 등) 활동으로 집단경험을 하게 된다. 사회사업가는 집단성원들의 성장과 변화에 기여하는 활동을 선택하고 그 실천계획이나 평가에 성원들이 최대한의 참가를 할 수 있도록 측면에서 원조해야 한다.

## 프로그램평가(program evaluation)

사회사업(복지)기관에서 프로그램에 대한 평가는 조직체가 서비스를 받아야 할 사람들을 대상으로 하고 있는가, 요청된 서비스를 제공하는가, 서비스는 효과적으로 하는가, 또는 효율적인 서비스를 제공하고 있는가를 파악하는 중요한 행정·관리수단이다. 프로그램 평가의 기준은 노력(effort), 수행(performance), 충분성(adequancy), 효율성(efficiency) 및 과정(pro cess)을 들 수 있다. 프로그램 평가의 목적은 ①프로그램 계획이나 운영과정에 필요한 정보를 제공하여 이 과정이 바람직하게 추진되도록 하는 것으로서 프로그램 과정상의 환류기능을 제공한다. 즉 프로그램 계획, 집행과정에서 필요한 정보를 제공한다. ② 프로그램 담당자가 프로그램 과정에서 행하는 활동에 대해 사회적 책임을 지도록 하는 것으로서 책임성 확보의 기능으로 볼 수 있다. 한편 프로그램 평가는 시간, 주체 그리고 그 방법에 따라 크게 총괄평가와 과정평가, 형성평가, 내부평가, 외부평가 및 과학적·주관적 평가로 분류할 수 있다. 평가의 절차로는 ①평가의 목적을 확인 결정 ②프로그램 목표, 운영방법 및 프로그램 구조를 파악하고 평가의 대상을 구체적으로 확정 ③평가 방법을 결정 ④자료수집과 분석 ⑤평가결과보고로 볼 수 있다.

## 프로그램평가검토기법
(program evaluation & review technique : PERT)

명확한 목표를 가진 프로그램을 조직화하고 진행 시간표를 작성하고, 예상을 세우고 프로그램 진행 상황을 추적하는데 유용한 관리 도구이다. 다시 말하면 특정한 프로그램 활동들 간의 관계, 행사와 세부 행사와의 관계의 논리적, 시간적 순서를 눈에 보이도록 표현해 놓은 것이다. 모든 활동과 행사들이 PERT 도표에 나타나기 때문에 프로그램 계획자는 시간, 자원 및 기술을 예정된 일자에 맞추어 조정할 수 있다. PERT는 통제를 가할 수 있다는 장점을 지니고 있다.

## 프로이드 이론(Freudian theory)

신경학자인 프로이드(Sigmund Freud)와 그 추종자들이 제시한, 인간행동과 성격장애의 치료에 대한 일단의 통합된 원리. 성격발달에 관한 주된 개념들은 성장과 충동의 조직화(본능 : instincts, 리비도 : libido, 쾌락원칙 : pleasure principle)와 현실원리(reality principle), 성격구조(무의식 : unconscious, 전의식 : preconscious, 의식 : conscious), 성격역동(이드 : id, 자아 : ego, 초자아 : superego), 정신성적 발달단계(구순기 : oral phase, 항문기 : anal phase, 남근기 : phaliic phase)를 포함한다. 치료개념에는 자유연상(free association), 정화(catharsis), 전이(transference), 역전이(counter transference)가 있다.

## 프로이드(Sigmund Freud)

오스트리아의 신경학자·정신의학자로, 정신분석학의 창시자임. 20세기 이후 지금에 이르기까지 학자이면서 동시에 사상가로서 심리학 및 정신의학뿐만 아니라 인류학, 교육학, 범죄학, 사회학 및 문화계 각 분야에 이르기까지 지대한 영향을 미친 인물임. 오늘날 체코의 프라이베르트

지역에서 출생하였고 빈대학 의학부를 졸업한 후, 1885년 파리에서 샤르코(Jean Martin Charcot : 1825 — 1893)의 지도 하에 히스테리 환자를 관찰하면서 연구하였고, 이후 최면술, 카타르시스 및 자유연상법 등에 관한 연구과정을 거치면서 정신분석이론을 체계화한다. 그의 저서로는 '꿈의 해석(1900)'과 '정신분석입문(1917)' 이외에도 후세의 많은 사람들에게 큰 영향을 미친 다수의 저술이 있다.

### 프로젝트(project)

어느 특정의 목표를 효과적으로 달성하기 위한 사업 내지는 과정계획을 말한다. 여기에는 대소 각양의 것이 포함되지만 보통 사회개발 프로젝트라 하는 것처럼 개발적·창조적이며 복잡·광범하고 장기간을 요하는 기획을 말한다. 따라서 이 과정에서의 불확정요인의 취급, 사회·경제적 변화에 대한 대처 등이 문제가 되며 많은 경우, 학제적 연구, 또는 부문 간의 협력·조정을 필요로 하며 프로젝트팀을 편성하는 것이 일반적이다.

### 프로젝트 조직(project organization)

특정한 사업목표를 달성하기 위하여 일시적으로 조직내의 인적 물적 자원을 결합하는 조직형태를 말한다. 프로젝트 자체가 시간적 유한성을 지니기에 프로젝트 조직도 임시적·잠정적이다. 즉 프로젝트조직은 해산을 전제로 하여 임시로 편성된 일시적 조직이며, 혁신적·비일상적인 과제의 해결을 위해 형성되는 동태적 조직이다. 우리나라의 경우 건설교통부의 신도시 건설기획단 내무부의 지방자치기획단 총리실의 국정감사지원단 외무부의 태평양정상회담특별반 그리고 경찰청의 각종 사건전담반 등이 그 예에 속한다.

### 프롬(Fromm, Erich)

미국의 정신분석학자, 사회심리학자, 신프로이드파의 한 사람이다. 독일에서 사회학, 심리학을 공부하고 미국으로와 콜롬비아대학의 교수가 되면서 귀화하였다. 멕시코로 이주했으나 미국을 중심으로 국제적으로 활동하였다. 정신분석의 생각을 일반화해서 인간과 사회와의 관계 분석에 응용. 인간의 사랑과 성숙, 혹은 독자적인 성격이론의 수립에 몰두하는 한편 저널리즘을 타고 화려하게 활동하였다.

### 프뢰벨
### (Frobel Friedrich Wilhelm August)

독일의 교육가이며 유치원의 창시자. 페스탈로치의 영향을 받아 유아교육을 중시하고, 아이들은 자기활동인 놀이를 통해 인간의 본성을 신장시키는 것이며, 놀이도구는 그 중요한 매체라고 주장하였다. 1840년 유아용 놀이도구, 작업구의 제조시설, 놀이도구, 작업도구를 사용해서 놀 수 있는 보육시설 보육자 양성시설을 통합해서 일반독일유치원(Del Allgenmeine Kindergarten)이라 했다. 이 보육시설이 유치원의 원류이다. 주요 저서에는 '인간의 교육'(Menshenerziehung, 1826)이 있다.

### 프리드먼 사무소(freedmen's bureau)

이 기관은 1865년에 설립되었고, 국가 차원의 최초의 연방 복지기관이었다. 주된 목적은 노예에서 자유인으로 신분이 변한 사람들에게 먹을 것을 나누어주고, 일자리를 찾아주며, 교육시설과 의료시설을 개방하고, 법적 원조를 제공하는 것이었다. 이 사무소는 1872년에 문을 닫았다.

### 프리즘 사회(prismatic society)

F. W. Riggs는 사회적 가치가 분화되는 과정에 있는 신생국 사회를 프리즘 사회로 개념화하였다. 즉 그는 과도사회를, 빛이 프리즘을 통해 7가지 무지개 색으로 분화되듯이, 가치가 분화되는 과정에 있다는 의미에서 프리즘 사회로 불렀다. 사회가 단선적인 방향으로 발전되는 것으로 이해한 Riggs는 사회가 전통적인 융합적 구조에서 프리즘 사회로, 그리고 현대의 분화적 구조로 발전한다고 보았다.

### 프린스 시스템(prince system)

Coplin과 O'Leary에 의해 개발된, 정책대안의 정치적 실행가능성 및 집행가능성의 예측기법을 말한다. 프린스 정치회계시스템(Prince Political Accounting System)이라 불리기도 하는 이 기법은 다양한 개인·조직·집단들의 공공정책에 대한 영향을 사정(査定)하는 기법을 말한다. 프린스 시스템은 먼저 정책이슈를 정의한 뒤, ①정책에 직·간접적으로 영향을 미치는 영향력자(actors)들을 식별하고, ②이들의 정책이슈에 대한 입장(policy issue position)을 확인한 뒤, ③그들의 영향력(power)을 추정하고, ④그들이 정책이슈에 부여하고 있는 중요성(salience)을 추정하는 순으로 이루어진다.

### 플래토(plateau)

두 개의 용법이 있다. 하나는 심리학 용어로서 학습과정에서 일시적인 정체를 말한다. 학습 또는 연습시간을 횡축으로, 학습정도를 종축으로 하여 학습곡선을 그래프로 표시하고 정체시기가 수평의 높은 상태를 나타내는데서 높은 상태를 의미하는 플래토가 사용되게 되었다. 다만 높은 상태를 나타내는 방법에는 개인차가 있다. 또 하나의 용법은 최저생활비의 산정방식에 관해 사용된 것으로 1950년 중반, 노동과학연구소가 행한 연구방식으로 불려지는 산정방법 중에서 등본식으로 사용했던 개념이다. 소비단위 따위의 생활비를 횡축으로 하고 심신상황을 나타내는 생활지표를 종축으로 하여 심신상태의 개선곡선을 그래프로 표시해 어떤 점에 달했을 때 개선율이 완만하게 되는 것을 플래토라 한다. 이 경우 전환점이 두 단계로 되기 때문에 등본은 낮은 쪽을 최저생존비, 높은 쪽은 최저생활비라고 했다.

### 플레비싯(Plebiszit, plebiscite)

국민주권의 논리적 귀결로서 광범한 국민이 국가의사의 결정에 직접적으로 참가하는 인민투표 제도를 말한다. 특히 영토의 병합·변경 등에 관한 주민투표와, 나폴레옹·히틀러 등의 예에서 보듯이 새로운 지배자가 그 권력의 정통성을 획득하기 위해 국민 투표를 실시하는 경우 등에 이 용어를 사용한다.

### 플렉스 타임제(flex ible working hours system) 01

근로자가 정해진 시간대 안에서 취업의 시작과 끝을 자유로이 정할 수 있는 근무시간제. 자유근무시간제 또는 변동근무시간제라고도 한다. 여러 종류의 형태가 있으나 코아타임을 10 － 17시간까지의 중식시간을 제외한 6시간으로 하고, 근로자는 8시 － 10시 사이에 출근, 12 － 13시를 중식시간으로 하고, 17시 － 19시 사이에 퇴근할 수 있는 것이 가장 일반적이다. 플렉스 타임제의 효과로서, 건강에 미치는 영향, 자기결정에 따르는 책임감, 목적의식의 명확화를 들고 있으며, 능률향상이나 결근율 감소 등 기업채산성의 장점도 있어 서독을 위시한 유럽 국가에서 채택되고 있다. 특히 서독에서는 1년을 통한 근무시간을 종업원이 자유롭게 정할 수 있는 플렉스 이어즈도 도입되고 있다.

### 플렉스 타임제(flex time) 02

출퇴근 시간을 융통성 있게 운용하는 제도. 기업 내에서 특히 해외 지점이나 거래선과의 연락이 빈번한 부서 및 외환, 원유부문 등 시차와 싸움을 해야 하는 부서에서 주로 이용되고 있다. 이 제도는 회사측으로서는 불필요한 근무시간을 삭감해 인건비를 축소시킬 수 있고 사원들은 업무에 맞춰 유연하게 자기 시간을 관리함으로써 개인생활에 융통성이 생긴다는 점에서 양측이 모두 환영할 만한 요소를 지니고 있다. 그러나 기준근로시간을 초과해 근무함으로써 발생하는 시간외 근무 수당을 줄이려는 제도로 악용될 소지가 있다.

### 플렉스너 보고서(flex ner report)

사회사업은 독특한 기술, 전문적인 교육 프로그램, 전문적인 문헌, 실무기술이 결여되었기 때문에 아직은 전문영역이 아니라고 주장한 플렉스너(Abraham Fle × ner) 박사가 1915년에 사회사업가들에게 전달한 영향력 있는 보고서. 이 보고서는 많은 논란에도 불구하고, 사회사업이 변화하도록 자극을 주었고, 결국 사회사업은 플렉스너 박사가 말한 전문주의의 기준에 부합하게 되었다.

### 피고용률

취업자에서 차지하는 피고용노동자의 비율. 최근에는 고도의 경제성장, 산업구조의 고도화에 따라 피고용률은 급속히 상승하는 반면 자영 업주나 가업종사자의 비중은 저하하는 경향이 있다.

### 피구(Pigou, Alfred Cecil)

영국의 경제학자. 1908년 은사인 알프레드 마셜의 후임으로 캠브리지대학 경제학교수가 되어 1943년 정년까지 재직하면서 캠브리지학파 경제학을 계승·발전시켰다. 주저 "복지경제학"(1920)은 경제적 복지의 확대조건을 이론화함으로써 이 분야의 기초를 세웠다. 분배의 평등화가 복지를 증대시키는 것을 명백히 했으나, 실업이론에서는 케인즈로부터 고전파의 대표로서 비판받았다.

### 피난민 / 망명자 / 도피자(refugee)

종교, 민족, 또는 정치적 박해로부터 탈출하여 미국으로 이민 온 사람들처럼, 이전에 경험한 위험으로부터 안전과 보호를 찾고자 하는 사람을 말한다. 이러한 사람들은 종종 사회사업가의 클라이언트가 되기도 하며, 사회사업가들은 이들의 보호를 돕기 위한 자원발굴을 종종 요청받기도 한다.

### 피난처(sanctuary)

체포 또는 위험으로부터 면제나 보호를 제공하는 장소. 사회사업가는 중남미 국가들의 피난민들이 미국에서 새로운 생활을 할 수 있도록 돕기 위해 고안된 피난처 운동(sanctuary movement)에서 개별 시민(private citizens)으로 참여해왔다.

### 피드백(feedback) 01

커뮤니케이션. 즉 교신에 있어서 송신자가 메시지를 보내고 수신자가 이를 받은 다음에 수신자가 받은 영향·인상 등을 토대로 송신자에게 다시 보내는 메시지의 환류. 또 체제 모형에서 투입·과정·산출의 과정을 거친 다음 환경에서 산출의 결과를 평가하여 반영하는 형식으로 재투입되는 과정을 역시 피드백이라 한다. 피드백을 평가와 재투입의 과정이며, 개방된 커뮤니케이션의 흐름이나 개방된 체제(교육체제 포함)로 하여금 환경과의 끊임없는 상호작용을 유지·발전시킬 수 있게 하는 필수적인 과정이다. 교사는 학생으로부터의 피드백을 통해 그의 학습지도 방법에 수정을 가해야 하며, 교육정책 수립자는 교육정책의 영향을 직접 간접으로 받는 교원·학생·학부모들로부터의 피드백을 통해 정책의 적합성과 효율성을 높일 수 있도록 노력해야 한다.

### 피드백 02

'되먹임', '귀환' 혹은 '귀환반응' 등으로 번역되며, 적

Ⅱ

용 영역에 따라 다소 다른 의미로 사용된다. 공학 분야에서 먼저 사용되기 시작한 것으로 알려져 있으며, 정보가 송출된 최초의 지점으로 그 정보에 대한 반응이 되돌아오는(혹은 되보내지는) 것을 의미한다. 심리학 관련 분야에서는 제공된 어떤 자극, 정보, 활동 및 서비스 등에 대해 이를 받은 측에서 나타내는(보이는) 반응을 의미하는 것으로 사용되는 경우가 많음.

### 피드백 03

귀환반응, 환류 또는 후광효과라고도 한다. 하나의 체계가 자체의 행동에 대해 내부나 환경의 반응들을 수신해서 적응하는 것, 또는 의사소통 등에 있어서 체계 스스로가 정보 에너지에 순응하는 과정을 말한다. 즉 목표와 실제와의 관계에서 늘 반성적 작용이 이루어져 산출되는 정보는 수시로 투입되는 정보에 전달되어 산출이 조절되도록 하는 일련의 과정이다. 인간의 행동도 하나의 순간마다 행동의 결과에 따라 스스로 그 행동을 통제해 나간다. 피드백은 자기 자신의 행동결과에 대해 자료를 제공해 주는 특수한 정보이다. 행동에 대한 보상이나 처벌도 그 일종이며 이것은 반응자의 자각내용에 따라 옳거나 틀릴 수 있다.

### 피드백 시스템(feedback system)

어떤 행동의 결과가 다음번 그 행동에 영향을 미치는 체계를 지칭한다. 흔히 긍정적인 피드백시스템에서는 행동의 결과가 다음번 행동을 강화시키는 기능을 하는 반면에, 부정적 피드백시스템에서는 행동의 결과가 다음 번 행동을 감소 혹은 중지시키는 기능을 한다. '피드백체계'라고도 한다.

### 피로연구(fatigue study)

정신적 또는 육체적인 원인에 의해 작업의 지속을 곤란하게 하는 징후를 피로라고 하며 정신적 피로, 육체적 피로로 나누어진다. 일시적인 피로는 노동에 따라 당연히 나타나는 것으로 이것이 바뀌어 노동의 가치를 알게 하고 수면을 충분하게 취하여 내일의 노동의 원천으로 되어 가는데 피로가 만성화하여 가는 경향은 바람직하다고 할 수 없다. 피로에 의해 작업의 양과 질이 저하하고, 주관적으로 피로관이 많아져 필요 이상의 에너지를 요하며, 작업의욕이 저하하여 휴식시간이 많아지거나 병적피로를 낳아 끝내 질병으로 되고 만다. 피로를 적게 하기 위해서는 최적 작업량을 부과하고 휴식을 알맞게 주어 노동의 유쾌감을 항상 맛보게 하는 것이 좋은 방법이라고 할 수 있다.

### 피면제권

사회보장급여에서는 과세하지 않는다는 원칙이 있는데 이것을 수급자의 측면에서 보아 공과를 면제받을 권리를 피면제권이라고 한다. 우리나라의 소득세법 제5조 4항에서는 근로의 제공으로 인한 부상, 질병 또는 사망과 관련하여 근로자나 그 유가족이 받는 연금과 위로의 성질이 있는 급여, 국민복지(연금법)에 의해 지급받는 노령연금, 장해연금, 유족연금과 반환일시금, 공무원연금법, 군인연금법, 사립학교교원연금법 등에 의해 퇴직자, 퇴역자 또는 사망자의 유족이 받는 급여, 국가유공자예우 등에 관한 법률에 의해 받는 급여, 대통령령이 정하는 근로소득자가 받는 복지후생적인 성질의 급여 등은 비과세소득으로 규정하고 있다.

### 피보험자(the insured person)

보험에 가입한 개인을 말한다. 피보험자에게는 피보험자증 즉 가령 건강보험증이 교부되며 보험사고(급여사고)가 발생하면 급여의 수급자로 된다. 사회보험의 가족보호적 성격에 의해 본인이 부양하는 자에게도 급여가 미치는 것이기 때문에 수익자는 이 양자이다. 일원적인 사회보장의 국가에서는 '갹출의무가 없는 피보험자' 라는 개념도 존재한다.

### 피보호자(public assistance recipient)

과거 생활보장법에 의한 보호를 현실적으로 수급하고 있는 자를 말한다. 생활보장법 제5조 3항은 생활보장을 세대단위의 원칙에 따라 행하도록 하고 있으나 아울러 동항에서는 '특히 필요하다고 인정하는 경우에는 개인을 단위로 하여 행할 수 있다' 고 하여 세대분리를 하여 개인단위의 원칙을 보장하고 있다. 생활보장을 세대단위로 행하는 경우, 세대원 한사람의 부조만을 수급할지라도 세대원 전원이 피보호자로 간주된다. 따라서 우리나라는 현실적으로는 개인단위의 원칙이 보다 실효성있게 작용하고 있다. 보호의 종류별로는 생계부조와 의료부조가 지배적이며 피보호자의 부조는 장기적 추이로 보아 감소하고 있다.

### 피부양자(dependent)

피보험자가 부양하는 가족, 급여의 수익자이며 그 부양가족을 '피부양자' 라고 한다. 법적으로는 민법상의 신분관계보다도 주로 피보험자에 의해 생계유지되는 동일세대에 속하는 것 등의 생활관계가 중시된다. 이 경우에 약간의 수입이 있을지라도 관계없다.

### 피부양자의 범위

통상피부양자의 범위는 직계존속, 직계비속, 처로 되어 있으며 형제자매는 제외된다. 또 일정한 수입을 갖고 독자적인 생계능력이 있으면 피부양자가 될 수 없다. 차남이 부모를 모시는 경우도 피부양자가 될 수 있으며, 딸인 경우도 아들 대신 실제 부모를 부양하면 가능하다.

## 피아제(Piaget, Jean)

스위스의 심리학자. 아동심리학 분야에서 탁월한 업적을 남겼다. 아이들의 자기중심성을 명백하게 하고 지능발달의 연구에서는 수 개념의 성립, 상징의 형성, 시간관념의 발달, 운동속도와 관념, 공간에 관한 표상관념의 발달 등을 명백하게 하고 있다. 피아제는 도식(인지 구조)의 개념을 중요시하여 인지발달의 진보를 동화, 조절에 의한 발전과정으로 설명하려 하였다.

## 피아제 이론(Piaget theory)

스위스 심리학자 피아제(Jean Piaget : 1896 ─ 1980)가 주장한 인지발달(cognitive development) 이론으로, 인간이 인지하고, 지식을 동원하여 문제를 해결하고, 세계를 이해하게 되는 과정을 설명한다. 이 이론에 따르면 인간의 인지발달은 환경과의 상호작용을 통한 지속적이고 확실한 방식 혹은 계획(scheme)의 산물이다. 계획이란 어떤 사람이 의도한 결과를 성취할 수 있도록 도와주는 목표 지향적인 전략(goal ─ oriented strategies)이다. 이 계획은 반사작용(reflex)과 반사운동(motor responses)이 지배하는 유아기 및 유년기 초기의 감각운동적(sensorimotor) 성격과, 경험과 정신적 심상(mental image)에 기초하여 추상적인 추론과 상징(부호체계)의 사용을 발전시키는 사람의 능력을 반영하는 인지적(cognitive) 성격을 지니고 있다. 인지발달에는 새로운 정보, 사건 및 문제 해결 방법이 기존 체계(계획)(existing scheme)에 통합되는 동화(assimilation)와 주위환경과의 상호 작용 및 경험으로부터의 학습을 통해 기존 체계에서 변화가 일어나는 조절(accommodation)의 두 가지가 있다. 피아제는 인지발달을 감각운동기(sensorimotor stage), 전조작기(preoperational stage), 구체적 조작기(concrete operat ─ ions stage), 형식적 조작기(formal operations stage) 등 4단계로 구분하였다.

## 피에스알오(PSROs)

전문기준심의기구(professional standards review organi ─ zations)의 약어. 연방정부와 주정부 예산에서 지출되는 제3부문 지불(third ─ party payment)을 수락하는 병원, 양로원 및 수용시설 등 전문기관의 업무를 객관적인 감독기관이 평가하는 미 연방정부의 프로그램. 이 프로그램은 상세한 연방정부의 방침을 준수한다면, 조합이나 전문인집단의 지방 심의기구설립을 허용한다. 이 기구들은 관련절차가 낭비요인 없이 효율적으로 이행되고 있는지를 결정하기 위해 사례기록(case record), 진료기록(medical charts) 및 관련문서를 점검한다.

## 피의자

수사기관에서 피의자의 범죄혐의 유무를 조사하여 피의자가 죄를 범하였다고 의심할 만한 상당한 이유가 있고 도망이나 증거인멸의 우려가 있는 경우에는 법원에 구속영장을 청구하여 판사가 발부한 구속영장에 의해 피의자를 구속하게 된다. 이 경우 피의자는 수사 과정에서 변명의 기회를 가지게 되는 것은 물론이고 1997. 1. 1. 부터는 형사소송법 개정에 따라 구속여부가 결정되기 전에 판사 앞에서 변명의 기회를 가질 수 있게 되었는데 이 제도가 바로 구속전 피의자심문제도이다. 피의자들 중 현행범인이나 체포영장, 긴급체포의 방식으로 수사기관에 체포된 피의자는 위와 같은 구속전 피의자심문을 신청할 수 있는 권리가 있고, 피의자의 변호인, 법정대리인, 배우자, 직계존속, 형제자매, 호주, 가족이나 동거인 또는 고용인은 피의자와 별도로 구속전 피의자심문을 신청할 수 있는 권리가 있다. 피의자들중 현행범인이나 체포영장, 긴급체포의 방식으로 수사기관에 체포된 피의자는 위와 같은 구속전 피의자심문을 신청할 수 있는 권리가 있고, 피의자의 변호인, 법정대리인, 배우자, 직계존속, 형제자매, 호주, 가족이나 동거인 또는 고용인은 피의자와 별도로 구속전 피의자심문을 신청할 수 있는 권리가 있다. 다만 피의자나 변호인등의 신청이 있는 경우에도 판사가 반드시 피의자를 심문하여야 하는 것은 아니며 피의자를 심문하지 않아도 구속여부를 결정할 수 있다고 판단되는 사안에 대해는 신청이 있는 경우에도 심문을 실시하지 아니한채 구속영장을 발부할 수도 있다. 또 피의자가 체포되지 아니한 상태에서 구속영장이 청구되는 경우에는 피의자나 변호인, 가족등에게 심문 신청권을 부여하지 않고 판사가 직권으로 심문실시 여부를 결정하여 심문이 필요하다고 판단되는 사안에 대해 심문을 실시한다. 피의자가 체포되지 아니한 상태에서 구속여부를 결정하는 것이기 때문에 따로 심문신청권을 부여하지 않는 것이다. 이 경우 판사가 심문을 실시하고자 할 때에는 피의자의 심문을 위하여 심문을 위한 구인영장을 발부하여 피의자를 법원에 구인한 후 심문을 실시한다.

## 피터팬 증후군(Peter Pan syndrome)

연령상으로 성인이 되었음에도 성인으로서의 책임과 역할에 맞는 사고 및 그에 따르는 행동을 적절히 수행하지 못하고, 오히려 아동기적인 사고와 행동을 나타냄으로써 성인들의 사회 혹은 세계에 적절히 적용하지 못하는 '아이같은 어른' 혹은 '어른 아이' 를 지칭하는 말임. 1970년대 후반 미국사회에서는 이러한 경향을 보이는 성인들이 다수 발생하게 되었는데, 이들에 대해 한 임상심리학자가 영국의 극작가인 배리(James Matthew Barrie : 1860 ─ 1937)의 작품 속 주인공인 피터팬에 비유하여 '피터팬 증후군(Peter Pan syndrome)' 이라고 명명한 것이 그 유래이다. '피터팬 신드롬' 이라고도 한다.

## 피티피(PTP)

정신과 의사들이 사용하는 절차상의 용어(procedural ter

ㅍ

— minology for psychiatrists)로서 정신과 의사가 환자들을 위해 수행하는 절차 및 서비스를 체계적으로 목록을 만들어 부호화하는 것이다. 피티피는 의사들의 진행절차 용어(current procedural terminology)의 하나다. 의사가 아닌 사람들의 서비스는 피티피 코드에 포함되지 않으며, 이들의 서비스를 기록하는 데 사용되어서도 안된다.

### 피티피에스(PPBS)
프로그램 기획 및 예산제도(program planning and budgeting system)의 약어로 미연방 정부기관을 비롯한 대규모 기관에서 사용되는 행정 분석 절차를 말한다. 이 제도는 투입비용(노동, 자본 및 부채에 대한 이자 등)보다는 산출비용(상품, 서비스 및 기타 생산품 등)과 관련이 있다. 이 절차는 먼저 목표를 명확히 한 후, 비용의 총액과 분배 등 최종결과를 달성하는 과정을 측정하는 것이다.

### 피학성(masochism)
신체적으로나 정신적으로 고통 받을 기회를 추구하는 의식적 또는 무의식적인 경향을 말한다. 또 성도착(paraphilia) 계층에서 어떤 사람은 상처입고, 위협받거나, 굴욕당하는 것을 통해 성적으로 흥분하게 된다.

### 피해자 책임전가(victim blaming)
어떤 사회현상에 의해 피해를 입은 사람을 공범으로 간주하는 주의나 경향을 말한다. 가령 강간당하거나 성적으로 괴롭힘을 당한 여성이 가해자를 유혹했다는 비난을 받고, 학대받은 배우자가 피학성(masochism)이고 학대행위를 부추겼다고 비난을 받거나, 빈곤한 사람이 너무 게을러 일을 하지 않는다고 비난받는 경우이다.

### 필림포럼(filmforum)
집단토의방식의 하나로 영화·슬라이드를 보고 거기에서 제기하는 문제를 중심으로 참가자 전체가 토의하는 방식을 말한다. 문제해결 방법의 결정이나, 문제해결에 대한 협력태세를 높이려는 경우에 적합하다. 이 토의방식을 행할 때에는 단순한 영사회로 끝내지 않을 것, 참가자가 토의에 대한 마음가짐이나 준비를 하도록 사전에 설명해 둘 것, 토의가 주제에서 빗나가지 않도록 회의할 것 등이 요구된다.

### 필립스 곡선
임금상승률과 실업률과의 관계에 있어서 실업률이 낮으면 임금상승률이 높고 실업률이 높으면 임금상승률이 낮다는 관계를 나타낸 곡선. 영국의 경제학자 A. 필립스가 1862 — 1957년의 영국의 경험에서 x = 실업률, y = 임금상승률로 하여, $\log(y + 0.9) = 0.984 - 1.394x$라는 관계를 도출하였다. 이경우 실업률이 5.5%일때 임금상승률은

0이 된다. 최근에는 임금상승률과 실업률의 관계보다는 물가상승률과 실업률의 관계를 보는 것이 일반적이다. 정부의 적극적 재정 금융정책으로 경기가 호전되고 실업률이 낮아지면 물가상승률이 높아지고 반대로 불경기가 되면 물가상승률이 저하된다. 이렇게 보면 케인스정책(유효수요정책)이 유효하다는 결론이 나오는데 오일쇼크이후 선진국에서는 불황이 되어도 물가상승률은 저하 하지 않는 스태그플레이션인 양상이 강해져서 필립스곡선은 맞지 않는다는 견해가 유력해지고 있다. 이러한 생각을 이론적으로 분석하여 일반화 한 것이 머너터리스트나 합리적 기대파이다.

### 필연성(necessity)
일반적으로는 어떤 것이 〈그 이외일 수 없다〉는 것을 의미하며, 논리적·형이상학적·사실적(객관적)·도덕적 필연성을 구별할 수 있다. 또 necessary 등의 외국어에는 필연뿐만 아니라, 〈필요〉라는 의미도 있다. 이 경우에는 어떤 목적이나 사항에 대해, 없어서는 안되는 수단이나 조건에 관해 하는 말이다. ①(논리적) ⓐ어떤 명제에 관해, 그것과 모순되는 명제가 모순을 포함하든가, 또는 분명히 성립할 수 없는 경우, 그 명제는 필연적이다. 라이프니쯔는 이 의미에서의 〈필연적 진리〉((프)vérité néoessaire)의 존재를 주장했다. ⓑ전제가 된 하나 이상의 명제로부터 논리의 법칙에 따라 이끌어지는 결론과 그 전제와의 의존 관계는 필연적이다. ②(형이상학적) 어떤 것의 존재가, 그것 이외의 다른 어떠한 원인 내지 조건에도 의존하지 않는 경우, 그것은 필연적 존재라고 불리어진다. 데카르트의 신(神), 스피노자의 실제는 필연적 존재이다. ③사실상의) ⓐ 자연 및 사회의 사실의 세계에 객관적으로 성립하는 필연성. 사실의 세계에서의 필연성은 기본적으로는 인과관계에 의거하는 것인데, 가령 생체나 사회 등에서는, 생체의 구조나 사회의 구조에 의해, 여러 가지의 인과계열 방식이 규정되므로, 이들 현상에서 볼 수 있는 필연성은 인과관계를 토대로 하는 구조적 필연성이라고 말할 수 있다. 필연성은 주로 반복이 가능한 법칙적 필연성이지만, 인과계열의 특수한 결합에 의해 생기는 1회만의 결과는 필연적인 것이기는 하지만 그 결합이 반복될 수 없는 것이라면, 개별적인 필연성이다. ⓑ필연성과 유연성. 물체의 운동과 같은 비교적 단순한 현상에 있어서도 그것을 지배하는 운동의 법칙은 우연적인 제요인의 작용을 받지만, 필연성이 우연성을 통해 관철되는 것을 분명히 한 헤겔을 비판적으로 계승하는 변증법적 유물론에서는, 양자의 관계를 변증법적으로 파악한다. 자연 현상의 경우에도, 현상을 비교적 순수한 형태로 관찰할 수 있는 실험 등의 경우 이외에는 언제나 우연적 요인이 부수하는데, 인간의 행동으로 구성되는 사회 현상에서의 필연성은 우연성을 통해서만 관철된다. 가령 상품의 가치법칙은 우연적인 가격의 변동을 통해 관철된다. 맑스주의가

주장하는 역사의 필연성도 마찬가지이다. 가령 자본주의 사회에서의 혁명의 필연성은, 이 사회의 근본적인 모순에 기인하는 계급투쟁에서 혁명의 주체적 세력인 노동자 계급이 승리함으로써 관철되는 것인데, 계급투쟁의 과정에는 우연적 사정이 끊임없이 부수하므로, 혁명적 위기는 반복해서 나타나며, 그것들을 통해서 주체적 세력이 강화되어 가고, 승리를 차지하는 필연성이 있다고 생각한다. ④(도덕적) 도덕 법칙이 개인에 대해 의무라는 것을 가리킨다.

### 필요악(necessary evil)
국가 또는 권력은 국민에게 부담을 주고 자유를 억압한다는 점에서 악이지만, 질서의 유지와 통일성의 확보를 위해서는 필요하다는 근대자유주의 사상의 국가관(國家觀) 또는 권력관(權力觀)을 말한다.

### 필요조건(necessary condition)
두 개의 명제, 혹은 두 개 이상의 사건들에 관해 어느 하나를 옳다고 주장하지 않으면 다른 하나를 주장할 수 없을 때, 후자에 대한 조건으로 전자를 일컫는 말. 다시 말하면, 명제 p가 참(眞)이 아니면 q도 일어나지 않을 때, p는 q의의 필요조건이다. 전자를 논리적 필요조건이라고 후자를 인과론적 필요조건이라고 한다. 가령 "김씨는 남자이다."는 "김씨는 아버지이다."의 논리적 필요조건이고, "물기가 있다."는 "소금이 녹는다."의 인과론적 필요조건이다.

### 핌피현상(PIMFY syndrome)
'please in my front yard'의 이니셜을 딴 것이다. 수익성 있는 사업을 내지방에 유치하겠다는 지역이기주의 일종이다. 원자력 발전소, 쓰레기 소작장 등 혐오시설을 내 이웃에 둘 수 없다는 님비(NIMBY, not in my back yard)와는 반대 현상이지만 지역이기주의라는 점에서는 같은 입장이다. 우리나라에서도 지방자치시대가 열리면서 핌피현상이 있다. 호남고속철도 노선을 놓고 대전광역시와 충청남도가 대립한 것이나 태권도 박물관 유치를 놓고 여러 지역이 경합하는 경우 등도 대표적인 핌피현상이다.

## 하도급

일반적으로 대기업에 의한 중소영세기업의 지배피지배 관계(수직적 계열화)로 맺어져 있다. 발생사적으로는 소농민적 가내공업이라든가 중세적 길드 수공업 등, 전기적(前期的) 생산형태가 자본제적 생산형태로 이행하는 과정에서 발생한 것으로, 종래의 생산양식을 보존·활용하면서 직접 생산자를 착취하는 생산형태(가령 都家制先貸)를 원형으로 한다.

## 하류계층(lower class)

사회학자들에 의하면 이 사회경제적 계급에 속한 사람들은 최소한의 소득과 재정 보장, 보잘 것 없는 직업, 낮은 교육, 무감각하고 절망하기 쉬운 경향을 갖는다고 말한다.

## 하밀톤(Hamilton, Gordon)

미국의 사회사업학자로 전공은 케이스워크이며 케이스워커로서 실무경험도 가졌다. 1923년부터 뉴욕사회사업학교(현재 콜롬비아대학교 사회사업대학원)에서 교직에 종사하여 교수 부학감을 역임하고, 1957년 동대학원을 퇴직하였다. 그 동안 케이스 워크를 중심으로 한 많은 저서와 논문을 발표하고 진단주의 케이스워크의 이론적 체계화에 커다란 공헌을 하였다. 그 중에서도 Theory and Practice of Social Case Work(초판 1940년, 개정판 1951년)은 대표적저서로서 세계의 케이스 워크에 커다란 영향을 미쳤다. 그 외에 1947년 Psychotherapy in Child Guidance가 있다.

## 하부구조

사회의 경제적 구조 즉 생산관계의 총체를 맑스는 하부구조라 불렀다. 반면 상부구조는 하부구조 위에 성립하는 정치적·법률적·예술적·철학적인 관념이나 그에 조응해서 만들어지는 여러 제도를 말한다.

## 하부체계(subsystem)

그 자체가 상호작용하고 서로 영항을 주는 요소들로 구성된 체계의 한 부분을 말한다. 가령 가족체계에서도 부모, 자녀들, 여성들, 남성들, 핵가족(nuclear family)체계, 확대가족(extended family)체계 등의 하부체계가 존재한다.

## 하위개념(subordinate concept)

같은 부류의 대상이 공통적으로 소유하고 있는 속성의 추상화가 개념(concept)이라 할 때, 이 개념의 범주에 속하면서 이 범주 내의 다른 대상과 구별되는 속성을 가진 개념을 말한다. 가령 세 변이 세 각을 이루고 있으면서 이 세 내각의 합이 180° 도형을〈삼각형〉이라고 개념화한다면, 이러한 속성을 같이 공유하면서도 정삼각형·직각삼각형·이등변삼각형·예각삼각형·둔각삼각형 등은 서로 다른 특성(속성)을 보이고 있다. 이때 이들 각 삼각형은 삼각형의 하위개념이 된다. 또 참새·비둘기·꿩은〈새〉에 대한 하위개념이 된다.

## 하위검사(sub—test)

하나의 검사가 측정하고자 하는 내용이 적어도 두 개 이상의 독립된 요인, 또는 영역으로 구성되어 있고, 그것을 측정하기 위하여 만들어진 검사가 있고, 또는 영역별로 분할하여 독립적으로 측정하고 있을 때, 그 개개의 인자 또는 영역을 측정하고 있는 검사를 의미한다.

## 하위정부 모형(subgovernment model)

다원주의 사회에서 특정 이익집단·관료·의회의 관련 위원회가 상호간의 이해관계를 보호하기 위해 각 정책영역별로 안정적인 관계를 형성하여 해당 분야의 정책과정을 지배하는 것을 가리키는 개념이다. 하위체제 모형으로도 불리는 이 모형은 특정 정책영역에서 관련 이익집단 관료조직, 의회의 해당 위원회 3자간에 동맹이 형성되고 있는 현상을 설명하기 위한 철의 3각(iron triangle)이라는 개념과 거의 동일한 의미를 지닌다.

## 하위집단(subgroup) 01

전체집단을 구성하고 있는 소집단을 말한다. 대체로 하위집단은 제1차 집단의 성격을 가지고 있다. 가령 학교집단을 구성하고 있는 학급 집단 교사집단 과외활동반 등은 하위집단에 속한다. 이와 같이 하위집단은 집단의 규모가 작으므로 집단구성원 상호관계가 직접적이며 따라서 친밀도가 높다.

## 하위집단 02

한 사회집단을 구성하고 있는 작은 집단을 말한다. 일반적으로 사회과학이나 행동과학 분야의 연구에서 대상 집단을 구분할 때 쓰이는 용어로서, 보다 구체적인 집단특성을 중심으로 주된 집단을 세부적으로 설정하는 것을 뜻한다. 규범적 연구나 실험처치에 관한 연구를 막론하고 설정했던 집단을, 가령 지역특성·성별·생활수준·자녀수·성장도 등과 같이 어떤 유형별로 구분하거나 실험처치의 연구를 위하여 그 처치대상 집단을 보다 세부적으로 나누어 계획된 처치를 하게 될 때, 이 잘게 나누어진 예속집단을 전체 대상 집단에 대한 하위집단이라고 한다. 사회 문화적 차원에서의 하위집단은 수평적·수직적 사회문화 구조에서의 집단 구분을 의미할 수도 있다. 가령 수평적 구조에서의 국가·도시·지역, 그리고 가정집단의 문화는 전세계 문화구조의 하위집단 문화이고, 수직적 구조에서의 경제·정치의 위계적 집단구조인 상·중·하의 체제는 전체 사회경제·정치문화의 하위집단 구조에 속한다.

## 하위체제(subsystem) 01

체제를 구성하고 있는 부분 또는 체제 속에 속해 있는 하위의 체계를 의미한다. 어떤 체제 내부를 분석적으로 파악하면 대개의 체제는 몇 개의 하위체제를 포함하는 경우가 많다. 가령 학교제도는 복잡하고 역동적인 사회 환경 안에서 존재하고 운영되므로 사회체제의 하위체제라고 할 수 있다.

## 하위체제 02

체제의 구성부분 또는 요소를 가리킨다. 이러한 하위체제들은 다른 하위체제들과 구별되는 경계를 가지며, 하위체제간에는 상호작용(interaction)과 상호의존(interdepence)의 관계를 갖는다. 하위체제와 체제는 각기 그들의 목표를 성취하기 위한 자원·정보 및 에너지를 갖고 있으나, 그 각각은 전체 체제의 공통된 목표달성을 위해 기능적으로 연결되어 작용한다.

## 하의식(subconscious)

정신분석학에서 정신구조의 설명을 위하여 사용한 개념으로 잠재의식, 무의식, 전의식이라고도 한다. 프로이드는 하의식을 의식적 행동의 원안으로 생각했다. 즉 사람들은 평상시에 이것을 의식하지 아니하나 현실적인 외계에 대한 의식적인 자아(ego)는 우리들 자아의 일부에 지나지 않으며 이에 뒷받침되는 하의식이 있다는 것이다.

## 하이퍼 인플레이션

초(超)인플레이션이라고 하며, 한 나라의 경제의 생산능력 한계에 도달했기 때문에 신용창조에 의한 유효수요 증가가 물가만을 더욱 누적적으로 등귀시켜 화폐에 대한 사회적 신임이 붕괴되어 가는 상태를 말한다.

## 하층계급(underclass)

오랜 기간 동안 가난이나 실직상태에 있고 장래에 그러한 상태를 개선할 자원이나 기회가 부족한 사람과 가족들을 언론인과 경제학자들이 지칭하는 용어이다.

## 하층사회
### (lower social stratum, a lower sector of society)

일반적으로 사회저변에서 생활을 영위하는 빈곤계층의 사회를 의미한다. 이와 같은 하층사회는 어느 시대에도 존재했었다고 할 수 있으나 근대자본주의적 생산관계의 발전에 따라 상대적 과잉인구와 수혜빈민의 무리가 하층사회를 형성함에 이르러 폭넓게 사회문제로서도 인식되기 시작했다. 또 하층사회는 가끔 사회병리현상의 생성집단이라는 점에서 문제될 때가 많으나 전체사회의 구호적인 현상이라는 시각을 잊어서는 안된다.

## 하향적 의사전달(downward communication)

상관으로부터 부하에게로 전달되는 수직적 의사전달의 한 방식으로, 주요 방식은 명령과 일반정보 제공이다. 명령은 규칙 및 규정과 같은 행정입법적인 일반성을 띤 것으로부터 특수한 지시 및 각서에 이르기까지 다양하며, 일반정보 제공의 수단으로는 직원에게 조직 내의 사정을 알리기 위한 편람, 뉴스레터 및 게시 등을 들 수 있다.

## 학교공포증(school phobia)

이유가 불합리한 학교에 대한 공포증을 의미한다. 몇몇 정신역학 분석가들은 유아시절의 의존에 대한 욕구가 해결되지 않았거나 분리불안(separation anxiety)에 그 이유를 두고 있다.

## 학교보건

학교보건법에 의해 국민이 건강하고 문화적인 생활을 유지하기 위해 초등학교부터 대학교에까지 학교교과목인 위생·보건대책·체육과목 내에 보건위생을 포함한 제반내용이 편성되어 있다. 이것과 맞춰 각 학교에서는 아동, 청소년 학생의 보건·건강관리를 목표로 정기적 진단을 행하고 보건·간호시설을 정비하고 있다.

## 학교비행(school misbehavior)

학교생활 중 퇴학, 절도, 주의환기를 위한 꾸준한 기도, 불복종, 완고, 거짓말, 흡연, 성적비행 등을 자행하는 것을 말한다. 비행소년들의 경우 때때로 또는 지속적으로 학교비행을 하는 예가 극히 높게 나타나고 있다. 이러한 학교비행이 나타나기 시작하는 연령은 9세에서 12

세이며 학교비행이 조기에 시작되면 사회적 비행으로 이어질 가능성도 커진다. 성인범죄들의 대다수가 재학시절에 퇴학의 기록을 갖는 경우가 많음은 이를 증명하고 있다.

## 학교사회사업(school social work)
학교생활에서 부적응상태에 있는 초·중·고등학교의 학생들을 주 대상으로 그들 스스로가 문제를 극복할 수 있도록 가족이나 사회 환경과의 조정을 도모하는 등, 케이스워크를 중심으로 원조해가는 사회사업이다. 그 기원은 미국에서 무단결석아의 출석 장려를 위한 교사의 가정방문에서부터 비롯됐다.

## 학교상담(school counselling)
학교에서 학생의 학습에 관계되는 부적응문제에 대응해 행해지는 상담의 한 분야이다. 학급담임교사에 의해 행해지는 것과 전문적인 학교상담원에 의해 행해지는 것으로 분류된다. 후자를 발달시키는 것이 최대의 과제가 되고 있다. 사회복지의 입장에서는 학교사회사업(school social work)으로서 시도되고 있다.

## 학대아(abused child)
학대란 협의로는 신체적인 것으로서 보호자가 아동에게 완력을 사용하여 가해하는 모든 형태의 신체적 공격행위를 말하며, 광의로는 비신체적인 정서적·심리적·성적 및 사회적인 위협과 방임의 모든 것을 말한다. 즉 애정결핍에 의한 거부와 방임, 저조한 영양상태, 불충분한 의료적 보호조치, 위협적 인사, 조소와 적대감을 나타내는 말의 사용, 아동에게 필요한 오락 및 교육의 기회나 정서적 활동에 대한 부당한 금지 및 성적이용 등 다양한 양상이 포함되며, 사회적 학대의 형태로는 유해한 오락이나 유흥업소의 번성 등과 같은 사회적 병리현상과 아동의 건전한 성장을 저해하는 병폐적 문화 및 매스컴의 영향 등을 들 수 있다. 우리나라는 이러한 학대 아동을 위한 조치가 없다. 그러나 선진외국의 경우는 프로텍티브 서비스를 통해서 강력한 대응책을 마련하고 있다.

## 학동(elementary school children)
의무교육기간인 초등학교에 다니는 아동의 총칭이며 대략 6세 — 12세 시기의 아동이다. 특히 그 후기의 시기는 갱 애이지(gang age)라 불리우는 것처럼 집단 상호관계 상조의 시기로 교우관계의 영향을 받기 쉽다. 가족집단에서 사회집단으로의 이행기라고 할 수 있는 시기이며 비판적 시각도 싹트기 시작하여 사회적 인지욕구도 높아진다.

## 학문중심 교육과정
## (discipline — centered curriculum)
1950년대 말 미국에서 대두된 교육과정의 사조이다. 종래의 경험중심 교육과정이 지나치게 생활의 문제해결을 강조한 것에 비하여 여기서는 학문의 기본개념을 중요시한다. 1960년 브루너(J. S. Bruner)가 쓴 〈교육의 과정〉은 학문중심 교육과정의 입장을 체계적으로 천명한 책으로 알려져 있다. 이 책에 의하면, 미국에서 학문중심 교육과정이 대두된 데는 당시의 경험중심 교육과정에 대한 불만 이외에도 1957년 소련에서 처음으로 쏘아올린 인공위성 스푸트니크에 대한 쇼크와 현대사회에 있어서의 지식의 팽창이 중요한 배경이 되었다. 학문중심 교육과정에서는 학문에는 각각 그 특징적인 개념과 탐구방법이 있다는 것을 전제로 하여 교육의 초보적 단계에서 고등 수준에 이르기까지 그러한 개념과 탐구방법을 가르쳐야 한다고 주장한다. 그러나 이 사조는 경험중심 교육과정에서 강조한 〈학생의 자발적 탐구〉를 강조한다는 점에서 경험중심 교육과정과 일맥상통한다고 볼 수 있다.

## 학습(learning)
다양한 정의가 있지만, 그 가운데 일반적으로 가장 많이 적용되고 있는 정의를 보면, 학습이란 "경험을 통해서 일어나는 비교적 지속적인 행동 혹은 행동잠재력의 변화"라고 정의된다. 그러나 일반적으로 성숙에 의한 행동변화나 피로, 질병, 약물사용 등에 의한 행동변화는 학습에 포함시키지 않는다. 학습의 주체로는 인간 및 동물이 모두 포함된다.

## 학습경험(learning experience)
생활환경에서의 특정경험에서 영속적인 행동의 변용을 받았을 때 그것을 학습경험이라 한다. 경험이 활동에 주는 지속적인 영향을 학습이라 하며 발달초기의 일정기간(임계기)에 발생하는 각인 찍는(접하는 대상에서 특유의 행동양식을 습득하는 비가역적인 효과) 문제나, 감각차단에 의한 학습능력의 영속적 저하 등의 초기학습의 문제가 제기되고 있다. 여기에서 성숙과 학습의 관련성에 관해 혹은 성격 형성과 임계기 등에 관해 학습이론에 의한 성숙중시의 발달관은 수정되어 가고 있다.

## 학습모델
인간을 포함하는 생체의 정보처리에 있어서의 학습 모델의 연구. 학습이란 어떤 시스템의 구조나 기능, 또는 행동의 오랜 기간에 걸친 불하역적인 변화이다. 이것은 신경계, 인지기능, 행동의 레벨 어디에서나 일어 나는 프로세스이며, 인간을 포함한 생체의 정보처리에 있어 가장 기본적인 프로세스의 하나이다. 신경계레벨에서의 학습은 신경세포의 하소성에 의해 특징지어진다. 인간을 포함하는 생체의 정보처리에 있어서의 학습 모델의 연구는 이 하소성의 데이터를 얻어 급속히 발전하고 있다. 학습 모델의 예로는 병렬분산처리모델, 적응프로덕션 시스템 등이 있다. 학습 모델에 관한 연구를 종합해보면, 학습의 프로세스가 학습하는 생체의 구조나, 어떤 환경에 놓여 있는가에 따라 달라진다는 것을 알 수 있다. 따라서 어떤 대상에도 적용되는 학습의 일반적 모델을 만드는 것과 학습주체의 특정한 구조나 외계와의 상호작용을 하는 모양을 받아들인 모델을 만드는 것의 두가지 접근법을 비교해보면, 후자쪽이 최근의 경향이 되고 있다.

### 학습무기력(haplessness, learned)
배우자 및 아동학대의 희생자에게 자주 나타나는 것으로, 개인이 상해의 위험에 수동적으로 반응하는 행동양식을 말한다. 이러한 사람들은 모든 일에서 아무 것도 할 수 없고 어떠한 효과적인 도움도 활용할 수 없다고 믿으며 뚜렷한 증상 없이 행동한다.

### 학습불능(learning disability)
정상적인 지적 능력을 가지고 있으며 특정한 학습영역에서 학업성취나 능력의 결함을 나타내는 상태를 말한다. 언어(구두어나 글)의 사용이나, 이해를 요하는 심리적 과정에 있어서 나타나는 기본적 장애를 가리킨다.

### 학습불능자(learning disabled)
난독증(읽기 어려움 : dyslexia), 쓰기 어려움(dysgraphia) 또는 셈장애(dyscalculia)와 같은 구체적인 장애를 학교에서 경험한, 정상적이며 평균 이상의 지능지수를 가진 어린이를 설명하는 것이다.

### 학습사회(learning society)
미국의 교육사회학자 허친스(Hutchins, R. M)는 사람들이 각자의 필요성과 동기부여에 따라서 언제라도 학습의 기회가 주어지도록 제도적으로 보장된 사회를 학습사회라고 불렀다. 현대와 같이 의무가 선행하는 사회에서는 본의 아닌 취학이나 진학이 증가하며 교육효과를 저하시킬 위험도 발생하지 않을 수 없으므로 인간이 노동이나 사회 활동을 경험한 후에 필요성을 느낄 때에는 언제라도 교육을 받고 학습할 기회가 주어지는 제도가 필요하다고 주장하고 있다. 그렇게 되면 의무보다도 권리로서의 학습이 우선되게 된다.

### 학습성취도(academic achievement)
평가대상인이 소유하고 있는 읽기, 쓰기, 철자법, 산술능력 등의 수준을 말한다. 평가자는 학습성취도를 평가기간의 초기에 파악함으로써 평가대상인의 읽기 수준에 적절한 평가계획을 수립할 수 있다. 가령 읽기 능력이 떨어지는 평가대상인에게는 읽기를 요하지 않는 흥미검사나 적성검사를 사용할 수 있다. 그 외에 학습성취도를 측정하는 중요한 두 가지 이유가 있다. 첫째, 읽기, 쓰기, 산술능력은 거의 모든 훈련과정에서 반드시 요구된다. 둘째, 읽기, 쓰기, 산술능력이 부족한 평가대상인은 그러한 능력

이 요구되지 않는 직업 중에서만 적직을 선택해야 하기 때문에 그만큼 선택 가능한 직업이 제한을 받게 된다. 학습 성취도는 표준화된 검사를 사용하는 것이 가장 효과적이나 사무적인 표본작업을 이용하거나 이력서 또는 지원서를 작성하도록 하는 방법이 활용될 수 있다.

### 학습이론(learning theory) 01
행동치료(behavior therapy)와 행동수정(behavior modifi — cation)을 강조하는 개념인 행동주의(behaviorism)와 사회학습이론(social learning theory), 즉 인간의 행동은 다양한 환경의 자극에 대한 어떤 반응들의 성공과 실패의 결과로서 생긴다는 개념을 말한다.

### 학습이론 02
학습의 결과, 현상, 사실 및 원리를 설명하는 이론을 의미한다. 흔히 학습이란 '경험에서 비롯되는 비교적 지속적인 행동 혹은 행동잠재력의 변화'라고 정의한다. 이와 같이 학습을 통해 나타난 행동의 변화를 일으키게 한 과정 혹은 기제가 무엇인지를 설명하고 해석하는 이론 체계를 일컬어 학습이론이라고 한다. 학습이론은 행동치료의 기초지식 또는 이론이 된다.

### 학습자중심 교육(learner — center education)
교수자중심 교육(instructor — centered education)과 대조가 되는 것으로, 학습자가 자신의 교육욕구에 따라 학습활동을 기획 · 실천하는 일련의 교육활동을 말한다. 성인교육의 핵심적 특징은 교육이 학습자의 자발성에 바탕을 둔다는 것이다. 이것은 타율성에 기초한 아동 · 청소년 교육과 대조가 된다. 자발성을 기초로 하는 성인교육은 자신의 학습욕구를 누구보다 잘아는 학습자 스스로가 타인의 간섭을 최소화하고 자신의 학습동기 내지 욕구에 따라 자신의 교육을 주도하는 소위 자기 주도적 학습(self — directed learning)을 기본으로 한다. 이러한 의미에서 학습자 중심교육을 일명 개인학습(individual learning)이라고도 하며, 독학이나 컴퓨터보조학습(CAI) 등이 이러한 학습형태에 속한다. 이러한 형태의 교육활동을 교수자가 없는 것이 일반적이지만, 만일 교수자가 있을 경우 그가 학습의 주도권을 갖는 대신, 학습자가 원활한 학습을 할 수 있도록 도와주는 원조자(helper)내지 촉진자(facilitator)의 역할을 수행해야 한다.

### 학습장애(learning disability)
정신지체, 정서장애, 환경 및 문화적 결핍과는 관계없이 듣기, 말하기, 쓰기, 읽기 및 산수능력을 습득하거나 활용하는 데 심한 어려움을 한 분야 이상에서 보이는 장애를 의미한다. 이러한 장애는 개인이 내재하는 지각장애, 지각 — 운동 장애, 신경체계의 역기능 및 뇌손상과 같은 기본적인 정보처리 과정의 장애로 인해 나타난다. 일반적으

로 학습장애는 개인내 차 즉 개인의 능력 발달에서 분야별 불균형이 나타나는 특징이 있다. 학습장애는 발달적 학습장애와 학업적 학습장애로 나누기도 한다. 전자는 학생이 교과를 학습하기 전에 갖추어야 하는 신체적 기능(주의 집중력, 기억력, 인지기능, 사고기능, 구어기능)을 포함하고, 후자는 학교에서 습득하는 학습기능(읽기, 셈하기, 쓰기, 작문)을 포함한다. 학습장애의 출현율은 약 4% 정도이다.

## 학습조직(learning organization)

조직의 구성원이 스스로 새로운 지식의 창조 · 획득 · 공유 등의 활동을 통해 새로운 환경에 적응할 수 있도록 끊임없이 자기변신을 할 수 있는 조직을 의미한다. 즉 학습조직은 조직구성원에 의해 지식이 창출되고 이에 기초하여 조직혁신이 이루어지며 조직의 환경적응력과 경쟁력이 증대되어 나가는 조직을 말한다. 학습조직은 조직을 바라보는 새로운 관점, 새로운 사고방식으로의 전환을 의미한다. 따라서 학습조직의 단일모형은 없으며, 학습조직의 개념은 다양한 조직유형으로 실현될 수 있다. 조직의 학습을 촉진하기 위해 최근 등장하고 있는 조직유형은 수평조직 · 네트워크 조직 · 가상조직 등이 있다.

## 학습지도안(lesson plan)

학생의 학습 활동을 구상한 교사의 계획 또는 수업 계획안을 의미한다. 학습지도라는 말은 교수 − 학습 또는 수업에 해당하는 말로써 우리나라의 교육현장에서 주로 사용되는 용어이다. 학습지도안의 대표적인 예는 교과서별 교사용 지도서이며, 학교 현장에서 교사들이 교과수업 또는 특별활동 계획에서 일상적으로 작성하고 있다. 학습지도안은 차시별 계획으로 구체화될 수 있으나 그 계획수립의 중심 단위는 학습단원이다. 학습지도안 작성법에 대해서는 학자들 사이에 합의된 형식이 있지는 않다. 그것은 교과의 특성, 학습 목표, 가능한 학생 조직 및 교수 조직의 융통성, 지원 받을 수 있는 학습자료와 매체환경, 교사의 선호하는 독특한 수업모형 등의 차이에 따라 학습지도안은 매우 다르게 작성될 수 있기 때문이다. 학습지도안의 중심은, 지도할 내용이 학생들의 학습활동으로 실현될 수 있도록 하기 위한 계획으로서 구체적인 학습 목표와 내용을 분석하여 이를 학습으로 실현시킬 시간과 공간의 확보, 관련 교재 및 매체의 선택과 확보 및 구체적 활동 진행 순서를 마련하는 일이다. 학습지도안 작성에 영향을 미치는 요인들은 ①교과의 특성, ②학생들의 특성(학생들의 교과에 대한 학습정도, 흥미, 관련 기능의 숙달 정도, 발달수준, 교과에 대한 흥미 등), ③가치(학교 당국의 일반적 교육목표, 교사의 교육학적 원리에 대한 이해 등), ④현실적 제한점, ⑤수업의 구조에 대한 기본 가정, ⑥학습활동의 선택과 배열, ⑦학습활동의 계열화 방식 등이다. 수업의 구조에 대해서는 전통적으

로 도입(opening stage), 전개(development stage), 종합(synthesis stage)의 3단계가 널리 인정되고 있다. 학습활동 계열화에 관해서는 힐다 타바(Hilda Taba)가, 간단한 것에서 어려운 과제로의 순서, 선수 과제에서 사후 학습과제로의 순서, 전체에서 부분의 순서, 시대적 순서의 네 개 전략을 제안한 바 있다. 학습지도안에서 전체 계획을 수립할 때에는 대체로 다음의 5가지 단계를 고려하는 것이 제안되고 있다. ①지도 내용의 분석(학습시킬 개념이나 발달시킬 기능 또는 능력이 무엇인지를 분명히 함), ②학습자의 능력과 흥미를 고려함(학습자에 대한 진단검사 또는 상의), ③이상의 내용을 바탕으로 한 일반계획 수립(학습목표, 학습의 범위와 계열설정), ④학습활동 계획 수립(수업방법 또는 수업 모형의 선택, 교과의 내용에 적합한 절차적 원리 탐색), ⑤수업활동의 수정 보완 및 계열화(수업활동의 균형 고려, 수업의 진행 단계 명시). 학습지도안의 구성 형태는 ①단원 이름, ②단원의 학습목표, ③단원의 중요성, ④단원의 학습 요소 위계와 다른 단원 또는 교과와의 관련성, ⑤차시별 수업 진행계획(여기에는 시간, 장소, 교재 활용계획이 포함됨), ⑥평가 계획, ⑦후속 조치 계획의 순으로 제시될 수 있다. 단원별 학습지도안 작성에 원용할 수 있는 국내 모형으로는 한국교육개발원의 계획 − 진단 − 지도 − 형성 − 평가의 5단계 수업과정 모형이 있다.

## 학업적성검사(scholastic aptitude test)

장래의 학업 성공을 예측하기 위하여 이와 관련 깊은 능력을 측정하는 검사를 의미한다. 넓은 의미에서 보면 이는 일반 지능검사와 내용도 비슷하고 주목적도 같다. 그리고 학업성취 검사는 그 순간까지 이룩한 것을 재는데 대해 적성검사는 예측을 목적으로 한다는 의미에서 목적성 그리고 정의상은 서로 다르지만 내용이 반드시 다른 것은 아니다. 왜냐하면 두 가지 모두 학생이 학습한 것을 재며 비슷한 과정과 내용을 가지기 때문이다. 학생의 학업적성이 어디에 있는지를 진단하거나, 현재의 수준을 평가함으로써 학습지도 · 진학지도 등에 쓰일 뿐만 아니라 교육기관의 설정목표의 달성도 등을 밝혀 프로그램이나 교수법 등을 결정하는 데도 쓸 수 있다. 검사의 구성은 어문적 능력과 수리 능력으로 나누는 것이 보통이고, 미국의 CEEB(college entrance examination board test)의 SAT도 마찬가지로 되어 있다. 검사구성뿐만 아니라 실시 방법도 다를 수 있지만 집단검사가 일반적이다.

## 학제간 활동(interdisciplinary activity)

특정한 클라이언트(client)나 클라이언트 체계(client system)를 위하여 다른 직업이나 전문영역을 가진 사람들을 포함시키는 팀의 개입(intervention) 즉 합동(collaboration)을 말한다. 가령 한 사회기관이 복합문제 가족(multiproblem family)을 돕기 위해서 사회사업가,

심리학자, 성직자, 간호사, 의사에게 부탁하여 그들 각각의 전문성을 조화시킬 수 있다.

### 학제적 연구(interdisciplinary approach)
다학문 영역간 접근(연구) 혹은 종학적 연구라고도 불린다. 오늘날 기존의 개별학문 영역만의 접근으로서는 복잡한 연구대상이 가진 성격과 속성을 충분히 해명할 수 없고 나아가서 정책적 대응에도 지장을 초래하는 상황이 많이 발견되고 있는 실정이다. 학제적 연구는 바로 이러한 곤란을 극복하기 위하여 여러 학문분야의 이론과 기법을 동원하여 문제를 다면적 혹은 체계적으로 파악하려고 하는 것이다. 환경문제를 비롯해 각종의 사회경제개발계획 등에서 그 전형을 볼 수 있다. 사회복지학도 학제적 연구가 필요한 영역이다.

### 한계분석 · 평균분석
한계분석은 한계개념을 사용하는 분석도구이다. 한계량이란 어떤 수량의 미소한 변화분을 말하는 것이지만, 전체 중의 구성부분의 성질, 즉 경제적 변화의 과정자체의 성질을 연속적으로 추적하기 위해서는 한계분석에 의거해야 한다. 이에 대해 평균분석은 평균개념을 사용하는 분석도 구로서 경제적 변화를 결과적으로 나타내는 것이다. 주로 고전학파 공통의 분석도구는 평균분석이고 겨우 Ricardo, D.의 차액지대가 한계분석에 의한 것이라 할 수 있다. 한계분석이 중요한 이론적 도구로 등장한 것은 1870년대 이후 Menger,C, Jevons, W.S, Walras, M.E.L. 등에 의해서였다. 그러나 이 시기에 한계분석은 주로 소비행동을 중심으로 한 한계효용이론의 전개를 위해서 사용되었으며 왈라스에 의해 비로소 소비자측의 한계효용이론과 생산자측의 한계생산력이론이 일반균형이론의 체계 속에서 통합되기에 이르렀다. 그 후 한계분석의 적용범위는 각 분야로 넓혀 졌다. Wicksell, J.G.K.의 자연이자론, 마샬의 수급분석과 탄력성이론, 케인스학파의 거시경제학 등은 모두 한계분석을 사용한 것이다. 최근의 동태이론도 한계분석에 의거하지 않는 것이 없다. 현대경제이론의 이와 같은 경향을 한계혁명이라고 하는 사람도 있다. 이 한계분석에서는 한계점 근방에서의 변화를 연속적으로 추적하는 것이 필요하게 되므로 극한 미계수, 미분법 내지 정착법이 이용되며, 이에 따라 경제이론의 정밀도는 현저하게 높아져 왔다.

### 한계소비성향(marginal propensity to consume) 01
소득의 증가분에 대한 소비의 증가분을 나타내는 계수로서 일반적으로 소득수준이 낮을 때에는 높게 나타나지만 소득수준이 높아짐에 따라 하락하는 경향이 있다. ★한계소비성향 = 금년도 최종소비지출 − 전년도 최종소비지출 / 금년도 국민총가처분소득 − 전년도 국민총가처분소득.

### 한계소비성향 02
소득 중에서 소비에 쓰이는 비율을 소비성향, 저축에 들어가는 비율을 저축성향이라고 하는데 한계소비성향이란 새로 늘어난 소득 중에서 소비에 향하는 비율을 가리킨다. 일반적으로 소득의 증가분을 Y, 소비의 증가분을 C로 하여 C / Y로 나타낸다. 인플레때에는 이 한계소비성향이 높고 또 저소득층은 고소득층에 비하여 C / Y가 높은 경향이 있다.

### 한계효용 균등의 법칙
일정한 소득을 가지고 있는 소비자가 여러 가지 재화를 소비하려고 하는 경우, 소비자는 여러 가지 재화의 소비에 의해 얻어지는 주관적인 만족의 정도, 즉 효용이 극대화되도록 하려는데, 효용이 극대화되게 하기 위해서는 각 재화의 한계효용이 균등하게 되도록 재화의 소비를 배분하는 것이 가장 유리하다는 것을 말한다. 이는 고센(H. H. Gossen)의 제2법칙 또는 극대화 만족의 법칙이라고도 한다.

### 한계효용 체감의 법칙
(law of diminishing marginal utility)
재화의 소비를 한 단위씩 증가하는 경우에 전체 효용은 증가하나 한계 효용은 감소한다는 것으로서 이는 고센(H. H. Gossen)의 제1법칙 또는 욕망 포화의 법칙이라 한다.

### 한계효용(marginal utility)
어떤 재화의 마지막 한계 단위가 갖는 효용으로 욕망의 강도에 정비례하며 존재량에 반비례한다. 그리고 한계 효용은 재화와 가치가 그 재화에 의해 충족되는 욕망 중 가장 작은 욕망에 의해 결정된다.

### 한계효용가치설
두 재화의 교환 비율은 각 재화의 한계효용을 비교함으로써 결정된다는 설로서 이는 또 한계효용에 결정되는 재화의 가치가 사용가치이므로 사용가치설이라고도 한다. 오스트리아학파 멩거(C. Menger), 로잔느학파 왈라스(L. Walras) 등의 세 사람에 의해 동시에 주장된 학설이다.

### 한국 B.B.S연맹
사단법인으로서 ①불우청소년 선도사업 ②불우청소년 결연사업을 목적으로 결성되어 서울에 중앙연맹과 서울연맹을 비롯하여 부산, 경기, 충북, 충남, 전북, 전남, 대구, 경북, 경남, 제주연맹을 두고 있고, 대구, 경북 연맹에서는 전화상담사업 등도 하고 있다.

### 한국국제기아대책기구
육적 · 영적 굶주림을 온 세상에 알리고, 예수 그리스도의 사랑을 전하기 위해 사역자를 파송하며 긴급 구호활동과 지속적인 개발사역에 목적을 두고 2003년 설립된 국제기아대책기구의 협력구호단체를 말한다.

## 한국기독교사회복지학회

복음에 기초한 사회복지의 과학적 연구와 실천을 촉진함으로써, 국민복지 향상과 발전에 공헌함을 목적으로 하여 1981년 7월 14일에 창립되었다. 교육연구, 교회사회복지, 홍보·출판, 재정, 국제, 회우위원회 등 6개 위원회를 두고 있다. 학회지로는 '기독교사회복지'를 발간하고 있다.

## 한국노동연구원

합리적인 노동정책 개발과 노동문제에 관한 국민의 인식 제고를 위해 노동관계 문제에 관한 조사·연구와 정책대안의 개발 등 노동문제를 연구하는 1999년 5월 설립된 공공연구기관을 말한다.

## 한국노동조합총연맹

1961년 8월 결성된 전국적 조직의 노동자단체이다. 전신은 1946년 3월 당시 전평(조선노동조합전국평의회)을 타도하기 위해 한민당과 미군정의 후원 아래 조직되었던 대한노총(대한독립촉성노동총연맹). 1954년 4월 '대한노동조합총연맹회'로 개칭되었으나 파벌싸움으로 분열을 거듭한 끝에 1960년 11월 '한국노총'으로 통합되었다. 그러나 5·16 후 해산의 운명을 겪고 1961년 다시 결성되기에 이르렀다. 그 후 한국노총은 1960—70년대 노동운동을 실질적으로 금압하는 정부의 배제적 조합주의 행정 밑에서 온건한 의견개진에 안주해 왔으며 지도부에 대한 밑으로부터의 비판이 차츰 거세어지자 1980년 '서울의 봄' 때는 노총 지도부 내에서도 어용성을 탈피하려는 움직임이 일어나기도 했다. 현재 한국에서 민주노총과 함께 양대 노총으로 자리 잡았다.

## 한국노인복지시설협회
(Korea association of the welfare institutions for the aged)

전국의 노인복지시설 및 성인불구 시설간의 연락·협의 조정과 회원 시설의 발전·향상 등을 목적으로 지난 1958년 5월 14일에 사단법인으로 설립된 한국양로사업협회는 1984년 7월 23일 임시총회에서 정관을 개정하여 협회명칭을 한국노인복지시설협회로 개칭하였다. 전국 노인복지시설의 합리적인 운영관리를 위하여 제반 사항을 지원하고 법인과 시설 간의 유대를 강화하며 노인복지시설의 발전을 기함으로써 사회복지 증진에 기여함을 목적으로 설립된 동 협회는 양로시설, 노인요양시설, 노인이용시설 등 142개 회원시설로 구성되어 있다. 주요사업으로는 시설수용자의 안전 및 보호사업, 회원자질의 향상을 위한 교육훈련사업, 결연 및 후원사업, 노인복지 연구사업, 노

인복지시설 및 제도개선에 관한 협의조정사업 등이다.

## 한국농아복지회

농아자의 직업재활과 의료재활을 비롯한 복지증진을 위하여 1980년 8월에 '사단법인 한국농아복지회'의 설립인가를 보건복지가족부로부터 받았다. 1935년 이미 '대한농아협회'가 조직된 바 있는 이 조직은 '농아복지위원회', '농아협회' 등으로 명칭을 바꾸어 활동해 오다가 1970년대 초에 해산된 바 있다. 동 복지회에서는 '장애화보'와 '농아복지보'를 발간하여 홍보활동을 하고 있으며 1980년 10월에는 청각장애인 부모회를 조직하여 청각장애인 발생예방과 장래 대책을 수립하여 복지향상을 도모하고 있다. 1981년 6월 3일에 농아자를 위한 복지관(건평 60평)을 개관해 휴게실, 도서실, 복지관, 매점 등을 두고 있으며 무료진료와 교양강좌, 신앙강좌, 농아체육대회, 취업알선, 법률상담, 결혼상담 등을 수행하고 있다.

## 한국뇌성마비복지회 01

뇌성마비장애인의 건전한 육성과 재활, 복지와 권익증진을 도모하여 뇌성마비장애인들의 자립의욕과 능력을 제고시키고 이들에 대한 가족과 사회의 올바른 인식을 정립하기 위하여 1978년 설립된 단체이다.

## 한국뇌성마비복지회 02

뇌성마비아의 발생예방사업, 조기치료와 교육, 직업훈련, 재활사업 및 뇌성마비아의 권익옹호를 목적으로 1978년 3월 28일에 삼육아동재활원에서 창립총회를 열어 동 복지회를 조직하고 같은 해 10월 16일에 '사단법인 한국뇌성마비 복지회'로 보건복지가족부에 등록하였다. 주요사업은 ①매월 '뇌성마비복지소식' 발간 ②뇌성마비 치료교육에 관한 책자발행 ③뇌성마비복지대회 개최 ④뇌성마비아 재활심포지움 개최 ⑤무료 지방순회진료 및 부모교육 ⑥뇌성마비아 치료교육 전문요원 훈련 ⑦뇌성마비아 어머니 교육 ⑧뇌성마비아 여름캠프 실시 및 지원 ⑨뇌성마비아 치료기구 지원 ⑩뇌성마비아 자원봉사자 연수교육 ⑪뇌성마비아 가정방문지도 ⑫뇌성마비아 사생대회 개최 등이다.

## 한국맹인재활센터

맹인의 권익보호와 그들의 고통을 덜어주고 인간다운 생활을 할 수 있도록 하기 위하여 1972년 3월 안과의사 공병우가 설립하였다. 이는 한국 최초의 맹인재활시설로 1960년에 서울맹인부흥원이 1970년 서울 맹인지도원으로 개칭되었는데 이것이 본 재활센터의 전신이다. 본 센터의 주요사업은 ①맹인의 재활을 위한 직접적인 서비스 ②의료적재활로 정기적인 안과검진, 안과치료 및 수술, 의안 및 안경착용 ③교육적 재활로 일상생활훈련, 보행훈련, 감각훈련, 문자, 점자, 타자를 이용한 의사소통훈련,

교양교육 ④직업재활로 직업적성검사, 직업적응훈련, 현장훈련, 취업사후지도 ⑤사회심리적 재활로 사회적 응훈련, 상담심리적 재활로 사회적응훈련이나 상담심리치료 ⑥홍보 활동 ⑦교육재료 및 용구의 연구개발 ⑧맹교육 및 재활 전문가 연수 ⑨국제관계 기관과의 상호협력사업 등 이다.

## 한국보건사회연구원

국민보건의료·사회복지·사회보장 및 이와 관련된 각 부문의 정책과제를 현실적·체계적으로 연구·분석하고, 주요정책 과제에 대한 국민의 의견 수렴과 이해증진을 위한 활동을 수행함으로써 국가의 장·단기 보건·의료·복지 정책 수립에 이바지하고자 1981년 7월 설립된 정부연구기관이다.

## 한국복지재단

인류의 복지증진을 위해 사회복지관, 노인종합복지관, 재가복지 봉사센터, 청소년 수련시설 운영, 미아 찾아주기, 아동학대 예방, 중증장애아 보육 등의 활동을 하는 1948년 설립된 재단이다.

## 한국부녀복지연합회
### (Korea national association of women's welfare service)

1955년 11월에 부녀보호사업 전국연합회 창립총회를 통해 설립된 동 연합회는 1957년 7월 주무관청으로부터 사단법인 인가를 얻었으며 그 후 1961. 6. 25 법률 제621호에 의거 한국사회복지사업연합회로 병합되어 부녀복지사업위원회로 그 기능을 발휘하였다가 1962년 2월에 총회 결의로 부녀복지사업전국연합회를 재조직하였고, 1988년 4월 19일에 사단법인 한국부녀자복지연합회로 개칭하였다. 전국의 부녀복지시설의 연합체로서 부녀복지사업을 조장하고 부녀복지의 증진과 회원시설 상호간의 친목도모를 목적으로 설립된 동 연합회에 가입된 시설은 37개의 모자원과 19개의 부녀직업보도소이다. 부녀복지사업에 관한 종합계획과 연락조정, 부녀복지시설의 육성지도와 시범시설 운영, 부녀복지사업에 관한 조사연구 및 계몽 등의 사업을 수행하고 있다.

## 한국부랑인(아)복지시설연합회
### (Korea association of welfare institutes for vagabond)

부랑인복지시설 상호간의 조직적인 활동과 협조로 능률적인 시설운영을 도모하고 부랑인(아)의 건전한 사회참여를 유도함으로써 사회복지 증진에 기여함을 목적으로 설립된 사단법인 한국부랑인(아)복지시설연합회는 지난 1983년 11월 21일 주무관청으로부터 법인설립허가를 받았다. 부랑인복지시설간의 정보교환, 시설운영에 관한 조

사연구 및 세미나 개최, 시설퇴소자의 사회복귀 및 적응에 관한 지원, 시설 운영자 및 종사자의 교육훈련 및 복리증진, 부랑인복지증진을 위한 계몽홍보, 회원시설 지원을 위한 기금조성 및 지원운영 등 정관에 명시된 사업을 수행하고 있으며 현재 가입회원시설은 아동시설이 9개소, 성인시설이 30개소이다.

## 한국사회복지관협회
### (Korea association of social welfare centers)

국민복지 증진의 일환과 전국사회복지관의 육성 및 균형발전을 위한 제반 사업을 수행하여 사회복지관 운영의 내실을 기함으로써 저소득층과 지역사회주민의 복지증진에 기여함을 목적으로 설립된 사회복지법인 한국사회복지관협회는 지난 1989년 12월 29일에 보건복지가족부로부터 법인설립 허가를 받았다. 사회복지관 상호간의 운영경험 및 정보교류, 지역사회복지에 관한 조사연구 및 세미나 개최, 복지서비스 프로그램 개발 및 보급, 사회복지관 임직원 등의 교육훈련, 사회복지에 관한 계몽홍보 및 간행물 발간, 시범 사회복지관 설치운영, 국가 및 지방자치단체로부터 위탁받은 사업 등을 수행하고 있는 동 협회에 전국의 143개 사회복지관이 회원으로 가입되어 있다.

## 한국사회복지사협회
### (Korea association of social workers)

1965년 7월 개별 사회사업가들을 중심으로 한 한국(Case Worker)협회가 임의단체로 발족되었으며, 1967년 3월 8일에 전국의 사회사업가들이 모여 한국사회사업가협회를 설립하게 되었다. 1977년 사단법인으로 보건복지가족부의 허가를 받았고, 1985년에 사회복지사 자격제도가 생김에 따라 법인명칭도 한국사회복지사협회로 변경하였다. 이 회는 사회복지에 관한 전문지식과 기술을 개발 보급하여 사회복지사업의 발전과 향상을 촉진하고 사회복지사의 자질향상과 권익증진을 도모함으로써 사회복지건설에 기여함을 목적으로 하고 있다. 시도별 사회복지사협회를 두고 있으며, 주요사업으로는 사회복지분야와 지역사회개발 실행, 사회적 제반문제 해결을 위한 기술적 계몽 및 봉사, 전문사회사업의 제도 확립을 위한 사업연구, 국내 사회사업 및 유사직종의 실무자에 대한 교육훈련 및 연구발표 등이다. 현재 가입한 회원 수는 약 1만 여명이다.

## 한국사회복지학회
### (Korean academy of social welfare)

한국사회복지학회는 사회복지 분야를 대표하는 학술단체로서 사회복지(사회사업)학을 과학적으로 연구하고, 체계화함은 물론, 회원의 자질향상 및 전문성 제고를 통해 한국의 사회복지 발전에 기여할 것을 목적으로 1957년 3월 27일에 창립되었다. 주요 활동은 정기학술대회 개최, 학회지 발간, 국제세미나 개최, 학술 및 연구 관련정

보 교환사업 등이다.

## 한국사회복지협의회
### (Korea national council on social welfare) 01
사회복지사업법에 의거하여 사회복지를 목적으로 하는 각종 사업과 활동을 돕고, 이를 위한 국민의 참여를 촉진하여 한국사회복지의 향상과 발전에 기여하기 위하여 1952년 2월 한국사회사업연합회로 최초 설립.

## 한국사회복지협의회 02
1952년 2월 15일, 부산에서 한국사회사업연합회 창립총회를 통해 초대회장에 오긍선(당시 사회부장관)씨가 취임하였고, 1954년 12월 17일 사단법인(사회부 허 70호)허가를 취득한 후, 1961년 6월 25일 법률 제621호에 의거 16개 사회복지단체를 병합하여 사단법인 한국사회복지사업연합회로 변경하였고, 병합된 단체를 기능별분과위원회로 조직 개편하였다. 1970년 4월 4일 제21차 총회에서 정관을 개정하여 종래의 시설장 중심의 협의체 조직형태에서 사회복지단체와 관계 인사를 망라한 사회복지협의기구로 개편하고 1970년 5월 22일에 사회복지법인 한국사회복지협의회로 법인격을 변경하여 보건복지가족부의 허가를 받았다. 1983년 5월 21일 개정된 사회 복지사업법에 의거 한국사회복지협의회는 법정단체로 됨과 아울러 회원을 확대하고, 지방사회복지협의회를 조직하였다. 현재 정회원, 별정회원, 특별회원 등 865회원을 가진 우리나라 민간 사회복지 총괄협의기구체로 국제사회복지협의회(international council on social welfare)에 가입하여 회원국과 교류를 가지며, 주요사업인 사회복지에 관한 협의조정, 조사연구, 교육훈련, 출판 / 홍보, 전국사회복지대회 개최 등을 통해 우리나라 사회복지증진에 이바지하고 있다.

## 한국소아마비협회
소아마비청소년들이 장애를 극복하고 잠재능력을 개발하여 건전한 가치관과 사회관을 가진 생산적인 국민이 되도록 돕기 위해서 1965년 10월 1일 각계의 전문직에 있는 소아마비 성인들이 '삼애회'를 조직하고 1966년에 사단법인 '한국소아마비아동 특수교육협회' 설립허가를 받았으며 1975년 10월에 정립회관을 건립하였다. 1977년 6월에 그 명칭이 '사회복지법인 한국소아마비협회'로 개칭되어 오늘에 이르고 있다. 주요사업은 직업교육, 수련교육, 사회교육, 통신교육, 체육 교육, 의료재활, 권익옹호, 조사연구, 계몽홍보, 개별성장지도, 국제교류 등이다. 직업교육은 예능교육과 기능교육이 중심이며 수련교육은 수영, 양궁, 구슬물리치료, 매트운동 등이고 그 외 클럽활동, 예능과 기능경진대회, 세미나·통신강의록 보급을 실시하며 의료재활로는 진료, 보조기제작, 보장구 지급 등이 추진되고 있으며 그 외에 국제회의 참석, 정보 및

인력교류 등의 사업을 추진하고 있다.

## 한국시각장애인복지회
시각장애인복지단체로서 그 주요사업은 시각장애인에 관한 조사연구, 점자도서, 녹음도서, 점자신문발간, 맹인 생활용구의 개발과 제작 보급, 실명예방 및 시력보존사업, 국제맹인기관과의 연락제휴, 맹인 복지사업기관지원, 시각장애인에 대한 상담, 직업재활시설운영, 전문직지도자 양성사업 등이다. 본 기관은 과거 1940년 반도맹인연합회, 1957년 사단법인 한국맹인복지협회, 1973년 사회복지법인 한국시각장애인복지회로 개칭된 역사가 있다.

## 한국시각장애인연합회
시각장애인을 위한 종합적인 복지서비스를 제공하고 장애에 대한 사회적 인식개선을 위한 계몽, 홍보 및 조사연구 등을 통해 시각장애인의 자활자립과 복지증진을 도모하고 시각장애인의 완전한 사회참여와 평등의 이념 실현을 위해 1991년 5월 설립된 단체를 말한다.

## 한국아동복지시설협회
### (Korea association of children's welfare institutions)
1952년 2월 15일에 한국사회사업연합회로 설립된 동 연합회는 1954년 12월 17일에 사단법인 인가를 취득하였다. 1961. 6. 25 법률 제621호에 의거 한국 사회복지사업연합회로 운영되다가 1962년 4월 4일에 영유아등 아동복지시설을 중심으로 사단법인 한국사회복지시설연합회로 재조직하여 1973년 11월 1일에 주무관청으로부터 법인 허가를 받았고, 1987년 2월에 총회결의로 사단법인 한국아동복지시설협회로 개칭되었다. 전국 아동복지시설의 발전과 합리적인 운영관리와 지원, 법인 및 시설간의 연락협조와 조직적인 활동을 촉진시킴으로서 우리나라 아동복지증진에 기여하고 있는 동 협회는 영아시설 29개소, 육아시설 218개소, 직업보도시설 8개소, 교호시설 7개소, 자립지원시설 7개소, 일시보호시설 9개소 등 278개 시설이 회원으로 가입되어 있다. 15개 시도지회를 조직하고 아동복지에 관한 조사연구사업, 아동복지시설 현안문제에 관한 대책모색, 아동복지사업에 관한 대국민 계몽 및 홍보, 아동복지증진을 위한 관련기관과의 연락·협의, 아동복지에 관한 대정부 건의, 회원 자질향상을 위한 세미나 개최 등을 실시하고 있다.

## 한국어린이재단(Korea children's foundation)
주요사업내용으로는 ①아동복지시설지원사업, ②청소년복지(지하철 신문판매), ③시설종사자 교육훈련, ④불우아동 결연사업, ⑤극빈가정 자녀지원, ⑥지역사회개발, ⑦사회사업가현임훈련 등이 있다. 본 재단은 사회복지법인으로 서울, 부산, 경남, 대구, 경북, 인천, 경기, 강원, 충

북, 충남, 전남, 제주 등에 지부를 두고 있다.

## 한국여성개발원
### (Korean women's development institute)

여성과 관련한 제반 문제에 관한 조사연구, 여성의 능력 개발을 위한 교육훈련, 합리적인 여성자원 활용을 위한 방안 강구 및 이와 관련된 각종 자료의 수집 활용 등의 업무를 효율적으로 수행함으로써 여성의 사회참여와 복지 증진에 기여함을 목적으로 1982년 12월 31일에 법률 3632호로 제정된 한국여성개발원법에 의해 설립되었다. 조직은 이사장, 원장과 조사연구실, 교육 연수실, 자원개발실, 정보자료실 사무국이 있다.

## 한국여성단체협의회
### (Korea national council of women)

여성단체간의 협력과 친선을 도모하고 여성단체의 발전과 복지사회를 이룩하는 일에 여성이 적극 참여하도록 권장하며, 여성단체의 의견을 정부와 사회에 반영함을 목적으로 지난 1959년 12월 16일에 발족된 한국여성단체협의회는 1960년 4월 2일에 주무관청으로부터 사단법인 인가를 받았다. 회원단체간의 사업협회 및 자료·정보교환, 세계여성단체협의회를 통한 국제친선과 교류, 여성권익 및 복지를 위한 대정부 건의 등 목적사업을 수행하고 있으며 현재 24개 여성관련단체가 회원으로 가입하고 있다. 1960년 8월 27일 세계여성단체협의회에 가입하여 회원국과의 여성복지 증진에 관한 정보 및 자료교환과 매 3년마다 개최되는 세계여성대회에 한국대표를 파견하고 있다. 여성지위향상과 국제협력관계, 출판공보, 소비자보호운동을 전개하기 위하여 조직관리 위원회, 제정위원회, 출판공보위원회, 기획연구위원회, 국제관계위원회 등 상임위원회와 사업별 특별위원회로는 ICW특별위원회, 근로여성문제연구위원회, 소비자보호연구위원회를 두고 있다.

## 한국여성민우회

여성으로서 받는 모든 억압과 무권리 상태에서 벗어나 정당한 자신의 권리를 주장하고, 하나의 주체로서 보다 나은 인간다운 삶을 살아가려 하는 여성들의 자발적인 참여 공간으로 1987년 9월 발족하였다. 주부들의 경우는 공해추방운동 및 소비자운동, 생활협동운동, 여성인권보호를 위한 활동, 교육강좌 등이 있고, 사무직여성들을 대상으로 한 여성노동상담실 운영, 계간 〈사무직여성〉발간, 남녀고용평등법 개정운동, 여성의 평생평등노동권 확보를 위한 다양한 선전활동, 교육활동 등을 펼치고 있다.

## 한국영유아보육시설연합회
### (Korea association of day nurseries)

탁아사업의 협의·조정 및 연락을 목적으로 하여 지난 1969년 7월 10일에 창립된 한국어린이집협회는 1970년 2월 19일 보건복지가족부로부터 사단법인 설립허가를 받았으며, 1982년 12월 31일에 제정된 유아교육진흥법에 의거 보건복지가족부산하에 있던 어린이집시설이 내무부 산하의 비공식단체인 전국새마을유아원협의회로 흡수·병합됨에 따라 탁아시설 기능이 소멸하게 되었다. 그후 보건복지가족부훈령 제586호(1990. 1. 15자)에 의거 탁아시설 설치운영규정을 마련하고 아동을 건전하게 보육하고 맞벌이부부가정의 자립·자활지원을 도모할 목적으로 1990년 10월 8일 한국 어린이집협회를 재조직하였으며 1992월 2월 13일에 가진 총회에서 영유아보육법 제14조에 의한 법인으로서 영유아의 보육사업을 원활하게 추진하도록 한국영유아보육시설연합회로 그 명칭을 변경하였다. 동 연합회 가입회원시설은 1,300개소다.

## 한국장애인복지시설협회
### (Korea association of the institutes for the disabled)

심신장애복지시설의 육성과 발전을 통해 건전한 사회참여를 유도하고 심신장애인복지 증진에 기여함을 목적으로 지난 1983년 5월 30일 사단법인 한국장애인복지시설협회로 설립되기 이전에는 한국사회사업시설연합회에 소속되어 있다가 심신장애인복지시설들만이 따로 분리되어 동 협회를 구성한 것이다. 현재 가입시설은 지체 33개소, 시각 11개소, 청각 13개소, 정박 44개소, 이용(종합, 종별, 국립 포함) 34개소, 요양 39개소 등 174개소의 심신장애인복지시설이 회원으로 되어 있다. 본 협회의 주요사업은 심신장애인 복지시설 운영의 전문화 및 다양화 유도, 시설 육성발전을 위한 지식과 경험 및 정보교환, 회원시설 상호간 친목도모, 심신장애인 복지시설사업에 관한 대정부건의 시설종사자의 전문지식 배양을 위한 교육훈련, 시설퇴소자의 사회적응지원 등이다.

## 한국장애인복지진흥회

체육·문화예술 진흥사업을 강화하고 장애인 생활환경 개선과 재활 전문 인력 양성, 재활 프로그램 개발, 중증장애인의 직업재활 등 연구 기능을 강화, 경쟁력과 전문성을 높이고 업무 효율을 극대화시키려는 노력을 하는 1989년 4월에 설립된 단체이다.

## 한국장애인재활협회
### (Korean society for rehabilitation of the disabled)

6·25 전쟁이 끝난 직후 1954년 9월에 사단법인 한국불구자복지협회라는 명칭으로 설립되었고 동년 12월 국제재활협회에 가입하였다. 그 후 한국사회복지사업연합회에 통합되었다가 1970년 12월에 한국 신체장애인 재활협회로 개칭하여 의료재활에 치중하였다. 1981년 세계장애인의 해를 계기로 현 명칭으로 개칭되었다. 설립 목적은 심신장애인의 재활에 관해 국제단체와 유대를 강화하고,

우리나라 심신장애인의 재활에 이바지하는데 있다. 주요 사업내용으로는 ①장애인에 대한 올바른 이해촉진을 위한 계몽 ②장애인의 재활사업을 발전시키기 위한 기술적 협력 ③장애인의 재활에 관한 새로운 지식과 경험의 교환 및 조사연구 ④전국재활회의, 연구회, 세미나, 강연회 및 각종행사의 개최 ⑤국제재활협회 및 외국재활사업단체와의 연락과 협력 ⑥심신장애인 고용촉진을 위한 직업훈련 및 취업알선사업 ⑦기타 본회 목적달성에 중요한 사업 등으로 되어 있다.

### 한국정신요양협회
### (Korea association of mental recuperation welfare institutions)

전국의 성인불구시설과 노인시설의 발전과 향상을 도모하기 위하여 지난 1958년 5월 14일에 사단법인으로 설립된 동 협회는 1961. 6. 25 법률 제621호에 의거 한국사회복지사업연합회로 병합, 기능별 분과위원회로 운영되어 오다가 1962년 2월 총회에서 성인불구시설과 양로시설을 중심으로 한국양로사업협회로 재조직하였고, 1984년도 정기총회에서 정신요양복지시설과 노인복지시설로 나누어 각각의 협회를 조직하도록 결의되어 정신요양시설들만 따로 임시총회를 가지고 한국정신요양복지시설협회를 설립하게 되었다. 동 협회는 전문적인 복지단체로 운영하고 회원시설간의 친목도모 및 정보교환, 협회의 활성화를 통한 회원시설 발전에 중추적인 역할수행, 능률적이며 생산적인 협회를 운영함을 목적으로 하고 있으며 전국의 74개 시설이 회원으로 가입되어 있다. 주요사업은 회원시설간의 연락협조, 시설의 보호 수준 향상을 위한 조사연구사업, 시설운영관리자 및 종사자들의 자질향상을 위한 교육훈련사업, 정신요양복지에 관한 계몽·홍보 및 간행물 발간사업, 외국 관련단체와의 제휴 및 정보교환 등이다.

### 한국정신지체인애호협회

정신지체인의 권익을 옹호하고 교육·지도함으로써 이들이 사회의 일원으로 자립할 수 있도록 돕는 한편, 사회 일반의 인식과 관심을 높여 궁극적으로 정신지체인의 복지를 증진하는 데 목적을 가지고 1989년 4월에 설립된 단체.

### 한국청소년단체협의회
### (the national council of youth organizations in Korea : NCYOK)

청소년 육성발전을 위하여 국내외 청소년 단체 상호간의 협력과 자원육성에 기여함을 목적으로 설립된 한국청소년단체협의회는 1965년 12월 8일에 주무관청으로부터 사회단체로 설립허가를 획득하였다. 31개 청소년 관련단체가 회원으로 가입되어 있으며 450만 명의 회원을 가진 우리나라 청소년복지를 대변하는 협의기구체이다. 동 협

의회는 회원단체간의 상호연락과 협의 및 제휴, 회원단체가 행하는 사업과 활동에 대한 협조지원, 청소년지도자의 양성 및 연수, 청소년 관련 국제단체와의 교류 및 정보교환, 청소년문제와 활동에 관한 조사 연구 및 자료수집, 청소년복지에 관한 계몽홍보 및 간행물 발간, 모범 청소년단체와 청소년지도자 및 모범 청소년의 포상, 회원단체의 이익이 되는 국가기관 또는 지방자치단체 등으로부터의 위탁사업을 수행하고 있다. 1987년도에 제정된 청소년육성법에 명시된 공익법인체로서 그 조직과 기능을 재정비하였다.

### 한국청소년연맹(Korea Youth Association)

민족의 통일·번영과 국제사회에 이바지할 수 있는 건전한 미래 세대 육성을 위해 설립된 청소년단체. 한국청소년연맹 육성에 관한 법률에 따라 1981년 3월 19일 설립되었다. 심신의 단련을 통해 청소년들에게 올바른 국가관과 윤리관을 심어주고, 우리의 전통문화를 계승·발전시키며, 세계로 뻗어가는 진취적 기상을 함양케 함으로써 민족의 통일·번영과 국제사회에 이바지할 수 있는 건전한 미래 세대를 육성하는 데 목적이 있다. 조직은 이사회·총재·사무총장, 기획관리국(2부)·지도국(2부), 서울·부산·대구·인천·광주·대전·울산·경기북부·경기남부·강원·충북·충남·전남·전북·경북·경남·제주 등 14개 지역연맹, 지역협의회, 가맹단(아람단·누리단·한별단·한울회·보람단)으로 이루어져 있다. 그 밖에 근로청소년복지관, 강동청소년회관, 중랑청소년수련관, 한강청소년활동장, 청소년상담실, 구로청소년쉼터 등 10개의 부설기관이 있다. 표훈은 우리의 뿌리를 찾아 가꾸고 세계로 뻗어가는 청소년이다. 표어는 ①할 일을 다하자 ②더불어 생활하자 ③진취적으로 행동하자 ④우리의 뿌리를 찾아 가꾸자 ⑤ 자랑스런 세계 속의 한국인이 되자 이다. 이를 위해 자율·책임·창조·협동·봉사·애국을 실천덕목으로 삼고 있다. 활동목표는 ①튼튼한 몸과 건전한 마음을 갖는다 ②전통을 계승하고 새로움을 창조한다 ③책임과 의무를 다하는 자율인이 된다 ④조국 통일의 주도적 역군이 된다 ⑤올바른 국가관과 윤리관을 갖는다 ⑥활기차고 진취적인 기상을 기른다이다. 주요 활동은 다음과 같다. ①정보화 심포지엄과 컴퓨터 경진대회 같은 과학정보 활동 ②문화유적지 순례, 백일장, 사생대회 등 문화감성 활동 ③애국정신과 호국의지를 키우는 나라사랑 활동 ④미아 찾기, 식목행사, 장애인 자매결연사업 등 사회봉사 활동 ⑤국제친선 문화활동이나 해외연수 같은 국제교류 활동 ⑥민속놀이 경연대회, 전통문화교실 등과 관련된 전통문화 활동 ⑦바람직한 품성과 자질 함양을 위한 자기 계발활동 ⑧체육대회·등반대회·해양훈련 같은 모험 개척활동 등이다. 본부는 서울특별시 동작구 신대방동 보라매공원 안에 있다.

## 한국치매협회

치매를 예방하고 퇴치하여 우리나라 치매 문제 해결에 이바지하기 위해 치매와 관련된 의료 · 간호 · 노인복지 · 심리 · 법률 · 경영 · 영양 · 건축 등 8개 분야의 전문가와 치매 환자 가족 그리고 치매에 지대한 관심을 가진 사람들이 모여 1994년 12월 설립한 단체이다.

## 한국특수교육협회

특수교육의 발전과 특수학교간의 교류, 정보교환, 특수교사의 자질향상 등을 목적으로 1962년 3월에 교육과학기술부와 중앙교육연구소 공동주관 하에 특수교육연구협의회를 조직하였다. 동 협의회는 동년 9월에 '대한교육연합회' 산하단체로 '한국특수교육연구협회'의 명칭을 갖고 정식 가입하였다. 이 명칭은 1977년 2월 '한국특수교육협회'로 변경되어 오늘에 이르고 있다.

## 한민족복지재단

전 세계에 흩어져 있는 한민족이 상호 협력하여, 민족의 삶을 향상시키고 함께 발전하며 세계 평화와 인류복지에 기여하려는 취지로 1991년 설립되어 운영되는 국제 NGO이다. 주로 인도적 차원의 대북 지원사업을 한다.

## 한센씨병(Hansen's disease)

최초 병원균발견자의 이름을 따서 한센씨병이라 불린다. 종래 한센씨병은 가족 내 전염이 많다 해서 유전병으로 오해되어 왔다. 특히 얼굴이나 손에 회복하기 힘든 후유증이 남기 때문에 사회일반이 한센씨병 환자를 겁내왔으나 실제로는 순수배양도 성공하지 못할 정도로 전양력은 약하고 가족 접촉전양 이외에는 결핵보다도 훨씬 전양력이 약해 격리도 필요없는 완치가능한 병이다.

## 한정치산자 01

자신이 한 행위의 결과에 대해 합리적으로 판단할 능력이 없는 심신 박약자나 재산의 낭비로 자신이나 가족을 경제적으로 곤란하게 만들 수 있는 낭비자로 본인이나 배우자, 사촌 이내의 친족, 후견인, 검사 등의 청구로 법원으로부터 한정치산의 선고를 받은 사람을 한정치산자라고 한다. 한정치산자의 보호자는 법원이 정한 후견인으로 대리권, 동의권, 취소권을 가지는데 한정치산자도 단순히 권리만을 얻거나 의무를 면하는 행위 등은 후견인의 동의 없이도 할 수 있다.

## 한정치산자 02

심신이 박약하거나 재산의 낭비로 자기나 가족의 생활을 궁박하게 할 염려가 있는 자로서 법원은 본인 · 배우자 · 4촌 이내의 친족 · 호주 · 후견인 또는 검사의 청구에 의해 한정치산 선고를 해야 한다(民 9). 한정치산자는 무능력자의 하나인데 그 법률행위를 함에는 법정대리인의 동의를 얻어야 하며, 그의 단독적인 법률행위는 취소할 수 있다(10 · 31). 또 한정치산의 원인이 소멸한 때에는 법원은 후견인의 청구에 의해 그 선고를 취소해야 한다(11).

## 할당(고용)제도(quota system) 01

동일한(또는 특정한) 지위(identified status)에 있는 사람들 중 얼마나 많이, 또는 어느 정도의 비율이 동일한(또는 특정) 집단(identified group)에 포함되는가를 상술하는 하나의 조직상 계획(organizational plan), 사회정책(social policy), 또는 법적 원리(legal doctrine)를 말한다. 이 제도는 사람들을 배제하거나(과거 몇몇 미국 이민법은 미국에 이민 오는 사람들에게 더 높은 점수를 준 것처럼), 포함시키기 위하여(차별수정계획 affirmative action과 같은) 계획되었다. 가령 한 시가 인구비를 반영하여 경찰직의 절반을 흑인으로 하여 차별정책을 해소해야 한다고 결정할 수 있으며, 그래서 이러한 노력이 50 대 50의 지분에 도달하게 될 것을 명령하는 것이다.

## 할당고용제도(quota employment system) 02

장애인에게 고용기회를 보장하기 위해 입법에 의한 고용규제 제 조치의 한 형태인데, 장애인고용촉진법 등에 기인해 전종사원 중 일정비율을 장애인으로 고용할 것을 고용주에게 의무지우는 제도이다. 고용율 미달성기업 등에 대해 과징금 또는 벌금을 부과하는 국가도 있다.

## 함부르크 제도(Hamburg system)

1710년 독일 함부르크 시가 페스트에 대한 대책으로 위생협회를 설립해 효과를 거두자, 1711년 빈곤문제의 해결에 이 경험을 살릴 것을 목표로 협회 내에 일부분을 만들었다. 이 사업은 시를 분해해서 담당구역에 책임자를 두고 빈곤자에 대한 조사를 행해 구제할 것을 목적으로 했다. 1788년 중앙위원을 설치하여 또 다시 지역을 세분화해 빈곤자, 노동자에게 적정한 원조를 하고 독립자조정신의 양성에 노력했다. 엘 버펠트시스템(Elberfeld System)을 수정 · 발전시킨 것으로 함부르크 — 엘버펠트시스템이라 일관해서 부르기도 한다.

## 합동(collaboration)

두 명 이상의 전문가가 함께 클라이언트(client)에게 어떤 서비스를 제공하는 절차를 의미한다. 클라이언트는 개인, 가족, 지역사회, 혹은 인구 전체가 될 수 없다. 전문가들은 비교적 독자적으로 일하지만 서비스의 중복을 피하기 위해 그들 각자의 노력을 조정하고 의사소통을 하거나 단일한 원조 팀의 일원으로 일한다. 이것은 또 다양한 사업을 행하는 기관들 사이에서 이루어진다.

## 합동가족치료(conjoint family therapy)

가족면접을 중심으로 하는 가족치료의 한 형태로서 전 가족성원을 동시에 합동으로 면접을 실시하면서 치료하는 방식이다. 여기에는 모든 가족성원 즉 중요한 친족과 때로는 반드시 혈연이 아니라도 관계의 긴밀한 사이로서 친족 이외의 중요한 인물도 포함된다. 합동치료는 가족 상호작용이나 기능, 역할 균형상태, 커뮤니케이션과 가족권위 등을 가장 빨리 이해할 수 있고 즉시 전체를 파악할 수 있는 장점을 지닌다. 클라이언트의 문제는 가족원과의 역동적인 관계에 있기 때문에 그 원조과정에 가족원 전원을 참가시켜 상호의 커뮤니케이션을 촉진시키고 상호이해를 깊게 하고 상호의 협력을 강화하는데 의의가 있다.

## 합동모금(united fund)

지역의 사회복지기관을 위한 공동모금만이 아니라 적십자사나 보건 단체 등 전국기관을 위한 모금을 포함하여 합동으로 자금조달을 하려고 하는 미국에 있어서의 모금 운동조직을 말한다. 1949년 이후의 디트로이트시를 시작으로 많은 도시지역에서 조직화되었다. 합동모금은 사회복지협의회와 밀접한 관계가 있지만 최근 양자의 기능을 합친 조직 즉 합동방법(unity way)으로 이행하는 경향이 있다.

## 합동치료(collaborative therapy)

둘 이상의 사회사업가 혹은 다른 전문가들이 각각 가족의 한 성원을 담당하면서 각자의 노력을 조정하는 치료형태를 말한다. 가령 어떤 사회사업가는 남편을, 다른 사회사업가는 부인을, 아동심리분석학자는 신경증 증세의 아동을 관찰할 수 있으며, 한 명의 사회사업가가 부모를 함께 치료할 수도 있다.

## 합류(joining)

미누친(Salvador Minuchin)을 비롯한 사람들이 설명한 가족치료(family therapy)과정으로, 이 속에서 치료자(therapist)는 역기능을 하고 있는 가족 간의 상호작용 체계를 변화시키는 데 도움을 줄 수 있도록 그 체계의 한 부분이 된다.

## 합리모형(rational model)

인간과 조직의 합리성, 완전한 정보환경 등을 전제로 하여, 목표달성의 극대화를 위한 합리적 대안의 탐색·선택을 추구하는 규범적·이상적 정책결정 모형을 말한다. 즉 합리모형은 인간을 합리적 사고방식을 따르는 경제적 인간으로 전제하고 정책 결정자의 전지(全知)를 가정(assumption of omniscience)하여, 문제해결을 위한 대안을 체계적·포괄적으로 분석하여 가장 합리적인 최적 대안을 선택할 수 있다고 보는 정책결정 모형을 말한다.

## 합리성(rationality)

합리성은 일반적으로 논리(論理, logic) 또는 이성(理性,

reason)의 적합성을 가리키는 개념이나, 사회과학에서는 어떤 행위가 궁극적 목표달성의 최적 수단이 되느냐의 여부를 가리키는 개념으로 사용되고 있다. H. Simon은 합리성의 개념을 실질적 합리성(substantive rationality)과 절차적 합리성(procedural rationality)으로 나누어, 실질적 합리성은 목표에 비추어 적합한 행동이 선택되는 정도를 의미하고, 절차적 합리성은 결정과정이 이성적인 사유(reasoning)에 따라 이루어졌을 때 존재한다고 말한다. 또 K. Manheim은 합리성을 기능적 합리성(functional rationality)과 실체적 합리성(substantive rationality)으로 나누고, 기능적 합리성이란 조직목표 달성을 지향하는 목표지향적이고 일관성 있는 행태의 속성을 말하는 반면 실체적 합리성이란 개개인의 목표 달성을 지향하는 행태의 속성을 말한다고 구분하였다.

## 합리적·정서적 치료(rational — emotive therapy)

인지이론(cognitive therapy)과 심리학자 엘리스(Albert Ellis)의 아이디어에 근거에 심리치료의 한 방법을 말한다. 이 치료법은 클라이언트가 환경에서 자신이 바로 목적적인 실체(objective fact)라는 점과, 부정확하고 부정적이고 자기 제한적(self — limiting)인 해석은 자신의 행위와 생활에서 생겨난다는 점을 구분하도록 격려하는 것이다.

## 합리적 개별사회사업(rational casework)

인지이론(cognitive theory)의 개념에 근거하고, 특히 워너(harold D. Werner)가 기술한 임상사회사업(clinical social work)개입의 한 형태를 말한다. 이 접근방법은 클라이언트의 합리적 사고과정에 초점을 두고 있다.

## 합리적 경제적 인간관(rational — economic man)

인간을, 쾌락 및 이익을 극대화하고 고통 및 손실을 극소화하기 위하여 행동하며, 경제적 가치를 추구하는 존재로 보는 관점을 말한다. 이러한 관점은 철학의 쾌락주의(hedonism), 경제학의 한계효용이론 및 정치학의 공리주의에 이론적 근거를 두고 있다. 이러한 인간관에 의하면, 조직구성원은 조직목표의 달성을 위해 노동력을 제공하며, 조직은 그에 대한 대가로 경제적·물질적 욕구를 지닌 타산적 존재인 구성원에게 경제적 유인을 제공한다는 것이다.

## 합리적 기대이론

1970년대 등장한 '합리적 기대이론'은 경제학에 일대 혁명을 몰고 왔다. 합리적 기대이론이란 가계나 기업 등 경제주체들은 활용가능한 모든 정보를 활용해 경제상황의 변화를 합리적으로 예측한다는 것이다. 이에 따르면 정부의 재량적 금융 / 재정 정책은 무력화되고 만다. 로버트 루카스 미국 시카고대 교수는 이 이론으로 당대를 풍미했던 케인스 학파에 일격을 가했다.

## 합리화(rationalization) 01

어떤 행동이나 사전에 대해 논리적인 용어로 묘사하거나 그 이유를 설명하는 것을 말한다. 즉 한 사람이 자신의 행위나 생각을 심오한 심리학적인 수준에서 용납할 수 없을 때, 이를 받아들이게 하기 위하여 설명하거나 정당화시키고자 하는 방어기제(defense mechanism)의 하나이다.

## 합리화 02

정신분석이론의 방어기제 가운데 하나로, 수용하기 어려운 자신의 충동이나 행동에 대해 그럴듯한 이유나 설명으로 변명함으로써 자신의 행동을 정당화하고 자존심을 지키는 방법을 말한다.

## 합법성(legality) 01

행정행위 및 과정이 법률적합성을 지녀야 한다는 행정이념을 말한다. 합법성의 이념은 시민권의 신장과 자유권의 옹호에 관심의 초점을 두었던 입법국가 시대에 대두된 행정이념이다. 국가의 권력 가운데 국왕으로부터 가장 먼저 입법권을 빼앗은 국민의 대표들은 입법부에서 제정한 법률을 행정공무원들이 재량권없이 충실히 집행하여 줄 것을 요구하였으며, 이러한 합법행정을 통해 시민권이 신장될 수 있을 것으로 기대하였다.

## 합법성(de jure) 02

법적 정당성, 가령 '합법적 분리' (de jure segregation)는 인종, 성, 연령 등을 기준으로 인구집단을 법적으로 강제로 분리시키는 것을 말한다. 이 상황은 1954년 대법원 판결(브라운대 교육위원회 판례(Brown v. board of education) 이전에 미국의 공립학교에 존재하였고 남아프리카공화국의 인종차별(apartheid)에도 존재한다.

## 합법적 권위(legal − rational authority)

법률화된 질서의 합법성과 그 질서에 부여된 지배력을 행사하는 자의 권한이 합법적이라는 신념에 근거를 두는 권위를 말한다. M. Weber는 권위의 유형을 전통적 권위, 카리스마적 권위, 합법적 권위로 구분하였다.

## 합법적 지배

법률화된 질서의 합법성과 그 질서에 부여된 지배력을 행사하는 자의 권한이 합법적이라는 신념에 근거를 두는 합법적 권위에 기반하는 지배를 말한다. M. Weber는 지배를 '권위를 지닌 명령권력' 으로 정의하고, 지배의 유형을 전통적 지배, 카리스마적 지배, 합법적 지배로 구분하였다. 합법적 지배는 근대사회를 특징짓는 지배의 유형 으로, 합법적 지배 아래서는 합법적으로 제도화된 몰인정적 질서에 대해서 명령과 복종의 계층제가 이루어지며, 이

합법적 지배를 전형적으로 표현하는 것이 근대적 관료제라는 것이다.

## 합법칙성

법칙성 · 합법성 · 합칙성이라고도 한다. 법칙에 따르는 것을 말한다. 이 경우의 법칙은 객관적인 현실을 지배하는 법칙을 가리킨다. 도덕 · 법률 등의 규범적 법칙에 합치하고 있는 것을 의미하는 경우에는 적법성((독) Legalität : 합법성)이라고 한다.

## 합의(consensus) 01

개인과 집단이 공동이익의 목표와 이것들을 성취하기 위한 수단에 대해 일반적인 동의를 얻는 과정을 말한다. 합의는 처음에는 목표와 높은 수용성에 초점을 맞춰 공통적인 가치를 강조하고 갈등을 조정하고 회피함으로써 지역사회 조직가들에게 도움을 준다.

## 합의 02

범죄를 저질러 남에게 피해를 입히면 적절히 피해를 보상해 주고 합의를 하는 것이 사람의 도리이다. 따라서 형사사건 처리과정에서 검사나 판사는 피의자나 피고인에게 합의를 권유하고 또 합의를 하면 이를 참작하여 가벼운 처분이나 판결을 하는 것이 관례이다. 그러나 피해보상은 근본적으로 민사문제이므로 형사사건에서 참고가 될 뿐이고 수사기관이나 법원에서 강요할 수는 없는 것이므로 가해자가 검사나 판사의 권유에 따라 적절한 피해보상을 하지 아니하는 경우에는 민사재판을 통해 해결할 수밖에 없다. 어떤 피해자들은 수사기관이나 법원에서 피해보상도 받아주지 않고 형사사건을 처리한다는 이유로 각종 민원을 제기하는 사례가 있는데 법제도의 취지를 잘 이해하여야 할 것이다. 다만 일정한 형사사건의 경우에는 배상명령을 신청하여 민사문제까지 처리되는 수도 있다. 형사사건의 피해자는 재판부에 대해 범인을 엄벌해 달라거나 선처해 달라는 등의 의견을 진술하고 싶을 때가 많다. 형사소송법에서는 피해자의 신청이 있으면 법원에서는 특별한 경우 외에는 피해자를 증인으로 채택하여 의견을 진술할 기회를 주도록 하고 있다.

## 합의적 입증(consensual validation)

하나의 현상에 대한 진실성 혹은 현실성의 기준으로서 상호동의를 사용하는 것을 말한다. 종종 지역사회 조직(commu − nity organization)과 임상사회사업(clinical social work)의 목적 혹은 목표로 사용되며 또 그 목표를 향한 과정을 보여주는 것으로도 사용된다.

## 항구직(established service)

영국의 공무원 가운데, 실적에 의해 임용됨으로써 신분보장을 받는 공무원의 종류를 말한다. 영국은 공무원을 분

류함에 있어 신분보장과 실적의 적용 여부에 따라 항구직과 비항구직(unestablished service)으로 나눈다.

## 항목기록(item record)

기록방법의 하나로서 일정한 항목에 따라 면접내용을 요약하여 기술하는 양식을 말한다. 여기에 포함되는 항목은 조사표처럼 이미 설정되어 있는 경우와 그때그때 정확하게 기록해 가는 경우가 있다. 전자의 경우 해당 항목의 의도를 충분히 파악해야 하며 후자의 경우 목적이나 내용에 따라 신중하게 선택해야 한다. 또 중요한 것은 항목에 작성하는 사실이 누구 혹은 어디서 얻은 것인지를 알 수 있는 정보제공자를 명백히 하는 것이다.

## 항문기(anal phase) 01

2 − 3세에 해당하는 정신성적 발달이론(psychosexual devel − opment theory)의 두 번째 단계를 의미한다. 성격발달 중 항문기 단계의 어린이는 항문의 기능에 관심을 가지며, 배설물과 배설물 배출을 통해 환경에 대한 더 큰 조절력을 배운다.

## 항문기 02

프로이드(S. Freud)의 정신분석 이론에서 주장하는 성격발달의 두 번째 단계. 생후 약 8개월부터 4세까지의 시기로서 항문은 성적쾌감의 원천이 되며 항문의 폐쇄와 배설의 기능에서 심리적 쾌감을 경험하게 된다고 한다.

## 항문기 성격(anal personality)

싫증을 자주 느끼고, 인색하고, 고집이 세며, 질서에 대해 강박관념을 가진 개인을 설명할 때 쓰이는 정신분석 이론(psychoanalytic) 용어이다. 항문기 성격(anal character)으로도 알려져 있다.

## 항상성(homeostasis) 01

생물학적 유기체가 비록 환경과 끊임없는 교환을 하면서도 형태의 규칙성과 개별성을 유지하려고 하는 성향을 말한다. 체온이 정상적인 한계를 초월하여 상승할 경우 땀이 발생하여 체온이 조절되는 신체적 기능이 이에 해당된다.

## 항상성(constancy) 02

동일한 원격자극 − 우리가 지각하는 물리적 사물 − 이 여러 가지 서로 다른 근절자극 − 심리적 반응을 일으키는 생리적 속성, 즉 신경흥분 또는 감각기관의 흥분 − 을 형성하더라고 지각은 동일한 원격자극에서 동일한 지각체를 구성한다는 사실을 의미한다. 가령 먼 곳에 있는 자동차는 가까운 데 있는 것보다 망막감수성 세포를 적게 흥분시키지만 먼 자동차가 작다고 지각하지는 않는다. 이것이 크기 지각의 항상성이며, 모양이나 명암·색채 등의

실험에서도 이러한 현상이 나타나고 있다.

## 항상성 유지기능(homeostasis)

생물의 생리적 조건으로 가령 포유류의 혈액조성이나 체온은 신체내외조건의 변화에도 불구하고 일정 표준상태를 유지하는 경향이 있다. 미국의 생리학자 캐논(Cannon, W. B)은 이 경향을 항상성 유지기능이라고 명명했다. T. Parsons는 이 개념을 사회체계에 도입해 체제균형유지에 영향을 항상성 유지기능에 비유하고 있다. 사회체제에서는 사회통제와 사회화가 항상성유지기능을 하는 메커니즘이다.

## 항우울제(antidepressant medication)

우울증(depression) 증상을 보이는 환자를 안정시켜주기 위해 정신과 의사 등이 사용하는 정신병리 약제(psychotropic drugs)이다. 이중의 일부는 엘라빌(Elavil), 노르프라민(Nor − pramin), 페르토프레인(Pertofrane), 아다핀(Adapin)이라는 상표로 알려져 있다. 항우울제(antidepressant medication)를 통한 안정은 보통 조제에 따라 정규적으로 복용한 이후 며칠이 지나야 나타난다고 한다.

## 항정신병 치료제(antipsychotic medication)

정신분열증 및 기타 다른 정신병에서 보이는 어떤 징후를 통제하기 위해 사용하는 정신병 치료제를 말한다. 이러한 종류에는 콤파진(Compazine), 할돌(haldol), 멜라릴(Mellaril), 프롤릭신(prolixin), 스텔라진(Stelazine), 토라진(Thorazine)이 있다.

## 해고

근로기준법은 해고의 일반적 제한으로서 사용자는 근로자에 대해 정당한 이유 없이 해고하지 못한다고 규정하고 있다(27조 1항). 무엇이 '정당한 이유'인가에 관해서는 동법(同法)에 구체적 규정이 없으나, 그 일반적 내용은 해당 근로자와의 근로관계의 유지를 사용자에게 기대할 수 없을 정도의 이유를 말한다. 정당한 이유가 없는 해고는 당연무효이며, 소정의 벌칙(107조)이 적용된다.

## 해독(detoxification)

적절한 생리적·심리적 기능이 재생되도록 충분한 기간 동안 신체로부터 독약이나 유해물질을 제거하는 과정을 말한다. 이는 휴식, 적절한 식사, 간호, 적절한 약물치료와 사회서비스가 제공되는 동시에 개인에게서 오용된 물질을 제거함으로써 이루어진다.

## 해밀턴(Hamilton, Gordon)

미국의 사회사업학자이고 전공은 개별사회사업이었다. 개별사회사업가로서 현장 경험을 한 뒤 1923년부터 뉴욕

사회사업학교(후에 콜럼비아대학 사회사업대학원)에서 교수, 부교장을 거쳐 1957년 퇴직하였다. 그동안 개별사회사업을 중심으로 많은 저서와 논문을 저술하여 진단주의 개별사회사업의 이론적 체계화에 크게 공헌하였다. 그중에서 'theory and practice of social casework' 가 대표적이다.

## 해석(interpretation)

정신분석요법에서 자연연상법에서 얻은 환자의 표현을 무의식적인 욕구와 충동의 반영이라고 생각하고 여기에 적합한 의미를 부여하여 설명해 나가는 작업을 말한다. 또 그림이나 꿈, 실수, 자유스러운 놀이 등에 수반하는 감정의 변화에도 적용된다. 해석은 환자의 감정과 행동에서 보여지는 상충성과 역할에 의해 이루어지는 것이지 해석자의 자의에 따라 이루어지는 것은 아니다.

## 해시시(hashish)

해시시(대마수지)는 대마의 상부에서 얻어지는 진한 갈색의 수지로서, 마리화나의 유효성분인 테트라하이드로칸나비놀(THC : TetraHydroCannabinol)을 가장 높은 농도로 함유하고 있어 약용효과도 훨씬 강하다.

## 해약환급금(surrender value)

보험계약의 효력상실, 해약 및 해제 등의 경우에 계약자에게 환급되는 금액을 말한다. 해약환급금은 책임준비금에서 해약공제를 하고 남은 금액으로 계산되는데, 한국에서는 해약시점 계약의 책임준비금에서 미상각된 신계약비를 공제하여 계산된다.

## 해임

해임은 공무원을 강제로 퇴직시키는 가장 무거운 중징계 처분을 말한다. 해임된 사람은 3년 동안 공무원으로 임용될 수 없으나, 파면과는 달리 해임의 경우에는 연금법상의 불이익이 없다.

## 해지

보험계약이 당사자의 의사에 의해 종료되는 경우인데, 보험계약자에 의한 해지와 보험자에 의한 해지가 있다. 보험계약자에 의한 해지에는 ①보험자의 책임 개시전의 임의 해지 ②보험자가 파산한 경우 ③ 약관의 규정에 의거한 경우가 있으며, 보험자에 의한 해지에는 ①고지의무 위반 ②보험기간 중에 위험이 현저하게 증대되었을 경우 ③약관의 규정에 의거한 경우 ④보험계약자가 파산하였을 경우 등이 있다.

## 핵가족(nuclear family)

부부중심의 2세대가족을 의미하며, 부부만의 가족, 부부와 자녀, 편부모와 미혼의 자녀로만 구성되는 가족을 말한다. 조부모 등의 직계 가족이나 타의 방계가족의 포함하는 확대가족과 구별된다. 현재 핵가족은 지역을 초월하여 가장 흔한 가족형태이다.

## 행도의 일반화(generalization, behavioral)

행동주의(behaviorism) 또는 사회학습 이론(social learning theory)에서, 반응이 학습되었을 때 존재하는 것과 유사한 자극(stimulus)에 직면하여 발생하는 반응(response)의 경향을 말한다.

## 행동(behavior)

신체에 일어나는 반응 혹은 변화 전반에 관한 용어, 근육의 움직임이나 선분비 등의 부분적인 생리적 반응을 미시적 행동이라 하고, 전체적으로 구조화되어진 반응을 거시적 행동이라고 한다. 또 외부로부터 직접관찰이 가능한 행동을 '표출된 행동' 그러한 관찰을 단서로 해서 추측되어진 행동을 '숨은 행동' 이라고 한다. 사고나 감정 등은 숨은 행동의 일부분이다. 행동이 학습결과에 의한 것이라고 하는 점에서 '생득적인 행동' 과 '습득적인 행동' 으로 구별하는 경우도 있다. 행동 중에서 행동자의 의도가 관계 갖는 면을 행위로 구별한다.

## 행동과다증(hyperactivity)

보통 빠른 운동이나 끊임없는 활동, 부단한 움직임 등을 수반하는 심한 근육운동을 말한다. 그 원인은 근심, 신경증, 두뇌조직 손상이나 생리상 또는 신경상의 장애가 될 수 있다. 이 용어는 아직까지 비공식적으로 사용되지만, 진단에서는 행동과다증을 가진 주의력 결핍장애(attention deficit disorder)로 대신해왔다.

## 행동과학(behavioral science) 01

개인 및 집단구성원으로서의 인간행동을 과학적으로 연구하는 학문분야를 말한다. M. S. Wadia는 '인간행동의 방법(how), 인간행동과 그 전체적 환경과의 관계(what), 및 현재 그러한 행동을 하는 이유(why)에 관한 조직적 지식체계' 로 행동과학을 정의한다. 행동과학에 포함되는 학문영역은 심리학 · 사회학 · 사회심리학 · 정신분석학 · 문화인류학 등을 포함한 여러 사회과학이라 할 수 있다.

## 행동과학 02

인간의 행동과 인간사회의 정치, 경제 등의 제 현상에 대해 심리학, 사회학, 경제학, 인류학, 생물학 등을 원용해 그것들을 수리적, 합계적으로 해석해 나감으로써 제 현상이 생기는 과정을 설명하려는 과학이다. 인간의 행동은 자극 — 반응적의 결합이라는 학습의 개념에 의해 설명되며 인지, 사고, 판단 등은 정보처리라는 개념으로 수학적으로 설명되고 있다. 행위의 선택은 이득과 확률계산에 기초한 최적수단과 실제선택과의 차이가 주목되며 연구 대상이 되고 있다.

## 행동사정(behavioral assessment)

행동수정(behavior modification)과 사회학습 이론(social learning theory)에서 바람직하지 못한 행동유형과 그러한 것들을 통제하는 조건에 대한 묘사를 의미한다. 이러한 유형에 대한 설명은 외관상의 실마리에 기초한 기초병리학에 관한 추론에 기초한다기 보다는 직접적인 관찰에 기초한다. 심리사회적 사정(psychosocial assessment)과 비교해볼 것이다.

## 행동수정(behavior modification) 01

행동분석방법, 즉 조작적 조건화(operant conditioning), 고전적 조건화(classical conditioning), 사회학습 이론(social learning theory)(가령 긍정적 강화(positive reinfor − cement), 소거(extinction), 모델화(modeling))의 원칙에 기초하여 행동을 평가하고 변화시키는 방법을 의미한다.

## 행동수정 02

①체계적인 실험을 토대로 한 일련의 행동변화 기법의 한 부류. 정상행동과 이상행동을 포함하는 유기체의 모든 행동은 학습에 그 근원이 있다고 전제한다. 주로 신경성 이상행동에 적용되는 상호제지법을 포함하는 고전적 조건형성 계열과, 학습과정을 통해 획득된 정신병적 행동의 수정을 목표로 하는 작동조건 형성 계열로 나누어진다. 아동과 성인 모든 부적응행동의 수정에 특히 유효한 방법으로 가정·학교·시설·기업체 등에서 효과적으로 활용되고 있다. ②스키너(B.F. Skinner)의 강화이론을 근거로 하여 궁극적으로 바라는 행동을 학습시키기 위하여 강화를 조절함으로써 행동을 형성하는 기법. 가상적인 정서적 요인을 행동으로 규정하여 수정한다. 따라서 이상행동은 학습 결손 또는 외래의 강화에 의해 형성된 부적절한 행동으로 간주된다. ③행동요법과 동의어로서 학습이론의 원리를 사용하여 주로 신경성 이상행동을 치료하는 기법·신경성 행동의 치료는 부당하게 처벌되었을 때 그와 유사한 상황에서 불안을 야기시킨 후 불안 해소를 위하여 소멸과 역조건형성의 절차를 활용한다. 월페(J. Wolpe)에 의해 개발되었다.

## 행동시연(behavioral rehearsal)

심리치료에서 피치료자로 하여금 치료실 내에서 어떤 역할을 시험적으로 해보도록 함으로써 인간관계의 형성과 유지에 필요한 태도나 행동 특징을 습득할 수 있도록 하는 행동수정의 기법을 말한다. 흔히 치료자가 시범을 보이고 피치료자가 이를 모방한다. 역할놀이와 같은 뜻으로 쓰이기도 한다.

## 행동심리학(behavioral psychology)

손다이크(E. L. Thorndike), 파블로프(I. P. Pavlpv), 와트슨(J. B. Watson)을 포함하는 초기 행동주의심리학과, 거스리(E. R. Guthrie), 헐(C. L. Hull), 스키너(B. F. Skinner), 톨맨(E. C. Tolman) 등이 대표하는 심리학의 일파를 말한다. 객관적 방법과 관찰 가능한 행동의 연구를 주요 특징으로 한다. 유기체의 행동에 관한 일반적 이론을 확립하기 위하여 과학적·실험적 방법을 주로 사용하며 행동수정·행동요법 등의 응용행동 분석의 발전에 큰 영향을 미쳤다.

## 행동양식(behavior pattern)

일반적으로 개인이나 집단에서의 행동은 특정상황 하에서 목표달성적으로 이루어지나 일단 성공하면 비슷한 상황에서는 반복, 유형화하는 경향이 있다. 이와 같이 유형화한 행동의 총체를 행동양식이라 한다. 각 성원이 공통의 행동양식을 공유하는 것은 사회의 존속유지를 위해 필요하다. 개인이 사회의 행동양식을 학습하고 내면화하는 과정은 사회화의 측면이라 할 수 있다. 그러나 사회의 행동양식이 규범화되고 제도화가 강할 때 개인의 행동양식과 괴리감이 생긴다. 문화적 목표(cultural goals)와 제도적 규범(institutionalized norms)의 관점에서 개인의 행동양식 유형을 도출한 사회학자로는 머튼(Merton, R. K)이 유명하다. 동조적 행동을 비롯해서 쇄신적 행동, 의식적 행동, 반역적 행동의 네 가지 유형을 들고 있다. 후자의 유형이 일탈적 행동(deviant behavior) 유형에 들어 있으나 개정화된 사회의 혁신화는 오히려 일반적 행동유형에 의해 변화를 가져올 수도 있다.

## 행동연구(action research)

사회계획(social planning)과 지역사회 조직(community organization)에서, 확인된 문제를 완화시키기 위한 프로그램의 개발과 자료수집과정의 연결고리를 의미한다. 그 한 예는 청소년을 위한 이동사업(mobilization for youth)이다.

## 행동요법(behavioral therapy)

학습이론이나 행동원리에 의해 행동변용을 행하는 치료법이다. 스키너(Skinner, B. F)가 창시하고 아이젠크에 의해 발전되어 신경증, 정신병자에 적용되었다. 인간의 행동에 의도적으로 자극을 주어 변화를 일으킴으로서 부적응 행동을 감소 또는 소멸시킨다. 문제행동에 초점을 두어 그 행동자체의 소멸을 의도한다는 점에서 그 행동이 왜 생겼는가 하는 역동적 측면의 접근이 약하다는 문제점을 안고 있으나 이것이 또 특성이기도 하다.

## 행동요법 집단사회사업

행동이론 또는 학습이론에 기초를 둔 집단사회 사업을 의미하며 각 집단회원에 설정된 치료목표의 달성 즉 행동의 바람직한 변용을 목적으로 하는 것이다. 진단과 치료목표도 관찰의 가능한 구체적인 행동으로 묘사된다. 변화 가능한 행동은 학습에 의해 획득된다고 가정하고 있으며 강화, 소거 등의 기술이 사용된다. 이모형에 있어서 집단은 목표달성의 배경이 되는 수단이라고 받아들여지고 있다.

### 행동유형론(styles of leader behavior)

행동유형론은 지도자의 행태분석을 통해, 성공적인 지도자들이 보이고 있는 리더십 행태를 밝히고자 하는 리더십 이론을 말한다. 행동유형론은 따라서 눈에 보이지 않는 능력 등 속성보다는 지도자들이 실제 어떤 행동을 하는가에 초점을 맞추고 있다. R. B. Blake와 J. S. Mouton의 관리유형도에 관한 연구 등이 이러한 부류에 속한다.

### 행동이론(behavioral theory)

인간의 행동을 대상으로 실증적인 이론구축을 추구한다는 것이다. 1950년대 미국의 실용주의적 견지에 입각한 경험적 논법, 연구법이며 자연과학이나 사회과학의 결합이 요청된다. 그 목적은 행동예측과 행동제어에 있다. 그 생물학적인 측면에서의 연구에서는 유명한 파블로프(Pavlov, I. P)의 조건반사나 스키너(Skinner, B. F)의 학습이론이 있다. 학습이론은 와트슨(Watson, J. B) 등에 의해 1910년대에 전개되어 역시 미국에서 발전을 본 정신분석학에 버금가는 심리학의 주류를 이루고 있다. 그 방법은 행동하는 자의 의식을 분석하는 것이 아니고 객관적으로 행동을 기술하는 일과 그 개체가 작용하는 환경까지를 구호적으로 포착하는 것이 필요하다.

### 행동장애(conduct disorder) 01

유년기나 청년시절에 분명하게 나타나며, 타인의 권리에 대한 계속적이고 반복된 침해, 혹은 연령에 걸맞은 규범(norms)과 사회적 규율의 위반으로 특징지어지는 부적합한 행동유형. 행동장애의 네 가지 하위유형은 ①사회화되지 못한 것 undersocialized(빈약한 교우관계, 애정이나 유대감 결핍, 다른 사람의 감정에 대한 무관심, 자기중심주의) ②사회화된 것 socialization(특정인에게는 애정이 있지만 외부인에게는 냉담한 것) ③공격적인 것(타인에 대한 신체적 공격과 범죄행위) ④비공격적인 것(지속적인 거짓말, 무단결석 truancy, 가출, 약물남용 substance abuse)이 있다.

### 행동장애 / 품행장애 02

남의 것을 몰래 훔치거나 가출, 거짓말, 방화, 잦은 결석, 타인의 집이나 차에 몰래 들어가거나 타인의 물건을 부수거나 동물을 괴롭히거나 싸우면서 무기를 사용하거나 싸움을 걸고 폭력을 쓰는 등의 행동들이 3개 이상 6개월 이상 지속되는 경우이다. 유전적 소인, 심리적 요인(초자아

의 발달미숙), 환경적 요인(부모의 통제 결여, 결손가정, 비행청소년과의 어울림, 원칙 없이 양육되는 등)이 원인이 되며 치료는 입원 치료가 원칙이며, 정신치료, 가족치료, 학교지도 방침에 대한 상담, 약물치료 등이 고려된다.

### 행동조사(action research)

사회심리학자 K. 래빈이 제창한 연구조사의 방법이다. 법칙 정립적 연구와는 달리 구체적 사회생활의 제 측면에서 관계개선을 촉진시키기 위한 실천 활동과 그 효과의 객관적인 분석을 주목적으로 연구 · 조사한 것에 그 특징이 있다. 이 방법은 실험실내에서 조작이 곤란한 요인에 관계함으로써 집단행동의 역동성 유효하며 사회복지분야에서도 진단이나 효과측정 등의 경우에 이용되고 있다.

### 행동주의(activism) 01

의식 고양(consciousness raising), 연합(coalition)의 개발, 선거인 등록제도(voter registration drives)와 정치적 캠페인을 이끄는 일, 선전과 공공성의 중대, 그리고 사회변화에 영향을 미치는 행동들을 취하는 것과 같은 행동을 위해 계획된 행동을 의미한다.

### 행동주의(behaviorism) 02

와트슨(J. B. Watson)이 제창한 심리학의 일파이다. 외현적 행동을 심리학의 연구 주제로 하는 초기의 행동주의 심리학은 반사적 행동과 조건반사를 연구의 기본단위로 간주했다. 와트슨의 행동주의 심리학은 1913년에 발표된 〈행동주의자가 본 심리학〉이라는 논문에서 비롯된다. 이 논문에서 와트슨은 심리학이 자연과학의 객관적 · 실험적 분과이며, 그 목적은 행동의 예언과 통제에 있다고 주장하고 유기체가 유전적 습관 기제로서 환경에 적응하는 관찰 가능한 사실을 대상으로 연구하며, 유기체는 자극에 따라 반응한다는 점을 주장하였다. 1913년 이후 와트슨의 이론은 ①감각과정의 연구에 있어서 조건반사라는 객관적 방법의 발견, ②행동의 개체발생적 접근이 중요성의 강조, ③인간 행동에 대한 유전적 영향력의 감소 등의 측면에서 수정되었다. 1930년경에, 와트슨은 인간 행동의 연구에 있어서 본능의 무용성을 주장하고, 그 대신 학습의 중요성을 강조하였다. 초기의 와트슨류의 행동주의는 관찰 가능한 행동의 연구, 행동의 예언과 통제를 그 주요 내용으로 한다. 현대의 행동주의 심리학은 와트슨의 행동주의를 그 출발점으로 하였으나, 크게 변모되었다.

### 행동주의 03

파블로프(Ivan Pavlov), 왓슨(J. B. Watson), 스키너(B. Fskinner) 등이 창안한 심리학파의 이론이다. 행동주의는 관찰과 측정이 가능한 반응의 측면에서 행위를 설명하려고 한다. 이 학파의 기본 입장은 부적합한 행동 유형은 학습되지 않을 수 있으며 자기반성, 인지, 무의식

(unconscious)은 비과학적인 가설이라는 것이다. 행동주의는 행동수정(behavior modification)과 사회학습 이론(social learning theory)과 같은 치료방법과 이론적인 개념을 동반한다.

### 행동주의 가족치료(behavior family therapy : BFT)

어떤 가족이 특정 목표를 달성할 수 있도록 돕기 위하여 행동수정(behavior modification)의 치료기술과 사회학습 이론(social learning theory)을 사용하는 치료. 행동주의적 입장을 취하는 가족치료가들은 클라이언트 가족 성원들이 자신들의 문제를 명백한 활동의 측면에서 분명하게 규정하고 모두가 동의하는 문제해결 행동을 개발할 수 있도록 돕는다. 가사분담, 특정행동의 양 결정, 어떤 의사소통 행위를 유지하는 것 등은 이러한 개입형태의 한 부분이다.

### 행동주의자 역할(activist role)

사회사업에서 클라이언트 체계(client system)의 이익을 위해 특정 행동을 위하는 것을 지지하면서, 이른바 객관적·중립적·수동적인 태도를 거부하는 것을 의미한다. 이러한 행동에는 클라이언트를 위한 명확한 권고안을 만들거나, 사회기관을 변화시키기 위한 캠페인을 이끌거나 클라이언트의 가치지향에 영향력을 가하는 분명한 편파적 중재(side－taking)가 포함된다.

### 행동치료(action therapy) 01

행동 또는 변화에 대한 방해물을 직접 변화시키려는 치료 절차와 개입전략을 의미한다. 이러한 요법에는 행동수정(behavior modification), 인지치료(cognitive therapy), 경험치료(experiential therapy) 등이 있다. '행동치료'라는 용어는 '정보치료'와는 다른데, 정보치료는 클라이언트가 간접적으로 변화를 조장하는 자의식의 다른 형태와 통찰력을 얻을 수 있도록 하기 위한 것이다.

### 행동치료(behavior therapy) 02

행동주의적 학습이론에 근거하여 발전시킨 심리치료의 이론과 기법을 의미한다. 좁은 의미의 행동 치료는 고전적 조건화 이론과 상호제지 이론에 의한 행동변화의 이론과 실제를 가리킨다. 넓은 의미의 행동 치료는 행동수정(behavior modification)과 같은 뜻으로 고전적 조건화 이론·작동조건화 이론·사회모방이론 등과 같은 실험적인 학습이론에 근거한 행동변화의 이론과 기법을 모두 가리킨다.

### 행동치료 03

임상분야에서 경험조사를 바탕으로 한 기술을 사용하여 두려움, 불안, 우울, 성비행 등의 문제와 바람직하지 않은 행동들을 평가하고 변화시키는 행동수정(behavior modification) 원칙을 적용시키는 치료를 말한다.

### 행동화

정신분석 이론에서 자아에게 용납될 수 없는 무의식적 욕망이나 동기를 지니고 있을 때, 이것이 의식화되는 것이 허용되지 않으며 반면에 그 동기나 욕망을 즉각적이거나 환상적인, 또는 현실적으로 활용할 수 있는 출구를 통해서 만족시킴으로써 원래의 욕망이나 동기를 대치시키는 것을 의미한다.

### 행불자(missing person)

행방불명된 사람의 주변에 있는 중요한 타자(significant others)들이 행방을 모르는 사람을 가리키는 용어를 의미한다. 만일 행불자가 미성년자라면, 이에 대한 적절한 용어는 보통 가출자(runaway)가 된다.

### 행위이론(action theory)

대면적 만남(face－to－face encounter)을 기본적 분석단위로 함으로써 이론과 실제를 결합하고자 하는 분석양식(mode of analysis)을 말한다. Michael Harmon은 기존의 행정이론을 비판하면서 새로운 입장, 즉 해석사회학·현상학·상징적 상호작 용주의 및 반실증주의의 입장에서 이와 같은 행위이론을 정립하였다. 행위이론에 관한 Harmon 의 주요 저작으로는 Action Theory in Practice: Toward Theory Without Conspiracy(1981, PAR), Action Theory for Public Administration(1981) 등이 있다.

### 행정(public administration) 01

행정이란 행정부가 공공문제를 해결하기 위해 정책을 형성·집행하고 내부관리를 하는 제반 활동을 말한다. 행정의 개념은 시대에 따라 변화해 왔는 바, 초기에는 집행활동에 초점을 두어 행정의 개념을 정의하였으나, 1930년대 이후에는 정책형성 기능까지 포괄하는 것으로 개념화하고 있다. 행정의 개념은 또 인간의 협동활동에 초점을 맞추어 '고도의 합리성을 수반한 협동적 인간 노력의 한 형태'로 넓게 정의되기도 하며, '정부관료제를 중심으로 이루어지는 활동'으로 좁게 정의되기도 한다.

### 행정(administration) 02

사회사업에서의 시설관리를 의미한다. 구체적인 사회사업서비스로 정책을 바꾸는 과정과 그 과정에서 얻어진 의견을 정책에 반영하여 수정·변경하는 과정으로 두 가지 측면을 포함한다. 사회사업의 이론과 방법을 당초 기업이윤과 생산성향상에 주안한 과학적 관리법이나 인간관계로 대표되어 인원이나 물자의 최소지출에 의한 효율적 사업 관념에 보강시켜 오늘날 시설관리를 사회사업의 이념과 목적으로부터 독립된 시술과정으로 파악하는 경향이 있다. 그러나 현대복지국가, 행정국가의 단계에서 완전고용과 사회복지를 이념으로 둔 계획정책이 공행정의 주도하에 입안·시행되어져야 하고, 그 영향력과 내용이 복지·노동·보건 등의 분야까지 파급되어 시설관리방식과 공행정의 가치이념의 관계에서 근본적인 재검토가 추구되어지고 있다.

## 행정감사(administrative audit) 01

행정활동이 적법하게 이루어지는가를 감사하는 활동을 말한다. 즉 행정기관의 업무집행 상황, 공공기업체의 고유업무 또는 국가의 위임이나 보조에 관 한 업무의 집행상황 등을 파악하기 위하여 행하는 감사를 말한다. 법규 위반자를 적발하여 처벌하는 규찰적 기능을 주된 기능으로 하는 행정감찰과는 달리, 행정감사는 위법·부당성을 발 견하여 시정하는데 초점을 둔다. 행정감사의 종류는 ①정기감사와 수시감사, 예고감사와 불시감사, 서면감사와 실지감사, 종합감사와 부분감사, 일반감사와 특별감사 등으로 구분될 수 있다. 국회에 의한 행정감사를 특히 국정감사라 한다.

## 행정감사 02

행정감사상의 입장에서 상급행정기관이 하급행정기관에 대해 사무 또는 업무의 집행상황을 검사해 옳고 그릇됨을 조사하고 필요에 따라 지시, 명령 등을 하는 것을 말한다. 통상 지휘감사와 동의어로 쓰이는 경우가 많다. 사회복지 분야에서도 행정감사가 실시된다.

## 행정감찰

행정감찰이란 행정의 합법성을 확보하기 위하여 공무에 관한 비위·범죄·기강문란을 조사하여 위법·부당행위를 한 공무원을 규찰하는 활동을 말한다. 행정의 합법성 확보를 그 직접적 목적으로 하는 행정감찰은 위법자를 적발하여 처벌하는 규찰 기능에 초점을 둔다는 점에서 시정에 초점을 두는 행정감사와 차이가 있다.

## 행정강제

행정목적을 달성하기 위하여 행정권이 사람의 신체 또는 재산에 대해 실력을 써서 행정상 필요한 상태를 실현하는 작용을 말한다. 행정강제는 권력적인 실력행사로서의 사실행위라는 특징을 지닌다. 행정강제에는 행정법상의 의무 불이행에 대해 행정권이 실력을 가하여 그 의무를 이행시키거나 또는 이행된 것과 같은 상태를 실현하는(행정상강제집행)과, 목전의 급박한 위해를 제거해야 할 필요가 있는 경우 등에 행정권이 직접 국민의 신체 또는 재산에 실력을 가하여 행정상 필요한 상태를 실현하는 작용을 말하는(행정상즉시강제)의 두 가지가 있다.

## 행정개혁(administrative reform)

행정개혁은 행정을 현재보다 더 나은 상태로 개선하 기 위하여 새로운 방법을 고안하여 적용하려는 의식적·인위적인 노력을 말한다. 이러한 행정 개혁은 단순히 조직 개편이나 관리기술의 개선뿐만 아니라 행정인들의 가치관 및 신념, 태도를 변화시키는 것도 포함된다. 따라서 행정개혁에는 정도의 차이는 있지만 대부분의 경우 저항을 수반하며, 이를 극복하는 것이 행정개혁의 성공적 추진을 결정짓는 관건이라 할 수 있다. 행정 개혁의 접근방법은 여러 가지 관점에서 분류할 수 있으나, 개혁의 초점을 어디에 두느냐에 따라, 구조적 접근방법·기술적 접근방법·행태적 접근방법 등으로 나눌 수 있다.

## 행정계급(administrative class)

영국의 공무원제도에 있어 최고계층을 구성하는 직업공무원 집단을 말한다. 이 계급은 다시 사무차관을 비롯한 일곱 가지의 하위계급(subclass) 내지 단계(level)로 구분된다. 행정계급은 정책의 수립, 부처간의 활동 조정, 법령의 입안, 장기계획의 수립, 소속 직원의 지휘·통솔 등의 업무를 수행한다. 행정계급의 공무원은 명문대학을 갓 졸업한 사람을 대상으로 공개경쟁시험을 통해 채용되며 집행계급으로부터의 내부승진도 일부 허용 된다.

## 행정관리

행정기관이 행정목표를 설정하고 그것을 효과적으로 달성하기 위하여 필요한 사항을 기획·조직·동작화하고 지도·조정·통제하는 것을 말한다. 관리를 좁은 의미로 해석 하여 주어진 목표의 능률적 달성을 위한 효과적 수단의 동원기술로 이해할 경우, 이것은 인적 자원과 물적 자원을 최소한으로 투입한 가운데 최대의 목표를 달성하도록 경제성의 원칙을 적용하는 것을 뜻한다.

## 행정관청

행정사무에 관해 국가의 의사를 결정하고, 그 의사를 외부 국민에 대해 표시·집행할 수 있는 권한을 가진 국가기관을 말한다. 이러한 행정관청은 국가기관이기에, 지방자치단체나 공공조합의 행정기관은 행정관청이 아니다. 행정사무를 담당하는 기관은 많으나 국가의사를 결정하는 기관은 일부에 지나지 않으며, 대부분의 행정기관은 국가의사 결정의 준비적 행위를 하는 보조기관이다. 행정 각부의 장관은 행정관청이나, 차관이하의 기관은 보조기관이다. 그러나 보조기관도 위임에 의해 의사결정권이 부여되었을 경우에는 그 범위 내에서 행정관청의 지위를 취득할 수 있다.

## 행정구역

행정권 발동의 지역적 관할을 말한다. 행정구역은 국가행정에서도 중요하지만, 특히 지방자치단체의 지역적 관할에 있어 중요시된다. 행정구역의 적정규모를 결정함에 있어서는 공동사회·행정량·재원(財源)·행정의 편의 등 4가지 요소가 고려된다.

## 행정국가(administrative state, Verwaltungsstaat)

행정국가란 국가의 입법 및 사법 기능에 비해 행정기능이 특별히 우월한 국가를 말한다. 20세기 들어 국가의 복지 기능이 강조되면서 행정이 사회안정자(stabilizer)로서의 역할뿐만 아니라 사회변동의 촉진자(fertilizer of social change) 역할까지 수행하는 행정국가화 현상은 선·후진국을 막론하고 보편적인 현상으로 나타나고 있다. 현대 국가에 있어 행정부가 준입법적·준사법적 기능까지 수행함으로써 입법부와 사법부의 기능이 상대적으로 약화되고, 행정기능이 양적·질적으로 확대되고 있다.

## 행정권

행정을 행하는 국가의 통치권의 권능을 말한다. 우리나라의 경우, 행정권은 대통령을 수반으로 하는 정부에 속한다고 규정하고 있다(헌법제38조4항). 행정부는 행정권의 중추기관이지만, 행정부만이 행정권을 행사하는 유일한 기관은 아니다. 행정권은 지방자치단체 등 자치단체에 분여(分與)되거나 또는 자치단체 및 사인(私人)에게 위임되기도 한다.

## 행정기관
### (administrative organ, Verwaltungsorganization)

국가 또는 지방자치단체의 행정사무를 담당하는 기관을 지칭한다. 행정기관은 일정한 권한을 가지며 그 범위 내에서만 국가의사를 유효하게 결정·표시할 수 있다. 국가의 행정기관은 그 권한의 차이에 의해 행정관 청·의결기관·보조기관·자문기관·집행기관·감사기관 등으로 구별된다. 지방행정기관은 지방국가행정기관과 지방자치행정기관으로 구분될 수 있으며, 또 보통지방행정기관과 특별지방 행정기관으로 나누어 볼 수 있다.

## 행정기구

일반적으로 행정은 복잡 다양하여 기획·조정·통합의 기능이 중요하다. 종래의 조직론에서는 전문화원칙에 따른 능률증진의 방향이 강조되어 왔다. 그러나 인간 대상의 행정기구는 단지 전문화에 따른 특수성의 존중이 아닌 전인적 인간을 통일적으로 처우하는 입장에서 보편성 존중의 조직원칙을 갖고 통합할 필요가 인식되었다. 따라서 관청의 상하관계 행정에서의 진정한 반성이 행해지고 있다.

## 행정명령(administrative order)

넓은 의미의 행정명령은 법규의 성질을 지닌 법규명령을 포괄하는 의미로 사용되나, 일반적으로는 법규의 성질을 지니지 않은 훈령·지시·명령 등 행정규칙의 의미로 사용된다.

## 행정문화(administrative culture)

행정체제나 행정과정에서 행정행태를 규율하고 조건 짓는 감정·신념·태도가 융합된 가치체제를 행정문화라 한다. 행정문화는 행정행태를 결정짓는 중요한 요인의 하나로 간주된다.

## 행정물

국가 또는 공공단체 등의 행정주체가 직접적으로 행정 목적을 위하여 공용(供用) 하는 물건을 말한다. 공물(公物) 즉 공용물(公用物)과 공공용물(公共用物)이 이에 해당된다.

## 행정벌

행정법상의 명령·금지위반 등 의무위반에 대해 일반통치권에 의거하여 과하는 제재로서의 처벌을 말한다. 행정법규는 행정목적의 실현을 위해 국민에게 각종의 행정의무를 과하는 동시에, 국민이 그 의무를 위반하는 경우 제재를 과할 것을 규정함으로써 행정법규의 실효성을 확보한다. 반면 징계벌(懲戒罰: 秩序罰이라고도 함)은 공법상 특별권력관계에서 그 내부질서를 유지하기 위하여 질서 문란자에게 과하는 제재를 말한다. 행정벌은 경우에 따라, 징계벌을 포함하는 '행정상의 처벌' 이라는 의미로 사용되기도 한다. 또 행정벌은 과거의 행정법상의 의무위반에 대한 제재로서 과하는 처벌인데 비하여, 집행벌은 장래에 향하여 행정법상의 의무의 이행을 강제하기 위하여 과하는 처벌이라는 점에서 다르다. 실정법상의 행정벌에는 질서행정벌(秩序行政罰)·공기업벌(公企業罰)·정서벌(整序罰)·재정 벌(財政罰)·군정벌(軍政罰) 등이 포함된다. 행정벌에는 형법에 형명(刑名)이 있는 형벌(사형·징역·금고·자격상실·자격정지·벌금·구류·과료(科料)·몰수)을 과하는 행정형벌과, 행정 질서벌로서의 과태료, 조례에 의한 과태료 등 3종류가 있다.

## 행정범

행정목적을 위하여 정해진 법규에 위반하는 행위로서, 그 행위 자체는 반사회성·반도덕성을 갖지 않고 법규에 정한 명령·금지에 위반되기 때문에 위법성을 갖게 되는 범죄를 말한다. 행정범은, 행위 자체가 반사회적·반도덕적으로 되어 있는 자연범(自然犯)에 대응하여, 행위 그 자체는 윤리적으로 무색(無色)이나 법률에 정하여진 범죄를 뜻하는 법정범(法定犯)이라 할 수 있다.

## 행정법(administrative law)

행정권의 조직 및 작용에 관한 공법을 말한다. 근대 법치국가에서는 행정권 행사의 자의를 방지하기 위하여 권력분립을 전제로 하여 입법부가 제정하는 법률에 의해 행정을 수행하게 한다. 행정권과 시민과의 관계를 규율하는 행정법은 행정에 관한 고유하고 특수한 법체계를 지니고 있다.

## 행정법원

행정사건의 재판관할을 위하여 사법재판소 계통과는 별도로 행정부 내에 설치되고, 통상의 행정계통으로부터 독립된 지위를 가지는 법원을 말한다. 행정재판소라고도 하며, 프랑스·독일 등 대륙법계의 행정국가에서 설치하고 있는 특별법원이다. 영미법계통의 사법국가에서는 원칙적으로 이를 인정하지 않고 있으며, 우리나라에서도 행정재판소를 별도로 설치하지 않고 사법재판소에서 행정사건을 다루어 왔으나, 최근 행정법원을 설치하여 운영하고 있다.

## 행정보조기관

행정관청의 의사결정이나 표시를 보조함으로써 행정기관의 목표달성에 공헌하는 기관을 말한다. 중앙행정기관의 보조기관으로는 차관, 차장, 실장, 국장 또는 부장 및 과장이 있다.

## 행정보좌기관

행정기관이 그 기능을 원활하게 수행할 수 있도록 기관장이나 보조 기관을 보좌함으로써 행정기관의 목표달성에 기여하는 조직을 말한다. 우리나라의 경우 중앙 행정기관의 보좌기관은 차관보와 담당관 등을 들 수 있다.

## 행정사무

행정사무는 주민의 권리를 제한하고 자유를 규제하도록 권력행사를 동반한 사무를 말하는 것으로 구체적으로 벌칙, 기타 규제규정이 있다. 즉 미성년자, 정신병자의 보호·양호를 위한 규제사무, 각종 생산물, 가축 등의 검사, 규제사무, 폭력행위의 처리 등 경찰적 처리사무 등이다. 행정사무를 처리하는 데에는 주민의 권리의무에 영향을 미치기 때문에 반드시 조례를 정해야 하지만 개개의 법률에 근거하지 않고 행할 수도 있다.

## 행정상의 강제집행

행정법상의 의무 불이행에 대해 행정 주체가 실력을 가하여 그 의무를 이행시키거나 또는 이행된 것과 같은 상태를 실현하는 작용을 말한다. 행정상의 강제처분이라고도 한다. 경찰상의 강제집행·조세의 강제징수 등이 이에 속한다. 행정상의 강제집행의 수단으로는 대집행·집행벌·직접강제의 3종류가 있고, 그 밖에 공법 상의 금전급부(金錢給付) 의무의 강제수단인 행정상의 강제징수가 있다. 행정상 의무의 강제는 국민의 자유·재산을 침해하기에 반드시 법률의 근거가 있어야 되며, 일반법으로 행

정대집행법과 국세징수법 등이 있다. 행정상의 강제집행은 장래를 향하여 의무의 이행을 강제하는 점에서 과거의 의무위반에 대한 제재인 행정벌(行政罰)과 구분되며, 또 의무의 존재와 그 불이행을 전제로 하는 점에서 의무를 과하지 않고 즉시 실력으로써 강제하는 행정상의 즉시강제와 구별된다.

## 행정소송

국가나 지방자치단체 등 행정기관이 행한 처분 등에 복종하지 않는 사람이나 단체가 법원에 소송을 내어서 사법부의 판단을 구하는 것을 행정소송이라고 하는데 다음과 같은 경우 행정소송을 낼 수 있다. ①행정심판을 거쳤을 경우 ②행정 처분의 진행으로 인해 생길 중대한 손해를 예방해야 할 긴급한 필요가 있을 경우 ③같은 사건에 대한 행정심판의 청구가 기각당했을 경우 ④내용상 관련되는 처분 중의 하나에 대해 행정심판의 결정이 났을 때

## 행정심판(administrative adjudication) 01

행정상의 법률관계에 관한 쟁송이 있는 경우 사법기관이 아닌 행정기관이 이를 심리·재결하는 절차를 말한다. 행정에 대한 사법적 통제를 원칙으로 하는 국가에 있어 행정심판은 행정소송의 전심적(前審的) 역할을 한다.

## 행정심판 02

국가나 지방자치단체 등 행정기관이 행한 처분 등을 받은 당사자가 이를 부당하다고 생각하여 그 처분 등을 바로잡아 달라고 처분을 한 행정기관의 상급관청에 요청하는 것을 행정심판이라고 한다. 행정심판은 서면으로 신청하는데 당사자의 청구가 인정되면 해당 행정기관이 한 처분 등은 변경이 되고 청구가 인정되지 않으면 기각당한다. 청구가 기각당하면 당사자는 행정소송을 내어서 계속해서 처분 등의 변경을 요구할 수 있다.

## 행정심판전치주의

행정청의 위법한 처분 등을 취소 또는 변경하고자 하는 취 소소송(取消訴訟)은 원칙적으로 행정심판의 재결을 거치지 아니하면 제기할 수 없게 하는 원칙을 말한다. 이전의 행정소송법이 채택하고 있었던 소원전치주의가 1984의 신행정소송법에 의해 행정심판전치주의로 바뀌었다. 행정심판의 재결을 거치지 않고 취소소송을 제기할 수 있는 예외의 경우로는 행정심판 청구가 있은 날로부터 60일이 지나도 재결이 없는 때, 처분의 집행 또는 절차의 속행(續行)으로 생길 중대한 손해를 예방하여야 할 긴급한 필요가 있는 때, 법령의 규정에 의한 행정심판기관이 의결 또는 재결을 하지 못할 사유가 있을 때 등이다.

## 행정위원회(administrative commission)

일반행정권으로부터 어느 정도의 독립적 지위를 가지며,

처분권한 등의 행정적 권능 이외에 행정심판의 판단 등 준사법적 기능과 규칙제정 등의 준입법적 기능을 지닌 합의제 행정기관을 말한다. 미국·영국에서 발전한 독립규제위원회(independent regulatory commission)가 전형적인 행정위원회다. 행정적 권한 이외에 준입법권과 준사법권을 행사한다는 점이 행정위원회의 특징이다. 우리나라의 소청심사위원회, 교육 위원회, 노동위원회 등이 이에 속한다.

## 행정윤리(administrative ethics)

정부조직에 종사하는 공무원들이 지켜야 할 행동규범(code of conduct)을 의미한다. 즉 행정윤리란 공무원이 행정업무를 수행함에 있어 국민전체에 대한 봉사자로서 행정이 추구하고자 하는 공공목적을 달성하는 데 이바지할 수 있도록 전문적 능력을 최대한 발휘하여 준수해야 할 행동규범을 의미한다.

## 행정의 원리(administrative principles)

행정의 효율성과 생산성을 높일 수 있는 행정관리의 원리를 말한다. 초기의 행정학자들은 행정의 성과는 합리적인 조직구조의 개편과 기획, 예산 및 인사관리와 같은 관리기능에 달려있다고 주장하면서, 행정의 효율성과 생산성을 높일 수 있는 행정의 제원리를 발견하는 데 많은 관심을 기울였다. 대표적인 조직설계의 원리로는 분업의 원리, 명령통일의 원리, 통솔범위의 원리, 부성화(部省化)의 원리 등이 있으며, F. Taylor의 '과학적 관리의 제원리', W. F. Willoughby의 '행정의 제원리', L. Gulick의 '행정의 기능과 부처(部處)조직의 원리', C. Barnard의 '관리자 기능론' 등이 이러한 행정의 원리를 다루고 있다.

## 행정이념

행정이 따라야 할 규범적 가치 기준을 말한다. 이러한 행정이념으로는 정의, 복지, 형평, 자유, 평등의 일반적 가치 기준 이외에 합법성, 능률성, 효과성, 민주성, 사회적 형평성, 중립성, 합리성 등을 들 수 있다.

## 행정입법(administrative legislation)

행정주체가 법조(法條)의 형식으로 법규정을 정립 하는 것으로 말한다. 근대법치국가에서는 국민의 권리와 의무에 관한 규정은 국회에서 법률형식으로 입법하도록 요구되었으나, 20세기 들어 행정부의 입법권을 현실적으로 인정하기에 이르렀다. 행정입법에는 법률에서 구체적으로 범위를 정하여 위임받은 사항에 관한 규정을 마련하는 위임명령과, 법률을 집행하기 위하여 필요한 사항에 관해 발하는 집행명령 등이 있다. 행정입법에는 이와 같이 법규의 성질을 가지는 위임명령과 집행명령 이외에 법규의 성질을 지니지 않는 훈령·지시·명령 등의 행정명령이

있다. 법규명령은 제정기관에 따라 대통령령·총리령·부령 등으로 나뉜다.

## 행정작용

행정주체가 행정목적의 실현을 위하여 행하는 일체의 작용을 말한다. 여기에는 법률적 작용·사실적 작용·권력적 작용·비권력적 작용·입법적 작용·사법(司法)적 작용·통치적 작용·사법(私法)적 작용 등 모두가 포함된다.

## 행정재산

국가 또는 공공단체에 의해 직접 행정목적에 공용(供用)되는 재산을 말한다. 실정법상으로는 보통재산(普通財産)에 대응하는 개념으로서 국유재산법에서 사용되는 개념이다. 국유재산법상의 행정재산에는 공공용 재산(公共用 財産)·공용재산(公用財産)·기업용 재산(企業用 財産)의 3가지가 있다. 공공용 재산은 국가가 직접 공공용으로 사용하거나 사용하기로 결정한 재산을 말하고, 공용재산은 국가가 직접 그 사무용·사업용 또는 공무원의 주거용으로 사용하거나 사용하기로 결정한 재산을 말하며, 기업용 재산은 정부기업이 직접 그 사무용·사업용 또는 당해 기업에 종사하는 직원의 주거용으로 사용하거나 사용하기로 결정한 재산을 말한다. 행정재산은 이를 대부(貸付)·매각·교환·양여하거나 또는 출자의 목적으로 하거나, 이에 사권(私權)을 설정하지 못한다.

## 행정적 통제

중앙정부가 지방자치단체 등에 대해 행하는 감독·통제를 말한다. 즉 국가의 행정관청이 지방자치단체에 대해 명령에 의한 감독권한의 행사 및 그것에 의한 통첩·회답·지시·지정(指定)·기준설정·부관(附款)·내시(內示)·조사에 기한 의견 등의 기술적 수단을 통해 행해지는 통제를 말한다. 행정학에서 말하는 행정통제 가운데 내부통제를 의미한다.

## 행정절차(administrative procedure)

행정기관이 행정처분과 같은 공권력을 행사함에 있어 반드시 거쳐야 하는 절차를 말한다. 즉 행정기관이 정책결정·규칙 제정·행정심판에서의 재결청(裁決廳)의 재결 등과 같은 행정행위를 하는 경우에 준거해야 할 절차를 말한다. 특수한 경우에는, 법원에 의한 심리재판(審理裁判)을 사법절차라 부르는데 대비 하여 행정기관에 의한 심판을 행정절차라 부르기도 한다.

## 행정절차법(Administrative Procedure Act)

행정기관의 정책결정, 처분, 규칙제정, 행정심판에서의 재결청(裁決廳)의 재결 등을 행하는 경우의 준칙이 되는 법률을 말한다. 근래 들어 각국에서는 절차적 민주주의를

확보하고, 국민의 권리보호를 위해 특정 정책의 수립 및 규칙제정에 있어 공청회 개최 등을 통한 공개심리, 당사자·관계인의 변론 청취, 증거조사 등 준사법적 절차의 채택을 강조하는 행정절차법을 제정하고 있다. 우리나라에서는 국민의 일상생활과 밀접한 관련이 있는 법령을 제정 및 폐지하거나 정책·제도·계획을 수립할 때 이를 예고하고 관계인의 의견을 청취하도록 하는 행정절차법을 1996년 정기국회에서 제정하였다.

## 행정정보공개

행정기관이 보유하고 있는 정보에 일반시민이 접근하여 이용할 수 있도록, 행정기관에 정보공개의 의무를 부과하고 일반시민에게 정보공개를 청구할 수 있는 권리를 부여하는 것을 말한다. 여기서 정보는 행정기관이 직무상 작성 또는 취득하여 관리하고 있는 정보를 말하며, 정보를 공개한다는 것은 법률에 정한 절차에 따라 시민의 청구가 있을 경우 행정기관이 정보를 열람하게 하거나 그 사본 또는 복제물을 교부하는 행위를 말한다. 우리 나라에서는 1996년 '공공기관의 정보공개에 관한 법'을 제정하였다.

## 행정정보화

정보화를 통해 행정업무의 처리방식을 혁신하고, 행정서비스의 질을 향상시키며, 국가사회의 정보기반을 구축하는 것을 말한다. 행정정보화는 기존의 업무를 단순히 자동화하는 행정전산화보다 포괄적인 개념으로, 행정기관 내부적으로는 행정의 효율화와 간소화를 추진하면서 동시에 대외적으로는 고도화되는 국민의 행정서비스 욕구를 충족시켜 줄 수 있는 행정을 추구한다.

## 행정조직

행정조직이라 함은 행정기관의 조직 및 권한에 관한 사항의 총칭이다. 행정조직은 중앙행정조직과 지방행정조직으로 구별된다. 중앙행정조직이라 함은, 권한이 전 국토에 미치는 행정기관의 조직을 말한다. 현대국가는 사회생활의 전반을 육성·통제하는 능동국가이며, 양적으로 확대되어 가는 행정활동을 유감없이 해야 하기 때문에 행정조직을 통일·강화하고 그 운영에 있어서 기술을 극도로 이용하지 않을 수 없다. 이리하여 현대의 행정조직은 자유주의시대에서 볼 수 있었던 분권제 합의제·분립제·엽관제를 서서히 극복하면서 집권제·단독제·통합제·관료제에로 이행하는 경향이 있다.

## 행정주체

국가와 공공단체 등 공권력의 담당자를 말한다. 경우에 따라서는 사인(私人)도 권력주체가 될 수 있다. 행정주체는 국가나 공공단체가 행정활동을 하기 위해 그 의사를 결정하고 집행하는 행정기관과 구분된다.

## 행정지도(administrative guidance)

행정기관이 그 권한에 속하는 사항에 대해, 그 의도 하는 바를 실현할 목적으로 행정객체에 대해 임의적인 협력을 기대하고 행하는 작용을 행정 지도라 한다. 법령을 근거로 행하여지는 경우도 있으나, 법령에 아무런 근거를 갖지 않은 경우도 많다. 아무런 구속력도 갖지 않는 비권력적인 작용으로 하등의 법적 효과도 수반하지 않는 사실작용이나, 현대국가에서 공행정의 적극적인 활동형태로 무시할 수 없는 역할을 하고 있다. 원래는 상급행정기관의 감독권 행사의 일종으로서 특별권력관계에 있는 자에 대해 행하여 오던 작용인데, 현대에는 행정의 확대현상에 따라 상대방의 저항을 없애고 국민의 기대에 응하며 행정을 원활하게 수행하기 위하여, 가급적 권력적인 작용을 회피한다는 관점에서 큰 주목을 끌게 되었 다. 이러한 현상을 일반권력관계의 특별권력관계로의 진행으로 해석하기도 한다. 행정지도의 유형은 공익일반 또는 구체적인 행정목적에 위배되는 행위를 규제하려는 규제적 행정지도, 서로 대립되는 당사자들의 이해관계를 조정하기 위한 조정적 행정지도, 정보·기술·조언 등을 제공하기 위한 조성적 행정지도로 나눌 수 있다.

## 행정책임(administrative responsibility) 01

행정관료가 도덕적 법률적 규범에 따라 행동해야 하는 의무를 말한다. 여기에는 행정행위의 내용에 대한 결과책임뿐만 아니라 절차에 관한 과정책임도 포함된다. 책임의 유형은 ①도덕적·윤리적 책임(responsibility)과 ②법적인 책임(accountability), 그리고 ③국민에 대한 대응성(responsiveness) 등으로 나눌 수 있다. 행정책임 은 또 행정인 또는 행정기관이 행정조직 내부에서 상관 또는 감독기관에 대해 책임을 지는 내재적 책임과, 행정인 또는 행정기관이 대외적으로 입법부·사법부 또는 국민에게 책임을 지 는 외재적 책임으로 나누어 볼 수 있다.

## 행정책임 02

행정책임은 일반적으로 행정권의 행사에 따라 행정주체가 책임을 갖고 맞서지 않으면 안되는 영역의 과제를 말한다. 사회복지에 관한 행정책임은 사회복지 각 법 및 지방자치법에 있는 바와 같이 정부만이 아닌 지방자치제의 행정기관 간에 분담한다. 최근에는 지역복지욕구에 맞는 복지행정이 기대되어 지방자치단체에 분담하는 행정실무가 증가되는 경향이다.

## 행정처분 01

행정주체가 법집행으로서 행하는 공법행위 중의 권력적 단독행위를 말한다. 즉 행정주체가 행하는 행위 중에서 사실행위(事實行爲)·통치행위(統治行爲)·입법행위(立法行爲)·사법행위(司法行爲)·관리행위(管理行爲)·사법행위(私法行爲)를 제외한 권력적 단독행위를 말하나, 실정법상의 행정처분에는 사실행위 · 입법행위까지를 포함하는 때가 있다. 영업면허 · 공기업의 특허 · 조세의 부과와 같은 조치가 여기에 속한다. 법규에 위반하는 행정처분은 위법처분으로서 행정심판 · 행정소송의 대상이 되고, 행정목적에 위반하는 처분은 부당처분으로서 행정심판의 대상이 된다.

### 행정처분 02

법률에 근거하여 국가나 지방자치단체가 단독의사에 의해 구체적으로 권리를 설정하고 의무를 명하며, 기타 법률상의 효과를 발생시키는 공법적 행위를 말한다. 구체적으로는 허가, 인가, 면제, 개선명령, 금지, 정지, 취소 등을 들 수 있다. 행정처분은 공권력의 행사를 내용으로 하며 상대방의 동의를 요하지 않는 일방적 행위이기 때문에 부당한 행정처분이나 위법한 행정처분에는 이의신청의 길이 열려있고 또 행정처분 취소 청구소송도 가능하다.

### 행정철학(administrative philosophy)

행정이 추구하여야 할 바람직한 가치에 관한 학문을 말한다. 즉 행정철학은 '행정'과 '철학'의 복합개념으로, 행정의 궁극목적 및 행정과정 전반을 지배하는 바람직한 가치를 연구하는 분야로서, 가치의 본질과 인식가능성 및 가치판단의 기준 등을 연구 대상으로 하는 학문이다. 한편 Dimock은 행정철학을 보다 나은 업적(performance)을 달성하는 데 목적을 두고 있는 일련의 신념과 실천체계로 보고 있으며, Hodgkinson은 행정을 행동철학(philosophy in action)으로 정의하고, 철학은 어떤 정의(定義)체 계나 하나의 세계관 또는 특별한 인식론이나 심리학을 의미하는 것이 아닌 정확한 사고의 과정과 가치부여(valuing)의 과정, 즉 합리성, 논리 그리고 가치를 의미한다고 한다.

### 행정통제(administrative control)

행정통제란 공무원 개인 또는 행정체제의 일탈에 대한 감시와 처벌을 통해 행정목표를 달성하려는 활동을 말한다. 행정통제는 그 주체와 영향력 행사방향에 따라 외부통제와 내부통제로 나눌 수 있다. 외부통제는 국회나 사법부와 같은 행정구조 외부의 기관에 의한 통제를 말하고, 내부통제는 행정조직 내부기관 또는 구성원에 의한 통제를 말한다. 비교적 행정이 단순했던 입법국가 시대에는 외부통제에 중점을 두었으나, 행정이 전문성과 복잡성을 띠게 된 현대 행정국가 시대에는 외부통제보다 내부통제가 점차 강조되고 있다.

### 행정해석

유권해석(有權解釋)의 한 형태로, 행정기관에 의한 법의 해석을 말한다. 행정 기관은 법을 집행함에 있어 독자적으로 법을 해석하고 그 해석을 기술한 문서를 내기도 한다. 그러나 이러한 행정해석은 일응 유효하지만 최종적인 구속력은 없다.

### 행정행위(administrative act) 01

행정행위는 행정주체가 행정권에 의해 행정법규를 구체적으로 적용 · 집행하는 일체의 행위를 말한다. 넓게 정의할 경우, 여기에는 공 · 사법행위는 물론 통치행위와 행정상 입법도 포괄된다고 할 수 있다. 좁은 의미로는 행정주체가 법 아래서 구체적 사실에 관한 법집행으로서 행하는 권력적 단독행위를 말한다. 법집행 행위로서의 행정행위는 법률상으로는 명령 · 금지 · 면제 · 허가 · 인가 · 승인 · 특허 · 인허 · 면 허 · 결정 · 재정 · 증명 · 조치 등의 각종 용어로 불린다. 행정행위는 그 행위의 요소인 정신작용 이 효과 의사냐 아니냐에 따라 법률행위적 행정행위(法律行爲的 行政行爲)와 준법률행위적 행정 행위(準法律行爲的 行政行爲)로 크게 나뉘어 진다. 법률행위적 행정행위는 다시 하명(下命) · 허가(許可) · 면제(免除) 등 명령적 행정행위와, 특허(特許) · 대리(代理) · 인가(認可) 등 형성적 행정행위로 구분된다. 그리고 준법률행위적 행정행위에는 확인행위(確認行爲) · 공증행위(公證行爲) · 통지(通知行爲) · 수리(수리(受理行爲)) 등이 있다.

### 행정행위 02

행정의 주체인 중앙부처, 지방자치단체 등이 통치 · 관리를 목적으로 행하는 행위를 말한다. 근대 정치학의 전개와 함께 행정주체가 행하는 제시책의 효과나 주민요구와 행정행위와의 통합성측정이 문제되면서 각각의 행정목적에 합당한 행정행위의 체계화가 요구되었다. 따라서 행정주체가 통치적 관점에서만 기능하는 것이 아니라 주민의 복지 · 경제향상을 위해 해야 할 역할이 확대되기에 이르렀다.

### 행정형법

특별형법의 일종으로 행정적 형벌법규의 총체를 말한다. 즉 행정벌 중 특히 형법에 형명(刑名)이 있는 행정형벌에 관한 법규의 총체를 말한다. 행정형법은 그 목적에 따라 조세형법, 경제형법, 노동형법 등으로 나뉘며, 고유의 형법에 비해 윤리적 요소가 약하고 기술적 · 합목적적 요소가 강하다.

### 행태관찰척도법
(behavioral observation scales : BOS)

조직구성원의 주요행태별 척도를 제시한 뒤, 해당척도를 선택하게 함으로써 평정하는 근무성적평정의 한 방법을 말한다. 행태기준 평정척도법(BARS)과 마찬가지로 구체적인 행태의 사례를 기준으로 평정하나, 행태기 준평정척도법의 단점인 바람직한 행동과 바람직하지 않은 행동과의 상호배타성을 극복하기 위해, 행태별 척도를 제시한

점이 서로 다르다.

## 행태기준 평정척도법
### (behavioraly anchored rating scales : BARS)

근무성 적평정에 있어, 주요과업 분야별로 바람직한 행태의 유형 및 등급을 구분·제시한 뒤, 해당사항에 표시하게 함으로써 평정하는 방법을 말한다. 이 방법은 주관적 판단을 배제하기 위하여 직무분석에 기초하여 직무(job)와 관련된 중요한 과업(task) 분야를 선정하고, 각 과업분야에 대하여 가장 이상적인 과업행태에서부터 가장 바람직하지 못한 행태까지를 몇 개의 등급으로 구분하고, 각 등급마다 중요 행태를 명확하게 기술한 뒤 점수를 할당하는 방법을 사용한다. 이 때 평정척도는 직무수행 담당자와 계선상의 관리자가 공동으로 참여하여 설계한다.

## 행태론적 접근방법(behavioral approach)

사회현상의 과학적 연구를 위해, 경험적 조사연구 방법을 중시하는 일련의 접근 방법을 말한다. 행태론적 접근방법의 특징은 다음 과 같다. 첫째, 사회현상도 자연과학과 마찬가지로 엄밀한 과학적 연구가 가능하다고 본다. 둘째, 사회현상을 관찰가능한 객관적 대상으로 보며, 인간의 주관이나 의식을 배제해야 하며, 인식론적 근거로서 논리실증주의를 신봉하고 있다. 셋째, 행태주의는 명백한 자극과 반응으로 볼 수 있는 행위 또는 행동만을 연구대상으로 삼는 심리학적 행동주의(psychological behaviorism)와는 달리 특정 질문에 따른 반응을 통해 파악해 볼 수 있는 태도, 의견, 개성 등도 행태에 포함시키고 있다. 넷째, 이러한 행태의 규칙성, 상관성 및 인과성을 경험적으로 입증하고 설명할 수 있다고 본다. 다섯째, 연구에서 가치와 사실을 명백히 구분하고 가치중립성을 지키고 있다. 여섯째, 개념의 조작적 정의를 통해 객관적인 측정방법을 사용하며, 자료를 계량적 방법에 의해 분석한다. 일곱째, 행태주의는 집단의 고유한 특성을 인정하지 않는 방법론적 개체주의의 입장을 취한다. 여덟째, 행태주의는 사회과학이 행태에 공통된 관심을 갖고 있기 때문에 통합된다고 보고 있다.

## 행태주의(behavioralism)

경험에 의한 체계적인 관찰을 통해 획득되는 객관적 증거를 중시하는 사회과학의 방법론. 이러한 방법론에 의한 과학을 흔히 행동과학(behavioral science)이라고도 한다. 사회학·인류학·심리학·정치학·경제학·언어학 등 인간의 행위를 주제로 하는 사회과학이 전통적으로 철학적 ─ 사변적인 것을 특징으로 하였으나, 경험에 의한 실증적 근거의 객관성을 내세우는 행동과학(behavioral science)을 종래의 사회과학과 구별지으려는 학자들도 있다.

## 향정신의약(psychotropic drugs)

정신기능, 행동, 경험에 작용하는 약물의 총칭. 정신치료약에는 강력정신안정제(항정신병약), 완화정신안정제, 항사제(감정조정제, 감정흥분제, 정신자극제), 최면진정제 등이 있으나 억제 또는 자극상의 효과를 주로 한 것이며 치료상의 효과는 명확하지 않다. 그 위에 정신변조제(정신이상전발 현제)도 있으나 그 어느 것이던 남용이나 부작용에 주의를 요한다.

## 향정신성의약품

계속 사용하면 대상기능이 생기고 약효가 점차 줄어서 용량을 늘려야 하며, 중독되기 쉽고 습관작용이 있는 의약품을 의미한다. LSD와 같이 환각작용이 있는 물질과 암페타민·히로뽕과 같은 각성제, 바르비탈 같은 습관성 약품 따위가 있으며 그 취급은 행정관서의 규제를 받는다. 구용어로는 습관성 의약품이라 한다.

## 허가

일반적으로 금지되어 있는 행위를 특정한 경우에 해제하여 적법하게 그 행위를 할 수 있게 하는 행정처분을 말한다. 실정법상으로는 허가라는 말 이외에 면허·인가·특허·인가·승인·등록·지정 등의 용어를 사용하고 있다. 금지가 부작위의무를 명하는 행정행 위인데 대해, 허가는 그 반대로 기존의 금지를 해제하는 행정행위이다. 허가는 출원에 의해 부여되고, 형식 면에서는 서면으로 행하는 것이 보통이다. 허가에는 운전면허와 같이 특정인에 대해 부여되는 것과, 건축허가 등과 같이 물적 설비에 부여되는 것이 있다.

## 허약아(weak child)

특별히 이렇다 할 고정된 질병을 가진 상태는 아니다 일반적으로 병에 걸리기 쉽고 병에 걸리면 약화되기 쉬우며 피로도가 높은 아동으로 피로의 회복이 더디고 두통, 복통, 설사의 증상을 되풀이하는 일도 있다. 전체적으로 보아 발육불안전, 영양불량, 빈혈 등이 인정되고 결핵발병의 우려가 있으며 정신적으로도 불안정한 경우가 많다. 결핵의 예후 보호기간 중이거나 선천적인 체질에 이상이 있는 경우도 이 범주에 포함된다. 이러한 아동을 보호하기 위하여 우리나라 아동복지법시행령 2조에 신체허약아 시설을 설치하여 몸이 허약한 아동을 입소시켜 적절한 치료와 급양을 하여 건강증진을 도모하도록 규정하고 있다. 허위공문서작성죄 직무상 문서나 도서를 작성할 권한이 있는 공무원이 사용할 목적으로 직무와 관련된 허위의 문서나 도서를 만드는 것을 허위공문서작성죄라고 한다.

## 허위반응(faking response)

검사의 과정에 수검자가 자기 모습과는 달리 표현하려는 반응경향을 의미한다. 자기보고법을 이용하여 성격·흥미·가치·태도 등과 같은 성향을 측정할 때에 수검자들은 실제의 자기 모습, 또는 특징과는 달리 자기 자신을 표준적인 사람으로 보이려고 억지로 꾸미어 반응하는 경우도 있고, 반대로 자기 자신을 비정상적인 사람으로 묘사하려고 꾸며 반응하는 경향이 있는데 그와 같은 경향에서 나온 반응을 말한다. 흔히 성격검사에서 그와 같은 허위반응을 가려내기 위한 특별한 조처가 강구되어 있다.

## 허위변수(spurious factors)

독립변수와 종속변수간에 아무런 관계가 없는데도 어떤 상관관계가 있는 것처럼 나타나도록 두 변수들에 모두 영향을 미치는 숨어 있는 변수를 말한다. 이러한 허위변수를 통제하기 위해 실험설계에서는 비교집단을 마련한다.

## 헌법 01

헌법은 국민주권의 원칙에서 국민의 생존권 즉 인간다운 생활을 할 권리를 가지며 국가는 그 증진을 위해 사회복지, 사회보장의 증진에 노력할 의무를 진다고 규정했다(제 32). 이것이 사회보장정책 및 그 입법의 법적기초로 되어 있다. 또 기본적 인권의 보장규정 중 국민의 행복 추구의 권리(제 9조)와 모든 국민의 교육을 받을 권리(제 29조), 모든 국민은 근로의 권리를 가지는 근로권(제 30조)도 생존권과 더불어 국민의 복지향상에 밀접하게 관계한다.

## 헌법 02

실질적 의미의 헌법은 규범의 형식과 관계 없이 국가의 통치조직·작용의 기본원칙에 관한 규범을 총칭한다. 실질적 의미의 헌법에는 형식적 의미의 헌법 뿐 아니라 정부조직법·국회법·법원조직법·정당법·선거법 등의 법률과 관련 명령·규칙, 헌법적 관습 등 명칭과 존재 형식에 불구하고 국가의 통치조직과 작용에 관한 기본원칙을 규율하는 모든 규범이 포함된다.

## 헌팅턴 무도병(Huntington' s chorea)

헌팅턴의 질병으로 알려진 유전병을 말한다. 이 병은 우성유전자에 의해 유전되며, 유전자를 물려받은 자손에 절반의 영향을 준다. 그 증상은 환각(hallucination), 심각한 정서 변화, 치매, 무도병 동작(경직되고 변덕스러우며, 무의식적인 몸짓)과 같은 정신의 퇴보 등으로서 대개 30세 이전에는 나타나지 않는다. 이 병을 가진 사람이나 자손들을 위해서는 유전상담(genetic counseling)이 중요한 역할을 한다.

## 헐 하우스(hull house)

1889년 아담스(Addams, J.)에 의해 시카고에 설립된 미국의 대표적인 인보관(Settlement House)을 말한다. 토인비 홀(Toynbee Hall)의 영향을 받은 아담스가 이민자의 생활향상을 위하여 앨랜 스타(Ellen Starr)와 협력하여 부흥시켰다. 노동조합운동, 평화운동, 아동 복지운동과 결부되어 활동한 것에 사회적 의의가 있고 사회사업뿐만 아니라 사회개량의 근대화에 커다란 터전이 되고 있다.

## 헤게모니(hegemony)

군(軍)의 장수의 지위를 뜻하는 그리스어(hgemonia에서 나온 말. ①19세기 이래, 특정국가가 다른 국가에 대해 우월한 지도적 지위, 패권의 의미로 사용되었다. ②맑스주의에서는 부르조아 민주주의 혁명·사회주의 혁명·민족해방운동에서, 프롤레타리아트가 도시와 농촌의 근로대중에 대해 가지는 지도적 역할을 프롤레타리아트의 헤게모니라고 한다. 이 사상은 맑스나 엥겔스의 사상에 근거하여, 레닌이 발전시켰다. 그람시는 레닌이 당(黨)이나 프롤레타리아트의 지도적 역할을 대중의 의식의 변혁이라는 것에 둔 점을 발전시켜서 독자적인 헤게모니론(論)을 전개시켰다. 그에 의하면, 지배 계급은 단순히 정치·경제적인 지배권을 가질 뿐만 아니라, 그 계급이 갖는 도덕·정치·문화 등에 관한 가치관, 자연이나 사회에 관한 견해를 피지배 계급에 주입시킴으로써, 그의 지배에 있어서의 헤게모니를 확립하는 것이다. 그러므로 혁명도 단순히 정치·경제적 권력의 탈취뿐만 아니라, 이 의미에서 지배 계급의 그것에 대신하는 새로운 헤게모니의 확립을 필요로 한다. 이 점에서 그람시는 지식인이 갖는 역할을 중시했다.

## 헤드십(headship)

공식적인 계층제적 직위의 권위를 근거로 하여 구성원을 조정하며 동작케 하는 능력을 말한다. 리더십과 헤드십은 다같이 권위를 근거로 하나, 리더십은 개인의 권위를 근거로 하는데 비해 헤드십은 계층제적 권위에 의존하고 있다는데 차이가 있다. 헤드십은 일방적·강제성을 그 본질로 하는데 비해 리더십은 상호성·자발성을 그 본질로 한다.

## 헤로인(heroin)

양귀비의 주성분인 모르핀에서 합성한 강력한 마약으로, 코로 흡입하거나, 피부에 주사하거나, 정맥에 주입시켜(마약 정맥주사 : mainlining) 복용한다. 사용자에게 미치는 영향은 도취감 또는 무감각 및 격발, 즉 어느 정도 온몸에 격렬한 흥분을 일으키는 것 같은 감각 등이다. 일단 탐닉하게 되면, 사용자는 금단증상(withdrawal symptoms)인 매우 불쾌한 경험을 회피하기 위해 더 많은 양을 추구한다. 헤로인은 중독성이 높으며 어느 정도 높은 가격과 품질관리의 부재로 인해 사망률 증가와 높은 조직적 거리 범죄율에 기여하고 있다. 헤로인의 사용은 미국에서 불법이다.

### 헨리 8세 칙령(the statute of Henry Ⅷ)

1531년 구빈을 위한 영국왕실의 최초의 건설적인 법령을 의미한다. 이 법령은 시장이나 치안판사로 하여금 교구에 머물러 노동 불능의 노인이나 빈민의 구호신청을 조사하도록 규정하고 있으며, 걸인을 등록케 하여 지정된 지역에서만 구걸하도록 하는 빈민을 위한 공적책임의 인식을 수립하였다. 그러나 걸인이나 부랑자에게는 잔인한 처벌을 주는 결과가 되었다. 또 1536년 헨리8세는 법령(The Statute of 1536)을 제정하여 교구단위로 노동 불능의 빈민을 구제토록 하고 노동가능한 자에게는 취업케 하여 무차별 시여를 금지하고 걸인이나 부랑자에게는 처벌을 규정했다.

### 헨리 구빈법(Henrician poor law)

1536년 헨리8세의 치세에 제정된 영국의 법률로서, 주요 목적은 국가가 신체 건강한 빈민을 다루는 방법을 조직화하려는 것이었다. 공식적인 명칭은 '건강한 부랑인과 거지의 처벌을 위한 법률'이며, 그러한 목적의 세금을 징수할 수 있는 지방관리에게 빈민을 보호할 책임을 맡겼다. 그 관리는 실업자들에게 일자리를 마련해주고 장애인들의 구걸을 제한하였다. 노동능력이 있는 사람들의 구걸에 대한 처벌은 낙인을 찍고 노예로 삼고, 그들의 자녀를 떼어 놓으며, 반복적인 위반 시에는 사형에 처하였다.

### 현대병

산업화·도시화·관료제화·합리화·스피드화·과다경쟁화 등 현대적 상황의 진전으로 발생하게 된 일련의 특정적인 질병이상이나 사회 병리적 현상을 말한다. 만하임의 시대 진단학에 의하면 현대사회의 질환을 의미하지만 구체적·개별적으로는 생활환경의 파괴와 이질화에 의한 공해병, 성인병, 직업병이나 고혈압, 심장병, 소화기질환, 불면증, 육체적·정신적 이상을 비롯하여 약물중독·비행·범죄 등 광범위한 것을 포함하고 나타나고 있다.

### 현대 자본주의(contemporary capitalism)

자본주의경제의 현 단계를 지칭하는 용어이다. 종래 자본주의 경제의 발전 단계는 ①자본의 본원적 축적단계(중상주의기) ②산업자본주의단계(자유주의기) ③국가주의 단계의 셋으로 규정해왔다. 위의 ①에서는 자본과 임금노동관계의 창출이, ②에서는 자유경쟁과 고전적 산업순환이, ③에서는 독점적 지배와 국가주의 전쟁이 각 단계의 구조와 그 변화를 특징짓는 요인으로 지적되어 왔다. 그 같은 의미에서는 현대 자본주의도 국가주의단계의 구조를 규정하는 국가독점자본주의의 또 하나의 표현형식이라 할 수 있다. 그러나 이 말에는 국가독점자본주의 단계 특히 제2차 대전 후에 현저하게 나타난 특징들, 가령 기술혁신을 지렛대로 한 생산력의 발전과 유효수요창출정책을 핵으로 한 경제순환 통제, 완전고용정책을 기둥으로 한 복지국가의 형성 시에서 자본주의 경제의 변형을 강조하는 시점이 암암리에 포함되어 있다. 그러나 그것은 엄밀한 규정이 부여된 개념이라 하기에는 미흡하다.

### 현대적 빈곤

빈곤문제의 역사적 추이에서 특히 고전적 빈곤과 대비되어 현대 상황에서 생기는 빈곤문제를 말한다. 현대자본주의의 구조적 변화 특히 복지국가체제, 사회보장정책 등의 전개에 의해 고전적빈곤의 양상이 크게 변동했다. 생활제 요소의 다양화, 복합화에 의해 단순한 의식주 수준뿐만 아니라 일반적으로 생활불안이라 불리우는 생활의 약화나 기반의 안정성의 상실 등이 출현한다. 특히 현대의 도시적 생활, 지역변동, 환경파괴, 문화의 요구와 사회자본의 부족·결여에 의한 생활의 뒤틀림, 범죄, 비행 등도 현대빈곤을 생각하는 지표이다.

### 현물급부(benefit in kind)

보험회사가 금전에 의한 보험금의 지급(현금급부) 대신에 물건 또는 서비스의 형태로 손해를 보상하는 것을 말하고 현물보상이라고도 한다.

### 현상(phenomenon)

눈앞에 나타나 있는 것을 의미한다. 그것은 무엇의 나타난 모습(appearance)의 의미로도, 단순한 가장(→ 가상)의 의미로도 사용되며, 철학 용어로서 여러 가지 의미를 가진다. ①관찰되고 확인된 모든 사실로서 과학 연구의 대상이 되는 것. 자연 현상, 사회 현상 등이라고 말하는 경우가 이것이다. ②의식에 현존해 있는 것, 그 스스로를 눈앞에 보여주고 있는 것. 훗설의 현상학에서 말하는 현상은 이 의미이며, 그 배후에 무엇이 있느냐 없느냐는 전혀 문제로 삼지 않는다. ③본체 또는 본질에 대립하는 말. 그리스 철학에서는 플라톤 등에서 전형적으로 나타나 있듯이, 감성적 인식의 대상이 현상이며, 이성적 인식에 의해 포착되는 것(가령 이데아)은 본체라고 했다. 이 경우에는 본체도 현상도 다같이 객관적인 것이었지만, 후에는 현상은 본체가 의식에 나타난 모습, 주관적인 의식 내용을 의미하게 되었다. 칸트에 있어서는 시간·공간·카테고리 등의 인식 형식에 의해 감각 내용에 질서를 부여한 것이 현상이며, 우리의 인식은 현상에 한정되고, 그 배후의 본체로서의 물자체는 인식할 수 없는 것이라고 하였다. 헤겔은 현상과 본질과의 분열에 반대하고, 본질은 현상의 저편에 있는 것이 아니고, 현상 속에 현존하여 그 본질적인 내용을 이루는 것으로 생각하고, 현상은 비본질적인 것, 우연적인 계기를 포함하지만 현상을 떠나서 본질은 있을 수 없다고 했다. 변증법적 유물론은 이 견해를 비판적으로 계승하고 있다. 헤겔에 있어서나 맑스주의에 있어서나 현상은 주관적인 것은 아니다.

### 현상학(phenomenology)

형상적 환원(形相的 還元, eidetische Reduktion)에 의해 자연적 사실을 배제하고, 다시 선험적 환원(先驗的 還元, transzendentale Reduktion)에 의해 초월적 본질을 배제한 뒤에 남는 소위 현상학적 잔여(現象學的 殘餘, phnomenologische Residuum)로서의 순수한 의식현상의 구조를 분석하고 기술하는 학문방법을 말한다. 당초 이 용어를 처음 사용한 J. H. Lambert는 본체의 본질을 연구하는 본체학과 구별하여, 본체의 여러 가지 현상을 연구하는 것을 현상학이라 하였다. 이후 E. Husserl은 관념론의 독단적 전제(獨斷的 專制)와 사변적 구성(思辨的 構成)을 반대, '사실 그 자체'를 표방하면서 모든 학문의 기초학(基礎學, Grunfwissenschaft)이라 칭하는 오늘날의 현상학 체계를 정립하였다. 형상적 환원은 사실적인 대상을 초월적 대상으로 보는 자연적 태도(nat rliche Einstellung)를 떠나서 사실의 본질을 그 직접성·구체성에서 직관하는 것을 말한다. 이것을 본질직관(Ideation)이라고 한다. 선험적 환원은 본질을 직관하는 형상적 태도에서 다시 현상학적 태도로 전환하여, 초월적인 본질을 의식에 내재하는 본질로 보는 것을 말한다.

### 현상학적 접근방법(phenomenological approach)

인간행태의 내면적인 세계의 의미(meaning)이해를 중시하는 접근방법을 말한다. 현상학적 접근방법은 사회현상의 본질·인간 인식의 특성·이론의 성격 등 사회과학 연구의 보다 본질적인 문제를 둘러싸고 실증주의와 행태주의가 내세우는 과학적인 연구방법에 반기를 들고 있다. 현상학적 접근방법은 사회현상 또는 사회적 실재(social reality)란 자연현상처럼 사람과 동떨어진 객체로 존재하는 것이 아니라, 그 속에 참여하는 사람들의 의식·생각·언어·개념 등으로 구성되며, 그들의 상호주관적(inter − subjective)인 경험으로 이룩되는 것이기 때문에 사회과학에서 형성하는 사유대상(thought objects) 또는 정신적 구성물은 자연과학의 그것과는 본질적으로 다르다고 주장한다.

### 현성행동(over behaviors)

다른 사람들이 관찰 가능한 개인의 행위. 행동주의자들이 이러한 행동 앞에 '현성' (overt)이라는 용어를 붙이는 이유는 관찰할 수는 없지만 여러 도구(뇌파기, 혈압수치, 거짓말 탐지기 등)를 써서 기록하고 측정할 수 있는 행동과 구별하기 위해서이다.

### 현실검증(reality testing)

외부세계를 판단하고 평가하는 개인의 상대적 능력(relative ability). 또 외부세계와 개인의 마음속에 존재하고 있는 생각(관념 : ideas) 및 가치(values) 간의 차이를 구별하는 능력을 말한다.

### 현실도피경향(tendency to escape from reality)

현실을 직시하고 인식해 보아서 자아의 정체감을 가지고 어렵게 될 때 강한 좌절이나 갈등이 개재된 자기개념과 현실과의 부적합한 상황에서 생기는 도피경향이다. 등교 거부나 자폐적 행동 혹은 공상의 몰입, 백일몽, 망상의 도피 등이 여기에 속한다. 이와 같이 극단적인 경우 외에 취미나 도박에 빠지거나, 권위적·복종적이 되는 경향은 다분히 현실의 인식을 성립시키지 않겠다는 동기가 작용한 것이라고 할 수 있다.

### 현실요법(reality therapy)

W. Glasser가 개발한 사회심리적이고 행동적 개입의 한 형태로서 클라이언트로 하여금 사랑과 건전한 가치관을 근거로 하여 성공적인 정체감(identity)을 갖도록 돕는 것이다. 상담가들은 클라이언트의 감정보다는 행동에, 과거보다는 현재와 미래에 더 초점을 둔다. 이와 같이 상담가는 현재 무엇을 할 수 있다는 가에 역점을 두면서 문제에 대해 대안적인 해결의 성취와 책임있는 행동을 장려한다. 한편 상담가는 클라이언트의 실수를 수용하지 않으며 동정심을 나타내지 않고 "왜"라는 질문도 거의 하지 않으며 사례가 갖는 과거내력을 중시하지 않는다. 특수한 제도적 배경에서의 현실요법의 사용은 긍정적 결과를 나타내고 있으며 특히 만성적 정신분열증 환자나 비행을 저지르는 사람의 개인이나 혹은 집단에 널리 사용된다.

### 현실원리(reality principle)

어린아이는 즉흥적인 충동이 이따금씩 상충하는 환경의 요구(demands of the environment)와 타협해야만 한다는 것을 쉽게 배운다는 프로이트 이론(Freudian theory)의 한 원리를 의미한다. 따라서 자아(ego)는 이러한 환경의 요구와 쾌락원칙(pleasure principle)과 관련된 내적 욕구(internal drives) 간의 조화방법을 모색한다는 것이다.

### 현실치료(reality therapy)

글래서(William Glasser)가 개발한 심리사회적 및 행동개입의한 형태를 말한다. 이 치료법은 클라이언트가 사랑과 인격에 근거하여 성공적 자아정체감(자신을 긍정적으로 인정하는)을 발전시키는 데 도움을 주는 치료방법이다. 현실치료자들은 클라이언트의 감정보다는 행동에, 과거보다는 현재와 미래에 초점을 둔다. 이들은 문제에 대해 책임있는 행동과 대안적 해결책을 강구하도록 격려한다. 이들은 클라이언트의 변명(excuses)을 용납하지 않으며, 동정도 하지 않으며, '왜' 라는 질문도 거의 하지 않는다. 이 현실치료는 특히 수용시설(institutional settings)에서 쓰일 때 긍정적 결과(positive results)를 낳는다고 보고되며, 또 만성적 정신분열증 환자나 비행자로 낙인이 찍힌 사람들을 치료하는데 개별 및 진단 사회사업에서 광범위하게 사용되어 왔다.

### 현장 외 훈련(off – the – job training)

산업훈련 및 직업훈련에 있어서 산업체 실무현장 이외의 시설, 즉 훈련전용시설 또는 학교 등의 교육훈련 시설에서 이루어지는 훈련을 의미한다. 현장훈련에 반대되는 개념이다. 산업훈련 및 직업훈련에 있어서 훈련초기단계의 기초훈련은 일반적으로 현장외 훈련, 즉 형식화된 학교식 훈련방법으로 실시되고 후반기 훈련은 산업체 내에서의 현장훈련으로 실시되는 것이 통례이다.

### 현장실습(field placement)

사회사업 학생의 공식적 교육의 일부로서, 관련 지역사회 사업기관에서 진행되는 업무로 구성된다. 사회사업 석사(MSW) 과정 학생은 전형적으로 훈련 첫해에 한 기관에서 작업할당(매주 16 – 20시간)을 받고, 다음해에는 다른 기관에서 비슷한 작업할당이 주어진다. 학생은 기관의 직원에게서 치밀한 지도감독을 받고, 학교에서 배운 것과 현장경험을 통합하고 활용하며 응용할 기회를 갖게 된다. 또 현장실습은 학부(사회사업 학사 BSW) 사회사업 훈련에도 있고, 어떤 경우에는 박사과정에도 있다.

### 현장연구(field study) 01

도서관이나 사무실 대신 자연스런 환경에 있는 대상을 연구하는 사회조사 방법을 말한다. 가령 빈민가를 연구하는 사회가업가는 체계적인 관찰을 위해서 상당 기간 동안 그 빈민가에 머무를 것이다.

### 현장연구(action research) 02

교육실천상에서 나타나는 현장의 문제를 중심으로 현장의 실천 개선을 위하여 현장 교사가 추진하는 연구·실천연구·실행연구·현장실천연구라고도 한다. 그 특징은 ①연구 주제를 교육 현장에서 찾는다. ②교육실천 개선을 그 목적으로 하고 있다. ③현장 교사가 추진한다. ④조건통제를 거의 하지 않는다. ⑤주어진 사태에 그 기초를 두고 있다. ⑥연구 결과는 사태와 조건이 비슷한 학교에만 일반화할 수 있다. ⑦연구추진 과정에서 연구 계획의 일부를 변경할 수 있다. ⑧교사들에게 현직 교육적 가치를 제공한다. 등이다. 이와 같은 현장 연구는 기본적인 연구나 학교의 계획 활동과 여러모로 구분된다. 기본적 연구는 이론의 형성을 위하여 엄격한 과학적 절차에 따라 연구 전문가들이 하는 연구이며, 학교의 계획 활동은 좋은 경영활동에 불과하다. 이렇게 보면 현장 연구는 기본적 연구와 학교의 계획 활동의 중간에 있는 형태의 연구방법이며, 연구의 윤리성을 지극히 존중하고 연구의 시초부터 실천을 강조하는 점이 특이하다고 할 수 있다.

### 현장학습(study trip)

학습의 장(場)을 학습 자료가 있는 현장으로 옮겨서 학습의 목표를 효율적으로 달성하려는 수업방법의 하나이다. 현장학습을 위한 현장은 학교의 교실환경과는 여러 가지 다른 점들이 많기 때문에 현장수업을 실시하기 위해서는 특별한 계획과 준비가 필요하며, 교실수업과 다른 특별한 방법과 수업절차가 필요하다. 그러나 조직적이고 체계적인 수업이 실시되는 점에서는 어느 수업장면과도 다름이 없다.

### 현장훈련(on – the – job – training) 01

직장훈련 또는 견습이라고도 불리는 것으로, 피훈련자가 실제 직무를 수행하면서 감독자 또는 선임자로부터 직무 수행에 관한 지식과 기술을 배우는 훈련방법을 말한다. 이 훈련방법은 직책의 성격이 고도의 기술, 전문성, 정밀성을 요구하는 경우의 훈련에 적합하여 실무적 훈련에 유리하나, 많은 시간에 적은 수의 인원을 훈련할 수밖에 없다는 단점이 있다.

### 현장훈련 02

산업현장에서 실제의 생산 활동에 종사하면서 필요한 직무 지식과 기능을 습득하도록 하는 훈련의 형태로, 실습식 현장훈련과 혼합식 현장훈련의 두가지로 구분된다. 현장훈련의 특징으로는 첫째, 생산과정에 참여하면서 필요한 기능과 지식의 습득이 이루어지므로 별도의 훈련시설이나 장비가 필요치 않아 비용이 적게 들고, 둘째, 비조직적 비공개적 비공식적인 훈련의 형태이며, 셋째, 한꺼번에 많은 인원을 훈련할 수 있다는 점을 들 수 있다.

### 현재적 욕구(the manifested needs)

어떤 사회적인 요구호상황이 객관적으로 존재하고 있으며 또 그것이 개인·가족이나 집단·지역주민에 의해 명확히 자각됨과 동시에 사회적으로 표면화되어서 일정의 사회적 해결이 요구되는 상태를 말한다. 요구호상황이 넓어지고 깊어지는 사이에 이것을 사회문제로 취급하여 사회적 해결을 촉구하는 운동을 통해 욕구는 권리요구로서 크게 문제화되어 간다 하겠다.

### 현지조사(field research)

현지조사는 사회조사에서의 중심적인 과정으로 현지의 자료수집과 기록과정을 말한다. 현지적 자료의 원천은 일반적으로 아직 문자로 표현되지 않은 지역사회·집단·개인의 생생한 관습, 행동, 태도, 의견, 속성 등이다. 현지조사에서는 이와 같은 제1차 자료를 면접법, 관찰법, 테스트법 등에 의해 문자화 한다. 현지조사의 방법에는 조사표를 사용하는 면접조사법을 중심으로 배포, 집합, 우송, 전화조사법 등이 있다.

## 현직훈련(in – service training)
현업에 종사하고 있는 사람이 그 직무 수행상 필요한 지식·기술을 기초로 직무능력의 향상, 발전을 위해 참가하는 연구·훈련을 말한다. 신입자를 위한 것부터 중견직원의 현직훈련까지 다양하다. 국가, 지방, 자치단체, 민간 등 여러 가지 수준의 현직훈련이 시행되고 있다.

## 혈액투석(hemodialysis)
신장이 쇠약한 환자의 혈액을 정제하는 의료과정을 의미한다. 이 과정은 다른 한 쪽에 특수한 투석(diaysis)액을 두고 혈액을 반투성 얇은 막의 한쪽으로 순환시키는 기계장치를 갖추고 있다. 혈액 노폐물은 얇은 막을 통해서 퍼지며 투석액과 함께 버리게 된다.

## 혈연가족(consanguinity family)
혈연 혹은 자연혈족이라고도 하며 혼인관계에 있는 부와 모의 생리적 소산인 친자관계가 있는 가족을 말한다. 이러한 친자관계를 친생 친자관계라고 말하며 가장 일반적인 친자관계이다. 자녀는 생물학적 부와 모로부터 반분된 피를 이어받아 쌍방의 개인적 특징을 반영하고 있다. 양친의 결합의욕은 그 사이에 생긴 자녀에 의해 구상화되어 여기에서 자신들의 분신을 보게 되고 따라서 친근감이나 애정이 깊게 되는 것이다. 우리 민법에서는 자연혈족과 법률상 규정된 법정 혈족(양친자관계, 적모서자관계, 계모자관계)을 다같이 포함하여 혈족이라고 한다.

## 혈전증(thrombosis)
응혈 때문에 혈관이 막히는 현상을 의미한다. 관상동맥혈전증은 심장에 피를 공급하는 관상동맥이 심장 근육의 손상으로 막힌 것이다.

## 혈족
혈연으로 연결되어 있거나(자연혈족) 법에 의해 그러한 것으로 인정을 받은 사람(법정혈족)을 혈족이라고 하는데 친족(부계, 모계 모두 8촌 까지)관계의 기본이 된다.

## 혐오자극(aversion stimulus)
행동수정(behavior modification)에서, 주체가 고통스럽거나 불유쾌한 것으로 간주해서 되도록 회피하려는 객체나 상황을 말한다.

## 혐오치료(aversion therapy)
행동치료(behavior therapy)에서 일반적으로 사용되는 하나의 절차로 행동을 혐오자극(aversion stimulus : 현실적인 것이거나 상상적인 것)과 관련시킴으로써 과식, 약물남용, 알코올중독과 같은 부적응적인 행동을 제거하기 위해서 고안된 것이다.

## 협동놀이(cooperative play)
한 가지 목표를 위해 여러 명의 어린이가 일하는 사회적 놀이 형태를 말한다. 각 어린이는 다른 어린이들의 견해나 욕구를 고려해 가면서 놀이에 참여한다. 가령 두 세 명의 어린이가 함께 건물을 만드는 놀이를 한다면 이때 아이들 상호간에 어떤 종류의 건물을 지을지, 각자 무엇을 만들지에 대한 상호 의견교환이 있어야 하며 함께 놀이기구를 나누어 쓸 수 있어야 한다.

## 협동교수제(team teaching)
교수(teaching)의 효과를 높이기 위해 교사의 직능이나 역할을 분화시켜서 하나의 팀을 구성하여 학생들을 지도하는 조직을 의미한다, 이 팀은 주임교사·교사·조교 등으로 구성하는 경우도 있고, 교사의 지도능력을 중심으로 몇 교사가 상호협동에서 조직하는 경우도 있다. 이것은 학급담임제로서는 학생들의 능력을 최대로 신장시키기가 어렵다는 이유에서 출발하였으며, 우수교사나 특기 있는 교사들의 소질과 능력을 충분히 발휘할 수 있다는 점에서 그 장점이 인정되고 있다. 따라서 학생들의 개인차를 고려할 수 있고 교사들의 능력을 효율적으로 활용할 수 있고, 학교의 시설과 시간을 효과적으로 이용할 수 있게 된다. 특히 이 방법은 교육공학의 활용을 통해 교사의 인력부족을 보완할 수 있고, 교사의 직능분화로 인한 교직의 전문성을 높일 수 있는 점도 있다.

## 협동조합(cooperative association) 01
소비자나 중소기업자와 같이 경제적으로 불리한 입장에 있는 자가 서로 협력하여 그들의 경제적 지위를 유지·향상시키기 위해 협동 출자하여 사업을 운영하는 것으로서 출자자가 곧 급여이용자가 되는 특수한 기업형태이다. 이는 다른 사기업과 달리 영리원칙이 목적이 아니라 참가한 조합원의 상호부조가 목적이다. 그러나 자본주의 사회에 있어서는 이것도 일반 사기업과 경쟁하여 생존·유지되지 않으면 안되므로, 비록 상호부조를 목적으로 한다 해도 영리원칙을 무시할 수는 없으며 오히려 이 점을 활용하지 않으면 안된다. 최근 협동조합의 공동사업은 자재의 공동구입, 제품의 공동판매, 공동창고는 물론이고 제조공법에서 슈퍼마켓에 이르기까지 다양화해지고 있다.

## 협동조합 02
공통의 전체 이익을 갖고 있는 사람들이 설립하여 운영하고 있는 경제 체에서의 자발적 조직을 말한다. 그것의 취지는 협업을 통한 원가의 절 감, 조합원의 수입증가, 중간이익의 배제 등에 있다. 협업은 생산, 재무 판매의 각 방면에 이용된다. 생산자의 협업 중에서 특히 농산물 판매의 협업(집단판매는 물론이거니와 농산물의 가공도 한다)은 미국, 유럽 등지에서 성공을 거두는 등 큰 의의를 갖고 있다. 협동조합의 다른 중요한 형태는 신용조합, 소비조합, 주거자조합 등이다. 소비조합은 소매제도이며, 때로는 도매행위도 한다. 이것은 판매경비를 절약하기 위하여 고객의 몇 사람 또는 전원에 의해서 운영된다. 그와 같은 협동조합에 있어서는 순이익은 전기의 배당지불 이후에 그 점포에서 각 조합원이 구입한 액수에 의거해서 조합원에게 이익배당의 형식으로 배당된다. 거주자 조합에서는 각 임차인은 거주하고 있는 부동산(보통은 아파트)을 구입해서 주주가 된다. 그리고 유지비와 금리비용을 협동으로 취급함으로써 이익을 얻는다.

### 협동치료(collaborative therapy)
가족요법형태의 하나로서 가족을 진단할 때 가족전원이 참석하여 면접을 받지만 치료할 때는 가족구성전원이 각각의 케이스워커에게 개별적인 면접을 받고 사회사업가는 정기적인 회의를 열어 각각의 가족구성원에 대한 면접과정에서 얻은 정보를 교환하면서 공동으로 치료한다. 합동요법과 비교해서 보다 개인치료에 가까운 방법이며 가족 구성원과 개별적으로 깊은 면접이 가능하다.

### 협동학습(cooperative learning)
한 학급 전체 또는 5, 6명으로 구성된 분단이 공동의 목적을 성취하기 위하여 협력적으로 하는 학습을 의미하며 공동학습이라고도 한다. 탐구학습의 과정에서 개별적인 탐구를 지양하여 분단원끼리 공동적인 사고과정을 통해 문제를 해결하도록 지도함으로써 학생들 간의 협력심을 높이는데 공헌할 수 있는 것이다. 협력학습의 효과를 높이기 위해서는 분단원을 이질적으로 편성하는 것이 좋다고 한다. 협력학습의 형태는 특수한 학습형태라고 하기보다는 수업과정에서 필요에 따라 수시로 도입할 수 있는 방법으로서 협동작업 · 토의보고 · 관찰 등의 학습형태가 이에 포함될 수 있을 것이다.

### 협력형지도
K. 레빈의 연구결과로 분류된 지도유형으로 집단의 방침이나 작업순서는 집단토의와 집단적 결정으로 행해지고 지도자는 그 과정을 촉진하고 협조하는 역할을 하여 작업분담이나 작업대상선택도 집단에 맡겨진다. 지도자는 성원들의 작업수행에 대한 보상과 비판을 객관적으로 하고 지도자 자신도 집단이 하는 작업에 참가한다. 이렇게 함으로써 성원들의 의식은 집단중심적이 되며 우호적이고 불평불만도 적고 일관된 작업 목표를 갖게 된다. 성원들은 목표달성에 있어서 상호의존적 관계에 있으며 동기가 부여되고 사기가 높아진다.

### 협상(negotiation)
지역사회 조직과 사회사업의 여러 형태에서, 몇 가지 문제에 반대하는 사람들과 함께 명확하고 공정한 의사소통을 통해, 거래와 타협을 하고 상호 수용할 수 있는 결정에 도달하도록 조정하는 과정을 말한다.

### 협상형(bargainers)
정책결정자와 집행자 사이의 관계에 있어, 정책결정자가 목표를 수립 하고 대체적인 정책을 결정하나, 집행과정에서 집행자들과 많은 협상과정을 거치는 관계의 유형을 말한다. 이는 정책목표나 구체적인 집행수단들에 대해서 두 집단이 서로 조정 · 협상 과정을 거쳐 정책이 변화를 겪는 관계를 말한다. 이러한 관계는 집행자들이 결정자들의 권위에 쉽게 압도당하지 않을 때 나타난다. R. T. Nakamura와 F. Smallwood는 정책결정자와 집행자 사이의 관계를 고전적 기술자형, 지시적 위임형, 협상형, 재량적 실험형, 관료적 기업가형의 다섯 가지로 구분하였다.

### 협심증(angina pectoris)
심장근육이 피를 충분하게 공급받지 못할 때 심장에 생기는 예리한 고통을 말한다. 관상동맥이 갑자기 막힘으로써 일어나거나, 때때로 흥분 또는 정신적 피로에 의해 발생하는 협심증은 혈관을 수축시키는 약으로 치료된다.

### 협업
같은 생산과정에서 또는 상이하기는 하나 연관이 있는 여러 생산과정에서 계획적으로 서로가 협력하에 노동하는 다수노동자의 노동형태를 말한다. 협업은 원시공동체나 노예제사회에도 있었고 또 봉건적 사회에도 있었지만 자본주의사회에 있어서의 협업의 특색은 상대적 잉여가치를 생산 한다는 점에 있다. 협업에는 단순협업과 분업에 기본을 둔 협업이 있다. 자본주의적 생산하에서 이러한 협업형태를 채용한 생산형태를 각기 자본 제적 단순협업 및 매뉴팩처라 부른다.

### 협응력(coordination)
근육 · 신경기관 · 운동기관 등의 움직임의 상호조정 능력을 의미한다. 즉 머리 · 어깨 · 입 · 팔 · 손가락 등을 시각적 탐사와 연결하여 움직이는 신체적 조절능력을 말한다. 아동은 어떤 조작적 일을 완수하기 위하여 시각과 움직임을 조정하는 훈련과 신체적 성숙을 통해 움직임을 어떤 형태로 조절하는 것을 학습하며 그 결과 조절능력이 형성된다. 지각적 학습과 밀접한 연결을 가지고 있으며, 협응력이 없이는 아동이 감각적으로 받아들이는 정보는 아주 제한되게 된다. 협응력은 머리, 팔, 손, 손가락의 순으로 발달된다. 물건 주기, 물건 운반하기, 도형을 손가락으로 만지기, 가위질하기, 끈매기, 그림 그리기, 걸레질하기, 선(線) 따라 걷기 등이 모두 협응력을 길러주는 데 도움이 되는 활동이며 또 협응력이 이루어져야 이러한 활동이 원활히 이루어지며 후의 쓰기 · 읽기 학습도

가능해진다.

## 협의이혼

부부가 서로 이혼에 동의하고 하는 이혼을 협의이혼이라고 한다. 가정법원의 허가를 받은 다음 양쪽 당사자와 2명의 성인이 증인으로 서명한 서면을 제출하고 호적공무원이 이를 받아들여 처리하면 협의이혼이 이루어진다. 사기나 강박에 의한 협의이혼의 경우 가정법원에 취소를 청구할 수 있다.

## 협회(association)

특정의 제한된 기능 수행을 목적으로 의식적으로 형성된 집단이다. 이것은 지역성을 결합요소로 해서 형성되는 지리적 지역사회와는 구별된다. 학교 · 노인정 · 사고방지위원회 같은 기능별 · 문제별 집단이다. 지역사회의 공동생활을 가능하게 하기 위해 조직되면서 사회변동과 함께 다양화 · 탈지역화가 진행된다. 지역사회조직에 있어서는 이와 같은 기능집단의 자주적, 민주적 활동의 육성, 집단 간의 협동관계 등이 과제가 되고 있다.

## 형사정책(criminal policy)

범죄의 방지와 진압을 목적으로 하는 국가 또는 공공단체의 활동(형사정책활동 또는 단순히 형사정책), 또는 그 활동에 관한 학문(형사정책학 또는 형사정책론). 형사정책이라는 말은 1800년경 독일에서 최초로 사용되었고, 영미에서는 그에 상응한 적당한 말이 없었다. 형사정책분야는 급속한 발전을 하고 있는 학문영역에 속하여 그 분화가 많으므로 체계적 정비가 곤란한 상황에 있다.

## 형사책임 상하연령

우리나라에서는 형벌법령에 저촉되는 행위를 한 소년범의 형사책임상하연령을 20세로 하고 있는바 이것은 외국에 비해 높게 책정되어 있다. 우리나라와 같이 상하연령을 10세로 하고 있는 나라는 일본 등이 있고, 18세로 하고 있는 나라는 불가리아, 핀란드, 헝가리, 이태리, 모나코, 네덜란드, 루마니아, 스웨덴, 유고슬라비아, 미국의 일부주, 호주, 인도, 이란, 말레이시아, 스리랑카, 버마, 태국, 이란, 에콰도르, 에티오피아 등이며 17세로 하는 나라는 뉴질랜드, 나이지리아, 미국의 대다수 주이며 몰타, 노르웨이, 라오스, 싱가폴, 홍콩, 네팔 등의 나라는 16세로 하고 있다.

## 형사책임 하한연령

형벌법령에 저촉되는 행위를 한 소년범의 형사상의 책임 하한연령은 우리나라와 일본, 헝가리, 루마니아 등은 14세로 하고 있으나 많은 국가들은 14세 미만의 소년에 대해서도 형사책임을 인정하고 있는데 모나코는 13세, 네덜란드가 12세, 터키는 11세, 뉴질랜드 10세, 시

에라리온이 9세, 호주가 8세, 라오스, 이집트, 싱가폴, 태국 등이 7세, 이란이 6세까지 가각 형사책임을 인정하고 있다.

## 형사처분

소년법에 있어서 보호처분에 대한 것으로 인정되어 있는 형벌처분을 의미한다. '사형 · 징역 또는 금고에 따른 죄의 사건에 대해 조사결과, 죄의 정도 및 정상에 비추어 형사처분에 해당한다고 인정될 때'에 가정재판소는 검찰관에게 형사소추를 하게하고 있다. 형벌은 성인보다 완화되어 상대적 부정기형을 도입시키고 있지만 범죄시 18세 이상의 소년에게는 형벌도 행한다. 다만 결정시 16세 미만의 소년은 형사처분으로 처리할 수 없다.

## 형상(form)

눈으로 볼 수 있는 모양을 의미하는 그리스어의〈에이도소〉(eidos)라는 말의 번역어로서, 어떤 사물을 다른 것과 구별짓는 본질적 특징을 의미한다. 아리스토텔레스(Aristo teles)는 실체(substance)는 형상과 질료(matter)로 구성되어 있다고 하였다. 집을 짓는데 사용되는 목재가 질료라면 형상은 집의 개념에 상응하는 구조상의 형태를 가리킨다.

## 형성적 평가(formative evaluation)

정책집행 과정에서 나타나는 여러 가지 문제점을 해결하여 보다 나은 집행 전략과 방법을 모색하기 위하여 실시되는 정책평가를 말한다. 형성적 평가는 과정평가 · 도중평가 · 진행평가 등으로도 불린다. 이와 대비되는 총괄적 평가는 정책집행 후 당초 의도했던 효과를 성취했는지 여부를 판단하는 정책평가를 말한다. 형성적 평가의 기법으로는 평가성 평가, 모니터링, 정확성 평가, 그리고 정책구성요소의 상대적 평가 등을 들 수 있다.

## 형성적 행위

국민에게 자연적으로는 갖지 않는 특정한 권리, 권리능력, 행위 능력, 법률관계 등을 설정 · 변경 · 소멸시키는 행정행위를 말한다. 형성적 행위는 제3자에 대항할 수 있는 법률상의 힘을 부여하고 또는 이것을 부정하는 것을 목적으로 하는 점에서, 국민의 자연 적인 자유의 제한 또는 해제를 목적으로 하는 명령적 행위와 구분된다. 형성적 행위에는 특 허 · 대리 · 인가 등이 포함된다.

## 형성집단(formed group)

인위적 집단이라고도 하는 것으로 특정목적이나 계획을 위하여 인위적으로 조직한 집단을 말하는 것으로 시설 · 병원의 재활을 목적으로 하는 치료적 집단이 그 전형적인 예이다.

## 형식 · 내용( form / content)

물체의 공간적인 형태와 그 물체의 실질과의 대립이 형식 · 내용의 대립의 가까운 예인데, 이 대립은 그것과 유사한 여러 가지 관계에 적용된다. 형식 논리학에서 말하는 사고 형식은, 의미를 도외시하고 단순한 기호로 보는 명사 사이의 논리적 관계이다. 칸트의 인식론에서는 질료로서 감각적으로 주어진 요소를 종합 통일하여 인식을 성립시키는 아 프리오리(a priori)한 요소( → 카테고리)가 인식의 형식이 된다. 예술작품에서는 표현 방식이 형식이고, 표현되는 것이 내용이다. 형식과 내용 또는 질료라는 대립 개념은 아리스토텔레스에까지 거슬러 올라갈 수 있는데, 이것을 논리의 카테고리로서 명확히 논한 자는 헤겔이며, 유물 변증법에서도 그 기본적 카테고리의 하나로 되어 있다. 일반적으로, 형식이란 다양한 요소를 통일적인 연관 · 구조에 연결시키는 것을 말하며, 내용은 형식에 의해 연결되는 요소의 총체를 말한다. 형식과 내용은 모순되고 대립하는 동시에 불가분이며, 다만 추상적으로 구별될 뿐이다. 따라서 엄밀하게는, 내용은 가령 어떠한 형으로도 주어질 수 있는 조각의 재료와 같은 것으로서 생각되는 소재 · 질료와는 구별되고, 형식도 책이 종이 표지냐 가죽 표지냐 하는 것과 같은, 내용과 무관계한 외적 형식과는 구별된다. 형식과 내용은 서로 모순되고 대립하는 동시에 서로 규정하고 작용한다. 유물 변증법에서는 이 상호관계에서 내용을 결정적인 것으로 생각한다. 발전하는 사물(가령 생산력 = 내용과 생산관계 = 형식과의 통일로서의 생산양식)의 경우는 내용이 형식을 결정하는 동시에, 형식은 내용에 반작용한다. 형식의 발전은 내용의 발전에 뒤떨어지며, 양자의 모순이 발전하지만 그 발전의 방식과 그 해결의 방식은 구체적인 조건에 따라 다르다. 가령 자본주의 사회에서의 양자의 모순은 새로운 내용과 낡은 형식이 격렬히 충돌하여 발전하지만 사회주의 사회에서는 양자의 모순이 충돌로까지 발전하지 않고 해결될 수 있다.

## 형식적 조작(formal operation)

피아제(J. Piaget)의 지적 발달이론에서 구체적 조작 다음으로, 약 13세를 전후하여 나타나는 조작을 가리킨다. 형식적 조작은 명제의 논리적 성격에 관한 사고이며, 이 단계에서 아동은 명제가 표현하고 있는 구체적인 내용과는 관계없이, 접합 · 이접 · 부정 등, 명제 사이의 논리적 관련을 이해하고 활용할 수 있다. 구체적 조작이 구체적인 사물에서 시작하는 것과는 달리 형식적 조작은〈보이지 않는 가능성〉을 먼저 상상하는 조작이다. 소위〈가설 연역적 사고〉는 형식적 조작기에서 비로소 가능하다.

## 형식적 조작기(formal operations stage) 01

피아제 이론 Piaget theory에서, 청소년기에 일어나는 발달단계를 의미한다. 이 단계는 좀 더 큰 사고의 유연성, 논리적 · 연역적 사고능력의 향상, 복잡한 쟁점을 다양한 시각에서 볼 수 있는 능력, 자기중심주의(egocentrism)의 감소 등이 특징이다.

## 형식적 조작기(formal operational period) 02

피아제(J. Piaget)가 주장한 인지발달의 연속적 체계 중 가장 상위에 속하는 네 번째의 인지발달 단계를 의미한다. 형식적 조작기는 11 − 12세경에 발달하기 시작하며 약 14 − 15세까지 발달이 계속된다. 이는 인지발달에 관련된 것이므로 신체적 발달과는 무관하다. 형식적 조작기의 특징은 아동이 논리적 사고 과정을 사용할 수 있는 능력이 증가하는 것으로서, 이 단계의 아동은 추상적 개념을 이해하고, 사고하고, 문제를 해결하는 데에 구체적인 사물이나 사상이 없이도 이 추상적 개념을 활용할 수 있다. 가능한 모든 논리적 형식을 조작할 수 있다는 뜻에서 이 이름이 붙여졌다.

## 형이상학적 전체주의(metaphysical holism)

전체는 개체의 단순한 합이 아닌 전체로서의 특성을 지닌다는 관점에서 전체를 분석의 대상으로 삼는 방법론을 말한다. 이에 반해 방법론적 개체주의(methodological individualism)은 전체는 개체의 합이라는 관점에서 개체를 분석의 기초단위로 삼는 방법론을 말한다.

## 형태발생(morphogenesis)

체계이론(systems theories)에서 사용되는 개념으로, 살아 있는 체계가 그 구조를 바꾸고, 상이한 구조를 가진 체계로 진화하는 것을 묘사하는 용어이다. 형태발생을 지향하는 체계의 성향은 형태안정을 지향하는 체계의 경향과 동일한 힘으로 작용할 때 균형을 이루게 된다.

## 형태안정

체계이론(system theory)에서 사용되는 개념으로, 기존의 구조를 유지하고 변화에 대해 저항하는 살아있는 체계의 성향을 묘사하는 것을 의미한다. 형태안정을 지향하는 체계의 성향은 형태발생(morphogenesis)을 지향하는 체계의 성향과 동일한 힘으로 작용할 때 균형이 이루어진다.

## 형평성(equity)

형평성이란 동등한 자를 동등하게, 동등하지 않은 자를 동등하지 않게 취급하는 것을 의미한다. 행정이념으로서의 사회적 형평성(social equity)은 신행정론의 등장과 더불어 강조되기 시작했다. 신행정론자들은 미국 사회에 실업 · 빈곤 · 무지 등의 악순환이 계속되는 것은 기존의 관료제가 비민주적이고 공리주의적인 총체적 효용의 개념에 사로 잡혀 정치적 · 경제적으로 소외되어 온 소수집단에 대한 무관심 때문이라고 주장하면서, 이를 극복하기 위해서는 행정가가 적극적으로 사회적 형평을 실현하여야 한다고 주장한다.

## 호손실험(Hawthorne Hawthorne Experiment)

E. Mayo 등 하버드대학의 경영학과 교수들 이 미국의 Western Electric 회사 Hawthorne 공장에서 1927년부터 1932년까지 4차에 걸쳐 수행한 일련의 실험으로, 이 실험에 의해 인간관계론의 이론적 틀이 마련되었다. 호손실험은 당초 과학적 관리론의 바탕 위에서 작업장의 조명, 휴식시간 등 물리적 · 육체적 작업조건과 물질적 보상방법의 변화가 근로자의 동기유발과 노동생산성에 미치는 영향을 분석하기 위해 설계되었으나, 실험의 결과는 종업원의 생산성이 작업조건보다는 비공식집단의 압력 등 사회적 요인에 의해 더 많은 영향을 받는다는 사실을 발견하게 되었다.

## 호손효과(Hawthorne effect)

사회조사에서 종종 나타나는 것으로, 실험대상자들이 지켜보고 있다는 사실을 의식함으로써 그들의 전형적인 것과 다르게 행동하는 현상을 의미한다. 가령 정신병원에서 보호를 받고 있는 사람들의 상호작용을 관찰하는 사회사업가는 보호받는 자가 지켜보고 있지 않을 때 나타나는 것과 동일한 행동을 관찰하지 못할 것이다.

## 호스피스(hospice) 01

임종기에 있는 노인이나 죽음이 임박한 환자를 입원시켜 수명을 연장시키기 위한 치료보다 병고를 덜어주기 위한 보호로 가족과의 면회기회나 자유로운 종교 활동 등을 도입한 시설을 말한다. 영국 등에서는 이와 같은 전문병원이 세워져 있다. 호스피스의 어원은 종교단체 등이 운영하는 여행자 숙박소, 빈민 · 행려병자들을 위한 수용소를 말한다.

## 호스피스 02

임종말기의 노인이나 임종기의 환자를 입원시켜 연명을 위한 치료보다는 병고를 감소시킴을 목적으로한 보호(care)및 가족들과의 면회나 자유로운 종교 활동 등을 할 수 있게 한 사실, 미국, 영국 등에는 이러한 전문병원이 설치되어 있는데, 일본에서도 일반병원, 노인병원, 특별양호 노인홈에 병설하자는 주장과 실례가 나타나고 있다. 〈히스피스〉의 어원은 수도원 등에 세워진 빈곤자와 여행자를 위한 자선시설(hospial)에서 유래한다고 한다.

## 호스피탈리즘(hospitalism)

아동이 수용시설이나 병원 등에서 가정으로 부터 장기간 떨어져 양호를 받을 때 생기는 심신의 발달장애를 총칭하는 용어로서 구미의 임상심리학자, 정신질환자의 연구에 의해 밝혀졌다. 주된 증후로서는 ①신체 · 지능 · 사회성 · 자아의 발달장애 ②손가락 빨기 · 야뇨 등의 신경증적 경향 ③마음이 여리고 공격적 또는 도피적 경향 · 시설 외 생활적응 곤란 등, 대인관계 장애의 세 가지 측면이 지적되고 있다. 그러나 양호조건의 개선에 따라 신체적 발달장애는 거의 기반되고 심리, 정서적 발달장애의 해결에 관심을 쏟고 있다.

## 호프만방식(Hoffman method)

손해보험에서 사고로 말미암아 사망 또는 부상당한 피해자의 상실이익 계산방법의 일종이다. 장래의 상실이익을 변제기한의 도래를 기다리지 않고 현재 일시에 지급하는 경우에는 이자상당분을 피해자가 더 얻게 되는 것을 막기 위하여 중간이자를 공제할 필요가 있는데, 이 공제방법에는 현재 호프만방식과 라이프니쯔 방식의 두 방식이 일반적으로 채택되고 있다. 호프만방식은 단리법에 의해서 이자를 공제하는 방법인데, 여기에는 변제기간 중의 이자를 종합해서 공제하는 단리단식(구호프만식)과 매년이나 매월 등 매변제기마다 공제하는 단리복식(신호프만식)의 두 가지가 있다.

## 호프만식 계산법

교통사고 피해자 등에 대한 손해배상액 계산 등에 쓰이고 있는 호프만 방식. 독일의 경제학자, D. 호프만이 아직 기한이 이르지 않은 무이자 채권의 현재가액을 산정하는 방법으로서 고안한 것인데, 오늘날에는 주로 사고 등의 피해배상액 계산방법으로서 일반화되었다. 즉 호프만 방식은 피해자가 장래 거두게 될 총수입에서 중간이자를 공제한 것을 배상액으로 하는 것으로서 총수입은 다음과 같이 산출한다. ★일할 수 있었을 연수 (연평균근로소득 ― 생활비 · 세금 등) = 총수입.

## 호프만식 산정법

무이자 기한부 채권의 기한이 아직 도래하지 않을 때에 그 현재가액을 산정하는 방법의 하나이다. 소요의 현재가액에 대해 현재 (예 파산선고 때) 이후 변제기에 이르기까지의 법정이자(단리법에 의한다)를 더한 것을 채권의 명의액과 평등하게 하여 산출한다. 채권의 명의액을 S, 변제기간까지의 연수를 n, 법정이율을 I로 한다면 현재의 채권의 가액 P는 $P = 1 + ni / s$로 표시된다. 손해배상액의 산정 그 밖의 경우에도 이 방법이 사용되는 일이 많다. 칼풋쵸워식 산정법에 비하여 정확하고, 또 라이프닛츠식 산정법에 비하여 간명하기 때문이다.

## 혼란변수(confounding factors)

독립변수와 종속변수에 부분적으로 영향을 미침으로써 인과적 추론을 방해하는 변수를 말한다. 이러한 혼란변수의 영향을 제거하기 위해 실험설계에 서는 비교집단을 마련한다.

## 혼인(marrige) 01

부부가 되기로 한 양 쪽 당사자와 2명의 성인 증인의 서명이 있는 혼인신고서를 제출해 이를 호적공무원이 수리한 것을 혼인이라고 한다. 혼인으로 인해 생기는 법률적 효과는 다음과 같다. ①동거, 부양, 협조의 의무가 있다. ②다른 이성과 성관계및 기타의 불순한 관계를 가지지 않아야 하고 상대방에게 이를 요구할 수 있다. ③일상가사로 인한 채무에 대해 연대책임을 져야한다. ④일상가사에 대한 대리권이 있다. ⑤혼인생활비용을 공동으로 부담해야 한다. ⑥부부간의 계약에 대해서는 취소할 수 있다. ⑦소유가 분명하지 않은 재산은 공유가 된다. ⑧배우자는 서로의 재산을 상속받을 수 있다. ⑨혼인 성립전에 혼인 중의 재산(의 소유권)에 대해 계약할 수 있다. ⑩호주상속권이 있다. ⑪호적에 오를 수 있는 권리가 있다. ⑫서로 친족관계가 발생한다. ⑬혼인신고 전에 낳은 자식을 신고 후에 친생자로 인정하는 준정(準正)을 할 수 있다. ⑭미성년자를 성년자로 보는 성년의제(成年擬制)가 발생한다. 혼인은 이혼을 하거나 부부 중 한쪽이 사망하거나 함으로써 끝이 난다.

## 혼인 02

사회제도로서 보장된 남녀의 성적 결합관계 또는 그 관계에 들어가는 법률 행위. 역사적으로는 난혼·군혼·개인혼·일부제(일부다처제·일부일처제)라는 변천을 거쳤다고 추측되고 있다. 민법이 인정하는 혼인은 일남 일녀의 합의에 바탕을 둔 일부일처제이다. 혼인은 호적법에 의한 신고가 없으면 성립되지 못한다. 이 요건을 갖추지 않은 것은 이른바 내연의 부부이다. 신고가 수리되기 위해서는 일정한 실질적 요건이 갖추어져야 한다. 즉 당사자에게 혼인할 의사가 있어야 하는 외는 양자가 혼인의 적령(남자 18세, 여자 16세)에 이르고, 또 여자의 재혼의 경우는 대혼기간중이 아님을 요한다. 이들 요건이 흠결한 혼인은 무효가 되거나 취소할 수 있다. 사기·강박에 의한 혼인도 취소할 수 있다. 혼인의 취소는 반드시 소송에 의하지만 거기에는 소급효가 없으며, 취소판결이 확정된 때부터 혼인을 소멸시킴에 불과하다. 혼인의 효과는 재산법적 효과와 인격법적 효과로 나눈다. 전자는 부부재산제의 문제이다. 후자는 ①부부는 동거하면서 서로 부조하고 협조할 의무를 지는 것, ②부부는 가사의 대리권을 서로 가지는 것, ③부부간의 계약을 혼인 중 언제든지 부부의 일방이 취소할 수 있는 것, ④서로 정조의무를 지는 것 등이다. 그리고 혼인관계는 이혼 또는 당사자의 일방의 사망에 의해 소멸된다.

## 혼인 03

혼인이라 함은, 결혼 즉 부부가 되는 것을 말한다. 혼인은 호적법이 정하는 바에 따라 신고함으로써 성립한다. 친족법상의 혼인(제약은)은 우선적·도덕적 견지에서 다음과 같은 제한(수리요건)이 있다. ①결혼적령(남자 만 18세, 여자 만 16세)에 도달해 있어야 한다. ②미성년자와 금치산자는 부모·후견인 또는 친족회의 동의를 얻어야 한다. ③동성혼인 등은 금지된다. ④배우자가 있는 자는 중혼이 금지된다. ⑤여자는 이혼한 후 바로 재혼하지 못한다. 혼인신고는 당사자 쌍방과 성년인 증인 2인이 연서한 서면으로 해야 하며 이에 위반함이 있을 때에는 수리되지 않는다.

## 혼자놀이(solitary play)

2, 3세 어린이에게 흔히 볼 수 있는 놀이의 형태로, 그림 맞추기·그림책 보기·인형 놀이·적목 쌓기·기차놀이·자동차 놀이·악기 다루기 등의 놀이를 주위에서 일어나는 사실과 무관하게 혼자 노는 것을 의미한다.

## 혼합가족

분리된 가족이 결혼이나 다른 상황으로 결합됨으로써 형성되는 가족을 말한다. 이는 또 성원들이 함께 거주하고 전통적인 가족의 역할을 취하는 여러 혈연 또는 혹은 비혈연적인 집단을 말한다. 몇몇 가족치료자들은 이 용어를 가족관계에서 자주적인 역할을 수행하지 못하거나 그들 자신을 명확히 하지 못하는 가족집단에 적용한다.

## 혼합경제(mixed economy) 01

자본주의 체제에서도 민간부문(서로 자유 경쟁하는 개인, 가계, 사적 기업으로 이루어짐) 이외에 국가 또는 다른 공공단체가 일정한 경제적 기능을 영위하는 경우가 있는데, 이와 같이 산업국유화나 정부지출을 통해 공공부문이 국민경제 가운데서 커다란 역할을 하게 되는 경제적 편성을 혼합경제라 한다. 이러한 혼합경제의 출현은 역사적으로 제1차 세계대전 이후의 특수한 상황을 배경으로 하고 있으며, 이론적으로는 1930년대 이후의 케인즈 경제학을 기초로 하고 있다.

## 혼합경제 02

자유 경제 체제를 원칙으로서 하면서 강력한 계획성을 가미한 경제 체제이다. 수정자본주의와 비슷한 것으로 주로 후진국에서 취해지고 있다. 민간인의 자유와 창의를 최대한으로 존중하는 가운데 중요 산업에 대해서만 정부의 통제권을 확대해 국민 경제가 균형적인 성장을 이룩할 수 있도록 정부의 지도적인 역할을 인정하는 경제체제이다.

## 혼합경제 03

자유기업 체제의 결함과 폐해를 시정하기 위해 정부가 적극적으로 민간경제에 관여함으로써, 사적경제와 함께 공적경제가 병존하게 된 경제체제를 말한다. 1930년대 대공황기의 미국경제와 완전고용을 달성하기 위한 경제정책을 편 영국·스웨덴 등의 경제체제를 이 범주에 넣을 수 있다.

## 혼합보험(cndowment insurance)

피보험자가 일정한 연령에 이르기 전에 사망한 때 또는 일정한 연령에 이른 때에 보험금이 지급되는 생명보험, 사망보험과 생존보험의 결합으로서 이른바 양로보험이 그 적례이다.

## 혼합주사 모형(mixed ─ scanning model)

정책결정을 위한 대안탐색과 분석에서 기본적 결정(fundamental decision)과 부분적 결정(bit decision)의 복합적 방식을 사용하는 것이 바람직하다는 정책결정 모형을 말한다. 이 모형을 제시한 A. Etzioni는 정책결정의 규범적·이상적 접근방법인 합리모형과 현실적·실증적 접근방법인 점증모형을 상호보완적으로 혼용함으로써 현실적이면서도 합리적인 결정을 할 수 있다고 주장한다. 즉 그는 정책결정을 기본적 결정과 부분적 결정으로 나누어, 기본적 결정에서는 중요한 대안의 중요한 결과만을 고려하고, 그 기본적 결정의 테두리 내에서 세부적인 결정을 하는 것이 바람직하다고 주장한다.

## 혼합직(mixed position)

하나의 직위가 현저하게 서로 다른 두 가지 이상의 직무를 갖고 있던가 또는 시기에 따라 직위 내용이 변화하는 직위가 혼합직이다. 우리나라의 경우에는 일선기관에 혼합직이 많다.

## 홀리스 ─ 테일러 보고서(Hollis ─ Taylor report)

전문직의 점진적인 특수화와 세분화를 입증하고 문제의 사례별 치료에 대한 지도를 강화하기 위해서, 홀리스(Ernest Hollis)와 테일러(Alice Taylor)가 수행한 사회사업 교육에 관한 1951년의 연구를 말한다. 이 보고서는 사회사업 교육이 더욱 포괄적으로 지도되고 사회문제와 사회행동에 더 많은 관심을 가져야 한다고 주장한다. 이들 주장의 대부분이 전문직에 수용되었으며 현행 사회사업 교육의 목표에 기초가 되었다.

## 홀트아동복지회

한국과 세계 각국의 기관·독지가 및 양부모들의 후원을 받아 운영되는 사회복지법인으로, 1955년 10월에 미국인 H. 홀트가 6·25전쟁으로 인한 혼혈전쟁고아 8명을 입양하고, 다음해 내한하여 구세군 대한본영 내에 사무실을 개설하고 입양업무를 시작한 것이 첫 출발이었다.

## 홈 이코노미스트

가정학(홈 이코노믹스)의 전공자. 4년제 대학을 졸업하고 가정에 관계 되는 교직, 생활개선보급운동, 영양, 식사지도 등에 종사하거나 전문지식을 살려 기업이나 연구소에 근무하는 사람을 이렇게 말한다. 식품회사에 흔히 볼 수 있으며 영양계산, 신제품개발, 사용테스트, 실연판매, 소비자교육 등을 한다. 기업의 발전에 뒤지기 쉬운 소비자를 기업 스스로가 계몽, 향상시키려는 것으로 기업과 소비자의 가교역할을 한다.

## 홈 헬프 서비스(home help service)

지역복지 시책의 중심적인 서비스로서〈가정봉사원〉을 중심으로 한다. 가족이나 볼런티어의 협력, 보건원, 간호원, 의료 케이스워커 등의 협조를 얻어 수행하는 제 활동의 총칭이다. 지금까지 사회복지 시책의 중심은 시설, 기관에 의한 처우였으나 오늘날에 있어서는 시설·기관으로부터 진일보하여 지역사회 생활의 장에 있어서 복지서비스의 확대와 방문 서비스망을 조직화하는 방향으로 나가고 있다. 시설이나 기관에는 일정한 수용의 한계가 있고 그 규모나 설치에 한계가 있기 때문에 충분히 지역의 복지욕구 전체에 대처할 수 없다. 특히 장기 자택요양자, 움직이지 못하는 노인, 중증장애자 등 시설입소가 불가능하고 보호의 손이 미치지 못하는 계층이 증가하여 거택복지서비스의 필요성이 증대해 가고 있다. 또 고도 경제성장 후 가족은 소규모화하고 부인의 취업이 확대되며 가족기능이 급속히 축소되어 육아, 교육, 보호, 긴급시 대응 등 곤란한 문제가 내포되어 있다. 이러한 실정에 있어서 장기간의 와병, 노인보호 혹은 부양의 기능이 상실되는 가족이 증가하므로 홈·헬프서비스의 확대실시가 요망되며 제도적 개선과 확립이 요청된다.

## 홈케어서비스(home care service)

일본에서 실시되고 있는 서비스로서 가정에 누워있거나 허약한 고령자, 혹은 장애인 등을 개호할 경우 개호자의 부담을 경감하기 위해 전문가에 의해 홈케어서비스를 받을 수 있다. 가정에서의 서비스로는 청소 등의 가사원조와 환자의 몸을 물수건으로 닦아주는 일, 욕창예방, 입욕개호 등의 개호서비스가 있지만 홈케어는 후자를 가리킬 때가 많다. 지자체나 병원의 방문간호부, 보건부 등이 중심적 역할을 담당하고 있지만 오늘날에는 개호복지사의 제도화에 따라 기업서비스의 확대도 기대되고 있다.

## 홈헬프 코디네이터(home helper coordinator)

주거서비스를 제공하는 경우 이용자와 일하는 사람과의 관계를 조정 하는 자로 파견결정의 적부의 판결, 이용자와의 갈등해소, 봉사원 교육 등을 조정하며 이용자의 가정 사정, 파견자의 능력이나 이용자와의 성격분석 등을 고려한다. 또 서비스를 효과적으로 수행하기 위해 최근에는 복지시책, 의료기관 등 관련기관과의 조정도 중요하다.

## 홉킨즈(Hopkins, Harry)

미국 뉴딜시기에 활약한 사회사업의 공적인 책임자를 말한다. 1931년 '뉴욕 결핵예방 공중위생협회' 의 사회사업가였을 때 당시 뉴욕 주지사였던 프랭클린 루즈벨트의 눈에 띄어 임시 긴급 구국가(TERA)의 사무국장으로 발탁되었다. 루즈벨트대통령 취임과 함께 그의 오른팔로 연방 긴급 구국가(FERA)의 국장이 되었으며, 1934년에는 '경제보장위원회' 의 위원으로 '사회보장법' 의 기초에 관여하였다.

## 홍보(public relations)

공공기관, 조직, 단체가 사업을 실시하려 할 때 공적 또는 사회적으로 관계있는 사람들에게 그 사업의 취지 및 내용을 전달하고 주민이 사업을 지지하고 참가 · 협조하도록 만드는 조직적 활동으로 주민의 입장을 중시해야 한다. 홍보를 PR이라고도 하나 PR은 공청을 포함한 개념으로 주민과 조직 사이에 바람직한 관계를 형성한다는 원리가 내포되어 있다.

## 홍보활동(public relations)

집단이나 조직, 회사, 단체의 대외관계, 계발, 선전을 위해 그들을 환경에 적응시켜 사회의 이해를 얻을 목적으로 각종 단체와 일반 시민들 간에 건전하고 건설적인 관계를 확립 유지하기 위하여 행해지는 활동을 말한다. 이러한 단체나 조직의 사업을 호전시키고 위해서는 일반서비스 지지가 필요하고 공평하게 일반 시민들에게 관심을 가지고 일의 내용을 대중에게 이해시키는 것이 필요하다. 이것은 지역사회조직 과정에서 효과적으로 추진해 나가기 위한 중요한 기술이기도 하다.

## 홍수(법)(flooding)

불안 유발 자극이 제시되는 행동치료 상의 한 절차를 의미한다. 현실에서나 상상 속에서 절차를 규칙화하거나 강화시킴으로써, 결국 환자는 불안에 대해 반응하는 것을 그친다.

## 화이트칼라(white collar) 01

정신적 · 지적 노동을 주체로 하는 근로자의 속성으로 전문직 · 기술직 · 관리직 · 사무직 종사자가 여기에 해당한다. 육체적 노동을 주로 하는 블루칼라(blue collar)와 대치되는 개념이다. 이들은 자본가와 노동자의 중간에 위치해 학력 · 수입 · 승진의 기회 등에서 스스로를 노동자로부터 구별하는 차별의식을 갖고 있으며 소시민적 성격이 강하다. 오늘날 기술혁신의 진전은 양자의 구분을 불분명하게 하고 있으며 사실상 블루칼라화한 사무근로자 혹은 서비스산업 종업원(시간제근무 종업원 포함)을 그레이칼

라(grey collar)라고 부른다.

## 화이트칼라 02

정신적 · 지적 노동을 주로 하는 노동자의 속칭을 의미한다. 사무노동자나 기술자 등이 이에 해당된다. 육체노동을 주로 하는 블루칼라에 대응하는 호칭이며 직원과 공원을 구분하는 경우 전자가 대개 화이트칼라에 속한다. 이 말의 유래는, 일을 할 때 전자가 신사복과 넥타이, 후자가 청색 작업복을 착용한데서 비롯되었다. 후자는 일급제의 임금을 받는데 대해 전자는 월급제의 봉급을 받는 경우가 많아 샐러리맨으로도 불린다. 오늘날에 와서는 양자의 구분은 불분명해지고 있으며, 생산 공정에서 관리직 업종에 종사하는자 등 중간층을 그레이칼라로 부르기도 한다. 최근에 와서 생산부문의 물적 생산성이 높아져 블루칼라 노동자수가 상대적으로 감소하는 반면 화이트칼라 노동자수의 상대적 · 절대적 증가를 엿볼 수 있다.

## 화이트칼라 03

사무직 노동자, 지적 · 정신적 노동을 수행하는 고용되어진 자를 말한다. 자본주의의 발달과 경제 성장을 통해 등장한 새로운 중간계급으로, 관리 업무나 전문화된 각종 사무 분야에 종사하는 사람이다. 흔히 육체노동자를 블루칼라(blue collar)로 말하는 것에 대비되는 표현이다.

## 화이트칼라 범죄(white — collar crime) 01

전형적으로 사업가, 공무원, 사회의 부유한 구성원들이 저지르는 비폭력적 불법행위, 이러한 범죄는 횡령, 사기, 문서위조, 탈세, 신용카드의 부정 이용, 증권 조작, 뇌물수수, 컴퓨터 범죄를 포함한다. 사회에 미치는 화이트칼라 범죄의 피해는 노상범죄(street crime)의 피해보다 몇 배나 크다.

## 화이트칼라 범죄 02

화이트칼라 계층이 자신의 직업적 지위에 내재한 권력을 직무와 관련시켜 남용함으로써 저지르는 범죄를 의미한다. 넓은 뜻으로는 유가증권 위조 및 횡령, 컴퓨터 스파이 등의 경제범죄, 기업범죄, 법인범죄 개념과 중복된다. 화이트칼라 범죄는 현대에 올수록 발생빈도가 높아지고 지능적인 양상을 나타내고 있다. 뇌물증여, 탈세와 외화밀반출, 주식 · 기업 합병, 그린벨트 해체에 관한 정보의 누설, 가격담합, 공무원의 부패현상, 나아가 공정거래법과 근로기준법 위반사안까지 포함시킨다면 넓은 뜻의 화이트칼라 범죄는 자본주의 사회의 일상적 현상으로 구조화되어 있다. 그럼에도 불구하고 화이트칼라 범죄는 중벌을 받는 일이 적다. 이 범죄로 인한 국민경제의 피해 정도와 범위는 형사범과는 비교가 안될 정도로 크지만 대부분 민법으로 처리된다. 비판 범죄론에서는 이와 같은 가벼운 처벌방침은 이러한 불법행위를 범죄화하지 않으려는 체

제의 욕구에 기인한다고 분석한다.

## 화폐적 욕구(monetary needs)

사회복지욕구의 충족은 금전급여와 현물급여로 대별할 수 있지만 화폐적 욕구라 함은 금전급여에 의해 충족 가능한 욕구를 의미하는 것으로 조작적으로 사용되는 말이다.

## 화해(rapprochement)

말러(Margaret Mahler)가 제안한 용어로 생후 18개월에서 2살까지 계속되는 인간발달의 분리개성화(separation – individuation) 과정에서 제4위 하위 국면(sub phase)을 말한다. 말러에 의하면 만약 이 기간에 고착(fixation)이나 일탈이 일어나면 노후에 혼란(borderline)이나 자기도취적(narcissistic) 장애를 가져올 가능성이 있다.

## 화해(conciliation)

둘 또는 그 이상의 단체가 서로의 차이점을 최소화하거나 없애려는 중재과정을 의미한다. 여기에서 사회사업가의 역할은 대개 자문 및 중재이다.

## 화해자 역할(placater role)

다른 사람에게 전하는 의사전달의 반복 형태로서, 특징은 이야기 할 때 상대방의 비위를 맞추고 사과하며 의견 충돌을 피하면서 관련된 다른 사람의 동의를 얻으려 하는 것이다. 이 역할을 구분한 사티어(Virginia Satier)는 이러한 유형의 사람을 타인의 동의 없이는 못 견디는 '예스맨'(yes – man)으로 묘사하였다. 이와 다른 역할로는 비난자 역할(blamer role), 숙고자 역할(computer role), 전환자 역할(distracter role) 등이 있다.

## 확대가족(extended family)

부부, 자녀 이외에 조부모 또는 형제 등 방계친족이 동거하는 가족이며, 대가족·확장가족 또는 3세대가족이라고도 한다. 우리나라의 가족제도에서는 가장을 중심으로 하는 3세대 확대가족이 점차 감소하고, 핵가족은 증가하고 있다. G. P.머독이 핵가족에 대비하여 사용한 'extended family' 의 역어로, 대가족보다 개념이 명확하다.

## 확률 01

하나의 사상이 일어날 수 있는 가능성을 수치로 나타낸 것으로 경험적 확률과 수학적 확률이 있다. 확률은 다음과 같은 법칙을 지닌다. ①확률은 반드시 0(0%)과 1(100%) 사이의 값을 취한다. ②일어날 수 있는 모든 가능한 사건들의 확률의 합은 언제나 1 또는 100%이다.

## 확률(probability) 02

어느 시행의 결과, 혹은 자연적인 현상에서 어느 특정한 사건의 발생 여부를 확실히 알 수 없을 때, 그 사건을 〈우연적 사건〉이라고 하고 그 우연적 사건이 일어날 수 있는 가능성의 정도를 그 시행 횟수나 자연현상의 비율을 0과 1 사이의 수치로서 나타낸 것을 의미한다. 어떤 특정한 사건이 발생할 수 있는 가능성이 모든 다른 사건의 각각이 발생할 수 있는 가능성과 같을 때, 모든 사건의 발생 가능성 중에서 문제의 사건이 발생할 가능성을 전체와의 비율로서 나타내는 확률을 〈선험적〉(a priori) 확률이라고 하고, 실제로 시행해 본 전체의 횟수와 그 문제의 사건이 발생한 횟수와의 비율로서 나타내는 것을 〈경험적〉(empirical 혹은 a posteriori) 확률이라고 한다.

## 확률 03

어떤 상황이 발생할 가능성을 말한다. 확률의 정의에는 상대빈도 정의(relative frequency definition)와 동등발생 정의(equally likely definition)의 두 방식이 사용되고 있다. 상대빈도 정의는 '한 사상(事象)의 확률은 무한에 가깝게 계속적으로 시행했을 때 전체 시행회수에서 그 사상이 나타나는 빈도수를 상대적으로 나타낸 것'으로 규정하고 있으며, 동등 발생 정의는 각 사상이 일어날 결과가 모두 동일한 상황에서 어떤 특정한 사상이 일어날 확률을 정의한 것이다.

## 확률모형(probability model)

우연하게 지배되는 현상을 수식화한 것으로, 우연 현상을 나타내는 경향을 연구하거나 또는 우연 변동을 포함하는 데이터에서 판단을 내리기 위해 이용된다.

## 확률지배이론

평균 – 분산 기준의 적용에 따른 제약조건들을 극복하고 효용함수의 구체 적인 형태를 모르는 상태에서도 포트폴리오 선택을 가능케 하려는 이론 이다. ①제1차 확률 지배 투자자의 효용함수가 U'(W)>0인 경우 위험자산의 선택 기준에 대한 이론, ②제2차 확률지배 투자자의 효용함수가 U'(W)>0이고 위험회피의 가정인 U''(W)<0인 경우에 위험자산에 대한 선택 기준. ③제3차 확률지배 투자자의 효용함수가 U'(W)>0, U''(W)<0이고 절대 회피가 감소하는 결과에 따라 유도되는 U'''(W)>0인 경우에 위험 자산에 대한 선택 기준.

## 확률표본 추출(probability sampling)

사회과학 연구시 발생 가능성, 즉 주어진 사례가 모집단에서 선택될 수 있는 개연성의 수준을 계산할 수 있도록 체계적으로 사례를 추출하는 것을 말한다. 이 방법으로 표본이 모집단을 대표할 수 있는 경향의 정도를 산정할 수 있다.

## 확인된 환자 / 클라이언트(identified patient / client)

치료와 원조 또는 사회 서비스에서 외관상으로 확인된 가족이나 사회집단의 성원을 의미한다. 비록 이 환자와 관련된 사람들이 이 환자와 비슷하거나 더 많은 문제를 가지고 있거나, 치료자와 사회사업가로부터 유사한 도움을 필요로 하며 그러한 도움을 받고 있다 할지라도, 이 환자는 전형적으로 그와 관계가 있는 사람들에 의해 '병든'(sick) 혹은 '미친'(crazy) 사람으로 간주된다.

## 확인행위

특정한 사실 또는 법률관계에 의문이나 분쟁이 있을 때, 공적 권위를 가지고 그 존부(存否) 또는 정부(正否)를 확정하는 준법률행위적 행정행위를 말한다. 실정법상 재결·결정·사정(査定)·인정·검정·검인·특허 등의 용어가 혼용되고 있으며, 국가시험 합격자의 결정·교과서의 검정·소득금액의 결정·건축물의 위법성 확인·당선인의 결정·행정소송의 확인판결 등이 이에 해당된다. 확인의 법률적 효과는 구체적인 법규의 정하는 바에 의하지만, 공적 권위에 의해 인정된 것은 일정한 절차에 의하지 않고는 누구도 이를 다툴 수 없다.

## 확정연금(annuity certain) 01

연금지급이 계약자의 생사에 관계없이 확정된 일정한 기간동안 지급되는 연금을 확정연금이라고 한다. 피보험자가 생존하는 한 종신토록 연금을 지급하는 종신연금과 어느 특정기간 피보험자가 생존을 조건으로 하여 연금을 지급하는 정기생명연금과는 그 연금계산방법이 다르다. 생명연금은 예정이율과 예정사망률에 의해 계산하지만, 확정연금은 예정이율만을 가지고 계산할 수 있다. 확정연금의 종류로는 연금을 지급하는 시기가 매년초에 지급하는 연시연금과 매년 말에 지급하는 연말연금으로 구분된다. 또 거치기간에 따라 연금을 계약즉시 지급하기 시작하는 즉시연금과 일정한 거치기간을 경과해서 지급하기 시작하는 거치연금으로 구분된다. 연금의 지급액이 매회 일정한 경우는 등액연금이라고 하고 다를 경우 변액연금이라고 한다.

## 확정연금 02

연금지급이 계약자의 생사에 관계없이 확정된 일정기간 동안 지급되는 연금을 확정 연금이라 한다. 반대로 피보험자의 생존을 조건으로 연금을 지급하는 방식은, 피보험자가 빨리 사망하면 연금지급기간은 짧아지고 반대로 피보험자가 생존해 있으면 길어지는 것으로 연금의 지급기간이 미리 확정되어 있지 않아 불확정연금이라고 한다.

## 환각(hallucination)

마약에 의한 환상이 널리 알려지고 있으나 환각은 약물없이도 생길 수 있으며 외부의 자극이 없는데도 불구하고 마치 자극이 있는 것으로 지각하는 현상이다. 이것은 병적인 상태에서만이 아닌 정상적인 경험으로 나타날 수 있고 뇌의 장애가 있는 경우나 정신병, 신경병에서도 일어날 수 있다. 정신병 환자에게 나타나는 환각의 대부분은 감각장애라기보다도 인격의 심각한 장애가 원인으로 보여지고 있으며 망상과 밀접하게 결부되어 있다. 즉 환각은 망상을 일으키는 등의 정신상태에 있을 때 나타나는 경우가 많다.

## 환각제

뇌로 전달되는 정상적인 화학반응을 방해하여 뇌의 화학상태를 바꾸게 하여 실재하지 않는 것을 느끼거나 실재하고 있는 것을 무시하거나 하는 환각(hallucination)을 일으키게 하는 물질이다. 환각제로는 먼저 식물 중에 환각을 일으키는 화학물질을 가지고 있는 것으로 멕시코 산(産) 아마니타 므즈카리아(Amanita Muscaria)라는 버섯과 대마가 있다. 또 합성된 리세르긴산(lysergic acid) 유도체로 대표적인 LSD가 있다. 그 외 DMT(Dimethyltryptamine) 마리화나(marihuana)가 있다. 비장애인이 환각제를 복용하면 대체로 시력장애, 혈압상승, 빈뇨 등 자율신경계에 영향이 있고 쾌감, 과대망상 등의 감정변화, 집중력장애, 엉뚱한 생각 같은 사고과정 변화가 일어나며 심하면 환각을 일으키는 감각이상이 있다.

## 환경 속의 인간관점
(person — in — environment perspective)

사회사업가와 다른 전문가들 가운데서 클라이언트를 환경체계의 일부로 간주하는 관점을 의미한다. 이 관점은 개개인, 관련된 타인, 물리적 환경 및 사회적 환경 간의 호혜적 관계와 기타의 영향들을 포함한다.

## 환경(environment) 01

개체의 발달에 영향을 미치는 외적 조건과 요인의 총체, 환경은 개체의 주위에 존재하는 것으로, 크게는 물리적 환경과 사회적 환경으로 구분된다. 물리적 환경은 지리적 환경 또는 생태적 환경으로 유형적이다. 반면 사회적 환경은 심리적 환경 또는 행동적 환경으로 무형적 환경이다. 교육에 있어서 환경의 중요과제는 학력·지능·인성에 미치는 환경적 변인을 찾아 가정·학교·사회의 영역을 통해서 어떻게 적절히 구성하여 줄 것인가에 있다.

## 환경 02

일반적으로 자연적·물리적 환경 즉 물이나 공기, 토양, 동식물, 건축물, 구조물 등과 사회문화적 환경 즉 제도, 관습, 기술, 생활양식 등의 두 요소로 구분된다. 그 밖에 객관적 환경과 인지적 환경, 직접적 환경과 간접적 환경, 현실 환경과 의사환경 등과 같은 대비적 분류도 있다. 인간은 자신을 둘러싼 환경에 적응하고 또 환경을 변화시키면서 생존하고 있는데, 건강하고 쾌적한 환경이 생존의 유지에 가장 중요하다.

### 환경개선(environmental reform)

영국정부가 1950년에 밝힌 바에 의하면, 사회복지는 ① 개인적 서비스 ②환경개선 서비스로 나누어지며, 환경개선사업에는 공중위생, 주택 정책, 도시 및 농촌계획 등이 포함된다. 종래의 사회사업은 환경을 주어진 것으로 보고 사회적 부적응상태에 있는 사람을 환경에 적응토록 조정하는 것을 중시하였다. 그 후 인간과 환경과의 관계를 새롭게 인식하게 되어 환경에 작용함으로써 문제해결에 조력하는 방법이 사회사업에 도입되었다. 그리고 사회변동에 의한 다양한 환경파괴가 복지욕구와 깊은 연관이 있다는 인식이 깊어지면서 주로 지역사회조직의 분야에서 환경 그 자체의 개선에 주력해야 한다는 주장이 대두되었으며, 이를 계기로 환경개선이 사회복지의 영역에 포함되었다.

### 환경결정론(environmental determinism)

인간이나 동물의 행동과 성격은 유전적 요인에 의해 결정되는 면이 적지 않지만, 그 이상으로 환경적인 요인이 중요하다는 관념을 말한다. 대단히 뛰어난 유전적 특질도 환경조건이 좋지 못하면 잠재적 가능성을 발현할 수 없다. 또 출산직후 인지가 기억 속에 남아있게 되므로 뇌에 특별한 장애가 있는 경우를 제외하고는 지능까지도 환경에 의해 결정된다는 것은 늑대소년의 예에서도 증명되고 있다.

### 환경권(environmental right)

건강하고 쾌적한 환경에서 생활할 권리를 말한다. 환경의 침해를 거부할 수 있는 배타적 권리로서 생존권적 기본권의 하나이다. 환경권의 법리는 우선 환경오염의 배제를 청구할 수 있고 그 위험이 예상될 경우 예방청구권을 행사할 수 있어야 한다. 1972년 스웨덴의 스톡홀름에서 '유엔 인간환경선언'이 채택된 이후, 환경권의 이념이 세계 각국의 법체계에 흡수되었고 종래의 사후 피해방지나 단순한 위생법적·공해법적인 성격을 넘어 보다 적극적인 적정관리체제로의 변화를 모색하게 되었다.

### 환경요법(environmental treatment)

클라이언트의 사회환경 조건을 개선 또는 변혁함으로서 문제해결을 진행하는 개별사회사업의 한 형태로 간접적 치유법이다. 이 환경요법은 다방면에 걸쳐있지만 클라이언트의 친족, 친구, 이웃사람, 직장 동료 등의 사회적 네트워크(network)와 학교, 병원, 사회기관이나 시설 등의 조직체와의 관계를 개선·변혁하려고 작용하는 것이 중심이다. 최근 이를 진행시키는데 매개적 기능, 계몽적 기능, 대변적 기능 등이 중시되고 있다.

### 환경적응능력(ability of environmental adaptation)

개체가 환경에 적응해가는 능력을 의미한다. 생물의 일생은 환경에 적응해가는 과정이며 환경의 적합여부가 곧 생사를 좌우한다고 할 수 있다. 인간의 환경적응 능력은 화학적·물리적 환경과 사회적·문화적 환경 양자 모두를 포함한다. 오염과 환경문제와 관련해서, 생물의 환경 적응능력의 개념은 때로 환경오염이나 환경파괴가 발생해도 생물은 이에 적응하여 생존을 유지할 수 있다는 것을 합리화시켜 주기도 한다.

### 환경조정(environmental coordination)

개별사회사업에서는 일반적으로 환경조작(environmental manipulation)이나 환경수정(environmental modification) 등으로 표현하고 있다. 클라이언트의 문제해결을 원조하기 위해 사회 환경을 개선하고 개혁한다는 것을 의미한다. 최근에는 특히 생태학적 관점에서 그 중요성이 재인식되어 이에 관한 연구가 확대, 강화되고 있는 추세에 있다.

### 환경치료(milieu therapy) 01

보통 시설에서 생활하는 사회적·정신적 부적응자들을 위한 치료와 재활의 한 형태를 의미한다. 치료는 전문적인 치료자와 함께하는 개별적인 시간에만 국한되는 것이 아니라 시설과 같은 폐쇄된 장소에서도 이루어지는데, 이것을 '치료적 공동체'라고 부른다. 시설에서 집단면담에 참석하여 치료를 받는 사람들은 그들의 지도자를 뽑아야 하며, 하루 종일 서로에게 사회적·정서적 지지를 제공해야 한다. 모든 환경은 치료과정에서 중요한 것으로 인식된다.

### 환경치료(environmental treatment) 02

개인 외부의 힘의 영향력을 인식하고 특별한 자원을 제공하거나 배치하는 것, 다른 사람에게 클라이언트의 욕구를 알리는 것, 옹호 및 중재의 기술을 통해 이러한 영향력을 수정하려는 노력인 개별사회사업(social casework)의 개념이다. 일부 사회사업가는 이러한 활동을 간접치료(indirect treatment) 혹은 '환경수정'이라고 부른다.

### 환과고독
### (old widower / old widow / orphan, and the aged without children)

환은 노령에 처가 없는 남자, 과는 노령에 남편이 없는 여자, 고는 부모가 없는 아동, 독은 자녀가 없는 남자 또는 여자를 말한다. 환과 고독 개념은 중국에서 오랫동안 관용되어 왔고 우리도 옛부터 구제 대상의 분류를 표시하는 것으로 사용되어 왔다. 환과고독 분류와 구제는 촌락공동체에 의한 상호부조 혹은 가족구조 기능이 자력으로 구제하기 힘든 사람에게 공적구제를 실시한데에 기인한다.

### 환급금

납세의무자가 잘못 납부한 금액이나 납세액보다 많이 낸

금액을 납세의무자에게 돌려줄 때 이 돈을 환급금이라고 한다. 환급금은 환급결정일로부터 30일 안에 돌려주는데 대통령령으로 정한 이율에 따라 계산한 가산금이 합산된다.

### 환류(feedback)
행동을 취한 당사자에게 행동의 결과에 대한 정보를 주는 것을 말한다. 이것은 행위의 효과에 대한 보다 객관적인 평가를 하게 해준다. 또 이것은 성공률을 높이기 위해서 진행되고 있는 행동을 수정하게 한다. 사회사업 행정에서 환류는 흔히 지도감독, 인사평가, 클라이언트 보고서, 그리고 사회사업가가 좋은 일을 할 때 대상자가 바람직한 것을 성취하도록 돕거나 그들에게 긍정적인 지표를 주는 객관적인 산출 측정 속에서 사용된다.

### 환자(patients)
의사와 보건진료 요원의 보호와 치료를 받는 사람들을 말한다. 사회사업가는 그들이 돌보고 있는 사람들을 일컬을 때 클라이언트(client)라는 용어를 사용한다. 그러나 보건진료 기관에 고용된 사회사업가(가령 의료사회 사업가)들은 '환자' 라는 용어를 더 흔하게 사용한다.

### 환자의 권리(patients' s rights)
환자가 법적, 도덕적, 윤리적으로 당연히 보호와 치료를 받아야 한다는 것을 의미한다. 이러한 권리 중에는 치료 방법이 무엇이고, 누가 전문적 서비스를 제공하며, 관련된 조사는 어떤 것이 있으며, 누가 방문해도 되며, 병원 외부와 연락할 수 있는가 등이 있다. 미국자유시민연맹(ACLU : American civil liberties union)은 환자의 법적 권리를 다음과 같이 선언했다. ①자신의 건강과 관련된 모든 결정에 대한 통보와 참여를 의미. ②치료와 보호를 위한 치료비 지원에 대한 비밀유지. ③세심한 배려(특히 응급상황에서). ④계획된 모든 절차를 납득할 수 있도록 분명하고 자세한 설명 등으로, 여기에는 심한 부작용이나 사망의 위험도 포함되며 자발적이고 정당하며 이해할 수 있는 의견일치 없이는 어떤 절차도 수행할 수 없다. ⑤어떠한 검사나 절차에 때한 동의를 묻기 전에 자신의 상태와 진척도에 대한 분명하고 완전하며 정확하게 평가. ⑥병원시설에서 자신의 의무기록에 포함된 모든 정보의 열람과 검토. ⑦어떤 특별한 약물, 검사, 절차 혹은 치료에 대한 거부. ⑧환자가 의사의 의료적 판단에 거부하여 퇴원결정을 요청할 수 있지만 신체적 조건이나 재정상태에 상관없이 의료기관을 퇴원한다.

### 활동집단(activity group)
특별히 치료 목적으로 계획된 것일 수도 있고, 그렇지 않을 수도 있지만, 참가자들이 상호 관심을 갖고 있는 프로그램에 참여하는 집단참여 형태를 말한다. 회원들은 민요 부르기, 요리 만들기, 목수일 또는 수공업일 등 다양한 활동에 참여한다. 역사적으로 활동 집단은 초기의 사회집단기관(social group center), 특히 인보관(settlement house)과 청소년 서비스센터(youth service centers)에 널리 퍼져 있었다. 활동 집단은 원래 치료를 위한 것이 아니었지만, 사회적 기술(social skill)을 배우고, 민주적 결정을 내리고, 효과적인 상호관계 능력을 발전시키기 위한 수단으로 사용되었다. 최근에는 요양원, 정신병원, 레크레이션 센터에서 활동 집단을 찾아볼 수 있다.

### 활동분석법(activity – analysis procedure)
성인의 생활을 조사·분석하여 교육과정을 구성하는 방법, 이 구성법은 1918년에 보비트(F. Bobbitt)가 제창한 이래, 1920년에서는 보비트의 생활활동 분석, 차터스(W. W. Charters)의 직업활동 분석, 하랍(H. Harap)의 소비자 활동 분석 등으로 크게 발전, 보급되었다. 이것은 주로 성인의 일반 생활활동을 조사하여 생활활동 영역을 설정하고 각 영역에 속하는 활동을 구체적인 활동에 이르기까지 분석하여 그것을 중심으로 구체적인 목표를 설정한다. 구체적 목표들은 교과별로 분류되어 주요 항목 순으로 배열되고 이러한 목표를 달성하는데 필요한 내용들이 선정·조직되는 방법이다. 이 방법은 교육목표의 구체화, 영역(scope)의 설정에 기여한 바 크나 교과 영역을 탈피하지 못한 점, 현실 및 성인 생활에 치중한 점, 인위적 분석에서 오는 단점 등이 비판의 대상이 되고 있다.

### 활동중심 교육과정(activity – oriented curriculum)
협동적인 집단 활동을 하게 함으로써 학생들의 학습을 북돋워 주려고 하는 교수형태를 의미한다. 이 교육과정에서는 학생들이 협동적으로 계획하고, 조사하고, 평가하는 데 요구되는 태도와 기능을 집단에서의 상호작용을 통해 기르는 동시에, 사회적으로 효율적인 시민이 되게 하는 것을 중요하게 생각한다. 이러한 교육과정에서 교사의 역할은 민주적인 생활의 기본원칙을 설정하고 실천하기 위하여 학생들이 학습활동을 계획하고 전개하는 데에 참여하는 일이다. 활동중심 교육과정은 한 마디로 말해 아동중심 교육을 뜻하는 것이다. 그리하여 전통적인 교과를 초월하여 경험을 통한 어린이의 성장을 목적으로 하고 있다.

### 회귀분석(regression analysis)
변수간의 관계를 분석하여, 알고 있는 변수를 기초로 하여 알려지지 않은 변수의 값을 예측하는 통계적 분석 방법을 말한다. 여기서 단순히 변수간의 밀접한 정도를 분석하는 것이 상관관계분석(correlation analysis)이다. 회귀분석에는 상관관계분석이 필수적으로 수반되어야 한다. 따라서 회귀상관분석(regression and correlation analysis)이라 하여 같이 붙여 사용하기도 하며, 회귀분석이라는 용어만으로도 상관관계를 포함하는 의미로 사용하기도 한다. 단지 상관분석에서는 두 변수 중 어느 것도 먼저 결정된 것으로 보지 않 는데 비해, 회귀분석에서는 X는 주어지고 Y만이 확률변수(random variable)이며, Y 수치들은 정 규분포를 이루는다는 가정을 하고 있다.

### 회귀인공요소(regression artifact)
실험연구에서 특별하게 좋거나 나쁜 극단적인 표본이 선발될 경우 내적 타당성이 위협받게 되는 현상을 말한다. 즉 실험 기간 중 이 표본들 은 극단적 위치를 벗어나 원래의 중도적 위치로 되돌아가는 경향을 나타내는데, 그렇게 될 경우 인과적 추론의 타당성을 저해할 수 있다.

### 회색부패(gray corruption)
사회체제에 파괴적인 영향을 미칠 수 있는 잠재성을 지닌 부패로서, 사회구성원 가운데 일부집단은 처벌을 원하지만 다른 일부집단은 처벌을 원하지 않는 경우의 부패를 말한다. 이에 대해 흑색부패는 사회체제에 명백하고 심각한 해를 끼치는 부패로 구성원 모두가 인정하고, 처벌을 원하는 부패를 말한다.

### 회원의 동료관계
집단지도에서는 회원들의 동료관계를 의도적인 원조매체의 하나로 활용하지만 관계에 따라 거부, 공격, 소외 등의 방향으로도 작용할 수 있다. 태도나 가치관의 형성에는 친근한 동료관계에 있는 집단이 큰 영향력을 가지며 또 어떤 작업에는 이러한 집단이 더 능률적·효과적·지속성을 띤다. 성원이 집단에 대한 소속감을 갖고 동료집단에 의해 욕구나 문제를 해결하고 또 집단 안에서의 각자의 지위나 역할을 확립하도록 지도자집단의 힘이 성원들에게 적절하게 작용되도록 원조한다.

### 회피(avoidance)
①행동수정(behavior modification)절차에서, 혐오스런 사건의 발생을 연기하거나 회피하려는 개인의 반응 ②정신역학(psychodynamic)이론에서, 거부(denial)와 방어기제(defense mechanism)를 말하는 것으로 어떤 상황을 피하려는 것을 말한다.

### 회피성 성격장애(avoid personality disorder)
성격장애(personality disorders)의 하나로, 이러한 장애를 가진 사람들은 잠재적 거부에 과민 반응하고 자기 자신을 비하하며, 사회적으로 퇴보하고, 무비판적인 수용에 대한 확신 없이는 일반적으로 사회적 관계를 가지려고 하지 않는다. 이것은 제2축 장애(axis II disorder)이다.

### 회화통각검사(thematic apperception test : TAT)
일반적으로 주제통각검사로 불린다. 이것은 다의적으로 해석될 수 있는 불명확한 상황과 인물로 이루어진 한 조의 그룹을 통해 내부의 욕구, 원망, 갈등을 파악하는 투영법(애매한 자극에 성격체제를 투사시키는 방법) 검사이다. 이 검사는 다의적인 자극상태에 놓여진 주인공의 과거, 현재, 미래를 주제와 행동에 따라 욕구·압력이론에 의해 분석한다. 아동용에는 CAT가 있다. 로르샤타·테스트와 함께 임상진단에 큰 역할을 하고 있다.

### 획득사회
### (achievement society : acquisitive society)
토니(Tawney, K. H.)는 자본주의사회를 부의 획득과 그 소유를 제 1원리로 하는 경제적 이기주의(economic egoism)와 부숭배의 전도된 사회라고 비판하고 이것을 획득사회라고 불렀다. 그는 부가 본래 커뮤니티의 공공복지(public welfare)의 증진을 위해 사용되어야 할 수단이라는 기독교적 휴머니즘의 입장에서 이상사회로서 사회적 목적에 대한 각 개인의 서비스에 따라 보수를 지불하는 직능사회를 제창하고 획득사회(혹은 달성사회 achieving society)는 이것과 이질의 성취동기가 지배적인 사회를 의미한다.

### 횡단면분석
동일시점 또는 동일기간에 여러 변수에 대해 관찰된 자료를 횡단면자 료라 부르는데 이를 이용한 통계적 분석을 횡단면분석이라 한다. 이에 대응하는 분석에 시계열분석이 있다.

### 횡단적 조사(cross — sectional research)
일회조사(one — time survey)처럼 특정 시기에 일회조사를 통해 현상에 대한 자료를 수집하는 조사 설계. 또 '상층', '중간층', '하층'과 같이 한 가지 변수의 상이한 측면을 나타내는 대상들을 비교하는 것을 말한다.

### 횡령
자기 수중에 있으나 타인의 소유인 돈 또는 재산을 의도적으로 사사로이 사용하는 범죄를 의미한다. 횡령자는 소유자와의 사업관계, 사무실, 고용 또는 신용관계로 그 재산을 소유한다. 예로 만일 어떤 사회기관의 출납원이 그 기관에 회사된 기금을 개인비용으로 지불하려고 사용한다면, 그 사람은 횡령죄를 범하는 것이다.

### 효과(effectiveness)
일정한 인적·물적·기술적 자원, 기타 정보 등을 투입하여 정해진 목표를 달성한 정도를 말한다. 다시 말하면 투입에 비하여 나타난 산출 내지 결과가 금전가치 또는 비금전적 가치로 나타난 결과를 말한다. 일반적으로 투입과 산출 간의 최적 관계(optimum relationship)를 의미하는 효율과는 구별하여 사용하는 경향이 많다.

### 효과성(effectiveness)

효과성은 목표달성의 정도(degree of goal achievement)를 의미한다. 행정에 있어 효과성 개념은 1960년대 이후 발전행정적 사고가 지배적이 되면서 행정이 발전목표를 사전적, 계획적, 의도적으로 계획하여 이러한 목표를 달성하려는데 최대 관심을 두면서 중요시된 개념이다. 효과성의 개념 속에는 능률성의 개념과는 달리 비용 내지 투입의 관념이 들어가 있지 않다. 다시 말하면, 효과성의 개념에서는 비용이 얼마가 드느냐 하는 투입의 문제에 관심을 갖는 것이 아니라, 정해진 목표를 얼마나 달성했느냐 하는 데에만 관심을 갖는다.

### 효과성 비용(effectiveness cost)

행정통제로 인해 공공목적을 달성하지 못하는 경우에 발생하는 비용을 말한다. 효과성비용은 통제자가 관료에게 잘못된 방향으로 하도록 지시하 거나 잘못된 내용을 지시할 때, 그리고 관료의 직무수행에 심한 제약을 가하는 경우에 발생한다. 때로는 통제의 방향과 내용은 적절하나 관료들이 통제로 인해 소신껏 일하지 못하는 경우에도 발생하게 된다. 뿐만 아니라 통제자 간에 모순되는 목표를 제시하거나 통제자와 집행자의 입장이 서로 다른 경우에도 발생한다. 이 때 관료들은 상호 모순되는 목표를 동시에 추구 하려 하기 때문에 효과성비용이 발생한다.

### 효과적 치료환경

사람들 간의 접촉과 상호작용을 촉진할 목적으로 고안되고 설계된 사무실이나 시설, 물리적인 장치 등을 의미하는 용어를 의미한다. 가령 사회사업가들의 효과적인 치료 사무실은 안락한 의자가 서로 가깝게 놓여 있고, 대기실에는 편안한 조명과 음악이 흐르고, 서류 캐비넷도 대화를 위한 피난처(은신처)로 이용된다.

### 효과측정법
(method of effectiveness measurement)

사회복지정책의 실천효과를 과학적으로 측정하는 방법을 말한다. 종래 통제집단을 두고 비교하는 대상군법이나 실험적 변수를 도입하는 전후비교법 등의 방법이 원리적으로 활용되어 왔다. 그러나 작용 인자를 통제하는데는 복잡하여 서비스나 정책 등의 효과나 영향을 엄밀히 특정하기는 어렵다. 사회복지분야에서도 상기의 방법이나 행동조사의 원리들을 응용하려는 시도는 아직 연구단계이다.

### 효용

인간의 욕망을 충족시키는 힘. 인간의 욕망은 경제활동의 기초가 되고 있으므로 이 효용을 얻는 것이 경제활동을 뒷받침하는 일이 된다. 즉 효용을 낳고 또는 증대하는 것이 바로 생산이며, 한편 소비는 욕망 을 충족시키기 위해서 효용을 가지 재화를 사용하는 일이다.

### 효용이론(utility theory)

경제학에서 한 사람이 상품의 소비를 통해 만족(효용)을 얻는다는 개념을 말한다. 한 개인이 상품을 소비해 가능한 한 최고로 만족스러운 수준을 얻기 위해서 소비의 우선 상황들을 설정하는데 노력한다는 것이다. 이 이론은 주어진 비용과 시간단위에 대한 만족의 수준이 높을수록 그 특정 항목을 더욱 원하게 된다고 주장한다.

### 후견인(guardian) 01

친권에 의해 보호를 받을 수 없는 미성년자와 금치산자·한정치산자를 보호하기 위해 마련한 민법상의 직무를 말한다. 후견인은 정당한 사유가 있을 경우에는 가정법원의 허가를 얻어 사퇴할 수 있다. 또 후견인에게 현저한 비행이 있거나 그 임무에 관해 부정행위 등이 있을 때에는 가정법원은 친족의 청구에 의해 후견인을 해임할 수 있다.

### 후견인 02

민법상 행위능력이 없는 무능력자(미성년자, 금치산자, 한정치산자)를 보호하고 교양하며, 그를 대리하고, 그의 재산을 관리하는 등의 일을 하는 사람을 후견인이라고 하는데 지정후견인, 법정후견인, 선임후견인 등이 있다. ①지정후견인 － 미성년자의 부모가 유언으로 지정한 후견인. ②법정후견인 － 피후견자의 혈족을 대상으로 법률이 규정한 후견인. ③선임후견인 － 법원이 뽑아 임명한 후견인. 후견인은 후견을 함에 있어서 다음과 같은 규정을 지켜야 한다. ④금치산자를 감금해 치료할 경우 법원의 허가를 받아야 한다. ⑤미성년자의 보호와 교양은 친족회의 동의를 얻어야 한다. ⑥중요한 법률행위를 대리하거나 동의할 때는 친족회의 동의를 얻어야 한다. ⑦피후견인의 재산목록을 만들어야 한다. ⑧피후견인의 재산을 선량한 관리자의 주의의무를 가지고 관리해야 한다. ⑨임무가 끝나면 관리의 계산을 해야 한다. 다음과 같은 경우에 해당하면 후견인이 될 수 없다. ⑩미성년자, 금치산자, 한정치산자, 파산자, 행방불명자 ⑪자격정지 이상의 형을 선고 받고 그 형기 중에 있는 자 ⑫법원에서 해임된 법정대리인이나 친족회원 ⑬피후견인에 대해 소송을 하였거나 하고 있는 자나 그 배우자와 직계혈족 등이 해당된다.

### 후견적 보호조치

보호조치는 요보호아동의 보호 및 아동이 요보호상태에 처한 것을 미연에 방지할 목적으로 아동복지법에 의한 아동복지시설의 입소 조치이다. 아동보호에는 사회의 적극 개입이 필요하다고 하는 관점에서 직권적 조치가 취해져

수용시설은 아동의 건전한 발육·발달요구를 실현하기 위한 아동의 양육, 감호 및 취학보장을 목적으로 한 조치를 행할 수 있다.

## 후견제도

무능력자의 보호제도로서 그 목적은 다른 친족제도와 같이 변천하고 있다. 옛날에는 후견은 유약자의 보호가 아니라 유약한 가장의 보호에 한정되어 있었으며, 봉건사회에 있어서는 특수한 후견이 행해졌는데 피후견인의 이익이 고려되었기 때문이다. 무능력자 그 자신의 보호를 위한 후견제도가 발달한 것은 개인주의적 사조가 강조된 근대의 일이다. 우리나라에서는 미성년자 또는 정신병자에게 〈뒤를 돌보아 주는 사람〉으로서 보호인을 붙여주는 일이 있었다. 구민법은 감독기관으로서 제1차로 후견 감독인, 제2차로 친족회를 두었고 법원은 최후적인 감독을 하는데 지나지 않았으나 현행법은 후견 감독인제도를 폐지하고 감독기관으로서의 친족회만을 두어 무능력자 보호를 위한 국가의 적극적 관여를 인정하는 입장에서 법원에 적극적 감독권을 주었다.

## 후광효과(halo effect)

어떤 사람에 대해 판단할 때, 그 사람이 가진 하나의 혹은 일부의 긍정적이거나 부정적 특성을 가지고 이와는 아무런 논리적 관계가 없는 그 사람의 다른 부분들은 혹은 나머지 전부에 대해 긍정적 또는 부정적으로 일반화시키는 경향 혹은 현상을 지칭한다. 일종의 사회적 지각의 오류라고 할 수 있는 현상으로, 후광효과가 자주 발생하는 경우로는 타인에 대한 첫인상 형성과정에서 볼 수 있다. 즉 상대방의 신체적 매력 혹은 외모가 후광효과를 발휘하여 그 사람에 대한 첫인상 형성과정에 긍정적으로 작용하는 경우라고 할 수 있다. 처음 접한 상대방의 외모가 좋거나 신체적 매력이 있는 사람이라면 그렇지 못한 사람들에 비하여 그 상대방을 사회적으로 지위가 더 높고 관대하고 경제력이 많으며 더 지적일 것으로 지각 혹은 생각하는 경향이 있다. 이와는 반대로 외모가 떨어지거나 신체적 매력이 적은 사람들에 대해서는 위에서 예로 든 후광효과와 반대되는 부정적 후광효과가 작용하는 경향이 있다.

## 후기 고령자

근대사회에서 평균수명이 길어지고 고령노인수가 증가함에 따라 노인인구를 2단계 또는 3단계로 구분하기도 한다. 고령노인의 2단계 구분은 65세 이상을 고령자로 했을 경우 65세에서 74세까지를 전기고령자라 하고 75세 이상을 후기고령자라고 칭한다. 2단계 구분에서 79세까지 전기고령자로 보고 80세 이상을 후기고령자로 분류하는 경우도 있다. 3단계 구분은 65세에서 74세까지를 전기고령자, 75세에서 84세까지를 중기고령자, 85세 이상을 후기고령자라고 부르는데 주로 미국에서 많이 사용되고 있다.

## 후기행태주의(post-behavioralism)

사회과학 연구에 있어 가치배제와 논리실증주의적 방법 등을 지향하는 행태주의적 접근방법에 반기를 든 1970년대의 새로운 접근방법을 말한다. 행정학 분야에서는 1960년대 말부터 신행정론자들에 의해서 후기행태주의 접근방법이 도입 되기 시작했다. 이에 따라 행정학 분야에서 가치판단의 문제, 바람직한 사회를 위한 정책의 목표에 관한 문제, 새로운 행정이념으로서의 사회적 형평성 등의 문제에 많은 관심을 갖는 정책 지향적인 연구가 크게 이루어지게 되었다.

## 후생경제학(welfare economics) 01

경제이론 중에서 정책적 판단의 기초를 구하려는 피구의 후생경제학은 경제적 후생의 수준을 높이기 위해 국민소득의 증대, 균형, 안정을 가져다 줄 구제방법을 구명해야 한다고 말하고 있다. 그는 화폐로 측정할 수 있는 후생(국민 분배분)을 경제적 후생이라고 하고 물질적 행복과 정신적 행복은 서로 일치되는 평행관계에 있다고 하였다. 또 개인과 사회, 자본가계급과 노동자계급 사이의 대립관계를 인정하고 경제 진보보다 안정을, 생산력 증대보다도 분배의 공정을 경제정책의 목표하는데 주요한 의의를 갖는다.

## 후생경제학 02

영국 경제학자 벤담(J. Bentham)의 '최대 다수의 최대 행복' 개념에서 시작되어 사회의 소득 분배와 후생 복지에 대한 이론을 주로 설명하는 학문이다. 이 분야의 저명한 학자는 피구(A. C. Pigou)를 비롯하여, 힉스(J. R. Hicks), 사뮤엘슨(P. A. Samuelson), 애로우(K. Arrow) 교수 등이 있다.

## 후생경제학 03

경제적 후생을 대상으로 하는 경제학의 한 분야. 힉스(Hicks)의 정의에 따르면 후생경제학은 경제정책의 원리를 규정하고 어떠한 정책이 사회후생에 기여하고 어떠한 정책이 낭비와 궁핍을 초래할 것인가를 규명하는 〈경제정책의 경제학〉이다. 경제학설사의 입장에서 새뮤얼슨(Samuel-son)은 후생경제학을 구후생경제학과 신후생경제학으로 분류한다. 구후 생경제학을 대표하는 피구(Pigou)는 자신의 저서인 〈후생경제학〉(1920)에서 경제적 후생의 수준을 높이기 위해서는 국민소득의 증대, 균형, 안정을 가져다 줄 제방법을 구명해야 한다고 말하고 있다. 이러한 피구의 이론은 개인간의 효용을 상호비교하는 것이 가능하다는 점을 가정하고 있다. 그러나 로빈스(Robbins)는 실증경제학의 입장에서 효용의 비교는 경험적으로 볼 때 불가능하다고 피구의 이론에 이의를 제기하였으며 이로부터 신후생경제학이 형성되었다. 신후생경제학은 개인의 효용을 비교 하려는 노력을 포기하고 파레토(Pareto)가 그 기초를 확립시킨 한계생산 력이론을 도입, 발전시킨 것으로 경제적 후생을 증가시키는 데 필요한 생산·소비에 관한 최상경제조직이 무엇인가를 구명하는 데 중점을 두고 있다.

### 후유장해보험금

피보험자 혹은 피해자가 사고에 의해 상해를 입고, 그 직접의 결과로서 신체의 일부를 잃던가 신체의 기능에 영구히 장해가 남은 경우에 지급되는 보험금을 말한다. 상해보험에서는 그 장해의 정도에 의해서 약관에 정해진 후유장해등급 구분에 따라 보험금이 산출된다.

### 후유증(sequela)

병 또는 상해에 의한 초기의 급성병상이 치유된 후에 만성적 혹은 고정적으로 잔존하는 기능장애를 말한다. 가령 뇌출혈 후의 수족마비, 일산화탄소중독 뇌회복 후의 정신신경장애 등이 그것이다. 특히 교통사고 등에서 의사가 치유로 진단해 합의가 성립된 후에 시간이 경과되어 국부 등에 통증이 생길 경우 후유증에 대한 배상문제가 대두되고 있다.

### 후임자 우선해고원칙(last hired — first fired)

고용기준으로서 선임자 특권(seniority)을 말한다. 이 원칙은 특히 여성, 유색소수인종(minorities of color)들로부터 차별적인 것이라 비판받는다. 왜냐하면, 이것은 보다 최근에 노동력(labor force)으로 투입된 사람들에게 불리하게 작용하기 때문이다.

### 후정책결정(post — policymaking)

정책결정 이후에 이루어지는 집행준비와 및 집행과 정에서 나타나는 정보에 따른 결정의 수정작업을 말한다. Y. Dror는 그의 최적정책결정모형에서 정책결정은 초정책결정·정책결정·후정책결정(post — policymaking)의 3단계를 거쳐 이루어 진다고 주장하였다.

### 훈련가능급 정신지체 (trainable mentally retarded : TMR)

정상학습이나 정신지체 아동을 위한 특수학급에서 적절히 혜택(도움)을 받을 수 없는 아동을 정의하기 위하여 도입된 용어를 의미한다. 평가 기준은 지적인 수준이 개인 지능검사로 측정해서 IQ 20 − 50이며 사회적인 적응, 자기 몸 가꾸기, 통제된 작업조건에서 도움을 받도록 고안한 프로그램에서는 혜택을 받을 수 있는 능력이 있다고 규정한다. 개인적으로 실시한 지능검사에서 평균으로부터 3표준편차 점수 이하를 받는 아동이며 일반적으로 동

등한 생활연령의 평균아동의 지적인 능력의 3분의 1 내지 2분의 1의 능력을 가지고 있는 아동을 가리킨다.

### 훈련사

심신장애자의 리허빌리에티션에 관한 전문직종의 총칭으로 시력훈련사, 청능훈련사, 맹인보행훈련사 등의 각 종류가 있다. 이들은 의료, 교육, 복지의 각 분야에 활용되고 있으며 미국에서는 대학원에서의 특별한 교육 코스가 설치되어 있고 자격제도도 확립되어 있다. 우리나라 심신장애자복지법 시행규칙에는 각 장애별로 재활을 하기 위한 훈련을 하도록 규정하고 있다. 시각장애자 재활 시설은 생활훈련, 보행훈련, 의사소통훈련, 청각언어기능장애자시설은 보청기사용훈련, 청능훈련, 독화훈련, 운동기능훈련, 음성·언어기능 재활훈련 등 다양한 재활훈련 분야가 있는데 이에 대한 전문적 훈련사의 양성이 시급하며 각 종류별 자격증 제도의 확립이 마련되어야 하겠다.

### 훈련지도단계

훈련지도 단계는 인성적응훈련, 보상기능훈련, 직업 전 훈련, 직업훈련 네 단계로 진행되어야 한다. 인성적응훈련은 직업 분야에서 적응에 관련된 습관이나 태도를 개발하는 것으로 신뢰성, 타인에 대한 책임성, 인내력, 일관성, 시간관념 등이다. 직업 전 훈련은 직업기술, 개발의 선택과 직업준비에 필요한 배경과 지식으로 견학, 작업장의 교대, 독서 등을 통해 직업에 익숙하게 하는 것, 취업신청서 작성법 습득, 대중교통의 이용, 소득관리 등이 포함될 수 있다. 직업 전 훈련의 내용영역은 자립기능(의복의 착탈, 용의 단정), 개인·대인관계 행동(정서, 타인지향행동, 동기유발, 사회지향행동), 정보처리(시각, 청각, 촉각, 언어이해), 학습·대안전략(단기기억, 교수기법, 반응의 일반화와 대안행동), 직업 전 기능(시간, 운동 협응, 변별과 분류, 수기능, 조립기능) 등이다.

### 훈육결함가정

자녀에 대한 훈육과 감독이 적절히 행해지지 못하고 있는 가정을 가리킨다. 이러한 훈육방법의 더 결격이 있는 가정에서 비행소년이 더 잘 나타나는 것은 쉽게 이해한다. 버트(Cyril Burt)는 훈육방법에 결함이 있는 가정의 비행소년의 출현율은 그렇지 않은 가정보다 6배나 많다고 하였다.

### 훼이크 쉬이트(face sheet)

케이스기록의 일부로서 그 케이스의 생활상황에 관계가 깊은 사람들에 관한 일반적 상황을 한눈으로 명확하게 볼 수 있는 표로 나타낸 것을 말한다. 그 내용은 기관에 따라 다르지만 클라이언트의 속성과 가족상황, 기관의 업무처리상 필요한 사항, 케이스에 관해 특유한 반영구적으로 변하지 않는 객관적 사실을 기입하게 되는 것이다. 즉 성

명, 주소, 성별, 연령, 직업, 생년월일, 결혼여부, 건강상태 등을 기록하며 사무적으로 케이스를 분류하기 위한 기호를 기입하는 항목을 밝히기도 한다. 이것은 케이스의 기본적 취급을 할 때 편의를 도모하기 위하여 사용된다. 그러나 생활능력에 해당하는 것은 제외시키는 것이 좋다.

### 휠체어(wheel chair)

신체상의 기능장애로 보행이 곤란한 장애인이 사용하여 그 행동범위를 확대하기 위한 보장구로서 좌석과 큰 차바퀴와 작은 차바퀴로 되어 있다. 손으로 차바퀴를 움직이는 수동식 휠체어와 손의 근육이 약해 수동식 휠체어를 조작할 수 없는 자가 사용하는 배터리로 움직이는 전동식 휠체어가 있다.

### 휴먼 서비스(human services)

사람들의 발전과 복지를 향상시키기 위해 고안된 프로그램과 활동을 말한다. 이것은 자신들의 욕구를 충족시킬 수 없는 사람들에게 경제적, 사회적 원조를 제공하는 것을 말한다. '휴먼 서비스'라는 용어는 대개 '사회봉사' (social services)나 '복지서비스'(welfare services)와 동의어로 사용되며, 사람들을 위한 프로그램을 계획, 조직, 개발, 관리하는 것과 사람들에게 직접적인 사회봉사를 제공하는 것을 뜻한다. 이 용어는 미국 보건 및 인간봉사성 (HHS : U. S. department of health and human services) 이 미국 보건교육복지성(U. S. department of health, education, and welfare)을 대신하여 수립된 1979년에 더 광범위하게 사용되었다. 그것은 '복지'라는 용어가 부정적인 의미를 함축한다는 것과 그 조직이 새로운 명칭을 가짐으로써 더 많은 영향력을 갖게 될 것임을 말해주었다. '사회복지서비스'(social welfare services)라는 용어 대신에 '휴먼서비스'(human resources)라는 용어를 사용하는 것은 서비스 활동의 장에서 적절한 사회사업가에 다른 전문가들을 추가하려는 하나의 추세이기도 하다.

### 휴양급여

산업재해보상보험법에 의한 여섯 가지의 급여(요양, 휴양, 장애, 유족, 상병보상연금, 장례비)의 일종으로서 요양으로 인하여 취업하지 못한 기간 중 1일에 대해 평균임금의 100분의 60에 상당하는 금액을 급여하도록 하고 있다(동법 제 9조의 4)다만 취업하지 못한 기간이 3일 이내인 때에는 이를 지급하지 않도록 규정하고 있다.

### 휴양설비(rest equipment)

근로자가 유용하게 이용할 수 있는 휴게설비를 말한다. 서열, 한냉 또는 위험한 작업장, 유해한 가스, 증기 또는 분진을 발산하는 작업장 기타 유해한 작업장에서는 작업장 밖에 휴게의 설비를 해야 한다. 지속적으로 서서 일하는 작업에 종사하는 근로자에게는 휴업 중 앉을 수 있는

기회가 있도록 하는 설비를 해야 할 것이며, 야간근로자의 수면 때는 선잠을 위한 장소를 남녀별로 두어야 할 것이다. 또 일정 수 이상의 남녀를 고용하는 곳에서는 휴양실을 남녀별로 설치해야 할 것이다. 우리나라의 근로안전 관리규정, 근로보건 관리규정에는 이 부분이 규정화되어 있지 않다.

### 휴업(shutdown) 01

휴업은 사용자 측의 귀책사유로 조업을 할 수 없거나 사용자 측의 귀책사유가 아닌 부득이한 사유로 조업이 불가능한 경우 회사특이 내릴 수 있는 조치이다. 이 때문에 노조가 적법한 절차에 따라 합법적으로 파업을 벌였을 때 내리는 직장폐쇄와는 구별된다. 회사 측은 휴업 조치를 내릴 경우 노동위원회에 신고하고 회사 측은 휴업 기간 중 사업장을 출입하는 근로자들을 통제할 수 있다.

### 휴업 02

근로기준법상의 휴업은 적법한 경우에 회사가 취하는 직장폐쇄와는 달리 불법파업이나 경영상의 이유로 내릴 수 있는 조치이다. 휴업은 특히 귀책사유가 누구에게 있느냐에 따라 임금지급여부가 결정 된다. 현행 근로기준법 제38조에는 〈사용자의 귀책사유로 휴업하는 경우에는 사용자는 휴업기간중 평균임금의 70%이상을 지급〉하도록 돼있다. 휴업의 경우에도 직장폐쇄처럼 시설보호 등을 위해 사용자는 근로자들에게 퇴거명령을 내릴 수 있다. 반면 직장폐쇄는 현행 노동쟁의조정법 제17조에 의하면 사용자가 노조의 적법한 쟁의행위에 대항하는 방어적 수단으로 한정돼있다.

### 휴업급여

산업재해보상보험법에 의한 여섯 가지의 급여(요양, 휴업, 장애, 유족, 상병보상급여, 장례비)의 일종으로 요양으로 인해 취업하지 못한 기간 중 1일에 대해 평균임금의 100분의 70에 상당하는 금액을 급여하도록 하고 있다. 다만 취업하지 못한 기간이 3일 이내인 때에는 이를 급여하지 아니한다.

### 휴업보상

재해보상의 일종. 근로자의 업무상 부상·질병에 대해는 사용자가 그의 비용으로 필요한 요양을 행하거나 필요한 요양비를 부담할 의무가 있는 바(근기81), 요양으로 인하여 근로자가 노동불능이 되어 임금을 받을 수 없게 된 때에도 사용자는 근로자의 요양중 그 근로자의 평균임금의 100분의 60에 해당하는 금액을 지급하여야 한다(근기82). 이것이 휴업보상이다. 휴업보상으로 지급되는 금액은 임금수준의 변동에 따라 일정방식으로 할증하도록 되어 있다. 휴업급여는 요양으로 인하여 취업하지 못한 기간에 대해 지급하되, 1일당 지급액은 평균임금의 100

분의 70에 상당하는 금액으로 한다. 다만 취업하지 못한 기간이 3일 이내인 때에는 이를 지급하지 아니한다(산재보41).

## 휴업수당

사용자가 휴업기간중 근로자에게 지급하는 수당을 말한다. 사용자의 귀책사유로 인하여 휴업하는 경우에는 사용자는 휴업기간중 당해 근로자에 대해 평균임금의 100분의 70이상의 수당을 지급하여야 한다. 다만 평균임금의 100분의 70에 상당하는 금액이 통상임금을 초과하는 경우에는 통상임 금을 휴업수당으로 지급할 수 있다(근기45). 민법상으로는 채권자(사용자)의 귀책사유로 채무가 이행되지 않았을 경우에도 채무자(근로자)의 반대급부를 받을 권리는 상실되지 아니하나(민538) 이것은 양당사자의 합의에 의해 배제가 가능하고 또 자본난이라든가 원료구입난 등의 경영난으로 인한 휴업의 경우 근로자보호에 만전을 기할 수 없으므로 최소한 평균임금의 100분의 70이상의 수당을 지급하도록 하여 근로자의 생활보장을 도모하고 있다.

## 휴업조치

천재지변이나 부득이한 사유로 정상적인 경영이 어렵다고 판단될때 회사가 임시로 문을 닫는 것을 말한다. 통상적으로 노동쟁의 발생시 사용자가 취하는 〈직장패쇄〉때는 무노동 무임금 원칙이 적용되지만 휴업에는 통상임금의 70%를 지급하게 돼 있다. 다만 휴업의 귀책사유가 근로자에게 있다면 임금을 주지 않아도 된다. 근로자에게 귀책사유가 있다고 판단 될 때 사용자는 관할 지방노동사무소에 〈휴업지불 예외신청서〉를 제출하고 승인을 받아야 한다.

## 휴직(Temporary Lay − off)

일시적인 사정으로 공무원이 직무를 일정기간 떠나 있는 것을 말한다. 휴직 중 공무원은 공무원으로서의 신분을 보유하나 직무에 종사하지 못한다. 임용권자는 특정한 사유가 있어 공무원 본인이 원할 때나, 사정에 따라서는 본인의 의사에도 불구하고 휴직을 명할 수 있다. 본인이 원할 때 휴직이 가능한 경우는 국제기구 또는 외국기관에 임시로 고용되거나, 국내외 교육기관 및 연구기관에서 연수하거나 유학하게 된 때로 한정되어 있다. 그리고 신체정신상의 장애로 장기요양이 필요하거나, 병역복무를 필하기 위해 징집 또는 소집될 경우 등에는 임용권 자가 본인의 의사에 불구하고 휴직을 명할 수 있다.

## 흑색부패(black corruption)

흑색부패는 사회체제에 명백하고 심각한 해를 끼치는 부패로 구성원 모두가 인정하고, 처벌을 원하는 부패를 말한다. 반면 백색부패는 이론상 일탈 행위로 규정될 수 있으나 구성원의 다수가 어느 정도 용인하는 관례화된 부패를 말하며, 회색 부패는 사회체제에 파괴적인 영향을 미칠 수 있는 잠재성을 지닌 부패로서, 사회구성원 가운데 일부집단은 처벌을 원하지만 다른 일부집단은 처벌을 원하지 않는 경우의 부패를 말한다.

## 흑인 민권운동(black power)

경제적, 정치적, 사회적 영향력에서 인종 간의 형평성 추구를 목표로 하는 사회운동을 의미한다. 이 운동의 기본전제는 더 많은 흑인들이 선출직, 정부, 기업에서 높은 지위를 차지하고, 법적 권리와 교육기회를 누리기 위한 충분한 돈을 갖게 되면 흑인의 영향력이 커지리라는 점이다. 이 운동은 근본적으로 흑인 민권운동이 서로 다른 방향에서 추진됨으로서 이 운동을 약화시키기보다는 오히려 이러한 목표를 위하여 함께 일할 수 있는 입장을 지닌 흑인들을 모으기 위해 노력한다.

## 흥미(interest)

어떤 대상·활동·경험 등에 대해 계속적으로 그것에 몰두하거나 아니면 그것을 그만두려고 하는 행동경향을 말한다. 이는 그 강도가 사람마다 제각기 다른 것이 특징이다. 학습이나 작업 등은 그에 대한 개인의 흥미가 있을 때에 자발적 동기에 의해 이루어질 수 있으나 흥미가 없을 때에는 학습이나 작업의 효과를 증진시킬 수 없기 때문에 많은 연구의 관심의 대상이 되었다. 흥미는 그 대상에 따라서 음악·미술·정치·경제·기술·자연과학·종교 등으로 나누어질 수 있으며 흥미를 측정할 수 있는 여러 가지 심리검사가 발달되어 있다.

## 흥미검사(interest inventories)

일, 사물이나 활동에 대해 개인이 느끼고 있는 주관적이고 지속적인 쾌감의 정도와 관련지위, 그가 그 사물 또는 활동을 선택적으로 좋아하거나 싫어하는 정도를 측정하기 위하여 만들어진 검사를 말한다. 흥미검사에는 학생들이 가지고 있는 여러 가지 교과에 대한 흥미의 상대적 수준을 비교하기 위하여 만들어진 학습흥미 검사, 각종 직업 활동에 필요한 흥미의 소유정도를 대는 직업흥미 검사 그리고 일상생활의 제반대상이나 활동에 대한 흥미를 적당한 유목으로 분류해서 재는 일반흥미 검사 등이 있다.

## 희생제물(Scapegoat)

가족이나 집단 내에서 불공정한 비평이나 갈등이 전위되는 대상이 되는 성원을 일컫는다. 그룹 내에서 일단 희생제물이 되면 그의 행동은 언제나 비난의 목표물이 되게 된다. 따라서 그룹 내의 상담지도자는 그룹 내에서 희생제물이 생기지 않도록 경계하며 만일 특정 구성원이 희생제물의 사태에 직면하게 될 경우, 즉시 개입하여 그를 보호해야 한다.

### 히스테리(hysteria)
성적 억압과 오이디푸스 콤플렉스 갈등의 결과라고 믿는 증후를 가진 환자를 묘사하기 위해 프로이트가 처음으로 사용한 용어이다.

### 히스테리궁(Hysterie 弓)
심한 정신적 스트레스로 인한 질병을 의미한다. 이성으로부터 육체의 이탈현상을 보이는 이 병은 척추가 화살(弓)처럼 휘며 언어장애, 실어증, 시력상실 등의 증세를 일으키는 불가사의한 괴질로 알려져 있다.

### 히스테리적인(hysteric)
다음과 같은 특징을 일부 또는 전부 가진 사람들을 묘사하기 위해서 사회사업가나 다른 전문가들이 여전히 비공식적으로 사용하고 있는 역사적인 용어이다. 지나치게 극적인 행동, 사소한 일에 매우 예민한 반응, 주의력과 흥분에 대한 열망, 불끈 화를 내는 것, 다른 사람에게 피상적으로 표현하고 진실성이 없는 것, 명백하게 무기력하고 의존적인 것, 교묘한 몸짓을 하는 경향, 자살 위협 등. 그러한 사람들은 통상 연기성 성격장애를 갖는 것으로 진단된다.

### 히키코모리(hikicomori)
사회생활에 적응하지 못하고 집안에만 틀어박혀 사는 병적인 사람들을 일컫는 용어. 1970년대부터 일본에서 나타나기 시작해, 1990년대 중반 은둔형 외톨이들이 나타나면서 사회문제로 떠오른 용어이다. 히키코모리는 '틀어박히다'는 뜻의 일본어 '히키코모루'의 명사형으로, 사회생활에 적응하지 못하고 집안에만 틀어박혀 사는 사람들을 일컫는다. 1990년대 말부터 한국에서 나타나기 시작한 '방콕족(방안에 틀어박혀 사는 사람들)'과 증상이 비슷하다. 이들은 스스로 사회와 담을 쌓고 외부 세계와 단절된 채 생활한다는 공통점을 가지고 있다. 일본 후생성은 2001년부터 6개월 이상 이러한 증상을 보이는 사람들을 히키코모리로 분류하고 있다. 사람에 따라 3 – 4년, 심할 경우에는 10년 이상을 방안에 갇혀 지내는 경우도 있다. 대표적인 증상은 다음과 같다. ①집안 사람들은 물론 어느 누구와도 대화를 하지 않는다. ②낮에는 잠을 자고, 밤이 되면 일어나 텔레비전을 보거나 인터넷에 몰두한다. ③자기혐오나 상실감 또는 우울증 증상을 보인다. ④부모에게 응석을 부리고, 심할 때는 폭력까지 행사한다. 학자들은 핵가족화로 인한 이웃·친척들과의 단절, 정보통신 기술의 발달로 인한 급속한 사회변화, 학력지상주의에 따른 압박감, 대학을 졸업한 뒤에도 취업을 하지 못하는 데 따르는 심리적 부담감, 갑작스런 실직, 사교성 없는 내성적인 성격 등 여러 요인을 원인으로 지적

한다.

### 힐(Hill, Octavia)
런던에서 태어났다. 자본가였던 아버지의 사후에 어머니와 3명의 자매와 더불어 여학교를 창설하였다. 일찍부터 기독교 사회주의에 접하여 그 중 러스킨과 알게 되고 깊이 영향을 받았다. 슬럼가의 주택을 사들이고 개조하고 스스로 주택의 관리자가 되어 주민과 서로 사귐을 가짐으로써 그들의 생활개선에 노력을 했다. 주택보급사업의 개척자이며 또 지역의 자선 조직운동을 조직하여 당시의 사회복지 지도자로 활약하였다.

### 힐리(Healy, William)
미국의 아동정신의학자, 소년비행의 연구자, 영국에서 태어나서 어릴 때에 미국으로 건너와서 하버드대학을 졸업(1899)하고 의학박사가 되었다(1900). 1909년에 시카고에 시립아동상담소(소년감별소)를 설립하여 1917년까지 소장으로 지냈다. 1917년 보스톤에서 비행청소년의 심판과 보도를 과학하기 위해 기초적 조직적 연구의 확립에 노력했다. 전처 매리·테니(M. T. Heary)나 1932년 이후 후처 브론너(Bronner, A. F.)와의 공저를 포함하여 많은 저서를 냈다. 초기에는 멘탈 어낼리시스라고 불려지는 학구적인 다원인자분석법을 주장했지만 그 후 알렌산더(F. Alexander)와의 친교속에서 정신분석학의 다이나믹스이론을 도입하여 비행성과 퍼스낼리티의 역동적 이해를 강조했다. 그들은 가족내에서의 인간관계의 장해라는 압력, 긴장에 대한 일종의 적응양식인 대상행동이 반사회적인 비행이라는 형을 취하는 부적응이론이며, 정능장애를 비행의 근본 원인이라고 보는 입장이다.

참고문헌

| 인터넷 자료 | |
| --- | --- |
| 건강보험관리공단 | http://www.nhic.or.kr |
| 공무원연금관리공단 | http://www.gepco.or.kr |
| 국민연금관리공단 | http://www.nps4u.or.kr |
| 굿네이버스 | http://www.goodneighbors.org |
| 그린닥터스 | http://www.greendoctor.org |
| 근로복지공단 | http://www.welco.or.kr |
| 남북어린이어깨동무 | http://www.okedongmu.or.kr |
| 네이버 | http://www.naver.com |
| 노동부 | http://www.molab.go.kr |
| 노사정위원회 | http://www.lmg.go.kr |
| 대한노인회 | http://koreapeople.co.kr |
| 대한사회복지회 | http://www.alovenest.com |
| 대한약사회 | http://www.kpanet.or.kr |
| 대한의사협회 | http://www.kma.org |
| 대한적십자사 | http://www.redcross.or.kr |
| 동방사회복지회 | http://www.eastern.or.kr |
| 보건복지위원회 | http://health.assembly.go.kr |
| 보건복지가족부 | http://www.mohw.go.kr |
| 보훈복지의료공단 | http://www.e-bohun.or.kr |
| 복지넷 | http://www.bokji.net |
| 북한보건의료네트워크 | http://www.nkhealth.net |

| 인터넷 자료 | |
|---|---|
| 빈부격차시정위원회 | http://www.pcsi.go.kr |
| 사랑의 전화 | http://www.counsel.or.kr |
| 사학연금관리공단 | http://www.ktpf.or.kr |
| 사회복지공동모금회 | http://www.chest.or.kr |
| 삼성복지재단 | http://www.samsungwelfare.org |
| 서울복지재단 | http://www.welfare.seoul.kr |
| 세이브더칠드런 | http://www.sc.or.kr |
| 아름다운 재단 | http://www.beautifulfund.org |
| 아산사회복지재단 | http://www.asanfoundation.or.kr |
| 아시아복지재단 | http://www.asia1945.org |
| 암웨이복지재단 | http://www.amwaykorea.co.kr |
| 엘지공익재단 | http://1004.lg.or.kr |
| 여성가족부 | http://www.mogef.go.kr |
| 우리민족서로돕기운동본부 | http://www.jungto.org |
| 우체국 | http://www.epostbank.go.kr |
| 월드비전 | http://www.worldvision.or.kr |
| 유니세프 | http://www.unicef.or.kr |
| 이랜드복지재단 | http://www.elandwelfare.or.kr |
| 장애우권익문제연구소 | http://www.cowalk.or.kr |
| 전국재해구호협회 | http://www.relief.or.kr |
| 파라다이스복지재단 | http://www.paradise.or.kr |

| 인터넷 자료 | |
|---|---|
| 평화와 통일을 위한 남북나눔운동 | http://sharing.net |
| 푸르메재단 | http://www.purme.org |
| 한국국제기아대책기구 | http://www.kfhi.or.kr |
| 한국노동연구원 | http://www.kli.re.kr |
| 한국노동조합총연맹 | http://www.fktu.or.kr |
| 한국뇌성마비복지회 | http://www.kscp.net |
| 한국보건사회연구원 | http://www.kihasa.re.kr |
| 한국복지재단 | http://www.kwf.or.kr |
| 한국사회복지사협회 | http://www.welfare.net |
| 한국사회복지협의회 | http://kncsw.bokji.net |
| 한국시각장애인연합회 | http://www.kbuwel.or.kr |
| 한국여성단체협의회 | http://www.iwomen.or.kr |
| 한국장애인복지관(시설)협회 | http://www.hinet.or.kr |
| 한국장애인복지진흥회 | http://www.kowpad.or.kr |
| 한국장애인재활협회 | http://www.rikorea.or.kr |
| 한국정신지체인애호협회 | http://www.kamr.net |
| 한국치매협회 | http://www.silverweb.or.kr |
| 한민족복지재단 | http://www.kwfw.or.kr |
| 행정자치부 | http://www.mogaha.go.kr |
| 홀트아동복지회 | http://www.holt.or.kr |

| 문헌 자료 | |
|---|---|
| 강성위 역 | 『철학소사전』, (서울 : 이문출판사, 2004) |
| 강영호 외 | 『법률용어사전』, (서울 : 청림, 2005) |
| 고영복 편 | 『사회학사전』, (서울 : 사회문화연구소, 2000) |
| 김경미 · 박은주 | 『사회복지기초용어해설』, (서울 : 공동체, 2007) |
| 김영애 | 『방어기제를 다루는 상담기법』, (서울 : 김영애 가족치료연구소, 2005) |
| 김정구 | 『경제용어사전』, (서울 : 신원문화사, 2003) |
| 김진희 외 편 | 『교육학용어사전』, (서울 : 지구문화사, 2001) |
| 김태성 | 『사회복지정책입문』, (서울 : 청목, 2003) |
| 김태성 외 | 『현대복지국가의 변화와 대응』, (서울 : 나남, 2005) |
| 김진수 외 | 『산업복지론』, (서울 : 나남, 2001) |
| 김태성 · 김진수 | 『사회보장론』, (서울 : 청목, 2005) |
| 남덕우 외 | 『경제학대사전』, (서울 : 박영사, 1999) |
| 대구대학교 출판부 | 『사회복지사전』, (대구 : 대구대학교출판부, 1992) |
| 대학특수교육학회 편 | 『특수교육용어사전』, (대구 : 대구대학교출판부, 2000) |
| 동아일보 | 『현대 시사용어사전』, (서울 : 동아일보사, 2006) |
| 매일경제신문사 | 『경제신어사전 2005』, (서울 : 매일경제신문사, 2005) |
| 미국정신의학회 | 『정신장애의 진단 및 통계편람 제4판 DSM-IV』, (서울 : 하나, 1995) |
| 박숙종 | 『경제용어사전』, (서울 : 문학과 경계사, 2004) |
| 박은태 편 | 『경제학사전』, (서울 : 경영사, 2001) |
| 박해용 외 | 『철학용어용례사전』, (서울 : 돌기둥, 2004) |
| 서경원 | 『정치경제용어사전』, (서울 : 신원문화사, 2002) |

| 문헌 자료 |
|---|
| 서울대학교 교육연구소 『교육학대백과사전』, (서울 : 하우동설, 2002) |
| 서울대학교 사범대학 교육연구소 『교육학용어사전』, (서울 : 하우기획출판사, 2000) |
| 송병준 외 『유럽연합사전』, (서울 : 높이 깊이, 2007) |
| 양금순 『재활용어사전』, (서울 : 서울장애인복지관, 1995) |
| 양동규 『심리학소사전』, (서울 : 학지사, 2003) |
| 엄세천 『사회복지학 한영 · 영한 단어숙어집』, (서울 : 양서원) |
| 오세경 『법률용어사전』, (서울 : 법전출판사, 2005) |
| 유아교육학회 『유아심리사전』, (서울 : 국문사, 2004) |
| 윤면선 외 『비교법률용어사전』, (서울 : 청림출판, 2000) |
| 이문국 외 『사회복지대백과사전』, (서울 : 나눔의 집, 1999) |
| 이준상 편 『의료법학사전』, (서울 : 송학문화사, 1998) |
| 이철수 『사회복지학소사전』, (서울 : 높이 깊이, 2006) |
| 이청무 역 『신경제용어사전 2005』, (서울 : 더난, 2004) |
| 조상원 『법률용어사전』, (서울 : 현암사, 2005) |
| 청사 편집부 『철학사전』, (서울 : 청사, 1998) |
| 전호성 · 김영미 『한 · 일 사회복지관련 용어사전』, (서울 : 브레이크미디어, 2005) |
| 지은구 『사회복지 경제학 연구 : 복지경제 비판』, (서울 : 청목, 2003) |
| 표윤경 『경제용어사전』, (서울 : 문학과 경계사, 2004) |
| 한국교육심리학회 편 『교육심리학용어사전』, (서울 : 학지사, 2000) |
| 한국노인복지학회 『노인복지학사전』, (서울 : 학현사, 2006) |
| 한국사회복지협의회 『사회복지사전』, (서울 : 한국사회복지협의회, 1993) |

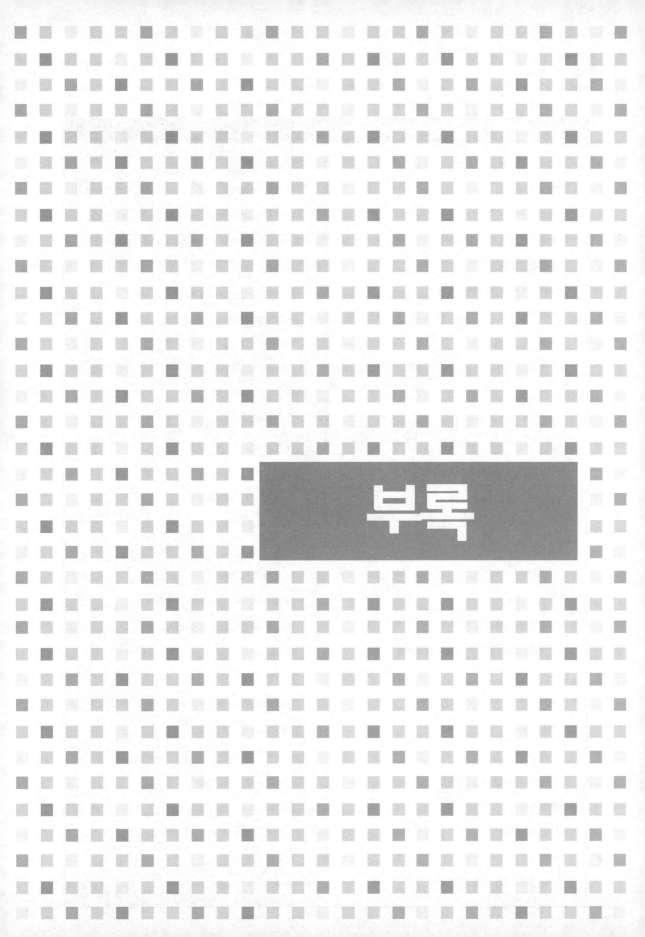

부록

| 한국어 | 영어 |
| --- | --- |
| (공동) 가계, 재정, 예산 | household |
| 가계, 혈통 | descent; filiation |
| 가내 수공업 | outwork; homework |
| 가내 수공업자, 가사 근로자 | outworker; domestic worker; home worker |
| 가맹국, 조인국 | signatory state |
| 가사 도우미, 가사 지원 | domestic/home help; home assistance |
| 가연성 소재 | flammable substance |
| (산재보험) 가입 기업 | member company |
| 가입 시(時) (제공되는) 급여(or 혜택) | benefits for participation |
| 가입 요소 | access factor |
| (보험) 가입 자격, 회원 자격(or 지위/신분) | membership |
| 가입 증서 | instrument of accession |
| 가입 지역 (구(舊) 동독, 구(舊)서독) | the former East Germany; the former GDR |
| 가입자(or 회원) 명부 | register of members |
| 가입자(or 회원간) 집회(or 모임) | members' assembly |
| (보험) 가입자, 회원 | member |
| 가입하다 | to join; to accede to; to enter into |
| 가정 내 재해 | accident at home; domestic accident |
| 가정 방문, 의사의 왕진 | domiciliary visiting; home visit |
| (소재를) 가져오다, 운반하다, 출자하다 | dumping |
| 가족 계획 | family planning |
| 가족 귀향 경비 | expenses for one visit home |
| 가족 급여 | family benefit |
| 가족 수당 | family allowance |
| (연금의) 가치를 재평가하다 | to dynamize; to revalue |
| 간병 개호 | nursing care |
| 간병, 환자 개호 | nursing; patient care |
| 간호사 | nurse |
| 감독 당국, 관할 당국(or 단체) | supervisory authority/body |

| 한국어 | 영어 |
|---|---|
| 감독관, 감독직 | inspectorate |
| (사고 예방 관련 규정에 대한 준수 여부를) 감독하다 | to supervise (the respect/observance of accident prevention regulations) |
| 감사원 | Audit-General's Office |
| 감사인 | auditor |
| 감소하는 인구/주민, 인구의 감소 | declining population |
| 감시, 감독 | supervision; charge; control |
| 감정, (전문가의) 의견(or 평가) | expert opinion/assessment |
| 강제 경매 | forced sale (by auction); compulsory auction |
| 강제 노동 | forced labour |
| 강제 매각, 매각 명령 | order for sale; forced sale |
| 강제 보험 | compulsory insurance |
| 강제 조치 | compulsory measure |
| 강제 집행, 이행 | execution |
| 강제 징수 | execution |
| 강제/의무 가입 | compulsory membership |
| 강제보험 가입자 | compulsorily insured person |
| 강제보험 제도 | compulsory insurance scheme |
| 강제보험에 가입된 (상태인) | compulsorily insured |
| 강제보험의 한계 | limit of compulsory insurance |
| 개방조정법(Open Method of Coordination: OMC): 유럽연합 가입국의 자발적 협력에 기초한 비교적 새로운 유럽연합의 각 정부 상호간 통치수단을 의미함 | open method of coordination |
| 개별 사례(에 있어) | (in the) individual case |
| 개별 사례의 상황 | circumstances of the individual case; particular facts of the case |
| 개별 연금 계좌 | individual pension record/account |
| 개별 적용범위 | personal scope of application |
| 개별적 보험요율의 산정 | individual rating of contributions |
| 개별적 직업 훈련의 촉진, 추가적 직업 훈련 및 재교육 | individual promotion of vocational training, further training and reeducation |

| 한국어 | 영어 |
|---|---|
| 개인 과세표준 | personal assessment basis |
| 개인, 한 명 | individual; single person |
| 개인소득지수 | (personal) income index |
| 개호 | care (of/for) |
| 개호 수당 | attendance allowance |
| (간병) 개호가 필요한 상태, (간병) 개호의 필요성 | state of being in need of (nursing) care |
| 개호가 필요한, 빈곤한 | needy |
| 객관적 책임, 무과실 책임 (산업위험의 원칙에 근거한 책임) | objective responsibility; liability irrespective of/without fault (liability based on the principle of occupational risk) |
| 갱외 채굴업 | overground mining |
| 거절(or 거부, 불승인)의 결정, 기각 | rejecting/negative decision |
| 거주 기간 | period of residence |
| 거주(이전)의 자유 | freedom of establishment |
| 거주권, 체류권 | right of residence/stay |
| 거주지 | residence; lodging; apartment |
| 거주지 변경 | change of residence |
| 거주지 이전 | transfer of residence |
| 거주지(or 통상적인 거주지) | domicile (or habitual residence) |
| 거주지의 지방자치단체 | municipality of residence |
| 건강 검진 | preventive medical examination; medical check-up |
| 건강 관리 | health care |
| 건강 보호, 보건 | health protectio |
| 건강 상태 | state of health |
| 건강 위험 | health hazards; danger to health |
| (취업 시 실시하는) 건강 진단 | pre-employment medical examination; medical examination when starting a new job |
| 건강상 현저한 위험 | extraordinary health risks |
| 건강에 해로운 | damaging to health; unhealthy |
| 건축업 | construction industry; building trade |

| 한국어 | 영어 |
|---|---|
| 건축업자, 건축주(建築主) | builder |
| 검범죄, 행정적 위반 | (small) infringement; administrative offence |
| 검사 기한 | deadline for testing/inspection |
| 검사 보고서 | test(ing) report |
| 검사/조사 보고서 | investigation report |
| (품질 등) 검사소, 시험소 | testing office/laboratory |
| "검사필" 표시 | label "safety tested" |
| 검색, 탐구 | search |
| 게토지역의 고용연금에 관한 법률 | law regarding the conditions for making pensions payable from an employment in a ghetto; law on German pensions for work in ghettos |
| 격리수용된 사람, 피억류자 | internee |
| 견본 서식/양식/용지 | model form |
| (유해물질) 견본(or 샘플) | sample (of harmful substances) |
| 견본(or 샘플)을 채취하다 | to take samples |
| 견습, 훈련 | apprenticeship; training |
| 견습기, 수습기 | probationary period |
| 결근 | work/workplace absence; absenteeism |
| 결정(내용/사항)을 검토하다(or 확인하다/번복하다) | to review, confirm, reverse or vary a decision |
| 결정, 공식적 통지, 판결 | decision; official notification; ruling |
| (~에 대해) 결정하다 | to decide on; to determine on; to rule on |
| 결함(or 하자)이 있는 | faulty |
| 결핵 | tuberculosis |
| 결혼 여부 | marital status |
| 경비(or 부담액)의 배분(or 할당) | apportionment of expenses |
| 경비, 지출 | expenditure |
| 경상자(輕傷者) | person with slight injuries |
| 경상적 임금 | ordinary remuneration |
| 경영(자), 관리(자) | management; person in charge of administration |
| 경영(or 운영/운전) 자금 | means of operation |

| 한국어 | 영어 |
|---|---|
| 경영, 관리, 경영진 | management |
| 경제 활동 | gainful activity/employment/work |
| 경제 활동, 산업 부문 | economic activity; branch of industry |
| 경제 활동을 하다 | to be gainfully employed; to be economically active |
| 경제성, 원가 대비 효과성 | cost-effectiveness; economicalness |
| 경제제/재무적/재정적 상황 | economic situation; financial situation |
| 경제제/재정적 의존(or 종속) | economic dependence |
| 경제협력개발기구 | Organization for Economic Co-operation and Development |
| 경제활동인구 | (economically) active population; people in gainful employment |
| 계류중인 소송 | appeal pending |
| 계산 결과 | result of accounts; result of calculation |
| 계속 보험 | continued insurance |
| 계약 견본 | model contract |
| 계약 당사자 | contracting party |
| (다른 국가와의 조약에 근거한) 계약 연금 | pension based on an treaty with another country |
| 계약 조건 | terms of contract |
| (~와) 계약을 체결하다 | to enter into a contract with; to make a contract with |
| 계약직 의사 | doctor under contract with; contracted-in doctor |
| 계절(적) 근로자 | seasonal worker |
| 계좌, 구좌 | account |
| 고등직업교육(or 고등직업훈련) | further/advanced (vocational/educational) training |
| 고려(or 참작) 기간 | periods taken into account/consideration |
| 고려하다, 공제하다, 계산에 넣다 | to take into account; to credit |
| 고아 | orphan; orphaned child |
| (양친을 모두 잃은) 고아 | orphan whose father and mother are dead; orphan having lost both parents |

| 한국어 | 영어 |
|---|---|
| 고아 보조금/수당 | orphan's grant |
| 고아 연금 | orphan's pension |
| 고용 계약 | contract of employment; work(ing) contract |
| 고용 계약 | employment contract |
| 고용 관계 | employment relationship |
| 고용 관계 | employment relationship; employment situation |
| 고용 기간 | period/duration/length of employment |
| 고용 기간 | period of employment |
| 고용 소득 | employment earnings |
| 고용 촉진 | employment promotion |
| 고용(or 근무) 장소 | place of employment |
| 고용(or 근무) 조건 | occupational/working conditions |
| (무보수) 고용, 근무, 종사 | employment; occupation; work; job (without remuneration) |
| 고용촉진기관(or 고용촉진센터) | employment promotion centre; institute for vocational promotion |
| 고용촉진법 | employment promotion act |
| 고용하다, 채택하다, 채용하다 | to hire; to take on; to recruit |
| 고의에 의한 행위 | a willful and intentional act |
| 고의적 과실 | willful misconduct; deliberate fault; with intent |
| 고의적(or 의도적) 과실 | intentional/deliberate fault |
| 공간적(or 지역적) 적용범위 | territorial scope of application |
| 공기 오염 | air pollution |
| (관할) 공기관, (관할) 관청, (관할) 당국 | (public) authority |
| (동등한) 공동 결정 혹은 그 행위 | participation in codetermination (on the basis of parity) |
| 공동 규칙 | common rules |
| 공동 기금 | common fund |
| 공동보험 가입자 | co-insured person |
| 공동체법의 우선권(or 우선성) | precedence of community law |

| 한국어 | 영어 |
| --- | --- |
| 공무(公務) | official duties; duties of office |
| 공무, 공익 근무, 공직 근무자 | (public) service; civil service |
| 공무원 | civil servant; official |
| 공무원 | public servant/employee; (state employee) |
| 공무원 사회보장법, 공무원 사회보장에 관한 법률 | act concerning social security of civil servants/officials |
| 공무원 연금제도 | civil service pension scheme |
| 공문서(를 작성하다) | (to draw up) an official document/deed |
| 공법 | public law |
| 공법(公法)상의 법인체 | corporation under public law; public corporation/body |
| 공법인 | public corporation |
| 공법인 (公法人) | legal person (of public law); corporate body; corporation |
| 공석(空席) | Vacancy |
| 공식 언어 | official language |
| 공인, 공증 | legalization; certification; authentication |
| 공장 안전, 공장 보안 | plant security |
| 공장, 생산 설비 | plant |
| 공적 고용 알선 서비스, 노동 행정 | (public) employment service; labour/work administration |
| 공적 기관의 손해배상 책임, 공적 책임 | liability of an authority/an official for damages; public liability |
| 공적 명령(or 정책) | public order/policy |
| 공적 부문 | public sector |
| 공적 자금 | public funds |
| 공적 재해보험과 예방 조합 총연맹 | National Federation of Accident Insurance and Prevention Funds of the Public Sector |
| (보상에 대한) 공적 책임 | civil/public liability (for compensation) |
| 공적 책임보험 | civil/public liability insurance |
| 공제 (대상) 보험연도 | accountable/creditable insurance years |
| 공제 대상 소득 | deductable income |

| 한국어 | 영어 |
|---|---|
| (~에서/부터) 공제, (~에 대하여) 상계 | offset (against); deduction (from) |
| 공제하다, 상계하다, 원천징수하다 | to deduct from; to set off against; to withhold |
| 공증 | authentication; attestation |
| 공증 번역(본), 내용의 사실에 대해 서명 및 확인한 번역(본) | translation certified as true; certified translation |
| 공직, 공무 | public service; (Brit.) civil service |
| 공휴일, 근무를 하지 않는 날 | holiday; nonworkday |
| 과세 기간, 평가(or 부과/산정) 기간 | period of assessment |
| 과세 상한, 평가(or 부과/산정) 상한 | assessment ceiling/limit |
| 과세 연도 | tax year |
| 과세 표준, 평가(or 부과/산정) 표준 | basis of assessment; calculation base |
| 과실 책임 | fault liability |
| 과업을 수행하다 | to carry out a task |
| 과오 지급된 급여 | incorrectly provided benefit |
| 과오납(過誤納)(or 과대 지급) | Overpayment |
| 관련 법규에 따른 확인서 | certificate concerning the applicable legislation |
| 관련 법률 | legislation applicable |
| (~와 or ~에) 관련하여 | with reference to; with regard to |
| 관리직 근로자 | executive employee; (business) executive |
| 관리하다 | to administer; to manage |
| 관보(官報) | official gazette/journal |
| 관철하다, 주장하다, 청구하다, 시행하다 | to claim; pretend  geltend machen |
| 관청, 당국, 기관 | office; authority; agency |
| 관할 (산재) 기관 | competent institution |
| 관할 관청 | competent authority |
| 관할 구역/지역 | sphere/area of competence |
| 관할 기관/회사 | competent institution |
| 관할권, 관할 지역(or 관할 국가) | Jurisdiction |
| 관할권, 재판(권) | Jurisdiction |
| 관할권, 행위능력 | Competence |

| 한국어 | 영어 |
| --- | --- |
| 광부 연금 | miner's pension |
| 광부 연금 보험 | miners' pension insurance |
| 광부, 갱부 | miner; mineworker |
| (광부연금제도에 따라 지급되는) 광부보상급여 | miners' compensation benefit (from miners' pension scheme) |
| 광부보험기금(or 광부보험조합) | Miners' Insurance Institution; Miners' Insurance Fund |
| 광산청, 광산 감독청 | mining authority |
| 교대 근무(제) | shift working; shift-work |
| (확인서 등을) 교부하다 | to issue (certificates and so on) |
| 교사 | instructor; teacher; tutor |
| 교육 기관/시설 | educational institution |
| 교육 및 고용의 촉진 | education and labour/employment promotion |
| 교육 수준 | education level |
| 교육 자료 | teaching material |
| 교육(or 연구) 확인서(or 증명서) | certificate of education/studies |
| 교육(or 훈련) 수당 | educational grant; training allowance |
| 교육, 훈련, 직업 교육 | training; education; instruction; formation |
| 교육자, 지도자, 강사 | instructor; educator |
| 교통 사고 | road/traffic accident |
| 구강 외과 | dental surgery |
| 구금 상태 | Captivity |
| 구금, 구류, 교도소 | Imprisonment |
| 구두(口頭) 심리(or 공판) | oral proceedings |
| 구류, 구류형 | Detention |
| 구매력, 지불 능력 | purchasing power |
| (최종적인) 구속력이 있는, 의무적인 | final, definite |
| 구직 준비 | vocational preparation |
| 구직(활동) | job search; search for a job/an employment |

| 한국어 | 영어 |
| --- | --- |
| 구직, 구직 지도 | vocational orientation; vocational guidance; the act of searching for a vocation |
| 구직자 | job/employment seeker; person looking for a job |
| 구체적 적용 범위 | material scope of application |
| 국가간 | cross-national |
| 국경 (왕래) 근로자 | frontier worker |
| 국군원호법 | soldiers' social security act |
| 국내법 | domestic/national law |
| 국민 보건 | public health |
| 국민, 국적 보유자 | National |
| 국민보건위생국, 보건사무소, | public health office/health authority |
| 국민총생산(GNP) | gross national product |
| 국적 (증명서/확인서) | (certificate of) nationality |
| 국적이 ~인 선박 | ship flying the flag of |
| 국제 사법(私法) | private international law |
| 국제 재판소 | International Court of justice |
| 국제기구 | intergovernmental organization |
| 국제노동기구 | International Labour Organization |
| 국제노동사무소 | International Labour Office |
| 국제노동회의 | International Labour Conference |
| 국제법 | (public) international law; law of nations |
| 국제법 | international law; (interstate law) |
| 국제사회보장협회 | International Social Security Association (ISSA) |
| 국제운수 근로자 | international transport worker |
| 국제의료보험증, 해외의료보험증 | international health insurance certificate; health insurance certificate for abroad |
| 군복무, 병역 | military service |
| 궁핍(한 상태), 지원이 필요한 상태 | (case of) need; need(iness) |
| 권리 능력 | legal capacity/responsibility |
| 권리 보호, 법적 보호 | protection of rights |

| 한국어 | 영어 |
|---|---|
| 권리와 의무 | rights and duties |
| 권리의 양도 | assignment of rights |
| 권리의 침해, 위법 | violation of rights; infringement of law |
| 권한, 능력 | capacity; authorization |
| 권한을(or 전권을) 위임 받은 대리인 | authorized representative; (정치) plenipotentiary |
| 귀화 | naturalization |
| 귀환, 재귀국 | remigration; return migration |
| 규정 | regulatory provision |
| 규정 물질 | specified substances |
| 규정, 규칙,규정, 명령, 지시사항 | (법) regulation; rule; provision; (명령) order; instruction |
| 규정, 대책 | provision |
| 규정, 법령 | regulation; ordinance |
| (법-)규정, 법령 | decree; ordinance; regulation |
| 규정된 기한 내에 | within the prescribed time |
| 규정의 분기성(分岐性)(or 발산성(發散性)) | divergent provisions |
| 규정의 준수 여부를 감독하다 | to supervise the observance of provisions |
| 규정이나 명령에 위배되는 행위 | act done in contravention of regulations or orders |
| 규칙(or 규정) 위반 | offence against a rule |
| (두당, 사례당) 균일 요금 | flat rate; fixed amount (per head, case or medical act) |
| 근거없이 거부하다 | to refuse without good cause |
| 근로 계약 | works contract |
| 근로 소득 | (earned) income |
| 근로 소득 | employment income; (insured) income; remuneration; pay |
| 근로 소득 | earned income; employment income |
| 근로 소득 | profits or gains of trade or profession |
| 근로 조건, 작업 환경 | working conditions; (terms and) conditions of employment/work |

| 한국어 | 영어 |
|---|---|
| 근로자 | dependent worker; workman; wage earner; employee |
| 근로자 대리인 | workers' representative |
| 근로자 대여(-양도) | hiring out of workers; rental of workers |
| 근로자 보험료 | worker's/employee's contribution |
| (임금) 근로자 보험법 | (salaried) employees' insurance act |
| 근로자 연금보험 | (wage) workers'/earners' pension insurance |
| (임금) 근로자 연금보험 | salaried employees' pension insurance; pension insurance for clerical staff |
| 근로자 파견 기업, 파견된 근로자를 고용(하는 행위) | undertaking hiring out workers; rental company |
| 근로자 평의회 산업(체) 조직법, 경영 조직법, 경영체 규칙법, 공장법 | works council constitution act |
| 근로자 평의회, 경영 협의회 | works council |
| (임금) 근로자, 사무직 근로자 | (salaried) employee; white-collar worker; office worker |
| 근로자, 피고용인 | employed person; person in dependent employment |
| 근로자의 용역을 빌려주다 | to lend the services of a worker |
| 근로자의 자유로운 이동(or 이직) | free circulation/movement of workers |
| 근로조건(or 작업환경)의 개선 | improvement of working conditions |
| 근무 시간의 융통적 적용 | flexible working hours |
| 근무(or 작업/업무) 시간 | working hour; hour of work |
| 근무시간(or 업무시간) (중에) | (during) working hours |
| 근무시간(or 업무시간) 단축 | reduction of working time; reduction in working hours |
| 근무일, 평일 | workday; working day |
| 근속 수당 | long service bonus |
| 금고형(禁錮刑), 금고, 구금 | legal custody |
| 금융 지원/개호 | financial assistance/aid |
| 금지된 | inadmissible |
| 급여 | benefit Leistung |

| 한국어 | 영어 |
|---|---|
| 급여 (관련) 부서 | benefit division |
| 급여 가액(or 급여액), 급여율 | rate/amount of benefit |
| 급여 감액 | reduction of benefit |
| 급여 기간 | duration of benefit |
| 급여 대장 | salary declaration; pay statement |
| 급여 소멸 | extinguishing of benefit |
| 급여 수급 | receipt of benefit |
| 급여 수급(권)자 | benefit recipient; recipient of benefits; beneficiary |
| 급여 수급자격(or 수급권) | entitlement to benefits |
| 급여 신청(서) | claim/application for benefit |
| 급여 의무 | benefit obligation |
| 급여 정지 | suppression of benefit |
| 급여 종료 | termination of benefit |
| 급여 중지에 관한 규정, 상계 규정 | provision for the suspension (of benefits); offset provision |
| 급여 증액 | increase of benefit |
| 급여 지급 | provision/granting/award of benefits |
| 급여 지급 기관 | institution providing benefits |
| 급여 지급/송달 | provision/delivery of benefits; benefit service |
| 급여 지급을 거부하다 | to disallow benefit; to refuse a benefit |
| 급여 청구자 | benefit claimant |
| 급여(금)에 영향을 미칠 수 있는 상황에 대해서 통지하다 | to give notice of the circumstances affecting the right to benefit |
| 급여(의 지급)을 결정하다, 급여를 지급하다 | to award benefit |
| 급여(의) 지급 | awarding/award of benefits |
| 급여를 감액하다 | to reduce benefit |
| 급여를 수급하다 | to receive the benefit |
| 급여를 중지하다 | to stop the benefit |
| 급여를 지급하다 | to grant/to provide benefit |

| 한국어 | 영어 |
| --- | --- |
| 급여를 청구하다 | to claim a benefit |
| 급여에 대한 수급권의 확정 | establishment of the right to benefit |
| 급여에 대한 수급자격의 배제(or 제외) | exclusion of benefits |
| 급여에 비례하여 | pro-rata-benefit |
| 급여요건(or 급여조건)을 충족하다 | (to fulfil the) requirements for benefit; (to meet the) conditions for benefit |
| 급여의 개시 | commencement of benefit |
| 급여의 반환(or 환불) | repayment of benefits |
| 급여의 중복 | overlapping of benefits |
| 급여의 지급 의무가 있는 기관 | institution liable to pay benefits |
| 급여의 최장 지급기간 | maximum period for the award of benefits |
| 급여의 해외 송금 | provision of benefits abroad |
| 급여지급기관 간의 협력과 이들 기관과 제3자 간의 관계 | cooperation of the institutions providing benefits and their relations with third parties |
| 기간비례원칙, 시간비례적 근로조건결정원칙 | pro-rata-temporis-rule |
| 기계류 방호 | machinery guarding |
| (행정) 기관(or 단체) | body; organ; institution |
| 기관, 협회, 당국 | institution; institute; authority |
| 기금 | fund |
| 기능 시험, 기능 테스트 | function test |
| 기능공 연금보험 | pension insurance for craftsmen |
| 기능보유자 보험 | insurance of artisans; craftsmen' insurance |
| 기능보유자 회의 | chamber of crafts |
| 기능성 질환/장해 | functional disorder/deficiency |
| 기능적 능력 | functional capability |
| 기록, 문서, 서류 | records; documents |
| 기본 임금 | basic wage |
| 기본(or 일반) 추천 | basic/general recommendation |
| 기본(or 일반적/한정) 조건 | setting/outline condition; basic/general condition |

| 한국어 | 영어 |
| --- | --- |
| 기본권 | fundamental right |
| (선임) 기술 감독관 | (senior) technical inspector |
| 기술 개발 | technological development; development of techniques |
| 기술 지도 | technical instruction |
| 기술감독직 혹은 그 업무 | technical inspectorate; technical inspection service |
| 기술적 보조구 및 장비에 관한 법률 | technical appliances and equipment act |
| 기업 등록 신청 | report for registration of enterprises |
| 기업 비밀, 영업 비밀 | manufacturing or trade secret |
| 기업 사찰 | inspection/visit to the company; control visit to the company |
| 기업 연금 | company pension; (occupational pension) |
| 기업 연금 | occupational pension; company pension |
| 기업 전속 의사의 업무(or 직장 보건 서비스) | plant occupational health service; company doctor service |
| 기업(의 영업, 사업장,활동) | enterprise; company (business, establishment, activity) |
| 기업(or 경영/사업장)의 규모 | size of establishment/business |
| 기업(or 공장/사내) 전속 의사 | company/factory doctor; plant physician |
| 기업, 회사 | firm; company |
| 기업건강보험기금, 직원의료보험조합 | company health insurance fund; company sickness fund |
| 기여 과실 | contributory negligence |
| 기여 요소(or 요인) | contributing factor |
| 기여형 급여 | contributory benefit |
| 기존에 존재하던 상해(or 장해) | pre-existing damage/impairment |
| 기존의 독일연방주(州) (구 서독 지역의 주) | the former German states |
| 기준 | standards |
| (의약품의) 기준 가격 | reference price (for medicines) |
| 기준을 충족하다 | to meet the standards |
| 기초 가액 | basic amount |

| 한국어 | 영어 |
|---|---|
| 기초 보장 (제도) | needs-based pension supplement in old age and in cases of long-term reduced earning capacity |
| 기초 연금, 기본 연금 | basic pension |
| 기타 급여 | other benefit |
| 기타 사항, 기타 업무 | other business |
| 기한 내에 | within the stipulated period |
| 기한, 기간 | term/deadline; prescribed time period; time limit |
| 기한부 연금 | pension awarded for a limited period of time |
| 기한의 만료, 만기 | expiry of a deadline; expiry of /the stipulated period |
| 기형, (신체적) 외관 손상(or 손상된 외관) | disfigurement |
| 낙태 | abortion |
| 난민, 망명자, 피난자 | refugee |
| 남자 간호사 | attendant; nurse |
| 남편, 기혼 남성 | husband; (formal) spouse |
| 납부(or 지급) 연체 | arrears |
| 납세의 의무가 있는 | liable to tax; taxable; subject to taxation |
| 내륙 수운 | inland navigation; inland water transport |
| 내륙 수운 선원(or 선장) | inland navigator; sailor on inland waterways |
| (행위능력이 없기 때문에 혹은 행위능력자가 아니기 때문에) 넘겨주다/넘기다 | to pass on to (for reasons of competence) |
| 노동 능력, 소득 능력, 취업 능력 | fitness for work; working capacity; capacity to work |
| 노동 무능력 | incapacity for work; working incapacity; unfitness for work; working disability/inability; (sickness leave) |
| 노동 무능력 확인서, 병결 확인서 | certificate of incapacity/unfitness for work; sick note |
| 노동 무능력의 | unable to work; disabled for work; unfit for work |
| 노동 시장 | labour/job market |
| 노동 재판소 | labour court; industrial tribunal |

| 한국어 | 영어 |
|---|---|
| 노동 적응 평가, 기능 평가(or 테스트), 사업장 업무 부담 평가(or 테스트) | functional testing |
| 노동 조합 | trade union |
| 노동 허가(증) | work permit |
| 노동(or 근로) 감독관 | labour/industrial/factory inspector |
| 노동(or 근로) 감독사무소 | Labour Inspection Office; Factory Inspectorate |
| 노동(or 근로) 감독직 | labour/industrial inspectorate |
| 노동(or 작업) 능력 테스트 | training ability test |
| 노동능력(or 소득능력/취업능력)의 감소, | reduction of earning capacity; employment disability |
| 노동력 | workforce; manpower; workers; labour |
| 노동법 | industrial code; (labour inspection law) |
| 노동불능 기간 | time away from work; period off work; spell of incapacity |
| 노동의 금지 | prohibition to work |
| 노동의학적 검진 | occupational medical examination; employment medical examination |
| 노동의학적 예방 | preventive occupational medical care |
| 노령 연금, 노후 연금 | old age pension |
| 노인 개호 | care of the elderly |
| 노인 보조금 | assistance for the aged |
| 노인(농민)기금 | old age fund (for farmers) |
| 노인농민연금제도 | old age assistance for farmers; pension scheme for elderly farmers |
| 노인농민연기금연맹 | Federation of Agricultural Old Age Pension Funds |
| 노인농민지원법 | farmers' old age assistance act |
| (위험에 대한) 노출 (기간) | (period of) exposure (to risk) |
| (허용-)노출한계치 | (permissible) exposure limit values |
| 노후 대비 | provision for (one's) old age |
| 논란의 대상이 되는 사건 | contested case |
| 논란이 되고 있는 문제 | the question at issue |

| 한국어 | 영어 |
|---|---|
| 농민 근로자 | agricultural/rural worker |
| 농부, 농장주 | farmer |
| 농업 부가 사업 | subsidiary agricultural undertaking |
| 농업 산재보험기관(or 산재보험조합) | institution for statutory accident insurance and prevention in agriculture |
| 농업 의료보험기금, 농업 질병보험기금 | agricultural health insurance fund; agricultural sickness fund |
| 농업산재보험조합 총연맹 | National Federation of Agricultural Accident Insurance and Prevention Institutions |
| 눈(의) 보호 | eye protection |
| 다자간 협약 | multilateral agreement |
| 단계별 보험료를 정하다, 보험료를 단계별 구분하다 | to graduate the contribution |
| 단계별 분류(를 하는 것), 등급(을 정하는 것) | graduation |
| 단기(or 임시) 급여 | short-term/temporary benefits |
| 단체 협상, 임금 협상 | collective bargaining |
| 단체 협약, 임금 협약 | collective agreement |
| 단체, 법인체 | corporation; body |
| 단축 노동 (조업단축 근로자 수당) | short-time working (benefit/allowance) |
| 당면한 위험 | (case of) imminent danger |
| 당사자, 이해관계자 | person affected |
| 대기 기간 | waiting period |
| 대기 기간(을 완성하다/채우다) | (to accomplish a) qualifying period; waiting period |
| (법적) 대리인 | (legal/authorized) representative |
| 대리인 회합(or 회의) | representatives' assembly |
| 대리인, 대의원 | delegate |
| 대리자, 대표인(단) | representative |
| 대위권을 갖는 B가 A의 수급권(or 수급자격)에 대해 권리를 행사하다.<br>A의 수급권(or 수급자격)이 B로 넘어가다 | B is subrogated in the rights of A |
| 대인(對人) 보호 | protection of persons |
| 대인(對人) 보호구 | personal protective equipment |

| 한국어 | 영어 |
|---|---|
| 대조표 | comparative table |
| 대체 가입자(or 회원) | substitute member |
| 대체건강보험기금 | Substitute Health Insurance Fund; Substitute Sickness Fund |
| 대표 수급자, 수급 대리인 | representative payee |
| 대학생 | university student |
| 데이터 교환 | data exchange |
| 데이터 베이스 | data base |
| 데이터 보호 | data protection |
| 데이터 보호(or 보안) 감독관(or 사무관) | delegate for data protection; data protection commissioner/officer |
| 데이터 분석 | data analysis |
| 데이터 수집 | collection of data; data gathering |
| 데이터 수집과 전송에 관한 법률 | data collection and transmission act |
| 데이터 저장 | data storage |
| 데이터의 (무단) 전송 | (unauthorized) transfer of data |
| 독극물 | toxic/poisonous substance |
| 독살, 중독(증), 오염 | poisoning; intoxication; contamination |
| 독일 광부 및 철도 근로자와 선원 근로자를 위한 연금보험 | German pension insurance for miners - railway workers - seamen |
| 독일 교통안전시험기관 | technical inspection association/authority |
| 독일 산재보험조합 총연맹, 독일 산재보험기관 총연맹 | German Federation of Institutions for Statutory Accident Insurance and Prevention |
| 독일 헌법 | German basic law; constitution of the Federal Republic of Germany; the German constitution |
| 독일광업근로자보험법 | Reich miners' insurance act |
| 독일법에 따라 보험에 가입한(or 가입된) 혹은 그 상태인 | insured under German legislation; subject to German legislation |
| 독일보험법 | Reich insurance code |
| 독일사회보장제도 유럽사무소 | European Agency of the German Social Security System |
| 독일연구재단 | German Research Foundation |

| 한국어 | 영어 |
| --- | --- |
| 독일연금보험 | German pension insurance |
| 독일연금보험연맹 | Federation of German Pension Insurance Institutions/Institutes |
| 독일연방 관보 | official journal of the Federal Republic of Germany |
| 독일연방 바덴 뷔르템베르크 주(州) 연금보험 | German pension insurance for the land of Baden-Württemberg |
| 독일연방 사무직근로자보험조합 | Federal (pension) Insurance Institute for Salaried |
| 독일연방 열차사고보험조합 | Federal Railways Accident and Prevention Insurance Institution |
| 독일연방광부보험조합 | Federal Miners' Insurance Institution/Institute |
| 독일연방교육촉진법 | federal educational grants act; federal education promotion act |
| 독일연방국외추방자(보호)법 | federal expellees' act |
| 독일연방노동청 | Federal Labour Agency/Office |
| 독일연방대법원, 독일연방재판소 | Federal High Court |
| 독일연방보건복지가족부 | Federal Ministry of Health and Social Security |
| 독일연방보험청 | Federal Insurance Office/Authority |
| 독일연방복지법 | federal social assistance act; federal welfare act |
| 독일연방사회법원 | Federal Social Court |
| 독일연방상원, 상원 의회 | federal council |
| 독일연방생활보호법, 독일연방원호법 | federal war victims' compensation act |
| 독일연방연금보험 | Federal German pension insurance |
| 독일연방의 지시(or 감독)에 따라 | under the supervision of the federal state |
| 독일연방자녀급여법 | federal child benefit act |
| 독일연방정보보호법 | federal data protection act |
| 독일연방정부 | federal government |
| 독일연방주(州) | the states of the Federal Republic of Germany; the German states |
| 독일연방직업재활학회 | Federal working society for rehabilitation |
| 독일연방철도보험공사 | Federal Railways Insurance Institute |

| 한국어 | 영어 |
|---|---|
| 독일연방통계청 | Federal Statistics Office |
| 독일연방헌법재판소 | Federal Constitutional Court |
| 독일통일조약 | German Unification Act/Treaty |
| 독일표준협회 | German standards Institute |
| 독촉(장), 주의(서) | reminder |
| 동거 | to cohabit; to live together |
| 동거 | cohabitation; living with somebody without being married |
| 동거, 생활 공동체, 장기간의 관계 | long-term relationship |
| 동등, 등가 | parity |
| 동맹 파업 | strike |
| 동맹 파업자 | striker |
| (편지의) 동봉 | enclosure |
| 동성애 혼인 관계(의 신고) | (registered) gay marriage; same-sex marriage |
| 동성애 혼인 관계의 신고에 관한 법률 | law/act on registered gay marriages |
| 동수 득표 | tie-vote; equal voting |
| 동업 조합, 직장 연맹 | professional association; trade organization |
| 동의, 승인 | consent; agreement |
| 동일한 비율로 | in equal parts |
| 뒤떨어진, 연체된, 지체된 | in arrears; outstanding; overdue |
| 등기간 | equivalent periods |
| 등기로 보내다 | to send by registered/recorded post |
| (출생, 사망, 결혼 등과 같이 가족상황에 변동이 발생할 때 법에서 그 등기 혹은 등록을 강제함에 따른) 등기부등본 | civil registry document |
| (배달확인부) 등기우편 | registered letter; (BE) recorded letter (with return receipt) |
| 등기우편으로 | by registered post |
| 등록(or 신고) 양식/서식/용지 | registration form |
| 떨어져 살다, 별거하다 | to be separated; to live apart |
| 뜻하지 않은 사고(or 재해) | unforeseeable event; unexpected happening (incident) |

| 한국어 | 영어 |
|---|---|
| 라벨을 교부하다 | to grant a label |
| 라인강 선원의 사회보장에 관한 협약 | agreement on social security for rhine boatmen |
| 마감, 정산 | closure/settlement of accounts |
| 만성 질환 | chronic illness |
| 망명자 | deportee |
| 메리트제 | bonus-malus system |
| 면세 | exemption from taxes |
| 면세의 | tax-free; exempt from taxes; tax-exempt |
| (사업주의) 명령/지시 | order; instruction; direction; directive (from the employer) |
| 명시적 혹은 묵시적 동의 | express or implied consent |
| 명예 의장 | honorary chairman |
| 명예직의 | honorary; in an honorary function/capacity |
| 모든 보험 가입자의 평균 소득 | average income of all insured persons |
| 모든 서류(or 기록) | record; file |
| 목차 | list/table of contents |
| (청구권) 몰수(or 상실/실효) | forfeiture |
| 무국적자 | stateless person |
| 무보수 직업 | unpaid occupation |
| 무상 개호 | aid free of charge |
| 무한 연금 | pension awarded for an unlimited period of time |
| (혼인의 사실 등을) 무효로 하다/무효화하다/취소하다 | to annul |
| 무효의 (무효 선언) | (declared) void |
| 물리 치료 | physical exercise; physiotherapy |
| 물적 관할권 | material competence; (법) responsibility |
| 물적 손해 | property/material damage; damage to property |
| 물질, 재료 | substance; material |
| 미망인 보조금(or 수당) | widow's grant |

| 한국어 | 영어 |
| --- | --- |
| 미망인 연금 | widow's pension |
| 미망인 일시보상금 | widow's lump sum |
| 미망인 확인서 | certificate of widowhood |
| 미성년자 | minor |
| 미숙련 근로자 | unskilled worker |
| 미숙련 근로자, 보조, 조수 | unskilled worker; labourer |
| 미지급액(or 미납부액)의, 미지급(or 미납부) 상태인 | payments falling due |
| 미혼의 | unmarried |
| 미혼의, 독신의 | single; unmarried |
| 민방위, 민방위 조직 | civil protection |
| 민법, 사법 | civil law |
| 민법전 | civil code; code of civil law |
| 민사(상) 책임에 대한 사업주의 면책 | abolition of the civil liability of the employer; employer's immunity from civil liability |
| 민사소송(-법) | (code of) civil procedure; civil lawsuit |
| 박해, 추구, 추적 | persecution |
| (종교적) 박해의 피해자 | persecuted person; victim of persecution |
| 반대증거(를 제시하다) | (to furnish/produce) evidence to the contrary; proof to the contrary |
| 반박(or 반증)의 여지가 있는 추정 | rebuttable/refutable presumption |
| 반박할 수 없는 추정 | irrebuttable presumption |
| 반올림하다 | to round up |
| (숫자에서) 반올림하다 | to round |
| 발병 | pathogenesis; development of disease |
| 발병 | pathogenesis |
| 발병 물질 | pathogenic substance; pathogene |
| 발병기간 | spell of illness |
| 발병하다 | to fall ill |
| 발병하다 | to catch/contract a disease |
| 발생, 발발, 발병 | onset; outbreak; manifestation |

| 한국어 | 영어 |
| --- | --- |
| 발암 물질 | carcinogen; carcinogenic substance |
| 방사선 | radiation |
| 방사선 (피폭) 보호, 방사선 보호구 | radiation protection |
| (문서가) 배달되다, 이해되다 | to arrive; to be received; incoming (mail) |
| (이혼 후 연금 등의) 배분 | equalization of benefit expectations; mutual settlement of pension entitlements |
| 배분 분담금 할당액 | apportionment quota/target |
| 배우자 | spouse |
| 백분율 | percentage (rate) |
| 번역 서비스, 번역 업무, 번역직 | translation service |
| (범죄 등에 대한) 벌과금/과태료 | fine (for offence) |
| 벌금제 | fining system/procedure |
| 범죄 | crime |
| 범죄피해자보상법 | crime victims' compensation act |
| 법(률)과 상충 혹은 그 상태 | conflict of law; to collide with law |
| 법규, 법계 | legal system |
| 법규, 법률, 지침 | legal norms/rules; legislation |
| 법률 문제 | question of law |
| 법률 사례, 소송 사건 | case; legal matter |
| 법률 상담 | legal advice |
| 법률 자문 개호 | legal aid/help |
| 법률의 불비(不備) | legal vacuum |
| 법무 부서 | legal (affairs) division; legal department |
| 법안 | draft law; bill |
| 법인격 | legal personality |
| 법적 구제 (신청) 혹은 그 수단 | (legal ) remedy; forms/means of redress |
| 법적 권한 | (legal) power; authority |
| 법적 근거 | legal basis |
| 법적 수급권(or 수급자격) | legal entitlement/claim |
| 법적 신분(or 법적 지위) | legal status |

| 한국어 | 영어 |
| --- | --- |
| 법적 신분(or 법적 지위) | legal position |
| 법적 추정 | statutory/legal presumption |
| 법적으로 선서한 | legally sworn |
| 법정 대리인/대표 | legal representative |
| 법정 보험 | statutory insurance |
| 법정 산재보험기관(or 산재보험조합) | institution for statutory accident insurance and prevention |
| 법정 산재보험에 따른 응급처지에 관한 (특별) 절차 | special procedure of emergency/transitory treatment in statutory accident insurance |
| 법정 상해보험(제도) | statutory accident insurance |
| 법정 연금 | statutory pension (scheme) |
| 법정 연금보험(제도) | statutory pension insurance scheme |
| 법정 의료보험(제도) | statutory health insurance scheme |
| 벽보, 포스터, 플래카드 | poster; bill |
| 별첨, 부록 | appendix; schedule; annex |
| (의학적) 병력 | (medical) anamnesis |
| 병리적 조건(or 상태) | pathological condition/state |
| 병역, 군복무 | military service; service in the armed forces |
| 병역대체근무(-법) | alternative service(act) |
| 병역의 의무 | conscription; compulsory military service |
| 병원 경영(or 행정) | hospital administration |
| 병원 요금 | hospital charges |
| (입원비에 대해 보험 회사가 산정한) 병원 일일 수당 | hospital daily allowance |
| 병원비 | hospital costs; costs of hospital services |
| (직업-)병의 악화 | aggravation of the (occupational) disease |
| 보건 감독 | health survey/monitoring |
| 보건 교육 | health education |
| 보건소 의사 | (public) medical officer |
| (의사의/의학적) 보고서 | (medical) report |
| 보상 가액 | equalization supplement; compensating amount |

| 한국어 | 영어 |
|---|---|
| (보험료를 납부하지 않아도 보험 기간에 계상되는) 보상 기간 | substitute/compensation period |
| 보상 연금 | compensating pension |
| 보상(금) | compensation; (formal) indemnification |
| 보상(금)을 지불할 책임이 있는 | bound/liable to pay the compensation |
| 보상에 대한 수급권(or 수급자격)의 양도 | transfer of the entitlement to compensation |
| (산재)보상의 책임이 있는 | due to compensate; liable for compensation |
| 보전 대상액(or 보충액) (통독 이후 동독과 서독의 연금을 조정하는 과정에서 발생한 차액으로 추가지불해야 하는 금액) | completing payment |
| (정형외과적) 보조구(물) | apparatus; appliance |
| 보조금을 지급하다 | to subsidize |
| (사회복지사업의) 보조성 (상위단체는 하위단체를 보이지 않게 지원해야 한다는 사회정치적 원칙) | subsidiary nature of (social assistance) |
| 보증하다, 인증하다, 확인하다 | to certify; to confirm |
| 보철 및 정형외과적 보조구 | prosthetic and orthopaedic appliances/devices |
| 보청기 | hearing aids |
| 보행 보조(구) | walking aid |
| 보행 장해 | difficulty in walking |
| 보험 가입 확인서 | insurance identity card |
| 보험 경력, 보험 이력 | insurance record/career |
| 보험 급여 | insurance benefits |
| 보험 기간 | period of insurance; insurance period; period of coverage |
| 보험 기간 | period of insurance |
| 보험 기관 | insurance institution; insurance institute |
| 보험 대상 | purpose of insurance |
| 보험 번호, 사회보장번호 | insurance number; social security number |
| 보험 부담(액) (배분)에 관한 규정 | provisions relating to the apportionment of insurance burdens |
| 보험 사고 | (insurance) contingency; insured event; event covered |

| 한국어 | 영어 |
| --- | --- |
| 보험 사고의 발생 시점에(서) | at the time of the event/contingency |
| 보험 자격 | right to insurance |
| 보험 적용 범위 | insurance cover(age) |
| 보험 적용의 상실 | loss of insurance coverage |
| 보험 제도 | (insurance) scheme |
| 보험 종류 | branch of insurance |
| 보험 중복 | overlapping of insurance |
| 보험 증서 | certificate of insurance |
| 보험 책임 | subjection to compulsory insurance; insurance liability |
| 보험 회사 | insurance company |
| 보험가입이 의무가 아닌, 보험에서 면제된, 보험이 없는 | exempt from insurance |
| 보험가입이 의무인 직종(or 직업/고용) | occupation liable to insurance; compulsorily insurable employment |
| 보험기간의 합산 | totalization/aggregation of periods of insurance; adding together of insurance periods |
| 보험료 | contribution; premium |
| 보험료 | insurance contribution |
| 보험료 산정(or 책정/부과) | computation/ calculation of contributions |
| 보험료 감액 기간 | period of reduced contribution |
| 보험료 결정 | decision on contributions |
| 보험료 납부 기간 | contributory period |
| 보험료 납부의 책임 | liability for contributions; contribution liability |
| 보험료 납부의무의 면책 | exemption from payment of insurance contributions |
| 보험료 납부자 | contributor; contribution payer |
| 보험료 등급(or 분류) | contribution class |
| 보험료 면제 기간 | period exempt from contribution |
| 보험료 부과 기간 | accounted/charged period of insurance |
| 보험료 부담(액) | contribution burden |

| 한국어 | 영어 |
| --- | --- |
| 보험료 산정(or 책정/부과) 한도 | upper ceiling/limit for the assessment of contributions; contribution ceiling/limit |
| 보험료 산정/평가/부과 | assessment of contributions |
| 보험료 산정/평가/부과 | assessment of contributions |
| 보험료 상환/반환 | reimbursement/refunding of contributions |
| 보험료 소급 납부 | retroactive payment of contribution |
| 보험료 수령액 | contribution receipts |
| 보험료 조정 절차 | procedure of compensation of contributions |
| 보험료 증액 | contribution increase |
| 보험료 징수(회수) | recovery of contributions; collection |
| 보험료 채무 | insurance contribution debt |
| 보험료 채무자 | insurance contribution debtor |
| 보험료 청구(권) | contribution right; contribution claim |
| 보험료 체납 | arrears of contributions |
| 보험료 환급(or 할인) | rebate on contribution |
| 보험료를 납부하다 | to pay contributions |
| 보험료를 납부하지 않은 기간 | period of non-contribution |
| 보험료를 납부하지 않은 기간 | period of non-contribution |
| 보험료의 징수 | collection of contributions |
| 보험사고(or 보험재해)의 발생 | occurence of the insurance contingency |
| 보험사무소 | insurance office |
| 보험업자 | insurer |
| 보험에 가입되어 있는, 보험의 적용을 받는 | insured |
| 보험요율 | contribution/premium rate; rate of contribution/premium |
| (~에 대하여) 보험을(or 보험에) 들다(or 가입하다) | to insure oneself with |
| 보험의 적용을 받는 자(들) 혹은 그 범주 | persons covered; category of protected/covered persons |
| 보험의 적용을 받는 활동, 보험에 가입하여 그 위험을 상계 받고자 하는 대상 활동 | insured/covered activity |
| 보험의 적용을 받는 활동과 재해 간의 인과 관계 | causal relationship between insured activity and accident |

| 한국어 | 영어 |
|---|---|
| 보험이력(or 보험경력)의 유지(or 보관) | the running/keeping of the insurance records |
| 보험증 | insurance book |
| (전자) 보험카드 | (electronic) insurance card |
| 보험회사의 촉탁의, 보험회사의 위촉을 받고 피보험자의 발병 시 그의 직업활동 수행능력 여부를 판정하는 의사 | physician of confidence; medical commissioner |
| (장해자를 위한) 보호 작업장 | sheltered workshop |
| (~의) 보호(or 후원/비호) (하에) | (under the) auspices (of) |
| 보호, 후견 | guardianship; tutelage |
| 보호구 | protective device |
| 보호복, 안전작업복 | protective clothing |
| (~로부터) 보호하다 | to protect against; to safeguard from |
| (위험 등으로부터) 보호하다/보장하다 | to protect (against risks) |
| 복리법에 의한 원금 증액 금지 규정 | antiaccumulation provision |
| 복사, 사본 | duplicate |
| 복수 취업자 | person with multiple employments |
| 복지 국가 | welfare state |
| 복지 국가 | welfare state |
| 복직, 재임명, 복권, 복위 | reinstatement |
| (기업의) 본사 | head office |
| 본인일부부담제, 본인일부부담금 | co-payment; own share of the costs |
| 본인일부부담제, 본인일부부담금 | contribution to costs; cost-sharing; co-payment |
| 본인일부부담제, 본인일부부담금 | co-payment |
| 본적(지) | family's (permanent) place of residence |
| 본적지 | (permanent) address |
| 본질적인 부분(or 구성 요소) | integral part |
| 부가 사업 | subsidiary undertaking |
| 부가가치세 | value-added tax (VAT) |
| 부과, 평가, 징수 | estimate; assessment |
| 부담(액)의 조정 | equalization of burdens |

| 한국어 | 영어 |
|---|---|
| 부당한 요구를 하는(or 부적절한) 고용(상태) | unsuitable employment |
| 부당한 해고 방지, 불법적 해약 방지 | protection against dismissal |
| 부모 연금 | parents' pension |
| 부분 급여 | part-benefit |
| 부분 연금 | partial pension |
| 부분퇴직(독일의 조기퇴직프로그램. 퇴직하기 전 마지막 3년 동안은 파트타임으로 일하는 것을 말함) | old age part time employment |
| (기업) 부서 책임자, 기능장, 상관 | master craftsman; foreman; boss |
| 부성, 부자(父子) 관계 | paternity |
| 부수입 | additional/extra income |
| (~에 대하여) 부수하는, (~에 대하여) 종속하는 | subordinate |
| 부양 수당 | maintenance allowance/grant; subsistence allowance |
| 부양 차주 | maintenance debtor |
| 부양가족 수당 | dependants' allowance |
| 부양의 의무 | maintenance obligation |
| 부업 혹은 그 활동 | extra work/job; second job; side-line job |
| 부업으로 | part-time; sideline; spare-time |
| 부장, 과장, 국장 | head of department; head of division |
| 부적격 시한, 마감 시한, 배제 시한, 유질 처분 기간 | disqualification term; deadline |
| 부족, 빈곤 | neediness; indigence |
| 분과, 소(小) 위원회 | sub-committee |
| 분담금 배분 | cost-splitting; apportionment; reallocation |
| (위험 등급에 따른) 분류 | classification (to the tariff of risks) |
| 분쟁(을 해결하다) | (to settle a) dispute |
| 분쟁의 대상 | matter in dispute |
| 분쟁의 해결 | settlement of disputes |
| 분쟁해결을 위한 소송, 분쟁의 소 | settlement proceedings |
| 분할 납부(or 지급) | to pay in/by instalments; installment payment |
| 불가양(不可讓) | inalienability |

| 한국어 | 영어 |
|---|---|
| 불가항력(적 사건) | force majeure; act of God; circumstances beyond one's control |
| 불법 취업 | illegal/clandestine employment/work; undeclared employment |
| 불법 취업, 불법 고용 | illegal employment |
| 불치병 | incurable disease |
| 붕대 | (surgical) dressing |
| 비경제적 목적의 건설 공사 | building operations (carried on otherwise than for purposes of gain) |
| 비계약 국가 | non-contracting state |
| 비교 산출 | comparing calculation |
| 비기여형 급여 | non-contributory benefit |
| 비기여형의 | exempt from liability for contributions; non-contributory |
| 비례 배분 | proportional distribution |
| 비례배분 | pro-rating; prorata computation |
| 비례배분하다, 비례적으로 감액하다 | to pro-rate; to reduce proportionately |
| 비물질적(or 정신적) 손상 | non-material damage; impairment |
| 비밀 유지 | secrecy; confidentiality; privacy |
| 비밀(or 비공개) 통지 | confidential communication |
| (직무상 알면서도 발설하지 말아야 하는) 비밀유지의 의무 | pledge of secrecy; requirement of confidentiality |
| 비보험료 기간(보험료를 납부하지 않은 기간), 휴직 기간(퇴직 후 담당했던 일과 유사업무에 종사할 수 없도록 계약상 정해진 기간) | period of non-contribution; inactive period; non-credited period |
| 비사무직 근로자 | (manual) worker; blue-collar worker; labourer |
| 비사무직 근로자 연금보험 | wage earners' pension insurance; (manual) workers' pension insurance |
| 비상 계획 | emergency/alarm plan |
| 비업무상(or 비직업성) 질병 | non-occupational disease |
| 비업무중 재해/사고 | leisure time accident; off-the-job accident; non-occupational accident |
| 비영리 활동 | activity of public utility; non-profit activity; activity for the benefit of the public |

| 한국어 | 영어 |
|---|---|
| 비영리(or 자선) 단체/기관 | non-profit-making/charitable organization/institution |
| 비용 | expenses; cost(s) |
| 비용 공제 | deduction of expenses |
| 비용 보상(or 보전) | refund/reimbursement of costs/expenses |
| 비용 상승 | cost run-up |
| 비용 추산 | costs estimate |
| 비용(or 경비)를 부과하다 | to award costs |
| 비용(or 경비)의 인수 (행위) | taking charge of the costs |
| 비용을 부담하다 | to bear the costs |
| 비용의 액수 | portion of expenses |
| 비용편익분석 | cost-benefit analysis |
| 비준서 | instrument of ratification |
| 비준서의 공탁(or 기탁) | deposit of an instrument of ratification |
| 빈곤자, 개호가 필요한 사람 | needy person; person in need |
| 사건/경우의 수 | number of cases/events |
| 사고(or 재해) 결과(or 효과) | effects of the accident |
| 사고(or 재해) 경비 | accident costs/expenses |
| 사고(or 재해) 날짜 | date of (the) accident |
| 사고(or 재해) 다발성 | accident proneness; predisposition to accidents |
| 사고(or 재해) 발생 | happening/occurrence of the accident |
| 사고(or 재해) 발생, 사고 (희생자/사망자) | accidental occurrence; incident (casualty; fatality) |
| 사고(or 재해) 보상 | accident compensation |
| 사고(or 재해) 분석 | accident analysis |
| 사고(or 재해) 빈도 | accident frequency/rate |
| 사고(or 재해) 서류 | file on the accident |
| 사고(or 재해) 신고(서), 사고(or 재해) 통지(서) | accident report; accident notification (form) |
| 사고(or 재해) 연구 | accident research |

| 한국어 | 영어 |
| --- | --- |
| 사고(or 재해) 예방 규정 | accident prevention regulation |
| 사고(or 재해) 예방 보고서 | accident prevention report |
| 사고(or 재해) 예방(책) | accident prevention; protection against accidents |
| 사고(or 재해) 예방책 | accident prevention measure |
| 사고(or 재해) 원인에 관한 조사 | research on the causes of accidents |
| 사고(or 재해) 위험 | accident risk/hazard |
| 사고(or 재해) 위험 | accident risk |
| 사고(or 재해) 위험의 정도에 따른 분류 | classification according to the degree of risks |
| 사고(or 재해) 통계(치) | accident statistics |
| 사고(or 재해) 현장 | place of the accident |
| 사고(or 재해) 희생자 | accident victim |
| 사고(or 재해) 희생자, 상해자, 사망자 | injured person; accident victim; casualty |
| 사고(or 재해)가 발생하다 | an accident happens/occurs |
| (그) 사고(or 재해)는 업무상 발생한 것으로 간주된다 | the accident is considered to be occupationally related |
| 사고(or 재해)를 당하다 | to sustain/to suffer an accident; to be injured by an accident |
| 사고(or 재해)사(死) | death caused by an accident |
| 사고(or 재해)의 사실/경위 | facts of the accident |
| 사고(or 재해)의 예방 | accident prevention; prevention of accidents; occupational risk prevention |
| 사고(or 재해)의 원인 | cause of the accident |
| 사고(or 재해)의 정도(or 강도/규모) | severity of the accident |
| 사고(or 재해)의 조사 | accident investigation; accident inquiry |
| 사고/재해 | accident |
| 사고/재해의 수(數) | number of accidents |
| 사람과 재화의 자유로운 이동 | free circulation of persons and goods |
| 사례당 균일요금 | flat rate (charge) per case |
| 사망 급여, 사망 보험금 | death grant/benefit |
| 사망 확인서 | death certificate |

| 한국어 | 영어 |
|---|---|
| 사망, 사고(or 재해) | fatal accident; fatality |
| (연령별) 사망률표 | life/mortality table |
| 사망자 | deceased (person) |
| 사망한 | deceased |
| 사법인 (私法人) | legal person (of private law) |
| 사본 | copy |
| 사본의 진위여부(or 신뢰성) | authenticity of copies |
| 사실 | facts (of the case) |
| 사업 공고(or 공표) | business declaration |
| 사업장 | working premise; workplace; place of work |
| 사업장 | industrial establishment |
| 사업장 | place of employment |
| 사업장 보건 진료 | industry medical inspection |
| 사업장 보건의(保健醫) | (factory) medical inspector |
| 사업장 안전(도), 직업 안전(도), 산업 안전(도) | occupational safety; safety at work; safety in work; workplace safety |
| 사업장 안전(성) | safety of workplaces |
| 사업장(or 기업/공장) 소재지 | place of business/enterprise |
| 사업장, 기업, 경영, 공장 | establishment; business; plant; firm |
| 사업장내 취급물질, 직업(성) 취급물질 | occupational substances; workplace substances |
| 사업장내(or 직업성) 취급물질에 관한 규정 | ordinance on workplace substances |
| 사업주 | employer |
| (사업자 소재지가 ~인) 사업주 | employer (based in); entrepreneur (with place of business in) |
| 사업주 단체 총연합 | National Federation of Employers' Associations |
| 사업주 대리인 | employers' representative |
| 사업주 명부 | employers' register |
| 사업주 부담 보험료 | employer's contribution |
| 사업주 연맹, 사업주 협회 | employers' federation; employers' association |

| 한국어 | 영어 |
|---|---|
| 사업주 형태 | employer model |
| 사업주의 책임 | employer's liability |
| 사용 설명서 | instructions for use; instructions to the user; use instructions |
| 사전 동의 | preceding consent |
| 사전 통지 절차, 사전 상당 절차 | prior consultation procedure |
| 사회 (복지) 정보 보안(or 보호) | protection of social data |
| 사회 보장 | social security/protection |
| 사회 보장 카드 | social security card |
| 사회 보장, 사회 보험 | social security (scheme); social insurance |
| 사회 생활 복귀 | participation in social life |
| 사회(복지)법 | social (welfare) legislation |
| 사회(복지)행정절차와 사회(복지)정보보호 | administrative proceedings/procedure and social data protection |
| 사회법 | social law |
| 사회법원 | social court; social security tribunal |
| 사회법원 재판 절차 | social court proceedings/procedure |
| 사회법원 재판에 관한 법률 | social courts act; social security adjudications act |
| 사회법전 | social code |
| 사회보상법 | social compensation law |
| 사회보상법 | social compensation legislation |
| 사회보장 사무소 | social security office |
| 사회보장 제도 | social security scheme; social security system |
| 사회보장, 사회보호 | social security protection |
| 사회보장급여, 사회보험급여 | social (security) benefit |
| 사회보장급여, 사회보험급여 | social security benefit |
| 사회보장기관, 사회보험기관 | social security institution |
| 사회보장기관, 사회보험기관 | social security institution; social insurance institution |
| 사회보장의 선택 | social security elections |

| 한국어 | 영어 |
| --- | --- |
| 사회보장의 종류 | branch of social security |
| 사회보장제도, 사회보험제도 | social security system; social insurance system |
| 사회보장협약 | social security agreement/convention |
| 사회보험 보험료 | social security contribution |
| 사회보험 분쟁 | social (insurance) dispute |
| 사회보험 피보험자(or 가입자/수급대상자) | socially insured person |
| (상실한) 사회보험상의 청구권의 회복 | restoring of a (lost) social claim/right |
| 사회복지 기관/시설 | welfare organization |
| 사회복지 비용 | social expenditure; spending on social welfare |
| 사회복지 예산(안) | social-welfare budget |
| 사회복지 조무사 | social assistant |
| 사회복지(사업) | social assistance; public welfare; supplementary benefit |
| 사회복지(서비스) | welfare; social services |
| 사회복지(or 사회보장) 급여 | social welfare benefit |
| 사회복지(or 사회보장) 수급자 | recipient of social welfare |
| 사회복지기관 | social assistance authority; social services authority |
| 사회복지부서(or 사회복지사무소) | (social) welfare office; social assistance office; social services department |
| 사회복지정책 | social policy |
| 사회복지제도 | system of social welfare |
| 사회사업가 | social (welfare) worker |
| (장해로 인한 재활 후) 사회적 복귀 | social reintegration |
| 사회적 파트너(사업주와 노동자 및 그 단체와 대변자들) | social partners |
| 산(업)별 법정보험 | statutory accident insurance for the industrial sector |
| 산(업)별 산재보험기관(or 산재보험조합) | institution for statutory accident insurance and prevention in the industrial sector/in industry |
| 산림업 근로자 | forestry worker |
| 산별 의료보험기금(or 산별 의료보험조합) | (trade) Guild Health Insurance Fund; Guild Sickness Fund |

| 한국어 | 영어 |
|---|---|
| 산업 | trade and industry |
| 산업 부문 | branch of industry; branch of economic activity |
| 산업 안전 전문가(or 고문) | occupational safety specialist; industrial safety officer/adviser |
| 산업 의학, 직업병 의학 | occupational medicine; (드물게) industrial medicine |
| 산업(or 직업) 안전과 보건 | occupational safety and health; safety and health at work; workplace protection |
| 산업(or 직업)안전 보건법 | occupational safety act; industrial safety act; safety at work act |
| 산업(or 직업)안전규정 | occupational safety regulations/instructions |
| 산업(or 직업)안전보건 전문가 | occupational health and safety expert |
| 산업(or 직업)안전보건법 | occupational safety and health act; employment protection act |
| 산업의 | industrial |
| 산업의, 직업병 전문의 | occupational |
| 산업의학 서비스, 산업보건 서비스 | occupational medical service; occupational health service |
| 산업재해방지에 관한 규정 | state regulations on occupational safety and health; statutory provisions for occupational safety and health |
| 산업체, 사업장 | industrial establishment |
| 산재 사고 | occupational accident; accident at work; workplace accident; (드물게) industrial accident |
| 산재 사고 | occupational accident; accident (at work); (workplace) accident; (work-related accident); (드물게) industrial accident |
| 산재 상해에 대한 산재보험기관 (or 산재보험조합)의 특별 치료 혹은 그 절차 | special curative procedure/special treatment of occupational injuries of the accident insurance and prevention institutions |
| 산재 위험, 사업장 위험 | occupational hazards; workplace/job hazards; hazards at the place of work |
| 산재 위험의 예방 | prevention of occupational risks |

| 한국어 | 영어 |
|---|---|
| 산재 전문의 | "transit physician" : specialist doctor for accident injuries, appointed by the accident and prevention insurance institution for emergency treatment |
| 산재보험기관(or 산재보험조합) 2차 치료(or 후속 치료) | follow-up medical treatment on behalf of the accident insurance and prevention institutions |
| 산재보험기관(or 산재보험조합) 등록병원 | approved/registered hospital |
| 산재보험기관(or 산재보험조합) 등록의사 | institution doctor |
| 산재보험기관(or 산재보험조합) 등록의사 | certified/registered doctor/physician; (formal) medical practitioner |
| 산재보험기관(or 산재보험조합) 등록의사 | certified/authorized physician/doctor |
| 산재보험기관(or 산재보험조합) 산하 노동보건연구소 | Institute for Work and Health of the Accident Insurance and Prevention Institutions |
| 산재보험기관(or 산재보험조합) 산하 노동의학 연구원 | Research Institute for Occupational Medicine of the Accident Insurance and Prevention Institutions |
| 산재보험기관(or 산재보험조합) 산하 산재전문병원 | highly specialized clinic of the accident insurance and prevention institutions |
| 산재보험기관(or 산재보험조합) 산하 안전 및 보건 중앙사무소 | Central Office for Safety and Health of the Accident Insurance and Prevention Institutions |
| 산재보험기관(or 산재보험조합) 산하 직업 (or 산업)안전보건협회 | Institute for Occupational Safety and Health of the Accident Insurance and Prevention Institutions |
| 산재보험기관(or 산재보험조합) 연수원 | Academy of Accident Insurance and Prevention Institutions |
| 산재보험기관(or 산재보험조합)이 제공하는 직업 건강 서비스 | occupational medical/occupational health service of the accident insurance and prevention institutions |
| 산재보험조합 병원협회 | association of clinics of the accident insurance and prevention institutions |
| 산정 가액, 산출(or 산정) 근거 | basis of calculation |
| 산정(or 산출/계산) 방식 | method/mode of calculation |
| 산파 | midwife |
| 삼자간 고용관계가 관여하고 있는 파견 | secondment in a triangular relationship |
| 상계하다 | set off (against) |
| 상기업 | commercial establishment/business |

| 한국어 | 영어 |
|---|---|
| 상담 전문의(專門醫) 절차 | advisory specialist procedure |
| 상담소 | information centre/office |
| 상당한 액수의 현물 급여 | substantial benefits in kind |
| 상당한, 현저한 | considerable |
| 상도에서 벗어나다 | deviant/deviating from the norm |
| 상법전 | commercial code; code of commercial law |
| 상사, 상관 | (work) superior, chief; boss; head of |
| 상속 확인서(or 증명서) | certificate of heredity; inheritance certificate |
| 상속, 계승 | succession |
| 상시 근로자 | full-time worker |
| 상시의, 본업의, 전업의, 전일제의 | full-time; as regular/main occupation |
| (수급자격 등의) 상실(or 실효) | forfeiture (lost of an entitlement by own fault) |
| (~와) 상의하여, (~와의) 조율(or 표결)에 따라 | (after) consultation with |
| 상한(上限) | upper limit |
| 상해 | personal damage |
| 상해 | injury |
| 상해 결과(or 효과)의 악화 | aggravation of the effects of the injury |
| (법정) 상해 보험(or 재해 보험), 산재보험 | statutory accident insurance; insurance against occupational risks/injuries |
| 상해 연금 | injury pension |
| 상해 전문의 | specialist (doctor) for accident injuries |
| 상해로 인해 (산재)보상을 청구하다 | to claim compensation for damages |
| 상해를 입다 | (to suffer) personal injury; bodily injury; physical harm; damage to the body |
| 상해를 입다(or 당하다) | to get injured/hurt |
| (공적) 상해보험기관, (공적) 재해보험기관 | accident insurance and prevention institution (of the public sector) |
| 상해보험법, 재해보험법, 산재보험법 | accident insurance law/act; act on occupational risks/injures |
| 상해보험보장, 재해보험보장 | accident insurance protection/coverage |
| 상해보험제도, 재해보험제도 | accident insurance system/scheme |

| 한국어 | 영어 |
| --- | --- |
| 상해의 성격에 따른 의료 치료 방식 | method of medical treatment in conformity with the nature of the injury |
| 상해의 효과(or 결과) | effects/results of the injury |
| 상해자, 부상자 | (injured)/harmed person |
| 상호 공제 조합(단체) | mutual benefit society; friendly society |
| (초과 지급액의) 상환 | refund (of overpayments; of allowances overpaid); reimbursement; repayment |
| 상환 요청(or 요구) | demand of reimbursement |
| 상환 청구(권) | right to reimbursement |
| (비용~) 상환원칙 | "third party guarantee" |
| 상환포기 협정 | system agreement on the waiving of costs |
| 상환하다 | to refund; to reimburse |
| 상황의 본질적인 변화 | relevant change of circumstances |
| 새로운 증거 | fresh/new evidence |
| 새롭게 편입된 독일연방주(州) (구 동독지역의 주) | the new German states |
| 생계(비)에 일조하다 | to contribute to the maintenance |
| 생계비 선지급 | maintenance advance |
| 생계비 지급 | payment of maintenance |
| 생계비, 생활비 | cost of living |
| 생계비/생활비를 벌다 | to earn one's living |
| (주요) 생계비를 부담하다, 부양하다 | to maintain (mainly) |
| 생계비에 대한 수급권이 있는 | dependent; entitled to maintenance |
| 생계비에 대한 수급권자 | person entitled to maintenance; maintenance creditor |
| 생계비에 대한 수급자격(or 수급권) | entitlement to maintenance |
| 생년월일 | date of birth |
| (~에서) 생산(or 제작), (~(의)) 제품 | manufacture of; production of |
| 생산자 책임(제) | manufacturers' strict liability |
| 생존 보장 | subsistence protection |
| 생존 확인서 | life certificate |

| 한국어 | 영어 |
|---|---|
| 생필품 | basic needs |
| 생활 수준 | standard of living/living standard |
| 생활비 지원 | assistance to meet the cost of living |
| 서류/문서 전송/송부 | transmission/sending of documents |
| 서면 또는 구두 통지 | written or verbal communication |
| 서면, 용지, 양식, 법정 문서 | legal document; form |
| 서면으로 알리다 | to communicate in writing |
| 서비스 규정 | service rules |
| 서비스(의 제공), 직무 수행 | (provision of) service |
| 서비스의 자유로운 이동, 직무 수행의 자유 | free circulation of services |
| 서식, 양식, 용지 | printed form; certificate |
| 서신(or 문서) 교환 | correspondence |
| 서열이 같은 친척 | persons related collaterally |
| 석면 | asbestos |
| 석면 분진 | dust containing asbestos |
| 석면폐증, 석면침착증 | asbestosis |
| 선납 보험료 | advance contribution |
| 선도 협회 | head association; leading organization |
| 선불(금), 선불 급여 | advance payment |
| 선불/선불금 | advance |
| 선불하다 | to pay as an advance payment |
| (사실을 말할 것을 ) 선서한 증인/목격자를 심문하다 | to examine witnesses on oath |
| 선원, 뱃사람 | seamen; mariners; sailors |
| 선원보험기금 | Seamen's Insurance Fund; Mariners' Insurance Fund |
| 선원상해보험 | seamen's accident insurance |
| 선원의료보험기금, 선원질병보험기금 | Seamen's Health Insurance Fund; Seamen's Sickness Insurance |
| (법규의 엄격한 준수 따위로 인한) 선의의 피해, 선의의 피해자 | case of hardship; hardship case |
| 선택부(or 선택적/옵션부) 계속보험 | optional continued insurance |

| 한국어 | 영어 |
| --- | --- |
| 설명 책자 | leaflet; instructions |
| 설명, 해명 | clarification |
| 설비/장비 제조업체(or 제조업자) | equipment manufacturer |
| 성년의 나이 | age of majority; age of full citizenship |
| 성년이 된 | (major) of age |
| 성탄절 보너스 | Christmas bonus |
| 세계보건기구 | World Health Organization |
| 세금 공제 | tax deduction |
| 세액 공제 | tax allowance; amount exempt from |
| (보험료의) 소급 납부 | retroactive payment of contributions/premiums |
| 소급 납부, 지체 보험료의 납부 | payment of arrears; retroactive payment |
| 소급 보험 | retroactive insurance |
| 소득 보상 급여 | income compensation benefit; pay substitution benefit |
| 소득 보장 | income security/guarantee |
| 소득 상실 보상(액)(or 보전(액)) | earnings loss compensation; compensation for lost income |
| 소득 연계형의 | earnings-related |
| 소득 확인서 | certificate of salary/income |
| 소득(or 자산) 비연계형의 | non-means-tested |
| 소득(or 자산) 연계형의, 자산 조사의, 소득에 따라 좌우되는 | income-tested; means-tested |
| 소득, 수입 | income |
| 소득능력 저하의 평가(or 측정) | assessment of the diminution of earning capacity |
| 소득능력의 총 감소부분 | total diminution of earning capacity |
| 소득불능(상태), 노동무능력, 소득무능력 | incapacity for earning; disability; general invalidity |
| 소득불능(or 노동무능력/소득무능력)의 정도 | degree of incapacity for earning |
| 소득세 납부 의무가 있는, 과세 대상 소득, | liable to income tax; taxable income |
| (권리 등의) 소멸 시효 | limitation; (Anspruch) lapse |

| 한국어 | 영어 |
| --- | --- |
| 소방 대책 | fire protection |
| 소방 지침 | fire protection rule |
| 소방(활동) | fire-fighting |
| 소방대 | fire brigade |
| 소비자물가지수 | consumer price index |
| 소송 | litigation |
| 소송 (절차) | court/legal proceedings |
| 소송 (절차) | proceedings |
| 소송 규칙 | rules of procedure |
| 소송 당사자, 소송 상대 | party to litigation |
| 소송 비용/경비 | costs and expenses of proceedings |
| 소송(or 절차)의 당사자 | parties to the procedure |
| 소송권 | litigious right |
| 소송을 제기하다 | to bring an action against |
| 소송의 재개 | re-opening of proceedings |
| (데이터의) 소스(or 원천) | source (of data) |
| 소음 방지 | protection against noise; noise prevention |
| (업무상) 소음으로 인한 난청 | hypoacousis; occupational deafness; deafness caused by noise; noise-induced hearing loss |
| 소의 제기, 제소 | commencement/institution of proceedings |
| 소책자 | brochure |
| 소추 면책 | immunity from legal process |
| 소환하다 | to call in; to join as a third party |
| 속지주의 | principle of territoriality |
| 손상에 대한 책임자 | person responsible for the damage |
| 손상의 원인 | cause of the damage |
| 손해, 손상, 손실, 부상, 상해 | damage; impairment; (Personen) injury |
| 손해배상 청구소송 | action for (recovery of) damages; (civil) lawsuit for damages |
| (연금을) 송금하다/이체하다 | to transfer |

| 한국어 | 영어 |
| --- | --- |
| 송달 수권자 | lawyer providing the address for service; paying agent |
| (해외) 송달/송무 업무 | service (abroad of judicial and extrajudicial documents in civil or commercial matters) |
| 송달의 증거 | proof of service |
| (~에게 ~를) 송달하다 | to serve sb with sth |
| 송환 비용 | expenses of return transportation; repatriation expenses/costs |
| 수급 권자 | person authorized to receive (a sum payable); authorized recipient |
| 수급(권)자 | beneficiary |
| (현물 급여에 대한) 수급권(or 수급자격) 증서 | certificate of entitlement (to benefits in kind) |
| 수급권(or 수급자격)을 양도하다 /담보로 잡히다/압류하다 | to assign, pledge or seize entitlements |
| 수급권(or 수급자격)의 시효 | prescription of entitlement |
| 수급권(or 수급자격)의 유지 | maintenance of an entitlement/an acquired right; preservation of an entitlement |
| 수급권(or 수급자격)의 조건 | requirement/condition for entitlement; qualifying condition |
| 수급권(or 수급자격)의 회복 | recovery of entitlement |
| 수급권(or 수급자격)이 없는 | disentitled; not entitled to |
| (~에 대한) 수급권리가 있다, (~에 대한) 청구권이 있다 | entitlement to; to be entitled to; to have a right to; to have a claim for |
| 수급권자 | person entitled to |
| 수급권자간(or 수급권자의) 협력 | co-operation of beneficiaries |
| 수급자, 수급권자 | beneficiary; recipient |
| 수급자, 수급권자 | payee; beneficiary |
| (취득 중에 있는 연금에 대한) 수급자격(or 수급권) | (pension) entitlement (in the course of acquisition) |
| 수급자격(or 수급권)의 취득 | acquisition of an entitlement |
| (~에 대한) 수급자격이 있는 | eligible (for); entitled (to) |
| 수당, 보조금 | grant; allowance; (Beamte) subsidy |
| (~에 대한) 수당/보조금 | help with ...; subsidy; (regelmä $\beta$ ig) allowance |

| 한국어 | 영어 |
| --- | --- |
| 수령(증), 수급 | receipt |
| (정형외과적 보조(구)의) 수리/대체 | repair/renewing or replacement (of orthopaedic appliances) |
| 수송비, 운임 | cost of transport |
| 수술 | surgical operation |
| 수술 절차 | operative procedure |
| 수습 근무 | to be employed on probation; work on probation |
| 수양 자녀 | foster child |
| 수용, 억류, 매장 | internment |
| 수익 | revenue |
| 수입, 소득 | receipts; earnings; (des Staates) revenues |
| 수정 의정서 | protocol of amendment |
| 수족절단 장해인 | amputee |
| 수지상등의 원칙 | equivalence principle; cost-of-service principle |
| 수탁자 | trustee; fiduciary |
| 숙련 근로자 | skilled worker; specialist (worker) |
| 숙박비 | costs of accommodation |
| 순부과 방식 | pay-as-you-go' system/method; apportionment procedure |
| 순소득 | net earnings |
| 스스로를 부양할 능력이 없는 | incapable of self-support |
| 승인, 인가, 판결 | award; grant; approval |
| (관할 당국/단체 등의) 승인/허가/인가 | approval/authorization (of the supervisory authority/body) |
| 시급(時給) | hourly wage |
| 시력 보조구 | visual aid |
| 시행 명령 | executive direction; operating instruction |
| 시행 협정 | executive arrangement |
| 시행령 (유럽경제공동체 규정) | regulation of/for implementation |
| 시험 방법, 시험 절차 | test(ing) method; test(ing) procedure |

| 한국어 | 영어 |
|---|---|
| (소멸) 시효에 대한 이의 제기 | objection to limitation |
| 신고 대상 사고(or 재해) | notifiable/reportable accident |
| 신고 대상인 (산재 사고) | notifiable; reportable (occupational accident); subject to compulsory declaration |
| 신고의 의무 | obligatory notification/reporting |
| (경찰에 의한) 신원조회서, 신원증명서(or 확인서) | certificate issued by the police on the criminal records of a person; certificate of good character |
| 신장 투석 | renal dialysis |
| (산재보상청구 등을 위한) 신청 양식(or 용지) /청구 양식(or 요지), 신청서/청구서 | application/claim form |
| 신청(청구)하면 (~하다), 신청(청구)하는 즉시 (~하다) | on demand; on application |
| 신체 기능 | bodily function |
| 신체 장해 | physical disablement/impairment |
| 신체 장해가 있는 | physically handicapped/disabled |
| 신체적 결함 | bodily infirmity; physical deficiency |
| 신체적(or 신체기능적) 재활 | functional rehabilitation |
| 신체적으로 온전한 상태 | physical/bodily integrity |
| 실무 규정(or 규칙) | code of practice; technical rule |
| 실무 기준 | codes/standards of practice |
| 실무 언어 | working language |
| 실무 자료, 작업 자료 | working material |
| (산업의를 위한) 실무 지침 | practical guides (for occupational doctors) |
| 실무반, 작업반 | working party/group; team |
| 실습 | working in; training |
| 실습, 견습 | practical training; on-the-job-training |
| 실업 | unemployment |
| 실업 급여 | unemployment pay/benefit |
| 실업 부조/보조금 | unemployment assistance/grant |
| 실업보험(제도) | unemployment insurance (scheme) |
| 실업자 | unemployed (person) |

| 한국어 | 영어 |
|---|---|
| 실종된, 사망한 것으로 추정되는 | missing; lost; (presumed to be death) |
| 실향민, 추방자, 망명자 | displaced person, exile |
| 쓰레기 처리, 폐기물 처리 | waste disposal |
| 아내, 법적 배우자 | wife; (formal) spouse |
| 아동 및 청소년 보호(에 관한 법률) | protection of children and young persons (act) |
| 아동 및 청소년 복지 | child and youth welfare |
| 아동 양육 기간 | periods of children's upbringing |
| 악천후 수당 | bad weather pay/money/allowance |
| 안경상, 광학기계 제조업자 | (ophthalmic) optician |
| 안과 의사, 안과 전문의 | ophthalmologist; oculist; eye specialist |
| 안내견 | dog guide |
| 안전 감독관(or 사무관) | safety delegate; safety inspector |
| 안전 교육 | safety training |
| 안전 규정(or 지침) | safety regulations/provisions |
| 안전 기사 | safety engineer |
| 안전 기술, 안전 공학 | safety engineering |
| 안전 기준 | safety standards |
| 안전 대책 | safety measure |
| 안전 데이터 시트, 안전자료표 | safety data sheet |
| 안전 요구사항 | safety requirements |
| 안전 위원회 | safety committee |
| 안전 장치(or 장비) | safety appliance/device |
| 안전 전문인력 | safety specialist |
| 안전 점검 | safety check/testing |
| 안전 표시 | safety marking |
| 안전검사필 (GS) | safety tested |
| 안전규정(or 안전지침)의 준수 | observance of safety regulations |
| 안전대책, 보호조치 | safety precaution; protective/provisional measure; preventive measure |
| (기술적) 안전표 | (technical) safety sheet |

| 한국어 | 영어 |
| --- | --- |
| 압류 | seizure; attachment; sequestration |
| 압류할 수 없는 | exempt from seizure; unseizable |
| 약사, 약제사 | pharmacist; (dispensing) chemist |
| 약제, 의약품 | pharmaceutical; medical drug |
| (산재보상청구권 등의) 양도 | cession (of rights, claims) |
| 양도 가능한 (권리) | transferable (right) |
| 양도 불가능한 권리 | inalienable right |
| 양도(or 매각)할 수 없는 | unassignable; (Rechte) inalienable |
| 양도하다 | to assign; to transfer |
| 양로원 | home for the aged; old people's home |
| 양부모 | foster parents |
| 양식, 서식 | form |
| 양육 | upbringing of children |
| 양육 수당 | child-raising allowance |
| 양육 연금 | child-raising pension |
| 양육 휴가 (舊) | child-raising leave; parenting leave |
| 양육 휴가, 육아 휴직 | child-raising leave; parenting leave |
| 양육권 | parental custody |
| 양육비, 생계비 | maintenance; support, alimony |
| 양자간 협약 | bilateral convention |
| 어떤 문제를 면밀히 조사하다 | to hold an inquiry into a question |
| 엄숙한 선언 | solemn declaration |
| (재해의) 업무 관련성 | occupational relatedness; occupational origin |
| 업무 복귀 | reintegration; resettlement |
| 업무 복귀 | vocational integration; integration into employment; occupational resettlement |
| 업무 재개 | resumption of work |
| 업무 중, 사업장 (내)에서 | at work; in/at the workplace |
| 업무복귀 지원(or 개호), 통합적 지원(금) | integration aid |
| 업무복귀 지원사무소 | (Vocational) Integration Office (for severely disabled persons) |

| 한국어 | 영어 |
| --- | --- |
| 업무상(or 직업성) 장해 | occupational disability; occupational invalidity |
| 업무상(or 직업성) 장해연금 | occupational disability pension |
| 업무상(or 직업성) 장해의 | occupationally disabled |
| 업무상(or 직업성) 질환 | work-related disease; occupationally related disease; work-induced disease |
| 업무상(or 직업성) 질환(or 질병) | Occupationally-related disease; disease due to work/employment |
| 여비 | travelling expenses |
| 여비 | travelling expenses; costs of travel |
| 여성의 결혼 전 성(姓), 여성의 출생 시 성(姓) | maiden name |
| 역년(曆年) | calendar year |
| 역외의, 국경간 | cross-border; cross-frontier |
| 역학, 유행병학 | epidemiology |
| 연가 최저 소득 | minimum/lowest annual earnings |
| 연간 보고, 결산 보고 | annual report |
| 연간 보험료 | yearly contribution |
| 연간 소득(or 임금) | annual earnings/wage/remuneration |
| 연간 최대 소득 | maximum annual earnings |
| 연계 치료 (피보험자가 입원치료에 바로 연이어서 받는 재활치료) | follow-up (rehabilitative) treatment; associated treatment |
| (학문적) 연구 | study |
| 연구 결과 | research findings/results |
| 연구 기간 | duration/length of study |
| (~에 대하여) 연구하다 | to carry out research and studies on |
| 연금 가액 | amount of pension |
| 연금 가액, 연금액 | amount/rate of pension |
| 연금 감액 | reduction of pension |
| 연금 결정의 통지 | official notification of one' s pension |
| 연금 계산 시 산입 기간 | periods relevant for the calculation of pensions |
| 연금 공식 | pension formula |

| 한국어 | 영어 |
|---|---|
| 연금 생활자 | pensione |
| 연금 생활자, 퇴직자 | retired person; retiree |
| 연금 수급 방법의 변경 | modification/commutation of pension types |
| 연금 수급권자 | person entitled to (draw a) pension |
| 연금 수급권자 | pension beneficiary; recipient of a pension |
| 연금 수급자 | recipient of a Pension; pensioner |
| 연금 수급자 의료(or 질병) 보험 | health/sickness insurance for pensioners |
| 연금 수준 | pension level |
| 연금 신청, 연금 청구 | application/claim for a pension |
| 연금 연령(or 퇴직 연령)의 융통적 적용 | flexible pensionable age; flexible retirement age |
| 연금 위원회 | pension commission |
| 연금 유형 | category/type of pension |
| 연금 인출(or 수령) | drawing of a pension |
| 연금 정보 | periodically sent information on insurance periods and the amount of pension |
| 연금 정산소 | pension accounting office |
| 연금 조정 | adjustment of pensions |
| 연금 증액 | pension increase |
| 연금 지급 절차 | pension payment procedure |
| 연금 지급의 개시 | start/commencement of pension payment |
| 연금 청구(권), 연금 수급권(or 수급자격) | pension entitlement/right |
| 연금 취소 | withdrawal of a pension |
| 연금 취소(연금 지급중지) | annulment of a pension |
| 연금 현황에 관한 정보 | information on one's pension situation |
| 연금(액)의 감액 | reduction in (the amount) of pension |
| 연금(액)의 산정 | calculation/computation of pension |
| 연금(을 인출하다/받다) | (to draw a) pension |
| 연금(or 퇴직) 연령 | pension/retirement/retiring age |
| 연금, 퇴직(급여) | pension; retirement (benefit) |

| 한국어 | 영어 |
| --- | --- |
| 연금보험 | pension insurance |
| 연금보험기관 | pension insurance institution |
| (현 연금의) 연금액의 재평가 | pension revaluation |
| 연금에 대한 수급자격(or 수급권)의 확정 | establishment of the right to (being awarded) a pension |
| 연금의 일시 지급, 일시불 연금 | capitalization of pensions |
| 연금의 자본적 가치, 일시불 연금의 가치 | capital value of the pension |
| 연금제도 개혁, 개혁 연금제도 | pension reform |
| 연금조정에 관한 법률, 연금조정법 | pension adjustment act |
| 연락사무소 | liaison agency/office; (EU) liaison body |
| 연령 | year of (one's) life |
| 연령 구조, 연령 분포 | age structure/distribution |
| 연령 집단 | age group |
| 연령에 따른 가산수당 | age addition; increment for age |
| 연령피라미드, 피라미드형 연령분포도 | age pyramid; age diagram |
| 연방 보조금 | federal subsidy |
| 연수 휴가 | education(al)/study leave |
| 연수, 재교육 | further (vocational) training; further education; advanced training |
| 연수생, 견습생 | trainee; apprentice |
| (기한 등의) 연장 | extension |
| 연장 (추가) 교육 | further (vocational) training; continuing training; further education |
| 연체료, 체납 추징금 | penalty for nonpayment; increase of contribution for reasons of arrears |
| (파일/기록의) 열람/조사 | access to the files/records; inspection of the files/records |
| 영구 (노동) 장해의 | permanently incapacitated for work; permanently disabled |
| 영구 소득능력장해 | permanent Incapacity of earning; permanent earning incapacity |
| 영구 연금(종신연금) | permanent pension |

| 한국어 | 영어 |
|---|---|
| 영수증, 수령증 | receipt |
| 영업행위를 하다 | to carry on an industry/a trade |
| 영토 균형 | equivalence of territories |
| (자치/주권) 영토(지) | (sovereign) territory |
| (약제/작용물질의) 영향(or 효과) | effect of agents |
| 예기치 않게 갑자기 발생한 일(사건) | sudden and unforeseeable event; chance event |
| 예방 | prevention |
| 예방 조치(를 취하다) | (to take a) preventive measure |
| 예방의학 | preventive medicine |
| 예방책, 예방조치 | precaution; precautionary measure |
| 예방하다 | to prevent |
| 예비 기금(공제 기금) | provident fund |
| 예비 판결 | preliminary proceedings; pre-trial procedure; administrative appeal |
| (추가-) 예산 | (supplementary) budget |
| 예술가 사회기금 | Artists' Social Fund |
| 예술가 사회보험 | social security for artists |
| 예후 | forecast |
| 오염 | contamination; pollution |
| 완성 기간 | periods accomplished |
| 완전노령연금 | full pension |
| 외과의(外科醫) | surgeon |
| 외국인 근로자 | foreign worker/labourer |
| 외국인 근로자 | immigrant/foreign worker |
| 외국인 근로자 | migrant worker |
| 외국인 근로자 보험 | migrant insurance |
| 외국인 연금 | pension payable to repatriots/foreigners of a country without a social security agreement |
| 외래 (치료) 환자 | out-patient (treatment) |

| 한국어 | 영어 |
|---|---|
| 외래 물리치료의 확대 | enlarged system of physiotherapy |
| 외래 진료, 외래 치료 | out-patient treatment; ambulatory treatment; (selten) outdoor-treatment |
| 외래 진료, 외래 치료 | out-patient treatment; (seltener) out-door-treatment |
| 요금, 수수료 (진료비) | fee; charge |
| 요금, 요율 | rate |
| 요양, 요양 치료 | cure |
| 요율표 | table of fees; scale of fees; tariff |
| 요청 기관 | requesting agency/office |
| (~의) 요청이 있는 즉시, (~의) 요청에 따라 | (upon) request (of) |
| 우인(偶因), 기회 원인(직전(直前) 원인이지만 직접 원인은 아닌 것) | occasional cause |
| 우편료 | postage (expenses) |
| 운구비 | transport costs of the corpse |
| 운동 기관 | motion system |
| 운영 지침 | operating instructions |
| 원격 근무, 화상 업무(or 작업), 재택 근무 | telework |
| 원고(인) | (Zivilrecht) plaintiff; (Strafrecht) prosecuting party |
| 원산지 | country of origin |
| 원인 물질 | causative agent |
| 원인 조사 | research into the causes |
| 원호청 | authority competent for war pensions and for handicapped persons |
| 월별 분할금(or 분할납부/분할지급) | monthly payment (installment) |
| 위급(한 상황), 비상(사태) | emergency |
| 위반, 비준수, 무시 | non-observance |
| 위반, 저촉 | offence; breach of; contravention; infringement |
| 위반하다, 무시하다, 지키지 않다 | to disobey |
| 위법 행위 | offence; misdemeanour |

| 한국어 | 영어 |
|---|---|
| 위법의, 법에 어긋난, 불법의 | unlawful; illegal |
| (위원회의) 위원 | composition; membership (of a committee) |
| 위원회 | committee; commission |
| (의무의) 위임 | delegation (of duties) |
| 위자료 | compensation for pain and suffering; pretio doloris |
| 위헌 | unconstitutionality |
| 위헌소(의 제기) | complaint about infringement of the constitution; constitutional complaint |
| 위험 | risk; hazard; danger |
| 위험 등급 | class of risk |
| 위험 물질 | hazardous substances |
| 위험 예방 | protection against hazards; hazard protection |
| 위험 요소 | risk factor |
| 위험 평가 | risk assessment |
| 위험등급표 (위험등급표상의 등급), 보험요율표 | (position in the) tariff of risks; contribution rates schedule |
| 위험물질에 관한 규정 | ordinance on hazardous substances |
| 유급 활동 | remunerative activity |
| 유럽 경제 공동체 | European Economic Community |
| 유럽 경제 공동체 규정 | EEC-regulations |
| 유럽 경제 공동체 훈령 | EEC-directives |
| 유럽 산업안전보건청 | European Agency for Safety and Health at Work |
| 유럽 산재 및 직업병 보험 포럼 | European Forum of insurances against accidents at work and occupational diseases |
| 유럽 연합 | European Union |
| 유럽 위원회 | European Commission |
| 유럽 의료보험카드 | European Health Insurance Card (ERIC) |
| 유럽 재판소 | European Court of Justice |
| 유럽 평의회 | Council of the European Union |

| 한국어 | 영어 |
| --- | --- |
| 유럽 회의 | European Council |
| 유럽경제구역 | European Economic Area (EEA) |
| 유럽생활노동환경개선재단 | European Foundation for the Improvement of Living and Working Conditions (EUROFOUND) |
| 유럽인권재판소 | European Court of Human Rights |
| (~라는 조건부로) 유보(or 보류) | (with the) reservation (that) |
| 유족 | (surviving) dependants |
| 유족 급여 | survivors'/dependants' benefits |
| 유족 연금 | survivors'/dependents' pension |
| 유족급여의 지급 시 유족 지급 순서 | order of priority for the payment of benefits to survivors |
| 유질(처분) | foreclosure |
| 유치원 교사, 보모 | nursery/infant school teacher |
| 유해 물질, 오염 물질 | harmful substance/agent; pollutant |
| (계약의) 유효 기간 | term; period of validity |
| 육영 장학 | educational promotion |
| 육친 | natural parents |
| (직장 내) 음해행위, 왕따 | bullying |
| 응급 의사 | doctor/physician on emergency duty |
| 응급 처치(or 치료) | emergency treatment |
| 응급 치료(-장치/기구) | first aid (material) |
| 응급실 | accident/emergency ward |
| 응급처치하다 | to help in an emergency; emergency aid/assistance (first-aid) |
| 응급치료 서비스 | first aid service |
| 응급치료 요원 | first aid helper; first aider |
| 응급치료(or 응급처치) | emergency treatment |
| 의논조(로), 고문 자격으로 | (to have a) voice/to be in an advisory capacity |
| 의도적으로 야기된 | caused willfully/deliberately |
| 의뢰, 위임, 명령 | mandate; order |

| 한국어 | 영어 |
| --- | --- |
| 의료 개호 | medical assistance/aid |
| 의료 개호 | medical aid/attendance |
| 의료 개호, 입원(간호) | hospital care; hospitalization |
| 의료 과실/재해/사고 | medical fault/accident |
| 의료 보고서, 진료 기록 | medical report |
| 의료 보호 | medical care |
| 의료 보호, 의학적 치료 | medical treatment/care |
| 의료 재활 | medical rehabilitation |
| 의료 전문가, 의료 감정인 | medical expert |
| 의료(or 의학) 실습 | doctor's practice; medical practice |
| 의료(or 질병) 보험 | health/sickness insurance |
| 의료보건 비용, 건강관리 비용, 의료비, 보건비 | health care costs; health service costs |
| 의료보험개혁법, 의료보험의 개혁에 관한 법률 | health care reform act |
| 의료보험기관, 질병보험기관 | health insurance institution; sickness institution |
| 의료보험기금(or 의료보험조합) | health insurance fund; sickness fund |
| 의료보험조합 등록 의사 | panel doctor |
| 의료보험조합 등록 의사 연맹 | union of panel doctors |
| 의료보험조합 등록 의사가 제공하는 의료보호 | medical care provided by panel doctors |
| 의료보험조합 등록 치과의사 | panel dentist |
| 의료보험조합 총연맹 | association of funds |
| 의료보호 서비스업자 | health care/medical care provider |
| 의료비 | medical costs |
| 의료자문위원회 | medical board |
| 의무보험에 따른 보험료 | compulsory contributions |
| 의복 수당 | clothing allowance |
| 의붓부모 | stepparents |
| 의사 선임의 자유 | free choice of doctor |
| 의사 소견(서), 의학적 소견(서) | medical opinion/statement |
| 의사 소견서 | medical opinion/report |

| 한국어 | 영어 |
|---|---|
| 의사 표시 | declaration of intention/will |
| 의사 협약 | agreement with physicians |
| 의사결정절차, 판결 | decision making procedure; adjudication |
| 의사의 비밀유지의 의무 | medical secrecy/confidentiality |
| 의사회, 의사 협회 | general medical council (Brit.); state medical board of registration (US) |
| (직업병이) 의심되는 (경우에) | (in the case of) suspected (occupational disease); (when an occupational disease) is suspected |
| 의약품 | medicine; pharmaceutical product |
| 의장, 회장 | chairman; president |
| 의정서, 기록, 조서, 회의록, 진술서 | statement; (법원) transcript |
| 의제 | agenda |
| (대기 기간의) 의제 | fiction (of qualifying period) |
| 의치 | dental prothesis; dentures |
| (환자를 or 환자에 대한 책임을) 이관하다, (환자의 치료를) 의뢰하다 | to refer (a patient to) |
| 이비인후과 전문의 | ear, nose and throat specialist |
| 이사, 장관, 사무관 | (managing) director; (연맹/동맹) secretary |
| 이사비용 보조(금) | removal grant |
| 이사회 | (management) board; executive board |
| 이사회 의장 | chairman of the board |
| (~에 대한) 이유를 제시하다, (~에 대해) 설명하다 | to substantiate; to state/give reasons (for) |
| 이의 신청권 혹은 법적 구제권에 대한 통지 | notification/statement of rights of appeal/redress |
| 이의 신청권, 법적 구제 | right of appeal; legal remedy |
| (~에 대해) 이의를 제기하다. (~에 대해) 재심을 청구하다 | (to) appeal (against); (to file a request for reconsideration) |
| 이의신청 기각에 대한 불복종 항소, 이의신청 기각에 대한 재심의 신청 | complaint against the decision refusing leave to appeal; renewed application for leave to appeal |
| 이의신청기간(항소?상소?항고 기간)이 만료되다 | the time for appeal has expired |
| 이의제기 심의 부서(or 위원회) | objection committee; objection office/bureau |

| 한국어 | 영어 |
| --- | --- |
| 이의제기, 항변 | objection; reclamation |
| 이의제기할 수 있는 결정, 공식 판결 | formal decision |
| 이자율 | interest rate |
| 이전 지출 | transfer payment |
| 이전, 전송 | transmission; passing on |
| 이주 국가, 주최국 | receiving country; country of immigration; host country |
| 이주, 이민 | immigration |
| 이주자, (구(舊) 동독영토로부터) 송환자 | repatriate (from former German territories) |
| 이중 국적 | dual nationality |
| 이중과세조약 | double taxation treaty |
| (돈의) 이체, 송금 | transfer |
| 이혼 | divorce |
| 이혼 배우자 연금 | divorced spouse's pension |
| 이혼한 | divorced |
| 인(人)의 범주 | category of persons |
| 인간공학 | ergonomics |
| 인간공학의 | ergonomic |
| 인건비 | personnel costs |
| 인공 보정기 | prothesis |
| 인공 보철물, 인공 의족, 인공 의수 | prosthetic appliances; artificial limbs |
| 인과 관계 | causality; causal relation(ship); causal connection/link |
| 인과 관계 | causal relationship |
| (사고의) 인과관계 | causation (of an accident) |
| 인력 알선업자, 인력 중개소 | agency recruiting personnel for a temporary period |
| 인력 은행 | employment office; job centre |
| 인명 구조자 | rescuer; person having saved a life |
| 인사 기록 카드 | personal file |
| 인사 및 재정 위원회 | staff and finance committe |

| 한국어 | 영어 |
|---|---|
| 인사부 | personnel department/division |
| (급여의) 인상/현실화, 재평가, 조정 | uprating (of benefits); adjustment; revaluation |
| (급여를) 인상하다/현실화하다, 재평가하다, 조정하다 | to uprate; to revalorize; to review |
| 인적 사항 | personal data |
| 인적 회사, 합명 회사 | partnership; joint interest |
| (일반적으로) 인정되는 기술규칙 | (generally) acknowledged rules of technology |
| 인증 표시, 검사필증 | certification mark |
| 인증(or 공증) 사무소 | testing/certification office |
| (~에 대한) 인지(or 주목) | for the attention of |
| 일단 채택된 증거, 잠정적 증거 | prima facie evidence |
| 일반 치료 | general treatment |
| 일반(or 정규) 노후 연금 | (regular) old age pension |
| 일반개업의 | general practitioner |
| 일반개업의 | general practitioner; practicing physician |
| 일상적 업무를 취급하는 | entrusted with day-to-day matters |
| 일시 급여 | transitional benefit |
| 일시 보상(or 상환) | lump-sum compensation/reimbursement |
| 일시 보조금(or 수당) | transitional allowance |
| 일시 지급액, (지급 보험금의) 최고액, 상환 가액 | capitalization; lump sum (payment); capital sum payment; redemption sum |
| 일시금, 일시불 | total payment; lump sum |
| 일시불 연금가액 | capital sum representing the pensions |
| (지급 대상 급여나 보험금을) 일시불로 지급하다 | to commute the payment into a capital sum; to make a lump sum payment |
| 일시장해급여 | injury benefit; temporary disability benefit (from accident insurance) |
| 일인당 | pro Kopf |
| 일일 수당 | daily allowance |
| 일일 요율 | daily rate |
| 일자리 창출 프로그램, 실업자 취업 프로그램 | job creation scheme/program |
| 일회 지급(or 납부) | single payment |

| 한국어 | 영어 |
| --- | --- |
| 임금 | remuneration |
| 임금 | salary |
| 임금 계정 | account of wages |
| 임금 계정 정산 기간 | period for the settling of wage accounts |
| 임금 대장 | pay roll |
| (파산 시) 임금 손실 | loss of wages (in the case of bankruptcy) |
| 임금 신고(서) | pay statement |
| 임금 신고(서) | wage report |
| 임금 압류 | attachment of earnings |
| 임금 확인서 | pay certificate |
| 임금, 급료 | wage; pay |
| 임금, 수당, 봉급, 수입 | emoluments; drawings |
| 임금의 계속 지급에 관한 법률 | remuneration continued payments act |
| (공휴일이나 병가 시) 임금의 계속적 지불 | sick pay; continued payment of wages (in the case of illness) |
| 임산부 | expectant mother; pregnant woman |
| 임산부/모자(母子) 보호 | maternity protection (legal protection of expectant and nursing mothers) |
| 임산부/모자(母子) 보호법 | maternity protection act |
| 임시 개호 | interim aid |
| 임시 거주자의 의료 보호에 관한 유럽 협정 | European agreement concerning the provision of medical care to persons during temporary residence |
| 임시 규정 | provisional/interim regulation |
| 임시 체류, 임시 거주지 | temporary residence |
| 임시(or 일시) 급여 | award of benefits on a provisional basis; provisional benefits |
| 임시로 근로하고 있는 업체, 임시직을 제공한 업체 | company offering temporary jobs/work |
| 임시로 하는 일, 임시직 | casual work; occasional employment |
| 임시의, 일시적인 | provisional; temporary; (Urteil) preliminary |
| 임시직 근로자 | casual/occasional worker |

| 한국어 | 영어 |
|---|---|
| 임시직/시간제 노동, 임시직 | temporary work/job |
| 임의 급여 | facultative benefit |
| 임의 보험 | voluntary insurance |
| 임의보험 가입연도 | voluntary social year |
| 임의보험에 가입된, 임의보험의 적용을 받는 | voluntarily insured |
| 임의보험에 가입한(or 가입된), 보험에 가입되어 있는 상태인 | voluntarily insured |
| 임의보험에 따른 보험료 | voluntary contribution |
| 입법, 법률 | legislation |
| 입법권 | legislative authority |
| 입양아 | adopted child |
| 입원 | stay in hospital, hospitalization |
| 입원 (치료) 환자 | in-patient (treatment) |
| 입원 치료 | in-patient treatment; (seltener) in-door treatment |
| 입원 치료 | in-patient treatment; hospitalization |
| 입원치료하다, 입원시키다 | to hospitalize |
| 입증책임(의 전환) | (reversal of the) burden of proof |
| 잉여(금) | surplus |
| 자가 재해보험기관 | self sustained accident insurance and prevention institution |
| 자격(or 등록) 박탈 | deletion of registration; striking-off |
| 자극물질 | irritant |
| 자금 사용 (- 자금 관리 및 운영), 자금 용처 | use of funds |
| 자금 조달 | financing; funding |
| 자금 투자 | investment of funds |
| 자금, 재원, 기금 | funds |
| (세수을 통한) 자금조달 | funding/financing (from tax revenue) |
| 자금조달(재정) 시스템 | financing system |
| 자기 과실 | fault of one's own; own misconduct |
| 자기 구제, 자구 행위 | self-help |

| 한국어 | 영어 |
| --- | --- |
| 자기보다 서열이 낮은 혈통(or 친척) | relatives in the descending line |
| 자기보다 서열이 높이 혈통(or 친척) | relatives in the ascending line |
| 자녀 보조금 | increase for a child; children's supplement |
| 자녀 수당 | child supplement/allowance |
| 자녀 수당/급여 | child allowance/benefit |
| 자녀급여기금(or 자녀급여조합) | child benefit fund; family allowances fund |
| 자녀를 부양하다, 자녀 부양비를 지급하다 | to meet the cost of maintenance of children; to pay towards the support of children |
| (부모가) 자녀를 양육하다 | to bring up a child; to raise a family |
| (회사에서) 자리를 옮기다 | to transfer |
| 자문 위원회 | advisory committee; consultative committee |
| 자문(or 상담) 서비스 | consultancy/advisory service |
| 자문, 상담, 협의 | counselling; advice; consultation |
| (기술적) 자문, 소견 | (technical) advice; opinion |
| 자문의 | advisory doctor; medical adviser; advisory medical practitioner |
| 자발적 가입 | voluntary membership/entry |
| 자본 형성(or 축적) | capital formation/accumulation |
| 자본화 방식, 적립 방식 | modes of capitalization; capital cover system; funding |
| 자선단체의 자원 봉사자 | voluntary helpers in charity organizations |
| 자연 요법사, (척추) 지압(요법)사 | natural practitioner; chiropractor |
| 자연인(自然人) | natural/physical person |
| 자영업 | self-employment |
| 자영업 소득(이익) | profit from self-employment |
| 자영업자 | person engaged in a trade/business |
| 자영업자 | self-employed (person/worker) |
| 자유업자, 프리랜서, 자영업자 | freelance; independent (worker); self-employed |
| 자유재량권 | discretionary powers |
| 자유재량권의 남용 | abuse of discretion |

| 한국어 | 영어 |
| --- | --- |
| 자유재량권의 행사 | exercise of discretionary powers; exercise of discretion |
| 자유직, 자유 전문직 | liberal/independent profession |
| 자치 기관 | organ of self-government/self-administration; self-governing body |
| 자치 단체 | autonomous body |
| 자치 행정 기관 | organ of self-government |
| 자치, 자치 행정 | self-administration; self-government; administrative autonomy |
| 자택 개호 | home care |
| 작업 거부 | refusal to work |
| 작업 도구, 작업 장비 | tool; workpiece equipment |
| 작업 분위가, 작업(or 근무) 환경, 직장 분위기 | working atmosphere |
| 작업 실무 지침, 업무 예정표, | work book |
| 작업 절차(or 과정/방법) | working procedure/process/method |
| 작업 환경 | working environment |
| 작업(or 사업장/기업/공장) 감독(or 감시) | works supervision; plant surveillance |
| 작업(or 직무)의 착수 | taking up of the job/work |
| 작업, 제작소, 공장 | plant; works; facility; factory |
| 작업/노동/업무의 중단 | stoppage/interruption of work |
| 작업복 | work(ing) clothes |
| 작업실, 작업 공간 | working room |
| 작업장 오염물질 허용 농도(TLV), 최대 허용 한계치 | threshold limit/ceiling values; threshold limit of safe exposure; limit values for concentrations of dangerous substances in workplace air; maximum allowable workplace concentrations; maximum levels of exposure |
| 작업장, 근무처 | job; place of work; post; position |
| 작업하다 | to carry out work |
| 작장 생활, 직업 세계 | world of work; working life |
| 잘못된 추정, 오판 | false estimation; (der Lage) misjudgement |
| 잠복 기간 | latency period; (period between first exposure and onset of symptoms) |

| 한국어 | 영어 |
|---|---|
| 장기 (간병) 개호 | longterm (nursing) care; constant (nursing) care |
| 장기 (간병) 개호 보험 | (nursing) long-term care insurance |
| 장기(長期) 급여 | long-term benefit |
| 장기(長期) 실업 | long-term unemployment |
| 장기(長期) 실업자 | long-term unemployed (person) |
| 장기간 보험에 가입한(or 가입된), 장기간 보험에 가입되어 있는 상태인 | longtime insured |
| 장기개호수당, 간병개호급여 | constant attendance allowance; nursing care (cash) benefit |
| 장기개호의 사례(or 대상자) | case of long-term care; case of constant attendance |
| 장례비, 장의비 | funeral costs; burial expenses |
| 장비와 제품에 관한 법률 | equipment and product safety act |
| 장지(葬地) | burial place |
| 장학금, 학술 보조금 | scholarship; fellowship |
| 장해 | handicap; disability |
| 장해(근로)자의 업무복귀(or 통합) | integration of handicapped persons |
| 장해근로자 교통수당 | help with adapting a vehicle; mobility allowance |
| (산재로 인해 야기된) 장해율 | degree of disability (due to an occupational accident) |
| 장해율표 | disability schedule; |
| 장해의 정도 | extent/degree of disablement; (severity of disablement) |
| 장해자 | handicapped person; disabled (person) |
| 장해자 스포츠 활동 | sports activities for handicapped persons |
| 재검진, 재진료 | medical re-examination; check-up |
| (전직을 위한) 재교육(or 재훈련) | retraining; reeducation |
| 재귀화(再歸化), 국적의 회복 | renaturalization |
| 재단 | foundation |
| 재량 급여 | discretionary benefit |

| 한국어 | 영어 |
| --- | --- |
| (사고의 결과나 사고의 후유증으로 인한) 재발 | recrudescence (due to the consequences of the accident) |
| (병의) 재발, 재범(再犯) | recrudescence |
| 재발의(or 재발한) 경우(에) | (in) case of recurrence |
| (파산시)재산 강제관리 | receivership; trusteeship in bankruptcy |
| 재산(or 부)의 형성(or 축적) | wealth/property formation |
| 재산, 예금액 | assets |
| 재산에 (법적) 보호 (처분/조치) | (legal) protection of possession |
| 재산정하다 | to re-estimate |
| 재심 결정(or 판결) | reconsidered decision |
| 재심 신청(or 청구) | claim/application for review |
| 재심위원회 | appeals committee |
| 재심위원회 | appeals board/commission; board of review |
| 재임 기간 | term/period of office |
| 재임기간의 만료 | expiry of the term of office |
| 재정 조정 (제도) | finance equalization |
| 재취업하다 | to reengage; to reemploy |
| 재통합 | reunification |
| 재판 비용, 소송비 | law costs |
| (구 동독 연금의) 재평가 | revaluation (of pensions from the former East Germany) |
| (연금가치의) 재평가 | dynamization/revaluation (of pensions) |
| 재평가, 재산정, 재검토 | reassessment; review |
| 재평가, 재조사 | re-examination; reevaluation |
| 재해보험연금 | accident insurance pension |
| 재해와 상해 간의 원인 관계 | causal relationship between accident and personal injury |
| 재해자, 피재자 | injured person |
| 재혼 | remarriage |
| 재혼 배우자의 자녀 | stepchildren |
| (의료) 재활 | medical rehabilitation |

| 한국어 | 영어 |
| --- | --- |
| 재활 기관, 재활 시설 | rehabilitation institution |
| 재활 상담사, 장해 관리자 | (occupational) rehabilitation adviser; disability manager |
| 재활 운동 | rehabilitative sports |
| 재활 프로그램 | rehabilitation programme |
| 재활과 사회복귀를 위한 추가재활급여 | supplementary rehabilitation benefits |
| 재활과정 중인 자 | person undergoing rehabilitation |
| 저당물로 압류할 수 있는 | seizable |
| 저장하다 | to store |
| 적용 범위 | area of application; scope |
| (규정의) 적용 범위 | field of application (of a regulation) |
| 적절한 모든 수단을 동원하여 | by all appropriate means; with all suitable means |
| 적절한, 타당한, 합리적인 | appropriate; adequate; reasonable |
| (동등한 기준 하의) 적정 직종(or 직업/직무) | suitable employment of an equivalent standard |
| 적정 활동의 할당 | assignment to suitable activities |
| 적출자(嫡出子) | legitimized children |
| 전(前) 배우자(or 부인) | former spouse; (divorced wife) |
| 전국민보건서비스(NHS) | National Health Service |
| (서류) 전달/발송 | passing/sending on (of documents) |
| 전력, 군대 | armed forces |
| 전문 감정인, 소견서 작성인, 전문가 | expert |
| 전문(적) 능력, 전문(적) 관할(권) | specialized competence |
| 전문(적) 지식 | specialized/expert knowledge |
| 전문가 | expert; specialist |
| 전문가 위원회 | expert committee |
| 전문의(專門醫) | medical specialist/expert |
| 전문의(專門醫) 치료/진료 | specialist treatment |
| 전시(戰時) 복무 기간 | periods of war service |
| 전액 상환 | refund of the full cost |

| 한국어 | 영어 |
|---|---|
| 전염, 감염 | infection; (durch Ber?hrung) contagion |
| 전염성 질환, 전염병 | infectious/contagious disease |
| 전자 서명 | digital signature |
| 전쟁 고아 | soldier's orphan |
| 전쟁 과부 | soldier's widow |
| 전쟁 희생자 개호 | war victims' care |
| 전체 (급여) 평가 | total evaluation |
| 전체 수요 | total requirements/needs |
| (연금을) 전환하다 | to convert; to transpose |
| (기술적) 절차, 방법, 과정 | procedure; process; method; technique; operation |
| 접근, 유입, 가입, 증가, 입하 | access; inflow; entrance |
| (예방) 접종 | vaccination; inoculation |
| 정관, 내부 관리 규칙/규정, 절차 규정, 직무 규정 | internal management rules; rules of procedure |
| 정관, 법규, 규정 | statutes; rules; regulations |
| 정년 | age-limit |
| 정년 퇴직 공무원 | retired official; retired civil servant |
| 정보 (요청(서)) | (request for) information |
| 정보 전단지 | information leaflet |
| 정보 제공의 의무 | information duty; obligation to give information |
| 정산, 청산 | settlement; clearing |
| 정신 장해의 | mentally impaired/disabled |
| 정신 질환 | mental illness |
| 정형외과 | orthopaedics |
| 정형외과적 보조구 | orthopaedic device/aids; orthopaedic equipment |
| (유럽공동체 이외의) 제3국(가) | third state |
| (유럽공동체 이외의) 제3국(가)의 국민(or 시민) | citizens of third states |
| 제3자 소환, 소송 원인의 병합, 공동 소송 | calling in; joinder |
| 제3자에 대한 소 제기(or 손해배상 청구) | action/claim against third party (liable); recourse |

| 한국어 | 영어 |
|---|---|
| 제3채무자 | garnishee |
| 제안, 건의, 주장, 암시 | suggestion |
| 제작 과정 | manufacturing process |
| 제조물 안전 | product safety |
| 제조물 책임 | product liability |
| 제철근로자 추가연금보험 | supplementary pension insurance for iron and steel workers |
| 제한 조건 | qualifying condition |
| 제한적 취업능력(or 노동능력/소득능력) | limited/restricted capacity of earning; reduced earning capacity |
| 제휴 관계 | partnership |
| 제휴자 | partner |
| 조건, 선결 요건 | condition; prerequisite |
| (전제-)조건을 충족시키다 | to meet the (pre-) conditions |
| 조기 퇴직 | early retirement |
| 조기 퇴직, 조기 은퇴 | early retirement |
| 조기발견을 위한 검사 | early detection examination |
| 조기퇴직급여(- 수급자) | (beneficiary of ) early retirement benefit |
| 조기퇴직연금 | early retirement pension |
| 조기퇴직연금 | early retirement pension |
| 조사 결과(or 결론), 발견 사실 | findings |
| 조사(or 검사)의 의무가 있는 | liable to inspection |
| 조사, 조회 | inquiry; investigation |
| 조사하다 | to make inquiries about; to investigate |
| 조정 계수 | revalorization factor |
| 조정 위원회, 중재 위원회 | board of mediation; commission of conciliation |
| 조정 절차, 중재 절차 | conciliation procedure |
| 조정, 재책정, 추정 | current adjustment; extrapolation |
| 조정, 조화 | harmonization |

| 한국어 | 영어 |
|---|---|
| 조정, 중재 | arbitration; mediation; conciliation |
| 조회하다, 문의하다 | to refer |
| 졸업생 | school-leaver |
| 종교 연맹 | religious congregation |
| 종신 연금 | life annuity |
| 종신 재직권 | permanent right of tenure |
| 종일반 수업에 참석하다 | to pursue a fulltime course of study (training) |
| 주(主) 개호 | major aids/appliances |
| 주(州) 사회법원 | Land social court/ tribunal; social security (appeal) tribunal |
| 주기적 지급 (대상) 급여 | periodically paid benefit |
| 주기적 지급(or 납부) | periodical payment |
| 주로 해외에 거주하다 | to reside ordinarily abroad |
| 주민, 인구 | population |
| 주석 | explanatory notes |
| 주요 원인 | predominant cause |
| 주치의 | attending doctor |
| 주치의(主治醫), 가정의 | family doctor/physician/practitioner |
| 주택 급여 | housing benefit; help with adapting housing; residential accommodation benefit |
| 주택 보조금 | subsidy for appropriate housing |
| 주택 보조금/수당 | housing allowance |
| 주파수계 | frequency indicator |
| 준거치, 비교의 기준(or 비교값) | standard of comparison; base/reference figure/value |
| 준비금 | reserve |
| 준비금 적립 | formation of reserves |
| (소득 변동을 보전하기 위한) 준비기금 | reserve funds (to meet fluctuations in income) |
| (법률 등의) 준수자, 관찰자, 감시자 | observer |
| 중간치, 평균치 | average value |
| 중과실 | gross negligence |

| 한국어 | 영어 |
|---|---|
| 중단, 이탈 | interruption or deviation |
| 중복 급여 | double benefit; accumulation |
| 중상 | grievous bodily injury/harm; serious body injury |
| 중상자 | severely/seriously injured person; severely disabled person |
| 중소 기업 | small and mediumsized companies/enterprises |
| 중장해자 보호법 | severely handicapped/disabled persons act |
| 중재 사무소 | office of arbitration |
| 중재 재판소 | arbitration tribunal |
| 중재 절차 | arbitration (procedure) |
| 중재 판결, 중재 결정 | (arbitral) award |
| 중재자 | arbitrator |
| (급여의) 중지 | cessation |
| 중지 효과, 지연 효과 | suspensive effect |
| 즉시 적용가능한 규정 | provisions immediately applicable |
| 즉시 집행 가능한 명령 | immediately enforceable/executory order |
| 즉시, 즉각적인 | without delay; immediately |
| 증거 규칙 | rules of proof |
| 증거 제출 | submission of evidence |
| 증거 조사, 증언 청취 | taking/hearing of evidence |
| 증거, 증명 | evidence |
| 증거, 증서 | proof; certificate |
| 증거력, 증명력 | evidential value |
| (~의) 증거를 제출하다, (~를) 증명하다 | to give proof/evidence of; to supply evidence |
| 증명(서), 확인(서), 인증(서) | certification; confirmation |
| 증명하다 | to prove |
| 증서(를 발행하다), 확인서(를 발행하다) | (to issue a) certificate |
| 증액 | increment amount; increase |
| 증액, 추가, 가산(금) | increment; supplement; addition |

| 한국어 | 영어 |
|---|---|
| 지급 대상 연금 | pensions in payment |
| 지급 불능 | (personal) insolvency |
| 지급 불능의, 지급할(or 납부할) 능력이 없는, 파산(자)의 | insolvent |
| 지급(or 납부) 개시 | commencement of payment |
| 지급(or 납부) 기간 | duration of payment |
| 지급(or 납부) 능력 | solvency; ability to pay |
| 지급(or 납부) 대상액/가액 | amount payable; rate of pay |
| 지급(or 납부) 만기일(or 확정일) | settlement/due date; (Wechsel) maturity |
| 지급(or 납부) 명령, 지급 권한 | payment order; authorization for payment |
| 지급(or 납부) 방법 | modus/mode of paying |
| 지급(or 납부) 영수증, 부본(副標) | counterfoil |
| 지급(or 납부) 재개 | resumption of payments |
| 지급(or 납부) 정지 | suspension of payment |
| 지급(or 납부) 지체, 지급(납부) 불이행 | delay in paying; default |
| 지급(or 납부)으로 인해 면책되다 | to be discharged by the payment |
| 지급(or 납부)을 중단/연기/보류하다 | to suspend payment |
| (보험급여의) 지급한도액 | capital required |
| 지도, 가르침, 지시 사항 | instruction; teaching |
| 지불 가액/대상액이 ~에 달하다 | the payments amount to |
| 지불 지체(or 연체) | delay in paying |
| 지사/지점/지부, 사업장 | branch (office); place of business |
| 지수연계 연금 | index-linked pension; dynamic pension |
| 지시, 명령 | direction; instruction; order |
| 지시권, 명령권,지휘권 | authority to give instructions |
| 지시를 내릴 수 있는 권한 | authority to give directives |
| 지시하다, 명령하다 | to direct; to instruct; to order |
| 지역 공동체법, 사회 규범 | community law |
| 지역 관할권 | competence for territory |
| 지역 근로자연금보험기관(or 근로자연금보험조합) | Regional (Pension) Insurance Office/ Institute (for Workers); Land Insurance Institute |

| 한국어 | 영어 |
|---|---|
| 지역 행정, 지사 | regional administration |
| 지역산재보험연맹 | Municipal Federation for Accident Insurance and Prevention |
| (법정 산재보험기관 (or 산재보험조합)) 지역연맹 | Regional Association (of Institutions for Statutory Accident Insurance and Prevention) |
| 지역의료보험 | Local Health Insurance; Local Sickness Insurance |
| 지역의료보험기금(조합) | General Local Health Insurance Fund |
| 지역의료보험조합 총연맹 | National Federation of Local Health Insurance Funds; National Federation of Local Sickness Funds |
| 지역적 관할권 | territorial competence/scope |
| 지원(or 개호)의 요청 | request for assistance |
| 지적부, 토지 대장 | land register; register of real estate; cadastre |
| 지체하여(or 체납하여) (지불하다) | in arrear |
| 지침 | guideline |
| 지침 | directive; guideline; guiding rule |
| 직권으로 | ex officio |
| 직권으로 | ex officio; officially; of one's own motion |
| 직능과 권한 | functions and powers |
| 직무 분담 | job/work sharing |
| 직무 적응 | job adaptation |
| 직무 훈련 | job/work training |
| 직무(or 의무)의 위임 | delegation of duties |
| 직업 교육(or 훈련) | professional education/training; vocational training |
| 직업 병력 | occupational anamnesis |
| 직업 상담 | careers advice/counselling; careers guidance |
| 직업 소개(알선) | employment agency service |
| 직업 위험 | occupational risk |
| 직업 재교육(or 재훈련) | vocational retraining; (드물게) vocational reeducation |
| 직업 재활, 장해 관리, 구직 지원 | vocational assistance/vocational rehabilitation; disability management |

| 한국어 | 영어 |
| --- | --- |
| 직업 재활, 직무 적응 | vocational rehabilitation; professional adaptation |
| 직업 학교 | part-time vocational (training) school |
| 직업(or 산업) 안전, (기계 등의) 신뢰도 | occupational safety; plant protection |
| (장해 근로자를 위한) 직업교육기관(or 직업훈련원) | professional education centre; institute for vocational formation |
| (직업병 규정에 의거한) 직업병 | (prescribed/recognized) occupational disease |
| 직업병 규정 | occupational diseases ordinance; ordinance on occupational diseases |
| 직업병 목록 | list/table/(드물게) schedule of occupational diseases |
| 직업병 발생 일자 | date of development of an occupational disease |
| 직업병 신고 | notification/reporting of an occupational disease |
| 직업병에 걸리다 | to contract an occupational disease |
| 직업병에 대한 최초 의학적 확인 | first medical constatation of an occupational disease |
| 직업상의 비밀유지의 의무 | professional secrecy/confidentiality |
| 직업연금제도 | occupational pension scheme; company provision |
| 직업재활 방책 | vocational rehabilitation measure |
| 직인, 관인 | official seal |
| 직장 동료 | (bei Angestellten) colleague; (bei Arbeiter) fellow worker; workmate |
| 직장 생활 | working life; professional life; occupational life |
| 직장 생활 복귀 | participation in working life |
| 직장 생활, 직업 생활 | working life; occupational life |
| 직장 안전과 보건 | occupational health and safety |
| 진단 | diagnosis |
| 진단서 | physician's certificate; medical certificate; doctor's statement |
| 진료 계산서 | medical bill |
| 진료(를 받다) | (to submit oneself to a) medical examination |

| 한국어 | 영어 |
|---|---|
| 진료(를 하다) | (to conduct a) medical examination |
| 진료비 | doctor's fee |
| 진료시 매 3개월마다 1회 지급하는 진료비 | medical fee paid every 3 months when going to the doctor |
| (산재환자와 관련한) 진료정보에 대한 비밀유지 | medical secrecy |
| 진료하다, 치료하다 | to treat; (heilen) to cure |
| 진본 | authentic copy |
| 진정, 이의제기 | complaint |
| 진찰의(診察醫) | examining physician |
| 진폐증 | pneumoconiosis; black lung |
| 질문지, 설문지 | questionnaire |
| 질병 급여 | (Krankenkasse) sickness benefit (Arbeitgeber) sick pay |
| 질병, 질환 | illness; (bestimmte Krankheit) disease; (?belkeit) sickness |
| 질병을 유발하다 | to cause a disease |
| 질병의 조기 발견을 위한 조치 | measures for the early diagnosis of illnesses |
| 질병의 조기 진단(발견) | early diagnosis/detection of diseases |
| 질환, 통증 | Ailments |
| 집행 당국 | executive authority |
| 집행 영장 | writ of execution; enforcement order |
| 집행 조치 | measure of execution/enforcement |
| 집행(or 시행) 가능한 것으로 밝혀지다 | to declare executory |
| 집행하다 | to execute |
| 집행할 수 있는 | enforceable |
| 집회, 대회, 회의 | convention; meeting; conference; (Ausschuss) session; sitting |
| 징계 조치 | disciplinary sanction/action |
| 징수 기관 | collecting agency/office |
| (보험료) 징수 부서 | collection department |
| 징수 절차 | procedure of collection |

| 한국어 | 영어 |
|--------|------|
| (보험료 등을) 징수하다 | to collect (contributions) |
| 차별, 불이익 | disadvantage; discrimination |
| 차압, 압류 | requisition |
| 차액 보전 | compensation for difference |
| 참조 기간, 준거 기간 | reference period |
| 참조, 참조 번호, 문서번호 | reference (number) |
| 창업자금 대출 | loan for setting up/establishing one's own business |
| (갱내) 채굴업 | (unterground) mining |
| 채무자 | debtor |
| 책임 | liability; (Personen) responsibility |
| (~의) 책임이 있는 | liable; (Personen) responsible |
| (문서의) 처리 | dealing with the file |
| 처리 기간 | period of liability |
| (사건의) 처리, 취급 | dealing with; handling of (the case) |
| 처방(전) | prescription |
| (의사의) 처방(or 처방전) | prescription |
| 처방에 따라(or 처방대로) | per prescription |
| 처방하다, 소유권을 양도하다, 규정하다 | to prescribe |
| (산재보상 등의) 청구 근거(이유)를 진술하다 | to state the grounds/reasons of the claim |
| (산재보상 등의) 청구 시한 | time limit for claiming |
| (산재보상 등의) 청구 처리 사무소 | office dealing with the claim |
| (산재보상 등의) 청구 행위 | making of claim; lodging of the claim |
| (급여 지급에 대한) 청구 혹은 그 권리(의 주장) | ...where a benefit has been sought...; ...should a benefit claim be submitted... |
| (산재보상 등의) 청구/신청 | claim (for); application (for); request (for) |
| (산재보상) 청구권의 대위(변제) | subrogation |
| (산재보상 등의) 청구를 거부하다 | to reject a claim |
| (산재보상 등의) 청구를 수락하다 | to accept a claim |
| (산재보상) 청구를 수락하다 | to accept a claim |

| 한국어 | 영어 |
|---|---|
| (산재보상 등의) 청구를 하다 | to apply for; to claim; to make a claim for; to make an application for |
| 청구서 | bill |
| 청구서, 송장, 계산 | bill; (von Firma) invoice |
| (산재보상 등의) 청구에 관한 검토 | consideration of the application |
| (산재보상) 청구인(or 청구자) | claimant; applicant |
| (산재보상 등을) 청구하다 | to claim; to make a claim (for ) |
| (산재보상 등을) 청구하다 | to apply for; to make a claim for |
| 청력 보호(구) | hearing/noise protection; ear protectors |
| 청문회, 공청회 | audition |
| 청소년 근로자 보건안전법 | young workers' health and safety act; young workers' protection act (child labour law)e |
| 청소년 복지 사무소 | Youth (welfare) Office |
| 청소년, 미성년자 | young person |
| 체류/거주 허가 | permit of residence |
| 체류지, 거주지 | place of residence |
| 초과 근무, 시간외 근무 | overtime (work) |
| 초과 보험 | over-insurance |
| 초국가적인 법, 초국적법 | supranational law |
| 총 소득 | total income |
| 총 임금액, 총 소득 | total amount of wages; total gross earnings |
| 총과세표준 | general assessment basis; general calculation basis |
| 총소득, 총수입 | gross earnings/income |
| (세금을 포함한) 총임금 | gross pay/remuneration |
| 총칙 | general section |
| 총회, 본회의 | plenary conference |
| 최고 경영 책임자 | executive director; (general) manager; chairman of administration; director-general |
| 최고 경영자, 관리자 | (mittlere Ebene) chief executive; (h?here Ebene) manager |

| 한국어 | 영어 |
| --- | --- |
| 최고 연금액 | maximum pension |
| 최고 요율 | maximum rate/amount |
| 최고 요율 | maximum rate |
| 최근친(자) | next of kin |
| 최소 임금 직업, 저임금 직업 | minimal pay job; marginal employment; low-paid job |
| 최소 행정단위, 지역 공동체 (의 제도/규정) | (charter/statute of a) municipality/community |
| 최저 (보장) 연금(액) | (guaranteed) minimum pension |
| 최저 (운송) 요율 | minimum rate |
| 최저 기준 | minimum standard |
| 최저 보험 적용 기간 | minimum period of (insurance) coverage |
| 최저 보험료 (가액) | minimum amount of contribution; lowest amount of contribution |
| 최저 생계비 | minimum requirements; poverty line; margin of subsistence |
| 최저 소득 | minimum income |
| 최저 임금 | minimum wage |
| 최저 준비금, 안전 기금 | minimum reserves; safety fund |
| 최저보장소득 | minimum guarantee income |
| 최종 의정서 | final protocol |
| 최초 신청(or 청구) | first-ever claim |
| 최혜국 조관(條款) | clause concerning most-favoured-nation treatment |
| 추가 (수당) | supplement; increase |
| 추가 급여 | additional/supplementary benefit |
| 추가 급여 | supplementary/additional benefit |
| 추가 기간 | supplementary period |
| 추가 보험 | supplementary/additional insurance |
| 추가 보험 (추가 납입을 통하여 법정 연금 지급액을 인상시키는 보험) | supplementary/extended insurance |
| 추가 보험료 | extra premium; supplementary contribution |
| 추가 비용 | additional expenditure |

| 한국어 | 영어 |
|---|---|
| 추가 소득(- 한도) | limit of supplementary income |
| 추가 의정서 | additional protocol |
| 추가연금제도 | supplementary/additional pension scheme |
| 추가연금제도 | supplementary pension scheme |
| 추방 명령 | order of expulsion |
| (국외) 추방하다 | to expel; to deport |
| (사업장 내에서의) 추행, 괴롭힘 | harassment (at the workplace) |
| 출산 급여 | confinement benefit |
| 출산 급여, 출산전후 개호 | maternity benefit; antenatal and postnatal care |
| 출산 수당 | maternity allowance/grant |
| 출산 휴가 | maternity leave |
| 출산(or 분만) 비용 | confinement expenses |
| 출생 증명서 | birth certificate |
| 출생률 | natality; birth rate |
| 출생지 | place of birth |
| 출장 | business trip |
| 취득 과정에 있는 수급권(or 수급자격) | entitlement/right in the course of acquisition |
| (동산 및 부동산의) 취득과 처분, 자산, 재산 | (to acquire and dispose of immovable and movable) property; assets; wealth |
| 취득한 권리의 유지 혹은 그 상태 | preservation of acquired rights |
| 취소 통지, 철회 결정 | official notification of withdrawal; revocation of false administrative act |
| 취소하다, 무효화하다 | to revoke |
| 취업 능력, 노동 능력, 소득 능력 | earning capacity/ability; fitness for work |
| 취업(or 고용)이 가능하다 | to be available for employment |
| 취업능력 감소 보전 연금 | pension due to diminished employment capacity |
| 취업불능의, 노동 무능력의, 소득 무능력의 | incapable of earning |
| 측량 기술자 | engineer for measurement technology |
| 측량, 측정(치) | measurement |
| 측량술 | measurement technology |

| 한국어 | 영어 |
| --- | --- |
| 치과 의사 | dentist |
| 치과 치료 | dental treatment |
| 치료 | curative/medical treatment |
| 치료 (행위) | curing; cure |
| 치료 비용 | curative treatment costs |
| (의학적) 치료 의뢰서, 치료 위탁(서) | referral note |
| 치료 절차 | curative procedure/treatment |
| 치료 조치(or 대책) | curative measure |
| 치료(제) | remedy; cure |
| (의사의) 치료, 진료 | medical treatment |
| 치료절차 통제와 관리 | the regulating/management of the curative procedure |
| 치료절차의 감독 | surveillance/monitoring of the curative procedure |
| 치아 질환 | tooth disease |
| 콘택트 렌즈 | contact lenses |
| 탁아소(or 유치원) | day care centre for children |
| 턱 외과학, 턱 수술 | jaw surgery |
| 토지 | immovable |
| 토지 등기부, 토지 대장 | register of landed property; real estate/land register |
| 통근 재해 | commuting accident; accident on the way to or from work |
| 통상적 거주지 | ordinary residence |
| 통지(의 수령) | notification; receipt of notice |
| 통지(or 신고)의 의무 | obligation to notify/to report; notifying duty |
| 통지/보고 절차 | notification/consultation procedure |
| 통지서 | information sheet |
| 통합연금제도 | integrated pension scheme |
| 퇴직 연금 | superannuation; retirement pension |
| 퇴직 연령, 은퇴 연령 | retirement/pension age |

| 한국어 | 영어 |
|---|---|
| 퇴직 연령에 이르다 | to attain retirement/retiring age |
| 퇴직의 이연 | deferred retirement |
| 퇴직하다, 은퇴하다 | to retire |
| 퇴행성 질환 | degenerative disease |
| 특권과 면책 | privileges and immunities |
| 특별 규정 | special rules/provisions; specific provisions |
| 특별 지원 | assistance in a special life circumstance; assistance given in special contingencies |
| 특별 협정 | special agreement |
| 특수 치료 | special treatment |
| 특수연금보험기관 | special pension insurance institute |
| 특정 사례의 특수한 상황 고려(or 참작) | consideration of the particular circumstances of the individual/single case |
| 특징, 징후, 기준 | characteristic; criterion |
| 특칙 | special section |
| 파견 근로자 | seconded worker; seconded labourer |
| 파견 근로자 | temporary worker |
| 파견 근로자에 관한 규칙(or 규정), 해외로 파견된 근로자에 관한 파견 국가 법률의 적용 범위 | seconded worker rule; scope of the legislation of the sending country on the situation of workers seconded abroad |
| 파견 근로자에 관한 법률(or 파견 근로자법), 임시고용법 | temporary employment businesses act |
| 파견 기간, 배치 기간 | period/term of posting |
| 파견 대상 국가 | seconding/posting state/country |
| 파견 대상 기업 | hiring enterprise; borrower |
| 파견, 배치, 발송 | secondment; posting |
| 파견된, 배치된 | seconded; posted |
| 파견의 연장 | extension of the term of posting |
| 파견하다, 배치하다, 전출시키다 | to second/post |
| 파견확인서(or 증명서) | secondment certificate; certificate of secondment |
| 파산 수당 | bankruptcy allowance; compensation for loss of earnings in the case of bankruptcy |

| 한국어 | 영어 |
|---|---|
| 파산법 | bankruptcy act; insolvency proceedings |
| 파생적 권리 | derived right |
| (사례) 파일, 기록 | (case-) file; record |
| 파트 타임 업무 | part-time work |
| (최종) 판결 | judgment (final; enforceable); decision |
| 판결에 의한 별거, 재판상 별거, 법적 별거 | (judicial) separation |
| 편부모 | parent |
| 편부모 (수당), 편부모 가족 (보조금) | (allowance for) single parent; (assistance for) one-parent family |
| 편부모 자녀 | fatherless (motherless) orphan; half-orphan |
| 편부모 자녀 연금 | half-orphan' s pension |
| 평가 | (Statistik) weighting; evaluation |
| (위험등급에 대한) 평가 (절차), 사정 (절차) | assessment (procedure) |
| 평균 소득 | average earnings |
| 평균 수명 | life expectancy |
| 평등 대우의 원칙 | principle of equality of treatment |
| 평등 대표(제) | equal representation; representation on the principle of parity |
| 평형기금 | equalization fund |
| (직장) 폐쇄 | lockout |
| 폐질연금, 소득불능연금 | invalidity pension; pension due to incapacity for earning |
| 포괄적(인) | all from one source; a comprehensive service |
| 포기 | (auf Rechte) waiver; renunciation |
| (청구의) 포기 | waiving (of a claim) |
| 폭력의 (외적) 영향 | violent (external) cause |
| 폭발성 물질 | explosive substance |
| 폭발에 대비한 안전 조치, 폭발에 대한 보호 | protection from explosion |
| 폭음에 의한 귀의 손상 | blast ear; otic blast injury |
| 표시를 하다, 꼬리표를 붙이다 | to mark with a label/to attach a label |
| 표준화 | standardization; (standard-setting) |

| 한국어 | 영어 |
| --- | --- |
| 표준화, 단일화, 통일 | standardization |
| 품질 보증 | assurance of quality; quality assurance |
| 피고(인) | defendant |
| 피보험자 | insured (person); protected person |
| 피보험자 연금 | pension to the insured |
| 피보험자 카드 | insurance card |
| 피보험자와 동거하다, 피보험자의 (공동의) 집에서 생활하다 | to live in the insured person's household |
| 피보험자의 대리인 | representative of insured persons/the insured |
| 피부 질환 | skin-disease; dermatitis |
| 피부양인 | dependant; family member |
| 피부양인, 친척, 가족 | dependant, relative |
| 피요청기관 | requested agency/office |
| (폭력) 피해자(or 희생자) 보상법 | victims' of violence compensation act; law on the compensation of damages resulting from violent causes |
| 필수 (서류/자료) | necessary/required (documents) |
| 하반신 불수자 | paralyzed (person) |
| 하청업자 (하청 계약) | sub-contractor |
| 학교 교육 | schooling; education |
| 학교안전사고 | school accident |
| 학교안전사고보험 | school accident insurance |
| 학력 | attainment of qualification |
| 학생의료보험 | students' health insurance; students' sickness insurance |
| 학술 용어(집), 전문 용어(집) | nomenclature |
| 학제적 | multi-disciplinary |
| 한계(or 불분명한) 상황 | borderline case |
| 한계치, 임계치 | threshold (limit) value |
| (~에게 ~을) 할당하다 | to assign/to allocate sth to sb |
| 합리적인 수준의 모든 재량권의 행사에 따라(or 따른) | after exercising all due discretion |

| 한국어 | 영어 |
|---|---|
| 합법성, 정당성 | lawfulness |
| (~와) 합의(하여) | in agreement with |
| 합자 회사, 유한 (책임) 회사 | (limited) company |
| 항변/상소 절차 | reconsideration procedure |
| 항변을 철회하다, 이의제기를 철회하다 | to withdraw (an objection) |
| 항소/상고/항고하다 | to appeal |
| 항소/상소/항고하다 | to appeal (to); to lodge an appeal |
| 항소인, 상고인, 항고인 | complainant; appellant |
| 해결, 타협, 중재, 조정 | settlement; compromise; arrangement |
| 해고, 퇴거 | dismissal |
| 해고, 해고 통지 | dismissal |
| (직장에서) 해고하다 | to dismiss; (populär) to fire |
| 해당 근로자의 관할 산재기관을 대신하여 급여를 지급해야 하는 해당 근로자의 현(現) 거주지 관할 산재기관 | institution of the place of stay/residence which is authorized to provide benefits on behalf of the competent institution |
| 해외 국가 체류 중 의료 개호 | medical assistance during the stay in a foreign country |
| 해외 연금 | pension paid abroad |
| 해외 운송, 국제 운송 | international transport |
| 해외 의료보험을 위한 독일 연락사무소 | German liasion office for health insurance abroad |
| 해외(or 국제)상해보험, 해외(or 국제)재해보험 | accident insurance in connection with employment abroad |
| 해외로 파견된 근로자에 관한 파견 국가 법률의 적용 범위, 해외의 보험에 가입되어 있던 외국인 근로자가 국내에 파견근무하는 경우 자국법을 계속 적용하게 하는 것 | scope of the legislation of the foreign sending country on the situation of seconded workers |
| 해운업 산재보험기관(or 산재보험조합) | Institution for Statutory Accident Insurance and Prevention in the Maritime Industries |
| (계약) 해지, 해약 고지 | denunciation |
| 해태 | negligence |
| 행동 변화 | attitudinal alteration/change |
| 행상 | itinerant trade |

| 한국어 | 영어 |
|---|---|
| (관련) 행위 규칙을 준수하다 | to observe the (prescribed) rules of behaviour |
| (가입자의) 행위(or 행태) | behaviour (of the insured (persons)) |
| 행위능력 | (legal) competence; capacity to contract |
| 행정 벌금(or 과태료)(을 부과하다) | (to impose an) administrative fine |
| 행정 법원 | administrative court |
| 행정 재판권, 행정 재판 관할권 | administrative court |
| 행정 행위 | administrative decision |
| 행정 행위 | administrative actions |
| 행정법 | administrative law |
| 행정비, 관리비, 판매관리비 | administrative costs; costs of administration |
| 행정사무소 | administrative office |
| 행정적 경로 | administrative channels |
| 행정적 절차 (-) 행정 절차법) | administrative procedure (act) |
| 행정적 지원 | administrative assistance |
| 행정적 지원, 관청간 협조 | administrative assistance; cooperation between authorities |
| 허용되는, 허용될 수 있는 (허용(성), 용인(성)) | admissible (admissibility) |
| 허용하다, 허가하다, 권한을 부여하다 | to admit; to authorize |
| 헌법의 적용 범위를 벗어난, 헌법의 적용 범위 밖의 | outside the scope of application of the Federal basic law |
| 헌혈자, 급혈자 | blood donor |
| 현(現) 생계비/부양비 | current maintenance |
| 현(現) 행정(or 관리/경영) | current administration |
| 현금 급여 | cash benefit; cash payment |
| 현금 급여, 현금 급부금 | cash payment/ benefit |
| 현물 임금(or 급부) | remuneration/payment/advantages in kind |
| 현물 임금(or 급부)에 관한 규정 | ordinance on advantages in kind |
| 현물급여(를 지급하다) | (to provide) benefits in kind |
| 현물급여(지급)의 원칙 | principle of providing benefits in kind; 'third party payment' system |

| 한국어 | 영어 |
|---|---|
| 현물급여의 원칙 | principle of benefits in kind |
| 현장을 시찰하다 | to visit the scene |
| 현저한 사고(or 재해)의 위험 | extraordinary risks of accident |
| 협동 조합 | co-operative |
| 협약(or 약정)의 당사국 | state/country being part of a convention/agreement |
| 협약, 약정, 조약 | convention; agreement; (treaty) |
| 협회 협약 | association agreement |
| 협회, 학회, 단체 | association; society; organization |
| 형법 | criminal law |
| (법률적 관점에 or 법률적 이성에) 호소, (법률적 관점에 의지한 or 법률적 이성에 의지한) 항소 · 상소 · 항고 | appeal on (points of law) |
| 호주, 세대주 | head of household |
| 호흡기 보호 | respiratory protection |
| 호흡기 보호 장비, 방독면 | respiratory protective equipment/device |
| 호흡기 질환 | respiratory/airway disease |
| 혼인 무효 | the marriage is dissolved or annulled |
| 혼인 여부 (혼인관계 확인서) | civil/marital status (paper) |
| 혼인 확인서 | marriage certificate |
| 혼인관계가 아닌 상태에서 형성된 생활 공동체 | cohabitation; cohabiting relationship |
| 혼인관계를 무효화하다 | to annul a marriage |
| 혼인관계를 무효화하다(or 청산하다/해소하다) | to dissolve a marriage |
| 혼인관계인 상태에서 형성된 생활 공동체 | conjugal partnership/relationship |
| 홀아비 연금 | widower' s pension |
| 홍보 활동 | public relations |
| 화재 | case of fire |
| 확인서 | document; certificate |
| (공 · 사채 등)확정금리증서 | fixed-yield security |
| 확정력, 기판력 | force of law; (재판) finality of decision; (계약) legal validity |

| 한국어 | 영어 |
|---|---|
| 확정적, 항소할 수 없는 | having the force of law; (재판) final; (계약) legally valid |
| (급여를) 확정하다(or 부과하다/평가하다/산정하다) | to establish; to assess |
| 확정하다, 평가하다, 부과하다 | to fix; to assess; to arrange |
| 환경 위험 | environmental risks/hazards |
| 환경보호 | environmental protection |
| 환율 | rate of exchange |
| 환자 개호, 보건 서비스 | health services |
| 환자개호 일일기준요율 | daily rate for patient care; hospital and nursing charge |
| 환전 | (currency) conversion |
| 환전 | currency conversion |
| 활동 보고(서) | report of activities |
| 회계 | accounting |
| 회계 연도 | financial/fiscal year |
| 회람 | circular |
| 회복 | recovery |
| 회원국, 가맹국 | member state |
| 회의, 모임 | meeting; sitting |
| (중지의) 효과 | suspensive effect |
| 효력을 발생시키다. 제정하다, 발효시키다 | to bring into force; to enact |
| 효력을 발하다 | to enter into force; to come into force |
| 후견(舊) | guardianship; tutelage |
| 후견인(舊) | guardian |
| 후속 사고/재해, 후행 사고/재해 | subsequent accident |
| (의학적) 후속(or 사후/추가) 치료 | follow-up/subsequent (medical) treatment |
| (의료) 후유증 | late effect; consequence |
| 후천성 면역 결핍증, 에이즈 | Aids (acquired immune deficiency syndrome) |
| (직업) 훈련 (중) | (in) (occupational) training |
| 훈련 과정 | training course |

| 한국어 | 영어 |
|---|---|
| 훈련(or 교육) 수준 | level of training/education |
| 훈련생, 실습생, 시보, 도제 | trainee; student doing a period of practical training |
| 휠체어 | wheelchair |
| 휴가 수당 | holiday pay |
| 휴식, 일시 정지 | break; interim; rest period |
| A 국가의(or A 국가에서) 보험에 가입한 상태이다 | to remain insured with country A |
| A 국가의 법률(or 제도)에 따라 보험에 가입된 상태(인) | insured under the scheme of country A; subject to the legislation of country A |
| EU 확대 | EU-Enlargement |
| ~가 ~할 수 있는 상태로 있다 | to remain available to |
| ~때문에 고통받다, ~에 불만을 품다 | aggrieved by |
| ~에 달하는, ~에 달하여 | to the amount of; amounting to |
| ~에 대해서 규정하다(or 규정하고 있다) | to provide for |
| ~와 관계가 있는, ~와 관련된, ~와 관련한 | related to |
| ~을(를) 위하여, ~을(를) 대리하여, ~을(를) 대신하여 | on behalf of |
| ~의 재량으로, ~의 판단에 따라 | at the discretion of |
| ~의 지급일(or 납부일)이 도래하다 | to be due; to be payable |
| ~의(or 할) 책임이 있다 | to be liable to; to owe |